编著◎诸葛计

中国方志两千年通鉴

ZHONGGUO FANGZHI
LIANGQIANNIAN TONGJIAN

上

GUANGXI NORMAL UNIVERSITY PRESS
广西师范大学出版社
·桂林·

图书在版编目（CIP）数据

中国方志两千年通鉴：全 2 册 / 诸葛计编著. —桂林：广西师范大学出版社，2016.9
ISBN 978-7-5495-6416-3

Ⅰ. ①中… Ⅱ. ①诸… Ⅲ. ①方志学 Ⅳ. ①K290

中国版本图书馆 CIP 数据核字（2015）第 039434 号

广西师范大学出版社出版发行
（广西桂林市中华路 22 号 邮政编码：541001
网址：http://www.bbtpress.com）
出版人：张艺兵
全国新华书店经销
长沙鸿发印务实业有限公司印刷
（湖南省长沙县黄花镇黄垅村黄花工业园 3 号 邮政编码：410137）
开本：787 mm × 1 092 mm 1/16
印张：102.75 字数：2500 千字
2016 年 9 月第 1 版 2016 年 9 月第 1 次印刷
印数：0 001~1 500 册 定价：498.00 元（上、下册）

作者简介

诸葛计

诸葛计，1939年生，广西临桂人。1963年毕业于武汉大学历史系，长期从事中国史志研究。曾为《历史研究》及《中国社会科学》中国古代史编辑室主任、中国地方志指导小组办公室主任、《中国地方志》主编、编审；现为《中国地方志》顾问。在省级以上学术刊物发表史、志论文约百篇。

在担任编辑工作之余，致力于历史学，特别是唐末五代历史的史料整理与研究。专门著作有《唐末农民战争战略初探》、《南唐先主李昪年谱》、《吴越史事编年》（与银玉珍合撰）、《闽国史事编年》（与银玉珍合撰）、《中国方志史》（与刘纬毅等合著）、《中国方志五十年史事录（1949—2000）》、《中国稀见著录方志书目过眼录》、《新编地方志资源开发与利用集例》、《鼫鼠迹》（史志论文集）等。1992年获国务院特殊津贴。

序

继《中国方志五十年史事录》(以下简称《事录》)以后,诸葛计先生再接再厉,《中国方志两千年通鉴》(以下简称《通鉴》)又已编纂就绪,可以公开问世了。《事录》录五十年,如数家珍;《通鉴》鉴两千年,气势磅礴。煌煌两部巨构,对方志学、方志学界甚至整个学术界,都是一件令人振奋的大事。其书当然可以藏之名山,传之后世。对于作者来说,名牌大学历史系的功底,还只是他能够从事这种耕耘的基础。主要是在于他在前一轮修志之始不久,就投身全国修志的指导机构,既主持中国地方志指导小组办公室工作,又主编《中国地方志》。具有视野广阔的优势,下了精耕细作的苦功。这种甘苦辛勤的历程,或许只有他自己能够体会。

地方志修纂是中国的优秀文化传统。这已经是一句众所周知的老话。但是自 20 世纪 50 年代以后,"阶级斗争"挤走了文化事业,地方志无疑属于"四旧",当然在被排斥之列。而 80 年代之初,修志事业骤然复兴,各省、市、县仓促建立修志机构,当时,各地既缺乏这方面的人才,也缺乏这方面的信心。1986 年,全国修成出版的志书还不过数十部,中国地方志指导小组邀请来自各地的十位学者到北京议论这些志书(通常称为"十教授评志")。十位之中对修志机构的组织经营最熟悉的,要算从山西省来的刘海清先生,他以其亲身经历道出了此中的艰难。在各市、县筹组修志机构时,谁都不愿意踏进这道门槛去。因而出现了一句发人深省的流行话:"修志者不得志,得志者不修志。"事实也确实如此。由于这一门其实事关重要的地方文化事业,已被摒弃很久,各地都缺乏熟悉修志之人,至于称得上方志学家的学者,在全国更是寥寥无几。记得在 1990 年,浙江省海盐县举行志稿评审会,该县领导相当重视这项工作,邀请了省内外修志主编数十人与会,特别是全国学术泰斗谭其骧先生,由于幼年时曾在此邑居住数年,也被邀请而来。我则因与该县毗邻有幸敬陪末座。会议开始,当然请谭先生第一位发言。由于修志在当时确实是件新事,他开头就说:"我不是方志学家,在座的陈桥驿先生也不是方志学家。"当时,我的一位卒业未久的研究生,现任职于浙江省地方志编纂委员会的王永泰研究员也在会中,所以至今还记得谭先生的发言。我当然不是方志学家,在诸葛先生《事录》卷首的拙序中，我已经作了较详细的说明。而学术泰斗如谭先生，虽然语出谦逊，但显然也是因为对志事疏远已久，在某种程度上，他的话实在也是一位硕学前辈的由衷之言。

正是在这个“得志不修志”和像谭先生这样的著名学者都不敢承当“方志学家”称号的时代，诸葛计先生却勇敢地坐上了指导全国修志的那个办公室的交椅，主编这份指导全国修志的期刊。上一轮修志前期的那种举步维艰的境况，他当然比我这个仅仅在几次会上沾边听到的要全面清楚得多。我是一个“修志不得志”的旁观者，而他却甘冒“不得志”的风险，而投身接受困难的考验。在那段时期，他的处境和心境，他在指导小组办公室中的工作辛勤，他处理《中国地方志》的那些众说纷纭而其中可能是很幼稚的稿件，让期刊能够按时出版。那几年的惨淡经营过程，也许只有他能够回忆和体会。

当时的修志情况，确实很让人惶惑。以素称文化昌明的浙江省为例，我们学校的一位主要领导，因为受人之托，亲自把《浙江民政志》稿送到我家中请我审阅。《民政志》首重沿革，但我发现志稿在沿革记叙上错误不少。因此让我想到省内各市县的志书，这一卷篇是否也有错误。当时，我手头已有省内市县志 26 部，我逐一翻阅，发现除了其中一部因为建县较晚，而其沿革从建县写起，因而幸免出错。其余 25 部，在沿革卷篇中，可以说无一不错。开始我还是作为一个旁观者的想法，因为我既非修志领导，又非方志学家，志书已经出版，错误既成事实，何必事后说话，弄得从上到下都没有面子。学校领导还是亲自来取经过我审改的《浙江民政志》稿，我与他谈了志稿中对浙江沿革记述错误的情况，也谈及省内已经出版的市县志在这个卷篇中的类似错误。我还记得这位学校的主要领导与我说的一席话，大意是：你陈先生是我校学识渊博、声望甚高的著名教授。而在各种会议，特别是在教师职称评审中，你又以敢于直言出名。修志虽非你的本行，但事关全省，你怎能缄口不言。由于他的敦促，我才写了《关于“沿革”和浙江省新修志书沿革卷篇的讨论》一文。仍然是考虑到不要让这个事件“扩大”影响，此文只在省内发表。其实，在那个时期，各地修志都存在着各种不同的问题，我无非是偶然一遇。而诸葛先生却要“日理万机”，对他无疑是一种考验和磨炼，也是他日后能够编撰这两部巨构的基础。

上一轮修志的后期，各地志书的质量有了较大的提高。1995 年，我花了半年多时间在北美讲学，见到那边的不少图书馆和大学都收藏了许多我们的新志书。与我接触的外国汉学家们，也对其中的不少志书给以好评。1997 年，我应邀到北京参与全国志书评奖，确实看到了相当数量的佳志。我当然不会把这种成就完全归功于中国地方志指导小组或其中的重要成员如诸葛先生等人。因为经过这一段时期锻炼琢磨，仍以浙江省为例，若干市县的志书主编和某些编纂人员，以他们原来的文化功底，加上对修志事业的热爱，从实践中造就了一批方志学家，并且修出了佳志。但是对于指导小组和诸葛先生等人士，也应该获得公正的推赞：亦与有荣，亦与有功。

诸葛先生的《事录》出版以后，我从头到尾略读了一遍。承蒙他的错爱，竟把我那几年与修志沾边的点点滴滴，也都郑重其事地记入了他的巨构之中，实在使我不胜汗颜。这里不得不节外生枝，提及一位曾经主持指导小组工作、对修志事业也建立了功劳的我的好友高德先生。和诸葛先生一样，他也是一所名牌大学历史系出身，并且担任中国社会科学院的科研领导工作，是一位兢兢业业为科研事业尽心竭力的学者。我对他实在常感内疚，当年大家都在谭其骧先生的领导下，从事《国家地图集》中《历史地图集》的工作。这是一项千头万绪的工程。谭老谢世以后，主要工作都由他承担下来。这是需要投入大量精力的工作，我确实惭愧当年曾经是谭老麾下的一位比较重要的成员，现在却成为一个旁观者，而把最重的担子让他一人去挑，实在对不起他。而他却绝无怨言，勇敢地一往直前，排除大量困难而胜任愉快地把谭老未竟的事业继承下去。由于我们之间在往年共事中建立的深厚友谊，每逢年节，他都打电话向我问好并通报地图工作的进展情况。在今年春节的电话中，他竟又提出了我对方志工作的"贡献"。他说：第一，开始时各志多不适当地使用《自然地理》作为卷篇名称，因为我的纠正而从此改用《自然环境》；第二，生物卷篇是因为我的倡导才摒除《本草纲目》的形式而改以动植物分类学的形式编写，并用拉丁文二名法加注；第三，对于方志必须附加索引，也是因我的呼吁而落实的。和诸葛先生一样，一位对上一轮修志作出许多贡献的人，却对我的这些微不足道的事"斤斤计较"，实在让我承当不起，所以趁此机会提一笔。曹丕《典论・论文》说："文人相轻，自古而然。"当今，这种风气已经愈演愈烈，我在此提出高、诸葛二位，也具有让已经沾有"相轻"习气的女士和先生们，从内心作点反省，以上面这两位的风格，重温一下韩愈在《柳子厚墓志铭》上的话："闻子厚之风，亦可以少愧矣。"

现在回到《通鉴》这部巨构上来。与《事录》不同，用句现代语言作比喻，《事录》是微观作品，而《通鉴》是部宏观作品。两千年前，耶稣基督还是一个幼儿。对于一种具有一定体裁和内容格局的文献来说，这是一段不短的年代。何况作者还在《例言》中说明一句："二千者，举其概数而已，非确数也。"从这句话中，就不难看出作者著书立说的谨慎态度。对于方志的起源，我当然无法相信《周礼》所谓外史"掌四方之志"的话。但中外学者中，确实也有把这种文献的发源提得很早的。例如我的日本朋友、著名汉学家秋山元秀教授，他于1981年在《东方学报》第52期发表了一篇《中国方志论序说——呉の方志を通じて说》的论文，把《禹贡》作为中国现存的最早方志。作为志书中的全国总志，其说也不无道理。所以作者在本书中开宗明义的"概数而已"一语，实在至关重要。展读《通鉴》，像我这样对历代志书其实见闻不多的人，实在好像进入了从古到今的志书海洋，真是应接不暇。由于半个多世纪来，我一直执教于大学地理系，对地图有特殊的亲切感，《通鉴》在这方面也让我扩大了眼界。最近杭州市档案局编纂出版了《杭州古旧地图集》（浙江古籍出版社2006年出版），我曾经应邀为这部拥有二百多幅古地图的大型图集作序（此序又载于《杭州师范学院学报》哲社版2006年第5期及《中国测绘》2007年第1期）。为了作《序》，我按《图集》内容遍查今杭州市（包括旧杭州府、严州府及萧山县)的古今志书及其他文献,把这个地区已亡佚的古旧地图,列表附入序中,付出了颇大的工作量。今观《通鉴》,仅地图一项,就历历如数家珍。特别是对那些名垂后世的重要地图,如“贞元十七年(801),贾耽又绘成《海内华夷图》一轴,撰成《古今郡国县道四夷述》40卷上奏”这一篇,实在是对我国历史上的名图《海内华夷图》的详尽记录。又如“明太祖洪武三年(1370),朱元璋诏令中书省:将天下城池山川地理形胜,皆图以成书,藏之内库,以垂永久”这一篇。说明我往年所撰《〈图经〉在我国方志史中的重要地位》(《中国地方志》1992年第2期)文中述及的“开宝修图经”和“祥符修图经”的传统,到明朝仍然赓续,而规模或许更大。《通鉴》的这一篇,把明朝修图经故事,博采详解,和盘托出,对我来说,实在是茅塞顿开。我在此无非举了地图的例子,其实这只是《通鉴》浩瀚篇幅中的一角,但从这一斑即可窥及此书全豹。所以《通鉴》无疑可以为自然科学、人文科学以及其他各行各业的学者提供各种有用的资料。学术界可以各取所需,满足他们研究工作的需要。

“方志学是一种专门之学问,在当今社会科学丛林中,已经成为独树一帜之方志学。”《通鉴》中这句话出自诸葛先生之口,我不仅赞同,而且佩服。因为从作者的学历、经历,特别是两部巨著的撰述中,可以充分证实作者是一位造诣很深的方志学家。方志学家论方志学,其言当然不虚。记得20世纪80年代中,前辈史念海先生以其与曹尔琴教授合著的《方志刍议》(浙江人民出版社1986年出版)一书嘱序于我。史先生知道我常常出国讲学,有不少外国汉学家朋友,事前特别要我在序中写一点“方志”在国外的称谓,所以应命在该序中写了几句。“方志”一名在国外称谓纷纭,但颇让我赞赏的是在美国国会图书馆遇到的一位先生,他向我说出,中国地方志是“地方百科全书”。这位先生是图书馆的工作人员,对汉籍比较熟悉。因此,“地方百科全书”一名绝非信口开河,而是他多年在图书馆工作中接触汉籍的心得。当时我就认为,从一个外国人口中说出这个称谓,实在颇得“方志”一名的要领,是恰如其分的英译。从清代以至民国的方志,“地方百科全书”之名可以当之无愧,而清代以前的方志虽然多数篇幅较小,则可相应被称为“地方百科全书简编”。按这个名称而言,则《通鉴》实在是攫取了两千年“地方百科全书”的精华。所以我在前面所说的,此书可以为各行各业的学者提供各种有用的资料的话,是实话实说。以后在此书中获得实惠的学者,必将心领神会,同意我对此书的这种评价。

最后我对《通鉴》感到关注的是,《例言》开头就指出:“史之义,在乎鉴。”这话是一句宏观的话。中国从秦始皇一统天下,焚书坑儒起直到今天,两千多年中,可“鉴”的事实在太多,并不是我辈都能“鉴”能说的。所幸此书写的是两千年的方志学,在志言志,当然是在这个特定领域中求“鉴”为好。而《例言》其实也注意及此:“与志事有关之轶闻雅事,丑闻秽行等。”在这个领域中,我们不仅可以“鉴”古,而且也应当“鉴”今,这是属于当今言论自由所允许的。“鉴”古的事,例如谭其骧先生在《地方史志不可偏废,旧志资料不可轻信》(《长水集续编》,人民出版社1994年出版)一文中就有如下说法:

> 地方志除了少数几部出于名家手笔外，多数是地方官限于朝廷功令，招集地方上的举人、贡生、秀才等一些乡曲陋儒修成的。这些人员大多只会做代圣立言的八股文，根本不懂得著述的体例，不懂得前朝的典章制度，更不会做学问，因此在他们的作品里往往夹杂着许多错误的记载，甚至错误百出。有些地方志是每修一次便增加若干错误，越修越差，越修越错。

“鉴”古的议论不少，谭先生所说，还只是其中一家之言。“鉴”今的议论或许也很多，由于我实在是又忙又累，很少有时间读这方面的文章，所以见闻很少。但我的研究生们中，也有对方志和某些方志文章以及若干专写方志文章的人非常反感的，说过一些连我也认为过于尖刻的话。我常告诫他们：做人要宽宏大量，做学问也要宽宏大量。并引前燕京大学著名教授后来居美国执教的洪业（煨莲）先生在美致胡适先生信中的一句话：“是以凡事涉嫌疑，文无确证，则考古论人，与其失入，宁无失出。”（《胡适手稿》六集上）也以外国汉学家作示范，他们著书立说中并不厌弃中国方志而常加引用。但事实是，他们写论文，包括最后的学位论文，总是千方百计地避开方志，或者是用方志作跳板从方志追溯他书。我曾经在其他人文科学的研究生指导教师中了解到，确实有不少研究生，对古今方志都抱有成见。而且这种对志书抱有成见的，在学术界也颇有其人。

说到对志书抱有成见的事，情况或许是确实存在的。我认为，要让这些人消除成见，必须依靠方志界自己的努力，用志书的质量来提高这种文献的身价。前面提及，前一轮修志的后期，我们的志书质量已经有了较大的提高，如我在 1997 年参加北京评奖中看到的，可以称得上佳志如林。这些年中各地寄给我的通志和专志，也都是较好的。但实际上的确还有不少质量不佳的志书。在国内，我无缘看到，倒是在国外，因为志书公开发行，有些书香人家，着眼于当前中国志书的装帧讲究，买来在家中插架当装饰品。我在北美讲学时，有些外国朋友，请我们夫妇到他们家中吃饭，我才有机会看到一些锦绣其外，败絮其实（我只看有关地理的卷篇）的货色，令人不胜遗憾。

希望在我们二轮修志中，不要出现谭先生所说的“越修越差，越修越错”的现象。在前一轮修志中，质量称优的浙江《慈溪县志》主编周乃复先生曾在其《中外地方志比较研究的肇始之作——评陈桥驿先生〈中日两国地方志的比较研究〉》（《中国地方志》1993 年第 4 期）一文中，作了“我国这一届修志队伍的结构是不够理想”的抱怨。为此，要避免谭先生所说的现象，各地都应该重视修志队伍的结构，重点在于提高修志队伍的素质。提高修志队伍的素质，当然有许多事情要做。我认为，《事录》和《通鉴》，是提高志书修纂者的重要教材。

陈桥驿　2007 年 4 月于浙江大学

自序

一

《中国方志五十年史事录》出版之后，促使我继续上溯，以两三千年前的方志史事为源头，重新梳理方志的历史，有三个动因的推动。

动因之一，是2000年4月20日，时任中共中央政治局委员、国务委员、中国社会科学院院长、中国地方志指导小组组长的李铁映同志，指示地方志指导小组办公室组织力量编纂一部《志书通鉴》。基于我当时职责及自己对办公室情况的了解，觉得不得不先做一些预为的考虑。2002年5月30日，我被正式聘为《志书通鉴》编委会成员。其后6月，在四川省驻京办事处召开的一次有各省、自治区、直辖市志办主任及若干方志专家出席的编委会第一次全体会议上（因该驻京办地在崇文区龙爪树街道，故我们称之为"龙爪树会议"），我曾提出个人的设想，认为该书应当如《资治通鉴》的编写法，主要是按时序记述地方志的史事（包括志事、志书、志人、志法、志论、志体、志用、志传），并仿"臣光曰"的体式，适当加一些"按语"，以增强该书的实用性。但这个设想没有为主事者所采纳。按当时具体分工，在这个编委会中，我只挂了一个"编委"之名，实际编写工作则没有我们办公室任何一个人的事。故陈桥驿、仓修良等几位先生，在会上就提出办公室有意"埋伏了自己两员大将"之议。师友们既诩我等为"将"（自愧实不敢当），我只好按自己原先的想法来个"不委自编"，尽一份志人的职责、良心。

动因之二，是方志前辈陈桥驿先生在为那本《中国方志五十年史事录》所写的序言中略谓，中国方志史上曾出现过六次修志高潮，除六朝至隋的第一次"有《隋书·经籍志》的一段简短文字可稽"，第二次北宋大中祥符年代之后，"有《玉海》条目略获端倪外，其余从明嘉靖到民国，都无人进行总结评论，这是在方志史上令人遗憾的空缺"。"从上世纪80年代之初到世纪之末，中国方志史上出现持续20年的第六次修志高潮"，诸葛计的《事录》"有条不紊地把50年特别后20年高潮中涌现的巨量史事，细分缕析，从容编年。在中国方志史中，《事录》无疑具有划时代的意义"。

《隋书·经籍志》及《玉海》,乃历史上两部名著。陈先生将拙著《史事录》与两书并列而提,给以如此高的评价,称之为"具有划时代的意义",真使我汗流浃背,羞愧得无地自容。不过细思陈先生之言,从他所说的"方志史上令人遗憾的空缺"一语中,倒使我体会到先生殷殷期望之情。这是老一辈学人之期望,也是历史之期望。正是先生的这种殷殷期望,使我萌生了一个不自量力的想法:在先生的这个命题之下,进行一些试探性的努力,将这"方志史上令人遗憾的空缺"略作补苴。这就是在下要补纂本书上卷的另一个动因和缘由。

动因之三。促使我下决心来做这个集体编书之"召集者",还有一个未为外人所知的推动力,这就是那本《中国方志五十年史事录》出版的遭遇。该书稿初成之后,由于自己无力筹措出版经费补贴,也不懂出版运作事宜,不得不交由一家文化公司去运作。但不知出自何种原因,该公司竟公然违背协约,将作者的一个尚在校对中的未完全定稿,在未经作者同意的情况下,悄悄地删除原稿5万余字,便匆匆交由协议外的另一家出版社出版了。致使该书中出现校对方面的错误就达500余处之多,错误率达万分之五以上,成了一本废书、残书。更令人不能容忍的是,不知出自何种考虑,竟将作者二校稿中附有的《引据书刊目录》、《人名索引》、《书名索引》三个附录的前两个删除,又将《书名索引》径改为《参考文献》印出。凡具一点著述常识者俱知,"书名索引"系指本书中曾涉及的书名;而"参考文献"则是本书撰述中取材或曾参考者。该书中所涉及的若干种宋、元、明、清的旧志,有的早已是佚而不存之书,你诸葛何处得以参考?如此列出,你诸葛不是愚人的骗子又是什么呢?从现在所附的《参考文献》中可以看出,所列书目都是按书名的四角号码排序的。参考文献(书目)只有以参考和引用的次数多寡(重要程度)、或出现先后为序,哪有以书名笔画或四角号码为序的?现在书中第827页中档第27行《盂县志》之后的"1011",就是其下《驻马店市志》头一个"驻"字四角号码的排列序号,是删稿的人大意中留下的铁证。败坏一个学人名声的做法,莫此为甚!然书已出版发行,徒唤奈何。

不过笔者在读古先贤书中,学到了一条做人之原则,这便是绝不为困难和挫折所击倒,不在挫折和困难面前唉声叹气,怨天尤人。而要将困难、挫折和失利变为一种磨砺之石,推动自己努力前进。可以说自己的一生之中,从这一原则里获益匪浅。1985年癌症将我击中之时,就是这一原则让自己从过去的诸多坎坷中都"逢凶化吉"、成为幸运宠儿之经历里面,获得了坚强的自信,认为过去遇到那么多凶险的磨难都"抗"过来了,这点疾病就不信战胜不了它!最后果然又活了下来,至今又二十有九年矣。我过去经历重大的坎坷,包括1944年患重疟疾,已被家人弃于埋葬小孩之稻草包中,又从奄奄一息之中顽强地活了过来;1949年全家人"问舍求田"(当时理解为求租别人之田地和觅一栖身之所)都不可得,面临生活绝境之时,又欣逢广西解放;考上大学时,身边只有一个享受生产队"五保"的伯父,显然无力支持我上学,又是人民助学金使我完成了学业;毕业分配时,面临国家历经经济极度困难之后的调整时期,绝大多数同学都被分配下了煤窑,自己却幸运地分配到了中国科学院历史研究所

(当时同学们都戏称这是"入地"与"上天"之别)。而今遇到的这点令人恼火的"出版事件"是不幸的,然与前面那些不幸相比是微不足道的。但它却同样成了令我决心编纂本书上卷的一个巨大的动力,希冀编成之后,将那本残书经补充、改正后也纳入其中,还它一个本来面目。就这促使我加快了对本书的编纂速度。

着手工作之初,面对堆积如山之大量需要查阅的书刊,我采取了手不离卷的做法。乘公交车时看,上医院排队挂号时看,晚上睡醒时也看。凡遇到觉得有用资料都做出记号,待时间允许时输入电脑,随时加以整理。经十数年之积累和近十余年突击之功,总算做成了目前的样子。如果没有这件令人恼火之事这个动力的逼迫和推动,我这么多年的退休时光,很可能就懒散下来,在下棋或看影碟中浪费掉了。这也是坏事变好事之一例吧!这是应当感谢那家文化公司和那家出版社的。在《中国方志五十年史事录》的《后记》中所说的那些感谢的话,都非我之本意,亦非我写之原貌,那是别人篡改之后,在我不知情的情况下,硬套加上去的(自写的《后记》感谢的是原合同的另一家出版社的另一些人)。而现在写的这个对他们的感谢之词,则是我亲手所写、出自至诚的了。

二

中国方志从它滥觞时期算起,至今日社会科学中正式之一门学科——方志学之奠定,已有四五千年的历史。其间的渊源、吸纳、扬弃及分合流变过程,是这一学科所当研究之重要内容之一。自古及今,论述方志史者不乏其人,著作亦夥。但近代以来,方志史的著作,多是偏重于探讨宏观和中观规律者居多,系统地细述前人一步步点滴积累之过程者则偏少。如何通过发潜阐幽,以披沙沥金之态度,汇集足以反映方志学之出现、形成和发展变化情状之资料,是探讨方志学史不可或缺的工作之一。从前人实践、探索提供之经验教训中,亦可作为今后修志之鉴诫。

或许有人会说,作为学术研究,该当注意探讨带规律性的东西,至于具体的一事一物,非所要也,不必斤斤计较。在下则认为,探讨规律性的问题固然重要,但如若具体史事不清,亦有可能影响所概括规律之准确性。仅如中国何时在朝廷里有正式修志机构的出现,就是许多只注意宏观的著作所忽视的一个问题,致以讹传讹,谬说流传。时至今日,几乎所有的权威著作中,都说"大观元年(1107)创设九域图志局",是我国于中央政府设立专门的修志机构之始。在本书撰写中我发现,这明显地搞错了。九域图志局之设立,起码应在大观元年前30多年的熙宁八年(1075)就已设立。且九域图志局也不是中央政府里最早设立的修志机构。(详见本书105页《四明图经》条)类似之例,还可举出若干,在书中均有揭出,在此不赘。

现在本书中编排时段的划分,采取的是前疏后密的原则,明以前是以王朝的"代"划分,清代是以"朝"来划分,民国以后则是按年划分。采取这样划分法,有两个原因:一是不同时段所掌握资料的多寡不同,年代越早资料越少。随着时代的演进而渐次加多,到了近现代、尤其是当代,资料则多到可以用汗牛充栋来形容。如果都以朝代来划分,则段与段之间篇幅含量会畸轻畸重,过于悬殊。用这种前疏后密的划分法,既可以照顾到资料多寡的实际,还可用"详近略远"聊以自慰。

原因之二是,先期在资料铺陈之时,头脑中对方志的发展过程还勾勒不出一个粗线条的轮廓。就是资料铺陈完了之后,虽然略有印象,依旧没有完全理清一个头绪。现在这个仍显模糊头绪的理出,是在其后参与与刘纬毅先生等合著的《中国方志史》(三晋出版社 2010 年 4 月出版)的编写当中,受刘先生等的启发才逐渐得到的。在合著的那部《中国方志史》中,将方志发展史区分了 10 个时段:先秦时期是方志的渊源阶段;秦汉三国时期是方志的始创阶段;两晋南北朝时期是方志的一个多元阶段;隋唐五代时期是方志的图经阶段;两宋(辽金)时期是方志的定型阶段;元朝是方志的拓展阶段;明朝是方志的循进阶段;清朝是其兴盛阶段,达到了旧志发展的高峰时期;中华民国时期,是旧志向新方志嬗变阶段;中华人民共和国成立后,是新方志确立并进入大发展的阶段。

其实,方志这种著作体式与其他任何事物一样,自有其萌芽、形成、演变、发展的过程。在这个过程中,虽然朝代的更迭、不同朝代政治强权所倡抑的作用不容忽视,但绝不能以朝代的更迭变化来度衡方志学的发展步伐,毕竟它还有其自身的规律。从现在书中所罗列的资料,我认为方志史可以划分为以下七个时段:

一、方志从上古时期多种形态的萌芽至两晋南北朝方志的正式形成,标志是出现《畿服经》、《华阳国志》、《东阳记》、《入东记》等一批有代表性的志书;

二、隋唐出现以图经为主流的第一个修志高潮,标志是隋代将方志纳入官修,要求职方进地图,普诏全国修志,唐代修志形成制度化;

三、两宋方志体例趋向定型,出现第二个修志高潮,标志是由图经向方志的变化;

四、元、明两代是方志的拓展期,出现第三个修志高潮;

五、清代进入方志的兴盛期,出现第四个高潮;

六、从古方志向近代方志渐变的民国时期;

七、数学根号式发展的新中国修志高潮期。

这里所列的仅是所拟出的几篇文章的题目,如果要展开写出来将是一本不小的专著了,是本序言中难以容纳的,也是一时难以写出的,只好留待后日了。

三

如前所述,本书是遵陈桥驿先生所出题目的应命之作,是为补苴陈先生提出的"方志史上令人遗憾的空缺"而作。但其难度是可想而知的。以个人条件和力量来完成此历史之重任,可以说是不可能的。即使只是为补此空缺而作成一个较为完备之资料准备,也非个人之力可以作成。于是我便采取了一个类似集体共作的偷巧之法。当然这个集体共作之法,既未组建集体编书之班子，亦未轻易惊动任何一位参与者，而是擅将自古及今之方志工作者和研究者们视为集体纂辑之成员，在未一一征得他们首肯的情况下，将他们探索研究所得之成果，加以汇集，作出一个类似长编性的东西，为将来之大手笔来补这个历史上“令人遗憾的空缺”，铺设一些砂粒和石子而已(关于这点在本书《例言》中另有说明)。前人之一些研究成果是可贵的，有的在方志史上甚至可以称得上是了不起之巨大成果，但对于要补这个历史空缺而言，也都只是部分贡献而已。正是基于这样的认识，所以我敢于充当了这个集体共作的组织者，作了这个不自量力的启动。

本书纂辑在选事列条上，一本其在方志学发展史上的意义之“特”者为准。凡一件史事，一段言论，诸如一部志书志义之特，体例之特，编纂组织形式之特，修志人员之特，对方志认识、主张之特，吸纳资料之特，在补史之缺、纠史之谬方面作用之特，在方志史上意义之特等等，均尽可能地予以列条揭出。先贤对志书修纂中，于资料之收入，“不贵应有之尽有，而贵应无之尽无”(寿鹏飞《方志通议管窥》语)。本书中肯定远未做到应有尽有，亦未做到应无尽无。当然，主观愿望是想尽量向这样的目标靠拢的，但实际做到的程度及效果何如，则未敢必也。

现在出版的这本借助集体力量编成之书，如果还能对方志学研究起到一点推进作用的话，那应当是广大参与集体纂辑成员之功。其中存在不少的疏漏、缺点、错误，则是笔者这个纂辑“召集人”的失职所致，幸谅察焉。如有未以此作法为鄙之师友，肯于批评、垂示，余感幸甚，先致谢忱。

2006年10月25日草于北京昌平五桐斋

2014年10月14日修订于天通西苑双耕庐

例言

一、凡事著述，皆有义也。义者，主旨也，用意所在也。本书之作，意在对中国地方志之渊源、萌生、形成、流变暨发展过程作一通史式之勾勒。史之义，在乎鉴，对往事昔言之记述，以为今日之鉴也，故以"鉴"名之。中国方志源远流长。以学界对方志起源之不同看法，故其历史之短长各说不一。如按起源于原始社会之说，则其历史当在三千年以上；如按宋代方志定型为准，其历史则仅及千年左右。笔者赞同方志起源于"古地图"、"古国史"之说，其历史当在两千数百年而不足三千年。故书名定为《中国方志两千年通鉴》，两千年者，举其概数而已，非确数也。方志，今已成为社会科学丛林中之一单株，一门独立之学科——方志学。志界一般认为，方志学之诞生，只可追溯至梁启超，极而至于章学诚而已。似此与书名"二千年"则无关涉矣。鄙意则以为，自有志书之修纂，当即有方志思想之萌生。此等最初之方志思想资料，任其如何之朦胧粗浅，都应视作方志学史之源头，故可追至方志起源之时。

二、方志作为一门专门之学科，理所当然地包括方志历史、方志修纂实践、方志利用及相关之理论研究。这样一项著述之业，其内容自应包括修志行事及修志言论（思想）两部分。历史上修成之志书数以万千计，先行者均付出了极大艰辛，为我等留下了一笔极可宝贵之财富。然公私修志，行事上却多大同小异，而对志事之论说、意旨，则有类春园百花。故本书在选材时，志言往往多于志事，意在尽可能明此学问之发展脉络也。

三、历史上修成之志书有如汗牛充栋，且有存有佚。每种志书之序、跋、凡例，均述说了其修志之经过及作法、认识、主张。即未躬志事之不少学人，于彼等之论著之中，亦对志学多所发明。以个人之力，要对这些原书（文）一一细摩析读，是绝无可能的。更况笔者限于年事精力和查阅志书及相关著作之条件限制，就是对个人所藏之书亦未能一一细加析读。今书中所排列之言、行资料，绝大部分亦只采自他人之研究所得，所引多为二、三手资料。明知此为著述之大忌（更有甚者，引文中偶有明知其误，亦未能一一是正者），然无可如何者也。故本书实只可作为古今人等对方志学研究成果之一个初步汇集，为未来有能力之研究者提供一点未为完备之资料长编的线索而已，幸勿存更高之期望。书中所引资料，不少系笔者有过直接交往师友之书、文。彼等之中，有的已驾鹤西归，有的则以种种原因而另事他业。书中就资料所及，将他们一一列名（含书刊名、页码），亦有感念旧友之意，在此附说明之。

四、作为一种著述之作，习惯于详近而略远。然本书之性质则决定了需要反其道而行之，对古事、古言及鲜少获见之事、言，尽力钩稽，尽可能地还其本来面目。故书中对于较久远之事、志事相对沉寂时段之事、边远少数民族地区破方志天荒之事、域外于中国志事、志书之认识、对待、反映等，收录条件均作适当放宽，力争巨细毕录，尽量给以较多之篇幅。台、港、澳虽在域内，然以历史原因造成若干年与内地相疏相隔，其地之志事、志言也属少知难得者，亦如是待之。而于近代方志史中出现之新事、新论，诸如一种新观点之提出、一场有意义之学术争论、一个新篇目和构架之出现、一些新做法之探索、一则有见地之特别评论之面世、一些志书所产生之特殊功效等等，无分显晦，均尽可能记其萌生、经过、形成、效果、影响，以其有益于学术探索故也。然限于学界研究成果鲜少，或资料缺乏、编者识见所限等因，却依然难遂人意，亦无可如何之事，幸勿以失望而见责也。

五、本书以条目编年排列。凡志书之纂成或刻行有具体年月日期者，尽量做到以时为序；只有年份而难明月日者，系之于季，季亦难明者，系于该年之末；知其为某年至某年之间者，一律记之于下限之年末；能明朝代而难明具体年份者，系之朝代之末；仅知约成于某时段者，于前加一“约”字。一年（月）之内，先志事，再志书，后列理论著作；于志书，则以统志、省志、府、州、厅、县、镇、乡、村志、小志、专志、杂志为序；所书年月日，除民国时用阿拉伯数字者外，其余均系中国传统之阴历，一些难明公历、阴历者，一仍其旧；一些学人的方志主张，难究其发言之具体时间者，系之于其所论、所举相关志书之下；此亦难于做到者，则在介绍他人之相关论述时，带而及之。

六、志书、志人、志事、志言之选条立目，以值得方志史研究之注意，或可为今日修志之参考借鉴为标准，诸如编纂之组织领导、指导思想、资料收集、编纂过程之特别值得注意者，有较新（或明显陈旧）的方志思想或识见者，体例有所创新者，有特殊篇目者，有少见难得之资料者，有在当时或对后世有较特别影响者，有可释史之疑、补史之缺、纠史之谬者，以及个人与志事有关之轶闻雅事、丑闻秽行等。至于修、纂者之官位高低、学术地位及声名之大小显晦，不在重点考虑之内。个别虽知其曾修成，但已不知其体例、内容之志书，亦间收录，意在明其时修志之广度与密度也。一些志书，本身并无多少值得注意之处，但为了带出某值得注意之事、之言，亦为列条，意只为该事、该言报一“临时户口”，使其有所列系而已。凡志书有同名者，尽量加所属省、区名，以便区别。

七、资料出处采用夹注形式，引书者注明页数（限于篇幅，版权页中之细项，仅见于首出之条，余则俱见后附之《引据书刊目录》）；引用单篇文章者，注明刊名、期数、作者姓名及文章名。全抄原文者，注明“转见”，在综合叙述中连而引及者，用“见”。行文中，凡志书名则加书名号，卷(篇)名及细目则视需要而定。书中以引用他人话语为多，所引者有古有今，文白不一，故行文中尽量糅合，以取其中，至其伦类不遑论矣。

八、一些条目之下，偶有加“按”者，其中仅有极少数为笔者一得之见，或在提请读者注意而已，多数还是另一种转录他人识见之形式。一些学人编制之总括性之系统资料、图表，笔者无可置喙者，不便纳于“按语”之中，则径以“附载”形式出现，置于相关之处。意亦在于尽量增加本书之资料含量耳。

九、为便读者检索，书末编有全书《书(文)及专名索引》和《人名索引》。书名仅限于立有专条之书及行文中极少见之书名；人名亦止限于立条目之书的修纂及著作者，行文中所涉及之书名、人名，以篇幅所限，未能一一点及。

十、20世纪七八十年代开始至世纪相交之年的新一轮修志，在中国方志史上具有划时代之意义。本书既是中国方志学两千年之事、言录，这一段无论如何都是不可少的。今将原出版之《中国方志五十年史事录》，经补充、修正后纳入本书，作为下卷。《引据书刊目录》、《书(文)及专名索引》及《人名索引》，均为上下卷统编，卷之下部比上部，稍有加详。

2006年3月草，2010年7月修订

2014年10月订定

目 录

卷前

卷之上

卷之下

卷之上

上古至战国时期（公元前 221 年前）

传说中的神农氏时代，有白阜画《神农地形图》，“画地形，通水道之脉”。（见王应麟《玉海》卷一四，光绪九年浙江书局重刻本）

按：这则《神农地形图》是古籍记载中，我国出现最早的地图。就事物发展由简至繁之规律，最先出现的当是某一方面内容较单一之图。如“水道图”、“山川图”等地形图，必先于综合性之区划图、境域图等。

关于中国方志之源，比较普遍的是主张多源说，笔者亦赞成之。作为一门学问，尤其是像地方志这样一种内容丰富、体式多样的一类著作，不可能偶发于某一朝夕，必有一个逐渐吸纳众多渊源而萌芽、形成、发展的过程。这是一个从多处汲取、继承，加以丰富、融合的过程。不少研究者均称，中国古方志，多由地图演变而来。元人戴良在卢镇《重修琴川志·序》中有言：“古者郡国有图，风土有记，所以备一方之记载。今之志书，即古图记也。”（转自王晓岩《分类选注历代名人论方志》，辽宁大学出版社 1986 年 12 月版第 5 页）清人章学诚说：“图谓土地形象、田地广狭，即后世图经所由昉也。”（《为张吉甫司马撰大名县志序》，张树棻辑《章实斋方志论文集》，山东省地方志编纂委员会办公室 1983 年 11 月重印本第 291 页）王庸认为：“中国古来地志，多由地图演变而来。其先以图为主，说明为附；其后说明日增而图不加多，或图亡而仅存说明。遂变为有说无图与以图为附庸之地志。”（《山海经图与职贡图》，转见《中国地方志》2002 年第 4 期邱新立文）靳生禾认为：“我国始有方志之作，可溯之于先秦以图为主，以文为辅的土地之图。”（《中国历史地理文献概论》，转自《山西地方志》1989 年第 1 期刘纬毅文）正因古地图乃方志主要源头之一，故本书遂从地图说起。在其后亦多处有述及地图者。

传说中的黄帝时代，出现有《九州图》。《玉海》卷一四引《太平御览》谓：“黄帝受命，风后受图，割地布九州，置十二图。”

按：中国之有九州说，当始于此。

夏代禹时，禹铸九鼎。鼎上所铸的内容已经可以反映出不少自然现象和部分社会内容。故有人认为这是方志渊源之一。如清尹琏在贵州《定番州志·跋》中谓："禹铸九鼎，以象九州之分野，山川之财赋、禽鱼、飞鸟、昆虫、草木及人物、鬼怪之属，无不备之于鼎，此志之始也。"（转见王希龙《地方志与地方官的历史渊源及相互关系》，载《巴蜀史志》1999 年第 6 期）

按：有人认为，方志之源可以追溯到更远的原始社会的刻画、图绘和口头传说。彭静中在《中国方志简史》一书中认为，中国方志的起源，"应上溯到人类社会出现之际，人们为着生存和生产斗争的实践，首先必须认识周围的自然与社会环境，天文、气候、山川、物产、动植飞禽等等，在传承经验，指导实践中，因为文字尚未发明，所以，往往通过简单的刻划或图绘、口头传说，或以诗歌韵语的形式来帮助记忆和认识客观世界，这应是地方志的真正起源。"（四川大学出版社 1990 年 8 月版第 4 页）"原始人洞穴中，留传下来的壁画图绘、遗物、遗迹和墓葬等，这就是原始的一方之志的开端和遗留，也就是中国地方志的起源。"（第 24 页）他认为，传说中的禹铸九鼎，除了九州风土、物产、神物之外，另有"图法"。"既有'图法'，又有专门典守之太史官吏，虽有官司属史，这'图法'与其说是国史、地方史，倒不如说属于地方志。"（第 28 页）这种铸鼎之法，当是由山洞石壁及器物之刻画演变而来。除了内容比原始刻画更系统、充实之外，还利于长久保留。

是时，已出现有《山海经》的部分内容。《山海经》今存 18 篇，为汉刘歆所编定者。刘歆在序中谓："《山海经》者，出于唐虞之际。禹定高山大川，盖与伯翳主驱禽兽。命山川，类草木，别水土，四岳佐之，以周四方。逮人迹之所希至及舟舆之所罕到。内别五方之山，外分八方之海。纪其珍宝奇物，异方之所生水土、草木，禽兽、昆虫、麟凤之所止，休祥之所隐，及四海之外，绝域之国，殊类之人，古文之著明者也……可以考休祥变怪之物，见远国异人之谣俗。"（转见《玉海》卷一五）

经刘歆编定之《山海经》，全书由山经、海经、大荒经组成。据后人研究，其中的山经成书最早，约在战国时期，记述了 400 多座山。其特点是以山为纲，按方位分成五区（南山经、西山经、北山经、东山经、中山经）进行记述。涉及地理、历史、文化、中外交通、神话、民族、动物、植物、巫医、祭祀、矿产、民俗等，内容较为丰富。其中关于矿物之记录，是世界文献中的最早者。（见吕志毅《方志学史》，河北大学出版社 1993 年 10 月版第 4 页）是书以"图"为主，与经文即"书"为注脚相结合。如杜预《春秋释例》所云："非书无以志古，非图无以志形。"（转自《玉海》卷一五）王庸认为，这些图"虽有地图之意，而所绘者仍系山川、民族等事物之图，与近世地图之抽象绘法，迥不相侔；惟与中国旧式地图所绘比例不确之山川、道路，而以文字记其里数、方位以及户口、军实之类者，仍属古今一辙；所不同者，人民风俗等实物之图大抵当较减少耳。由是观之，则《山海经》之原始状态，殆以图为主体，而文字不过其'附庸'，所以补图绘之不及者；及后世图失其传，而文字始反客为主"。（转自邱新立文）他认为"《山海经》一书，不仅为中国原始之地志，亦可谓中国最古地图之残迹矣"。（转自吕志毅《方志起源研

究》,载《中国地方志》2003年第5期)

傅振伦称:“《山海经》载山川、形势、土性、物怪、古迹以及道里之远近,物产之大概,实一地文地理也。”(《中国方志学通论》,北京燕山出版社1988年8月版第21页)吕志毅则认为“《山海经图》开了中国地方志有图有文的大源。此后,我国地方志在不同历史阶段内多为有图有文之作,这乃是不同于一般史书的重要特点之一”。(《方志学史》,第5页)彭静中认为,“《山海经》被认为古之地志,是比较准确的。”(《中国方志简史》第50页)

按:关于山海经的图,吕志毅认为“是我国最原始的图经之作”。他引述前人之论以证之,谓:杨慎《山海经补注序》认为,《山海经》图最古,源于夏之九鼎。沈钦韩补注云:“今《山海经》所说形状物色,殆鼎之所象也。”洪亮吉《诂》云:“今《山海经·内经》,《大荒》等篇,即后人录夏鼎之文也。”袁珂在《山海经校注》中更认为,《山海经》应为《山海图经》。如吕、袁之说可以成立,则“图经”的出现,比出自汉代的传统说法,似更提前了一大步。

是时,已有将《九州图》刻之于石者。《玉海》卷一四引《述异记》谓:“鲁班石为禹《九州图》,今在格城石室山东北岩中。”

按:如此说确,则此当系地图上石之最早者也。

夏代(公元前21～前16世纪),出现有《益地图》。《玉海》卷一四引《帝王世纪》曰:“西王母慕舜德,来献白环及玦,并贡《益地图》。”又引《集仙录》谓:“黄帝在位,王母遣使乘白鹿集帝庭,授以地图。舜在位,遣使献白玉环及《益地图》,遂广黄帝九州为十二州。”

按:是时又有《禹山川图》。据云,禹对统内山川不能一一亲至祭祀,只好按图而祭。(《玉海》卷一四)

商代,给今人留下了大量的甲骨文片和钟鼎金文辞。甲骨片上刻记大量的是卜辞,有关重要之卜辞,又铸之于钟鼎之上。“以事记于卜辞,王命铸于鼎彝。”这里所记的“事”,涉及政治、军事、经济、地理等方面。有人认为,甲骨卜辞的记载在许多方面,与后世方志有着许多共性之处:“其一‘记载现实,反映当代’;其二‘以时为序,再系以事’,同方志中的大事记非常相似;其三,‘记载地方,内容丰富’……其四,‘资料翔实,述而不论’。”总之,商代“史官所记而产生的甲骨卜辞,带有后世志书的某些特点,而方志的源头则应从商代史官找起”。(邸富生《中国方志学史》,大连海运学院出版社1990年4月版第4页)

按:据樊志全《地籍五千年》中称,自1899年发现甲骨文至今,先后出土刻有文字的龟甲兽骨达20万片,其中与农业生产有关的有600多片,涉及农田的132片。(中国大百科全书出版社2003年12月版第12页)

周朝武王时(前11世纪),出现《度邑篇》及《洛篇》。《玉海》卷一五引《汲冢周书·序》有云:“武王平商,维定保天室,规拟伊洛,作《度邑(篇)》;周公既诛三监,乃述武王之志,建都伊洛,作《洛篇》。”其解注文有谓:“维王克殷,国君诸侯乃厥献民,九牧之师,见王于殷郊,王乃升汾之阜以望商邑……曰:自洛汭延于伊汭,居阳无固,其有夏之居。我南望过于三涂,我北望过于有岳,丕顾过于河宛,瞻延于伊洛,无远天室,其名兹曰度邑。""周公俘殷献民,迁于九里。俾康叔宇于殷;俾中旄父宇于东。乃作大邑成周于中土。城方千七百二十丈;郛方七百里。南系于洛水,地因于郏山,以为天下之大凑。制:郊甸方六百里。国西土为方千里,分以百县。县有四郡,郡有四鄙。大县立城,方王城三之一;小县立城,方王城九之一。乃设丘兆于南郊,以上帝配后稷、日月星辰,先王皆与食。建大社于周中。其壝,东青土,南赤,西白,北骊,中央黄。将建诸侯,凿取其方一面之土,苞以黄土,苴以白茅,以为土封,故曰受则土于周室。"(《玉海》卷一五)

按:从上引解释之文字中可知,这两个《篇》的内容,为武王克殷之后,对殷遗民的安置及洛邑规划之制,殆后世都邑志之滥觞欤?

西周共王时铸的《格伯簋》和《五祀卫鼎》都有记载当时的土地关系之铭文。前者的铭文是一则土地转让契约,载有格伯以良马四匹以易倗生三十田,并注有立约时间和地点、查勘田地经过及其四至。后者有铭文132字,是一则田地与田地交易的契约。(见樊志全《地籍五千年》第18~24页)

西周时(前11世纪~前770年),已有专门的史官之设,掌管相关的籍册资料,遂有《周礼》(汉世初出时称《周官》,因与《尚书》中之《周官》篇名同,改称《周官篇》。刘歆撰《七略》时,以西汉末列为经而属于礼,故更名为《周礼》)一书的出现,相传为周公摄政之时的一部设官分职之作,故被视为周公所作。经学界考证,其正式成书于战国。当是如《山海经》一样,其中的一些内容出现较早,正式编定成书则较晚也,具有追记性质。战国时写定之《周礼》,原书已不可见,后世传者只有汉郑玄注、唐贾公彦疏之本。虽是后代写定之书,但并不能以此就否定其反映周代的内容,认为其完全都属子虚乌有。宋人王应麟在《玉海》卷一五引述《周礼》中有涉方志的有这样几段:"春官:小史掌邦国之志","外史掌四方之志","地官:土训道地图以诏地事,道地慝辨地物以诏地求","诵训掌道方志,以诏观事,道方慝以诏辟忌知地俗","夏官:训方氏道四方之政事与其上下之志,诵四方之传道","正岁则布而训四方,而观新物"。在"小史掌邦国之志"下引注文云:"《周志》、《郑书》之属。《正义》:诸侯国内记录之事。"在"四方之志"下引注文云:"若晋《乘》、楚《梼杌》、鲁《春秋》。"可见春官、地官、夏官以及小史等的职责都是记"四方所识久远之事"。

从这几段文字可知,所谓"方志"就是"四方之志"的简称,讲的是同一类籍册。小史只负责掌管"四方之志"。至于向周王讲解这些方志的内容,则是"诵训"的事。他们的任务是"道方志以诏观事,道地慝以诏辟忌,以知地俗"。清人孙诒让注云:"方志,即外史四方之志,所以识记久远掌故,外史掌其书。此官(指"诵训")则为王说之,告王使博观古事。"此时与方志对称的还有"诏辟忌、知地俗"的"地慝",是专记风俗的。

按:这是"方志"一词的最早出现。此时的"志"与《地官·土训》所"道地图以诏地事”的“图”是对称的。“志”专于记事;“图”专于绘形。故是时之“志”,专指文字记述,与后世兼有记事与图形之方志不同。晋时人左思作“三都赋”,其中《吴都赋》所讲的“方志所辨,中州所美”,(张铣注云:“方志,谓四方物土所记录者。”)才是与我们今天所谓方志之意相一致的。

《周礼·夏官》又载:“职方氏掌天下之图,以掌天下之地,辨其邦国、都鄙、四夷、八蛮、七闽、九貉、五戎、六狄之人民,与其财用、九谷、六畜之数要,周知其利害,乃辨九州之国,使同贯利。”其下又依次略叙了扬州、荆州、豫州、青州、兖州、雍州、幽州、冀州、并州的地理位置及山川、人民和物产等简况。(转见黄苇等《方志学》,复旦大学出版社 1993 年 6 月版第 114 页)

基于以上,于是有人认为方志源于《周礼》。将方志说成起源于一部专讲官职之书的说法固显勉强,但说此书中已载有类似方志这种体式的书籍,是可以的。将《周礼》追为方志之源者,最早的是司马光。他在《河南志·序》中说:“《周官》有‘职方’、‘土训’、‘诵训’之职,掌道四方、九州之事物,以诏王知其利害,后世学者为书以述地理,亦其遗法也。”明嘉靖《河间府志·叙》中亦说:“志者,郡邑之史也,古以来恒有,而于今为重。盖《周礼》有小史以掌邦国之志,有外史以掌四方之志,而又有职方氏掌天下之图。”(均转自仓修良《方志学通论》修订本,方志出版社 2003 年 10 月版第 10 页)经过清代章学诚进一步发挥,主是说者甚多。如清人任兆麟在《同里志·序》中就说:“地志曷昉乎?《周官》:外史掌四方之志,小史掌邦国之志,诵训掌道方志,此即后世郡县志之权舆。”(转自刘纬毅《也谈地方志的起源》,载《山西地方志》1989 年第 1 期)

按:《周礼》中还有:“司书掌邦中之版、土地之图,以周知入出百物。”“版”,版籍也,其意有二:一曰户籍也;二曰“宫中阉寺之属及其子弟录籍也”。后世之户籍亦有称作“版籍”者,盖以此也。

周时,已有《九丘》——九州之志的出现。《左传》中谓楚国左史倚相,“能读三坟、五典、八索、九丘”。有说也为职方氏所掌守。是书共 9 篇,篇言一州。其小序有言:“九丘者,乃所谓方设居方,别生分类者也。九州殊土异俗,各因其性,顺其旧而教扰之,故为九篇,篇言一州也。”《玉海》卷一五引汉孔安国《尚书·序》,谓:“九州之志,谓之《九丘》。丘,聚也,言九州所有,土地所生,风气所宜,皆聚此书。”故亦有人将《九丘》看作方志的源头之一。元集贤殿大学士许有壬就说:“九州之志,谓之《九丘》……志之由来尚矣。”(《大元一统志·序》,转自张国淦《中国古方志考》,中华书局 1962 年 8 月版第 115 页)明人陈作霖亦说:“古者九州之志,谓之《九丘》……《九丘》亡,而后岁时记于荆楚,风土述于周处,方舆载于祝氏,虞衡笔于石湖。与夫名贤有录,花石有谱,斯各具丘之一也。而外史之遗意,今志之大凡也。”(正德《新市镇志·序》,转自刘纬毅《中国地方志》,新华出版社 1991 年 12 月版第 19～20 页)

周时又出现有专书《帝王图籍》(《玉海》卷一四)。“图籍”之意亦有二:一曰地图也;二谓“图王及后世子之宫中吏、官府之形象也”,属“绘”之类。此《帝王图籍》当不包括地图,仅以帝王图绘(画像)及“宫中阍寺之属及其子弟录籍也”。

自东周至春秋时战国(前770～前221)时,各诸侯国皆有专司记事之史官,其所记之史,意在“表成败以明惩劝”。名称各有不同,有如《孟子》中所说的晋《乘》、楚《檮杌》、鲁《春秋》,《墨子》中所说的周之《春秋》、宋之《春秋》、燕之《春秋》。《庄子》中则统称为“百二十国宝书”,也就是后世所谓的“百国春秋”、“古诸侯国史”者也。这些“诸侯国史”亦是地方志重要源头之一。《华阳国志》卷八有云:“古者国无大小,必有记事之史,表成著败,以明惩劝。”宋人郑兴裔在《广陵志·序》中说:“郡之有志,犹国之有史,所以察民风,验土俗,使前有所稽,后有所鉴,甚重典也。”明人王世贞在万历《通州志》序中说:“窃谓今志,犹古史也。”王志坚在乾隆《苏州府志》序中也说:“郡邑之有志,盖本于列国之史。”章学诚在《湖北通志叙例》中说:“百国春秋”,是“封建时列国之遗”。又说“百国春秋,实称方志”。梁启超同意此说,并进一步发挥,谓:“最古之史,实为方志,比附今著,则一府州县志而已。”(《清代整理旧学之总成绩》第137页)于乃仁在《方志学述略》中认为:“方志之名,始见于周代典籍。《周礼·春官》:‘外史掌四方之志。’郑氏注:‘孔子制《春秋》,使子夏等十四人求周史记,得百二十国宝书。’墨子曰:‘吾见百国春秋。’所谓四方之志,百二十国宝书,百国春秋者,比附方志,殆性质同而体制异乎?”(转见于希贤、杨静琦编著《地方志与现代科学》,河南大学出版社1989年5月版第358页)将这些古诸侯国史作为方志源头之一的说法,为多数学者所主。

战国初期,有《国语》一书出现,这是一部汇编之书,通过对春秋时期八个诸侯国家相关人物的言论、对话、相互驳难的形式来反映历史事件。同时期出现的还有《战国策》一书,记载了战国诸侯国的政治、军事、外交等情况,特别是“士”这个阶层的活动。金毓黻把这两部书视为方志之源,认为中国地方志“启于《国语》、《国策》以国别为史,继于《华阳国志》,大成于各省州县方志”。(见《〈文心雕龙〉史传篇疏证》,载《中华文史论丛》1979年第1期)

战国时期(前475～前221),齐国出现有“管子之图”。《通典》引《管子》语曰:“凡主兵者,必先审知地图。轘辕之险,滥车之水,名山通谷,经川陵陆,丘阜之所在,苴草、林木、蒲苇之所茂,道里之远近,城郭之大小,名邑废邑,困殖之地,必尽知之。地形之出入相错者尽藏之,然后可以行军袭邑,举措知先后,不失地利。”(转自《玉海》卷一四)

按:这里讲的是地图对于行军作战之重要。当时有地图者,当不仅齐一国独有。

是时,中山国出现有《中山王陵兆域图》。此图1978年于河北平山县三汲村中山王陵出土。是以金银丝镶嵌而成的铜版陵园规划图,上有铭文450字。图面规整,线条匀称,注记清晰。

按:此图既以金银丝于铜版上镶嵌而成,足见其时制图技术已有较高水平。至是,地图除有刻于石者之外,又有镂于金属之上者也。一图上之铭文就达数百字,这也是图、志结合的最好实例。

是时,秦国有木板地图。考古工作者1986年于甘肃天水党川乡放马滩秦昭襄王墓中发现。共有松木板 4 块,其 3 块双面均绘有地图,一块只单面绘有,共是 7 幅。7 幅拼合起来,便是以秦故都邽县(今甘肃天水市)为中心之政区、交通、物产图。地图方向与今者完全相同(上北下南),内载有政区、聚落、山脉、河流、关隘、庙宇、森林等,记注文字 61 处。据同时出土的竹简及随葬品确定,该墓于秦昭襄王八年(前 299)下葬,故木板地图所绘内容下限为公元前 299 年。(转见刘纬毅等著《中国方志史》,三晋出版社 2010 年 4 月版第 33 页及中国测绘科学研究院古地图研究组编《中华古地图珍品选集》,哈尔滨地图出版社 1998 年 1 月版第三组)

按:上两则是今存最早的地图。此时不但有各国之图,且又有“天下之地图”。《史记・苏秦传》载苏秦在赵国,“以天下图案之”说赵王曰:“诸侯之地五倍于秦,料度诸侯之卒十倍于秦……”(司马迁《史记》,中华书局标点本 1972 年 5 月版,第 7 册,第2248 页)

是时,古代典籍之一《尚书》最后定型。其中的《禹贡》是一篇专门的地理文献,内容是以自然区域划分,分别记述了黄河中下游流域的山岭、河流、薮泽、土壤、物产、贡赋、交通等。由九州、导山、导水和五服四部分连缀成篇。《九州》部分以每州四至、水利治理情况、土壤、赋税等级、贡物、贡道路线为序记述。《导山》部分,列举山岳 20 余座,并归纳成几条自西向东的脉络;《导水》部分,以九条水系的河流为主线。所记内容直到今天仍有其真实的价值。故后世认为,《禹贡》是我国最早一部科学价值很高的地理著作,为《汉书・地理志》的重要取材之源,亦是方志之一个源头所自。元至正《金陵新志》作者张铉在其《修志本末》中说:“古者九州有志,尚矣!书存《禹贡》,周纪《职方》,春秋诸侯有国史,汉以来郡国有图志。”明人田顼在嘉靖《延平志・序》中说:“《禹贡》,志所由昉。”清人徐乾学在其所撰的《大清一统志凡例》中谓:“舆地之书,昉于《禹贡》。所载山川、疆域、土壤、贡赋,盖简而尽矣。《周礼・夏官・职方》掌天下之图,辨其人民财用畜谷之数,以周知利害。而大司徒掌邦之土地,别其名物,佐王安扰邦国。又有土训、诵训之官。春官小史、外史,复掌邦国四方之志。何其制之繁重而精详也。嗣后班固有《地理志》,范蔚宗有《郡国志》。方舆之记,以此为端。晋、宋、齐、梁,载籍杂出,惟陆澄《地理书》一百四十卷,任昉《地记》二百五十二卷,号称专家。”(转见彭静中《中国方志简史》第 354 页)傅振伦认为:“在我国封建社会初期,方志已有萌芽,树立了封建社会方志的雏形。《尚书・禹贡》和《山海经》即是这时典型著作。”(见《中国方志学》,载《傅振伦方志论著选》,浙江人民出版社 1992 年 4 月版第 24～25 页)朱士嘉认为“《禹贡》可算作是我国最早的《一统志》”。(《朱士嘉方志文集》第 141 页)吕志毅认为,《尚书・禹贡》篇,“是我国古代最早的沿革地理专篇,从记载的门类内容来看,它又兼具了全国总志性质”。(《方志学史》第 7 页)彭静中认为,“所谓《禹贡》,并不真是夏朝的贡纳赋税制度,它包括理想和现实的行政区域,并及山岳(导山)、水文(导水)、土壤、物产、水路(包括海路)陆路交通、民族等等。如此丰富的内容,却非长篇大论,全文只有 1193 字,算得是一篇古代的地理总志”。(《中国方志简史》第 53～54 页)

按：当代历史地理学家史念海先生在《论方志中的史与志的关系》一文中不同意此说。他认为，方志的记载小到一县或一乡，大到一个省或几个省，但总有一定的范围，不可能包罗全国。而《禹贡》所述包括“九州”，在那时“九州”和“天下”乃同义语，实际上是记载了当时整个中国的情况。不能把记载全国的载籍降至地方。（转见《北京师范大学学报》1982 年第 5 期）这就提醒人们，全国总志与地方志是有别的。但他并未否定《禹贡》可以看作地理总志。

秦、汉时期（公元前 221 年～公元 220 年）

秦朝(前 221～前 206)时编有《秦地图》。图虽亡佚,但于古史书中多有道及者。如《史记·萧相国世家》谓,汉高祖元年(前 206)冬十月,刘邦率军入关攻占咸阳时,“诸将皆争走金帛财物之府分之,(萧)何独先入收秦丞相御史律令、图、书藏之。沛公具知天下厄塞、户口多少、强弱之处、民所疾苦者,以(萧)何具得秦图、书也”。《汉书·高祖纪第一》谓:“元年十月……遂西入咸阳……萧何尽收秦丞相府图、籍、文书。”此图为《汉书·地理志》所引用者还有多处。这些图、籍、文书,后来入藏于“天禄石渠”之中。可惜到晋时已经不存。《晋书·裴秀传》中说:“今秘府既无古之地图,又无萧何所得秦图。”

这些引文中只有图书、图籍、秦图之称,尚未见“秦地图”之名称。清人姚振宗在《汉书艺文志拾遗》对班固《汉书·地理志》的考证中,才见有两处标明《秦地图》之称。一条是琅琊郡长广(县)条:“《秦地图》曰剧清地”;一条是代郡班氏(县)条:“《秦地图》书班氏。”刘纬毅等著《中国方志史》谓,《汉书·地理志》中涉及秦郡名 41 个,而《史记》列出秦的郡名只有 19 个,其余的 22 个都当引自《秦地图》。《史记》中提及秦县名者不足 10 个,《汉书·地理志》涉及其余的县名,也极有可能是摘自《秦地图》的。(见该书第 39 页)

按:刘纬毅认为,《秦地图》是一部反映中国郡县历史沿革、政区变化的总志,具有开创性意义。笔者愚见,谓其反映郡县制的总志,则可;如果仅从全国总志的角度来说,则其开创要早得多,因为此前出现的“天下之图”也具有总志性质。

又:需要注意的是,此时的图、籍、书,在古人眼里是有不同的。“图”指的是地图、图经;“籍”是户口簿册;“书”指的是各类文件。从萧何的举动来看,足见当时有见识的政治家已经知道地图、籍册等对于军事、政治之重要。又按《史记》说,从汉高祖自“图”中便知“天下厄塞、户口多少、强弱之处、民所疾苦者”来看,可知这种“图”也不单纯是图,而是还有不少文字的记述内容。这又是可将地图与图经并称之一例也。《秦地图》东汉时尚存,至魏晋时,裴秀已言秘府无秦图。张国淦在《中国古方志考》中推测,其“大抵亡

于董卓、傕、汜之乱"。(第47页)

秦汉之际,有《世本》之出现。《世本》成书时代尚有不同说法,其中一种说法认为成于秦汉之际,大体相去不远。其记录了先秦许多国家、部族的远古传说,是一部记录贵族宗谱之书,是各国相承世系之遗留。《汉书·司马迁传·赞》谓:"司马迁据《左氏国语》,采《世本》、《战国策》,述《楚汉春秋》,接其后事,讫于大汉,其言秦汉详矣。"彭静中说:《世本》之《帝系》为《史记》本纪之所本;《世本》之《谱》为《史记》表之所本;《世本》之《传》为《史记》列传之所本;《世本》之《居》篇,是叙黄帝以来的都会所在;《世本》之《作》篇,各叙器物之发明人。从后世方志来看,纪、谱、传,皆沿《世本》,而都邑和各物之创作发明,方志亦多所记录。"因此,与其说《世本》为诸侯国史,还不如说《世本》为早期之方志,还要适合些。""从某种意义上,他是一部总志性之地方志。"(见《中国方志简史》第62页)

是时,"杂述"渐兴,其中的郡书、地理书、都邑簿,多记郡及畿辅诸事,各为后世方志某一门类发祥之所自。

西汉初(文景之前),岭南出现有《从器志》。1976年7～11月,广西壮族自治区博物馆与贵县文物考古训练班联合发掘贵县罗泊湾1号墓,从墓葬中出土木牍5件,其中标为M1:161号的为《从器志》,记载了随墓主入葬的生活用物、生产工具、车马器、乐器、兵器、金、银、铁、玉石、玛瑙、琉璃、竹、木、麻、丝及植物、果实、种实等随葬物品。据考古学家推断,墓主为秦末至文景前(前204～前111)之人。是时该地为赵佗称王的南越国时期。该《志》基本上是按门类记述随葬器物,但不十分规范。冼光位认为,此称得上迄今为止,广西发现最早的志书雏形。(见冼光位:《西汉木牍〈从器志〉及其特点研究》,载《广西地方志》2001年第2期)

按:是志内容上实行横排分类记述,谨慎地说它是志书雏形,说它就是志书,亦无不可。不过它不属于地方志,而只是志书中的一种专志而已。

西汉文帝前元十二年(前168),下葬于今湖南长沙东郊马王堆轪侯家属利仓之子墓中,葬有缣帛三色的《地形图》、《驻军图》和《城邑图》等。此墓于1973年12月被发掘,编为三号墓。其《地形图》原无图名,因按一定的比例(1∶18万)、方位(方向为上南下北),绘制了西汉长沙国南部(包括今湖南、广东、广西三省区的联结地带)的山脉、山峰、河流等,故命其名为《地形图》。内中绘有河流(大小30多条,9条有名称)、水源、县城、乡里、道路(20多条)、里程等,绘有80多个居民点,其中县级之点8个,乡里级可辨认的74个。分别以方框和圆圈加以区别,图用青、淡棕、黑三色表示山脉、河流、道路、城邑、乡里等。历史地理学家谭其骧先生说:这《地形图》"是中国现存最早的地图,画着西汉初期长沙国西南部七八个县的地方。这个图画的很正确,我拿这幅图对照《水经注》、唐宋总志有关记载,完全符合,又拿光绪《湖南通志》来一对,就发现《通志》把三个县治的故址都搞错了"。(见《地方史志不可偏废　旧志资料不可轻信》,载《中国地方志通讯》1981年第5·6期)

《驻军图》,除山川、河流(20多条)、居民地(49处,并有居民户口数)外,突出表现了9支驻军的名称、布防位置、指挥城堡、军事要塞、烽燧点、防火水池等，是今存最早的驻军地图。《城邑图》所记之城已有相当规模，有多座豪华的宫殿建筑，有城垣范围、城门堡、城区街道，城墙上有城楼。这是至今发现最早的城邑图。

按：僻近岭南一地已如此，其他全国各地，当更有。至武帝时，建元六年(前 135)，淮南王刘安谏南征闽越，有“以地图察其山川、要塞，相去不过数寸，间独数百千里”(转见《玉海》卷一四)之语，足见当时制图已达到的水平。

汉武帝元狩六年(前 117)四月戊寅(初二日)，庄青翟、张汤等于未央宫奏，再次请立皇子闳、旦、胥为诸侯王。汉武帝令史官择吉日，御史奏舆地图。太常江充卜得四月二十八日乙巳(查是月丁丑朔，二十八日当是甲辰)可立诸侯王。丙申(二十日)，太仆公孙贺行御史大夫事，奏舆地图，请所立国名。武帝刘彻于是下制“立皇子闳为齐王，旦为燕王，胥为广陵王”。(《史记·三王世家》，中华书局标点本 1959 年 9 月版第六册第 2108～2110 页)可见汉武帝时有全国舆地图，又有分区图及各种专门之图(统称为杂图)。不过，据裴秀的《禹贡地舆图序》说，汉时所绘的舆地图及括地诸杂图，各不设分率，又不考正准望，亦不备载名山大川。其所载列，虽有粗形，皆不精审，不可依据。或称外荒迂诞之言，不合事实，于义无取。(转见《中国古方志考》第 47 页)

按：从所引裴秀之言可知，汉时不同类别的图已有分工，详略各有不同。《史记正义》曰：“天地有覆载之德。天为盖，地为舆，故云舆地图。”(转自《玉海》卷一四)地图之称为“舆图”、“舆地图”，盖本此也。

汉武帝时(前 140～前 87)设太史公，位在丞相之上。朝廷规定，天下郡国地志与计书同上太史公，副上丞相。故明人焦竑在《国史·经籍志》中谓：“古郡国计书，上于兰台，盖地志之属，往往在焉。”计书，或称计簿、计偕簿。郡国编造计书之官员称为计吏或上计。(参见刘纬毅等著《中国方志史》第 42 页)傅振伦谓，当是之时，为了加强统治，“疆理天下，物其土宜，知其利害，达其志而通其欲，齐其政而修其数”，故而载记全国土地、户口、物产、赋役、风土民情，乃至山川形势、道里远近、交通情况的计书，特别受到重视，既要上之太史，还要制作副本，送诸丞相府以资参考。(《傅振伦方志论著选》，浙江人民出版社 1992 年 4 月版，第 172 页)

汉元帝建昭四年(前 35)春正月，以诛郅支单于，告祠郊庙，赦天下。群臣上寿，置酒，以其图书示后宫贵人。(见《中国古方志考》第 48 页)

按：这里的“图”，大概就是匈奴统治地区土地山川之图。据此可知是时匈奴亦有舆图矣。

汉成帝建始元年至绥和元年(前 32～前 8)间，丞相张禹主管天下计书，以汉承百王之末，国土改变，民人迁徙，于是使其属官颍川朱赣采访各地风土人情，编成《地理书》一部。《隋书·经籍志》谓：“汉初，萧何得秦地图，故知天下要害……其后刘向略言地域，丞相张禹使属朱赣记风俗，班固因之作《地理志》。其州国郡县，山川夷险，时俗之异，经星之分，风气所生，区域之广，户口之数，各有攸叙，与古《禹贡》、《周官》所记相埒。”唐代史学家刘知几称其“言皆雅正，事无偏党”。

按：此当为后世方志中地理、风俗志之发端，是班固《汉书·地理志》之所据。王晓岩在《方志体例古今谈》中说，朱赣“条其风俗”，作的书名为《风俗记》，属于风土记一类。除记土地山川外，还记遗闻轶事，以及物产等。其后东汉应劭有《地理风俗记》、卢植有《冀州风土记》、杨孚有《临海水土记》等，三国时，吴沈莹有《临海水土异物志》，晋代有周处《阳羡风土记》等，均属此类。可见当时地理书与诸地记乃异名同质，称谓有别罢了。

汉成帝时(公元前32～前7年)，扬雄以27年之功，纂成《方言》(亦称《别国方言》)13卷。《玉海》卷一六《汉别国方言》条谓：“《风俗通义》曰：为政之要，辨风正俗，最其上也。周秦常以岁八月遣輶轩之使求异代方言，还奏籍之，藏于秘室。及嬴氏之亡，遗脱无见之者。蜀人严君平有千余言，林闾翁孺才有梗概之法。扬雄好之，天下孝廉卫卒交会，周章质问，以次注续。二十七年，尔乃治正，凡九千字。其所发明，犹未若《尔雅》之闳丽也。张竦以为垂诸日月不刊之书。郭璞序：‘三五之篇，著而独鉴之功显，不出户庭而坐照四表，不劳畴咨而物来能名。考九服之逸言，标六代之绝语，真洽见之奇书，不刊之硕记也。’”

按：这当是后世方志中方言、风俗类目之所自，故又有人以此提出方志源于《尔雅》之说。

西汉时，出现有《国朝》7卷。姚振宗《汉书艺文志条理》卷五谓：“本书地理志，汉承百王之末，国土变改，民人迁徙。成帝时刘向略言其地分，丞相张禹使属颍川朱赣条其风俗，犹未宣究。案本志叙云形法者，大举九州之势以立城郭，即此七卷是也，盖言西京郡国形势，以不立地理之目，无可类附，故次于《山海经》。其是否即为刘、朱所述，则不可考矣。”(转自《中国古方志考》第47页)

新王莽时(9～25)，有《地理图簿》之作，主要记述封建井田之制及全国州、郡、县地理及郡县改名等。《汉书·王莽传》“天凤元年”之下有云：“九州之内，郡百二十有五，县二千二百有三。”是书亦是班固《汉书·地理志》的资料来源之一。(转见《方志学史》第11页)

按：吕志毅在《方志学史》中谓：“此书于天凤四年(17)六月定稿。”(见第16页)

西汉末东汉初年，辛氏撰成《三秦记》一种。项籍灭秦后，分其地为雍、塞、翟三国，谓之三秦。是书记今陕西中部、北部和甘肃东部的地理情况颇详。所记“山川、都邑、宫室，皆秦汉时地理故事，并不及魏晋”。章宗源《隋书经籍志考证》卷六谓，是书“皆自述乡国灵怪”(所举例子甚多，见《中国古方志考》第144页)。刘纬毅谓，是书宋初尚存，北宋末年亡佚。北魏《水经注》、唐宋类书、史注多有征引。刘氏在其《汉唐方志辑佚》中辑得佚文53则，4000余字，记载三秦大地县邑之沿革、地名由来、山脉、河流、沙漠、古迹等，详于《汉书·地理志》，历史价值极高。其中所记沙漠之地的鸣沙现象尤为生动，有云：“河西有沙角山，峰岳危峻，逾于石山。其沙粒黄,有如干糒。又,沙角山之阳,有一泉,云是沙井,绵历古今,沙填不满。人欲登峰,必步下入穴,即有鼓角之音,震动人足。"(见刘纬毅等著《中国方志史》第48页)

按:是书属地理书,亦即地志(地记)之书。如果说郡国之书(郡书)多在记人,为一方之人物志的话,那么地志之书(地记)则重在记地,记风土。据王谟考证:"隋唐《志》俱不著录此书……凡六朝人著述,已相承采用,且所记山川、都邑、宫室,皆秦汉时地理故事。"邸富生认为,《三秦记》与《禹贡》、《山海经》相较,其所载疆域、山川、民情、风俗,不仅体例初备,而且记载详细,真实可信,是方志发展过程中的一大进步。(转见邸著《中国方志学史》第16页)

东汉初年(25年为光武帝刘秀建武元年),光武帝刘秀"始诏南阳撰作风俗(传)",(《隋书·经籍志》杂传类·小序)这是目前所知我国官方下令修方志的最早记载,更是由最高统治者皇帝下诏修志的最早记载。正因是诏之颁,意在表扬南阳人物,故在是诏的影响下,有人物类之作的大量出现。

按:诏书虽是命撰作风俗,但其用意是要表彰南阳的人物,故撰作的并非风俗而已,更多的则是人物传之类。故《隋书·经籍志》谓:"后汉光武始诏南阳撰作风俗,故沛、三辅有耆旧、节士之序,鲁、庐江有名德、先贤之赞。郡国之书由是而作。"

东汉初年,无名氏撰成《庐江七贤传》2卷。据姚振宗考证,"七贤"当是"先贤"之误(转见《中国古方志考》第290页)。此是较早的一部人物志,属郡书一类。

东汉光武帝建武八年(32),马援为"聚米图"以论形势。是年闰四月,征隗嚣,马援于帝前聚米为山谷,指画形势,帝曰"虏在吾目中矣"。殆即今之沙盘之祖也。

东汉光武帝建武十五年(39),朝廷已编成有《郡国舆地图》。《后汉书·光武帝纪》建武十五年载有:初,巴蜀既平,大司马吴汉上书,请封皇子,不许。重奏连岁,三月乃诏群臣议,大司空(窦)融等奏议曰:"宜因盛夏吉时,定位号以广藩辅,臣请大司空上舆地图。"于是太常择吉日具礼仪。(《后汉书·李恂传》)

是时,又有《括地图》及诸种杂图的出现。《晋书·裴秀传》谓:"今秘府既无古之地图,又无萧何所得(图),惟有汉氏舆地及括地诸杂图。各不设分率,又不考证准望,亦不备载名山大川,虽有粗形,皆不精审,不可依据。"

按:诸杂图当是全国总图之外的分区图及各种专门之图。

东汉建武二十二年(46),"右奥鞬日逐王比,密遣汉人郭衡奉匈奴地图。二十三年(47),诣河西太守求内附。"(《玉海》卷一六引《南匈奴传》)

按:献地图乃表示接受中央领导(内附)之意,故边境诸地凡求内附,皆有先呈送地图之举。

建武二十八年(52),出现于战国时的《越绝书》至是正式汇辑成书。是书原25篇,今仅存19篇。其篇目为:一、外传本事;二、荆平王内传;三、外传记吴地;四、吴内传;五、计倪内经；六、请籴内传；七、外传记策考；八、外传记范伯；九、内传陈成恒；十、外传记地传；十一、外传计倪；十二、外传记吴王占梦；十三、外传记宝剑；十四、内经九术；十五、外经记军气；十六、外传枕中；十七、外传春申君；十八、德序外传记；十九、篇序外传记。（转见张舜徽主编《中国史学名著题解》，中国青年出版社 1984 年 2 月版，第 229 页）

是书较全面地记述了春秋时吴、越两国之史地、物产以及吴王夫差、越王勾践和伍子胥、范蠡等人的史事。其中第三篇《外传记吴地》、第十篇《外传记地传》两篇中，主要记载吴越山川、地理、城邑等，故萧良干修，张元忭、孙鑛纂之万历《绍兴府志》卷五八序志中说《越绝书》"奥古多奇，《地传》具形势、营构始末、道里远近，是地志之祖"。清人毕沅和洪亮吉也都说："一方之志，始于《越绝》。"朱士嘉称《越绝书》"已具有地方志的雏形"，"是现存最早的方志"。（《朱士嘉方志文集》第 255 页）陈桥驿认为《越绝书》"按照今本全书十九篇来说，内容包罗极广，不能一律都作为方志看待"，但《吴地传》、《地传》两篇，"对一个地区的山川地理，作这样的记载，无疑为宋人及其以后的地方志编纂开了范例。把这两篇作为我国最早的地方志，确是恰如其分的"。（《宋元方志传记序》，转自《中国方志简史》第 81 页）傅振伦认为，《越绝书》和《华阳国志》是"古志仅存之硕果"。（《中国地方志通论》第 55 页）洪焕椿认为，《越绝书》"不但是浙江最早的地方志，也是国内现存最古的地方志"。（《浙江地方志考录》前言，浙江人民出版社 1984 年 6 月重印本）张国淦在《中国古方志考》中，将是书列为浙江通志类的第一部。黄苇等著的《方志学》中称：是书比之《周官》、《禹贡》、《山海经》的有关部分，较为周备可信。就时间而论，上自吴太伯，下迄后汉，已是统合古今；从方面来看，则横列人物、地理、都邑、建置、冢墓等门类，而且大都纪实。在体例方面也较接近于定型方志。（第 100、421 页）

按一：书内诸篇，大多为战国时人作品，汉代又有"附益"。原未署撰人姓氏。后来研究者据其书末"外传记"中有隐语："以去（吉？）为姓，得衣乃成，厥名有米，覆之以庚"和"以口为姓，承之以天，楚相屈原，与之同名"，故认为是东汉时袁康汇成，吴平较定。

按二：对于此书，有人则持完全相反的意见，认为它根本不是方志。当代方志学家、历史文献学家仓修良教授经研究，于 1990 年 8 月 15 日《光明日报》发表文章，否定了其为地方志书这种说法，提出《越绝书》是战国时期一批政客说越国君，谈述治国用兵之道，由当时的一些文人追记而成的地方史著作，根本不是地方志。中国社会科学院有关专家认为仓教授的观点"言之有物"、"言之成理"，是国内系统剖析《越绝书》得出薪新观点的第一人。（转见《广西地方志》1990 年第 5 期《文摘》）

东汉光武帝建武元年至建武中元二年间（25～57），奉光武帝刘秀之诏旨，有《南阳风俗传》、《京兆耆旧传》之出现，这是记载一地人物与风俗的"郡书"之作，其对后世方志影响颇大。史称光武帝"始诏南阳撰作风俗，故沛、三辅有耆旧、节士之序，鲁、庐江有名德、先贤之赞。郡县之书，由是而作"。（《隋书 · 经籍志》杂传类 · 小序）。《文苑英华》载许南容、李令深的《对策》中，有许南容说，"《京兆耆旧》，光武创其篇"，李令深亦说，"《京兆耆旧》之篇，创于光武”。(转自王晓岩《方志体例古今谈》第20页)可见《京兆耆旧》亦是光武帝时修的。自是以后,汉代便有《海内先贤传》、《沛国耆旧传》、《陈留风俗传》、《陈留耆旧传》、《三辅耆旧传》、《鲁国先贤传》、《会稽贡举簿》、《雍州文学记官志》、《汉中耆旧传》、《兖州山阳先贤传》等相继出现。至魏晋南北朝时期,出现的更多。隋唐以后转少(为人物志所取代),清末民初又有类似名称之出现,如顾沅的《吴郡名贤图传赞》、马通伯的《桐城耆旧传》、徐世昌的《大清畿辅先哲传》等。(见来新夏《方志学概论》第8页)

按:这是属于郡国之书(郡书)。有人引《隋书·经籍志》之语,认为《南阳风俗传》、《京兆耆旧传》便是中国方志之源头。如清人张学都在《太平县志·序》中说:“东汉以还,有《南阳风俗》、《襄阳耆旧》之纪,而志郡邑者始备。”(转见刘纬毅《也谈方志的起源》,载《山西地方志》1989年第1期)自是之后,这种专记人物的“郡书”便盛行起来,与“地志”(地记)形成双峰并峙的局面。记人为主的“郡书”,多记名德先贤、耆旧节士,用以叙功劝善,为乡里增光。由于刘秀下令修此书的目的,就在于表彰南阳人物,故又开了志书“有褒无贬”之先例。

又:史念海先生在《论历史地理学和方志学》一文(载《中国地方史志通讯》1981年第5～6期)中认为,此时的《三秦记》、《三辅黄图》属于述地一类,这一类是方志之主流,撰述的人多,书名也至为丰富;另一类就是记人的非主流派了。述地与记人的两大体例,自两汉至隋唐,大体前后沿袭。不过各自亦有就某些较细之项目而单独成书者。述地类有关于制图并加说明者,如佚名氏之《三辅黄图》和杨佺期之《洛阳图》等;记土地者则有朱育之《会稽土地记》;记山水者有黄闵之《神壤记》(记荥阳山水),刘澄之的《司州山水古今记》,宋居游之《衡山记》,庾仲雍之《汉水记》等;记名胜者有杨衒之之《洛阳伽蓝记》,刘璆之《京师寺塔记》(释昙亦有《京师寺塔记》一种),张光禄之《华山精舍记》等;记城池者有佚名氏之《国都城记》,佚名氏之《代都记略》,刘公锐之《邺都新记》等;记物产者有杨孚之《交州异物志》,朱应之《扶南异物志》,佚名氏之《京兆郡方物志》等;记道路者有蔡允恭之《并州入朝道里记》,佚名氏之《两京道里记》;记风俗者有圈称之《陈留风俗传》等;记人者如刘义庆之《江左名士传》、《江东名德传》,徐整之《豫章烈士传》等。这两类大致在北宋时期汇合起来,成为一种新的体例。这种新体例现存最早的例子便是朱长文所撰之《吴郡图经续记》。但他的体例是一仍祥符《苏州图经》之旧贯,所以这种汇合不会晚于祥符时。

同期,侍御史李恂“持节使幽州,慰抚北狄。所过皆图写山川、屯田、聚落百余卷,悉封奏上。肃宗嘉之,拜兖州刺使”。(《玉海》卷一四)他的这部《幽州山川屯田聚落》(《后汉书·艺文志》著录为《山川屯田图》)有百余卷,记载了幽州的山川、屯田、聚落,并有图。当是今河北及辽宁一带较早的志书。(见牛润珍《河北方志考略》,载《中国地方志通讯》1984年第3期)

东汉明帝时(58～75),蜀郡成都人杨终撰成《哀牢传》一篇,以记哀牢族历史沿流为主,

其中以《九隆世系》所载资料最为可贵，是为云南地区方志肇始之作。（见《方志学史》第32页）

按：是书早佚，今只有王谟《汉唐地理书钞》辑本及王叔武《云南古佚书钞》辑本流行。

东汉章帝建初七年（82），扶风安陵（今陕西咸阳市东北）人班固在其父班彪纂辑基础上，以30年之功，撰成《汉书》70篇。其中之《地理志》，是在刘向、朱赣整理材料基础上撰成的。"其州国郡县，山川夷险，时俗之异，经星之分，风气所生，区域之广，户口之数，各有攸叙，与古《禹贡》、《周官》所记相埒。"（《玉海》卷一五）具体内容由三部分组成。第一部分转录了《尚书·禹贡》和《周礼·职方》的内容，将其作为古代政区的沿革；第二部分，以西汉平帝时（1～5）已有之103个郡国为纲，以其所属的1587个县为目，分别记述了各邑、道、侯国的建置沿革、户籍人口、山岳陂泽、水道源流、水利设施，聚落要塞、名胜古迹、物产及工矿机构等情况；第三部分是对刘向的"域分"和朱赣的"风俗"加以"辑而论之"，实际上是以《史记·货殖列传》为基础，而予以补充、扩展、改编而成，是比《货殖列传》更完备的全国区域地理总论。由于此志首次以行政区划为纲，改变了以往《山海经》、《禹贡》和《职方》等以山川为纲的传统做法，故这是一部当时集大成者、具有划时代意义的地理书。其体例、内容，被尊之为"地理志的始祖"、"地方志的发端"。是首创的一部全国性的地理总志，对以后的方志编纂有着重要的影响。（参见刘纬毅《中国地方志》第27页）

按：自此之后，历代断代纪传体之正史皆仿其体例，均有《地理志》一个专志。《后汉书》有《郡国志》，《晋书》、《隋书》、《旧唐书》、《新唐书》、《宋史》、《辽史》、《金史》、《元史》、《明史》、《清史稿》均有《地理志》，《宋书》《南齐书》有《州郡志》，《魏书》有《地形志》，《旧五代史》有《郡县志》，《新五代史》有《职方考》。

章帝时（76～88），南海人杨孚撰成《交州异物志》1卷，主要记述南海、苍梧、郁林、合浦、交趾、九真、日南、珠崖、儋耳九郡的特有物产，为岭南地区早期之方志。（见《方志学史》第29页）

按：原书早佚，今仅有南海曾钊《岭南丛书》辑本及王谟辑本。

东汉顺帝时（126～144），一些郡府听事壁出现将历任郡守画赞置诸其上的做法。姚振宗《隋书经籍志考证》卷二〇有云："《续汉郡国志》注，引应劭《汉官》曰：郡府听事壁诸尹画赞，启自建武（25～56），迄于阳嘉（132～135）。注其清浊进退，所谓不隐过，不虚誉，甚得述事之实，后人是瞻，足以劝惧。"《后汉书·应劭传》载有应劭之父奉为司隶校尉时，曾下令所属郡国官府各上前人像赞。应劭还将这些像赞连缀起来，录为《状人记》。这些像赞，各注着其人的清浊进退，悬于郡堂，用以表彰循吏，劝诫后任者。这种做法延续下去，至晋时，南平太守留叔先撰有《东阳朝堂像赞》一书。大概就是专记东阳一地历任地方官的政绩善恶，属于地记一类。（转见林正秋主编《浙江方志概论》第132页）

东汉桓帝永兴元年(153)十一月前，袁汤主持纂成《陈留耆旧传》一种。袁宏《后汉纪·后汉孝桓皇帝纪》谓："桓帝永兴元年十一月，太尉袁汤致仕。汤初为陈留太守，褒善叙旧，以劝风俗。尝曰不值仲尼，夷、齐西山饿夫，柳下东国黜臣，致声名不泯者，篇籍使然也。乃使户曹吏追录旧闻，以为《耆旧传》。"(转见《中国古方志考》第444页)

按：郭鹏在《陕西地方志》1992年第4期著文，谓此为东汉灵帝时(168～189)所作，未悉何据。黄苇等《方志学》谓：《陈留耆旧传》有二：一为圈称撰(《隋书·经籍志》载)；一为袁汤纂。据清人姚振宗考证，二书可能就是一书。(见该书第106页)刘知己《史通·杂述篇》谓："汝、颍奇士，江、汉英灵，人物所生，载光郡国。故乡人学者，编而记之，若圈称《陈留耆旧》、周斐《汝南先贤》、陈寿《益部耆旧》、虞预《会稽典录》，此之谓郡书者也。"(转自邸富生《中国方志学史》第14页)张国淦《中国古方志考》又著录有魏苏林《陈留耆旧传》一卷。(第14页)

永兴二年(154)三月，巴郡太守但望在上疏中述及《巴郡图经》，指出其中记述了巴郡的建置、疆域、户口等。这是现今所知汉代最早的图经。所谓图经，包括"图"和"经"两部分。"图"指的是一个行政区划单位的疆域图，后来充实内容，可以区分为沿革图、山川图、八景图、寺观图、关隘图、海防图，等等。"经"是对"图"的文字说明，兼及境界、道里、户口、职官等情况。有的说明文字还是很不少的，如《华阳国志》转述《巴郡图经》中就载有："境界南北四千，东西五千，周万余里。属县十四，盐铁五官，各有丞史。户四十六万四千七百八十，口百八十七万五千五百三十五。远县去郡千二百至千五百里，乡亭去城，或三四百，或及千里。"(转见《中国古方志考》第643页)

按：永兴二年但望的疏文中提到《巴郡图经》，说明此图经出现更在其前。与此同时，又有王逸撰成之《广陵郡图经》(或称《广陵图经》)一种，为《水经注》等书所引。《文选·芜城赋》鲍照引其文谓："王逸《广陵郡图经》曰，郡城吴王濞所筑。"(转自刘纬毅《中国地方志》第25、38页)《广陵郡图经》与《巴郡图经》同属今见汉代最早的图经。至北朝时，又有《幽州图经》、《冀州图经》、《齐州图经》等。清人姚振宗说："图经之名，起于汉代。诸郡皆有图经，特无由考耳。"现代地理学家谭其骧先生认为，汉代的图经，是中国方志之源头所自。他说："地方志的渊源，确乎也可以追溯到汉朝。从《华阳国志·巴志》里可以看到，东汉桓帝时，巴郡太守但望的疏文里，提到《巴郡图经》，可见在此以前已有图经。图经就是一方的地图加上说明，这就是方志的滥觞。"

刘纬毅赞成其说，他对历史上关于方志起源诸多说法进行分析之后说："方志必须是地方的内容，志书的形式，二者缺一不能称为方志。这是研究方志起源的前提……如果这样理解不为错的话，方志这个范畴，就一方面排除了全国性的地理书，如《山海经》、《禹贡》、'土地之图'、《汉书·地理志》等等；另一方面也就将地方史书，如百国春秋、《越绝书》、《吴越春秋》和国别史的《国语》、《战国策》以至国史性的殷商甲骨文等等，划在了界外。其余几种说法也值得商榷……个人认为，谭其骧先生的‘汉代图经’说是符合历史的。”(《也谈地方志的起源》，载《山西地方志》1989 年第 1 期)

而王庸持有与上述不同的看法。他在 20 世纪 30 年代所作之《中国地理学史》中说：“历魏晋及宋，似未有地图或地志之以图经称者。”宫为之亦赞成其说，谓“图经起源于秦地图。由于刘秀大力提倡郡书，使图经失去了很好的发展机会。到了魏晋南北朝时期，图经几乎被方志的‘流’——郡书和地记所淹没”。(《皖志史稿》，安徽人民出版社 1997 年 7 月版第 31 页)

又：关于《广陵郡图经》成书时间和作者，王庸在上引书中认为，作者不是东汉王逸，而是南齐时人王逡之。四川大学张纪亮在《史志文萃》1988 年第 5 期著文，则认为其当是与《巴郡图经》同时的作品，作者为王逸。《后汉书》卷八〇《王逸传》谓：“王逸，字叔师，南郡宜城人也，元初中，举上计吏为校书郎。顺帝时，为侍中，著《楚辞章句》行于世。”

汉灵帝熹平时(172～178)，曾为九江太守、著作郎之卢植撰有《冀州风土记》。是时冀州刺使部的行政区域，包括今河北省中南部曲阳、唐县、满城、涞源、雄县、文安一带以南和涉县、武安、磁州、临漳、成安、魏县、大名一线以北的广大地区，故是书可视为河北最早的一部风土记。书早佚，清人王谟《汉唐地理书钞》中有辑本。

东汉灵帝时(168～189)，应劭撰有《十三州记》和《地理风俗记》(二者是否为一书，无法考定)，载东汉时各地县名由来，县邑、方位、河流及风俗情况。“记”，亦即地记。

按：这种地记对后世方志亦有影响，可说也是方志的一个源头。最早出现的这类地记，当是西汉宣帝时(前 73～前 48)官谏议大夫之蜀人王褒纂的《云阳记》。次为东汉和帝时(89～105)官兰台令、迁谏议大夫李尤纂的《蜀记》。又次即《冀州风土记》和《十三州记》。其后东汉末，有临海太守杨孚纂的《临海水土记》。据张国淦在《中国古方志考》第 379～380 页考证，汉时无临海郡，吴太平二年(257)方以会稽东部为临海郡。故临海太守或是南海太守之伪，或汉时尝设有临海郡，后又并省，史失载所致。《临海水土记》恐亦未确。此外尚有汉代未明朝次之朱玚纂的《九江寿春记》，为今安徽地区最早的方志。(见同书第 288 页)这种地记其后流行于魏晋隋唐间，在两晋、南北朝时期便已成为地方志的主要形式。

东汉献帝时(189～200)，曾历官新兴、委兴、上庸三郡太守之陈术，纂成《益州耆旧杂传记》2 卷，又纂有《益州志》一种。(见《中国古方志考》第 644、647 页)后者是以地志命名的最早者。

东汉末期，王粲纂成《荆州文学记官志》一种，专记东汉时荆州一郡耆旧故老事迹，并“备载文学祭酒从事，及学官弟子姓名爵里。王粲称三百余人者是也”。(姚振宗引《后汉书艺文志》二，转见《中国古方志考》第 468 页)

东汉时,圈称撰有《陈留风俗传》三卷,记载了陈留郡所属陈留、己吾、东昏、雍丘、浚仪、小黄、外黄、襄邑、尉氏、济阳、考城、高阳、长垣、酸枣、扶沟、开封等16县县名之由来、乡亭名称、史事和人物。所载均详于《汉书·地理志》、《后汉书·郡国志》。书亡于北宋末,今人刘纬毅《汉唐方志辑佚》辑得佚文45则,3300字。(见该书第8～12页)

东汉时,有《三辅黄图》(亦名《西京黄图》、《三辅旧事》)1卷之成,专记三辅地区的宫观、陵庙、明堂、辟雍、郊畤等事。始于三辅治所,终于杂录,凡29条。其序有云:"孔子作《春秋》,筑一台,新一门,必书于经。谨其废农时,夺民力也。今裒采秦汉以来宫殿、门阙、楼观、池苑在关辅者,著于篇。东都不与焉。"《新唐书·艺文志》著录地理类63家,此置诸家之首。魏晋隋唐间又多有增补者。(《玉海》卷一四)是书皆记长安古迹,间及周代灵台、灵圃等事,然以汉代为主。

按:其序中又谓:"始皇并灭六国,凭借富强,益为骄侈,殚天下财力,以事营缮。项羽入关烧宫阙,三月火不灭……至孝武皇帝,承文景菲薄之余,恃邦国阜繁之资,土木之役,倍秦越旧,斤斧之声,畚锸之劳,岁月不息,盖聘其邪心以夸天下也。"(转自王晓岩《试论地方志兴利除弊的传统》,载辽宁《方志天地》1987年第1期)可见是书之纂者,不仅是为了记述这些建筑物之宏伟,更在于揭露统治者为修这些建筑物而不惜劳民伤财,"废农时而夺民力",开了志书揭露弊政之先河。这是目前能见到的较早反映方志思想的文字。《四库全书总目提要》著录之"地理类·宫殿疏"除本志外,尚著录有元人王士点撰之《禁扁》一种(见卷六八)。

又:《三辅黄图》和《三秦记》都是属于述地的一类。关于东汉时修撰的地志一类之书,刘纬毅在《中国地方志》中开列东汉的有31种。(见该书1991年版第30页)

东汉时,杨修纂有《西京图》一种。关于《西京图》的修撰时间,自来有不同说法。晁公武《郡斋读书志》谓陈梁间人撰,而程大昌《雍录》则认为是唐肃宗以后人撰。但《水经注》已有引及,当不会晚于魏晋时。此属都邑簿之类。其时及其后出现之都邑簿,还有《长安图》、《关辅古语》、《三辅宫殿名》等。(见来新夏主编《方志学概论》第48页)刘知己在《史通》中谓:"帝王桑梓,列圣遗尘,经始之制,不恒厥所。苟能书其轨,则可以龟鉴将来,若潘岳《关中》、陆机《洛阳》、《三辅黄图》、《建康宫殿》,此之谓都邑簿者也。"都邑簿与郡书,均属地记、地志之分支。

东汉时,赵晔纂成《吴越春秋》12卷,比较系统地记述了江、浙两地吴、越两国兴亡始末。除了记两国间的攻守互战之外,还兼有记及两地边远蛮族多次北上与中原诸国的争战。除了记及练兵布阵、武器制作、修筑城池等外,还有发展交通、发展生产、富国强兵之策,等等。于人物活动记吴、越掌故颇详。李泰棻认为:"《吴越春秋》、《越绝书》以及未能传世之百二十国宝书等,皆可称为方志。"(转见《方志学》第7页)范文澜在《中国通史简编》(二)中谓:"东汉会稽人赵晔著《吴越春秋》,又有无名氏著《越绝书》。两书专记本地掌故,开方志先例。”

东汉时,蜀郡有《巴蜀耆旧传》之作。《华阳国志·后贤传·陈寿传》谓:“益部自建武(光武帝)后,蜀郡郑伯邑、太尉赵彦信及汉中陈伯申、祝元灵、广汉王文表,皆以博学洽闻,作《巴蜀耆旧传》。”(转自《方志学史》第33页)

按:上引文未明是诸人合撰,抑各自独撰。如非合撰,则当时作《巴郡耆旧传》者又非止一二家也。

东汉时,郑玄(127～200)作《周礼注疏》。其中有言:“四方所识久远之事,谓之方志。”(转见许卫平《中国近代方志学》,江苏古籍出版社2002年4月版第135页)“志,记也,谓鲁之《春秋》、晋之《乘》、楚之《梼杌》。”在《春官》“外史掌四方之志”下又有注云:“孔子制《春秋》,使子夏等十四人求周史记,得百二十国宝书,墨子曰,吾见百国春秋。所谓四方之志、百二十国宝书、百国春秋者,比附方志,殆性质同而体制异乎?”(转见于希贤、杨靖琦编著《地方志与现代科学》所附于乃仁《方志学述略》)这是方志起源于《周礼》的首倡者。自此之后,“方志”一词遂为人们广泛使用,沿袭至今。

东汉时,在光武帝刘秀“诏南阳撰作风俗”之诏的影响下,各种风俗传、先贤传、耆旧传便纷纷出现。如余嘉锡在《四库提要辨证》卷七中所言:“盖自后汉以著作之事归之东观,史由官修,而立传之例严,郡国之书,由斯并作,以补国史之不及。易代之后,秉笔修史者恒取资焉。袁宏作《后汉纪·序》,自谓旁及诸郡耆旧、先贤传凡数百卷,是其征也。”

附载:《中国古方志考》著录汉代出现的《耆旧传(赞)》一类的书有13部之多,即是:

祝龟纂《汉中耆旧传》(第166页)

仲长统纂《兖州山阳先贤赞》1卷(第192页)

袁汤纂《陈留耆旧传》(第444页)

圈称纂《陈留耆旧传》2卷(第445页)

郑廑纂《巴蜀耆旧传》(第643页)

赵谦纂《巴蜀耆旧传》(第643页)

祝龟纂《巴蜀耆旧传》(第645页)

王商纂《巴蜀耆旧传》(第645页)

陈术纂《益州耆旧杂传记》2卷(第644页)

佚名纂《三辅耆旧传》(第145页)

佚名纂《京兆耆旧传》(第152页)

佚名纂《鲁国先贤传》(第193页)

佚名纂《沛国耆旧传》(第196页)

其所著录地记之书有5部:

东汉李尤纂《蜀记》(第 642 页)

朱玚纂《九江寿春记》(第 288 页)

应劭纂《十三州记》(第 49 页)

杨孚纂《临海水土记》(第 379 页)

卢植纂《冀州风土记》(第 126 页)

三国、两晋、南北朝时期（公元 220～589 年）

魏晋南北朝时期，继东汉之后，地记、地志大量出现，内容主要是记述一地沿革、山川、水利、物产、古迹、先贤等，是方志发展过程中的多元时期，由此逐步形成方志之雏形。

三国吴黄武五年(226)，交州刺史吕岱受吴主之命，派朱应、康泰赴扶南等国从事外交活动。二人经历和所闻国家达百数十个。归国后，朱应撰成《扶南异物志》1 卷，记诸国风物、地理、历史及传闻异说。扶南，乃今柬埔寨和越南南端及南洋群岛等地。康泰撰成《吴时外国传》(此书名显然为后人所加)。两书皆为研究东南亚及南洋群岛古代史地之珍贵资料。(见《方志学史》第 41 页)

三国魏时(220～265)，平原县地有《平原图》报存于朝廷。《玉海》卷一四第 15 页"平原图"条谓："《魏志·孙礼传》载，其迁冀州牧，太傅司马宣王谓礼曰：'今清河、平原，争界八年，更二刺史，靡能决之。'礼曰：'当以烈祖初封平原时图决之。今图藏在天府，便可于坐上断也。'礼到，案图宜属平原。"

按：可见是时人们已经知道地方志之有益于治事也。这是古人据志书以判决纷争之一例也。

魏时，周斐撰成《汝南先贤传》5 卷，此乃人物传之类。是书已亡佚于北宋，后人有辑之者。侯康《补三国艺文志》谓，不少历史人物，"史传皆佚其事，且有不知姓名者，胥赖此书以传"。(转见《中国古方志考》第 465 页)今人刘纬毅谓，从辑文中可见，其载汉代 48 个著名人物，多为办了些实事、好事之人。如对革除寒食节陋俗的周举，记之为："周举为并州刺史。太原一郡，旧俗以介子推焚骨，有龙忌之禁。至其亡月，咸言神灵，不乐举火。由是士人每至冬中，辄一月寒食，莫敢烟爨。老少不堪，岁多死者。举既到，乃作吊书，以置子推之庙，言：'盛冬止火，残损人命，非贤者之意。以宣示愚民，使还温食。'于是众惑稍解，风俗颇革。"对直言极谏之郭宪，记之为："郭宪，字子横，建武中为光禄勋。车驾西征，隗嚣谏曰：'天下初定，车驾未可动。'宪乃当车，拔佩刀以断车靷。帝不从，遂上陇。其后颍川起兵，乃回驾而还。帝叹曰:‘恨不用光禄之言也。’”(见刘纬毅《汉唐方志辑佚》,北京图书馆出版社1997年12月版第23～24页)可见所记文字精练,颇为生动。

按:刘知几《史通·杂述篇》,将其书名作《汝南先贤行状》。(转见吕志毅《方志学史》第43页)

魏时,崔玄山撰成《濑乡记》,这是我国最早的一部乡志。因苦县濑乡曲仁里是著名思想家老子的故里,故书中主要记述老子的故事、遗迹。刘纬毅在《汉唐方志辑佚》中,共辑得佚文3条,一为老子祠,一为老子庙,一为李母祠。其“老子祠”条记有:“老子祠,在濑乡曲仁里,谯城西出五十里。老子平生时教化学仙故处也。汉桓帝修建屋宇,为老子庙。庙北二里李夫人祠,是老子旧生宅也。”(第30页)

魏时,阮籍撰成《宜阳记》一种。张国淦谓:“此《宜阳记》,当是宜阳郡,非宜阳县。”

蜀时(221～263),诸葛亮纂有《哀牢国谱》,记哀牢先祖及其嗣序、官制、地理、风俗等,可视为云南早期的地方志书。姚振宗《三国艺文志》二引《华阳国志·南中志》载:“永昌郡,古哀牢国。哀牢,山名也。其先有一妇人,名曰沙壹,依哀牢山下居,以捕鱼自给。忽于水中触一沉木,遂感而有娠。度十月,产男子十人。后沉木化为龙。其小子名元隆,长大才武,九兄共推以为王。元隆死,世世相继,分置小王,往往邑居,散在溪谷,绝域荒外,山川阴深。南中昆明祖之,故诸葛亮为其国谱也……先画天地日月、君长城府;次画神龙,龙生‘夷’及牛马驼羊;后画部主吏,乘马幡盖,巡行安恤;又画‘夷’牵牛负酒赍金宝诣之之象,以赐‘夷’,‘夷’甚重之,许致生口。直又与瑞锦铁券,今皆存。每刺史校尉至,赍以呈诣,动亦如之。”(转见《中国古方志考》第715页)

按:从引文足见诸葛亮对西南少数民族的怀柔之术及其作用。以“谱”为名,内中图像不少,当亦属图经一类。

蜀时,谯周纂成《三巴记》(亦名《巴记》),属早期方志雏形,记巴郡、巴东、巴西三郡之疆域沿革、山川土地、人物、风俗等,具有“合志”性质。是为四川、重庆两地有佚文可见最早的方志。刘纬毅在《汉唐方志辑佚》中辑得10条。谨抄录一二,以见其体:(1)“和帝永元中,分宕渠之地,置汉昌县,属巴郡。夷人岁入賨钱,口四十,谓之賨民。”(2)“阆、白二水合流,自汉中至始宁城下入武陵,曲折三回,有如巴字,亦名巴江。经峻峡中,谓之巴峡,即此水也。”(第39页)

按:谯周又纂有《巴蜀异物志》10卷,记载巴蜀地方之特产,并记有关地理、风俗等。时又有《益州志》一种(见吕志毅《方志学史》第48～49页),未知纂者为谁何。

蜀时,来敏纂成《蜀本论》一书,记秦惠王伐蜀时之石牛道、蜀开国故事、望帝使鳖令凿巫峡通水及禅国等事,是早期蜀国地记之书。(《方志学史》第47页)

吴时,约于公元280年,丹阳太守沈莹撰成《临海水土物志》(又有《临海水土异物志》、《临海水土志》、《临海水土记》、《临海风土记》、《临海异物志》、《临海记》等多种别名)1卷,记今浙江沿海地区之物产(动、植物)、山川、民情风俗。尤可贵的是留下了对夷州(今台湾)的最早记载。书中记了夷州安家民、毛民、狼猇民的社会状况、风俗民情,是研究高山族先民与古越人及其相互关系的珍贵史料。如谓:"夷洲,在临海东南,去郡二千里。土地无霜雪,草木不死。四面是山。众山夷所居。山顶有越王射的,正白,乃是石也。此夷各号为王,分画土地。人民各自别异。人皆髡头穿耳,女人不穿耳。作室居,种荆为蕃鄣。土地饶沃,既生五谷,又多鱼肉。舅姑子妇,男女卧息,共一大床,交会之时,各不相避。能作细布,亦作斑文布,刻画其内,有文章以为饰好也。其地亦出铜铁,唯用鹿觡为矛以战斗耳;磨砺青石以作矢、镞、刃、斧、镮、贯、珠、珰。饮食不洁,取生鱼肉,杂贮大器中以卤之,历日月,乃啖食之,以为上肴。"(转见刘纬毅《汉唐方志辑佚》第63~64页)而且还记载了东南沿海鳞介等海产和鸟类及竹木果藤等物产。

按:夷洲,秦属闽中郡。汉武帝时撤闽中郡,改属会稽郡。三国时吴太平二年(257),从会稽郡划出临海郡,夷洲当属之。黄龙二年(280),孙权曾遣卫温、诸葛直率甲士万人到过夷洲。从本书对该地所记之真切来看,沈氏有可能曾与是行。是书所记,无可辩驳地说明,台湾自古以来就是中国神圣领土不可分割之一部分,海峡两岸的骨肉亲情由来有自,是任何分裂阴谋都无法分开的。

又:是书早佚,今刘纬毅《汉唐方志辑佚》中,辑得佚文99则,6500余字。又有1981年农业出版社出版之张崇根《临海水土异物志辑校》,均较精审。

又:王晓岩《方志体例古今谈》中谓,现知的异物志,以东汉杨孚的《南裔异物志》为最早。其次有三国时吴万震《南州异物志》、蜀谯周《巴蜀异物志》、晋嵇含《南方草木状》、佚名《凉州异物志》、唐孟琯《岭南异物志》、宋范成大《桂海虞衡志》等。其中的《南裔异物志》、《南州异物志》、《凉州异物志》,正文为赋体,注释为散文。(第25~26页)

吴时(222~280),陆胤撰《广州先贤传》7卷,为最早之广州人物传。诸书所引,就涉及养奋、丁密、猗顼、丁茂、黄毫、邓盛、徐征、董正、罗威、尹牙、疏源、申朔、唐颂等孝贤佚事。(见《方志学史》第47页)

吴时,太常卿徐整撰成《豫章旧志》8卷和《豫章烈士传》3卷,为迄今所知江西地区最早的两部方志之书。漆身起在《江西省地方志概述》中称,这是"江西省通志之祖,而徐整可谓江西省地方志的创始人"。张国淦《中国古方志考》谓,是书"所载有县邑官守诸事,皆不为人物传记之文,实为地理之属"。所载多史传之佚文。

按:又有《豫章耆旧传》(亦称《豫章耆旧志》)、《豫章事实》两种。关于撰作者、书之卷帙、成书具体年代均已不得其详。但前者之文已为隋时著作《北堂书钞》所引,推定当是三国至南北朝时期之书。姚振宗《隋书经籍志考证》谓:"汉魏六朝地理之书,大抵略如《华阳国志》之体,有建置,有人物,有传,有赞,而注意于人物者为多。自来著录之家,务欲各充其类,以人物为重者,则入之传记;以土地为重者,则入之地理,亦或一书而两类互见，不避重复；或裁篇而分类录存，不嫌割裂。各随其意，各存其是，初无一定之例也。”(转自《中国古方志考》第 536 页)

吴时，顾启期撰《娄地记》1 卷，惜已失传。三国至隋唐间，“记”(或作《纪》)为方志最通行之名称。朱士嘉先生在《中国地方志综录·自序》的注释 2 中，谓《娄地记》“似为各书目所见最早之方志”。(《朱士嘉方志论文集》第 4 页)

按：其实，西汉时已有《云阳记》、《三秦记》，东汉时有《蜀记》、《十三州记》等，谓其为书目所见最早之方志，似尚有可酌。

吴时，韦昭撰成《三吴郡国志》一种。汉时分会稽为吴郡，与吴兴、丹阳合为三吴。姚振宗《三国艺文志》卷二谓，两唐志有《分吴吴会丹阳三郡记》三卷，不著撰人，疑即是书。(转自《中国古方志考》第 197 页)

吴时，丹阳太守万震纂成《南州异物志》(亦名《南方异物志》、《南州志》)1 卷。是书专记今广东、广西，兼及越南、斯里兰卡、印度等地区的人和动植物、矿物等。如记习水性之合浦之人、玄犀、能言鸟、鹦鹉等的性状，十分详细。是我国南部最早的一部物产志，至今仍为研究我国农业史、畜牧史和两广地方史之重要文献。“此书体例，每物各为一赞语。而别以散文详释其形状。”如载：“合浦之人，习水善游，俛视增潭，如猿仰株，入如沉鼋，出如轻凫，蹲泥剖蚌，潜窃明珠”，“象之为兽，形体特诡，身倍数牛，目不逾豨，鼻为口役，望头若尾，驯良承教，听言则跪，素牙玉洁，载籍所美，服重致远，行如邱徙”等，其下复有散文作注。(转见刘纬毅等《中国方志史》第 50～51 页)

按：赞以四字韵语，是较早的一部词赋体志书。是时属于此类词赋体之志书者，尚有《凉州异物志》。清人张澍在《凉州异物志辑本》中说：“观其写致敷词，颇协声律，采藻精华，方诸万氏。”晋代周处的《阳羡风土记》，也是“正文协韵如古赋，而故实皆载于注”。(见《方志体例古今谈》第 96 页)

又：是书约亡于北宋末，今人刘纬毅于《汉唐方志辑佚》中，辑有佚文 55 则，约 5000 余字。

吴时，交州太守士燮纂有《交州人物志》一书。《史通·杂记篇》谓：“交趾远居南裔，越裳之俗也；敦煌僻处西域，昆戎之乡也。求诸人物，自古阙载，盖由地居下国，路绝上京，史官注记不能及也。既而士燮著录，刘昺裁书，则磊落英才，粲然盈瞩者矣。向使两贤不出，二郡无记，彼边隅之君子，何以取闻于后世乎。是知著述之功，其力大矣。岂与诗赋小技校其优劣者哉。”(转自《中国古方志考》第 587 页)

吴时，朱育撰《会稽土地记》1 卷。育，字嗣卿，山阴人，孙亮时仕门下书佐，后为东观令。姚振宗《三国艺文志》卷二引《吴志·虞翻传》注引《会稽典录》谓：“‘孙亮太平三年(258)，(朱)育为郡门下书佐，对太守濮阳兴访本郡人物及吴会分郡始末，凡千数百言’，似即是书之缘起。《隋志》：《土地记》一卷；两唐志似合人物、土地为一书，故四卷。”(转见《中国古方志考》第 314～315 页）是书已佚，今只存王谟《汉唐地理书钞》辑本及鲁迅《会稽郡故书杂集》辑本。

吴时，谢承撰有《会稽先贤传》7 卷。侯康《补三国艺文志》谓："《御览》屡引之，所记诸人事，多史传之佚文。严遵二条，足补《后汉书》本传之阙；陈业二条，足以证《吴志·虞翻传》注。吉光片羽，皆可宝也。"（见《中国古方志考》第 316 页）鲁迅在《会稽郡故书杂集辑本·序》中谓：书中载"贤俊之名，言行之迹"。

按：晋时又有钟离岫纂《会稽后贤传》2 卷，见《中国古方志考》第 317 页。

吴时，陆凯纂成《吴国先贤赞》3 卷。《中国古方志考》谓："《初学记》卷十七，引《吴先贤传》，故扬州别驾从事戴矫赞曰：'猗猗茂才，执节云停，志励秋霜，冰洁玉清。'奋武将军顾承赞曰：'於铄奋武，奕奕全德，在家必闻，鸿飞高陟。'上虞令史胄赞曰：'猗猗上虞，金鍙玉贞，凤立鸾跱，邈矣不倾。'据此知是书体例，每传必有赞也。"（第 197 页）大概这种先贤赞，有自作传并加赞者，亦有引他人所作之传，而后加赞语的。上举的当属后者。

吴时，左中郎张胜纂成《桂阳先贤画赞》一卷。（见《中国古方志考》第 501 页）吕志毅《方志学史》谓其"有图有文"。

吴时，周处纂成《阳羡风土记》（亦称《风土记》）3 卷。书早佚，只有后人辑本流传。从辑本可以看出，该书"皆概言吴越风土，非专志阳羡也"。这是我国早期方志之一。严可均辑本称："古说《山海经》、《水经》外，此为最旧。《三辅黄图》、《华阳国志》并出其后"，"其正文协韵如古赋，而故实皆载于注。注即子隐（周处）自撰。征用者多取注而略正文，故今所辑注居十之九。其书撰于吴时，故称大吴。惜其久亡，所得见者仅十之二三。然而亭邑、古迹、山水、节候、风俗、舟车、器服、物产、果实、草木、鸟兽、虫鱼、果类略备。"章宗源《隋书经籍志考证》引《史通·补注篇》谓："若挚虞《三辅决录》、陈寿《季汉辅臣》、周处《阳羡风土》、常璩《华阳士女》，文言美词，列于章句，委曲叙事，存于细书。"（均转自《中国古方志考》第 272～273 页）姚鼐纂嘉庆《江宁府志》卷五五谓其，"概言吴越风光，非专志阳羡也"。

魏晋时，无名氏撰《永昌郡记》（亦作《永昌记》）一书。记郡事为主，兼及今云南诸地之风物、民族、交通等。（见吕志毅《方志学史》第 50 页）

魏晋时，山西出现《上党记》。陕西师范大学李裕民先生从裴骃《史记集解》、刘昭《续汉书·郡国志注》、郦道元《水经注》及《艺文类聚》、《太平御览》、《元和郡县志》等书中，辑得佚文 20 余条，记载了曹操围壶关之事，并涉及长子、壶关、屯留、潞、长平、襄垣等县的山川、沿革、风俗等。（见任根珠《山西旧志整理与研究》，载《中国地方志》2003 年第 5 期）

按：据刘纬毅统计，关于三国时撰的地方志一类之书有 24 种之多（书名详见刘著《中国地方志》第 31 页）。李福生在《方志的演化、成型与古代地理学》（载《天津史志》1988 年第 4 期）中谓，如果将魏晋时的"地记"与汉代的"地志"相比较，此时的"地记"已不纯为地理书，因为它已经潜入了不少历史的内容。

西晋武帝泰始中(265～274),裴秀撰有《禹贡九州地域图》18 篇。时秀为司空,儒学洽闻。其以职在地官,而《禹贡》山川地名,从来久远,多有变易,说者或强牵引,渐以暗昧。于是甄摘旧文,疑者则缺,古有名而今无者,皆随事注列,作《禹贡九州地域图》18 篇。书成上奏,藏于秘府。该图以二寸为千里的比例缩绘而成。在图《序》中谓:"图书之设,由来尚矣。自古立象垂制,而赖其用。三代置其官,国史掌厥职。暨汉祖屠咸阳,丞相萧何尽收秦之图籍。今秘书既无古之地图,又无萧何所得,惟有汉氏《舆地》及《括地》诸杂图。各不设分率,又不考正准望,亦不备载名山大川。虽有粗形,皆不精审,不可依据。或荒外迂诞之言,不合事实,于义无取。大晋龙兴,混一六合,以清宇宙,始于庸蜀,采入其岨。文皇帝乃命有司,撰访吴、蜀地图。蜀土既定,六军所经,地域远近,山川险易,征路迂直,校验图记,罔或有差。今上考《禹贡》山海川流,原隰陂泽,古之九州,及今之十六州,郡国县邑,疆界分陬,及古国盟会旧名,水陆径路,为地图十八篇。制图之体有六焉。一曰分率,所以辨广轮之度也。二曰准望,所以正彼此之体也。三曰道里,所以定所由之数也。四曰高下,五曰方邪,六曰迂直,此三者各因地而制宜,所以校夷险之异也。有图象而无分率,则无以审远近之差;有分率而无准望,虽得之于一隅,必失之于他方;有准望而无道里,则施于山海绝隔之地,不能以相通;有道里而无高下、方邪、迂直之校,则径路之数必与远近之实相违,失准望之正矣,故以此六者参而考之。然后远近之实定于分率,彼此之实定于道里,度数之实定于高下、方邪、迂直之算。故虽有峻山钜海之隔,绝域殊方之迥,登降诡曲之因,皆可得举而定者。准望之法既正,则曲直远近无所隐其形也。"(《晋书·裴秀传》,中华书局 1974 年 11 月标点本)

按:这篇图序,是中国古代地图学之重要理论之作。张国淦在《中国古方志考》中,引胡渭《禹贡锥指·禹贡图后识》谓:"分率者,计里画方,第方百里五十里之谓也;准望者,辨方正位,某地在东西,某地在南北之谓也;道里者,人迹经由之路,自此至彼里数若干之谓也。路有高下、方邪、迂直之不同。高则冈峦,下为原野,方如矩之钩,邪如弓之弦,迂如羊肠九折,直如鸟飞准绳。三者皆道路险夷之别也。"中国自然科学史研究室地学史组主编的《中国古代地理学史》一书中谓:与裴秀差不多同时代,希腊有地图学家托勒密(99～168)者,采用单圆锥投影编制世界地图,在西方地图学史上亦具有划时代的意义。故有人把裴秀与托勒密视为东、西方地图学史上互相辉映的二颗明星。(转见《方志学史》第 95 页)

裴秀又撰有《地形方丈图》1 卷,乃将汉代全国地图——《天下大图》,以一寸为百里之比例,绘成一幅晋朝全图。唐虞世南《北堂书钞》"方丈图"条引"晋诸公赞"说:"司空裴秀以旧《天下大图》,用缣 80 匹,省视既难,事又不审,乃裁减为方丈图,以一分为十里,一寸为百里,备载名山都邑,王者可以不下堂而知四方也。"(转自《方志学史》第 55 页)《唐书·地理志》谓同时又有"方尺图",殆方丈图之缩微欤?《三国志》及《晋书》本传皆谓裴秀卒于泰始七年(271),则是《禹贡九州地域图》之作,当在公元 265 至 271 年之间也。

西晋初(265年起为西晋之始),黄恭(或作苗恭)撰成《十四州记》一种。王谟《黄恭十四州记辑本》谓:应劭《十三州记》,阚骃《十三州志》,皆据两汉地制,至三国时始分交州置广州,故为十四州。黄恭当为广州人,其作记多在晋初,故得合并交、广为十四州。又析为《交广记》也。《水经注》作黄义仲,即恭之字。《艺文类聚》以黄、苗二字形似,并讹其姓,固当从《太平御览》作黄恭《十四州记》为正。(转见《中国古方志考》第61~62页)

晋武帝太康三年(283),编成《太康三年地纪》(亦称《太康土地纪》、《太康三年地志》、《地理记》)5卷,是一部全国性的地记。黄苇在《地记与地志研究》(载《广西地方志通讯》1983年第3期)中谓:以晋初的司、冀、兖、豫、荆、扬、徐、青、幽、并、雍、凉、梁、益、交、广等16州为纲,各州之下列各郡县,上起唐虞,下迄晋武帝。所记有天下州郡及其疆界和建置、解说地名由来、述地理归属,记物产、古迹、神话传说等。是书早佚,今有清人王谟所辑100余条。是一部近于方志雏形之书。

按:太康间又有《太康地道记》、《太康郡国志》、《太康郡县名》等类似之书的出现。(见《方志学史》第56页)元康间(291~299)又有《元康三年地记》6卷之作。元康三年为公元293年,距《太康三年地记》仅12年,足见当时修作地记甚勤,其风甚盛。当时地志多冠以年号或具体年份者,如《中国古方志考》中所列,除此述二书外,尚有《元嘉六年地记》、《永元元年地志》、《永元二年地志》、《永元三年地志》等。(第63页)地记最早出现于两汉,至三国以后逐渐兴盛起来。进入两晋南北朝,便盛极一时。有人据张国淦《中国古方志考》进行粗略统计,两汉只有6种,三国增为14种,两晋达43种,南朝更达50种。(见黄苇等《方志学》第125页)

太康八年(287),广州大中正王范上《广交二州春秋》1卷。此书记晋代交、广二州人物故事。吕志毅《方志学史》谓,此拟即《广交二州记》也。

晋永康元年(300),撰成有《永宁地志》一种。(见《中国古方志考》第58页)

晋永兴元年(304),嵇含纂成《南方草木状》3卷。《四库全书总目提要》谓:"其书凡分草、木、果、竹四类,共八十种。叙述典雅……其本亦最完整,盖宋以后花谱、地志,援引者多。其字句可以互校,故独鲜讹缺。"(卷七〇,《史部·地理类三》)周中孚在《郑堂读书记补遗》中谓:"所记皆南越交趾植物,乃其为广州太守时所作。凡草类三十种,木类二十八种,果类十六种,竹类六种。文笔古雅,决出君道(含字君道)手,视戴凯之之《竹谱》,可谓异曲同工,而卷帙完整,尤可珍之古笈矣。君道有小序,即上卷之首。此本首署'永兴元年十一月丙子,振威将军襄阳太守嵇含撰'。"丁国钧《补晋书艺文志》谓,含曾授襄阳太守,襄阳太守实系襄城太守之误。后拜广州刺使,未发被害,虽有广州刺使之目,实则含未莅南方也。(转见《中国古方志考》第591~592页)嵇氏原序谓:"南越交趾植物,有四裔最为奇。周秦以前无称焉。自汉武帝开拓封疆,搜求珍异,取尤者充贡。中州之人,或昧其状,乃以所闻铨叙,有裨子弟云尔。”其体例之特点有二：一是横排门类，先分草、木、果、竹 4 类(类下再分种)；二是纵向记述。如《世说新语》所引的珊瑚条，记为：“珊瑚生大秦国，有洲在涨海中，距其国七八百里，名珊瑚树洲。底有盘石，水深二十余丈，珊瑚生于石上。初生白，软弱似菌。国人乘大船载铁网，先没在水下，一年便生网目中，其色尚黄，枝柯交错，高三四尺，大者围尺余。三年色赤，便以铁钞发其根，系铁网于船，绞车举网还，裁凿恣意所作。若过时不凿，便枯索虫蛊。其大者输之王府，细者卖之。”(转自《方志体例古今谈》第 26 页)

西晋永嘉时(307～313)，郑缉之撰成《永嘉地记》(亦名《永嘉郡记》、《永嘉记》、《永嘉志》)。刘宋时永嘉郡领有永宁、安固、松阳、乐成、横阳 5 县，治所设于永嘉。本书记载了此 5 县之山川、乡亭、物产、人物等。是书北宋时已亡佚，今只有孙诒让从《世说新语》、《齐民要术》、《艺文类聚》等 20 多种典籍中辑录而成的《永嘉郡记辑本》(民国元年浙江瑞安孙氏玉梅楼印)流行。孙氏在辑本序中称，“郑君以澹雅之才，斐然有作，吾乡图牒，斯其权舆”。从辑本中可见到其所记，有叙山、叙水、物产，包括乡亭、人物、传闻等。其物产篇中，不但记当时永嘉地方有八辈蚕(八种蚕)，而且述及养蚕的时令和方法。有云：“永嘉有八辈蚕：珍蚕(三月绩)、柘蚕(四月初绩)、蚖蚕(四月初绩)、爱珍(五月绩)、爱蚕(六月末绩)、寒蚕(七月末绩)、四出蚕(九月初绩)、寒蚕(十月绩)。凡蚕再熟者，前辈皆谓之珍。养珍者，少养之。爱蚕者，故蚖蚕种也。蚖珍三月既绩，出蛾取卵，七八日便剖卵，蚕生多养之，是为蚖蚕。欲作爱者，取蚖珍之卵，藏内罂中，随器大小，亦可十纸盖覆器口，安硎泉冷水中，使冷气折其出势，得三七日然后剖，生养之，谓之爱珍，亦呼爱子。绩成茧，出蛾生卵，卵七日又剖成蚕，多养之。此则爱蚕也。藏卵时，勿令见人。用二七赤豆，安器底。腊月桑二七枚，以麻卵纸，当令水高下，与重卵相齐。若外水高，则卵死不复出；若外水下，卵则冷气少，不能折其出势。不能折其出势，则不得三七日；不得三七日，虽出不成也。不成者，谓徒绩成茧、出蛾、生卵，七日不复剖生，至明年方生耳。欲得，阴树下亦有泥器口，三七日亦有成者。”其异闻中记有当地山区“山鬼”(野人)的状貌及生活习性，与今之述野人者又有不同，云：“安固县有山鬼，形体如人，而一脚裁长一尺许。好啖盐，伐木人盐，辄偷将去，不甚畏人。人亦不敢犯。犯之，即不利也。喜于山涧中取石蟹。伺伐木人眠息，便十十五五出，就火边跂石炙啖之。尝有伐木人，见其如此，未眠之前，痛燃石使热，罗置火畔，便佯眠看之。须臾魑出，悉皆跂石，石热灼之，跳梁叫呼，骂詈而去。此伐木人家，后被烧委顿。”(见政协瑞安文史资料委员会 1993 年 12 月编印宋维远点注本第 47～50 页)其价值于此可略见一斑。

西晋时，太常卿挚虞(生年未详，卒于西晋怀帝永嘉五年——311)撰成《畿服经》170 卷。是书“依《禹贡》、《周官》作《畿服经》，其州郡及县分野、封略、事业、国邑、山陵、水泉、乡、亭、城、道里、土田、民物、风俗、先贤旧好，靡不具悉。凡一百七十卷”。(《玉海》卷一五)是书首开了综合志中记人物的先声。“畿”指京畿，即京城周围；“服”是指京畿以外的地方。因此它是一部全国性的地理总志，于自然地理之外，又加入了较多人文地理内容。较之《汉书·地理志》又有发展。焦竑《国史·经籍志》谓:“汉承百王之末,壤地变改。刘向始略言其分域,丞相张禹使属颍川朱赣条其风俗而宣究之,后世地志之滥觞也。挚虞《畿服经》至百七十卷,可谓备矣,而世罕传。后人因其所经,自为纂述,即未必成一家之体,而险夷之迹,区域之界,土风之宜,星经之分,考览者率有资。”(转见来新夏主编《方志学概论》,福建人民出版社 1995 年 8 月版第 47 页)谢启昆在所修的《广西通志·叙例》中,尊之为“实后世方志之祖”。傅振伦说,是志“奠定了方志体例的基础。唐人图经虽增加了贡赋、学校、怪异、古迹、祥瑞、歌谣等门,但基本内容与前无异。唐朝第一部全国总志的《括地志》及以后的《元和郡县图志》都没有越其范围”。(见《傅振伦方志论著选》第 201 页)刘光禄称其“已具有后世一统志的性质和规模”。(转自陈光贻著《中国方志学史》,福建人民出版社 1998 年 9 月版第 21 页)

按:是书与《华阳国志》是地方志书正式形成的标志性的代表之作。本志是全国总志,《华阳国志》则是区域性的志书。

西晋时,荀绰撰有《九州记》一种。绰,永嘉末(313 为末年)为司空从事中郎,没于石勒,为勒参军。张国淦认为,晋无九州之名,所谓九州者,当如裴秀《禹贡九州地域图》,以《禹贡》九州而准晋之十六州也。(《中国古方志考》第 60 页)也是一部全国性的总志。

西晋时,刘欣期纂成《交州记》一书。交州辖地为今越南部分及广西钦州地区、广东雷州半岛等地。是书以记特产及神话故事为主,如谓龙编县功曹左飞,曾化为虎,数月还作吏等。(转见吕志毅著《方志学史》第 71 页)

西晋时,张勃撰成《吴地记》1 卷。王谟考之云,这是张氏所撰《吴录》中的州郡地理部分。“故得极之苍梧、九真、日南、交趾,与顾夷、董览、陆道瞻诸人专记吴中山川土物者不同……诸人引入地理,或称《吴录》,或兼称《吴录地理志》。”(见《中国古方志考》第 60 页)

按:是时以《吴地记》为书名者,尚有晋大学士环济纂《吴地记》(亦称《吴纪》)9 卷,白褒亦撰有《吴地记》一种。

西晋时,陈寿撰《益部耆旧传》14 卷。寿(233～297)生于魏而入于晋。是书载述今四川地区各种历史人物凡 248 人,不限耆旧,多载士女,对后世颇大影响。其后,常宽纂《续益部耆旧传》二卷,即仿是书而作。常璩《华阳国志》多取资于此。其《西蜀后贤传》有言:“益部自建武后,蜀郡郑伯邑、太尉赵彦信及汉中陈申伯、祝元灵,广汉王文表,皆以博学洽闻,作《巴蜀耆旧传》。陈寿以为不足经远,乃并巴、汉,撰为《益部耆旧传》十篇……武帝善之。”其《序志后语》又谓:“陈君承祚,别为耆旧,始汉及魏,焕乎可观。”(转见《方志学史》第 77 页)

按:黄苇等《方志学》谓,《隋书·经籍志》著录有陈寿《益部耆旧传》14 卷,又《续益部耆旧传》2 卷。据清人侯康考证,《续益部耆旧传》实即前述东汉陈术所撰之《益州耆旧杂传记》。(第 107 页)

西晋时,罗含撰成《湘中记》一种(又称《湘中山水记》),为今湖南地区早期之方志,其内容为记水、载山、述物产、明古迹。(见《中国方志学史》第 16 页)

西晋时,大司农白褒撰成《鲁国先贤传》2 卷。(见《中国古方志考》第 193 页)

西晋时,陆机纂成《洛阳记》1 卷,内容为记载宫殿、街道、城市布局、市场、太学讲堂、观等。(见邸富生《中国方志学史》第 17 页)《艺文类聚·居处部》引《洛阳记》有:“洛阳城,周公所制,东西十里,南北十三里。”《太平御览》引有“宫门及城中大道,皆分作三。中央御道,两边筑土墙,高四尺余,外分之,唯公卿尚书章服过从中道,凡人皆行左右,左入右出。夹道种榆槐树。此三道四通五达也”。(转见王晓岩《方志体例古今谈》第 25 页)

按:足见自周时起,城中已有行人靠左走的交通规则及道旁绿化之作法。由城而延于乡、于野,风流所及,时移默化,此规则当不仅行于洛城一地也。

西晋时,顾夷纂《吴郡记》一种,内容多为地名、建置、特产、景物、山川、湖塘、城池、坊市等。(见《方志学史》第 68 页)

西晋时,左思作《吴都赋》。其中有句云:“方志所辨,中州所羡。”其《三都赋序》中又说:“鸟兽虫鱼,则验之方志”,“稽之地图”。唐人张铣作注云:“方志,谓四方物土所记录者。”今人李福生认为,这里所说的方志,即指当时的“异物志”一类。(见《天津史志》1988 年第 4 期李福生文)又有人认为,此赋实是“微缩的地方志”。(见《黑龙江史志》1995 年第 6 期赵宝海文)

按:此时方志的文体,赋体甚为流行,故不少记人、记地、记风土、物产之书,亦多用赋体,再以小字加注详细内容。是时又有图体之志。《新唐书·艺文志》载有李播作的《方志图》一书,惜所图内容已不可考。

西晋时,宜都太守袁山松撰成《宜都山水记》(亦名《宜都山川记》、《宜都记》)一种,是湖北宜昌地区最早之志书。山松有文采,善著述,故是书之特点是文字优美,写地状物逼真,令人有如入其境之感。如其所写三峡之一段文字有云:“自黄牛滩东入西陵界,至峡口一百里许,山水纡曲,而两岸高山重嶂,非日中夜半,不见日月也。绝壁或千许丈,其石彩色形容,多所象类。林木高茂,略尽冬春,猿鸣至清,山谷传声,泠泠不绝。所谓三峡,此其一也。”又如:“西陵南岸有山,其峰孤秀,人自山南上至顶,俯临大江,如萦带,视舟船如凫雁。”(转见刘纬毅等著《中国方志史》第 75 页)

西晋时,魏完撰成《南中八郡志》,乃今云南早期风物志。

西晋时,潘岳著《关中记》1 卷。内容记关中宫殿、陵墓、池榭、台观等,是专记都邑之书,属于都邑簿一类。

按:《玉海》卷一五,又著录有葛洪撰《关中记》1 卷。

西晋时,南昌人、会稽太守熊默撰成《豫章旧志》3 卷。又有熊欣者撰成《豫章旧志后撰》1 卷。(见刘志和、黎传纪编《江西旧志总目》第 1 页)以专记人物,不及地理,故有的书著录作《豫章耆旧传》。王谟《熊默〈豫章旧志〉辑本》有谓:“《隋志》以二熊《豫章旧志》并入杂传,盖以专叙人物不及地理故也。诸书或引作《豫章耆旧志》,又引作《耆旧传》,并即此书。”(转见

黎传纪《江西方志通考》上第 6 页)

西晋时,刘澄之纂成《鄱阳记》一卷,今有《说郛》本流传。(《中国古方志考》第 546 页)

东晋初年(317 为晋元帝建武元年),虞豫撰成《会稽典录》24 卷。远起春秋,下终三国,所记皆历史人物。《史通·采撰篇》谓:"郡国之记,谱牒之书,务欲矜其州里,夸其士族。如江东五儁,始自《会稽典录》;颍川八龙,出于《荀氏家传》。苟不别加研覆,何以详其是非。"同书《杂述篇》又谓:"若圈称《陈留耆旧》,周斐《汝南先贤》,陈寿《益部耆旧》,虞豫《会稽典录》,此之谓郡书者也。"(转见《中国古方志考》第 318 页)是书早佚,但今有多种辑本,以鲁迅在《会稽郡故书杂集辑本》中辑之最详。鲁迅谓:"今搜辑逸文,尚得七十二人。略依时代次第,析为二卷。"仓修良谓,从辑录所得的 72 人来看,除个别人外,全为会稽人士。有以孝道著称,有以笃信闻名,有的是为官清廉,有的为世代显荣。72 人之中,9 个为虞姓者,自然也是为了"矜其乡里,美其氏族"。(《方志学通论》,齐鲁书社 1990 年 11 月版第 156 页)林正秋主编《中国地方志名家传》谓"是书为魏晋志书代表作之一,在当时及后世均备受重视与称赞"。(黄山书社 1990 年 4 月版第 4 页)

按:明人孙鑛在万历《绍兴府志》卷五〇《艺苑卮言》中说:"王司寇《艺苑卮言》称偏方纪以《华阳国志》、《荆州记》为第一,而谓虞预《会稽典录》亦其流亚。"(转自洪焕椿《浙江方志考》)"录"亦是地志之一种名称,魏晋时出现者有吴韦昭之《吴兴录》,后魏刘芳之《徐地录》,隋代之《京师录》,唐韦述之《十道录》、贾耽之《十道录》,宋杨均之《海昌先贤录》、程大昌之《雍录》、高似孙之《剡录》,清代还有《历阳典录》等。(见来新夏主编《方志学概论》第 9 页)

东晋元帝时(317~323),虞溥纂《江表传》5 卷。书录汉末及魏、蜀、吴人物,而以吴地尤详。《晋书·虞溥传》谓:其子勃将是书上于元帝,诏藏于秘书。《邵氏闻见后录》谓:"予官长安时,或云鄠杜民家有《江表传》、《英雄传》,因为外台言之。亟委官以取,民惊惧,遽焚之,世今无此书矣。"(转自《中国古方志考》第 198 页)

是时,王隐撰有《晋地道记》一种。王隐于晋元帝大兴初(318 为元年)为著作郎,撰有《晋书》。王谟《王隐晋地道记辑本》谓,此为《晋书》中的一篇,与诸家专记地理书不同,故隋唐志俱不著录。周中孚跋是书云:"《晋书·地道记》一卷,晋王隐撰……处叔当东晋之初,纪西晋之事,见闻最为切近。"(转自《中国古方志考》第 59 页)

东晋大兴二年(319),武乡羯人石勒称帝,建国号曰赵(史称后赵),曾"命记室佐明楷、程机撰《上党国记》"。(《晋书》卷一〇五)

东晋咸康中(335~342),杨佺期纂成《洛阳图》一种。以记宫室、山川、城池、古迹、园室为多,图文并举,具有方志雏形。(见《方志学史》第 86 页)

东晋永和三年(347),汉李势时,官散骑常侍(后因劝李势降桓温,晋封归义侯)的常璩撰成《华阳国志》(原名《华阳国记》)12 卷、附录 1 卷。此实是汉中与四川、南中(今云南、贵州)

等地的一部合志。上起远古，下迄东晋永和三年，乃方志成形时之代表作。取“华阳黑水惟梁州一语”，故名为“华阳”。常璩在《序志》中说，他之所以要撰此书，是因为梁、宁、益等地，其先已有“司马相如、严君平、扬子云、阳成子玄、郑伯邑、尹彭城、谯常侍、任给事等，各集传记，以作本纪，略举其隅。其次圣称贤、仁人志士，言为世范，行为表则者，名挂史录，而陈君承祚别为《耆旧》，始汉及魏，焕乎可观。然三州土地，不复悉载。《地理志》颇言山水。历代转久，郡县分建，地名改易，于以居然；辨物知方，犹未详备。于时汉晋方隆，官司星列，提封图簿，岁集司空。故人君学士，荫高堂，翳帷幕，足综物土，不必待《本纪》矣。曩遭厄运，函夏滔堙。李氏据蜀，兵连战结。三州倾坠，生民歼尽。府庭化为狐狸之窟，城郭蔚为熊罴之宿，宅游雉鹿，田栖虎豹。平原鲜麦黍之苗，千里蔑鸡狗之响，邱城芜邑，莫有名者。嗟乎三州，近为荒裔，桑梓之域，旷为长野。反侧惟之，心若焚灼。惧益遐弃，城隍靡闻”。故其遂“考诸旧纪先宿所传并《南裔志》，验以《汉书》。取其近是，及自所闻，以著斯篇。又略言公孙述《蜀书》及咸熙(三国魏元帝曹奂年号，264～265年)以来丧乱之事，约取耆旧士女英彦，肇自开辟，终乎永和三年，凡十篇，号《华阳国志》”。在是序中他认为，“书契有五善：达道义、章法戒、通古今、表功勋，而后旌贤能。”书中所记包括：巴志第一，汉中志第二，蜀志第三，南中志第四，公孙述、刘二牧志第五，刘先主志第六，刘后主志第七，大同志(记汉晋平蜀以后事)第八，李特、李雄、李期、李寿、李势志第九，先贤士女总赞论第十，后贤志第十一，序志第十二。(转自《中国古方志考》第652～653页)包括了晋代梁、益、宁三州的历史与地理。内容实为三大部分：前4卷记巴、蜀、汉中、南中地区的自然地理与经济地理；第5～9卷，介绍了从西汉至东晋数百年间，据蜀各朝统治者的兴亡史；第10～12卷，为记当地各方面的人物。每卷开头，均有四言序言。此前的地志、地理书、“耆旧传”等，都只记一个侧面。至是书才把地理志、编年史、人物传三者结合起来，汇为一编。对后世志书体例之完备有很大的影响。有些事物记之颇详，为后世留下了难得之史料。如载蜀郡守李冰筑都江堰的文字有：“冰乃壅江作堋，穿郫江、检江，别支流，双过郡下，以行舟船。岷山多梓、柏、大竹，颓随水流，坐致材木，功省用饶。又灌溉三郡，开稻田。于是蜀沃野千里，号为陆海。旱则引水浸润，雨则杜塞水门。故记曰：水旱从人，不知饥馑，时无荒年，天下谓之天府也。”(转自王晓岩《试论地方志书兴利除弊的传统》，载辽宁《方志天地》1987年第1期)书中还记载了西南地区古代30多个少数民族及部落的分布、历史、传说、风俗，以及与汉族的关系，有些是其他史籍中难见的资料。唐人刘知己在《史通・杂述》中，赞其可以“传诸不朽，见美来裔”。北宋吕大防在重印该书序中，称“蜀记之可观，未有过于此者”。清代方志学家刘光谟称：“方志之书，始于吾蜀。《华阳国志》，其鼻祖也。”(《高石斋文钞・县志分篇议》，转自刘纬毅《也谈地方志的起源》，载《山西地方志》1989年第1期)梁启超在《清代学者整理旧学之总成绩》中亦谓其：“有义法，有条贯，卓然著作之林”，为“方志之祖”。

按：常氏的“书契五善”之说，源于荀悦的说法：“夫立典有五志焉：一曰达道义，二曰章法式，三曰通古今，四曰著功勋，五曰表贤能。于是天人之际，事物之宜，粲然显著，罔不备矣。”(见《后汉书·荀悦传》)就理而论，既有志书之编纂，就当有其一定之理论。但此前修成的此类之书，或已散失，或已不全，故多难窥其全豹，更未见相关之理论述说。常璩在本书《序志》中，说及他编是书是为“达道义、章法戒、通古今、表功勋、旌贤能”。在《后贤志》又说：“善志者述而不作，序事者实而不华。”这是至今所知最早讲到的修志目的和编写原则，是对志书的规范和要求，是阐发方志功用和编纂理论之始。故邸富生在《中国方志学史》中，称常璩“是第一个提出修志理论的方志学家”。(第 27 页)

北宋元丰元年(1078)，吕大防重刻是书《序》说，此书“于一方人物，丁宁反复，如恐有遗。虽蛮髦之民，井臼之妇，苟有可纪，皆著于书。且云得之陈寿所为《耆旧传》。按寿尝为郡中正，故能著述若此之详，自先汉至晋初逾四百岁，士女可书者四百人，亦可谓众矣。复自晋初至于周显德仅七百岁，而史所纪者无几人。忠魂义骨，与尘埃野马同没于丘原者，盖亦多矣。岂不重可叹息哉。此书虽繁富，不及承祚之精微，然议论忠笃，乐道人之善，蜀记之可观，未有过于此者。镂行于世，庶有益于风教云”。(转见《中国古方志考》第 655 页)

南宋嘉泰四年(1204)再刊是书时，李垄《序》称：“尝考其书，部分区别，各有条理。其指归有三焉：首述巴蜀、汉中、南中之风土；次述公孙述、刘二牧、蜀二主之兴废，及晋太康之混一，以迄于特、雄、寿、势之僭窃；继之以两汉以来先后贤人，梁、宁、益三州士女，总赞序志终。就三者之间，于一方人物，尤致深意。虽侏离之氓，贱俚之妇，苟有可取，在所不弃。此尤足以弘宣风教，使善恶知所惩劝，岂但屑屑于山川物产，以资广见异闻而已乎。”因为吕刻本“载祀荒忽，刓缺愈多，观者莫晓所谓”，因而他“尝博访善本，以证其误，而莫之或得。因摭两汉史、陈寿《蜀书》、《益部耆旧传》，互相参订，以决所疑，凡一事而先后失序，本末舛逆者，则考而正之。一意而词旨重复，句读错杂者，则刊而去之。设或字误而文理明白者，则因而全之。其他旁搜远取，求通于义者，又非一端。凡此皆有明验可信不诬者。若其无所考据，则亦不敢臆决，姑阙之以俟能者。然较以旧本之讹谬，大略十得五六矣”。可见此再刊者，为李垄之整理本，整理作法亦颇谨严。

清嘉庆十九年(1814)，廖寅《校刊华阳国志序》谓：“唐以前方志存者甚少，惟《三辅黄图》及晋常璩《华阳国志》最古……此书成于魏晋之间，古字古意，尤足证佐经史。后有修滇蜀方志者，据以为典则，诚艺林之胜事也。”

历来有将是书归入《史部》“载记类”、“杂史类”、“霸史类”者。章学诚于《史籍考释例》中称：“《华阳国志》非一国记载，又非地志图经，入于霸史固非，入于地理尤非，乃杂史之流，限于方隅者。”(转见《贵州方志论纲》第 3 页)李泰棻在《方志学》中说：“如《吴越春秋》、《越绝书》，以及未能传世之‘百二十国宝书’等，皆可称为方志。然最古以志名书者，首推常璩《华阳国志》。”(河北人民出版社 1990 年 5 月版第 7～8 页)刘琳在《华阳国志校注》中称:"从内容来说,是历史、地理、人物三结合;从体裁来说,是地理志、编年史、人物传三结合。这两个三结合,构成了《华阳国志》的一个显著的特点,这是中国方志编纂史上的一个创举。"(《华阳国志校注》巴蜀书社 1984 年版第 2 页)

《四库全书总目》著录有《附录》1 卷,乃明张佳胤所续常氏士女十九人。

东晋太元九年(384)前,习凿齿撰成《襄阳耆旧记》(亦称《襄阳耆旧传》)5 卷。《郡斋读书后志》谓其,"前载襄汉人物,中载其山川城邑,后载其牧守"。书中的人物传写得相当成功,做到褒贬分明。但两卷先贤人物,习氏即占 8 人之多,几乎成了习氏家传。内中大量地采用了当时民间的谚谣和流行的语言,是研究襄阳地区物产、风土人情很有价值之书。仓修良称"是一部最早的、典型的地记"。(《方志学通论》第 188～196 页)

按:此书今已不存。南宋绍熙间(1190～1194),有吴琚刻本。明时有刻本,名《襄阳耆旧传》,记有春秋至宋时襄阳郡守的传记,今藏上海图书馆,与此非一书。陈光贻《中国稀见方志提要》第 811 页著录作《[绍熙]襄阳耆旧传》。

东晋太元十九年(394),晋安太守陶夔撰成《闽中记》1 种。是书已佚,详确内容无从得知。但从后世征引的逸文可知,其内容已备志书之大体。(见《中国地方志总目提要》13—1)

东晋义熙间(405～418),任豫纂成《益州记》一书。(见《中国古方志考》第 658 页)

按:张国淦引《蜀中广记》说,李膺《益州记》条谓:先是谯周、任豫、刘欣期各有《益州记》。

东晋时(317～420),贺循撰成《会稽记》1 卷。姚振宗《隋书经籍志考证》卷二一谓:"本志杂传类,有《会稽先贤像赞》5 卷,不著撰人。两《唐志》并云贺氏撰。似其旧本与此为一书,凡六卷,后人分析言地域山川者入此类,遂分属两篇。"(转见《中国古方志考》第 316 页)

东晋时,顾夷撰成《吴郡记》一种。所记内容为地名、建置、特产、景物、山川、湖塘、城池、坊市等。(见《方志学史》第 68 页)

晋时,张须无绘纂有《九江图》一种。明人著之《江汉丛谈》谓:"张须无《九江图》,又有三里五洲、白蜂菌洲之名。"有图,有述,当系图经之属。(转见方志出版社 2001 年 12 月版《江西省志・江西方志编纂志》第 3 页)

南朝宋元嘉六年(429),雷次宗撰成《豫章记》1 卷。是书久佚,只有清王谟《汉唐地理书钞》及近人张国淦辑本。其内容有建置、山川形势、人物、塘堰、城郭、古迹名胜、风俗、传说等。所记较秦汉地志已丰,但地理内容仍是全书重点。胡俨正德《南昌府志・序》称:"豫章之有志,始于雷次宗。"(见《方志学史》第 89 页)

同时,雷次宗又撰有《豫章古今记》1 卷。原书已佚,今仅存宛委山堂刻《说郛》辑本和王谟《汉唐地理书钞》辑本。其内容分郡城、城阙、山石、水沙、津济、泉池、寺观、神祠、第宅、冢墓、翘俊等 11 部。(见《江西省地方志概说》第 2 页)

是时,无名氏撰有《元嘉六年地志》。

宋元嘉十四年(437),沮渠茂虔表献后魏敦煌人刘景所撰《敦煌实录》10卷。《史通·杂说篇》有言:"敦煌辟处西域,昆戎之乡也。求诸人物,自古阙载。盖由地居下国,路绝上京,史官注记所不能及也。既而士燮著录,刘昞(即刘景)裁书,则磊落英才,粲然盈瞩者矣。向使两贤不出,二部无记,彼边隅之君子,何以取闻于后世乎?是知著述之功,其力大矣,岂与夫诗赋小技,校其优劣者哉。"其《杂述篇》又谓:"史氏流别,其类有十,其五曰郡书。郡书者,矜其乡贤,美其邦族,施于本国,颇得流行,置于他方,罕闻爱异。其有如常璩之详审,刘昞之洽博,而能传诸不朽,见美来裔者,盖无几焉。"(转自《中国古方志考》第181页)

按:《后魏书·刘昞传》谓其著《敦煌实录》20卷,卷数与此有异,待考。

宋元嘉时(424～453),刘义庆纂成《徐州先贤传赞》9卷。

宋后废帝元徽间(473～477),王俭著成《元徽四部书目》及《七志》(亦名《七略》)。前者录书15700余卷,首创七部分类法。后者亦分七部,其中"七曰图谱志,纪地域及图书"。著录有地记、地志等。(见刘刚《中国方志工具书概述》,载《中国地方志》1997年第4期)这是方志著录于书目之始。

按:其后梁时,阮孝绪著《七录》,仍用七部分类法,但地志被列入地理类之中。《隋书·经籍志》、《宋史·艺文志》等亦将地志归入地理类。直至明人朱睦木挈著的《万卷堂书目》,又将方志单独立目。清代《四库全书总目》方志列入史部地理类。

南朝宋时(420～479),沈怀远纂成《南越志》5卷(亦说8卷)。是书已佚,仅存辑本。从辑本可以看出,内容所载,多为鳞鱼、潜牛、江豚、巢蛣、石蛈、鳖类等异物,也记沿革、古迹旧闻等。所记内容皆足与正史相佐证。《直斋书录解题》称"此五岭诸书之最在前者",是广东省早期的方志。(见《方志学史》第89页)

宋时,山谦之纂成《吴兴记》3卷及《南徐州记》、《寻阳记》和《丹阳记》等。《吴兴记》记述吴兴十县事,包括景物、山江湖、洲浦、城阙、祠庙、古迹、疆域、地理等内容。条分缕析,是镇江地区早期的方志。是时,吴兴郡领乌程、东迁、武康、长城、原乡、故鄣、安吉、余杭、临安、於潜等10县。晋、宋时为江州寻阳郡,隋为九江郡,唐、宋为江州浔阳郡,元为江州路,明、清为九江府。(见《方志学史》第90页、陈光贻《中国方志学史》第140页)

宋时,孔灵符撰有《会稽记》一种。

宋时,临川王侍郎盛弘之撰成《荆州记》3卷,按州属各郡县,分条载事,内容为述地理、载物产、明旧事、载古迹、录神话传说,横排门类,纵贯古今。黄苇认为,其比秦汉时期的地理书内容远为详备,有些近于后世方志之体。(转自邸富生《中国方志学史》第17页)是书已佚,今有《汉唐地理书钞》辑本。王谟在《盛弘之荆州记辑本》中称:"《荆州记》作者数家,惟盛弘之最著,诸书称引盛弘之亦最多。"光绪时陈运溶辑本序称:"《隋书·经籍志》云:宋临川王侍郎盛弘之撰。考弘之《宋书》无传,其事迹莫详。唐杜佑《通典》州郡部云:'凡言地理者,在辨区域,征因革,知要害,察风土。如诞而不经,遍记杂说,何暇编举。'注曰:'谓辛氏《三秦记》、常璩《华阳国志》、罗含《湘中记》、盛弘之《荆州记》之类，皆自述乡国灵怪，人贤物盛。参以他书，则多纰缪，既非通论，不暇取之矣。'……弘之所著，见引甚多。今从类书中裒集成编。其著书体例无可考见，因每条皆著明古郡县，遂以《晋书·地理志》为准，以《荆州记》事实，依晋郡县次序，钩稽排比，竟成完书。所引用者如……等书，皆信而有征者也。盛氏《荆州记》，至唐末已佚，故新、旧唐志俱未著录，而《太平御览》引此书独详，殆沿《修文御览》之旧也……兹所征引百七十余事，并采集各书为之证，分为三卷，以符原目。"(转见《中国古方志考》第 472～473 页)

按：查《中国古方志考》，以《荆州记》为名之书，当时除本书之外，尚有晋历吏部尚书，徐、兖二州刺史范汪撰者；有宋庾仲雍撰者；有宋南郡王从侍、尚书库部郎中郭仲产作者；有先官宋、后官齐的刘澄之纂者；有佚名氏纂者等共六种之多。

宋时，钱唐令刘道真撰成《钱唐记》一种。书虽已佚，但从《水经注》、《后汉书注》、《艺文类聚》、《初学记》、《太平御览》、《太平寰宇记》等书中所引片段来看，可知其内容大致可分为四类：一是解说地名之由来，二是介绍疆域和建置，三是叙述古迹名胜及传说，四是其他有关的地理情况，是一部古代杭州地区的地理概况之书。虽与定型方志还有距离，但在同类的地记之中，可谓是超群拔俗的。(见《浙江方志概论》第 14 页)

宋时，谢灵运撰有《山居赋》一篇，全文约 4000 言。是赋以韵文形式，详细描述了界于会稽、四明间曹娥江一带的山川形势、田园农事、走兽飞禽、草木花果等。

按：陈桥驿先生在重版《越中杂识》前言中谓："这部地方志(指《山居赋》)是以韵文形式撰写的，它为以后浙江境内以韵文形式纂写地方志开创了范例。像南宋王十朋的《会稽三赋》、孙因的《越问》、诸葛兴的《会稽九颂》、佚名的《四明风俗赋》、葛澧的《钱塘赋》，元赵孟頫的《吴兴赋》等等，都是在《山居赋》的影响下而撰写的韵文地方志。"像陈先生这样，评其为在赋体志书中有影响之作，为浙江开了以韵文形式写地方志之范例的说法是可以的。但有些论者谓此赋开了中国以韵文形式撰写志书之先河，则未为允当。因为就全国而言，此前已有一些志书以韵文的形式出现，只是有的以赋为名，有的未以赋为书(篇)名而已。未以赋名篇者如前已述及的吴丹阳太守万震纂的《南州异物志》、晋周处纂的《阳羡风土记》等皆是。

宋时，郑缉之纂成《东阳记》1 卷。是志早佚，至清宣统间，胡宗楙从诸书中辑成《东阳记拾佚》1 卷，共 36 条。从所辑中可见，其内容广泛，可分为建置沿革(不仅有郡的建制沿革，还有县的)、人物、山水、寺庙、坟墓、物产、名胜等 7 类。其已打破地记中仅记地理，或仅记人物的单一格局，而是人地兼记，对研究方志史颇有价值。(见《中国地方志总目提要》11—84)清人郑永禧《衢志源流考》认为："衢之有志，以见于《东阳记》者为最古。郦道元《水经注》引之石室烂柯，《续汉郡国志》刘注之引龙丘长隐居太末，《寰宇记》之引三衢山岩洞诸胜类，皆出自《东阳记》。《唐书艺文志》称郑缉之撰，实为衢志之滥觞。"(转自《浙江方志概论》第134 页)

宋时，范晔撰成《后汉书》120卷(其中“志”30卷为晋司马彪撰)。在是书《西域传》中有言:“西域风土之载，前古未闻也。汉世张骞怀致远之略，班超奋封侯之志，终能立功西遐，羁服外域……其后甘英乃抵条支而历安息，临西海而望大秦，拒玉门、阳关者四万余里，靡不周尽焉。若其境俗性智之优薄，产载物类之区品，川河岭障之基源，气节凉暑之通隔，梯山栈谷绳行沙度之道，身热首痛风灾鬼难之域，莫不备写情形，审求根实。至于佛道神化，兴自身毒，二汉方志，莫有称焉。”足见东汉时，西域已有不少记述当时地情之著作。

按:从“二汉方志，莫有称焉”一语，又可见南朝时已将专记地情一类著作称为方志了。

南朝宋末齐初(宋齐之交在479年)，刘澄之撰成《永初山川古今记》(又名《永初郡国记》、《永初记》等)20卷。是书记刘宋时的地理极详，为梁沈约撰《宋书·州郡志》主要取材。(见刘纬毅《中国地方志》第28页)

按:刘志和、黎传纪1987年编成印行之《江西旧志总目》著录有刘澄之《荆州记》一书。至1998年他们出版的《江西方志通考》中，改变了看法，已不专作一书。引证的就是姚振宗《隋书经籍志考证》。姚氏谓:“《宋书·州郡志》言所据诸书，有《永初郡国》，故篇中时以为言。是书盖总名《永初郡国志》，故《初学记》、《御览》引刘澄之《扬州记》、《荆州记》、《江州记》、《豫州记》、《梁州记》、《广州记》、《交州记》，而本志亦别出《司州山川古今记》三卷，是皆书之篇目也。”(转自黎传纪《江西方志通考》上册第10页)

又:张国淦先生在《中国古方志考》中仅谓，此乃澄之据宋永嘉开国初年为记，或在宋末，或在齐初。(第62页)而吕志毅《方志学史》则坐实“为永初元年(420)至三年成书”，但未列证据(第60页)，姑录以备考。

北朝魏太和中(477～499)，李义徽撰成《舆地图》一种。张鹏一《隋书·经籍志补》引《北史·李先传》谓:“按先传:先子凤，凤子预，预少子皎，皎孙义徽，太和中补清河王怿府记室，为怿撰《舆地图》及《显忠录》。”(转见《中国古方志考》第70页)

南朝齐时(479～502)，陆澄辑自《山海经》以来160家方志、地记之作，按其先后远近，编而为部，作成《地理书》149卷、录1卷，(见《方志学》第853页)属地理书汇编性质之书。

按:澄，字彦渊，宋御史中丞，入齐累迁国子祭酒。除此辑之外，尚纂有《地理书抄》20卷。黄苇等《方志学》中列《地方志大事记》，将《地理书》之作系于齐中兴二年(502)。吕志毅《方志学史》作“自宋嘉明三年至齐中兴二年(502)成书”。(第61页)查宋有大明、升明年号，而无嘉明者，吕书当有笔误。大明三年为公元459年，升明三年为公元479年。又查:陆澄生于宋景平二年(424)，卒于齐明帝建武元年(494)。两书中系年恐亦未确。

齐时，前将军记室崔慰祖撰《海岱志》20卷。章宗源《隋书经籍志考证》谓:是书“起太公讫西晋人物，为四十卷。半未成，临卒，与从弟纬书云:《海岱志》良未周悉。可写数本，付护

军诸从事人一通,及友人任昉、徐寅、刘洋、裴揆”。(转自《中国古方志考》第 187～188 页)

宋齐梁间(420～557),佚名者纂成《荆州图经》一种。朱士嘉在《方志之名称与种类》一文(载《禹贡》1936 年 1 卷 2 期,收入《朱士嘉方志文集》)中谓:“《隋书·经籍志》有《冀州图经》、《幽州图经》、《齐州图经》,《唐书·经籍志》有《润州图经》,皆不著年代。今所可考者,以《荆州图经》为最早。”宋元以前之图经,盖即为官书名目。凡非官书者,或作“志”,或作“记”,或作“录”。(见《朱士嘉方志文集》第 45 页)可见是时乃官修与私纂并存的时代。

齐梁时(齐梁之交在公元 502 年),出现了三部《武陵记》:一为齐人黄闵纂者,记武陵地区的山水、景物、城池、古迹、池潭、陂田等,有王氏《汉唐地理书钞》辑本和陈氏《荆湘地记》辑本;一为梁武陵汉寿人伍安贫纂者,记风俗、形胜、景物、古迹等,原书有图,体例亦较他书完备(伍氏还撰有《武陵图志》、《晋黄门沅川记》等);一为梁人鲍坚纂者。(见《方志学史》第 90 页)

梁武帝初年(公元 503 年为梁天监元年),吴均撰成《入东记》,这是所知最早的一部村志。今有范锴辑的《吴兴入东记》1 卷。(见陈光贻《中国方志学史》第 204 页)

梁天监七年(508)前,任昉在陆澄《地理书》的基础上,又增加 84 家之说,合 244 家,编为《地记》252 卷,亦地方州郡地记的总汇性质之书。(见谢灼华《论方志目录》,载《中国地方志通讯》1983 年第 5 期)足见当时地记类著作数量之多。

按:昉生于宋大明四年(460),卒于梁天监七年(508)。除辑《地记》之外,任氏还另有《书抄》9 卷。姚振宗《隋书经籍志考证》谓:陆、任二家所合二百四十四家之书,梁时皆在焉。自江陵覆没,悉为煨烬,以迄于隋,仅存五十四部。(转见《中国古方志考》第 66 页)

梁武帝普通间(520～527),萧绎为晋安郡王镇襄阳时,组织鲍至等十人,称为高斋学士,丰其果馔,为其抄书,撰成《丹阳尹传》10 卷。萧绎序谓:“自二京版荡,五马南渡。固乃上烛天文,下应地理,其势可得而言。东以赤山为成皋,南以长淮为伊洛,北以钟山为华阜,西以大江为黄河。既变淮海为神州,亦即丹阳为京尹。虽得人之盛,颇愧前贤,而晒遇之深,多用宰辅。……若夫位以德叙,德以位成。每念忝莅京河,兹焉四载,以入安石之门,思勤王之政。坐真长之室,想清谈之风。求瘼余晨,颇多暇景,今缀采英贤,为《丹阳尹传》。”《梁书·本纪》谓,绎“天监十三年(514),封湘东郡王,邑二千户。初为宁远将军、会稽太守,入为侍中,宣威将军、丹阳尹。普通七年(526),出为使持节都督荆湘郢益宁南梁六州诸军事、西中郎将、荆州刺史”。《南史·阮孝绪传》谓:“湘东王著《忠臣传》,集释氏碑铭、《丹阳尹录》、《研神记》,并先简孝绪而后施行。”(均转自《中国古方志考》第 209 页)

按:参加是书编纂者 10 人,为庾肩吾、刘孝威、江伯摇、孔敬通、申子悦、徐防、徐摛、王囿、孔铄、鲍至。是时,高斋学士鲍至又撰有《南雍州记》6 卷(晋孝武帝时于襄阳侨置南雍州)。章宗源《隋书经籍志考证》谓:“唐书艺文志:鲍坚《南雍州记》三卷。‘坚’当为

'至'。……唐经籍志有《南雍州记》三卷，郭仲产撰，宋时人，在鲍氏之前。此六卷其三卷盖仲产之书。"(见《中国古方志考》第475页)

又：萧绎还另组织人纂有《荆南地志》2卷。"荆南乃指荆山以南，统荆湘而言之，此全楚地志之始。"从后人所辑佚来看，内容包括疆域、地理、民情、物产、旧事、冢墓等方面。乃湖南全省范围内的第一部省志。(李如龙著《湖南地方志考评》，湖南出版社1995年7月版第7页)

北朝后魏孝昌三年(527)前，郦道元(？～527)在托名桑钦原著《水经》的基础上，撰成《水经注》40卷。历史上原注《水经》者凡两家。郭璞注早佚，今仅存郦注。《水经》原书记全国水道共137条，每水自为一篇。郦《注》记全国水道达1252条之多，比原书增加近10倍，文字近20倍。全书以水道为纲，叙述了河道的发源、流向、方位，记载了流经地区之山岳、丘陵、陂泽、关塞、障、古迹、物产农田、水利设施、河道变迁、聚落兴衰、气候、土壤、植被、自然景观、歌谣、谚语、方言和民间传说等。所引书多达437种。是书虽不属方志，但许多此前之地志、地理书、碑刻及古籍的内容，赖之得以保存下来，被誉为我国"五大名注"之一。(其他四名注是《三国志注》、《世说新语注》、《文选注》和《通鉴》胡三省注——转见《中国方志简史》第95页)。

按：是书对以后的方志，尤其是地理总志的编修亦有重大影响。清人陈运溶称："郦注精博，集六朝地志之大成。"邸富生在《中国方志学史》中称："郦道元在方志发展史上的贡献在于：第一，他开辟了综合利用方志的广阔道路。郦道元在《水经注》的写作过程中，充分利用了当时所见的大量志书。'方志'一名，虽然在《周礼》中已经出现，但把方志作为一种著作体裁，却是从《水经注》正式开始的。即《渠水注》所说'因其方志所叙，就记缠络焉'。……第二，保存了大量志书的资料……在当今秦汉魏晋南北朝时代志书大部分已经缺佚的情况下，这就显得十分珍贵了。"(第24～25页)但如《四库全书总目提要》所云"塞外群流，江南诸派，道元足迹皆所未经，故于滦河之正源，三藏水之次序，白檀要阳之建置，俱不免附会乖错"。(见《史部·地理类二》)看来此书亦非毫无瑕疵。

后魏时(420～534)，有《大魏诸州记》(亦称《元魏诸州记》)21卷之成。(见《中国古方志考》第68页)也是地理总志之属。

后魏时，敦煌人阚骃撰成《十三州志》10卷(唐志作14卷)。《史通·杂述篇》有言："地理书者，若朱赣所采，浃于九州；阚骃所书，殚于四国。斯则言皆雅正，事无偏党。"汉武帝元封五年(前106)，分境内为豫、兖、青、徐、冀、幽、并、凉、益、荆、扬、交趾、朔方等十三州，亦称十三部。东汉时，朔州并入于并州，交趾改交州，加上司隶校尉部，仍称十三州或十三部。(见《中国方志简史》第87～88页)是书亡于北宋末，今有王谟、张澍两个辑佚本。王谟《阚骃十三州志辑本》谓：按《括地志》，晋自汤阴败后，司、冀、雍、凉、青、并、兖、豫、幽、平、秦、营十二州并沦没。后魏孝文帝都洛阳，开拓土宇，明帝熙平元年(516)凡州四十六……天平年

(534～537)凡州六十八……至武定年(543 为元年)凡州一百一十一,郡五百十九。阚骃既仕西凉,则所著书自应据魏地形志,而乃以十三州志名书,从汉制也。然亦徒自夸大,究于汉志荆、扬、交、益诸州,并非土宇。而骃系北人,亦不谙悉南方地理,故即诸书所引,每略于南而详于北。张澍辑本有言:"颜师古《汉书地理志注》多引之,其言曰,中古以来,说地理者多矣。或解说经典,或纂述方志,竞为新异,妄有穿凿,安处附会,颇失其真,今并不录,独有取于阚氏。"可见其书之精审。(均转自《中国古方志考》第 69～70 页)这是一部全国性的总志,书中所记有新旧县名、山水、古迹、系以方位、沿革、水利工程、民族风习等,详于北而略于南。(刘纬毅《中国地方志》第 29 页)

北朝魏时(386～534)陆恭之纂成《后魏舆地图风土记》一种(亦作《后魏兴国土地记》)。(见《中国古方志考》第 70 页)

按:此前的许多舆地图,都已是有图有说,标有不少当"记"的内容了。而此书名中,将"舆地图"与"风土记"并列入书名,值得注意。但到底该书增加了哪些新的内容,由于已不得见原书,无从得知。

又:从"后魏兴国"的书名来看,所记当是北魏登国年间(386～396)的内容,故其成书当更在其后。

东魏武定五年(547),杨衒之始纂《洛阳伽蓝记》。北魏时信佛成风,太和十七年(493)都洛阳后,王公大夫多舍私宅作佛寺。一时"京城表里,凡有一千余寺"。后经"尔朱荣之乱",城郭残破,诸寺尽废。杨氏于是年重至洛阳,追寻故迹,感念废兴。"因捃拾旧闻,追叙故迹,以成是书。以城内及四门之外,分叙五篇。""著撰园林、歌舞、鬼神、奇怪、兴亡之异,以寓其褒讥,又非徒以记伽蓝已也。"主要记述了战乱前洛阳寺观庙塔之弘壮侈丽,反映了当时富人侵夺百姓财物,以奉佛求福等祸国殃民的情况。其中叙尔朱荣变乱事尤详,可补正史之不足。每条皆首记立寺者,寺所在方位,建筑规模,然后记人物、事件、旧说、轶闻等。亦是著名的早期志书。(见《方志学史》第 92 页)

梁武帝时(503～548),裴子野撰成《方国使图》1 卷。《梁书 · 裴子野传》载:"是时西北徼外有白题及滑国,遣使由岷山道入贡。此二国历代弗宾,莫知所出。子野曰:汉颍阴侯斩胡白题将一人。服虔注云:'白题,胡名也。'又汉定远侯击虏,八滑从之,此其后乎? 时人服其博识。敕仍使撰《方国使图》,广述怀来之盛。自要服至海表,凡二十国。"

梁元帝时(552～555),有《职贡图》之撰成。其序有言:"甘泉写阏氏之形,后宫玩单于之图。"赞有"北通玄菟,南渐朱鸢"。(《玉海》卷一六)

梁时(502～557),李膺纂成《益州记》3 卷。《南史 · 李膺传》谓:"膺,字公胤,为益州主簿。使至都,(梁)武帝悦之,以为益州别驾,著《益州记》三卷。"又,同书《邓元启传》谓:"涪令李膺,字公胤,广汉人,有才辩。西昌侯萧藻为益州,以为主簿。使至梁,武帝悦之。谓曰:'今李膺,何如昔李膺?'对曰:'今胜昔。'问其故。对曰:'昔事桓灵之主,今逢尧舜之君。'帝

嘉其对，以如意击席者久之，乃以为益州别驾，著《益州记》三卷行于世。”（转见《中国古方志考》第659页）

梁时，宗懔撰成《荆楚岁时记》37篇，为专记一地风俗之书。内容皆记荆楚（今湖南、湖北一带）的岁时节令、风物故事，自元旦至除夕24节令，凡三十余条。（见《四库全书总目提要》卷七〇，《史部·地理类三》）记各节令的来历，兼收古代神话传说等，涉及民俗，如门神、木版年画、木雕、绘画、土牛、彩塑、剪纸、镂金箔、首饰、彩蛋画、印染、刺绣等民间工艺及民间乐舞等。有些民俗至今仍在一些少数民族中流传。是对后世颇有影响的一部风俗志。隋时有杜公瞻作注，将南北风俗加以比较。就方志史而言，方志中必记风俗，盖源于此。原书已佚，现存1卷，乃明人从各种类书中辑出。从篇目亦颇见其体例，故附载其目于次：

一、爆竹庭前，辟除邪恶；二、依次拜贺，饮椒柏酒；三、帖鸡户上，桃符镇鬼；四、杖打粪扫，呼令如愿；五、金薄为人，华胜相遗；六、剪綵为燕，祝福宜春；七、豆粥加膏，祭祀门户；八、夕迎紫姑，以卜农事；九、夜驱鬼鸟，槌床打户；十、芦苣引火，夜照井厕；十一、晦日酺聚，士女泛舟；十二、戒草防火，鸟鸣入田；十三、四邻会社，祭神飨胙；十四、禁火寒食，追悼子推；十五、斗鸡镂鸡，食称画卵；十六、打毬施钩，强身练武；十七、江渚池沼，曲水流杯；十八、鼠麴和粉，以厌时气；十九、布谷声声，犁耙上岸；二十、俗称恶月，禁忌上屋；二十一、采艾悬门，斗草游戏；二十二、舟楫竞渡，争采杂药；二十三、系丝辟瘟，取鸲令语；二十四、新竹箬叶，节日裹粽；二十五、取菊为灰，以止麦蠹；二十六、伏日汤饼，名曰辟恶；二十七、牵牛织女，聚会赋情；二十八、结綵穿针，乞求巧幸；二十九、僧尼道俗，盂兰盆会；三十、朱水点额，饷遗眼囊；三十一、野游登高，佩茱饮菊；三十二、荆有黍臛，北有麻羹；三十三、咸菹菁葵，醒酒所宜；三十四、击鼓戴胡，傩舞逐疫；三十五、祭祀灶神，宰杀黄羊；三十六、老叟妇妪，游戏藏鉤；三十七、守岁酣饮，送旧迎新。（转自刘纬毅等著《中国方志史》第72～74页）

梁时，萧贲纂成《西京新记》60卷。此西京非定指两汉之西京。张国淦谓，梁沿晋、宋、齐侨立雍州于襄阳，梁萧詧建都于此。此《西京记》未知系据旧雍州而作，或以侨立之雍州而仍西京旧称。（《中国古方志考》第153页）

北周时（557～581），北朝人撰有《周地图记》109卷。彭静中《中国方志简史》引《辑本周地图记》所辑2条：一为“成都城，初张仪筑城，城屡坏不能立。忽有大龟周行旋走，巫言依龟行处筑之，城乃得立。所掘处成大池，龟乃伏于中。每出，则州境有贼，刺使病之”；一为“温江县，本汉郫县地，后魏于此置温江县，属蜀郡”。（第90页）

按：王谟《汉唐地理书钞·周地图记辑本》，曾引罗苹《路史注》作宇文护造，但无从考证，故撰者姓名仍付阙如。

是时，宋孝王撰成《关东风俗传》一书。宋氏先于北齐时撰成《朝士别录》20卷，周灭齐后，又扩充为30卷，易名为《关东风俗传》。这是一部记载以邺地为中心的地理、风俗、人物、艺文之作，是一部典型的地记。其中记下了许多正史未载的史实。有人认为它“篇第冗杂，无著述体”。刘知几却说他作《坟籍志》,入志者皆为本地人所作,并且所列全为当代人作品。行文中用当时的地方口语,能如实地反映出事实真相与时代精神。开了志书艺文志之先河。(转见仓修良《新修方志中艺文志不可少》,载《中国地方志》1992 年第 4 期)清人刘寿曾《扬州艺文志商例》谓:“周宋孝王《关东风俗传》,有《坟籍志》之名,是为地志载书目之始。”(转自《历代名人论方志》第 183 页)

按:魏晋南北朝时期的许多以“传”名之者,并不都只记人,而是“地”、“人”兼记了。

是时,又有刘芳之撰《广州先贤传》一书。汉置鲁阳县,属南阳郡。北魏太和十八年(494)置荆州。永安二年(529)改置广州。此传所记即本州人物。(见《河南地方志提要》上册第 303 页)

按:此非南海之广州,而是北朝时于河南南阳置之广州。

梁陈间,佚名氏增纂成《三辅黄图》1 卷。《南史》有“江子一续《黄图》”一语(转见《玉海》卷一四)。东汉时,已有《三辅黄图》之成。至是又作增补也。(至唐代,有人据此又辑补成《三辅黄图》6 卷本)是书早佚,今只有清毕沅、孙星衍两个辑本流传。从辑本来看,全系记秦汉间三辅的城郭、宫阙、陵庙、明堂、辟雍、郊畤、街坊诸事,间及周代灵台、灵囿诸事,属都邑簿一类。孙星衍在《三辅黄图辑本序》中谓:“书旧有图,特以文为标识,故其词甚简。今书中所称旧图云云者,标识之辞,下有文复出者,图说是也。”(转自黄苇等《方志学》)《四库全书总目提要》评价其为:“所记宫殿苑囿之制,条分缕析,至为详备,考古者恒所取资。惟兼采《西京杂记》、《汉武故事》诸伪书,《洞冥纪》、《拾遗记》诸杂说,爱博嗜奇,转失精核,不免为白璧微瑕耳。”(卷六八,《史部·地理类一》)

南朝陈太建十三年(581),领大著作、掌国史之顾野王,抄众家书,纂成《舆地志》30 卷。这是集汉魏以来 240 家地理书之大成,又一部地理总志也。顾氏又撰有《建安地记》2 篇。建安为后来福建建平、建宁、邵武三府地,此书开了福建方志之先河。(见陈光贻《中国方志学史》第 140 页)顾氏还撰有《十国都城记》10 卷。(见《中国古方志考》第 68 页)

北周时,河东汾阴人薛寘(一作薛冥)撰有《西京记》3 卷。章宗源《隋书经籍志考证》六谓:是书“引据该洽,世称其博闻焉”。(转见《中国古方志考》第 153 页)

是时,无名氏撰有《京兆郡方物志》30 卷。《通志·艺文略》作 20 卷。(见《中国古方志考》第 154 页)

陈隋间,有佚名氏撰成《建康宫殿簿》一种,属于都邑簿。《史通·杂述篇》谓:“若潘岳《关中》、陆机《洛阳》、《三辅黄图》、《建康宫殿》,此之谓都邑簿者也。”(转见《中国古方志考》第 210 页)“都邑簿者,如宫阙、陵庙、街廛、郊邑,辨其规模,明其制度。”除上所列之外,还有《晋国都城记》、《十国都城记》、《宋国都城记》、《京邦记》等等。后世所成之都邑志,如唐韦述的《两京新记》、宋敏求的《长安志》、周淙的《乾道临安志》及元时骆天骧的《类编长安志》,均受是书之影响。(见王晓岩《方志体例古今谈》第 25 页)

魏晋而后,又有“图副”之称者。王庸《中国地理学史》第172页有:“历魏晋及宋,似未有地图或地志之以图经称者,惟另有所谓图副者,其体制疑与图经相类,亦为地图之外,另加说明者。”他举证章宗源《隋书经籍志考证》中说到有《荆州图副记》和《湘州图副记》。(转自宫为之《皖志史稿》,安徽人民出版社1997年7月版第12页)

按:“图副”之名,汉时已有。《玉海》卷一四《四海图籍》条谓“《后汉书·南蛮传》注引《荆州图副》”。

地记之发展以魏晋南北朝时期最为繁盛。仓修良估计,总数有数百种之多。是中国方志发展史上的一个重要阶段。其内容大约有:一表彰本地人物;二记载地理沿革;三描绘山水之秀;四叙述地名之由来;五介绍各地之水利、交通;六反映各地之物产、风俗。是合史地、传志为一体,为后来方志内容记载的多样性开了先河。但同时,此类方志的泛滥,也有其矜夸故里以至失真的嫌疑,为人所诟病。刘知几在《史通》中批评说:“夫郡国之记,谱牒之书,务欲矜其州里,夸其氏族。读之者安可不练其得失,明其真伪者乎?”又说:“郡书者,矜其乡贤,美其邦族,施于本国,颇得流行,置于他方,罕闻爱异……人自以为乐土,家自以为名都,竞美所居,谈过其实。又城池旧迹,山水得名,皆传诸委巷,用为故实,鄙哉。”颜师古在《汉书·地理志注》中也说:“中古以来,说地理者多矣。或解释经典,或纂述方志。竞为新异,妄有穿凿,安处附会,颇失其真。”(转自仓修良《方志学通论》第145页)

附载:魏晋南北朝时期,出现先贤、耆旧传一类的著作,据《中国古方志考》著录的共有38种之多,其名为:

魏·佚名者纂《东莱耆旧传》1卷(第195页)

魏·周斐纂《汝南先贤传》5卷(第465页);

魏·苏林纂《陈留耆旧传》1卷(第446页);

吴·佚名者纂《吴先贤传》4卷(第196页);

吴·佚名者纂《吴国先贤赞》3卷(第196页);

吴·佚名者纂《会稽先贤传》7卷(第315页);

吴·吴陆胤纂《广州先贤传》7卷(广东的广州,第588页);

吴·张胜纂《桂阳先贤画赞》1卷(第501页);

吴·徐整纂《豫章烈士传》3卷(第535页);

晋·佚名者纂《鲁国先贤传》2卷(第193页);

晋·佚名者纂《会稽先贤像赞》5卷(第316页);

晋·佚名者纂《会稽后贤传记》2卷(第317页);

晋·留叔先纂《东阳朝堂像赞》1卷(第390页);

晋·陈寿纂《益部耆旧传》14卷(第649页)

晋・常宽纂《续益部耆旧传》2 卷(第 650 页);

晋・常宽纂《蜀后贤传》(第 651 页);

晋・高范纂《荆州先贤传》3 卷(第 470 页);

晋・刘彧纂《长沙(耆)旧传赞》3 卷(第 504 页)

晋・范瑗纂《交州先贤传》3 卷(第 591 页);

晋・张方纂《楚国先贤传赞》12 卷(第 469 页);

南朝宋・佚名者纂《徐州先贤传赞》9 卷(第 202 页);

南朝宋・刘义庆纂《徐州先贤传》1 卷(第 202 页);

南朝宋・郭缘生纂《武昌先贤志》2 卷(第 478 页);

南朝宋・句延庆纂《锦里耆旧传》8 卷(第 664 页);

南朝宋・张绪纂《续锦里耆旧传》10 卷(第 665 页);

南朝梁・佚名者纂《吴郡钱塘先贤传》5 卷(第 333 页);

北魏・刘芳纂《广州先贤传》7 卷(河南的广州,第 443 页);

佚名者纂《青州先贤传》(第 187 页);

佚名者纂《济北先贤传》1 卷(第 191 页);

陈英宗纂《陈留先贤像赞》1 卷(第 447 页);

王羲度纂《徐州先贤传》9 卷(第 201 页);

佚名者纂《徐州先贤传》)1 卷(第 201 页);

佚名者纂《广陵耆旧传》(第 234 页);

陈长文纂《陈留耆旧传》(第 447 页);

邹闳甫纂《楚国先贤传》(第 469 页);

佚名者纂《武陵先贤传》(第 516 页);

佚名者纂《豫章耆旧传》(第 537 页);

佚名者纂《南海先贤传》(第 594 页)

刘纬毅等著《中国方志史》开列此一时期之方志一类著作,属晋代的有 67 种,属南北朝时期的有 64 种。(见该书第 75～78 页)来新夏主编的《方志学概论》亦列有多种传记类之书。(见该书第 48 页)

隋、唐、五代十国时期（公元 581～960 年）

隋文帝开皇十三年(593),“五月癸亥(二十四日),诏人间有撰集国史、臧否人物者,皆令禁绝”。(《隋书·高帝纪下》)

按:这是历史上第一次由朝廷规定史志之书只许官修,不许私撰,从此形成制度。这使我国的地方志书之修纂,由官修私纂并行,转而为以官修为主了。

又:有隋一代两朝,前后虽只有 38 年,却有两项对方志发展影响至深的政策。一是本条官修的规定;另一项便是地方政区的清理、统一。自汉末之后,尤其是南北朝时期的分裂局面,造成地方区划纷乱不堪,机构庞杂,民少官多。全国统一后兵部尚书杨尚希曾有一道上书,指出:“当今郡县倍多于古,或地无百里,数县并置;或户不满千,二郡分领。县僚以众,资费日多,吏卒又倍,租调岁减,清干良才,百分无二……所谓民少官多,十羊九牧。”他针对这种现状,一本“琴有更张之义,瑟无胶柱之理”,提出建议:“存要去闲,并小为大,国家则不亏粟帛,选举则易得贤才。”隋文帝采纳了他的建议,进行清理,实行归并。计省去郡 508 个,又据户口多寡,析置州县。(《隋书·杨尚希传》)经过一番清理并置之后,到大业四年实行“大簿”时,变成郡国 183 个,县 1255 个。这样的格局便大体沿袭下来。同时在官员的设置任用上,规定“品官皆吏部除授”,地方不得私设,又“刺使、县令三年一迁,佐官四年一迁”,且实行回避制度。地方建置和官制的统一,加之地方志的官修,对方志事业的规范和延续,意义是非凡的。

开皇十八年(598),循州总管樊子盖入朝,奏《岭南地图》,朝廷赐以良马杂物。(见阮元《广东通志·前事略》)

仁寿初(601 为元年),命职方进地图。(《玉海》卷一四第 18 页“隋州郡图经”条)

隋炀帝大业二年(606),大臣裴矩撰成《西域图记》3 卷。矩,字弘大,河东闻喜人。“及长好学,颇爱文藻,有智数……伐陈之役,领元帅记室。”“既破丹阳,晋王广令矩与高熲收陈图籍。”隋初至炀帝时“西域诸蕃,多至张掖,与中国交市。帝令矩掌其事(掌张掖与西域互市事)。矩知帝方勤远略,诸商胡至者,矩诱令言其国俗、山川险易,撰《西域图记》3卷”。是书早佚,今仅从《隋书·裴矩传》中所载是书的序言而知其崖略。其序略谓:“臣既因抚纳,监知关市,寻讨书传,访采胡人,或有所疑,即详众口。依其本国服饰仪形,王及庶人,各显容止。即丹青模写为《西域图记》,共成三卷,合四十四国。仍别造地图,穷其要害。从西顷以去,北海之南,纵横所亘,将二万里。谅由富商大贾,周游经涉,故诸国之事,罔不遍知……。故知伊吾、高昌、鄯善,并西域之门户也。总凑敦煌,是其咽喉之地。”《序》文中还为炀帝献策:“以国家威德,将士骁雄,泛蒙汜而扬旌,越昆仑而跃马,易如反掌,何往不至。但突厥、土浑,分领羌胡之国,为其拥遏,故朝贡不通。今并因商人,密送诚款,引领翘首,愿为臣妾。圣情含养,泽及普天。服而抚之,务在安辑。故皇华遣使,弗动兵车。诸蕃既从,浑、厥可灭。混一戎夏,其在兹乎。不有所记,无以表威化之远也。”此书撰成上奏后,隋炀帝大悦,赐物五百段。炀帝凡欲处理西域事时,“每日引矩至御坐,亲问西方之事。矩盛言胡中多诸宝物,吐谷浑易可并吞,帝由是甘心,将通西域。四夷经略,咸以委之”。后,矩又受命“往张掖,引致西蕃,至者十余国”。(《隋书》卷六七《裴矩传》)

按:从《隋书》本传中得知,其书之写作态度颇为严谨,重在纪实。对于一些幽荒远地,“卒访难晓,不可凭虚,是以致阙”。书序中提出经营西域之方略,为炀帝所采纳,“竟破吐谷浑,拓地数千里,并遣兵戍之”。这是志书中的“策论”为最高当政者采纳而发挥资政作用之一显例。

又:从“依其本国服饰仪形,王及庶人,各显容止,即丹青模写”,可知书中之图,不仅有地图,还有人物画像。这是“图经”之图的一个特点。

大业四年(608),隋罢州后,本年实行“大簿”,所得“凡郡国一百八十三,而图经于是乎作,故得兼举州郡为名,凡举郡必先举州”。(顺治《云中郡志·序》,转自苏长春《地方志与地方行政管理关系探微》,载《中国地方志》1994年第2期)其时有佚名氏撰成《州郡县簿》7卷(《玉海》卷一七《地理·郡国》),或即此次大簿所得而成也。

是年,许善心撰成《方物志》20卷。(《隋书》卷五八《许善心传》)

大业五年(609),郎茂(字蔚之)编成《诸州图经集》(亦称《隋州郡图经》、《隋图经集记》)100卷。上奏之后,“赐帛三百段,以书付秘府”。(《隋书》卷六六《郎茂传》)这是汇集全国各地州郡图经编纂而成的一部隋代图经总集。是书亡佚于北宋末年,清人王谟及今人刘纬毅均有辑录。从辑录出来者所见,其记述范围,及于北海、博陵、永安、信都、上谷、灵武、新宁、郁林、江都、雁门、上党、河东、太原、龙泉、绛、魏、涿等18郡的属县,所记内容包括叙建置沿革、释地名由来、叙山河走向、载各地物产、讲风俗民情、记名胜古迹、集民间传说等。有建置沿革、山脉、水体、物产、贡赋、交通要道、史事、名胜古迹、风俗民情、祭祀等12类。(见刘纬毅等著《中国方志史》第84页,书中举例条颇多)

按:王谟《郎蔚之隋诸州郡图经辑本》谓:“盖自隋文帝受周禅,至开皇三年,罢天下郡,其县乃隶州而已。九年平陈以后,四海一家。大业三年,罢州为郡。四年大簿,凡郡国一百八十三,而图经于是乎作,故得兼举州郡为名,凡举郡,必先举州……然其书已散佚,即唐世诸类书,未见称引。”黄苇等《方志学》谓,有隋一代三十余年,各地共修图经6种,本书为其一。其余五种为:佚名《雍州图经》、佚名《陈州图经》、佚名《上谷郡图经》、佚名《固安图经》、佚名《江都图经》。除本书及《雍州图经》在王谟《汉唐地理书钞》中略有辑佚外,其余俱已不存。(第138页)雍州等五部图经,应是《诸州图经》中的分集。总集与分集不当平列视之。

大业六年(610),虞世基等纂修成《区宇图志》1200卷。先是大业五年,崔颐受诏与诸儒撰《区宇图志》二百五十卷。隋帝更令虞世基、许善心衍为六百卷。据宋李昉编纂《太平御览》卷六〇二载《隋大业拾遗》云:大业之初,炀帝敕内史舍人窦威、赵盾,起居舍人崔祖浚及龙川赞治侯伟等三十余人,撰《区宇图志》一部,五百余卷。(《隋书·崔赜传》所载略异,谓崔赜“受诏与诸儒撰《区宇图志》”,曾“令地方上送方书”。先纂成二百卷。“帝不善之,更令虞世基、许善心衍为六百卷。”)又以窦威、赵盾等著《丹阳郡风俗》,乃见以吴人为东夷,度越礼义,及属辞比事,全失修撰之意,帝不悦,遣内使舍人柳逵宣敕,责威等云:“昔汉末三方鼎立,大吴之国,以称人物。故晋武帝云:江东之有吴会,犹江西之有汝颍,衣冠人物,千载一时。及永嘉之末,华夏衣缨,尽过江表,此乃天下之名郡。自平陈之后,硕学通儒,文人才子,莫非彼至。尔等著其风俗,乃为东夷之人,度越礼义,于尔等可乎?然于著述之体,又无次序,各赐杖一顿。”即日,敕秘书学士十八人修《十郡志》,内史侍郎虞世基总检。

于是,“世基先令学士各序一郡风俗,拟奏请体式。学士著作佐郎虞绰序京兆郡风俗,学士宣惠尉陵敬序河南郡风俗,学士宣德郎袁郎序蜀郡风俗,杜宝序吴郡风俗。四人先成,世基奏闻。敕付世基择善用之。世基曰:虞绰序京兆,文理俱赡,优博有余,然非众人之所能继。陵敬论河南,虽文华才富,序事过繁。袁郎、杜宝吴、蜀二序,不略不繁,文理相副,宜具状以四序奏闻,去取听敕。及奏,帝曰:学士修书,颇得人意。各赐物二十段。付世基择善用之。世基乃抄《吴郡序》以为体式,及图志第一副本,新成八百卷奏之。帝以部秩太少,更遣重修成一千二百卷。卷头有图,别造新样,纸卷长二尺。叙山川则卷首有山水图;叙郡国则有郭邑图;叙城隍则有公馆图。其图上山川、城邑,题书字极细,并用欧阳肃书”。《玉海》卷一五谓:此《区宇图志》129卷,“广三尺,从三丈三尺。明九域山川之要,究五方风俗之宜”。

这是隋代的一部总志,也是我国第一部正式官修的总志。隋炀帝杨广称“学士修书,颇得人意”,并对修书者“各赐物二十段”。是书体例完整,内容广泛,包括地理沿革、地名、古迹、风俗、物产、山川、要隘、城郭、神话传说等,在中国方志史和地理学史上,均有重大影响,开了其后《一统志》之先河。

按:是书,《隋书·经籍志》未注撰人姓氏。《旧唐书·经籍志》始注虞茂撰。清章宗源考证,引《隋书·崔廓传》谓:大业五年,受诏与诸儒撰《区宇图志》二百五十卷,帝不善之,更令虞世基、许善心衍为六百卷。姚振宗考证谓,隋《区宇图志》一百二十九卷,不著撰人。唐张彦远《历代名画记》:《区宇图》一百二十八卷,每卷有图,虞茂氏撰。按虞世基,字茂世,会稽余姚人。其名与字,两犯唐讳,故此云虞茂氏。唐《志》亦沿其旧题,节去"世"字,此说是也。虞世基采取先颁体式,而后各郡仿行的做法,为今日之先选出样稿,用典型之"点"以带"面"之作法所本。因修志不得体而"受杖",此为方志史上所首见也。

又:《隋书·经籍志》载崔祖浚纂《区宇图志》129卷,当是未包括《诸郡物产土俗记》等之中间成果。《大业拾遗记》所谓之1200卷,当是包括了《诸郡物产土俗记》及《诸州图经集》等。张国淦《中国古方志考》谓:《诸郡土俗物产》,似即《区宇图志》之一部,其一百五十一卷,至唐时,残剩十九卷。吕志毅《方志学史》谓,此为隋代全国性大型图志之一。图志之名,隋代以前尚未之见,此为最古者。

大业中(605～618),隋炀帝"普诏天下诸郡,条其风俗、物产、地图,上于尚书"。这是中国历史上继汉光武帝之后,又一次由皇帝下诏令,大规模组织官修志书。"故隋代有《诸郡物产土俗记》一百五十卷,《区宇图志》(崔祖浚、姚思廉修)一百二十九卷,《诸州图经集》(郎蔚之著)一百卷,其余记注甚众。"(《隋书·经籍志二》)这些大型志书之出现,为以后封建王朝编修全国性总志提供了经验。

按:是诏之颁,当在大业初,故方有上述诸大型志书之成。然未查得其颁出的具体年月,按例只系于此。

隋时(581～618),李播撰成《方志图》2卷。(见《中国古方志考》第74页)《玉海》卷一四引《旧唐书·天文志》谓:"李淳风刊定隋《方志图》颇为详悉,所注郡邑,多依用。其后州县改隶,管属不同,但据山河以分耳。"

按:李播于隋时曾为高唐尉,淳风之父也。父纂成书,子为刊定,亦属自然。

唐太宗贞观十三年(639),实行全国"大簿",其结果有秘书学士的《贞观十三年大簿》加以载录,记载了当时全国分10道、358州、40都督府、1551县。

贞观十五年(641)正月初三日,魏王李泰主持纂成《括地志》550卷、序略5卷上奏。先是贞观十二年(638),太宗第四子魏王李泰听从司马苏勖之劝说,奏请编撰《括地志》。太宗特许其于府中置文学馆,引著作郎萧德言、秘书郎顾胤、记室蒋亚卿、功曹谢偃、苏勖撰次,卫尉供帐,光禄给食。采用分道计州、翻缉疏录之方法。历时四年,成书550卷,序略5卷。书始编之后,正值《贞观十三年大簿》完成,故是书以《贞观十三年大簿》为纲,将全国分为10道、358州、40都督府、1551县,增加新平定之高昌2州6县,共360州,1557县,是为唐朝极盛时之全国行政区划。全面记述了各政区的建置沿革、山川形胜、河流沟渠、风俗物产、往古遗迹以及人物故实等,是当时最详赡、完备的一部地理总志。至是书成上奏(《通鉴》作十六年正月乙丑上奏,今采《唐会要》说),太宗颁降有《魏王泰上〈括地志〉赐物诏》,谓:"汉志晋图,略纪郡国。自兹以后,著述实繁,或学非博通,尚多遗阙;或地分南北,互有长短,求其折中,无闻尽善。……(魏王泰)详延儒雅,博采方志,得之于旧闻;旁求故老,考之于传信。内殚九服,外极八荒,宪章是程,规条有序,兼苞戎夏,无遗今古。简而能周,博而尤要,足以度越前载,垂之不朽。宜加褒锡,以申奖劝。可赐物一万段。其书宜付秘府。"(《唐大诏令集》卷四〇)是书"吸收了《汉书·地理志》和顾野王《舆地志》两书编纂上的特点,创立了一种新的地理书体裁,为后来的《元和郡县志》、《太平寰宇记》开了先河"。(贺次君《括地志辑校·前言》,中华书局1980年版)张国淦在《中国古方志考》中说,是书价值甚高,"张守节作《史记正义》,不能博考书传,独恃此疏证古地名"。

按:后人引此书者多多,故书名亦被写成《贞观地记》、《魏王地记》、《括地图》、《括地象》、《坤元录》等。书亡于南宋时,清代孙星衍、王谟均有辑本。孙氏在辑本中谓其"称述经传、山川城冢,皆本古说,载六朝时地理书甚多。以此长于《元和郡县图志》,而在其先"。1980年2月中华书局出版的贺次君《括地志辑校》,是目前较好的一个本子。

贞观二十二年(648),伽没路国向唐廷进献异物、地图,请老子像。(《玉海》卷一六)

按:于此可见,当时诸国进贡,除诸种宝物外,往往还有地图。

是年,玄奘译,辨机撰写成《大唐西域记》12卷。书后有辨机序称:"玄奘法师以贞观三年褰裳遵路,杖锡遐征,薄言旋轫,谒帝洛阳。肃承明诏,载令宣译。"史云:玄奘历西域138国(亦云110国)。辨机为大总持寺弟子,故撰述其事。是书记述了天竺诸国之山川、城邑、物产、习俗、文化、政治、交通以及释氏事迹等情况,其中所载,许多为两《唐书》所不载,是研究古代印度及中南亚等地历史、地理之重要文献。(吕志毅《方志学史》第117页)《四库全书总目提要》谓:"昔宋法显作《佛国记》,其文颇略。《唐书·西域记》较为详核。此书所序诸国,又多《唐书》所不载。则史所录者朝贡之邦,此所记者经行之地也。……晁公武《读书志》称,玄奘至天竺求佛书,因记其所历诸国。凡风俗之宜,衣服之制,幅员之广隘,物产之丰啬,悉举其梗概……此书侈陈灵异,尤不足稽。然山川道里,亦有互相证明者。"(卷七一,《史部·地理类四》)

贞观时(627～649),有《贞观郡国志》10卷之成。(《中国古方志考》第74页)当也是全国总志也。

是时,又有《方域图》之作。《旧唐书·吕才传》谓:"太宗又令才造《方域图》及《教飞骑战阵图》,皆称旨,擢授太常丞。"其后这种方域图不断被编造出来,武后时浑仪监尚献甫就曾于上阳宫集诸家撰方域等篇,亦即《方域图》之类也。(见《旧唐书·方技传》)

是时,颜师古(581～645)受命注《汉书》,其于方志理论亦颇有论述。如于《汉书·地理志·总论》注中云:"中古以来,说地理者多矣,或解释经典,或撰述方志,竞为新异,妄有穿凿,安处附会,颇失其真。后之学者,因而祖述,曾不考其谬论,莫能寻其根本,今并不录,盖无尤焉。"他主张真实,反对强求其通,故作解人,牵强附会。于此开了方志批评之先河。

是时,高丽建武王遣使来贡《封域图》。(《玉海》卷一六)

唐高祖武德七年至高宗永徽二年(624～651)间,沙州修成《沙州图经》一种。此书历来旧书目均未见著录,至清光绪二十六年(1900)敦煌石室中发现其残卷,始为人知。残卷为写本,1908年为英国人斯坦因劫走,现存于不列颠博物馆。编号S2593号背面,仅存卷一的6行。首行为"《沙州图经》卷第一"。第二行为"第一州,第二、第三、第四敦煌县,第五寿昌县"。第三行为"沙州,下,属凉州都督府管。无瘴"。第四至第六行为"右沙州者,古瓜州地。其地平川,多沙卤。人以耕稼为业。草木略与东华夏同。其木,无椅、桐、梓、漆、松、柏"。这是我国现存最早之一部图经残卷。

按:不少论者认为,此与《沙州都督府图经》同为一书。刘纬毅于《敦煌遗书方志叙录》(载《中国地方志》1993年第5期)中谓,据其第三行"沙州,下,属凉州都督府管"一语,认定其不属沙州都督府,故此书不可能与《沙州都督府图经》同为一书。又据《旧唐书·地理志》载武德七年,改凉州为凉州总管府,督八州,沙州为其一。《唐会要》卷七〇载沙州于高宗永徽二年五月升为都督府。故知本书当撰成于武德七年至永徽二年(624～651)间。笔者认为此说有据可通,故采其说。

唐高宗显庆元年(656),于志宁、李淳风、韦安仁、李延寿、令狐德芬等编修成梁、陈、齐、周、隋等五代史"志"之部分。梁、陈、齐、周、隋等五代史是在不同时间修的,成书时皆未有"志"。贞观十五年(641),上述诸人受唐太宗李世民之命始修上述诸史之"志"。至是修成,称为《五代史志》。由于《隋书》最后成书,故五代史志便置于《隋书》中,习惯亦称"隋志"。其《经籍志》,是继《汉书·艺文志》后之又一部重要史志目录。在是志中,地志之书目得以纳入,首开了方志入正史艺文志之传统。《经籍志》史部地理类著录有《山海经》、《元康三年地记》、《元嘉六年地记》、《吴兴记》、《吴郡记》、《并州总管内诸州图》、《冀州图经》、《幽州图经》、《隋诸州图经》及任昉《地记》等魏晋至隋的地记、图经等139部,1432卷。在《经籍志·地理类》序论中,对中国方志的起源和历史进行了概括性地勾勒,其文于下:"昔者先王之化民也,以五方土地,风气所生,刚柔轻重,饮食衣服,各有其性,不可迁变。是故疆理天下,物其土宜,知其利害,达其志而通其欲,齐其政而修其教。故曰广谷大川异制,人居其间异俗。《书》录《禹》别九州,定其山川,分其圻界,条其物产,辨其贡赋,斯之谓也。周则《夏官·司险》,掌建九州之图,周知山林川泽之阻,达其道路。《地官·诵训》,掌方志,以诏观事,以知地俗。《春官·保章》,以星土辨九州之地,所封之域,以观祆祥。《夏官·职方》,掌天下之图地,辨四夷、八蛮、九貉、五戎、六狄之人,与其财用九谷之畜之数,周知利害,辨九州之国,使同其贯……汉初,萧何得秦图书,故知天下要害;后又得《山海经》,相传以为夏禹所记。武帝时,计书既上太史,郡国地志,固亦在焉;而史迁所记,但述河渠而已。其后刘向略言地域,丞相张禹使属朱贡条记风俗,班固因之作《地理志》。其州国郡县,山川夷险,时俗之异,经星之分,风气所生,区域之广,户口之数,各有攸叙,与古《禹贡》、《周官》所记相埒。是后载笔之士,管窥末学，不能及远，但记州郡之名而已。晋世挚虞依《禹贡》、《周官》作《畿服经》，其州郡及县分野封略事业，国邑、山陵、水泉，乡亭、城、道里、土田，民物风俗、先贤旧好，靡不具悉，凡一百七十卷，今亡。而学者因其经历，并有记载，然不能成一家之体。齐时陆澄聚一百六十家之说，依其前后远近，编而为部，谓之《地理书》，任昉又增陆澄之书八十四家，谓之《地记》。陈时顾野王抄撰众家之言，作《舆地志》。隋大业中，普诏天下诸郡，条其风俗、物产、地图，上于尚书。故隋代有《诸郡物产土俗记》一百五十一卷，《区宇图志》一百二十九卷，《诸州图经集》一百卷。其余记注甚众。"其《杂传》类小序说："后汉光武，始诏南阳，撰作风俗，故沛、三辅有耆旧、节士之序，鲁、庐江有名德先贤之赞。郡国之书，由是而作。"

《隋书·地理志》，亦是前述《五代史志》中之一志。上及梁、陈、北齐、北周。隋志载190个郡及其所属1255县的地理沿革、建置、民户和人口数字，较之汉志以下各书之数字，因进行过大索貌阅，任人检举隐匿，故较为可信。其于各地之地情民俗亦区分较细。如云："京兆，王都所在，俗具五方，人物混淆，华戎杂错，去农从商，争朝夕之利，游手为事，竞锥刀之末。贵者崇侈靡，贱者薄仁义，豪强者纵横，贫窭者窘蹙。桴鼓屡惊，盗贼不禁，此乃古今所同焉。自京城至于外郡，得冯翊、扶风，是汉之三辅，其风大抵与京师不异。安定、北地、上郡、陇西、天水、金城，于古为六郡之地。其人性犹质直，然尚俭约，习仁义，勤于稼穑，多畜牧，无复寇盗矣。雕阴、延安、弘化，连接山胡，性多木强，皆女淫而妇贞，盖俗然也。平凉、朔方、盐川、灵武、榆林、五原，地接边荒，多尚武节，亦习俗然焉。河西诸郡，其风颇同，并有金方之气也。"这些对于当时及后世方志均有重大影响。

显庆三年(658)五月初九日，许敬宗领首纂成《西域图志》60卷上奏。先是"以西域平，遣使分往康国及吐火罗等国，访其风俗、物产及古今废置，画图以进。令史官撰《西域图志》，许敬宗监领之。书成，学者称其博焉"。(《唐会要》卷三六，转自《玉海》卷一六)

按：是时王玄策再次赴天竺，以实地见闻撰成《中天竺国行记》10卷，图三卷。这也是国人撰之一种域外图志。

武则天长安四年(704)，绘制成《长安四年十道图》13卷(见《玉海》卷一四)。

按：唐于贞观元年二月十日，分天下为十道，即关内、河南、河东、河北、山南、陇右、淮南、江南、剑南、岭南。此后尚有开元三年(715)和元和时之《十道图》。(见张泽咸《隋唐五代史料》，载《中国古代史史料学》第613页)

唐中宗景龙四年(710)，刘知几撰成《史通》一书，此书在当时及后代都是一部很具权威性的史学理论著作，对方志的编修亦有着重要影响。刘氏在撰成此书之前，礼部尚书郑维忠曾问道："自古文士多，史才少，何耶？"他答道："史有三长：才、学、识，世罕兼之，故史者少"，"夫有学而无才，亦犹有良田万顷，黄金满籯，而使愚者营生，终不能致于货殖矣。如有才而无学，犹思兼匠石，巧若公输，而家无楩楠斧斤，终不果成其宫室者矣。犹须好是正直，善恶必书，使骄主贼臣，所以知惧，此则为虎傅翼，善无可加，所向无敌者矣。"书中提出了较为系统的修撰史书的原则和理论。如认为史之职责在于“以古传今”(《序例篇》);史书之作用在于“记功司过,彰善瘅恶”(《曲笔篇》);修史之原则,要“彰善贬恶,不避强御”,做到正直不阿(《辨职篇》);史书之立论,要“征求异说,采摭群言”(《采撰篇》);史料之采摘,要遍寻正史之外的“别录”、“异书”,对所得来的资料,要善于鉴别。修史之目的,在于“申以劝诫,树之风声”(《直书》)。撰史之手法上,必须实事求是,据事直书,写成实录:“盖明镜之照物也,妍媸必露,不以毛嫱之面或有疵瑕而寝其鉴也;虚空之传响也,清浊必闻,不以绵驹之歌时有误曲,而辍其应也。夫史官执简,宜类于斯。苟爱而知其丑,憎而知其善。善恶必书,斯为实录。”(《惑经》)在文笔上,主张“夫史之叙事也,当辨而不华,质而不俚,其文直,其事核,若斯而已可矣”(《鉴识》)。他提出的这些修史之论,亦完全适于修志,故是书在方志史上也是很具影响力的。

此外他对于地志一类书之修纂,也提出了若干值得重视的见解,对已有的志书有褒扬,也有批评。他将方志视作史之别流,归于“杂史”之中。在该书的《杂述》篇中说:“史氏别流,殊途并骛,榷而为论,其流有十焉:一曰偏记,二曰小录,三曰逸事,四曰琐言,五曰郡书,六曰家史,七曰别传,八曰杂记,九曰地理书,十曰都邑簿。”强调方志属史,认为修志也该实录。他批评当时的方志中,矜美乡邦人才,或曲意拔高的做法,说:“若圈称《陈留耆旧》,周斐《汝南先贤》,陈寿《益部耆旧》,虞预《会稽典录》,此之谓郡书也。”“郡国之记,谱牒之书,务欲矜其州里,夸其氏族。如江东五儁,始自《会稽典录》;颍川八龙,出于《荀氏家传》。苟不别加研覆,何以详其是非?”“郡书者,矜其乡贤,美其邦族,施于本国,颇得流行,置于他方,罕闻爱异。其有如常璩之详审,刘昞之洽博,而能传诸不朽,见美来裔者,盖无几焉。”又说:“九州土宇,万国山川,物产殊宜,风化异俗,如各志其本国,足以明此一方。若盛弘之《荆州记》,常璩《华阳国志》,辛氏《三秦》,罗含《湘中》,此之谓地理书者也。”“地理书者,若朱赣所采,浃于九州,阚骃所书,殚于四国,斯则言皆雅正,事无偏党者矣。其有异于此者,则人自以为乐土,家自以为名都,竞美所居,谈过其实。又城池旧迹,山水得名,皆传诸委巷,用为故实,鄙哉!”“若潘岳《关中》,陆机《洛阳》,《三辅黄图》,《建康宫殿》……此之谓都邑簿也。”“都邑簿者,如宫阙、陵庙、街廛、郭邑,辨其规模,明其制度,斯则可矣。及愚者为之,则烦而且滥,博而无限,论榱栋则尺寸皆书,记草木则根株必数,务求详审,持此为能。遂使学者观之,瞀乱而难记也。”在《书志篇》中,关于都邑志,他还说:“京邑翼翼,四方是则……土阶卑室。好约者所以安人;阿房、未央,穷奢者,由其败国。此则其恶可以诫世,其善可以劝后者也。”“凡为国史者,宜各撰《都邑志》,列于舆服之上。”主张要在“辨其规模,明其制度”艰险。在《言语篇》中,他主张史志之书的写作,当用当代语言:“夫‘三传’之说,既不袭于《尚书》,‘两汉’之词,又多违于《战策》,足以验氓俗之递改,知岁时之不同。而后来作者,通无远识,记其当世口语,罕能从实而书,方复追效昔人,示其稽古,是以好丘明者,则偏模《左传》;爱子长者,则全学史公。用使周、秦言辞,见于魏晋之代;楚、汉应对,行乎宋齐之日。而伪修混沌,失彼天然。今古以之不纯，真伪由其相乱。故裴少期讥孙盛录曹公平素之语，而全作夫差亡灭之词。虽言似《春秋》，而事殊乖者矣。”在《叙事篇》说：“国史之美者，以叙事为工；而叙事工者，以简要为主。”并谓叙事之体有四：其一，直记其才行者；其二，唯书其事迹者；其三，因语言而可知者；其四，借赞论而自见者。此四者只用其中之一，便可畅叙事理。但后人往往四者并用，致使叠床架屋，陷于繁褥之弊。叙事应当“略小存大，举重明轻，一言而巨细咸该；片语而洪纤靡漏，此皆用晦之道也”。强调要“言近而旨远，辞浅而义深。虽发语已殚，而含意未尽，使夫读者望表而知里，扪毛而辨骨，睹一事于句中，反三隅于字外”。这些中的之论，对于我们今天修志，也还有重要之借鉴价值。

唐高宗上元二年(675)至唐玄宗即位(712年)之前，有沙州辖下《寿昌县图经》之修成。该书残卷今存巴黎国家图书馆，编号为P5034号。此残卷首尾俱缺，仅存217行，约2900字。残文中立有社学、社稷坛、山、泽、二所泉、海水、渠、涧、古关、僧寺、六所道路、故城、海、祆社等14门，门下设目，目下开始实写。如“六所道路”门下有“道南路”，其文云：“从镇东去沙州一千五百里，其路由古阳关向沙州，多缘险隘。泉有八所，皆有草，道险不得夜行。春秋二时雪深，道闭不通。”其“大泽”下记有10个水体，皆略述其大小与水量、灌溉利用等情况。

按：是书罗振玉、王重民均未寓目，《敦煌遗书总目》亦未收列。台湾新文丰出版公司出版之《敦煌宝藏》著录为《沙州附近关山泉泽等地志》，北京书目文献出版社出版之《敦煌社会经济文献真迹释录》署为《沙州都督府图经》。刘纬毅谓与实际皆不合，其书名当定为《寿昌县图经》。又，书中记事最晚为唐上元元年(674)，文中对李隆基均不避讳，故其成书时间当在高宗上元二年之后，玄宗先天元年之前。

唐玄宗开元三年(715)，绘制成《开元三年十道图》10卷。《玉海》卷一五《唐十道志》条谓：《开元十道图》，其山川所分，贡赋所出，得《禹贡》别州任土之制，今载《六典》。

开元十年(722)，丽正院学士韦述纂成《两京新志》(亦名《两京新记》、《两京记》、《东西京记》)5卷。今仅存第三卷，藏于日本金泽文库。属于城市风物志，记叙洛阳、长安两京自隋代至唐开元百余年间，“废置迁徙之由。本京始于开皇，东都起于大业”。其体例为北宋宋敏求之《长安志》、《河南志》所承续。张国淦《中国古方志考》谓：“唐韦述《两京新记》五卷，内西京三卷，东京二卷。”今仅存第1～3卷之西京即长安部分。第4～5卷东京洛阳部分失传。《四库未收书目提要》称此书“所载坊寺宅观园祠，于东西南北比次颇详”。如“南门之东化度寺”条下载：“隋左仆射刘国公高熲宅。开皇三年，熲舍宅奏立为寺……寺内有无尽藏院……京城施舍后渐崇盛。贞观之后，钱帛金绣积聚不可胜数，常使名僧监藏……藏内所供天下伽蓝修理，燕、凉、蜀、赵，咸来取给，每日所出亦不胜数。”又如“西市”条下载：“隋曰利人市，南北尽两坊之地，隶太府寺。市内店肆如东市之制。市署前有大衣行，杂糅货卖之所，记言反说，不可解识。市西北有沟池，以为放生之所。池侧有佛堂，皆沙门法成所造。市署前有市令敏碑，蒲州司兵徐彦伯为其文也。”(转自林正秋主编《中国地方志名家传》，黄山书社1990年12

月版第13页)20世纪30年代,商务印书馆辑印的《丛书集成初编》中有收录。1985年中华书局有影印本。

按:古代记述城市之文献,先有班固《两都赋》、张平子《二京赋》、刘劭《赵都赋》、左思《三都赋》和鲍照《芜城赋》等,但都是文学著作,极铺叙夸张之能事,非尽如事实。东汉时有《三辅黄图》,只记宫室。韦氏此书则宫室之外,及于坊寺、宅观、园祠等,于东西南北,比次颇详。比之前述又有进步。是志对宋敏求《河南志》、《长安志》有很直接之影响。

开元时,制成有《开元分野图》1卷。(《玉海》卷一四引《崇文书目》)

开元间(713～741),沙州修成《沙州都督府图经》。原书不存,至清光绪二十六年(1900)末,始于甘肃敦煌石窟中发现其残卷,惜图已不存。有两个抄本均为法国人伯希和劫走,现存巴黎国家图书馆,国内仅存影印本。其一个抄本编号为P2005号,文字首尾皆缺,长不过三丈,共513行,约8200字。从水渠至歌谣止。另一编号为P2659号,存79行,约900字。后者1～78行与前者除个别字有差异外,文字内容相同。后者第79行题写有"《沙州都督府图经》卷第三",为前者所缺。

今所见之影印本不分卷,513行,每行少则1字,多则20字,全长约8200字。分为25门,即:水、七所渠、一所壕堑水、三所泽、二所堰、一所故堤、一所殿、咸卤、三所盐池水、一所兴胡泊、一十九所驿、州学、县学、医学、二所社稷坛、四所杂神、一所异怪、二所庙、一所冢、三所堂、一所土河、四所古城、张芝墨池、廿祥瑞、歌谣(傅振伦谓,附有永昌元年(689)所辑之民间谣谚)等25门。在这个门目中,"张芝墨池"与"祥瑞"之间,还有一段开列门目的文字,为"监牧、羁縻州、江河淮济、海沟、陂、宫、郡具城、关铲津济、岳渎、铁、碑碣、名人、忠臣孝子、节妇列女、营垒、陵墓、台榭、邮亭、矿窟、帝王游幸、名臣将所至、屯田,右当县并无前件色",颇似一个通行的修图经例目。

门之下设目。如"四所古城"门下有"四所古城"之目,立有古阿仓城、効谷古城、古长城、古塞城4目。目下为详略不等之文字记载。所记内容较周全,文字简洁,叙事明爽。所载各驿,均详细具体地写明其方位、里程、去向、修建或改置时间,得名之由来,沿途重要之地形特征等。如"甘草驿"下载:"右在州东北一百卌五里,东南去阶亭驿廿五里,前刺史李无亏为中间路远,兼有沙卤,奏请。奉敕置驿,侧有甘草,因以为号。"所记19个驿站,是通往新疆、印度和中亚细亚的必经之处,不见于其他载籍,可补两《唐书》之不足。所写各水,大体仿《水经注》,记其源泉出处、流经之山脉、城邑,以及流域之土壤、物产等。对沙漠的记载有:"鸣沙流山。其山流动无定,峰岫不恒。俄然深谷为陵,高崖为谷。或峰危似削,孤岫如画。夕疑无地,朝已干霄。中有井泉,沙至不掩。"(见刘纬毅《敦煌遗书方志叙录》,载《中国地方志》1993年第5期)残卷全文,仓修良《方志学通论》第225～245页有全文过录。全书资料广泛详密,至为珍贵,罗振玉将其视为"人间鸿宝"。(转见刘纬毅《中国地方志》,新华出版社1991年12

月版第 56 页)

宣统元年(1909)年,罗振玉为《沙州志残卷》写有《跋》语一则,谓:"首尾缺佚,其存者长不逾三丈。始于水渠,竟于歌谣,叙事详赡,文字尔雅。其所记水渠、泊泽、池堰,如苦水、独利河、兴胡泊及三泽二堰,均不见于他地书;七渠之名,仅都乡渠一见于《使于阗记》;盐池三所,《元和图志》则举其一而遗其二。所记城塞驿路,如汉武之长城旧塞,十九驿之名称建置,均为古今地志之所不及。所记十六国时诸凉遗事,取校崔鸿书,如张体顺之讹为张慎,宋承义之误宋承,……(凉)武昭王之修塞城,敦煌之献同心梨,系年舛误,均足正明人纂辑两本之讹夺。又如効谷古城,在州东北,不在州西;辛武贤所开井泉,在州北不在州西,足订《一统志》孟康注之讹误。崔不意为渔泽都尉,非渔泽尉,足补《汉志》颜注之夺文。《匈奴传》'起亭燧'之'燧'不作'隧',足证师古隧道之曲解。如是之类,指不胜屈。此戋戋残卷,虽把不盈握,而有裨史地之学,如此之宏。"(转自《中国古方志考》第 181～182 页)

罗振玉在《敦煌鸣沙山石室遗书》中,录有其两段文字:"东盐池水。右在州东五十里,东西二百步。其盐在水中自为块片,人就水中漉出曝干,并是颗盐,其味淡于河东盐。""土地神。右在州南一里,立舍画神主,境内有灾患不安,因所祈,乌不知起自何代。"从这两段文字中的"右"字可知,其例有如洪亮吉乾隆《府厅州县图志序》所言,是"左图右记",图、记是分开的。

关于是书写成时间,王重民于 1935 年 4 月 27 日写有《叙录》,(载《敦煌古籍叙录》),认为是写定于武后证圣二年,"全卷纪事,无逾证圣以后者"。仓修良赞成王说,并于《方志学通论》中作了补证。(见第 246 页)而罗振玉则认为是开元、天宝间写成。所举者是有语及开元二年、天宝四年事。他认为自开元二年九月以下,当系后人增入。陈光贻在《中国方志学史》中提出"疑为贾耽所作"(第 103 页),但未加举证。朱悦梅、李并成在《〈沙州都督府图经〉纂修年代及其相关问题考》一文中认为,该书是在《沙州图经》基础上续修,历武周,开元间又有增补。(转见刘纬毅等《中国方志史》第 93 页)今从其说,系于是。

关于是书书名,伯希和疑为刘宋段国之《沙州记》,故定名为《沙州记》。宣统元年(1909),罗振玉收入《敦煌石室遗书》时,易名为《沙州志》。民国二年(1913)收入《鸣沙石室佚书》时又易名为《沙州图经》。民国五年(1916),伯希和据 P2005 号卷下的"沙州都督府图经卷三"的字样,始定为今名。

按:多数论述此书者,均以为与《沙州图经》为同一书。刘纬毅在《中国地方志》1993 年第 5 期著文已辨其非,今从其说。

又:傅振伦在《中国方志学》中说,在敦煌石室中发现的图经之中,尚有《十道录》、《诸道山河地名要略》(疑即两《唐书》著录的州郡风俗志书)、《西州图经》、《沙州图经》、《沙州地志》、《沙州地境》、《敦煌录》、《敦煌名族志》、《瓜州伊西残志》等。

天宝五年(746)正月七日,下诏:"天下山水名称,或同义,且不经,多因里谚,宜各据图籍改定。”(转自《玉海》卷一四)这当是历史上一次地名规范之举。

天宝间(742～756),沙州地方有写本《郡县公廨本钱簿》之成。从敦煌遗书中发现之本子虽已残,但还可见其府州县名、旧注去京里程、土贡及公廨本钱数。郡府有三辅、五紧、六雄、望、上、中、下之分。县有赤、上、紧、望、上中、中下等级之别。傅振伦谓,亦属图经一类,属天宝间图经。(见《傅振伦方志论著选》第 177 页)

唐玄宗天宝十年至唐代宗宝应元年间(751～762),杜环撰成《经行记》一书。杜氏在大食国(阿拉伯)留居十余年,归国后撰成此书,记载了当时中亚和波斯(今伊朗)、大食、拂菻(东罗马)、苫国(今叙利亚)、摩邻(今肯尼亚之马林迪)等处的地理情况。是唐代国人撰成的又一部域外志。

唐肃宗时(756～761),有《敦煌录》1 卷之修成。是书卷现存不列颠博物馆,编号为 S5448,是敦煌遗书中唯一一部完整的志书。全书共 80 行,1100 字。敦煌自汉以来,一直是中国通西域之交通要道,也是边防重镇。故是书对地理形势载之颇多。大凡境内山脉、水体、城邑、关隘、通道、石窟、风俗,均详加反映。尤其所记莫高窟的情况更为真切。如载鸣沙山有云:“西壁南北二里,并镌凿高大沙窟,塑画佛像。每窟动计费税百万。前设楼阁数层,有大像堂殿。其像长一百六十尺。其小龛无数,悉有虚槛通连,巡礼游览之景。”这是敦煌艺术史上的重要文献。其关于阳关得名之说,较之《元和郡县志》之说更为信人,谓“因沙州刺史阳明诏追拒命,奔出此关,后人呼为阳关”。《元和郡县志》则谓:“以居玉门关之南,故曰阳关。”(转自《中国地方志》1993 年第 5 期刘纬毅文)

按:书中载有神龙、开元间事,并有玄宗语,故日人那波利贞在《西域文化研究》中认为是书撰于唐懿宗或僖宗时。刘纬毅则考证其成书当在玄宗之后的肃宗年间(见《中国方志史》第 95 页),今采其说。

唐代宗大历十一年(776),颜真卿撰成《石柱记》。真卿为湖州刺史,将境内山川、陵墓、古迹、古器,镌刻于石柱,载之甚详,立于杼山。这是今存最早的刻于石上之方志。至宋代,因传世既久,字迹漶漫,名字及岁月均不可考,欧阳修将其收入《集古录》中,认为此记笔法奇伟,非真卿不能为。孙觉(字莘老)守湖州时,曾集境内碑碣,于郡斋筑墨妙亭以贮之,此柱亦移入。宋后,因府治潮湿,人取亭内诸石填淤泥,石柱遂没。直至清康熙时郑元庆修府志时方重新寻得。宋人宋敏求编《颜鲁公集》收其录文时,仅存乌程、长城、安吉三县之内容。重现之碑柱亦如之。著名学者朱彝尊仿依其体例,为之辑补足德清、武康二县。(《中国古方志考》第 344 页)

按:郑元庆重获是柱后,曾采摭诸书,为之作注而成《石柱记笺释》。《四库全书总目提要》对此《笺释》评价为:“其征据考证,颇为赡博。虽于一郡之胜尚未能包括无余,而轶典遗词,其梗概已略具。固亦征文考献者所不废矣。”(卷七〇,《史部·地理类三》)

大历时(762～779),孔述睿撰成《地理志》一书。《玉海》卷一五《唐郡国志》条谓:“孔述睿传：为史馆修撰，重次《地理志》，本末最详。”

唐德宗建中元年(780)十一月二十九日，德宗李适诏令“建中元年十一月二十九日，诸州图每三年一送职方，今改至五年一造送。如州县有创造，及山河改移，即不在五年之限，后复故”。(《唐会要》卷五九《职方员外郎》条)

按：有人说这是由朝廷正式颁布的一条具体修志法令，未确。其诏书中已表明此前早已有三年一上图经之制，今只改为五年一造上罢了。如《唐六典》谓：“凡地图委州府三年一造，与版籍偕上省。其外夷每有番客到京，委鸿胪讯其人本国山川、风土，为图以奏焉。”(转见《玉海》卷一四)又如《新唐书·百官制·兵部职方》谓：“职方郎中、员外郎各一人，掌地图、城隍、镇戍、烽候、防人道路之远近，及四夷归化之事。凡图经非州县增废，五年乃修，岁与版籍偕上；凡蕃客至，鸿胪讯其国山川风土，为图奏之，副上于职方；殊俗入朝者，图其容状、衣服以闻。”无论是三年一上还是五年一上，都表明是我国编修方志走向制度化的开端。

唐肃宗乾元至唐德宗建中二年(758～781)间，有《西州图经》(又名《西州志》)之纂成。是书残卷今存巴黎国家图书馆，编号为P2009号。首尾俱缺，仅存56行，约1000字。此亦是新疆地区较早之一部志书。是书为门目体。其目存“道十一达”、“山窟二院”、“古塔五区”等。“道十一达”门下，对11条道路记之甚详。每道均标明出自何地、去向何方、距本州或他州之里程、沿途地形、路况，以及水草是否丰足、行旅是否要负水担粮等事项，具有军事地理、交通地理之价值。如该门之“大海道”记有：“右道出柳中县界。东南向沙州一千三百六十里，常流沙，人行迷误，有泉井咸苦，无草，行旅负水担粮，履践沙石，往来困弊。”“乌骨道”下记有：“右道出高昌县界北乌骨山。向庭州四百里，足水草，峻险石危，唯通人径，马行多损。”“银山道”下记有：“右道出天山县界，西南向焉耆国七百里，多沙碛卤，惟近烽足水草，通车马行。”罗振玉在《西州图经》跋中称：“此卷首尾均缺，但存中间数十行。审其文，乃《西州图经》也。以证新、旧两《唐书·地理志》多合。惟两志均言西州领五县，旧志为高昌、柳中、蒲昌、天山、交河，新志则有前庭，无高昌，而于前庭注曰：‘本高昌，宝应元年更名。’今此卷所载凡六县，曰高昌、曰前庭、曰柳中、曰蒲昌、曰天山、曰交河。高昌、前庭并载，疑唐志及诸地志误也。”关于其成书年代，1909年11月罗振玉写的《跋》(载《鸣沙石室佚书》)中，认为当在乾元(758～760)以后、陷吐蕃前(781年)。仓修良《方志学通论》第250页有全部残文过录。

按：此中所标之计量单位，有“达”、“院”、“区”之别，较之《沙州都督府图经》一律用“所”更显确切。

唐德宗兴元元年(784)，贾耽奉诏“修撰国图”。(《旧唐书》卷一三八《贾耽传》)

唐德宗贞元十年(795)六月，云南王异牟寻献地图、方物，请复号南诏。(《玉海》卷一六)

贞元十三年(797)五月丙戌朔，韦皋收复嶲州，画图来上。(《玉海》)卷一四)

贞元十四年(798)十月，宰相贾耽上奏《关中、陇右、山南九州图》1轴、《别录》6卷、《吐蕃黄河录》4 卷。先是兴元元年(784),唐德宗诏令绘撰国图。历 14 年,至是贾耽上述诸图、录以进。耽奏表称:"陇右一隅,久沦蕃寇,职方失其图记,境土难以区分。辄扣课虚微,采掇舆议,画《关中陇右及山南九州等图》一轴。伏以洮、湟旧墟,连接监牧;甘、凉右地,控带朔陲。歧路之侦候交通,军镇之备御冲要,莫不匠意就实,依稀像真。如圣恩遣将护边,新书授律,则灵、庆之设险在目,原、会之封略可知。诸州诸军,须论里数人额;诸山诸水,须言首尾源流。图上不可备书,凭据必资记注。谨撰《别录》六卷。又黄河为四渎之宗,西戎乃群羌之帅。臣并研寻史牒,翦弃浮词,罄所闻知,编为四卷,通录都成十卷。"表上,"德宗览之称善,赐厩马一匹,银采百匹,银瓶盘各一"。(《旧唐书》卷一三八《贾耽传》)

按:《新唐书》卷一六六本传谓:"耽嗜观书,老益勤,尤悉地理。四方之人与使夷狄者见之,必从询索风俗,故天下地土区产、山川夷阻,必究知之。方吐蕃盛强,盗有陇西,异时州县远近,有司不复传。耽乃绘布陇右、山南九州,且载河所经受为图,又以洮、湟、甘、凉屯镇额籍,道里广狭,山险水原,为《别录》六篇、《河西戎之录》四篇,上之。诏赐币马珍器。"自吐蕃占据陇右后,积年国家守于内地,旧时镇戍不可复知。耽作是图、书,意在为朝廷恢复失地用兵经略作参考,反映了作者的忧患意识和期望统一的爱国思想。

贞元十七年(801)十月,贾耽又绘成《海内华夷图》一轴,撰成《古今郡国县道四夷述》40 卷上奏。在《进〈海内华夷图〉表》中略谓:"臣弱冠之岁,好闻方言,筮仕之辰,注意地理,究观研考,垂三十年。绝域之比邻,异蕃之习俗,梯山献琛之路,乘船来朝之人,咸究竟其源流,访求其居处,阛阓之行贾,戎貊之遗老,莫不听其言而掇其要。闾阎之琐语,风谣之小说,亦收其是而芟其伪……兴元元年,伏奉进止,令臣修撰国图。旋即充使魏州、汴州,出镇东洛、东都。间以众务,不遂专门,绩用尚亏,忧愧弥切。近乃力竭衰病,思殚所闻见,藂于丹青。谨令工人画《海内华夷图》一轴,广三丈,从(纵)三丈三尺,率以一寸折成百里。别章甫左衽,奠高山大川,缩四极于纤缟,分百郡于作缋。宇宙虽广,舒之不盈庭;舟车所通,览之咸在目。并撰《古今郡国县道四夷述》四十卷,中国以《禹贡》为首,外夷以《班史》发源,郡县纪其增减,蕃落叙其盛衰。前地理书以黔州属酉阳,今则改入巴郡;前西戎志以安国为安息,今则改入康居。凡多疏舛,悉从厘正。陇西、十地,播弃于永初之中,辽东、乐浪,陷屈于建安之际。曹公弃陉北,晋氏迁江南。缘边累经侵盗,故墟日致堙毁。旧史撰录,十得二三。今书搜补,所获太半。《周礼职方》,以淄、时为幽州之浸,以华山为荆河之镇,既有乖于《禹贡》,又不出于淹中,多闻缺疑,讵敢编次。其古郡国题以墨,今州县题以朱。今古殊文,执习简易。"(《旧唐书》卷一三八《贾耽传》)图、书及表上,又受到唐德宗李适"优诏答之,赐锦彩二百匹,袍段六,锦帐二,银瓶、盘各一,银榼二,马一匹,进封魏国公"。

按:《旧唐书·德宗纪下》作辛未日事。查本年十月庚寅朔,月内无辛未日。今系月缺日以待考。

其后,耽复以《四夷述》卷帙浩繁,观览费时,于是又提其要会,切于今日者,作成《贞元十道录》四卷。权德舆为之写有《魏国公贞元十道录序》一篇。其中谓略:“自夏书《禹贡》,周官《职方》,汉志《地理》,厥后史臣继有其书。……(相国魏国公)以为,言区域者,阔略未备,或传疑失实,于是献《海内华夷图》一轴,《古今郡国县道四夷述》四十卷,尽瀛海之地,穷鞮译之词,陈农不获之书,朱赣未条之俗,贯穿切劘,靡不详究。……又撮其要会切于今者,为《贞元十道录》四卷。其首篇自贞观初,以天下诸州分隶十道,随山河江岭,控带纡直,割裂经界,而为都会。在景云为按察,在开元为采访,在天宝以州为郡,在乾元复郡为州。六典地域之差次,四方贡赋之名物,废置升降,提封险易,因时制度,皆备于编。而又考迹其疆里,以正谬误。采获其要害,而陈开置……制万方之枢键,出千古之耳目。故今之言地理者,称魏公焉。公之意岂徒洽闻广记,以学名家而已哉,盖体国远驭,不出户而知天下,亲百姓,抚四夷,真宰相之事也。凡今三十一节度、十一观察与防御经略,以守臣称使府者共五十,列于首篇之末。其三篇则以十道为准,县距州、州距西都,书其道里之数,与其四鄙所抵。其事核,其言详,阅览默识,精微错综,斯为至矣……时贞元壬午岁夏四月谨序。”(《权载之文集》卷三六,转自《中国古方志考》第 79 页)是书首卷记唐代州郡废置升降、地域差次、贡赋名物、提封险易、河流变迁等。其余三卷,则分记当时关内、河南、河东、河北、山南、陇右、淮南、江南、剑南、岭南等十道之州郡沿革、所辖地域之变化和贡赋名物。还提出了关于马邑、乐安、合州七郡应理顺隶属关系,“以恢边备”等 12 条建议。

《贞元十道录》至宋时已不得见。光绪三十二年,英国人斯坦因自敦煌劫去其残卷,现存于不列颠博物馆之文书中,编号为 P2522 者,经罗振玉考定,即是本书之残卷。录文收入罗振玉编《鸣沙石室遗书》中。据罗氏跋云:“残地志十六行,存剑南道十二州,曰姚、曰协、曰曲、曰悉、曰柘、曰静、曰保、曰霸、曰维、曰真、曰恭、曰翼。每州之下,记所管县名、土贡,及距两京道里,与县距州之里数。取以校《通典》、《元和郡县图志》及新、旧《唐书》地理志,异同至多,诸书且于十二州数亦不全备。《通典》遗曲、真、霸、协四州;《元和志》遗保、霸二州。《新志》遗协、翼(仅于真州下,再见翼州之名)二州。各州所管诸县,各书亦参差不合。”“观首行有‘当、悉、柘、静、真、恭、翼、保、霸、维等十州并废’语,是作书之年,仅存姚、协、曲三州。考《新志》载松州,广德元年(763)没吐蕃,其后松、当、悉、静、柘、恭、保、真、霸、乾、维、翼等为行州,以部落首领世为刺史,是十州之废,在代宗广德以后。《元和志》记协州以天宝十三年没蕃,贞元九年(793)南诏又以其地内属。今此卷协州未废,则作于贞元协州内属之后可知。”(转自《中国古方志考》第 80 页)又据向达《西京小记》载,民国 32 年(1943),其于敦煌邮局蓝国栋处得见唐人所写地志残卷,有字 160 行,存陇右道、关内道、河东道、淮南及岭南道。道下每州记其属县,州则记其距京都里程、贡品、州及县之公廨钱。是否亦属《贞元十道录》残卷,尚难遽定。(转见刘纬毅《中国地方志》第 50 页)

《玉海》卷一四谓:“《海内华夷图》,及论次地理之书,凡五十有五篇,言方志者以为名家。”又谓《崇文书目》著录有“唐《国要图》5 卷,《大唐国照图》1 卷”引国史谓:“贾耽《国要图》

1 卷。"同书卷一五又谓:"贾耽《碑》云:通夷裔之风俗,尽山川之险易,历代沿革之自,百王废置之由,关塞通塞之因,牧圉盛衰之异,道程疏密之准,要荒享献之数,聚米画地,成于指掌……十七年冬,撰《海内华夷图》成,并撰《古今郡国县道四夷述》四十卷。"

贞观时魏王李泰《括地志》体例上之缺点是有志无图,未称完备。从贾耽所上表之文字来看,《古今郡国县道四夷述》当是《海内华夷图》之文字说明。此一图一书,体例完备,均注重古今地理考证,具有真实性和较强之实用性。据说,当时凡有域外人来,"或指图问其邦人,咸得其真。会昌三年(843),黠戛斯遣使来朝,莫详更改之名,中旨访求,唯贾耽所撰《四夷述》具载其号。"(见《中国古方志考》第 78 页)能做到如此,与贾耽长期之积累是分不开的。史载贾氏在任鸿胪卿时,"凡四夷之使及使四夷还者,必与之从容,讯其山川土地之终始,是以九州之夷险,百蛮之土俗,区分指画,备究源流"。(《旧唐书》本传)

按:《海内华夷图》早佚。据彭静中《中国方志简史》说,今陕西省博物馆石林,有伪齐(刘豫)阜昌七年(1136,南宋绍兴六年)上石的《华夷图》,上刻"唐贾魏公《图》,所载凡数百余图,今取其著闻者载之",当是《海内华夷图》的缩绘。从"其古郡国题以墨,今州县题以朱"来看,已经是彩色地图了,故有人称此"开创了中国沿革地图的先声"。(《中国方志简史》第 146～147 页)

约于是时,广陵人李该撰成《地志图》一书。书佚不存,仅从吕温之《地志图序》中得其梗概。序略云:"广陵李该,博达士也,学无不通,尤好地理。患其书多门,历世浸广,文词浩荡,学者疲老。由是以独见之明,法先圣之制,黜诸子之传记,述仲尼之职方,会源流,考异同,务该畅,从体要,倬然勒成一家之说。犹惧其奥未足以启后生,乃裂素为方仪,据书而画,随方面以区别,拟形容之训解,命之曰《地志图》。""然后列以城郭,罗乎陬落。内自五侯九伯,外洎要荒蛮貊,禹迹之所穷,汉驿之所通,五色相宣,万邦错峙。毫厘之差,而下正乎封略;方寸之界,而上当乎分野。乾象坤势,炳焉可观。与夫聚米拟其端倪,画地陈乎梗概,固不可同年而语详略也。每虚室燕居,薄帷晴褰,普天之下,尽在屋壁。户纳四海,窗笼八极,名山大川,随顾奔走,殊方绝域,举意而到。高视华裔,坐横古今,观帝王之疆理,见宇宙之寥廓。出遐入幽,曾不崇朝。与夫役形神于岁月,穷辙迹于区外,又不可并轨而论劳逸也。""时无知音,道不虚行,举地成图,闻天无路,此志士儒林所以为之叹息也。某久从君游,辱命序述,庶明作者之意,俾好事君子知其所以然。"

按:此据《中国古方志考》第 81 页所引《吕叔和文集》。《玉海》卷一四所载序文,除文字与此略有小异之外,尚多两段文字。于"命之曰《地志图》"下,多"观其粉散百川,黛凝群山,元气剖判,成乎笔端,任土之毛,有生之类,大钧变化"数语。于"又不可并轨而论劳逸也"之后有"才识以润之,丹青以炳之。核人物之虚实,总山川之要会,表皇威之有截,明王道之无外。见苍梧涂山,则思舜禹恤民之艰;睹穷荒大漠,则悟秦汉劳师之弊;览齐墟晋壤,则想桓文勤王之霸;观洞庭荆门,则知苗蜀恃险之败。王者于是明得失，诸侯于是鉴兴替，斯懋劝之远也。所以广学流，赞鸿业，示后世”等语，足见张书的引文系节录。因从后一段文字中，略可见是书所志之内容，又可见作序者对地志图作用之看法，故补录之于上。

唐宪宗元和二年(807)四月庚辰(二十三日)，岭南节度使赵昌进琼管儋、振、万安六州《六十二洞归降图》。(《玉海》卷一六)

元和七年(812)十月，魏博节度使田兴以《魏博相卫贝澶六州图》献于朝廷。先是其以六州地归于朝，欲守天子法，举六州版籍请吏于朝，遂图魏、博、相、卫、贝、澶之地，籍其人以献。(见《玉海》卷一四)

是时，李吉甫纂成《河北险要图》上呈。“田季安疾甚，吉甫请任薛平为义成节度使，以重兵控邢、洺，因图上河北险要所在。帝张于浴堂门壁，每议河北事，必指吉甫曰，朕日按图，信如卿料矣。”(《新唐书》卷一四六“李吉甫”传)《玉海》卷一五《元和郡县图志》谓：宪宗经略诸镇，吉甫实赞成之。其于河北、淮西，悉尝图上地形，坐览要害，隃定策画，图之助多也。

元和八年(813)二月辛卯(初七日)，中书侍郎、同中书门下平章事李吉甫进其所纂《元和郡县图志》40卷，目录2卷，表上朝廷。李氏在进表(亦即书序)中认为，要“成当今之务，树将来之势，则莫若版图之为切也”。但“古今言地理者凡数十家，尚古远者或搜古而略今，采谣俗者多传疑而失实；饰州邦而叙人物，因丘墓而征鬼神；流于异端，莫切根要。至于丘壤山川，攻守利害，本于地理者，皆略而不书，将何以佐明王扼天下之吭，制群生之命，收地保势胜之利，示形束壤制之端？此微臣之所以精研，圣后之所宜周览也”。故在其前所上《元和郡县国计簿》之基础上续撰而成《元和郡县图志》。前者在于“审户口之丰耗”，后者则在“辨州域之疆理”。其记述起京兆府，尽陇右道，凡四十七镇。每镇皆图在篇首，冠于叙事之前。是书集汉唐地理志之大成，开后世一统志的端绪，是现存地理总志中较为完整和最早的一部，历为后人所盛赞。

南宋淳熙二年(1175)，陈大昌跋称：唐宰相李吉甫“病古今地理家著录不得其要，独取萧何收秦图、书而究天下阸塞户口多少者以为准则，则不待详阅其书，而其体要，卓然可纪也……是书又其当国日久，乃始纂述。此于唐家郡县疆境，方面险要，必皆熟按当时图籍，言之最为可据。宪宗经略诸镇，吉甫实赞成之，其于河北、淮西，悉尝图上地形，宪宗得以坐览要害，而隃定策画者，图之助多也，惜乎其不存”。(谓河北、淮西图不存也)次年，洪迈序谓：李吉甫上奏后之“三百六十有三年，今京西牧待制张公几仲，始刻板于襄阳幕府……方赵公(吉甫封赵国公)为相，疆藩悍帅，狃贞元余习，擅地自予，朝廷莫敢呵。而能以期年间，易三十六镇。魏田季安病，公请以滑任薛平，戍重兵邢、洺，因图上河北险要。宪宗张于浴室门壁，每叹曰：朕日按图，信如卿料。则其所著书，盖已见之行事矣，岂直区区纸上语而已哉”。(转见《中国古方志考》第82页)

清人周中孚跋称：吉甫“当国日久，熟于户口疆域，方面险要。常图河北、淮西地形以献，俾宪宗得坐览要害，而收经略诸镇之效。则其志与图，必实稽当时图籍为之，最为可据”。(《郑堂读书记补逸》卷一一，转自吕志毅《方志学史》第108页)孙星衍认为：其“志载州郡都城、山川冢墓，皆本古书，合于经证，无不根之说，诚一代之巨制。古今地理书，赖有此以笺经注史，此其所长也……其大体详赡，可以证今方志向壁虚造之说。无此书而地理之学几绝矣……唐宰相之善读书者，吉甫为第一人矣”。

《四库全书总目提要》称：“舆地图经，隋唐志所著录者，率散佚无存，其传于今者，惟此书为最古。其体例亦为最善。后来虽递相损益，无能出其范围。”又谓：“考舆地之书，出自官撰者，自唐《元和郡县志》、宋《元丰九域志》外，惟元岳璘等所修《大元一统志》，最称繁博。”(卷六八，《史部・地理类一》)今人刘纬毅谓：此前之地志，往往仅注意沿革、山川、古迹、物产，其他方面很少记载。李吉甫在继承前人成就的基础上，弥补其不足，在《元和志》中增加了辖境、四至八到、户数、乡数、贡赋等，使其范围扩大，内容充实，为后世方志所效法。(《中国地方志》第52页)

按：是书又有《元和郡国图》、《元和州县郡国图》、《元和郡国图志》等异名。至南宋时图已亡佚，故陈振孙《书录解题》遂称为《元和郡县志》。南宋以来有多种版本流传，但多有缺逸讹脱。清严观有《补元和郡县志》一书，据卢文弨序称：“为补河北道下景、幽、涿、瀛、莫、平、妫、檀、蓟、营十州三十有九县；山南道下荆、峡、归、夔、澧、朗、忠、万、金、集、壁、巴、蓬、通、开、阆、果、渠十八州九十有二县；淮南道下扬、楚、滁、和、舒、寿、庐七州三十有二县；剑南道下霸、乾二州六县；岭南道下春、新、雷、罗、高、恩、潘、辩、泷、勤、崖、琼、振、儋、万安、藤、宜、瀼、笼、田、环、古、容、牢、白、顺、绣、郁林、党、窦、禺、廉、义、汤、芝三十有六州百四十有六县。于是向之所阙，皆完然具备，读者乃快然而无余憾。”(转见《中国古方志考》第85页)是书今存34卷，以1983年6月中华书局出版贺次君点校本，为目前最好之版本。

从是书自序中，反映了修纂者李吉甫氏强调方志之资治作用，对方志理论亦有所阐述。诚如来新夏在《方志学概论》中所言：隋唐时期，方志理论已经发展到把“资治”和“求实”作为编纂志书和评论方志的准则。作者对以往志书的批评，从反面反映了作者的方志主张。值得注意的是，类似的批评之语，同时代的其他作者亦偶有及之者。如颜师古谓：“中古以来，说地理者多矣。或解释经典，或撰述方志，竞为新异，妄有穿凿，安处互会，颇失其真。后之学者，因而祖述，曾不考其谬论，莫能寻其根本。”刘知几谓：“郡书者，矜其乡贤，美其邦族。”“地理书者，人自以为乐土，家自以为名都，竞美所居，谈过其实。”这些从以往志书总结出来的教训，反映了作者们求实的意愿。这种要求一直贯穿在后来的志书修纂之中。

又：书内各卷目详见《中国古方志考》第83页。(《旧唐书》卷一五“德宗下”谓：“进所撰《元和郡国图》三十卷……又为《十道州郡图》五十四卷”，书名及卷数皆异，其间关系及流变离合，则有待考。

是年，五月，河内尹许孟容进《东都图》。(《玉海》卷一四)洛阳为东都，至唐时，历来所成图经甚多。《隋书·经籍志》载有怀州刺史杨佺期《洛城图》1卷，陆机《洛阳记》1卷、《洛阳宫殿簿》1卷。《西征赋》注引有《河南郡图经》，《东征赋》注引有《洛阳故事》及《洛阳图经》。

元和十三年(818)六月，尚书祠部郎中兼御史中丞袁滋使云南回，上其所撰《云南记》5卷。先是贞元十年(794)，袁滋出使南诏，至是上其书。是书虽佚，但从辑得之佚文中，可见其记当地物产颇丰。对每一种产品，不但述其形状、价值，甚至还有详细的食用之法。如其记槟榔云："云南有大腹槟榔，在枝朵上，色犹青。每一朵有三二百颗。又有剖之为四片者，以竹串穿之，阴干则可久放。其青者亦剖之，以一片青叶及蛤粉卷和，嚼咽其汁，即似咸涩味。云南每食讫，则下之。"(转自刘纬毅《中国地方志》第64页)这也是研究民情风俗的重要资料。

元和十四年(819)，刑部侍郎韩愈以一封《谏迎佛骨表》而触怒唐宪宗，被贬为潮州刺使。其离京行前，曾阅看《潮州图经》，借以先行了解潮州情况。当其行将至韶州时，又向韶州友人、太守张端公使君借阅《韶州图经》。其作有《将至韶州先寄张端公使君借图经诗》曰："曲江山水闻来久，恐不知名访倍难；愿借图经将入界，每逢佳处便开看。"(《韩昌黎全集》卷一〇)足见时人对图经之看重。

按：唐时类似的例子并非仅此。贞元时人张籍在《送郑尚书赴广州》诗中有："圣朝选将持符节，内使宣时百辟听；海北蛮夷来舞蹈，岭南封管送图经。"可见远道来朝贡之人，有送图经之例。又方干《送永嘉王令之任》诗中亦有"虽展县图如到县"之句。(转见刘纬毅《中国地方志》第46页)

元和间(806～820)，元稹撰有《京西京北图经》4卷和《京西京北州镇烽戍道路等图》、《西北边图》、《圣唐西极图》等。元氏在其《进〈西北边图〉状》中称："臣先画《圣唐西极图》三面，草本并毕，伏候面自奏论，方拟进呈。前月十一日，于思政殿面奉圣旨云，诸家所进河、陇图，勘验皆有差异，并检寻近日烽镇城堡，不得。令臣所画，稍须精详。伏缘臣先画《西极图》，疆界阔远，郡国繁多，若烽镇馆驿尽言，即山川榜帖太密，恐烦圣览，不甚分明。愚臣数日之间，别画一《京西京北州镇烽戍道路等图》已毕，纤毫必载，尺寸无遗。若边上奏报烟尘，陛下便可坐观处所。若欲验臣此图与诸家所进何如，伏乞圣明于南衙及北军中，召取一久任边将者，或于中使内有经过边上校熟者，宣示其道，辨别精粗，即知愚臣一一皆有依凭，不敢妄加增减。其《圣唐西极图》三本，伏缘经略意大事须面自陈，伏恐次及降诞务繁，未敢进状候对。其《京西京北镇烽戍道路等图》并序，谨随状进呈。"在《进〈西北图经〉状》中有谓："臣今月二日进《京西京北图》一面，山川险易，细大无遗，犹虑幅尺高低，阅览有烦于睿鉴，屋壁设施，俯仰颇劳于圣躬。寻于古今图籍之中，纂撰《京西京北图经》，共成四卷，所冀衽席之上，欹枕而郡邑可观；游幸之时，倚马而山川尽在。又太和公主下嫁，伏恐圣虑念其道途。臣今具录天德城已北,到回鹘衙帐已来,食宿井泉,附于图经之内,并别写一本,与《图经序》,谨同封进,其图四卷,随状进呈。”(俱《元氏长庆集》卷三五,均转自《中国古方志考》第 150 页)在这两篇进状中,对方志理论多所议论,如其中的“山川险易,细大无遗”,“纤毫必载,尺寸无遗”,所绘之山川必须“一一皆有依凭,不敢妄加增减”。他认为,这样的图经才有实用价值,“若边上奏报烟尘,陛下便可坐观处所”。

按:两唐书本传,均未载元氏进图事。仅《旧唐书》本传有“又陈西北边事,宪宗悦,召问得失。当路者恶之,出为河南尉”一语。

唐穆宗长庆三年(823),韦齐休从韦审规使云南,记其往来道里及见闻,撰为《云南行纪》2 卷。其序有言:“云南所以能为唐患者,以开道越嶲耳。若自黎州之南、清溪关外尽斥弃之,疆埸可以无虞。不然忧未艾也。”《玉海》卷一六引晁氏《郡斋读书志》谓:“及唐之亡,祸果由此。本朝弃嶲州不守,而蜀遂无边患。”

按:这种弃地求安之议实不足取。

唐文宗大和八年(834)四月,入吐蕃使田牟进《入蕃行记图》1 轴,并图经 8 卷。(《玉海》卷一六)

大和中(827～835),张建章撰成《渤海国记》3 卷。记有武后时,妇人始而不跪。(《玉海》卷一六)

按:《玉海》卷一六又载,幽州判官张建章撰有《诸蕃记》1 卷,载朔漠群蕃回鹘等族类本末及道里远近。

唐宣宗大中四年(850),张义潮以《河、湟十一州图》献于朝廷。自从乾元(758～760)以后,陇右、剑南、西山三州七关军镇监牧三百所,皆没于吐蕃。唐宪宗尝览天下图,见河、湟旧封,赫然思经略之未暇也。宣宗大中三年(849)二月,复三州七关。至是,张义潮奉瓜、沙、伊、肃、甘等十一州地图来献。(据《玉海》卷一四)

按:《新唐书·宣宗纪》“(大中五年十月)沙州人张义潮以瓜、沙、伊、肃、鄯、甘、河、西、兰、岷、廓十一州归于有司。”《唐会要》谓:“大中五年七月,沙州刺史张义潮遣兄义潭,将本道图经户籍来献,举州归顺。”献地图与率州来归,非为一事,时间上略有差异,亦属自然。

大中五年(851)八月之后,有《沙州地志》一书撰成,其残卷今存不列颠博物馆,编号为 S788 号。首尾俱缺,仅存 16 行,约 360 字。其前半部所记之地理实体,俱在沙州境内,后半部写寿昌县之沿革和镇、堡、关、戍等。向达称之为《沙州地志》,亦有称作《沙州志》者。据书残卷中有“大中二年,张议潮收复(寿昌县)”之语(张议潮收复沙州,两唐书宣宗纪及《通鉴》均作大中五年八月事),足见其写作年代当在唐宣宗大中五年之后。(转见刘纬毅《敦煌遗书方志叙录》,载《中国地方志》1993 年第 5 期)

大中八年(854)河东节度使李璋撰成《太原事迹记》14 卷。记述了太原之城池、宫廷、寺

庙、山川及所属各县之地理、人事等。书至北宋治平间印行。(转见邸富生《中国方志学史》第39页)

大中九年(855),白敏中修、卢求纂成《成都记》5卷。“总载成都所管十八郡,及羁縻州道里远近事迹。”卢氏自序谓:“先是西蜀图经甚备,朝野之士多寄声写录。主兹务者,不胜其烦,遂尽削而潜焚之。长吏至,即据显者集为一轴以献,由是百不书一。大中八年,户曹参军蔺弘宗甚好学,且目睹司徒相国之异绩,愿付以传示于后,然不以文自任,剪截疏长,芜言不略。相国乃属于小子,令刊益之,且曰:‘不以淹徐疾速归于流布,以为不朽之事。’求受命震怖,又不欲以图经为目。乃搜访编简,目为《成都记》五卷,经与图附益之。”(转自《中国古方志考》第663~664页)

按:从“经与图附益之”一语,可见已有试图突破传统图经之形式,而另加寻索之意,是否预示了一种向后世方志过渡之要求呢?

是年,韦澳撰《诸道山河地名要略》(亦名《处分语》、《新集地理书》)9卷。先是唐于“安史之乱”后,政局不稳,藩镇割据。河西、陇右遂没于吐蕃,直到宣宗大中五年(851),沙州首领张义潮方收复为吐蕃所占据之河、湟11州,携其地图、户籍上奏。宣宗为使到各地赴任镇将等官员了解其地地理民情风俗,于是谓翰林学士韦澳曰:“朕遣方镇刺史,欲各悉州郡风俗,卿为撰一书。”韦澳承命,于是有是编之作。是书最大的特点是,有“处分语”一个特项,记注唐宣宗及韦澳对各地之看法和处理方略。《新唐书·韦澳传》有云:澳“为处士时,(宣宗)帝尝曰,朕每遣方镇刺史,欲各悉州郡风俗者,卿为朕撰一书。澳乃取十道四方志,手加紬次,题为《处分语》。后邓州刺史薛弘宗中谢,帝敕戒州事,人人惊服”。出谓人曰,上处分惊人,皆处分语中事也。

刘纬毅在《中国地方志》一书本条下谓:“此前之地志,虽有沿革、郡望、山、水、物产等方面的内容,但不分门类,不立标目。此书首次按内容分门别类,设置标题,从而使文字内容有条不紊,体例亦趋科学化。(今存)残卷可贵的是多有补唐志之疏略者。如代州条记有‘今为刺史州理所,兼置代北水运使院’。据罗振玉考证,代北水运使院,在两《唐书·地理志》与《食货志》中均无记载,仅《新唐书·卢坦传》中有所涉及。再如蔚州之三河冶,《元和郡县志》、《旧唐书·地理志》亦均无记载。《新唐书·地理志》仅言蔚州有三河铜冶。而《诸道山河地名要略》所记甚详:‘三河冶,在飞狐县,元和七年以此冶旧有铸铁炉,铜山数十里,铜镜至多,遂置之炉铸钱,成一万八千贯。’”(见第52~53页)

按:是书于北宋之后已不传。清末于敦煌鸣沙石室中发现其九卷中之第二卷,大部为法人伯希和窃走,今存于巴黎国家图书馆,编号为P2511。罗振玉收入《鸣沙石室遗书》中。罗氏跋谓:“《诸道山河地名要略》第二残卷,开首断缺,存河东道州府八:曰晋、曰太原、曰代、曰云、曰朔、曰岚、曰蔚、曰潞。其体例,前述建置沿革,次事迹,次郡望地名,次水名,次山名,次人俗,次物产。为后世地志体例所自昉……物产后或附处分语。

然此八州府中，惟蔚州、潞州有之。此为全书中一门目。《唐志》径以为一作《处分语》，认为书名，误也。”

唐懿宗咸通五年(864)，安南经略使蔡袭之幕属樊绰纂成《蛮书》10卷，上奏于朝廷。樊绰于咸通三年二月随蔡袭入安南。次年二月，南诏攻陷安南，蔡袭身死，樊绰携印浮水渡江逃脱。其在安南之一年中，为对付南诏，留心收集资料。至是，依据南诏文臣的撰述及唐人的调查报告，撰成本书，呈送朝廷，为朝廷治理西南边疆提供依据。是书主要记述了咸通五年以前云南的历史、地理之状，是现存云南最古之方志。原书早佚，有乾隆间从《永乐大典》辑出本，其目分为十：云南界内途程、山川江源、六诏、名类(即各民族)、六睑(即六州)、云南城镇、云南管内物产、蛮夷风俗、南蛮条款(一作“教”)、南蛮疆界接连诸番夷国名。全面记载了云南的山川、交通、六诏历史、各族概况、城镇、物产、风俗及政治经济制度等。其对当地少数民族之记述资料尤为珍贵。不但一一载明六诏各诏主之身世、势力范围及其斗争的史实，还记及21个少数民族的基本情况，是研究南诏史的重要资料。由于樊绰编成此书时没有拟定书名，后人一再翻刻，遂使书名繁多，如称《云南志》、《云南记》、《云南史记》、《蛮书》、《南夷志》、《南蛮志》、《南蛮记》等等，以称《蛮书》者最为常见。当代学者方国瑜先生认为，称《云南志》为宜。(转见李公《云南民族史上的几个问题》，载《云南史志》2000年第3期)《四库全书总目提要》评之为：“绰成此书在懿宗咸通初，书中多自称臣，又称录六诏始末，纂成十卷于安南郡州江口，附张守忠进献，盖当时尝以奏御者。交州境接南诏，绰为幕僚，亲见蛮事，故于六诏种族、风俗、山川、道里及前后措置始末，撰次极详，实舆志中最古之本。宋祁作《新唐书·南蛮传》，司马光《通鉴》载南诏事，多采用之。程大昌等复引所述澜沧江以证黑水之说，盖宋时甚重其书。”(转自《中国地方志名家传》第19页)宋祁之《新唐书·南蛮传》、程大昌之《禹贡图》、蔡沈之《书集传》，均从其中有所取材。

唐懿宗咸通(860～874)至唐僖宗乾符(874～879)间，段公路撰有《北户录》3卷。书中载岭南风土、尤于物产颇详赅备，征引极博洽。最值得注意者是，其中征引的大量古籍，如《淮南万毕术》、《广志》、《南越志》、《南裔异物会要》、《灵枝图记》、《陈藏器本草》、《唐韵》、《郭缘生述征记》、《临海异物志》、《陶朱公养鱼经》、《名苑》、《毛诗义》、《船神记》、《字林》、《广州记》、《扶南传》等书均已散佚，藉此得以略见一二。条下注文颇为典赡。(见《四库全书总目提要》卷七〇，《史部·地理类三》)

唐僖宗乾符间(874～879)，陆广微纂成《吴地记》一书。书中所记皆苏州之吴、长洲、嘉兴、昆山、常熟、华亭、海盐七县之事，其中以吴县、长洲内容为丰。其内容包括：一述史地沿革，二载山川，三记各县，四考城门，五记坊巷，六载桥梁，七记台阁，八记寺观，九记茶、盐、酒等税钱，十记坟墓。其各县记有所管乡、坊及户口等。如吴县“管乡三十，户三万八千三百六十一，坊三十”；长洲县“管坊三十，乡三十，户二万三千七百”；嘉兴县“管乡五十，户二万七千五十四”；昆山县“管乡二十四，户一万三千九百八十一”；常熟县“管乡二十四，户一万三千八百二十”;华亭县“管乡一十二,户一万二千七百八十”;海盐县“管乡一十五,户一万三千二百”。是书表明,唐代之地记内容较前已大丰富,标志唐代地记已开始向定型方志过渡之趋势。黄苇在《方志学》中称其“内容丰富,体例也较合理,时间跨度上统合古今,是地方志的雏形”。(见《方志学》第431、433、132等页)

按:这是全国现存最早的方志之一。《中国地方志总目提要》将其成书定于乾符三年(876),谓有后人所增补。是书间载有唐以后事,有的学者疑为宋人所作。如《四库全书总目提要》有云:“旧本题唐陆广微撰。《宋史·艺文志》作一卷,与今本合。书中称周敬王六年丁亥,至今唐乾符三年庚申,凡一千八百九十五年,则广微当为僖宗时人。然书中‘虎鏐’一条,称唐讳虎,钱氏讳鏐,改为浒墅。考《五代史·吴越世家》,乾符二年,董昌始表钱鏐为偏将。光启三年,始拜鏐左卫大将军、杭州刺史。景福二年始拜鏐镇海军节度使、润州刺史。乾宁元年,始加鏐同中书门下平章事,二年始封鏐为彭城郡王,天祐元年封吴王。至朱温篡立,始封鏐为吴越王。安得于乾符三年以董昌一偏将,能使人讳其嫌名?且乾符三年亦安得预称吴越?至钱俶于宋太平兴国三年,始纳土入朝。当其有国之时,苏州正其所隶,岂敢斥之曰钱氏?尤显为宋人之辞。则此书不出广微,更无疑义。”(卷七〇,《史部·地理类三》)

宋人又有《吴地记后集》1卷,《中国地方志联合目录》第415页有著录。此《后集》记事至大中祥符元年(1008)。是志经“后人采掇成编,又窜入他说以足帙”,合为一卷,采入《四库全书》。此书杂记史地,相当接近于宋代以后之方志,说明隋唐时期以“图经”为主的地方志,已经脱离初级阶段,开始趋向定型。(见《中国地方志总目提要》11—3)这个“后集”1卷,与前集同刻入万历《古今逸史》中,以后还有多种刻、印本。1990年中华书局《宋元方志丛刊》未收录。

唐僖宗乾符至广明间(874～881),徐云虔纂成《南诏录》3卷,上奏于朝。上卷记山川、风俗;余二卷纪行及使事。《玉海》卷一六载:“乾符五年七月,邕管节度辛谠遣从事徐云虔通好南诏。凡水陆四十七程,至善阐府。遇骠信游猎,尚去云南一十六程。叙好而还,进《南诏录》三卷。”

唐宣宗大中末至唐僖宗光启元年(859～885)十二月二十五日前,有《沙州伊州地志》之成。此书历未见著录,作者身份不明,亦无书名。其残卷存86行,于清末为斯坦因从敦煌窃至英国后,藏于不列颠博物馆,编号为S936。20世纪30年代,日本学者羽田亨经研究,定名为《沙州伊州地志》,并著有《沙州伊州地志残卷考》。残卷的1～28行,记寿昌县之寿昌海、石城镇、古屯城、新城、蒲桃城、萨毗城、鄯善城、蒲昌海。29～84行,记伊州沿革及其所管的伊吾、纳职、柔远三县和伊吾军。所记州县包括沿革、寺观、烽戍、风俗、山水、祆神等,多与《沙州图经》、《寿昌县地境》相同,只有文字稍异。在所记伊州情况内,多有《元和郡县志》、两《唐书·地理志》所不载者。如记伊吾县公廨(钱)三百一千一十五,纳职县公廨(钱)二百一十五千;伊吾城于隋末乱,没于胡,贞观四年,其首领石万年率七城来降;伊吾县有寺二、观二、烽七、戍三;纳职县有寺一、戍一、烽八;柔远县有观一、烽四。均一一列具其名,资料极为可贵。(转自刘纬毅《中国地方志》第 59 页)末 2 行书曰:“光启元年十二月廿五日,张大庆因灵州安尉使嗣大夫等来至州,于嗣使边写得此文,书讫。”刘纬毅谓,是为哈密市最早之历史文献。仓修良认为,书名应作《沙州伊州图经》为是。(见仓修良《方志学通论》第 258 页)

按:日本学者羽田亨定作“唐光启元年写本”,让人觉得此书撰于光启元年。其实该书书末文字仅表明是张大庆抄写的时间,原著当成在此前。今系年从刘纬毅说。

唐昭宗光化二年(899),莫休符纂成《桂林风土记》3 卷。莫氏光化二年九月二十三日序称:“前贤撰述,有事必书。故有《三国志》、《荆楚岁时记》、《湘中记》、《奉天记》。惟桂林事迹,阙然无闻。休符因退居,粗录见闻,曰《桂林风土记》。”(转自《中国古方志考》第 624 页)是书今存一卷,原书作 46 目,今存 42 目,即桂林、舜祠、双女冢、伏波庙、东观、越亭、岩光寺、訾家洲、漓山、尧山庙、东山亭、碧浔亭、拜表亭、夹城、独秀峰、欧阳都护冢、海阳山、会仙里、隐仙亭、灵渠、甘岩、张天师道陵宅、牂牁水、如锦潭、仙人山、迁莺坊府郭、菩提寺道林和尚、开元寺震井、延龄寺圣像、宜州龙开江事、徐氏还魂、石氏灯檠祟、米兰美绩、李给事长歌、宋颜延之、李袭志、卫国公李靖、中书令褚遂良、中书令张九龄、桂州陈都督、袁恕己、张鷟。(转见刘纬毅《中国地方志》第 54 页)《四库全书总目提要》谓:“(朱)彝尊《跋》又称:‘中载张固、卢顺之、张丛、元晦、路单、韦瓘、欧阳膑、李渤诸人诗,向未著于录,亟当发其幽光。’今观诸诗外,尚有杨尚书、陆宏休二首,亦唐代轶篇,为他书所未载。今《全唐诗》采录诸篇,即据此本,则其可资考证者,又不止于谱民风记土产矣。”(《四库全书总目提要》卷七〇,《史部 · 地理类三》)周中孚《跋》称:“《新唐书》志及《崇文总目》均作三卷,至《宋》志作一卷,与今本同,盖久非完帙矣。其前目录凡四十四条,而书中又缺进贤坊、火山、采木凡三条。其夹城一条亦有缺行。卷首题‘古今事迹’四字,则其下所阙二卷,亦必以四字为标目也……其书成于昭宗光化二年,前有自序,叙述雅赡,所载唐人诸诗,多为他书所未及。虽经残阙,亦可宝之帙也。”(《郑堂读书记补逸》卷一八,转自《中国古方志考》第 625 页)

天复二年(902),李冲昭撰成《南岳小录》1 卷。撰者冲昭,“弱年悟道,近岁依师。洎临岳门,频访灵迹,遍阅古碑及《衡山图经》、《湘中记》,仍致诘于师资、长者、岳下耆年。或得一事,旋贮箧笥。撮而直书,总成一卷”。全书列 34 目,首叙衡山总览,次依目而记山中五峰三涧、宫观药院、塘坛阁洞,附以道教活动传闻。《四库全书总目提要》谓:“唐世名山洞府之书,如卢鸿一《嵩山记》、张密《庐山杂记》、令狐见尧《玉笥山记》、杜光庭《武夷山记》,今并无存。此独以旧本流传,胜境灵踪,足资掌故,是亦考图经者所宜征据矣。”是志以收入《四库全书》,因而得以保存。

唐昭宗时(889～904),刘恂撰成《岭表录异》(又名《岭表记》)3 卷。书中记岭南草、木、鱼、虫等物产及风俗故事、地理等。《四库全书总目提要》引陈振孙《书录解题》谓,“殆书成于五代时欤?”称:“粤东舆地之书,如郭义恭《广志》、沈怀远《南越志》皆已不传,诸家所援据者,以恂是编为最古,……宋代《太平寰宇记》、《太平广记》、《太平御览》诸书,征引颇夥,……唐人著述,传世者稀,断简残编,已足珍惜……其中记载博赡,而文章古雅,于虫、鱼、草、木,所录尤繁,训诂名义,率多精核……历来考据之家,皆资引证,盖不特图经之圭臬,抑亦《苍雅》之支流,有裨小学,非浅鲜也。”(卷七〇,《史部·地理类三》)

唐宣宗大中二年(848)后至唐僖宗光启元年(885)前,有《瓜、沙两州大事记》之撰成。是书今存两个写本,一存巴黎国家图书馆,编号为P3721号,首全尾缺,残存67行,约1400字;另一存不列颠博物馆,编号为S5693号,首全尾缺,存18行,约360字。两者相重部分,文字全同。《敦煌宝藏》及《敦煌社会经济文献真迹释录》,对前者均著录为《瓜沙两郡大事记》;《敦煌宝藏》对后者则著录为《杨翠瓜沙两郡史事编年》。抄本前之小序均书有“节度孔目官兼御史中丞杨洞芊”的字样,知“杨翠”乃“杨洞芊”之误。大事记前之小序,写明此书编写经过及参考文献,并写明其写作之意,在于“军中壮后生之志,村内开老人之心”。正文始自汉高祖登极、武帝元鼎六年筑沙州城。对历朝均写明其开国至灭亡的年数。唐开元二年(714)之后始记有沙、瓜二州事,主要记述沙州刺史杜楚臣、张嵩和县令赵义七之政绩。开元十一年之后残佚。刘纬毅认为,“以编年体记载地方之大事、要事,此书当为鼻祖”。(《敦煌遗书方志叙录》,载《中国地方志》1993年第5期)

唐末,梁载言撰《十道四蕃志》10卷。《郡斋读书后志》谓其“所载颇详博,其书多称咸通中沿革,载言盖唐末人也”。《直斋书录解题》谓:“唐太府少卿梁载言撰。其书广记备言,颇可观。”(见《中国古方志考》第87页)

按:据《宋史·艺文志》记载,唐时还有韩郁撰之《十道四蕃引》1卷。

唐时,郑暐撰《蜀记》2卷,记蜀中人物、古迹、奇观等。《蜀中广记》卷六九引陈振孙语云:“《蜀志补罅》以暐为成都人,复有《天宝西幸略》。”(转自张国淦《中国古方志考》第660页)由是观之,是书当成于天宝之后。

唐时韦瑾撰有《域中郡国山川图经》1卷。《玉海》卷一四引《书目》谓:“《域中郡国山川图经》1卷,韦瑾撰,始关内,终剑南,为图。”

五代前蜀王衍乾德中(919～924),杜光庭纂成《续成都记》1卷。(见《中国古方志考》第664页)。先是唐大中(847～860)中,有卢求者,纂成成都所管十六郡及羁縻州之道里远近事迹。至是光庭遂续成《成都记》1卷。

按:《玉海》卷一五作乾德中,易令人视为北宋乾德间(963～968)事。

五代后唐明宗天成三年(928)闰八月,明宗李亶下敕,规定:“诸道州府,每于闰年合送图经、地图,今后权罢。”(《五代会要·兵部职方》)

天成四年(929),李延范纂成《敦煌新录》1卷。《文献通考·经籍考》卷三二谓:“盖当时奉使者,叙张义潮本末,及彼土风物甚详。凉武昭王时,有刘昞者,著《敦煌实录》二十卷,故

此号《新录》。”(转见《中国古方志考》第181页)

长兴三年(932)五月二十三日,尚书吏部侍郎王权奏:“伏见诸道州府,每遇闰年,准例送尚书省职方地图者。顷因多事之后,诸道州府旧本虽存,其间郡邑或迁,馆递曾改,添增镇戍,创造城池。窃恐尚以旧规录为正本,未专详勘,必有差殊。伏请颁下诸州:其所送职方地图,各令按目下郡县城池、水陆道路,或经新旧移易者,并须载之于图。其有山岭溪湖、步骑舟楫各得便于登涉者,亦须备载。”唐明宗批复:“宜令诸道州府,据所管州县,先各进图经一本,并须点勘文字,无令差误。所有装写工价,并以州县杂罚钱充,不得配率人户。其间或有古今事迹、地理山川、土地所宜、风俗所尚,皆须备载,不得漏略,限至年终进纳。其画图候纸到,图经别敕处分。”(《五代会要》卷一五,“兵部·职方”)

按:这是朝廷颁发各地撰修图经的内容,且是历史上首次规定了图经编修经费的来源。

后晋高祖天福三年(938),张匡邺、高居诲出使于阗,册封于阗王李圣天。天福七年还,作《行记》,详述了于阗产玉等情况,为他书所不及。(吕志毅《方志学史》)

后晋出帝开运二年(945)前,《寿昌县地境》撰成。是书历来未见著录,至清末于甘肃敦煌石窟中发现之后,为敦煌某氏所藏。后为向达借得,刊载于民国33年(1944)《北平图书馆季刊》第五卷第四期。全书完整,约1200字,书首名为《寿昌县地境》,书末原题有“晋天福十年乙巳岁(945)六月九日,州学博士翟上寿昌县令《地境》一本”。这位州学博士只有翟姓而不书名,此为公文式例。向达据伦敦藏石室本S95号卷子有题“登仕郎守州学博士翟奉达纂上”,并参考其他文献考证得此“州学博士翟”,就是翟再温,字奉达。至于天福九年已改元开运,乙巳岁已是开运二年,卷中尚书天福十年。向达认为:“寿昌僻在西陲,易帝改元尚不之知耳。”在五代那样易朝改元频繁之际,出现这种情况并不稀奇。本《地境》不分卷,为条目体。开首为距沙州里数、公廨数、户数、乡数。继之为寿昌县沿革,记其位置里程、得名由来、重要史事或有关传说。而后是寺名、镇名、戍名、烽数、栅数、堡数。再其后分记黑鼻山、姚阅山、龙勒山、西紫亭山、大泽、曲泽、龙勒泉、龙堆泉、寿昌海、大渠、石门涧、无卤涧、玉门关、□□亭、石城、屯城、新城、葡萄城、萨毗城、鄯善城、故屯城、西寿昌城、蒲昌海、播仙镇、沮末河,均颇详细。如记寿昌海(向达认为即今南湖)为:“源出县南十里,方圆一里,深浅不测,即渥洼池水也。长得天马之所。”(转自刘纬毅《中国地方志》第60页)。其目排列顺序,与《寿昌县图经》相同,目下内容则有加详。其所记玉门关之创设时间,《寿昌县图经》及两《唐书》、《元和志》和《寰宇记》均不及。

后汉高祖乾祐二年(949),无名氏撰《沙州城土境》成。是书亦于敦煌石窟中发现,今存法国巴黎国家图书馆,编号为P2691号。首尾俱残,存41行,约1200字。开首有残缺小序,简述了沙州之沿革。之后记了44个地理实体距离州城之里程。残文中有“从永和八年癸(癸?)丑岁创建(莫高)窟,至今大汉乾祐二年已酉岁,算得五百九十六年记”。(见刘纬毅《中国地方志》第 47 页)故知其修于今年。

按:地志称"土境",上书及本书为最早者。本书谓"永和八年癸丑岁(癸丑当是晋穆帝永和九年——353)创建(莫高)窟",比武周《李君修佛龛记》所谓"始于苻秦建元二年(366)"之说法,早了 13 年。(见《中国地方志》1993 年第 5 期刘纬毅文)吕志毅《方志学史》,将是书著录为《沙州地志》。

后蜀广政间(938～965),僧仁显撰成《华阳记》一种。(见《中国古方志考》第 671 页)

附载:隋唐五代是图经兴盛时期,刘纬毅等著《中国方志史》在《州县图经辑佚简目》一节中,辑录有 223 部,隋代 24 部,唐代为 199 部。其中属今四川省者 24 部;河南省者 24 部;江苏省者 21 部;河北省者 20 部;江西省者 18 部;浙江省者 17 部;安徽省者 16 部;湖北省者 15 部;陕西省者 11 部;湖南省者 10 部;山西省者 10 部;广东省、福建省者各 8 部;甘肃省者 5 部;山东省、重庆市各 4 部;广西 3 部;北京市者 2 部;天津、云南、宁夏各 1 部。(见该书第 104～106 页)

北宋、辽时期（公元960～1127年）

宋太祖建隆四年(963)四月，林抱义上《辰叙二州图》。(《玉海》卷一四)

建隆中(960～963)，宋太祖诏："凡土地所产，风俗所尚，具古今兴废之因，州为之籍，遇闰岁造图以进。"(《宋史》卷一六三，《职官志三》)

乾德二年(964)十一月乙亥(十五日)，宋太祖赵匡胤以《蜀中山川形势图》赐予进讨蜀地之王全斌等。先是蜀遣孙遇、赵彦韬及杨蠲等，以蜡弹帛书间行遗北汉主。……遇等至宋都，彦韬潜取书以献于宋。有穆昭嗣者为医官，宋帝数召见，问蜀中地理，对曰荆南都会已克，则水陆皆可趋蜀。宋帝大喜。后数日，得彦韬所献书，曰西讨有名矣。乃并赦遇、蠲，使指陈山川形势、戍守处所、道里远近，画以为图。甲戌(十四日)，命王全斌等进讨。乙亥(十五日)，宋帝出画图授全斌等。问西川可取否？全斌对曰：仗天威，遵庙算，克日可定。史延德前奏曰："西川若在天上，固不可到；在地上，到即平矣。"宋帝嘉其果敢。初，蜀于夔州锁江为浮梁。宋帝出地图指其处谓刘光义曰："泝江至此，切勿以舟师争胜，当先遣步骑潜击之，俟稍却，以战棹夹攻，可必取也。"(《玉海》卷一四)

乾德三年(965)，王全斌平蜀，以其图来上。宋帝指浓洄镇问左右：浓何谓也？或告以蜀人谓浊为浓。帝曰：自今当为清州矣。因以得名。(《舆地纪胜》卷一六五)一日临图，议者又欲因兵威复越嶲。宋帝以玉斧画此河曰：外此吾不有也。于是为黎之极边云。(《蜀中广记》，转自《中国古方志考》第661页)

开宝四年(971)正月戊午(二十一日)，宋太祖命知制诰卢多逊、扈蒙等，重修天下图经。(《玉海》卷一四)又诏："各路州府，对本地图经，编入古迹，补其缺略，然后上报。"(《中国地方志总目提要》19—2)这是宋代第一次由朝廷倡议修全国性图经，惜未编成；而地方图经则多有成者。

开宝五年(972)四月，宋太祖按"岭南图籍"，州县多而户口少，命知广州潘美、转运使王明，度其地理，并省以便民。(《玉海》卷一八)这是图籍有益于治之又一例。

开宝六年(973)四月辛丑(十七日),朝廷委遣卢多逊为江南生辰国信使,出使江南(南唐)。"及还,舣舟宣化口,使人白(江南)国主曰:朝廷重修天下图经,史馆独阙江东诸州,愿各求一本以归。国主(江南国主李煜)亟令缮写,命中书舍人徐锴等通夕雠对,送与之,多逊乃发。于是江南十九州之形势,屯戍远近,户口多寡,多逊尽得之矣。"(《续资治通鉴长编》卷一四)

按:此乃欲并其地,先索其图经也,足见时人之重图经。

开宝八年(975),宋准受诏修定《开宝诸道图经》(《宋史·宋准传》),是书进展及完成具体情况,于史缺载。

按:图经初出上古之《山海经》,于东汉时稍多,经魏晋南北朝之停滞,历隋、唐而繁盛,至北宋进入其全盛时期。"图经"不仅成为北宋官修志书之通称,且修成的图经亦多。据黄苇称其所作不完全之统计,确知为北宋修成的图经有58种之多,超过其他名称志书之总和(44种)。(《论宋元地方志书》,载《历史研究》1983年第3期)

开宝(968～976)中,句延庆纂成《锦里耆旧传》8卷。《直斋书录解题》卷七谓:"开宝三年,秘书丞刘蔚知荣州,得此传,其词芜秽,请延庆修之,改曰《成都理乱记》。天成之后,别加编次。起咸通九载(868),迄乾德四年(966),百余年蜀事大略具矣。"(转自《中国古方志考》第665页)《四库全书总目提要》谓:"书虽以《耆旧传》为名,而不以人系事,其体实近编年,所录两蜀兴废之迹,亦颇简略,惟于诏敕章表书檄之文,载之独详。中间如前蜀咸康元年(925)唐兵至成都,王宗弼劫迁王衍于西宫。《通鉴》在十一月甲辰(十五日),而此书作乙巳(十六日),又宋太祖赐后蜀孟昶诏一首,其文多与《宋史》不同。如此之类,亦皆可以备参考也。……书中于后蜀主多所称美,疑出蜀人之词。"《中国古方志考》又引《直斋书录解题》卷七谓,又有张绪所撰《续锦里耆旧传》10卷。"起乾德乙丑(乾德三年——965),迄祥符己酉(大中祥符二年——1009)。自平蜀后,朝廷命令官僚姓名及政事因革,以至李顺、王均、刘旰作乱之迹,皆略载之。"

宋太宗太平兴国二年(977)闰七月"丁巳(二十八日),有司上诸州所贡闰年图。……国初闰为限,所以周知山川之险易,户口之众寡也"。(《续资治通鉴长编》卷一八)

太平兴国三年(978),正月丁未(二十二日),知广州李符献《海外诸域图》、《岭表花木图》各1卷。(《玉海》卷一六)

是月己酉(二十四日),朝廷命汤悦、徐铉、王克正、张洎,同修江表自杨行密以来事迹。(《玉海》卷一五)

太平兴国八年(983)八月丁酉(十四日),辰州言,溪、锦、溆、富等四州求内附,输租税。诏令州长史察其谣俗情伪,并按视山川地形,具图来上。(《玉海》卷一六)于是有《辰州图》等之成。

是年,朝廷下令征集天下图经。(黄苇《方志学》第855页)

雍熙元年(984),王延德撰成《西州程记》一书。先是太平兴国六年,供奉官王延德出使高昌、回鹘(今新疆吐鲁番一带)。至是偕回鹘等使者百余人回归,遂撰是书。该书记录其旅途所见及高昌、哈密等地理、气候、城市用水、灌溉等风土民情及生产情况。(吕志毅《方志学史》第 166 页)

雍熙四年(987),直史馆乐史撰成《太平寰宇记》200 卷、目录 2 卷(今存 198 卷又半卷)。载天下州郡国古今事迹及太平兴国天下一统之势。乐氏因病其前此类之书未叙人物,因本常璩之例,于地理之外,编入人物,又增以风俗、姓氏、土产、四夷等。因人物又详及官爵,并诗词杂事。作者取山经地志,考正讹谬,始于河南道(东京),终于"四夷"。石敬瑭割给契丹的燕云十六州,尚未恢复,仍列其名,以示不忘恢复统一之意。这是方志史上第一部定型的总志。以道为经,以府县为纬。其第 1～171 卷,依次为河南道、关西道、河东道、河北道、剑南西道、剑南东道、江南东道、江南西道、淮南道、山南西道、山南东道、陇右道、岭南道;第 172～200 卷为四夷。全书征引文献近 200 种,并注明出处。

乐史在《上太平寰宇记表》中谓:"其如图籍之府未修,郡县之书罔备,何以颂万国之一君,表千年之一圣,眷言阙典,过在史官。虽则贾耽有《十道述》,元和有《郡国志》。不独编修太简,抑且朝代不同,加以从梁至周,郡国割据,更名易地,暮四朝三。臣今沿波讨源,穷本知末,不量浅学,撰成《太平寰宇记》二百卷,并目录二卷,自河南周于海外。至若贾耽之漏落,吉甫之阙遗,此尽收焉。万里山河,四方险阻,攻守利害,沿袭根源,伸纸未穷,森然在目。不下堂而知五土,不出户而观万邦。图籍机权,莫先于此。"(转自《中国古方志考》第 89 页)末之两句表明了他修本志的目的,及希望所起的"资治"作用。

是时,幽、魏、妫、檀等 16 州因后晋割于辽,已不在宋境之内,但乐史仿贾耽的《十道志》和李吉甫的《元和郡县志》之旧例,亦载录于篇,非不有深意。《四库全书总目提要》称:"其书采摭繁富,惟取赅博。于列朝人物,一一并登。至于题咏古迹,若张祜《金山诗》之类,亦皆并录。后来方志必列人物、艺文者,其体皆始于(乐)史;盖地理之书记载至是书始详,体例亦自是而大变。"(卷六九,《史部·地理类一》)在是书史部地理类之小序中更说:"《太平寰宇记》增以人物,又偶及艺文,于是为州县志之滥觞,元、明以后,体例相沿。"傅振伦谓:"从汉到唐,方志内容主要是记载山川形势、地理、疆域沿革,土地物产等,内容不出地理范围。宋代方志记述重点扩大到人文历史方面,合一方的天文、地理、历史、人物、文献于一书中,而在史学领域自成一体。"为后来总志体例所沿革。"采入大量史料,考据精详。为当时著名史籍之一。"张国淦《中国古方志考·叙例》中谓:"方志之书,至赵宋而体例始备。举凡舆图、疆域、山川、名胜、建置、职官、赋税、物产、乡里、风俗、人物、方技、金石、艺文、灾异,无不汇于一编。隋唐以前,则多分别单行,各自为书。其门类亦不过地图、山川、风俗、人物、物产数种而已。"

是志值得注意者还有两点:一是引证资料都注明出处,其后散佚的许多古籍资料,赖之得以保存下来。清人洪亮吉嘉庆八年(1803)在《太平寰宇记·序》中称:"史撰此志,征引繁富,多南宋以后所未见本。即以地志论,晋《太康土地志》、宋《永初山川古今记》、阚骃《十三州记》、顾野王《舆地记》、魏王泰《括地志》、贾耽、李吉甫《十道志》,以迄圈称、谯周、鲍坚、李克、周处、陆机、晏谟、张勃、邓基、任昉诸人所札录者,多至百数十种。史虽不善抉择,然零篇断简,藉是书以存者实多,此其所长也。至若地理外又编入姓氏、人物、风俗数门,因人物又详及官爵及诗词杂事,遂至祝穆等撰《方舆胜览》,宁略建置沿革,而人物琐事必登载不遗,实皆滥觞于此,此其所短也。……意在征奇,罔知传信,是又非史例矣。乃自序反讥贾耽之漏落,吉甫之缺遗,不知已之病适与其相反也。然地理书自吉甫以后,藉以考镜古今,联缀前后者,实无逾此书,宜其传之久而必不能废矣。"(转自《中国古方志考》第92页)刘纬毅等著的《中国方志史》谓:"是书征引文献甚富,近二百种。其中《隋州郡图经》、唐《十道录》、《隋区宇图》、《郡国记》、《后赵录》、《郡国县道记》、《冀州图》等50余种先宋史志均亡佚。所引文字,也就成为后人辑佚的重要资源。"(第123页)

值得注意之二,是该书将前代志书中的"贡赋",扩展为"土产",扩大了经济记述的内容。故有的评论者称其"开创了关于我国生产力的分布及其发展的研究,特别是关于农业的分布及其发展,手工业、矿业的分布和发展的研究"。(李德清《简论〈太平寰宇记〉》,载《华东师大学报》1980年第5期)钱大昕谓:"是书体例虽因吉甫,而援引更为详审,间采稗官小说,亦惟信而有征者取之。有宋一代志舆地者,当以乐氏为巨擘。"(转自来新夏《中国地方志》第53页)陈光贻称:"此书可作为我国地理学发展到人文地理及考古地理学的开端;在方志内容从局限于断代记载演变为通代记载的过程中,它也起了促进作用。"(《中国方志学史》第82页)

按:宋代以前之志书,多为某一方面之专记,有图经(专记地理)、政记(专记社会政治)、人物、风土记、谱牒、文征(专记乡邦文献)等类。自《太平寰宇记》熔上述诸类为一体,这是方志定型化的标志。故是书在中国方志史上具有划时代的意义。由专论地理演进到包括人文,也是方志定型化的标志之一。史念海先生在《论历史地理学和方志学》一文(载《中国地方史志通讯》1981年5~6期)中认为,地记和郡书到宋代便逐步走向汇合,形成一种新的体例。他所举现存志书之例是《吴郡图经续记》,未以在其前成书之《太平寰宇记》为例,或以为后者为全国性之总志,故不属地方志也。他认为,这种汇合而成的新型志书,在南宋时已经相当风靡,流传至今者有绍兴《吴郡志》、乾道《临安志》、乾道《四明图经》、杨潜《云间志》、嘉泰《会稽志》、嘉定《镇江志》、宝庆《会稽续志》、宝庆《四明志》、淳祐《临安志》、淳祐《玉峰志》、景定《建康志》、咸淳《毗陵志》、咸淳《玉峰续志》等,都是较为著名者。

又:傅振伦谓:其书原200卷,至清代时已缺113~119卷。后黎庶昌从日本访得113~118上半卷,印入《古逸丛书》,至是仅缺1卷半而已。

又:本书对已不在宋统治内之诸州亦加记载的作法,为后来志书所继承。其后《雍录》记关中事之作法,亦承其意。再后《吉林通志》之凡例中亦有云:"乌苏里江以东际海之地，富克锦东北海以外地皆记之，是程大昌作《雍录》，乐史列幽、妫、营、檀十六州之意也。”(转自郭殿忱《论借鉴旧志的几个问题》，载《史志文萃》1990年第6期第47页)

据《宋史·乐黄目传》，乐史还著有《坐知天下记》40卷及《掌上华夷图》1卷等，皆不传。其子黄目撰有《圣朝郡国志》20卷。

关于《太平寰宇记》之最后成书时间，历来有太平兴国间、雍熙四年、雍熙末至端拱初、宋太宗统治后期诸种说法。张保见在《〈太平寰宇记〉成书再探》中又提出在宋真宗咸平三年至咸平五年间之说。(见张保见《〈太平寰宇记〉成书再探——以乐史生平事迹为线索》，载《中国地方志》2004年第9期)笔者无力考确，谨列多说，以供参考。

淳化四年(993)，宋太宗颁令诸州图经“再闰一造”，改原来的三年为六年一造上送。关于北宋图经之造送及职掌，《宋史·职官志》“职方员外郎”下有云：“掌天下图籍，以周知方域之广袤及郡邑、镇砦、道里之远近。凡土地所产，风俗所尚，具古今兴废之因，州为之籍，遇闰岁造图以进。四夷归附，则分隶诸州，度田屋钱粮之数以给之。分案三，置吏五。旧判司事一人，以无职事朝官充，掌受闰年图经。国初，令天下每闰年造图，纳仪鸾司。淳化四年，令再闰一造；咸平四年，令上职方，转运(使)画本路诸州图，十年一上。”

是年，宋太宗赵炅“诏画工集诸州图，用绢一百匹，合而画之，为《天下图》，藏于秘阁”。(《玉海》卷一四)先是太平兴国三年五月，吴越纳土，四年五月，北汉平。至雍熙中，吴、晋悉平，奉图来献者州郡几四百。至是，故有此诏及绘图入藏之事。

至道三年(997)九月，杨允恭献《西鄙地图》十趓。先是是年三月宋真宗赵恒即位。七月四日语宰臣曰：“朕欲观边防郡县，山川形势，可择使以往。”乃选左藏副使杨允恭、崇仪副使窦神宝、閤门祗侯李允则，乘传视山川形势。至是，允恭以山川郡县形胜，绘图以献。丙寅(四日)，真宗御滋福殿，召辅臣观《西鄙地图》，指山川堡壁曰：“朕已令屯兵于地内州郡，简冗省费，以息关辅之民。”(《玉海》卷一四)

至道间(995～997)，张参纂成《江左记》3卷，专载江左人物守宰、寺观、州郡等事。(《玉海》卷一五)

宋真宗咸平二年(999)，舒雅重绘《山海经图》10卷。《玉海》卷一五引《中兴书目》谓：“山海经图十卷，本梁张僧繇画。咸平二年，校理舒雅铨次馆阁图书，见僧繇旧踪尚有存者，重绘为十卷。”

咸平四年(1001)，八月，甲子(二十五日)，职方员外郎、秘阁校理吴淑上言：“州郡地里，犬牙相入。向者(所上)独画一州地形，何以傅合他郡？请令诸路转运使，从今闰各画本路诸州图一面上之，每十年各纳本路图一，亦上职方。所冀天下险要，不窥牖而可知九州广轮，如指掌而斯在。”宋帝命从其请。(《玉海》卷一四)于是，朝廷规定，原上于仪鸾司之图经，改“令上职方。转运(使)画本路诸州图，十年一上”。(《宋史·职官志》)

九月，郑文宝以所撰《河西陇右图》上献。“继迁进陷清远军，时文宝适丁内艰，服未阕。

即命相府召询其策略，文宝因献《河西陇右图》，叙其地利本末，且言灵州不可弃。”(《宋史·郑文宝传》)图序有言：“淳化初(990年为元年)，掌漕陕右，周览河陇，遍寻方志，广问象胥，探月支、日逐之穹庐，讨金城、玉关之瓯脱，列于藻绘，焕然在目。”(转见《玉海》卷一四“咸平河西陇右图”条)

十月庚戌(十二日)，宋真宗“以陕西二十三州地图示辅臣，历指山川险易，蕃部居处。又指秦州曰：‘此州在陇山之外，号为富庶，且与羌戎接畛，已命张雍出守，冀其抚绥有方。’次指殿北壁灵州图曰：‘此冯业所画，颇为周悉。山川形胜如此，安得智勇之士，为朕守之乎？’又指南壁甘、沙、伊、凉等州图曰：‘此图载黄河所出之山，乃在积石山外，与《禹贡》所述异。’又指北壁幽州北《契丹国界图》，载契丹所据地，南北千五百里，东西九百里。上曰：‘封域非广，惜燕、蓟之沦异俗也。’”(《玉海》卷一四)

按：于此可见，宋时有张地图于四壁以议事者。

咸平五年(1002)六月甲申(初十日)，宋真宗召对辅臣于便殿，出示《河北东路地图》，指示山川要害。(《玉海》卷一四)

咸平六年(1003)五月乙卯(二十六日)，知广州凌策上《海外诸蕃地理图》。(《玉海》卷一六)

景德三年(1006)七月壬戌(二十二日)，沿海安抚使邵晔上《邕州至交州水、陆路》及《控制宜州山川》等四图，颇详控制之要。其所上书有言曰：“祖宗开疆若此广大，谨守而已，安用劳民以贪无用之土？如有叛乱，不得不除尔。”(《玉海》卷一六)

按：晔先为交趾安抚国信使，后为沿海安抚使，准许便宜设方略。曾诒书安南，宣谕朝廷恩德。从上所引，可见其睦邻安边的外交主张。

景德四年(1007)四月庚辰(十四日)，真宗帝“诏诸路、州、府、军、监，以图经校勘，编入古迹。选文学之官纂修校正，补其阙略来上”。先是是年正月，真宗西行朝祖陵归，二月己巳(初二日)，次于西京，乙亥(初八日)，命侍讲学士邢昺、侍读学士吕祐之、龙图待制杜镐、戚纶、陈彭年等，编辑车驾所经地理古迹以闻。至是，因览所编成之《西京图经》，有所未备，故有是诏。至明年(祥符元年)八月，邢昺等纂成《景德朝陵地理记》60卷。(《玉海》卷一五)及诸路以图经献，复诏知制诰孙仅、待制戚纶、直贤集院王随、评事宋绶、邵焕校定。孙仅等以其体例不一，遂加例重修。命翰学士李宗谔、知制诰王曾领其事，又增张知白、晏殊，又择选人李垂、韩羲等六人参其事。”(《玉海》卷一四)

按：真宗是诏，当是历代王朝下诏普修全国各地志书及全国总志之始。正是在本诏催促下，出现了全国普修志书之势。其后之《大元一统志》、《大明一统志》、《大清一统志》的纂修，尤其是清代三修一统志，都曾有力地推动了地方志之编修，也正是因为大量地方志书之编成，才为一统志之编修打下了坚实之基础。

七月戊子(二十五日)，下诏“翰林遣画工分诣诸路，图上山川形势，地理远近，纳枢密院。

每发兵屯戍、移徙租赋,以备检阅”。(《玉海》卷一四)

八月己酉(十六日),命知制诰孙仅、龙图待制戚纶重修十道图,惜书未成。

按:淳化四年(993),分天下为十道。

大中祥符元年(1008)四月戊午(二十八日),“龙图待制戚纶请,令修图经官先修东封(按:指是年东封泰山,祭祀天神)所过州县图经进纳,仍赐中书密院、崇文院各一本,以备检阅,从之”。

十月甲午(初七日),“令张齐贤、丁谓具青、淄、齐、郓、濮等州山河道路形势,画图以闻”。(《玉海》卷一四)于是张齐贤有《青淄齐郓濮等州山河道路形势图》之作。

大中祥符三年(1010)四月己未(初十日),宋真宗以曹韦、张宗贵所上《泾原、环庆两路州军山川城寨图》以示王钦若等曰:“(此图)处置得宜,储备详悉,华夷山川、城郭险固,出入战守之要,尽在是矣。宜令别绘二图,用枢密印,一付本路,一留密院,令诸将按图以计事。”(《玉海》卷一四)

十二月丁巳(十三日),李宗谔等奉敕,汇集全国所上图经,纂成《祥符州县图经》(亦名《祥符诸道图经》)1566卷、目录2卷上奏。是书记叙了2京府、8次府、352州、45军、14监、1253县之各种情况。包括建置沿革、疆域、道里、山川、风俗、形胜、物产、古迹、艺文、人物等。“宗谔等上之。诏嘉奖,赐器币,命宗谔为序。又诏重修定大小图经,令职方牒诸州谨其藏。每闰,依本录进。”

李宗谔受诏所作之序中指出:“夏载弼成于五服,职方周知于数要,其后地志起于史官,郡记出于风土。昔汉萧何先收图籍,赵充国图上方略,光武按《司空舆地图》封诸子,李恂使幽州图山川,并燮定封域,章施丹采。今闰年诸州上地图,亦其比也。图则作绘之名,经则载言之别。景德丁未岁(四年——1007),展孝山园,循功鼎邑。览山河之形胜,酌方志之前闻,敕《土训》而夹车,校《地官》之著籍,亟诏方州,精加综辑。曾未半载,悉上送官。毛举百代,派引九流,举春秋笔削之规,遵史臣广备之法。立言之本,劝戒为宗,守令循良,罔不采寻,畯良攸产,往牒备传。自余经界之疆畔,道里之迩遐,版赋耗登,轨迹昭晦,土毛良苦,风俗刚柔,具有差品,无相夺伦。”(转自《玉海》卷一四“祥符州县图经”条)是序不但探讨了图经的历史,且提出了志书应当有“劝诫”作用。

按:《中国古方志考》第529页,又载有李宗谔《(祥符郴州)图经序》谓:“郴州,《禹贡》荆州之域,春秋战国时属楚,秦属长沙郡,项羽徙义帝于此。汉高祖二年,分长沙南境立桂阳郡,领县十一:郴、临武、便、南平、耒阳、桂阳、阳山、曲江、含洭、浈阳、阴山。户二万八千一百一十九,口一十五万六千四百八十八。后汉因之。晋领县六:郴、耒阳、便、临武、书(晋)宁、南平;户一万二千。宋领县六:郴、耒阳、南平、临武、汝城、晋宁;户二千二百一十九,口二万二千一百九十二。齐领县五:郴、临武、南平、耒阳、汝城。高帝封子铄(?)、明帝封子宝贞为桂阳王。梁武帝封弟畅为桂阳王,皆此地。陈以其地为桂

阳、卢阳二郡,置郴州。大业初,复置桂阳郡,领县三:郴、庐阳、临武,户四千六百六十六。唐武德四年,置郴州,领郴、庐阳、义章、临武、平阳、晋兴六县;七年废义章、平阳;八年复置义章、平阳,省晋兴县。正(贞)观元年属江南道;景云二年隶潭州都督,寻罢之。开元二十二年,又分隶江南西道采访使。天宝元年,改为桂阳郡。乾元元年复为郴州,领县八:郴、义章、武宁、平阳、资兴、高亭、临武、蓝山;户三万一千三百。晋天福初改敦州。四年废临武县。汉初复为郴州。皇朝景德元年,以蓝山属桂阳监。今领县四,属荆湖南路。”于此可见,宗谔之辑《祥符州县图经》,并非只对各地所上图经之简单汇总,而且对一些府、州、监、军、县的图经,还加了较详细的概括,并加有序。

又:《中国古方志考》中著录,署李宗谔纂之各地图经还有不少。如除上引的《(祥符郴州)图经》外,还有:《祥符(杭州)图经》(第 323 页)、《祥符(湖州)图经》(第 347 页)、《越州图经》(第 368 页)、《祥符温州图经》(第 404 页)等。大概都是《祥符诸道图经》中的各分部。据黄燕生在《宋代的地方志》一文(载北京师大史学研究所、北京师范大学古籍研究所《史学史研究》1984 年第 3 期)中统计,在《中国古方志考》中所著录的《祥符图经》有 43 种,其中注明为李宗谔主修的有 20 种。这些书至南宋时多已经散失,馆阁所藏仅有 98 卷。见于《直斋书录解题》的只有苏、越、黄三州刻本。

十二月癸酉(二十九日),御史知杂事赵湘上言,车驾祀汾阴,请依周礼置土训、诵训,令其录所经州县山川古迹风俗,继日闻奏,以资宸览。帝从之。

按:周官土训的任务是训说土地善恶之势;诵训则是训说四方所诵习,为王者述说四方久远故事,说明各地风俗所忌讳者。(《玉海》卷一五)

大中祥符四年(1011)正月戊子(十五日),诏命直集贤院钱易、直史馆陈越、礼秘阁集贤校理刘筠、宋绶,修祀汾阴(指至汾阴祭祀地神后土)所过图经。每顿进一卷,赐名《土训纂录》。(《玉海》卷一五)

八月十八日,中书门下牒:将上年李宗谔修成之《诸道图经》再行抄录一部,共 342 本,分颁各地。南宋董弅在《严州图经·序》中说:“大中祥符四年,诏儒臣修纂图经,颁下州县,俾遵承之。”(转见《中国古方志考》第 397 页),罗愿所说“至大中祥符中,颁李宗谔所修新图经于天下”(转自仓修良《方志学通论》第 301 页),均此之谓也。

大中祥符六年(1013)十月甲戌(十六日),再命直集贤院石中立、钱易修祀汾阴车驾所过图经,以备顾问。十二月庚辰(二十三日),因将朝谒太清宫,又命增晏殊同修。

按:从上列景德四年、大中祥符四年条及本年两条来看,宋时之修图经,除为政治、军事等之需要外,也因皇帝出祭、出行而为之。且为此而修的图经尚不在少数。

是年,王曾、李宗谔据《十道录》,撰成《九域图》。《玉海》卷一四“祥符九域图”条谓:“祥符初,命李宗谔修图经,有司请约唐《十道图》以定赋役,上命学士王曾修《九域图》,六年成。”又谓:“先王建国,诏地事则有图,诏观事则有志,比生齿则有籍。近世撮其大要,会为一书,趣时施宜,文约事备,则唐《十道图》,本朝《九域图》是也。”

按:于此可见,唐时之图乃是先时图、志、籍之融合。唐的《十道图》和宋的《九域图》都是全国性的总志,相当于后世的一统志。王曾、李宗谔所撰的《九域图》,是在卷帙很大的《祥符图经》的基础上完成的,但其卷帙却极简略,全书只有 3 卷。

大中祥符七年(1014),知制诰盛度奏事便殿,因上《河西陇右图》。《宋史·盛度传》谓:先是度尝“奉使陕西,因览疆域,参质汉唐故地,绘为《西域图》”。至是,度奏事便殿,“真宗问其所上《西域图》。度因言:酒泉、张掖、武威、敦煌、金城五郡之东南,自秦筑长城,西起临洮,东至辽碣,延袤万里,有郡、有军、有守捉,襟带相属,烽火相望,其为形势备御之道至矣。唐始置节度,后以宰相兼领,用非其人,故有河山之险而不能固,有甲兵之利而不能御。今复绘山川道路壁垒区聚,为《河西陇右图》,愿备上览。真宗称其博学。”

按:关于此次奏事便殿,本传未作明确系年,今依《玉海》卷一四系作今年。《河西陇右图》,前已有郑文宝所撰咸平《河西陇右图》,今盛度所撰者,当称“祥符《河西陇右图》”。

大中祥符间(1008～1016),广西修成《广西路图经》106 卷。(若谷《宋代广西通志类佚书考》,载《广西地方志》1987 年第 4 期)这当是广西最早之通志类的志书。

是时,知制诰王曾奉使契丹,撰成《契丹志》1 卷,载其经历、山川、城郭。(《玉海》卷一六)

宋仁宗天禧元年(1017)王曾等撰成《天禧重修十道图》三卷。《玉海》卷一四谓:先是淳化四年(993),分天下为十道,景德四年(1007)八月己酉(十六日),命知制诰孙仅、龙图待制戚纶重修《十道图》(书不成)。祥符六年(1013)十月戊子(二十一日),判吏部真从吉言,格式司用《十道图》考郡县上下紧望,以定俸给,法官亦以定刑,而户口岁有登耗,请校定新本。诏校理真镛、邵焕、晏殊校定,王曾总领之。天禧元年书成,凡三卷。诏付有司。

天禧二年(1018)六月壬寅(二十五日),富州刺史向通汉以《五溪地理图》上于朝廷,乞留京师,不允,以为防御使。(《玉海》卷一六)

十一月己未(二十八日),知制诰盛度以献《西域图》进为学士。先是度奉使陕西,因览疆域,参质汉唐故地,绘为《西域图》以献,故有是命。(《玉海》卷一四)

天禧四年(1020),辛怡显纂成《至道云南录》3 卷。先是淳化间(990～994),李顺起义失败,其余部进入少数民族地区,与当地人民联合。宋廷“诏募命官士庶通边事者往黎巂界招抚。时怡显自荐请行。至道元年(995),迄事而归”,为书记其事之始末。至是书成,有自序。(《中国古方志考》第 719 页)

按:书名中之“至道”,乃志书所记事之年,而非书成之年。此与其他书名系书成之年例略异。辛怡显除纂有本志外,尚撰有《西域图》。书名与前条盛度所进书同名,详情未考得。

天禧中(1017～1021),有梁升(亦作梁弁)者,以蜀书有数家皆穿凿诞妄,于是删次成《天

禧梁益记》10卷。(《玉海》卷一五)

宋仁宗天圣末(1032为末年),晏殊以十八路州军三百六十余所,为图上之。(见《玉海》卷一四)先是宋太宗时,分天下为15路。仁宗天圣八年(1030),复分江南为东、西,又增三路,共为18路,即一京东、二京西、三河北、四河东、五陕西、六淮南、七江南东、八江南西、九湖南、十湖北、十一两浙、十二福建、十三益、十四梓、十五利、十六夔、十七广东、十八广西。(见《玉海》卷一四)以境域调整,晏殊故有是作上奏。

按:此似可命之为《天下十八路州军图》。史载晏殊尚有《方岳志》50卷及《舆地志》一书。

宝元二年(1039),宋敏求(次道)纂成《河南志》20卷,后世视为名志。元丰六年(1083),与《长安志》同时刊刻。司马光应请为《河南》、《长安》两志作序。(序文详后)

按:是书已佚,有缪荃孙辑本四卷,但内中有八思巴殿记一段,已经窜入了元代之内容,故缪氏将辑本定名为《元河南志》,收入《藕香零拾丛书》中。(见《中国地方志总目提要》16—1)

康定元年(1040)九月四日丙辰,学士王尧臣等上渭州推官魏庭坚所撰《四夷龟鉴》30卷,殿中丞王琥献《平戎方略》,并送史馆。(《玉海》卷一六)

十月癸卯(二十七日),"诏陕西、河东、河北转运司,各上本路地图三本,一进,二送中书、密院。"(《玉海》卷一四"祥符州县图经"条)

康定二年(1041)二月十日,殿直赵珣上《聚米图经》五卷。珣随其父振在西边,访五路(指永兴路、鄜延路、环庆路、秦风路、泾原路)徼外山川、邑居、道里,凡地之利害究其实,作为此书。韩琦荐之,诏取其书并召见之。珣又上《五镇图》列兵事十余篇,帝给步骑,使按阵,既成,临观之。宰辅奏:用兵以来,策士之言以万数,无如珣者。(《玉海》卷一四)刘纬毅等谓,是书亦有《陕西聚米图经》、《军戎聚米图经》、《康定聚米图经》诸称。自汉马援"于帝前聚米为山谷,指画形势,开示众军所从道径往来,分析曲折,昭然可晓"之后,后世遂以"聚米"为军事地理之代称。(《中国方志史》第143页)

四月庚辰(初二日),刘涣以献《西州地图》受命为秦陇招安蕃落使。先是涣抵达青唐,得誓书与《西州地图》以献。于是以涣为秦陇招安蕃落使。(《玉海》卷一六)

皇祐三年(1051)七月己巳(原注二十一日),知制诰王洙、直集贤殿院掌禹锡上新修《地理图》50卷、《图绘要览》1卷,诏赐名《皇祐方域图志》。(《玉海》卷一四)

嘉祐元年(1056)十一月,直集贤院掌禹锡、著作刘羲叟删修《皇祐地理书》为《嘉祐地理新书》30卷。先是宋真宗朝,有史序等撰成《乾坤宝典》450篇,其中有30篇为地理类。因是稿从谬,至景祐三年(1036)六月己酉(初二日),命嵇颖、胡宿重校阴阳地理书,五年而毕。司天少监杨惟德等别修成30篇,赐名《皇祐地理书》。皇祐五年(1053)正月癸亥(二十二日),复命知制诰王洙提举修纂地理图书,由直集贤院掌禹锡、著作刘羲叟删修。至是书成,赐名

《地理新书》,赐洙等器币。是书卷首以城邑、营垒、府寺、邮传、市宅、衢弄为地事 20 篇;次以冢穴、埏门、道陌、顷亩为葬事 10 篇;地图 1 篇;目录 1 卷,成 32 篇。(《玉海》卷一五)

按:五年前,已有王洙、掌禹锡上新修《地理图》50 卷、《图绘要览》1 卷,诏赐名《皇祐方域图志》。至今年,当是在《皇祐地理书》的基础上经掌禹锡、刘羲叟删修而成本书也。

嘉祐二年(1057),正月,契丹使萧扈来贺正,提出阳武寨天池庙侵入了契丹地界。皇帝下诏,由馆伴使王洙以河东地界图以示萧扈,道其本末。(《玉海》卷一四、一六)四月辛未(二十五日),通判黄州赵至忠上契丹地图及《虏庭杂记》10 卷,言契丹事甚详。(卷一六)

按:为着边界交涉的需要,宋人对契丹的地情是很注意的。《宋史·刘敞传》载有刘敞使契丹事云:刘敞"奉使契丹,素习山川道径。契丹导之行,自古北口至柳河,回屈殆千里,欲夸示险远。敞质译人曰:'自松亭趋柳河,甚径且易,不数日可抵中京,何为故道此?'译相顾骇,愧曰:'实然。但通好以来,置驿如是,不敢变也。'顺州山中有异兽,如马而食虎豹,契丹不能识,问敞。敞曰:此所谓駮也。为说其音声、形状,且诵《山海经》、《管子》书晓之,契丹益叹服"。敞卒于熙宁元年(1068),当是仁宗、英宗时事,姑附置此。足见地图于双方交涉中,发挥作用之不凡。

是年,宋祁撰成《益部方物略记》一书。宋祁序谓:"嘉祐建元之明年,来领州,得东阳沈立所录剑南风物三十八种。按名索实,尚未之尽。逮询西人,又益数十物,列而图之,物为之赞,更名《益部方物略记》,冀裨风土聚丘之一。"(《玉海》卷一四)具体开列草木之属 41,药之属 9,鸟兽之属 8,虫鱼之属 7,共 65 种。体例是列而图之,各系以赞,而附注其形状于题下。赞居前,题列后。许多古书均如此。(见《四库全书总目提要》卷六八)

嘉祐四年(1059)十二月乙亥(十四日),知麟州王庆民上《麟、府二州图》。(《玉海》卷一四)

嘉祐五年(1060)前,梅尧臣纂成《青龙杂志》一种。青龙镇自唐中叶起,渐成为海上贸易大港。至宋,人口稠密,市容繁盛,有学有仓,有茶场、酒楼,有镇监、市舶司、水陆巡检司,更有三亭、七塔、十三寺、二十桥、三十六坊,海舶辐辏,人称"小杭州"。是志之修成,使青龙镇繁荣之盛况得以传世不没也。(据许洪新《上海旧方志述评》,载《上海修志向导》1993 年第 4 期)

按:是又一部镇志也。

宋英宗治平间(1064～1067),知桂州张田撰成《广西会要》2 卷,"载二十九郡及羁縻化外诸地山川地理"。(《玉海》卷一五)

同期,知广州王靖撰成《广东会要》4 卷,载 16 郡 41 县地理事实。(《玉海》卷一五)

按:此两书名为《会要》,然从其所载内容,与图经、地志一类之书相近,故亦列此。

同期,太原府刻印《晋阳事迹杂记》10 卷。是书原为唐时河东节度使李璋于大中八年(854)撰成,原名为《太原事迹记》,14 卷。至是,补入晚唐、五代内容,删为 10 卷,更书名刻印。记述了太原的城池、宫廷、寺庙、山川及所属各县之地理、人事等。傅振伦称，这是我国雕板印刷最早的一部志书，可惜宋室南渡后散佚。今存佚文40余条，如北城内的坊有存信、福昌、永宁、龙泉、廉平、常乐、尚信等名，以及李渊起兵时，发号施令于宇文述宅，而非衙门内，其宅于唐时改为义兴寺等，都是研究唐代北都的难得资料。（转见邸富生《中国方志学史》第39页）

宋神宗熙宁三年(1070)，沈立绘编成《会稽图》(又名《越州图》)一种，亦图经之属也。其图不存，幸《会稽掇英总集》中存沈氏之序文，其中述越州地情甚详，转录于下："按图记，越州本属《禹贡》扬州之域。初禹东巡狩，会群臣于会稽之山，执玉帛者万国。至帝少康，封少子无余于越，以奉禹祀，是为越侯。至句践，遂破吴，并有其地。《地里志》曰：吴地斗分野，于辰在丑。周秦而下，兴废靡常。隋大业中，改为越州，至唐僖宗幸蜀，以董昌讨刘汉宏，遂为节度使。未几，昌叛，钱镠擒昌，因为镇东军，命镠兼两藩节度使，升为大都督府。皇朝兴国三年，忠献王奉土归朝廷，今隶两浙东路。州境东西二百三十二里，南北四百四十七里，领会稽、山阴、剡、诸暨、萧山、余姚、上虞、新昌八县；凡主客二十一万六千六百六十三户，夏秋二税和买共八十万一千三十六屯、石、贯、匹，府县官属五十二员，厢禁军一十二指挥，军府职吏共二百三十人；罗城周围旧管四十五里，今实计二十四里二百五十步；城门九。唐杨素筑子城十里，仓场库务三十五，州县坊郭计七十一，乡村镇市六百八十三，桥梁一百二十九，祠府九十五，寺院宫观三百三十七。会稽与钱塘分浙东、西，若论其事权地望，则钱塘宜当东南第一，而越实次之。昔白乐天、元微之尝为杭越守，互以诗笔相夸，人到于今称之。如较其舆赋繁重、狱讼清简，则越为之胜。观其土俗雅尚，风物温秀，儒学之士，居常数十百人，以词笔取甲科升迩列者，比比有之。其刺史之居，据高凭峻，茂林修竹，环厕其左右前后，楼阁交映，亭榭相望，晨昏起居，云山在目，若蓬莱阁、望海亭、东斋、西园，皆燕游之最著者。其人物则郑洪、谢敷、王右军、贺知章、徐浩数公，皆以名载图史。又其胜概如稽山、鉴湖、兰亭、苎罗、若耶、禹穴之比者甚众。又按道书，会稽山即阳明洞天也，其伽蓝禅丛，则天章、云门、天衣、戒珠最为佳胜。至于蔬鱼、珍隽、花竹奇怪，固不可得而遽数也。然习俗务农桑，事机织，纱绫缯帛，岁出不啻百万缣，由租调归于县官者，十尝六七，复又封域太半濒海，居人以鱼盐为生，而好聚饮，督课太急，则诋冒者益众，守令患其重困于民，而亦不敢少为宽假。(沈)立曾、高本越人也，间领漕居杭，尝为《钱塘图》。今遂请守越，因作《会稽图》，少冀好事者知其梗概耳。时熙宁庚戌中元日记。"(转自《中国古方志考》第369～370页)

按：沈立先时漕居杭州时，已经有《钱塘图》之作，改守越州，至是又作《会稽图》。以上序文可知，从天文分野，历史沿革，境域范围，户口租税，官、军数目，城池规制，仓场库务，坊郭乡镇，桥梁寺观到历史人文，自然景观，物产民俗，都有记述。

熙宁六年(1073)十月戊戌(二十九日)，赵彦若上《十八路图》1卷，《图附》20卷。先是中书命画院待诏绘画以上。熙宁四年二月甲戌(十八日)，宋神宗"恐须差有记问朝臣一人稽考图籍”,于是召集贤校理赵彦若归馆,主管画天下州军府监县镇地图。至是,彦若上《十八路图》1 卷(含 18 路,州军 360 余所),《图副》20 卷。(《玉海》卷一四)

按:“图附”当即是地图之说明,即“经”也。一卷图,说明至 20 卷,足见其说明之份量不小。

熙宁七年(1074),赵抃再守成都(按抃自庆历至熙宁,凡四入蜀),延博识之士,参考众书,述其郡邑山川,都城邑郭,府寺宫室之详,为百余门,纂成《成都古今集记》30 卷。(《玉海》卷一五)其纂辑经过及内容有如范百禄序云:“熙宁壬子(五年——1072)八月,诏以参知政事赵公为资政殿大学士,再莅此府。……会翰林学士陈公和叔与之书曰:蜀事可观,惜其坠落,泯泯不耀。公慨然留意,每政事间隙,延多学博识之士,与之讲求故实,掇采旧闻。若耳目所及,参诸长老,考覆是非。自开国权舆、分野占象、州部号名因革之别,其镇其浸、冈联派属之详,都城邑郭、神祠佛庙、府寺宫室、学官楼观、囿游池沼建创之目,门闾巷市、道里亭馆方面形势,至于神仙隐逸、技艺术数、先贤遗宅、碑版名氏,事物种种,环谲奇诡,纤啬毕书。由秦汉已来,凡为守令荦荦有风迹者若干人,有唐迄今,知府事居多,闳硕端毅之望又若干人。其行事暴于图史,不可胜述。其始至若代去之年月,序次昭然著矣。厥生钜人,千古不乏,泽我文化,隽逸迭起,科选德进,相踵于朝,数百年间,无一遗者。物有其善,虽毫厘亦补,实足以为一方盛观。……呜呼!既有政以孚其惠,又为书以宪厥后。公之于蜀,可谓志得,而道备矣。书成凡若干篇,以类相从,为三十卷,名曰《成都古今集记》。人之观之,信乎蜀之为重于天下,非虚也哉。”(载嘉靖《四川总志·艺文志》卷三〇,转自《中国古方志考》第 666 页)

赵抃在是书自序中谓:“仆由庆历至今四入蜀,凡蜀中利害情伪,风俗好恶,了然见之不疑。尝谓前世之士,编摭记述,不失于疏略,则失于漫漶;不失于鄙近,则失于舛杂。向治平末,因取《续耆旧传》而修正之。去年,陈和叔翰林以书见贻,俾仆著《古今集》,别为一书,此固仆之夙心而未有以自发也。由此参访旧老,周咨硕生,辑以事类,成三十卷。不始乎蚕丛,而始乎《牧誓》之庸蜀,从经也。从经则蚕丛不必书,而书之于后何也?扬雄纪之,吾弃之不可也,参取之而已矣。事或至于数说,何也?久论之难详也。昔者齐太公仕于周,司马迁有三说焉,疑以传疑可也。神怪死生之事,不可以为教,书之何也?吾将以待天下之穷理者也。书乱臣所以戒小人,书寇盗所以警出没,书蛮夷所以尽制御之本末。终之以伐蜀,使万世之下,知蜀之终不可以苟窃也。其间一事一物,皆酌考众书,厘正伪谬,然后落笔……若夫知之有未至,编之有未及,则亦一人之功,不可以求备。然窃意十得八九矣。”(同上)文中书述及其书中所记各类内容,均有目的,表明了他对方志功用的看法,为的是为维护王朝统治之长治久安也。王刚中《续成都古今集记》序中谓此书:“凡废兴迁徙,及城郭官府、坊市库厩、儒宫佛室、仙馆神祠、陵墓渠堰、楼台池苑之名数,与风俗之好恶、人物之臧否,方伯监司之至去,蛮夷寇盗之起灭,木石之殊尤,虫鱼之变怪,靡不毕载。”(《中国古方志考》第 668 页)可见是书记述方面之广。

按：宋时，蜀中本《记》之后，又有元祐七年(1092)王刚中《续成都古今集记》22卷，记熙宁(1068～1077)以来19年事；淳熙间(1174～1189)范成大《成都古今丙记》10卷，记南渡以后事；胡长文于淳熙八年(1181)撰《成都古今丁记》25卷，又有孙汝聪《成都古今前后记》60卷。

熙宁八年(1075)，七月四日丙子，右谏议沈立上《都水记》200卷；《名山记》100卷。诏奖之。(《玉海》卷一五)

是月十一日辛丑，宋神宗下诏命三馆秘阁删定《九域图》，以都官员外郎刘师旦上请故也。刘师旦上言谓：今《九域图》，自大中祥符六年修定，至今涉六十余年，州县有废置，名号有改易，等第有升降，古迹有出于俚俗不经者。乞选有地理学者重修。于是有是诏，命集贤校理赵彦若、馆阁校勘曾肇，充删定官。彦若辞，复命光禄丞李德刍删定，而以知制诰王存总其事。(《玉海》卷一四)

是年，沈括纂成《使契丹图抄》一部上于朝廷。先是，辽萧禧来理河东黄嵬地，留馆不肯辞，曰："必得请而后反。"宋神宗遣括往聘。括诣枢密院阅故牍，得顷岁所议疆地书，指古长城为境，今所争盖三十里远，表论之。帝以休日开天章阁召对，喜曰："大臣殊不究本末，几误国事。"命以画图示禧，禧议始屈。赐括白金千两，使行。至契丹……括乃还。在道画其山川险易迂直，风俗之纯庞，人情之向背，为《使契丹图抄》上之，拜翰林学士、权三司使。(《宋史·沈括传》)

按：这是图志在边事谈判中所起作用之又一例。至于因献图志而加官者，则更多例矣。

是年，宋敏求撰成《长安志》20卷。宋氏以韦述《两京新记》"但详于古迹，余多阙而未备，乃创为体例，遍搜传记诸书，汇次成书"。凡府县之数，官尹之职，河渠关塞之类，至于风俗、物产、宫室、道巷，无不详备。其首卷为总叙、分野、土产、土贡、风俗、四至、管县、户口、附杂制8篇；卷二为雍州、京都、京兆尹、府县官；卷三至卷六为宫室(包括秦至唐的历代宫室)；卷七为唐皇城、唐京城一；卷八至卷一〇为唐京城二至四；卷一一至二〇为各县的官府、山川、道里、津梁、邮驿、风俗、物产、宫室、寺院，纤细毕具。是一部无纲多目体的志书。

赵彦若在志序中谓，宋敏求"前在河南，旁接三辅，尝有意于搜采矣，然犹未遑暇。又逾二纪，乃创属体绪，缵次其言，穷传记诸子钞类之语，绝编断简，靡不总萃隐括而究极之，上下浃通，为二十卷。用备旧都古今之制，俾其风瀼光尘，有以奋于永久。故夫府县有政，官尹有职，河渠关塞有利病，皆干于治而施于用。取诸地记，集而读之，而后见其法，叙列往躅，远者谨严而简，近者周密而详。各有所因革规模，犹亲处其世，画里陌同，经行之熟，而后见其功"。说他"干于治而施于用"，是要有用于治事；"远者谨严而简，近者周密而详"，是说它坚持了"详今略古"和"详近略远"之原则。

大史学家司马光在《河南志序》中说："《周官》有职方、土训、诵训之职，掌道四方九州之事物,以诏王知其厉害。后世学者,为书以述地理,亦其遗法也。唐丽正殿直学士韦述为《两京记》。近故龙图阁直学士宋君敏求,演之为《河南》、《长安》志。凡其兴废、迁徙及宫室、城郭、坊市、第舍、县镇、乡里、山川、津梁、亭驿、庙寺、陵墓之名数,与古先之遗迹,人物之俊秀,守令之良能,花卉之殊尤,无不备载。考诸韦《记》,其详不啻十余倍,开编粲然,如指诸掌,真博物之书也。"(《玉海》卷一五"唐两京新记"条)"博物之书",是司马光对方志的定性,是宋代方志理论中的重要成果。此说对后世影响很大,有人称这是宋代方志定型的标志。

《四库全书总目提要》谓是书"皆考订长安古迹。以唐韦述《两京记》疏略不备,因更博采群籍,参校成书。凡城郭、官府、山川、道里、津梁、邮驿,以至风俗、物产、宫室、寺院,纤悉毕具。其坊市曲折,及唐盛时士大夫第宅所在,皆一一能举其处,粲然如指诸掌"。引司马光语认为,此书较之韦述的《两京新记》,"其详不啻十倍……精博宏赡,旧都遗事,藉以获传,实非他地志所能及"。

清代史学家王鸣盛赞之曰:"唐以前地志,存者寥寥,宋元人作,存者不下二十余,然皆南方之书,北方惟此书与于钦《齐乘》耳。而长安,汉唐都邑所在,事迹尤夥,记载尤宜加详。宋氏此编,纲条明晰,赡而不秽,可云具体。""美哉!先生才之大而思之深,超出乎流俗绝远也。"(转自《中国古方志考》第159页)

周中孚在《郑堂读书记补逸》卷一二中谓:"凡府县之政,官尹之职,河渠、关塞、风俗、物产、宫室、街道之属,无不纲举目张,典而有体,赡而不芜。其后程大昌之《雍录》,殊不及也。"(转见《中国古方志考》第158页)

仓修良在《方志学通论》中谓,"它不仅是留传至今最早、最完备的一部记载古都的志书,对于研究古代长安历史、地理等有重要参考价值,而且是北宋所修以志命名的地方志唯一所能见到的著作,它对于方志发展历史的研究亦有着重大作用"。(第291页)

按:宋敏求在此书中,还有一个好的做法,就是褒贬兼行。如其卷二京兆尹中记黎干时,除了称其"严肃为治,人颇便之"之外,又在李逸条补记:"前尹黎干,求媚鱼朝恩,每侯(指鱼朝恩)将至,则设酒馔,为数百人之饩,倾府之吏以办之。"宋氏还撰有《河南志》20卷,记述宋时河南府事。见前1039年条。

又,张国淦《中国古方志考》第448页著录,宋敏求又有《东京记》三卷。《郡斋读书志》谓是书记"开封坊巷、寺观、官廨、私第所在,及诸故实,极为精博"。《直斋书录解题》则谓:是书上卷为宫城,中卷为旧城,下卷为新城。"三城之内,宫殿、官府、坊巷、第宅、寺观、营房,次第记之。"

熙宁间(1068～1077),何求纂成《阆苑记》30卷。张国淦《中国古方志考》引《舆地纪胜》谓:"何求,阆中人。熙宁中以博闻强记,尝谓宋涉《隆苑记》疏略,乃裒次书三十卷,号《阆苑记》,今行之。"(第680页)又谓至绍兴二十五年(1155),曹无忌复修成《阆苑续记》26卷,是志遂称为《阆苑前记》。

熙宁间,有《二广边机利害二十五条》及《邕州图》、《溪洞图》、《交洞图》和《交趾迹状》等上于朝廷。(《玉海》卷一四)不知作者为谁。

熙宁间,陈冠撰成《熙河六州图记》一卷,所载为王韶收复六州之地。(转自《中国古方志考》第176页)

熙宁间,集贤校理王瓘承旨撰成《北道刊误志》15卷。时与辽交涉之官员以原有图经讹误,不适外交之用,故诏王瓘加以考正。瓘集通使所历州郡风土人物故实而成。书成赐名为《北道刊误志》。时又有《契丹疆宇图》2卷、《地里图》1卷。(《玉海》卷一六)不知作者为谁。

元丰初(1078为元年),吕南公纂成《十八路地势图》。其自序有言曰:"郡县之城治,大概略相循沿,而其乘便随时,析併迁因,废复侨创,不胜名号之纷错也。学者操《禹贡》、《春秋谱》读之,纸编屡败,然于后世之所变,有不及悉也。职方之史,邸计之吏,据图按牒,各熟其一时,然于前世之本初,有不能详也。盖知古而不知今,其为儒也腐;知今而不知古,其为儒也浅。君子之于天下也,何浅何腐?与其腐也宁浅。逃浅必资于腐,逃腐必资于浅,是为两得之术……熙宁末年,得所谓《十八路图略》者考之,参以天禧《九域书》,则四封际接,往往差舛,盖画手之屡失也。以书正图,而约以绘焉,用防乎腐。若夫有浅之患,则吾不患久矣。夫欲聚米者按之,思过半矣。"(《灌园先生集》卷八,转自《中国古方志考》第98～99页)其对古今处理上的说法,值得重视。

按:《中国古方志考》于是书未系纂作之年,《宋史·吕南公传》中亦无只字及于此者。然从其序中述及《十八路图》及《天禧九域志》,而未提及大名赫赫之《元丰九域志》来看,其书之成,当在《元丰九域志》成之前,今姑系于是。

元丰三年(1080)五月,吕大防纂成《长安图记》1卷。其在《后记》中谓:"隋氏设都,虽不尽循先王之法,然畦分棋布,闾巷皆中绳墨。坊有墉,墉有门,逋亡奸伪,无所容足。而朝廷宫寺,民居市区,不复相参,亦一代之精制也。唐人蒙之以为治,更数百年,不能有改,其功亦岂小哉……予因考证《长安故图》,爱其制度之密,而勇于敢为,且伤唐人冒疾,史氏没其实,聊记于后。元丰三年五月五日,龙图阁待制知永兴军府事,汲郡吕大防题。"(转自《中国古方志考》第159页)

按:后人将是书附刻于宋敏求《长安志》后。据李好文《长安图志》引谷口邳邦用之《跋》语谓:此图旧有碑刻,在京兆府公署,兵后失之。有雷德元、完颜椿者,访得碑本,订补完复,命工锓梓,附于《长安志》后。(转自《中国古方志考》第160页)

闰九月,光禄丞李德刍删定,知制诰王存总其事之《九域志》纂成。十月辛酉(二十七日),上奏于延和殿。李德刍、曾肇、王存等在奏文(亦即本书序言)中谓:"臣闻先王建国,所以周知九州封域与其人民之数者。诏地事则有图,诏观事则有志,比生齿则有籍。近世撮其大要,会为一书,趣时施宜,文约事备,则唐之《十道图》、本朝之《九域图》是也。然自天禧以后,历年兹多,事有因革……至于壤地之有离合,户版之有耗登,名号之有升降,以今准昔,损益盖多,而稽地理者,犹以故书从事,岂非隔哉。有司建言,适契上志,乃诏臣肇、臣德刍撰次于秘阁,而臣存实董其事。缀缉大体,略仿前书,旧名图而无绘事,乃请改曰志。郡名之下,附以氏族所出,以《禹贡》、《周官》考之,皆无其文,且非当世先务,兹不复著。国朝以来,州县废置,与夫镇戍城堡之名,山泽虞衡之利,前书所略,则谨志之。至于道里广轮之数,昔人罕得其详,今则凡一州之内,首叙州封,次及旁郡,彼此互举,弗相混淆。总二十三路,京府四,次府十,州二百四十二,军三十七,监四,县一千二百三十五,离为十卷。文直事核,欲使览者易知。……删定宣义郎、中书详定官制所检讨文字、编修会要所检阅文字、轻车都尉臣李德刍,删定修国史院编修官、奉议郎充集贤校理、同知太常理院、权判太仆寺、殿中书臣曾肇,承议郎知制诰、同修国史、同判太常寺、兼礼仪事、判秘阁秘书省、兼详定郊庙奉祀礼文、上骑都尉、丹阳县开国子、食邑三百户、赐紫金鱼袋臣王存,谨昧死上。"(转自《中国古方志考》第99～100页)神宗于六年闰三月下诏镌刻。

按:从是奏文中可知,唐代之图,乃先世之图(古图)、志、籍之综合。宋时,这种合古图、志、籍而为之图,就称为志了。

《四库全书总目提要》谓是书"始于四京,终于省废州军及化外州羁縻州,凡州县皆依路分隶。首具赤、畿、望、紧、上、中、下之名;次列地理;次列户口;次列土贡。每县下又详载乡镇,而名山大川之目,亦并见焉。其于距京、距府、旁郡交错四至八到之数,缕析最详,深得古人辨方经野之意,叙次亦简洁有法。赵与时《宾退录》尤称其《土贡》一门备载贡物之额数,足资考核,为诸书之所不及。自序所称文直事核,洵无愧其言矣。其书最为当世所重"。(卷六八,《史部·地理类一》)

元丰五年(1082)六月己未(九日),皇帝批示"先有《西界对境图》。西讨以来,奏报文字,指画山川、道里多异同,无以考证,令逐路选委出界熟知贼境次第者,差画工同指说山川、堡寨、西贼聚兵处地名,画对境地图,以色别之,上枢密院。候到,取旧对境图及军兴奏报,比对考校,绘为《五路都对境图》"。(《玉海》卷一六,"元丰五路对境图"条)

元丰六年(1083)七月,壬申(二十九日),知延州刘昌祚上《鄜延山川形势图》。昌祚以鄜延面边,东自义合,西至德静,绵亘七百里,堡寨疏密不齐,烽燧不相应,乃立为定式。凡耕垦训练战守屯戍,度强弱,分地望,图山川形势上之,上嘉纳之。(《玉海》卷一四)

元丰七年(1084),晏知止、章岵修,朱长文撰成《吴郡图经续记》3卷。是书为《大中祥符吴郡(苏州)图经》之续编,故称续记。上卷十五门为封域、城邑、户口、坊市、物产、风俗、门名、学校、州宅、南园、仓务、亭馆、海道、牧守、人物;中卷六门有桥梁、祠庙、宫观、寺院、山、水(当时漏而未刻)。下卷七门为治水、往迹、园第、冢墓、碑碣、事志、杂录等。

朱氏在元丰七年九月十五日所写之自序中云:"方志之学,先儒所重,故朱赣《风俗》之条,顾野王《舆地》之记,贾耽《十道》之录,称于前史。盖圣贤不出户知天下,矧居是邦而可懵于古今哉?按《唐六典》,职方氏掌天下之地图,凡地图,命郡府三年一造,与版籍偕上省,圣朝因之,有闰年之制。盖城邑有迁改,政事有损益,户口有登降,不可以不察也。吴为古郡,其图志相传固久,自大中祥符中诏修图经,每州命官编辑而上,其详略盖系乎其人。而诸公刊修者,立类例据所录而删撮之也。夫举天下之经而修定之,其文不得不简,故陈迹异闻,难于具载。由祥符至今,逾七十年矣,其间近事,未有纪述也。元丰初,朝请大夫临淄晏公出守是邦。公乃故相国元献公之子,好古博学,世济其美。尝顾敝庐语长文曰:'吴中遗事与古今文章,湮落不收。今欲缀辑,而吾所善练定,以谓惟子能为之也。'长文自念屏迹陋巷,未尝出庭户,于访求为艰,而练君道晏公意,屡见趣勉。于是参考载籍,探摭旧闻,作《图经续记》三卷。凡图经已备者不录,素所未知,则阙如也。会晏公罢郡,乃藏于家。今太守朝议大夫武宁章公,治郡三年,以政最,被命再任。比因临长文所居,谓曰:'闻子尝为《图经续记》矣,余愿观焉。'于是稍加润饰,缮写以献,置诸郡府,用备谘阅。固可以质凝滞,根利病,资议论,不为虚语也……其古今文章,别为《吴门总集》。"(据金菊林点校本《吴郡图经续记》,江苏古籍出版社 1999 年版)

常安民元祐元年(1086)四月十五日的后记云:"观其论户口则继之以教,陈风俗则终之以节。至于辨幼玉之怨,正语儿之妄,纪谭生之讥,其论议深切著明,皆要之礼义,与夫牧守之贤,人物之美,事为之善,凡前言往行有足称者,莫不褒嘉叹异,重复演说,信乎所谓'君子于言无所苟'者。"(转引同上书)

林虑在元祐七年(1092)十月初一日的后序中说:"余虽少长于苏,而山川城邑津梁园观,往往未知其由来。尝以问乐圃先生,先生出所为《图经续记》以示我,曰:'此一览尽之矣。'退而观之,千数百载之废兴,千数百里之风土,灿然如指诸掌。呜呼！何其备哉。先生之书三卷,若干条,而所包括者,古今图籍不可胜数。虽浮图方士之书,小说俚谚之言,可以证古而传久者,亦毕取而并录。先生岂欲矜淹博而耀华藻哉。举昔时牧守之贤,冀来者之相承也;道前世人物之盛,冀后生之自力也。沟渎条浚水之方,仓庾记裕民之术,论风俗之习尚,夸户口之蕃息,遂及于教化礼乐之大务。于是见先生之志,素在于天下也,岂可徒以方域舆地之书视之哉。先生未冠而擢第,英声振于士林,不幸以末疾卧家,不得达其志于斯民。然而潜心古道,笃意著述,其所撰次成秩如是书者非一。……伏读终篇,感先生之未遇,辄书卷末,庶几万一有儆于朝廷今日当为官而择人者。"(转引同上书)

《四库全书总目提要》称其"征引博而叙述简,文章尔雅,犹有古人之风……州郡志书,五代以前无闻。北宋以来,未有古于《长安志》及是《记》者矣"。(卷六八,《史部·地理类一》)

此书历来为公认之一部名志,论者都充分肯定其在中国方志史上之价值。黄苇等在《方志学》中,称其"已是分门别类记载吴郡古今诸事,可谓无所不载,统合古今,几与定型方志无异,应是方志开始定型之作"。(第 146 页)仓修良在《方志学通论》中称,这是今能见到宋代最早的图经。(第 280 页)陈光贻在《中国方志学史》中谓:此书宋刊本尚存,为今存方志版本之最古者之一。其治水、碑碣二门为朱氏首创。此书虽称图经,但非官书图经之体例。此书以后,始开方志学之体例,各创新例,漫无规律,亦自此始。与此同时,朱氏又纂成《吴门总集》,犹如后世方志中之"文征录",惜已不存。(第143页)史念海在《中国地方志》1981年第5～6期著文称,本书是今传世各志采用述地、记人两相汇合体例之最早者。

按:该书总共分28门,是一部罗列门目而无所统属型志书,与宋敏求之《长安志》同开了后来方志平列目之端。为其后修的《吴郡志》、《新安志》、《嘉泰会稽志》奉为法式。杨潜之《云间志》、谈钥之《吴兴志》以及元代之《至正昆山志》,亦采取此种结构。明永乐十六年所颁之《纂修志书凡例》和清康熙二十九年河南巡抚所颁之《修志牌照》,将这种结构定为统一之体式,故影响了很多志书。这种平列目之体式,自然有其优点,但也是有缺点的,主要就是无纲统目,缺乏整体性,正如瞿宣颖在《方志考稿》中批评戴震采用这种结构形式修的《汾州府志》时所说:"全书脉络,系乎篇简。今骈列名目,无所统摄,近于簿书之流,殊乖著作之雅。"

北宋时修成图经多种,此为仅存者。在南宋时,已有人称之为《续吴门志》,是"图经"向"志"过渡之证。(见邸富生《中国方志学史》第46页)

又:是书稿修成之后,因主郡官之更递,至十六年后,祝安上来任州通判、权管军州事时,欲刻仍未果。直延至孙佑来任州守,方于绍兴四年(1134)刻行。自后遂屡次刻印。据倪波编著《江苏方志考》谓,至1985年止,所存之刻印版本,从宋绍兴四年(1134)苏州官刻本算起,已达19种之多。至今则超过20种矣。足见其在中国方志史上地位之重要。据倪氏统计,刻印数之多仅次于是书者,还有范成大纂之《吴郡志》,现存14种版本;唐陆广微纂的《吴地记》,现存7种版本。

元丰八年(1085)八月,宋神宗下诏将刻成之《元丰九域志》颁行。这是宋代的又一部地理总志。其编目上以地区为次的做法,为其后王象之的《舆地纪胜》所继承。周中孚在《元丰九域志跋》中谓:此"于地理、户口、土贡以及州县之等第,无不备载。叙述简括,条理井然,而体例介于元和、太平二志,宜最为当时所重。"(转自《中国古方志考》第101页)王树民在《史部要籍解题》中谓,其特点是内容简要,各地沿革仅略叙宋代的变化。户数以主、客分列。土贡一项,名目之外,并详记额数,是本书最有价值部分。(第286页)

刘纬毅等《中国方志史》谓是书特点有四:一是在建置沿革方面,仅写宋代,不写前代之变化;二是每县之下,对乡只写数目,不写名称,但各县所属之镇、铺、堡、寨、银场、盐场、矾场等则一一具名;三是对京、府、州的"地里"记载特详;四是对古迹、人物、风俗等,作者认"非当世之先务",故不著录。是志以简略称,但史料价值不减。《宋会要辑稿》食货四一至四二所列土贡,即引自《元丰九域志》。(第125页)

按:关于是书之成书时间,《四库全书总目提要》卷六八谓,"迄元丰三年(1080)闰九月书成。此本前有存等进书原序"。因此书实际正式刻成于元祐元年(1086)以后,在刻印过程中,又有别人补入及调整之内容。故名称亦有《元祐九域志》、《熙宁九域志》之异称。

关于是书之书名，原是在《九域图》基础上修的，应当名为《九域图志》，但因王存以“旧名图而无绘事，乃请改曰志”。这种趋势表明，原图经中以图为主，已经逐步变为“图”少“经”多，最后“图”更降于从属地位，以至于无图。书之名称由“图经”而改为“志”就是自然的事了。这正是“图经”阶段向“方志”阶段过渡的一个例证，说明这种过渡始于北宋末年。此时出现的还有《皇祐方域图志》、《元丰郡县志》、《新定九域志》、《圣朝郡县志》等。

元丰中(1078～1085)，翰林学士李清臣、同枢密副都承旨张诚一撰成《元丰土贡录》一书。先是李清臣详定《朝会仪注》，承诏稽按图志，推原物产。凡轻重多寡，条次开列，成是书而上之。(《玉海》卷一五)

元祐三年(1088)四月己卯(初三日)，宋哲宗诏诸路及州，各具图开析建立沿革、城壁、吏员、户口、贡赋、山川、地理，上职方。(《玉海》卷一四)

按：由此可知当时各地所上之名为图者，实际上包括用文字说明的内容是多方面的。

八月丙子(初三日)，沈括纂成《天下郡县图》一部上奏，赐绢百匹。先是熙宁九年(1076)八月六日，三司使沈括曾上言：天下州府军监县镇图，其间未全具，先曾别编次一本，稍加精详。欲再于职方借图经、地图等图草，躬亲编修。获得批准。至是书成上奏，故有是赐。(《玉海》卷一四)

按：这是动用国家档案进行修志之例。

宋哲宗元祐时(1086～1094)，曾公亮主编之《武经备要》中，辑有《北蕃地理志》一书，是为有关契丹舆地之作。(转见薛虹《中国方志学概论》第38～39页)

绍圣四年(1097)九月十七日，兵部侍郎黄裳上言，拟补《九域志》，略谓：“今《九域志》所载甚略，愿诏职方，取四方郡县山川、民俗、物产、古迹之类，辑为一书，补缀缺遗。”哲宗准其奏，诏秘书省录《山海经》等送职方以备检阅。(《玉海》卷一五)

按：是书纂成之后，定名为《新定九域志》，张国淦著录为《绍圣九域志补遗》。(见《中国古方志考》第102页)《四库全书总目提要》谓：清修《四库全书》时，得浙江汪启淑家藏本。此书与王存等所撰《元丰九域志》文并相同，惟府州军监县下，多出古迹一门。详略失宜，视原书颇为芜杂。(见卷七二，《史部·地理类存目一》)

宋徽宗崇宁初(1102为元年)，孙穆撰有《鸡林类事》3卷，叙土风、朝制、方言，附口宣、刻石等文。(《玉海》卷一六)

按：《玉海》同卷，在本条下尚载有：崇宁中(1102～1106)，吴栻使高丽撰之《鸡林志》20卷，记载往回事迹及一时诏诰等。又有从使者王云撰之《鸡林志》30卷，其类有八，自高丽事类至海东备检。

大观元年(1107)，李茂诚始纂《大观明州图经》。黄鼎《乾道四明图经·序》谓：“大观元年(1107),朝廷创置《九域图志》局,命所在州郡编纂图经,于是明委郡从事李茂诚等撰述。故地理之远近,户口之主客,与夫物产之异宜,贡赋之所出,上而至于人物、古迹、释氏、道流,下而至于山林、江湖、桥梁、坊陌,微而至于羽毛、鳞介、花木、果蓏、药茗、器用之类,靡不毕备。书成未几,而不幸厄于兵火,遂致存者亡,全者毁。前日之所成者泯然而不见。”(转自《中国古方志考》第 355 页)

按:从黄序中可见,此书确实修成过,只是未明修成之期,且修成不久即遭兵火之劫。所幸者尚未全然泯灭。据张国淦《中国古方志考》引《宋元四明六志余考·大观明州图经》条有言:“孝宗乾道间(1165～1173),张侍郎津重修图经,始访得其书,以为蓝本,及新志既出,此书益微,今则不可复问矣。然主簿称张公因得旧录,更加采摭,是新志体例仍本此书。又其所录诗文,多北宋著作,兵燹之余,未易完备,盖亦旧籍之所已登,增辑而排比之耳。”(第 354 页)则从《乾道四明图经》尚可窥本书之崖略也。

大观二年(1108)四月二日,详定《九域图志》,以强渊明上言,续修其书也。诏四方以事来上。后(宣和元年——1119)因罢书局,事遂不及成。(见《玉海》卷一五)

大观中(1107～1110)晋原丞程縯按新、旧《九域》二书,上据历代诸史地志,旁取《左传》、《水经》注释,并《通典》言郡国事,采异闻小说,紬成《职方机要》40 卷。(《玉海》卷一五)

政和元年(1111),汉州教授陈坤臣进《郡国人物志》150 卷。其书包括千载,文婉事详,诏藏秘府。(《玉海》卷一五)

政和七年(1117),欧阳忞撰成北宋地理总志《舆地广记》38 卷。前 3 卷叙述自尧舜至宋前历代疆域大略,系以宋代郡县名;第 4 卷为宋代 4 京、23 路之名。第 5 卷以后记 4 京 23 路(各路名称详见刘纬毅等著《中国方志史》第 125～126 页)郡县沿革离合,依次记述各路及化外州。也是一部分期体的总志。其对化外州(指燕、云十六州等)之记述,反映了宋时人们不忘收复故土之心绪。写作上详今略古,纵横解剖,端委详明,系统清晰,便于寻检。欧阳忞自序谓:“地理之书,虽非有深远难见之事,然自历世以来,更张改作,先王之制,无一存者。自非专门名家而从事于此者,其孰能知之。予……为书凡三十八篇,命之曰《舆地广记》。凡自昔史官之作,与夫山经地志,旁见杂出,莫不入于其中,庶几可以成一家之言,备职方之考,而非口传耳受尝试之说者也。……统之有宗,会之有源,则繁而不能乱,众而不能惑。”说自己修的《舆地广记》,属于地理之书,表明了他对方志性质的看法。(其后王象之也持同样的看法,见 1221 年条)

周中孚在是书《跋》语中谓:“其全书则有条不紊,胜于乐氏《寰宇记》之作。后此为舆地书者,中原不入职方,残山剩水,仅述偏安州郡,至于元始修《大一统志》,而罕见全书,益以征是编之足资考证者多矣。”(转自《中国古方志考》第 103～104 页)《四库全书总目提要》誉之为“体例特为清晰”,“虽其时土宇狭隘,不足括舆地之全,而端委详明,较易寻览,亦舆记中之佳本也”。

按：欧阳忞自序末署“政和十一年三月”。政和止到八年即已改元重和，无十一年者，未知何故。关于是书之撰者，宋代目录学家晁公武认为，欧阳忞实无其人，“特假名以行其书耳”（《郡斋读书志》卷八）。陈振孙则认为，欧阳忞系欧阳修之族孙，以“行名皆连心字”为据，且此书非触时忌，何必隐名？故后人多从后说。

宣和元年(1119)，洪刍纂成《豫章职方乘》，为今江西南昌地区志书开始定型之作。

宣和三年(1121)十一月二十四日乙酉，从太常博士范子奇之请，徽宗下诏修《汴都志》，以郑居中提领修纂，范子奇及秘书丞李錞编类。(《玉海》卷一五)

是年之前，四川荣县立石刻《九域守令图碑》。据彭静中《中国方志简史》第230页谓：“六十年代，(四川省)在荣县莲宇山麓文庙正殿后面，发现一通北宋末年重建的《九域守令图碑》。现存四川省成都市四川省博物馆。碑长129厘米，宽101厘米，标有东、南、西、北四个方向。下方刻有题记，大部分字迹已难辨认。地图内容有山脉、湖泊、江河、州县地名，均大部完好。据《嘉定府志》和《四川通志》记载，该图(庙?)是宣和三年(1211)重建的，刻石时间，自然更在此以前。所以上石时间自比《华夷图》和《禹迹图》要早。图为一寸折百里。该图河湖泊名注在河湖上游处，并外套方框。地名不加框，记注一律不加框。《九域守令图碑》有宋代地名1400多个。府州军为一级，以大字表示；监、县一级，以小字分区。图中表示区府4个，次府10个，州242个；军27个；监4个；县1118个。这与《元丰九域志》所载府、州、军、监、县数相近。是我国传世地名最多，时间最早的行政区域图。”吕志毅《方志学史》第135页谓：“从图上行政区名建置最晚的时间是宣和三年(1121)，及图中四川境内的水系画得较为详细准确这一事实推断，它可能是荣州刺史宋昌宗利用前人底图于宣和三年绘制立石的。图上区有1400多个行政区名。此图海岸线轮廓画得准确，接近今图。图中除使用符号、图例外，还用文字做图例，以字的大小和加写治所与否的方法，表示行政区各级别的高低，颇有独到之处。县是本图最低一级行政单位，它是我国迄今所见最早的以县为基层单位而绘制的全国行政区域图。注名山脉近30座，注名河流13条。黄河平面图不及《禹迹图》等准确。”

按：将地图刻之于石，历史上并不鲜见。此前已有传说的鲁班所刻夏代《九州图》。(见前夏禹时条)此后南宋绍兴六年(1136)有《华夷图》和《禹迹图》之上石(详见后)。绍兴十二年(1242)，镇江有府学教授俞篪于兴建府学时刻之《禹迹图》，立于讲堂西壁。(详后)绍定二年(1229)刻之《平江图》；又有黄裳绘制、王致远刻石之《地理图》，今存苏州博物馆。据王致远《跋》称，此图是黄裳为嘉王邸翊善所进，其制作年代在1189～1190间，淳祐七年(1247)上石。(见《方志学史》第135页)但现存者以此次荣县之刻石图为最早。

宣和五年(1123)，钱绅撰成《同安志》10卷。因“靖康之难”未付梓，至绍兴十三年(1143)，方由太守张彦声取而刻之。这是安徽北宋时唯一的一部以“志”命名的方志。(见宫

为之《皖志史稿》第 124 页)

宣和六年(1124),徐兢撰成《宣和奉使高丽图经》一书,进于朝廷。徐兢,字叔明,号自信居士,瓯宁(今福建建瓯)人,能书善画。先是宣和五年,给事中路允迪、中书舍人傅墨卿出使高丽。高丽方面提出"愿得能书者至国中"的请求,于是以奉议郎徐兢为国信使提辖人船礼物官,随行。兢一路留心记载,"物图其形,事为之说",撰成是书以进。得以召对便殿,赐同进士出身,擢知大宗正事,兼掌书学,后升至尚书刑部员外郎。书原有附图,今存本已无图,书末附有徐兢行状。(据方彦寿《最早由闽人撰写的高丽志书》,载《福建史志》2001 年第 2 期)

按:国人修域外志,是时还有赵汝适之《诸蕃志》2 卷。其后林则徐 1839 年在受命到广东查禁鸦片时,为了了解西方情况,曾派人翻译外文资料,编成《四洲志》,记述了世界五大洲 30 多个国家的地理和历史。从道光二十二年(1842)至咸丰二年(1852)的十年间,魏源纂修成《海国图志》一书。

徽宗时(1101～1125),范致明以宣德郎谪监酒税,撰成《岳阳风土记》1 卷。明刻本徐学谟序称:"昔范公以直道不容于朝,出监酒税,秩至眇耳。然犹惓惓风土之记,则公之所自慰藉于岳阳者何如也。"清人周中孚跋称:"晦叔谪官岳州,因记其郡县沿革,山川古迹,以及轶闻逸事,为是编,皆随事叙述,要言不烦,而考证亦多详核,洵名作也。"《四库全书总目提要》谓:"是编乃其以宣德郎谪监岳州商税时所作,不分门类,随事载记。书虽一卷,而于郡县沿革,山川改易,古迹存亡,考证特详……皆确有引据,异他地志之附会。其他轶闻逸事,亦颇资采择。叙事尤为雅洁,……可谓佳本矣。"(卷七〇,《史部·地理类三》)

按:以上为北宋一朝事。北宋时,图经取代地记和地志,进入其全盛期。此时的图经,由于门类增多,体例渐趋完备,已经开始了自图经向方志之过渡。黄苇等在《方志学》一书中称,据不完全统计,宋朝图经现见存目者共 200 余种(不包括明确为南宋所修者),其中确知为北宋所修者近 60 种,另 150 余种只知是宋朝所修,分不出北宋或南宋,但由于图经盛行于北宋,似可肯定其中还有很大一部分为北宋所修。北宋所修图经不仅比以往历朝历代多得多,而且超过以后的南宋、元、明、清、民国各代,是历朝历代修纂图经最多的一个朝代。(第 143 页)陈正详《方志的地理学价值》(载《中国文化地理》书中)一文谓:北宋时,全国府、州、军、监总数为 421,平均每一府、州、军、监约为四卷,已较唐代地方图经平均篇幅多出一倍以上。

林正秋主编的《浙江方志概论》中还说,据其统计,见于著录的湖州地方志,自唐至北宋共有图经 12 种,地志约 20 余种。在图经作为地方志主要形式下,地志仍是不可忽视的一大部分。(第 75～76 页)

约于两宋间,浙江湖州出现一部为后人称作《湖州旧图经》之书。书早佚,修纂者及卷帙均已无从知晓,但其内容为《嘉泰吴兴志》所大量摘引。有人进行了统计,《嘉泰吴兴志》(辑本)引该书共达130余条,可以归入以下20余门目:一、建置沿革;二、分野;三、城池;四、坊巷;五、乡里;六、山;七、河渎潭溪;八、宫观;九、公厅;十、邮驿;十一、管镇;十二、学校;十三、古迹;十四、宫室;十五、亭;十六、祠庙;十七、寺院;十八、郡守题名、县令题名;十九、著姓;二十、贤贵事实;二十一、碑碣;二十二、食用故事;二十三、桥梁;二十四、物产;二十五、风俗;二十六、土贡;二十七、杂志等。于此可以推定,两宋之际,湖州所撰之图经从所载内容来讲,已经过渡为较成熟之地方志,虽还以图经为名。(转见《浙江方志概论》第76～77页)

南宋、金时期（公元 1127～1279 年）

南宋高宗绍兴四年(1134)，皇帝诏秘书省录图经等，送职方检阅，以便准式而修书，未闻所成。(《傅振伦方志论著选》第 185 页)

刘豫阜昌七年(1136,宋绍兴六年)，将《华夷图》刻于石。其石今存于陕西省博物馆碑林。据彭静中《中国方志简史》载云："该图将唐代贾耽《海内华夷图》缩小十倍，刻于石上。碑长、宽各为 3.42 尺，约作于北宋神宗朝(1068～1085)，上石时间为南宋伪刘豫阜昌七年(1136)。图不画方，名称刻在上方的中央。四边注上东南西北四个方向。画有河流、湖泊、山脉、长城以及州府的名称。长江、黄河、海岸线、洞庭湖的轮廓大致相当。在图的四周，记载着边境国家的名称，以及他们内附的经过。在图的右下角注有：'其四方蕃夷之地，唐贾魏公图所在，凡数百余国，今取著闻者载之，又参考传记以叙其盛衰本末。'更远的蕃夷，则'以其不通名贡而无事于中国，今略而不载'。在图的右上方注：'契丹即今称大辽国，其姓耶律氏。'据此，该图可能经过辽国人的摹绘、刻石的。在朝鲜半岛上，东北注'沃沮'，东南注'新罗'，西南注'百济'，东北注'高丽平壤'。中间有一段说明沿革的文字：'辽海之东，周封箕子于朝鲜，汉置乐浪等郡四，高丽在辽东之东千里，东晋以后居平壤，世受中国封爵，禀正朔。'在西夏部位注有：'夏国自唐末拓跋思恭锡姓李氏，宋端拱(988～989)初，赐以国姓，至宝元元年(1038)，元昊始僭号。'左上角注：'宋自建隆(960～963)以来，通国者于阗、高昌、龟兹、大食、天竺。'左下角注：西南夷'宋乾德(963～968)以来，酉(酋)领皆内附'，'驩州日南，即越裳林邑之地，汉马援置铜柱以表汉界，宋自开宝(968—976)以来，交趾修贡，请内附，皆受封爵'。"(第 228～229 页)《华夷图》刻石的背面，刻有《禹迹图》。彭书同页谓："《禹迹图》，是我国最早的画方地图。它与《华夷图》同刻于一石的另一面，图上刻有方格，每方折地百里，横方 70，竖方 73，共计 5110 方。此图乃据贾耽《海内华夷图》中的《禹贡》九州部分缩刻。石碑上方偏左地位标注《禹迹图》，每方折地百里。《禹贡》山川名、古今州郡名、古今山水地名，以及阜昌七年(1136)四月刻石。"其海岸轮廓、河流位置和形状，较《华夷图》更为接近实际。图上约有 380

个行政区名，注有名字的河流近 80 条、山脉 70 余座、湖泊 5 个。

吕志毅《方志学史》中说：《华夷图》“是一幅以中国为中心的亚洲地图，四邻国家主要用文字而不是用图表示。国内部分的山川、湖泊、府州位置，与实际情况大致相同。全图共标出国名、地名 500 个左右，标出河流名称 13 条，湖泊 4 个，山体 10 座。长城符号别致，为后人仿用。但该图的海岸轮廓变形较大，辽东半岛、山东半岛、雷州半岛突出部分的形状尚未表示出来，海南岛轮廓失真”。据他介绍，关于此图上石时间，有多种说法。英人李约瑟在《中国科技史》中，采用法国沙畹的观点，认为是 1043～1048 年间；陈正祥主张是 1068～1085 年间；曹婉如以为是 1117～1125 年间。吕氏认为《禹迹图》的绘制时间在元丰四年(1081)至绍圣元年(1094)间。此图绘制技术居世界领先地位，远远优于西欧地图。希伍德曾认为，“它甚至比希腊人所绘的最好的地图都好”。德雷帕拉斯·鲁伊斯说：“在埃斯里亚地图于公元 1556 年问世之前，在欧洲根本没有任何一种地图可以和这幅《禹迹图》相比。”(第 134～135 页)

绍兴七年(1137)，冯忠恕纂成《涪陵记》1 卷。“忠恕官峡中，及迁黔州，往来必过涪。绍兴六年，焞被召赴都。明年，忠恕发鞠狱来涪，因紬绎旧闻，辑而录之，以成此篇。”(《蜀中广记》卷九六，转自《中国古方志考》第 679 页)

绍兴九年(1139)，董弅撰成《严州图经》8 卷。作者自序谓：其于绍兴七年(1137)知严州，因“大中祥符四年(1011)诏儒臣修图经……距今百二十有八年”，“其间州名有更易，军制有升降，户口有登耗，赋税有增损，既皆不同。而又艰难以来，州县唯科敛是急，趣具目前，闰年(诸州上图经)之制，寖以不举，盖职方之职废也”，故其“访求历代沿革、国朝典章、前贤遗范，率汗漫莫可取正。询之故老，则曰是邦当宣和庚子之后，图籍散亡，视他州尤难稽考”。于是他“检订事实，各以类从，因旧经而补辑，广新闻而附见，凡是邦之遗事略具矣”。其修本志的目的：“岂特备异日职方举闰年之制，抑使为政者究知风俗利病，师范先贤懿绩；而承学晚生，览之可以辑睦而还旧俗；宦达名流，玩之可以全高风而励名节，渠小补也哉。”(转自《中国古方志考》第 397～398 页)表明了他对方志作用的看法。

按：是书不存，仅从淳熙十二年(1185)陈公亮重修之《严州图经》中窥见其崖略。

绍兴十六年(1146)，九月六日，抚州布衣吴澥上《宇内辩》、《历代疆域志》各 10 卷。诏免解。余嘉进《圣域记》25 卷，以本朝州县沿革、山川风物及古今守备之处汇书之。(《玉海》卷一五)

绍兴十七年(1147)，孟元老(揆)撰成《东京梦华录》10 卷。于宋室南渡后，追记北宋东京汴梁之官署衙门、都市街巷、市场铺户、赁租货易，酒肆茶楼、宫观园苑、市井民情风俗等，对北宋城市经济文化及市民文化生活做了较充分的记述，是继北宋宋敏求《长安志》之后的又一部早期的都邑志书。《四库全书总目提要》谓其于上述诸方面“靡不赅载。虽不过识小之流，而朝章国制颇错出其间。核其所记，与《宋志》颇有异同……皆可以互相考证，订史氏之

讹舛”。(卷七〇,《史部·地理类三》)

按:是书今存,有多种版本流传。

绍兴二十四年(1154)四月,兴国军(在今湖北阳新县)军学教授俞舜凯于军学之大成殿立碑,将《鲁国之图》(实际是山东孔庙建筑平面图,以宋时曲阜称古鲁城,故名)刻于碑上。碑高约 2.71 米,宽约 1.2 米。图中有俞氏自为跋语云:“恭维国家广阔黉宇,以幸多士。士之弦诵六经,如见圣人。森森乎有邹鲁之风,可谓盛矣。独是东鲁之邦,阙里杏坛之迹宛然如在,而耳目或未接焉。夫游圣人之门,而不知其出处、游息之地,岂足以称君师教育之意乎?舜凯顷者负笈四方,得此图于袭庆府,藏之逾三十年。今幸承乏,敢请于郡,模刻置大成殿之东庑。庶使朝夕于斯者,得以考圣贤之轨躅,而他日成材之效,举无愧于从游速肖之列,仰付圣朝化成之文,则此图亦不为无补。绍兴甲戌四月十五日。左迪功郎、兴国军学教授俞舜凯谨识。”(转自黄懋胥《湖北省现存最早的图碑拓片》,载《湖北方志》1984 年第 4 期)

按:此图碑清末佚失,到 20 世纪 80 年代修志中,才又重新被发现。

是年,吴自牧撰成《梦粱录》20 卷。体例仿《东京梦华录》,记南宋都城临安之建置沿革、节令、风俗、考试、城池、河道、桥梁、宫殿、衙署、坊市、湖塘、山川、岩崖、寺庙、店铺、物产、百工、人物、户口、祭祀、学校、古墓、艺术等门类。是南宋时又一部有名之都邑志。《四库全书总目提要》谓:“纪南宋郊庙宫殿,下至百工杂戏之事,委曲琐屑,无不备载。然详于叙述,而拙于文采,俚词俗字,展笈纷如,又出《梦华录》之下……其措词质实,与《武林旧事》详略互见,均可稽考遗闻,亦不必责以词藻也。”(卷七〇,《史部·地理类三》)

约于绍兴二十五年(1155)前后,杨甲绘制有《六经图》。据吕志毅《方志学史》中说,这是我国第一幅印刷地图,它比欧洲第一幅印刷图的出现还要早 200 年左右。(第 136 页)

绍兴二十七年(1157),王十朋签判越州时,撰成《会稽三赋》。嘉定时(1208～1224)史铸为之作注而行世。《四库全书总目提要》谓:三赋者,“一曰会稽风俗赋,仿《三都赋》之体,历叙其地山川、物产、人物、古迹;一曰民事堂赋。民事堂者,绍兴中添差签判厅之公堂也……岁久圮废,十朋始重建于车水坊;一曰蓬莱阁赋。其阁以元稹诗‘谪居犹得住蓬莱’句得名。皆在会稽,故统名曰《会稽三赋》……十朋文章典雅,足以标举兹邦之胜。”(卷七〇,《史部·地理类三》)这是又一部以韵文形式撰成的志书。此赋写成之后,“乃更流传,髫秀之童,无不上口,其家传户习,殆元和之诵微之也”。陈光贻举王观《扬州赋》、陈洪范《续扬州赋》及本赋为例,认为宋代已经形成“地赋”一派。这种地赋至清代流衍更广,有《新疆赋》、《盛京赋》、《西藏赋》,并称为清代有名的三赋。(《中国方志学史》第 34～35 页)

按:是赋写成后流传至广,故有不少人为之作注者,详见《浙江方志概论》第 123 页。

又:是时,越中写成的韵文志书,尚有孙因撰的《越问》、诸葛兴撰的《会稽九颂》。《越问》共 15 章,凡 3950 字,是“借《楚辞》体而去其羌谇謇诧之声,仿《晋问》意而削其佶屈聱牙之制。非足以发扬会稽之盛,庶几附郡志之末云”。《会稽九颂》乃“景仰先哲,因无所谓感讽也，直曰颂云尔。闲独妄论古人，不能不发一二，而其歌吟嗟叹，因寓之以拟《骚》之声云。附见于此，以其为《会稽颂》也”。所颂为大禹陵、嗣王、二相、马太守庙、王右军祠、贺监祠、城隍庞王、曹娥祠、越王也。（转见《浙江方志概论》第123页）

绍兴二十八年(1158)，永丰知县陈丰元纂修成《恩江志》10卷。以县有恩江，故以名志。陈氏自序云：“永丰县者，庐陵之支邑。其江山之秀，人才之胜，户口之殷，稻粱之饶，他邑鲜俪。自至和改元(1054为元年)，分吉水县为邑，迄今百有七年，而此书尚缺，治政者无所稽考。予承乏兹土，欲汇为成书久矣。每以谍讼之喧嚣，催科之倥偬，力不暇给。今值瓜代有期，虑复辍于因循，爰与诸学士裒辑而编次，得四万余言，自总序至拾遗，析为十卷，目曰《恩江志》。”(康熙《永丰县志》旧序，转自《中国古方志考》第580页)

按：这是一部以水名来命名县志的例子。方志乃地情之书，记地情时，又当注意地域之特点及地方特有事物。地方特点和特有事物，固然主要是在内容记述过程中加以体现，但有的志书在书名上已加以注意突出，如用本地最具有代表性之物事为名者。本书就是以境内一水之名而名志者。历史上类似的例子不少。以水名之者，除本志及其续志外，尚可举出如庆云四年(1198)宋陈日华修、李皋纂的《鄞江志》，以境内之鄞江而名汀州府志(《中国古方志考》第429页)；宋时雷公的《蜀江志》，就是因为府治北有蜀江(今名锦江)而名府志。宋时王中行纂的《增江志》，以增城县内有增江，故县志以增江名之(第602页)。宋时赵汝厦纂之梅县志书，以县西有程江，故志名用《程江志》(第615页)等。

历史上又有以山名名志者，最有名者莫过于梁克家《三山志》。此志就是以福州城内有九仙、闽、越王三座山，故以《三山志》而名福州之府志。宋时黄晔纂之恩平县的志书，以城内有鼍山，故志书名为《鼍山志》(第618页)；盱眙县内有都梁山，宋刘荀修之县志称《都梁记问》(第313页)；元时赵瑗纂的分宜县志称《钤冈志》(第576页)，也是一例。

又有用古地名名后世志者，如宋时之南陵县乃春秋时春谷县，故淳熙十六年(1189)郭峣纂之县志称《春谷志》(第304页)；三国时吴有西昌县，但隋开皇十一年(591)已改名太和县，宋淳熙时陈秀实修的县志却仍名《西昌志》(第578页)；元时郭应木修，陈庚纂之增城县的志书，因晋代此为宝安县，故此称《宝安志》(第602页)；今四川境内，西魏时置有金渊县，唐宋时已改为金水县，但宋人韩植纂之县志仍作《金渊志》(第672页)；秦汉时之巴郡，隋唐时已改名巴东县，但宋人纂之志书仍名《巴郡志》(第690页)；宋时之广德县，乃春秋吴国之桐汭地，但淳熙时赵亮夫纂之县志仍名《广德军桐汭志》(第309页)。

又有以书院名名县志者，如元时彭寿卿纂之江西崇仁县志，因县有宝唐书院，故志名为《宝唐拾遗》。(第567页)宋代江西乐安修之两部县志，均以县有鳌溪书院，而名县志为《鳌溪志》。(第568页)

又有以台名名志者,如宋时张宋卿纂高要县的志书,称《崧台志》,以县北五里有嵩台故也。(第 603 页)

有综合命名者,如宋时修的潮阳府之志书,以境内有海阳、潮阳、揭阳,故郡志称《三阳志》。(第 614 页)

绍兴三十年(1160),王刚中纂成《续成都古今集记》22 卷。王氏在序中谓:“自熙宁(清献公赵抃撰《成都古今集记》30 卷)迄今,凡十九年。事当纪述者,盖难遽数,而旧记莫或踵继,见闻异辞,日月寖久,恐遂湮灭,可不惜哉……余来此将周岁,蒙国威灵,边候幸帖息,斯民亦安堵如故。因以间隙搜访纂辑,作续记凡二十二卷。前记载古事往往有差误,则辨正之;脱遗则补足之;清献所云‘知之有未至,编之有未及’者,余固不免也,其亦有待于后之君子。”(嘉靖《四川总志·全蜀艺文志》卷三〇,转自《中国古方志考》第 668 页)

按:刚中于去年来知成都府事,至是遂有是书之成。关于是书之成书时间,王刚中自序谓“自熙宁(赵抃撰成《成都古今集记》)迄今凡十九年”,赵书之成在熙宁七年(1074),其后 19 年,当是元祐八年(1093)。但范成大在《成都古今丙记·序》中,却明确地说:“前记,赵清献公作于熙宁七年甲寅。”又说:“后八十七年,当绍兴三十年庚辰王恭简公续为之记。”从此而知,王氏自序中此处当有脱误。

绍兴三十一年(1161),郑樵撰成《通志》200 卷,乃纪传体之通史也。其有言曰:“古者,记事之史,谓之志。”在其《艺文略》中,图经目下共收图经 33 部,出于宋代所修者便有 26 部,除去地图一部外,尚有 25 部(仓修良《方志学通论》第 272 页,开列有 25 部图经目录)。

绍兴间(1131～1162),晁公武撰成《郡斋读书志》一书,其“史部地理类”中著录有《三辅黄图》、《长安志》、《永宁编》等志书,是方志之书有提要之始。

绍兴间,两浙转运副使李椿年以图经为据确定税额。史载:“初,两浙转运副使李椿年置经界局于平江府,守臣直秘阁周葵见椿年,问之曰:‘公今欲均税耶? 或遂增税也?’椿年曰:‘何敢增税!’葵曰:‘苟不欲增,胡为言本州七十万斛?’椿年曰:‘若然,当用图经三十万斛为准。’”(《建炎以来系年要录》卷一五一,“绍兴十五年五月”条。转自仓修良《方志学通论》第 275 页)这是以历史之图经所载为据确定赋税额之例也。

约于宋孝宗隆兴元年(1163),程大昌撰《雍录》10 卷成书。是书主要考订了关中帝都古迹,较详细地记载了秦、汉、隋、唐建都时之古都面貌、帝王宫苑、著名寺院及各朝职官、军事制度等。其细目内容,卷一为五代都雍总图、总说,总叙雍、关中、三辅位置,五代城苑宫殿;卷二为汉长安城图、汉宫及离宫图、图说及未央宫、长乐宫等;卷三为唐宫苑图、唐宫总说、大兴域(城?)、唐西内太极宫等;卷四为翰林院学士院图、兴庆宫图、兴庆宫说;卷五为汉唐用兵攻取守避要地图与说,内有汉高帝入关,唐高祖入关等;卷六为函关、潼关要图,山如梁山、南山,水如昆明池、唐曲江等;卷七为郡县:新丰、莲勺、杜县地名图与说;卷八为西京太学、吏部选院等,军制:汉南北军、唐南北军等;卷九为庙陵:始皇陵、汉陵庙,苑囿:渐台、梨园等;卷十为事物：铜人、青琐。寺观：慈恩寺、荐福寺。（转自《中国地方志名家传》第27页）是时，关中已为金所有，大昌曾作有《北边备对》一书，实是经略西北之主张。本志之作，实含不忘故土、恢复中原之意。志中对于各朝因宫廷政变、外族入侵而导致帝王出逃和返京的情况记之颇详。《四库全书总目提要》谓是书，"考订关中古迹，以《三辅黄图》、《唐六典》、宋敏求《长安志》、吕大防《长安图记》及绍兴《秘书省图》诸书，互相考证。于宫殿、山水、都邑皆有图有说……未免于疏漏。然其搜罗既富，辨证亦详，在舆记之中，固为最善之本也。明代陕西诸志，皆号有法，其亦以是数书者在前欤？考大昌之时，关中已为金土，而隔越江表，为邻国著书，殊为无谓。盖孝宗锐思恢复，有志中原。大昌所作《北边备对》一书，即隐寓经略西北之意。此书犹此志焉耳。第五卷中特创汉唐用兵攻取守备要地一图，其图说多举由蜀入秦之迹，与郭允蹈《蜀鉴》所谓由汉中取关陕者，大旨相合，其微意固可见矣。"（卷七〇，《史部·地理类三》）周中孚跋其书称："以渭为经，取五代都地，随列渭旁，谓人能并渭以推其方，而关雍地望，如指诸掌矣。其于都邑、宫殿、城阙、山水既皆有图说，考订古迹，亦最精核。而尤致意于险要。当是时，孝宗方有恢复中原之意，泰之（大昌字）亦抱经略故疆之才，与所作《北边备对》，皆此物此志也……述雍之故，小大靡遗，而又取诸雅驯，弃彼荒唐，较之他志，实鲜驳复。在舆书中，诚古本，亦善本也。"（转自《中国古方志考》第160～161页）

按：在方志史上，以"录"名之者不多，《唐书·经籍志》载有《徐地录》。其后还有孟元老之《东京梦华录》（见1147年条）、吴自牧之《梦粱录》（见1154年条）、高似孙《剡录》（见1214年条）、陈廷桂《历阳典录》（嘉庆间修）、林鹗《泰顺分疆录》（光绪四年刊本）等。

宋孝宗隆兴二年（1164），永丰知县苏升修成《续恩江志》一种。苏氏在志序中谓："《永丰县志》，经前宰陈侯纂修（见绍兴二十八年——1158年条），独迁莺乡缺焉，宜有以补之，而志中岁月有舛讹者，亟思有以正之。予因莅政之暇，按其凡例，撮其枢要，凡有裨于治道者录之。"（康熙《永丰县志》旧序，转自《中国古方志考》第580页）

按：从"凡有裨于治道者录之"一语，足见其取材原则是有助于"治道"，强调的是志书的资治作用。

乾道元年（1165）七月，"癸丑（初六日）晚，（孝宗帝）御选德殿。御座后有金漆大屏，分画诸道，分列监司、郡守为两行，以黄签标识（居官者）职位、姓名。上指示洪适等曰：朕新作此屏，其背《华夷图》，甚便观览，卿等于都堂可依此。"（《玉海》卷九一）

按：这是一种木制的地图。《玉海》卷一四《乾道选德殿华夷图》条载有："黄裳作舆地图，以木为之。"沈括在《梦溪笔谈》中说："予奉使按边，始为木图，写其山川、道路。其初遍履山川，施以面糊木屑，写其形势于木案上。未几寒冻，木屑不可为，又熔蜡为之。皆欲其轻，易赍故也。至官所则以木刻上之。上召辅臣同观，乃诏边州皆为木图，藏于内府。"由此看来，这种木制地图的出现，经历了一个过程。最先是沈括试做了面糊加木屑之地形图，因面糊不经冻，又改用腊制、木制。黄裳则以木板刻制，而且刻制成了全国性之图。从孝宗“卿等于都堂可依此”以及沈括说的“诏边州皆为木图，藏于内府”等语来看，孝宗在选德殿指给群臣看的木制地图，即沈括所制。他不但要求各边州都要刻制木质的地形图，而且这种木制地形图，还要上送朝廷，藏之内府。

乾道五年(1169)三月，史正志撰成《乾道建康志》10 卷。史氏自序有：“坐镇江淮，为国陪都，行宫万钥，禁旅千营。斗星呈祥，金陵表庆，户纳千呈，囊括六代。观埋金凿淮之旧迹，则知王气之长存；寻乌衣青溪之故里，则知衣冠之素盛。访结绮望仙之遗址，然后知淫奢之可戚；验石头白下之高垒，然后知备御之有方。以至怆新亭风景，则见王导有克复之心，登冶城四望，则知谢安有遐想高世之志。”(转自《中国古方志考》第 214 页)是志已佚，只有今人“蒲圻张氏大典辑本”。从辑录内容来看，包括建置沿革、城池、山川、交通、津梁、祠庙、古迹、赋役、民俗、人物、碑碣、艺文等，并有图和图考。资料丰富，记述具体。(见徐复主编《江苏旧方志提要》第 69 页)

按：从吴氏序中，知古人志一事一物皆有微旨，也训告后人如何去读古人之书也。

是年，由知州兼主管沿海制置司张津等纂修之《四明图经》12 卷成，明州图经也，以州有四明山，故称《四明图经》。是书与《吴郡图经续记》相较，体例上之变化，表现在先总后分。其卷一总叙明州，列有分野、风俗、城池、子城、祠庙、水利、古迹(州城内者)、贤守事实。卷二～七分叙县，各县分目并不全同。卷二鄞县，有乡(里村附)、御书、桥梁、渠堰、祠庙(祠堂附)、山、水(江河湖潭附)、人物(名僧附)、古迹、冢墓、县宰题名等目；卷三奉化县，有贤宰、人物等；卷四定海县；卷五慈溪县，有贤宰、人物、逸民、冢墓等；卷六象山县，有祠庙、山等；卷七昌国县，有盐场、祠庙、山、水(湖潭井)、古迹等。卷八古赋、古诗、律诗、绝句、长短句；卷九～一〇，记；卷一一碑文、铭、赞、传、书；卷一二太守题名记、进士题名记(转见《中国古方志考》第 355 页)。黄鼎为是书作之序文称：“自大观元年(1107)，朝廷创置九域图志局，命所在州郡编纂图经，于是明委郡从事李茂诚等撰述……书成未几，而不幸厄于兵火，遂致存者亡，全者毁，前日之所成者，泯然而不见。制置直阁张公治明之二年，……乃分委僚属，因得旧录，更加采摭，纂为七卷，又以篇什碑记等为五卷，附于其末。”(转自《中国古方志考》)说明北宋时之图经内容与其后之志书已无明显区别。且国家设局之名称为“图志局”，似亦可认为北宋时期是“图”、“志”并称之时。

著名学者全祖望在是书《跋》语中称：家藏所有之四明志，唯缺此本。一次偶然之机会得见，其高兴溢于言词，不妨录之于次：“四明志乘，以吾家为最备。自胡尚书《宝庆志》、吴丞相《开庆志》、袁学士《延祐志》、王总管《至正志》、季孝廉《永乐志》、杨教授《成化志》、张尚书《嘉靖志》，无一佚失，足以豪矣。张制使《乾道志》则最初之作也，购之不可得，乃过天一阁范氏，见《四明文献录》全引其书，为之狂喜，乃别为抄而出之……要属难得之书，可宝爱也。”(《鲒埼亭集》外编卷三五，转自《中国古方志考》第 356 页)

明州之修图经，其来远矣。此前已知者有佚名氏《景德明州图经》、李懋诚《大观明州图经》。《宋元四明六志余考》谓:"乾道《图经》但溯大观,而不言其他。王尚书应麟辨之,以为始自景德祥符间。余以为尚不始此也。宋真宗咸平四年,苏通判为作《善政侯祠堂记》云:'善政侯琅邪王公,讳元暐,册封之典,图经载之备矣。'其时编葺之诏未下,而吾乡已有志乘,可备征引,然则不特宋元六志足以豪天下,即其渊源亦甚古也。书或唐时旧籍,或宋初新编,莫能考矣。"(转自《中国古方志考》第353页)

是书就体例而言,先总后分,先州后县,从总体到个别,既见州之整体,又显示各县特点,此作法为其后《宝庆四明志》和《延祐四明志》以及其他许多志书所效法。于此可见其在中国方志史上之地位矣。

按:黄鼎于是书序文首句"自大观元年(1107),朝廷设置九域图志局,命所在州郡编纂图经"一语,曾影响后之治方志史者,误以为朝廷创置九域图志局是在大观元年,并进而认定,这一年是朝廷设置修志机构之始年。查当今不少的方志权威著作,都认定朝廷的九域图志局是大观元年创设的。在此有一辨之必要。

(一)关于九域图志局之设,最早不是大观元年,起码应在此20多年前的元丰三年(1080),很可能始设自熙宁八年(1075)。据《四库全书总目提要》卷六八载文可知,关于《元丰九域志》之修,先是宋真宗大中祥符中(1008～1016),李宗谔、王曾先后修成《九域图》。至熙宁八年,都官员外郎刘师旦,以州县名号有改易,奏乞重修。于是命馆阁校勘曾肇、光禄丞李德刍删定,而以(王)存总其事。王存以旧书名图而无绘事,请改曰志。迄元丰三年闰九月书成,书前有王存撰的序文。《玉海》卷一五以此书始修于熙宁时,故名为《熙宁九域志》。对于是书的修纂过程载之更详:谓熙宁八年七月十一日辛丑,以都官员外郎刘师旦上言:"今九域(原有一空格,疑佚一"图"字),自大中祥符六年修定至今,涉六十余年,州县有废置,名号有改易,等第有升降,所载古迹有出于俚俗不经者,乞选有地理学者重修。"于是"诏三馆秘阁删定九域图",乃命集贤校理赵彦若、馆阁校勘曾肇充删定官。彦若辞,复命光禄丞李德刍删定,而知制诰王存总其事。"

元丰八年(1085)三月,宋神宗死,其子赵煦嗣位,是为哲宗,改明年为元祐元年。从书中个别补入和调整的内容来看,是书实际刻成于元祐元年之后,故又有《元祐九域志》之称。无论从其始修还是修就刻成,都与其后的大观年无涉,那么九域图志局这个修志机构,怎么会迟至大观元年才创设呢?可见此说无法成立。

持这种说法所举的唯一的依据,就是黄鼎《乾道四明图经·序》。这部《四明图经》是由知明州兼主管沿海制置司张津等纂修的。黄序文云:"自大观元年,朝廷创置九域图志局,命所在州郡编纂图经,于是明委郡从事李茂诚等撰述。"乍一看来,似乎是确凿无疑的依据。但细玩以这段文字,则是经不起推敲的。《乾道四明图经》修成于乾道五年(1169),距大观元年已有62年的距离,以后一代人述前一代事,这且不去说。就黄鼎序文的语意来看,其本意说的是大观元年时,朝廷早已创置的九域图志局,于此年命所在州郡编纂图经,故明委郡从事李茂诚等着手来修图经。这个“自大观元年”,指的是李茂诚等着手修《大观四明图经》始自大观元年,而非朝廷创置九域图志局之年。这个“创”字,应当理解为大观元年时,朝廷已经创置有九域图志局,并非九域图志局就创置于此年。此一“创”系指大观元年前,而非特指大观元年也。明委郡从事李茂诚(或称李懋诚)等从这一年起,果然修成了一部《大观四明图经》(或《大观明州图经》),黄鼎为之写的《乾道四明图经·序》,说这部李志“书成未几,而不幸厄于兵火,遂致存者亡,全者毁。前日之所成者,泯然而不见”。所以张津到任治明之第二年,遂修此志。人们之误就在于曲解了黄鼎的原意。

笔者到目前为止,只是认为应当将九域图志局之始设向前推至《元丰九域志》纂修之时。只有如此理解,志局名称方与所修志书名符。因为这部志书的修纂,经历了熙宁末、元丰初,至于到底是哪一年,是熙宁时还是元丰时,尚无法确定。笔者还注意到,苏长春在《中国地方志》1994 年第 2 期发表的《地方志与地方行政管理关系探微》一文,其中有:“北宋时的《九域志》是神宗熙宁八年(1075),‘命赵彦若、曾肇就秘省置局删定’”。按理而论,这个说法是可以成立的。这样一来,朝廷设置中央修志机构,就比众口一词所咬定的大观元年说提前了 33 年。可惜苏氏未注明资料出处。前引《玉海》卷一五文只有“乃命集贤校理赵彦若、馆阁校勘曾肇,充删定官”,而没有“就秘省置局删定”之语。

(二)实际上,朝廷修志机构的出现,最早的不应当是宋代的九域图志局,而应当是在隋代将志书纳入官修之后,全国总志编修之时,此时朝廷里已出现了修志机构。

据《隋书·经籍志》所载,大业五年(609),隋炀帝曾“普诏天下诸郡,条其风俗、物产、地图,上于尚书”。这是历史上由皇帝下令,大规模组织官修志书之始,“故隋代有《诸郡物产土俗记》一百五十卷,《区宇图志》一百二十九卷,《诸郡图经集》一百卷,其余记注甚众。”据《大业拾遗记》所载,《区宇图志》最终修成有 1200 卷之多。其修纂过程,先是大业初隋炀帝敕内史舍人窦威、赵盾,起居舍人崔祖浚及龙川赞治侯伟等三十余人,撰《区宇图志》一部,五百余卷。《隋书·崔赜传》载,赜“受诏与诸儒撰《区宇图志》……帝不善之,更令虞世基、许善心衍为六百卷……帝不悦,遣内史舍人柳逵宣敕,责威等……”《隋大业拾遗》:“各赐杖一顿。即日,敕追秘书学士十八人修十郡志,内史侍郎虞世基总检。于是世基先令学士各序一郡风俗,拟奏请体式。学士虞绰序京兆郡风俗,陆德敔序河南郡风俗,袁郎序蜀郡风俗,杜宝序吴郡风俗。四人先成,世基奏闻。敕付世基择善用之。世基乃抄《吴郡序》以为体式。及图志第一副本,新成八百卷奏之,帝以部帙太少,更遣重修成一千二百卷。”这样动辄百数卷、甚至上千卷的大型总志之纂修,当非一人所能为,故其参与者或十数人,或数十人。《区宇图志》之修,先是三十余人,后是十八学士。无论是三十余人也好,十八学士也好,不可能是一盘散沙,各行其是。必然是有组织的分工协作。这个“组织”就是朝廷里最早出现的修志机构。这个机构的领头人虞世基被明确为“总检”(也就是后世所称的主编或总纂)。虞世基作为总检的工作方式是,先分工由四人分头撰写一地的内容,然后经过比较,选出最好的一种作为体式,要求其余地方的编写仿此而为(颇似后世所说的“典型引路”的做法),最后总为八百卷。有相当人数集合在一起同做一件事,有负责人组织分工,提出统一要求,而后将分工所得成果,进行总合成。无论从参与人数,还是从工作方式上来说,都证明这是一种有组织的行动。这个工作班子就是最先在朝廷里设置的修志机构。当然,开始时这个机构只是临时性的,也不知有没有一个专门的名称,书成后班子(机构)亦散。要纂修新书时,另由皇帝指定大臣,重新组成班子。

同样,唐代朝廷所修的《十道图》等全国总志,也是应当有其修纂班子(机构)的,但史佚其名,具体情况也不得而知了。魏王李泰所修的全国总志《括地志》,是由唐太宗特许魏王于其府中组成的文学馆修成,其成员包括著作郎萧德言、秘书郎顾胤、记室蒋亚卿、功曹谢偃、苏勉等,由卫尉供帐,光禄给食。可见这个工作班子——文学馆里,除了从事业务工作的人员外,还有明确的后勤保障,是一套较为完整的修志机构了。当然,它只是魏王府里的一个修志机构,而不是朝廷里的修志机构罢了。宋代自朝廷设九域图志局后,地方修志亦有设局者,如南宋景定二年(1261)修成之《景定建康志》,就“开书局于钟山阁下,即叶石林紬书之旧所也”。(见《中国古方志考》第 219 页)咸淳八年(1272)宋日隆修、黄岸纂福建《连江志》时,就曾“置局凤池”。(见同书第 420 页)不过,这些机构都还只是临时性的。到元、明、清时期的一统志馆,就成为朝廷里的常设机构了。

于此一事,笔者另有辩文,载于《中国地方志》2008 年第 8 期。

是年,知府周淙修纂《乾道临安志》15 卷成书。与前述《四明图经》同为今存浙江省最早之两部志书。是志今仅存 3 卷,卷一题曰“行在所”,以别于郡志。此卷下列目有宫阙(门附)、皇子府、宗庙、郊社、三省、台阁、学校、经筵、宫观、庙宇、苑囿、院、所衙、寺监、司、内诸司、仓、场、库、局、府第、馆驿、军营等。卷二记历代沿革、星度分野、风俗、州境、四至八到、去两京地里、陆路、水路、县镇、在城八厢、城东西都巡检使、城社(门附)、户口、廨舍、学校、科举、军营(兵籍附)、坊市、界分、桥梁、物产、今产、土贡、今贡、税赋(茶租免役和预买附)、仓场库务(钱监作院附)、馆驿(亭堂楼观阁轩附)。卷三为牧守,附政绩。其后各卷亡佚。(转见傅振伦《从敦煌发现的图经谈方志的起源》,载《兰州大学学报》1980 年第 2 期)其中“镇”一目下,列有江涨、临平、范浦、汤村、南新等市镇,对于我们今天研究浙江之市镇变迁沿革具有重要的参考意义。其“税赋”目内,载有“夏税,每税婺州给本府衣绢二千五百匹,绸三千匹,绵三万五千两。徽州给本府衣绢七千四十匹,绵一万七千三百五十两……秋税,苗米一十二万三千七百一十三石六斗八升一合一勺一撮”等等极具价值之资料。其记人物,既具体生动,又不枝不蔓。如其记苏轼:“岁适水潦,饥疫相仍,轼为请于朝,得减上供米三之一,故谷不翔踊，复以所赐度牒益市粟济饥殍。明年贱粜常平米，又作糜粥遗人，命医官分治疾病，赖以全活者甚众。开西湖，疏茆山、盐桥河，修治堰闸，浚城中六井，与民兴利除害。”(均转自《浙江方志概论》第16～17、19页)。全书叙事简括，详略得宜，深有体要。《四库全书总目提要》称：“第一卷纪宫阙官署，题曰行在所，以别于郡志，体例最善，后潜(说友)志实遵用之。二卷……叙录简括，深有体要。三卷纪自吴至宋乾道中诸牧守(历代牧守凡一百九十人，一一列其姓氏、里贯、生平、宦迹)，详略皆极得宜。(周)淙尹京时，撩湖浚渠，颇留心于地利。故所著述，亦具有条理，今其书虽残阙不完，而于南宋地志中为最古之本，考武林掌故者，要必以是书称首焉。”(卷六八，《史部·地理类一》)陈光贻谓：“临安为南宋都城，周淙此志为南宋郡志规范，又为都城志之冠。但其体例与宋敏求《长安志》大不相同。《临安志》所分门类，极有条贯，便于查阅。志中所记开湖浚河，记有工程成绩，城中河道之通，便民户为脚船济行李诸事，当时虽是作为政绩上呈，却开了后来方志记载民间生活的先河。后来施谔纂《淳祐临安志》，潜说友纂《咸淳临安志》，均采用周淙的体例。”(《中国方志学史》第103页)是书卷二“赋税”门，分夏税(绢、紬、绫、绵)、秋税(苗米)、茶租钱、免役钱和预买(绢、紬、折帛钱)等五项，是研究宋代赋税制度难得之资料。(宋晞《方志学研究论丛》第5页)

按：是为都会志也。此前《隋书·经籍志》所载之《西京志》今已不存。此为所存之最早者。其后尚有《淳祐临安志》、《咸淳临安志》。自元而后仅见《日下旧闻》等数种耳。

又：本志与同年纂成之《四明图经》，都是全书分类、类又析目的体式。这种体式为其后的不少志书所采用。陈光贻将志书体裁分为10种：纪传体、编年体、纪事本末体、杂记体、辑录体、传记体、术数体、辞赋体、骈骊体、歌诗体。此志为纪传体之首，与施宿的《嘉泰会稽志》同为“志类”之学的起始者。(《中国方志学史》第29页)

是年，静江府学教授江文叔纂成《桂林志》1卷刊行。(《中国古方志考》第625页)

乾道二至五年间(1166～1169)，张维撰成《广西郡邑图志》一种。民国时黄旭初在《广西通志馆馆刊》发表《纂修通志之意义》一文，认为乾道《广西郡邑图志》为李上交撰者，且是广西通志之最早者(“广西通志之权舆”)。此说曾为不少人所承。但若谷在《宋代广西通志类佚书考》(载《广西地方志》1987年第4期)中考证，李上交乃北宋时人，其可能未撰《广西郡邑图志》。果若有撰，则当在嘉祐元年(1056)左右。乾道《广西郡邑图志》撰者乃张维，他才是广西第一部通志之撰者。

乾道九年(1173)，安南入贡，客省承诏具其风俗及贡物数，并撰成《安南土贡风俗》1卷。

淳熙元年(1174)五月二十九日，明州进士沈忞上《海东三国史记》50卷。赐银币百，书付秘阁。(《玉海》卷一六)

按：《玉海》同卷载有高丽人金富轼亦撰有《三国史记》50卷。首载新罗，次高句丽，次百济，有纪、表等。又有高丽高得相撰《海东三国通历》12卷，用中国历代正朔纪年。

淳熙二年(1175)三月，赵不悔修，罗愿纂成《新安志》10卷、附录1卷。新安为徽州之古称，此即徽州志也，是安徽流传下来唯一的一部宋代志书。其目次为：卷一州郡；卷二物产、贡赋；卷三歙县；卷四休宁、祁门；卷五婺源、绩溪、黟县；卷六至七先达、卷八进士题名、义民、仙释；卷九牧守；卷十杂说。志为门目体，门下辖目。半数以上的“门”前均有叙，说明著述之义。如其《叙物产》云：“生人之道，致物以为养。物备则养丰，养丰则生足乐。生足乐则喜为善，喜为善则重犯法。重犯法则服教训，服教训则上尊安……然则物产之所聚，是良国也。虽然有道，盖所谓谷与鱼鳖不可胜食，而材木不可胜用者，亦系于其政。”在这里指出民生与礼仪教化的关系，说明为政者要注意民食，才可以使“上尊安”，达到安定之目的。故在物产的记述中，随处都注意“为政之急”。又如《叙贡赋》有云：“新安为郡，在万山间，其地险陋而不夷，其土骍刚而不化，水湍悍，少潴蓄。自其郡邑固已践山为城，至于四郊都鄙则又可知也。大山之所落，深谷之所穷，民之田其间者，层累而上，指十数级不能为一亩，快牛剡耜不得旋其间。刀耕而火种之。十日不雨，则仰天而呼；一遇雨泽，山水暴出，则粪壤与禾，荡然一空。盖地之勤民力如此……歙之人，芸以三四，方夏五六月，田水如汤，父子袒跣膝行其中，漉深泥，抵隆日，蚊蝇之所扑缘，虫蛭之所攻毒，虽数苦有不得避，其生勤矣。而租挈又重，盖特起于唐末，伪刺史陶雅之所增。异时，去京师远，有司未及以为言。今天子悯之，数下恩诏，收退绢，省杂钱，凡可以惠其人者，将无所受，要以尽去百年之积弊。夫达民瘼，广上恩，不牵吏议，良有司能之。时之利害，故备论其事。”(转自《中国方志简史》第203～205页)说明记述贡赋之意，在于反映民瘼。故其中颇注意记为政之弊端。

全书叙事，上及远古，下至淳熙二年，统合古今，详今略古，博物洽闻，论载甚广，叙事简括，自得立言之法。书中各具微旨，不同钞取记簿。赵不悔序称：“不悔昔将承乏此州，而吏以图经先至，见其疏略，即有意于补次。一日对众客语之，客言新章贡倅罗君盖志存于此者。访拾编摩，搜取附益，用心勤且久矣。仆为惊喜，因请之卒业，成一家书，以表见于时。于是《新安志》出焉。上下千载间，博采详摭，论正得失，皆有据依，厘为十卷。凡山川道里之险易，丁口顷亩之息耗，赋贡物产之阔狭，以至州土吏治风俗人材，皆条理错综，聚见此书，曾无遗者。呜呼，可谓盛矣。罗君以儒学蚤驰隽声，唯其博物洽闻，故论载甚广，而其叙事又自得立言之法，读者必能辨之。”罗愿自序称：“间因阅前史及国典，并杂家稗说，有及此者，稍稍附著。后得《祥符图经》于民间，则总目粗设，益访故老，求遗事，思辑为一书，然未果就。会邦君赵侯(赵不悔)闻之，勉使卒业。约敕诸曹，遇咨辄报，且谕属县，网罗金石之文，使得辅成其说。而书出矣，凡十卷，名曰《新安志》。”(均转自《中国古方志考》第297页)从赵不悔序中，可见当时地方官除任，下级吏员先呈图经的做法已经成习。因见前志疏略，就有意补次，所以才请罗愿出来任其事。罗愿强调志书要有著述性。在本书的自序中，将其修志的意图说得十分明白：“夫所为记山川道里者，非以示广远也，务知险易不忘戒也；其录丁口顷亩，非以览富厚矣，务察息耗，毋繇夺也；其书贡赋、物产，非以给嗜欲也，务裁阔狭，同民利也；至于州土沿革，吏治得失，风俗之美恶，与其人才之众寡，是皆有微旨。”又说修志应当由学者为之:“必使涉于学者纂之……若直抄取计簿以为书,则凡吏之善书者足以次之矣。其施于事亦然。若直据令甲以为治,则凡吏之无害者足以听之。盖世常以为此事无事乎儒,而儒亦卒不可废于世也,岂特此哉。”(据《中国方志总目提要》12—4)

按:罗氏所谓的“微旨”,即是志书之义,即修志之用意。林衍经于《罗愿〈新安志〉探论》(载《中国地方志》1987 年第 2 期)中引黄苇语,谓南宋一代,由于北方大片土地沦陷,爱国之士大都日夜希冀驱逐强虏、恢复中原。他们中的许多义士,有的投笔从戎,有的将爱国热情发为文辞,有的还直接参加纂修地方志书,希望用以激发乡邦人士爱乡爱土和爱国家的热情。罗愿之编是志,便是希图以志书表现爱国情怀、袒露爱国抱负的具体例证。

此书实实在在地做到了诸体并用。记人物用传记体,叙州郡沿革用编年体,载治所用纪事本末体,记杂事则用录体。这是志林中的一部佳作,其中人物占四卷。朱彝尊称之“简而有要”,“志之最善者”(《曝书亭集》卷八,《书〈新安县志〉后》)。章学诚亦谓:“范氏(成大)之《吴郡志》,罗氏(愿)之《新安志》,其尤善也。”(《方志略例》)《四库全书总目提要》谓其“叙述简括,引据亦极典核。于先达皆书其官,别于史传,较为有体。其物产一门,乃愿专门之学,征引尤为该备。其所志贡物,如乾蕨、药腊、芽茶、细布之类,皆史志所未载。所列先达小传,具有始末,如汪藻曾为符宝郎之类,亦多史传所遗。赵不悔序称其博物洽闻,故论载甚广,而其序事简括不繁,又自得立言之法。愿自序亦自以为儒者之书,具有微旨,不同钞取记簿。皆不愧也”。(卷六八,《史部·地理类一》)

关于是书在方志史上的意义,宫为之在《皖志史稿》中对此志设有专节,论之颇详。提出值得注意之点为:一、赵不悔说此书“所记之事,皆有微旨”。其微旨就是对占领淮河以北的金人“不忘戒”和“达民瘼,广上恩”,也就是他修本志的政治目的。二、他所开创的纲目体与条目体相结合的体式,标志着方志的定型。这种体式对后世一直有影响。三、这不是一部单纯的资料书,而是著述性的著作。四、著述与纂辑兼而用之,提高了志书记述的科学性。五、将本境事与境外进行对比,在此前地方志中几乎是没有的。六、对人物有褒无贬,几乎成为以后方志的定例。(第 156～179 页)宋晞在《地方志与历史学》一文中说:“宋代史籍如《续资治通鉴长编》、《宋会要辑稿》、《玉海》、《文献通考》及《宋史·地理志》等所载户口数,每为全国性者,有以路为主,府州已很少,县级多未记载。地方志则可弥补此一缺憾。如《严州图经》(卷一)、《宝庆四明志》(卷五)、《嘉定赤城志》(卷十五)、《咸淳临安志》(卷五八)等,都记载当地三四个时期的户口数,详及所属诸县,实为宋代城乡发展的重要史料。《新安志》还注明经界户、未经界户、城内户、城外户以及僧尼、道士人数……此对宋代人口结构之了解很有帮助。”(《方志学研究论丛》第 5 页)

论者认为,是书亦有缺点。其卷七的《胡舜陟传》中,对胡谀秦桧一事略而不书。胡曾为秦桧之父立生祠,被高登所阻。舜陟怀恨于心,借故弹劾高登,向秦桧邀宠。后舜陟以岳飞案得罪秦桧而下狱死。志书中对胡舜陟巴结秦桧事略而不书。又，其先达一门中，以 900 余字述其“先君尚书”罗汝楫的生平，亲其亲，一至于此！对此，也有不同的看法。清人萧穆在《新安志·跋》中为之辩护云：“鄂州当时必知其故，盖前事(弹劾高登事)既不可书，后事(指忤秦桧事)亦难于特书，皆有深意存焉，后人有议其曲且疏者，皆非也。”(转自翟屯建《论〈新安志〉在方志发展史上的地位》，载《中国地方志》2005 年第 1 期)钱大昕在《跋〈新安志〉》中也说，这样做法是由于史志之有别的需要。其文谓：“汪延俊，世所指为奸人也。罗端良入之先达传，初无微词，后儒亦不以之病罗氏。盖郡县之志与国史不同，国史美恶兼书，志则有褒无贬，所以存忠厚也。公论所在，固不可变黑为白；而桑梓之敬，自不能已。袁伯长《四明志》，于史同叔但叙其历官，而云事具国史，与此同意。汪尚有善可称，史则其恶益著，故文稍异尔。”(《潜研堂文集》卷二九，转自陈光贻《中国方志学史》第 145 页)与钱氏持志书有褒无贬相同意见者，历史上不乏其例。如清代夔州知府吴美秀在重修《夔州府志·序》中就说：“史之所记，必有善而有恶；志之所记，有美而无刺，有善而无恶”，并认为两者可以并行不悖。民国时期王葆心也主张“志乘之体，善善从长”。总之是“彰善瘅恶，有褒无贬”。不同意者则认为，修志也要褒贬兼行。如明人周琦在《句容县志·序》中就说：“史昭鉴戒，而志与之等。”明人龚用卿在《重刊辽东志书·序》中亦谓：“国有史而褒贬劝惩之法明；天下有志，而得失鉴戒之义彰。其信今而传后，一也。”清人章学诚更归纳说：“有褒无贬，本非定例。前代名志亦多褒贬并行。今阅者，但见志书鲜用此例，因误会为褒贬并行权在国史，方志之例只应录善，若有一定之式，非也。”(《湖北通志辨例》，见张树棻纂辑《章实斋方志论文集》，山东省地方志编纂委员会办公室重印本第 250 页)

是年，范成大撰有《桂海虞衡志》(又名《桂海虞衡集》)3 卷(今仅存 1 卷)。桂海，今广西之谓也；虞衡，清人解释为山虞、泽虞、林衡、川衡之合称也(刘纬毅等著的《中国方志史》谓是官名)。作者在自序中说，是书乃“凡所登临之处与风物土宜，方志所未载者，萃为一书。蛮陬绝徼，见闻可记者，亦附著之”。全书 13 篇，分为志岩洞、志金石、志香、志酒、志器、志禽、志兽、志虫鱼、志花、志果、志草木、杂志、志蛮等。每篇皆有小序。几乎做到了“志其土之所有”。其所记的少数民族及土司、广西物产，资料独特，足补国史之缺。如记广西沿海蜑户，原始采珠之状就很具体：“没水采取，旁人以绳系其腰，绳动摇则引而上。先煮毳衲极热，出水急覆之。不然，寒栗而死。遇大鱼蛟兽诸海怪，为鬐鬣所触，往往溃腹折支，人见血一缕浮水面，知蜑死矣。”(转自刘纬毅《中国地方志》第 88～89 页)书中还注意分清农作植物与野生植物、畜牧动物与野生禽兽之别，更是难能可贵。陈光贻列举宋祁《益部方物略》、史能之《咸淳毗陵志》、李宗谔《祥符湖州图经》和本志对方物记载之后，认为这是方志对农业科学的贡献。

按：刘纬毅谓：“原书 3 卷，未刊，宋代即散佚。宋《百川学海》、明《古今说海》《说郛》、清《秘书二十一种》等，均有部分篇章。鲁迅于民国 11 年(1922)9 月 12 日夜以明抄

《说郛》校《桂海虞衡志》。20世纪广西民族出版社出版了齐治平的《桂海虞衡志校补》、四川民族出版社出版了胡起望、覃光广的《桂海虞衡志辑佚校注》,是当前较理想的版本。”

又:其后,明代邝露所作之《赤雅》3卷,为类似之作。露尝游广西,遍历岑、蓝、胡、侯、盘等五姓土司,曾被瑶女云亸娘留为掌书记。此即述其寓桂时之见闻,所记山川物产,皆词藻简雅,序次典核。清嘉庆初期,有白族人檀萃辑成《滇海虞衡志》一书,方国瑜在《滇海虞衡志概说》中指出:“是书有萃自序,言仿范成大之《桂海虞衡志》而作此书。惟成大多记见闻,萃多钞旧书,此其异,亦萃之不及成大也。”(转自赵进国《评〈滇海虞衡志·白人〉》,载《云南史志》1998年第2期)此志《四库全书总目提要》称:萃志“诸篇皆叙述简雅,无夸饰土风、附会古事之习,……亦颇有考证”,“不在范成大《桂海虞衡志》下,可称佳本”,但又批评它“附会涂饰,不免文士之积习”。(卷七一,《史部·地理类四》)

是年,陈秀实修,张可速纂成《西昌志》10卷。陈序谓:“绍兴乙卯(五年——1135),先君摄簿西昌。后四十二年,秀实始得邑于此,每欲辍簿书之余暇,览江山之形胜,搜求先君遗文逸句于精蓝古寺、山岩石壁之间,且因以稽考此邦贤人君子之操履,墨客骚流之赋咏,高僧仙伯之诙诡谲怪,揭而扬之,未暇也。一日,太守直阁王公以书抵秀实曰:天下郡国皆有志,而庐陵独阙,意者其有待乎?子盍有意成吾意,凡四封之内,一事一物,有可以备实录者,咸采摭以告。秀实奉命惟谨。于是好古博雅之士,各以所闻来献。乃诏贡士严万全、倪求己会粹之,而县丞张君可速董其成,厘为一十卷,以资讨论之博。”(转自《中国古方志考》第578页)看来这位陈秀实实在有点疏于职守,直要上司催促,才来修志。

按:泰和县,三国时为西昌县,此用古县名也。宋志中多有以古地名、山水名、书院名为志名者,此其又一例也。

淳熙四年(1177),范成大纂成《成都古今丙记》10卷。这是在赵抃《成都古今集记》、王刚中《续成都古今集记》之后撰成的,故名为《成都古今丙记》。范氏自序谓:“前记赵清献公作于熙宁七年甲寅,凡三十卷。蜀之始封,及分野,梁、益州、剑南、西川、成都府属郡县得名之所自,废置因革之不同,考之详矣。后八十七年,当绍兴三十年庚辰,王恭简公续为之记……续记之成,距今才十有八年,虽事之当书者,不至甚夥。然恐自是日月寖久,来者难考。乃搜耳目所及者,继书之,名曰丙记。其二记已载者,皆不重出。”(转自《中国古方志考》第668～669页)

淳熙五年(1178),赵绸修,李纶纂成《临漳志》(漳州府志也)。赵绸知漳州,注意兴利除弊,“盐初由官鬻,民不苦官鬻而苦户均口率之苛。公一旦下令蠲去均率,民得以持钱挈榼就官市盐,如平人交易,公私便之矣。岩栖谷饮之民,耕植多蹂啸于象,有能以机阱弓矢毙之者,方喜害去。而官责输蹄齿,则又甚焉,故民宁忍于象毒而不敢杀。近有献象齿者,公以还之民,且令自今毙象之家,得自有其齿,民知毙象之有获无祸也。深林巨麓,将见其变而禾黍矣。公之政大率先抚字，尊校庠，遂至市无游吟、野乏环佩。此其为效自垂拱以来，盖未之有。”于是阖十馆之士都要求修志，记下赵氏的政绩，并以意见告本郡进士李纶。李纶转呈于赵。赵命“惟山水、城郭、宫室、风物、人贤之书则可，在政事则不必书。夫以漳士纪漳俗，极所美而无隐，恐后人莫之信，或有远来之贤，能习漳俗始末者，得一二人以秉笔，虽大书深刻，后世必无敢议者。漳之美庶乎其无毫发湮矣”。于是李纶退而与翁亢、许懋共编成是志。郡以漳水而名，故志名为《临漳志》。（李纶本志《序》，转自《中国古方志考》第 433 页）

按：这是漳州府志也，因唐垂拱时置临漳郡，故名“临漳志”，又是以古名名今志者。从序文中所说象害之烈，亦颇可窥见宋时漳州生态环境之一斑也。

淳熙六年（1179）七月，宁国府新池州守王日休进其所纂《九丘总要》340 卷。八月八日，皇帝下诏迁日休官秩。先是日休纂成 20 卷进呈，帝诏宁国府给札写之。至是扩写成 340 卷进呈，故有是诏。是书所记“郡邑废置，地理远近，人物所聚，古迹所在，物产所宜，该载详备。郡县以今名为正，旧所名随声韵编次，附之卷末”。（《千顷堂书目》卷八《补》，转自《中国古方志考》第 105 页）

是年，著名哲学家、教育家、学者朱熹去南康（军？）赴任时，属下官员们远迎于道旁。他下轿伊始，即问方志，传为千古美谈。

按：在宋代，新官赴任先问图经，或属下主动给主官献图经的例子所在多有。胡太初由澄江转守临汀，“乃于都、闽转扣尝官于是者，求郡乘一观”。（胡太初《临汀志》序，转自《中国古方志考》第 430 页）冯福京到乐清上任，“首访图经”，遍寻不获，后来还是从僧司找到一个淳熙时志书的抄本，不过已经是 120 年前的本子了。（冯福京《乐清县志·序》，转自《中国古方志考》第 408 页）寇准晚年到海康时，“至境首，雷吏呈图经，迎拜于道”。（《湘山野录》，转自仓修良《方志学通论》第 274 页）赵不悔将出任新安，“吏以图经先至。”（见本书淳熙二年条）官吏交接，也要交图经，如熊良弼《新昌图经》序所说：“旧令尹之告新令尹，则所谓图经者，取具临时誊写以相授。”（《中国古方志考》第 573 页）新官之首访图志，多半为的是了解地情。如项公泽之找志书，为的是要弄清昆山赋重的历史原因。他说：“昆山为吴壮邑，地险而俗劲，田多而赋重，凋弊积有年矣。故于稽古载籍之事多缺焉，考之《吴郡志》，虽附书一二，其详不可得而闻。”（《玉峰志·跋》）吴机于嘉定间兼知真州，寻找志书，为的就是要考此地盛衰之由。三百年间，这里由盛而衰，衰而复盛。有人归之于“数”，就是天命。他认为不是。于是他为“考其所以盛衰之故，而求之古之图志，则缺而不修。吏或持绍熙间郡侯韩公录本以进者，问其板，曰：火与兵久矣，传录舛讹，固不足以备翻阅”。使他大为失望，于是才决心来修新志书。（《仪真新志·序》，均转自仓修良《方志学通论》第 274 页）

淳熙八年（1181），四川制置使胡元质撰成《成都古今丁记》25 卷。胡氏自序谓：“予以是年（淳熙四年）秋代匮帅蜀，四路兵民之寄实在焉。蜀久困于征输，榷酤之额虽减，盐茗之课犹重,与其他边防民政,事所当行,利兴害去,皆有端绪,可覆而考也。居三年,缀为《丁记》二十五卷,粗成一书,姑俟论定,别为一编,合成都四记而观之,往事顾前,得过半矣。”(嘉靖《四川总志·全蜀艺文志·志序》,转自《中国古方志考》第669页)可见纂者的出发点在于兴利除弊。

淳熙九年(1182)五月,梁克家、陈傅良纂成《三山志》40卷(其后淳祐间,福州教授朱貔孙等续入淳熙九年以后之《进士题名》2卷,共为42卷),福州之方志也。以福州东有九仙山,南有闽山,北有越王山,故称三山。又因福州曾为长乐郡,亦有称之为《长乐志》者。全书共分地理、公廨、版籍、财赋、兵防、秩官、人物、寺观、土俗9门类,门类下再分目。列目亦具特点。如其公廨类下列之目,就是当时该地所有机构的一份清单名录。是书注重记录掌故和实地调查,如梁氏自序云:他曾“约诸里居与任于此者相与纂集,讨寻断简,援据公牍,采诸长老所传,得诸闾里所记,上穷千载建创之始,中阅累朝因革之由,而益之以今日之所闻见。厥类惟九,靡不论载,岂惟使四方知是邦于是为盛,抑乡古者有考焉”。由于注意民间资料的调查,故对于事物的记载甚为生动翔实,可读性颇强。《四库全书总目提要》谓:“史称其为文深厚明白,自成一家……朱彝尊《曝书亭集》有是书跋,议其附山川于寺观,未免失伦。今观其人物,惟收科第、土俗,时出谣谶,亦皆于义未安。然其《志》主于纪录掌故,而不在夸耀乡贤、侈陈名胜,固亦核实之道,自成志乘之一体,未可以常例绳也。其所记十国之事,多有史籍所遗者,亦足资考证,视后来何乔远《闽书》之类,门目猥杂,徒溷耳目者,其相去远矣。”(卷六八,《史部·地理类一》)四库馆臣此评论信然。笔者早年编著《闽国史事编年》(福建人民出版社1997年版)时,历尽艰辛,才于福建师大图书馆获得借阅,受其惠益者实多。

按:钱大昕在是书《跋》语中谓:“今本作四十二卷。其第三十一、第三十二两卷进士题名,乃淳祐中福州教授朱貔孙续入,考目录本附于第三十之后,但云第三十中、第三十下,未尝辄更旧志卷第。后人析为四十二卷,又非貔孙之旧矣。志成于淳熙九年五月,而知府题名增至嘉定十五年,他卷间有阑入淳祐中事者,皆后人随时儳入也。”于此可以解决读古志书中往往见载有志书下限后史事之谜。又谓:“世人读《宋史》者,多病其繁芜,予独病其缺略。缺略之患,甚于繁芜。即有范蔚宗、欧阳永叔其人,繁者可省,缺者不能补也。”(转自《中国古方志考》第417～418页)此段可以用于分辨“尚繁”、“尚简”派之得失。

又:宋元时修之志书,为避图经官书之名,往往援古郡或山水以为名,而不直书某某志,此其一例也。除此之外,杨潜《云间志》、陈耆卿《赤城志》,元人徐硕《嘉禾志》、秦辅之《练川志》、张铉《金陵新志》等皆是。其所以如是者,盖如章学诚所云:“宋制以州领县,诸县不皆有志,而州志不上职方,故书名或取古郡,或题山水……所以避图经官书名目”也。(转自《朱士嘉方志文集》第45页)此风延传至明清仍有仿之者,如王鏊《姑苏志》,翁澍《具区志》等。据《中国古方志考》,元致和间,又有《三山续志》之修。

是年，李韦之纂成《邵阳图志》3卷。其自序谓："邵之为郡，介于长沙、零陵二郡之间，有唇齿辅车之势。其人尚气而贵信，喜直而恶欺，节俭而不奢，朴厚而不恌。"（转自《中国古方志考》第510页）

淳熙十二年（1185），陈公亮修，刘文富纂成《严州图经》10卷。书以严州及六县分卷，各列子目。这是北宋以来严州修的第四部图经，今仅存4卷。卷首有诏、制、敕、榜、序及图。图有子城图、建德府内外城图、府境总图，建德、淳安、桐庐、遂安、寿昌、分水各县境图。卷一为严州，是郡志；卷二为建德县；卷三为淳安县。各记其历代沿革、分野、风俗、户口、学校、坊市、桥梁、物产、课利、祠庙、人物、碑碣（卷三脱佚古迹、贤牧正题名、学校、登科记、人物、碑碣诸目）。卷四以后亡佚，当分记桐庐、遂安、寿昌、分水诸县事。

按：是书刻行时，易书名为《新定志》（亦有称《新定图经》者），故陈振孙在《直斋书录解题》中，王象之在《舆地纪胜》中，均称之为"新定志"。可见是时"图经"与"志"已可互易代称，这是图经向方志过渡的典型代表。陈光熙在《中国地方志总目提要·浙江省·严州图经》条中称："是志成了地方志书由图经演变为志的活化石，在方志学研究上有其独特价值。"（《中国方志总目提要》11—18）在体例方面，其郡志之下的各卷，分列各县自立门目，各按沿革、分野、风俗、户口、学校、军营、坊市、物产、土贡、人物等项分别记述，这一不与郡志相混的做法，似可寻绎出县志单独成书的缘由。

淳熙十五年（1188），郡守郑兴裔修，合肥主簿唐锜撰成《合肥志》4卷。郑氏在是志序中说："我朝受命以来，重熙累洽，涵煦生息，亦云久矣。而志载缺如，奚以昭传信、示来兹乎？余承乏守郡，郡之中所为山川之广袤，守得而考之，户口之登耗，守得而询之，田畴之芜治，守得而省之，财赋之赢缩，守得而核之，吏治之臧否，守得而察之，风气之贞淫，守得而辨之。守之奉命而来此也，所以上报天子，下顺民情者綦重矣。夫事不师古宜今，而欲有为，譬之闭门造车，未见其合。志曷可废乎？"（转自《中国古方志考》第292页）提出修志是为了"师古宜今"，即在政治上要"有为"，又要"昭传信，示来兹"。

淳熙十六年（1189），刘清之修，廖行之纂成《衡州图经》3卷。张国淦《中国古方志考》第522页录《宋故宁乡主簿廖公行状》谓："郡首临江刘公清之，雅意教化，慨叹是邦图志之阙，拉公预纂修，研究历代废置，上下数千百年，综理不乱，专以芟翦诬诞为先。郡月以万钱致朱墨之费。公曰：诱我肄业博古，又敢图利耶。却之而不可，公即寘之。洎终编，合六万，乃悉以缮治泮宫。"又录《宋故宁乡主簿廖公修职墓志铭》谓："郡守刘公清之欲补图志之阙，公首为规创凡例，网罗遗佚，上下千载，纠剔妄谬，参核异同，厥功为多。书甫就而公殁。"廖行之殁于淳熙己酉，故知是书成于是年也。

按：这位刘公清之，"首为规创凡例"，是目前已知志书有"凡例"之较早者。是否为最早者，尚待进一步考确。到了明代，志书之有"凡例"就很普遍了。"凡例"是规定志书的编纂要求及篇目的设置等，对于方志体例的发展具有一定的推动作用。

金大定末(1189为大定最后一年),进士吕贞干(字周卿)著《碣石志》数十万言,皆近代以来事迹,幽隐谲怪恢谐,无所不有。(光绪《畿辅通志·艺文志一》,转自《中国古方志考》第134页)

淳熙间(1174～1189),周去非撰成《岭外代答》10卷。时去非为桂林通判,是书当撰于其代归之后。在自序中谓本范成大《桂海虞衡志》,而益以耳目所见闻,录存二百九十四条。盖以有问岭外事者,倦于应酬,书此示之,故曰代答。书中备载今两广地区兼及南海诸国及大秦、木兰皮等国及与华贸易客商的情况。其描述往来海船有"舟如巨室,帆若垂天之云,柁长数丈"。全书目次为:卷一:地理、边帅;卷二～三:外国;卷四:风土、法制;卷五:财计;卷六:器用、服用、食用;卷七:香、药器、宝货、金石;卷八:花木;卷九:禽兽;卷一〇:虫鱼、古迹、蛮俗、志异。其边帅、法制、财计诸目所记,有可补正史之未备者。(见吕志毅《方志学史》第167页)《四库全书总目提要》谓:"其书条分缕析,视嵇含、刘恂、段公路诸书叙述为详。所记西南诸夷,多据当时译者之辞,音字未免舛讹。而《边帅》、《法制》、《财计》诸门,实足补正史所未备。"

淳熙间,孙显祖纂成《靖州图经》4卷。是书虽佚,但存善化陈氏荆湖图经辑本。广西旧有地名称凿字溪者,不明其来历已久。近人陈正祥氏自该书残卷中终于查明其来历。原来是:"元丰癸亥(六年——1083),通道于广西,于溪之旁得古碑,乃唐久视中(700)遣将王思齐率甲兵征蛮过此,隔碍山险,负舟而济,镵石以记岁月,而夷人以为凿字溪。"(转自宋晞《方志学研究论丛》第16页)

淳熙间,程大昌撰成《北边备对》6卷。先是大昌在讲筵,孝宗问北虏地理等事,昌为之对讲。后将其所讲内容追记而成是书。以古来中华、北狄枢纽相关者,条列其地而推言之。首以四海为之总统,次载秦汉以来沿边州郡,凡北狄名号、境土、山川、牙庭、城障、沙漠、关塞,所在加以辨说。(《玉海》卷一六)以讲筵顾问为缘起,故名为备对。《四库全书总目提要》谓其仅二十一条,"皆摭史传旧文,无所考正。"

宋光宗绍熙二年(1191)赵善俊修,褚孝锡等纂成《长沙志》52卷。(《中国古方志考》第507页)

金明昌二年(1191),王寂撰成《鸭江行部志》1卷,为纪录今辽阳至辽东半岛行程所见。内容多为地理、古迹、文物等。(吕志毅《方志学史》第187页)

绍熙三年(1192),范成大纂成《吴郡志》50卷,至绍定二年(1229)刻印成书。全书平列39门(彭静中《中国方志简史》谓,另有"营寨"一门非范氏之旧,故未计在内)。具体篇目为沿革、分野、户口、租税、土贡、风俗、城郭、学校、营寨、官宇、仓库(场务附)、城市、古迹、封爵、牧守题名、官吏、祠庙、园亭、山、虎丘、桥梁、川、水利、人物(列女附)、进士题名(武举附)、土物、宫观、府郭寺、郭外寺、县记、冢墓、仙事、浮屠、方技、奇事、异闻、考证、杂咏、杂志等。全志条章严密,征引浩博,叙事简核,为宋代方志中之上品。由于当地"池馆林泉,号吴中第一",故专立独具特色的《园亭》一个专卷,《虎丘》亦单列为一卷,很能反映地方特色。

由名声很大的范石湖纂修成的这样一部志书,竟然在稿成38年之后始刻成,很值得注意。志首有赵汝谈之序,曰:此书稿“条章粲然,成一郡巨典,辞与事相称矣”。但“初石湖范公为《吴郡志》成,守具木欲刻矣。时有求附某事于籍而弗得者,因哗曰:‘是书非石湖笔也。’守惮莫敢辨,亦弗敢刻,遂以书藏学宫……绍定初元冬,广德李侯(寿朋)以尚书郎出守。其先度支公(嘉言),石湖客也,是以侯习知之。及谒学问故,惊曰:‘是书犹未刊耶?’他日,拜石湖祠,退从其家求遗书,得数种,而斯志与焉,校学本无少异……而书止绍熙三年。其后大建置如百万仓、嘉定新邑、许浦水军、顾迳移屯等类皆未载,法当补。于是会校官汪(泰亨)与文学士杂议,用褚少孙例,增所缺遗,订其脱讹,书用大备而不自别为续焉。”(转自《中国古方志考》第249～250页)

按:诽谤是书非石湖笔者,乃滕茂也。《中国地方志名家传》谓:此志“纂修中,曾得到郡人龚颐正、滕茂、周南相三人的赞助。志成不久,范成大病故。滕茂因当时欲把自己书籍附于志中,而遭范氏拒绝。此时乃诽谤是志不是范氏所作,致使志书被藏学宫而不得刊行。直至绍定初年,郡守李寿朋经调查断定是石湖真笔,经汪泰亨增补内容,由赵汝谈作序,于绍定二年(1229)刊行”。

是书刻行之后,便久有盛名。《四库全书总目提要》称:“其书凡分三十九门,征引浩博,而叙述简核,为地志中之善本。”“往往于夹注之中,又有夹注。考成大以前,惟姚弘补注《战国策》尝有此例,而不及此书之多,亦可云著书之创体矣。”章学诚说:“今学者论宋人方志,首推罗氏《新安志》与范氏《吴郡志》为称首,无异辞矣。”但他指出是志的明显缺点:首先是“体制详郡而略县”,称其体例尚可,沿革有郡无县,则是眉目不分。且郡之沿革,入宋之后的记法多所不伦。其次是“古迹与祠庙、宫宇、园亭、冢墓、宫观、寺、山川等,颇相混乱。别出虎丘一门于山之外,不解类例牵连详略互注之法”。又次是“人物不自撰著,裁节史传,亦纂类之例也”。再次是将干将、莫邪、属镂之剑,吴鸿、扈稽之钩等,本属神话传说之物,也列入“土物”,是“非其类矣”。他最后的结论是:“其五十卷中,官名地号之称谓非法,人氏名号之信笔乱填,盖宋人诗话家风,大变史文格律,其无当于方志专家,史官绳尺,不待言矣。其所以为世所称,则石湖贤而有文,又贵显于当时,而翦裁笔削,虽不合于史法,亦视近日猥滥庸妄之流,固为矫出,得名亦不偶然也。然以是为方志之佳作,则不确矣。”(《书〈吴郡志〉后》,转见仓修良编《文史通义新编》第900～902页)

按:对于章学诚批评它“别出虎丘一门于山之外”是“不解类例”,后人颇有不同看法,认为这是突出地方特点的好做法。如今人王怀中就认为:“这正是范氏的高明之处。虎丘是苏州的象征,别于他山之外,并没有造成类例的混杂不清,反而能收到突出地方特点的效果,‘例以义起’,有何不可呢?”(《地方志应体现地方性和时代性的特色》,载《中国地方志》1981年第7、8期)

又:是书今存宋刊本,至为名贵。这种平列门目体,对后世颇有影响。明代方志中有不少这样的列目。清代河南巡抚贾汉复主修的《河南通志》用这种体式修成后,被颁为全国样板,影响更大。但这种平列立目的做法,使得志书结构松散,不便反映事物的统属关系,故到清代后期以后,用此体例者渐少。

又:是书中许多考证甚是精详。彭静中《中国方志简史》在对是书的评介中,所举关于"半夜钟"一例,颇饶兴味,今转录于次:"半夜钟,按唐张继《枫桥诗》云:'姑苏城外寒山寺,夜半钟声到客船。'其地在阊门外七里,欧阳文忠公云:'句虽佳,其奈三更非撞钟时。'范氏云:'欧公盖未尝至吴中,今吴中僧寺实半夜鸣钟。或谓之定夜钟,不足以病(张)继也。'这是以当地之确切事实为证。范氏并举《南史·邱仲孚传》:'少好读书,常以中宵鸣钟为限。'(原引作'半夜鸣钟为限')阮景仲为吴兴守诗云:'半夜钟声后',白乐天亦云:'新秋松影下,半夜听钟声。'吴中半夜钟,其来久矣。又于鹄《送宫人入道》诗:'定知别后宫中伴,遥听缑山半夜钟。'温庭筠诗亦云:'悠然旅榜频回首,无复松窗半夜钟。'何独于(张)继而疑之。"(第 200 页)

是年,直龙图阁知温州军州事孙楙修,礼部侍郎曹叔远纂成《永嘉谱》24 卷,分为年谱、地谱、人谱、名谱 4 编。年谱记载建置沿革等大事,采用编年记法,这是最先出现的编年体大事记。地谱记载山川、疆域、名胜、古迹。人谱记述封官授爵,及官吏罢免、选举人物。名谱即物谱,志物产等。《直斋书录解题》卷八谓:"绍熙三年,太守宛陵孙楙属器远裒集,创为义例如此。"孙诒让在《温州经籍志》卷二四中谓:"曹文肃《永嘉谱》区分四目,在古地志中实为创例。其所谓年谱者,盖以志建置沿革诸大事,并编年纪之;其所谓地谱者,盖以志山川、疆域、名胜、古迹;其所谓人谱者,盖以志官师除罢、选举人物;惟名谱不得其义,不知所志何事也……此书明末尚存,今则不可复得矣。"(转自《中国古方志考》第 405～406 页)

按:这种按地情内容四部分类法,可以称为四纲体、四门体或四部体,多为后人所袭。有分土地、文献、民物、政事四纲者,如嘉靖《陕西通志》(见 1542 年条);有分志地、志政、志人、志献四篇者,如《防城县小志》(见 1890 年条);有分为方划、邦制、物土、人文四门者,如嘉靖《嘉兴府图记》(见 1548 年条);有分为世编、疆里、壤则、建置四篇者,如嘉靖《滦志》(见 1548 年条);有分地、治、户、礼书四纲者,如万历《会稽县志》(见 1575 年条);有分舆地、官政、人物、典文四志者,如乾隆《河间府志》;有分纪地、纪官、纪人、纪故四纲者,如同治《象州志》(见 1870 年条);有分纪地、纪官、纪人、纪事四纲者,如光绪《浔州府志》(见 1897 年条)有分为天、地、人、物四部者,如嘉庆《南平县志》;有分土地、人民、政事、文献四部者,如道光《内江县志》;有分舆地、政治、人物、艺文四纲者,如民国《万泉县志》(见 1918 年条);有分土地、人民、政事、志余四部者,如民国《巴中县志》;有分疆域、法制、文献、故事四略者,如民国《盐山县志》(1916 年条,是时河北多部志书均按此分法);有分治局、治则、治人、治迹四部者,如嘉靖《蓝田县志》(见 1529 年条);有分沿革、艺文、兵事、金石四略者，如光绪《襄阳四略》；有分春、夏、秋、冬四部者，如乾隆《开泰县志》；有分云、龙、凤、虎四集者；如顺治《金山县志》；有分元、亨、利、贞四集者，如康熙《始兴县志》、乾隆《太和县志》等，这一类之例子更多，不胜举。这种四类分目法，可能是后来“三宝体”之渊源所自。

这种四部分类法，也有按体式而分者，如嘉靖《沔阳志》分纪、表、志、传四部（见 1531 年条），嘉靖《江阴县志》和万历《安丘县志》，均分记、考、表、传四部（见 1548、1589 年条）；乾隆《固始县志》，分考、表、志、传四部；道光《重修光泽县志》分表、略、传、录四部；道光《桐城县续修县志》分图、表、志、记四部；光绪《大荔县志》、民国《泗阳县志》，均分图、表、志、传四门（见 1879、1925 年条）；民国《宿松县志》分志、表、略、传四部。

又：“年谱”一目之出现，不少论者都以为，是为方志有纪年之雏形，又谓至嘉定七年(1214)高似孙纂《剡录》设“县纪年”，是县志中有大事记之正式开始。其实这种以编年形式记一地大事的体例，早在唐代的《瓜沙两郡大事记》已开其端矣。

绍熙四年(1193)十一月，杨潜修，朱瑞常、林至、胡林卿等纂成《云间志》3 卷。卷上为封域、道里、城社、镇戍、坊巷、乡里、学校、版籍、姓氏、物产、廨舍、场务、仓库、税赋、桥梁、亭馆、人物、古迹；卷中为仙梵、寺观、祠庙、山、水、堰闸、冢墓、知县题名、进士题名；卷下为赋、诗、墓志、记、序、说、铭、箴、祭文等。就地域而言，此书实记后来松江府全府之范围。杨潜在原序中称：“(华亭)质之《寰宇记》、《舆地广志》、《元和郡国图志》，仅得疆理大略，至如先贤胜概，户口、租税、里巷、物产之属则阙焉。前此邑人盖尝编类，失之疏略，续虽附见于《嘉禾志》，然阙遗尚多。余谬领是邑，虽曰困于簿书期会，而此心实拳拳。今瓜代有期，不加讨论以昭来者，则鞅鞅不满，若将终身焉。”于是召集“邑之博雅君子，相与讲贯，畴诸井里，考诸传记，质诸故老。有据则书，有疑则阙，有讹则辩。凡百里之风土，粲然靡所不载。至若前辈诗文，散落于境内者非一，姑摭南渡以前者附于卷末……是书也，虽一邑之事，未足以广见闻，异时对友朋，则可以资谈麈，事君父，则可以备顾问，孰谓其无补欤？”(转自《中国古方志考》第 258 页)钱大昕在是书《题记》中称：“此书成于绍熙四年，而知县进士题名，续至淳祐、宝祐而止，卷末数叶载楼大防、魏华父诸公记，亦后人续入也。宋时华亭县兼有今松江全郡之地，此志体例亦繁简得中。”孙星衍在重刻本序中谓：“国家集四库书，载诸宋元方志，而宋杨潜《云间志》以后出不得预。其书按据旧图经，搜罗古碑碣，详载故实题咏。书仅三卷，繁简得中，不让宋人《会稽》、《新安》志也。”(均转自《中国古方志考》第 258～259 页)当代评论者认为，是志中辑存了上海地区大量的古代史料，堪称上海地区“第一志”。(见许洪新《上海旧方志述评》，载《上海修志向导》1993 年第 4 期)

绍熙五年(1194)，施迈修，郑应申、徐纲纂成《江阴志》10 卷，全志分 32 门。俞巨源在志序中称，“郡各有志，澄江独未之作也。吴兴施公太博知军事，慨然以为缺典。首命郡博士郑君、邑大夫徐君相与搜猎，以编为书，庶几来者有考。郑君于是质之古，验之今，采其土地所有，记闻所传，琐科条所当载者，分为三十二门，计一十卷，其文直，其事核，其目井井也。"(转自《中国古方志考》第 269 页)张国淦称其"自秦汉以来迄于今千八百年，江阴之故，赫然如揭日月"。

绍熙间(1190～1194)，郑兴裔修，郑少魏、姚一谦纂成《广陵志》12 卷。郑氏在志序中谓："郡之有志，犹国之有史。所以察民风、验土俗，使前有所稽，后有所鉴，甚重典也。余奉简书，自庐移守兹土，表彰先哲，利赖兆民，日求康治，而文献无徵，心窃悼焉……唐曹宪始创《扬州志》，五代丧乱之余，残编断简，无复存者。我国家定鼎，以维扬为重镇，历今二百三十余年。休养生息，民臻富庶，而名邦掌故，终令沦亡，殊非守土牧民之责？爰命郑教授少魏、姚尉一谦辑之，为卷一十有二，书成，请余识诸简端。余思先王之有天下也……易垂重门之文，明乎各有定守也。乃若任土作贡，厥赋恒殊三等；鱼盐蜃蛤，伯国用以富强。且江珍海错，地实生焉。践其土者食其毛，宁敢忌享王之义乎。其或嵩岳降灵，勋名成于仕宦；山川毓秀，贤声著于乡邦，千秋之俎豆增光焉。若夫遇名山而歌咏，掷地金声；历馆阁而抒辞，光天藻彩，邹、枚、鲍、庾之徒，赫赫在人耳目也。他如封股砥纯孝之行，断指凛冰霜之节，可以立懦廉顽，风兹百世，旌庐表墓，又奚忝耶。至于隋陵盘冢，古迹相沿，琼观迷楼，胜地非昔，吊遗徽于寂寞之滨，扪碑碣于薜萝之内，虽微必录，无隐不宣，数百里封域中之事，群汇而笔之于书，则身不下堂阶，而广陵错壤恍然在目。斯无负守土牧民之责乎。圣天子采风问俗，藉以当太史之陈。后之来守是邦者，亦庶乎有所据依矣。"(《郑忠肃奏议遗集》下，转自《中国古方志考》第 235～236 页)

按：序文中"郡之有志，犹国之有史。所以察民风、验土俗，使前有所稽，后有所鉴，甚重典也"。不特在"天子采风问俗"之时，可以"藉以当太史之陈"，而且可为"后之来守是邦者，亦庶乎有所据依矣"。最明确地提出方志属史，其功用是可以垂鉴后世的重典，可以为守土者之据依。此数语为治方志者所反复引用。

又：是书未明具体纂修年月，然郑氏以绍熙元年(1190)为广陵太守。序文中谓"我国家定鼎，以维扬为重镇，历今二百三十余年"。北宋开国至绍熙元年，适 230 年。由是而推定书当成于绍熙时，故系于是。

宋宁宗庆云五年(1199)，袁说友纂成《成都志》一书，卷帙未详。袁氏自序谓其修是志原因有二：一是因为成都古今前后记，"凡数书矣，览者不复一见而尽，或有病焉"；二是因为"是邦也，昔也风土之阜繁，民生之富庶，考之志可见已。今闾阎无巨室，田野无饶民，商者多乏绝，耕者半转徙，公不能以裕私，下不足以供上，熾熾然销膏以火而不自知也，可乎哉？圣明在上，顾忧西南，日议所以宽民输、蠲估赋，培植其元气，而针砭其膏肓。是志也又将以宽大之诏、什一之制而大书特书焉，则有俟乎后之作者"。至其修志原则，则是"胚胎乎白(敏中)赵(抃)之记，而枝叶于《续记》之书，剔繁考实，订其不合，而附益其所未备，胪分汇辑，稽仿古志。凡山川地域、生齿贡赋、古今人物，上下千百载间，其因革废兴皆聚此书矣"。(《中国古

方志考》第670页)

按:《蜀中广记》谓此志作者不知为谁。至正二年(1342)费著在其所纂的《成都志》序中云:"全蜀郡志,无虑数十,惟成都有《志》有文类。"张国淦《中国古方志考》第670页谓:"今文类五十卷,为袁所集,则志必出其手。"今从之。

庆云六年(1200)八月,吴琚修,朱舜庸纂成《建康续志》10卷。张国淦《中国古方志考》第217页引《景定建康志·耆旧传》谓:"朱舜庸编金陵事,积二十年,自里巷所传至仙佛之书,无不研综,舂容大帙,余数万言。庆元中,节度使吴公琚来任留守,得其编而契于心,乃为之订证铨次,刻梓以传,目曰《续建康志》。"

按:吴琚于绍熙时守襄阳,又撰有《襄阳耆旧传》1卷。所载自春秋、战国至唐、宋时襄阳郡令之传记。首列宋玉至刘秀,止于虞狄。书前无序,后有吴琚自跋。上海图书馆存有明刊本。(见陈光贻《稀见地方志提要》第811页)

庆云间(1195~1200),武冈军教授郑昉纂成《都梁志》2卷。(《中国古方志考》第512页)《四库全书未收书目提要》谓:"此志体例,繁简得中,不让宋人《会稽》、《新安》诸志。"(转自《上海方志资料考录》第24页)都梁,今湖南武冈县地也。

嘉泰元年(1201),绍兴知府沈作宾、赵不悔、袁说友修,通判施宿等纂成《嘉泰会稽志》20卷。陆游参订,并于是年十二月为之作序,谓:"直龙图阁沈公作宾来为守,慨然以(修志事)为己任,而通判府事施君宿发其端,安抚司干办公事李君兼、韩君茂卿为之助,郡士冯景中、陆子虡、王度、朱鼒,永嘉邵持正等相与。上参《禹贡》,下考太史公及历代史,金匮石室之藏,旁及《尔雅》、《本草》、道释之书,稗官野史所传,神林鬼区、幽怪慌惚之说,秦汉晋唐以降金石刻,歌诗赋咏,残章断简,靡有遗者。若父老以口相传,不见于文字者,亦间见层出,积劳累月乃成。沈公去为转运副使,犹经营此书不已。华文阁待制赵公不悔、宝文阁学士袁公说友继为守,亦力成之,而始终其事者施君也。书虽本之图经,图经出于先朝,非藩郡所可附益,乃用长安、河南、成都、相台之比,名《会稽志》。"(转自《中国古方志考》第371~372页)此中说明志书内容包罗之广,也说明了由"图经"改"志"之由。是书平列式立目,立有分野、风俗、州境等117目,为宋代方志立目之最多者。其中的姓氏、送迎、古第宅、古器物、求遗书、藏书等目,都是他志中所少见的。《四库全书总目提要》评价为"能搜采辑比,使条理秩然",并与张淏之《宝庆会稽志》(该志也列有50目)同称为"皆地志中之有体要者"。是志人物部分,为陆游之子陆子虡所纂辑,志中所记人物,只及左丞陆佃一人,其余陆氏者一律不收。故清人钱大昕在《跋》语中称:"陆氏家世贵显,放翁父子预修此志,而传人物只及左丞佃一人。古人志乘,皆寓史法,不私其亲如此。近代士大夫一入志局,必欲使其祖父族党一一厕名卷中,于是儒林文苑车载斗量,徒为后人覆瓿之用矣。"(转自《中国古方志考》第373页)周中孚在《宝庆会稽志·跋》中,称"其书凡分细目一百十七,详略得中,纪叙典核,而鉴裁精当,亦地志中之极有体要者。又武子(施宿)知余姚时,尝修捍海堤,此亦可叙入其事,俾后来继之者可考,本非自功者之比。乃武子引嫌不载,则其私意全泯,为何如也"。(转同上书第374页)卢文弨在《嘉泰会稽志·跋》中将是书与《临安志》对比说:"武子(施宿字)尝注苏诗,高出王龟龄之上,至今学者重之。务观(陆游字)文笔,尤为南渡宗匠。此书详简得中,纪叙典核。《临安志》犹有谄权奸、扬己绩之失,而此无有。要非施为主而佐之以陆,不能剪裁精当若是。武子尝知余姚县,修捍海堤,此当直叙其事,使后来者可图其继,不可与自功者一视。"(转自王葆心《方志学发微·取材专论一》)

按:《宋史·艺文志》既载沈作宾《会稽志》,又载陆游《会稽志》。钱大昕谓是一书而复见迭出者,作为两书,未免失实矣。

又:此志修纂之时,越州已改绍兴府。"其不称绍兴府志,而称《会稽志》者,用长安、河南、成都、相台诸志例也。"(转见《浙江方志概论》第119页)

是年,李景和等修,谈钥纂成《嘉泰吴兴志》20卷。景和知湖州,以左文质之《吴兴统记》失之猥,李宗谔之《大中祥符湖州图经》失之脱简。认为谈钥乃博物君子,"偶言及此,钥慨然以此自任",遂有此志之成。是书以事类为经,以县为纬,分县叙事。其目次:卷一为建置沿革、分野;卷二为城池、坊巷;卷三为乡里;卷四为山、岭、岗、岘、峡、洞、坞;卷五为河渎、湖、潭、溪、涧、洲、浦、川、水、汇、湾、漾、泾、渚;卷六为宫观、坛壝;卷七为官制;卷八为公廨;卷九为邮驿;卷一〇为管镇;卷一一为学校;卷一二为军营、古迹;卷一三为宫室、苑囿、亭、祠庙、寺院;卷一四为郡守令题名;卷一五为县令题名;卷一六为著姓、贤贵事实上;卷一七为贤贵事实下、进士题名、烈妇、释道;卷一八为碑碣、食用故事、事物杂志;卷一九为井、桥梁、渡堰、陂塘;卷二〇为风俗、物产、土贡。宋人傅兆序称:"此大概本旧志,参正史,补遗纠误,无一不满人意。列二十卷,卷各有目。数千百年间事,了然不疑,《三辅黄图》殆不是过……诚良史才,奚可多得。"(转自《中国古方志考》第349～350页)这是一部属掌故体的方志,其《物产》对该地出产之粳、糯、粟、麦及麻、豆等,《食用故事》目对其特产鳍、水菜,以及《杂事》目对其富有地方特色之圣火、潮水戏等,都一一加以记载。尤其卷八《公廨》所载"造船"及卷一六《著姓》门内的造船资料及姓氏资料更为珍贵。(转见罗一星《宋元方志解题》,载《广东史志》1991年第1期)是志述事广征博引历代史志,而不轻作议论,不仅记录了大量本地故实,而且保存了许多史籍的零章片简。如引唐代《湖州旧图经》140余条,引左文质《吴兴统记》300余条,引绍兴间的《吴兴续图经》87条,引《淳熙吴兴志旧编》280条,对辑录太史旧志具有不可忽视的作用。一些失传的湖州旧事可于此志中寻见佚文。陆心源在《皕宋楼志》中评论道:"陈直斋虽讥其未能尽善,然宋以前遗文逸事,如劳钺《成化湖州府志》、王珣《弘治湖州府志》、张铎《嘉靖湖州府志》、栗祁《万历湖州府志》诸志所未收者甚多,足为考古者之助。"(转见《浙江方志概论》第82页)

按:是志原本已无从得见,今所传者只有从《永乐大典》中辑出之辑本《嘉泰吴兴志》。乃无纲统目的平列目体,共分50目。每目前皆有按语,说明材料来源、取舍原委,间或还有对所引资料之考证。

又：同年修成之以上两志，书名均冠有“嘉泰”年号，甚有创意，可惜后来承此法者不多。如果都承此法，不知省去后人多少考证工夫。

嘉泰二年(1202)十一月，丁大荣修，宋之瑞纂成《天台图经》五卷。原书已佚，仅存两序。其中，宋之瑞序谓其“居忧多暇，与一二释子穷探极诣，不惮茧足，凡高僧逸士之所栖隐，骚人墨客之所赋咏，断碑残刻，灵纵异状，随笔之纸，归而参以《祥符图经》，所载殊略。盖是时委官会稡，急于趣就。矧距今垂二百祀，其户口之繁庶，赋入之增益，与夫人才辈出，区宇创造，自应月异而岁不同矣。于是门分汇次，粗成一编。惟荒诞不经者削去弗录，故以便览观而资问答，藏之巾笥有年矣。邑宰毗陵丁公大荣，博雅好事。一日访予，深以图经未备为阙典。因出是编示之。欣然抵掌，即荐续近事，寻命锓梓”。从丁大荣的《后序》中，也足见其修本志的良苦用心。《后序》谓：“图志之作，民风地域固皆可考而知，其百里利害之所关，群情休戚之所系，难以悉载，因并及之。大概兹邑民瘼有四：一曰乡夫困于差役；二曰居民艰于斗籴；三曰榷酤之额重于他邑；四曰籴本之费，抑于郡胥。夫差役之困，斗籴之艰，某幸于黾勉兴除。其利病之源，详见于前之二纪矣。其或增益所未至者，犹有待于后之人。榷酤之重额，籴本之抑纳，其人微力绵，无因以达于当路者，日夜念此未能革也。……后之君子，职在抚宇，有以才望为当路所知者，傥为达之于上，革去其弊，遗利无穷，实邑民之幸，亦某之所望焉。”(转自《中国古方志考》第389～390页)这是为民请命而修志书，真可谓有仁者之意了。

嘉泰三年(1203)，赵汝謩修，曾之谨、严万全纂成《太和县志》10卷。赵氏自序谓：“上下千四百余年间，县之因革大略五变，而今名始定。然志书不以时修，图经虽存，脱落殊甚，漫不可考。淳熙丁酉(四年——1177)，邑丞张可速者始著《西昌志》十卷，然事出草创，未克详备。嘉泰改元，汝謩承乏邑寄，尝有志于斯而未暇。逾岁，郡守赵公善鐻，以少傅观文左丞相益国公先生旨意，来檄访求西昌事迹，并及龙州颠末，俾讨论其故，以备观览，亦汝謩之素愿也……汝謩总其凡而详订之。剪剔繁芜，搜访遗逸，其义当两存者，不敢偏废，亦春秋传信传疑之意云。”(转自《中国古方志考》第579页)

嘉定三年(1210)，陈岘修，齐琥、李端仁纂成《南海志》13卷。是年十一月辛卯之序有谓：“顾若昔方志之传，其存者盖尠，近时图述，复多缺略，或所录率猥丑，览者病焉。”道光《广东通志》卷二三六谓：“陈岘以大中大夫集英殿修撰嘉定元年知广州军州事。尝以政暇，委州文学齐琥、监盐仓李端仁编《南海志》，凡都会名迹、湮遏弗彰者，皆补书之，成一方信史，凡十三卷。”(转自《中国古方志考》第598、599页)

是年，李伯醇修，罗鉴纂成《罗山志》10卷。罗序谓：“嘉定元春，西昌李君以簿领摄邑事，见委编次。于是请问耆宿，搜罗逸闻，遍考诸家记载、公私碑刻，而以祥符《图经》为祖。累年汇稡，乃克成书，凡五十有一门，厘为六卷，载维诗文，不可不录，编而成集者，又四卷，总十卷，名曰《罗山志》。……罗山在县西北，唐天宝中更为崇仁山。县厅壁记所谓‘改县于隋，封

山于唐’。山因县而得名是已,故取以名书。”(转自《中国古方志考》第566页)

嘉定六年(1213),史弥坚修,卢宪纂成《镇江志》30卷。(《直斋书录解题》及《文献通考》均作30卷,今存者从《永乐大典》中辑出,为22卷首1卷)书以事为经,以县为纬。卷首为郡县表;卷一～二为地理(叙郡、城池、坊巷、桥梁、津渡);卷三为风俗、攻守、形势;卷四为田土;卷五为赋税;卷六为地理(山川);卷七为宫室(祠庙);卷八为僧寺;卷九为道院;卷一〇为学校、兵防;卷一一为古迹;卷一二为宫室(楼、台、亭、堂)、公廨;卷一三～一五为刺守;卷一六为参佐、将佐;卷一七为宰贰、寓治;卷一八～一九为人物;卷二〇为释、道;卷二一为祥异;卷二二为杂录。清代目录学家周中孚称此志“固当与宋人《建康》、《新安》诸志并称也”。阮元在《四库未收书提要》中称:“盖由原本已多讹脱,经后人重为编次,小有抵牾,固所不免。然宋人地志之存于今者,十不得一。而镇江自六朝以后,递为重地,南渡以前之遗文坠典,如唐孙处元《图经》、祥符《图经》、《润州类集》、《京口集》之类,世无传本,藉此以存厓略,零圭碎璧,尤可宝惜。”阮氏在嘉定至顺《镇江志》刊本《序》中又谓:“今详观宋志,于六朝侨寄郡县,缕析条分,于节度观察等官罢复,纪之甚详。其刺守历任年月于纪传所不载者,皆稽考得其次序,是故一人之传,必参酌群书而后定……此例为前此作郡志者所未有。”(均转自《中国古方志考》第280、283页)

按:陈桥驿先生在《地理学与地方志》(载《中国地方志》1989年第2期)一文中说:“在现存宋代方志中,最早以地理作卷目的,大概是嘉定《镇江志》。此志卷一、卷二,卷目均作地理,卷六亦作地理,前后共有三卷。(此地理门内容比较狭窄。其卷一只有叙州、子目两项;卷二门下只有城池、坊巷、桥梁、津渡四项;卷六则只有山川一项。据《江苏旧方志提要》,其卷二二《杂事》中,还有“地理”一目)此后,嘉定《赤城志》设地理门三卷,咸淳《毗陵志》亦设地理志三卷。”

嘉定七年(1214),史安之修,高似孙纂成《剡录》12卷(《四库全书》据江苏采进本著录作10卷,系缺卷七,又将卷一一、一二并为一卷),次年刻成。剡为古称,实嵊县志也。卷一为县纪年、城境图、官治志、社志、学志、版图、兵籍。卷二为山水志。卷三为先贤传,包括人士、孝行、列女、仙道、高僧各目。卷四为古奇迹、古阡。卷五记书、文著作。卷六录诗词。卷七载画作古玩,包括画、纸、古物三目。卷八为物外记,列道馆、僧庐二目。卷九至十列剡地物产,分别为草木禽鱼诂上、下。史安之在书序中说其作志之目的在于存史:“夫州县之名,虽数变更,然山川之灵,盖自若也。使剡古而有志,则历代因革废兴之典,百世可知也。予惧夫后之视今,亦犹今之视昔,故为《剡录》十卷。”(转自《中国古方志考》第377页)

该志首篇设“县纪年”,以编年体记一县之大事,这是综合体志书中有大事记专目之始。论者认为,大事记在宋代进入方志,这是宋代方志体例基本完备的重要标志之一。“实为方志发展的一个重要阶段”,“乃是使方志初具历代所谓‘正史’的规模,也就是说方志因此而成为一个地区的史书,宛如全国有它的一代‘正史’一样”,“虽为方志,史书的意义就更为浓厚”。(史念海《论历史地理学和方志学》,载《中国地方志》1981年第5～6期)该书编次有序,条理井然,行文简约古雅,引证精审。其编纂义例,常为后人所仿效。“其先贤传,每事必注其所据之书,可为地志纪人物之法;其山水记,仿郦道元《水经注》例,脉络井然而风景如睹,亦可为地志纪山水之法。简洁古雅,迥在后来武功诸志之上。”(《四库全书总目提要》评语,见卷六八,《史部·地理类一》)其“草木禽鱼诂”详考各种物产,兼及有关传说,信而有徵,舒卷自如。第六卷《书、文》门,著录阮裕、王羲之、谢灵运等十四人的著述及阮、王、谢三氏家谱名目共42种,各列卷数,此乃继承宋孝王《关东风俗传·坟典志》之例。方志著录本地人著述书目之体例,也是由本志开的先例。(林正秋等《浙江方志概论》第7页)基此两点,故被称为名志,是尚简派之代表作。

除上述两点外,其他方面的评价,则历有不同。元人许汝霖在《嵊志序》中说:“高氏之书,择焉不精,语焉不详。纪山川则附以幽怪之说,论人物则偏于清放之流。版图所以观政理,而仅举其略;诗话所以资清谈,乃屡书不厌;他如草木禽鱼之诂,道馆僧庐之疏,率皆附以浮词,而过其实,将何以垂则后世、启览者之心,使知古今得失之归乎?”(转自(《中国古方志考》第379页)《四库全书总目提要》引陈振孙《书录解题》称:“似孙为馆职时,上韩侂胄生日诗九首,每首皆暗用‘锡’字,寓九锡之意,为清议所不齿。知处州尤贪酷。其读书以奥僻为博,以怪涩为奇,至有甚可笑者。……此书乃其所作《嵊县志》也。嵊为汉剡县地,故名曰《剡录》。前有嘉定甲戌(七年——1214)似孙自序,及嘉定乙亥(八年——1215)嵊县令史安之序,盖成于甲戌,而刊于乙亥,故所题前后差一年。”李式圃道光重刻本《跋》谓:“自唐郑言平《剡录》、宋俞瑞《剡东录》湮佚失传,而嵊之有志自《剡录》始。内自县治官师山川人物以及草木虫鱼,厘为十卷。凡唐以前遗文轶事,多所考证,其叙先贤则注所据之书,叙山水则仿《水经》之例,实为后来康对山《武功志》、韩五泉《朝邑志》蓝本。”钱大昕跋其书谓:“录述先贤传而不及宋代人物。其所录王谢诸公游迹,虽尝至剡,亦非剡产。金庭丹水间人物,可传者盖寥寥矣。”(转自《中国古方志考》第377～378页)仓修良在《方志学通论》中对“统核全书,皆叙述有法”提出异议,认为“体例颇有杂乱无章之感”。

按:不管评论如何分歧,都是从志书本身的体例、内容而言,并非不齿其人而贬其书,不因人而废言。这是学术评论中一个好的传统,应当把握的一条基本原则。

是年,知县张国均纂成《新吴志》2卷,宋奉新县,唐以前之新吴县也,此以古县名名志之例也。

嘉定八年(1215),史定之纂成《番阳志》30卷。张国淦《中国古方志考》第548页引张世南《游宦纪闻》有云:“鄱阳为郡,文物之盛,甲于江东,无图经地志……嘉定乙亥,史守始延郡之前辈,访问汇聚而为图经。”

按:于此可见,此时之人还是将志书称为图经的。

嘉定九年(1216),留元刚、陈谦纂成《永宁编》15卷。其内容分为叙州、叙县、叙山、叙川、叙赋、叙役、叙兵、叙人、叙产、叙祠、叙遗等 11 类。留氏在编序中称:"是编非取夫搜摭新故、夸诩形胜而已。事变之会,风俗之趋,盖将有考焉。观《叙州》自晋以来,守凡几人,孰贤孰否;观《叙人》自国初以来,作者几人,孰先孰后;熙宁而后,所易兵制,善于古否?建炎而后,所增税赋,要于民否?水利何为而便?役法何为而病?是非得失之迹,废兴沿革之由,安危理乱,于是乎在,一言去取,万世取信。"(转自《中国古方志考》第 406 页)

按:《直斋书录解题》谓,汉分章安之东瓯乡为永宁,今永嘉四邑是也,故以名编。张国淦谓永嘉县隋以前曰永宁,此《永宁编》即《温州志》也。

是年,贺寅东纂成《长宁志》一种。六年后,孙若蒙复纂成《长宁续志》一种。(《中国古方志考》第 688 页)一县之内,相距六年,遂成两志书,值得注意。

嘉定十三年(1220),滕强恕修,林护新、张耕纂成《宜春志》10 卷、集 8 卷。张嗣古在是志序中论及志书之通病,有谓:"郡旧有志,往往考订不精,详而或失之烦,简而或失之略,抵牾重复,览者病焉。"是志则"博访旧闻,搜辑放失,随事编摩,胪分汇列,厘为若干卷,于是一郡四邑之事迹,粲然如指诸掌"。(转自《中国古方志考》第 574～575 页)

金兴定四年(1220),乌古孙仲端奉命出使蒙古,次年征西辽故地至中亚,谒见成吉思汗。归国后,为刘祁详述之。祁遂撰成《北使记》,书中记载了有关中亚的风土人情。是书附载于刘氏《归潜志》第 13 卷中。(吕志毅《方志学史》第 199 页)

嘉定十四年(1221),王象之撰成南宋地理总志《舆地纪胜》200 卷(今缺 22 卷),宝庆三年(1227)刻行。这是一部以个人之力而成的大篇幅"私书"志典。王氏自序谓:"世之言地理者尚矣。郡县有志,九域有志,寰宇有记,舆地有记。或图两界之山河,或纪历代之疆域,其书不为不多。然不过辨古今,析同异,考山川之形势,稽南北之离合,资游谈而夸辩博,则有之矣。至若收拾山川之精华,以借助于笔端,取之无尽,用之不竭,使骚人才士于一寓目之顷,而山川俱若效奇于左右,则未见其书。此纪胜之编,所以不得不作也……余因暇日,搜括天下地理之书及诸郡图经,参订会粹,每郡自为一编。以郡之因革见之编首,而诸邑次之,郡之风俗又次之。其他如山川之英华,人物之奇杰,吏治之循良,方言之异闻,故老之传说,与夫诗章文翰之关于风土者,皆附见焉。"此处提出的也是方志属地理的看法。认为方志除了"资治"、"教化"之外,还有"资文"的作用。是书以宋理宗宝庆以前南宋 16 路建置为标准,用意深刻。叙述所辖的 166 府、州、军、监,分府州沿革、县沿革、风俗形胜、景物、古迹、官吏、人物、仙释、碑记、诗、四六等目,内容丰富。限于历史条件,所载多南宋事,所引有不少今已佚之本。记述全中国的范围,于南宋统治区内尤其详密。李埴于宝庆三年(1227)序中谓:"天下郡县山川之精华,是真名人志士汲汲所欲知也。然所在图经,类多疏略舛讹,失之鄙野多矣。必得学者参伍考证,而勒为成书,然后可据也。本朝真宗时,翰林学士李宗谔等承诏撰诸道图经,凡一千五百六十六卷。今其书存者止十之三四,甚可惜也。然四方一郡一邑,随所至亦各有好学之士,收摭记识甚备,其目一一见于册府。纂录最可称者,如唐丽正殿直学士韦述《东西两京新记》，及本朝龙图阁直学士宋公敏求《长安》、《河南》二志，尤为该赡精密。今仪父所著……盖其书比李氏图经则加详，比韦、宋所著记志庶几班焉。使人一读，便如身到其地，其土俗人才、城郭民人与夫风景之美丽、名物之繁褥、历代方言之诡异、故老传记之放纷，不出户庭，皆坐而得之。"提出方志还有"资识"的价值。道光时，阮元在《舆地纪胜·序》中称："南宋人地理之书，以王氏仪父象之《舆地纪胜》为最善……备载南渡以后疆域，每府州军监，分子目十二门，体例谨严，考证极其该洽。"钱大昕跋语中称：该书"每府州军监分子目十二，曰府州沿革，若有监司军将驻节者，别叙沿革于州沿革之后；曰县沿革；曰风俗形胜；曰景物上、曰景物下；曰古迹；曰官吏；曰人物；曰仙释；曰碑记；曰诗；曰四六……此书所载，皆南宋疆域，非汴京一统之旧。然史志于南渡事多阙略，此所载宝庆以前沿革，详赡分明，裨益于史事者不少……此书体裁，胜于祝氏《方舆胜览》"。（均转自《中国古方志考》第105～109页）

按：本书对后世的一统志颇有影响。史念海谓："由于有这样的开端，就是后来的《大元一统志》和《大明一统志》、《大清一统志》都相继因循，仿佛记载人物及其他与人事有关的项目，成了地理书中不可缺少的部门。"（《中国地方史志通讯》1981年第5～6期）至明代，有金石学家将是书的"碑记门"独立而成《舆地碑记》4卷单行，有同治九年（1870）九月潘祖荫序。（《中国古方志考》第109页）

又：《直斋书录解题》载王观之《舆地图》16卷，谓"《纪胜》，逐州为卷；图，逐路为卷。其搜求亦勤矣，至西蜀诸郡尤详，其兄观之漕夔门时所得也"。从此语来看，观之似也参加了此书的部分编纂工作。其图又有单行者矣。（转自《中国古方志考》第112页）

关于是书成书时间及其下限，道光二十九年（1849）刘毓崧跋语说：是书"自序作于嘉定辛巳孟夏。嘉定乃宁宗年号，故其言圣天子者即系宁宗。然辛巳系嘉定十四年，而书中所载有嘉定十五年之事，且屡称宁宗之庙号，是自序虽作于宁宗末年，而全书则成于理宗初年。理宗登极，改元宝庆，故其书述宝庆时事言今皇上者，乃系理宗，言御讳者，亦系理宗。盖理宗讳昀，当时以筠字及驯、巡等字俱为嫌名，故此书于筠字则改为均，于驯字、巡字则改为循。书中屡及宝庆时事，或言宝庆中，或言宝庆初年，或言宝庆元年，或言宝庆二年，或言宝庆三年，李埴之序作于宝庆丁亥季秋。丁亥系宝庆三年，则此书所述沿革，自当以是年为断。然楚州之改淮安军，宝应县之升宝应州，皆在是年六月，而此书仍称楚州、宝应县者，盖书成于四五月之间，故事在二三月以前者皆可载入，如朱子之赠太师、史弥远之封鲁公，是其证也。至六七月以后则不及载矣。惟书中述及绍定年号，绍定在宝庆之后，而得附载之者，盖因象之过重庆时，与人辨证夏禹之涂山，故备列其考订之语，及其为分宁县宰，亦在绍定年间。而陈敏识之祠，实其在任时所立，故亦纪其始末，附载于此书。盖以其与己事有关，特续补于成书之后尔"。（转自《中国古方志考》第111～112页）

嘉定十六年(1223),黄畬、齐硕等修,陈耆卿纂成《赤城志》40 卷,约 24 万字。赤城为台州古名,实台州志也。首有州境、临海、黄岩、天台、仙居、宁海等县的县境及县治等图。卷一～一八,为记叙全州地理、公廨、秩官、版籍、财赋、吏役、军防诸门;卷一九～二六,为分县记叙山水;卷二七～三一,为寺观、祠庙;卷三二～三五为人物;卷三六～三七为风土,分土贡、土产、土俗;卷三八为冢墓;卷三九为纪遗;卷四〇为辨误。这是一部纲目体志书,15 门为纲,大多数门下再分目。如地理门下分有叙州、叙县、城郭、乡里、坊市、馆驿、桥梁、津渡等目。卷一六财赋门载当时赋税中的杂色科赋,名目众多,仅上供一项,就有紬、绢、折绢钱、绵、折帛钱、经总制钱、上供钱、籴本钱、坊场正名钱、七分宽剩钱、坊场五分净利钱、减下人吏顾钱、在京官员顾钱、官户不减半役钱、实花纱钱、降本钱、七分酒息钱、外任官供给钱、僧道免丁钱及代发平海军银子等 20 种之多,是研究宋代赋税历史的宝贵资料。(转自宋晞《地方志与历史学》,《方志学研究论丛》第 6 页)全书内容丰富,编纂得体。

其成书经过,先是嘉定三年(1210),黄畬知台州,请耆卿主其事,刚成初稿,会黄离任,于是搁置 10 年。至嘉定十四年(1221)齐硕知台州,又请耆卿续成之。耆卿治学非常严谨,"凡意所未解者,恃故老;故老所不能言者,恃碑刻;碑刻所不能判者,恃载籍;载籍之内有漫漶不白者,则断之以理,而折之于人情。事立之凡,卷授之引,微以存教化,识典章,非直为纪事设也"。王象祖在《嘉定赤城志·序》中评曰"《赤城志》作于太史陈公耆卿,凡例严辨,去取精确。诸小序凛凛乎马班书志之遗笔,莫可尚矣"。(转自《中国方志简史》第 248 页)《四库全书总目提要》称:"耆卿受学于叶适,文章法度,具有师承,故叙述咸中体裁。明谢铎尝续其书,去之远甚。"嘉庆刊本《序》称是书:"积十数年参考之功,纫千百载阙遗之迹,词旨博赡,笔法精严,称杰构焉。"(均转自《中国古方志考》)

按:陈振孙《直斋书录解题》著录有图 13 幅,但明刻本已无图,"殆传写者艰于绘画,久而佚之矣。"其后四年,有吴子良、林表民纂成《赤城续志》8 卷。吴氏在是续志自序中谓:"门类率与本(前)志协,所证所聚愈详矣。而书岂徒取其详而已乎。使读《赤城志》者,诠评流品而思励其行;细咀篇什而思畅其才;睹是非而开漫漶,念得失而重沿革,悟劝戒而审趋舍,讵小补哉"。(《中国古方志考》第 385 页)又其后三年,林表民复纂有《赤城三志》4 卷。王象祖序谓:"《赤城志》作于太史陈公耆卿……其友林君表民与修焉。而林君又有《续志》。绍定己丑(二年——1229),郡陷于水,仓使宝谟仙游叶公,再造有邦,复俾为《三志》,博雅考订,有源有委,非斯人不可也。君谓予曰,志数百年不克就,今就未十年,而续志、三志继作,不赘乎?古事备矣,今所书止城筑建立不略乎?予谓作当问可否,非赘非略之嫌也……林君又立灾异、纪功二门,有得于《春秋》之遗意,皆郡国图牒所无者。继或有,因必自赤城三志始矣。"(转自《中国古方志考》第 385～386 页)

又:此道出了短时间内连修三志之缘由及续者之创变。

嘉定十七年(1224),蔡范甫撰《黄岩志》16 卷。刘百泉民国 14 年序《新民县志》谓,"县之

有志，实创于宋嘉定中，永嘉蔡范甫作《黄岩志》，历阳李瞻作《旌川志》”。（转见柳成栋、宋抵《东北方志序跋辑录》54页）

宋理宗宝庆元年（1225）三月，张淏纂修成《宝庆会稽续志》8卷。张氏在序言中说：“《会稽志》作于嘉泰辛酉（元年——1201），距今二十有五年。夫物有变迁，事有沿革，今昔不可同日语也。况城府内外，斩然一新，则越又非曩之越矣。苟不随时记录，后将何所考……淏虽世本中原，侨寓是邦，盖有年矣。山川风土之详，人材物产之富，与夫事物之沿革变迁，曩尝访闻，兹又目击，于越事亦粗稔，惧其久而遗忘，辄裒辑而汇次之，总为一编，曰《会稽续志》。”其续之原则是，“所书故辛酉（上志下限）以后事，而前志一时偶有遗逸者，因追补之；疏略者因增广之；讹误者因是正之”。这就是说续志的做法就是续、补、纠。没有说及创新，是为不足。

是志平分50目，无纲统领。卷一：越、会稽、风俗、城郭、学校（县学）、贡院、教场、军营、仓库、场务、馆驿、坊巷、园圃、府廨、街衢；卷二：提刑司、提举司、安抚题名、提刑题名、提举题名；卷三：安抚司签厅（属官廨舍）、通判厅、签厅、乡、镇、市、和买、陵寝、宫观、寺院、祠庙；卷四：山、水、桥梁、堤塘、花果、蔬、草木、茶、竹、药石、纸、禽兽、虫鱼；卷五：人物；卷六：进士、仙释、诗文；卷七：杂记、拾遗；卷八：越问。周中孚《跋》谓：“以嘉泰辛酉以后之事，续为之记，并为前志订误补阙。如前志无进士题名，而续志第六卷所载。自淳化以至嘉定，极为详备……前七卷凡分五十细目，而末卷则为《越问》，题越民孙因撰，凡序一篇，赋十五篇，皆论会稽事。盖清源（张淏字）取附于是志后者。至其叙述有法，条理缜密，固当与前志并骖，不容轩轾也。”《四库全书总目提要》称，“其后二十五年，淏以事物沿革，今昔不同，因汇次嘉泰辛酉后事，作为续编，复于前志内补其遗逸，广其疏略，正其讹误，厘为八卷……所分门类，不用以纲统目之例，但各以细目标题。前志为目一百十七，续志为目五十，不漏不支，叙次有法。如姓氏、送迎、古第宅、古器物、求遗书、藏书诸条，皆他志所弗详……淏所续，亦简核不苟，皆地志中之有体要者。”（均转自《中国古方志考》第373～374页）

按：此前的《嘉泰会稽志》20卷，分117个门类，而本志则只有8卷，50个门类。可见续志可完全依前志的门目，也可以不依前志门目的。

宋宁宗嘉定十七年至宋理宗宝庆元年（1224～1225）间，提举福建路市舶使司兼权泉州赵汝适撰成《诸蕃志》2卷。上卷志国，包括交趾国（今越南）、占城国（今越南中南部）、宾瞳龙国（今越南中部南境）、真腊国（今中南半岛柬埔寨）、登流眉国（今泰国南部、马来半岛等地）、三佛齐国（今印度尼西亚）、蓝无里国（今印度尼西亚苏门答腊西北角）、浦甘国、单马令国、凌牙斯国等45国。下卷志物，包括物品的产地、形状、性能等。以《岭外代答》及外商、水手等口碑资料撰成。《四库全书总目提要》评之谓：“于时宋已南渡，诸蕃惟市舶仅通，故所言皆海国之事。《宋史·外国列传》实引用之。核其叙次、事类、岁月皆合。但《宋史》详事迹而略于风土物产，此则详风土物产而略于事迹，盖一则史传，一则杂志，体各有宜，不以偏举为病也。”

是书所记,皆得诸见闻,亲为询访,宜其叙事详核,为史家之所依据矣。(卷七一,《史部·地理类四》)

按:关于赵氏生平事迹,过去知之甚少,有的著作中更谓"汝适始末无考"。至上世纪 90 年代初于临海市大田区岭外乡岭外村,发现其圹志始得其详。(见朱封鳌《〈诸蕃志〉作者赵汝适生平资料的新发现》,载《福建史志》1991 年第 1 期)是志之撰作时间亦大体可定矣。吕志毅《方志学史》第 167 页,谓其所载非洲事较之他书为详,亦记了南亚的一些国家。

宝庆间(1225～1227),佚名氏纂成《宝庆昌国县志》二卷。

按:该县志,《中国地方志联合目录》谓,北京大学存清抄本。但 1990 年中华书局出的《宋元方志丛刊》却未予收录,未悉何故。

绍定元年(1228),知府胡榘修,方万里、罗浚等纂成《宝庆四明志》21 卷。是书"备以图冠首",有府境图、府治图、郡圃图,以及鄞县境图、鄞县治图、鄞县罗城图、奉化县境图、奉化县治图、定海县境图、定海县治图、昌国县境图、昌国县治图等。府境图中描述了府下的主要山脉、河流、湖泊和渡口的分布;府下县乡寨之地理位置。府治图不仅标明了当时子城内东、西、南、北城门之位置,更详细地把宝庆时府治内所设置的各种机构之办事厅堂的地点都一一作了描述。这些都是今明州最古老的地图,具有重要的资料价值。是书内容丰富,对于夏税、秋税、酒、商税,都详记了当时的数量。关于宁波的对外贸易,其前的《乾道四明图经》已经记有"市廛列肆,埒于二京,虽非都会,乃海道幅凑之地。故南则闽广,东则倭人,北则高句丽,商舶往来,物货丰衍……东南之要会也"的描述。是志中则更加详了,记述了当时的对外贸易机构的废置,官员的人事变动,通商国家(地区)、商品等。这些都为历来史家所重视和引用。(转见《浙江方志概论》第 33～34 页)

是志为分纲列目的纲目体。前 11 卷为郡志,分 46 子目;第 12 卷以下则为鄞、奉化、慈溪、定海、昌国、象山各县志,每县自为门目,不与郡志相混。编纂者罗氏特地说明,以"图少而志繁,故独揭志名,而以图冠其首",说明了由"图经"而改"志"之由。该志之叙赋门的"市舶"一目,细载了宁波设置市舶司之始末,并说明对高丽、日本、占城(今越南南部)等贸易商船抽税之规定,两国贸易商品名称也一一开列。如与朝鲜通往之杂货,细色的有银子、人参、麝香、红花、茯苓、蜡等;粗色的有大布、小布、毛丝布、绸、松花、栗、榛子、榧子、杏仁等等。合四路通商之货物达 200 种。而且其中对道里之远近、往返的船期都有记载,对于研究南宋时期对外贸易和海上交通有着重要的价值。(刘纬毅等著《中国方志史》,第 155～156 页)《四库全书总目提要》称其:"叙述谨严,不失古法。元袁桷《延祐四明志》亦据为蓝本,多采用焉。"

按:是书叙事往往涉及端平、嘉熙、淳祐、宝祐时事,当是后人次第增入者,而非原书。经翻刻之古志中,多有类此者。

绍定二年(1229),有《平江图》刻于石,立于平江(今苏州)府学内。是图高2.76米,宽1.41米,有方位,有比例。是我国传世最好的一幅城市平面图。(见吕志毅《方志学史》第165页)

是年,镇监罗叔韶修,常棠纂成《澉水志》8卷,至27年后于宝祐五年(1257)刻印成书,这是现存最早的一部乡镇志。澉水,澉浦镇之古称也。"《水经》所载谷水流出为澉浦者是也。"纂者自序谓,是书乃受海盐县澉浦镇税兼烟火公事罗仪甫之托而撰写。初稿编成,罗任满而去。后经七八任官,"粤岁既久,订正尤详"。又谓:"《元和郡县志》,丞相李吉甫所制也,后三百余年,待制张公始刻于襄阳;今余所编《澉水志》,后二十七祀,权镇孙君即镂于时阜。则是书之遇知音,又不可大庆耶?"(转自《中国古方志考》第342页)全书共8卷15门,约1.5万字。其目次为:卷首冠以镇境舆图;卷一为地理门,含沿革、风俗、形势、户口、赋税、镇名、镇境、四至八到、水陆程;卷二为山门,湾附;卷三为水门,含堰、闸;卷四为廨舍、坊巷门、坊场门、军寨门、亭堂门、桥梁门;卷五为学校门、寺庙门、古迹门;卷六为物产门;卷七为碑记门;卷八为诗咏门。横排门类,以事系目,合乎志体。书中反映了一个市镇的建置与演变过程。其中对海岸侵蚀的记录,尤其是研究古代地理学之重要资料。澉浦是南宋海外贸易之重要港口,志中关于市舶场、番舶集泫通吴、浙等之记载,为研究宋代海外贸易保留了很有价值的资料。更为难得的是,罗氏当时对镇志之修就颇为重视,且与常棠具有共识。如其在序中所言:"尝谓六典不作,无以考周家风土之厚薄,民物之耗丰;图籍不收,无以知秦人山川之扼塞,户口之强弱,此澉水之志不可无也。澉水斗大一隅,厥土斥卤。凡邱源之流峙,赋税之重轻,道途之遐迩,聚庐之众寡,与夫选举名数,先贤遗迹,素乏图经,茫无可考。叔韶效官于兹,甫及半祀,正欲搜访与理为纪载,史事鞅掌未暇也。竹窗常棠,字召仲。寓居是镇。一日告余曰,郡有《嘉禾志》,邑有《武原志》,其载澉水之事则甚略焉。使不讨论闻见,缀辑成编,则何以示一镇之指掌?于是正订稽考,集作一经,名曰《澉水志》。"志修成时,罗已任满而去,由继任者"爰割已俸,售募刊行"。(转见陈学文《绍定〈澉水志〉在市镇历史文献上的地位》,载《浙江方志》1993年第4期)《四库全书总目提要》称是书,"叙述简核,纲目该备。而八卷之书,为页止四十有四。明韩邦靖撰《朝邑县志》,言约事尽,世以为特编之作。今观是编,乃知其源出于此,可谓体例精严,藻不妄抒者矣"。(卷六八,《史部·地理类一》)周中孚《跋》是书谓:"其书凡分十五门,冠以镇境总图,叙事赅括,体例谨严,而文尤雅洁。"(转自《中国古方志考》第343页)对后世乡镇志编纂之影响甚大。其后,明人董谷又采元、明事迹续成《澉浦续志》9卷,小变旧志之体例,分地理、职官、公署、贡赋、兵卫、祠宇、人品、杂记、艺文9门。《四库全书总目提要》称其:"较他邑志之冗滥,尚有典型。然能知棠书之善,而必欲改弦易辙,稍出入之,犹不免明人自用之习。故精简古雅,亦终不逮棠书也。"(卷七三,《史部·地理类存目二》)

按:后世论宋代方志种类增多,其中之一是乡镇志的出现,所论者均举是志为例。今知宋元时代之乡镇志有五种,除本志外,尚有梅尧臣撰之《青龙杂志》、沈平之《乌青记》、张即之的《桃园志》和元人丰灼之《三茅山志》,唯《澉水志》尚存。进入明清时期,乡镇志剧增。据有人统计,明代修成的有 53 种(今存 16 种),清代修成的有 318 种,(现存 208 种),民国时全国修成的约有 70 种(见区雅蓉《话说乡镇志》,载《陕西史志》1996 第 3 期)。新中国在 20 世纪后 20 年中,修成的乡镇志数量更多,具体数字尚无人进行统计。

宋代方志体例上还有值得注意者是,有了繁体与简体、通纪与断代之分。繁体者如施宿的嘉泰《会稽志》和罗愿的《新安志》;简体之代表者是《澉水志》。断代志之代表者就是朱长文的《吴郡图经续记》。

绍定三年(1230),颜耆仲、史俊之修,郭庭坚纂成《江阴志》10 卷。绍定五年(1232)蒋汝通增加题咏 1 卷,共为 11 卷。洪武重刊时,知县饶玄德《序》谓:"予观宋《江阴志》,作于绍定,实起自太平兴国以来,三百年事,略可寻览。大要所详载者三:江防、民政、学事也。其于营屯之设置,攻守之备具,七百里江面,历历掌握中,无尺地非其所经理;民间闸堰之起筑、租课之耗益,二百里郊圻,物物在胸臆下,无一夫非其所料理。以至学校之事皆然,真可见古人为政之用心矣。"(见《中国古方志考》第 270 页)

按:这是一部军镇志。两宋江阴军共修志 4 次,均佚不存。按《通典》所载,"宋朝之制,地要不成州,而当津会者则为军"。军镇管区不同于一般的行政管区,故军镇志亦不同于一般之地方志。其体例以记疆场城塞、兵马刍粮为重。又因镇戍需熟悉当地地情,故亦兼记及戍地之风俗、物产、古迹、庙祀、人物、艺文等,书首必列镇戍地之详图。今知宋时之军镇志有本志及《广德军图经》、《遵义军图经》等。

端平二年(1235),耐得翁撰成《都城纪胜》一书,记南宋都城临安(杭州)琐事。分十四门,分别是市井、诸行、酒肆、食店、茶坊、四司六局、瓦舍众伎、社会、园苑、舟船、铺席、坊苑、闲人、三教钱地。都叙述颇详,可见宋室南渡后土俗民风之大略,是与《东京梦华录》相似的又一部都邑志书。志序中谓:"目睹耳闻,殆非一日,不得不为之集录。其已于图经志书所载者,便不重举","但纪其实,不择其语"。(转见《中国方志简史》第 236 页)对南宋统治阶级之文恬武嬉、安而忘危之状,记述得淋漓尽致。故《四库全书总目提要》称:是时"正文武恬嬉,苟且宴安之日,故竟趋靡丽,以至于斯。作是书者既欲以富盛相夸,又自知苟安可愧,故讳而自匿,不著其名……以其中旧迹遗闻,尚足以资考核,而宴安鸩毒,亦足以垂戒千秋"。(卷七〇,《史部・地理类三》)

按:南宋时类似的城邑志书,除本志外尚有吴自牧撰之《梦粱录》20 卷,周密撰之《武林旧事》10 卷,均记杭州之节序风俗;佚名氏撰之《西湖老人繁胜录》,专记杭州西湖风物节序等。(见同上书 236～241 页)

是年,刘炳修,李以申纂成《新安续志》2 册。这是在罗愿《新安志》基础上之续修。其法为"今纲目大体,多循其旧,凡无所增损废置者,前志既已备矣,今皆不书"。(李以申序语,转自《中国古方志考》第 299 页)

按:元延祐六年(1319),又有朱霁修,洪焱祖纂成《新安后续志》10 卷,"其间凡例,悉

依前志”。(见《中国古方志考》第300页)

嘉熙二年(1238),王希先撰成《皇朝方域志》200卷,上于朝。是书特别之处在于:“凡前代谓之谱,十六谱为八十卷;本朝谓之志,为一百二十卷。谱叙当时事实,而注以今之郡县;志述今日疆理,而系于古之州国。古今参考,谱、志互见,地理学之详明者,无以过此矣。嘉熙二年上于朝,得永免文解。其父玠本建宁人,己未进士,试词科不中,颇核洽,希先述其遗稿以成此书。”(《直斋书录解题》卷八,转自《中国古方志考》第112页)

按:前代为谱,当代为志,可见是一部更明确的分期体志书。

嘉熙三年(1239),祝穆父子纂《方舆胜览》70卷成书。祝穆初刻本刻于嘉熙三年,刻本已佚。重刻本为其子兴化军涵江书院山长祝洙重定本。是书叙述南渡后所辖17路境域概况。以行在所临安府为首,次为各路及所属州、军。凡建置沿革、疆域道里、田赋户口、关隘险要等悉载。其他志乘所详者,本志皆在所略。惟详于名胜古迹、诗赋序记,采摭甚丰,是记叙南宋地理的重要著作。作者自序云:其“酷好编辑郡志,为嗜昌歜,予亦自莫晓其癖。所至辄借图经,积十余年,方舆风物,收拾略尽。出以谂予友,乃见讥曰,还如食小鱼,所得不偿劳。予怃然自失,益蒐猎古今记序诗文与夫稗官小说之类,摘其要语以附入之。予友又啃曰,天吴与彩凤,颠倒在短褐。予复愧其破碎断续而首末之不贯也。又益取夫钜篇短章所不可阙者悉载。今文大书以提其纲,附注以详其目,至三易稿而体统粗备,予友亦印可焉。予犹未欲以为然也。既又携以谒今御史吕公竹坡先生(吕午),幸不斥以狂僭,辱为之序,走不足以当之也。然世有杨子云,必知是编之不苟,岂直为四六设哉”。是书的特点有如吕午序称:“(祝穆)尝往来于闽、浙、江、淮、湖、广间,所至必穷登临。与予有连,每相见必孜孜访风土事,经史子集,稗官野史,金石刻,列郡志,有可采摭,必昼夜抄录无倦色,盖为纪载张本也。且许异日成编,当以相示。如是者累年。近访予钱塘马城之竹坡,曰编成矣,敢名以《方舆胜览》,而锓梓以广其传,庶人人得胜览也。君幸为序以冠其首。予丕视所载,辞简而畅,事备而核。各州风物见于古今诗歌记序之佳者,率全篇登入。其事实有可拈出者,则纂辑为俪语,附于各州之末。较之录此而阙彼,举略而遗全,循讹而失实,泛滥于著述而不能含咀其英华者,万万不侔也。信乎其为《胜览》矣。”(均转自《中国古方志考》第113页)《四库全书总目提要》称其,“所记分十七路,各系所属府州军于下,而以行在所临安府为首。盖中原隔绝,久已不入舆图,所述者惟南渡疆域而已。书中体例,大抵于建置沿革、疆域、道里、田赋、户口、关塞、险要,他志乘所详者,皆在所略,惟于名胜古迹,多所胪列,而诗赋序记,所载独备。盖为登临题咏而设,不为考证而设。名为地记,实则类书也。然采摭颇富,虽无裨于掌故,而有益于文章,摛藻掞华,恒所引用。故自宋元以来,操觚家不废其书焉……小小舛误,亦所不免,要不害其大致之详赡尔。”(卷六八,《史部·地理类一》)

其体例为各府、州、军下列20目,即郡名,风俗、形胜、土产、山川、学馆、堂院、亭台、楼阁、轩榭、馆驿、桥梁、寺观、祠墓、古迹、名宦、人物、名贤、题咏、四六。行文特别注重骈俪,必用四字冠篇首。有关的诗赋,分系于各门各条之下,专设“四六”一门。

按:是志虽“不为考证而设”,但其中也不乏考证的笔墨。如对赤壁之战的遗址,就有辨正云:“在蒲圻县西百二十里。北岸乌林与赤壁相对,即周瑜用黄盖策,焚曹公船处。今江汉间言赤壁者五:汉阳、汉川、黄州、嘉鱼、江夏。惟江夏之说为近。乌林与赤壁即非一地,盖赤壁初战,操军不利,引次江北而后有乌林之败。则乌林当在江北。”(卷二八,“鄂州”条)是为志书收录诗文之创例也。其缺点是,淮河以北不及一字,不似前此一些全国性志书,于暂时不在治内之地也加以记述寓意之深远也。

嘉熙中(1237～1240),德清知县章鉴纂成《余不志》2 卷。县本乌程县之余不乡(以有余不溪而名),唐天授间(690～692)置县。是志亦以“余不”名之,以水名名县志者也。章氏自序谓:“图志之来尚矣。承平既久,文物滋备,虽遐陬僻壤莫不有之……予得邑始,上求所谓图志者,而吏以录本至,鲁鱼亥豕,不胜其舛。及既视事,珥笔者罗于庭,抱案者环于屏。剔蠹扫滞,务尽其勤,虽食息且不暇。于是拊几自嗤曰:是无怪乎前令不是之急也。……予略究邑之颠末,……拨冶之暇,刊而正之,资识见之该博者纂其书,裒用度之赢余,而付之版,定误增略,厘为上、下卷,卷各有目。虽不敢自谓编次之备,尚庶几他日有考焉。”(转见《历代名人论方志》第 235～236 页)

按:以溪名志者,尚有宋人刘瞳纂之武康县志书,以境内有余英溪而名之为《余英志》者。

嘉熙间,陈振孙《直斋书录解题》成书。这是仿晁公武《郡斋读书志》体例而作,其中著录《三辅黄图》、《嘉泰会稽志》、《宝庆会稽志》、《乾道临安志》、《宝庆四明图经》、《赤城续志》、《赤城三志》等地方志书数十部,不仅记书名、卷数、编修者,而且叙录内容,评其得失,具有志书提要性质。

淳祐元年(1241),鲍廉修,钟秀实、胡淳纂成《琴川志》15 卷。纲目清晰,条理井然,繁简适中,内容齐全,是宋元时期流传下来一部较为典型之县志。关于是书的著录,各书都不甚明确。《中国地方志联合目录》著作:“(宋)孙应时原纂,鲍廉增补,(元)卢镇续修。”今据钱大昕《十驾斋养新录》卷一四《琴川志》条,定为“鲍廉修,钟秀实、胡淳纂”。今将钱大昕文转录于下:“《琴川志》,自宋庆元初,县令孙应时创始编葺,其书久失传。淳祐十二年(1252),龙泉鲍廉知县事,属邑士钟秀实、胡淳讨论裒辑,列为十门:曰叙县、叙官、叙山、叙水、叙赋、叙兵、叙人、叙产、叙祠、叙文。每门又有子目。题云《重修琴川志》,有宝祐甲寅(二年——1254)中元日朐山邱岳序。元至正末,知州卢镇购得旧本刊行之,题其后云:‘其成书后,凡所未载,各附卷末。’今世所传者,仅汲古毛氏重刊本。考各卷末,别无附见之文,则亦非镇之旧矣。镇又有《续志》,纪元时事,今并湮没无存,独鲍氏书尚完好可读。”(转自仓修良《方志学通论》第 337 页)

按:是书卷六载常熟地区,当时中田每亩税钱 4 文 4 分,下田 3 文 3 分。与罗愿于淳熙二年(1175)修之《新安志》卷二中所载税则比较,可略见相邻地区60年来税额之变化。罗书载其时徽州地区婺源县的税是,上田每亩42文,中田40文,下田38文。(转见宋晞《地方志与历史学》,《方志学研究论丛》第6页)

又:张国淦《中国古方志考》将是书列为佚书。但元卢镇修有《重修琴川志》15卷。卢氏至正二十三年(1363)序谓:"《琴川志》自宋南渡,版籍不存。其后庆云丙辰(二年,1196),县令孙应时尝粗修集。迨嘉定庚午(三年——1210),县令叶凯始广其传。至淳祐辛丑(元年,1241),县令鲍廉又加饰之,然后是书乃为详悉。自是迄今且百余年,顾编续者未有其人,而旧梓则已残毁无遗矣。镇……属耆老顾德昭等,遍求旧本,公暇集诸士参考异同,重锓诸梓。其成书后,凡所未载,各附卷末,总十有五卷,仍曰《重修琴川志》。其续志则始于有元焉。"(转自《中国古方志考》第256页)于此观之,似是书又保存于卢志中矣,待查。

蒙古乃马真后元年(南宋淳祐二年——1242),河东泽州人李俊民撰成《泽州图记》一部,不分卷。全书约1500言,未分门目,记述泽州及其所属晋城、阳城、端氏(今沁水县东)、高平、陵川、沁水六县之建置沿革及州名来历,次述四至,次述户口,次述兵燹、市井,间载历史大事,如记蒙古骑兵攻金造成的社会破坏十分具体。金代,泽州有户59416,蒙古兵占领后,公元1235年统计,仅剩973户,其中陵川县65户,沁水县仅30户。1242年搜括漏籍,全州也只有1813户,仅相当于金代户数之3%,出现"北风所向,无不摧灭","市井成墟,千里萧条"的局面。这是一部篇目、体例比较完备的志书。为国内仅存的一部蒙古改元前之方志。傅振伦引王怀中语,称其"简而有体,质而弥文,辞直而事核"。且认为金元时代,平阳雕版印刷颇形发达,也称"平水版",估计其为平阳刊印,惜今不传。(《傅振伦方志论著选》第188页)

按:是为国内今存蒙古时期唯一的一部方志。仅存于《庄靖集》中,未有单行本。记事止于蒙古改元前之乃马真后元年(1242)。查李俊民生于金大定十六年(1176),卒于1260年(宋景定四年)。其书当撰于1242～1260年间。傅振伦在《中国方志的发展与前瞻》(载《史学月刊》1985年第1期)中,定其修于金贞祐二年(1214),未明所据。今暂系于志书所记下限之年,待作进一步之考证。1990年,中华书局编辑重印的《宋元方志丛刊》中,将宋元时期一些残而未全之本亦加收入,而于是书未加收录。《中国地方志联合目录》亦未著录。历来论现存宋元方志者,均未计之。此为完本,今当补之。

淳祐七年(1247),方大琮修,李昴英纂成《南海志》13卷。从李氏序中,可见宋人修志之法,今录于后:"志州之土地风气,莫先于表其产之良,以矜式生乎后之士,此一书大纲领也。帅方公大琮,檄张君震霊曰:丘聚不修,且四十年矣,郡文学尔职,盍讨论润色之。乃视故府,延问老成人,分授以凡例,使各以其见闻述。然后合而参订是正焉。壅疏漏䙚,诞去实存。又布之众,使无疵瑕,咸以为精当乃已。"(转自《中国古方志考》第599页)

淳祐十年(1250),赵与篔修、陈仁玉等纂成《淳祐临安志》52卷刻行。与篔于淳祐间为临安知府10余年。其“顾念图牒散落，心焉陋之，惧非所以尊崇宸居”，故延请陈仁玉等纂修成是书。全书分为12门，99子目，是为门目体之志。书初成时流传不广，直至清嘉庆十四年(1809)，陈鳣得抄本4册(存卷五～一〇)后，多有传抄者。光绪七年(1881)钱塘丁氏编入“武林掌故丛书”，始有刻本流传。仁和胡敬学者又从《永乐大典》中辑得佚文16卷，藏书家丁丙编为8卷，亦纳入“武林掌故丛书”第24集。今存府城、山川二门，分城社、官宇、学校、楼观、园馆、厢隅、军营、坊巷等12目。各门首为小序，目之后有按语，或订正前志之误，或补充事物之沿革，或介绍不同的看法与不同记载，或考其原由等，议论详赡，叙述简雅，征引赅洽。虽残，但所引遗文、逸诗，仍有参考价值。如卷六所载丰乐楼条谓：楼“在丰豫门外，旧名耸翠楼。政和七年，郡守徐公铸于湖堂之右，以众乐亭旧址，临湖始建此楼。楼据西湖之会，千峰连环，一碧万顷，柳汀在坞，历历栏槛间，而游桡画鹢，棹讴堤唱，往往会合于楼下，为游览最。顾以官酤喧杂，楼亦卑，弗与景称。淳祐九年，府尹大资政赵公与𥲅，如撤新之，瑰丽宏特，高切云汉，而运工敏成，民不知役。自是，上延风月，下隔嚣埃，遂为西湖之壮。旁为花径曲折，亭榭参差，更与兹楼映带云”。(转见《浙江方志概论》第17页)又如其所载至和三年(1056)吕昌明重定之浙江“潮候”表，将每月潮涨落之时辰和潮汐之大小程度记录下来，对于往来船舶适应潮汐涨落，避免不测，有着极大的实用价值。元时，将其刻在石碑上，立于钱塘江边，以利行船者。这个潮候表，比之欧洲最早之“伦敦桥涨潮时刻表”的出现，还早两个多世纪。李约瑟说：“说到潮汐表的系统编制，中国人显然早于西方。照我们已见到的说，至少可以追溯到九世纪。”(转自刘纬毅等《中国方志史》第150页)是志卷首设总论一篇，为当时诸志所无，颇具创意，或即后世志书“概述”之滥觞乎？在临安三志中，本志处于承先启后之位置，续前志之所未尽，补其所缺，有所发挥。于后志，则成为其依据和借鉴。

按：是书之纂者，原题作施愕(施谔、施锷)者。至从《永乐大典》7603卷之“杭”字韵中发现陈仁玉序文一篇，方确定其真正之纂者。是序略谓：“《三辅黄图》之书，所以左右汉史也。近世程公大昌辑《雍录》以广之，而其书始备。是固不无待于后之人也。自古都邑，代各有纪。今通郡国，下至千室之聚，必有图牒。杭为今行都，物聚地大，而登载弗称，非缺欤？窃考国朝宋公敏求尝作《东京记》，今披而观之者，如身游其间，可谓盛矣。至若古杭有志，自宋刘道真作《钱塘县记》，而祥符旧经，未详何人所作，班班尚可考见，而成书亡矣。乾道初，府尹周公淙因祥符之旧，始为之志，而疏略特甚。八九十年间，无复訾省。乃皇上御极之二十六载，资政殿大学士赵公与𥲅尹厘京国，亦既十年。百度鼎饬，政通教行。顾念图牒散落，心焉陋之，惧非所以尊崇宸居，宣示罔极，惕不自宁。首命通判府事吴君革、府之贤僚若士，荟蕞其事。间一岁，吴君适迁官，未克就，乃命通判府事王君亚夫典领之。即仙居山中，俾仁玉与纂辑焉。谀闻陋识，弗获控避。于是昼访夜思，参以书传所省忆，耳目所睹记，得古今事迹千数百条，厘为门者十有二，为类者九十有九，为卷者五十有二，总之数十万言，亦略备。微文碎义，弗可殚举。而疑可稽，缺可补之，大者即裒著之。又因纪赵公述作之本旨，以俟后之君子。淳祐十年龙集庚戌，十二年（当是“月”字）壬辰朔，天台陈仁玉谨叙次颠末，附于诸序之后。”（转自洪焕椿《浙江方志考》第42～43页）

淳祐十一年（1251），黄元直修，钱达善、朱鹏飞纂成《语溪志》10卷。陈垲序谓：“邑皆有志，此独无。淳祐辛亥，今令黄君元直始志之。记虽阙，邑有志焉，令之名氏在其中矣。志苟不作，则古往今来，事事物物，皆无所考，其所关系，岂区区记名氏而已，而后知此书不可一日无也。”（转自《中国古方志考》第343页）

按：是为崇德县志也，县有语儿溪，故志以语溪名之。

淳祐十二年（1252），项公泽修，凌万顷、边实所撰《玉峰志》3卷刻行。瞿宣颖在《方志考稿》中，评价是书，称“所载全境塘、浦、泾、港之名，户口比较之数，学校之租额，酒课及役钱、坊名钱之支配，以及风俗、物产之殊异，皆非架空之谈，颇足使宋人生活状况，俨如目接，真宋志之可珍者也”。（第七编）是书列有凡例五则，是今所见志书凡例之最早者，今录于下：“凡事旧在崑山，而今在嘉定者，以今不隶本邑，今皆不载；凡碑记现存者，书其名，不载其文，不存者载其文；凡事有《吴郡志》所载与今所修不同者，以今所闻见无异者修；凡叙人物，有本邑人而今居他所，本非邑人而今寓居者，今皆载；凡事有重见者，止载一处，余书见某门，更不重载。”（转自仓修良《方志学通论》第347～348页）

按：志书之有凡例始于何时，尚不十分清楚。早在三十多年前之淳熙时，衡州郡守刘清之始修《衡州图经》，就是先由宁乡主簿廖行之“首为规创凡例”的（见前1189年条）。其后嘉泰间，赵汝騳修江西《泰和县志》时，就是由他本人“总其凡例”的（见前1202年条）。端平二年（1235）刘炳修、李以申纂的《新安续志》就是“其间凡例，悉依前志”（见前）。也说明罗愿在淳熙时修《新安志》是定有凡例的。仓修良在《方志学通论》中说，凡例之出现，是“方志编修体例上一个新的贡献”。自此之后，修志规定凡例就日多起来，名称或曰叙例、义例、法例，或曰志引，等等。

宝祐五年（1257），赵与泌修、黄岩孙纂成《仙溪志》15卷。仙溪乃仙游县之雅称，故实是《仙游县志》也。本书系现存宋元方志中之一种，收入中华书局1990年5月出版之《宋元方志丛刊》之中。刘克庄序云为15卷，《铁琴铜剑楼藏书目录》则云4卷，与今传本相同。该目录还说：“书作于宝祐丁巳（1257），而进士题名及咸淳（1265～1274）、景炎（1277～1278），后人次第增入，非原本矣；其书纪载甚略，惟人物差详。”其4卷卷目为，卷一：叙县、物产；卷二：令佐题名；卷三：衣冠盛事；卷四：人物。郑宝谦在《中国地方志总目提要·福建省》序条中谓：黄岩孙于宝祐四年（1256）秋冬，至次年三月中旬修，刊年不详。后版厄于兵燹，至元惠宗至正十一年（1351）二月，田九嘉偕副使朵儿只班按部莅县，邑士傅玉成以家藏本来献，遂由黄真仲加以重订付刊，刊本不存。铁琴铜剑楼藏本乃是抄本残卷。刘克庄在序中谓：“吾郡三邑，仙游为巨，其山川之美，户口之众，前未有记载者。少府始奋为县志。上下数百年间，人事之变,风俗之宜,采之旧闻,访之故老,皆有可据,厘为十五卷。其言曰地以人重,瞻言耆旧,有列于庆历谏官者,有危言说论相望于元祐党籍者,有与邹道卿同贬者,有为乾道名宰相者。其他魁彦胜流,不可胜书,故其志人物尤详焉。”黄岩孙在《跋》中说:“图牒之传尚矣。今僻陋之邦,偏小之邑,亦必有记录焉。”他说其修本志的作法是:“摭之前闻,质之故老,参之学职。二苏君国台攀龙、黄君尧俞,订郡志之失记载者,访碑刻之未流传者。博观约取,诞去实存。而笔诸小序,尤深致其意。论财赋必以惜民力为本;论山川必以产人杰为重;人物取其前言往行,否则爵虽穹弗载焉;诗文取其义理法度,否则辞虽工弗录焉。按是非于故实之中,寓劝戒于微言之表,匪亶为记事设也。”说明了他修志取材的原则。黄氏认为,志书的作用在于:“官乎此者,睹前人之政绩,庶几有所钦式;生乎此者,闻庆历、元祐诸先生之高风,庶几知所兴起乎。后将有考于今,亦犹今之有考于昔也。”(均转自《中国古方志考》第 438 页)是志实行“博观约取,诞去实存”,虽“记载甚略”,但仍有一定的史料价值。在方法上态度认真不苟,值得后人效法。是志祠庙门载有妈祖庙,是为有妈祖记载之最早者。

是书卷一记物产有云:“县境依山濒海,故水陆之产,足于他邦。五谷之种,随所宜树;六牲之物,随所宜畜。酒则以糠为曲,盐则编竹为盆。货殖之利,则捣蔗为糖,渍蓝为靛。红花可以朱,茈草可以紫。布帛之幅,则治麻与蕉,织丝以纻。纱出于土机者最精,绸矚于蚕户者为良。用物则窠蜂而取蜜,且溶其房以蜡。灰砺而柔竹,则蒸其屑为纸。炼铅而粉,采柏而烛,凝土而燔之窑,则埏埴之器通于三邑;煮铁而出之模,则鼎釜之利及于旁郡。”可见所记包括了丰富的农产、畜牧、手工、工矿等事类及其工艺流程,是十分难得的资料。浙江农业大学游修龄从 12 种宋代方志中,发现籼粳稻品种 155 个,糯稻品种 57 个,共计 212 个品种,从而掌握我国历史上较早且又最多的水稻品种资源,并进而论证了品种资源的继承性、变异性和多样性。(均转见刘纬毅等著《中国方志史》第 153 页)

按:宋人关于志书资料取舍上已多有论述。除岩孙此言之外,杨潜在《云间志·序》中亦说:“有据则书,有疑则阙,有讹则辨。”赵嘉言在《太和县志·序》中谓:“其义当两存者,不敢偏废,亦《春秋》传信传疑之意”,等等。

宝祐间(1253～1258),周应合纂成《江陵志》一书。其书分图、表、志、传、拾遗五体,为图十二,附之以辨。马光祖主修《建康志》时,对其前的乾道、庆元两部《建康志》有云:“前志散漫而无统,无地图以考疆域,无年表以考时世,古今人物不可泯者,行事之可为劝戒者,诗文之可以发扬者,求之,皆阙如也。”故他要求周应合,“子其用《江陵志》之凡例,汇而辑之,备前志之所未备,此吾所望也。”可见,最早模拟正史,采用纪传体的志书,当是《江陵志》。

按:张国淦在《中国古方志考》第 493 页谓:周应合“景定二年(1261)修《建康志》,……此《江陵志》知是(修于)开庆(1259)以前,似在宝祐间也。《建康志》作周应合淳熙进士。自淳熙至景定,加以未成进士前之年,应合且将百岁,似淳熙乃淳祐之误”。如系淳祐,即使是淳祐最末之年(十二年——1252)进士,至景定二年(1261)已是进士后 10

年。10年内修成两部志书是完全可能的。

开庆元年(1259),九月,知汀州军州、兼管内劝农事、主管坑冶、节制屯戍军马胡太初修,赵与沐等纂成《开庆临汀志》15卷,文别为集15卷,刊行。全书凡分三十一门,所载"事制之仍革,户口之登耗,租税之虚盈,人物之盛衰,职官之到罢",遍及汀州一地的古今人、事、物诸大端,几近无所不载。其编纂方法略仿陈耆卿《嘉定赤城志》例,由郡而邑。全书30目,依次为:建置沿革、至到、城池、坊里墟市、桥梁、风俗形胜、户口、税赋、供贡、土产、山川、亭馆、祠庙、寺观、坛壝、廨舍、仓场库务、邮驿、学校、贡院、营寨、古迹、郡县官题名、名宦、进士题名、武将、遗逸正烈、仙佛、道释、丛录。叙事先州后县,从总体到个别,既见州之整体,又显示各县之特点,且详略得宜,深得体要,是南宋时之一部名志。可惜此书已佚,今能见者,只能从《永乐大典》辑出之辑本,略见其面貌。是志中所载户口数字特详,有宋以前杜佑《通典》中所载之数字,有宋《元丰九域志》所载之数字,又有庆元"旧志"所载之数字,还有修本志时之数字。一次比一次具体详细,最后一次之数字,不但户分主客,丁分壮幼。"除新收落帐外,见管二十二万三千四百三十三户,计丁三十三万五千一百零六丁,老小单丁、残疾、不成丁一十九万九千七百八十四人,总计五十三万四千八百九十口",其下又将主、客户分别统计。此前志书中这样的记法很少见,故其资料极为珍贵。(详见刘纬毅等《中国方志史》第152页)

按:胡太初序中有言:"宝祐戊午(六年——1258)夏五月,太初以澄江守,蒙恩易兹郡。亲朋欢曰:是僻远而难治者也。太初惟天子命,讵得辞?乃于都闽转扣尝官于是者,求郡乘一观焉。则纪载阙疏而不续者又周一甲子矣。事制之仍革,户口之登耗,租税之虚盈,人物之盛衰,职官之到罢,皆漫焉莫考……(到任)半载而羸,百废粗举,遂与文学掾赵君与沐……相与审绎旧志,搜猎轶闻。而赵君提纲焉,未几束稿来。太初为定科条,订事实,剂雅俗,正讹谬,而编成矣。志之外,文别为集,卷各十有五。皆阙其左方,以俟来者之续书。"(转自《中国古方志考》第430页)从此序中可见值得注意者有三:一是地方官上任之前,要了解情况,往往是靠读该地志书,故有先借阅志书者;二是主修者不只是挂名,还有许多事要做,最为要者莫过于定科条;三是古人刻书之一法,往往于各卷之后留下空白地方,让人随时补入新增的内容,是亦足以解开一些续刻志书中,往往载有志书修纂下限后情事之谜。

是年,吴潜修,梅应发、刘锡等纂《开庆四明续志》12卷成书。全书以事为纲,总为一体,未分诸县,与前两部四明志(见前1169、1227年条)不同。梅应发等序称:"何续乎?所以志大使丞相履斋先生吴公三年治鄞,民政兵防、士习军食、兴革补废,大纲小纪也。其已作而述者不复志。……公慨念海道东达青齐,御侮弭盗之方,周防曲至,世人未必尽知也。若夫切切畎亩,盼盼雨晴,一游一咏,可以观焉,故并载之于后,以诏来者。"故其目亦颇特别,卷一:庆元府额、增秩因任、学校、科举、城郭、坊巷;卷二:郡圃、驿亭桥路、惠民药局;卷三:水利;卷四:兴复省并酒库、经总制司、兴复经总制诸郡酒务坊场、广惠院、两狱、架阁库楼;卷五:新建诸寨、九寨巡检、烽燧、探望;卷七:排役、楼店务地、府仓斗斛、蠲放官赋;卷八:蠲放沙岸、蠲免抽博倭金、赈济、祈祷、瑞麦;卷九:吟稿上;卷十:吟稿下;卷十一:诗余上;卷十二:诗余下。《四库全书总目提要》评之曰:"其自序称续志之作,所以志大使丞相履斋先生吴公三年治鄞之政绩,其已作而述者不复志。故所述多吴潜在官事实,而山川、疆域已详于旧志者,则概未及之。是因一人而别修一郡之志,名为舆图,实则家传,于著作之体殊乖。"(卷六八,《史部·地理类一》)钱大昕批评其"前八卷皆述吴潜在任政绩,而以吟稿二卷、诗余二卷附焉。盖吴氏一家之书,非志乘之体矣"。(转自王卫平《钱大昕方志学思想探析》,载《浙江方志》1987年第4期)全祖望《四明宝庆、开庆二志跋》对本志则说:"吴丞相《开庆志》,皆记其莅明善政,其自九卷而下,则其吟稿也。吾友杭君堇浦颇疑其非志体。予谓丞相莅吾乡最有惠政。即此志可备见其实心实政之及民者,而以其余闲,春容诗酒,又想见当日刑清政简之风,原不必以志乘之体例求之也。况丞相遗集不传,则是志之存,可不谓有功欤?"(转自《中国古方志考》第358页)乾隆《鄞县志》批评此书"矜夸之意多,谦抑之意少,毋乃好名而昧于撰述之体乎?"(转自单辉《概说旧志人》,载《河北地方志》1996年增刊)

景定元年(1260)前,溧水修有《溧水志》,修纂者及修纂年月不详。其内容为《景定建康志》所引,谓《溧水志》载"溧水县有山林川泽之饶。民勤稼穑,鱼稻果茹,随给粗足。虽无千金之家,亦无冻馁之民。信巫鬼,重淫祀,畏法奉公,安业重迁,尤好文学。承平时,儒风蔼然为五邑冠"。记当地民风民俗颇为形象具体。(转自徐复、季文通主编《江苏旧方志提要》第110页)由此亦可断定其修于《建康志》之前。

景定二年(1261)七月,马光祖修、周应合纂《景定建康志》50卷成书,八月表上于朝廷。这是一部仿正史纪传体之志书。全书分10大类,在每一大类之前,都冠以序文一篇,说明每类编写宗旨。据周氏《景定修志本末》所载,其修纂过程大体如下:

先是周应合纂成《江陵志》,其书分图、表、志、传、附录五体,为马光祖所赞赏,认为他"博物洽闻,学力充赡,旧尝为《江陵志》,纪载有法"。于今年二月促其来建康。是月甲壬(二十二日),周应合自池阳归建康,见马光祖于玉麟堂。"公(光祖)命之曰:建康大都会也,自庆元而后,图志未续,实大阙典。而庆元以前之书,纪载甚略,不无舛讹。图志三岁一上,法也。吾再至此,又及三年。将成此书而乞归焉,属笔于子,毋逊。应合避席曰:留都钜典,当属之大手笔,应合浅学謏闻,不足以辱隆委,敢顿首固辞。公曰:子尝修《江陵志》矣,图辨表志,粲然有伦,轻车熟路,子何辞焉。禊节适逢甲子,宜以是日开书局于钟山阁下,即叶石林紬书之旧所也,速为之,及吾未去以前成书可也。应合禀命而退。时有疾未愈,欲少俟调理,徐受条教,而劄命沓至矣。入局修纂,谨如甲子之期。则请于公曰:旧志二百八十板,所记止于乾道;续志二百二十板,所记止于庆元。庆元至今所当续者,六十余年之事,不敢略,亦不敢废前志也。公曰:乾道、庆元二志,互有详略,而《六朝事迹》,《建康实录》,参之二志,又多不合,今当会合一之。前志之阙者补之,舛者正之;庆元以后未书者续之,方为全书。况前志散漫而无统，无地图以考疆域，无年表以考时世，古今人物不可泯者，行事之可为劝戒者，诗文之可以发扬者，求之皆阙如也。子其用《江陵志》之凡例，汇而辑之，备前志之所未备，此吾所望也。应合又请于公曰：谨奉教矣，而未可以速成也。《庆元续志》之作，实因朱舜庸《金陵事类》之编。舜庸郡人也，其编犹积二十稔而后成，况非郡人者乎？况欲合前后而修为全书乎？愿宽以岁月，广招局官与郡之士友而共成之。公不许。”应合乃“条上四事：

一曰定凡例。应合昨修《江陵志》为图二十，附之以辨；其次为表、为志、为传、为拾遗，所载犹不能备。建康又非江陵比也。自吴以来，国都于此，其事固多于江陵。若我朝建隆、开宝之平江南，天禧之为潜邸，建炎、绍兴之建行宫，显谟承烈，著在留都；凤阙龙章，固宜备录。然混于六朝之编，列于庶事之目，宫府杂载，君臣并纪，殊未安也。今欲先修《留都宫城录》，冠于书首，而建康地图、年表次之，十志又次之。一曰疆域；二曰山川；三曰城阙；四曰官守；五曰儒学；六曰文籍；七曰武卫；八曰田赋；九曰风土；十曰祠祀。十传又次之：一曰正学；二曰孝悌；三曰节义；四曰忠勋；五曰直臣；六曰治行；七曰耆旧；八曰隐德；九曰儒雅；十曰贞女。传之后为拾遗；图之后为地名辨。表之纬为四：曰时，年世甲子；曰地，疆土分合，都邑更改；曰人，牧守更代，官制因革；曰事，著成败得失之迹，以寓劝戒。志之中各著事迹，各为考证。而古今记咏，各附于所为作之下。凡图、表、志、传卷首各为一序，而留都录之序，则请公命笔。公皆可之。

二曰分事任。乾道旧志、庆元续志，各有规模，今用前凡例会而为之。庆元以前之未备者，庆元以后之未书者，皆欲增修无阙，岂一手两耳目所能周遍。误承隆委，辞不获命，何敢自有其事？窃为幕府环列，儒宗林立。所当博师三长，共成一书。金陵故家，文献所聚，耆旧英俊，尤宜周询。庶几凭藉众力，早有成书之期。欲乞请官十员，招士友数人入局，同共商榷，分项修纂。公不许。

三曰广搜访。纂修既欲其备，搜访不厌其详。自幕府以至县镇等官，自寓公以至诸乡士友，自戎帅以至将校，欲从阃府转牒取会。凡自古及今，有一事一物，一诗一文，得于记闻，当入图经者，不以早晚，不以多寡，各随所得，批报本局，以凭类聚考订增修。其有远近博物洽闻之士，能记古今事迹，有他人所不知者，并请具述，从学校及诸县缴申。其阀阅子孙，能收上世家传、行状、墓志、神道碑及所著书文，与先世所得御札敕书、名贤往来书牍，并请录副申缴。其山巅水涯，古今高人逸士，有卓行而不求闻达者，亦请冥搜详述，以报本局。其有闻见最博，考证最精者，当议优崇。诸吏民父老中，有能记忆旧闻，关于图志者，并许具述实封投柜。柜置府门，三日一开类呈。其条具最多而事迹皆实者，当行犒赏。公皆从之，行牒及榜。

四曰详参订。窃惟诸司幕府，参佐宾僚，学富才宏，皆应合所愿求教。然望尊职重，有非书局所敢一一屈致者。容应合每卷修成初稿，各以紫袋封传诸幕，悉求是正。其未当者与未尽者，各请批注行间，以凭删修次稿。再以紫袋传呈如初。俟定本纳呈钧览，仰求笔削，然后付之锓梓。仍乞选差局吏两名，分管书局事务；书吏十名，謄类草稿，书写板样；客司虞候四名，以备关借文籍、传呈书稿等用。公皆从之。越一月，应合又请于公曰：成书之期既不可缓，修书之事，浩若望洋。应合自入局以来，主一无适，夜以继日，疲精书传，极力丹铅，修书之稿未半，刻梓之匠已集。既同官之难屈，非只手之可办。有长子天骥，见为淮西总所催运官，欲乞移文总所，给假数月，专在书局为检阅校雠之助；有婿吴畴见为安丰六安县主簿，亦留总幕，乞命往来为助。公从之。凡纂一事，必禀命于公；每成一稿，必取正于公。夜考古书，朝订今事。右分编稿，左付刻梓。自禊节以来，周两甲子，而大略粗备。"

是书之规模是："留都录四卷，地理图及地名辨一卷，年表十卷，官守志四卷，儒学志五卷，文籍志五卷，武卫志二卷，田赋志二卷，古今人表传三卷，拾遗一卷。此皆乾道、庆元两志之所无而创为之也。"其余"疆域志三卷，山川志三卷，城阙志三卷，祠祀志三卷。因前志之所有者十之四，增其所无者十之六。合为五十卷，凡一千六百余版。印褾为二十四册，外目录一册……每卷每类之末，各虚梓以俟续添"。

周应合氏自评其书有言："尝闻南轩先生因修郡志而示训曰：'削去怪妄，订正事实，崇厚风俗，表章人才。'是编也，于前之八字，无能为役；于后之八字，或庶几焉。虽然金陵自有城邑以至于今千七百年。王伯废兴之故，山川风景之殊，国都城市之变迁，田里民物之登耗，忠臣义士之遗烈，洪儒骚客之风流，衣冠礼乐之隆污，典章文物之因革，所以兴感慨而寓劝戒者，岂五十卷之图书所能尽其纪载？而两甲子之日力所能毕其编摩也哉！姑以奉公之命，而不敢怠于其职耳。昔司马文正公之修治鉴也，萃千三百六十二年之事，为三百五十四卷之书。聚诸贤之助，阅十有九年而后成。犹曰岁月迫趣，缺谬不能自保。今之所修郡志耳，既无司马公之学力，又无书局官之众力。且未有十九年之日力，而欲记千七百年之成败得失于五十卷书之间，其缺谬何可胜言。刊而正之，姑有望于后之君子。"(转见《中国古方志考》第217～221 页)

这是取乾道、庆元二志合而为一，补充由庆元至景定 60 余年事。用录、图、表、志、传五体。留都录、地图、十表、十志、十传之外，附以拾遗。其图总名曰《建康图》，下有图序、虎据形势图、历代城郭互见图、建康府境方括图、建康开阃所部图、府城图、府治图、上元县图、江宁县图、句容县图、溧水县图、溧阳县图、府学图、明道书院图、青溪先贤堂图，附辨丹阳、辨扬州、辨金陵、辨建邺、辨越堂、辨马鞍山。(转见来新夏《方志学概论》第 67 页)

这是一部有代表性的纪传体志书，且能因事设例。历来受到高度评价，其体例亦为后来者所效法。志书之成，马光祖在《进建康志表》中就说：此书"揭琅根而首录，昭弁冕之常尊。诸地诸邑诸城，继加诠次，十表十志十传，序列编摩。四八万言皆聚此书，千七百祀，如指诸掌。辨山林川泽之名物，萃衣冠礼乐之风流。善有劝而恶有惩，往者过而来者续"。元人张铉在《至正金陵新志》的《修志始末》中，谓是书"用《春秋》、《史记》法，述世、年二表经以帝代，纬以时、地、人、事，开卷了然，与《建康实录》相为表里，可谓良史"。所以他纂《金陵新志》，

“略依景定辛酉周应合所修凡例。首为图考，以著山川郡邑，形势所存；次述通纪，以见历代因革，古今大要；中为表、志、谱、传，所以极天人之际，究典章文物之归；终以摭遗论辨，所以综言行得失之微，备一书之旨。”（转自《中国古方志考》第226～227页）《四库全书总目提要》称其“援据该洽，条理详明，凡所考辨，俱见典核……光祖序称其博物洽闻，学力充赡，不诬也”。钱大昕在其《跋》语中评其“特为年表十卷，经纬其事，此义例之善者”。孙星衍在嘉庆三年（1798）重刻本的《后序》中，称其“体例最佳，各表纪年隶事，备一方掌故；山川古迹，加之考证，俱载出处；所列诸碑，或依石刻书写，间有古字”。钱、孙二氏同时还评及马光祖与周应合之人品：钱氏谓：“古今人表传，意在扶正学，奖忠勋，不专为一郡而作，故与它志之例略殊。淳叟（周应合）自江东帅幕入为史馆检阅官，首言李璮以山东来归，急而求我，倘借援无功，彼败我辱，招衅之道。梁武在四十余年卒堕此计，陛下不宜复蹈前辙。又言所在买公田，皆择民上腴，低直以酬，又欲令卖田之主抱佃输租。岁或荒歉，田主当割它租以偿。它租既竭，归于耕夫；耕夫逃亡，归于乡役，可谓获近效而忘远虑。”因此“忤贾相意，嗾言者劾去之”。孙氏谓：“马光祖、周应合俱与权贵不合，气节迈流俗者。其于地方诸大政，兴利革弊，尤有深意焉。”当代傅振伦谓，自清中叶以后，《景定建康志》这种体式大见流行。来新夏在《中国地方志》中说，宋代方志基本定型，大致约有三种主要体例。一是以范成大《吴郡志》为代表的门目体；二是以周应合《景定建康志》为代表的纪传体；三是南宋高似孙的《剡录》，颇多创新立意，为后世修志所采取，成为地方志定型中不可或缺的重要内容。（第55页）陈光贻称其“篇章细目，条序粲然，在宋代州郡志书中体例最为完备”。（见陈光贻《中国方志学史》第146页）

书稿修成后，马光祖所撰的序文和《进建康志表》、周应合所撰的《景定建康修志本末》，这三篇，尤其是后两篇文章，是较为完整的方志论文。这是方志理论在前人基础上初步的系统化。《修志本末》已见前引。马光祖的《序》中，阐明志书之修，要“有补于世”：“郡有志，即成周职方氏之所掌，岂徒辨其山林川泽都鄙之名物而已。天时，验于岁月灾祥之书；地利，明于形势险要之设；人文，著于衣冠礼乐、风俗之臧否；忠孝节义，表人材也；版籍登耗，考民力也；甲兵坚瑕，讨军实也；政教修废，察吏治也；古今是非得失之迹，垂劝鉴也。夫如是，然后有补于世。郡皆然，况陪都乎？……章往考来，国志宜详于它郡，而乾道有旧志，庆元有续志，皆略而未备，观者病之。庆元讫今逾六十年，未有续此笔者。宝祐丁巳（五年——1258），光祖蒙恩来司留钥，因阅前志，……兴滞补弊之余，爰及斯文。有幕客周君应合，博物洽闻，学力充赡，旧尝为《江陵志》，纪载有法，乃以是属之。开书局于郡圃之钟山阁下，相与研古订今，定凡例而裒篇帙。先为留都录四卷，隆炎创兴之盛，宫城建置之详，与夫云汉昭回之章，皆备录焉，揭为一书之冠冕。其次为地理图。为侯牧表，为志为传，合五十卷。表起周元王四年越城长干之时，以至于今千七百载，年经类纬，曰时、曰地、曰人、曰事，类之所由分也。志凡十……传凡十……始于三月甲子，成于七月甲子，献之天子，玉音嘉焉。”（均转自《中国古方志考》第218页）

本志编修目的明确,总的目的就是要“有补于世”,为统治者总结经验教训,刷新政治,以“致太平”。而每篇之设,也围绕这个总的目标。就是每篇篇目之设,都是为了“辨山林川泽之名物,稡衣冠礼乐之风流,善有劝而恶有惩,往者过而来者述”。在这些“述”之中,不少是颇有见地的。如在《田赋志》的序中就说明,“取财于民而过其中,则为损下益上,如争如夺,民方吾仇。”故对官吏,要“选用严平,安富恤贫,损上益下”。((转自《中国方志简史》第216页)

周应合撰的《修志始末》,则是他修本志的做法和经验的总结。他说修志要有四个程序,即一要“定凡例”;二要“分事任”;三要“广搜访”;四要“详参订”。这是他在方志编纂方面的思想。他修本志的做法:一是组成修志机构,配备修志人才。这个机构就是在钟山下叶梦得著书旧所建立的“书局”,同时“请官十员,招士友数人入局,同共商榷,分项纂修”。此外还选定局吏,“分管书局事务,书吏十名,謄类草稿,书写版样;客司虞侯四名,以备关借文籍、传呈书稿等用”。二是确定修志程序,这便是制定凡例;明确分工;广泛搜集资料;详参订,进行考证。他特别强调资料的搜集,而且注意资料收集和奖励的方法,说“纂修既欲其备,搜访不厌其详。自幕府以至县、镇等官,自寓公以至诸乡士友,自戎帅以至将校,欲从阃府转牒取会。凡自古及今,有一事一物,一诗一文,得于记闻,当入图经者,不以早晚,不以多寡,各随所得,批报本局,以凭类聚,考订增修。其有远近博物洽闻之士,能记古今事迹,有他人所不知者,并请具述,从学校及诸县缴申。其阀阅子孙,能收上世家传、行状、墓志、神道碑及所著书文,与先世所得御札、敕书,名贤往来书牍,并请录副申缴。其山巅水涯,古今高人逸士,有卓行而不求闻达者,亦请冥搜详述,以报本局。其有闻见最博,考证最精者,当议优崇。诸吏民父老中,有能记忆旧闻关于图志者,并许具述,实封投柜。柜置于府门,三日一开类呈。其条具最多而事迹皆实者,当行犒赏”。规定“凡四封之内,有一事一物,有可以备实录者,咸采摭以告”。三是分析前志得失。因为他是在唐许嵩《建康实录》、南宋绍兴《六朝事迹类编》、乾道《建康志》和庆元《建康续志》的基础上编修新志的,故注意有针对性地在前志基础上确定新修志书的体例。他们经过分析得出的看法是:“前志散漫而无统,无地图以考疆域,无年表以考时世。古今人物不可泯者,行事之可为劝戒者,诗文之可以发扬者,求之皆阙如也。”据他前修《江陵志》“为图二十,附之以辨,其次为表、为志、为传、为拾遗”的做法,有针对性地确定新志应当包括地图、年表、人物、诗文,“汇而辑之,备前志之所未备。”在此基础上制定的篇目是,“先修《留都宫载录》,冠于书首,而建康地图、年表次之;十志又次之……志之中各著事迹,各为考证,而古今记咏,各附于所作之下。凡图、表、志、传卷首,各为一序”。据此而创设的门类,如留都录、地名辨、年表、官守志、儒学志、文籍志、武卫志、田赋志、古今人表、拾遗等,都是前志未有而新创的篇目。四是志稿初成之后,要广泛征求意见,虚心求教。他说:“窃惟诸司幕府,参佐宾僚,学富才宏,皆应合所愿求教,然望尊职重,有非书局所敢一一屈致者,容应合每卷修成初稿,各以紫袋封传诸幕,悉求是正。其未当者与未尽者,各请批注行间,以凭删修次稿,再以紫袋传呈如初。俟定本纳呈钧览,仰求笔削,然后付之锓梓。”可见他修此志的目的是“崇厚风俗，表彰人才”，强调“教化”作用。在志书内容的选取上，也提出了较具体的要求。这个《修志始末》代表了当时所达到的方志理论高度。

按：于此可见，时至宋代，在总结前人修志经验的基础上，方志理论已经有了一定的发展。对方志中的一些基本理论都有了自己的见解，提出了一些应当遵守的修志基本原则、编纂方法、材料处理原则，主笔人选方法等。这些看法和主张都散见于他们所写的志书序、跋之中。

如关于方志的起源，有起于史官说，如李宗谔在《祥符州县图经·序》中，提出“夏载弼成于五服，职方周知于数要，其后地志起于史官”。（见1010年条）司马光等则主方志起于《周官》。他在《河南志序》中，说“《周官》有职方、土训、诵训之职，掌道四方九州之事物，以诏王知其利害。后世学者，为书以述地理，亦其遗法也。唐丽正殿直学士韦述为《两京记》。近故龙图阁直学士宋君敏求，字次道，演之为《河南》、《长安》志”。（见1039年条）马光祖在《景定建康志序》中说：“郡有志，即成周职方氏之所掌。”朱长文在《吴郡图经续记》中提出，“职方氏掌天下之地图，凡地图命郡府三年一造”。（见1084年条）王存在《元丰九域志·序》中说，“臣闻先王建国，所以周知九州封域与其人民之数者，诏地事则有图，诏观事则有志，比生齿则有籍。近世撮其大要，会为一书”。（见1085年条）认为方志是会集图、志、籍之综合。欧阳忞在《舆地广记·序》中说，予“自尧舜以来至于今，为书凡三十八篇，命之曰《舆地广记》。凡自昔史官之作，与夫山经、地志，旁见杂出，莫不入于其中”。（见1117年条）宋元祐进士、历任诸暨州判官、侍讲学士、知制诰黄溍，曾纂有《义乌志》7卷（今佚）。他还有《义乌志·序》和《东郡志·序》存世。在后一序中，关于方志的起源有言：“成周之制，职方氏掌天下之图，而道地图以诏王者，有土训之官焉。小史掌邦国之志，外史掌四方之志，而道方志以诏王者，有诵训之官焉。”（《黄学士文集》卷一六，转自邸富生《中国方志学史》第81页）提出了方志多源说。

关于方志的性质，最有名的是郑兴裔在《广陵志·序》中提出的：“郡之有志，犹国之有史。”（见1190年条）李宗谔也持同样的主张，故其认为修志应当“举春秋笔削之规，遵史臣广备之法”。王象祖在《赤城志·序》中云：“《赤城志》作于太史陈公耆卿，凡例严辨，去取精确，诸小序凛凛乎马班书志之遗笔，莫可尚矣。”（见1223年条）均是以志书属史的说法。而王象之在《舆地纪胜·序》中则说：“世之言地理者尚矣，郡县有志，九域有志，寰宇有记，舆地有记。”（见1221年条）将志书都归于地理。司马光则认为地志是“博物之书”。陆游在《嘉泰会稽志·序》中的说法虽未明言方志属于博物之书，但从其表述来看，与司马光的说法也相近似，谓“上参《禹贡》，下考太史公及历代史，金匮石室之藏，旁及《尔雅》、《本草》、道释之书，稗官野史所传，神林鬼区，幽怪慌惚之说，秦汉晋唐以降，金石刻，歌诗赋咏，残章断简，靡有遗者，若父老以口相传，不见于文字者，亦间见层出”。（见1201年条）

关于修志目的和方志之作用，郑兴裔在《广陵志·序》说志书可以“察民风，验土俗，使前有所稽，后有所鉴”。当天子采风问俗时，可以“借以当太史之陈”，还可以使“后之来守是邦者，亦庶乎其有所据依”。(见1190年条)李宗谔主张“立言之本，劝戒为宗”。吴子良在《赤城续志·序》中说，要“使读《赤城志》者，诠评流品而思励其行，细咀篇什，而思畅其才，睹是非而开漫患，念得失而重沿革，悟劝戒而审趋舍，讵小补哉”。(见1223年条)马光祖在《景定建康志·序》中说志书有补于世，志书中记“天时验于岁月灾祥之书，地利明于形势险要之设，人文著于衣冠礼乐风俗之臧否。忠孝节义，表人材也；版籍登耗，考民力也；甲兵坚瑕，讨军实也；政教修废，察吏治也；古今是非得失之迹，垂劝鉴也。夫如是然后有补于世”。在《进建康志表》中又说：“辨山林川泽之名物，稡衣冠礼乐之风流，善有劝而恶有惩，往者过而来者述。”(1261年条)朱长文认为，志书可以“置诸郡府，用备咨阅，固可以质凝滞，根利病，资议论”。林虙在《吴郡图经续记·后序》中说，志书“举昔时牧守之贤，冀来者之相承也，道前世人物之盛，冀后生之自力也。沟渎条浚水之方，仓庾记裕民之术，论风俗之习尚，夸户口之蕃息，遂及于教化礼乐之大备。于是见先生之志，素在于天下者也，岂可徒以方域舆地之书视之哉”。(均见1084年条)乐史在《进太平寰宇记表》中说方志的作用，在于“万里山河，四方险阻，攻守利害，沿袭根源，伸纸未穷，森然在目。不下堂而知五土，不出户而观万邦”。(见987年条)赵抃纂《成都古今集记》中，阐明其修志的目的是：“书乱臣所以戒小人，书寇盗所以警出没，书蛮夷所以尽制御之本末”。(见1075年条)董弅在《严州图经·序》中说其修本志之目的，“相与检订事实，各以类从，因旧经而补辑，广新闻而附见，凡是邦之遗事略具矣，岂特备异日职方举闰年之制，抑使为政者究知风俗利病，师范先贤懿绩；而承学晚生，览之可以辑睦而还旧俗；宦达名流，玩之可以全高风而励名节，岂小补也哉”。(见1139年条)苏升在《续恩江志·序》中说：“予因莅政之暇，按其凡例，撮其枢要，凡有裨于治道者录之，简略之讥，夫复何辞。”(见1164年条)罗愿在《新安志·序》中说：“夫所为记山川道里者，非以示广远也，务知险易，不忘戒也。其录丁口畎亩，非以览富厚也，务察息耗，毋由夺也。其书贡赋物产，非以给嗜欲也，务裁阔狭，同民利也。至于州郡沿革，吏治得失，风俗之美恶，与其人材之众寡，是皆有微旨。”(见1175年条)留元刚在《永宁编·序》中说：“是编非取夫搜摭新故，夸诩形胜而已。事变之会，风俗之趋，盖将有考焉。观叙州，自晋以来，守凡几人，孰贤孰否；观叙人，自国初以来，作者几人，孰先孰后；熙宁而后，所易兵制，善于古否？建炎而后，所增税赋，安于民否；水利何为而便，役法何为而病，是非得失之迹，废兴沿革之由，安危理乱，于是乎在，一言去取，万世取信。”(见1216年条)吴子良在《赤城续志序》中提出，志书为的是“诠评流品，而思励其行”，“悟劝戒而审趋舍”，也就是德育教化作用。王象之在《舆地纪胜·序》中，说他撰写是书的目的在于“收拾山川之精华，以借助于笔端，取之无尽，用之不竭，使骚人才士，于一寓目之顷，而山川俱收奇效于左右”。(见1211年条)是志书还有“资文”的作用。

关于修志的基本原则,一是详今略古、详近略远。赵彦在《长安志·序》中指出,修志应当“远者谨严而简,近者周密而详”。(见1075年条)二是存真求实,信今传后。李昴英在《南海志·序》说他的做法是:“乃视故府,延问老成人。分授以凡例,使各以其见闻述,然后合而参订是正焉。壅疏漏衪,诞去实存。又布之众,使无疵瑕,咸以为精当乃已。”(见1247年条)陆垲在《语溪志序》中更认为“志苟不作,则古往今来,事事物物,皆无所考,其所关系,岂区区记名氏而已,而后知此书不可一日无也”。(见1251年条)

关于修志中要重视调查询问。梁克家在《三山志》自序中云:他为修本志,曾“约诸里居与任于此者相与纂集……讨寻断简,援据公牍,采诸长老所传,得诸闾里所记,上穷千载建创之始,中阅累朝因革之由,而益之以今日之所闻见。厥类惟九,靡不论载,岂惟使四方知是邦于是为盛,抑乡古者有考焉”。(见1182年条)陈耆卿说他在修《赤城志》中,“凡意所未解者,恃故老”。(见1223年条)

关于修志的主笔人选,马光祖在《景定建康志序》中,认为主笔者应由“博物洽闻,学力充赡”,“纪载有法”,并有修志实践经验者来担任。章鉴在《余不志·序》中认为历来的旧志“失真难订,传讹易承”,故应由“资识见之赅博者纂其书”。(见1237年条)《赤城志》的作者陈耆卿认为,主笔者应当是能够“谂沿革,诘异同,剂巨纤,权雅俗”者。(见1223年条)

关于资料的收集,罗愿主张“约敕诸曹,遇咨辄报,且谕属县,网罗金石之文”。关于修志材料之考核,陈耆卿提出资料考辨的做法,“凡意所未解者恃故老;故老所不能言者恃碑刻;碑刻所不能判者恃载籍;载籍之内漫漶不白者,则断之以理而折之于人情”。黄岩孙在《仙溪志跋》中,提出要“摭之前闻,质之故老……订郡志之失记载者,访碑刻之未流传者”。处理方法要“博观约取,诞去实存”。关于小序的写法,黄岩孙认为“论财富必以惜民力为本,论山川必以产人杰为重”。关于记述方法上,黄岩孙提出要“按是非于故实之中,寓劝戒于微言之表”。在人物和艺文的选取上,黄岩孙说应当“人物取其前言往行,否则爵虽穹弗载焉;诗文取其义理法度,否则辞虽工弗录焉”。(见1257年条)关于凡例和小序的写作,陈耆卿认为,应当“微以存教化,识典章”。

又:《景定建康志》是分纲列目的纪传体的志书。纪传体志书,实际有两种分纲的做法。一种是以体裁分纲,图、表、志、传、录是也(平列目体属此类)。另一种是按所记事物以类为纲,通常所说的纲目体是也。三宝体也属此类。章学诚的三书四体,实际“四体”就是以体裁分纲的。在这里的“体”就是纲。

景定三年(1262),钱可则修,郑瑶、方仁荣纂成《新定续志》10卷。是志不以地名名书,附于淳熙时修之《严州图经》三卷之后,称为《景定(严州)续志》,又称《新定续志》。但体例却与前志有所不同,因宋度宗尝为设于此的遂安军节度使,即位后升为建德府,故卷首载立太子诏及升府省箚。前四卷为郡志,平行列有 33 目;卷五以下为各县,所立门类已大为减少,只简述各县的概况与特点。记述文字简洁,为宋代方志所少见者。(据陈光贻《中国方志学史》第 106 页)《四库全书总目提要》称其为"体裁视他志稍殊。惟物产之外,别增财产一门,但纪景定麦秀四岐一条。乡饮之外,别增乡会一门,但纪杨王主会一条,则皆乖义例耳。然叙述简洁,犹與记中之有古法者……可订史传之讹矣"。(卷六八,《史部·地理类一》)方逢辰序谓:"严,于浙右为望郡,而界于万山之窟,厥土坚而隔,上不受润,下不升卤,雨则潦,霁则槁。厥田则土浅而源枯。介乎两(缺一字),节节级级,如横梯状。其民苦而耐,其俗啬而野,其户富者亩不满百,其赋则土不产米,民仅以山(缺一字)而入帛,官兵(缺一字)廪则取米于邻郡以给,而百姓日籴则取给于衢、婺、苏(缺一字)之客舟,较之浙右诸郡,其等为最下下。而严之所以为望郡而得名者,不以田,不以赋,不以户口,而独以云山苍苍,江水泱泱,有子陵之风在也。"所以,"是编之作,非惟可以备顾问,亦可以少助宵旰民瘼之万一也"。(转自《中国古方志考》第 400 页)陈光熙在《中国地方志总目提要·浙江省》本条中说:"是志卷四书籍门,详列严郡刊登之图籍七十多种,是我国图书版刻的宝贵资料。"(11—19)

按:黄苇等《方志学》谓,严州在有宋一代共五修图经和志书:一是宋初修之严州"旧经";二是北宋大中祥符中(1108～1116)之《祥符(严州)图经》;三是南宋绍兴间(1131～1162)董弅修之《严州图经》;四是陈公亮修、刘文富纂之《严州图经》;五是景定间(1260～1264)郑瑶和方仁荣纂之《新定续志》。第五次修的与前四次修的都是同一类型的书,书名却由"图经"改为"志",表明图经发展到南宋,已完成向方志的过渡,成为定型的方志了。(第 158 页)由"图经"而改"志",正是实至名归,做到名实相符了。

景定间(1260～1264),知县赵与膺主修成《嘉禾图经》一种。景定元年十二月,改建阳县为嘉禾县,四年赵氏来知嘉禾,修成是志。刘克庄序谓:"邑之城郭都鄙,土风物产,远则故老之记闻,近则县名之更改,与夫名公巨儒之言行,大家世族之原委,开卷了然矣。"(转自方彦寿《建阳最早的县志〈嘉禾图经〉》,载《福建史志》1994 年第 5 期)

宋度宗咸淳元年(1265),陈均、赵汝楳、陈梦斗、赵与可修,方逢辰、黄国用纂成《镇江志》刻行。一部志书署主修者达四人之多,殊属少见,于此方逢辰在志序中给予说明:原来志书始修于景定五年春,时郡守为陈均。至四月志既草创,陈去任,继之者为赵汝楳。脱稿时,赵又去任,继任者为陈梦斗。书未及刻,陈又去任,至赵与可来接任后方才付梓。志虽刻于今年,实修于景定五年。督刊者为赵与可,而监修者实为陈均、赵汝楳、陈梦斗也。(见《中国古方志考》第 285 页)

是年,张道宗纂《纪古滇说原集》1 卷。书末署有"咸淳元年春正月八日,滇民张道宗录"字样。但内中载有元统二年(1334)立段信苴实为大理宣慰使司事,当是又有后人掺入者。明嘉靖十年(1531),云南总兵官沐朝弼刻行时作序一篇。谓云南古为滇国,然"求滇之遗迹,病其略也。盖史之体,内华夏而外荒徼。今也九州同域,四海一贯,固不厌其详且烦也。于类书所引扬子云《蜀本纪》、谯周《异物志》仅存千百于一二。若任豫之《益州记》、韦琯《云南事状》、韦齐沐之《云南纪行》、樊绰之《云南志》、《南蛮记》，皆名存而籍亡，久矣莫可征也。家所藏有《纪古滇说集》，乃元人张道宗所录。始自唐虞，讫于咸淳，方域年运，谣俗服叛，一一详焉。虽其文不雅驯，而凿凿传信，不可删以迷其真也……遂命梓人锲之，上以广国家方舆一统之盛，下以补职守忠爱万一之裨”。(转自《中国古方志考》第720～721页)《四库全书总目提要》提出疑点甚多，有谓：“颠倒牴牾，猝不可诘。其书大抵阴剽诸史《西南夷传》，而小变其文。惟所记金马碧鸡事，称阿育王有三子争逐一金马，季子名至德，逐至滇池东山获之，即名其山曰金马。长子名福邦，续至滇池之西山，忽见碧凤，即名其山曰碧鸡。所谓金马、碧鸡之神，即是二子。其说荒诞，与史传尤异……况书中明言：‘宋兴以北有大敌，不暇远略。使传往来，不通中国。’何以度宗式微之时，转奉其正朔？然则非惟道宗时代恍惚难凭，即其人之有无且不可遽信矣。卷首有杨慎点校字，其即慎所依托而故谬其文以疑后人欤？”(卷七八，《史部·地理类存目七》)

按：书中所载疑点固多，然作为边远地区有此一书，不可不志其事也。作地名志者当会更有兴趣。古今地名，不涉风俗传闻者恐无多也。

咸淳四年(1268)，潜说友纂成《咸淳临安志》100卷，是为宋代府志中卷帙最多，内容最丰富之一部志书，也是临安三志中流传最全之一部。(乾道志原15卷，存3卷；淳祐志原52卷，存5～10卷)本志原100卷，清代流传者已有缺。经朱彝尊等人抄配，得95卷。道光十年(1830)重刻时，将黄士珣补辑得之第64卷补入，共成96卷。缺卷90、98～100卷。(见黄燕生《〈永乐大典〉杭州方志辑考》，载《浙江方志》1989年第2期)卷首有皇城图、京城图、浙江图、西湖图。其中的京城图，描绘了南宋京城临安之总貌，对城内之街、坊、河、桥都作了标示。皇城图则描绘了南宋皇城的情况，包括大内、太庙、都亭驿、登闻检院、教场等。对皇城和皇城四周之宫门、丽正门、和宁门、东华门、西华门都有表示。浙江图描绘了南宋时浙江(钱塘江)杭州附近江段之面貌，采用写景法绘制，江水以波浪表示，江中绘有帆船，江北岸有石堤。江堤与城墙间的江岸绘得相当详细，地物也完整形象，名称记注亦较全。西湖图以绘、画结合的方法，以湖为中心，勾勒出西湖之全景。主要的景点都可从图中找到。(见刘平平《浙江古代方志地图文献考》，载《中国地方志》2004年第11期)是现存南宋都城最古之地图。全书20门，每门又有子目，分图、录、表、考、传。前15卷为“行在所录”，记述了以南宋京城为中心的宫廷、官署、衙门及周边的宫观、祠庙、苑囿、禁卫兵、省院兵、馆驿等。卷一六以下至卷二二为府志，记述了临安府及其所属余杭、临安、於潜、富阳、新城、盐官、昌化等县。卷二三～三九为山川；卷四〇～四一为诏令；卷四二为御制；卷四三～五一为秩官；卷五二～五五为官寺；卷五六为文事；卷五七为武备；卷五八为风土；卷五九为贡赋；卷六〇～七〇为人物；卷七一～七四为祠祀；卷七五～八五为寺观；卷八六为园亭、古迹；卷八七为冢墓；卷八八为恤民、祥异；卷八九～一〇〇为纪遗。其自序谓：“肆皇上克笃前烈，宅中图大，不以愚臣为不肖,命殿是邦……暇日视故府,阅郡乘,或病其漏且舛,乃葺而正之,增而益之。凡为图、为表、为志,总百卷,而冠以'行在所录',尊王室也。既成,上之天府,以备考数之万一焉。"

按:林正秋在《中国地方志名家传》中谓:"他和《乾道临安志》相比,《行在所》下增加一个'录'字。'录'就是'总领'之意。因此'录'字之增,体现城市志体例的日益完善。"又谓:"尤其对南宋时期的杭州丝绸品种第一次作了全面的记录,为研究'丝绸之府'杭州,保存了早期的珍贵史料……尤其可贵的是,多次重述了西湖环境保护的禁令,敢于上奏朝廷,对污染西湖的权贵宫廷宠侍陈敏贤作出'降一官放罢'的处理。"(第40页)林氏如此评论,似为他人所未道及。

是书征材宏博,辩论精核。比之淳祐志又有加详。如淳祐志于范仲淹,仅记其于宋仁宗皇祐元年正月知杭州,十一月去任转知青州。本志则增载了其许多具体事迹,如:"是年(皇祐二年),吴中大饥,殍殣枕路,仲淹发粟及募民存饷,为术甚备。吴人喜竞渡,日出宴湖上,自春至夏,居民空巷出游。又谕诸寺主首曰:'饥岁工价至贱,可以大兴土木之役。'于是诸寺工作鼎盛。又新仓敖、吏舍,日役千夫,监司奏劾杭州不恤荒政,宴游不节,及公私兴造,伤耗民力。公乃自条,叙所以宴游及兴造,皆有以发有余之财以惠贫者。贸易饮食工技服力之人,仰食于公私者,日无虑数万人,荒政之施,莫此为大。是岁,两浙惟杭州晏然,民不流徙。"(转见《浙江方志概论》第18页)这样的人物记述,真足可为后世之法。书中辨异订误,考核精审,专设有《吴越考》一篇。其他考证,引用之书,均说明来源。如有不同,注其所据。对不同说法,采取求同存异,或列入正文,或用小字说明。《四库全书总目提要》称纂者"其人殊不足道,而其书则颇有条理。前十五卷为行在所录,记宫禁曹司之事,自十六卷以下乃为府志。区画明晰,体例井然,可为都城纪载之法……他所叙录,亦缕析条分,可资考据,故明人作《西湖志》诸书,多采用之"。将其与宋时诸志比较,引朱彝尊语云:"宋人地志幸存者,若宋次道之志长安,梁叔子之志三山,范致能之志吴郡,施武子之志会稽,罗端良之志新安,陈寿老之志赤城,每患其太简,惟潜氏此志独详。"本志与乾道《临安志》、淳祐《临安志》合称"临安三志"。周中孚在是书《跋》中谓其"总二十门,每门又各有子目,有序有图有表有考有传,其首列行在所录,以尊王室。至十六卷以后,乃为府志。盖体例本之周彦广《乾道志》,而纪载多至数倍,殊有资于考证也"。(均转自《中国古方志考》第330～332页)钱塘汪氏刻本汪远孙跋称:"吾郡遗闻轶事,萃于是书。所引《祥符图经》、晏元献《舆地志》、范子长《郡县志》诸书,久已放佚,借此得存厓略。"(转自来新夏《方志学概论》第66页)傅振伦称,临安的这三部志书,都是首都志而兼郡书,体茂事备,可称名著。(傅振伦《从敦煌发现的图经谈方志的起源》,载《兰州大学学报》1980年第2期)

按:潜说友人品不足道,始则取媚于权相贾似道以得高位,继则于平江弃城先逃,终则于福州降元,死于兵乱中。本志中,"遇似道衔名,皆提行或空格,未免滋后人之议"。历来评论家,均指出"其人殊不足道"。但对其书皆给予了充分肯定,不以其人而废其言。这是对学术著作评论的优良传统。

又，志文中，载有咸淳四年以后事，当为刊刻时所增补者。

是年，史能之纂成《毗陵志》30卷。毗陵为郡，下辖晋陵、武进、无锡、宜兴诸县。史氏咸淳四年(1269)自叙云："毗陵有志旧矣。岁淳祐辛丑(1241)，余尉武进时，宋公慈为守，相与言病其略也，俾乡之大夫士增益之，计书成且有日。越三十年，余承朝命长此州，取而阅之，则犹故也……郡志弗续，非阙欤？乃命同僚之材识，与郡士之博习者，网罗见闻，收拾放失。又取宋公未竟之书，于常簿季公之家，讹者正，略者备，缺者补。盖阅旬月而后成。"(转自《中国古方志考》第265～266页)可见是志乃系在宋慈旧志稿本基础上续修而成。是纲目体志书，起自地理，迄于纪遗，共分19门。分叙州郡及各县地理、诏令、官寺、秩官、文事、武备、风土、祠庙、山水、人物、词翰、财赋、仙释、观寺、陵墓、古迹、祥异、碑碣、纪遗诸门。其中《土贡》门内，记有每岁贡纱10匹，纻布10匹；《土产》门内分记有稻、粟、麦、麻、谷之属，及帛之属、货之属、花之属、果之属、蔬之属、药之属、草之属、木之属、竹之属、禽之属、兽之属、鳞介之属。各物之下，又注各物之状态，足以反映当时的经济情况。是志历来被誉为宋代名志。周中孚在《跋》语中，谓是志"起地理，迄纪遗，凡分十九门，义例整饬，考证赅洽，而议论亦深醇。盖范石湖《吴郡志》、施武子《会稽志》之亚。其不曰常州志，而曰毗陵志者，盖自邹志已蒙古称矣"。(转自《中国古方志考》第267页)王鸣盛在《十七史商榷》中，称"其第一卷《郡县表》，详明确实，最为当佳。盖建置之纠纷，晋陵、武进为甚，考之令人目眩。今得此，可以无恨，乃知作者苦心，良不易也"。李兆洛认为此志仅次于范成大《吴郡志》、施宿《会稽志》，"足为凡为志乘者之式"，并称为宋代三名志。(均转见《江苏旧方志提要》第216页)

咸淳五年(1269)，洪从龙修，胡升纂成《星源图志》一种。书已佚，仅存洪氏序，其文曰："婺源为邑，由唐迄今，五百有余年矣。因革废置，不知其几，未有笔之书以传远者，邑一大缺典也。某承乏来此，首尾四载。间尝摭一二叩左右，率莫能对，益知是书不可不作。久欲作而未暇。行将代归，虑复因循。亟奉书国史胡公升，属为之志，公许焉。不两月而书成，门分汇别，井井有条。……至若紫阳先生，集诸儒之大成，公之搜集，特别详焉。是又大有功于名教也。……咸淳五年己巳(1269)四月望日，钩台洪从龙记。"(见《中国古方志考》第551～552页)

按：由是序文可见有值得注意者三：一是本志于朱熹及其学派事记之甚详；二是修志乃为着为政之需也；三是官员行将代归之时，视志书不修为自己未完之责。

咸淳八年(1272)，谢公应修，边实纂《玉峰续志》1卷成，附于《淳祐玉峰志》之后。目次为：山川、风俗、户口、学校、坊市、公守、税赋、和买、绸、绵、课利、官租、令佐题名、寺观、祠庙、园亭等。边实于20年前，曾与凌万顷合纂成《玉峰志》3卷。20年后，又受谢公应之属，续编本志。谢氏在书的《跋》语中说，其所以要续修志书，是由于"咸淳壬申(八年——1272)，余捧檄代庖斯邑，翻阅是书(前志)，颇有遗佚，若派买之公田拨隶，若学校之创主学建直舍，或述前辈之诗,而曰载诸杂咏者,为不见全璧之叹,或题仑魁之名,而不编入人物者,有斡弃周鼎之疑,是皆累于时之所不及,失于见闻之所不逮尔。余因以续志……三阅月而书成,增入者三十余条,改定者二十余条”。(见《宋元方志丛刊》第1册)边氏对于自己参与纂辑之前志,也感到有续修之必要,故乐于从事。于是“会粹古书,披搜今籍”,“厘前误而纪新闻”,历三月而成稿。《四库未收书目提要》称,其“志中所载沿革风俗以及人物、古迹甚悉。宋元时昆山志乘,世不多得,是册足补一方之文献也”。周中孚在两志的《跋》语中称:“二书皆理该文核,纲举目张,叙次得宜,不失古法。”(转自《中国古方志考》第262～263页)

按:这是对前志进行续补的做法,实行的是有则续、补,无则免之。前志总27目,附子目3。续志只有17目。将前志的《山冈墩墟》、《水》,合并为《山川》;《坊陌》、《桥梁》、《营寨》,合为《坊市》;改前志《县令题名》为《令佐题名》,新增《和买》、《名宦》两目,删省《氏族》和《异闻》。这种做法,可为今日之修断代续志作参考。值得注意的是,续志的修纂者已经注意到现实的变化,但由于资料的限制而留下的遗憾,也不为自己讳。如其《户口》中云:“前志载主客管户四万五千三百六十八,口一十三万四千五百,可以称壮邑矣。今逾二十年,切料为数,未必增益。盖富者迁避,贫者转徙。赋役既缺,团甲多废,未从以考其实,恐贻虚增之诮,姑仍其旧云。”(转自张英聘《论〈大明一统志〉的编修》,载《史学史研究》2004年第4期)

又:前书中,已为边氏之曾祖惇德立传,续志中又有边实“自序”一篇,“追本得姓之始,遥遥华胄,敷衍千言”,为钱大昕等讥之。

是年,宋日隆修,黄岸纂成《连江志》一册。宋氏自序称:“遂置局凤池,网罗遗佚,探索幽隐,类为志集若干卷。明窗开帙,五乡之山川,千年之风景,尽在目中矣。”(转自《中国古方志考》第420页)可见南宋时修志设局,已经相当普遍。元延祐(1314～1320)时唐士冠《连江县志序》谓:“《连江县志》,宋嘉定陶宰武所创也,咸淳间宋日隆增而修之,其山川人物、风土井社、河渠亩浍,以至赡学(缺两字),纤细备载,锓之梓而藏之稽古阁。”

是年,《靖江府城池图》刻于桂林山石。宋宝祐六年(1258),为抵御蒙古军南下,广南制置使兼知靖江府李伯曾受命在桂林增筑新城。后经广西经略使朱祀孙、赵汝霖、胡颖等,相继主持,至今年竣工,乃于新建之北门西鹦鹉山,绘刻此图。高3.4米,宽3米,分城图和城记两部分。城图以阴刻线条刻画全城形制、街道桥梁、山川形势。其中有军事防卫之城壕关隘、军营官署,均一一注明。城图以混合比例尺的方法,对原城池只作简要描绘,重点突出新增建部分。图记则详记了四任主持人所修筑城池的起始地段、高广尺寸,以及所耗工时费用等。(见新编《桂林市志》,1997年12月版第2995页)

咸淳间(1266～1274),郑兴纂成《浮梁县志》一种。永乐《县志》朱昭序称:“咸淳庚子,郑兴作县志。”(《中国古方志考》第550页)查咸淳有庚午,无庚子年。如系庚午之误,则此书当纂于咸淳六年(1270)。今不实系年,待考。

是时，官至翰林学士、礼部尚书之王应麟(厚斋)积30余年之功力，纂成《玉海》200卷。书名仿梁武《金海》之名，实含“粹焉如玉，浩乎似海”之意，采集自六经、众史、百家子集、注疏、传记、谱牒、艺术、隐逸之书，被称为“天下古今稀有之奇书”。《四库全书总目提要》谓：“其作此书，即为词科应用而设，故胪列条目，率巨典鸿章。其采录故实，亦皆吉祥善事，与他类书体例迥殊……尤多后来史志所未详，其贯串奥博，唐宋诸大类书未能有过之者。”全书分天文、律宪、地理、帝学、圣制、艺文、诏令、礼仪、车服、器用、郊祀、音乐、学校、选举、官制、兵制、朝贡、宫室、食货、兵捷、祥瑞等21门，子目达240余类。其中之地理类下分地理图、地理书、异域图书、京辅、郡国、州镇、山川、户口、县、河渠陂塘、堰湖堤埭、泉井、道涂、关塞、标界、议边等目。收入了大量自古至宋末之地图、地理书、图经、志书资料。当代地理学大家陈桥驿先生谓，中国方志史上曾出现五次修志高潮。第一次高潮有《隋书·经籍志》可稽；第二次则由《玉海》“略获端倪”。(《中国方志五十年史事录·序》)笔者本书之写作亦大受其益。

赵昺祥兴元年(1278)，日本来华学法之僧人佛照禅师，从中国带回《舆地图》拓片一帧。图由两幅拼合而成。原图约于南宋末制成。每幅高约207厘米，宽约98厘米。注明东西南北四向，地理范围较《禹迹图》等略大。东北绘有女真、室韦、蒙兀、契丹；西北部分注有高昌、龟兹、乌孙、于阗、疏勒、焉耆、碎叶等地；西南部分绘出了天竺、阁婆、三佛裘的位置。它实际是一幅小范围的亚洲图。国内部分最为清晰，山脉用写景法表示，山上加绘森林符号；山名、政区名套上方框；水系较详，河流形状大致近似。海岸轮廓失真。此图今存日本京都东福寺塔头栗棘庵，国内反而不存了。(吕志毅《方志学史》第136页)

金代(1115～1234)，修有《金图经》，是今所知东北地区最早之方志。记述了女真之道里、官制、部曲等，凡17门。(薛虹《中国方志学概论》第39页)《四库全书总目提要》中，著录有张棣撰《金图经》一书，引陈振孙《书录解题》谓，“淳熙中归正人张棣撰，记金事颇详”。(卷五二，《史部·杂史类存目一》)未悉为一书否也。

南宋末，沈平纂成湖州《乌青记》(4卷)和《乌青拾遗》两书。宋时，乌镇属乌程县，青镇属桐乡县，中隔东溪，两镇联为一市，前曾有志。至是沈氏作成两书，“所载皆两镇事迹之沿革，民风土俗之繁荣，缙绅冠盖之显要，用识一时之盛也”。(万历《乌青志》旧序，转自《浙江方志概论》第83页)

南宋时(1127～1279)，赵彦励纂有《莆阳志》一书。撰者在序言中承认，“独人物一志，犹未之备，于此不无遗恨”。(转见黄苇等《方志学》第109页)

南宋时，出现有《朝京里程图》。据《古杭杂记》载：“驿路有白塔桥，印卖朝京里程图，士大夫往临安，必买以披阅。”图上画有从各地通往临安之路线、里程、休息点。今有人称之为中国最早之旅游图也。(《中国旅游报》第835期，转自陈柳德《我国最早的旅游图》，载《浙江方志》1991年第6期第36页)

宋代，贵州修有《遵义军图经》一种。其书早佚，惟郑珍、莫友芝的《遵义府志》卷二〇风俗篇，从他书转引得其一条云："世转为华，俗渐于礼，男女多朴质，人士悦诗书，宦儒户与汉族同。惟边夷则椎髻披毡，以射猎伐山为业。信筮鬼，好诅盟，婚姻以毡矢为聘妆，燕乐以歌舞为佳会。凡宾客会聚，酋长乃以汉服为贵，出入皆佩刀弩自卫。至与华人交易，略无侵犯。"(转自翁仲康《遵义旧志考》，载《贵州地方志编写通讯》1982 年第 5 期)

按：军的图经颇为少见，故附此。

宋元间，有《大金国志》之修(托名宋人宇文懋昭撰)。是书 40 卷，记金太祖至哀宗九主 117 年史事。体例析为纪、传、杂录和天文、地理、制度、风俗、行程录等。前有《金国九主年谱》、《金国世系图》及《进书表》。是一部纪传体的金代总志。其后，又有节本《金志》之出现，亦题宇文懋昭撰，不分卷。其目为：初兴始末、初兴风土、男女冠服、婚姻、饮食、皂隶、浮图、道教、科条、赦宥、屯田、田猎、兵制、旗帜、车伞、服色等十六门。内容基本是抄录原书。(转见吕志毅《方志学史》第 179 页)

是时，又有刘祁撰《归潜志》14 卷，载有金代名人行事、文章词赋、时事、蒙古军攻大梁及崔立叛降之经过等，反映了金代后期政治腐败和猛安谋克制度之衰落。史料丰富，为《金史》所取材。清人王士祯序给以较高评价，称"辽金立国规模不甚相远，而金源人物文章之盛，独能颉颃宋元之间，非数君子纪述之功，何以至是欤?"李慈铭也说："京叔(刘祁字)多交金源名士，熟于掌故，其所闻见，皆足以传信。"(转自吕志毅《方志学史》第 180 页)

附载：张国淦在《中国古方志考·叙例》称："方志之书，至赵宋而体例始备，举凡舆图、疆域、山川、名胜、建置、职官、赋税、物产、乡里、风俗、人物、方技、金石、艺文、灾异，无不汇于一编。隋唐以前则分别单行，各自为书，其门类亦不过地图、山川、风土、人物、物产数种而已。"《宋史·艺文志》著录宋代方志 600 种。(转见《广东方志要录》陈乐素序)

仓修良据《中国古方志考》做了一份统计，北宋时修成之志书 172 种，其中以志名之者 24 种；以图经名之者 96 种，其他名称者 52 种。南宋修成之志书 304 种，其中以志名之者 248 种，以图经名之者 31 种，其他名称者 25 种。只知为宋代而未明北、南宋修之志书 285 种，其中以志名之者 150 种，以图经名之者 92 种，其他名称者 43 种。合计两宋修成之志书是 761 种。(《方志学通论》第 279 页)

陈正祥在《中国文化地理》一书中，统计宋代名志者 383 种，名图经者 176 种，以记名之者 82 种，称图志者 22 种。总合计约 800 种。(转自吕志毅《方志学史》第 138 页)来新夏在《中国地方志》一书中谓："宋代是由图经向以文字为主的方志过渡的阶段。从数量上说，北宋以文字为主的方志尚不如图经之盛；但至南宋，图经趋衰，而以文字为主的方志则日盛。有人据《中国古方志考》所收诸志统计，北宋图经有 96 种，南宋仅 31 种；北宋以文字为主的志书有 24 种，南宋则增至 248 种，增长达 10 倍；其不能确定为南宋或北宋仅称志者有 150 种，图经仅 29 种。至于以乘、谱、纪、编为名者尚有 120 种，大多以文字为主。今传世宋志有30余种,南宋成志者即达27种。这种过渡现象表现得十分明显,而中国的方志体制亦日趋定型。”(第53页)

陈桥驿说:“如今见于公私著录的图经(包括图志、图说等),不论存亡,修纂于两宋的,共有566种,两宋以后包括元、明、清,直到民国,总共只有83种(包括民国时代四川、西康等省的39种图志在内)。所以两宋是我国方志史中图经修纂最发达的时代。”(《〈图经〉在我国方志史中的重要地位》,载《中国地方志》1992年第2期)邸富生在《中国方志学史》中谓:在长达1100年的汉唐时期,全国各地编撰的地方志总计不足400种,而有宋一代,全国就修成1016种,其中总志35种。(第54页)

黄燕生认为,两宋修志,已蔚然成风。从地区看,相当普遍,不仅名城都市皆有图志,就是“僻陋之邦,偏小之邑,亦必有记录焉”;从时间看,续修制度也建立起来,苏、杭、台、明、镇江、江阴等地在南宋时都有五次以上修志经历,有的志书还由撰者本人续纂;从修志方式看,也从纯粹官修(诏地方造送图经),转变为由地方官主持、请名人学者编修的形式,所修志书的体例也非朝廷所定,而因人而异,因地而异。以上这些特点几乎都被后世继承下来。总的来看,宋代志书虽处于承前启后阶段,但启后尤多于承前。(《宋代的地方志》,载北京师大史学史研究所、古籍研究所《史学史研究》1984年第3期)

刘纬毅等著《中国方志史》中,谓宋代方志总共应当在800种以上,现今传世者37种,列有书名。将其所列与中华书局编辑出版之《宋元方志丛刊》相较:相同者29部;增入总志5部:太平寰宇记、元丰九域志、舆地广记、舆地纪胜、方舆胜览;方志3部:岳阳风土记、桂海虞衡志、岭外代答。(见该书第120～121页)其所辑宋代佚志书目490种。(见该书第144～149页)

各人统计数字颇相径庭,盖因统计方式和口径各异所致也。附此以待作进一步之研究耳。

元代（公元 1271～1368 年）

元初，南宋遗民周密撰成《武林旧事》10 卷，追记南宋都城临安之诸事也。内容有宫殿、朝事、市坊、民俗、湖山、礼仪、商类、手工业、艺人、乐工及市民生活等，属方志中之都邑簿一类。《四库全书总目提要》谓，“盖密虽居弁山，实流寓杭州之癸辛街。故目睹耳闻，最为真确。于乾道、淳熙间三朝授受、两宫奉养之故迹，叙述尤详。自序称欲如吕荥阳《杂记》而加详，如孟元老《梦华》而近雅。今考所载，体例虽仿孟书，而词华典赡，南宋人遗篇剩句，颇赖以存，近雅之言不谬……其间逸闻轶事，皆可以备考稽。而湖山歌舞，靡丽纷华。著其盛，正著其所以衰。遗老故臣，恻恻兴亡之隐，实曲寄于言外，不仅作风俗记、都邑簿也”。（卷七〇，《史部·地理类三》）

按：读志者，尤其是评志者，贵在发现其“志义”。《四库提要》此条，足以为范。

元初，连仲默纂成《广昌县志》，卷帙未详。明正统《广昌县志》何文渊序称：“元初邑人连仲默，尝集析县以来之事为志。后遭兵革，焚毁殆尽。吾长子宗遍求乡闾。于农家得其前集，又于漆工刘文兴家得其后集，合为全志。”（转自《中国古方志考》第 562～563 页）

至元十五年（1278），菖节梅轩蔡氏刊行《元混一方舆胜览》3 卷，无撰人姓氏。清人张元济跋语，谓是书“卷首有行书牌记云：‘……是编凡山川人物、沿革本末，靡不具载，学士大夫，端坐窗几，而欲周知天下，操弄翰墨，而欲得助江山，不劳余力，尽在目中，信乎其为胜览矣。’……体例略仿祝穆《方舆胜览》。元刘应李新编《事文类聚翰墨全书》，以此列入后乙集。钱竹汀谓为流传甚少，此尚是初印本，纸墨精湛。《元一统志》今已无存，得见是书，慰情聊胜”。（转自《中国古方志考》第 122 页）

至元十六年（1279），郭守敬为配合授时历之编制，首次在全国范围内，进行大规模的纬度测量，初步建立了我国朴素之经度概念。又以海平面为水准，测量高程起算。这对以后之测量和制图，都有着重大的影响。（吕志毅《方志学史》第 207 页）

至元二十八年（1285），命著作郎“大集万方图志而一之，以表皇元疆里无外之大”。（元

王士点《秘书监志》卷四，转自刘纬毅等著《中国方志史》第163页）

至元二十四年(1287)正月二十四日，湖广行省虞应龙，以其撰成之《统同志》上呈。呈状有云："为理会地理勾当，数年用工，将古今书史传记所载天下地理，建置郡县，沿革事迹，源泉山川人物，及圣贤赋咏等，分类编述，自成一书。取《汉书》王吉所云，春秋所以大一统者，六合同风，名其书曰《统同志》。上以发扬圣朝混一海宇之盛。其书现行纂修成稿，拟就沿途并力抄写正本，一就进呈。"(《秘书监志》四，转自《中国古方志考》第114页）

按：是书成为后来修《大一统志》之蓝本。张国淦谓："按《监志》，应龙先尝著有《统同志》，其来京师，湖南道宣尉司付站船二只，装载《统同志》文书以俱。既至，则以秘书少监主持修志，历时甚久。由此可以推知，《大一统志》殆即用《统同志》为蓝本也。"(同书第119页)《元史》卷一四世祖本纪至元二十三年二月丙寅(二十九日)条谓："以编地理书，召曲阜教授陈俨、京兆萧(下缺一字)、蜀人虞应龙。唯应龙赴京师。"可见应龙之有编纂地理书之事，于至元二十三年之前已为朝廷所知，是书之初编当更在其前。

至元二十五年(1288)，嘉兴路经历单庆修、嘉兴路教授徐硕纂之《至元嘉禾志》，历四年修纂，至是刻印成书。此乃在岳珂修、关栻纂旧稿基础上纂辑而成。旧稿5卷，是书扩成32卷，细目并列，分43门。卷一：沿革、星野、道里、风俗；卷二：城社、坊巷；卷三：乡里、镇市；卷四：山阜、江海、湖泖；卷五：浦溆、溪潭、陂塘、河巷、泾沟、堰闸；卷六：户口、物产、赋税、征榷；卷七：学校、科举、廨舍、院务、仓库、徼巡、官驿；卷八：邮置、桥梁；卷九：楼阁、堂馆、亭宇；卷一〇～一一：寺院；卷一二：宫观、祠庙；卷一三：冢墓、人物；卷一四：仙梵、古迹；卷一五：宋登科题名；卷一六～二六：碑碣；卷二七～三二：题咏。本志一大特色，是以详于金石著称。碑碣一目占11卷之多，"自三国、六朝以迄南宋，凡石刻之文，悉全载无遗……为耳目所未睹者尚多……又江海、湖泖、浦溆、溪潭、陂塘、河港、泾沟、堰闸，分为八类，使源流支络，开卷井然，体例甚当"。收入碑碣达120多幅，内有塔、寺、禅、道、观、堂、庙、院、墓之记、铭80余幅，有关学校、书院者24幅。唐天麟在序中称其："网罗散失，抉剔幽眇，考古订今，裒集荟萃。"清人朱彝尊在《至元嘉禾志跋》中称："所采碑碣、题咏，居全书之半。旧章藉以考证，足快于心矣。"(转自小凡《元至元〈嘉禾志〉简介》，载《浙江方志》2000年第1期封二)是书体例上的特点是，每条之下系以考证，有如注释，是方志笺证体之开端。《四库全书总目提要》称"其书序次甚详，每条下间系以考证，尤为典核……殊足为考献征文之助。惟书中但有人物及进士题名，而不立官师一志，使前人宦绩阙然无传，未免漏略"。(卷六八，《史部·地理类一》)仓修良认为，由于开国之初，因此沿用旧志内容较多。其最大之特点，就是所收的碑碣特多，有许多是欧阳修的《稽古录》、赵明诚的《金石录》均未著录。仅就这一项内容来说，就有重要的保存价值。(《方志学通论》第332页)

至元二十八年(1291)，札马剌丁、虞应龙纂修成《大一统志》755卷。先是至元二十二年(1285)六月，集贤大学士、中奉大夫行秘书监事札马剌丁(亦作札马拉丁、札马里鼎)上言：

“方今尺地一民,尽入版籍,宜为书以明一统。”元世祖嘉纳,诏“大臣近侍提其纲,聘鸿生硕士,立局置属庀其事”。于是命札马剌丁、奉直大夫、秘书少监虞应龙等,“大集万方图志而一之”,搜集天下图志进行编纂。至是稿成,凡 755 卷,名为《大一统志》,藏之秘府。参修者虞应龙谓,比前代地理书,似为详备,然得失是非,安敢自断,尚欲网罗遗佚,证其同异焉。

按:这是初修本《大一统志》也。许有壬再修本序中称“至元二十三年岁丙戌,江南平而四海一者十年矣。集贤大学士、中奉大夫行秘书监事札马里鼎言”云云。陈光贻《稀见地方志提要》引《铁琴铜剑楼藏书目》谓:“《秘书监志》:至元二十二年乙酉,世祖命集贤大学士、行秘书监事札马剌丁与秘书少监虞应龙,辑《大一统志》。”与许有壬序所言二十三年始上言,请修统志,相差一年。盖许有壬至正丁亥(1347)作序,以六十二年后而追叙前事,盖以始修之年与札马拉丁上言,连而书之耳。细而析之,当以《秘书监志》为是。《秘书监志》又有云:“至元三十一年十月二十六日,本监准中书兵部关发到《至元大一统志》四百五十册,呈解中书省,札付发下右司收管。”陈光贻谓成书于三十二年。至元只有三十一年,次年已改为元贞元年。张国淦谓:“至元二十八年,虽已曾进呈初修本,而应龙实仍在监继续纂修,未尝辍事。许有壬序称应龙谓尚欲网罗遗失,证其异同,即是仍行续修之意。自三十一年以后,《监志》于元贞二年(1296)、大德元年(1297)、大德二年、大德三年、大德五年(1301),均有编修《大一统志》之纪载,足知此志自进呈初修本后,始终并未停工,直至大德七年五月,而全书始正式告成也。”(均见《中国古方志考》第 119 页)

至元三十一年(1294)八月,命秘书监“编写《至元大一统志》,每路卷首必用地理小图”。(转见刘纬毅等著《中国方志史》第 164 页)

至元间(1264～1294),朝廷为修宋辽金三史,曾“诏郡国各上所录”。(元吴鉴《清源志序》,转自《中国古方志考》第 440 页)

元贞二年(1296)三月,朝廷征得《云南图志》一种。(见《中国古方志考》第 142、176 页)这是一部行省级的志书,只是未用通志之名而已。

八月,京兆路儒学教授骆天骧编纂成《类编长安志》10 卷。是书采用分卷载述秦汉迄元长安一地京城、城阙、宫殿、庭室、圜丘、郊社、明堂、辟雍、苑囿、池台、馆阁、楼观、堂宅、亭园、街市、里第、寺院、庙祠、山水、川谷、泉渠、陂泽、潭泊、桥渡、原邱、关塞、镇聚、堡寨、驿邮、坡坂、堆堰、古迹、山陵、冢墓、纪异、石刻、胜游、辨惑、杂题等。每类之下,再分子目,大体内容与汉时成书之《三辅黄图》略同,只是增加了泉渠、关塞、堡寨、坡坂等。(转见黄苇等《方志学》第 117 页)也属于都邑志一类。

骆天骧在书自《序》中说:“雍之长安,其来久矣,乃古之乡聚名,在丰镐间,周秦时已有之。李善《西都赋》注:‘汉高帝都关中,筑宫城,择嘉名,可长安于子孙,故曰长安城,可长乐于宫室,曰长乐宫,长安之名,自此始著。’……秦迄今寥寥千五百载,兵火相焚荡,宫阙古迹,十亡其九，仅有存者，荒台废苑，坏址颓垣，禾黍离离，难以诘问，故老相传，名皆讹舛……仆家本长安，幼从乡先生游。兵后关中前进士硕儒故老，犹存百人，为士林义契。耆年文会，讲道之暇，远游樊川、韦杜，近则雁塔、龙池。其周秦汉唐遗址，无不登览。或谈故事，或诵诗文。仆每从行，故得耳闻目睹。每有阙疑，再三请问……是以长安事迹，足履目见之熟。从心之际，每患旧志散漫，乃剪去繁芜，撮其枢要。自汉、晋、隋、唐、宋、金迄皇元，更改府郡州县，引用诸书，检讨百家传记，门分类聚，并秦中古今碑刻，名贤诗文、长安景题及鸿儒故老传授，增添数百余事，裒为一集，析为十卷，目之曰《类编长安志》。览之者不劳登涉，长安事迹，如在目前，岂不快欤。"大德元年(1298)贾觨为之序曰："藏斋先生骆公飞卿，辞声利而远市朝，老于翰墨者也。读书乐道之余，取长安旧志前后二十卷，十余万言，门分而类别之，使水能会泾、渭、灞、浐之名，山能萃太华、终南之秀。凡都邑宫观，丘陵坟衍，沿革兴废之名，贤豪居处之迹，士夫经行之地，隽乂题品之文，又注于下，棋布星分，若网在纲，有条而不紊。书成或病其碎。愚曰世之类书多矣，如《仪礼》则指某事而必其穷源；《通典》指某事必尽其要；《通鉴》事总，韩柳文类，皆此意也。倘人物混，则孰能辨夷夏之殊；五谷杂，则孰能辨菽麦之异？且志曰方以类聚，物以群分，不如是，则不能成治道而赞化育也。物且如是，书何不然？若锓木以行，使游秦者，不劳登涉，而知地理之详，未至秦者，得观此书，目下长安宛在目前矣，又不可谓秦无人焉。"

同时，王利用序称："九丘有书，九州有贡，地理有志，寰宇有记，皆四海之学也。或有山崩川移，陵迁谷变，历代沿革，随时兴废，所以不能必其主名，倘非识究堪舆，学探今古，至有皓首弗克致其知者。方舆虽未遍览，而所居乡国，懵然未知，可乎哉？京兆教授骆飞卿，长安故家也，尝集先儒旧志，并古人诗文。从游前辈，周访乡老，其所得者，具载无遗，目曰《类编长安志》。而废殿荒陵，离宫别馆，城郭之损益，州郡之变更，脱遗者增补，讹舛者订正，……较之旧志，一完书尔。"清人陆心源跋说："四库未收，阮文达亦未进呈。影写元刊本，卷一之类二：曰杂著、曰管治郡县；卷二之类二：曰京城、曰宫殿室庭；卷三之类四：曰圜邱郊社、曰明堂辟雍、曰苑囿池台、曰馆阁楼观；卷四之类二：曰堂宅亭园、曰街市里第；卷五之类二：曰寺院、曰庙祠；卷六之类五：曰山水、曰川谷、曰泉渠、曰陂泽、曰潭泊；卷七之类十：曰桥渡、曰原邱、曰关塞、曰镇聚、曰堡塞、曰驿邮、曰坡坂、曰堆堰、曰城阙、曰古迹；卷八之类四：曰山陵冢墓、曰纪异、曰辨惑、曰数目故事；卷九之类二：曰胜游、曰杂题；卷十之类一：曰石刻。每类又为子目。体例既未尽善，考订亦未详赡。惟宋元旧志，南则四明、临安、吴郡、三山、严州、会稽、赤城、镇江、建康、新安、毗陵、嘉禾，存者尚多；北则宋敏求、李好文长安二志外，惟此书耳。"(均转自《中国古方志考》第163～165页)

十一月初二日，著作郎粘连《大一统志凡例》上呈。录其全文于下：

元贞二年十一月初二日，著作郎粘连呈到《大一统志凡例》：

某路

所辖几州

本路现管几县

建置沿革

禹贡州域

天象分野

历代废置：周、秦、汉、后汉、晋、南北朝、隋、唐、五代、宋、金、大元

各州县建置沿革

本路亲管坊、郭、乡、镇

本路至上都、大都并里至

各县至上都、大都并里至

名山大川

土山

风俗形胜

古迹

寺观、祠庙

宦迹

人物

（原载《秘书监志》卷四，转自刘纬毅等《中国方志史》第164页）

按：这是修《大一统志》中形成的一个“修志凡例”。也是历史上以中央政府名义公布的第一个较规范的修志文件。这个凡例的出现，不但有力地推动了地方志之发展，而且促进了地方志书之定型化和规范化。

大德元年(1297)，朱思本撰成《九域志》80卷。作者以过去“志疆域者，往往校勘少疏，使漏遗弥广”。因而借奉诏代祀名山大川之机，“周游天下”。而后“取《元和郡县志》，以及《太平寰宇记》、《方舆胜览》、天官舆地诸书，详加检校”，纂成本书。他在自序中谓：“自嬴秦破九州为郡县，中古之下，迄而不改，遂使九州之域，仅仅徒有其名，几于漫遗湮没。暇日因取群籍参考异同，分条晰理，一以《禹贡》九州为准的，乃以州县属府，府属都省，以都省分隶九州焉。九州既分，然后系以星躔，画为疆宇，并系前代帝王之建置，寇盗之僭窃，悉为详载，使开卷者于千百年区宇混合瓜分者，了然如睹诸掌。书成凡得八十卷，题曰《九域志》。”(转自《中国古方志考》第123页)

按：清蒋光煦在《东湖丛记》卷一中谓，是书不见各家书目，但其存有残本8卷。

是时，周达观撰成《真腊风土记》1卷。达观于元贞元年(1295)随使团出使真腊(今柬埔寨)，滞留多时。大德元年返国后撰成此书。对该地当时之地理、民族、政治、经济、文化、语言、风俗均有记载，尤其对吴哥载记尤详。总叙之后分40目：城廓、宫室、服饰、语言、野人、

文字、正朔时序、争讼、病癞、死亡、耕种、山川、出产、贸易、欲得唐货、草木、飞鸟、走兽、蔬菜、鱼龙、酝酿、盐醋酱麴、蚕桑、器用、车轿、舟楫、属郡、村落、取瞻、异事、澡浴、流寓、军马、国主出入等,内容颇为详备。(转见吕志毅《方志学史》第200页)《四库全书总目提要》谓:"真腊本南海中小国,为扶南之属。其后渐以强盛。自《隋书》始见于外国传。唐、宋二史并皆纪录,而朝贡不常至,故所载风土、方物往往疏略不备。元成宗元贞元年乙未(1295),遣使诏谕其国,达观随行。至大德元年(1297)丁酉乃归。首尾三年谙悉其俗,因记所闻见为此书,凡四十则……然《元史》不立真腊传,得此而本末详具,犹可以补其佚阙,是固宜存备参订,作职方之外纪者矣。"(卷七一,《史部・地理类四》)

大德二年(1298)二月,朝廷征得《甘肃图志》一种。(《秘书监志》,转自《中国古方志考》第142页)

七月,冯福京修、郭荐纂成《大德昌国州图志》7卷,首、末各1卷。昌国州即今定海县,宋熙宁六年置昌国县,元至元十五年始升为州。是书卷首有州官前序、州官请耆儒修志牒、图。卷末有郭荐等缴申文牒一篇。从卷一起,分为叙州、叙赋、叙山、叙水、叙物产、叙官、叙人、叙祠等8门,共62目。名为"图志",有图有文,以文为主,以图为辅(仅有图3幅,即环山图、环海图、普陀山图——今本图已佚)。于一州之事,不论古今,横排门类,纵贯时间,几至无不备载。是古代最全面记述舟山群岛之一部历史资料书,各岛之事一一备载。对舟山群岛数百个岛屿中较大之岛的方位、名称及由来,以及各住人、岛上之山岙、村落名称均有载。系统地记述了群岛之沿革、境土、城郭、坊巷、物产、仓局、社稷、社仓、囚粮、户口、田粮、食盐、渔盐、历本钱、沙鱼皮、税课和风俗、学校、书院、医学、寺院、庙宇、宫观、州官、僧人、名宦、乡贤等方方面面的状况。(转见张昌茂《谈元大德〈昌国州图志〉》,载《中国地方志》1993年第5期)其沿革下释本县县名有云:"既而创县,名为昌国,意其东控日本,北接蓬莱,南亘瓯闽,西通吴会,实海中之巨障,足以昌壮国势。"志中《乡村》条下列各自然村,开列甚细,有"都属"、"乡属"之别,又有"里"、"村"、"澳"之名。是研究乡村社会变迁难得之资料。(转自罗一星《宋元方志解题》,载《广东方志》1991年第1期)书之《前序》中,概括了宋末修志中之弊端有云:"操史笔者多患得患失之夫,希和顾望,不惟泯其实以诬公朝之是非,抑且驾其虚以骋私意之向背……郡县间一时之志,亦侯牧夸张之诞笔。版籍所计以寡为多,风土所宜或以亡为有,形势所在以险为夷,贡赋所出或以俭为泰,评人物则多过情之誉,陈民风则少退抑之辞,妆饰富丽,竞为美观,详核其实,百无一二。"(转自张昌茂《谈元大德〈昌国州图志〉的编纂特点及史料价值》,载《浙江方志》1993年第5期)故其志一本纪实精神,保存了海岛开发史、普陀佛学起源和当地土宜物产及学校兴发等多方面之珍贵史料。是书撰成之后并不为人们所重视,直至被收入《四库全书》及"四明六志"之后,方被人们视为名志。《四库全书总目提要》谓,"其大旨在于刊削浮词,故其书简而有要,不在康海《武功志》、韩邦靖《朝邑志》下。海书、邦靖书,为作者盛推,而此书不甚称于世,殆年代稍远,钞本稀传欤?"(卷六八,《史部・地理

类一》)

按:冯福京,亦作冯复京。是书末附有《宋元四明六志校勘记》。此时四明还只有四志,何以就有六志校勘记?大概是刻书者补入后人之作也。我国古代以"图志"名之者共有10余部,最早的是隋代的《区宇图志》,这是全国性之图志。继之有南宋张汇纂修的《广西郡邑图志》,属于区域性的志书。元代有元贞二年(1296)之《云南图志》、大德二年的《昌国州图志》和《辽阳图志》,至元《丽江路图志》。明代有洪武《京城图志》、弘治《贵州图经新志》,清代有乾隆《钦定皇舆西域图志》、光绪《益都县图志》、《湘阴县图志》、宣统《新疆图志》,民国有《河套图志》等。这是我国历代图志中,唯一的一部州级图志,也是全国仅存的10种元代方志中之一种。黄苇等《方志学》载称,图志至北宋见存目者只有4种;南宋存目者13种,元代为7种。(第150～151页)明清以后尚见有光绪《益都县图志》、宣统《新疆图志》等。

又:是书每卷皆有小叙,有的小叙写得甚有意义。如卷三之叙赋中有言曰:"赋敛烦重则民无以为生,此圣人所以言财用必先之以有德,理财正辞,必归诸义。"意在警示为政者当聚敛有度。宋元志书中,卷首之叙有思想意义者不少。刘纬毅正在出版中之《宋元方志辑佚》中,辑有南宋元祐间(1241～1252)修,元至正六年(1346)增补重修之《江州志》一种。其文集类之首有叙曰:"书籍者,载道而行今古者也,贯天人,证治乱,传言行,辨事物。后之所以知今,今之所以知古者,莫如书。故书者,道之舆也。古今言书者,其目四:一曰经,二曰史,三曰子,四曰集。虽其言有大小远近之殊,然皆不容废也。故有天下者,备天下之书,有一国者,备一国之书。"(转自刘纬毅等著《中国方志史》第178页)

又:是书前之《州官请耆儒修志牒》、《缴申文牒》,似是目前已知最早的修志文牒。

是年,王祯纂修成《旌德县志》,共6万余字。当时即用木活字印刷100本,这是目前所知我国用活字印成之第一部志书。王祯在《农书·杂录》中说:"前任宣州旌德县尹时,方撰《农书》。因字数甚多,难于刊印,故尚己意命匠创活字,二年而工毕,试印本县志书,约计六万余字,不一月而百部齐成,一如刊板,始知其可用。后二年,予迁任信州永丰县,挈而之官。"(转自宫为之《皖志史稿》第199页)

按:这是第一部活字印成之志书,不但在中国方志史上,就是在中国印刷史上也有重大意义。

大德三年(1299)七月二十八日,著作局征得《辽阳图志》上奏朝廷,这也是东北吉林地区的首部通志,因续修《大一统志》向各地征集志书而得也。金毓黻在《东北通史》中评之谓:"此书仅具稿本,以为纂修《大元一统志》的根据,当时实未付刊,故今日无从睹其面目。然不可谓非东北方志之筚路蓝缕也。"

是时,集贤殿待制赵忭以新得《云南图志》、《甘肃图志》、《辽阳图志》等,请重修《大一统志》。

大德四年(1300),李彝修,刘埙纂成《南丰郡志》15卷。程文海序称:"李侯彝由司宪事来为州,暇日得县志于煨烬之余,命余友人刘君埙,于已纪者订之,于未纪者增之,成州志十五卷。"(转自《中国古方志考》第562页)

大德五年(1301)八月,朝廷颁《四至八到坊郭凡例》。规定要写明:"某路(某县州同)里至:某方至上都(几里),某方至大都(几里)、某方至本路(几里)、某方至本州(并依上开里数,如直隶本路者去此一行)、东至某处几里(至是至各处界),西至、南至、北至、东至。东到(到是到各处城)、西到、南到、北到,东南到、西南到、东北到、西北到(并依上开里数)。坊郭乡镇,领几乡。"(转自《中国方志简史》第269～270页)这是就前颁《大一统志凡例》的补充条例,是将凡例的进一步规范化。据刘纬毅谓,这两凡例之颁布,大大推动了方志事业的发展。

大德七年(1303)五月初二日,集贤殿大学士孛兰肹、昭文馆大学士岳铉等,将《大一统志》扩修成《大元大一统志》1300卷进呈。奉旨于秘府收藏。至正六年(1346)刻成于杭州。这是历史上卷数最多的一部一统志。先是至元中,札马剌丁、虞应龙等纂成《大一统志》755卷。后因朝廷又先后征得《云南图志》、《甘肃图志》和《辽阳图志》等。于大德初,从集贤殿待制赵忭之请,对《大一统志》加以重修,至是乃成1300卷。是志体例多依《元和郡县志》、《太平寰宇记》等全国总志。以路及行省所辖府、州为纲,分建置、沿革、坊郭、乡镇、里至、山川、土产、风俗、形势、古迹、宦绩、人物、仙释等目,网罗极为详备。吴骞在《元大一统志残本跋》中称:"其书于古今建置沿革及山川、古迹、形势、人物、风俗、土产之类,网罗极为详备,诚可云宇宙之钜观,堪舆之宏制矣……正文既详,复取古今地理各书,参互考证,而细注其下。"(转自《中国古方志考》第117页)陈光贻《稀见地方志提要》引赵万里辑《元一统志》序,称其所引资料,江南各省,多取材于《舆地纪胜》及宋元旧志;北方各省则多取材于唐宋总志和金、元旧志。其后宋元旧志多亡,金志全佚,故本志中所存资料极为珍贵。或与他书相异,或可补他书之缺。其后修之《大明一统志》,篇幅不及本志十分之一,《大清一统志》不及其二分之一。是志以内容宏富,体例周备而著称于后世,成为一统志之范本。(第12页)清代之《四库全书总目提要》称:"考舆地之书出自官撰者,自唐《元和郡县志》、宋《元丰九域志》外,惟元岳璘等所修《大元一统志》最称繁博……明代修是书时,其义例一仍元志之旧,故书名亦沿用之。"傅振伦谓其"开创了全国性总志的新形式,明清两代都效法其体例,编纂一统志"。(《傅振伦方志论著选》第189页)来新夏《方志学概论》谓:"本书所记事迹,如叙大都寺观之壮丽,古迹之纷繁,多他书所未见。延安路石油条,鄜州石脂、名油诸条,可补沈括《梦溪笔谈》之遗,延安路范雍、计用章、庞籍、狄青、韩琦、薛奎、王温恭、夏安朝、李师中、李若谷、王庶等人事迹均出《宋史》,但与今本《宋史》颇有歧异。因《元一统志》所据乃元初纂修本,今所见乃脱脱纂修本,凡此种种,都足以说明这本书的史料价值和学术地位。"(第69页)

刘纬毅谓,此次修之《大元一统志》,约散佚于明代。今有郑振铎《玄览堂丛书续集》所收残本35卷,金毓黻所辑残本15卷,赵万里辑10卷行世。从辑本来看,可见其体大思精,内容广博，其中许多内容为唐宋总志所缺，明清总志所略。各州县里至竟记十多个至达地之里程，可谓空前绝后。今从刘氏书中转录其土产、古迹各一条，以概见一斑：

蕲竹，生罗田山中，取其色莹者为簟，以节疏者为笛，以带须者为杖。韩昌黎诗云：蕲州竹笛天下知，郑君所宝尤怀奇。携来当画不得卧，一府争看黄琉璃。白居易诗云：笛愁春尽梅花里，簟冷秋生薤叶中。

温彦将墓，在祁县东北三里八十步。旧经云，鸿胪少卿温彦博之墓。今按唐书传，彦博官至中书令，陪葬长安昭陵。其弟大有，字彦将，赠鸿胪卿。此盖彦将墓也，误传为博耳。(《中国方志史》第166页)

大德八年(1304)，李京撰成《大德云南志略》4卷。李京自序谓："尝览乐史《寰宇记》、樊绰《云南志》及郭松年《南诏纪行》，窃疑多载怪诞不经之说。大德五年春，奉命宣慰……'乌蛮'、六诏、金齿、'百夷'。二年之间，奔走几遍。于是山川、地理、土产、风俗，颇得其详，始悟前人记载之失。盖道听途说，非身所经历也。因以所见，参考众说，编集《云南志略》四卷。至若世祖皇帝汗马之劳，大帅兀良吉歹血战之功，平章赛典赤宽仁之政，与夫帅府、行省之废置沿革，自有《云南事迹总录》在，兹不复云。"虞集(伯生)序谓："河间李侯景山，由枢庭宣慰'乌蛮'。'乌蛮'云南一部也。始下车未及有所施，会群'蛮'不靖，按行调发，馈给镇抚，周履云南。悉其见闻，为《志略》四卷，因报政上之。余尝按而读之，考其土产风气服食之宜，人物材力之愚智勇怯，山川形势之阨塞要害，而世祖皇帝之神威圣略，概可见。未尝不俯仰而兴叹也。其《志》曰：张乔斩奸猾长吏九十余人，而三十六部尽降；诸葛孔明用其豪杰，而财赋足以给军国；史万岁贪赂，随服随叛；梁毗一金不取，酋长感悦；李知古以重赋戮尸，张虔陀以淫虐致乱，此于事至较著明白者也。其术不甚简易乎。有志之士，尚有所览观焉。至读其纪行诸诗，必有悲其立志者矣。"元明善序谓："余读李君之书，深悲李君之志，李君之志，岂徒谓其井疆俗产而已。"(均转自《中国古方志考》第719页)可见此志乃于军事行动中，发现前志乘之失，为着有用而修之。方国瑜先生在《李京云南志略概说》一文中说，李氏编是书时，获睹大理图籍及元初政事之书，后已无存，故其所载颇为重要。(载《思想战线》1981年第2期)是志中很注意历史经验教训之总结，可以大有益于治道。该志收入明人陶宗仪编《说郛》之中，赖以保存。《宋元方志丛刊》未收录。

按：道光《大定府志》将是书名为《乌撒志略》，盖因"李京宣慰'乌蛮'而为此志故也"。

是年，陆义斋修，陈大震、吕震海(桂孙)纂成《南海志》20卷刻成，实则广州一路之志也。是今存广州旧志之最早者。今存卷六～一〇，其所存各目为：卷六为户口、土贡、税赋、旧志赋税；卷七为物产、舶货；卷八为社稷、坛壝、城壕；卷九为学校、旧志学校去处、旧志进士题名、旧志贡院、旧志贡额；卷一〇为兵防、旧志兵防数、水马站、河渡、局务仓库、旧志诸司仓库、廨宇、旧志诸司公廨、郡圃等。先录事司，次及所辖之南海、番禺等7县事。是志之最值得注意者，是记述了元代之海外贸易及市舶之情况。开始虽早在晋代，但至唐代始于此设立唯一的市舶使，宋代置市舶司，管理出入海港之船舶货物及征收商税。其中详记了从海外进口之商品，又记了和中国进行贸易之国家和地区达 116 个之多，有的还是史籍中第一次见诸记录者，资料特别珍贵。陈氏在志序中，引韩愈、张籍之诗句，谓图经“不特供地主之求，亦可备过客之借”，还可“备史馆之需”。他是在嘉定、淳祐两志基础上进行修纂的。他的做法是“即旧志而增益之，若尽去其旧，则三百年前事，不能详知矣，故间取之”。（转自《中国古方志考》第 600 页）

刘纬毅谓，所余之 15 卷约亡于明代。其正在出版中之《宋元方志辑佚》，从《永乐大典》辑得佚文 39 则，约 6000 余字。《大典》中，所引仅称《南海志》，未冠以成书之年代“大德”二字，但据其所考，当系（大德）《南海志》之遗珠。（《中国方志史》第 171 页）

是年，冯福京纂成《乐清县志》一种。志书已佚，仅存自序一篇，略谓：“夫舆地之间，所司之务。土壤之物，宜与夫革命以来所损所益之大政令，皆当刊入志书，以备天子史官之采录，乃臣子职分之当然。而或者以为非期会簿书之所急，则不敬莫大乎是。余尝佐州昌国，即以是为第一事，亦既编摩锓梓，以补是邦之阙文矣。竭来斯邑，首访图经，无复存者……亟以暇日，整葺所存，搜访其逸。事不关于风教，物不系于钱谷，诗不发于性情，文不根于义理，皆一切不取，定为传信之书，庶非无益之作。境内山川，图诸卷首，抑亦观民风者之所望于下邑者也。”（转自《中国古方志考》第 408 页）

按：他的方志理论是，修志是臣子职分之当然；志书之内容，要“关于风教”、“系于钱谷”、“发于性情”、“根于义理”。

大德九年（1305），邓牧撰成《洞霄图志》6 卷。洞霄宫在今余杭县大涤山中。是志记有宫观、山水、洞府、古迹、人物、碑记等类。今存本只有志文而无图矣。吕志毅在《方志学史》中，称其为“堪称寺庙宫观志之佼佼者”。（第 190 页）《四库全书总目提要》称：“牧于大德己亥入洞霄，止超然馆，住持沈多福为营白鹿山房居之。遂属牧偕本山道士孟宗宝搜讨旧籍，作为此志……牧文章本高旷绝俗，故所录皆详略有法。”（卷七〇，《史部·地理类三》）

元仁宗皇庆二年（1313），郭应木修，陈庚纂成《宝安志》一种。郭氏在志序中云：“应木于邑大夫题名有惧焉。司马公（光）于谏院尝发其凡矣。后之观吾志者，将指而议之曰：某也仁，某也暴，某也廉，某也贪，某也才，某也阘茸，书之者灿然，闻之者足以戒，是又吾志之有取也。”（载《广东通志·艺文略·史部》，转自《中国古方志考》第 601 页）

按：郭应木主张方志善恶并书，比康海提出在先。宋元时东莞县，晋时为宝安县，此用古名也。

延祐六年（1319）八月，朱霁修，洪焱祖纂成《新安后续志》10 卷。今书已佚，只存焱祖序文一篇。从序中可知，鉴于罗愿修成《新安志》以来，“中更归附，物有变迁，政有因革”，所以朱斋到郡后，便嘱焱祖领其事。为了收集材料，朱霁曾“遍谕属县，询访耆年，网罗石刻，使各条其说以告”。但“居官者宁免视为阔迂,操笔者亦或倦于搜讨”。不得不“劝督再三”。然多数还是“苟且塞责,惟婺源州颇独加详”。就是在这样的基础上,他坚持“耻于趣办目前,不肯苟同流俗”,最后纂成此志。(宫为之《皖志史稿》第201页)

按:记述修志中,令下属报提资料之法,与宋时修景定建康志作法如出一辙。

延祐七年(1320),朱思本纂成《广舆图》2卷。朱氏自序谓:“幼读书,知九州山川。及观史司马氏周游天下,慨然慕焉。后登会稽,泛洞庭,纵游荆襄,流览淮泗,历韩、魏、齐、鲁之郊,结辙燕、赵,而京都实在焉。由是奉天子命,祠嵩高,南至于桐柏,又南至于祝融,至于海。往往讯遗黎,寻故迹,考郡邑之因革,核山河之名实,验诸滏阳安陆石刻《禹迹图》、樵川《混一六合郡邑图》,乃知前人所作,殊为乖谬,思构为图以正之。阅魏郦道元注《水经》、唐《通典》、《元和郡县志》、宋《元丰九域志》、皇《大一统志》,参考古今,量较远近。既得其说,而未敢自是也。中朝夫士,使于四方,冠盖相望,则每嘱以质诸藩府,博采群言,随地为图,乃合而为一。……其间河山绣错,城连径属,旁通正出,布置曲折,靡不精到。至若涨海之东南,沙漠之西北,诸番异域,虽朝贡时至,而辽绝罕稽。言之者既不能详,详又未必可信。故于斯类,姑用阙如。”明罗洪先《增补广舆图序》说:此书“其图有计里画方之法,而形实自是可据。从而分合,东西相侔,不至背舛”。阮元《四库未收书提要》谓:“计里开方之法,至思本而始备。”(均转自《中国古方志考》第123～125页)

按:吕志毅在《方志学史》中说:“朱思本《舆地图》,应是我国古代地图系统使用图例符号肇始之作。”比始于罗洪先《广舆图》之传统说法,向前推进了200多年。(第212页)

又:不唯古,只为实,重视实地考察,以及宁缺勿虚的态度,才是修志中应有的审慎原则。

是年,庆元路总管马泽修,袁桷、王厚孙纂成《延祐四明志》20卷,后至元六年(1340)刊行(今存17卷,缺卷九、一〇、一一)。以境内有四明山,故以山名,实宁波志也。此为四明六志中之第五部(其前志为1169、1228、1259、1298诸志)是书内目改“志”为“考”,以12考为纲,分别为沿革考、土风考、职官考(上、下)、人物考(上、中、下)、山川考、城邑考(上、下)、河渠考(上、下)、赋役考、学校考(上、下)、祠祀考、释道考(上、中、下)、集古考(上、下),考下再设子目。每考之前有小序,概述本考之精义。少则数十字,多则一二百言。如其学校考之小序云:“家塾党序,所来久矣。文翁立博士弟子,后世规制深仿之。宋用隋唐法取士,率出于学校。法虽有弊,贤德硕辅,皆由是出。世祖皇帝平海隅,首设儒役,淳淳然劝勉至矣。先帝崇文尚儒,慨然复立科举,学者宜益自奋励。郡学教养,论者以四明为先。……皇朝建蒙古学,复立医学、阴阳学,四学足作学校考。”(转自刘纬毅等著《中国方志史》第170页)是志于赋役考最为详赅,达30余目。清人周中孚称其“每考各系小序,义理谨严,考证精审,而辞尚体要,绰有良史风裁。盖清容(袁桷)早从王厚斋、舒舜侯、岳祥载诸遗老游,学有渊源,又博览典籍,练习词章,尤熟于乡邦掌故,宜其从事于地志,自非余子可及也”。《四库全书总目提要》称:“桷,文章博赡,为一时台阁之冠……(本志)条例简明,最有体要。桷先世在宋多以文学知名,称东南故家。遗献没后,会朝廷修史,遣使求郡国轶文故事,惟袁氏所传为多。故其于乡邦旧典,尤多贯串。志中考核精审,不支不滥,颇有良史之风。视至元嘉禾、至正无锡诸志,更为赅洽。”但全祖望在该书《跋》中,谓袁桷“文章大家,而志颇有是非失实之憾”,并举例说明。(均转见《中国古方志考》第 361 页)本书体式上的一个特点,是改变了此前志书将碑刻文字集中成卷的做法,而是各按内容,分入于各考之中。如在《城邑考》中,载入《奉化重修县治记》、《奉化升州记》等。陈光贻在《中国方志学史》中,谓其“集古考”收诗文,开后来志书有艺文志之始。(第 110 页)

按:张国淦在《中国古方志考》中谓:桷卒,或谗于佥宪沙木斯鼎,将毁其书板。王厚孙白总管王元恭曰:袁公中朝名臣,书法高古,不可毁也。太守持书以进,佥宪惊悔,命与旧志并行。(第 362 页)亦古志历险之一例也。

延祐间(1314～1320),按摊不花纂成《延祐平江州志》。作为蒙古人,以修州志有功,故文章政事均重于时。(《中国古方志考》第 516 页)

是时,李肖翁纂成《丰水续志》6 卷。先是宋时,有佚名者修之《祥符丰城图经》,胡琏修、何章纂之《绍兴丰水志》,萧宾修、甘同叔纂《淳熙丰水续经》,王孝友(字顺伯)纂之《宝庆丰水志》3 卷,刘卿月修、李义山纂之《丰水县志》6 卷。至是,李氏又纂成本志 6 卷。揭傒斯序谓:“王顺伯修《丰水志》之六十有三年(1286),邑升为富州;又二十有五年,李君肖翁典乡校,居五年,乃辑淳祐以来城池人物时政之绩,及前志所未备者,为《续志》六卷,条敷类析,穷搜极简,将以垂信方来。惟东南物产,豫章为下,故班孟坚曰:物之所有,取之不足以更费,盖自古然矣。是书于贡赋之变,未尝不再三深致其意,使为政者少有仁恕,必能戚焉有动乎中,思复其旧。其于政教所书,必录其善而遗其不善,此居其乡不非其大夫之意,亦作者之法也。君以硕学粹德,起文献之家,居师儒之位,祠先贤,尊景行,育人才,无所不用其道,犹惓惓是书,而岂徒哉。后之君子,尚求李君之志。”(《揭文安公集》卷八,转自《中国古方志考》第 545 页)仁者之用心,亦足嘉也。

是时,邓桂贤纂成《永州路志》。是志又称《永阳郡志》、《永州志》。桂贤,字国望,零陵人,大德间任本路学政。(《中国古方志考》第 526 页)

至治二年(1322),臧廷凤承郡守段廷珪之命,纂成《浮梁州志》一书。屠济亨序谓:“余出守是州之三月,郡刺史清泉段公,蒙旨董陶至州。州士臧履袖其先人南徐文学掾廷凤所撰《浮梁志》一编甚钜,告请于公曰:‘公尝以是命我先人,承命以来,周游历览,采残碑断碣之所载,参遗黎故老之所谈,述前所闻,记后所见,幸而成编。风俗沿革之异,贡赋土产之兴,与夫文人才子,闻望后先,无不备载而详录焉。’段公因履所请,遂命吾有司刊梓以传。”(转自《中国古方志考》第 550 页)

元文宗天历二年(1329),南台御史赵世延聘戚光续修建康路志,戚氏受聘修成《集庆路续志》一书。是书早遗,但其资料《至正金陵新志》多所采择,故其序中云“今自丙子前,杂稽史传，归附以后，用戚氏续志……”但张铉在《至正金陵新志·修志本末》中，对该书也多所批评。如云“古之学者，左图右书，况郡国舆地之书，非图何以审订。至顺初元，郡士戚光纂修《续志》，屏却旧例，并去其图，览者病焉”。又云：“修《景定志》者，用《春秋》、《史记》法，述世、年二表，经以帝代，纬以时地人事，开卷了然，与《建康实录》相为表里，可谓良史。而戚氏讥其年世徒繁，封画鲜述，所作《续志》，悉芟去之。以论他郡邑可也，而非所以言建康。岂惟前代事迹漫无统纪，亦将使昭代之典，暗而不彰，今不敢从，述世年表，悉依前例。”(转自《中国古方志考》第 227 页)

按：引文说的是多用其资料，而弃其体例。从金陵这三部志书之修纂，尤其是两篇《修志始末》中，俱可概见前人在续修志书中是如何进行扬弃的。

至顺三年(1332)，脱因修，俞希鲁纂成《至顺镇江志》21 卷。是书卷首有郡县表、官制表，其下分为地理、风俗、户口、土产、土田、赋税、山水、神庙、僧寺、道观、学校、兵防、古迹、宫室、公廨、廪禄、公役、封君、刺守、参佐、宰贰、司属、学职、将佐、寓治、人材、杂录等。全书体例完备，内容丰富，详记财赋、物产、土贡，颇具特色，为旧志中所少有。基于当时元朝蒙古族实行民族统治之社会特点，志书分目中亦颇具特色。如在“学校”类中，细分了蒙古字学、儒学、阴阳学和医学等。在“户口”类中又细分有土著、侨寓、单贫、僧道等。阮元在《嘉定至顺镇江志》刊本《序》中说：“元至顺《志》本承宋《志》而作，然绝不剿袭其书。宋《志》于刺守宰贰等官，载至嘉定九年止，而元《志》即从嘉定十年起，其例尤为可法。《土产》门引《说文》、《广雅》、《字林》、《方言》等书，亦地志中所仅见。又二书于晋宋以来士大夫居宅、坟墓，皆详其坊巷乡都所在，其作铭作记之人，亦莫不罗列，虽遗迹久湮，而按籍考之，犹可得其仿佛。后人性好简略，鲜有及此之详明者。其余精当处，亦不胜偻指。二书洵海内之秘笈也。”周中孚有《跋》，称是书“卷首郡县表，卷一以下自叙郡以迄拾遗，凡七十四类，大抵旁稽典籍，务核异同。且镇江在宋为边防之地，故是志于攻守形势极为致详，其取材既富，可资考证者多，固当与宋人《建康》、《新安》诸志并称也”。(转自《中国古方志考》第 280～283 页)阮元在《四库未收书提要》中又谓此志：“体例大致取法于嘉定志，而记载详备较为过之；大约宋志主于征文，此则重于考献。宋志旁稽典籍，务核异同；此则备录故事，多详兴废。镇江在宋为边防之地，故其志攻守形势，网罗古今；在元为财赋之区，故此书物产、土贡，胪陈名状，其用意各有所在，不得而同也。……宋志近征唐代，此则远溯六朝。乡贤寓公，宋志旁搜隋氏以前，此则详于两宋及元，互为补苴，不可偏废……以之抗行袁桷之志四明，殆无愧焉。”(转自《中国古方志考》第 286 页)足见其统合古今而又详今略古。从阮元这条提要中，亦可见其评论志书之一法。来新夏等在《方志学概论》中，谓：“镇江在宋代为边防之地，在元代为财富之区，形势险要，经济发达，又是人文荟萃的地方，因此志书备录本地典故，与兴废沿革，记载了大量有关物产与人物的情况。书中关于元代也里可温教传播情况的记述，是珍贵的宗教史料。又关于回纥出身的元代文学家萨都剌事迹的记载，足可解决历来对萨都剌民族出身的疑难。”

（第 71 页）

刘纬毅等在《中国方志史》中，特录两则：一谓元代镇江财赋之盛，从丝织业之繁荣即可见一斑。岁贡品种有段匹、苎丝、暗花、素丝绸、胸背花与斜纹，每个品种下多少不等，分为枯竹褐、驼褐、秆草褐、橡子竹褐、明绿鸦青等不同花饰。段匹额定为五千九百余匹，其他少者三百余，多者近四千。而宋代见于载录的仅绫、罗两项，岁贡在一二十匹到三百余匹。二谓元代史书中屡屡出现的"也里可温"一词，后人多不解其意，是志称，"也里可温"是从"中原西北十余万里"传来之宗教，敬奉十字架。并记录了当时镇江信奉该教之人数、户数和几篇"也里可温人"的传记。（第 173 页）

按：张国淦谓，《舆地纪胜》卷七有引《镇江甲志》者。曰甲志者，当如《直斋书录解题》岳阳甲乙志之类，嘉定志曰甲志，其乙志或即续志也。（《中国古方志考》第 283 页）

是年，赵瑗纂有《钤冈新志》一种。欧阳玄在本志序中论及志书之用有言："郡县之图志，何为而作也。国有贤守令，犹家有贤子孙。守令保图志以治分地，子孙保关券以治分业。能治其所有，即为贤矣。因田野之有定界也，而考其有污莱者乎；因户口之有定数也，而考其有流亡者乎；因赋役之有定制也，考其在公者有湮没乎，在私者有暴横乎；因士习之有旧俗也，考其有可匡直而振德者乎，有可濯磨而新作者乎。治之而无倦，则田野可辟，户口可增，赋役可均，风化可以日美，人材可以日盛矣。然则图志可一日而阙乎……愿与昔人治官如家之责，告夫求刍于吾邑者。庶知前人作图志之意，非徒以广纪载，备考订而已，将以为勤政之一大助也。推本作者之意，黾勉述者之事，吾邑吾民其多幸矣乎。"（转自《中国古方志考》第 576 页）

按：是为分宜县志也，以县有钤冈，故以名志。序文论志书于守令之用，譬喻形象，亦颇别致。

元惠宗元统二年（1334），王居敬修，杨敬德纂成《赤城元统志》。杨敬德序谓："赤城元统志者何，作于元元统之二年……（赤城先有《赤城志》、《赤城续志》、《赤城三志》）赵侯凤仪之复来，聘永嘉章君，取成书而改作焉，尽去其旧，而命曰《天台郡志》。夫千年之事，数贤侯之力，陈、吴诸君子搜抉讨论之精，一朝而泯焉，此邦人所以不宁。而今总管王公，以属于敬德也……郡乘，古侯国之史也。其著星土，辩缠次，而休咎可征矣；奠山川，察形势，而扼塞可知矣；明版籍，任土贯，而取民有制矣；诠人物，崇节义，以彰劝惩，而教化可明矣，此乃大凡也。城池司存之沿革废置，典祀异端之祠宇，土田与津梁畎浍无不备者，纷争辩讼者，有时而可稽矣。举其大，撮其要，合天下郡国而上之，则丞相府之图书也。是必传信而后可据，若掩前人之直笔，而妄以己意损益其间，将何以传信也。于是……始于亡宋之绍定辛卯（四年——1231），以迄于兹，凡百有四年之事，备而录之，名曰《赤城元统志》以续焉。"（《赤城后集》二十九，转自《中国古方志考》第 387 页）

按：此序叙志书之功用、编修原则，可谓详矣。这里明确地认为，志书就是古国史。

此志明成化时尚存,其后亡佚。

又:于此可见,古人修志,将修志年号纳入志名之中,有两种方式:一是置于地名前,如前已述及的《至道云南志》(以志书始修之年,而非书成之年)、《嘉泰会稽志》、《嘉泰吴兴志》、《至顺镇江志》(均系成书之年)等多种;一是置于地名之后,如本志,这种形式在宋元时仅见此志。至明代之后更有将年号及具体之年置入书名者,如《万历庚子天台县志》、《万历乙卯天台县志》、《万历丙子龙游县志》等(见《浙江方志概论》第 146、162 页)。如此定志书名之法,如能推而广之,不知可为后来用志者省去多少查检之劳。

元惠宗至元(史称"后至元")二年(1336),狄师圣修,吴存始纂鄱阳续志及新志。张国淦引景泰《鄱阳县志》章凤应序谓:"宋嘉定乙亥(八年,1215),郡守史侯定之作《鄱阳志》三十卷。元后至元丙子(二年,1336),郡守狄侯师圣,复以此书属乡先生吴君存。书未成而卒,其门人杨端如,用其指授足成焉。总为卷三十有九。爰自宋季嘉定九年丙子(1216),终德祐二年乙亥(1276),凡六十年,曰《鄱阳续志》,为卷十有五;自元至元十三年丙子(1276),至后至元乙亥(元年,1335),又六十年,曰《鄱阳新志》,为卷二十有四。时方急边务,未遑锓梓。至正兵变,卒无全帙。"

按:这是同一纂修者,分朝代而纂成两个断代志之例。民国时也偶有人用此法。20 世纪之末的修志,曾有人提出类似的主张,但未见实行。

后至元四年(1338),燮理溥化修,李肃纂成《乐安县志》一种。燮理溥化在书序中有言:"古之郡国皆有志,所以定区域,辨土壤而察风俗也。余以元统癸酉(元年,1333)至乐安,爰其山高水清,意必有古人之遗迹,而莫之考。或告余曰:斯邑旧有《鳌溪志》,因求得数册,乃淳熙及咸淳所辑,编帙散乱,无从披阅。遂以谕鳌溪书院前直学李肃,精加点校,逐卷增而续之。既成,观其所录,封畛之广狭,山川之远近,名宦之游历,古人之咏赞,与夫一民一物,一言一行之有关于世教者,靡不具载。考是邑之事迹,一寓目而尽得焉,益信郡县之不可无志也。"(康熙《乐安县志》载,转自《中国古方志考》第 568 页)

后至元五年(1339),于钦以个人之力纂成《齐乘》6 卷,至正十一年(1351),其子于潜刻印成书,并增释音 1 卷。于潜在刻书时书有《跋》语谓:"昔我先人,为国子助教,每谓潜曰:'吾生长于齐,齐之山川、分野、城邑、地土之宜,人物之秀,此疆彼界,不可不纂而纪之也。'迨任中书兵部侍郎,奉命山东,于是周览原隰,询诸乡老,考之《水经》、地记,历代沿革,门分类别,为书凡六卷,名之曰《齐乘》,藏于家,嘱潜曰:'吾或身先朝露,汝其刻之。'"是志专记三齐(今山东省大部地区)之事,可以视为是今存山东省最早之一部省级志书。全书分沿革、分野、山川、郡邑、古迹、亭馆、风土、人物等类,约 8 万余言。其特点之一是,广征博引,注重考证。引书广达 200 余种,一一注明出处。对前人记述,多有纠谬正误。特点之二是,以地系事,因事及人,以记为主,兼有论述。如卷三之德州条下,先记叙沿革,称"唐天宝十四年安禄山反,平原太守颜真卿据城讨贼"之后,便以小字注的形式,引唐明皇叹河北二十四郡皆从贼,独颜真卿讨贼,却“不识颜真卿作何状,乃能如是”,而发议论云:“自古识者不贤,贤者不识;信者不忠,忠者不信,岂特明皇而已哉,此祸乱之所以相寻也。”特点之三是记载详备,如记济南72泉,一一记其泉名、位置,同时指出,济南泉眼不止72个,而是“以百计,涛喷珠跃,金霏碧渟,韵琴筑而味肪醴,不殚名状”。特点之四是,设有小序,阐明义例。全书未置凡例,于各门类前作小序,规定各门编纂方法和注意事项。特点之五是记事简明,行文流畅。特点之六是记人不阿,爱憎分明,有史笔之风。(参见刘栋良《〈齐乘〉整理琐言》,载《中国地方志》1987年第5期)时人苏天爵为之序云:“《齐乘》六卷,故兵部侍郎于公志齐之山川、风土、郡邑、城郭、亭馆、丘垅、人物而作也。……于公生于齐,官于齐,考订古今,质以见闻,岁久始克成编,辞约而事核……谓三代两汉人材,本乎学校之教养,谓风俗自汉晋以降,愈变而愈下。美昔人之赈饥有道,叹近世之采金病民,以稷下学术,流于异端,以海上求仙,惑于神异。斯亦足以概公之志矣。”(转自《中国古方志考》第189页)《四库全书总目提要》谓其:“叙述简核而淹贯,在元代地志之中,最有古法……钦本齐人,援据经史,考证见闻,较他地志之但据舆图、凭空言以论断者,所得究多,故向来推为善本。”梁启超谓其,“援据经史,考证见闻,较之他志之但据舆图凭空言论断者为胜”。仓修良在《方志学通论》中谓,这是一部用一人之力,出一人之手所修之方志,既未奉官府之命,也未受别人委托,而是出于对家乡山水之感情,并受到社会上长期以来所形成的修志风气所影响。此志内容,大体与六朝之地记相同,只载地理、人物,而于经济、典章、文化诸方面皆付之阙如,这在宋元时期所修方志之中,应当说是最大的缺点。(第333页)

是书的叙述不以元代为限,而是推原初始,事具颠末,能及事物之历史与现状。如叙《风土》谓:“唐虞三代,风化尚矣。春秋以降,列国殊俗,去古未远。自秦汉以后,千八百年,总天下风俗五变愈下。盖自汉至西晋一变,五胡南北(朝)至陈隋一变,隋唐至安史之乱一变,五代一变,宋金之交又一变。安史灭君臣之义未尽,至五代则几矣。五胡南北之路未断,迨宋时则绝矣。是皆关天地之大运,非若春秋战国异政殊俗,专可以人事论也。故今天下四海九州,特山川所隔有声音之殊,土地所生有饮食之异。小小习尚不同,谓之土俗可也。其大好恶、大趣向,则系乎一气之运,一代之治,不得以异俗书也。然自《汉史》以来,代存列郡之俗,亦不得不考古以验今。至于土产,亦略具前式以相证云。”(转自彭静中《中国方志简史》第287页)

按:秦以前有史书名“乘”者,如“晋乘”是也。本书为方志名“乘”之最早见者也。其后尚有万历时耿定向撰之《黄安初乘》和佚名氏修纂之《滑乘补》,崇祯间郭永泰、贵养性修,刘敕纂成之《历乘》和康熙时陈弘绪撰之《南昌郡乘》等。

又:对本书中存在的错误,顾炎武在《山东考古录》中辨证甚多。清乾隆时,周嘉猷作有《考证》6卷。

至正元年(1341),孛罗帖穆尔修、杨譓纂《至正昆山志》成,至正四年(1344)刻印。原22

卷,至清代只存 6 卷。经钱大昕校定 6 卷之目次为:卷一:风俗、山、坊、园亭、冢墓、古迹;卷二:名宦、封爵;卷三:进士;卷四:人物;卷五:人物、释老;卷六:土贡、土产、杂记、异事、考辨。杨维桢至正四年写的序言中,认为志即是史,将志书与国史并列,提出"金匱之编,一国之史也;图经,一郡之史也。士不出门,而知天下之山川疆里、君臣政治,要荒蛮貊之外,类由国史之信也;不入提封,而知其人民、城社、田租、土贡、风俗异同、户口多寡之差,由郡史之信也。然则操志笔者,非有太史氏之才,孰得语于斯乎……其成是书也,立凡创例,言博而能要,事核而不芜,与前邑志不可同日而较工拙也"。清人钱大昕称其"简而有要","以土产、土贡分为二门,而终之以考辨,最为确当"。

按:杨维桢至正四年写之序言中提出的对方志性质之表述,为章学诚所发扬。民国时李泰棻在《方志学》中,对方志下的定义也有同样的说法:"方志者,地方之史……体又与正史相仿,则其为史无疑。而《四库书目》乃以列入地理类中,是重方而未重志,误谬已甚。夫史多矣,有通史以会其通,有断代以析其代,更有方志以别其方,然后上下纵横,始能靡考无遗。"(见该书河北人民出版社 1990 年 5 月版第 15 页)杨序中又称其书总 22 卷,今仅存 6 卷。周中孚在《跋》中说:"今考是书分十有六门;记始于风俗,而不及建置沿革,次又纪山而不及水,疑其全书阙佚,今所存乃残本,后人改卷数以就之,亦未可知也。"(转自《中国古方志考》第 253、254 页)

至正二年(1342)九月,李好文纂成《长安志图》(亦有称为《长安故图》、《长安图记》者)3 卷。是书一本"图为志设,志为图说"之旨,采用左图右文的形式。有图 22 幅,篇目亦颇特别。凡汉唐宫阙陵寝、山川城防、泾渠洪堰、水利灌溉,都有记述。尤其重视"泾渠之利",是其显著的特点。具体篇目,其卷上为:汉三辅图、奉元州县图、太华图、汉故长安城图、唐宫城坊市总图、唐禁苑图、唐大明宫图、唐宫图、唐皇城图、唐京城坊市图、唐城市制度图、奉元城图、城南名胜古迹图、唐骊山宫图。卷中为咸阳古迹图、唐昭陵图、唐建陵图、唐乾陵图、唐陵图说、图志杂说等 18 篇。卷下为泾渠图说序、泾渠总图、富平石川溉田图、泾渠图说、渠堰因革、洪堰制度、用水则例、设立屯田、建言利病、总论。纂者自序谓:"及来陕右,由潼关而四至长安。所过山川城邑,或遇古迹,必加询访。尝因暇日出至近甸,望南山,观曲江,北至故汉城,临渭水而归。数十里中,举目萧然,瓦砾蔽野,荒基坏堞,莫可得究。稽诸地志,徒见其名,终亦不敢质其所处。因求昔所见之图,久乃得之。于是取志所载宫室、池苑、城郭、市井曲折方向,皆可指识了然。千百世全盛之迹,如身履而目接之……因与同志较其讹驳,更为补订,厘为七图。又以汉之三辅,及今奉元所治,古今沿革,废置不同,名胜古迹,不止乎是。泾渠之利,泽被千世,是皆不可遗者,悉附入之。总为图二十有二,名之曰《长安志图》。明所以图为志设也。呜呼,废兴无常,盛衰有数,天理人事之所关焉;城郭封域,代因代革,先王之疆理寓焉;沟洫之利,疏溉之饶,生民之衣食系焉。观是图者,则夫有志之士,游意当世,将适古今之(缺一字,疑是"变"字),流生民之泽,不无有助,岂特山林逃虚悠然遐想,升高而赋者,以资见闻而已哉。”(转自《中国古方志考》第 161 页)可见其强调经世致用,引言立说,一本国计民生,皆有微意,表现了作者对人民之同情。如在志书《汉渠总论》中说:“今五县之民,岁八月治堰,九月毕工。键石伐木,掘泥悬土,入水置囤,下临不测。十月引水,以嗣来岁。入秋始罢,又复就役,寒暑昼夜,不得少休,而垦辟耘敛,播植之劳,犹不与焉。加以官府程督,旁午畦陌,条约限禁,琐屑尤甚。近年水脉艰涩,所润益寡。纷争讼阋,奸弊百出。究其委曲,胡可尽言。于是民有上诉,愿弛其利,以免劬劳。有司以故事旧规,不敢辄许。”(转自《中国方志简史》第 292 页)故《四库全书总目提要》称之:“其中《泾渠图说》,详备明析,尤有裨于民事,非但考古迹、资博闻也。”(卷七〇,《史部·地理类三》)备载有关于国计民生之河渠、水利、屯田这一点,颇为后人称道。周中孚跋称:“惟中即据吕氏书而增订之,图凡十九,而系以图说、杂说。其下卷《泾渠图说》、《渠堰因革》、《洪堰制度》、《用水则例》、《设立屯田》、《建言利病》诸篇,皆为一方民生国计立论,非专为考古而设。”(转自《中国古方志考》第 163 页)是书的价值在于保留了许多其他史籍所不存之资料。

按:关于是书之编定时间,历来有两说:一谓至正二年;一为至正四年。陈广恩在《中国地方志》2005 年第 8 期撰文,考证认为,初稿当成于至正二年,但至正四年李好文再任陕西时又做了修改补充,最后成稿当在四年。此说可信。

是年,王元恭修,王厚孙、徐亮纂《四明续志》12 卷成。是志为续《延祐四明志》而作。“沿用旧体,内容增延祐以后事,并新增‘土产’一门,较前志更为详备。”(吕志毅《方志学史》第 192 页)王元恭在志序中说,是书可以“少裨立国立政之本要,以备太史氏之采择”。其卷一～六为沿革、土风、职官、人物、城邑、山川、河渠、土产、赋役诸门;卷七～一二为学校、祠祀、释道、集古。其中的市舶,载庆元府、温州、台州三郡有一丈以上的船 2833 只往来于海上,市舶司每岁进口税收就达“二三万缗”。(转见刘纬毅等《中国方志史》第 156 页)

按:四明在历史上多次修志,但今存者仅有:南宋张津纂之《乾道四明图经》(1169);方万里、罗浚纂之《宝庆四明志》(1227);梅应发、刘锡纂之《开庆四明志》(1259);元袁桷、王厚孙纂之《延祐四明志》(1320);王厚孙纂之《四明续志》(1342),史称之为宋元“四明六志”。每部志均有关于市舶之记述,是一个共同的特点。

至正三年(1343),学古书院山长张弦纂成《至正金陵新志》15 卷。索元岱为之序。是书卷一为地理图,著山川郡邑及形势,“以山川、城邑、官署、古迹,次第为图,冠于卷首,而考其沿革大要,各附图左,以便观览”。(转自《中国古方志考》第 227 页);卷二为通纪,记历代因革、古今大要;卷三年表(世、年表),卷四疆域志、卷五山川志,卷六官守志、卷七田赋志,卷八民俗志,卷九学校志,卷十兵防志,卷十一祠祀志,卷十二古迹志,卷十三人物志,卷十四摭遗,卷十五论辨。除图考、通纪外,表、志诸篇各有叙,叙所以为作之意;人物析为世谱、列传,皆据前史,纂其名实,巨细兼该,善恶毕著,传末例有论赞,不敢晋(僭)越。是书不但史料价值较高,而且全用纪传体例,分图考、通纪、世表年表、志、谱、列传诸大类。后有摭遗、论辨。

篇目清晰,详尽合理。其修志之旨,在于"极天人之际,究典章文物之归,终以摭遗、论辨,所以综言得失之微,备一书之旨。文摭其实,事从其纲"。更值得注意者,是其资料之翔实。如其户口记载,既有历史资料,更详当代资料。历史上之"前代户",有西汉、东汉、晋、宋之主、客户,都分项记录。然后分上元、江宁、句容、溧水、溧阳之人口。除簿籍所载外,还有碑刻诗文中的资料。对于元代的户口,除载在城录事司户口外,还分南人户口(再细分军匠户口、无名色户口),北人户口(再细分色目户口、汉人户口)。民户下又细分医户、淘金户、财赋佃户、儒户、弓手户、乐人户、无名色户、军户、站户、哈喇齐户、铺夫户、贵户、水马站户、辉和尔户、回回人户、契丹人户、投下元拨户、图图尔哈户、平章养老户、蒙古人户、新附军户、通事军户、齐里克昂户、阴阳户、打捕户等。(转见《中国方志简史》第296页)《四库全书总目提要》谓作者"学问博雅,故荟萃损益,本末灿然,无后来地志家附会丛杂之病"。朱绪曾在是书跋语中称其为"一代之书,考一代之事,确实可据也"。但陆心源在跋语中则批评它:"体例多本景定志,而删留都、文籍两门,改儒学为学校,武卫为兵防,风土为风俗,城阙为古迹,尚无关于出入。惟书既不名续志,官守志宋以前职官题名,不应改为游宦,别为世谱。卷二所载数条疆域志,历代沿革足以该之,不应别为通纪。卷十三世谱一门,分郡姓、封爵、游宦三类,有乖纪述之体。耆旧增入秦桧,尤失是非之公。是皆体例之可议者。……惟考元代金陵事迹者,舍是无所资耳。"(转自《中国古方志考》第230页)仓修良也批评它不该删去《艺文志》。

按:是志之《修志始末》是又一篇不可多得的古代方志理论表述。关于方志之起源、历史、内容、作用,编纂原则和方法,都有论述,今略节于下:

一、古者九州有志,尚矣。书存《禹贡》,周纪职方,春秋诸侯有国史,汉以来郡国有图志。图志兼记事记言之体,自山川物产、民俗政教、沿革废置、是非善恶、灾祥祸福,无不当载。而上之王朝,修为通史,著为经典,则褒贬之义见焉。……今志略依景定辛酉周应合所修凡例,首为图考,以著山川郡邑、形势所存;次述通纪,以见历代因革,古今大要;中为表、志、谱、传,所以极天人之际,究典章文物之归;终以摭遗、论辨,所以综言行得失之微,备一书之旨。文摭其实,事从其纲,总为一十五卷。卷各有类,类例繁者,析为上、中、下卷,具如后录。如其笔削,以俟君子。

一、……今依景定志,以周元王四年己巳,越相范蠡筑城长干为金陵城邑之始。断自是年,表其行事。迄今至正癸未,凡一千八百一十五年。损益旧闻,附著时事,首尾该涉,粗为详备。而春秋以前,事迹散见诸篇,文有错互,览者详焉。

一、……景定志五十卷,用史例编纂,事类粲然。今志用为准式,参以诸志异同之论,间附所闻,折衷其后。至于事文重泛,非关义例者,本志既已刊行,不复详载。

一、古之学者,左图右书。况郡国舆地之书,非图何以审订?至顺初元,郡士戚光纂修续志,屏却旧例,并去其图,览者病焉。今志一依旧例,以山川、城邑、官署、古迹,次第为图,冠于卷首,而考其沿革大要,各附图左,以便观览。

一、……修景定志者，用《春秋》《史记》法，述世、年二表，经以帝代，纬以时地人事，开卷了然。与《建康实录》相表里，可谓良史。而戚氏讥其年世徒繁，封画鲜述，所作续志，悉芟去之。以论他郡邑可也，而非所以言建康。岂惟前代事迹漫无统纪，亦将使昭代之典，暗而不彰。今不敢从，述世、年表，悉依前例。

一、……今自丙子前，杂稽史传，归附后用戚氏续志，及路州司县报至事迹，附以见闻可征者，辑为斯志。信以传信，疑以传疑……。

一、除图考通纪外，表志诸篇，各有叙，叙所以为作之意。人物志析为世谱、列传，皆据前史，纂其名实，巨细兼该，善恶毕著。传末例有论赞，不敢晋越。

一、历代以来，碑铭、记颂、诗赋、论辨、乐府、叙赞诸作，已具周氏、戚氏二志，不复详载。今辑其篇第，志于古迹卷中。其关涉考证者，随事附见。自余文记，郡州司县采录未完，郡庠续为编辑，附于志末。（节录自《中国古方志考》第226～228页）

又：陈光贻在《中国方志学史》中，书名著录作《至大金陵新志》，但注明为至正四年刻本，没有说明修于至大时。（第111页）

是年，王思诚纂成《河津县总图记》，仅1800字，不标门目。首记建置沿革，以下依次为户口、风俗、里至、坊乡、交通、寺庙、古迹、山川、人物、赋税、土产、旌表。未见单刻本，仅见附刻于光绪《河津县志》中。是山西现存之第二部早期志书。（见梁锦秀《〈中国地方志联合目录〉山西篇补遗》，载《中国地方志》1998年第6期）《宋元方志丛刊》亦未收录。

至正六年(1346)十二月二十一日，中书右丞相伯勒齐尔布哈率省臣奏：(先修成之)《大一统志》"国用尤切，恐久湮没，请刻印以永于世。制可。明年(1347)二月十七日，皇上御兴圣便殿，中书平章政事铁木儿达失传旨，命许有壬作序。"三十一年(1294)十月刻印成书。许有壬在序文中谓："至元二十三年岁丙戌(1286)，江南平而四海一者十年矣。集贤大学士、中奉大夫、行秘书监事札马里鼎言，方今尺地一民，尽入版籍，宜为书，以明一统。世皇嘉纳。命札马里鼎洎奉直大夫、秘书少监虞应龙等，搜辑为志。二十八年辛卯(1291)书成，凡七百五十五卷，名《大一统志》，藏之秘府。应龙谓比前代地理书，似为详备，然得失是非，安敢自断，尚欲网罗遗佚，证其异同焉。至正六年，岁又丙戌(1347)，十二月二十一日，中书右丞相伯勒齐尔布哈率省臣奏，是书国用尤切，恐久湮失，请刻印以永于世。制可。明年丁亥(1348)二月十七日，皇上御兴圣便殿，中书平章政事铁木儿达失传旨，命臣有壬序其前。臣闻春秋所以大一统者，六合同风，九州共贯也。然三代而下，统之一者可考焉。汉拓地虽远，而攻取有正谲，叛服有通塞，况师异道，人异论，百家殊方。指意不同，亡以持一统，议者病之。唐腹心地为异域而不能一者，动数十年。若夫宋之画于白沟，金之局于中土，又无以议为也。我元四极之远，载籍之所未闻，振古之所未属者，莫不涣其群而混于一，则是古之一统，皆名浮于实，而我实协于名矣……九州之志，谓之九丘。周官小史，掌邦国之志，外史掌四方之志，志之由来尚矣，况一统之盛，跨轶汉唐者乎。是书之行，非以资口耳博洽也，垂之万世,知祖宗创业之艰难;播之臣庶,知生长一统之世,邦有道谷,各尽其职,于变时雍,各尽其力。上下相维,以持一统。我国家无疆之休,岂特万世而已哉,统天而与天悠久矣。"(转自《中国古方志考》第 115 页)

按:在是序中,许氏提出志书源自九丘。元时关于方志起源已出现了多种说法。持与许氏同样说法者尚有王利用,其在《类编长安志序》中说:"九丘有书,九州有贡,地理有志,寰宇有记,皆四海之学也。"戴良在卢镇续修之《琴川志序》中说:"古者郡国有图,风土有记,所以备一方之纪载。今之志书,即古之图记也。"

至正九年(1349),亦璘真、周思泰修,黄溍等纂成《义乌志》7 卷。是书已佚,仅于《黄学士文集》卷一六中,存有《义乌志序》一篇,其略谓:"义乌自秦为县,历汉唐迄五季,见于前史与它图纪者,或总序一州一郡,或略举一事一物,其详靡得而周知……咸淳续志,出于溍之族祖漕贡进士应龢,手稿见在,而别本互有异同。盖方纂辑,而未经裁定,亦非其成书。矧自国朝统一函夏,县地入于职方,已七十有八年……今县大夫操约驭详……得元丰、咸淳二书,属溍重加铨次以传。溍衰朽荒疏,无能为役,乃俾王生袆、朱生廉,合二书而参之郡乘,删其繁冗,订其舛误。法当补书,则引类相从而增入之,附以辨证,厘为七卷,仍以图冠于篇首。溍既辱视其成,因为之序。会两生并赴秋闱,遂俾傅生藻相与校正,归于执事者而刻焉。见大夫达鲁花赤儒林郎亦璘真,畏兀而人,尹承直郎周思泰,许州襄城人。"

按:《黄学士文集》卷一六中,又存有黄溍为宋纳编纂的《东郡志》(今河南滑县)作的序文一篇。在该序中,关于方志之起源及流变有言:"昔之言地理者,有图有志。图以知山川形势、地之所生。而志以知语言土俗、博古久远之事。是以成周之制,职方氏掌天下之图,而道地图以诏王者,有土训之官焉。小史掌邦国之志,外史掌四方之志,而道方志以诏王者,有诵训之官焉……后世列郡,或有志无图,或以图合于志,而未尝领于王官。有司率谓非吏议所急,漫不加省。幸其士之有文学而好事者,奋然欲以述作为己任,而偏州下邑,僻陋之境,无故家大老文献之足征,其书虽粗具,而莫能详核。甚者遂缺而弗具。儒臣史家,卒有所询访,往往无以应,遗文佚事不得附见简牍之末者多矣。况其大者乎。"关于方志之作用,他认为"凡皆达于朝廷,而关于政令,不特以资学士大夫之泛览而已"。"文献有足征者,宜其为书纂辑也备,考据也精,所记人才消长,风俗盛衰。上可以明教化之得失,而裨益乎治道,古今文华事实沿革之故;下可以俟采录而垂之无穷,岂托于空言以为著述者可同日而语哉!……是书非独为一州之荣观也。"(转自《中国古方志考》第 463 页)

至正十年(1350),汪大渊撰成《岛夷志略》1 卷。汪氏曾浮海两下东西洋,游历南洋诸岛及沿岸国家。此书仿《岭外代答》与《诸蕃志》,记其亲历及见闻。其中对今台湾省之自然环境、物产、"番民"生活、手工业、交通、贸易、风俗等载之尤详。书中首先提出"东洋"、"西洋"的概念,一直为后人沿用。吕志毅谓,是书上承《诸蕃志》,下启明代马欢之《瀛涯胜览》、费信之《星槎胜览》。(《方志学史》第200页)《四库全书总目提要》将其与赵汝适《诸蕃志》等比较说:“诸史外国列传,秉笔之人皆未尝身历其地。即赵汝适《诸蕃志》之类,亦多得于市舶之口传。大渊此书则皆亲历而手记之,究非空谈无征者比。故所记罗卫、罗斛、针路诸国,大半为史所不载。又于诸国山川险要、方域疆里,一一记述,即载于史者亦不及所言之详,录之亦足资考证也。”(卷七一,《史部·地理类四》)

至正十七年(1357),黄邻纂成《诸暨志》12卷。其书不存,仅存黄氏序文一篇,叙述是志修纂源委甚悉,今录之于后:“诸暨自秦汉以来代为县,而今为州,上下千有余岁,而志书无述。其登附于郡乘,十不能一二,盖由其悉近而略远也。以故吾州世家之原本,前哲之言行,与夫山川、户口、风俗、物产之类,举无得而征焉,而庸非旷典欤?予生也晚,慨然有志于是书。暇日因本前史、旧志,参以人之家乘传记,身亲求访,质诸老成,而采择焉。为图四篇,书十二卷,为目若干,名之曰《诸暨志》。首之以郡国源委,推本始也;次之以名号因革,著同异也;星野天文之次舍也,故次之;山川地理之封疆也,故又次之。书风俗、城社以知气习之善良,保障之阨塞,书户口、赋税、土产,以见民物之滋耗,征敛之重轻,学校、馆传、仓务、营院、桥梁、坊市以考废兴,古迹、祠庙、亭榭、寺观,以备游览。临民典学,则令长、僚佐、校官之位名,门阀人材,则有儒士、进士、宦达、孝义、遗逸之差等。其或地名里号,历世传疑而莫定于一者,则参互考订,各为一案,断而书于下方,至于动植之物见郡志者,则不重出。他如冢墓、第宅、方技、释道,亦皆序书,而复有众目之纪遗以会其终。内而州人可传之言辞,外而四方有关之制作,则各因其人其事而附之,余无所附者,则存诸纪遗。越十余年而成书,亦非一日之积矣。”(转自《中国古方志考》第375页)

至正十一年至十八年(1351~1358)间,熊梦祥(字自得)纂的《析津志》34卷成书(亦名《析津志典》、《燕京志》)。是书于明代中叶已佚,今有北京图书馆特藏部,据《永乐大典》等古籍中辑出整理、由北京古籍出版社出版之《析津志辑佚》本流行。从辑本来看,对北京之沿革、至到、属县,以及城垣街市、朝堂公宇、河闸桥梁、名胜古迹、人物名宦、山川风物、物产矿藏、岁时风尚、百官学校等,都有翔实的记载,是研究北京及其附近地理、历史之宝贵资料。

至正二十三年(1363),卢镇撰成《重修琴川志》15卷。琴川,常熟之别名也。庆云二年(1196),孙应时纂修成《琴川志》。宝祐二年(1254)鲍廉增补之。至是,卢氏重修之。全书为类目体,各类皆称为“序”,共分10序,曰:序县(包括县境、县治、县城、门、坊、巷、庙学、社坛、公廨、馆驿、亭楼、桥梁、仓库、营寨、义阡、池、镇、市、三冈、酒坊、县界、乡都);序官(包括县令、县丞、主簿、县尉、监务、监镇、巡检);序山;序水(包括江防、海道、水利、湖、泾、塘);序赋(包括田、地、户口、税、苗、常平义仓、役钱、酒课、拍店、醋息、商税、上供、钱库、职田、县役人、乡役人);序兵(包括许浦水军、顾泾水军、寨兵、铺兵);序人(包括进士题名、人物、隐逸);序产;序祠(包括庙、寺、宫观、冢墓);序文(包括碑记、题咏);拾遗。亦类目之特者也。其卷七“许浦御前水军”条,对宋代水军之建立、分布、编制载之较详,为难得之史料。戴良在是志序中谓:“知常熟州事淮南卢君,尝以古者郡国有图,风土有记,所以备一方之纪载。今之志书,即古之图记也,其可废乎……盖皆为政者之不可以不考焉者也。于是君之下车,盖逾年矣。历考前事,以成乎是书,真所谓通敏有为之士哉。”(转自《中国古方志考》第256页)阮元在《重修琴川志十五卷提要》中称:“其于城池之形势,山水之崇深,与夫兵赋之多寡,文献之昭垂,罔不记载详明,了无余蕴。是可与施宿《嘉泰会稽志》、梁克家《淳熙三山志》抗衡,非明人全用己说者可比。”(转见《江苏旧方志提要》,江苏古籍出版社1993年10月版第330页)是书今有《宋元方志丛刊》本。

按:各类称为序。明弘治《常熟县志》、万历《常熟县私志》亦用此称法,仅改“序”为“叙”而已。

元末,林希元修,陈子翚纂成《上虞志》,卷数不详。据林序谓,是书之编纂原则是:“详而不失之繁,简而不遗其要。虽然郡志以星分为主,县邑以山川为主。区域既明,则凡风俗、土田、户口,皆可类稽而胪分矣。”(转自《中国古方志考》第376页)

元末明初,王仁辅纂成《无锡志》4卷。原书已佚,其后从《永乐大典》辑出,编为四卷:卷一为邑里;卷二为山川;卷三为事物,分上、下二子卷;卷四为词章,分上、中、下三子卷。此书之价值是,其记事下至元末,若干关于元末之事的记载,可补《新元史》之缺。《四库全书总目提要》对是志的评价为“词简而事该,亦地志之善本”。

按:对于本志,《四库全书总目提要》卷六八《史部·地理类一》著录为:“《无锡县志》四卷,两江总督采进本,不著撰人名氏。”但其考证说:“《千顷堂书目》有元王仁辅《无锡县志》二十八卷,与此本卷数不符,盖别一书也。”认为其“所纪已下逮元末,是洪武中书矣”。张国淦先生从《永乐大典》辑出本,著录为“《无锡志》二十八卷,元王仁辅纂。王仁辅,字文友,巩昌人”,“今存《无锡志》刊本四卷,系明洪武初,据元刊本挖改作《洪武志》,即四库著录本,其原本是元时书。”(《中国古方志考》第268页)考无锡于元贞元年(1295)升县为州,至明洪武二年(1369)四月复改为县。书名仅称地名志,不明称“县志”,亦不明称“州志”。书中子目仍列有“州境”、“州署”,行文中,又时称“州”,时称“县”,知其当修于洪武二年四月前,其最后成书当在洪武二年四月之后矣。

对于上述分别著录为4卷与28卷数之异,《江苏旧方志提要》中,列有卷、子卷下之目有:古今郡县表、风俗、户口、贡赋、州境、城关、公署、乡坊、津梁、总山、总水、吴太伯世家(春申君列传附)、人物、州署、学校、古迹、古墓、祠宇、灾祥、咏歌、记述等21目。此21目,合2卷目与5子卷目,总合正符28之数。(见《江苏旧方志提要》第120页)

元时,周致中撰成《异域志》2卷,共192条。周氏以奉命出使外邦,以其耳闻目睹,参之《山海经》、《岭外代答》、《东林广记》等,撰成此书。涉及扶桑、长生、缅人、栏皮、鞑靼、黑契丹、婆罗、回鹘、东印度、爪哇、占城等210个国家和地区。每条为一个国家或民族,主要记其道里、民情习俗、物产等。(见范秀传主编《中国边疆古籍题解》,新疆人民出版社1995年2月

版第134页）

元时，李士会修成江西《乐平广记》30卷。据清顺治《东平县志》载："文学李士会，以乐平起汉建安，迄宋德祐(1275～1276)，上下千载，无纪事之书。闻前辈有能道邑中事，不惮百里往咨之。又采诸史及古今石刻文章所载。风钞雪纂，成《乐平广记》三十卷，而后邑之文献始足征。"(转自《中国古方志考》第550页）

元时，佚名氏修有《河南志》一种。是书收入缪荃孙《藕香零拾丛书》中。缪氏对此书有题记谓：游京师厂肆，"一日见《河南志》抄本一巨帙，用《全唐文》格纸，封面题《河南志》，识是徐星伯先生手笔。城池、宫阙，自周至唐悉具，知是宋次道《河南志》之首册，而徐星伯先生修《全唐文》时所录者。"刘永之在《河南地方志提要》中，谓是书8卷8目。卷一：京城门坊、街隅、古迹；卷二：成周城阙、宫殿、古迹，后汉城阙、宫殿、古迹，晋城阙、宫殿、古迹；卷三：后魏城阙古迹，隋城阙古迹；卷四：唐城阙古迹，宋城阙古迹。卷首有图纸5幅：东汉东都城图、魏金墉城图、后魏洛阳宫城图、西晋洛阳京城图、宋西京图。此书内容仅为成周以来洛阳之城阙、宫殿、古迹而已，范围甚狭，不出今洛阳市区。他指出其值得注意者有三。一是此中保存了不少可供参考之历史资料；二是此中保存了不少佚书中之资料；其三是"此书还给后代的方志开辟了一条蹊径，名曰'建置'，这是明清各类方志中不可缺少的内容"。他赞同沈垚之看法，认为此书出自元人之手，"宫殿、坊市，则直录宋敏求之书，间加改窜"。阮元谓：前四图"非后人所能造，必唐以前人旧书之遗迹"。刘永之则认为，此乃臆测之词，第五图则为缪荃孙所塞入，更不知所由来。(均见《河南地方志提要》第219～221页）

元时，费著撰有《岁华记丽谱》1卷、《附笺纸谱》1卷、《蜀锦谱》1卷。成都自唐代起即号称富庶，甲于西南。其时为大帅者，大抵以宰臣出镇。富贵优闲岁时燕集，相沿成习。故时人张周封作《华阳风俗录》、卢求作《成都记》以夸述其胜。官员因其土俗，不废娱游。民物殷阜，歌咏风流，往往传为佳话，为世所称。经南宋末年之兵燹，井闾凋蔽，无复旧观。不少人追述往事。是书亦为是而作。自元旦迄冬至，无不备载。体例颇似《荆楚岁时记》；追溯陈迹，亦不无《东京梦华录》之意。所附之《笺纸》、《蜀锦》二谱，乃汉唐以来，蜀中名产，此前未有专述其源委者。本书胪列颇详，足资考证者。(见《四库全书总目提要》卷七〇，《史部·地理类三》)

按：仓修良说，有元一代，修成称志者137种，图经6种，其他名称者27种。(《方志学通论》第330页）邸富生谓元代享国90余年，修成志书190种。(《中国方志学史》第72页）陈乐素谓，元代方志140部。(《广东方志要录》序）卫露华谓，元朝现存方志目约190多种。元朝97年，平均每两年修一种。(《中国方志发展简说》，载《湖北方志》1998年第2期。末句"平均每两年修一种"，当是"每年修成2种"之笔误）刘纬毅等著《中国方志史》中谓，据统计，元代总志有《大元一统志》等8种，行省志……路府州县志……总计311种。(第165页）书中设有《元代方志辑佚简目》一节，著录志目凡288种。书中还总结了元代方志之五个特点：一是首次形成自上而下完整的方志系列，开启明清方志格局之先河；二是不单纯记事，还学习二司马的笔法，适当有撰稿人的论断和阐述，大有点眼之效，迈开了方志由资料性向著述性过渡的第一步；三是详正史之略，补地志之所缺，在一些元代方志中比较明显；四是不迷信前人，敢于批评和超越前人，因而使志书质量不断提高；五是在方志理论上多有新的阐述。（第 175～180 页）

又：在我国方志学界，习惯将宋元以前之地方志称为“中国古方志”。近人张国淦先生编著的权威著作《中国古方志考》，就是断限于元末的。对于中国古方志的研究，由于历史久、近关系等因素的制约，宋、元两代自然成为学界关注的重点时段。对于这个时段方志的研究，首先遇到的，除了对修成志书总量的考察之外，就是这些修成志书的存佚情状了。关于宋元方志今存世者，各家说法不一。1990 年 5 月，中华书局编辑出版之《宋元方志丛刊》(以下简称“中华《丛刊》”)，收录宋元方志共 41 种。为下面叙述行文方便，笔者将《丛刊》中各志书目，以成书的先后重先排序，并于各书目前加了序号，加以开列：

1.宋熙宁九年(1076)宋敏求纂修《长安志》20 卷(内附元李好文编绘《长安志图》3 卷)；

2.宋元丰七年(1084)朱长文纂修《吴郡图经续记》3 卷；

3.南宋孝宗时(1163～1189)程大昌纂修《雍录》10 卷(《中国地方志联合目录》未著录者)；

4.宋乾道五年(1169)周淙纂修《乾道临安志》15 卷；

5.宋乾道五年(1169)张津等纂修《乾道四明图经》12 卷；

6.宋淳熙二年(1175)赵不悔修，罗愿纂《新安志》10 卷；

7.宋淳熙九年(1182)梁克家纂修《淳熙三山志》42 卷；

8.宋淳熙十二年(1185)陈公亮修，刘文富纂《淳熙严州图经》3 卷；

9.宋绍熙三年(1192)范成大纂修，汪泰亨等增订《吴郡志》50 卷；

10.宋绍熙四年(1193)杨潜修，朱瑞常、林至、胡林卿纂《云间志》3 卷；

11.宋庆元二年(1196)孙应时纂修，宝祐二年(1254)鲍廉增补，元至正二十三年(1363)卢镇续修《琴川志》15 卷；

12.宋嘉泰元年(1201)谈钥纂修《嘉泰吴兴志》20 卷；

13.宋嘉泰元年(1201)沈作宾修，施宿等纂《嘉泰会稽志》20 卷；

14.宋嘉定六年(1213)史弥坚修，卢宪纂《嘉定镇江志》22 卷；

15.宋嘉定七年(1214)史安之修，高似孙纂《剡录》10 卷；

16.宋嘉定十六年(1223)黄<u></u>𥲅、齐硕修，陈耆卿纂《嘉定赤城志》40 卷；

17.宋宝庆元年(1225)张淏纂修《宝庆会稽续志》8 卷；

18.宋宝庆三年(1227)胡榘修,方万里、罗浚纂《宝庆四明志》21卷;

19.宋绍定三年(1230)罗叔韶修,常棠纂《澉水志》2卷;

20.宋淳祐十一年(1251)项公泽修,凌万顷、边实纂《淳祐玉峰志》3卷;

21.宋淳祐十二年(1252)施谔纂修《淳祐临安志》52卷;

22.宋宝祐间(1253～1258)佚名纂修湖北《寿昌乘》不分卷;

23.宋宝祐五年(1257)赵与泌修,黄岩孙纂《仙溪志》4卷;

24.宋开庆元年(1259)吴潜修,梅应发、刘锡纂《开庆四明续志》12卷;

25.宋景定二年(1261)马光祖修,周应合纂《景定建康志》50卷;

26.宋景定三年(1262)钱可则修,郑瑶、方仁荣纂《景定严州续志》10卷;

27.宋咸淳四年(1268)史能之纂修《咸淳毗陵志》30卷;

28.宋咸淳四年(1268)潜说友纂修《咸淳临安志》100卷;

29.宋咸淳八年(1272)谢公应修,边实纂《咸淳玉峰续志》1卷;

30.元至元二十五年(1288)单庆修,徐硕纂《至元嘉禾志》32卷;

31.元元贞二年(1296)骆天骧纂修《类编长安志》10卷;

32.元大德二年(1298)冯福京修,郭荐纂《大德昌国州图志》7卷,首1卷,末1卷;

33.元大德八年(1304)陈大震纂修《大德南海志》20卷;

34.元延祐七年(1320)马泽修,袁桷纂《延祐四明志》20卷;

35.元至顺三年(1332)脱因修,俞希鲁纂《至顺镇江志》21卷,首1卷;

36.元至元五年(1339)于钦纂修《齐乘》6卷,附释音1卷;

37.元至正元年(1341)杨譓纂修《至正昆山郡志》6卷;

38.元至正二年(1342)王元恭修,王厚孙、徐亮纂《至正四明续志》12卷;

39.元至正四年(1344)张铉纂修《至正金陵新志》15卷;

40.元佚名纂修《无锡志》4卷;

41.元佚名纂修《河南志》(清徐松《永乐大典》辑本)4卷。

《丛刊》的编辑出版者称,"为了保存文献,便于研究利用,现将全部宋元方志汇为一编"。是编的编成出版,嘉惠学林,其功甚伟,自不待言。唯其中所谓"全部宋元方志汇为一编"一语,表明编辑者对今存宋元方志之书的侦认,与志界尚有未尽一致者。

早于是编12年,由台北"中国地方志研究会"汇编、大化书局影印出版之《宋元地方志丛书》(以下简称"台北《丛书》"),精装12巨册。共收录宋元志书37种,其中宋志26种,元志11种。笔者将台北《丛书》所收志书,与中华《丛刊》所收志书,进行对重相校,发现的情况是:台北《丛书》本将元·李好文《长安图志》二卷,从《长安志》中析出,单独列为一种;中华《丛刊》本则将是志附于宋敏求《长安志》内。中华《丛刊》中收入而台北

《丛书》未收者，为上排目录中编号之 22、23、31、33、40 共 5 种。

笔者据相关资料所查，发现台北《丛书》、中华《丛刊》均未收录，而当列入现存宋元方志者，尚有下列 11 种：

(1)宋宝庆间(1225～1227)佚名纂《宝庆昌国县志》2 卷(见《中国地方志联合目录》第 415 页，谓北京大学存有清抄本)；

(2)宋佚名辑《吴地记后集》(见《中国地方志联合目录》第 314 页，版本有多种，国内多家图书馆有藏)；

(3)宋绍熙间(1190～1194)吴琚纂《襄阳耆旧传》1 卷(见陈光贻《稀见地方志提要》第 811 页，现存上海图书馆)；

(4)蒙古李俊民纂《泽州图记》不分卷，存于《庄靖集》中，志书记事止于蒙古乃马真皇后称制元年(1242)。查李俊民卒于 1260 年(宋景定元年，蒙古忽必烈中统元年)，故志书当修成于 1242 至 1260 年间(见梁锦秀《中国地方志联合目录・山西省篇补遗》，载《中国地方志》1998 年第 6 期)；

(5)元大德间(1297～1307)李京纂《云南志略》4 卷，收于陶宗仪编《说郛》中(见《中国地方志总目提要》23—10)；

(6)元泰定间(1324～1328)吴莱纂定《甬东山水古迹记》1 卷，有清刻《说郛》本传世(见《中国地方志总目提要》11—100)；

(7)元至正间(1341～1370)王思诚纂《河津县总图记》，附存于光绪《河津县志》卷 11 中(见梁锦秀《中国地方志联合目录・山西省篇补遗》，载《中国地方志》1998 年第 6 期)；

(8)宋范致明撰《岳阳风土记》1 卷(见罗一星《宋元方志解题——兼谈宋元方志的社会经济史料价值》，载《广东史志》1991 年第 1 期。又宋晞《方志学研究论丛》，台湾商务印书馆 1999 年 5 月版，第 229 页)；

(9)宋吕大防纂《长安图记》1 卷(见宋晞《方志学研究论丛》，台湾商务印书馆 1999 年 5 月版，第 229 页)；

(10)宋句延庆纂《锦里耆旧传》8 卷(同上)；

(11)元张道宗撰《纪古滇说原集》1 卷(同上)。

将这 11 种加上中华《丛刊》所收 41 种，则今存宋元方志当有 52 种。如果像台北《丛书》本的作法，将元李好文《长安图志》二卷，从《长安志》中析出，单独列为一种，则共有 53 种。

宋晞先生在《评介〈宋元地方志丛书〉》一文中，开列台北《丛书》未收录的宋元方志 9 种。其中有 4 种已为中华《丛刊》收入，即编号 23、31、33、40 者。其余均未收入的 5 种之中，列有清胡敬之《淳祐临安志辑逸》8 卷一种。在那套台北《丛书》中，既已收入有宋施锷的《淳祐临安志》，为何还要将清人的《淳祐临安志辑逸》开列作为一种？未悉其意，故在此未将其列入。傅振伦先生在《当代修志的成就和展望——从新编〈西平县志〉说起》一文中说，流传至今的宋志30种，元志15种。（见《傅振伦方志论著选》第451页）以具体书目未加列出，不得其详。

明代（公元 1368～1644 年）

明初，太祖朱元璋曾下诏：令“凡隶于职方者，咸令以其志上之。盖将纪远近，考古今，审沿革，校异同，以周知夫四方之政”。(《明山先生存集》卷 3《任丘志序》，转自张英聘《论〈大明一统志〉的编修》，载《史学史研究》2004 年第 4 期)可见帝王之重视地方志书，是为了了解各地地方之行政情况，便于施政令也。

明太祖洪武三年(1370)十二月辛酉(初六日)，《大明志书》修成。先是太祖皇帝朱元璋尝诏令中书省：将天下城池、山川、地理、形胜，皆图以成书，藏之内库，以垂永久。又命儒士魏俊民、黄篪、刘俨、丁凤、郑思先、郑权等六人，类编天下州郡地理形势、降附始末为书。至是书成，名《大明志书》。命送秘书监锓梓颁行。其书记述范围是：“凡天下行省十二，府一百二十，州一百八，县八百八十七，安抚司三，长官司一。东至海，南至琼崖，西至临洮，北至北平。”参编儒士魏俊民等，“皆授以官”。(《明太祖实录》卷五九)

按：是为明代最早的一部地理总志。可惜早佚，卷帙和详细内容已无法详考。儒士因修志而授官，足见明代对志事之重视。

洪武六年(1373)四月己丑(十八日)，朱元璋“命天下州郡绘山川险易图以进”。先是他以“天下既平，薄海内外幅员方数万里，欲观其山川形势、关徼厄塞，及州县道里远近，土物所产。遂命各行省，每于闰年，绘图以献”。今值闰年，故有是诏命。(《明太祖实录》卷八一)

按：其后，洪武九年、十一年、十四年、十六年，又多次诏天下各府、州、县、卫等编修图志。(吕志毅《方志学史》第 214 页)

洪武十年(1377)，张度修，谢应芳纂成《常州府志》19 卷。此志以宋史能之《重修毗陵志》之续志自任，故成化时谢氏在《毗陵续志 · 序》中谓：“中宪大夫广东张度来守是邦，下车之初，适朝廷命天下郡县纂修志书。于是会集耆宿之士，稽今订古，博采见闻，撰次成帙。”(转自张英聘《略论明代南直隶修志兴盛的原因》，载《江苏地方志》2005 年第 1 期)是志分 73 目，无大纲，属平列目体，约 16 万字。卷首列有府地图一，郡域图一，公廨图一，县图四。内容上

是首列郡记,其下列四邑之志。(见《中国地方志总目提要》10—39)

洪武十一年(1378)四月,府学教授徐一夔始纂《杭州府志》,历时8月,纂成60卷。志内列13大类,下分79目。稿成后曾送礼部审查,礼官谓得纂辑体,于次年刻行。是书已佚,后人从《永乐大典》中辑得58条,近万字,徐氏序亦存。序略谓:"洪武初元,海内混一。礼部符下各郡纂辑志书。杭称都会,事当登载者倍于他郡,未克成书。十一年夏四月,郡守属一夔纂辑志书,辞既不获,乃据各县所其沿革始末,本之旧志,参以新闻。总其事为十三类,即类之内,又析为七十九条。凡六十卷。阅八月稿成。明年郡以成稿会式礼部。礼官见,谓得纂辑体。郡遂命工锼版,阅十月讫工,此书遂成。"从所辑佚文来看,内容大致有五类:一为城市官署设施;二为山川景物;三为物产;四为人物传;五为对杭州史地杂考。徐氏在"考征"目之小序中,申述了自己之方志主张,有谓:"论者以志辅史,盖谓史官纪述,有采于志,不可忽也。而志与史,其体稍异。盖史以纪事,或有缺文,则当缺之不宜妄补,惧失实也。志之所载,类皆山川、城郭、官署之迹,故志相传,不能无讹,然不辨而正之,则以讹传讹,愈远愈晦矣。"(转见黄燕生《〈永乐大典〉杭州方志辑考》,载《浙江方志》1989年第2期)

按:这是现今存留下来明代最早之方志理论资料。玩其所云,而知清人章学诚"方志为国史要删"之观点,源来有自。

是年,王庄修、丁之翰纂成江西《南昌府图志》,是为南昌府之第一部志书。是志之成,"按斯志而求之山川之胜,人物之奇,生产服食之宜,城池之高深,道里之远近,民性习俗之贤愚美恶,治术教化之难易缓急,与夫文章卓行之关于天典民彝者,皆可以览而周知。"(明熊钊《南昌府图志·序》,转自漆身起《江西省地方志概述》,第13页)。

洪武十二年(1379)卢熊纂修成《苏州府志》50卷、图1卷,刻行。宋濂在志序中,对方志之源及作用表示了如下的看法:"古者列国皆有史官,下至州闾,莫不有之,然不过记言书事而已。及汉司马迁、班固创为序、纪、传、志、年表之法,由是四海之内,无复遗事,信史氏之善者也。后世之郡得专社稷、山川之祭,有政令、教化之施,俨如古诸侯之国,固不宜无所记述。"方志之"有系于政也,后人之览此书,治身居官,取前人之成宪以为法,将见道德兴而习俗美,句吴之区与邹鲁无异矣。则是书之为教不亦大哉","亦可谓达于政体者矣"。(转自张英聘《明代南直隶方志研究》,社会科学文献出版社2005年11月版第213页)

按:类似的看法,在有明一代至为盛行。如嘉靖《高淳县志》亦谓:"古者列国皆有史官,掌记时事,晋之《乘》,楚之《梼杌》,鲁之《春秋》,汉班、马之《史记》、《汉书》以及历代之书、史是也。今之有志,即古史之余。"(转自吴奈夫《明代学者方志理论研究述略》,载《江苏地方志》1987年第1期)

洪武十五年(1382)六月,《云南志书》61篇编成。先是前年,明兵初平云南,为加强对少数民族和边远地区之控制,于是"命置布政使司、都指挥使司,改所属诸路为府,其州县仍其旧名。设官吏以抚安其民",同时"复命儒臣考按图籍及前代所有志书,更定而删正之"。

(《明太祖实录》卷一四六)故有编修云南方志之举。至是书成,名之曰《云南志书》。这是明代最早修成之一部省志,也是云南于明代修成的第一部志书。王景常在志序中谓,是志“上分天文,下奠星土,贯穿礼乐、禋祀、疆场、食货、艺文之事,谅不足征前史之万一,然一方之大概亦可见其十六七”。(转自宋永平《明代云南方志纂修述略》,载《中国地方志》1989 年第 2 期)

洪武十六年(1383)秋,七月丁未(初六日),明太祖“诏天下都司:凡所属卫所城池、及境内道里远近、山川险易、关津亭堠、舟车漕运、仓库、邮传、土地所产,悉绘图以献”。(《明太祖实录》卷一五五)

是年,虞诚修,胡琏纂成《永州府志》12 卷刻行。是书亦名为《永州府图志》。志序署为《永州府图志·序》、《永郡图志·序》。(《中国地方志总目提要》18—65)

按:以“志”名与“图志”并称,足见此时志书尚留有旧称者。

洪武十七年(1384)闰十月,刘基受命编成《大明清类天文分野之书》24 卷。稿成后,于南雍州刊刻,曾颁赐燕、晋、秦、周、楚、齐六王。是志“以十二分野星次,分配天下郡县。于郡县之下又详载古今建置沿革之由”。(《明太祖实录》卷一六七,闰十月条)

按:是书不以行政区划,亦不以山川形势分区,而以十二星野依次划分,为宋元以来之总志所仅见者。划分形式虽然特殊,然并不科学,有将一府州县分于几处者。但其中保存了许多有价值之史料,仍值得重视。

是年,朱元璋诏令“朝覲官上土地人民图”。(转自《明代南直隶方志研究》第 22 页)

洪武十八年(1385)五月戊子(二十八日),朱元璋“览《舆地图》。侍臣有言,今天下一统,海外蛮夷,无不向化,舆地之广,诚古所未有”,朱元璋语云:“地广则教化难周,人众则抚摩难遍,此正当戒慎……所系在德,岂在地之大小哉。”(《明太祖实录》卷一七三)

洪武二十七年(1394),朱元璋先以“舆地之广,不可无书以纪之”,于是下诏,再命翰林儒臣刘基及廷臣,“以天下道里之数,编类为书”。于是年 9 月,纂修成《寰宇通衢》1 卷。北起辽东都司,南终于广西府,载录全国水马驿站及道里之数。是书“方隅之目有八:东距辽东都司,陆行为里三千九百四十四;马驿六十四,水陆兼行,为里三千四十五,驿四十。又自辽东东北主(至)三万卫,马驿四,为里三百六十。西极四川松藩,陆行为里五千五百六十,马驿九十二,水陆兼行为里八千三十,驿一百有四。又西南距云南金齿,陆行为里六千四百四十四,马驿一百,水陆兼行为里八千三百七十五,驿一百一十三。南逾广东崖州,水陆兼行为里六千六百五十五,驿七十有八。又东南至福建漳州府,水陆兼行为里三千五百二十五,驿五十四。北暨北平大宁卫,为里三千六百一十四,马驿五十三,水陆兼行四千二百四十五,驿六十一。又西北至狭(陕)西、甘肃,为里五千五十,马驿八十一,水陆兼行,为里六千七百二十,驿九十六,布政司十三。浙江、福建、江西、广东之道各一。浙江水驿十三,为里九百四十八。福建水马驿四十一,为里二千八百四十五。江西水驿十五,为里一千五百二十。广东水马驿四十五,为里四千三百九十。河南、狭(陕)西、山东、山西、北平、湖广、广西、云南之道各二:

河南水驿三十一，为里二千八百四十五，马驿二十二，为里千一百七十五。狭(陕)西水马驿五十一，为里四千一百，马驿四十二，为里二千四百三十。山东水马驿二十九，为里千九百一十五，马驿二十六，为里千四百八十四。山西水马驿五十，为里四千三十，马驿四十一，为里二千三百八十。北平水马驿四十七，为里三千四百四十五，马驿三十九，为里二千三百六十四。湖广水驿十八，为里一千七百三十，马驿二十六，为里一千五百三十五。广西水驿五十三，为里四千四百六十，水马驿六十四，为里四千二百六十五。云南水马驿九十六，为里七千二百，马驿八十三，为里五千二百七十五。四川之道三，水驿九十四，为里七千二百六十五，马驿八十二，为里四千七百九十五，水马驿七十，为里五千九百。时天下道里，纵一万九百里，横一万一千七百五十里。……四夷之驿不与焉”。(《明太祖实录》卷二三四，九月庚辰条)

按：这当是明代的一部交通志。邸富生谓，此书篇幅甚小，仅145页，似为朱元璋案头工具书之类。(见邸著《中国方志学史》第89页)

洪武二十八年(1395)，礼部纂修成《洪武京城图志》，诏刊行之。前有承直郎詹事府丞杜泽之《序》和承务郎右春坊右赞善王俊华之《记》，编纂者不详。据王《记》云：是书之纂，乃以朱元璋经营缔构京城，已极其盛。“然而遐方远裔，未睹其胜，无以知圣谟经纶之至，爰诏礼曹，命画者貌以为图，毫分缕析。街衢巷隧之列，桥道亭台之施，名贤祠屋之严邃，王侯第宅之华好，星陈棋布。”至是图成而锓诸梓，“且摹之以遍示四方，使天下之人，足迹未尝一至者，皆得睹其胜概，亦若闻和銮之音，望属车之尘于钩陈豹尾间也”。图之顺次为：宫阙、城门、山川、坛庙、寺观、官署、学校、仓库司局、桥梁、街市、楼馆、厩牧、园圃等13目。(见《洪武京城图志》，南京出版社2006年9月版《南京稀见文献丛刊》本)

洪武时(1368～1398)太原修成《太原府志》一书。原书已佚，今可仅见于《永乐大典》卷五一九九～五二〇五中所存者。是书所记包括今太原、阳泉、忻州地区。其价值在于：一、提供了较为丰富之经济史料者，尤其是坑冶方面之资料；二、保存了不少已佚古籍中之资料，特别是少数民族之资料，至为珍贵；三、记述了唐代太原城的详细布局，由此有助于了解李渊何以从太原起兵以取天下，五代时后唐、后晋、后汉何以由此而入主中原。书中还记述了宋、明新建太原城之布局；四、记述了历代之文物古迹，为今日之文物考古提供了有用之线索。(见李裕民《山西方志综述》，载《沧桑》1995年第1期)

洪武、永乐间，有《南宁府志》之修成。是书已佚，仅从《永乐大典》辑出的部分来看，颇有值得注意者：(一)其“马氏”部分，列举了少数民族语言之汉语记音与释义百余条，是研究少数民族语言之宝贵资料；(二)其图部分有《安南国图》，是今存最早的越南古地图；(三)其《建置沿革》部分，所记有可补史载之缺者；(四)其记南宋庆元以后，安南贡使至永平寨活动之种种情况，是中、越两国正史中所缺载的资料，为中越交通史研究者所重视。(广西壮族自治区通志馆编《广西方志提要》，广西人民出版社1988年10月版第60页)

明惠帝建文三年(1401)冬，王景常、程本立纂修《云南志》刻印成书。先是洪武二十九年

(1396),王、程奉命修纂,历五年于建文二年夏修成,至是刻印。自洪武十六年(1382)《云南志书》成书至今,在不足20年时间内,修成两部通志,当时在全国均属罕见。(宋永平《明代云南方志纂修述略》,载《中国地方志》1989年第2期)

明成祖永乐六年(1408),张辅等“上交趾图”于朝。(傅维鳞《明书》卷三九,转自《明代南直隶方志研究》第23页)

永乐十年(1412),朝廷颁布翰林院所制订《纂修志书凡例》16则,统一规定各地志书内容、体例和编纂方法。这是至今发现最早的由国家颁布地方修志之规定(元代所颁的是一统志凡例,不是地方志书凡例),录其全文于下:

纂修志书凡例

(永乐十年颁降)

建置沿革　分野

凡各布政司及各府州县治所,自《禹贡》周《职方》及历代相承建置废兴所隶之分,古今名号之更易,以及国朝之初叛乱、僭据、归附先后,俱各详述始末,仍载天文所属之次。

疆域　城池　里至

凡府、州、县所隶地理之广袤,所到疆域界限之远近,城池之大小高深,及历代修筑之由,俱合详载。至于里至所到,旧志多止本府、县所极之处,今合备载本处所至南京、北京之远近,及各府县四至八到与邻境州、县之相接,而路可通者载之,仍具各府、县、城池、山川图。

山川

古志所载诸处山川,有与图册所载名号差异者,或前代所载小山、小水之有名,而所收有未尽者,当据见今名目补收之。或古今名人有所题咏,并宜附见。

坊郭　乡镇

据见在所有坊巷、乡都、村镇、保社之名收载之。若古有其名,而今已无者,则于古迹下收之,仍要见其今在某处。

土产　贡赋

凡诸处所产之物,俱载某州某县之下,仍取《禹贡》所赋者收之。有供贡者,载其上供之数,或前代曾有所产而后遂无者,或古所无,而今有充贡者,皆据实备载之。若有所赋田亩税粮,以洪武二十四年及永乐十年黄册田赋贡额为准,仍载前代税额,以见古今多寡之数。

风俗　形势

凡天下州县所定疆域、山川,既有间隔,习尚嗜好,民情风俗,不能无异。宜参以古人之所论,与近日好尚习俗之可见者书之。若其形势,如诸葛亮论金陵云:“钟山龙蟠,石城虎踞”之类。

户口

取前代所载本处户口之数，国朝洪武二十四年黄册所报，至永乐十年见在书之。

学校

前代建设学校，兴废不一，须考旧志所载，其始因何人而立，后因何而废，及今之见立者在某处。如有名人贤士碑记所存，则备录之。或学所出有何人物，与其学之规模、制度、斋堂、射圃，并收录之。

军卫

据见今治所在某郡县某处，创始于何年、月、日，中间有无更改，及前代并国朝守御将臣攻战勋绩之显著者，俱要收录。其有演武之处，亦宜详载。

廨舍

自布政司、按察司、都司、盐运司、府州县及市舶司、司馆驿、巡检司、仓场、库务、河泊所等衙门及坛场、铺舍皆是。据今始于何年、月、日，起自何人，在郡邑某处。凡更易制度，俱宜详载。其有前代已废而不存者，俱于古迹下收之。古今碑记有存者，亦详录无遗。

寺观　祠庙　桥梁

天下寺观、祠庙、桥梁，兴废不一，□(其)遗迹遗址及见存者，宜详考收载。其有碑记亦□□(收载)之。有新创建者，则载其始自何人、何时。其寺观洪武年间有并旧丛林而后复兴者，亦详载其由。

古迹　城郭故址　宫室台榭　陵墓　关塞　岩洞　园池　井泉　陂堰　景物

旧志图册所载有未尽者，并收录之。有虽载其名，而无事实及其地者，须询究其详收录。

宦绩

自郡县建设以来，至于国朝，宰佐、贰幕，官居任而有政绩及声望者，后或升擢显要，为郡邑之所称颂者，并收录之。其布政司、按察司、都司、盐运司等门，官有善政者，亦宜收录。

人物

凡郡县名人、贤士、忠臣、孝子、义夫、节妇、文人、才子、科第、仕宦、隐逸之士，仗义以为保障乡闾，尝有功德于民者，自古至今，皆备录其始末。其有虽非本处之人，后或徙居其地者，亦附收之。

仙释

凡自古所传神仙、异人、名僧、高道、方俗之流，及有奇术、异行，显迹可见者，或非本处之人，而尝游历止息于此，时有显验可证者，皆备录之。

杂志

如山林、岩穴、物产、祥瑞及花木、鸟兽、人事、幽怪之类，乡人所传诵，有征验者，并收载之。

诗文

自前代至国朝，词人题咏山川、景物，有关风俗人事者，并收录之。

(原见李思悦修、洪一鳌纂，李世芳增修、易文增纂嘉靖四十年《寿昌县志》，转自张英聘《明代南直隶方志研究》，社会科学文献出版社2005年11月版第176～179页)

按：是《凡例》共16则，赖嘉靖《寿昌县志》得以保存。该志就是完全按此凡例修纂的。自谓："今修寿昌志，惟据此例焉，遵王制也。"其时其他地方之志书，也多以此开列之类目为基础，因地制宜，略有变通而已。

永乐十三年(1415)，陈诚、李暹撰成《西域番国志》(亦作《使西域记》)和《西域行程记》。陈诚等于去年至今年，奉命出使达哈烈(今阿富汗西北部)，途经哈密、吐鲁番、别失八里、撒马尔罕、塔什干，所历达19国之多，归而撰成此二书。对于上述诸地之地理、气候、山川、湖泊及民族、宗教、文化、风俗等皆有记述，为研究明初西域诸番国及中西交通之重要史料。(《中国地方志总目提要》29—5)

永乐十四年(1416)，马欢撰成《瀛涯胜览》18篇。永乐时，郑和下西洋，马欢以通译随行，遍历20余国，归而载录其所见闻，附有纪行诗。其所记有占城、爪哇、旧港国、暹罗、满剌加、哑鲁国、苏门答腊、那孤儿、黎代、喃勃里、锡兰、小葛兰、阿枝、古俚、溜山、祖法儿、阿丹国、榜葛剌、忽鲁谟厮国等，凡十九国之疆域、道里、风俗、物产等，亦略及沿革，与当时之史传所载或有出入，但亦不失为研究十五世纪亚非诸国史地、交通之重要史籍。(吕志毅《方志学史》第246页)

永乐十六年(1418)四月，为纂修一统志，朝廷"诏令天下郡、县、卫所，皆修志书"。

六月乙酉(初六日)，又下诏，"纂修《天下郡县志书》，命行在户部尚书夏元吉、翰林院学士兼右春坊右庶子杨荣、翰林院学士兼右春坊右谕德金幼孜总之。仍命礼部遣官遍诣郡县，博采事迹及旧志书"。当时朝廷决心，"命儒臣大加修纂，必欲成书，贻谋子孙，以嘉惠天下后世"。(《明太宗实录》卷二〇一)

为是书之修纂，又再次"颁定凡例，俾天下郡邑采辑以进，然后儒臣得以参校成书"。此次颁发之《纂修志书凡例》凡21则，对方志内容和体例皆有统一规定，标志着明代修志事业进入了一个新阶段。亦附载于下：

纂修志书凡例

(永乐十六年颁降)

一、建置沿革　历叙郡县建置之由，自《禹贡》、周《职方氏》所属某州，并历代分合废置，与夫僭伪所据，逮国朝平定属某府所管。

一、分野　属某州天文、某宿分野之次。

一、疆域　在郡之上下左右，四方所抵界分若干里，广若干，袤若干。四至，叙邻县界府地名若干里。八到，叙到邻近府州县治若干里。陆路、水路皆叙其至本府若干、布政司若干、南京若干、北京若干。陆路言几里，水路言几驿。

一、城池　所建何时，续后增筑何人，有碑文者收录，及城楼、垛堞、吊桥之类，悉录之。

一、山川　叙境内山岭、江河、溪涧之类所从来者。旧有事迹及名山大川，有碑文者皆录，其余虽小山小水，有名者亦录。

一、坊郭镇市　其坊厢都里，分镇市录其见在者。如古有其名而今废者，于古迹下收之。

一、土产、贡赋、田地、税粮、课程、税钞　自前代至本朝洪武二十四年并永乐十年之数，并悉录之。

一、风俗　叙前代至今习俗异同。形势论其山川雄险，如诸葛亮论"钟山龙蟠、石城虎踞"之类。

一、户口　自前代至本朝洪武二十四年、永乐十年，版籍所载，并详其数目。

一、学校　叙其建置之由，续修理者何人。廨舍堂斋、书籍碑记并收录。学官、科贡人才并详收录。有碑记者亦录之。

一、军卫　叙置建何代，衙门、廨舍、教场、屯田去处，田亩、岁纳子粒之数，武臣功迹，并采录之。碑记之类亦收。

一、郡县廨舍　自前代建置，以至本朝见在者详叙之。古时所建不在此，及废者于古迹下收之。所属衙门如馆驿、镇所、仓场、库务、申明旌善亭、坛场、铺舍并详录。有碑文者亦录之。

一、寺观　叙其创建何时，续修若何，及有碑文者并录之。如废，收古迹下。

一、祠庙　如文庙，详录其创建，祭器、乐器、碑记，悉录无遗。其他祠庙，亦叙创建，因何而立。封敕、制诰、碑记之类，并收录之。

一、桥梁　叙创建之由，在于何处，继后何人修建。有碑记者亦收录之。

一、古迹　凡前代城垒、公廨、驿铺、山寨、仓场、库务，古有而今无，或改移他处者，基址亦收录之。陵墓，前代帝王、名臣贤士者，并收录之。亭馆、台榭、楼阁、书院之类，或存或废，有碑记者，亦备录于后。津渡见在某处，路通何方。岩洞井泉之有名者亦收录。龙湫亦载何处，或有灵异可验者。前代园池，何由而建。本朝桑枣备载各都某处。陂堰、圩塘之类，见何代开渠。如无考者，止书见存某处，废者亦见因何而废。寺观、庵庙，虽废亦录。墟巷之类，凡废者，俱收录之。

一、宦迹　自前代开创政绩相传者、有题名者备录之。至本朝某人有政绩悉录之。见任者止书事迹，不可谀颂。

一、人物　俱前代至今。本朝贤人、烈士、忠臣、名将、仕宦、孝子、顺孙、义夫、节妇、隐逸、儒士、方技及有能保障乡闾者并录。

一、仙释　自前代至今,有名有灵迹者收录之。

一、杂志　记其本处古今事迹难入前项条目。如人事风俗可为劝戒,草木虫兽之妖祥、水火荒旱、幽怪之类可收者录之,以备观考。

一、诗文　先以圣朝制诰别汇一卷,所以尊崇也。其次,古今名公诗篇、记序之类,其有关于政教风俗、题咏山川者,并收录之。浮文不醇正者,勿录。

(转自正德十年《莘县志》,载上海古籍出版社 1965 年 5 月版《天一阁藏明代方志选刊》第 62 册)

按:与永乐十年所颁的《凡例》相比较,类目上大体相同,只是稍加调整、加以并析,文字表述上略加细化,要求更具体明确。此两个《凡例》,由于其体系完备,立意周详,目的明确,要求具体,对全国修志起了规范作用,自此诸府州县志书"悉依今降条例书之",使洪武时志书杂乱之弊为之一改。其后之府州县志,基本按此凡例立目,多数据本地情况,略有变通增损。也有完全照抄无一变化者。永乐间修成之《乐清县志》、《普安县志》、《潮阳县志》均是显例。张英聘在《明代南直隶方志研究》中认为,从明初方志类目之设置及记载的内容来看,还明显带有宋元方志之痕迹,并一直延续到永乐以后。朝廷两次颁降修志凡例,规范志书类目设置和体例,才脱离宋元方志之窠臼,逐渐形成了具有明代发展特点之方志编纂风格。不仅纲目分列清晰明确,而且各事类之间具有严密之逻辑关系,反映内容井然有序。(第 68 页)

就它们的积极作用而言,都应当肯定。但将二者进行比较时,还应当注意到,永乐十年本于户口数据,要求采至永乐十年,颇有资料断至志书搁笔时之意。而时隔六年之后,后一个凡例的相关土地、物产、贡税等,仍只要求到永乐十年,就似嫌美中不足了。

又:这个永乐十六年的《凡例》,是为着修纂《天下郡县志书》而颁发的。但这部《天下郡县志书》实际并未修成。"事方伊始,而(永乐帝)龙驭上宾,因循至今(英宗天顺时)",方修成《寰宇通志》。(《明英宗实录》卷二六六,景泰七年五月乙亥条)

永乐十七年(1419),掌交阯布政使司、按察使司事黄福纂修成《交阯总志》3 卷。内容分为建置沿革、分野疆域、城池、山川、坊郭市镇、土产贡赋、风俗、户口、学校、守卫、郡县廨舍、寺观、桥梁、古迹、宦迹、人物、仙释、杂志、诗书等 21 类(几乎全照当时朝廷所颁之《凡例》立目)。书中取材丰富,大量引用了当时交阯十七府之档案、调查报告、露布榜文等第一手资料。对研究明初交阯地方政权之政治、军事、经济、文化等方面都有重要的价值。尤其是自汉唐至宋元我国记载交州史地著作多至 40 余种,至今几乎全部失传,更显其学术价值之所在。(来新夏主编《方志学概论》第 74 页)杨士奇宣德四年编的《文渊阁书目》,分别著录有《交阯通志》和《交阯总志》。来新夏谓,两者当是一书。

明宣宗宣德九年(1434),巩珍撰成《西洋番国志》,全书共22则。郑和下西洋及王景宏往海外时,巩珍任通事转译或于总制之幕,往返三年,所历20国。随行记录各国风俗民情。所记20国事,收敕书三通。所记与《明史·外国传》大体相同,可能即采此书也。

宣德时(1426～1435),有《宣德常熟县新志》之成。张洪在《宣德常熟县新志序》中谓:“吾闻诸君子曰,前代为相者,有一图谓之格范,道里远近,钱粮、军民之数,一览可得。谓如某所凶荒,当移某所之粟以济;某处叛乱,当发某处之兵可平;岁中有兵荒之费,则无敢动作,一切用途皆减。为国尚然,况作邑者乎!一邑虽小,地有高下,则旱潦之不同;土有肥瘠,则贫富之不同;民数登耗,粮赋增减,率有图籍以考阅,其可废乎?”(转自吴奈夫《明代学者方志理论研究述略》,载《江苏地方志》1987年第1期)

明英宗正统元年(1436),费信撰成《星槎胜览》二集。明永乐至宣德间,费氏随郑和下西洋,记其经历诸国见闻,归而辑成。前集载录22国,后集载录18国,合40国。是研究十五世纪亚非诸国史地交通的重要资料。

按:此时,还有《郑和航海图》之成。以图的形式,载录郑和于宣德六年(1431)最末一次下西洋航程之地理情况。载录了以南京为起点,最远到达非洲东岸之蒙巴萨的航程。图中收录地名500个(其中国内地名200个)。反映出东海、南海及印度洋相关地区和国家之地理情况。是十五世纪时,我国对该地区载录最详之地理图籍。(均转见吕志毅《方志学史》第246～247页)

正统三年(1438),庆靖王朱㮵纂成《宁夏志》2卷,是为今存宁夏最早之一部志书。其内容着重记述了宁夏地区从元末至明宣德间各项事业和大事,足以纠补正史之不足和错讹,至为珍贵。是书国内不传已近400年,只藏于日本京都大学图书馆。于1992年方由宁夏回族自治区社会科学院吴忠礼先生,通过该图书馆馆长、语言文学部主任、著名西夏学者西田龙雄先生拍照引回,加以笺证出版。

按:此志编纂时间,历来之著录有永乐、正统、万历诸说,此据吴忠礼《日本藏孤本明宁夏志考评》。(载《宁夏志笺证》,宁夏人民出版社1996年1月版第428页)高树榆在《宁夏史志研究》1994年第2期著文认为,此志基本完成于在正统三年(1438)朱㮵临终时,故其连序言、凡例也未来得及写成。此书实应当著录为《正统宁夏志》,而不应当如通行所说的是《宣德宁夏志》。

是年,宋骥主纂成《彭城志》19卷,为今存世最早之徐州方志。是书详载山川,特重河防、漕运。(吕志毅《方志学史》第229页)

正统六年(1441),杨士奇受命清点文渊阁藏书,编成《文渊阁书目》。其时藏书共50橱,都7297种,43200册。其中“来”字橱一橱收藏《三辅黄图》、《元和郡县志》等21部;“暑”字三橱收藏《北平志》、《北平图志》、《宛平县志》、《良乡县图志》、《昌平县图志》、《密云县志》、《通州图志》、《漷县图志》、《房山县图志》、《平谷县图志》、《东郡志》、《河南志》、《吴兴续志》、《语溪志》、《海盐县志》、《嘉禾郡志》等宋、元及洪武间编修之志书共 593 部;“往”字三橱收藏《湖州府志》、《嘉兴县志》、《於潜县志》、《临安县志》、《余杭县志》、《富阳县志》、《海宁县志》、《仁和县志》、《杭州府志》、《顺天府志》、《大兴县志》、《顺义县志》、《良乡县志》、《昌平县志》、《房山县志》、《宛平县志》等永乐、正统间之志书 568 部。其分类为“古今志”、“旧志”、“新志”三类。(见黄苇《方志学》第 57 页)

是时,浙江上虞有郭南者,居曹溪湖旁,欲据湖为已有,乃冒认唐人郭子兴为祖,托言修志,尽更旧本,改曹溪为宅李。乃重价购旧志以焚之,并毁其板。(黄苇等《方志学》第 37 页)此乃为个人私利而销毁志书之恶例。

明代宗景泰元年(1450),黄璿纂成《建阳县志》4 卷、杂志 3 卷、续志 1 卷。是书当注意者有二:一是卷首于舆图之外,增加了先贤画像 12 帙。二是除正志之外,有杂志,又有续志。杂志所录乃修志之余,摭拾佚事,颇类小说者流。故题为“知非子黄景衡(璿之字)集”,示与正志有别也。续志为弘治十七年(1505)袁銛所续。

按:《四库全书总目提要》卷七三,《史部·地理类存目二》《崇安县志》提要中,反映出:“卷首列诸儒图像,自胡安国以下凡十六人。皆略具眉目,不可别为某某,仅以题识辨姓名,不知何取。与《建阳县志》所绘同一鄙陋也。”

景泰二年(1451)前后,罗洪先纂成《广舆图》2 卷,系将元人朱思本之《舆地图》,简缩为分幅之地图。析为《舆地总图》、《两直隶十三布政使司图》、《九边图》、《洮河、松潘、虔镇、麻阳诸边图》、《黄河图》、《漕河图》、《海河图》、《朝鲜、朔漠、安南、西域图》等,共 45 幅。范围比朱思本图为大。张国淦谓:朱图长广 7 尺,不便舒卷。罗本分八目 24 图,又图附 68。(《中国古方志考》第 125 页)

景泰五年(1454),七月庚申(十一日),明代宗朱祁钰,命少保兼太子太傅、户部尚书陈循等率其属,纂修《天下地理志》。礼部奏遣进士王重等 29 员,分行各布政司,并南北直隶府州县,采录事迹。(《明英宗实录》卷二四三)

按:是年曾诏天下藩司郡邑采辑纂修志书。一些地方在“屡奉檄催”之情状下,便出现应奉差事以塞责之作法。如是时凤阳府尹就曾将所属四州十四县教谕召来,集中郡治驿馆,闭门造车,进行突击,“不数月而告成”。(见刘尚恒编著《安徽方志考略》,吉林省地方志编委会、吉林省图书馆学会 1985 年 3 月编印本第 9～10 页)如此编成之书,其质量自然可知,书亦多不传。在封建时代,如此情形,当不止凤阳一府所独有也。

是年,郑颙修、陈文(安简)纂成《云南图经志书》10 卷,明年刻行。这是方志中地理派之一部代表作。先是陈文受命之后,“承事惟谨,暨诸文儒,夙夜在公,殚心竭虑,期搜访之必精。寻故钩新,在去取之皆当。不四阅月而志书告成”。(李小缘编辑《云南书目》,云南人民出版社 1988 年 6 月重印本第 180 页)是书前 6 卷为地理志,后 4 卷为艺文志。地理志以府、州、司为纲,下列载建置沿革及事要两大类;事要又分为郡名、至到、风俗、形胜、公廨、学校、井泉、堂亭、楼台、寺观、祠庙、古迹、墓葬、馆驿、名宦、人物、科甲、题咏等门。各门下再分细目,如卷一《云南府·事要·风俗》下有“俗尚浮屠”、“男劳女佚”、“少信医药”、“为星回节”、“贵食生”、“交易用贝”、“僰俗丕变”、“士大夫多材能”、“夷汉杂处”等九目。方国瑜先生在《云南史料目录概说》中称,“现存志书完备者,莫先于此,多可供参考”,视为一代名志。其中保留了大量少数民族信仰及民俗方面的资料,尤足珍贵,亦显示了地方特色。(转自宋永平《明代云南方志纂修述略》,载《中国地方志》1989 年第 2 期)其艺文部分则分为元文、元诗、今文、今诗等。为云南今存最早的一部省志。

按:既称图经,又称志书,书名就已是一特。

景泰七年(1456)五月乙亥(初七日),由文渊阁大学士陈循等奉敕修纂《寰宇通志》119 卷成,进呈。这是一部全国性的总志。其始修时,主张凡例一准南宋祝穆《方舆胜览》。在朝的叶盛持反对意见,谓:“祝氏此书,赵宋偏安之物,不可为法。况此书初为四六设。今欲成盛代混一之书,要须有资军国,有益劝戒,如地图、道里、户口之类,皆未可阙,必如永乐中志书凡例,而充益之可也……此非科举录,何为而详列进士之名,又何为而一一书状元?岂惟无识,其亦类乎愚也已。”(叶盛《水东日记》卷 25,转自王晓岩编《历代名人论方志》第 263～264 页)程廷祚在《修一统志议》中也说:“明景泰中,诏修《寰宇通志》,总裁东阁学士陈循欲准宋祝穆《方舆胜览》为书。待郎叶盛曰:‘此书直为辞章家设耳,岂可准之?必欲为昭代之盛,宜取其关军国、资劝戒,于治纪可列者为主,而城池、人民、户口之变要咸具,庶其益乎。’循不能用,书成即明代《一统志》是也。愚观叶待郎之言,能见其大,然犹有未尽者。”(转自同上书第 141 页)结果陈循还是以祝氏书例为则,以两京、十三布政使司为纲,府州为目,下设 38 门,附载有引用书目。

景泰帝为是书作序文略云:“朕皇曾祖考太宗文皇帝,尝思广如神之智,贻谋子孙,以及天下后世,遣使分行四方,旁求故实之凡有关于舆者,来录以进,付诸编辑。事方伊始,而龙驭上宾,因循至今,而先至(志)未毕。则所以成乎继述之美者,朕焉得而缓乎?……朕之于是编,所为惓惓而不敢少缓也。间与二三儒臣商之,使或先后有一未箧(备),不足以全其美,乃复遣人采足其继,俾辑成编。为卷凡百一十有九,名曰《寰宇通志》。藏之秘府,而颁行于天下。盖不独以广朕一己之知,而使偏方下邑、荒服远夷,素无闻见之人,咸得悉睹而遍知焉。”

陈循等因修是志而加了官:“少保、太子太傅、户部尚书、文渊阁大学士陈循,兼华盖殿大学士;少保、太子太傅、工部尚书、东阁大学士高谷,少保、吏部尚书、东阁大学士王文,俱兼谨身殿大学士。”(《明英宗实录》卷二六六,七年五月乙亥——初七日条)

按:是书印装已毕,方欲颁行,而英宗复位。借口该书去取失当,繁简失宜,于是又命儒臣李贤等重修。据刘伟毅《中国地方志》谓:“由于是志侧重于名胜景物,而缺少实用性强的地图、道里、户口等,故流传不广。迨至天顺五年(1461)《大明一统志》颁行后,即毁了书板。”(第 95 页)故传世者少。

又:王文,以少保、兼东阁大学士,“修《寰宇通志》,充总裁官。书成加谨身殿大学士”。(《明英宗实录》卷二七四,正统元年正月丁亥(二十二日)条)萧鎡“学问该博,文章尔雅”,“《寰宇通志》成,进户部尚书”。(《明史》卷一六八,中华标点本第 4514 页)

明英宗天顺二年(1458)八月己卯(二十四日),英宗以景泰间所书之《寰宇通志》,“繁简失宜,去取未当”。命翰林学士李贤、彭时、吕原等重加纂辑。要求按《大元一统志》体例,“折衷群书,务臻精要,继成文祖之初志,用昭我朝一统之盛,以幸天下,以传后世”。(《明英宗实录》卷二九四)

天顺五年(1461)四月乙酉(二十四日),李贤等奉敕对《寰宇通志》“重加编辑”完成,凡 90 卷。是日奏上,赐名为《大明一统志》。英宗为之“御制序文”(《天顺御制明一统志序》)曰:“……顾惟复载之内,古今已然之迹,精粗巨细,皆所当知。虽历代地志,具存可考,然其间简或脱略,详或冗复,甚至得此失彼,舛讹淆杂,往往不能无遗憾也。肆我太宗文皇帝(朱棣)慨然有志于是,遂遣使遍采天下郡邑图籍,特命儒臣大加修纂,必欲成书,贻谋子孙,以嘉惠天下后世,惜乎书未就绪而龙驭宾天。朕念祖宗之志有未成者,谨当继述,乃命文学之臣,重加编辑,俾繁简适宜,去取惟当,务臻精要,用底全书,庶可继成太祖之志,用昭我朝一统之盛,而泛求约取,参极群书。三阅寒暑,乃克成编,名曰《大明一统志》,著其实也。朕于万几之暇,试览阅之,则海宇之广,古今之迹,了然尽在胸中矣。既藏之秘府,复命工锓梓以传。呜呼!是书之传也,不独使我子孙世世相承者,知祖宗开创之功,广大如是,思所以保守之惟谨,而凡天下之士,亦因得以考古求今故实,增其闻见,广其知识,有所感发兴起,出为用世,以辅成雍熙泰和之治,相与维持我国家一统之盛于无穷,虽与天地同其长久可也。”(《明英宗实录》卷三二七)

李贤等《进明一统志表》谓:“凡经书所在,咸在网罗。至若子史所传,举当收采,宜加参考,以正信疑,是非必有据依,以立义类凡例。表京师为四方之极,列方岳为诸郡之纲。疆域必系于九州,分野悉稽乎列宿,形胜风俗,录奚远迩之分,物产山川,载靡小大之间,藩封著维城之固,公署严御侮之威,书学校书院,以重育贤,书宫室关梁,以昭资世,信方来,则寺观祠庙之兼录,鉴已往,则陵庙古迹之并存,述宦迹,备举夫诸司,取人才不遗于一善,列女彰节行之异,仙释见方技之奇。文虽省而义则该,实足征而名不爽,欲使宇宙数万里之外,不出户而可知。庶几上下千百年之间,一举目而毕见。岂徒备一时之广览,将以垂万世之宏规。此诚皇上经天纬地之文,足以显继志述事之孝,而光前振后者也。”(转自彭静中《中国方志简史》第 275 页)

是书体例因袭《大元一统志》之旧,以两京、十三布政司为单位,分世记述各府和直隶州。每府之下,分建置沿革、郡名、形胜、风俗,山川、土产、公署、学校、书院、宫室、关梁、寺观、祠庙、陵墓、古迹、名宦、流寓、人物、列女、仙释,共 20 门,最后殿以“外夷”各国。书中保存了不少元代和明前期之有用资料。王阳明在《高平县志·序》说及，对之评价甚高，谓："我朝之一统志，则其纲简于《禹贡》而无遗，其目详于《职方》而不冗。然其规模宏大阔略，实为天下万世而作，则王者事也。"弘治《贵州图经新志·凡例》中称："迨我《大明一统志》出，一扫群志之陋，而程式之美，足为万世之法。"（转自刘纬毅等《中国方志史》第 198 页）但由于缺乏史裁与考证，讹误较多，为后人所诟。李维桢在《方舆胜略序》中批评说："天顺时，馆修《大明一统志》，不载户口、田赋、官制诸大政典，识者病之。"顾炎武在《日知录》中，对其疵谬，指之尤详，说"今考其书，舛谬特甚"。《四库全书总目提要》云："其时纂修诸臣，既不出一手，舛伪抵牾，疏谬尤甚……极为顾炎武《日知录》所讥"，"此书之舛略，本无可采，特是职方图籍，为国家之常经，历朝俱有成编，不容至明而独阙，故仍录存，以备一代之掌故焉。"（卷六八，《史部·地理类一》）故有的研究者认为，此书流传不广，难与《大元一统志》同日而语。（见张文桂、荣竹林《方志编纂学概论》，内蒙古人民出版社 1998 年 3 月版第 11 页）但它对后世修志仍有着不可低估之影响。是书编修之目的是，"广圣道之咸容，示皇威于无外"，强调了大一统的观念。如在《图叙》中云："我皇明诞膺天命，统一华夷，幅员之广，东尽辽左，西极流沙，南越海表，北抵沙漠，四极八荒靡不来庭……为天下总图于首，披图而观，庶天下疆域广轮之大，了然在目，如视诸掌，而我皇明一统之盛冠乎古今者，垂之万世有足征云。"是书修成之后，曾颁行全国。如白行中成化《云间志·序》所言："编成《大明一统志》，而皇上特颁行之，则凡守土之臣，不待身履其地，而古今风土之迹可览，而概得于中。"（转自梅森《上海方志研究概要》，天马出版有限公司 2004 年 5 月版第 2 页）

按：本志与景泰七年修成之《寰宇通志》，是明代修成之两部全国性的总志，成书相距只有 5 年，后者是在前书之基础上增补、改订而成，但两书仍有较大之差别：在卷数上，后者有所减省，由 119 卷减而为 90 卷；在内容上，后者记述简要，在祀典、府第、楼阁、馆驿、堂亭、台榭、井泉、关隘、迁谪、科第、题咏等类目均有所合并，又增加了流寓、列女、仙释等类目。关于后者之史料价值，张英聘在《论〈大明一统志〉的编修》中，作了较详细之分析，可资参考。（见《史学史研究》2004 年第 4 期）

是时，曹学佺纂成《大明一统名胜志》193 卷。记明代府州县之历史沿革及风物名胜。（吕志毅《方志学史》第 209 页）

天顺间（1457～1464），黄润玉纂修成《宁波府简要志》5 卷。成化间，经黄溥续纂，仍为 5 卷。记事颇为简要，较其后之成化《宁波府志》少 5 卷，比嘉靖《宁波府志》少 37 卷，是明代府志中最简的一部。《四库全书总目提要》谓："是编以旧志太冗，乃删除繁赘，定为是编。体例简洁，亦康海《武功志》之亚。然《武功志》艺文散入各类中，此则仅存其篇题，而文皆不录，则未免太简矣。"（卷七三，《史部地理类存目二》）

明宪宗成化六年（1470），王㑇纂修成《毗陵志》40 卷。乃取宋咸淳史能之志与明洪武张度志，补缺定伪，汇而编成。《四库全书总目提要》谓其"体例颇详整。惟齐高、梁武虽从斯郡发祥,然奄有江东,各存国史。修郡志者但可载其轶闻旧迹,以备考证。乃于人物之首,冠以二帝,附以诸王,揆以断限之法,于义为滥。盖舆记务侈土风,而不知著书各有体例也”。(卷七三,《史部·地理类存目二》)

按:在 20 世纪之末修新志中,对毛泽东、刘少奇、周恩来、朱德等全国性人物立传中,都发生过如何写法的讨论。《四库提要》此语,可作参考。

成化十年(1474),李侃修、胡谧纂《山西通志》17 卷刻印成书。是志为山西通志之首创者,也是明代较早的一部通志,还是国内现存最早的省志。全书 12 门,体例完备,结构严谨,规模宏大,记事详略有度,内容丰富,特详烽堠、关隘、驿道、兵备和煤窑、铁器以及矿产开采情况,有产地、产品等。是书较充分地反映了山西是边防之地和“煤铁之乡”的特点,被誉为一代名志。这是省志中最早以“通志”为名的志书。(祁明编著《山西地方志要览》,1997 年内部印行本第 17 页)由于当时刻本较少,流传不广,故其中许多宝贵资料罕为后来志书所引用,至为珍贵。《四库全书》仅列为存目,无一句赞语。其实,其价值远高于受到称赞之雍正《山西通志》。本志材料编排上,纵横处理有方,其人物则按时序排列;山川门则按地理形势,依走向和流向记述;第一层次为横排;第二层则有纵有横。其文集和诗等,先横分类,后按时序编次;名宦驿递则分 6 条驿路纪录。(洪焕椿《明代府县志的普及和江苏方志学家》,载《江苏地方志》1989 年第 1 期)志序中将志追源于《禹贡》、《周官》,有言曰:“地理有志何昉乎?昉于夏后氏之《禹贡》、《周官》之《职方》也。夫有地理,此有山川;有山川,此有人物;有人物,此有风俗。而山川有大小,人物有盛衰,风俗有美恶。自古迄今无乎不于志焉见之。”书中收录了金元时的《泽州图经》和《盐池图记》,颇有见地。李裕民在《沧桑》1995 年第 1 期著文介绍甚详。在无前志可资借鉴,档案资料又不全的情况下,为了纂辑本志,胡谧不辞辛勤采访。“虽密林邃谷,豺虺之地,靡不周历”,凡“河山、城廓、学舍、宫室……与夫残碣断碑、故基遗迹、名宦寓贤之类,靡不究其沿革盛衰之故,丰啬美恶之由,本之旧牒,参之前史,考之今制”。是志中记宋景祐四年(1037)十二月甲申(十七日)地震,也是颇为值得注意之资料:“忻、代、并三州地震,坏庐舍,覆压吏民。忻州死者万九千七百四十二人,伤者五千六百五十五人,畜死者五万余;代州死者七百五十九人;并州千八百九十人。”(转见刘纬毅等《中国方志史》第 198～199、211 页)

按:陈光贻《中国方志学史》将是书修成系于成化十年,并谓:“各省之有通志,始于明天顺时。通志的优点在于它能合府州县志之所不能合,通记一省之书,故名通志。通志体例,不同于宋代之‘图经’、‘会要’。‘图经’、‘会要’,是汇合郡邑所记而成,与通志体例有异。”(第 112 页)

又:这是《中国地方志联合目录》著录今存最早的两部通志之一。另一部是成化二十二年(1486)刻行的《河南总志》19 卷、图 1 卷。(见 1486 年条)

是年,陈让等修,夏时正等纂成《杭州府志》63 卷、首 1 卷。明代杭州至此已三修府志。

本志是因前二志而修，但前二部俱佚，是志为仅存者。其编为封域、山川、公署、风土、学校、水利、军政、诏敕、恤政、坛庙、名宦、科贡、人物、坟墓、寺观、书籍、碑碣、纪遗等18目。然是志编得很不好，《四库全书总目提要》批评说它"所收颇冗滥。如载凌云翰《嘲析产》小词之类，皆非志之体。其凡例称引用诸书，皆简节全文，或因而足以己意，故皆不著所出，其大略可睹矣"。（卷七二，《史部·地理类存目二》）

成化十一年（1475），伍余福纂《陕西通志》30卷成书，为陕西省历史上第一部通志。其体例以府、州、县、卫所、寺监为纲，纲下各系子目，仿《一统志例》。陈光贻称此志"最为详雅"。（《中国方志学史》第154页）《四库全书总目提要》谓"陕西为古都会地，旧迹颇多，金石尤富，诸书记载颇详，其所采摭，尚未能详备"。（卷七四，《史部·地理类存目二》）

按：此志《中国地方志联合目录》未著录。纲目体志书中，有以政区为纲者，如本志外，尚有弘治《贵州图经志书》（见1505年条）

是年，劳钺修，张渊等纂成《湖州府志》22卷刻行。是志之特点是记载土特产，如蚕丝、湖笔等甚详。其载当时绢绸绫纱之生产均在城郭内，村野无之。至清志中记之产区正好相反，从中可以考见生产区域之演变。其记湖笔谓：出归安县之善琏村，著名者有冯宝科、陆颖皆制笔。是难得的手工业史资料。彭华在是志序中，认为方志起源于列国之图志："古者列国皆有图志，小史掌列国之志。"劳钺在志序中，则强调志书的教化作用，谓："他如邱冠先之忠烈，曹清之孝行，赵文敏之才，杨节妇之贞节。又人物中之表表者。见其志即思其人，思其人即慕其德……推而至于千百世之下，亦莫不有感之而兴起焉者。是则郡之有志，政教攸系，风化所关。"（转见林正秋主编《浙江方志概论》第92、94页）

成化十三年（1477），李辑修，莫旦纂成《新昌县志》16卷刊行。是志为新昌之首部志书，全书分图像、沿革等42门。虽有开创之功，但却多不伦之憾。明人张子苌说："尝见其书，俚甚，学究笔也。"清人周中孚在《郑堂读书记补遗》中，评论有云："新昌县旧无志书。成化丙申，汀州李辑知县事，因属景周纂修为是编。自图像以迄纪异，分四十二门，其书不期日而告成，故分门丛杂，体例多乖。如记邑人事迹，分至二十三目之多，殊为繁缛。至官是地者，只有来宦一门，记名宦二十五人，而余则并其名氏、仕贯，一概缺如，亦嫌过略。其前图像内，及于礼器、割牲、释奠，与夫乡贤去思、德政诸祠，图所不当图，已属可笑。而又图及邑之先贤遗像凡二十，竟似家乘之作，此更弇陋矣。虽创始者难为功，而亦足见古地志之非可观也。"（转自《中国地方志总目提要》11—83）陈光贻谓，此书无大纲统领。卷首设图1卷，有县境图、县治图、庙学图、义塾图、礼器图、祠寺图、胜迹图、人物图等，并为之赞，重在表形象。图成专卷之方志，亦为莫旦首创。旦告归后，又纂成《吴兴志》（亦名《松陵志》）22卷，《续志》2卷。（《中国方志学史》第148页）

成化二十年（1484），孙仁修，朱昱纂成《重修毗陵志》40卷刊行。其《凡例》有言："旧志有叙州叙县以通纪历代因革，有州境县境以遍述土壤接比。今遵《大明一统志》及准《方舆胜览》、《舆地纪胜》诸书，改题曰建置沿革、疆域里至，与夫乡都坊市之区别素定，城郭桥梁之废兴有时者，各从本类。以州领县，次第书之。其郡名所拟，分野所属，风俗所尚，形胜所据，则通叙本类之下，或分或合，贵不失乎遗也。”（转自张英聘《论〈大明一统志〉的编修》，载《史学史研究》2004 年第 4 期）是书凡 17 门，体例一以咸淳志为本。陈光贻认为，明代方志真正继承宋志体例者仅此一种。（《中国方志学史》第 147 页）《四库全书总目提要》谓，成化己丑（五年——1469），“常州知府卓天锡聘昱修郡志，书成未刻。越十有三年戊寅（计按，成化己丑之后十三年，当是壬寅，书作戊寅有误），新淦孙仁来知府事，仍属昱增修之。其书先图，次表，次志，凡十有七门。昱后序云：以宋《咸淳志》为本，次以洪武十年续志及永乐十六年、景泰五年敕天下郡县纂辑志书之副稿。按，《咸淳毗陵志》为史能之撰，洪武续志为谢应芳撰。其原书皆有体例，故所修比他志为善”。（卷七三，《史部 · 地理类存目二》）

按：此前三年，朱氏还修有《重修三原志》16 卷，分类太繁，例多丛脞，体例不及本志之佳。足见已有前志基础上再修志，善善相承之重要。

成化二十二年(1486)，胡谧纂修成《河南总志》19 卷、图 1 卷。全书 12 目，第 1 卷：诸王府；第 2 卷：三司；第 3、4 卷：开封府；第 5～10 卷：依次为汝宁府、南阳府、河南府、怀庆府、卫辉府、彰德府；第 11 卷：汝州；第 12 卷：圣制；第 13～16 卷：集文；第 17、18 卷：集诗；第 19 卷：碑目。各卷分领细目若干，有多至 30 目以上者。其作法是“以县系州，州系府，府系三司，而冠之以宗藩”，“总七郡之志合而为一”。实际是七郡志之一个汇编，刘永之认为，称为总志，有点名实不符。（《河南地方志提要》“明成化河南总志”条，载《中国地方史志》1982 年第 1 期）

是年，郭忠修，刘宣纂成《处州府志》18 卷、首 1 卷刻行。是书以属下之县各为编，实际上是处州 10 县志之合集，体例显得有别于其他府志。也是名实不符的府志。

按：此两部志书都是未明统部志例之作法。章学诚在《方志辨体》中有言：“统部自有统部志例，非但集诸府州志可以称通志，亦非分拆统部通志之文即可散为府州志也。诸府之志，又有府志一定义例，既非可以上分通志而成，亦不可以下合州县属志而成。苟通志及府州县志，可以互相分合为书，则天下亦安用此重见叠出之缀旒为哉。”（章学诚著、仓修良编《文史通义新编》，上海古籍出版社 1993 年 7 月版第 735 页）

成化二十三年(1487)，柳瑛纂成《中都志》10 卷，弘治元年(1488)刻行。洪武三年改临濠府为中都府，定为中都，立宗社，建宫室。七年又改为凤阳府。是书始修于天顺二年，修成于今年。时已改为凤阳府，而志名仍为《中都志》，而不名为府志，意在表示其为都城之志也。陈光贻谓：“明代纪都城之书，有沈榜万历《宛署杂记》20 卷，闻人铨嘉靖《南畿志》64 卷，方远宜嘉靖《兴都志》24 卷，都侧重于典制和宫室规范，与其他志书体裁不同。”（《中国方志学史》第 112 页）没有讲到本志。《四库全书总目提要》批评本志“体例庞杂，最为冗滥”。（卷七三，《史部 · 地理类存目二》）

按:是志目中列有“酷吏”门,是开了方志中善恶并书在志目中之反映。其后有正德《琼台志》中设“罪放”门,万历《章丘县志》设有“奸雄”门,《广东通志》设有“罪放”、“贪酷”门。都是善恶俱书,以示讥贬,以明劝诫之目。

成化时(1465～1487),莫旦撰成《大明一统赋》四卷。其自序谓:“古人于国家德业之盛,必托诸赋以铺张之,以昭映于无穷”,故有此作。是赋颂明兴基定江左,歼吴平浙取两广八闽,北伐中原,席卷列郡,至统一分疆。其次序是,首疆域,自奠基顺天、应天、凤阳为畿甸;次及十三省境域。四卷长文,一气呵成。地赋自宋时已有,但全国一统之赋,则只此一书。莫旦成化六年获乡荐,此赋名动京师,被授新昌县训导。(陈光贻《中国方志学史》第148页)

明孝宗弘治元年(1488),有《辽东志》刊刻成书。先是正统八年(1443),辽东都指挥司佥事王祥、毕恭始修《辽东志》,后经多次辑纂。至是由陈宽、韩斌主持,邵奎、陈垲在前稿基础上“繁者删之,缺者补之,讹者正之”,始行刊刻。赐进士及第、翰林院修撰、校录累朝御制文集诸书、同修《会典》、《宋史》经筵字龚用卿,撰有《重刊辽东志书序》,提出志为史之流,对志的作用亦有论述。其略云:“志,纪也。纪其事以为鉴,史之流也。天下之有志,犹国之有史。国有史,而褒贬劝惩之法明。天下有志,而得失鉴戒之义彰。其信今而传后,一也。虽谓志为史,可矣。邑有邑志,卫有卫志,郡有郡志,省有省志。合邑为郡,合郡为省,合省为天下,而卫附焉。缺其一,则天下无全文矣。辽左为京师左臂,……列军卫,置防守,屹然为巨镇矣。夫夷虏杂处,则漫漶不可稽矣;军卫分布,则涣散不可一矣。非稽之于志,则孰征而信之。况夫山川异制,风土异宜,民性不同。政因俗革,天下皆然,莫之概也。故于疆域形胜之分,险要厄塞之处,民情风土之宜,学校人才之辨,政赋物产之差,兵革士马之用,将欲究其终结,察其盛衰,验其淳漓,审其登耗,观其强弱,以知其成败得失之故,孰从而考之,又孰信而传之哉。故非志焉,莫之可稽也……夫以密迩京师之地,而乃使文献不全,可乎?今使闾巷都邑之中,聚里师乡校而群之,质以数十里之所传闻者,已不能得其要,况于远者乎!其近者且如此,苟质以数十年之所传闻,已不能得其要,况于久者乎!至求之童孺小民之所流布,学士故老之所诵说,十已遗其二三。日复一日,人复一人,承谬袭讹,转相传播,而欲其不诬乎古,不戾乎今,亦已难焉。非志焉,其何以托诸久远以永其传哉。是故,观夫山川,其形胜可知也;观夫守备,其险要可知也;观夫人物,其盛衰可知也;观夫风俗,其淳漓可知也;观夫户口,其登耗可知也;观夫兵甲,其强弱可知也;观夫政迹,其是非成败可知也。其备诸得失鉴戒之义乎。得失鉴戒之义,固褒贬劝惩之法也。虽谓之史焉,可也。”(见辽宁省地方志办公室编《辽宁地方志书序跋选》,1985年10月印行本第2～3页)

是志是今存东北地区最早之一部通志。书分9卷9志69目。卷首附有27卫图17幅。是书之特点是,除辽阳外,还以广宁、开原作为记述重点。注意边政,特辟“武备”、“边略”等目。其“边略”目中,对于烧荒、外禁、马市、抽分货物、抚赏、设伏等,均有专项记述。其“外志”1卷,记的是奴儿干都司之重要政务。以其不属辽东都司辖区,但却属辽东都司之重要政务，故名之曰“外志”。是颇具史料价值的一部志书。(薛虹著《中国方志学概论》，黑龙江人民出版社 1994 年 4 月版第 42 页)

是年，莫旦纂《吴江志》22 卷刻成。以吴江历史上迭为州、县，称县志则遗州，称州志则遗县，故名《吴江志》，不系州、县名。是志各门之前均有小序，阐明纂者之思想观点和主张。如《贡赋》门之序云：“末世风移，用度逾制，于是始有贡非其贡而赋非其赋者。往往不问丰凶而酷征暴敛，无名进献而淫巧荡心，宁不有以瘠国脉而戕民命哉？呜乎！苛政猛于虎也，仁人君子尚其念之。”(转自《江苏旧方志提要》第 413～414 页)该志中，置有“乡贤祠诸公像”、“去思祠诸公像”。志中置人物像者，先成于成化时纂之《新昌县志》开其创(见 1477 年条)，本志又仍之。其后效法者有如弘治《崇安县志》亦列 16 人之“诸儒图像”。(巴兆祥著《方志学新论》，学林出版社 2004 年 6 月版第 108 页)

按：唐人皮日休《钓侣诗》有“一斗霜鳞换浊醪”之句。后人不明其意，以“一斗”二字而误以为是以一种酒换另一种酒。是志卷六“风俗”中载有：“其俗自唐至宋，皆以斗数鱼，以二斤为一斗。买者卖者均用斗。”此使皮诗方得真解，亦志林之雅事也。

又：莫氏在是志序言中，谓是志初修成于天顺初，凡 40 卷。始刻时，其父谓曰：“古人著书多在暮年，如孔子年六十余方定六经。汝为此书，何行之骤也。”旦顺悔之，遂停其板。于是又重立例目，参以郡县诸书，至是总成 22 卷刻行，较前志稿更为加详。(转见杨晓蓉《吴江县旧方志概述》，载《江苏地方志》1991 年第 1 期)足见古人出书之慎也。

弘治四年(1491)，陈道修、黄仲昭主纂《八闽通志》87 卷刻印成书。是为福建第一部省志。元代于福建境内设福州、兴化、建宁、延平、汀州、邵武、泉州、漳州八路，明代改称八府，故本志称八闽，为福建有系统记八郡之书。全书 87 卷，分大纲 18，小目 42。每个门类之下，依 8 府 1 州之事分别叙述，体例完备，内容翔实。《四库全书总目提要》评其“于舆地之中较为详整”。(卷七三，《史部・地理类存目二》)其后王应山《闽大记》和何乔远《闽书》都受其影响。但也有归类不伦的问题存在，如将户口、水利入于食货门。是书经福建省图书馆特藏部进行分段、标点、校勘和注释整理后，于 1990 年 5 月及 1991 年 6 月，由福建人民出版社分上、下两册出版。

按：黄仲昭还纂修有《邵武府志》25 卷、《兴化府志》54 卷(周瑛纂，一部政书体之志书)和《延平府志》。在诸志序中，表明了他的方志学观点：主张编纂志书要发凡立例，“大要以遵国法，救时弊为主”。对志书资料，要旁搜博考；内容要做到，“凡郡之所有，事无巨细”，莫不备载。强调所述“不徒空言”。编纂方面，主张山川别有夷险，户口计其消长，以验教养之实，土地稽其莱辟，风俗则明其美恶，而使民知所因革，对人物要善恶并书，以示劝诫。

又：宋时之方志，已有繁体、简体之别。施宿之《嘉泰会稽志》和罗愿之《新安志》都属繁体之列，而《澉水志》则是简体之例。至明代修志者遂有尚繁、尚简派之别。本志可以说是尚繁派之代表之作。这一派的主张是"古史之失在略,而今志之得在详","志而不详,曷以志为"。(汪昶《万历歙志》序;周景濂《重修尉氏县志》序)明代同属这一类者还有:卢熊之洪武《苏州府志》、夏时正之成化《杭州府志》、陆钱之嘉靖《山东通志》、张元忭之万历《绍兴府志》、叶秉敬之天启《衢州府志》和陈继儒之崇祯《松江府志》等;尚简派则认为,"备则诬,诬则疑;略则实,实则信"。(宋佐嘉靖《宝应县志略·序》)属这一派有代表性之志书有佚名氏之《洪武无锡志》、徐一夔之《洪武杭州府志》、黄润玉之《宁波府简要志》、康海之正德《武功志》、韩邦靖之正德《朝邑志》、何景明之《雍大记》、侯一元之隆庆《乐清县志》、谢肇淛之《滇略》等。自《武功》、《朝邑》二志出,尚简之主张颇为风行。

是年,王珣修,汪翁仪、唐应征、陈远等纂成《湖州府志》24卷。因宋谈钥《吴兴志》(见前1486年条)续修而成。是书按六艺之序分为礼、乐、射、御、书、数6集,共列33目。(《四库全书总目提要》卷七三,《史部·地理类存目二》)如此分法,为历史上所仅见者。

弘治六年(1493),周孟中编修之《广西通志》成书,这是广西以通志命名的第一部。是志平行列目,共分15目。突出了广西是边疆少数民族地区之特点。设有"土官沿革"、"夷情编年"之专目,较为系统地记述了土司和少数民族之情况,惜书已佚。(参见吴国强《方志源流和广西方志的历史》,载《广西地方志通讯》1986年第3期)

是年,刘玙修,贾暹等纂成《建宁府志》60卷刻行。邑人范嵩为是志作序有言:"志,史之流也。禹经九州,周叙职方,春秋列国之史官,汉唐宋舆地之图牒,皆志类也。夫风俗之淳漓,政治之得失,山川之险易,人才之盛衰,非有以志之,后将奚征焉?孔子以夏殷之礼能言,而有杞宋不足征之叹,则志书之作,可少后乎?窃尝论之,郡之有志,犹国之有史也。志与史,体虽稍殊,而作史者,每于志采录焉,则志是亦史也。昔人谓作史有三长,而志亦不可缺一,则志岂易言哉?故繁则复,简则遗,文衒则诬,溢美则诞,皆不足以言公也。是编不徇己私,不昵亲比,质诸载籍之公,咨以见闻之实,使一郡八邑之迹,历千百年之远,皆可按籍而得,谓非志之善欤?史之义欤?"(转自《历代名人论方志》第123页)

是年,王倬修,章懋、郑锜纂成《兰溪县志》5卷,正德五年(1510)刻行。是书编纂中特别注意现实调查。为此曾发动部分县学生员,"分诣各乡访遗老、询故事。凡寺观祠庙之壁题石刻,故家名族之志传谱集,悉皆采摭以来……益以故所传闻,新所采录,参诸史传及先辈文集中有及于县事者",加以纂辑而成。(转自洪焕椿《明代府县志的普及和江苏方志学家》,载《江苏地方志》1989年第1期)

弘治九年(1496),知县王僖征修,程文纂成《句容县志》12卷刻行。是志列目达124目之多,其中仅人物一类,即分细目达25目,即名宦、师儒、流寓、忠勋、文人、忠节、贤良、进士、乡举、岁贡、吏员、隐逸、义门、孝子、顺孙、义士、节妇、寿官、义官、医术、能书、善画、仙释、方伎、异行。可视为尚繁派之代表作。南京户部郎中周琦在志序中说此志"祖金陵志"。他说到志书之资治作用有言:“国之志犹国之史,郡邑之志亦郡邑之史。史昭鉴戒而志与之等。是故修志之笔当不下之修史,凡为郡邑者必先考志。始自名宦以为鉴戒,末复以次求之人物、风俗、户口、田野、山川、坛壝,以下则治民事神之道以备,而治体立焉。然则志之有补于治也如是。”县儒学教谕曾昇在志之后序中也说:“史昭鉴诫,而志与之等”,“盖以是非予夺,贵执笔者之公,而不容私意于其间,诚确论也。”(见《天一阁藏明代方志选刊》第 13 册本志)

按:同时可作为分目极细这一类之代表作者,还有嘉靖《兰陵县志》(112 目)、嘉靖《霸州志》(人物分为 14 目)。

是年,漕运总督王琼撰成《漕河图志》8 卷。此乃在王恕《漕河通志》基础上,删削而成之京杭运河长江以北至北京段之专志。王氏谓此志,“虽于水政之重不敢妄议,然今君子欲讲明漕运之法、河渠之事者,诚得是书而观之,则不待广询历览而诸河源委利害,固已欣然于心目之间矣。其或因是以求良法,使上不失赋额,而下不病漕军,既顺天时,亦修人事,罢纷纷补漏之策,仓卒不至失措,必有变通之术存乎其间矣”。从一个侧面讲清了专门志的存史、资治价值。全书各卷内容,卷一之 4 节为:漕河之图(有河图 11 幅,继以文字记叙运河沿线河、湖、塘、洪及闸坝、桥涵、浅铺、沿河州府区划之堤防范围);漕河建置;诸河原委;漕河。卷二为:漕河上源;诸河考论(是运河五个水源之流经和沿途支流及兴修工程简史)。卷三为:漕河夫数;漕河经用;漕河水程;漕河职制。记运河所经州县、夫役、经费、物料、法规,并自通州至瓜州 3000 里水程中之驿站、间距、官员、夫役及管理制度演变、当时常设定额等。卷四为奏议。卷五～六为碑记。记运河诸工程兴建始末。卷七为诗赋。卷八为:黄河水次仓;漕运粮数;漕运官军船只数;运粮水程则例;运粮官军行粮;运粮官军赏赐。保存了大量运河早期之珍贵史料。(转见姚汉源、谭徐明《〈漕河图志〉评介》,载《水利史志专刊》1987 年第 2 期)全志重点突出,图文并茂,文字简练,资料完整,是今存最早之运河志书。是书国内早已缺佚不全。20 世纪 90 年代初,中国水利史研究会转托日本友人复印得闽中蒋氏三迳藏书本回国,经姚汉源、谭徐明参诸别本,点校后,于 90 年代初由水利电力出版社出版。

弘治十年(1497),陈相修,谢铎纂《赤城新志》23 卷刻成。是书上续宋《嘉定赤城志》,载录了嘉定后 263 年至弘治间之史事。内容丰富,如人物一门即收有数以千计之人物传记;水利门载录各种水利设施 500 余所;典籍门记载了上百种著作之流传及收藏情况;版籍门载录了明代洪武、永乐、弘治时之人口统计数字及多种税收与土贡名称、数字,均极明细。体例亦严谨,不失为明代志书之佳作。(见《中国地方志总目提要》11—104)

按:据《四库全书总目提要》所载,明代尚有王启纂之《赤城会通记》20 卷,系取陈耆卿《赤城志》、谢铎《赤城续志》诸书汇为一帙,而变其体例。自夏后氏迄明代,每朝各为一纪;唐以后则一帝一纪。其载官吏则分名宦、死难儒臣、有事实官、无事实官、有疵官诸目。纪人物则分乡献、死节、孝子、烈女、乡僇诸目,散入于各纪之下。此外尚有异闻、祠庙、乡试、贡荐等目。属“其例之窒而难通”者。(卷七三,《史部·地理类二》)具体纂成岁月未详，以其体例及设目较特殊，附载于是，以备参考焉。

弘治十一年(1498)，朝廷下诏征集天下郡县志书。(黄苇等《方志学》第859页)

是年，陈宣修，乔缙纂《河南郡志》42卷刻成。这是今存最早一部河南的府志。一般修志编目之编排，都是先沿革，后疆域，几成定例。本志则反此而行，认为必有疆域，然后建都为邑。也就是首先确定修志时的边界疆域，然后据以追述历史的、自然的、人文的各种形态。刘永之在《河南地方志提要》中评之为，此种认识，体现了一种"重今"的精神，十分可贵。但重今并不废古，因洛阳自来为古都会，故特设古都图以表之，又立故迹、故实目以载之。这种根据地方特点而因事制宜之作法，值得肯定。(第209页)

是年，黄傅修，方谟等纂成《江阴县志》14卷，为今存江阴最早之志书。是志篇目颇为特殊，全书依次为：制治、疆土、风俗、人物、名宦、宦达、杂传、异端、物产、括志等类。《风俗》下分士风、农风、工风、商风、妇女风、游民风、异教风、通风、方言。其中之"通风"与《人物》下之"道德"，均有目无文。《诸志序例次第》内，载有前志编目。(徐复、季文通主编《江苏旧方志提要》第148页)

按：从《江苏旧方志提要》得知，江阴有史以来公私先后修志20次，今存书的10种当中，除一部私人修纂者外，其余9部有多种编目类型。如嘉靖志按记、考、表、传分类；崇祯志只设11志；康熙志仅设记、传；乾隆志则为平行列目，另加"乙酉纪事"一篇特记；道光、光绪志与乾隆志相近；民国10年志为类目体，民国24年志则暗分天、地、人三大类，新设《导论》和《概述》。很值得作一纵向比较研究。

弘治十二年(1499)，曾显纂修成《直隶凤阳府宿州志》2卷。张信在志序中对志书之功用有如下之言："予惟志乃一郡之典，而其所关者重矣。欲知形胜必考山川，欲知习尚必考风俗，欲知厄塞必考城池，欲知治民事神必考户口、差赋、坛壝、祠宇，欲知风教必考忠臣、孝子、义夫、节妇，欲知人文必考学校、词章，欲知景仰必考名宦、乡贤，欲知古迹必考池台、亭馆。侯之志成，岂曰小补云哉。取而读之，生于宿者有所感慕而励其行，仕于宿者有所兴起而善其政，观风于宿者有所采择而献于天子，天子必有以兴水木本源之念于斯，而又有以命词臣修于文以资治焉。志有益于人也，大而关于世也。"(转自《明代南直隶方志研究》第213页)

按：将州名及其所属之府名均入书名之内，也是一特。

弘治十三年(1500)，李瑞修，桑悦纂《太仓州志》成书。是志谓："至元十九年，朱清、张瑄自崇明徙居太仓，建海漕议。先是刘家港渐西，势日深广，清、瑄因导以入海，通海外番舶，蛮商夷贾，云集鳞萃，当时谓之六国码头。"在人物的《董博霄传》中，又载至正十三年(1353)在太仓设立水军万户府、董在任副万户期间曾与方国珍战于太仓一事，为他书所未载，补了《元史》等正史之缺，因而为史志家所重视。(胡惠秋《明代方志简记》，载《中国地方志通讯》1985年第4期)瞿宣颖在《方志考稿》(第六编)评论云："风俗、土产二门，最为能纪实者。此明代诸志中大为杰出者矣。太仓为元以来重要海口，故有庆云等处市舶提举司，有抽分竹木场，

有海运总兵公馆，有船场。本志备述其地，令人想见当时市海之盛。”(天春书社民国十九年12 月刊本)

弘治十四年(1501)，宁夏巡抚王珣修，胡汝砺纂成《宁夏新志》8 卷。是志分 5 大类，21 目，75 子目，是在正统《宁夏志》基础上而修成者。其 8 卷卷目分别为：卷一：宁夏总镇；卷二：人物、宦迹、朝使、俘捷、祥异、仙释、乡饮、祭祀、经籍；卷三：韦州、花马池营、兴武营、宁夏中卫、广武营；卷四：沿革考证；卷五：赫连夏考证；卷六：拓跋夏考证；卷七：文章；卷八：杂咏。卷前除王、胡序外，还有宁夏城图及“国朝混一宁夏境之图”。志中保留了许多反映明初有价值之历史资料。如《人品》目中，记述了上起宗藩、镇巡三司，下至贱役、贱女等 260 种“人品”。又如记当时宁夏镇上有画工、刊字工、金箔匠、银匠、表背匠、笺纸匠、金线匠、绢机匠、绣匠等 66 种匠人，足见当时宁夏手工业作坊，不仅数量多，而且分工种已相当齐全。(《中国地方志总目提要》28—7)

按：志中设“考证”专卷，既可增强志书的学术性，编目、体式亦值得注意。

弘治十五年(1502)，彭泽修，汪舜民纂《徽州府志》12 卷刊刻成书。汪氏在志书序中，述其修纂之经过有言：“立凡例，所当录者，不知则已；知则不敢少遗。所不当录者，一毫不敢少取。甫四阅月，次第就绪。而忿者乃匿名飞语相激。彭公曰，惟其是而已，勿恤也……今日之事，使非彭公学之博，才之优，识之远，见之定……曷克底此。”(见《天一阁藏明代方志选刊》第 29 册本志)全书分 40 类，事目本《大明一统志》，向被目为名志。但《四库全书总目提要》则认为，其“分目过多，如沿革之外，又出郡名一门，人物至分为十四类，皆伤烦碎。又风俗、形胜二门，皆标题夹注，有似类书，亦乖体例”。(卷七十三，《史部・地理类存目二》)关于是书之特点，傅振伦于《弘治〈徽州府志〉书后》(《安徽史志通讯》1985 年第 1 期)，开列优点是，在各门之前都有小序，叙明编写宗旨，与他志之泛论不同；形式上正文之下，以小字作夹注，或叙明出处，或考正异同，既节省了篇幅，又眉目清楚等 10 项。

在内容方面，对于徽州府自宋之后人文特盛的特点，反映颇为充分。人物方面，对朱熹、程大昌、祝穆、罗愿、胡炳文、程敏政等均有反映；教育方面，记载了府、县学 6 所，书院 15 所，社学 262 所以及义学、私塾等。物产方面也注意反映纸、墨、砚等文房四宝的特点及生产情况，还为名技艺者立有专传。

按：笔者于上世纪 90 年代，于中国地方志指导小组办公室工作期间，曾接得湖州市志办公室来信，问及旧志书中于县下注有“望、紧、繁、疲、难”者，为何解？当时曾就教于中国社会科学院近代史研究所王其榘教授将何以作答，经我们商量之后，仅回信告之谓，“是明清时县的一种等第划分，具体划分标准，可能各代不同”云云。今于本志卷一《地理一》洪武二年“降婺源州为县”下，见有注云：“按唐制：郡县有七等之差，郡则有辅、雄、望、紧、上、中、下；县则有赤、畿、望、紧、上、中、下。京都所治郡为辅，县为赤，旁郡为雄，县为畿。自望以下，以户口多少、资地美恶为差。宋制：郡县除辅、雄、赤、畿外，亦有望、紧、上、中、下之差。凡县，四千户为望，三千户以上为紧，二千户以上为上，千户以上为中，不满千户为中下，五百户以下为下。元制：江南路分上下二等，州、县各为上、中、下三等。十万户之上者为上路，十万户之下者为下路，当冲要者虽不及十万户亦为上路，五万户之上者为上州，三万户之上者为中州，不及三万户者为下州。三万户之上者为上县，一万户之上者为中县，一万户之下者为下县。”但于“繁、疲、难”仍未得确解。后见傅振伦先生说，“按清代州县又有冲、要、繁、简、疲、难、倚之分”。(《傅振伦方志论著选》第505页)方得其解。惜当时未见，故未能给该志办作进一步之说明。

又：笔者在读今新修之志书，甚感一些凡例，往往多有共例而少特例，读之甚是乏味。(见《志书“凡例”琐谈》，载《中国地方志》2009年第6期)今见是书凡例颇为特别。第一条实系追述郡之方志编纂史，其余诸条亦可为今修志者制定凡例之参考，故特全录于次，以备后来者之鉴览：

徽州府志凡例

一，本府唐宋图经、广记，俱无可考。惟宋罗鄂州愿著《新安志》、李教授以申著《新安续志》、元洪县尹焱祖著《新安后续志》及朱礼侍同总为一志；传录仅存景泰间孙知府遇、成化间周知府正，两经增续，略而未备。今之纂修，虽祖旧志，而易新安之名为徽州府，遵时宪也。其事目亦遵《大明一统志》立例，但一统志乃天下之事，不得不简；本志特一郡之事，不得不详。故于其已载而未备者增之；未载而可采者补之；事无可考者缺之；事有当纪者续之；旧志舛讹者，兼考史传以正之。

一，六县事迹，以类纂辑。首地理，次食货，又次封建、职制、公署、学校、祀典、恤政、选举、人物、宫室、寺观、祥异、词翰，而终之以拾遗。盖建立郡邑既定，然后山川、城郭、乡市之类有所附，田地、户口、贡赋之类有所统。由是建官而设属，由是敬神而爱民，由是育材而取士。若夫地因人胜，宫室、寺观、祥异，又皆地之所有，而纪其胜，非文不可也，略有次第云。

一，名宦人物，必没世而后载之，庶无异议。惟科贡所录，不间存没，盖止题其名，不系其人之贤否也。

一，旧志人物分道学、先达、儒林等类。殊不知道学，特儒之大者尔，不可分也。本志虽不从旧，亦略用西山续文章正宗例，分勋、贤等类，以便稽考。

一，五代及宋初人物，有仕于南唐者，虽不得与中朝之臣并例，其一节可取者，亦随类纂入。

一，孝友所志，必其人已没，及虽未没，而已沐旌表，则为之作传。其余存者但于拾遗中志之，以俟将来。盖行父母之遗体晚或衰惰，一行少亏，亦非孝矣。若贞女、节烈，已沐旌表者固在所录，或有呈报郡县，不幸未及上闻，亦有上闻未蒙核报而为乡邦共知者，其诚心苦节足以励俗，今皆慎择而并录之。盖女妇之德，惟贞节可录，年过五十，亦例所当旌,非士之孝友比也。

一,仙佛怪异之说固不敢信,但土俗流传,图志记载,难以遽削,姑存其略。

一,词翰不能广载,亦不敢以工拙为去取,惟采其有关本郡事迹及可以备本志之缺略者。或但断章摘句,各附于本类之下,以备观览。然必人已没世始录之,不敢妄及今之作者。

一,旧志事迹,宋元颇详。国朝自洪武至今,累有纂修实录,以郡志久不修,而实录副本散藏纂修儒生家,代谢不一,猝难采辑,姑以所得,并取计簿益之,尚俟后之君子博采以补其缺。(录自《天一阁藏明代方志选刊》第 29 册)

弘治十六年(1503),郭经修、唐锦纂成《弘治上海志》8 卷,次年刻印成书。内容分 8 类,例简事详,颇为得体。钱福在跋语中称此志"简而不遗,备而不泛,兼收并蓄,而无所混淆"。(转自陈光贻《中国方志学史》第 150 页)王鏊在是志序中谓:"岁贡上海者十六万有奇,土产之饶,海错之异,木棉文绫,衣被天下,可谓富矣。"反映了明代上海的经济状况及其特点。(转自梅森《上海方志研究概要》第 1 页)书中附载宋度宗时管理市舶司的主管官员"监镇"董楷,于咸淳五年(1269)写的《古修堂记》和《受福事记》二文,涉及他本人管理上海市舶司的事,补了《宋史》、《宋会要》等宋史要籍中对此未记之缺。近代日本人藤田丰八在《宋代之市舶司与市舶条例》一文中,对宋代在上海是否设立过市舶司提出怀疑,于此志资料才得以释疑。(来新夏《旧志整理工作的回顾与展望》,载《四川地方志》1986 年第 2 期)也解决了上海最初建镇的时代问题。谭其骧先生谓:"上海建镇的时间,各种地方志记载不同。嘉靖、万历志都说是在宋末,以后清初的方志又说在绍兴中,嘉庆志又说是熙宁七年。六十年代在上海报纸上开展了讨论,就有人坚信嘉庆志的说法,理由是它记载得比较明确而具体,言之凿凿,必有所据。实际恰恰相反……弘治《上海志》中保存了宋度宗咸淳时做过上海镇'监镇'的董楷的两篇文章,说明上海建镇确是在宋末,嘉靖、万历志的说法是对的。"(《地方史志不可偏废,旧志资料不可轻信》,载《中国地方史志通讯》1981 年第 5 期)此志《凡例》中强调贞女"重其有士行也"的原则,故列女不独立成卷,不搞大批排列,仅收辑确有事迹之 12 人,入于人品志的节义目中,表现了编纂者的卓识。(《中国地方志总目提要》9—14)

按:对贞女"重其士行",说明是将女人放在与男人一个标准来选择,有一定的积极意义。

是年,陈效修,周瑛、黄仲昭主纂《大明兴化府志》54 卷成。是书分为六纪:吏纪、户纪、礼纪、兵纪、刑纪、工纪,末附外纪。"每纪提其要以为纲,叙其事以为目",共 65 纲 257 目,是政书体志书之首创者。纂者之一的周瑛认为,修志以"张治道"为目的,内容应"以修政立事,济人利物,移风易俗为主"。另一纂者黄仲昭称,本志"大要以遵国法、救时弊为主……其亦郡邑资治之鉴",明确提出志书有"资治"功能。书中敢于记载明中叶的一些弊政,如杂役的繁重等等。《续修四库全书总目提要》谓:"其寓意端在讽上,与后世惟知颂圣者迥不侔矣。"陈光贻称其“体例浩繁，通篇所述，悉以修政立事、济人利物为本，尤于户、礼二纪，叙述最备”。(《中国方志学史》第147页)又有人评这种修志态度“可谓司马氏治史之遗风，值得称道”。(彭文宇《明代的福建方志》，载《福建史志》1991年第1期)

按：这种体式称之为政书体，以载典章制度为主。属于此种体式者还有《漳州府志》等。(见巴兆祥《试论明代地方志特点》，载《贵州方志》1992年第4期)

是年，邓淮修，王瓒、蔡芳纂成《温州府志》22卷刻行。是志中明显的一个特点，是注意了学术思想之记述。其《理学》一目，记载了永嘉学派之师承关系，《文学》一目记载了永嘉文风之来龙去脉。此外，其《水利》之内，选载了乐清馆头、瑞安飞云江渡口之两则禁令，意在以告司此土者，应当重视人民生产和安全。(《中国地方志总目提要》11—35)

弘治十八年(1505)，夏英、陆勉修，8纂成《邵武府志》25卷。是志发凡起例，体义甚佳，巨细毕载，繁简得宜，选择去取，皆资实用。记山川别其夷险，以示防御之策；户口较其消长，以验教养之实；土地稽其莱辟，以行劝惩；陂塘既有蓄泄之利，亦有溃溢之害，使民知所因革趋避；学校示以古今为学之法；祠庙示以邪正去取之辨；职官类次历任之序，复表遗爱；人物荟萃先贤之迹，亦著奸佞，以示劝惩。均立意明确，值得称道。(《中国地方志总目提要》13—24)

按：是书已残，仅国家图书馆存8～16卷。

是年，蔡升撰，王鏊重修成《震泽编》8卷。震泽，又名具区，系指今太湖地区之吴江县地。本志实际是一部太湖志。其特别之处是设有“两洞庭”、“五湖”两个特卷，对水利也特别重视。两洞庭为72山中最大之两山，即西洞庭与东洞庭。“五湖”系指菱湖、游湖、莫湖、贡湖、胥湖和莫厘湖。其“水利”中记有：“一曰治田之法，二曰浚下流之法，三曰分支脉之法，四曰开淤塞之法，五曰疏远流之法，六曰障来导往之法”等，颇具参考价值。(倪波《江苏方志考》第99页、《中国地方志总目提要》10—56)杨循吉在志序中，称其“操觚之妙，天机独运。中间有似《尔雅》者，有似《山海经》者，有似柳子厚诸山水记者，用能绘画造物，陈诸简牍”。《四库全书总目提要》谓，杨序“未免誉过其实”。又谓：“(蔡)升书本名《太湖志》，鏊为重修，乃取《禹贡》之语改今名。”(卷七六，《史部·地理类存目五》)

弘治间(1488～1505)，沈庠修，赵瓒、易纮纂成《贵州图经新志》17卷。是书首载贵州宣慰司，次分载思州、思南、镇远、石阡、铜仁、黎平、程番、都匀等8府、4州、14卫。各自均为独立纂述。分建置沿革、形胜、风俗、山川、土产、人物、科甲等20余门。其所采之郡邑旧志，多有亡佚者，溢出正史及他书者颇多。地理沿革中，注意正史相关舆地之书外，还多收集故老所传，碑碣所载。其物产中所载之植物、中草药、农产品等特产，往往有今已不见者。有关土司资料之记载也十分珍贵。从是志所载之可贵资料中，可见贵州之名早在宋以前就已存在，设省时之中心选在贵阳之历史原因。反映了当地民族斗争、融合之过程。(陈恒安《弘治〈贵州图经新志〉概要》，载《贵州地方志编写通讯》1982年第3期)是志虽名为图经，但实际文重于图。陈光贻谓:是志"既不是'图经',也不合'通志'体例。明代省志称'图经'的,只有沈庠这一种。"(《中国方志学史》第 113 页)其题咏部分,多录主修者之作,且形式特别,不列诗题,仅取诗中一句,以大字书于上,复以小字录全诗于下。《四库全书总目提要》斥之为"是何体例也?!"

按:主修者沈庠弘治九年(1496)始由刑部郎中调任贵州等处提刑按察副使,志书记事下限止于弘治十三年(1500),书刻成于弘治间,故是书之成,当在弘治十三年之后,至正德元年之前,即 1500～1506 年间。

明武宗正德元年(1506),王鏊等修纂《姑苏志》60 卷成书。王氏在志序中,关于方志之起源有云:"夫志何为者也?记载郡邑之封域、山川、户口、物产、人才、风俗,以至城池、廨宇、井邑、第宅,前贤遗迹,下至佛老之庐,皆类次族分,使境之内可按籍而知,而一代文献不至无征焉。如斯而已者也。姑苏为东南大郡,其风土亦已略见于《禹贡》、《周职方》、《尔雅》诸书。"(转自吴奈夫《明代学者方志理论研究述略》,载《江苏地方志》1987 年第 1 期)是书一出即为世所称。《四库全书总目提要》谓:"首列沿革、守令、科第三表,自沿革、分野以下分为三十一门,而人物门中又列子目十三。繁简得中,考核精当。在明人地志之中,犹为近古。"(卷六八,《史部・地理类一》)陆振岳谓,设《平乱》一门,为别的方志所少见。记一些历史事件,"有些也不见于正史"。(《江苏旧方志提要》第 254 页)然章学诚对之评价并不高。只是说:"郡县志乘,古今卒鲜善本,如范氏(《吴郡志》)、王氏《姑苏志》之书,虽非史家所取,究于流俗恶烂之中,犹为矫出。"指出其存在的问题则很多,如名义不正,"宋自政和五年以前,名为苏州,政和五年以后,名为平江府路,终宋之世,无吴郡名。范《志》标题既谬……王氏不知改易,所谓谬也";"平乱"名篇,既不类于书志数典,又不等于列传标人,是不伦不类;尤其以"表"之问题为多。表一称"郡邑沿革",以府县为郡邑,已是谬不待言。表以"州国郡军府路"为目,但只有"统部而无县邑",不仅体例不当,且自相矛盾。举人、进士,皆属科第,既以"科第"为名,又分举人、进士二表,且进士居前,举人列后,事为倒置,乱人耳目。表体问题上更多。有鉴于此,故章氏认为:"凡此谬戾,如王氏鏊,号为通人,未必出其所撰,大抵暗于史裁,又浸渍于文人习气,以表无文义可观,不复措意,听一时无识之流,妄为编辑,而不知其贻笑识者,至如是也。故曰文人不可与修志也。"(《书〈姑苏志〉后》,《文史通义新编》第 903～905 页)

按:"文人不可与修志"这一论点,他是基于该书史体与文体之别而提出的。章氏认为,史笔与文辞不同。文人撰文,追求新奇,辞尚浮华,惟恐不出于己;而史家修史,则要述而不造,讲求有据,惟恐出于己。史文如果出于己,就可能言之无征。无征,就会不信于后。到 20 世纪 80 年代后半期修志中,有人从"文人不可与修志"一语而引伸出,有文化(有知识)之人不应当来修志,修志不被人重视,是没有前途的。这是对章氏原意的曲解了。

又:陈光贻《中国方志学史》云,是志初修时,知府林世远延王鏊任总纂,又聘杨循吉襄助志局。循吉不甘居鏊之下，坚辞不就。如王鏊在志序中所说："其初修志时，有欲嘱诸杨仪部，而杨仪部固辞。"但陈继儒在《见闻录》中则云："鏊修志时，以杨循吉喜谣诼，不欲与之同局。志成，遣使送之循吉。循吉方栉沐，不暇抽看，但顾签票云'不通！不通！'使者还述其语，鏊以问之。循吉曰：'府志修于我朝，原当以苏州名志。姑苏，吴王台也，以此志名可乎？'鏊始大服。"（第 113 页）看来，此绘声绘色之说，未必可信。但在志名上，章学诚与杨循吉之看法倒是一致的。

又：宋元时人修的志书，往往喜用古名，如梁克家修之福州志称为《三山志》（见 1182 条），杨潜修之松江志称为《云间志》（见 1133 条），高似孙修之嵊县志称为《剡录》（见 1214），陈耆卿修之台州志称为《赤城志》（1223 条），元徐硕修之嘉兴志称为《嘉禾志》（1288），张铉新修集庆府志称为《金陵新志》（1344 条）。这并不是什么好传统，王鏊也加以继承，实不足为训。故陆以湉在《冷斋杂识》中载钱竹汀跋《成化四明郡志》云："王恪公撰《姑苏志》，杨礼部讥其不通，或请其说，曰：此苏州府也，而云姑苏，名不正矣，文焉得通？"（转见傅振伦《宋辽金元时期的方志（二）》，载《北京地方志》1990 年第 2 期第 16 页）这个批评是有道理的。

是年，知府石禄修，唐锦纂《大名府志》28 卷刻成。是书凡例第一条就提出要以类相从，以纲统目："志目颇多，使不以类相从，未免淆杂无伦。故各以总志统之，庶几纲举目张之义也。"巡抚韩福在该志序中说："作志有体，不知其体而徒事乎枝叶蔓衍之文，犹不作也。况或以恩怨为取舍，掇诡怪为博洽，至有得之传闻而辄意揣心构以附合损益之，不失之谀，则失之诬。求其系政体、关名教者，顾乃邈乎无所述焉。若是者果何取于志也哉？所以世之庸史，往往不能取信于人，而其褒贬之词，只为后来者笑资耳。此古人之不欲尽信书也。"石禄在志之自序（后序）中提出："夫志，史属也，故陈寿作三国史而以'志'名之。盖国史固一代之志，而郡邑之志，则一方之史也。国史公是非于万世，而郡邑之志，实与相表里焉。其所载虽有广狭，而关系之重，宁有殊耶？彼吏之庸者，日仆仆于刑名簿书之间……而不知古者大人君子之为政，其所以整顺纲纪而扶植风教者，固不专于此也。"（均见《天一阁藏明代方志选刊》第 2 册本志）

按：仓修良谓，宋元以来，存在着纲目体与细目并列体两种形式，而以后者占优势。随着社会之向前发展，方志内容也不断增加，故明人提出"以类相从"，分纲列目之道路是正确的。同时代之《许州志》凡例也提出，"旧志条目无统，今列为八卷，纲分目析，隶以总传，以便观览。而属县事迹，各以类附"。（《方志学通论》第 353 页）

是年，储珊修，李锦纂成河南《新乡县志》6 卷。储珊在志序中有云："古之志者与史同也，以寓鉴戒示劝惩，非徒事记载观览之具者也。故观所载，有土地焉，则知田野之当辟也；有名物焉，则知风俗之当厚也；有宫室焉，则知兴土木之所当省；有贡赋焉，则知贡异物之所当戒。志也者，岂不与史同功哉。"是书所记集镇民生资料尚属可观。然粗疏拙陋仍不能免。尤其是其卷四中,将储珊载入“名宦”之中,在文章中收入李锦撰的《贤侯储公德政记》和《修乐民桥记》,对储极尽美化吹捧之能事。开此恶例,遂遗后人之讥。志末的跋语中,自吹本志“出于编辑之手,再经于精选之心,而大备于于正之目,可谓尽善尽美,垂之永久而无弊也”。(均见《天一阁藏明代方志选刊》第 73 册本志)

正德五年(1510),云南提刑按察副使周季凤纂修《云南志》44 卷刻成。是志分《地理志》、《事要》、《列传》、《文章》、《外志》五大类。卷一～三三为正志。卷三四～四四为外志,记载了寺观、仙释、汉唐诸夷。其地理志下分 24 目,目下再分细目。这是明代云南修之第四部通志。是志之《要事》中,对景泰以后之 50 年史事记之尤详。周氏在志书序中强调他修此志之目的,是要使人“观乎山川,思朝廷疆理之艰;观乎物产,思细民劳作之苦;观人物,思前言往行之可法;观风俗,思故习转移之孰在;观仕宦,思旧政臧否之可鉴;观文章,思其人贤否何如,其世污隆何如”。(转自宋永平《明代云南方志纂修述略》,载《中国地方志》1989 年第 2 期)

正德六年(1511),刘节纂修《颍州志》6 卷刻成。是志凡例有云:“纂述事件,揭题目于前,大书其纲,分注事实。有补于事,辞繁不杀;其无美者,传实亦削。”(《天一阁藏明代方志选刊》第 33 册)陈桥驿先生认为,是记述玉米传入我国的最早之书。(《陈桥驿方志论集》,杭州大学出版社 1987 年 1 月版第 24 页)

按:浙江慈溪市地方志编委会办公室编《〈慈溪县志〉编修实录》谓,他们在修县志中,发现有玉米在“明成化间已有种植”,要比传统观点提前百年。(浙江人民出版社 1992 年 6 月版第 143 页)

正德七年(1512),陈威、喻时修,顾清纂成《松江府志》32 卷刻行。顾氏在志序中,主张修志要采取直笔,反对曲笔,说:“史不为天下万世而私于一人,是之谓曲笔。”(转自梅森《上海方志研究概要》第 4 页)是志对当时当地的棉纺产业载之甚悉,如谓:“俗务纺织,他技不多,而精线绫、三梭布、漆纱方巾、剪绒毯,皆为天下第一。梅花灯、拨罗绒、纹绣亦他方所无。前志云:百工众技,与苏杭等。要之,吾乡所出皆切于实用。如绫、布二物,衣被天下,虽苏杭不及也。”“纺织不止乡落,虽城中亦然。里媪晨抱纱入市,易木棉以归,明旦复抱纱以出,无顷刻间。织者率日成一匹。有通宵不寐者。田家收获,输官偿息外,未卒岁,室庐已空,其衣食全赖此。”(转自欧粤《论方志的风俗篇》,载《中国地方志通讯》1983 年第 4 期)《四库全书总目提要》谓:“其书颇详悉有体,稍胜他舆地记之冗滥。”(卷七二,《史部・地理类存目二》)

按:这种耕织结合的自然经济状况,竟沿袭了一二百年。至清康熙时,华亭县的农村,仍是“女子庄洁自好,无登山入庙等事。井臼之余,刺绣旨蓄,靡不精好.至于乡村纺织,尤尚精敏。农暇之时,所出布日以万计。以织助耕,女红有力焉。”(转见黄苇《关于〈上海史〉与地方志问题》,载《中国地方史志》1982 年第 2 期)

正德八年(1513),知府吴潜修纂成《夔州府志》12 卷。前有地图 13 幅,即府总图及所属各县，县各一地理图。均采取左图右文的配置方式，颇类古代图经之法。说明文字均极简，除府图多有至京师、南京、重庆各若干里外，各县图俱只有东西广若干里，南北长若干里，东西南北四至所至各若干里。内容记述先府后县，均较简略。除建置、人物有历史追述外，其余都只记现实。人物中有的县只一二名，不少"名宦"之下只原籍及来宦时间，事迹皆无。诗文所选均以外籍者居多（如杜甫、王十朋等）。略可观者是在辑文之末，载有正德六年十月《兴修府志公移》一篇，述本志修辑做法颇详，略谓："夔州府知府吴为兴修府志事：照得四川，固今大藩方，而夔州据险当冲，为湖、川之交，所属一十二县……未有志以传，诚为缺典……本府选委学职，分投前去会同各县与各该儒学、各掌印官，各提其纲。各仍选委年长学优、平昔公勤生员或监生，每县四人分理其事。各依定去凡例……并凡例未尽，及古今有何制作诗文等项，但系本府本县有可观者，采访考核务在精详，或询于父老，或质诸乡宦、士夫，或野史可凭，或里巷歌谣可采，且求之博，莫厌其繁，但毋虚、毋浮、毋至失实，有昧公道……仍将各地里尽为斗方画一图，登载有名山川，附以公署，及详其广袤与各所至，俱要明白……限一月备写成本，各送委官校正，申送本府……正德六年十月。"

按：这样一种修志程序和做法，当时不少地方都有类似而行的，但发为公移则不多见。

是年，黄文鷟纂修成江西《新城县志》13卷，至正德十一年（1516）刻行。是志目分13类，先后次序为：地理、食货、秩官、公署、选举、人物、恩典、宫室、丘墓、古迹、宸章、艺文、外纪。所以如此排列，其凡例有言："邑之有志，所以纪一邑之事。志因地理纂修，故以地理为首。然地理中所列条目，亦有微意。盖必建置已定，然后上观天文而识分野；下察地势而知形胜；中考物情而验风俗。三者既定，然后经画山川、城郭，区别乡都道路，其余可次第而见矣。夫有土而后有食可足，食货次之。食足而后政教可行，秩官、选举又次之；公署、学校、坛壝、祠庙之属，政教所寓，亦地理所建置焉。其间莅此土而建功者，则有名宦焉。由此土而孕秀者，则有人物焉。至于艺文之属，则又发乎此土之精华者，故列序于后。而次第又可概见矣。"（转见《中国地方志总目提要》14—2）表明人们对志书的各项内容，都是视为一个整体、不可分割的。如此一段论述，于治方志史者不可不知。

正德九年（1514），姚汀、徐琏修，严嵩纂成江西《袁州府志》14卷并印行。严嵩序云："郡有志，犹国有史也，古者列国皆有史，晋《乘》，楚《梼杌》，鲁《春秋》是也。后世作于朝廷者曰史，于四方者曰志。"认为志就是史，只是主修者之地位和记述范围有别而已。自称他所纂的这部志书，"首之图，境土别矣；次之表，沿革识矣；次之创建、食货诸目，官政具矣；次之名宦、人物，观法者可考矣；又次之文艺，古今之制作备矣"。是志序中还提出："夫志繁则复，简则遗，紊则失序，昧则弗章，衒文采则罔实，专溢美则近谀，徇情则曲，任己则愚。一有于是则弗公，弗公则无以示远而垂戒。夫唯不繁于辞，其事备也；不淆于序而其统正也；不侈于文而其体质也；不□□□（三字笔者不识）、不怵贵势、不比亲暱而予夺公，其守严也。书其美则恶者戒,书其得则失者彰,而劝戒之义昭也。”坚持生存者不立传,“虽有美绩,法不得书,俟后续书”。书的凡例中主张府志不应分县记述,而应当各归其类,“四邑事迹,旧各自为志,今皆类附于郡为一志”。时过32年,至嘉靖二十五年(1546),严嵩任大学士时,于秘阁得袁州宋本旧志一种,于是又与二三太史高陈辈,合力纂修成嘉靖《袁州府志》20卷。(俱见《天一阁藏明代方志选刊》第49册本志)

按:严嵩其人,人品不足道,但提出的这些方志主张,还是值得重视的。

是年,刘坦修,郑恢纂成河北《涿州志》12卷刻行。是志专设《人才》目,为设此目之较早者。(来新夏主编《河北地方志提要》,天津大学出版社1993年12月版第215页)

是年,顿锐纂修成《高淳县志》一种刻行。顿氏在志序中提出:“余惟曾南丰氏(巩也)谓古之良史者,其明,必足以周知天下之理;其道,必足以适天下之用;其智,必足以通难知之意;其文,必足以发难显之情。然后其任可得而称也。”(转自吴奈夫《明代学者方志理论研究述略》,载《江苏地方志》1987年第1期)这是对史志工作者提出的很高要求。

正德十年(1515),祝允明(枝山)主修成广东《兴宁县志》4卷,至正德十三年刻行。祝氏在序中说,其内容之排列先后,是据“凡地有山川而后有人物,有人物而后有君臣吏民、国邑之制”的原则。(转自王复兴《方志体例概述》,载《中国地方志》1984年第3期)是志中专设《人材》篇,与前志专设《人才》目,均为志目中之一特。

按:这种内容排列顺序的思想,民国《宝安县志》之序例,说得更清楚:“有土地而后有人民,有人民而后有政事,故列县地志第一,县民志第二,县官志第三,县政志第四,县事志第五,县文志第六,县物志第七,县杂志第八。”(转引自同上王复兴文)

又:本志的《人材》目,即人物传之别称也。嘉靖四十二年(1563),陶守训修,董大恩纂广东《三水县志》时,亦设有此目。又其后75年,高其昌修,李士安纂成之《三水县志》,则分列为人物表、人材表、人材传3目。(见李默《广东方志要录》,广东省地方志编委会办公室1987年1月印行本第77、154页)

是年,张钦纂《大同府志》18卷刻印成书。大同是明代九边之一,战事频繁。从是书今存之14卷来看,书中特别重视武备,在卷首图说中,有车营、战车诸图。全书中对沿革、山川、关隘、城池、军马、墩台、边情、屯堡、岁用等边关军政等事,载之尤详,即使是人物、诗文,也都是多与边政有关者。又“别立烽堠一门”。这种特详武备的做法,被称“为他志所无之例”,这与大同时为边防重地是相宜的。(巴兆祥《方志学新论》第96页)

按:巴兆祥将明代的方志学家划分历史派、地理派和实用派,是书归之为实用派所修之志书。

是年,邝璠修,熊相、胡镇、傅朝等纂成江西《瑞州府志》14卷刻行。邝璠于正德六年(1511)来任瑞州知府。由于瑞州自元至治间修志后至是,已180余年。他鉴于志书之缺,“今之于后,犹昔之于今,失传之责,其何以辞?”于是聘请邑人熊相等人来编纂。本来他认为,修府志是要“公是非而昭鉴戒”。但参加执笔者都是高安县人,利用修志之笔,上下其手,中行其私,公然篡改历史事实。如在田赋一目内,新昌于元时之粮额本来是 27987 石 7 斗 6 升 7 合,改成 37987 石 7 斗 6 升 7 合;将高安之粮额 67218 石 5 斗 2 升 3 合 4 勺,篡改为 57218 石 5 斗 2 升 3 合。将高安的粮额阴推了 10000 石于新昌。这一篡改,并未为时人所注意,但到清初核减浮粮时,就引发了高、新两县间的官司。原来,元末陈友谅据有瑞州,“协借饷米”浮数一倍。有明一代沿之未改。至清顺治十一年(1654)汰减元末浮粮,恢复宋、元之旧时,有司将新昌应减的 10000 石移入高安,引起新昌人大哗。都说“高安田地、山塘一万二千四百九十余顷,新昌仅四千八百七十余顷。同隶一郡之中,则壤固不相远。如依新昌起科,则高安当科粮九万七千二百有零,不应仅有五万余石。如依浮数均减,则三县每石粮各应汰 4 斗有零,何上高相符不远,而高安、新昌轻重悬殊也?”高安则以本志为据,认为是“千秋定案”。历经涉讼,始获解决。此事影响到入清以后,瑞州好长时间无人敢修府志。(漆身起《江西省地方志概述》第 100～102 页)

按:这在方志史上,是利用修志营私舞弊、嫁祸于人之一则恶例。据漆身起主编《江西省地方志概述》谓,高安县在明代数百年间都不修志,原因就是浮粮的影响。邑人恐怕一旦修志,浮粮遂成定案。故一再拖延下来,直至顺治汰除浮粮之后,才于康熙间开始修志。(第 106 页)志书于本邑影响之直接,以至如此。

是年,王琛修,吴宗器纂成山东《莘县志》10 卷刻行。吴氏序谓:本志“因其旧而修之。遂酌诸时事,证诸经史及乡间故老之所见闻,道左遗碑之所记载,无不访考。于缺略者补之俾其全,差讹者辩之俾其正。苦夫条目之紊乱者,则依我朝永乐十六年颁降纂修凡例,与夫一统志参而用定之。其间若学官入于宦迹,则以宦迹叙远方来仕者,故县官录之,而学官附焉;若科贡入于人物,则以人物叙本县之人,故名宦录之,而科贡亦附焉,皆以其类而志之。又窃不揣,作补叙考证附于其内。”(见《天一阁藏明代方志选刊》第 62 册,上海古籍书店 1965 年 5 月影印本)

按:是志于卷首之《叙表 · 莘县历代建废》之后,全录永乐十六年(1418)颁发全国之《纂修志书凡例》(本书未另立凡例)。此虽为全国通例,有违历来通典不录之惯例,但此永乐《凡例》却因此才得以保存下来,仍功不可没。方志史上类似的例子仍时有所见。如其后,李思阅修之嘉靖《寿昌县志》,亦载有永乐十年所颁之《修志凡例》。

正德十一年(1516),陈沂绘纂成《金陵古今图考》16 幅,这是自春秋而至明时的一部金陵的历史地图集。依次为吴越楚地图、秦秣陵县图、汉丹阳郡图、孙吴建业图、东晋都建康图、南朝都建康图、隋蒋州图、唐昇州图、南唐江宁府图、宋建康府图、元集庆路图、明都城图、应天府境方括图、境内诸山图、境内诸水图、历代互见图。每幅图后皆有《图考》,由古而今,自略而详,有些资料甚是难得。绘纂者陈沂自序谓:“予家三世居南都,虽历览京阙之胜,莫考前代。乙亥岁(1515),京尹以府志属笔,细绎旧史,博洽群记,参互考索,乃有得焉。因即所知,复私创为图,凡十有六……因图附考,以备观览。”此为陈沂未登第时所作。其登第后,官至翰林院侍讲时,复纂成《金陵世纪》4 卷。分为都邑、城廓、宫阙、郊庙、官署、邕泮、衢市、第宅、楼宇、山川、驿路、津梁、台苑、陵墓、祠祀、寺观、识遗、赋咏等 18 门。

按:清人柳诒徵在是书《跋》语中云,《至正金陵新志》中的《金陵山川封域图》、《台城古迹图》视之加详,此未收入,是为一憾。(引文均见南京出版社 2006 年版“南京稀见文献丛刊本”第 65、101 页)

正德十二年(1517),夏有文纂《金山卫志》6 卷刊行。金山卫为防备倭寇而设。是志为我国卫志之始。其以兵制为主,详载了明代卫制、军政条例及军法定律。对于金山军民的抗倭斗争,记载甚为翔实。(陈光贻《中国方志学史》第 116 页)

正德十三年(1518),高桂修,邹旸纂成江西《萍乡县志》刻行。是志《凡例》中,对县志与府志、省通志及一统志的关系有如下之区分:“在朝廷,有一统志纪天下之事,掇繁就简,敛华就实,详则弗腾书矣。在藩司有省志,纪一省所属之事,视一统志加详焉。在府有郡志,纪一郡所属之事,视省志加详焉。至于县,他无所属,不过纪一邑之事,宜其益加详也。”(转自漆身起《江西省地方志概述》第 35 页)

正德十四年(1519),康海纂修《武功县志》3 卷成书。书凡 7 篇,为地理志、建置志、祠祀志、田赋志、官师志、人物志、选举志。山川、城郭、古迹、宅墓,皆括于地理;官署、学校、津梁、市集,归于建置;祠庙、寺观则总为祠祀;户口、物产则附于田赋;艺文则用《吴郡志》例,散附各目之下,以除冗滥。康海,弘治壬戌进士,授翰林院修撰,是明代文学复古运动的倡导者之一,与李梦阳、何景明、王九思(纂有《户县志》,是户县志之首创者)等并称为“弘治七子”(又称“前明七子”),又是明代著名方志理论家之一。本志为其个人手裁。他在本志序中提出,“志者,记也,记其风土、文献之事与官乎斯土者,可以备极其改革,省见其疾苦,累行其已行,察识其政治。使天下为士夫者,读之足以兴;为郡邑者,读之足以劝。非以夸灵胜之迹,崇饰之细也。”(转自来新夏《中国方志学理论的发展与现状》,载《中国地方志》1995 年第 2 期)这里对方志功用之说,包括了“辅治”和“劝教”的意思。他又在《邠州志・序》中提出:“夫志者史之余,史者志之成也。”意思是志属于史,强调方志应为信史。在《户县志・序》中又说:“刊是志所以启后之作者,使知方也。而民之疾苦,役之繁简,政之得失,官师之淑慝,咸于是乎具之。又所以昭鉴戒慎,从违其训远矣。”(转自吴奈夫《明代学者方志理论研究述略》,载《江苏地方志》1987 年第 1 期)于此可见其方志思想之大概。

何景明在该志序中有言:“康子之书,其地亩则由狭而广,户口则由寡而众,赋役则由省而兴,财费则由约而靡,产业则由富而贫,地利则由饶而减,民性则由强而弱,风俗则由厚而漓,吏治则由良而奸,人才则由实而虚,文教则由振而萎,罔弗降本流末,废正趋敝。嗟夫,岂独一邑然哉,由此可以例诸四方矣。”(转自《中国地方志论集》第 36 页)可见它敢于反映明中叶以后的社会现实,被后人称为有“《史》、《汉》之余音,后来志乘之撰述者,莫不奉以为宗”。

(陈光贻《中国方志学史》第 115 页)书中敢于揭露社会虐民之政,悯民之意,充满行间。彭静中《中国方志简史》第 302～303 页中,举了书中不少这方面的例子。它还一改旧志隐恶扬善的旧则,写人物不虚美,不隐恶,褒贬兼有,秉笔直书。这是方志思想上的一大进步。清代名相陈宏谋说此志“文简事赅,凡所记载息关国计民生,人心风俗,确乎可传,可为志乘之极则”。陈光贻在《中国方志学史》中称,本志与《朝邑县志》,均为纪事本末体的志书。认为这种体式写法不易写好,故能仿成功者很少。只有崇祯时马天騋修的《河曲县志》和清代邹儒纂的《恒州偶记》,是比较成功的两部。高峰编的《陕西方志考》中说,康海“是我国文学家写志书的开创人”。当然,这种说法未必准确。

按:这是明代尚简派之代表作之一,对后世影响颇大。清代学者王士祯在《新城县新志序》中谓:“以予所闻见,前明郡邑之志,不啻充栋,而文简事赅,训词尔雅,无如康对山之‘武功’。其他若王渼陂‘志鄠’(《户县志》),吕泾野‘志高陵’(吕柟《高陵县志》),韩五泉(邦靖)‘志朝邑’,乔三石‘志耀’(《耀州志》),胡可泉‘志秦’(《秦州志》),赵浚谷‘志平凉’(《平凉府志》),孙立亭‘志富平’(孙丕扬《富平县志》),汪来‘志北地’(《北地志》),刘九经‘志鄠’(《户县志》),张光孝‘志华’(《华州志》),其地率秦地,其人率秦人也,故予尝谓前明郡县之志,无愈秦者,以其犹有‘黄图’、‘决录’之遗焉。”以上所列,有陕西明代十大名志之称。(转见高峰编著《陕西方志考》,吉林省地方志编委会、吉林省图书馆学会 1985 年 3 月编印本第 6 页)王氏在《池北偶谈》卷一一《秦中诸志》篇又谓:“志以简核为得体。康德涵《武功志》最称于世。嗣是关中继起者,则有赵浚谷(名时春)之《平凉府志》,胡可泉(名缵宗)之《秦州志》,汪来(字君夏)之《北地志》,乔三石(名世宁)之《耀州志》,王渼陂(名九思)之《户志》,韩五泉(名邦靖)之《朝邑志》,张光孝之《华州志》,马慥之《同州志》,刘九经之《眉志》,皆称作者。而渭南史莲勺记事,尝知汾州之介休,作志七卷,义例精核。以上皆秦人,而北地又秦疆也。何大复(名景明)《雍大记》,亦与康同时作于关中。”(转自陈显远《秦人善作志,秦地出佳志》,载《陕西地方志通讯》1985 年第 2 期)王士祯虽未自撰纂志书,但却有大量论志之文章,可称得上是清代一位重要方志理论家。寿鹏飞在《方志本义管窥》中认为,“自武功康志之出,一时方志要义大明于秦地。继而起者,乃得如许良志,皆对山开其先也”。(转自《中国地方志论集》第 36 页)

但也有人认为它雕文摛藻,不符志体。如孙星衍在《乾隆直隶邠州志·序》中就说:“方志以考据存文献。关中甚称《朝邑志》、《武功志》,皆非著述之体,徒以文笔简要为长,予不敢袭其弊也。”民国《江西通志》(稿本)的《叙例》中也说:“方志撰述,非专门雕文摛藻之所为也。若修志而专注于文学,则近于匏瓜矣。康海《武功志》二万许言,成书三卷,世目为高简之文;韩邦靖《朝邑志》则总约不过六七千言,较之康作,其高简更甚。是皆刻意摹古文而忘其所以为志,宁免文章虽佳,题目却差之讥乎?”(转自王晓岩《方志体例古今谈》第 43 页)章学诚对之也评价不高,说“今观其书,芜秽特甚。盖缘不知史家法度”。其“于名胜古迹，猥登无用诗文，其与俗下修志，以文选之例为艺文者，相去有几?”又“列帝王于人物，载后妃于列女”是“名分混淆”。“尤可异者，志为七篇，舆图何以不入篇次？盖亦从俗例也。篇首冠图，图止有二，而苏氏《璇玑》之图，乃与舆图并列，可谓胸中全无伦类者矣。”(《书〈武功志〉后》，《文史通义新编》第 909～910 页)章氏批评的，有些是批评得对的，但有些则正是它可贵之处。《四库全书总目提要》在《史部·地理类一》的序言中则说：“王士祯称‘《汉中府志》载木牛流马法，《武功县志》载织锦璇玑图，此文士爱博之谈，非古法也’。然踵事增华，势难遽返。”

是年，王道修，韩邦靖纂《朝邑志》二卷成书，全书为七篇：一为总则，二为风俗，三为物产，四为田赋，五为名宦，六为人物，七为杂记。亦是一篇一文，总共仅 5700 余言，用纸 16 页。主修者王道在序中言：“若夫企先贤而思齐，睹名宦而思政，慨风俗而思移易，观利病而思因革，则又后之有志者事也。”说明他修此志的目的在于教化后人。吕楠在《朝邑志后序》中，称其“纪录质实而文采焕炳可诵，其传人物……真足以廉顽而立懦，不可谓无笔力也。而《杂记》一篇，又多政事利害所关，以示后之为朝邑者何惑焉。其余五篇，事虽不异他志，而纪例亦自殊，称为简确之编，信矣。”(转自《中国方志简史》第 301～302 页)世称此为名志。有人评之为“无韵之朝邑赋”，王士祯评之为陕西十大名志之一。《四库全书总目提要》谓“古今志乘之简，无过于是书者。而宏纲细目，包括略备。盖他志多夸饰风土，而此志能提其要，故文省而事不漏也。然叙次点缀，若有余闲，宽然无局促束缚之迹。自明以来，关中舆记，惟康海《武功县志》与此志最为有名。论者谓《武功志》体例谨严，源出《汉书》。此志笔墨疏宕，源出《史记》。然后来志乘，多以康氏为宗，而此志莫能继轨。盖所谓‘不可无一，不容有二’者也。”(见卷六八，《史部·地理类一》章学诚对此志之评价，虽然认为“武功、朝邑二家之志，以朝邑为稍优”，但指出它有三个明显之谬误：“滥采野史，不考事实，一谬也”；“并选举于人物，而举人、进士不载科年，二谬也”；志中“邦靖讳其父，而使人不知为谁，称其尊属为太宜人，而使人不知为谁之妻母，则是没其先人行事，欲求加人而反损矣，三谬也”。(《书〈朝邑志〉后》，《文史通义新编》第 911～912 页)

按：时隔 250 余年后，康熙四十年(1775)王启元专门撰有《校正朝邑志》1 卷，对此书进行了详细的校订，凡缺字、赘字、误字等，均用双行小字一一注明，对志中之史实、人名、地名、年代，多所考证。胡德琳氏认为其“芟繁补缺，纠驳讹舛，一一过其原书远甚”。(《中国地方志总目提要》25—29)

又：这与武功志均是尚简派代表之作。其后修成之陕西《凤翔府志》则是主繁的。认为“苟或厌丰缛而就简约……使夫可喜、可愕、可感、可惩之事，一切置之不纪，遗落太甚者，益损其真，不足以考实而稽古”。主张“纲目巨细不遗，隐显必载，善恶必记”。也有主张要繁简适当(当繁则繁，当简则简)的，如正德十六年(1521)马性鲁纂修的《顺昌邑志》认为：“疏而弗备，弗备奚以稽？冗则弗精，弗精奚以观？诞则弗信，弗信奚以传?”

应当做到“叙事必详”，“修辞必严”，“考究必真”。(均转自《中国方志简史》第326页)

正德十五年(1520)，“冬十月，有命征天下郡邑志书”。(孙承恩正德《华亭县志·序》，转自刘纬毅等《中国方志史》第188页)

是年，王诰修，刘雨纂成《江宁县志》10卷刻行。是志中分33目，无纲统辖。目中出现了一些后世称为“升格”之目，如将街衢、桥梁与市镇平列，冢墓与古迹平列，楼阁与寺观、坛庙平列等。

是年，白思齐修，管景纂成《上元县志》一种。内分10类，分别为图表、疆域、山川、建置、版籍、祠宇、宫室、古迹、记录、摭遗。其特点是没有人物的类目。虽然如此，所收资料，尚称丰富，惜书已佚。

按：此二书都是限于功令而突击修成者。《江宁县志》，是“刘雨以四十五日成书”，仅以各种地志、史书、档案资料汇合而成。《上元县志》更是仅以十日之功纂成，又是靠倡议捐俸刻成。其所以如是之仓促成书，乃有其特殊之背景。先是前一年6月，宁王朱宸濠在江西南昌叛乱，攻陷九江及诸卫州县，并进围安庆。汀赣巡抚御史王守仁急檄各府县派兵会剿。7月，“守仁败宸濠于樵舍，擒之”。奏捷至朝廷，秘而不发。8月，明武宗下诏亲征，12月驻跸南京，直至今年10月。正如《江宁县志》寇天叙序中所言：武宗“驻跸南京，有旨取应天府志，遂以进览”，并“令使臣四出，取天下郡县之志，意者将考四海车书，以振起一统文明之治”。于是“江宁令王诰闻命，明日即白天叙，延生员刘雨编纂，迄四十五日书成”。白思齐在《上元县志》后序中亦言：“正德戊寅(十三年——1518)，思齐领部檄来知县事，惶惶谫薄不堪。因而图觅县志，欲豫谙其风土民俗洎前令宦绩可法者。博访无所得。比至任，始知县旧无志。适府有修志之举……越明年庚辰(十五年)，伏遇皇上南征逆藩(即宁王朱宸濠)，驻跸金陵，有司以职事奔葡……又有旨取郡邑之志。臣贰莫不欢呼。咸谓偃武修文，圣君御世之道，天下其有幸矣。思齐尤私喜其县今有志也。即延府庠生管景……旬浃而志成。”(均转自张英聘《略论明代南直隶修志兴盛的原因》，载《江苏地方志》2005年第1期)可见武宗此次南行，曾对南直一带，甚至对全国的修志都起了一定的推动作用。

是年，叶溥修，林庭木昂、张孟敬等纂成《福州府志》40卷刻行。庭棉，先官云南左参政。正德九年(1514)以父老乞归家居，参纂成本志，被称为“体宏而博”者。后起为江西左参政。江西巡抚重其为人，曾请他修省内十三府志，最后纂成《江西通志》。其为人正直，尝谓“不要官，不要钱，不要命，则何事不可为?”被人们誉为“三不要”之官。

按：庭棉修成《福州府志》59年后，其侄林燫于万历七年(1579)继修成《福州府志》36卷。再34年后，其另一侄林烴(燫之弟)于万历四十一年(1613)又修成《福州府志》76卷。伯侄三人于百年之内连续修成三部同一府之志书，亦志界所罕见者也。难能者更在于，林燫修万历前志时，一些官员私下送来不少材料，要求入志。林燫一概“积箧不发”,并说:你们难道要把我当作陈寿吗?这些私下请托之材料难道比官方考绩而得之档案更可靠吗?以上三部《福州府志》修成时间及署修者,与《中国地方志联合目录》未尽相同,今从官桂铨《明代福州林氏三尚书修纂五部志书》一文(载《福建史志》1987年第1期)。

正德十六年(1521),王江、王正纂修成《凤翔府志》8卷。凤翔历为关西重镇,然明代以前竟从未修过府志。至正德十二年(1517),王江来任知府时,始有府志之修。奈志未竟功,王氏即离职赴京述职。待其于正德十六年归凤时,书已刻成,令“识者大怀不满”。只好“深藏未即轻布”。要想重纂,力、财又不允许。无奈,他只得亲自撰写了一篇未能纳入初版中之志序,阐述其志学观点,以为后来修订府志之指导。在该序中,他首先提出的是修志要记详记实,谓:“夫志者,记也。郡志所以记一郡之绩也,记其绩者,纪其实也。纪不本于实,则虽侈言,伪增以浮于实,祇亦自诬,不足以垂信。苟或厌丰缛而就简约,吹求不满之疵,删窜过严,使夫可喜、可愕、可感、可惩之事,一切置之不纪,遗落太甚者,益损其真,不足以考实而稽古。是泰者夸,约者啬,二者皆失其实,非志之良也,乌在其为志乎?”其次提出,记详记实是为了有益于治,谓:“记天文则知上应之宿,斗柄所指,分野所属,而氛祲灾祥之见有所验;记山川,则知一方形胜要害之处,而防守有其地;记赋税户口之详,则租庸调取于民有制而不过;记土产,则贡有常品,而不妄求其地之所无;记人物,则有以考世代人品功业之优劣;记节义,则有以激励风俗而感发人之良心。外虽流寓、仙释、奇怪之事而亦载之者,以见天地之大,无所不有。方外之人,出于常理之外者,世亦未尝无也。由是观之,郡志不容于不作,作则不可不纪其实也。”其三是主张“巨细不遗,隐显必载,善恶必记”,对于古代史书优良的传统,要“祖其意而不泥其迹,究其妙而不袭其旧,集诸书之长,探古人之意,则有以得其实而不失其真,庶乎其可传也”。其四是,除有一统志、省志之外,还应当修府志。“虽国朝有一统志,各藩有一省志,然皆略而不详,概而不备。盖纪之浩瀚,虽欲详且备焉,势不能也。故简严之下,不免撮其大而遗其细。兹欲详尽而不遗其实者,非郡志不可也。”其五是告诫后来重修是志者,“果能循名以责其实,寻幽以览其胜,即地以求其履,推无以致其有,据略以极其详,因言以究其心,按事以考其人。别其世代,严其褒贬,正其舛讹,订其脱落,去其所当删,而增其所未备。务使广大周悉,精核严谨”。果能有人如此,则自己“不歉之病,或得藉此而祛矣”。这就是他所企望的。如此有见地的一篇修志专论,赖乾隆《重修凤翔府志》(乾隆三十一年刻本)得以保存。(转见高景明《王江对方志学的贡献》,载《陕西地方志》1985年第3期)

是年,唐胄辑成《琼台志》44卷。所载上起汉元封元年(前110),下至明正德五年(1510),分为疆域、沿革、气候、山川、水利、土产、户口、田赋、乡都、墟市、桥梁、公署、仓场、盐场、驿递、学校、兵防、海防、黎情、楼阁、坛庙、寺观、冢墓、职役、秩官、名宦、流寓、罪放、人物、纪异、杂事、诗文等目。是书所记域内人口资料甚丰,且系统。吕志毅在《方志学史》中谓:“其中所载户口数字有三大特点:其一,本书将海南岛自汉至明户、口比例列成表,展现海南全境历史上人口发展概况，略古详今。将明代分为洪武二十四年（1391）、永乐十年（1412）、成化八年（1472）、弘治五年（1492）、正德七年（1512），各年代分县列出户数与口数。其二，明永乐十年的户口，分'黎'与'民'统计。将黎族户、口数与其他民族的户、口数分别按县计算列出，突出了黎族在该岛中的人口比重及地位……是研究该岛历史上，民族构成及比例关系的最早记载。其三，该书编于正德间，故于正德七年户口记载尤详。男、女性别，男子成年与未成年，职业分工等诸情况，分县统计并由分县统计数累加得全岛总户数为五万四千七百九十八，其中又详分为民户数、军户数、杂役户数、寄庄户数等。全岛总口数为二十五万一百四十三。其中男子数，又含成丁与不成丁数、妇女数等。这些统计对研究正德间人口组成情况是极为有用的。该志不仅将历代海南户口数字列表明之，且对各朝人口增耗之原因进行分析，仅就此点而论，其实用价值远远高于其他志书。"（第221页）

按：将人的户口列表者，是志颇显其独到，不但分时段（朝代）、分县、分民族、分户类、分职业、分性别、分年龄段（成丁不成丁），是笔者所见当时志书所达到之最完善者。

又：是书凡例亦多有可采者，如"土产独有者详，概有者略；旧志有而今不产，或已偶未见者，必注。及今有而旧志不书者，必补"；"今于户口、田赋独不厌其繁"；"官守见任与见在仕途者，但书履历，不敢辄加褒贬；本土人物，见在者亦然"；其中还规定志书中允许有议论，"事有可议者，僭于条末，小为按，大为论，法史论赞之例。然辞必详其尽者，以备外史欲合之书自处，不敢效国史之谨严。"（均见上海古籍书店影印《天一阁藏明代方志选刊》第92册）这些对今人修志，亦尚有借鉴意义。

是年，知县马性鲁纂修成福建《顺昌县志》10卷刻行。志凡10门，门下有子目，编纂颇有法度，义例严整。马氏在序中，提出修志如同修史，要做到备、精、信。谓："疏而弗备，弗备奚以稽？冗而弗精，弗精奚以观？诞则弗信，弗信奚以传？"（转自邸富生《中国方志学史》第106页）

正德间（1506～1521），胡缵宗纂有《安庆府志》31卷。全书设记二、表二、志十二、传十二。仿《史》、《汉》之体，设纪、表、志、传四纲，是典型的纪传体志书。它"准司马氏《史记》而为之，故发凡立例，卓有次第，端不可易"。（转见《中国地方志总目提要》12—73）

正德间，周瑛纂成《漳州府志》，按吏、户、礼、兵、刑、工分类记事，又是一部典型的政书体志书。

明世宗嘉靖元年（1522），朝廷"分遣进士往天下藩臬，采取民风节义，凡诸一统志所关者，莫不广求博载，以备武宗毅皇帝实录"。（姚鸣鸾《重修淳安县志引》，见《天一阁藏明代方志选刊》第20册）

是年，薛纲纂修，吴廷举续纂修成《湖广图经志书》（亦名《湖广总志》）20卷刻行。先是薛纲于成化二十年（1484）纂修成同名志书10卷，曾刊行，为湖北最早的一部省级志书。至是，吴廷举按原书体例，"随类附事"，"稍稍厘益之"，续成20卷刊行，仍以旧名。书中多有"廷举按”之按语或注释。参加续纂之“十九彦”，多为楚产之“有时望”者。吴廷举氏在志序中表明了他的方志观点与态度：“志者史之流，有《禹贡》之笔，然后可以叙山川；有司马迁之手，然后可以述纪传；有刘向、杨雄之博识，然后可以校雠、更正。是故作志本难，否则不若姑仍旧志，附以新事之为得也。又闻欧阳修撰五代史成，求序于门客陈师锡。以予观之，好仁恶暴，其说美矣。而高视斯文者，讥其佛头着粪，是序书尤难矣。”(转见赵慧《关于〈(嘉靖)湖广图经志书〉》，载《湖北方志》1989 年第 2 期)是书修志为用，为当政者服务的思想十分明确。书中收入纂修者吴廷举之《长堤奏略》一文，与那些将自己无谓之作品塞入志中以图留名者不同，其目的是“备录奏词于志，以俟他日执政者举而行焉”。(转见徐孝宓、刘昌润《湖北省地方志考略》，吉林省地方志编委会、吉林省图书馆学会 1988 年 2 月编印本第 13～14 页)

按：是书卷一今存天一阁，卷二～二〇存南京图书馆。以“图经志书”为名，将“图经”和“志书”合而连称，在明代方志中亦颇为少见。除前述的《云南图经志书》之外，就是本志了。从该志序中可知，清代章学诚“志为史体”之说，并非无源之水也。

是年，崔铣纂《彰德府志》8 卷刻印成书。其自叙云：“得宋《相台志》12 卷、元《续志》10 卷……宋志事略具而文义芜鄙，元以下亡观焉。乃别为例作九志，凡八卷。其事兼采诸史，其文则删润者过半矣。夫志者郡史也，备物垂轨。不轨不物，眩观惑乡，虽文奚用哉。故地理稽实而黜附会，建置遵制而明则，田赋以恤隐，祠祀以正典，官师均列而信教，人物、选举，上行而下秩，宫室刺奢，杂志辅化，崇正义而黜异端，损浮冗而要简确……旧志涉误近谀者，并以义删之而不登载。”(《天一阁藏明代方志选刊》第 64 册)其九志之目为：地理、建置、田赋、祠礼、官师、人物、选举、艺文、杂志。全志果然出手不凡，《四库全书总目提要》称其“自序谓本宋《相台志》、元《相台续志》而益以诸县之舆记。其书颇为谨严，盖铣本儒者故也”。(卷七三，《史部·地理类存目二》)陈光贻谓：“此书简赅详实，加上郭朴《续志》，与宋《相台志》、元《续志》，同工并美，人们称赞彰德志书，极盛难继。”(《中国方志学史》第 115 页)

是年，何景明撰《雍大记》36 卷刻印成书。设考易、考迹、纪运、纪治、志献、志贲六门。何氏为明前七子之一，主张“文必秦汉，诗必汉唐”，将这种文风带入修志之中，故此志“叙事简以赅，属辞古以奥，芟芜就质，力追秦汉”。志书中的沿革志改称“考易”，艺文志变作“志贲”，人物志易为“志献”，名胜古迹更名“考迹”。《四库全书总目提要》谓：“关中自《三辅黄图》以后，宋敏求、程大昌所作最为简雅有法。景明广事蒐采，意欲突过前人而嗜博务多，如历代史赞之类，概为收入，未免泛滥。又，文字多摹古而失真，如改沿革志曰考易、改艺文志曰志贲，名目皆出臆创。几于鷗阁虬户，篆骖铣溪。七子末派，为世所诟厉，亦有由矣。”(卷七三，《史部·地理类存目二》)。吕志毅则评“此志涉猎内容广泛，文字尔雅，不失为名志”。(《方志学史》第 222 页)

按：景明，志操耿介，善诗文，与李梦阳并称“何、李”；又与边贡、徐祯卿并称“四杰”；加之康海、王九思、王廷相，合称为明前“七子”。陈光贻谓，关中诸志，自《三辅黄图》以后，宋敏求、程大昌等人所作，都详于述古，而简雅有法。……明人之好务新论，臆创新说，为世诟厉。（《中国方志学史》第114页）

嘉靖初，大学士桂萼“欲佐上知舆图广轮之盛”，在吏部侍郎李默绘帛《大明舆地图》基础之上，“各为叙记于首，条其风俗、厄塞、兵赋、藩封”，而成《大明舆地指掌图》1卷。书成上进，得旨“留中览观”。（傅维鳞《明书》卷三九《方域志一》）是图将“天下土地分为十七图，各具叙记府州卫所之额，王府之制，户口钱粮，军马之数，四夷附末，以见大一统之义也”。（高儒《百川书志》，均转自《明代南直隶方志研究》第31页）

嘉靖初，郑晓纂成《九边图志》。九边者，辽东镇、蓟镇、宣府镇、大同镇、山西镇、延绥镇、宁夏镇、固原镇、甘肃镇之谓也。郑晓“授职方主事，日被故牍，尽知天下阨塞，士马虚实强弱之数”。承尚书金献民之嘱，故编成《九边图志》一书，这是边关志之始作者。据说该书之成，“人争传写之”。（《明史·郑晓传》）

按：明代的边关志，多由镇将守臣或兵部职方官员纂修，以边关要塞、重镇为记述范围，体例与一般府县志差异不大，但侧重军备、险要、兵火，其他内容皆围绕这一中心记述。目的是使“尽知天下阨塞，士马虚实强弱之数”。据巴兆祥统计，有明一代，北部边关志有27种之多，以永乐《辽东志》为最早。有的边关有连续多次编纂者，如《山海关志》就达五修之多。（《方志学新论》第106页）

嘉靖初，任洛修，谭铠等纂成浙江《桐乡县志》10卷。桐乡于明宣德间，始从崇德县地划置，故此为桐乡置县后的第一部志书。其取材多从崇德县及嘉兴府之旧志而来。每条均注明出处，在明代方志中，能如此做法者亦不多见。

嘉靖三年（1524），朝廷下诏各地所修郡国志书进呈史局。（黄苇等《方志学》第181页）

是年，姚鸣鸾修，余坤等纂成浙江《淳安县志》17卷刻行。是志凡例中有两条值得注意：一是主张通典不录：“文庙释奠之仪，山川社稷享祀之礼，朝廷有通行定制，兹不录”。二是对人物入志的通例有所变通：“人物违世而后立传，此史家之常法也”，但本志中则“归休林下，据其宦业已定者书之；乡贤先达，致仕家居者亦得书，见任则否”。在书序中明确提出县志与统志及省府之志任务各不相同：“其志愈大，则其文愈简而其事愈要。故志天下者略于省志；一省者，略于郡；一郡者，略于县……自郡以上，渐不及详。而县若无志，则三代之事，在乎一方者，无所托以播天下，传于后世。”（《天一阁藏明代方志选刊》第20册）也是颇有意义的。

是年，郑洛书修，高企纂成《上海县志》8卷刻行。郑氏序谓：“苟稽于其故乎，律袭之道具；苟观其胜乎，仁智之心兴；苟尽于其变乎，礼乐之化广；苟察于其宜乎，康阜之功作。又辨于繁简乎，思所均之；又通于盈缩乎，思所利之；又明于古今乎，思所祠之；又审于邪正乎，思所一之；又核于宦某也、贤士某也、正人某也，彦乎思所上之；又综于迹，练于事，游于文乎，思所精之。于是，邑有圭璋之吏，乡有麟凤之夫。则志虽无是非，劝惩寓焉。”（转自梅森《上海方志研究概要》第28页）强调了志书的资治和教化作用。是书以流传极少，后世修志者多未之见,故所记多可校他志之误。如宋青龙镇镇监某,因亡其名,原志作“陈□”,后志多作陈回;明训导本道州人,后志多误为通州人等。(见《中国地方志总目提要》9—14)

嘉靖四年(1525),江西布政司左参政林庭棉修,江西按察司副使周广同修纂《江西通志》37 卷刻印成书。这是今存 39 部明代省志中颇具特色的一部,也是江西省通志之创始本。其卷一～三为藩省志,立 13 目,即建置沿革、形胜、城池、户口、田赋、藩封、兵政、公署、贡院、祠庙、秩官、名宦、奸宄。卷四～三七为诸府州县志,立建置沿革、郡名、山川等 30 目。陈洪谟在是书序中,谓方志之于政事,犹耒耜之于农人。“记载之书,世续如缕,亦有不得已焉者也。譬诸耒耜之器,一日不制,则生民之用废。为政君子,所赖以维持王法,而鼓舞世风者,不容无此具也。”他认为方志还有存史的作用,“流光易逝,恒性健忘。倏忽之间,遂成陈迹。通都大众之中,求之数年以前,已遗其四五;穷乡下邑,学士大夫之所罕及,而欲取证于数年之前,其所遗亦多矣。志之修之,不可后也”。(转自来新夏《中国方志学理论的发展与现状》,载《中国地方志》1995 年第 2 期)其凡例云:“《史记》有奸臣、酷吏之传。今志仿古史也,凡奸宄不臣及贪酷显著者,皆据迹直书,以垂永戒。”(转自《中国地方志总目提要》14—6)刘纬毅等著《中国方志史》评是书特点有三:其一是敢于仿正史奸臣、酷吏列传之例,首创“奸宄”一门,记载明宁献王五世孙朱宸濠谋反及李世英、董国宣、胡钦、刘子达等近十人之劣迹恶行,以垂永戒,开了方志有褒有贬、善恶必书的良风;其二是不设艺文目,志中既无吟风弄月之诗,又无诰制、封赠之文,将具有实用价值的碑记、文章,按其内容各入其类,增强了志书的实用性;其三是人物不分类,而以年代先后为序,创造了一种新的人物排列法。(第 200 页)

按:是志敢于直书奸宄者之劣迹,与两位修纂者之为人为官品德大有关系,只有身正者能持之。林氏是一位“三不要”之官(见前正德十四年《福州府志》条),而周氏,“史载(周)广在正德中,以劾钱宁获罪,几死。又载其平生严冷无笑容。巡抚江西,墨吏皆望风而去。其嫉恶之严,可以想见”。(《四库全书总目提要》卷七三,《史部·地理类存目二》)正如俗语所云,“打铁还需自己硬”也。

又:这种善恶并书的做法,同时期所修之《浮梁县志》也同样坚持:“诸传之立,善善恶恶,发潜抑溢,而酷吏悖民,皆他志之所讳而未有。读是志者,一邑之事,如指诸掌,而畏恶从善之心亦将惴惴焉。”这个传统,后来的乾隆《浮梁县志》也给予了继承,于“官司”纲下列有“酷吏”一目,载有浮梁酷吏丁大全、房殖、贾宣、龚叔贵、曹敏学等 5 人。(《江西省志·江西省方志编纂志》第 4 页)

又:江西具一省通志性质之书,最早者有三国时徐整纂修之豫章“旧志”,其后有南朝雷次宗编纂之《豫章古今记》,宋时有谢源纂修之《江西图经》、洪刍编纂之《职方乘》,明代有郭子章编纂之《豫章书》。本书称通志。嘉靖三十五年王宗沐纂修有《江西省大志》。则至明代时,其名称已有六矣。

是年,陈能修,郑庆云、辛绍佐纂成福建《延平府志》刻行。全书 21 卷,食货仅占 1 卷。

后世人谓古志重人文轻经济,正可以此为例证。但从其前后三志叙中,仍可见其若干值得重视的方志思想。知府陈能在后叙中强调志书应当为"治教"而设,简洁地修成一郡之实录,于民是无补的。他说:"志亦史也,往事之迹可鉴也。变而通之以尽利,神而明之存乎人。则所处今事者无不宜,而师帅夫民之道矣。故志亦可以资于治教也……修举旷典,有司责也。理民而使之生养,遂莫非教也;化民而使礼义兴。斯二者其大端也,达人情之大窦也,民之师帅所由之大道也,固志之大意也。否则是书所记山川景物、规划事为,无有不备,亦一郡之实录耳,于吾民何补哉。故曰郡有志,大都为治教设也。"郑庆云在前叙中提出,只有学博、见精、心公三者具备之人,才可以言志:"夫志亦史也。备物垂远,明善章视。学不博何以该物,见不精何以执几,心不公何以止谤。三者备可以言志矣。"(均见《天一阁藏明代方志选刊》第39册)

是年,夏良胜修,张文毅纂成湖广《茶陵州志》2卷刻行。为是书作序的都御史龙大有提出,志书有博、纯、公、精四条准则。其在序文略谓:"郡邑之志,邦国之史也,纪实为上,诬下焉。……夫史或则失陋,或则失僻,或则失私,或则失略,所以诬也。是故博则弗陋,纯则弗僻,公则弗私,精则弗略。旁洽所以征博也,明一所以征纯也,检律所以征公也,确允所以征精也。备斯四者,史之道庶几矣。"(转自林生《读茶陵旧志九修之〈序言〉及〈书后〉笔记》,载《湖南地方志》1990年第2期)

嘉靖五年(1526),毛凤韶纂修成《浦江志略》8卷刻行。是志体裁上仿朱熹《通鉴纲目》。"大书以提其纲,分注以备其目,各释其意而为之传"。全书8卷45纲,纲下分目,目下作注,有类今之"条目体",又类词典也。注文或引旧文,或凤韶手撰。其下多引他人评论者(书在列目之前,先列有"引用姓氏"35人),间亦毛氏之评论者。如其风俗纲之"信鬼神重淫祀"目下,先说本邑人这样做是希望得到荫庇之后,就评论说:"不知违道篾教,乱伦失序,破家毁业,未得福而先受祸矣。呜呼,移此以事父母,敬长上,修田庐、学会舍,有不获福者哉,吾民其试之。"又如"不配使女"条下,记有的家用使女,主人有终身不令其婚配者之后,便议之曰:"男女居室,人之大伦也。彼独无人心哉。盍亦反之已耶。已欲家,彼亦欲有家也……胡至反天常、绝人道至此极哉。天以生物为心,女之所司者生育耳。我故绝之,是逆天心矣。"《四库全书总目提要》称:"是编乃嘉靖丙戌凤韶为浦江知县时所作。分疆域、民物、官守、城社、财赋、学校、人物、杂志八门,又分子目四十有五。较他志颇为简质,而大旨欲仿《通鉴纲目》,以名字爵谥为褒贬。又仿尹起莘例,自为发明。而散署邑人之名,已非志体。至于正传之外,间有附录,自云仿《春秋大全》。不知《春秋大全》何与志书之例。盖明之中叶,士大夫已如是之陋矣。"(卷七三,《史部·地理类存目二》)毛氏在志之前序中说:"窃闻之,君子之慎于言也。一言遗误,则幽明抱歉,百世传惑,义无所系,宁弗作焉。是故君子非志之难,而核实之为贵,非传信之可喜,而有关于劝惩之足嘉。"在后叙中又言:"非无用之空言,而皆救时之急务。"书之分注中,议论之引述,往往超过正文的记述。如其"月泉"一条,正文记述仅40余字,而议论却达 680 余字之多。又如“县邑”一条,正文只有“梁贞明三年更名浦江县”等 10 字,而所引之议论则有 136 字。(均见《天一阁藏明代方志选刊》第 26 册)有人认为,这种做法,开了清代纂辑派“汇集群籍”的先河。(见《浙江方志概论》第 146 页)

是年,刘启东、贾宗鲁等纂修成江苏《高淳县志》4 卷。邢珣在是志序中称:“《九丘》、《禹贡》,志之祖也,后莫备于成周,曰图、曰籍、曰志、记,同一纪事而为扰邦国之本……邑志之登载,周礼所谓名物贯利者具备,且富春秋劝惩之法。”顿锐序谓“今之有志,即古史之余”。(见《天一阁藏明代方志选刊》第 20 册)明确提出方志起于《九丘》、《禹贡》,且认为志是“史之余”。

嘉靖六年(1527),冯曾修,李汛纂成《九江府志》刻行。杨一清在是志序中认为,志书之作用在于彰往昭来,有言:“国有史,郡有志。志以述事,事以藏往,藏往以知来。是故文献足征焉,劝戒不惑焉。夫志,史之翼也。君子参伍以通其变,小人法守以修其业。由俗以出政,省方以立教,不出书契而知天下者,稽之志而已。”志末载有旧志序 3 篇,其作法亦可效。然其凡例所订“引用诸书,多简节全文,或因而足以己意,故于引处,不必著所出之书”。(《天一阁藏明代方志选刊》第 48 册)

按:“简节全文,足以己意”,是别人对他的批评。在当今新式标点出现之前,这种做法,易于出现原文与补意之文字难加以区分之弊,有了新式标点之后,此法还是可行的。

是年,黄佐纂修成《广州志》70 卷刻行。是志分 35 目,有述有作。其中“述”之目 17,“作”之目 18。其沿革虽以“述”为主,但其考证则与“作”同。(《中国地方志总目提要》19—10)

是年,张允清、吴爵修,邓钹纂成《濮州志》10 卷刻行。是志中多结合实际发表议论,有的甚至是长篇大论,如食货志通篇一文,长达 1200 字,述及本州人民生产环境及条件,心理状态与交易方式,民力民财与官府赋役之矛盾等。(见《中国地方志总目提要》16—68)

按:嘉靖十六年,孙巨鲸修,王崇庆纂成之河南《开州志》,也在文中插入“王崇庆曰”的评论 100 余条,为他书所少见。(同书 16—66)其后嘉靖二十年(1541)经王崇庆、邢第厘订之《长垣县志》亦多处有“王子曰”的评论语。(16—52)

嘉靖七年(1528),郑维新撰成《惠大记》6 卷刻行,记广东惠州地区之志书也。是志分 4 门,因有缺页,现仅知其中三门为迹考、治略、赍略。迹考 2 卷记惠州府及其所辖各县之建置沿革、山川舆地情况;治略记府、县乡贤、名宦职官传记;赍略有类于他志之艺文,载诗文、碑记等。(《中国地方志总目提要》19—56)

嘉靖八年(1529),苏祐修,杨循吉纂,曹自守撰图说之《吴邑志》16 卷、图说 1 卷刻行,是为吴县首修之志。其特点之一,是对吴中水利记之甚详。《四库全书总目提要》称其“较他志乘为典核……仍不免志书牵引之习也”(卷七三,《史部 · 地理类存目二》)。有的评论者认为,其有关吴国本末(为史考之例)、史考、经考(引《春秋》所载吴事)之记述,已不限于吴县一地,这便是“志书牵引之习”的表现。(《江苏旧方志提要》第 297 页)

按:杨循吉纂成之志书及方隅杂史类著作,尚有《吴中故语》1卷;《吴中故实记》1卷,《续记》1卷,《补余》1卷;《长洲县志》10卷;《苏谈》1卷;《章丘县志》4卷;《宁海志》2卷;《庐阳客记》1卷;《金陵杂记》1卷;《金山小志》1卷;《苏州府志纂修识略》5卷。一人纂成史志书如是之多者,于方志史上亦属少见。

是年,李东阳修纂成《蓝田县志》2卷,隆庆五年(1571)李氏复加以笔削之后刊行。是志篇目颇为新异,计列治局、治则、治人、治迹4篇,篇下分设目。治局篇分为沿革、疆域、山川、建置、祠墓、古迹;治则篇分为田赋、户口、物产、礼制、乡约、县俗;治人篇分为官师、人物、选举、封爵、隐逸、贞烈;治迹篇分为文章、诗赋。作如是之分设,作者说明其用意是:"凡记载之书,均为治天下国家而作也。首以沿革、建置,自堂室以达于四境,粲然明备,政教于是乎施,若格局然,作治局篇,法则也;治不可以无法,田赋诸条皆切于民,施为缓急,厚生化遵之术寓焉,作治则篇次之;官师、人物、选举诸条,为有补于治也,作治人篇又次之;文章、诗赋,皆邑之故、治之迹也,俾千万世有所证也,作治迹篇又次之,以隐括焉。"(转自《中国地方志总目提要》5—10)

嘉靖九年(1530),宋佐、闻人诠纂修《宝应县志略》4卷成,嘉靖十七年刊行。是书的"义例"中提出五不书:"义例,志史也,事必核,文必当,义必精,夫是之谓史……义以立事,例以义裁。凡事实讹冗及好事近诬者不书;食货常有者不书;官属卑冗无闻者不书;人物存者不书;一切私家诗序碑志不书。附录诗文一卷,凡邑事应纪者存焉。"宋氏属尚简派,其在本志序中谓:"备则诬,诬则疑;略则实,实则信。信以传信,疑以传疑。"(转自《江苏旧方志提要》第675页)此种说法,过于绝对化。故是志本此而行,难免过略。其后的"隆庆志"说,"宝应旧为志略,说者率病其挂一矣"。其后汤一贤修的《宝应县志》则一改其旨,"不厌其繁",都为10卷,又走入了尚繁派之行列。

是年,莫敬中修,张岳纂成《惠安县志》13卷。是志序中谓其作法是,"采摭故实,旁征故老闻见,择其可以厚民生、善风俗、兴政务者次第成卷。卷有题辞,不发凡起例,而所以纂述之意,各于叙论见之……记述近事,欲以厚生善俗而兴政务,区区之辞感发于所见闻,有不觉其繁且多者"。所设之目,各目前有序,后有"论曰"。这些论中,多为述地之实情,指陈时弊,关心民瘼,提出策论,足见编者之良苦用心。如其《封域》目之论曰:(本邑)"包山林,并原隰,椁其中,斩长缀短,可耕之田不能纾三之一,斥卤者几半……不察地利本末,猥令丰瘠同科,颛颛焉"。《潮汐》目下论曰:"南循徼海卤地场团,盖累累焉,可谓无遗利矣。岁稍不登,则渔盐之民辄先病……利不在民,虽多奚益?"《土田》目末之论曰:"善为国者常宽莱田之征,劝农功,兴水利。于斯时也岂复有田荒弗治、悬赋额以为民病者。"《习尚》目末之论曰:"自正德初,某人以苛刻为政,剥肤敲骨者六年,加之屡有水旱之灾,民穷谲诈渐生。"《岁时》目下之论曰:"夫能使民欢欣和悦及时相乐而无愁怨之声,此非赋平刑省、岁丰时和不及此。"《田赋》目末之论曰:"法久弊生,老奸巨蠹蟠穴乎其中,于是田产有暗飞、诡寄、包荒、移换,钱谷有架空、埋迹、虚入、实出之弊。”卷七的《兵役》目末之论曰:“民出食以养兵,兵出力以卫民……近者畜兵不用,缓急征调皆于民……。是民既出食以养兵,而又出力以卫之也,何其不幸!”故县教谕何彦结合志文,在志书之后序中,发表对方志的看法有言:“其言之者也弗理于极,其闻之者也不可以兴,不可以惩,是虽搜讨礫裂、麋摭融结要无遗,将弗究用也……故善为志者,其词平,平则不陂;其事核,核则不舛,其体大而有常,其目理而弗紊。由是而往,虽越世焉莫之迁也。”(见《天一阁藏明代方志选刊》本第 43 册)

是年,钟汪修,顾磐纂,林颖重修之《南通志》6 卷刻成。各卷前有序,后有论,不少议论颇有见地。如其《马政》直书通州地濒海域,章木罕生,不宜畜牧,应因地立法,免征田粮;《漕运》中提出,为解除海运常遇之意外,可实行傍海漕运,实行海运与河漕并行。(见《江苏旧方志提要》第 446 页)这就是后世所谓志书的“策论之笔”吧?

嘉靖十年(1531),曾储修,童承叙纂成《沔阳志》18 卷。是书按史体,分纪、表、志、传四体纂成。具体目为郡纪、郡县表、封爵表、秩官表、人物表、提封、创设、河防、食货、秩祀、儒学、兵戎、秩官列表、人物列传、良牧传、名将传、死事传、名贤传、逸士传、侨寓传、孝义传、外传等。每门之后,俱有“史氏曰”、“赞曰”等语,或发议论,或考史事。后人称其“体例严谨”,“率无异司马子长”。章学诚在《湖北通志检存稿》中,称“童氏《沔阳志》今不传。当时称其得迁、固法,与康海《武功县志》、王九思《鄠县志》,称海内三名志”。(转自《中国地方志总目提要》13—3)

嘉靖十一年(1532),广西巡抚林富修,提学佥事黄佐纂之《广西通志》60 卷刻印成书。是书《凡例》认为,“讲武事,修文德,正风俗,得贤才,四者关系政体最大,必详书之,此修志之大旨也”。本此原则,故于兵防、学校、风俗、人物成为其记述之重点。全书分图经(2 卷)、表(8 卷)、志(30 卷)、传(9 卷)、外志(11 卷)五大类,共 60 目。志下分山川、风俗、户口、田赋、食货、学校、兵防、宫室、古迹、祥异等 18 目。层次分明,体例较为严谨。是较好的一部通志,也是广西今存最早之一部通志。其内容上的长处是,注意反映地方特点,尤其是记载了各土府、土州长官司的情况,是研究广西土司制度及少数民族难得之资料。《四库全书总目提要》称其“大致颇谨严。其沿革、分野、职官、选举皆作表,以省简牍,体例亦善。惟土官已隶职方,命以爵秩,而列之外纪,非大一统之义。寺观亦列外纪,云辟异端。然仙释则入之列传中,不外其人,而外其人之所居,傎矣。艺文苟无关于土风则可不录,既以其有关录之,而列之于外纪中,尤不允也”。(卷七三,《史部・地理类存目二》)这说其缺点是,土官已入职方,而将“土官沿革”与“夷情编年”入于外纪,内外之界混淆。也有自乱体例的现象,如以寺观入外纪,而仙释又入列传。艺文所录关于一地之风俗,列于外纪,更是不当。值得注意的还有黄冕为之所写的序言。该序认为“九州之志,自上世已与三坟、五典,偕号为帝王遗书”。提出修志之目的在于“酌古准今,施于政教,兴化善俗,御患安民,纾九重南顾之忧,慰一方士民之望”。其中各类内容,“辨封域则欲其慎固,别淑慝则欲其劝惩,录丁口顷亩则欲徭役均平,书学校教化则欲习尚淳美。以至物产丰耗、吏治得失，莫不各有微意于其间，皆所以为政化计，天下郡邑志之所同也”。具体到广西，则要特别注意“兵防夷情”，做到“内修外攘”。（转见广西通志馆编《广西地方志提要》第1～2页）修志既有共性的目的，还要结合地方之特殊需要，也就是要结合地方特点。这种见识的提出，有益于方志理论的丰富和发展。

是年，杨经修纂成《固原州志》2卷。是志基于固原为当时的边防之地，故于边塞防务甚详。在卷帙之分配上，是前卷述今，后卷论古，先今后古，详今略古。（《中国地方志总目提要》28—10）

嘉靖十二年（1533），袁宗儒、陆釴等按永乐十六年（1418）所颁《纂修志书凡例》，在前人志稿基础上，纂修成《山东通志》40卷，100万言，刻印成书。全志为目三十有六。陆氏在序中说：“是志也，稽往质诸训，纪事核其实，纂言会其精，据简册者多于耳目，搜遐遂者详于辩证。是故以体国经野则矩协，以考俗准治则政达，以彰淑慝慝则昭以正名，辩证则典究，纲陈目举灿然。”王士祯称是书“精审不苟”。《四库全书总目提要》则评：“是编在地志之中，号为佳本，体例不务新奇，而详核有法”。是明代尚繁派的一部代表作。

嘉靖十三年（1534），葛守礼修，詹荣纂辑成《山海关志》8卷。卷前有山海关抵黄花镇图，凡28叶，详细绘制了600多公里内每一边关要塞，并注明驻兵数、军器数量。又山海关图1叶。前后两组图，一长一短，使整个山海关及近处长城尽收眼底，体现了边关志的特点。有图有说。志文叙地理、关隘、关营最为详细，选举分将选、武举2门，体现了与州县志不同的特点。（齐家璐《〈山海关志〉并非都是边关志》，载《河北地方志》1992年第1期）

按：仓修良在《方志学通论》中谓，有明一代，山海关曾五次修志。除了边关志之外，又有卫所志、海防志。这些都是出于军事上之需要而修的。（第342页）

是年，闻人诠修，陈沂纂之《南畿志》64卷刻印成书。明于永乐迁都北京后，以应天府南京为南畿，范围包括今江苏、安徽、上海等地。闻人诠提督南畿学政时，聚集诸郡县博学之人及郡学诸生共二千余人，开局于贡院，“取列史所传名宦之迹、忠节教学独行隐德之人，及女之贞淑者，考其所志，与陈沂纂成此志”。首3卷为总志，分都城图考、南都记、南畿地理图、畿土世代表、命官、户口田赋、水利、戒备等8目，记畿内88府郡邑。余卷次列14府4州，分目12，记畿外之府。（《江苏旧方志提要》第1页）其图考乃金陵自列国迄明代之建置，为图15，各有图说。《续修四库全书总目提要》评之为：“是书开各省通志之先河，而以留都所在，分疏为难，其事尤艰于省志。兹以总志、分志之法行之，措置可谓适当矣。至所取材、办事，亦采景定、建康、至大金陵之志，暨各郡、县志。今事唯取官书，体例简要，剪裁有法，良史之才也。”（转自吕志毅《方志学史》第234页）

按：这是古代众手成志的一个典型。“戒备”一目，为其特有之目。闻人氏除修有本志外，还纂有《东关志》1卷。其于历史之贡献还在于，刻了于明代几佚的《旧唐书》，使之得以保存。《四库全书总目提要》将其与内阁官员方从哲比较云：“诠即刊刻《旧唐书》

者。《旧唐书》明代几佚,其得重见于世者,实诠之力。较方从哲官内阁时窃谢承《后汉书》以出,匿不示人,遂致天地之间,不复得见是书者。其用心之广隘,相去远矣。”(卷七五,《史部·地理类存目四》)

是年,潘镒修,张治、徐一鸣纂成《长沙府志》6卷刻行。是志分5谱12纪。其封建世谱,表列了西汉迄明嘉靖间,长沙王侯封爵就藩、子孙世袭沿革。于明代吉、潭、谷、襄王之藩封情况记之尤详。建置谱详记了吉王王城位置及潭、襄、谷王府之地址,是研究历代长沙藩王难得之史料。(见《中国地方志总目提要》18—13)

按:康熙二十四年(1685)孙谦修,赵又昂纂成刻行之《善化县志》中,同样列有封建志,详载了西汉长沙王英芮,定王刘发,晋长沙郡公陶侃,五代楚王马殷,明潭、谷、襄、吉等王封藩就国之始末甚详,并附有“巡省”,记载黄帝、虞舜、周昭王、三国时刘备,宋理宗赵昀,明太祖朱元璋等巡视长沙之史事。(《中国地方志总目提要》18—18)

嘉靖十四年(1535),戴璟修,张岳纂《广东通志初稿》40卷、首1卷刻成。是为广东通志之首创本,对广东地理特点及政治状况,在番舶、海寇、黎瑶壮等少数民族与当时民生之最患者驿传、差役、田赋之类,都作了较为详细之记载。是志仿《宋史》之例,于人物之外,别立道学一门,介于学校、风俗之间,似非得当。又政纪一门,凡历代窜流岭表之人,皆备书之。行次一门,仅书宋崖山之事,亦未为当。但其开创之功仍不可没也。(李默编著《广东方志要录》第3页)

嘉靖十五年(1536),洪价修,府学教授钟添纂修成贵州《思南府志》8卷,明年刻行。是地永乐中方罢司而设府,至修志之时,仍是诸多矛盾错杂,故是志特别重在“资治”。书的前后序言,都特别强调这一点。田汝成的序,通篇就是对守此官员的训诫:“永乐中罢司置府,……(至修志时还是)法令未备之域,杂以易动之民,逼于豪举自恣”,所以是个难治之所。“今仕者恋中朝内郡,鄙边方。一阅除书,即神气沮丧,墨墨就列,一切自利,冀旦夕脱去为幸,何暇及民。夫使仕者怀墨墨沮丧之心,甚非所以攘绥四表,纾主上旁瞩之忧也。”对这类之官员,他特为之开导:“思南虽远,念其民非先王之苗裔乎?出缯粟、供徭役以奉其上甚敬,困于盗贼之扰,不相保聚,望治于上也甚勤。然则思南之民固无负于郡县长吏也。为郡县长吏者独忍以边方鄙思南之民乎……予故论序首编。俾后之览者有政治之资焉。”礼部侍郎、郡人田秋在序中,讲述本志之用有言:“地理辨方而黜附会,以资理也;建置原始而明制,则以示守也;田赋经国而昭民隐,以长爱也;祠祀以崇典,存慎也;官司以著鉴,定趋也;人物以征教化,见仪表也;拾遗、广异、杂识,备政稽也。贯之治式,本乎国体,为是而已。”(均见《天一阁藏明代方志选刊》第102册)

是年,吕景蒙修,胡衮纂成《颍州志》20卷刻行。是志中为农民起义领袖陈胜、刘福通立了传。虽名为“外传”,已是难得。且有“论曰”说:“胜、通皆颍人,迹其所言所为,亦豪杰耳。”本志中按、论以多种名称(形式)出现,有以篇目前之小引形式出现的,也有置于叙事之后,以

"按"、"愚按"、"愚谓"、"愚曰"、"衮论曰"等诸种形式。这些按、论,往往多在说明一目设置、一则资料之吸纳之目的及纂志者之用意。如其《学校》一目首的小序有言:"古学校之教,所以化民成俗以成其德,非若今之口耳词章也。然教化莫先于礼乐,故孔门之教颜子,以克复为训;而舜之教胄子,乃命夔以典礼乐云。爰志学校。"这就说明了古代设立学校之目的、学校教育之重点,从而表明了设立学校志之用意。又如其《郡纪》"弘治四年置兵备道于寿,十年移治于颍"条下按语有云:"愚谓,畿内辅郡,为祖宗根本重地,洪武、永乐年间,武备修举,少生盗贼。至正统末年,南方多事,盗贼渐多。景泰、天顺以后,盐徒纵横,兴贩私盐,聚众为盗,敌杀官军,为患日炽。弘治初,以建议者乃各设兵备宪臣一员,上江在于九江,下江在于太仓,而凤阳则于颍州各驻扎焉。此正设备不用之意。近复有议者,以为冗员,欲行裁革,岂知天下之至虑哉!"(均转自张英聘《新修志书应强化"述"与"论"》,载《新方志理论与实践二十年——中国地方志协会2004年度学术年会论文集》,方志出版社2005年5月版)目的在于说明兵备道设置的意义。

按:志书的按、论,多在于表现纂修者对事物之观点或态度。如张峰修之隆庆《海州志》的土产药材类之末有:"张氏论曰:州人信巫鬼,不尚医药,故药品虽多,取而蓄之,以治疾者少也。夫风寒暑湿,过则生疾,脏腑症结,岂鬼物所能煎浣漱涤者乎?甚矣,人之愚也。"反映了纂修者一定之科学思想。

是年,吴宗元修,崔桐纂成《海门县志》6卷刻行。是志特点有二:一是因为海门地处江海交汇处,水患、水事于县至关重要,故是志"水"虽只在第二层次设为一目,但全志处处都显示出与水有关。如评论者所言,"通鉴全志,不着水而处处见水"。二是每篇前有概述,后有"桐曰"的评论语。(见张一平《海门旧志述略》,载《江苏地方志》1989年第3期)

嘉靖十六年(1537),毕恭修,任洛重修,徐文华等纂成《辽东志》9卷、首1卷。是志初修已见弘治元年(1488)条。此次重修,仍为9卷9门,即分为地理、建置、兵食、典礼、官师、人物、艺文、杂志、外志等,记载简约,颇有法度。龚用卿在《重刊辽东志书序》中,说到史与志之作用时,提出"国有史而褒贬劝惩之法明,天下有志,而得失鉴戒之义彰。其信今而传后,一也。"(转自邸富生《中国方志学史》第105页)

是年,张鹏修,王崇庆纂成河南《内黄县志》9卷刻行。是志始修于弘治三年(1490),由邑令张凤主持,未果。后又经数令均曾修之,直至张鹏来令,始由崇庆总纂订成,前后共历4令,达40余年。王崇庆除纂成本志外,还纂有《开州志》、《长垣县志》等。王氏在《新刻内黄县志序》中,认为"今之志,古之史也……是故崇三善,去四病,可以言志矣。何以辨物曰明,何以取舍曰公,何以独断曰勇。故物辨而后是非昭焉;取舍定而后君子小人别焉;勇断而后谗者莫之间、力者莫之夺焉。是良史所以跨百代,而先王之所以必与也。若夫华以眩实,伪以乱真,疑以侵信,辨以轧讷,斯则古今所谓大患,不独病史之细而已矣。"(见《天一阁藏明代方志选刊》第84册)他的这一认识和方志主张,是很难能可贵的,也是值得后人借鉴的。

按:明代修志中,出现了一个新的特点,即在志书之序跋、凡例中,多涉及对方志理论之述说。仓修良在《方志学通论·明代方志编修的特点》一节中举出的不少例子,都很值得注意。

是年,王齐纂修《雄乘》2 卷刻成。以"乘"名志者并不多见(前有先秦之《晋乘》,元代之《齐乘》等)。从本志序言中,可见明人对"乘"是理解为"志"的。其文云:"雄地弗乘。予谕雄之三年,以太守北泉阎公命始乘之。乘疆域以正封也,乘山河以明绩也,乘风土以经俗也,乘田赋以恤隐也,乘建置以序位也,乘礼制以昭度也,乘官师以鉴治也,乘人士以章献也,乘选举以右教也,乘祥异以示畏也。"(转自《傅振伦方志论著选》第 514 页)此间所列之 10"乘",即其 10"志"也。卷首有谢九仪序称:是志"核而精、质而正、严而则、旨远辞文而不诡于雅"。(转自吕志毅《方志学史》第 234 页)

按:从其对设 10"乘"各有用意来看,古人各志之设目皆有义焉。嘉靖四十三年(1564),蔡懋昭修,徐应解纂之《新河县志》跋语中,也有类似之说法:"志凡六卷,地理以正疆,建置以经始,赋役以定分,祠祀以作敬,官师以永思,人才以树的。"(转自《傅振伦方志论著选》第 513 页)

是年,刘讱纂修成《鄢陵志》8 卷刻行。这是一部两级分目体之志书。先分大类,门目为地理志、建置志、田赋志、官师志、人物志、人品志、杂志、文章志等 8 志,志下再分细目。如地理志下分疆域、星野、山川、堤坡四目;建置志下分土田、户口、税粮、农桑、课贡、徭役、土产 7 日。建置志下分 11 目;田赋志下分 7 目;官师志下分 5 目;人物志下分 12 日;人品志下分 8 目。这种类日体,改变了原来平行列日无所统属之不足,较为科学,故后世方志多采如此分法。如以繁体和简体来分,此志当属繁体一类。是志之两篇序言亦有可观者。杜枏在前序中有言:"夫志者,先王所以辨方系世,征往昭来,而立极资治焉者……夫遗迹未明则事伪昧,法例未明则鉴戒寝湮,何以言方志也……夫稽古据事,揆例正词,不严不庄,不博不详,不辨不敷,不断不法,四者执而后可以言志。"刘讱序有谓:"曰志,史类也。以事为体,以文责篇,以义立例。事不备奚纪,文不足奚传,义不精奚训?"(见《天一阁藏明代方志选刊》第 77 册)

嘉靖十七年(1538),陈洪谟纂成《常德府志》20 卷。陈氏在"凡例"中设定全书的框架有言:"志,心有统纪而后其事顺,其义明。今为十志,曰地里、曰建设、曰食货、曰学校、曰祠祀、曰官守、曰兵防、曰人品、曰艺文、曰方外,其纲也。地理之类八,建设四,食货五,学校三,祠祀三,官守三,兵防四,人品六,艺文二,方外二,其目也。盖先王画地经野以建邦国,各相度所宜,故首之以地里;有地必有民以居之,藩封为重,公署次之,故继之以建设;有人必有养,继之以食货;有养而后教立,继之以学校;教立则礼乐可兴,继之以祠祀;治民事神,有司是任,继之以官守、文事;武备相须,继之以兵防;地以人胜,虽所产不同,皆山川所钟,继之以人品;志虽主记事,亦兼记言之体,继之以艺文;释老,国典不废,继之方外。"凡例还规定"十志各冠以一序,而其类之首亦有小序,其意惟以明治道,利民用,示劝戒尔";"名宦书其去任,乡彦书其终世,以论定也"。志中载有先后两任知府的序言。前知府陈埘序谓:"夫志,史之流也。故今为志者率仿史。乃至句摹字拟,附会牵合以成其书。非不类例错综,词藻夺目,要其本实,亦且畔离。何者?文胜故也。否则庞杂陋略,或荒诞弗经,立言无法,叙事无纪。斯其不足观也已。故常愚志者,特史之一法耳,而其义例则弗该。盖事贵详,详则后有考焉;贵实,实则事可信焉;其文贵有用,有用则非徒作焉。三者备,可以言志矣。是志为纲十,为目四十,自唐虞迄今数千载,片词只事,无不搜括,视旧所增十之六七,而义例精确,论辩简明。间有繁而不杀,则其民生日用之关,风俗政事之系,劝惩鉴戒之切,见闻智虑之周。因事备书,类皆凿凿。"后知府林应亮后序,则重在谈此志之"微意",谓:"既而思曰,公是志也,非特实也,可以观,可以采……循行阅历,益符考订也。按城社而思守,睹人文而思奋,访习俗而思教,察厚生而思惠,稽典则而思裁,则知公之精意,式我者有在矣。虽然常武为楚极敝之郡,前此有言也。迩复兵傕调发,病痌愈深。余固不能为馁者羹,为衵寒裘,为跛者杖也。恫然以思,求所以休息安辑之而未能,窃自惧焉。然则求方于病,斯亦公之微意也。"(均见《天一阁藏明代方志选刊》第87册)这里体现的纂志及读志者的视角,皆有值得注意者。

是年,文章修,张文海纂成《增城县志》19卷刻行。是志在体例及内容上,颇与他志有异。人物中宦绩与本地人物合为一卷,并为贤母、贪酷、奸恶立传;民事志中,除记版籍、民赋外,又辟列食货类,专记生产方面之内容;风俗不入地理类而入于杂志类;其坊都、墟市、田里、版籍、民赋、民庸、食货、风俗等目下均记有大量经济方面的内容;田里目内,记录了全县各种土地之自然形态、分类及占有关系;人物中对宋代崔与之记之特详,一人竟占了两卷之多。(见《中国地方志总目提要》19—12)

是年,杨逢春修,方鹏纂成《昆山县志》17卷刻行。方氏在志序中谓其修本志之目的,在于"将使吏兹土者得有所考,以行其政。是故按城社,则思守焉;核民数,则思养焉;访习俗,则思教焉;修贡赋,则思敬焉;稽祀典,则思正焉。前乎吏兹土者,善必特书之,则思齐焉;或不书,则思惧焉"。对为官者如此,对民众而言,也非无关。因为志中记有"孝友"、"列女"、"方伎"、"高行"和"隐逸"等,"吾昆民生物产,与他邑等耳,惟人才之盛,则实倍之,故于是详焉。将使承胤绪者,起象贤之心;共闾井者,奋响往之志。巨公硕儒接迹而出,以增兹邑之重,斯其上也。其次,一命之荣,一艺之善,亦得以厕名其间。则夫,人皆当感发而兴起,以求自异于齐民而后已也。岂可生无益,死无闻,而负此文献之地哉。此则操笔者之微意也"。为此,他说自己修志,一本秉公心:"然秉公持正之心,则不敢不自尽也。以此获罪,吾知不免焉,而亦不敢辞也。"(见《天一阁藏明代方志选刊》第11册)

是年,闵文振纂修成《宁德县志》4卷。是志中记"八景"之多,为笔者所仅见者。其景物目下记有景川八景、黄湾八景、石壁八景、并源八景、西峰八景、石堂八景、东皋八景、福源八景。评志书者以其多为凑数之作,甚无谓也。(《中国地方志总目提要》13—27)

嘉靖十八年(1539),任德修,颜木纂成湖北《随志》(亦有著录为《随州志》者)2卷刻行。

是志始修于正德时。有"楚两杰"之称而官场却失意之颜木,受知州任德之聘,于正德十六年始纂此志。颜氏认为,"近世志体陈旧",决心进行改革,仿《春秋》,"以时制分曹系事,立纲建目","破分类体作编年例,自谓抑扬微婉,窃比春秋"。故这是一部按年月排记各类事物的编年体志书。上卷记载了羲皇至明嘉靖间之史事,下卷为艺文,选录诗文。万历时随州知州辑补《汉东编年志·序》中谓:志者,识也,志有故体,"今颜氏之随志,殆异乎是。其属词也古,其托致也远,其自任也重。论者曰:此颜氏之春秋也"。"颜子鸿襟元览,志身天下,进退古今,国家治忽否泰,人品芳秽淑慝,出处章微枉直,靡非志气联属,精神激发,郁勃于胸中,无以自喻,乃假一方之乘,以发舒其欲行未行之蕴,则知我罪我之虑,有不必见之言,而隐隐可想见矣。"(转自彭为群《颜木——明代独树一帜的志家》,载《湖北方志》1993 年第 4 期)《四库全书总目提要》谓其,"虽以《随志》为名,而木籍隶应山,与随接壤。志中所载,皆合二邑收之。其编年之例,全仿《春秋》经文,称随为我。而以地之沿革、官之迁除、士之中乡会试、贡太学者,按年纪载,皆地志未有之例也"。(卷七三,《史部·地理类存目二》)黄苇等在《方志学》中批评《随志》说:"上卷编年叙事,属编年体;下卷全录诗文,可视为艺文志,其他各志皆未立。而且,是志上卷文体为一问一答形式,实属不伦不类。"(第 400 页)历史上也有人说它"为世所称"的。

按:傅振伦称本书这种体式为"拟经体"。其实,其前已有嘉靖初黄光升修之《长兴县志》,已是编年体之志书,惜已不存。严格说来,《随志》还只是编年体与纪传体相结合之体例。到崇祯时,龚策纂有《武进县志》2 卷,也是编年体裁。至清雍正时修成之《临朐编年录》7 卷,才是纯编年体之志书。凡邑之沿革、职官选举、灾祥杂事,皆按年编载,凡 4423 年,为今存编年时间最长之编年体志书。

又:颜氏除修本志外,还曾两修其邑之《应山县志》。一修于正德十一年(1516),庄钺序谓"斯志也,始末一篇,大书而不分注也,诗与文因事而附见也。一篇者,备史例也;不分注者,明己作也;诗文附见者,主乎事,不主乎言也"。(同上彭为群文)二修成于嘉靖十九年(1540)。这后一部县志,颜氏初稿仍是按修《随志》之作法,"以时制分曹系事,立纲建目"。但知县王朝隧不赞成此法,在初稿基础之上改为"以事统年,揭纲比类",回复到传统志书的体例上去。颜氏还曾参修《兴都志》。(见嘉靖四十五年——1566 条)

是年,冯汝弼修,邓韨纂成《常熟县志》13 卷刻行。邓氏纂是志,严义例,重风教,尤重人物。邑中势利之徒,尝欲借机厕身志书,以传不朽。冯严持"志亦史也,天下是非在焉,吾辈何敢私?"时有一陈姓者,素与邓不睦,遂起而围攻,一时满城风雨。幸得苏州巡抚欧阳铎、巡按御使吕光洵主持公道,事暂平息。后某日,年已 9 旬之邓韨外出,又有肇事者以纂稿时将两名"节妇"删除,嗾使披麻戴孝两"缟衣妇人"中途蹿出,厉声而质问:"公何以知吾不贞?请质之地下"。邓以此惊悸而卒。这就是常熟修志史上之"邓氏修志案"。可见坚持志德亦非易事。

按：无独有偶，时隔254年后，常熟县又有另一志案发生。乾隆五十八年(1793)，王锦、杨继熊修，言如泗纂《常昭合志》时，还是因人物收录问题而引起屈、周两姓不满，起而诬志书为"私纂志书"，官司直由常熟而打至苏州府。此两案之出，曾使邑人视修志为畏途，官修志书事遂中辍百年以上。史事之难，莫难于志；修志之难，莫难于人物，信然。在其后之两个百年间，常熟均只有私志之修。在前一个百年内，有管一德万历《常熟文献志》6卷、姚宗仪万历《常熟私志》28卷、龚立本崇祯《海虞别乘》24卷之成；后一个百年内有黄廷鉴《琴川三志补记》、陈揆《琴川志注草》12卷、《琴川续志草》、《琴川续志草补》等私志之出现，此又不幸中之幸也。(参见杨载江《常熟旧志中的官志与私志》，载《江苏地方志》1992年第2期)

嘉靖十九年(1540)，巡抚杨守礼修，管律纂成《宁夏新志》8卷刻行。全志47目。纂修者认为，方志为"世之大典，不可阙，亦不可略"，其作用在于"考兴亡，辨是非，求隐赜"。在详略上提出"不伤烦，不伤简，详略适宜，去取攸当"，(转自邸富生《中国方志史》第108～109页)较详细地记载了明代于宁夏地区实行军屯的情况，内容很有特点。书中不仅列举了畜牧业、手工业以及农田水利事业恢复发展之大量数字，还真实地反映了戍边兵士终身服役，代代世袭无人身自由之农奴生活。在军政建置上，对总镇、卫、所、屯堡、烽堠等有一整套严密的组织体系。故高树榆称之为"素材丰富的军事封建主义边塞经济的标本，给我们留下宽广的研究余地"。(高树榆编著《宁夏方志述略》，吉林省地方志编委会、吉林省图书馆学会1985年3月编印本第21页)是志中，关于该地区少数民族之资料亦相当丰富。

是年，部相修，樊深纂成《河间府志》28卷。是书记述到"行货之商"时特别详细具体："河间行货之商，皆贩缯、贩粟、贩盐、铁、木植之人。贩缯者，至自南京、苏州、临清；贩粟者，至自卫辉、磁州并天津沿河一带。间以岁之丰歉，或籴之使来，粜之使去，皆辇致之。贩铁者农器居多，至自临清、泊头，皆驾小车而来。贩盐者，至自沧州、天津。贩木植者，至自真定。其诸贩磁器、漆器之类，至自饶州、徽州。"将贩卖绸缎、果品、铁器、木器、盐等货之来源及销售地点、路线，一一记入志书，涉及省内及大江南北10多个城镇，没有受"越境不书"之限制，在当时的志书中显得特别。樊深在自序中有言："一方之山川坟土、习俗往迹，咸搜集无遗。若夫述怪诞以表奇特，著事应以实祥异，增仙释以备观览，名教之所禁者，皆得而略焉。"(转自《四库全书总目提要》卷七四，《史部·地理类存目三》)可见其体例颇为谨严。

是年，张良知纂修成《许州志》8卷刻行。志前载有李东阳、邵宝的旧志序两篇。李氏序中提出："天下之政，在实不在文，顾亦有赖文以传者。大则史，小则志，兼行而互证。政治之因革损益，恒必须之。然又有国志，有府、州、县志。志愈小则为法愈详。苟挂一漏万，固无取乎。志或藻饰附会，夸多斗丽而伤其实，则虽详奚取焉？昔人谓作史必具三长。志，史类也，亦不可缺一……编虽仍其故迹，而立义著例则断以己意。论人物则最道德、殿功名，而斥富贵为非士，皆前辈所未及也……其视因陋以为质，骋华以为文者，亦远矣。”邵氏序谓：“故非志之难，难乎其人也……志者，非其土之吏莫能知，且得其为也。今志法渐废，以府州县称者，殆不能十一。间有之，又不得详且实焉，不亦重可叹也。”(《天一阁藏明代方志选刊》第68 册)

按：两篇旧序所论者，虽非为本志而发，但其所论值得重视，故张良知置于自己所修志前。如此所为，亦可法也。

附载：巴兆祥认为，明代方志学者中可以分为历史、地理、实用三派。历史派主张志就是史，如谓：“志者，郡邑之史也”(樊深《嘉靖河间府志·序》)；“作志，亦一家史法也”。(马性鲁《正德顺昌县志·序》)。其代表人物有李东阳、谢铎、胡缵宗、田汝成、崔铣、薛应旂、童承叙、叶秉敬等。其代表作有《正德安庆府志》、《赤城会通记》(王启纂，是编年体的志书)、《嘉靖沔阳志》、《天启凤阳新书》等。体例上有纲目体、门目体、三宝体、纪传体、编年体。地理派则认为方志为地理书，主张方志要着重记地理情况。其代表人物有薛敬之、程敏政、卢希哲、陈文、乔世宁等。代表之作品有《景泰云南图经志书》、《成化陕西通志》、《弘治徽州府志》、《嘉靖耀州志》等。实用派介乎前两派之间，认为修志乃为实用。主要是地方官员和少数文士。在前明时，地理派较为风行，至明中叶起，历史派有较大之发展，实用派则一直都很流行。(《试论明代地方志特点》，载《贵州方志》1992 年第 4 期)

是年，曾才汉修，叶良佩纂成浙江《太平县志》8 卷。叶氏在志叙中称：“志者，史之一体也，其法则具史而微。是故兹志之有舆地也，犹史之郡国也；之有食货也，犹史之食货也；之有职官也，犹史之百官也；之有人物也，犹史之列传也。而刑政上下，礼乐、律历、兵权，具兹四志矣。”他提出修志之“大归有三：事核则信，文美则传，义精则法戒立”。反之，则事或不实，文或鄙陋，义或无取，“将使人奚所适从?”王度在《太平县志后序》中也说：“经备述作，史准经纪事，志变史之例，归于传信而已。妄史辱国，妄志辱乡，妄言辱身。”这样做了，志书就能起到垂训鉴诫的作用：“夫官之孰廉孰贪，孰能孰否，一毫不肯假借，则凡官此土者，当思劝戒；士之孰忠孰节，孰孝孰义，片著不敢有遗，则凡生斯土者，当思效法。”(《天一阁藏明代方志选刊》第 22 册)正是基于这样的出发点，故本志之《风俗》目，记当地 200 年来之流风演变至为生动详尽，为他志中之难得见者。

是年，吕楠纂修成《高陵县志》7 卷刻行，这是作者经 30 余年之功而纂成，被誉为陕西明代十大名志之一。其中对郭守敬、杨恭懿之《授时历法》记之颇详。(高峰著《陕西方志考》第51～52 页)

嘉靖二十年(1541)二月戊寅(二十一日)，嘉靖帝诏命工部尚书、湖广巡抚顾璘纂修《兴都志》。嘉靖帝朱厚熜，系宪宗第四子祐杬之子。祐杬封兴王，置府安陆，卒亦葬于安陆。宪宗崩,无嗣,以祐杬之子厚熜继位。于是升安陆州为承天府,以钟祥、潜江、当阳、远安、景陵五县及荆门、沔阳二州属之,其附郭钟祥县为兴都。是日,承天知府吴悜,奏请纂修承天府志,以俟采入一统志中。希望图中画上统德山形势,以及显陵规制。将此奏文下礼部议时,尚书严嵩等认为:"《禹贡》并叙九州,而尊统于帝都。今日承天宜约为兴都一志。其法则先兴都宫殿、陵寝诸典,而后及有司所守。其义则取诸《禹贡》,以示有尊,庶几近之。其统德山川形势、显陵规制,图列于志首。更欲绘图,揭之殿壁,以便皇上朝夕省览。其所拟俱当,但总裁分纂,贵在得人。今督工尚书顾璘,文学素著,足任笔削。宜令兼督有司,聘委文学官儒分纂,璘为总理。草成进览,下内阁宥详,恭请裁定,然后刊布四方,仍付史馆别议,增入一统志中,以成一代之典"。帝诏如所议。(《明世宗实录》卷二四六)顾璘奉诏后,复荐王廷陈、颜木、王格为参修。于次年纂成《兴都志》稿 24 卷,并为《兴都志进呈表》上奏。志稿卷 1～9 为典制门,记兴都王室大事及官署、秩官等;卷 10～24 为郡邑门,统记 7 州、县天文、地理、人伦物事等。

按:此乃朝廷诏旨专门指定修某一地方志之特例。此类之诏旨,宋时较为多见。明时只是偶见。

是年,刘大谟修,杨慎、王元正、杨名等纂成《四川总志》80 卷,至二十四年刻行。是志的三位纂者,是三位进士,均为翰林院修撰,是三位名学者,又同为嘉靖帝贬谪外任之官员。仅此就足以成为方志史上一段佳话。杨慎主纂艺文,王元正主人物,杨名主舆地。各门中间有三人所加之按语,均颇有价值。全书 80 卷,艺文部分为《全蜀艺文志》,竟占至 64 卷之多,亦是一特。(《中国地方志总目提要》21—6)

按:此前之正德间,四川清军御史熊相已修纂有《四川志》37 卷。其作法是"先立年表,总书本省及郡县官制、建置沿革以统之,后则分注本省及诸府、卫事类以属之"。(转自何金文撰《四川方志考》,吉林省地方志编委会、吉林省图书馆学会 1985 年印行本第 70 页)首有总图 3 幅,各府、州、县皆一一标出,各土官衙门及各卫、所均标出其名称。志中对四川西南部各少数民族作了较详细之记述。刘大谟等便是在此基础上修成这部《四川总志》的。

是年,章万钧修,南大吉纂之《渭南县志》18 卷刻行。是志特别之处在于所设之《易置表》,将县、乡、里、村四级,以编年方式,考述了渭南历代乡里之制,较之仅载沿革者为佳。志末附载了南氏自宋建炎到元初,由河东而晋、陕各处之迁移史,于例虽舛,但却较有史料价值。(《中国地方志总目提要》25—36)

嘉靖二十一年(1542),赵廷瑞修,马理、吕楠纂成《陕西通志》40 卷刻行。是书名为《陕西通志》,实际其记述范围包括了今陕西、甘肃、宁夏、青海、新疆等广大地区,可以视为是一部中国整个西北地区之志。是志以关学大师马理为主纂成,集中地表现了"三原学派"之儒家政治思想和方志见解。首先在志书之分纲上,就是本亚圣孟子土地、人民、政事为诸侯三宝之原则而行的,设立土地、文献、民物、政事四纲,纲下再设28目。其次是志中遍见渗透儒家思想之治国见解,且多所评议。如其叙文献,崇正学,则述圣神、经籍、帝王、子史以明道;昭法戒,则列名臣、名宦、职官、贤哲以示训;叙民物,则首户口、次物产、次释老。而于户口尤恳款,目的是系强衰、安危,将使后之人怆然而感,惕然而思,以图长治之道。叙政事,则自圣神、帝王、献臣诸司,继以风俗、灾祥,卒于鉴戒。体现了明中叶以后在尖锐之社会阶级矛盾面前,儒家知识分子的忧世之思。

在方志思想上值得注意的是:一、重视图的作用,志首列图200幅,对西北地区所有之府、州、县、卫所之城池,均有图显示其不同的构造模式、城廓大小、城池高深、城内衙署、学校、街巷、庙宇之布局,对于今天来说都至为珍贵。如咸阳洪武年间之城池图,就是至今保存咸阳最早的城池图。二是关心国计民生,注意反映民瘼,强调经世致用。要使人于志中,"观于土地,则废兴之故征焉;观于文献,则善恶之故征焉;观于民物,则安危之故征焉;观于政事,则因革之故征焉"。为了经世致用,书中还有不少策论之笔,如对西北边疆地区之经营,提出:鉴于内地大量流民之存在,封疆大臣应当"请旨招募,并诸矿洞壮士,悉收蓄之,稍加训练,皆精兵也。夫然后授以妻室,以渐自南而北,按《周官》井田法,给以斯地,代为邑为丘为甸,悉如周制。但洫浍稍深广之,其庐舍为堡,久之食裕,仿西戎雕房之室为之。……如是三年,可使有勇知方,十年则岐周之政可复,匈奴将喙息遁逃,又何侵犯之足虞哉"。三是遵重修志之传统原则,秉笔直书的实事求是态度。对于证据不足之事,"姑阙之以俟知者","当世陕西名宦,未敢淑慝","名宦见任政绩不书","乡贤生者,政行、著述不书","孝子义民,非旌表不书","祀典不立类,以书见圣神、帝王遗迹,古迹卷中不复书也",将传说中之人物单独立题,不予混入。对于人物,要善恶兼书。如名宦、乡贤,"咸得而著之,其或如舫之璧而有微瑕,栋梁之材而有寸朽,亦据实而录之,弗以曲辞盖焉"。在"文献"中,好者录之,"使与所在山川流峙不朽";"其有蠹政虐民,遗臭而不可涤者,则别录于册,亦永鉴云"。可见同时代人王九思评是书"采择精审,繁简合度,撰叙明畅,允传不朽,全陕之胜,所由以重也",并非过誉。(均转自张世民《关学大师马理及其陕西通志》,载《陕西史志》1995年第2期)

按:本志纂者之一的吕柟,曾撰有嘉靖《解州志》和《阳武县志》,并为《武功县志》、《蓟州志》和《陕西通志》作序,为《朝邑县志》作后序。在这些序文中,对他的方志主张多所表述。如认为方志应具有"思古"、"征今"、"开来"、"廉顽而立懦"之资治、教化作用。方志内容要关于民生利害,载述要有根据,讲求"约尔不漏"等。(转见吕志毅《方志学史》第251页)

又,《四库全书总目提要》卷七三,《史部·地理类存目二》著录有龚辉纂《全陕政要略》4卷,未明修纂时间。自西安府以下分府记录,有藩封、公署、官师、户口、田赋、河防、关隘、马政、屯田等目。末为边镇图，于山川、关隘汛地、道里远近，皆绘而列之。从其设目来看，亦是省志之属。从书名来看，便足见地方志为政书之属了然矣。

是年，朱怀干修，盛仪纂成《惟扬志》38 卷刻行，扬州之志也。全书分一图(郡邑古今图)、二传(秩官、人物)、十八志。被称为明代志书中之上乘者。崔桐在志序中称："备三才，综古今以陈故实，公是非以定予夺，直之义也。志之徒为，谓之曰诡，弗志可也。夫志岂其易为也哉。必直史以宰其异同，必达才以悉其记睹，必契载以极其探讨。志之易为谓之曰陋，将焉用之。会精尽变，理器昭焉；存注缀新，隆替兴焉；题正绌诬，声规植焉，一邦之信史也是也。是志也，大而太史得之可以备懿典；小而学士得之可以资博考；明有司得之可以兴感慨修职守；为人臣、为人子、为人妇者得之，可以思尽忠、思尽孝、思尽节。懦者可立，顽者可廉。今乃知斯举之大有裨于政教也。"(《天一阁藏明代方志选刊》第 14 册)《四库全书总目提要》称其，"纂次颇有端绪，在明代地志中差为完善。惟以古今关涉扬州事迹，仿纲目编年纪载，别为《历代》一志，则体例殊嫌创见"。又指出："沿宝祐旧名，以惟扬为称。且谓《禹贡》淮海惟扬州，宝祐志本此。今作惟扬者，误也。"(卷七三，《史部 · 地理类存目二》)

是年，张梯修，葛臣纂成《固始县志》10 卷刻行。是书前有专门之"图象志"，其图不仅包括县境图、城廓图、县志图、庙学图、水利图、八景图，而且还有名宦像志和乡贤像志，这在当时之方志中是不多见的。(刘克明《中国古代方志中的图学成就》，载《中国地方志》1992 年第 2 期)

嘉靖二十二年(1543)，邢址修，陈让纂成福建《邵武府志》15 卷刻行。夏浚在志序中说："郡县志则国史也……史之变体为志，盖始于史。"邢氏在是书后序中提出，"志之失有三：莫大之罪在于失实，其次失体，其次失辞，简陋疏谬之失不与焉……吾惟定体核实，据事直书。不文不明之罪，吾固不免；不公不慎，吾知其免矣"。(转自《天一阁藏明代方志选刊》第 40 册)提出了很有见地之修志"三忌"。是书分天文、地理、王制、人物、外志 5 纲 28 目。《四库全书总目提要》谓其"附以三国三表，其特创之例，在以应候附星野，遂使农家占验，冠于郡邑建置之前。盖牵于天文自为一门，不得不尔。其实分野之说……又人物门中别立李忠定世家一篇，何、李二氏世家一篇，亦为创例。世家者，以爵土世其家也。司马迁以特笔尊孔子，盖以子孙世守其祀。颜、曾、孟以下，无不列传矣。李纲等虽曰贤者，岂可僭用孔子例乎？"(卷七四，《史部 · 地理类存目三》)

是年，王治修，马伟等纂之《沛县志》刻成。是志编纂中，于"前旧志所缺者，皆延请故老，征考载籍，公议决定去取"。(转见《江苏旧方志提要》第 197 页)这种"公决去取"的方法，可视为古代之志稿评议会吧？

嘉靖二十三年(1544)，知府张良知纂修之《汉中府志》10 卷刻印成书，此为该地现存府志之最早刻本。对汉中历史沿革，从唐尧虞舜时起至明代，均有较详细之记述，并多所考证。

对汉中之河流水利设施,如渠堰灌溉等,都有较详细之介绍,并绘有渠堰分布图。每卷前有简论,后有考评。(《中国地方志总目提要》25—59)

是年,管景修,吕怀、杨天伦纂之《永丰县志》四卷刻印。吕怀在志序中,认为方志源于古国史,“古者,列国皆有志。《春秋传》言《周志》,《国语》言郑《书》、晋《乘》、楚《梼杌》、鲁《春秋》,皆志之属,而掌之史官,是史而已矣。是故,《周礼》小史掌邦国之志,外史掌四方之志,稽始考终,类可传信”。从序文中,可以归纳出他认为志书有“四用”,修志有“四贵”、“七不书”之原则。“闻志之道四:君子观之以通其变,小人观之以守其业,方司观之以省其风俗,庙堂观之以通民物之故而类其精,志可不信哉。”“是故贵公也,而不欲滥;贵精也,而不欲逸;贵文也,而不欲虚;贵序也,而不欲便。有一于此,非传信之道尔矣。”“管君之为志,言非史册、传记,不书;文非名贤、金石,不书;非郡乘旧所载记,不书;非耳目显著,不书;非出山氓故老、缙绅贤者公论,不书;荒唐不书;疑似不书……简而公,博而精,核而文,正而序,则谓之是。”这是很有见地之论。县学训导杨天伦在是书后序中,说管志坚持做到了,“有善事无势者不废;无浮名有实操者举;前之美不以后衰废;后之盛不以先弱废。显微阐幽,皆出耳目共见。其有疑似间者,宁缺略不敢臆悉。”(均见《天一阁藏明代方志选刊》本第 52 册)不管实际是否严格做到了,能朝这个方向去努力就是难能的了。

嘉靖二十四年(1545),王崇修纂成《池州府志》9 卷。卷前无凡例,有地图 19 幅。分别是秦鄣郡图、汉丹阳郡图、隋宣城郡图、唐始立池州图、宋池州图、元池州总管府图、皇明池州府总图、州府城图,以及池州所属各县四境和县治图。王氏在志序中谓:“志者,记也,所以记事之实也,即四方之史也……嗟乎,志岂易言哉,务繁者或失则滥,务简者或失则略,徇情者或失则曲,任已者或失则陋。有一于是,志之敝也。惟辨而不华,质而不俚,其词不繁,其事胥备,弗怵于势,弗比于暱,善者书之,而恶者可以戒焉,是则志之善也。惟善可传诸久,所以为史之义也。”(见《天一阁藏明代方志选刊》本第 32 册)是书之古迹类“杏花村”条,解了后人关于杜牧《清明》诗写于何处的无谓之争。其文曰:“杏花村,在城西里许。杜牧诗‘借问酒家何处有,牧童遥指杏花村’。旧有黄公酒垆,后废。余井圈在民田内,上刻黄公广润泉字。嘉靖间同知张邦教,访置教场,前立亭表之。联云:‘胜地已无沽酒肆,荒村忽有惜花人’。”

是年,李希程撰成《兰阳县志》10 卷。是志采用纲目体,分 10 志 112 细目,各标目名。其《凡例》规定:“官师政声教绩,稽诸公议,在职者不书,恐涉谀佞;选举技术,亦纪见世,无弃才也……人必书名,虽尊者、亲者不讳,示永其传,后有所考”;又规定所记史实,必标明出处,自撰者则标明“新增”:“事有稽者,则曰出某书,出某人。其自续作者别曰新增。”每细目之前有“叙”,后有“附录”。这些叙或附录,或起着提纲挈领作用;或发撰者之感叹,颇能发人深思。如田赋志“徭役”目之附录称:“近日编差,惟在于地。吾民以得鬻地为喜。余因为一绝句以悼之:‘人民昔少今加少,徭役名均实未均;深惜闾阎无计处,只愁产业不愁贫。’”再如“户口”

目之附录曰："户口渐增，由分户所致，非实增也。余尝为一绝句诗以劝俗曰：'瘠地濒河岁未登，新来赋役重难胜；各分版籍求规避，谁解翻为户口增'。"还如"备荒"目之叙指出："古之民命悬于君，后之民命悬于天。悬于君者，未荒有备荒，则有政是也；悬于天者，任其捐瘠漠不顾矣，其诸牧民者之执其咎欤！"足见其仁爱之心及对统治者之不满。商大节在志序中说："况其邑，壤平土衍，水旱易侵。大河经绕，修费无定，民贫役重，咸无堪命。"（见《天一阁藏明代方志选刊》本第78册）敢于一反那种把自己地方吹为"地皆乐土，人皆圣贤"的传统做法，也颇有见地。

是年，沈敕纂成《荆溪外纪》25卷，这是一部以地方别称命名之宜兴县志书。分山川、区域、城郭、土田、人官、物产诸类，首列艺文，这种列序法为地志中未见之例。有人认为，其体例方面多有失偏颇者。（《江苏旧方志提要》第167页）陈光贻认为此书，辑录周处之《阳羡风土记》，是首开方志辑佚之风，称之为辑录体的志书。（《中国方志学史》第33、199页）

是年，廖希颜撰成《三关志》一种。此指雁门关、宁武关、偏头关等外三关也。是书先有图考，为三关总图和三关分图，图后各附论说，以明各关之形势。下分三关叙述，包括地理沿革、历代设官驻防情况、历史事件，后论一关之山川站镇，以记明代之尤详。《续四库全书提要》称："盖全晋险区，明代独重三关。希颜首编此册，乃亦应时需要，而令为政者虽不能履勘其地势，亦可展卷以知大势，而思有以如何扼守也。"（转自吕志毅《方志学史》第244页）

嘉靖二十五年（1546），刘汝松、贾应春修，朱衣纂《汉阳府志》10卷刻印成书。致仕兵部尚书、前都察院右副都御史、郡人戴金在《重修郡志序》中有云："史自略而详，下逮列国，为乘、为梼杌、春秋。降及汉后为舆图志、风土记。迄今郡县志皆丘坟之流衍也。随时随处与版籍并行而不阙者，其要用以征治树风，明贤纪异，以昭鉴戒……（汉阳）形胜称楚之最，而供亿亦倍焉……在汉之阳，则又域旷民疏，土硗赋重，客处浮于土著。"纂者朱衣在自序中，表明了他对志事、志书的看法："今之志乎，职方氏所典之图、志是也。图者，图其方域之迹；志者，志其方域中上下古今之事。盖一郡一州一县之实录，储之以俟史氏之采择。三代而上，为典谟，为训诰，为誓命，风雅。其事要，其辞简，其义备，不可尚矣。秦汉而下，或曰记，或曰史、曰志、曰书传，系之世代，而总谓之史者二十有一，是皆一代之成书。内稽制典章疏之所存，外考郡邑图志之所载，以撮其要领之实，而备其当时之故。故曰志者，史之积也；史者，志之成也。然有志之体，有史之体。志以备史述者之事，有予夺之义，而无其权，不得不详。史以裁志垂宪，作者之事，以天子之权而寄予夺之笔，不得不核。明兴，诸志遍于海内，得失之迹具在。……是志也，一曰沿革，二曰方域，三曰创置，四曰庙祀，五曰食货，六曰宦迹，七曰选举，八曰人物，九曰封守，十曰方外。事以类附，义以次显，是非得失以言见……复为四论，无凡例，无泛载，无徇己，无溢美，以俟就正于将来而备采于史氏。"（均见《天一阁藏明代方志选刊》本第82册）其中较好地说明了史与志之关系，值得注意。

是年,汪廷藻纂修成山东《巨野县志》刻行。是志已佚,但汪氏之序载于道光《巨野县志》中,可略见其修志之旨。序云:“志县鄙以昭沿革,志分野以辨方向,志城池以昭兴废,志景迹以昭形胜,志学校以昭隆替,志祠墓以昭常祀,志风尚以昭好尚,志祥瑞以昭霾罢,志食货以昭贡赋,志庸调以昭程度,志官师以昭淑慝,志科第以昭风声,志人物以昭轨范,志艺文以昭才术,志时政以昭理乱……诚传而有要,文而有理也。君子观县鄙之沿革,而忠君爱国之心生矣;观方位有定也,所以安土敦仁之心生矣;观城池废兴之故,而思患预防之心生矣;观地理形胜之迹,而修德恃险之心生矣;观阙里之尊严,而希圣之志奋矣;观祠墓之森列,而天明地察之敬矣;观地不爱宝,而中和位育之效期矣;观任土作贡,而阜民丰财之政懋矣;观庸调繁苛之因,而用一缓二之于矜切矣;观宦淑慝之分,而思齐自省之念兴矣;观风声所树之都,而彰善瘅恶之机劝矣;观艺文之高下,而崇雅黜浮之习慎矣;观时政之隆污,而振蛊倾否之道见矣。夫天时有生也,地利有宜也,人官之能也,是皆所以承天之道,达地之宜以成人官之能者也,化而载之存乎变,推而行之存乎通,神而明之存乎其人,吾于斯志重有感焉。”(转自王桂云《山东方志汇要》,宁夏人民出版社 1989 年 9 月版第 436 页)

是年,知县王琮纂修,杨复等 19 人参纂成山东《淄川县志》6 卷、首 1 卷刻行。王纳在志序中有云:“国有史,邑有志,史略而志详,志固史也。故知史者,方可以言志。概世之志,率多踵陈籍,昧本根,溢美隐恶,漫无实录,斯志之蠹,何以昭前鉴后哉。”主修者王琮“乃命意立例,选儒生之博古者汇次,稽事实于典籍,采遗逸于野史,覈是非于众论。稿成,再属掌教樊阳吴君校正删改之。公(王琮)复亲临铅椠,躬事笔削。旧志之冗略谬遗,迂僻不经者,损益因革,折衷剖断,靡不精当。于是一邑之地里、建置、土产、民风、宦绩、人才、食货、赋役、利病、灾祥、艺文、典礼,一展卷间,的然在目。词约而义备,文腴而事核,卓然一家之言,有古史之遗响焉。”是志有图 3 幅,其图之《附论》有云:“诸方封域类有志,然多无图,士君子生于其时者,皆得以观其盛。惟出于后者,莫得以究其详。故观泰山记,可以考帝王巡狩之方,观厥里图,可以识圣贤宫墙之美,此其选也。夫淄川……在昔为国为州为路,其变易之繁,分属之迹,不可得而图也。据今之为邑,而以县境、县治、学校,列之为三图。山川城廓之分,公署、学校之设,使旷世之下,可以知建置,可以示殊方,不必旁搜浩索。其欲观约以见博者,皆于图可考焉。”(见《天一阁藏明代方志选刊》本第 60 册)

嘉靖二十七年(1548),赵瀛、赵文华纂修成《嘉兴府图记》20 卷,次年刻行。是书分方画、邦制、物土、人文四门,门下再分目,最后附以丛记。其方画门,自吴越分境以迄元代,每朝为一图,还有明初一府三县图、宣德后七县图,以及嘉靖时府及属县境图、卫所图、水利图。周中孚评论此志说:“以纲统目,体例极整。至其所罗列,皆属要领。而叙述亦颇简核,有古地志之遗意。其地图则自吴越分境以迄宣德后七县,每朝为一图,而后以明之府县各图继之,尤为宋、明诸志中所仅见。”(《郑堂读书记补逸》卷一三,转自洪焕椿《明代府县志的普及和江苏方志学家》,载《江苏地方志》1989 年第 1 期)志中记载织造局,有“络丝机 62 张,贮丝机 32 张,细绸机 4 张,绢丝机 8 张,包头丝机 1 张,银河纱机 10 张”之记载,是研究当时手工业情况之重要资料。《四库全书总目提要》谓:“是书乃文华官通政使时,遭忧家居,应郡守之请而作……叙述颇有体例。其方画每朝为一地图,殊为可法。然文华小人之尤,其姓名人羞称之,故传本颇稀,此殆毁弃之余欤。”(卷七四,《史部・地理类存目三》)

按:类似难得之经济史资料,在明代志书中,已不断有见。因人而废其书,在旧时亦所难免也。

又:这种四纲体之志书在明代是比较多见的。如嘉靖三十一年冯惟敏修纂之《临朐县志》,分风土志、官政志、人物志和杂志;唐学仁主修之万历福建《永福县志》,分地纪、政纪、献纪和文纪;张元汴纂之万历《会稽县志》,分地、治、户、礼四书。

是年,周士佐修,张寅纂之《太仓州志》10 卷刻印成书。是书卷三《兵防》中,载元至正十二年(1352),太仓城内立有水军都万户,府署设于城东陈门桥东,统领定海、靖海、宁海三个千户所。如此重要之军事机构资料,《元史》竟不载,赖本志书得以保存,是志书补史之缺一显例也。(张乃格《旧志整理论略》,载《中国地方志》1994 年第 4 期)是志卷五记户田役法之后,有张寅一段按语云:“寅惟:均徭旧法,十年一编,民户承差,一劳九逸。今法每年照丁田出银,贮库支用,轮甲审编,仍复差役催征。给领之间,侵欺赔贱之弊,奸计百出,屡经抚按有司会议未决。”表明了纂者对均徭法之看法。这种“按”、“论”在志文中之出现,有的论者认为是对志书“述而不作”原则之突破,是资料性与著述性之统一,使方志存史与资治、教化功能有机地结合。但都还仅限于做法上的运用,尚未从理论上明确提出。据笔者所知,正式提出志书中要述论结合者,是民国《续修静宁州志》。其《凡例》公然揭出:“凡志之体裁有二:举其要会,运以议论,此史家断制之体……直序其文,粲然明备,议论另列其间,此史家编记之体,今各省通志是也。作述义殊,其为仕人之取资则一耳。是编一仿通志体裁,而条目则简而约之……名宦外有循卓,及乡贤外有遗献,亦变例也,俱有论注本条前……监生录其已登仕籍者,有论附见于本条。”(引文均转见张英聘《新修志书应强化“述”与“论”》,载《新方志理论与实践二十年——中国地方志协会 2004 年度学术年会论文集》)

是年,知州刘佃修,刘继先纂成山东《武定州志》刻行。明时武定州领有阳信、海丰、乐陵、商河四县。故志州之外,还设有附 1 卷。在《属县志略》之论中解释说:“志,志州也,何附四县?夫县属州也,不以附之非全志,非全志则非所以全州也。志附县以全州,拟州志可也,而何以略?夫县自各有志也,拟州之详焉,则被将赘乎……(于属县之事)弗书则太离,尽其事而详书则太合。太离嫌于无论,太合嫌于侵并,是故不可不书,书不可不略。”这对于今市管县之市志,如何处理属县问题有参考价值。刘佃在志序中,提出了志书有三条标准:“志也者,志也。为可征也,为可信也,为其可传也。三者有缺,志虽竣,未也,勿梓可也。”(转自《山

东方志汇要》第 528～529 页)

是年,赵锦修,张衮纂成《江阴县志》15 卷刻行。是志分为记、考、表、列传四体。分别为建置记、提封记、风俗记、食货记、学校记、秩祀记、河防记、兵卫记。次为禄秩表、官师表、选举表,又次为列传、外记、遗文等。前有宋全境图、山川图、四境图、县城图。其凡例谓:“自沿革而下诸篇,其要者各为说,以冠诸端,明其旨也。犹说诗者必有小序,以言其作者之意。”但不能参以个人的好恶,“事之去取,文之详略,惟据旧闻,略加删正。参以己意,好恶作矣,其蔽也诬;附以臆说,谬悠生矣,其蔽也矫。曰诬曰矫,志之患也。”

唐顺之为本志写的《江阴县新志序》,是一篇很好的志论之文。关于志书记载之重点,如何做到有切实用,他举了一个很形象的例子说:“有家者,随其家之所有而籍记之,其常也。凡其田亩、租甌、钱贯、丝缕、豉合、酱罂、僮指之数,此纤勤治生者之所详,而游闲华饰者之所略也。凡其池馆、花树、狗马、图画、古物、珍器之数,此游闲华饰者之所详,而纤勤治生者之所略也。”郡国之志,要“随其郡国州邑之所有而籍记之,其常也《禹贡》、周职方,岂非志国邑者之所权舆也哉。然自后世观之则见其有琐细而俚俗者矣。夫其田赋高下之异等,坟垆黎赤之异壤、九镇九泽之异名,而五戎、八蛮之异服,其列而载之可也。至于篠簜箘簬、淮蠙、江龟、海错之纤细,则类于草木虫鱼之书,而多男少女、多女少男之纪,则近于闾井村俗之谈,古人何若是之琐琐也。苟有切于利器用而阜民生,辨阴阳而蕃孳息,则固不得以其秽杂而略之,而况其大且重者乎。其所载而详者,固然,则其所不载者亦可知矣。后之所谓地志者则异是矣。其叙山川也,既无关于险夷潴泄之用;而其载风俗也,亦无与于观民省方之实。至于壤则、赋额、民数,一切不纪。而仙佛之庐,台榭之废址,达官贵人之墟墓,词人流连光景之作,满纸而是。呜呼!此何异于家之籍专记图画狗马玩具为装缀,而租甌、钱贯所以需衣食之急者,不足征也,其亦何取于为家也与。知家之有籍,本以治生而非以观美;国邑之有志,本以经世而非以博物,则得之矣。……户口田亩,固天下之大命,而经国者所必稽也”。他肯定现在修的本志,所记都是今县令为治所当考虑的:“凡志中所载田赋、徭役、户口、食货、谣俗、水利、防江、治盗之源委本末,节错丝棼,盖皆君之所尝早夜尽心焉者。其于浮文羡费,则尽屏去不事。譬如辛苦起家之人,斥绝耳目之玩,而毕力于家人生事之间,一钱粟之盈缩,一臧获之奸良,与夫锁钥闾户之守,虽其锱铢隐赜,而聪明智算举无遗者。于是一切以其精神思虑之所及,而登之于籍……邑之与治生意向或异,家籍之与邑志体裁亦殊。至其的然当于实用,而不取办于具文焉,则一也。”

按:这里不但明确地提出了《禹贡》、《周·职方》,就是郡邑志书之源头,更强调了修志为经世之用,是一种很值得重视的方志主张。

是年,王士翘纂成《西关志》32 卷。以居庸、紫荆、倒马、故关分别汇辑。分为《居庸关志》10 卷,《紫荆关志》8 卷,《倒马关志》7 卷,《故关志》7 卷。各卷之首,均有图、说一篇。各关所记多寡不同，而门类皆同，内容有沿革、疆域、形胜、山川、关隘、城池、军马、墩台、边情、摆拨、仓场、草场、库房、教场、屯堡、征徭、岁用、矿洞、章疏、艺文等 37 类，附条 4。陈光贻在《稀见地方志提要》中谓："此志稽考史集，摭采案牍颇丰，其所纪祲祥之变，用以通险夷遇迁之途，察边情之审，则以定战守也，与府州县志叙述不同。"（第 127 页）

是年，陈士元纂修成《滦志》11 卷刻成。（《中国地方志联合目录》作 5 卷，今从《明史·艺文志》）全书分 4 篇：世编、疆理、壤则、建置。其中世编为编年体。高擢在是志序中提出，志书记述原则，应当是"其事核，其文直，不虚美，不隐恶，故谓之实录"。"披故志而删订之，搜抉史籍，延诹俊耇，黜浮厘缪，饰固稽疑。"（转《中国方志史》第 107～108 页）

按：对是书历来褒贬不一。章学诚在《书〈滦志〉后》，说其"家存《滦志》四帙，板刻模糊，脱落颠倒，不可卒读"。"康熙中，知州侯绍岐依例续补，虽十一卷之次不可复寻，而门类义例无所改易。篇首不知何人撰序。有云昔宦中州，会青螺郭公议修《许州志》。公曰：海内志书，李沧溟《青州志》第一，其次即为《滦志》。似指陈君原本而言。其书与人，均为当世盛称，是以侯君率由而不敢议更张也。今观其书，矫诬迂怪，颇染明中叶人不读书而好奇习气，文理至此，竟不复可言矣。陈君以博赡称，而《滦志》庸妄若此，其他著述，不知更何如也。而郭青螺氏又如此妄赞，不可解矣。"指出它存在诸多的不是：一为书名不当，"滦乃水名，州亦以水得名耳。今去'州'字而称《滦志》，则阅题签者，疑为《滦水志》矣"。二为世编里，大量出现"我"字。三为仿《春秋》笔法，采用自问自答之方式。四为纪年上称法之不当。（详见《文史通义新编》第 906～908 页）

是年，谢庭桂修，苏乾、贾希颜续纂成《延庆志》10 卷刻行。是志之特在于，除了新立之卷外，其余卷目前均冠以旧志之小序，并加注明。如其《官署》目下云："厅以听事，馆以舍客，设官分职，各有司存，此官署之所由设也。隆庆州废革有年，郡城鞠为茂草，国朝永乐甲午（十二年——1414）始复之。虽经多故，诸贤接踵，旋为修治，规制苟完，废兴因革，悉著于编，俾后之人观之，不徒视为传舍而已。"这是做法上之一特也。（转见冯秉文主编《北京方志概述》，吉林省地方志编委会、吉林省图书馆学会 1985 年 1 月编印本第 149 页）

是年，陈甘雨纂修之《莱芜县志》8 卷刻行。是志在各分志和目之前均有序。在志前者称为"大序"，在目之前者称为"小序"。（《山东方志汇要》第 353 页）

嘉靖二十八年（1549），高廷愉纂修贵州《普安州志》10 卷刻成。是志《叙目》中专门道及史志关系谓："天下不可一日无史者也，是故有天下之史，有一郡之史，有万世之史，有一时之史。夫一时者，万世之渐，而一郡者，天下之源。故天下括其概，而郡志不容于不详；万世凭其鉴，则一时之录不容于不实，非详莫稽，匪实莫信。"（见《天一阁藏明代方志选刊》第 103 册）也就是史"必于方志取裁"之意也。

按：类似之说，又可见于康熙贵州《黔西州志》。此志虽已佚，但存有何缙序，其文有云:“凡郡邑之有志,犹夫国家之有史,其体异,而其用同。何以明其然也?盖史主文,志主实;史尚略,志尚详;史陈论断,志陈沿袭,故曰其体异。至若胪列史事之始终,列舆图之形势,述习尚之贞淫,纪人才之盛衰,作史者类必远取诸志,故曰其用同。明乎异同之故,而志可为矣。”

是年,顾应祥纂成《长兴县志》12 卷。是书以考订出色见称。时人评之有云:“顾公考度既精,义例攸当,不事繁文,专于记其山水,比旧加十之七,而人物之去取予夺,悉稽之史传,征之乡评,毁誉爱憎,勿得而夺焉。事核言质,皎然一出于行实……斯其为实录矣。”顾氏在志序中提出,志自郡县而兴起,略云:“志也者,记也。何记也?记其事也。封建废而郡邑作,壤地之分合,山川之形胜,民仪物则之故实,不有记述无以稽古而立政也。于是乎有志焉,以纪其事也。”(转自《浙江方志概论》第 93 页)

按:照这种看法,则方志之起源就晚于古国史说了。

是年,沈朝宣修纂成《仁和县志》。是书所记以封畛为详,其中尤详建置沿革、疆域。沈氏称“自古建邦设都,体国经野,必始于辨封畛。封畛辨则遐迩昭,纵横察则公私别,通塞彰,纷纷藉藉之民,可以运诸掌上。不然,则混沦疑似之间,易至此侵彼夺,为并为兼,其何能统一驾驭也耶?是以有志于治者,未尝不以封畛为急焉”。(转自黄苇《方志学》第 365 页)《四库全书总目提要》称其:“体例颇谨严,较他地志之冗滥,差为胜之。其称杭州府旧志备载诏赦,盖用《咸淳临安志》例。不知其时临安为都城,所以备录。明代已非都城,即为赘文。其说最协。至于碑刻之文,只载其目,使后世无从考证,则失之太简。又引用诸书,……皆不著其所出,则益启杜撰之门矣。”(卷七四,《史部·地理类存目三》)

嘉靖二十九年(1550),翁相修,陈棐纂《广平府志》刻印成书。是书在形式上甚为别出心裁。全书 16 卷分经、纬两集。包括封域志、郡邑志、山川志、建置志、学校志、版籍志、坛宇志、古迹志、官秩志、选举志、宦业志、贤行志、列淑志、恩泽志、经历志、风俗志。“前八卷自封域以至古迹,皆形质凝定之目,所列者在物,乃主也静也,故以为经;后八卷自官秩以至风俗,皆运动推行之号,所取者在事,乃宾也动也,故以为纬。理道先静而后动,先主而后宾,故此先经后纬。”此书凡例不单行列出,而是在紧接编目之后来一篇问答式的文字,说明其编纂原则。如“凡事,大书于上,细书于下,系断于后;每条有论述者,论其事之一节,故小书之。每卷有论赞者,论其卷之全义,故大书之也”。大书者如,各州、郡、县之首有“原州”、“原郡”、“原县”。鉴于历史上曾有封国,故又有“原国”一篇。多加有“颍川氏曰”的字样(纂者陈棐系颍川人)。在文体结构上,采取小字夹注式,这些小字注有内容注释,有引述节文,还有“予按”,也就是评语。他还特别说明,“此乃棐一得之见”。商大度在志序中,特别说明用志书为治道以化民的做法:“今邯郸永平,其地广其俗勇,可导之以义;马曲周肥乡成安,其地饶其俗侈,可导之以礼;广平县,其地狭其俗靡,可导之以毅;清河鸡泽,其地瘠其俗啬,可导之以勤。

因其习见之常，通其本心之蔽。积之既久，入之自深，使民见其义不见其勇，见其礼不见其侈，见其毅不见其靡，见其勤不见其啬。”(《天一阁藏明代方志选刊》第4册)

按：陈光贻《中国方志学史》中，称其为术数体的志书，谓：术数地理之书由来久远，晋以后言术数者，不外乎阴阳五行、生克制化之说。至明代，又稍稍沿袭此说，著述方志之天文、地理，必以星度为准望，于是术数体方志兴起。《广平府志》在序例中自说明为术数体方志，但未说明而用此体者亦有之。古人纂方志，必首列星野。所以术数、天文为古志乘家不可缺少之一门学问。明人最精此学，于是术数地理盛行。(见第33～34页)巴兆祥在《方志学新论》中则称之为“经纬体”。他开列明代志书体例上新创者有三：一是弘治、正德间周瑛纂之《兴化府志》和《漳州府志》，创立政书体，以典章制度为主，明代属于这种体例的，还有嘉靖《临武志》、李作舟之《仓浪汇纪》等；二是本志开创之经纬体；三是万历初唐枢纂的《湖州府志》，开创了三宝体，其后王一龙万历《广平县志》和康熙《宁化县志》，也属于这一体。(见第106～107页)

又：这种两部体之志书，其前已有嘉靖二十一年(1542)湖广巡抚顾璘纂修之《兴都志》。该志只分为典制、郡邑两门。(见1541年条)至民国时又有刘爽编著的《吉林新志》，分上、下两编。上编为自然之部，下编为人文之部。(见本书1934年条)

是年，程嗣功修，骆文盛纂成浙江《武康县志》8卷刻行。骆氏在志序中认为“志不易作”，提出修志要防“五患”。所谓五患，即“义例患弗明，稽核患弗审，去取患弗当，论辨患弗确，文采患弗章。”要做到“详而整，辨而核，匪略匪诬，秩乎有章”。(转自邸富生《中国方志学史》第107页)

嘉靖三十年(1551)，高汝行纂修成山西《太原府志》6卷刻行。是书《凡例》中要求“各条事迹”，“据事直书，即意自见，不著论断”。(转自刘光禄、胡惠秋《方志学讲座·方志发展史略》下，载《中国地方史志》1982年第2期)

是年，林鸾纂修成《襄城县志》8卷刻行。是志之特：第一，其卷首以“新修志义”一整段文字代替凡例，内称“邑志即古小史，其记载事实，发而成文。太繁则不切，太简则不详。且梓行旧格，志目首以凡例书之，类各注以大小，传意殊失漫漶厌观。今皆屏而不及是。非矫时以立异，盖模仿汉初近古一条编辑，取便捡阅”。第二，目录名“志目便览图”，作一园盘，画成八卦状，分两层，内层8格列8卷门类；外层8格列子目，文字呈由内向外辐射之状。如附图：

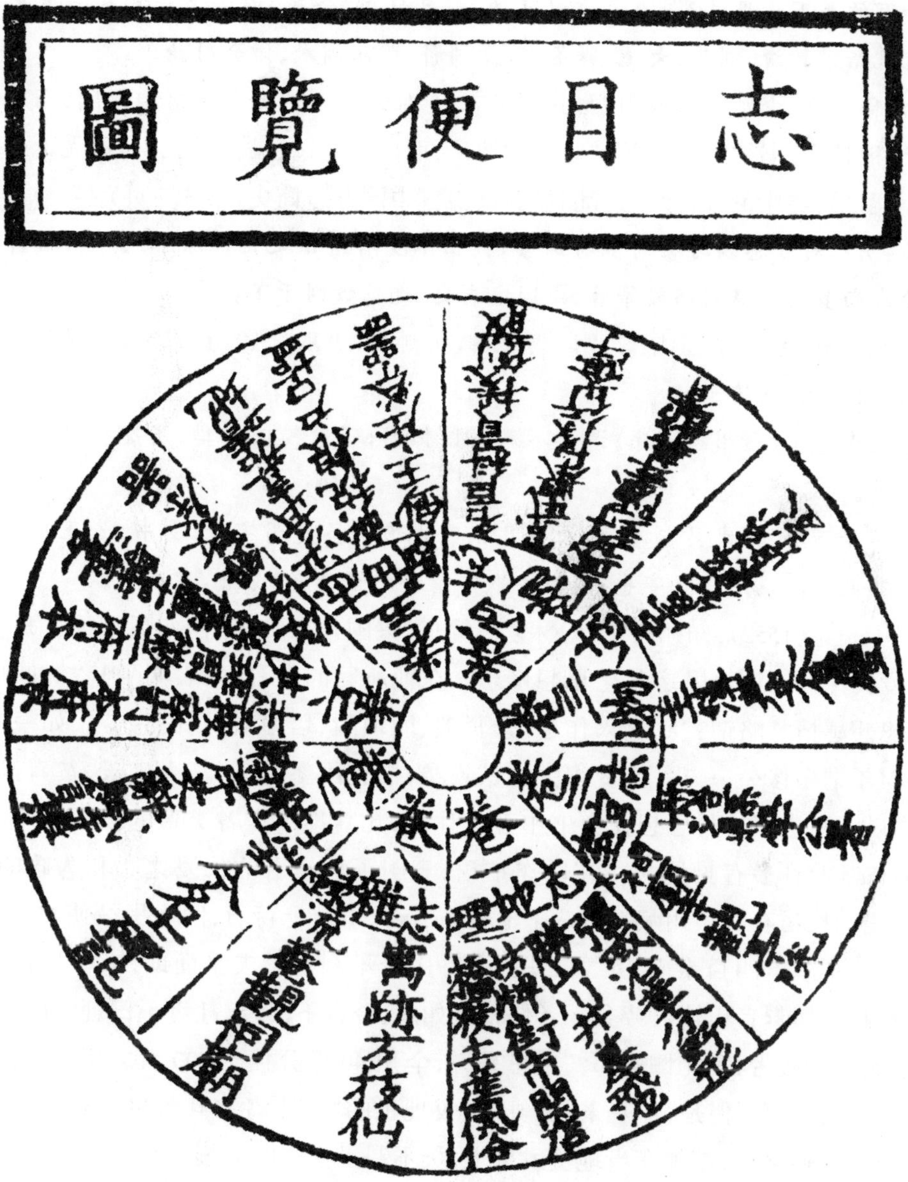

第三,行文中通卷一文到底,卷下各目之间没有另行区分,仅以黑底阴文以示划分。第四,在《志义》虽不主太繁太简,但实际上记述甚简,有的只列一名目,没有内容。如卷一的"街市"下,仅列"十字街"等 7 条街名以及两市、八巷之名,其他一切不及。文字上也很简略,如其"风俗"目下仅有"按周礼注、风土记、宋地理志,襄城乃旧豫、颍、郑、汝之地。人禀中和而好文学,俗尚稼穑而务勤俭,仕虽显宦而不谋产业,器尚瓷瓦而不饰金玉,立义社,以财帛助丧,重婚姻,以饮会成礼,有古淳朴清节之风焉。"(见《天一阁藏明代方志选刊》第 65 册)

按:"志目便览图",这在中国方志史上是绝无仅有的做法,甚为新奇,但实在过于局限。如有的卷下子目过多，图内难以容纳，则只好用“合属”以概之。其卷三最后的“合属”，就统括了教谕、训导、大使、驿丞、医学训科、阴阳训术、僧会司等。

是年，刘鲁生修，李廷宾纂成山西《曲沃县志》5卷刻成。刘氏在序言中提出，修志书“其载欲悉，其事欲核，其书欲直”。因而“必广询博采，而后无遗迹；循名责实，而后无讹传；义正词确，而后无赘语；类序伦分，而后无乱章”。（转自《中国方志简史》第327页）

按：明人对方志编写原则多有探索，提出不少有价值之论。除本志序所言外，其他不同论者尚多。今据刘纬毅等著《中国方志史》选录数则于下：

郭朴万历《彰德府志》序谓：“记载欲实，实则信；去取欲直，直则公；闻见欲博，博则赅；文词欲工，工则传。”

张嘉谟万历《隰州志·序》谓：“不藻思以饰丽，不逸气以眩华，不虚誉以求奇，不妄削以没善。”

阎邦宁万历《原武县志·序》谓：“凡记载之诡于圣经明宪者，勿书，贵正也；事物若风闻而非共见者，勿书，贵实也；扬榷去取非清议之至公者，勿书，贵当也。”

嘉靖三十一年（1552），知州唐宁修，林爱民纂成《兴国州志》7卷，两年后刻成。是书最大特点，是林爱民深怀同情人民疾苦之思想修志。在他所写的序言中，表明了其“忧戚痛痒与民相关”的思想感情。略谓：“犹之兴作也，崇贤关、固垣隘、培塘堰，则民忘劳。如亭宇阁榭而饰之，则君子谓多侈……夫兴治要害关隘诚设矣，惜也团堡之卒，富人坐殴，贫者役之，贫何幸出死力以卫富也？”这种思想在全书中多有体现，尤其集中在各类目的按语之中。是书各类目之后都加有许多有见地之“按”以作结语，表明了纂修者的仁爱之心和为政的主张。如其《田赋》类的按语有云：“州赋二万八千七百石有奇，里若七百石，四十里役使均也。合鬻于瑞昌武宁者，不下千四百余石，足立二里矣，寄庄者不利焉。夫坐而助纳，一切役力不与焉，寄庄之私也。然鬻者代输倍劳矣。若佚相悬如此，登者不曰登，耗者不曰耗，迩有立里议竟不行也。平心和政者，宁无恻然耶？”意思是说，全州40里分担28700石之州赋，所有之役也是由这40里均摊的。但是，那些来此购田坐收地租的“寄庄者”，其数量已相当于二里之数，他们不负担任何之役，都加在当地贫民头上，极不利于生产的发展，呼吁当政者应当有恻隐之心，注意到此问题。又如在驿站目下之按语有云：“诸驿库役，惟凤山、簰州最难矣。这山乡氓，不习支应一也；举家往役则南（亩）就荒二也；费十倍尹徭之数三也；费浮于夏口而数倍损之四也。夏口非不难，然止解直而定数裕也。惟编二驿者，家鲜不破矣。如视夏口解其直而稍损其数，其庶乎？”（均转自徐孝宓、刘昌润《湖北省地方志考略》第113～114页）也可算得上是“仁者之志”了。

嘉靖三十二年（1553），董邦政修，黄绍文、徐楠等纂《六合县志》8卷刻成。是志卷二设《人事志》，下辖户口、民业、风俗、土产、贡赋、徭役、防卫、孳牧、惠政、古事、灾祥。篇目上颇为特殊，记言叙事亦颇雅简。是为六合今存最早之志书。（《江苏旧方志提要》第97页）

按:有明一代,六合县曾先后六修志书。

是年,冯继科、朱凌等纂成福建《建阳县志》16卷刻行。赵文在志序中认为,方志起源于《史》、《汉》,"郡邑之有志,邦国之有史,志史之名虽殊,所以记其事者,则一而已。肇自西汉之班、马,其来也远"。故是志完全模仿《史记》体例,分图、纪、世家、表、志、传6体,是典型之纪传体志书。其凡例规定:"凡志之作,所以纪其事,有关山川、人物、政教、风俗者,无论巨细,皆所当记也";"世家并列传,凡国史有传载者,今悉全篇登载";"名宦必其人已去任,乡贤必其人已归老,且灼然出于众论之公者,然后增入";凡"一事尤著",生平大节"无少玷"者也可入传;"方伎固君子不齿。一技之长亦未可少焉,故录之"。在志首的《凡例》之后还另列一《志目总序》,实际是叙全书总体结构的又一凡例。其中有云:"古者列国,各有史官掌记时事。余亦仿编年……首作县纪";"春秋编年,则于时月日详言之,信以传信,疑以传疑……略依汉史,次作年表";"史迁序帝王则曰本纪,公侯传国则曰世家。孔子一鲁司寇耳,无五等可列而云世家,以其德教远被,虽群后所不及比……惟朱子卜居考亭,倡明理学而集诸儒大成。蔡氏渊源家学,三世一辙而衍孔孟正脉,于是作朱、蔡二世家";"古人注释经义,羽翼圣哲曰传。至于班、马而下,表记人物亦谓之传,无非以章往训来,传诸不朽……予窃慕焉,遂为论列以附于后,而续以儒林、宦迹、列女,并流寓、方伎,僭加品藻,用以告乎官于斯、产于斯者备鉴识焉"。(转自《天一阁藏明代方志选刊》第41册)本志之图有书坊图,表有历代职官年表、杂属官年表、历代选举表、封荫例授表,世家有朱熹、蔡沈二世家。学校志之图书目,依文、行、忠、信字号录儒学尊经阁书目78部、书坊日384部,都是与他志特别的地方。(《中国地方志总目提要》13—18)

按:明人认为,"史有编年、纪传二体,郡邑诸书亦然"。(《苏州府志》旧序),故是时纪传体的志书多有出现。除本志外,尚有万历十七年,熊元修,马文炜纂成的《安丘县志》,分纪、表、考、传四纲(见1589年条);又有天启元年袁文新修,柯仲炯等纂之《凤阳新书》(亦作《凤书》,见1621年条)等。

嘉靖三十至三十二年(1551～1553)间,李昭祥纂成南直隶《龙江船厂志》8卷。分别为训典志、舟楫志、官司志、建置志、敛财志、孚革志、考衷志、文献志。该厂前身为宋代之龙湾都船厂,明洪武初扩建成龙江宝船厂,有工匠400余户,当时承造各式快船、黄船、漕运船、海船等。其中记述到"永乐五年,改造海运船249只,备使西洋诸国",可见郑和下西洋所用船只多在此建造。(见新编南京市《鼓楼区志》,中华书局2006年3月版,第1079页)

按:这是笔者所见现存最早之一部工厂志。据欧阳衢在该志序中言,本志修纂中曾参阅了沈嵱《南船志》,可见此书非最早之厂志,只是不知此书前之《南船志》尚存否也。新中国成立后,曾于此发掘出船厂遗址,2002年列为江苏省级文物保护单位。

嘉靖三十三年(1554),黄显修,陈九川、徐良傅纂成《抚州府志》16卷刻行。是志分为天文、地理、人道三纲,纲下设22目。(《中国地方志总目提要》14—50)

按：这是一部三纲体之志书.当时及以后得见之三纲体志书，尚有康熙《沂州志》，分为规制、政事、仕进3部（见1674年条）。乾隆《会昌县志稿》，亦分为天道、地道、人道3纲（见1750年条）。嘉庆《龙川县志》分天、地、人3大部（见1818年条）。民国《牟平县志》分地理、政治、文献三纲（未明分，但可概括为3纲，见1936年条）。民国《石门县志稿》分为时间、空间、人事三部（见1941年条）。此外尚有以时段分而为三者，如民国《华安县志》分为过去、现在、将来三部（见1949年条）。又有分之为冠编、正编、余编者，如道光《贵阳府志》（见1850年条）。

嘉靖三十四年(1555)，谢东山修，张道等纂成《贵州通志》12卷刻行。修纂者由于在土地问题上深感“欺隐之弊，逋负之奸，往往不免焉，故招集之令，劝课之方，捍御之谋，清查之政，不可不讲”。是以本书于土地、户口、财赋诸门，记之尤详。可见古人修志是抱有明确目的的。《四库全书总目提要》谓其，“书颇简略。以孝义、隐逸别于人物之外，而如陆京、张伯安诸人，又以孝友入人物志，亦无体例也”。(卷七四，《史部·地理类存目三》)

按：弘治年间，贵州曾有沈庠修，赵瓒纂成《贵州图经新志》17卷，虽较粗疏，也不尽符合志体，亦未以“通志”名之，但已经初具一部省志之规模。（见1488～1505年间条）其后，贵州巡抚郭子章辑有《黔记》60卷，是一部纪、传、表、志诸体俱全之正式志书，亦未以“通志”为名。本志是贵州第一部以“通志”题名之省志。

嘉靖三十五年(1556)，邹守愚修，李濂纂成《河南通志》45卷。是志一反过去按府系事的做法，改为分门记述。志中颇重国计民生之内容。尤其是其因地制宜，针对黄河为患的实情，首设河防一目，是新开创之篇目。此对河南以后之通志及相关之府县志，多有影响。但本志亦开了设《帝王》目之恶例。同时，在《人物》之外，又有其他记人之目，如游寓、孝义、隐逸、方伎等，未免失当。(刘永之等《河南地方志提要》第20页)

按：其前的成化《河南总志》分府记述，可谓是“以地系事”。本志则分类列目，可谓是“以类系事”。但其山川、风俗、户口、田赋、物产、职官等，又是分府记之。是“以类系事”之下，又有以地系之者也。人称是志“寻烦领难之术，诠评离合之要，明白首迄之序，品乎事实之采，弥伦一代，贲饰盛世”。（见《中国方志总目提要》16—18）

是年，江一麟修，陈敬则纂成《安吉州志》8卷。主修者江氏在志序中提出：“志犹史也。然史专笔削寓劝惩，乃文章遂或多所藻饰；志则不过登载故实，要以成民之务统记，令来者足可考镜而已。故史氏有正史，有实录。志犹实录，不得为史，其体则然。”(转自《浙江方志概论》第93页)

嘉靖三十六年(1557)，李廷宝修，乔世宁纂《耀州志》11卷、附1卷，刻印成书。是志编纂思想上坚持这样一些原则：一是载述以简核为主，务在审核事实，以切当世之务；二是利病俱陈，臧否弗掩；三是凡稽诸群籍，咸有依据；四是在地域方面，凡今不属者不书；五是不记浮泛之分野；六是官师在任者书，人物生者传。被称为陕西十大名志之一。许宗鲁评其“挈纲尽目,备往昭来,详不赘词,约不遗迹,不眩浮谈,不溺尘习,井然有伦,灿然不晦”。(见《中国地方志总目提要》25—14)是书所载以地理、人物为详。其地理既叙建置沿革,复置沿革表,进而明晰古今建置、地名之演变。被清代地理派的代表人物戴东原推之“以为修志之宗”。(转见巴兆祥《方志学新论》第 95 页)

嘉靖三十七年(1558),胡缵宗撰成《秦州记》(又名《秦州志》)30 卷。胡氏在志序中申明其修志之旨,述古是为了诏今,表物是为了仪人。其序文曰:“兹秦记可以为今而非今也,可以为古而非古也。二泉公尝志许昌,浒西公尝志武功,举世称之。兹记敢比二志?是故述乎古,以诏乎今也;表乎物,以仪乎人也。曰地理,敷土也;曰官师,建官也;曰选举,宾兴也;曰仪制,遵宪也;曰边防,御戍也;曰食货,理财也;曰兵戎,纪兵也;曰灾祥,纪异也;曰艺文,勤实也。考皇述帝,郡不得而纪也。其诸列传,允文允武,非程度乎,而圣教巍巍也;克忠克孝,非准则乎,而圣教穆穆也。况循足以劝,酷足以惩哉。”(转自《中国地方志总目提要》26—17)

嘉靖三十九年(1560),王宗沐纂修成《江西省大志》7 卷刻行,亦名《江西大志》。其序谓:“大志,志大者也”,与一般细大均收略有所异。是书不但与其他省通志之书名不同,在编目及内容取舍上也颇为特别。全志以书分册,分为赋书、均书、藩书、溉书、实书、险书、陶书等 7 册。赋书平列各县之户口,起运之夏粮、秋粮折色、存留和里甲中之额办、岁办、杂办等项目及数量。均书列举各县徭役种类及人数,以考兵丁数额和饷银数。藩书记载了江西境内之宁王、淮王、益王三王府之世系、封制,统计各府之人数和禄米数,并提出对封制改革之意见。溉书记载了各县之河流、圩堤、陂塘数量,并以史事为例论述了水利灌溉之重要。实书记载各卫所之官兵人数、粮钞数额及历代战事。险书记载各府城池修建、山川形势、关隘险要,还有各县所设之巡检司。陶书记载明代景德镇之陶瓷生产,包括建置、砂土、人夫、役官、回青、窑制、供亿、运役、柴料、颜色、解运、料价等项,是以江西之特色事物而设之一个特卷。是书颇重经济方面的内容。(《中国地方志总目提要》14—6)

按:其后万历时,陆万垓在此书基础上进行增修时,又增加 1 卷楮书,记述江西之造纸业,印有纸槽生产流程图,同样很有价值。

是年,周希哲修,张时彻等所纂《宁波府志》42 卷刻成。全书分为序、图、表、志、传诸体,附有“存疑”。分 51 门,共 50 余万言,继承“四明六志”之传统,考证精审,文献富赡。仅传就分为名宦、名臣、人物、理学、忠节、死事、孝友、淳德、义行、清操、隽异、隐逸、流寓、列女、特艺、仙释等 17 类。其田赋门,不仅记有官田、民田和秋税、夏税之数,还叙记了海涂田、哈戽田、粮长没官改正田、为事没官田、经社田之征科米数,以及官员职田科米数,儒学地、学房基地、系官基地、官房基地之地租数等。时人称其为“搜讨详备,网罗废失,于兹邦文献,陈力亦伟”。可视为府志中尚繁派之代表者。(巴兆祥《方志学新论》第 85、110 页)。

是年,赵时春修纂成《平凉府通志》13 卷。平凉明时领 3 州 7 县。其卷 1～3 为府志,其余分州县记述。是今存平凉最早的一部府志。其考据叙述俱有史法。《四库全书总目提要》

称其“在关中诸志之内最为有名”。张维于《陇右方志录》中，赞其“声名籍甚……能言人所不敢言，于民生疾苦兢兢焉，惟恐言之不尽”。(《中国地方志总目提要》26—27)

是年，李大有辑成《惠志略》一书刻行。先是嘉靖三十五年(1556)姚良弼修，杨载鸣纂成《惠州府志》16卷。李氏将是书中各卷之前序及后论辑录而成本略。这是辑前人之书的部分内容而独立成书之例。(《中国地方志总目提要》19—56)

是年，孙世芳重编成《宣府镇志》42卷。其在志序中说到由古代诸侯国史而演变为方志，颇值得注意，谓“自封建制废，郡邑守宰不得署置史官，其政教号令独纪于天子之国之史。天子之国之史稍有遗逸，竟将无所参稽。而事备一方可备省戒者，泯不复传矣。后世守宰，贤者间虑及此，乃推古侯国置史本意，各以其方政教号令，志于其书，将为天子之史补所遗逸而传之。至今仅一二见，则其时守宰所上最绩可概睹也”。(转自吕志毅《方志学史》第255页)认为地方官的政教号令，记之于书，便是方志。本书内容记载者，亦可见斯时商业繁茂之一斑：“先年大市中贾店鳞比，各有名称。如云南京罗缎铺、苏州罗段铺、潞州绸铺、泽州帕铺、临清布帛铺、绒锦铺、杂货铺。各行交易铺，沿街长四五里许，贾皆居之。”(转见刘纬毅等《中国方志史》第210页)

嘉靖四十年(1561)，胡宗宪修，薛应旂等纂之《浙江通志》72卷成书。其先，徐阶修《浙江通志》时，薛氏已与其事，未毕功而离去，志亦未成。四年后，胡氏继任浙江巡抚，复聘已隐居金陵之薛氏继续通志之编纂。10年间，薛氏七易其稿，终成书10志，这是浙江历史上第一部通志。是志各分志之下，多未设细目，从实际出发。内容之划分有三种形式：地理、建置，以横为主，分府排列；官师、人物、选举、经武诸志，则以纵为主，以时为序记述；艺文志则以类分为经、史、子、集；只有杂志一门下分10目。后人称其“义例最为精严，足为后来楷法”。也有人认为，“作为浙江省通志开创之作，体例粗具，但也存在着体例未备、考订未详、繁简失伦、纯驳互见的缺点。”(小凡《力作奠基，后继尤赡》，载《浙江方志》2000年第2期封二)是志中以《经武》、《都会》两志最值得注意。前者较系统地记述了历代农民起义，从汉熹平会稽许生、南齐富阳唐寓之、唐永徽睦州陈硕真、咸通浙东裘甫、大中元年董昌、宋宣和睦州方腊，直到元末明初的方国珍等20多次起义、暴动都有记述，从领导人之身世，活动经过至失败，资料很是难得。又结合时代特点，详记了沿海抗倭事实，尤具特色。《都会》门专门记述了春秋越王勾践之都会会稽，五代吴越王钱氏之都会杭州，对南宋建都临安之经过记之尤详。都会志之篇名，在通志中似是仅见者。针对明代一些人将复古之风引入方志、文字尚怪异之风，该志在例义中主张方志“大都有裨于吏治、民生、人伦、物理，彰往迹为后鉴而已，非以炫博务奇崇饰观听也”。是书以官师志、人物志合为29卷，所收人物多多。在人物志的处理上有两点值得注意：一是善恶并书，“凡善可为法，恶可为戒者，皆因其年代先后，据事直书”；二是人物不分类，一以时代先后为序。但在“生不立传”上，提出：官师“已亡而出生在五十年内者，虽政绩有闻，亦俟论定，不书”，似又可另酌。(樵客《明代浙江修志进入兴盛期》，载《浙江方志》

1988 年第 2 期)

按:与这种人物排列法不同之另一种做法是将人物分类,有的类还分得很细,如袁应祺修,牟汝忠等纂之万历《黄岩县志》的人物,分类就达 22 类之多。(同上文)

又:如按巴兆祥所主,明代方志学者中,有历史派、地理派和实用派之分。此志纂者薛应旂属历史派之主张。他认为,“自汉以下,作史者率多宗迁、固,其体例大都有五:曰纪、曰世家、曰志、曰表、曰传,皆国史也。其在一县则云县志,在一府则云府志,在一省则云通志。志之云者,止具史之一体,盖外史之义宜然。固不当强立纪志表传,以潜拟诸家之国史也。”(转自巴兆祥《方志学新论》第 91 页)故本志 11 门都一“志”到底。

是年,黄佐纂《广东通志》70 卷成书。陈光贻谓,是志记载颇具条理,惜传本已残,不可窥其全书体例。(《中国方志学史》第 153 页)《四库全书总目提要》题为《广东通志初稿》,评其“未免涉于潦草。其门类亦多未当。如人物之外别立道学一门,介于学校、风俗之间,虽本之《宋史》,而于地志为创闻。位置先后,亦非其所。又政纪一门,凡历代窜流岭表之人皆备书之。此与朝政,何与舆图。又行次一门,惟纪宋末崖山之事。此在史氏为大纲,在地志则轶事矣。别为标目,更未允惬也”。(卷七四,《史部 · 地理类存目三》)

是年,曹一麟修,徐师曾等纂成《吴江县志》28 卷、首 1 卷刻行。是志特点有二:一是因吴江属水网之区,修志者中又有精熟水利之人,故其“经略志”之水利一目,写得很有特色;二是地图之中有一幅县境通道图。此图不但包括了境内之山川湖荡、乡镇乡里,而且画出了相邻州县之方位,涉及到县境之外。对此,其图志序中有言:“志载一邑之事,事非境内,法不得书。而此图乃逮远四封之外,何也?为备倭而作也。盖倭夷入寇,必有从来之路,是在早见而豫防之。”(转自张英聘《明代南直隶方志研究》第 194 页)修志为用之思想于此得到明显的体现。

嘉靖四十二年(1563),王徽猷修,李贵纂成《丰乘》10 卷。全书分纪、表、志、传四体。李氏自序云:“丰之旧章,备载是已。曰纪、曰表、曰志、曰传。体不同而同主于载,故统之曰乘。”具体为一纪(邑纪),五表(星野、疆域、封爵、职官、科第),六志(山川、风俗、营建、食货、沟洫、秩祀),五传(职官、人物、隐逸、孝节、仙释)。类下视具体情况分门若干。据丰城乃水乡之特点,沟洫一门记之颇详,对每条堤防均记其修筑年代、规模等。(见林正秋主编《中国地方志名家传》第 79 页)

嘉靖四十三年(1564),由杨宗气修,周斯盛纂之《山西通志》成书。全书 32 卷,20 目。其目为:图考、建置沿革、星野、山川、风俗、物产、田赋、户口、祠祀、封建、职官、学校、古迹、帝王、名宦、人物、选举、艺文、武备、杂志。由于当时山西地处边防要地,故其《武备》一目便占 3 卷之多,“言武者十之三”,较好地体现了时代特点和地域特点。杨宗气在序言中说:“治天下者,以史为鉴;治郡国者,以志为鉴。”成为后世谈方志功能者必引之言。他认为志书之作用,在于要让人“企先贤而思齐,睹名宦而思敬,审物力而思阜殷,察利病而思兴革,慨风俗而思移易，阅军实而思训练”，“以图为长治之道”。（转自仓修良《方志学通论》第 355 页）书中还详载了嘉靖二年(1523)潞城青羊里陈卿领导之众达万余人的农民起义，资料极为珍贵。卷 31 中所载“弘治十二年(1499)五月二十日，朔州城北马圈头，空中有声如雷，白气亘天，火光迸裂。落一石，大如小车轮。入地七尺余，遂有碎石迸出二三十里外。色青黑，气如硫磺，质坚腻”。有人认为这是我国关于陨石之最早记载，至为珍贵。（刘纬毅《中国地方志》第 117 页）书中还首次收录了三晋文献目录达 450 余种，为山西最早之文献书目。被后人誉为佳志。

嘉靖四十五年(1566)初，徐阶等奉旨所修《承天大志》40 卷成。先是嘉靖二十一年，顾璘等奉旨修纂成《兴都志》24 卷上呈（见前 1541 年条），皇帝“以其载献帝事实于志，体例不合”，故于嘉靖四十二年(1563)复诏命大学士徐阶、礼部尚书李春芳等改修为《承天大志》。以林燫等主纂。四十四年(1565)，又“以右春坊右谕德兼翰林院侍读张居正充《承天大志》副总裁官”，修纂之事全由史馆诸臣承担。至是，终纂成《承天大志》40 卷。与前《兴都志》最大的不同，是其“帝纪分为 12 纪，曰基命、符瑞、龙飞、圣孛、太狩、宫殿、陵寝、宝谟、御制、恩泽、礼乐、苑田等。凡所纪均以承天为限，一切属地方者概行削去”。

二月甲戌（十二日），以《承天大志》成，由礼部先行拟定一个向皇帝“进呈”志书的方案如下：一、确定进呈日期：由钦天监择定本年二月二十二日辰时为吉时。二、进行诸项准备工作：于二十二日前一日，由鸿胪寺负责设表案一于皇极殿丹陛东；设二书案于丹墀东；设香亭一、表亭一、彩舆五，于史馆前。其彩舆自内府内官监借用。三、规定“进呈”的具体仪程：至当日，“百官具朝服侍班。总裁官率纂修官具朝服。总裁官捧进表置于表亭，纂修官捧《大志》置于彩舆。鸿胪寺官导引。用鼓乐伞盖，由会极门下阶，总裁等官后随。由二桥行至皇极门下，由左门入至皇极殿丹墀内。总裁官捧表，纂修官捧《承天大志》，各置于案。香亭、表亭、彩舆、鼓乐俱退。鸿胪寺官员赞入班，总裁等官序立讫。鸿胪寺序班举书案由中道升，置于殿中。赞跪，总裁等官皆跪。赞俯伏，兴。序班举表案置于殿中书案之南。赞跪，总裁等官皆跪。赞俯伏，兴。赞行五拜三叩头礼，毕。司礼监官将《大志》、表文捧进。百官退”。皇帝于此方案满意，“诏如所拟”。

二月庚辰（十八日），嘉靖帝以志书修成，便萌生南幸承天之意。遂谓大学士徐阶曰：“朕病十四月矣，不见全复。兹就《大志》成，一南视承天，拜亲陵，取药服气。此原受生之地，必奏功。诸王不必朝迎，从官免朝，用卧辇。至七月还京。”经徐阶等极力谏阻，方罢此议。

二月甲申（二十二日），如期举行《承天大志》进呈仪式：百官朝服侍班。以皇帝不御殿，程式简化，只命由司礼监捧入。礼成后，礼部请将《大志》刊布中外，并改以新名，及兴都事迹，纂入《一统志》。故安陆州名亦作改易。皇帝当即诏可。（均见《明世宗实录》卷五五五）

按：嘉靖帝朱厚熜，原出生于安陆，以藩王之子，而入继大统。故其对此地志书之修纂，尤其关于对其先王的记述，特别关注，自在情理之中。对于嘉靖二十一年，顾璘等修纂成之《兴都志》,所谓"其载献帝事实于志,体例不合",估计就是未完全按帝纪之例来记述其先辈。故于是志修成二十年后,复使人重修。纂修之臣工们,亦颇能理会圣意,在新成的《承天大志》中,仅帝纪就达12纪之多。"凡所纪均以承天为限,一切属地方者概行削去。"无奈的是,大志正式修成之时,皇上已经"病十四月矣,不见全复"。非但欲趁志书修成之时,"南视承天,拜亲陵"之意不能遂,就是臣工们规划好的一个用慰圣意的志书进呈仪式,也因自己不能"御殿",而大加简化,草草收场。

三月壬子(二十一日),皇帝诏谕吏部:"《承天大志》成书,仁亲功德昭布,请修之臣(丘)岳,添注礼部右侍郎,盖特恩云。其纂修诸臣,以纪中误有脱简,第各赉银币有差,不复叙论。"吏部遵旨,"升提督四夷馆太常寺少卿丘岳为礼部右侍郎添注管事"。(《明世宗实录》卷五五六,四月壬子条)

六月,李辅修,马应龙在陈绛、刘奈、张邦土、黄九成等《辽东志》基础上,纂成《全辽志》6卷刻行。《辽东志》修于永乐中,至正统八年(1443)刊行。景泰元年(1450)有补刻本。嘉靖八年(1529)续修,至十六年(1537)续成,至是刻行。是书虽是在其前《辽东志》基础上之重修,全书分:"首图考、次沿革、次山川、次赋役、次边防、次兵政、次马政、次职官、次选举、次宦业、次人物、次典礼、次风俗、次方物、次祥异、次故迹、次杂志、次艺文、次外志,凡十九篇,篇各有论著,以备经略,以垂法戒。"对嘉靖十六至四十五年间之史事补载颇详。(薛虹《中国方志学概论》第42页)其中对明代的12马场、草场及畜马匹数、草场面积等都有记载。这是现存东北地区最早的志书之一。因其"凡例于旧志纲目多所更定,大异于前次之续修,故易名为《全辽志》"。李辅在志书之后序中说:"夫志,古史之流也。史纪列国之理乱,志述一方之美恶,垂法戒而备观省,其义则一。"(转自《辽宁地方志书序跋选》第15页)

按:据《中国地方志联合目录》著录,嘉靖朝是今存明代通志最多之一朝。除本志外,尚有嘉靖元年(1522)刻行之《陕西通志》;嘉靖四年(1525)刻行的《江西通志》37卷;嘉靖十年(1531)刻行的《广西通志》60卷;嘉靖十二年(1533)刻行之《山东通志》40卷;嘉靖十四年(1535)刻行之《广东通志》40卷、首1卷;嘉靖十六年(1537)重刻之正统《辽东志》9卷;嘉靖二十二年(1543)刻行的《陕西通志》40卷;嘉靖二十四年(1545)刻行之《四川总志》16卷;嘉靖三十四年(1555)刻行之《山西通志》32卷;同年刻行之《河南通志》45卷;同年刻行之《贵州通志》12卷;嘉靖三十五年(1556)刻行之《江西省大志》8卷;嘉靖四十年(1561)刻行之《浙江通志》72卷。总共达14部之多。在1949年以前之中国方志史上,仅次于康熙朝(19部)。明代除嘉靖朝外,万历朝修成之通志也有12部之多。

嘉靖中(二十六年前),湖广布政司左参政丁明颁布《修志凡例》26则,规定志书内容及各类目之具体编纂办法。本《凡例》在志书体式上沿用朝廷钦定之类目体,在类目之设置上有所扩展,即分为图考、建置沿革、星野、郡名、城池、疆域、关梁、形胜、山川、名迹、风俗、物产、户口、田赋、徭役、藩封、秩官、公署、铺舍、水利、惠政、学校、社学、书院、选举、荐举、恩荫、兵防、秩祀、祠庙、陵墓、名宦、宦迹、乡贤、人物、孝义、贞节、逸士、侨寓、灾祥、方外、艺文等。在纂修方法上更具体，如地图，永乐《修志凡例》未作规定，本凡例中则要求“府州县各列画图，城池内备画各衙门、各城门及楼庙、仓铺之类。府图城外，备列所属州、县城池，并境内名山大川。州县图城外，凡境内山川备列所在，各备书山水名目，及去州、县若干里，并大小险夷之状。图外各备书界至、里至”。嘉靖二十六年(1547)所修的《蕲水县志》即按此例进行修纂的。其后湖广境内之志书大多照此凡例编修。(巴兆祥《方志学新论》第102～103页)

嘉靖间(1522～1566)，桂林府通判张鸣凤撰成《桂胜》16卷、《桂故》8卷，至万历四十一年(1613)始刻成书。《桂胜》以山水为目，引证诸书，叙述于前，即以历代诗文附本条下。取材广泛，资料丰富，于石刻、诗文、题名之类收录尤详。随事附以考证，多所订正。采用资料纂辑方法，所用资料大都注明出处。《桂胜》序称“外《桂故》八卷”。《桂故》自序称：“余志《桂胜》，窃迹前事。”由是观之，当是《桂胜》的续补。《四库全书总目提要》谓“二书相因而作，实一书也”。称其“于地志之中最为典雅。《桂故》分郡国、官名、先政、先献、游寓、杂志六门。郡国，考历代沿革，详列史志，辨今之桂林非古之桂林。官名，则胪举历代之制。盖疆域明则先献有所断限，职制明则先政有所征验，乃不至如他志书，人物、名宦附会牵合，故以冠于首也。其先政、先献，人各为传。大抵镕铸旧文，剪裁蔓语，务取其有关是土而不滥涉其生平。又多采金石之文，不尽取诸史籍。故其辞简而不支，博而有据。其游寓、杂志，亦多据题名碑碣，姓名年月，历历可稽。在明代舆记之中，于康海《武功志》、韩邦靖《朝邑志》外，自为别调，可以鼎立而三，他家莫之逮也。二书所载，皆止于南宋。盖年远者易湮，时近者易滥，详人所略，略人所详，其书乃博赡而有体，是又鸣凤创例之微意欤?”(卷七〇，《史部·地理类三》)

按：《四库提要》谓“是二书并成于万历癸丑。《桂胜》序题五月六日；《桂故》序题七月朔”，语未甚明。此当是刻成之时，而非撰成之日也。据《明史》本传，鸣凤弘治九年(1496)进士，至万历癸丑(四十一年——1613)，已历117年矣。

嘉靖朝，杨循吉纂成《苏州府纂修识略》5卷，至万历时刊行。杨氏于正德时参修孝宗实录。是书即为嘉靖时事之实录。因苏州为东南大都，文物特盛，事迹颇繁，故以其主此事。取自成化二十三年九月初六日起，至弘治十八年五月初七日止，逐一编纂。分政事、治水、赈济、诸邑蠲免、收抚海贼、差役、钞关、课程、水政、谳狱、人物、文词诸项，按年月编叙，以府之公牍汇冠诸卷首。其中政事一项，记太仓设州之文献最备，对于招抚海贼施天泰一事，记之也较详。(陈光贻《稀见地方志提要》第353页)

按：陈光贻在《中国方志学史》中，谓是书属于乡土志一类，其内容和编例，和清末大量出现之乡土志很相像。其以此书及清代周凯编之《襄阳必告录》为据，针对有人认为清末乡土志之出现完全是模仿西方而来的说法，提出乡土志之产生，在我国也有渊源来历。(第24页)

是时，梅守德修，任子龙纂成《徐州志》12卷。是志篇目较为特别，在图、表之后即分为三志、三传。三志按天、地、人分为：天文志、地理志、人事志；三传为封建传、宦绩传、人物传。志书各卷断限至嘉靖二十六年(1541)。(见赵明奇著《徐州地方志通考》，中国文史出版社 1991 年 8 月版第 17 页)

按：是志修成时间未详，其选举表下限止于嘉靖二十六年(1547)，赵明奇谓其修成最迟不会超过嘉靖二十八年。

是时，胡松纂有《滁州志》一种，以史体纂成。《四库全书总目提要》谓其"先述天文、山川、物产各为一篇。次则皆以编年纪事，间附论断。与他地志分目者不同。然传记、舆图各有本例。以志名而用史体，文虽创而义则乖矣"，认为与"地志之例不合"。(卷七四，《史部·地理类存目三》)

是时，宁波人范钦建成天一阁藏书楼，庋藏明代各种方志达 435 种，较《明史·艺文志》所著录者为多。其中有 170 余种是现存方志中之最早者。(巴兆祥《中国地方志流播日本研究》，上海人民出版社 2008 年 2 月版第 50 页)

按：据巴书说，由于天一阁闻名遐迩，藏书价值不菲，觊觎者不乏其人。至民国初，有大盗薛某、冯某入阁盗窃，将登录的地方志书约 100 余部盗至上海出售。苏州人许博明建吴兴藏书楼，亦收得从天一阁流散出来的明本方志若干。收购得较多的是东方图书馆和国立北平图书馆。收入东方图书馆者，于 1931 年 1 月 28 日，遭日本侵略者飞机轰炸，悉数化为灰烬。

是时，皇族周定王六世朱睦㮮，编成《万卷堂书目》4 卷(亦称《万卷堂艺文志》)，将"地志"不再列于地理门下，而改著录于史部第十二门下，专列出"方州之志"。方志列出独立一个专目，始之于此。其后，陈第之《世善堂书目》、祁承㸁之《澹生堂藏书目》及清徐乾学之《传是楼书目》，均在史部中为方志列了专门一类目。汪宪之《振绮堂书目》中，在史部地志类下，分列通志、郡志、州县志、名山、水利、舆图、杂记、游记、外域等九类。杂志下又分为都邑、陵墓、祠庙、书院、寺观、方物等 6 目。清嘉道间，周中孚撰成《郑堂读书记》及《郑堂读书记补遗》，仿《四库全书总目提要》体例，分经、史、子、集四部。其中地理类著录图书 332 种，包括总志 10 种，通志 20 种，府县志 86 种，镇志 3 种，水利志 13 种，山川志 51 种，古迹志 45 种，杂记志 66 种，其他地理书 38 种。每个条目，包括修纂者姓名、履历、卷数、版本、流传情况、志名由来、体例、内容、评价优劣得失等。皆考证精详，评论得当。

按：傅振伦在《中国方志学》"旧志的著录"一节中，对公私书目中的著录情况作了历史的回顾，脉络颇为清晰。仓修良《方志学通论》第 70 页，薛虹《中国方志学概论》第 90 页，对方志目亦叙之甚详，其中说到传是楼在清初编了一部《天下志书目录》，是今已知最早之方志专门目录。其次是道光间周广业之《两浙地志考》。可惜这两部书目均已失传了。今能见到最早之专门方志综合目录，是 1913 年缪荃孙编的《清学部图书馆方志目》。

明穆宗隆庆元年(1567),申嘉瑞修,李文、陈国光等纂《仪真县志》14卷刻成。通书一考到底。在卷目之后,紧接五部旧志书名(注明卷数、编纂者)和一篇《序例》。这篇《序例》即是本书之凡例。基于"妄史辱国,妄志辱乡"的认识,故其中说到本志编纂的一些原则:强调"必省其繁"、"核而信"、"毋徇于俗"、"法而不私";"法度通行乎天下者宜识其凡,政令专于兹邑者宜悉其目";"名宦征于既去,乡贤定于殁后";"至于闾社有塾,乡约有所,无非下豢养之习,兴乡里之化者,非薄物细故好大而已也,法得而备书之";"仪真为江淮都会,莫若有水泉沟洫之政焉,大若漕渠以资输挽,次若陂塘以谨潴泄,细若支流港洞畎浍,斯存其攸关也甚重……得备书,要不嫌于论次也"。其《图考》中,绘录了唐、宋、元、明历代县域图、学宫图等外,并有水利图和历史上著名之陈公塘图、宋两塘图,可见其于水利之重视。其《户口考》中载录当时仪真有民户、军户、匠户、寄籍官户、校尉户、力士户、渔户、船户、红船户、女户、僧道户、医户等,资料均属珍贵。(见《天一阁藏明代方志选刊》第18册)

隆庆三年(1569),邓南金修,李明通纂河南《登封县志》10卷、图1卷刻成。是志人物中,收录许多与登封无涉之人物,是借人才于异地典型之一部志书。(《河南地方志提要》第107页)

是年,全赐纂辑成广西《灵川县志》二册,书已佚,但于民国《灵川县志》的《艺文》中存有其志序一篇。该序中提出了"志通六经"的说法:"尝绎志……通于六经,岂特春秋为鲁史哉。夫诗咏民风,于列国则志风俗;多识鸟兽草木之名则志物产;书之禹贡以志山川、田赋;训诰以志政事;礼之六典以志建设;易之图书以志祥瑞。"(灵川县地方志编纂委员会办公室1992年1月点校印行本第184页)这一说法,当是后世"六经皆志"说之所本。

是年,孙应元、霍冀撰成《九边图说》1卷刻行。整个明朝,"边患"严重。为了防御北方少数民族之南侵,东起鸭绿江,西至嘉峪关,数千里之边防线上,都分设大将,统兵守御。先后设置了辽东、宣府、大同、延绥、宁夏、甘肃、蓟州、偏头、固原等九镇,合称九边。从洪武至万历间,又重筑长城,西起嘉峪关,东到山海关,总长6700公里,时称边墙。于险要处建关设塞,布以重兵。为确保京师安全,又于大同、宣化以南,河北、山西境内之险要地带,筑有内长城,时称"内边"。于山西境内,设有"外三关",河北境内设有"内三关"。当时之边防重镇,往往俱有志书。这些志书,多图文兼具,颇为实用。本志作者二人,均为兵部要员,长期驻守边地。是书参诸史料、文献、档案等,分叙了各大镇之形势、军备、钱粮以及"九边"之地理险夷、各镇兵马多寡、攻守要冲等。各镇均有总图、图说、分图、分图说。绘制较为精细,是研究明代北方军事历史和军事地理之重要著作。(见范秀传主编《中国边疆古籍题解》,新疆人民出版社1995年2月版第3～4页)

隆庆四年(1570),叶春及撰成《惠安政书》一书。是书最大特点是重视图、表。全书绘有图29幅,统计表179种,尤其以最多篇幅记述了地理版籍和34都之情况,保存了大量珍贵地方资料,且最具直观性。书中大量记载了叶氏为政之规制和做法等,可以视为是一部施政之书,故有人称之为“历史上少见的县长政治笔记”,颇足以反映当时之社会情况。如其“七邪”目下载:“惠安广轮廑八十里,淫祠至五百五十有一。噫！何多也。”“今愚民自称师长、火居道士及师公、师婆、圣子、神姊,大开坛场,假画地狱,私造科书,伪传佛曲,摇惑四民,通交妇女。或烧香而施茶,或降神而跳鬼,设斋则糜费银钱,建醮则喧腾闾巷。”故“知县伤之,下令堕毁”。(转自蔡永哲《叶春及与〈惠安政书〉》,载《福建地方志通讯》1984年第3期)

按:是书国内已不存,今得见者,乃福建厦门大学傅衣凌教授1981年2月,从日本东洋文库复印归来,由泉州历史学会与惠安县文化馆、图书馆合力翻印而行者。

是年,史朝富、陈良珍修纂成《永州府志》17卷。知府史氏以前志核而简,后志详而杂,因与府推官良珍,加以斟酌,纂成本志。凡为图经一、纪一、表三、志七、传五。其人物表一卷内,自汉讫明,第其差等,后加论赞。既作郡邑纪,复作郡邑表,未免冗杂。(《四库全书总目提要》卷七四,《史部·地理类存目三》)

是年,王纳言、余兼山修,石邦政等纂成《丰润县志》13卷刻印成书。首卷总论,叙志书体例。而下分图经、事纪、地理、建置、学校、食货、官师、仕籍、宦绩、人物、兵制、杂识、艺文等类。其《地理志》下,专设“民业”一门,专记与国计民生有关之事项。卷末附有重要之档案资料。吕志毅称其为“志书的佳构”。(《方志学史》第236页)《四库全书总目提要》则批评其“门目冗杂,绝无义例。且于历代帝王妄为区别,以行款高下示其予夺,尤为无理”。(卷七四,《史部·地理类存目三》)盖一从资料,一从体例而言也。

是年,潮阳县向上级呈送《重修潮阳县志文移》要求修志,其中略谓:“本县旧志,原系嘉靖三十六年修刻,迄今十有余年。近又分设普宁县治,沿革建置,详略不同。兼以数年迭遭寇乱,中间户口登耗、财富盈缩、田土荒辟、川原变迁、村落聚散、市镇虚实、人才盛衰、风俗美恶,视昔相去不啻倍蓰。即依旧志翻阅,茫然无所考证。若不及时收辑,恐散无传……其敦请乡士夫礼币,并合用生儒书写人役及各项笔札、工匠等费,俱拟于本职自理。”潮阳府、分巡潮州道杨,提学道佥事佘,分守道左参议许,广东按察司、广东布政使司、巡按监察御史杨,提督两广都御史殷等上级相关人士给予了认可批复。(隆庆《潮阳县志》,见《天一阁藏明代方志选刊》第94册)

按:明代修志,是否有申详呈报制度的规定,还不敢确定,但潮阳县是下级向上级申报的一个例子。巴兆祥氏2001年在日本访问期间,曾得见流传至日本之孤本崇祯《嘉兴县志》。其中亦载有《修志申文》一篇及上级之批复和接到批复后之公示。该《修志申文》称:“嘉兴府嘉兴县为纂修邑志,以维吏治,以励风化事:窃观风问俗,文献必资。而征往诏来,志乘攸赖。志之关于政治,夫岂渺小?乃嘉兴为本府首邑,而县志不讲,事已湮于百千。即郡史附分,存不得其什一。匪啻建置、人物之源流,山川、壤土之间错,天时人事之更易,民风、吏治之隆污,无据稽查,罔垂法戒……卑职不揣谫陋,妄意纂修。第事关邑乘,须奉宪令以主盟,而笔之史才,尤禀词宗为楷范……缘系纂集事理,本县未敢擅便，理合请详。为此，今将缘由另具书册，合行具申，伏乞照详允示施行。天启三年九月　日嘉兴县知县汤齐。”此详文上呈之后，获得“抚院王批：嘉兴县志，如议纂修，缴。按院李批：志乘系大典，向来废坠。今复辟举行，则该县留心政务可知。仰速修纂成帙送阅，缴。监院杨批：嘉兴为槜李首邑，而志乘未备，诚为缺典，该县毅然己任足征，为地方经久美意。如议纂帙，以图厥成，缴。布政局周批：准通修县志，以垂不配，缴。……本府詹批：天下小邑，俱有志书，况堂堂首邑乎？修举废坠，足征该县，酌请明公，备修实录，以补前缺，而垂后训可也。”获得批复后之《公示》有“……蒙此遵依，请同乡宦礼部主事李号九疑春元、沈德符、生员屠中孚、陈邦俊见在纂修外，候纂修完日，另行呈阅。所有原蒙批申，拟合申缴。为此：一立案；二申三院各司道、本府。今将缘由同原蒙批申，合行具申，伏乞照验实行。天启四年十月　日嘉兴县知县汤齐”。（转自巴兆祥《论明代方志的数量与修志制度》，载《中国地方志》2004年第4期）

隆庆六年(1572)二月，管大勋修，刘松纂成江西《临江府志》14卷。管氏在志序中说，他修本志起动是十分审慎的。“余视郡久，缙绅大夫士请葺再至”，他又多方“稽众度，始遍访贤士大夫、山氓故老，凡郡中事……令典牍者各县具状”。此中有人曾告他修志要“四毋”：“毋泥前闻，毋忽时事，毋牵浮议，毋比亲昵”。在这样的情况下才起动的。于此，刘松在志书的后序中讲得更形象具体：他一日视郡学，诸生为请，他答曰：“烝黎疾不一问也，未可。”明年复请，他还是答曰：“风俗纰缪文无质，未可。”待起动起来之后，他又亲给主纂者刘松交待：“斯志也，辨毋雕物，劳毋先我，述往昭来，毋附、毋借、毋作。始于细而毕于巨，陈艺备轨，率归自然。毋美言以市而尊行以雄斯志。反之，虽词闯作者，事轶区宇，非吾志也。”是志的舆地卷内收入了临江疆域图、新刊临江郡城图、新刊临江郡治图、新迁郡学图以及辖县清江、新淦、新喻、峡江等8图，还有宋临江军旧城图、宋临江军旧治图、洪武志疆域图、郡城图、郡治图、弘治志郡城图、郡治图等7幅。（均见《天一阁藏明代方志选刊》第47册）据说其后7图所载之志书均已亡佚，故至为珍贵。研究者称，是志中记载了几十种手工匠人之名称，是研究手工业发展及明代资本主义萌芽的难得史料。（见卫露华《中国方志发展简说》，载《湖北方志》1998年第3期）

是年，邹应龙修，李元阳纂成《云南通志》17卷。是年，邹氏开府云南。上任之始便问所阙事，皆以志对。于是便命“有司以六十年来诸所损益，约四十余条，遍布列郡，俾核以报”，以李氏纂之。李乃遵一统志约其凡例，“远取晋常璩《南中志》，唐樊绰《云南志》以及韦皋、崔佐时、徐云虔所为南诏诸录；近取台院司道兴革损益、兵饷经费、一切成规；捃摭野史，搜访耆硕，言有物而事有程。然后取法各省通志，张立题部，犁为十有二类，而以事目系之……以此十二类，括数千里华夷之地，贯穿二十府古今巨细之事，比次以伦，追引无间，析而第之，为一十七卷”。（原书李序语，转见李小缘《云南书目》第182～183页）

是年，张峰纂修，陈复亨补辑纂修成《海州志》10卷刻行。时为淮安知府的陈文烛在志序中云:“夫皇皇求财利常恐匮乏者,庶人之意也;夫皇皇求仁义常恐不能化民者,大夫之意也。后世观者得其意而与民宜之,俾永耕织之业有邹鲁之风,而不失圣人教化之道,斯可矣。语云:乞火不若取燧,寄汲不若凿井,教民不若正身,亦存乎其人耳。”用意在于说明,为治之道在于教化民人,志书却正是有这方面的作用。陈复亨在刻行时写的《刻海州志跋语》中,更用他的目见亲历,说明刻印这部志书对于改变地方凋敝的意义,颇为真切生动。略谓:“隆庆辛未(五年——1571),承乏海州。命下之日,伏谒诠部。猥蒙宣示云:海之民疲矣,守之缺久矣,宜亟往治之。”他奉命赴任,先到州之西境,但见“榛莽极目,茅茨无烟”。即使是“民所止聚而名为镇者,亦仅仅数家耳”。途经数十里,都“渺若湖陂。洵皆可菽粟之区,洼下而为水所浸淫也。距数十里许多,望其城郭……入则市有牧场,屋无鳞次。城西一带,颓垣可逾。谒先师庙,见其殿庑倾圮,妥灵无所。士气弗振有是哉,民之疲也”。面对于此,他考索州志,“得前二守惠安张公所辑州志存稿,凡三帙”。故一披览,“诚一方之宝鉴,而百代之信史也。探疲敝之原以还民衽席之上,无以易诸此”。“万姓被病之由,得而所考周知,谓非余之至愿欤!譬则医道然。州之民,婴疾者也;州之志,方书之经验者也。因疾以求方,援方以治疾,疲民其少瘳乎?不然,求其方而不得,乃欲以臆度之见,投不切之剂,而思以起疲癃之民,岂可得哉?”将地方志书比作治疗社会弊病之良方,这是他对方志功用之认识。而这种认识正是从所见的志稿中得来的。因为志稿的前8卷中,在卷目之后,甚至在一些事目之后,多有“张氏论曰”。这些“论曰”,针对当时社会现实之弊,开出了改革地方弊端的良方,可以说是地方官治理地方的一部教科书。如卷一的《图里》之后的“张氏论曰:海州初编为一百十六里,又并为六十里。以逃亡故也,地广户稀,赋重人贫,日消月削。非薄税敛、禁侵渔、省刑法,劝课农桑以安抚之,其势未有已也……惟清心寡欲,临之在上,浮费有禁,多科必惩,使民晓然知上之节省也,皆乐于应役而无复有趋避矣”。又如卷二《诸水》之后“张氏论曰:海州诸水,亦有发源深远,可筑坝潴水以成稻田……东海户赋多虚悬,诸浦之田十居七八也,筑堤捍潮,开渠井,事当为而莫能为,惜哉”。更有甚者在《田粮》后之“张氏论曰”中,在指出存在的诸多弊端之后,接着就是“余志地方利病,亦有鄙见数条,谨附于左方”。开列了占9页篇幅的六条建议,俨然是一个比较系统的改革方案。正是基于此,故陈氏在原书稿的基础上,“迹张公所辑之旧,益肆讨论,稍加增饰……集成十卷”。10卷之目是:舆图、山川、户口、治典、教典、名宦、人物、杂志、恩典、词翰。在人物中专立有“女德”一目,也是一特。(均见《天一阁藏明代方志选刊》第16册)

是年,胡用宾修,侯一元纂《乐清县志》7卷刻印成书,为明代方志之佳本。是书与他志不同之处在于,人物传后多加评论,进行评价。如于王十朋传后有“论曰:忠文之学,得其大者,其穷居之志,驳驳乎渭耕莘之叟矣。语云鼎不柱车,言才之难兼也。故立朝则批鳞射隼,守郡则保厘容覆,非诗人所谓左右有之者哉!故记以公得君日浅。张孝祥直拟之韩范文富,讵不信夫?”对王十朋之政治生涯、道德品行作出评价。孙诒让评是书,“其志人物,传后有论,在地志中颇为创例。其考证亦详核,在明代志乘最为佳本”。(转自周田田《孙诒让对浙南地方志事业的贡献》,载《浙江方志》2000 年第 3 期)志书卷 7 为《志余》,收辑有古迹、丘墓、丛祠、释老、方伎、纪异、纪变、艺文、书目等内容。

按:志书中“志余”、“杂志”等名目古已有之,亦其后章学诚所主张设“丛谈”之意。他所谓之丛谈,是“征材之所余”:“古人书欲成家,非夸多而求尽也。然不博览,无以为约取也。既约取矣,博览所余,拦入则不伦,弃之则可惜,故附稗野说部之流作丛谈,犹经之别解,史之外传,子之外篇也。”(《文史通义新编》第 704 页)但本志中上述诸类皆可入于正文的编目之内,何故要列于“志余”,殊不可解。

又:胡氏将是志刊行时,因为受到一些人之非难,纂者侯氏奋起进行论辩。其后这些论辩之文,遂辑成《翼志七书》(见《浙江方志概论》第 52 页),亦方志史上之又一特事矣。

是年,黄一龙修,林大春纂成《潮阳县志》15 卷刻行。是志设有图、纪、表、志、传六体。其中的《县事纪》就是大事记,写法是按年列大事条目,目下加记事之始末,是一种编年体与纪事本末体的结合。纂者说“纪传大书而志有分注者,事有繁简,语有详略也”。不但纪、传,就是各志中也采取小字双行夹注的形式,尽可能地容纳资料。是志中对于宋末文天祥及其追随者邹沨、刘子俊等转战潮阳,兵败海丰,以及嘉靖时倭寇侵害,当地军民奋起抗击,还有两广督抚黄桂芳、总兵俞大猷大破倭寇之经过等,均有较具体的记述。在体例上之特点是,“凡卷俱先叙述而后为论、颂者,明作者之志,著事理之宜,以阐幽光而定狐疑也”。具体的是志文中多夹有“按”、“林子曰”、“邑诸生曰”、“论曰”、“颂曰”之段落,或考或论。在人物中有一传一论者,亦有合数人而一论,都所言洽深思,颇有见地。如流寓的文天祥传后,“论曰:……三宫往矣,六尺何在。乃栖栖一旅于穷海之乡,胡为者。岂孔明所谓鞠躬尽瘁,死而后已。若成败利钝,固非所逆睹耶。孔明不死汉不亡,宋社不墟公不死。慷慨悲歌于易水之上,而岂徒哉”。又如邹沨传后“论曰:……夫百折不回,九死不悔。公于君臣朋友之义,盖兼之矣。盖诗之所谓‘修我戈矛,与子同仇’,‘德音不违,及尔同死’者非耶”。(均见《天一阁藏明代方志选刊》第 94 册)是志志首在载本书序文的同时,并载有永乐志、景泰志、成化志、弘治志的志序 5 篇,以及《重修潮阳县志文移》,也颇值得注意。尤其是后者,是很难见到存留下来的一篇向上级申报修志的文件。(详隆庆四年——1570 年条)

神宗万历三年(1575),吕一静修,康大和纂成《兴化府志》26 卷刻行。兴化府时辖莆田、仙游两县,滨临大海,故是志中载海事颇详。港口记有水深、面积,海堤记有长度、宽度、建筑原因及过程,海产记有咸、淡水鱼 40 余种,海盐记有产量、盐滩面积,是值得注意者。志中还载有收于府库中之各种祭器灯、磬、箫、笙、钟、铜锣、鼓、乐、桌、帐、炉等达 94 种之多,凡件数、尺寸、形状皆具,可谓是难得之馆藏文物说明。(《中国地方志总目提要》13—31)

是年,杨维新修,张元忭、徐渭纂《会稽县志》16 卷刻印成书。徐渭也是属于实用派之方志学者,他主张"邑之贵志,非特为令者取旧政之可师与贤才之可表,于以佐化理于一二而遂已也。盖将察风俗之美恶,稽物产之沃瘠,验户口稼穑之登耗,约徭役之重轻,与山川水旱之所由,以出利而入弊,时调剂而张弛之"。是书分地、治、户、礼四书,以纲统目。其地书包括沿革、分野、形胜、山川、风俗、物产;治书为设官、作邑;户书为户口、徭赋、水利、灾异;礼书含官师、宦迹、选举、人物、祠祀、古迹、寺观等。其中之户书和礼书,乃"养与教之书",故于四书之中尤详。户书 4 卷,礼书 8 卷。礼书中有记人和名胜古迹两部分,以传人为详。后人称其"文辞尔雅可观,而户书徭役特详核,为邑志最"。"此书大辂椎轮,纲举目简,徭役一门最为详核"。(转自巴兆祥《方志学新论》第 96～97 页)夏廷棫称:"是志凡分地、治、户、理(礼)四书,分书以挈纲领,盖为创格。地书、治书、户书并重,考实勿避俚俗,亦具识见。每书冠以总论,每类有结论,颇得体要。"(转见傅振照《略论方志的卷首小序》,载《中国地方志》1993 年第 2 期)在《志叙》中,认为"治邑犹治亩","农夫之于亩,不察其方之南北,土之肥硗,则播种之法无所使;治邑者亦若是"。将治邑譬如治田,强调志书于治邑之重要。(转自樵客《明代浙江修志进入兴盛期》,载《浙江方志》1988 年第 2 期)是志每书都设有总论,每门之后有分论,是设小序最完全的一部。

按:明时,言方志之用者颇多,各有各的说法。其后万历十二年(1584)李懋桧纂修之《六安州志·序》中,关于方志之用,在更高的层次上作了概括:"志有五善焉:为政者知其务,观风者采其俗,作史者核其实,立言者缀其文,尚友者论其世。"再其后万历二十七年(1599),王有容修,田蕙纂的《应州志》的后序中,又换成了一种形象的说法:"夫郡邑,人身也;郡邑志,方脉也。按方脉而知人身燥湿寒热之症,故治表攻里,针灸、药饵无不效矣。按志而知郡邑疾苦忧危之形,故计今善后、因革兴除,无不宜矣。"(均转见刘纬毅等《中国方志史》第 214 页)

是年,康伯元来任江西泰和知县,在其任内曾主修由梁庚等纂成《泰和志》10 卷。是志之选举目下,收录自宋咸平元年(998)至明隆庆五年(1571)之进士名单就达 293 人之多,足见其县人才之盛了。(《中国地方志总目提要》14—65)

万历四年(1576),胡汉纂成《郴州志》20 卷刻行。先是州有袁君哲、王常心之旧志两部留传。知州胡汉因"袁志详而杂,王志略而芜",故组织人员而从事。"详者省之,杂者正之,略者补之,芜者削之。新闻旧迹有二志之所遗而未及录者,则又辑之。"于是纂成表四、志六、传五、纪一。最后之"纪",只记"祥异",而非纪县之大事。志首有图 9 幅,除州之总图、郴州六乡图、城治图和何公书院图外,还有治下县各一图。(见《天一阁藏明代方志选刊》第 89 册)是志为较早列有《坑冶》目之志书。在此目中,记述了宋、明两代矿民之斗争与禁闭矿产之经过,资料甚为可贵。

按:在此影印本之末,有附记一则,文曰:"郴州志残本,存卷八至二十,明刻白绵纸印,于昔年从卢君澹园处得之。今登天一阁编录目录,见郴志缺卷适相符合,故特归之阁中，俾成完璧。民国二十四年十月，慈溪冯贞群记。”冯君之至诚无私，亦志林之一雅事也，故志之。

是年，唐文华修，李橚纂成《德州志》12卷刻行。内设舆地、建置、官秩、籍赋、兵防、学校、选举、宦迹、人物、丛纪、艺文等11门，门下辖目50有9。《中国地方志总目提要》称其“纲目分明，厘次有序。官秩门记历代职官替代；籍赋门载本地户口税粮；兵防列本地守卫驻军，最为翔实具体。其他诸门，记人载事，皆明晰赅备，尤存明代掌故”。(15—67)《四库全书总目提要》则谓“明制，德州领德平、平原二县。而志惟载本州，不及属邑。凡例谓二邑各自有志故不载，是犹可也。于建置志特立坊表一门，已觉浅陋；至寓贤即属流寓，并非尽通籍之人，乃叙于宦绩，更为庞杂。且德州为漕运孔道，山川一门，不载运河，则脱略已甚矣”。(卷七四，《史部·地理类存目三》)

是年，刘效祖纂成《四镇三关志》10卷。四镇为蓟州、昌平、真保、辽东；三关为居庸、紫荆、山海关。是书取材于四镇三关及有关郡邑旧乘，增以诸司籍记。所记涉及其防区之8府、16州、115县事。列目为建置、形胜、军旅、粮饷、骑乘、经略、制疏、职官、才贤、夷部等10考。其中建置考中载有各镇地图、兵器、车、营、敌台图。故又有《四镇三关图志》之名。其后，涂宗浚在《延绥镇志·序》中，说至本书之作用时谓：“时火落赤报警，欲稽往牒，以察敌情。得新志伏而读之，历代建置沿革之由，水火险易厄塞之处，兵马收集选充之实，馈饷储积田赋登耗之数，力役征调支应之烦，祲祥赈恤补救之方，风俗学校典厘之法，文武经历建树久近之迹，河套侵犯要挟之情，元老经略条奏筹划安攘之策，靡不犁然备具，一展卷尽目中。”(转自来新夏主编《方志学概论》第75页)

按：边关志是明代出现之新志类。此前在嘉靖间，已有尹耕纂修之《两镇三关志》，包括宣武、大同两镇及偏头、宁武、雁门三关。采用的是编年体裁，分卷记述历代在两镇三关地区发生之战事、屯兵及军事设施，还有与少数民族之间开展之互市贸易等。据不完全之统计，明代此类关志之书有27种之多，有些地方还一修再修，如《山海关志》有明一代就曾五修。多由镇将守臣或兵部职方官员纂修。永乐《辽东志》为最早出现者。

是年，周世昌纂成《昆山县志》8卷，由知县申思科捐俸刻出。周氏在自序中，关于史实与文采的关系之论，表述准确，值得录出：“志者，记也，记邑之事也。不患无文，而患无实；得其实，因其文而述之，斯为善矣。”(转自《江苏旧方志提要》第496页)

万历二至四年(1574～1576)间，徐学谟纂成《湖广总志》98卷，至十九年(1591)刻行。此98卷之内容是：“凡为图经暨论，各二十有三；为考者十八；为表者二十有六；为纪者二；为大小列传者四千四百有奇；为志之目三十有二，而志各有序、有论，一如目之总数，总之为卷者九十有八。”(转见《湖北省地方志考略》第18页)书以魏裳所修通志为基础进行修纂。全书分32类，无纲领目。纂者认为：“作志体裁，有挈以大纲而中分群目者；有概括大略而行事阙如者。故凡一篇，总标纲领，即疏析事词，于下为目，不复于大纲之下，又到小纲，惧嫌于复也。"陈光贻认为,此志虽"多达九十八卷,但只分为三十二类,记事没有遗漏,例精词该,在明代通志中应算是很精练的"。(《中国方志学史》第 120～121 页)《四库全书总目提要》评之云:"学谟四任湖广,习其故事,此其万历中为左布政使时作也。不以州郡分卷,惟以事类编辑。分三十二门,命曰《总志》。其削去各志所书《礼乐》一门、《纪事》一门,以《会典》通行不为一地而设,国史事秘,本非外臣所窥,其论亦颇有裁制。然通行之典制,本不专系于一地,删之可也。至于朝廷政令,专为一地而发者,有诏谕可稽,有奏议可考,亦有案牍可寻,实不待披求国史,然后能知。此则欲省编辑之力,姑为托词者矣。"(卷七四,《史部 · 地理类存目三》)这样的评说是有道理的。

万历五年(1577),程嗣功修,王一化纂成《应天府志》32 卷刻行。卷前有应天府境图。卷 1～3 为郡纪;卷 4 为沿革表;卷 5～7 为历官表;卷 8～10 为封爵表;卷 11～12 为科贡表;卷 13 为荐举表;卷 14～23 为记令志、风土志、山川志、建置志、官职志、学校志、田赋志、祠祀志、杂志等共 9 志,以及宦绩、人物、勋封、义行、列女、杂传等 6 传。值得注意的是,本志旨据史册,集录后来已佚之书,多有可补证史之缺误者。《四库全书总目提要》举例云:"如郡纪门引《金陵志》、《水经注》、《荆州记》诸书以证扬州之三江,又引《括地志》以证丹阳之属秦鄣郡。援据颇为该洽。又如引宋《景定志》及《通鉴注》,谓丹阳治所即汉之宛陵,亦足证旧志之误……疏漏亦尚未免也。"(卷七四,《史部 · 地理类存目三》)

是年,林云程修,沈明臣等纂《通州志》8 卷刻印成书。此南通州志也。时为两京太仆寺卿之王世贞在序中说:"窃谓方志犹古史也。夫志千乘之国与附庸之邦,世有史官,以掌纪时事,第不过君、卿、大夫言动之一端;而所谓山川、土田、民物、风俗、兵防之类,意别有图籍以主之。志则无所不备录矣。是故古史之失在略,而方志之得在详也……今州邑之荐绅将举笔,而其人非邦君即先故,盖有所不得不避矣。是故古史之得在直,而今志之失在谀也。"(见《天一阁藏明代方志选刊》第 12 册)他所提出的方志超出史、地之内涵而无所不备之性质,值得注意。《四库全书总目提要》称:"其秩官、科第诸门,皆括之以表,于例颇善。"(卷七四,《史部 · 地理类存目三》)

按:王世贞在明年修成之《金华府志 · 序》中,又提出史志另一方面之区别:"志志者详于地而略于人,志史者详于人而略于地。"(转见刘纬毅等《中国方志史》第 214 页)

是年,姚应龙纂修《徐州志》8 卷刻行。是书于"赋书独详"。纂者之主旨是:"以水患频仍,而役繁赋重,民不聊生矣,欲观者垂隐恤焉。"(转自赵明奇《徐州地方志通考》第 20 页)可谓仁者之志也。

是年,周应中、杨芳纂修成《真定县志》8 卷。是志提出较严谨之要求。其凡例称:"志书尚简而实,不借美邻境,故其所录,必有考据而后采。""志中所载或未经见,而据以成迹,不容不录者,必注'相传'二字,以备参考。"其将公署、坛庙、桥梁、寺观等合而为一志,称曰"使祀"。(来新夏主编《河北地方志提要》第 15 页)此一志目颇为特殊,似为创目。

万历六年(1578),郭棐任四川督学副使时纂成《四川总志》44卷。其作法是,体例先由公议,然后自为裁定。全书分省志4卷,郡县志14卷,经略志附杂记14卷,文8卷,诗4卷。省志为目10,郡县志为目22,经略志为目21,杂记为目5,文为目25,诗为目14。经略、文、诗为新定例,其余俱仿《一统志》例。《四库全书总目提要》称其于"尹吉甫、商瞿、董永、杨时之类,旧志误收者,颇有驳正。于赵戒、张商英之类,旧志溢美者,亦颇有简汰。惟职官不载守令,未免疏略。而以先代帝纪列于前,亦非舆记之体也"。(卷七四,《史部·地理类存目三》)

按:郭棐一生纂方志、杂史多种,除本志外,尚有四川《夔州府志》12卷,《夔传》7卷,《夔记》4卷,《广东通志》12卷,《粤大记》32卷,《岭南名胜记》20卷,广西《宾州志》14卷,《右江大记》30卷,湖南《酉阳正俎》10卷。陈光贻称其为"明代编纂方志最多的疆吏"。(《中国方志学史》第157页)

又:此前四川已有两部通志,一是正德时熊相纂修之正德《四川志》37卷,这是明代最早的通志。饶景晖在杜应芳纂《四川总志·序》中说:"明之有通志,自正德戊寅始也。"正德戊寅,即正德十三年(1518)也。正德志今尚存,见《中国地方志联合目录》第737页。

是年,栗祁修,唐枢、张应雷纂《湖州府志》14卷刻印成书。是志内容分土地、人民、政事三纲,纲下再分目。土地类下列郡建、疆域、山川、乡镇、区亩、形胜、津梁、物产、古迹、陵庙10目;人民类下分户口、功勋、风俗、辟召、甲科、贡荫、逸遗、列女、流寓、方艺等10目;政事类下分守令、赋役、学校、修筑、恤录、刑禁、兵屯、廨署、邮递、坛祠等10目,共30目。三纲者,在于按《孟子》"诸侯之宝有三,土地、人民、政事"之意而设,故被称为三宝体。董份在志序中说:"土地、人民、政事,侯邦三宝,舍是未有能为志者也……类其总,条其目,类以粲然,目以不紊。类土地则郡建以下其条十,类人民则户口以下其条十,类政事则守令以下其条十。类凡有三,条凡三十。要以削其繁言,去其芜议,创格立体,即事见义。"(转自张英聘《明代南直隶方志研究》第186页)是书为三宝体的首倡之作。明人修志,大多门类繁琐,文不拘体。此志为匡时弊,创此新体,用意明显,对后世修志不无影响。陈光贻谓,明人修志,绝无纲领,繁冗失伦,俨似"类书"、"典册"。是书三纲之设,意在纠正此弊。直到章学诚"三书体"的出现,才匡正了明人修志之弊,重整了宋人修志之学。(《中国方志学史》第29页)是志纂修者认为,"国有史,郡有志,史以立义,志以述事。故郡备事而存实,国考事而成史"。(转见《浙江方志概论》第93页)将方志视为国史之基础。其在人物记述方面,继承嘉靖《浙江通志》之作法,"凡叙人物,不立贤才、忠节各样名件,只于每人下直述行事之实,无则不凿空强造,以招乡议","官师只详所遗宦业,不敢特立名宦各色,盖愧无品评之见,亦不敢擅自别辨鄙遗",打破将人物分类之作法。(转自樵客《明代浙江修志进入兴盛期》,载《浙江方志》1988年第2期)是志中也有体例未能精当者,如《沿革》中参述有"祥异"之内容,每为方志评论者所诟病。

按:这种将志书内容分为三大类之作法,渊源有自,可能与宋代孙懋修,曹叔远纂之

《永嘉谱》有关。该书分年谱、地谱、人谱、名谱。傅振伦称,志分四体,“昉于此矣”。《湖州府志》之后,仿其体者,以稍变之形式出现者不少。三宝体又有统以四纲的,如嘉靖《醴泉县志》,设纪地、纪官、纪人、纪事;万历《广平县志》,于土地、人民、政事之外,增加了文献类。康熙《密云县志》分为天文、地理、人事三纲。康熙《怀柔县志》,虽分为 23 目,但实际上也隐含地理、政事、文献三纲。嘉庆间,朱文瀚撰之《山阴县志》,亦取法于此,也是三宝体之志书。乾隆间杜甲修,黄文莲、胡天游等纂之《河间府志》分为舆地、官政、人物、典文四志,似更为合理。(参见傅振伦《中国方志学通论》第 35～36 页)

又:这种体例出现之后,也曾受到激烈之批评。《湖录》之作者郑元庆就曾说:“予阅天下新旧志书多矣,从未有此体例。董宗伯份以为创格,吾则谓之变调,其舛错遗失处,不可枚举。”(转见《浙江方志概论》第 88 页)

万历七年(1579),王应山父子撰成《闽大记》55 卷,万历十一年(1583)刻行。是志先由应山着手编纂,不意以疾辍笔,由其子毓德续成。全书分目为闽纪、建置、吏治、选举、山川、风俗、世家、寓贤、列传、杂传、前鉴等。书中多为纂者勤征博考得来之第一手材料,因而史料价值颇高。55 卷中,人物传达 44 卷之多,加上人物表 5 卷,共占全书之 9/10 以上。除人物传记外,在综合类志书中,是人物内容占分量之最多者。列传分目为:名臣、名贤、治才、良吏、忠实、孝子、逸民、文苑、武功、善行、列女、仙释、伎艺、外传。仅闽越王王氏和朱熹资料即占 3 卷。(《中国地方志总目提要》13—5)是志也存在以作者好恶进行褒贬,加以评头品足之毛病。

是年,田琯纂修,吕光洵等纂成浙江《新昌县志》13 卷、首 1 卷刻成。知县田琯亲自“为之严义例,定条格,亲笔削于案牍之间”。是志的《凡例》中多有足供后人参考者,故略录数条:1.“今所书事实,自成化(志)以前者,多采用之;若事在(成化)志后及旧有缺略者,则……补而辑之。盖其文则省于旧,其事则增于前也。凡旧志所书的有考据者,俱照旧直书;间有可疑者,则用‘俗传’、‘未详’、‘姑存’等字样以别之”。2.“凡本志名目俱大书之,余有演解、题记,俱用注脚,盖别正旁以便观览”。3.规定人物入志之原则有云:“凡名宦政绩显著者,立大传矣。其或有某善可称者,则于官师名下小注之,亦举大不遗细之意也。”“官师之贤,身殒者乃立传,去任者为注事绩;否则不敢概施,盖避嫌疑,亦欲俟论定之意也。”“传留绩寓贤,其人虽德业宏博,不敢详述,惟举其有切于本邑者书。”“凡乡贤,德业表表者,为立大传,次之者为立次传。若有一言一行可称者,则惟于科目、恩封名下小注之;如无本等名色,则又立耆德、遗英以收之。”“本邑乡贤,色色皆备,故分类传之;其人兼有众善者,则详于传文,特举其大者以分类耳。”“乡贤女德,惟身殒论定者录之;若见在有德行可述,节孝可称者,俱不敢书,其或有功绩在邑,则于各事上散书之,使后人有所考也。”其亦有甚无谓的一条:“书官师于元时,有蒙古、色目人来宦者,俱削不录,若有功德于后者则存之,盖虽内夏外夷而不没其善之意也。”(见《天一阁藏明代方志选刊》第 25 册)但实际编纂出来的志书仍免不了夸诞的毛病。万历

《绍兴府志》就说："第新昌人竞以门第相高，语多夸诞。如所谓十进士、六进士云者，考之故籍，无有也。又言石氏义塾延明道为师，而文、韩、杜、吕四相皆出其门，则益诞矣。"（转自《中国地方志总目提要》11—83）

按：这个较好的凡例，是在实际的磨炼中得出来的。邑人吕若愚在《重修新昌县志叙》中说，一次他曾从南都返里，主修者对他诉苦说："奈邑之士庶，各务矜其祖父，求为表彰。或假誉于人，或救援于当道。亲联则附势，轧而挤。面询则辄贡谀词，背余时腾异论。其家单乏后者，虽贤反致沉沫。是以盈庭之言不一，道旁之舍难成。"经他反反复复向争之者说明，"隆虚誉于亲，不足为荣而反以为失"的道理，人们才稍稍散去，志书得以最后编成。看来，修志之要在于先订出一个好的凡例，有了好凡例之后，还要严格依例而行。无论古今都是一样的。

是年，史灿修，刘大恩等纂成河南《新蔡县志》8卷刻行。是书先为大恩受史灿之聘而纂成草稿。旋，史灿及大恩先后离任及谢世。大恩之子同南复加掇拾、考证，并率两弟聚金会梓。（《中国地方志总目提要》16—103）这是方志史上官书私刻之例，亦是刘同南兄弟继承父志，忠于志事之例。

万历十年（1582），李先芳（北山野史）私人纂修成河南《濮州志》6卷刻行。是志篇目非常特别，今全录于下。卷一：历代沿革表，郡邑疆域总图，郡治疆域图，郡治城市图，范县疆域图，观城县疆域图，朝城县疆域图，郡城疆域总图，郡治考，三县方域考，诹訾卫分图，星野考，古迹考（附今时建造），河渠议，帝系表，帝纪，世家，年纪（附灾异）；卷二：赋役志（田赋、均徭、里甲、马政），学校（附礼典），职官考，风俗记，兵防志，官师历年表，科第表，二贡考（附任子、武举、儒官、纳级职员）；卷三：名宦记，乡贤记；卷四：孝友传，明经传，武烈传，古交篇，游寓传，列女传，隐德传，兵家传，豪侠传，货殖传（附土产），仙释传，卫人志，杂记；卷五：王言（附敕书），诰命，敕命，诗类；卷六：文类，北山野史传（代替跋语）。其《货殖传》，记载了本州刘滋世、李保宦、许卫、房满四人经商致富之经过，每人500～800字，十分具体生动。李氏谓："人赖五谷木棉丝盐以为生计，境内不通舟楫，人亦不良于商贩，食其所入而已，故记以盐谷木棉成家者二三人，各巨万，今鲜有之。"（转见刘永之等《河南地方志提要》第532～533页）

按：在重农抑商传统思想占统治地位之封建时代，本志能如此看待商人，正从一个侧面表现了当时中原地区商业已较发达和资本主义之萌芽在意识形态上之反映。

是年，吴一鸾纂修成《蒙城县志》8卷刻行。是志之纂修者，在人物传中，自立一传，标榜自己"一尘不染"，"彰善殚恶，革奸剔弊"，"皆为国民之计"。这种自贻后人之讥的做法，值得后来之方志工作者引以为戒。

万历十二年（1584），余之桢修，王时槐纂成江西《吉安府志》36卷。是书前无凡例、序言，后无跋语，唯于36卷之末，附有纂者给主修者一札，文曰："新志伏蒙垂允，暂密藏勿印刷，甚幸。俟数年之后，罪我者之言稍息，或有平心者，必复取而观之，则老公祖今日之盛举不终湮没,未可知也。盖此事既据理笔削,诚自尽其心,可无甚愧。至于传与不传,一付自然,初无意必即此。便是生辈今日学问工夫,若一因人言,遂至内而摇惑,外而怨尤,则其违道已甚。纵使其书幸传,亦何足贵乎。"(转自崔建英《日本见藏稀见中国地方志书录》,书目文献出版社1986年9月版第105页)似是志修成之后,以有诸多难以明言之隐而未能印行,良可慨也。

是年,刘兑修,孙丕扬纂成《富平县志》10卷印行。孙丕扬,进士出身,官至吏部尚书。胸怀大志,以经世匡民为己任。他修此志也抱同样之思想。其在志书之序言中说:"予爱经史,博百家语,稽古经以至皇王二十一史,以志汉宋……言尺不如行寸,愿与邑大夫、乡大夫共力行之,以不枉过此一生,将自有经我史我者出,不焉用志为也。"(转自高峰《陕西方志考》第90页)正是抱着这样经世致用之思想来修志,故是志文笔典雅,词意风流,被誉为陕西十大名志之一。

是年,郭实修,王学谟纂成《续朝邑志》8卷刊行。在是志序中,谓其志,"文悲而意壮,亹亹而在民",表明其注意反映民间疾苦。故其"志官氏、人物、节义,如吴道子画像……志地形、食货如秦越人望色听声,知病所在"。是志在以简略闻名的正德韩志之后,以5万余字之篇幅,分8门,内容大大丰富,文笔仍简洁流畅,亦受到好评。(《中国地方志总目提要》25—29)《四库全书总目提要》谓:"韩邦靖作《朝邑县志》,当时号为佳本。学谟此志,成于万历甲申(十二年——1584),继邦靖之志而作,故以续名。然名为续邦靖书,而邦靖所录,此志仍录。盖病邦靖之略,而欲以详赡胜之。特以邦靖名重,不敢讼言相攻,故讳曰续耳。自序谓匠意缀词,稍稍自异,其人旨可见。观所叙录,视冗滥之舆记尚为有法。然笔力去邦靖远矣。"(卷七四,《史部·地理类存目三》)

万历十三年(1585),耿定向修成《黄安初乘》2卷刻行。嘉靖四十二年(1563)初置黄安县,析黄冈、麻城、黄陂三县地为之。故志中特设创画、规划二目。前者详载了黄安县初置之经过,后者详述了黄安县署、学宫等建设之情况。本志有康熙四年(1665)邑令肖恒增刻本。(《中国地方志总目提要》17—30)

万历十五年(1587),萧良干修,张元忭、孙鑛纂《绍兴府志》50卷成书。是志分地、治、户、礼四类,共18门,以舆图和插图附于各门类之下,总数达102幅之多,为当时志书中所少见,有人称其为历代方志之冠。(刘平平《浙江古代方志地图文献考》,载《中国地方志》2004年第11期)其中疆域志有图9幅,城池志9幅,署廨志4幅,山川志45幅,古迹志3幅,水利志10幅,祠祀志12幅,武备志9幅。《四库全书总目提要》称其:"每门以图列于书后,较他志易于循览,体例颇善。末为序志一卷,凡绍兴地志诸书,自《越绝书》、《吴越春秋》以下,一一考核其源流得失,亦为创格。"(卷七四,《史部·地理类存目三》)全书分细目达200有奇。胡惠秋谓:"清代的方志学家章学诚主张设立的'前志列传',实仿于此。"(《明代方志简记》,载《中国地方志通讯》1985年第4期)陈光贻称其"开创了后来方志有'旧志源流考'的新体例"。(《中国方志学史》第159页)

按：是志序中谓：《越绝书》“其文奥古多奇，《地传》具形势、营构始末、道里远近，是地志祖。”比洪亮吉、毕沅等“一方之志，始于越绝”说，早了许多年。持此观点者还有傅振伦、朱士嘉、洪焕椿等。

又：据林正秋等编著之《浙江方志概论》云：有明一代，绍兴地区、府县修志经常化之特点甚为明显。从明初至万历四十六年之260余年间，共修府志8种。其所属之萧山县，从永乐二十年至万历十七年之130多年中，共修志8次，平均不到20年修一次；诸暨从正统前开始，至隆庆之130余年间，共修县志6次，平均20余年修一次；嵊县从正统前开始，至万历十六年之150余年，共修6次，平均25年左右修一次。（第126页）

又：这种图随文出之作法，很是值得提倡，可惜后来效行者并不多。甚至今日修志，多数新志书还是将图、照集中置于卷首，读来甚为不便。

是年，熊子臣、何镗纂修成《括苍汇记》15卷。隋代置处州，以括苍为首邑。是志书名括苍，实记处州全府之事，书名于义例之未尽合。是志一改其前志以邑为编之作法，改由事类为编，颇为得体，故获后人好评。其后之崇祯府志序谓：“旧志各邑为编，似无统绪，不若《汇纪》类聚支分，乃成郡礼。”《四库全书总目提要》评论曰：“镗以处州旧志十邑各为一编，体例不当，又自成化以后，记载缺如，因汇为是编。考隋代始置处州，治括苍县，本以括苍山得名。今为处州全府之志，不应以一县冠一郡，又不应以一山该一境。名实相乖，于义未允。然宋无吴郡，而范成大为《吴郡志》，则讹误相沿，亦不自镗辈始矣。”（卷七四，《史部·地理类存目三》）

万历十六年（1588），范涞修，章潢纂《新修南昌府志》刻成。卢廷光为之序称：“郡书详于人，地理书详于事。合事与人，以纪载一方，证向今曩，谓之志。”（转自黄苇等《方志学》第5页）这是方志乃由郡书和地理书合流而来的说法。

是年，万民纪修，周汝登纂成《嵊县志》13卷。是志“抱悯时病俗之心，发易化移风之论”，故志中多有易制革弊之说。如其《嵊志编目叙论》论沿革废置中，记有成化八年（1427）原属会稽之25、26都德政、东土两乡，因民抗税丞，乃割归嵊县，而嵊县则偿付上虞县属东关驿之徭役费1700余两。认为这种做法极不合理，主张应当免除。论井渠中，记旧志县城内不载水井项，在历举历史上因兵事而城中遭渴之事例后，论说曰：“城之荡荡，莫倚其疆，三日无水，十日无粮。以是知井之用大。”主张要掘井以备不时之需。后人评论此志谓：“综博精核，事简而赅，文古而雅驯，因载入内阁书目，洵称善本。”（转自《中国地方志总目提要》11—81）

万历十七年（1589），熊元修，马文炜纂成《安丘县志》28卷刻行。主纂者马文炜，带领儿子马应龙、马从龙参与。参修者还有前吏部郎中、文学名士黄祯，前河津县令刘希孟，前兵部侍郎辛应乾，前都御史韩必显等。阵营之强大，为他志少见。是书分纪、考、表、传四纲，首卷为“总记”，是一邑之编年史，以及历代地理沿革封建表。全志特别重视人物之记述，传名亦颇特殊。有宦迹传、儒林传、事功传、文苑传、武胄传、高士传、笃行传、孝义传、侨寓传、列女传、杂见传、佴德传。《杂见传》收无可归之人;《佴德传》则记“盗贼之伦”。《四库全书总目提要》称其“体例颇为谨严。其沿革、封建、秩官、贡举、貤封,俱列为表,艺文惟列古人著述,较他志亦为清省。惟典礼、雅乐,国家通制,非安丘所独有,而各为一考,此刘知几所论‘天文诸志误学《史记》者也’……艺文之末,附诗二十首、文九篇,可谓删除冗滥矣。然何不用范成大《吴郡志》例,散载各条之下乎? 总记二篇,尤多泛滥……盖虽稍廓地志之恶习,而犹未能免俗云”。(卷七四,《史部·地理类存目三》)瞿宣颖在《方志考稿》中谓“故明诸志,能臻此境者鲜矣”。(天春书社民国十九年 12 月刊行本第三编第 78 页)

按:这种将“大事记”称为“总记”的作法,至清人也多有沿用者,如乾隆胡德琳修,李文藻、周永年纂之《历城县志》;罗宗瀛续修之道光《邹平县志》就是这样称的。

是年,以左给事中升任天津兵备副使之彭国光与张常合修纂成万历《天津三卫志》。在修纂中,彭氏应张常之要求,曾颁下一修志《牌》。该《牌》内容包括:一、修志之必要及志书当记之内容。文曰:“天津三卫志书其来已久,且并原籍销毁。嗣后教化之纯疵、风俗之厚薄、贤才之登进、武职之承袭、军民之利病、营伍之更番、建置之兴废、事体之沿革、户口钱粮之增损、祥瑞灾异之互见、御制诗敕之褒封、忠孝节义之纪传、文艺吟咏之标题、寓居隐逸之迁延、物产商贩之盛衰,甚至民谣巷议有关风化者,亦未可轻遗不录。”二、确定修志人选:“看得天津卫儒学训导胡曰楙,青年锐志,博学练才,堪以委任”,还要“遴选有学行生员及老儒历谙世故者各三名,先开姓名,呈道定夺”。三、对修志人员的要求:“毋私而公,毋虚而实,毋泛而约,毋俚而文,毋轻而游扬,毋故为中伤。天道难欺,人心难昧,谅尔等必不为也。”四、规定修志程序:“虚心类草成帙”,“本官逐一详核”,然后“秉公校阅,删订去取”,“编集付之良工,匪直信今,且以传后,期无为同志羞”。五、关于经费来源:“若纸笔之费,镌刻之工,酬劳之举,本道另行处置,决不敢干予军民之毫发也”。(转自孙培基《漫谈胡文璧、彭国光修志》,载《天津史志》1987 年第 3 期)在此《牌》规定之思想和原则指导下,经过张常之努力,在胡文璧正德志之基础上,志书很快修成。志书质量亦属可观,惟今已不存,至为可惜。

按:明代出现之卫、所志,主要以兵事、武备方面之内容为主,“卫志之作,一以国朝兵制为主”。但由于多数卫所,既管军事,又兼管地方,故地方诸事亦多所摄入。据巴兆祥“不完全统计,有明一代修有卫所志 53 种,分布于今天津、上海、河北、辽宁、宁夏、甘肃、青海、山东、浙江、福建、湖北、贵州、云南、四川等省(市)。较早之卫所志是《洪武靖海卫志》、《金齿军民指挥司志》、《澜沧军民指挥司志》、《松潘军民指挥司志》、《天顺大田所志》等。有的卫所还多次修纂”。(《方志学新论》第 105 页)

万历十八年(1590),殷汝孝纂修山东《巨野县志》刻行。邑人、历任御史马文健为之作序,认为志有垂鉴教化之功能。略云:“夫志本史而作,而史乃又有名曰鉴,盖往事之纪,今日之鉴也。谓后世之观是书者,是以考见目前之得失也。然则志非所以备后人之观览者耶? 观之而有益于修身,有益于治人,则志为不虚矣。”(转自《山东方志汇要》第 437 页)

万历十九年(1591),陈鎜纂修,王一龙增修之《广平县志》5卷刻印成书。是志分四大类,类下再分目,亦属三宝体一类。其卷一为“土地志”,下分疆域、沿革两门,门下又各分子目。卷二为“人民志”,下分版籍、赋役两门。前一门分里社、户口、风俗、方言、流寓、保甲等细目;后一门分为夏税、税粮、马草、均徭、里甲、驿传、马政、盐课等细目。前者讲人民之编制、人力和生活;后者着重讲人民之负担,说明劳动人民被剥削之苦。卷三为“政事志”,含职官、祀典、庙祭、选举、武备诸门。与前《湖州府志》所不同的是,三志之外,增以文献,实为四纲。有人认为,像这样独特之体例,在方志中是较为少见的。其实这种编目法并不鲜见。吕志毅在《方志学史》中谓,是书“每志冠以表,职官采谱式。土地志之首为四境图。图的方位,上北下南,左东右西,与他志异。每门有赞论,为仿史例。人民志中,列有‘方言’一目,为此志所仅见”。(第238页)

按:杜延甲等纂之乾隆《河间府志》分为舆地、官政、人物、典文四志,亦属此类。

是年,欧阳东风修,严锜纂成《兴化县新志》10卷刻行。是志全书分为7纪:天文之纪、地理之纪、人事之纪、人官之纪、人文之纪、记翰之纪、外纪。其中之人官之纪,除秩官外,另有4个列传;人文之纪除载乡贤外,另有5个列传。体例上颇为特殊。(《中国地方志总目提要》10—103)

万历二十年(1592),叶梦熊独力纂成陕西《重修郃阳县志》7卷。叶氏先为户部主事,以谏犯上,被贬为郃阳县丞。他虽被谪,“独不以迁人自处,时时劳苦父老,问民间利病,为兴厘不遗余力”。(转见高峰主编《陕西方志考》第79页)他在志中,多加评论,阐明自己的见解。如此精神,如此作法,均属可佳。

万历二十一年(1593),谢杰、沈应文、谭希思、张元芳等修纂成《顺天府志》6卷刊行。是现存明代北京地区之地方志。书后内容涉及天启、崇祯两朝事,至迟有晚至崇祯九年(1636)者,可见其刊行之后,又有后人增补。(《中国地方志总目提要》1—2)

按:由于古人刻志书时,在每目之后往往有“虚左以俟补者”。故我们今天看到不少再刻的志书,多有载入志书下限后的史事者,不足为奇。

是年,程三省修,李登等纂成《上元县志》12卷,至二十五年(1597)刻行。李氏在是书之后序中,认为“志有三要焉:一曰经政,二曰观风,三曰考艺”。(转自巴兆祥《方志学新论》第34页)是书之特点在于秉笔直书,敢言他志之讳言者。如人物志之“邑人”小序中,就不似有些志书那样藉名人于异地进行夸耀,而是承认:“金陵自秦汉以前,僻在南服,人文未耀,见于载籍者略矣。”(转自《江苏旧方志提要》第77页)邑人焦竑在志序中说:一地的“兴败之由,其来以渐。苟非早见而力挽之,则莫之能救。若是书所载,其龟镜也。何者?吾观其户口,则由登而耗,赋役则由省而繁,财费由缩而赢,吏治则由良而窳,人才则由实而虚,物力则由富而贫,民俗则由醇而薄。降本流末,何莫不然?似非人牧所宜加意焉耶……藉第令为民父母者,皆若而人,即国家丰镐万季之盛,将永是赖,非独为一邑计而已。余嘉诸君子发凡证例,

以笔削为己任……能知所重而亟图之也。”(转自张英聘《明代南直隶方志研究》第 216 页)

是年,潘敦复纂修成《乐亭志》12 卷刻成。由于明中叶以后,倭寇频繁入侵,故本志特重海防。卷首有《海防总图》,上图下说,“辨别险要,分兵布马,若指掌上”,“有事可以按图而应,无事则永为成规”。又将兵防单独立志,详载边防设置、武器配备等(《河北地方志提要》第 143 页),是为本志之一特。

是年,沈榜纂成之《宛署杂记》20 卷刻行,这是记述北京之志书。是书值得注意者有:一是作者不畏烦难,迎难而上,敢为人之不敢为者之精神。纂者自序有云:“宛平建县以来二百余年,无人敢任记述之责,其中固有呐于心而惴于辞者尔。而庸计夫京师首善之邑,所为诸夏根本。国家厚泽深仁,所为培植绥和,纤巨委悉,视他郡邑不同,尽使人人避事而呐且惴焉。然则何时而可任其责乎! 是以退食之暇,杂取署中所行之有据而言之足征者,随事秘录,平立义例,不待序次,聊识见闻,用备掌故……为二十卷。”二是纂者之良苦用心,用向皇帝表忠心而上万言书之形式,以反映宛平之民间疾苦。其书 20 卷,各卷均以一字代之。此 20 字就合成一首五言绝句:“日月光天德,山河壮帝居;太平无以报,愿上万言书。”(转见崔建英《日本见藏稀见中国地方志书录》第 1 页)此种命卷序的方式,至为独特,为方志史上之所仅见者。如此命篇法,表面看似是对最高统治者之谀词,其实正好相反。书中多有微言薄意。谢杰在序言中就已揭出:“古人愤而作骚,废而作史,亦或穷愁而著书。一龙一蛇,错出而见奇,用以发舒其感慨之意。大夫(沈榜)也,书多微辞。”(转自冯秉文《北京方志概述》第 49 页)在如此颂词之下,却于“经费书则备极覼缕,几于隶首不能得”。在经费一目之下,以 14、15 两卷长达 4、5 万字之篇幅,记述了宛平民所担负之坛庙、陵园、行幸、宫禁、各衙门、考试之经费,详载了官家勒索之种种品名和数量,巨细不遗。从卷 6～13,无一不是记载统治者勒索人民之种种名目和方式。(《中国地方志总目提要》1—8)其忧国忧民之心,多处可见。是书是北京风俗人情之可见的最早记录之一,为后世之北京风俗史志研究提供了可贵之有用资料。

按:序言中称“随事秘录,平立义例,不待序次”。其实,从篇目来看,在次序上还是反映了其结构是有序的,只是不那么严整罢了。以修志书的方式来反映民瘼,希望达于“天听”,在方志史上,绝非仅此一例。

又:本是宛平志书,何以不以宛平志名,纂者自序有云:“前此尹宛平固多贤于榜百倍,而况榜至愚且贱,又何敢以志宛平? 顾志,吾不敢也。”谢杰序其书也说:“示非完书也。夫六经以降,作者大备。丘明、公、谷口传,……下此三辅之图,酉阳之俎,则杂之云尔。是大夫(指沈榜)所托以名书意也,词亦谦矣。”“古人愤而作骚,废而作史,亦或穷愁而著书,一龙一蛇,错出而见奇,用以发舒其感慨之意。大夫(指沈榜)也,书多微辞。”(转自冯秉文书第 47～49 页)书中于经费记之尤详。有经费来源之人丁、徭赋、力役、宫庄、马政、税契、铺行以及各项开支之名称、数额、需款等。

又：据冯秉文在《北京方志概述》中说，沈氏此书修刻之后，明清均有流传，但到民国后，则只闻其名，不见其书了。直到1941年傅芸子东渡日本留学时，方于日本尊经阁发现藏本，之后国内才有刊本行世。傅氏为此书之引得回归，功实不可没。(第46页)

万历二十二年(1594)，涂嘉会、孔贞一修，杨景淳主纂成《荆州府志》一书，同纂者还有雷思霈、欧阳生明等九人。以书已不存，故卷数不明。从今所存杨氏之序中，可见这是一部最典型的纪传体之志书。杨氏在《修荆州府志序》中，认为志就是史，“志郡者，一郡乘耳。……乃历代郡有纪，仿本纪也；分土、列爵、建官、选举有表，仿年表也；诸书仿书也；诸世家，仿世家也；诸列传，仿列传也”。全书分为3纪、4表、10书、6世家、10列传。五体五个部分，完全是按《史记》之体而作的。序中记述了参纂者诸人具体分工情况：“为皇帝纪、食货、艺文书、临江王世家者，欧阳生明也；为周成王迄秦纪、建置、文教书、名将、隐逸列传者，王生荐也；为秦汉以来迄国朝纪、方舆书、县王世家、人物列传者，雷生思霈也；为分土表、武卫书、辽王世家者，张生翼凤也；为列爵表者，邹生璪也；为建官表者，祖生黎献也；为选举表、秩祀、榷政书、方伎传者，刘生朱也；为天官书、鬻熊而下楚世家、湘王世家、儒林、侨寓列传者，李生闻元也；为江防书、南平王世家、循吏列传者，崔生德元也；为忠臣列传者，王、李两生；为孝子列传者，程、刘两生也；为贞妇列传者，欧、雷两生也；为义士列传者，张、崔两生也；其断论，则景淳窃取之矣。”(转见《湖北省地方志考略》第122页)

是年，县令蔡立身纂成《青阳县志》6卷刻行。是志6篇篇目均著一“原”字，谓：原邑、原宇、原财、原材、原治、原艺，亦颇为特别。

按：顺治十四年(1657)杨梦鲤纂修成之县志，仍沿此6目。《中国地方志总目提要》谓：“原”乃论说追溯之意，是为史体，与志体似不相侔。(12—14)

万历二十四年(1596)，易登瀛、卢学礼修，于慎行纂《兖州府志》52卷刻成。是书内容上有两点最为突出：一是详载孔子事迹。孔子故里曲阜为兖州府属，号称圣里。志书中绘有阙里图、阙里圣庙图、孔林图、孔庙图、颜庙图等，录有孔子受封之诏、制和相关之文献，对孔庙内之布局、陈设记之甚详。二是因为地处黄河下游，常有水灾之患，故志书对黄河及相关之河流的情况记之亦详，并绘有《黄河总图》和《漕渠总图》。(黄苇等《方志学》第350页)

是年，王应麟修，王樵等纂成《重修镇江府志》36卷、图1卷。其中守官府同知载至康熙四年，府通判载至康熙九年，当是后抄者所增入。编目、选材多有与他志之未同者，故值得注意。如《赋役志》以9卷之篇幅，占全书之1/4，详记了历代各种名目之赋役状况。“附录”所载当地当时之《教民榜文》有云：“民间户婚、田土、斗殴、相争一切小事，不许辄便告官，务要经由本管里甲老人理断。若不经由者，不问虚实，先将告人杖断六十，仍发回里甲老人审断。”(《江苏旧方志提要》第707页)资料颇为稀见。

是年，方应选修，张维新纂成河南《汝州志》4卷刊行。是志把记述重点放在经济上，联系当地民生。其《食货》中，记述了金、银、铜、铁、锡、玻璃、黄丹、石青、煤、磁器等20余种，都注明产地。在目后之按语中指出,汝州土地瘠薄,应充分利用自然资源以解决民生问题(《河南地方志提要》第283页),颇具策论之义。

是年,尤应鲁修,乔允修纂成《泗水县志》12卷刻行。是志为着“资治”之目的,特设牧政志,“以旧政告新令尹”。故其中所收之《巡方条约辨吏类》、《巡方条约约束类》等为吏之政、官箴条例等,多为他书所少见,对了解明代吏治颇有价值。(《中国地方志总目提要》15—59)

按:“资治”为修志传统之目的,志书中凡记载民间疾苦和地方弊政、前人除害兴利之奏议主张等,均含此等用意。

万历二十五年(1597),沈一贯辑,王文府校《皇明大一统舆图广略志》刻印成书。此为有明一代之地图集,首有《大一统地理叙》,述我国历史大要及历代州县沿革。下为周、汉、唐、宋、明各代总图及明代两京、十三省图,共35幅。每省先有总说、府分说。各府有沿革建置、名宦、人物、流寓等目。对历代人物及考证颇具价值。(吕志毅《方志学史》第213页)

是年,王宗沐纂修,陆万垓增修之《江西省大志》8卷刻行。是书先由王宗沐于嘉靖三十九年(1560)纂修成7卷,分为赋书、均书、藩书、溉书、实书、险书、陶书等7部。除了各部目之特别外,尤其值得注意的是特设“陶书”部,下分建置、砂土、人夫、设官、回青、窑制、供亿、匠役、柴料、颜色、解运、御供、料价等13目,详记了江西陶瓷生产之历史和现状。至是,陆氏又在前志基础上增修《楮书》1卷,记述江西之造纸业。合为8卷刻行。(吾仁《明清江西省志简析》,载江西《修志文丛》1988年第4期)

是年,王来贤、沈思充等修,许一德、陈尚象等纂《贵州通志》24卷成书。是书兼采弘治《贵州图经新志》、嘉靖《贵州通志》之长,避其所短,并增以嘉靖末至万历中叶之史事。远事据经史,近事据见闻,不以臆断,内容审核,条理分明,叙事严谨,体例完备。记述范围涉及沿革、疆域、户口、民赋、军政、学校、兵防、邮传、人物、风俗等。据《黔诗纪略》“陈尚象传”中有云:陈氏纂是志时,“一介不妄取。在志局,土酋安国享夜持千金,欲有所关说。(尚象)厉色麾之”。故是书纂成后,被誉为黔中善本。是志中对少数民族的习俗资料记之颇详,如“贵州宣慰司”下,除载其沿革、疆域、户口、土田、贡赋、徭役、公署、学校、兵防、邮传等之外,还详及罗罗、宋家、蔡家、仲家、尤家、曾竹龙家、红仡佬、花仡佬、东苗、西苗、紫江苗等少数民族“种类不同,习尚各异”之特点。其记奢香刊山通驿云南、四川,以利于增强边疆地区向心力之事迹尤详,可与《明史》、《炎徼纪闻》相互参正。(参见张新民《贵州地方志论纲》第34页)

按:是书万历时有刻本,后国内不存,仅于日本东京尊经阁有藏。

是年,罗士学修,符令仪纂《沛志》25卷刻成。是志卷首除序外,还载有弘治七年(1491)以来之5次县境图,颇为珍贵。是志之人物列有10传:即宦绩传、人物传、儒林传、孝义传、贞节传、侨寓传、方伎传、仙释传、佞幸传、外传。(转见《中国地方志总目提要》10—36)其中之《佞幸传》,以讥讽谄谀而致官者,亦是志中之创目。

万历二十六年(1598),石允珍修,李登总纂,盛敏耕、顾起元分纂之《江宁县志》10卷刊刻。首有县境图、县治图。卷 1 为沿革表、地理志；卷 2 为建置志；卷 3 为版籍志、户口志；卷 4 为祠宇志；卷 5 为古籍志；卷 6 为官守志、宦绩传；卷 7 为科贡表；最后三卷为人物传。《续修四库全书提要》称："此志作者，皆为一时名手。山川则属之盛文学敏耕，人物则属之顾文庄起元，而新野李公登实总其成，故体严而事广，文简而义赅。各表志前列小序，皆彬雅可诵，可以为良志矣。"（转自周子舆《南京历代修志人物传》，载《江苏地方志》2005 年第 4 期）

万历二十七年（1599），苏浚受广西巡抚戴耀之托而修成《广西通志》一部刻行。鉴于广西是少数民族聚居区，又是国防前线，故是志之修，全在于实用，特别重在"驭蛮"，而"驭蛮"又是为了增强边防。对于少数民族，一方面沿传统之错误观念，把他们视为"外夷"，但另一方面又肯定他们在巩固边防中之作用。如谓"西南土司与交州为邻。交人所以俛首顿脖不敢窥内地者，以土酋兵力之强，足制其死命也。若自弱其兵，自敝其障，恐中国之边患有甚于土司矣"。这样之思想，在各类之小序和短论中都表现出来。各门目之小序和后附之短论，既反映出纂者对明王朝腐败统治之不满，又不遗余力地为统治者出谋献策，希望达到兴利除弊，巩固边防，维护其长治久安之目的。本志体例上还有一个不当，作为一个边远省份之志书，居然设了"本纪"一项。其中关于建文帝流落广西一节，全凭野史传说而作为传信，让人不大放心。（《广西方志提要》第 12～19 页）

按：还在明代之时，有"内华夏而外夷狄"的看法原不足怪。但它能够做到族之内外与中国之内外有别，这已是很难能的了。

是年，马应龙修纂《杞乘》48 卷刻成。是志于人物中设立梼杌传，专收"乱臣贼子"，突破了一般志书"书善不书恶"的惯例，实行善恶并书，是一大进步。（《河南地方志提要》第 198 页）

是年，张宁修，陆君弼纂成《江都县志》23 卷刻行。内设纪一，为郡县纪；表五，为郡县表、秩官表、附秩官表、选举表、武选举表；志七，为提封志、建置志、食货志、儒学志、秩祀志、兵戎志、杂志；传十，为秩官循良传、附秩官循良传、秩官名臣传、选举名贤传、名贤传、寓贤传、勋戚传、孝义传、列女传、外传。类目前后往往有"按"、"论曰"等作序作赞，以发表编纂者之议论。《四库全书总目提要》认为："夫史之有纪，为帝王作也。称之一邑则僭矣。其表较他志颇善。然既作郡县纪，又作郡县表，繁复与《永州》同。"（卷七四，《史部 · 地理类存目三》）

是年，知县车鸣时纂修成《政和县志》8 卷。是书卷 6 乡贤传前，有三诏先生陈廷臣、龙图先生邵民望、四明先生吴元璞、孝友先生余则亮之《政和县陈、邵、吴、余四先生小像》，像侧有黄裳赞。如此做法，为其他诸志中所少见。（《中国地方志总目提要》13—21）

万历二十八年（1600），王廷谏修，董复亨纂成《内黄县志》26 卷刊行。是书值得注意者，是其《编年志》将"大事记"之内容有所拓展。该门叙曰："郡邑诸乘多志灾详、星变、地震与夫水旱、盗贼非时之警止耳，而大除拜、大建革、或赋役、营缮、秩祀、兵盟，关国家理乱、民生苦乐者，顾反缺佚不载，将令后之君子何所征文献、资抵掌乎？"故其中，自商代止于万历二十八年的有关天象、灾祥、地理沿革变化、政事改易、人事升迁等自然、社会诸种大变化均记在列，明代尤详。为一般志书不可比拟。(《河南地方志提要》第 512～513 页)

万历二十九年(1601)，刘元会修，李戴纂成《延津县志》4 卷刻行。是书制定了定纲目、酌体裁、正名义、定图谱、补阙遗、分是非，收艺文、详评论等 8 条原则。其中具体有"非纲则无统纪，非目则有遗佚"；"既统论之，又析论之，使记载明而序次清"；"疆域、城池，非图不明。职官、选举，非谱不约"；"艺文所收，关于封域、民情，可以彰往昭来乃入之"等。刘永之在《河南地方志提要》中认为，这 8 项宗旨，是一套修志理论，可供后人研究，有较高之价值。(第 383 页)

万历三十年(1602)，有《坤舆万国全图》之刻行。先是万历八年(1580)，意大利传教士利玛窦来到中国。万历十二年(1584)，其在广东肇庆绘制世界地图，后经多次增订，至是定稿，正式刻行，名曰《坤舆万国全图》。中国人自此始有"五大洲"之概念，对扩大国人对世界认识之眼界大有意义。

按：清康熙时，有南怀仁撰之《坤舆图说》2 卷，与是书无涉，但内容相似。怀仁，西洋人，曾任司天监正。其书上卷自坤舆至人物，凡 15 条，皆言其地之所生。下卷分为五大洲，而终之以西洋七巧图说。其内容为西洋知识糅合中国古传说，足广异闻。

是年，郭棐、王学曾、袁昌祚等纂修成《广东通志》72 卷刻印成书。书分藩省志 13 卷，郡县志 49 卷，艺文志 3 卷，外志 7 卷。是志除了一些志书常见之门目外，其特别之处在于，设有罪放、贪酷二门，以示讥贬，颇具史家遗意。(吕志毅《方志学史》第 228 页)《四库全书总目提要》谓："其藩省志舆图之后，即列事纪五卷，茫无端绪。惟仙释、寺观列之外志，较他志体例为协。又增罪放、贪酷二门，以示讥贬，则仿佛《嘉靖江西志》例也。"(卷七四，《史部・地理类存目三》)

是年，右副都御史、广西巡抚杨芳修，平乐府通判詹景凤纂成《殿粤要纂》4 卷。这是一部关于明代广西兵防和边防之专著，是研究广西边防体制和少数民族状况难得之史料。

按：是书早年流落日本，至 20 世纪 50 年代，北京图书馆从日本以胶卷复制回国。1991 年初，广西通志馆资料室又通过时在广西社会科学院历史所实习之日本留学生菊池秀时，从日本内阁文库复印归来。

是年，福建闽县徐𤊹将其藏书编成《红雨楼书目》四卷，将 340 余种方志分为"总志"和"分省"两部分。总目自明往古开列；分省依福建、河北、江苏、浙江、江西、湖北、湖南、河南、四川、广东、陕西、云南、贵州等为序。(转见黄苇等《方志学》第 57 页)这是继《天一阁方志目》之后的又一部方志专目。

万历三十一年(1603)，郭子章私撰成《黔记》60 卷，又五年而刊印成书。郭氏从万历二十七年(1599)起任贵州巡抚，至三十五年陈情终养去职。其一生著述颇丰，关于黔地者就有《黔中止榷记》1 卷、《黔中平播始末》2 卷、《抚黔分移》4 卷、《抚黔奏疏》16 卷、《黔草》21 卷、

《黔小志》1卷、《西南三征记》1卷。此部省志亦其私撰而成。全书前述贵州全省大事记，次及星野、舆图、山水、灾祥、郡纪、止榷、艺文、学校、职官、贡赋、兵戎、邮传、公署、公侯伯、总兵、参将、都司、守备、总督抚按藩臬表、文武科第表、驰恩表、帝王事纪、宦贤列传、迁客列传、寓贤列传、乡贤列传、忠臣列传、孝子列传、栖逸列传、淑媛列传、方外列传、宣慰列传、故宣慰列传、土司土官世传、诸夷、古今西南总论等。历来被视为贵州通志之最。是书体例用纪、志、表、传四体，又附总论，分“诸夷”、“西南夷”2篇。艺文部分详列书名、卷帙、撰者，多有提要，或节录序、跋等。各篇中多有纂者议论，皆冠以“玼衣生曰”，或叙述著作缘由，或评论史事、人物，或征引旧闻、标举轶事，或考证史实、订正讹误，反映纂者立场。为方志中独特之体裁。光绪《贵州通志》谓其为“雅有法度，为世所称”。（转自吕志毅《方志学史》第227页）陈光贻称此书，为“贵州明代方志中唯一的巨著”。（《中国方志学史》第158页）

是年，《卫辉府志》16卷修纂成，并刻行。未著纂修者姓名，仅有侯大节序文一篇。卫辉属春秋时卫国地，故本志中设有卫纪一目，叙述了自周武王十三年康叔始封，至卫君角二十一年，共41代君主、914年卫国之世系。当时卫国所辖并非只卫辉一地，且国都屡有迁徙，这种作法颇为特殊。（见《中国地方志总目提要》16—44）

是年，王之臣修，陈烨纂成《诸城县志》12卷刻行。是志每篇皆有议论，言词雅训，多能中的。如徭役下备述银差力役之利弊，又结合本地实情，论述一条鞭法改革。又如官庄、军屯，详载了明初迁民设庄与屯兵垦荒，并论设庄兴屯对本地开发之利等。（《中国地方志总目提要》15—33）

万历三十二年（1604），龙文明修，赵耀、董基纂成《莱州府志》8卷刻行。其凡例多有可参考者。如谓“名山大川，凡经见者悉书，而后以俗名皆收改”；“山川、寺庙、祠院碣碑诗文，唯名笔古雅可传者入之，近时芜陋，俱削不录”；“艺文但涉于莱，佳者俱载，其有关世道风土及可考兴革、可寻往迹者，即文不雅驯，亦录”。（转见王桂云、鲁海《山东地方史志纵横谈》第81页）在处理府与县的关系上，是志于市集、寺观、坟墓等项，分县记述；于人物、选举等项则以府为单位，按年代编年记述，亦有一定借鉴价值。

是年，临巩兵备道荆州俊修，唐懋德纂成《临洮府志》26卷刻行。荆氏在志序中谓：志书之不修，“一则负清时，使后有不再之嗟，今有虚度之羞；一则负渥恩，使国无久任之益，身有苟延之耻”。（转自崔建英《日本见藏稀见中国地方志书录》第20页）足见是时，地方官以不修志为己之羞耻也。是志专有《茶马考》1卷，载事颇详，为有地方特点之目也。

是年，许国忠修，叶志淑等于万历三十一年纂成之《续处州府志》8卷，至是刻行。是志内容选材上颇为特殊，其《武功》门载武将之勋功事略，几占全书篇幅的1/3左右。（《中国地方志总目提要》11—110）是州并非军事重镇，亦非多战之区，如此选材，较之他志亦显特别。其坑冶目下一条记载似乎已经注意到了开矿的污染对农业生产的影响：“万历二十九年，知县陈文照建议，于春夏秋三季播种之时，浊水有害禾苗，严禁不许淘洗，惟冬季用工。申详府

道。”(见刘纬毅等著《中国方志史》第 209 页)

是年,李存信修,黄佑、章文斗纂成《泰州志》4 卷刻行。是志分为 10 纲,纲目颇为特别:一为辨职方,二为陈经制,三为程物土,四为叙官联,五为识遗爱,六为考入仕,七为标名节,八为沐恩光,九为备幽异,十为铨艺文。泰州古称海陵,地乃水区,盛产海盐,故志水利、盐业甚详。(《中国地方志总目提要》10—100)

是年,刘九经纂成《郿志》8 卷。是书之前幅载有诸葛武侯木牛流马图,是为难得之史料。傅振伦将其与康对山《武功志》前幅载织锦璇玑诗图,相提并论。(傅振伦《中国方志学通论》第 15 页)

是年,韩浚修,张应武纂成《嘉定县志》22 卷刻行。时偕行在志序中谓:“夫志者,识也。文献道理所以识也,郡邑之土,上应星躔,下辨疆域。若城池桥宇,若风俗物产,若钱谷赋役,若名贤勋德,匪志则弗传,匪核则弗信,匪文则弗远。右文者据以修辞,考古者循以博综,守土者依以镜治,何可废也……俾后来藻雅者考迹而知故,宰人者鉴古而知今。”(转自梅森《上海方志研究概要》第 28 页)《四库全书总目提要》评此书有谓:“颇胜他志之鄙漏,然亦时有疏舛。如以水利列于人物之后,已觉不伦。以古迹及寺观,叙于杂记门中,更为非例。”(卷七四,《史部・地理类存目三》)

是年,徐待聘修,马明瑞、葛晓、车任远等纂成《新修上虞县志》20 卷、首 1 卷,明年刻行。徐氏在志序中谓是志:“凡汉晋迄胜国时事,强半参旧二志而折衷之;隆庆之近者,务采乡评、惬舆论而止,固不敢以成心负手,亦不敢以屈笔负人。编内最条析者,则水利为重。纵无桑郦征引诡博,而要其指伪凿凿,将使湖利尽归于民,不为康乐所请,意固有独至也。”(转自《中国地方志总目提要》11—79)

是年,孙传能、张萱等编成《内阁藏书目》8 卷,其中较《文渊阁书目》增加了正统后至万历间修成之志书目,如倪复纂之《奉化县志》、张时彻纂之《宁波府志》、陈表纂之《孝丰县志》、陈敬则纂之《安吉县志》、骆文盛纂之《武康县志》、陈霆纂之《德清县志》、唐枢纂之《归安县志》、谭桓同纂之《桐乡县志》、周洛都纂之《昌化县志》、汪奕纂修之《于潜县志》等。是书突破传统之书目分类法,设“志乘”部,与经、史、子、集部并列。在此前之《隋书・经籍志》始创经、史、子、籍四部分类法,方志是列于史部地理类之内的。其后《新唐书・艺文志》、《宋史・艺文志》、《崇文总目》、《通志・艺文略》、《明史・艺文志》、《四库全书总目》等,皆因之。张氏之《内阁藏书目》,突破四部分类之成法,增加“志乘”一部,说明方志之书数量大增,故其在书籍中之地位亦有所上升。

万历三十三年(1605),浙东兵备道汤日昭修,王光蕴等纂成《温州府志》18 卷、首 1 卷刻成。全书为类 12,为目 74。是志明显之特点是重在实用。由于当时温州面临倭寇骚扰之局面,故是志一改过去府志“详于民事而略于兵防”的做法,加强了军事防务之记述,详兵防布置、军事要塞,全书“宛如一幅军事地图”。汤氏在志书之序言中说:“至若尺籍,应募之士几何人？峙储之粟支几何岁？艟艨艅艎几何具？弓矢之张、刀剑之镡、钱鏦之紧，其历何若？水隆犀甲布列何所？地图杯镶之险，可以绝道厄关设伏，以禅金汤者何在？岁时简校武伐，驱驭兵将之术何施？烽燧一举，援枪而前，直可以按籍而稽，借筹而算。”（转见《浙江方志概论》第50页）这也是当时形势，形成了志书之时代特点。孙诒让称其为“诚吾乡宝笈”。

是年，管一德私修之《皇明常熟文献志》18卷刻印成书。是书记载了从洪武元年（1368）至万历三十三年常熟之地方文献。由于是个人著作，少受官方修志之种种约束，故颇有新意。全书分为“文”和“献”两大类，是方志体例上文献体之新创。属“献”类者10卷，主要记载明朝在常熟为官之历史人物及其政绩，常熟举人、进士题名及名宦等各种历史人物之生平事迹。属“文”类者7卷，主要是选录与明代常熟有关之政治、经济、军事、文化、社会、古迹等方面之文章，有关社会经济之重要奏疏，以及与常熟历史关系密切的诗文等。其第一卷专载山川、建置沿革、市镇、村落、园亭、水利等自然地理之变迁，可称为“文献之地类”。最末一卷附录灾异、神异、风俗等资料，可称为“文献之附类”。尤其值得注意的是，编纂者之直笔精神。其序文中谓：“故宦子孙有以金币赏余者，余笑谓：魏收求金，陈寿求米，千古谈之，犹为呕秽”，不为所动。他只希望自己的撰作，“虽不敢曰狐史，庶几不为秽史”。耿橘在是志序文中称：“此志仅逾年辑成，其体裁详而不杂，简而有体。所记自明兴以来，凡学行勋节之在人，典章规制之在国，与夫数会遭遇之在天，罔不胪列。”（均转自邸富生《中国方志学史》第103页）以内容之丰富而为时人所称。

万历三十四年（1606），朱炳然纂修成陕西《宝鸡县志》（志书已佚，卷帙不详）。朱氏在志序中，表明他对方志的认识是，认为要“不增美，不文瑕，质而赅，直而不阿”，“志非徒载记，不没没也。历封域，则思固慎；析物产，则思樽啬；按登眺，则吊古兴怀”。要做到“慝有抑，淑有彰”，“掇真不采华，崇正不钓诡……所以昭实录，垂法戒非……凛凛冰鉴，与国史永传不朽”。（转自李金武、刘生义《明弘治以来〈宝鸡县志〉简介》，载《陕西地方志通讯》1990年第3期）

万历三十五年（1607），延绥镇巡抚郑汝璧修，刘余泽纂成《延绥镇志》8卷刻行。延绥，明时为九边重镇之一，乃中原农业文明与北方游牧文明交汇之所，故历代战事不断。是志分为分野、舆图、建置沿革、建官（附公署）、山川、钱粮、军政、马政、纪事、创兴、灾异、风俗、物产、寺庙、坛壝、陵墓、台榭、桥梁、学校、名宦、将才、乡贤、忠烈、孝友、烈女、隐逸、流寓、仙释、河套、北虏考、艺文等目，“以纪镇区辖防州县之历代建置沿革，山川险夷，阨塞要处，及兵马之收集与馈饷储积、登耗之数，力役征调支庶之烦，祲祥赈恤补救之方，兼载防地风俗、学校，文武经历，建置古迹，靡不犁然具陈”。陈光贻在《稀见地方志提要》中谓，“此志推为关镇志中纪载详尽精核之书”。（第226页）

按：清康熙十二年，延安同知分驻榆林城之谭吉璁，又修成一部同名之志6卷，也是“所载皆明代边防之事”。

是年，康丕扬纂修之《三关图说》刻印成书。全书不分卷，绘图8幅，每幅图后附以图说。

三关者,东曰雁门关(在今山西代县北雁门山上);中曰宁武关(在今山西省宁武县境);西曰偏头关(在今山西偏关县境)。三关互为犄角,鼎立相辅,历为军事要冲。向无关志,是实为首创,颇具军事价值。明抄本今藏于上海图书馆,《中国地方志联合目录》未著录。(见梁锦秀《〈中国地方志联合目录〉补遗》,载《中国地方志》1998年第3期)

是年,周应宾纂之《普陀山志》成书。学界认为,是志中所载番薯传入我国,是今所知最早之记载。(《陈桥驿方志论集》第24页)

按:关于番薯从域外传入我国之时间,陈长城、蒋维锬在《"甘薯的来历"再疏证》(载《福建地方志通讯》1985年第3期)一文中谓,邓拓《燕山夜话·甘薯的来历》说明万历二十一年(1593),福建长乐华侨陈振龙从吕宋(即菲律宾)引进,试种成功,其子陈经纶向巡抚金学曾递禀,金置之不理。次年福建大旱,金方下令推广种植,以便度荒。1963年郭沫若还专门填词《满江红·纪念番薯传入中国三百七十周年》,称赞陈振龙"此功勋,当得比神农,人谁识?"万历四十(1612)年修成《闽书》之何乔远,在其所作《番薯颂》中有"入吾闽十余年矣"的说法。慈溪市志编委会办公室编之《〈慈溪县志〉编修实录》更谓,他们在修志过程中,发现"北宋元丰时已作贡品",都比学界流行之说法更早。(第143页)

万历三十六年(1608),黄似华修,李本固纂成《汝南志》24卷刻行。是志分12纲,领45目。各目前有序,后有论,所语多有见地。先是本固家居多暇,思有所论著,平日搜集资料颇多。万历三十四年(1606),似华来领汝宁知府,立意修志。于是请于本固,自任提调,所属州、县官悉为协赞。其组织方式,颇类今日一些地方修新志之作法。

万历三十七年(1609),卢廷选修成《南昌府志》。卢氏在序言中,认为志书乃由郡书、地理书兼合而来。谓:"刘子元述史有十品,而郡书、地理书居其二。后世郡国之志,兼而有之。其叙土宇、山川,若物产、风化,往往模拟《湘中》,斟酌《三秦》,是地理书体也。至于英灵所钟,人伦所尚,《会稽》、《益部》而后,宏奖不乏,又郡书体也。郡书详于人,地理书详于事。合事与人,以纪载一方,证向今曩,谓之志。"(江西省省志编辑室编印《江西地方志序跋凡例选录》,1986年内部印行本第40页)

是年,聂心汤、虞淳熙纂修成《钱塘县志》10纪。是书不分卷,直接著为10纪,即:纪疆、纪胜、纪制、纪都、纪官、纪士、纪献、纪事、纪文、外纪,亦志目中之特者。

是年,顾震宇等纂修成《仙居县志》12卷刻行。其志序对于志书之作用有云:"疆域则职守有书,山川则险易有书,图籍则国计有书,吏治则官箴有书,人物则臧否有书。可以观,可以劝,可以惩。"(转自樵客《明代浙江修志进入兴盛期》,载《浙江方志》1988年第2期)强调志书之惩戒、教化作用。

万历三十九年(1611),李思孝修,冯从吾等纂成《陕西通志》35卷、首1卷刻行。志首图中,列有全省各府及黄河、河套等19幅图。建置志中,对于各县之地理名称的由来及沿革、变迁记之较详。城池门除记各县城之建筑概况外，特别记明建筑时之主政者，这是与他志不同的。公署门内，从明弘治十五年(1502)至万历二十五年(1597)间，陕西总兵府之43任总兵官的详细履历记之亦颇详，又记了建衙署的时间及过程。这都是其特别之处。(《中国地方志总目提要》25—5)

是时，广西有《富川县志》一种之修，修纂者及具体纂成时间未详。今存者仅有20世纪下半叶修志中，于90年代晚期，富川县志办公室一工作者谢诚章，偶于古玩市场购得之万历三十九年县志之手抄残本。手抄者为本县县令张文耀(何时在任未详)。虽为残本，但内容仍相对完整。其卷6之前所录有都里、灾祥、山川、大事记、户口、田赋、县治、夷情志、守御所、平傜碑、神童科、貤封等；卷6为风俗志、习尚、岁时、气候；卷7为食货志、户口志、赋役志、税榷志、盐法志、钱法志、物产志；卷8为礼乐、学校、考法、烟(湮)祀、坛庙、社学、书院、朝庙；卷9为人物列传、名宦、乡贤、列女；卷10为艺文志。所存资料颇具史料价值。如其载录记及明弘治、正德、嘉靖间之7次农民起义斗争之史事。还载录有万历十年(1582)本县在册之户口数：民户824户，丁3388口；军户44户，丁186口；弓兵户107户，丁655口；铺户9户，丁27口；锡户3户，丁27口；僧户1户，丁1口；傜僮户96户，丁333口。从中可合得是时全县共有1089户，4617口之数。

按：与是志残本同时收得的，尚有成化三年的县志残本及成化三年的田赋手抄残本。成化志为10卷，修成后未知曾印否，一直未见著录。此残卷的发现，不但纠正了富川县志始修于嘉靖三十八年(1559)之传统说法，而且志之残本中，存留有田税界定，列大户13户(存录2户)、小户20户，应征田税田亩的记载，有"皇明成化三年七月十三日批给拨付胡伸弟收给上九都的大总册"。仅小户20户就界定田税43顷2亩6分6厘，即拥有4300多亩。残卷中还录有洪武十年册载官民田地圹数、赋税情况、工矿业、商业情况，都是颇为难得的有价值史料。(见谢诚章《富川发现明代县志手抄本》，载《广西地方志》1999年第3期)

万历四十年(1612)，孙敏政修，舒德裕纂成《遵义军民府志》22卷。仅从志名已是一特。这是明廷平播之后，遵义升府以来修成之一部《遵义府志》，保留了大量明代资料。主修者孙氏认为，"治成易败，法久渐弛，非志无以永其传"，所以在艰难之条件下也要修志，"慨然以志为己任"。他对方志之认识是："夫志，识也。识俗尚可以备观采；识赋役可以考登耗；识微恶可以存劝戒；识灵毓可以兴人文；识边防可以修戒备；识方物、生产，可以辨土壤。凡郡所有，何一不当识之志也。"他要求志书所记要实，"倘考核不真，则失之诬；记载不悉，则失之遗；又或不采之舆见公论而妄以私意牵合附会，则失之诞，皆非志之善物也。"此志一出，果获好评。时四川提督学政魏说尤其赞之谓：孙、舒"乃一无所赁托，而为此百年不刊之事，是古文人所逡巡不敢当者"。(均转自翁仲康《遵义旧志考》，载《贵州地方志编写通讯》1982年第5期)

是年，高尚志撰，高坚续撰成《澧纪》19卷、首1卷刻行。是志撰修者题名颇为特殊。各卷均题有“澧高尚志撰、高坚续、龚之伊定、高远编、高博订”。篇目亦与众不同，首列经纶，以下顺次为登绩、征献、述制、览胜、方外、录异、杂记等。“经纶”记全州古今大事和历朝水旱、地震等自然灾害；“登绩”分类记载一州三县职官；“征献”分乡贤、耆旧、进士、武举、封荫、杂科等 18 类，详记澧州古今人物生平事略；“述制”纪“夷道”，记述澧州至溪州之“峒蛮”道路；“览胜”所记类目繁多，凡三县之胜迹、风光均加记述。(转见《中国地方志总目提要》18—92)

是年，万廷谦纂修，曹闻礼、钟相业校订之《龙游县志》10 卷刻印。此前龙游已有多次修志之举，此为明代之第五次。此志体例多所更张，更为严谨。文字简赅有要，且详近略远。于艺文、田赋尤详。吕志毅称之为“明代方志之佳作”。(《方志学》第 239 页)

是时，辽东开原道参政冯瑗修成《开原图说》2 卷。采用“图说”形式出现之志书已久不见。是书上卷为开原各城堡图说，对开原及其周围 20 余城堡一一加以考证；下卷为夷虏枝派图考及兵营图说，对开原北部、东部女真族之分布及明军布防情况分别加以考证。对研究明代东北史颇有参考价值，被收入《玄览堂丛书》。(《中国地方志总目提要》6—25)

万历四十一年(1613)，喻政修，林烃、谢肇淛纂《福州府志》76 卷刻行。福建巡抚衙门曾作为修志样本，颁示其辖境以为式。檄文有云：“福州府志，体裁严正，纪载周详，繁复不经之词，俱以刊落，文物官贤之履，允当品题，允为成式。”(转自刘光禄《中国方志学概要》第38 页)

是年，马孔昭纂修成《猗氏县志》。邑人乔应甲在序中谓：“邑之有志，即国之有史，家之有谱。无谱之家无统，不史之国何征？”荆州俊在序中则说，志书可使官绅“洞隆替之源，而施补救之术”。分别说出了史志性质、作用及修志之必要性。(转见任小燕《山西历代方志纂修述略》，载山西省《史志研究》1999 第 3 期)

万历四十三年(1615)，王世贞纂成新疆《哈密志》1 卷。世贞以文学著名，为嘉靖七子之首，一代文宗。他所纂之本志不分类目，首叙哈密疆域沿革，次叙西域诸国入贡驻哈密事，及哈密于明正德、嘉靖间变乱之情，约二千余言。是志收入《弇州山人四部稿》中，诸志书目均未见著录。陈光贻《中国方志学史》谓是书：“首叙哈密沿革，次记西域天方诸国之入贡者，有三十八国，咸取道驻哈密，译文具闻乃发。哈密自忠顺王内附中土，至明正德、嘉靖时，兵部尚书王琼与彭泽及陈九畴专擅，激起哈密叛变，书中对此事记载尤详。其书虽不立篇目，而条分缕析，记载详明，又能略古详今，不愧为名家手笔。”(第 156～157 页)

按：王氏不仅修志，在其他地方对方志理论亦有所阐述。其弟世懋，亦善诗文，与兄齐名。曾撰《闽部疏》1 卷与《三郡图说》1 卷。后者模古图经之法，记饶州、南康、九江三郡之冲要僻俗之境。采用“命郡县长吏图其地境，而略说于图后”。陈光贻谓：“考明代方志品类浩繁，而仿古图经体裁的官修志书，只有此书。”(同书第 157 页)

是年，刘文英修成《高平县志》一部。是书已佚，今存李维贞、冯养志二序。李序说是志“天文、分野，地方千里，不专一邑则不载；疆域、形胜、山川、古迹、丘墓，故志所遗，抑昔存而今废，则必书；赋有上供，有军兴、户口、庸调，榷税有登耗，有盈缩，有利弊，有因革，国计民生，务之重者也，则必详；名宦、乡贤，故所失收，抑在后进者，非舆论佥谐则不登；艺文非雅驯及有裨风教则不录；生有封章，殁有谕祭，王言君命，非可他比，则特识之。"这样的原则，未必尽是，但他提出修志要具三善："无所矜以炫长，故辞赡而约；无所隐以逃名，故事备而核；无所诎而行媚，故义正而严。"可以言述，可以言作，亦可以言史。这样的方志思想是难能可贵的。（转自仓修良《方志学通论》第532～533页）

万历四十四年(1616)何乔远撰成《闽书》154卷，当时未果刻，经补纂至万历四十八年始刻成书。是书荟萃8郡1州57县志乘，参用历代史籍及诸家著述，撮其精华，去其繁冗，文其朴野，厘其混淆而成。门目分为分野、方域、建置、风俗、版籍、扞圉、前帝、君长、文莅、武军、英旧、方技、宦寺、方外、闺阁、岛夷、灵祀、祥异、萑苇(苻?)、南产、蓄德、我私等，门下再分目。门目繁多，纵横古今，被视为集福建前志之大成者。此为仅见以"书"为名之志书。是志标目怪异，设扞圉志载兵防，文莅志记职官、名宦，闺阁志叙列女，萑苇(苻?)志述物产，蓄德志杂载丛谈、逸事、诗话、文评，我私志载何氏宗族。不但各门标目如此，门下之目，亦语多属晦涩。如英旧门下之分目为：缙绅、弁给、关拆、韦布、闾巷、侨寓、裔派等。这一点遭到其后者之批评。《四库全书总目提要》称其"标目诡异，多乖志例……称名不典，语多鄙野。其文辞亦好刊削，字句往往不可句读，盖不能出明人纤佻矫饰之习"。（卷七四，《史部·地理类存目三》）

按：明人文风中，"厌常喜新，慕奇好异"，"嗜古好奇"，"或借古之奇字奇句，以饰今之事迹，或改今之官名、地名以就古之成语"。（于慎行《谷山笔尘》卷八，转自巴兆祥《试论明代地方志特点》，载《贵州方志》1992年第4期）将这种文风带入修志，于是才有如此怪异之篇目出现。与此志相类者，还有董斯张之《吴兴备志》（详见1624年条）

是年，总督陕西三边军务兵部左侍郎刘敏宽纂，固原兵备道董国光校订成《固原州志》2卷。是志特点是在各志篇后，都加有一段纂修者的评语，有些颇具见地。如田赋志之末评语云："余惟则壤定赋，古今通义也。民穷敛急，损下而责在上；民惰国虚，损上而责在下，所恃斡济，惟牧职耳。动植纷纭，一体咸苦，岂异人任？抚字催科，撙节爱养，田畴易而府库充，民物恬而凋耗杜，良哉牧也，无忝住使矣。"志中对明中后期域内错综复杂的民族关系，以及边防、户口、田赋之记述亦有一定价值。（《中国地方志总目提要》28—10）

是年，刘维栋纂修《大田县志》刻印成书。是书人物传中，每传议论几达2/3的篇幅，是明代志书好发议论之典型者。（见彭文宇《明代的福建方志》，载《福建史志》1991年第1期）

万历四十五年(1617)，林国相、程有守修，杨起元纂，龙国禄增修之《惠州府志》刻行。是志之舆图中，有图例，以12种抽象符号分别代表驿、路、屯、营、山、界等。（《中国地方志总目提要》19—57）在此前之志书中是罕见的，是否为志书有图例之首倡者，则待查。

是年，姚宗仪纂成《常熟县私志》28卷。是志门、目上颇有新意。全书分24门，各门分叙是：县、山、水、户(赋)、兵、俗、产、灾、宅(园)、墓、学、神、官、科、仕、武、恩(恩封)、族、闺、艺、二氏(释道)、诗、文、遗等。其"叙族"中,运用了姓氏排列法,颇便检索。(转见瞿鸿烈《对常熟县历修旧志基本经验的探讨》,载《中国地方志》1984 年第 2 期)

是年,沅州周继代、吴国仕与黔阳韩冲斗、镇竿(凤凰)何天宠等合纂成《楚边图说》一稿。湘黔边境之沅州,地属"三省要区",有"西楚咽喉"之称。为镇压当地苗族人民之反抗斗争,明廷于此设有 6 卫、6 营哨、14 堡、92 炮楼。全稿有哨图 6 张,16000 字,记述诸营哨情况,包括各营哨之具体位置、地理形势及作用等。是一部完全的军事性的志书。(见向国双《一部鲜为人知的军事专著〈楚边图说〉》,载《湖南地方志》1991 年第 3 期)

万历四十六年(1618),刘璞修,赵崡纂成《户县志》11 卷刻行。刘氏在志书"小叙"中表明,他修此志之意在于为民呼吁,让后来者知户民之瘠苦而已。其言有云:过去文人骚士"以户地为乐,则以户田为美。乐者已矣,而美之虚名留于世,美之实害贻于世。世土著之民,延至今日,户赋之重于三秦无两矣。华阴县、耀县,尚有借轻税而未尽还者,即正额仅仅告竣而征比亦非易易。积渐所致,固未知所底也。以此谈户事,则故实之未载,乡绅之所未及陈,阡陌父老之所苦而无如何。而一令哓哓言之,固不蕲其言之中,亦自有不容不言者乎。夫则壤已定,譬之蒙鸠之巢,所附实然。即为北山之愚父,亦安能感操蛇之神而令太行、王屋自徙也? 丰(指户县)且告予,而予不能为丰。余又恶乎志哉。聊志吾仕丰之由与丰之所以受累之故,以告后之吏丰者而已,非敢尘览于四方也。"(转自崔乃谦、解师曾《户县旧志纂修始末》,载《陕西地方志通讯》1984 年第 7 期)忧民之心,溢于文字,在历代志书中亦属不多见者。

是年,笪继良修,柯仲炯纂成《铅书》(江西铅山县志)32 卷。是志正文内容有五大类:一为志书 8 卷,分为天官书、地理书、五行书、山川书、食货书、赋役书、典礼书、艺文书;二为世家 2 卷,为宗室世家、宰辅世家;三为列传 5 卷,分列章岩颂德、西湖群贤、葛仙修道、鹅湖说法、节妇洲、附补遗;四为年表 4 卷,有古今地名表、古今职官表、古今名表、古今制表;五为文选 13 卷,分为诗赋、辞赞、箴铭、诰谕、对问、表启、书疏、序、碑记、墓志、行状、祭文、说苑等。后有方言二目,述异 22 则,拾遗 33 则。(见《中国地方志总目提要》14—38)

按:又一部名"书"者,不但全志名"书",内之分志亦名"书",体例编目均较特别。

万历四十八年(1620),杨廷谟修,张文广纂《平遥县志》12 卷成。是志已佚,今存杨廷谟《重修平遥县志序》一文。序称该志"分类析目,阐幽搜遂,述古摭新,记事纂言皆核其实而会其精。以至沿革之始末,户口之登耗,田赋之增减,风俗之淳浇,与夫政治之得失,人物之臧否,又各附以论断,词首简严,幽微焕耀"。(转自仓修良《方志学通论》第 532 页)足见其与一般方志有所不同。

是年,沈惟炳纂修成《香河县志》11 卷刻行。是志序中,在资料取舍、繁简掌握上主张:"有补者纵辞繁而不杀,无益者虽传实亦削。"要求"辍繁就简,敛华就实","旧闻可疑者宁阙,佳事不属者宁割,但使楮毫传信,毋图缃帙取盈"。(转自《中国方志简史》第 327 页)

是年,浙江山阴祁承㸁编成《澹生堂藏书目》14 卷,将"图志"归于"史部"第 14 类,下统总志、通志、府志、州志、县志、边镇志等。

万历间(1573～1620),曹学佺撰成《贵州名胜志》4 卷。本志先有总论,次为分志。采取以府州县山川,分类记述,以府领县,县分领事实人文。分为贵宁道所属、新镇道所属、毕节道所属、思石道所属。本志名为名胜志,但除记名胜山水之外,于各府、州、县、卫之建置、沿革、地理、疆域及土司制度、民族风俗等均有记述,内多有考证。(《中国地方志总目提要》22—11)由是观之,实际是一部不可忽视之贵州政区志书,不可以名胜志目之也。

万历间,徐日久辑成《五边典则》24 卷。徐氏万历三十八年进士,曾任山东按察使。平生有志筹边,每遇边塞之事,则录之,经分门别类,汇成此书。五边者,指东北蓟门、辽东,北部之宣府、大同,西北之陕西三边,西部之南滇、粤、黔、蜀及东部之沿海诸省。按五边分为五集,其第五集 1 卷为专记东南沿海抗倭事。各边之战守、款事、权机、征戍、兵饷、堡塞等无所不书。(邸富生《中国方志学史》第 100 页)可视为一部边关合志。

万历间,周世昌纂成《重修昆山志》。是书特点是集纳了系统之资料。如洪武九年、二十四年、永乐元年、二十年、正统七年、景泰三年、天顺八年、成化八年、十八年、弘治五年、十五年、正德七年、嘉靖元年、十一年、二十一年、三十一年、四十一年、隆庆六年之户口数等。是志"凡例"提出"志所以稽往迹劝将来也,故有美而无刺。然徇私而溢美,非公也,适以重往者之累而贻来者之讥尔。若徇私而作恶,则其罪亦大矣,故慎之"。(转自《明代南直隶方志研究》第 239 页)

万历间,释德清(憨山大师)撰成《重修曹溪通志》5 卷刻行。剡邑周汝登为之校,岭南郭棐为之考,南海王学曾为订之。周、郭、王均为进士。一部宗教志,有三位进士参与纂修,在志史中未为多见。曹溪南华,自唐僧慧能演法以来,久为释宗南派中心。明嘉靖时龚邦桂始纂志书,但该书未见流传。本书有修志凡例九则,篇目取法金坛经,分为 10 品:山川形势品、道脉源流品、兴废沿革品、传灯人物品、建制规模品、王臣外护品、香火供奉、清规典职品、常住库藏品、品题辞翰等。(夏定域《浙江省图书馆馆藏浙江部分方志提要》,载《浙江方志》1999 年第 4 期)

万历间,曾惟诚纂成《帝乡纪略》11 卷,实泗州志也。此州为明太祖朱元璋之故里,故特设《帝迹》、《皇恩》、《制使》、《钦使》4 志冠于全志之首,颇为特别。是志善恶并书,尤其特设《民累志》,下分虚粮、飞差、力役、道路、兵冲、城河、卫署等目,以反映人民之负担,亦是一特。(见《江苏旧方志提要》第 558 页)

万历间,福建连江陈第编成《世善堂藏书目录》,在"史部"下设"方州各志",著录有《大明一统志》、《云南志》、《浔阳志》、《长沙志》、《池州府志》、《南康志》、《襄阳志》等 104 种。

光宗泰昌元年(1620),吴仕诠、黄汝金纂修之《溧水县志》8 卷刻成。是志之特在于设有《原志》一目,内容类乎方志论文,阐述有关方志收录范围、记述方法等方面之见解。如说"分野而至一邑,甚微渺矣,人顾欲聚古今而讼之,又从而折衷焉,得无诞乎?至于形胜,在溧无

可恃也;食货在溧无专产也,即有之,亦非为治者所急,况可无而强为之乎?”故一概删除。(《江苏旧方志提要》第 105 页)

按:提出“分野”渺茫,先已有人主张于方志中剔除。但公然斥之为“诞”,则还是第一人,这是方志思想进步的值得注意之见解。

熹宗天启元年(1621),袁文新修,柯仲炯等纂之《凤阳新书》(亦作《凤书》)8 卷刻印成书。这是一部完全以《史记》纪传体例修成之都邑志,有本纪、世家、列传、表等,结构庞大。因为是明代开国皇帝朱元璋出生之县,故志中增设了本纪一:太祖高皇帝本纪。又设世家二:中山王徐达世家,东瓯王汤和世家。列传四:国勋传,列长兴侯耿炳文等 18 人;名宦传列 16 人;列贤传列乡贤 24 人、政举传 12 人;列女传列 28 人。表五:古今地名表一,封建表二,职官表三,豪士名表四,帝皇亲戚表五。内篇八:星土篇、赋役篇、国费篇、宗祀篇、农政篇、武备篇、帝语篇、拾遗篇;外篇九:诗第一、赋第二、太祖诰敕第三、券文第四、奏议第五、书帖第六、碑记第七、祭文第八、序第九。卷首有中都境内山川、城池、陵寝、坟墓、第宅及形胜总图。这种特殊的篇目,是其他地方的志书中所不可能有的。篇目虽浩繁,只是内容不够多。

按:明人有“史有编年、纪传二体,郡邑诸书亦然”(《苏州府志》旧序)之看法,故明代多有纪传体之志书。如冯继科、朱凌等纂之《建阳县志》分图、纪、表、志、传五体(见 1553 年条)。此《凤阳新书》所记亦一县之范围,但因地情之特别,体例篇目亦当有殊。这样的例子所在多有,除了临安志、建康志等都邑志之外,曲阜县之志书亦因重孔氏世系而有异于他县之志,此修志者不可不注意者也。

是年,山西洪洞知县马鸣世邀集县内一批士绅,修纂成《圣臣志》一书。圣臣者,传说人物皋陶之谓也。世传皋陶为古代刑法之创立者和杰出的法官。自东汉开始,其地位与尧舜禹汤文武周公孔子并列为古十二圣之一,历代人士撰写之碑文,均谓其故里相传为洪洞县南士师村,其地元至元间曾重修一次皋陶庙,明清时又不断扩大规模重修。是志内容分为三大部分:一为上古文献中有关皋陶的记载以及皋陶庙之庙制、祭器等礼制规定;二为历代修皋陶庙之碑记杂记等;三为围绕皋陶之诗篇达百余首。(转见乔新华《四种鲜为人知的专志与明清以来的洪洞问题研究》,载《中国地方志》2006 年第 8 期)这是方志史中为一位传说人物立专志之例。

按:是书清道光二十年(1840)曾进行补辑,至民国时仅存抄本,该县为历史人物个人修专志并非始于《圣臣志》。早在明隆庆时,邑人范洪嗣已纂有《聪圣志》一书。聪圣者,春秋时晋国乐师也,事悼、平二公。据说其故里及墓在洪洞县南师村,历有祭祀祠之修建。至迟是金大定三年(1164)已建祠,元大德八年(1304)、至正二十四年(1364)又两次重修。至明隆庆三年(1569)再一次重修。志书当于是时或稍后纂成。(见同上文)20 世纪末之新中国第一轮修志中,因山东省《孔子故里志》之出版,曾引发了一场可否为历史人物个人修专志之争论。可、否两派,各持其说。看来此次争论之重点不应放在是否可修上面，而应当放在如何修的上面方是。

从嘉靖十九年至天启元年间(1540～1621)，邑人南大吉、南轩、南师仲祖孙三人，在80年间先后修成《高陵县志》两部。(高峰《陕西方志考》第67页)

天启初云南布政司右参政谢肇淛纂成《滇略》10卷。一卷即一略，分别为：卷1版略，志疆域，记沿革、疆域，先省后府、州；卷2胜略，志山川、形胜、寺庙；卷3产略，载物产；卷4俗略，叙风俗；卷5绩略，志名宦；卷6献略，载乡贤；卷7事略，载春秋至万历十四年之大事记；卷8文略，记艺文；卷9夷略，记少数民族；卷10杂略，记遗闻琐事。其中以产略、俗略、夷略最具学术资料价值。各略之前冠以小序，述其大要。这是一部纪事本末体之志书，世称名志。作者在《杂略》的小序中认为，"杂者，事之支也，稗官之野记、里巷之丛谈，以及方外殊踪神鬼诞迹，虽有无不可知，而嵬琐谈谲，往往足以昭劝戒、补遗逸、佐喷饭、张谈锋，有其录之，莫敢弃也"。故书中琐谈遗闻之内容，几占全书1/10的篇幅。知大理府事薛承矩在是书序中称，其上以搜杨终、常璩之所不及，下以补辛显怡、李京、杨慎、田汝成诸记载之漏遗。又谓"俗有《白古通记》诸籍，皆以其臆创之文字，傅其蛮駃之方言。学士大夫鲜能通之；询之闾里耆民，千百不一二谙也"。(转自李小缘《云南书目》第185页)《白古通记》中"蛮駃之方言"，殆谓录少数民族文字之语言欤，惜已不传。《滇略》全书剪裁得体，条理分明，保存有不少明代临边诸省之宝贵史料。彭静中《中国方志简史》中所引甚多(见该书第306页)，杭世骏在志序中，谓此书"其详远略近，博观而约取，苍山洱水之墟，称善史焉"。《四库全书总目提要》称其："虽大抵本图经旧文，稍附益以新事，然肇淛本属文士，记诵亦颇博洽，故是书引据有征，叙述有法，较诸家地志，体例特为雅洁。"

按：是书具体纂成时间未详。方国瑜先生认为，当是谢氏离滇赴广西任职时，即天启元年(1621)也。其刻行则在天启五年(1625)。(转见《中国地方志名家传》第86页)从彭静中《中国方志简史》中所引资料来看，本志与其他志书一样，都注意反映民间疾苦，虽然是社会实际使然，亦志书的一个好传统，值得认真研究继承。是书中关于风俗之论也有很值得注意者。

又：据《中国地方志名家传》所载，谢氏纂成之志书尚有《福州府志》、《永福县志》、《八闽盐政志》、《北河纪略》、《方广岩志》、《长溪琐语》、《太姥山志》、《鼓山志》、《支提寺志》、《百粤风土记》等，亦属历史上纂成志书之多者。

天启二年(1622)，林应翔修，叶秉敬纂《衢州府志》16卷成。林、叶二氏均属历史派之方志学者。除志首序言中称"史法肇自太史公，本纪、世家、列传重在纪人，八书重在纪事，十表重在纪年，一史之中，实包三种"外，尚载有叶氏《修志管见》10则，主张编修地方志须尊史法，应有纲有目，以纲统目，纲举目张。全书78目，作总序10，小序88，图序12。申明书内"其人则职官也，人物也。两分列传，配《史记》之纪、传者也。其事则舆地也，兵戎也，礼典也，建置也，国计也，艺文也，翼教也，政事也。八大提纲，配《史记》之八书者也。随人随事，各自纪

年,即十表亦隐然其中”。俨然“一郡之史记”也。(转自巴兆祥《方志学新论》第 92 页)

是年,樊维城修,胡震亨、姚士粦纂成《海盐县图经》16 卷。是志有两个明显的长处:一是为突出地方特点,在编目上因事而设篇。如鉴于当地当时倭患严重,便设有《戍海篇》。堤防之重要及工程之浩大,遂有《堤海篇》之设。二是对作物之记述颇细,包括了种植方法和过程。如其“风土记”中述其水稻种植过程有云:“凡种稻,先择种。立夏,粪秧田、浸种。浸五日,始秧撒之秧田。又五日,秧始齐。芒种后、夏至前,为霉时多雨,垦田平之,又碌之,且粪之,乃拔秧栽之。无雨则戽水为之,用桔槔。其粪也,以猪灰,以豆饼,或以草入河泥,烂而用之。栽秧二十日乃荡。荡以木板,丛钉于上,柄以长竹,以疏苗之行,令根易行也。又五六日乃耘。耘者,去草也,爬苗之胁,置所去草于下,助粪肥力也。耘凡三……立秋前十日,宜稍干之,令根固。余日水昼夜不得乏绝。收获多寡,一视戽水勤惰。凡稻,处暑而胎,白露而秀,秋分而秀齐,寒露而尽实,霜降而黄,立冬尽刈矣。”(转见刘纬毅等著《中国方志史》第 207～208 页)

按:这种记载生产生活经验者,并不鲜见。如前述嘉靖二十四年《兰阳县志》中,其井泉目中记凿井炙法,就很值得注意:“凿井有炙法,未及泉可以预知水味。其法先除去浮土二三尺得平地,取艾如卵大,灼火炙之。视烟迹在地上者,其色黄则甘,黑则苦,白则淡,屡试不诬。知此可免无功之劳,不至及泉而悔也。”

又:不称志而云图经者,用古称也。这种称法,至明代已不多见。

是年,天津巡抚毕自严以志书为据,解决“北河军夫”争议一事。是时,天津三卫军夫提出原借调北河军夫撤回之要求,由天津巡抚毕自严咨会工部。工部借口北河工程紧急,要求“三卫官夫照旧立刻发工。其桩草等项钱粮,照额出办,不许稽迟时日”。并行文天津巡抚,认为三卫指挥倪家荫“紊乱漕规”,要“从重提参正法”。并已经皇帝下达“浅夫着照旧规行”之圣旨。毕自严经查阅胡文虎主修的《天津三卫志》,根据志书所载资料,写了《河军向隅彼此聚讼疏》,以确凿史料据理驳难了工部之错误处置。疏上奏,熹宗朱由校只得收回成命。(见孙培基《漫谈胡文璧、彭国光修志》,载《天津史志》1987 年第 3 期)

按:以志书为据作出申诉,遂使皇帝收回成命,是志书影响最高决策之一例,乃方志史中所仅见者,亦足见人们对志书所载之深信不疑。

天启三年(1623),旅居日本之陈元赟在国外纂成日本《长门国志》一书。元赟,浙江余杭籍人,原名珦,字义都,号芝山。万历四十七年(日本元和五年——1619)赴日本讲学,留居终老于东瀛。长门国,系日本“大名”(相当于中国之诸侯)下之藩国,地处本州山中,系当时日本通向中国之门户。应其藩主毛利辉元之请,陈氏于今年纂成《长门国志》。该志有序、长门国志、土俗、太守民族、世代源流、仪表德行实录、履历事迹及总论、赞各一,共约 3000 字。是书在日本颇有影响,有人称之为“在纂修地方志方面开了日本先河”。陈氏在日本之活动颇为日人重视,被日人尊为先哲。1922 年,日本名古屋还举办过“陈元赟二百周年远追会并遗品展览会”,《名古屋史》中有其传略。亦中日文化交流史上之一段佳话也。(转见周如汉《余杭陈元赟,日本修方志》,载《浙江方志》1996年3期)

天启四年(1624),董斯张纂成《吴兴备志》32卷。全书分26目,其目之怪异,一如何乔远之《闽书》。有《帝胄》,后妃称“宫闱”,列女为“笄帏”,流寓名“寓公”,琐事称“璅”,异闻称“诡”。《四库全书总目提要》谓其“采摭极富,于吴兴一郡遗闻琐事,征引略备。每门皆全录古书,载其原文,有所考证,则附着于下。盖张鸣凤《桂故》、《桂胜》体例如是,而斯张因之。虽意主博奥,不无以泛滥为嫌。然当时著书家,影响附会之谈,剽窃挦扯之习,实能一举而空之。故所摘录,类皆典雅确核,足资考据。明季诸书,此犹为差有实际。黄茅白苇之中,可以谓之翘楚矣。”是书征引广博,引书不下400种。

是年,孙承宗纂修成《高阳县志》14卷刻行。高阳为畿南南北之要冲,战略地位十分重要,三关之一的草桥关即在县西20里。孙氏是著名军事将领,故是志于军事内容极为重视。其《兵政志》下分为兵制、兵地、兵变、兵实、兵屯、兵马等6目,记兵事如此细者,为历来郡县志书所罕见。此可为志书反映修志人职业和性格之一个例证。

天启五年(1625),刘文征纂成《滇志》33卷,约120万字。是书共分地理志(3卷)、旅途志(1卷)、建设志(1卷)、赋役志(1卷)、兵食志(1卷)、学敩志(2卷)、官师志(4卷)、人物志(2卷)、祠祀志(1卷)、方外志(1卷)、艺文志(12卷)、羁縻志(1卷)、杂志(1卷)、搜遗志(2卷)等14个大类,都94目。是志之特点在于:一是设特目以志特事。以“滇急着所先,无逾开路”,特别重视交通建设,故特设《旅途志》概述云南对外交通;又有《羁縻志》,其中“土司官氏”一目,全面叙述了云南土司之来历、地望和袭替情况;“种人”目下,叙述了全省各少数民族之名称、分布和风俗习惯。二是对设《灾异志》有自已独到之见识,其“凡例”谓:“天降灾祥视其德,吉者是,凶者非。自求祸福存乎人,基可危,胎可绝。若乎怪力乱神,本圣人所不语,奈何幽玄奇僻,反近世之所乐谈。苟可警世俗而醒冥顽,无宁载册书而备惩劝。推此义而直穷之,旁搜博采,非徒广异闻,益知声应气求,可以希乐告。是以当一振无余之后,犹存有余不尽之思。倘嫩行嘉言可资鉴苑,将碎金寸铁皆入炉锤,又出灾祥怪异之外者。”对于灾祥怪异,赋予劝善惩恶之意。三是《学敩志》中,绘制有文庙乐舞图132幅,绘出各种舞姿,并注明舞蹈动作和顺序,配合祭孔乐章,用弓尺谱乐曲。此虽全国通典,但于此边疆地区之志书载出,又别有其意义。四是所述多有针对性,如对沐府之揭露,谓“环滇封内,莫非总庄”。那些参随、管庄下到乡下,“虐焰所加,不至骨见髓干不止”。五是有许多值得注意之新观点。在《星野图说》中有云:“天有定象,人无定形。天象有合不合,鉴于人;人形有得有失,应乎天。”对于宗教,他认为那些自以为超凡出世之和尚、尼姑,总要“资耕夫织女之力”,“出世间法,每借世间法为呵护”。方国瑜先生在《云南史料目录概说》中,称此书“以纂录资料言之,此为明代志书最善之本”。(转自王云《〈滇志〉研究》,载《云南史志》1995年第4期)

是年,张一英修,马朴纂成《同州志》18卷刊行。是志人物门下设有“帝纪”一目。帝王入于州、县志，似是此前志书中所不多见者。县志中，此前只见万历三十七年刘梦阳修成刻行之《白水县志》设有“帝纪”一目，“尊苍帝于帝纪，仰雷蔡于方技”。(见《中国地方志总目提要》25—34)受此等影响，乾隆六年(1741)尹继善修，张奎祥纂之《同州府志》亦承此法，收入北周和隋两朝皇帝，并载有皇后、太子、公主、历代分封王侯百余人。(同书 25—27)这种情况在府志中更属少见。

天启六年(1626)，宋祖舜修，方尚祖纂《淮安府志》24 卷、首 1 卷刻成。是书《艺文 · 淮安文目》“吴承恩”条下，载吴氏著作：“《射阳集》、《春秋列传》、《西游记》”，是后人解决《西游记》作者问题之主要根据。(《江苏旧方志提要》第 504 页)

是年，段耀然修，张民表纂成《中牟县志》5 卷刻行。全志分地、礼、政、官、人、文 6 门，类目颇为特别。(见《河南地方志提要》第 93 页)

天启四至六年间(1624～1626)，兴国府通判马欻纂成《下雉纂》一书。下雉，县名，时属兴国府，今阳新县地也。马氏通判府事，掌管粮运及农田水利等。其“浪迹所至，辄好山水，问风俗，暇而笔之”。“得判下雉，则不胜喜……职闲，耳目得之，并考列缺州乘，撮其大略，自分野建置，以至山水、楼观、寺宇，而什及风土时务，独人物不可得而详，唯一二节妇与异闻、怪事，录之”而成。其于特产及人民生活状况多有记述。如记有湖菱、湖蒿、茶、鳊、鳜等水产。记当时该地满山枸杞，民不知食。乡民一日二食，以炒米充饥，蔬菜奇缺。对店铺、贴役、漕运亦有记述，谓运粮者有 14 苦，故民谣有“若还解得兴国粮，生下儿子会叫娘”。其补了该县近 150 年无志乘之缺。(均转自赵慧、天池《湖北旧志杂考》，载《湖北方志》1992 年第 4 期)

天启七年(1627)，程楷修，杨俊卿纂成《平湖县志》10 卷、图 1 卷刻行。是志中，载该县宣德四年(1429)时，本县有木匠、锯匠、银匠、橹匠等各种匠工 43 种，计 630 户；而长期有人供职于京师者就达 611 户，足见是时差役之繁重。是研究当时手工业和徭役制度难得之资料。

崇祯初年(1628 年为崇祯元年)，《江苏各县志摘抄》成编，载录了明万历(1573～1619)以前南直隶所属各县事。是书特点有二：一是突出地方特点。由于当时的南直隶是水乡，又是全国财赋倚重之区，故是书详摘田赋、水利，均系江南为政之要。二是由于明代志书存者寥寥，故是书中所摘资料颇为珍贵。将通省各县志书加以摘抄汇集的做法，在方志史上此为首见。

按：明代尚无江苏省之建置，此书名疑是后人所加。

崇祯三年(1630)，方岳贡、陈继儒纂《松江府志》58 卷刻印成书。次年之增刻本增至 94 卷。主修者方氏确定修志宗旨为“志以述吾过也”，故其志书中，反映社会弊端和人民疾苦之深度，为其他官修志书所罕见。如谓：“松江财赋之分，田下下而赋上上。近者兵灾不息而国计单虚，非特小民枵腹攒眉，即上官催征之时，亦且含涕敲扑而不欲正视之矣。此岂得已而不已哉。余为是独详赋额，而先之以八故，终之以两害，此赋之大纲骨也。后之吏兹土者，幸赐详览焉。”(转自王晓岩《试论地方志书兴利除弊的传统》，载辽宁《方志天地》1987 年第 1

期)纂者陈继儒,对经史诸子、方伎小说、释道杂流,无不精研,其人于书画更是大家,故本志在艺文方面尤具特色。其"著述"在书目后增附按语,或注作者,或录序跋,或评得失,学术性很强,价值也很高。"诗品"、"画苑"、"书评"诸目中,也对画家、学人有恰当之述评,反映了松江乃人文会萃之地,很有价值。纂者陈氏之方志主张,属于地理学派。认为志书中重地理、建置、沿革,乃方志之第一要义。(转自巴兆祥《方志学新论》第93页)此外,在《〈松江府志〉修志始末记》中,强调志书要广征资料文献。修志要有各方面之人才,"或工于考古,或敏于濡削,或严于订讹,或密于收纳"等人之通力合作,方能修成好的志书。(吕志毅《方志学史》第258页)

按:是书刊行之明年,陈氏又加以重订、重刊。体例仍前,而类目增变,由48门增至60门,门下内容亦有加详;增图至32幅(其中历史地图6幅:即秦建娄县图、梁析前京胥浦县境图、陈隋废娄建昆山县图、唐建华亭县属苏州府图、宋秀州华亭之图、元置华亭府领三县图)。修志当时之海防四图、松江府水利总图、华亭县水利图、上海县水利图、青浦县水利图、倭寇海洋来路之图、松江府备倭水陆路图、华亭县备倭水陆路图、上海县备倭水陆路图等,都反映了志书之时代和地方特色。一县之内,先后相接于两年之中,刊刻由同一纂者之两部卷帙、目次均有异之志书,殊属罕见。对此,陈光贻在《中国方志学史》中,引《白石樵真稿》卷5之《修志始末记》加以考证云:"庚午为崇祯三年,三年刊成之志用陈继儒之名,但非出于陈继儒之手,故曰方公禹修始修。阅年,陈继儒又成府志九十四卷。这样的事也有先例。如嘉靖间顾应祥纂《长兴县志》,也是在二三年间刊成二部。明代修志,往往以有名位之士为总纂,其实真出于名人之手者不多。顾应祥、陈继儒皆名高望重,为了使自己的名与书相符,觉得前志不足,因而再撰一部。主修者也不得不重刊其自撰之志,这大概就是数年之内有两部书的缘故。"(第161页)《中国地方志总目提要》所载罗松友、林申清所撰文,则与陈光贻之说法略异,谓后者是俞廷锷在陈继儒所纂前本之基础上进行重订的。(9—7)

崇祯四年(1631),苏元起修,韩日缵纂《博罗县志》7卷刻行。是志中设有瑶蛋目,专记当地瑶族和水上蛋户事,为广东该县及相邻县志书中特有之目。

按:设蛋户目者,其后之广东志书中不少见。

崇祯六年(1633),刘万春纂修《泰州志》10卷、图1卷付刻。是志《人物志》中专设《理学》一目,其中详述了泰州学派之师承渊源、学术成就、主要代表人物等情况,不但突出了地方特点,更是开了学术派别入志之先河,值得注意。志中强调记民间疾苦、政事利弊。其《凡例》有言:"志纪民间疾苦、政事利弊也。有司害政者如代征灶粮一事,当路置若罔闻。今搜故牍,采遗闻,成《灶粮考》正、续二帙,以俟观风者采焉。"每门前之"总序"及目后之"异史氏曰",在行文中,多处可见。刘氏自序也说:"郡县有乘,仿国之有史。史经馆阁宏裁,备一朝大政。志则文献之枯菀,闾阎之瘠阜,钱谷之登歉,河渠之迁革,禋祀之民风土俗……吾泰土瘠而民贫,去州治数百……其村落萧条,其手足胼胝,其面目黧黑,经年水火,耕耨强半……利病如剥肤。此而不载,其何以使官兹土者留意于河渠,恫然思维迁革之故乎?"(均转自《明代南直隶方志研究》第 214 页)《四库全书总目提要》对其评价甚高,谓"意主黜伪存真,颇不徇其乡曲。其论学究而蓦理学之堂,方技而割隐君之席,及谀墓之文,虽工不录者,皆切中州郡志书之弊也"。(卷七四,《史部・地理类存目三》)

崇祯八年(1635),刘侗、于奕正合撰成《帝京景物略》8 卷。分门别类,分东西南北城区、城外、西山及畿辅等,加以记载。记述了北京之山水园林、名胜古迹、风习节令、花鸟虫鱼。市区内详于著名建筑、寺庙、桥塔、水、关等;郊区详于山、寺、湖、陂等景观,实城市风景名胜志也。但记述多疏略非当,为王士祯及《四库全书总目提要》所讥。为朱彝尊《日下旧闻》驳正者,尤不一而足。(转见吕志毅《方志学史》第 241 页及《四库全书总目提要》卷七七,《史部・地理类存目六》)

崇祯九年(1636),马天騋纂成《晋疆纪事》1 卷,河曲县志也。河曲为三晋极边之地,故名为《晋疆纪事》,此为一特别之例也。是志全仿《武功县志》之例,用史、汉之笔,具褒贬之义。统载河曲形势、关隘、兵戎、养马之事、赋役、物产、风俗、灾祥、盗贼、讼案等,均详略有度。陈光贻谓,其"能审其利病,详其得失。对于民间疾苦,记载真挚。归庄跋说:'此文于民间疾苦,言之历历,如指诸掌。'官修志书,重于体察民情,褒贬善恶。此书可与《武功县志》齐名。"(《中国方志学史》第 122～123 页)

是年,工部右侍郎兼总理河道张国维纂成《吴中水利全书》28 卷。张氏先时巡抚江南时,注重兴修水利,曾组织兴建苏州九里石塘、平望内外塘、长洲至和塘,修缮松江捍海塘,疏浚镇江及江阴漕渠等。对水利事业多有贡献,且有多年之治水实践,积累了丰富之治水知识与经验。这是一部区域性之水利专志。全书分图说(有图 52 幅)、水源、水脉、水名、河名、水年、水官、诏命、敕书、奏状、章疏、文移、书志、考、说、论、议、序、记、策对、祝文、诗歌等 20 余门。对苏、松、常、镇、杭、嘉、湖 7 府境内之水系、历代水利兴筑、维护等,都作了较详细之记录。他打破畛域之分,在水源、水脉、河形、治水等方面作图及记述时,均按水系寻源溯委,使人对以上诸府之水道有一个完整之概貌,"指陈详切,颇为有用之言"。是古代水志中之一部名作。《四库全书总目提要》中,谓"国维之于水利,实能有所擘画。是书所记,皆其阅历之言,与儒者纸上空谈固迥不侔矣",赞其"指陈详切,颇为有用之言"。(卷六九,《史部・地理类二》)

崇祯十年(1637),张国经修纂,郑抱素订正《廉州府志》14 卷刻行。志书为致用之书,每书之修均有其现实之目的,因而各书均因时因地而各有侧重。明代倭患严重,钦、廉以犬牙势孤错于粤西,故是书之修亦重在加强海防边防,于防边防海的资料载之特详,从而形成自己之特点。(《中国地方志总目提要》20—56)

是年,冯梦龙纂成《寿宁待志》2 卷刻行。全书分上、下两卷。上卷设疆域、城隘、县治、学宫、香火、土田、户口、升科、赋税、恩典、积贮、兵壮、铺递、狱讼、盐法、物产、风俗、岁时；下卷为里役、都图、官司、贡举、坊表、劝诫、佛宇、祥瑞、灾异、虎暴等目。最后附有旧志考误。是书最大之特点是以“余”、“吾”等第一人称写出。除了记述寿宁县之历史、地理、政治、经济、文化和风土人情外，还记述了他本人在任上之施政纲领、治理活动以及抒怀之诗作。这是一种“借志立言”之作法，在中国方志史上可算得是一种创体。他的“一念为民之心”，在志书中处处可见。如在物产中记竹类有云：“竹类旧志已详，但方竹难得之物，仅托溪西严寺有种，然细甚不堪作杖。志亦混载，宜削去，毋使后有求者，为地方累。”特点之二是，不加粉饰，实事求是地反映地情和民情，但文字生动。如其风俗所载谓：“男子无长幼，无凉燠，必以布兜其胃，恐触寒气……小儿才数岁即为蓄发。其冠者，居恒脱帽。吾乡人有札至，问寿人何状，余答曰：‘寿人甚易识，比他处人，不过多一个兜肚，少一顶帽子耳。’虽戏言，实实录也。”特点之三是文字通俗。冯氏是明代通俗文学家，故志中文字通俗易懂。如在《风俗》后附他所颁之《禁溺女告示》说：“访得寿民生女多不肯留养，即时淹死，或抛弃路途，不知是何缘故，是何心肠。一般十月怀胎，吃尽辛苦，不论男女，总是骨血，何忍淹弃？为父者你自想，若不收女，你妻从何而来？为母者你自想，若不收女，你身从何而活？况且生男未必孝顺；生女未必忤逆……如今好善的百姓，畜生还怕杀害，况且活活一条性命，置之死地，你心何安？”

他在书前之“小引”中，先就说明为什么书名称为“待志”：“曷言乎待志？犹云未成乎志也。曷为未成乎志？曰：前乎志者有讹焉，后乎志者有缺焉，与其贸焉而成之，宁逊焉而待之。”其所以要“待”，是因为“一日有一日之闻见，吾以待其时；一人有一人之才识，吾以待其人”也。“然则，何亟亟乎待志之刻也？曰天运如轮，昼夜不停；人事如局，胜负日新；三载一小庚，十载一大庚，经屡废庚之故实，质诸了不关心之人，忽忽犹计梦然。往不识，无以信今；今不识，何以喻后？略旧所存，详旧所阙。四十五年间时事之纡促，风俗之淳浇，民生之肥瘠，吏治之难易，一览三叹，司牧者可以不兢兢乎哉！不敢志，不敢不志。待之为言，欲成之而未能也。然则旧志可谓成乎？曰：否。言待不言续，总之未成乎志云尔。旧以待余，余以待后之人，有其待之，其于志也，功过半矣。”在志书之《旧志考误》中，他还提出，“志书即一邑之史，旧志成于邑人叶朝奏之手，未免贡谀戴令，叙事中称公诵德之语，殊乖志体。宜直载其事，稍删赞美……《艺文志》内《吴侯去思碑》……势利吏部，反掩公心，亦宜删去。”（均见福建人民出版社 1983 年 6 月“福建古典文库本”）部分地反映了他的方志思想。

按：以第一人称写法之志书，前已有《随志》（见 1539 年条）。寿宁县志于明代曾有三修，首修者为张鹤年，于嘉靖二十七年（1548）修成，次修者万历二十三年（1595）修成。此两部志书均已亡佚。三修者即本志也。书刻成后流入日本，至新中国成立后，方由中国科学院图书馆从日本摄回胶卷，后由福建人民出版社重新出版。

是年，刘熙祚修，李永茂等纂成《兴宁县志》6 卷刻行。是志之特在于每卷首、尾之论均标明作者姓名，如有“刘熙祚曰”、“李永茂曰”、“李大则曰”等，尤以“李永茂曰”为多。（见《中国地方志总目提要》19—69)于此可见，古人修志中，修、纂分明，主修者确实是要“修”的。二十世纪后期的修志中，有些地方存在官员挂主编之名的现象，实际上是“主而不编”，或“编而不主”，都是有违修志之道的。

是年，汤齐、李日华修纂，罗炌续修，黄承昊续纂成《嘉兴县志》24 卷。其书前 10 卷署汤齐修，李日华纂，后 14 卷则署罗炌续修，黄承昊续纂。再从其志序、《修志约》、《修志申文》、《续修志呈》等文中，均可表明，这实际上是天启志与崇祯志之合成本。仅此一做法已显其特。此部县志，其修纂班子相当强大，前 10 卷纂者李日华，乃江南一才子，“又书画擅名”，有著作多种，对地方典籍十分熟稔。后 14 卷主纂者黄承昊也是饱学之士，熟悉官制政事，对地方掌故更是了如指掌。其他参纂者“皆一时艺苑名流”。在修纂中，各专其长，各献其能，故修成的是一部详略得当，篇目设置合理，有创新，资料丰富，图表清晰之优志。各卷之前，多有序识，框定范围，明确宗旨，论说精辟。志中收有洪武三年之户贴一分，并记有云：“洪武三年户部籍天下户口，每项户给以户贴，重民事也。于是户部制户籍，各书其户口之乡村贯、丁口名岁，合籍与帖以字号编为勘合，识以部印。籍藏于部，帖给于民，仍令有司点户对比，其法甚严，故以籍无一隐漏者。今里人杭州府儒学训导林春华家有先世户帖一纸，格式录后……”可见其重要之文物存史价值。收录其他有价值之文献尚多。记载当时手工业很是精细，如斑竹灯、洪漆器、黄铜炉、黄锡壶，皆“擅一时绝技”。“黄元吉所造锡茶具，种种精巧，其色与银无辨，海内咸珍异之。”洪氏“漆器，精巧绝伦，积久不败，名擅一时，其价甚高，不比常器”。记当时嘉兴列入工匠户者，有银户 16 户，锡户 25 户，钬匠 100 户，熟铜匠 3 户，铸匠 15 户，石匠 58 户，竹匠 11 户，木匠 249 户，木桶匠 26 户，船木匠 19 户，橹匠 13 户，斛斗匠 12 户，蒸笼匠 1 户，舱户 227 户……(以下还有 32 种匠户)。以上俱执役于京师，有轮班者，有存留者。冠户 8 户……(列有 7 种)。以上俱执役于本府织造局者。对于晚明时期社会风俗之丕变，也有很具体之记述。(转见陈学文《崇祯〈嘉兴县志〉简评》，载《浙江方志》2004 年第 4 期)

崇祯十二年(1639)，余应郊修，容文挺纂《新宁县志》时，以“纂者分局并进，人持一见，家执一说，纷如聚讼，搁笔不能下，甚至受贿徇私，牵合附会”。“于是远择馆舍，严扃钥，禁窥瞰，独处其中，再易月而出以相视，敢云润色，聿观厥成。”(转见李默《广东方志要录》第 81 页)此乃为避外界干扰而“闭门修志”之一例也。

是年，徐霞客纂成《鸡足山志》八卷。是年 3 月，徐霞客再次到达云南鸡足山，丽江土知府木生白聘请其修《鸡足山志》。时徐氏因触瘴而患足疾，遂应聘，历三月而成。是书虽因累罹兵燹，板为火毁，散失无存，但其《游记》最后附有该志目，尚可窥其大概。在志书之《自跋》中的一段话，足见其大意：“志图经者，有山川之一款，志山川者，又有图经之全例，不相假也。兹帙首真形，次名胜，次化宇，渐由天而人；次古德，次护法，则纯乎人矣。胜事天之余，艺苑人之余，故又次焉。此编次之大意也。”(转自周如汉《略论徐霞客与地方志》，载《中国地方志》1996 年第 3～4 期)是志既是他实地调查之记录，也是他从集志、读志、用志、明志到修志之一次飞跃。

是年,顾炎武始编《肇域志》,至康熙初完成。是书自序中称:"此书自崇祯己卯起,先取一统志,后取各省府厅州县志,后取二十一史参互书之,凡阅志书千余部。"(转自马千里《志以证史——略谈地方志与历史学的关系》,载《中国地方志》1984 年第 6 期)可见顾氏是历史上自《水经注》作者之后的又一用志大户也。

崇祯十四年(1641),知县张宗孟纂修成《增补户县志》11 卷刻行。是志卷第 11 为《鸡肋集》,下含"传疑"、"记异"、"垂戒"。(见崔乃谦、解师曾《四百年间九修县志——户县旧志纂修始末》,载《陕西地方志通讯》1984 年第 7 期)如此类目,亦志书中之仅见者也。

崇祯十五年(1642),牛若麟修,王焕如纂《吴县志》52 卷刻成。牛氏在志序中提出,方志兼有郡书和地理书之性质,谓"窃考刘子玄述书有十品,而郡书、地理书居其二。后世郡邑之志兼而有之。其序土宇、山川、物产、风化,往往模拟《湘中》,斟酌《三秦》,是地理书体也;至于英灵所钟,人伦所尚,《会稽》、《益部》而后弘奖不乏,又郡书体也。郡书详于人,地理书详于事,事与人记载一方,证向上古,谓之志"。认为,"志之道,与政通。守是邦,令是邑,而方舆、谣俗废于新陈之间,懵如也;忠孝节义之遗风,泯如也;文献亡于杞、宋,礼乐求诸樵渔,无乃官之职事有所阙欤?志乌可已乎哉"。同时又引别人话语指出,"世有千载不刊之书,无百年不葺之志"。(转自吴奈夫《明代学者方志理论研究述略》,载《江苏地方志》1987 年第 1 期)是志分 35 目,全书内容丰富,尤以田赋、名胜古迹和人物为详。田赋两卷,名胜古迹 10 卷,人物更达 25 卷之多,几占全书之半。后人称其"纪载之详,在明代县志中颇为少见"。在当时之县志中,属于尚繁派之一个典型。(巴兆祥《方志学新论》第 86 页)

按:他认为合专记一郡先贤、耆旧、节士德行,叙功劝善之郡书,合专记一方疆界、山川、道里、户口、物产、古迹、民情风俗的地理书而为方志,说明方志书的出现,经历了一个综合之过程,这也是后世方志学家提出方志史、地两性说之渊源所自。

是年,钱肃乐修,张采纂成《太仓州志》15 卷。是书分 15 门,体例严赅有法,文辞典雅,采摭繁富。如载元时朱清、张瑄建议漕粮海运,元初袭取宋库图籍,以及明代海上倭患等事颇详,这些都是其他诸史志所少载或未载者。只是个别考证上欠下工夫,如人物中多取材于家传、行述等。

按:笔者本书所录明代太仓三志,都以载有特殊资料见长,足见其志书补史之缺的功效,不可小视。

南明永历元年(清顺治四年——1647),王夫之纂成《莲峰志》一种,除敕谕部分外,分为 12 卷,记述衡山十二峰之一的莲峰及方广寺之史事。包括原志序、沿革、形胜、古迹、附丽、名游、祀典、神宿、物产、序记、删诗、总序。上起南宋,下至明末。吕志毅在《方志学史》中,称之为"山寺名志之作"。(第 241 页)

明时,李诩撰有《续吴郡志》二卷,具体纂修时间未详。上卷自《鹤瓢山房记》至《管山岳庙》共 47 篇,未标类目。下分古迹 13 篇、古址 29 篇。下卷神仙传 67 篇、高士传 28 篇、附录 56 篇。所录有诗有文,均是全录。张钧衡在《跋》语中称,“均录全文,征实不苟,余籍以补《范志》(指范石湖《吴郡志》)之后,亦无愧色”。今人陆振岳谓,“其辑诗文,均系释道家事,颇多出世虚无缥渺之辞。辑者间或加按语,亦不出此范围。……与《范志》既无直接关联,何续之有？其分类及归属,颇多混杂,因而疑此旧抄本,可能尚未定稿”。(转自《江苏旧方志提要》第 251 页)

明时(嘉靖后),陈士元以 40 余年之力纂成《楚故略》20 卷。前 10 卷称《稽建》,记全楚之地方沿革;后 10 卷称《辩方》,专记古迹、形胜、墓宅等事。(见赵慧、天池《湖北旧志杂考》,载《湖北方志》1992 年第 4 期)

明时,总督浙江军事、沿海七省防倭最高指挥官胡宗宪主修,有郑若曾、茅坤、唐枢、徐渭、戚继光等 70 余人翼成之《筹海图编》13 卷,由浙江布政使刊行。是书“图以志形胜,编以纪经略,东南半壁,按图了然”。综记沿海,但以浙江为最详。是明代为抗防倭寇之军事需要而修之一部新出现之综合型的海防志书。首载《舆地全图》、《沿海山沙图》及各省《沿海郡图》、《日本岛夷入寇图》;次载《王官使倭略》、《倭国入贡事略》、《倭国事略》;次载《兵防官考》及事宜;次载《倭患总论》、《年表》;次载《倭迹分合图谱》;次载《大捷考》;次载《遇难殉节考》;次载《经略考》。其中之《沿海山沙图》,南起广东沿海,北至鸭绿江畔。共由 72 图组成,图之内容相当丰富,绘制精细。上为海,下为大陆。海水以波纹表示,海中之中心沙洲用曲线围起,山脉、岛屿用传统之象形画法,沿海之河流、港湾均注有名称,府、州、县、卫、所、管、营、堡、烽、水寨、驿站等重要地名,写在不同等级之符号内。(参见刘平平《浙江古代方志地图文献考》,载《中国地方志》2004 年第 11 期)在《经略考》的三卷内,凡会哨、邻援、招抚、城守、团结、保甲、宣谕、间谍、贡道、互市、及一切海船、兵仗、戎器、火器无不周密。胡宗宪喜功名而尚权诈,“奢騃蒙垢”,因赵文华而巴结严嵩,没冒总督张经等人之功而害其人,被言官论劾,下狱瘐死。其人品殊不足道。然在保障东南上,尚不为无功。且是书对唐顺之、张时彻、俞大猷、茅坤、戚继光等的记述上尚称客观,关于明代海防记载也还详备。故《四库全书总目提要》称,“盖其人虽不醇,其才则固一世之雄也”。(卷六九,《史部・地理类二》)

按:当时浙江出现这类之海防志达 22 种之多,除本志外,主要者尚有《万里海防图说》、《海防考》、《海防纂要》、《海防图》、《备倭考》、《两浙江海防类考续编》、《温处海防略》等。(见樵客《明代浙江修志进入兴盛期》,载《浙江方志》1988 年第 2 期)

明时,姚虞纂成《岭海舆图》1 卷。有图 12 幅,首为广东省全图,以下十府各为一图,最后有南夷图。各图皆有叙,述其沿革形势利病,依次是州、县、户口、田粮课税、官兵、马匹等。是志侧重海防,体例亦不同于一般志书,“略于前代而详于当代。略于山川而详于厄塞,略于职官而详于兵马钱粮,略于文事而详于武备”。强调实用,深得修志之要义。故《四库全书总目提要》谓其“于志乘之中,别为体例。然较之侈山水、夸人物、辑诗文者,其有用无用则迥殊

矣。"(卷六八,《史部·地理类一》)

明清之际,史册撰有《吴江县志》22卷、首1卷,记事止于崇祯十六年(1644),其孙史在相增补(记事有至顺治十四年——1657者)而成。《中国地方志联合目录》未著录,是为海内孤本,弥足珍贵。其卷首所载宋代所立之《横道水则石碑》是极珍贵之水文资料。石碑图自下而上,刻有七道横线,附有说明谓:"长七尺有奇,树垂虹桥北之左,宋置。横七则,下为一则。水在一则,高、低俱好;二则,极低田淹;三则,稍低田淹;四则,下中田淹;五则,上中田淹;六则,稍高田淹;七则,极高田俱淹矣。"(转自张乃格《旧志整理论略》,载《中国地方志》1994年第4期)这样极为珍贵之水文资料,在今天仍有重要之参考价值。其志目亦颇为特别,有些目名是他志未多见的。如户口中有军户、匠户、富户。其他如杂赋、漕规、优恤、大祀、正祀等。(转见杨晓蓉《吴江县旧方志概述》,载《江苏地方志》1991年第1期)

附载一:有明一代,修志成风,"郡邑莫不有志"。修成各类志书,据王重民1962年统计,保存至今者有800种左右;散佚者大约有600种左右,总计有1500种左右。(转自洪焕椿《明代府县志的普及和江苏方志学家》,载《江苏地方志》1989年第1期)仓修良谓,据《中国地方志联合目录》粗略统计,今存明代方志992种。(《方志学通论》第344页)巴兆祥在《文献》1988年第3期发表之《明代方志纂修述略》中说,明代修成之志书2892种,流传至今者为1017种,仅占全数之35%。邸富生在《中国方志学史》一书中,将此2892种志书,列成《明代纂修志书一览表》如下:

明代纂修志书一览表

种类 区域	总志	通志	府志	州志	县志	乡镇志	卫所志	关志	共计
北京			9	10	33			2	54
上海			5		19	6	2		32
天津				4	4		2		10
河北			23	34	142	1	6	13	219
山西		3	12	27	113			7	162
辽宁							3	5	8
陕西		6	9	16	91	1			123
甘肃			9	5	7		5		26
宁夏				2			9		11
青海							1		1
山东		4	11	30	170	3	2		220
江苏		1	29	35	135	23			223
浙江		1	64	4	262	13	4		348
安徽			31	35	118	1			185

续表

区域＼种类	总志	通志	府志	州志	县志	乡镇志	卫所志	关志	共计
江西		3	35	4	106				148
福建		3	31	6	110	1	1		152
湖北		4	26	22	104		4		160
湖南			27	19	79				125
河南		6	21	33	211				271
广东		4	37	6	121				168
广西		10	11	9	13				43
四川		5	11	14	34				64
贵州		10	22	6	5		10		53
云南		9	26	32	13				80
全国	6								6
合计	6	69	449	353	1890	49	49	27	2892

张升在《明代方志数质疑》(载《中国地方志》2000 年第 3 期)一文中认为,明代修成之志书数量,“远远大于 2892 种”,但未说明到底大到何种程度。巴兆祥于《论明代方志的数量与修志制度》(载《中国地方志》2004 年第 4 期)一文中,又有进一步的说法,提出“作一不完全的统计,明代修志约 3470 种”,并按行政区划和朝代分别作了具体统计,“流传至今的大约有 1014 种,约占明志总数 29%”,并详列有以下四表:

表一:现存明代地方志分期、种类统计表

年代＼种类	通志	府志	州志	县志	乡镇志	卫所志	关志	共计
洪武		3	1					4
建文								
永乐		1	2	3				6
洪熙								
宣德		1						1
正统		2	2	4			1	9
景泰	1			2				3
天顺		3		1				4
成化	2	9		7				18
弘治	2	22	9	16	1	1		51

续表

年代\种类	通志	府志	州志	县志	乡镇志	卫所志	关志	共计
正德	2	26	7	29	1	1		66
嘉靖	15	65	60	199	3	4	5	351
隆庆	1	6	6	19	1			33
万历	15	64	43	224	3	6	3	358
泰昌				1				1
天启	1	6	2	18				27
崇祯		9	6	53	4			72
年代不明		2	3	3	2			10
合计	39	219	141	579	15	12	9	1014

表二：现存明代地方志分省、种类统计表

省别\种类	通志	府志	州志	县志	乡镇志	卫所志	关志	共计
北京		2	2	3				7
上海		2		10	1	1		14
天津			1					1
河北		17	14	53			5	89
山西	3	7	12	32			2	56
内蒙古								
辽宁						1	2	3
吉林								
黑龙江								
陕西	3	4	8	30	1			46
甘肃		5	3	4		3		15
宁夏			2			4		6
青海								
新疆								
山东	1	8	13	55				77

续表

种类 省别	通志	府志	州志	县志	乡镇志	卫所志	关志	共计
江苏	1	19	15	66	6			107
浙江	1	32	2	75	6	2		118
安徽		16	19	38				73
江西	3	20	2	26				51
福建	3	23	4	52	1	1		84
台湾								
湖北	2	11	9	15				37
湖南		12	6	13				31
河南	2	11	14	72				99
广东（含海南）	4	14	2	30				50
广西	2	6	2					10
四川（含重庆）	4	7	7	5				23
贵州	5	1	2					8
云南	5	2	2					9
西藏								
总计	39	219	141	579	15	12	9	1014

表三：散佚明代地方志分省、种类统计表

种类 省别	通志	府志	州志	县志	乡镇志	卫所志	关志	共计
北京		7	8	30		1	2	48
上海		3		9	5	1		18
天津			3	6		2		11
河北		26	31	114	1	6	8	186
山西	1	23	24	108			5	161

续表

种类 省别	通志	府志	州志	县志	乡镇志	卫所志	关志	共计
内蒙古								
辽宁						2	3	5
吉林								
黑龙江								
陕西	4	23	13	85		1		126
甘肃		8	3	16		3		30
宁夏						5		5
青海						1		1
新疆								
山东	4	26	25	136	3	2		196
江苏		18	20	69	17	1		125
浙江		32	2	187	7	2		230
安徽		24	18	111	1			154
江西	1	25	2	150				178
福建		25	8	83				116
台湾								
湖北	2	25	22	112		4		165
湖南		26	21	90				137
河南	4	10	19	139				172
广东（含海南）		27	6	111				144
广西	8	16	10	23				57
四川（含重庆）	1	13	9	39		1		63

续表

种类 省别	通志	府志	州志	县志	乡镇志	卫所志	关志	共计
贵州	5	22	6	15		8		56
云南	4	24	30	13		1		72
西藏								
总计	34	403	280	1646	34	41	18	2456

表四：散佚明代地方志分期、种类统计表

种类 年代	通志	府志	州志	县志	乡镇志	卫所志	关志	共计
洪武	2	95	61	120	1	1		280
建文								
永乐		11	4	42			1	58
洪熙				1				1
宣德		4	1	15	1	1		22
正统		7	4	19				30
景泰		12	7	24		2		45
天顺	1	3	3	17	1	2		27
成化	3	29	15	81	1			129
弘治	3	22	16	88		2	1	132
正德	1	8	10	90	1	2		112
嘉靖	4	29	35	276	3	2	2	351
隆庆	1	4	3	45				53
万历	7	34	47	454	7	11	1	561
泰昌								
天启		4	6	28	2	1		41
崇祯	2	15	14	89	4	1	1	126
年代不明	10	126	54	257	13	16	12	488
合计	34	403	280	1646	34	41	18	2456

附载二:刘光禄在《略谈我国古方志体例的演变》(载《四川图书馆学报》1982年第2期)一文中,提出明代志书体例发展和演变中有数点值得注意者:“第一、不少的志书订有‘凡例’,记述了编志的要求、做法以及类目的设置等,这对于方志体例的发展,有着一定的促进作用。第二、仿纪传史体的志书日益增多,其类目的设置,有纪、表、志、传等体。嘉靖《邵武府志》等,还袭用了《史记·世家》体例(原按:万历时成书之《闽大记》,设有‘闽越王世家’、‘朱子世家’)。在志书中,也有仿编年史体的,如颜木的《随志》。第三、设立了记述‘旧志’一类的体例,保存了前人修志的原序,或记述本地志书的始末。如万历《绍兴府志》,末为‘序志’一卷,凡绍兴的地方志书,均一一考核其源流得失,这对于学术研究和读者都是有益的。第四、在人物传例上,创立了贬例。康海的《武功县志》,记述人物,有褒有贬。万历《广东通志》专设了‘罪放’、‘贪酷’二门,以示讥贬。这种志例,改变了过去志书只褒不贬的做法,在体例上也有所发展。”

这里归纳了明代修志进步的表现,但明代志书中的毛病亦甚明显。早在成化时,江璞在《南雄府志·序》就指出:“世尝病为志者率多考据欠详,浮泛少实,好恶不公,予夺失当。豪门宦第虽不可书者亦书之,闾阎旧族虽当书者亦不及,甚而事无统纪,理或舛说,冠履倒置,薰莸杂列。好高者……不知天地之理无往而不在,自溺者徇异而并弃其常,不知邪正之分截然而不可乱。此世之通病也。间有不冒是病者亦鲜矣。呜呼!此志之所以无足取信于天下后世也。”(转自张革非主编《中国方志学纲要》,西南师范大学出版社1992年10月版第16～17页)

纪昀在《安阳县志·序》中对明代志书之评价有云:“求唐宋之志不甚谬,至明而谬始极。当代通都大邑之志不甚谬,至僻邑而谬益甚。其体例严谨,考证详确者,千百之一二耳。”(转自《中国方志简史》第328页)在《四库全书·史部地理类·序》中说:“元明以后,体例相沿,列传侔于家牒,艺文溢于总集。末大于本,而舆图反若附录。其间假借夸饰,以侈风土者。抑又甚焉。”(《四库全书总目提要》卷六八,《史部·地理类一》)顾千里在《广陵通典·序》中谓:“郡邑志乘……降及明叶,末流滋弊,事既归官,成由借手,府县等诸具文。撰修类皆不学,虽云但縻餐钱,虚陪礼帕,犹复俗语丹青,后生疑误。”阮元在道光《仪征志·序》中谓:“明代事不师古,修志者多炫异居功。或蹈袭前人而攘善掠美;或弁髦载籍而轻改妄删。由是新志甫成,旧志遂废,而古法不复讲矣。”章学诚谓,明代一些志人,包括如著名之王鏊等,“号为通人,未必出其所撰,大抵暗于史裁,又浸渍于文人习气,以表无文义可观,不复措意,听一时无识之流,妄为编辑,而不知其贻笑者,至如是也。”《福建通志·修志沿革史》指出:“明人好发议论,好以史事为无聊之褒贬。”瞿宣颖批评明代,“志多滥而庸”。傅振伦批评明人“不师宋志良规,自我作古”。来新夏说,“由于当时志家学者,对方志的政治作用极为重视,所以客观上就促使不少人趋向时尚,竞相修志,迎合封建统治者的需要。但由于多数是趋时而出的,所以就难免有诸多弊病瑕疵。”(均转自邸富生《中国方志学史》第 110～112 页)刘光禄谓,明代志书在类目名称上,仿古、好古,甚至标新立异,如《吴兴备志》分为二十六徵,徵的名称有“笄祎”、“清閟”、“琐”、“诡”。何景明之《雍大记》中,将沿革称作“考易”,将艺文称作“志贲”,等等(计按:《闽书》中亦有此等怪异之目,见 1616 年条)。邸富生将前人所论,归纳明代志书主要弊端有五:一是取材不精,附会失真;二是仓促成书,应付塞责;三是分目过多,庞杂冗滥;四是征引诸书,不标出典;五是充塞私货,吹捧现任官吏。

清顺治朝（公元 1644～1661 年）

清初，毛奇龄撰成《蛮司合志》15 卷。作者参修明史时，将其所见文献资料、档册等加以整理，又参考《明实录》、《四夷馆考》、《土官底簿》等载籍，汇纂而成。详载了当时的各土司始末。卷 1 为《湖广》，前冠以土司总论；卷 2～3 为《贵州》；卷 4～7 为《四川》；卷 8～11 为《云南》；卷 12～15 为《两广》。主要记述各省土司之建立、数目、分布，主要土司之世系、历史，各少数民族之风俗习尚、宗教信仰、服装头饰、交通道里以及明王朝对各土司之征讨和治理等。(参见《中国边疆史地古籍题解》，新疆人民出版社 1995 年 2 月版第 229 页)

顺治四年(1647)，谈迁纂成《海昌外志》8 卷。内分舆地、食货、职官、选举、人物、丛谈、艺文 8 门，每门又详具子目。谈氏是明代有名之史学家，著有《国榷》传世。是志中，于史事多所考证，一反明人方志中缺于考证之风。如《四库全书总目提要》所言："迁学颇博涉，较旧志多所考证"。谈氏在志书自序中，认为方志导源于《周官》外史所掌的四方之志。主张方志资料应当"穷搜僻采"，立足于广博，注重于考证。认为修志者要德才兼具，"非笔陋者所任也"。(转见吕志毅《方志学史》第 258 页)

按：陈光贻《中国方志学史》系于崇祯时所著之书。志首自序署"丁亥秋九月"。查崇祯时无丁亥年，清顺治四年为丁亥(1647)。谈氏为明诸生，入清后不仕，其为明臣，故仍不署清年号也。是书实成于清顺治时。

顺治九年(1652)，朱凤台修，徐世荫纂成《开化县志》10 卷刻行。徐氏在志序中，提出修志要做到不怕"三怨"，克服"五谬"。"何为三怨？邑斗大耳，朝夕与之处，亲戚之往来，苟以片纸，持其先世不必有之事强使入，弗应，则拂然怒，一怨也；邑任事者寡，而议事则好为深文，无端指摘，是此者或非彼，二怨也；善录矣而删繁就要，则谓有意为去取，三怨也"。"何为五谬？富人牛酒滥入扬子之法言，一谬也；要求不获，难立二丁之佳传，二谬也；爱憎任意，何物违魏郎之抑扬，三谬也；阴秋私改，笔削作过情之谀语，四谬也；予夺自私，纪传为数姓之族谱，五谬也。"在他看来，"志可修，而修之为甚难"。(转自《浙江方志概论》第 151 页)

顺治十一年(1654),明胡缵宗修,清宋琬、姜光胤重修,王一经纂成《秦州志》13 卷刻行。是书为在明嘉靖朝胡缵宗所修《秦记》基础上之重修。书分为述、表、志、考、传五体。卷 1 述:州郡述、郡县述;卷 2 表:疆域表、沿革表、职官表、古今人表;卷 3 志:地理志;卷 4 建置志;卷 5 官师志;卷 6 选举志、仪制志、边防志;卷 7 食货志、兵戎志;卷 8 灾祥志;卷 9 艺文志;卷 10 考:皇纪考、帝纪考;卷 11 列传一:名宦;卷 12 列传二:列贤;卷 13 列传三:隐逸、文苑、群雄;列传四:孝行、列女、节妇。志书下限基本至嘉靖朝,至万历重刻时,只增进了少量内容,对万历至顺治 60 余年之人、事更少增损。由于是书实际上是天水方志史上开创之作,时间较早,故保存了不少难得之资料。如艺文志首选《羲皇列图》1 篇,有八卦及秦州山川图 15 页,人物传中入传人物 270 余人,都有不少可宝贵之研究资料。

按:是书在国内已不存,经浙江大学陈桥驿教授通过其在日本学习之学生钟翀君,从日本为天水市志办引回。中国地方志书如同其他古籍一样,近代以来即大量外流,以致出现一些孤本仅存于海外。新中国成立之后,在 20 世纪五六十年代,方由中国科学院等采用胶卷拍摄方式,陆续从国外引回一批,共约百余种(均已在《中国地方志联合目录》中加以著录)。自实行改革开放以来,随着对外文化交流日益增多,又有一些由私人从国外引回多种。详目参见诸葛计《稀见著录地方志书概说——关于合力编纂〈中国稀见著录方志提要〉的建议》(载《中国地方志》1999 年第 3 期)。

是年,王鼒修,朱胤哲等纂成《滑县志》10 卷刊行。是志凡例有规定:人事不关滑邑者不书;山川非隶滑、诗文非咏滑者概不书;纪年务存正统,凡非正统俱附书;官师现任者例不列传;名宦乡贤,俱照旧志考录,不敢徇滥;其后有治绩卓然,舆评推重、宜光俎豆、未经举荐者,略连一二,以俟续入等,均于后世修志有参考价值。是志之《荒乱纪略》和《风俗志》中所载当地之情况,均有较高存史价值。(据《河南地方志提要》第 502～503 页)

顺治十二年(1655),山西巡按苏铣改补分守西宁道陕西布政司右参议。其在任内修成《西宁志》8 卷,是为青海现存最早之一部志书,记事断至顺治十四年(1657)。从志书之角度来说,属于草创,故不免"潦草冗杂,绝无体例",但仍不失其存史之价值。(《中国地方志总目提要》27—7)

顺治十三年(1656),冯达道纂修成《汉中府志》6 卷刻行。冯氏在是志序中,说到修志有益于治事时,譬之如医家开列处方之依据,谓:"郡国亘千古不变者,在天为分野,在地为山川。若户口则登耗变矣,赋役则轻重变矣,兵防则疏略变矣,官师人物则盛衰变矣,沟垒渠梁、胶庠廨宇,以及诸所建置,则隆替变矣。郡必有志,所以记变也。备考而谨书之,使良庖司割者,知大窾坚軱所在,砉然游刃。诊脉而知其沉浮虚实,据案处方补泄,可以无误。志之利益如是。"(转自王晓岩《历代名人论方志》第 50 页)

是年,纪圣训修,林古度纂《高淳县志》18 卷刻成。是志《户口》目中,记载了该县弘治十五年(1502)、正德十六年(1521)、嘉靖二十一年(1542)、隆庆四年(1570)、万历二十九年

(1601)、万历三十三年(1605)、顺治二年(1645)、顺治五年(1648)、顺治十二年(1655)诸年之户数、口数。资料连续,至为难得。

按:其后27年李斯佺修成之《高淳县志》,更是连续记载了明弘治十年(1497)至康熙二十年(1681)184年间17次户口数据。(详《江苏旧方志提要》第116页)类似连续之数字的珍贵资料,不少明清志书中均有载。

是年,王永年纂成《庐江县志》10卷刻行。王凤鼎在志序中表明:自明嘉靖至清顺治间,庐江县曾出现过一个修志世家。其文略谓,邑志"初修自嘉靖中,乃予五世祖、乡进士萃斋公秉笔;再修自万历初年,乃予叔高祖、岁荐述斋公赞成;三修自崇祯壬申年(1632),乃予先祖、恩贡燕麟公纂"。(转自《中国地方志总目提要》12—55)至本志之成,则此世家共修成一县之四代志书矣。

顺治十四年(1657),河南巡抚贾汉复檄属郡县,"纂修邑志,限期交省"。(转自魏振东《清代方志发达原因探微》,载《方志研究》1991年第2期)至顺治十七年(1660),凡河南"八郡十二州九十五县之志",均"渐次报竣",《河南通志》50卷于是年亦告完成。

顺治十五年(1658),闵派鲁修,林古度纂之《溧水县志》10卷、首1卷刻成。是志卷首《修志文移》中,收录了当时各级地方政府增大编修地方志力度之文件(《江苏旧方志提要》第106页),是为一特。

顺治十六年(1659),顾炎武撰成《营平二州史事》6卷,今仅存《营平二州地名记》1卷。是时,顾氏游历至北直隶永平府,该地方长官请其修志。顾答曰:"嗟乎!无郭君(郭造卿)之学而又不逢其时,以三千里外之人而论此邦士林之品第,又欲取成于数月之内,而不问其书之可传与否,是,非仆所能。"婉拒了主人之请。但为了答谢主人之盛意,还是"取二十一史、《通鉴》诸书,自燕秦以来此邦大事,迄元至正年而止,纂为六卷,命曰《营平二州史事》,以质诸其邦之士大夫"。(转自邸富生《中国方志学史》第142页)他在该书之《营平二州史事序》中说:"昔神庙之初,边陲无事,大帅(戚继光)得以治兵之暇,留意图籍,而福(建)之士人郭君造卿在戚大将军幕府,网罗天下志书略备;又身自行历蓟北诸边营垒;又遣卒至塞外,穷濡源,视旧大宁遗址还报,与书不合,则再遣复按,必得其实乃止。作《燕史》数百卷,盖十年而成,则大将军已不及见。又以其余日,作《永平志》百三十卷。文虽晦涩,而一方之故,颇称明悉。"在此序言中,他还较系统地阐明了他的方志主张:一、修志者要有一定之学识;二、要网罗天下志书以作参考;三、要深入实地考察,反复勘对,必得其实而后止;四、要有充裕之时间;五、文字要通俗易懂。这些主张,对清代修志颇有影响。(见《傅振伦方志论著选》第191页)

按:辽水以东至于朝鲜,为古营州地。明永平府地即古平州。今所存之卷为《营平二州地名记》,载二州古今地名,至于五代止。《四库全书总目提要》谓"仅一卷,意其为六卷中之一也……当是随笔杂抄,失于删削。不但非其完书,并为未定之稿本矣。然炎

武娴于地理,所纂述多可依据。书虽残缺,要于考证之学不为无补焉”。(卷七〇,《史部·地理类三》)

又:作为军事统帅之戚继光,深识熟知地情之重要,故于其幕中,“网罗天下志书略备”,又重视实地调查,可见其识见不凡,成为一代名将,良有以也。

是年,知县杨继芳修纂成山东《新泰县志》6卷刻行。施闰章为之序,以为为官者亲手修志之难有云:“太史公自叙及列传,推论古作者,自称穷愁著书,垂文以自表见。然则著书者,憔悴不得志者之所为也。苟有吏事之责,簿书之烦,则其势有所难兼。夫为吏之难,至今日极矣。钱谷、讼狱、盗贼、捕(逋?)逃、军逃、期会之役,一人之身,而考成之目以数十计,缺一焉皆足以旷官而论罢。于是疲精耗神,思虑烦其中,耳目乱其外,以庶几奉职救过。至于史乘文献之体,非独不能作也,寓目列览,亦十不得一焉。”但他很佩服杨继芳为知县还亲自动手修志,并称赞所修之志为“虽古之穷愁著书者,其精析无以加焉。”(转自《山东方志汇要》第356～357页)可见杨氏之所作,确实难能可贵。

顺治十七年(1660),贾汉复修,沈荃纂《河南通志》50卷,刻印成书。先是顺治十四年(1657),河南巡抚贾汉复曾令河南省所辖各府州县纂修志书,要求“纂修邑志,限期交省”。经二三年,各地纷纷告成,全省“八郡十二州九十五县之志,渐次报竣”。于是,据各地志书汇集纂为《河南通志》50卷,遂开有清一代修通志之滥觞。全书有图31幅,凡例20条,分30门,平列名目。即分图考、建置沿革、星野、疆域、山川、风俗、城池、河防、封建、户口、田赋、物产、职官、公署、学校、选举、祠祀、陵墓、古迹、帝王、名宦、人物、孝义、列女、流寓、隐逸、仙释、方伎、艺文、杂辨等。贾汉复自称“一展阅,而八府十二州九十五县之舆地、山川、关梁、建置、风俗、方贡、户口、人文,莫不犁然在目”。(转自《河南地方志提要》第22页)但它承袭了嘉靖《河南通志》设《帝王》目之弊。《四库全书总目提要》评之为“条理初备”。傅振伦谓:“骈列名目,无所统属,这是采访的档册、簿录,谈不上著作之林。”(《傅振伦方志论著选》第45页)

按:这是有清一代最先修成之通志。其体例虽承明嘉靖志,但加以了改进。康熙间曾将此志颁诸全国,以为省志之式,对后世影响甚大。“清代志乘,多以此为模式”。故将其《凡例》20条亦附录于下:

一、通志与一统志不同。一统志别有会典,故职官、选举、户口之数不载焉,古今之文,皆艺文也,故艺文不载焉;通志系一方典制,概不遗得,因分类三十。

二、通志与诸史不同。史垂法戒,善恶并书;志以扶奖为主,故纪善不纪恶,要其指一也。

三、旧志“圣迹”一条,载孔子及诸贤列传。夫先圣先贤,非尽产中州也,何必饰以为重,故删之。

四、图考皆重核订正,至星野、河渠、与旧图迥别,务期详确,不敢因循。

五、建置沿革,表、注相符,以便稽考,惟南北朝最繁,尚有未备,俟好古者增辑焉。

六、山川、古迹，旧志遗缺颇多，今择其必宜录者，确订增入。

七、古迹见存者书，废置者亦书，既兴怀古之思，亦商存羊之意。

八、卫所业经奉裁，兹附载兵御一条，仍存前制，以备稽考。

九、户口、田赋，悉依顺治十二年刊定《赋役全书》及十五、十六年自首劝垦地亩粮数，细为开载，仍列历朝旧额于后，恐有损益，便于考镜也。

十、职官止载前朝，选举止于科目，皆失之简，今将历代荐辟、甲科，广搜补入，并录举贡，以成伟观。其隆、万以后，河决会城，各署题名碑，灭没靡存，间或有遗，非敢疏忽。

十一、汉唐名臣，旧志多遗，一时促未及补传，止附见于职官之前。

十二、通志最慎重者，尤在人物。中州名贤代出，自上古迄明初，旧志已有定论。其后续入，非勋绩、品望卓然表著者不敢滥及也。至孝义节烈，风化攸关，必确采舆情，用昭公道。

十三、寇躏多年，屠戮甚惨。凡被难者，尽云忠义可乎？今概从实录，罔有所饰。

十四、州邑志中，有以人物称乡贤者，似不若人物为当。至孝义、隐逸暨列女、仙释、方伎，则宜尽归人物，今别列之，从旧志也。

十五、艺文，各州县所载，近篇不啻充栋，今登选颇严。至前代诗文，旧志逸者，搜补十之三四，盖以古人旧作，流传已久，不可或略也。

十六、旧志诗文，俱载各条之下，惟赠言怀人诸作，则另载耳。今悉汇为一编，以便观览，仍各分体裁，复序世次，庶便展卷了然。

十七、奏议、移文，独详本朝者，皆系地方利害，尽为载入，不厌其芜。

十八、小序止言大略，意有未尽，复于题辞总论见之。

十九、旧志成于明嘉靖三十五年，距今百余岁矣。况兵燹之后，文献无征，兼以克期告竣。考订虽费苦心，采辑犹虞疏漏，观者谅之。

二十、是书观成虽速，然采辑之后，复加增订，仇校既详，剞劂亦善。方诸旧乘，或免鲁鱼帝虎之诮云。（转自彭静中《中国方志简史》第439～440页）

是年，孔自洙、杜汝用纂修《延平府志》22卷、首1卷刻行。是志修纂者认为，志书要为民兴利除弊。孔氏在序中说及方志之用，有谓："今阅封疆之险要，可以资守备；观户口之盈缩，可以宏休养；鉴人物之臧否，可以树法戒；览规模之沿革，可以裁补救；察风俗之淳薄，可以隆教化。洪纤毕举，远近靡遗，俾后来仕兹土者，熟谙是邦之政事，而兴利剔弊，则有裨厥职者多矣。"(转自《历代名人论方志》第111页)

是年，施润章修，杨奇烈纂成《登州府志》22卷刻行。施氏在志序中说到史志关系时，有这样一段话："郡邑之志，与国史相表里……汉唐迄今，书籍日繁，乃有图经、舆地考及一统志诸书。而郡县亦各有志，所以载山川，稽户口，考政治得失，人物高下，而谂谣俗之贞淫也，其法与史近。顾其事不隶乎史官，书不献乎天子。作且修者，率皆其郡国之人。或务涂饰相夸耀,捃拾芜秽,为荐绅先生所难言。志之法大坏,去史益远。夫天下之地之事之人物,其得闻于史官鲜矣,史官闻而能笔之于书者鲜矣。以一郡国之地之事之人物,散见诸书而能贯穿于尺幅,辨晰于俄顷者又鲜矣。然则志虽与史远,其不可不存焉者一也。"史大志小,志书可补史之缺,于此可见矣。(转《历代名人论方志》第41页)

是年,《朔县志》修成。是书已佚,无从知其修纂者及卷目之状。今所存伊辟序谓,修志要"文不务其华,惟其雅;体不务其奇,惟其当;事不务其诞,惟其真;目不务其疏,惟其备"。(转见《方志学通论》第533页)这样的宗旨和原则,是很值得注意的。

是年,张缙彦主修成河南《新乡县志》。以有刘宗正、魏裔介两位大学士,一位大名士孙奇逢为之作序,书故以人显。后因张氏获罪被流徙死,志亦板毁书焚。以人显,以人销,都是因人而异,均不足取。

顺治十八年(1661),朱明魁修,何柏如纂《河南府志》27卷刻成。洛阳为九朝古都,在明代又是王室宗藩之重要封域。故是书特设有帝王、封建二目。尤其特别者是其《杂志》一目。目下有"纪疑",专事考证史、地沿革;"纪才"记有洛中七友、三世宰相等;"纪年"专载长寿老人;"纪言"汇辑名人警句;"纪事"专叙汉至唐代各朝重大史事;"纪会"更其特别,自晋之金谷会,唐之香山会,宋之耆英会和明代以来之八耆会、敦谊会、澹逸会、同年会、惇谊会、初服会、崇雅会等,均有记述,反映了各阶层之人,尤其是文人学士们之社会联结组织形式,颇具价值。(见《河南地方志提要》第211～212页)

按:此志的《杂志》目内所载之内容,在其前三年刻成的《洛阳县志》之杂志门,已经设有纪会、纪才、纪年、纪言、纪事、纪富、纪物、纪异8目。刘永之在评县志时,谓其与府志有重复。府志在县志基础上修成,实不该责县志也。康熙三十四年修成之《河南府志》又增加了纪书一目,记录本地人士著述凡80种。(见《中国地方志总目提要》16—30)

是年,刘瀚芳修,冯文可纂成陕西《扶风县志》4卷。刘氏在志书之序言中,表明了他对修志之认识:"一邑之政,惟志是寄,而千秋之事,惟志是传。使散没不彰,考稽无自,司土之羞也。"(见《陕西方志考》第118页)正是这种传统之认识,故历史上才有千载不刊之书,无百年不葺之志。

顺治间(1644～1661),夏之符纂成《姑熟备考》8卷。姑孰者,当涂之别名也。先是纂者曾应聘修《太平府志》,以为人中伤、阻挠而未就。于是删辑其已得之八志、二表而成此书。卷1～3为郡纪,以编年体纪事;卷4～5为人物志,仿正史人物列传,附以论赞;卷6～8为乡音集,是其自作之诗。有弦佩、张总、陶元鼎等分别为之序,多所推许。但由于是删辑未就之《太平府志》而来,故体例过于自由,且为生人立传,又以3卷之篇幅收己之诗作,与志例多不合。故章学诚在《〈姑熟备考〉书后》中评论说:"细按其书,虽矜南、董之直,实乏班、马之裁。俭腹既少闻见,而胸次亦鲜条贯。"(转自《文史通义新编》第917页)

顺、康间，部颁文规定："修天下通志，题定条例，凡官衔、科贡，非崇祯朝者不得开列，及国家官宦，非奉部选，一概不得开载，以遵功令。"（转见《中国地方志总目提要》19—3）

按：这是规定，所修志书中，凡涉及人物的官衔、科贡等，仅以明崇祯朝及清代吏部正式选派者为准。其所以有此规定者，实因南明政权时，选派有一批官员，又曾开科取士。清时郑成功和吴三桂亦曾封了一些官员，故有此专门之规定。

附载：关于顺治一朝修成之志书，郭松义在《清代地方志的纂修》（载《中国地方志通讯》1984年第2期）一文中说，终顺治一代，各省修纂府州县志现在可见者为：河南55部、江南32部、陕西30部、山西20部、直隶13部、山东10部、浙江10部、湖广8部、江西5部、广东2部、福建2部，共187部，平均每年修成10部多。云南于顺治三年（1646）曾修刊出《邓川州志》一部，因当时其地尚属南明统治，故未列入。而邸富生在《中国方志学史》第120页，列有顺治一朝修成志书206种：河南59种，安徽25种，陕西27种，山西18种，山东14种，河北13种，浙江11种，江苏10种，江西8种，湖北7种，甘肃5种，福建3种，湖南、广东各2种，青海、云南各1种，共206种，平均每年修成11部多。

康熙朝（公元1662～1722年）

康熙元年(1662)八月,方拱乾于扬州“荷阴客舍”纂成《宁古塔志》(亦名《绝域纪略》)1卷。先是拱乾入清为少詹事,至太常卿。顺治九年(1652),受江南科场案株连,流放宁古塔,十一年放归。十五年又第二次再放宁古塔,至十八年放归。至是,撰成本志,以亲身所历,参阅有关文献,记述了宁古塔城及其所辖地方之气候、城池、山川、古迹、建置、风俗、物产、八旗驻防,以及萨满教等之真实情况。书中谓是时作为将军驻地之宁古塔,“土地无疆界,无城市,枕河而居,树短柴栅环三里,辟四门而命之曰城”。(转见薛虹《中国方志学概论》第48页)可见其草创时之简陋。这是黑龙江以“志”命名之第一部方志。

是年十二月二十八日,康熙帝因属臣运用志书考确,下旨减免南昌府浮粮。由于种种社会历史的原因,自明以来,江西之南昌、瑞州、袁州三府粮赋独重于他地。入清以来,各地依据郡邑志书比对,呈请豁免浮粮。其中瑞、袁二州经巡抚蔡士英奏请获得豁免,“将瑞属之粮二十二万四千之浮数,仍复宋元一十二万五千之原额”。于是南昌粮额之重更显突出。江西右布政使王庭奏称,南昌所属1州6县之浮粮折银和浮米应与袁、瑞2州一同豁免。户部得奏后,难以定夺,于是命江西总督张朝璘详查旧志,查清明末编科缘由,看南昌是否“与袁、瑞二府同事同情,有无确据”,以便定夺。张氏奉户部咨文后,转与巡抚一面檄行布政司会同守巡南昌二道确查,同时详审旧志书。通过详查,查明除武宁系陈友谅生身之地,科粮仍是宋额外,其余6州县浮粮之重,“今所获志书,确为凭据,与袁、瑞二府同事同情”。今该1州6县共计浮粮折银195122两,共浮本色米149131石。总督张朝璘回奏,“伏乞圣恩,轸念一方民困已极,将此浮粮与瑞、袁二府一视同仁”,给予豁免。张朝璘还将各种志书呈送户部供查考。户部通过备查各种志书后,于今年十二月二十六日议覆具奏。至是奉得圣旨:“袁、瑞二府浮粮,既经减免,这南昌府浮粮,也着照二府例行。”于是南昌全府300余年之重困得以豁免。(参据柳成栋《志书为豁免三百余年重赋提供依据》,载《黑龙江史志》1999年第1期)这是历史上运用志书为据,解决社会问题之一显例也。

是年，陕西巡抚贾汉复檄征各府县志。

是年，顾炎武从明崇祯十二年(1639)始编之《天下郡国利病书》100卷(约600万字；吕志毅《方志学史》第266页作120卷)至是编成。顾氏主张“君子之为学，以明道也，以救世也”。他著此书之目的也是为了明道、救世。他以时局之维艰，抱着“经世致用”之目的，从崇祯十二年(1639)“秋闱被摈，退而读书，感四国之多虞，耻经生之寡术。于是历览二十一史以及天下郡县志书，一代名公文集及章奏文册之类，有得即录，共成四十余帙。一为舆地之记，一为利病之书”。以20余年时间，呕心沥血，博览群书，广泛征引地方志书，又取二十一史以及历朝奏疏、文集及《明实录》，搜集全国各地有关地形、关隘、兵防、赋役、水利、交通、矿产、农政、手工业、倭寇……等有关国计民生之资料，编成是书。首为舆地山川总论，次以明两直隶、十三布政使司分区，详备论及地理形势、水利、粮额、屯田、设官、边防、关隘等。全书重经济及军事形势论述，又录及西域、交趾及海外诸国。是一部经济史及地理之重要著作。为了考察核实资料，他周游江南，辗转华北，“以二马二骡载书自随”，进行实地考察。“遇边塞亭障，呼老卒询曲折。有与平日所闻不合，即于坊肆中发书对勘”。这是一部内容丰富之综合性社会经济资料汇编，有重要之参考价值和文献价值。兰州大学赵俪生教授谓，研究明代社会经济政治问题，《明实录》、《明经世文编》和《天下郡国利病书》，可谓“三足鼎”之原始资料。他是有史以来最大的一位用志大户。在他所引的1000余种书中，方志著作达1/3，不少佚志资料赖以保存，至为珍贵。

按：上引文中所说的“舆地之记”，即《肇域志》一书，是《天下郡国利病书》之姊妹编。前者所记为地理沿革、建置、山川、名胜等。后者则记史事与社会生活。两者实有相辅之功效。其自序谓：“此书自崇祯己卯(即崇祯十二年，公元1639年)起，先取《一统志》即《明一统志》，后取各省府州县志，后取二十一史，参互书之，凡阅志书一千余部。本行不尽，则注之旁，则别为一集，曰《备录》。年来糊口四方，未遑删定，以成一家之书。叹精力之已衰，惧书编之莫就，庶后之人有同志者，为续而传之。俾区区二十余年之苦心，不终泯没尔。”(转自《中国方志简史》第376页)梁启超认为，“顾亭林著《天下郡国利病书》及《肇域志》，实为大规模的研究地理之嚆矢……其著述动机，全在致用。其方法则广搜资料，研求各地状况，实一种政治地理学也。惜其书仅属长编性质，未成为有系统的著述。”(转见刘纬毅《中国地方志》第96页)

又：据仓修良《方志学通论》谓，《利病书》有许多资料都照录府州县志原文。根据需要，有的是序，有的是跋，有的则是有关考、志。单以“北直”粗略统计，便有《许州志》、《上谷郡图经》、《顺义志》……等25部之多。(第527页)可以毫不夸张地说，是书之成，很大程度是借助于地方志书的。《四库全书总目提要》谓是书，“杂取天下府州县志书，及历代奏疏、文集，并明代实录，辑录成编。其中采掇旧文，同异兼收，间有矛盾之处，编次亦绝无体例，盖未成之稿本也。”(卷七二，《史部·地理类存目一》)

是年,林华皖续修,郝应第续纂的《新乐县志》20 卷成书。先是明万历间张正蒙修,陈实纂成《新乐县志》10 卷,被称为“详而有体,核而不靡,赡而不逸,时而不速”。今之续修本不但补充了明志下限后 70 余年之史事,且对前志“有说无图”,补配加上。是志之特在于,续成之 20 卷中,每奇数卷为万历原书,偶数卷为所续内容。(《中国地方志总目提要》3—43)

按:这是比较典型的断代体续志。孙星衍在《云间志·序》中曾谓,续志,如“无著作好手,不如刻古志于前,以后来事迹续之。或山川古迹旧有遗漏舛误,不妨别为考证一卷”。本志之续法,正是这样做的。

康熙二年(1663),叶舟修,陈宏绪纂成《南昌郡乘》55 卷刊刻。志分舆地、建置、湮祀、水利、赋役、职官、选举、良吏、人物、艺文、杂志等门。职官上溯汉代,仅历代可考之太守即记有 60 人左右,艺文多载奏疏,颇能反映当地时政之利弊。体例是清初之较优者,惜少武备一门,是为不足。(参见《方志学史》第 283 页)

按:是志纂修之时,曾向当时总督张朝璘请示,张对修志也有自己的看法,如其在本志序中说的,“余以为儒者之论,志书之体,当以天文、地理、人道诸大务揭纲列目,备晰登梓,使后之人,开卷了然。区区艺文,无关政事,不足道也”。(转自《中国地方志总目提要》14—8)好在纂修者未受其影响,在书中仍保留了大量纵论国计民生之奏章,实属难能可贵。张氏的这种意见,多不为志家所取,甚至提出与之完全相反之看法。如康熙十二年(1673)修成之《九江府志》艺文志叙中就特别强调:“古昔结构,元气所苞,琬琰珪璋,百世宝之。弃而不睬,必瞽于学。”故其艺文部分特别丰富,其中收入了许多名人佳篇。(转自同上书 14—12)

是年,王画一修,张翕纂成山东《茌平县志》4 卷刊行。张翕在序中提出志书的质量标准,要避免“三不足传”,即:“邑之有志,一邑之传书也。见闻弗确则不足传;论断弗公则不足传;事无涉风教,言无足传矣。”(转自《山东方志汇要》第 489 页)

是年,顺治朝陈季衍、董尔基纂修的《续吴江县志》刻成。是书序中对方志功用之表述为:“上以综政治,下以观风俗,前以纪往事,后以示来兹,亦犹朝之史也”。(转见《江苏旧方志提要》第 416 页)

是年,堵嶷修,张翕纂成山东《博平县志》5 卷。是志分图、谱、表、纪、录、辨、考、籍、传、解、论诸体,是方志史上分为体式最多的一部。其“民风解”记载明嘉靖以后,本地“市井贩鬻、厮隶走卒”等人,“亦多缨帽缃鞋,纱裙细袴”。当时的“酒垆茶肆,异调新声”,“娇声充溢于乡曲,别号下延于乞丐”,“务本者日消,逐末者日盛”的现象,对于明代中期之后社会风气之丕变,反映颇为形象、生动。(参见《中国地方志总目提要》15—110)

康熙四年(1665)六月,刘玉瓒修,饶昌胤等纂成《抚州府志》35 卷、首 1 卷刻行。抚州历史上人文典盛,名家辈出。是志载集了大量名人事迹。如著名政治家、文学家王安石及其兄弟王安国、王安礼;著名词人晏殊及其子晏几道;著名文学家曾巩及其兄弟;著名文人李浩、虞集；著名理学家陆九渊兄弟；著名戏剧家汤显祖等。一府之内出现如此众多之全国闻人，实值得抚州人骄傲。(参见《中国地方志总目提要》14—50)

按：写出州县对国家之贡献，写出邑人之骄傲，与那些美其乡曲，夸其氏族者，不可同日而语。当代新志书之修纂中，亦应当写出邑人对国家作出贡献之骄傲。笔者曾反复强调记述抗日战争，要充分反映人民之反抗斗争，亦有此意。

是年，朝廷下诏征集天启、崇祯间实录、著作、文集和地方志书，以供修纂《明史》之用。凡"官民之家，如有明季时事之书，虽有开载忌语，亦不治罪"。(转自黄苇等《方志学》第42页)

是年，胡文焕修《隰州志》成。是志已佚，今存一序两跋。胡序称："夫史之法，纪政治为多，而下之风俗人情、山川草木以及物类舆图之属，多存而不论焉。嗣是而稗官野史，家有乘，国有书，郡有志，为说愈详，为文孔赘。然能使忠孝节烈之奇，俗习贞淫之辨，不没于一方，可传于后世者，则郡之志，实继国史而有功者也。"(转自《方志学通论》第534页)这样表述史、志之别及方志功能，也属明快。

康熙五年(1666)，陕西巡抚贾汉复修，李楷等纂成《陕西通志》32卷、首1卷、图1卷，至康熙六年刻行。全志平列28门，即星野、疆域(关隘附)、山川(津梁附)、建置沿革、城池、公署、学校、祠祀、贡赋、屯田、水利、茶法、盐法(钱法附)、兵防、马政(驿传附)、帝王后妃封建(窃据附)、职官、名宦、选举(武官附)、人物、孝义、烈女、隐逸、流寓、仙释(方伎附)、风俗(土产附)、艺文等。其图卷有天文图12幅及地图多幅。地图中有全陕图、西岳太华山图、西镇灵山图、黄河图、泾渭图、江汉二渎源图、周秦汉隋唐建都图、诗书所载古地图、西安府等八府疆域图、兴安州疆域图、三边道图(附河套)、西域图、城郭图等共29幅。其中的周都三朝图、秦八徙咸阳图(附阿房宫)、汉四迁都长安图、隋都城图、唐都三内图、会城图等都是很鲜见的。在志书之记述内容上，正如其凡例所言："秦省通志与其他省迥不相同，秦封界接三边，蒙古、吐鲁番杂居塞外，西晋以还，三雍内地，尽成部落。旧志所载，实多其事，今重新订正，仍录故籍以传信。"是中华民族形成、发展之珍贵史料。又由于是周秦以迄汉唐历代国都所在地，人物、名胜极多，故志书所载亦具特色。(转见《中国地方志总目提要》25—6)是志各门中均有小序，多不乏具见地者。如"茶法"之小序云："睦邻不以金缯，控驭不以师旅；假市易之微物，寄疆场之大权，其惟茶法乎！""人物"门小序云："雍州代产雄杰，出名各因其时，或以功德显，或以文章著，或以理学志节称，炳耀史册，皆足以动人景仰。他如一长可录，亦罔敢佚。"(转自翁维谦《贾汉复、李楷〈陕西通志〉》，载《陕西地方志通讯》1983年第1期)卢崇峻在志序中，称此志为"政治得失之林，百职出政临民之本"。将其比作"金镜"、"玉律"，谓"今捧此如金镜焉，玉律焉，鉴观而体行之，庶几无告罪于先贤"。(转自陈明猷《积极发挥地方史志在社会主义精神文明建设中的作用》，载《中国地方志通讯》1983年第1期)志前有序文共38篇，为笔者所知为志序之最多者。

按:贾汉复在豫时已于顺治十七年(1660)修有《河南通志》,连同本志,均受好评。这两部省志经"朝议取为他省程式",故影响很大。但章学诚则认为,此两志罗列门目,不相统属,法不足取。(转见《方志学史》第 276 页)

又:《中国地方志总目提要》25—4 著录作康熙三年刻行。但贾氏在本志序中有云:"壬寅岁(康熙元年——1662),抚三秦,入其境……有乡先生出一篇以示,愿更裁正","秦省通志,聘取八府及其他名流,纂修五载,方始告竣"。由此观之,此志当成于今年。

康熙六年(1667,日本宽文七年),福建旅日僧人林即非(法名释如一),在日本纂成福建《福清县志续略》18 卷,首 1 卷。即非,福清县人,曾为该县黄檗山万福寺书僧。顺治十四年(1657),万福寺住持隐元禅师应日本佛教界之邀东渡,带去一批学有专长之佛门弟子,即非其一也。其先于山城国宇治黄檗山万福寺为隐元禅师助法;后又于丰前小仓广寿山创福聚禅寺,隐退于长崎崇福寺。宽文十一年(1671,康熙十年)示寂。即非赴日后,思乡心切,屡欲归国,均为日方所挽留。于是借修故土之志以寄思乡之情。其在志序中谓:"第予生缘有在,未可遽忘。昔楚钟仪为晋所留,晋侯与之琴,惟操楚音;越庄舄仕于楚,即富贵,常为越吟。夫晋、楚、越一土,而重本之切,不少忘者如此。况云孤万里,域间一川哉!予与二君,迹虽有殊,而心厚于本则一也。"故其修志,是"借邑志以寄厥衷,意在韵弦之外"。是志志首仅一自序,序后为图。图后有文曰:"古人有书必有图,布置有法。图尽,书也。予补邑志,并手绘邑图,用备考览,工拙何暇计焉。自幼从释,翰染非所长,意在智愚双利,理事兼备。虽图书无法,卧游者或有取焉。丁未秋广寿即非头陀如一题。"是志中最特殊者是卷 12《僧宝》一目。所记皆历代俗籍禅宗名僧,自唐黄檗希运禅师至明黄檗隆琦禅师,凡 39 人。"黄檗隆琦禅师"条,即其本传也。从中可见其学识渊博、佛道高深,尤其在传播中华文化、增进中日文化交流中之重要贡献,被日本学者称为继鉴真之后赴日僧人中之佼佼者。在中国方志史上,为僧人所修者已是不多见,在国外僧人而修本乡志书,更为方志史上所仅见者。在修是志中,即非曾得助于其从父林汝读,从故乡寄去先世书稿 4 卷。(参见《日本见藏稀见中国地方志书录》第 125 页,又见朱育平《一部诞生在日本的志书——〈福清县志续略〉》,载《福建史志》1987 年第 5 期)

康熙七年(1668)六月,流人张缙彦撰成《宁古塔山水记》1 卷,是为黑龙江地区修成并今存之第一部山水记。此《记》为目 22,即:石城、新城、东京、宁古台、牧山、岸山、官道山、虎山、石河山、洞山泥浆、卧佛山、牡丹屯红山、呼郎山、白石崖、沙岭、马流河、沙儿浒、泼雪泉、河湾、兀剌、交罗、杂记。除了山水之外,对城郭、村落、名胜、古迹、风俗、特产等也有记述。(《中国边疆史地古籍题解》第 86～87 页)

按:是书中有康熙七年作者之自序,但李兴盛考证认为,是书当成于康熙十年或稍后。今姑系此,以待将来进一步考实。

是年,范印心、张奇勋、吕兆麟纂成《沃史》(即《曲沃县志》)25 卷。卫周祚在是志序中,提出修志要有三长，即正、虚、公。所谓“正”，就是说修志者必须刚正不阿，不曲从权贵；所谓“虚”，就是修志者要虚己受人，多方集纳众人之意见，不能主观武断；所谓“公”，就是说修志者要有公道之心，不为门户所左右。这是很有见地的。

是年，黄家鼎修，陈大经、杨生芝纂陕西《咸宁县志》成书。知县黄家鼎在序言中，言方志功用有谓：“记其建置，而邑之局度可知也；记其田赋，而邑之输将可知也；官师记而知其治化之得失；选举、人物记，而知其贤才忠孝之挺生；古迹、杂志记，而知其遗址。”（转自魏振东《清代方志发达原因探微》，载《方志研究》1991 年第 2 期）

康熙八年（1669），胡向华修，贺奇纂成《鼎修常德府志》10 卷。是常德府首修之志，故称“鼎修”，为方志史上仅见之例。是书内容分为 8 类：地理、建设、食货、学校、祠祀、官守、人物、艺文。（参见陈光贻《中国方志学史》第 123 页）

康熙九年（1670），施闰章修，袁继梓等纂成《袁州府志》20 卷、首 1 卷刻行。施氏在志序中称，地方志可以“使后之吏兹土者，综古核今，其必曰：某事便民，某事厉吾民，其尚知所从事哉”。（转自《中国方志简史》第 361 页）

是年，耿念劬修，林春芳纂成《兴宁县志》13 卷。是志内容上有两点值得注意：一是对本邑历朝之经济史事载之颇详，其赋役分税粮、户口、起运、拨运、协济、裁款、经费、均徭、夫马、杂文、仓米等 11 目。二是其杂说中，收入“戒文”多篇，有李廷柬之《舌戒》、《不义鸟戒》，陈元旦之《食牛戒》、《笔戒》，王廷玑之《嗜利戒》等。（转见《中国地方志总目提要》18—55）

是年，陈天植、陈廷谟修，佘一元纂成《山海关志》10 卷刻行。清代山海关之志书，虽仍如明时，由守关武官和兵部职方官员主修，但由于原“全辽二十五卫，已皆更州县矣”，只有山海关独存。但此时之山海关，也非原来意义之山海关。它已由昔日兵家必争之军事要塞，变而为通商往来之交通要塞，军事意义已经大大降低。故这部志书已非边关志，而是一方之志了。体例上也与明代关志的体例完全不同。前者突出的是“边”，而后者所重的则是“地”。诚如主修者陈天植在书序中所言：其所记述的，“凡天道之变易，人事之隆替，山川之夷险，风俗之醇浇，与夫文德之显晦，武功之赫濯，宦迹之升沉，官守之清浊，以孝行著者几何人，以忠节显者几何族，以贞烈传者几何事，户口之增耗者何家，赋役之更者何制，土田之孽生者何物，利之当兴何事，弊之当革者何从，前之何以举。虽仅一隅之书乎，要未尝不可作全史观也。”另一主修者陈廷谟在序中也说：“上而象纬，下而川原，中而人事，物理靡不纤委曲，尽可谓一方之佳史矣。”（转自齐家璐《〈山海关志〉并非都是边关志》，载《河北地方志》1992 年第 1 期）

康熙十年（1671），郑侨修，唐征麟等纂成《上虞县志》21 卷、首 1 卷刻行。郑氏在志序中，提出修志要存五不敢而去三难。所谓“五不敢”者：“不敢以曲笔贸真；不敢以柔肠阿俗；不敢孤行一意以捍群是；不敢苟为两可以堕疑城；不敢怙一日予夺之权竟颠千古是非之案。”所谓“三难”者：“比事属词，难于简而尽；论定指归，难于婉而章；考古断疑，难于辨而核。存其五

不敢,去此三难,庶几评裁确苦,记著丽明。"(转自《中国地方志总目提要》11—79)

按:于其前后均有提出修志有诸易诸难的说法者。如冯达道在顺治《重修河东运司志·序》中,提出修志有"三易"、"四难"。所谓三易是:"天子不称制以断,宰执不秉笔以裁,挠掣无人,注涂在我,一易也;地迩则边幅有所必循,职专而搜讨不易旁错,条例显设,编摩夙成,二易也;营私无斗米之乞,畏咎无百口之忧,参考传闻,使垂实录,三易也。"所谓四难是:"敬慎之难"、"详核之难"、"审定之难"和"裁制之难"。其后如施闰章、白潢在康熙《江西通志·序》中,也提出了修志有"五易"、"三难"之说。"夫书约则易殚,地狭则易稽,人近则易辨",是为三易;"欲详于古矣,而后之所疑,或前之所缺,则征信难。欲考其实矣,而此之所非,或彼之所是,则折衷难。欲节其烦芜矣,而载籍所存,篇连牍累,则持择难。欲补其疏漏矣,而耳目所接,寡见鲜闻,则博稽难。欲去傅会,拒请托矣,而一手之所障,不敌众口之喧沓,以范成大为《吴郡志》,犹不免为流俗之掩厄,则绝情尤艰。"是为五难。(均转自刘纬毅等著《中国方志史》第 261 页)这些说法虽不尽一致,但对于方志理论的探讨,都不无价值。

是年,张逢欢修,袁尚衷纂成《嵊县志》12 卷刊行。卷首除序、凡例外,还有都乡、城邑、学宫、剡邑山水全图等 18 幅。袁氏鉴于嵊县历史上修之五部志书,主张不一,各有短长。略谓:"嵊志凡五修作,而议论不同,简者以详为芜,详者以简为漏,尚理者以任情为放,任情者以尚理为迂。惟各有所见,各有所讥。"故他认为修志者要具备三美:"修志者必备三美:一曰德,二曰才,三曰位。三美备则众望所归,无遗议矣。"(转自《中国地方志总目提要》11—81)

是年,姚文燮修,宋牧民等纂成河北《雄乘》3 卷刻行。是志之特点,是卷帙无多,但较少粉饰之词。尤其是赋役一门,记载清初之"圈占"和"带投"两项虐政,不像多数志书那样,因康熙帝已明令禁止而不加追述。而能于颂祷之中,仍溯从前之隐痛,不少曲讳。对于未经准免之"狐皮本色岁办"等,敢于直言其害,略无顾忌。文中时有姚氏加之小序或小结,颇能指陈社会之利弊。故寿鹏飞在《方志本义管窥》中评论说:"有清一代,承平日久,忌讳日深。文人学士好为无所可否、不关痛痒之文。其间能者无所用其特长,乃为考据词章之学,坐消岁月,此人才之所以消亡,不独咎之八股也。其时方志体裁,与之俱化,避免民生枯荣,政治得失之论,以视明代士气犹有直言敢谏之风,相去远矣。惟康熙雄县姚志,尚有痛陈利弊之言,足征开国之初,犹存直道,亦方志之正轨也,后盖无知此者矣。……此方志序之正义也。"(转见《中国地方志论集(1911～1949)》第 46～47 页)瞿宣颖在《方志考稿》中,称之为"古之遗直犹有存者欤。即此一端,其书固有足重者"。(第 35 页)

是年,洪济修,江应昌、雷民望纂成《闽泰宁县志》10 卷,明年刻行。是书之物产,一改旧志种种简单名目枚举之病,仅志他处无而此处特有者,后附注文,状其物之外形及功用。其艺文志下分列 9 目,即宸翰、奏疏、勘语、序文、哀辞、碑记、疏引、名胜记、题咏。所收录较严,在后论中提出:"文之入志者,必人有可式,事有可法,言不可废,非仅以文而已。"(转自《中国

地方志总目提要》13—17)

是年,方元启纂修成河南《新修南乐县志》2卷。是志名为新修,实际是在前志旧板基础上补刻而成,板痕字迹明显不同可证。虽然如此,但因旧志已不存,故赖此得以保存下来,其功仍不可没。(《中国地方志总目提要》16—67)

按:是志乃在因修府志,令各属县呈交志书檄令下应付之作。凡每次奉命而修志之潮流中,总免不了有此等草率之作的出现。但只作剜补而称新修,则此等之甚者也。

康熙十一年(1672)七月,保和殿大学士兼户部尚书卫周祚进奏朝廷,为修《大清一统志》,提出"各省通志宜修,如天下山川形势、户口丁徭、地亩钱粮、风俗人物、疆圉险要,宜汇集成帙,名曰通志,诚一代之文献也。迄今各省,尚未编修,甚属缺典,何以襄我皇上兴隆盛治乎?除河南、陕西二省已经前抚臣贾汉复纂修进呈外,请敕下直隶各省督抚,聘集夙儒名贤,接古续今,纂辑成书,总发翰林院,汇为《大清一统志》"。七月二十四日,礼部尚书哈尔哈齐、龚鼎孳,左侍郎常鼐、董安国,右侍郎顾巴西、田种玉等,转奏称:"查直隶各省通志,关系一代文献,除河南、陕西二省已经前抚臣贾汉复纂修进呈外,其余直隶各省通志,请敕下各该省督抚,详查山川形势、户口丁徭、地亩钱粮、风俗人物、疆圉险要,照河南、陕西二省通志款式,纂辑成书。到部之日,送翰林院为《大清一统志》,恭进睿览。"七月二十七日,康熙帝玄烨批复"依议"。(载康熙十二年朱承命修,陈紫芝纂《邹县志》,转见山东邹县地方史志编纂委员会办公室编《邹县旧志汇编》,山东省出版总社济宁分社1986年9月印行本第347页)

按:有的文章中讲到,礼部奉旨后,并颁发有《修志四十款》。(魏振东《清代方志发达原因探微》,载《方志研究》1991年第2期)关于此《修志四十款》具体文字,笔者一时尚未查得。盼知者见告。

又:有的文章说,此次下诏之后,由于接着就发生了"三藩"之乱,故修成之志书不多。实际上据巴兆祥从《中国地方志联合目录》中进行统计,当年及次年修成之志书,现存的就有《广东通志》、《绍兴府志》、《高唐州志》、《临淄县志》等约261种之多。故上述之说法并不足取。从尚能见到之一些志书序、跋中亦可见,诏天下直省、府、州、县,咸修辑志书后,"于是直省有司各设馆饩集高才生以从事"(康熙《镇江府志》张九征序),"岁在壬子(即今年),上谕纂修通志,江南十百郡邑,(所)在奉命不敢后"(康熙《通州志》王宜亨序)。

是年,周邦彬修,郜焕元纂成《大名府志》32卷刻行。郜氏在《重修大名府志序》中谓:"郡邑之有志,名曰地志,实则史也。……后世之作于朝廷者曰史,于四方者曰志。法虽与史异,而一郡一州一邑之天文、地理、土风、物产、沿革、建置、人物、宦迹、食货、兵防、祠祀、文苑,靡不具备。则志也固举史家之全体而有之。江淹以为,修史之难,无出于志。郑樵亦云,志者,宪章之所系,必老于典故,然后能为。诚重之也。志之难,真异于史哉。史职有专官,古者兰台、石室,以御史中丞领之,兼摄纠绳。故以君卿大夫之威灵,执简者得以议其后,而志然乎哉？龙门、扶风率世守其职，家有图籍秘记，又游历名山大川，网罗放佚，远或百年，近或数十年而后勒成一代之书，而志然乎哉？史之取材，率本石渠、天禄所藏，及四方陈贡，公车所上之章。文词雅驯，操觚家润色成文，故择焉而精，语焉而详，则志然乎哉？议论不一，则挠于掣肘；程效太急，则病于挂漏；征材不广，则裁制难施；故实靡究，则衡鉴易淆。所以繁则复，简则遗，徇人则曲，专己则愚，矜名则失实，溢美则近谀。有一于此，不足以示远而存信，故曰志之难也。”正是因为修志有如是诸多之难，故他纂本志可谓小心翼翼，“不敢繁，不敢简也；不敢徇，不敢专也。不淆于序而其理顺也，不侈于文而其体质也，不怵贵盛，不比亲昵，而是非之论定也。书其美，则恶者惩，书其得则失者彰，而劝戒之义著也。”(转自王晓岩《历代名人论方志》第 81～82 页)

是年，文行远纂成《浔阳蹠醢》六卷刻行，专载九江一郡故实之作也。首有凡例，谓其自读书时，遇郡事尝随见随录，自经史子集及稗官野史、小说之类，靡所不采。本书首卷为象纬、地舆、书院、祠庙、宫室、邱墓、服食、器用、玩好、草木、鸟兽、虫鱼 12 目；卷二为仕宦、吏治、典礼、经费、兵防、盗贼 6 目；卷三为交游、器局、方技、孝义、闺阃、忠节、流寓、人物、栖逸 9 目；卷四为真仙、僧宝 2 目；卷五为诗文、书画、典籍、名胜 4 目；卷六为像教、禅喜、灵异、感应、果报、鬼神等 6 目。四库馆臣评其“摭拾颇为繁富”，但又指出其“分别门类殊多失当，如既有僧宝，又有禅喜；既有鬼神，又有果报、感应、灵异之类。中所采取，亦未见决择，盖有意求多，未免失之庞杂也”。(见《四库全书总目提要》卷七七，《史部 · 地理类存目六》)

按：咸丰八年(1858)，太平天国军占有江西浔阳城，清军计划夺得此城，但屡战屡败。有是邑诸生洪炳奎者，向清军献上本书二编。其中载有“九江地形四面多石，坚不可破，东门一带如腹胁可通土道”。清军据此记载，挖穴引爆，才得以破城。(见《江西省地方志概述》第 40 页)是志书用于军事之又一例也。亦证梁启超所谓“犹幸有芜杂不整之方志，保存所谓良史者所吐弃之原料于粪秽中，供吾侪披沙拣金之凭藉，而各地方分化发展之迹及其比较，明眼人遂可以从此中窥见消息。斯则方志之所以可贵也”。(《清代学者整理旧学之总成绩 · 方志学》)梁氏所云，乃方志对于史学研究之用，此例则说明方志于解决军事及其他社会问题，亦不为无助也。

是年，赵弼修，赵培基纂成河北《平乡县志》6 卷刻行。赵培基在序中谓：“古今之遥可陈牍而知也，天下之大可按籍而见也，谁为为之？曰有志也。志者何？曰即史也。古者列国各有史，秦汉而下，郡邑例得为志，以志时事。然志事矣，而不志年，非史也。而且门类纷错，载记淆杂，是兔园册耳，非史也。”故是志前 5 卷为分朝代编年体，卷 6 为建置(附乡村)、田赋(附户口、马政、盐课)。体例之特，由其《凡例》规定可知，今亦摘之于下：“一、变体为编年，仿《滦志》焉，非敢创作。凡一统皆大书，分统则大书甲子而分书年号于其下，其甲子年号皆因事以书，无事者不书，即有事而无年可考者，止书某朝某帝号，不敢妄书甲子。一、每年先书任官，重师帅也；次书诏敕，尊王命也；政事次之，科贡又次之，杂流亦属邑人，并附记其下。

至灾祥则随时记之，不拘先后。一、凡官于我者，则书某来任；循迹即立传于下；若遥领名爵而未尝任我地者，正书以某为某官。一、名宦乡贤必书。一、忠孝节义隐逸之类，除旧所载不敢削黜外，凡系新入者，必经旌表及已盖棺者始录。若旌表非盖棺，盖棺未旌表者，并不录。至公论必不容泯者，别为附遗以俟将来……一、建置、田赋，邑之大事也，年下虽书大纲，仍别为一卷，以志详悉。"（转见《日本见藏稀见中国地方志书录》第14～15页）

按：书中谓此仿诸《滦志》，未注明为何氏所修纂者。今查诸书，此前《滦志》之得见者有陈士元纂修之嘉靖《滦州志》、周宇纂修之万历《滦志》、康熙八年修之《续滦志补》，只有后者为编年之体。殆其所本者即《续滦志补》欤？

是年，冯圣泽修，骆维恭纂成《武康县志》8卷刻行。此亦纪传体之志书，纪、表、志、传皆具。冯氏对史志关系又有自己之看法。他在本志序中说："其在于国则为史，而在于邑则为志。国无史，则朝觐、会同、礼乐、刑政之典无所统；邑无志，则山川、田赋、官师、人文之绩无可考。故曰邑不可无志，犹国不可无史也。"（转见《浙江方志概论》第93页）

是年，知县白琬如纂修成《金溪县志》34卷。是志体裁统为考一体，设象纬考、疆域考、建置考、山川考、邑里考、版籍考、物产考、官师考、良吏考、祀典考、廨宇考、城署考、兵卫考、选举考、文苑考、笃行考、武节考、仙释考、方技考、人物考、学宫考、津梁考、寺院考等。（参见《中国地方志总目提要》14—53）

是年，李濛修，仲宏道纂成山东《滋阳县志》4卷刻行。是志以土地、人民、政事与文献四部合成。土地部内含沿革、分野、疆域、形胜、城池、地亩、山川、古迹、衙署、祠庙、寺观、桥梁；人民部内含户口、社集、赋役、建国、风俗、物产、选举、貤封、坊表、坟墓、灾祥；政事部含职制、秩官、钱粮、学校、礼乐、武备、秩祀、驿递、恤典、仓储、盐政、宦绩；文献部含人物、艺文。（转见《中国地方志总目提要》15—53）是在三宝体基础上又有变化也。

按：这种四部分类法，此前已有，如崇祯八年孔弘毅纂修成之《曲阜县志》已是如此设置的。其后康熙十二年孔胤淳续修纂的《曲阜县志》亦如是。

康熙十二年（1673），蔡毓荣等修，钱受祺等纂成《四川总志》36卷刻行。这是入清以后四川修成之第一部省志，故仍称"总志"，其后所修的省志均改称"通志"。是书在体例上亦有改变。一改其前先按地区，次列门类的做法，而为先列门类，后分地区而志之，即以事类为主线，下按府、州、县排列者也。（参见《中国地方志总目提要》21—7）

是年，曹申吉修，潘驯、吴中蕃纂成《贵州通志》33卷。本志的特点是，于《土司》之后，载有少数民族专篇。每一少数民族，均绘有人物风俗图，对民族服饰、习俗、生产、生活等方面加以识别，有图有文字说明。据张新民谓，这种作法为全国方志中之首创者。（《贵州地方志论纲》第98页）

是年，顾炎武撰成《山东肇域记》6卷。此为顾氏受聘主纂《山东通志》时，利用志局资料，并加以个人调查所得而撰成。以山东省六府为次，府下为州，州下为县，附郭县列于各县之首。有郡邑、藩封、官守、山川、古迹等项。全书取材翔实,考证精审。对运河沿线情况记之尤详,颇具实用价值。其内容多为《嘉靖重修一统志》所采。是书与顾氏所撰之《天下郡国利病书》,同为综合利用地方志书的开创之作。

是年,高天爵、李丕先修,吴挺之、黄日应纂成江西《建昌府志》26 卷刻成。张世经在是书序中,提出修志书要做到“不隘而博,不滥而严,不诬而核,不私而公”。他对隘、滥、诬、私之解释是:“物理有变,人事有增,苟徒因陋就简,抱残守缺,若是者,或失则隘,而冀其旁搜博览也实难。若乃装成赝鼎,杜撰蛮经,吠影于虚,镂尘象罔,若是者,或失则诬;又或点缀家声,揄扬祖德,行同尧禹,文尽韩欧,尸祝比于星罗,俎豆几如林立,若是者,或失则滥;而冀其简而核,严而辨也又难。且也牛耳递执,蜗角互争,此是彼非,遂成洛蜀之党,挈长较短,未免朱陆之讥,若是者,或失则私,而冀其化成心捐我相,同归于大道为公也益难。”(见江西省省志编辑室编《江西地方志序跋凡例选录》,1986 年 6 月内部印行本第 45 页)

是年,黄桂修,宋骧纂成安徽《太平府志》40 卷刻行。是志对物产之记法值得注意,每物必载品名、形状、特性、食法、入药主治、注意事项等。如其鳞品类下记有:“河豚,类鲇而短,味虽美,烹治不如法,食之杀人。橄榄、芦根水全汁可解其毒。东坡诗云:‘蒌蒿满地芦芽短,正是河豚欲上时’即此。”(转见《中国地方志总目提要》12—17)

是年,金祖彭修,程先贞纂成山东《重修德州志》10 卷刻行。萧惟豫为之跋有云:“郡邑之有志,犹之国之有史也。然史之与志有异。史略而志详,史兼劝戒,所记天下之事,善恶并列,每不胜书。而志独记郡邑之善,专以为劝,可以备载而无遗。”(转自《山东方志汇要》第 584 页)这亦是论史志之别也。

是年,蓝学鉴、吴国对纂修成《全椒县志》18 卷刻成。蓝氏在志书序中说:志书之作用在于,使览读者“见土地之荒僻,则思何以靖之;见人民之困苦,则思何以苏之;见古今异尚,则思何以维之;见城治之卑隘,则思何以守之;见其赋重于田,力竭于役,则思何以撙节之,保厘之;见其忠孝介然,节烈凛然,文章斐然,则思何以奖励之,激劝之。因俗而理,与民休息,则斯志顾不重哉”。(转自《中国方志简史》第 361 页)

是年,朱承命修,陈紫芝纂成《邹县志》3 卷。是志以土地、人民、政事 3 纲统之,是典型的三宝体志书。(见《中国地方志总目提要》15—57)

按:康熙五十五年(1716)娄一均纂修之《邹县志》亦是如此之三纲。

是年,程梦简修,黄殿楫纂成广东《镇平县志》8 卷刻行。是志人物传中称“公”称“君”,如此不合志体,在旧志书中为少见者。(见《中国地方志总目提要》19—66)

是年,毕士俊始修《贵溪县志》,由江熙龙等纂。是志坚持“前志有据者不削,厥后无稽者不增。宁刻入,无滥收,宁征信,毋存疑”的原则,要求做到“事不害文,文不掩实”。如是修成 8 卷。(参见《中国地方志总目提要》14—23)

是年,余履度修,邓化日等纂成《泸溪县志》10 卷、首 1 卷、末 1 卷刻行。是志专设会馆一目，记载："北京会馆在北京正阳门外长巷三条胡同。凡进士、举贡及候选者俱集会馆。泸溪分自南城，故历来与南城共会馆。每中进士一名，助银 12 两；举人每名助银 1 两；贡士每名助银 5 钱，以修会馆。"（转自《中国地方志总目提要》14—54）

是年，屈逸乘修，王运升纂成山东《蒙阴县志》4 卷刻行。纂者在《跋》语中说到志书之不可缺者有云："志也者，志一邑之风土人物，使远者不必入其境，迩者不必出其户，后者不必生其世，但一展卷而了如，故不可缺也。"邑人刘其灏跋语亦云："志其史之遗乎。志以核往事而垂将来。"（转自《山东方志汇要》第 417 页）

是年，姜愃修，于公胤纂成山西《长治县志》8 卷刻行。卫周祚在志序中，提出方志之功用在于，为"天子明目达聪之助，以扶大一统之治"。（转自陈明猷《积极发挥地方史志在社会主义精神文明建设中的作用》，载《中国地方志》1983 年第 1 期）

是年，赵弘化纂修成北京《密云县志》18 卷刻行。是书分为天文、地理、人事三纲，纲下设目 18。与前述明人唐枢纂之《湖州府志》一样，都是典型之三宝体志书。

是年，陈食花修，钟谔等纂成《益都县志》14 卷、首 1 卷刻行。是志注重记述社会之变化，如户口、田赋等篇，除详载明代人口、田赋数额外，于清初人口、田赋之消长记之甚悉。有谓："胜国时，田数万，赋数万，丁男数万，可称壮县矣。年来田日减，赋日汰，丁男日流亡，膏田沃壤多成污莱。是昔时为岩大邑其实，今之为岩大邑其名。"（参见《中国地方志总目提要》15—36）可见清初社会面貌之一斑。

是年，郑逢元纂修成贵州《平溪卫志书》一种（不分卷）。纂修者郑氏在是书序中，提出"六经皆志"之说："六经非志乎？《易》志天人，《书》志政事，《诗》志风俗，《礼》志义则，《乐》志大和，《春秋》志列国。"张新民认为，郑氏"六经皆志"之提法，比章学诚"六经皆史"之提法更大胆。（《贵州方志文萃》第 130 页）

康熙十三年（1674），赵祥星修，钱江等纂成《山东通志》64 卷，至十七年（1678）刻行，这是山东省之第二部通志。其修纂过程，先是建立了一个庞大的修志机构，设有总裁、提调、协理、编辑、评论、采辑、纂辑、校正、督梓等，共 40 余人。继之是"行檄六郡百四城，汇集旧志"。而后才是"藩司为之，早夜参考，博采往闻，踵增新制"。（转见《山东地方史志纵横谈》第 11 页）旧时官修志书，大体都是这样一些过程。是志只在嘉靖《山东通志》基础上，汰裁者十之二三，增补者十之一二。王士祯评之云："当事既视为具文，秉笔者又卤莽灭裂，不谙掌故。如人物一门，竟将曹县李襄敏公秉、单县秦襄毅公紘、沂州王泰简公景，三巨公姓名、事实削去，不存一字，其余概可见矣。"

按：由于明末朝政懈怠，战火日久，不少地方长期未修志，文献档册毁于兵燹，增加了修志之难度，加之康熙时又一再催促，限期成书。故这一时期所修之志书，多系应付公事之作，勉强成篇。除本志外，还有多部通志莫不如是。县志方面也难免同样的情况。如康熙十六年知县贾弘文在《铁岭县志》志序中就说："弘文未受简命之先，已奉有旨令省府州县各修志书数年矣。莅任以后，府檄频催而苦无以应。今岁秋冬之际，乃与绅士之隶籍兹土者，谋所以终其事。但铁邑无旧志可考，弘文有责无可委，因不辞固陋，勉缀成篇。”(转自刘纬毅等著《中国方志史》第 226 页)

是年，高德贵修，张九征等纂成《镇江府志》54 卷、首 1 卷刻行。是志始修于康熙十一年，至是乃刻。镇江历为军事重镇，故是志于军事，凡战守、兵食、形势险阻等，记之尤详。选材广泛，资料翔实，皆注意“探安危之原，考得失之本”。(参见《中国地方志总目提要》10—104)

是年，邵士修，王埙等纂成《沂州志》8 卷。是志编目分为部、目两级：“规制部”下辖建置、星野、疆域、山川、藩封、祠庙、秩祀、物产、风俗、古迹；“政事部”下辖户口、地亩、赋役、钱粮、农桑、学校、兵防、驿递、恤典、捕盐；“宦常部”下辖职制、衙署、秩官、宦迹；“仕进部”下辖科第、制贡、例监、杂职、武科、胄弁、封荫、坊表；“人物部”下辖帝后、名献、忠贞、孝义、节烈、懿行、流寓、隐逸、仙释；“艺文部”下辖沿革、赋诗、遗文、杂志。(转见《方志考稿》第 3 编山东省第 46 页)

是年，于睿明修，胡鼎文纂成山东《临清县志》4 卷刻行。于氏在是志序中，同样又提出了“六经皆志”的说法。谓“自仓颉作书制文字，已肇万世，非志之鼻祖矣。由斯以谭，六经皆志也，而不以志名，谓天地古今事物之所陈者，综其全虽在，圣哲莫之能损益也，故草之曰经。经、史、志曰(日?)出，而异名不相离也……故一州一邑必有志”。(《山东方志汇要》第 476 页)其与贵州之《平溪卫志书》，一南一北，时隔一年，都提出了“六经皆志”的说法，这两篇序文撰者之关系，似可作些研究。

康熙十四年(1675)，南明遗臣金基增修成福建《宁洋县志》9 卷。总体质量，暂可勿论，仅金基之自序，亦属有资料价值矣。其序云：“今我藩主亲统大师恢复中原，岁在甲寅，时维九月，德化公标都督蔡公讳隆，克复章(漳)平、宁洋二县。时宁洋乏令。主以残破之邑，抚绥尤贵良吏，不以基为不材，而以内官外补。孰知入斯邑也，城郭空存，人民逃散，满目蓬蒿，真堪洒泪。甚至记室付之回禄，案牍已尽坑灰，即欲核稽册籍，岂可得哉。适从眢井拾得旧志，盖前令萧亮所作也，其版帙遗失十有二三矣。正拟修葺，而镇兵云屯，索饷雷急。哀鸿未集，绵葛徒嗟。方且食之不得下咽，奚暇论黄数黑耶？然犹幸无讼之庭，尽可罗雀；退思之地，亦可雕虫。删其夷虏之颓风，复我明朝之旧典。”末署“大明中兴永历二十九年”。(转自《日本见藏稀见中国地方志书录》第 130 页)

按：上年，耿精忠起兵福建以应吴三桂，随之以漳、泉与郑经，请援。序中所谓“我主”，当是指郑经也。查郑经于是年十一月破漳州，杀海澄公黄度。

康熙十六年(1677)，刘登科修，谢文运、王芝藻纂《溧水县志》11 卷、首 1 卷刻成。是志《建置志・乡约》中，记载当时每乡设有乡约所，置约长、副约长。乡约堂内藏朝廷谕牌等，常集里人于其内讲解，并置有二簿，记录善恶之事，意在劝惩。(参见《江苏旧方志提要》第 107 页)是研究明、清地方基层组织极为宝贵之资料。

康熙十七年(1678),成兆豫修,吴中最、洪朝元纂成安徽《太和县志》8卷刻行。是志与不少志书一样,设有《节烈》一目,但在选材上却与他志略异,注意表彰那些自立自强之妇女。不少是夫死之后,靠纺织抚遗孤、敬公婆者。并有评论称:“人苟能自守其志,不为物所夺,则女子而同于丈夫。”其《艺文》志中,收有《纺织娘墓文》,记述了一位“家贫无以养”之纺织娘。纂者说,此墓与尚书墓可同垂史册,“然为尚书也顺而易,纺织娘也逆而难”。(转见《中国地方志总目提要》12—24)有这样的观点是颇为难能可贵的。

康熙十八年(1679),张召南修,刘翼张等纂成江西《安福县志》6卷。是志卷4为人物,计有理学6传,儒行20传,忠节12传,名臣15传,名贤150传,另有死事、孝友、文学、隐逸、惠义、贞烈、耆年、慧童、仙释、工伎、流寓等共387传。内容各详略不一,长者700余言,最短者只有20余字。其中之“慧童”、“工伎”是比较少见之类传目。施闰章在是志序言中提出,志之视史,有“差易者三而陋有五”,谓:“县志盖一国之书,其视史差易者三而陋有五。夫书约则易殚,地狭则易稽,人近则易辨。然史之为书,掌之太史,修之异代,善恶错陈,褒讥互见。书成既奏,流播方寓,天子不遑匿其过举,子孙不能讳其祖父。其中虽间有得失,犹为近核。若夫郡邑志乘,官非左、董,义爽笔削,颂长吏则谀,传先达则夸,纪名胜则傅会,摭文词则浮芜,分星野、考沿革则混淆。书取速成,事多舛驳,甚且论符众口,一人矫喙,板藏邑库改窜潜加,官吏不能校其非,士大夫不能尽睹其籍。迁延日久,遂成掌故。余尝极论志书,谓不如国史足信者,盖以此也。”(转自《江西地方志序跋凡例选录》第68~69、77页)

康熙二十年(1681)九月,章泰纂修成《盩厔县志》10卷。此志有两个特点:其一是修志态度严谨。作者认为前之旧志,“分合之有未尽协也,序次之有所不伦也,收录之有所太滥也”,故其“痛惩斯弊,不欲假手一人”,“虽广咨询,咸归独断”。也就是由他自己一人亲自动手,而且是非断于己意。其二是注意反映下层民众之情况,包括当时处于社会下层之妇女和人奴,提出“奖励尤先于闺阃,阐扬不靳于人奴”。这种思想在当时实属可贵。(转见《中国地方志总目提要》25—13)

是年,朱衣点修,黄国彝纂成《崇明县志》14卷,康熙二十三年刻成。朱氏在志序中,特别强调要据事直书,说“修史,重任也,而修志亦巨举也。史以传信,记一代之得失存亡。志以备考,辨一方之民风土俗。二者名异而实同。要期据事直书,可以昭示来兹,俾一望了然,知所观法,知所鉴戒而已……种种事迹有一失实,即不可以垂后,又况沧海桑田,时移事变,忽而为潮为汐,忽而成聚成丘……所以志不可不修”。(转自梅森《上海方志研究概要》第28页)

按:其前顺治《崇明县志》序中,说“志疆域,辨吏治,观民风而资鉴戒”。使“读是志者,知斯地与他地异,又庆今日之与昔日之邑异,则可以为政矣”。(同上书页)强调志书要注意反映地方特色和时代特点,才可以有益于治。

是年,王颐修,王霨续纂成湖南《祁阳县志》14卷、首1卷刻行。是志订出凡例八条:一曰尊时,即详清代事实;二曰存旧,即存旧志所载内容;三曰首图,即有图,详考舆地形势与建置源流;四曰核实,记事务求论定,不作虚揣之词;五曰省繁,改变原志人物琐为分类;六曰删浮,将旧志艺文之滥收者加以删除;七曰因述,对于旧志野史,前献今言,广为收罗,以作因袭之用;八曰集益,广集同仁,加以讨论而成是志。(转见《中国地方志总目提要》18—68)

按:古人所作志书凡例,列目皆较简明,如嘉庆《道州志》凡例亦是八条,为仿旧、增新、核实、缺疑、特书、类纪、提要、删繁。(参见同书18—71)

康熙十二至二十年间(1673～1681),国内出现"三藩"之乱及朝廷的平叛战争,不少地方之修志工作亦受影响。一些地方"本朝康熙癸丑(十二年,1673),曾奉修志之檄文,继值逆藩变乱,遂尔中辍"。(康熙《西江志》白潢序,转自《方志学新论》第113页)据巴兆祥统计,此间有近140个政区完成了志书编纂,但多数地区则迁延未就。从区域上看,受"三藩"及战乱蹂躏之云南、贵州、四川没有修成志书。

康熙二十一年(1682)四月,于成龙、格尔古德修,郭棻纂《畿辅通志》46卷成,至明年刻印成书。由于"自元以来,如《析津志》诸书,所记只及于京师。至明代以畿内之地直隶六部,与诸省州县各统于布政司者,体例不侔。故诸省皆有通志,而直隶独阙。本朝定鼎京师,特置直隶巡抚,以专统辖"。(《四库全书总目提要》卷六八)因而本书实际是河北省之通志。但由于期限匆迫,草率成书,致贻后讥。雍正《畿辅通志》序谓其"简而不当,其根源见于经史子集者每缺焉。或取诸类书而与本文讹舛,其他则稗官小说为多"。《四库全书》于此不但不加收录,且在他书之《提要》中,还批评本书"讨论未为详确"。

是年,"敕礼部檄下诸督抚大臣,汇修省志。省征于郡,郡征于县,俾各分条别类,编次成书,上之京师,备太史氏裁择"(转自光绪《丹阳县志》吴之彦序),又"命使臣纂修《一统志》,诏天下府、州、县各以其志来上"。(康熙《兴化府志》,均转自《方志学新论》第113页)

是年,穆尔赛修,刘梅纂成《山西通志》32卷梓行。是书前于康熙十三年由学政谢观纂修,十五年又由继任学政敦请洪洞进士范鄗鼎订正删削,至是方由刘梅进行"缺者补,冗者芟,信者传,疑者阙,剥蚀者完,豕亥者辨",加工完毕刻成。是书最值得注意者是其选举、职官、名宦部分都记之甚详。如选举目内,对科举之意义、要求,乡试、会试之时间、次序、名额、内容、生员答卷之文体,中试者授予之官职、品级等,均有详细说明,反映了臻于完备时科举活动之全过程。但就全书而言,考确订正方面下的工夫依仍有欠,故谬误较多。《四库全书总目提要》谓其"听辑甚夥,而讹复者亦颇不少"。(见刘纬毅《山西方志概述》第20页)

是年,王有年纂成江西《金谿县志》13卷刻成,是为私家撰成之志。王氏在凡例中,谓私撰之优于公修者有云:"无功令拘束,俾得畅所欲言";"(官)修志必统以邑宰,参以众论,刻以公费,无非示公而已。然往往限于时日,不能抒其所长,淆以异同,不能竟其一得;董以官役,不必期于精工。今志成于一手,刻于私家,前数者之患亡矣。"(转自《日本见藏稀见中国地方志书录》第101页)这就是私修之志,往往有官志不敢载之一些资料的原因。

是年,程大夏修,李御、李吉纂成山西《黎城县志》4卷刻行。是志明确主张"史兼褒诛,重垂戒;志则志其佳景、奇迹,名人胜事,以彰一邑之盛”。(转见刘光禄、胡惠秋《〈方志学〉讲座》,载《中国地方志》1982年第2期)正是这种方志传统思想的影响,故各地志书中那种借人材于异地,奢景物于他方,以及地方“八景”、“十景”充斥的毛病,所在多有。

是年,陈湇修,邓爊、周之文纂成《浮梁县志》9卷、首1卷刻行。是志之图中,除县治、县城、县境、学宫4图外,还专有景德镇1图。其陶政一目内,详细地记述了景德镇陶厂之建置、御器厂之规模、瓷土产地、陶工情况、陶用颜料及配制方法、窑制规格、陶瓷之花饰品种等,是研究景德镇陶瓷史之有用资料。是志继前,再次作出了对一个县内一项特产加以重点记述之例。(参见《中国地方志总目提要》14—21)

康熙二十二年(1683),四月十二日,大学士明珠上奏:“《一统志》关系典制,自应催令速修。从前用兵之际,各省所修通志,稍觉迟延。今兵事既息,俟各省修完送到之日,应即行纂修《一统志》书。”康熙帝允所奏,于是“特命儒臣纂修《大清一统志》,诏天下各进省志”。礼部奉旨后,檄催天下各省通志,“限三月告成”。(《康熙云南通志》范承勋序,转自《方志学新论》第113～114页)

当时,各地督、抚奉檄催之后,为了编修省志,便檄令所属府、州、县等亦修志书。这样层层下达任务,直至最基层的单位,虽不要求都修成志书,但也要按上宪要求报送材料。形式之一,便是填写地情“清册”上呈。在20世纪末至新世纪之初的全国修志之中,贵州省修志同仁,曾收得贵阳市花溪区中曹《谢氏族谱》一种。该谱中载录有题为《贵阳军民府中曹司长官司正土司谢天恩为钦奉上谕事》之文字一则,系该土司向贵阳军民府上呈的一份地情“清册”。从录文中可见,当时所呈报“清册”之内容与大体格式,对了解古时当地地方基层组织对上级修志所担承义务之状,不无意义,今转录于下:

“本年正月十五日,奉本府宪牌,内开:案奉布府司宪牌,转奉督、抚部司宪牌,准兵部咨开:康熙二十二年(1683)八月初四日,大学士勒德洪、明珠、李霨、王熙、黄机、吴正治,学士拂伦、阿兰泰、席柱、喇喀巴、王守才、金当祥、胡简敬、孙在丰等,奉上谕开:凡内外地方山河、舆图、祀祠、建置、贡赋、学校、邮传、艺文之有可记录者,以及兵戎驻防、各官员之履历,须逐一分别造册呈报。此谕计发,须查明报单一纸各缘由到府。为此,中曹司正土官谢天恩,遵照查明,绘画造具清册,呈候汇报,勿延此令等因。奉此,遵将卑司所属各地山河、舆图等项,逐一详加考查,分别绘图,造册呈报。伏乞宪台查核汇报施行。谨呈贵阳军民府,计呈清册一本,谨将清册录列如次:

“记载　各衙门奉行大事有关地方者,以及灾祥等事。遵查:卑司所属地方,乃一隅偏僻之地,并无关津渡口,亦未奉行有关地方大事者,理合登明;

“建置　各地方或系旧设,某年例置,俱详载始末。遵查:卑司始祖谢宝石,系南京应天府人。于洪武二年(1369),调北征南,随镇南将军沐公英,剿洗贵州黑阳大箐(今贵阳市区),斩获有功,于洪武三年(1370),题设中曹司长官正土司,历受至今,理合登明。

"舆图　各地方管辖四至、境内山水,俱绘画造册,以及土风物产,务须详载。遵查:卑司治邑距省十里,地名中曹司。至于所辖地方界限,东至王武寨,南至上、下大水沟界;西至烂泥沟、猪场坝界;北至四方河、扁担关界。兼至高坡地方,东至龙里司界,南至平伐司界,西至广顺州界,北至白纳司界。其民有二种:一系白苗,其衣裙上下相联,皆系白布细褶色。头自织花帕,用红毡条拴发。婚姻,男女私相情愿,然后以鸡一只,剪杀看窖,即以水牯(水牛)一头为聘定财礼,而后合焉,乃宰水牯饷亲。一种系仲家(现称布依族),俱穿青短衣、青裤。出门常为离刀。病为服药,只以牛、猪、鸡、犬等畜做鬼求痊。婚姻,割换衣带为凭,□□□□,然后合焉。俱皆缺舌土音,不识汉字,不读诗书。如纳粮公务等项,俱以竹木割刻为记。皆挨山箐搭茅厂住坐。出产唯老粗茶而已。并无名山大川。乃设一场,名曰猪场。于当场之日,各种苗将竹、木、鸡、鸭、猪、犬,赶场变价以纳粮。地多虎豹,屡伤人畜,理合登明。

"祭祀　各地方应祀祠宇,其淫祀者,不许载入。遵查:卑司所属,并无名山大寺及丛林硐阁,止有古来于司治内修建一寺,名曰培龙寺,系供三教在内,仍招住持贡献,并无祀祠宇,理合登明。

"职官　自开辟之始,各官履历始末以及衙置沿革之详。卑司年58岁。本司官籍,遵查:顶辈图册,始祖谢石宝,系南京应天府人,起自洪武二年,随征贵州有功,蒙南镇将军沐公英,于洪武三年提授中曹正长官司世袭土官之职,颁给印一颗酬功,管理一带地方。传袭到卑司父谢正伦,至我大清朝,初辟黔疆,率卑司于顺治十五年(1658)投诚,经略阁部洪,并缴原领明颁印信一颗。随蒙赐给袍、帽、靴带,并发明示,令招抚南边一带地方。卑司父子,倾心向顺,昼夜料理,催办采买军需,接济大兵无误。顺治十七年(1660)四月初七日,卑司父病故。于康熙六年(1667)二月十四日,领颁康字1170号印信一颗,随即拜领开用往事。讫康熙九年(1670)十一月十四日,领到部颁题准卑司奉旨承袭号旨一张。其衙署有头门、二门、大堂、穿道等房。因天启年间(1621～1627),安酋作乱叛,尽行烧毁无存。今坐居如民房而已,并无建置衙门,理合登明。

"贡赋　俱照新定田亩则例,各合全书开载。遵查:卑司所属,顺治十七年(1660),新编田亩1905亩6厘;额载秋粮米51石6斗;马馆银38两,又新增条编银21两9钱,理合登明。

"学校　一切学官兴废、学田租米等项,以及学米、科第、岁贡年份、履历名字。遵查:卑司并无学官兴废及学米、科第、岁贡年份,理合登明。

"艺文　各处名胜之区,或有题咏诗文,务择纯雅者开载。遵查:卑司所属,并无名山评题诗文,理合登明。

"邮传　各处额设夫马数目、管驿职名。遵查:卑司非当大道大区,无驿站等设,唯纳马馆银38两,理合登明。

“兵戎　各处驻防始末。遵查：卑司隶属本府，非同别司有驻防，理合登明。

“人物　各处仕宦，须已经去任实有政绩者，本地方乡贤、孝子、节妇，务须详载。遵查：卑司所属乡宦、节妇、虽有一二，考察确实，再为呈报，理合登明。

“管辖　土司题准给印创管。遵查：卑司并无管辖土司，唯有副司。又于杂苗种类，应该土司另行化谕，理合登明。

时康熙二十二年(1683)。”

(转自孙定朝、梁中美《族谱中的地方志》，载贵州《贵州文史丛刊》2004年第1期)

按：清册从“记载”至“人物”，共开列15目。各目下文字中，均有“遵查”二字。表明“遵查”二字之前者，为贵阳军民府统一下发的清册原有体式、文字，包括要求填写的项目，及各项目中所含的内容和填写注意事项。“遵查”二字之后者，为该土司按要求所填报之内容。此文末载的“时康熙二十二年”，乃系贵阳军民府转发上宪所颁，制定的要求下属造册上呈提纲中原有的时间。该土官只是依提纲逐项填充，故将原提纲中所署之“康熙二十二年”，亦仍其旧。文中表明，该土司接到军民府下发清册提纲时，已是次年正月十五日矣。其填报日期当更在其后，但文中未注明。

又：各地奉礼部檄文之后，一些地方果然有三月而成书者。从康熙二十一年至二十四年间，修成和刊刻的通志有10部之多。据有人统计，这一时期每年平均修成志书22种。(详见《方志学新论》第114页)

是年，两江总督于成龙“移檄江西布政司兼摄抚臣张所志，诹日设局，罗致文献，捃摭裒辑，鳞次栉比，务期典核”，故有康熙《江西通志》之修。(康熙《江西通志》序，转自苏长春《地方志与地方行政管理关系探微》，载《中国地方志》1994年第2期)

是年，张荩修，沈麟趾等纂成《金华府志》30卷刻行。张氏在《重修金华府志序》中，表明他对修志及志书之看法有言：“国有史，郡邑有志。志也者，上以备国家轩𬨎之采，下以供臣工考鉴之资……今之师帅一方者，所重则簿书期会也，所急则兵刑钱谷也。吾方亟亟于目前之务，而尤日不暇给，何乃居今稽古，皇皇于百年以上乎？不知吏非治一世，而兼治世世也。夫一郡之户口、土田、贡赋、徭役，与夫人物之污隆，科名之盛衰，风俗之善恶，则时移势易之不同。旧者恐湮而弗传，新者恐轶而弗著。故吾于历朝官政，谨取而条之析之；古今人物，谨取而甲之乙之；前后科名，谨取而品之骘之；善恶风俗，谨取而抑之扬之。分门别目，开卷了然。深之可以悟政教，浅之可以广见闻，近之可以考民风，进之可以察吏治。则兹一郡志也，播之四方，传之来叶，其攸系岂鲜也哉！”(转自《历代名人论方志》第107页)

是年，遵义知县陈瑄始修《遵义军民府志》，开了知县修府志之先例。时，礼部奉旨檄催天下各省修通志，且限三月成书。于是各省便令所属府州县纂修志书。遵义知府李师沆“奉传檄，委属遍告州县”。正值此时，李知府“以觐典赴省”。作为附郭县县令之陈瑄，以“附城为诸邑首，庸敢怠厥事？”觉得义不容辞，遂与参军等，集郡中文人程崇、刘沛、曾光祖、唐廉、罗士柏、杨希震、万人英、王梦麟、牟从周、陈我圣、周之闳等，以两月时间，突击修成本志。(参见翁仲康《清代的〈遵义县志〉》，载《贵州方志》1992 年第 3 期)

是年，陈延缙修纂成《上犹县志》一种。全书仅 3 万字左右，分为 19 目，但人物部分即占了全书篇幅的 2/3。(转见《中国地方志总目提要》14—80)所谓旧志太半重人物，此为最典型者。

是年，李斯佺纂修成《高淳县志》25 卷刻行。是书卷 20 载有“顺治七年庚寅八月十日地震”一条。此条资料源于顺治《高淳县志》，其原载为“顺治七年庚寅地震，八月十日恩诏，民间拖欠钱粮，前诏已免元、二、三年，今再免四年”。但此李斯佺之志误载为“顺治七年庚寅八月十日地震”，错将下诏之时，抄成为地震之时。如此一误，不但造成乾隆、光绪县志和民国《江苏省通志稿》之误，连《清史稿》亦误。(参见巴兆祥《方志学新论》第 42 页)

按：本志抄写之误，竟贻误其后几三百年，直至 1981 年方为历史地理学家谭其骧先生所指正。(见《地方史志不可偏废　旧志资料不可轻信》，载《中国地方志通讯》1981 年第 5、6 期)可见修志书之不可不慎也，亦可见志书影响之不可忽也。

是年，尚崇年修，谭诠、李六谦纂《萍乡县志》8 卷刻成。是书《凡例》中特别规定：“县志非一家之谱，非一人之集。诗、文连篇和韵，无关风土、政治、文行者，概弗录入。志有义例，知罪听之。”(转见黄苇等《方志学》第 326 页)这样的规定，对后世修志者颇有借鉴作用。

是年，洪若皋编，县贡生若干人分纂成《临海县志》15 卷刊行。分八门八志：舆地志、建置志、食货志、秩官志、选举志、人物志、杂事志、艺文志。对于人物很是重视。修志凡例 13 条中，有 9 条论及人物传之设置、标目、收录范围及称谓等。在其选举志中，开列了临海进士 460 人，其中 243 人有小传，做法颇为特别。(参见《中国地方志总目提要》11—105)其旧志向无艺文志，本志则用 4 卷之篇幅加以收录，收入了一些不常见之资料。(见《浙江方志概论》第 172～173 页)

是年，阎允吉修，徐霱纂成《萧县志》12 卷刻行。阎氏在志序中谓：“盖见不博，不可以言志，惧其隘也；性不公，不可以言志，惧其偏也；文辞不洽，不可以言志，惧其陋也。”(转自《中国地方志总目提要》12—30)对修志者提出见要博，性要公，辞要洽之要求，可谓有识。

是年，胡裕世纂修成江西《兴安县志》8 卷刻行。是志体例与他书无大异，然编目颇为特别，列为壤书、甸书、职书、阐书、迪书、选书、葤书、藻书等。据邵伯悌《兴安县旧志序》述旧志体例云：“仿《大明一统志》例创作编辑，大书者八：画地分野作壤书，赋役户口作甸书，官秩之设作职书，教化之崇作迪书，其辟举科甲选书焉，录之名贤人物阐书焉，镜之文翰词章藻书焉。”(转见《中国地方志总目提要》14—36)

康熙二十三年(1684)，两江总督于成龙、江苏巡抚余国柱、安徽巡抚徐国相共同主修，张九征、陈焯纂之《江南通志》76 卷刻成。先是去年朝廷有命，要求各省修通志，并限三月成书，故本志仅历半年而成稿。全书分 33 门，平行列目。每门前有无题小序，或阐述宗旨，或追溯本源,或点明重点。由于江南经济地位之重要,故书中于赋役、盐法、漕运等收录特详,载万历时之经济资料更丰。又基于当地地理特点,特设《河防》、《江防》、《海防》、《水利》等门,利于人们总结历代治水经验。所不当者是设有《帝王》一门,收录全国性之帝王数十,附后妃数十,"僭窃"多人。为评论者认为是"于义为滥"。(参见《江苏旧方志提要》第1～3页)

按:这是一部由上江巡抚和下江巡抚分别主修而合成之二省合志。江南省于康熙六年(1667),已分为互不统属之江苏、安徽两布政使司,至本志修时已有17年。由于是两志之拼合,虽多有"今江南省"、"江南通省"之类之综述或概括语,但终难融而为一,故其中多有"牴牾"和"舛互"者。类似之两省合志,还有雍正时修的湖南与湖北合称之《湖广通志》。

是年,金鋐修,郑开极、陈轼纂成《福建通志》64卷。金氏在是志序中,论及史、志关系有言:"国有史,四方有志,其揆一也。顾史以编年纪事法,主乎彰善瘅恶,必兼才、学、识三长,方克有济。若志止叙其山川、城郭、建置沿革、风土、物产,不过因事直书。他若名宦人文列女,亦多褒鲜刺,似史难而志易。然而志为史之先资。志者,一方之史;史者,天下之志也。是故史有舆地,志亦有舆地。乃史止及名山大川,而志则峰岩石峡溪湖滩池,无不备载,是详略不侔也。史有食货,志亦有食货。乃史止及户口、田赋,而志则盐钞、鱼课、草木禽兽,无不毕登,是繁简不侔也。史有列传,志亦有列传,乃史止及贵官大僚,而志则孤芳幽德、贩夫牧妇,无不尽采,是显微不侔也。史有艺文,志亦有艺文,乃史止及名流硕议,而志则论叙碑铭、诗赋传记,无不遍缉,是钜细不侔也。非才足以华国,则著撰不精;非学足以博物,则考核不当;非识足以迈群,则去取不公。是故修志之难,与修史等。"(转自《历代名人论方志》第75页)在是志中,"事例宁核毋冗,纪载宁详勿略,表彰宁慎勿滥,措词宁约勿蔓","但罗列条目,详载事迹,以备采择,而不敢施论断"。(见《中国地方志总目提要》13—5)

按:提出志为史之先资,志与史之别在于详略不同,繁简不同,显微不同,但编纂者同样要具才、学、识,而且修志要宁核毋冗,宁详勿略,宁慎勿滥,宁约勿蔓,不施论断,都是本志编纂者的方志见解。

是年,奉天府尹董秉忠奉敕修,孙成等纂成《盛京通志》32卷刻行。是书卷各一志。志目分别为京城、坛庙、山陵、宫殿、苑囿(各庄附)、建制沿革、星野(祥异附)、疆域(形胜附)、山川、城池、关梁(边门船舰附)、驿站、公署、职官、学校、选举、户口、田赋(税课官庄八旗地庙附)、风俗、祠祀、物产、古迹(陵墓附)、帝王、名宦、人物、孝义、烈女、隐逸、流寓、方伎、仙释、艺文。附图9幅:郡京城图、大政殿图、宫殿图、舆地图、奉天府形势图、锦州府形势图、乌拉宁古塔形势图、长白山图、北镇图等。是为清代东北地区第一部地方总志也。(参见《中国边疆史地古籍题解》第200～201页)

是年,林杭学修,杨钟岳纂成《潮州府志》16卷、首1卷刻行。杨佐国在是志序中,提出"志为史之余"。他认为:"以垂圣教有经,以存国是有史,以征方书有志。志者,名虽异于经史,而其有典有则,可劝可惩,足以昭示来兹,其旨一也。……至志则为史之余,而无作史之学之才之识,不可以作史,亦不可以作志。”(转自《历代名人论方志》第 70～71 页)

按:戚弢言在乾隆五年《连江县志·序》中亦有类似的说法,略谓:“史弗修,则一代之礼乐文章无以表见;邑无志,则无以审旧制而识贤徽。巨细殊,而轻重相等。”(转见民国《连江县志》,连江县志编纂委员会 1988 年整理,连江县人民政府 1989 年 4 月印行本第 3 页)

是年,台湾诸罗知县季麒光首创以府志形式,着手编撰《台湾郡志稿》,综述山川、风物、户口、土田、厄塞等。因季氏丁忧去职,未及终编,稿亦不存。次年,台湾府学教授林谦光便撰成《台湾纪略》。康熙二十七年又有台湾府学乡贡生李喜辑成《台湾志稿》,搜罗颇丰。(参见王建宗《台湾省修志事业的历史与现状》,载《中国地方史志》1982 年第 4 期)

按:是年台湾才收入清之版图,三数年内,便有几部志稿之修,足见当时中央修志之令,普及是很及时的。这是下级知县修上级郡志之又一例。

是年,马国桢修,唐凤翔纂成《安阳县志》10 卷刻行。是书凡 9 纲 62 目,各纲有序。绘图工整细致。载山详其规模、特产、古迹,载水备述流经、水利工程、水磨、溉田功能。人物不滥充,艺文以类分。是安阳首修之志,亦是一部佳作。是书所订凡例有云:“志之有图,自东坡《指掌图》始也,不逾数幅。”(转自《中国方志学史》第 38 页)提出了一种新的说法。

是年,祁文郁修,李元仲纂成《宁化县志》7 卷刻印成书。是书以土地、人民、政事三者为纲,各类为目,“如封域、疆界之类从土地;学校、礼仪之类从政事;官师、题名之类从人民”,是又一部三宝体之志书。但比之明人唐枢编纂之《湖州府志》又有创新,为志界目为名志。乾隆《长汀县志》序中称:“西蜀《武功志》修自康对山,闽之《宁化志》修自李元仲,海内俱称善,修志必如二公。”民国《清流县志》录旧序谓:“《朝邑志》数千字不为少,《宁化志》十万言不为多。”《福建通志》总纂陈衍在民国《宁化县志》序中亦云:“宁化旧志成于李元仲先生,在县志中直匹康对山之《武功志》,赫然名于著录。”今人厦门大学黄典诚教授在该志校注整理本出版序言中,更谓“论史而崇马、班,言志而沿宁(化)、武(功),良有以也”。(转自谌晌才《李元仲与〈宁化县志〉》,载《福建地方志通讯》1985 年第 6 期)甚至还有人称其为“全国两部半”方志之一的。(福建省地方志编纂委员会办公室《福建方志事业概览》,载《福建史志》1999 年第 5 期)

按:是志之得此令誉,与李元仲严肃之修志态度不无关系。在本志修纂时,县有某伍姓者将其族谱送来,要求按谱所记,将伍姓十人写入志中。元仲经过研读分析,认为谱书“殊可疑”,多“误也”。尽管伍姓之人一而再,再而三地请求,皆遭拒绝,遂致对李怀恨不已。又有一名巫亦侯者,送来族谱,要求将其祖巫罗俊记为神策指挥使,不行;又要求写为刺史,又不行;再要求写为土知县,也未获准。元仲还向巫亦侯解释说:依求而为,“岂非求荣,而反丧其真乎,愚以为万万不可以也”。巫不肯罢休,想通过关系强词夺理。李更针锋相对地表示：如果“一部邑志，尽是捣鬼，无一可传信者，何苦驱染烟墨，供人唾骂哉”。还有一个叶姓者，因请托不得，屡屡写信恫吓，李也不为所动，认为：“叶书从去春来，累累千言。中有讽刺，当时不欲复之。若因彼人一言恫喝，遂使士庶毁家书，焚笔札，出语凛然，有周厉监谤之威，秦政腹诽之戮”，“任说冬月生瓜，亦唯唯信从之矣，有是理乎？姑任其自喧自寂可也。”叶还替另一姓赖者说情，也遭拒绝，提出与李绝交相威胁，李也在所不惜，不为所动。（分见《寒支初集》卷十、《寒支二集》卷一，转引自同上谌响才文）如此志德，实足光二千年方志之史也。

是年，郭琇修，叶燮纂成江苏《吴江县志》46 卷刊行。明年又有郭琇修，屈运隆纂之《吴江县志》16 卷刊行。同一主修，不同纂者两年所成之两部志书并行，是极罕见的。陈光贻在《中国方志学史》中，解释这种现象认为，是因为两派人因修志观点不一，故同时修成两部县志，知县也批准两部都刊行，不可误认为是志之两种版本。（第 210 页）

是年，张可立修纂成《兴化县志》14 卷刻行。是志关于水利记述特详，不但有明细之境内水流图，且对一水之来源、流向、入海口，以及历代疏浚等情况，均有专门记述，为他志所不及。（参见《中国地方志总目提要》10—103）张氏在志序中，将志书比作家产簿册，略谓：“譬家之主人，其一切家政既经营部署矣，而家之积仓、田亩、庐舍、衣服、财物、器用、臧获，不为簿册以传世贻后，则家人茫然不知其产业几何，积贮几何，是尚可以为家乎？”（转自《江苏旧方志提要》第 659 页）

康熙二十四年（1685），八月，广东进呈《广东舆图》4 卷。其上舆图序有言曰：“今皇上诏天下纂修志书，上于礼部，命词臣汇集订定，以成通志，尤念有未备，采左图右史之义，载令直省以所统封内城郭、山川，平直险阻，道里回互，幅员大小，绘图以进。”（转见《中国地方志总目提要》19—3）足见当时礼部奉旨传檄，对地图也提出了具体要求。

是年，郭茂泰修，胡在恪纂成《荆州府志》42 卷、首 1 卷刻行。纂者胡氏特重实用之经济方面的内容。其在志序中提出：“土地、赋役、水利、兵农，有关于实用者，为作志之先务。”（转见《中国地方志总目提要》17—41）

是年，郎廷泰修纂《重修江浦县新志》8 卷刻成。是志分 15 门，因赋役关系国政民命，故编之不厌其详，用力最勤，几占全书篇幅之半。（转见《江苏旧方志提要》第 93 页）

按：20 世纪后半期修志中，有所谓“旧志重人文轻经济”之说，实不可一概而论也。

是年，知县张茂节修，李开泰等纂成北京《大兴县志》6 卷刻行。卷为一志，分别为舆地、营建、食货、政事、人物、艺文等。是志最值得称道者，是主修者知难而进之开创精神。大兴与宛平同为畿辅之首邑，所以县无志。正如沈榜所言：“皇祖贻谋燕翼，主上莹精太平，彼铺张扬厉，自有学士巨公之丹管在也”，因而“无人敢任记述之责”，“人人避事而呐自惴。”张茂节本人也明知“自有大兴以来，远不具论，即由明迄今，令兹邑者不下数十百人，皆未闻有志”，是因为“辇毂之下，五方辐辏，聚天下不耕不织之人，于官民杂处之地，裂百里在官在民之地，与驯犷殊性之人，簿书填委而外，日奔驰牛溲马渤中，竟竟焉，求免议而不可得，尚何志之可问哉”。但他敢于迎难而上，抱着“甘可受和，白可受采，有其质也，积阜为山，因渠成川，有所托也”，“续起而修辑之”。礼聘顺天孝廉李开泰，贡生郝尚礼、徐兆斗等，“阅岁二载有奇”而修成此志。书成之后，虽没有多少创新之处，被后人评之为“不出明人志书窠臼”，但毕竟对后人了解大兴县之历史以及当时之政治、经济、文化等情况均具参考价值。冯秉文在《北京地方志概述》中，称其“是一部研究大兴县的重要典籍”。(第 42 页)瞿宣颖在《方志考稿》中，说此县志之修实属不易，故指出其在记述地域区划上不严，致使一些不属本县之事也混入其中，有失检点，同时亦肯定：“志撰于康熙初年，其时流行者不过《帝京景物略》、《万历野获编》诸书，都城佚事往往赖此而存，如南海蚂蚁坟事，即《顺天府志》、《日下旧闻》所未援引，故考古者所不得而废也。”

按：此书之修，对其后《宛平县志》之修也有直接影响。故李开泰修完本志之后，接着还纂了《宛平县志》，卷目与本志全同，细目也大同小异。

是年，郎遂纂成《杏花村志》12 卷，首、末各 1 卷。杏花村为一古村，据称唐时已有，坐落于池州府城西(今安徽省池州市贵池区)。以诗人杜牧于会昌四至六年(844～846)出任池州刺史，春游府城西杏花村，写下《清明》诗，有“借问酒家何处有，牧童遥指杏花村”句而出名。后历代名士慕名而纷至沓来，题咏不绝。本志卷目为：卷 1 总图、分图、图序、像诗、图诗；卷 2 村中(含名胜、建置、古迹、丘墓)、村南、村北；卷 3 村东、村西；卷 4 人物、闺淑、仙释；卷 5～8 题咏、词赋；卷 9 宸翰、文章；卷 10 文章；卷 11 户牒、族系、传奇；卷 12 杂记。由于资料丰富，体例特殊，为人所重，被《四库全书》收入“存目”，这在乡村志中是少见的。(详参康丽跃《浅析康熙〈杏花村志〉》，载《江苏地方志》2004 年第 1 期)《四库全书总目提要》评之云：“杜牧之为池阳守，清明日出游，诗有‘借问酒家何处有，牧童遥指杏花村’句，盖泛言风景之词，犹之‘杨柳岸、芦荻洲’耳。必指一村以实之，则活句反为滞相矣。然流俗相沿，多喜附会古迹，以夸饰风土，故(郎)遂居是村，即以古今名胜、建置及人物、艺文集为是编。盖亦志乘之结习也。至于并郎氏族系亦附录其中，则并非志乘体矣。”(卷七七，《史部·地理类存目六》)

按：历来对杜牧诗中所说之杏花村属地，颇多争议，皆以未得读此志之故也。

康熙二十五年(1686)三月己未(初五日)，皇帝命修《一统志》。朝廷正式成立一统志馆。命各地志书多送一统志馆以供采摘。以大学士勒德洪、明珠、王熙、吴正治、宋德宜、户部尚书余国柱、左都御史陈廷敬为总裁官；原任左都御史徐元文、内阁学士徐乾学、翰林院学士张英、詹事府詹事郭棻、翰林院侍读学士高士奇、庶子曹禾为副总裁官；翰林院侍读彭孙遹、编修黄士埙、钱金甫、田需、吴涵、史夔、许汝霖、周金然、检讨徐嘉炎、吴任臣、金德嘉、吴苑、王思轼、中允米汉雯、赞善黄与坚、候补中允胡会恩、吏部郎中颜光敏、大理寺评事高层云、见修《明史》食七品俸姜宸英、万言 20 人为纂修官。并命陈廷敬、徐乾学专理馆务。(《清实录·圣祖实录》卷一二五，中华书局 1985 年 9 月影印本)

按：据《清会典》开载：凡修实录、史、志等书，内阁官充总裁，翰林院学士等官充副总裁，皆出钦命。其纂修、收掌、誊录等官，及编纂事宜，应听内阁请旨题定。（见《清实录·圣祖实录》卷二三，七月己巳条）

五月庚寅（初七日），康熙帝又谕《一统志》总裁官勒德洪等："朕惟古帝王，宅中图治，总览万方。因天文以纪星野，因地利以兆疆域，因人官物曲，以修政教。故禹贡五服，职方九州，纪于典书，千载可睹。朕缵绍丕基，抚兹方夏，恢我土宇，达于遐方。惟是疆域错纷，幅员辽阔。万里之远，念切堂阶。其间风气群分，民情类别，不有缀录，何以周知？顾由汉以来，方舆地理，作者颇多。详略既殊，今昔互异。爰敕所司，肇开馆局，网罗文献，质订图经。将荟萃成书，以著一代之钜典，名曰《大清一统志》。特命卿等为总裁官。其董率纂修官，恪勤乃事。务求采搜闳博，体例精详，厄塞山川，风土人物，指掌可治，画地成图，万机之余，朕将亲览，且俾奕世子孙，披牒而慎维屏之寄，式版而念小人之依，以永我国家无疆之历服，有攸赖焉。卿其勉之。"（《清实录·圣祖实录》卷一二六）

按：徐乾学由直南书房，擢内阁大学士，充《大清一统志》副总裁。作为副总裁官，曾得康熙帝恩准，于康熙二十九年（一说三十年）"准假回籍，书籍着随带编辑"。其返里之后，开局于吴县南洞庭之东山，"屏绝世纷，精心殚力"进行修纂。徐氏亲撰凡例 21 条，又制定 21 条纲目。将姜宸英、黄虞稷、阎若璩、沈佳、吕澄、裘琏、顾祖禹父子、秦梓、吴日景、唐孙华、黄仪、陶元淳等著名之地理学者、专家，聘来东山，进行编纂工作。至康熙三十三年，康熙帝命徐乾学等，"着来京修书。徐乾学弟秉义学问亦优，并着来京"。但至四月，乾学未闻命而以疾卒，"遗疏进所纂一统志，下有司察收"。乾学之孙徐德泰尝有言曰："先大父司寇公奉简修一统志告竣，屡蒙圣祖仁皇帝御书宠钧，覃恩褒奖。"（转自戴柏俊《清代皇帝诏修〈大清一统志〉的最早及最晚时间》，载《天津史志》1992 年第 1 期）可见在徐乾学之手，一统志已经基本告成，只是尚未修改定稿并上奏刊行而已。

又：在《一统志》修纂之初，副总裁徐乾学撰《大清一统志凡例》21 条。原文已不可见，但《钦定大清一统志》凡例 17 条和《嘉庆重修一统志》凡例 25 条，都是沿袭徐例而来的。由于《一统志》最后于洞庭东山完成，全国方志大量集于此，使之有抄录之机。故其后徐氏之传是楼藏有大量方志便缘于此。传世楼藏有明抄本《天下志书目录》，这是已知最早的专门方志目录，惜已不传。

六月甲子（十二日），康熙帝谕大学士等："各省舆图，载入《一统志》，事殊重要。或一省有大图而无小图；或一省有里数程途，而无疆界；或一省有疆界而无里数程途。各省皆不一例，何也？可询之曾为总督、巡抚者。"（《清实录·圣祖实录》卷一二六）足见其对于入《一统志》资料之重视。

是年，马如龙修，杨鼐等纂成《杭州府志》40 卷、图 1 卷刻行。《续四库全书提要》谓："此志上接万历，搜讨殊为详备。当时郡中名辈如（杨）通政鼐、邵学士远平、顾侍郎豹文、丁郎中澎并与纂辑。故其大略体例,简要不繁,文约事举,诚佳构也。叙事题咏,依类互见。而别以文之有关典故,诗文之可备风谣,又无专类可归者,另造一册。名宦之序以爵,人物之传以时,皆用万历志例,亦为得体。惟首冠巡抚金鋐序,结衔题五百七十余字,几等于生平资历,殊为少见。后守李铎序,结衔称光禄大夫知杭州。光禄大夫为清代正一品封,殊为显要。"当代陈光贻称其"虽采辑繁多,而附见俱能得体,且文能与宋志颉颃。其体例能撮前志之所长,又不遗其细;……纪河渠由开而恐塞,务重于浚疏"。(转见《中国地方志总目提要》11—11)

是年,吴美秀修,程溥等纂成四川《夔州府志》10 卷刻行。吴氏在志序中认为,"省郡之有志,王国之有史,其义虽一,然史之所载,则必有善有恶;志之所记,每近隐恶而扬善……有美而无刺,有善而无恶……志也虽云隐恶扬善,不几与史之赏善罚恶者,并行不悖也哉"。(转自《历代名人论方志》第 76～77 页)

按:钱大昕在《跋新安志》中,亦有近似之言:"汪廷俊,世所指为奸人也,罗端良入之先达传,初无微词,后儒亦不以病罗氏。盖郡县之志与国史不同。国史美恶兼书,志则有褒无贬,所以存忠厚也。公论所在,固不可变黑为白,而桑梓之敬,自不能已(其下还举了《四明志》对本邑人之处理方法)。"(见《历代名人论方志》第 79 页)"隐恶扬善",几乎是封建社会志书之通则。只有像康海、章学诚这样有见地之方志学者,才对此提出了相反之看法,认为志书应当"褒贬并施"。

是年,四川马湖知府兼摄叙州知府事何源浚,奉纂修《大清一统志》之檄,乃延府属各厅、县官编纂邑志,汇成《叙州府志》29 卷、首 1 卷呈省。叙州府时辖 12 县、厅、所,为宜宾、南溪、富顺、隆昌、长宁、庆符、高县、筠连、珙县、兴义、叙永厅、建武通判所。是志之作法,只以府属 12 县、厅志依次排列,各自独立,各为卷帙,仅于书首设一总序。各县、厅志之序亦存于各志之首。正如章学诚在《方志辨体》中所批评者:"下合州、县属志而成。"这是修志中敷衍塞责以符上意的一个典型例子。(详参《中国地方志总目提要》21—58)

按:其后光绪时该府修府志,就完全改变了这种做法,且历尽艰辛。先是同治十二年(1873)知府宜成,邀高县训导袁兴鉴始修未成。继任知府胡廷桂、史嵩秀相继修成志稿,以经费告竭,未及刻行。志稿由参与纂修者赵寅臣带至京师,又携回故里浙江。光绪二十年(1894)王麟祥欲修府志,遣人专赴浙江取回志稿,重行增遗补缺,终以刻行。是志一改前志之作法,先立门类,各类之中再分地区记述。(同书 21—59)

是年,范永盛修,章起鸿纂成《瑞安县志》10 卷。清初理学家朱鸿瞻曾参与纂辑,故其内容上,"颇为侧重宋、元、明、清理学"。书稿甫成,即行付刻。但仅刻至山川建置之半,前官去任,刻资无从募集。继任知县宋鸿遂撰作《募修县志序》一文,发布境内,规劝各方出钱乐助。至康熙三十年始刻成全书。故是志为官修,但是由民间集资出版之志书。书末不仅将宋氏《募修县志文》收入,且开列资助者名单达数页之多,亦可视为一特也。(参见《中国地方志总目提要》11—40)

是年，陆陇其撰成《灵寿县志》10卷，末1卷，次年刻印成书。10卷之名分别为：地理、建置、祀典、灾祥、物产、田赋、官师、人物、选举、艺文。陆氏在志序中，说他编此志之目的，是要使“阅是编（指《灵寿县志》）者，见其土瘠民贫，慨然思为政者宜安静，不宜纷更，宁损上，毋损下；宜便民，毋便官，则可矣”。他在艺文说中又云：“艺文志，上自廊庙得失，下至闾阎疾苦，无所不录。惟叹老嗟贫，夸多斗靡，嘲风弄月之辞，则无取焉。”（转自《中国方志简史》第361页）是书刊行后曾名重一时。刘赓年在同治时续修之《灵寿县志》谓其，“传及四方，一时几于洛阳纸贵”。（转自《中国地方志名家传》第102页）章学诚针对该书叙例中之“土瘠民贫，居官者不可纷更聚敛，土著者不可侈靡争竞”，称其“尤为仁人恺悌之言。全书大率以是为作书之旨，其用心真不愧于古循良吏矣。篇末以己所陈请于上，有所兴废于其县者，及与县人傅维云往复论修志凡例终编。其兴废条议，固切实有用；其论修志例，则迂错而无当矣”。“其书大率简略，而《田赋》独详，可谓知所重矣。”但他又指出，陆陇其之撰是书，“立意甚善，然不甚解于文理。则重陆之为人，而取作志之本意可也。重其人，因重其书，以谓志家之所矜式，则耳食矣”。他指出该志之不足：一是不应把历史纪事附在篇首地理门，“篇首《地理》，附以方音，可也；附以纪事，谬矣……纪事可附地理，则《舜典》可附于《禹贡》，而历史本纪可入地理志矣。书事贵于简而有法，似此依附，简则简矣，岂可以为法乎”；二是“《建置》之篇，删去坊表，而云所重在人，不在于坊，其说则迂诞也……坊表之所重在人，犹学校之所重在道也，官署之所重在政也，城池之所重在守也。以为别有所重而不载，是学校、官廨、城池皆可削去，《建置》一志，直可省其目矣……寺观删而不载，以谓辟邪崇正，亦迂而无当也”。其三是“《官师》、《选举》，止详本朝，谓法旧志，断自明初之意，则尤谬矣。旧志不能博考前代，而以明初为断，已是旧志之陋；然彼固未尝取其有者而弃之也。今陆氏明见旧志而删其名姓，其无理不待辨矣”。其四是，“陆志人物之首后妃，殊为不谨严也”。关于陆氏志傅维云对“名臣言行”是否入志之争论，章学诚亦是赞同傅而不同意陆的。（详见《文史通义新编》第913～916页）吕志毅在《方志学史》中，则谓“其地理志中《方音》一目，实为创例”。（第291页）

按：是书卷首之凡例，卷末附录之条陈、志议及答修志议，系专门讨论人物入志问题，是研究陆氏方志思想之重要文字。

是年，孙佩纂成《苏州织造局志》12卷。以5万余字之篇幅，分门记述了苏州织造局之沿革、职官、官署、机张、工料、口粮、缎匹、宦迹、人役、祠庙、杂记等。其中记及葛成事件及护卫东林党人之民变，对于研究苏州织造局之历史及早期市民运动，都有重要之史料价值。

康熙二十六年（1687），知县刘士骥纂修成《清远县志》11卷刻行。是志之序言有谓：“县城衙署，别绘新图，记更置也；邑里四至，各著方名，正疆界也；学校必饬，崇文教也；兵数必核，严军实也；礼乐、田赋、典章由旧，尊王制也；乡试岁荐，得士即重，重举贤也；德行之事，可美可传，不过数辈，笔慎毋滥也；……至于诗歌词赋，非能表胜山川有关民事者，削而不录，崇实黜革也。凡此皆采集士庶之传闻，据一得之独断，补缀卷末，以续简编。”（转见《中国地方志总目提要》19—16)是序可视为其书之凡例矣。

是年,张进箓、屈大均修纂成广东《永安县志》17 卷刻行。时以乾隆曾有旨:“金堡、屈大均则又遁迹缁流,均以不能死节,靦颜苟活。乃托名胜国,妄肆狂狺。其人实不足齿,其书岂可复存,自应逐细查明,概行毁弃,以励臣节,而正人心……又若累选各家诗文,内有钱谦益、屈大均所作,自当削去。”故屈氏虽实纂是志,却不得列名于是书撰者之列。(转见侯月祥《清代文字狱与广东志书》,载《广东史志》1991 年第 1 期)

是年,冯大奇修,贺振能、郭元暹纂成河南《获嘉县志》刻行。明时宁山卫之屯营,原属大名府,多达 80 余处。输将徭役俱属大名,繁累甚重。顺治十年奉旨归并本县。是为本县特有之事物,故其地理志中特设“屯营”一目,甚为得体。是志之《杂志》中列有“方言漫录”,为旧方志中载方言之较早见者。(转见《河南地方志提要》第 368～369 页)

是年,知县武国栋纂修成甘肃《两当县志》1 卷。是时该县训导为张元秀,典史为周铉。但志书刻本中,知县于武国栋之后尚列 8 人,训导张元秀之后尚列 11 人,典史周铉之后尚列 5 人(见《中国地方志总目提要》26—38),当是后人所加而被刻入者。古代志书刻本中,列入志书下限后之人、之事的情况多有,不足为怪也。

康熙二十七年(1688),知府蒋毓英创修,杨芳声、季麒光等纂成《台湾府志》10 卷刻行。这是最早之一部台湾府志。先是康熙二十三年,台湾设府,首任知府蒋毓英至任伊始,即着手修府志,至是乃成。其记事上限追之不远,多有缺漏,下限至搁笔之时。全书凡 25 目,附 5 目,无纲领统归。是志可贵之处,在于是本府首创之志,保存了难得之台湾最早、最珍贵之历史资料。如其沿革篇云:“明宣德间,太监三保下西洋,舟曾过其地。嘉靖四十二年,流寇林道乾横行海洋,踞台湾造船,扰害滨海。都督俞大猷征之,道乾遁去……延至辛丑,芝龙之子郑成功,自京口丧败,军驻厦门,乃与甲螺何斌,谋进取台湾,遂与荷兰人战。而荷兰人终无降意。成功使人告之曰:此地乃我先人故物,今尔所有珍宝金银,听汝载回,但留空城还我。荷兰知势不敌,弃城归。成功居之,改台湾为安平镇,赤嵌为承天府,总名东都。设一府二县。府曰承天,县曰天兴、万年。康熙二十二年改置府一,曰台湾;县三,附郭曰台湾,外曰凤山、诸罗。”(转自陈光贻《稀见地方志提要》第 702 页)又如志中记郑克塽妻陈氏殉节一事,以 683 字之篇幅,记郑经以克塽托刘国轩及冯锡范阴谋僭窃之事,是他书所不见的。(见《中国地方志总目提要》30—2)凡人口数字,记载了台湾郑氏政权时之人口总数,回归后之总人口数,少数民族人口数,男女数等。记台风,体现了一定的规律性。其卷一“气候·风信”目下载:“风大而烈者为飓,又甚者为台。飓常骤发,台则有渐。飓或瞬发倏止,台则常连日夜,或数日而止。大约正、二、三、四月发者为飓;五、六、七、八月发者为台。……船在洋中,遇飓犹可为,遇台不可受也。过洋以四月、七月、十月为稳。以四月少飓日,七月寒暑初交,十月小阳春候,天气多晴顺也。最忌六月、九月。以六月多台(风),九月多九降也。”又告船民谓:“视天边点黑如簸,簸大则收帆,严舵以待之。瞬息之间,风骤雨至,随刻即止;若遇待少迟,则收帆不及，而或至覆舟矣。”如此关心船民生死之记述，十分难得。（刘纬毅《中国地方志》第 118 页）物产志中，记物种达 78 种，不仅记载了物产的生长条件、形状、用途、产地，并注明文献出处。

按：据杨护源、卞凤奎在《地方志书纂修之理论与实务——以台北市志为例》一文谓：自此志之后，台湾经历了九次修志活动，至少修成 33 部方志。与当时清版图之任何一府县相较，纂修方志之频繁与数量之众多，皆有过之而无不及。

1979 年 8 月，台湾媒体曾报道，在高雄市发现一部 250 多年前木刻印刷本《台湾府志》，并介绍台湾学者原认为清代官修之《台湾府志》共有 5 部，其中康熙三十三年（1694）台厦道高拱乾纂之 10 卷本《台湾府志》（见 1696 年条）为第一部。康熙五十一年（1712）知府周元文在凤山县令宋永清初稿基础上修成之《台湾府志》为第二部。乾隆五年（1740）台湾道刘良璧修《重修福建台湾府志》为第三部。乾隆十一年巡视台湾学政范咸修之《重修台湾府志》为第四部。乾隆二十五年（1746）台湾道余文仪续修之《续修台湾府志》为第五部，并说第二部“周志”下落已不明。陈东林于《中国地方志通讯》1984 年第 2 期发表《清代〈台湾府志〉影印整理附记》中，已经指出，清代《台湾府志》共有 6 部，蒋志为第一部。《福建史志》1994 年第 5 期李鼎荣《〈台湾府志〉小考》文中指出，台湾方面所谓“下落不明”之“周志”，就是分巡道陈瑸、知府周元文等于康熙五十一年（1712）纂修之《台湾府志》。该志于新中国成立初即为扬州古旧书店发现，并已于 1959 年翻刻油印，大陆各大图书馆均有藏。文章还指出，台湾修成之《府志》，不是 5 部，而是 6 部。康熙三十三年之“高志”也不是第一部，第一部应是康熙二十四年（1685）知府蒋毓英修者。该志现于上海图书馆有藏。陈光贻在《稀见地方志提要》第 703 页云，此书为上海图书馆检查回收废纸中所得，而从未见于藏书家书目著录。其目第二行题有“襄平蒋毓英集公氏纂，男国祥、国祚校字”，官修志书无此款式，疑为蒋毓英家刊之书。

又：厦门大学台湾研究所李祖基在《中国地方志》2004 年第 1 期发表《尹士俍与〈台湾志略〉》一文，谓其发现了乾隆三年（1738）尹志俍撰成之《台湾志略》。是书 3 卷，上卷 10 目为：全郡形势、疆域沿革、重洋海道、文员定制、武职营规、城垣台寨、民番田园、钱粮科则、支放兵饷、收销盐课；中卷 10 目为：学校士习、民风土俗、番情习俗、气候祥异、山川景物、路程港口、出产水利、寺庙旧迹、杂缉遗事、外洋各岛；下卷为艺文题咏，未分细目，收有疏、传、记、赋及各体诗 59 首。卷首自序落款为“乾隆三年岁次戊午黄钟月济水、尹士俍东泉甫书于台阳观察署之斐亭”。如此看来，台湾修成之府志又不是 6 部，而是 7 部了。李文还说，自清初设府之后迄乾隆中叶之 80 年间，台湾由官方组织编纂刊行之府志共有 6 部，在康熙五十一年之前者有 3 部，平均不到 10 年就有一部；在乾隆七年后者也有 3 部，平均不到 8 年就有一部。自康熙五十一年至乾隆七年间，整整 30 年间却是一段空白。尹士俍《台湾志略》之发现，恰好填补了这一空白。尹志之寻获，是继上个世纪蒋毓英纂修的第一部《台湾府志》之后，又一部存世孤本之台湾方志在大陆被发现。

是年，朱彝尊撰成都邑志《日下旧闻》42 卷、首 1 卷。日下，京下，帝都之谓也。是书始事于康熙二十五年(1686)。纂者采摭群书千六百种，金石、掌故无不探访，二年之间，目不停披，手不绝书，类编了帝都之星土、世纪、形胜、宫室、城市、郊坰、京畿、侨治、边障、户版、风俗、物产、杂缀等 13 门。被称为从来著述家所抄未有若此之富者。但编者还"以一二书籍不得见为憾"。这是一部记述北京史事掌故之都邑志，其篇目为清代一些地方志所采用。但其实用价值要稍逊于顾炎武之书。彝尊子昆田撰有补遗 1 卷。其后之《钦定日下旧闻考》，就是在本书基础之上，删繁补缺，考订而成的。(参见陈光贻《中国方志学史》第 123 页)

康熙二十八年(1689)，黄学勤纂修成山东《费县志》10 卷刻成。是书凡例有云："县以图为重。且志以记事，图以载形。图非志则览者莫详；志非图则读者莫考。故志以图为先。"(转自《山东方志汇要》第 411 页)话虽如是说，但该县志中却只有图 3 幅，曰城廓图、县治图、学宫图而已。

是年，翁澍以个人之力，纂成《具区志》16 卷。具区，太湖之别称也。为撰写此书，翁氏除了博采书志稗史别集之外，"其或未悉者，举凡山邮旅亭，僧侣坊肆，断壁荒山，野冢残碑断刻，父老之所传闻，缁衲之所记忆，迩则策杖以求，远则拿舟以访，搜剔讨论，靡有缺遗"。(转见《江苏旧方志提要》第 263 页)《四库全书总目提要》评其："于濒湖港渎，区画独详。"(卷七五，《史部·地理类存目四》)

按：凡修志之认真者，都注重实地调查采访。类似之例子在在多有。距今 62 年后修成《太湖备考》之金友理，为了修志，也曾"束装裹粮，遍历湖山之间，而湖外之溪渎溇港，虽远必至，一一究其源委、险夷。又复考古证今，务欲详其事而得其实状"。(《江苏旧方志提要》第 264 页)

康熙二十九年(1690)，河南巡抚阎兴邦以"昔年修志，止取备文，未加考订。或限以数目，或所托非人，本都院逐一查阅。府志如河南、南阳，县志如宜阳、河阴、兰阳等志，荒悖失伦，莫可枚举"。故"本都院已将通省志书设局修正，而各府州县所送续册，未能画一"，故向所属府、州、县颁发《通饬修志牌照》，都 23 条。这是清代省一级所颁之第一个修志文件，具有凡例性质。今录《牌照》全文于下：

河南巡抚通饬修志牌照

一、总图　须精详。

一、沿革　须照诸史考证，毋得混入，不必过多。

一、天文　略摘切要者，勿用混载，以分野所躔者广也。

一、四至　疆域要考正。

一、建置　城池须载明几时建，某人修，一一查明。学校止载其起建、修葺，不必载闲文,其新定乐舞等,宜增入。

一、河防　宜先叙前代,而以近今所开、所淤,备细入之。

一、乡村集镇　止载方隅里数,有古事者注之。

一、公署　止载创建始末。

一、桥梁　亦载创建始末。

一、仓库社学　止载方隅、建造日月。

一、街巷坊第　须注明何处。

以上凡有实事者,当详考而载之。祀典及书院考证,载之勿遗。

一、山川　须考果系封内者方载入,而不可遗漏。河道要将近日所开浚、淤塞、变迁等查明。其间事实,备细注明,不可以小说搀入,如《宜阳志》之可笑也。

一、古迹　须考明某代某人,将事实备细注明,不得遗漏。不可以小说搀入,如《宜阳志》之全载野史也。

一、风俗　略载之,而不自加论断。

一、土产　非本地所出,及平常草木,可不必载;须载其特产者。

一、陵墓　须注明某代某人,有碑碣与否。

一、寺观　必奉敕建或建置已久有可考者载之,余删。

一、赋税　止载旧额若干,新增新减若干,不用一一细注。有关系者全载之。

一、职官　须载其爵里、时代、年月。有可纪者略书之。实系名宦,则立一小传于后,须考证。

一、人物　圣贤、忠贞并入。其科贡等必载其家世、时代、年月、字某、号某、分别某科某项;若系乡贤,为立一小传于后。

一、流寓、孝义、烈女、隐逸、方伎　各考实详核以载。其节烈务在阐发幽光,勿专载世家而遗寒素。

一、艺文　须择佳者或关邑乘者载之,八景不可录,录必录其佳者。

一、灾祥杂志　仿古为之。

（转自《中国方志学通论》第107～108页）

按:颁布统一规定,要求规格、模式划一,是此一时期所修志书一个共同的特征。这是因为当时要求府州县修志,都是要为修一统志提供资料,府要求州县报送资料,也因为修府志之需。此一类规定之统一规格要求,对志书之规范化有一定作用。如当时陕州知州就参照此牌照,亦下发有《河南陕州为修志书以备典要事》。此《牌照》对河南以外之一些地区亦不无影响。但过分要求统一,却影响了志书体例的创新,使志书面目雷同。

是年,贵州巡抚田雯撰成《黔书》2卷刻行。撰者认为,黔于国家为重要之区,无黔则粤、蜀之臂无可把，而滇、楚之吭无可扼。黔治则与之俱治，黔乱则与之俱乱。故其在任内重视严兵守土，对于少数民族尤其注意羁縻抚绥。其书之撰即在于备治黔者之法鉴。对于历史上之定乱服叛之举，特别注意揭出那些不事张皇、不烦兵革之事例。时官至内阁学士之徐嘉炎为是书序称："是书也，经济、文章，任人携取而各得，所谓仁者见之谓之仁，智者见之谓之智者也，盖著述之兼美者，莫踰于此矣。"序文中还讲述了志书之资治作用，谓"尝考读古今舆图疆里之书，所载山川之隆洼，财赋之丰啬，与夫士马、甲兵、人才、风俗之备详之，诚有资于治术矣"。"故其为书，于所以致治而防乱者，三致意焉。道里之险易必详之，所以谨侦伺，严往来也；山谷之纡曲者、径遂者，必分别志之，所以慎封守、饬固圉也。夫治蛮徼者，审其地利，察其人情，始焉必无以启之，而继焉必有以制之。慎稽其出入之门户，熟悉其党与之离合，防其厄塞，绝其勾连，禁其剽掠，审其器械材力之长短、利钝而善御之，所谓有以制之者也。使之相安于其习俗，相乐于其燕间，群苗勿掠于扰索，土司勿困于诛求，所谓无以启之者也。故先生之书，既重于严兵守土，而尤重于羁縻抚绥，每于前人定乱服叛之举，其不事张皇，不烦兵革者，必津津书之，以为前事之不忘，后事之师。此先生所以治黔而即可永为治黔之法者也……后之读是书者，既赖以治黔，而又资其余材。"(转自《贵州地方志序跋凡例选录》第 6～8 页)

是年，林谦光撰《台湾纪略》一书刻行。是书虽仅有 5000 余字，但《四库全书总目提要》评其为"开辟之初，规模草创，故其文皆略存梗概，不及新志之详明，然固新志之椎轮也"。(卷七四，《史部・地理类存目三》)

是年，邱天英修，李根茂纂成河南《汝阳县志》10 卷刻行。是书子目罗列甚为混乱，如将秩官入于建置，禨祥入于典礼，皆不伦。但其典礼中设公式一目，就圣诞、器贺、日食、月食、鞭春、立春、乡饮、乡射等多加记注，较之他志记述为详，颇便于了解当时之风俗礼仪。(转见《中国地方志总目提要》16—99)

是年，杨廷望修，张沐纂成《上蔡县志》15 卷刻行。是志中载儒学中之礼器、乐器图 10 幅，为他志中少见者。其后乾隆《光州志》之图经中，仅载礼乐图就达 73 幅之多。咸丰《平山县志》更是一应礼器、乐器皆有图，仅乐舞图即达 97 幅之多。(分见《河南地方志提要》下第 222、366 页，《河北地方志提要》第 76 页)张沐为当时修志名家，是志修成后颇有影响，故康熙三十二年又为河南巡抚顾汧聘纂《河南通志》，次年又受开封知府管竭忠聘兼纂《开封府志》，均于三十四年完成。在这些志序文及其一篇论修志之专文中，阐述了他的方志思想。要点有五：一是关于新修志书与旧志之关系，主张"可因者因，可革者革，非理者不得入"。即是要反对因循守旧，而要敢于创新。二是认为"我之所是，人以为非；我之所非，人以为是。学之不同，恶可强也。欲强众人以从我，固不能；欲我苟同众人，一生苦学何为也?"即是要有主见，要能坚持原则，不随波逐流。三是认为"志所关于人心、风俗、国家治乱之机，盖亦大矣。不能一援颓衰，徒曰志耳，志又何益?"基于此，故修志要十分认真，马虎不得。四是认为"华而不实，语焉不详，虽班、马操觚，有不足以为文者矣”。“跷蹊支离之话，并浮滥文字，皆可省却”。即志文要言之有物，反对浮华不实。五是主张要秉笔直书，要学习孔老夫子作《春秋》的笔法，“列国新旧事实，不复忌讳”。（转见《中国地方志总目提要》16—6）这样系统之方志思想之表述，在当时是不多见的。

康熙三十年（1691），朝廷“复命各省通志重加纂辑”。（道光云南《新平县志》知县张云翮序，见玉溪地区地方志编纂委员会办公室编，梁耀武点校，云南人民出版社 1993 年 6 月版第 146 页）

是年，云贵总督范承勋、云南巡抚王继文修，丁炜纂《云南通志》30 卷、首 1 卷刻印成书。此志之修，范承勋、王继文于二十九年十二月曾先有题奏，略谓康熙二十三年有蔡毓荣修之通志，但“因时方初复，迫于限期，遂致考订难称至当，搜罗尚未周详”。今因“《大清一统志》渐次告成，若独云南一省前迹未确未备，所系不止一隅，而实关乎全璧”。故特檄司道集议。与布政使于三贤、按察史许弘勋、提学道佥事吴自肃会详，以姚安知府丁炜总任厥成，并敦聘各郡绅儒为分修，共同纂辑。“其一切需用银两，臣与抚臣王继文暨司道府等官，量力捐资以应，不敢丝毫派及于民。”乃至是成书。是书为今存清代云南通志之最早者，其《土司》卷内容涉及爨蛮（今彝族）、僰蛮（今白族）、力些（今傈僳族）、窝泥（今哈尼族）、西番（今普米族）、侬人（今壮族）、摆夷（今傣族）、哈喇（今佤族）、蒲人（今布郎族）之情况。“爨蛮”之下又分列白罗罗、黑罗罗、撒弥罗罗、沙罗阿者罗罗、乾罗、鲁屋罗、撒完罗、顺婆、摩察、仆喇、普特、拇鸡、扯苏等细目，详细记述了这 14 个彝族支系之分别及风俗习惯等，很是值得注意。（转见宋永平《清代云南方志纂修述论》，载《中国地方志》1990 年第 6 期；又《云南书目》第 187 页）

是年，何鼎纂修河南《长葛县志》8 卷，经巡抚阎兴邦裁定刻成。是书本其凡例所规定之“征文献，分条目，定次序，广搜览，慎采辑，补缺略，删荒谬，存实迹，正体裁，论文义，公责任，谨法守”等 12 条原则从事，编目颇有特点。如其人物传即分为两类：“德行全备”者入列传；以单方面卓著者为分传。分传下有孝义、隐逸、耆寿、技术、流寓、列女等 6 类。（转见《河南地方志提要》下第 28 页）颇具匠心。

是年，马得祯修纂成山东《鱼台县志》18 卷、首 1 卷。是志篇目无甚特别，其为人所重者在于，敢于直指时弊，非一般志书可比。讲求实用，故是书资料价值颇高。（详参《中国地方志总目提要》15—53）

康熙三十一年（1692），蒋焜修，唐梦赍纂成《济南府志》54 卷、首 1 卷刻行。是志序中，对史、志关系有如下之论述：“志与史义同而体异。史纪一代，以昭劝戒；志纪一方，以备采择。史法扬激并用，褒贬特书，志家善善从长，是非自辨。史部要义，有文辞者曰志曰传；无文辞者曰图曰表，虚实相资，详略互见。志以纪事为体。《周礼》‘小史掌邦国之志’，‘外史掌四方之志’，‘土训掌道地图’，‘通训掌道方志’。后世地理志、郡县志、人物志皆准乎此，一统志依之。”（见《山东地方史志纵横谈》第 39～40 页）

约于是年,著名地理学家顾祖禹纂成《读史方舆纪要》130 卷,280 余万言。乃父柔谦,鉴于各地抗清斗争失败,怀着亡国之痛,从小就教育祖禹注意总结明朝灭亡之历史教训,认为《大明一统志》,对于战守攻取之要多未详,于山川条例,又割裂失伦,以致学者对封疆形势,惘然不知,一旦当政,竟置黄河天险而不知防守,终致亡国。告诫他应当"掇拾遗言,网罗旧典,发舒志意,昭示来兹"。他秉承父志,隐居不仕,自二十九岁起,便"集百代之成言,考诸家之序论,穷年累月,矻矻不休",历 30 余年,参考了二十一史和大量地方志书,纂辑而成本书。为了撰写此书,作者于"舟车所经,览城郭,按山川,稽道里,问关津,以及商旅之丁,征戍之夫。或与从容谈论,考核异同"。书之第一部分(前九卷),仿朱熹《通鉴纲目》体,自撰纲要,再为作注。按历史顺序,记述从唐虞三代、春秋战国、秦汉、三国、晋、南北朝、隋、唐、宋、元,直到明代各朝之行政区划及沿革。第二部分(114 卷),按两京(直隶、江南)、十三布政司为区划单位,加以记述。各篇前有总序,下按府、州、县排列,次第叙述所辖境内之城镇、山川、关隘、桥梁、驿站等。第三部分(6 卷),记州渎。第四部分 1 卷为分野。全书内容包括历代州域形势、南北直隶和 13 省之社情、川渎、分野,并附有图表。以政治、军事为主,重点记述各地山川之险易、古今用兵战守攻取之宜,以及兴亡成败得失之迹。间及各地区农业生产之特点,以及城市之盛衰,交通之变迁,漕运之增减,水利之兴修等,是一部舆地巨著。如其在《总叙》中所言:"为此书也,以史为主,以志证之;形势为主,以理通之。河渠沟洫,足备式遏,关隘尤重,则增入之。朝贡四夷诸蛮,严别内外,风土嗜好,则详载之。山川设险,所以守国,游览赋诗,何与人事?则汰去之。"是研究我国军事历史及历史地理之重要文献。其在体式上也很特别,有凡例 26 则,概述全书大旨。正文顶格书写,低格写自注,双行小字为引用资料之注中注。梁启超谓其"体裁组织之严整明晰,古今著述中盖罕其比"。是一部眉目清新、体例新颖之重要地理著作,对乾嘉时之修志颇有影响,被魏禧称为数千百年绝无仅有之书。(转见张舜徽主编《中国史学名著题解》第 295 页;《傅振伦方志论著选》第 108、222 页)其不足之处是详古略今。正如清代地理学家刘献廷所批评者:"详于古而略于今。以之读史,固大资识力,而求今日之情形,尚需历练也。"

按:同类性质之书,渊源有自。据《玉海》卷十四谓,唐高宗时,左史江融曾撰有《九州设险图》,备载古今用兵成败之事,魏元忠就传其术。其后仪凤中(677～679),魏元忠就曾据以上之封事,言命将用兵之工拙。本书作者顾氏编纂是书,特别强调经世致用,申明本书为明利之作。"世乱则由此而佐折冲,锄强暴;时平由以此而经邦国,理人民"。(转见陈家麟《顾祖禹与〈读史方舆纪要〉》,载《史志文萃》1987 第 5 期)其后有吴廷燮纂《方舆纪要补编》12 卷,补了顾氏本书未收之省份,计有新疆、奉天、吉林、热河、黑龙江、察哈尔、绥远、宁夏、青海、库伦、西藏等,另加图说,共 12 篇。由于资料所限,内容不及顾书之完备。(转见陈光贻《中国方志学史》第 191 页)

康熙三十二年(1693),周毓麟修,任昌期纂成河南《新乡县续志》10 卷刊行。是书虽为续志,然除续、补之外,对前志多所更张。如其《凡例》有云:“舆地、天文、建置、赋役、河渠,悉稽前志,次第分列,务趋简明,不敢滥蔓。郡邑之志,前后必有叙论,今即取前志确切者载之,间有一得,窃附于后。人物凡列前志,不敢有遗。”“官师志,前代多阙略,至有曾祀名宦而无政绩可考者,止记姓氏;其或善政可稽,未曾崇祀者,确考入传,以志不忘。”“选举,前志或失次序,稍微更正,其生平事迹可纪,未即列入人物者,必于其下详载,乃彰往行。”而于艺文,“其不切邑乘,前志虽收,概从删削”。(转见《河南地方志提要》第 362 页)如此续志之举,足为后世效法。

是年,孙元衡修,王启涑编纂成山东《新城县续志》2 卷,是志没有各志所设之门目,而是一部文牍汇编。实际称不上是一部志书。(转见《中国地方志总目提要》15—21)

是年,李櫄修,萧家蕙、史琏纂成河南《河内县志》五卷刊行。是志人物中专设《方技》一目,目内所载多为画家、医家和专业技术人员,很是难能可贵。如载明代牛存喜用机法移天宁寺碑,又用量山探水法,助县令袁应泰开凿广济渠之事迹,很值得注意。(转见《河南地方志提要》第 428 页)

是年,杨汝楫纂修成《固始县志》12 卷、首 1 卷刊行。志前有凡例 14 则。对前顺治志多有改进。以“四表八志为经,而类括众目以纬之”,设纲立目,对其前志不合理之编目,多有改正。如旧志将官师胥吏、学官混为一体,今将行政官吏列“秩官表”,学官则另立“师儒表”。旧志之兵防史事仅散见于灾祥中,今则另立“武备志”一门,细分列兵防、军匠、保甲、简阅、军功、驿站 6 目。是书资料很是丰富,如食货篇,载有洪武、永乐、正统、成化、隆庆、万历、崇祯等历次丈量之田亩数。水利志配有水利图,图文并茂,保留了许多难得之资料。书首载有河南巡抚阎兴邦所颁之通饰全省之《修志牌照》23 条。(转见《河南地方志提要》下第 345 页、《方志考稿》第 82 页)

是年,廖腾煃修,汪晋征纂成《休宁县志》8 卷刻行。是志最值得注意者,是其人物志甚为详确,而且详写了一个特殊的人物群体——新安理学派。该县县治东门外建有一座休宁理学九贤坊,表彰南宋至明代以来之 9 位理学大家,即程大昌(字泰之,谥文简)、吴儆(初名偁,字益泰,号竹洲)、程若庸(字达原,号勿斋,又号徽庵)、陈栎(字寿翁,号东阜)、倪士毅(字仲弘,号道川)、朱升、赵汸(字子常,号东山)、范准(字平仲,号云溪)等。其中之朱升,就是为朱元璋进献“高筑墙,广积粮,缓称王”三策者。《明史》中记其不足 200 字,是志中所记甚详,说明他不但是明初的开国功臣,而且是一位新安理学名儒,是朱熹五传嫡系弟子,是九贤中承前启后之人物。这组人物传,是研究新安理学难得之资料,甚有价值。(转见《安徽方志考略》第 37 页)

康熙三十三年(1694),梁碧海修,刘应祁纂成《宝庆府志》38 卷、首 1 卷刻行。是志之凡例称为《纂修书例》,其中规定:“凡昔存今废,昔无今有者俱书;田亩、粮额等增减、繁省俱载之;事无明证不书,善无实据不书,恶非叛盗不书,仕宦与乡人尚在不书……非出自名贤者不

书。”(转见《中国地方志总目提要》18—42)

是年,徐岱、熊远寄修,万兆龙纂成河南《林县志》12 卷刊行。是书先由徐岱延聘万兆龙,于康熙二十九年(1690),将顺治志加以增辑,仅五阅月即成稿本上呈,久久未得批复。至熊远寄接县任后,才接得批复,准予授梓。(见《河南地方志提要》第 487 页)可见巡抚阎兴邦檄各县修志时,是确实实行了认真审批制度的。

是年,王嘉孝修,李根茂纂成《凤翔县志》10 卷刻行。是志有凡例 8 条,规定是志纂修之 8 项原则是:“纪信、核实、广资、博稽、垂久、旁通、简易、周详。”(转见《中国地方志总目提要》25—44)

是年,知县邹溶辑成陕西《洋县志》8 卷、首 1 卷。是志之特点是保留了较多“兵变僭乱”和历代农民起义资料。从后汉张鲁据汉中称王起,一直到吴三桂叛清,遣王屏藩占汉中,总兵王国良踞洋县达五年之久的史事,有些资料颇为难得。(详参《陕西方志考》第 190 页)

康熙三十四年(1695),刘维世修,乔腾凤纂成《怀庆府志》18 卷。是志人物中,一反旧志隐恶扬善之传统成例,专为历史上之奸臣立了传,如五代之李守贞,宋代之万俟卨等,用以借古讽今,也是撰者别有用意所在,值得注意。(见《中国地方志总目提要》16—53)

按:20 世纪 80 年代起之修志中,在讨论人物志写法时,因有“以正面人物为主”之共识,有人竟进而认为,为历史人物作传有树碑立传之意,故主张反面人物不能入传。这种看法未必可取。

是年,福建分巡台厦兵备道高拱乾纂辑,台湾知府靳治扬校订《台湾府志》10 卷、首 1 卷成,康熙三十五年(1696)刻行。是书以季麒光稿为基础,兼采林谦光《台湾纪略》等资料,纂订而成。分封域、规制、秩官、武备、赋役、典祀、风土、人物、外志、艺文等 10 志。(转见王建宗《台湾省修志事业的历史与现状》,载《中国地方史志》1982 年第 4 期)此志比蒋毓英修之第一部《台湾府志》,反而显得简陋,如物产之记述内容就少 5000 余字,仅“草之属”就少 16 种。(见《中国地方志总目提要》30—2)是物属确实有变化,还是漏略所致,甚或为常见通产之故,未可知也。

是年,王登魁修,李在兹等纂成河南《汝州全志》12 卷刊行。全书分 8 纲 47 目。其特点是将“流寓”不入《人物志》。认为流寓者都是东西南北之人,不应当入于人物,而是另立新目。(详见《河南地方志提要》第 285 页)

是年,尤应运修,段振蛟、段维衮纂成《济源县志》18 卷刻行。是书之修纂,为民呼吁之意甚明,故其赋役志特详,颇能反映民间疾苦。其小序有云:“济之生齿尝繁矣。尝游烟川山谷,北西登新城,南至黄河,其山岭水溪,往往有耕犁迹。今则乡镇皆弃田矣。明初攻怀庆,元守者抗不下,明太祖怒,倍其赋。而济之税粮又倍于五县,何居?然今之民困,不专苦税粮,而重苦于课程。旧额引(注:盐引)三千二百张,今增至四千一百六十二张。向以河南州县荒歉,减彼增此。今河北荒歉倍甚,而引不去,所谓十室九空,皆食盐累也。非留心民瘼

者，谁为之达天听哉！”（转自《河南地方志提要》第434页）

是年，吴干将、高世琦修，王旦、傅上襄纂河南《兰阳县志》刊行。是志之《人物志》中，列有《技术》一目，多辑有关艺术、技术方面之人物，如记有程昱者，工匠出身，善建筑营造，曾参与修缮皇宫承天门与皇后陵，技巧艺精，后授营缮所正。记类似之人物为方志中之不多见者。（见《河南地方志提要》第168页）

康熙三十六年（1697），两广总督金光祖修，莫庆元纂《广东通志》30卷刻成。光祖在序言中，言此志修纂经过值得注意：“部檄至两广，臣光祖适备员总督。闻命拜首，因下檄两广诸司，俾如制从事。先诸州邑守，令臣开局纂修。书成上之郡刺史，刺史臣汇裁而润色之，挈领整纲，芟芜补缺，汇送方伯。方伯臣乃大会通都荐绅耆硕，校雠编摩，纫千腋以为裘，贯斗珠以成珞。是役也，凡数经寒暑，三易稿而东粤通志几竣事，寿梨有日矣。值滇黔煽乱，八桂阻兵。臣东征西攘，日无宁晷。西省志尚阙，适东省志剞劂告成。”（转见李默《广东方志要录》第9页）

是年，卫既齐修，薛载德等纂，阎兴邦增补的《贵州通志》37卷刻行。前任巡抚卫既齐于康熙三十一年（1692）修成志稿36卷后，即因治军上之原因，被逮京治罪，以发往黑龙江。阎兴邦继任后，索阅志稿，认为其山川“遗者十之三”，古迹“逸者十之五”，“职官不详其岁月，选举仅记其姓名，耳目之近，尚多放失”。于是在原稿基础上进行增补之后而刊行。卫既齐在志稿序中，提出修志是为了洞悉地情，以有助于治理地方：“人臣受一方之寄，民生物命系焉。苟不知其溪山之险、土田之饶瘠、人物之繁耗、习尚之淳浇，与夫兴革损益之由、治乱得失之故，即欲兴道起化，整敝扶衰，亦何以措之？肤膜见而后针砭可投，滩湍熟而后舟楫可济。虽有圣智，莫或易也。”故而他修本志，“片善必谨志之，有宁失之详者”。阎氏在志序中，持志书原于《尔雅》之说：“志之大原，起于《尔雅》。司马迁曰‘书’，班固曰‘志’。后进相承，沿而不易。”他认为具体到贵州通志之修，其有五难三惑：“江文通有言：‘作史之难，无出于志。’所以陈寿、范晔之徒，皆不敢为志。夫为志难矣，予以为为黔志尤难。诸省自汉以来，分疆划址，久隶职方；黔则设自明初，割楚、粤、川、滇之剩地，则星野难齐也。诸省名山大川，各有记载；黔则牂柯、九隆而外，山不列于益记，水不注于桑经。其他乐史《寰宇》、希先《方域》，卷帙浩繁，于黔独略，则典籍难稽也。诸省建官立牧，历年已久；黔虽通于庄蹻，凿于唐蒙，而由隋迄宋，半属羁縻，官无循卓，士号天荒，元明以后，略载数人，则政治难详也。西南诸省亦杂苗僮，然皆十之二三耳；惟黔十一府皆苗多民少，椎髻侏㒧，半不通语言文字，则风俗难同也。十一郡之中，为卫所三十一，为长官司八十二，为土舍丞同巡检三十，近虽改县，设流非一，而旧册已湮，新图未订，则户版难稽也。积此五难，遂成三惑：夜郎与遵义同疆，兴古与曲靖错壤，为梁为益，分轸分参，则惑于地；牂柯遥隔于番禺，紫池沿讹于贵县，舞、无音淆，兖、充异字，则惑于书；晋置宁州，何以刺史不莅黔土？唐增采访，何以牂彝别属剑南？则惑于官。黔志岂易言哉？然不可以其不易而不为也。”（均转自《贵州地方志序跋凡例选录》第10～14

页)可见是又一个迎难而上进行了修志的例子。是志中颇注意气候对生产之影响,故特立气候专篇,并记明其与生产之关系。如谓其地“多雨少晴,故有漏天之说。雨则寒,晴乃温。田功之兴,三月始犁,四月播种,五月插禾,九、十月纳稼,悉以佐正供也。所赖以生者,夏则燕麦,冬则水稗、旱稗之属。旱即无收,东作稍迟则苗不茂,入秋有风则禾不实”,“民无兼岁之蓄,家鲜八口之饭,亦气候使然也”。(转自《中国地方志总目提要》22—12)这种探求民困之原因,固然未必抓住要害,但其出发点则是可取的。

是年,吴存礼修,陆茂腾纂成《通州志》(北通州)12 卷刻行。通州知州吴存礼,以“通州上拱神京,下控江淮及东北诸关塞,畿内密迩要地,非他郡邑比……州志不修,非细故也”,故其上任之次年,即请属下陆茂腾修成此志,今年刻成。是志专设《漕运志》,下分通汇河始末、灌功、漕渠、坝闸、船只、设浅、仓厂、粮额、轻赉、设官、置役、开支等 12 目进行记述。其《田赋志》中,关于通州之旗庄、王庄、皇庄之人口及占地面积等均有详细记载,如时已并入通州之漷县,原额地 4513 顷 8 亩 4 厘 9 毫,圈地竟达 2398 顷 92 亩 1 分 8 厘 4 毫,是研究清初圈地之极好资料。(刘家平《简介康熙〈通州志〉》,载《北京地方志》1993 年第 2～3 期)

康熙三十七年(1698),知州莫之翰纂修成江苏《泗州直隶州志》18 卷。时值洪水淹城,州城附近,泽国一片。数万灾民避地大堤之上,嗷嗷待哺。莫氏于此时,一面组织赈济灾民,一方面还组织人力修州志不辍。其后州城终致淹没,沦于湖底。但人们却赖此志,而得以窥得州城面貌之一二。古人于志事之不可废者如此,志书之存史价值于此亦可见一斑也。(转见沈实勇《地方志在这里生辉》,载《三门峡史志》1998 年第 3 期)

是年,罗在公续纂成北京《房山县志》一卷。这是在康熙四年佟有年修《房山县志》基础上之续志。罗氏对志书主张只续纂,不重修,其序言谓:“邑之有志,靡所不载。然其一定不易者,既已志之,无庸增也。其因人而起者,日新月盛,不可不续也。故修造不续,则亡其功;建官不续则亡其名;文章不续则泯其言;人物节义不续则失其贤。是可忽乎?况考之旧志,多有不实……姑不深辨。今第就佟令以后所应志者,载附之篇末。”(转自《北京方志概述》第 60～61 页)

是年,胡祚远、姚廷杰续补成《象山县志》16 卷。这是对康熙二十一年(1682)李郁纂成县志之续补,且续补内容很少,竟大言不惭地署曰“修纂”,这是方志史上不尊重前人劳动成果、据他人之功以为己有之典型恶例,宜遭后世之讥。故道光时冯登府等纂本县志书便直截了当地指出:“胡志即李志原版,唯于艺文、秩官诸卷,或更换数页,或校补数行而已。盖李志成于康熙二十一年,至康熙三十七年,相去仅十六年,其版完好无疑。乃姚广文竟干改头换面,名之曰修,是可怪也。”(转自《中国地方志总目提要》11—30)

康熙三十八年(1699),丁廷楗、卢询修,赵吉士等纂成《徽州府志》18 卷刻行。这是一部由学生主修,老师纂成的志书。赵氏“自少时留心志乘,更历四五十年,数执笔而未敢,恐自蹈于无知妄作之衍”。后至康熙十三年(1694),其门生丁廷楗出任徽州太守,检括图籍纪乘簿书之属，邮而致之京师。赵氏方与旅居于京之乡人吴苑、汪晋征、程文彝、张瑗、黄元治诸人，反复参阅，商计编纂，至是始成。赵氏说其选材之原则是："事远而难稽，不若时近而有征，拾断编残碣于灭没之余，不若及身阅历"，"若乃众目之所未经见，众耳之所未尽闻，则概从缺遗之例，不敢以私意轻为采入。"其审慎态度可取。他认为，志书中之人物，"品流不齐，是非殊等，而姻娅世故之相持，其气势足以相压，其纷华足以相移"，所以作为修志者，"不难于学、于才、于识，而难于勇"。(均转自刘道胜《略论清代徽州方志的发展》，载《中国地方志》2005年第7期)也是很有见地的。全书正文分9门54目。各目之前均有小序，述说编纂要领和方法，实际是"小凡例"，亦颇为别致。全志不但于图说、沿革、疆域、山川、风俗、官师、食货诸类务极精详，尤重人物。人物占全书总卷数的1/3。故对于研究新安理学(徽学)、新安医学、新安版刻、新安商人，都极具史料价值。但人物下分18类，各类之间划分难别彼此，仍有未属精当者。正如后人评价所云：该书"摭取虽富，而体例则未精……经济则宦业可该，绩学、风节，则儒林、文苑可并。"(转见《安徽方志考略》第34页)

是年，裘祖佩修纂《醴泉县志》6卷刻成。裘氏对此颇为得意，在自序中谓："取侍御志(指苟好善纂修之崇祯县志)从而润色之。当其繁缛，核其精华，参订旧闻，补缀遗逸，匝月告成，付以剞劂，因展卷之复而自序。其间衡量人物，品骘官师勿避怨尤，不惮狂直，总贵得其真，不流于伪，核其实不涉虚而已。是书也，不出于士绅，不谋于师友，篝灯继晷，甲乙丹黄，罗百家以成文，出臆见而独断。山川有可识，风俗有可观，人物盛衰有可稽，善恶贞淫有可惩、有可劝，谁曰一邑之志乎？实可以备采风，昭劝戒也。知我罪我无俟多言，请以质贤人君子。"(转自《陕西方志考》第31页)作为志人，就当有点知我罪我在所不计方可。

康熙三十九年(1700)，蒋擢修，乐玉声纂成《磁州志》18卷。这是在康熙二十年任塾志和康熙三十年康善述增修志基础上之重修，前志将许多可以单独立卷之内容，都置于"杂志"之内，颇为不伦。是志中多所改正，如将里甲、村市，改附入疆域之末；古迹单列一卷，以陵墓、寺观附之；风土物产、祥异亦分别立卷。因而使本志在前志基础上大大前进了一步，从中可见古人是如何续编纂志书的。(参见《方志考稿》第64页)

康熙四十年(1701)，章曾印修，李炜、赵珣、田士璋等纂成《武清县志》刻行，惜今已佚。从所存之章序中可以看出他对修志之认识：修"邑志，令责也。令是邑而问其户役几何，税赋几何，曰弗知；问其地之园林泽奚若，舟车夫役奚若，曰弗知；问其沿革建置、名区胜迹与此邦之贤士大夫前言往行又奚若，而概曰弗知，余耻之……种种诸务，皆与民社休戚相关，可不修志以记之？"(转自《天津地方志考略》第40～41页)历史上凡有识见之地方官，都把修志看成是自己义不容辞之责任，以不修志书为羞。

康熙四十一年(1702)，柳正芳修，蓝陈略等纂成《建阳县志》8卷、首1卷，明年刻行。是志之特，一是设有《籍产》一门，统有户口、赋役、力产、陆泽二产、药产、艺产6目。力产载记各类稻、麦及麻、蔬等作物；陆泽二产列植、竹、花、果、草、羽、毛、鳞、甲、虫之属。药产中列草药88种。艺产中载棉布、竹纸、黄纸、茶油、白蜡等土特产品42种。二是其《世家》中,列有游、朱、蔡、刘四家。三是其《艺文》中除所收邑人著述239种外,还附收有梓刻书目153种,在其前之小序中,特别点明:“建阳号称册府,自汲家以下杀青布之,而四方博雅之儒,时时觅委宛而来。夫山有见英,此亦邑之见英者。”(转自《中国地方志总目提要》13—18)

康熙四十三年(1704),朝廷以修《明史》之需,下令采集地方志书。(转见《中国地方志总目提要》19—3)

是年,钱万选修,王源纂成《宰莘退食录》8卷,这是一部仿县志体例,记述郃阳县事而未以志名之志书,只有抄本行世。王氏是一位对修志有自己看法之志人。他在《再与康孟谋论修郃志书》中,认为“近代地志之失其体,正在专力人物而不知有考核。地志何昉乎?昉于《禹贡》,昉于职方。山川土田之高下具焉,远近险易之形势辨焉,建国分疆画井之道存焉,生齿之数详焉,物产之宜别焉,风格之刚柔、美恶、勤惰、文野分焉,控制四方之权术寓焉,战守奇正之兵法生焉,沟洫畎浍川浸湖海之用备焉……自汉以下,莫不有地理志,以志郡国,则志之所关岂小哉!而所关岂人物哉?愚尝以谓,不知四方之形势,不可以志一方,不知平天下之规模,不可以志一县。故一县之志虽微,而平天下之规模具焉。……(说他修本志)仆之所难者,合四方之区宇以考形势,稽古今之变迁以观成败,酌风俗之淳漓,为移风易俗之术,访闾阎之疾苦,为兴利除弊之方。事之晦于昔者,欲其显于今,不得施于今者,欲其行于后。故于建置沿革,在他志不过半叶,而为之不过食顷者,仆则为之十日而后毕。岂好劳哉?以不穷其源,不足以成书,不辨别其非,不足以存是”。(《居思堂文集》卷八,转自《历代名人论方志》第63～64页)

康熙四十五年(1706),潘锦修,仇翊道纂成《曲沃县志》30卷,明年刻行。这是在万历《沃史》基础上修成的。《沃史》记载赅博而不精。是志则追求简雅。邑人卫周祚在是书序中提出修志需“三长”之论:“尝闻作史有三长,曰才、学、识。修志亦有三长,曰正、虚、公。”所谓“正”即刚正不阿,不曲从权贵;“虚”即虚已受人,广泛集纳众议,不主观武断;“公”即主持公道,不为门户之见所左右也。(傅振伦《清代的方志学》,载《黑龙江史志》1987年第2期)

康熙四十六年(1707)九月,朱彝尊于曹寅家发现《景定建康志》,借来重刻,使之得以流传于世。此书原刻本流传甚稀,至清代已几绝迹。朱氏为修《明史》之须,用心访求30年始得。(见《湖北方志通讯》1986年第1期浦士培文)其功亦伟矣。

是年,流人之子杨宾撰成《柳边纪略》5卷。是书记述了柳条边内外即盛京、宁古塔、瑷珲三将军所管辖境内之史事和现状。卷1为疆域、建置、沿革、山川、城池;卷2为道里、驿站、官师、粮运、明卫所;卷3为部落、风俗、物产、寺庙;卷4为杂志;卷5为艺文。所记以宁古塔为主,兼及东北各地之诸方面。其中尤其较详细地记述了明末宁古塔所统之吴喇、哈达、辉发等36个民族部落之名称、所处区域以及被清(满族)统并之经过,对明381个卫所记载颇详。如谓:“自古边塞种榆,故曰榆塞。今辽东皆插柳条为边,高者三四尺,低者一二尺……

人呼为柳条边,又曰条子边。"是清前期个人私纂而成之东北第一部通志,是研究清初东北地区历史的重要史志之作。(见《中国边疆史地古籍题解》第166页)洪亮吉称该书"可补中域志乘之未备"。

按:此书之有成,是作者经长途跋涉,历九死一生之后才得以写成的。杨宾十三岁时,其父即因友人案之牵连,而被流放到宁古塔外。到杨宾40岁时才得以出关省亲,历尽辛苦。有人为他此行计算了行程:"自京师至山海关700里,自山海关至奉天800里,自奉天至尚阳堡240里,自尚阳堡至乌喇约千里,则混同江在焉。渡混同江至宁古塔又千里。"(洪亮吉《柳边纪略·序》)他所经之处,"日有白云亲舍之思,而又有阴风朔霰,皲瘃其肌肤,耳鼻手指,一触辄堕地。入窝稽则万木蔽天,山魈怪鸟叫嚎应答丧人胆。断冰古雪胶树石,不受马蹄。马蹶而仆者再。触石破颅,血流数升而死,死半日乃复苏,苏久之,犹不知在人世间。方是时,辽阳、松、杏、大小凌河诸战场;南北关、木叶、老边、混同、呼里改诸厄塞,皆跋涉于呻吟愁苦之中"(自序)。其至亲舍后,除了日侍父母而外,暇即访问金、元遗迹,与明初设立奴儿干都司领辖部落种族诸事,风俗物产、语言嗜好,及其父三十年间得诸老兵宿将之言。其"父即世,归葬中原,回念耳目所闻",而撰成是书。劳力苦心,于此可知。(综合柳成栋、宋抵编《东北方志序跋辑录》,哈尔滨工业大学出版社1993年12月版第17、569～577页)

是年,张韬纂成四川《天全六番稿》一种刊行。天全、六番为高、杨二土司之地。境内有天全寺,故名。六番者,马村、苏村、金村、杨村、随龙东村、西硐村之谓也。该书记叙了天全沿革、土司辖境、山川要塞,以及商贾汇聚之所,合为一篇。一些难于以记叙表述者,则托之以诗,有《入峡诗》、《渡泸诗》、《出栈诗》、《蓉城诗》4集,都是吟咏天全、六番之事迹掌故者。陈光贻在《中国方志学史》中谓:"可以说,这是地方歌诗演变而成之歌诗体方志。地方歌诗由来久远,《汉书·艺文志》著录各地歌诗,有《洛阳歌诗》、《河南歌诗》。唐以来有"竹枝词",咏地方物产、风土、人情,皆为歌诗体地志体裁。"(第126页)

康熙四十七年(1708),刘棨修,孔尚任纂成《平阳府志》36卷刻行。是志亦如纂者孔尚任所作之《桃花扇》一样,颇多新颖独到之思想。基于"河中用武之地,势在必争","平阳要地,兵戎大事",故首创《兵氛志》即为一例。在此志中,不但对兵事"详志之",更难能可贵者,是特别重视对被压迫人民之反抗斗争的记述。大者如赤眉、黄巾、李自成领导的闯军在平阳之活动,小者如北魏永兴二年(410)正月,"平阳民黄苗等依汾自固",元至正十八年(1358)三月,"王士诚由绛州、垣曲袭晋宁路(临汾),城陷,总管杜赛因不花死之"等。对李自成领导之农民军记之尤详,真可谓是李自成军在平阳活动之编年录。与康熙十一年修之《山西通志》和乾隆元年修之《平阳府志》,形成鲜明的对比。(见贾生金《孔尚任与〈平阳府志〉》,载《山西地方志》1990第5期)

是年,章弘修,陈克广纂成山东《巨野县志》15卷、首1卷刻行。赵世显为之序,专门讲到

“志”与“治”之关系,有云:此志“无不门分类别,网罗具载,可谓博洽矣。然为治之道,有末有本。古之人先教化,后政刑,其君子惇信明义,修身齐家,以施于国人。而后小人兴行编德,风行草偃。上以宣布王化,而下为士民所观续,服教承令,天即于违,此治之本也。”(转自《山东方志汇要》第 439 页)

是年,知县李来章纂成《连阳八排风土记》8 卷。八排者,当地少数民族所居地,以竹木为砦栅,即排之谓也。书分图绘、形势、风俗、语言、剿抚、建置、约束、向化 8 门,门为一卷。目录中尚有卷 9,为杂述,但有目无文。其向化门,记所审判之案。(见《四库全书总目提要》卷七八,《史部·地理类存目七》)

按:笔者少时于家乡地名中,亦闻有几排几排之名称者,于此方得其解。

康熙四十八年(1709),朝廷以修《方舆考略》而下令征取各地舆图、志乘,部限甚迫。(转见《中国地方志总目提要》19—3)

康熙四十九年(1710),四川中江县令李维翰为修县志,曾在县衙设立志局,以王一贞为总编辑,聘请左凝、孟佺等 6 人为校订,另选 18 人为采访,并以县令名义公布了《修志启》一通。其文略谓:“一邑之精华,萃于山川、人物;千秋之衡论,定于纲鉴、史书。太史陈诗,必采风谣于下里;文献不足,徒嗟杞宋之无征。自史有阙文,执笔而载者,每举其略。故志无遗议,秉公而记者,独得其详。仰观天文,俯察地理,星野副乎舆图。有光俎豆,无愧宫墙,乡贤并于名宦。登科及第,俨玉笋之班班;励志洁身,恍银蟾之皎皎。经济擎天无价,物华与人杰均称;文章掷地有声,诗赋偕铭箴媲美。最可羡者,才人流寓,无处不显其声名;更可羡者,伟士传奇,殊方互争其出处。凡此嘉言懿行,皆堪垂法于子孙,而今裕后光前,曷不奉扬乎宗祖。为疏短引,以征藏书。凡绅衿士民,有先人事实可考者,祈即汇送本县修志局内,以便刊刻。无论长篇累牍,在所校订纂修;即系断简残篇,亦必汇辑编次。毋曰荒烟蔓草,已成久废之文;试看铁画银钩,自可相传不朽。城池、公署虽倾毁,而今有古制之堪追;宫室亭台即荒残,岂无旧基之可复?为隐逸,为仙释,靡不兼收;曰额征,曰岁支,俱为并录。并宜旁搜远绍,共乐允观厥成。”(转见管锡庆《一篇古代修志檄文》,载《四川地方志》1989 年第 2 期)

按:是县之《中江县志》5 卷,果于康熙五十四年(1715)编就刻成。

是年,卢承琰修,刘洪武纂成山东《堂邑县志》20 卷刻行。是书有《述例》32 则,其中对有明以来之志书和修志风气,作了严厉之批评。认为:“自汉以降,郡书、都簿,所在多有,如《三辅黄图》、《华阳国志》之属,益斐然成章,星陈诸史之外。而马端临亦云,唐宋以来,郡邑志凡数百家。顾今所流传,十无二三,其近世所为志多。自明以来,大抵随时缀葺,削旧增新。初犹锦蒯相参,继则纯乎大布,寖更寖陋,以迄于今。观天察地,则道听而途言;稽古证今,则吠声而逐景。曩篇经其翦截,则天吴紫凤颠倒,补于童褐。今事藉其结构,则街谈巷议,浅鄙均于市嚣。冠每篇以小序,乃属宇内公言。载不类之篇翰,斯实无因嫁祸。一切劻勷,归之卤莽。遂使尧禹山川,沦于伪册;褒鄂面目,死于庸毫。诸如此类,不可缕述。简牍至此,良可叹也。且每有编录，工拙比肩，识判论乖，十羊九牧。自古拙多工少，伐异党同。狂者既以不狂为狂，斯能者以不能，束手矣。夫其是非大者，尚须精鉴卓裁，乃后知其优劣。至若疆里短长，姓氏舛逸，即芸夫牧竖，起而叫呼之。然则斯文之得丧，虽曰击才（？），而一事之废兴，亦有天幸者矣。且夫国史方志，虽大小殊料，而究其情，实则体同一贯。苟非上保六籍，下笼百氏，包举万有，囊括众材，本之于古而并能，通之于今而不流，而使偏才单艺，毕议功能。更将举其一而废百，顾之左而失右，辟犹一竿之奏，仰冀九成，茅茨不工，妄希云构。鲜不敛手而逃，压覆是惧者矣。”（转自《山东方志汇要》第473～474页）

按：在修志例则中有这么长的一段文字，加以对历史之述评，为凡例中所仅见者。

是年，高鈐修，段拱新等纂成云南《安宁州志》6卷刊行。是志编修之原则是：“毋徇私，毋避怨，毋简毋繁，贵事校其真，文取简洁。”故志书修成后，被誉为“洵得为螳川之纪实足以备”。（转自《中国地方志总目提要》23—21）

是年，钱兆沆及其子侄三人，以五昼夜而编纂成陕西《沔县志》4卷。其后记中谓：“是书缘起庚寅仲夏上浣，与大中丞公祭诸葛忠武墓，退而编纂。命子侄二人阅五昼夜书成。康熙四十九年龙集庚寅中秋，青山钱兆沆识。”（转自《陕西方志考》第198页）

按：以3人之力，五昼夜而成一书，为方志史上所仅见也。只是未见其书，不知质量何如耳。

是年，沈懋价修，杨璇纂成云南《黑盐井志》8卷刻行。盐井独见于云南，共有9个盐井，以黑、白、琅三盐井最为有名。清时沿袭明制，于盐井区设提举司管理井区盐务，兼理民刑讼务。早在康熙十一年（1672）就有沈鼒纂修之《琅盐井志》4卷刊行。至是，奉纂修《大清一统志》向各省、府、州、县征集志书之令，提举沈懋价以为，盐井官制同于州县，不可无志书进呈，于是有本志之成。是志体例编目与一般州县志无大异，其特点是内容上突出盐政，于盐政、井所、课额、盐法均录之较详。（详见《中国方志总目提要》23—40）

按：于《中国地方志总目提要》中著录之盐井志，还有康熙十一年沈鼒修、张约敬纂成刊行之《琅盐井志》4卷；雍正八年刘邦瑞纂修的《白盐井志》8卷；乾隆二十三年郭存庄修，赵淳纂之《重修白盐井志》4卷；乾隆二十一年孙元相修，赵淳纂成刻行之《琅盐井志》4卷、首1卷；嘉庆十四年王定柱纂修刊行之《黑盐井志》27卷；光绪三十三年李训鋐等修，罗其泽等纂成之《续修白盐井志》11卷、首1卷。宋永平谓自沈氏之本志起，“迄清末，共修盐井志11种”。（见《清代云南方志纂修述论》，载《中国地方志》1990年第6期）沿海的大盐场也往往有盐场志，如江苏省就有《小海场志》。（见《中国方志学史》第22页）

康熙五十年（1711），郅玠续修，任焕续纂山东《濮州续志》2卷、附录前志6卷刻成。任氏后跋有云：志“以明直笔之严，传信而不传疑，论公而不计私，记功而不记过，载贤而不载不肖。可法可传者则书之，而宜鉴宜戒者则弗书焉。而其所以励人以贤，而勉于可法可传之

意。”(转自《山东方志汇要》第 430 页)

是年,方登峄因《南山集》狱被难而谪居黑龙江卜魁城(今齐齐哈尔)。方式济“随父戍所,服勤左右,以慰晨昏”。暇时,则“罗群经撰说,又据所见闻,考核古迹”而纂成康熙《龙沙纪略》1 卷,以《述本堂诗集》本刊行于世,后被收入《四库全书》。这是黑龙江省最早之一部方志。其内容分为方隅、山川、经制、时令、风俗、饮食、贡赋、物产、屋宇等 9 个类目,约 1.2 万字,以笔记体之形式,全面地记述了龙沙地区(今东北北部)之历史沿革、名山大川、民族分布、物产贡赋、风俗、边防等方面的内容。对地名沿革亦多辩证,多为《盛京通志》所不载。清代著名学者何秋涛在《考订龙沙纪略叙》中,称之“事核语详,既足订辽金诸史之伪,并可补《盛京通志》之阙,是编乃舆地家不可少之书”。更有人誉之“实为黑龙江文化之祖,千载以下,万里以外,考兹土之物产风俗者,孰不珍重之”。(转见王桂云《桐城派方氏与地方志事业》,载《黑龙江史志》1996 年第 3 期)

按:式济曾祖拱乾,因受江南科考作弊案之株连,流放宁古塔,归而纂成《绝域纪略》;祖孝标流放宁古塔归,后游滇、黔,而著成《滇黔纪闻》;父登峄流放黑龙江之卜魁,收集了资料,正准备撰述边疆见闻而未遂,至是始由式济完成。式济次子观承,曾因省亲塞外,后历官多地,除撰成《两浙海塘通志》20 卷、《海塘新志》6 卷外,并记有赴卜魁所闻 18 条,足续补《龙沙纪略》之缺。此 18 条,亦名《卜魁风土记》,记载了卜魁城之方隅、山川、气候、物产、民族、风俗、贸易、边防等,于当地之葳郄、索伦、鄂伦春等少数民族居处位置、生活习俗载之颇详,均其身自经历,耳闻目睹。(详《中国边疆史地古籍题解》第 2 页)方氏一门五世,于颠沛流离中仍不忘修志,亦方志史中所仅见也。方氏亦可称方志世家矣。

又:关于是志之写成时间,薛虹在《中国方志学概论》中认为,此志当写成于康熙末或雍正初。(第 50 页)方衍在《中国地方志总目提要·黑龙江省地方志述评》中谓,金赤峰认为是志编纂于乾隆二十二年(1757)以前,张泰汀和吴文衔认为,当写于雍正十年(1732)前。方衍则认为应当是在康熙五十五年(1716)以后之康熙年间。

是年,史在相完成其祖史册所纂之崇祯《吴江县志》22 卷,上距其祖初创时已 80 年矣。崇祯间,邑令熊开元属史册纂县志,历数年,稿初就未竟而卒。其孙踵事增华,至是告竣。是书与众不同者有于下数端:一、资料丰富,记述具体细致。如卷首载有《横道水则石碑》和《直道水则石碑》,准确地标明水位所到不同刻度,各会造成何等水害,于抗洪防涝大为有益。其《村墟》目下,记村镇有隶属关系、方位、规模、历史、现状,居民职业等。又如记万历九、十一、十九、二十五诸年全县置造武器甚详,铳、炮、刀、枪名目就达数十种之多。二、特设《历政》目,揭露颇为深刻;三、志末专设有《音释》,对志中难识难读之字以“切音”注明。四、入清之后,仍用明之年号,直到 1660 年,仍用“永历十四年”,不用“顺治十七年”。仍奉明为正统,表现了作者强烈之反清民族意识。(转见张乃格《吴江志坛上不可无此一席》,载《江苏地方志》

1992 年第 2 期)

按:是书海内外俱未见著录,江苏省地方志办公室于 20 世纪 80 年代末编纂《江苏旧方志提要》时,始从南京图书馆见到,海内孤本也。

康熙五十一年(1712),章曾印修,曾倬纂成《常熟县志》8 卷刻成。是志有图 96 幅,有山图、水图、水利图及都乡分区图等。一部县志之中,有图如是之多,亦不多见。(见《江苏旧方志提要》第 340 页)

康熙五十二年(1713),黄汝铨修,张尚瑗纂成《赣州府志》78 卷、首 1 卷刻行。此前,张氏曾纂有《潋水志林》,为世称道。故被推荐而纂本志。正文分为志地、志人、志政、志事、志言 5 门,各门下再设目。志地门下包括疆域、山川、城署、学校、物产等;志人门下为秩官、名宦、乡贤、孝友、仙释、节妇等;志政门下为户役、田粮、盐课、军制等;志事门下有勋绩、兵寇、典故、轶说、风俗、古迹等;志言门下有书目、奏疏、诗、文、赋诸目。最值得注意者,是志提出:"近代志乘陋规,必列分野。虽蕞尔小邑,亦裒然简端。袭数千里公共之宿,专为独居之度,不若删之为当。"故将星野删除,表现了修志思想之进步。(转见《中国地方志总目提要》14—70)

按:这是最先提出删除"分野"者。清至民国间修之志书中,分野之内容经历了一个从繁到简,又由简而删的过程。先是将其从一个门降为一个目,而后便从目中也消失了。这反映了人们科学思想之进步在志书中的表现。到民国时,对星野之说批判得更为彻底。如民国《吉安县志》就说:"星野之说,昔人如洪容斋、阎百诗等早议其疏处。今日天文学大明时代,人皆知地球绕日而行。既旋转以靡定,又乌能按星分野?旧志有星野一项,今删之。"(同书 14—3)

又:这种志地、志人、志政、志事、志言 5 纲,纲下各领目的体式,到乾隆时修之《兴国县志》仍沿用之。(同书 14—76)

是年,罗彰彝纂修之《陇州志》8 卷、首 1 卷刻印成书。今流传下来《水经注》之各种版本中,其卷十八所载武功县附近之太一山温泉条均谓"可治百病,世清则疾愈,世浊则无验"。温泉治病,与"世清"、"世浊"联系在一起,为后世治《水经》者所不解。当代著名学者陈桥驿先生从本志中查得,这两句引文原来是"然水清则愈,浊则无验",才解决了这一疑难,这是方志保存古籍文句以利后人之一例。(见陈桥驿《地方志与索引》,载《中国地方志》1992 年第 5 期)

是年,杨书等纂修成云南《定边县志》。是书为定边自元至元十二年(1275)设县之 438 年以来之第一部志书,填补了该县长期没有县志之空白。书中记述了当时之山川、城池、名胜古迹、风土民情和历代流官及土司之姓名、籍贯、出身来历等。如土司一目即记了明清两朝 13 代土官,流官方面则记了明清 35 任县官之情况。是流传至今大理 13 个县市中比较好之一部旧志书。原本 1 册,北京图书馆有藏,公私方志目录均未见著录。(见邓承礼《〈康熙定边县志〉简介——重印〈康熙定边县志〉前言》,载《中国地方志通讯》1984 年第 2 期)

是年,彭兆逵修,杨撝秀等纂成《富民县志》1卷刻行。彭氏在志序中,说其修志目的在于“辨土宜而稽利弊”,故规定其编纂原则是“宁简毋繁,宁严毋滥,信者存之,疑者缺之,虽有遗编不恤也”。(转见《中国地方志总目提要》23—23)

康熙五十三年(1714)八月,山东兖州府曾就修志下有《帖文》。为了杜绝弊端,该《帖文》中特别指出:“修辑志书,亦有徇私情托,不顾名义。恐贻讥讪,本府候该县录齐到日,自当迄请品学兼优、德望素隆者主其事,以别其去取,断不使有偏徇。凡我采访已裁者,期存直道,杜绝弊端。”(转见《山东方志汇要》第502页)

康熙五十五年(1716),张贞纂成《杞记》22卷刻行。安丘县志也。安丘为古杞国旧地,故本志以古名称为《杞纪》。是书上溯夏朝,下迄清初,将史传中有关杞地之史事,辑录其文,综其条目,编纂而成。全书分19门:图考、星土、舆地、山川、系年、沿革、封建、年表、世次、原古、分国、系家、苗裔、春秋经传、经传别解、人物、遗书、艺林、杂缀。排比编次颇有条贯。采录古籍达400余种。在《系年》内采录《春秋》经文所载杞国事,又有年表、世次、系家,均编织得当,不相重复。陈光贻称其“体裁甚佳”。(《中国方志学史》第124页)《四库全书总目提要》评之谓:“司马贞《史记索引》改世家为系家,乃避唐讳。此误袭其名……王士祯序,称其‘有良史才’。以安丘一隅,上溯太康斟鄩之故居,下迄国朝数千年事迹,所采之书凡四百余种,可谓勤矣。然以为杞之故墟,既于系年录《春秋》,经文之载杞事者,复为年表、世次、系家,不几于叠床架屋乎?且又全录《春秋》经传及《经传别解》为四卷,不更赘乎?于遗书录《夏小正》,于人物收姮娥,其泛滥抑又甚矣。”(卷七四,《史部·地理类存目三》)

康熙五十六年(1717)二月,知县周钟瑄修,陈梦林等纂之台湾《诸罗县志》12卷、首1卷刊行。是志乃台湾县、厅志书中之最早者,亦系本省县志中之最善者。县以治设于诸罗山而得名,辖有今之嘉义及云林、彰化、南投、台中、苗栗、新竹、桃园、台北、基隆、宜兰、花莲等地,几占全台岛2/3之面积。是书分为封域、规制、秩官、祀典、学校、赋役、兵防、风俗、人物、物产、艺文和杂志12大类,类下分47目。卷首除载有山川图11、县治图1之外,尚载有“台湾番俗图”10幅,为乘屋、插秧、获稻、登场、赛戏、会饮、舂米、捕鹿、捕鱼及采槟榔等,勾勒出土著人民耕作、渔猎、居屋、岁时、宴饮和歌舞之情状,为志书中所不多见者。在风俗志中,又以过半之篇幅详加记述。如载其“文身”谓:“俗祖父命之,刑牲会社众,饮其子孙至醉,刺以针,醋而墨之,虽痛楚,而不敢背祖父命也。”又载其“乘屋如船形,为土人所居之室;则以大木凿空,侧覆为盖,上下贴茅,撑以竹木,两旁皆通小户。相传老者至鸡笼,见覆舟依岸,因仿之以为屋制”。(转见《稀见地方志提要》第714页)是研究台湾当地少数民族风土之极为珍贵资料。其风俗目的体例也不同于其他志书,分“汉俗”为4条,“土俗”为7条,各缀本事于条下。“土俗”之中,详载土人之状貌、服饰、饮食、庐舍、器物、杂俗、方言。如其描绘土人状貌谓:“前后或攒双髻于左右,无髭髯,毛附体者尽拔之;文身遍体,刺蝌蚪文字及虫鱼之状,于胸膛、两臂,惟不施于面。跣足,上体常裸,以幅布稍敝下体前后,曰遮阴。冬衣短衣及脐,名笼仔,以鹿皮为之。"

由于编修者都学识广博,且有修志经验,两人又合作得好,故志书修得很成功,在台湾方志中是最为学人推重者,被称为"台湾志存者,莫先《诸罗》,亦莫善于《诸罗》"。除了避免其前之《台湾府志》中为生人立传之弊病外,尤其值得注意的是,其中"述论兼用",每篇篇首皆有撮要,文中有按语,时或有"论曰"。表明了作者很有见地之见解。如其总论之末段中指出的,台湾僻在海外,"荷兰据之,郑成功又据之,至于今而列为郡县。当其始,若无人乎知有台湾者;及其既,乃无人乎不知有台湾者……今半线以北至淡水,水泉沃衍,诸港四达,犹玉之在璞也;流移开垦,舟楫往来,亦既知其为玉矣。而鸡笼(今基隆)为全台北门之锁钥,淡水为鸡笼以南之咽喉。大甲宾垅(后龙)、竹堑(新竹)水陆皆有险可据。乃狃目前之便安,不规久远之至计,增置县邑防戍,委千里之边境于一营九百四十之官兵,一知县、典吏、巡检之耳目,使山海之险弛而无备,将必俟羊亡而始补牢乎!"这一议论果为清政府采纳,于是将诸罗县一分而为三县。书中也记载了汉族移民筚路蓝缕、披荆斩棘开发台湾之历史,使人们了解到各族人民共同开发建设宝岛之生动事例。志书中还纠正了府志记载中的一些失误。(综合刘湘如《福建人与台湾地方志》,载《福建史志》1994年第3期;郑镛、张煌辉《陈梦林与〈诸罗县志〉》,载同刊1988年第4期)

当代国际著名历史地理学家、方志学家陈正祥教授在《中国文化地理》一书中谓:"许多考订台湾文献而知名的朋友,异口同声说《诸罗县志》为第一。"是书篇目及体例,对台湾后来修志颇有影响。如乾隆时王瑛曾修之《重修凤山县志》,其体例和篇目,便如出是书之辙。(见后1764年《重修凤山县志》条)《中国地方志总目提要》归纳其内容有五大特点:一是风俗志分汉俗与"番俗",与各志风土体例有异。志首"番俗"图10幅,尤为特色,可与风俗志互为参考,是研究"番俗"之重要史料。二是物产独立一门,征考极详。三是杂记志与物产志采诸沈光文"杂记"者不少,使沈著佚稿得以保存。四是资料殷实,较"郡志"而加详;风信增删"郡志"而加异;社学多于"余志"又详于"余志";山川所记,或躬亲游历,或遣使绘图,三复考订,乃登记载。假而千秋百世陵谷依然,虽未敢谓毫发无爽,亦庶几得其大概矣。五是于志书中,首载"番语",为进一步研究"番俗"保留下珍贵史料。(见该书30—16)

按:陈光贻在《稀见地方志提要》中著录有康熙五十六年刻本,并注明存于徐家汇藏书楼。(见该书第714页)。李秉乾在《中国地方志总目提要·台湾省地方志述评》中谓:"是志因朱一贵之乱,采取随编随刊办法,始于康熙五十六年(1717)付梓,蒇事延至雍正二年(1724)……是志因引用利玛窦之星野说,致有涉干犯,所以流传不多。"

是年,王镛修,秦寅纂成山东《单县志》12卷、首1卷刻成。王氏序云:"古有小史,以纪邦国,犹今之郡县志也。而志与史亦有异。志以纪一邑之事,史以纪天下事。定是非,别淑慝,以公劝惩者史也;考俗尚,验政治,以备采摭者志也。史严万世之大间,志存一时之公论,而要其鉴古证今,稽往知来,俾后起者油然蹶然,兴观感效法之思则一也。"(转自《山东方志汇

要》第 444 页)

康熙五十七年(1718),绘制成全国《皇舆全览图》。是图于康熙四十七年四月十六日,由皇帝亲自部署,在全国大测绘之基础上开始绘编,至是而成。这是首次采用世界先进制图技术,在进行全国性大规模之经纬度测量基础上编制而成,是对中国传统之“计里画方”制图之一次革命,故具有较高科学水平。李约瑟在《中国科技史》五卷一册中评价说:此图“不但是亚洲当时所有的地图中最好的一幅,而且比当时所有欧洲地图都更好、更精确”。(转自《方志学史》第 269 页)

按:中国历来之志书中均有地图,但此前之志书地图均具示意图之性质,如山川大势、疆域政区、城镇道路等。从图中只能了解所辖地域疆界、相邻地区和各级官府之名称、数目与驻地之相对位置。随意性大,难免比例失调,地图失准、失真。而且随修志者之水平和认识而各行其是。仅就方位而言,刘平平在《浙江古代方志地图文献考》(载《中国地方志》2004 年第 11 期)中,举浙江方志中之杭州地图为例说:“方位有上北下南的,如万历《杭州府志》的杭州府图;有上西下东的,如《咸淳临安志》的京城图等 6 幅、乾隆《杭州府志》的南宋京城图、万历《钱塘县志》的杭城图等;有上南下北的,如雍正《浙江通志》的会城图、乾隆《杭州府志》和续修《杭州府志》的府城图等。古代方志地图的方位取向还表现在图符、图注上,有单向,也有多向和环向的。取向的原因和目的比较复杂,如《咸淳临安志》附图京城图的山峰图符为单向、城墙城门图符为环向,而图注则为多向。”此具较高科学水平之《皇舆全览图》之出现,无疑会对地方志之地图产生影响,不过这种影响只是浸润式的,步伐不会很快。

又:此次全国大测绘,是以外国来华之人士为主,国人为辅进行的。

是年,知县陆师撰成《仪征县志》22 卷刻行。上年陆氏始到县,即取县志阅之,感到旧志体例善者,而事不续;新者件目具,而义未精,于是着手修本志。其 22 卷之目为:卷 1 旧序、图说;卷 2～3 沿革表、秩官表;卷 4 选举表;卷 5～6 建置志;卷 7～9 山川志;卷 10～11 民赋志;卷 12 学校志;卷 13 军政志;卷 14～15 祠祀志、艺文志;卷 16～18 名迹志、祥祲志;卷 19～22 列传。瞿宣颖称其体例颇为特殊,大体典赡而具史裁,一洗明季滥习,是一部佳志,甚至指不出什么大的毛病。其中有的篇尤其值得注意,如建置志中所述古迹,都“详稽博考,纤悉无遗,《唐两京城坊考》、《日下旧闻》而外,殊所罕见”。“名迹考搜采唐宋人诗文至富,每条注明‘今无考’或‘今废’之语,实历来诸志所不及,而亟宜取法者。”“民赋考中,述明代户籍之制,引旧志云有民户、军户、匠户、寄籍官户、校尉户、力士户、渔户、船户、红船户、僧道户、医户;清制有民户、匠户属县,有军户属卫。其客户外,户有田地、坟墓者,二十年准其入籍,俱为民户;无田地者曰白水人丁。”详载了宋崇宁、明洪武、正德、嘉靖、万历、天启、崇祯及清顺治以来的丁口数。在礼仪篇中,更是写出了风俗之渐变:“邑在明初,风尚诚朴,非世家不架高堂,衣饰、器皿,不敢奢侈。若小民咸以茅为屋,裙布钗荆而已。即中产之家,前房必土墙茅盖。

后房始用砖瓦，恐官府见之，以为殷富也。其嫁娶止以银为饰，外衣亦止用绢。至嘉靖中，庶人之妻，多用命服，富民之室，亦缀兽头，循分者叹其不能顿革。万历以后，迄于天(启)、崇(祯)，民贫世降，其奢侈乃日甚一日焉。”都是极可宝贵之资料。其后至嘉庆修志时，阮元就曾嘱别为校补陆志一卷，后来载在道光志中。(《方志考稿》第六编第 77 页)

是年，杨飞熊修，崔鹤龄、李思豫纂山西《临县志》8 卷、首 1 卷刻行。莫有仁在志序中谓："邑志与国史相表里，均以信今传后……故载信不载疑，以实不以名，使当时听之者无异议，后世阅之者有考据也。"又谓"史书寄耳目于采访，而志书则实亲见其所以也"。(转见刘纬毅等《中国方志史》第 260～261 页)

是年，年法尧修，夏文炳纂成贵州《定番州志》21 卷。是志序中说修志有诸难，实际上是讲了对修志者之根本要求。其谓："志非史，而难于史也。史之难在天下，志之难在乡党；史之难以后而论已往，志之难以今人而论当时；史之难恒取讥于君子，志之难易招谤于庸人。故心不公，非志也；笔不直，非志也；纪事不实，非志也；拘门第徇请托，非志也；抑卑寒，依流俗，非志也；综核不精，非志也；偏执意见，不衷义理，非志也。甚矣，志之难也。"(转见张新民著《贵州地方志论纲》第 73 页)所论实际已经讲到了修志者之史德问题，比之章学诚之"史德"说还要早。

按：是书民国时校订铅印时，载有尹石公(琏)为是志写之跋语，有谓："禹铸九鼎，以象九州之分野，山川之财赋、禽鱼、飞鸟、昆虫、草木及人物、鬼怪之属，无不备之于鼎，此志之始也。厥后郡有志，邑有乘，莫不言其地之所有。"(转自《中国方志简史》第 354 页)这是最早提出夏代有方志之一种认识。彭静中在《中国方志简史》中，也认为夏代以前已有地方志。(第 27 页)

是年，汪永安纂成上海《紫堤村小志》前、中、后 3 卷。后经侯棠、秦立增补，记事延至雍正三年(1725)。全稿 21 目，约 10 万字。明清时期，江南乡镇村志多有修纂者。此类之书大抵重在淳厚风俗，戒恶劝善。故王晦序本志谓：此书可以使"善者益勉，而不善者亦知惩，移风易俗之功，胥于是乎赖"。钱大昕序钱肇然纂的《续外冈志》中也说："予家(嘉定县)望仙桥，距外冈仅五六里。总角之岁，读书春及堂东偏，与敬亭晨夕聚首。回忆其时，衣冠朴素，风俗淳厚，犹见老成典型。今老矣，生齿日繁，盖藏日少，俗尚亦日趋于华伪。读敬亭(《续外冈志》)劝戒之言，实获我心。更望吾辈乡人士，家置一编，以当木铎之徇，庶几德行艺道，敬敏任恤之不绝书乎。"(转自《中国方志简史》第 362 页)

康熙五十八年(1719)，凌森美纂修之广西《永淳县志》刻成。凌氏在序言中谓：其"甫莅任，即索县志读之，以求尽知一县之事。讵书吏以抄本进，寥寥数幅，残缺鄙陋。……余不禁喟然曰，治邑如治家。家有长即县有秩官也；家有子弟之秀而杰者，即县有选举、人物也；家有祭祀、有屋庐、有财用、物产，即县有祀典、营缮、赋役、食货也……余三年来，或参错于杂编，或访闻于遗老，或抚摩碑碣，或细访于田野农樵。凡有合于县中之事，有补于县中之人与物,无不一一详悉而笔记之,为标其纲,缀其目。今秩满将辞淳去,幸际各宪加意边方,留心民瘼。敢以余之所知永淳者,为永淳之志,捐俸缮刻,以备观览。”(转自《广西方志提要》第 106 页)亦足见其对修志之认识及良苦用心矣。是志设《礼教志》下辖仪制、学校、名宦、乡贤 4 目,其体例亦颇为特别。

按:是志于民国初年,曾成为解决本县与宾阳县村落边界争讼之依据。民国修志局总理黄天锡在其所修之《永淳县志》序中谓:“前以选举调查,曾与(以)村落界限之故,致与宾阳兴讼。实以父老之传述,无效;指以岿然尚存之界碑,亦无效。及多方搜访,得凌公手辑永淳遗志一卷,翻阅指证,而两邑之争始平。幸而尚有遗志一卷,以为指证,不然此事不知解决何日矣。”(转自同书第 108 页)

是年,卯峒安抚司权司国军向子奇纂修成湖广《卯峒司志》6 卷,约 2 万余字。卯峒土司之辖地仅相当于现今之 7 个乡,地处来凤土家族聚居区,该土司已传 13 代。是志分为疆域、物产、建置、学军、敕赐、文艺六志。是由土家人修、记土家人事之一部志书,对研究土司制度、土家族历史、土家族方志具有重要价值。(转见张兴文《土家族历史文化瑰宝——康熙〈卯峒司志〉初探》,载《湖北方志》1997 年第 4 期)

按:是书以载于嘉庆卯峒《向氏族谱》中而得以保存。《中国地方志联合目录》未著录,至 20 世纪 80 年代湖北来凤县修志时,方被发掘出来。

康熙六十年(1721),张楷纂修成《安庆府志》32 卷刻行。是志虽是在前志基础上补漏、是正而成,但态度甚为严谨。在是志编修时,曾立下《誓词》。其词有云:“窃照府志,攸关大典。本府捐俸重梓,所有山川、人物,不惮躬亲采核,与同事诸君矢公,丝毫不敢瞻徇,俾垂之永久,以成一郡之信史,另期表扬潜德,采洽幽芳。勿以内举而引嫌,勿以亲知而滥及。”(转自《安徽方志考略》第 23 页)以如此审慎之态度来修志,甚是难得。

是年,焦应旂撰成《藏程纪略》一书。焦氏在陕西泾阳县令任上,于康熙五十四年,奉檄从军,转动粮储,历四年之久。五十九年随抚远大将军、皇十四子允禵进军西藏,送达赖喇嘛返回,抵达拉萨。至明年四月,经由昌都、打箭炉、成都而返回治所。是书即载其自青海西宁入藏所经历之艰险,及其沿途之所见所闻。对于沿途之道里途站之气候、地理、山川风物、名胜古迹均记之较详。(见《中国地方志总目提要》24—3)

按:西藏志书之编,肇始于康熙末年,直到嘉、道以前,多为私人著述,以纪述、纪略、纪程、总记、见闻录、遗闻等名名之,为个人入藏之经历及所见所闻,包括山川风物、道里程站、古迹名胜、风俗民情、土特物产等。本书并下述吴廷伟及杜昌丁之书,以及雍正初王我师所撰之《藏炉总记》、《藏炉述异记》、《打箭炉记》、《墨竹工卡记》、《得庆记》等,皆属此类。虽然还不属严格意义上之志书,但对于文献奇缺之西藏地区,亦已属难得,故特为揭出。

是年,吴廷伟撰成《定藏纪程》。吴氏于平逆将军延信帅府,于康熙五十九年随军督粮进藏，直到拉萨。今年5月20日返抵西宁，遂有此书之成。书不分门类，顺序记之。内容方面及记述方式，与前书略同，但较前书为详，价值亦更高。（见《中国地方志总目提要》24—3）

是年，杜昌丁撰成《藏行纪程》。杜氏在云贵总督蒋陈锡幕下，蒋以在秦、蜀、滇三路大军进讨西藏中，延误粮草，被命进藏效力赎罪。杜氏送蒋由昆明经滇西折而北上，过丽江，进藏至洛隆宗（今洛隆县），后与蒋告别，由原路返回。是书内容、形式同于前二书，资料价值亦颇高。（见《中国地方志总目提要》24—4）

是年，吴景果纂修《怀柔县志》8卷刻成。是志卷2所载北方原始驱蝗之法颇为具体，如谓："嘉靖三十九年（1560），飞蝗蔽天，日为之不明，禾稼殆尽。县南郑家庄、高家庄居民，鸣锣焚火，据地挡之，须臾蝗积如山。无分男女，尽出焚埋，两庄独不受害。"（转自刘纬毅《中国地方志》第117～118页）又，是志鉴于前志揭露社会弊端颇为恺切，故特将其中之"里社"、"徭役"、"学校"、"马政"四目之按语，汇为一篇，纳入新志之中，名之曰"县志杂论"。（见《北京方志概述》第125页）这与康熙十二年《密云县志》全抄旧志小序之作法类似，又有变通也。

是年，唐开陶纂修成江苏《上元县志》24卷刻行。是志中载有《红楼梦》作者曹雪芹之曾祖父曹玺传。此传为其后乾隆、道光志所重载。1976年，吴新雷于《南京大学学报》第二期发表文章，说据此可以解开红学研究中之几个问题：一、证实曹氏原籍为襄平（即今辽阳），有人据此而发现了曹家之三块碑；二、曹玺是"扈从入关"的；三、还据此志及相关之志书，查出了曹寅、曹颙、曹頫之简历。推动了红学研究之进展。

是年（日本德川幕府享保六年）四月二十四日，日本德川幕府吉宗将军要求手边要有中国之《浙江通志》、《应天府志》、《江都志》、《上海县志》、《普陀山志》等志书，于是令长崎市最高行政长官负责收集。这是中国志书大量流入日本之始。当年通过贸易渠道就有河南、陕西、湖南、广东、广西、盛京、浙江等省之通志传入日本。在府县志方面，仅当年丑30号南京船（船头费赞侯、陈抡三）就载去五府之赋役全书及通州志等15府州县志，次年即被送至江户。又四年（1725年），复有十五省通志传入。雍正三年（1725）传入志书85部，雍正四年传入94部，雍正五年传入44部，雍正六年传入41部。此4年已传入日本之中国地方志264部。雍正十年传入32部，雍正十一年传入55部，雍正十二年传入21部。此3年共传入108部。从雍正三年至十二年间，传入日本之中国方志达372部之多。从乾隆六十年起不到20年间，传入日本康熙时期之志书大约就有400种。（转见郑军《日本德川吉宗对中国地方志的搜集》，载《江苏地方志》1988年第2期）

康熙末，图理琛撰成《异域志》（亦名《异域录》）2卷。图理琛，曾历任陕西巡抚、吏部侍郎。康熙五十一年（1712）五月，以内阁侍读，奉命赴土尔扈特。由北京出发，经张家口，过蒙古高原，入俄罗斯境，经西伯利亚，出俄境，至土尔扈特首领阿玉奇游牧地马努托海（今塔拉），而后返回。往返三载，跋涉三四万里。回京后，撰成《异域志》一书。是书凡2卷，前有西伯利亚地图。文中记载了其行经地之道里、山川、城镇、居民、民情、风习、物产、应对礼仪，以及军政机构设置等。是我国首部介绍俄国情况之书。由于史料价值甚高,历为欧洲学者所重视,先后被译成法、俄、英、德等国文字。(转见《方志学史》第 336 页)

按:是书体例大致类宋人行记之类,但两者又有不国。宋人行记以日月为纲,地理附见;此书则以地理为纲,日月附见。

康熙间,地理学家梁份撰成《西陲今略》(亦名《秦边纪略》)4 卷。以记西北地区军事情况为主,兼及农田、水利、人口、畜牧等。凡河西郡县、建置、形胜、山川、卫府、道里、程站、墩坞、城堡、隘口、驻军等,均有记述。吴坤修序其书云:"其说取河西各郡县,略载建置始末,而拳拳于形胜城守。每条以府卫为纲。山川城堡、官司戎伍件系其下。至道里程站,为正为间,即一墩一坞,必详著之。"《四库全书总目提要》谓其,"首载河州及西宁、庄浪、凉州、甘州、肃州、靖远、宁夏、延绥等卫形势要害;次载西宁等卫南北边堡;次载西宁等卫近疆及河套;次载外疆、近疆西南夷、河套部落、蒙古四十八部考略、西域土地、人物略。其论边鄙疆域及防守攻剿情形,一一详悉"。(卷七五,《史部・地理类存目五》)

康熙间,邑人张尔岐纂修成山东《济阳县志》9 卷。是书已佚,具体纂成时间未详,今唯余张氏自序一则,颇有见地,今略录于次:"邑之有志,史属也。史之为书,纪往迹,著成宪。好古者于此考古,愿治者于此咨治,乐德义者于此蓄德而度义,在一邑与在天下者等耳。古之作史者,其人既具聪明绝世之材,又往往承借先人成业。不则必有好古深思之士著称世者为之副贰。其所考据,内则有金匮石室之藏,可资紬绎;外则诸司之掌故、才士之著述,与夫里巷风谣、器物铭识以及稗官家乘之属,皆得以备采择、核同异;而又询问故老,考览山川,然后一代之史以成焉。邑志则异是。少年誉髦以为无关肆业,概之不及;大雅之士又多鄙为戋末,不肯涉笔;以至时移事易,黄发渐远。一旦有良司牧留心斯事,载野而谋,而委巷之口,好诬乐诞,适足乱人听闻,回易真伪。非无一二残碑遗碣足当推寻,而丛祠荒冢之间,榛荆委翳,足迹惮涉,吏胥钞录不知颠末,终归泯如而已。至于古书传记之涉邑事者,涣而难稽。簿书稠浊,理难独任。择人授简,又多刻期观成,仓卒取具,讨论未遑。于是爱奇者乖于考实,专己者愧于备美,欲其言必有物,事必有征,难矣。此作邑志者之通患也。予以邑之志,史属也。史则将以往迹,著成宪而考古、咨治、蓄德、度义者也。乃使之不幸至于言不必有物,事不必有征,可乎?"又述其修本志之经过有云:"予自弱冠以来,每思少佐邑志之所未备,访问故事,搜剔逸闻,间有所获,即录简端,涂乙增窜,笔迹重沓,几不自辨。偶因农暇,命儿子、门人笔录之,稍依原目,定为九卷。间有鄙见,附书首末,以贻后之有心斯事者。曰志也者,史属也,非具良史才,不可以作志。此特其朴而已矣。作器者必先朴,朴苟具矣,乃砻之、错之、涂髹之,而以为良。当亦国工之所乐借也。"(转自《山东方志汇要》第 601～602 页)

康、雍之际,王我师撰成《藏炉总记》、《藏炉述异记》、《打箭炉记》、《墨竹工卡记》和《得庆记》等五种。王氏于康熙五十八年随四川永宁协副将岳钟琪从四川进兵西藏,在军中赞划军务,历时达五年之久。诸作皆为其经历之地,随手笔录整理而成,概述其所经地之地理环境、气候物产、山脉河流、塘站途程、关隘桥梁等。其中记有康熙五十八年始于藏地设塘站，计有里塘、巴塘、昌都等87站(这些塘站改土归流后，大多建立县级行政机构)。打箭炉至拉萨为前藏，乃官兵仓储之地。昌都为藏之门户，拉里、玉树为咽喉，工布、长江为保障。墨竹工卡为西海要隘，风和气暖，耕种刍牧，各安生业，是一平善之区。(转见《中国地方志总目提要》24—5)

附载：郭松义在《清代地方志的纂修》(载《中国地方志通讯》1984年第2期)一文中，谓康熙一朝共修成通志17部(其中江西2部)。笔者据《中国地方志联合目录》著录者，统计出康熙一朝修成的通志不止17部，而是有19部，这就是康熙六年(1667)刻行之《陕西通志》32卷、首3卷；康熙九年(1670)增修成之《河南通志》50卷(贾汉复顺治本，徐成化增修)；康熙十二年(1673)刻行之《四川总志》36卷；同年刻行之《贵州通志》33卷；康熙十四年(1675)刻行之《广东通志》30卷；康熙十七年(1678)刻行之《山东通志》64卷；康熙二十一年(1682)刻行之《山西通志》32卷；康熙二十二年(1683)刻行之《江南通志》76卷；同年刻行之《畿辅通志》46卷(康熙十年修成)；同年刻行之《江西通志》54卷；同年刻行之《广西通志》40卷；康熙二十三年(1684)刻行之《福建通志》64卷；同年刻行之《湖广通志》80卷；同年刻行之《浙江通志》50卷、首1卷；康熙三十年(1691)刻行之《云南通志》30卷、首1卷；康熙三十一年(1692)刻行之《贵州通志》36卷；康熙三十四年(1695)刻行之《河南通志》50卷(顾汧修，张沐纂)；康熙五十年(1711)刻行之《陕西通志》32卷、首1卷、图1卷；康熙五十九年(1720)刻行之《江西志》206卷、图1卷。

郭文还谓，康熙一朝修成之府州县志1000余种，平均每年超过16种。有人据《中国地方志联合目录》进行统计，康熙一朝61年，流传至今之志书1354种，年均修成22种。康熙时出现了清代第一个修志高潮。

雍正朝（公元 1723～1735 年）

雍正元年(1723)七月甲午(十七日),皇帝胤禛在给大学士之谕旨中指出:“史书务纪其真,而史才古称难得。盖彰善瘅恶,传信去疑,苟非存心忠厚,学识淹通,未能定得失于一时,垂鉴戒于久远也。”他要求写史修志,必需“令文学大臣,董率其事,慎选儒臣,以任分修;再访山林绩学之士、忠厚淹通者,一同编辑,俾得各展所长,取舍折衷,归于尽善”。(《清实录·世宗实录》卷九,中华书局 1985 年 9 月影印本第 171 页)

雍正二年(1724),李绂出任广西巡抚,至即邀集友人,广集资料,着手《广西通志》之修纂。在是志修纂中,李绂曾撰有《查取图册资诹利弊檄》,认为方志“上稽前事,下协人情,藉资兴革,实关治道”,强调方志之资治功能。他除了强调资治功能之外,也很看重方志之教育功能。在他给雍正《余庆县志》写之序言中,将资治与教育作用并称:“有天下者志天下。其次若司、府、州、县,莫不有志。山川、土地、民人之籍,礼乐兵农之制,庠序学校、饮射读法之方,以治以教,于是焉考。使人生今世而知往古,不出户而知天下。”在《庐陵官司表序》中又说:志载先贤往哲,使后人“有所慕而为,有所畏而不为”。(均转自《方志学》第 377 页)但本志未成,绂即于次年八月升任直隶总督。志书由继任者甘汝来校补定稿为 200 卷,内容比旧志丰富得多。书成不久,李绂因事系狱,几被处斩。书遭焚毁板,故是志存之甚少。然是书之大部内容,幸为其后继任者金鉷主修,钱元昌、陆纶纂之《广西通志》中得以保存。(参见《广西方志提要》第 24 页)

是年,黄成章修纂成北京《通州新志》9 卷刻行。是志中收入崇祯十三年刘廷谏之《恩恤饥民疏》一文。其疏文略谓:“为饥民已被恩恤,道路犹多饿殍,谨陈末议,以广皇仁,以救孑遗。事项者,天灾流行,水旱蝗蝻,所在见告,而畿南一带为甚。百姓流离狼狈,就食京师者络绎不绝。乃米价腾贵,天气骤寒,率多冻馁而死。幸蒙皇上好生之德……慨发帑币赈粥赈衣……然就食之氓日多,赈济之物有限。迩来长安道上,生者赤身哀号,死者暴露僵尸。嗟我生民,谁非赤子,而惨伤至此极也。”(转自《北京方志概述》第 99 页)此对明末社会之刻画,可谓入木三分。康熙《通州志》修之于前，距崇祯更近，对于这样重要之文献不予收录，而待本志才录入。可见其恤民之心和史识都比其前者有更可取之处。

雍正初年，三朝御医赵士英(回族)撰成《冈志》(或称《冈上志》)20章。全书2万余字，是专记北京回族聚居区——牛街及其附近35条胡同之历史、地理及风土人情之志书。记事从明末到乾隆初年(有后人补入资料)，分为图考、星野、建置沿革、疆域、形胜、风俗、寺宇、街巷、人物、教礼仪、灾异、食物、杂志。其中图考、食物、杂志三章有目无文。其人物部分记了七八十位回民事迹，部分人物为不见经传者。这是旧志中唯一之一部街道志。志中对宗教活动记之甚详，为研究回族史和中国伊斯兰教提供了丰富之资料。(转见杨大业《中国唯一回族地方志——〈冈志〉》，载《中国地方志》1993年第5期)

按：是志修成后仅有抄本和传抄本，中间几经危难，得以保存下来，实属珍贵。于1990年和1991年由北京出版社两次出有排印本。

雍正初，修江铁船居士纪次，吴陵奎峰山人续辑成《藏纪概》稿2卷。卷首有雍正五年唐肇序。据吴丰培先生考证，本稿著者为李凤彩，江西建昌人，康熙五十三年武举。《西藏行军纪略》乃其原名，改辑本题为《藏纪概》。书中称康熙五十九年准噶尔策妄阿拉布坦侵藏，杀拉藏汗，帝命皇十四子允禵率师分三路进兵。著者以孝廉改授山东额外守备，领本标兵隶山东总兵官李麟幕。为陈行军五事，建拣兵裕粮之策，取得行军迅速之效，遂于九月至藏驻拉萨凡六越月。乃考订沿革，谘访旧闻，以成是书稿。吴丰培收入《中国民族史地资料丛刊》，在其跋语中称："其中分篇纪载，详略虽殊，而排比条次，大都明晰。首卷记进军西藏之事，战争情况，均身历目击之谈，尤为可据。""此书之成远在雍正五年以前，较早之作，更足珍视，故列于藏地志乘之首，以为藏志最早之本。"(见吴丰培《新疆西藏等地志叙录》，载《中国地方志通讯》1982年第3期)

按：西藏修志晚于内地，自然之理也。吴丰培所编《中国民族史地资料丛刊》中，辑有李梦皋编纂之《拉萨厅志》为最早者，其余大都成于雍、乾以后。如《西藏闻见录》、《西藏志》等。

雍正三年(1725)，因《一统志》"久而未成"(实际徐乾学已基本修成，只是未最后定稿)，特派重臣督办。又因主修人徐乾学和韩菼，分别于康熙三十三、三十四年先后逝世，故至是又重组"一统志"馆进行修纂。(见《方志学新论》第116页、《方志学》第216页)

雍正四年(1726)七月十三日，雍正皇帝胤禛为两部盐法志作序。先是今年三月，盐运使段如蕙督修之《长芦盐法志》和礼部右侍郎莽鹄立督修之《山东盐法志》成书，上呈。雍正帝亲为此二书作序，有谓："侍郎莽鹄立视鹾三载，修长芦、山东盐法志，共三十卷。书成来献朕览。其大凡载诏敕以奉公，考沿革以法古，职官定而法制、禁令行焉，疆域公而灶籍、商政著焉。法必待人而行，故称述宦迹，尤有关于盐政，苟居是官者能深思。设官分职之，指专心一之，克尽其职，使国家无缺于岁需，而闾里常充于日用，则不惟职举事修，而于古先哲王崇本抑末之深心,我国家惠养元元之至意,交有裨益。是则朕之所厚望也。”(转自芮和林《〈长芦盐法志〉的御制序》,载《天津史志》2000 年第 2 期)

是年,甘汝来修纂成广西《太平府志》50 卷刻行。太平府为边徼之地,领有左、养、利等四州、1 县、2 土县、18 土州、1 土司。故是志设有两个特别之篇目:一是土司志,记其所属各土司之建置、兴替沿革和世系之源流演变。二是象胥志,专记安南国事及中越关系。《续修四库全书提要》谓其“广稽博访,考订加详,亦足以备一郡之文献矣”。(《中国地方志总目提要》20—26)

是年,项维正纂修之《江浦县志》8 卷刻成。是志首设修志系考,以记本县修志之始末,系修志事入志之始。(见《中国方志学通论》第 73 页)

按:这可能对章学诚在《和州志》中创设“前志列传”有直接的影响。

是年,陈和志修,沈彤、倪师孟纂成《震泽县志》38 卷、首 1 卷刻行。震泽于上年方分吴江县之半而立县,仍同城而治。因《吴江县志》已有界域一门,故于分疆之事本志不另载,其他都尽量划分清楚。从是书卷 4 所记震泽县所属诸镇明清时之变化情形,足可反映江南商业和手工业发展之状,今节录于次:“震泽(镇)在十都,地滨太湖,故名,去县沿西南九十里。元时村市萧条,居民数十家。明成化中,至三四百家,嘉靖间倍之,而又过焉……平望镇在二十四都,去县治东南四十七里……明初居民千百家,百货资而如小邑,然自弘治迄今,居民日增,货物益倍,而米及豆类尤多,千艘万舸,远近毕集,俗以小枫桥称之。双扬市在十一都,去县治西南五十里,明初居民数十家,以村名,嘉靖间始称为市,居民至三百余家,嘉靖间倍之,贷(货)物颇多……檀丘市在十八都,去县治西南五十里,明成化中居民四五十家,多以铁冶为业,至嘉靖间,数倍于昔,凡铜铁木圬乐艺诸工皆备……梅堰市在十九都,去县治西南六十五里,明初以村名,嘉靖间居民五百余家,自成市井,乃称为市。”(转自《江苏方志考》第 68～69 页),其所创之《生业》一门,是最值得注意者。历述农桑渔业之状,是很有存史价值之资料。如关于丝价,记述了“明嘉靖中绫绸价每两八九分,丝每两二分;康熙中绸价每两一钱,丝价尚止三四分;今绸价视康熙间止增三之一,而丝价乃倍之。此业织绸者所以生计日微也”。瞿宣颖在《方志考稿》第六编中,谓这一目,“上稽史乘,旁及诗词,原原本本,语皆征实,可当地方社会史之目”。(第 21 页)陈光贻称“是别出心裁的体例”。(见《中国方志学史》第 130 页)

按:于此可见,明清时江苏市镇志之大量出现,良有以也。

雍正六年(1728)十一月甲戌(二十八日),《一统志》总裁、大学士蒋廷锡等言奏:“本朝名宦人物,各省志书既多缺略;即有采录,又不无冒滥。必得详查确核,采其行义事迹卓然可传者,方足以励俗维风,信今传后。请敕谕各该督抚,将本省名宦、乡贤、孝子、节妇,一应事实,详细查核,无缺无滥。务于一年之内,保送到馆,以便细加核实,详慎增载。”得谕旨:“朕惟志书与史传相表里,其登载一代名宦人物,较之山川风土,尤为紧要。必详细确查,慎重采录,至公至当，使伟绩懿行，逾久弥光，乃称不朽盛事。今若以一年为期，恐时日太促，或不免草率从事。即如李绂修《广西通志》，率意徇情，瞻顾桑梓，将江西仕粤之人，不论优劣，概行滥入，远近之人，皆传为笑谈。如此志书，岂堪垂世？著各省督、抚，将本省通志重加修辑，务期考据详明，采摭精当，既无缺略，亦无冒滥，以成完善之书。如一年未能竣事，或宽至二三年内纂成具奏。如所纂之书，果能精详公当而又速成，著将督、抚等官，俱交部议叙。倘时日既延，而所纂之书又草率滥略，或至有如李绂之徇情率意者，亦即从重处分。至于书中各项分类条目，仍照例排纂。其本朝人物一项，著照所请，将各省所有名宦、乡贤、孝子、节妇，一应事实，即详查确核，先行汇送一统志馆，以便增辑成书。"（转引自谢启昆修，胡虔纂《广西通志》卷一，《训典一》，广西人民出版社 1988 年 9 月出版，广西师范大学历史系中国历史文献研究室点校本，第一册，第 47～48 页）

按：这是为修《一统志》而命各省修通志的一道诏旨。关于此诏旨对各省修志产生之影响，梁启超曾有言："今《四库》著录，自李卫等监修之《畿辅通志》起，至鄂尔泰监修之《贵州通志》止，凡十六种，皆此次明诏之结果也。"（转见苏长春《续修志书的新思考》，载《中国地方志》1998 年第 1 期）

又：查《清实录·世宗实录》卷七五载此诏中，无"即如李绂……岂堪垂世"、"或至有如李绂之徇情率意者"两句。

是年，张汉纂修《河南府续志》4 卷刻成。是志为续志，凡前志所载内容一概省略，仅补缺漏及辑前志下限后 40 年之史事。各目之下，凡补、续、增者，俱作标明。总计标"补"者 1915 条；标"续"者 1239 条；标"增"者 1459 条。新增之目有田赋、盐课。原艺文中增颁赐、经目、史目、子目、杂目等细目。（转见《河南地方志提要》第 214～215 页）

按：这是略有小变之一种续志方式。但一一注明补、续、增条数的做法，甚为少见。

是年，褚世暄修，陈九昌等纂《泰州志》10 卷、首 1 卷刻成。褚氏在序中谓，修是志中，"虚衷采纳，勿滥勿苛。每一人一事，必经伦堂会议而后定，是非褒贬，凭于舆论"。（转见《江苏旧方志提要》第 634 页）

按：这大概就是古代修志中之评稿会或确定入志人物之讨论会了。

雍正七年（1729），朝廷下令"命天下重修通志，上诸史馆，以备《一统志》之采择"（《四库全书总目提要》卷六八《畿辅通志》条），并"令各州县志每六十年一修"。（《吉安府志》定祥序。转自来新夏《论清代修志事业之成就》，载《江苏地方志》1992 年第 1 期）于是"文化稍高之区，或长吏及士绅，有贤而好事者，未尝不以修志为务，旧志未湮，新志踵起"。论者谓，清代各省通志，主要者即修成于此时，计有：《畿辅通志》120 卷，《江南通志》200 卷，《江西通志》162 卷，《浙江通志》280 卷，《福建通志》78 卷，《湖广通志》120 卷，《河南通志》80 卷，《山东通志》36 卷，《山西通志》230 卷，《陕西通志》100 卷，《甘肃通志》50 卷，《四川通志》47 卷，《广东通志》64 卷，《广西通志》128 卷，《云南通志》30 卷，《贵州通志》46 卷。（转见王树民《史部要籍

解题》第 295 页)

按:“令各州县志每六十年一修”,这是继历史上朝廷规定定期上报图经,方志定型以来,首次规定定期修志。

是年,李懋仁修纂成《六安州志》(原书卷数未详,今国家图书馆藏之孤本已残,仅存 1～20 卷)。李氏在该志序言中说:“志有五善焉:为政者知其务;观风者采其俗;作史者核其实;立言者缀其文;尚友者论其世。”(转见《方志学》第 377 页)这表明了他对方志功用之看法。

雍正八年(1730),陈伦炯撰成《海国闻见录》2 卷。上卷有东洋记(记日本)、东南洋记(记吕宋、文莱)、南洋记(记暹罗、柔佛等地)、小西洋记(记印度)、大西洋记(记欧洲)、昆仑、南澳记(记东沙群岛)等 8 篇。下卷为地图 6 幅。(转见《方志学史》第 336 页)分别为四海总图、沿海全图、台湾图、台湾后山图、澎湖图和琼州图。《四库全书总目提要》谓:撰者陈伦炯,其父昂,康熙二十一年(1682)从靖海侯施琅平台湾,后又负责搜捕余党,出入东西洋五年。官至广东副都统。伦炯少从其父,熟闻海道形势。袭父荫后,历任澎湖副将、台湾镇总兵官,又为浙江宁波水师提督,故有条件著成此书。“凡山川之扼塞,道里之远近,沙礁岛屿之夷险,风云气候之测验,以及外蕃民风、物产,一一备书。虽卷帙无多,然积父子两世之阅历,参稽考验,言必有征。视剿传闻而述新奇,据故籍而谈形势者,其事固区以别矣。……足以决千古耳食之疑。”(卷七一,《史部・地理类四》)

雍正九年(1731),郝玉麟监修,鲁曾煜纂成《广东通志》64 卷刻行。是书有编年志两卷,记载了自颛顼五帝至雍正八年粤东之重要史事。其图有广东省总图、府疆城图、城廓图、海防、梅岭、澳门、虎门图等共 23 幅。其“外藩”一门为他志中所少见,记载了暹罗、荷兰、安南、苏录、占城、锡兰等国朝贡、贸易情况。(转见《中国边疆史地古籍题解》第 19 页)是书始事于雍正八年六月,至是成书,未用一年,颇显草率。《四库全书总目提要》谓其“为雍正七年玉麟等承命所辑,采掇补苴,较为赅备。开局于雍正八年六月,竣事于九年五月,告成视他省为独先。故其中或沿袭旧文,失之冗蔓;或体例不一,彼此抵牾,皆未能悉加订正。然全书三十五门内新增者四,葺旧者三十有一,大都首尾详明,可资检阅。至《外番》一门,为他志所罕见,……亦《通典》述边防而兼及海外诸国之例也”。(卷六八,《史部・地理类一》)著名学者全祖望对于是志中,将佟养甲置大吏之首,颇不以为然,提出异议,并希望一统志局中诸公引起注意。其言略谓:“于一统志局中,见《广东通志》草本,其国朝大吏,首列佟督养甲,以为死事,不知所据何书?……夫以封疆大臣,智不足以烛奸,才不足以应变,节又不足以临危,腼颜而受襄平之封,以至首鼠不终而死,则何益矣?以愚平日所闻如此,谨质之局中诸公,如其不妄,伏望芟薙。”(转自《历代名人论方志》第 269 页)可见其主张,对于人物立传,不应以职位高低为标准,而应以其才、智、节为标准。此议颇属有见地。

是年,何天衢修,刘铠、郭士信纂成贵州《安南县志》4 卷。其《凡例》谓:“志与史大同而微异。史有褒有贬,志则有美而无刺,而寓略见于建置、沿革及大事记,然亦只叙而不断。”(转

见《贵州地方志论纲》第 69 页)

是年,卫廷璞纂修成安徽《建平县志》22 卷、首 1 卷刻行。是志之艺文部分,收录了卫氏自雍正五年(1727)在此为令时之若干文件,颇能反映时弊。与那些将自己之诗作等收入志中以自炫的做法,不可同日而语。其中如《严禁胥役借修邑志私派里民示》,即揭露了旧时之贪官污吏借修志事以鱼肉人民之弊,略有云:"向来陋习,每因新校官书,辄云偕我士民办一邑之公事,从而派之粮里,敛万姓金钱。剞氏所余,竟用牛刀。""假公济私,自此上行下效。猾吏从中染指,奸民乘隙分肥"。甚而"假人物之权衡,作职官之生意。此忠彼孝,但考证于钱神;字里行间,亦薰蒸于铜臭。惟知彼孔甚方,那管此笔不直。"(转见《中国地方志总目提要》12—49)让人从中了解到,封建时代,既有割俸修志之美德,亦有借修志售奸之秽行。

是年,傅好问、屠楷纂修成陕西《泾阳县志》8 卷刻行。是志修纂中,为了搜集穷乡僻壤之节义善行,特设木柜于衙前,报送材料者可以直投柜中,亦做法之一特者也。(转见《陕西方志考》第 48 页)

按:宋时《景定建康志》修纂时,已行此法。

是年,赵懋本修,卢秉纯纂成山西《襄陵县志》24 卷刻行。李世祐在是志序中谓:"班固《汉书》有地理、沟洫等志,为史中之体。与表、传分刻,此则郡县志之滥觞。"(转自刘纬毅《也谈地方志的起源》,载《山西地方志》1989 年第 1 期)

是年,王梁、王藻等纂成吴江《平望镇志》4 卷、首 1 卷。内容记载了一镇之历史沿革、建置、地理环境、人物等方面,内容详细、具体。苏州府学教授储元升在志序中说:"地志有四,曰一统志,曰通志,曰府志,曰县志。就中惟县志,为地未甚广,纪载较详。"(转见陈光贻《方志类别小议》,载《史学史研究》1981 年第 1 期)说的是越到下层之志书,越接近地方实际,故可以记之甚详。

按:他人亦有类似之说法,如张恕在同治《鄞县志序》中说:"以一乡之人,修一乡之书,其见闻较确而论说亦较详也。"一般来说,行政单位愈小,就愈贴近于社会实际,其所修之志书,可靠程度也较高,这是一般规律。因为范围小,人口少,采访易,发现问题亦易于纠正。正如章学诚所说的"地近易核,时近迹真"也。地方小志,修纂者可以较少地受到官府的控制,记述相对地自由,也是一个重之原因。

雍正十一年(1733)四月庚辰(二十九日),雍正帝胤禛亲选吏部左侍郎任兰枝、礼部右侍郎邓钟岳为《一统志》总裁官。(《清实录·世宗实录》卷一三〇)

十月甲寅(初六日),颁《纂修八旗通志谕旨》,其中说到要"条其郡邑,纪其户口,以宣究其风俗教化"。命大学士鄂尔泰为八旗志书馆总裁官。(见《清实录·世宗实录》卷一三六)

是月初八日,内阁一统志馆移会户部,请由户部向各省下发《内阁一统志馆行查事项》。要求各地"详查造册送馆,以便增辑。此系克期进呈紧要事务,必须文到之日,限三个月内条晰造册,报部送馆,毋得迟滞"。行查事项内容全文于下:

内阁一统志馆为行查事，照得本馆现编《大清一统志》，克期告竣，校对进呈。但直隶各省府州县户口田赋、文武职官、公廨仓廒、营卫兵数、监场、土贡、土司等项，与各书院、古迹、祠庙、寺观中御赐匾额、碑记，以及近年增设裁革，修建移改诸务年月，理应务载……并本处城池、学校、境内之山川、古迹、关隘、市镇、驿递、桥梁、河渠……陵墓、寺观等项，尤须一一详载，非行查各省府州县，本馆无凭查考。为此移会贵部，烦照后开款，作速转行各省，详查造册送馆……毋得迟滞。须至移会者，计粘单一纸。

右移会

户部

雍正十一年十月初八日

一、查各省及各府州县职官几员，并各公廨在本城何处，其中有移驻增设者查何年份；

一、查各府州县卫，现在户口若干，田赋清数若干；

一、查各处仓廒几何，并在本城何处，并何年设立；

一、查各营汛卫所，武弁几员，并驻防何处，管兵若干名，其中有移驻增设者，查何年份；

一、查各城池、学校、书院，本朝何年修葺，其中有迁建者，查何年份；

一、查各处所增河渠、城堡、堤堰、祠庙、寺观，在本城何处，有御题匾额、碑记，恭录原文，并注明何年建立；

一、查各巡司驿站，有增设改置及裁革者在何年份；

一、查滨海盐场，属何府州县，在城东西南北若干里；

一、查各处现在土贡何物；

一、查各土司属何府州县，其改土归流者在何年份；

以上十条，通查各府州县。

一、查新设新分各府、各直隶州通属之四至八到，交界地方，去本城若干里，在所属之布政司东西南北若干里，本城至京师若干里；

一、查新设新分各州县，四至八到，去本城若干里，本城在所属之府州东南西北若干里；

一、查各新州县城池，或创筑或附旧城，或用旧镇旧堡改建，其儒学或附旧处或新设，在何年份；

一、查各新州县境内之山川、古迹、关隘、市镇、驿递、桥梁、河渠、城堡、堤堰、陵墓、祠庙、寺观等项，在本城东西南北若干里，其跨新旧二处交界地方者，并查注明；

以上四条，凡有新设新分之处，连前件一并行查。

又州县内有改隶村镇，添附边疆以及城廓迁徙，江海坍涨之处，其行查俱新州县例。

（转自《修志文献选辑》第12～13页）

是年，迈柱等修，夏力恕、柯煜纂成《湖广通志》120卷、首1卷。此志前距康熙志四十年，但体例、门类一因其旧，只是略有增汰而已。仍是湖南、湖北合为一书，与江南通志将江苏、安徽合为一书同例。乃因时开局武昌，长沙远隔洞庭，故在内容上详湖北而略湖南。值得注意的是，在其后的“文字狱”时期，该志所引的资料中，按四库馆制定的“查办违碍书籍条款”之规定，有《三楚文献录》系属全毁之书，《明分省人物考》属于应抽毁之书。如为袁宏道、袁宗道、袁中道兄弟所立之传，以及钱谦益等之诗文等。并未“遵照原奉谕旨，将书内所引各条签明抽毁于原版内铲除”。（见《中国地方志总目提要》17—6）

按：笔者一时难于查得原书，仅据《中国地方志总目提要》中徐孝宓所写此条。如系属实，当是极为罕见之例，颇值得研究。《四库全书总目提要》有著录（见卷六八，《史部·地理类一》），但于此情未及。

是年，金鉷修，钱元昌、陆纶纂之雍正《广西通志》128卷修成，明年刻印成书。此志完全是按先前广西巡抚李绂之思想指导修纂，并且是在李绂修的200卷《广西通志》的基础上增删而成。全志篇目为：星野、气候、禨祥、图经、舆图、沿革、疆域、山川、关梁、驿站、沟洫、田赋、额办、屯田、盐法、榷税、积贮、户口、物产、风俗、蠲恤、城池、廨署、学校、坛庙、寺观、古迹、兵制、秩官（附土司）、封建、名宦、选举、乡贤、忠义、孝友、卓行、儒林（附文苑）、隐逸、迁客、方技（附流寓、仙释）、列女、骠传、土司、人物、诸蛮（附安南）、艺文等。（见《方志学史》第277页）鉴于广西乃国之边地，又是多个少数民族聚居地区，故志书中这两个特点受到重视，体现亦较为突出。《四库全书总目提要》谓：“此书成于雍正十一年，亦当时奉诏所纂集。其遗闻故事，虽颇以诸家遗籍为凭，而于昭代良规，分析具载，指掌厘然，尤足为考稽之助，固不比《骖鸾录》等仅主模山范水已也。”（卷六八，《史部·地理类一》）

是年，曹抡彬修，朱肇济等纂成《处州府志》20卷。曹氏在是志序中认为，由于地情是处于不断变化之中，故志书要不断修纂：“盖语形势，或昔险而今平，则守御因之知缓急；稽户口，或始衰而近盛，则政治由之考得失；且忠孝节烈，时不乏人，后人将于是观感焉。而物产地宜，又因时变易，则亦资守土者之区别也。”“故有志而历数十余年不加纂辑者，与无志等。”（转自郭松义《清代地方志的纂修》，载《中国地方志通讯》1984年第2期）

按：其后嘉庆时，四川江津县令在《江津县志》序中亦谓：“邑之有志与国史等，史必随事记注，志亦必因时修续，然后不致叹而无征，而足以资考鉴。”（同上）

是年，张敦仁编成《临朐编年录》7卷。是书首列临朐之古邑名，曰骈邑，曰邦，曰昌国，曰盘阳，曰零武，曰逢山，曰朱虚，曰穆陵，曰西安，曰部城，曰盖，曰琅琊，曰东阳，曰桑渎，曰臧马，曰虚水，曰朱阳，曰校。以下按编年叙事，起于黄帝元年甲子，止于雍正四年，计4423年，是一部纯编年体之志书。无凡例，无目录，将邑之沿革、建置、赋役、职官、选举、物产、杂事，一一按年编入，事繁者又为之详注。将三代传说也加收入，有些未加考证。有评论者认为其

不合志乘求实之要求。(转见《山东方志汇要》第 130 页、陈光贻《中国方志学史》第 127 页)

按：傅振伦谓，清代同为编年体之志书，尚有董宣斯之《明州系年要录》。(《傅振伦方志论著选》第 207 页)

是年，李方膺纂修之山东《乐安县志》20 卷刻印成书。是志义例简明，每志前有小序，后有论。各条之下，多有细注，颇便参考，是山东的名志之一。其卷十九《杂记》内，设有“外徙”一目，记载明代县人外徙者五姓。瞿宣颖称“此实独创之例，精识过于恒人。盖一邑居民来去迁徙，必有所因，皆足以窥政教之移易与夫一方隆替之渐。昔之为志者能注意于内徙之家族已甚鲜矣。其进而及于外徙者，前此尚未之有也。是志惜亦仅能举此五人，而不能遍考耳”。(见《方志考稿》第三编山东第 76 页)

按：此前志书中，对于内徙者多有注意，而于外徙者则未加记述。自本志之后，道光二十五年，修成之《胶州志》、道光二十七年(1847)修成之《平度州志》，亦有“外徙”一目，与“侨寓”目平列。(同上书第 71、82 页)

是年，汪元采等修纂成《万载县志》16 卷、首 1 卷刻行。是志资治目的十分明确，故其灾祥志中，除记载历史上水、旱、虫、兵以及用兵三藩给当地造成之巨大灾难外，还附载了该县申地方惨苦情形文 3 篇。文中真实地再现了水旱兵荒，或田野代为川泽，死尸浮川蔽野；或赤地千里，白昼虎出伤人；或清兵破城，不分良莠，大肆屠杀，大军云集，供给艰难之状，提出“不有岁何有民，不有民何有赋?”希望要从长考虑，实行宽免和抚恤政策，以解决民生久困之问题，以维护长治久安之统治基础。(转见《中国地方志总目提要》14—47)

是年，李寅宾纂修成山东即墨《马山志》6 卷。是志之修，提出山志编纂原则，重在志人：“天下名山洞府多矣，不必尽有志也。马山一陵率(?)耳，何以志为？曰志其人，非志其山也。苟无其人，则高岩广岫，有不足道者。苟有其人，虽一亭、一台、一池、一涧、一石、一木，好事者犹且自为古迹，作为诗歌赋颂，以传诵于无穷，而况于一山耶。”(转见《山东方志汇要》第 83 页)这是很有见地之论。

雍正十二年(1734)八月，方苞被任命为《一统志》总裁官。其上任不久，即写了《与一统志馆诸翰林书》。在此文中，说他从实践中体会到志事之不易：“仆未受事时，旧志勿论。既立条例后，新纂一郡稿成，随命学子校勘，次山再之，仆三之，始发誊录。及观清本，而罅漏又自见矣。班覆之而更写焉，自视若无遗憾。及各府州志毕萃，而叉牙相抵者且百出矣。诸公勿谓此文事之浅者，心与目毕至焉，而后知其曲艰也。”此外还说到于下诸点意思：一是说修志统一体例之重要，“体例不一，犹农之无畔也”。他认为“《明统志》为世所诟病久矣，然视其书，尚似一人所条次。譬为巨室，千门万户，各执斧斤，任其目巧，而无规矩绳墨以一之可乎?”二是要由博返约，力求简明。认为“是书所难，莫若建置、沿革、山川、古迹。振奇矜能者，大率博引以为富，又不能辨其出入离合而有所折衷，是以重复讹舛抵牾之病，纷然而难理，不知辞尚体要。地志非类书之比也，所尚者简明，而杂冗则愈晦。然简明非可强而能，必识之明，心之专，遍于奥颐之中，曲得其次序，而后辞可约焉。其博引而无所折衷，乃无识而畏难，苟且以自便之术耳。”三是强调资料之可靠性。要“多方收得之群书互参”。（转见《历代名人论方志》第 137～138 页）他的这些主张，对当时和后世修志都有一定影响。

按：方氏又曾写有《畿辅名宦志序》一文。在该序中，他认为：“史作于异代，其心平，故其事信。”而郡县志则作于当代，为同时代有司所为，“其识之明，未必能辨是非之正，而恩怨势利请托，又杂出于其间，则虚构疑似之迹，增饰无征之言，以欺人于冥昧者不少矣”。故对于个别人文集中所记载之人，不应仅以文集中所载事迹入志，应注意防止仕宦者之子孙，借入志以“虚美其先人而转以自播扬”。（转自邸富生《中国方志学史》第 143 页）这种认识是很有见地的。20 世纪 80～90 年代修志中，有人谈到志书之特性时，有“真实性”一说，看来单纯强调方志真实性一面是有片面性的。

又：在修一统志中，程廷祚提出之意见，也值得重视。他在《修一统志议》中说：“著书者，以义为体，而例从之。著《禹贡》之书，义在平天下，故先记治水，次赋，次贡，禹贡以为例。职方氏义在周知四方，故先记山川，次地理，次男女，职方氏以为例。其后班孟坚采二书之绪余，以志地理，为文家所取法。审此则义可知矣。王者光有天下，谓之一统。则其为书，非徒以志郡县之沿革广狭也，非徒以志名胜之有资于流连观览也，非徒以志古迹、名宦、人物之时代先后，必将举天下之大经大法，以推明光天下之义，而后得一统志之书而后独见其为一代之制作。故正其义者，所以正其名也。义正名正，则例可得而举矣。私谓其中有当明体国之义者，有当明画野分州之义者，有当以地承天之义者，有当明经世之义者，有当正文字详略之义者……何谓正文字详略之义？立言之体，详所当详则不为烦，略所当略则不为简。夫地有山川也，形势具焉，财用出焉；陂渠防汛，生民之利害关焉，此所当详也。荒诞瑰丽之谈，不必详也。城池、学校、关梁其所在，与所由建，不可略，而文之烦者宜杀也。废州县已见年表者，则但志其所在，楼台亭阁之属，又可略也。其名官人物，非仅见于方志者，宜注云详见某朝书本传，而流寓可略也。其不可略者，则兵制宜载，可以观强弱；户口宜载，可以观盛衰；文武之职守、廨署及乡举与入学之多寡，皆宜载也。体制有分并，结撰有重轻，皆于文字之详略见之，而可忽乎哉？”（转自《历代名人论方志》第 140 页）

是年，由觉罗石麟修，储大文纂雍正《山西通志》梓刻成书。全书 230 卷，40 目。是书之值得注意者在于：一是清初以来境内政区变化较大，书中记建置沿革较详。二是注意记述当时恢复和发展生产之一些措施，如以 6 卷之篇幅，详记了全省渠、泉、桥、堰、堤坝、池塘的历史和现状，施工利用，并注意总结其经验。三是注意产业之记述，如物产门中，详载了自汉至清初山西产铁量及铁制品之情况等。（见祁明编著《山西方志要览》，1997 年 12 月内部印刷本第 21 页）又载其省“瓷器有黑白二种，府州胥出，凡盘盂器用，胥极朴素，有唐魏之遗风……俗称晋瓷”。还载有《吕坤停止砂锅疏》：“查得陶器烧造地方，止有仪征、瓜州、河南、正定、江西五处,其器止有瓶坛瓷瓮等件,并无所谓山西砂器者。卷查嘉靖三十九年,坐派潞安府砂器五千个,四十年坐派一万五千个;万历十八年坐派一万五千个"(转自瞿宣颖《方志考稿》,天春书社民国19年12月刊行本第五编第2页)等,资料都颇为珍贵。此志被后人称为名志。瞿宣颖在《方志考稿》中评之曰:"山西自古为列郡之雄,而大文复深于地理之学,所补旧志之遗阙,如边隘武事之类,皆犁然有当于人心。乃至经籍、氏族诸门,亦深见卓识,非苟而已。视雍正间他省所修诸志远胜也。惟杂志门采唐以来小说,丰衍旁洽至三卷之多。光绪志颇讥其采脞编琐说以为博。然大文纂辑之意固不可没也。真史料多存于小说,是在善观史者明辨而精析之,与其过而废,不如过而存也。"故是书享有"名笔"之誉。《四库全书总目提要》谓:"其发凡起例者为原任庶吉士储大文。大文于地理之学颇能研究,所著《存砚楼集》,订正舆记者为多。故此志山川形势,率得其要领。其特立《经籍》一门,乃用施宿《会稽志》、袁桷《四明志》之例,亦有资考据云。"(卷六八,《史部·地理类一》)

雍正十三年(1735),直隶总督唐执玉、刘与义、李卫等监修,陈仪、田易等纂雍正《畿辅通志》120卷、图1卷,刻成。全书凡30门,即诏谕宸章、京师、星野、建置沿革、形胜、疆域、山川、城池、公署、学校、户口、田赋、仓廒、盐政、兵制、关津、驿站、水利、营田、陵墓、祠祀、寺观、古迹、物产、封爵、职官、选举、名宦、人物、艺文。于人物、艺文门下复分子目。是书在康熙《畿辅通志》之基础上修成。康熙《志》,始修于康熙十九年(1680),先后由直隶总督于成龙、格尔古特主持,由翰林院编修郭棻总其事。仅以10个月而告成,都46卷。由于期限匆迫,草率而成,故贻后人之讥,谓其"简而不当,其根源见于经史子集者每缺焉,或取诸类书而与本文讹舛,其他则稗官小说为多。"故《四库全书》未予收录。此次直隶总督唐执玉延田易等,于莲花池开局,加以搜罗纂辑而成。重修通志之特点是,"广为稽考,订误补遗,著其有征者",成书自然大超前志。《四库全书》不但加以收录,而且在《四库全书总目提要》中,评其"订讹补阙,较旧志颇为完善"。

按:《提要》中附的一"案",说明一凡例,颇为后人读志之便,亦录于次:"《通志》皆以总督、巡抚董其事,然非所纂录,与总裁官之领修者有别。故今不题某撰而题某监修,从其实也。监修每阅数官,惟题经进一人,唐、宋以来之旧例也。谨于此书发其凡,后皆仿此。"(见卷六八,《史部·地理类一》)

是年,李卫、嵇曾筠修,沈翼机、傅王露等纂《浙江通志》280卷、首3卷刻成。是志在很大程度上屏弃了旧志各门之下按地区编纂之形式,采用门下按事物类别载述之方法,基本避免了以往通志,常以府、县志之合并或拼接而成之弊病,奠定了整个以全省作为记载范围之通志所应有的记述格式。内容兼综博搜。主纂者傅王露认为,通志与类书相同,故是书平列54门。在书之《后叙》中,他说"后之作志者,以为志与史异,不妨自为论撰,以成一家之言,究亦未尝不掇拾前人之余绪,而不言所自出,人亦不复辨其所来。遂尽掩古人之作以为己有,甚而割裂文义,颠倒字句。或不免以文害词,以词害意,承讹袭舛,辗转相仍,而反借口于前人之失，不亦惑欤？至于记载时政，则多隐括其事，变易其文，而语焉不详，意旨流失，使后之人无从考其颠末，何以传信于天下？"这是较早的提出纂辑派之主张。因此他在编纂是志中，"钦遵编纂御书体例。凡经史子集，悉采辑原文，标列书目。或辞义冗长，仅从删节，毋许妄易一字。煌煌定制，盖深有契于圣人'述而不作'之义也。"（转自《傅振伦方志学论著选》第223页）故是书特点之一，便是记事皆有依据，引书列举原文，并附注书名或出处，遇有不同之记载更加以考订，故史料价值较高。

是书雍正九年开局，以康熙间所修者为底本加以编纂。主修者先后有总督李卫、嵇曾筠等，纂者为傅王露、沈翼机、陆奎勋等。《四库全书总目提要》卷六八，谓其"所引诸书，皆具列原文，标列出典。其近事未有记载者，亦具列其案牍。视他志体例特善。其有见闻异辞者，则附加考证于下方。虽过求赅备，或不无繁复丛冗，然信而有征之目，差为不愧矣"。卷内除浙江全省图外，各府县也都有图，而省内之名山、大川、堤塘、海防、关隘以及著名寺院、庙宇、陵墓、书院等，也无不有图。图之方位与今行者相反，但绘制却较精良。图的内容与绘画结合表示，凡古城墙、宝塔、桥、山等，均画出形象符号，村镇则以屋宇符号表示，都颇为形象直观。（转见刘平平《浙江古代方志地图文献考》，载《中国地方志》2004年第11期）周中孚在《郑堂读书记补遗》卷十二中评论云："浙江之有通志，始于明嘉靖中提学副使薛应旂，成书七十二卷。然其间繁简失伦，纯驳互见。至康熙二十二年，总督赵士麟等尝因其书而重新之。顾以数月蒇事，其简略犹是也。雍正九年春，总督乃开局，选名俊编纂，以原任侍读学士沈翼机、编修傅王露、检讨陆奎勋总其事，历数载而始告竣。兼综博搜，考证得失，参互同异。其征引原文，悉标列书目。至记载时事，仅依《大清会典》，采录科条文奏，以存实据。其或见闻异词，则加案语以申明之。首列诏谕圣制为卷首三卷，余自图说以下，分五十二门。其人物一门，又分十子目。盖变文以起例，依类以定名，其详赡胜旧志十倍，而体例亦较他志为善耳。"（转自洪焕椿《浙江方志考》，浙江人民出版社1984年6月重印本第30～31页）

按：据梁启超在《清代学者整理旧学之总成绩》"方志学"一章中说：此志编中其经籍一门出杭大宗手，而卒被志局排挤削去，大宗虽别录单行，然今竟不可得见矣。（见该书第147～148页）

是年，黄廷桂修，张晋生等纂成《四川通志》47卷、首1卷，乾隆元年刊行。据《中国地方志总目提要》介绍，是志特点有三：一是因为康熙在位60年间，大量外省人入川垦殖，原先撤销之县又重新恢复建置。到雍正时，又把原属四川之一些土官辖地，分别划归云南、贵州两省。一些直隶州改升为府，一些分州改为直隶州，一些地方实行了改土归流。因而建置、人口、赋役都变化较大。志书对这些变化都记之较详。二是该志特设"西域"一个专卷，将打箭炉（今康定县）以西之地方名之为"西域"，加以载述于其21卷之中。自打箭炉起，经里塘、巴塘、乍丫、叉木多，直记至西藏。首次记述了西藏地区的政治、经济、文化、军事、交通、历史、地理、民俗、风物等。是迄今为止所见正式刊行之最早的西藏志书（该卷可以视作是首部西藏通志),比之乾隆刻本《西藏志》要早半个多世纪。三是专设 2 卷为“土司”门,详各土司之情状。(21—8)《四库全书总目提要》评之为:是书“凡分四十九类,旧志之阙者补之,略者增之,较为详备。其中沿旧志之误未及尽汰……尚不免地志附会缘饰之习。然其甄综排比,较旧志则可据多矣”。

是年,田文镜、王士俊修,孙灏、顾栋高等纂成《河南通志》80 卷刊行。以朝廷修《一统志》,要求全国督抚修通志报送一统志馆。河南总督田文镜行檄各府州县整辑县志送总督府备采。于雍正八年置局,修成通志稿 80 卷。田病休后,继任者王士俊谨略加编纂,至是刊行。是志值得注意者不少。如田文镜序中,言河南修志之难,有谓:河南开辟较早,事久难稽;河之为患,历有年所,欲究其详,难免遗漏;河南四战之地,欲穷其要害源流实不易等。尤其其《凡例》有谓:“宜精核,不宜繁富,宜详于事实而略于词藻。事实虽繁而首尾条贯,则一见了如;侈陈词藻,则充栋汗牛,无益实用。”(转见《河南地方志提要》上册第 26 页)就更值得注意。《四库全书总目提要》称是志,“考古证今,体例颇为整密”。

是年,刘于义修,沈青崖纂成《陕西通志》100 卷、首 1 卷刊行。其疆域、建置、山川门,对陕西境内 8 府、10 州、92 县之疆域沿革进行了精确之记载和考证,且为各府、州、县考据绘图,并缀以年表,相互参证。颇重职官、选举、人物诸门。修志者认为非正统之制度、人物、室制、地名更改、名宦等,概不收录,如王莽改制,符秦、石赵之政权,皆摈弃而弗录。古迹门之宫阙目,对于周、秦、隋、唐四朝建都、宫殿,以详图绘出,且将自秦迄明之文物、古迹、府第、园池等都加以详载。其中著名者有未央宫、长乐宫、大兴宫、阿房宫、长安故城等。陵墓门对自周迄明历代帝王、功臣,如秦始皇陵、周幽王陵、汉武帝茂陵、唐太宗昭陵、唐高宗乾陵、隋文帝泰陵、诸葛武侯墓、神医扁鹊墓等,都加以详载,史料价值颇高。(转见高峰编著《陕西方志考》第 8 页、《中国地方志总目提要》25—6)《四库全书总目提要》著录谓:“陕西省治本汉唐旧都,故纪载较多。如《三辅黄图》、《长安志》,皆前人所称善本。而卷帙既繁,异同亦夥。至其隶辖支郡若绥、葭、凤、兴之类,则又地近边隅,志乘荒略,不免沿习传讹。是编订古证今,详略悉当,视他志之扯挦附会者较为胜之。书中间有案语,以参考同异,亦均典核可取。”(卷六八,《史部·地理类一》)

按:雍正时是现存通志修成密集度最大的一朝,仅从现存通志数量便可说明。笔者据《中国地方志联合目录》著录进行统计,雍正一朝之内所修通志,今存者达 10 部之多,平均1.17年便存一部;嘉靖朝在 45 年内,存 14 部,是3.22年存一部;万历朝 48 年内,存通志 12 部,是 4 年存一部;康熙朝 61 年存 19 部,是 3.21 年存一部;乾隆朝 60 年存 13 部,是4.6年存一部;光绪朝 34 年存 14 部,是2.4年存一部。现存通志密度,不等于修成通志之密度,但却可以肯定,雍正朝在修成通志之密度上,也会是很高的。在现存通志总数上,雍正朝次于嘉靖、万历、康熙、乾隆、光绪,居第 6 位。在今年一年,便有《畿辅通志》、《浙江通志》、《河南通志》、《陕西通志》4 部通志刊行。是通志刊行数最多一年。雍正十

一年,刊行者有《湖北通志》、《广西通志》、《四川通志》等3部,雍正十二年,刊行者有《山西通志》、《盛京通志》2部,雍正九年刊成《广东通志》1部。

是年,钦琏修,顾天成、顾昌纂成《分建南汇县志》16卷、首1卷刻行。是志不载分野而详列绘图,在当时属难能可贵。又其"凡例"中附赵敬之《修志议》,是一篇专门的修志论文,对研究上海方志修纂史颇为有用。(转见《中国地方志总目提要》9—23)

是年,赵宪修,王植纂成《深泽县志》12卷。是志首篇即是《编年志》。其特点是不似一些志书的编年,仅选载战伐等大事,而是包括与本邑有关之建置之兴废、制度之沿革,以至故老之传闻,凡有年月可系者,均为排入,几无挂漏。瞿宣颖称其"深合方志之义"。(转见《方志考稿》第一编直隶第118页)

雍正时,毛振翧撰成《西征记》、王世睿撰成《进藏纪程》。毛振翧以云南阿迷知州于雍正六年正月,奉命参与秦、蜀、滇三路大军进藏,至十月南返。书其沿途所见,性质略同于王我师之书。(见《中国地方志总目提要》24—5)而此时相同类型书中,以王世睿撰成之《进藏纪程》最为详尽,亦更近于地方志书。作者于雍正十年奉命进藏督粮,往返9阅月。对于沿途之山川道里、关隘寨堡、古迹寺庙、气候物产、风土人情均加以详述,分为18目。如所记打箭炉谓:其地群峰环绕,中敞一涧,广阔如平地。"番蛮"聚居,住石垒碉楼,食青稞和牛羊肉。昔诸葛亮征"蛮"时,于此设炉造箭故名。为川茶"夷"货交易之所,四川商贾辐辏,设有钦差税监,行政由土司管理。里塘产冬虫夏草。巴塘土广浴淳,"番人顺化",地暖无雪,物产丰富,同于内地。江卡,衡宇相望,其人"悍野,多事剽窃"。察木多为头藏,又名昌都,驻有呼图克图(藏王),一都会也。拉里,多雪苦寒,人民傍崖而居。墨竹工卡,山川平旷人勤耕稼,一如内地。对拉萨记之更详。人称此为"清代初期西藏志书之佳者"。(见《中国地方志总目提要》24—6)

乾隆朝（公元 1736～1795 年）

乾隆元年(1736),朝廷特命奉天府尹宋筠、府丞王河重修,魏枢等纂成《盛京通志》48 卷。此乃是在吕耀曾《康熙府志》基础上之重修。名为《盛京通志》,实乃“合东三省事并记之,然皆以盛京为主,吉林及黑龙江特从附载”(转见薛虹《中国方志学概论》,黑龙江人民出版社 1994 年 4 月版第 44 页),实际是整个东北地区之志也。在做法上颇类《长安志》、《临安志》、《顺天府志》等。其卷 5～9 之京城志、坛庙志、山陵志、宫殿志、苑囿志等,即《临安志》设“行在所”之意也。瞿宣颖在《方志考稿》第二编中评之云:“前志为康熙二十二年将军伊把汉、府尹董秉忠等修也。本书开卷即未列前志纂修年月,序文中亦无一语及康熙志之始末,是不待读之终篇,已决其无著述之法矣”。“其中率陋之处不可悉数,姑摘其一二端:如古迹一篇,但举辽金诸州县之名,而太半不能指其为今何处。夫古迹云者,谓其有迹可寻也。但若举其名,复奚赖于志也。后妃一门专以辽金两朝为断,不知慕容基业。渤海建邦,亦不宜没其数世。至于京城、宫殿等,皆寥寥数纸。图尤粗劣,实无以称陪都志典制。”

按:其人物志之外,复有孝义志、列女志、隐逸志、流寓志、方伎志、仙释志等。所谓人物不含后面诸类人等,亦未必允当。

是年,鄂尔泰修,靖道谟纂成《云南通志》30 卷、首 1 卷,卷即一门。《四库全书总目提要》谓:其地“在汉本属益州,后为南诏所据。至元代始入版籍。其有地志则始见于唐,然传于今者,仅有樊绰之《蛮书》,所纪皆六诏山川,历年既久,旧迹多湮,证之于今,相合者十无一二。《明史·艺文志》载太祖初平云南,诏儒臣考定为《志书》六十一卷,今已散佚。他如杨慎之《滇程记》、《滇载记》诸书,掇拾成编,不免挂一漏万……雍正七年(729),鄂乐泰总督云贵,奉诏纂辑……乾隆元年书成,后任总督尹继善等具表进之。其间视旧志增并不一。如图之有说及府州县题名,皆补旧志之所无。《大事考》、《使命》、《师命》诸目,旧志所有而冗复失当者,则删去之;又《课程》原附‘盐法’,‘闸、坝、堰、塘’,原附《城池》,今皆别自为门。纲领粲然,视原本颇有条理焉。”(卷六八,《史部·地理类一》)

是年，尹继善、赵国麟修，黄之隽、章士凤等纂成《江南通志》200卷、首4卷、序目1卷刻行。先是康熙二十三年(1674)于成龙志成之后，至雍正七年(1729)两江总督尹继善等又奉诏重修，于九年(1731)冬设局于江宁，以黄之隽等司其事，阅五载至今年成，由总督宏恩、江苏巡抚顾琮及安徽巡抚赵国麟等具表上奏。是志卷首以《谟典》4卷，载圣谕及御制诗文。后分舆地、河渠、食货、学校、武举、职官、选举、人物、艺文、杂类等10志，下领68目。采用以志领目之纲目体，不同于康熙志。除新增河渠、杂志、辨讹等目之外，全书资料更丰富，考证更精审。《续修四库全书提要》评之为名作。但以4卷之篇幅来载诏谕，有些是根本与江南无关者。且序文达15篇之夥，多系谀词，让人读来生厌。(转见《江苏旧方志提要》第3～5页)

按：这也还是一部江苏、安徽两省之合志。志中资料都是按两个独立政区排列的，只在其前加有“江南省”、“江南布政使司”、“江南通省”之类的综述或概括性语。故内容依仍“微有牴牾”。

又：据道光山东《观城县志》“凡例”有言：“志书体裁，乾隆间有部颁式，依《江南通志》之例也。”可见本志之体例，曾被朝廷颁为体式。但何时颁发为体式，未查得。

是年，黄叔璥撰《台海使槎录》(亦名《台湾使槎录》)8卷刻行。作者于康熙六十一年(1722)始与吴达礼同任巡台御使，三年后去任。在职期间，著有《赤嵌笔谈》4卷、《番俗六考》3卷、《番俗杂记》1卷，后合集成本书。“笔谈”中计有原始、星野、形势、洋、潮、风信、气候、水程、海船、城堡、赋饷、武备、习俗、祠庙、商贩、进贡、泉井、园石、物产等。“六考”中，北路记诸罗番之居处、饮食、衣饰、婚嫁、丧礼、器用等；南路记凤山番(包括凤山傀儡番、凤山琅番十八社等)。是书写作态度甚为严谨，如其序中所云：“凡禽鱼草木之细，必验其形焉，别其色焉，辨其族焉，察其性焉。询之耆老，诘之医师，毫厘之疑，靡所不耀，而后即安。”因此，对于山川、风土、风俗、物产，均言之可征。(见《中国地方志总目提要》30—10)《四库全书总目提要》谓：于台湾“诸书记载，或疏略不备，或传闻失真，叔璥裒辑诸书，参以目见，以成此书。于山川、风土、民俗、物产，言之颇详。而于攻守险隘、控制机宜及海道风信，亦皆一一究悉。于诸番情势，尤为赅备。虽所记止于一隅，而亘古以来，舆记之所不详者，搜罗编缀，源委灿然，固非无资于考证者矣。”(卷七〇，《史部・地理类三》)

乾隆初年，派齐召南进入一统志馆，专门负责蒙古诸郡志书之编纂工作。(转见苏长春《地方志与地方行政管理关系探微》，载《中国地方志》1994年第2期)

乾隆二年(1737)，浙闽总督、兵部尚书郝玉麟主修成《福建通志》78卷。此志之特点是因地情变化大，故增添前志内容为多。如《四库全书总目提要》所云：“福建自宋梁克家《三山志》以后，记舆地者不下数十家，惟明黄仲昭《八闽通志》颇称善本，而不免阙略。又自明立福建布政司，分建属郡，以福、兴、泉、漳为下四府，延、建、邵、汀为上四府。国朝德威远届，鲸海波恬，台湾既入版图，而福州所属之福宁亦升州为府。泉州所属之永春、漳州所属之龙岩，又各析置为直隶州。建置沿革，多与昔异。以旧志相较，每与今制不同。且福建三面环海，港汉内通，岛屿外峙，一切设险列戍之要，旧志亦多未详。雍正七年承诏纂辑通志，因取旧志之烦芜未当者，删汰冗文，别增新事。其疆域制度，悉以现行者为断。至乾隆二年书成，玉麟等具表上之。自星野至艺文，为类三十，为卷七十有八。视旧志增多十四卷，如沿海岛澳诸图，旧志所不载者，皆为详绘补入，足资考镜。于体例亦颇有当焉。”(卷六八，《史部·地理类一》)

是年，程国栋纂修，张陈典等同纂成《嘉定县志》12 卷、首 1 卷。全书分疆域、营建、赋役、水利、学校、兵防、职官、选举、名宦、人物、艺文、杂类等 12 门，77 目。这是从本县分出宝山县后之一部志书，它的处理方法是分合县境、水道等均列新旧两图，内容上凡今属宝山者予以剔除；语言、节序、占候等与前志略同者予以省略。实行“版图兵赋人物事迹亦当分析。在既分以后者固不赘矣。而故壤或有与现隶当关存者，特于并载之中，注明分辖之界”。程氏在志序中，对志书详略之主张是，“贵丰而不余一言，约而不失一词”。(转见《中国地方志总目提要》9—28、梅森《上海方志研究概要》第 35 页)

乾隆三年(1738)，台湾巡道尹士俍私纂成《台湾志略》3 卷刊行。是志上卷 10 目为：全郡形势、疆域沿革、重洋海道、文员定制、武职营规、城垣台寨、民番田园、钱粮科则、支放兵饷、收销盐课；中卷 10 目为：学校士习、民风土俗、番情习俗、气候祥异、山川景物、路程港口、出产水利、寺庙旧迹、杂缉遗事、外洋各岛；卷下为艺文题咏，收有疏、传、记、赋及各体诗 59 首。仅从篇目上已可见其特点。全书内容丰富、翔实，收录了一些其他文献中未收之史料，不少是撰者亲历见闻和实地采访所得，有较高之资料价值。如其中所录除有台湾府缴纳丁银之民丁人数外，还有当时台湾四县一厅汉人居民之户口数及男、女人口数。是研究清代台湾移民史、人口史和开发史之重要资料。尤其对平埔族的汉化过程，写得相当细致。撰者对台湾之认识也有过人之处，如谓：“是台不特屏藩中土，而实所以控制外彝者也”，“海中锁钥，台郡为至重焉。”(均转见李祖基《尹士俍与〈台湾志略〉》，载《中国地方志》2004 年第 1 期)

按：是书修成不久即被视为已佚之书，直至近期才为厦门大学台湾研究所李祖基先生发现其刊本，现已重加标点交出版。

是年，姚江知县睦文焕修成《重修姚江县志》。志中不仅收入睦文焕本人诗文之作，且连同其子侄诗文，无论优劣也都收入，这种恶劣作法，颇遗后人之讥。(转见《中国方志简史》第 352 页)

乾隆四年(1739)，鄂尔泰、李绂奉敕修纂成《八旗通志》356 卷。分八志、八表、八传三部分。八志分别为：旗分、土田、营建、兵制、职官、学校、典礼、艺文，记述了八旗之建置、规划、驻防、旗地、府第衙门、官员职掌、礼仪、诏诰、诗文等；八表分别为：封爵世表、世职表、八旗大臣年表、宗人府年表、内阁大臣年表、部院大臣表、直省大臣表、选举表；八传分别为：宗室王公、名臣、勋臣、忠烈、循吏、儒林、孝义、列女等。(转见《中国边疆史地古籍题解》第 3 页)是志为研究满族史和清史之重要资料。乾隆帝在《御制八旗通志序》中认为，志书“著一代之宪章，垂奕世以法守，经邦立政，惇典善俗，必于兹取则焉”。故志书之作用在于“监成宪，则思所以遵守而修明之;览风俗,则思所以董劝而振作之;笃宗盟,则思推一本以睦之;念勋旧,则思培后裔以酬之”。(转自邸富生《中国方志学史》第145页)

按:李氏一生中还纂修过《广西通志》、《畿辅通志》、《汀州府志》、《临川县志》、《江西志补》、《抚州续志》等,而且在方志学理论方面也颇有建树。黄苇等在《方志学》中,认为李氏为乾嘉时方志学之正式建立作出了很大贡献:一是其一反传统之方志属地理书之说,明确将志书划入史类,认为“志,固史之属也。春秋列国皆有史,后世郡县皆有志,……一邑之志,与志天下无以异也”;二是修志要“以史为宗”,强调人物生不立传,志文要朴实传信,切忌浮华,“纂言记事,必载原书,所谓则古称先,庶免无稽之诮。李善长注《文选》,乐史作《寰宇记》,每条注征引书名,可为著书之法,今亦仿之”;三是提出志书要成为“籍征考”、“资援据”之一地信史;四是修志者要有修志之“志”和修志之“才”。(第531～534页)

是年,曹抡彬等修,曹抡翰等纂成《雅安府志》16卷刻行。是书分55门,对川西南各少数民族土司的分布、生产、生活等记之甚详。在土司门中,对境内木坪、大田、松坪、冷边等地数十个土司、安抚司、土百户、长官司之地域、历史、“夷俗”、人口、物产、交通等都有记载。在西域门中,专记川康边地之里塘、巴塘、察木多以至拉萨等地之资料,是研究川康边地的藏、羌、彝、蒙、苗等少数民族难得之珍贵史料。(《中国地方志总目提要》21—128)

乾隆五年(1740),知府刘良璧修,钱洙、范昌治纂《重修福建台湾府志》20卷、首1卷刻行。是书仿《福建省通志》体例,以康熙高拱乾《台湾府志》为蓝本。卷首增以《典谟》,载谕旨一类,又增加职官、田土、艺文等。较前志精审充实,且舆图亦重新绘制。志中所记康熙六十一年镇压朱一贵起义之资料较为难得。(见《中国地方志总目提要》30—3)

是年,鲁之裕修,靖道谟纂《湖北下荆南道志》28卷刻印成书。方志史学家朱士嘉称,这是方志史上仅见之两部道志之一,另一部是民国15年修成之《朔方道志》。(《朱士嘉方志文集》第48页)

是年,知县沈钟纂修成《屏南县志》8卷、首1卷刻行。是志为该县的首部志书。在修志过程中,沈氏为广为收集资料,曾制成调查表,“订成印簿,分门别类,散给各都,令逐条填注”。而后将收集来之资料,逐一审核,做到“非有据者不敢滥登”。志之将成,沈氏因城工被议而仓猝去官。其不忍功亏一篑,遂携志稿随身,续加详理,缮成两分,而后刊行。纂者认为,经国首重教养,故于志中颇重生产。其赋役门附载有教民蓄水灌田之法,种杂粮、豆、麦之法,设猪圈屯灰粪肥田之法等。(转见《中国地方志总目提要》13—30)

乾隆六年(1741),鄂尔泰、张广泗修,靖道谟、杜诠纂《乾隆贵州通志》46卷、首1卷刻成,这是此轮修志中省志成书最晚之一部。后人对此书褒贬不一。《四库全书总目提要》谓,“贵州僻在西南,苗蛮杂处,明代始建都指挥司,后改布政司,分立郡县,与各行省并称。而自唐宋以前,不过羁縻弗绝……故古来纪载寥寥,最为荒略。明赵瓒始创修《新志》,其后谢东山、郭子章及本朝卫既齐等,递事增修,渐有轮廓。终以文献难征,不免阙漏。……此书综诸家著述,汇成一编,虽未能淹贯古今,然在黔省舆记之中,则详于旧本。"(卷六八,《史部・地理类一》)周中孚在《郑堂读书记补遗》中也说:其"取新旧诸志、郡邑志书,参以群籍,详加稽考,或因或创,颇为条理井然。虽文献不足,无所取材,视《云南志》为简略,而以备十二府十一厅四十六州之掌故,其详较旧志为远矣。"但也有人谓其"较康熙《志》犹有逊色"。又有人说它"识见远不如前志"者。(转见《贵州地方志论纲》第 14 页)

是年,张奎祥修,李芝兰纂成陕西《同州府志》20 卷、首 1 卷刻印。是志将帝系、后妃、太子、公主、宗室、封爵均收入志中。帝系中收入皇帝 8 人,皇后 7 人,太子 2 人,历代封王、侯、公、伯爵者总共 146 人之多。(参见《陕西方志考》第 64～65 页)旧志中往往有帝王之目,但一部府志之中,收帝王如是之多者,亦属罕见。

是年,方学成修,梁大鲲纂成山东《夏津县志》10 卷、首 1 卷。方氏自雍正八年冬至夏津署事,即"周咨利弊",得知"此疲邑也,亦瘠邑也",于是立志革除"积弊宿累"。其修志亦本此目的。他主张"夫学志,古今言行得失之林,而时势之因革损益,补偏救弊于政治,为尤关者也"。又主张,"政贵有恒,辞尚体要,殆不可易矣。发凡起例,列目提纲,举事直书,而是非自明者,良史才也。发潜德之幽光,诛奸诈于既厄,勿隐勿饰"。"网罗故失,搜采遗文,讹者正,缺者完,且凡一字之传,一行之传,必勿遗勿滥"。(转见《山东方志汇要》第 618 页,《山东地方史志纵横谈》第 262 页)勿隐、勿饰、勿遗、勿滥,确是修志之箴言。

乾隆七年(1742),萧腾麟撰成《西藏闻见录》(又名《西征录》)一稿,至乾隆中叶刊行,为刊本记藏事较早之作。著者自乾隆二年(1737)起,尝领兵驻镇察木多(今昌都县)五年之久,得悉各地情形,凡其目之所睹,耳之所闻,躬之所履者辄笔之于纸,目击之谈,类多可据。西藏之名,始见于康熙六十年(1721)之《圣祖仁皇帝御制平定西藏碑文》之"一矢不发,早定西藏"句。是书中追索西藏名称之源有云:"考西藏之载于方舆,即周之西域,汉之西羌,唐之吐蕃也。我朝始分其地为三部,曰康、曰卫、曰藏。而人因其名之实繁,遂总其名而称之曰西藏。"其中"方语"一门,是迄今所见最早载汉、藏语音词汇的资料丛刊之一。

是年,安西观察副使常钧撰成《敦煌杂钞》2 卷、《随笔》2 卷。杂钞记安西观察所领河西四部、关西七卫以及安西、柳沟、沙州、靖逆、赤金、哈密、玉门、赤斤、蒙古、阳关、罕东、阿端、曲先等厅、卫,还有嘉峪关、赤金山、昌马疏勒、观音寺、苦峪、三危、鸣沙、白龙堆、流沙渥、洼水、氐置、古长城、雷春寺、南山、天山、瀚海、巴里坤、吐鲁番等城市之沿革、建置、山川、城堡等内容。《随笔》则记安西之地名、地情、形势、户口、田亩、积粮、屯田、开渠等。是两部不名方志而实具志书性质之书。(见《中国地方志总目提要》26—45)

是年,李以琰修,田实秬等纂成《嵊县志》18 卷、首 1 卷、末 1 卷刊行。是志《凡例》中提出"例以义立,事以类举,纵纂横排,宏纲细目,井然有序",故要求做到据事直书,临文不讳,无征不录,复者宜删,分者宜合。对有疑误者要加以考证。这些都是颇有见地之方志思想。

(转见《中国地方志总目提要》11—82)

乾隆八年(1743),清代官修地方总志《大清一统志》终于成书,共342卷。这是清代第一次修成之一统志。其体例是:"每省先立统部,冠以图表。首分野、次建置沿革、次形势、次职官、次户口、次田赋、次名宦,皆统括一省者也。其诸府及直隶州又各立一表,所属州县系焉,皆首分野、次建置沿革、次形势、次风俗、次城池、次学校、次户口、次田赋、次山川、次古迹、次关隘、次津梁、次堤堰、次陵墓、次寺观、次名宦、次人物、次流寓、次列女、次仙释、次土产。各分21门,而外藩及朝贡诸国,别附录焉。"(转自《四库全书总目提要》卷六八,《史部·地理类一》)是书始编纂于康熙二十五年(1686),历58年,至是始成。先是由徐乾学主纂,他亲自制订方案,并写有《凡例》21条,说明每一门类之写作要求。参与其事者均为当时之硕学名儒,如陈廷敬、方苞、万斯同、阎若璩、顾祖禹、胡渭等。从雍正十一年(1733)起,方苞任总裁。其体例,每省先立统部作概括之叙述,并有地图和所属府、州表。

是年,宋名立修,屈启贤纂成河南《汝州续志》8卷刊行。因系续志,故纲目一仍旧志,凡增补校正,均附缀原条项之下。旧有资料,一概不录,只载新增与补订之新资料。无新内容,则注"详旧志,不载"数字。每目都有按语,说明编辑旨意与具体内容,对后世概述之产生不无影响。在处理州、县关系上,实行"州载取该,邑载摘其要,以邑固各有志耳"。在内容上,是志中所载陨石一条,亦颇具科学价值:"永乐五年(1407),信阳平昌关北三里许,有大星坠地化为石。其声轰轰,光芒照人。外则纯黑,中具五色,置之州治,至今尚存。"

按:这种州、县关系之处置法,对后世颇有影响。如其后90余年重修之《汝州全志》就本此法,实行"略县而详州"。(见《河南地方志提要》上册第286页)对于今人修地区志和市志,处理区、市与属县关系,也有参考价值。

又:记载类似有科学价值的资料,在志书并不鲜见。如记陨石,明代方志中除本条之外,尚见有弘治十二年(1499)和正德六年(1511)两条。前者已见前嘉靖《山西通志》(1564年条)所录;后者谓:"六年六月四日,夜有火星交流,复有火球大如车轮,尾长数丈,光焰灼天,坠府城东北角。"(嘉靖《江西通志》卷22,临江府祥异门)又如记激光者,在清代有本书中所收的乾隆五十五年(1790)《武乡县志》、同治六年(1867)《竹溪县志》、光绪五年(1879)《大荔县志》等条。

是年,马慧姿、徐若阶修,傅尔英、宋足发纂成《鲁山县志》9卷刊行。是志凡例谓:"志无定例,因事义起。然大纲不越舆地、建置等,则无定而有定也。而其目则事异地殊,容有异同。其特殊附记,则在乎纂修者之裁定。"(转见《河南地方志提要》第307页),这是很有见地之说。此书于乾隆时该县之基层组织记之甚详,有曰:"牌民十户为一甲,十甲为一保,保、甲各设长一人。近于村百家设长一人,卡房一处,设健役二人。而乡约所属地方,参错不一,则附名于后,共二百九十六保,一千九百三十七甲,牌民一万八千三百三十二户,卡房三十八所,健役七十六名,乡约一百四十五名,村长一百七十五名。按鲁邑牌民一万八千三百三十二户,而口仅六千六百四十八丁,何也?盖户口分隶里甲,各设长以便催科输贡纳赋,皆各列版图者也。若城市乡村,或工商羁旅,或房佃佣旅,则与土著者均隶保甲,给门牌以严禁匪类。牌民、烟户二倍于人丁户口者,此也。”(转自《方志考稿》第四编第 43 页)瞿宣颖认为,这种记述法,“颇存故实,非泛应故事之志书可比”。

按:到 20 世纪后半期修志中,有人提出志书“大体则有,具体则无”,与本志凡例所言,其义一也。

是年,费映奎修,孟涛纂成《榆社县志》12 卷刻行。是志设有《人才志》值得注意。其《赋役志》中,对于明代之工匠及匠价到清代演变情况记之颇详,很具史料价值。其文云:“匠价始于前明。今天下各匠轮班赴京上工,其有愿出银价者,免其赴京应役,各省遂有匠价之征。前抚石因晋省得州县虽有应征银两之额数,并无实在输纳之花名。有向故匠子孙征收者,有向各匠征收者,更有匠无后,令户族均摊各匠分赔者。完纳维艰,滋累殊甚,具摺奏准将额征匠价均入地亩之内。”(转自《方志考稿》第五编第 32 页)这是十分难得之关于工匠沿革之史料。

是年,常廷璧修,吴元桂纂成《无为州志》25 卷、首 1 卷刻行。是志按八卦为次,分为 8 部,17 门 70 子目。卷首为天章,录入多为与无为无涉之圣谕等,甚无谓。但其杂记一目,所载米芾之遗闻 3 则,是研究米芾之珍贵史料。尤其经过考证,确定了米芾知无为军为政和间说(此前,关于米芾知无为军有元祐间、政和间、熙宁间 3 说),释了历史之一疑。(《中国地方志总目提要》12—57)

按:以八卦为目序是其一特。据笔者所见,此前仅见明嘉靖《襄城县志》以八卦作成《志目便览图》(见 1551 年条),及康熙十四年(1765)修之《安庆府宿松县》以八卦标目。其后所见,亦只有民国《中牟县志》(见 1936 年条)。

乾隆九年(1744),阚昌言纂修成《直隶绵州德阳县志》20 卷、首 1 卷刻行。阚氏修志目的明确,将修志与指导农事相结合。为了编写水利等内容,他根据川中水土、气候等情,亲到乡间勘察,并撰写了《蓄堰水说》《劝农说》《劝蚕桑劝纺织说》《崇俭说》等文,意在引导本境之农副业生产。其后二十七年,知县周际虞本其意,增加近 20 年史事重刊时,又增进了自己写的《劝捐社谷疏》和《栽植树木说》等文。(转见《中国地方志总目提要》21—45)

乾隆十年(1745),姜顺蛟、叶长扬修,施谦纂成《吴县志》120 卷、首 1 卷刻行。是志编目有三大特点:一是设有《吴世家封爵》《世族》两目;二是一改一些志书设“小人物志”,不将“方伎”“列女”“仙释”入于《人物》门之作法,而是设的“大人物志”,所有人之传均入人物。其 50～79 卷为人物,分别为先贤、名臣、忠节、循良、能吏、儒林、文苑、武略、孝友、卓行、隐逸、流寓、好义、游侠、列女、艺苑、方术、释氏、老氏、工役等 20 类,是笔者所见各志中,将人物分类最细者。三是艺文不按文体来分,而是按其内容来分,共分为山、水、城池、村镇、桥梁、坊巷、徭役、仓廒、驿馆、官署、学宫、书院、职官、宦迹、兵防、人物、物产、古迹、祥异、风俗、坛壝、祠庙、第宅、冢、园林、僧坊、道观等27目，这也是历来志书之所仅见者。(详《中国地方志总目提要》10—49)其《田赋》目下，记述明代重赋之状也甚有特色，如谓："官田者，皇庄也，国家取之于佃户，佃户输之于王府者也。此租也，非税也。后乃编于额征以为取民之制，其端作俑于宋徽，效尤于元季，开衅于张士诚，而洪武、永乐遂定为常制也。宋宣和元年，浙西平江诸州积水新退，募民耕种，官收其租，故名曰官田。既而高、宁、理宗相继效之，凡籍没蔡京、王黼、韩侂胄等权贵之田，尽减其额募民耕种，此官田之所自也。元朝赋额其始亦轻，因有籍没宋室官田，未曾革除其弊，亦募民耕种，故延祐间定赋，以苏之三十六万者变为八十八万也。及张士诚据吴，志在良田美宅，征赋无度，一时所置田产偏于苏淞。明祖并天下，用兵于张士诚者独多，故因恨士诚而移恨苏淞，乃以籍没士诚部下之产，并此前所籍没宋元与后此所籍没富民沈万三辈之产，概名之曰官田，悉照租额定税。于是苏州赋额向增至八十八万者，忽加至二百八十余万。建文即位，诏除其罚，永乐尽反建文之政，浮粮之豁免者，亦在所反之中。而吴民之困于重赋至此愈烈矣。"(转自《方志考稿》第六编第12页)

按：20世纪80年代修志中，关于条目的书写，往往不得要领，每一条目，往往写成流水账，不能抓住事物之起因、发展、转折(变化)、结果(现状)等关键环节。辅导者如能以此条为例，当是很典型成功之例也。

又：此事本当由《苏州府志》写出，却由苏属之《吴县志》加以记述，可见此县志之非同一般者也。

是年，周之瑚修，严克嶟纂成《确山县志》4卷刻行。是志山川各条下，一一注明原委，山势起伏，河流走向，均清晰明了。尤其土产目下，有土产图，凡鸟兽虫鱼之属，均绘有图形，注明名称。(见《中国地方志总目提要》16—100)这在旧志中是少见的。

是年，张承谟修，周大律纂《温县志》16卷刻印成书。是书中，削去司马懿、司马昭父子不书，乃志书有褒无贬之显例。此法实不足为训。

按：傅振伦主张此法当革，其在《中国方志学通论》中，特别举出：马氏《安丘志》有"丑德门"，何氏《闽书》有"萑苻篇"，郭氏《广东志》有"贪酷传"，林氏《江西志》有"奸宄类"，王氏《开州志》宦绩乡人美刺并加，康熙《枣强志》官师善恶毕记，康熙《南通州志》则立外传以风有位，光绪《睢宁志》以人非纯品，而功勋煊赫者入杂录，光绪《曲阳志》亦善恶同登，都是属于史识卓绝者。(第6页)

乾隆十二年(1747)西宁道按察使司佥事杨应琚，以一人之手修纂成《西宁府新志》40卷刻行。乾隆二十七年(1762)西宁道刘洪绪补而再刻。是志为今存青海志书中部头最大，内容最为丰富之一部志书。其资料范围不限于府内，还对府外青海广大牧区和西藏之材料也多所集入，颇为难得。如《武备志》内载有"塞外贡马番族"、"明塞外四卫"、"青海"、"西藏"(均附有图)、"赴藏路程"等。志分10纲，纲下设目多少不等。根据当地之特殊情况，体例和写法上都有其特别之处。因"湟中郡邑自汉、魏以来，举废靡常，非依编年法特书分注，则不能贯通明晰,于是尽猎历代诸史以至典章、文集、家传,凡有关大事者汹为一志,番阅之际,上下数千年,其得失利害如指诸掌”,故特设《纲领志》(占两卷),“自周秦而下,凡郡邑兴废,羌戎出没暨武功宦迹,关大事者,依编年法,特书以提要,分注以备言,并附载记六篇”。关于少数民族,除《星野志》,其余各志均有涉及。其“载记六篇”,就是几个少数民族之特载,其目分别是:一、无弋爰剑西羌族;二、鲜卑族南凉秃发氏;三、鲜卑族西秦乞伏氏;四、吐谷浑族及其政权;五、吐蕃及其政权;六、角厮罗及其政权。经济资料也相当丰富。(综摘自《青海地方志书介绍》第 28～45 页)张维在《陇右方志录》中评论其“整严有法,而议论驰骤,高瞻远瞩,多经世之言”。在编纂体例上对青海其后之府、州、厅志都有一定影响。由于青海当时尚无省志,又由于是志所记范围实际超越府属,故颇具有些许省志之性质和作用。

是年,巡视台湾御史六十七、范咸、曾曰瑛纂修成《台湾府志》25 卷、首 1 卷刊行。作者以刘良壁修之府志繁琐不当,内容疏漏,故在其基础上而重辑。将其卷首之“典谟”,分散入于各卷。是志仿《诸罗县志》新设附考。将郑成功载于附考中,谓其“始则驱逐荷兰,继则纳土归降,盖为我朝先驱者,故附录其兴亡之迹”(转见《中国地方志总目提要》30—10)。这与此前所修之台湾府志,将郑成功与荷兰侵略者视同一体,归于“外逆”,在观点上是一大进步。艺文几占全书 1/4,保存了颇多之文献,体例亦较优,是一部较优秀之府志。(见上书 30—3)

按:六十七,字居鲁,满族人,任巡视台湾御史,关心台事,自著有《台海采风图考》、《番社闲风图考》、《海东选蒐图》、《使署闲情》等台湾地情著作。

是年,李炘修,侯肩复纂成河南《卢氏县志》17 卷、首 1 卷刊行。是志虽“实则亦极简陋”(《续修四库提要稿》语),但其一反传统的重农轻商而为注重商贾活动的思想却值得重视。其卷四“风俗”目内有言:山中的农民,传统是“轻商贾,专务稼穑。至山麓川泽之产,一任渔于远来商贩而不知取。至家居器用,徒资粟易。赊诸坐商,商亦利积粟,往往倍值以偿。及至夏麦秋禾之交,索偿者遍满四乡。是以筑场甫毕,而室已悬罄矣”。(转自《河南地方志提要》上册第 604 页)

按:是志之修纂成书过程,亦可反映当时河南之修志大势。其先是河南陕汝道奉上级修志之公文后,即制定志规八则,颁于所属府、州、县以为准则,河南府又发所属州县作为借鉴。知县李氏就是本着与上宪允合的思想进行修纂的。至于结合其本地实际,对万历、天启间之“民变”则略有记述,尤其是对崇祯六年以后,李自成、张献忠等农民军活动的记述,保留了较为珍贵的资料。

乾隆十三年(1748),爱必达始修《黔南识略》(亦名《黔中风土记》)。是年爱氏来任贵州巡抚,以黔地险山深,言语不通,官民多不相习。故开列若干条例,下至亲民之吏,使各查实填写上呈,以备掌故。然后嘱贵阳府经略张凤荪删繁摘要,厘为 33 卷。全书不分门类,以府、厅、州、县为纲。作者修纂于材料之选择取舍,均围绕有助于治理的目的。如谓其书:“虽博雅不及前人,然考其土宇之广狭,城郭之圮治,关梁道路之险夷,斥堠、邮亭、武备之修废,则思所以固疆圉;察其民性之淳顽,婚丧之奢约,人文之盛衰,盗贼、狱讼、异端之微炽,则思所以善风俗;相田土之上下,农功之勤惰,户口之登耗,则思所以厚民生;辨其种夷之生熟,则思所以布威信;视其穷民无告之多寡,则思所以广慈惠。”故各篇之中,于郡邑建置、疆域远近、山岭起伏、水道分合,都加详考。于田亩肥瘠、财赋转输、关隘驿传设置经过、稼穑树艺适宜之地,亦详加记述。而于人物、艺文、星野等概不记述。(转见《中国地方志总目提要》22—13)实际是一部便于实用之简志。

按:本志之作法,其后为光绪升泰修、刘慰三所纂之《滇南志略》所承用。两者不同的只是,本志资料来源,是由所属府州县下属官员以调查收集上报而得,而《滇南志略》则由摘自已成之通志而来。如升泰序中所言:“光绪己卯(七年——1879),余拜藩镇之命,七月至官,时制府刘公、中丞杜公补刊云南通志告成,得寓目焉。是书繁至百八十卷,公暇苦不能遍读,适检箧中得爱必达公及李公廷辉所为《黔南识略》,喜其简而要举,因以刘公慰三太守,仿其体为是书,以便观览。”这是古人在全志基础上为适用而缩成简志之例也。

又:书何时修成不可知,今仅存道光刻本,姑系其始修之时。

是年,崔淇修,王博、李维墧纂之河南《荥泽县志》刊刻。是志特别之处,是其志人物,主张重视“耕氓野老”。谓此等人“敦行孝悌,存心仁恕,卓然见称于闾里”,而“其名易湮,其实难没”。收入此等样人,可以起到“发潜阐幽”之作用。(转见《河南地方志提要》第66页)此种见识,难能可贵。

按:这种认识当然渊源有自。早在72年前成书之河南《中牟县志》已经提出:“乡里细人,有畸行硕德,亦不使其名不彰。”(见同书第97页)

是年,袁枚纂成《江宁县新志》26卷刊行。是志人物志分类颇细,有秩官志、勋旧志、儒林传、孝义传、忠节传、文苑传、治行传、高士传、寓公传、艺术传、释道传、列女传。全志各门之后有“按”加以考订,“按”后有“论”,加以议论。此书出自著名文人之手,有关之历史典故、人物等记述,考证精当,学界视为志书中之佳品。(见《中国地方志总目提要》10—20)

是年,邓钦桢修,耿锡胤纂《武清县志》10卷、首1卷刻成。赵之符为之序称:其“博采舆论,搜求足逸,网罗旧闻,取明旧本距今八十七年,芟其繁芜,正其差讹,补其缺遗,阐其幽秘”,“辨而不烦,简而不陋,皇皇乎固经国善俗之书也。而优恤民瘼,绸缪桑土之恩,尤三致意焉”。(《天津地方志考略》第39页)

乾隆十四年(1749),单作哲纂修成《饶阳县志》2卷。其目为40,中多有特殊名称者,如方域志、地征志、官田志、课程志、经制志、积贮志、沟洫志、土宜志、恩荣志、杂稽志、事纪、文纪等。其传分为10类:名宦传、循良传、乡贤传、仕绩传、儒学传、文苑传、孝友传、忠义传、善行传、贞烈传,而不总归人物以统之。(转见《方志考稿》第一编第115页)

是年,张之浚修,张绍美纂成甘肃《五凉考治六德集全志》5卷。是志名称颇异,实乃记述凉州五邑事,以《周礼·地官·司徒》中的六德,即智、仁、圣、义、忠、和分卷为记也。智集记武威、仁集记镇番、圣集记永昌、义集记古浪、忠集记平番,和集为张之浚所撰《学道编》。前五集均分为地理、建置、风俗、官师、兵防、人物、艺文志。(参见《中国地方志总目提要》26—39)

乾隆十五年(1750),朱霖纂修成《镇江府志》55 卷、首 1 卷刻行。是志为镇江可查考所修之 22 部志书之一,论一地历史上修志次数之多者,往往举镇江为例。如仓修良在《方志学通论》中谓:"从(南朝宋)《京口志》至乾隆《镇江府志》1200 余年间,有可考查者就达 22 次之多。南宋以后便修了 13 次,平均 40 年左右便修一次。"(第 83 页)

按:类似之例子,还有湖州宋代先后曾修 15 次,每 20 年便续修一次;有清一代江苏常熟曾修 13 次;山东泰安曾修 8 次。

是年,刘蓟植修,严彭年纂成《安吉县志》16 卷、首 1 卷刻行。刘氏在志序中,主张方志要文质兼备:"夫修志之难,贵以质文兼备。务华者以雕缋为工,而经制不稍经心,谓此胥吏所能,何烦覼缕?不知察核不详,势必承讹袭谬,而流弊有难言者矣;崇实者以章程为重,而词藻未尝留意,谓非治功所亟,奚事铺陈?不知搜罗未广,势必因陋就简,而幽光有莫发者矣。"是志在内容上之特点是,记述了当时已经出现之一些特殊的租佃关系,如"有闽人及江右人租乡村旷地,设厂开掘,遍种苎麻者,无虑数十处。莳蘊既工,获利颇倍";"徽宁江右人租地设厂,砌窑烧砖以售"等。一些"厂"有"数家合雇窑匠者",也有租地雇工种植经济作物或高产粮食作物者,表明一种新的生产关系在此山区亦颇不少。(转自陈学文《一部富有"明情"、"存史"价值的县志》,载《浙江方志》1996 年第 1 期)

是年,朱元丰纂修江苏《清河县志》14 卷刻成。是书中附有康熙十一年、三十四年本县两部志书之"凡例",这可能也对章学诚所修之志书中创设"前志列传"有影响。

是年,邹儒修,王璋纂成《盩厔县志》15 卷刻行。主修者邹氏是方志中之主繁派,认为"志之所载,必详尽靡有缺遗,堪佐考订者之一助"。于是"将一切邑事之有见诸卷者,悉为收罗补入"。故是书卷帙浩繁,内容详赡。全书为 15 卷,卷下再设子目。(转见《中国地方志总目提要》25—13)

是年,戴体仁修,吴湘皋纂成《会昌县志稿》34 卷刻行。是志分为天道、地道、人道三纲,纲下统目。天道部统天星、春占、夏占、秋占、冬占、气候 6 目;地道部统沿革、疆域、形胜、城池、山水、公署、学校、祠庙、赋役、土物 10 目;人道部统职官、选举、宦绩、人物、封赠、风俗、武备、兵寇、艺文、杂记等 10 目。艺文几占全书篇幅之半。(转见《中国地方志总目提要》14—79)

是年,金友理撰成《太湖备考》17 卷。全志 30 类目,分别为:太湖,沿湖水口,滨湖山,治水议,兵防、湖防论说,记兵,职官,湖中山、泉、港、渎,都图,田赋,坊表,祠庙,寺观,古迹,第宅,园亭,冢墓,风俗,物产,选举,乡饮,人物,列女,集诗,集文,书目,灾异,补遗,杂记。大抵详于名胜而略于经济，详于湖中而不及湖外之地。注重实际调查与文献资料之结合，自谓“非履地细核，徒以旧志为据，不能无误。爰乃泛舟于湖沿三府十邑之境，一一访求。既履其地，复参以书”。瞿宣颖谓“综观（其书）全体，语必征实，抉择精当，要为地志之良”。（《方志考稿》第七编第 14 页）《四库全书总目提要》谓“其前之明人之《太湖志》、《震泽志》，皆详于湖中而略于湖外，所重在名胜，而水利、兵防不及悉，故此书补所缺云”。（卷七五，《史部 · 地理类存目四》）

乾隆十六年（1751），朝廷下诏，要求各省重修通志，上之职方，以备采择。（转见《傅振伦方志论著选》第 97 页）

是年，邹召南、张予介修，王峻纂《昆山新阳合志》38 卷、首 1 卷刻成。新阳从昆山分出 20 余年，今两县仍合修成合志。其卷首之《议》，收入议修县志经始事宜 7 则；《示》收修志告示 3 则；《详文》则收关于修志报告及上司批示等，类于反映修志始末之文献辑存。（《江苏旧方志提要》第 398 页）做法值得注意。

是年，黄钰纂修之《萧山县志》40 卷刊印。是志于萧山嘉靖、万历二志之谬误，刊误订谬，颇见功力。向为人所称道。（见《方志学史》第 292 页）其后，毛奇龄又有对本志之刊误 2 卷，凡纠正沿革之误 2 条，称名之误 1 条，封属之误 2 条，坊里之误 2 条，古迹之误 38 条，人物之误 35 条。

是年，李圣年纂成广西《太平府志稿》6 卷。序言自谓缺人物、艺文两类。是稿无刻本，民国 30 年（1941）12 月，张国淦从陈济川处借得传抄本，于是动员全家以一夜之工抄毕，足见张氏于志事之执着，亦方志史上之轶事也。为免于亡，今将张氏于是月 20 日抄毕后所写之《附记》摘录于次，以为我辈后学之楷模：“此书既见，不愿舍去，拟留一副本。因嘱瑞儿、儿媳文蕴、三女罗义、罗士、罗罗继续分抄，待其歇息时，佶人接写 3 页，余亦接写 2 页。戚友济民、济南昆季暨邓易绶夫人并为之助。仓卒如此，固极了草。然以一家子妇兄弟，通力合作，尽一昼夜写抄成一书，求之今时，在家庭可云乐事。故订为一册，以为陈迹。字之工拙、书错，不必计也。瑞、蕴不日将远行，此情此景，夫岂易得？”（转自《广西地方志提要》第 118 页）

是年，华西植修，黄炎等纂成江西《贵溪县志》24 卷。华氏在是志序中谓：“盖于其志地，而明要害、策御防，田必计其硗腴，水必悉其流贯，城郭沟池必稽其兴废，则知其能慎固封守，讲地利而爱养民也；于其志人，而户口之登耗，风俗之微恶，气运之盛衰，推其由来，究其流失，则知其劳心抚字，加意作人也；于其志政，而提其大纲，详其节目，若何而宜于古，若何而宜于今，洞悉原委，指陈得失，则知其能明政体，而蠲烦去暴也。”（转见郭松义《清代地方志的纂修》，载《中国地方志通讯》1984 年第 2 期）

按：查朗阿在乾隆《四川通志》之序中亦有类似之说法，谓：“非志则无以知历代之成宪，非志无以知山川之险易、田地之肥瘠、谷种之异宜，非志无以知户口之多寡、官吏之贤否，是故圣王重焉。”（转见同上文）

是年,顾锡鬯修,蔡正笏纂成《南昌县志》70 卷、首 1 卷刻成。沿山人蒋士铨曾应邀与其事,作《南昌志局约言》一篇,略谓:“凡昭隐发潜,彰善瘅恶,务使笔削可质鬼神,论断无惭衾影。闻人之过,固不能无疑;闻人之善,亦难为遽信。是望和衷协一,持大体而不阿,守无欺而自谦,侃然以风化纲常为念,防微杜渐,成始要终。庶公心若石,直笔如山。既立懦以廉顽,亦信今而传后。……然恐事之或有万一,瞻顾徘徊。握鱼目以作珠,采碔砆而称玉,或碍于戚好,姑与包藏;或利彼钱刀,聊为粉饰,致令是非颠倒,上抱恨于古人,下贻讥于来者,不特多言可畏,隐德难亏,而置腹推心,何以报不佞与都人士也。地舆及设官,出治所基。人物尤世道人心之鉴。彼忠义之士,史书于其人已有定论者,不必别加褒贬以供快谈。而节孝一门,尤为全书扼要。苟且滥列,既得罪于名教,若猜疑预横于胸,是先存不欲成人之美,意见微论,君子不为,实足伤吾儒忠厚。惟有严密审慎,以求不愧幽显而已。事迹有大小轻重不同,治乱由来,自当备载。见闻不合,亦可存疑,但勿增附会杜撰支离耳。至艺文首重,关系所谓词尚代体要也。言能传事,不必尽工,人足重文,何妨偶拙。不然风云月露,丽则高华,只堪自赏,何取于斯耶?”(转自《历代名人论方志》第 117 页)“公心若石,直笔如山”,正是卫周祚所说的修志三长正、虚、公之“公”字也。

是年,游法珠修,杨廷为纂成江西《信丰县志》16 卷刻行。是志编目为疆域、官师、食货、典礼、兵防、学校、选举、人物、艺文、志外 10 类。其凡例中说明如此顺序排列之由有言曰:“一邑壤地之小,必赖君子之治,故次官师;治以民足食为首务,而礼教乃可兴,又以礼乐兵农皆政事之大,故次以食货、典礼、兵防;然政治之大,尤在教育人才,故继之以学校;人材立而选举行,选举行而人物就,人物就而行可法、言可则,故学校、选举、人物、艺文,皆以类附其余;杂学寄载等类,列之志外。”(转见《中国地方志总目提要》14—84)

是年,印光任、张汝霖纂成《澳门纪略》2 卷、首 1 卷、末 1 卷刻行。是书先由印氏任澳门同知时,于乾隆十年(1745)私撰成初稿,旋因去职,稿亦散失。乾隆十一年,张汝霖来权同知,十三年实授。张氏继任后踵成是稿梓刻。是书两卷三篇,上卷为形势、官守两篇,分别记述了地理形势、山海胜迹、潮汐风候、历史沿革等。其历史沿革主要是记述了葡萄牙占据澳门之经过和明清两代中国政府于澳门设官置守、施行管理的情况,有图 12 幅。下卷为澳蕃篇,记澳门西人(主要是葡萄牙人)之体貌、服饰、生活起居、习尚风俗、器具、船炮技艺、言语文字等,并记有来澳贸易诸国之情形。系澳门最早之一部志书,属于市镇志一类,亦可视为边关志。(综合《方志学史》第 289 页、《中国地方志总目提要》19—89)《四库全书总目提要》谓:“考濠镜澳之名,见于《明史》。其南有四山离立,海水交贯成十字,曰十字门,今称澳门,属香山县。乾隆九年始置澳门同知。(印)光任、(张)汝霖相继为此职。光任初作是书未竟,至汝霖乃踵成之。凡为三篇。首形势,次官守,次澳番。形势篇为图十二,澳番篇为图六。考《明史·地理志》只载南头屯门、鸡栖佛堂门、十字门、冷水角、老万山、零丁洋澳诸名,与虎头山关之类,其他皆未记其详。此书于山海之险要,防御之得失,言之最悉。盖史举大纲,志

详细目，载笔者备有体裁耳。”(卷七四，《史部·地理类存目三》)

乾隆十七年(1752)，曾日瑛修，李绂纂之《汀州府志》45卷修成。是志以《一统志》及《福建通志》为式，对旧志错讹、遗漏，多所补正。(见《方志学史》第284页)

是年，知县杨潮观纂辑成《林县志》10卷、首末各1卷。是书最大之特点是，载农民的生产、生活特详，具有浓厚之乡土气息。其《风土》卷内，包括《记》17篇：月令记、土宜记、谷种记、农工记、汲爨记、膳食记、织染记、器室记、艺术记、集场记、方言记、俗礼记、赛会记、种植记、牲畜记、鸟兽记、虫鱼记。对一方之气候、地形、土质、人民生产、生活、风俗等，都作了生动逼真之记述，保留了十分难得之可贵资料。(转见《河南地方志提要》第488页)如其风土目中载：“南方屋材取诸杉，北方屋材取诸杨。县属杉不可得，杨亦罕有。虽在山林，选材不易。其取无尽而用不竭者，惟山石而已。凡屋有山墙无壁柱，惟正厅用隔扇，余皆一门二窗，唯和土为墙。棺椁以柏森林木为上材，余皆山中杂木也，日用器物，编荆条为萑，织高粱为席。铁器自壶关县来，磁器自朱仙镇来，竹器自清化来，瓦器自彭城来。”(转自《方志考稿》第四编第49页)，受此书的影响，其后所修的咸丰志和民国志，都很注意民生的内容记述，而且各有特色。

按：竺可桢先生于20世纪30年代撰之一篇《何谓地理学》文章中，很看重这一类之资料。其文略谓：“自然地理中，地形、气候诸要素得以经纬仪、寒暑表测定者无论矣。即人生地理亦何尝不以科学方法治之。试以我国而论，各省居室建筑之形式、材料、广狭、高下，各不相同，或用岩石，或用木材，或则穴土而居，或则依舟为业，此则与土壤之性质，森林之有无，雨量之多寡，气候温寒均有关系。若实地详为研究，作系统之叙述，则其结果必为良善之地学。”(载《史学与地学》第1期)

是年，知县陈讷、王猷修，杨人杰、欧阳联等纂成《乐平县志》32卷、首1卷刻行。先是乾隆十二年(1747)陈讷主修，杨人杰主纂，朱绍平副纂，经3年而成志稿。因该志稿之古迹、艺文等内，滥收杨本人及编纂人员之大量诗、文，引起很大争议，致使无法定稿刊刻。直至陈讷去任后，方由继任者王猷主持，以欧阳联、王定、邹儒、汪岱等重行审定，进行纠谬、删冗、补缺，至是刻成。其成书过程，不乏发人深省之教训。(转见《中国地方志总目提要》14—22)

按：与是志合函刻行者有杨人杰个人所纂之《乐平续志》4卷，补有杂志、杂诗多首，大概是前志争议中妥协之产物。

是年，台湾知县鲁鼎梅修，王必昌纂成《重修台湾县志》15卷刻行。是志本着“与其略也宁详”的原则，收罗颇富，全书约34万字。其疆域和沿革部分，按年辑录资料原文，有台湾入清版图之重要文献。于山、水、风信、潮汐、海道、学校、祠庙禅刹，都比旧志加详，且有补阙订讹。尤其对澎湖澳屿，详考其形势，辨方计程，均极明晰。但书中有“唐王为帝，建号隆武”，显系站在南明立场上修的。(见《中国地方志总目提要》30—4)

是年，黄印纂成《锡金识小录》12卷。先是乾隆十五年，黄氏参修邑志既竣，为补其缺失，又穷搜文献，凡有关民生利病、牧令循良、乡贤佚闻、胜迹等足补邑志之缺、订其讹者，汇为一书。因不能入于官修志书之林，因自命为“识小录”。志后有黄氏所拟例言 24 条。该志本着善恶并书之原则，对官僚、缙绅、衿士等之劣迹，以及时政、风俗之弊端，亦不放过。至光绪二十二年始有活字本印行。民国时又有铅印本。胡介昌在印行时写之序中称：其一出现便“风行海内，不胫而走”。(转见《江苏旧方志提要》第 130 页、来新夏《方志概说》，载《天津史志》1991 第 2 期)。

按：历史上在修志中，或因意见不合，或别有原因而于官志之外又另成私志之例，还有民国间王守恂之《天津政俗沿革记》16 卷。先是王氏与高凌雯同任《天津新县志》之总纂，王氏分工 16 卷为舆地、河渠、水利、邮驿、户籍、田赋、货殖、盐业、工艺、文化、礼俗、善举、讼狱、防御、兵事、外事等。其所修成之这些卷，均“敢言详确敢言真，字字都非率尔成”。由于与高氏意见不合，遂将自己写成之部分更名为《天津政俗沿革记》。高氏所纂的 28 卷，以《天津新县志》为名于民国 20 年单独刊行。而王氏部分，直至民国 27 年方刊出，比高氏之《天津县新志》晚了 7 年。(参见《天津地方志考略》第 12 页)

乾隆十八年(1753)，李光祚修，顾诒禄纂成《长洲县志》34 卷、首 1 卷刻行。是志特点是人物之收集面广。正如李氏在志序中所说：“忠孝节义，理学名臣，道学性命，勋犹之灿著，以至匹夫匹妇之幽光潜德，一才一艺之专门名家，莫不梨然具备其中。民而读之，元元本本，玉贯珠联，丙丙鳞鳞，星陈云现。”沈德潜在该志序中，对志书之功用有言：“每慨今日之为政者，惟知以吏为师，日汲汲于刀笔筐箧之末。问以一邑掌故，其风土、人情、因革、损益，有茫然不知为何物者。譬犹行暗室而无烛，欲济渡而不问舟楫，伥伥乎靡所适从，将弊何自而除？利何自而兴？是亦居官之职也。是书成而一览了然，准而行之，可以为能吏，可以为廉吏，可以为日计不足、月计有余之循吏。”(转自陈明猷《积极发挥地方史志在社会主义精神文明建设中的作用》，载《中国地方志通讯》1983 年第 1 期)

乾隆十九年(1754)，徐景熹修，鲁曾煜、施廷枢等纂成《福州府志》76 卷、首 1 卷刻行。是志“于山则详其主从脉络，于水则叙其源流支派”，重视海洋内容之记述。于风俗一门内辟了“方言”一节。有人研究后认为，在福建地方志中，是一个创例，启发了后来之修志者。本门之末附载之 8 篇告谕文章：即宋人蔡襄之《告民十六事》《五戒》《戒山头斋会》，真德秀之《福州谕俗文》《福州劝农文》，温益之《戒生口牙》，吴达的《去野葛谕》，清人赵国麟之《禁止搭台殉节告示》。这些都是规劝生产和禁止不良风俗之文章，可见其很注意志书的教化作用。(转见潘祖鏻《乾隆〈福州府志〉读后》，载《福建史志》1987 年第 6 期)是志专设海防一门，于“何处可以防内，何处可以御外，均详核而载之”，使人“得以按籍而稽，权其利弊轻重，而不为俗识所惑”，对于加强海防不无借鉴意义。

是年，舒成龙修，李华孟、陈荣杰纂成《荆门州志》36 卷刻行。于此志修纂中，舒成龙开创了遇升迁，为修志而两次恳留为原官之先例。先是舒氏于乾隆八年(1743)补为荆门知州。

其一到任,即有州志“泯然无片纸”之叹。于乾隆十年(1745)开始着手州志之修纂。由于种种原因,直至乾隆十五年,志书还未修成。此时,因其政绩卓著,被升任广西平乐知府。为了完成原已着手纂修之志书,他除了申奏朝廷外,还亲赴京城请求留任,以完成州志之编修。经吏部准留任后,他于志事更其用心,亲自审稿,亲写总序和小序36篇,于不少地方加了按语。至十八年,又被保举晋升知府,他仍两次申奏,请留原任,以最后完成州志。至是,完成志书36卷,都248600字,刻印成书。先后历时已十年矣。(转见顾恒敬《重视修志的地方官——舒成龙》,载《河北地方志》1990年第9期)

是年,宋恂主修,于大猷纂成《西华县志》14卷、首1卷刻行。是志中,将宋恂本人之“宦绩”,列入《职官志》中。如此乖张做法,自然难免贻后人之讥。(转见《中国方志简史》第352页)

乾隆二十年(1755),以伊犁平定,特诏重修《大清一统志》。(转见《中国地方志总目提要》19—4)

是年,王楷、罗以桂修,张万铨、刁锦纂成《祁州志》8卷,明年刻行。是志颇能从实际出发,进行更置。如本州地处平原,并无山脉,其舆地门内,遂改“山川”目为“河道”。又如旧志有兵制专卷,内含营讯、武职等内容,因本志纂修时州内仅有守兵数十人,故武职兵数遂省入“官师志”中。其记事门专载有“关汉卿故里”条,略谓:“汉卿,元时祁之伍仁村人也。伍仁寺旁有高基一所,相传为汉卿故宅;《北西厢》中方言,多其乡土语,至今竖子庸夫犹能道其遗事。”这是有助于戏剧史研究之资料。(见《河北地方志提要》第266页)

是年,王廷栋修,钱人麟纂成《泾县志》10卷、首1卷、志余2卷刻行。是志记田赋实行分乡村记述,且归纳为“大率沃壤税轻而硗瘠税重。富民皆沃壤,而下户所有率多硗瘠”。(转见《中国地方志总目提要》12—54)这样的为贫民呼吁之声,在其他志书中未为多见。

是年,汪绎辰编修成《银川小志》一部。这是一部私人撰成之志书。名小志者,自谦之名也。名银川,亦非仅记银川一地,实际是一部宁夏简志。读完是志,给人留下印象最深者莫过于其“灾异”目中对地震灾害之记述。记明清时期之地震不下20次,尤其是对乾隆三年(1738)十一月二十四日地震之记述为详。其言谓:“宁夏地震,每岁小动,民习以为常。大约春冬二季居多。如井水忽浑,炮声散长,群犬声吠,即防此患。至若秋多雨水,冬时未有不震者。乾隆三年十二月二十四日,地大震,数百年来震灾莫甚于此。甲戌夏,余赴馆宁夏,署中有刘姓老夫并二三故老,遇难幸免。备述是夜更初,太守方晏客。地忽震,有声在地下如雷,来自西北往东南。地摇荡掀簸,衙署即倾倒。太守顾尔昌,苏州人,全家死焉。宁地苦寒,冬夜家设火盆,屋倒火燃,城中如昼。地多裂,涌出黑水,高丈余。是夜,动不止,城堞、官廨、屋宇,无不尽倒。震后继以水火,民死伤十之八九,积尸遍野,暴风作,数十里尽成冰海。宁夏前称小南京,所谓塞上江南也,民饶富,石坊极多,民屋栉比无隙地,百货俱集,贸易最盛。自地震后,武府第如赵府、马府,俱不存,地多闲旷,非复向时饶洽之象。”(《宁夏方志述略》第34

页)对地震之状、地震前兆、地震规律都加以了记述,很是难得。

按:后经研究,此次地震震级达 8.5 级。

是年,江西德化知县高植辑成《德化县志》16 卷。全书分图、表、传、录、记诸纲,纲下设目。时九江郡守董梅认为该书“编纂最为严谨,无他志假借之失,列传尤称详确,远不遗,近不滥,得史氏法,可与康海《武功志》、陆清献《灵寿志》并称善本矣”。

按:是书原本已毁于乾隆年间之文字狱。今能见者仅有乾隆四十五年(1780)之补刻本。先是乾隆四十四年,清廷下令,“各省郡邑志书内,如有登载应销各书名目及悖妄著书人诗文者,一刊俱行铲削”。时知县沈锡三即将原书中“违碍字句”及被禁人诗文、事实名目,悉行删改、重辑,用活字补刊,题为沈锡三补辑,罗为孝补纂。尽管经过删削,内中仍保存了不少有价值之资料。如其“方技”目内,关于血吸虫病发现及治疗之记载,就足以纠正 1912 年《中华医学杂志》(外文版)上发表的,关于外国人最早发现此病之说法。(均见《江西省地方志概说》第 41～42 页)

是年,陈金骏纂修成《乐亭县志》14 卷、首 1 卷、末 1 卷。前有县境全图 4 幅。其“世纪”门,载有上起唐虞,下至乾隆二十年间是县之有关传说、征伐、事变、税项等,并证以史载之误。其中“风土”篇载有:“顺治年间,膏腴之地,尽归旗圈。田之属民者不过十之二,率皆水洼沙坨。民勤力以胜之,亩获不过斗余。”可见清初满洲贵族圈地之害。

按:此时修成之河北不少志书,都有这方面的记载。如乾隆《遵化县志》赋役篇便载有:“原额地七千余顷。顺治初圈占之后,仅存十之一,民生贫境可想。”(均转见王晓岩《试论地方志兴利除弊的传统》,载辽宁《方志天地》1987 年第 1 期)乾隆《定兴县志》田赋卷中,载有本县原额民地 5600 余顷,顺治二年(1645)被圈占去 537 顷,三年圈去 1129 顷,四年又被圈去 3710 顷,合计被圈占去 5413 顷,所余民地不足原来之 1/10。(见《河北地方志提要》第 221 页)

乾隆二十一年(1756),胡南藩修,欧阳达编纂,林有席参订之广西《浔州府志》刻成。胡氏知浔州府事,“初下车便以续修志书自任,延知名之士,设局共襄之,近述远稽,补亡订误……凡两阅寒暑始成”。书中对大藤峡瑶民起义事载之颇详。由于修志中送审,就“正于上官诸大府”,故书前之序竟达 11 篇之多,计有两广总督杨应琚叙,广西巡抚卫哲治叙,提督广西学政许道基叙,广西布政使德福叙,广西按察使梁翥鸿叙,广西右江道禄宝叙,四川建昌上南道、武宣陈仁叙,欧阳达叙,林有席叙,胡南藩叙。(见《广西地方志提要》第 321 页)一部府志,序达 11 篇之多,实不足为训。

乾隆二十二年(1757),陈宏谋修,范咸、欧阳正焕纂成《湖南通志》。湖南于明代属湖广布政使司,故历来只有湖广通志。清康熙三年(1664)设湖南布政使司,湖南始为独立之省。此乃湖南分省后修成之第一部省志也。《四库全书总目提要》将其与此前之《湖广通志》(称为全志)相对照有言曰:“其后修通志者,仍合湖南、北为一编。又开局于武昌,未免详近而略远,故湖南事迹未能赅备。乾隆二十一年,宏谋巡抚湖南,因与藩臬诸臣创修此志,以补其缺。共分三十七门,其中如山川一门,全志每县只载数条,此则分列方隅。职官一门,全志文职至知府,武职至游击而止,此志则同知、通判、守备,具录无遗。选举一门,全志详文而略武,此则两途并登。故所载虽只九府四州,而卷帙则较全志赢几十之四五云。”(卷七四,《史部·地理类存目三》)

是年,叶承立纂修成广西《富川县志》12卷刻行。叶氏在志序中说:“不习为吏,视已成书,志书是也。”可见他把志书看作是为官为吏者的一种教科书。杨应琚在本志序中说志书的功用,在于“明政教,垂法则,固疆圉,立防维。观乎天文以察变,观乎人文以化成。大而军国之务,小而不遗于闾阎纤悉之间。下车问疾苦,审民情向背,以逮于御暴诘奸,一展卷而已可得其大凡……志之功在于约而可守,识政体而考吏治,无以易乎此也”。是志卷一《水利》篇的前言中,已经注意到森林与水泉之关系,指出“所可虑者,山溪之水,全仗林木荫翳,蓄养泉源,滋泽乃长。近被山主招人,刀耕火种,烈泽禁林。雨下荡然流去。雨止即干,无渗润入土,以致土燥石枯,水源短促。留心民瘼者,固宜尽力沟洫,尤当严禁焚林划土,以保源泉也”。(见故宫博物院编《故宫珍本丛刊·广西府州县志》,海南出版社2001年6月版第八册第34页)这种忧患感和策论主张的提出很值得重视。在当时是难得之见解。

是年,闵从隆纂修成《芷江县志》12卷。是志所绘西溪图,是关于侗族居住区域之专题地图,图绘古今人物形饰,对比分明,颇具特色。(转见《中国地方志总目提要》18—87)

乾隆二十三年(1758),董朱英修、路元升纂《毕节县志》8卷刻成。董氏给方志下之定义是:“邑之有志,所以征时事,辨人物,定疆里,信今传后之书也。”(转自《方志学》第527页)方瑞合在是书序中,阐明了方志源于古舆图之说法:“《周礼·大司徒》掌九州舆图,纪其广轮与山林、川泽、丘陵、坟衍、原隰之名物。《职方氏》辨九土、百族、九谷、六畜之要,周知其利害,即后世郡邑志之所由昉乎。”(转见《中国方志简史》第355页)

是年,汪大经、王恒修,廖必琦、林黉纂成《兴化府莆田县志》36卷、首1卷,明年刻行。是书中“秩礼”门记之特详,分为庆贺、开读、救护、鞭春、上任、乡饮、习射、社稷、山川、城隍、厉坛、斋戒、讲读13目。庆贺礼系指节诞日,知府率僚属具表行礼;开讲礼系指迎接诏赦使者设仪行礼;救护礼系指日、月食时各官朝服拜跪行礼救护;鞭春系指立春日至东郊接春行礼劝农;上任礼系指新官上任,先祭城隍,再行谢恩、参见等礼;乡饮酒礼系指每年正月十五、十月初一日,在儒学明伦堂行礼崇儒劝学;习射礼系指在儒学射圃行习射之礼以讲武;社稷、山川、城隍、厉坛诸礼,系指各于规定日期致祭之礼;斋戒礼系指每遇节诞,各按规定进行斋戒,不理刑名;讲读礼系指每逢朔、望,讲述圣谕、广训等。其“坛庙”目下,载有府境之两所天后宫,此为特有。(转见《中国地方志总目提要》13—32)

是年,金志章原本、黄可润增修之《口北三厅志》16卷、首1卷刊印成书。三厅者,乃张家口、独石口、多伦诺尔三理事厅之谓也。是书体例成熟、完善。每项卷目下,三厅各自分述,上起周秦,下迄乾隆间,保存了许多可贵之史料。被称为内蒙古地区旧志的上乘之作。其多伦诺尔厅下,载有大量蒙古语地名和一些相应之汉译地名,其中许多已为今日所不见,为研究北方地理提供了重要之依据。(张守和主编《内蒙古方志概考》,吉林省地方志编委会、吉林省图书馆学会1985年6月编印本第88页)瞿宣颖在《方志考稿》中,称其"足与《日下旧闻考》媲美"。

按:陈光贻在《中国方志学史》第128页中,谓此为编厅志之始者。

乾隆二十四年(1759),萧腾麟纂之《西藏闻见录》2卷刻行。萧氏为康熙武进士,雍正间历官四川北镇左、中、右营游击。乾隆二年以副总兵衔率兵进驻查木多(昌都),历时五载。所到之地闻见悉载于笔,于乾隆十一年重行编定。至是,由其子锡珀刊行。是书所记有关事迹、山川、时节、物产、方言均较详细,资料价值亦较高。尤其是方言部分,也是较早记录藏语之志书,采用先列字、词,而后注汉语读音,共452个常用字、词,几可视为一部简明之汉藏词典。(转见《中国地方志总目提要》24—8)

是年,赫达色主修,庄肇奎、沈中行合纂成山东《武定府志》38卷、首1卷刻行。是志凡例规定:"志为外史,首重体例。先贤列传,例当书名。查各州邑旧乘,往往牧令称侯、邑人,殊失体例。"(转见《山东地方志纵横谈》第183页)这种主张很是得体,值得今人修志之借鉴,新志书中出现"先生""同志"的称谓亦当视为违例。

是年,金忠济修,祝旸纂《遂平县志》16卷、首1卷刻行。是书修纂中颇重实际调查。于其所载烈妇唐氏一事可见。志中载云:唐氏事在康熙四十八年,至修志时已过50余年,事几淹没莫闻。修志采访中,闻得县城北门外义冢处有烈妇碑。于是亲往寻之。于草际得之,碑已半埋蒿壤,字数行已剥落不可识,幸载烈妇事尚明,原无旌奖字样,止言邑人闵其烈,公同立碑志之。志书采入其事,较之仅据旌册列其姓氏者足多矣。(转见《方志考稿》第四编第77页)

是年,罗绅修,张九镡纂成《兴宁县志》12卷。是志宦迹目下收入宋元明清著名知县传略62篇。也是一大特点。(见《中国地方志总目提要》18—55)

按:一部志书未必全面俱优,但只要有其特色,就有其价值。本邑现存志书四种,均各具特点。康熙志升"灾异"为一专志,详载景云、雨道、水旱、妖疫、虫蝗、火虎、兵祸等。嘉庆志载录有历次修志之序及其修纂者姓氏,颇便考证该县志书源流。光绪志之"山水"目载本邑之山、岭、石、江、滩、潭、泉近百处,按东南西北排列,井然有序,尤其是附有张九潭《兴宁水道考》,更为详尽有秩。均受到后人重视,可见修志努力探索、创新之重要。

乾隆二十五年(1760),杜甲、周嘉露修,黄文莲、胡天游纂《河间府新志》25卷、首1卷刊行。是志分舆地、宦政、人物、典文四部,亦三宝体之稍变者也。其中《琐录》一篇,所采河间故实颇多,但河间自明以来多产奄竖,志中却无一语及之,似是为地方之讳,然于魏中贤诸多

亵语又多备载，甚难于让人理解。（转见《方志考稿》第 71 页）

是年，杭世骏、徐恕等修，张南英、孙谦纂成浙江《平阳县志》20 卷、首 1 卷刻行。其“风土”目下载有“春分平田，浸种下秧，通田。春夏之交，先分早秧插田，疏其行列，俟数日后，乃插秧，曰补晚。浃旬而耘，至于再三。旱则水车引水灌之。及秋而获早稻，乃以竹畚取河泥壅之，践早稻根，以培晚稻，又时粪之。及冬而获，名曰双收”。说明浙江之间的稻作制度，起码可以上溯到清代乾隆年间，对此问题之研究可以推进一步。（转见《方志学新论》第 39 页）

是年，湖州府督捕同知董世宁纂成《乌青镇志》12 卷。以一镇之地，修成 12 卷之书，设目达 34 则，与一般县志无异矣。加之其特色突出，内容丰富，学术价值较高而历受世人重视。（见鲍永军《〈乾隆乌青镇志〉述评》，载《浙江方志》1996 年第 3 期）

乾隆二十六年（1761），万廷兰纂定，戈涛编次之河北《献县志》20 卷、首图 1 卷、表 1 卷刻行。是志于其前志多所更张，增图创表，此为其一；乾隆十二年修之志书中，对于明代户口、夫役尽行削去，本志则加以详析疏列，不厌其详，此其二；将原来之循良、名宦合为一篇，将原来之选举从人物中析分出来，《人物志》中特立“别传”一类，专记奸凶悖乱之人，此为其三。此志本着“留心国计民生者所必详”之思想，故其《食货》篇全录万历年间实行一条鞭法之赋役额款。对于他志多不载之马草银、农桑丝折绢银、盐钞钱、地亩绵花绒银、宫勋子粒银、牧马子粒银等亦有记载。对于清代各种地亩税款，记的也比他志为详。戈涛在志书之跋语中认为：“一代之史，于政治之大，未尝不各为一志，然率皆提其大纲。其随时随地设施之详，不可得而概见。能详举而备列之，宜莫如诸县之志。”但有的方志作者“不皆审知体要，往往详所可详，而略其宜详”者。这种见地是值得重视的（转见《河北地方志提要》第 316 页、《方志考稿》第一编第 71 页）

是年，江西武宁县发生余豹明，首告革职原任刑部主事余腾蛟曾修县志，载入讥讪诗词事。虽经查无实据，但江西巡抚胡宝瑔，仍坚持余腾蛟“其人居官居家，素不安静。从前修志之时，该县知县邹应元因余腾蛟曾荐举博学鸿词，该县进士又只一人，乃就近延入志局纂修。即经前藩司王兴吾驳斥，以余腾蛟缘事被劾还家，不可膺修志之任，旋经另延修辑。其余豹明所指之诗，亦非现今志稿所载”。他仍“复思余豹明不甚识字，所摘之句无显然讥讪之迹，犹可抵赖。而余腾蛟素以诗文自命，其家所藏，或有写刻别本。因将余腾蛟监禁省城。臣即于本月十七日，带南昌府知府李绳，星夜驰赴武宁，于十八日至余腾蛟所住之杨店村。夜半直抵其家，逐细搜查，别无悖逆字句”。此案才罢。（《清代文字狱档》，转自傅贵九《清代修志与文字狱》，载《方志研究》1990 年第 4 期）

同年，又有因评论志书而获罪之阎大镛案。据西江总督高晋奏称，沛县监生阎大镛曾刻有《俣俣集》，其诗文内有《沛县志论》一文。“因该犯之母二十四岁守志，未经列入节孝之内，并有不应列入者反得滥载，心中不平。文内讥刺不公。为刑书辛礼照呈送，经修志原任知县李棠拘唤训饬，并将书板追缴销毁。”（《清代文字狱档》，转自同上文）

按:此为因评志书而获罪之一例。乾隆一朝,借修《四库全书》之名而大兴文字之狱。因文字狱而遭毁之志书难以数计。仅军机处"奏准全毁书目"和"抽毁书目"就有数十部之多。据傅贵九在《方志研究》1990年第4期著文开列,抽毁者便有:《四镇三关志》(明刘效祖等纂,成书于万历初),其"第十卷'夷部'语多诬谬,应请抽毁")、《宁海志》(杨循吉纂,"查有钱谦益、沈德潜序文,并列龚鼎孳、金堡诸氏姓氏,应请抽毁")、《房山县志》(摘尹嘉铨序)、《望都县志》(应毁王锡候"悖妄书目")、《九边图志》(列入外省移咨应毁各种书目)、《平山揽胜志》(汪应庚辑,"内有程嘉燧等诗,应抽毁")。列入全毁者有:《吴县志》(杨循吉纂,"查有违碍谬妄感愤语句,应请销毁")、《云间志略》(明何三畏撰,全毁)、《东林书院志》(无锡严珏撰,"本标榜声气之书,中有指斥之处,应请销毁")、《丹霞山志》(陈世英撰,"志中多记金堡事迹,应请销毁")、《沙溪洞志略》("所辑沙溪洞题咏诗文,本冗杂不足存,又内有金堡诗句,应请销毁")、《漕溪通志》(马元、释真朴同撰,"中有钱谦益、金堡之文,且语句亦有违碍,应请销毁")。未注明禁毁情由者尚有《黄山志》《扬州园林志》《辽东名胜志》等多种。其不见禁毁书目而实被毁者,又不知凡几。诚如时人所谓:"自朝廷开四库馆,天下秘书稍稍出现,而书禁亦严,告讦频起,士民葸慎,凡天文、地理、言兵、言数之书,有一于家,惟恐遭祸。无问禁与不禁,往往拉杂烧之。"又如后人所谓:经铲削之后,"由此旧志内文词,遂多断续不接",遭其浩劫者又岂志书也哉。

如此严密之文网,不仅已成之志难逃劫难,即对后之修志亦不无影响。即如嘉靖时有见识者之谢启昆者流,在修《广西通志》时,亦对许多敏感之史事讳莫如深,不得不痛心割弃。其《谪官录》和《前事略》,都只写至明末,《金石录》则只录至元,皆不及于清。浙江、福建之一些志书,于"迁海"一事,均不敢著一字。《辽东志》凡三修,内中涉及建州旧事,致使《四库全书》亦不敢收入。更有甚者,有的刻板已成,印行时为避文网,只好在原板基础上剜板而印。乾隆《黄州府志》原板于乾隆焚书之前乾隆十四年已印行。其后重印时,只好剜板多处。如人物之文苑第14页,"国朝"以下剜去10行;宦绩下第11页剜去14行;等等。(转见《中国地方志总目提要》17—27)有更甚者,一些地方经此狱之后,数百年之志事遂致中断。如河南夏邑,于乾隆二十二年之彭家屏之狱后,从康熙三十六年(1697)之后,直至民国之前二百余年间,都未有续志者。(转见《方志学》第231页)

乾隆二十七年(1762),《乾隆内府皇舆全图》(亦名《乾隆十三排图》)编成。该图始绘编于乾隆二十五年(1760),至是而成。是图新增了哈密以西部分,面积较康熙五十七年(1718)绘成之《皇舆全览图》大一倍以上。其特点是首次详细绘出了我国新疆地区,较前图更详备、准确。是图对我国以后绘编地图影响很大,李兆洛之《皇朝一统舆地全图》,胡林翼、严树森《皇朝中外一统舆图》,董立方《清朝地理图》等,都是以此为蓝图绘制的。此图之绘制,与《皇舆全览图》稍异的是,前图之测绘是以外国人为主,此图之测绘,则是以国人为主,外国人为

辅的了。(转见《方志学史》第 269 页)

是年,傅恒等修、褚廷璋等纂成《乾隆钦定皇舆西域图志》48 卷、首 4 卷,是新疆地区第一部通志。其篇目包括天章、图考、列表、晷度、疆域、山水管制、兵防、屯政、贡赋、钱法、学校、封爵、风俗、音乐、服物、土产、藩属、杂录等。所记范围包括了全疆及其相近地区。内容较翔实,资料可靠。其特点之一是图多,凡 32 幅,包括行政图、地形图及藩属图、历代西域图,且都配以图说。(综合何马《新疆地方志概述》,载《中国地方史志通讯》1981 年第 7～8 期;吕志毅《方志学史》第 306 页)

按:历史上除唐代一批西域图经之外,明代马文升之《石城哈密记略》,是已知新疆最早之志书。清朝中央平定准噶尔后,因事被谪戍之朝廷命官,从东北改流新疆。在这些谪来之官吏中,不乏学人。这批流人与内地来的一些疆吏,他们将在此所见所闻加以记述,于是新疆之地情著作便大批应运而生。其间首推洪亮吉之《伊犁日记》和《天山客话》。嘉庆时,清代西北史地著述奠基者之一的祁韵士,就著有《西陲总统事略》《西域释地》《西陲要略》等,被称为"纲领秩然,甄采有法"之作。还有徐松之《西域水道记》《新疆识略》等。这些著作之问世,使西域学成为一门专门学问,开启了研究新疆之先河,也推动了新疆一代志乘之发展。

是年,知府李拔修纂成福建《福宁府志》44 卷、首 2 卷刻行。是志主导思想是注重民生和武备。艺文中收有李氏治理富春溪洪患、围垦沿海塘田及植树、种棉、养蚕等多篇经济论文。对前代及本朝之兵制、兵事等记之较详。尤其是特立海防一目,颇具卓识。甚至在建置门中分为民用和军用的建设。民用者如塘汛、津梁、坊表、乡都、市集、铺舍、公署等;军用者如城池、土堡、关隘、屯所、烽燧、粮饷、兵制等。(见《中国地方志总目提要》13—26)如此区分,为笔者在志书中所仅见者。

按:李氏任知县时,还纂修过湖北《长阳县志》。

是年,何乐善修,肖劼、王积熙纂成山东《福山县志》12 卷刻行。肖氏在志序中关于史志之别有如是之言:"邑志与国史有同亦有异。星野之区分,山川之形势,方域之广狭,皆有定局,记事者得失在详略,而无枉直,志与史同。唯志内人物,史例邪正兼收,劝惩显示,不虚美,不饰恶,谓之直笔。以邑人而为邑志,亦葭纂之亲,即洽比隘,虽有美无刺,尚疑其美有未尽,此其与史异者也,则直之难哉。"(转见《山东地方志纵横谈》第 75 页)意即是说,在星野、山川、方域之记述方面,只有详略之分,无枉直之别,故史与志是无别的。只在人物的记述上面,两者才有区别。

乾隆二十八年(1763),谢圣纶撰成《滇黔志略》30 卷。这是一部滇、黔两省之合志。卷 1～16 为滇志略,起于上古传说中的炎帝神农氏,下至清康熙二十一年(1682);卷 17 以下为黔志略,上始于尧、舜时,下迄于清雍正十一年(1733)。其自序谓:"待罪于黔之柱邑凡五载,待罪于滇之云邑及通判维西凡九载,因成此书。采于志者十之三,采于史子集者十之七。始于乾隆戊辰(十三年——1748),迄于辛巳(二十六年——1761)。请养旋里后,详加校正,垂十余载。考定纂辑各卷,时参管见。又所至时有鄙俚之作,不忍尽削,并附赘一二。"(转自《云南书目》第 187 页)是志可贵之处,在于保存了大量明及清初的许多已佚志书之资料。据古永继研究称,明代云南修成志书 113 种,今可见者仅存 10 种,贵州修有 89 种,今存者仅 9 种。许多资料均赖是书得以保存。值得注意的是,作者在转录或运用这些资料时,多以"圣纶按"的形式,加以说明、补充、考释和析评。全书 33 万字中,"按"中达到 13 万字,凡 388 条。就单条而言,条之短者 10 余字,长者达 1000 字以上。(转见古永继《谢圣纶〈滇黔志略〉》,载《中国地方志》2006 年第 10 期)这些资料之引入,使志书的整体价值和学术品位都有较大的提高。

是年,饶佺修,旷敏本纂成《衡州志》32 卷、首 1 卷刻行。是志人物传记中,首列耒阳蔡伦于东汉时发明造纸术之事,对蔡伦故址亦有记载,是难得之史料。(转见《中国地方志总目提要》18—35)

是年,陈裔虞修纂成《博罗县志》14 卷刻行。是志记事门(大事记)以表之形式出现,是为一大特点。表内逐年分列,事分总部、郡、县三栏,分述全国、郡、县之大事。这样的纪事法在旧志中颇为少见。(见《中国地方志总目提要》19—59)

乾隆二十九年(1764)十一月戊申(初一)日,皇帝发布上谕要重修《一统志》。先是御使曹学闵上奏称:"从前纂修《大清一统志》于乾隆八年(1743)告成,久已颁行海内。近年来,平定准噶尔及回部,拓地二万余里,实为振古未有之丰功。前命廷臣纂修《西域图志》,并令钦天监前往测量各部经纬地度,增入舆图。惟以一统志尚未议及增修。请饬儒臣查照体例,将西域新疆,敬谨增入。再查一统志自成书以后,迄今又二十余年,各省府厅州县,添设裁并,多有不同。亦应查照新定之制,逐一刊改。"军机处拟复:将西域新疆增入一统志中,自属可行。至于《西域图志》,"请即将一统志所应载者,按其择取,增入志末,以成全书……该御史所请统行刊改之处,应无庸议"。至是,乾隆帝就此发布上谕曰:"第念《一统志》自纂修竣事以来,迄今又二十余载,不独郡邑增汰,沿革随时,理宜一一汇订。且其中记载体例,征引详略,亦多未协。其尤甚者,《顺天(府志)》人物门内,竟将国朝诸王载入,于事理更属纰缪。诸王事迹,自载《八旗通志》,原不得与隶籍京圻者同日而道。况八旗大臣等功纪太常者,则应见昭忠、贤良诸祠。其在直省宣猷著绩者,又有各省名宦可入。今乃援亲藩以淆地籍,实为拟于不伦,义甚无谓。若其他考稽失实,与凡挂漏冗复者,谅均在所不免。亟应重加纂辑,以成全书。但前此修之初,必待移取各省通志而后从事,以致旷日持久,艰于集书事。此时特就已成之书,酌加厘核。即新疆幅员辽阔,而一切事实又有《西域图志》及《同文志》诸书为之蓝本,馆臣采撮排撰,实为事半功倍。可即令方略馆按照各条,厘订纂辑。一俟纂辑出稿本,悉照《续文献通考》例,随缮随进,候朕裁定。所有一切应行规条,著军机大臣详议具奏。"(《清实录·高宗实录》卷七二二,中华书局 1985 年 9 月影印本)

按:这是下令要二修《一统志》。此志至乾隆四十九年(1784)方成。

是年冬,天门知县胡翼聘正讲学于此之章镳纂辑《天门县志》。时镳之子学诚省亲于此,亦参与其事。其实由于章镳忙于天门书院学子进京以应秋闱之准备工作,故修志之事全交予了学诚。学诚于去年夏至此已有年余。在接受修志事之前,已对天门的历史、地情进行了大量之调查研究,且有的已经写成专题资料,如《天门程氏传》《天门谭氏传》等(这些资料,限于篇幅,未能尽收入县志,后来均载入《章氏遗书》中),故志事进行得颇快。在是年“冬杪”,就完成了志稿,至三十一年(1766)刻成。是志设考、表、传三纲,凡5考、8表、14传,最后有志余。邑中应志之事则为考,邑中应志之人则为表,邑中之硕德肤功、嘉言懿行、忠孝节义之大、方技杂流之细,则为传,其不尽者附之余编。在每卷之首设一小序,而作画龙点睛之笔,以提纲挈领。知县胡翼一见书稿,拍案叫绝不已。书中之疆域、形胜、古迹、城廨诸图,以红绿二色套印。(转见《中国地方志总目提要》17—44)

从其《艺文考》和《五行考》的两个篇序中,颇能窥见章氏早期方志思想之一斑:

在《〈天门县志·艺文考〉序》中,他主张《艺文》当载书目。略谓:“《景陵旧志》‘艺文’不载书目,故前人著作未尽搜罗,而本传附录生平著述,今亦不少概见。然则斯考所采,更阅三数十年,其散逸遗亡,视今又何如耶?此余之所以重为诸家惜也。”因此,在本志之艺文考中的做法是,“采摭诸家,勒为一考。厥类有四:曰经、曰史、曰子、曰集。其别有三:曰传世、曰家藏,俱分隶四部,曰亡逸,则别自为类,附篇末”。除载书目之外,载入一些诗文,不但允许,而且是必要的:“近志艺文,一变古法,类萃诗文,而不载书目,非无意也。文章汇次甲乙成编,其有裨于史事者。事以旁证而易详,文以兼收而大备。故《昭明》以后,唐有《文苑》,宋有《文鉴》,元有《文类》。括代总选,雅俗互陈。凡以辅正史,广见闻,昭文章也。第十五《国风》,十二《国语》,固宜各有成书,理无可杂。近世多仿《国语》而修邑志,不闻仿《国风》而汇辑一邑诗文以为专集,此其所以爱不忍删,牵率牴牾,一变艺文成法欤!夫史体尚谨严,选事贵博采。以此诗文拦入志乘,已觉繁多,而以事推之,则又方嫌其少。”为解决这个矛盾,他主张“二者自宜各为成书,交相裨佐”,“著作部目,所关至巨,未宜轻议刊置,故今一用古法,以归史裁。至其文之尤而不忍删者,暂隶附录,苟踵事增华,更汇成书,以裨志之不逮”。这是其后三书体中“文征”之类来源也。

在《〈五行考〉序》中,他认为天人感应,“符谶荒唐,遂失谨严”,甚至《汉书》一准《洪范》篇之作法,“连类比附,证合人事,虽存警戒,未始无附会矣”。所以他在本志中,“以为祥异固有为而作,亦有不必尽然,难以附合者”,故采取“据事直书,不分门类,不注征应。一以年月为次。人事有相关者,杂见他篇”。故他以后所纂之志书均不设五行志。

本志付梓时,胡翼力主署学诚协修之名。但学诚以乃父已署主纂,故坚辞不就,胡氏还是主之甚坚。后采受托写序之安陆知府觉罗敦福的意见,由学诚写序一篇,以酬其劳。这就是收入《章氏遗书》的《修志十议呈天门胡明府》一文。该文从修志中总结出10点系统的看法。

在这个《十议》中，开列“十条”之前，先有一简序。其内包括了章氏方志思想之许多重要内容，为后人反复引证，今引述于下：“修志有二便：地近则易核，时近则迹真。有三长：识足以断凡例，明足以决去取，公足以绝请托。有五难：清晰天度难，考衷古界难，调剂众议难，广征藏书难，预杜是非难。有八忌：忌条理混杂，忌详略失体，忌偏尚文辞，忌妆点名胜，忌擅翻旧案，忌浮记功绩，忌泥古不变，忌贪载传奇。有四体：皇恩庆典宜作纪，官师科甲宜作谱，典籍法制宜作考，名宦人物宜作传。(按：此四体与本志中的三纲不同，大概是志书修成之后进行总结，又有了新的想法)有四要：要简，要严，要核，要雅。今拟乘二便，尽三长，去五难，除八忌，而立四体，以归四要。请略议其所以然者为十条，先陈事宜，后定凡例，庶乎画宫于楮之意云。”提出义例 10 条为：

一、议职掌：主张预修志者要分工明确，权限分明：“提调主决断是非，总裁主笔削文辞，投牒者叙而不议，参阅者议而不断。庶各不相侵，事有专责。”

二、议考证：主张“邑志虽小，体例无所不备，考核不厌精详，折衷务祈尽善，所有应用之书，……俱须加意采访。他若邑绅所撰……凡可资搜讨者，亦须出示征收，博观约取。其六曹案牍、律令、文移，有关政教典故、风土利弊者，概令录出副本，一体送馆，以凭详慎铨次，庶能巨细无遗，永垂信史。”

三、议征信：主张“邑志尤重人物，取舍贵辨真伪。凡旧志人物列传，例应有改无削；新志人物，一凭本家子孙列状投柜，核实无虚，送馆立传……所送行状，务有可记之实，详悉开列……如名宦，必详曾任何职，实兴何利，实除何弊，实于何事有益于国计民生，乃为合例。……但作计荐考语体者，概不收受。前志所收人物，果有遗漏，或生平大节，载不尽详，亦准……核实增补。”

四、议征文：认为“人物之次，艺文为要”。主张要载著作目录，“但艺文入志，例取盖棺论定，现存之人，虽有著作，例不入志”。

五、议传例：主张“史传之作，例取盖棺论定，不为生人立传……惟妇人守节，已邀旌典，或虽未旌奖，而年例已符，操守粹白者，统得破格录入。……去任之官，苟一时政绩，卓然可传，舆论交推，更无拟议者，虽未经没身定论，于法亦得立传。……惟其人现居本县，或现升本省上官及有统辖者，仍不立传。”

六、议书法：作传作考，都强调“可为后人取法”。如考体中要“重政教典礼，民风土俗，而浮夸形胜，附会景物者，在所从略。……列传亦以名宦乡贤，忠孝节义，儒林卓行为重；文苑方技，有长可见者次之。如职官而无可纪之迹，科目而无可著之业，于法均不得立传……其不得立传者，官师另立历任年谱，邑绅另有科甲年谱，年经月纬之下，但注姓名，不得更有浮辞填入”。

七、议援引：主张“史志引用成文，期明事实，非尚文辞。苟于事实有关，即胥吏文移，亦所采录，况上此者乎？”说明了引录之法。

八、议裁制：进一步讲述了引录成文之具体做法。

九、议标题：讲述类目之区分并合，强调要“合史法”，以免去取失伦，芜陋不足采观者。

十、议编外：主张“例以义起，期于无遗无滥者也。邑志猥并错杂，使同稗野小说，固非正体。若遽以国史简严之例处之，又非广收以备约取之意。凡事属琐屑，而不可遗者……当于正志之后，用杂著体零星纪录，或名外编，或名杂记。另成一体，使纤夥饾饤，先有门类可归，正以厘清正载之体裁也。谣歌谚语，巷说街谈，苟有可观，皆用此律”。（转自仓修良编《文史通义新编新注》，浙江古籍出版社 2005 年 10 月版第 856～861 页）

按：这个“十议”，实际是他在修本志书中处理各种问题的原则说明，可以看作本志“凡例”。

约于此前后不久，章学诚又撰有致好友甄松年《答甄秀才论修志第一书》《答甄秀才论修志第二书》《与甄秀才论〈文选〉义例书》和《驳〈文选〉义例书再答》等论文，提出了以下一些方志思想：其中《答甄秀才论修志第一书》提出的是比较宏观的，内容包括：

一、提出“志为全书总名”，志下之篇目，不得“从志之公称”。那怎么办呢？他主张体裁应设立外纪、年谱、考、传四体。“志为全书总名，皇恩庆典，当录为外纪；官师铨除，当画为年谱；典籍法制，则为考以著之；人物名宦，则为传以列之”。其中之“外纪”“年谱”和“考”，与正史中之“纪”“表”“志”名称不同，为的是“变易名色，既无僭史之嫌；纲举目张，又无遗漏之患”。“其他率以类附。至事有不伦，则例以义起，别为创制”。

二、提出艺文志当仿“三通”、《七略》之意，取是邦学士著撰书籍，分其部汇，首标目录，次序颠末，删芜撷秀，掇取大旨，论其得失，比类成编。乃使后人得所考据，或可为馆阁雠校取材，斯不失为志乘体尔。以经世致用为取舍标准，反对收入无病呻吟的“风云月露”之作。“至于坛庙碑铭，城堤纪述，利弊论著，土物题咏，则附入物产、田赋、风俗、地理诸考，以见得失之由，沿革之故”。

三、提出“文辞尚贵真实，剪裁多自己出”，又要尊重前人成果。“修志者当续前人之记载，不当毁前人之成书。即前志义例不明，文辞乖舛，我别为创制，更改成书，亦当听其并行，新新相续，不得擅改；彼此得失，观者自有公论。仍取前书卷帙目录，作者姓氏，录入新志艺文考中，以备遗亡，庶得大公无我之意，且吾亦不致见毁于后人”。

四、提出“志为史体，当详于史。而今志乘所载，百不及一”，是因为“搜罗采辑，一时之耳目难周，掌故备藏，平日之专司无主也”。为此，他主张设立志乘科房，平时注意收集资料，以备他日修志之需，做到取材丰富，“使志无遗漏”。

五、提出“志乃史体，原属天下公物”，不可以“漫为浮誉，悦人耳目”，“善恶惩创，自不可废”。但“讥贬原不可为志体，据事直书，善否自见”。反对贿赂请托。

六、提出志书要“有裨风教”。主张“传述忠孝节义，凛凛冽冽，有声有色，使百世而下，怯者勇生，贪者廉立”。对于孝子、忠臣、义夫、节妇，要“加意采辑，广为传述，使观者有所兴起……尤当取穷乡僻壤,畸行奇节,子孙困于无力,或有格于成例,不得邀旌奖者,踪迹既实,务为立传,以备采风者观鉴,庶乎善善欲长之意”。

七、提出“丈夫生不为史臣,亦当从名公巨卿,执笔充书记,而因论列当世,以文章见用于时,如纂修志乘,亦其中之一事也”。将修志之事看作著述大业。

在《答甄秀才论修志第二书》中。一是坚持要合于史法。在此他进一步说明《第一书》中提出采用外纪、年表、考、传之原由。因为“考之为体,乃仿书志而作。子长八书,孟坚十志,综核典章包函甚广,非若今之志书,多分题目,浩无统摄也。如星野、疆域、沿革、山川、物产,俱地理志中事也;户口、赋役、征榷、市籴,俱食货考中事也;灾祥、歌谣、变异、水旱,俱五行志中事也;朝贺、坛庙祀典、乡饮宾兴,俱礼仪志中事也。凡百大小,均可类推。篇首冠以总名,下乃缕分条析,汇列成编,非惟总萃易见,亦且谨严得体”。

二是指出引文要注明作者。“志为史体,其中不无引用成文。若俗下之艺文选集,则作者本名,自应标于目录之下。今若刊去所载文辞,分类载入志传诸体,则作者本名易于刊去,须仍如《史》《汉》之例,标而出之”。

三是传体要归划一。“邑志人物,尤属紧要……至于人物一流,自非位望通显,太常议谥,史臣立传,则姓名无由达乎京师。其幽独之士,贞淑之女,幸邀旌奖,按厥档册,直不啻花名卯册耳。必待下诏纂修,开馆投牒,然后得核,故其事由下而上,邑志不详备,则日后何由而证也。夫传即史之列传体尔,《儒林》《游侠》,迁史首标其目;《文苑》《道学》,宋史又划三科……后世志乘,传述碑版,统列艺文;及作人物列传,又必专标色目,若曰忠臣、孝子、名贤、式苑之类,挨次排纂。每人不过八九行,少或一、二、三行,名曰传略……《史记》列传七十,惟《循吏》《儒林》而下九篇,标列总目。《汉书》自《外戚》《佞幸》而上七篇,标出总目。江都列传《三策》,不必列以儒林;东方特好诙谐,不必列入滑稽。传例既宽,便可载瑰特之行于法律之外。行相似者,比而附之,文章多者,录而入之。但以庸滥徇情为戒,不以篇幅广狭为拘,乃属善之善者耳”。

四是论断要守谨严之原则。他认为“是非褒贬,第欲其平,论赞不妨附入,但不可作意轩轾,亦不得故恣吊诡。其有是非显然,不待推论,及传文已极抑扬,更无不尽之情者,不必勉强结撰充备其数”。

五是典章制度记载应当详悉。他举学校祭祀为例说:“学校祭礼,一切开载会典者,苟州县所常举行,岂可因而不载?会典简帙浩繁,购阅非易。使散在州县各志,则人人可观,岂非盛事?”

六是要注意自注之做法。“志体既取详赡,行文又贵简洁,以类纂之意,而行纪传之文,非加自注,何以明畅?但行文所载之事实,有须详考颠末,则可自注”。

七是主张志外另编文选之类,以起到辅佐作用。他认为:“诗文杂体,入艺文志,固非体裁,是以前书欲取各体归于传考……史体纵看,志体横看,其为综核一也。然综核者,事详而因以及文。文有关于土风人事者,其类颇多,史固不得尽收之",所以有《文苑》《文鉴》《文类》《文选》等专书之出现。故他主张"略仿《国风》遗意,取其有关民风流俗,参伍质证,可资考校,分列诗文记序诸体,勒为一邑之书,与志相辅"。

八是不能将列女局限于烈女。他认为自从范蔚宗《东汉书》始载列女,后史因之,遂为定则。但"后世史家,所谓列女,则节烈之谓……节烈之列为列女传,则贞节之于殉烈,已自有殊。若孝女、义妇,更不相入,而闺秀、才妇、道姑、仙女永无入传之例矣……班姬之盛德,曹昭之史才,蔡琰之文学,岂转不及方技伶官之伦,更无可传之道哉? ……今当另立贞节之传,以载旌奖之名。其正载之外,苟有才情卓越,操守不同,或有文采可观,一长擅绝者,不妨入于列女,以附方技、文苑、独行诸传之例。庶妇德之不尽出于节烈,而苟有一长足录者,亦不致有湮没之叹"。

按:以上诸文之写成,表明章学诚系统之方志理论已基本形成。

是年,知府李其昌纂修成贵州《南笼府志》8 卷、首 1 卷、末 1 卷刻行。是志名为府志,实际仅载其亲辖之境,并不及于属县。难得者是正值文字狱盛行之时,是志能坚持"明末遗事,辜著史帙,桂王由榔驻札南笼,靖难十八人墓迹犹在,是亦不可泯没者,故并纪之",对于南明永历王在安龙事迹记之甚详。唯以史实为据,不受时宪而左右,这是难得之志人胆识。(《中国地方志总目提要》22—33)

是年,宫懋让修,李文藻纂《诸城县志》46 卷刊刻。分别为总记 2,考 12,表 11,录 2,列传 18。是志取材,强调通典不载,详独略同。如李氏代宫作之序言中称:"其体例繁简,一准于予意。而考证地形,搜罗佚事,则自缙绅,至于樵厮渔叟,皆得献其所知,庶几其无遗憾矣乎!夫典礼乐章弗录者,非略也,《会典》所载,天下同也。山川乡社、田赋、物产之必详者,非以夸雄富也,务示险易,悉民勤惰,而共好恶也。《金石考》为从来志乘所无者,重县之所有也。而旧载诗文皆芟者,不敢苛(苟?)循乎俗也。一事之录,必究其原本,一人之出入,必参之公论,非苛也,期以订误正讹而可传信于后也。"(转自《山东方志汇要》第 114 页)其在《列传序》中述说史志之异同有云:"志与史同也,亦异也。扬往迹以励将来,相同也;而史编天下之大,志则录一邑之小。"瞿宣颖称:"其体例盖秉之宫氏亲裁,诸考除艺文、金石外,皆剪裁为文,雅饬可诵,非如他志条列而已。其于星野,力辟俗说之诬,于风俗,力去雷同之陋,可谓卓然。"(《方志考稿》第三编第 79 页)是志注重考证,是具有较高之学术价值的一部志书。

按:通典不书,详独略同,是修志应遵之一条通则。吕志毅在《方志学史》第 333 页,谓此是一部纂辑体的志书,说法与瞿氏之说有异。

是年,知县王英曾修,黄修、卓肇昌纂成台湾《重修凤山县志》13 卷。是县之志,李丕烈首修于康熙五十九年(1720)。至是,以前志采摭未备,记载简略,故加重修。全志分为舆地、规制、风土、田赋、典祀、学校、兵防、职官、选举、人物、杂志、艺文等 12 类,子目 79,附目 6。其风土志最巨且精,所录番社 18 社之历史、风俗、居处、饮食、衣饰、婚嫁、丧葬、器用等,一一都有载述。尤难能可贵者,修辞语气,对当地土人颇为尊重,无轻侮语调。其所录土语,从天地至生活,及亲属称谓、动植物名称等,均译有汉语对照。又录有俚曲,以"颂祖歌"为多。据陈光贻谓,曾有其友人、旅大图书馆之凤先生致其函说,俚语中有死而复生,称为麻苏哈,颇似蒙语。以故台湾部族有自大陆迁徙之说,未必无据。是书所定凡例 12 则,颇具体例。如"纪山川,以补旧志缺略,参众说,务使肢节脉络,井井分明;流峙高深,各安其位。纪风俗,则番汉分编,汉俗别闽、粤;番俗别图、社。纪土田租赋,皆据现行档案,逐条详注。学校、选举,则逐条荟萃,寻源究委,以访故实,俾知历代沿革之不同,以及制度之损益。纪武备,于水师独详为本。纪物产,仅录其特产,内地所习见者不载"。(转自陈光贻《稀见地方志提要》,齐鲁书社 1987 年 8 月版第 712 页)

是年,冯观民纂修成《阜宁县志》8 卷。是县雍正九年(1731)始由盐城县地割置,此为设县后之第一部志书。是稿初成于乾隆十一年(1746),至是又有增修之成稿,签题为《阜宁县革检志书》。(转见《中国地方志总目提要》10—86)如此题签,未悉何意。

是年,尤淑孝修,李元正纂成《即墨县志》12 卷、首 1 卷刻行。是志关于人物之取舍,坚持生不立传,规定"盖棺后定,今以殁后三十年为准"。(转见《中国地方志总目提要》15—14)

是年,彭方周纂修,顾时鸿、王立礼校辑之吴郡《甫里志》24 卷、首 1 卷刻成。甫里,吴县之一镇也。方周曾为元和县丞。是志编修之时,正逢炎暑,方周"濡毫丙夜,聚蚊成雷,挥汗如雨,犹孜孜考订不怠"。"里人有笑其迂者,且逆其业之不卒也"。彭氏用力益勤,里始信之,且各以所知所闻告,故资料得以充实。做到"多其繁缛,不失于冗"。(转自《江苏地方志提要》第 314 页)

按:欲做好一件事情,无此等之精神是难以克成的,况修志事乎? 20 世纪末之修志中,亦曾有修志"三苦"(艰苦、辛苦、清苦)之说。许多志书就是在"三苦"的条件下修成的。笔者曾有一诗赞扬彼等之精神曰:"十年'三苦'远尘嚣,非为懦愚懒逐潮;囊里羞涩无需愧,一志修成足自骄。""潮"者,是时文人下海经商之热潮也。

又:明清时,由于乡镇经济、文化之发展,江苏乡镇志之编修颇为盛行,有的还一修再修。甫里志由明成化间创修,至本志,已修过 13 次矣。(见《江苏方志考》第 105 页)

乾隆三十一年(1766)二月十八日,大学士傅康安等上疏,请严禁私人修、印志书。先是浙江巡抚熊学鹏于今年初上奏《请严私修志书之例疏》有云:"查各省所纂通志俱经进呈,惟府县志多有地方官私自修辑刊布。在好名之地方官,明为捐资办理,暗中不无向绅士派费,而该地绅士借以行私,地方官徇其所嘱,任意编纂。其考核既不切实,且或别存爱憎,将鄙俚不经之谈,率行开载;将私心偏厚之人,谬加赞扬。至实应记载之事,转有挂漏。刊布日久,以讹传讹,所关于政治人心者甚为重大……臣查督抚、学臣、藩臬莅任,各府州县未尝不有志书呈送。然一省之中数十州县志书,加以各府志书卷帙浩繁,不过备存查考,其实未能逐篇逐字细心核阅。夫事无专责则彼此因循。在督抚、藩臬,办理地方政务尚多,惟学臣专司考核,事较简少。其按临各部,考案发后,或在公馆,或在舟次,就近将该处志书与该地方官论办考核,随时办理。卷帙既不甚多,更属易办。臣请敕下各省学臣,于按临各郡时,即将该处旧存府州县志与该地方官考核,所有开载不实不经之处,饬令地方官悉行删除。岁底将删除条目若干,咨明督府,会同奏闻。其地方府州县官,有因旧志漫漶,欲行改造重录,或旧无志书欲行添造者,悉令预为详报。仍将所修之书申送学臣,会同督抚核明具奏,俟旨发回,然后准其刊布,不许地方官任意私造。"(《皇清奏议》卷五七,转自傅贵九《清朝修志与文字狱》,载《方志研究》1990 年第 4 期)

此折到京后,傅康安等遂据此上奏《严禁私修志书》一折,略谓:"今据浙江巡抚熊学鹏具奏,以《遂安县志》侈陈毛一鹭政绩,《嘉兴府志》曲讳虞廷陛附党,是非倒置。又《萧山县志》极诋嘉靖间道学陈大绶贪酷种种,而大绶督学以清节著闻,所载悉属颠倒。已饬地方官分别核实删除等因。查毛一鹭、虞廷陛,俱名丽阉党,载在钦定《明史》,人所共知。陈大绶名不著于史传……该县志所称嘉靖时事,显系诞妄无稽。该志当即为改正删除,以期核实。但据奏请,责成学臣于按临各郡县后,取该处志书与地方官论辨考核,将删除条目若干,咨明督抚会同奏闻之处。臣等窃思,学臣按临考度情形不同,有因地方辽阔,考毕遄行者,有因试卷繁多,日不暇给者。若必责令于按临后考核,必是处置逗遛,公事转多迟误。查各省向例,原有于学臣莅任时呈送志书之事。应令学臣不拘时日,悉心考核,遇有实在事(是)非倒置者,即饬令地方官删改,仍咨明督抚会同办理。其有现在修辑之志书,亦令学政查核,再行刊刻。至该抚又请地方官有欲修志书及添造者,预为详报,仍将所修之书,申送学臣,会同督抚核实具奏,候旨发回,然后准其刊布等语。查乡曲之书,多有见闻固陋,纪载疏芜,无论不足进呈御鉴。且《一统志》现在奉旨编修,而各省通志俱经奏定,已足奉为传信。不必于偏隅小邑另立条教,转致纷繁。至该抚又称,纂修地方志书,向系地方捐资办理,不得借端派费,有累士民之处。查有司养廉所以办公,若责食捐资,势必掣肘。至修书原系地方公事,如或绅士自行经理编纂付梓,亦所弗禁。但不得勒派,应令该管上司,严查参究可也。"(转自《方志考稿》第六编第 18 页)

这两道奏疏都得到批复:"议准浙江《遂安县志》侈陈毛一鹭政绩,《嘉兴府志》曲讳虞廷陛附党。又《萧山县志》极诋嘉靖间道学陈大绶贪酷种种,而大绶以清节著闻,所载悉属颠倒。查毛一鹭、虞廷陛,俱名骊阉党,载在钦定《明史》,人所共知。陈大绶名不著于史传,考国子监题名碑,大绶系明神宗乙未科进士,江西浮梁县人。该县志所称嘉靖时事,显系妄诞无稽,自当改正删除,以期核实。再各省向例,于学臣莅任时原有呈送志书之一事,尽令学政,不拘时日,悉心查核。遇有实在是非颠倒者,即令地方官删改。仍咨明督抚,会同办理。其现在修辑之志书,亦令学政查核,再行刊刻。"(《学政全书》卷一二,《颁发书籍》,转自傅贵九《清朝修志与文字狱》,载《方志研究》1990 年第 4 期)

十月,卫既齐修,赵瓒纂成《贵州通志》36 卷刻行。卫氏之序,阐明了志书于为官者之重要,有云"人臣受一方之寄,民生物命系焉。苟不知其溪山之险夷、土田之饶瘠、人物之繁耗、习尚之淳浇,与夫兴革损益之由,治乱得失之故,即欲兴道起化,整弊扶衰,亦何以措之?肤膜见而后针砭可投,滩湍熟而后舟楫可济,虽有智者,莫或易也。萧何入关,先收图籍,因知天下厄塞;马文渊聚米为山,陇蜀以平;朱晦庵所至访求文献,以辑志乘。前者后之师,古者今之鉴也。"(转自《贵州地方志序跋凡例选录》第10页)

是年,胡翼修,章镳、章学诚父子纂成之《天门县志》24卷刻行。全志分为图、考、表、传四大部分。考有地理考、建置考、食货考、礼仪考、学校考、水利考、五行考、艺文考;表有封建、秩官、辟举、古科目合表,官司表、科举表、武选表、封荫表;传分循良、儒林、忠义、孝友、宦迹、卓行、方技、流寓、仙释等。是章氏所纂方志的代表作之一。

按:此志多为章学诚手笔。他在《修志十议呈天门胡明府》中,提出:"皇恩庆典宜作纪,官师科甲宜作谱,典籍法制宜作考,名宦人物宜作传。"在本志中则是图、考、表、传。增图无纪,改表为谱。于四体之外增加了一个"余编",收纳表、考、传所不能收之内容。最后刻印时,又经别人改动,故明年章氏在《与族孙汝楠论学书》中说:"《天门志》呈览,中为俗人所改,所存十之六七。"(《文史通义新编》第674页)

是年,李堉修,张施仁、赵先第纂成河南《伊阳县志》4卷、首1卷刻行。是志在卷末载有《修志杂说》7则,这是将纂修者之方志思想载入志书之例。(转见《中国地方志总目提要》16—37)

是年,茅应奎纂成乌程县《东西林汇考》8卷。双林以产蚕丝闻名,尤以制作妇女包头著称,明清妇女以为首饰通行天下。其品有轻五、六两,最长者达数丈。每方有四尺、五尺、七八尺不等。花样有四季花、西湖景致、百鸟图、龙凤图等。当时各省商贩云集,进行贸易。志书于此等地方物产载之甚详。体例完备,考证精详,内容很是丰富。(转见《中国地方志总提要》11—67)

按:乌程当时有南浔、乌青、双林、晟舍四镇闻名,都以经济发达著称,又均有修志之传统。今存者乌青镇有明、清、民国志共4部;南浔有清、民国志各2部;双林有清及民国志共3部;晟舍有清志1部。多数在乡镇志中均可称上乘之作。(转自《中国地方志总目提要》11—66～68)

是年,台湾凤山县教谕朱士仕纂成《小琉球漫志》10卷刊行。小琉球属凤山县,在县西南海中,周30里。书以游记体,记述作者自福建赴任途经所见及至任后之闻见。全志分为6篇,篇目颇为特别,分别为泛海纪程、海东纪胜、瀛涯渔唱、海东賸语、海东月令、淡水社寄语等。其经枫亭(在福建仙游)而述江采蘋故里乡情,渡洛阳桥(在晋江)而全录蔡忠惠公桥记全文。逗留厦门觅海船,详载风信潮汐、船舶大小形状和航情等。至澎湖则详考历代隶属。如谓:"澎湖归隶晋江县,《台湾纪略》以为隶同安县。参诸县志,以属晋江为允。"至于台湾,则谓"地形为弯弓,故名台湾"。凡其地之山川、风土、地域之殊异,海中日月之出没,风云之变化，以及鸟兽虫鱼草木，与夫俗语人物，上至国家建置制度，下至方言野语，无不记述甚详。(见《中国地方志总目提要》30—19)陈光贻谓其“篇名风雅，而叙事翔实也”。(转自《稀见地方志提要》第713页)

乾隆三十二年(1767)，阿思哈、嵩贵纂修《续河南通志》84卷刊行。河南先修有《通志》，至去年，阿思哈奉诏修《一统志》，征集各地志书送馆，于是他又主修此志。是志为一部断代体之续志，但并非编目一仍前志之旧，而是有所创新。前志是平列目体，有目而无志以统辖。本书则先设9个专志，志下再设目。也就是说将前志的平行列目，改为门目体，使得全书更为门目清楚，更为有序。在凡例中说其“区分门类，各有次序。春秋重地，故首舆地，次养，又次教，人为本，故人物继之，技为末，故以艺文终焉”。前志将理学家者流，列于《人物》之外，本志则统纳入人物而后再分类。这就解决了章学诚所批评的，将理学家“不视为人”之悖谬。在志序中，说明其续志之目的是：“国之有史，所以记圣恩，详事实，裨治化，厉风俗。苟疆域不辨，则何以保存？沿革不考，则何著兴废？形胜不察，何以昭鉴戒？风俗不审，则何以别淳漓？户口不计，则何以知息耗？方物不验，则何以经贡赋？山川不识，则何以寓封浚？祀典不秩，则何以报功德？艺文不综，则何以备述作？因事以核实，从实以见事，本之可以广学，推之可以主政，申之足以赞业，垂之足以示远，则通志之宜续也。”(转见《中国地方志名家传》第135页、《河南地方志提要》第28页)但是书不但继承了前志之《圣制》一目，而且扩充成4卷之多，亦有不足为训之处。

是年，康基渊纂修成《嵩县志》30卷、首1卷刻行。是志专列《两程世表》一门，详列了程颢、程颐世表，自其高祖起，下延续至24代孙。这是仿《史记》作《孔子世家》之法而为之者。(《中国地方志总目提要》16—36)

按：志书载家谱，一般为修志者所不许，但特人特事，偶一为之，亦不为不可。

是年，章学诚之师朱筠等奉诏纂修《顺天府志》，章氏亦受师之嘱，“经纪其事”。此事无后文，不知是否修成。(见仓修良、叶建华著《章学诚评传》，南京大学出版社1996年3月版第106页)

乾隆三十三年(1768)，蒋有道修，史珥纂成《南安府志》22卷刻行。是志编纂宗旨为：“义主乎整齐旧闻，而新录尤不敢忽。年远虑其湮也，亟增之；时近虑其淆也，慎择之；即前志所载也，必细加考核。”

按：这是修志应有之基本态度。这种态度，为其后黄鸣珂修，石景芬、徐福炘纂之同治《南安府志》所承继。也是“凡旧志所载漏者补之，伪者正之，精卓者仍之，泛者芟之”之义。(均转见《江西省地方志概述》第155～156页)

是年，吴志绾主修，黄国显等纂广西《桂平县资治图志》4卷刻成。是志书名亦已特矣。做法上更是“一邑之中，各里各绘一图为目，合成一邑总图为纲。邑分为二十一里，一里一图，一图一志”。按古图经之编法，“以图为主，而志附之”。其细目为：第一卷有分野图志(气候风俗附),建置图志,县总图志(布山八景图附),城厢图志;第二卷有学宫图志,县署图志,秩官图志(名宦传附),选举图志(人物节孝各传附),民赋图志(仓储附),兵粮图志,塘铺图志,盐埠图志;第三卷有永和里图志,军陵里图志,上秀里图志,中秀里图志,下秀里图志,上都里图志,中都里图志,下都里图志,罗秀一里图志,罗秀二里图志,吉大一里二里图志(村居交错),大宣一里图志,大宣二里图志,武平里图志,崇姜里图志,甫里图志,赵里图志,厚禄一二三里图志(村居交错);第四卷有山川图志,大藤峡图志(附罗渌三图),紫荆山隘口图志,茶岭隘口图志,石梯山隘口图志,佛子村隘口图志,瑶壮图志(俍兵俍田附),杂志(灾禄、祥异、土产附)。人物除列有专志外,对于各乡里之名人贤达,亦列入各相关各里图志之中。历史事件亦附入相关山川图志之中。至70余年后袁湛业续修该县志时,谓对此《资治图志》,"批阅之下,因而叹前贤之立志为不苟也。无意于治,何取乎资,既有所资,其不能已于治也明甚。……《资治图志》一书,昔人留示今人,所以备知一县之治者也"。《续修四库全书提要》称"其于志例,顿改旧观,具有卓见。全书纲举目张,隶事详审,异乎蹈常袭故者"。(转自《广西地方志提要》第330页)

是年,郑交泰修,曹京纂成安徽《望江县志》8卷刻行。志分8纲,其艺文志中录有明正统间教谕冯善著之《江止于雷岸问答》一文,有很多很好的关于潮汐现象之解释,是一份研究长江中下游潮汐现象难得之珍贵历史资料。(转见《安徽方志考略》第28页)

是年,郎廷泰纂修之《重修江浦县新志》8卷刻成。是志分15门,因赋役关系国政民命,故编之不厌其详,用力最勤,几占全书篇幅之半。(转见《江苏旧方志提要》第93页)

按:20世纪后半期修志中,有所谓"旧志重人文轻经济"之说,此志又一次说明,实不可一概而论也。

乾隆三十四年(1769),陈廷柱修,虞鸣球、董潮纂成《阳湖县志》12卷、首1卷。阳湖于雍正二年(1724)始从武进析出,此为阳湖置县后之第一部志书。新析县与旧县修志,疆载划分易,史事、营建、学校、禋祀、人物等则难。本志采取易分者分,不易分者则合之原则,也是不得已而为之也。(转见陈光贻《中国方志学史》第129页)

是年,刘岱修,艾茂、谢庭薰纂成贵州《独山县志》10卷刻行。谢氏在书序中提出修志"四不敢":"不敢以古人既往,简断编残,而不为之搜罗也;不敢以其抑塞,久经埋没,而不阐其幽光也;不敢以其子孙显贵,谬扬其祖父也;不敢徇乎众好众恶,而不求善者之所好,不善者之所恶也。"(转自《贵州地方志论纲》第76页)

是年,高兆煌纂修成河南《光州志》68卷、附余12卷刻行。是志图经1卷,精绘了古代礼乐图30种,古乐器图26件,佾舞图96幅,为其他志书中所少见者,也是录通典之一例也。(转见《中国地方志总目提要》16—117)

按:虽然是全国通行之礼,绘入志书有违"通典不录"之制,但此却为后人留下了一些他书中难得见到之图,也还有其价值。

乾隆三十五年(1770),沈维基纂修成山东《东平州志》20卷、首1卷。在是书之自序中,提出"夫郡邑之志,阅十余年必须增之……积而愈多,久而必忘。十年不修,已难记忆;数十年不修,遗失必多"。(转见《山东方志汇要》第368页)

是年,张圣浩修,焦钦宠纂成河南《登封县志》10卷刊行。先是顺治五年,圣浩之叔父朝端知登封,创始修县志。康熙十八年,圣浩族兄壎知是县,又增续之。乾隆三十一年,圣浩亦来知是县,至是遂修成本志,虽与他志大体略同,无甚特别突出之处。但一个家族三人先后修成同一县之三部志书,亦方志史上之一雅事也。

是年,胡建伟撰成《澎湖纪略》12卷刊行。乾隆初,澎湖海防通判周于仁与胡革已撰有《澎湖纪略》1卷,因属草创,故失之简略,书今已不存。胡建伟于乾隆三十一年(1766)升任澎湖通判后,即着手志书修纂。至三十四年修成《澎湖纪略》12卷,至是刻成。12卷内容分为12大类:即天文、地理、官师、文事、人物、武备、风俗、土产、赋税、户役、仓储、艺文。虽名为"纪略",实甚详备,不但篇幅详于周志许多,对于原有之澎湖全图及相关之传说,亦多有更正。如向传澎湖有岛屿36个,是书则考证为55个(实际是64个)。(见卢美松《历代澎湖志书的编纂》,载《中国地方志》2003年第2期)

是年,戴震为人代作《应州续志序》,又撰成《与曹给事书》一文。在该序中,他提出"古今沿革,作者首以为重"。"余曩因诗文古词所涉,寻检郡邑志书,其于经史中地名山川、故城废县以及境内之利病,往往遗而不载,或载之又漫无证据。志之失大致尽然"。在后文中,亦说"甚矣,沿革之不易言也"。(转见黄德馨《论戴震的方志学理论与与践》,载《中国地方志》1989年第3期)

按:作为地理学派之领军人物之一,戴震重地理沿革之方志主张,有其形成之主客观因素。其所提出的一些主张,对后世颇有影响。但戴氏又决非唯沿革论者。对于上述问题及戴氏之方志理论与实践及其在方志史上之贡献,黄德馨在《中国地方志》1989年第3期刊发的《论戴震的方志学理论与实践》一文,论之甚悉,是很具识见之一篇学术论文。

乾隆三十六年(1771),戴震应山西汾州太守孙和相之聘,纂成《汾州府志》34卷刻行。戴氏在是书的《发凡》中说:"以水辨山之脉络,而汾之东西,山为干,为枝,为来,为去,俾井然就序。水则以经水统其注入之枝水,因而遍及泽泊井泉。合众山如一山,合众川如一川,府境虽广,山川虽繁,按文而稽,各归条贯。"这是他的独到见解。是志为平列目体,平分沿革、星野、疆域、山川等29目,各目以事类聚,纵向叙述,浑然一体。创立事考之门类,附于正文之下,用双行小字夹注注出。由于他认为一地之山川河流,"其奠也,本天地之自然,而形势在焉,风气系焉,农政水利兴焉。作志者往往散列,漫无叙次,三者无由见也。"故其记山川之法亦与传统方法不同。段玉裁在《戴东原先生年谱》中说:"国朝之言地理者……盖从来以郡国为主而求其山川。先生以山川为主而求其郡县。其叙《水经注》曰:'因川源之派别,知山势

之逶迤,高高下下,不失地防。'”(转自邸富生《中国方志学史》第150页)

戴氏在其所订之《汾州府志例言》中,明确地提出“志之首沿革也,有今必先有古”,“沿革定而上考往古乃无惑”,“沿革不明,不可以道古”。与前述之两文一样,表明了他“重沿革”之方志学思想。这种思想在本志中得以充分体现,这是他将考据学派之治学方法运用于修志之实践,纠正了不少以往旧说之谬误。段玉裁说:“其书之详核,自古地志所未有。”他大力倡导之考据方法,对扭转昔日漫无辨别地因袭前志的修志之风,起了积极的是正作用。民国时期方志学家王葆心先生评论说:“戴氏修志,注重沿革山川,考核明塙,叙事井然,故此例称沿革定而上考往古,乃始无惑;疆域辨而山川乃可得而纪。”“此乃戴氏一家之学说。存其义,深有益于方志。”以戴氏为代表之考据学派力求存真求实之志风,是我国历史上修志优良传统的重要组成部分,值得后人发扬光大。此外,这篇《例言》之意义还在于:第一,基本否定了“星野”之说,提出“至若绘画星像,录步天歌,尤属固陋”;第二,提出修志“务求切用于民”,“兴水利,除水患,从是之思过半矣……名宦必其德泽及民,操持可法”;第三,主张绘制地图必须精确;第四,反对陋习俗套,提出“各州县志多有所谓八景、十景,漫列卷端,最为鄙陋,悉汰之,以还雅”;第五,主张“生不立传”,“详善而略恶”,“名宦必其德泽于民,操持可法;流寓非名贤不录”,“人物必大节卓然,义行必为善足风,或一事之有益于人亦附焉”;第六,主张艺文著录,不分文体,一主于地,“纂志与集文不同,故但以古今为先后,不区别文体,叙诗亦然。盖志主乎地,不取备文体也。虽其地之人,而生平所有奏疏、论著,于地无关者,例不当录。官斯土及今在任,一切士民颂美之辞,事涉导谀,亦例不当录。又有因事立文,宜与事具载于志,而文或仅以通俗,州县志不妨备录;府志亦一切赘收之,则失体”。等等。(转见黄德馨《论戴震的方志学理论与实践》,载《中国地方志》1989年第3期;朱隽嘉《论四库馆臣对方志的认识——以都会郡县志为例》,载同刊2004年第2期;翟屯建《论〈新安志〉在方志发展史上的地位》,载同刊2005年第1期)

是书一出,即负一时盛名。段玉裁称“其书之详核,自古地志所未有”。钱大昕称其“博稽史籍,驳正旧志之伪”。《续修四库全书提要》称其“义例精严,文辞雅训,非其他府志所能及”。(转自《方志学》第476页)但该志将僧人排除在人物之外,认为僧不可以为人,有失偏颇。故章学诚批评是“俚儒”之见。(《记与戴东原论修志》,载仓修良编《文史通义新编新注》第884页)

戴氏是清代著名之考据大师,对于文学、音韵、经学、天文学、地理学、数学、哲学均有研究,尤精于名物训诂,善于从训诂中探讨古书义理。在方志学中他属地理学派,并且是这派之主要代表者。他最明确、最有代表性之说法是:“夫志以考地理,但悉心于地理沿革,则志事已竟,侈言文献,岂所谓急务哉。”强调“古今沿革,作者首以为重”,“沿革定而上考往古,乃始无惑;疆域辨而山川乃可得而纪”。这一观点为段玉裁所继承,为章学诚所反对。(转见《朱士嘉方志文集》第22页)《汾州府志》成于众手,但地理部分由戴震自定。由于他精于考地理沿革,故考证能达精详,纠正前史志之误甚多,非通儒大师不能及此。他对自所纂成之《汾州府志》亦最为得意。

按:将方志视为地理之书,由来有自。如唐人刘知己在《史通·杂述》中就说:"九州土宇,万国山川,物产殊宜,风化异俗,如各志其本目,足以明此一方。若辛氏《三秦》、罗含《湘中》,此谓地理书者也。"(转自《中国地方志总目提要》18—4)宋人司马光在序《河南志》中认为,方志是沿袭《周官》中的《职方》、《土训》、《诵训》述地之法而来。这种看法一直延续下来。直到纪昀修《四库全书》,也将方志列入史部地理类。民国时赵尔巽撰《清史稿》,仍将方志列入《艺文志》史部地理类。

又:关于"八景"、"十景"之类,戴震两年前在《与段若膺论修志》中已说:"至若志之俗体,凑合八景、十景,绘图卷首,近来名手颇有知为陋习宜削去者。星野之载,步天歌及星图,均属陋习。又如每篇有小序,序皆套语,近来亦有删去不用者。"(转见朱隽嘉《论四库馆臣对方志的认识——以都会郡县志为例》,载《中国地方志》2004年第2期)

是年,张佩芳修、刘大櫆等纂成《歙县志》20卷刻行。是志统合古今,尤重人物,在"义行"目内,记载了许多商人之义举,对徽商研究颇有资料价值。《续修四库全书提要》将本志与其前之四部县志进行比较后,认为"异于前志者"凡五事,向被称为名志。宫为之称其"引据典核,不愧出于一代文宗之手"。(转见《中国地方志总目提要》12—66)

乾隆三十七年(1772)十月己丑(二十八日),乾隆帝弘历在审阅《明珠传》后,特向国史馆下了一道谕旨:"谕:国史馆进呈新纂《明珠列传》,内所列郭琇纠参各款,胪采不全,于核实记载之义未合","兹馆臣裒辑《明珠列传》事迹……撮载大凡,但其间删削过多。恐传之既久,或疑修史者有意曲隐讳,于据事直书之旨无当也。因命于明珠传中,全列郭琇参本,俾天下后世得喻此事本末……仍命录载传后,使定论昭然,永以传信而垂法戒焉。"(《清实录·高宗实录》卷九一九,中华书局1985年9月影印本)

是年,伊犁将军永贵(满族)及固世衡编辑,经苏尔德核实、增删而成《新疆回部志》(亦称《回疆志》)4卷稿,专记新疆南部之历史、地情。卷1载有乾隆平定回部叶尔姜和伊西洱库尔淖儿纪功碑,简述了清军平定大小和卓叛乱之经过。继而列述有回疆舆图、天时、地理、山河、城池;卷2记回疆之宗教、风俗、物产、杂记;卷3为官制俸禄、户口;卷4为赋役、钱法、刑法、隘卡、邮驿、外夷,附异域传闻录等。(见《中国边疆古籍题解》第125页)是稿虽较简略,尚不失为研究清朝对新疆统治初期之政治、军事、财政状况,以及当时维吾尔族之文化和宗教习俗有参考价值之作。被吴丰培辑入《中国民族史地资料丛刊》之中。

是年,李文起修、戴震纂《汾阳县志》14卷刻印成书。在是志《例言》中,戴震特别强调志书中之地图,认为"县境图最紧要","山川图为地志大节目",而且作图要得法。"作图无法,则失其实,检图考地适足滋惑"。在该《例言》中又言:"村市用知民苦,户口用知民数,风俗用知民情,皆土地人民之首务……赋税次官署后,何也?政之大体,民之利病所系。胥役豪右,其滋弊不可诘也。知民之所苦,用旱潦之不常,以达其情。尤其关民之吏,宜务图者矣。"(转自翟屯建《论〈新安志〉在方志发展史上的地位》,载《中国地方志》2005 年第 1 期)这种利民的思想,在其农政、水利、村市、风俗、人物之中都有体现。全志体例精当,结构谨严,以沿革辨证最为翔实,考证用力尤多。

乾隆三十八年(1773)夏,章学诚与戴震相遇于宁波道署,就方志属性及相关之问题展开了一次辩论。时为宁绍台兵备道之冯弼亦在场。戴氏针对章学诚正在修纂中之《和州志例》说:"此于体例,则甚古雅。然修志不贵古雅。余撰《汾州》诸志,皆从世俗,绝不异人,亦无一定义例,惟所便尔。夫志以考地理,但悉心于地理沿革,则志事已竟。侈言文献,岂所谓急务哉。"提出"修志不贵古雅",不必"侈言文献",也不一定非要"一定义例,惟所便尔"。章氏不同意戴氏之说,认为"方志如古国史,本非地理专门。如云但重沿革,而文献非其所急,则但作沿革考一篇足矣,何为集众启馆,敛费以数千金,卑辞厚币,邀君远赴,旷日持久,成书且累函哉?且古今沿革,非我臆测所能为也。考沿革者,取资载籍。载籍具在,人人得而考之。虽我今日有失,后人犹得而更正也。若夫一方文献,及时不与搜罗,编次不得其法,去取或失其宜,则他日将有放失难稽,湮没无闻者矣。夫图事之要,莫若取后人所不得而救正者,加之意也。然则如余所见,考古固宜详慎。不得已而势不两全,无宁重文献而轻沿革耳"。戴氏则坚持说:"沿革苟误,是通部之书皆误矣。名为此府若州之志,实非此府若州也而可乎?"章氏则反驳说:"所谓沿革误,而通部之书皆误者,亦止能误入载籍可稽之古事尔。古事误入,亦可凭古书而正之,事与沿革等耳。至若三数百年之内,遗文逸献之散见旁出,与夫口耳流传,未能必后人之不湮没者。以及兴举利弊,切于一方实用者,则皆核实可稽,断无误于沿革之失考,而不切合于此府若州者也。"时在其旁之冯弼插问道:"方志统合古今,乃为完书,岂可为三数百年以内设邪?"章氏答称:"史部之书,详近略远,诸家皆然,不独在方志也。《太史公书》详于汉制,其述虞、夏、商、周,显与六艺背者,亦颇有之。然六艺具在,人可凭而正史迁之失,则迁书虽误,犹无伤也。秦、楚之际,下逮天汉,百余年间,人将一惟迁书是凭。迁书于此而不详,后世何由考其事耶?且今之修方志者,必欲统合今古,盖为前人之修是志,率多猥陋,无所取裁,不得已而发凡起例,如创造尔。如前志无憾,则但当续其所有;前志有阙,但当补其所无。方志之修,远者不过百年,近者不过三数十年。今远期于三数百年,以其事虽递修,而义同创造,特宽为之计尔。若果前志可取,正不必尽方志而皆计及于三数百年也。夫修志非示观美,将求其实用也。时殊势异,旧志不能兼该,是以远或百年,近或三数十年,须更修也。若云但考沿革,而他非所重,则沿革既明,毋庸考订之州县,可无庸修志矣。"冯氏点头称是。

此次争论甚为激烈,以致"戴拂衣径去"。次日,戴将其所撰《汾州府志》以示章,并说:"余于沿革之外,非无别裁卓见者也。旧志人物门类,乃有名僧,余欲删之,而所载事实,卓卓如彼,又不可去。然僧岂可以为人?他志编次人物之中,无识甚矣。余思名僧必居古寺,古寺当归古迹，故取名僧事实，归之古迹，庸史不解此创例也。”章氏又针锋相对地指出：“古迹非志所重，当附见于舆地之图，不当自为专门。古迹而立专门，乃统志类纂名目，陋儒袭之，入于方志，非通裁也。如云僧不可以为人，则彼血肉之躯，非木非石，毕竟是何物邪？笔削之例至严，极于《春秋》。其所诛贬，极于乱臣贼子，亦止正其名而诛贬之，不闻不以为人，而书法异于圆首方足之伦也。且人物仿史例也，史于奸臣叛贼，犹与忠良并列于传，不闻不以为人，而附于地理志也。削僧事而不载，不过俚儒之见耳。”（章学诚《记与戴东原论修志》，《文史通义新编新注》第884～886页）

按：除了戴氏之名僧不入人物之作法外，先代及当时不少志书在人物传之外，又列列女、隐逸、方技、寓贤、先圣等目，与人物平列，与戴氏犯了同一毛病。在人物传内再分类别，殊难准确，还是如钱大昕在《与鄞县志局同事书》所说之作法为好：“总题之曰人物，但以时代为次，不分优劣，既遵古式，又息争端。有尚古之识者，自能别其孰为大贤，孰为小贤也。”（转见王晓岩《方志体例古今谈》第84页）

从文字上看，章氏在与戴氏之争论中，语言刻薄，颇有得理不饶人之慨，似不足取，亦其性格使然也。在学术问题上争论若此之激烈，但章氏对戴震还是十分敬重的。此次争论，只是清代方志两大派别代表人物之间的一次面争，在文字上之学术争论还有多次。清代方志学中有旧派（考据派、地理派、纂辑派）与新派（史学派、撰述派）之别。

关于考据学派，朱士嘉溯其源流有谓：“宋人早已开其先，如高似孙、潜说友之流。明代亦有之。”“雍正七年，部颁世宗敕修新通志之上谕，而以‘考据详明，采摭精当’八言为圭臬，遂由此定立纂辑一派之先导，即当时主持《浙江通志》者之言可以推见，遂为一派重开端倪。观当日用新例所修之《浙江通志》、《陕西通志》，字字皆注所出。自是府州县志多沿之，如乾隆《历城县志》、《新郑县志》及孙、洪诸家在河南、陕西所修诸县志，皆其伦也。”（朱士嘉《中国旧志名家论选》第119页）这一派之代表人物是戴震、孙星衍、洪亮吉、李兆洛等。

新派以章学诚为代表，属于这一派之代表人物还有蒋湘南、黄彭年等人。章学诚继承宋元以来历史学派之观点，并作了进一步的发挥，主张按“正史”之要求来写志。朱士嘉先生1980年在《谈谈地方志的几个问题》一文中，归结这两派之区别在于：

新派：无一语不出于己。

旧派：无一语不出于人。

新派：体例一本《史记》、《汉书》，按纪传体纂修，分图、记、表、志、传五类。

旧派：体例一本康熙《河南通志》、康熙《陕西通志》和雍正《浙江通志》。

新派：对资料进行分析，锤炼成文，系统地、重点地反映事物发展的情况。

旧派：搜集资料大致按《日下旧闻》体裁进行排比，注明出处，显示“述而不作”的宗旨。

新派：全书由一人独撰。

旧派：全书出自众人之手。

傅振伦认为，乾隆、嘉庆间，中国方志界形成了两大派。以戴震、李文藻、洪亮吉、孙星衍、段玉裁、陈诗、李兆洛、董沛、武亿等人为代表的，是地理派(又有称之为地志图经派、纂辑派、厚古派、旧派)。傅氏归纳这一派之特点有五：一是偏重沿革；二是信古籍而轻采访，广搜博采条列旧文，述而不作；三是重文献而轻现实；四是侧重考据，详古略今；五是纂集前人之文，注明出处。另一派是以章学诚为代表之历史派(又有称之为撰著派、新派)，主张方志是史学之支流，应当详今略古，反对繁琐考据。(见《傅振伦方志论著选》第224～228页)

当时两派争论无结果，考据派之观点略占上风。新派观点为旧派所不容，故章氏所修志书，除《永清县志》完整流传外，其他各志都被篡改得不成样子。新派蒋南湘所修之《泾阳县志》，也遭到同样命运。但这场争论，却对方志学之发展起了推动作用。其后，钱大昕折衷两派之说，以旧派观点采辑资料，以新派观点进行编纂之《鄞县通志》独具特点，为后人所赞许(见朱士嘉在天津中国地方史研究会筹备会上的发言《谈谈地方志中的几个问题》，载《中国地方史志通讯》1981年第2期)

曾参与《扬州图经》纂修之焦循，是介于历史派和地理派之间的一位学者。(详见1801年条)

章学诚氏关于方志性质及撰述与纂辑之别，在乾隆五十八年《报广济黄大尹论修志书》中有如是之言："盖方志之弊久矣，流俗猥滥之书，固可不论，而雅意拂拭，取足成家，则往往有之。大抵有文人之书，学人之书，辞人之书，说家之书，史家之书。惟史家得其正宗。而史家又有著作之史与纂辑之史，途径不一。著作之史，宋人以还，绝不多见；而纂辑之史，则以博雅为事，以一字必有按据为归，错综排比，整炼而有剪裁，斯为美也。"(《文史通义新编新注》第879页)次年《报黄大俞先生》文中又有言："方志一家，宋、元仅有存者，率皆误为地理专书。明代文人见解，又多误作应酬文墨，近代渐务实学。凡修方志，往往侈为纂类家言。纂类之书，正著述之所取资，岂可有所疵议？而鄙心有不能惬者，则方志纂类诸家，多不知著述之意。其所排次襞绩，仍是地理专门见解。……方志而为纂类，初非所忌，正忌纂类而以地理专门自画，不知方志之为史裁，又不知纂类所以备著述之资，而自以为极天下之能事。是以虽纂类而仍无可藉，宜长者之致疑于近时风尚也。"(同书第633～634页)"古人一事必具数家之学，著述与类比两家，其大要也。班氏撰《汉书》，为一家著述矣；刘歆、贾护之《汉记》，其比类也；司马撰《通鉴》，为一家著述矣，二刘、范氏之《长编》，其比类也。两家本自相因而不相妨害。……但为比类之业者，必知著述之意，而所次比之材，可使著述者出，得所凭藉，有以恣其纵横变化；又必知己之比类与著述者各有渊源，而不可以比类之密而笑著述之或有所疏；比类之整而笑著述之所畸轻畸重，则善矣。盖著述譬之韩信用兵，而比类譬之萧何转饷，两者固缺一不可；而其人之才，固易地而不可为良者也。”（转见《文史通义新编新注》第633页）

关于清代方志学派之划分，王重民划分为三派，即章学诚派、考据派和地方官绅派。王葆心与朱士嘉则分为纂辑派和撰著派。刘光禄分为两派：历史派与地理派。王卫平则认为，以上诸种划法均有值得商榷者。王重民先生之分法，缺少一个统一的标准。因而他提出一个新的划分法，即分为保守派与创新派。认方志内容重在地理沿革，编纂方法采用纂辑，材料来源主在依据正史，这一派可称作保守派；主张方志是史，内容重述人文，采用撰著编修方法，资料来源既重历史记载，更重调查采访，这一派可称为创新派。这样划分也不能绝对化，只是一个大致的划分。因为，一些较多方面属于保守的人物，但在一些方面又与创新派相一致。如钱大昕，一方面认为方志是舆地之书，重视考据，而且主张“古人事迹当以正史为凭”；但他又不同意纂辑之法，而主张半纂辑，半出心裁，同时又强调要遵史例，用史法。焦循认为方志记事当依正史，而且反对采用纂辑之法，但他又提出“郡志为土地之书，宜先释地”。即同属保守派中之代表人物洪亮吉，与戴震也还有别。（详见王卫平《清代修志派别浅议》，载《史志文萃》1987年第6期）

除了章与戴之争外，当时还有章学诚与洪亮吉关于志书体式方面之争论。洪氏坚承前人之并列门目，设目都要讲究有来历，在其所撰之《淳化县志叙录》、《登封县志叙录》中有充分的表述。章学诚则力主要以“三书”、“四体”确立类目，并对洪氏所撰《乾隆府厅州县图志》以“布政使司分隶府厅州县”提出异议。洪氏为此专作了《与章进士书》进行答辩。章氏又作《地志统部》重申己见。（见陆振岳《方志史话六则》，载《江苏地方志》1997年第4期）文章一开头就说明了他与洪氏争论之由来：“阳湖洪编修亮吉，尝撰辑乾隆府厅州县志，其分部乃用《一统志》例，以布政使司分隶府厅州县。余十年前访洪君于其家，谓此书于今当称部院，不当泥布政使司旧文，因历言今制分部与初制异者，以明例义。洪君意未然也。近见其所刻《卷施阁文集》，内有《与章进士书》，繁称博引，痛驳分部之说，余终不敢为然。”（《文史通义新编新注》第730页）

是年，胡德琳修，李文藻、周永年等纂山东《历城县志》50卷、首1卷刻印成书。知县胡德琳为广西临桂人，李氏于10年前又曾为桂林府同知，两人均于志事颇有研究，此亦一巧合也。全书分总纪、地域考、山川考、建置考、古迹考、艺文考、金石考、封建表、职官表、选举表、袭爵表、貤封表、宦迹录、列传、杂缀等15门，体例简核，征引繁博，编次有序。纂者李、周皆饱学博才，是当时著名的学者。李氏长于金石，精于考据训诂，故大体考证多出于李氏之手，而词章则由周氏负责。被称为当世名志。（见陈光贻《中国方志学史》第129页）是志以纂辑旧文而成，“无一字不著来历。其古旧志书有明文者，固注原书名目；即新收之事，无书可注，如收取于案牍，则注‘某房案卷’字样；如取投送传状，注‘家传呈状’字样；其有得于口述者，则注‘某人口述’字样”。属于典型的纂辑体（或称编纂体）志书之代表者。（转见《方志体例古今谈》第 89～90 页)纂者称,这种做法,是因为修志“欲存故实而已,非有褒贬予夺之法也”。此志卷帙繁富,又是尚繁派之代表之作。

按:十年前,李文藻已纂有宫懋让主修之《诸城县志》46 卷,大体风格亦同本志(见 1763 年条)梁启超在《清代学者整理旧学之总成绩·方志学》中谓:“乾隆以前一般人士对于方志观念之幼稚误谬,可以见矣。注意方志之编纂方法,实自乾隆中叶始。李南涧历城、诸城两志,全书皆纂集旧文,不自著一字,以求绝对的征信。后此志家多踵效之。”(第 142 页)

乾隆三十九年(1774),余文仪修,黄佾纂《台湾府志》26 卷成,明年刻行。这是《台湾府志》六部中,成书最晚之一部。该书分 12 纲,附有福建台湾全图,台湾、凤山、诸罗、彰化四县图,以及台湾郡治八景图。内容丰富,保存了大量珍贵资料。钟音在志序中谓其“凡山川之险夷、水土之美恶、物产之盈缩、风气之异同、疆域之袤广、习俗之淳漓,远自殊族番黎,下及兵民部屋,罔勿心识手定”。(转自《中国边疆古籍题解》第 90 页)是书还大胆地突破了“越境不书”之传统旧规,分别以 4～5 万字之篇幅,介绍了日本、荷兰等 8 个国家之有关情况,使人打开眼睛看世界。(转见刘纬毅《关于地方志科学性的思考》,载《中国地方志》1991 年第 4 期)

是年,李奉翰、顾学潮修,王金英纂之《永平府志》42 卷刻印成书。主修者之一的李奉翰认为,他所修之志书,是辅治之书。他在序言中说:“吾闻一代纪纲之所立,德泽之所被,以及人物之兴替,守令之贤否,能详史册之所未能详,使览者观感兴起,得以因地制宜,因民善俗,则皆于志是赖焉。是志者,固辅治之书也。”(转自《傅振伦方志论著选》第 10 页)

按:沈世枫在乾隆《广平府志·序》中也认,方志是“致用之书”。正因为认识到志书之辅治作用,故不少地方官员都把览读志书,看作是到一个地方为官之先务。曾在山东、直隶当过多任地方官之黄六鸿,在总结其为官之经验时,就有接印后必阅志书的说法:因为“一邑之山川、人物、贡赋、土产、村庄、镇集、祠庙、桥梁等类,皆志书所必载”,故“莅是邦一为披阅,则形胜之奥衍扼塞,租赋之多寡轻重,烟户之盛衰稀密,咸有所稽,而政理用是以取衷焉”。(《福惠全书》卷 3,“莅任部·览志书”)道光中,署四川布政使多欢也有同样之说法:“知县者,知一县事也,必举一县中之士习民风,农田水利,以及户口财赋,关津营汛之属,无不周知”,故“入境者先借图经、县志者,实知县之左券也。”(马百龄道光《仁寿新志·序》,均转自郭松义《清代地方志的纂修》,载《中国地方志》1984 年第 2 期)

是年,应知州刘长城之聘,章学诚纂成《和州志》42 篇。这是章氏生平第一次完全按自己之方志思想和理论进行的实践。全书纪、表、图、书、传一应俱全。书稿撰成后,不为新任安徽学政秦潮所容,双方争论激烈,经过“往复驳诘”,仍无结果,事即报寝。由于未得印行,故志稿亦不存。据傅振伦介绍其内容为:一、皇言纪;二、官师表;三、选举表(先详制度,后列题名);四、氏族表(载每姓之所自出,详入籍之世代);五、舆地图(包括舆地、建置、营汛、水利);六、田赋书;七、艺文书;八、政略;九、列传;十、缺访列传(事实难征,世远年湮,不可寻访者归之);十一、前志列传。除 42 篇之主体内容外,又辑有《和州文征》8 卷,包括奏议 2 卷,征述 2 卷,论著 2 卷,诗赋 2 卷。(见傅振伦《中国方志学通论》第 66～67 页)

今可见得者,乃章氏于当年夏,删辑成之《志隅》20 篇,即原书稿各篇之序言汇集者也。《文史通义新编新注》收录 17 篇,各篇之目为:《〈和州志·志隅〉自叙》、《〈和州志·皇言纪〉序例》、《〈和州志·官师表〉序例》、《〈和州志·选举表〉序例》、《〈和州志·氏族表〉序例上》、《〈和州志·氏族表〉序例中》、《〈和州志·氏族表〉序例下》、《〈和州志·舆地图〉序例》、《〈和州志·田赋书〉序例》、《〈和州志·艺文书〉序例》、《〈和州志·政略〉序例》、《〈和州志·列传〉总论》、《〈和州志·阙访列传〉序例》、《〈和州志·前志列传〉序例上》、《〈和州志·前志列传〉序例中》、《〈和州志·前志列传〉序例下》、《〈和州志·文征〉序例》。

从此 17 篇序文之中,可窥见章氏一些比较系统的方志学思想,今略摘介于下:

在《志隅》之"自叙"中,主张方志源于古国史,有言:"志者,史之一隅,州志又志之一隅也。获麟而后,迁、固极著作之能,向、歆尽条别之理,史家所谓规矩方圆之至也。魏、晋、六朝,时得时失,至唐而史学绝矣。其后如刘知几、曾巩、郑樵,皆良史才也。生史学废绝之后,能推古人大体,非六朝、唐、宋诸儒所能测识,余子则有似于史而非史,有似于学而非学。然郑樵有史识而未有史学;曾巩有史学而不具史法;刘知几得史法而不得史意,此予《文史通义》所为作也。《通义》示人,而人犹疑信参之,盖空言不及征诸实事也。《志隅》二十篇,略示推行之一端,能反其隅,《通义》非迂言可也。"(转自《文史通义新编新注》第 887 页)可见他是把《和州志》之编纂当作他在《文史通义》中所述说之方志思想的一个实证。

在《皇言纪》之"序例"中,说明他在志书中设皇言纪,是遵行古诸侯国史中首重王命之义:古者"畿内六乡,天子自治,则受法于司徒;畿外侯封,各治其国,以其国制自为《春秋》(列国之史,总名《春秋》)。然而四方之书,必隶外史。书令所出,奉为典章。则古者国别为书,而简策所昭,首重王命"。"司马迁侯国世家,亦存国别为书之义。由孝武《三王》之篇,详书诏策,冠于篇首,王言丝纶,史家所重,有由来矣。"他认为"后代方州之书,编次失伦,体要无当,而朝廷诏诰,或入艺文。首篇标纪,可载沿革,又或以州县偏隅,未有特布德音,遂使中朝掌故散见于四方者,阙然无所考见。是故编摩之业,世久失传",这是不讲《春秋》之义。他在本志中"裒录中州所有,恭敬编为《皇言纪》一,以时代相次,蔚光篇首",是志承有自的。

在《官师表》之"序例"中认为,"班固《百官公卿表》犹存古意,其篇首叙官,则太宰六典之遗也"。"宋元以来,至于近代方州之书……不知班《史》三十四官,分一十四级之遗法",是"不可语于稽古之功者也"。

在《选举表》之"序例"中,认为:"《周官》乡大夫'三年大比,兴一乡之贤能,献书于王,王再拜受之,登于天府'……江左六朝,州郡侨迁,士不土著,学不专业,乡里选举,势渐难行。

至隋氏,一以文学词章,创为进士之举。有唐以来,于斯为甚。”后来方州之书,“不遵乡大夫慎重贤书之制,记载无法”。近代颇有考定方州,自为一书者,惜未天下通行。“前明以来,颇存其例。较之宋、元州郡之书,可谓寸有所长矣。特其体例未纯,纪载无法,不熟年经事纬之例,猥杂成书。甚者附载事迹,表传不分,此则相率成风,未可悉数其谬者也”。他在本志中之作法是,“摭史之文,先详制度,后列题名,以世相次,起于唐代,讫于今兹”,“其封荫辟举,不可纪以年者,附其后”。

在《氏族志》之“序例”中,认为谱牒之掌,古有专官,氏族渊源,有自来矣。至郑樵《通志》首著氏族之略,而后人修史,不师其法,是亦史部之阙典也。“夫比人斯有家,比家斯有国,比国斯有天下。家牒不修,则国史之掌故何所资而为之征信耶?”“谱牒之书,藏之于家,易于散乱;尽入国史,又惧繁多。是则方州之志,考定成编,可以领诸家之总,而备国史之要删,亦载笔之不可不知所务者也”。“国史不录,州志不载,谱系之法不掌于官,则家自为书,人自为说,子孙或过誉其祖父,是非或颇谬于国史。其不肖者流,或谬托贤哲,或私鬻宗谱,以伪乱真,悠谬恍惚,不可胜言”。史志阙略,实是前人之过。“今仿《周书》之遗意,特表氏族,其便盖有十焉:一则史权不散,私门之书,有所折衷,其便一也。一则谱法画一,私谱凡例未纯,可以参取,其便二也。一则清浊分途,非其族类,不得依托,流品攸分,其便三也。一则著籍已定,衡文取士,自有族属可稽;非其籍者,无难勾检,其便四也。一则昭穆亲疏,秩然有叙;或先贤奉祀之生(主?),或绝祠嗣续之议,争为人后,其讼易平,其便五也。一则祖系分明,或自他邦迁至,或后迁他邦,世表编于州志,其他州县,或有谱牒散亡,可以借此证彼,其便六也。一则改姓易氏,其时世前后及其所改之故,明著于书,庶几婚姻有辨;且修明亦学者得以考厥由来,其便七也。一则世系蝉联,修门望族,或科甲仕宦,系谱有书,而德行道艺,列传无录,没世不称,志之所耻,是文无增损,义兼劝惩,其便八也。一则地望著重,坊表都里,不为虚设,其便九也。一则征文考献,馆阁檄收,按志而求,易如指掌。其便十也。”志载氏族之法,可以推于诸州府,不特一州之志也。

在《舆图志》的“序例”中,说明志书设图之重要,有言:“好古之士,载考陈编,口诵其辞,目迷其象,是亦载笔之通弊,斯文之阙典也……夫图谱之用,相为表里……图之远者,姑弗具论,自《三辅黄图》、《洛阳宫殿图》以来,都邑之簿,代有成书……至于方州形势,天下大计,不于表志之间列为专部,使读其书者,乃若冥行擿埴,如之何其可也? ……图象为无言之史,谱牒为无(有?)文之书,相辅而行,虽欲阙一而不可者也。况州郡图经,尤前人之所重耶! 近代方州之志,绘为图象,厕于序例之间,不立专门,但缀名胜,以为一书之标识,而实无当于古人图谱之学也……开方计里,推表山川,舆图之体也。图不详而系之以说,说不显而实之以图,互著之义也……要使不履其地,不深于文者,依捡其图,洞若观火,是又通方之道也。”

在《阙访列传》之“序例”中,说到人物传之写法,有谓:“州县之志,体宜比史加详。而向来撰志条规人物,限于尺幅,摘比事实,附注节略,与方物土产,区分门类,约略相同。至其所注事实,率似计荐考语、案牍谳文,骈偶其词,断而不叙。士曰孝友端方,慈祥恺悌;吏称廉能清慎,忠信仁良;学尽汉儒,贞皆姜女,千篇一律,葭苇茫然,又何观焉!今用史氏通裁,特标列传,务取有文可诵,据实堪书,前志所遗,搜访略尽。他若标名略注,事实难征,世远年湮,不可寻访,存之则无类可归,削之则潜德弗曜。凡若此者,悉编为阙访列传,以俟后来者之别择。"

在《前志列传》之"序例"中,提出"若聚众修书,立监置纪,尤当考定篇章,复审文字。某纪某书,编之谁氏;某表某传,撰自何人。乃使读者察其臧愿,定其是非,庶几泾、渭虽淆,淄、渑可辨,末流之弊,犹恃堤防"。在此篇序例下,还说到志书人物"有难叙者三,有不可不叙者三"。难叙者三:一是"书无家法,文不足观,易于散落也","外志规矩荡然,体裁无准,摘比似类书,注记如簿册,质言似胥吏,文语若尺牍,观者茫然,莫能知其宗旨。文学之士,鄙弃不观,新编告成,旧志遽没……欲求存录,不亦难乎"!二是"纂修诸家,行业不详,难于立传也。州县志书,不过一时游宦之士,偶尔过从;启局杀青,不逾岁月,讨论商榷,不出州闾。其人或有潜德莫征,懿修未显;所游不知其常,所习不知其业,等于萍踪之聚,鸿爪之留。即欲效文苑之联编,仿儒林之列传,何可得耶?三是题序芜滥,体要久亡,难征录例也……刘向所谓条其篇目,撮其指意,录而奏上之文,类皆明白峻洁,于其书与人,确然并有发明。简首题辞,有裨后学,职是故也。后代文无体要,职非校勘,皆能率尔操觚;凡有简编,辄题弁语,言出公家,理皆泛指,掩其部次。骤读序言,不知所指何人,所称何事……州县修志,尤以多序为荣,隶草夸书,风云竞体。棠阴花满,先为循吏颂辞;水激山峨,又作人文通赞。千书一律,观者索然。移之甲乙可也,畀之丙丁可也"。

"不可不叙者三":一是"前志不当,后志改之,宜存互证也……岂作志之才,一成不易耶?然后人裁定新编,未必遽存故录。苟前志失叙,何由知更定之苦心,识辨之至当?是则论次前录,非特为旧志存其姓氏,亦可为新志明其别裁耳"。二是"前志有征,后志误改,当采择也。人心不同,如其面也,为文亦复称是。史家积习,喜改旧文,取其易就凡例,本非有意苛求……不存当日旧文,则三更其手,非特亥豕传讹,将恐虫鱼易体矣"。三是"志当递续,不当迭改,宜衷凡例也……未闻新编告成,遽将旧书复瓿也。区区州县志乘,既无别识心裁,便当述而不作。乃近人载笔,务欲炫长,未窥龙门之藩,先习狙公之术,移三易四,辗转相因,所谓自扰也。夫三十年一世,可以补辑遗文,搜罗掌故。更三十年而往,遗待年贤,使甲编乙录,新新相承,略如班之续马,范之续班,不亦善乎?藉使前书义例未全,凡目有缺,后人创起,欲补逸文,亦当如马无地理,班《志》直溯《夏书》;《梁》、《陈》无志,《隋书》上通五代。例由义制,何在不然。乃竟粗更凡目,全录旧文得鱼忘筌,有同剽窃,如之何可也?……历叙前志,存其规模,亦见创例新编,初非得已"。后者不仅历叙前志,存其规模,且为修、纂者立传,并评前志得失,实为一创举。

在《文征》之"序例"中,认为"志家编次艺文,不明诸史体裁,乃以诗辞歌赋、记传杂文,全仿《文选》之例,列于书志之中,可谓不知伦类者也”。他编成的本志《文征》共为8卷,分为奏议、征述、论著、诗赋四类。“奏议冠首,而官府文移附之。《奏议》拟之于‘纪’,而文移拟之‘政略’,皆掌故之藏也。”“《征述》者,记传序述志状碑铭诸体也。其文与列传图书互为详略。盖史学散而书不专家,文人别集之中,应酬存录之作,亦往往有记传诸体,可裨史事者。”“《论著》者,诸子遗风,所以托于古之立言垂不朽者,其端于是在焉……诸子风衰,而文士集中,乃有论说辨解诸体,若书牍题跋之类,则又因事立言,亦论著之派别也。”(均转自《文史通义新编新注》第889～943页)

按:从上述可见,是书在体裁上,增加了“图”体;“考”改为“书”;名宦从人物中分出来,设立了“政略”;“列传”中增加了“阙访”和“前志”。篇目新颖,尤其是阙访列传和前志列传为此前志书之所未见者,是一个创新。《文征》的出现,说明章氏“三书体”之主张,在此已经具备。

宫为之评论认为,“从志中看不出和州概况,只能看出章学诚一些修志主张。其主张都是长篇大论,不是针对和州而发,难怪秦潮驳回”。(转见《中国地方志总目提要》12—59)只阅其序例,固然如是,和州情况,当在志文之内,不知宫君以为然否?

是年,潘相等纂成《曲阜县志》100卷刻行。一部县志,多至百卷,是此前县志中所仅见者。全书分土地、人民、政事、文献4纲,92目。由于曲阜之特殊地位,故编目亦与他志殊。其首恭纪2卷,以纪御制;次图考12卷,以纪祭器文物;次通编21卷,以志编年之事;次类记21卷,以括通行方志之目;自57卷以下,实际均系人物,分为:一圣迹(孔子及四配);二贤躅(弟子);三世家(孔氏子孙);四列传,自展氏以下占18卷,而下则以行谊分为孝义、忠义、隐逸、卓行、言语、节镇监司治迹、守令治迹、经学、文苑、鼎甲、武功、邑令、学博、方技、贤淑、贞女、烈妇、节妇、寿妇。最后是阙疑、补遗终篇。(见《方志考稿》第三编第39页)潘氏自序有云:“广求经、史、子、集,博览各郡县志,商于衍圣公诸先贤后进,遍告两学儒生,各陈所见、所闻、所传闻,增损义例,就正于学使韦公。命儿子某某,分门排纂。其传、赞通编,多命承焯属草。”“其分纂必委之子弟”,可见行的是一种群手成志的做法。李中简为是志作之序中有云:修志“专责之一人则易精,分授众手则易粗”。瞿宣颖谓其“搜罗宏博,详而不蔓,实称佳构”。王葆心谓是志:“盖亦尔时之善本,惜其偶失断限,而引书未注所出,与同时新出之《历城县志》恰相反。然大体完整。”(见《方志学发微》注析本第9页)

是年,苏潜修纂修成山东《灵山卫志》8卷。此地在明清两代间,经历了由荒凉到兴起,又衰落之过程,赖此一志得以记全。据志书载:“洪武以前,灵山乃一人迹不到之区耳,荆棘充塞,树木丛杂,豺狼之所居,狐狸之所嗥,渔夫、樵子时出或没,其间不过一二深山野人。”到明朝中叶时,因地处东南沿海,屡遭倭寇烧杀抢掠。为了防御倭寇入侵,设立灵山卫,“乃忽焉而立为营垒,忽焉而建为城池,阛阓相望,市井嚣繁,俨然一都会矣”。但清雍正十二年裁并之后,遂废为村庄,除城南留有烽火台遗迹之外,昔日旧貌已不复存。(见《山东方志纵横谈》

第71页）

自乾隆三十七年至今年夏，为修《四库全书》，朝廷征集、采购书籍，并令私人进献。所献者各省皆有，以浙江最多，达4523种，江苏次之，达1726种。其中有大量地方志书，后多保存于内阁大库。（见《方志学》第43页）同时，因修《四库全书》，本意在于“寓禁于征”，故一大批志书亦因此而遭销毁。单只军机处奏准全毁或抽毁之书目之中，方志就有数十种之多。

乾隆四十一年（1776），毕沅主纂成《关中胜迹图志》30卷刊行，进奉于朝。关中是周、秦、汉、唐建都作邑之地，遗闻旧事见于典籍者至多。如《三辅皇图》、《长安图志》、《雍大记》、《雍录》等等。但时代不同，体例各殊，纯驳互见，牴牾实繁。毕氏于乾隆三十六至四十一年在任陕西巡抚期间，对于关中之“名山大泽，每因公务，车尘马迹，大半经行，至于故宫旧苑，废刹遗墟，凭吊所经，率多淹没”，故用力纂辑成本志。该书“以郡邑为经，以地理、名山、大川、古迹为纬，荟萃古今记载，订舛厘讹，使归画一”。（《四库全书总目提要》卷七〇，《史部·地理类三》）先图后志，对陕西各府州县之历史沿革、山川、河流、古迹名胜方面的记载，搜罗完备。是书重视实地调查，博而不繁，简而有要，是很有价值的一部关中地情资料书。（见李广林《毕沅与陕西地方志》，载《陕西地方志通讯》1983年第4期）

按：毕氏抚陕期间，还辑有《关中金石记》8卷，于乾隆四十六年（1781）刊行，收入上自秦汉下至金元之金石文物700余件，也是一部很负盛名之作。在毕氏之倡导和直接推动下，此期间，陕西地区先后有严长明修成《西安府志》150卷（乾隆四十四年刊行），洪亮吉编纂成《长武县志》12卷、《淳化县志》13卷（均刊行于乾隆四十八年），孙星衍纂成《礼泉县志》14卷、《直隶邠州志》25卷（均于乾隆四十九年刊成）、《三水县志》12卷（乾隆五十年刊行），洪亮吉、孙星衍合纂成《澄城县志》20卷（乾隆四十九年刊行），钱坫纂成《朝邑县志》11卷（乾隆四十五年刊行）、《韩城县志》16卷（乾隆四十九年刊行），均被称为名志。于此可见，学者有权而推动之，志事则有成。一些不知志事为何物者，虽有其权，只能一事无成。以此衡视古今，历史的经验、教训难道不值得记取吗？！毕氏作为一员学者型的官员，具有“爱才下士”之优点，故只要“闻有一技之长，必持币聘请，惟恐其不来；来则厚资给之”。因此“一时名儒，多招致幕府”。为其识拔而知名者不下数十人之众，如章学诚、邵晋涵、洪亮吉、严长明、孙星衍、汪中、凌廷堪、钱坫、段玉裁、黄易、黄景仁、杨芳灿、钱泳、方正澍、吴泰来等，均出其幕下。正是借助了他所提供之治学条件，都做出了很好的成绩。毕氏本人，在积极倡导修纂新志的同时，还身体力行，在整理、校定、重刊旧志方面，也做了大量的工作。著名史学家王鸣盛曾这样评价毕沅：“美哉！先生之才大而思之远，超出流俗绝远矣。”（转见《中国地方志名家传》第149页）有清一代，类似之学者型官员，并在学术上取得重大成就，对学术有重大推动作用者，唯有阮元可以与之比肩。

又：有清一代，诚如章学诚所言，“丈夫生不为史臣，亦当从名公卿执笔充书记，而因得论列当世,以文章见用于时。如纂修志乘,亦其中之一事也”。故许多一流学者都热心志事,除上述诸人外,还有顾炎武、戴震、章学诚、段玉裁、桂馥、李兆洛等,不下数十人。

是年,知县黄本诚亲自修纂之《新郑县志》31 卷、首 1 卷刻印成书。黄氏在志序中谓:“邑自前明草创,山川、古迹、人物、艺文多脱略。国朝虽两踵修而莫能是正。余于去冬开局,凡历代掌故之书,下逮稗官小说,无不搜罗;金石之文,无不抉别;山川之脉络,道里之绵亘,无不综览而修辑之。虽不敢谓毫发无遗憾,而于前志庶几多所考订者矣。”是书主详,故黄氏在志序中又说:“余辑新郑邑志成,有讥其太繁者。余曰,古者邦国之志,小史掌之,四方之志,外史掌之。志犹史也。纪天下之事者存乎史,纪一邑之事者存乎志。志固博通乎史,而详史所略。然则志之作,可略乎哉?”“明关中诸志,卒以简胜,然王渔洋于《朝邑志》有‘无乃太简’之叹。郑简庵新城旧志自序曰‘异时重编之,应有一百数十卷之多。’渔洋亟取其言,以为作志者法。夫志,犹史也。即贤如涑水、紫阳,而《通鉴》、《纲目》两书,犹卷帙浩繁若彼,然则志之作可略之乎哉?”(转自《中国方志学通论》第 32 页、《方志学发微》第 7～8 页)但是书所述全国、全豫的情况,多与新郑无涉者,故有的评论者认为,是“写县志而胸中无县”,犯了修县志之大忌。(见《河南地方志提要》第 118 页)

乾隆四十二年(1777),七十一纂成《西域闻见录》8 卷刻行。是书卷 1～2 为新疆纪略,记载了新疆地域沿革、地理形势以及官兵制度等,分记了雪山、哈密、巴里坤、乌鲁木齐、伊犁等 12 地;卷 3～4 为外番列传,考证了布鲁特、哈萨克、安集延、博罗尔等 20 余个部族和属国,对其组织和风俗等记之颇详;卷 5～6 为西陲纪事本末,叙清初统一新疆、乾隆三十年维吾尔族人民起义、蒙古土尔扈特部从俄国伏尔加河流域回归祖国等事。卷 7 为回疆风土记,记新疆南部之天时土宜,维吾尔族独特之民族风貌及宗教活动。卷 8 为军台道里表,列有新疆南部各军台、驿站所设位置和道里远近。(参见《中国地方志总目提要》29—6)

按:七十一,蒙古族人,尼玛查氏,字椿园。别处亦有署名为“尼玛查七十一椿园氏者”。从一些书目中可见,著录为七十一撰成者尚有《遐域琐谈》、《西域琐谈》、《异域琐谈》、《新疆纪略》、《西域记》、《新疆舆图风土考》、《新疆纪略》、《新疆外藩纪略》、《外藩列传》、《回疆风土记》、《军台道里表》、《西域总志》、《西域纪略》、《新疆撮要录》等书名,卷各不相同。经一些学者考查,以上诸多书名,其实均或系本《西域闻见录》之异名,或系本书中之部分单行本而已。

是年,战效曾修,高瀛洲纂成《海宁州志》16 卷、首 1 卷刻行。是志始修于前一年,其间因浮议四起,故版刻时,战氏不肯为序,亦不列编纂者姓名。直到道光间重刊时方为补齐。(转见《中国地方志总目提要》11—58)

是年,周振荣移知永清县。六月,该县举贡生员刘格等 20 人,联名呈请修县志。周氏因开馆,延请章学诚主纂县志事。章氏自此受聘,至乾隆四十四年(1779)七月,《永清县志》志稿告就，刻印成书。全志分6体，共25篇（不分卷），分别为：纪二（皇言、恩泽）；表三（职官、选举、士族）；图三（舆地、建置、水道）；书六（吏、户、礼、兵、刑、工）；政略一；列传十。章氏以为名宦不当入列传，政绩不当入职官表，故别为政略以载之。其列传，1～6为乡贤，7为义门（记同居之大族），8为列女，9为缺访，10为前志（历叙旧志，为修志事情入志的特殊做法，系章氏新创之目）。六书之户书中，载“乾隆四十三年银钱粮价之定数，以至绵、布、肉、蔬、日用品之通值，兼及县人之职业”，也就是当日物价及市场流通，货殖丰耗及人民生活等；礼书中载制度及俗礼士风，都是极为珍贵之资料。其后十二年，章氏自以其“颇恨芜杂”，又删订26篇为10篇，名为《永清新志》。并希望有机会重刻，有如新、旧唐书之并行。该书除本志之主体部分外，又“别为文征五卷。自为一书，附志而行”。这是章学诚按己意主纂之第二部志书，是他中期修志之代表作，标志着他三书体的正式形成。也是他修成后保存完好的唯一志书，对研究章氏方志思想和实践至为重要。章氏于乾隆五十五年（1790）在《又与永清论文》中自认为，这部《永清新志》，“虽不得与《亳志》并论，在宋人诸方志中，固有过之而无不及者矣”。（见《文史通义新编新注》第727页）

章氏在《文史通义》中，载录了本志篇前序例21则。这21则序例，其意在于阐明本志诸篇所设之由，并志书编纂操作之一般原则，并非仅限于对本志之说明也。正如《河北地方志提要》中谓，是书各篇前之引言，备论方志之史体史例，博辨详赡，可以作为方志学论文观。（第200页）基于此，故将各则主要论点摘介于下：

其在《〈皇言纪〉序例》中，首先说明了，在国史中，“纪”为全书之经，而“方志所谓纪者，临本书之表、传，则体为经；对国史之本纪则又为纬矣”。三代时天子称王，所以天子之言称王言。三代以后，王变成了人臣之爵，再称天子的诏诰为王言，就是拘于泥古，不是从时之举。所以“易王言之旧文，称皇言之鸿号”。“方志之体，义在崇奉所尊，于例不当别择”。这就是志书中称皇言的原因。书中“恭录皇言，冠于首简，与史之例，互相经纬，不可执一例以相拘焉”。李卫所主修之《畿辅通志》，首列诏谕、宸章，于义较为允协。但永清一县，只是密迩畿南，不一定有特别之诏谕。如果涉及诸府州县，以及直隶全部的，应当载入通志。不应当因为永清也在其内，就冒录入县志。本志中不敢越界而书，只是“覃恩恺泽，褒赠貤封，固家乘之光辉，亦邑书之弁冕，是以辑而纪之”。另有御制之《冰窖》一篇，不便另行分卷，录于诏谕之后。

在《〈恩泽纪〉序例》中说，古者有左史纪言，右史纪事之说。史部的本纪中是言、事俱载的。方志中应当录而不叙，左右之史不分类例则法度混淆。故方志中，“略仿左史，而恭纪皇言，仿右史而恭纪恩泽”。说明了“皇言”和“恩泽”篇在所录内容上之区分。

在《〈职官表〉序例》中，说明“史志之文，职官详其制度，选举明其典则……方志所书，乃是历官岁月，与夫科举甲庚，年经事纬，足以爽豁眉目，有所考索，按格而稽，于事足矣。今编书志之体，乃以知县、典史、教谕、训导之属，分类相从，遂使乾隆知县，居于顺治典史之前，康熙训导,次诸雍正教谕之后。其时事后先,须资检阅,及同僚共事,欲考岁年,使人反复披寻,难为究竟,虚占篇幅,不知所裁。不识何故而好为自扰如斯也……元、明以来,州县志书,往往存其历任,而又记载无法,致易混淆,此则不可不为厘正也”。他提出列表之一般方法是:“为统部列表,则督府提镇共为一格,布按巡守共为一格。其余以府州画格,府属官吏同编一格之中,固无害也。及撰府州之志,即以州县各为一格,亦可不致阙遗。是则历官著表,断无穷于无例可通,况县志之固可一官息为一格欤。姓名之下,注其乡贯科甲。盖其人不尽收于政略,注其首趾,亦足以省传文也,无者缺之。至金石纪载,他有所证,而补收于志,即以金石年月冠之,不复更详其初仕何年,去官何月,是亦势之无可如何者耳。至于不可稽年月,而但有其姓名者,则于经纬列表之终,横列以存其目,亦阙疑俟后意云尔。”

在《〈选举表〉序例》之中,说明史志之中有选举专篇之出现,乃是隋唐以后的事:“隋唐以来,选举既专,资格愈重,科条繁委,故事相传,选举之书,累然充栋。则举而不必尽用,用而不必尽见于事,旧文故典,不可求之纪传之中,而选举之文,乃为史志之专篇矣……夫历科先后,姓氏隐显,乃考古者所必资,而徒以书无文采,简帙浩繁,遂使其书不可踪迹,则方志之表选举,所系岂鲜浅哉?”志家之载选举,不能不讲经纬之法。“不解年经事纬之法,率以进士、举人、贡生、武选,各分门类又以进士冠首,而举、贡以次编于后。于是一人之由贡获举而成进士者,先见进士科年,再搜乡举时代,终篇而始获明其入贡年甲焉。于事为倒置,而文岂非复沓乎?……史之有表,乃列传之叙目。名列于表而传无其人者,乃无德可称,而书事从略者也……表有经纬者,亦有不可以经纬者。如永清岁贡,嘉靖以前,不可稽年甲者七十七人。载之无格可归,删之于理未惬,则列叙其名于嘉靖选举之前,殿于正德选举之末,是《春秋》归余于终,而《易》卦终于《未济》之义也。”

在《〈士族表〉序例》中认为,“近代方志,无不详书户口,而世系之载,阒尔无闻,亦失所以重轻之义矣。夫合人而为家,合家而为国,合国而为天下。天下之大,由合人而族始也。家不可以悉数,是以贵世族焉。夫以世族率齐民,以州县领世族,以司府领州县,以部院领司府,则执简驭繁,天下可以运于掌也……州县之书,苟能部次世族,因以达于司府部院,则伦叙有所联,而治化有所属矣。今修志者往往留连故迹,附会桑梓,而谱牒之辑缺然,是则所谓重乔木而轻世家矣”。论士族则离不开谱牒,故文中以较大之篇幅述说谱牒,有云:“今大江以南,人文称盛,习尚或近浮华,私门谱牒往往附会名贤,侈陈德业,其失则诬。大河以北,风俗简朴,其人率多椎鲁无文。谱牒之学,缺焉不备,往往子孙不志高曾名字。间有所录,荒略难稽,其失则陋。夫何地无人,何人无祖,而偏诬偏陋,流弊至于如是之甚者,谱牒不掌于官,而史权无统之故也……若谱牒掌于曹郎令史,则固可以防散佚而杜伪托,初非有弊也。”方志中,“网罗一代,典籍浩繁,所贵持大体,而明断足以决去取,乃为不刊之典尔。世系不必尽律以宰相,而一朝右族声望,与国相终始者,纂次为表,篇帙亦自无多也。标题但署世族,又何至于为例不纯欤?刘歆曰:‘与其过而废也,毋宁过而存也。’其是之谓矣。正史既存大体,而部府州县之志，以渐加详焉。所谓行远自迩，登高自卑。州县博收，乃所以备正史之约取也”。关于收录之标准问题，他提出应当“量其地之盛衰而加宽严焉。可以贡举为律，可以进士为律。至于部府之书，则可以官至五品，可至三品者为律，亦自不患其芜也”。关于志书载谱牒，其功用在于：“州县之志尽勒谱牒矣，官人取士之祖贯，可稽检也；争为人后之狱讼，可平反也；私门不经之纪载，可勘正也；官府谱牒之讹误，可借雠也；清浊流品可分也，姻穆孝友可劝也，凡所以助理化而惠士民者，于此可得其要略焉。”至于本志中对永清境内的排列顺序是：“先城中，一县所主之地也。次东，次南，而后西乡焉，北则无而缺之，记其实也。城内先北街而后南街，方位北上而南下，城中方位有定者也。”对于相关之人，“志文从略，家谱自可详也。寥寥数人，亦与入谱，先世失考，亦著于篇。盖私书易失，官谱易存，急为录之，庶后来可以详定，兹所谓先示之例焉耳”。私谱中关于官称的错误，“今并与较明更正。又谱中多称省祭官者，不解是何名号，今仍之，而不入总计官数云”。

在《〈舆地图〉序例》说到史志中图之重要有云：“史不立表，世次年月犹可补缀于文籍；史不立图，而形状名象必不可旁求于文字，此耳治目治之所以不同。而图之要义，所以更甚于表也……虽有好学之士，读史而不见其图，未免冥行而擿埴矣……近代方志，往往有图，而不闻可以为典则者，其弊有二：一则逐于景物，而山水摩画，工其绘事，则无当于史裁也；一则厕于序目凡例，而视同弁髦，不为系说命名，厘定篇次则不可以立体也。夫表有经纬而无籍说，图有形象而无经纬，皆为书志列传之要删。而流俗相沿，苟为悦人耳目之具矣……今以开方计里为经，而以县乡村落为纬，使后之阅者，按格而稽，不爽铢黍，此图经之义也。”

在《〈建置图〉序例》中说：“城邑衙廨、坛壝祠庙、典章制度，社稷民人所由重也。不为慎著其图，则后人观志，亦不知所向往矣。”其中特别说明，“建置所以志法度也”。永清“旧志之图，不详经制，则绘八景之图……命名庸陋，构意勉强，无所取材。故志中一切削去，不留题咏，所以严史体也。”

在《〈水道图〉序例》中说：“地理之书，略有三例，沿革、形势、水利是也。沿革宜表，而形势、水利之体宜图。俱不可求之文辞者也。……天下大势，读者了然于目，乃可豁然于心。今使论事甚明，而行之不可以步，岂非徇于文辞而不求其实用之过欤！……地名之沿革，可以表治；而水利之沿革，则不可以表治也。盖表所以齐名目而不可以齐形象也。图可得形象，而形象之有沿革，则非图之所得概焉。是以随其形象之沿革，而各为之图，所以使览之者，可一望而周知也。……永定河形屡徙，往往不三数年而形势即改旧观，以此定界，不可明也。今以村落为经，而开方计里，著为定法。河形之变易，即于村落方里表其所经，此则古人互证之义也。”此中还特别说到：“志为一县而作，水之不隶于永清者，亦总于图，此何义耶？所以明水之源委，而见治水者之施功有次第也……然而开方计里之法，沿革变迁之故，止详于永清，而不复及于全河之形势，是主宾轻重之义。”

在《〈六书〉序例》说：“州县修志，古者封侯，一国之书也。吏户兵刑之事，具体而微。今无其官而有吏,是亦职守之所在,掌故莫备于是,法制莫备于是矣……入境而问故,舍是莫由知其要,是以书吏为令史,首领之官曰典史,知令史典史之吏,即纪纲掌声故之史也,可以得修志之要义矣。"

在《〈政略〉序例》中,这里所讲的"政略",实际是指人物中的名宦。此处全篇均在于论述名宦,不同于乡贤,不可入于列传。略谓:"近代志家,以人物为纲,而名宦、乡贤、流寓诸条,标分为目。其例盖创于元、明之一统志,而部府州县之国别为书,亦用统志类纂之法,可为失其体矣。夫人物之不当类纂,义例详于列传首篇;名宦之不当收于人物,则未达乎著述体裁,而因昧于权衡义理也……叙次名宦,不可与乡贤同为列传,非第主客异形,抑亦详略分殊体也。长吏官于斯土,取其有以作此一方,兴利除弊,遗德在民,即当尸而祝之。否则学类颜、曾,行同连、惠,于县无补,志笔不能越境而书,亦其理也。如其未仕之前,乡评未允;去官之后,晚节不终,苟为一时循吏,便纪一方善政。吴起杀妻,而效奏西河,于志不当追既往也;黄霸为相,而誉减颍川,于志不逆其将来也。以政为重,而他事皆在所轻,岂与斯土之人原始要终,而编为列传者,可同其体制欤?(永清)旧志于职官条下,备书政迹,而名宦仅占虚篇,惟于姓名之下,注云事已详前而已。是不但宾主倒置,抑亦未辨于褒贬去取,全失《春秋》据事直书也。夫选举为人物之纲目,犹职官为名宦之纲目也。选举、职官之不计贤否,犹名宦人物之不计崇卑;例不相侔,而义实相资也。选举有表而列传无名,与职官有表而政略无志,观者依检先后,责实循名,语无褒贬,而意具抑扬,岂不可为后世者劝耶?"在具体写法上,政略之与人物列传也有不同。"列传之体缛而文,政略之体直而简,非载笔有殊致,盖事理有宜然也。列传包罗巨细,品藻人物,有类从如族,有分部如井。变化不拘,《易》之象也;敷道陈谟,《书》之质也;抑扬咏叹,《诗》之旨也;繁曲委折,《礼》之伦也;比事属辞,《春秋》之本义也。具人伦之鉴,尽事物之理,怀千古之志,撷经传之腴,发为文章,不可方物。故班、马之才,不尽于本纪、表、志,而尽于列传也。"政略之作,难于列传:"至于《政略》之体,义取严谨,意存补救;时世拘于先后,纪述要于经纶。盖将峻洁其体,可以临莅邦人,冠冕列传。经纬错综,主在枢纽,是固难为文士言也。""循吏之迹,难于志乡贤也。治有赏罚,赏罚出而恩怨生,人言之不齐,其难一也。事有废兴,废兴异而难易殊,今昔之互视,其难二也。官有去留,非若乡人之子姓具在,则迹远者易湮,其难三也。循吏悃愊无华,巧宦善于缘饰,去思之碑,半是愧辞;颂祝之言,难征实迹,其难四也。擢当要路,载笔不敢直道;移治邻封,瞻顾岂遂无情?其难五也。世法本多顾忌,人情成败论才;偶遭挂误弹章,便谓其人不善,其难六也。旧志纪载无法,风尘金石易湮,纵能粗举大凡,岁月首趾莫考,其难七也。知其难,而不敢不即闻见以存涯略,所以穷于无可如何,而益致其慎尔。列传首标姓名,次叙官阀,史文一定之例也。政略以官标首,非惟宾主之理宜然,抑亦顾名思义之旨,不可忽尔。"

在《〈列传〉序例》中,首先说明列传创于司马迁。谓:"传者,对经之称,所以转授训诂,演绎义蕴,不得已而笔之于书者也。左氏汇萃宝书,详具《春秋》终始,而司马氏以人别为篇,标传称列,所由名也。”元、明的《一统志》属于地理专门,将人物、列女、流寓等目,与山川、祠墓一样,分类排列,这是类纂之法。方志是不能用此法的:“州县之志,本具一国之史裁,而撰述者转用一统类纂之标目,岂曰博收以备国史之约取乎?”

在《〈列女列传〉序例》中认为:马、班之史,已经著有女子事迹,只是未区分类别罢了。“列女之名,仿于刘向,非烈女也。曹昭重其学,使为丈夫,则儒林之选也;蔡琰著其才,使为丈夫,则文苑之林也。”意思是说,为曹昭、蔡琰写传,是因为她们有学有才,可比入于儒林、文苑传的其他人物。后世“专书节烈一门”,是不可思议的。如果照此义例,对于男子,只有忠臣一类传就够了。许多有作为的女性未得立传,实在是件不幸的事情。“儒林文苑,自有传家,忠义循良,勒名金石。且其人世不数见。见非一端,太史搜罗,易为识也。贞女节妇,人微迹隐,而纲维大义,冠冕人伦……不幸不值其时,或值其时而托之非人,虽有高行奇节,归于草木同萎,岂不惜哉。”故他在本志修纂中,“自立义例,其牵连而及者,或威姑年迈而有懿德,或子妇齿稚而著芳型,并援刘向之例,一并联编,所谓人弃而我取者也。其或事系三从,行详一族,虽是贞节正文,亦为别出门类,庶几事有统贯,义无支离,不拘拘以标题为绳……今以女氏冠章,而用夫名族名次于其下,且详书村落,以为后此益乡广县之考证。其贞烈节孝之事,观文自悉,不复强裂题目,俾览者得以详焉。先后略以时代为次,其出于一族者合为一处,时代不可详者,亦约略而附焉”。经过“博采广询,备详行实,其得与于列传”。

在《〈阙访列传〉序例》中,章氏认为,古史存阙疑有三种情况:“有一事两传,而难为衷一者……有旧著其文而今亡其说者……有慎书闻见,而不能自为解者。”因此应当有阙访篇之设。他开列了“史无阙访之篇,其弊有十”之后说:“近代府县之书,例编人物一门,厕于山川、祠墓、方物、土产之间,而前史列传之体,不复致思焉。其有丰功伟绩,与夫潜德幽光,皆约束于盈寸之节略,排纂比次,略如类书。其体既亵,所收亦猥滥而无度矣。旧志所载,人物寥寥,而称许之间,漫无区别。学皆伏、郑,才尽班、扬,行惟曾、史。且其文字之体,尤不可通。或如应酬肤语;或如案牍文移。泛填排偶之辞,间杂贴括之句,循名按实,开卷茫然。凡若此者,或是乡人庸行,请托滥收;或是当日名流,失传事实。削之则九原负屈,编之则传例难归。又如一事两说,参差异同,偏主则褒贬悬殊,并载则抑扬无主,欲求名实无憾,位置良难。至于近代之人,开送事迹,俱为详询端末,纤悉无遗,具编列传之中,曾无时世之限。其间亦有姓氏可闻,实行莫著,滥收比类之册,或可奄藏;入诸史氏体裁,难相假借。今为别裁阙访,同占列传之篇。各为标目,可与正载诸传,互相发明,是用叙其义例,以待后来者之知所审定云尔。”

在《〈前志列传〉序例》中,主张修志者要为前志作传。“志家不列前人之传,岂非得鱼忘筌。”反对那种“新志告成而旧书复瓮”的做法。因为“未必新志皆优,而旧志皆劣也”。“今兹修志,而不为前志作传,是直攘人所有而没其姓名,又甚于沈、姚之不存家学也。盖州县旧志之易亡,又不若范史沈书之力能自寿也。”“书之未成,必有所取裁……书之既成,必有其传述……书既成家，必有其攻习……此家学渊源之必待专篇列传而明者也……马、班而后，家学渐衰，而豪杰之士，特立名家之学起……同纪一朝之迹，而史臣不领专官，则人自为编，家自为说，不为叙述讨论，萃合一篇之内，何以得其折衷，此诸家流别之必待专篇列传而明者也。六代以还，名家复歇，而集众修书之法行……监修大臣，著名简端，而编纂校勘之官，则显隐不一。即或偶著其人与修史事，而某纪某表，编之谁氏，某志某传，辑自何人，孰为草创规条，孰为润色文采。不为整齐缀合，各溯所由，未免一书之中，优劣互见，而且功过难知。此一书功力之必待专篇列传而明者也。"他特地分析了旧志之易为弃者有三：一是"新志重复载之，其笔削善否，初未暇辨；而新志必有增益，则旧志之易为弃者一也"。二是"纂述之家，喜炫已长；后起之书，易于攻摘。每见修志诸家，创定凡例，不曰旧志荒陋，则云前人无稽。后复攻前，效尤无已。其实狙公颠倒三四，本无大相径庭；但前人已往，质证无由，则旧志之易为弃者二矣"。三是"州县之书，率多荒陋，文人学士，束而不观。有其特事搜罗，旁资稽索，不过因此证彼，初非耽悦本书。新旧二本，杂陈于前，其翻阅者，犹如科举之士，购求程墨，阴阳之家，检阅宪书，取新弃旧，理势固然，本非有所持择，则旧志之易为弃者三矣"。又分析旧志之难传者有五："主修之官，与载笔之士，撰著文词，不分名实，前志之难传一也。序跋虚设，于书无所发明，前志之难传二也。作志之人，行业不详，前志之难传三也。书之取裁，不标所自，前志之难传四也。志当递续，非万不得已，不当迭改；迭改之书，而欲并存，繁重难胜，前志之难传五也。"他是于难传之中，而为之作传，实是不得已而为之。

在《〈文征〉序例》中说明，《永清县志》除了纪、表、图、书、政略、列传6体，共26篇外，"又取一时征集故事、文章，择其有关永清而不能并入本志者，又自以类相从，别为《奏议》、《征实》、《论说》、《诗赋》、《金石》各为一卷，总五卷"。其所以要这样做，是因为"近人修志，艺文不载书目，滥入诗文杂体，其失固不待言；亦缘撰志之时，先已不辨一国史裁，其猥陋杂书，无所不有"。故在本志的修纂中，"别具《文征》，仍于诗文篇后，略具始末，便人省览，疑者阙之"。其后各小类又分别有叙录，加以说明。其《奏议叙录》，说明"《奏议》冠首，以为辑文通例，窃比列史之本纪……今采得奏议四篇，咨详禀帖三篇，亦附录之……其先后一以年月为次，所以备事之本末"。其《征实叙录》，说明"记传志述之体，古人各为专门之书，初无散著文集之内……唐、宋以还，文集之风日炽，而专门之学杳然，于是一集之中，诗赋与经解并存，论说与记述同载，而裒然成集之书，始难定其家学之所在……《征实》之体，自记事而外，又有数典之文，考据之家，所以别于叙述之文也……《征实》之文，与本书记事，尤相表里，故采录较别体为多。其传状之文，有与本志列传相仿佛者，正以详略互存，且以见列传采摭之所自。而笔削之善否工拙，可以听后人之别择审定焉，不敢自据为私也。碑刻之文，有时不入金石者，录其全文，其重在征事得实也；仍于篇后著石刻之款识，所以与《金石》相互见也"。其《论说叙录》，申明"永清文献荒芜，论说之文，无可采择，仅存一首，聊以备体"。表明他在分类上追求严格。在《诗赋叙例》中，说明"汉魏而还，歌行乐府，指事类情，就其至者，亦有考其文辞，证其时事……州县文征，选辑诗赋，古者《国风》之遗意也”。但“旧志八景诸诗，颇染文士习气，故悉删之，所以严史例也”。至于“文丞相词与《祭漯河文》，非诗赋而并录之者，有韵之文，如铭箴颂诔，皆古诗之遗也”。在《金石叙录》中，说明“兹于志乘之余，裁取文征，既已与志相表里矣。搜罗金石，非取参古横今，勒成家学，惟以年月姓名官阶科第，足以补志文之所未备者，详慎志之，以备后人之采录焉”。（均见《文史通义新编新注》第945～993）

按：章氏对此志颇为自信，谓“虽不得与《亳志》并论，在宋人诸志中，固有过之而无不及者矣”。章氏曾有论，谓史论入志，是为“迂僻烦赘”，但他在本志之传中，用了“志曰”为发端，发为凡说，是理论与实践之不一致，故傅振伦氏评之曰：“笑他人之不工，不知己事之已拙也。”（《傅振伦方志论著选》第68页）

又：是书于列传后，附永清县节孝妇匾额，将旧志限于年例不得入之160余人也附入，实属无谓。但他重视实际调查的做法，却令人敬佩。在“周筤传”中，讲到他修本志时说：“丁酉、戊戌之间，馆余撰《永清志》。以族志多所挂漏，官绅采访，非略则扰，因具车从，橐笔载酒，请余周历县境侵游，以尽委备。唐、宋、辽、金刻画一十余通，咸著于录。又以妇人无阃外事，而贞节孝烈，录于方志，文多雷同，观者无所兴感，则访其现存者，安车迎至馆中，俾自述生平；其不愿至者，或走访其家，以礼相见，引端究绪。其间悲欢情乐，始于人心如面之不同也。前后接见五十余人，余皆详为之传。其文随人变易，不复为方志公家之言。”

又：黄苇等在《方志学》一书中，开列了一个时间表，说明章氏三书体的形成过程，值得注意：乾隆二十二年（1757）纂成之《天门县志》，只在表、考、略之外附加“余编”，还是传统之体式。乾隆三十九年（1774）纂成之《和州志》始有“志”和“文征”。到乾隆五十六年（1791）纂之《麻城县志》，除“志”、“文征”和“掌故”之外，又加了“丛谈”。（见第318页）

是年，段玉裁、李芝纂修成四川《富顺县志》5卷刊行。段氏少时师从戴震习考据之学，著作甚多，其中以《说文解字注》最为有名。其方志之学，也承戴氏，首重考据。故本志体例无甚特殊，然考证精审，考订旧志缺误极多，以此见长，为清代名志之一。（见陈光贻《中国方志学史》第131页）陈锡鬯在是志跋语中称其表现了纂者“出入于班、马之间，而擅三长者也”。梁启超称此书为“方志中之表表者”。段氏在志序中谈到志书之教化作用时说：“县之士与民，倘因此念山川之孕毓，人事之所当师，秀者以古处自期，顽者以桀黠为耻。”（转见苏铁生《段玉裁和〈富顺县志〉》，载《四川地方志通讯》1987年第5期）他在志中将传统的“节烈”改为“列女”。其在胡氏传后之“段玉裁曰”下，特别说明此改之由：“昔刘向传列女，非仅以节烈著，凡醇性懿行可示法则者皆述焉。诚以常变殊，其足维扬风俗一也。邑中列女，多以节烈传，而孝行、才艺之可表者亦间有之，故附见焉。虽事止一节，补足以风劝矣。”（转自李金坤《从〈富顺县志〉看段玉裁的方志思想》，载《江苏地方志》1991年第1期）

是年,顾新雷、张埙合修纂成陕西《兴平县志》25 卷。兴平位于渭河平原中部,关中地区之中心。汉时,天下达官贵人、豪杰富户多迁居于此,文人学士、社会名流亦多侨居于是,因此汉时之兴平,不亚于都城长安之繁荣景象。是志可以说是一部汉史列传,汉代人物占了全书之 2/3,不下千人。世系目内之窦氏、马氏、班氏、耿氏、何氏,皆曾为汉朝之重臣或外戚。(见高峰《陕西方志考》第 25 页)这是县志中所特有者。

乾隆四十三年(1778),二月甲寅(二十三日)乾隆帝选任刑部右侍郎钱汝诚阅办《大清一统志》事。(《清实录·高宗实录》卷一〇五一)

七月十三日,清高宗弘历以乾隆十二年修成书之《盛京通志》"叙事简略,体例亦多未合",下谕旨"著交军机大臣派员重行纂辑,书成后交武英殿刊刻"。(转见《辽宁地方志书序跋选》第 20 页)至乾隆四十九年修成 130 卷,命名为《钦定盛京通志》。

是年,吴鼎新修,黄建中纂成《皋兰县志》20 卷刻行。本县为兰州附郭县。以一县之志,载明代萧藩凡九世 256 年之表传甚详,很是难得。(参见《中国地方志总目提要》26—12)

按:历史上一般来说,附郭县修之志书都少于其他的县。本县则从乾隆至民国间,共修成县志 5 部之多(含采访稿一部),也是值得注意的。

是年,李带双修,张若纂成陕西《眉县志》18 卷刻行。陕西巡抚毕沅在序文中称:"此书特为灵感录、道统录,为方州小志之创体。"(见《陕西方志考》第 123 页)

是年,江西巡抚郝某下令将各府县志书发局委员查核。郝某奏称:宜春"袁继咸既有著作刊行,则该府县志自应有诗文载入。复同西司将该府志书详细查看,志内载有原尚书孙嘉铨撰袁继咸《未优轩集》序文一篇。序内又有'安问三立祠、六柳堂、四山楼藏卷之为何如也'之句。臣查有此序,是必另有《未优轩集》一书,更不独六柳堂,而且有三立祠、四山楼各名目,均须彻底根查,未便稍事含糊。并查《宜春县志》载有袁继咸作'《经观》、《史观》二书未就'等语,亦应有未全之稿,当妥谕署南昌府知府五宝,前往会同该府县等确根查……即查获原存抄本。正恐各志书所载似此等序文者正复不少,不便率忽。臣现已饬司,将各府县志书发局委员分校,详细查核。凡有似此等序文,或但有成书名目及著作人姓名者,俱令开单指明,饬行本县著落根查呈缴,务期剔里净尽,断不敢稍事疏漏。"(《清代文字狱档》,转自傅贵九《清朝修志与文字狱》,载《方志研究》1990 年第 4 期)

按:似江西这样的做法,估计各省大致皆然,其中志书被毁者亦当不少。梁启超在《中国近三百年学术史》中谓:"自乾隆三十九年至四十七年,继续焚书 24 回,烧去的书 13862 部"。光绪八年(1882)姚觐元编《清代禁毁书目四种》,分全毁、抽毁、应毁、违碍四种情况,进行收录凡 5400 余种。魏振东在《清代方志发达原因探微》(载《方志研究》1991 年第 2 期)一文中,勾勒清代文字狱之状有云:"清代文字狱,从顺治朝开始以至康熙朝,如《明史》案被处死 70 余人。此后有《南山集》狱等三起。雍正朝有'汪景祺西征随笔案'、'查士庭试题案'等四起。从乾隆六年到乾隆五十三年间有 48 年,大兴文字之狱,

共有74次,大者斩决,发边数百,小者数人被杀或治罪,一时朝野震惊。”

乾隆四十四年(1779)十一月甲辰(二十四日),皇帝谕军机大臣等:“据(安徽巡抚)闵鄂元奏,各省郡邑志书内,如有登载应销各书名目,及悖妄著书人诗文者,请一概俱行铲削等语。所奏甚是。钱谦益、屈大均、金堡等所撰诗文,久经饬禁,以裨世教而正人心。今各省郡邑志书,往往于名胜、古迹,编入伊等诗文,而人物、艺文门内,并载其生平事实及所著书目,自应逐加芟削,以杜谬妄。至从前各省节次缴到应毁书籍,经朕发交馆臣复勘。奏定应行毁销者,俱经该馆陆续咨行各省,自可遵照办理。著传谕各督、抚,将省志及府志、县志书,悉心查核。其中如有应禁诗文,而志内尚复采录,并及其人其事实、书目者,均应详悉查明,概予芟节,不得草率从事,致有疏漏。”(《清实录·高宗实录》卷一〇九五)

按:此次谕旨下颁,实为中国书籍之一大不幸。罹其难者,方志之书自然亦在其中。事实是各地督抚纷纷进行查禁,仅浙江巡抚觉罗琅就共上奏查缴过24次,计书538种,13862部。(转见《山东方志纵横谈》第19页)江苏常熟县是钱谦益之故乡,更是“吾邑适为钱谦益原籍,从前志书内叙故事,欲使文理贯串,多有涉该员之语,既奉删除文告,即经两县旧志板片发回,凡有钱谦益诗文及事实、书目处,概行铲除”。故使“旧志内文词遂多断读不接”。(转自邸富生《中国方志学史》第138页)又如乾隆二十五年刻印之江西《袁州府志》,本来是一部比较好的志书,但由于志中存有“干犯”清廷之字句,当局把志版提去,“铲去违碍等篇”。到领回的版中,已经是“凡铲去之前后首尾,零落舛错不一,所谓既非善本,更无完书矣”。(转见《江西地方志概说》第92页)此谕影响所及,除将已有的书进行删改重刻之外,新修志书时对前人著作中之语句亦多加篡改。尤其是将旧志中所载艺文,大加芟删,凡“有碍摘禁”者,皆“奉檄查削”,以致难备一地之文献。如乾隆四十七年(1782)修之《泰安县志》,就是如此行事的。(见《中国地方志总目提要》15—61)这一直影响了有清一代的修志。80年代修志中,有人将光绪山西《崞县志》与乾隆二十二年之《志》进行对照,发现改得最多的是“华夷”之辨的文字,今略录之以见一斑:如“达虏突入内地”改为“北兵入”;“虏却去”改为“敌却去”;“北虏犯顺”改为“兵革之际”;“临虏”改为“临边”;“虏首叩和”改为“和议既成”;“虏患”改为“边患”;“匈奴”改为“塞马”;“绿眼胡儿”改为“擐甲壮士”;“匈奴天性偏好杀”改成“军锋一过万家哭”;“胡人南牧空人屋”改成“塞马南牧空人屋”;“嗤彼事仇臣虏者”改成“嗤彼失身辱节者”;“沙场冻死小胡儿”改成“八方陇亩一时滋”;“椎结毡裘遍云朔,胡氛恶甚腥膻浮”改成“磨盾摸槊遍云朔,戟剑森森杀气浮”;“一朝虏骑驱北去,怨拍胡笳已受污”改成“一朝含羞过青冢,空负才华名已污”。(见李毓珍《读志杂感——过去后修的不一定比旧的可靠》,载《中国地方志》1982年第3期)

这种“查禁违碍”之风,不但中原地区盛行,就是边疆少数民族地区也未能幸免。如时任云南元谋知县的檀萃,在其所编纂之《华竹新编》中就有云:“于是奉例查禁违妨书

籍,因奉宪委仇校滇南各郡邑志书,签明删节,不一而足。”(见杜晋宏《旧志的魅力》,载《云南史志》2005 年第 5 期)

是年,施诚修,童钰纂成《河南府志》116 卷、首 4 卷刻行。志首有宋旧志,清顺治、康熙、雍正志及本志序共 13 篇。是志之凡例中,确定:“有分县而书之例,有分时代而书之例。”如建置、职官、田赋、户口、古迹、金石等,以分县编排;选举、人物、艺文、经籍、祥异等,以时代为序排列。(转见《中国地方志总目提要》16—31)是志前有凡例 42 条,长达 6000 字,可略见其方志思想,是研究方志理论之重要资料。(同上书 16—4)其中说到此志修纂,“采摭群书,自六经子史以至百家文集及天下志乘,无不细加搜讨,阅过书籍三万余卷”,可见其内容之丰富、详赡。

是年,舒其绅、严长明纂修成陕西《西安府志》80 卷刻行。是书引用经、史、子、集各种书籍达 853 种之多,记事从周秦至乾隆四十三年,其中人物志计有 14 卷。凡周秦汉唐在京都之文臣武将,儒林文苑,方技释道等以数千计。高峰编著的《陕西方志考》中说:“虽然是一部府志,实际可谓我国古代历史的列传。”选举志历朝进士至乾隆四十三年共计 566 人。这些都是其他地方之府志不可比拟的。(第 15 页)

是年,知府钟赓起修纂成《甘州府志》15 卷、首 1 卷刻行。是志最值得注意者是其所附的杂记,专门记述了匈奴、回鹘的轶闻和沮渠、慕容轶事等。杂纂对西夏、回纥、匈奴、羌、吐蕃等少数民族之变迁及名称演变,考之甚详,对于历史上西北的少数民族研究颇有参考价值。如其记回鹘有云:“其先匈奴部,人多称高车。元魏时号高车部,或曰敕勒,讹为铁勒,其部落十五种……至隋曰韦纥,稍强始置君长,寻改回纥。唐贞观中,通于中朝,天宝中悉有九姓……其遗种庞特勒,据甘州。特勒,回鹘子姓称,非官号也。”(转见《中国地方志总目提要》26—41)

是年,褚邦庆作成《常州赋》一篇。时,清高宗弘历(乾隆)南巡,召士子献赋,褚邦庆乃仿周紫芝《宣城赋》和葛沣《钱塘赋》之例而作此赋,述其乡邦典故。这是一部用赋体写成的常州府简志。赋文 1.37 万字,注文 8.57 万字。除王浩之序文外,总述 500 字,武阳 1838 字,锡金 1326 字,江阴 980 字,宜荆 1589 字,靖江 590 字,名宦 1128 字,人物 1478 字,流寓 500 字,方外 702 字,列女 592 字,物产 1429 字,总结 436 字,共 13 个方面。全文贯通,无分类分段,仅在注释上说明“以上述武阳”、“以上述名宦”等,在每页中缝注明类目。这是特殊文体的一种志书,被称作名篇。(转见谈汗人《罕见的赋体方志——〈常州赋〉》,载《江苏地方志》1998 年第 1 期)

乾隆四十五年(1780)知府张金城纂修成《宁夏府志》22 卷、首 1 卷刻行。作为西北较边远地区,其卷首所载之《宁夏舆地全图》、《宁夏府城图》、《宁夏满城图》、《汉唐各渠水利图》和《贺兰山图》等,颇属珍贵。其纂修原则是:“务为详,不务为简;取其实,不取其华。”对于资料的取舍,主张“博征慎取,兼采附书,以备掌故”,反对习袭相沿照抄照搬旧书资料。其卷一恩纶纪,详细逐日地记述了清圣祖玄烨于康熙三十六年(1697)巡边宁夏时之故实,保留了一些《清史稿》和其他一些史籍未载之资料。其他有关地理、风俗以及水利、丁税、赋额所载资料也很有价值。如其中的渠工赋所载:"每田一顷出夫一名,清明日上工,立夏日工竣,共挑浚一月。田半顷者挑十五日,又有零夫挑一、二日者,皆按田亩分。"又"每田一顷出柴四十八束,每束重十六斤。沙椿十五根,长三尺"。这也是难得的史料。(转见《中国地方志总目提要》28—9)

是年,金嘉琰、朱廷模修,钱坫纂《朝邑志》11卷刻印成书。本志只有考、录两体。分为地形考,胜迹考,县尹、丞、尉、簿、吏考,历代材文人考,本朝著文人录,孝行、忠义并节、烈妇录,城池、公署、学校、坛庙修建录,缀录,修志源流录。承明代韩邦靖《朝邑志》尚简之传统,叙事简核,极得其体要。设《修志源流录》,颇有创意,收集的内容,对于方志理论的研究,颇有裨益。(转见《方志学史》第295页)

是年,檀萃纂修成云南《禄劝县志》(《中国地方志联合目录》著录为《农部琐录》),其中之"凤氏本末"条,记载了南宋淳熙间罗婺部首领阿而至清乾隆末约600年间凤氏土司之历史,保存了极为珍贵的研究云南封建领主制经济形态之资料。(转见宋永平《清代云南方志纂修述论》,载《中国地方志》1990年第6期)

乾隆四十六年(1781),和珅奉敕主修、梁国治等纂成《钦定热河志》120卷。此地先设热河道,领有4厅,后改承德府,领有平泉一州和滦平、丰宁、赤峰、建昌、朝阳等5县。但热河本以温泉而得名,是清朝皇室避暑山庄(亦即皇帝的行宫)所在地,朝廷许多政事和皇帝的一些言行均与此有关。故志书未以政区命名,编目上亦体现这一特点。其前五目分别为天章、巡典、徕远、行宫、围场等,主要是康熙、乾隆二帝之诗作文章。御制诗几占全书篇幅之半。其下的行宫寺与寺庙门,详载了避暑山庄古建筑凡百余处,均有精细图绘,可视为建筑之档案。疆域建置沿革及学校诸门,亦多有图说。全书共有图160余幅。瞿宣颖在《方志考稿》中,评其"就中当晷度一门,删星野之谈天,测斗极之出地,最为精识"。前有乾隆御制序,略谓:"为各省之志书易,为热河之志书难。彼其以汉人书内地事,且各府州县,本有晋《乘》楚《梼杌》,荟而辑之,其昴也不待烛照数计而龟卜也。热河之志则以关外荒略非内地,而辽金元之史成于汉人之手,所以如越人视秦人之肥瘠忽然,故曰难。夫辽金元非若唐宋之兴于内地而据有之也。又其臣虽有汉人通文墨者,非若唐宋之始终一心,于其主语言有所不解,风尚有所不合。且辽金元皆立国不久,旋即逊出。则所纪载欲其得中得实,亦难矣。夫辽金元之史纪内地而欲得其中其实,尚且难之,况边关以外荒略之地乎?其不能得其中其实,亦益明矣。"(转见《方志考稿》第一编第120页)如此之序,在其他志书中亦属难得。《四库全书总目提要》对是志的各篇目是这样解释的:"凡分二十四门。华盖时临,奎文日富,敬录弁首,曰《天章》;省方观民,励精无逸,编年纪载,曰《巡典》;琛赆鳞集,梯航旅来,威德式彰,曰《徕远》;轩卫随行,明堂斯建,详陈规制,曰《行宫》;肄武习劳,三秋大狝,周阹原麓,曰《围场》;地接尧封，界分周索，四至八到，曰《疆域》；周秦以来，或为荒服，或为瓯脱，或为羁縻，或为侨置，或为郡县，或为京邑，引据史传，辨订是非，兼列八表十二图，曰《建置沿革》；删星野之谈天，测斗极之出地，曰《晷度》；巨流为经，众川为纬，曰《水》；区列方隅，标举形势，曰《山》；涵泳圣化，泽以诗书，曰《学校》；喀喇沁、翁牛特、土默特、奈曼敖汉、巴林、喀尔喀右翼诸部，隶于境内者，表其世系，曰《藩卫》；绀宇金地，或以奉敕而建，或以效祝而营，曰《寺庙》；臂指相维，曰《文秩》；羽卫连营，以追察哈尔四旗，曰《兵防》；国朝官斯地者，迁除岁月，以次胪列，曰《职官题名》；前代官是地者，不可尽详，录其有功可纪者，曰《宦迹》；灵秀挺生，垂光史册，曰《人物》；山泽膏活，金粟丰赢，曰《食货》；草木禽鱼，正名百类，曰《物产》；故址流传，遗文有证，曰《古迹》；前朝旧典，曰《故事》；诸部轶闻，曰《外纪》；诗歌制作，关于风土者，曰《艺文》。"称赞其"考古证今，辨疑传信，既精且博，蔚为舆记之大观"。(卷六八，《史部・地理类一》)

按：其后道光九年(1829)又有成格、海忠修成《承德府志》86卷。此二志于辽金轶事，均采辑甚富。

是年，熊家振修，张埙纂成《扶风县志》18卷刻行。是志分15门，门皆称为记。名之曰：图记，地记，户口、城市乡村、仓储、田赋记，古迹记，坛庙记，寺观记，陵冢记，金石记，官记，科名记，旧志传记，传记，列女传记和纂志记等。如此设目，亦为少见。(转见《中国地方志总目提要》25—46)

是年，叶廷推《海澄县志》案发。先是县民周铿声与知县叶廷推家素有仇怨，久有伺机报复之念。叶廷推之曾祖父叶逢春在世时，因曾周济乡党，有惠乡里，为乡人所重。明季社会动荡，寇盗为乱。以内中有知叶逢春之名者，相戒不入其乡。乡人感之，于顺治四年(1647)在大观山麓鳌峰庙中立石碑以纪其事。碑文中有"鲁仲连排难解纷"之句。乾隆二十五年(1760)，该县延请江西进士邓来祚来修县志，叶廷推亦预分纂。邓来祚为叶逢春立传，称其"轻财仗义，并曾赴贼船，金鼓相迎，有受恩久不酬"之语。至是，官府出示查禁违碍图书，周铿声遂以此为叶家通贼实据，并举告县志不当载入此事。漳州知府黄彬不察，而"禀称有海澄县民周铿声控告在籍知县叶廷推纂辑县志，载入碑传诗句，语词狂悖"。福建巡抚亦认为："志书原以传信，叶廷推身任分修，邓来祚为伊曾祖立传，摭入贼人'金鼓相迎'等语已属无稽之谈，并将赠伊诗句混入志中。且查碑摹上载皇清二字，下书岁在丁亥，未书年号，尤当严究。"(《清代文字狱档》，转自傅贵九《清朝修志与文字狱》，载《方志研究》1990第4期)

乾隆四十七年(1782)正月丁卯(三十日)，乾隆帝审读一统志馆所进志稿，发现人物志中出现的问题，为此特颁上谕称："昨阅进呈《一统志》内，国朝松江府人物，止载王顼龄、王鸿绪诸人，而不载张照，其意或因张照从前办理贵州苗疆，曾经获罪。又其于狱中所题白云亭诗，语意感愤。因而此次纂办一统志，竟将伊姓氏、居里，概从删削，殊属非是"，指出张照虽曾获罪，"然其文采风流，实不愧其乡贤董其昌。即董其昌亦岂纯全之正君子哉？使竟不登志乘，传示艺林，致一代文人学士，不数十年竟归灭没，可乎？""嗣念张照，究系可用之材……即将来国史中，亦当令载笔之臣，将伊事迹详晰编入，何此时纂办一统志转佚其名耶？总之，张照虽不得谓醇儒，而其资学明敏，书法精工，实为海内所共推重。瑕瑜不掩，公论自在。所有此次进呈之《一统志》，即将张照官秩出处、事迹，一并载入。其各省志或有似此者，纂修诸臣，皆宜查明奏闻补入，并通谕中外知之。”(《清实录·高宗实录》卷一一四九)

三月辛亥(十四日)，弘历(乾隆)帝就高浩清《沧浪乡志》一案事发上谕一道。先是湖南巡抚李世杰奏称，查获龙阳县监生高治清，刊印的沧浪方志中，有“幕天席地”，“玉盏长明”，“弘开弘远”，“德洋恩溥，运际升平”等，语多悖妄。当即饬属查明住址，密往各家搜讯，将高氏父子斥革生监，作序的教授翁炯也解任质讯。是事上奏后，弘历(乾隆)帝阅后发上谕曰：“李世杰奏查获《沧浪乡志》一折内，摘出各种字句，指为狂悖。并称饰属查明住址，密往各家搜讯，并将刊刻志书之高治清父子，监生斥革，作序之教授翁炯，解任质讯等语。此事办理太过，外间刊刻书籍，如果有实在违悖不法语句，自应搜查严办。今阅李世杰所奏，书内签出之处，如‘幕天席地’，乃系刘伶《酒德颂》中成语；‘玉盏长明’，系指佛灯而言，相沿引用，已非一日。何得目为狂妄？又，志中所称‘曾王父’字样，亦不过泥古之过。其名字内有称‘弘远’、‘弘开’者，尤为乡愚无知，不足深责。若俱以违悖绳之，则如从前之赵弘恩、陈弘谋等又将何说？至书中如‘德洋恩溥，运际升平’等语，乃系颂扬之词，该府亦一例签出，是颂扬盛美，亦干例禁，有是理乎？书内如此等类，不一而足。各省查办禁书，若俱如此吹毛求疵，谬加指责，将使人何所措施手足耶？此事总因李世杰，文理不通，以致办理拘泥，失当如此。朕于此等字句微疵，从不肯有意推求。所谓不为已甚之素志，实天下人所共闻共见者。李世杰何未见及此？所有此案《沧浪乡志》，竟无庸查办。其刻书作序，并案内干连人等，俱著加恩宽免，概予省释，并将此通行传谕各督府知之。”(《清实录·高宗实录》卷一一五二，中华书局1985年9月影印本第483～484页)

按：在此处，皇帝虽然制止了李世杰的“吹毛求疵”，但出现这种吹毛求疵的做法，皇帝也有不可推卸的责任。因为就在前月的壬午(十五日)，已有一道上谕：“谕军机大臣等：据陈辉祖奏仁和县监生卓天柱等，收藏伊先人卓长龄诗集违悖语句。又卓世忠抄录本朝诗内，并不将御制诗出格缮写，现在彻底究审等语。传谕陈祖辉审讯明确，照例办理。”(同上书卷一一五一)可见当时的文字狱中，不但诗文内容要加以严查，就是内容上没有悖违字句，只是书写格式也不放过。在这种总的形势下，出现一个李世杰或几个李世杰式的做法，就不足为怪了。今北京图书馆存有《合州志》稿一部，由于无序言及题款，不明修纂时间，有人估计可能成书于康熙十一年秋。但书中有一些奇特之现象：关于蒙古建元前之合州之战的记述中，未用“鞑靼”、“胡骑”、“蒙古”等称谓，一律用“元”，且有意未记蒙哥大汗伤死合州城下之事实，仅有“屡败元军”、“元兵围城”；对清朝建立前没有用“女真”、“满州”等，而一律用“清”。(转见唐唯目《刍议清初〈合州志〉稿本》，载《四川地方志通讯》1986年第1期)如此表现，可能就是文字狱兴起以后经过改纂的作

品,存此以备考。

是年,傅恒等主修,刘统勋、英廉、于敏中等先后纂成《西域图志》(全称《钦定皇舆西域图志》)48卷、首4卷刻行。是书于乾隆二十一年(1756)奉敕始撰,至二十七年(1762)成稿。后因区划变更,规制益详,进览之后,随有训示,遂成本志。这是新疆第一部官修的通志,为其后《大清一统志》新疆部分所本。其卷1～3为图考,绘有舆图21幅,又附历代西域旧舆图12幅;卷4～5为表列西域历代地理沿革;卷6～19详述各城地望方位、官制设置;卷20～28记山川、河流、地形、地貌;卷29～36为官制、兵防、台站、屯政、户口、贡赋、法粮、学校,对清初新疆的政治、经济、文化均有记述;卷39～48为风俗、音乐、服饰、土产、藩属、杂录,详载了卫拉特蒙古准噶尔部和维吾尔族特殊的风俗和文化,对中亚各国民族状况亦有记述。其内容上最具特点的是卷40之《音乐》一目。第一部记录了位于伊犁河流域准噶尔部之乐器与歌曲;第二部介绍了南疆维吾尔族的乐器、歌曲、舞蹈和杂技等。据蒋林研究后称,书中提到之乐器8种,同现在的维吾尔族民间乐器基本一样。书中对乐器形制尺寸之详细描绘,用工尺谱记录的新疆歌曲,对维吾尔歌舞、杂技演出场面的记载,正可与和田诗人毛拉·依斯买吐拉于1855年撰写之维吾尔族唯一之音乐史——《乐师史》的记载相辅相成,互为印证。而本志比之《乐师史》要早一个世纪。正好填补了16世纪阿曼尼莎等人将《木卡姆》音乐规范化以后至1879年喀什艺人艾星姆、赛里木兄弟与莎车艺人赛提瓦勒迪等人再次整理《木卡姆》之间,新疆音乐发展史之空白。(见蒋林《清代西域满族修志名家及著作》,载《新疆地方志》1990年第3期)《四库全书总目提要》称其:“足以补前朝舆记之遗,而正历代史书之误。”(卷六八,《史部·地理类一》)

乾隆四十八年(1783),蒋骐昌修、孙星衍纂陕西《醴泉县志》14卷、图1卷刊行。是志篇目:卷1为县属、乡属;卷2为山属、水属、水利;卷3为陵墓;卷4为庙属;卷5为官属表;卷6为户口、赋税;卷7为学校、兵;卷8为闻人;卷9为列女;卷10为科贡表;卷11为金石;卷12为旧闻;卷13为艺文;卷14为序录。有图8张,目简而无遗漏。孙氏是著名的考据学大家,故是志考据精详,对一人一事,一碑一石,皆有源有据,引证史籍加以论证。因而学术价值和史料价值都颇高。高峰编著之《陕西方志考》称:“这部县志与醴泉文物胜地,可谓胜迹与史籍完美之结合。”(第32页)

是年,万廷树修、洪亮吉纂《淳化县志》30卷刻印成书。是书运用记、簿、志、略四体,分为土地记、山川记、大事记、道里记、户口记、风土记、祠庙记、冢墓记;宫殿簿、会记簿;学校志、衙署志、职官志、登科志、士女志;金石略、词赋略、序略。上自古代,下迄乾隆时。其沿革、山川二篇,出自亮吉手裁,考订详核。其形势、道里、祠庙,广搜博采,亦经亮吉考订稽索,无不广搜博采,详加考证。引文必注出处,并酌加按语。毕沅在书序中称,“其赅核可继《长安志》、《雍胜略》二书,非世所传康海《武功志》、韩邦靖《朝邑志》所可比矣”。(转见《方志学概论》第83页)此书也向来被称为名志。洪氏在是书的“叙录”中,有一段说明各篇篇目体例的由来，颇能说明方志是由多种相关著作综合而来，今亦录之于后："曰皇德记，则仿侯瑾《汉皇德记》也；曰舆地记，则仿《隋志》、《周舆图记》也；曰土地记，则仿晋朱育《会稽土地记》也；曰山川记，则仿齐刘澄《永初山水古今记》也；曰大事记，则仿汉司马迁等大事记也；曰道里记，则仿《隋西行道里记》也；曰风土记，则仿晋周处《风土记》也；曰坛庙记，则仿《齐坛庙记》也；曰伽蓝记，则仿晋羊炫之《洛阳伽蓝记》也；曰冢墓记，则仿宋李彤《圣贤冢墓记》也；曰职官表，则仿汉班固《百官公卿表》也；曰选举表，则仿《唐选举表》、《宋选格》也；曰户口录，则仿《宋元康六年户口簿记》也；曰会计簿，则仿宋李常《元祐会计簿》也；曰学校志，则仿《宋崇宁学校新法志》也；曰衙署志，则仿宋无名氏《衙署志》也；曰名胜志，则仿□□□《名胜志》也；曰物产志，则仿《唐经籍志》地理类无名氏《诸郡土俗物产记》也；曰循吏传，则仿汉班固《汉书·循吏传》也；曰先贤传，则仿魏明帝《海内先贤传》也；曰烈士传，则仿晋华僬《广陵烈士传》也；曰列女传，则仿刘向《列女传》也；曰逸人传，则仿晋张显《逸人传》也；曰高僧传，则仿释惠皎《高僧传》也；曰丽藻录，则仿唐人《丽藻录》也；曰金石录，则仿宋赵明诚《金石录》也；曰杂录，则仿《后汉杂事》、《晋朝杂事》也；曰序录，则仿王符《潜夫论·序论》也。"（转自《傅振伦方志论著选》第52～53页）傅振伦补充谓，缪荃孙《昌平州志》援《汉书·艺文志》例，而增艺文志；援《辽史》例而增营卫志。"这说明了方志由分述而综合，由单一而趋综合的发展规律"。

按：追述方志各类目所自者，尚有胡虔雒在《柿叶轩笔记》中所说的："府县志体例，本应于史部之地理，而附益以传记。专详地理，若《太康地记》、朱育《会稽土地记》之类是也；郡县沿革，若《并帖省置诸郡旧事》之类是也；星土之记，若《海中二十八宿国分》之类是也；疆界道里，若易祓《禹贡疆里广记》之类是也；户口田赋，若《元康六年户口簿记》、《元和会计簿》之类是也；风俗物产，若万震《南州异物志》、《陈留风俗传》、《隋诸郡土俗物产》之类是也；山川水利，若刘澄之《永和山川古今记》、单锷《吴中水利》之类是也；建置古迹，若《列国都城记》、《三辅黄图》、《洛阳宫殿簿》、羊衔之《洛阳伽蓝记》、刘璆《京师寺塔》、李彤《圣贤冢墓记》之类是也；艺文金石，若宋孝王《关东风俗传》、刘经《成都刻石总目》之类是也；人物有传，若《兖州先贤》、《襄阳耆旧》之类是也；贤惠有传，若刘向《列女》、杜预《女记》之类是也；方外有传，若刘向《列仙》、宝唱《名僧》之类是也；徵辟科第，若《宋登科录》、《五代登科录》之类是也；职官名宦，若《魏晋官名》、胡纳《民表录》之类是也；缀集见闻，若《钱塘遗事》、胡明之《吴中纪闻》之类是也；选录诗文，若孔延之《会稽掇英》、程遇擅《成都文类》之类是也。凡此皆各自为书，分门著录。作地志者合诸体例成一书，又必分诸书以还各体，方为体备而用宏。章实斋学诚撰《永清志》，取氏族作表，盖本《寰宇记》每州载姓氏之意，而用《唐书·宰相世系表》之例。"（亦转自《傅振伦方志论著选》第53～54）

是年，樊士锋修，洪亮吉又纂成《长武县志》12卷刻行。是书之体例颇为特别，凡列表12，各有序说、附录。全书均以表之形式记载，甚为简明。按洪亮吉所定发凡起例，要求宁繁

勿简,宁朴勿华,做到繁而勿华。(转自《陕西方志考》第 38 页)

是年,程廷济修,凌汝绵纂成江西《浮梁县志》12 卷、首 1 卷刊行。书之卷首,有志引、条规、凡例、绘图、旧序等。在其《修志条规》中,明确规定:"志内凡系庙讳、御名,俱宜恭避。其有违碍字样,均须加意检点,或应删改,或应剜削……诗文记载,其字句、文义,稍涉疑似闪烁之处,均宜严核删除。"是书始修于乾隆四十四年十一月"上谕"之后,难免不小心翼翼,这是受文字狱影响的明显表现。但其篇目上颇有特点。如食货一纲内,专设有"棚民"一目,记载了乾隆元年时,浮梁县共有棚民 242 户,丁 453,口 73(?)。是研究浮梁客家的重要资料。又如物产内特设"陶政"一目,分记了陶厂、御器厂、陶土、陶夫、官窑、陶用颜色等细目。都是研究该地特殊地情之可贵资料。其官司纲下,专设"酷吏"一目,载有贪暴狠毒的酷吏丁大全、房殖、贾宣、龚叔贲、曹敏学等五人。(转见《江西省地方志概说》第 32 页)这在旧志中也是不多见的。

乾隆四十九年(1784),《大清一统志》续修告竣,共 424 卷,并子卷为 500 卷。先是乾隆二十九年(1764)诏谕重修,规定"此前修志之书,必待移取各省通志而后从事,以致旷日持久,艰于集事。此次特就已成之书,酌加厘核。即新疆幅员辽阔,而一切事实,又有《西域图志》及《同文志》诸书为之蓝本。馆臣采撮排撰,实为事半功倍。即可令方略馆,按照训条厘订纂辑,一并纂出稿本,悉照《续文献通考》例,随缮随进,候朕裁定"。至是而成。由文华殿大学士和珅挂名主修,门目一仍其旧,而体例加详。

按:此书之重修,本有补其"一修"缺误之意,但由于篇幅巨大,又是众手而成,错漏依仍难免。任校对官之龚自珍在《上国史馆总裁提调总纂书》中,仅"举其炳炳显显者",就有 18 项之多,依旧难如人意,故嘉庆十六年又有"三修"之议。

是年,大学士阿桂主修,刘谨之、程维岳等纂成《盛京通志》300 卷、首 1 卷刻行。东北是女真族的发祥地,辽宁,特别是辽东,是清帝国立国之基地,立国后定为陪都,称为盛京。自康熙二十三年(1684)伊把汉、董秉忠等修,孙成等纂成第一部通志(东北通志)起,中有雍正十二年(1734)、乾隆元年(1736)、乾隆十三年(1748)修成之志,至是书之成,其百年间已是五修通志矣。乾隆四十三年(1778)清高宗弘历以盛京为肇基发祥之地,又为陪都留守之区,旧志叙事简略,体制亦多未合,故着新派员重加纂辑。至是所成之新志,续载了乾隆八年(1743)后之史实,对旧志的缺失多所订正。其卷首以圣训诏谕、碑记、诗文冠首端。其下各卷内,详载了京城、坛庙、宫殿、山陵等;订正山陵、城池,悉载满语旧名。疆里之远近一遵钦定舆图;增补了吉林、黑龙江边门旧关津之缺略、户口、田赋之疏漏;增志了边防;名宦、人物增加了辽金宗室并志吉林、黑龙江,详译改正了旧讹姓名;罗列了对盛京有治行、战绩之开国功臣;风俗、物产遵《满洲源流考》并采异闻为杂志。(参见《中国地方志总目提要》6—7)

从《四库全书总目提要》中对于本志之一段文字,可使人领悟到,修续志详析前志及自己着力之道:"旧有志书三十二卷,经营草创,叙述未详,……圣制御制,旧本仅载十之三,今悉补录;又以御制分纶音、天章二门,各从体制。京城门中,旧本盛京、兴京、东京创建修葺之由,及太祖、太宗制胜、定都始末;坛庙门中旧本不载营造制度,及重修年月,又不载尊藏册宝及堂子岁祭诸制;宫殿门中,旧志亦不载重修年月、御题联额及尊藏圣容、圣训、实录、玉牒、战图及乾隆四十三年设立谏木事;山陵门中,旧志不载谒陵及岁事仪注,所述三陵官制亦多舛误;山川、城池两门中,旧本均不载太祖、太宗战绩;人物门中不载开国宗室王公,又诸勋臣事迹,亦不悉具,今并详考增修。其余星土、建置沿革、疆域形胜、祠祀、古迹、陵墓、杂志、风俗、土产八门,并援据经史,纠论补漏。关邮、户口、田赋、职官、学校、官署、选举、兵防八门,旧本年载止于乾隆八年,今并按年续载。名宦、历代忠节、孝义、文学、隐逸、流寓、方技、仙释、列女、艺文十门,亦参订删补,俾不冗不漏。其官名、人名、地名,旧本音译,往往失真,今并一一厘正。体例精密,考证详明……固与偏隅舆记徒侈山川、人物者区以别矣。"(卷六八,《史部·地理类一》)

是年,郑沄修,邵晋涵纂成《杭州府志》110卷、首6卷刻行。大学士王掞在是志序中提出:"古者天子巡行方岳,亲适诸侯,必命太师采诗以观民风。凡齐夸郑淫,唐勤魏俭,悉举而贡之于天子。盖稽是以周知俗尚之美恶,政治之得失也。此后世郡邑之志所由昉乎?……吾谓志之同于史者一,而异于史者二。同者何?纪事而编年之义寓其中是也。异者何?史杂记美恶,以用褒贬;而志则恶短而讥刺无文,则其词不得不简。史于纪传之外,所载者天官、河渠、礼、乐、律、历、封禅、平准等数大事。而志则一郡一邑之内,细大无不包举。即如一邑之躔也,而前人分野考验之不同;一疆域也,而历代方舆建置之或异,而况风俗各有贞邪?政事各有修坠,户口之增减,贡赋之损益,人才之盛衰,物产之赢耗,以及典祀之去留可议,经费之裁复有时,或论形胜而设险之势以地殊,策兵防而守险之法以时异。至于忠孝节义本末宜详,古迹灵踪存亡宜辨,抑且职官、选举、艺文、祥祲,胥关治术,无可缺遗,则其目又不得不繁。是故修志一役,未易轻议也。"(《古今图书集成·地部汇考九》,转自王晓岩《历代名人论方志》第9页)

按:是志始修于乾隆四十四年(1779)。纂修之时,"杭州知府邵齐然,总修者钱塘汪君沆,会稽编修王增、余姚邵编修晋涵。稿本略具时,巡抚王亶望以贪黩著,知府王燧觊觎杭守,夤缘亶望,乃黜而任王。燧聘嘉定钱明经献之、丹徒王太守文治,求釐定之付梓,冒为己辑,并不述邵之始事及助纂诸人姓名"。可谓是修志史上之丑行。后杭守郑沄以邵稿续补修正,至是刻行。(转见《中国地方志总目提要》11—12)

是年,王朝爵修,孙星衍纂成《直隶邠州志》25卷刻行。孙氏在志序中说:"方志以考据存文献,关中甚称《朝邑志》、《武功志》,皆非著作之体,徒以文笔简要为长,予不敢袭其弊也。"认为"山川、城阙、河渠、关隘、金石、名迹所存,逾古逾期不可废,必得博闻强识之士订正之。若新志所增职官、科举、财赋额程之属,胥吏之能文者皆能为之"。故志中皆注重资料的考据。是志目次与《醴泉县志》相仿,而又不同。卷1为州县;卷2为县故治、今治;卷3为山属;卷 4 为水属、水利附;卷 5 为乡属;卷 6 为国;卷 7 为署属;卷 8 为儒学;卷 9 为庙属;卷 10 为墓;卷 11 为古迹;卷 12 为恩泽、五行;卷 13 为大事;卷 14、15 为官属;卷 16 为地丁钱粮;卷 17 为经费;卷 18 为兵、驿;卷 19 为名人上;卷 20 为名人下;卷 21 为节妇;卷 22 为科第表;卷 23 为风俗、土产;卷 24 为石刻、著述、题咏;卷 25 为序录;另外有附图。(转见陈光贻《清代方志学家孙星衍、洪亮吉在陕西编纂的方志》,载《陕西地方志通讯》1983 年第 1 期)这实际是一部古地理考,其地理古迹仿乐史之《太平寰宇记》和宋敏求之《长安志》,人物仿高似孙《剡录》。一地一人皆有考注。毕秋帆评之曰:"予嘉孙明经之为此志,能别白是非,以得考古之真也。"(转自《陕西方志考》第 36 页)

按:孙氏在为两部古志重刊时所写的序言中,表明了他对续志之主张。其一是在《重刻景定建康志后序》中曰:"一方修志,如有宋元旧本,自宜刊刻原书在前,依例增续。或辨证前人之得失,别为一卷。近时作志,动更旧例,删落古人牌版,引书出处,增以流俗传闻,芜秽诗什为不典。"另一则是在《重刊〈云间志〉序》中谓:"余病今世修志。无著作好手,不如刻古志于前,以后来事迹续之。或山川古迹旧有遗漏舛误者,不妨别为考证一卷。"(转见刘纬毅等著《中国方志史》第 264 页)

是年,傅应奎修,钱坫等纂成陕西《韩城县志》16 卷、首 1 卷刻行。是志之修纂者都是著名的学者。在是志修纂中,他们提出了一些很有见地的方志主张:"未可以多寡分优劣","也不敢务繁,亦不敢人简"等。(转见《陕西方志考》第 77 页)

乾隆五十年(1785),六月癸卯(二十六日)乾隆帝就《庐陵县志》案下诏谕一道。先是陆在新等修,彭殿元等纂之康熙二十八年本《庐陵县志》案发。庐陵县生员郭榜,呈控该县修纂志书,生员彭寘等经理,藉端派累民间银两,又将不应入传之刘遇奇,滥入志书。将刘遇奇所作诗赋呈首等因呈报。步军统领衙门获报后,一并上呈。乾隆帝至是日颁谕旨曰:"阅所告情节,似系挟嫌呈控。但该县重修志书,何至科派民间银至七千余两之多。着交萨载,会同舒常,提集犯证,秉公查讯,定拟具奏。"(《清实录・高宗实录》卷一二三三)萨载、舒常奉旨后,随即"委员起获《慎余堂集》板片,并《清风亭集》钞本一帙。逐加校核,其中实有狂谬语句。粘签进呈,并将刘遇奇之元孙刘员位,拿获审讯,从重办理"。此事报至朝廷,乾隆帝于七月庚午日(二十三日),又下圣谕一道:"朕将其书详加披阅。其签出之处,如'对明月而为良友,吸清风而为醉侯'。清风明月,乃词人引用成语。此而目为悖妄,则欲将清风明月二字,避而不用,有是理乎?至其余签出各处,俱系……此事舒常办理太过,已有旨谕令将刘遇奇子孙省释,以免拖累矣。外间所著诗文,果有如钱谦益、吕留良等,其本人及子孙,经登膴□,仕而狂吠不法者,自应搜查严办。若并非有心违悖,不过字句微疵,朕从不肯有意吹求,所谓不为已甚之素志,实天下人所共见共闻者。前屡经降旨严切申谕,而舒常尚有此过当之举。各省督抚文理不通者,遇此等挟嫌控讦事件,恐不免拘泥太过,任听劣员庸幕,谬加签摘,以致办理失当,滋扰闾阎,殊失朕不为已甚之意,于吏治民生,大有关系。因刘遇奇一案,再行明白宣谕知之。”同日，又特谕军机大臣等：“据舒常奏，查江西庐陵县生员郭榜，呈控生员彭寘等，藉修理县志为名，派累银两一案，业经明降谕旨，停其查办，并通谕各省督抚外，着传谕舒常：即将刘员位速行释放。其有因书案牵连者，如已到案，亦速即省释；如尚未到案者，即不必复行拘讯，以免拖累。至该府县等，于修理志书一事，若果有明如彭寘等，苛派敛钱，染指分肥情弊，即另行参奏，按律定拟。若并无知情分肥情事，亦不必因刘遇奇所著书籍，该府县从前未经查办，遂尔革职解任也。”(同上书卷一二三五)

十月乙巳(二十九日)，乾隆帝又有上谕一道：“晋省旧刻《清凉山志》内，采辑经典，多有纰谬之处，现在另行纂办。所有该省流传刻本，着传谕伊桑阿饬属查明，将板片一并解交军机处。至清凉山原委，《五台县志》内，所载自当详悉。并着该抚查明县志，一并送京备查。”(见同上书卷一二四一)

是年张松孙修，李芳谷等纂成《潼川府志》12 卷、首 1 卷刻行。是志为三宝体志书，先按土地、人民、政事分三大部，而后再分门目。张氏自乾隆四十八年起任潼川知府。据《中国地方志总目提要》所载，在任期间，其挂名主修之志书还有府属之《昭化县志》(李元纂，乾隆五十年刻行)、《三台县志》(郑璇纂，乾隆五十一年刻行)、《盐亭县志》(雷梦德、胡光琦纂，五十一年刻行)、《射洪县志》(沈诗杜纂，五十一年刻行)、《遂宁县志》(寇赉言、李培峘纂，五十一年刻行)、《蓬溪县志》(谢泰宸纂，五十一年刻行)、《中江县志》(陈景韩纂，五十二年刻行)等七部，都是同一体例之三宝体志书。(21—32)

按：除其属邑外，张松孙还主修过《安岳县志》，也是三宝体的志书(21—54)。

是年，廖抡升修，戴祖启纂《六合县志》6 卷刻成。何廷凤在志书序言中，也认为方志是辅治之书。他说治地方者，可以从中找到对症下药的处方和学到按图布阵之方法：“邑之有志，所以备一邑掌故，纪政治之利弊，使官于此者，得有所籍，以相土宜、考风俗、察民瘼、监成宪也。譬之于医，六经子史犹《灵素本经》，志则仲景之一百一十三方，可以对症治也。譬之兵法，六经子史犹孙吴《韬略》，志则武侯之《八阵》，可以按图而布也。志之不可缺如此。”(转自《中国方志学通论》第 10 页)

是年，朱廷模修、孙星衍纂《三水县志》11 卷刊行。是书分县谱、故城、乡镇·亭·堡·砦、山属、水属、城署、关·桥·坊·古址、坛庙、寺·观·墓、职官、地丁钱粮、兵防、名人、列女、科贡、图序 14 类，类目简而有法，言约事详。上自后魏三水设治，下迄清代。各篇后，皆有孙氏之考释，词简事详，引据书籍，必注明所自，并加按语，体例谨严，为关中名志之一。(见陈光贻《中国方志学史》第 178 页)

是年，戴治修，孙星衍与洪亮吉合纂《澄城县志》2 卷刊行。是书用孙星衍《三水县志》之例，严于考证，引证古书，几无不备。各篇之后，均有孙、洪二氏之考释。(陈光贻《清代方志学家孙星衍、洪亮吉在陕西编纂的方志》，载《陕西地方志通讯》1983 年第 1 期)

是年，江乾达修，牛士瞻纂成山东《新泰县志》20 卷、首 1 卷刻行。是志重视方志史之记述,在艺文之后,增设《缘起》、《述例》两目。前者详述本县历次修志原委,后者则辨明前代志书义例得失,留下了一些值得注意的方志思想资料。(见《中国地方志总目提要》15—63)

乾隆五十一年(1786),汤毓倬修,孙星衍、武亿等纂《偃师县志》31 卷刻印成书。孙、武皆是考据派的名家。在是书的自序中说,修志中曾"偕张君(湘潭张度西)并骑联轡,遍历境内山川,升高望远,准道里,核形势,浩乎有得。复于深谷荒茔、野磷土锈中,遣人剔金石文字。来者麕至几倍于前。于是发史传以下诸书,悉心勘订"。(转见《傅振伦方志论著选》第 231 页)可见考据派也不是完全不重视实地调查的。全书用图、志、记、传诸体。志有地理、山川、学校、祀典、赋役、艺文、金石、祥异诸目;记有陵庙、风土、帝纪、逸事、大事等;表有职官、选举等;传分名宦、名臣、儒林、忠节、政绩、文苑、孝义、隐逸、流寓、列女、仙释、方技等类。钩稽诸籍,重视考证,资料均注出处,多加有按语、论断。偃师为盘庚都畿所在,武亿又是著名的金石学家,故本书金石内容尤为详核,很具特色。(转见吕志毅《方志学史》第 297 页)

按:陈光贻在《中国方志学史》中说:孙氏"编纂方志于四方,计纂《松江府志》84 卷,《庐州府志》54 卷,《偃师县志》31 卷,《醴泉县志》14 卷,《澄城县志》20 卷,《邠州志》25 卷,《三水县志》11 卷,《关中胜迹图志》1 卷。又参与《长安县志》、《咸宁县志》之编纂,校刊《三辅黄图》、《括地志》、《华阳国志》、《元和郡县图志阙卷佚文》、《景定建康志》等。舆地方志著述之多,令人惊叹。其所纂诸志,均体例完整,毫不苟且。例如纂偃师、三水二志,一繁一简,皆订例得宜。"(第 178 页)

是年,杨殿梓修,钱时雍纂成河南《光山县志》32 卷、首 1 卷刻行。清代志书中,还有不少的地图部分仍称为"图经"者,本志便是如此。该图经类有图 29 幅,各图后均附有"解说",概述其疆界、规模及掌故等。与古图经相一致。(转见《中国地方志总目提要》16—113)

是年,徐观海、朱纫兰、雷懋德等修纂成四川《安岳县志》8 卷、首 1 卷刻行。是书于乾隆三十八年(1773)由县令徐观海始修,至四十六年徐去任时,未就,乃告继任者朱纫兰曰:"任此数年,他事无未了,独邑志旧本所载已阅七十余年,及今不修,必致湮没。君其留意焉。"越二年,张松孙来任知府,令所属 8 县修志,且"以作史才,奋马、班笔",亲自动手。至是,本县志与其府志及余 7 县志均修成(详乾隆五十年《潼川府志》条)。是志特点之一是用三宝体,"分门列目,以义相从,总隶三纲,有条不紊。如山川、土地,归土地;人物、选举,归人民;学校、贡赋,归政事,从汉书例也",三纲之下列 24 目。艺文不单设,而是"仿郡志例,不列艺文。有应录者,均附于本事本门之后。自我作古,不嫌独创,庶免于灾梨祸枣"。特点之二是态度严谨,叙事翔实,"若齐谐、志怪、述异、搜神,则宁削弗录";反对"志家纂古迹则辞多附会,列各景则非十即八";记风俗未作统概,而是将贫户、素丰之家、缙绅之家的不同礼俗,分开来记。特点之三是图多,不仅有天文分野图、安岳舆图、城池图和县署图,而且还有贾岛墓、工部楼、读易堂、蓦仙井、希夷池、翰林洞、洗墨池、钓鳌台、学校、书院等图。特点之四是着眼于经世致用,对当地之物产,不但细分属类,且对各物,"必详其性,利用厚生,不嫌辞费",故详记了各物产之特征、性质、用途,还标明了通称与当地俗称。(转见张仲荧《乾隆〈安岳县志〉说略》,载《四川地方志》1988 年第 1 期)

按:治方志史之人,凡言三宝体者,很少涉及此志,故此特为揭出。同时之三宝体方志还有康熙《宁化县志》(《中国地方志总目提要》13—11)、乾隆《连江县志》(同书 13—7)、乾隆《将乐县志》(同书 13—13)、乾隆《永宁县志》(同书 16—38)等。

乾隆五十二年(1787),陈文煜纂成《吴兴合璧》4 卷、首 1 卷刊行。此乃以骈俪之文而为纪载之书,不但志文全用骈文体,注文也是骈体,为地志中独见之作也。分山部、水部、古迹部三门,统记湖州府属乌程、归安、长兴、德清、武康、安吉、孝丰 7 县事。它还将名胜古迹的楼台亭阁、庙宇桥梁之对联,尽写入其行文中。(分见陈光贻《稀见方志提要》第 465 页、第 224 页)

是年,陆继萼修,洪亮吉纂河南《登封县志》32 卷刊刻。洪氏修志,都因地因事而定体例,不拘泥于严整。登封为名山嵩岳所在,因地制宜,创立了一种新体例,可以说这是一部地方志与山川志相结合之体例。叙录每一门类,都系以评语,并交代是仿某代某书而定名。如说皇德记,是仿侯瑾《汉皇德记》;舆图是仿《隋志》、周兴《图记》;坛庙记是仿齐《坛庙记》;名胜志是仿宋王象之《舆地纪胜》;高僧传是仿释惠皎《高僧传》;等等。(转见陈光贻《中国方志学史》第 180 页)是志是洪亮吉方志思想之体现。其书之特点是:一、体例上设立记、表、簿、志、传、录诸体,颇为得体,尤其创设大事记,更是一大进步;二、有叙录 28 则,以韵文形式,简略扼要地说明每门设立之主旨及其典例;详于考证是其优长,但有详古略今之嫌。(转见《河南地方志提要》第 112 页)

乾隆五十三年(1788),洪亮吉撰成《乾隆府厅州县图志》50 卷。首为京师顺天府、兴京、盛京奉天府;次为 19 布政使司所辖;复次为牧厂、新疆、外蕃;又次为朝贡诸国。记各地疆域、山川、河渠、场所、道路等。有图 21 帧。内容赅备,体例简约。周中孚在《郑堂读书记补逸》中说:"其体例有《元和志》之谨严,而无其丛杂。凡于古今地名、水道,有合于《禹贡》、《山经》、左氏《传》及前、续《汉书》者,惟阙所疑,余悉详录……故考皇朝舆地之书,博之则《大一统志》,约之则是编也。"(转自《方志学史》第 270 页)

按:是志修成之后,曾再次引发章学诚与洪亮吉之间的一场"地志统部"之争。本志用《一统志》例,以布政使司统州县。章氏见此书后,一次访洪氏于其家。说到今制分部,与初制相异,于今修之志书,当称部院,不应仍泥布政司之旧制,以明义例。

是年,窦光鼐、朱筠、潘曾起、吴锡麟等奉旨撰成《钦定日下旧闻考》120 卷,都 160 余万言。是书乃在朱彝尊原著《日下旧闻》基础上,删繁补阙,援古证今,一一详加考释。增辑了朱氏书成后百余年之京城现状,门目上新增了官署、苑囿、存疑,并前为十五门。原本中所列古迹,皆引据旧文,夸多务博,不能实验其有无,不免传闻讹舛,彼此互歧。本书中则一一履勘遗踪,订妄存真,缺疑而传信。网罗富备,资料价值比前书更有提高。《四库全书总目提要》谓其"所引艺文,或益其所未备,或删其所可省,务使有关考证,不漏不支。至于列圣宸章、皇上御制,凡涉于神京风土者,悉案门恭载,尤足以昭垂典实,藻绘山川。古来志都京者,前莫善于《三辅黄图》,后莫善于《长安志》。彝尊原本,搜罗详洽,已驾二书之上。今……为之正讹补漏,又驾彝尊原本而上之,千古舆图,当以此本为准绳矣"。(见卷六八,《史部·地理类一》)

是年,钱维乔修,钱大昕受聘总纂之《乾隆鄞县志》30卷,刻印成书。钱大昕在该书之"凡例"中谓:"国史善恶尽书,志有美无刺……于乡达之短,或讳不言,亦见古人敬恭桑梓之谊,读者可于言外得之。"又言:"志中取材,或据历代正史,或采地理书,如《元和郡县志》……之类,或引旧志,如《乾道图经》……之类,或名公诗文集,或稗官小说,或家传志状,俱仿《咸淳临安志》之例,于各条之下,注出书名,庶无攘善之嫌,亦无杜撰之诮。""公署、赋税、户口、兵制诸门,皆据公文案牍,亦于各条之下,注明某衙门来文,某种档册,以凭征信。"(转见施均显《全面评价志传人物的几个障碍》,载《广西地方志》1990年第2期、《中国方志简史》第358页)重视资料来源,重视考据,是其显著之特点,也是考据学派之优长。这种方志重视考证的主张,还表现在他撰的《鄞县志辨证》30则中。在本志之《凡例》中,在人物志的处理上还有两点值得注意的主张:一是不可变黑为白,"以黑为白,岂惟公论难掩,亦恐鬼责莫逃";二是"人物传不立门目,此法最善","总题之曰人物,但以时代为次,不分优劣,既遵古式,又息争端","有尚古人之识者,自能别其孰为大贤,孰为小贤也"。(转见王卫平《钱大昕方志学思想探析》,载《浙江方志》1987年第4期)当然也还有"有褒无贬"和"生长是邦"(单纯以籍属划界)等不值得肯定之主张。(见单辉《钱大昕人物志理论的现实意义与历史局限》,载《浙江方志》1996年第3期)

按:朱士嘉在《中国旧志名家论选》中,对《钱大昕修志议》的按语说:"钱氏修志的主要论点有如下列:宜占有充足的资料;通晓前代官制;辨别地名异同;注重人物考订;人物以时代为次,不必分类;其可征信者入正文,两存者分注,舛讹者驳正,仿《通鉴考异》列本条下。这些论点贯串于钱氏所修《鄞县志》中,为张心镜等人效法。王葆心也说,'其所主诸义例,则全为新派开宗之言也'。"(转自《朱士嘉方志文集》第30页)朱士嘉在1981年《谈谈地方志中的几个问题》一文中又说:"钱大昕修《鄞县志》,以旧派观点采辑资料,以新派观点进行编纂,折衷两派学说,具有独特见解。"(见《中国地方志》1981年第2期)钱氏在《与鄞县志局同事书》中,对人物不应分类,但以时代为序,说明其理由为:"魏收所谓扬之升天,按之入地,此浅夫所为。昔人所讥秽者,而躬自蹈之,吾不解也。宝庆、延祐两志,皆不立儒林、文苑诸目。罗愿之志新安,施宿之志会稽,潜说友之志临安,亦无此名也。嘉靖志于儒林、文苑外,更增淳德、俊异之名,尤为冗设。愚意当循胡、袁二志之例,总题之曰人物,但以时代为次,不分优劣,既遵古式,又息争端。有尚古人之识者,自能别其孰为大贤,孰为小贤也。"(转见《历代名人论方志》第258页)陈光贻谓:此志由钱氏订例,仿四明宋志体例,大变前志体裁;尤于人物传例,用宝庆、延祐二志例,皆不立儒林、文苑诸标目,总题曰人物,以时代为次。认为人物传不立标目,虽循古法,但在当时仍属首创。(《中国方志学史》第174页)吕志毅《方志学史》谓,该志详于考据,于水利、金石尤为精详。特别是金石门,于宋以前,断碑只字,全部著录。明以后则录其要者。金石为钱氏专门之学,用其所长,自然精到,被誉为名志。(第298页)

是年,杨卓、孙凤鸣修,王昶等纂《青浦县志》40卷,刻印成书。是书记田赋、水利尤详,《方志学史》谓其"内容详博,分类精细,亦称名志"。(第296页)

按:王昶为邑人,官至刑部右侍郎,曾参与《大清一统志》之修纂。

是年,谢廷熏修,陆锡熊纂《娄县志》30卷、首2卷刻印成书。是志在修志发凡中,提出"近代撰图经者,意主矜夸,渐至泛滥失实。今则务从简括,期于文约事核,刊削繁芜,易于审览"。提出修志务要直笔,"秉笔者务得其人,无徇私,无阿好,乃能信今传后,闻风而莫不兴起"。规定"人物不分内目,疆域不列星野"。对收录艺文,要"足为舆地增重及有关兴废利弊者存之,余则并从删汰"。尤其有见地的是,提出"史以继往,志以开来"的主张。(转见王桂云《陆锡熊与清乾隆〈娄县志〉》,载《上海修志向导》1993年第6期)闵鄂元在是志序中,强调了志书之兴利除弊作用:"县各有志,所以正疆域,经士甲,稽赋税,丰物产,辑氓庶,兴贤能。利由兹兴,弊有兹除。"(转自梅森《上海方志研究概要》第29页)

按:陆氏曾参与《四库全书》修纂,且为总裁官,是有名之学者。

乾隆五十四年(1789)二月,章学诚应湖广总督毕沅之聘,开始纂修《湖北通志》。据章学诚《为毕制府撰〈湖北通志〉序》云:毕沅乾隆五十三年总督湖北、湖南军务,认为讲求治理,"莫备于书。因取《通志》观之,则雍正十一年"修之《湖广志》也。该志兼载南北二部,且已越六十余年,难备一方之文献。湖南部分已修通志未久,犹可观览,湖北则尚阙如。于是率司道诸臣,创修《湖北通志》,延访明识之士,授之载笔。自己亦时从商榷其间。(见仓修良《文史通义新编新注》第1997页)

是年秋冬,章学诚应知州裴振之邀而始纂《亳州志》。明年二月稿成,适以裴振去职,书未及刊板,竟至散佚。今仅从《文史通义》有关文章中略见其崖略而已。章氏对是志之得意,更甚于《和州志》、《永清县志》。其在《又与(周)永清论文》中谓:"近日撰《亳州志》,颇有新得,视和州、永清之志,一半为土苴矣。主人雅相信任,不以一语旁参,与足下同。而地广道远,仆又逼于楚行,四方名迹,未尽游涉,而孀妇之现存者,不能与之面询委曲,差觉不如《永清》;然文献足征,又较《永清》为远胜矣。此志拟之于史,当与陈、范抗行,义例之精,则又《文史通义》中之最上乘也……如有良史才出,读《亳志》而心知其意,不特方志奉为开册之祖,即史家得其一二精义,亦当尊为不祧之宗;此中自信颇真,言大实非夸也。"(见《文史通义新编新注》第596页)尤其是对此志列人物表,首创掌故一门,更为得意。在《又与史余村》中亦谓:"近撰《亳州志》,更有进境。《新唐书》以至宋、元诸史,书志之体,不免繁芜,而汰之又似不可。则不解掌故别有专书,不当事事求备也。列传猥滥,固由文笔不任,然亦不解表例。不特如顾宁人所指班、马诸年表已也。班氏《古今人表》,史家诟詈,几如众射之的;仆细审之,岂惟不可轻訾,乃大有关系之作,史家必当奉为不祧之宗。……此例一复,则列传自可清其芜累……今州县创立其例,便觉旧撰诸志列传,不免玉石杂而不分,正坐不立人表故耳。"(同书第 559 页)傅振伦评之曰:"《和州志》初创'文征'之例,《永清志》则详于'六书',而掌故均无专书。自此志首创'掌故'一门,而志体备。'缺访'之列传与'前志'列传二例,均起于《和州志》,然得人表而法更简要。以掌故列为专篇,及人物为表,均为方志学上之最大贡献。其后主张方志立三书,即本于此。"(见《中国方志学通论》第 69 页)

今《文史通义新编新注》中存《〈亳州志・人物表〉例议》上、中、下及《〈亳州志・掌故〉例议》上、中、下,共 6 篇。亦将其主要论点摘介于下:

在《〈人物表〉例议》上篇中,说明通古之史,应有人物表。其说略谓:"班固《古今人表》为后世诟詈久矣。由今观之,断代之书,或可无需人物表;通古之史,不可无人物表也……夫通古之史,所书事迹,多取简编故实;非如当代纪载,得于耳闻目见,虚实可以互参。而既为著作,自命专家,则列传去取,必有别识心裁,成其家言;而不能尽类以收,同于排纂,亦其势也。至前人行事,杂见传记,姓名隐显,不无详略异同。列传裁断所余,不以人表收其梗概,则略者致讥挂漏,详者被谤偏同,即后人读我之书,亦觉阙然少绳检矣。"

中篇说明断代之史,也不可无人物表,只是较于通史,自稍缓耳。原因是:"纪传之史,仅一列传目录,而列传数有限制。即年表世表,亦仅著王侯将相,势自不能兼该人物类别区分。是以学者论世知人,与夫检寻史传,去取义例,大抵渺然难知,则人表之不可缺也……专门名家之史,非人表不足以明其独断别裁;集众所长之史,非人表不足以杜其参差同异;强分抑配之史,非人表不足以制其芜滥猥棼。故曰断代之史,约计三门,皆不可无人表也。"

下篇说明人物表之设,为的是"救方志之弊"。他认为"方志为国史所取裁,则列人物而为传,宜较国史加详;而今之志人物者,删略事实,总撷大意,约略方幅,区分门类。其文非叙非论,似散似骈;尺牍寒温之辞,簿书结勘之语,滥收猥入,无复剪裁。至于品皆曾、史,治尽龚、黄,学必汉儒,贞皆姜女,面目如一,情性难求。斯固等于自郐无讥,存而不论可矣。即有一二矫矫,雅尚别裁,则又简略其辞,谬托高古,或仿《竹书》记注,或摩石刻题名,虽无庸恶肤言,实昧通裁达识,所谓似表非表,似注非注,其为痼弊久矣"。主张方志之人物列传,"必取别识心裁,法《春秋》之谨严,含诗人之比兴,离合取舍,将以成其家言"。他认为,"今为人物列表,其善盖有三焉:前代帝王后妃,今存故里,志家收于人物,于义未安;削而不载,义似阙典,是以方志遇此,聚讼纷然;而私智穿凿之流,往往节略本纪,巧更名目,辗转位置,终无确当。今于传删人物,而于表列帝王,则去取皆宜,永为成法,其善一也。史传人物本详,志家反节其略,此本类书摘比,实非史氏通裁。然既举事文归于其义,则简册具有名姓,亦必不能一概而收,如类纂也。兹于古人见史策者,传例苟无可登,列名人物之表,庶几密而不猥,疏而不漏，其善二也。史家事迹，目详于耳，宽今严古，势有使然。至于乡党自好，家庭小善，义行但存标题，节操只开年例。史法不收，志家宜具。传无可著之实，则文不繁猥；表有特著之名，则义无屈抑，其善三也”。这就是救了“方志之弊”。

在《〈掌故〉例议》三篇中，所说的“掌故”，即是朝廷的典章制度。他认为，“部寺监卿之志，即掌故也。拟于《周官》，犹《夏官》之有《司马法》，《冬官》之有《考工记》也。部府州县之志，乃国史之分体。拟于周制，犹晋《乘》、楚《梼杌》与鲁《春秋》也。郡县异于封建，则掌故皆出朝廷之制度耳。六曹职掌，在上颁而行之，在下承而奉之，较之国史具体而微。志与掌故，各有其不可易，不容溷也”。官府的“簿书案牍，颁于功令，守于吏典，自有一定科律，虽有奇才，不能为加；虽有愚拙，不能为损，名胜大邦与荒僻陋邑，无以异也。故求于今日之志，不可得而见古人之史裁；求于今日之案牍，实可因而见古人之章程制度。故曰‘礼失求诸野也’……治方志者，转从掌故而正方志。盖志义久亡，而掌故之守未坠。修其掌故，则志义转而可明矣”。对于已存之掌故，需加整理，做到能提纲挈领，简略与详备兼顾。“徒以简略为志，此《朝邑》、《武功》之陋识也。但知详备为掌故，则胥史优为之，而不知其不可行矣。”在此，他特别强调，掌握志文之详简原则，应本乎志“义”：“夫志者，志也。其事其文之外，盖有义焉，所谓操约之道者此也。而或误以并省事迹、删削文字谓之简也。其去古人不亦远乎？夫名家撰述，意之所在，必有别裁，或详人之所略，或弃人之所取，初无一成之法。要读之者，美爱传久，而恍然见义于事文间，斯乃有关于名教也。然不整齐掌故，别为专书，则志亦不能自见其意矣。”(上书第995～1000页)

按：晁文璧、宫为之于《中国地方志通讯》1965年第2期刊发《章学诚〈亳州志〉质疑》一文，认为章氏之《亳州志》并非写成之后而佚，而是根本就未修成。只写成了《亳州志人物表例议》上、中、下三篇和《亳州志掌故》上、中、下三篇共六则而已。——附载于此，留待进一步研究。

是年，唐侍陛、杜琮修，洪亮吉等纂《怀庆府志》32卷、首1卷、图1卷刻行。全书分14目，约58万余字，考证精详，取材严谨，搜集宏博，为河南清代诸府志中之上乘者。是志内容上之特点是：一、因府南滨黄河，境内河渠与地方至关重要，故这方面载之甚详，详述了由晋迄清河流之决溢、修复等资料达128条。二、金石等目，所收亦极完备。三、对历史人物，认为节义有亏者，只列名而削其传，如旧志中有的司马懿、郭解、郭默、杨再思等之传文均删削。梁启超称其为方志之善本。(转见刘纬毅等著《中国方志史》第246页)

是年，陈兰森修、谢启昆纂《南昌府志》76卷，刻印成书。陈氏在序言中，对方志之用作了如是之述说：“且夫宣猷敷政之本，惟是稽古居今，采风问俗，将以为德，而下为民也。考沿革之籍，可以询土俗之宜；察疆域之广，可以规抚驭之周；历山川之阻，可以筹防守之备；稽田赋之巨，可以思培养之方；考学校选举之规，名宦乡贤之迹，可以储教化之源，纪人材之盛；爵封荫恤，典礼崇隆，孝子节妇，谊行炳蔚，可以奖尊亲而崇内教。他如孺子名亭，滕王纪阁，名人遗迹,往哲幽光,一言一行,佚事传闻,亦皆足以动学士大夫之流连慨慕于不容已。而顾令征文考献,卷帙缺如,岂非地方有司之咎哉。”(转自《江西地方志序跋凡例选录》第47页)

是年,张维祺修,李棠纂成《大名县志》40卷、首1卷刻印成书。全书分图说3篇,表2篇,志7篇,传5篇,共16篇。章学诚《为张吉甫司马撰〈大名县志〉序》中,采用问答的形式,阐述了方志与地理书之别、总志属于地理书、论列方志历史及若干志书之得失、并其对方志之见解和方志编纂原则等。如其言曰:“郡县志乘,即封建时列国史官之遗。而近代修志诸家,误仿唐、宋州郡图经而失之者也。《周官》外史掌四方之志,注谓若晋之《乘》,楚之《梼杌》,鲁之《春秋》,是一国之史,无所不载,乃可为一朝之史之所取裁。夫子作《春秋》,而必征百国宝书,是其义矣。若夫图经之用,乃地理专门。按天官司会所掌书契版图,注版谓户籍,图谓土地形象,田地广狭,即后世图经所由仿也。是方志之与图经,其体截然不同,而后人不辨其类,盖已久矣。”“古之图经,今不可见……今之图经,则州县舆图,与六条宪纲之册,其散著也;若元、明之《一统志》书,其总汇也。散著之篇,存于官府文书,本无文理,学者所不屑道;统汇之书,则固地理专门,而人物流寓、形胜土产、古迹祠庙诸名目,则因地理而类撮之,取供文学词章之所采用,而非所以为书之本意也。故形胜必用骈俪,人物节取要略,古迹流连景物,祠庙亦载游观,此则地理中之类纂,而不为一方文献之征。”“志者,志也。其事其文之外,必有义焉,史家著作之微旨也。”“知方志非地理专书,则山川都里、坊表名胜,皆当汇入地理,而不可分占篇目,失宾主之义也。知方志为国史取裁,则人物当详于史传,而不可节录大略;艺文当详载书目,而不可类选诗文也。知方志为史部要删,则胥吏案牍、文士绮言,皆无所用,而体裁当规史法也……夫家有谱,州县有志,国有史,其义一也。”(见《文史通义新编新注》第1039～1041页)

是志中将明末一妓女入于列女传,始时曾受到该县缙绅之反对,章学诚却赞成之。在《章氏遗书》卷18的《文集》中,有如是之记载:“同年张君维祺,胶州知名士也。尝手撰《大名志稿》,未迄而官罢,因以其稿商余。有呈明末使女事者,缙绅不肯入列女传,余援例入之……明末流寇之扰,土寇多乘间起城中。某大家有女,以美闻远近,贼魁率众围城,扬言不送女且屠城。大家方纠众拒守,人心惶惶。或言籍妓某貌颇类女,姑饰以往;或言被觉即齑粉矣。妓奋曰:‘舍身全一城生命,虽齑粉何辞!’即盛饰如贼营。贼诘果某女耶?何为不类处女?妓抗言不讳,责其不当劫良家子,因说以时务,贼大悦服,悉还俘掠,礼谢,父老敬,以妇礼纳之而去。”至康熙间,此女已成某将军夫人,以规劝将军有功,竟得以功名终焉。修志时,县绅以其曾为妓女,不当入列女传。章学诚则赞成入之,谓:“昔《宋史·列女传》,有高邮妓毛惜惜事,论者不以为非。此妇之功,过于毛惜惜远甚,犹惜其小用耳;而被其泽者已广。向使献、闯诸贼入其良言,则天下可以易危为安。虽孔子、管仲之功,不过是矣。”(见《章实斋方志论文集》第313～314页)

按:章氏代人以问答形式写成此序,甚为别致,亦方志序中所见之创体也。

是年，李述武修，张九钺纂河南《巩县志》20卷、首1卷刊行。是志一反他志将凡例集中于卷前的作法，分散在各小序之中，是为一特。但由于成书匆忙，甚为粗糙。其职官志中之名宦传，竟至“传而无传”，不叙生平事迹，仅在名下写出考评，每人只三五语，有违作传之通例。又其卷首的所谓“圣制”，实是清初皇帝祭祀宋陵之作，内容雷同，千篇一律，甚无谓也。（转见《河南地方志提要》上册第124～125页）

是年，潘相撰、潘承炜续撰成《澧志举要》3卷、附以补编刻行。是书名为“举要”，并非撮取前志内容，实是一部新纂之作，内多考证、补缺。承炜为相之次子，是方志史上父志子续之一例。（转见《中国地方志总目提要》18—93）

乾隆五十五年（1790），张楷修，高特拔、萧宗思纂河南《永宁县志》8卷、首1卷刊行。是为典型之三宝体志书。除卷首有恭纪、圣制和图外，主体部分分为土地部、人民部、政事部，部下再分目。无艺文门，凡有关本县典制诸文，散附各目，有关金石，则附在古迹之后。《土地部》记当地特产，如谓永宁山环水绕，其地宜竹，原、野、溪、涧，大半皆竹园。其大者或广至数十亩。引渠灌溉，十分丰茂。历史上是征贡之物，至当时全县诸产仍以竹园之利最饶。《人民部》记人民生活、生产状况，总结本地“三利”、“三害”。资料都甚为可贵。（转见《河南地方志提要》上册第276页）

是年，白鹤修、史传远纂《武乡县志》7卷刻印成书。是志中记述乾隆三十五年（1770）发生之极光现象有云：“乾隆三十五年七月二十二日红光现，自戌至子，照耀经天，观者无不惊怖。”这条资料为现代天文学界所重视。（转自《方志学概论》第28页）

是年，仇汝瑚修，冯敏昌纂成《孟县志》10卷刻行。是书颇得时人好评。蒋藩认为：“洪稚存亮吉之志登封，武虚谷亿之志安阳、偃师，冯鱼山敏昌之志孟县，洪幼怀符孙之志鄢陵，莫非一代之宏裁，千秋之杰作。”纂者冯氏认为修志之难有四：“或严限相迫，或意见不同，或咨访甚难，或书籍不备。四者有一，不能善事。”正因为如此，故为了修此志，除“借书籍乃至数车”之外，他还亲历芒砀、王屋、太行诸山，摸清疆域界限。凡孟县境内之远近山川，必亲历绘图。对远在数百里之外的恒山，也骑马直登，进行实际考察。可以说是历尽辛苦。他“于山川道里，废城遗圩，未有信必者，辄顶笠携仆，跨马以访。至则徘徊往来其下，参考地志之书，证以耳目所经，兼询之居人”。（转见《中国地方志名家传》第164页）

是年前后，章学诚撰有《州县请立志科议》一文，是据其多年参与志事之实际感受所得。在本文中他认为，自实行郡县制后，异于旧时之封建，方志不复视古国史，州县记载，并无专人典守，间有好事者修辑志乘，率凭一时采访，人多庸猥，例罕完善。但州县之志，不可取办于一时，平日当于诸典吏中，特立志科，佥吏之稍通文法者以充其选，而且立为成法。这一科吏员经常性的任务是：六科案牍，约取大略而录藏其副；长官师儒去官之日，取其平日行事善恶有实据者，录其始末；收录属中家修之谱、人撰的传志状述，以及经史撰著、诗辞文笔论定成编者；收集记录属内衙署、城池、学庙、祠宇、堤堰、桥梁之修建端委；摩藏属内铭金刻石之纪事摘辞；对于民间举行之宾兴乡饮、读法讲书，必记录其参与者之官秩及名姓，录平日之所闻所见，等等。还要仿乡塾义学之意，四乡各设采访一人，以绅士之公正符人望者充任，俾收集乡间的遗闻逸事；另选学校师儒之老成持重者，对这些收来的资料，持公核实后呈送志科。志科将所得之种种资料，分科别类加以封存。数十年之后欲待修志之时，便可选能文学之士，笔削成书。州县志科已存其籍，同样府志科之吏可以约取州县志科之要，以为府志取裁；更上级之司吏可以取府科之要，以为通志取裁。这样一来，不仅利于修志，亦大有利于政事也。

按：本文之具体写作时间未查确，但其明年撰成之《方志立三书议》中，已有"详《志科议》"之语。仓修良在《文史通义新编新注》中，确定写成不会迟于乾隆五十七年(第 839 页)，今采其说，系之于是。

乾隆五十七年(1792)，西藏最早的一部正规方志——《西藏志》由和宁刻印成书。是志未注纂者姓名，亦不明撰述时间，不分卷，以各大程站为纲，其下再分目，共 33 目(刑法下缺 1 目)，后附有《藏程纪略》1 篇。记事上起隋唐，下至清乾隆六年。志中对事迹、疆圉、物产、碑文记之颇详，宗教、寺庙记之尤详，且有眉批，注古今译名同异及正笺误讹。(见《中国边疆古籍题解》第 108 页)其著西藏古今历史略谓："西藏一隅，诸鉴多未载。考其地即西吐蕃也。唐曰乌斯国，明曰乌斯藏，今曰图伯特，又曰唐古忒……土人分为三部，曰康、曰卫、曰藏。'康'者即今察木多一路，'卫'者即西藏拉萨台一带，'藏'者乃后藏札什隆布一带。"其地"居在万峰之中，为西方极胜之区。环山拱合，百泉汇流。自墨竹工卡而下，统召之南西泻，颇得天地之灵脉。布达拉之飞阁层楼，丽色夺目。别蚌、色拉、甘丹、桑鸢四大寺，拱朝于四方"。(转自何金文编著《西藏志书述略》，吉林省地方志编纂委员会、吉林省图书馆学会 1985 年 3 月编印本第 3 页)吴丰培谓："书中内容虽简，然当清代初期，藏地文献无征，具此雏形，当觉可贵，宜乎后之论藏政者颇多引用也。"(《新疆西藏等地志叙录》，载《中国地方史志》1982 年第 3 期)

按：此前记西藏之书多类游记，名称多为纪闻、纪略、纪程、记述等，至此始有正式名为志者，体例亦近正式志书。此书刻者和宁在书序中谓："传为果亲王撰。"吴丰培力辨其非，见《〈西藏志〉跋》(载《中国地方史志》1982 年第 3 期)。何金文在《西藏志书述略》中，推测"或为当年跟随果亲王使藏者。果亲王(送达赖喇嘛还藏)实际上只到达泰宁寺便返回，并未送入西藏。护送达赖喇嘛进藏至拉萨者，乃为副都统福寿、兵部郎中祁山、理藩院郎中拉布坦、四川督标副将张圣学等人"。

是年，马揭、盛绳祖纂成《卫藏图识》4 卷、附蛮语 1 卷刊行。修、纂者皆从军旅进藏，至地甚多，所至皆有笔记。以其所记，并参考了《四川通志 · 西域志》、《西藏志》及《西域记事》诸书纂成。其中图考 2 卷，记略 2 卷，分 22 门。其摭记门称藏地有四，名曰卫、藏、喀木、阿里，共辖 60 余城，拉萨居诸卫之中，故又名中藏。源流考一门，系统地记述了三代以前迄于清初之历史沿革。附《蛮语》1卷，亦为以汉文记载藏语较早之作，共收字、词473个。全书详细记录了西藏各地之山川、河流、物产、风土人情、历史轶事等，并绘有“番民种类图”。（转见《中国边疆古籍题解》第24页、《中国地方志总目提要》24—9）

按：吕志毅《方志学史》第324页谓，是书名为《西藏图识》，而其所著录为《西藏图考》一书，作黄沛翘撰，书凡8卷。

是年，李亨特修，平恕、徐嵩纂《绍兴府志》80卷、首1卷刻行。平恕在是书之《略例》中规定，为慎抉择，提出志书11个不录，略谓：一、艺文不训雅者不录；二、山川古迹，不见经传者不录；三、论古武断者不录；四、孝义无事实者不录；五、守节不满三十（年）者不录；六、现存人事迹不录；七、俚俗吟咏不录；八、托名义举者不录；九、传志托名伪撰者不录；十、家私塾义学，非奉有司准行者不录；十一、著述不足称者不录。（转见《中国方志简史》第365页）此于后人修志，不无借鉴意义。

是年，循化厅同知龚景翰纂成青海《循化厅志稿》8卷。是志可贵之处，一是记述民族和宗教内容丰富，地方特点鲜明。其卷8，“专记夷赙及回变”，尤其“回变”记叙为详。对乾隆间循化地区伊斯兰教新、老教派形成原因，教徒冲突发展至械斗，清政府处置失当，致使新教徒聚众反清，围攻兰州，及清政府派兵大举镇压，殃及回众的史实记之甚详。（见《中国地方志总目提要》27—11）二是载有龚氏不少关于加强边远地区统治，促进地方安定和发展的策论主张。如在《官师》目中，载有他针对同知更换频繁，从乾隆二十七年至五十七年间，同知更换达30人之事实，而提出的“按”：“循化地处极边，缺分清苦，番回多事，官此者视为畏途。大宪一视同仁，不欲一独受其苦，又或忽之为不足重轻之地。故数月辄一易其人。自二十七年以来，署任者皆不及一年，正任或有历二三年者，而广玉（?）则并不及两月也。”因此为官者对“风土情形毫不熟悉，求其为斯土谋治安之策，盖亦难矣”。“国家设官之意，安边之略，官其可以数易哉？得其人而久任之，优之以俸禄，假之以事权，使之无内顾之虑，则会城亦无西顾之忧，孰得孰失，当早计之矣。”（转见《青海地方志书介绍》第67页）足见其对政事之用心，这样的见解亦颇具见地。

是年，胡文铨修，周广业纂成《广德直隶州志》50卷刻行。是志《例言》中，述其收集资料及纂修过程颇详，略谓：“先访旧志，自本州以及统志，自前明以及元和；次稽考群书，发箧借人，随览随录；次摩拓碑碣，自通都名胜，以及山岭水湄，凡苔鲜所封，泥沙所复者，无不搜剔，或全录，或摘抄；次访故老，自城及乡，榜谕启徵，务详务核。然后分门别目，创为丛稿，凡三四易而后定。一事涉疑，群相参酌；一字小讹，共相质难。阅十六月始竣。”（转见《中国地方志总目提要》12—51）可见古人修志搜罗之细致，撰述之审慎。

是年，章学诚《方志立三书议》正式写成，这是章氏方志理论达到成熟之标志。他在此文中说：“凡欲经纪一方之文献，必立三家之学，而始可以通古人之遗意也。仿纪传正史之体而作志，仿律令典例之体而作掌故，仿《文选》、《文苑》之体而作文征。三书相辅而行，缺一不可;合而为一,尤不可也。”文中采用设问而答的方式,对上述的总论点作了进一步之阐述。如谓:“古人之于方志,未尝不至纤析也。外史掌四方之志,……是一国之全史也。而行人又献五书,太师又陈风诗,是王朝之取于侯国,其文献之征,固不一而足矣。苟可阙其一,则古人不当设是官;苟可合而为一,则古人当先有合一之书矣。”“古无私门之著述,六经皆史也。后世袭之而莫之或废者,惟《春秋》、《诗》、《礼》三家之流别耳。纪传正史,《春秋》之流别也;掌故典要,官礼之流别也;文征诸选,风诗之流别也……马《史》、班《书》以来,已演《春秋》之绪矣。刘氏《政典》、杜氏《通典》,始演官礼之绪焉。吕氏《文鉴》、苏氏《文类》,始演《诗》之绪焉……别删掌故以辅志,犹《唐书》之有《唐会要》,《宋史》之有《宋会要》,《元史》之有《元典章》,《明史》之有《明会典》而已。”他主张“三书”之外,还可以有《丛谈》,因为“古人书欲成家,非夸多而求尽也。然不博览,无以为约取也。既约取矣,博览所余,拦之则不伦,弃之则可惜,故附稗野说部之流而作丛谈,犹经之别解,史之外传,子之外篇也……三书皆经要,而丛谈则非必不可缺之书也。前人修志,则常以此类附于志后,或称余篇,或称杂志。彼于书之义例,未见卓然成家,附于其后,故无伤也”。(见《文史通义新编新注》第 699～705 页)在这里,他所构筑之方志体式就是,志为主体,掌故和文征为两翼,相辅而行。其后两年,他所修成之《湖北通志》,就是完全按此体式而为的。(见后 1794 年条)

梁启超在《清代学者整理旧学之总成绩》第七章《方志学》中认为:实斋“三书之法,其通志一部分,纯为‘词尚体要’、‘成一家言’之著述。掌故、文征两部分,则专以保存著述所需之资料。既别两书以保存资料,故‘纯著述体’之通志,可以肃括闳深,文极简而不虞遗缺”。

乾隆五十八年(1793),纪昀总纂《四库全书总目提要》200 卷印行。是书稿初成于乾隆四十六年(1781),至是刻印颁行。瞿宣颖认为,“提要之作,古今无逾四库矣。其文字之流畅,评判之精允,足为永式”。(见《方志考稿·序》)全书按经、史、子、集四部分类。其中卷 68～78 为史部地理类,其下列有宫殿疏、总志、都会郡县、河渠、边防、山川、古迹、杂记、游记、外记等 10 目。“总志”和“都会郡县”下,就是志书之目录,共收录方志 417 种。各条皆论述志书之大旨、内容、体例、编纂源流,有编修者生平、爵里,评考各志得失,有较高之学术价值。是书之编纂者皆当时之硕学鸿儒,故从中可以看出当时方志学中之主流观点。其中最值得注意者于下:

一是确认方志属地理书。在全书之序言中,提出都会郡县之属,是“辨方域也”,即是辨别各地区域。对自《隋书·经籍志》以来将《山海经》作为地理书之冠的观点给以了驳议,谓:“若夫《山海经》、《十洲记》之属,杂体小说,则各从其本类,兹不录焉。”在地理类卷首之无题叙录中,对地方志之起源、流变得失,作了概括的说明:“古之地志,载方域、山川、风俗、物产而已,其书不可见。然《禹贡》、《周礼·职方氏》,其大较矣。《元和郡县志》,颇涉古迹,盖用《山海经》例。《太平寰宇记》增以人物,又偶及艺文,于是为州县志书之滥觞。元明以后,体例相沿,列传侔乎家牒,艺文滥于总集,末大于本,而舆图反若附录。其间假借夸饰以侈风土者，抑又甚焉。”不过也没有将前人之做法一概否定，而是予以承认现实的做法，“然踵事增华，势难遽返。今惟去泰去甚，择尤雅者录之。凡芜滥之录，皆斥为存目”。

按：在中国方志史上，历来就有历史派和地理派之别。唐代颜师古在注《汉书·地理志》时就说：“中古以来，说地理者多矣，或解释经典，或撰述方志，竞为新异，安处互会，颇失其真。”宋人欧阳忞在其《舆地广记》之序言中，开宗明义就说自己所著的是地理之书：“地理之书，虽非深远难见之事，然自历世以来，更张改作……予不佞，自少读书，私尝留意于此。尝自尧舜以来，至于今为书三十八篇，命之曰《舆地广记》。凡自昔史官之作，与夫山经地志，旁见杂出，莫不出于其中。”（见本书 1117 年条）同时代之司马光、王象之等著名学者亦皆持此论。元人黄溍在宋纳编之《东郡志》序中，亦言：“昔之言地理者，有图有志。图以知山川形势、地之所生。而志以知语言土俗、博古久远之事。是以成周之制，职方氏掌天下之图，而道地图以诏王者，有土训之官焉。小史掌邦国之志，外史掌四方之志，而道方志以诏王者，有诵训之官……后世列郡，或有志无图，或以图合于志。”至清代章学诚之前，地理派一直是主流派。戴震、洪亮吉等也是持这一派的主张。除了方志界，即使在目录学上，方志属地理的主张，也并非从《四库提要》始。从南朝时阮孝绪之《七录》到《隋书·经籍志》、《宋史·艺文志》等，都是将方志归入地理类的。

与地理派相对立的是历史派，主张方志属史。这一派也来源有自。早在东汉时，郑玄就提出方志“若古之国史”，“四方识久远之事，谓之方志”，“志，记也，为鲁之《春秋》、晋之《乘》、楚之《梼杌》”（见本书东汉郑玄条）。宋代著名学者郑兴裔更提出了人人所熟知的“郡之有志，犹国之有史”。（见本书绍熙间《广陵志》条）元代杨维桢在《至正昆山志》序中说：“图经，一郡之史也。”（见 1341 年条）明代持此论者亦夥。清代方志大家章学诚则更明确提出，“方志乃一方之全史”。

方志属史属地两派之争，历时久远，直至近代，以至当代，也还争论未休。值得注意的是，到了民国时期，出现了史地两性说。朱希祖首先在傅振伦纂的《新河县志》序中，提出：“信县志之法，能兼得今世历史、地理二学之所长，乃得为善志”。（见本书 1927 年 5 月条）其后，是民国 25 年，朱士嘉在该年《禹贡》第一卷第二期上发表之《方志之名称与种类》一文中，提出：方志是“一有组织之地方历史与人文地理也”。（见 1936 年条）至民国 28 年，黎锦熙根据国民政府内务部颁之《修志事例概要》撰写的《城固县志续修工作方案》中，提出修志四原则：明三术，立两标，广四用，破四障。其中的立两标，就是要明确方志的性质是“史地两性兼而有之”，要做到“地志之历史化，历史之地志化”。（见本书 1941 年条）次年，于乃仁在《建国学术》创刊号上发表之《方志学述略》中，就直接说：“方志者，以地方为单位之历史与地理也。”（见 1940 年 5 月条）时至今日，方志性质可谓是三说并存也。

二是对方志要讲求体例。大致包括:1.在门目上要条分缕析,便于寻检。如称赞《咸淳临安志》,“区划明晰,体例井然,可为都城记载之法”。又赞《嘉泰会稽志》“所分门类,不用以纲统目之例,但各以细目标题”,达到了“不漏不支,叙次有法”,是“地志中之有体要者”。2.志书应当征引博而叙述简。如朱长文之《吴郡图经续记》和范成大之《吴郡志》都受到好评,又特别推崇康海之《武功县志》和韩邦靖之《朝邑县志》。3.方志应重视舆图。4.认为志体与史体有别,编年体不是方志之体例。认为“传记、舆图,各有本例。以志名而用史体,文虽创而义则乖矣”。5.要反对陋习。是书主纂者之一的戴震就说:“至若志之俗体,凑合八景、十景,绘图卷首,近来名手颇有知为陋习而宜削去者。星野之载,步天歌及星图,均属陋习。又如每篇有小序,序皆套语,近来亦有删去不用者矣。”(综摘朱隽嘉《论四库馆臣对方志的认识——以都会郡县志为例》,载《中国地方志》2004 年第 2 期)

是年,万廷兰重校《太平寰宇记》刊行。万氏在“刊本后序”中说:“是书征引详备,惜开卷讹舛,至不可句读。于是披阅图经,考正史、逸书外传、广雅博物,举蠹帙之高阁而封识者,朝夕检校,旁搜远绍,悉心厘定。而藏书甚少,存疑者多,然不敢意为增删也。大约有画一者,有错出者,均参各家之言,备胪其所自。字画之谬,声音之讹,有据者易之,无考者仍之。凡阅岁而脱稿。时督粮观察桂林陈公,博学多识,乃就正焉。观察亟为许可,并辑原缺八卷示予。予受而卒业,曰:此文公补缺之遗意也。公乃慨然捐俸为梓倡以公诸世。时乾隆癸丑嘉平月。”

按:此中所谓桂林陈公者,陈兰森也。曾任江西督粮道。后任署理江西藩臬印务时,曾修有《南昌府志》76 卷。光绪九年(1883)杨守敬《太平寰宇记残本跋》中说:“若陈氏兰森臆补之卷,固无论焉。”陈运溶在光绪二十五年(1899)三月写的《寰宇记补缺》之按语中说:“陈氏兰森虽属臆补,当非杜撰古书,以此较彼(指杨守敬跋的《太平寰宇记残本》),罪孰甚焉。”(转见《中国古方志考》第 94 页。关于此《记》的补缺问题,有一些争论文字,未尽录入)

是年,沈宗衍纂成《蒙古沿革志》2 卷,附 1 卷。上卷为漠南蒙古、漠北蒙古、贺兰山蒙古;卷下为准噶尔厄鲁特蒙古、青海厄鲁特蒙古等之沿革。对山川、道里、兵制、风俗等都有专门之记述。(转见《方志学史》第 319 页)

是年,汪中撰成《广陵通典》30 卷。此书仿朱彝尊《日下旧闻》例,采集扬州历代典故,以证一方史实。顾广圻在该书序中说:“郡邑志乘,滥觞晋宋……后此继之,盈乎著录。其为书也,能使生是邦者,晓前古事迹;至其地者,验方今土物,洵为善矣。降及明叶,末流滋弊,事既归官,成于借手,府县等诸具文,撰修类皆不学。虽云但靡餐钱,虚陪礼帊,犹复俗语丹青,后生疑误。正失复贯,必也其人。此江都汪容甫先生《广陵通典》所以有作也。”其所以名之为“通典”者,顾广圻在此序中作了如是之解释:“用编年之体,作释地之篇。会萃条流,参差日月。吴濞开国,孙韶领镇。据割重形胜,治平饶转输。上下各代排比,列城沿革、道里、户口、贡赋，巨靡不包，细亦无漏，故谓之通。进节义，退草窃，贵贤能，贱奢逾，刊弃神怪，摈落嘲咏，唯录有用之事，弗为无益之谈，字求其实，言归于正，故谓之典。”（转见《历代名人论方志》第134页）这是扬州一部编年体之志书，记述了从吴王夫差城邗至杨行密节制淮南之历史。傅振伦在《中国方志学通论》中称其：“实亦有断制之扬州编年史也。盖欲求明贯易览，故不分门类，通书为一篇，在方志界中，尚为创体。民国王晋卿、胡子振诸先生修《冀县志》，编年以提其要，而隶事类从，则注中夹注，淹穿古往，政教官治之沿革，如数诸掌。考其体法，实本容甫，盖编年之志，而以地为限者也。光绪《阜宁志·疆域篇》，以都邑沿革并历代大事为一篇，综合诸书贯串而成，不复更分子目，亦汪氏之体也。夫编年纪事，同年并世之事，举目可详，语无复出，烦冗或节；然逐类以及，因果难究。施诸蕞尔小邑及边远郡县，事迹缺略等地，容或可取。用于年代悠久，幅员辽阔之名都大邑，最不相宜。”（第35页）书未完全蒇事便中辍。至三十年后的道光三年（1823），其子喜、孙才，方为之刊刻。

按：这种体式之志书，前人已有先行者，后人亦偶有效法者，或有变通。如明嘉靖时陕西陈士元纂之《滦志》（详1548年条）。又如万历时熊元修、马文炜纂的《安丘县志》，也是设“总纪”，用编年之法，辅以历代地理沿革封建表。吴昌绶撰的《吴郡通典备考》，从书名到体例都仿《广陵通典》。寿鹏飞在《方志本义管窥》一文中说：“仁和吴昌绶作《吴郡通典备稿》10卷，盖未成之书。仿江都汪容甫《广陵通典》而作，用编年之体，为释地之篇，合史于志，即方志中通纪之门也，于义殊善。昔章实斋力倡史志合一之义，容甫盖已开其先，继之者吴书也。”

又：有人认为，这是一部编年体的扬州地方史，而算不上是地方志。故《中国地方志联合目录》不予著录。

是年，刘埥纂，傅修续纂成《直隶遵化州志》20卷刻行。遵化本为县治，但自清世祖福临（顺治帝）梓宫安奉于县西之凤台山起，此地便成为清陵重地，故于康熙十五年（1876）升为州，乾隆八年（1743）再升为直隶州。是志首列陵寝一门，绘有昭西陵、孝陵、东陵、景陵诸万年吉地图，并载有诸功德碑等。（见《河北省方志概要》第43页）

是年，黄德基修，关天申纂成《永顺县志》4卷、首1卷刻行。是志设《土司沿革始末》一个专篇，其中记有明嘉靖二十三年（1554）调永顺土司兵，协同保靖兵赴苏、松抗击倭寇之事，表明国内少数民族，在当时亦为抗倭出过力。（见《中国地方志总目提要》18—107）其后，缴继祖修、洪际清纂成之嘉庆《龙山县志》中，亦载有保靖土司兵，协同永顺土司兵抗倭事，可以互为印证。（见同书18—111）

是年，章学诚撰有《报广济黄大尹论修志书》一通。此黄大尹未详其名。查今存有黄恺修，陈诗于今年纂成刻行之《广济县志》12卷，此黄大尹殆即黄恺乎？函件一开头便有“承示来稿”一语，当系其阅审该县志稿后之复函也。文章提出，方志之作，“大抵有文人之书，学人之书，辞人之书，说家之书，史家之书，惟史家为得其正宗。而史家又有著作之史与纂辑之史,途径不一。著作之史,宋人以还,绝不多见;而纂辑之史,则以博雅为事,以一字必有按据为归。错综排比,整炼而有剪裁,斯为美也”。(详见《文史通义新编新注》第 879～880 页)

按:章氏对方志编纂,主撰作而不主纂辑,但并不强人之从己。并未以本志稿系纂辑体而从根本加以否定。而是按纂辑体之要求,对志稿中存在之问题,一一细加开列,足见章氏为人审稿之态度与认真细致。

是年,章学诚为毕沅撰《石首县志》序一篇。是志未用章氏的三书体,且篇目列为 8 篇,全称曰“志”,明显地与章氏主张不同。但章氏在序中还是称赞“今王君是志,凡目数十,括以八门,若纲在网,有条不紊。首曰编年,存史法也。志者,史所取裁,史以记事,非编年弗为纲也。……人物必征事实,而不以标榜为虚名。艺文谨署部目,而不以诗文充篇幅……部分为八,亦纲举目张矣。至于序例、图考,冠于编首。余文剩说,缀于简末,别为篇次,不入八门……经纬灿然,体用具备,乃知方志为一方政要,非徒以风流文采为长吏饰儒雅之名也……虽为一县之志,即王君一人之治书也。古之良吏,莫能尚已”。(见《文史通义新编新注》第 898～899 页)其中说的“非编年弗为纲也”,提出了以“大事记”为纲之主张。

在本志修纂过程中,章学诚曾撰有《与石首王明府论志例》一文。从篇中文字来看,似是为写序言而读完志书稿后提出的一些意见。鉴于志稿已成,不便于从总体上提出大的改动意见,故所说都是较为枝节性的,并未从根本体例上按自己的主张去提出要求。而是肯定原稿之体例,指出:“体例本无一定,但取全书,足以自复,不致互歧。毋庸以意见异同,轻为改易。”文中除“既随义改正附商榷”外,提出的意见大略还有:一是行文中地名两字,不能仅以一字简称,如石首称“石邑”,且“以县称邑,亦习而不察其实,不可训也”,因为邑是城堡之通称,大而都城、省城、府州之城,小而乡村城堡,十家之聚,皆可称邑。二是“称知县为知某县事”,亦不确。三是人物中双字名,不能仅称一字。(见《文史通义新编新注》第 740～742 页)

按:仓修良谓序言和文章,大体写于乾隆五十七至五十八年间。今采其说置于是耳。

乾隆五十九年(1794),毕沅修,章学诚纂成《湖北通志》稿。按其三书体之主张,“仿史裁而为通志,仿会典而为掌故,仿文选文粹而为文征。截分三部之书,各立一家之学”。(《凡例》,见《章实斋方志论文集》第 199 页)全书包括通志 73 篇,掌故 66 篇,文征 8 集,丛谈 4 卷。其具体篇目为:二纪(皇言纪、皇朝编年纪);三图(方舆、沿革、水道);五表(职官、封建、选举、族望、人物);六考(府县、舆地、食货、水利、艺文、金石);四政略(经济、循绩、捍御、师儒);五十三传(序传、正史补遗传、褒祀乡贤传、宋陈规德安御寇传、开禧守襄阳传、嘉定蕲难传、傅王裴孙诸传……汉阳胡氏黄陂陈氏传……平流寇余孽传、平土寇传……理学传、文苑传、忠义传、孝友传、义行传、艺术传、列女传、仙释传、前志传等)。另有志序一篇,凡例 24 则。其《湖北掌故》66 篇,分别为吏科四(官司员额、官司职掌、员缺繁简、典事宜);户科十九(赋役、仓庾、漕运、杂税、牙行等);礼科十三(祀典、仪注、文闱事宜、科场条例等);兵科十二(将备员额、各营兵丁技艺额数表、武弁例马等);刑科六(里甲、编甲图、囚粮衣食、秋审矜恤等);工科十二(陵寝祠庙、修建衙署贡院、城工塘汛、江防等)。《湖北文征》8集,包括:正史列传、经济策划、词章诗赋、近集人诗赋。《湖北丛谈》4卷为考据、轶事、琐语、异闻。各自为书,与通志并行。此为章氏三书体方志主张之集中体现,是他理论成熟期之代表之作。但脱稿之时,适毕沅离任。章氏与继任巡抚惠龄意见不合,又有陈熷者乞预校勘之事,多说原书稿之不是,力主重修。致使章氏所撰稿未能付梓,稿亦随之散佚。仅存由章氏保存汇定而成之《湖北通志检存稿》24卷、《湖北通志未成稿》1卷。今《文史通义新编新注》中存有《为毕制府撰〈湖北通志〉序》、《〈湖北通志〉凡例》、《〈湖北通志·望族表〉序例》、《〈湖北通志·人物表〉序例》、《〈湖北通志·春秋人名〉序例》、《〈湖北通志·府县考〉序例》、《〈湖北通志·政略〉序例》、《〈湖北通志〉传序》、《〈湖北通志·前志〉传序》、《〈湖北掌故〉序例》、《〈湖北文征〉序例》、《跋〈湖北通志〉检存稿》诸篇。

在《为毕节府撰〈湖北通志〉序》一文中,又一次表明了章学诚对方志本质之认识,并略说了所修《湖北通志》框架大概及所以如此编纂之由。首先他认为,"方志为外史所领,义备国史取裁,犹《春秋》之必资百国宝书也。而世儒误为地理图经,或等例于纂辑比类,失其义矣……辄以地理图经视之,非其质矣"。"方志诸家,不知政有专司,书有专指,而取胥吏案牍,辞人杂纂,月露浮文,米盐碎事,繁猥填并,混合一编,以为方志,而登柱下。非人臣恪共率职,奉有恒之政,而具体要之辞,以称任使之义也。"其次说明本《通志》分纪、表、图、考、略、传,共73篇。此外,又以"今曹司吏典之程,钱谷甲兵之数,志家详之,则嫌芜秽,略之又惧缺遗……今于《通志》之外,取官司见行章程,分吏、户、礼、兵、刑、工,以为《掌故》六门,凡六十六篇,所以昭典例也"。又以"志家往往选辑诗文为艺文志,不知艺文仿于汉臣班固,乃群籍之著录,而方志不知取法,猥选诗文,亦失古人分别之义。今取传记、论说、诗赋、箴铭之属,别次甲、乙、丙、丁上下八集,以为《文征》,所以俟采风也"。又以"方志义本百国《春秋》,掌故义本三百官礼,《文征》义本十五《国风》……唐宋以来,正史而外,有会典、会要,以法官礼;《文鉴》、《文类》,以仿风《诗》,盖不期而合于古也。惟方志厘剔未清,义例牵混,猥骈失次,难为典则,不足以备国史要删。臣忝为旧史官,仰惟皇上厘政群书,循名责实,辨章识职,以为政教之经。用是兢兢,与从事诸臣,丁宁往复,勒为三家之书,以庶几于行人五物之义,他日柱下发藏,未必无所取也"。又因"畸说剩言,采摭所余,虽无当于正裁,颇有资于旁证,志家附于余编闰位,义亦未安。今编考据、轶事、琐语、异闻,别为《丛谈》四卷。所谓先民有言,询于刍荛,稗官小说,亦议政者所参听也。附于三家之后,不以累经要也"。(引自《文史通义新编新注》第855～858页)这是章氏对其"三书"、"四体"的又一次系统之说明。由于章氏所纂之原《通志》已不得见全帙,赖此文得以窥其概貌也。

今《章学诚方志论文集》中所载《〈湖北通志〉凡例》中未列条则,只分为34个自然段。从中可见此志与其他志书多有不同做法者。如：

一是规定本志为三书体，“仿史裁而为通志，仿会典则例而为掌故，仿文选、文粹而为文征，截分三部之书，各立一家之学”。

二是皇言冠全志之首，其前代诏诰，则录于文征。

三是设皇朝编年纪为全书之弁冕，又“取自汉以后凡当以年次者，统合为编年纪，附于皇朝编年纪后，备一方之纪载”。

四是重视地图，“诸图开方计里，义取切实有用，不为华美之观。其营汛、驿铺、里甲诸图，俱关政要，而篇幅繁不可删，均入于掌故，分隶六科”。

五是沿革考中有沿革图，图、考二者缺一不可。具体做法是“取两汉以迄元明，每朝所分州郡在今湖北境者，分别朱墨二色，朱标古界，墨画今疆。每朝各绘一图……其边界交错，有古郡在今湖北境而属县在今江西、河南、四川、陕西者，朱色标郡于墨界内，而别隶县于墨界外。有古郡在今江西、河南、四川、陕西，而属县在今湖北者，朱色标郡于墨界外，而收隶县于墨界内。刊板即用二色套印，则图经之设，不为华美虚荣文，而考地理者无遗憾矣”。

六是本志之传，分类亦颇特别。凡旧史有传者，“将史传彰著之人，录其本传入于文征，本志不复重为立传，但列其名为人物表，览者自可互考而知”。关于《大清一统志》及属下的府州县志中所载的人物，“其人名不得擅为弃取。但事迹有关惩劝者，详列于传；其事迹无可详者，亦列于表，以备询访”。“传有记事记人之别，记事出于左氏，记人原于史迁。然史迁《龟策》、《货殖》等传，亦间有记事。即其记人诸篇，亦多以事出有因类牵连，不可分割首尾……今诸传虽为人物而撰，间有以事名篇，与编年之纪相经纬者……人为正史已具，则列名于表矣，事为史鉴所以详，则但具编年之纪，而不复为传。惟遗书遗事，尚有可与史鉴证同异者，则专为之传”。“记人之传，约略以类相次，而不甚拘于时代；同一类者，仍以时代为先后。长篇专传，皆据所呈事迹，择可为而为之……于钦定《明史》列传，恭录于文征，其有遗文逸事，出于乡党者，仍录于志，以见外史加详之意……父子兄弟均有可传者，略仿南北史王谢诸传之例，合为一篇，与族望表为表里焉……本朝大臣三品以上者，例得列于国史……实非外志所能详悉，亦非外志所敢参预，惟存其历官出处，与行事之见于外方，与奏议之见于邸报者，约略存之，且不敢妄为位置，妄加论断，以存严谨之义。传人略以类次，不须明作标目，忠孝、文学、仙释、艺术数篇外，概以名姓标题。盖人之行事，难以一端而尽，强作篇目，则近于班氏之九品人物矣……拘观人物者，恐其检阅不易，故立人物之表，于本志有传，皆于表名之下注明列传篇次，不列表者，表后为别录以注之。”

七是规定“谱牒以甲科为主，其非甲科，而仕宦京官至四品，外官至三品、武官至二品者，亦列于表，科甲寥寥止一二人者，亦不列表，须进士二人以上，乃得谱列。此就湖北一省约言之也。大省小省准是，以为宽约，亦可备谱学矣”。

八是关于建置沿革，要“考订不厌精详，既著其说，观者一望了然。至星土之说，存其大概，以天道远而人事迩也”。

九是关于山川、古迹、陵墓，皆府县所领之地，城池、坛庙、祠宇，皆其地所建，此则例详府州县。通志重复详之，失其体矣。今则“举其大而略其琐细，各属专志。譬之垣墉自守，详于门内，而不知门外。通志譬之登高指挥，明于形势，而略于间架，理势然也”。

十是关于食货中的钱谷簿录，虽猥繁，而理不可忽。但在掌故中已详，志考之中，则“但撷总凡，而参以奏疏论议，俾览者有以悉其利病得失……如欲核其名数，自有掌故书矣”。

十一是水利中的“堤垸闸坝工程款项，已备掌故于工科矣，志考亦撷要领，而参以疏广议焉”。

十二是“艺文为著录之书……今略仿汉、隋二志，稍增子注，以备后人考核……不分部次，而以时代为先后”。关于金石，“今于逸者著其所出之书，存者著其年月、官阶名姓，与其坐落，而考订之文，则不冗缀”。

十三认为“方志名宦与乡贤往往同列一编，几无宾主轻重之别。今于人物概列为传，而名宦则称为政略。盖人物包该全体，大行小善，无所不收；而名宦则仅取于政事之有造于斯地耳。虽有他善，而于斯地实有功德，则亦不容遽泯，故不得以传名，而以政略为名。名宦虽同，而设施各异，故分经济、循良、捍御、师儒四篇”。

十四是“志家多载旧序，亦不没前人之义。但志序本多芜滥，于本志鲜所发明。今仿前人自序之义，取旧志得失而论次之。其府州县志之尤著者，亦间及焉”。

十五是关于“畸零小说。旁及轶闻，或考订沿误，或传闻遗事，说铃书肆，纤伙饾饤，志家多附余编闰位，诚属巨细不遗之意。然体裁各有识职，书欲成家，先宜割爱。史裁附以小说，毕竟不伦。今为丛谈一书，附于三书之后……然不与通志、掌故、文征同称为四书，而附于三书之后者，以三书皆关经要，丛谈非其类也”。

十六是“志家类有流寓……盖皆非本地人也，然纂类自可备用，撰志则须剪裁……流寓只可用于府州县志，通志不宜用也”。

从上所列篇目、凡例中可见，是志果然出手不凡，几是此前志之所未曾见者。故梁启超在《清代学者整理旧学之总成绩·方志学》中评价很高，谓：“向来作志者，皆将‘著述’与‘著述资料’混为一谈。欲求简洁断制不失著述之体耶？则资料之割舍必多；欲求重要资料悉予保存耶？则全书繁而不杀，必芜秽现时见厌……实斋‘三书’之法，其《通志》一部分纯为‘词尚体要’、‘成一家言’之著述；《掌故》、《文征》两部分工协作，则专以保存著述所需。既别有两书以保存资料，故纯著述之通志，可以肃闳深，文极简而虞遗阙。”（第 145 页）

按：章氏早年参纂《天门县志》不计，其自纂志书至是已四部矣。傅振伦在《中国方志学通论》中，评是书特点有四：一、为缺访列传之创例；二、为前志列传之入志；三、为流寓之删削；四、为政略之独创。

又：关于史志之别，章氏在《修湖北通志驳陈熷议》中，又有进一步之说明：“史志之于人文，史如日月，志乘为灯。灯者，所以补日月所不及也。故方志之于人物，但当补史之缺，参史之错，详史之略，续史之无，方为有功纪载。”(《章实斋方志论文集》第 280 页)这是他关于史志关系最形象之表述。

是年，西吴悔堂老人撰辑成《越中杂识》上下 2 卷，都 32 目。首有绍兴府境全图及《越中图说》。是书中记载了许多作者目击之资料，据熟悉绍兴史料之研究者称，内容上许多方面都是当地志书所未载者。书撰成后许多书目均未著录，故一直不为人知。直到 1979 年美国学者、斯坦福大学施坚雅教授在其所编之《浙江宁绍地区地方志书目》中才首次披露，于 1980 年将复印本寄赠杭州大学陈桥驿教授，1982 年 3 月由浙江人民出版社重印出版。笔者于 80 年代编著《吴越史事编年》一书时，颇受其惠。

是年，黄书坤、姜廷铭修，章学诚总纂裁定之《麻城县志》28 卷刻行。是志在体式上与《湖北通志》全同，分为纪、表、考、传、图、政略等六体。在本志中，有纪二、考八、表二、略一、列传四、忠孝节义等传十，另附丛谈、文征、掌故等。章氏还亲为撰写了《文征序例》、《掌故序例》。是章学诚三书体所存的一个完整本。(见《章实斋方志论文集》第 306～308)

是年，王锦、杨继熊修，言如泗纂成《常昭合志》12 卷、首 1 卷刻成。是志后附之文件，颇能反映清代修志之若干规定，有参考价值。

是年，许光基修，李天秀纂成《华阴县志》22 卷、首 1 卷刻行。是志之成颇费周折。先是乾隆三十八年(1773)陆维垣知华阴县事时，奉巡抚毕沅重修县志之谕文，李汝榛将其父天秀积数十年艰辛所成之志稿上呈。得命与汪照重行编次。事未成，维垣他官去，事亦中辍。乾隆四十九年(1784)知县张曾垿又重校增补，设馆开雕，复因经费不足而未竟其事。乾隆五十八年，许光基接任后，又稍增补，并捐资助刻，至是终于刻成。在上述过程中，李汝榛始终参与。是书之成，可谓是其父子两代人苦心经营之结晶。这种志人精神，实在难能。(见《中国地方志总目提要》25—36)

是年，徐滨撰《宜兴县志刊讹》刻成，这是一部针对《万历重修宜兴县志》之攻错专书，目的是使“后有修志者览是编而知所改正”。全书分上下册，无序言、目录，不分卷。

按：在方志著作中，专对前某一部或某几部志书进行指误纠谬，是一项优良的传统，亦是方志编纂中多见者。仅从《江苏旧方志提要》中就可见，这种纠补，有作专书单独刊行者，本书即为一例，此外所见尚有明《惟扬郡乘正要》、道光《泰州新志刊谬》、咸丰《重修宝应县志辨》、清《(昆山)邑志订讹补遗》、清《(太仓)县志辨疑》、清《(无锡)邑志补订》、清《(无锡)邑志辨讹》、民国《盐城续志校补》、民国《光绪通州志补正》等等。更多者是在新志中设立专门的考、纠、辨的篇目，且名目繁多，有“辨误”、“辨讹”、“辨疑”、“澄疑”、“杂辨”、“考辨”、“考正”、“补订”、“补正”、“攻错录”、“刊误”、“校补”、“刊讹”、“证讹”、“订讹”、“正误”、“证误”、“论辨”等等。

乾隆六十年(1795)，驻藏大臣和琳纂成《卫藏通志》16 卷、首 1 卷，至光绪二十二年

(1896)始刊行。内容主要依据乾隆《西藏志》、《卫藏图识》等有关史籍及大量档册汇集而成。分 8 门,下再设有考证、疆域、山川、程站、喇嘛、寺庙、番目、兵制、镇抚、钱法、贸易、条例、纪略、抚恤、部落、经典等 26 目。其中疆域目下,记载当时勘定西藏之境域,奠定了后世西藏疆界之基础。书中记载了清初西藏之政治、军事以及重大历史事件,对于乾隆末年平定廓尔喀之役前后记之尤详。书中还收入了《唐番会盟碑》、《康熙御制平定西藏碑》、《乾隆御制十全记碑》等碑文,都很具史料价值。(见《中国边疆古籍题解》第 24 页、《中国地方志总目提要》24—10)

按:由于书中未署明纂修年月,《中国地方志总目提要》中,著录为《嘉靖卫藏通志》,而《中国边疆古籍题解》则坐实为松筠于今年纂成。和琳于乾隆五十七至五十九年为四川总督、驻藏大臣。松筠以乾隆五十九至嘉庆四年为驻藏大臣。松筠关于西藏的著作尚有《西藏纪行诗》、《西藏赋》、《西藏巡边记》等。(俱见同书 24—10～11)

是年,李斗著成都邑小志《扬州画舫录》18 卷刻行。分为 14 篇:草河录、新城北录、城北录、城南录、城西录、小秦淮录、虹桥录、桥东录、桥西录、岗东路、岗西路、蜀岗录、工段营建录、舫扁录。记有城市沿革、园林名胜、寺观祠庙、梨园酒市、先贤旧好、风俗文化、营造法式、诗词楹联等。(见《方志学史》第 302 页)

乾隆五十五至六十年间(1790～1795),章学诚还曾参编修过《常德府志》,是按其"三书体"例修纂的。然查《中国地方志联合目录》及李如龙《湖南地方志考评》,均未见著录此书,或者未刊刻也。《文史通义》中存有章氏《为毕秋帆制府撰〈常德府志〉序》。从该《序》中可知,《常德府志》系在康熙九年旧志(《中国地方志联合目录》著录为胡向华修,贺奇纂,共 10 卷)基础上之重辑也。书凡 24 篇:为纪者 2,《皇朝大政纪》、《古大政纪》以编年方式,综述一府之大事;为考者 10,分类以识今古之典章;为表者 4,年经事纬,以录封建、职官、选举、人物之姓名;为略者 1;为传者 7,采辑传记,参合见闻,以记名宦、乡贤、忠孝、节义之行事。该志中,对于"俗志附会古迹,题咏八景,无实靡文,概从刊落。其有记序文学、歌咏篇什,足以考证事实,润色风雅,志家例录为艺文者,今以艺文专载书目,诗文不可混于史裁,别撰《文征》7 卷,自为一书,与志相辅而行。其搜剔之余,畸言胜说,无当经纶,而有资谈助者,更为《丛谈》1 卷,皆不入于志篇"。序中还提出:"夫志不特表章文献,亦为辅政教也。披阅……可以起兴末俗,爰求前进……皆文武长吏前事之师。"修本志之目的,就是在于"推明大旨,以为求治理者法焉"。(见《文史通义新编新注》第 893 页)

同时,章学诚还写有《为毕制府撰〈荆州府志〉序》一文。该志为崔龙见所纂辑。序文中称此志"一秉史裁,详赡博雅之中,运以独断别裁之义。首纪以具编年史法,次表以著世次年代,掌故存于诸考,人物详于列传,亦既纲举而目张矣……师史例以辑《府志》,更仿选例以辑《文征》。自云志师八家《国语》,《文征》师十五《国风》,各自为书,乃得相辅而不相乱。又采辑之余,琐事畸言,取则失载,弃则可惜,……乃别为《丛谈》一书,巨细兼收,而有条不紊。盖近日志家所罕见也”。评价该书谓:“昔罗愿撰《新安志》,自谓儒者之书,不同钞撮簿记。今崔君所辑,本源深远,视罗氏雅裁,有过之而无不及已。”(《文史通义新编新注》第 1048 页)

按:是志于《中国地方志联合目录》未著录。仓修良、叶建华《章学诚评传》,谓此志亦为章学诚撰。然再玩此序,未见有章氏编纂之迹,故今未取其说,仅叙其为序之事耳。

乾隆末,佚名氏编纂成《打箭炉志略》一稿。相传三国时诸葛亮曾遣将郭达于此设炉打箭,因以得名。是志分 16 门,附三门,以土司门最为详细,几占全书篇幅之半,分别记述了本境内之冷边、沈边、明正、章谷、瞻对等土司、宣慰司、长官司、安抚司及数十个千户所、百户所之地域、授职日期、民族、税情等,是本书最有价值部分。(见《中国地方志总目提要》21—144)

乾隆年间(1736～1795),周广业编成《两浙地志录》,这是最早的一部区域方志目录。(见《方志学》第 864 页)

附载:据《中国地方志联合目录》著录,乾隆一朝 60 年,流传至今之方志 1079 种,年均修成 18 种。乾隆时期是清代之第二次修志高潮。雍、乾时期,全国共修成通志 18 种。刊刻之府州县志 1231 种(见邸富生《中国方志学史》第 122～123 页、吕志毅《方志学史》第 272 页)。

乾嘉间,有人提出方志不宜“贱古”之主张。管世铭在《韫山堂集·读书得》中有云:“人情贵古而贱今,独于撰郡邑志则相反,人物、艺文,宋以上什之二三,明以来什之七八。余谓凡修郡邑志,宜将二十二史检阅一过,凡系本郡本邑名宦人物,皆应全录其本传,再取唐宋以来,如李、杜、韩、柳、乐天、永叔、东坡、山谷、半山、放翁诸大家诗文集,及《文选》、《文苑英华》、《全唐诗》、《宋诗钞》等书,所载有关与其地其人其官相涉者,概行摭辑。然后旁及历代类书、说部及各名家撰述,再益以郡邑前辈中好古之士搜辑考据著有成书者,取博择精,一反从前简陋之失。至近代,当取其卓然可传者著之,不以繁芜为贵也。”同时人卢文弨亦谓:“近代所修志,皆详于今而略于古,欲知古者,于旧志曷可少哉?”(转自王葆心《方志学发微》第 1 页)

嘉庆朝（公元 1796～1820 年）

嘉庆元年(1796),德昌修,王增纂成《汝宁府志》30 卷、首 1 卷刻行。是志凡例规定"艺文当采历代邑人所著书目,非附载诗文。旧志所录诗文,于邑里毫无所涉者概删之。采辑汝郡土著人文撰述目录编艺文一卷"。(转见《中国地方志总目提要》16—99)

按:如此规定,颇得古人设艺文之原意。但查本志中,并无书目,殊为费解。又于艺文之外,复设"诗"一目,与艺文并列,是例不约文,文不遵例也。

是年,董作栋修,武亿纂成河南《鲁山县志》刊行。武亿,字虚谷,又字授堂,河南偃师人。其终生治经史,尤长于金石文字考证,曾修河南方志多种。是书之特点是,对本县事物皆究其本源,很见功力。但有考据派的共同缺点,对事物探其原而不究其流,偏重古代而忽视当代现实。(《河南地方志提要》上册第 310 页)

按:梁启超在《清代学者整理旧学之总成绩》"方志学"一章中说,一地出现好的州、县志书有这样三种情况:"或绩学之长官亲总其书,如陆稼书之在灵寿(见 1686 年条),段基堂之在富顺(见 1777 年条),李申耆之在凤台(见 1814 年条)。或本邑耆宿负重望居林下,发心整理乡邦文献,如王述庵之于太仓,武授堂之于偃师(见 1786 年条)、安阳(见 1798 年条),陆存斋之于归安,邓湘皋之于宝庆,缪小山之于江阴(见 1919 年条)。又或为长官者既物色得人,则隆其礼,专其委任,拱手有成,不予牵掣。如永清之得章实斋(见 1777 年条),长安(见 1811 年条)、咸宁之得董立方。三者仰一于此,斯佳志可成。"(见该书第 148 页)

是年,钟大受纂修成山东《德平县志》10 卷、首 1 卷刻行。是志的舆地志中最先设立气候一篇,记述了本地气候特征及对农业生产之影响,这在清代方志中有首创之功,值得注意。(见《中国地方志总目提要》15—69)

嘉庆二年(1797)冬,章学诚作《丁巳岁暮书怀投赠宾谷转运因以志别诗》一首,这是一首述说方志性质之诗,形式颇为特别。其中有句谓:"志为国史举全体,陋儒误认为图经。司书版图有专职,如何方志混白黑。封建郡县古今殊,民彝物则无隆污。行人五物献当宁,风诗采贡国史序。古人泾渭自分明,后人不复辨牛鼠。”在“如何方志混白黑”句下自注云:“方志乃一方全史也,而自来误以地理图经为外史之方志,然则司书所掌之版图又是何物?”(转自张树棻辑《章实斋方志论文集》第 324 页)

按:章氏一生之中,主方志属史甚坚,论之亦夥。如在《修志十议》中说“志为信史”,在《书〈武功志〉后》中说“志乃史裁”,在《答甄秀才论修志第一书》中说“志乃史体”,在《覆崔荆州书》中说“方志为国史要删”,在《州县请立志科议》中说“部府县志,一国之史也”,在《永清县志·前志列传·序例》中说“志乘为一县之书,即古者一国之史也”,在《为张吉甫司马撰大名府志序》中说“家有谱,州县有志,国有史,其义一也”。至此,则更明确地提出“方志乃一方全史”。

章氏方志属史之论提出之后,大大地壮大了历史派之阵营。然两派之争终未能平息。这种争论一直持续至今,不同意章说者仍大有人在。1981 年当代地理学大家谭其骧先生在《地方史志不可偏废,旧志资料不可轻信》之文章(载《中国地方史志通讯》1981 年第 5～6 期)中,开宗明义地提出,要对清代著名方志学权威章学诚开一炮。炮向所指就是章氏的志即是史说。他认为方志就是一方之史的说法并不可取。事实上自古至今,地方史和地方志这两种著作一直是同时存在,都是源远流长的,都不可偏废。二者虽同以某一地区为记述对象,关系极为密切,但毕竟有所不同。他认为不同之点有三:一是地方史主要是记述一个地区的过去,志主要是记述现状,虽然有时要追述过去,但以现状为主;二是史主要记述一个地方几千年来人类社会的活动,主要记述对象是社会现象,而非自然现象。志则至少应该自然与社会双重并重;三是史主要依靠史料,志则以现状为主,主要依靠调查。

是年,驻藏大臣松筠撰成《西藏赋》1 卷。内容有西藏之土地沿革,风俗习惯,达赖、班禅世系,职官,驻兵以及山川、人物、畜产、佛教、寺庙、钱币等。(见《中国边疆古籍题解》第 109 页)是又一部赋体志书。

按:《中国边疆古籍题解》作和宁著,今依《中国地方志总目提要》24—1)为松筠之作。

是年,章学诚又撰有《方志辨体》一文。数年前,章氏《湖北通志》稿修成之后,有陈熷者,出于个人目的,极言志稿之非,并撰出对通志稿之《驳议》专文。针对于此,章亦写出《修湖北通志驳陈熷议》之专文,进行反驳。(见《章实斋方志论文集》第 274～285 页)本文则以《辨体》为目,进一步阐明了自己之观点。其中最值得注意之论点为:“修统部通志,必集所部府州而成。然统部自有统部志例,非但集诸府州志可称通志,亦非分拆统部通志之文即可散为府州志也。诸府之志,又有府志一定义例,既非可以上分通志而成,亦不可下合州县属志而成。苟通志及府州县志,可以互相分合为书,则天下安用此重见叠出之缀旒为哉?至直隶之州，其体视府，为其辖诸县也。其志不得视府志例，以府境皆州县境。州县既各有志，府志自应于州县志外，别审详略之宜。直隶之州，除属县外，别有本州之境，义与县境无异。如以府志之例载属县事，而以县志之法载本州事，则详略不伦。如皆用府志之例，则以州境太疏；如皆用县志之例，则于属县重复。惟于疆域沿革备载属县，以见州境之全，其余门类，一切存州去县，以见专治之界度……统部与府州及所属州县，各自为志，古人所无其例，实始前明。明人鲜知史学，故于志分为三等，义例须作三家分别，全未知也。宋制以州领县，诸县不皆有志，而州志不上职方，故书名或取古郡，或题山水，未有直称某州志者，所以避图经官书名目。余尝谓方志不得以图经为例，此亦其一证也。然观宋人之为方志，虽不尽得古人之意，但既无诸县之志可以凑泊而成，亦不可以分拆其书遂为县志。此实可为后世府志取法。而统部通志之不可同于府志，亦可从此推矣。宋人州志，自以州事联络为篇，属县别为专篇记其建置沿革，意殊简略。凡所隶事实，自以合州大势贯之，不可分析求也……今日之直隶州，则属县已皆有志，又不必以此为例矣。”（见《文史通义新编新注》第 870～873 页，《章实斋方志论文集》本个别字有异）

嘉庆三年（1798），松筠纂成《西招图略》（亦名《西藏图说》）1 卷。是书分 28 门，对西藏地区的山川形势、边隘兵卡、宗教源流、风俗民情、民族关系等，均有述及。其最大之特点，是以策论为主，实用目的十分明确，以阐明纂者治藏安边之方略为中心。在《安边》、《抚藩》、《除苛》、《练兵》、《制师》、《坚阵》等门中，这个特点表现得至为明显。如《安边》门中，强调要“审势而行权”，方不失边和。《遏欲》门中说明，因贪欲财利而强取豪夺，积久必生大变，起边衅而败国事。《成才》门中强调人才之重要，治地方者应以成就人才为急务。人才不足，虽有良法亦无与行之。自《量敌》至《守正》等 15 门，则分别言西藏之设防、兵制、训练、战阵、粮草诸事宜。就是《审隘》门中，也主要是记述各地之道里、山川、山卡、隘口、汛所之防务。这些都对治理西藏有十分重要的鉴戒作用。《图说》中，设有总图 1 幅，边防、关隘等分图 14 幅（道光时刻印，又增加 1 幅），每幅均附有图说。书末附录中，详载了自成都府至后藏之途程，一塘一城皆载明里数，说明道路之险易。（转见《中国地方志总目提要》24—10）

是年，赵希璜修，武亿纂《安阳县志》14 卷刻印成书。是志于安阳历代金石文字，几乎全部收入。《四库全书总目提要》总纂者纪昀，在编写该书提要时，经比较后认为：“参互考校，求唐宋之志不甚谬，至明而谬始极。当代通都大邑之志不甚谬，至僻邑而谬益甚。其体例谨严，考证详确者，千百之一二耳。”由于不满时人所修之志，凡以志书求序于他者，均一概谢绝。但看到本志之后，却一改旧例，欣然为之作序。在是书序中，纪氏主“今之志书，实史之支流也。志以史为根柢，而不能全用史；与史相出入，而不离乎史”。说该志“试阅其目，井井有条，多合古法。先以图，次以表，挈其纲矣；次以志，次以传，次以记，析其目矣；殿以艺文，乃仿古人之目录，不似近人之附载诗文。每条必有考证，不徒杂袭旧文。最擅者在附《安阳金石录》”。“虽以此志为地志通例可也。”（转见傅振伦《清代的方志学》，载《黑龙江史志》

1987年第2期),对志书之通病,他认为"莫大于夸饰,莫滥于攀附。一夸饰而古迹人物,辗转附会;一攀附而琐屑之事迹,庸沓之诗文,相连而登"。(转自朱士嘉《谈谈清代学者论述修志的问题》,载《中国地方志通讯》1981年第5～6期)

按:武亿纂成之河南志书尚有《偃师县志》31卷(与孙星衍合纂),《宝丰县志》24卷,《鲁山县志》26卷。武氏长于金石,故这些志书都体现了以金石文字考证史事的特点。后人有以此而说武亿修志,"偏古废今,不足为训"者。这是考据派的共同特点,不独武亿为然也。

是年,彭人杰、范文安修,黄时沛纂成《东莞县志》46卷。是志之修,由于受当时文网影响,故在凡例中说"向查办违碍书籍时,府县志皆奉文铲版,今于列传、选举中,删除净尽","人物细为增删,凡所厘正,悉依《明史》"。在这样的思想指导下修出来的志书,凡涉及南明抗清人物及具有反清思想之著作,收之甚少。故志书公布之后,东莞士绅大为不满,指责甚多,不得不于明年由原纂修者再纂修成《续志》2卷,一并刊行。续志中主要是补人物、艺文二门。(见《中国地方志总目提要》19—62)

嘉庆六年(1801)九月,谢启昆总裁,胡虔总纂《广西通志》280卷修成,十月进呈,并有《上通志表》以进,十二月付刻。谢氏于嘉庆四年九月由浙江布政使擢广西巡抚,十二月到任,次年正月十六日便设局于桂林秀峰书院,着手修志,可见他对志事之重视。开局之后,他自任总裁。对本次修志意义之认识与关注,从他的一首诗中可得窥见:"临川旧志已消磨,五管图经孰正讹。七十年来伤散佚,三千里外费搜罗。采风端赖輶轩使,纪事深求著述科。铃幕昼闲边务少,可容老子共编摩。"可见在修志过程中,他是很费工夫研究问题的。他所选定之总纂胡虔,工古文词,精于考据,熟悉掌故,尤长地理,先已参加修纂过省、府、县志,无疑是当时第一流的修志人才。其他九员分纂也都是一时著作好手。故能于一年有余之时间成事。

该志"因中有革",既继承传统,又锐意创新,创出了新的体例。全书除卷首外,内容按体裁分为训典、表、略、录、列传5大类,计训典2卷,郡县沿革表10卷,职官表48卷,选举表18卷,封建表1卷,舆地略14卷,山川略27卷,关隘略5卷,建置略25卷,经政略28卷,前事略26卷,艺文略10卷,金石略15卷,胜迹略11卷,宦绩略13卷,谪宦略2卷,列传24卷。将新、旧派的著述体与编纂体糅合在一起。训典、表、录、列传等参乎《史记》,略乃志书主体,参乎《通志》二十略。志首有谢启昆手撰之《叙例》,"遍征晋、唐、宋、明诸家体例,舍短取长,说明所以因革之由",对方志诸理论问题作了全面论述,为当时各省修志者所推崇。后人号称本志为"各省志书之冠"。《书目答问》作者张之洞谓其为"晚出之善者"。梁启超更称:"谢蕴山之《广西通志》,首著叙例二十三则。遍征晋唐宋明诸旧志门类体制,舍短取长,说明所以因革之由。认修志为著述大业,自蕴山始也。故其志为省志楷模,虽阮芸台之博通,恪遵不敢稍出入,继此更无论矣。"(《清代学者整理旧学之总成绩》第142页)"其价值与章氏鄂志等，且未经污点，较鄂志更完好也。""诸志叙例，未能或先也。故后之作者皆奉为楷模焉。嘉庆《浙江通志》、道光《广东通志》、《云南通志》，皆阮芸台（元）总裁，体例全师蕴山（谢启昆）。"（转见《广西方志提要》第36页；《方志学发微》第50页）有人还说："杨士骧之修《山东志》，黄彭年之修《畿辅志》，黄沛之修《江西志》，郭嵩涛之修《湖南志》，何绍基之修《安徽志》，缪荃孙之修《湖北志》，率踵谢、阮成规，蔚然为清代文献要籍。"（于乃仁《方志学述略》，转见《地方志与现代科学》第359页）本志最明显的特色：一是取材广泛，资料丰富，且都注明出处；二是述而不作，体现了乾嘉时代的学风；三是充分地反映了边疆地区和少数民族聚居地区的特点；四是对文献著录与编排方式有创新。艺文略只收目录，不载诗文。相关之诗文，分系于各目之下，以小字双行书写。

按：本书的《叙例》遍述了方志之源流、性质、体例、功用、编纂等，都颇有见地，是一篇内容丰富之方志专论。以文过长，未便全录，今仅例列数端，以见其概。如关于方志之起源谓："志乘本于图经。古之图经，世无传本。然考《隋志》所载，冀、齐、幽三州图经各一卷。盖以图为主，略载山川封域而已。……惟晋挚虞依《禹贡》、《周官》作《畿服经》，其州郡及县，分野、圭略、事业、国邑、山陵、水泉、乡亭、城郭、道里、土田、民物、风俗、先贤、旧好，靡不具悉，凡一百七十卷，实后世方志之祖……为地理书者，只知拘守图经，宜其不能通贯以复仲洽旧规矣。唐《元和志》、宋《九域志》，亦仅具地理。乐氏《寰宇记》乃增人物、古迹、诗文，虽略伤繁冗，而例实开来。宋人作郡县志，其体遂备于昔矣。"

关于志之体例谓："宋周应合《景定建康志》分图、表、志、传四篇，体例最善。明陆君弼《江都志》易图为纪，意在附合史裁。然其所为纪者，特郡县因革，尊以鸿名，其失也僭。惟潜说友《临安志》载诏令于首，差与纪应。然冠擦前朝，非王之义……今恭编历奉诏谕为训典，敬弁全书。盖皇极敷言，道行百代，当备《尚书》十体之一，非史迁十二纪所可同矣。"

关于志书之性质有谓："志乘为地理专书，其要尤在郡县沿革……今作表以著相承之绪，而博采史志及专家之书于后，明表中称引所据。"

关于志书之详略有云："作志自以详备为宗，而又不敢以冗滥遗讥也。"

关于表善惩恶及于理不伦而予删除之旨有云："岭南瘴疠之区，明以前贬谪于此者至多。其人或触怒权奸，或见倾群小……清风亮节，流被边隅，至今引以为重。旧志与广东志皆有迁谪传者此也。惟旧志所载……诸人，皆奸佞凶邪，法所必殛，此犹登之简策，殊失猥滥。又李白未至夜郎，安得假道藤州？如此之类，并从删削。"

关于注意地方特点有云："至粤西夷苗杂处，设险守边，尤官吏所宜加意矣。"认为录通典是过，有云："会典旧章，率土通行，非粤西独举之典礼。以此为志，亦太廓矣。"

关于例以尽义、创设新篇有云："后世舆地之记，虽名为志，然于一方古今大事，反缺略不载，盖犹囿于图经之旧，不能充例以尽义。宋施宿《会稽志》有讨贼、平乱二篇；元张用鼎《金陵新志》创《通纪》一门,以具历史因革,古今大要。其于郡邑旧事,若网在纲,其体最善,撰志乘者所当沿其例而扩之,勒为记事专篇,以上继外史之职者矣。今记自秦汉以讫于明,为《前事略》。”(据笔者所见,论者或有以“前事略”始于阮元之《广东通志》者,于此可知《广西通志》已行于先矣)

关于艺文志所当收录者有云:“刘《略》、班《志》,艺文著录之祖。……明人撰志乘者,不知艺文体裁,猥以诗文充之,卷帙繁芜,殊乖雅正。……范成大《吴郡志》,以诗文分注各条之下,其例最善,今遵用之。艺文专载粤西人作述,以正著录之体。至游宦粤西者,据所见闻,专为纪载,别为下篇。”(均转自《广西通志》,广西人民出版社 1988 年 9 月版)

是志于 1988 年 9 月,经广西师范大学历史系中国历史文献研究室点校,由广西人民出版社分 10 册出版。

十一月,章学诚逝世,享年 64 岁。其逝世前,于嘉庆四五年间,尚著有《地志统部》一文,重申了与洪亮吉争论中之一些观点。先是乾隆五十三年(1788)洪氏撰成《乾隆府厅州县图志》一书。章氏见其以 19 布政使所辖为统,不然其法,已有一场争论,见前该年条。该次面争之后,洪氏坚持自己的看法,不以章氏之言为然。后又写成《与章进士学诚书》,进行答辩。其中有谓:“唐分天下为十道,故贾耽有《开元十道述》,厥后李吉甫因之,所著《元和郡县志》,亦分为十道……宋初分天下为十二道,故乐史《太平寰宇记》因之。后又分天下为二十三路,故王存《元丰九域志》因之。元分十三行省,明分为两京、十三布政司。本朝为十九布政司。虽俗尚沿元行省之旧称,而实则同明布政司之成例……汉以刺使统郡守,而班固《地理志》则大书郡名,而下注云‘属某州’,不以州名冠郡之上也。唐以节度观察使辖诸州,而开元志、元和志和新旧唐书地志,皆以十道为率,不以每节度每观察所辖为准也。宋亦设节度、防御、团练等使,以辖诸州,而二十三路则专以转运使所属为定。转运使之职,与今布政使司无异也。又本朝《皇舆表》、《一统志》,皆各书某布政司,而不书督抚,是又志府厅州县者,所当效法耳。考之于古,则班固、贾耽、李吉甫、王存、乐史如彼,证之于今,则《皇舆表》、《一统志》又如此。何必别翻新例,以紊旧法乎?又今制,总督辖两巡抚,或辖三巡抚。又有有督而无抚,有抚而无督者。如君所言,将书总督乎?书巡抚乎?将一一为之分释乎?巡抚又或辖一布政,或辖两布政。如君所言,将书巡抚复书布政乎?抑或仅书巡抚乎?若一一书之,则题篇不胜其繁;若或书督或抚,则称名又嫌不一。则如何书各布政司之为得乎?……又今之应乡试者,皆云应某布政使司乡试,不上及巡抚,亦不上及兼辖之总督。亦可知一方之官,至布政司而无不统矣,不待言督抚也。”(转自《历代名人论方志》第 164 页)

章学诚见到《与章进士学诚书》,已经是十年之后了。针对于此,章氏于嘉庆四五年间,又专门写了一篇《地志统部》之专文,进行论辩,重申己意,略谓:“百余年来,因时制宜,名称虽沿明故,而体制与明渐殊。今洪君书名以乾隆为名,则循名责实,必当以巡抚为主而称部院,不当更称布政使司矣。”共列了十条理由。最后总结有言曰:“夫制度更改,必有明文。前明初遣巡抚与三使司官,宾主间耳。其稍尊者,不过王臣列于诸侯之上例耳。自后台权渐重,三司奉行台旨。然制度未改,一切计典奏销,宾兴祭祀,皆布政使专主,故为统部长官,不得以权轻而改其称也。我朝百余年来,职掌制度,逐渐更易,至今日而布政使官与按察使官,分治钱谷刑名,同为部院属吏,略如元制行省之有参政、参议耳。一切大政大典,夺布政使职而归部院者,历有明文,此朝野所共知也……洪君以乾隆名志,岂可不知乾隆六十年中时事乎?”(详见《文史通义新编新注》第730～734页)

按:章氏此文之末有云:“或云:‘诏旨章奏文移,何以皆仍用之(指“使司”一词)?’答曰:‘此用为词语故无伤,非古文书事例也。且如诏旨章奏文移,称布政为藩,按察为臬,府州县长为守牧令,辞语故无害也,史文无此例矣,’。”笔者于多年来于各地讲课中,一再劝说新编志书中,不当以中华人民共和国之建立简称为“建国”,略谓中国已有5000年之历史,非至1949年方建国也。如是称者,甚而言之,是我们共产党人自外于中国历史也,害莫大焉。每至斯时,亦或有人举中华人民共和国成立五十周之际,天安门尚有经中央审定之“热烈庆祝建国五十周年”的大标语为例,进行反诘。一时曾有语噎之时,后经思之,则只能解之云:时政文章、报刊宣传用的为习惯用语,方志乃传世之作,当用历史语言而已。今读章氏之文,则可用“史文无此例”以解之也。

又:梁启超在《清代学者整理旧学之总成绩·方志学》一章中,对章学诚在方志学上之贡献评价有云:“方志学之成立,实自实斋始也。实斋关于斯学之贡献,首在改造方志之概念。前此言方志者,为图经之概念所囿,以为仅一地理书而止。实斋则谓方志乃周官小史、外史之遗,其目的专以供国史取材,非深通史法不能从事……彼晚年……又以为志须继续增修,而资料非随时保存整理,则过此将散失不可复理,于是倡谕各州县设立志科,使文献得有所典守而不坠,而国史取材,亦可以有程式而免参差芜猥之患。又晰言省志与府志,府志与县志地位之差别,大旨谓府县志为省志资料,省志为国史资料,各自有其任务与其组织,省志非拼合府县志可成,府县志非割裂省志可成……向来作志者,皆将‘著述’与‘著述资料’混为一谈……实斋‘三书’之法,其‘通志’一部分纯为‘词尚体要’‘成一家言’之著述;‘掌故’、‘文征’两部分,则专以保存著述所需之资料.既别有两书以保存资料,故纯著述体之通志,可以肃括闳深,文极简而不虞遗阙……实斋之于史,盖有天才,而学识又足以副之。其一生工作全费于手撰各志,随处表现其创造精神。”(见该书第143～146页)

是年,朝廷“诏修《一统志》,征天下省、府、州、县志及近年增旧更制各条目”。(转自巴兆祥《方志学新论》第119页)

是年,阮元修,焦循、江藩纂成《扬州图经》8卷,至十一年(1806)刻成,书名页题为《广陵府图经》。所记时限,上起自鲁哀公九年(前486)秋,吴城邗沟通江淮,下迄清康熙二十年

(1681),以历史朝代分卷。卷1《事志一》:周、秦、汉、三国、晋、宋;卷2《事志二》:齐、魏、梁、北周、陈、隋;卷3《事志三》:唐;卷4《事志四》:杨吴、南唐;卷5《事志五》:北宋;卷6《事志六》:南宋;卷7《事志七》:南宋;卷8《事志八》:元、明、清,是一部编年体之作。由于熔裁精当,历为学者所推重。(转见《江苏旧方志提要》第594页)

是志与纂者之一的焦循,是介于历史派与地理派之间、兼取两派主张融而用之的一位学者。在纂辑与著述两派之争中,他反对单取纂辑之做法。在此志稿成之后,他于嘉庆十二年曾给扬州知府尹秉绶《上郡守尹公书》一封,在该函中有云:"承委分办图经一事。所分十五门,已汇萃成帙,所采文章备征实者,亦得十五册,约二千余篇。惟所颁体例:'仅用纂录,不易一字,而标以出处。'此诚取信于古,恐有凿空诬伪之病也。然鄙意揆之,有未尽然者。"其下共列了不宜用纂辑体之十条理由,谓:"近时朱竹垞《日下旧闻》、黄玉圃《南台旧事》,皆用此体。而其书实皆述古,不及今事。若郡县志书,卢牟今古,则有不可徒以纂录成书者。夫汲于古者,纂而编之,其验于今者,无书名可述,无卷数可言,岂其诡设所由来乎?若使半为纂录,半出心裁,则是醯酱合于酒浆,狐貂蒙于絺绤。前此雍正《(扬州)府志》、《甘泉县志》,体例杂糅,颇堪哂笑。职此之故,不合一也。行状行述,作于子孙,所称不曰先府君,即曰先王父。将仍其称乎?抑易其名乎?仍其称,断无此理;易其名,则已非行状行述矣。若已易其名,而仍系以行状行述,则名为征实,已蹈虚诬……不合二也;且事有原诸典籍,而其说非诚,播自传闻,而偏为至确。此符生之录,不及赵逸之舌也。山川道里,十目共征,道德文章,百声均合,转以不见于书,而概屏弃,何轻目而重笔也,不合三也;前古之书,或数行之中,仅取一语,割之则脉络不完,备之则字句冗费。且有前后相间,不容备载,仍将裁彼偏辞,成我专义……既凭我意为改移,又举而归诸古昔,不合四也;史传之文,互为详略,或此篇之意,待彼而通。今节取一端,莫测首尾……合则簇为奇观,析则伤其凌乱,不合五也;……如谓载籍可凭,书堪尽信,徒以胪列为藏拙之巧,不且以草创失润色之权,不合六也;且夫獭祭之谋,有同卖菜,宜兼收而并采,难主一而废百,势必汗牛充栋,纸不胜书,作者既徒见其烦,阅者恐难终其卷,不合七也;割裂则本末不明,堆垛则繁复无次,果使纂录之书,可以千古,则是卫湜之《礼记集说》高出康成,李昉之《太平御览》贤于杜佑矣,不合八也;纂录之书,最忌挂一漏万,卷帙不得不多。既多矣,始则抄写难,继则刻难,刻矣而印又难,印矣而购者又难。刘表之牛,徒堪享士,庄生之木,止为全天,不合九也;典谟誓诰,读《书》者判以七观,雅颂豳南,学《诗》者亦分四体。《史记》作本纪、世家、列传、书、表,以各归其例,本诸是也。至《元史》则增以国语,《明史》且别出天图,莫不按事立格,依文树义,今既用纂录,不分纪传,不列书表,将上述天子之恩,下等编氓之例,已非臣子敬谨之宜,而一郡典型,千秋著作,仅以供诗人之取料,矜博尚奢,有肉无骨,不合十也。"

同时,他还主张"国史宜本《汉书》,郡志当依《史记》。何也?《汉书》断代,则前不连古,后不及今,国史之例也。《史记》上及轩辕,下终汉武,郡志之例也";他又认为,"郡志为土地之书，宜先释地。为嘉庆十二年之郡志，则嘉庆十二年见在之城郭、河渠、都里、疆域，以及寺观、桥梁、田赋、户口，皆目验而知，实莫实于此矣，是必按而记之，书其实迹，不厌其详，不嫌于琐，是为所见异辞也。由今日而上推之，则六十岁人，可识四十年事，四十岁人，可识二十年事。水某年而湮塞，城某年而筑修，职官之更代，士科之甲乙，稽之册籍，询诸故老，是为所闻异辞也。事远年湮，咨询莫及，既不可见，复不可闻，无可奈何，乃检之故籍，以求十一于千百，说以异而成疑，书成或裨而难据，所为传闻异辞也。今转以传闻为本，闻见为虚，舍实事求是之路，趋无可奈何之途，鄙所以不敢以为然也。"（《焦里堂文集·与郡守尹公书》，转自《历代名人论方志》第155～157页）

在志书修纂中，历有"述而不作"之论，但何谓"述"？何谓"作"？理解不尽相同。焦氏则作了十分明确之论析（界定）："人未知而已先知，人未觉而已先觉，因以先知先觉者教人，俾人皆知之觉之，而天下之知觉自我始，是为作。已有知之觉之者，自我而损益之，或其意久而不明，有明之者用以教人，而作者之意复明，是之谓述。"（《雕菰集》卷七《述难篇》。转自韩章训《谈编制志书音像片的四种工作文本》，载《江苏地方志》2006年第5期）

《江苏旧方志提要》谓其"名曰'图经'，实质无图"。刘世锋在《浅议志书中图的演变与发展》（载《宁夏史志研究》1999年第2期）一文中，则谓是志"创《图说》一门，将一邑分为四乡，分都制图。每个地保所管之地，各绘一图，周回径直，不过二三里。图内说明，东西南北至某处，有某山，与何处相连；有某水某路，自某处来，往某处去；所管之地有某村某桥某墓。聚数十地保之图即成一乡，聚四乡之图，即成一邑"。两说异辞，或所见版本不同也。

按：据许卫平研究，清代扬州所修的志书体式多样，有编年体者如本志；有纪传体者如康熙《靖江县志》；有实宗三宝体者如《广陵事略》；亦有平列门目体者。在文体上有多数史记式的文体，有辑录式文体如本志；有文献体者如《扬州足征录》；有歌谣体者如《扬州西山小志》。这种多样性，从一定的角度上反映出清代扬州地方志达到了旧志发展的高峰。（见《扬州史志》1991年第1期）

嘉庆七年（1802），洪蕙修，洪亮吉纂成陕西《延安府志》80卷刻行。是志分纪、表、考、略、文征诸体。其明显之特点有二：一是保存了北方历史上民族之间战争的许多重要史料，载录了大量的有关西夏国和李自成、张献忠起义之完整史实。二是详载了本府及各县历代志书之详细渊源，可视为一地之方志志。（见《陕西方志考》第141页）温承惠在该志序中说："为郡守不知一郡之县之山川险易，户口登耗，土地荒僻，学校举废，与夫屯粮盈绌，风俗美恶，则不能因势利导以施政教而宜民。为大吏者不能知守令之所知，亦无以因人地之宜以择人才而任吏。二者以方志稽之，则不下阶堂而了如指掌。故曰志与政通者也。"（转自陈野《论传统志书的官方性》，载《河北地方志》1992年第1期）

是年，何洪修，郑瀛纂成山东《德州志》3卷。是志卷三之杂著内，收录了明成祖朱棣所写的《御制苏禄国东王碑文》之墓碑记，是考证明代中国与菲律宾友好交流之重要史料。（见《中国地方志总目提要》15—67)于此可见御制文在志书中不是一概不可收,而在视其价值而已。

是年,鳌图、汪廷昉修,王昶等纂《直隶太仓州志》65 卷刻成。全志分18门:即恩旨、图(州治及各属县)、封域、营建、职官、名宦、学校、选举、风土、水利、赋役、兵防、漕政、人物、古迹、艺文、杂缀、补遗。门下为目八十有五。志后集载有州及属县历代志书之旧序,亦有创意。是志载人物,重事实,少议论。如其凡例所规定:“志人物则必考实在,盖意存矜慎,期取信于后世。如治行,则记其所兴何利,所除何弊,平反者何案;教化则纪其识拔成就者何人;忠节则记其参劾何人,条奏何事,得罪何因;如文学者则记其穷何经,通何史,诗文宗法何人,著作现有何集,某集有若干卷帙”,等等。而且还规定:“郡邑志书,本为异日作史张本,故官名、地名,一切当从史例。”不应像某些志书那样,承书札文移之习俗称谓。(转见《中国地方志名家传》第 142 页)。这样的入选人物原则及记述方法,值得后世效法。志书每门之首,均有小序,概述记述要旨,记载范围,起止年限等。费淳在志序中,称其“叙次秩如,简而不遗,详而有要,因革、体例咸得史氏法”。

是年,诸自谷修,程瑜、李锡龄等纂成《义乌县志》22 卷、首 1 卷刻行。是志之为人所重者,为其载有难得之特别史料也。其民兵目内,对闻名全国之义乌兵记之甚详,有戚继光为抗倭而招募义乌兵陈大成等 3000 人,在抗倭战场上之赫赫战功。记述了万历时的援朝战争中,义乌兵英勇奋战之诸多表现。特设之“丐户”目内,记载了义乌丐户之情况。“矿防”目内记述了明清时期“开矿”、“禁矿”之情况。“职官”目内还开列了医学训科、寿官、农官、人瑞诸子目。所记资料都对社会历史研究有重要之参考价值。(见《中国地方志总目提要》11—93、《浙江方志概论》第 152 页)

是年,李调元纂成四川《罗江县志》10 卷刻行。李调元,乾隆进士,知名学者。先是于家居时,在其父化楠收集本邑资料基础上纂成《梓里旧闻》一稿,至是刻行改名为《罗江县志》。因系私人所撰,故其体例与通行志书之体颇有不同。除卷 1 之沿革、疆域、城池、公署、职官、宦绩及卷 9～10 之人物、土产等外,其余均按城内、东、西、南、北四乡来分述山川道里、祠庙寺观、古迹名胜、风土人物等,并附入有关诗文。(见《中国地方志总目提要》21—46)志书中记载农业生产中无违节令之重要亦值得重视:“凡浸种宜清明节,播种宜趁谷雨节,插秧宜趁芒种节前后五日或十日……五六月阳和之气,所收必丰。稍迟则山雾熏蒸,秋凉冷,五谷多不结实。”

按:我国是个农业国家,志书中记载农桑经验者甚多,这是志书中的一个传统。类似之例,所在多有。如光绪《高明县志》记桑、鱼并业的经验亦颇有意义:“近年业蚕之家,将洼田挖深,取泥覆四周为基,中凹下为塘。基六塘四,基种桑,塘蓄鱼。桑叶饲蚕,蚕矢饲鱼,两利俱全,十倍禾稼。”还有结合事实,对山林过度开发提出警告者,如光绪《武昌县志》中所载云:“县境所隶,水居其七,山二,土田一耳。灵溪马迹乡多山,生齿繁,不足以供食,乃垦为地,螺旋而上,高下相承无少隙,播种番薯、秫豆之类。土脉浮

薄，稍旱则槁，骤雨则消土俱下，春夏霪雨乃有水患。”（均转见刘纬毅等《中国方志史》第270页）

是年，熊象阶修，武穆淳纂河南《浚县志》22卷刻行。是书设《志原》一目，保存了本县所有志书之序言，并加以评述。如谓崇祯志“疏略处甚多”；康熙志“全录张志（崇祯志），四十余年间事无所增益，偶省其文，则文气不属”。在志书中专设这样的志评，颇为鲜见。是志之《凡例》中说“非史官不立传，惧侵史职也”，故将人物改为“记”，但却设了“世家”，自相矛盾如此。（见《河南地方志提要》上册第565页）

嘉庆八年（1803），张祥云修，孙星衍纂《庐州府志》54卷，刻印成书。书分图、志、表、录四体。志下列15类：沿革志、山川志、古迹志、城署志、学校志、坛庙志、寺观志、田赋志、水利志、兵防志、人物志、大事志、佚事志、杂文志、文籍志。表有封爵表、职官表、选举表。录乃收历代府志序、跋。全志于沿革、金石尤为精当。（见《方志学史》第286页）

是年，徐元梅修，朱文翰、陈石麟等纂成浙江《山阴县志》30卷、首1卷刻行。是志亦以土地、人民、政事三纲统之，共列27目。有人认为此体较佳，而李慈铭（越缦老人）则认为“此志在近时已为佳志，但其取《孟子》土地、人民、政事，劈分三类，既非著书之体，而职官何与于人民？寺观、冢墓岂得谓非土地？书籍、碑刻、艺文又与政事何涉？……是大谬也。”（转见《中国地方志总目提要》11—76）

嘉庆九年（1804），蒙古族和宁纂成《回疆通志》（又名《回疆事宜》）12卷。回疆系新疆南部维吾尔族聚居区之总称，故是书实为上述地区之一部总志。其卷1记乾隆二十至二十四年（1755～1759），清王朝平定回疆之始末、主要战例及赞颂诗之类；卷2为哈密回部总传、额贝都拉列传；卷3为吐鲁番回部总传；卷4～6为回疆诸氏列传，共记21人，后附土尔扈特归顺诗、优恤土尔扈特等；卷7～11分别为喀什噶尔、英吉沙尔、叶尔羌、和阗、乌什、阿克苏、库车、喀喇沙尔、吐鲁番等地之沿革、疆域、山川、建置、古迹、官制、兵防、军械、粮饷、赋税、钱法、牧场、卡伦、军台、伯克、回务、布鲁特等事宜；卷12为《回疆纪略》，载回族风俗及物产。（见《中国边疆古籍题解》第125页）其中尤其值得注意的是，从列传部分所载内容可以看出，这些传主多为维吾尔族上层人物，记他们在平定波罗泥都、霍集占兄弟分裂叛乱活动中之功绩，体现了维吾尔族群众在维护祖国统一、反对分裂当中之作用。（见《中国地方志总目提要》29—7）

按：是时，和英（原名和宁，后避道光帝讳改）还撰有《三州辑略》10卷，于嘉庆十一年编成。分别记述了哈密、吐鲁番、乌鲁木齐三地之沿革、疆域、山川、官制、建置、库藏、仓储、户口、赋税、屯田、俸禄、粮饷、营伍、马政、台站、礼仪、旗典、学校、流寓、艺文、物产等。三处原为古伊州、西州、庭州，故称三州。

是年，吴熊光、百龄修，陈诗等纂成《湖北通志》100卷刻行。关于是书之纂修存有二说，一谓此书乃在章学诚所纂《湖北通志》稿基础上经陈诗篡改而成；又一说则谓乃于章氏志稿后 10 年,由陈诗主纂而成。徐孝宓、刘昌润在《湖北省地方志考略》一书中,辩之颇详,以为后说是而前说非。其说似较可信。(见该书第 25～28 页)

嘉庆十年(1805),邢澍修,钱大昕、钱大昭纂《长兴县志》28 卷刻印成书。是书为门 29,附类 8;于疆域、风俗、物产三门例严事详。疆域下附形势,风俗侧重养蚕俗礼,物产特详土产。又删除旧志帝皇一门,并列于人物之前;书后附杂识一门,兼及考证,又另立辨证一门,殊若重复,但义例分明。考证是改正显著之误,辨证则不尽推前人议论,引经据史,直斥无当。(转见陈光贻《中国方志学史》第 175 页)

是年,李德淦、周鹤立修,洪亮吉纂《泾县志》32 卷刻印成书。洪氏是清代经学家、文学家、考据派(地理派)方志学家(仓修良称他是"考据派的中坚人物"),先后在陕西、河南、安徽修成《澄城县志》、《淳化县志》、《长武县志》、《登丰县志》、《固始县志》、《怀庆府志》、《宁国府志》、《延安府志》等志达八九种之多,是志为其最后纂成者,也是最善之一种。卷首绘图共 14 幅,有县境全图、域治全图、县署全图、学宫全图、泾太分防图、山境全图、水境全图、黄山图、台泉山图、水西山图、大蓝山图、桃花潭图、琴台山图、马头矶图等。志内分沿革、星野、疆域、形胜、风俗、城池、山水、食货、蠲赈、田赋、杂税、户口、徭役、物产、学校、书院、坛庙、官署、古迹、金石、职官表、选举表、名宦、人物、列女、寺观、艺文、杂识、辨证、旧志源流、词赋等。洪氏在是书之自序中提出:"一方之志,苟简不可,滥收亦不可。苟简则舆图疆域容有不详,如明康海《武功志》、韩邦靖《朝邑志》等是也。滥收则采传闻不探载籍,借人才于异地,侈景物于一方,以致讹以传讹,误中复误,如明以后迄于今所修府州县志是也……盖撰方志之法,贵因而不贵创,信载籍而不信传闻,博考旁稽,义归一是。""凡一方志乘,有唐宋以来舆地图经可依据者,类皆登载严而叙事核。"这是他修志之一条经验,值得注意。但他提出的"贵因不贵创,信载籍不信传闻",则是偏于保守。且只信载籍,轻视现实生动活泼采访资料之主张,则不足为训。将自明以后之府县志一概斥之为"滥收"者之列,则难于让人同意。是书在凡例中约定"立功立言者,始可谓之名臣;仕宦有政声者,始可入宦业;著述有功经传者,始可谓之儒林;诗文超人辈流者,始可谓之文苑……如是,庶几今日之录入方志者,他日即可以登国史"。这样的例定,很值得重视。(综合朱士嘉《谈谈清代学者论述修志的问题》,载《中国地方志通讯》1981 年第 5～6 期;黄苇等《方志学》第 508 页)

是年,钱墀纂成吴江县《黄溪志》12 卷,至道光十一年刻行,这是一部小志。翁广平在书序中说:"古今材作,一纵一横而已。纵则历代史书、稗官野史,与夫谱牒、志铭、金石文字之类是也。横则山经、地志、《风俗通》、《岁时记》,与夫绝域、海外诸国文纪之类是也。志书,横中之一体耳。"试图从书之内容结构体式上说明史、志之别。但这也不是绝对的,故该序又说:"自两汉书创为地理、郡县等志,则纵之中有横;自《元和郡县志》杂引古人事迹,而后世志书遂详核于文献,则横之中有纵焉。然则志与史,实互相发明,秉笔者殆所谓一横一纵。"(转见《江苏地方志提要》第 432 页)

嘉庆十一年(1806),仇池石撰,经温汝能修订之《羊城古钞》8卷、首1卷刊行。是志首创《粤会赋》,备载羊城大势,颇类后来志书之概述,且用赋体。是书之记事门用纪事本末体,分为南越赵氏始末、六朝广州杂乱、黄巢陷城、元师入粤、黄萧养攻广州、王师剿灭诸盗等12目,记载了自秦至清初广州历史之大事。(见《中国地方志总目提要》19—11)

嘉庆十二年(1807),梁启让修,陈春华纂成《芜湖县志》24卷、首1卷刻行。是志最有特点的是其方言一门,将地方俗语言一一溯其源流,援古证今,颇具学术价值。如"𡒄"从无音义解释。是门中则载"县西北有地,土人谓之姚家𡒄,音近绷,去声","闻旧老人云,原作浜(布耕切,音崩)。考《集韵》:'浜,安船沟也',此前后多沟也。或初时通大水,可纳舟,此浜所以名欤?""今吴越地多此名,可以断此地为浜。"(见《中国地方志总目提要》12—12)

是年,章廷枫修,董曰申纂成《海门厅志》4卷。志中对海门沙地之形成及垦沙之争载之甚详,且绘有图,颇有价值。同知俞颖达在是书之序中有言:"夫志之体例虽不同史,而亦有与史相资者。史博综前代,志专记一隅;史举其宏纲,志详其细节;史追录夫既往,志传信于将来。"(转见《江苏旧方志提要》第481页)这是对史志关系颇有见地之探讨。

嘉庆十三年(1808),师范纂辑之云南省志《滇系》40卷刊刻。是书除前有图之外,正文分为12系,即疆域系、职官系、事略系、赋产系、山川系、人物系、典故系、艺文系、土司系、属夷系、旅途系、杂载系。在编纂中,参阅著述达400余种,包括旧志、新志、志草及府、州、县诸志。费淳在是书序中称:"是书纲举目张,简而得要,持论确而取义精","今之言滇事者,亦莫不称其书,于滇南史地之学,其功不可没也。"(转见《思想战线》1981年第6期方国瑜文)多有云南地理、经济、民族方面的重要史料。每事之末,多载附论,论利弊是非,是清代一部名志,受到姚鼐、洪亮吉之好评。(见《方志学史》第280页)

是年,吴鹏翔撰成《武阶备志》(又名《阶州直隶州志》)22卷。魏晋南北朝时期,仇池人杨氏在陇右、陕南、川北等地曾先后建立前仇池国、后仇池国、武都国、武兴国、阴平国五个政权,统治时间达330余年之久。由羌人建立之宕昌国亦存在了140多年。对此,正史中向无记载,其他地方志书中亦未加记录。本志中则详加考证,列有符秦传、杨氏传等篇,提供了较为系统之资料,可谓是独家资料,甚是难得。(《中国地方志总目提要》26—34)

是年,唐仲冕修,许桂林、许乔林等纂《海州直隶州志》33卷、首1卷刻成。是志分纪、考、传、录四体,凡29目,113子目。是书一出,便被号之为"近代方志之冠"。《续修四库全书提要》更说它优似《景定建康志》。其中对康熙七年(1668)大地震之记述尤为具体生动,很具科学价值。(转见《江苏旧方志提要》第490页)

是年,郑垲修,罗拔督修,丁猷骏等纂成江西《丰城县志》23卷、首1卷刻行。罗氏所作之序言,实是难得之一篇修志总结。首先是指导思想值得注意,强调群手成书,"知一人一手,必难勒成一书。今此书之成,实出于众人之手。群策群力,各奏尔能"。于开馆之初,即与诸同仁约曰:"今日之志,即他日国史之徵,甚弗视为易也。毋自用,毋欲速,其难其慎,惟和惟一,尚勉旃。夫鉴水知貌,鉴古知今,未有不师古而能善其事者。"在材料选取上坚持"宁为其刻,不为其滥"。有书者,"皆根据群书,未敢少为臆断"。无书者,"半取资于六房之掾史,不废胥钞;半征信于四乡之故老,非同耳食。若自行陈情,多属子虚。即节取片长,亦必采之舆论,非敢遗珠,实恐乱玉"。在体例上,"乃取前志目录,参互考证,略加变通。循节目无失其因,别体裁不嫌其创。或益之,或损之,详略适宜。若分焉,若合焉,正附有体"。在用人待人上,"用才惟其称,弗惟其备。君子之立节,见其大,尤窥其微。亦既风雨连床,两更裘葛,时以久而难假,人以习而见真。我不敢以不肖待人,人自不肯以菲薄自待。又况内凛于同事之纠绳,外惕于旁观之指摘,渎婪之私,我知免矣"。强调雕琢修改,"锥不惜秃,稿不惜涂,往复更翻,不遗余力,务俾阅者了然于目,了然于心。无骑墙之见,而有列眉之观"。(《江西地方志序跋凡例选录》第 77 页)这许多有见地之议,都值得后人借鉴。

是年,徐心田纂修成《南陵县志》16 卷、首 1 卷刻行。是志的学校志中,历列了自汉武帝时起至清嘉庆五年间我国教育史上之重要变革,有汉武帝始令天下郡国皆立学校;宋熙宁四年(1071)州给田 40 顷为学粮;崇宁中诏县学生三年不赴升试者"除其籍";元至元二十三年(1286)设江南各道儒学提举司,诏江南学校旧有学田"复给之以养士";元至元二十八年(1291)令江南诸路学及县学内设立小学;明洪武二年(1369)诏府州县皆立学,府学 40 人,州学 30 人,县学 20 人,"给廪膳仍免其家差徭二丁";清顺治九年(1652)颁布选取生员"免其丁粮,厚以廪膳",并设学院学宫等。所载者虽云皆是"通典",然提供了我国教育史上变革之脉络,为他志中所未见。(转见《中国地方志总目提要》12—13)

按:方志于史事之顺序记述中,如何抓住其关节之点,避免流水账式记述,从中可以得到一些启发。

是年,董鹏翱修,牟应震纂成《禹城县志》12 卷刻行。是书在取材中颇有特点,如瞿宣颖《方志考稿》评论所云:"中如《食货》一篇,以地、银、米、麦四项分列旧额、新额为表,高下厘然;《人物》一篇,断自旧志所载明代人物,不滥引史乘以为光宠,皆颇得法;《艺文篇》中有张象津撰《漯川义学记》,称漯川有韩氏村,一村老老幼幼,不世其先人学而奉西洋教者十八九矣。西洋教者,世所称耶稣之天主教也。此《记》嘉靖中作,此大有关于宗教史之故实也。"(第三编第 11 页)

是年,张承先纂、程攸熙校订《南翔镇志》12 卷,刻印成书。除凡例、图之外,门类分为疆里、营建、小学、职官、选举、人物、艺文、杂志等。记事详而有体,注重考证,是乡镇志中体例和内容,都较完备者。(见《方志学史》第 301 页)

是年,焦循纂成扬州《北湖小志》6 卷、首 1 卷刻行。卷首有北湖图 6 幅,旧迹名胜图 10 幅。各卷之目分别为:卷 1 叙水、叙地、叙农、叙渔、叙旧说;卷 2 开元寺记、畲芳社记、梓潼祠记、诵芳庄记、锥坝记、黄珏桥东岳庙记、傲姑寺记、沙香洲记、珠湖草堂记、六湖记;卷 3 王铨部传、忠节高佥事传、忠臣梁钦光传、王螺山传、陈欧村传、徐慧庵李梅舟传、范石湖传、孙柳亭传、徐坦庵传、二吴传；卷4阮将军传、文施毕赵传、郭谢常周张王传、王郭谢常李常传、吴千为传、孝子传、程翁传、裔烈娥传、贞节传、王夫人郭母传、私传；卷5书人瑞、书天时、书物异、书金石、书诗话、书轶闻、书鬼神、书疑义；卷6家述(上、下)。各篇内容丰富、翔实生动，叙水则有北湖方园、河湾、水道分布，各方水源所自，水路、流入湖渡等；叙农则详述了北湖地区多种田地栽作情况，介绍了当地诸多的农俗农谚；叙渔篇更是详载了当地15种捕鱼方法和取蟹、取虾、捕野禽水鸟诸法；记古迹则不但言其方位、建置状况，且还述其来龙去脉及有关遗闻轶事。无论从篇目，还是从内容记述来说，都是一部很有特色的地方小志。(转自《江苏旧方志提要》第605页)阮元在为是志写的序言中说："此书数卷，足觇史才……使各郡县数十里中，皆有一人载笔以志其事，则郡县之志可不劳而成。"(转自《方志考稿》第六编第75页)

是年，陈树德、孙岱合辑《安亭志》20卷刊行。在其凡例中规定：因为安亭是"一哄之市，四乡之民朝往暮归，犹四境之联于城邑也。凡事物之大，吴塘西、瓦浦东、鸡鸣塘南、吴松江南北者，其疆域虽分隶昆(山)、嘉(定)，要不可不统谓之安亭，是以例得备书"。可见这不是安亭一镇之志，而是打破行政畛域之界，按市镇的经济文化影响范围来记载的一部志书。

按：类似的做法又不止安亭一处。如王同纂光绪《唐栖志》时，亦对"近镇者，即隶他邑，亦属镇乡"加以记述，"非如邑志之划分畛域也"。

嘉庆十四年(1809)，伊犁将军松筠(蒙古族)修、汪廷楷原辑，祁韵士重编《西陲总统事略》(又名《伊犁总统事略》)12卷成书。卷1记乾隆统一新疆事略及伊犁驻兵、兴屯情况；卷2载有南北两路部图、图说，有图16幅；卷3分述南北两路之疆域、山水、卡伦、军台；卷4为伊犁之官制、兵额、兵书、职官；卷5为城池衙署、疆域山川、坛庙祠宇、粮饷茶政；卷6为训练、军器、营务；卷7为屯田；卷8为钱法、船工、图籍、学校、孝节；卷9为牧厂；卷10为塔尔巴哈台、乌鲁木齐、回疆各城事略；卷11为土尔扈特、哈萨克、布鲁特之源流及霍罕路程记；卷12为汉时乌孙、唐时突厥释地，哈萨克马政、渥洼马辨，厄鲁特风俗等。(详参《中国边疆古籍题解》第118页)

按：祁韵士在是书基础上，又删削成《西陲要略》(又名《新疆要略》)4卷，比前书流传更广。

是年，魏礼焯等修，阎学夏等纂成山东《昌乐县志》32卷刻行，是志先设《总记》以记上下千古，为全志之纲。与后世志书中概述之关系若何，值得研究。其提出"标目风景，因是骚雅韵事，并非景而强名曰景，景无八而强凑，诸志皆然，竞相成俗，今概删之"。(《山东方志纵横谈》第127页)也很具见地。

是年，张伯魁修纂成甘肃《徽县志》8卷刻行。志书虽不尽合义例，但注意反映民间疾苦，亦有值得肯定之处。如其食货卷中，附载有顺治时知州徐起霖写的《救灾七详》，分述了该地人民有七苦：一曰残黎流散之苦；二曰马站之苦；三曰水夫之苦；四曰造船之苦；五曰过兵马之苦;六曰卖运米豆之苦;七曰公差横索之苦。如此关心民瘼之官吏难得,志书为之收入,亦属有见地也。(转见《中国地方志总目提要》26—38)

嘉庆十五年(1810)七月,满族学者西清撰成《黑龙江外纪》8 卷。作者根据其所能见到的幕府图籍,加上自己的实地调查,撰成是书。卷 1 记载了山川、形势、沿革,对于 1689 年《中俄尼布楚条约》之签订事载之颇详。其中载有该条约的汉译全文,为其后所有之条约汇编所采用。卷 2 记述城堡、台站、卡伦,其中对于由黑龙江至北京的两条道路之驿站道里、入关出塞,考核颇为精详。卷 3 记部落、种族、户口(有嘉庆十三年的户口编审)、官制、兵制。在本卷中,对当时之官吏残暴、愚蠢和用刑逼供,造成大量冤案,都有揭发和谴责。于将军、副都统盘剥压榨布哈特人及其他各族人民也有揭露。卷 4 记俸饷、钱粮、出入款项;卷 5 记贡品、风俗、刑律、互市;卷 6 记谪戍(载齐齐哈尔流人 3000 人,其他各城各千余人)、方言、服食及红白事件;卷 7 记述历任职官、流徒徙籍人物(记方式济一家之事迹极详);卷 8 记述五谷、果蔬、物产等。在后 2 卷中,记载了汉族流人对开发黑龙江之贡献。对谪戍流奴及其生活习俗,记之颇详。(见《中国边疆古籍题解》第 224 页、《中国地方志名家传》第 185 页)在自然方面,记康熙五十八年的一次火山爆发,及五大连池之形成更为真切:"墨尔根东南,一日地中忽出火,石块飞腾,声震四野。越数日,火熄,其地遂成池沼。此康熙五十八年事。"(转见刘纬毅《中国地方志》第 117 页)

是年,阿克当阿修,姚文田、江藩等纂成《重修扬州府志》72 卷、首 1 卷刻行。全书都 100 余万言,不但是扬州古志中篇幅之最大者,就在全国府志中亦属罕见。不仅鸿篇巨制,而且反映地方特点鲜明突出,质量上乘。因康熙、乾隆两帝曾先后 6 次到过扬州,故特创设"巡幸"一门。另外,设立"事略"和"金石志"也有创意。在记述方法上实行宜横则横,宜纵则纵。"秩官志"、"人物志"和"事略"都是按历史先后记人记事,而"古迹志"和"寺观志"等,则按区域分叙。对与扬州最有关系之漕、盐、河三政记述尤其详细丰富,考证甄辨也力求精严。因其体例严整有秩,考据精审,材料丰富而受到后人好评,被视为有清一代之名志。能获得如此佳绩,与编辑队伍的精强是分不开的。在是书修纂中,曾组成一个 40 余人之队伍,并有详细分工。其中总修 2 人,总纂 2 人,分查 4 人,同纂(分纂)12 人,采访 12 人,分校 7 人,绘图 1 人,收掌 1 人,监刻 1 人,供支 1 人。担任编纂工作的都是一时硕学鸿儒。主修者阿克当阿,是曾监刊钦定《全唐文》的著名学者。12 名分纂中,翰林院编修、庶吉士就有 7 人。为首者姚文田是著名学者、国子监祭酒,分纂者如焦循有"通儒"之称,江藩乃"经学大师"。他们之中不少人对方志都有其深刻之见解。如阿氏在序文中说:"志乘者,史家之支流,所以纪形胜,详户版,考风俗之盛衰,究民生之利病。至于节义文章,皆将登采,以为激劝。"襄理德庆在序中说:"夫作志之道与作史异。褒贬予夺,一秉大公,以为天下后世龟鉴,此史氏之体裁也;举山川形势之要,胪风俗人物之盛,去短录长,彰善隐恶,此志家之流别也。"故《续修四库全书提要》称,"此志纂修人才极一时之盛"。(转见许卫平《(嘉庆)重修〈扬州府志〉续志方略评

述》,载《江苏地方志》2003年第5期)

是年,知州吴士鸿修,孙学恒纂成《滦州志》8卷、首末各1卷刻成。是志《则壤》一篇内,载有明代历朝户口数,其乡里组织分为社、屯两种:土民为社,迁民为屯。是颇为难得的珍贵资料。(见《方志考稿》第一编第95页)

是年,曹树翘撰成《滇南杂志》24卷。书分8目:事略、考据、传记、轶事、遗文、殊方、土司、种人等,附有地图4幅。(见《中国边疆古籍题解》第259页)

是年,赵文在修,刘撰之、易文基纂成《长沙县志》28卷、首1卷刻行。是志改凡例为《志约》,其中有言:"采访宜实,门类宜精,书宜集其成,选择尤宜慎。"(转见《中国地方志总目提要》18—15)

按:该县为长沙府之附郭县。昔时笔者在给新编《临桂县志》写序言时,曾提出一个问题,临桂为桂郡首邑,人文繁盛,但历史上修志却不多,是何道理?友人曾以附郭县为对,时觉得有一定道理。今见长沙县的修志历史,反使此疑更甚。长沙亦附郭县,但修志次数却多。仅康熙一朝即有三修,嘉庆两修,同治和民国各一修。今存世者尚有6部。看来临桂县志少修之谜还待研究。

嘉庆十六年(1811),方略馆奏请重修《大清一统志》。乾隆《一统志》修成后,由于篇幅巨大,众手而成,故仍有错漏,不少人加以指出。故至是又有重修之议。此次由穆彰阿、李佐贤、泮锡恩、廖鸿荃、龚自珍等主持,在乾隆志之基础上增补内容,完善体例,订辨其讹误。直到道光二十二年(1842)十二月修成,名为《嘉庆重修一统志》。是志体例为,首京师,次直隶、盛京、江苏、安徽、山西、山东、河南、陕西、甘肃、浙江、江西、湖北、湖南、四川、福建、广东、广西、云南、贵州、新疆、乌里雅苏台、蒙古,共22统部和青海、西藏等地区。每省先冠图表,次以统部总叙一省大要,以各府、厅、直隶州为分卷。列有表图、疆域、分野、建置、沿革、形势、风俗、城池、学校、户口、田赋、税课、职官、山川、古迹、关隘、津梁、堤堰、陵墓、祠庙、寺观、名宦、人物、流寓、列女、仙释、土产,共27目。最后附以《外域朝贡诸国》。是我国封建社会最后修的一部大型全国一统志,也是官修总志中最好之一部。正是在本志及其图中,对领土、边界、主权与边民才有了清晰的界定与认知,标志着清帝国已经具备近代意义上的国家民族基本要素——领土、主权与国民意识。(见《中国边疆史地研究》2006年第1期于逢春文)

是年,吕燕昭修,姚鼐等纂《江宁府志》56卷成书。是书专设《金石志》,亦为此专志设置之较先行者。其艺文分为三类:一为江宁人之作;二为为江宁地而作;古人题咏纪述江宁之诗,很是得体。其前卷1~2之《天章》,详载康熙、乾隆二帝南巡驻跸金陵之歌咏题识,与体例未协。(见《江苏旧方志提要》第35页)

是年,张聪贤修、董曾诚纂之《长安县志》36卷刻印成书。其志例中说:"征引故实必明言所自。辞尚体要,繁冗琐屑,非所以立言也。长安累代上都,故书所传,不可胜纪。今则叙疆理而省名胜,系政典而芟稗野,昏明早晚,标农事之准,而星土不书。城郭宫室,述规画之方,而景物从节。词赋小技,则退题咏而进经籍。二氏曲学,则略释老而详艺术。旧志所有逸事异闻诸篇,语怪无征,皆所不取。”傅振伦氏评之是对考据学有所改革者。(见《傅振伦方志论著选》第 231 页)

是年,崔鸣玉修,李方湛、朱文绍纂成《上虞县志》14 卷、首 1 卷刻行。崔氏在志序中谓是志“采访务周,决择务当,并旧志之阙者补之,冗者节之,体例未合者更易之”。故水平较高。阮元在序中赞此志“考核补缀,条析缕分,不遗不蔓,非独盛举为不可及。其才学识三者皆过人远矣”。(转见《中国地方志总目提要》11—79)

是年,王谟辑《汉唐地理书钞》刊印成书,共辑录失传方志五百余种。我国方志历史绵长,成书亦多,流传中散佚亦夥,有“十不存一”之说。故后人辑佚亦成为一门专门之学问。清代学者在古方志辑佚上亦大有成就,此为其中一种而已。王氏在自序中言:“编辑汉魏遗书地理一门,遇有关涉各府州县山川、古迹、人物、故事,必详加考订,分别甄录,而又触类旁通。上自天文星野,下至风谣物产,以及四远八荒,殊俗异闻、神仙鬼怪之属,收入是编,又益以隋唐以后,增至五百种。虽不能使陆、任全书体例复完,庶于方州地志零篇籽简,得所哀集,以供采摄云尔。”在是书辑纂《凡例》中,颇表明了辑者关于地理书和方志学之观点。如谓:“尝欲论修志书法,省志宜详于一统志,府州县志,宜详于省志,以疆域有广狭,事迹有多寡,记载自宜有详略。而以余所见,各谖州县志,率多详近而略远,增新而损旧,远古事绪,更多从略。即所采摭,又不引据原文,标明书目,殊难按信。亦有立意刊落群书,成一家言,以笔力高简、书法谨严者,总谓以此作业则可,非所语于方志也。兹故专辑汉唐以来地理书五百种,以备采择。”(转见彭静中《中国方志简史》第 393～396 页)

按:同时代做方志辑佚之有成就者,还有马国翰在《玉函山房辑佚书》和王仁俊《玉函山房辑佚书补编》中,辑唐代以前方志约 60 种,陈运溶《麓山精舍辑本》辑方志 66 种(亦说 75 种)等。后者所辑均系两湖地区之佚志。当代刘纬毅《汉唐方志辑佚》,涉及 440 种。

嘉庆十八年(1813),应先烈修,陈楷礼纂成《常德府志》60 卷刻行。先是乾隆五十四年(1789),常德知府李大霳报请修府志。湖广总督毕沅命章学诚代为拟定篇目,章氏遂按其“三书体”之例而将全书分为志、文征、丛谈三大部分。乾隆五十七年(1792)杨鹏翱继任知府后,延请士绅陈楷礼等六人从事编纂。五十八年因杨去任而中辍。至嘉庆十三年(1808)应先烈继任后才最终纂成。篇目仍依章氏所定者而略有小改。最后作成为主体的志,分为纪二、考十、表四、略一、传七,共 48 卷;文征 9 卷;丛谈 3 卷,达 60 余万字之巨。是书一改那种卷首冠“天章”、“皇言”、“诏谕”的做法。在凡例说明各编顺序之由:志中首重地理,“继之以建设。有人必有养,继之以食货;有养而后教立,继之以学校;教立则礼可兴,继之以祠祀;治民事神,有司是任,继之以官守;文事武备相须,继之以兵防;地以人胜,虽所产不同,皆山川所钟,继之以人品”。这种排列之序是有一定道理的。书刊行之后,评论者称之资料新颖,词旨博赡,笔法精严,堪称杰构。(转见《中国地方志名家传》第 56 页;齐绍正《〈嘉庆常德府志〉评介》,载《湖南地方志》1987 年第 6 期)

是年,魏襄修,陆继辂纂成《洛阳县志》60 卷刻行。陆氏代魏襄作序有云:"洛阳自三代、汉、晋以来,旧为国都,官府所萃止,商贾所占集,有不同于他州县者。今河南虽治开封,而洛阳尤当车马之冲,为河南一大都会。然则志斯县者,其能不从详以务明备以尽纪载耶?"(转见《方志学发微》第 9 页)

按:这里说的是,有些地方的志书,因地域特点而应当主详。与此书相类似者,吕燕昭序嘉庆《江宁府志》亦有同样之说法:"江宁自古为帝都,政绩繁多,于他郡为最。撰志乘者,尤宜详备。"(同上书第 11 页)

是年,李景峄、陈鸿寿修,史炳、史津纂成《溧阳县志》16 卷,至光绪二十二年始刻成书。全书分为舆地、河渠、食货、学校、武备、职官、选举、人物、艺文、杂类等志。瞿宣颖在《方志考稿》第六编中对其评之有五善:"据其卷首图说云,县东西百里,南北百五十里,乃旧图东西反三倍,是其一善也;风俗门广征旧记,虽偏古略今,而语无泛设,其二善也;湖荡、河渠,分别存废,山川之名,亦先据采访,后录旧志,其三善也;凡有纪述,皆注明所据来历,其四善也;人物志中,辟始迁、外徙诸门,志族姓之离合,其五善也。"(第 49 页)

是年,奚大壮知湖北应城县事,延姚观始修纂《应城县志》。历二年成稿,因经费不足,未能付梓。有邑蒲阳书院教谕吕庭栩者,曾参与志稿纂修,于道光二十四年告归乡里,将稿携回,与熊汝弼对志稿重行采访补纂而竣,历三十余年定稿,仍未能刊行。后咸丰二年(1852)太平军初克湖北,三年太平军西征,应城复被兵。在两次兵乱中,熊氏均将志稿携带在身,得以保存。稿今存武汉大学图书馆(见《中国地方志总目提要》17—25),亦志史上难能之幸事也。

是年,漕运总督阮元等筹建镇江焦山书藏。时阮元驻瓜洲,焦山住持、诗僧借庵清恒、翠屏洲诗人王豫往访。论诗之暇,复议定于焦山立书藏,广征私家藏书,存之名山,传之千载。后由阮元捐资,将焦山海西庵浮玉山房改建为五楹书楼,以《瘗鹤铭》77 字为序编橱号,初建 35 橱。阮元捐赠之《嘉定镇江志》、《至顺镇江志》为"相"字橱第一、二号。后陆续有人捐赠,皆纳其中。复刻铜印、书楼匾,王豫亲自制定藏书条例,并将簿录、守护之事由借庵及其弟子海西庵主如初、妙铨掌管。延百余载,至民国 18 年,《江苏通志》编委会开局于焦山。编委、邑人柳诒徵见其藏书甚丰,但管理不善,卷帙凌乱,签轴零落,乃组织人力整理编目。于民国 23 年,出版《焦山书藏目录》。1937 年 12 月,遭日本侵略者飞机轰炸,遂使此丰富藏书与海西庵,同付一炬,这是日本侵略者对中国人民犯下的又一桩罪行。(见茗山主编《焦山志》,方志出版社 1999 年 8 月版第 53 页)

按:《焦山志》之第 266 页载有阮元《焦山书藏记》一文,对"书藏"之称谓略有释焉。今略录于次:"嘉庆十四年,元在杭州,立书藏于灵隐寺,且为之记。盖汉以后藏书之地,曰观、曰阁，而不名藏。藏者本于周礼宰夫所治。史记，老子所守。至于开元释藏，乃释家取儒家所未用之字以示异也。又因史迁之书，藏之名山，白少傅藏集于东林诸寺。孙洙得古文苑于佛龛间。僻之地能传久远，故仿之也。”

嘉庆十九年(1814)，知府严如煜纂修《嘉庆重修汉中府志》(一名《汉南续修府志》)33 卷成书(道光九年——1829 年，知府杨扬续修《烈女》1 卷附其后)。该志内容丰富，卷帙浩繁，体例规范，在当时影响颇大。修志名家秦嬴(江苏无锡人)为之作序，对方志理论有新的发展，主方志功用在于“备考览，资政治，而供史氏采择也”。林则徐在致《大定府志》主纂黄宅中之信中，称“编纂之勤，采辑之博，选择之当，综核之精，以近代名志较之，惟严乐园(严如煜字)之志汉中，冯鱼山之志孟县，李申耆之志凤台，或堪与此颉颃，其他则未能望及项背也”。(转见郭鹏《汉中地区历代地乘述略》，载《陕西地方志》1992 年第 4 期)

是年，李兆洛纂修《凤台县志》12 卷刻印成书。李氏在《凤台上事与绅士书》中认为：“志书为一县文献所寄，犹家之有谱牒也。为子孙而不知先代谱牒、世系，无不羞之；为邑中人士之望，而于一邑文献不能数述，独非耻乎？”故他自信，修成此志，“或不至贻讥大雅也”。(转见《历代名人论方志》第 115 页)是志分舆地、食货、营建、沟洫、官师、选举、艺文、人物、列女、古迹 10 篇。他在自序中强调：“志尚证实，所以传信，一事一语，必据其所自来。”谓通过此志，记述“山川、都邑、室屋、祠基、名贤轨躅之所寄，书史图籍之所志，可以见时令之盛衰，地势之险易，陵谷之变迁，政治之得失，风俗之淳薄。以之斟酌条教，风示劝惩，览一隅知天下，其所裨甚巨”。“其古今之变，因革之宜，土俗之淳漓，民生之勤窳，庶几可以备考览。”他在志文中也确实注意对境内事物之源流考览。如记淮河在本境 140 多里之流向、分支、汇合甚是详明。记东西肥河，更是考订了齐召南《水道提纲》等著作中之舛谬。一些卷篇中他所加的不少按语，亦颇见卓识，并提出策论之议。如探求淮河历年泛滥成灾之原因有谓：“淮自霍邱以上其流未盛，至寿州受两沙河，至凤台又挟两肥而浩瀚极矣。数百里之来源，挟南北翼之众水，而泄之以八十丈之硖石口，其势不畅，故每遇夏秋霖潦，万水俱，则泛溢为害，包罔埠，败田畴，坏房舍，浸城郭，往往而是。”“又明时黄河或夺涡入淮，或夺颍入淮，淮不能容，则倒满头大漾为害。而滨淮之民，无宁宇矣。县之所以不能繁息，多坐此也。”他在按语中提出的除弊之议则有如《食货·田赋》目之按语中云：“官无鱼鳞册，所指地界漫无定准，难于丈量。上则、中则，亦无依据科断。加以卫田、卫地，从中夹混不可诘。治此之法，惟有重厘地册，更正赋额，庶可望积弊涤除。”又如在《食货·人口》目之按语中云：“编查户口，以严保甲，为政之急务也……凤台地广人稀，其湖洼之地，往往弥望四五里无聚落，遂至藏奸数匿，时时为忧，则保甲尤宜急讲也。”如此议论，虽是从维护封建统治利益出发，但在封建统治者当中，应当属有见地者。论者认为，该书有新体例，结构严整，脉络井然，采访周详，资料丰富，详今略古，主次分明，叙事赅备，所引资料均注出处，是不可多得之佳构。但也存在较明显之缺点，诸如卷首缺少疆域图，未摆脱分野之旧说，囿于封建观念，还有不少糟粕等。(见《朱士嘉方志论文集》第269页)钱大昕在是志序中,最明确地表明了他的方志起源于《周官》之说,略谓:《周礼·小史》"掌邦国之志",《职方氏》"掌道四方之政事,与其上下之志",《诵训》"以诏观事,其方志之权舆乎"。(转见《中国方志简史》第353页、《安徽方志考略》第81页)

按:有的研究者因李氏长于考据训诂,而将其归于旧派。但从本志来看,他与旧派又有诸多不同。关于志书之有益于政治,李氏在《代韩芸昉作东流县志序》中说,志书可以防止胥吏因缘为奸:"条例之详定,教令之约束,章程之迁改,岁有变通,非随时辑录,则考治者无所循,而胥吏或以诡法。"在自修之《怀远县志》序中也说:"志者,心之所志也。志民生之休戚,志天下之命脉,志前世之盛衰以为法鉴也,志异日之因革以为呼吁也。"(转见黄元裕《清代三位方志学家方志思想综合评析》,载《中国地方志》1990年第3期)

是年,华亭沈氏重刻宋杨潜纂之《云间志》。孙星衍在重刻序中指出:"余病今世修志,无善作好手,不如刻古志于前,以后来事迹续之。或旧有遗漏舛误,不妨别为'考证'一卷。"

按:他提出这种沿旧例修续志的方法,为不少人所接受。阮元于道光十八年(1838)返乡仪征。邑人就问于重修县志时,他也主张:"欲得新志之善,必须存留旧志。当于各门之中,皆列申志(指申嘉瑞修的隆庆《仪真县志》)于前,然后再列新增。凡旧志有异同,则详注以推其得失;新增之事迹,则据实以著其本原。其旧志缺漏舛伪,有他书可以订正者,别立校补一卷。"持这种看法者当中,有人主张志书刊刻之时,即于每门之末留下断简(空白),以俟后人续添。如乾隆《博野县志》在"志例"中就作了如是之规定。乾隆《东安县志》在职官、选举、人物之后亦留有"断简"。这种做法也有做得过头的。如乾隆时张焕纂修,贾永宗增修之《满城县志》,便将几部旧志与新修之志合而为一(见《中国方志学通论》第99页),以致紊乱得令人难以卒读,正所谓矫枉过正者也。

嘉庆二十年(1815),鲁铨、长庆、温先、钟英监修,洪亮吉、凌迁堪、葛蓥、施晋纂修及吕占建、曹梦鹤等协纂之《宁国府志》36卷刻印成书。洪亮吉是清代方志地理学派之重要代表人物之一。他认为"一方之志,沿革最要","一方之志,山水最要"。志书之地理内容,应当广征博引,浓墨重彩。本志以"建置沿革为一书纲领",于沿革、疆域、山水载述极详。凡可资考据之经、史、子、集原文均系有关事条之下,注明出处。旧志之讹者,一一订正辨误。由于资料丰富,体例完备,素称名志。洪氏尤以史表见长。是志沿革表分州郡、六县,附大事、祥异、封建、公主;疆域表分郡、邑二项,附形势;职官表,附名宦;选举表分荐辟、科目、资叙、封荫。其疆域表仅郡邑二项,各注里程距离,疆域远近可以推求,又附形势,山川、城邑亦可推求。(见陈光贻《中国方志学史》第180页)

按:是志编修曾颇有曲折。始修之时,钟英为知府。修纂中,钟升为安(徽)、宁(国)、池(州)、太(平)、广(德)兵备道,移驻芜湖,仍关注志书定稿,多有改动。志书印之将半,洪亮吉得见,对所改动颇为不满,于是专门写了《志事将竣与宁国太守及诸同事书》,提出异议。除指出 10 个问题之外,还声明要抽出自作之序,连纂者行列中也要将自己之姓名删除。为此,鲁铨无奈,只得于书首以“告示”形式,加以自辩,承认“耳目容有未周,甄综焉能悉当”。至全书刻完时,洪氏已作古多年矣。(转见陆振岳《方志史话六则》,载《江苏地方志》1997 年第 4 期)

是年,陈廷桂纂成《历阳典录》34 卷刻行。是书乃纂者历 50 余年积累而成。在是书序中,纂者自叙其编纂经历过程略谓:“余髫少时,见家塾架上有和含志,喜其为乡邦掌故之书,时时翻阅之.既久,遇有谬误或记事未详而别见于他书者,用蝇头字录之上方。历数年涂鸦几遍,丹墨错杂,不复可识,乃稍排纂之,成上下卷,曰《历阳故事》。”其后又继续增补,“如前排纂之,书一通成五卷……签又满,于是又排纂之,乃列门类,分时代,删繁补要,志当存者存之,又书一通成三十二卷,改题《历阳典录》。于是前后从事者二十年矣”。至嘉庆初,又增益二卷,全书至 34 卷。后至同治六年(1867)重刻时,又增入其于嘉庆二十三年至道光九年间纂之《补编》6 卷,则全书都 40 卷矣。古人有皓首穷一经之说,此公则可谓皓首穷一志矣,不亦为方志史上之一雅事乎?

综观是书特点有三:其一为编纂历时久,采辑宏富。书中所引用经史子集各类图书达 585 种之多。其二为引文均一一注明出处。所引资料有未足者,复以按语形式加以补正。如南宋爱国词人张孝祥传,除录《宋史》本传外,又于按语中收入陆世良《张氏姓谱传》,记孝祥第一个出来为岳飞翻案之资料,谓:“岳飞卒于狱,时廷臣畏祸莫敢言。公(孝祥)方第,即上疏言飞忠勇天下。其间一朝被谤,不旬日而亡,敌国庆幸,将士解体,非国家之福。”其三是书的“例言”,分散于相关篇章之前,且多有卓见。如其沿革之体例云:“是记博稽众史,详考历朝,不敢与陈编苟同,惧其未核;不敢以己意立说,求其有证,庶几爽若列眉,无烦坐而聚米。”正因如此,是书历为后人好评。纪昀序其书谓:“考核博雅,辨论精确。”孟成儒序其书谓:“凡郡乘所以录而习见者略之,录而讹而陋者,为详考而驳正之。其逸而见于他书,郡乘不及载者,为博搜而鳞列补之。”今人刘尚在充分肯定是书的同时,亦指出其无田赋、物产等内容,说明作者着重于历史掌故,而其中“诗话”一类,显然与志体不符。(均转见《安徽方志考略》第 105～107 页)

按:其后,此书重刊时,方宗诚写有一《叙》,述说史志关系亦值得注意,略谓:“史记一代之事,政繁体钜,其义例在纪其大,而不能纤悉必具;地志所载止一方疆域、形势、城池、田赋、学校、营制、风俗、人物,一切因革原流本末,皆可以博考详稽,为一方之典册。”(转见方宁胜《方宗诚方志思想初探》,载《中国地方志》2007 年第 11 期)

嘉庆十七至二十年(1812～1815),何应松修,方崇鼎纂成《休宁县志》24 卷,道光三年(1823)刻行。自东晋南渡起,中原士宦南来,与当地土著形成了“千年之冢,不动一抔,千丁之族,未尝散处,千载之谱,丝毫不紊,主仆之严,数十年不改”之居住特点。志书基之于此,首创了《氏族志》一门。据元人陈栎《新安大族志》、曹叔明《新安名族志》、《休宁名族志》以及各族宗谱、墓志状传等资料撰成，列记了程氏、汪氏等60多个姓氏之始祖由来，是考察休宁历史上之氏族、人口迁移问题很好的资料。(转见《安徽方志考略》第38页)

嘉庆二十一年(1816)，常明修，杨芳灿等纂成《四川通志》204卷、首22卷刻行。是志体例完备，内容丰富，卷帙浩繁，是四川省志中篇幅最大的一种，也是该省省志中正式印行之最后一部，可谓是四川省志之集大成者。是志特设经籍志一门，仿《四库全书》之例，按经、史、子、集划分，将凡蜀人著述汇聚成编。不另设艺文编，凡诗文辞赋、记传碑铭、奏疏公牍等，分别附载于山川、古迹、祠庙寺观、人物风土各门之下。是志颇重视金石内容之辑录。其金石志叙有云："吉金乐石，所以记功称德，昭示来世。故夏铸金鼎，周作嘉量，吕望铭功于昆吾，仲山镂绩于庸器，魏颗纪勋于景钟，孔悝表勤于卫鼎，以至尊彝盉甗，咸得其象。而天文以辞，后代用碑，以石代金，同乎不朽……断石可珍，碎金皆宝，俾今风古辙，考镜有资。"(转自《中国地方志名家传》第168页)

其"西域志"部分尤其值得注意。本来，乾隆元年刻行之雍正通志中，已经设有《西域》专卷，收载了许多其他著作(包括地方志书)未载之西藏资料，至为珍贵。可视为首部西藏通志。但仅以1卷之篇幅，内容毕竟有限。在本志中，则扩为6卷，约11万字，先分地域，而后再分历史沿革、星野、疆域、形势、风俗、城池、户口、津梁、关隘、贡赋、塘舖、山川、公署、寺庙、古迹、物产、管辖地方头人、赏给达赖喇嘛、各地方户口钱粮、西藏管辖三十九族等门目，加以记述，其中前藏详于后藏。分地记述之后，又有驻藏大臣题名(记自乾隆十五年任至嘉庆十九年任之55人)、西域职官政绩(记自唐至清乾隆五十七年间之事，还记有职官之忠节、死于藏事之官员和将领)、西域番酋(记自后魏至清代)、西域喇嘛、西域志余(多记藏历纪年、岁时、节令、民俗、驻兵、赋税、刑法、头人之委用、喇嘛服饰、藏民婚嫁、丧葬、住房、医药、占卜、贸易、田土、粮台粮务)等部，并附有成都入藏直至拉萨、札什伦布、聂拉木，自松潘出黄胜关进藏，自青海西宁入藏，前藏至后藏，自打箭炉经霍尔德格草地至察木多等之路途、程站。各地各门类中，多附载了清初至清中叶的有关诗文。完全是按照一部独立之《西藏通志》之体例来编纂的。只因当时西藏尚不是一个省级政区，其一切政务均由四川总督代管，故纳入四川通志之中。其所附的一些地方官员进出西藏所作之诗文等，多数不见其他地方志书所载，因而更属珍贵。(转见《中国地方志总目提要》21—8、24—11)

按：民国时修之《四川通志》中，亦有陈观浔纂之《西藏通志》一部，且是《西藏通志》中修得较好的一部，惜未能刊行，仅有誊清稿存四川省图书馆。(见《西藏志书述略》第7页)

嘉庆二十二年(1817)，宋如林修，孙星衍、莫晋纂成《松江府志》82卷、首2卷、图1卷，明年刻印成书。是志值得注意者有六：一是清朝人修志，敢于赞颂抗清义士之抗清行为。如其名宦传中载："侯承祖，字怀玉，世袭卫指挥使，忠多才略。乙酉(1645)南京失守，承祖守金山。大兵来攻，鏖战三日夜，城破巷战，马蹶被获，说降不从，向南就义。李成栋叹曰：'江南自史阁部而下,承祖一人而已。'其子世禄后亦战死,被围时作诗有:'身沾雨露心难死,肉委泥沙骨亦香'之句。"又载:"廖应世,字敬梅,世袭金山卫指挥。城困悉力坚守,城下积尸与雉等。兵随跃上,应世手刃数人,与其长子皆自刎。次子焚其亲属二十余人后,自刎父尸旁。"二是载抗倭斗争内容具体翔实。如其海防目下载:"往时不能御之于海,致倭深入,二府一州九县之地,无不创残,其祸惨矣。"而后大船小船均以完备。大船上置拍竿。"夫拍竿者,施于大船之上,每舰作五层,高百尺。置六拍竿,并高五十尺。战士八百人,旗帜加于上。若敌船逼近,则发拍竿,当者船舫俱碎。"三是如《郑堂读书记补遗》所云,其人物部分,"遵一统志例,不分名臣、忠臣、儒林、文苑、孝友、独行诸目,总以时代为叙次,合为古今人传,可谓斩尽枝节;而艺术仍别为目,尤见重学术品行而轻微技偏长之意;至列女传中,分完节、烈女、贞孝、贤淑、才女五目,不似他志专载节烈一类,亦深得刘子政、范蔚宗遗意,皆修志者所当取法也"。(转见《上海方志资料考录》第 16 页)陈桂生者为之序云:"今守之志松也,立礼严稽,事核而于一厅七县风俗之奢俭,民生之利病尤详。上足以备外史之采择,下足以为长民者之所考镜。"(转见梅森《上海方志研究概要》第 2 页)四是地方特点突出。因松江襟江负海,为一水乡泽国,水利为一郡之先务。其《山川志》采《水经注》之体,将境内河流湖浦及其支脉,条分缕析,述其源流、利病及浚疏工程。资料收集了自《禹贡》至清嘉庆二十年的帝王诏旨、名臣奏议、古今图集及金石等,莫不有辑,对研究松江水利甚为有益。五是注重国计民生。松江赋重是出名的,其《田赋》内记载了历代田亩、田赋、各种杂派,以及地方官擅加盘剥,以致因赋重而引发的民变事例等。六是善用地图,图多而详。作者认为,"府境形胜绣错,建置罗列,非绘图不能解"。故图 1 卷中多达 39 幅之多。有建置图、松江府及所辖厅、县全境图,还有乡保市镇图、松江水利原委图、九峰三泖图、海防图、府署图等。(参见刘纬毅等《中国方志史》第 247 页)

是年,景纶修,谢增纂成河南《密县志》16 卷刻行。是志以图、表、志、录为纲,不设人物传。有凡例 28 则,其中之一有云:"志之为道,不合史法则陋,全用史法则僭。史有纪、表、志、传,郡邑亦备其体是僭也。顾炎武谓:'非史官不宜为人立传',论极详允。郡邑乘备史馆采择,志、表可也,传云乎哉!观宋濂《浦阳人物记》、康海《武功志》微意可知。今以图、表、志、录为四纲,而于人物、列女,概不名传,惧侵史职也。"对这样的主旨,后人多各见仁智。(见《河南地方志提要》第 86 页)

按:民国 13 年修成之《密县志》20 卷仍用其体例、编目,只是增加一些新的内容而已,如图的部分,增加了学务分区图、邮线图和选举分区图等。

是年,邹景文修,曹家玉纂成湖南《临武县志》47 卷、首 1 卷刻行。此志类目清楚,内容翔实,考证确凿。在内容上一个显著之特点,是为少数民族设立了一部专志——苗瑶志。这是笔者所知的在旧志书中,为少数民族设专志之第一家。在这部专志中,详记了苗、瑶族之源流、分布、居住、生产、生活、风俗习惯等,是研究这两个少数民族难得之资料。(见《中国地方

志总目提要》18—63)

嘉庆二十三年(1818),国史馆为修《一统志》,再次行文各省,求要呈送各省通志,以备“采择”。(转见王增权《陈昌齐与〈广东通志〉》,载《广东方志》1992 年第 4 期)

是年,两广总督阮元设局修纂《广东通志》,延聘粤秀书院讲席陈昌齐为总纂。至二十五年(1820)九月,完成通志修纂工作。是志用谢启昆修《广西通志》之体例而略有增损,分训典、表、略、录、传、附录六类,凡 24 门。其中仿《广西通志》之作法,将清代以前广东省所发生之大事,用编年体辑出,名之为《前事略》,这是将续志时限前之史事另行列出,亦谢创此承之体也。其后李鸿章主修之《畿辅通志》,亦设《前事》一门。本志中广征博引,详加考证,内容充实,体裁雅训,被“海内推为善本”。梁启超誉之为“斐然可列于著作之林”。(见王增权同上文)

是年,广东阳江县令李应均着手修《阳江县志》,先取嘉庆十七年县令李澐修之志稿,于绅士之中择其品行端悫孚于众望者 10 人,延之内署,密疏所知,合之志稿已为立传者,共得 23 人,其旧志已载者仍之,志乃定稿。(见《广东方志要录》第 314 页)这是古人采取集体筛选人物补入传内之一种方式。

是年,张澍纂成《蜀典》12 卷。仿《通典》之例,分为堪舆类、人物类、居寓类、宦迹类、故事类、风俗类、方言类、器物类、动植物类、著作类、姓氏类等。所载言之有据,考证精详,是一部个人修成的四川省志。(见《方志学史》第 280 页)

是年,胡琫修,勒殷山纂成《龙川县志》40 卷刻行。是志分为天、地、人三大部。天部记图、星野、气候、祥异等;地部记疆域、建置沿革、编年纪事、山川、水利等 20 类;人部记赋税、职官、选举、人物等 15 类。其职官类更具特色,开列职官之前,先陈述为官之道有 10,即清洁、正直、宽厚、威严、兴学校、重农桑、绝馈遗、戒请托、绝逢迎、戒奔竞、俭于衣食、仁于催科等。此等作法为他志中之未见者。(见《中国地方志总目提要》19—63)

嘉庆二十四年(1819),翁元圻修,瞿中溶、黄本骥等纂成《嘉庆湖南通志》219 卷,首 3 卷,末 6 卷,明年刊行。全书共分 14 门,其中金石一门,“以楚南少究心金石者,故为中溶所独任,遵乾嘉诸儒金石书例,而不循前人通志旧例。甄录赅备,考证精详,盖秉其外舅钱大昕之学,渊源有自,故能独臻美备,为从来舆地志所未有也”。至于全志,“当时中溶以向来修志,往往苟简脱略,于正史所载之事,挂漏甚多,因倡议先以二十二史分读摘录,再旁搜记载可信之书,补遗订缪,用力颇深。故视陈志(陈宏谋主修者)赅备多矣。其于明以前传,补至二百有余,职官姓名,所补亦多,且各注所引原书。人物之后,附以义仆、义役,搜采既博,体例亦善,深合史裁,诚通志之正轨也”。(叶定侯《续修湖南通志之我见》,载《湖南文献汇编》第一辑,转自朱建亮、李如龙《湖南地方志考评》第 9 页)本志风俗于楚风外,更博采汉宋诸家所记苗瑶语言旧俗,很具卓识。(见《中国地方志总目提要》18—9)

是年,贵泰修,武穆淳纂成河南《安阳县志》28 卷、首 1 卷刊行。武穆淳,著名方志学家武亿之子也。20年前武亿曾纂成《安阳县志》14卷。今穆淳又纂成本志。父子前后各纂同一个县之两部县志,可称嘉话。尤其值得注意者,在方志收录正史已有传之人物上,意见竟是完全相反,提出了一个值得注意的重要问题。武亿在前志之凡例中提出,于正史有传者,惟书姓名,后注出处。因为"具书全文,有同抄胥;节存数事,亦归体要"。后志之凡例中则持相反意见,认为正史卷帙浩繁,诚难家有其书,不如附县志刊行,即寒素亦得景行先达。(见《河南地方志提要》第481页)这两种不同主张之争,在20世纪的社会主义新志编修中,又被提了出来。

是年,孙让修,李兆洛纂之安徽《怀远县志》28卷活字印刷成书。李氏是著名的方志学家。他在本志之序文中,对方志之作用论之甚详,谓:"夫志者,心之所志也,志民生之休戚也,志天下之命脉也,志前世之盛衰以为法鉴也,志异日之因革以为呼吁也。"认为"非有视一邑如一家,视百姓如一身之心,幽微隐曲,无所不到,而至诚恻怛,自然流于肺腑,使见之者耸然而思,闻之者惕然而动,则其所志者,簡牍而已,非其志也"。又谓:"知县,古百里侯也,刑政之设,社稷人民之寄,无以异于古。古一侯之国,则必有史、有籍、有版图、有典章。苟蔑其官而弃其制,谓之亡国。今县邑,或志乘不备,文献无考,而令长曾漠然不以关其虑,独何也?"(转见《中国方志简史》第362页)在此序中,他指出一般志书中存在之弊端有言:"避簿书之诮,则凭意刊削以为简古。侈收录之富,则杂厕肤猥以为浩博。体制既乖,详略交病。其紊轻重之实,袭胥吏之故者,抑又无论焉。夫稽往籍者,所以存法戒也,详时事者,所以观风俗也。若稽古而不核,非陋即冗,诹今而不审,非棼即缪。徒以迷误后学,不如尢书矣。""邑之故事,杂见于经史百家之编者,有一字遗于采录,其蔽也陋;当代之务,典章法度之损益,一时之贤俊孝悌贞廉之行,有一事之遗于胪列,其蔽也疏;能详于古今,而其识不足以衡是非,言不足以轻事变,浮而寡当,冗而无序,其蔽也暗。"(转见黄元裕《清代常州三位方志学家方志思想综合评析》,《中国地方志》1990年第3期)

按:有的论者谓,此志绘有全县总图,又设各乡之分图,开方计里,村落、桥梁、寺观、邱阜均显其中。将各乡之图合拼起来,分毫不差。当时被视为志图之宗法。(转见刘世锋《浅议志书中图的演变与发展》,载《宁夏史志研究》1999年第2期)

是年,张宗泰纂修成《备修天长县志稿》10卷刻行。是书乃为两江总督备修通志而作。虽称"备修志稿",但却体例完备,严于史法,考证精详。如其艺文,则本班固《汉书》之法,列书名、卷数。大字著书名,小字录每书小序,一改天长以前诸志艺文仅收诗文之法,而将诗文移于各卷。(见《中国地方志总目提要》12—36)

嘉庆二十五年(1820),绘制成清代疆域图,基本反映了清代中国版图,可与其后修成的《嘉庆重修一统志》配套而行。(见《方志学史》第266页)

是年,钱思元私人撰辑并刻成《吴门补乘》10卷、首1卷。是书立目分类全按乾隆《志》,实是一部乾隆志补。自谓是志"略于文词而详于经济,如田赋、水利之类。凡有关吴门利病者，无不审时度势，悉心参酌，庶司牧者采择焉”。内中补充了许多难得的资料，如《杂记》中，记有顺治二年(1645)清兵进入苏州，因强征粮刍而激起人民武装反抗之事。此类资料，多为官方志书所避而不载者，很是难得。

嘉庆间(1796～1820)，陶澍督修，万年淳撰《洞庭湖志》14卷成。全书分为17门：舆图、皇言、星野、湖山、水道、洲港、堤垸、税课、兵防、风俗、物产、古迹、祠庙、游览、事纪、捃摭、艺文。前列有三府一州八县四大水入湖全图，图说详尽，源流清晰，此为洞庭湖首创之志。(转见《方志学史》第303页)

嘉道间，范锴著成《汉口丛谈》6卷。范氏以长期经商于汉口而纂此志，亦志林之一逸事也。虽是商人撰成，但志中却能上穷《禹贡》、《山海经》、《左传》、《华阳国志》、《水经注》，下及《清会典事例》及大量方志、私人笔记等文献图书，共达50余种。记载当时汉口云：“兹汉镇人烟数十里，贾户数千家，鹾商典库，咸数十处。千樯万舶之所归，货宝奇珍之所聚，洵为九州名镇。肇于有明中叶，盛于启正(祯)之际。”“盖汉口初一芦洲耳。洪武间未有民居。至天顺间，始有民张天爵等祖父在此筑基盖屋。嘉靖四年丈量，上岸有张天爵房屋六百三十间，下岸有徐文高等屋六百五十一间，汉口渐盛，因有小河水通，商贾可以舶船，故为天下名区。”表列当时汉口大小街道名称365个，有些至今仍沿用。书中所载明成化间，汉江由原龟山南麓入江，改为从其北麓入江，使汉口、汉阳分为两镇，“今之汉口非古之汉口”。这是一条鲜为人知之史料。(转见罗天焕《〈汉口丛谈〉——一部有价值的武汉地方史》，载《湖北方志》1992年第5期)

附载：乾嘉两朝，出现了清代修志的第二个高潮。据郭松义于《中国地方志》1984年第2期著文谓：乾、嘉两朝85年间，刊刻之府州县志1300余种，超过了顺、康两朝。其中四川最多，为159部，以下依次为河南111部，湖南97部，直隶92部，江西90部，陕西86部，山西80部，山东79部，广东73部，浙江69部，安徽61部，江苏58部，福建51部。这个高潮出现之人为原因，有如李泰棻所言：“清初顾炎武，有《天下郡国利病书》之辑，取材多资各省方志，而承学之士，始有知此学之重要者。复以乾嘉时代，朴学大兴，毕、阮诸公，开府大邦，力振文化。有司仰承风旨，乃重斯文。故大师如戴震、洪亮吉、孙星衍、章学诚之伦，遂得传食名都，经年载笔，勒成诸志，史法较纯。方志之未坠厥业者，亦多赖此。”(转自《方志学》第16页)

道光朝（公元 1821～1850 年）

道光元年(1821),朱云锦辑成《皖省志略》4 卷刻行。清代康、雍、乾等朝,诸布政使皆有单独通志之修。而安徽虽有布政使和巡抚之专设,然因治所驻镇江宁(今南京),故未单独修通志。康、乾时经两修之《江南通志》均含有安徽的内容,但较为简略。嘉庆二十五年,朱氏随吴邦庆自河南布政使调任皖省巡抚,方始为纂辑独立之省志。为辑此书,他"随吴霁峰(邦庆)先生使车来皖,抵宿州,西至蒙、亳,查涡河古堤,还道怀远,登荆涂山,观涡、淮合流处。继又小憩濠、梁,凭吊前代之陵园。次合肥,顿桐、舒,吴、魏互拒及南北朝战争地,皆可指数。迨授馆节署,则又搜览志乘,与史书校勘,其说不无参差,与今地形亦间异"。在做了大量实地考察与收集资料的基础之上,朱氏着手"以安徽为纲,所属府州县为目,采诸所记山川地理缀其下。有不备者,则又以历代地志及顾亭林(炎武)、顾景范(祖禹)诸君之书补之。至户口、田赋、仓储、邮递,则一以《赋役全书》及近年奏销册籍为主",纂成是书。其本意在于"少裨从政斯土者之见闻,故不详名胜,非纪游也;不重考古,非辨订也。田赋畸零,概从阙如,重存其要领也。"(朱序,转见刘尚恒编著《安徽方志考略》第 4 页)志首列安徽省总论,次列八府、五直隶州、四属府州、五十县。以府县为纲,沿革、山川、丁赋等事为目。各县下分目记述,县各数千言不等。(见《中国地方志总目提要》12—3、12—8)

按:从《序言》及全书构成内容来看,《皖省志略》乃一部为政便览性质的工作手册,并未当省志来修也。

是年,松筠修,汪廷楷、祁韵士、徐松等纂成《新疆识略》12 卷,由伊犁将军松筠奏进,被命名为《钦定新疆识略》。先是汪廷楷被谪戍伊犁,奉伊犁将军松筠之命,纂成《伊犁总统事略》(又名《西陲总统事略》)一稿。后经另一谪戍者祁韵士增纂成约 13 万字。再后又经谪人徐松增纂成 28 万余字,至是由松筠进呈,道光帝旻宁钦定书名为《钦定新疆识略》。是书前四卷为新疆总图及各地舆图,并有图说,对各地山川、河流、道路、卡伦和台站等载之甚详。卷五～卷十,记载了新疆官制、兵额、屯务、营务、库储、财赋、厂务等,对该地区之农业生产亦有较详之记载，反映出各族军民之屯垦业绩。卷十一记边卫，记各卡伦之设置情况。书中还有伊犁将军、参赞大臣、领队大臣和总兵等的任期表。（见《中国地方志总目提要》29—8）

按：是书有祁韵士摘成之简本4卷，约3.5万字，名为《西陲要略》，又名《新疆要略》。一部志书经三位谪戍者纂成。从新疆的谪戍者和东北之流人事迹，亦足见这些流放者对边疆地区开发和文化发展之贡献。

是年，谢沄、朱象珽纂修成广西《义宁县志》6卷。朱氏认为，方志可以起到培植国脉之作用。其《志序》中有言："上而天文之分野，下而地界之接壤，中而物产之滋生，以及民情之尚好，风俗之淳漓，兵赋、徭役、经费之多寡，城郭、津梁、廨舍之废兴，无不备载其中。敷治者据册而览，得其寒燠、刚柔、盛衰、沿革之概，可以代輶轩之采简，从而随地制宜，加以因革损益，于治理不为无补。又况宦绩、科名、孝子、顺孙、义夫、节妇、高士、文人，借以永垂不朽。夫表彰前哲即以兴起后贤，其为培植国脉，岂浅鲜哉。"

是年，王希琮修，张锡谷纂成《天门县志》36卷刻行。是书之末，附载《陆子茶经》3卷，可作为志书收载专书之例。

按：志书中所载专门著作，多以涉本地奏疏、地理考证等为多。似《茶经》之类以不专涉地情之著作附入志书，为不多见之例。

道光三年（1823），李云修，杨馥纂成《金溪县志》60卷、首1卷刻行。先是，康熙二十一年（1682）因病居家之王有年以个人之力，经十个寒暑撰成《金溪县志》13卷，颇有特色，被誉为"颇有史法"者。本志体例上多仿王志，而补核加详之，故内容上甚为丰富详备，很具实用价值。如其"物产"中记述了该地物产之霜梅、乌梅、冰梅、雕梅之制作方法，蕈菌名称、色泽、形状、毒素及解毒之方法等。其"人物"中记载了制墨名家邱可行、名医龚应贤之事迹。还特设"缺访"一目，专收于事实无考之人，留待后人考信。（见《中国地方志总目提要》14—53）

是年，侯钤、张富业修，萧凤翥等纂成《衡山县志》55卷、首1卷刻行。是志首列"图考"，有天文翼轸分野图、县舆地全图、界内湘水、洣水、兴乐江源流图、南岳全图、衡山八景图等20余幅，均为木刻版画。其中之衡山八景图，为本邑童生李维绘制，以点线勾勒成图，画雕皆精，是旧方志中真正图文并茂者。志中对生产技艺之记述颇为重视。"水利"门记有本邑灌溉之水车种类及制作方法。"风俗"门中，有关于农事、女工、工匠之记述。"女工"门中记有挑花、刺缝等。（转见《中国地方志总目提要》18—37）。对生产技艺记载如是之详悉，在旧志书中是不多见的。

道光四年（1824），萨英额纂成《吉林外纪》（又名《吉林统志》）10卷，为吉林之首部通志。萨英额在《志序》中谓："天下府州县莫不有志，盛京有《通志》，黑龙江有《志》，又有《纪》，吉林为我朝发祥根本之地，并无记载，岂非阙典？谪居吉林人员内不乏名家，何难濡笔？第人地两生，不知风土人情。山川地名，又多系国语，以汉文字音求解，鲜不亥豕。此富崧岩大宪之所以不委诸外员，而命萨英额作记也。"由于地方特殊，故志书之篇目亦与他志略异。志前有自序及吉林乌拉舆图 1 幅,下分 10 卷。卷一为御制诗歌;卷二为疆域形胜、山川、城池;卷三为满洲、蒙古、汉军、建署、沿革、驿站、船舰、桥梁;卷四为职官兵额;卷五为俸饷仓储事宜;卷六为学校、学额、儒林、文艺、祠祀;卷七为田赋、公置、物产、人物;卷八为时令、风俗、贞节、杂记;卷九为古迹;卷一〇为双城堡、伯都纳屯田。作为吉林之首部通志,记载了吉林早期许多原始资料,有些是他书所无者。如卷一〇的两个专篇,所记内容至为宝贵。(见《中国地方志总目提要》7—4、薛虹《中国方志学概论》第 51 页)

是年,宋如林等修,石韫玉纂的《苏州府志》150 卷,首 10 卷刻成。是志首列"金石"一门,是值得重视之创举。尤其"风俗"、"杂记"等门,纳入社会史资料极为丰富,亦甚可贵。如傅振伦在《中国方志学通论》中所言:"'风俗'门全录旧志时序、节物、耕渔、蚕织之文,更增入《吴门补乘》数条。所载方言、方音、俗字、山歌颇多。记人民生计、渔具、渔网、渔船等形制亦详。唐陆龟蒙《耒耜经》及祝牛《官调序》并录之。其于本地陋俗,如奢侈、浮华、晏安、游荡、赌博、好讼、媚神、信鬼,无所忌讳,深合史法。篇末附录汤文正公《抚吴告谕》,及陈文恭公《风俗条约》,亦可见风尚之大略焉。此门言:吴俗以斗数鱼,大抵以二斤半为一斗。又言昭文挎工为人物,穷极工巧。又言湖中诸山,大概以桔、橼为产,一树值千钱,或二三千钱,甚至者至万钱。又言男子不着衣裤,止穿围裙。又言开元寺妖僧创'报母'之说,煽惑妇女,裸体燃烛肩臂,谓之'点肉身灯'。皆社会史、风俗史之好资料。"(第 92 页)

道光五年(1825)前,陈揆撰成《琴川志注草》12 卷、首 1 卷。此专为孙应时《重修琴川志》作注者也,方法是以前志之句为纲,将有关资料一一条系于句下。或补原志所缺,或详原书所略,或正原文错讹,或加"按"以阐明己意。所引书皆注所出,征引明确,资料丰富。(见《江苏旧方志提要》第 342 页)

按:为前志做注,亦做补志之一特别之法,故亦为之列出也。

是年,李炳彦修,梁栖鸾纂成山西《太平县志》16 卷、首 1 卷刻行。是志各卷皆以志名之,曰舆地志、建置志、坊里志、学校志、秩祀志、典礼志、赋役志、职官志、武备志、选举志、人物志、列女志、古迹志、祥异志、杂记志。是志之"凡例"中,指出志书行文中,地名不宜以一字简称,谓"旧志所载,凡有关于一县者,或称太邑,或称平邑。查太邑则与太原、太谷等县不分;平邑又与平遥、平陆等县相合"。(《方志考稿》第五编第 46 页)此论诚是。

按:此意章学诚在《与石首王明府论志例》中已先论及(见 1794 年条)。就今论方志史而言,一县之志,不仅不当以一字简称,有时府、县志前所属省名,亦不可随意省者。如太平府安徽有之,广西有之。太平县安徽有之,四川有之,山西有之,浙江亦有之。如将省名略去,则不知为何省之太平府、太平县也。笔者在收集"中国稀见著录方志"书目时,就遇到一部《太平县志》,初时不知当系置何省,费了好大工夫,才为其报上户口。

又:这种"一志到底"之志目,历史上所在多有,仅晋省可随意枚举者,便有雍正《洪洞县志》、乾隆《和顺县志》、乾隆《榆社县志》、乾隆《临汾县志》、光绪《寿阳县志》、民国山西《岳阳县志》等。章学诚曾指出，全书为志，卷、篇亦以志名之，非当。

是年，署理绥靖屯务官李涵元修，潘时彤纂成《绥靖屯志》10卷、首1卷刻行。其内容与一般方志无大异，但其“物产”门详记了该地特产多种，如天星米、荞、圆根、野牡丹、雪莲、冬虫夏草、土参、贝母、雪鹅、鸚鵡、阳雀、么凤、牦牛、雪鱼、姜活鱼、孩儿鱼、麸金等。“风俗”门内分为“汉俗”和“夷俗”两大部分。后一部分包括了羌、藏各族的语言、饮食、服饰、居处、嫁娶、生育、燕会、技艺、畜牧、徭役、教习、礼仪、条例、品秩、疾病、葬祭、旌表等内容。“边防”门主要记载了乾隆年间平定金川，改流设官之后，本屯额设镇守之官兵、番屯等情，是为珍贵难得之资料。（见《中国地方志总目提要》21—141）

按：本志为时川境内屯志之最早者。其后出现的还有同治《章谷屯志略》、光绪《懋功屯志略》、《懋功屯乡土志略》、《四川新设炉霍屯志略》、《抚边屯志略草稿》、《抚边屯乡土志》、民国《崇化屯志略》、《懋功屯乡土志》等（均见《中国地方志总目提要》21）。

道光六年（1826），襄阳知府周凯在自著《襄阳杂识》基础上缩写成《襄阳必告录》7卷。卷一为地理图说；卷二为阖郡风俗；卷三为各属情况；卷四为钱粮仓储；卷五为堤防水利；卷六为治理大要；卷七为经费杂款。周氏在“自序”中谓：“凡六县一州，民情俗尚，事无巨细，地无远近，耳有所闻，目有所见，无不笔之于书。又复采访舆情，咨诹父老，求时事之兴废，考前人之因革，积累成帙，名曰《襄阳杂识》。又取卷中之尤切治理与身所阅历者，别为一书，曰《襄阳必告录》”。古人视志之益于治者，有至于此。

道光七年（1827），王志沂辑成《陕西省志辑要》6卷、首1卷刊行。颜伯焘在《志序》中称此书“详无赘词，直无蔓语，不矜遗迹，不溺尘习，读之如履其地而见其人”。志附《关中汉唐存碑跋》收录碑碣140余方，对毕秋帆的《关中金石记》亦有所补益。（见《中国地方志总目提要》25—6）

是年，以王有庆、李国瑞、陈道坦、刘铪为总辑，陈世镕、曹楙坚、徐鸣珂、周庠、张福谦同纂，梁桂为监辑（尚有襄辑若干人），纂成江苏《泰州志》36卷、首1卷刻成。是书内容丰富，仅村镇就列出1174座之多，还新增了一些篇目，但不大得法，显得凌乱无章，考证也不甚精详。在是志修纂中，以监辑梁桂等吞渔志局公款，又屈从于志局董事、本州富室高銮之意，在“人物”一门中，将高氏“嫡支十三人并无科名事迹实据，滥登十二人，又以銮母入‘孝妇’，銮祖母入‘贤妇’，阖邑志书，竟成高氏家乘”。（见俞扬《读道光〈泰州志〉》，载《江苏地方志》1991年第4期）营私作弊，莫此为甚。因而志书一出，便遭訾议，引起舆论大哗。州中以任钰为首之部分士绅，共57（一说75）人于明伦堂聚议，联名上书，禀官揭发，历数其过，并开列错误与疏漏187条，要求毁版焚书，设局重修。官司迁延3年之久，终无结果。任钰等只得仿毛西河《萧山县志刊误》之例，纂辑《泰州新志刊误》2卷、首1卷刊行。书中共举出前志谬误疏略者190余处，确实起了纠谬补缺之作用。但态度也不十分公允，亦有以错易错、小题大做、挟私泄忿之处。其“人物”一门同样也有为其先人树碑立传之嫌。故该书的纂者之一的夏荃为此曾大加感叹,谓:“重纂者诚无逃于訾议,吹毛索瘢、讦讼者又岂尽出公平！至今都人谈及邑乘,辄动色相戒,视为畏途,将来纂修,更不知何时何人?”(转自徐复、季文通主编《江苏旧方志提要》第636页)

按:此志被人讥为“高氏家乘”,修志者可不慎乎?清代志书中有此类毛病者又岂止此一例?如山西《兴县志》也以同样的毛病,被人讥为“孙、康两家的家谱”。故钱大昕在《潜研堂文集》中说:“近代士大夫一入志局,必欲使其祖父族党,一一厕名卷中。”瞿宣颖为此也指出:“乡里人物,易启争端,首由秉笔者不能豁大公之心,而乡人亦不尽解志乘之真意。故为避口实计,莫如公延卓具史识而与本邑无关之人,主持志事为善也。”(见《方志考稿》第六编第83页)

道光八年(1828),张廷槐纂修成陕西《重修西乡县志》6卷。是书之“物产”部分,载该县老虎甚多,甚至有入城伤人者。康熙末年,知县募集猎户,一次就射杀老虎64只,为此还修射虎亭,“竖碑以志其事”。(见《陕西方志考》第192页)可让人们了解清代时该地之生态状况,岂谓无益?

是年,党金衡等纂修成《东阳县志》28卷、首1卷刻行。是书“灾异”目下附载了自晋卢循,唐袁晁、裘甫、黄巢,宋方腊,元方国珍,明陶得二,直到道光间之大小数十次农民起义在东阳之活动情况,这在其他志书中是鲜见的。(见《浙江方志概论》第152页)

是年,劳逢源修,沈伯棠纂成《歙县志》10卷、首1卷刻行。是志中颇重“方伎”类内容,如其载新安医家们之事迹与著述。又如载吴良止“刻铜章,笔汉法”,与休宁何震齐名。载黄异人善制木偶,做到“行动限携,如所意指”。其家之童仆皆是木人,门内设一木狗,有行窃者入“即被啮不得脱”。康熙时“西洋人进供一宝座,人坐则八音自鸣”,“节奏如出名伶”。这位黄异人一经拆视后,即能制出。(转见《中国地方志总目提要》12—66)收入这些难得之科技及能工巧匠之资料,体现了编纂者对下层劳动人民技能之重视,甚是难能可贵。

是年,王荣陛修,方履篯纂成《武陟县志》36卷,两年后刻行。在是志编纂中,曾由知县向全县发布《采访条例》,对于应调查采访之事项,逐项都做了明确之规定。如疆域应查各里、村与邻县相距里数,各里所属村庄相距远近,户口多少,临近黄河、沁河有何村庄,街道之名称及相隔距离,民情风俗与其他地方不同之处等。

按:此前修《大清一统志》时所颁发之《行查事项》,可看作是修《一统志》的采访条例。这个《行查事项》下发,对地方修志中出现《采访条例》有着直接之影响。巴兆祥称,这是现今发现最早之《采访条例》。此后此类之采访事例遂逐渐多了起来。(见《方志学新论》第128页)

又:在有清一代,方氏可称为方志世家。方履篯纂有《河内县志》、《武陟县志》、《永定县志》;其子骏谟纂有《徐州府志》、《宿迁县志》、《徐州舆地考》等;孙方恺承家学,撰有《朝邑县志证误》、《武功县志证误》、《四裔古国疆域考》,尤善绘地图之术,汲取当时传入我国之西洋制图技术,著有《地球图例》,绘有《宁绍台三府图》、《光绪粤海图》、《长江图稿》、《大地球图稿》、《水经注图》等。方恺之学又为其子方宝穆所继承。(见陈光贻《中国方志学史》第184页)

道光九年(1829)六月,陶澍倡修,后由邓廷桢终成《安徽通志》260卷刻行。首六卷记诏谕。而后析为10志:舆地志、河渠志、食货志、学校志、武备志、职官志、选举志、人物志、艺文志、杂类志。志下分目,并以小序缀于篇首。在处理与原《江南通志》之关系上,其《凡例》规定,"全以《江南通志》为纲,纪载悉从其旧。有于原文略为增损者,皆据他书纂辑,非以己见更易一词。惟《江南通志》援引诸书不注所本,今多为标出,而亦有未尽者,以行文繁简不同也。其各门类中,旧有舛错之处,必旁参曲证,加按语以析之。倘意指未能遽明,则两说并存,未敢臆断,以俟后之君子互折衷焉"。(转自《安徽方志考略》第6页)此为安徽省之第一部官修省志。由于其体例严谨,叙事简要,广征博引,考证精详,重点突出,为后人所称道。(见《方志学史》第282页)

是年,王崧纂成《云南志钞》8卷刻行。先是道光六年(1826),云贵总督阮元开局修《云南通志》,聘崧总其成。稿已初成,适阮元入京述职,崧与继任者意见不协,遂"托嫁女辞归",稿亦随之携回,略加遴选8卷(尚有《秩官》、《烈女》、《杂著》等未选入),由其门人杜允中加入注释,至是由吉佑堂刊行。是书以近30万字之篇幅,基本概述了云南的地理概貌、政区沿革及历史发展。如其卷三～卷四的《封建志》,以人物及家族系事,记载了庄蹻开滇至明末之重大历史事件。卷七之《土司志》,系统地记载了元、明至清代中叶该地之土司废置、世袭之况,以明末至清中叶尤详。阮元在《说纬·序》中称王崧本书的"《地理》、《封建》、《边裔》诸篇,能得魏收、杜佑之遗法,洵为名笔"。(均见云南省社会科学院文献研究所之刊印本《点校前言》)尤其值得注意者,是其《封建志》、《边裔志》、《土司志》诸卷。仅从这些卷志所辖的"目"上,就颇能反映云南的地方特色和民族特色,资料亦属珍贵。其《封建志》下辖目为:滇世家、句町世家、夜郎世家、白蛮世家、九隆世家、爨氏世家、群蛮世家、南诏世家、大理世家、元宗室诸王世家、明黔宁世家等。其《边裔志》下辖目为:缅甸载记、暹罗载记、南掌载记、越南载记、西藏载记等。

按:志书类中,书名而言"钞"、"抄"者不少,盖皆先有繁、全之书(或稿)而简撷其要者也。高似孙《史略·史钞》谓"凡言钞者,皆撷其英、猎其奇也,可视为观书之法",是矣。

又:云南省社会科学院文献研究所于1995年5月加以点校印行,于古籍之保护,并服务于当时修志之需,其功固不可没,惜其整理编印工作则略显粗糙。如其编目及正文中有"句町世家",而《点校前言》中却作"枸町世家";志文中有"南诏世家",而编目中却出现"南绍世家";甚至"社会科学院"亦漏简为"社会学院"。至评论方面亦可更精细一些者,如《点校前言》中谓其历史局限时,指出"《土司志》记载一些部族酋长的分裂叛乱与少数民族的反抗斗争皆称‘乱’或‘贼’等等”,固当如此,但其对原书中将《西藏载记》列于《边裔志》,与《越南载记》同归一类,这一更大的局限,反而未置一词。足见旧志整理之未易也。

是时,英和撰成《卜魁城赋》一篇,描述了今黑龙江齐齐哈尔一带之风物、史事。英和曾为户部尚书、协办大学士。道光九年,洪泽湖决口,奉诏筹海运,以督办宝华峪地宫不坚、浸水,几遭大辟,因谪发黑龙江。他于遣戍途中撰成此赋刊行。赋之注文中,引述了《盛京赋注》、《全辽备考》、《金史·地理志》及《龙沙纪略》等多种史籍。故后又将其“自注语”汇辑成《卜魁纪略》一书。是书于鄂伦春、达斡尔等民族之渔猎、游牧生活方式记述甚详,于该地古今民族均有涉及,还记载了汉族进入之后从事垦殖、兴办学校以及与当地少数民族之关系等。是今存黑龙江著名的一部赋体志书。

按:我国边远地区的早期作品,不少都为流人和边官所作,且多以文学形式出现,此其又一例也。日本学者内藤虎次郎在《〈卜奎城赋〉解题》中举例谓:“康熙、乾隆以后,以边疆风土为主题之赋作,其文采可观者往往有之。纪晓岚流放西域作《乌鲁木齐赋》,和泰安镇抚西藏作《西藏赋》,徐松也是流放西域作《新疆赋》,皆为当时传诵之作品……英和在流放黑龙江时,作有此赋,比起前述诸赋,尤为争光。”(转自王全兴《谈谈写提要》,载《黑龙江史志》1984 年第 3 期)

道光十年(1830),崔志元修,金左泉等纂《铜山县志》24 卷、首 1 卷刻成。是志卷首除序、凡例、捐刻姓氏、修辑姓氏外,便是四境、县城、学宫、道署、序署、县署、总镇署、察院、云龙山行宫、柳泉行宫、云龙书院、云龙山、凤冠山、子房山、街道、城南、城北、城西、城东集镇、县城以上河、县城以下河等图,(见《江苏地方志提要》第 190 页)是旧志中置图之多者。

是年,雷学淦、霍树清修,曹师曾纂成江西《新建县续志》11 卷、首 1 卷刻行。这是在前志基础上的增录。雷氏在《序言》中,说明其命名原则是:“前人有著作既经后人损益,即不得复用旧名。使其迹久则就湮,是掩善也。且使观者疑为后之所为,是攘善也。”故名其书为《新建县续志》。在“凡例”中,又说明了续志之原则为:“旧志凡例斟酌尽善,是编无敢妄易。所载事宜,不参末议,新续中应增者增,应略者略,体裁一禀先正。凡旧志目录所有,续志所无者,皆于各门小引申明意义;其旧志所存,今已废者,载明续志;旧志所存,今亦存者,概不载入。”(转见《江西地方志概说》第 24 页)

按:是志在修纂过程中,知县霍树清曾将志稿张贴于墙,听取意见。先是,前知县雷学淦续修县志,事未竟而调升义宁知州。霍接任后,对初成部分加以检阅。凡事有未清或涉疑者,刻印张贴于西昌书院之墙,要求各本族及新邻呈请补充、更正。最后完成《新建县续志》11 卷、首 1 卷,于今年刻行。(见《中国地方志总目提要》14—10)此种做法为修志中所少见,故亦录之。

是年,诸豫宗修、周中孚纂成广东《西宁县志》12 卷,首、末各 1 卷刻印成书。是书仿阮元

《广东通志例》,首有“图经”,列图14幅,皆有图说。志目中最为特殊者为设有“便民余政”一目,胪列前人惠政,便于稽考,是志书中的创例。(见《方志学史》第299页)

按:周氏精于目录,其所撰《郑堂读书记补逸》卷一〇～卷一八为地理类,共著录总志、通志、府县志、镇志、水利志、山川志、古迹志、杂记志等294种。其他地理书38种,提要内容,考其得失,(转见林衍经《方志评议历史传统及其继承与发展》,载《黑龙江史志》1998年第1期)亦可概见其部分方志主张。

是年,白山司巡检王言纪修,凭祥州判朱锦纂广西《白山司志》18卷、首1卷刻印成书。白山司自宋时起至是已传36世,此前曾两修“司志”。本志即在前志基础上修成,共分18门,首纪、世系(土司族谱)二篇;次为志17篇,为建置、疆域、山川、关梁、水利、田赋、祠庙、风俗、物产、人物、列女、冢墓、士兵、禨祥、前事、诏令、杂记。王言纪《自序》有言:“司志者,所以纪一司之事也。事无巨细,皆守土者所宜知。苟畏难而止,致圣天子百余年锡予之土地,培养之人民,等诸蛮荒绝徼,鄙野无文,不雅自弃,亦孤国恩,则司志之不可不修明甚。”熊如洵《序》云:此志“分门别类,勒为成编,不蔓不枝,有条有理……昔人称康对山《武功县志》,韩邦靖《朝邑县志》简而能读,仅止二十余叶。兹白山片壤乃十八卷之多,或疑其贪多务博,未免不能割爱。不知志通都大邑者尚质朴,志僻地者尚敷陈。春华秋实,言各有当,区区一隅,能使彬彬郁郁,炳然与名都大邑同风,亦快事也。”(转自《广西方志提要》第82页)

是书主纂者朱锦曾参修《广西通志》,有较丰富之修志经验,故本志无论在体例、篇目和资料的取舍,还是在志识上都有颇足重视的地方。如谓“司志褊小,向未设汉官,亦未立庙学。其诵习诗书者,率不以进取为事。故自明迄今,仅一孝廉、一拔贡,而青衿亦属寥寥,至荐辟一途,则更无闻。是以志中不列职官、学校、选举诸门,从其实也”。“艺文”也因少数民族地区文化不发达,著书立说者极少,故不单立目,而分载于相关类目之中。凡所记“一依司册登载”,与《通志》有互异者,“仍分注于下以备考”。纂者对于民生所关之水利,认为“虽尧汤之世,亦不能必其时,若徒束手以待天时,则地利有时,而穷陂塘沟坝,乃以人力代天工也。人力尽则天时不为患,乌可不备载哉”!故其对堤堰、沟渠、水池、陂塘等记之甚详。一些水利设施具体记其位置、方向、灌溉面积、修建和护理方法等。它不仅为广西第一部比较完善之土司志,亦为全国有代表性之土司志,多为方志史作者所例引。

是年,黎中辅修纂成《大同县志》20卷,首、末各1卷刻行。黎氏为修是志,重视实地调查,于“公役之下,不惮周历旁览五百八十村,其距城之道里、其村落之方位,其山间水曲向背脉络之情,流衍分合之势,无不笔而记之”。经七年时间之“从容谘访,援古证今,观其得失而达其源流”,纂成本志。(《方志考稿》第五编第66页)可见其用心之良苦也。

道光十一年(1831),丁鹿寿纂成《海门县志》3卷、首1卷刻行。海门县于康熙十一年(1672)已废,其后乾隆二十七年(1768)又另设了海门厅。丁氏于县废159年后而修原县志,纯出自对旧县之怀念而为,在方志史上亦属罕见。(转见张一平《海门县志述略》,载《江苏地

方志》1989 年第 3 期)

按:20 世纪 90 年代修志中,山西晋城县,已于 1983 年撤县设立晋城市(县级),1985 年又变为地级晋城市之一个区。但 1993 年,该市志办在修市志之同时,又编纂出版了一部《晋城县志》,与此有些类似,而又不尽相同。

道光十二年(1832),任士谦、杨兆晋修,朱德华等纂之广西《博白县志》刻成。全书 16 卷 18 目,分为 8 册。8 册正志之外,又附《志余备览》1 册。其卷前"小引"谓:"县志八册,义例已详,而其余尚有前册未能备录,为阖邑人心所乐垂之梨枣者,如各族宗祠为追报之重,种姓茔墓为昌炽之基,后嗣仁孝之心,多欲勒诸简篇,以传久远。至博邑志乘经百余年始一纂辑,其间……捐资姓氏乐善之诚,自不可没。各随品秩详列芳衔,汇辑《志余备览》,附于简末,并垂不朽。"

按:综观历来方志之书,收入捐资助刻名单者有之,专门收集宗祠、庐墓之文者则少见。将之列入正志之中,固非;作为志余附备,则未为不可。

是年,卫鸣、杨际华修,郭大绅以 10 年之功,纂成江西《万载县志》一书。是书以其县民有土、客籍之分,志书亦实行分修,又是县志中之一特例也。(转见《江西省地方志概说》第 105 页)

是年,丁鹿寿又纂修成《静海乡志》一种。静海乡,原海门县也。五代后周显德五年(958)升静海都镇制置院为静海军,同年改通州,州辖静海、海门二县。洪武二年(1369),静海县废而海门县存。康熙十一年(1672)海门以县城为潮水所毁,省县为海门乡。道光十二年以丁鹿寿等请,改名静海乡。是志篇目分地理、建置、祠祀、户赋、官师、选举、人物、艺文 8 门,后有大事记,完全是一部县志之框架、规模。以乡名云者,其"凡例"言之颇详:"前编(指丁鹿寿于上年所纂《海门县志》)取李志(指顺治十三年李兆星纂的《海门县志》)原本稍加裁并,分为八门,俱以顺治丙申(十三年——1656)为断。兹编依类为续……本拟作县志,惟自康熙十一年既县改为乡,今奉部议改海门为静海,则兹编亦应更名为《静海乡志》。"(见张一平《海门县志述略》,载《江苏地方志》1989 年第 3 期)

按:这是一部以乡志之名而写县志之实的特例。其所以要写这样一部乡志,其《序言》有谓:"礼从其溯,有军而后有县,军革而县犹因,县废而乡乃置……将使乡之人,由乡以溯县,因县而识军。某军某邱,吾高会之所钓游,某里某社,吾宗党之所宴聚。知必有瞻桑梓而致恭、抚楷模而奋起者,其不系于斯志乎!此作志者之志也。"反映了废县后海门县民对故县的怀念之情。

道光十三年(1833),屠英、珠尔杭阿修,江藩、王培芳等纂《肇庆府志》22 卷、首 1 卷刻印成书。在是书开编前,陈澧应该知府之约,曾为之作有《肇庆府修志章程》,共 14 条,规定了修志方法、取材范围、采访要求以及方志体例等,均切实用,被誉为"诚修志与编次时之南针"。(见王葆心《方志学发微》第 44 页)在是章程中,规定将肇庆之特产砚石从"物产"中独立出来，列“砚石”一门，与“物产”平列，用的是《吴郡志》将虎丘独立出来与山平列的做法。（见王复兴《方志体例概述》，载《中国地方志通讯》1984年第3期）

按：邸富生谓，清中叶以后，修志中强调“经世致用”。为此，志家们在探讨方志理论中，结合修志实践，往往先制定“条例”、“章程”，并以此指导修志。是这一时期方志学发展之一个特征。（《中国方志学史》第164页）

道光十四年（1834），董纯修，马星翼纂的《道光邹县志稿》18卷成。是书只有手抄本，极少人知，早被视为佚书。20世纪50年代末，邹县文物局干部王轩先生方于一家烧饼铺中赎回保存。当王先生获见时，饼铺主人正撕作包饼售人之用，封面、序文、目录及图版部分均已不存，所幸者是尚未毁及正文。至90年代初，邹城市5位退休老者辑点、集资自费出版《历代邹县志十种》时，王轩先生献出并参与辑点成书，方得以面世、流传。

按：《历代邹县志十种》，1995年由中国工人出版社出版之时，笔者曾为之序，叙六翁保存、搜集、标点、出版之不易，亦足见彼等之志人情怀。中国方志传统之深入人心，于此亦可略见一二矣。

是年，刘荣玠修，鲍作雨、张振夔纂成《乐清县志》16卷、首1卷刻行。是志体例颇为详整，是地志中之善本。其记山川，则条理清楚，详其来龙去脉，而且写清方位和名胜古迹。难能可贵者，更在于做到不为乡梓讳，专门记述了乐清人“佞佛事鬼”、“好讼使气”、“厚葬停丧”等陋习。（见《中国地方志总目提要》11—39）

是年，顾震涛辑成《吴门表隐》20卷刻行。是书只载苏州地区志书所未载者，或载而未备者，故以“表隐”名之。由于是广采各类书籍、传闻，随时记录，故而不依次序，亦不分类和标目。（见《江苏方志考》第73页）

道光十五年（1835），阮元、伊里布等修，王崧、李诚等纂《云南通志》216卷、首3卷刻印成书。阮元、王崧皆以考据名重当时。在是书之“凡例”中，对于古与今之处理上有自己的看法：“志书备一方掌故，若详近略远，考古者不可为典要，何用志为？”其将考据之法引入修志，“每类必详颠末”。在处理方法上，“不敢参入私议，亦不敢漏载出处，攘美前人。间有所辨，则加谨按，双行夹写”。“繁简得宜，最忌横使议论”。对所记之事，“详加考订，期免漏略。不敢草率塞责。其不可考者，仍阙之”。（转见《中国地方志名家传》第166页）后人称其“体例整赡，详略适当，明清滇省志今存者十，此为最善之本”。“收录事迹，称引条举，多足征信，且各门互注，少有复出歧异之弊。较之前志为丰实，其层次亦井然可观，他省通志如此完善者，未获数觏。”（转见邸富生《中国方志学史》第124页）其中之《南蛮志》内，包括边裔、种人、群蛮、贡献、方言。“种人”一目，收录道光以前府、州、厅志中有关少数民族之资料，并于文字记述之前绘制有当时各少数民族生活风情图，堪称图文并茂。（见宋永平《清代云南方志纂修述论》，载《中国地方志》1990年第6期）

按：王崧在本志纂辑过程中，还辑有《云南备征志》21卷，用意在于备一方掌故，且供志书采择。其后,他还私纂有《云南志抄》,所采录的少数民族的风土民情、土司制度、盐政厂矿等,资料更为丰富。其用力亦勤,用心亦苦矣。

是年,鲁寿崧修,熊声元纂成贵州《黔西州志》8 卷刻行。是书归纳志书笔法之特点是:“述而不作,叙而不断,志之体例也。”(转见《贵州地方志论纲》第 69 页)

是年,周云凤修,唐鉴等纂成山东《东平州志》30 卷、首 2 卷刻行。杨元惠在《志序》中评其有四善,曰“体例之正”、“搜集之勤”、“考证之精”、“用心之正”。(见《中国地方志总目提要》15—66)实际是提出了评判志书优劣之四条标准。周氏在《序》中云:“志之体本原于经,准于史,而以原笔者之心术为圭契,学与识各随其量。唯心术正者,必酌中持平。如荀悦之,因事以明臧否,而才善末也。地形之险易,风俗之淳浇,民生之利病,此志之大者也,唯心术正者,能尽心于险易、淳浇、利病之所以然,而有因时、因地之计,否则以为无关文藻,一钞胥足矣。”“后之君子,修齐政教,起敝救偏,或准前以益今,或因时而制宜,培植元气,转移风尚,务使衰者日进于盛,盛者不至于衰,则志之利赖,实宏远矣。又何不可以一郡之治治天下哉。”(转见《山东方志汇要》第 369 页)此处不但讲述了方志之用,还提出“志之体本于经”等见解,值得注意。

道光十六年(1836),劳光泰修,但传煊纂成湖北《蒲圻县志》10 卷刻行。是志特别之处有二:一是蒲邑所属各乡,各以“团”名,其志乡里之 44 团皆有图,并附概说,而将山川景物之诗文,各附其后;二是传主姓名入于门目。(见《中国地方志总目提要》17—40)

道光十八年(1838),马百龄修,魏崧、郑宗垣纂成四川《仁寿县新志》8 卷刻行。是书《序》中谓:“知县者,知一县事也。必举一县中之士习民风、农田水利,以及户口、财赋、关津、营汛之属,无不罔知。”“入境者先问图经、县志者,实知县之左券也。”是志编目上之特点,是“艺文”与“经籍”并列两门。“艺文”仅录与本邑有关或与本邑人士有关者,而“经籍”则录历代著作书目、作者、提要等。(见《中国地方志总目提要》21—83)

是年,张道超修,马九功纂的《重修伊阳县志》6 卷,首、末各 1 卷,刻印成书。是书“艺文”门内,收入张氏个人著作达十余种之多,成为后人之笑料。傅振伦说:“其艺文所列道超个人所著者十余种,观其书名,已无足传,而以自纂之书列入主修邑乘中,无聊至极。”(见《中国方志学通论》第 54 页)

按:与生不立传一样,生人著作不入“艺文”,也是传统定例之一,历来为志人所遵循。20 世纪 90 年代修志中,河北省有一部志书,全面质量不错,就因为内中收入了主纂者个人较多文章,结果在一次全国评奖中,从一等降为二等,足为教训。

道光十九年(1839),林则徐从湖广总督调任广东,为了解西方情况,他派人翻译英国人慕瑞所著《世界地理大全》等外文书报,编成《四洲志》1 卷。是书记述了世界五大洲 30 多个国家之地理和历史情况。就其内容性质而言,当属世界范围之志书。

按:除了本书这样专记外国情况的志书外,此时及以后,国内之志书亦开始有涉及国外之内容者。如戴枚修，张恕、董沛纂之《（同治）鄞县志》中，增设有“外国志”，载有“地球图，分天下为五大洲。欧罗巴，实洲名，非国名也。明代误以为国，沿及国初，犹仍其旧”，“西洋诸国，皆信天主教，其纪年以天主耶稣降生为托始，实汉哀帝元寿二年也（按，应是汉平帝元始元年）”，等等。戴肇辰、苏佩训修，史澄、李光廷纂之《（光绪）广州府志》中亦载有：“法兰西即佛郎机……以战斗为国，富强冠海外，与英吉利接壤，世为仇敌，两不相干。”这些都是我国志家眼光开始向外之产物，值得注意。（见凌霄《方志的源流及其演变》，载《中国地方志》1989 年第 5 期）

是年，周凯等纂修之《厦门志》16 卷刻印成书。庄为玑将是志与乾隆《晋江县志》比较时说：“《晋江志》按着政府的规定项目照填，呆板地写些政府的报告和士绅的传记，写不出一个古海港城市的特色来；而《厦门志》虽同样是封建的方志，却有特别的篇章，如海防、船政、台运、关赋等篇，把一个新兴的海港城市写活了。两相比较之下，实有天渊之别。”（转见庄为玑《我是怎样实现新志的理想的？》，载《湖北方志通讯》1986 年第 4 期）

按：是志中有新增之“船政略”，是近代志书中新增之门目。其后，应宝时等修，俞樾、方宗诚等纂之同治《上海县志》新增了“海关”条目；《云南通志》中新增“洋务略”等；同样值得注意。（见凌霄《方志的源流及其演变》，载《中国地方志》1989 年第 5 期）

道光二十年（1840），平翰修，郑珍、莫友芝纂成《遵义府志》48 卷、首 1 卷，明年刻行。郑氏尝对人说：（修府志事）“议之始，盖茫无刺手处。留心一年，乃始有《孙志》、《陈志》及各州、县‘草志’而搜得之。又一年，乃悉发荒碑仆碣及各家所遗之旧记、事状。知不可复得，乃始具稿，稿盖数月间事耳。”（转见李大光《〈道光遵义府志〉提要》，载《贵州地方志编写通讯》1982 第 1 期）是书的特点之一，是将前府志中之“宸翰”悉行删除，表现了重民轻君的思想，也没有“八景”、“十景”之俗套。特点之二，是资料丰富，以大量金石资料，“证史传之讹谬，补前载之不备”。特点之三，是注意生产，关心民生，相关的内容既多且详，如农桑、木政、坑冶诸目特详。注意劳动人民生产实践过程和经验的记录。如农业，分为农宜、农事、农具、农候。蚕桑，则分述遵义蚕和正安蚕：遵义蚕下分树名、茧名、蚕事、织事、蚕具、种槲六项；正安蚕下分蚕事、蚕忌、蚕具、栽桑四项。特点之四，是注意对少数民族之记述，《风俗》一目，如实地详述了各少数民族之风俗习惯；《土官》一目，能穷本溯源地叙述了各土司之兴替消亡。书成梓行后，识者无不交誉，梁启超将其推为“天下府志第一”，好古之士比之为《华阳国志》。（见《贵州地方志论纲》第 16 页）其后，郑珍在其所著的《桐筌》序中说：“余昔之辑郡志，阅三年乃成，力亦勤矣。而物产不及《茶经》，祠庙不摭《宾退录》，杨氏事不载《清客集》，则目之未遍也。鼓楼隘之水，误指湄河，乐安江混叙其源处，则足之未周也。其他舛漏类若是……余固深悔之。”（转自《傅振伦方志论著选》第 233 页）这种自我批评精神至为可贵。

郑珍之师贺长龄在是志《序》中，有称方志为“全史”，为“通史”之说：“自班氏自著《地理》，而志为史中之一，地理又志中之一耳。江文通云‘作史难莫难于志’，余谓志府州尤其难。盖史取一朝掌故,事具大旨,即称完善;府州志虽一地理,而天文、五行、食货、职官、艺文及纪、表、列传,靡不较史加详。则志也,而全史矣。分门别部,上下数千年,使相贯属,则志也,且通史矣。又史志取材者,一朝之实录、起居注、会典、档案,纷罗于前,仅待裁剪。府州志则零搜碎采,事事勾稽,访古或故老无闻,摭今则谱状难恃,潜光隐德,历久愈湮,金石遗文,在远日晦。即六曹陈牍,或灭裂于官吏,或灰荡于水火,文献不足,作者慨诸。至志边远之府,则尤难之难者,欲雅则古籍无征,欲赡则名流鲜及。偶有札录,率是俗簿。而一二贤守牧思文泽吏治,辄以无足论述置之。置之既久,则即其时可言者,亦且坠失无传,以故陋益陋,缺益缺。此志之大较也。"(转见《方志学发微》第11～12页)

按:郑珍为平翰从"荒山破屋"中请出,与莫友芝竭心尽力,"所征引前籍至四百余种,并导源究委,实事求是。苟旧说不安,虽在班《志》、桑《经》,亦力正传本之误,纠作者之失……体裁并有,自不专仿一家;随事发凡,亦不袭故习,别立《总例》",纂成全书凡48卷,33目,14附目,通80余万言。由于坚持秉笔实录,故为人所重。然书成之后,亦有"一二无赖,扇之诽谤,叠兴余波未已"。"一则曰地方有蛮夷,最为大辱,书之者故为鄙视;一则曰祭祀婚丧之不中礼。"甚至群情嚣嚣,欲殴打郑、莫。郑、莫面对于此,仍持己见,"不一觉悔"。(转见《贵州方志论纲》第35页)这种志人精神,很是难能。

是年,陈延恩修,金咸续修,李兆洛等纂成《江阴县志》28卷、首1卷刻行。是志中一反"称美不称恶"之修志传统,采取"美恶并著","不避忌讳,痛切言之"的写作态度。故知县陈氏初修之稿,其"乡贤"一门,未经部议复准,全书不得不中止。经后任知县金咸续成之。(转见《中国地方志总目提要》10—31)足见旧时修志探索创新之不易。

是年,杨以增在山东聊城,仿宁波天一阁始建海源阁,为我国晚清著名的四大藏书楼之一。内藏方志170余部,以陕西、河南、湖北、江苏、山东者为多。其中不少宋元珍稀善本,如宋刊本《舆地广记》、《新编方舆胜览》、《咸淳临安志》,明刊本如《山东通志》、《姑熟志》、《雒大记》、《长安志》,旧抄本《咸淳临安志》、《蜀梼杌》、《黔中风土记》,活字本《太平寰宇记》,清刻本《循化志》、《仁怀直隶厅志》、《竹山县志》、《深州风土记》等。这些志书,太平天国运动时期,已遭部分损毁。民国时期,政局动乱,损毁更多。民国14年,张宗昌督鲁,有一潘姓者觊觎奇货,阴谋强取而未果。杨氏族人恐难保祖业,闻风先将宋元珍本等数十箱运送天津,分藏于自己及亲戚寓所。1929年王金发攻入聊城,将司令部设于阁内。除了将大量藏书运走、焚毁外,甚至将书版当作引火之用。睡觉时以书作褥,吸大烟时用以擦烟枪、拭烟灯,擦桌子、擦鼻子,破坏几尽。运至天津部分,也因杨氏后人名杨承训(字镜夫)者,由于经商不善,生意亏损,加之任意挥霍,遂恃鬻书以保其生计。使宋版《舆地广记》、《咸淳临安志》,明版《长安志》等流入市场,以至"一书而分割于数人,一函而散裂于各地。或甲拥其上而乙私其下;或首帙尚存而尾卷已毁。零乱错杂,至不可究诘"。据傅增湘《藏园群书题记》所载:海源阁藏宋刊本《咸淳临安志》是当世仅存的三部之一。他曾从书贾处购得5册,后又从王献唐处购得11册。据他所知，江汉珊处还有9册，刘惠之处有1册，文求堂书肆有1册，厂肆尚流传1册。这些还不足原书之半。（均转见巴兆祥《中国地方志流播日本研究》，上海人民出版社2008年2月版第48页）其他流传于京津、保定、济南、青岛多处，甚至有流出海外者。抗日战争结束后，由济南名绅苗兰亭、张蔚斋、辛铸久等倡议捐资购得部分，转交山东省立图书馆。（见骆伟《海源阁与地方志》，载《中国地方志通讯》1983年第2期）

按：晚清四大藏书楼，除海源阁外，其余三处为：

（一）江苏常熟瞿氏铁琴铜剑楼。由瞿绍基先创恬裕斋，其孙瞿秉渊时改室名为敦裕堂，至曾孙瞿启甲时，藏书已达十余万卷，光绪二十四年（1898），改名铁琴铜剑楼。所藏珍本志书有《三辅黄图》、《方舆胜览》、《舆地纪胜》、《吴郡图经续记》、《吴郡志》、《严州图经》、《重修琴川志》、《金陵新志》、《茅山志》、《会稽三赋》等。（转见《方志学》第45页）曾刊刻过《四部丛刊》、《百衲本二十四史》，以供社会之用。铁琴铜剑楼，从瞿绍基始，积瞿家5代150多年累世之藏，历经战乱，保存完好。翁同龢曾慕名专程造访，发出"假我二十年目力，当老于君家书库"之慨叹。新中国成立后，瞿家将包括镇馆至宝《玉函经》在内之数百种善本图书、碑拓、名家字画捐献给北京图书馆，其余归常熟文物部门。（转见尤岩《从江苏古代藏书的家族现象看省方志馆的定位》，载《江苏地方志》2003年第1期）

（二）浙江吴兴陆氏（陆典、陆籍兄弟）之皕宋楼。陆籍为抗拒日本侵略者之掠夺而自尽；其子陆诗，在新中国成为一代版本名家，曾任江苏省图书馆馆长。

（三）浙江钱塘丁氏之八千卷楼。

除上四大名楼之外，较知名者尚有宁波蔡氏的墨海楼。由蔡鸿鉴创立，"储藏七万余卷，与天一阁、抱经楼相埒"。至民国时已增至近10万卷，其中有方志119种。后因经商失败，不得不以所藏志书抵押于李氏，藏于萱荫楼。（见巴兆祥《中国地方志流播日本研究》第48～49页）

浙江卢氏的抱经楼，清同治间，收藏地方志"几六百种"。1916年其后人无知，加之时局动荡，难以世守，遂将全部藏书以5万银币出售于上海书贾。"仅留《四明志》数部转给宁波藏家"。（见同上书第51页）

钱塘杨氏丰华堂。堂主杨文莹、杨复父子致力于浙江地方志之收集。至1929年，因家道中落，其所藏浙江方志230种，2402册，连同其他图书共计32653册，为清华大学购得。（见同上书第48～49页）

扬州马曰琯、马曰璐之"小玲珑山馆"（又名"街南书屋"），藏书8万卷，为修《四库全书》，进贡图书776种。曾接济过全祖望、厉鹗、杭世骏等穷困潦倒之文人。厉鹗在山馆用其史料，写成《宋诗纪事》、《南宋画院录》。

南京甘福、甘熙、甘煦父子之"津逮楼"，遍访吴越，藏书达10余万册，其中有宋刻本

《金石录》等一批海内孤本。

毛晋之“汲古阁”。

钱谦益之“绛云楼”。

钱曾之“也是楼”等。

道光二十一年(1841),林星章修,黄培芳、曾钊纂成广东《新会县志》14 卷、首 1 卷刻行。黄氏在志《序》中认为,“志为史家之一体,大抵志地理、官师、食货、经籍、五行数类而已。古之方志专以地为主,聿重图经”。然“自元代以来,郡邑之志大兴,辗转沿袭,末大于本,舆图反若附丽,芜滥斯甚”。故他在所撰之《新会县志采访章程》中提出:“志书以舆地为主,舆地又以地图为要”,因为“假如有匪徒藏于某山,按图便知某山离某村几里,堵截擒拿,了如指掌”。为此,他特别重视地图的绘制,强调以方格作比例尺,并要“细注某处至某处若干里,仍画为格眼,每方格作一里或作二里,并注明东西南北”。(转见朱炎然《试论黄培芳的修志观》,载《广东方志》1991 年第 1 期)。继任知县言良钰在志之《后序》中,也说到地方志书有助于军事者:“余莅任之始,正英夷胶扰之时,承檄堵防。日与都人士遍历山川,周行险阻,绘图贴说,口讲指划,具以志乘为征,迄今一载余矣。举凡增设戍,无一不筹之于心。前人于志乘见笔削之工,余于志乘,收践履之实也。”(《广东方志要录》第 69 页)是志被梁启超誉为清代名志。

按:言良钰《后序》中讲的是县志在鸦片战争中发挥之作用,足见地方志于军事亦不无小补。古人将志书用于军之事例所在多有。比如本志修成 9 年前,广西桂林人朱椿年到广东钦州任知州时,也是“当是时,安南民阮保与广州民杨就富,啸聚为雄,劫掠廉、钦海道,会水师协剿。于是按志索图,知群盗出没要害所在,为之择港陈兵,不数月立靖,亦足见志乘之果裨于治”,所以他也决心修志(见同书第 313 页)。又如道光三十年,夏承煜到广东佛冈直隶军民厅任同知时,正值“巨盗”周亚华等聚众滋扰。夏氏为知境内山川险隘,筹划堵剿之计,因而遍索厅志(见同书第 99 页)。另如李枝在嘉靖《通许县志》序中说,其时修志更为切要:“丑虏(指倭寇)猖狂,中华震惊,公私调遣,忧匮告穷。取志而观之,则兵食之多寡丰啬,山川之平夷险阻,一览在目。守战之备,爰养之方,可以坐策矣。”(转自《河南地方志提要》第 189 页)

是年,阮元以书联换取盐商重印《嘉定镇江志》和《至元镇江志》事,流传为一则志林之佳话。著名学者、方志学家阮元家藏有此二书写本,其创立“焦山书藏”时,二书被列为“一级藏品”。至是,镇江盐商包怡庄急欲求阮元书写楹联,以附风雅。阮元知之,遂使人语包曰:“我有两部旧书,应归镇江人刊行。如肯成此美事,必书楹帖以报之。”包允诺后,阮遂书七字联以奖之曰:“古籍待刊三十载,旧闻新见一千年。”并撰书“跋语”云:“嘉庆间,余得宋嘉定、元至元《镇江府志》两部,皆《四库》未收之书,曾经进呈,得蒙恩鉴,因以底本贮之‘焦山书藏’。三十余年,无过而问者。岁辛丑,丹徒包怡庄学兄,请付枣梨。镇江之书归镇江人珍护,甚善。不意归田老眼尚见此书之成，乃知书之行世及刊书之人，迟早皆有福命焉。因喜而记之。节性斋老人阮元撰并书，时年七十有八。”（转见殷光中《清代雕播镇江地方志的两位热心人》，载《中国地方志通讯》1984年第3期）

按：阮元在《重刊嘉定和至顺镇江志序》中亦述及此事，略谓：“二书洵海内秘笈也。乃问之镇江人，无肯刊之者。余于送《杨忠愍公墨迹归焦山记》中，已慨乎言之。去冬，丹徒包景维（良丞）介吴陶伯孝廉（文铸）来谒余，谈次及之。景维因言及其考中宪知有是书，欲刻未果。今愿刊布，以成先志。余因出家中选楼本，并发焦山书藏本，再加翻阅……则刻书洵有功于古人也。是书初刻时，不知书中载包氏名人甚多，乃校勘后，知包氏为丹徒旧族……中宪名祥麟，字厚材，捐赈施药，颇多善举，实为鸿胪之后。虽此书朽蠹，而班班可考。然则是书之刻于包氏，固天理当而人心安也。”（见《中国古方志考》第281页）这次刻本传布无多，经太平天国战争后，传本更少。邑人有陈庆年者，对宋元方志推崇备至。光绪三十二年（1906），陈应瑞清之请，编《列国政要》于焦山松寥阁，见书藏之两书抄本，又有意重为雕播。适值镇江商人朱小楼亦住在焦山水晶庵。某日相遇，陈与朱道及当年阮元写楹联换取包商刻书之佳话，小楼亦表示愿意出资刊行。后又得其他商绅之助，以4年时间，至宣统二年（1910）雕毕。辛亥革命后，陈方将雕板运回镇江印刷成书。这又是一段佳话也。（同上书第282页）

道光二十二年（1842），由国史馆总裁穆彰阿主修之《大清一统志》重修完成，共560卷，定名为《嘉庆重修大清一统志》。是书重修始于嘉庆十六年（1811），历31年而成。这是中国封建社会最后一部全国性总志，叙事止于嘉庆二十五年（1820）。全书编次首京师，次盛京，以下依次是江苏、山西、山东、河南、陕西、甘肃、浙江、江西、湖北、湖南、四川、福建、广东、广西、云南、贵州、新疆、乌里雅苏台、蒙古等22统部，次青海、西藏等地，最后是朝贡各国。每统部先有全图，继以统部表、总叙，再以府、州分卷。各分卷内，首为图、表，而后分设23目，比初修之《一统志》新增“疆域”及“祠庙”2目。是书体例完备，门类齐全，资料丰富，考订精详，立说严谨，在清修三部《一统志》中，是最完善之一部，流传最广，影响最大。尤其是前两次修《一统志》未载入的边疆少数民族地区之资料更是难得。如卷五一七载新疆伊犁地区：“驻防满兵六千五百七十四名，锡伯兵一千十八名，索伦达呼尔兵一千十八名，察哈尔兵一千八百三十七名，绿旗兵三千九十八名，厄鲁尔特上三旗一千二百四十二名，下五旗二千四百八名。回户六千四百六户，二万三百五十六名口，民户七十一户，二百九名口。遣犯为民五百三十名口。”（转见刘纬等《中国方志史》第237页）

按：清代三次修《一统志》，都以《大元一统志》为模式，但有所变通。

是年，魏源首次纂成《海国图志》50卷，道光二十七年（1847）增为60卷，咸丰二年（1852）又增为100卷，后又有《续集》25卷，共125卷。魏源是著名之经学家，更是具有强烈爱国精神之思想家。面对林则徐因力主禁烟而被革职，英帝国主义步步进逼之现实，他忧心如焚，思考抵御侵略之方。上一年,他与罢职之林则徐相遇于江苏,二人对谈通宵,意多相合。林氏遂将先已纂成之《四洲志》连同所有资料,悉数交魏。于是,魏本着"筹夷事"、"师夷技"、"制夷人"之指导思想,撰成本志。其 100 卷本分为论、表、纪、文存(文征)诸体。篇目排列为:卷一～卷二《筹海四篇》,为总论,叙述他对当时各国之军备攻守、通商外交之见解;卷三～卷四为图,列有"东南洋各国沿革图"、"西南洋各国沿革图"、"小西洋各国沿革图"、"大西洋各国沿革图"、"外大西洋各国沿革图",还有汉、魏、北魏、唐时期"西域沿革图"等;卷五～卷七〇分洲、国记述各自历史沿革、地理方位、人文宗教等。次第按亚细亚洲、利未亚洲、欧罗巴洲、墨利加洲记述。各洲前有"总叙"或"通说",间还附有一些专门之考证;卷七一～卷七三为表,列有"南洋西洋各国教门表"、"中国西洋历法异同表"、"中国西洋纪年通表",还附有《天竺回回历法考》、《回国教主辞世岁月考》;卷七四～卷八〇为《筹海通论》;卷八一～卷八二为《夷情备采》;卷八三～卷一〇〇为文存,收《海防形势专论》6 篇,《大臣奏折》18 篇,有关制造轮船、火炮、水雷之图说及测绘技术和天文图说 50 篇,图 70 幅,表 2 张。是志撰修之目的,就是"为以夷攻夷而作,为以夷款夷而作,为师夷之长技以制夷而作",志书"经世致用"之传统在每卷、每篇中都得到充分之体现。在篇幅之安排上也是如此。如考虑到"人知鸦片烟流毒,为中国三千年未有之祸,而不知水战火器为沿海数万里必当之师","故志于英夷特详",用了 3 卷之篇幅(其他国家均只 1 卷),分列了其"职官"、"军伍"、"政事"、"王宫岁用"、"杂记"等诸目。俄罗斯因与中国为邻,亦较他国为详。(详见周德钧《〈海国图志〉编纂所见方志之义例》,载《史志文萃》1990 年第 5 期)

是年,马世珍撰,张柏恒增订之《安丘新志》定稿,至民国三年始印行。是志特设"技术传"一目,记述了民间技工李绥制作浑天仪、测天仪之情况,并为之立传,是难得之科技史资料。(见《中国地方志总目提要》15—39)

是年,贺仲瑊修,蒋湘南等纂成陕西《留坝厅志》10 卷刻行。是志编纂中多有亲身实地调查,故对《陕西通志》、《汉中府志》、《读史方舆纪要》、《三省边防备览》等权威著作之错误多所更正。其卷一中载有一种名为"花熊"的动物。略谓:"(张良)祠北五十里,西向,有熊如牛,马头牛尾羊身,四足,能立如人行。黑背肋,颈、足皆黑白相杂。不食五谷,吃竹连茎,腹无五脏,惟一肠,两端差大,可作带系腰。"据研究者称,这是迄今发现较早的一份对大熊猫形态、行为、特性、食性的记述,具有较高的史料和学术价值。(转见李天培、郭鹏《新发现一则大熊猫史料》,载《陕西史志》1996 年第 4 期)

是年,孙琬、王德茂修,李兆洛、周仪時等纂成《武进阳湖合志》36 卷,次年刻印成书。武进于雍正二年(1724)析出阳湖县,乾隆时已各自修县志。至是,孙、王二知县约修二县合志,聘李兆洛为总纂,洪齮孙、阳成烈、薛子衡、蒋彤等为分纂。李氏属稿未竟而卒,由分纂踵成之。又由周仪時等汇集补苴,于今年而成。全书卷首为《巡幸恭纪》,下各卷分别为舆地、五行、营建、兵防、赋役、食货、学校、坛庙、官师、选举、旌表、人物、志文、金石、事略、摭遗等 16

志，志下再分列目，如《人物志》下分先贤、名臣、忠节、宦绩、武功、儒林、文学、孝友、义行、隐逸、艺术、寓贤、方外、列女等传。体例完善，资料取舍编排严整，内容丰富。如其《艺文志》，凡古今本地人士著述尽皆收罗，达1535家、2182部、18000余卷，列书名、卷数、作者，甚至还述及版本、内容、流传存佚、序跋等情况。是清代常州方志中编修得最好的一部。（见《江苏旧方志提要》第230页）

按：是书刻行33年后，光绪五年知县王其淦再修《武进阳湖县志》时，不但多将纂修者自己诸多无识，视作标新，如其《凡例》中说："赋役类，于停止编审之后，不再详丁数，以示盛世滋生日广，宽大逾常"；"地方官告示及听鞫之词，有因一时一事之公允，传颂不止者，究未足垂为后法，今概从删"；"县之利病与民俗急公之举，非奏请兴革及实有裨于乡里者，不得详于志乘，如两县各乡定限日期完纳钱、漕，逾限议罚，名曰议图，顾事非奏闻，志乘例难搜辑，今故删其事于志中，存其说于例后"；等等，而且还针对性极强地批评李《志》云："近世为县志者，每多仿史裁为表、志、传各类，僭窃史称。志有食货、五行，传立儒林、循史（吏）。窃谓大非志体，今故尽避诸称。"（转见《方志考稿》第六编第36页）按这种少知之法修出来之新志，自然难得到人们的认可，难免不让人怀念旧志，故"诸新志者，又皆讴歌旧志"。正所谓不是点铁成金，而是化铁为泥矣。

又：历史上，各地修有合志多种。如江苏还有《常昭合志》、《昆新合志》、《吴长元三县合志》，陕西有《咸宁长安二县合志》，安徽有《泗虹合志》，上海嘉定县有《石冈广福合志》等。（见《方志学》第229页）

是时，薛子衡撰成《辑志私言》1卷，薛子衡乃李兆洛弟子，从兆洛学古文，习方志，后又于李兆洛主纂的《武进阳湖合志》中任分纂。志事未竟，兆洛逝世，遂由子衡等续纂完成。子衡一生著作颇丰，多散佚，惟有《辑志私言》1卷收于《武阳志余》之中，是一部系统论述方志纂修之专著。主要是论述清代常州历次所修府县志书之得失，并概述武进、阳湖修志人士关于方志的学识和修志经验。关于史志之异同，他认为"史之体有四，曰纪、曰表、曰志、曰传。志者，史之一体耳。然有表、有志、有传，实具史体之三，所无者特纪耳。而又有图，则史所无也"。这是就体式方面说的。关于史志的异同，他又是从各自的难易说的。志之"难于史者，史则内而密勿机务，外而海峤蛮貊，精而天文历律，细而食货生息，无所不该。志则一郡一邑，为地既小，考订周易；又为其事者往往出于桑梓之人，见闻易核，此其易于史者也"。志之难于史者则是："史专记一朝，志则统合古今，考古每难于详备，征今每难于核实。又史必有本，按籍可稽；志则草创，惟资采访。"他强调志书应首列舆图。郡志应当有全郡图、县图。县图当有乡，乡图当有都，图愈小愈详。他主张修志应用表，"志必有表，疆域之建置沿革，职官之守令丞佐，选举之甲科乡科等俱用之"。凡有一事可传，但又不宜入传之人，也可用列表的方式。人物传是志书的重要部分，所以他对志书的人物传议论甚详。对于修志中，如何对待前志有更详细的述说。（参见陈光贻著《中国方志学史》第60～65页）

道光二十四年(1844),哈密领队大臣钟方编成新疆《哈密志》51 卷。书前列有《哈密舆地全图》、《哈密城池之图》及《井鬼地宿分野之图》。分设天文、舆地、食货、官制、武备、纪事、学校、选举、人物、回部等 10 大类,列 51 细目,目为 1 卷。其《舆地》共 15 卷,于山岭、川泉、古迹、城池等卷内,收入诗作 25 首,为《历代西域诗钞》所缺载者。尚有唐代至清之各种碑文、庙记等 9 篇。(见胡正华《新疆旧县志述评》,载《新疆地方志》1994 年第 2 期)是志原为稿本,由吴丰培辑入《中国民族史地资料丛刊》。(见《中国地方志通讯》1982 年第 3 期第 20 页)

是年,张奉书修,张怀洵纂成《新都县志》18 卷、首 1 卷刻行。是志中,有《升庵年谱》1 卷,开创了志书中收录个人年谱之先例。(见《中国地方志总目提要》21—26)

道光二十五年(1845),李梦皋纂成《拉萨厅志》2 卷。李氏于清中期驻西藏督理粮台粮务数十年之久。其参考史籍,加以案牍文字,纂成是书,虽然仍显简略,但它是拉萨之首部志书,仍不失其历史价值。(见《中国地方志总目提要》24—15)

是年,张同声修,李图等纂成山东《重修胶州志》40 卷刊印。是志“凡例”有 10 条值得注意,其略谓:“一曰审名以纪地;二曰据地以书人;三曰本官以述政;四曰尊时以考礼;五曰因民以纪事;六曰取献以征文;七曰法古以辨体;八曰博采以备义;九曰辩诬以存信;十曰附今以待后。”是志卷目中亦有异于他志者,如道里表、历代职官表、元职官表、明职官表、本朝职官表、金元选举表、明选举表、本朝选举表・诰敕表、侯王历代官师传、明官师传、本朝官师传、历代人物传、明人物事功文苑传、明人物忠节孝友笃行传、本朝人物事功传、本朝人物文苑传、本朝人物忠节孝友笃行传、外徙传之分设等。(转见《方志考稿》第三编第 82 页)

道光二十六年(1846),金台修,但明伦等纂成贵州《广顺州志》12 卷、首 1 卷刻行。但氏在《志序》中明确地提出:“郡县之有志,所以资治也。”(见《贵州地方志论纲》第 66 页)

按:20 世纪 80 年代的修志中,曾将方志之功能归纳成“资治、存史、教化”六个字,称为“六字诀”。有人认为这六字诀之出现,是该次修志中重要之理论收获,是对方志理论之重要贡献。笔者则认为,提炼归纳之功,当代方志工作者受之无愧,而创说之劳则当让诸前贤。方志的资治、存史、教化作用,古人分而论之者多矣。

是年,谭瑀修,黎成德等纂成陕西《重修略阳县志》4 卷刻行。谭氏知略阳时修县志之将竟,奉调吴堡。乃“袖稿抵任,又阅一岁”,修改完毕后方将稿寄回略阳,其视志事之为己任者若此,亦难能可贵矣。(见朱宝泉《谭瑀重修〈略阳县志〉》,载《陕西地方志》1991 年第 4 期)

是年,黄维翰纂修,袁传裘续修《钜野县志》24 卷、首 1 卷刻成。是书纂修者以金石文中,文字冗长或不雅驯,竟以己意随便删订,或擅自更易文字,使其失去本来面目,是一种无知之恶劣做法,实不足为训。

按:傅振伦在《中国方志学通论》中举出类似之“骋其才华而损其实”之例,还有乾隆《涞水县志》和同治《上江两县志》。正是应了章学诚“文人不可与修志”的主张。

是年,王政修,王庸立、黄来麟纂成《滕县志》14 卷、首 1 卷。滕在春秋时,境内有滕、薛、

郲三小国，故本志中专设《春秋三国世家》一目，加以追记，是为一特例。（《方志考稿》第三编第42页）

是年，钱泰吉等纂修《海昌备志》52卷、附录2卷刻印成书。钱氏受聘主持重修浙江海昌府志，先撰《海昌修志开馆条约》，提出修志4条原则：一是“旧籍宜博采”。不但要遍阅相关之藏书，就是“断简残编，皆为至宝，急宜购借，分手抄传。众腋成裘，众材构厦，庶能取信一时，以贻后祀”。二是“抄撮宜详备”。对于“诗文撰著及金石文字有关故实者，宜备录全文，以类编次。所积日多，既足为诸传之取资；别为一集，亦可备海昌之文献”。三是“采访宜征实”。要求“方今采访，诸君子宜共矢此心。虽至亲密戚，无所阿私。庶广喻于同人，勿取讥于有识”。四是“日力宜爱惜”。指出：“不惜分阴，淹滞岁月，则继晷无资，汗青何日？”故“所望在馆诸君子，共甘淡薄……不惮辛勤，不徇情好，早日告成”。在《海昌备志发凡》中复规定：“记事之文，固当简洁”，如材料不足，则“求之布政司册籍；交游所及未有文字者，据所闻见，有善必登。”（均转自《中国地方志名家传》第187页）这是对洪亮吉“信载籍而不信传闻”之偏颇观点的纠正，颇有见识。是志附录知州许发和之《梯学堂记事》，叙述了有关巩固国防以抵御英国侵略之经过，是研究鸦片战争有价值之资料（转见《朱士嘉方志文集》第32页），亦是志书载录个人专著之例。

道光二十八年（1848），徐继畬于总理各国事务衙门行走任内撰成的《瀛寰志略》10卷，至是刊行。是书乃以“二百年全盛之国，乃为七万里外之逆夷所困，致使文武将帅接踵死绥，而不能挫逆夷之毫末。兴言及此，令人发指皆裂，泣下沾衣”而作，充满强烈之爱国情怀。该书之前3卷，首先叙述地球中心，而后分叙亚洲、非洲、欧洲、美洲之具体方位，介绍各洲各国之基本概况。各洲先有总叙，后分叙。对各国之疆域形势、气候物产、风土人情、历史沿革、政治制度、政治得失、兵力强弱、向海外扩张以及与中国交往情况等，均有涉及。在亚洲重点介绍了南洋各国。第四～七卷，主要介绍了欧洲之英、法、德、荷等国，对英国之介绍尤详。该书之后3卷，介绍了非洲和美洲。所用资料“皆取泰西人杂书，有刻本，有抄本，并月报新闻之类，约数十种”。这是中国人写的又一部外国志，是当时中国人了解国外必读之书。一些驻外公使往往随身携带。该书传至日本之后，被视为“认识世界之指南”，曾多次翻刻，对明治维新起了重要之推动作用。在国内，则遭到顽固派之攻击，谓其“张外夷之气焰，损中国之威灵”，“一意张泰西之声势，轻重失伦，尤伤国体”。徐氏虽因此而遭横祸，但对推动洋务、维新，以至对同盟会之出现，都起了一定作用，被视为“中国自强变革的启蒙之书”。（见刘纬毅《徐继畬〈瀛寰志略〉和早期中美友谊》，载《沧桑》1999年第1期；刘雪河《徐继畬及其〈瀛寰志略〉》，载同刊1997年第1期）

按：余世存著《中国男》（九州出版社2010年版）一书中，载《瀛环志略》在国内外之影响有谓：曾国藩深受徐氏之影响，曾于南京专修了三间大房摆设地球之巨大模型，意在通过本书以了解美国。19世纪40年代美国为建“华盛顿纪念碑”向世界广泛征集纪念物,徐氏一朋友备优质石料,将书中关于华盛顿的一段文字刻之于碑,以赠纪念馆。1862 年这篇碑文被翻译成英文公开发表后,遂在美国传开。1867 年 10 月 21 日,美国第 17 任总统安德鲁·约翰逊和国务卿西沃德,特请著名画家普拉特摹制斯图尔特所绘华盛顿肖像一幅,由其驻华公使蒲安臣代表美国政府赠送给徐氏,并举行了隆重之赠予仪式。蒲安臣公使在仪式的致辞中说:"你考察了各个国家的伟大人物,却把华盛顿置于一切伟人之首。你对华盛顿的评价,已经被充满感激之情的美国人民所翻译和引用。为了表达谢忱,总统特地让国务卿请一位卓越的艺术家,制作了这幅画像。今天,我以美国人民的名义,带着一切美好的祝愿,赠送这幅画像……盖为我国人民之所敬仰而深慕者,独有兄台一人而已。"可见美国人对徐氏之敬慕。今将徐氏书中关于华盛顿之一条文字录之于次:"华盛顿,异人也。起事勇于胜、广,割据雄于曹、刘。既已提三尺剑,开疆万里,乃不僭位号,不传子孙,而创为推举之法,几于天下为公,骎骎乎三代之遗意。其治国崇尚善俗,不尚武功,亦迥与诸国异。余尝见其画像,气貌雄毅绝伦。呜呼,可不谓人杰矣哉!米利坚合众国以为国,幅员万里,不设王侯之号,不循世袭之规,公器付之公论,创古今未有之局,一何奇也!泰西古今人物,能不以华盛顿为称首哉!"(转自《文学故事报》第 31 期〔2010 年 8 月 9～15 日〕第 5 版)

是年,朱绪曾辑成《昌国典咏》10 卷。两年前,朱氏奉命办理鸦片战争后定海之善后事宜,得以收集大量资料,至是纂成此书。书中博采宋、元、明志乘及《昌国州图志》等,又续以近闻,综合古今而成,凡 203 目。以"典咏"为名,表明是一部体例特别之志。典者,历代志乘国典也。典以载史,载之以古证今,列其异同,旁稽博考。咏者,比兴叹咏之作也,

结合载列之史事,以诗作评。如卷十"定海令姚公殉节处"一目,在详细记载了姚怀祥抗英死节的事迹之后,系七言绝句一首曰:"浩然劲气折飚轮,青骨知君死后神;血食英灵能捍患,永教东海不扬尘。"言词豪迈,情感壮烈,反映了作者对抗英志士的崇敬之情,透露出他热爱祖国之民族气节。又如对朱贵率 900 人抗击英军万人,力战至死之英勇事迹,不但记述甚详,且言词悲壮,令人感奋。(转见《浙江方志概论》第 107～108 页)对明代当地人民抗倭事迹的记述亦如之。陈光贻称之为"别创地志之一体"。(《中国方志学史》第 133 页)

道光二十九年(1849),黄宅中修,邹汉勋总纂之贵州《大定府志》60 卷刻印成书。是书分为疆土、治地、惠人、俊民、经政、旧事六门,门下设子目。"疆土"门内载其疆里山川,脉络清楚,舆图绘制精审。内容间及民族、风俗。"惠人"、"俊民"两门,分记"官斯土"之官员及地方科举、荫恤、耆民之传略。"经政"门分载官制、典祀、学制、食货、武备等目。(转见《中国地方志总目提要》22—26)时任云贵总督的林则徐为之作序,谓其"于所属州县,一一载记,巨细靡遗。……一境地,必溯其朔;一名物,必究其原;一措施,必缕陈其得失。凡可以昭法度、示劝惩者,无不郑重揭之;且每事必详所出,不以已意为增损。其贯串赅洽,即龙门、扶风之史裁也;其大书分注,即涑水、紫阳之体例也。……使数千年往迹若指诸掌。非君平时视官如家,

视民如子姓，其能若此之实事求是乎”？评价其作用曰：“后之官斯土者，如导行之有津梁，制器之有模范。果其循行，则效择善而从，又岂猾吏莠民所能障蔽其听睹哉？且此书之用，非独一郡所资，即措之天下，使之奕祀，莫不如契斯印。君之设施，讵有涯涘耶？”是序中还表明了林氏之方志见解，反对一味强调“简”。如说“自明代武功、朝邑二志以简洁称，嗣是载笔之儒，竞尚体要。沿袭日久，文省而事不增，其弊也陋。抑知方域所以有志，非仅网罗遗佚，殚洽见闻，实赖于损益古今，兴革利病，政事所由考镜，吏治于焉取资，所谓‘前事不忘，后事之师’，顾可略欤”？他认为，所谓内容之详，非指篇幅浩繁，而应当是“采访宜广而周，抉择宜精而确”。只有做到“惟广而周，乃足以备省览；惟确且精，乃足以资信守”。（转自《贵州地方志序跋凡例选录》第38页）他在另处评价本志又有言：其“编纂之勤，采访之博，抉择之当，综合之精，以近代各志较之，惟严尔园之志汉（指严如熤撰之《汉南续修府志》），冯鱼山之志孟县（指冯敏昌撰《孟县志》），李申耆之志凤台（指李兆洛撰《凤台县志》），或堪与颉颃，其他则未能望及项背也”。（转见马培堂《林则徐与地方志》，载《福建史志》1994年第2期）

是年，黄宅中、张镇南修，邓显鹤、邹汉勋纂成《宝庆府志》143卷、首2卷、末3卷刻行。是志为纪传体，分纪、表、图、记、书、略、录、传诸体。图达314幅之多，其中沿革图20幅，疆里图294幅。图、记均以州县统乡里，以乡里统村团、都厢。乡村界址，去治远近，山川原委分合以及关隘险要、亭桥、堰渠、寺观、各都乡所居大姓等，也都一一记载。书分载吏、户、礼、兵、刑、工。录中有两个特篇：其所辖之武冈州，是明岷庄王朱楩封地，300年来代有使命询问，故特设《使岷》录一目，录命使15人事迹；南明桂王朱由榔自顺治四年（1647）迁武冈至出奔靖州，为载其在此期间之史事，特设《残明录》一目。全书卷帙浩繁、史料丰富、体例独到，被梁启超称为“清代名志”。（见《中国地方志总目提要》18—43）

邹汉勋在是志修纂中最大之贡献有二：其一是手定《宝庆志局与采访绅士条例》。其中强调6点：1.志地理不应漫无统纪，当仿《禹贡》、《汉书》例，凡府、州、县、乡里、村落，要记其四至八到，“毗连界址，明晰登载”；山川、津梁、驿道、市集、寺观，要注明其位置距治所里至，山川要详其脉络、流向和流域。2.注意记述有关民生利弊之经济内容，如户口、河运、盐政、物产、赋税等，“凡有关民生者，无不一览而备具”。3.仿《魏书・官氏志》和《华阳国志・蜀中民族谱》之作法，注重对少数民族的记述，要详记“巨室仕族”。4.艺文要遵《汉书・艺文志》的作法，著其目录，对书籍版本必须详记，不应滥收诗文，主张仅录序、跋，略作题解。5.关于人物之收录，“贤达以事迹为断，文学以著述为断，封赠以诰轴为断，耆宿、孝友、忠义，以事实为断”。6.科举、荫袭应详注仕履。其二是亲绘舆图。汉勋乃湖湘学派中对地图绘制颇有研究者，魏源所纂《海国图志》中之地图，亦为其所绘。在编修《宝庆府志》中，他写成了《宝庆疆里图说》一书，论述了地图绘制之基本测绘方法。说明要明分率（比例），分准望（方位），定中宫（座标），测日星。制图则以经纬度划成方格分24向，首次在地图上较多地运用图例符号，如山用“叠人”（ΛΛ），水用双线，道路用“叠点”（虚线），分界用单线，村团、峒寨用“□、△、○”

标明。图上注字也有等级区分,并运用套色印刷,提高地图的清晰度。此种绘图方法,当时被推为“绝作”,为其后李元度之《平江县志》、郭嵩焘之《湘阴县志》、王闿运之《桂阳州志》和《湘潭县志》、曾国荃之《湖南通志》以及光绪《大清舆地舆图》所采用,也为邹氏所纂之《贵阳府志》、《大定府志》、《安顺府志》和《兴义府志》所采用。(见邹文程《邹汉勋与贵州四府府志》,载《贵州方志》1990 年第 3 期;邹文程《新化邹氏舆图学世家概述》,载《史志文萃》1990 年第 6 期)是志甫成,正值新宁瑶民雷再浩率众起义,长宝道杨炳坤“奉檄往讨”,颇赖是志。如其谓:“观其形胜图记,于楚粤毗连之境,汉瑶交错之区,何地可守,何地可攻,何地可出奇,何地可设伏,靡不了如指掌,昭晰无遗。”故其“甫及三旬,干戈遂戢”,“实赖图记,有以导之”。(《湖南地方志考评》第 61 页)可见志书之军事价值。

按:湖南新化邹氏,自其祖邹景山起,七代子孙共四五十人,均致力于地图学之研究,在一百五十年间无间衰,对中国地理学、地图学之发展做出了重大贡献。汉勋其一而已。

是年,王检心主修,刘文淇、张安保等纂,阮元作序之《重修仪征县志》50 卷、首 1 卷成稿,次年刊印成书。是志用乾隆《江南通志》例,析为建置、舆地、河渠、食货、学校、祠祀、武备、职官、选举、人物、艺文、杂类、旧志序文论赞,并收有江藩之校补旧志 1 卷。其特别之处在于,注意保存旧志内容。于各门之下,历列当时所能见到的其前六部志书之相关内容,然后再列新增。凡与旧志有异者,则加以详注,以推其得失。这样汇著而成之新志书,实际可称为“仪真六志全书”。阮元为该志所写之《序言》,是一篇很有见地之方志论义。在该序中,他认为续志不能废先人之志。谓“史家之志地理,昉于《汉书》,其志首列《禹贡》全篇,次列《周礼》职方氏,然后述汉时疆域。盖旧典与新编前后相联,而彼此各不相混,乃古人修志之良法。是故《益部耆旧传》及《豫章旧志》,俱有续撰之作,此分为二部,而显示区分者也。《襄沔记》及《剑南须知》,均系裒辑以成,此合为一书而注明出处者也。上溯汉晋,下迄宋元,旧式具存,昭然可考。明代事不师古,修志者多炫异居功,或蹈袭前人而攘善掠美,或弁髦载籍而轻改妄删。由是新书甫成,旧志遂废,而古法不复讲矣……《四库全书》地理类都会郡县之属,首载《吴郡图经续记》,又载《宝庆会稽续志》、《至正金陵新志》,皆取其分析详审、断限谨严,故特为录存,俾修志者知所取法也”。他主张“但续新志,而旧志不必更张”,“欲得新志之善,必须存留旧志,当于各门之中,皆列旧志,然后再列新增。凡旧志有异同,则详注以推其得失,新增之事迹,则据实以著其原本。其旧志缺漏舛伪有他书可以订正者,别立校补一类”。(转见《方志考稿》第六编第 79 页)这种续修之规矩,至今仍有重要之参考价值。

按:在前有旧志基础上进行修志,通常有续修、重修两种方式,此则为汇修方式之主张,颇值得注意。

道光三十年(1850)周作楫等修,萧琯、翟鏻观、邹汉勋纂成《贵阳府志》88 卷、冠编 2 卷、余编 20 卷,总 110 卷刻行。全书分为冠编、正编和余编三大部分。冠编题作《恭录》,专记康熙四十四年至嘉庆六年间有关贵州之诏令、御赐碑文。正编分为一记、三表、六图记、七略、三政绩录、四传；余编为文征、杂谈。与章学诚方志“必立三家之学”的主张很近似。一纪，即按年而编之大事记，冠于正稿之首。本志资料丰富，内容充实，极有参考价值。据史继忠谓：其“建置沿革，疆里四至，山川河流，土物特产，乡里名人，典章制度，军事设施，政事得失，文教兴废，无不备载。如道光年间，贵阳城之一百一十三条街巷，三十三座桥梁，二十余处官署，二十多座寺庙，城外九百个村寨，四十二条道路，八十六座桥梁，近三百所寺庙，其名称、方位、沿革等，均有清楚的记述……该志对贵阳的经济情况，也颇为留意，不仅记载了各处的人口、户数、田亩、赋役、经费、驿政、钱法、盐政，而且对农业也有详细记录”。（史继忠《〈贵阳府志〉简述》，载《贵州地方志编写通讯》1982 年第 5 期）如其《食货略》，鉴于“《平准》、《食货》之书，类陈制役治赋之源，而图经则陈其账籍耳；《平准》、《食货》类言国之大用，岁计其丰啬赢绌，而图经则仅言其经制耳，仅言其起运存留耳”，故本志“郡县可以消息而为之，使百姓沾实惠而国家有储胥。盐政、钱法、厂政，因地而设，取之商而以息农，取之天地之利而以利民，为制用之大经，而亦古先圣王所不废者，故咸采具其事以著于篇”，提供了重要之封建经济发展和封建剥削情况之资料。尤其是《苗蛮传》，载有白苗、花苗、青苗、仲苗、蔡家苗、宋家苗、仡佬、山苗、佯僙、谷蔺苗、补依、紫姜苗、骨里苗、黑倮儸、木佬、鸭子苗、仡僮、仡兜等 20 种少数民族（细系）。又将《通志》、《黔书》所有而“今所无”之 6 个少数民族附记于篇末，反映了这些土司及少数民族之种族来源、风俗制度、兴衰消长及其与中原地区相互交往的情况。《学校略》除了附记贡院、考棚、试卷田、宾兴田，还有苗学额、土司学额、土苗义学、社学等。《艺文略》著录方志 30 种，经部 13 种，史部 20 种，子部 30 种，集部 102 种。所载各书均录其卷数及撰者姓名，并述提要，兼采序跋。方志从史部中析出，另为一部，且冠于经部之前，是为一大特色。其《文征》内分类很细，有敕、敕书、表、疏、教、状、书、敕议、论、说、问答、赋、颂、赞箴、铭、解、考、纪事、记、碑记、序、传、墓表、墓志铭、行述、祭文、诗等 28 类。原则是“类各依时代而次之，要以有关于山水、建置、人物、掌故者为断，余则虽工弗取”。（见张新民《道光〈贵阳府志〉提要》，载《贵州地方志通讯》1985 年第 1 期）张新民在《贵州地方志论纲》中，评之为“纵观全书，搜集排比，整齐而有剪裁，别择考订，严谨而又详赡，不失为编纂最好的贵州方志之一”。又谓：“（章学诚的）《湖北通志》虽已残损，但从《贵阳府志》可以看到，采用章学诚‘分立三书’之设想，把《文征》、《杂识》列为余编。最主要之贡献，是分清了‘著述’与‘著述资料’之界限，既保存了原始资料，又简洁明晰不失著述之体，避免了以往方志‘史氏文裁，与官司案牍混而为一，文士欲掇其菁华嫌其芜累，有司欲求故实又恐不详’的弊病。”（第 91 页）

此书稿是一部好书稿，但于咸丰二年（1852）刻行时，在刻本中，正编卷八二《耆旧传》“方志传”后，在原稿基础上补入了志书审定者袁如凯撰写之《书善士李锡之逸事》、《书李锡之逸事后复诗以美》、《补书杨芳五善士遗行》3 篇，以及另一审定者孔宪典《补书胡继武行事》1 篇，并有补刊缘由之说明。所补诸人行状，事迹毫无可称述者，显然都是请托入传。《余编》

卷 11 又有补刊者饶怀清撰写之《敕授承德郎胡公墓志》,疑亦为袁、孔二人所补入,意在宣扬亲厚也。此实为方志史上曲笔徇私之一恶例。袁、孔仅为是书审定者,并非史臣。然其受人之托,趁志局已拆,人事已散,志书锓板尚未蕆事之时,强行补入"行状毫无可称"之人的传。袁氏在《书善士李锡之逸事》中云:"初,贺中丞之倡修贵阳志也,秉笔者分列为善行类,载贵筑监生李文郁(字锡之)云云。贺中丞因请议叙,给以府事职衔,既表而彰之矣。予友蔡佩周阅之,以为李君善行尚多,固不止此。一日,因具其略来,嘱予为之作补述,缕缕述其逸事。余曰:'礼非史臣,不应为人立传。'佩周曰:'人有善而不为全录,是前秉笔者遗人之善也。友有善而我不为代传,是我没人之善也。今我嘱子而子不为补传,是子不与人为善也。子尚思补而传之,以见吾辈平日将善之意。'予遍考载籍,见吾宗简斋先生《小仓山房文集》,于人之不应传者,每为之书事以代,如《书荆山事》等篇,是非传而传之也。今特仿而书之。"其《补书杨芳五善士遗行》中又云:"金城有善士李锡之,前修郡志,遗其善行,日前余友蔡佩周为具之略来,索余补述,余允而为之书其事矣。越数日,佩周又来云,郡有杨君者,其善行较李尤卓,前志亦未详,子盍亦补之。余曰:'此固余之芳邻而兼姻娅者也,复何辞!'越日,佩周并偕其嗣君具略来,余拜受之,即谨按其略而为言。"又《补书胡继武行略》中云:"一日,胡君敬南谓余曰:'先大夫名入耆旧矣,然平生善行概无一语,此而不书,志之略也,听其不书,职予咎也,敢请为述云。'余闻而瞿然曰:'尊甫硕德,尚啧啧人口,胡秉笔者竟阙如耶!'是诚疏也,毋惑乎子之歉然也,余虽不文,夫何敢辞!"(转自张新民《(道光)〈贵阳府志〉提要》,载《贵州地方志通讯》1985 年第 1 期)

按:这种做法,既有损于志书之纯洁,更暴露了自己徇私之羞,实不足取。贿赂请托,在旧时修志中较为常见。如黄宅中在修贵州《大定府志》时,就有名为张琚者,曾致函黄氏,请将己作诗数首附之卷末,又请宅中将其师俞秋农"纪行实于《惠人志》中,附于列传"。(均转见《贵州地方志论纲》第 32 页)

是年,郑绍谦原纂,李熙龄重修之《普洱府志》20 卷刊行。府所辖地界多与外国交,故本志特重武备,对于捍卫祖国边防之史事载之颇详,资料丰富,对边制原委及兵事多所考证。由于是少数民族聚居区,土司一类记之亦颇为完备。(见《中国地方志总目提要》23—54)

是年,宝琳、劳沅恩纂修成《直隶定州志》22 卷、首 1 卷刻行。是书为门目体,六门之下再分若干子目。其明显之特点是乡约入于图。作者"窃思自古君天下者,四海皆有图籍。今官一邑一郡而不知境土之方向、远近与其民物、田井可乎哉"?故特重乡约之记述。其《凡例》有云:"乡约类,前志仅登其名,他志亦多从简略。今从定州旧立之四十余约,每约绘图,复以所行保甲法详说之,改其类曰《乡约》,务使四境之广,粲若列眉。一乡之微,了如指掌。"(转见《方志考稿》第一编第 117 页)这是值得称道者。

道光间(1821～1850),徐松纂成《新疆赋》1 卷刊行。徐氏精地理之学,著作甚多。因事被谪伊犁,于嘉庆十七年西出嘉峪关,此《赋》为其在新疆时所作。在新疆期间,他遍览当地山川,又考其建官设屯,了解风土人情,而成此赋。赋分两篇:一为《新疆南路赋》;二为《新疆北路赋》。用谢灵运《山居赋》例,自为之注,铺陈事物,皆信实可征。其作此赋之意在于赎罪乞归,故所述无不切实时宜。陈光贻谓:"'地赋'之列入地理类,始于《四库全书》,将宋王十朋《会稽三赋》别出《梅溪集》之外,而归入史部地理类。此后'地赋'遂成为方志中的一种体裁。"(见《中国方志学史》第132页)

是时,崔云辉等曾撰成《山东通志局修志条款采访册》。这是为修通志而制定之采访条款,分为纪巡幸,详建置,正川泽,核丁赋,书灾祥,录名宦,志选举,载人物,阐节孝,系文艺,编外志等12门。规定了各门纂修之规则、范围、注意事项等,是一部修通志之条例。(见《中国地方志总目提要》15—7)从此条例中,可见古人修志是如何先定全书框架而后施行的。

是时,云贵总督吴振棫奉敕抄绘佚名氏《云南三迤舆地图说》2卷、《百蛮图》2卷。清代于云南设有迤东、迤西、迤南三道。前书共收图23幅,其图包括云南总图及图说、云南所属大理、楚雄等府图及图说。后书共收爨蛮、僰人、"黑猡猡"等少数民族图108幅,均为彩绘,每幅均附有图说,反映了各少数民族之耕种、渔猎、服饰、音乐舞蹈、婚丧嫁娶、宗教活动等情况。(见《中国边疆古籍题解》第32页)

咸丰朝（公元 1851～1861 年）

咸丰元年(1851),隋汝龄(久芗)以 20 年之功,纂成《辽海志略》160 卷。全书分 26 类。在是志《自序》中谓,“作志必采前人传记,审择去取,实见史官之长,非末学所能及”。提出修志要“惟核、惟谨要,于言必雅驯,事无偏党”。(转见柳成栋、宋抵编《东北方志序跋辑录》,哈尔滨工业大学出版社 1993 年 12 月版第 37 页)

是年,常恩修,邹汉勋、吴寅邦纂成贵州《安顺府志》54 卷、首 1 卷刻行。常恩在是志《序》中特别阐明了方志源于《春秋》,并论及方志之教育作用:“窃谓得《春秋》之纲领者,惟史;得《春秋》之条目者,惟志。要皆取其精义,使后鉴观,作为惩创,其法盖同。而史意重褒贬,致民心大畏,而不敢为恶;志意在旌扬,使民志欣向,而日迁于善,教则各异也。至其亲切使人肯信,近征使人欲听者,莫如志乘一书。盖祖传孙,父诏子,口授指画,虽代远年多,而熟闻如睹也。予先人父官地方时,即以其都邑之志,垂训示其民人,而民人皆唯唯弗倦。初以此不过教民一术,不意期月之间,而风气一变。自是移他邦,每寻其志以教,皆有异效。及先君出治海闽,法此意,训士卒,觉志正体直,有勇知方,何其速也。盖习见素闻,令忽启其良知,亦遂敦其良能,有若非教所及者。”吴寅邦在《跋》语中则谓:“间尝读史与志,而知其体例之不同矣。史主文,志主实;史尚略,志尚详;史陈论断,志尚沿革。作史者考诸志以去取,作志者传其美以备参观。盖史成而千古不易,亦志创而数十年可以续修。”(转自《贵州地方志序跋凡例选录》第 41、43 页)

是年,张锳修,邹汉勋、朱逢甲纂成贵州《兴义府志》74 卷、首 1 卷,至咸丰四年(1854)刻行。是志《凡例》及各目之《序例》中,提出的一些主张,多有值得注意者。如关于“大事记”条有云:“宋吕祖谦有‘大事记’,周应合之《建康志》有‘年表’,袁枢有‘纪事本末’,《贵州通志》于‘大事’中亦立‘本末’一门。今仿其例而于大事立‘纪年’、‘本末’二门。纪年主简明,诸大事皆记。本末主详明,择大事之尤要者,畅辩详言之。纪年与本末,或详或略,一经一纬,相辅而行,相互补苴。有事为本末未载者,已备列纪年;有事为纪年未详者,当参观本末。二者相需,无容偏废。"对于"人物","有事实,立传;无事实,立表。完人,立传;节取,列表。已故,立传;生存,列表"。关于"方言"条有谓:"兴郡苗疆,苗语侏离,听讼者每茫然不解。今特译载苗语、仲语于《风土志》'方言'之后。"在此目下,收有布依词目近 500 条,苗语词目 400 余条,均以汉语一一对译,还附有邻府民族语言之异同。这是志书中载少数民族语言较多之例。

主修者张锳(张之洞之父)在《序》中谓其修志目的,是为了佐治兴文、备掌故:"郡之有志,所以表风俗,佐治兴文,考沿革,正疆界,辨险要,察风土,论政教,励官常,详典章,以备掌故者也。"他归纳说,古今撰志者约有十六病:"或考今遗古,枵腹成书,逞臆而言,无征不信,病一;或繁征博引,与地无关,穿凿支离,茫无端绪,病二;或直写采访之册,大类胥抄,冗誊引征之书,不知裁剪,病三;或时搀俚语,言之无文,或转借艰深,以文浅陋,病四;或数卷之中,自相矛盾,各卷之内,论断不加,病五;或但借旧文,弗参互考,但知其一,不知其他,病六;或传方外则高谈仙佛,志丘墓则侈语鬼神,志祠祀则文庙与寺观并列,崇尚异端,盭戾书旨,儒者讥之,病七;或广载艺文,几同文选,颂己德政,亦入志书,于义何居,大乖志例,病八;甚有胪列己文,似己文集,桂林相国,曾议其非,病九;虽曰志乘体裁,似宜有褒无贬,然使过于夸饰,何以传后信今,病十;至于考核不精,予夺不当,体例不善,叙述不详,去取不严,关系不载,此六者,尤撰志之大病也。"因此,他指出在本书中,"征引必著书名,稽溯必详原委,采摭必求关郡,条目必求分明,访册不尽信凭。引书稍加裁节,俚言必去,晦语必芟,矛盾必无,论断必有。一事必互考,各说必并存。不崇尚异端,不滥存呓语。昔人之文多录,近人之作略存;至间载己文,仅数篇见意,而颂扬德政,则一字不登。列传核实必严,诸志夸词必削。考核必求一是,予夺必餍众心。体例悉本前人,叙述折衷聚讼,去取俱有深意,关系尽为大书。"(转自《傅振伦方志论著选》第 235 页)

当时志界有尚简、尚繁之争,张氏在本序中也就此表明了自己之看法,只要简而能赅,繁而不芜,两皆可。其谓:志书"固有以简胜者,亦有以繁胜者。如宋常棠之《澉水志》仅 14 页,元冯应京之《昌国州志》仅 7 卷,明康海之《武功县志》仅 3 卷,韩邦靖之《朝邑志》仅 20 余页,此皆简而能赅,以简胜者也。若宋潜说友之《临安志》93 卷,明刘昌元之《苏州续志》100 卷,陈继儒之《松江府志》94 卷,程敏政之《新安志》100 卷,陈善之《杭州府志》100 卷,此皆繁而不芜,以繁胜者。"(《贵州地方志序跋凡例选录》第 44 页)

是志之修纂长达 13 年之久,"稿凡数易始成"。在此过程中,张氏虽署主修,不但不设志局,全志自始至终,都亲任其劳。稿成之后,亦不劝捐,所需付梓经费,也由张锳"率属捐俸"而成。志中引书籍达 517 种之多。(见《贵州地方志论纲》第 30 页)

按:20 世纪 80 年代修志中,"大事记"之写法,有编年而无记本末者,有载本末而无编年者,有在编年中有选择地略记本末者,亦有编年与本末分列两篇者,但为数甚少。本志中"大事记"之法是很值得借鉴的。

是年,董用威等修、鲁一同纂《邳州志》20 卷刻印成书。是志“不置凡例,示谦也”。其撰作之意,主要集中在是书之《后序》中。该《后序》有谓:“发箧陈书,上下十九代之史,旁及《通典》、《通鉴》、《通考》、山经、地志、官书、吏牍、世家谱牒、金石文字之类,反复研索,证之以旧志、府志、淮安旧志七八家,参以己见,断为一书。其自有明以前,宗诸正史,大都正误者十之三,补缺者十之四。明季以后,史所不详,则以志证志,兼考官牍,旁采舆论,增损匪多,而劬苦倍之。”(转见《中国方志简史》第 363～364 页)是书一出,颇获好评。曾国藩谓:“吾友有山阳鲁一同通甫,所撰《邳州志》、《清河县志》,即为近日志书之最善者。”梁启超称其著作“有别于俗吏之手,可列名志者”。王葆心特别指出,其“于材料辨之也精,则其取舍也严。观此四类取材,于志家应具之程涂,可云能践其要矣”。朱士嘉称“鲁氏不愧为志家新派中一巨子”。(均见《朱士嘉方志文集》第 32 页)《续修四库全书总目提要》给以了很高评价:谓“此志盖成,道间所称名志也。其文雅健深雄,不懈而及于古;其体简而完备,笔繁而义无剩,故非他志所可及。”此志还一改时弊,“不博征长官序文以为冠冕”。(转见王诚《从咸丰〈邳州志〉之编纂看鲁一同的方志思想》,载《史志文萃》1990 年第 2 期)

是年,李恩继、文廉修,蒋湘南纂成《同州志》34 卷、首 2 卷、附 3 卷刊行。是志采用正史体例,分图、表、志、传四门,门下设目。图精表详是本志之一大特点。图占 3 卷,凡 30 幅。有同州府总图、分图、山川图、历代疆域图等。其“总图”内详注所属各州、县之兵防、户口、境界、山川、镇铺等;“历代疆域图”包括自夏、商直至清雍正朝,凡 16 朝之详图,图后有文,对其沿革详加注释,可与“纪事沿革表”相互印证。表凡 8 卷 7 目。此志在全陕志书中可称上乘之作。(见《中国地方志总目提要》25—27)

是年,李元春个人撰成陕西《朝邑县志》3 卷、《朝邑志例》1 卷、《志例后录》2 卷。李氏《自序》中谓其“生平有作不肯自袭,何可袭人”? 故所设体例颇为特别,全书分 10 门,除“人物”门内有史料收录外,其余各门都无资料性内容,而只是就前志资料内容进行理论性之探讨。着重对前志之人和事作评论性之论述。《志例》和《志例后录》则对方志理论和实践多有创见。(见《陕西方志考》第 74 页)

是年,蒋湘南撰成陕西《华岳图经》2 卷刻印。至明、清时,图经之名已不多见,有者也往往名不符实。此志却本图经本意,有图有经。全书 18 篇,有华岳全图、太华阴图、太华阳图、少华图、华山之水图等。经者,文也,考据华山各处之由来和定名之由因及意义等。对华山之道路、里程和历代有关华山之著述亦有记载。(同上书第 96 页)

咸丰五年(1855),董醇(后改董恂)撰江苏甘泉县《甘棠小志》4 卷,首、末各 1 卷,刻印成书。卷首有图 14 幅,除 1 幅为邵伯镇图外,余皆水道图。其目为建置、运道、湖潴、河渠、修防、坊铺、里巷、村镇、祠庙等 9 篇。结合当地之地理环境特点,尤其注意水道内容之记载。其中之运道、湖潴、河渠、修防,就是专记水道及其变迁的。“引证详明,文笔简洁”,(见《方志学史》第 301 页)是清代乡镇志中之名篇。此志与其他小志不同之特点,是不载“人物”及“风俗”。但这并不是说撰者主张方志可以不载人物，而是出于不获已，且本志还是一个未定稿而已。于此，其《跋语》中有说明云：“昔宋乐子正史撰《太平寰宇记》，讥贾耽漏落、李吉甫缺遗，盖病《十道述》、《元和郡国志》未叙人物。于是所撰《记》于地理外，编入姓氏、人物、风俗数门，因人物又详及官爵并诗词杂事。阳湖洪亮吉序此《记》，以为乐所撰若此，遂致祝穆等撰《方舆胜览》，宁略建置沿革，而人物琐事，必登载无遗，实皆滥觞于此，意多不满。于是洪所自撰《乾隆府厅州县图志》，概不旁及人物。醇维山川道里，实天地之自然，要必有人焉以经纬之，而后即其习尚以成为风俗，人物乌可不记？……天下方有事，不获久居乡里，爰属吾二三知旧，凡有忠孝节廉、文武英特以及隐逸、方外，一材一艺，代疏状略汇存，采访略备当踵成之。”(转见《方志考稿》第六编第 75 页)

按：洪亮吉在《乾隆府厅州县图志》中不载“人物”，是他关于修总志之见解，并非他主张地方志可以不载“人物”。洪氏所撰的地方志书，也是载有“人物”的。

咸丰七年(1857)，台隆阿修，李翰颖纂成辽宁《岫岩志略》10 卷、首 1 卷。全书分为 10 门。台隆阿在《志序》中认为，修志“非徒炫耀乎简册，殆实有励精图治、勤恤民瘼之至意”。其所载者，为的是使人“览封疆之形胜，宜思百世之宏谟；采闾巷之歌谣，亦瞻一时之文运”，使后来之为政者“知创于前者若何，善于后者若何。民何以富，何以教，徭役何以省，讼狱何以平；扼险提封，溪山之囿者何在；穷檐曲巷，士民之秀者何人”。(转自《东北方志序跋辑录》第 124 页)这是东北地区较早之一部县志。

是年，李英粲修，李昭纂成四川《冕宁县志》12 卷、首 1 卷、末 1 卷刻行。是志中编入不少少数民族歌舞，称之为“夷歌”，如“跳锅装”、“西番歌”、“猓猡歌”、“莫狻歌”等，是研究当地少数民族难得之史料。“风俗”门中载有“汉俗”和“夷俗”，其中分为西番(藏族)、猓猡(彝族)等不同民族的习俗。(见《中国地方志总目提要》21—137)

是年，高骧云纂成北京《房山志料》一书刻行。这是纂者为纂县志而作实地考察之笔记，对《畿辅通志》等前代志书，多所补正，被称为“最为有用之书”。冯秉文在《北京地方志概述》中说：“其资料价值迄今犹不逊色。”(见第 63 页)

是年，汪日桢纂辑成《南浔镇志》40 卷、首 1 卷，次年刻行。是志搜罗宏富，字数在百万以上，引书达千余种，审择尤精，被称为“镇志中之佳构”。(见《中国地方志总目提要》11—67)

按：民国时，在本志基础上重修之镇志，篇幅更达 120 万字之多，为笔者所知镇志篇幅之最大者。

咸丰九年(1859)，张穆撰、何秋涛校补《蒙古游牧记》16 卷刊行。是书先由张穆始撰，书未成而张氏卒，乃由何秋涛校补而成。对内外蒙古、青海、新疆等地之蒙古各部落之历史、游牧所在四至、盟旗沿革、王公系谱事迹、清政府对王公之封赏，以及各部所在地区之山川城堡，详加记述，极具资料价值。祁寯藻在书《序》中谓：“其结构则详而有体，征引赡而不秽也，考订则精而不没，确而有据。”是书在国际上都受到重视，先后被译成俄、日等国文字。(见

《中国边疆古籍题解》第 237 页)

是年,姜箎修,郭景泰纂河南《郏县志》12 卷刻成。先是,咸丰五年(1855)姜箎来本县任职,正值捻军在郏县活动,给当地统治者以沉重打击之后。他上任头两年,多忙于组织乡勇,防堵“土匪”,收拾被捻军冲垮之统治秩序。第三年便着手修志。有人对此质疑说:“吴楚不靖,扰豫东南;玩法奸民,复潜勾结。方宜亟求有备无患,而奚遑遑于修志之为?”他对此有一段话,说明当此之时要急于修志之由:“客以志为镂冰炊沙,徒以藻饰平世已乎?夫所谓有备者,战与守也。人心不固,则气不振,虽有坚甲利兵,谁与共守之?虽有高城深池,谁与共全之?欲固其心,振其气,而不能尊其身家,蓄其财力,使欢然有乐生之怀,因以坚其敌忾之志,一旦有故,乌足恃哉!夫志者,治一邑之大法也。考其山川向背,风气之淳浇,物土之宜,因民之俗有常业矣。广积储,节财用,弗虞水旱,无凶岁矣。其间忠臣谊士,孝子顺孙,以郏之事,动郏之人,信而有征,观感易入。况突豕奔狼,惨经前代;蠲租薄赋,惠在本朝。愈以见国家休养生息二百余年,厚泽深仁,沦肌浃髓,披览之下,有不油然生其亲上事长之心者,岂人情乎?夫而后利器械,精击刺,严部伍,联声势,战则可克,守则必固。则郏志之修也,于有备无患之计,诚为要务欤?”可见他之修志,完全是为了对付人民的反抗,“宁静”地方,维持统治。为了维持统治,首要者又在于官守得人。他认为“虞廷安民,先以知人。一邑得人则一邑治,各邑得人则天下治。是职官者,一邑安危淳浇之主宰也,乌有重于职官者哉”!故本志特重“职官”,将其排在各门之前。原因是“职官一门,向来在舆地后,或在建置、学校后,甚或五六卷始用之。夫疆域、山川,官所勘定也;村庄、集市,官所经理也;城池、仓庾,官所营缮也;学校、书院,官所教化也”。(转见《河南地方志提要》第 318 页)

按:将志书视为“治邑之大法”,是笔者所见将志书作用抬得最高者。他于志书之急修,甚至编目之安排,都完全服务于政治目的。说明了不但治世要修志,乱世更要修志。从他话语之反面,吾人不是可以得到一些启发吗?将“职官”一门置诸“疆域”之前则有可议者。地方志志地方,不首先确定地方,官立足于何地?

咸丰十年(1860),知府陈乔枞纂修成江西《袁州府志》15 卷、首 1 卷刊行。陈氏在《序言》中,以袁州田赋为例,说明了志书对于治理地方之重要。其略谓:他于咸丰九年来任袁州知府后,尝读袁州旧志。据旧志载,元末袁州府田,每亩令民纳米 3 乡斗。每乡斗合官斗 3 升。但是,其后纳款造报时,误以乡斗作官斗。明初在核定袁州府田赋时,根据错误之册籍,虽田赋减半,但亩税仍有 1 斗 6 升余,而当时他府之亩税只有 9 升余,袁州之数字高出约一倍。这样的纳法,使袁州之民蒙受了 300 年之重负。直到清顺治间,由于册籍多遭兵燹,巡抚都御史蔡士英才根据《袁州府志》之记载,将前后额数悬殊之袁州府田赋,开载明白上呈后,而准予减至每亩交税 9 升 3 合,与他府持平。使袁州四邑数十万生灵稍事喘息。故他说:“志书之为功于袁民,大而有裨于圣朝之仁政也,其所关系,不甚重哉!”(转见《江西省地方志概说》第 92 页)

是年，钟秀、张曾纂修成内蒙古《归绥识略》(又名《古丰识略》)40卷，约十六万四千余字。是呼和浩特地区历史上之第一部地方志。是志中记述了黄教在当地传播情况，资料颇为珍贵。其中专有《土默特志》一卷，记述了土默特人早期之历史和迁徙、定居之经过，也很值得注意。(见《内蒙古地方志概考》第42页)

是年，王榕吉等修，张朴等纂成河北《直隶定州续志》4卷。是志《凡例》中提出，“或十年一编辑，或十五年一编辑，续诸全志之后，不必将全部改纂”。(见《河北地方志提要》第237页)所提出的州、县定期限续志的主张，笔者还是首次得见。本志之修，距上一部志书正好10年。

是年，施惠来任江苏宜兴知县。在其任内修成《宜兴荆溪新志》10卷，首、末各1卷。这是在太平天国革命后所修之志书。其中记载太平军之事迹不少。如记太平军占宜荆时之措施，“置局曰乡官局”，“索粮册，莫肯出。或得志书一部献之，悉其田赋”。(见《傅振伦方志论著选》第16页)农民军寻索粮册而不得，后来得到志书之后，才获悉原来田赋之数。这是地方志书也为农民革命者所用之一例。

咸丰十二年(1862)，托明修，伊长纂成内蒙古《和林格尔厅志》(亦作《和林格尔城志》)4卷刻行。这是内蒙古第一部旗县志，开了旗县修志之先例。是志能看懂部分，有一定的资料价值，但准确性和可信性较差。尤其是其人物和艺文部分，让人读不懂，既不是现代蒙文，亦非过去之旧蒙文，故有人称之为“天书”、“怪志”。(见《内蒙古方志概考》第98页)

附载：魏振东据《中国地方志联合目录》统计，咸丰一朝修成志书共有86种。(《清代方志发达原因探微》，载《方志研究》1991年第2期)

同治朝（公元1862～1874年）

同治三年(1864)六月二十八日,由黑龙江将军衙门派员调查并纂成《黑龙江通省舆图总册》,上报总理各国事务衙门。《总册》以黑龙江六城即齐齐哈尔、黑龙江(瑷珲)、墨尔根(今嫩江县)、呼伦贝尔(海拉尔)、呼兰、布特哈(今讷河市城西老站,即原博尔多驿站)为地理坐标,以条目形式,分别记述了各城之"沿边四至,并边界以内之山川形势,城村方向,道里远近、险易,及居人住牧、台卡、营汛、驻扎处所、官兵及数目"等,共约8万字。包括各城所辖之山脉、河流,距各城之方向、里数;山有方园、高度;河流有发源地、注入江河名称。各城所属村屯名称、户口数、少数民族游牧场所、各城的台站、卡伦、渡口地点、名称、相对里数,以及现存之古城遗址、封堆、较大之窝集林、松树林等。熔自然地理与人文地理于一炉,具有较高的资料价值和学术价值。(见《长铗归来斋文稿》第225页)

同治四年(1865),徐继畬私纂成山西《五台新志稿》4卷(第四卷有目无书)。徐氏先已纂有《瀛寰志略》一书(见前"1848年"条),对方志学颇有研究。在修是志之先,他已对当时所能得见之志书进行了一番比较研究,博采众长,形成了自己一套对方志的看法后才着手的。这些看法,在同治三年(1864)《致武芝田观察论县名及县志书》中,有较系统之阐述。他认为,所见山西郡县志书好者不多,惟戴东原之《汾阳府志》及《汾阳县新志》,是"景星庆云,偶然一见。此不独山右所无,即宇内亦仅见"。"此外惟'关中五志'(《武功》、《朝邑》、《郃阳》、《雩县》、《眉县》)及陆清献所修之《灵寿志》称为名作。闽省之《宁化志》亦最有名。""《朝邑》、《郃阳》太简,惟康对山之《武功志》,繁简合中,陆清献之《灵寿志》,利病详核。"他在总结前人修志经验教训基础之上,形成自己之方志主张,主要有:一是采访认真,防"疏漏"、"舛误",对旧有之文字资料,不可"因讹袭谬";二是繁简要适度;三是要做到"利病详核",秉笔直书;四是反对因袭俗例,要有创新精神;五是不能以论代叙。

是志稿至光绪间,经其正式纂成《五台新志》4卷、首1卷,光绪十年(1884)刻行。他认为《武功志》"繁简适中",《灵寿志》"利病详核",故修本志,"意欲合此两志成法,核实为之。然必将俗例相沿之‘八景图’及天下所同之‘祠庙图’,全行削去”。同时主张志书要重视地方特有事物,“即如‘方外’一门,在别县可有可无,在五台则为至要”。因为“邑以五台得名,五台山以文殊师利道场得名,宗门古宿,见于《指月录》诸书者甚多,文益禅师为五宗之一,称为清凉宗,内典多其所译”。对旧县志中失载之诸多人物、事迹,注意加以补充。尤其是其前之志书中,于“我朝祖宗三圣人屡幸五台,为民祈福,兼以抚绥蒙古,六飞莅止,前后凡十次。驻跸回銮之年月,必宜恭记。而志无一语作之,尤为失其轻重”。故他在志中加以补录。他对自己所修之志书颇为自信,自谓“即不敢窃比对山、稼书两先哲,然与世俗之所谓志书者,自当不同,断不如旧志之荒陋可笑”。邑人郑耀增在刻行时写的《志序》中称:“松龛先生以著作大手写桑梓事,体例谨严,指归明确,其事约而赅,其文曲而畅,其意微而彰,芟刈繁芜,不规规于铺衍陈迹,点缀物华,名曰新志,别乎旧也。”山西巡抚曾国荃《序》云:“顷阅前闽抚徐松龛中丞所著《五台新志》,叹其综核简明,文精义赡,诚著述家当奉为准绳者……斯志之作,独其别裁,为晋乘嚆矢。”(均转自赵培成《徐继畬与修志》,载《山西地方志》1990年第6期)

同治五年(1866),高佐廷修,傅燮鼎纂成湖北《崇阳县志》12卷、首1卷活字印行。是志之《序言》写得极为别致。一般志书序言都少不了说志书之性质,编修经过,修志目的、意义及作用等,显得雷同。而本志《序言》却别寻蹊径,只字未及本志之事,而是围绕宋太平兴国年间,知县张咏鼓励植茶又毁茶一事展开议论。原来,张咏初来为知县时,曾动员百姓植茶,果然使百姓增加了收入。经过一段时间,张知县从“活土之民不材,瘠土之民好义”之信条出发,生怕百姓富了之后会坏风俗、失礼义,故又下令毁茶。《序言》作者便由此而展开议论,假如该知县为治之始,即注意“礼以防之,义以正之”,使民“富而不骄,富而不淫,人心风俗无异于古,虽遍地植茶有何不可,又何必尽令拔去始为善政”呢?使民富,又不失礼义,民众乐从,岂不更好?全文无一字说及志书在淳风俗方面之作用,实际却是全志之纲,提示修志以教民之思想。确实是一篇不可多见之志序。(原序文转见周文俊《县志序言特色举隅》,载《中国地方志》1985年第6期)

是县有植茶之传统,故志书中于茶事记载颇多。如其《物产》中载:“凡出茶者为园户,寓商者为茶行。邑茶引,旧四十八两。同治初,加六两零三分二厘五丝,茶非有加于旧也。自海客入山,城乡茶市牙侩日增。同郡邻省、相近州县,各处贩客云集,舟车肩挑,水陆如织。木工、锡工、竹工、漆工、筛茶之男工、拣茶之女工,日夜歌笑市中,声如雷,汗成雨。”对当时政治腐败、社会混乱给生产者带来的困苦亦有反映,如云:“权量不一,物价之低昂因之。城中制斛,大于乡斛一二斗不等。称十六两为一斤,或二十两,有多至二十四两者,曰接半。近年远客买红茶,多至三四十两售。田,上乡多计斗,下乡多计亩,丈尺长短亦略有不齐。山翁年老,稀至城市,故易受欺。”

是年,李勖修,何远鉴、张钧纂成《来凤县志》32卷,首、末各1卷刻行。是志《杂缀》中记咸丰六年(1856)之地震有云:“咸丰六年丙辰夏五月初六日辰时地震,屋瓦皆动。同时地震者,环数百里皆然。咸丰、黔江之交,地名大路坝独甚。山崩十余里,压死左右居民三百余家。当地震时,有大山陷入地中,忽跃出,而后下坠者;有平地本无丘陵,忽涌出小阜十余者;有连山推出数里外,山上房屋、居人俱无恙者;有因已陷没,而田内秧禾反在山上者;有被陷之人忽从地中跃出,身无寸缕者。诗云:'高陵为谷,深谷为陵',其信然矣。山麓故有河,河为山石所雍,水乃逆行,淹没地方复二十余里;潴为池,广约六七里,深不可测。不及月余,有大鱼无数,游泳其中,岂三百余家男妇化而为之乎?悲夫!"是志记之颇称详尽。(见张兴文、叶明理《详略·文采管见——读旧志偶得》,载《湖北方志》1985年第2期)

按:此次地震之中心,在咸丰县境内之大路坝。比此书前一年,由张梓修,张光杰纂成之《咸丰县志》,记载反不及此志之详,仅谓:"咸丰六年五月,地大震,大路坝山崩,由梅家湾、板桥溪,抵蛇盘寨三十余里成湖,压毙居民以数百计,李姓最多。"一味求简,没能做到"地近易核,时近迹真"。两志相较,孰短孰长,一目了然。

同治六年(1867),"京师将续修《一统志》,上谕通敕各直省督抚臣,广征所属郡邑新旧志书,增修省志,贡之于朝,以备采摘"。(转自戴柏俊《清代皇帝诏修〈大清一统志〉的最早及最晚时间》,载《天津史志》1992年第1期)

是年,陶寿嵩修,杨兆熊等纂之湖北《竹溪县志》16卷、首1卷刻印成书。是志记:"同治元年(1862)三月,黄昏时,有流星大如斗,长丈余,自东而西,喷薄有声;又八月十九日夜,东北有大星如月,色似铁炉。初出声则凄凄然,光芒闪烁,人不能仰视。倾之,向北一泻数丈,欲坠复止,止辙动摇,直至半空。忽如银瓶乍破,倾出万斛明珠,缤纷满天,五色俱备,离地丈许始没。没后,犹觉余霞散彩,屋瓦皆明。"(转见张扬威《整理旧志 古为今用》,载《湖北方志》1996年第2期,又见《朱士嘉方志论文集》第71页)

按:本志所记这一则资料,连同周铭旗修、李志复纂之《光绪大荔县志》和周植瀛修、吴浔源纂之《光绪东光县志》及钟桐山修、段映斗纂之《光绪光化县志》等,对十年后的一次极光记载之资料,均被中国科学院认定,是对现代研究极光很具科学价值之史料。

同治七年(1868),汪敩灏修、王闿运纂成湖南《桂阳直隶州志》27卷、首1卷刻行。是志一改旧志以"天章冠首"之惯例,而首置"舆地",废八景十景图说、文庙祭器等内容,注重记述政治兴衰、国计民生之端。以记述"忠烈传"等形式,记有关太平天国之资料达万余字之多。专设有《侗瑶志》一个专志,详记了侗、瑶两族,尤其是瑶族之源流、历史演变、民族特征、宗教信仰、风俗习惯,以及统治者对傜族之残酷统治和傜民举行起义斗争之情况,资料价值都较高。体例编排、内容采辑、材料取舍,都颇为独到,以一种新面目出现,被称为"湖南方志之名作"。(见《中国地方志总目提要》18—57)。

是年,罗登瀛、胡昌铭修,朱美燮、乐纯清等纂成湖北《通山县志》8卷、首1卷印行。是志"地舆"门载图甚多,先有总图,次每堡均有图。各图外有四至,内有民居、山水古道,一一标明,共计88图,也是至今所见方志中入图之较多者。(见《中国地方志总目提要》17—39)

同治八年(1869),戴肇辰始修,史澄、李光廷始纂《广州府志》,纪事止于同治十三年。全书 163 卷,光绪五年(1879)印行。体例略仿阮元《广东通志》,分为训典、沿革表、舆图、舆地略、职官表、选举表、封建表、建置略、经政略、前事略、古迹略、艺文略、金石略、宦绩略、寓贤略、列传、杂录等 17 门。其明显之特点有二:一是极重人物,仅"宦绩"、"寓贤"、"列传"就达 57 卷之多,再加上"职官"、"选举"、"封建"之 47 卷,已占全书卷数之 2/3 以上。为研究秦汉以来广州地区之人物、官制、科举提供了较系统之资料。二是记述范围偶及于境外,如其卷八二就载有:"法兰西即佛郎机……以战斗为国,富冠海外,与英吉利接壤,世为仇敌。"(见《中国地方志总目提要》19—11;袁霄《方志的源流及其变化》,载《中国地方志》1989 年第 5 期)

是年,林葆元、陈煊修,申正飏等纂成《石门县志》14 卷刊印,是研究土家族,特别是石门土家族之宝贵资料。是志有图 182 幅,大量的是写真之舞乐图和礼器图。舞乐图如道具和服饰图 8 幅,舞蹈分解图 96 幅,图前载有工尺乐谱。礼器图 48 幅,分别注明尺寸、重量、构造器质等。为此在修志队伍中专门设有"画史"一员,这在其他方志中是未见的。(见覃道荣《同治〈石门县志〉评介》,载《湖南地方志》1988 年第 5 期)

同治九年(1870),曾国藩、刘坤一等修,刘绎、赵之谦、李联琇、帅方蔚等纂成《江西通志》180 卷、首 5 卷,至光绪间刻行。这是太平天国革命之后修成之一部通志,其意固在粉饰太平,对太平军极尽歪曲之能事,但字里行间仍可捡出不少有价值之资料。志书印行之后,版片按架列存于南昌应天寺内。直至 1952 年迁移于江西省图书馆石头街书库保存。于十年动乱期间之 1970 年,被一些人当作废物处理,分给职工作为生煤球炉引火之用,至为可惜。(见《江西省地方志概述》第 7 页)

是年,《续天津县志》20 卷、首 1 卷纂就刻行。是书"纲举目张,百余年文献足征,良非易易。至编所载,海运纪程,通商原始,暨建筑濠墙炮台、机器两局、垦水田、凿环渠诸务,颇为详细"。于是书,《中国地方志联合目录》著录为:"吴惠元修,蒋玉虹、俞樾纂。"这样著录,根据是崇厚之《续修天津县志序》所谓的"商之僚属,筹款设局,延浙江俞荫甫太史重为编辑,草创未几,旋辞去"。卞僧慧认为俞樾或未参修,或出力甚少,只是书成之后,"妄欲假借俞氏之高名,增加其所主持续修县志之声价"。此书实是在 50 余年前,邑廪膳生蒋玉虹旧稿之基础上辑成。当年蒋氏"尝叹邑志简略,多所缺讹,欲续修之。采访搜辑,二十余年不倦。风天雪夕,袖一笔一砚,遍觅荒庵野寺间。无论数十里之远,有残碑断碣、废鼎卧钟,必掘土剜苔,摩挲辨识。于金石漫漶之余,且读且录,鲁鱼亥豕之讹,必为详辨。积年既久,核考綦精。闻津门之义夫节妇、孝子忠臣,及鸿才逸品之彦,必求遗老,详询颠末,综其实迹,为立碑志。故怀袖间,卷籍恒满","稿本已积数十帙,不厌繁多。惜未成而卒"。(见卞僧慧《天津历史上的地方志》,载《天津史志》1993 年第 1 期)

是年,李世椿修,郑献甫纂成广西《象州志》一书,不分卷。郑氏人称"两粤宗师"、"粤西一代真才子",是著名之教育家、诗人,有渊博之历史学和方志学知识。是志乃系在乾隆志之基础上重修,多所改进。全书分纪地、纪官、纪人、纪故四纲。凡建置沿革、疆域道里、山川、名胜、物产,俱列于"纪地";"田赋之额数,学校之典礼,兵储之防备"等政事和"人民之术业,风俗之礼节,时事之理乱"等民事,分列于"纪官"和"纪人"两纲,而"疆域之克定,隶属之变迁,天时之灾祥,人事之兵燹,以及琐事佚文可载者俱入"于"纪故"纲下,做到"各以类聚"。鉴于乾隆旧志"职官无表,科举亦无表,尊卑顺序前后倒置,竟似县役花名卯簿","疆域有总图,各里无分图,所列村圩、山水、关梁,各条名目虽具,脉络不清",故增入了《秩官表》和《科举表》,使历朝职官及中举者一目了然;增设了各里图,使各里之方位、四邻以及山水、路桥、坝、村寨、圩市、寺观、塘、司的位置一目了然。于《秩官表》前有一段无题文字,简述唐至清本州职官之设置、旧志"纪官"之不足和本志收录之原则;于《科举表》前之一段无题文字,简述了唐至清的科举制度和本表的编列原则;各纲之无题序言,均围绕本纲内容,或作概述,或作说明,亦偶有议论者。诸图之后设有图说,简述总图和各里图之主要内容,各里与民生有关之地情,如江河通航情况及灌溉之利便等。在人物之处理上,除坚持"生不立传"之原则外,还坚持"地方宦绩,必实有见于此地者乃可列于此传"。对于"偶然经过及大官总摄者,虽其人赫赫有名","亦当纪之别录,归之通志,不必援以为乡邑之重"。"人物不必皆有科名,纪载亦不必强立定名,但可书者,即撰数语;无庸书者,即不烦故撰一言。"全书中述、记、志、传、图、表、录、考八体并用,较好地处理了诸体之间的互补性。可以说是书体例完备,简赅有法。故《续修四库全书提要》誉之为"文词雅洁,条理秩然,通人之笔"的佳作。对广西后来州县志产生了较大之影响。(转见《广西地方志》2004年第1期的一组文章)

按:郑氏在方志思想上尊崇康海《武功县志》和韩邦靖的《朝邑县志》,故本志亦是一部尚简派的代表作。他在本志的《凡例》中,提出旧志书内容上"不可不删"和"不可从"的有四个方面:其一是,"九野下属九州,业已参差不合,一方仅占一度,尤为芒昧不分,而修志者必首列'天文',妄为附会,此不可不删"。其二是,"春云秋月,何时不然,水色山光,何处不有?俗志强列'八景'之目,俗人又妄为'八景'之诗,支离可怪,荒陋可鄙,此不可不删"。其三是,"阎百诗论统志,欲于'山川'诸门外,删去'人物'一门,所见甚高,而于方志未宜。何者?统志记四海之大,百代之远,其人物之卓卓可纪者,自有国史,今载入地志,是以志夺史也。若一方人物未必皆可入一代之史册。不于志详之,彼所有文人学士、义夫烈女,将于何所存之耶?此似不可从"。其四是,"章实斋论修志欲于'艺文'外,别增'文征'一门,谓'艺文'只载书名,'文征'可收众作。殊不知志地方何与于选文字。彼果有关于地方利病、地方建置、地方名胜,已注于各门各条之下,其他即号为作家,别有名篇,当于本人传中及之,岂必以刊志者代人刊集耶!此断不可从"。(转自《广西方志提要》第184页)他的这些看法是有道理的,这种对前人做法批判继承的态度尤为可取。

是年,蔡蓉升纂成浙江吴兴《双林记增纂》(亦名《吴兴县双林镇志》)13卷。是志中载有

“惟近镇数村,以织绢为业。男子或从事打线,且必时常出市买丝卖绢。田功半荒,而衣帛食鲜;茶馆食肆中,醉酒呼号者亦复不少矣”。这是商品经济对自然经济破坏之证明,亦值得注意。这是研究经济史之重要资料。

按:相类似之社会情状,乾隆《乌青镇志》亦载有“乡人售丝于行家,而各处商客投(设)行收买。平时则有各处机户零买经纬自织。又有贸丝各镇,卖于机户谓之贩子”。(转见黄苇等之《方志学》第224页)这种“贩子”从事牟利之巨、手法之狡猾,在有些志书中描述得淋漓尽致。如同治《长兴县志》就有这样的记述:“长地向多丝行,城市乡镇不下数百家……新丝出市,卖者谓之丝客人,开行代买者谓之丝主人,亦曰秤手。秤手口蜜腹剑,狡猾百出。遇诚实乡民,丝每以重报轻,价每以昂报低。俟其不售出门时,又倍其价以伪许之,以杜其他处成交。俗谓‘进门一锤,出门一帚’。锤,言闷头打倒;帚,言扫绝去路也。贫家男妇废寝忘餐,育蚕成丝,其苦不可言状。一岁赋税、租债、衣食、日用,皆取给焉。虽善价而沽,犹虞不足,而市侩乃百般侮弄之。”(转见刘纬毅等《中国方志史》第274页)

同治十年(1871),孙尔准等修,陈寿祺等纂,程祖洛等续修,魏敬中续纂之《重纂福建通志》278卷、首7卷刻行。是志始修纂于道光九年(1829),由陈寿祺为总纂,任分纂者有高树然、冯登府、张绅、王捷南、陈善、沈学渊、汪晨、陈池养、林晨英、翁吉士、刘建韶、林彦芬、丁汝恭、赖其恭、张际亮、罗联棠、饶廷襄、何治运等18人,俱闽中有名学士。除陈寿祺手笔《天文分野》、《山川形势》和清代《儒林》、《文苑》等传外,余均由诸分纂分工负责。至道光十四年(1834)已成稿400卷,寿祺亦于是年2月病故。高树然接任总纂。高以寿祺列入《儒林传》,竟由此而引出轩然大波。先是省城名绅梁章钜等10人,联合向总督程祖洛、学政陈用光书面提出志稿之问题有五:一是《儒林》混入;二是《孝义》滥收;三是《艺文》仅有书目而无文选;四是《道学》无传;五是《山川》记之太繁。提出对志稿要重行审查。程、陈、梁三个关键人物意见一致,毁稿遂成定局。原主、分纂们不服,进行针锋相对地力争。在毁稿已成定局之情势下,陈寿祺之子乔枞及学生周凯等,便绘成《鳌峰(原修志之所)载笔图》,叙述修志原委,以示抗议,并请支持原书稿之人签名题跋。至魏敬中重改定稿之时,题跋者已有姚莹、吴荣光、沈维乔、陈官俊、何绍基、张祥河、汤金钊、尤纲孙、吴钟骏、陈庆镛、阮元、林则徐、严杰、张际亮、郑祖琛、王文玮、谢章铤、马其昶等多人。在这些题跋中,除了为原稿鸣不平外,有的还抨击了梁章钜等。争论一直延续下来,致使闽中士人分成两大派。直到道光十五年(1835),巡抚才决定将志稿交由凤山书院山长魏敬中全权处理,魏本唐副其事。二魏只好加以折中,将原400卷缩为278卷,于本年以《重纂福建通志》刻行。志书刊行后,双方对立仍未完全消除,至民国《福建通志》修纂时,才恢复了志稿之旧观,这近百年之风波方告平息。(转见林家钟《道光〈福建通志〉纠纷始末》,载《福建史志》1988年第1期;《方志学发微》第57页注13)

是年,李福泰修,史澄、何若瑶纂广东《番禺县志》54卷、首1卷、附录1卷刻成。是书中记载三元里人民于道光二十一年(1841)四月初十日,严惩英国侵略者及敌人狼狈逃窜之状,至为精彩淋漓,读来大快人心。其中有云:"四月初十晓,英吉利兵大至,村农拟与决战,振臂一呼,锄耰棘矜,至者以十万计。忽大雨如注竟夕,彼火药尽湿,枪无所施,且水满、泥深、路歧,奔踣稻畦中,或窜伏豆篱瓜圃,不知其数,村农悉脔割焉。有酋首宝刀银甲,馘以献。"(转自《傅振伦方志论著选》第 262 页)

按:志中所记,体现了国人不畏强暴、敢于斗争之爱国主义精神。读来真可以让"怯者生勇",热血沸腾。鸦片战争后,不少地方所修之志书,均程度不同地有类似之记载,是进行爱国主义教育之极好教材。类似资料,如加汇集,其意义又岂逊一志之修乎?

是年,吴汝纶撰成《深州风土记》22 卷、附表 5 卷,至光绪二十六年始刻行。是志中首创"人谱"一目,值得注意。该《人谱》占 3 卷,考述了州里古今望族大姓之演变,是研究北方民族社会文化最有价值之史料,足可为修志之法式。(见郑清波、关昕《〈深州风土记〉史料价值初探》,载《中国地方志》2003 年第 6 期)吴氏在编纂是书时,曾先制定《采访志书条例》16 则,包括:(1)应采书目;(2)应采本境名贤著述;(3)应采传状碑志;(4)应采金石碑刻;(5)应采旧志;(6)应采邻境志书;(7)考村庄道里;(8)采河道迁徙;(9)采民间习俗;(10)采物产货殖;(11)采姓氏迁流所自;(12)考核舆图;(13)采方言;(14)采人物;(15)采旧事;(16)采古籍。各条均有明确要求,一一加以说明,用以规范全书之编写。如第一则"应采书目"中就规定,要遍考"国朝官书"、"廿四史"、《通鉴》、"三通"及唐、宋、元、明各家诗文集,及类书、丛书之类。(转见邸富生《中国方志学史》第 165 页)而且对资料要详著其原文,不稍变易。是书《赋役》篇内,对自洪武以来赋役源流,一一疏证,不避烦琐,而有纲举目张之效。其书名为"记"而不名"志"者,瞿宣颖在《方志考稿》中认为,"盖属稿未定,故不以'志'名而变其称,以示谦也"。说他新设之《人谱》篇,是"卓然远道之识"。又谓是志"所录'明洪武学校格式碑',足征明代地方教育制度,且补《明史·选举志》之疏阔,至为可珍"。(第一编第 112 页)

是年,应宝时修,俞樾、方宗诚纂,冯桂芬厘定《上海县志》32 卷、首末各 1 卷,刻印成书。全书分 20 类 49 目,颇重视地方特点和时代特色之反映。如《疆域》门中之"风俗"目,载列了明季蓄奴之风尚,有云:"明季缙绅多收奴仆,世隶之邑,几无王民。然主势一衰,甚有占主田产、坑主财货,转献新贵,因而兴讼者,有司亦惟力是视而已。复奉功令绅士,自好积弊已清,而子孙世隶者未之改也。"又如《寺观》类下,专附"教堂"一目,载录了董家渡、徐家汇教堂,反映了外国宗教势力对上海侵入之历史过程。在《建置》之下设"海关"一目,分"统辖海口、期限、税额、盈余、税则、钞则、例禁、支款、役养"等细目,记载了上海自康熙二十四年(1685)弛海禁、设海关以来,关口之设置,每年税银之数量,进出口税率,纳税标准等情况。在"兵防"目,详记了鸦片战争中,英军攻陷上海之过程。在体例上亦有所创新。俞氏在《叙例》中谓:"既复观察之属,又(未?)敢苟同于人,虽见闻浅陋,无所裨益,然其中更定体例,删并条目,移易次第,斟酌字句者,既竭吾才。"(见王桂云《俞樾与同治〈上海县志〉》,载《上海修志向导》

1994年第3期)

按:此志修成后,县之诸生秦荣光,未因是名家手笔而盲从不思,曾作《同治上海县志札记》一书6卷,分21目,约22万字,考订参引94条,补正210条,补遗订误颇多。叶昌炽为此《札记》作《序》,有一段话甚为有识,今亦转摘于下:"文章者天下公器,况夫方志之学出于古史官,观政者将于此咨故实,览风俗。作者非一手,成之非一时,本非一家一人之学。山川道里之远近,田赋壤则之高次,建置形势之大略,职官氏族之旧闻,关于民生之利病,礼乐之举坠,差以毫厘,谬之千里。前贤草创之,后贤讨论而润色之,又从而缺者补之,讹者订之,庶几文献有征而可以传信于将来。其不美欤?!"(转自《方志考稿》第六编第31页)民国时,胡怀琛又作《(同治)上海县志札记补》,计补38则。(见《中国地方志总目提要》9—15)

同治十二年(1873)五月,汪梅村(士铎)为修上元、江宁两县县志事,撰呈《上李雨亭制军书》,提出修志之程序和方法谓:"伏以志之大体,考古、知今、图牒三者尽之矣。考古之道,上资典籍;知今之术,全凭档案;图牒之作,必亲履勘。此非一人所能为也。今患简牍多而任事者少,则莫若择晓事者先储其材,如营广厦,宗、桷、梁、柱,先采于山,而后访良工度之,则事不劳而功易见……储之既备,则仿阮文达纂书之例,酌卷之多少而分配之,颁章程以为之式,延晓文事者,按式而择抄之,分类而别厕,各载择者之名于卷首。人自惜名,必将致慎,则材具矣,此考古也。据章程定式,移文各衙门,使吏抄其事略,注其新旧,条其数目,疏其利弊,此知今也……三者既具,然后访能为班氏之文者一人主修之,其志必有可观者矣。"(转见《方志学发微》第59页)

按:汪士铎的主张,颇类章学诚之"州县立志科议"。汪氏主纂、明年刊行之《上江两县志》,就是按此文之意而施行。该志刊行之后颇获好评。(见下年条)

是年,赣州知府魏瀛修,鲁琪光、钟音鸿纂成江西《赣州府志》78卷、首1卷刻成。魏氏在书之《序》中,主张修志要谨慎从事。其中说到修志中难能全免之诸种困难,颇有值得后世注意者,今录于后:"先器识,后艺文,先事功,后议论,此论人也,而志亦然。言不文,行不远,志之不可无文艺、议论也,固已。然逞独断而妄肆雌黄,少综核而徒侈藻绘,文艺、议论非不佳也,而器识、事功谓何矣?矫其弊者,又或苟简从事,无所发明,草率操觚,自甘挂漏,则亦非质文相含,华实并茂者矣。然则欲求其规模宏远,事实精详,而文采议论,又足以发其光而壮其色,修志者舍此不为功。吁!岂易言哉。大都地方应收入志之事,见闻异词,秉笔所据,除旧志外,惟资采辑。采辑之事,分任官绅,姑无论偏私者以爱憎为取舍,诪张者每道听而途说也。即非有意弊混,非不各矢慎勤,而或失之宽,则闻恶而亦疑;失之严,则见善而不信。力不果,则舍难而从易,避重而就轻。见不精,则得赝而失真,取小而遗大,或骛远而近处反略之,或好奇而庸行反忽之。即不然,官知公署事,而地方之事不尽知;绅知地方事,而公署之事不尽知。凭案牍以稽事,案牍有损缺,则讹漏可虑。采记述以立言,记述苟失实,则舛误相因。又况官非久任,则往事之原委,一时未必尽悉,而五日京兆无论矣。即久任而平日所经营,久或不能尽记,而局外旁观可知矣。且有习为具文,成掩耳盗铃之尘牍者,信手抄录,则名实不相符也。有曲避吏议,而回折迁移其情节者,依样葫芦,则是非不能白也。此数弊者,苟采辑不能先除,则虽秉笔者考核精详,亦难尽归美善,况考核不力者哉!而或者曰:江海之深也,人第见其波涛浩瀚,而鱼龙蛟蜃之潜伏,极藏垢纳污而若无睹也。山岳之高也,人第见其岩壑崇邃,而烟云鸟兽之出没,虽变化离奇而或不觉也。志苟文成法立,灿美可观,纵事实稍有未详,非误则漏,彼远人披览,但凭简编,何由知其得失哉?虽然,此不可以律志。志以记事,一有不实不尽,识者必议其后,……安可以不慎乎?"(转见《江西地方志序跋凡例选录》第54页)

是年,四川松潘厅同知何远庆撰成《直隶松潘厅记略》一书。是书修纂目的明确,谓其任事以来,深感"老成凋谢,文献无征,治番之道,茫无依据",于是悉心采访,随手笔记,历时二年遂成。可见其目的纯为"治番"之用。故对少数民族之生产、生活、风俗习惯、营寨、物产、词讼等记之颇详。将"番"分为"生番"和"熟番",黄胜关以外为"生番",关以内者为"熟番"。又注意记了各地关隘、塘汛、营寨等,并制有图6幅。对研究川西北羌、藏等少数民族有较高之参考价值。(见《中国地方志总目提要》21—138)

是年,韩志超、寅康修,杨笃纂《西宁新志》10卷、首1卷成,光绪元年(1875)刊印成书。是志不仅在《地理志》中纠正了《水经注》之若干错误,在《人物志》中补充了金、元时期之不少欠缺。更重要的是在体例上有创新,故志书甫成,即被推为"名志"。杨笃在志坛也声名鹊起。

按:杨氏自是而起至光绪二十年(1894)病逝为止,先后共纂成《西宁新志》10卷首1卷、《蔚州志》20卷首1卷(光绪三年刻行)、《五台新志》4卷首1卷(光绪四年刻行)、《繁峙县志》4卷首1卷、《壶关县续志》2卷(均光绪七年刻行)、《代州志》12卷首1卷、《长子县志》12卷首1卷(均光绪八年刻行)、《黎城县志》4卷(光绪九年刻行)、《潞城县志》4卷首1卷(光绪十年刻行)、《屯留县志》8卷首1卷(与任来朴合纂,光绪十一年刻行)、《天镇县志》4卷首1卷(光绪十六年刻行)、《长治县志》8卷首1卷(光绪二十年刻行)、《山西通志》184卷首1卷(与王轩等合纂,光绪十八年刻行)等13部志书,包括通志、州志、县志,成为我国方志史上纂成志书之最多者。(转见徐桂兰《清代方志大家——杨笃》,载《沧桑》2001年第2期)

他所纂之志书,不但数量多,而且质量高,多受学界好评。如《蔚州志》,被瞿宣颖在《方志考稿》中誉为"不枝不漏,因事制宜,剪裁位置,惬心贵当,近年方志中罕遇此佳构"。《代州志》被称为"'金石'、'大事'两卷搜讨精审,尤为志中上乘"。《长治县志》被称为"犹存雅正之体"。《长子县志》是"本书所长,能引史文以正旧志之空疏,其义例则与杨氏所修他志相类也"。《五台新志》为"本书虽简短,若论行文畅活,合于方志所需,实鲜有能及也”。《山西通志》更是“就中‘疆域’、‘沿革’、‘图谱’最为精审,曾抽出单行。雍正《志》以地理见长,视此犹有逊色”。(均转自《中国近代方志学》第175页)

又:历史上纂志多者如:洪亮吉纂有10部;孙星衍纂有8部。

是年,罗廷权等修,衷兴鉴等纂成《重修成都县志》16卷、首1卷刻行。是志于同治四年由罗氏倡修,事未竟而罗他调,继任者历李玉宣、金凤洲、周翰、白赓棣、沈芝林等续修。一部志书历七任知县,而总纂不更人,亦衷氏之幸矣。令人难以想象的是,在成都平原上这么一个县之县志,居然载有大量少数民族之资料。原因是县内驻防着八旗官兵。在该志修纂中,四川巡抚、成都将军吴崇提出要按所颁之《八旗志稿》之例,将八旗事迹尽行编入。又因县内回民之文学、武功向来称盛,志中亦加以注意。故满、蒙古、回、藏诸族之民俗史料多有保存,亦是其一特色也。(见《中国地方志总目提要》21—11)

是年,观佑、费瀛修,齐联芳、李元鹏纂成《增续长垣县志》2卷刻行。修志前,本县经历了两件特大之事:一是黄河决堤入境;一是捻军入境对封建势力之大扫荡。长垣旧无黄河,但自咸丰五年(1855)黄河决口于兰仪县铜瓦厢,始入长垣县境,本县被冲没村庄107座。后又两次在县内改动,复冲没村庄195座。两次冲没几占全县村庄数之1/3,地貌也大为改观。志书在上卷对此作了重点详细记述,将黄河现势、新旧村庄,均一一绘图说明,保留了很宝贵的完整资料。下卷中,对捻军入境也作了较详细之记述。(参见《河南地方志提要》上册第411~412页)

按:将县内重大变故作为志书记述重点之做法,可谓深谙修志之道,很值得今人借鉴。20世纪80年代以来之修志中,许多修志者不谙此道,故对一些重大事件前因后果记述不到位,留下了历史的遗憾。如对抗日战争、全国解放、土地改革、“大跃进”、“文化大革命”、改革开放等,不少志书都不同程度地存在记述不足。笔者在为中国地方志指导小组办公室主任之时,适逢三峡工程开始启动。故曾建议由中国地方志指导小组办公室出面,组织对即将被淹没的库区县之城镇乡村修纂详细的志书,绘制详图,便于后人了解库区情况。惜此议未引起有关领导之重视,现在补救似乎已经晚了。有些库区县做了这方面之工作,但做得不到位,同样留下了遗憾。

是年,林溥修,周翕镄、黄念昀纂山东《即墨县志》12卷、首1卷刊行。是志提出“里闬编氓,穷檐妇孺,有一言一行,可歌可泣,虽微必录”之指导思想。(见《山东方志汇要》第80页)在那个时代,就提出注意对小人物之记述,甚为可贵。

同治十三年(1874)七月,齐德五等修,黄楷盛纂成《湘乡县志》23卷、首末各1卷刻行。是志“人物”、“选举”两项几占全书篇幅之半,仅记湘军将帅和兵士阵亡名单就达数万人之多。“选举”中录存湘军军功出身之总督、巡抚、按察史、道台44人,知府、运同、郎中、员外郎、同知、知州82人,知县160人,总计各类大小官员330余人。几成了湘军将士之功劳簿和花名册。湘乡县本是湘军的故里,这样记法也无足为怪。这又是鸦片战争和太平天国革命之后修的一部志书,其中亦极力宣扬了所谓“同治中兴”。(见《中国地方志总目提要》18—33)这也是抓住地方特点和体现时代特色之意。

按:一个重大的历史事件后所修之志书,与其他时期所修之志书应有所不同,应充分反映事变中之人和事。中华人民共和国时期所修之志书,是在抗日战争、人民解放战争、抗美援朝和土地改革这样天翻地覆变化之后修的志书,但对这些历史大事件反映却不充分。许多地方之志书,甚至连抗日阵亡将士名录都没有。将千百年来土地制度之根本改变,写成了和平土改。这些不能不说留下了历史之遗憾。为此,笔者在相关文章中曾多次呼吁要注意补充这方面之缺憾,却未引起重视。而今,全国各地正在进行第二轮志书之修纂,如于此时作些亡羊补牢之工,犹未为晚。据笔者所知,有的地方已经这样做了。如福建省之《龙岩市志》就设了《前志“重大失误”记述增补》,下分“‘大跃进’在闽西”、“‘文化大革命’在闽西”两目,字数达 3.7 万字。如果这一轮修之志书中,再不作这方面之拾遗补缺,后人恐怕就更难补了。

是年,宗源翰、郭式昌修,周学浚、陆心源纂成《湖州府志》96 卷、首 1 卷,约 200 余万言,由爱山书院刻行。陆心源为有名的历史学家。是志仿谢启昆《广西通志》例,分图、表、略、录、传五大部分,规制严谨,资料丰博,于正、杂各史、旧闻杂说、金石碑碣及历代诗文杂集,无不采录。在体例上有些地方还有所创新,如“天文表”中,摒弃千百年沿袭之“分野”说,而用经纬度。书末有杂缀、辨证等目。(见刘纬毅《中国地方志》第 115 页)时人评论称:“义类分明,探访博洽,严境外域中之辨,不厌详求。本阙疑传信之心,弗参臆断,有典有则,昭示来兹,诚为善本。”(《光绪归安县志》吕懋荣序,转自《浙江方志概论》第 90 页)

是年,吴世熊、朱忻修,刘庠、方骏谟纂成《徐州府志》25 卷刻行。是志特别之处,在于设置了 1 篇《人物搜古表》,将古籍中出现过有姓名、无多事实之邑人列为一表,便于寻索。(见《中国地方志总目提要》10—35)

是年,蒋启勋、赵佑宸修,汪士铎等纂成《续纂江宁府志》15 卷、首 1 卷,光绪六年刻印。是志为嘉庆府志之续,前志已有之内容,无可续者则舍之,残缺者则补之,《实政》一门为前志所无。艺文专收书目,不载诗文,金石作为艺文之副。这是比较典型的断代续志,值得今人参考。《续修四库全书提要》称:“梅村续者,乃承惜抱(姚鼐)之后,然不为苟同,其取舍皆有意义。老成典型,其在兹乎。”(见《江苏旧方志提要》第 36 页)

汪氏于同年还纂成有《上江两县志》(见 539 页条)。同一年内而成此两志,殊属难能。尤可贵者,其在修此两志中,主张“郡县之书,仿于图经”;“志者,史之流别也”;收录内容要“可以裨益民用者”,“吾闻古之从政者,必询民间疾苦而疗之,以养其境之氓庶。然必权其要害,以为先后缓急之序,故事繁而惠逮四方”。“俾其守也治河,使绝域兴水利者,皆有可考也。”在修纂中,他要求“采访之词,质胜于文,稍加揄扬,即非信史”,“君子之图功,不以誉而劝,不以挠而沮,不以昧一人之谤而中辍”。要“戒于妄作,至各家繁复,采反正必严。前人小失，疑事毋质；阙而不言，古人所重。不可诋诃曩哲，自矜博辩。”（转见王桂云《汪士铎与方志学》，载《江苏地方志》1991年第4期）

按：正是本着“裨益民用”之思想，故汪士铎认为志书应当有鉴戒作用。基于此，他称赞陈作霖之《金陵通纪》说：“陈君之纂此书，非漫然无所指明矣。其书上述邃古，下迄残明，甄列史之关乎金陵者备列之，不浮誉，不隐恶，固卓然良史之盛轨矣。且于谢傅事不多捃拾，独详载郡中丰歉忧乐之由，寇乱时诸军屯戍之地，措置先后得失之机，后可奉为鉴戒。”（同前王桂云文）

是年，李铭皖、谭钧培修，冯桂芬纂成《苏州府志》150卷、首1卷，至光绪八年，由江苏书局印行。是志卷数之多，在清代府志中，仅次于光绪《杭州府志》（212卷）。许应荣为之作序有云：“昔范文穆（成大）之为《吴郡志》，得郡人龚颐、滕山成、周南为之佐，犹越四十余年始版行于世，文恪继修，吴文定先为之草例，又得杜启、祝允明、蔡文、朱邢诸贤助之。今毕太守保厘亦复广延俊髦，晨夕孜孜，其用力之久且勤也盖如是。或者不察，谓不免于繁重。呜呼！此岂得已哉！卢、王二志（指卢熊洪武《苏州府志》、王鏊正德《姑苏志》）视范书倍之，康熙、乾隆志再倍之，道光志又增益焉。岁月愈积，记载愈繁。今者兵燹之后，营建纷如，军制变易，田赋蠲减，忠义节孝，每类增数巨册；且旧事之不得不补者，又居十之二。虽欲矫而趋于简，其可得乎？”（转见《方志学发微》第10～11页）繁有繁的好处，记事翔实，如其对太湖六桅船及船上渔民生活之描述，朴质无华，但刻画得尽致淋漓，有如一幅风俗画卷：“太湖中六桅渔船之制，不知其所自始，或云是范大夫移家具。船身长八丈四五尺，而梁宽一丈五六尺，落舱深丈许。中立三大桅，五丈者一，四丈五尺者二，提头一桅三丈许，梢桅二，皆二丈许。以四船相联为一带，而以梢桅分左右为雌雄……其人以水面作田地，以网罟代耰锄，以鱼鳖为衣食。其父子兄弟食粗衣恶，无膏粱纨绮之费，其母妻子女椎髻操作，无金珠首饰之费，其冠婚丧祭无繁文。”（转见《方志体例古今谈》第43页）又如对孙春阳南货店之记述，亦惟妙惟肖：“苏州阊门有孙春阳南货店铺，天下闻名。铺中之物，亦贡上用。按春阳宁波人，明万历中年甫冠，应童子试不售，弃举子业来吴门，开一小铺，在今吴趋坊北口。其地为唐六如读书处，有梓树一株，其大合抱，仅存皮骨，尚旧物也。其铺如州县署，有六房：曰南北货房、海货房、腌腊房、酱货房、蜜饯房、蜡烛房。售者从柜上给钱，取一票自往各房发货。而总管者掌其纲，一日一小结，一年一大结，自明至今已二百三四十年，子孙尚食其利，无他姓顶代者。吴中五方杂处，为东南一大都会，百货云集，何啻数十万家，惟孙春阳为前明旧业。其店规之严，选制之精，阖郡无有也。”（转见同上书第45～46页）不仅详记了孙春阳南货店之沿革，又说明了货铺自明万历间直至清同治间始终兴旺繁盛之原因：“店规之严，选制之精，阖郡无有。”这样的史料在“正史”中是绝难得见者。

按：这是经鸦片战争和太平天国运动之后而修之一部志书。大凡经历一场大的事变之后，统治者为恢复秩序，都要急于修志。这种心态从本志序中可以看出：“地经兵燹之后，凡海防兵制之增设、额赋逋粮之蠲免、士夫妇竖之忠义节烈，与增学额以励人文、浚河道以溉农田、设义仓以备荒歉，他若城郭、官廨、坛庙、祠宇之次第兴修者，皆有关于政治之大，风化之治，非笔之于书，何以垂示于将来乎?"(转见范金民《明清时期江苏地方志编纂的三个高潮》，载《江苏地方志》1989 年第 1 期)

是年，程光滢纂修成河北《磁州续志》6 卷、首 1 卷。是志之《祥异》内，记道光十年大地震甚详，谓"闰四月二十二日地震。是日戌二刻，有声轰然自西北来，陡觉平地如小舟在大风浪中倾侧簸荡，维时土崩瓦解。人之喊声哭声一齐并作，至对面不闻人语。移时少息，旋又大作，如是者达夜。是后，虽仍常动，而声响渐次较轻。当其震时，中衢地裂两缝，长数十丈、宽五六寸，涌出黄黑沙土。井水皆漫溢横流，漳、滏二河，涸皆见底。祠庙衙署民居坍塌十之七八，大小男女压死者甚众"。震后，清政府"每大口一名给埋葬银二两，小口一两";"每瓦房一间给修费银一两，土房五钱"。这是极有价值之历史资料。(转见《河北地方志提要》第 418 页)

是年，莫芝祥、甘绍盘修，汪士铎等纂成《上江两县志》29 卷、首 1 卷刻行。这是江苏上元、江宁两县之合志。两县区划时分时合，畎亩相错，阡陌交互，山川人物、风俗物产大略相似，莫芝祥、甘绍盘两县令遂议合修。聘汪士铎、陈作霖、秦际唐、刘寿曾、张铸、何延庆、甘元焕、方培容等名家，按共同制定之"商例"(凡例)，分编合纂。志分 5 类：记、考、谱、录、图。记与谱皆为表，考即志，录即传。人物几占全书之半。形式上采用小字注释以助记述之法，以达文省事增之效。各志开篇有无题小序，以启其端；志末往往有"论曰"之语，表明作者之议论。如其《录名宦》前有无题序云："金陵为吴中　大都会，上著编氓，号为循谨；而达官贵仕爱其繁富，寄寓于斯，权势足以凌闾里。又地处通衢，舟车四集，巨猾奸商，往往而在。官斯土，治斯民，亦戛戛乎其难治之哉！然天下有不善理之官，无不可理之民。宽以济猛，猛以济宽，在与时消息而已。"其末之"论曰"："自仕官多途，而流品口杂。人率以市道求利，量肥揣瘠，朘削脂膏，其于化民成俗之事，渺不相涉焉。呜呼！何其陋欤！古有官守者，兴养立教，与世推移，即至事势险艰，亦复致命遂志，无愧厥心，若所载诸君子是矣。"又如《考食货》开篇有云："尝览今时之务在于自强。自强自一邑始，一邑由富民始。野无旷土，邑无游民，则富矣。高者疏其渠，卑者培其堤，则农富；率其性而习之，守先矩而精之，强劳不惰，虽困不迁，则工富；鱼队而远游，期约而必信，利不可诱，害不独辟，则商富；上奖灌园辟纑之廉，下戒后车从者之泰，则士不富而若富。风俗勤俭有唐魏之遗，民气朴塞无狷薄之行，此富强之正轨不在官府山海也。"加之编纂者又都是著作好手，娴于掌故。故如《续修四库全书提要》所云："分任纂修者，皆一时地方名宿，故体例精详，文章尔雅，不愧大邦制作。叙录商例之作，陈义甚高，择言儿雅，可谓渊懿朴茂矣。"(分别转自彭年德《浅析清同治〈上江两县志〉的特色》，载《江苏地方志》1999 年第 4 期；王桂云《汪士铎与方志学》，载同刊 1991 年第 4 期)。此志被誉为"文字雅训犹为余事，终为近代良志"。(见《江苏旧方志提要》第 85 页)

按：是志除有《大事记》之外，还另有《咸丰以来兵事谱》一篇。对此有人以"用兵亦大事也"为由，认为既有大事记，又有兵事谱，是"自歧其例"。王葆心在《方志学发微》中则辩之云："纂谱之意，实因洪、杨据此以构乱海内，而金陵为其枢纽。若竟无一篇以纪其要，佯若不知以了之，如后世何？又断无为彼曹作记载之理，姑用表体以书彼此交兵之大势，著十余年伪都之往事，于承平后修志应有之义，其安置亦殊费苦心……亦如《秦楚之际月表》也，有未可厚非者。"(见该书第61页)

又：各省志书中，以江苏合志最多。除本志外，尚有宣统《上元江宁乡土合志》、乾隆《无锡县志》(实为无锡、金匮合志)、嘉庆《无锡金匮县志》、道光《续纂宜(兴)荆(溪)县志》、光绪《宜兴荆溪县新志》、宣统《吴长元三县合志》、民国《重修吴长元三县合志》、乾隆《常(熟)昭(文)合志》、道光《虞乡志稿》、光绪《常昭合志稿》、光绪《四镇略迹》(吴市、董浜、归市、苏家尖等四镇合志)、乾隆《昆山新阳合志》、道光《昆新两县合志》、光绪《昆新两县续修合志》、民国《新昆两县续补合志》、道光《武进阳湖合志》、光绪《武进阳湖县志》、光绪《武阳志余》等。

是年，陈鸿作、陈澜、吴兆熙修，杨大诵、易燮尧纂湖南《黔阳县志》60卷、首1卷刻成。是志篇目颇为特殊，分为纪三：圣谕纪、大政纪、古政纪；表二：星野表、沿革表；图二：县治、疆域；考二：山川考、古迹考；书五：吏书、户书、礼书、兵书、工书(没有刑书)；表二：职官表、选举表；略三：政绩略、武功略、艺文略；传二：列传、列女；记二：苗瑶载记、寇贼载记；外篇二：文篇、志余。(见《湖南地方志考评》第171页)

同治间(1862～1874)，毛鸿宾、郭嵩焘等修，桂文灿纂《广东图说》92卷，刻印成书。是书以各地省内官员奉命绘制之图册为底本，以地志所载地图进行核校，参以商民所绘之水程海岛图，编绘而成。府有总图，县有分图，均有图说。府图说为府、州、厅行政区划、建置沿革、四界、地理形势；县图说分叙县内道路、泉石、盐田、水系、名胜等。(见《中国边疆古籍题解》第20页)值得注意者，地图全部采用经纬新法，以科学方法绘制。

同治间，仲廷机撰成《盛湖志》14卷，首、末各1卷，实盛泽镇志也。盛湖志之修，始于明时之卜景川，但卜纂之《盛湖志》仅有《景川题景记》和《八景诗》存留，其余均散佚。顺治十年(1653)，廷机之七世祖仲沈洙复纂有《盛湖志》2卷。虽不满数十纸，而雏形已具，但未梓行。康熙五十五年(1716)，其五世伯祖仲枢拾遗补阙，加以增纂。乾隆时，其高祖仲周霈又加增纂，并于乾隆五十五年(1770)付梓，仍为2卷。至同治间，廷机又广采郡邑志乘，兼及各家诗文、杂录、碑碣、旌表以及所闻所见，至十三年(1874)草成志稿。后至光绪二十六年(1900)，其子仲虎腾复加校录整理成16卷，至民国间始印行。印行本之卷首，收有仲沈洙、仲时镕、仲栻、仲绍康、仲周霈之序。仲氏数代人于此镇之志亦用心矣。盛泽以丝织业而兴旺，市镇繁华，在志书中反映颇为周至。如其《物产》中载："吴绫……凡邑中所产，皆聚于盛泽镇，天下衣被多赖之。富商大贾辇万金来买者，摩肩连袂，如一都会焉。"其《风俗》中记盛泽丝绸业之状亦颇为具体生动，有云："近镇四五十里间，居民尽逐绸绫之利。有力者雇人织挽，贫者皆自织，而令其童稚挽花。女红不事纺织，日夕治丝。故女儿自十岁以外，皆朝暮拮据以糊其口。""镇之丰歉，不仅视田亩之荒熟，而视绸业之盛衰。倘商贩稀少，机户利薄，则凋弊立形，生计萧索，市肆亦为减色矣。"(转见《江苏旧方志提要》第427～428页)

光绪朝（公元 1875～1908 年）

光绪元年(1875),李秉钧、吴钦修,魏邦翰纂成《续永清县志》16 卷、文征 2 卷梓行。是为乾隆时章学诚纂《永清县志》之续志,续乾隆四十五年(1780)后至光绪元年间之史事。章学诚为方志大家,其所修之前志,“曾推为畿辅冠”。要作一部名志之续志,其难度可想而知。但本志之纂修者敢于迎难而上,大胆探索,从体例到编目上均加以改革,有因有创。除因袭之一些篇目为前志补遗外,更新增了沿革纪、封赠表、荫袭表、流寓列传、风土志、杂志等目(转见于鸿儒主编《河北省方志概要》第 63 页)。将此前后两志进行比较研究,可以窥见古人修续志之一些方法。

是年,黄心菊修,胡元士纂湖南《东安志》8 卷刻行。是志之特在于既无序言、凡例、目录,亦无历代修志源流。但该书觅采宏富,内容翔实,考据精审,广征博引,辨论确切。尤其值得珍贵者,其总图之后,附有汉、吴、晋、宋、隋、唐武德七年、马氏、赵宋等 8 幅沿革图。因是而可以称为当时方志中之精品。(见《湖南地方志考评》第 158 页)

按:在志书中载入历史地图,也形成传统。在本书前隆庆《仪真县志》、隆庆《临江府志》、万历《沛志》、崇祯《松江府志》、咸丰《同州志》等志书中均如是作者。其后修成的志书,也多有载录历史地图者。如民国 26 年纂成之《邕宁县志》中,即云“疆域沿革,非图不明。兹从汉晋以来,与夫现在行政区域,悉心钩考”,共载有两汉、三国吴、晋、宋、南齐、梁陈、隋、唐武德五年至景云元年、唐景云二年至乾元以前、唐乾元以后至宋开宝四年、宋开宝五年至景祐元年、宋景祐二年至治平三年、宋治平四年以降,元、明洪武元年至嘉靖十一年、明嘉靖十二年至隆庆五年、明隆庆六年以降、清民国全图、清宣统至民国 21 年 15 乡全图、民国 22 年以降区乡镇图等,共 22 幅(其中的“15 乡全县五彩图佚”)。(转见雷坚《广西方志编纂史》第 217 页)

是年,张之洞撰成《书目答问》5 卷、附录 2 卷,次年刊行。后有淮阴范希曾之《补正》。是书地理类,按古地志、今地志、水道、边防、外记、杂地志等分六目,共列地方志书 132 种。每部书目之下，注明作者姓名、版本出处、卷数异同，重要者略加按语。张氏在地理类下注谓："今人地理之学，详博可据。前代地理书，特以考经文史事及沿革耳。若为经世之用，断须读今人书，愈后出者愈要。"（中华书局本《书目答问补正》第92页）

光绪二年(1876)，雷铣修，王棻纂成《青田县志》18卷、首1卷刻行。主修者雷铣对史志关系提出了三异三同之说："志之义本于史，而其体志史略异。史载历代帝王之事，故首本纪，而表、志、传次焉；志载一方舆地之事，故首建置沿革，而山川、风土、人物、艺文次焉。史之体侔于作，故援据群书不言出典；志之义主于述，故引用群籍当著所由。史善恶并书；志则称美不称恶。此三者志与史异也。史据事直书，志亦据事直书；史称名，志亦当称名；史有表、志、传，志亦有表、有志、有传。此三者志与史同也。"（转自《浙江方志概论》第192页）

是年，长赟修，刘健纂成甘肃《文县新志》8卷、首1卷、末1卷刻行。是志中，对地方特产之记述，不是一味地自炫，而是注意以与民生利否为依归。其地产金、花木。但志中特地收有时人之《金累》和《花木累》两文。前者记官府为易金，甚至逐门勒索，名为四换，仅得二三，转易他方，其价倍增；而百姓交官税又在一倍以上，以致淘金者不堪官吏勒索，纷纷流亡逃散。后者述本县产花木，但府衙为奉献上司，使边民冒死涉险采挖，致使父号子哭，相继逃亡。（见《中国地方志总目提要》26—36）纂者虽未述其方志思想，但其思想已经从其志书中显露出来。

光绪三年(1877)，陶有容、彭焯修，杨德明、严宗六纂成贵州《续修正安州志》10卷刻行。刘福田在是志序中指出，修志中有一种极坏之风气，便是贿赂公行，请托作传。"人无好名，平日荡检偷闲，曾不思自居何等。迨地方有事于志，凡有财力与势者，无不百计夤缘，盗名欺世。采访者既非一端，秉笔者实繁有徒，议论嚣张，是非倒置。甚至树党植私，贿赂公行。彼则曰：'吾乡有某某者，忠厚传家'。我亦曰：'吾乡有某某者，孝思维则'。彼又曰：'论廉让无过吾乡某'。我亦曰：'论节操无过吾乡某'。群蛙迭噪，吠犬争鸣，即有一二老成出而争执，而一人之力又不足敌众口。以致滥厕其间者，半皆不忠不孝、不廉不节之徒；而所谓忠孝廉节，实有其人其事，或因财力之尽，时势之穷，而不得与于斯。以是为志，欲其厚风俗，正人心也，得呼？"（转自《贵州地方志论纲》第32页）

是年，庆之金修，杨笃纂《蔚州志》20卷，刊印成书。杨笃一生修成志书十数种，其对志事尤其敬业。在修本志时，曾一人住于城隍庙中达5月之久。天寒地冻，手指冻肿流血，还是纂写不辍。是志总分表、志、传、记四纲，其传分为四类：史传——采之正史及贤良祠传、满汉名臣传者为史传，录其全文；集传——采之名人文集及家传、墓志、行状者为集传，节其大要；列传——各志及采访事实者；列女传——采古名媛及今节孝、贞烈也。瞿宣颖在《方志考稿》中称是志"不枝不漏，因事制宜，剪裁位置，惬心贵当，近年方志中实罕遇此佳构。"（见第五编第88页）

按：早在嘉庆七年(1802)，杨元锡编纂之《枣强县志》中，已分有史传、列传、列女三

类传之分(见同书第一编第107页),今又有进一步发展。

是年,陈宝善、孙熹修,王棻纂,陈钟英、郑锡滜续修,王咏霓续纂成《黄岩县志》40卷、首1卷刻印成书。王棻是被称为与陆游、陈耆卿、章学诚、王国维齐名之大学者,其一生中编纂志书达九种之多,除本志外,尚有《青田县志》12卷(光绪二年——1876年刻行)、《永嘉县志》38卷、首1卷(与孙诒让合纂,光绪八年——1882年刻行)、《仙居县志》24卷、首1卷(与李仲昭合纂,光绪二十年——1894年活字印行)、《仙居县志附录》2卷、《太平县续志》18卷、首1卷(光绪二十二年——1896年刻行)、《杭州府志》220卷(光绪二十四年——1898年刻行)。还有黄岩县之《九峰山志》5卷、温岭县的《丹崖山志》8卷等。在中国方志史上,亦属修纂成志书之多者。

王氏不但有丰富之修志实践经验,而且也注意方志理论之研究,在方志性质、史志关系、方志起源、方志功用、方志体例、修志方法、方志人选等方面均有不少自己的见解。如认为"郡邑志者,史之细",乃"史之支流";认为《周礼·职方》、《尚书·禹贡》、《汉书·地理志》"皆志之本也";认为"志之文献,作史者之所资";体例上主张"以前志为本","修志之法,不必过于求异","今续新志,其义例当一循其旧"。他在继承乾嘉时旧派之主张和观点基础上之又有所创新、发展,是晚清时期方志理论之集大成者。(见《中国近代方志学》第187页)

是志先于同治九年(1870)由王棻纂成,后由王咏续纂,至是而刻行。全志以征文考献为重,如王棻所言,"吾黄旧志,凡沿革、山川、古迹、风土,俱未详审,而文献所系,放失尤甚。今文所纂,一以征文考献为重。凡旧志未详者,皆加厘订,不敢因陋就简,以贻苟且之识,盖其体虽稍异于古人地志之书,其实用足以系一邦文献之大……固非苛焉抄撮旧闻而已也"。书中很是重视考证,其沿革中,便附有《秦闽中郡非台州辩》、《汉东瓯立国考》、《章安非故鄞治辩》、《汉会稽都尉分部考》、《汉永宁非黄岩辩》、《六朝章安非临海辩》等专门考辨之文。书后附有《黄岩集》32卷,集录本书艺文志所不能包括之文。(转见《浙江方志概论》第175页)

是年,吴兆熙、冒沅修,张先抡、韩炳章纂《善化县志》34卷、首1卷刻行。是志之"忠义"门内,极尽了对太平军之造谣诬蔑之能事,但在记载太平军进军日程、方向,运用地道战术及用"火箭"对付官兵等内容方面,仍有其资料价值。(参见朱士嘉《谈谈地方志中的几个问题》,载《中国地方史志通讯》1981年第2期)

光绪四年(1878),吴坤修等修,何绍基等纂成《安徽通志》350卷、补遗10卷刻行。是志上距道光通志已有50余年。在这50余年之中,安徽经历之大事不少,尤其是太平天国、捻军活动,安徽首当其冲。故是志最大之特点是,收集了大量太平天国和捻军活动之资料,可称详备。《续修四库全书总目提要》称其"最足称者,厥惟兵事。因发、捻之役,安徽地当要冲,志对此两役,搜罗宏富,研究近百年史者,实可资为钜助"。在体例上亦有别于道光通志。可列者大致有:"一为旧志列皇言纪于卷首,此则列入卷数,不另言'卷首'之名;一为旧志以列女统于人物,此则以列女另为一篇;一为旧志选举志于科目,未载唐宋元之武进士、前明之

贡生暨清朝之恩岁优贡，于例事未载武职，此则悉为补入。”（转自《皖志史稿》第266页）

按：伴随着社会进步，社会情状复杂性增强，进入清代，无论是府州县志，还是省通志，卷帙都大为增加。查《中国地方志联合目录》著录之通志，此志卷数在所有通志中高居首位。其下依次是：道光《广东通志》334卷、首1卷；同治《畿辅通志》300卷；嘉庆《湖南通志》290卷、首3卷、末6卷；雍正《浙江通志》283卷；嘉庆《广西通志》279卷、首1卷；道光《安徽通志》260卷、首6卷；道光重纂《福建通志》278卷、首7卷；光绪《云南通志》242卷；雍正《山西通志》230卷；道光《云南通志》216卷、首3卷；嘉庆《四川通志》204卷、首22卷，末4卷、附录4卷。在200卷以上者还有康熙《江西通志》206卷、图1卷；乾隆《江南通志》205卷；宣统《山东通志》200卷、首9卷、附录1卷、补遗1卷等。

是年，卢思诚、冯寿镜修，季念诒、夏炜如纂成《江阴县志》30卷、首1卷刻行。卢氏在志序中说：其“抵任后即观方志……不出户庭，数日间即周知原委，问津自有籍，得奉为师资也，不觉辗然而喜”。（转见《河北地方志》1992年第1期第35页）

是年，金福曾、顾思贤修，张文虎等纂成《南汇县志》22卷、首末各1卷，明年刻行。是志风俗志所载皆本邑特殊情状，物产亦以本邑特产为限。其凡例之末条有云：“凡载笔之事，必先不私于己，而后能不私于人。一有偏徇，反唇立至。钱少詹言近代士大夫，一人入志局，必欲使其祖父、党族，一一厕名卷中，于是儒林、文苑，车载斗量，徒为后人覆瓿之用。窃尝以此自律。”（转见《方志考稿》第六编第33页）这是以历史上的教训自警自律之例。

是年，赵允祐修，高锡畴纂《临榆县志》24卷、首1卷刻行。是志凡例有言：“志者，史之一体。县志一书，凡所记者皆志也。若再别其篇目曰某志，似志之中又有志矣。”故其篇目均改志为编，为舆地编、建置编、武备编、赋役编、事实编，等等。志之编修者态度之谦慎，亦值得后人敬佩。如其凡例之末条有言：“旧志虽云简略，皆经当时修辑名人考订。新志多就取裁，原板仍存以备征信。”比诸那些攘了前人成果，而将先志说得一无是处者，不有足多者乎？

光绪五年（1879），山西巡抚曾国荃通令所属州县修志。发布《修志檄》谓：“查山西志书，自康熙、雍正年间修辑后，至今未及重修。事关文献，岂可任其湮没。况咸丰初年发逆滋扰，同治六年捻匪渡河，地方被蹂躏者十数属，男女殉节义者若干人，御寇防边，兼筹水陆，依山设险，添建碉墙。盐务之官运官销，营制之移兵移饷。有关政体，各有变更。继以七载之歉收，三年之大祲，户口流失过半，赋税蠲缓频仍。仓储则悉数皆空，善后则百废未举。正宜登诸记载，昭示方来。此志书之所以亟宜重修者也。现已由省聘请博通淹雅多识多能之儒，纂修全省通志。所有各州县志书，亦须一律修辑，以备采择考证之资，借免舛误遗漏之患。惟当经费支绌，不得不设法变通。应将府志暂缓兴修，州县原有志书，亦无庸更动。先令各牧令，查明原修志书以后应载各县事实，另修补志一册，即照原分门类，挨次编纂。其有原修志书以前事实，前志未载，应行添入者，另列补遗一门。或前志已载，尚须辩正者，另列纠误一门，以期简便。所需经费，准各就地方设法劝捐，藉资应用。一面访请深博之士总司修纂，庶

免贻讥通识。资观摩于往事,垂文献于来兹。实于三晋吏治、民风,两有裨益。"(转自《方志考稿》第五编第 69 页)

是年,王其淦、吴康寿修,汤成烈等纂《武进阳湖县志》31 卷、首 1 卷刻成。是志记载之民间驱雹之法值得注意:"有黑云烈风自西来,吏驰报曰大雹至矣,一城尽惊。(许)宏声曰:'是可力驱也。'亟请提督令军士排鸟枪齐发,声震天,雹遂却,民庐获全。沿边因得却雹法。"(转自刘纬毅《中国地方志》第 118 页)

是年,汪厚坤、程其珏修,张云望纂成《娄县续志》20 卷刻行。本续志体例大致承前,内容上前志已记者均不复载,是一部断代续志。体例和篇目上无甚可称者,但所载资料价值颇高。如录载曾国藩、李鸿章有关苏松太赋额比诸宋多 7 倍,比诸他省多 20 倍之奏疏;录有道光时林则徐、陶澍验收苏松太治河工程之奏疏;载有县学制、师生员额、考试记录;载有英军入侵、陈化成抗英、太平军之活动;载有刘丽川、李秀成之事迹以及英法洋枪队之猖獗犯罪活动等,都是极有价值的资料。(见《中国地方志总目提要》9—12)赵佑宸在志绪中有言:"赋税者,国用之所由出也;节义者,人纪之所由立也;学校者,士品之所由植也。赋税不详,则猾吏无以惩其奸;节义不尊,则编氓无以兴其感;学校不重,则寒畯无以受其惠。之三者,皆一邑最重要之政,而修邑乘者所万万不可稍略者也。"(转见梅森《上海方志研究概要》第 31 页)

是年,周铭旂修、李志复纂之《大荔县志》12 卷、首 1 卷、附 4 卷,由冯翊书院刻印成书。书分图、表、志、传四门,图中详绘了境内 42 保甲图。是书中载有同治十年(1872)该地见到极光之资料,极具科学价值。同时还记载了当时地震和旱荒给当地造成之浩劫等。(见《中国地方志总目提要》25—28)

是年,俞樾纂《镇海县志》40 卷,刊印成书。是志注重经世致用,凡例称水利有关民生,按乡分载,详其利害。又镇海为全浙咽喉,故志兵制、海防甚详。(转见《方志学史》第 300 页)

是年,孙海等修,李星根纂成四川《遂宁县志》6 卷、首 1 卷刻行。是志编修之动因,乃因孙海于光绪二年来知县事,见本县乾、嘉间名进士、学者张问陶所著之诗文几乎家家收藏,人人传诵。但问其人之史事却知之甚少,亦无史籍可查。于是乃萌发修志记载前人事迹、传之久永之念。先邀问陶之侄知雄等人相商,众乐襄其成。遂设局举事,聘李根星出任总纂,至是稿成会刻。故志书偏于简略,不及前志之详。但艺文则详于前志,增加了近百年间之诗文,尤其是张问安、张问陶、张问彤兄弟三人的著述及有关他们的传记、事迹等。(见《中国地方志总目提要》21—41)

光绪六年(1880),刘坤一修,刘绎、赵之谦等纂成《江西通志》180 卷、首 5 卷,明年刻成。是志用图、典、表、录、传五体,资料丰富。评论者将其与同时修成之《山西通志》并列,称为当时之"志坛双璧"。梁启超在《中国近三百年学术史》中,称其"出学者之手,斐然可列著作之林"。纂者之一的赵之谦,是在方志方面颇有造诣之学者。本志凡例及选举表、经政、前事录等,皆出其手。他在修志中总结出录载官员宦绩有四难:"政有兴废,治有赏罚,恩怨殊受,毁誉异情，一难也。世士寡识，成则论才，诖误偶遭，訾议以起，二难也。记事阙失，事远易湮，姓氏仅存，岁月莫考，三难也。咨取行实，率经删润，谀墓之文，将为定论，四难也。"

是年，俞廉三修，杨笃纂成《代州志》12卷、首1卷印行。杨氏在志序中，认为志书纂修，"莫先于地理。必明于古今形势，而后攻守利害有所述；必详于都邑之变迁，而后文献掌故有所稽"。不能"循名求合，凿空为说"。"州、县之志为一方政治所关，风教所系，非徒取备游览佐缀"。提出在体例上"当仿正史，不宜效图经"。(《代州志又序》，转自《史志研究》1999年第3期任小燕文)

是年，郭嵩涛所撰《湘阴县图志》34卷、首末各1卷，明年刻印成书。是书名为图志，故载图特多，占5卷，有经纬图、总图、城图、沿革图、水道图、各分局图等，共78幅。制图精良，说明详尽，较具特色。表13卷，志12卷，传4卷。据纂者称，"是书之旨，事必溯其源，而不敢有苟略；语必详其实，而不肯有游移；文虽近于伤繁，而义必衷诸至当"。《续修四库全书提要》称其"考证之翔实，论断之谨严，体虽变而不失乎雅，事虽富而不伤于繁"。郭氏在自序中，道其名为"图志"之由，有言谓："言地理者必资于图，州县地志之名图经。山水方域，于是详焉。故亦或曰图记，或曰图志。图以为经，志以为纬。隋唐相沿，志地之书皆然也。元明以后，踵事增华，专详人物事迹，而舆图反在所略。即历古图志之书，亦皆散佚失传。《唐书·艺文志》载《元和郡县图志》五十四卷，每篇皆有图。至宋淳熙时，程大昌跋已称'图亡，独存有志'。后之志地者，无敢以图名，亦势然也。此志于方域广轮之数，椭圆袤长犬牙相入之形，并于图详之，题曰《图志》，非独以上溯隋唐地志之原，亦纪实也。"(转自《中国方志简史》第366页)郭氏在是志之《跋后》又说："郡县之志，非徒以资考证，实亦经世之学也。"(转见《中国近代方志学》第65页)

按：据梁启超在《清代学者整理旧学之总成绩》方志学一章中说，"以郭筠仙之通才博学，官至督抚，归老于乡，自任本县《湘阴图志》总纂，书已告成，而为藩司李桓所扼，卒历若干年，仅得以私赀付刻"。(见该书第148页)可见其刻出并非顺利。

是年，陈作哲修，杨深秀纂《闻喜县志志斟》3卷、首1卷、《志补》4卷、《志续》4卷刻行。在《志斟》之小序中指出，图考中不应包括风景图，制图当有比例。其中所设之《古地征实图》，为古今地名对照，甚便观览。又附有一份不知何时何人所绘之《县全境图》详加指斟。《志补》中最值得注意者，是补入了许多金石碑刻。《志续》中，人物门收入人物颇多；列女门几占一半篇幅。杨深秀为邑人，是戊戌六君子之一。其在序中说："作志有三难：一曰体例欲精则难；二曰考据欲核则难；三曰文章欲洁则难。"在本书编纂之时，曾以县令陈作哲之名义向全县发出《原示》一通，说明本县自乾隆三十年修志以来，至今已有一百数十年。在这一百数十年中，县内曾出现过嘉庆九年、十年之凶荒，道光二十五年、二十六年之饥馑，咸丰初年之"捻匪窜扰"，同治六年之"发逆告警"，光绪三年之大祲等重大事件。为修县志，特颁发此《原示》，晓谕东西南北各里之士农工商四民，呈报资料。除开列八个方面的项目外，还规定：

一、呈报材料者,概不必经官,亦不必由房递呈,可以直到县大堂亲身投报;二、规定每旬一、四、七三日,本县亲在大堂收呈,不许借机夹带他呈;三、所报要实事求是,不得捏饰铺张、贿赂亲友、以无报有,也不得希图省事而应报不报。里保甲长等不得勒索刁难,埋没善类,违者加倍惩责。(原载光绪六年《闻喜县志》,转自赵庚奇编《修志文献选辑》第46页)

是年,周赟撰成《青阳县志刊误补遗》1卷,光绪十八年印行。是为对乾隆时段中律纂修《青阳县志》之刊补。其补遗部分增补了古迹、物产等之遗佚。刊误部分则对前书之体例、天文、舆地、年代、伪托等谬误,一一详加考订,有理有据,甚有资料价值和学术价值。(见《中国地方志总目提要》12—15)

按:是稿纂成之后,在邑内影响强烈。赞成者当不乏其人;而反对者则提出:"青邑向多名公钜卿,旧志传已百年,微论无误;即有误,亦岂今人所得而刊哉?"坚持"不容增减一字"。这种一味迷古,知错而不容纠改之态度,实不足取。

光绪七年(1881),张宝琳修,王棻、孙贻让、戴咸弼纂成《永嘉县志》38卷、首1卷刻行。王氏自订凡例有云:"直省府州县志,亦必冠以图。然或不甚确实,徒取美观,无当也。旧志七图,略而多舛,今详加履勘,绘成全图。"故是志作有"图校"一项,是一首创也。(见陈光贻《中国方志学史》第188页)该志《凡例》中,批评修志中常见之两种倾向说:"地志虽微,亦史之一体。尝观前志详明,则后修者必矫之以简;前志简括,则后修者必矫之以详。此相胜之常态,非著述之通才。谨祛二蔽,以发其凡。"(转自《方志学发微》第7页)

是志之纂辑者皆是当时名家,故其"义例之精密,搜罗之宏富,编校之详审",皆堪称全国志书之冠。本志颇重人物,篇幅占了8卷之多。收入自晋以来永嘉之巨儒名臣、文章节义、隐逸义行、高僧道士,以及负一艺一行之长者,凡670余人,都加以记述。既不惑浮言,又不曲徇人情。艺文志占10卷,著录自唐至晚清永嘉人之著述达900余种,对于研究永嘉之学术文化都有重要价值。(见《中国地方志总目提要》13—38)孙氏纂成是志之后,又写出《瑞安县志局总例》,可视为其修本志之经验总结。其中有云:"大抵树例缀文,必以唐宋古志及近代通人所论著为矩臬,以正史及先哲传书、金石遗文为根据。多立图表以理纷错之端,多附小注以广异闻之辩。改正必究其本原以惩剽窃稗贩之弊,纪录必详其出处,以杜凭撰造之嫌,不敢因循俗陋致类抄誊官簿。"(《浙江方志概论》第58～59页)表明了这位大学者的部分方志思想。

是年,黄宗敬、赵文粹、丁符九修,张鼎华、孙德祖、周林纂成《密云县志》6卷。周氏在是书序中,谓当今方志有陋、拘、妄、滥四弊:"取法于元明一统志,滥觞于《太平寰宇记》、嘉熙《方舆胜览》,以人物诸目与山川故迹相次,是地理专书,略具类纂之意,其留连景物、附会名胜者又不足言,其失也陋;人类不同,奚翅倍蓰,今乃必欲分析,官曰慈祥恺悌,士曰孝友端方,学皆鸿儒,纵有班输技略,斥为小道而不书,女皆贞妇,虽有威姑德迈,以其偕老则不书,千篇一律,求其去取之故,辄不可得,其失也拘;经生家动陈大义,墨守义法,作为文章,其事不合便自夷芟，或者义取简洁，至欲仿《武功县志》，而称谓直书古人官名，致使古今莫别，其失也妄；艺文之名，所胪列书目，近代分列篇章状志碑铭，录其原文，复增子注，其失也滥。”（转自《方志考稿》第一编第 18 页）故其书力除“四弊”，略仿章学诚《永清县志》之例而纂修之。

是年，潘玉璇、冯健修，周学浚、汪日桢纂成《乌程县志》36 卷刻行。是志收集资料十分丰富，纳入亦有特色。其著述目历述乌程文人著作，收有一些妇女著作，甚至还收了奴仆 4 人之著作，很是难得。（见《中国地方志总目提要》11—65）

光绪八年（1882）初，湖南发生《湘军志》毁板重修事件。先是光绪元年，曾国荃对捻军作战落败，被迫称病辞职归乡，遂欲修湘军志，以自颂湘军功业，希冀朝之重新起用。于是便聘请时负盛名之学人王闿运独任此事。闿运历尽艰辛，三易其稿，至是修成刻出。由于他坚持不肯曲阿之写实态度，未以曾国藩为湘军总统帅，歌其功业，而是写了左宗棠在创立湘军上之功劳。对曾国藩也“不乏微词”。故志书甫出，曾国荃和一批湘军宿将们，遂以志书中贬抑了湘军的军功，皆愤愤然，甚至有人必将闿运置之死地而后快。后以开缺在籍之郭嵩焘出面，责令王氏将志板及所印之书，悉数交出，全行销毁，方为了事。

按：早在光绪四年四月，王闿运就已感到“修史难：不同时，失实；同时，循情”。由于他不肯循情，自然只有讨吃苦头。果然经此事后，原先极表同意王氏为思贤讲舍主讲之郭嵩焘，此时亦一反面目，以王“讥贬宋学，放溢礼法之外”，“此席不宜相属”。事后，曾、郭等又另属王定安再撰《湘军记》，历 8 年而成。这后出之《湘军记》，虽然内容较前《志》丰富了许多，但志德上则有亏于前。有人评之是可用“炫耀曲护”概括：炫耀曾氏兄弟之功烈，对湘军战争中之失利及将领中之勾心斗角，都大加曲护。（详易孟醇《郭嵩焘与〈湘军志〉》，载《湖南地方志》2000 年第 2 期；又《〈湘军志〉毁版始末》，载《史志文萃》1990 年第 5 期）

是年，张之洞为重修《湖北通志》，悬赏征求章学诚所纂《湖北通志检存稿》。

是年，陆祐勤、朱荣椿修，余士珩重纂湖北《麻城县志》40 卷、首 1 卷、末 1 卷刻行。是志分 10 门 58 目。在各门之前均有序，统称为《麻城县志叙略》，简述每门类内容以及发展变化之情形（见《中国地方志总目提要》17—32），盖即后世之“类前概述”、“小概述”欤？

光绪九年（1883），吴世荣续修，邹伯森、马斯臧等续纂浙江《严州府志》38 卷、首 1 卷刻行。是志关于境内灵栖洞记之甚详，谓“灵栖洞，在县西四十里，洞极深邃，常有鱼跃出。唐有县令穆君常来游……山中洞穴不一，有风洞，夏凉冬温。又有气洞，降雨则云气霭然”。是洞唐以后遂湮没无闻。至 20 世纪末之修志者将此资料揭出，据此而寻得该洞，成为寿昌县一重要之旅游新景点。（见《中国近代方志学》第 239 页）亦古志为今用之一例也。

是年，豫谦修，杨笃纂成山西《长子县志》21 卷、首 1 卷刻行。在是书序中，杨氏提出：“志与史异名而同功。史所载者朝廷纪纲法度，理乱兴替、忠贞佥壬之迹，而于一郡之事，千百无一焉。无一,则郡邑山川、风物、钱谷、徭役、循良、荐绅、孝子、烈妇之实,文献不足,杞宋无征,千百世之下,乌从而知千百以上之所为乎?方舆者志之所由作也。"(转自刘纬毅等《中国方志史》第 260 页)又说:"纪表志传,乃文学纪事之法,非史官载笔定例",主张体例上力求完备,"其体不备,不足以网罗一代之典制人文","史不必图,而志则非图不明。图悉界方,依元和志例冠之卷首,示要也;史必先纪,而志则无纪可言,易而为记,依晋书载记例,第之篇末,避僭也,亦以补志之阙。"(转自任小燕《山西历代方志纂修述略》,载山西《史志研究》1999 年第 3 期)

是年,金元烺、龚定瀛修,夏子阳纂成《再续高邮州志》8 卷、首 1 卷刻行。是志中特设《禁革志》1 卷,"凡病民及不遵旧制之事,已经立案禁革者,今汇为一类以便检阅",是其他志书中未见之特有篇目。(见《中国地方志总目提要》10—91)

是年,梁蒲贵、吴康寿修,朱延射、潘履祥纂成《宝山县志》14 卷、首 1 卷刻行。吴氏在志序中说明其编目排序之原则有言:"参酌本末轻重之宜,区分若干类,首系图说而新旧分合之故,了如指掌。由是按厥版图,辨方分野,得以因地制宜,则疆域为先务也。疆域定而规制详。海塘为阖邑保障,而城署、坛庙、坊巷、津梁,次第胪举,则营建尚已。有田斯有赋,有丁斯有役,而漕粮之永折,浮额之蠲除,详其始末,所以重皇仁也,则赋役次之。境内诸河潮汐往来,停沙易积,疏浚之法,急宜讲求,则水利又次之。置县之初,未遑建学,前志缺载,今则俎豆莘莘,式崇庙貌,且修文必兼讲武。我朝威武奋扬,海氛水靖,近复更新营制,增筑炮台,防海之策至周且备,则学校与兵防又次之。至若纪循良,则志职官;表科目,则志选举;发潜阐幽,则志人物;干艺文,志乡贤之撰述;于名迹,志先代之风流;下至杂事遗闻,足资观感,虽细必书,则以志余终之。惟诗文纪传附注本条者,氛择綦严。"

按:这种以了县之轻重缓急之原则设目排序,古人历有讲究。如明弘治时王鏊在《上海县志》序中就讲到该志 8 个门类排列之次序是:"天之分野,地之形势,民之习俗,亦若殊焉。况其沿革有可言者不可不志也,故首之以疆域。疆域之中,其大者有二,峙者为山,流为川……故次之以山川。有土斯有贡,上海者十六万有奇。重以土产之饶,海错之异,木绵文绫,衣被天下,可谓富矣,故次之以田赋。事有缓而急者,祭祀是也……故次之以祠祀。若夫学校以造士也,公署以听断也,津梁、堰埭以通利也,楼台亭榭以观游也……故次之以建设……事往迹遗,则感慨系之,池丘故墟,过者踌躇,为其古也,故次之以古迹。设官分职,本以为民……故次之以官守……名独闻者,非财富之谓也,贤才辈兴……使兹邑之有闻者,独不在于人乎,故以人品终。"(俱转见《上海方志研究概要》第 45、43 页)其后,张沛在嘉靖《寿州志》之后序中亦有言:"有天地然后有万物,是故乾坤定位,疆域辨焉,故首之以舆地。地必有险止,故次之以山川。因山川之形势而创造之,故次之以建置。有建置而民无所养则穷,故次之以食货。食货之利,有司者治之耳,故次之以官守。有官守者必有法,而教典行焉,故次之以礼制。礼制兴而后才可论也，故次之以人物。有人物以有事，事穷则变，变则通，通则繁矣，故次之以杂志终焉。”（转见刘纬毅等《中国方志史》第216页）

明隆庆三年（1569）全赐纂辑的《灵川县志》又有他们的说法：“爰分六类，各别为卷。首志沿革，明其有初；次志风土，本其所生；人之生也，必由治教，故次官师；治教之成，必有选举，故次选举；选举者，民之才也，故次民物；有民物必有政事，有政事必有兵防，此安民之本也。文艺末焉耳；外志者，殊类而收之，以尽其志之余，非敢务侈也。”（转见灵川县地方志编纂委员会办公室1992年1月点校民国《灵川县志》印行本第184页）

是年，杨守敬从日本寻回国内缺存之《太平寰宇记》残卷五卷半。先是于去年，杨氏任清朝驻日本国钦使黎庶昌之随员，同赴日本，于东京访得国内散佚之书多种，多为六朝、唐古钞本及宋元古本，归而汇入《古逸丛书》中。其中有《太平寰宇记》宋椠残本。其先通过我驻日钦大臣黎庶昌，向日本方面借出该书，制回国内所缺部分之五卷半，减少了是书国内所缺部分。修《四库全书》时，是书已缺第4及第113～119共8卷。此次引回第113～117及118之半卷，对补该志之缺其功甚伟。至今该书仍缺第4、119及118之半卷。（见杜友《乐史与〈太平寰宇记〉》，载江西《修志文丛》1988年第5期）

同时，另一随员贵州陈矩（字衡山），在日本纂成《日本金石志》4卷，又辑有《东瀛访碑图咏及题跋册卷》以记其事。日本学者、古汉文名家小山朝宏在《东瀛访碑图记》中谓：“清国陈君衡山，学问淹博，鉴识精审。客岁随星使黎公驻在我邦。署务余暇，广求金石遗文。时傅郎中懋元，奉使游历日本等，亦搜索古迹。衡山大赞其业，出平生所聚，且身抵诸州，勿论破驿荒村，幽壑断港，历揭跋涉，探访殆遍。自佛塔钟铭，古印刀剑，铭款系金石文字者，凡四千八百有奇，汇作《日本金石志》四卷。其好古之笃，气力之厚，真可叹服也。……今衡山以外邦之人，淹流不过二三年，而网罗荟萃，以著斯书，不亦伟哉？！”（转见且闾辑《中日文化交流史上的又一佳话——记陈矩〈东瀛访碑图册〉》，载《贵州方志》1992年第1期）

光绪十年（1884），朝廷成立《会典》馆，下令征集全国志书。（见《山东方志纵横谈》第76页）

是年，直隶总督李鸿章、署理直隶总督张树声任总裁，原陕西按察使、前翰林院编修黄彭年总纂之《同治畿辅通志》300卷、首1卷刻行。是书编纂的特点是来头大，花费的人力（队伍）、财力大，成书规模大。首先是李鸿章专为此事上奏同治帝说明“为政之端，必稽方策，惟民所止，首重邦畿”，“近畿之地，治化宜先，故尤重其事也”，得到皇上批准，是奉旨而修的。其次是修志机构规格很高。从其“纂修职名”可知，参加此次修志的各级官员达90人之众，其中有总督、巡抚、布政使、按察使、道员、知府等五品职衔以上的官员达35人之多。除上述的总裁、总纂外，监修者有原河南巡抚、前直隶布政使钱鼎铭等23人，协修有原热河都统、前保定知府恩福等15人，提调有河间知府陈崇砥等4人，分纂有原蔚州知州蒋日豫等10人，襄纂有户部主事袁昶、任邱知县林穗等19人，分校有国子监博士骆云徊、清苑县举人刘玺珍等

7 人,绘图有直隶候补典史戴清等 4 人,收掌有前钜鹿知县盛赞等 3 人,还有前内阁中书李如松等 2 人任顺天府采访。历时 16 年,耗资用银 119900 两有奇。总字数达 1700 万字。为了刻印此书,专门在保定城隍庙东侧土地祠内建官刻印书局,工人就有 200 余人。(转见骆志安《清光绪〈畿辅通志〉编纂出版始末》,载《河北地方志》1988 年第 1 期)

是书乃继康熙志、雍正志之后而作者也,分为纪、表、略、录、传、识余诸体。是更为完整之一部纪传体志书。卷 1～15 为纪,包括诏谕、宸章、京师、陵寝、行宫;卷 16～44 为表,包括府厅州县沿革、封建、职官、选举;卷 45～182 为略,包括舆地、河渠、海防、经政、前事、艺文、金石、古迹;卷 183～192 为录,即宦绩录;卷 193～286 为传;卷 287～297 为杂传;卷 298～299 为识余;卷 300 为叙录。是书《叙传》中说,"凡群经诸史,以及圣训、三通、一统志暨诸省郡县志书、诸子百家、文集杂著,靡不甄录。又檄郡采访,月以册闻。铢聚成钧,缕积盈笥。然后条区类分,分授纂编。"对前志修后 140 余年之文献网罗略备,考证精详。李泰棻谓其"非特资料完备,方法亦较得体"。(《方志学》第 14 页)商务印书局影印本序中称:"同、光之际,李文忠督直隶最久,特延黄子寿先生总其成。复广罗当时名宿,重事修辑。十年成书,艺林称盛。刊行以后,颇负时望。为畿辅有志以来之所仅见,即在各省通志中,亦且推为巨擘也。"资料丰富,态度严谨,所引资料均注明出处,从保存资料的角度来说其功不可没。尤其是对于京畿地区,旗地及一些旗人之非法为害,也敢于大胆触及,更是难能可贵。其艺文一门,于经、史、子、集外,另立方志一类,凡直隶所辖各府州县志书,无论是否为畿辅人所撰,均编其存目,以备查考,也是一特。(见来新夏著《中国地方志》第 90 页、林正秋主编《中国地方志名家传》第 203 页)值得注意者还有,其提出对前二志正补之原则和方法。据其末卷叙录所云,康熙旧志,数月成书,雍正志所增,仍多缺漏,故今为增目,如漕运、海防诸表之类。旧志杂采史文,臆增牵附者为之订正,如人物中的仓颉、廉范为渔阳太守之类;旧志引书不尽原文,义乖阙如,语多失实,则为之刊削,如名宦不纪实政,但空加赞词之类;旧志沿袭旧制,如图不开方,本末未详,名实未副者,为之综核,如州县有图,水道详源流,艺文列载书目等。(见《方志考稿》第一编第 1 页)刘纬毅等在《中国方志史》中,归纳其体例和篇目上的特点有五:"一、不设'建置'一目,其内容归入经政门,与学制、积储合而并记述,避免了重复。二、增加漕运、海防、旗租、钱币、榷税、刑律等经济政治内容的记述,增强了资治功能。三、增设'前书'(即大事记),并在艺文门开列'方志'目,为河北省志之首创。四、'舆地略'一目绘有直隶省府、州、县图一百七十六幅。五、'艺文'目详载书目,便于查检。此书面世后,曾称颂一时,被誉为'畿辅有志以来之所仅见','即在各省通志中亦推为巨擘也'。"(第 242 页)

按:本志内容丰富,资料精确翔实,体例亦有较大之改进,是全国最负盛名的一部通志。不幸的是,刻成不久,即遭遇八国联军侵犯京师,保定的莲花池书院亦遭兵燹,书板尽为灰烬,所以得见原书者不多。但自其问世后的 50 年间,于宣统二年、民国 23 年(1934)又两次重版。自 20 世纪 80 年代起,又由河北省人民政府拨出专款由河北人民出版社组织人点校，重行出版。足见其为学界所重。

又：是书修纂过程中，同事者张裕钊、吴汝纶等对黄彭年之主张多有异议，指责其体制是“失纂述之道，贻市簿之讥，篇不成文，无异档册”。张氏甚至竟以辞去莲池教席、拂袖而去相抗，黄氏仍坚持以己见进行。来新夏说，这种分歧是文章家和史家之别。文章家主张“篇自成文，典雅绚丽”；而史学家则坚持“事有来源，语有出处”。张、吴都是当时著名之古文学家，黄氏则是学有专长之史志专家。所以这种歧异是无可避免的。正是黄氏坚持了史法，故使该志能超越前志，这是值得肯定的。（见来新夏《中国地方志》第91页）

是年，杨守敬完成《水经注疏》并绘成《水经注图》，图于光绪三十一年刊行。是图以胡林翼《皇朝中外一统舆图》为底本，朱墨套印，分标古今地名，对《水经注》所记1000余条水道，所经州县城邑、名胜古迹、水系湖泽均作了较精确之标示。严守《水经注》原文，以书考图，以图复书，疏图互证。继承了有图有文之传统。（见《方志学史》第270页）

是年，总管云生监修，英喜、来喜、恩铭等纂成吉林《打牲乌拉志典全书》稿4册6卷。是书取材于清会典、《盛京通志》及案牍、档册。卷1载有官、兵、匠、夫、庄头、壮丁编制等；卷2载衙门、仓库、捕捞劳役及其待遇；卷3仅存贡江、贡山、五官地、喀萨哩、凉水泉等目，皆有目无文；卷4载边界、边防、出征；卷5收康熙至光绪各朝大事；卷6载硝场、硝店及其控制。收录了清朝200年间，打牲乌拉总管衙门几乎全部档案，包括皇帝谕旨、敕诏、朱批、言论，内务府等官署的有关批示、命令、决议，该衙门呈报、汇总之文书档案。涉及地理、历史、沿革、经济、典章、物产、官员设置、牲丁数目、俸饷、差徭章程、岁贡进解、奖罚制度、贡山、贡河、官庄、教育、兵事、外事等，是一部内容广泛而丰富之乡土专志。（见《中国边疆古籍题解》第52页、《方志学史》第317页）

光绪十一年(1885)，李瀚章、曾国荃等纂修之《湖广通志》316卷刊成，该书总15目，总目之下各分子目，以纲统目，以简御繁，条理尚称明晰。所引诸书，皆具列原文，标列出典，颇为精详。大体仍旧文者十之七八，新增者十之二三而已。新增者如《武备》志中增有《水师》、《团练》二目等。（见《湖南地方志考评》第10页）

是年，顺天府尹周嘉楣等修，张之洞、缪荃孙先后总纂之《顺天府志》130卷、附录1卷成稿，明年刻行。李鸿章在志序中称：“至其体例之善，文采之美，则九能三长，授简缀辞，极天下之选，以成一代之书，信今传后无疑也。”(转见《中国地方志总目提要》1—3)全书设为10志，分别为京师志、地理志、河渠志、食货志、经政志、故事志、官师志、人物志、艺文志、金石志。以序录、志例终编。志下共分84项子目。体例颇似《乾道临安志》和《咸淳临安志》，采其先设《行在所》以别于郡志的做法。此志亦首设《京师志》，下分16目，在全志中占卷数并不多，为的是以府志为主。其中之“坊巷”一目，以现行街道名为纲，而后溯其沿革、地道远近，比《日下旧闻考》眉目更为清晰。其《官师志》是“传”加16个表；《人物志》也是“传”加表。

《艺文志》分为"纪述顺事之书"和"顺天人著述"两目。《故事志》中设有"学派"目。全书采纳资料丰富,"自群经签注,地理专书,正史别史,诸子文集,与夫图经志谱,公牍访册,于古若今,数十万卷中探讨而出",书末附有引用书目达 470 种。(王树民《史部要籍解题》第 297 页;黄苇等《方志学》第 351 页谓征引书籍资料达 843 种之多)。

瞿宣颖在《方志考稿》中评论是书有云:"昔时京府之志有南宋乾、咸二《临安志》之前例在,然宋时行都草创,制度阔疏,非燕京为五朝首善之地,建置宏赜,遗闻丰衍。且燕京掌故之书,层见叠出。秀水朱氏《日下旧闻》尤集大成。及乾隆中,更因朱氏遗规,扩增为《日下旧闻考》一书,网罗富备,几于难以爝火助大明之光。是本书京师一志,尤为不易著笔。今乃观全书,惟《京师志》最为精华所萃。不独与《日下旧闻考》无重规迭矩之嫌,且体制弥为今胜于昔。盖《日下旧闻考》为朱氏旧例所拘,朱书本为札记之体,增益既广则头绪颇棼。即以方巷一端言,本书以现在街名为纲,而后溯其沿革,地望远近,了如指掌,不似《日下旧闻考》之多录诗文,阅之终卷,尚不知其在何处也。《坊巷志》本为朱一新精心之作。其别行之本,为近代言燕京故实者最佳之书,有以也。惟是光绪以来,迭经天灾人事之毁灭,时逾四纪,又将尽成陈迹,不知何日复续兹编矣。"(第一编第 5 页)

张之洞、缪荃孙都是近代著名学者,由张氏撰的《修志略例》和缪氏作的《叙录》都出手不凡,可视为历来修志规范之总结。张之洞之父张锳在修道光《兴义府志》时,已经制定了一些志书规范之条款。至是,张之洞对志书规范又有进一步之充实。在其所订之《顺天府志略例》27 条中,首先提出:"宜典核",自注云:"或摘要,或总录,或类记,或分正附,一列正文,一为夹注。其必应依年编次者,亦宜简要,不得徒事排比、抄录,类长编也";其次为"宜征实",注云:"多考典,少空文";其三为"以地为主",注云:"与土地稍远者即从略,京师门尤甚";其四为"以官文书为据";其五为"古事宜备,今事有关土地、人民者详,余略";其六为"各门统目曰志,不立杂名",注云:"用华阳国志、临安志例。书成,用元和郡县志、元丰九域志、乾道、淳祐、咸淳志例,标名曰光绪顺天志";其七为"图表散归各卷,图先表后";其八为"引书凭古雅者",注云:"若《广舆记》之属及明人陋书,不以为据";其九为"引书用最初者"。注云:"不得但凭类书,其无原书者不在此例";其十为"群书互异者宜考订";其十一为"一人一事,两地俱收者宜考证,不得沿误滥收;其十二为"采用旧志及各书,须覆检所引原书";其十三为"引书注明第几卷";其十四为"关涉两门者,互见分详略",注云:"用郑夹漈通志例";其十五为"征引繁多者、辨证者、牵连旁及者,多用小注",注云:"用史通说,公牍繁而必录者同";其十六为"纪事须具首尾,具年月"。其十七为"各子目须纪实,不得但存一名",注云:"如寺观,略仿《洛阳伽蓝记》,物产略仿《南方草木状》之类,旧志止列一名而已";其十八为"典礼则例,非专为顺天设者不录",注云:"如文庙祭器、乐章之类";其十九为"生存人姓名、事实、著述不录,奏疏、公牍不在此例";其二十为"文辞必宜古雅,亦不过于僻涩险怪";其二十一为"文字有褒贬抑扬处,须从众议,不得偏执独见";其二十二为"国朝经制事例,有空阙无从钩考者,本卷子目下注明止某年”；其二十三为“采访日久不齐，中多空缺者，先纂成书，续到日别为补编，附当卷后”；其二十四为“大例不改，子目细例应改并增补者，随时酌议”；其二十五为“凡一目而事实繁重、篇叶过多者，分上下卷”；其二十六为“每卷标纂书人名于大题后行，书成照刊”，注云“某县某人纂”；其二十七为“全书俱顶格写”，注云：“抬头处一例平抬。”这里既有前人修志经验教训之总结，又有自己根据实践经验总结之创见和发展。叙例是全书之统一规范，与全书之成功关系甚大。周贞亮在《晚喜庐随笔》中称：此“条例宏雅简质，堪为法律”。（转见《方志学发微》第 106 页）

缪荃孙为是书实际总纂，参加者阵营十分强大，咸一时名儒硕彦。如瞿宣颖在《方志考稿》中所云：是志“立例之初，已有刊除俗体悉归雅正之意，加以故事属之洪良品，坊巷属之朱一新，正经属之傅云龙，晷度属之汪凤藻，以及其他载笔之士，皆一时豪俊，学有专长。而缪荃孙擅目录之学，既自纂金石、艺文二志，兼为覆辑全书。故能卓然成不磨之业，为近时诸志称首也”。缪氏既有修志理论，又富修志经验。他主张“志也者，志地、志人、志事、志物，上之自古迄今，下之由近及远，无饰辞，无私造，则谓之良志”。认为不同级别之志书，详略应当各不相同。提出“郡志宜简，邑志宜详，至于镇志，地方不过十余里，学人名士朝夕相聚，治事之疏密，植品之微恶，闻见皆真，网罗亦富”。（转见仓修良著《方志学通论》第 396 页）是书为北京地区最有特点，内容最为丰富的一部志书。《续修四库全书总目提要》称其“书之精博典核，为近世方志之冠”。但瞿宣颖在《方志考稿》中也指出了其不足：一是“本书虽有辽金元明故宫考诸篇，惜未能如《天池偶闻》之追摹诸故城图而加精密”；二是寺观仅录宣武门之天主堂，于东直门之俄国正教堂及其他之堂、回教之清真寺等都漏载；风俗、物产等目，都只注意了已成书之资料，而无新的调查资料，致使其离事实太远；三是引书仍有漏列者。（见该书第一编第 5 页）

从缪氏于所撰本书之《叙志》，亦足见其识见之不凡：一是同情人民的立场。如于《食货志》中谓：“通夫天时，尽夫地利，定则壤之经，制税敛之法，胜国苛政，首先蠲除，使民知耕凿之乐，效输将之乐。”《河渠志》中谓：“勤板筑，通淤塞，使堤有金石之固，而防无丝缕之罅，则沮洳皆化上腴，黔首于以永谧也。”二是有爱国思想。如《地理志》中谓：“规划区域，脉络山川，郛郭建置之方，治所兴废之迹，因近以缀远，托小以著大，使人览形势厄塞，则思握险控御，防患于未然；验风俗盛衰，则思与民休息，维之于不敝，庶几如澄止水，而无漠惛之患也。”三是实事求是，旌善惩庸，如《人物志》谓：“丰功伟烈之不容没也，潜德幽光之必待发也，若身厕科目，而无所表见，甚宜引以为戒，抑又末矣。”《官师志》谓：“居位之久暂，考最之黜陟，序爵里，述事实，采善锄丑，意在于斯。”（转见《修志文献选辑》第 55 页）

沈秉成序，谓志书修纂有“六难”，但本志纂修者均能迎难而上，勉力为之，致力探讨创纂，争趋丰赡雅正：“大凡修志者，萧规曹随，事半功倍。此则创纂也。盖自群经笺注、地理专书、正史、别史、诸子、文集与夫图经、志谱、公牍、访册，于古若今数十万卷中探讨而出，难一。

修志之弊,非稗贩,即沿讹,此则征引必注原书,异同力求一是,难二。畿辅五大河,涉府境者四,其分合诸水五百有余,自来著述,贯穿盖寡。今则例综《禹贡》,体合桑、郦,沿流探源,脉络毕见,难三。志为史流,志有方言,又经之小学也,有本谊,有通假,参之古语,征以殊言,难四。如人物,如官师,文学则所治何经、所著何书,经济则所兴何利、所除何害,语语征实,不取空文,难五。田赋准今,金石证古,类此,谊各有当,例取其严,难六。综此六难,都为一书志,纂志者之力也。"(《方志学发微》第 10 页)

是年,刘毓珂等纂修成云南《永昌府志》66 卷、首 1 卷刻行。是书之《凡例》中提出,"史纪以时为断,志纪以地为限断"。其《群蛮志》之"方言"中,记录了境内摆夷(傣族)、缅人之常用语言,共分天文、岁时、数目、器用等 18 类,用汉字注音,缅人之文字还描其形,是研究民族语言文字不可多得之资料。(转见宋永平《清代云南方志纂修述论》,载《中国地方志》1990 年第 6 期)

是年,朱一新纂成《京师坊巷志稿》10 卷。基础原为缪荃孙主纂《顺天府志》之《京师志·坊巷》上下卷。朱氏析出,加以补充整理而成,是一部城市街衢专志。比较全面地记述了明清两代北京的坊巷胡同之名称与变化及相关的掌故传说,所记胡同达 978 条,连同街巷计 2070 多条。其中对水井记之尤详。(见谭烈飞主编《北京方志提要》,中国书店 2006 年 3 月版第 98 页)

是年,贺恢纂成《莲花厅志稿》(原稿题名《爱莲编》)10 卷,共设 57 章,30 余万字。各卷卷目为:地理、风俗、物产、赋役、存往、建置、武备、学校、杂类、名宦传、秩官表。卷下分章节,实行卷章结合。(见何明栋《新发现的二十部江西旧志书(稿)》,载《中国地方志》1988 年第 1 期)是笔者目前已知较早运用章节体之志书。是书《中国地方志联合目录》未著录,是在 20 世纪后半期修志中,才被重新发现,已于 1982 年由莲花县人民政府办公室油印出版。

按:中国地方志源远流长,自古以来修成之志书难以数计。民国以来,朱士嘉先生就注意搜寻海内外现存之志书,最先编成出版了《中国地方志综录》一书。至 20 世纪的 80 年代中期,中国科学院北京天文台,在朱书基础上,又组织了各省、市、自治区之科研单位、高校、图博部门,进行了一次普查,于 1985 年编成出版了《中国地方志联合目录》,著录志书 8200 余种。这是至今搜集最广、最具权威性之一部方志书目。但在 20 世纪 70～80 年代以来之全国性修志当中,各地在清理家底中,又发现了一批连这部《联合目录》中也未著录之一些志书。这是那一轮修志工作中之一大收获。这些志书,有的是人们根本不知道历史上曾经修成过者,有的虽知其修成过,但以为早已失传者。笔者曾借工作之便,注意集录,仅至 90 年代中叶,所得书目竟达 1600 多种。当时曾拟组织编纂一部《中国稀见著录方志提要》,激活这些志书,以发挥其作用。曾在《中国地方志》1999 年第 3 期上向全国方志界发出倡议。虽鼓励和响应者不少,但毕竟人微言轻,没有引起相关部门之重视。仅限于个人行为,进行起来难度极大。最后只组织撰写成 500 条(志为一条）左右，便不得不暂行中辍。于今虽身已退休，时间余裕了，奈毕竟年老力衰，此事只好待诸后贤了。所组来的500余篇稿件仍存本人之手，请诸撰稿者谅察。今后若有单位或个人欲成此事，笔者在征得撰稿者俯允之后，将全部转奉，以成其美。

是年，凌寿柏修，叶道源纂山东《菏泽县志》18卷、首1卷刻行。凌氏代知府积庆山撰之序文中有云："今之邑志，古之国史也。古者列国有史，记一时之政事，以备輶轩之采。自列国之史废，而郡邑之志兴。志与史相为表里者也。"（见《山东方志汇要》第425页）

光绪十二年（1886），五月，黄沛翘撰辑《西藏图考》8卷、首1卷刻印成书。卷首为宸章，收有康熙《御制平定西藏碑文》、乾隆《御制十全记》及嘉庆《御制普陀宗乘之庙瞻礼记事碑》各一通。卷1为图，有西藏全图、西藏沿边图各1幅，西招原图12幅，乍丫地图1幅，皆附有图说。卷2以下为各"考"。其中的《西藏源流考》，汇集了《太平寰宇记》、新旧《唐书·吐番传》、《明史·西域乌斯藏传》、《大清一统志》、《四川通志·西域志》、乾隆《西藏志》、《卫藏通志》、嘉庆《西招图略》等诸多图书中之史料，上自三代，下至清嘉庆十三年设官驻兵之事。《藏事续考》门分为天时、地利、人事、物产4类，各类之后均附入相关之"蛮语"（藏语），采用汉字注音方式加注。类下再各分若干目。如人事类下分为派兵、刑法、赋税、头人委用、各地设官、达赖和班禅之册封延续，以及喇嘛服饰、藏民婚嫁、丧葬、房屋、医药、占卦、粮台设置等，内容很是丰富。《物产门》所载名土特产甚多，史料价值甚高。最后附录《外夷考》，记述了当时称之为貉貐野人、布鲁克巴、哲孟雄、巴尔底萨杂尔、廓尔喀、克什米尔、布鲁特等地区少数民族之情状。（转见《中国地方志总目提要》24—13）为西藏地区地方志集成之名作。

是年，宋文、吴履福修，缪荃孙、刘治平纂成《昌平州志》18卷刻行。全书分记、表、簿、传、录六体。是书由缪荃孙亲定体例篇目，全书最后又经其纂定。内容相当丰富，在晚清所修方志中，是颇受好评的一部。《续修四库全书提要》称其有六长："诸门名目不一，或曰《记》，或曰《表》，或曰《传》，或曰《志》，或曰《录》，其义一揆……体例谨严，文亦朴实，其长一也；表历之体，爽眉目，约篇章，兹书为表者四，《大事表》合大事、兵事、灾祥为一表，《选举表》一表而分列代、人、官三格，均简赅易览，省无限篇幅，其长二也；《后汉（书）·列传》广立多目，品题牵强，清儒议之，今除《流寓传》外，皆不分类目，概以时代为次，史识卓矣，其长三也；《序录》首论方志沿革及功用，次述本书体例之所自昉，甚为明晰，其长四也；史志'论赞'，实同赘疣，今并废除，其长五也；《艺文录》首列"纪昌平事之书"，次"记昌平人著述"，并仿朱氏《经义考》之体，附以序释，且搜集甚广，其长六也。"（转见姜纬堂《〈昌平外志〉及其著者麻兆庆》〔上〕，载《北京地方志》1990年第1期）

按：缪氏在是书《序录》中谓："地志之书，断代始于《太康（地记）》，邑志始于《娄地（记）》。"此说与他人异，值得注意。

又：梁启超在《清代学者整理旧学之总成绩》方志学一章中说："以乾嘉以后诸名志与康雍以前各志相较，乃至与宋元明流传之旧志相较，其进步既不可以道里计。"（第148页）

并且开列了自康熙以来“皆出学者之手,斐然可列著作之林”的志书共 119 部,此为其一也。

是年,庄毓鋐、陆鼎翰、薛绍元纂修成《武阳县志余》12 卷、首 1 卷,十四年(1888)活字印行。武阳,武进、阳湖之合称也。光绪五年有王其淦、吴康寿修,汤成烈纂之《武进阳湖县志》30 卷印行。本书即为该志之补辑。虽名为志余,实为一部独立之志。全书分 46 目,都 65 万余言。详略得当,尤详于经籍与人物,增设史传上、下。书中专收有薛子衡著之《辑志私言》,是专论方志体例的一篇方志论文。本志以方志四体之例,分纪、表、志、传四体,很值得注意。薛绍元氏在序言中,述是志纂修之旨谓:“国朝自乾、嘉以来,府厅州县志为海内达人所称颂者,如洪稚存先生《泾县志》,孙渊如先生《三水志》,陆祁先生《郯城志》,董晋卿先生《怀远志》,董立方先生《长安志》,李申耆先生《凤台志》,皆雅赡有法,皆武进阳湖人也。绍元尝怪诸先生著述擅一时,而独于敬梓之乡,未能裒集旧闻,蔚为绝作,非憾事欤?乾隆间,余姚卢抱经先生主讲龙城书院,尝修府志矣,稿成为众口所排,不授刻。所刻八邑艺文志稿中文征一类,其体例严,固足法也。申耆李先生道光志,凡例甫创,遽归道山。今武阳合志,成于众手,而先生原定目录,绍元尝于先君子文集中见之,固与凤台县志同一精密者也。夫二志之作,或得其人而不及成,或成而不谐俗,书以不传,岂非天意哉。光绪五年修新志,操翰者莫不攻合志之失。及成,读新志者又皆讴歌旧志。迄今八年,俊甫庄先生从舆论,以次印行陈氏旧府志、李氏合志若干卷,复以其暇,与陆君彦和,辑志余十二卷,以补新志所缺。昔西河毛氏撰《萧山县志刊误》,仅八十条,四库提要称之,与明康对山《武功志》、韩五泉《朝邑志》,皆以精简著录文渊阁。是书虽不为纠谬而作,而网罗散佚,其慎其难,当亦后来修邑志者所不能废也。”瞿宣颖称“本书不独以补新志之略,亦且有功于旧志之发明,……两邑近代大事,惟咸丰庚申之变,本编采私家记载之可信者,附之大事,别录《庚申团练纪实》二卷,附于书后,是良史法也”。(见《方志考稿》第六编第 38 页)

是年,杨激云修,顾曾烜纂成《泰兴县志》26 卷、首末各 1 卷刻行。是志《建置》卷之《准望》目中,载有《各节气日出入、昼夜短长时刻》,为实测所得,为前此志书之所无者。其《分率》内,包括论形势、论风气、纪方言、纪物产,颇具特色。(见《中国地方志总目提要》10—95)

光绪十三年(1887),黄君钜、黄诚沅父子私人修纂成广西《武缘县图经》8 卷。君钜是壮族中知识渊博之士,官至云南澄江知府,“诗才敏捷,文格亦极雅健。至于制艺一道,则摇笔即就,尤不假大思索。尝憾世之方志荒陋芜杂”,故于光绪十一年,“会合邑聘纂县志,乃斟酌体例,勒成《武缘县图经》八卷,以饷海内学人”。其子诚沅于其中下力颇大,后续成民国《武缘县图经》。是书被称为“博赡有体,为私家著述之善本”,并被京师史馆编纂处“收入史宬”。(转见雷坚《广西方志编纂史》第 190 页)。《地略上》列有县境图 22 幅,附有图说,而后才分目记述。(见《广西地方志提要》第 76 页)

按：黄诚沅一生之中，先后纂成的志书有《云南通省舆地图说》、《滇南界务陈牍》、《滇图》、《防城县小志》、《武缘县图经》、《止林县志》、《隆安县志》、《广西省明细地图》、《广西建置沿革表》、《武缘县乡土志》，并参与《广西通志稿》的编纂，在方志史上也属于纂辑志书之多者。其中的《武缘县图经》、《隆安县志》、《止林县志》被誉为广西佳志。

是年，殷礼、张兴言修，周谟等纂成江西《湖口县志》10卷、首1卷刻行。张氏在《重修湖口县志序》中，特别强调修县志是知县义不容辞之职责，略谓："知县系一邑生民利害，如舆地、河渠、丁田、贡赋、人物、艺文，有率于政教风俗者，皆宜洞悉源委，而后见诸施行，庶不致戾于今而背于古。古贤为政，首问志书，其意盖有在矣……志乘未修，有司之责也。"（见《中国地方志总目提要》14—16）

是年，王云清纂修成海南岛《儋县志初集》一稿。于梓印时却遭火焚，仅存纂者所作《儋耳赋》及其注文。该文以南阳主人（儋耳人）答中州宾（中原人）之形式，以赋体条陈儋州之地理环境、物产资源、历史沿革、种姓变迁、风俗习惯、社会区分、古迹建置、教育文化情况，是对儋州之一个概览，亦可视为单独之一部赋体志书。被收入民国25年出版的《儋县志》中。（见《中国地方志总目提要》19—85）

光绪十四年（1888），方瑞兰修，江殿扬、许湘申纂成《泗虹合志》19卷刻行。是志为安徽境内唯一之一部合志。合志之作法但凡有二：一曰凑合；二曰糅合。本志采用糅合式之写法，提出"分土不分民"，"史分则分"，"史合则合"的原则。由于"泗病在淮，虹病在濉"，"历受其害"，故本志水利中，对境内之四大水系情况记之甚详，属于全国合志中较好的一部。（见《中国地方志总目提要》12—33）

光绪十五年（1889）四月，徐宗亮撰成《黑龙江述略》6卷，分为疆域、建置、职官、贡赋、兵防、丛录等。对于咸丰十一年（1861）《中俄北京条约》签订后，沙俄蚕食我国领土的资料细加记述，表明作者实边御侮之爱国精神和忧患意识。明年7月，李鸿章为之作序，谓是书为"经世实用之书"。据日本学者研究称，"近自清朝与俄罗斯重订界约，边防日以重要，遂著本书"。可见作者写书的主导思想确实重在实用。对于朝廷于此地大肆屯垦，广设民官，税收增加，国防充实，以及"黑龙江高官，联络内廷，尽力阻挠，专图私利，不顾公患"，也有反映，"堪称黑龙江开发当时弊害之记录"。（日本内藤虎次郎《满蒙丛书·黑龙江述略解题》，转自《黑龙江史志》1984年第3期第14页）

是年，朝廷因修《会典》，下令各地修志。（见傅振伦《中国方志学通论》第97页）

按：先是光绪十年，成立《会典》馆时，已令征集全国志书。至是再令全国修志书也。

是年，吉林将军衙门设立省修志局，颁发志局章程，照会其所管理地方官采访事实，呈报资料，"务将所属界内所有圣制、纶音、天章、坛庙，并建制、沿革、疆域、形胜、山川、城池、关邮、津梁、船舰、户口、田赋、职官、学校、官署、选举、兵防、名宦、历朝人物、国朝人物、忠节、孝义、文学、隐逸、流寓、方伎、仙释、烈女、祠祀、古迹、陵墓、风俗、物产、杂志、历朝文艺、国朝文

艺,一切应列志书者,详细确查,定限三个月内,一律咨送来省,以凭考核纂修”。(转见《方志学新论》第 142 页)

是年,曾道唯修,葛荫南纂成安徽《寿州志》36 卷、首末各 1 卷,活字印行。寿州境内之芍陂(又名期恩陂、龙泉陂、安丰塘),是春秋时楚相孙叔敖所造,是我国古代著名之水利工程,其利至于今。自汉以后,历代均有修筑。是志之《水利志·塘堰》中,收录了自《淮南子》以来,直至清光绪五年历代典籍中有关芍陂兴废修建之记载,是这一水利工程最系统之资料,甚是难得。(转见《安徽方志考略》第 80 页)

是年,顾国诰、柴照、左秉壎修,何日新、刘树贤等纂成广西《富川县志》12 卷。是志分 12 门 57 目,与乾隆二十二年(1757)叶承立纂修之《富川县志》12 卷、12 门、57 目,竟无一字差别(见《广西地方志提要》第 288 页),殊属可怪。

按:在同一地区先后修成之志书中,大类目无异之情况并不罕见,但前后相距 132 年之久的两部志书,世事沧桑,卷数、门类、细目,无一字之差者,不可得见,尤为不可理解者也。

是年,陈嘉榆等修,王闿运等纂成《湘潭县志》12 卷刻行。吴恭亨在《醴陵乡土记》序中,对本志有评价云:“方志亦一家之言,必才学识兼具,载笔始成书”,“或拾小而遗大,举轻而弃重,皆不足与言方志,予私尝持论。最近惟王氏湘潭志,稍可与言新,其赅括实出朝邑、武功之上,自外黄茅、白苇,若有若无。”(转见何孝积《吴恭亨纂〈慈利县志〉》,载《湖南地方志通讯》1984 年第 1 期)邓之诚在《省志今例发凡》一文中,对本志设立《货殖》一传特别赞扬,略谓:“迁书言平准、货殖,具有精意,后世耻利而贱商,谓之末业。班书改称食货,虚言教养,而治生之术不显,自后贸迁几不列于四民,民所由贫也。夫唯国家无通商之政,而方志以其非政也,遂阙而不书。今之商非昔比也,方合天下之力以争衡决胜,生死命脉,一视操纵之术之为何。其用心设计,诚有非寻常者矣。近唯王氏闿运湘潭诸志,特立货殖一传,最为得之。”(转见《修志文献选辑》第 75 页)

光绪十六年(1890)三月十二日,黑龙江将军衙门遵照为编纂《大清会典》之要求,设立黑龙江舆图局(后改舆图局兼通志局),咨行照会呼兰副都统、呼伦贝尔副都统、署墨尔根副都统、布特哈总管、署兴安城总管、呼兰厅同知、绥化厅通判等,要求拣派妥员,周查山川大小、高矮、相距远近里数,江河湖泊深浅、大小、度数及起止源流、分合处所,逐项测绘详图,列具详说,先行具报,万不可以旧图塞责。(见《长铗归来斋文稿》第 466 页)

九月,浙江上虞县设立志局,聘蔡元培为总纂。蔡氏上任伊始,先定一书大纲,并亲手制定《重修上虞县志例言》一篇。在此文中,他继承和发扬了章学诚之方志思想,主张对“师古者得其意,不必袭其貌”,因而摒弃了章氏开篇必冠“皇言”、“恩泽”二纪之做法,而以地篇居首。此例言中渗透了经世致用和爱国、反对外来侵略之思想。在《兵篇》之内,提出灾害之世,“败类横行,海国窥伺,取道所由县境,罹其蜂毒”。也就是面对帝国主义侵略之现实,志书于“保城要略，御寇几宜，故事有征，毕详本末”。这个例言写出后，因“议者蜂起，谓其文古异警俗，别求明白易晓者”，故未被采用。蔡氏也因有别事，离总纂之职而他去。这篇《例言》只是因其“义例精当，卓然成家”，而被附在《上虞县志》之末。（见《中国地方志总目提要》11—80）

按：蔡氏所制定之《例言》，虽未为县志所采，但提出主张之影响不应低估。自此以后，一些志书卷首之天章、恩纶、宸翰之类遂逐渐消失，有的被按门类放到艺文门中，与普通文论平列，帝王之言从至高无上至尊地位降到与平民同列的位置，反映了人们开始由封建之桎梏中解脱出来，这是方志思想上一个了不起的变化。

是年，李瑞钟修，朱昌泰、许仁杰等纂成《常山县志》68卷、首1卷刻行。是志内容丰富，考证精详，纠正了不少前志中之舛误，编纂亦甚得体。其艺文门记载尤为清晰。文集一门中，凡前志已载者录为上集，新收入者为下集。（《中国地方志总目提要》11—96）是志之修纂者属尚繁派。针对“后来学者浸忘本意，专重词章，谓简愈于繁，而轶事失传，谓古急于今，而近闻缺载”之作法，特别提出修志应当“详今略古，宁繁毋简”。斥责那些模仿《武功志》尚简的做法是“谬矣”！（转见《浙江方志概论》第150页）

约于是年前后，李受彤修纂成《防城县小志》4篇。是志分志地、志政、志人、志献4篇。其志地之特点是多图，且做法特殊。作为一个县的志书，竟载有广东通志图2幅；廉州府志图5幅；还有皇朝直省图、广东图说和中越交界图等，均较特别。末者对中越边界防城段走向，提供了详细的图形资料。是书只有抄本行世。（见《中国地方志总目提要》20—61）

光绪十七年（1891）三月，阿勒楚喀（今黑龙江阿城市）、拉林等处副都统衙门遵照吉林将军衙门颁布之格式，照绘图式，并撰成《图说清册》上报吉林将军衙门。内容包括阿勒楚喀疆域图说、阿勒楚喀城说、城内桥说、庙说、牌楼说、副都统衙署各处官房说、堆拨房说、围场境说、八旗官房说、渡口说、白城说、京旗屯说、四站说、宾州厅说、旗屯游牧界说、阿勒楚喀设官兵事说等。（见《长铗归来斋文稿》第466页）其《渡口说》中，记载了威虎（独木舟）为交通运输工具之史料，《白城说》中记有金京都白城之方向、横城、子城、皇城之资料。

按：是书在《中国地方志总目提要》中，署为《（光绪）阿勒楚喀乡土志》，又名《阿城县地方志》。（见该书8—7）

四月，奉上年吉林将军衙门之命，宁古塔副都统富尔丹主持修成《宁古塔地方乡土志》1册，亦名《宁古塔地方采访志书清册》，上报吉林将军衙门。册内分14目：建置沿革、宁古塔城池、驿站、仕宦、官署、田赋、坛庙、渡口、疆域、桥梁、古迹、山川、物产、户口。其中记载最详的是牡丹江地区之史实。（见《中国边疆古籍题解》第87页）

按：有人认为，这是最早出现的一部乡土志。本年内黑龙江出现之乡土志还有《打牲乌拉地方乡土志》、《阿勒楚喀乡土志》、《伯都纳乡土志》和《三姓乡土志》等。但就其门目体例和修纂方法而言，都还是属于原来意义之地方志书，与光绪末年出现作为小学

教材之用的乡土志有质之区别。此类方志型乡土志之出现,比这要早得多。

十月五日,吉林将军长顺奏请开局修《吉林通志》。十一月五日,遂奉旨纂修,以李桂林为总纂。至光绪二十六年(1900)修毕,刻成。共 122 卷,附图 1 册,分类目 13。其序有云:“纪地理则有沿革、疆域、面积、分野;纪政治则有建置、职官、兵备、大事记;纪经济则有户口、田赋、物产、关税;纪社会则有风俗、方言、寺观、祥异;纪文献则有人物、艺文、金石、古迹。而其材料又直接取于档册、函札、碑碣之伦,较正史则正史显其粗疏,较报纸则报纸表其散乱。”对于农民起义、少数民族起义、沙俄侵华、中俄交涉疆界等方面,保留了较多有价值之资料。于各朝之赋税、租息、边防、海防、兵制及生产,如农、林、牧、副、渔、狩猎、矿冶、手工业、商业、造船、医药、外贸等,都有记载。(见薛虹《中国方志学概论》第 53 页)

是年,侯宗海、夏锡宝纂江苏《江浦埤乘》40 卷、首 1 卷刻成。此前,夏氏为撰《江浦备征录》,曾以 10 年之功,“废人事,屏嗜欲,从田父野老相咨询,上下荒陇破冢、狸狐榛莽之区,皆耳目胫腓之所周至”。其后为编本书,复“朝罗一闻,暮网一佚事,日缀于空山萧槭中,不自知将老,摭遗拾坠,以勒成斯编”,(转自《江苏旧方志提要》第 94 页)实属不易。是书凡所征引,皆注出处,不为浮夸凿空之谈,尤为可贵。

是年,三姓副都统富魁纂修成《三姓志》28 卷。是志较全面系统地记载了清朝开国至光绪十六年(1890)270 余年间,三姓地方之建置沿革、自然地理、田赋、户口、驻军、军备、人物等方面之情况。是黑龙江地区体例比较完备之一部乡土志。三姓,满语为依兰哈喇,故是志实即《依兰乡土志》也。(见《长铗归来斋文稿》第 246 页)

光绪十八年(1892),曾国筌、张煦等修,王轩、杨笃等纂《山西通志》184 卷、首 1 卷成书。总纂之一者王轩主张废除“与地记无涉”之星野,而代之以经纬晷度。另一总纂杨笃又一次提出,志在体例上“当仿正史,不宜效图经”,又提出“史不必图,而志则非图不明。图悉界方,依元和志例冠之卷首,示要也。史必先纪,而志则无纪可言,易而为记,依晋书载记例第之篇末,避僭也,亦以补志传之阙”。是书开修时,本以王轩为总纂,杨笃、杨深秀为分纂。未久,王轩病故,杨深秀赴京任职。总纂任务便落在杨笃一人身上。他承担此任后,便感到“一身之寿夭,命也。倘修志不成,三晋文献由我而断,罪不更大乎”？把志书之修成看得比生命还重要,表现了一种强烈的历史责任感。在是志修纂中,杨氏提出:“州书郡记,古只详地理,今必及人物;古只辨风土,今必兼政治。”该志分图、谱、考、略、记、录六门,实行“图以辨方,谱以序世,考以稽古,略以纪今,记以述事,录以存人”。门下分 37 大类,统目若干。全书结构精严,条理清晰,体例完善,又重考证,被名家誉为名志。梁启超在《中国近三百年学术史》中,赞其为杰出方志之一,并成为研究晋史之渊薮。

按:自咸淳《临安志》开了首列前朝诏令、次列本朝之先例,其后,章学诚在修《永清县志》和《湖北通志》中,列皇言、恩泽,冠于志前,实是继承糟粕之举。本志中,大胆地加以删除,是一种进步之表现。当然,在县志中亦有比本志这一步跨得更早者,如顺治时

高桂修、马義则纂之《尉氏县志》，已把“御制”和“纶诰”，置于艺文之内。康熙《东安志例》也规定，“艺文以诏谕分载各款”。（转见《傅振伦方志论著选》第15页）

是年，黄璟修，庆增、李本龢纂《陕州直隶州续志》10卷、首1卷刻成。是书侧重图绘诗什，其自序全用骈体文写成（见《傅振伦方志论著选》第51页）。这种做法，全不顾修志笔法，甚为无谓。

按：先是知州赵希曾及代理州篆广聪等，修成《陕州直隶州志》15卷、首1卷于上年刊行。今年，黄璟由浚县知县升知州。以前志尚欠周密，缺漏甚多，故重辑成本书，单独刻行。名为续志，实只补遗。主要补了一些学校、职官、人物、列女、艺文、金石之内容。补得最多者是礼乐，但多是通制，也无多大价值。只在志余中补兵燹、救荒之内容，尚属可观。

是年，王枚修，徐绍廉纂成河南《续修睢州志》12卷、首1卷刻行。是志上距马世英纂修、康熙三十二年刻行之《睢州志》已近200年。但“书中体例悉仍其旧，旧志所载未尝妄易一字……亦不敢议前人之非，以志谨也”。所补之内容也不多，历来被认为是质量较差之续志。（见赵嘉朱《续修志书的原则和方法》，载《中国地方志》2000年第6期）

是年，余修凤于光绪五年（1879）纂成的陕西《定远厅志》26卷、首1卷，至是正式印行。作为地处万山中的一个偏远之厅，修这样一部厅志已属不易。尤其是其舆地图12幅，绘刻都十分精细，经纬度还用了朱色套印，为当时志书中所不多见者。（见《陕西方志考》第195页）

是年，王瑞成、程云骥修，张濬等纂成浙江《宁海县志》24卷、首1卷。是书在体例方面未见特殊，但其文类内所载之一部《胡氏家乘》，补了史传之缺而使之获得地位。宋末元初之胡三省，因注《资治通鉴》一书而被誉为司马氏之功臣。可是《宋史》、《元史》都未为之立传，使其生平湮没不闻。以至其生卒年均不详。后人是从本志中查得《胡氏家乘》，见到胡三省之墓志方得以解决。方志补史之缺，此又为一例也。（转见《中国方志简史》第16页）

是年，吴若灏修，钱台纂成山东《邹县续志》12卷、首1卷刻行。吴氏在志叙中提出：“志乘不备，掌故无征，守土者无所辞其责也。”（转见郭松义《清代地方志的纂修》，载《中国地方志》1984年第2期）

按：吴氏此语，能使今日修志工作中，别人推也不动之一些地方的“县太爷”们，面赤一阵，而后能改弦更张否？

是年，麻兆庆私撰成《昌平外志》6卷刻行。是志之修纂颇具一番曲折，亦颇发人深省。邑人麻兆庆以留心乡邦文献而知名。故刘治平设局修州志之时，曾特致函麻氏谓：“修办州志一事，采访甚难其人。久仰老兄留心事务。即请竭力采访，襄办此事，以成盛举。书成后，老兄功德亦与之不朽矣。”于是麻氏遂与其事。他应命后，就“跨卫遍历”，对昌平之山川大地遍行采访，并劝捐修志经费，可谓尽心尽力。其曾有诗云：“计自仁皇癸丑编（指康熙十二年修成之《昌平州志》),于今二百有奇年。续修幸勿虚酬事,盛会欣逢亦夙缘。要审史余方是志,好将体例定新篇。同人纂辑诸条备,不欠东风仅欠钱。""初到乡间父老惊,生平未解志书名。条陈地理谈形胜,指画山川论玉衡;前辈先儒应采记,谁家节烈必先旌。焦唇说破茅腔塞,踊跃输将事始成。""捐罢羊房住巩华,平西高丽不停车。缙绅致敬三杯酒,父老相怜一碗茶。到处老僧访方外,沿村古寺暂为家。困来无枕曲肱卧,梦到浮云日影斜。"经过历考之后,他对历来有关昌平地理沿革之记载多有可疑,决心进一步作深入之考证。刘治平亦赞成之,表示"昌平沿革一节,系全书纲领,必须考证精确,毫无疑义,方足以昭垂后人。弟学既谫陋,又复俗务忙繁。老兄不惮烦难,旁收博采,弟亦拟函通志总局,友人考征确凿,以质此疑"。至光绪六年,采访告一段落后,志局少事,为节省经费,遂撤局。旧志及采访所得,全留刘治平处,移至北京城内进行案头工作。麻氏亦被特邀进京参与其事。

但在工作进行中,主稿者刘万源一方面屡索麻氏之稿,读其稿后又连赞其"博览群书,精于考证,正沿革之谬,即以征著作之才,钦佩!钦佩!"但实际上却置麻氏成果于不顾,麻氏经心考证之所得,在"新志"中毫无反映,又不做任何解释。作为主修者之刘治平不但左袒其门生,且自恃翰林,居高临下,态度蛮横。麻氏在不少具体史实问题上,与刘治平亦相矛盾。以致麻氏不得不离开志局返乡,并于光绪十一年三月直接上书顺天府尹,申述自己的看法,将自己所撰之《昌平地理沿革考》上呈,并提出希望。其书略谓:虽已"回乡,总以我志攸关,难安缄默,不揣谫陋,作《昌平地理沿革考》,曾经录稿送局备采。而刘侍御……(无视所考),职纵人鄙才愚,千虑之中,岂无一是?而卒坚执己见者,良以刘侍御心存翰林,既高身价,又耻下问故也。殊不知物惟不平,其鸣难止。幸逢大人府志开局,自必聘集群贤,延请名宿。若夫昌平沿革之讹与否耶,不难燃犀立照。且州系属下,尤宜考工。谨将所考《昌平地理沿革考稿》缮具清稿,惟有叩恳大人恩施赏收,饬发府志局宪,秉公考核"。顺天府尹毕道远、周家楣也曾批示:"据禀,不为无见。候送志局缪太史(缪荃孙,时为府志主纂)酌情办理。其另禀送志书稿本,候并送志局核缴。"但后来修成之《顺天府志》中,除有言及麻氏志书稿本之事外,实际对麻氏之意见并未采纳。故麻氏不得不将《昌平地理沿革考》,于光绪十六年扩写成《昌平外志稿》附补稿一卷、校勘记一卷。至是集成《昌平外志稿》6卷,自为刊行。

个人纂成一志并刊行,其艰难程度自可想见。志稿修成,限于经费,故尚有一系列内容未能刊入。全志之主旨在于与《昌平州志》进行争鸣。作者自称:"非若书生傍人牙慧以为论也。"但"外志,非敢故与新志立异也。惟生于斯之土者,实事求是焉"。"后人著作可作参考也,未敢据为定论。"北京史研究专家姜纬堂先生专门著文,认为"似麻兆庆《昌平外志》这般积如骨鲠,不得不发,无惮烦难,必欲付梓面世者,在方志著作长河中实属少见"。姜先生对是志之评价有六:一为"沿革考证多属确论";二为"辨析水道每有创见";三为"疑似异同著以存参";四为"金石文字赖之以传";五为"校勘绵密有功新志";六为"拾遗补缺史识卓焉"。(均见姜纬堂《〈昌平外志〉及其著者麻兆庆》,载《北京地方志》1990年第1期)

按：历史上以“外志”名者，甚为罕见。据姜纬堂先生称，查《中国地方志联合目录》，唯有明人谈迁于崇祯二年纂成《海昌外志》8卷（是志未刻，仅有抄本行世）及清中叶华湛恩撰之《锡金外志》，还有就是本志了。

光绪十九年（1893），魏起鹏修，王绪藩纂成山东《三续掖县志》4卷、首1卷。稿成之后，为免前志之散失，王氏遂将前乾隆、嘉庆、道光志与本志合刻，称为《掖县全志》18卷、首1卷，约百万言。魏氏序称：其“各自为一部，分之合之，操纵在我。古书虽无此例，然但欲融洽分明而已”。（见《山东地方志纵横谈》第90页）也是一种创造性的做法，故亦值得一记。

是年，赵英祚修，黄承臒、王自阡纂成《泗水县志》15卷、首1卷刻行。注意存古是本志之一大特色。其特设之旧迹志，开列境内之古城、古乡、古地、古陵墓、古遗物，几乎对境内遗址、遗存进行遍查，对商周以来之尊鼎铜器、金石碑刻，无不备载，颇存考古之功。（见《中国地方志总目提要》15—59）

是年，凌锡祺修，李敬熙纂成山东《德平县志》12卷、首1卷印行。是志卷首除序文、县图外，还有《通志举要十二条》。此十二条，分别对沿革、田赋、职官、学校、仪礼、兵制、水利、仕进、人物、古迹、艺文、杂记等之编写原则，都一一做了明确之规定，是一件颇有价值之修志文献。如其对职官规定，“现存之官，只书名，实概免录，以防溢美”；古迹中强调，“务须征实，不得附会，所有八景皆系牵砌，一概从删”。（见《中国地方志总目提要》15—69～70）

是年，黄炉以骈体文纂修成广东吴川县《梅菉志》。分地道、古迹、庙祠、庵堂、节寿、功名、人物、物产、文联、风俗、灾祥等内容。古人虽有以赋体记述地情之志书，但在书名上“赋志”并书，此为仅见。（见《中国地方志总目提要》19—51）

光绪二十年（1894），岑毓英修，唐炯等纂成《续云南通志稿》194卷。由于鸦片战争后，“英、法两逼处缅越，轮舟铁轨，咸极力经营，游历通商，往来如织，一切界务、税务、盐政、矿产，在在均关至要，考按尤赖图籍”，故专设《洋务志》，细列界务、通商、教堂、游历、电话等目，以应“时洵务所必需”。（转见宋永平《清代云南方志纂修述论》，载《中国地方志》1990年第6期）

是年，孙万春纂成《南郑县志》16卷、卷首1卷、附卷1卷刻行。孙氏于光绪十五年（1889）来县任监税之职。几年内踏遍南郑集镇乡村，注意其山川形势、政教、民俗。至十八年秋，任满调为凤县主簿。时省檄各县修志，知县任自安为修县志，呈文上司，申请挽留孙氏迟赴新任一年。孙氏遂以一人之力，独任其事，于乾隆王行俭《南郑县志》基础上，一年而纂成。将王《志》43类目压为16类目，又新增《学校》、《民俗》二类，做到文省事增。对王志之讹误，逐条细加按语，给以纠正。尤为可贵者，乃不畏官府，敢于据事直书。如载同治二年（1863），太平军进军汉中，官称足以庇民。县民纷纷入城而避，使县城兵、民，一时增至130余万人。但官兵假守城之名，先则搜刮金、银、财物，继则抢民粮食，后甚至杀民以食。城破后，仅余残病之民数千人。《圣武记》、《东华录》等将是罪竟诿诸“贼”。是志则据实书之，以存历史本来面目,难能可贵。对于当地存在之“招夫养家”、“上门汉”等习俗,王志均为地方讳而不载。本志则录其大端,“以昭炯戒”。

对这样一部志书,民国 5 年修志时,竟对其大加指斥,谓其“书速成未备”,“改窜面目,回失王《志》之旧,识者病焉”。当地一些无识绅士,更由于志书直笔,对“尊者”、“长者”之劣迹亦直书不讳,而以孙氏为外人来修县志,是视我“汉上无人”,心存诬蔑。以致群啄交攻,毁书焚板发泄其忿。致使是书湮没无闻,许多方志书目亦未加著录。直至 20 世纪 80 年代,其残本方为陈显远氏于民间获得,不致永远湮没也。(参见陈显远《孙万春私纂的〈南郑县志〉为什么被淹没?》,载《陕西地方志通讯》1986 年第 2 期)

是年,廖鼎璋修纂成《崇义县志》8 卷刻行。是志为在乾隆志和咸丰志基础上之续修,其一些做法足为续修志者之鉴。书前除新序 2 篇外,收有旧序 12 篇,凡例收有旧例 15 则,另加新例 6 则,收旧图 3 幅,增加新图 2 幅。正文中,每条下均加注,录其全文者注明某志,彼此互用者注明参某志,文字有删节者注节某志,核订改正者注易某志,补漏拾遗者注增,庶不掩前人之非,亦不攘前人之美。(见《中国地方志总目提要》14—82)

是年,李桢、马鉴修,杨笃纂《长治县志》8 卷、首 1 卷刻印成书。是书分图、表、传、记四体。其传分为六类:为史传、集传、列传、别传、循政传、列女传。录自正史者为史传,集录诸书者为集传、录自旧志者为列传,藩邸幕佐之类则入别传。记亦分为三,一是大事记;二是风土记;三是杂记。瞿宣颖在《方志考稿》中称其是“犹存雅正之体”的志书。(见《方志考稿》第五编第 21 页)

是年,辜培源修,曹永贤等纂成《盐源县志》12 卷、首 1 卷刻行。盐源原为土司部落,明初改为盐井卫,清雍正六年改土归流,设盐源县。其西北、西南与当时西康和云南为邻。故是志中收入境内藏、彝、纳西等少数民族之土司部落及人民生活习俗之资料记之颇详。食货门中,对自汉代开盐池、凿盐井以来之历史,亦有较详之记载,保存了一些有价值之史料。(见《中国地方志总目提要》21—136)

是年,卢德嘉等辑成台湾《凤山采访册》10 卷。内容分甲、乙、丙、丁、戊、己、庚、辛、壬、癸 10 部。册后有卢氏志语谓:“每篇末必云某人报者,皆本人自愿作保,以防冒滥。至采访不确者,及无人为之保者,概不敢登,以昭慎重”,可见其资料整理之严肃。(见《中国地方志总目提要》30—19)

按:先是台湾省设立修志局,向所属府、州、厅、县颁发《修志事例》,要求各地采编资料报省,以供修纂省通志之采摘,此即其中之一也。据《中国地方志总目提要》著录,当时台湾纂辑成这一类之采访册,尚有陈朝龙辑成之《新竹县采访册》12 卷、倪赞元辑成之《云林县采访册》、佚名者辑成之《义嘉管内采访册》、胡传辑成之《台东州采访修志册》等。

光绪二十一年(1895),唐景崧修,蒋师辙、薛绍元纂成《台湾通志》稿 38 卷(或谓 40 卷)。

先是光绪十三年(1887)台湾改设行省。至十八年(1892)九月,台北知府陈文騄、淡水知县叶意深具禀巡抚邵友濂,议修台湾通志。于是遂以台湾布政使唐景崧、巡道顾肇熙为监修,蒋师辙为总纂(后薛绍元继任),设立通志总局。九月二十日,由台湾布政使唐景崧颁布《修志事例》14条,并通饬属府、州、厅、县设局编采资料。至光绪二十年,各属采访资料先后报来,通志总局依据各属所报资料,分科纂修。至今年三月,稿已成十之六七,因日寇之侵入台湾而中辍。(见王建宗《台湾省修志事业的历史与现状》,载《中国地方志》1982年第4期)修志总局人员密带志稿回至厦门。日本侵略者复千方百计加以追寻,最后以重金利诱劫夺而去。所幸者志稿滞留厦门期间,有人抄录了部分,至1936年于福州林氏平治楼发现该志稿19册,故今仅存此部分稿本。1962年始编入"台湾文献丛刊"印行。(见刘湘如《福建人与台湾地方志》,载《福建史志》1994年第3期)

按:据《中国地方志总目提要》30—8谓:志书"原稿本尚存在北京图书馆(19册)、上海图书馆(7册)、福建师大图书馆(物产志部分2册)。台湾之所谓原稿本,无图,又无序跋,错字百出……大部分为未定稿"。殆即日人掠得之部分欤?抑即劫余之未定稿欤?

是年,刘崇熙修,龙继栋、陈玉树纂成江苏《盐城县志》17卷、首1卷刻行。是志中保存了不少反对外来侵略之珍贵史料。如其中载有光绪六年(1880)军备防俄,七年(1881)军备防法,二十年(1894)军备防日,屯海口,并禁止奸商贩米出洋济寇反华等事。(见《江苏方志考》第166页)

是年,钟泰、宗能征纂修成《亳州志》12卷、首1卷印行。是志在道光任世寿志稿及光绪钟泰稿基础上由宗能征纂成,对旧稿多所改易。其值得注意者,是在艺文中收入了宗氏本人之两封书信,即《答肥河天主堂英教士瞿功昭第一书》、《答英教士瞿功昭第二书》。书中以事实揭露了帝国主义传教士,包庇教民,干涉中国内政之种种罪恶事实,表明了中国人民之严正立场,极具史料价值。于此可见志书中收入纂者本人文字,亦非完全不可也。本志中,将老子(实是河南苦县——今鹿邑县人)纳入本志人物志"名贤"之内,又将老子之《道德经》列为艺文志之首,皆为非是。(见《安徽方志考略》第94页)

光绪二十二年(1896)十二月,黑龙江舆图局兼通志局启用关防,以佐领迎福为通志局提调。(见柳成栋《黑龙江修志大事记》,载《黑龙江史志》1996年第5期)

是年,清《会典》馆再次催促各省纂修通志。(转见《中国地方志总目提要》19—5)

光绪二十三年(1897)二月,黑龙江将军衙门据恩泽之倡议,拟定《黑龙江通志条目》。该条目规定分为志、表、图、考、传五体,凡27门,37卷。对于该省地理位置、民族构成、人文历史与现状方面的诸多特点,在条目中均着意反映,如设有《界约》、《部族》、《蕃卫》等特殊门目,即是实例。此《条目》对其下属各地修志颇有影响,故将《条目》全文附载于下:

黑龙江通志条目

一、仿《承德府志》,卷首冠以列圣诏谕。谨将列朝圣训及《东华录》、《续东华录》中,凡事涉黑龙江者，恭录以冠卷首，尊王之义也。

一、仿《承德府志》，次将列圣御集中诗文，凡关涉黑龙江者，恭录于诏谕之后，曰“天章”。

以上二门，不入卷数，但称卷首，尊君也。

一、仿《承德府志》，立“巡典”门。谨按：圣祖征额鲁特回驾幸索岳尔济山，宴蒙古王公，高宗有《大兴安岭歌》，诚虑事文太少，不足独立一门，则可附“巡典”于“天章”门中。

卷一，图附说，各志通例立图说门，此类俟《会典》图说并成，加详列入。

卷二，晷度表附考表，俟八城测竣录入，考则先博采诸书。

卷三至卷十，建置、沿革表附考。凡八表、八考，分八卷。

卷十一、十二，立疆域门。凡八城四至八到，镇集村屯皆入焉。

卷十三，宜创立“界约”门。自圣祖以来，列朝界约谨录，以志异同，寓卧薪尝胆之义。

卷十四，志山脉。

卷十五，志水道(黑龙江)。

卷十六，志水道(嫩江)。

卷十七，志水道(松花江)。

卷十八，志水道(泉泊)。

卷十九，志关隘。

卷二十，志桥梁(津渡附)。

卷二十一，志公署。

卷二十二，志学校(满汉官学、两厅学，并附武备学堂)。

卷二十三，志坛庙(专祠、寺观附)。

卷二十四，志古迹(金石文字附，若有咏古诗文，附于各条下)。

卷二十五，志冢墓。

卷二十六，志田赋(先官庄，次民田，附户口、仓储)。

卷二十七，志蠲恤。

卷二十八，志兵防(驿传附，仿《金史》及《承德府志》例)。

卷二十九，宜创立“部族”门。黑龙江一省，除满洲、汉军外，有索伦，有鄂伦春，有毕喇尔，有达呼尔，有洪果尔，有巴尔虎，有额鲁忒，有俄罗斯诸部族人，宜详考源流，以志列圣绥怀之德。

卷三十，仿承德府创立“蕃卫”门。凡杜尔伯特、郭尔罗斯、札赉特、科尔沁四族蒙古与本省毗连皆蕃卫也。

卷三十一，志风土。

卷三十二，志物产（上）植物、动物。

卷三十三，志物产（下）专考五金、玉石、煤之类。

卷三十四，职官表（有事迹者入名宦，无事迹者入表）。

卷三十五，志名宦。

卷三十六，爵秩表（凡本省世职，上自五等，下至八品监生，以及世管佐领，皆入爵秩表）。

卷三十七，以下志人物（凡服官本省者已入职官，其服官他省有名，以及孝子、悌弟、贞夫、烈士、隐逸、文人，皆入人物志）。

次志列女；

次纪事；

次外事；

次杂事（凡稗官小说，事本无征，弃之可惜者，悉入此门）。

（原载《黑龙江将军衙门档案》1897年第二卷，转自柳成栋《长铗归来斋文稿》第94～96页）

按：黑龙江省据此《条目》，最先于光绪三十年（1904）编成《墨尔根志》17卷，未著撰人姓氏，只有抄本行世。

是年，夏敬颐、褚兴周纂修成广西《浔州府志》57卷刻行。是志全书分四大纲，曰纪地、纪官、纪人、纪事，文艺则散入各条。纪地下含图、表、山川、气候、物产、城池、坛庙、学校、廨署、遗迹；纪官下含表、列传、禄饷、贡赋、食储、祀典、学制、兵防、邮传、刑狱；纪人下含表、列传、民俗；纪事分为前、后篇。亦是分纲列目之较特殊者。（见黄卷超《广西旧志编纂概说》，载《广西地方志》1997年第3期）

是年，吴恭亨私撰成湖北《慈利县图志》10卷、首1卷刻行。吴氏为邑人，他认为其前之乾隆、嘉庆、同治三部邑志，均系“沿俗传抄，不能用史眼为裁正，世所讥为应有尽无，应无尽有者……事实既多抵迕，雷同牵附，立言尤不雅训”。因“私病县志芜浊，发愤撰述”而成。他在是志序中，谓其修志详略取舍之几条原则是：“昔志斤斤于星野，今详地略天；旧志滥叙物产无当，今详人略物；前志视风俗为具文，今详俗略政；前志滥载通行典礼之多事，今详独略同；旧志不重图表，今详表略文；往昔详远略近，今详今略古。”是志之疆域、山川、都区、建置等舆图中，均用符号代替，亦是在方志地图中较早运用图例者。全志内容丰富、翔实，体例精密严谨，门目清晰，分门别类，详略分明。考证广泛，繁简适当，仅以数万言而赅括一邑之事，文约事丰。柳亚子称其“辞旨简要，与武功、朝邑相颉颃”。但以其书“每篇必陈利害，寓褒贬”，“微文隐讽”，故触时忌。书出之后，县有武举邢铎等，以武科一条有讪谤，因而纠党将吴氏擒赴县衙，施以老拳。事上至巡抚俞廉三处，最后下令焚书毁板，方为了结。（转见何孝积《吴恭亨纂〈慈利县志〉》，载《湖南地方志通讯》1984年第1期）

按：至民国 10 年，县议会决定重修县志，吴氏又以 66 岁老年之身而出任总纂。于一年半时间之内纂成县志 21 卷、首 1 卷印行。(事详民国 12 年条)

是年，张继纂成四川《定瞻厅志略》一种。定瞻原为瞻对土司领地，宣统二年始设瞻对设治委员会，民国元年改设为怀柔县，旋更名为瞻化。1953 年改名为新龙县。志分 10 门，首为总志，记述光绪十五年藏民"叛乱"，四川总督派兵镇压之经过及纂者张继领兵从征之概况。其下各门颇能抓住最有特色之事物，反映地方特点。如其天时门称其地严寒，七八月即下雪，至次年三月方止。三十里不同天，难于耕种，游牧之民逐水草而居。其山川门记有脚窝寨之温泉数十眼，可熟鸡蛋，可治疮疥，旁有冷泉以配之。坛庙门载各地寺庙 47 座之所在地、距瞻对总寨之里程、教派、喇嘛人数等。专设苛政一门，载土司、土官之苛虐，横征暴敛。各门中多有纂者之评述。(见《中国地方志总目提要》21—145)

按：此地何时设厅，尚待查考。

是年，赵炳文、徐国桢修，刘钟英纂成《大城县志》12 卷。是志甚为陋疏，其"名宦"、"乡贤"二传，纯以四六空言，非铭非赞，毫无事实内容。(转见《方志考稿》第一编第 25 页)

光绪二十四年(1898)，李应玉辑成《皖志便览》6 卷。以省序为纲，列八府五直隶州为目，下不列县。言简意赅，颇为得法。值得注意者为书中体现了主张开展洋务，挽回利权之爱国思想和忧患意识。如其志序中谓："近日洋货充斥，土产日绌。窃以为天下非无金银之患，患在物产滞销，则土旷游民日以增加，举凡皆仰给于人。考光绪乙未(1895)洋货进口册，值钱一万七千一百万两，而中国出口仅有丝三千余万，茶二千余万，则中国向有十余千万之物产皆废弃，而仰给于人矣。故论者谓非仿照洋人器物，挽回利权，则吾将无以为国……今天下皆谓机器制造可挽回利权，而必沮之曰：'夺民生计。'天下皆谓弓矢刀石不能胜乱，而必责之曰：'当守旧章'。因循随俗，刑赏失宜，坐观民穷国弱而无可如何。"(转见《中国地方志总目提要》12—3)其卷 4～6 中之《皖中周秦楚汉兵事考略》、《皖中发匪纪略》和《皖中捻匪纪略》等几个专篇很具特色，尤其是后两篇，从反面提供了太平军和捻军在安徽境内之活动情形，有较高之资料价值。

是年，由杨同春、秦世铨等编纂之《光绪吉林舆地图》、《光绪吉林舆地图说》石印成书。(见柳成栋《黑龙江修志大事记》，载《黑龙江史志》1996 年第 5 期)

是年，丁丙修，王棻纂，罗榘等校定之《杭州府志》成稿。全书 220 卷，是府志中卷数之较多者。王棻在是志序中提出志为史之支流："且夫地志之书，虽为史之支流，而其体实与史异。或乃规橅史书，以纪为首，而人物冒称列传，则失之僭而近于诬。兹编首卷所载，不敢称纪，人物分门，不名列传，所以避僭拟之失也。"(转自《历代名人论方志》第 72 页)

王棻，为近代著名学者、方志学家，修纂志书除本志外，尚有《九峰山志》、《太平县续志》、《仙居县志》、《永嘉县志》、《青田县志》、《黄岩县志》等，均备受称赞。他不但有丰富之编纂经验，而且在方志学理论方面之贡献也很突出：

一、他认为"地志虽微，亦史之一体"，"志乃史之支流"，"志之文献，作史者之所资"，志"足以系文献之传，而补史之阙"。

二、提出方志多源论，方志既源于《禹贡》，又源于《周官》，是从历史书、地理书中汲取源泉，采用地志等形式，逐渐演化而成。"修志之法与修史同。据旧本，摭群书，凭采访，一字一句不能虚造"，甚至志书之笔法上也要遵循史例。

三、关于史志异同方面，他在前人基础上又有发展。"夫取数百年之文献而聚之一书者，史也；取数百里之文献而聚之一书者，志也；取数十世之文献而聚之一书者，谱也。谱之文献，修志者之所资；志之文献，作史者之所资。""志虽史之支流，而其体实与史异"，"史记帝王，故首重本纪；志记方隅，故首重舆地。史善恶并书；志则称善不称恶。史艺文但列书目，不载诗文；志则兼载诗文，仍列书目。史列传或采诗文，如《汉书》贾谊、相如等传；志则诗文不宜载入传中。史体侔作者，故援据诸书不注出典；志则纪述旧闻，每事宜注出处。"且在修志之义例上亦应当有异。"至于纂修义例，仍当斟酌旧志而取其衷。往尝读章实斋《文史通义》，其言修志之例详矣。然其大弊，在欲仿史。此与扬子云拟经代史异。且史之例不可仿也，即如帝王一门，实斋欲以振恤诸事仿之。夫振恤、灾祥、兵寇，皆天道之变，人事之穷，地方之不幸，而可以为首乎？即以兵寇为大事，亦无当也。夫国之大事，在祀与戎，此谓大师、大均、大田、大役、大封之类。乃五礼中之军礼，所谓大司马九伐之法耳，岂以寇变为大事哉？……盖祭祀兵戎，国之大事，养生送死，家之大事。地志之书，上不及于国史，下不侪于家乘，故此三者，皆不能谓之大事也。况历代正史，皆以叛臣、流贼、四夷，附于列传之末。然则诸志附寇变于杂志，不亦有当于史例乎？芬之鄙见，以为修志之法，不必过于求异，惟在广征文献，实事求是，不至任意刊改，向壁虚造而已矣。"史之人物可称列传；志则未便称。从内容、章法、编次方面加以对比，发了一些前人之所未发者。

四、"志本征文考献而作"，"以征文考献为重"。艺文志"宁失之宽，毋失之严"，还提出了诗文收集入录之原则和方法。

五、修志者既要有学，又要有才、有识。"有才而无学，则不足以尽其才；有学而无识，则不足以善其学"，还要熟悉地方掌故。

六、纂修方志一是要有适宜之政治气候和学术空气，二是要有统治者之倡导，但更重要的是取决于主修人之志向和愿望。故在方志人选上，最重要者是要有有志献身方志事业的行政长官，其次才是编修人员。

七、方志的编纂方法，应当首征文献，次在校订，又次在采访。取材要广，要秉笔直书，要"无一毫私意参乎其间"。方志内容要繁简适宜。（均转自黄苇等《方志学》第581～590页）

这些都是他很重要之贡献。但他赞成洪亮吉的主因不主创，则似乎不足为训。

附录：关于史志之异同，黄苇等在《方志学》中辑录了此前之一些论述，颇有参考意义，今亦录之于下：程大夏在《康熙黎城县志》"凡例"中说的"志与史不同，史兼褒诛，重垂诫;志则志其佳景、奇迹、名人、胜事,以彰一邑之盛”。宫懋让修、李藻文纂之《乾隆诸城县志》列传序中称,“志与史同也,亦异也。扬往迹以励将来,同也;而史遍天下之大,志录一邑之小”。纪昀在《嘉庆安阳县志序》中说,“修志者,以史为根底,而不能全用史,与史相出入,而又不能离乎史”。《乾隆无锡志例》中云“史远而志近,史统而志专”。章学诚在《答甄秀才论修志第二书》中说,“史体纵看,志体横看”。(该书第 584 页)

是年,符璋撰成《续修台州府志刍议》1 卷。符璋先曾涉台州志局及平阳志局事,参与修志。光绪二十一年(1895)台州府设志局修志,被聘为志局总理,议续修南宋陈耆卿《赤城志》和明谢铎《赤城新志》。其时众说纷纭,莫衷一是,纂修者屡易人,历三载而志未成。符氏于是撰成是稿约 2 万余言。于志书体例方面议论颇审,多就前人之修志体例加以评论,提出自己的主张。如主张修志不宜仿史;反对志书设分野之门,谓“泥分野者,必讲占验,察灾祥,流为术数家言……不可再扬其波”;人物已登国史者,只载“某史有传,无劳再叙。如某人果贤,不妨于正史外搜集轶事轶文补缺。如其不肖,则叙其历官而事具国史,不著一字”。这些认识是符修志之道的。(转见《中国地方志总目提要》11—105)

按:古人之方志理论,多见于一些志书之序言、跋语、上呈报告及学术通信之中,是稿则是较早出现之一部修志理论专门著作,故值得重视。稿至民国 14 年方刊行。

是年,程兼善纂修成浙江《于潜县志》20 卷、首 1 卷,至民国 2 年(1913)印行。是志中载有耕作图 46 幅,是难得之当时农业生产技术资料。(见苏长春《地方志与地方行政管理关系探微》,载《中国地方志》1994 年第 2 期)

是年,蔡和铿编成《浙江乡土地理教科书》上、下两编,共 90 课。上编总述中国及浙江省,下编分叙各府古迹、人物,间配图画,“以引起儿童爱恋乡土,景仰前贤之心”。是目前已知最早之乡土地理教科书。(邹振环《晚清西方地理学在中国》,转自《方志学新论》第 138 页)亦是后世乡土志最早之作。

是年,美国首任驻华公使顾盛,将在我国收得之中国图书 2500 册,转让给美国国会图书馆,其中就有相当数量之地方志书。(武炳琨、武虹生《我国地方志被美国国会图书馆大规模收藏》,载《史志研究》2002 年第 4 期)

光绪二十五年(1899)四月,黑龙江将军恩泽、齐齐哈尔都统萨保奏报:《黑龙江全境舆图》编绘告成。先是光绪二十二年(1896),屠寄受会典馆之命,任黑龙江舆图局总纂,亲赴黑龙江实地考察,主持《黑龙江舆地图》之测绘。至是《舆地图》编成,共绘图 61 幅,并有《图说》1 卷,约 5 万字。分为黑龙江省总图说,齐齐哈尔城、黑龙江城(瑷珲)、墨尔根城(嫩江)、布特哈城(讷河、莫力达瓦旗)、呼伦贝尔城(海拉尔)、呼兰城等六城图说。呼兰厅(巴彦)、绥化厅则以表之形式为说。此舆图中,还编绘了咸丰八年(1858)以前黑龙江之左、外兴安岭之阳失去之旧地。对旧疆新界均清楚标注,尤其标示俄国通过《中俄瑷珲条约》强占之中国领土,表示了作者不忘失地之爱国情怀。图中以山为坐标,以水为经,对其中一些山脉、水道均根据史地专著之记载，详列其异同及演变。对满语、蒙古语均有汉译。除总图说外，还分别记述了6城2厅之沿革、疆域、天度、山脉、水道、乡镇、职官等内容。是黑龙江省山川地形等地理情况最早之一次科学测绘成果。后以恩泽殉国，故黑龙江修志之事暂停。（见王桂云《屠寄与〈黑龙江舆图说〉》，载《黑龙江史志》1994年第3期）是书至民国22年（1933），才纳入《辽海丛书》中印行。

是年，丁锡奎修，白翰章、辛居乾纂之《靖边县志稿》4卷，石印成书。是书杂志门有边墙、河套、地界、中外和耕及蒙俗之记载，有不少明、清边陲资料，对研究中蒙边界颇有参考价值。（见《中国地方志总目提要》25—51）书中对当地特有之沙漠地貌情状，记述颇为科学细致：如谓"明沙、扒拉、碱滩、柳勃居十之七八，有草之地仅十二三。明沙者，细沙飞流，往往横亘数十县；扒拉者，沙滩陡起，忽高忽陷，累万累千，如阜如坑，绝不能垦；碱滩者，似平之地，土粗味苦，非碱非盐，百草不生；柳勃者，似柳条而丛生，细如人指，长只三五尺……硬沙梁，草地滩，可垦者绝少"。这是难得的地理学资料。（转自刘纬毅《中国地方志》第117页）

是年，吴宗周修，欧阳曙纂成贵州《湄潭县志》8卷刻行。是志分8纲56目。在修纂中，曾就人物等类张榜告示："凡有不合例，列名混入，希图身后显荣者，不妨禀明县尊，确指其人，将不合志例诸男妇，一切汰去。"（转见《贵州地方志论纲》第35页）足见其态度之审慎。

是年，在敦煌千佛洞发现封存近900年之大量遗书。由于清政府腐败，未加以妥善保存，为英、法、俄、日等国掠夺骗去2万余件，其余部分入藏于北京京师图书馆。内容大部分为佛经，其余有道、儒家经典及史书、地志、谱牒、契约、诗词、变本、话本、小说、曲子、绘画等。据刘纬毅在《中国地方志》1993年第5期著文谓：至今发现有地志残卷10种，即《沙州图经》、《寿昌县图经》、《沙州都督府图经》、《敦煌录》、《西州图经》、《沙州伊州地志》、《沙州地志》、《瓜（沙？）州两郡大事记》、《寿昌县地境》、《沙州城土境》等。

按：傅振伦在《浙江学刊》1986年第1、2期发表的《论方志的起源和演变》一文中，谓在敦煌发现遗书中，属地志一类的除上述者外，还有《十道录》（记十道所籍县名、土贡、距两京道里与县距州之里数）、《诸道山河地名要略》（原书9卷，今仅存其第二部分——河东道州府县八，所载内容是建置沿革、事迹、郡望及地名、水名、山名、风俗、物产）、《敦煌名族志》、《瓜州伊西残志》（作于光启元年，已残）、《郡县公廨本钱簿》残本（府州名下注去京里程、土贡及本廨本钱数。郡府有三辅、五大、六雄、望、上、中、下之分；县有赤、上、紧、望、上、中、下等之别，实为天宝间图经）、《沙州地境》、《西凉录》、《后凉录》等。

光绪二十六年（1900），长顺、讷钦修，李桂林、顾云等纂成《吉林通志》122卷、图1卷。是书是长顺于光绪十七年，获得光绪帝诏准而后开修的，动用人力甚多，仅其中有官衔列名者就达58人之多。书虽称《吉林通志》，但其所载范围，却包括了今黑龙江省之许多地区，吉林实际只占志书内容之半，可视为吉林、黑龙江两省之共志。它收集史料丰富，体例完备，可视为一部志中佳作。（见《中国地方志总目提要》7—4）全书分13志为：圣训、天章、大事、沿革、舆地、食货、经制、学校、武备、职官、人物、金石、志余，志下列 41 目。1930 年荣厚作《重印〈吉林通志〉序》谓："考其时，秉笔之彦，多属通才。言皆整练，事甚赅密。综其经略，可得而言……化碎为整，便于检索，此体例之可尚者也。"今人称其"结束了古代方志之体，继《广西通志》和《顺天府志》之后，开了东北方志体法上之一代先河……从某种意义上说，《吉林通志》堪称东北历史上第一部省志……不仅在我国边疆志书中占有显著地位，就是在全国地方志中，也是一部较好的志书"。(傅朗云《〈吉林通志〉及其主要作者》，载《黑龙江史志》1984 年第 4 期)志中详记了中俄、中朝勘界事宜，如记光绪十五年(1889)长顺据禀设立"华夏金汤固，河山带砺长"等十字之碑十座。仅于两年之后修之志书，详记了十碑之碑址、各碑相距之里数，并冠语存考。都是极为重要的历史资料。(王桂云《顾云与〈吉林通志〉》，载《方志研究》1994 年第 4 期)

郭殿忱在《论借鉴旧志的几个问题》(载《史志文萃》1990 年第 6 期)一文中说，是书为近年来所新发现之写本，题名为《吉林志书》，实应正名为《吉林将军衙门造送国史馆咨册抄本》。是志之《凡例》，最好地说明了其引据之繁富及对历代志例之扬弃。首先申明：全志是"依钦定《盛京通志》成式，酌加损益以适事宜。凡十三目统名以志，不立杂名"。对于所列之 13 志目，每项目都考其渊源所自及取舍之由：一、"谨编历奉诏谕及皇上训辞，昇冕全书，遵《盛京通志》例也。"二、"恭录天章，亦《盛京通志》例也。"三、大事志，不取《广西通志》"止纪前代，独缺本朝"，而仿魏源《开国龙兴记》及何秋涛《圣武述略》之意，自长白衍祥，以至用兵罗刹，撮其大事，用志丰功。其前代故事，则仿《临安志 · 纪事》、《金陵新志 · 通纪》之例。四、"沿革志首引戴震之论曰：'地方沿革不明，则山川人物无一不误'。"五、舆地志，"今遵钦定《热河志》例，删除分野；仿《元和郡县志》、《太平寰宇记》，皆详记四至八到；村镇附见，从《临安志》例；乌苏里江以东际海之地，富克锦东北海以外地皆详记之，是程大昌作《雍录》、乐史《寰宇记》列幽、妫、营、檀十六州之意也"；复引郑樵言："郡县有时而更，山川千古不易，故《禹贡》以山川定疆界"，"松花、图门、鸭绿三江以为之纲，众水为目"。"以水为经，即以水所历之山谷、城邑为纬，纯用'桑经郦注'之例；廨署亦《吴郡志》记官宇，《临安志》记官寺之例也；坛庙中的乡聚丛祠、浮屠、老子之宫，本应律以陆氏《灵寿志》之例，宜从屏汰"，然因"借其地以为公所，则亦不可废也"；风俗"仿《荆楚岁时记》、《岳阳风土记》之例"，"并附著赫哲、费雅喀之俗，使怀古者览焉"。六、食货志"仿《职方氏》户口隶于食货之例"；田赋"亦班氏序次晁错贵粟之奏入食货志之例"；双城开垦，"间入宦绩传中，则赵充国传载屯田诸奏之例也"；物产"仿《南方草木状》之例"；贡赋中之东珠、人参、貂皮，实吉林珍贵特产，除仿《元丰九域志》以存《禹贡》遗意外，"谨稽《会典》、《通考》及各城档册，录其品物，列入专门"。七、经制志，志目取于《顺天志》；庆贺至宾兴诸大典，"具著于篇，而不取谢启昆废而不载之论"；仓储稽于《会典》所载；矿厂一节，"今以已开者分条详记，章奏附之，案牍所关，亦并甄录"；征榷则"从《顺天志》例"。八、学校志祀典，"从陶澍《安徽通志》例"；学宫"亦陈宏谋《湖南通志》例也"。九、武备志，其分界部分，载“康熙至光绪以来中外定约之事”。十、职官志兼采《汉书·百官公卿表》和唐人厅壁记。十一、人物开国功臣，“大抵本《满洲名臣传》、《八旗通志》、《八旗满洲氏族通谱》、《国史·臣工列传》；事实无考，名氏仅存，则以无征故，亦陈寿志季汉辅臣、常璩志华阳士女例也”；列女则“刘向、范蔚宗例也”。十二、金石证以史文，足资参校。十三、志余“仿《临安志·纪遗》之例，缀之简末，如史家之小说，子部之外篇焉”。

是年，刘文彻等修，周家禄纂成《海门厅图志》20卷、首1卷刻行。海门厅因沙而设治，在疆界上与崇明县、与通州间历来就有争讼，至民间之争议更多。嘉庆时修之《厅志》中就多有记述。本志之修，为息争之旨甚明，故特别重视地图，且用西洋绘法，比较精确。如编者所云：“海门划沙建治，壤畔纠纷，不有地图，奚资考证？”知事王宾在序言中也说，“海门所志无多，而图为亟”，连书名也用已久违之“图志”相称。（转见张一平《〈海门县志〉述略》，载《江苏地方志》1989年第3期）

是年，黎彩彰采辑成陕西《宁羌州乡土志》2卷。是志引人注意者有三：一、宁羌州地处偏僻山区、兵家要塞，故其于历史以来之战事记之颇详。耆旧录记的也多为明清以来战事死难之人、事；二、其人类志中载：“本境历史虽为氐羌，历朝以来久与汉民同化，水乳交融不可辨”，说明当时的民族融合早已完成，不存在民族之分化了；三、其宗教部分，记载了法国天主教在当地传教的资料，说明当时外国宗教已经进入到我国深深的腹地山区了。（见《陕西方志考》第197页）

是年，储家藻修，徐致靖纂成《上虞县志校续》50卷、首1卷、末1卷刻行。是书序中称：“未见确当之处，或更正，或删除，惟期实事求是。”（转见单辉《慨说旧志人》，载《河北地方志》1996年增刊）

是年，陈运溶所辑古方志辑佚书《荆湘地记》、《荆湖图经》等古方志65种，刻入《麓山精舍丛书》中，共收录晋、宋、齐、梁人所撰方志文29种及唐、宋人古方志文36种。（转见《方志学》第870页）朱士嘉在《中国地方志浅说》一文中说：“陈运溶的贡献最大，他除辑录了上述古方志外，还辑录了南北朝湖广地区古方志40多部。每部篇幅有限，少则几条，多则二三十条，但还能反映各地区的气候、地貌、土壤、水利、资源、土特产及经济、政治、文化的发展概况；关于少数民族的活动，也有所记载。”（载《文献》1979年第1期）朱建亮在《湖南省地方志述评》中，谓陈氏所辑为46种。

光绪二十七年(1901)，唐炯、王文韶等修，汤寿铭、陈灿等纂成《续云南通志稿》194卷、首6卷刊行。关于是志之修，《中国地方志总目提要》谓，唐炯先为云南巡抚，后督办矿务，有人告发其贪污巨款。为掩其罪，乃重新开局修志，自任总纂，聘一二文士删削前志，成200卷，稿寄四川岳池觅工刻成，用以报销耗银数万两以了案。故是志甚为了草，不载序跋、凡例。资料超不出前志，只是精简字句而已。又引书不详注出处。书成之后，由云贵总督兼云南巡抚魏光焘进奏。其在奏文中称，时修通志之要有云：“云南自昔即称边要，今则英、法两大逼处缅、越,轮舟铁轨咸极力经营,游历通商更往来如织,一切界务、税务、盐政、矿产,在在均关紧要,交涉既益繁难,考究尤赖图籍,通志一书,洵时务所必需。”(见《云南书目》第 193 页)

按:云南自康熙蔡毓荣始修通志,至本志成书,基本形成了三十年一小修,六十年一大修之格局。(见宋永平《清代云南方志纂修述论》,载《中国地方志》1990 年第 6 期)

是年,佚名者编成《铁岭乡土志》1 卷。是志面对日本帝国主义之经济侵略,十分注意唤起国人抵御侵略,维护国家利权,实行实业救国。如其《商务》课下,详载了洋火、洋蜡、杂色羽绸、元青羽绸、洋白面等商品的销售情状。“自本境城外关西南区开设商埠后,日本贸易日新月异,东清铁路运输货品,堆积如山。夜则灯火辉煌,殆别成一新世界。就中平准霸权,以三井洋行为第一,本境商人多仰其鼻息。”并进而指出:“使非急兴商学,组公司,讲实业,并督农工各家,以认真改良,为文明之抵制,恐利源外溢,不易收复,如尾闾之泄海也。”(转自《方志学新论》第 162 页)

光绪二十八年(1902),七月,清政府颁布中国第一部学制——壬寅学制。在本学制中规定,初等小学第二年“舆地”课讲“本乡各境、本县各境”;第三年讲“本府各境”。这是由政府规定,是把乡土地理纳入教学内容之做法。

光绪二十九年(1903),十一月,清廷学部又颁发《奏定初等小学堂章程》,即癸卯学制,比壬寅学制对初等小学堂课程规定得更为详细明确。规定以修身、读经、讲经、中国文字、算术、历史、地理、格致、体操为完全学科。一二年级历史课学习“乡土大端故事及本地古先名人之事实”;三年级学习“历朝年代国号,圣主贤君之故事”。其要旨为“俾知中国文化教育所由来及本朝历圣德政,以养国民忠爱之本源。尤当先讲乡土历史,采本境乡贤、名宦、流寓诸名人之事迹,令人敬仰叹慕,增长志气者为之解说,以动其希贤慕善之心”。一二年级地理课学习“乡土之道里、建置,附近之山水,次及于本地先贤之祠庙遗迹等类”;三年级学习“本县、本府、本省之地理、山水,中国地理之大概”。其要旨在于“尤当先讲乡土有关系之地理,以养成其爱乡土之心”。格致课一二年级讲授“乡土之动物、植物、矿物,凡关于日用所必需者,使知其作用及名称”;三年级学习“重要动物、植物、矿物之形象,使观察其生活发育之情状”,其要义在于“使知动物、植物、矿物等类之大略形象、质性,并各物与人之关系,以备有益日用生计之用。惟幼龄儿童,宜由近而远,当先以乡土格致”。这是更具体地规定把乡土课程纳入教学内容。(均转自巴兆祥《方志学新论》第 143～144 页)

按:壬寅和癸卯学制的出台,是在清末阶级矛盾和民族矛盾日益激化,面临着内忧外患之局面,为挽救其统治而实行改革维新在教育上之反映。亦是朝野有识之士一致之爱国要求。这就是日后乡土志大量出现之原因所在。以此为界,其前、后出现的乡土志之差别亦在于此。

是年,王宗炎译纂之《蒙古地志》一书印行。是志为宗炎供职清国驻日本国公使馆时,译日文资料纂成。内分位置、山脉、河江、湖泽、沙漠、气候、物产、风俗、政体、宗教、岁出、岁入、教育、兵制、制造、贸易、区分、道路、电信、通货、都府、史略，共22门。记述简要有法，文字古雅畅达，提要钩玄，体例严谨，当时记载蒙古诸书，无出其右者。陈光贻谓，翻译他国资料编纂中国方志，古所未有，此为开端。（见《中国方志学史》第134页）

是年，岳廷楷修，胡赞采、吕永辉纂河南《永城县志》18卷刊行。是书专设有《叛逆志》，为赵浩然、冯震、苏全、刘超等农民起义军大小首领20余人立传，这在志书中是鲜见的。虽然用语多诬蔑，但却渗透出当时斗争之一些情况，值得重视。（见《河南地方志提要》下第89页）

光绪三十年(1904)，按照方志体例编纂之第一部黑龙江地方志——《墨尔根志》编成，未署撰人姓氏。内容分为建置沿革、疆域、山脉、水道、桥梁、公署、学校、坛庙、田赋、兵坊、部族、风土、物产、职官、爵秩、表、烈女等17志。（见《长铗归来斋文稿》第469页）

按：经柳成栋考证，是书至迟"应为光绪三十年抄本"。本志修成后，国内不久即佚，仅于日本东洋文库存一抄本。1986年经柳成栋与该库广濑洋子联系，取得胶卷后复原。

是年，郑钟祥、张瀛修，庞鸿文等纂成江苏《常昭合志稿》48卷、首末各1卷印行，常熟与昭文两县合志也。是志不但门类得当，统属得宜，而且各类先后次序之排列上，均说明如此排列之由。全书按门分类，分为32个小志，合则为两县合志，分则为各个分志。庞氏在志书之《总叙》中说，他修志"专心用力，即有时下乡扫墓，亦箧卷帙于舟；有时出郭游览，亦囊笔墨于舆。遇碑刻必摩抄，遇笔记必披读；遇朋旧会集，必以是为谈资……甚或触寒暑，抱病疹，苟可支厉起坐，亦未尝自休也。夜，往往燃两烛。向患不寐，枕上或犹以是辗转于胸中。嘻！甚矣惫"！他在采访中，能做到不耻下问，"下至田夫、走卒，苟可广见闻，亦必咨之"。（转见瞿鸿烈《由温故知新，达古为今用——对常熟县历修旧志基本经验的探讨》，载《中国地方志通讯》1984年第2期）足见古人修志之苦心劳体。全志凡240万言，内容丰厚充实，但著录极其简洁，这是一部尚繁派之代表作。是志特点之一是，特别重视"表"之运用。前此志书之表，多局限于职官、选举。本志则扩大到沿革、山川志中。如山川志中，附设了潮候表和河流类表。潮候表记载平潮、潮来、潮去的时刻颇详，对潮信大小、潮风向和强弱、四季潮情等均有翔实记载。河流类表中，对各级河道罗列周至，对其起讫点以及名称演变均有交代。特点之二是，重视地图之运用。在卷首设有地图32幅，已经不是旧志中常见之示意图，而是用现代科学实测、绘制之比例图。特点之三是，注意突出艺文、艺术、私家藏书特色，人文内容十分丰厚。人物志共有传略2250篇，除传主外，附记1460人，表现了此地人文荟萃。（见荀德麟《文化名城的一部集大成良志——评〈重修常昭合志〉》，载《中国地方志》2003年第4期）

按：此为常熟于清代最后修之一部县志。据瞿鸿烈称，有明一代276年之中，常熟，平均不到40年就修志一次。有清一代267年间，常熟先后续志达13次之多，平均每20年即续一次。这是各县中续修最勤之一例。（见上引瞿文）

是年，周斯亿、温亮珠修，董涛纂成《重修曲阳县志》20卷刻行。其凡例称：参照洪亮吉泾县、淳化；孙星衍三水；武亿偃师、安阳；李兆洛凤台；董裕诚长安各志，出手果然不凡，颇有名著之风。其特点在于:一是引用资料多详考史传,参以碑志,除风俗、人物得之采访者外,均注明出处;二是纠正前志于人物、风俗多有褒无贬,而为美恶同登,以为法戒;其传分为循良传、名贤传、文学传、武略传、忠节传、孝义传、工艺传、禄仕传、列女传、叙传等 10 类。三是关于古迹,除备载其形制之外,还分别注明今之存无。大事记中还纠正了《通鉴》中关于柏肆谷记载之误。四是其工艺传载有杨琼以雕石之工为元世祖所赏,两都宫殿石工出其手者不可枚举。杨与王氏同业世婚,实为今日定州石工所自昉。记两姓事迹时,载有王氏追远碑及杨琼神道碑,很具史料价值。瞿宣颖称其为"近志中所罕见也"。(《方志考稿》第 117 页)

是年,袁国钧修,杨世桢纂成江苏《徐州府铜山县乡土志》刻行。是志与同时期之其他乡土志一样,都有着强烈之爱国感情。在《徐州形势说》中,节引《读史方舆纪要》一段文字之后,联系当地实际,加按语提醒当政者谓:"按:昔人言守长江必先守淮泗,规山东必先取徐海。今英(国)之兵轮梭织于长江,英将由长江而北。德(国)之铁路络续于山东,德将山东而南,南北之交,徐当其冲。苟于此时练兵、训农通商、劝工、兴学,可以殖(植)基,可以图成,可以系山东之利害,可以制江淮之险要。似(视)今日之徐州较诸古,尤为要害之要害,奚等知(智)者而知之乎!"(转见《江苏方志考》第 114 页)志中还提出:"本境所产之物,如铁、铜、煤发达,未见甚盛,制造亦未及精良,故出境者少……然水陆运道惟难,故商务亦较东南诸境为稍逊,自他境之运入本境者如煤油、洋纱及洋货销行为最多,而无运道无以利工商,故通商为第一要义;制造不精良,无利工商,故劝工为第二要义。"这是实业救国主张在乡土志中的表现。(见王兴亮《清末民初乡土志书的编纂和乡土教育》,载《中国地方志》2004 年第 2 期)

光绪三十一年(1905)八月,天津日本俱乐部内始设"清国天津日本图书馆",后单独建馆。民国 3 年 11 月 8 日,正式对外开放。是馆以各种手段,入藏有不少中国地方志书。民国 28 年(1939)5 月,曾举办"河北省方志展览",陈列方志 450 册,接待读者 700 余人。民国 29 年(1940)5 月,举办"山东方志展览会并讲演会",接待读者 800 人。该馆直至 1945 年日本投降时方停止活动。(见张金环《天津日本图书馆史略》,载《天津史志》1994 年第 4 期)可见日本侵略者为其侵略目的服务,亦重视地方志之利用。

十二月,国学保存会之成员们编成江宁、江苏、安徽、广东等四省乡土历史教科书,由国学保存会出版。

是年,学部尚书张百熙奏请天下郡县撰辑乡土志,用作中、小学教材,以激励民心。

同时,京师编书局监督黄绍箕,"奏请编辑直省各府、厅、州、县乡土志,以为初等小学堂授课之资,并撰成《乡土志例目》"。"得旨俞允"后,由学部颁行全国,作为全国编修乡土教材之指导方案。有令谓:"查初等小学章程,历史、舆图、格致三科,均就乡土编科讲授,用意至为精善。并编成例目发交各府、厅、州、县,择士绅博学能文者,按目考查,依例采录。……自奉文之日始,限一年成书,各由地方官径将清册邮寄京师编书局,以备参考。副本报本省督抚。待各处乡土志辑稿到后,由局员随时删润划一。呈请学务大臣审定,发交各省小学堂授用。”

该《例目》首先开列乡土志目15门，谓：“奏定学堂章程，所列初等小学堂科，于历史则讲乡土之大端、故事及本地古先名人之事实；于地理则讲乡土之道里、建置及本地先贤之祠庙、遗迹等类；于格致则讲乡土之动物、植物、矿物，凡关于日用必需者，使知其作用及名称。盖以幼稚之知识，遽求高深之理想，势必凿枘难入。惟乡土之事，为耳所习闻，目所常见。虽街谈巷议，一山一水，一木一石，平时供儿童之嬉戏者，一经指点，皆成学问。其引人入胜之法，无逾此者，故必有乡土志，然后可以授课。海内甚广，守令至多，言人人殊，虑或庞杂，用是拟撰例目以为程式。共十五门：历史（包括本境何代何年置，未置本境以前，既置本境以后）；政绩录（包括兴利、去害、听讼）；兵事录（包括在本境者，有涉及本境者）；耆旧录（包括事业、学问）；人类（包括有何民族）；户口（包括各民族的户数、男丁、女口数目）；氏族（本境有何大姓）；宗教（包括喇嘛教的黄教、红教、回教、天主教、耶稣教等）；实业（包括士、农、工、商）；地理（包括沿革、古迹、祠庙、坊表、桥梁、市镇、学堂）；山；水；道路；物产（包括动物、植物、矿物）；商务。”

继之对上述15门所涉及方面和编纂方法作了更详细之说明：

“历史　本境何代何年置，未置本境以前，唐、虞、夏、商、周属何州，春秋、战国属何国，秦、汉以降，何代属何郡县，何代改何州名、县名。既置本境以后，何代属何郡、何州、何府。

“兵事　有全在本境者，或本境有何叛党，或他境有何叛党来犯本境，均录其事之本末。有涉及本境者，如一大兵事，或在本境为战地，或以本境为险要，或在本境屯驻，则节录在本境一要事。

“耆旧　以本境之乡贤为后学之感劝，约分为二：事业，以实为凭，孝（善于父母）、友（善于兄弟）、睦（亲于九族）、姻（亲于外亲）、任（信于友道）、恤（恤振忧贫）是也。学问，以著述为凭，经、史、子、集、小学、舆地、算学、校勘、医学、理化是也。凡历代名儒、名臣、功臣、名将、循吏、忠节为本境人者，均应收入。惟已见正史及国史有传者，不必详录全传，但著录姓名，注明见何史何传。其事迹果能感动人心者，亦须节录一二。不见正史、国史者，应稍详。附名宦祠、乡贤祠（忠义、节烈附入）。

“人类　本境于旗、汉户口外，有他种人者，务考其源流，叙其本末世系，现在户口若干，聚居何村、何山，其风俗大略，均应编入。其种若分回、番、畲、猓、苗、猺、僮、狑、犽、狼、皿、狭、打牲、貂、黎、土司。如土司不属府、州、县者，则由布政司查明编辑。

“户口　本境户口丁数，务查明现在实数编入。如有兵荒、疾病者及农商各事情形变迁，致与生齿盛衰、聚散有相关之故者，详悉载入。并查近年来本境旗户（男口、女口）若干，汉户（男口、女口）若干。”

此例目还规定，“乡土志凡分为四：曰府自治之地（所辖之州县不与焉）、曰直隶州自治之地（所辖州县不与焉）、曰州、曰县”。（转自刘纬毅《中国地方志》第106～107页、巴兆祥《方

志学新论》第 153 页)

按:自此《例目》颁布之后,乡土志编修在全国出现高潮。据王兴亮在《中国地方志》2004 年第 2 期著文谓,依据《中国地方志联合目录》统计,清末到民初这个时期,全国各地(台湾情况特殊,暂未统计在内)纂修的以"乡土"命名的乡土志书有 493 种;依《中国地方志总目提要》最新统计,则为 548 种(福建省的 16 种未统计在内)。实际上本阶段乡土志存书远远多于此数,因为它们都没有把大量以乡土教材、乡土教科书命名的乡土志统计在内。作者认为,尽管这两种书籍在编纂体例上与乡土志有所不同,却具有完全相同的功能,而且很多受到了《乡土志例目》的影响,带有地方志的风格,所以应当将它们归为一类。如果仅仅根据名称而非内容进行分类,不把这个时期的乡土教科书、乡土教材加以统计,就必然造成分类上的不合理,两部大型的地方志目录,都有这个问题。据他的统计,这个时期修成的这一类志书,总共是 675 种。这个时期修成的乡土志,不但数量多,而且与传统志书相比,因其成书目的、读者群体的不同,故其体例、结构、内容也少有相同的。据巴兆祥分析,此一时期修纂之乡土志,虽然有统一规定和《乡土志例目》为规范,但由于乡土志之编者认识上的不同,故出现有程式派、方志派和教科书派之分。

这一时期之乡土志,虽有《例目》为规范,但实际上亦多有新目之出现,如新政、自治、海关、租界、铁道、电信、电报、航路、实业、商务、商埠、商政、货币、人类、语言、宗教、学务、警务、农政、工政、动物、植物、卫生、司法、监狱等。此时除有府、州、县、乡、村级之乡土志外,还有省级乡土志。乡土志之出现,是在传统地方志基础上之一大发展与进步。由于它强调的是使人自小产生爱乡、爱国之情,萌发爱乡、爱国思想,激发竞争自强精神,故在客观上对开启民智、唤醒民族意识起着一定的作用。(见许卫平《中国近代方志学》第 45 页)

又:当时编书局对各地所编修之乡土志,负有审定之责,不合格者有权驳回重修。如光绪三十三年萧雨春撰之《广宁县乡土志》,就因体裁不合而驳回另作。至次年由萧雨春改撰后上呈学宪,"仍以内容简略,饬县令杨昌瀚延聘通才,另行编辑"。最后终于编成了一部堪称佳本之《广宁县乡土志》(补编本)。(见《中国地方志总目提要》6—19)

是年,黑龙江将军程德全,委任张国淦为通志总纂。张氏以公余之暇,纂成《黑龙江通志略》14 卷,分为地理、人种、官制、咨议局、地方自治、财政、军政、外交、教育、巡警、实业、交通、边务、宗教等大类。各类"只载事实,不羼论议"。是为黑龙江第一部按方志体例纂成之通志。由于是张氏以一月有余的时间仓促而成,尚存纰漏颇多。(见《长铗归来斋文稿》第 91、230 页)

是时,张瑞玑撰成《韩城县乡土志》一稿。是稿与其他乡土志相比,其特别之处在于,将乡土志编成图志式的,以图辅文。地理门有县治图、乡里图等,祠庙、坊表、古器等,也大都有图相配。物产门每物配一图，部分物品之制作法也以图加以说明。记事止于今年。

光绪三十二年(1906)五月，鲁迅与顾琅合作，编成《中国矿产志》一书，先在日本东京初版，后由上海普及书局出版。全书设"导言"和"本言"两部分，共22章42节，5万余字。记述了中国地质矿产之形成和发展过程，较详细地介绍了18个省份(未含东三省、内蒙古、新疆、西藏及台湾)的地质之构造和矿产资源及分布情况，附有《中国矿产全图》。是书为国人自己编著的第一部论述全国多省矿产资源及其分布情况之专业志书，亦可称为第一部论述我国地质矿产之科学著作。为修撰是书，作者搜集了德、匈、俄、法、日等国地质专家考察中国地质、矿产区之调查报告，又广泛参考了各省通志和古籍中有关矿产之记载。著名学者马相伯先生在该书序言中谓："顾、周两君，学矿多年，颇有心得，慨祖国地大物博之无稽，爰著《中国矿产志》一书……以为日后开采之计，致富之源，强国之本，不致家藏宝货为他人所攘夺。用心至深，积虑至切，决非旦夕之楞所能致。"尤其值得注意的是，本书体现了编者强烈之爱国之心和忧患意识。在其"导言"中提醒国人说："列强将来工业之盛衰，几一系于占支那之得失。遂攘臂而起，惧(俱?)为人先。""于是今日山西某炭田夺于英，明日山东各炭田夺于德，而诸国犹群起要曰：采掘权！采掘权！"于是"行将见斧凿丁丁然，震惊吾民族；窟洞渊渊然，蜂房吾土地"。"及尔时，中国有矿业，中国无矿产矣！"清政府农工商部和学部，赞扬著者"留心矿产，殊堪嘉尚"，并批示把该书作为中学生参考书。(综见茆贵鸣《鲁迅与地方史志》，载《福建史志》1994年第3期；唐应光《鲁迅修志》，载《上海修志向导》1998年第5期)

从是月起至明年，刘师培在《国粹学报》上连续刊发《编辑乡土志序例》一文。在是文中，他认为旧的方志封建色彩浓重，"猥滥无法，掇拾不精，而所立之例，互相参差，不可为典要……不足供国史之采择"。因而，创编一种与旧方志迥然不同之新方志实为"当今之要务"。并提出用进化论之观点观察社会，来"搜集人世之现象，推记古今之变迁，以验人群进化之迹"。提出新方志要注意表彰先贤，凡"以死力捍卫地方者"，"与民生相关者"，"与政事相关者"，"与学术相关者"，均应为之立为专志，以教育后人，以"激发其爱国之心"，等等。这些论说，反映了资产阶级思想在方志学领域之影响和渗透。他所拟定之《编辑乡土志目》中，主张地方志书应当包括舆地志、政典志、大事志、人物志、方言志、文学志、物产志、风俗志8个部分。对各个部分均有较详细之说明：

关于舆地志。他认为当今郡县志书，记述地理流于繁琐，不得"提要勾玄之法"，"舆地之学贵于通今，尤资证古"，因此地名沿革绝不应忽视。仅有地名沿革表还不够，还要有图，而且要"以今为主，自明以上各朝各有图"，古地名要用朱笔标出，使读者一目了然，有助于解读历史。各县之城厢四境都应有分图，宫、寝、坛、祠等相关之建筑，也应当仿《三辅黄图》之法，以达粗具形象。

关于政典志。他赞同章学诚之看法，古时各侯国之文献都分六部。因而他主张政典志应当包括：一吏类，记官制沿革损益、权限；二户类，记田亩、赋税、丁口、仓储等有关财政民生之内容;三礼类,记祀典、学制;四兵类,记兵制、驿递、营汛;五刑类,记法禁;六工类,记营造。这样才能让人们了解地方制度之因革,“以审世变所自来,因推其得失利病,酌古准今,以备他日施行之用,以立地方自治之基”。

关于大事志。他主张要灵活运用编年体与纪事本末体这两种体式,必要时还须以表加以补充。

关于人物志。他认为应仿章学诚在《永清县志》之作法,取本地官员知名事迹,另立政略,置于列传之前、表之后。流寓一类,要注意对有关本地经济发展、人民生计、学术发展有贡献之人和事,要按年代为序加以记载。乡贤传应按品目,分为名臣、绅耋、武勋、节义、文学、一行诸传。列女一则附于乡贤之后。列传以外,还应当有氏族表和古今人物表。

关于方言志。应当区分子目,仿照《尔雅》之体例,且对“释诂”、“释言”、“释训”作变通处理。编方言志要有益于了解民风、体验民性、考察民族迁徙。

关于文学志。主张文学志之编纂体例应与书目志相区别,前者贵简,后者贵详。“文”与“学”要有区别,“学”志记录学术派别,要记述郡县所编著较重要之书目,使读者可以根据本地之文来考察本地之学术派别;“文”志之任务则是征考文献,达到“以文传人”和“以文传事”。金石志则应附于文学志之后。

关于物产志。他主张志书要注重经济、物产、技术及实业方面的记述,“考一国之物产,必先考一省之物产;欲考一省之物产,必先考一郡一邑之物产。故各邑之中,均自编博物志,以供小学乡土格致之用”。以往志书之记物产,“朝廷因之而婪索,官吏因是以诛求”,故“绅耆之修志者,虑征求物产足以病民,遂以物产为讳言”,而加之“后世儒生不辨菽麦,于田野之物不知其名;而老农知物而不知诗书,遂致博物之学浸以失传”。

关于礼俗志。他认为“五方地气有寒暑燥湿之不齐,故民群之习尚悉随其风土为转移”,“礼缘于俗,俗缘于习”。因环境不同,人们之嗜好也就不同。久而久之,凡符合本地利益则视为善,反之就视为恶,各地之礼也就随风俗而不同。因而,通过礼俗可以推其地势,可以察民业,还可以考察民族迁徙的轨迹。故“编此志宜搜集人世之现象,推古今之迁变,以验人群进化之迹”,而去影响全国社会之习俗。

至于“其编辑之法,宜先于一邑之地,划为数区,每区设调查员一人,于本区物产详列为表,复将所得之物,建全庋藏,以裨绘画制标本之用,然后取表中所列者,编为一书”。(姚伟《刘师培与资产阶级方志学》,载《中国地方志通讯》1985 年第 4 期;许卫平《近代方志学分期探论》,载《中国地方志》2002 年第 2 期;王兴亮、赵宗强《刘师培与地方志》,载《中国地方志》2005 年第 3 期等)

按:由过去志书之“励俗维风”,变而为“教人爱国,励人心志”,是志书编纂宗旨之一大变化,是历史进步之表现。有的论者认为,这反映了近代资产阶级思想理论在方志学领域之影响和渗透,表明了资产阶级方志学理论之萌生。此《乡土志序例》由于资产阶级思想与封建思想相抵触，又未遵“得旨俞允”而由部颁之《乡土志例目》，且又宣扬“振兴汉种”，别满、汉之大防等，因而遭到官方之抵制和排斥。关于刘氏《编辑乡土志序例》与官方颁布之《乡土志例目》之异同，巴兆祥在《方志学新论》第153页，列有《〈乡土志例目〉、〈编辑乡土志序例〉比较表》，可资参考。

是年，绥远将军贻谷修，高赓恩纂成内蒙古《归绥道志》40卷。清末实行“移民实边”，大量汉人进入内蒙古进行开垦，归绥道亦在原来五厅之基础上，增设了丰镇、宁远、武川、兴和、五原、陶林、东胜等7厅，与原有者统称为口外12厅。该志除引用史书之外，还采用了《归化城厅志采访稿》(刘鸿逵等辑)、《绥远城志略》(景秀等辑)、《归化纪略》(韩凤楼等辑)、《土默特志略》(昶永等辑)、《萨拉齐乡土志》(屠义矩辑)、《萨拉齐包镇志》(包镇绅士采辑)、《宁远厅志略》(宁存校、垡青辑)、《宁远厅古迹志》(乔桐荫辑)、《兴和新厅志稿》(陈时隽、石明纂)、《陶林厅志略》(贾栩、方臣等纂)、《托克托采访志略》(任秉铨纂)、《五原志略》(姚学镜纂)、《丰镇厅志稿》(德溥纂)等13种采访稿。除其中两种外，其余11种今已不传，(见《内蒙古方志概考》第45页)资料大部靠本志得以保存，功岂菲欤？

是年，贻谷和高赓恩还修纂成《绥远志》(又名《绥远城志》)10卷、首1卷，《土默特旗志》10卷。前者是专叙驻防绥远之满洲八旗城志。除军事组织之内容外，有《方言》一卷特别值得注意。其记述的不是汉语方言，而是“蒙语类释”，用汉语注音蒙古语之词汇对照。内容的分类颇细，有天文、地舆、城池、宫室、音乐、政事、文学、技术、器用、五谷、蔬菜、花卉等41类，篇幅几占全书之1/5。(见《内蒙古方志概考》第50页)另，是志中，将将军衙署藏书目录编入卷首，做法也值得注意。(见胡道源《〈绥远志〉和〈绥远志略〉》，载《内蒙古地方志通讯》1983年第4期)

按：民国20年印行之内蒙古《临河县志》，亦用了很大篇幅设了一个《汉蒙同文表》，对天文、天时、数目、地舆、五行、方向、物形、城池、宫室、人伦、职官、礼制、政事、德行、文学、武备、流品、身体、饮食、动物、植物等类方面之词汇，都编有蒙、汉对照表。(见《内蒙古方志概考》第122页)

是年，陈作霖撰成《金陵通纪》10卷、又续4卷刊行。是为编年体之志书，前10卷上自远古，下迄晚明福王弘光元年(1645)。续4卷自清顺治元年(1645)至同治十三年(1874)。汪士铎评其前10卷，谓：“陈君作此书，非漫然无所指明矣。其书上述邃古，下迄列明，甄列史之关乎金陵者备列之，不浮誉，不隐恶，固卓然良史之盛轨矣。”(转见王桂云《汪士铎与方志学》，载《江苏地方志》1991年第4期)

按：光绪间，陈作霖除撰辑成本志外，尚有金陵志书二种：一为《金陵通传》，全为人物传记，收录江宁府属7县自成周而下至清季人物，光绪三十年(1904)刊成。二为《金陵琐志》5种，是一部小志汇集，包括《运渎桥道小志》1卷、《凤麓小志》4卷(析为地、人、事、文四志，也是“三宝体”的略加改变)、《东城志略》1卷、《南朝梵刹志》2卷、《金陵物产风土志》1卷。(见《江苏旧方志提要》第 42 页)后者中的《记灌圃》,收录蔬菜生产之资料,为一般名胜志之所无。《记机业》,述记了南京明清时期丝绸业之兴衰。先是织户机不逾百,到乾嘉时全城有织机 3 万,乃至加工、漂染、包装、销售、织机制造、机工生活等,是研究南京早期资本主义萌芽之好资料。《记倡义》,专记太平天国机匠衙总制吴长松与清兵勾结,企图里应外合破坏天京城守之经过,资料亦很可贵。

是年,同知董鸿勋纂成湖南《古丈坪厅志》16 卷。是志针对本地之地方特点,特设《民族》上、下 2 卷,置于较为突出之地位,于舆图、建置之后,经济、人物、艺文之前。上卷两编:《族姓列编》,下设有民族姓编、土族姓编、客族姓编、章族姓编、苗族姓编、土蛮附编。诸编中另分以保、寨进行记述;《民俗汇编》,以汉字注音法,分别记述土籍方言、章籍方言和苗籍方言,各分为若干类。下卷亦两编:一、性情嗜好殊异编,下辖土籍性情嗜好、客籍性情嗜好、章籍性情嗜好、苗籍性情嗜好;二、岁时俗尚异宜编,下设节候、气候、婚娶、丧仪、赛会、居处、服饰。该卷中,记述上亦颇有特点:其一是尽力追述来历,如"章族姓编"记有:"相传宋时有江西章姓兄弟二人为屯长,居泸溪上五都之大章、小章等处。分支而出,子孙繁衍。其出自兄者为大章,出自弟者为小章。后改为章,散居于永保、永绥之间,平扒、了家、茶洞、老旺寨、尖岩等处为多,大约入赘彼地,遂仍其俗。在土村为土民,在苗寨为苗人。"其二是民族特点梳理颇细,如"婚娶"目下,分记了民籍、土籍、客籍、章籍、苗籍婚娶习俗之差异。其记土籍婚娶有:"土籍婚娶不禁同姓,以牛、布、五谷为聘礼,近亦有同姓之禁矣。"其三是注意记述动态变化,如一些风俗目下记有,"此俗今亦不尽有",居处之下记有"苗者近有高楼广舍,同于常式者","城市及乡间富农,比年亦多整固,其屋渐次改观矣"。其四是"编"后缀附录,如"赋税统编"之后,"附录辑略原文赋役条一";"古丈坪厅税契"后,"附土目统税膏捐条陈"等。(见钟明星《清代〈古丈坪厅志·民族卷〉简析》,载《贵州地方志》1991 年第 2 期)

是年,马忠良修,马湘等纂成《越嶲厅全志》12 卷印行。先是光绪三年(1877),厅同知何炳曦聘忠良始修,后因炳曦离任而中辍,忠良继续编纂,再由其子马湘、马楠审订、续补、厘定成稿,藏于家。至是由同知孙锵等续增成稿付梓。是志之山川和武备门,内容最为充实。前者之山、水中,仅大渡河一目,即达上万字之多,除河流之走向、支流、胜境、名迹、水患等之外,尚附有大量考证,很具价值。后者多记历代官军与少数民族土司间之战争史料。其中太平天国石达开部入川,转战川滇边界以及清军进行镇压之情状,记述甚详。书中不仅载有四川总督骆秉章之相关奏疏,而且绘有骆氏及相关参将杨应刚、土游击岭承恩、土都司王庆元等之画像,还有石达开被擒之示意图,在旧志书中是较为特别之作法。其"夷俗"一门,对于彝、僰等族之生活风俗习性、语言等亦有记述。(见《中国地方志总目提要》21—136)

是年,保清修,罗宝书纂成辽宁《开原县志》一种。罗氏在志序中提出:"旧志目例,于现时观念不合者,宜增者增,宜删者删,务期于人心社会进化概念能相合,而借以鼓吹其精神。"(见许卫平《近代方志学分期探论》,载《中国地方志》2002 年第 2 期)李毅为是志作之序中亦称:"旷观我国古史所载,除君主一姓之谱牒、治绩及少数佐治者言行录外,十之八九与民众进化生活无关","此二千年来民众进化之所以迟迟也。"(转自《中国近代方志学》第82页)可见他们都主张将进化论之思想引入志书之中。

是年,张承燮、李祖年修,法伟堂、孙文楷纂成《益都县图志》54卷、首末各1卷刻行。是志由张氏主持始修于光绪十三年(1887),未几,张氏离任,志局解散,法伟堂以个人之力,"任事锐甚,旁搜远绍,未尝作辍"。如是者多年。至光绪二十八年,李祖年上任后,方献出其所成之志稿。又历时五年,至是方定稿刻行。这种志人的精神,实属难能可贵。(见《中国地方志总目提要》15—36)

是年,刘大鹏撰成山西《晋祠志》40卷。是志不但详述古迹,于水利之保护与利用载之尤详,包括有各村所设的渠长与水甲,各村联合行动时发之通知单及有关之碑刻。这在祠祀志中是少见的。(见任小燕《山西历代方志纂修述略》,载《史志研究》1999年第3期)

是年,奉天宽甸知县马梦吉,组织人力,以三个月时间编成《宽甸县乡土志》一稿,分为历史、田赋、税厘、农政、工政、商政、学务、矿务、财务、军制、兵事、耆旧、人类、地理、物产、商务等篇,上呈奉天省学务处。学务处以"与京师编书局所颁例目不符,饬仍查照原发例目编送"。

按:由上级审查单位发回重编之例子,还有光绪三十三年(1907)九月,奉天盘山厅通判柴朴奉命编修成之《盘山厅乡土志》一稿,完全按照传统方志通例,分为建置沿革、疆域、川泽、道路、古迹、职官、学校、选举、户口、宗教、物产、赋税、商业、兵制、兵事、灾祥、名宦、人物、义烈、气候、地文等目。以不合《乡土志例目》,至十一月,只好改题为《盘山厅志》。(见《方志学新论》第138页)可见乡土志属于地方志,但又不全同于地方志。

是年,杨承泽撰成山东《泰安县乡土志》1册,铅印成书,全书约2.5万言。杨氏在志序中阐明其编志缘由有谓:"国家之强弱,视乎人才,人才之消长,在乎学术。近世环球大通,为生存竞争优胜劣败之时代,非讲求学术不足以培养人才,而立自强之基础。是以诏停科举,设学堂,用意至为深远。而学堂尤以初等小学为养正始基,其宗旨以教人爱国为第一要义。欲使其爱国,必令自爱其乡始;欲使其爱乡,必令自知其乡之历史、地理、山川、人物,而后学问逐渐扩充以启其知识技能。此乡土志之所由作也。"(转见《山东方志汇要》第349页)

按:有的论者认为,这是方志指导思想始有变更之标志。这时"志书编纂的目的,已越出了旧志编纂重于资政辅治、训化臣民和供史籍取材等要旨的藩篱"。体现了近代资产阶级在方志编研方面之观点和主张,反映了近代资产阶级思想在方志学领域之影响。(见《中国近代方志学》第9～10页)

附:巴兆祥谓,清末所修之乡土志,可以分为《例目》派(又称程式派)、方志派和教科书派。《例目》派中又有完全照搬《例目》门类与结构者,与基本按照《例目》的门类和结构,又稍有所更张者。前者如刘鸣复编之光绪《法库厅乡土志》、徐昱的光绪《灌县乡土志》等;后者如光绪《泰安县乡土志》(巴谓编者为马锡纯)、沈庆飏编之光绪《盖平县乡土志》等。属方志派者,如姚诗馨修之光绪《怀德县乡土志》、乔德秀编之宣统《南金乡土志》、胡赞采编之光绪《光州乡土志》等。这一派由于按照方志惯例来编,编出之书稿以不合《例目》的要求而被责成重编,如《铁岭县乡土志》就是如此。教科书派则在体例结构上,兼顾《奏定初等小学堂章程》、《例目》之规定和西方教科书之形式。如刘师培编之光绪《上元江宁乡土合志》、缪果章编之《宣威州乡土志》、光绪《桐城乡土志略》等。(详《方志学新论》第 156 页)

是年,汪鸿孙修,杨兆焕等纂成《曹州府菏泽县乡土志》一册,全书约 3 万字。汪氏在志序中谓:"夫国度之强弱,文化之消长,人民之智愚,皆系于教育之善不善而已。然振兴教育之要义,在使人人爱国为枢纽。欲人人爱国必使自爱其乡始。欲人人自爱其乡,必使自知其土地、人物始。此乡土志之所以著也。"(转见殷俊玲《清末乡土志述论》,载《史志研究》1997 年第 3 期)这都是时代气息和鲜活思想之表现。

是年底至明年初,朱蔚亭修,黄徵纂成湖南《浏阳乡土志》15 卷,光绪三十四年刻行。全志分历史、地理、格物三纲。历史下分沿革、政绩、兵事、耆旧、户口、氏族、宗教、实业;地理之下分区域、山、水、道里;格物下分物产、制造、商务三目。完全是以一部正规县志之规模进行的。专门成立了志局,拟定了提纲。除收集大量史志资料外,还将全县东、南、西、北四区,各推举邑之廪贡生员,分头进行实地调查,按时汇集总纂。总纂者黄氏亦颇具史识和史才,规定了一套编修原则,如"其已见于旧志者,悉本旧闻,以昭其信。订讹补阙,亦间有之。续有登载,皆取其确实可据者,无敢滥也。其为旧志所无,则悉凭此次调查所得,缀录成篇。事为其创,虽不尽有,究无不实"。其列次职官,一反旧志"列次历任官纤悉无遗",而是以"兴利"、"去害"、"听讼"三事为归,凡不符此者,均"阙而不登"。列女"今亦例所不及,暂付阙如"。"仙释则从汰"。关于山水,悉仿《水经注》例记述,"山循干以达枝","水承源而达委"。故是志全稿达 323 页,都 15 万言,为一般乡土志篇幅的 2～3 倍,为乡土志中之所仅见者。

是志不但篇幅巨大,篇目齐备,且有新增,内容丰富,也比较科学。如对境内 196 个姓氏之迁徙传承,逐一详述人口繁衍状况,氏族历史源流。有评论者谓,这部分内容丰富,考证精详,居全国 400 余种乡土志之首。堪与比埒者,仅福建《闽县乡土志》及《侯官乡土志》而已;其经济按实业、物产、制造、商务四大篇分述,几占全书篇幅 1/5。实业又按士、农、工、商,计 104 种职业逐一条列;物产分动物、植物、矿物三表,载生物 301 种;制造亦分动物制造、植物制造、矿物制造三表,列产品 130 种(详原料、工艺、产量、产地);商务分本境自相销售货物、本境运出外销货物及本境销售他境货物等,尤重本境特产。各物记述均尽可能细致具体,如特产中之鞭炮,记有"合本境所产之纸料、硝磺数质而成,有广庄、西庄二种","其销路甚广,为浏阳出口之大宗","水路销售广东、烟台。近岁调查,约岁可销 3200 箱"。浏阳为维新派人士谭嗣同之故乡,维新思想甚为活跃,纂者受新思想影响颇深。故其在例言中谓:"方今中外区市,东西各国,于森林畜牧五金之利,工艺制造商战之术,靡不锐意研求,日新月异。四邻集之矢,以我为的,我乃坐听朘削,不谋相抵,或徒艳其富强,而不师其格致,非特莫能与竞,恐亦无救危亡。""改良精进,与事推移,弥有望于后来之居上矣。"

按:有的研究者认为:乡土志大体而言,从数量上华北多于江南;而就内容之详实而论,则江南远胜于华北。其中湖南之《浏阳乡土志》即为其翘楚,"确有过人之处"。(悉见何孝积《清末乡土志之佼佼者——浅析〈浏阳乡土志〉》,载《湖南地方志通讯》1986年第4期)

是年,李维清编成《上海乡土志》1卷印行。是书中指出:当地"迎神演剧,会首敛钱,甚至花鼓淫词、村台淫戏,引诱子弟游荡废业。且虹口之赌风甚炽,城内之烟馆如林,柝梢哄骗时有所闻……尤宜慎之又慎。偶一失足,即有丧身倾家之祸,可不慎哉"。十分鲜明地反对迷信、反对吸食鸦片、反对赌博和奢侈浪费,甚为可观。(见王兴亮《清末民初乡土志书的编纂和乡土教育》,载《中国地方志》2004年第2期)

是年,谭鸿基修,吴士仁纂成江西《建昌县乡土志》12卷、首1卷刻行。是志特别之处,在于它是一部介于县志和乡土志之间的志书。修编者认为,体例结构、门类设置上,依县志凡例则吐弃新知(?),依颁发乡土志例目亦未为完璧,故兹特融二者为一炉,体例即斟酌二者之间,是为此书分门之宗旨。虽然仍分为地理、历史、格致类为三大纲,但其下又依次分为12门45目。凡疆域、沿革、山川、古迹、建置为地理类;职官、人物、政要、学制、宗教为历史类;物产、实业为格致类。图则另订为2卷,有总图、县治图、山水图和分区图。时县分86区,区各1图。因为觉得"地非图不彰,图非说不显",故每图皆附一说。(见《中国地方志总目提要》14—19)

光绪三十三年(1907),瞿鸿锡、曹维祺修,贺绪蕃纂成贵州《平越直隶州志》40卷刻行。全书体例以年经之,以政事纬之,以山川脉之,以人物络之。末以摭佚殿后,专载杂而非要或无类可归之事。是志之天文中,反对旧志中的星宿之说,谓"中国不尽地球,以环球中仅若一黑子之中国,而上配之经星,谓一国之长,必属一星,精气通之,故数书亡,谁甚征信"?凡属此类迷信之说,概行删除。(转见《贵州地方志论纲》第17页)足见纂修者已有较开阔之眼界,这是清末时期方志比其前志书进步的地方。其对贵州气候之记述,颇能概括其特点。对物产注意分类,逐一介绍。地理中对少数民族生活习俗及播州土司、当地土官,记载亦详。虽然如此,在本志的建置沿革中,多存曲说,乃考证不精之故也,是其不足。

按:是志《艺文序》中追述了地志中艺文记述有两种体例之来源:"地志之有艺文,向来作者,盖有两例:依仿班(固)氏,载目录,撮要旨,凡有关文字,随事附入,此一例也;专载篇章,分别体类,但有可撷,累卷未已,用(杨)升庵《全蜀艺文》之式,无此邦菁华缺漏之虞,又一例也。"(同上书第95页)

是年,曾炳熿编成《新疆吐鲁番直隶厅乡土志》13课,记事至光绪三十三年。书中对实业、商务等比较重视。如对当地之酿酒业,主张要提高技术:“今欲振兴商务,应招集股份,设立公司,仿法、美葡萄酒制造之法,聘酒司,购机器。先讲求栽移、修剪、培灌之法;次及制酿、窑桶、藏皮之方。或于山东烟台酿酒公司分雇一二匠试办,俟有成效再行推广,未始非开辟利源之一端也。”(转见王兴亮《清末民初乡土志书的编纂和乡土教育》,载《中国地方志》2004年第2期)

是年,易辅上编成贵州《安南县乡土志》3编。撰者谓其修本志之目的,乃因“国家为乡土之集体,乡土犹国家之细胞。欲引起儿童爱国心,必自乡土志始”。“方今英据缅甸,法窥越南、滇、黔门户,狡焉因逞。安南达滇、越之声援,亦生斯土者所宜究心也。然则是书之成,岂区区小学教材已哉!”(转自《中国地方志总目提要》22—35)可见其对志人之历史责任是十分明确的。

光绪三十四年(1908)11月,新疆昌吉县编成《昌吉县乡土志》。是志之《氏族》目内,记载了清末北疆民团领袖徐学功在石河抗击沙俄侵略军伪装商队企图入侵之经过。志中还记载了大量经济方面之资料。值得注意者,商品均用“湘担”为计量单位,可见当时湘人在疆地之多。

按:直至今日,笔者几次入疆,遇到自己称祖籍为湘者仍不少。个别地方的重量单位,仍有称“湘担”者。

是年,知县张梅亭独立纂修之山东《莱芜县志》42卷成稿,现存山东省图书馆。志之自序中谓官修志书之弊有云:“……官修者之淆乱也。官修之史,仓促成于众人,不暇采其材之宜、兴事之习。”(见《山东方志汇要》第354页)是志体例平实,考据精当。《续修四库全书提要》评之为:“是志虽属私家之作,而搜罗之富,取舍之严,体例内容皆极精备,较之官书多半抄袭前书者,实有霄壤之别……以私人之力,而成此巨著,且体例平实,考据精详,在地志中,殊为罕觏之杰构也。”(转见《中国近代方志学史》第91页)

按:是书为张氏私纂,是否就避免了官修志书之通病,由于未见其书,不得而知也。进入民国后,张氏又任知县,复修有《莱芜县志》22卷、首1卷,由王希曾纂,民国11年(1922)印行。卷数减少,篇目亦多所变化。

是年,陇西县丞理武阳分县事周裕杭修,杨学震纂成甘肃《陇西分县武阳志》5卷。武阳置为陇西分县,始于乾隆时。分县者,附属于大县之小县也。以大县之丞驻扎,专理政务,其制与府州之领县有所不同。本志内容,与一般县志大同小异。只是职官、选举归县志记载,故本志无。(见陈光贻《稀见地方志提要》第245页、又《中国方志学史》第134页)这是特殊建置情况下出现的特殊之志,是清代出现之新志类。此类分县,清代边远地区多有之。如当时甘肃这一类之分县便有庄浪、东乐、宝丰、打拉池等九个。

按:此类县之志书,有称分县志者,亦有称县丞志者。最早见的是康熙间李丕恒修、李应绶纂成之云南《河阳县志》,只有抄本未刊。今国家图书馆、云南图书馆有存康熙五十六年抄本(见《中国地方志总目提要》23—43)。类似之分县志,可知者尚有乾隆五十五年,邵陸纂、耿文光增补之甘肃《庄浪志略》(同书26—30);光绪三十四年,廖炳文修、陈希魁纂成刻行之甘肃《新修打拉池县丞志》(同书26—15);民国32年张慎微修纂之《洮沙县志》5卷(同书26—24);民国38年邱竹君撰成之贵州《榕江朗洞分县志》(同书22—39);《宝山江东分县志》等。陈光贻认为,明清时出现宋元所无之新志类有通志、厅志、关镇志、卫志、所志、分县志、土司志、盐井志、盐场志、乡土志等(见《中国方志学史》第21、86页)。

是年,马锡纯编成江苏《泰州乡土志》2卷印行。是志中讲到,"构造社会,学人之责也。学问有进步,风俗乃可以改良,泰之俗迷信最多,必教育明而后可去。兹举其大者一一辨之如左:一偶像,二婚嫁,三斋荐,四纸锞,五堪舆,六巫"。(转自《中国地方志》2004年第2期王兴亮文)

是年,孙云章编成吉林《怀德县乡土志》1卷印行。是志于《兵士》目下,详载了沙俄侵略军在我国境内"搜军器"、"查间谍"、"号粮草"、"食耕牛"、"招降队"(网罗汉奸队伍)、"筑土路"等六方面之罪行,及我国人民的反侵略斗争之情状。(见《长铗归来斋文稿》第58页)是进行爱国主义教育之好教材。

是年,周铭祺编成山东《即墨县乡土志》2卷。志中记载德军侵占青岛之经过颇详:"光绪二十三年九日(月?),德兵船为舶岛门外,以测量口岸为名,不时上岸买食物。忽一夕,诱(章)高元上船,遂据山顶火药库、军装库等处,声言借场操军,并令腾出各营垒。高元听命而已。遂入兵器库,拣钢炮8门留用,余弃海中……寻于十月十五日来占据。"(转见《山东方志汇要》第81页)这是研究青岛历史之重要资料。

按:此期间编成之乡土志中,记入类似有价值之资料颇多。如同年张世卿编成之山东《平度州乡土志》,亦载有国人抵制德国侵略者要求扩大租界地之事。略谓:"胶澳议租界外数百里,割平度至廖兰,包括胶(州)、高(密)、即(墨),西割诸城,给图索地。道宪已依议。民竞免冠抗议,以去任命,上乃止。"(见《山东地方志纵横》第69页)揭露帝国主义之侵略野心,意在唤起国人爱国之情,这是此一时期乡土志共同之基调。在这一点上,多数志人是有明确意识的。如洪汝冲修,白永贞于今年编成之《辽阳乡土志》就说得非常明确:"人有爱乡心而后有爱国心。不能爱乡而谓能爱国者,是谰语也。夫先人堂构虽艰,窖藏虽富,而后人不之知,则举而弃之也,必不甚爱惜,人之于乡亦如是。……知虽生斯长斯之乡,出门跬步,任举一名一物,有茫然莫辨者,故一旦受外人激刺之危,觉此乡于吾直若渺不相关,而放弃于不顾,则以爱乡心早销灭于微隐之中而不觉也。乡且不爱,何有于国?然欲人知爱乡,必先使人知此乡之历史沿革及往事、现势之经营、缔造、人事、天产皆足宝爱,有不容漠然置之者,则爱之之心,自油然相生相依而不能恝然,则乡土志一编胡可少哉?……乡土志一编更胡可缓哉?"(转自《方志学新论》第145页)

是年,佚名氏撰成山东《齐河县乡土志》1 卷。卷前有图,卷目为政绩录、兵事录、耆旧录、人类、实业、地理、物产、商务。实业、地理、商务目所记清末本地交通运输及进出口商品数量等,颇能反映当时社会经济变化情况。其序则认为方志属史之一部分,从另一角度说明了方志补史之缺之功能。有谓:"西人讥中国有国史无社会史,并谓中国之史起于帝纪、后妃、世家、诸王列传,记载甚详,其次则官显宦得邀太史之书,而社会之情状、民生之惨舒,概付阙如。上国史者仍帝王一家私史而已。虽马班之著作实尚焉。抑知有国史以纲于上,有省郡志以网罗于下。国史而以考政治之得失,郡邑志以记风俗人心之浇淳,而疆域、山川、胜迹、名区、人文、物产亦详志之。西人之所谓社会史者,岂役能美备于是哉?且省郡邑志,即导源于马班史中之各书、各志,而能引伸其绪者也。岂得曰社会无史耶?"(《山东方志汇要》第 634 页)

按:持同样观点者还有向植纂修之《山东东昌府聊城县乡土志》,其跋语亦有云:"外国人讥中国数千年,有国史无民史……乡土志之编为民史起。"(见同书第 469 页)

是年,松桂修,广宁公学堂长萧雨春编成辽宁《广宁县乡土志》1 卷。先是光绪三十三年(1907)三月,松山奉提学宪札催编乡土志,松桂因将是事委诸萧雨春。萧氏因催要甚急,仅以十余日即草创成稿,由继任县令杨海琴呈上学宪。学宪以体裁不合,札饰另作。杨县令仍以是事委诸雨春。续编成上送,又以简略批驳,并命该县延聘通才,另为编辑。于是萧氏只好自行铅印,即本书也。(见郝瑶甫《东北地方志考略》第 87 页)对是志之评论颇为不一。有人认为这是乡土志之较好者,称"统观各目,颇称完善,虽不免有考古太繁之疵,但搜集之勤,可为乡土志之冠"。有人则认为,是志除自序外,另有两教员和一学生三序,都是吹捧之作,半赋不赋,形同儿戏。(《东北方志序跋辑录》第 162～166 页)

是年,刘清书等修,王炳辰等纂成黑龙江《长寿县乡土志》11 卷。是志虽也是按部颁目录编修,但是属于乡土志中质量较高之一种。其特点是引书皆注出处,仅从其《历史》和《兵事》两卷看,所引就有正史、政书和有关史乘 30 余种之多。(见《长铗归来斋文稿》第 238 页)

光绪前期,中国驻日本大臣参赞黄遵宪,撰成《日本国志》40 卷。全书除卷首年表外,下分为国统、邻交、天文、地理、职官、食货、兵事、刑法、学术、礼俗、物产、工艺等 12 类。征引日本资料广博,采书多达 200 余种。(见《方志学史》第 338 页)这是一部企图借鉴日本变法图强之书。但因遭到一批朝臣大员们的冷遇和摒弃而推迟了 8 年方得行世。李长莉于《近代史研究》2006 年第 2 期著文,解析了其推迟行世之原因。

光绪末,陆基撰成《吴郡志略》2 卷,只有抄本流行。是志体例在旧志中显得独特,是用分章体。上卷叙府县形势、山水、沿革、物产、风俗、新政。下卷采取竖排,第 1 章为开化之始,第 2 章为周,第 3 章为圣道南行,第 4 章为战国及秦楚之际,第 5 章为汉,第 6 章为东汉,第 7 章为三国时之吴,第 8 章为晋,第 9 章为宋,第 10 章为齐,第 11 章为梁,第 12 章为陈,第 13 章为隋,第 14 章为唐,第 15 章为吴越,第 16 章为宋,第 17 章为元,第 18 章为明,第 19 章为

国朝。对方志体例变化具有研究价值。(见《江苏旧方志提要》第261页)

光绪间,编成内蒙古《呼伦贝尔总统事略》一书,是书不分卷,是一本以满文写成之志书,具体纂修时间待考。据光绪二十三年(1897)七月十三日呼伦贝尔副都统衙门上呈之满文材料称,该书是为了绘制全国各地着色地图,按清政府统一规定,由呼伦贝尔副都统衙门之蒙古笔帖式(秘书)集体用满文编成。分35大项,项下有目,共约4万余字,体例同于汉族地区之地方志。在政治、经济、国防方面记述得相当详细,史料价值亦颇高,可以勘正《朔方备乘》和《大清一统志》之一些错误。上呈之原件尚未发现,现见者为笔帖式出身之巴拉沁之手抄本,入藏于内蒙古大学图书馆。(见《内蒙古方志概考》第16页)

按:内蒙古蒙文本之志书,尚有《额济纳旗沿革》一种,纂修者及纂修时间亦未详,有人估计亦是民国间该旗笔帖式写成的上呈公文,今见者可能是存留于当地之底稿。(同上)

光绪间,宿州在台湾人士辑成《宿州志述要》一种。主要是据《大清一统志》、《安徽通志》及光绪十五年(1899)何庆钊修之《宿州志》辑录而成。编辑者谓辑此书,是因"我县散居海外各地乡亲,无时不以故乡及祖宗庐墓为念",故辑此本之旨,在于"为使我乡亲能人手一册,传诸子孙后世"。(见《中国地方志总目提要》12—32)

光绪间,黄清渊撰成台南县《茅港尾纪略》7篇。黄清渊,号柑园主人,邑人。少从爱国史学家连横游,为人刚直,而富民族思想。日寇侵台时,年十五。一生矢志忠贞,不食倭禄,不交倭友,不言倭语,不着倭衣。但以保存中华文化,鼓吹精忠大义为己任。茅港尾为其故里。是书7篇10目,记事止于光绪三十三年(1907)。体例严整,纲目分明,文字优美。有人评之"极似板桥杂记"。入民国后,他协助连横编《台湾通史》,不惮辛苦,深入穷乡僻里,历访故老,搜寻零章碎楮、断碣残碑,以供师们参考。台湾光复后,大喜若狂,赋诗志庆有:"吁嗟呼,男作楚囚女作奴,为牛为马任人呼。毕生纵有冲天翼,难出森罗八阵图。野牛沦落五十载,威仪泣仰汉军采。懔懔青天满地红(民国时中国国旗),还我河山国父在,还我河山国父在!"

按:是书原只有稿本,1956年始收入《台湾地舆汇钞》。(见《中国地方志总目提要》33—18)

光绪间,游夔一纂成四川《中江县乡土志》一种。游氏对乡土志另有其看法,谓:"乡土志之名创自西人,日本仿之,其重实业而贵新理,与中国旧方志悬殊也。"故是志中,对山川、道里、场镇记之颇详,几占全书之太半。其中记场镇尤其详尽。(见《中国地方志总目提要》21—44)

光绪间,王锡祺所编《小方壶斋舆地丛钞》刻印成书,内收方志著述甚夥。傅振伦谓:"凡涉及地书,备极搜罗,得千数种,成数百万言。"(见《傅振伦方志论著选》第108页)

宣统朝（公元 1909～1911 年）

宣统元年(1909)三月,新疆巡抚袁大化组织成立新疆通志馆,王树楠任总纂,延请宋伯鲁、裴景福等人参与,开始通志编纂工作。王氏自撰了国界志、兵事志、山脉志、道路志、土壤志、礼俗志等专志,创设并撰写了访古录和《新疆小正》等。在实业志中创设森林、渔业两目,由其门人钟镛完成。全志至宣统三年十二月编成《新疆图志》116 卷、首 1 卷,以新疆官书局活字印行。这是新疆自 1884 年建省以来之第一部省志。全书共分 29 门,门目为:建置、国界、天章、藩部、职官、实业、赋税、食货、祀典、学校、民政、礼俗、军制、物候、交涉、山脉、土壤、水道、沟渠、道路、古迹、金石、艺文、奏议、名宦、武功、忠节、人物、兵事等。(见李惠兴《王树枏与〈新疆图志〉》,载《山东史志丛刊》1988 年第 1 期)是书之《国界志》和《交涉志》记载了新疆与俄、英之外交关系,特别是较详细地记述了沙俄侵占我国领土之全过程,对鸦片战争后,沙俄通过一系列不平等条约,割占我国西北领土、掠劫我国人口,进行经济侵略和政治、军事上颠覆活动之罪行,在俄、英之侵犯面前,我疆土逐步缩小等资料记之颇详。对于揭露帝国主义的侵略面目,唤起国人之觉醒大有裨益,体现了编纂者忧国忧民拳拳爱国之心。其《藩部志》对布鲁特部(今柯尔克孜族)、哈萨克部、回部(维吾辈尔族)、旧土尔扈特和硕特部(蒙古族)四个主要藩部之源流、所属户数、人口、牧地迁徙、首领名称、归附、受封等都作了详细之记载。还特别记载了土尔扈特部,渥巴锡率部自伏尔加河流域返归祖国,受到乾隆帝接见和受封之经过。书中广泛地吸取了当时各家研究成果,囊括了有关新疆之主要文献。据戴良佐统计,引书达 120 种以上。从总体上看,全书不失为一部出色之通志。(见戴良佐《王树枏与〈新疆图志〉》,载《中国地方志》2002 年第 3 期)故梁启超评之有云:“吾丁诸名志,见者甚少,不敢细下批评,大约省志中嘉道间之《广西通志》,浙江、广东阮志,其价值久为学界所公认。同光间之畿辅李志、山西曾志、湖南李志等,率皆踵谢、阮之旧,而忠实于所事,抑其次也。而宣统新疆袁志,前无所承,体例亦多创新,卓然斯界后起之雄矣。”(见《清代学者整理旧学之总成绩》第 146～147 页)

按:总纂者王树楠除亲撰本图志50余卷外,还先后参修了光绪《畿辅通志》、民国《奉天通志》、《河北通志》等,自编者还有《冀县志》20卷,《新城县志》26卷,《法源寺志》8卷,以及《大清畿辅先哲传》41卷、《畿辅列女传》5卷、也是清代修纂志书较多之一位学者。

是年,江苏省正式成立通志局,由近代著名学者缪荃孙主持。局内设有总纂、总办及勘订、总校、采访、文牍、会计、庶务、缮校等人员,其中分纂34人,有李祥、丁国钧、陈作霖、王锡祺、朱孔彰、陈庆年、柳诒徵等,多为一时学有专长之名儒硕彦。于明年五月正式着手工作。计划全书分12分志,并制定了《江苏通志纂修采访章程》共27条。经过16个月之努力,至辛亥革命爆发,志局解散时,有缪氏之《江苏金石志》和陈作霖之《江苏兵事志纪略》编成,并单独印行,其余未能面世。(转见王中明《柳诒徵的方志思想与实践》,载《内蒙古地方志》1992年第1期;康静《〈江苏通志〉纂修溯源》,载《江苏地方志》1987年第1期)

是年,联瑛修,李镜清纂成甘肃《狄道州续志》12卷、首1卷。这是一部严格的断代续志。自定编目,凡旧志所载材料不再复出,是其一大特点。然其图说两卷甚为草率,除比例不一外,方向错乱尤为严重。总图是北上南下,而其下之分图,则四个方向均有:窑店、庆平图,是东上西下;野人关、黄石坪、新营镇图,是北上南下;南乡前、半川图,是西上东下;宝石口图,是南上北下。甚至同一图之不同部分,方向也不一致,抹邦河至分水岭图中,先前两页部分是西上东下,逾3页又是南上北下。如此错乱,难怪张鸿汀先生批评说:"使非狄道人者,阅之兼旬,不能明了此图也。"(转见周丕显等编著《甘肃方志述略》第87页)

是年,管凤龢修纂成辽宁《新民府志》(卷数未详)刊行。纂者自序谓,自日俄战争后,日本势力进入我东北。在此期间,日人编出之各种有关东北之地情书籍不可胜数,都是为其侵略目的服务的。尤其是日人横井博士所说的:"满洲土地36万方里,比之日本版图殆二倍余。举此庞大之地为日本贸易之市场,其南方一带正入日本之势力范围。以此经营殖民、制造、采矿之业,是天与我以经济上、民族上谋发展之地也。"这一段话使纂者感到,由于外来拓殖势力之狂张,已使东北人民生计之日艰。天下兴亡,匹夫有责。深感生长于东北1/23土地上之38万之合府民众,"人人肩一存亡休戚之责","人人俱赴汤蹈火、毁家纾难之志"。应当"富者出其才(财),贫者出其力,士竭其智,氓效其能"。故他作为一郡之守,凡于"斯民痛养之所关,苟足以福民者",考察所及,都"手书而笔识之",于是有是志之成。(见《辽宁地方志书序跋选》第40页)这是一部体现编者爱国忧国之心的志书。此志采用统计表之形式,加备考为说明。其后之《新民县志》说其无体例,实际上是一部体例较为特殊之志书。(见《辽宁地方志考录》第41页)

按:此期间,许多志书都注意用表。如宣统二年洪汝冲修、李巨源纂成之《昌图府志》6章,就是因为"值陆军部征旧志无以应,亟谋之统计员李君巨源,定例目凡六,令其搜集报告各表。簿书之暇,辄与重加厘订,复志其颠末于各篇首"而成,被称为清末方志之变体。(见同上书第 141 页)瞿宣颖在《方志考稿》中,谓是书“虽资料稀简,而所载表册为多。不以文字见长,独得保存故实之法,亦方志中之别开生面者。就中如司法状况及患病种类诸表,关系社会状况实非浅鲜。使撰志者尽能甄采及此,以视虚载节妇姓名累册不休者,有功于史学岂道里可计哉”。(第二编第 10 页)又如民国 4 年程廷恒撰之《宽甸县志略》亦是多表。(见 1915 年该条)

是年,邓元鏸等修,万慎等纂成四川《续修叙永永宁厅县合志》54 卷、首 1 卷印行。这是一部厅、县合志。

按:合志有二县合志、三县合志者,但县厅合志则于此仅见。

是年,湖南永绥厅同知董鸿勋自纂成《永绥厅志》30 卷,首 1 卷。是书之特点是,在全书总凡例之外,每个门类又各有凡例,说明各门类之编纂宗旨。志书之语言篇“六里歌谣翻译”,收苗语竹枝词 4 首、苗歌 28 首,有的系以苗语记音,下附汉语翻译,对挖掘少数民族民间文学具有研究价值。(见《中国地方志总目提要》18—107)

按:作者光绪时任古丈坪厅同知时,就已独自纂修成《古丈坪厅志》一种。(见前 1906 年条)

是年,佚名氏纂修成《辽源州乡土志》一册。此志 15 目,不仅完全按照部颁《乡土志例目》之 15 项,无一增损,且“志中各目皆前作问语,后列答案,若考试卷之答题者。盖依学部所订例目作答也”。(见《东北地方志考略》第 131 页)是一种填充式之作法,草率之甚可知。

是年,学部大臣张之洞奏请建立京师图书馆,其所藏方志大多来自内阁大库。(见黄苇等《方志学》第 43 页)

宣统二年(1910)九月十六日,东三省总督锡良、黑龙江巡抚周树模,札饬各府、厅、州、县,迅速编订志书呈报。(见《长铁归来斋文稿》第 470 页)

是年,陆军部向全国征集志书。

是年,王先谦《五洲地理志略》编成。是书始撰于光绪三十年(1904),至是而成,明年由湖南学务公所印行。鸦片战争前,国人介绍西方各国舆地之专书甚为有限,战后的咸、道间,陆续有所增长。其著者有如《海国图志》(见前 1842 年条)、《瀛寰志略》(见前 1848 年条)等。随着国门被打开,民族危机日益加深,了解国外史地人文之著述亦随之增长。据有人研究,“1866～1900 撰著外国记事之人物有 61 位,而撰著记录达 151 种”。甲午战争后,大量日本的书籍亦被翻译到国内来。“1896 年至 1911 年是译书的高峰,共有九百五十六本书被译成汉文”,其中包括大量世界各国之史地著作。这些译作,自然是详略不等,参差不齐。本书撰者王氏有感于“向来说地,诸家图志不能兼备,学者病焉”。故借湖南建立图书馆之机,而撰成此书。作为于中国传统的经、史、子、集学造诣极深的学者,于此时能接受西方世界的地理观念,重新审视新的世界知识,将中国传统的地理总志,扩大到世界范围,甚是难能可贵。是书撰写中,除了反映一位严谨学者的著述态度,尤其值得注意的,是其经世思想和忧患意识。

这种忧患不是强调自我价值的忧患，而是民族意识的忧患。是一种忧国忧民的宏大抱负。而且从忧患意识转换成强族救国的探讨，提出“西国强，源于富，富源于商，商源于工，工源于学”，“我国家属望者，惟在人才”。主张要办学堂，办图书馆，“多购中学、西学诸书，使多士有书可读，得以考求通习”，是谋求富强的根本出路。有人认为，从本书的分析中，可以看出晚清传统士大夫心路历程的变化。（均转见刘芹《论王先谦的〈五洲地理志略〉》，载《史学史研究》2006年第4期）

是年，黄维翰纂修成《呼兰府志》12卷，民国4年印行。是志分为地理略、政治略、财赋略、交通略、外交略、祠祀略、学务略、武事略、人物略、礼俗略、物产略、艺文略。内容偏重于人民、财赋、教育、兵事、实业、外交。记述范围除府治外，还详细记载了巴彦、兰西、木兰一州二县自古至清末之大量珍贵历史资料。还涉及松花江流域。对呼兰河流域之土地开发、东清铁路之修筑、呼海铁路之沿革、呼兰教案、沙俄武装入侵与我国人民抗俄斗争等重大历史事件，都有所涉及。其中所辑有关松花江航行权之文件，尤为珍贵，是研究中、俄关系中第一手资料。是志实为黑龙江府志之权舆，并开创了诸郡地志之先河，对黑龙江及东北后来方志之编纂产生了较大的影响。据作者自序称，他修此志，曾广集轶闻，访诸田夫野老。志中资料，“得之父老传说者十之三四，得之实地调查者十之四五，得之旧记者十之一二”。

按：黄氏除修成本志外，还参修民国22年成之《黑龙江志稿》。个人又撰有《黑水先民传》24卷，刊行于民国11年，记黑龙江古代人物，上起汉魏，下至清末，共400余人，多为正史所未载者。虽以人物为主，但对黑龙江乃至整个东北设官置制、垦地拓荒、设防实边、增土成赋、整军经武、部族盛衰等均有所记载。不仅可以了解黑水先民在该地耕垦拓殖之功绩，以及不屈不挠反抗外来侵略之斗争精神，而且可以再现东北地区特别是黑龙江地方，自然和社会方面古今递变之情形。

是年，张庭武修，杨景升纂成青海《丹噶尔厅志》8卷印行。全书凡26目，为历史、地理、政绩、兵事、选举、耆旧、森林、户口、水利、贡赋、动物、植物、矿物、商务、实业、风俗、宗教、山脉、水源、道路、险隘、古迹、人类、艺文、义勇、杂记。收集文献、档册和采访都下过较大之功夫，故内容相当丰富。记述不限于丹噶尔，扩大到较之丹噶尔在经济、文化方面更为落后之邻近地区。志书出版后，因如实记载了青海盐池及盐业情况，丹城人王大、张曼巴及李旺等人，谓其把本地利源外泄，夺去盐业生计，遂纠集200余名不明真相者捣毁杨氏住宅。（见《中国地方志总目提要》27—11）其愚昧至此，不亦悲乎。亦足见古人修志之不易也。

是年，陈作霖编成《上元江宁乡土合志》6卷印行。这是乡土志中之合志，故在标目中亦处处体现。如其卷三《地理》下之各目为：江宁府城中街道、元宁两县诸山、元宁两县诸水、元宁两县乡镇、元宁两县界址。其余各卷之分目，均冠有“本境”二字。（见《中国地方志总目提要》11—20）

从光绪三十一至宣统二年间（1905～1910），日本林出贤次郎等人受日本外务省之派遣，以“调查员”身份,先后两次进入我国内蒙古、新疆等地活动。林出在新疆先后两次共滞留达四年之久。时值王树楠正在编纂《新疆图志》,各地所编修之乡土志均齐集王处。林出当时虽不理解外务省令其特别注意乡土志之用意,但其回国时,还是带去了在新疆雇人抄录得之新疆乡土志30种。另一被派成员野村荣三郎,亦抄去8种,其中6种是林出所抄的30种中所未有者。

按:这些乡土志在其后日本侵华期间为其所用,自不待言。至1986年,日本学者片冈一忠将林出所抄之30种结集精装印行,题名为《林出贤次郎携来新疆省乡土志三十种》。片冈先生是一位有良知之真诚学者。他于1987年将此集亲笔题词,交托前来中国新疆访问之日本学者梅村坦先生转赠给新疆社会科学院,这30种乡土志才得以回国。经新疆维吾尔自治区地方志编委会胡正华核校,其中有8种是我国内缺藏者。

又:据胡正华在《新疆地方志》1989年第1期著文介绍。现已知新疆修成之乡土志有44种,修于光绪三十三年(1907)至宣统二年(1910)间,均由所在地方政府长官分别执笔或主持编写。当时新疆建置有6府、8直隶厅、2直隶州、2分防厅、1州、21县、2分县,共计42个地方行政单位,除迪化、疏附、霍尔果斯分防厅三地之乡土志尚未查得外,其余均已找回。其中哈密、昌吉、若羌、沙雅、和阗五地,先后编写有两种。这些乡土志比同时期修成之《新疆图志》显得细密。《图志》官吏题名,止于道员,知府以下者只有编制,不录姓名;而乡土志则详载知县、典吏,有姓名、籍贯、任职时间;基层村庄详至名称、数目、距离、四至八到,驿站有方位、里数起讫、书夫、马匹及粮料、银两支出,还有寺庙名称等,均可补《图志》之不足。当然也还存在诸多遗憾。

宣统三年(1911),教育部咨文征集新旧志书。内务部通饬各省县续修志书。

是年,奉天民政司札催各府县速修志书。

是年,巴塘同知段鹏瑞纂,吴嘉谟鉴定四川《巴塘盐井乡土志》2卷刻行。这是川边地区较为优秀之一部乡土志。此地社会情况较为复杂。巴塘、里塘,在万历年间为云南丽土知府木氏占领,设置纳西戍兵。康熙时吴三桂乱后,归于土番,隶四川。故其地土民语言为纳西语杂以藏语。盐井则在巴塘西南,处川、滇、藏之边。是志之值得注意者,是资料丰富,稀见难得,地方和民族特色都很突出,由其所列篇目即可概见。其上篇目为:位置、沿革、疆界、形势、山脉、水道、气候、种族、风俗、里甲、姓氏、户口、地亩、岁时、差徭、物产、树艺、牧畜、仓储、税课。下篇为:源流、盐田、矿产、垦荒、学堂、防堂、戎事、蛮塘、马粮、津渡、商业、园法、量衡、医药、交涉、庙祠、嘛寺、佛教、神会、音乐、胜览等。(见《方志学史》第303页)。

是年,张奉台等修,刘龙光、王大经纂《长白汇征录》(亦名《长白征存录》)8卷、首1卷印行。张氏于光绪三十四年任长白府设治委员,后任长白知府。是志乃修纂者们亲历考察之实录,又征引史籍46部,对廓清长白山山水源脉、国郡边界,实有价值。又专列《文牍》、《杂识》2卷,存有本郡内政、外交诸多文件。被人称为“长白山亦吉林省方志上乘之作”。(见

《中国地方志总目提要》7—18)

宣统间(1909～1911),杨守敬制成《历代舆地图》67篇。首为《历代舆地沿革险要图》;次为春秋战国至明各代之疆域、政区及山川形势图;末为两汉至明代四裔图。以《大清一统舆图》为底图,迭加古地图,以“古墨今赤”进行古今对照。每幅图前有序、表,图中有简说。较以前之历史地图全面加详。1934年《禹贡》半月刊发刊词评此图为:“以绘录地名之多寡言,不为不详备,考证地名之方位言,虽未能完全无误,亦可以十得七八。可是,它有一个最大的缺点,就是不合用。一代疆域分割成数十方块,骤视之下,既不能见其大势,检查之际,又有翻前翻后之苦。”(转见《方志学史》第271页)

宣统间,佚名氏修成山东《齐东乡土志》一种。是志之舆图按方格绘制,有坐标,以“上北、下南、左东、右西”表示地图方向,设有图例。(见《方志学新论》第164页)

按:该书于《中国地方志联合目录》、《中国地方志总目提要》及《山东方志汇要》、《山东地方志纵横谈》诸书中均未著录,今仅据《方志学新论》第141页录出。

又:《方志学新论》中还谓,《莘县乡土志》及《延庆州乡土志》中之地图,均有了图例,表明了乡土志中之地图,已处于从传统方志地图,向现代方志地图之过渡之中。

宣统间,缪果章编成《宣威州乡土志》印行。是书按《乡土志例目》之要求,采用章节体形式,将历史、地理、格致集合成5章,共40课。按两学年80星期的教学时间安排。“本星期为讲解时间,下星期即为复习时间。是两星期方能授完一课。合计两年八十星期,只能授足四十课。”“本书取便童蒙,每课字数删之又删,减之又减。”故每课最少45字,最多70字,很是简明。(见《方志学新论》第158页)

附载:据巴兆祥统计,自光绪三十一年至宣统三年间,全国乡土志编成约有449种,年均达64种之多。其中省志型者有《直隶乡土地理教科书》、《江西乡土地理教科书》、《安徽乡土地理教科书》、《江宁乡土地理教科书》、《江苏乡土历史教科书》、《湖南乡土地理教科书》、《黑龙江乡土志》等19种;府志型者有《衢州乡土卮言》、《杭州乡土地理》、《温宿府乡土志》、《洮南府乡土志》、《昌图府乡土志》、《新民府乡土志》等18种;州志型者有《岫岩州乡土志》、《滨州乡土志》、《宁羌州乡土志》等55种;厅志型者有《法库厅乡土志》、《锦州厅乡土志》、《双城厅乡土志》、《砖坪厅乡土志》、《留坝厅乡土志》等29种;县级型乡土志约有330种。书中还列有《清末乡土志分省统计表》。(见《方志学新论》第147～149页)

宣统间,吴秀之修,曹允源纂成江苏《吴长元三县合志》不分卷,至民国22年始印行。吴县、长洲、元和三县长期同城而治,直至辛亥革命后,长、元两县方并入吴县,故有三县合志之编。三县合志,这在中国方志史上仅此一家。

按:据倪波编著的《江苏方志考》谓,南京图书馆善本部存该志线装80册,实际包括《吴长元三县志采访稿》、《吴长元三县合志编纂稿》和《吴长元三县合志》三部书稿。其后,民国 22 年刊印曹允源、李根源纂成的《吴县志》,虽未冠合志之名,但实际上亦是一部合志。书之下限基本是宣统三年,其中之内容仍是按吴、长、元三县分别记述,只是志书成稿时,长、吴两县已并入吴县,故以《吴县志》名之。(见《中国地方志总目提要》10—50)

清季,佚名氏纂成嘉兴《梅里志》稿一种。此前,梅李历有修志。是志之特点在于,其人物收录颇重视社会下层之实业人士,诸如医学、书家、弈艺、画师、琴师、拳勇等,表现了纂辑者在价值取向上别具卓见。(见《中国地方志总目提要》11—49)

清,佚名氏编成山东《滕县图志》上、下册。是志以仁、义、礼、智、孝、弟、忠、信八字分统各保,分全县为八大乡图。后有县舆图 3 幅。每大乡图内,根据村庄坐落位置与户数多寡,分成若干保甲,共计 72 保甲。各保甲内,详列村庄名称、集场数目、户口人丁及地丁银米,实际是官府征收地丁钱粮与编审保甲之图册。因无序跋,编纂具体时间无法考详,仅有稿本存山东省图书馆。(见《中国地方志总目提要》15—25)

附载:据许卫平在《中国近代方志学》中谓:同、光、宣三朝出现了清代修志之第三次高潮。三朝共 50 年,传流下来之志书达 1164 种,年均修成 23 种。修成志书数量超过了前两个高潮时期。这个数字还未包括其时大量出现之乡土志和乡镇志。(第 85 页)

方志目录学家朱士嘉说,现存清代 22 省之通志 80 多种,府志 450 种,县志 3659 种。全国除新疆、辽宁、吉林、黑龙江以及西南个别省份以外,几乎所有县一级之基层行政单位均修有志书。南方几省所编乡镇志,仅江苏一省就有 120 多种。(见《朱士嘉方志文集》第 154 页)来新夏在《中国地方志》一书中,据《中国地方志联合目录》进行统计,清代所修志书 5701 种,其中康、乾二朝所修为 2551 种,占清修方志之 44%强(第 74 页)。仓修良认为,现存清代 22 个省之通志有 86 种,府州志 901 种,县志 4714 种,仅县志一项,就占清代地方总数 5701 种的 82%。(《方志学通论》第 371 页)

梁启超对清代诸多志书有一个相比较之评论:"大约省志中,嘉道间之广西谢志,浙江、广东阮志,其价值久为学界所公认。同光间之《畿辅通志》、《山西通志》、湖南李志等,率皆踵谢、阮之旧,而忠实于所事,抑其次也。而宣统新疆袁志,前无所承,体例亦多创新,卓然斯界后起之雄矣。各府州县志,除章实斋诸作超群绝伦外,则董立方(祐诚)之长安、咸宁二志,论者推为冠绝今古。郑子尹(珍)、莫子偲(友芝)之《遵义志》,或谓为府志中第一。而洪稚存(亮吉)之《泾县》、《淳化》、《长武》,孙渊如之《邠州》、《三水》,武授堂(亿)之《偃师》、《安阳》,段茂堂(玉裁)之《富顺》,钱献之(坫)之《朝邑》,李申耆(兆洛)之《凤台》,陆祁孙(继辂)之《郏城》,洪幼怀(符孙)之《鄢陵》,邹特夫(伯奇)、谭玉生(莹)之《南海》,陈兰甫之《湘潭》,缪小山(荃孙)之《江阴》,皆其最表表者。"(见《清代学者整理旧学之总成绩》第 147 页)

中华民国元年（公元1912年）

是年，四川省军政府将大汉四川军政府所设之枢密院，改名为“国学院”，其任务之一便是纂修地方志书，对其下属当有影响。但因时局变化，故多议而未行。（见王友平《民国时期四川省志编修情况》，载《巴蜀史志》1999年第4期）

是年，傅嵩炑撰成《西康建省记》一书。傅氏于宣统三年曾提出奏请建西康省的建议。该书中对西康地区之地理环境、创设川滇边务大臣以办理西康事务等情，均有记述。从光绪三十一年驻藏大臣凤金途经巴塘被杀、清政府派兵征剿、其后以赵尔丰为川滇边务大臣，进行改土归流起，有30多个地区设置流官之过程等，直记至傅氏建省之议止。并记述了英国军队入侵西藏，迫使清政府与之订立英藏条约，英人在此制造民族纠纷、挑起民族矛盾等罪行。对于山川、物产、兵战、土俗、民情、程站道里亦有记述。（见《中国地方志总目提要》21—142）

按：据《中国地方志总目提要》所载，今存西康之志书共有民国时梅心如编之《西康》、任乃强纂之《西康图经》、杨仲华纂之《西康纪要》、李亦人纂之《西康综览》等数种。

是年，陈金台、周云纂修成《鄘城县记》30卷，至民国32年方刊行。是志值得注意者有二：一是人物门名曰《稽旧篇》，写法是先列邑内大族之世系，后为人物列传。列传以氏族排列，而不依时代。如元代传一人，其后子孙可入传者，均附于后。二是赋役篇记载了邑内各保地亩数、银数，以及官吏之薪俸数、举人应试路费，直至兵员口粮、民工工食数等，均一一列出，从中可以了解清末之工资制度和政府之收支情况。（见《中国地方志总目提要》16—85）

中华民国2年（公元1913年）

3月22日,黑龙江省行政公署对未报送志书之县及虽已报送但敷衍塞责,草率从事者提出严厉批评,并认为绥化、兰西、安达等县志书语焉不详,体例不合。根据各属情况,拟定志书大纲7章,33细目,令各县速选妥员,博访周咨,从事编辑。限文到一月之内,一律造齐具报2份到省,以凭核咨。(见《长铁归来斋文稿》第470页)

是年,林传甲等编成《黑龙江乡土志》一书,并印行。是书分地理、历史、格致3篇,篇下分课,都320课,各课均有插图。突破了清廷所颁《乡土志例目》之规定,远离"按目考查,依例编撰"之要求,而注重实际,从实际出发来确定篇目。(见王桂云《现代"地学巨子"林传甲》,载《福建史志》1997年第4期)

按:省级乡土志,最早者是冯济川撰之《山西乡土志》,成书于宣统三年(1911),另一部即是本志。本志编撰者林传甲,清末曾任教京师大学堂,被誉为"学界巨子"。他认为"吾国各省人士,使自知各省,由爱乡心以进于爱国,由经营地方而经营国家,洵立国根本大计"。是一位具有强烈爱国心之学人。当第一次世界大战时,其曾作《对德宣战请缨诗》有云:"衰老无成一病夫,沉疴垂死忽张须。莫须洒洒千行泪,何惜堂堂七尺躯?"他一生中除大量学术著作外,还编撰有多种地志之书。计有《大中华浙江省地理志》、《大中华江苏省地理志》、《大中华江西省地理志》、《大中华安徽省地理志》、《大中华福建省地理志》、《大中华京师地理志》、《大中华湖北省地理志》、《大中华京兆地理志》、《大中华山西省地理志》、《大中华山东省地理志》、《黑龙江乡土志》、《黑龙江省地图》、《察哈尔乡土志》、《大中华易县地理志》等。

是年,王士仁撰成内蒙古《哲盟实剂》一书,分哲里木盟(基本情况概述)、设官分治、银行、移民、开垦法、铁路、河流、林业、鱼(渔)业、碱业、矿业、工业、畜牧、商业、教育等15章。作者从少年时起,即随父跋涉于哲盟各旗。长成后又为清朝政府之外交官员,活动于哲盟十数年。由于受辛亥革命之影响,具有强烈之爱国思想。其撰本书就是基于"南满洲已揶揄于日本”,感“叹国势之日蹙,裂脑捶胸”,而提出济世之策。正因如此,故以“治世者如大医,因病投剂,勿拘成方”。编纂中不大讲究志书体例、成法,对哲盟地区之疆域沿革、历史状况、人物志传、文化古迹等注意甚少,而议论占去了大量的篇幅,书名亦称为“实剂”。(见《内蒙古方志概考》第81页)

是年,张樾纂修之《肇东县志略》成书,分总论、地志、政治、教育、实业、财政、兵制等7章。这也是在中国地方志中用章、节之体之较早者。(见金达迈《论志体革新》,载《方志研究》1993年第2期)

按:傅振伦于《方志研究》1986年第3期发表《试论历代方志体例类目的发展》一文中,开列方志类目体式有平行列目者;以地区为次者;全书分类、类下析目者;分年、地、名、人四类者;采正史纪传体者;政书体者;文献体者;三宝体者;纪事本末体者;编年体者;章节体者,凡11类,至此均有出现矣。更有新体之出现,则有待来者。白寿彝在《史学概论》中说:“二十世纪以来,史书编纂一般都采用章节体,这是一种新的记事本末体”,“这种体裁比起旧的记事本末体,有更大容纳量和更系统的组织形式”,“有更灵活运用各种体裁的可能性”。(转自王德恒《从天津旧志的类目谈篇目的设计》,载《天津史志》1986年第3期)

是年,姚光发表《论各县亟宜修辑志乘》一文。文中除阐述“采风问俗,必有资于乡土志乘,此编辑邑志所以备国史之采也”之外,还强调了方志之教育意义:“夫人未有不保其身而保家者,亦未有不爱其乡而能爱其国者。此编辑邑志所以供教民之用也。今者旧邦重建,凡百待理,而各县修辑志乘,更亟不容缓。”(转自金建陵、张末梅《南社与民国方志建设》,载《江苏地方志》2004年第7期)

按:姚氏不但提出修志主张,且于民国7年亲自撰有《金山艺文志》一种。

是年,缪荃孙编成之《清学部图书馆方志目录》,以“古学汇刊”丛书刊行。学部图书馆即今国家图书馆之前身。该目录是清代内阁大库移交京师图书馆之方志书目。分省、府、州、县,以时代为次。共著录通志60部,府、州、县志1676部,其中明代方志224部,列缺不全之志书360部。每一条目包括编纂时代、书名、卷数、修纂者、版本等内容。这是中国现存的首部方志专目。由于是第一部,故存在两个明显之不足:一是将省志单列一类,与各该省之府、厅、州、县志割裂开来,使地理沿革、政区归属模糊不清;二是将“修”与“纂”混为一体,往往只著录主修者,不提主纂者,使志书之纂修主体不明。(见汪庆柏《任凤苞与地方志收藏》,载《中国地方志》1999年第4期)

附载:其后编出的公立图书馆方志目录有:

上海商务印书馆编译所编、附设图书馆出版《涵芬楼藏书目录·直省厅州县志目录》,后又增补成《涵芬楼直省志目》。

何澄一、江瀚等编《故宫方志目》(1931年),“以故宫所藏,益以清史馆近岁所收,自明正德迄于清季,共得 1400 余种,内中善本罕见之作,指不胜屈”。编排按直隶、盛京、吉林、黑龙江、热河、山东、河南、山西、江苏、安徽、浙江、江西、福建、湖北、湖南、陕西、甘肃、新疆、四川、广东等省为序,著录书名、册数、卷数、纂修人和版本,古今地名不同者,注以今名。(见该书序,转自邸富生《中国方志学史》第 225 页)1937 年又有《故宫方志目续编》之出版。

谭其骧编《国立北平图书馆方志目录》26 卷(1933 年 5 月),著录各省、府、州、县志 5200 余种,去除重复,约为 3200 种。这些方志,有的移自清宫内阁大库,有的来自范氏天一阁等著名藏书楼,还有零星购得者。“以省、府、厅、州、县志为主,兼及边镇志、卫志、所志、关志、场志、盐井志等。其清末各省、州、县所修之乡土志及江南、浙江私家所撰之乡镇志,别为附录。一书有以志为名,而所记无关之地方经制者,概不采入;一书有不以志名,而所载为一方掌故者,视其体例,以定去取”。(见邸富生《中国方志学史》第 226 页)是目之书名下注有“金石”、“艺文”、“经籍”所在卷数。书后附有索引,是民国时期较为完善之一部馆藏方志目录。该目录之《二编》于 1936 年 11 月出版,收入 1933 年 5 月至 1936 年 6 月入藏之志书 862 部。《三编》印行于 1957 年 11 月,反映了抗战期间于西南地区采得和新中国成立后入藏之情况,共收入方志 2177 种,附载名胜、古迹和山志等 180 种。至 1997 年已编出《北京图书馆普通古籍总目·地方志门》,收入该馆善本古籍以外之普通古籍书中的省、府、州、县、乡土志等 6700 余种,与《北京图书馆古籍善本书目·史部》地理类方志目可互为补充。这个目录有藏书号,书后附有作者及书名索引。该馆地方志和家谱文献中心近年来还着手编制《新方志书目数据库》,至 1997 年,已收录自 1980 年以来新修之志书 6500 余种,包括省、地、市、州、县、旗、镇、村、街道等志。(见刘刚《中国方志工具书概述》,载《中国地方志》1997 年第 4 期)

张允亮编《国立北京大学图书馆方志目》(1933 年),著录方志 1131 部。(《中国方志学史》第 226 页)(一说是 1944 年编成)

武汉大学图书馆编《武汉大学图书馆方志目》(1936 年),著录方志 1000 余种。

张政烺编《国立中央研究院历史语言研究所图书室方志目》(1939 年),收入方志 1900 余种。

北京人文科学研究所铅印《北京人文科学研究所藏书目录》(1939 年),其中方志单独成册,与经、史、子、集并列。

万斯年编《国立北平图书馆西南各省方志目录》(1941 年 12 月),收录四川、西康、广西、云南、贵州五省方志 416 种。(邸富生《中国方志学史》第 226 页)刊发于《图书季刊》新第 3 卷第 3、4 期。

万国鼎、储瑞棠编《金陵大学图书馆方志目》(1944 年——邸富生《中国方志学史》作 1933 年),收入方志 2104 种。据新编南京《鼓楼区志》谓,是馆前身为光绪二十八年

(1902)建立之三江师范学堂德(书)楼,民国期间先后随学校沿变更称为南京高等师范学校图书室、东南大学图书馆、孟芳图书馆、国立中央大学图书馆、国立南京大学图书馆,1952年改为南京大学图书馆。1989年时,入藏之地方志有3600种,38000册,名列全国第五。

《华西大学图书馆方志目录》于"金石"、"艺文"、"经籍"外,又加注了"兵事"、"歌谣"、"矿产"、"方言"、"实业"、"宗教"和"少数民族"所在卷数等。(见《朱士嘉方志论文集》第131页)

私藏方志目录有:

上海王绶珊编《九峰旧庐方志目》(1934年),著录王氏20余年搜得之方志2500余种,其中有未见各大图书馆及私人所藏者约400种。王氏为近代大藏书家,特别注意搜集地方志书。顾颉刚为是书作序称:"先生迩年以收集郡县志乘为职志,远自陇西,僻及滇南,奔凑而至,九峰旧庐中为之充积而不可回旋。"(转见邸富生《中国方志学史》第226页)

慈溪冯贞群编《天一阁方志目》(1936年),著录明代方志270余种,附有清志10种。

宜兴任凤苞编《天春园方志目》(1936年),收入方志2500余种。任氏为民国间私人藏志之"巨擘"。为了搜求志书,他凡"所未见者,百计访求。朋友驰讯,必以相属。北极穷边,南届海澨,邮裹络绎,寖以日多"。(《方志考稿·序》)这2500余种中,多有珍本善本。是书目改正了缪荃孙《目》不当之作法,将志书分属各省,通志下分列府、厅、州、县志;将修、纂分清,职责分明。(见江庆柏《任凤苞与地方志收藏》,载《中国地方志》1999年第4期)。

区域性方志目录有:

张维之《陇右方志录》(见本书1932年条)。

《闽南地方志过眼录》(见本书1928年条)。

国外收藏中国地方志目录有:

《美国国会图书馆藏中国方志目录》。

《东洋文库地方志目录》等。

中华民国 3 年（公元 1914 年）

6 月,徐曦纂成《东三省纪略》10 卷,明年印行。其《凡例》谓:“是书虽以说地为主,然稍带历史性质。除纪载行政区域暨川陆形势外,兼述前清三百年间经过之痛史及晚近日、俄割据满洲之大势,于成败得失之故,略能道其一二。”其自序谓:“其于疆域之沿革,海陆之形势,与夫兴废成败之迹,稍稍举其梗概,而边塞、铁路二者则加详焉。”其篇目与其他诸志略有不同,系以自然区域划分的。卷一为疆域纪略上:位置、幅员、疆界;卷二为疆域纪略下:区划;卷三为山川纪略:山脉、河流、湖泽;卷四为海疆纪略:海岸、海港、岛屿;卷五为边塞纪略上:额尔古纳河右岸、黑龙江右岸;卷六为边塞纪略中:图门江左岸、牡丹绥芬穆棱诸河上游、乌苏里江左岸;卷七为边塞纪略下:洮水河流域、鸭绿江上游右岸、鸭绿江下游右岸;卷八为铁路纪略:属于外国之铁路;卷九为铁路纪略下:属于中国之铁路;卷十为附录:东三省电线表、东三省商埠表。(见《辽宁地方志考录》第 27 页)面对日、俄帝国主义对我东北侵略日益加深,作者深怀忧国失地之思,撰成是志。(见《东北方志序跋辑录》第 29 页)

按:8 年之后,白眉初以同样之心思,抱着于黑龙、鸭绿两江之间,兴起“礼乐彬彬之俗与同胞敌忾之风”为目的,又纂有《满洲三省志》。(同上书第 31 页)

8 月 20 日,黑龙江重新成立通志局,由涂凤书任局长,金梁为主编。至民国 8 年志局停办前,金梁只得把修成之志稿 15 巨册交还省署,后散佚。旋,省长孙烈臣嘱请金梁继续编修通志。(见《长铗归来斋文稿》第 91 页)

是年,教育部咨令各地编修乡土志,作为学校教材之用,同时供清史馆征用。(见《方志学》第 235 页)

按:是时,清史馆亦曾向各县征求县志。时任盘山知事之马俊显,即以清史馆之征求而始修《盘山县志》。(详见下年条)

是年,浙江省设立通志局,着手《浙江续通志稿》的编纂工作。聘沈曾植为总编纂,喻长霖为提调,朱祖谋、章梫、朱福清、王国维、陶保廉、金蓉镜、吴庆坻、张尔田、刘承幹等为编纂,各县俱设采访员若干名。制定凡例、大纲,断限上自乾隆元年(1736),下至宣统三年(1911)。

篇目在雍正《浙江通志》基础上新增了编年体之《大事记》、纪事本末体之《大事纂》和《遗民传》三类。还有经纬度、里程表、地质、地方自治、厘金等门类。惜至民国8年后机构解散时，书尚未成，仅遗志稿260余册。后散落于杭州、嘉兴、上海等地。(见陈光贻《中国方志学史》第135页)至20世纪末，方由浙江地方志编纂委员会整理出版。

是年，郭熙楞纂《吉林汇征》2卷、附录1卷印行。是书凡7章，卷上第一章沿革，记自唐虞周秦迄明季清初。每节下附"按语"，引群经、考、注等，对正文再加考录，间附以己见。第二章疆域，简明扼要地记叙了吉林1省4道35县之建置、区划。第三章山川，记述了长白山及其支脉，图门江、松花江、牡丹江、乌苏里江之水源、入口、支流。卷下第四章政治，其中之第三节"交涉"，附有《中韩图门江勘界始末》及《中俄勘界始末》，历记了清初，中、俄、韩3国勘界详细事宜，并载录有土字、萨字、帕字等10块界碑，各叙其位置、立置时间、历次迁徙情况等，极具存史价值。第五章种族。第六章风俗。第七章地质。附录了《舆地杂志》、《五国城辩》、《谪戍人物考》、《金石考》等，也很具学术价值。王彭在序中，将是书与《太平寰宇记》、《桂海虞衡志》相提并论。(见《中国地方志总目提要》7—6)

是年，钟元棣修，张隽、邢定纶纂《崖州志》22卷、首1卷铅印成书。是书"于疆土沿革、气候潮汐、风土人物、典章艺文，纂集甚详，颇具史料价值，在地方志中尚属佳作"(郭沫若《序重印〈崖州志〉》)，详载黎族风土民情，更别具特色。(见《中国地方志总目提要》19—86)

是年，张祖溶修成《拜泉县志》，共设7章33节，亦是一部章节体之志书。(见《傅振伦方志论著选》第192页)

是年，东边镇守使马龙潭、秦夏声修，刘鸿逵纂成《庆云县志》4卷。是志以"乡曲之私"充斥其间，"人物一门，侈陈马氏事实，并及里人"，"修志之人，自为生传"等等。又赋役、秩祀等门，于民国新制并不一及，而对于旧八景之类，依然照搬。凡此，都遭到后人之诟病。(见《方志考稿》第一编第71页)

是年，徐大煜修纂成《湖北咸丰县志》12卷刻行。是志特设土司志，载有土司列传、元明以来土司纪略、前清改土归流等篇，详述了咸丰古为巴子国，秦属黔中郡，汉为武陵郡，唐属黔中道，五代为感化州，元属散毛司，明洪武七年(1374)割散毛司之半为大田所，清雍正十三年(1735)改土归流，乾隆元年合大田所及唐崖、金筒、龙潭、西坪诸司而设咸丰县之史实，对研究改土归流颇有参考价值。(见《中国地方志总目提要》17—63)

是年，奉天法库县知事李心曾续补清修《法库县乡土志》成。此次之续补，以"民国成立，百度维新，端赖有地方详细调查之书，始足为行政上改革之根据"为目的，确定"例有专条，民生实业之余无冗语；事皆实录，表微阐幽而外无滥词"。(见《东北方志序跋辑录》第246页)是民国志比之清志又有进步也。

附载：据柳成栋统计，自清末至民国期间，东北地区共修成乡土志98种，其中辽宁51种，吉林41种，黑龙江6种。以时期分，清代65种，民国时期18种，伪满时期15种。(见《长铁归来斋文稿》第54页)

中华民国 4 年（公元 1915 年）

1 月,马俊显修,孙名耀纂成辽宁《盘山县志》。是志体例颇为特殊,将内容分为 7 略 24 表,约 50000 字。7 略为:建置、官制、风俗、胜迹、政绩、人物、宗教等。24 表分别为:疆域、经纬、气候、田赋、岁入岁出、货币、行政长官、司法比较、警察官弁及分区兵额、教育公所、学校、自治士绅、农务分会、盐场、渔户、居留、交通、保卫团、商务分会、商埠出入货物、统捐税务、河道、籍业、村屯户口、物产等。表中数据详实,资料价值甚高。(见《中国地方志总目提要》6—22)

是年,清史馆征集各地乡土志。

是年,山东巡抚张曜等修,孙葆田(《方志考稿》第三编第 2 页作孙伟田)等纂成宣统《山东通志》200 卷、首 9 卷、附录 1 卷、补遗 1 卷,民国 7 年刊行。该书卷帙宏大,体例完备,编次有序,是清代山东省志之集大成者。是志修纂之时,曾组织了一个庞大班子,除巡抚总裁外,有毛承霖、杨保彝等人协助孙氏。共设监修、总纂、会纂、总校、分纂、分校、采访、文案兼收支、庶务、收掌、缮写、图绘等,总 140 余人参加。宣统三年全稿完成。至是由山东通志刊印局铅印 500 部。(见《山东方志汇要》第 18 页)是书《总例》有言:“凡各志有表有考有纪载,皆先为长编,稽之正史以溯本原,考之国朝官书以昭法守,再参之杂史、别集以及私家撰述,乃定著于册,皆注其所出于下。”书之体例也较特殊,瞿宣颖于《方志考稿》中,将其略例摘要为:“舆图第一,山川则案其脉络,道路则案其迂直,古城之址、市镇之大者、村社之近驿路者,皆有图;通纪第二,以编年之体,书水旱兵戎大政;疆域志第三,其子目:曰沿革表、曰城池、曰封建、曰山川、曰形胜、曰古迹、曰风俗、曰物产;职官志第四,编其名籍曰表,详其制度曰考,记其政绩曰传;田赋志第五,其子目:曰户口、曰税则、曰仓储、曰荒政、曰盐法、曰关榷,皆详其轻重多寡及其岁入、动支、起运、存留之数,以四柱核之而书于册,其各府州县所用权衡度量则为之表;学校第六,志学校贡举之制,其贡举名籍,则依科编年而为之表;典礼第七,尤重典礼之特行于山东者,若阙里释奠之礼,若时巡祭泰岳之礼;兵防志第八,其大者曰驻防、曰海防,而附以官制表;河防志第九,依年编载而以表明之,别志漕运与海运;艺文志第十,曰经籍、曰金石;人物志第十一,于通志例外,特辟二门,曰先贤传,曰两汉经师。凡近人列传,见国史者录之,见碑碣者录之,见他省名宦者录之,见刊行集部者录之,凡录皆注其所出;杂志第十二,其子目曰轶闻、曰琐事、曰流寓、曰寺观、曰仙释;而以旧志序题为终焉。"(第三编第2页)其典礼志,专志特行于山东者,如曲阜祭孔,历代祭泰山载之甚详。人们从中可以看出,对于曲礼既作记述,又坚持了通典不录之原则。

是年,林传甲撰成《察哈尔乡土志》一书。全书不分卷,仅列70子目,亦无纲领统属。清民之际,随着帝国主义对中国侵略日益加深,国人出于民族危机感而提倡实用之学,以期唤醒民众,发展实业,挽救民族危亡。林氏亦认为,德国之所以兴,是因其教育发达,而其"教科最切实有用者,则为乡土志"。故其一生有地方志著述多种,以《大中华地理志》最为有名。其撰写本乡土志之目的,就是"愿诸生从事国民教育,以德意志为法,吾国乃足以立国矣"。在志文中,提倡发展实业之思想随处可见。更有直接提出建议者,如本志之《地质之盐碱》条下,就有这样的文字:"若加以油质,制成胰皂,可获得利。吾辈愿口外商人,合资设立大胰皂厂公司,因天产之丰而推求自然之利,于民生裨益多矣。"(见《内蒙古方志概考》第85页)志人之良苦用心,于此可见。

是年,温德溥修,曾唯儒纂成广西《武鸣县志》10卷、首1卷。是书专为陆荣廷一人特设"勋位纪"一门,既破了"生不立传"之志规,且对在任的广西之督府陆荣廷,极尽歌颂溢美之能事,被评论者视为一大败笔。(见《广西地方志提要》第78页)

是年,汪篪修,于振江等纂成安徽《重修蒙城县志》12卷印行。蒙城历来志书中多有关于庄周事迹之记载。最早者有宋时元丰元年(1078)县令王竟始建《新修庄子祀记》,继之有苏轼《庄子祀记》。又还有关于漆园城等记载。均认为庄子为此蒙城人。所据盖出自《史记》:"庄子者,蒙人也,名周。周尝为漆园吏,与梁惠王、齐宣王同时。"但实际上战国时之蒙地,与虞相近,属宋国之蒙地,汉属梁国,其地当在今河南商丘之东北,而非此之蒙城。(见《安徽方志考略》第91页)历来舛讹相沿,直至民国时尚未纠正。未知是编者真不知其误,抑或是方志中借人才于异地之漏习使然也。

是年,程廷恒修,陶牧等纂成《宽甸县志略》二册。是书之特点是用表特多,除前面建置、兵制、地理、古迹、人物、风俗等六略外,其余全是表。分别为经纬方里表、疆域表、山川表、政绩表、司法表、宗教表、学校社会表、岁入岁出表、自治表、户口村屯表、巡警表、予警表、矿产表、邮递表、祠庙表、物产表等。(见《辽宁地方志考录》第109页)

是年,吴光国、于会清纂成《辑安县乡土志》1卷,附《外交公牍》1卷。吴、于二人曾于光绪三十二年纂成《辑安县乡土志》一书,未刊行。其篇目除按部颁例目之外,增列了《高句丽古碑文》、《高句丽传》、《各书参考》、《建置沿革》4目。前二目及所录《太平寰宇记》等古籍中关于高句丽之记载,记录了高句丽古王朝之一些重大历史事件。至是,二人又将前志记事延长 2 年,增补商务 1 目。尤其值得注意者,在增加所附《外交公牍》1 卷中,记载了光绪三十一至三十二年,日军建筑部强行号木挑起事端之上报文件及中日双方就此交涉之往来文件、光绪三十三年吴光国《上奉天提学使张小浦》,报告日本军队小泽德平将“扶馀古碑”(即好太王碑),强行运往日本未逞之事,都极具史料价值。(见《中国地方志总目提要》7—16)

是年,鲁迅辑录之《会稽郡故书杂集》(以周作人之名)刊行。集录晋虞预《会稽典录》、钟离岫《会稽后贤传记》、贺氏《会稽先贤像赞》、贺循《会稽记》、刘宋孔灵符《会稽记》以及夏侯曾先《会稽地志》等 8 种,使长期亡佚的会稽地方志书,得以部分地复原。(见陈桥驿《从〈越中杂识〉谈浙江的方志》,浙江人民出版社 1983 年版《越中杂识》代前言)其在总序中申明作是辑录,目的在于“书中贤俊之名,言行之迹,风土之美,多有方志所遗,舍此更不可见。用遗邦人,庶几供其景行,不忘于故”,“是故序述名德,著其贤能,记注陵泉,传其典实,使后人穆然有思古之情”。表明了辑录者对志书功能之认识。(见茆贵鸣《鲁迅与地方志》,载《东南文化》1994 年第 5 期)

中华民国5年（公元1916年）

12月12日，奉天省长官公署以第1006号训令，向各道尹转发内务、教育两部之修志咨文，内称“合行令仰该道尹令所属各县，遵照办理具报”。（辽宁省档案馆编《编修地方志档案选编》第18页）

按：是年北洋政府内务部会同教育部通知各地编修地方志书，一些省陆续成立通志局或通志馆。此为奉天省之所为也。

是年，陕西巡按使吕调元、督军陈树藩倡修通志，组建陕西通志局，延聘宋伯鲁为总纂。

是年，福建省设立通志局，以沈瑜庆、陈衍为正、副总纂，陈元凯为提调，刘瀛、何振岱为协纂，另设分纂、外采访、校对、誊录等。

是年，广东省成立通志局，设总纂、邦总纂、分纂、副分纂、邦分纂、收掌、绘画、采访、分校、誊录等职位，进行通志修纂。由省长朱庆澜主持，以梁鼎芬为总纂。由于时局动荡，于次年纂成《续修广东省通志稿》19册后，事即中辍。（见《中国地方志总目提要》19—8）

是年，胡思敬纂成《盐乘》16卷，明年刊行。盐即明清时江西之新昌县，今之宜丰县也。志书凡例谓：“改志为乘，而以吾盐最古之名，亦犹行古之道。”是志采用志、表、略、传四体，共19纲，记载了宜丰之沿革、星野、都图、村落、市集、街巷、道里、山川、氏族、职官、城廓、公廨、坛庙、寺观、津梁、陂塘、物产、商业、民赋、风俗、学校、讼狱、兵制、兵事、人物、灾异、地方文献等内容，尤注意与国计民生有关之记载。在体例上注意革新。一改首载皇言、恩泽之惯例，以沿革地理开其端。对于宣扬忠孝节义的坊表加以删除。漆身起在《江西省地方志概述》中谓，是志专设有“讼狱志”1卷，记述了正德《瑞州府志》篡改元代粮额而至清代引起高安与新昌争讼之事。（第108页）

本志纂者胡氏认为，方志之功能主要在于资治，使当政者了解地方：“各乡土田之肥瘠，门户之盛衰，村落之广狭。善治民者，按籍而稽之，百里之内，了如指掌。政教并施，可不劳而理矣。”最值得注意者，乃胡氏修志之秉笔直书、严体例、拒绝请托之公正态度。当其修志之时,有县人黎文学者,曾以为其父立传一事相诘难。胡即回信黎氏有云:"与《盐乘》定例之初,封赠只按品级,应得登载。捐封、貤封缺焉。通奉大夫系二品,只得上及祖父。凡上及高祖及本生父母者,非捐即貤。除尊家及邢、刘、蔡、巢外,即鄙人曾祖亦在裁削之列。原表俱在,可复按也。封赠体裁一定,合邑皆同,未便更改。"加以严词拒绝。(转自《中国地方志名家传》第243页)

按:削去皇言、恩泽、坊表等,固是其进步之表现,但其守旧思想在志书中仍时有体现。不但志书用古名,且时至民国,还存星野。尤其是反对变革之思想,反对戊戌变法,对黄巢、石达开等农民起义者以及孙中山、黄兴等民主革命者,颇多污蔑之词。

是年,孙毓秀修、贾恩绂纂《盐山县志》30卷(《方志考稿》谓为《盐山新志》16篇)印制成书,分目为疆域、法制、文献、故事四略,共40目。贾氏是民国时期有影响之方志学者,纂修有《直隶通志》、《河北通志》、《定县志》、《南宫县志》、《枣强县志》及本志,以本志最为有名。是志值得注意者有六:一是贯彻方志属地理论者之主张,认为地理内容是方志之"本"、"股",而人文方面则是"末"、"指"。"疆域为全书之纲领,然不先通今将无以资考古;其先沿革而后形势者,不若由今溯前之了然易晓也。"故其载政区地理、自然地理、经济地理相当详尽,并作为"本"而置于前。二是批判了章学诚以纪为纲,认为"正史以国家为主体,故首本纪以提纲义,即尊王可以统摄全史,固其宜也。区区方志,本以疆域为主体,于帝王何与?章氏先之以纪……不得已乃以诰敕之词,名曰皇言,藉充篇幅,其不足以统摄全书明甚"。三是注重经济内容,认为"物产为生命之源,故方物之登耗盈虚,政令风俗,悉因之以为变"。故经济方面的内容较详。四是全书内容全面,又专设了新政等目,颇富时代气息。五是运用史笔,夹叙夹议,突破了方志述而不论之旧规。如于新政之内有言:"当自治萌芽之始,余尝奔走呼号以求伸,惟恐民权之不张也;及自治开幕,而所效实反乎所期,始抚膺自悔。盖自治以选举为基,选举乃吾国久弊之一法,虽神圣不敢再试者也。国人不信,不惮轻尝,卒也肖小闻而不寐,争先而恐后;清流望而窃叹避焉。而若浼源之不清,欲流不浊,难矣。"六是颇多策论之笔。如其《故实略·物产篇》中就提出了以下主张:1.对盐业实行开禁政策,减少税收,以苏民困;2.鱼、虾、蟹为本县大宗海产,采用加工罐头,输出境外,以有易无,增加收入;3.修水利、尽地利,精农学,提倡多种谷麦,以足民食;4.增植槐柳,丰富薪材,增植梨、枣、薯类,借海运之便,包装出口;5.收制野生药物,专业供销,化废为宝。《续修四库全书提要》称其:内容"博洽,远在旧志之上……近代地方志中之有文彩者矣"。(转见金紫衡《试析贾恩绂〈盐山新志〉》,载《河北地方志》1989年第6期)

瞿宣颖在《方志考稿》第一编中,认为本志"不袭正史,不避创格……创多于因","综其所长,盖有二焉:叙疆域沿革,无附会之词,一也;能多制表,事丰而文省,二也。然其所短亦有三焉:其建置篇叙学款有涉恩怨之语。按传世之作,宜严公私之辨,范氏《吴郡志》涉及世家,已非著书正体,况标榜一己乎?一也。又教育制度多所评骘,微论其非是非之公,即专以著书体裁而论,此种评骘岂可尽耶？二也。至人物分目,为历来陋习。钱泰吉海昌志例已略道之。此书高掌远蹠,而独不能脱此窠臼,三也。然方志得此,固为上乘矣”。(第 70 页)

按:是书之体例划分法,对以后之志书,尤其是对河北修志颇有影响。其后,民国 14 年薛凤鸣修、张鼎彝纂成之《献县志》,分为“舆地”、“经制”、“文献”、“故实”四略;民国 16 年袁绍昂纂修成之《济宁县志》,全照《盐志》;民国 20 年万震霄修,高遵章、姚维锦纂成之河北《青县志》,亦分为“地理”、“经制”、“文献”、“故实”四略;民国 22 年张凤瑞、徐国桓修,张坪纂成之《沧县志》,分为“方舆”、“经制”、“文献”、“事实”四篇等,大体都是仿《盐山县志》,分为“方舆”、“经制”、“文献”、“事实”四篇之体式。(见《中国近代方志学》第 108 页)

是年,周叙彝纂修成贵州《安南县志》初稿 10 卷。其大事记亦实行编年与纪事本末体两分。编年述沿革,本末叙原委。其本末中之《明洪武设安南卫始末》、《明洪武设安南所安隆所本末》、《明弘治平普安米鲁乱本末》、《明天启平定安南苗乱本末》,都是较有史料价值之专篇。(见《中国地方志总目提要》22—35)

是年,孙浚源、江庆沅编成《江宁县乡土志》2 卷,民国 7 年由江宁小学教育研究会印行。是书慨叹“金陵染六代萎靡之风,往往以赌酒征歌诩为风流,于是秦淮一带,酒楼画舫,游人纷集,旷时废事,莫甚于此。耗财犹其小焉,士大夫既如是矣,岂不可慨。有志改良风俗者,以敦厚挽浮华,庶乎可矣”。又谓“昔人谓金陵之俗,长于持论,短于有为,勇于发端,怯于临事。斯语也于宁邑一般人民之性质,言之最为真切。盖南方水土柔和,生其间者少刚毅之气、坚韧之志。又自六代以来,金陵为东南都会,五方杂处,人情涣散,故无团结之力。用是安于惰弱,而不能建伟大之事业。自今以往,事宁之人,诚昔人所言,力矫其失,庶乎可矣”。(见王兴亮《清末民初乡土志书的编纂和乡土教育》,载《中国地方志》2004 年第 2 期)反映了一种忧患意识,并表明其欲以是书教育后人,改变民性民风之企图。

按:当时梁启超、鲁迅、陈独秀、孙中山等在探求救国救民之时,都分析中国国民有麻木不仁、人心涣散、国民意识淡薄等劣根性。此书则用江宁一地之民情予以说明,与诸贤之看法是一致的。

是年,美国农林科学家施永格(Dr.Walter T.Saled Gushing)代表美国国会图书馆来华,到各省采访搜集中国地方志书。他是推动美国大规模收集中国地方志的一个关键人物。先是他正致力于物种移植研究,在全世界选择适合移植到美国之蔬菜、水果品种。其间他意外地发现,中国地方志中有关植物、土壤、气候之记载,对他的研究课题有十分直接的关系,于是向国会建议搜集中国地方志。此次采集回国后,他仍坚持努力,通过各种途径继续收集。(见黄友良《美国国会图书馆藏中国旧方志述略》,载《巴蜀史志》1998 年第 6 期)

是时(民国 5 年前后),上海商务印书馆编译所附设图书馆铅印出版《涵芬楼藏书目录·直省厅州县志目录》,后又增补成《涵芬楼直省志目》。(见《中国近代方志学》第 152 页)

中华民国 6 年（公元 1917 年）

1 月,全国水利局咨文各省,征集旧刻志书及有关私家著述。

3 月,内政部以“内政之进行,亟待图册之征考”,咨请诸省征集省县志书。

5 月,美国国会图书馆中国政府代表江亢虎致函奉天省,为美国国会图书馆征集中国志书。

6 月 20 日,老舍撰成《拟编辑乡土志序例》一文。(见王兴亮《清末民初乡土志书的编纂和乡土教育》,载《中国地方志》2004 年第 2 期)

6 月 28 日,奉天省公署令转发江亢虎为美国国会图书馆征集我国各种志书函文,略谓:“……奉该馆馆长委托,代向中央及地方政府请求交换各省地方志书……今农部为考察物产事,与他部会同商榷该馆向中国政府请求地方志书……应请惠速分饬贵省各属,限文到若干日,即将现存旧近之地志(前清省、府、厅、州、县等),检备全部,汇送上海交使署转邮美国……”(转见《编修地方志档案选编》第 89 页)

附载:今年 6 月,日本东亚同文会编之“中国省别全志”第 9 卷(全书 18 卷)《湖北省志》在东京用日文出版。甲午战争后,日本为了与欧洲列强争夺中国,故举国上下掀起了研究中国之热潮。具有强烈侵略野心之东亚会与在中国大陆的日本浪人为骨干之同文会,其设在湖北汉口之支会,自 1907 年起便开始本志之修纂,至是成书,共 10 编。该书之凶险目的是使湖北地方日本化。从其贸易立国论出发,贸易编内容占了全书之1/3。其开辟市场一编中,关于描述汉口之一章有云:“在汉口的日本人,随着实业的发展,各种官衙、公共建筑、团体等也组织起来,计有日本总领事馆,在河岸街,洋楼巍然屹立,表现出日本人的坚强意志”,继而细述日本邮政局、华中派遣队、侨民团、俱乐部、明治高等小学、天皇纪念馆、青年会、消防队、实业同志会、西本愿寺、汉口和文日报、鹤唳杂志社、同仁医院以及各类洋行、商店、旅社、工厂、码头等 100 多处所。全汉口市,不管是中国市场,还是英、美、德、俄租界,插遍了太阳旗。俨然成了国中之国。(转见李崇义《东亚

同文会与〈湖北省志〉》,载《湖北方志》1989年第1期)

8月,教育部通饬各地催送志书。

是月,黑龙江绥化县公署报送至省之《绥化县图志》一本,共7章。由常荫廷修,王国桢等纂。这是初次修志之地方,仍以"图志"为名之例。(见《长铗归来斋文稿》第475页)

9月,北洋政府内务部,鉴于上年与教育部向各地发出咨文后,一些地方提出了修志之诸多困难:"改革以来,疮痍未复,军资政帑,罗掘俱穷,兵燹天灾,库藏早罄。制国用于预决算书之内,仰屋犹嗟。增巨帑于出入岁计之余,点金何术,其故一也。撰述典文,取资宏达,怀经负帙,宜集方闻传物之儒。茹古涵今,必兼旧学新知之彦。然或则地介交通,楚材可借;或则邑悬僻远,硕士难求,其故二也。事涉艺林,未容简陋。开石室渠而延士,待建高墉;设秘阁以藏书,亟需广厦图书宫观,繁兴土木之功,版筑雕刻,糜畴给泥沙之用,其故三也。"该部针对于此,再次行文各省,应征集文献,续修志书,谓:"前经本部会同教育部,通行各地方,饬属续修县志。迭准咨复,已多转饬办理在案。""除已设局开办各县,仍应积极进行外,其未经开办各县,即应体察情形,先从征求文献入手,延集地方绅耆,暂就各该县自治机关附设处所,预筹进行办法。凡关于乡邑见闻,公私撰著,足供续修县志取材者,均应广为搜辑,先事编存,以资筹备。"(辽宁省档案馆编《编修地方志档案选编》第20~21页)

12月,北京大学国史编纂处致函奉天省公署,请检赐县志,以供国史所需。

是月,郭尔罗斯暂署札萨克辅国公多尔济帕勒木旗暂署萨克印贝勒达木林札布咨询,向黑龙江省公团咨送《郭罗斯后旗通志册》蒙、汉文各一本。(见《长铗归来斋文稿》第475页)这是笔者所见之又一本以少数民族文字写就之志书。

是年,云南省以省长公署令第49号令,转发内务部文件,督令所属各地励行修志。(见宋永平《民国时期云南的县市志述论》,载《云南史志》1992年第5期)

是年,林传甲鉴于"日本调查我国,所编支那省地志乃次第出版"之事实,认为是国人之奇耻大辱,"益觉外人谋我之急"。于是在中国地理学会发起编纂《大中华地理志》,并被荐为总纂。受任之后,他"发奋遍游环宇,以作成全国省区志为己任"。自民国6年起民国10年之内,先后编成并出版《大中华地理志》浙江、江苏、安徽、福建、京师、京兆、湖北、直隶、山东、湖南、吉林多编,以及《直隶省易县志》、《察哈尔乡土志》、《黑龙江乡土志》、《河南志》等,影响甚大。(见王桂云《现代"地学巨子"林传甲》,载《福建史志》1997年第4期)其个人地情、历史类之著作尚有《福建归程记》、《湖南驿程记》、《辽金元三史蒙拾》、《满蒙回藏地名释义》、《黑龙江最新地图》等。林氏之方志思想,在《中国地方志名家传》第265~266页中介绍颇详,可资参考。

是年,山西省公署训令全省:"各县自治机关,附设处所,纂修新志。"下达训令之同时,还颁发了郭象升撰写之《山西各县志书凡例》。其全文附载于下:

山西各县志书凡例

方志之书，肇于唐宋。明代求备而不精，清代尚雅而寡用。专门方志之学莫过于章学诚，欲隆其道于国史，其说往往奢阔难施。就如其说，又乏执笔之人，簿书筐箧之间，非可与为雅言也。南皮张氏举晚近志书之善者二十五种，徒以作者出于名流，固未察其利病，虽资效法，亦苦多歧。夫方志之作，主于博稽陈迹以前(益?)民用。若夫源流清浊之所处，风化芳臭气泽之所及，固可因而见也。幽雅故(固?)通古今，陈义虽高，抑犹其后焉者乎。清季筹备立宪，各省饬属纂修风土志，以为地方自治之引喤。会遇改革，事不克举，然新志之议，于此萌芽矣。风土志竞主兴起实业，作新民志，与旧志体例龃龉。旧志既不容轻废，则或赓续，或重修，宜增新条，沟之使一，舍其短而集其长，夫亦因时制宜之道也。不揣陋劣，谨拟凡例如左(下)：

第一、图　计图四：

方里图　用新测绘法，务须精审，不得以旧志县境全图充数。

山脉图　详具山名，附山村庄之名择列。

河道图　方里图俱经流，此图兼及支水，附水村庄之名择列。

城廓图

第二、略　计略十：

略与书志同义，郑渔仲《通志二十略》是也。非疏略之谓。

疆域略　都里村坊，四至八到。

沟洫略　开渠引水之事，故堰新防之所。

赋税略　仓储附。

丁役略　户口驿站附。

礼俗略　婚丧之仪，既载旧风，亦录新志，虽未遵行，宜渐改革。至于年节风俗，自改用阳历以来，民间仍守旧惯。不载则失实，载之则违时，宜标明阳历云云，庶乎不触不背(悖)，临文自行斟酌可也。

生业略　士农工商，各有偏重，调查详载，务得其实。

物产略　动物、植物、矿物。

氏族略　旧志间有此门，今仿而为之。

方言略　分类列之，如《尔雅》、《释名》之例。

兵防略　巡警附。

第三、传　计传六：

名宦传　旧志有传，而名不符实者，悉退之入官师表中。

名贤传　位尊而功德不称者，但具其仕履于选举表中。

文儒传　理学文苑，皆入此类，研精书画之士，择优附见。

孝义传

士女传　此用《华阳国志》之名，凡贤媛才女，皆可立传，不必拘于节孝。其节孝而无事实者，总列于后。

杂传　旧志于人物之有疵累者，一概不为立传，殊属失实。宜按正史有传之人，一一编入。即大奸大佞，亦不隐讳，但于传末注明出于何史。

第四、表　计表三：

官事表

选举表　议员选举表附后。

学校表　或改或创，地点、经费、年月，一一具列，启蒙小学堂教职员姓名不列。

第五、考　计考七：

沿革考

营建考　城廓、衙署、桥梁之类。

古迹考　祠宇、冢墓、亭馆之类。

金石考　旧经名人题跋考证者，照原文载入。无题跋考证者，但据撰人时代，出土地方，如《寰宇访碑录》之例。

著述考　具列存亡，如《经义考》之例。

旧闻考　兵火灾祥异事，凡旧志所有而不可缺者入此。

丛考　凡经史子集，有一言片字关涉本邑者，详悉收罗，每条具载书名。旧志所有，今废而不用者，如衙署、八景等图，艺文、祭祀等志，流寓等传，封荫等表，分野等考是也。艺文之有关系者，可以散见诸志考之中，或分行注，或亚格写，或剪裁其辞，以入正文。神而明之，存乎其名。其流连风景之辞，一并削去。若出于前代名家难以割弃者，能附入古迹考者，入古迹考；不能者入丛考。流寓事迹，亦入丛考。

右(上)凡例，凡重修县志者皆准之。其无力重修，但拟赓续者，同于前志则不便，异于前志则非续，宜题曰新志，仍准此凡例。凡凡例所有而旧志亦有者则续之；凡凡例所有而旧志无之者，则立之，于卷中注明。(转自赵庚奇编《修志文献选辑》第60～71页)

按：《续修四库全书提要》称郭氏“学识通雅，尤长方志之学。其所订之新例，自史汉书志以及三通之籍，确能心知其意而后颁为成式，俾修志之人，不迷于所向，为益洵不浅也”。这个《凡例》，对山西各地修志起了一定的推动作用。

是年，邓之诚在《地学杂志》第9卷第1～6期发表《省志今例发凡》，提出：“自顷改革以还，旧志待续者数十年或百余年，于是有盛意开局谋续修者。然今之志非昔比也。国体既变，拘牵禁忌，毕可破除，一也。西儒专精地理，造端宏远，类次相从，而一归实用，正宜取彼成规，略事改创，二也。事变日繁，必宜增辟门类，以重今制，三也。”文中反复强调不能泥古，志书之体例应因时创新。总而言之，应有图、表、纪、志、传诸体。“图”，不仅有疆域表里图，还应包括建置、人物、草木鱼虫等图,应用科学方法绘制;"表",列沿革、职官、人物、学制、户口、商务等项内容;"通纪"(即大事记),撰述本地古今大事;"志",要因时创新;"传",要包罗各类人物。其相互关系是,图以明之,表以系之,纪以通之,志以详之,传以记之,不尽者归于余录。并设计了一个志目。(详见赵庚奇编《修志文献选辑》第74～79页)

是年,陈艺修,蒋益龄、郑沛霖纂成《铁岭县志》8卷,附旧志2卷印行。张元奇在是志序中谓:旧志"皆矜矜于文学之雅训,其于古今世界政治,往往封固自足,以语于体国经野得失之故,未易言深切著明也,况其下焉者乎?"表明民国时之方志学者开始批判旧的修志宗旨,探求新的意旨。(转见《中国近代方志学》第79页)是志时代气息较为明显,其中颇多新目,如行政改革、禁烟、监察院狱、教育、警察、地方杂捐、自治、农事、工艺、商务、矿务、宗教、慈善、民族、人民程度、铁路、交涉、外国教育堂、医院、学校等。农事、工艺篇中内容较为丰富充实,与当时不少志书往往拘泥旧规者不同。将康熙时之旧志附录于后之作法,更是较为少见。瞿宣颖称其"亦创体也"。(《方志考稿》第二编第6页)

是年,赵恭寅修,曾有翼等纂《沈阳县志》15卷、首1卷刊行。邑人王树榆在《重修沈阳县志》序中,说方志之史与他人略异,有足参考者,今录之于次:"志于史为别子,体例视马、班八书十志为近,大都有以田赋、户口、地理、职官、艺文、食货等分门类,撮录成篇……一代之文献视乎史,一方之文献视乎志,志于史顾不重哉。汉以前,图书典籍掌于太史,世为专官,其纪一方之文献绝鲜。志乘之作,其始于郡县之世乎。然唐以前亦无有也。自唐末梁载言始撰《十道志》十三卷,晁公武《读书记》亟称之。唐宰相李吉甫撰《元和郡县志》四十卷,篇首皆有图,为后世省通志之滥觞。嗣是而后,宋谈钥撰《吴兴志》二十卷,范石湖撰《吴郡志》h十卷,又后世府志之滥觞也。县志之作始于宋。嘉定中永嘉蔡范甫撰《黄岩志》十六卷,历阳李瞻撰《旌川志》八卷,濡须王林撰《泾川志》十三卷。其体例或详或略,马氏《经籍考》存其目,而书没不传。即传,亦未必可观。惟晁公武盛推宋敏求《东京记》,上中下三卷,考证开封坊巷、寺观、官廨、私第,搜采极精博。陈直斋《书录解题》又谓周淙撰《临安志》十五卷,于行在、宫阙、殿阁,全不记载,颇病疏略。二书之去取,固详略之不同。然近世有名之作,如武功、介休二志,皆彰彰在人耳目者,有识之士亦复深致不满,盖文体修洁与事实详备,二者不能并顾。"(转见《辽宁地方志书序跋选》第30～31页)

是年,王岱修,李麟兮纂成黑龙江《巴彦县志》1种,全稿分12门,40余目,约6万字。是稿之值得注意者,为其物产诸条内,往往有典,写法独具一格。如木属"桦"条载:宋时洪皓使金,写四书于桦叶,授弟子,此桦叶见用于古人者。(转见《中国地方志总目提要》8—21)

按:该省民国《双城县志》亦有此种写法。如其《动物》目之"鲟鳇鱼"条,就征引了《金史》、《太平广记》、《御制鲟鳇鱼书诗》、《东海志》、《扈从日录》、《竹叶亭杂记》等典籍中之资料,为他志之所不及。(同前书8—22)

是年,张培爵修,周宗麟等纂,周宗洛校订云南《大理县志稿》32卷、首1卷印行。是志通过采访大量之口碑资料，首次揭出杜文秀起义之政治纲领，且未施贬词："寒布遥奉太平天国南京之号召，革命满清，改正朔，蓄全发，易衣冠。田亩实征，除丁银；诉讼速审判，禁羁押。"颇值得注意。（见宋永平《民国时期云南的县市志述论》，载《云南史志》1992年第5期）

是年，孙奂崙、贺椿寿修，韩垌、李薰南纂成《洪洞县志》18卷、首末各1卷印行。是志体例参用民国之新例，采用了新的绘图技术，有经纬度、图例、比例尺等。内容上新增了反映新事物之"邮政"、"警察"、"高小学校"、"国民学校"等新的篇目。是书曾获官方好评，其时内务部称其"考据尚属精详，体例亦称完善足征"。山西省亦要求各县"参仿洪洞县志略例续行编纂"。（见刘光禄《中国方志学概要》第53页）该志于1991年由县志办公室点校，与道光志合册重行出版。

是年，张镜寰修，丁祖荫、徐兆玮纂，潘一尘、张礼纲续修，庞树森续纂成《重修常昭合志》22卷，首末各1卷。这是今存于世之常熟22部旧志中之最后一部。据史所知，常熟志最早修于南宋绍熙间（1191～1194），可惜此志已不存。今存最早者为南宋宝祐二年孙应时、鲍谦修的《琴川志》。一县之地，修成并保存下来志书达22部之多，在全国当属仅见。

是年，陈景星、沈兆禕修，王景祜纂成《临沂县志》14卷。是志疆域之后有通纪一篇，篇之上为纪兵事；篇之下纪灾异，尚属可称。然时已至民国时期，秩祀等已非时有，仍立专篇，而实业状况、地方自治等新事，反而不著一字，可见其脱离时代之状。（见《方志考稿》第三编第46页）

是年，历史学家陈垣利用《至顺镇江志》等资料，撰成《元也里可温教考》一文，是为名作。他称"至顺《镇江志》，诚考也里可温者之宝藏。无论如何难觅，不可不备一部也"。（见《方志学》第386页）这是方志解决历史疑难问题之一显例也。

中华民国 7 年（公元 1918 年）

3 月,江苏省恢复通志局,续修省志,由冯煦任总纂,王庆平任副总纂,宗舜平、沈维骥、金轼等任协纂。至民国 12 年(1923)以齐燮元兵变,经济困难,志局迁往上海,旋又撤销,仅有部分志稿存世。(见王中明《柳诒徵的方志学思想与实践》,载《内蒙古地方志》1992 年第 1 期)。志局撤散时,冯煦曾表示"以局自随,尽款卒事"。之后又致函通志局提调张澹然:"愿留此一编,使二百年文献赖之粗传,庶不负父老所托。后有贤者,即是编而董理之,得成善本,则尤煦祷祀以求者也"。(见康静《〈江苏通志〉纂修溯源》,载《江苏地方志》1987 年第 1 期)

5 月 20 日,奉天省长公署再次发出《转内务部催送省、县志书和地图咨文》,其内有"各县志书汇送到部者,尚属寥寥"之语。就奉天省而言,便有抚顺、庄河等 30 多县未附送志书。(见邸富生《中国方志学史》第 176 页)可知前发咨文成效有限。

7 月,湖北省第一优等师范学校放假,校长沈肇年以乡土志为题布置假期作业。就读于该校之天门县人周庆璋,回乡后就质于乡中父老诸前辈,并参诸县志资料,撰成《乾镇驿乡土志》一稿。沈校长评之谓"悉心采集,颇见切实,知非浪事抄撮者"。是志后辗转入藏于中国历史博物馆。至 20 世纪 80 年代初修志中,天门县志办按朱士嘉先生之提示,于历史博物馆拍照还乡,重新注释印行。重印本于 1983 年流至美国,有李先生者,因喜其书而又手抄一本,并告知居于台湾之周守曾。周以是书为乃父所撰,心切求要,李先生只得又重抄一部寄台。守曾昆仲平时注意乡邦文献,且已汇辑有关资料刊发于《湖北文献》。得此本乡土志后,于是增补内容,重新印出,"赠阅乡亲"。台湾版之《乾镇驿乡土志》寄至美国李先生处,李先生又托自美回来探亲之天门籍侨胞,转送天门市志办公室。足见旅外者殷殷乡梓之情。(见胡华《一本乡土志　海峡两岸情》,载《湖北方志》1991 年第 6 期)

是年,金城修,陈畬等纂成《新昌县志》20 卷,明年印行。金氏是著名实业家,故是志中颇重经济内容。对新昌之特产烟、茶、桑等,均给予详细之记述,还专撰有《新昌农事调查》一册,附诸篇末。对氏族、户口、物产、农业、工业、商业,均作了详细调查,列表进行统计。对山川则别列一目,载明形势、脉络、支干及分合、回互、曲直、向背等。蔡元培谓是志“地图之本于测绘,山川之特列纲目,教堂之附入寺院,灾异、祥瑞之别为轶闻而附诸杂志,皆甄取新义,可以正旧志之失者”。(见《中国地方志总目提要》11—83)

是年,何燊、程瑶阶修,冯文瑞、王景命纂成《万泉县志》8卷、首末各1卷印行。这是民国初年较新的一部志书。全书分舆地、政治、人物、艺文四大纲。下辖20目。其特别之处:“一为其县境图系新式地图,其间森林、大路、桥梁、村庄、县城、县界等等,不无别定符号(图例),详为著录,非旧志之类似山水图者可比;二为其城池下详列村庄,而寺观注其下,其详备又非旧志可比。”本志于物产记之特详,“详动植物产,足以化故智而期改良”。对县内70余种物产之品类、特性、生产技术,以至病虫害防治等,都一一详载。如记其特产之一的“柿”,载有:“柿分数种,俱以羊枣树接之。曰小柿、板柿、牛心柿、珠柿。田首、山坡中,一望千万树,少犹数百株,夏初开花,霜陨而熟。能酿酒、酿醋,祭礼、宾客,咸给之。柿饼尤多,冬月后出白霜。出售平阳一带,获利甚巨。价虽廉,亦吾乡之宝物也。惟树上黏虫曰树虱,则枝黑而不实。冬日以草烟熏之即落;或以尿灌树根,虫亦脱。”《续修四库全书提要》称其“科类得当,眉目清楚,可称善本也”。(转见邸富生《中国方志学史》第174页)

按:这是民国初年出现之新型志书。这类志书随着时日推进而渐增多,如王理服修,刘绍宽于1926年纂成之浙江《平阳县志》,贾恩绂于1916年纂成之《盐山县志》,余绍宋于1925年纂之《龙游县志》等,均属此类。

是年,邓缵先纂修成新疆《续修乌苏县志》2卷,至民国10年(1921)刊行。上卷有建置、地理、食货3目,下卷有职官、教育、交通、杂录4目。全志子目四十有二。摒弃了旧志中不合时宜之星野、名宦、仙释等目,新设了藩部、桥梁、垦辟、沟渠、矿业等。是民国新疆方志中较为可观者。(见廖基衡《邓缵先和〈乌苏县志〉》,载《新疆地方志》1991年第4期;刘德润《方志概述的功能及其编写》,载同刊1994年第1期)

按:胡正华在《新疆地方志》1994年第2期著文谓,民国时新疆共修成志书7部,其余为:1.县知事李晋年编修之《沙雅县志》(见1919年条);2.邓缵先编纂之《叶城县志》;3.佚名纂之《奇台县志》;4.林岳玉修、易升骏纂之《镇西县志》;5.佚名编纂之《绥来县志》;6.县长于焕章、副县长安筱山修、王普滨纂之《和阗县政概况》。其中最值得注意者是县长邓缵先编纂成新疆《叶城县志》8卷。是书前3卷佚,所存5～8卷。卷4为食货;卷5为教育,作者对于清代强迫少数民族儿童学汉文之做法表示不满,认为必须进行改革。卷6为《交涉》,记述了境内有印度、阿富汗、俄罗斯、浩罕诸国侨民,彼此杂处,时有纠纷,对中国法权损害之例子,令人堪忧。卷8为杂录,有古迹、村景、灾异、石壁画像、金石5目。书后附有8000字之日记,记录了1920年3月,叶城县组织调查组对坎巨堤人,越境至汉扎达拉卡倫种事进行调查之情况,是解决边防问题有价值之资料。

又:上述6种志书均为《中国地方志联合目录》未著录者。笔者于前数年组织编纂《中国稀见著录方志提要》时,均已由胡先生写出提要,惜全书尚未编成出版,资料亦未便引用。

是年,张浩源、林裕焘修,王凤翔纂河南《宜阳县志》10卷印行。前8卷为光绪旧志之整理,后2卷乃光绪七年志后之续修。县长张浩源说,修此志目的是,“上以束专制之残局,下以启共和之洪绪”,(《河南地方志提要》上册第254页)可见他完全是为政治目的而修志。

是年,朱之英修,舒景蘅等纂安徽《怀宁县志》34卷、首1卷印行。是志篇目几乎全仍封建时代志书之旧,其人物门内,对“忠义”、“仕进”、“儒林”、“文苑”、“笃行”、“隐逸”、“道艺”、“艺术”之记述,一一照旧志内容选列。本门内之列女部分,对殉烈、难烈、节烈、烈妇、节孝、贤媛、孝妇、孝女、贞妇、贞孝、贞烈等之记述,都不厌其详,比诸旧志更有过之而无不及,而对于许多新事物却没有反映。故《续修四库全书提要》批评其“自光绪中兴以后,新政已渐推行,若自治、邮政、毕业、议员、公债、劝学所,与夫其他各种杂税,志中未言及。”(转自《中国近代方志学》第119页)是当时志书中守旧之典型。

按:民国初期,处于过渡阶段,创新和守旧之典型均可以举出,守旧者更其不少。诚如李泰棻氏所言:当时“省县数千,未闻有某氏之作可以表现当时史潮者。甚至求如清代章(学诚)、戴(东原)、洪(亮吉)、杨(笃)诸家之作,亦复不可多得。”(《阳原县志·序》)又如吴景超在《中国县志的改造》中所言:“无论是研究社会的,或是想要改良社会的,如想要从县志中得些材料,结果总是失望的时候多。社会上有些极重要的事实,在县志中并找不到。我们所看得到的,无非是一些诗词歌赋,一些古迹的名目,一些忠臣烈女的名字。这些不相干的东西,不少要占一大部分的篇幅。”还如朱士嘉谓:“关于农、工、商业的状况,在县志里很不容易见到。”(《怎样编纂新式的县志》,余均转自许卫平《略论民国时期方志记述内容的变革与创新》,载《江苏地方志》2002年第6期)此为更典型之例子而已。

是年,施永格代表美国国会图书馆,再次到中国各地收购地方志书。(见黄友良《美国国会图书馆藏中国旧方志述略》,载《巴蜀史志》1998年第6期)

中华民国8年（公元1919年）

2月，司法部因修订民商法典及法律事，通咨各省征集省志及一切有用志书。内称“事关修订法律采取志书，相应咨请贵省长检送省志一部，并希转饬各县，凡关于地志各书，一律检送一部”。（见邸富生《中国方志学史》第171页）

5月，内务部通饬各省催送志书。

是月，东三省巡阅使分署，训令三省属检送县志、乡土志。

是年，教育部、内政部“通咨省长，指令各县续修县志，具国史之资材，备观省而垂劝诫”。（民国《德兴县志·序》，转自《中国近代方志学》第88页）

是年，黑龙江省通令所属市县修志，成立省志编纂室。

是年，贵州省以任志清倡议，成立通志局，有杨恩元等参与其事。除向全省颁发《采访条例》，“通饬各县修辑志乘。凡已修者，当应继修，未修者当应新修”（见《贵州地方志论纲》第21页）外，志局内人士即着手资料收集工作。至民国10年（1921）春，共推杨恩元赴北京抄录文档。时正值国家清史馆开办，馆长由清遗老赵次山任。赵氏原是从贵州吏职起家，对贵州修省志事极表赞成，并于馆内特置屋一间，给以方便。杨氏每日入馆披阅，遇有关黔事者，即让书员抄出。在近两年之时间内，共抄得40余册。可见为收集资料而下功夫之深。民国14年春，省主席吴礼卿筹建文献征集馆，仍以任志清为馆长，王书农副之。至民国34年（1945），省志告成。（杨恩元民国《贵州通志·序》，转见《贵州地方志序跋凡例选录》第18页）

是年，林修竹编成《山东各县乡土调查录》4卷，明年印行。是书以县为纲，以事分类，举凡一地之境域、人口、耕地、赋税、民情、警察、教育、农工商业、会所、交通、山川、古迹、金石、宗教等均记其大要，是一部全省分县之乡土志集。（见《中国地方志总目提要》15—8）

是年，河南省杞县奉命成立修志局，开始修志。此事前后延续十余年，只成采访册76册，未竟稿若干，原存于县内。“文化大革命”中几遭焚毁，幸为县文化教育馆保管员张保珠先生悄为保存，得以不毁。（见《河南地方志提要》第203页）

是年,孙蓉图修,库码尔路协领徐希廉编纂成黑龙江《瑷珲县志》14 卷,明年印行。其先已有佚名氏纂成《瑷珲县志》一种,只有抄本流行,至是,孙、徐又在前志基础上纂修成 14 卷本。其卷目分别为地理志、政务志、财赋志、交通志、外交志、祠礼志、学务志、武事志、人物志、礼俗志、物产志、艺文志、库路志(即库玛尔路鄂伦春志)。仿黄维翰《呼兰府志》体例,内容重边务,重民族,重风俗。尤详中俄关系之历史记述,记载了从 17 世纪到 20 世纪初,沙俄侵略者侵占我黑龙江大片土地的历史全过程,其中包括"瑷珲条约"、"北京条约"之签订,"乌苏里江以东九十万三千英方里之地全入于俄"之详细经过,还记述了沙俄侵略者把居住在海兰泡 5000 余名中国人赶进黑龙江活活淹死,以及在江东六十四屯大肆烧杀抢掠,将中国人赶出家园之骇人听闻之海兰泡和江东六十四屯大惨案。内中保存之原始文献有二十五六篇之多。不但为研究沙俄侵华史之重要资料,通篇还贯穿着强烈之爱国主义精神,歌颂了中国人民的反侵略的行动,更是进行爱国主义教育之极好教材。(见《长铗归来斋文稿》第 269～274 页)

是年,陈思修,缪荃孙纂成《江阴县续志》28 卷,附 3 卷,民国 10 年刻行。是志由缪氏手订凡例,分任同人纂辑。设有氏族、前志原委、前志证误等较特别之卷。内容上因时移事易,卷下设有许多新目。如因科举废,学校兴而将学校获奖之毕业生列入选举表。又如物产所附之实业表中,详列了茧行、布厂、纱厂等,反映了鸦片战争和太平天国运动之后,尤其是清末民初蚕丝业和纺织业之兴起。书末附有《江阴近事录》3 卷,分别记述了志书下限(宣统三年,即 1911 年)后发生在江阴的《澄台戕官记》、《收炮闩记》、《郭兵纵劫记》3 个专记,反映民初南北斗争和民军内部矛盾冲突在江阴之表现。(见《江苏旧方志提要》第 157 页)缪氏在志书之后记中说如此做法,是因为"民国以来历年事实不能不记,章实斋先生尝言,每邑当设一志科掌其事,实为修志之蓝本。今辑此数卷,权作志科掌录观可也"。(转见《中国地方志总目提要》10—31)

是年,沈良弼修,董凤笙纂成江西《德兴县志》10 卷、首末各 1 卷刊行。沈氏在序言中认为方志之功用,"大之可当国家之褒贬,小之可证社会之是非,远之可发百代之幽光,近之可训风俗之美刺"。(见姚伟《略论民国时期志家对传统方志学的扬弃》,载《中国地方志》1989 年第 5 期)

是年,唐肯修,崔汝襄、文钰纂成河北《霸县志》5 卷、首 1 卷,民国 12 年(1923)印行。志序称:"古今经世之文有三:曰史书,曰志书,曰政书。史书所以记已往;志书所以记现在;政书则由已往以成就将来,使人遵而守之。是书既定名为《霸县志》,则非霸县史可知,非霸县行政书可知。其所记者,专属霸县现在所有之事之人之物。"志中之度量衡比较表、货币价表、交易习惯等资料颇为珍贵。户口以城、镇分列,亦颇佳。志分为土地、人民、政事三纲,领 30 目,凡有关地域、物产之属隶于土地,包括位置、面积、气候性质、源流、物产、河渠、建筑、城镇乡、古迹;有关人事、文化者隶于人民,包括户口、职业、财产、宗教、风俗习惯、名人;凡有关国家行政者隶于政事,包括官吏、学校、武备、警察、司法、监狱、自治、财赋、邮电、差徭。附杂志、文献征存二种。瞿宣颖认为这样分法,多有窒碍,因为三者畛域难分。如“政事”中的自治、慈善两者,不能不说也属于“人民”;“土地”中属于人为之建筑者,如河渠建筑及城镇乡之区分,也可以属于“政事”。(见《方志考稿》第一编第23页)此言可谓正中“三宝体”不得广为流行之原因所在。

是年,黄占梅主修,程大璋总纂成广西《桂平县志》59卷。是志仿郑献甫《象州志》例而略加变通,分纪地、纪政、纪事、纪人、纪文5纲32目。其纪人中,为杨秀清、萧朝贵、韦昌辉、石达开、秦日纲、陈玉成等太平天国著名首领立传,为列传中之一类,记载了他们的生平、功绩(见《中国地方志总目提要》22—51),是为一大特点,特揭出之。

是年,章运熹修,崔正峰、郭春藻纂成《盖平县乡土志》2卷。盖平自光绪三十四年(1908)至今,曾出现三部乡土志。光绪三十四年张国珍纂成之2册15目,仅10000字,除职官、选举、人物记述较详外,其余所记极简。同年又有姚煜修,沈庆飏纂成之2卷,约24000字,政绩、兵事、耆旧三目颇能略古详今,兵事目中对甲午、庚子、甲辰诸役记之甚详,有资料价值。至是章氏所修成之本志,比前二种加详甚多,正文共分39目,已不尽用乡土志例,内容实与县志基本一致。(见《中国地方志总目提要》6—21)

是年,王瑞之编成《奉天辉南县风土志》1册。是书为章节体,全书凡14章55节。其特点有二:一是内容丰富翔实,如物产1章,下系动物、植物、矿物3节,每节再分若干类。对每类物产除记其名称、特点、用途外,还记了其生产方法、产量等,并以按语形式,讨论各种物产之实用、商用价值。二是按语用字很多,达数千字,几占全书篇幅之1/8,人称之为“小按大论”。所论皆有感而发,论断严谨。被称为乡土志中之佳构。(见《中国地方志总目提要》7—17)

是时(民国7~8年间),蒙古族学者罗布桑悫丹(僧名,其蒙古名为巴颜陶格涛,汉语名为白云峰,字罗子珍)个人撰就《蒙古风俗鉴》一书,这是一部用蒙古语言文字写成之志书。全书共分三部分:一、序言;二、正文;三、结束语。正文共10卷,58章,就是58个门类。每个门类,章节成篇,由古而今。如第6卷第34章,记述蒙古人之学文习武。首先详述了古代蒙古人练兵习武之方法,接着写清朝,最后写民国。文中详细记述古代之比武,各部落均有习武之场所,每年正月、七月、十月,举行三次会,每3年要举行一次大规模之比武大会。会上要赛马、射箭,要拉弓比力气。弓分10分、16分、24分等等。果能拉24分弓之人便是盖世英雄。在比武会上还要请经验丰富之老人讲骑马、射箭、马上用枪之方法。还写到战时在会盟地通过比武,选出军中正、副指挥作战将领。平时打猎也和作战一样,在打猎中锻炼蒙古军队出发、打仗、驻防等作战本领。都是以时为经,以事为纬之志书写法。(见乌广聚《第一部

用蒙古语撰写的志书——〈内蒙古风俗鉴〉》,载《内蒙古地方志》1990 年第 2 期)

是年,南洋中学图书馆编印《南洋中学藏书目》,收藏方志约 1470 种。(见张升《民国时期方志搜求热初探》,载《中国地方志》2004 年第 1 期)一所中学收藏志书如是之多,全国当属仅见者。

中华民国 9 年（公元 1920 年）

5 月，经四川省督军熊克武、省长杨庶堪批准，成立四川通志局，聘请宋育仁为总纂，负责编修《四川通志》，并负有指导全省县志编纂之责任。通志局拟定修通志《征采纲要》10 条及《县志纲要》，函达各县市征集新旧县志稿本、印件。这是民国四川省修志之第一个条例。后因熊、杨不协，杨庶堪不久去职，修志之议遂寝。（见王友平《民国时期四川省志编修情况》，载《巴蜀史志》1999 年第 4 期；张学君《巴蜀方志源流与新编〈四川省志〉》，载同刊 2000 年第 4 期）

冬，于书云修，赵锡蕃纂成《沛县志》16 卷，附《民国新志》1 卷。是志亦属图多者，有沛县全图、沛县城关图、公署图、文庙图、地方公产公款经理处图、警察所图、县农会图、商务会图、教育会图、劝学所图、师范讲习所图、县立第一女子高等小学校全图、县立高等小学校址图、县立第一国民学校及公园图、体育场图、县立第一农林试验场图、县积谷仓图、县苗圃图、营房图等，有图例、比例。全书下限依省志条例，至宣统三年（1911）。附设的《民国新志》，则载辛亥革命后之新政大事。（见《江苏旧方志提要》第 201 页）

是年，东三省巡阅使分署催征新修县志、乡土志。

是年，林传甲编成《大中华山东省地理志》5 编。一编为总论、山东之名义；二编为位置、纬度、经度、东南西北四界；三编为地文地理，包括山脉、河流、湖泊、海岸、海港、岛屿、卫所、气候、矿产、动物、植物等；四编为人文地理，包括种族、语言、衣食住、宗教信仰、风俗、省议会、行政、军政、警察、财政、关税、盐务、教育、工业、商业及货币、铁路、轮船、航路、邮政等；五编为地方志，列全省 107 县，附四道百七县歌等。（见《中国地方志总目提要》15—8）

是年，侯祖畬修，吕寅东纂成湖北《夏口县志》22 卷、首 1 卷、附补遗 1 卷，刻印成书。是志除削除星野外，其余诸纲，皆依同治八年《汉阳县志》，但增加了实业、交通、交涉、商务方面之内容。《兵事志》"所载辛亥年民军起义武昌，自八月十九日起，十月初四日止，始末采录详实"。（见邸富生《中国方志学史》第 173 页）

按:这是民国初期志书之又一种类型,体例大体袭旧,但增加了一些新篇目。除本志外,还有如孙奂崙、贺椿寿修,韩坰于民国 5 年修之山西《洪洞县志》(见 1917 年条),只是在光绪旧志之基础上增补而成。但地图绘制采用新法,有经纬度和比例尺。篇目上增加了邮政、警察等。

是年,年仅 14 岁、尚在中学上学之傅振伦,与其弟傅振荣,编成河北新河县《城召村史》,是傅氏最初涉足志域之始。(见梁滨久、曾星翔《一代方志大师傅振伦》,载《黑龙江史志》1993 年第 4 期)

中华民国 10 年（公元 1921 年）

是年，奉天省议创修通志。

是年，河南省成立通志局于开封，省长张凤台兼总裁，蒋藩等任编纂。并颁发《通志局组织章程》8 条，拟定《河南通志》简目，共分 26 门。两年后易名为重修河南通志局，增设了监修、校对，减篇目为 19 门。（见《河南地方志提要》第 41 页）

是年，吕调元、刘承恩修，张仲炘、杨承禧纂《湖北通志》172 卷、首末各 1 卷刊印成书。是书修成于宣统三年(1911)，至是刻行。其凡例有言："本志续嘉靖通志而作，凡三经其稿。初稿为光绪辛巳七年(1881)，截至光绪六年止。再稿为宣统庚戌二年(1910)，截至光绪十五年止。此次成稿截至宣统三年止。其在宣统三年以后事，概不登载。"实际上，光绪志之参修者皆一时绩学之士，故采罗较详，视嘉靖志倍蓰。但宣统稿却颇为草率。于同、光间修成之省内府、州、县志资料均未予采用，故此二三十年间事多所缺略，仅以"新政"两卷以搪塞。致使王葆心在《重修湖北通志议》中，发出"此数十年之事全缺，文献佚亡，谁执其咎"之质问。（见《中国地方志总目提要》17—8)

是年，张謇纂成《南通县图志》24 卷。张謇是我国近代著名实业家，其主张实行地方自治，"举事必先智，启民智而由教育；而教育非空言所能达，乃先实业；实业、教育既相资有成，乃及慈善，乃及公益"。本志卷 1 地理志，卷 2 工程志，卷 3 物产志，卷 4 盐业志，卷 5 财税志，卷 6～7 工商业志，卷 8 实业志，卷 9 教育志，卷 10 慈善志，卷 11 公款公产志，卷 12 礼教志，卷 13 军政志，卷 14 巡警工商警渔团志，卷 15 文选志，卷 16 选举志，卷 17 职官表，卷 18 古今人表，卷 19 列传，卷 20 列女志，卷 21 列女表，卷 22 杂记，卷 23 前纂叙传，卷 24 续纂后叙。先自然，次经济，再政治，后人物，将有关国计民生之事业置于显著位置。仅从这个篇目，就可见本书是他上述思想之体现，一改了传统志书中重人文轻实业之格局。志首有南通市、镇、区域图，水陆交通图，工厂、企业、学校、娱乐场所等图近百幅，称为"图志"，名符其实。更值得注意者，是记述之科学性大为加强。其图都是经过科学实测和新法绘制；气象运用仪测之气象数据编成“气象报告表”,有一年中每个月之最高和最低温度,月总降水量,晴天日数,雨天日数等;物产志中,运用土壤学、农作学、农业地理学等新兴学科,编制了农产土性表、土宜表、农会农场历产试验表、农校农产棉之产量和质量表等,实用性都很强。在《续纂后叙》中提出了三点值得注意之思想:一是“明当时之举措,便后来之寻究”,就是主张修志要适用,故在各志的“序”中,多有探究历史之经验教训,阐明社会当急之务;二是“实而不饰,详而不张”,内容要真实可信,资料要丰富,又不要虚张声势,追求词藻光华;三是“为补正,不复淆”,以科学之态度对待前代志书。本书体现了书志随时代而进,达到了当时历史之新高。(见何晓宁、沙锦程《近代方志叙事构架的突破与创新——读张謇〈南通县图志〉体会》,载《江苏地方志》2003年第4期)

是年,张允高修,钱淦、袁希涛等纂成《宝山县续志》17卷、首末各1卷。记事自光绪八年至民国6年,较详细地记述了民国鼎革以来之各项改革,尤其于辛亥革命和本地有特色之海塘记之更详。卷首有县乡境域图18幅,都据实地丈量测绘制成,有鲜明之时代气息。卷末之前志勘误记,纠正光绪志错误80余处。(见《中国地方志总目提要》9—33)

是年,杨步墀纂修成吉林《依兰县志》印行。是志中所载阮忠植的《三姓土风》,以歌诗形式记叙当地之历史及民情风俗,颇为别致,不亚于一部歌诗体之地方简志,今录之于次:“倦眼看三姓,惊心阅六春。地原旗管领,治改道分巡。土著皆胡裔,金邦号女真。峰峦环市井,于郭枕江滨。北面松花岸,东居赫哲人。他方来垦殖,遍野辟荆榛。葛氏称豪族,关家习武身。昔曾为部落,今已设村屯。将种官披甲,农夫月建寅。雀翎飘孔翠,乌拉踏层茵。伏腊追先祖,年时跳大神。胙余分肉祭,菘美类乡莼。屋里锅连坑,炉炊作木薪。迎门堆柈垛,攀树摘松仁。游牧供生活,开荒别垧晌。暖寒乖节序,满汉结婚姻。比户无缠足,深闺爱点唇。翌竿缘报本,高髻懒翻新。操业多围猎,偷安不厌贫。鬼狐能入室,豺虎惯为邻。倭岭翔孤雁,丹波簇细鳞。河流双古洞,石块阻通津。莫道耙犁旧,还推踏板陈。觅参夸供品,剖蚌耀奇珍。水獭皮堪贵,山貂性最驯。鹿茸医弱病,熊掌宴嘉宾。萝菔红必脆,蘑菇白色匀。天空恒积雪,风紧易扬尘。接物虽愚拙,衡情却厚醇。蹉跎惭老尹,何以化斯民。”(转见赵宝海《方志与文学》,载《黑龙江史志》1995年第6期)

是年,英国传教士汉明灯纂成《广汉县志略》1卷。是为其传教目的服务而编纂,仅将旧志资料,再加民国初年之一些档案资料汇编而成,较简略。只有民国初年之新增户口、新设小学、宗教派别及天主教进入广汉传播等内容尚属可取。(见《中国地方志总目提要》21—25)

是年,知县郭燮熙纂修成云南《盐丰县志》11卷。是县民国6年始置,郭氏于民国8年署任后,即以“纂修志书乃县知事应知之事”,而设立县志局着手修志。他不但自任总纂,亲拟“大纲十二条、子目百三条”,并聘60余人共同修纂。他在总纂过程中,“公暇日必属稿千言,或数万言,仁与学交尽,苦与甘备尝”。当其完成前9卷,尚有艺文、杂记两卷尚待完成之时,却“遭谤去位”。但在志局同仁及继任知县之挽请下,他不以个人之去留介怀,忍辱负重,“感慨发愤，贾其余勇，更历一月而全书终成”。至其古稀晚年，还为其家乡纂成《镇南州志》一部（惜今仅存残稿），这种对志事之执著精神，甚是难能可贵。（见杜晋宏《旧方志的魅力——写在〈楚雄彝族自治州旧方志全书〉出版之际》，载《云南史志》2005年第5期）

是年，浙江图书馆刊印孙诒让所编《温州经籍志》，是一部温州地方的文献专志。全书分内篇、外篇、辨误三大部分。内篇33卷，著录本籍人著述，外篇2卷，著录外籍人为本地著述者。均依次著录书名、卷数、著者、籍贯、履历，及存、佚、缺等情状。书之序跋及考证等，以“按”之形式，附于书后。辨误1卷。孙氏在书的卷首中，追述了志书所设文献专志的来历有云：“郡邑之志经籍者，盖土训之骈枝，书录之流裔也。关东风俗之传，坟典成篇；嘉泰会稽之志，遗书有录。方志书目，此其蘿蒿，元明旧记，多沿兹伦。厥后撰著渐繁，纪载难悉，遂创专志，别帙单行。簿录之体，不淆释地，征文之例，斯为宏焉。”（转见《历代名人论方志》第175页）

中华民国 11 年（公元 1922 年）

3 月,福建公署致函奉天省公署,请寄赠志书。

12 月,程廷恒、张家璠编就《呼伦贝尔志略》,翌年铅印成书。是书首设“经纬度”一目,是为一特。(见《长铗归来斋文稿》第 477 页)志中详今略古,内容充实,重点记述了边务、民族、外交等,较好地体现了地方特点。其外交门内,记载了自康熙尼布楚条约后至今年之外事交涉,附有大量有关条约、合同等文件,史料价值甚高。(见《中国地方志总目提要》5—13)

是年,周国华修,冯翰先纂成贵州《石阡县志》20 卷稿本。是书《经业志》之小序中说:“人民困苦,欲伸补救,非振兴实业不为功。”(见《贵州地方志论纲》第 21 页)这是一条策论性的小序。

是年,高寿恒修,李英纂成《太湖县志》40 卷、首末各 1 卷印行。是书“大抵循同治壬申旧志,分门立类鲜所变……成书于民国 11 年,然地图无比例,舆地有分野”。(《续修四库全书提要》,转自邸富生《中国方志学史》第 172 页)守旧之态至为明显。

按:民国初年,不少志书仍出自清朝官绅遗老之手,故守旧习气甚浓。除本志外,如潘守廉修,袁绍昂、唐烜纂成之《济宁直隶州续志》,“其分门别类,则多袭前志,无大增损”。又如民国朱之英修,舒景蘅等纂成之《怀宁县志》,自光绪中叶以后渐已推行新政,但志书中,“若自治、邮政、毕业、议员、公债、劝学所,志夫其他各种杂说,志中皆未言及,实为巨漏”。(同上书页)这固是社会变革时期之所难免,也是该时期志书中之一个特点。

是年,陈桢修,陈德沛、李增纂成河北《文安县志》12 卷、首 1 卷、末 1 卷、补遗 1 卷。是志抓住文安地势低湿苦水之特点,于水利特为重视。如其书所言:“邑地卑下,恒苦水灾,河流、堤防最关重要。凡关河渠利害,筑堤原委、段落必详载之。并附治理方略,冀有挽回。”这些治理方略,就是书中策论之笔了。类似之笔,在其他门目中亦时有所见,如其新政门中,就指出本县发展实业,当以编织、渔业、种苇为主,其利必胜于农业等。(转见于鸿全主编《河北省

方志概要》第 61 页)

按:注意水利之特点,在该县志书中,可谓来源有自。其前之康熙志,亦于赋役门下专设“河渠”一目,详细考定了流经该地“六十六河”之源流去向。“堤工”目下,载了自战国至清顺治时之修筑堤堰资料,“河议”目下收录了自宋以来之奏议记事等。可见一种传统之形成,皆有其内在之地理、历史原因。

是年,浙江吴兴刘承干,将章学诚文稿编刻成《章氏遗书》行世。其中收有章氏所修方志及所撰方志论文等。

中华民国 12 年（公元 1923 年）

1 月,奉天省公署训令属县速送志书给国史编纂处。

是年,陕西正式成立通志局,聘宋伯鲁为总纂,开展省志编纂。民国 17 年改名为通志馆,民国 21 年,杨虎城主陕事后,增聘王健为副馆长,吴廷锡为总编,至民国 22 年,《续修陕西通志稿》告成,23 年印行。(见高峰《陕西方志考》第 9 页)

是年,田兴奎主修,吴恭亨纂《慈利县志》12 卷铅印成书。是书中设置了“实业”、“财政”、“教育”、“议会”等卷。其“议会”卷中,收载了“中华民国统一政府第一届议员表”、“湖南自治省第一届议员表”、“选举区域表”等。志中颇重经济,凡县之农矿工商,无不述其历史,陈其现状,条其得失,以资兴革。认为本县“五六十年来,人满为忧”,主张开启山林矿山,以解决民生问题。(见何孝积《吴恭亨纂〈慈利县志〉》,载《湖南地方志通讯》1984 年第 1 期)对历史人物,主张“尊高节而贱功名”,“盖人物者,非侥幸名科举仕宦之谓,凡士、凡农、凡工、凡商,各殚竭其智力,以左右转移世界,使咸与维新之谓也”。(转见《中国方志名家传》第 233 页)特别注意表彰反对外来侵略之英雄和辛亥革命志士。志书被誉为湘省名志。瞿宣颖在《志例丛话》中,称其编纂得法,“订例最善”,有裨实用。(转见《中国近代方志学》第 90 页)

按:吴氏在其《修志体要》中,胪列有六详六略,“详今略古,详地略天,详人略物,详俗略政、详独略同,详表略文。体要之要,五者而外,曰详今略古”。(见《中国地方志总目提要》18—97)可谓深得个中三昧。

是年,胡朴安编成《中华全国风俗志》上、下册。其上册乃集全国方志资料而成。(见《中国近代方志学》第 169 页)

中华民国 13 年（公元 1924 年）

5 月 27 日，北京政府特派杨森督理四川军务善后事宜，任邓锡侯为四川省长。随即设立“重修四川通志局”，仍聘请宋育仁兼任通志局总裁，陈酉生为协理，龚煦春、周翔、张森楷分任编纂。修纂者在兵荒马乱之艰难时期，和衷共济，潜心著述，至 1931 年底，宋育仁去世时完成初稿。后由通志局协理陈酉生、提调苏兆奎共同负责辑补。陈、苏二人不久亦去世，志局陷入瘫痪。1935 年刘湘统一四川后，重新聘人进行纂辑，至 1936 年，编成《四川通志稿》300 余册，共分 8 门，即建置、图经、食货、学校、礼俗、官政、人物、艺文等。当时遵宋育仁之意，“今先出全书目录，以证修订之旨要”，先铅印了《重修四川通志目录》。龚煦春曾参加通志之修纂工作，主编地理沿革部分。见全书完成无期，亦将其所编部分析为 12 卷，名为《四川郡县志》单独印行。其余志稿几经辗转，后终归通志馆保存。（见王友平《民国时期四川省志编修情况》，载《巴蜀史志》1999 年第 4 期）

是年，白眉初之《中华民国省区全志》陆续发行。是书由中央地学社编辑，北京求知社印刷，北京师范大学史地系总发行。全书共十一卷五册(原计划共八册，仅出至五册)。按山川分野，以富有代表性之阴山、长白山、北岭、南岭、阿尔泰山等为界，划分为 11 大部。各部下列相应之省区，分为 30 省区。每一省皆首列其物产代表，“取各省区物产之主要者，揭于简首，褒之曰《物产华表》，系欲引阅者视线。集于经济之丛林，故特别标其徽帜，以斗兴味”。其后是城市全图和市街图。开篇之后，一般是先为总说，下分道县纲目、沿革、疆界、人口、气候、地势、与外国关系、形势(包括大事记)；继之以通商场、省会之概况、县邑志略、山水志略、政教民俗、实业等。依具体情况酌有增减，视各地与众殊异者详细记述。论者认为，“先生之书，搜罗之富，前此未闻，纪述之精，人所共睹”。（转见赵夏《一部颇有价值的民国方志——评白眉初及其〈中华民国省区全志〉》，载《中国地方志》2001 年第 6 期）

是年，昆明市督办张维翰修，市政公所秘书童正藻纂成《昆明市志》印行。张氏等鉴于往昔地方志书“详乡村而略城市”而编修市志。志内厘为名义及沿革、面积区划及城郭、地势及地质、山脉、湖河泉、气候、天产、人民、产业、机关、财政、金融、卫生组织、教育、新闻杂志、公用事业、娱乐事业、交通、名胜古迹等,附图20幅。童氏自认为:“吾国自举市政以来,各市未编市志,斯志系属首创。”是中国最早的一部城市志。(见《中国地方志总目提要》23—19;宋永平《新近发现的一部方志目录书——〈云霞方志考〉》,载《中国地方志》1993年第4期)

是年,刘海芳、张向晨、张炘修,卢以洽纂成河南《续荥阳县志》12卷印行。这是一部以一种新思想来续旧志的志书。分纂者张云在序文中说:昔日之中国和荥阳,为帝王之中国和荥阳,今则为人民之中国和荥阳,“凡此皆作志者之所着眼,亦览志者之所当注意也”。是志不为旧志于人物“只褒不贬”所限制,而是主张善恶并书,提出“苟营私国民,亦不能曲为之讳”。(见《河南地方志提要》上册第60页)这样的思想值得注意。

按:同一时代,志书质量亦有参差,随修志人之水平而已。本志之追求新思想,固属可贵。但同时亦有很落后者,如同年汪忠修,吕林钟、阎凤舞纂之河南《密县志》,在新式绘图已很通行的情况下,仍用画方计里之法,便是一例。(同书第88页)

是年,王世选修,魏声和、梅文昭纂成《宁安县志》4卷印行。是志之一大特点,是图照之选用,重在有存史价值之资料,颇值得今人修志之参考。书中列图多幅,有宁古塔舆地旧图、宁安县舆地新图、宁安县城市图、宁安县德林石图(附新安镇、蛮子城两古城图)、唐代渤海国上京龙泉府图。摄影照片12幅:近城十里长江风景、城西十里悬崖之形胜、清使臣吴大瀓等会勘中俄边界铜柱铭、镜泊湖北口大瀑布上流之形势、大瀑布流入牡丹江之形势、唐代渤海国上京五凤楼遗址、古铜印、古代铁盔、城西大石桥泼雪泉两古迹、宁古塔西阁正面之风景、兴隆寺古代石佛像、兴隆寺古代石香炉等。(见土桂云《魏声和纂修民国〈宁安县志〉》,载《黑龙江史志》1997年第3期)这是照片入志之较早者。

其卷一载有《清使臣吴大瀓等会勘中俄边界铜柱铭》拓本一帙。其文曰:“光绪十二年四月,都察院左副都御史吴大瀓、珲春副都统依克唐阿,奉命会勘中俄边界,既竣事,立此铜柱,铭曰:‘疆域有志国有维,此柱可立不可移。’”其卷四《人物·名宦》卜“吴大瀓”条载有:“光绪十二年,吴受勘界之命,与俄员重订界约,增立界牌记号,国俄界线至此始定。盖在清咸丰间割地之约签订后,奉命勘分沿边疆界之员并未亲往,一任俄人处置,故侵占已多。及吴勘界,争持经年,挽救殊艰。尝仿伏波故事建铜柱,而刻铭其上,曰:‘疆域有志国有维,此柱可立不可移。’庚子‘拳乱’之役,乃为俄人迁入伯利博物院陈列,伊可叹矣。”(见刘桓《疆域有志国有维》,载《黑龙江史志》1984年第3期)瞿宣颖称“本志在关外诸志中最为雅驯”。(《方志考稿》第二编第16页)

按:是志书存史之功岂可忽之?!查《清史稿·吴大瀓传》载之更详,今附摘于下:“(光绪)六年,诏给三品卿御,随吉林将军铭安办理西北边防。大瀓周历要隘,始知珲春黑顶子地久为俄人侵占。因请颁旧界图,将定期与俄官抗议,未得志。”“十年,迁左副都御史。”“十一年,诏赴吉林,会同副都统伊克唐阿与俄使斟侵界,即所谓珲春黑顶子地也。遂援咸丰十一年旧界图立碑五座，建铜柱，自篆铭曰：'疆域有表国有维，此柱可立不可移'。于是侵界复归中国。而船之出入图门江者，亦卒以通航无阻。"

又：铜柱铭因系篆文，"疆域有□国有维"，故其中有一字释读各不相同。《县志》吴传中释作"志"，《清史稿》传中释作"表"。刘桓在《黑龙江史志》1984年第3期撰文，训作"封"，似乎可依。

是年，陈训正、马瀛纂修成《定海县志》印行。是志资料丰富，体例新颖，优点甚多。如独辟鱼盐志以载其产地、产量、船数与捕捞、制盐方法，以突出舟山经济以渔盐为主之特色。辟方俗志而记录方言习俗。其方言目中，除记注音字表、转音表、变音表外，还附有俗字等，对于研究浙东方言，颇有价值。在编纂方法上，以先进之经纬线定位绘图，所绘图例准确清晰。书中还刊载了有关校舍、医院、寺院、古迹、普陀名胜等照片。（见《中国地方志总目提要》11—102）陈氏在志序中略谓："方志之作，意在彰往开来。已往之利病，即未来之兴革也。记曰：善言今者，必有验于古。而昔人亦言，善言古者，必有合于今。故方志以表著地方文物嬗进升降之绩（迹）为先务，道古虽尚，合今尤亟。自来作者，牵于前志成例，往往墨守局界，详其所不必详。而于地理、赋税、财产、民生、教化风俗诸端，反无以会其要。流寓清望，引为土著；穷恶山水，标为名胜。附会穿凿，虽可穷究，科条舛杂，识者病焉。余自承修定海志，广甄博访，每欲抒泄所见，用弥前憾。然异县羁士，足迹未亲三乡，耳食不饱，臆中亦廑，逡巡三载，始克断手。碎闻肤记，悉从刊落，体裁节目，颇乖旧志。要以质实有用，取征将来。依类排比，不以卷次者，用周济晋略例也。"寿鹏飞谓此乃"薄志例而言义法之意也"。寿氏还称赞其方言，"非精通世界语学，不能为之"。（转见《中国地方志论集（1911～1949）》第37页）

是年，《东方杂志》第21卷第18期，刊登梁启超所撰《清代学者整理旧学之总成绩——方志学》一文。该文不但较系统地论述了地方志之发展史，论及方志之源流、性质、特点、作用等基本理论问题和方志编纂之方法和评价标准，也总结了前人之经验、教训、方志学理论之发展史，而且正式确认方志为一个专门之学科，首次提出了"方志学"之学科概念。认为"认修志为著述大业，自蕴山（谢启昆）始也。故其志为省志楷模，虽以阮芸台（阮元）之博通，恪遵不敢稍出入，继此更无论……方志学之成立，实自实斋始也"。梁氏可谓是中国历史上探究方志历史发展之第一人，他把方志学理论之研究提高到一个更新层面。关于方志之功能与价值：

第一，他认为方志比正史更能反映社会之真相及其发展变化之线索："以吾侪今日治史者所需要言之，则此二三千种，十余万卷之方志，其间可宝之资料，乃无尽藏。良著固可宝，即极恶俗者，亦未宜厌弃。何则？以我国幅员广，各地方之社会组织、礼俗习惯、生民利病，樊然淆杂，各不相侔者甚伙。而畴昔史家所记述，专注重一姓兴亡及所谓中央政府之囫囵画一的施设，其不足以传过去、现在社会之真相明矣。又正以史文简略之故，而吾侪所渴需之资料，乃摧剥而无遗。犹幸有芜杂不整之方志，保存良史者所吐弃之原料于粪秽中，供吾侪披沙拣金之凭借。而各地方分化发展之迹及其比较,明眼人遂可以从此中窥见消息,斯则方志之所以可贵也。”(商务书馆1999年单行本第138～139页)

第二,认为方志可以激发人们爱乡爱国、团结共进之感情:“盖以中国之大,一地方有一地方之特点,其受之于遗传及环境者盖深且远,而爱乡土之观念,实亦人群团结进展之一要素。利用其恭敬桑梓的心理,示之以乡邦先辈之人格及其学艺,其鼓舞浚发,往往视逖远者为更有力。”

第三,通过对方志之研究,可以发掘和倡导地方学术文化,影响地方乃至全国:“地方学风之养成,实学界一坚实之基础也。彼谢全山极力提倡浙东学派,李穆堂之极力提倡江右学派,邓湘皋之极力提倡沅湘学派,其直接影响于其乡后辈者何若?间接影响于全国者何若?斯岂非明效大验耶。”

作者在对方志之研究中,除了注意官、私修之志书,对私家撰述之各类具有方志性质之书也给以了重视。他将此类著述分为七:一是纯属方志体例而避方志之名者(如荔扉范之《滇系》等);二是专记一地方重要史迹者(如《广陵通典》、《明州系年要录》等);三是专记人物者;四是专记风俗轶闻者;五是不肯作全部志,而摘取志中应有之一篇为己所研究有得而特别泐成者(如《四明望族表》、《温州经籍志》等);六是有参与志局事而不能行其志,因自出所见私写定以别传者(如焦里堂之《邗记》等);七是有于一州县内复析其一局部之地而作专志者(指地方小志,如乡镇村志之类)。认为这一类之著作,“自宋以来已极发达,有清作者,虽无以远过于前代,然其间固多佳构,或竟出正式方志上者”。(第150页)该文不但在方志史上,就是在中国整个学术史上,都具有重大之意义,对后世产生了重大的影响。

是年,南浔刘氏嘉业堂落成。堂主人刘承干非常重视地方志之收藏,从府、厅、州、县志到乡镇志,几乎来者不拒。全盛时之嘉业堂,收藏地方志约3000部,1192种之多。(《刘承干与嘉业堂》,转自张升《民国时期方志搜求热初探》,载《中国地方志》2004年第1期)

中华民国 14 年（公元 1925 年）

3 月，农商部通咨征集志书。

5 月，北京大学图书馆致函各省长公署，请求各地方行政长官惠赠志书。

9 月，国民大学图书馆致函各省长公署，请求惠赠志书。

年末，余绍宋撰浙江《龙游县志》42 卷成稿，由北京京城印书局铅印出版。余氏以一人之力，为修此志，“三年中，饾饤故纸，埋首丛残，几于人事都废。卜昼不足，继之以夜，辄至晓星入户，家人促寝，犹不能自休，自问尽心焉耳矣”。为了核实资料，他“先后查询事项，凡一千五百余则”。是书最值得注意的是在采用章学诚三书体之基础上，在体例方面有所革新。余氏在卷首的《叙例》中，阐述了他修本志之指导思想，多有创见。如通纪为全书之纲，“意在为考、表、传之经，故专重一县之大事，汇而纪之，使二千年来事情萃于一帙。不惟全书若网在纲，亦是为知人论世之助”。又如“星野之说，起于《周礼》……况星一度，略当 160 里，县大者或有之，小县不过百余里，必须按度占验，岂不谬哉。是以削而不载”。“百年来修志家，鲜有叙次氏族者……今所为考……不问其是否著姓，是否大族，抑有无生员以上之人，但使有谱而合于是编体例者，罔不著录，故不称士族，而称氏族，与实斋成法各不相侔，断无门第之见也……畲民……岂宜鄙视？爰于氏族考后，附考其源流。”又如“田赋一项，有关民生者甚巨……万历壬子《志》，全录万历四十年《赋役全书》，康熙《龙游县志》因之，增入清初《赋役全书》，不为增损一字，虽官样文章，条目繁琐，而今犹得籍以考见当时科目情形，真可宝之史料也。旧采访册，复有同治四年《赋役全书》，闻当时得之不易，则拟一并编入田赋。嗣因卷帙太繁，与全书体例不称，特改入掌故，且一任旧式，以存其真，俾后人得以考见原委因革之故”。又谓：“物价之低昂，系于民生习俗至大。旧日修志家，侈言高尚，恒不屑道，故方志中无及之者，实大惑也。今确查近 60 年来之价格为物价表。田价所关尤巨，亦为查出。”（转见《中国方志简史》第 409 页）

志之卷 1～23 为正志部分，分为通纪、地理考、氏族考、建置考、食货考、艺文考、都图表、职官表、宦绩略、选举表、人物传、人物别录、列女传、节妇略、列女别录。附志有丛载 1 卷，掌故 8 卷，文纪 8 卷。全志卷首为叙例，卷末为前志源流及修志始末。这是借鉴了章学诚“三书体”之作法，但仅将丛载、掌故、文征列为附志，作为正志之补充。是志为时人评价颇高。但仍有观点陈旧甚至错误者，如对太平天国起义目之为“粤匪”等。(见贺觉非《民国所修志书中的辛亥革命》，载《湖北方志通讯》1982 年第 6 期)

是书分装 16 册，叙例几占一册，为志书中叙例之最长者。在这个“叙例”中，系统地表述了他的方志主张。一是要“自出心裁，不宜依傍前人，惮于改制”；二是主张“因时制宜，求其实用”；三是人物入传，反对按门户、官位作为采择标准，而应“推求其影响于文化之优劣，人才之盛衰，风俗之良窳，生计之荣悴者何如”。“必须详其曾办何事，其影响于国计民生者若何。”同时要以客观之态度，善恶并书。四是强调要有“通纪”(大事记)。

其都图考就是很有特色的一篇，一改一般仅列都图名称或增列所属村名之作法，采用表格之形式，分为 8 个栏目:“一二两格表其所属都图，第三格表其所属之区，第四格为地名，第五格为距城里数，第六格为上通何处，下达何处。第七格为居民大概。第八格为备考。”居民大概一格，“所以记其村原居民之姓氏为何(原居之姓，依俗例称祖姓)，今日盛衰何似。客姓移来者必载，他姓代兴者必载，客姓人数之多寡，有可稽者亦必载，期与氏族考互证，以略窥氏族变迁之大凡。凡不及五户之村，以本为大村，而因水火兵灾致衰落者，亦有新立尚待发展者，今载入备考，以证他日兴废之迹。其本有某村，今已废绝者……及村址有迁徙，或村名有改易者，亦载之，藉为考古之资”。(转见《方志学新论》第 173 页)

梁启超为之作序，说“有良方志，然后有良史。有良史，然后开物成务之业有所凭藉。故夫方志者，非直一州一邑文献之所寄而已。民之荣瘁，国之污隆，于兹系焉”。称此志有十长:第一，掌故、文征两部分为章(学诚)氏特创，余氏因之。但章氏将此二部与正志并列，而余氏则别为附志以隶正志，“主从秩然”。第二，章氏著书，义例皆散见各篇叙传中，征引驳诘动辄万言，“此乃述学，非作史也”。而余氏述学之旨具见叙例，不杂置于正志之内，“寓文理密察于洁静精微中”。第三，章氏鄙薄考证，作志惟凭固有资料加以剪裁组织，对缺漏资料很少搜补。而余氏作书则穷搜博引，搜常人不注意之断片，缕错织文，详慎去取，别择经纬。“实为搜集史料、辨证史料之最好模范”。第四，章氏诸志皆有前志列传，但于旧志之文，删削殆尽。而余氏对前人既不盲从，亦不轻慢。旧志舛者订之，可存者采之，“一经甄冶，转成璆琳”。第五，章氏知纪传相经纬之义，用诸方志便忽略作纪。而余氏通纪之作，综一县二千年间大事，“若挈裘振领”。第六，章氏知族属谱牒之要，作志专取名门望族，一般民庶概付阙如。而余氏之氏族考，则根据私谱，熟察其移徙消长之迹，而推其影响，文化优劣，人才盛衰，风俗良窳，计生荣悴。“其义例为千古创体，前无所承”。第七，章氏作艺文志，以正史艺文、经籍志例绳之，其敝在或缺或略。而余氏之艺文考略，详录其叙例解题，或自作提要，间加考证，令读者得审原书价值。“一展卷而可见文学盛衰之大凡”。第八，章氏作食货考，或存者寥寥,或入政书与官书,陈腐条文相杂。而余氏考以户口、田赋、水利、仓储、物产及物价,什九皆凭实地采访加以疏证。体裁峻洁,读者不迷。第九,章氏诸地理志,有图有考而无表。而余氏创立都图表,道里远近、居民疏密,旁行斜上,一目了然。第十,章氏作人物志,犹沿旧志成见,专纪宦绩,扬善隐恶。而余氏美恶并书,存直道,儆官邪,图治者得所鉴。(转见《修志文献选辑》第81～83页)关于是志之设氏族篇,寿鹏飞谓其"陈义至高,深合志义之作……民国以来,废除阶级。余氏为志,乃独出心裁,易以氏族一考,取全邑谱牒,各溯其得姓氏之由,而详其消长聚散之故,偶以见一邑氏族盛衰迁徙之迹,而地方治乱,人才升降,因以见焉。于义顾不重哉"?

对于梁氏之序言,亦有持异见者,如傅振伦氏就认为,"梁氏之言,实属妄誉溢美之词"。余氏之志缺点尚多,如详古略今、草率从事,不事调查,言行不一,观念荒谬,体例悖理等。"此志仅可说是一邑文献的私家杂记,既未实地调查,不合现实,谈不上有裨实用的地方志书。"来新夏亦认为《龙游县志》确有较为严重之缺点。首先是未能体现时代气息,处辛亥革命之后,而仍以贞烈"洵足以发挥性情,维持世教,不可诬也",于是"凡有事实可稽者,必为立传",与旧志无异。其次排斥少数民族,如称:"畲族本属异族,不必入志。"第三,体裁运用有缺陷,以一县志而无疆域形势之图,而内容也有缺漏。其通纪止于宣统元年,田赋止于雍正九年,名实不符。(来新夏《中国地方志》第106、109节)仓修良在《方志学通论》一书也说它:"从体例到内容,丝毫没有新时代气息……它与《川沙县志》相比,那就大为逊色。"

按:先贤仁智之见,各执一面之情况,在学术研究中是屡见不鲜的,不足为怪。录此以备察焉,读者自会给以合理之扬弃。似本志中残存之诸种封建旧意识,在民国时不少志书中都有表现,有的还显得特别浓重。如民国7年(1918)朱之英修,舒景蘅等纂之《怀宁县志》,不但人物之分类完全袭旧,而且又分出若干忠孝节烈之细类,如"烈"分殉烈、难烈、节烈、贞烈;"孝"分节孝、孝妇、孝女、贞女等等,都"全录无遗,不惮其繁"。对于少数民族,仍坚持"本属异族,不必入志……今附地理之末,窃比正史列传蛮夷列传例"。

又:余绍宋认为,历来修志有两法,"一为别出心裁,全部改撰;一为因仍前志,但纂续篇。两法相衡,前者难于后者多矣"。余氏自其曾祖余镜波起至绍宋,已四代修志。但自其祖以来,都采用后法。他则更是迎难而上,不守祖法,另著新志。这种精神亦是可贵的。

是年,山东省长公署向全省颁发《乡土调查方式》,以指导乡土志书之编修。(见《中国地方志总目提要》15—11)

是年,广东革命政府通令各县修志。(见同上书19—6)

是年,金梁编撰成《黑龙江通志纲要》上、下两卷。先是孙占元民国8年督黑龙江时,嘱纂修黑龙江通志。经五年而得《黑龙江备志》稿数百万言,分装成50册。后以其卷帙过多,仍由金梁复录其纲要,故有是书之成。黑龙江通志局于明年10月,向各省发出交换志书之信,略谓:黑龙江旧无通志,省署聘金息侯先生纂修,分大事、沿革、疆域、山川、建置、风俗、户籍、田制、物产、实业、职官、财政、教育、选举、交涉、交通、武备、人物、艺文、金石20志,100卷,现正校印,当与各省交换志书。兹先寄上《纲要》二本,即请检收,并将贵处志书从速寄下,一俟黑志印成,即行寄奉。(见《长铗归来斋文稿》第478～479页)

是年,北京师范大学史地系主任、著名地理学家白眉初撰成《山东省志》7章。是志体例和篇目均较新颖。分为编前和正编两部分。编前除序言外,还有山东物产之表及草帽辫赞。正编共有7章28节。第一章总说,下分道县纲目、沿革、疆域、地势、气候、与外国之关系等6节;第二章山东省之商埠,下有青岛、烟台、潍县、周村、龙口、威海卫等6节;第三章省垣之概况;第四章道县汇志,下有济南道、济宁道、东临道、胶东道4节;第五章山水志略,下有山脉、山峰、水道湖泊、海岸4节;第六章政教民俗,下有政治组织、教育调查、宗教、性俗等4节;第七章实业,下分交通、矿业、农业、工业等4节。对民国以来之山东省情记之甚悉。其总说中《与外国之关系》节内,分述了与德国、日本、英国等国关系之始末,汇集了《山东问题始末记》、《威海卫租界接收始末记》与《临城劫车始末记》之档案材料,颇具史料价值。商埠和实业等所记内容也充实。可以说是当时出现之一部新型志书。(见《中国地方志总目提要》15—9)

按:白氏计划是编一套"中华民国省区全志",今能见者4种,即本志与《河南省志》、《山西省志》与《青海志》,均系本年北京师范大学史地系铅印本。这些志书总的来说,偏重于自然地理和经济地理之内容,体现了地理学家所修志书之特点。其中的《河南省志》最值得注意者,是对河南境内之山脉水系、古今水路运输、陆路交通、著名市镇,都有较系统之记载。市镇记述中,更体现了由于陇海、京汉两铁路建成后,沿线城镇更加兴盛,而其他市镇则由于水运衰落而随之衰落之变化。这些都是当时其他志书所不及的。(同上书16—10)

是年,李佩恩、张相文修,王聿纂成江苏《泗阳县志》25卷、首1卷印行。是书以图、表、志、传列为四纲,为反映民国时期之新事物,增加新之篇目,如"经政、教育、实业、交通,为旧志所无。民国宪法,以县为地方自治之初地,……与前代政体不同。昔之政令,萃于县官一人,其事简;今则立法、司法、行政各有职守,其事繁"。故在《经政志》下,分设县行政、市乡行政、县议会参事会、市乡议会、户籍、选举、地方款产处、司法、警察、警备(附保卫团)等节目。其《实业志》下设物产、实业局、县农会、农场、商业、商会等目。是书注重民生,根据本县特点,将《田赋志》和《河渠志》作为重点,均分上、中、下3篇加以详细记述。不但在《叙序》中指出了民国时期人民负担之重:"民国以来,征法易'两'为'元',益以省附税、地方附税,其数将五倍于前,而以银合钱,县至七八倍。地不加辟,民不加众,何以堪此诛求?至于杂税,旧志缺载,以意逆之,必无今日之烦苛。"在《田赋总叙》中又进一步指出:"田赋为国家命脉,人民之脂膏。脂膏必留其有余，命脉乃延于无尽。以轻徭薄赋而致物阜民康，国运无不绵长；以苛敛横征而致民穷财尽，国祚无不颠覆。”《河渠志》所载，不但内容采摭丰富充实，而且较为科学，还绘制了极有价值之图形四幅：“洪泽湖全图”、“淮北水道图”、“运北水道图”、“运南水道图”。因认识到“事无先例，然近代重视工商，地方物产增、耗、集、散，皆于乡镇觇之”。又以我国聚族而居的传统现实，新设了《乡镇志》和《氏族志》，这是很有特色之篇章。当代方志学家仓修良认为，此志是可以与黄炎培《川沙县志》、余绍宋《龙游县志》相媲美之佳志。（见《重印民国〈泗阳县志〉序》，载《江苏地方志》2000年第3期）

是年，赵本荫修，程仲昭纂成《韩城县续志》4卷刊行。是志不载前志之史事，仅续前志之后的事，是一部断代式的续志。（25—31）

按：历史上之续志不外二法：一是熔铸前志资料，增加前志下限之后时段之内容，修成一部新的通体志书；二是严格断限，仅载前志下限后之人和事，修成一部断代志书。在20世纪90年代，新中国第一轮修志基本完成、第二轮即将启动之时，就第二轮要修成什么样的志书，曾有过较大之争论。笔者将这两种不同之认识和方法，区分为“续修志”和“修续志”。本志则属于修续志者也。

是年，薛凤鸣修，张鼎彝纂成《献县志》20卷、首1卷、补遗1卷刻行。张氏曾任职绥远财政厅，又曾撰有《绥乘》，既熟悉地情，又于志事造诣良深，故是书修成后颇受好评。瞿宣颖在《方志考稿》（第一编第74页）中称此书有8善：“用《热河志》例，以晷度代星野，一善也；古迹如河间献王陈简肃公墓，以照片列首，二善也；析县境之土性为表，三善也；于乡区之判，辨里屯地方警区之沿革而不偏废，四善也；于文献志之仕进篇，附民国职员表，存县人之资历以徇俗见，而仍不碍著书之体，五善也；艺文篇之著述并著提要，六善也；别立宗教一篇，详著教堂、教民数目，七善也；方言之后兼采歌谣，八善也。”因此，他认为“实近志中罕见者”。李泰棻更是将本志与黄彭年纂之《畿辅通志》（见1884年条），张之洞、缪荃孙等纂之《顺天府志》（见1885年条），三书并列，称为方志杰作。（转见《方志学》第14页）

是年，王理学修，符璋、刘绍宽纂《平阳县志》印制成书。是志共98卷，篇幅之宏大，为县志中所罕见。除舆地、建置、学校、食货、兵卫、风土、职官、选举、人物、神教、经籍、古迹、金石、杂事等14志之外，还有补遗、正误1卷，考异4卷，文征分内外编，内编13卷，外编22卷。志之子目亦有新意，如选举志内包括选举表、通籍广记、学校毕业名表、咨议局、省议会、县议会、教育会、商会、农会等；其神教志包括佛教、道教、基督教、寺观礼拜堂、神迹列传、仙释列传。被有的学者称为“近代浙江方志之佳作”。（见邸富生《中国方志学史》第174页）

是年，钱祥保修，桂邦杰等纂《江都县续志》30卷、首1卷刻行。是志中新增了反映新事物之一些篇目。主修者谓：“庚子以后，国家设学堂，立警察，兴实业、筹自治，凡诸新政，其事皆前志所无，则门目不得不增。”（见《中国近代方志学》第119页）

是年，王謇撰成《宋平江城坊考》5卷、首1卷、附录1卷。宋代之《平江图》，是国内罕见之古代城市地图,图碑上刻有苏州内外 2 重城垣及水陆 5 门,坊表 65 座,桥梁 314 座,还有公署、军寨、学校、楼台、亭馆、园第、寺观、坛墓、河流、湖泊、山陵、古迹等,标出题榜者 60 余处。本书经过踏勘、稽核,对其称谓、方位、沿革等,一一加以考订。对于而后立之坊巷、官团等一一加以说明。(见《江苏旧方志提要》第 269 页)这是方志史上仅见的一部特殊之城坊志。

中华民国 15 年（公元 1926 年）

4 月 13 日，内政部再次通咨各省政府，征集新旧志书。咨文有言："本部守在职方，凡关于内政进行，重在册籍，亟应广事搜罗，俾资参政。"（《编修地方志档案选编》第 1 页）

7 月，奉天省商会联合会转发清史馆货殖列传总纂熊希龄撰之《征集轶事启事及则例》，要求各地逐项报送资料。

8 月，奉天省公署训令属县从速修志，并印发县志体例。定方志分设 5 纲：摄影、疆域、政治、人事、附记。从其细目来看，已与今日新修之志书无大异。（见《方志学新论》第 172 页）

10 月 25 日，驻京黑龙江通志局致函各省，请求交换省志。（函文见 1925 年条）

是月，奉天省长公署印发复县县志草目，以为本省县志体例，令各地酌情采用。并训令各县迅速完成编辑县志工作。要求"自通令后，凡未经编辑或仅有乡土志者，应迅行筹款编辑，克日观成。……勿得延缓"。（见苏长春《地方志与地方行政管理关系探微》，载《中国地方志》1994 年第 2 期）

12 月，国家统计局致函各省，请按《调查纲要》逐项填写调查资料。

是年，朱兰修，劳迺宣纂成山东《阳信县志》8 卷、附补遗 1 卷印行。8 卷卷目分别为：卷 1 舆图、天文志、舆地志；卷 2 祥异志、职官志、户口志、田赋志；卷 3 典礼志、教育志、选举志；卷 4 新政志、兵事志；卷 5 人物志；卷 6 列女志；卷 7 物产志；卷 8 艺文志。瞿宣颖在《方志考稿》中，批评是志篇目、体例乖错有 16 端："星野多出附会，乾隆《热河志》已一扫旧习，值此科学大明之会，不宜犹蹈故常，一也；岁时风俗，自是民间习尚，不关天文，更不宜入天文志，二也；侯封非今日所有，论其茅土之分宜归于沿革，论其簪缨之衍，则宜归于人物，不应别为一门，三也；古迹可包古墓，今先古墓而后古迹，则为先其分而后其全，四也；祥异属自然现象，蠲赈属社会事业，不必因祥异而后有蠲赈，则蠲赈不宜附入祥异，五也；户口志应胪列历代户籍，以资比较，不必独据现在数目，六也；风俗为志地者最宜注意之事，不应附入户口，七也；盐课杂税，不应统以田赋志之名，八也；朝贺祭祀，救护、鞭春、圣谕、乡饮、宾兴、上官，皆不专属一县,且为前代已废之礼,于已废者累纸不休,于现行者一语不及,九也;学校书院,录其所存书籍,最为旧志陋习,使为杭州府志不将尽录文澜阁四库书目耶?今志教育而漫录学校存书,零星俭陋无所取义,十也;学校非现代教育制度专有之名,今他篇皆溯旧制,何以学校不及旧时县学及书院耶?即云已废,则朝贺、圣谕,独非已废耶,十一也;志宗教,但当述其在本县之状况,不必追溯各教之历史,本书宗教篇云:回教以求长生、说天道为宗旨,自唐时回纥衰微,降入中国;其教始东向壁虚造,徒资贻笑,十二也;选举志所包自进士至掾吏,其类不同,又自实行宪政以来,既有选举一门附入新政志,更不宜沿袭旧日选举志之名,自致牵混,十三也;史志之所以记代嬗之迹,不宜有新旧之分,若别举新政以为篇名,则其他尽为旧政耶?今新政志中,立法、司法、行政、财政、教育、实业、交通、保安等,但当各从其类,统系自明。即以教育而言,固已有教育志矣,于此复出,其义安在,十四也;人物志分孝友、文学等目,久为通识所讥,本书凡例尚斤斤以移彼入此为言,何其固蔽,十五也;物产志之天然物表,几类自学科课本,绝无史志之价值,十六也。众手成书,遂至于此,盖深可惜矣。"(第三篇第28页)

是年,陕西澄城县修成两部县志,实为同一主修者,将一部续志之两个时段,分由两组人纂成两部书也。一是王怀斌修,姬新命纂成之《澄城县续志》15卷、首1卷。记事始于咸丰元年(1851),迄于宣统三年(1911)。二是王怀斌修,赵邦楹纂成之《澄城县附志》12卷、首1卷,记民国元年以后之事。其序文中谓:"自咸丰以至清末,定为续志,一遵旧志体裁;自辛亥及今,从新分类",定为附志。(见《中国地方志总目提要》25—33)

按:仅以志近事者为附一项,已足见其不伦。如此不伦者又非独例。今年戴仁等修,钱崇威纂成之《沭阳重修县志》16卷,亦分为"正编"和"外编"。前15卷为"正编",记事止于清末;第16卷为"外编",专记民国年间事(见《中国近代方志学》第113页)。体例上已如此,而"外编"的目次竟完全同于正编,是不伦之外,又过于泥古不化了。以上二书之正、续、附、外关系视之,已见其重远轻近之意。以当今人修当今志,反降为附、为外,是主次颠倒矣,殊属非当。

是年,郑士纯、唐纯礼修,朱依点纂成黑龙江《桦川县志》6卷。桦川为赫哲族之渔猎部落,先属三姓,宣统二年始立县。孙其昌以诗体作序一篇有云:"服官余事征文献,此道由来与政通。书续黄岩才未尽,石搜赤玉物何丰;并将云梦吞胸里,忽送江山到眼中。三抚斯编心向往,瞳胧为咏日生东。"(见《东北方志序跋辑录》第493页)

按:以诗为志书序者为不多见,民国时李国筠序《吉林汇征》亦以诗之形式,其句有云:"地志丛残成绝学,版图揽取借前筹。"(见同书第1页)

是年,汪宗准、冼宝干等纂成《佛山忠义乡志》19卷、首1卷刊行。全志首有附图,下分舆地志、水利志、建置志、赋税志、教育志、实业志、慈善志、祠祀志、氏族志、乡事志、职官志、选举志、艺文志、金石志、乡禁志、杂志等。对于当地工商业记之甚详,记入了一些新兴之民族企业,很具资料价值。其序文称:"虽一字一句之微,必再三征核推勘,务至于当。"被志界认

为是一部史料价值很高之乡镇志。(来新夏《中国地方志》第111节)

是年,郭克兴编成《黑龙江乡土录》19章印行。是书对境内之部族载之较细,分为达呼尔、索伦、鄂伦春、锡伯、卦勒察、巴尔虎、毕拉尔、额鲁特、亿赍、兀良哈、札萨克图、满洲、蒙古、汉军、团民、通古斯、呼尔咯喀、费牙喀等,是研究东北少数民族之重要资料。(见薛虹《中国方志学概论》第56页)

是年,傅熊湘撰成《醴陵乡土志》8章56节。是志除记民国14年前醴陵之形势、城镇、政治、风俗、教育、实业、人物、山水等外,其实业章内特立瓷业一节,详记雍正以来醴陵瓷业之历史沿革及现实生产经营情况,是研究此一专业之难得资料。(见《中国地方志总目提要》18—23)

是年,王葆心父子据天一阁影钞明刻本,重印嘉靖二十二年纂成刻行之《罗田县志》。嘉靖本为祝玥修,杨鸾、蔡元伟等纂,共8卷。重印本中,除书末载有王葆心重刊祝志题跋外,还增加有附录1卷,为王葆心及其子夔强所增辑内容、集祝志修志人物列传、王夔强家传。(见《中国地方志总目提要》17—33)所增前部内容可佳,其最后者的做法并不可取。

中华民国16年（公元1927年）

春,奉天省长公署再次颁发训令,督促各县修志。内称:“自通令后,仅北镇、兴城、镇东、辉南等四县将县志编竣呈送到署,其北、兴二县志书体例不合,复经发还修正。其余各县照原请之限,已逾数月,既未将志书送到,复不呈请展限,任意迟延,殊属玩视要政,应予申斥。”(见苏长春《地方志与地方行政管理关系探微》,载《中国地方志》1994年第2期)

按:从1912年至1927年3月,为北洋政府统治时期。在此期间,共修成及刊印各类志书484种,约占民国方志总数30%,平均每年有32部问世。由于一些学人之努力,出现了一些有足称道之志书。如民国7年吴馨、洪锡范修,姚文枏等纂之《上海县志》,所附地图采用新的制图方法绘制,较明、清方志之图更为准确、详明。志中还详细记录了清末帝国主义对我国之侵略。其他如民国3年钟元棣修,张雟、邢定纶纂之《崖州志》;民国5年贾恩绂纂之《盐山新志》;民国7年张梅亭、王希曾纂修之《莱芜县志》;民国10年张允高等修,钱淦、袁希涛纂之《宝山县续志》;民国13年曹炳麟纂修之《崇明县志》;民国14年余绍宋纂之《龙游县志》等,都各具特色。但就总体而言,质量不如人意者居多,有如李泰棻所言:“五稔以还,国府通令各省,省府通令各县,催促续志,急如星火。既为功令,势必奉行,故省无问南北,县不分大小,莫不各续志书,待梓报命。然省、县数千,未闻有谋士之作可以表现当时史潮者,甚至求如清代章(学诚)、戴(震)、洪(亮吉)、杨(笃)诸家之作,亦复不可得。”其时,“省史多非士林,上焉者以志馆属之僚属,下焉者并设此以置亲故。故立馆而终无成之者有之,成书而言无物者亦有之。以较清代,反多远逊”。(《阳泉县志·序》,转自傅登舟《民国时期方志纂修述论》,载石家庄《史志文丛》1989年第3期)

5月,热河都统公署指令属县一律修志,并令热河道尹颁发县志体例,以供各县遵循。

是月,傅振伦鉴于河北新河有修志之议,于是撰成《修志刍议》一文,在《新河月刊》发表。在该文中,提出“书之作也,必应乎潮流”。批判了封建之方志功用观,认为“昔明、清修志,序叙曰观民设教，体国经野；曰昭一统之盛，曰表皇威之有载，明王道之无外；曰贻谋子孙，使知开创之功，思所以保持之惟谨；曰嘉惠天下后世，使辅君成雍熙泰和之治。以此为志书之用，亦云陋矣。然当时范于专制理想，固无足怪”。他提出方志之真正功用，“综而论之，其价值不过如史而已。夫志犹史也，盖记述社会赓续活动之体相，详其原委，抉其利病，征前民之矩矱，备当世之考镜者也，使后世览先民累世劳绩，思所以继续经营、利用厚生，发挥而广大之。古人所谓鉴古证今，彰往昭来，感发兴起，以为世用。……人之所以进化，亦赖此耳。……盖志之为用，亦曰征考信，资法戒耳。岂第抒怀旧之蓄念，发思古之幽情，备掌故，征博洽，考求故实，增所未见，广所未闻，与夫周知天下险阻、虚实、利害而已哉”！在文中，他还提出：“今则新史学出，而志亦当与之俱变其体例矣。”“发揭蹈厉，开创新制，责在吾侪。”在内容取舍和编纂方法上，他认为，“今之修志，其必以社会表相之‘志’为重心”。“吾闻书之作也，必应乎潮流。则方志之修订，不宜拘于旧例，专详沿革与舆地矣，即虽不能完全与新史学相吻合，亦必求其近似而已。苟不是之谋，而只斤斤于程式，津津于文词，钩沉索引，粗成一书，考之不详，核之失实，言之无物，衡之倒置，则亦何需修志，更何贵有志，又何必大事铺张，设局分职，庸人自扰乎？”修志之义，应当“足其所未尽也，补其所未园也，白其所未莹也，贯其所未一也”；应当“考同辨异，辑轶次编，芟衍去蔓，厘讹续脱。倘能于旧志史材一一校雠考证以鉴定之，整理类别编次以综合之，更能广罗志材整次而增补之、重编之，则修志之义，庶得之矣”。（见《傅振伦方志论著选》第 103～106 页）

是年，尚在北京大学就读之傅振伦，主持编纂成河北《新河县志》26 卷，体现了他所发表的《修志刍议》一文所提出之方志主张。全志分纪、考、传、图、表五体，都 18 门 76 目。是志征文考献，备一方之史，而侧重于实用，对国计民生、社会近况、人民疾苦等项，记述甚详。突出了地方财政与社会经济之记载。其“经政考”中，“食货”目下列为 3 编。上编为赋役，含田赋、丁徭、杂捐税、盐法；中编为地方财政，包括财政局与地方公款收支、地方附加捐、公产、附公债；下编为社会经济，包括户、口、丁、农村经济。在“风土考”中，注重近世风尚及礼俗与民情之记述，分为：一、概论；二、历代风俗考；三、近世风尚及礼俗（包括衣、食、住、礼仪、岁时记）；四、地方社会现状，包括社会组织及居民生活；心灵态度。“地方考”中，分为：村政概况，地方区分及里社乡市沿革，村镇图说，详载村镇图达 180 余幅。图绘有池沼、丘陵、井泉、庙宇、街巷，并说明四至八到、沿革、面积、土质、物产、氏族、学校、集市、结社、实业、金石、古迹、传说等。（转见邸富生《中国方志学史》第 191 页）各目均力求详备，引证博洽，考证周严。是志中还首次提出了节制人口以减消耗之观点，提倡优生晚育，尤为难能可贵。（见《河北地方志提要》第 465 页）时为广州中山大学教授、历史系研究所主任之朱希祖为之作序。在序中，朱氏提出“作县志之法，能兼得今世历史、地理二学之所长，乃得为善志”。称该志为“新型地方志”。黄苇教授誉之为“民国方志之上乘”。是志至民国 18 年正式铅印出版。

按：傅氏晚年对自己这部志书作了重新审视，于 1978 修订之《中国方志学》中自我批评说:“现在看来,实在存在着不少缺点,科举是铨选之事,与教育本非一事,今合为一志,显然不当。方技传附以灵异,失之迷信。土豪唐智多仗恃天主教欺压人民,修志局长庞炳辉建议删其传而不录,不能力争而去之,实为曲笔。孝友之事,所载我乡较多。旧志列女也一一转录无遗。除卷首《新志述略》外,余篇不用标点符号,阅读不便。这都是显著的缺点。”(见《傅振伦方志论著选》第68页)志人之这种志德和坦荡态度,足为后人效法,故录之于上。

是年,潘守廉修,袁绍昂纂成《济宁县志》4卷、首1卷。是书体例与旧志大相异趣,全用新法。设立地理、财政、建置、教育、实业、兵防、党部、议会、职官、人物、寓贤、大事记、古迹、艺文、金石等15门类。《续修四库全书提要》称:“此编变通旧例,如财政、实业、议会、党部等类,皆以义起例,所谓因时制宜也。教育期于普及,非建置所能容;实业力图振兴,非物产所能尽;党部、议会,往昔所无,旧例焉能墨守?”(转见来新夏《中国地方志》第105节)

是年,区震汉、莫庭光修,叶茂茎等纂成《龙州县志》29卷印行。龙州为边防要地,故志中对地方军事、政治、外交之资料收录较多。于光绪十至十一年中法战争史料记之尤详。其胜迹志载有光绪十年中国军队出关援越事,并记有阵亡烈士墓碑,上刻有阵死官兵姓名、籍里等,是了解中法关系、中越关系、中法战争等难得之史料。(见《中国地方志总目提要》20—28)

中华民国 17 年（公元 1928 年）

5 月，东北大学图书馆致函各县县长，请惠寄县志。

11 月，奉天通志馆正式成立，由张学良任通志馆总裁。通志馆致函各县，征集县志、乡土志。民国 19 年（1930）改名为“辽宁通志馆”。（见苏长春《地方志与地方行政管理关系探微》，载《中国地方志》1994 年第 2 期）

12 月 11 日，奉天省长公署令催各县具报修志情况。训令称：“本署前令各编辑县志，不啻三令五申。各县知事遵令办理者固不乏人，玩事因循者亦所多有。若长此放任，全省志书终无成之日。为此，通令各该县知事，其已经编辑而属稿未终，或付印未竟者，务须督饬所属，早日观成。至尚未举办者，更须从速筹备，勿得视若具文”，并“限十五日内将遵办情形具报”。（辽宁省档案馆编《编修地方志档案选编》第 33 页）

12 月 19 日，南京国民政府行政院发出 199 号令。这是“经国民政府第十一次国务会议决议，交行政院照办”的通令。该令要求各省、县一律修志。（见邸富生《中国方志学史》第 177 页）

是年，军政部军需署令咨各省征集县志。（见《方志学》第 237 页）

是年，冯玉祥电饬“豫、陕、甘三省，搜集编纂新志资料”。陕西省政府主席宋哲元奉总司令冯玉祥之命，专门下达 575 号训令，通令陕西全省各县修志。（见苏长春《地方志与地方行政管理关系探微》，载《中国地方志》1994 年第 2 期）

是年，甘肃省主席刘郁芬颁布“甘肃省通志采访令”，并发下表册式样，限期照办完成。省属各县，受令后大概皆有所动作。如时属甘肃省之隆德县县长桑丹桂受令后，谕饬陈国栋、王继文、赵芝珍等六人任采访员，陈国栋为主任编辑，限两个月脱稿成事。后以刘郁芬去职，省志局形同虚设，此县志亦仅得采访资料 4 册，延至民国 22 年冬，方成《重修隆德县志》4 卷。（见《宁夏方志述略》第 77 页）

是年，李树楠修，吴寿崧、梁材鸿纂成广西《昭平县志》8 卷。是志特重实用，从有裨于国计民生及应时势之取求出发,载物产特详。规定所记物产标准,一是数量为大宗者;二是与国计民生关系密切者。记法上不仅详其性状、特征,且有分布、功用。如记植物,详其来源、生长条件、周期、种植、收获之节令。可入药者更进一层,除性状、功用、特征外,尚记有与之相像且易混淆、食之有毒能致命者,又记有解毒之法。如断肠草,与黄精相似,两面针是特效之解毒药等。记矿物则详其分布。(见《广西地方志提要》第312页、《中国地方志总目提要》20—48)这也是民国志较前志进步之一端也。

是年,曹瑞荣撰成青海《玉树志略》铅字印行。书中记述了玉树之疆域、山脉、河流、气候、部落、商业、农业、工业、猎业、渔业、牧业、矿业、林业、交通、风俗、寺院、政治、军事、教育等内容,并附有青海略图及百余个寺院调查表。这是一部带有强烈的策论性之志书,其志序即是一篇很有见地之策论之文。其中有言:“列强虎视眈眈已非一日,我之所谓蛮夷边鄙,不甚注意者,必有外人起而代为经营者矣。我之所谓穷僻荒遐不知留心者,必有他族强为干涉者矣。彼英、俄二国人士,游历探险于斯地者络绎不绝,其意果何居心?前年大吉岭之交涉,英人直视青海为西藏附属……宜趁此异族势力尚未深入之时,移民实边,改设行省,未雨绸缪……化瘠土为沃壤,变荒陬为重镇,弭外患而固吾国,岂特一时之功,亦为万世之事也。”(见《中国地方志总目提要》27—14)其忧患爱国之心溢于言表。

是年,赵琪修,袁荣叟纂《胶澳志》12卷、末1卷出版,是为青岛市之第一部方志。全书分12志52目。12志分别为沿革志、方舆志、民社志、政治志、食货志、交通志、教育志、建置志、财赋志、人物志、艺文志、大事记。子目中之新目更多,如方舆志中之面积、岛屿、地质、气候;民社志中之宗教、生活、职业、工资、物价、结社、犯罪、游览、移徙;政治志中之法制、警察、卫生、自治、司法;食货志中之农业、林业、渔业、盐业、矿业、商业、工业;交通志中之邮电、胶济铁路、航运;建置志中之港湾、公产;财赋志中之税制等。志中之图多,除政区、街市等图之外,尚有《胶澳东部地形山脉图》、《胶澳西部地形山脉图》、《崂山游览图》、《青岛及其附近周年雨量分配图》、《青岛周年有雾日期有雨日数及雨量变差图》、《青岛周年气象变差图》等。是书沿革志对《历代设治沿革》只一笔带过,而于《德人租借始末》、《日人占据始末》、《中国收回始末》及《大事记》中,却收入了大量之资料,不仅讲明了青岛这个近代城市之诞生过程,更突出地反映了帝国主义对青岛之侵略和青岛人民反抗帝国主义之斗争,颇具存史价值。(见葛向勇《试论民国时期的地方志》,载《中国地方志》1994年第4期)就方志史上之意义来说,其体例八条更值得注意:如言“公史之作,为将来取鉴,非为既往留芳,故曰史鉴。鉴者,为人而鉴,非为鉴而鉴”;“事有关于国计民生者,纵属胥吏户版之籍、市井泉货之簿,悉皆所当存,若其否也,虽有鸿文钜制,亦当屏而不录”。《续修四库全书提要》称:“是志因时代变易,所增门类甚多,不泥于旧志体例,殊具特识。其考据往昔,记述近事,均极详明,盖新志中之模范也。”(转见刘纬毅《中国地方志》第133页)瞿宣颖在《方志考稿》中,虽然指出了它只有近数年状况,缺少历史上之资料等若干不足,仍然肯定它“大抵其取材甚博,尤详于数字之记载,盖自青岛割借以来,德、日人著述间出皆可资依据,而官厅文牍近在眉睫,得以恣意援引,故非凭断烂旧志张皇补苴者所可比矣"。(第三编第84页)

按:是书主修者赵琪,是当时胶澳商埠督办,是军阀张宗昌之干将,抗日战争时期,又堕落为汉奸,人品极不足道。但其书却功不可没,学术评述中,当不以其人而废其言。

是年,薛澄清作《闽南地方志过眼录》在《中大图书馆周刊》第5卷第1～2、5～6期刊行。(见邸富生《中国方志学史》第228页)

是年,美国国会图书馆正式成立东方部,聘请汉学家恒慕义(Dr. Arthurw .Hummel)为该部主任。恒慕义曾委托罗克(Dr.jose PhF.Rock)为国会图书馆采购中国方志。此次采购所得以西南各省者为多。(见黄友良《美国国会图书馆藏中国旧方志述略》,载《巴蜀史志》1998年第6期)

中华民国 18 年（公元 1929 年）

1 月 15 日,奉天省通志馆函请省长公署转发共有 26 项目之“蒙务调查目录”,对科尔沁六旗进行全面调查。(见忒莫勒《〈蒙旗志〉探源》,载《内蒙古地方志》1990 年第 2 期)

是月,南京国民政府建设委员会图书馆致函全国各县,请赠寄志书。

是月,奉天通志馆致函各县,请检送志书。

2 月,辽宁省政府训令各县,为南京图书馆征集各县志书。

3 月,国民政府铁道部通令征集各省志书。

是月,石荣暲纂成《库页岛志略》13 篇。篇目为:一沿革,二疆域,三民族,四气象,五农业,六畜牧,七水产,八森林,九矿业,十实业,十一交通,十二财政,十三习俗。前冠二图:中国管领时期图、日俄分领时期图。甘鹏云序是书有言:“序此书心碎矣。读不终卷,不禁泪涔涔矣。明明我之土地也,人攫之而我无力拒之,犹可言也;人攫之而我不知,不可言也。此岛在明代领于奴儿干都司,岁捕海东青方物朝贡,不有明《奴儿干永宁寺碑记》可据耶?在清代隶于宁古塔将军,每岁贡貂皮,不有《清一统志》、《职贡图》可据耶?土地,我之土地也;人民,我之人民也。乃视同化外而放弃其统治权,何为者耶?吾闻立国之道有三:曰土地,曰人民,曰政事。阙一不足以立国。有土地、人民,而政权不能及,是立国之道不备也。立国之道不备,能禁人之攫取耶?此真可为痛哭者也。或曰海外一孤岛耳,地僻而硗,得之无所益,失之无所损,何悲之甚也?予曰:田有畔,地有疆,行政有区域,故大吏曰疆吏,而官曰守土。域以外不问可也,域以内皆我政权之所宜及,岂可以地之僻远,土之硗瘠而弃之?且我之所悲,不仅此一岛而已。自有康熙二十八年中俄界约,而外兴安岭以北之地全失矣。自有咸丰八年中俄条约,而黑龙江以北之地全失矣。自有咸丰十年中俄界约,而乌苏里江以东之地全失矣。内地数千里且不恤拱手让人,况海外一孤岛乎?此吾所为痛哭不可止者也……若使奋力抵拒,败而为他人有,犹可言也。不出一兵,不备一战而听人唾手得之,不可言也。养兵数百万,人民膏血尽矣。不能保守固有之疆土,而任人宰割,听客所为,尚复假救国之名,敲贫民之骨吸老弱之髓，坐视封疆之沦陷，如秦人视越人之肥瘠，忽焉不加欣戚于心，谁秉国成，乃使大好河山破碎至此？试问全国疆土能经几次断送耶？每念及此，直欲哭无泪矣……昔宣统间，俄人争满洲里，黑龙江周巡抚树模力拒之，事竟寝。语人曰：'我守土吏也，肯以尺地寸土与人耶？'穷边一块土不肯放弃如此，以四省疆域之广漠，人民之众多，无形丧失，岂可不痛！"（转自《东北方志序跋辑录》第562～563页）

按：甘老此言，当为常鸣之警钟。我十数亿华夏子孙，万毋以历史不会重演高枕而卧。欲裂我陆地之不肖子孙，觊觎我海疆之外来窃贼，几曾消歇？何时不有?！凡我国人当以富民强国为第一要务，勿令后人再作无泪之哭也。

4月，韩复榘任河南省主席，成立省通志馆，以韩运章为馆长，关百益、刘景向为编纂，并设立河南省志编纂处，着手省志编纂工作。仅以半年时间，草草编出《河南新志》稿。稿分20门，强调详于今而略于古，内容记载上颇多有关国计民生、反映人民疾苦而值得注意者。如物产载河南各地的土特产，五谷、杂粮、经济作物外，尚有蔬果、花类、药材、矿产，遍及数十县，均十分具体。又如其救恤一目内写道："民国十七年，十三个县灾重十分，十三个县灾重九分，五十六个县灾重八分，二十九个县灾重七分。"时河南111个县，是县县有灾矣。"民国十八年八月调查：十七个县灾重十分，十八个县灾重九分，十七个县灾重八分……普通农民皆极俭朴，日得三餐不受饥，便以为人生大幸；汜水磨谷为粉，蒸饼软如糊……伏牛、太行山中杂以柿皮，涉县一带杂以糠秕……太行深处，居民以树叶为大宗食品，如榆、柳、杨、槐、杏、棠梨等，取其花、叶等部，煮熟浸渍之，即可食，或煮熟晒干贮藏备用……叶县农家惟年节、麦秋食盐，余时皆淡食也。"（转见《河南地方志提要》第41～42页）对旧中国人民生活的刻画何止入木三分？

按：是志稿已于1988年7月，经河南省地方志编纂委员会，组织人力整理，内部重印出版。

是月，厦门鼓浪屿中山图书馆致函各省政府，请惠赠各种志书。

5月，国民政府内政部通咨各省政府转饬属县送县志。又通咨各省政府将省、县志书凡例送部审核。

7月，辽宁省民政厅呈请省政府饬令营口、盘山等37县，将志书凡例送民政厅转内政部审查。

是月，内政部咨请各省政府于三月内，分别将所属县区名胜古迹调查制表送部备案。

是月，国民党中央宣传部函请各省、县政府代为搜集县、府、州、道志。函称："本部为明了全国各地方之土地、物产、风俗习惯、沿革起见，亟需要全国各县县志及府志、州志、道志等项刊物参考，并特函达贵县政府，务请代为检集当地上项志一份，径寄本部征集科，俾资应用。"（转见邸富生《中国方志学史》第185页）

8月，辽宁省教育厅训令属县政府，为图书馆征集志书。

是月,热河省政府令将承德县修志局纂修、胡家钰所拟修志之三种办法,颁行全省遵照执行。

9 月,全国道路建设协会致函各省,征集省、县志书。

10 月 31 日,吉林县志局正局长刘广厚以“精神疲顿”,再次呈请“开去局长一差”。该县县长王惕在辞职报告上批云:“启呈悉。查修纂志书,乃系著述事业,与其他充差做官,情形不同。古人有终身不登仕版,而专攻志乘者。良以名山片席,日月增高,竹帛垂名,毕生荣幸。倘得为千秋之传,不须为一日之让。该局长绩学有素,劳苦功多,藉重方殷,曷可遽萌退志?仰仍积极进行,俾县志成于一手,以竟全功,而成盛举,有厚望焉。近日精神偶有不适,应准给假一星期,以资调养。所请辞职之处,仍无庸议,此令。十八年十一月一日。”(见刘东民《查档有感》,载《中国地方志通讯》1982 年第 2 期)

11 月,黑龙江省政府主席万福麟,重新开局编修《黑龙江通志》,以张伯英任总纂,下有纂修 5 人,分纂 7 人。拟定之《叙目》称:“凡分类十二,每类之中,各列子目,件系条分,大事具著。唐虞而降,以及民国,迁革之迹,不可殚数。爰稽前史,参资群书,按次年代,分别疏叙。每一类目,并有说明。沿革以范成大《吴郡志》、王鏊《姑苏志》;疆域地志,仿自图经,以今域为据。中外异音、今昔殊名,列表以俾参校。学官、学署,各省旧志皆列学校,《志稿》列入建置。交通目中之驿站,《吉林通志》以驿站属于武备,《志稿》属路政。航务目,《盛京通志》只列船舰,附于关隘,《吉林通志》则隶之武备。职官仿汉书百官公卿表,先详官制,次叙官名,悉按官秩诠次其人。选举志,依《盛京通志》列为专门。人物志,方志三价,原本史体,其体例则宽于史,是以论载人物,因宜详备,俾有以补正史之遗佚。列女依《吉林通志》例。文征取章学诚三书说,崇论宏议,有补当时,志传不能兼收,设文征目载之。”(转自傅振伦《民国时期的地方志》,载《北京地方志》1992 年第 4 期)历时 3 年,纂成初稿。“九一八”事变后,由万氏出资,于北平印成《黑龙江通志稿》。(见《长铁归来斋文稿》第 91 页)书后附黑龙江大事志 4 卷,全省图、各县图 1 册。(见《中国边疆古籍题解》第 224 页)傅振伦称其“体例有法,是省志之佼佼者”。

是月,以收藏方志著称之上海南洋中学图书馆,致函各省政府,征集志书。其中,11 月 8 日以南洋中学董事会主席钱永铭签发致辽宁省政府主席翟某之函略谓:“盖以广出版之流传,亦即以供学者之浏览……近复决意搜集各省府县志书,凡关内各省已有刻本者,大致粗具。逖闻东北四省,年来振兴文化,一日千里,弥深向往,计此项地方志乘,必亦灿然可观。为特函贵政府,设法调取各县志书一份,一并交敝馆具领。其中如有发售者,敝馆遵当按价照缴,务期应有尽有,俾贵政府敷施之伟绩于以照耀海隅,不独敝馆及阅者之私幸也。如蒙允准,应如何趋领之处,统祈复示遵行,实为德便。”辽宁省政府将此函通报全省后,11 月 19 日,便有凤城县县长佟五墀赠送志书一部;20 日,昌图县长、铁岭县长各赠志书一部;24 日,沈阳县政府、岫岩县政府各赠志书一部;26 日,新民县政府赠志书一部;27 日,通化县政府、辽阳县政府各资与志书一部;次年 1 月 6 日,庄河县政府赠送志书一部;3 月 26 日,绥中县政府赠送一部。此外,洮安、通辽、盖平、安图、北镇、桓仁、辑安等县政府,均回函南洋中学,称县志正在印刷中,一俟出版,即为函送;抚顺、西安、兴城、西丰、辽源、梨树、义县、临江等县政府,均复函称,其志书正在编纂之中或拟重印,一俟出版,亦即函送。(转见单辉《方志小记》,载《上海修志向导》1995 年第 1 期)

12 月,国民政府内政部呈奉行政院转奉国民政府令准,颁行《修志事例概要》。内容分三大部分,共 22 条。其主要内容为:第一,规定各省设立通志馆,负责编修志书。通志馆所拟订志书凡例与分类纲目,由省政府转报内政部查核。第二,规定编修志书要求,如文字要畅达,舆图要采用科学方法绘制等等。第三,各县、市编修志书,由各省遵照《修志事例概要》,负责拟定具体办法。当时全国大都遵行。这是一个推动修志事业之重要文件,由于规定明确、具体,有继承,有发展,又具有法规性质,故对全国修志有一定之影响。据王景玉先生从《中国地方志联合目录》中进行的统计,从 1929 年到 1949 年的 20 年间,完成所修新志有 1082 部之多,占中国历代所修现存方志 8200 余种的 13%。(见《民国时期方志学的辉煌成就》,载《河北地方志》2006 年第 5 期)今将《概要》全录于下:

修志事例概要

(中华民国十八年十二月内政部奉行政院转奉国民政府令准通行)

一、各省应于各省会所在地设立省通志馆,由省政府聘请馆长 1 人、编纂若干人组织之。

一、各通志馆成立日期、地点,暨馆长、副馆长、编纂略历,并经费常额,应由省政府报内政部备案。

一、各省通志馆成立后,应即由该馆编拟志书凡例及分类纲目,送由省政府转报内政部查核备案。

一、各省通志馆应酌量地方情形,将本省通志成书年限,预为拟定,并由省政府转报内政部备案。

一、志书所采材料,遇有关系党务及党务解释,须向中央请示者,可随时由省政府咨达内政部转请中央核示。

一、志书文字,但求畅达,无取艰深。遇有用满、蒙、回、藏文字,注音文字,以及外国文字,得附载原文。

一、旧志舆图,多不精确。本属志书,舆图应由专门人员以最新科学方法制绘精印,订列专册,以裨实用。

一、编制分省、分县、市舆图时,对于国界、省界、县市界变更沿革,均应特加注意,清晰划分,并加附说明,以正疆界而资稽考。

一、各省志书,除每县、市应有一行政区域分图外,并须将山脉、水道、交通、地质、物产分配、雨季分配、雨量变差、气候变差,以及繁盛街市、港湾形势、名胜地方,分别绘专图,编入汇订。

一、地方名胜、古迹、金石拓片,以及公家私家所藏各种古物,在历史上有重要的价值者,均应摄制影片编入,以存真迹。

一、各地方重要及特殊方物,均应将原物摄制影片编入,并详加说明,以资考证。

一、志书中应多列统计表,如土地、户口、物产、实业、地质、气候、交通、赋税、教育、卫生以及人民生活、社会经济各种状况,均应分年精确调查,制成统计比较表编入。

一、各省志书,除将建置沿革另列入沿革志外,并须特列大事记一门。

一、艺文一门,须以文学与艺术并重,如书画、雕刻及其他有关艺术各事项,均宜兼采。武术技击,可另列一门。

一、收编诗文词曲,无分新旧,应以有关文献及民情者为限。歌谣戏剧,亦可甄采。

一、旧志艺文书目,仅列书名、卷数及作者姓名,颇嫌简略。本届志书,应仿《四库全书提要》例,编列提要,以资参考。

一、乡贤名宦之事迹及革命烈士之行状,均可酌量编入,但不得稍涉冒滥。

一、天时人事发现异状,确有事实可征者,应调查明确,据实编入,以供科学之研究,但不得稍涉迷信。

一、全书除图、表外,应一律以国产坚韧纸张印刷,订为线装本。

一、本概要所订办法,各省兴修省志时,得体察地方情形,斟酌损益之。

一、各县及各普通市兴修志书,应行规定事项,由各省通志馆参照本概要定之。

一、各特别市兴修志书,准用本概要之规定。

(转自赵庚奇编《修志文献选辑》第125～126页)

是月,行政院又训令各省县一律呈送新、旧志书。

是时,铁道部、全国道路建设协会也向全国征集志书。

是年,甘肃省政府筹款30万元,成立甘肃省通志局,下分事务、编纂两部。由张鸿汀主持,聘各地知名人士100余人同编,在兰州贡元巷清代贡院旧址办公。由张氏拟定《甘肃省通志采访纲要》,发给各县,要求按表格详细调查汇报,并派出人员分头进行采访和实地考察。翌年因“中原大战”爆发而暂停工作。(见王锷《张鸿汀先生在方志学上的成就》,载《中国地方志》1990年第2期)

是年,江苏省成立通志编纂委员会,聘请庄蕴宽为总编纂,孟森、陈去病、张相文、陈汉章、金轼、柳亚子、柳诒徵、丁福保、朱文鑫等16人为编纂。庄蕴宽、柳亚子、柳诒徵等以前所遗旧志稿,在内容和体例方面,偏于守旧,主张另立新例,另定新目,重新编纂。并拟定了《江苏省志纲目草案》,首列大事记,弥补旧志平列类目无所统属之欠缺。此编目,颇有影响,各省修志多有效法者。此次所编,仅有柳诒徵之《江苏书院志》、《江苏礼俗志》、《江苏钱法志》

和金轼之《江苏艺文志》刊行问世。(王中明《柳诒徵的方志学思想与实践》,载《内蒙古地方志》1992年第1期)

是时,陈济堂主政广东,成立广东通志馆,附于中山大学,以中山大学校长邹鲁任通志馆长,温丹铭为总纂,檄各属采访。至民国24年仅成采访册120册,计划全稿叙事始自清顺治元年,下限止于民国23年。其中修成之列传4卷,由中山大学排印出版。(见《中国地方志总目提要》19—6)

是年,滕仲黄纂修成《镇安县志》10卷石印成书。采用新式彩印地图与表格,是为一大特点。(见《中国地方志总目提要》25—40)

是年,王树枏、胡应麟合纂《冀县志》20卷印行。是志乃仿《广陵通典》体之又一部编年体志书。"仿汪容甫《广陵通典》,全通为一篇文字,所征事实,则仿《水经》郦注之例,详稽博考,巨细兼收。其中门类虽未区分,而依次排比,马迹蛛丝,秩然有序,不相紊也。"王氏主张"志必以地为经",故于地理考证尤为精详。(转见《中国地方志总目提要》4—103)其中所记"警务"、"学堂"、"自治"、"商会"等内容,较好地体现了近代社会之发展和变化。《续修四库全书提要》赞其"详稽博考,巨细兼收。所引诸书,或列夹注,或附于后……最为可法。记事必详制度之沿革,殊为可贵。又能以表、谱驭繁赜之文,若水患、赋役诸表,均为得体"。傅振伦评之为"编年以提其要,隶事类从,贯一邑的史事,自为论断,而以所引的文献附其后。注中夹注,联绵数卷,不分篇第。它淹贯了古往政教、官制的沿革,如数诸掌。较之汪中的《通典》更为谨严,所以受到学界的赞扬。但这通书为一篇文字的志体,后世成为绝响了"。(见《傅振伦方志论著选》第208页)瞿宣颖在《方志考稿》中,在称其"在方志中诚为创格",并且"每事必详制度之沿革,又能以表谱驭繁赜之文,若水患表及赋税表,皆深得史法,抑又非《广陵通典》所及也"的同时,又指出了其可议者有六:一是记本州大事,不应当涉及本州以外之人和事;二是于历代诸侯王及其封号"斤斤往复,而于历代名宦之政绩反不叙列,于此不免轻重倒置矣"。三是殊乖"详近略远之旨"。四是其中宋太祖建隆二年增修冀城条下所举之赵征碑,与宋城无涉。五是卷九称汉文帝十三年遣丞相史出刺并督察监察御史,官名不对,且未详出处,显然有误。六是学堂一门兼叙古学校及选举制度,殊为不伦。(第一编第104页)。

是年,白文凤修,高毓浵纂成《静海县志》12集印行。全志分为"首部"、"土地部"、"人民部"、"政事部",是一部很标准之"三宝体"志书。在细目上增加了不少新时代之内容,如"土地部"下设有"方舆"、"建置"、"物产"三志;"政事部"下设有"立法"、"司法"、"行政"三志。(见《近代方志学史》第108页)

是年,陈美文修,李繁滋、文同书、易复纂之广西《灵川县志》14卷、首1卷印行。是书分为舆地、人民、政经、前事4纲11目,亦属三宝体者也。其前事目,记载了太平军北上经灵川的战斗及民国间广西旧、新军阀在境内之战事。种族目内记了境内各族之流派及来源,提供了壮、苗、瑶之历史及汉人迁徙入境之历史,均较有价值。(见《中国地方志总目提要》

20—37)

是年,葛延瑛修,卢衍庆纂成山东《重修泰安县志》14 卷印行。是志凡例分为《分立门目则例》和《编纂凡例》两部分。在《分立门目则例》中,强调“古之为吏者,能宣上德以运下情,斯为尽其职;今之善为治者,则在于振导自治,以扬民主,不如此不足为良吏也。方志之修亦然。在昔帝制之时,期于宣上德,意颂扬得礼而已”。“今兹之修,要当以质实详明,裨补实用为主”,“力祛浮夸,务求切实,要期合于现代潮流,适成其为民国县志”。为体现这一宗旨,尽量增添了一些新目,如民治、实业、交通、学位、公职、议员等(见《山东方志汇要》第 349 页)。是否达到所规定之要求,姑且勿论。单是提出这样的思想,就值得注意了。《续修四库全书提要》谓其:“分舆地志、政教志、人物志、艺文志四大纲,下列纲目,简洁详明。创新体例……皆甚妥善。是志体例,实为地方志学之一大进步。因其纲举目张,名简事详,不似旧志名类复杂,反混淆不清。盖旧志职责,在宣扬上之德意;今之方志,则求裨补实用。作者能见时代之变迁而知所注意,洵地志中之杰称矣。”(转见邸富生《中国方志学史》第 189 页)

是年,林学增修,吴锡璜纂福建《同安县志》42 卷、首 1 卷,铅印成书。是书“外交篇”内,除开列外国侵略者强加给中国的不平等条约之外,特别写明:“始基不慎,后悔无及,用特于外交一门,参互考证,详悉备列,庶吾民触目惊心,急于培植此项人材,庶将来或有争回自办,收入裁判之一日,于国体商情,不无少补云。”“领事官在通商口岸,兼司法之权,亦属夺我自主。呜呼,我国人其猛省哉!”(见凌霄《方志的源流及其变化》,载《中国地方志》1989 年第 5 期)

按:将国势之衰,归诸外交、司法人材之缺,虽未触及根本,但志人爱国殷殷之情,实属难能可贵。

是年,范钟湘、陈传德修,金念祖、黄世祚纂成《嘉定县续志》15 卷、首末各 1 卷。志首有图说 37 幅,其图之精细为旧志所不及。分门目与光绪志无大异,但对新增的自治、教育等,记之颇详。如教育中列有历年教育经费比较表、各区学龄儿童统计表、各区学堂学生数历年比较表、大学及专门学校毕业生名录等。教会目中,记有天主教、基督教在本县之传播始末。其改革纪略一目,详载了辛亥革命在本县进行之详情。(见《中国地方志总目提要》9—29)志书面貌之出新,与主修者之新思想不无关系。陈传德在志序中表明了他对方志的一些新见解:“续志其门类虽不能出前志范围,其体例当然不同于前志。而其意旨则在罗光、宣两朝邑中三十年间事实,以结旧志之局,而作民国新志之先声。述往思来,阙疑传信,实乡邦不可少之载籍也。顾或以为志乘之作,要以提倡风气,改进治绩为主旨。比来文化日新,民治锐进,设犹是因袭前例,排比旧闻,或标举一二,是为刷新之政,以供撰述资料,曾何足以促进社会史之进化?传德则谓,记载之文,别于言论之可得自由。已往之史迹,以最新之目光评判之,则可以后来之主观缘饰之则乌可?若夫顺应风会之转移,创制崭新之纪录,则有待于后之载笔者质之。邦人君子其不以为斯言为河汉乎!”(转见梅森《上海方志研究概要》第 31 页)

是年，沈鹏飞编就之《调查西沙群岛报告书》7章印行。先是民国17年5月，国民政府政治会议广州分会发起并组织西沙群岛调查队，前往西沙调查。此次调查是继宣统年间勘察之后的第二次有组织之调查。参加者有政府、军队及有关部门人员，包括林学、测绘及地质方面之专家共15人。沈氏以林学专家身份参与，经历16天调查后，回来撰成此报告书。内容分为7章，分别为地理概略、历史、海流及气候、物产、磷酸矿、日人经营林岛之过去情形、结论。正文之前载有此次调查之照片38幅及万分之一比例尺之西沙岛图2幅。正文之后，附有各岛东西方名称对照，西沙群岛调查日记，调查、采集之动物种类，有关西沙群岛之磷矿和海岛鸟粪化学分析结果，最近成案之变更等。（见《中国地方志总目提要》19—87）

是年，国立浙江大学校长蒋梦麟撰之《续修浙江省志提议》，发表于国立中山大学《语言历史学研究周刊》第7期第81号。是时，因浙江省志编纂多年而未果，故省政府委员陈其采提出《印颁省志及续编新志案》，蒋氏遂有是作之发表，提出“方志新体例及进行办法”。他认为，省志稿出于前清遗老，内容及精神均不合现代要求。提出“省志问题，在现代之立场，以切实用为目的。其材料应(一)侧重现代；(二)切于实用；(三)注重物质方面。非此，下者则同仿造古物；上者，亦类改制之旧志”。主张宜解散方志旧体，分编年鉴、各门调查、省史三书。其中拟定年鉴门目为地理、地质矿物及动植物概论、户口、民族、党部组织、行政组织、治安、教育、宗教、农业、工业、商业及金融、交通、财政、建设、民生等。各门调查是：全省地图、地质、气象、民族、经济。省史部分，拟定类目共分9门，即：一、建置沿革；二、大事记；三、度支志(历代民产、丁漕、各项课税、省费支出)；四、工程志(包括塘工、疏浚、兴修等)；五、民生志(包括物价及生活状况)；六、教育志；七、人物志(治绩、懿行、学术、技术)；八、民俗志(附宗教、语言、民族)；九、志余(包括古迹、名胜等)。“每部自成首尾，是有条贯的记述。取材旧志之外，博采私家著作。撰述应源委分明，熔铸旧文。切忌片断钞撮，文笔应求明澈，不取古奥俪偶，秉笔态度，尤宜审慎。胜国遗臣，皆宜远摈。”(转见邸富生《中国方志学史》第179页)

是年，北平特别市古迹古物评鉴委员会，倡议遵政府令修《北平志》，傅振伦为之撰成《编辑北平志蠡测》和《北平志类目》，刊于民国19年4月《北平晨报》和民国20年《地学杂志》第1、2期。在《蠡测》一文中，提出今日修志应注意者9事：一宜略古详今，侧重现代。二宜博采详志，注重实用。三宜特详于社会方面。四宜特侧重在物质方面。在此项内，首次提出应按马克思唯物史观之原理，注重当代经济状况，谓：“史重个人，而垂训、资鉴诸种史观大兴。一部二十四史，几同伦理书，初非切实之学。”“垂训谬见，流传至今，切实之学，反成虚玄之篇。居今修志，应加改革。宜除道德之空谈，侧重物质方面。自马克思唯物史观表扬于世以来，而社会嬗变(社会之嬗变，即人类之历史)，恒视经济之变更为转移之理大明。故欲阐明事理，须求当代经济状况。今后必加详于地理之自然资源、人文地理以及扩充旧日史志食货门类目。”五门类宜广，增加科目而注重科学方面。六采摭贵广，先作长编以备后日之抉择。七须据事直书。八应广增图谱。九文人不可与修志，修志之“文章所贵，贵乎如其事也”，否则就是“文士兴而事实死”。十是关于叙事方法,包括标题,断限,详略与烦省,自注,文史,纪年,论赞,句读等方面。还开列了北平新志应包括之内容,并附载了《拟北平新志例目》。(见《傅振伦方志论著选》第 115～141 页)

按:方志所记当重社会物质生产之论,虽有多人道及,但于史观之高度,提出用马克思主义唯物史观为衡准,傅氏乃中国方志史上之第一人也。此论宁非中国马克思主义方志学之滥觞乎?注意!此尚在民国 18 年,即 1929 年也。

是时,北平研究院史学研究会为准备修志,遂出版《北平》半月刊,选载文献,并征集有关北平建筑、庙宇、古迹、风俗、金石、人物、工艺等方面之材料,还由常惠主持拓制市郊碑刻。由于北平市政府所设之人,多数只是挂名领薪,并未认真开展。故至抗战军兴,工作亦中止。(同上书第 68 页)

中华民国 19 年（公元 1930 年）

1 月 22 日，国民政府内政部，以民字第 11 号通咨，“请各省省政府，迅将通志馆筹备设立，报部备案”。（邸富生《中国方志学史》第 178 页）

1 月 25 日，国民政府内政部奉行政院第 190 号训令发出文件，内称：“县志乃一切民政发轫之基础，路、市两政之参考，尤为重要。因地制宜，因财制宜，因物制宜，均为县志是赖。”要求各省督催各县、市编修志书，“旧无县志及有而已经散失之各县，早日查照部颁修志新式系统，编印寄会。”（同上书第 185 页）

是月，教育部颁发为京师图书馆征集志书及彝器、碑铭拓本咨文；又令县及其行政机关编订乡土史地材料，用作小学史地补充课本。（《方志学》第 874 页）

2 月，军政部致函各省，请催令属县从速搜集志书。

是月，云南省政府成立通志馆筹备处。9 月通志馆正式成立，制订通志凡例、分类纲目，着手《新纂云南通志》之修纂。同时还制订《修志概要》18 条和《云南全省各县志纲目草案》，通发全省。（见宋永平《民国时期云南的县市志述论》，载《云南方志》1992 年第 5 期）

3 月，热河省民政厅奉令筹备成立通志馆。

5 月，内政部通咨各县，将县志送省通志馆审核。

6 月 12 日，上海市政府遵照国民政府修志事例概要之规定，公布上海通志馆组织规程，着手办理上海通志编修事宜。明年 3 月 28 日，又公布上海通志馆筹备委员会简则，至 8 月 13 日复加修正。（见陶俊《通志旧闻一则 亦可温故知新》，载《上海修志向导》1998 年第 3 期）

是月，内政部再次咨催一些省政府，将通志馆筹建情况从速报部备案。咨文谓“请各省省政府，迅将通志馆筹备设立，报部备案在案，迄今多日，尚未接准贵省政府咨报”。（见苏长春《地方志与地方行政管理关系探微》，载《中国地方志》1994 年第 2 期）

是月，辽宁省政府致函通志馆，要求依中央《修志事例概要》，制定《县志通例》，转发各县参考。

7月,浙江省政府致函辽宁省,请求征集辽宁省志书。

是月,考试院致函各省政府,征集各县志书。

9月,安徽省成立通志馆,正式聘江暐为馆长,徐曦为副馆长,徐乃昌为总纂。拟定《凡例》、《目录》草案(由曾任安徽大学校长的怀宁人程演生拟订)。计划分为图、记、考、传四大纲。8图:全省疆域图、60县分图、历代疆域沿革图、山脉图、水系图、水系沿革图、交通图、农矿物产图;2记:大政记、大事记;21考:舆地考、职官考、民政考、司法考、财政考、教育考、军备考、交通考、外交考、权量考、农政考、工业考、商务考、物产考、氏族考、方言考、礼俗考、宗教考、艺文考、艺术考、金石古物考;3传:职官传、人物传、列女传;凡不属于上述4类者,另立杂类一门,包括:轶闻、物异、辨证。各门之下再分子目若干。卷首有总序、凡例、目录;卷末为前志源流、本志纂修始末、本志参考书目(见《中国地方志总目提要》12—3)。通志馆下设采辑与编纂两部。采辑部下有五组,分驻北平、南京、上海、徽州、安庆等地采辑资料。各市县由教育局长为当然采访员,另由市、县府保荐二人。志稿采取边修出边印行之作法,"各志稿皆独立成编,合是一书,析可单行"。到抗战爆发前,先后完成大事记、舆地考、民政考、财政考、司法考4卷、武备考、方言考3卷、教育考8卷、交通考、外交考、佛门龙像传2卷、金石古物考18卷、列传9卷、人物志10卷、艺文志等。方志馆到抗战爆发时停止工作。从已修成的部分志稿来看,子目设置得体,不泥古,亦不违今。删去了天文分野之旧说,改用经纬度、晷度、食交等。附有大量图表,如矿产分布图、交通图及各县经纬度里表、日出入表、地质调查表、水旱灾虫害表等,图表制作也较为科学。"艺文但纂提要,不载诗文;金石但载款识文字,不附题跋,示与金石专书有别。编摩所得,或别编'安徽文征'、'诗征'及'金石类',此不羼入也。"有论者认为,也还存在一些明显之缺陷,但作为试写出之初稿,是可以理解的。(见宫为之《皖志史稿》第369～375页)

11月,国民党中央宣传部咨请各省代为催征各种志书。

是月,安徽省政府主席陈调元致函辽宁省政府,索求修志资料。

是月,瞿宣颖撰成《方志考稿》(甲集)一书。该书以天津方志收藏家任凤苞天春园所藏方志为基础,撰写了包括通志、府志、直隶州志、州志、厅志、县志和乡镇志之提要。先将河北、辽宁、吉林、黑龙江、山东、山西、河南、江苏等8省之志书600余种,列为6编,称为甲集,民国20年由天春书社出版。是书收录原则是,"苛于近著而宽于前代"。每部志书都"首严名称,次述其纂修之年月与纂修者之姓名,次叙旧志之沿革,次叙其目录,次辨其体例,最后评其得失,尤注意其所包之特殊史料,将使读者开卷而了然于其源流所自与其内容所涵"。是学术含量颇高之一部方志目录提要专著。

瞿氏在书自序中说:"吾国人之不能认识了解吾民族性者,盖有由矣,无真史故也。史不能明全体社会活动之迹,而徒措意于一二人之殊功美行……夫史者非如几何之直线,但有长度而无宽度。乃譬之石之入渊,且下行且旁散为波状。往时之史,仅得下行之状,而于其波动未尝一顾焉,所以为无真史也。然而有差近焉者,则方志是矣。方志者地方之史。有通史以观其会通,有断代之史以析其时代,则纵贯与横剖之象具焉。有地方之史以规其区域,然后于纵贯之中得横剖之象焉。古之国史不可得详。然自常璩《华阳国志》以来,大至方州,小至村镇,禹域之广,几无无志者。虽其良秽不齐,然吾曹生于载籍荒阙之日,犹得勉执残编,以蕲吾向所云明其层垒之迹,究其感受所由者,端惟此林林数万卷之方志是赖。读方志然后知种族之分合,然后知文化之升降,然后知民力之消长,然后知吾曹所习见习闻之外,犹有若彼若此者存也。虽然,方志之涵史义,固亦自近百余年来而渐然。宋元方志存者寥寥,其义法虽不尽醇,犹不失记事纂言之意。至于有明,因修一统志而后征各省志书,俗人不学,相沿以方志为地理之记,甚且以为题名颂德之书,揽胜抒情之册。兔园谬解,场屋劣文,官吏视为具文,乡绅资其升斗,谈者相戒,摈勿寓目久矣。自顾炎武编读各省志书而有《郡国利病书》之辑,承学之士始渐知斯学之要。会乾隆朴学盛兴,毕、阮诸公开府大邦,力振文业,有司承望风旨,大师如戴(震)、洪(亮吉)、孙(星衍)、武(亿)之伦,遂得传食名都,经年载笔,勒成诸志,颇复斐然。然诸君勤于考古而忽于纪实,实未能真知方志之体也,惟章学诚以独到之目光,萃毕生之精力,深明方志之当古国史,其纂述宗旨,在乎刊出浮伪,发挥实状,使后人得以追睹前事,纤悉无遗。以今日之语譬之,真所谓能写全体社会活动之迹者。虽其所撰不能尽如所期,然其发明义例,振起浮俗,使方志之用增其伟大。章氏之绩,可谓迈越寻常者矣。自章氏之学闻于世,操觚之家得其绪论,所撰之志,类有可观。乾隆末叶以迄于今,卷帙颇复非少。然迄于晚近,学术弥光,章氏之说,犹有未尽厌时代所需者,故执章氏之说以驭吾国之方志,在今犹多未合也……就现存之方志,历数其裨益治史者之途,犹有六焉:社会制度之委曲隐微不见于正史者,往往于方志中得其概要,一也;前代人物不能登名于正史者,往往于方志中存其姓氏,二也;遗文佚事散在集部者,赖方志然后以地为纲有所统摄,三也;方志多详物产、税额、物价等事实,可以窥见经济状态之变迁,四也;方志多详建置兴废,可以窥见文化升降之迹,五也;方志多详族姓之分合,门地之隆衰,往往可与其他史事互证,六也。凡此六端,皆为治近代史者所亟欲寻究,而方志皆往往足供焉。”

任凤苞在是书序中,称之为“自有方志以来未有之盛举”,是“书目中之上乘”,“为今后治方志学者之津梁”。任氏在此序中,还特载了是书写作中之一段经历,说他自己少小初解文字,即好藏书。且认为方志一门,为国史初基,典章制度之恢闳,风俗土宜之纤悉,于是焉备。故其老年谢事之后,即发箧中所藏诸志,先为编目。所未见者,百方访求。友朋驰讯,必以相属。北极穷边,南届海澨,邮裹络绎,浸以日多。于是就想正式编辑一套目录。正在未举之际,与瞿氏之一次晤面中,得知其亦正从事于此者。做法是每阅一书,辄为条记,略似直斋陈氏、竹垞朱氏之体。因瞿氏讲学诸校,借书而读,多废时日,于是自己便尽出所藏,供其研讨。邮寄纸墨写官之费,亦由已力承之,故瞿氏方得以成就此书。不亦学界之一段佳话乎?!

余绍宋在是书序中谓:“是编次第仍依《清一统志》,每篇先叙其编撰年代及姓名,次述其旧志源流,次述其卷数目次,次评其体例优劣,次约其地方沿革,最后评其得失,尤注意所含特殊史料。体裁既佳,考论亦当,其为不朽之作,有识皆知,无烦更说。”他仍评是书之功用亦有六端:一是可以纠正后来修志者对方志之不正确认识,端正修志态度:“修志之业,功侔国史。乡曲无知,恒以此为沽名牟利之方,甚或为徇知修怨之具,又以为事属一方,无与异地,纵腾簧鼓,终免讥弹。有此一编,足以破其谬见,则凡议修聘任以及采访编撰诸事,自不敢较易将之。”二是可以使后来修志者比较优劣,找到学习之样板:“修志之人不尽才智,所闻所见,每被囿于方隅。孰是孰非,恒不得其正鹄,亦惟就其所见所知,步之趋之而已。此虽通病,抑亦情势使然。有此一编,则优劣既分,自能择善而从,知所矜式。且意存褒贬,成规具在,亦不敢率尔操觚。”三是可以推进方志学之进一步建立:“四库提要于他类之书,不厌精详,独于此门采辑殊略,通计著录及存目不过百五十部。其所评骘亦仍旧见,无所发明。他家著录,宋志而外亦鲜论列。盖犹有轻蔑之见存也。是编出而方志之学厘然独立为一科,不容鄙视。是实斋仅启其端,至兑之乃竟其业。”四是具陈得失,便于史学工作者取材:“承学之士,欲于斯学窥其门径,而卷帙繁重,每觉茫然。陈陈相因,读之生厌。欲知美恶,别择尤难。得此一编,粲焉具备,孰得孰失,展卷了然。兴趣既生,研求自易。编中又多含史料,尤与治史学者以参互之机、兼通之益。”五是有利于将来国史之编修:“往时国史,多偏重皇家政治,且有专馆掌之,犹有藉于方志。今者国史之业,既无专司,而著作体裁,亦宜略变。必当参用通志之例,广载各地方社会情形,而不能偏重于中央政治,乃事理之当然,亦时势所必至。若是则有赖于方志者益多。是编既注重特殊史料,则他日修史者得以注意取材之源。”六是便于为政者之利用方志:“自近世以来,政法凌夷,虽屡变而不能中理合度协于人情。国事臲卼,职是之由。虽其种因甚多,而秉政者不能深察民俗之所由成,与其所遗传所蕴蓄所薰习所演进之迹,任情措置,亦其一端。然方志之芜杂纷乱,亦实无由使秉政者得取以为考镜探索之资。故今日急务,首在整理旧志,记其存佚,辨其粗精,详加考求,俾便采取。由局部以窥其全,因会变通而察其变,以为他日立法施政之基,而求达乎好恶同民之治。”总而言之,他认为“兑之乃能举人所不敢为不能为不愿为,且并实斋所未为者,而毅然为之。不数年间成斯巨制。发愿之宏,成就之伟,度越寻常,殊堪惊叹。不图今日乃有斯人,其沾溉于来世,功岂在实斋下耶”?

按:瞿氏于方志方面,除此而外,尚有《志例丛话》、《读方志琐记》两书行世。

12 月,热河省民政厅要求属县,六个月内修成志书,否则严惩。其在给省政府之报告中提出:“兹特通令各县遵照,务以前定期限赶速办理。倘至明年六月内仍不能将志书修竣,定即查酌情形,从严撤惩,以为玩忽要政者戒。”该省政府在批复中明示:“各县于明年六月内不能将县志修竣呈送审核,定将该县长撤差严惩。”(《编修地方志档案选编》第 38～39 页)

是月,安徽凌纯池(潜夫)就修《安徽通志》事致该省通志馆馆长江暐之信,发表于《学风》第 1 卷第 3 期上。此信针对此前或将方志视为地志、视为类书、视为史之支流,仅为“备国史取裁”之传统观点，提出：“无论何种学术，必自有一确定之立场，自成一精密之系统。若比附依倚，则牵此顾彼，疆域不清。衡以近代科学之旨，实非守善。窃愿今之言方志者，应确认方志为一种独立学术，编次排比，一以科学方法部勒之。”“时至近代，新史学既已确立，则方志学亦当藉史学之助，而成一专门之学，其体例亦当另行确定，不仅以规抚成法为已足。”基于此，他提出《安徽通志》：一、“须成为一部安徽近代社会史，凡足以表现近代安徽社会进化之史实，虽缙绅先生难言之事（如奴隶、倡优及其他下层民众之生活），亦宜详加记载；其他与社会变动无关者（如忠臣、义士、烈女、畸人之个人事实），尽可缺而不录”。二、“应使《安徽通志》成为一种著述，不再为一堆材料，仅供国史之取裁，好古者之参考”。三、“应使《安徽通志》为史家之方志，而非文人之方志”。（转见宫为之《皖志史稿》第397页）在当时就有此等见地，亦属难得。

是年，柳诒徵被选为《江苏省通志》编委会常委，受以重任。他在亲自编纂之《书院志》、《钱币志》、《社会志》中，吸收撰述派和纂辑派之长，采用夹注式之做法，以撰述著文为纲，将史料随时以小字注入其下，形成融纂辑与撰述为一体之独立一派，为其后之修志者所效法。有人称之为不同于著述派、纂辑派之外的夹注派。（见王中明《柳诒徵之方志学思想与实践》，载《内蒙古地方志》1992年第1期）

是年，绥远特别行政区成立通志馆，聘清末拔贡郭象伋主其事，又聘有“塞外文豪”之称的土默特旗总管荣祥为总纂。他们的工作为日后修成《绥远通志稿》打下了一定之基础。（见张文桂、荣竹林著《方志编纂学概论》第215页）

是年，宋蕴璞辑成《天津志略》20编印行。是志中附有照片数十幅，包括有大沽口炮台、北洋大学工学院、天津运输船、纱厂内景等内容。（见傅登舟《民国时期方志特点初探》，载江西《修志文丛》1988年第4期）

是年，王元章修，金鉽纂成宣统《泰兴县志》28卷，民国22年印行。其中包括《泰兴县志续》12卷首1卷、《泰兴县志补》8卷、《泰兴县志校》6卷首1卷。先是民国7年（1918），知县王氏按江苏省长公署通令所属各县重修县志令，设机构编修，延聘沈文翰、金鉽同主其事。在工作过程中，就志书体例问题产生了一场争论。沈氏认为，前光绪志长于文笔而疏于事实，未足以存古而信今，宜改前志而为之（即重修）。金氏则以为：“志版尚存，取为张本，事可省便。自来史家积习喜改旧文，大率新志成，而旧志亡。既无以见前人之得失，又何从质后人以是非？不如取前志既成后之事赓续成编，其前志之讹误者校正之，疏略者补益之，两本并行，事相因而体实创。”（转自殷勇《宣统〈泰兴县志〉与新方志续修》，载《中国地方志》2005年第7期）旋以沈氏卒，遂以金意成之为此三书，合称为宣统《泰兴县志》。书成，时人多有褒词。

是年，徐维淮修，李植嘉纂成奉天《辽中县志》29卷、首1卷印行。古人对于一志多序之作法，早有反对之议，但并未引起人们之警惕。进入民国，此风更有愈演愈烈之势。如民国

14年修成之辽宁《兴京县志》一书,便有14序之多。本志纂者李氏对这种著作多序之风,颇不以为然。在本志自序一开头便谓:“昔欧阳文忠作《五代史》,或有人序其前。王荆公见之曰:‘佛头上如何着粪!’讥评得毋稍过。近世学者往往著一书、立一说,必征达官显者为之记序,不如是,不足借以增重。而被征者半又倩贷于人,恐愈难当荆公意。”(见《东北方志序跋辑录》第61页)这样的批评,是很有见地的。可惜的是,他纂的这部书也有三序。除自序之外,其余两序,实无多大意义。尤其令人难以容忍的是,日伪统治下于1936年修成之《兴京县志》,序言更是达18篇之多,创了方志史上之最。这些作序者,作为一个中国人,为日伪政权效命,不以为耻,反而借一部志书修成之机,一个个出台亮相,岂不更耻?!

是年,关定保等修,于云峰等纂成奉天《安东县志》。县教育公所所长盖诚曾序谓:“作志有数难焉,搜罗未富则失之疏,采访未周则失之漏,选择未精则失之滥,考证未确则失之虚。”洵知言也。

是年,石秀峰、辛广瑞修,王郁云纂成《盖平县志》16卷、首末各1卷印行。是志之值得注意者在于编纂上之特色。在其《设治沿革》之末,附有《辽宁全省古今沿革述略》,意在便于考见本县之相关事迹;其《职官志》录有《旗官始末》,对设官驻防之沿革,随缺伍田兵制编列等,都有述及。有的评论者称其:“可藉一县之志,广征一代之典。”(见《中国地方志总目提要》6—21)

按:以一县之志而附载全省之沿革,作法未必妥当,但其用心亦良苦矣。

是年,胡履新、张孔修纂成之《永顺县志》36卷铅印成书。是志中列有旧志遗规和修志通例。后者从正名、审传、倒置、谬误、书法、简洁等14个方面总结了古今方志之善否,对修志之体例、内容、手法、作者等主要方面,进行了系统之论述,有方志理论意义。(见前书18—108)

是年,容媛撰《方志中金石志目》一书,由国立中央研究院历史语言研究所出版。

是年,梁启超撰《中国历史研究法补编》由商务印书馆出版。在是书中,作者说:“治中国史,分地研究极为重要,因为版图太大,各地的发展,前后相差悬殊,前人作史,专以中央政府为中心……普通所谓某个时代到某个程度,乃指都会言之,全国十之七八全不是那样一回事……如欲彻底的了解全国,非一地一地分开来研究不可……可以分省分县分都市,每县每市看它进展的情形,破下功夫,仔细研究,各人把乡土的历史风俗事故人情考察明白,用力甚小,而成效极大。”(转自邸富生《中国方志学史》第214页)结合梁氏他处对方志之说法,可见其对方志功用估价甚高。

约于是年左右,詹其桂撰成《江浦县新志稿》一部,未注明撰著年月,《中国地方志联合目录》亦未著录。1984年中共浦江县委党史资料征集办公室方予油印。全书分10门,各门之前均有无题小序,编者往往于此阐发议论,有的颇为深刻。如其《财赋志·地方税》小序云:

“浦邑自入民国才十八年，每以地方新政待举，竭泽而渔。既无绅富可损，不得已举资于附税，积之又积，负担日增。后表所列附税之数，均已超过正税，其他杂税附加，亦复叠床架屋，殊失附税公平之道。作者涉笔至此，不禁手为之颤，心为之寒。”（转自《江苏旧方志提要》第95页）真是入木三分之论。以志为民鼓呼者，此又一例也。

中华民国 20 年（公元 1931 年）

1 月 15 日，安徽通志馆馆长江玮在《学风》杂志第 1 卷第 4 期上，刊发《复潜夫书——论志书性质》一文，提出：“谓方志为外史所领，义备国史取裁，斯乃指方志之实用而言，似与方志之独立性无涉。以鄙见所及，其用不止备国史取裁已也，凡各专史，如文化史、思想史、政治经济诸史，以及美术史等，皆可取裁于方志也。……惟方志之综合性，似为任何学术所未有。如以科学目之，或称为综合科学可也；或称其为近代社会学之鼻祖亦可也。”（转自宫为之《皖志史稿》第 400 页）

2 月，国民政府行政院公布各省县呈送志书清单。

3 月 1 日，傅振伦在《北大学生》月刊第 1 卷第 4 期，发表《河北新河县志序例》一文。据作者谓，去年 5 月《新河县志》成，友人多函索取阅，无以应付，曾将其《略例》刊于《文学》第三期。今此刊发者是新志订正本之《序例》也。（文见《傅振伦方志论著选》第 466～477 页）

是月，辽宁省民政厅训令属县速报修志情况。

春，李泰棻应绥远省首任主席李培基之邀，担任《绥远省志》总纂。先是民国 18 年(1929)，绥远由特别行政区升格设省，首任省主席李培基上任之后，以为“绥本新省，应有省志”，即据内政部颁发之“修志事例概要”的要求，建立省通志馆，“筹款十万，愿成此业”。以郭象伋、阎肃为正、副馆长。又特聘时在北平的李泰棻为总纂，并派其门人白映星至平迎接。李氏受聘后，立即起草《通志》之序例门目、疆域沿革，拟就调查提纲，并着手撰写金石、艺文志，很快草成。并与六编纂之一的王森然承担古代部分资料之收集整理。二人“遍阅经史子以及集部之有关者，上溯甲骨吉金诸文，旁至碑碣刻石诸拓。查得绥远历代职官数百人，本土人物百余人，有关大事数百则”。关于现代资料，聘有蒙、汉学者 20 余人为采访员，写成《绥远通志采访录》，工作颇有成效。后因省主席换成傅作义(宜生)，志馆内部意见争歧，及经费困难等因，李氏遂辞去总纂之职。（见李泰棻《方志学・序》）

4 月 1 日，上海市政府举行改组之上海市通志馆筹备委员会成立大会。市长张群在讲话中指出:《上海市通志》之编修,“是本市很重要而值得纪念的事”。“本市修志非保存本府的文献,乃系集合本府本市的文献,与本府历史的久暂没有关系”。“修志不求观美,需求实用”。上海、宝山虽已修有县志,但“因袭历来志书老例,所有新时代各有现出的事实,可以说全没有顾到,全没有搜罗”。故上海市通志之编修,是“责任所在,无可旁贷”。上海无论从经济、政治、文化上讲,都具有重要之地位。其有无详明适用之市志,不仅对于国史编定关系重大,而且就目前之需要而论,也是十分迫切的。因为政府和市民都想了解本市及特区(指租界)纵横之情况。除此之外,凡对全国之经济、文化及社会问题关心的人,也必须对上海有一个深切之研究。而供给这种研究巨著,决非私人调查所能办到的,也非私人著述所能详尽的。(转自梅森《上海方志研究概论》第31～32页)

4月15日,内政部通咨省县聘学识优长兼富时代思想者主持修志。

是月,徐鼐霖修,李庆荣、王重民等纂修成《吉林县志》50卷。该志《例言》论志体有言:“不以沿习为耻,不以创作为奇,求其事核文雅。凡例显背今制者,如圣训志属尊王,应废;旧志大事先叙前清,后叙古代,今舍倒叙之例,改为大事表。诗文征以本县人著作为限,惟兼收确与本县有关者。新传必调查有据,而不滥收。生不立传,但其人有功于国,或有益社会,且言行可法,道德可风,则收之杂志,以劝来兹。列女、节孝列表以存其人,非特殊情况不立传。惟善善从长,则叙其大略,为将来劝,但力避雷同、复杂之弊。”本志引据丰富,书末附引书目录4类,有正史、旧志、诗文集、家谱等(见傅振伦《忆方志学家王重民》,载石家庄《史志文丛》1989年第4期)。稿成,因日本侵略之“九一八”事件发生,延至民国30年始印成书。(见《中国地方志总目提要》7—10)

5月,北平市政府函请辽宁省惠寄有关通志馆之组织章程、办事细则及修志目录、预算表、职员录等材料。

6月,国立中央研究院社会科学研究所函请各县政府代为征集各种志书。

7月19日,热河省民政厅呈报省政府,各县修志再延期6个月。

是月,实业部咨请各省检送新旧志书。

8月,教育部训令各省教育厅搜集边疆史地材料。

是时,值“九一八”事变前夕,日本帝国主义在中国连续制造了“济南惨案”和“皇姑屯事件”,正加紧筹划对我国进行大规模之军事进攻,并在政治、经济、外交、文化等方面也大肆渗透。时为北平燕京大学教授之顾颉刚,在对学生讲课中,指出:“外国人正在研究我国边疆。方志这块领土,如果我们不去研究,外国人就会去侵占……”号召学生为反对外来侵略而重视方志研究。(见朱士嘉《我研究方志的历史回顾》,载《史志文萃》1987年第6期)

9月2日,河北省在天津组建省通志馆,刘善琦为首任馆长。次年8月,刘卸任,由时任河北省政府秘书长之瞿宣颖兼任省通志馆馆长,主持《河北通志》编纂工作,聘傅振伦、王重民、孙楷第为《河北通志》名誉纂修。受聘诸人,发凡起例,拟定《河北省志例目》,刊载于《河北》月刊第 1 卷第 1 期。该例目,卷首有序、志例、引用书目;其编目为:疆里考,纪(大事记、通纪、杂记),政务略,自治与党务略,财务略,选举略,教育略,外交略,军备及治安略,建设略,礼仪略,氏族略,民生略,民俗略,文物考(艺文志、传闻、古迹、古物),列传(政略、懿行、学艺、艺术)。修志事至 1937 年“七七”抗日战争全面爆发而中止时,已成初具规模之《河北通志稿》。参加撰稿者有王树枏、张国淦、吴廷燮、马英俊、张汕漪、谢家英、杨昭隽、卢启贤、陈树敏、张宗芳、左谦、许同莘、孙鹏、高凌霨、张鸿翔、陈铁卿、于鹤年、李金藻、蒋锡曾、齐文融、林荣等 20 余人,不少都是著名之学者。是稿为收录近现代河北资料最丰富之一部志书,时代感也较强,坚持“重事而轻人,重例而轻文”的原则,在体例上多所革新。(见王景玉《一部体现时代特点的河北省志——民国〈河北通志〉稿》,载《河北地方志》1991 年第 5 期)

是月,云南成立省通志馆,以周钟岳、赵式铭为正、副馆长,遴选当时云南的一方名士,如袁嘉谷、李根源、方树梅、方国瑜、何秉利等为纂修。先后颁发了《云南省县志纂修大纲》、《云南全省各县志纲目草案》、《云南通志馆征集各机关修志材料条目》等文件,着手《云南通志》修纂工作。(见《中国近代方志学》第 101 页)采取“集历朝旧志,复者删之,逸者访之,缺者苴之,乖谬者订正之”,并以光绪二十七年至宣统三年事补之。至民国 32 年,《新纂云南通志》226 卷脱稿。

是月,新疆省政府主席金树仁致函辽宁省政府,请赐赠志书。

10 月,国立中央大学致函各省政府,征集各种志书。

是月,北平燕京大学图书馆刊印朱士嘉编之《中国地方志备征目》,并载有启事一则,谓“兹经本校朱士嘉君编有《中国地方志备征目》,都四千九百十二种,其编纂时期下有 X 者,已为本馆所藏,其余均待征求。倘各地公署及公私立图书馆、各埠书店、各藏书家有此项地志,愿意捐赠或出售者,即请与本馆接洽,无任感盼”。(转自张升《民国时期方志搜求热初探》,载《中国地方志》2004 年第 1 期)此《备征目》刊出之后,加以积极搜求,至民国 22 年,该馆所藏方志即已达 1200 余部。

11 月,湖南省政府主席何健咨请各省政府为湖南中山图书馆征集志书。

是年末,县长崔福坤主持修纂成黑龙江《讷河县志》12 卷印行。是志之特点是策论性之话语不少,如“讷邑本农产富饶而工业毫不进展,诚属一大漏卮”。“近来商人知识日开,对于商务进行之问题能知悉心研究,故商务较前略有进步。益以本境之富庶,如妥为经营,其商业之发达正未有艾也。”由于以前“八旗人民以游牧为生,于林业漫不经心”,故“求所谓徂徕之松,新甫之柏,固未易数觏也”。“渔人为鱼利计,间有运出境外者,惜无远见。只知捕鱼而不留鱼秧。每见网房晾子卖大鱼于市,弃苗置鱼子于地。恐数年以后,捕者多而出产少矣。”反映了一定的忧患意识。(见杨淑荣、白宗林《评民国〈讷河县志〉》,载《黑龙江史志》1997 年第 1 期)

是年,刘运锋修,陈宗瀛纂成广东《乐昌县志》22 卷、首 1 卷印行。志立地理、财政、建置、教育、实业、兵防、党部、议会、职官、人物、寓贤、大事记、古迹、艺文、金石等15门。是志主张在篇目上要因时而进，加以更新。如《续修四库全书提要》称："此编通旧例，如财政、实业、议会、党部等类，皆以义起例，所谓因时制宜也，教育期于普及，非建置所能容；实业力图振兴，非物产所能尽；党部、议会，往昔所无，旧例焉能墨守哉?!"（见邸富生《中国方志学史》第189页）

是年，赵兴德等修，薛俊升、王鹤龄等纂成《义县志》3卷、前后各1卷，铅印成书。赵氏在志序中谓："凡所记载，纯从人民起见。为民即为国，而为治之道寓焉。舆图之精绘、新政之旁搜博集，罗列无遗。志地舆，人民之所处也；志建置，人民之所为也；志职官，人民之所爱戴也；志宦绩，人民之所歌颂也；志户口，人民之所生聚也；志财赋，人民之所输纳也；志学制，所以教化人民也；志民事，所以观察人民也；志选举，所以拔乎人民者也；志人物，所以表乎人民者也；志艺文，示人民可经也；志武备，示人民以可卫也；至于记大事，有鉴于前，有儆于后。凡以为人民也，为治之道尽在志矣。"（见《中国近代方志学》第82页）

按：这种"民志"思想，与当时之"民史"思想是相一致的。

是年，洪锡范、盛鸿焘修，王荣商、杨敏曾纂成《镇海县志》45卷、首1卷，与董祖羲纂的《镇海县新志备稿》2卷，同时印行。镇海修志，考虑到民国以后，国体变更，事多新创，前后不相沿袭，综合自多困难，且因典章制度、是非论官等等的不同，凿枘之处良多，故采取以清末为断，分别由不同之人员分编成两书。前者为"县志"，后者名为"备稿"。《续修四库全书提要》称其为"民国志中之佳者"。（转见邸富生《中国方志学史》190页）

按：是时，有些地方修志，虽将两段合于一书，但在书内分编，与此两志作法亦类似。如1936年印行的《南康县志》即如是。（详见1936年条）

是年，郑希侨修，刘鸿逵纂成山东《庆云县志》4卷。是志除为当时之权贵要人树碑立传外，还有"修志之人自为立传"，贻人之讥，一至如此。（《山东方志汇要》第652页）

是年，佚名氏修纂成安徽《无为县小志》一种。是志注意反映人民之疾苦，其"居民"目中记有："士绅阶级者拥有广大之田地，不耕而食"，"为民之害"；农民则"终岁勤勤恳恳，所得之半，皆登士绅之仓库，衣食常至不保。且视若牛马，动辄恶声相加"。为政者及士绅对农民之反抗行为，则"严加制镇，诬为共党。每加苦刑，系诸牢狱，无天理无公道"。对当时社会矛盾之记述，可谓入木三分。（见《中国近代方志学》第121页）

是年，顾颉刚、朱士嘉合著《研究地方志的计划》一文，在燕京大学《社会问题》季刊第1卷第4期刊出。文章之引言部分，说明："地方志是中国的特产，是未经开辟之新大陆，是研究历史、地理和社会科学之深藏宝库。它诞生一千六百多年，繁衍了二十二个行省。但到如今还没有人把它作为专门的研究，不是太可惜了么?"文中提出研究地方志先要解决的问题，是要有总目和了解志书之篇目。地方志的研究可以分作两层：一是地方志本身之研究，包括史之研究与体例之研究。二是专题之研究。文章的结论是："研究地方志，在今日已成为迫切的要求。外国人在中国购买地方志已有二三十年的历史,市上地方志价目的高涨,就是受了他们的影响。中国现在,没有一种学问不落人后。自己的古代史、西北史、边疆史,都已为外人代庖;要是在这方面,我们自己再不努力,恐怕这现史存的金矿,又要瞪着眼,看人家来代掘了。”(转见《朱士嘉方志文集》第 461 页)不但忧患之心溢于言表,而且也为中国历史的研究,拓展了一片新天地。

是年,刘复在《山东省立图书馆季刊》第 1 卷第 1 期上发表《重修山东通志事例商榷》一文。主张修志应以内务部所颁《修志事例概要》为基础,省志宜设图、表、纪、志、传。凡新生事物,如外交、交通、实业、司法、学校、内政、财政、宗教等,都应立类详载。(见邸富生《中国方志学史》第 180 页)

是年,故宫博物院图书馆何澄一、江翰等所编《故宫方志目》铅印成书。是目著录自明正德至清季志书共 1400 余种,附录中收入民国志。书末附有书名笔画索引,颇便使用。至 1937 年又有《故宫方志目录续编》之出版。(见《中国地方志学简史》第 427 页)

是年,《中华图书馆协会会报》发表《民国十九年来出版之志书简目》一篇。(见《中国近代方志学》第 155 页)

中华民国 21 年（公元 1932 年）

1 月，广西省主席黄旭初咨请各省政府转饬各省图书馆，请惠寄省县志书。（黄苇等《方志学》第 876 页）

是月，日本侵略者步步进逼，挑起淞沪战争。在战争中，商务印书馆总厂被日机 6 枚炸弹掷中。其后，2 月 1 日，几名日本浪人又潜入以庋藏方志著称之东方图书馆纵火，致该馆 46 万册图书一夜之间化为灰烬。所藏方志 2641 种（其中元本 2 种，明本 139 种），25682 册，悉数被焚。这是日本帝国主义对中国人民犯下之又一桩罪行。（见《傅振伦方志论著选》第 78 页；张喜梅、杨杰《张元济·东方图书馆·地方志》，载《沧桑》2002 年第 3 期）

按：为了收集这些志书，馆长张元济先生可谓费尽心血。不但自己借外出之机，到处跑旧书市，而且在自己寓所门口挂出“收购旧书”之牌子，复在报上刊登广告征求旧书。每有送书来者，张先生均要仔细翻阅，然后带回家去精心鉴别，查存目录，批示价格。此外还托友人到处求购。1927 年，黄炎培因受国民党政府通缉，避居大连。先生闻说大连藏有全国方志，便托黄去查找。1929 年丁文江赴西南调查地质，又托其多方收集。还将当时馆藏方志 200 种，开列目录，寄给在北京清史馆工作之金兆蕃，让金为之找到 62 种，然后请人抄录回馆。（同上刊文）

又：此次战火中，除已藏于图书馆之书被毁损外，张精义撰之《庆阳府志》于中华书局已成样本，其版亦被毁于战火。（见《中国地方志总目提要》26—32）

3 月 26 日广西省政府第 6 次省特别会议通过颁行《广西修志局组织简章》。该简章规定，修志局“受省政府之监督，办理编修广西省志事务”。修志局设督办一人，由省政府主席黄旭初兼任；设总纂一人，聘请马君武任之。下设协纂、分纂若干人，从事编纂。（见雷坚《广西方志编纂史》第 174 页）

按：在此之前，广西县级修志机构处于自建阶段，各县并不统一。自是年之后，省政府有了明确规定：各县的修志机构由在任的县长担纲，部分县的参议会议长和县党部书记任副职。修志机构的简章及县长履历均需呈报省政府备案;如有违反规定,省政府即行责令改组。县级的修志机构,一般设总纂、协纂、分纂、编辑、采访员、审查员、校对员、绘图、干事、书记员、顾问等。(见同上书第176页)

4月,学术研究会函请各省政府惠寄志书。

7月,由柳亚子为馆长、朱少屏为副馆长,徐蔚南为编纂主任之上海通志馆正式成立,列入市政府组织系统。先是是年吴铁城出任上海市长,欲请柳氏出任通志馆馆长,遭柳氏拒绝,不得不请邵力子转为说项。于是柳氏提出,欲先答应3个条件方可:一是志书编辑方针、通志馆人事,不得受外界干涉;二是志稿须突破“官书”惯例,使用白话文撰写;三是通志纪年,一律以公元纪年为主,年号为辅。吴铁城答应了上述3条,于是柳氏遂任职(见金建陵、张末梅《南社与民国方志建设》,载《中国地方志》2004年第7期)。任职之后即制定计划,拟将《上海市通志》分为25编,4年完成。每编10万字,凡250万言。分为沿革、公共租界、法租界、地文、党务、法制、政治、外交、军备、教育、财政、交通、金融、商业、工业、农林渔牧、宗教、学艺、社会事业、风土、人物、大事记、沿革写真、各种地图等。通志馆在柳馆长之率领下,积极开展工作,一些重要文献,多所发现。资料“经过科学方法之整理,颇为专门学者及本市机关所爱护,多所资询”。次年,上海通志馆颁发《上海通志馆征集史料记事》,创办《上海通志馆期刊》,至1935年共出8期。该馆集中了一批资深学者,搜集了大量史料。至1937年抗战爆发时,已纂成长达千余万言之《上海市通志稿》11编。即“历史编”、“地文编”、“政治编”、“外交编”、“教育篇”、“财政编”、“金融编”、“社会事业编”、“学艺编”、“公共租界编”、“法租界编”等。全稿因抗战爆发而中断,未最终完成。(见《中国近代方志学》第107页)从编目和已编成部分,可看出志稿有着较为鲜明之时代特点和地方特色。(见许洪新《上海旧方志述评》,载《上海修志向导》1993年第4期)

按:此志编纂过程中有一特殊之作法,即在通志馆中成立了一个业余之专门团体——“上海通社”。这是在馆长鼓励、支持下成立的一个开展上海历史研究之业余组织。参加者工作时间编写通志,业余时间即搞“副业”——从事上海史之研究。一时形成了一股“上海通,通上海”之热潮。馆长柳亚子称“上海通社和市通志馆的关系,正是孪生的姊妹”。(见李炳华《柳亚子、徐蔚的方志思想与修志实践》,载《江苏地方志》1993年第4期)

10月,司法院函请各省政府征求省志。

按:民国时期,中央许多机构都注意对地方志书搜求。张升在《民国时期方志搜求热初探》(载《中国地方志》2004年第1期)一文中,仅据辽宁省档案馆选编《编修地方志档案选编》的资料,列成之表可见:

民国时期相关机构对方志的搜求状态表

时　间	机　构	方志种类	用　途
1915 年	清史馆	各省乡土志	修史
1915 年 4 月	蒙藏院	内蒙地志材料	清史馆纂内蒙地志
1916 年	教育部	各省最近修刻志书	充京师图书馆之藏
1917 年 1 月	全国水利局	各省旧刻志书	备考证
1917 年 3 月	内务部	省县志书	内政之进行，亟待图册之征考
1917 年 8 月	教育部	各省县新修志书	江图志之大观，考方隅之政要
1917 年 12 月	国史编纂处	县志	修史
1918 年 5 月	内务部	各省志书	研求郡国利病，民俗良窳
1919 年 2 月	司法部	各省县新旧志书	修订法律
1923 年 1 月	国史编纂处	各省府州县志书	修史
1925 年 2 月	农商部地质调查所	志书	以广参考
1926 年 4 月	内务部	各省新旧志书	俾资参证
1927 年 2 月	国务院统计局	近年最新地图地志	纂办方域统计志
1928 年 12 月	军政部军需署	各县志书	统筹军事计划
1928 年 12 月	行政院	各省通志、府县志	备考稽之用
1929 年 1 月	建设委员会图书馆	全国各县最近出版县志及地图	便利专家研究各项建设问题
1929 年 3 月	铁道部	各县最新志书	了解各县风俗人情、山川道路等
1929 年 5 月	参谋部	县志	整理国防
1929 年 7 月	中央宣传部	县、府、州、道志	了解全国各地土地、物产、民情等
1929 年 9 月	全国道路建设协会	省县志书	筑路参考
1929 年 12 月	行政院	各省县新旧志书	藉资参考
1930 年 1 月	全国道路建设协会	市县新修志书	一切民政之参考
1930 年 2 月	军政部	全国县志	统筹军事计划
1930 年 2 月	行政部	各省通志、府县志	以备参考
1930 年 7 月	考试院	各省府县新旧志书	筹设图书馆
1930 年 11 月	中央宣传部	县、府、州、道志	了解全国各地土地、物产、民情等
1931 年 1 月	军政部	各县志书	筹划军事建设
1931 年 7 月	实业部	各省新旧通志、县志	研究各省县地方实况
1931 年 8 月	教育部	边疆史地材料	编纂边疆之历史地图
1932 年	司法部	各省省志	用资参考

是年,甘肃通志局改为通志馆,由张鸿汀任馆长,下设分纂 4 人,编辑 4 人,事务、抄写若干人,重新进行资料收集和董理旧稿。至民国 24 年,因经费已停,稿未杀青,全馆工作难乎为继。张鸿汀遂与临夏邓德舆、桂林廖进之、静宁朱玉伯诸人,欲由私人负责,义务尽职,继续编修。后面诸人因公、因私原因先后离去后,张氏仍率书手数人,以私资助楮墨,往京、津、鲁、豫、江、浙、皖、鄂、晋、陕、绥访书考察二年余。先生坚持亲自采访、编录、校勘。如是者 7 年,终成一部《民国甘肃通志稿》。(见王锷《张鸿汀在方志学上的成就》,载《中国地方志》1990 年第 2 期)

是年,魏声龢在其前著《吉林地志》、《鸡林旧闻录》、《吉林地理纪要》之基础上,新著成《增订吉林地理纪要》2 卷。是书卷上首叙全省总图,次山脉、水道、国界、交通;卷下分叙永吉、长春等 42 县之沿革、形势、地名释义、疆界、土风、古迹等。资料丰富详实,尤其是独列国界一节,详叙了中日、中俄交界情况,并附有中俄界碑表,记录了各碑所在县境、记号、次序、石记状况等。其《十一字界碑》、《中俄界务交涉》,记叙了中俄边界交涉事宜,颇具史料价值。(见《中国地方志总目提要》7—6)

是年,陈乃勋辑,杜福堃编纂之《新京备乘》3 卷,铅印成书,即南京志也。是志博采群书,言皆有本,转录必注明出处。其《掌故》一门,载有关于太平天国之资料,尤其保留了太平天国一些原始文件,很是珍贵。如《太平天国建都天京始末》、《讨满清诏》、《祭明太祖寝陵文》、《太平天国政教一斑》、《钺江兴五策》、《石达开复曾国藩书》、《李秀成招降赵景贤文》、《李秀成谕李昭寿文》、《苏州土畹上忠王取上海策》等。(见《江苏旧方志提要》第 38 页)

是年,陈必闻修,卢纯道纂成湖南《汝城县志》35 卷、首末各 1 卷印行。全志 7 纲 30 目。其政典志之实业记农林概况、矿产种类、钨矿矿区一览表等,为开发当地的自然资源提供了很有价值的资料。在同典的武备中,记载张献忠、李自成及太平天国石达开部农民军的活动情况,尤其是记有民国 16～21 年朱德、毛泽东、彭德怀、李明瑞、张云逸等领导工农红军之革命活动,资料甚为可贵。(见《中国地方志总目提要》18—62)

按:现存 1949 年以前修成之旧志书中,记载中国共产党人革命活动的不多,但也非绝无仅有。虽只雪泥鸿爪,却可宝贵。如民国 30 年修成之《宜章县志》中,就记有民国 17 年 1 月朱德领导之“湘南年关暴动”,建立苏维埃政权之情况。政党志中有共产党人加入国民党之情况。社会志中记有成立农民协会,组织泥木工会,建立商会等情况。(转见《中国地方志总目提要》18—60)

是年,江钟岷、蒋希仁修,陈廷棻等纂成贵州《平坝县志》印行。全书不分卷,仅列 16 门,门下分章、节、目,新增门类颇多。其新创设之《志乘志》,冠于全书之首。其内分旧志稿、旧志成书、新志续修、新志付印等篇。除旧志序跋外,还有述及旧志例言,修志姓氏、经费等各项,使人一览,便悉各志之创革。民国《贵州通志》称其是“自创新体,为志乘别裁”。(见《贵州方志论纲》第 96 页)

按：这种创新，也有因沿关系。先人之志书中，已多有集旧志序言置于志前者。进而又有《旧志叙录》卷目之出现。如道光《遵义府志》就是设有《旧志叙录》者。

是年，蒋藩、胡庸甫纂修成《杞县志稿》一种，未及刊行，1981年经县志编委会整理为17册。蒋氏除本志外，尚纂有《河阴县志》。其颇重视方志理论之研究，除该两书之凡例、序跋外，还专门撰有《方志浅说》、《修志义例》和《重修河南通志意见书》等，都体现了他的方志思想。如在《方志浅说》一书中，就集中地阐述了他的方志主张。全书11节，分别为：一、方志的原始与变迁；二、方志与国史异同；三、通志与通史的异同；四、省志与一统志、郡县志的异同；五、修志三要；六、修志三长；七、修志二纲；八、采访四术；九、编纂四则；十、成书三期；十一、结论。讲述了方志性质、内容以及从采访到成书之过程。（见《中国地方志总目提要》16—6）他认为，“方志在学科中，占历史、地理之一部……夫地理之范围，在疆域、山川、形势、地文、地质，而历史之包孕，则有民族、政治、学术、风俗、物产。方志兼此二义，故治历史、地理学，必治方志”。指出“方志与国史，虽同属史学，而分际略殊。国史疆宇虽广，要皆断代为书；方志地域虽狭，莫不稽古远绍。国史宜横看，方志宜纵看，义本相须，体难偏废。国史视方志，乃取材之渊薮；方志对国史，为祭海之先河。故方志之体与国史同，而修志之责，亦与修史并重”。“通志之体，自当详于总志，而略于郡县，然非有郡县各志，则无以供通志之采择。是以通志体大思精，而县志则与通志同轨。究心通志之义例者，必究心县志之组织，亦穷源竟委之意也。”他所说的修志必须具备的“三要”是：“一曰才。无专门之人才，则不能任。二曰财。无宽裕之经济，则不能进行。三曰材。无丰富之材料，则不能征实而充其分量。三者有密切之联系，相互因果，如鼎之足，缺一不可。”关于“三长”，他说：“历代言修史者，辄谓三长。三长者，即其人之才、学、识是也。妙运用之谓才，闳记览之谓学，精鉴别裁制之谓识。有此，则书成名著；否，则经济虽充，徒为靡费，材料虽富，适滋芜杂。”关于采访四术，是强调躬亲、专治、择要、耐劳。其所谓之成书三期，指的是，第一期校理旧志；第二期开纂长编；第三期为刊定成书。（转见《中国地方志名家传》第246页）这在当时是一部较系统之方志理论著作。

是年，李凌霄等修，钟朝煦纂成《南溪县志》6卷，民国26年(1937)铅印成书。是书最值得注意者，是重视表之运用。志中列有当地物价变动表格8种，对同治九年(1870)、光绪六年(1880)、宣统二年(1910)、民国4年(1915)、民国14年(1925)、民国19年(1930)等各年度40种食品、8种燃料、14种衣料、13种建筑材料之价格变动作了统计，资料十分难得、可贵。（见来新夏《中国地方志》第105页）这是民国志书进步的一个表现。

是年，米登岳修，张崇善、王之彦纂成陕西《华阴县志》8卷印行。是志特殊之处在于，各分志之末均载有“野史氏曰”的评论，为民呐喊者也。多为时人于他处之不敢言者。如《田赋志》后之论差徭曰：“迩来军需浩繁，不分兵(差)流(差)，一年所费，每石粮加银元至六七块，多于正供不止十倍，乡民尽夫耕妇织之所获，忍饥号寒，以付公家支应。甚至军队拉差，布粟皆攫。稍有抵触，则鞭笞随之，桎梏加之。”又如《杂事志》后之野史氏曰：“近年兵以愤动，名为保民，实为殃民，民怨天怒，荒(?)能免乎？《易》云：汤武革命，顺乎天而应乎人。现时兵争纷纷，顺天乎，应人乎？尝读《汤誓》、《武成》诸篇，玩味其词，人归天与而绥万邦，屡丰年之颂作矣。讵若今日之气象愁惨乎?”(转见王子鲁《〈华阴县志〉考略》，载《陕西地方志》1991年第2期)

是年，傅振伦在北平大学女子文理学院开设中国地方志课程，“草成讲义90页”。

是年，张鸿汀(维)撰成《陇右方志录》于兰州刊印成书。是书收录了甘肃、青海、宁夏省、府、州、县志293部，以明清人著述为多。至民国23年(1934)，作者又出版《陇右方志补录》一书，依前书之例，收方志36种。正、补共收方志329种。以时代为序，每志详考其撰者、年代、卷目、存佚，并录其内容纲领。此书为后人评为“收录颇备，类例分明”，“通录有无，以备查考”，“考证精审，评论得当”，是我国较早之一部区域性的方志目录，也是陇右第一部总结性之目录。张氏在是书序中，将以往方志之弊归纳为“四蔽六习”：“何为四蔽？蔽乎古者，疏乎今也；蔽乎文者，疏乎质也；蔽乎人者，疏乎事也；蔽乎撮抄者，疏乎系统也。何为六习？习夫天官之说者，侈著星野事应矣；习夫堪舆之说者，侈著龙脉结穴矣；习夫神仙之说者，侈著神话传说矣；习夫辞文之说者，侈著诗赋文辞矣；习夫《方舆胜览》之说者，侈著八景十景矣；习夫《通鉴纲目》之说者，侈著褒贬删削矣。此四蔽六习，弥漫于方志之域，是故所谓详而能征者，盖十不得其一二。”(转见王锷《张鸿汀先生在方志学上的成就》，载《中国地方志》1990年第2期)

按：此书行世后，其子德方继之拾掇几40年，得前书未著录之方志及其后之新编纂志书约80余种，依前例辑为一卷，名之曰《三陇方志见知录》，亦颇见功力。

是年，朱士嘉撰《中国地方志统计表》在《史学年报》第1卷第4期发表。该表之序言中说：“宋元地志500余种，今存宋志21种，元8种。明1500余种，今存397种。有清一代集其大成，现有志凡4303种，占全数五分之四。民国建国以来，也有193种。今所罗列，该括宋、元、明、清、民国五代之方志，总4912种，82414卷。”(转自《傅振伦方志论著选》第77页)

是年，由张其昀、竺可桢于民国17年创刊之《地理杂志》改名为《方志月刊》。张氏在改刊之卷头语中说：“中国人地学之前途应从事两种工作：一曰方志学；一曰国势学，可称为人地学之双轨。”“方志学乃纯粹研究之性质，国势学则以方志学为基础，而注重中外实际问题之研究。本志(刊)所以定名为《方志月刊》者，其宗旨即在于此。”该刊共发行了3卷20期。(见《中国近代方志学》第129页)

是年，河南通志馆创办《河南通志馆月刊》。

是时，中华西北协会修纂成《青海》一书。全书分9部分，记事止于民国21年。主要记述了青海之历史沿革、地理、政治与教育、经济、交通、青海之风土人情以及对青海之开发计划等。是时正是日本帝国主义变本加厉扩大对我国侵略之时，故是书偏重于为挽救民族危亡之策的探讨,编书目的十分明确。如书中提出:“欲救中国,则当开发西北,以谋长期抗日。欲开发西北,则首当经营青海。盖青海省之位置,为西北之核心,青海省之宝藏,又为西北之中心。青海省在国防上之价值,更为西北之重心。故开发青海一事,实为吾人应予致力之第一步。”(见《中国地方志总目提要》26—6)

按:“文章合为事而作”,这种修志为用之思想是很值得注意的。

中华民国 22 年（公元 1933 年）

1 月,万国鼎、储瑞棠编成《金陵大学图书馆方志目》印行,所收方志 2104 种,22056 册。书序中有云:“民国十二年秋,本校农林科拨款创设农业图书研究部于图书馆,除编纂工作外,致力于我国旧农书及地理图籍之收聚,迄今共得五万余册,内以方志为大宗。”(转自张升《民国时期方志搜求热初探》,载《中国地方志》2004 年第 1 期)

按:是目编成于民国 12 年,为其时已有方志目录中著录志书之最多者。

5 月,谭其骧编成《国立北平图书馆方志目录》26 卷印行。袁同礼在序言中,简述该馆志书收集情况有云:“至民国五年,教育部征集全国方志,凡征得二部以上者,拨交本馆一部,计得三百余部。至民国八九年间,由坊间购入者又约百余部。民六至民十八,陆续由各地人士捐赠者亦百余部。国府成立,教育部又以前所征得仅有一部者移拨本馆,凡二百余部,此前京师图书馆之旧藏也。北海图书馆自民十五年开办,陆续购入,先后约得五百余部,多为京师图书馆所未备。十八年九月,两馆合并,迄于今,兹陆续购入者凡千数百部,总计者凡五千二百余部。”(转自同上文)该书目对著录项目做了较为详细之规定:“是编所载,以省、府、厅、州、县志为主,兼及边镇志、卫志、所志、关志、场志、盐井志等。其清末各省、州、县所修之乡土志及江南、浙江所撰之乡镇志,别为附录。一书有以志名,而所记无关地方经制者,概不采入;一书有不以志名,而所载为一地掌故者,视其体例,以定去取。”收入志书 5200 余部。各志之后,附出其金石、书目(经籍、艺文)项。全书之后附索引。这是民国间比较完善之一部馆藏方志目录,为以后方志书目之编制,起了很好之规范、指导作用。(见刘刚《中国方志工具书概述》,载《中国地方志》1997 年第 4 期)

按:1947 年又有《国立北平图书馆方志目录二编》编成,收入民国 22 年至 25 年入藏之志书 862 部。

6 月,《上海通志馆期刊》创刊,在第 1 期之《发刊词》中,强调修志要讲究科学:“时至今日,世界已为科学所独占,志书的编纂自不能墨守旧例,应当改弦更张了。《上海县续志》上也说:'至民国元年以后,政令既已变更,体例亦宜改易,继往开来,且以俟他年之重行编纂云。'所以我们以为新编志书,至少在消极方面,应当肃清迷信的色彩,摆脱封建的思想,扫除崇拜古昔的观念;在积极方面,应当具有深刻的研究,树立整个体系,划分合理的门类,搜集丰富的资料,写出明白精确的记述。"(转自金建陵、张末梅《南社与民国方志建设》,载《中国地方志》2004年第7期)

是月,吴宗慈撰成《庐山志》12卷,由上海仿古印书局印行。吴氏主张修志要注意广收文献资料,更要重视实地考察。他在修本志中,不仅注意搜集历代有关庐山之大量文献资料,还亲自上山到各重要地点进行实地勘查。躬历庐山南北,穷究博采,目验心解,上至硕学僧道,下至贩夫樵竖,无不用咨详询。还礼请植物学家、庐山植物园创办人胡先骕主持全山生物调查,礼请地质学家李四光负责全山地质勘察,并请蔡元培专门派人来庐山实测经纬度及海拔高度,运用科学方法绘制地图。所以该志有较高之科学性。志书中载入李四光编纂之《庐山地质志略》并附有《庐山地质图》,开了方志中设立地质志之先河。诚如陈三立在该志序言中所言:该书"既佐以图表,复参以后起专门之新技术,多在纠阙误,辟矫诬,归于详实而资实用,此古今山志所未有也"。(转见《方志学》第594页)

按:书中对庐山植物之记述,引述了胡先骕语有云:"我国花卉园植物种类之富,世界各国罕与伦比。据爱丁堡植物园园长史密司教授之调查,英国今日之园庭植物百分之五十以上产自中国。西谚谓'无中国之花卉,不成庭园'一语,洵非偶然。而川滇高山之杜鹃花及樱草花,多数能于庐山生长,因土质与气候相宜也。"吴宗慈氏亦预言:"重要的药用植物,人参、厚朴、杜仲、党参、贝母、石斛等,在庐山均有栽培成功之可能。"(转见《江西省地方志概述》第45页)这种预言,如今已成现实。

7月,阮藩侪修,宋立梧等纂成河南《孟县志》10卷、首1卷刊行。是志主纂者认为,"君主时代之方志多偏重于官府,民主时代之方志应注重民生"。(见《河南地方志提要》第464页)道出了新旧时代志书之本质区别,这种思想值得称赞。

是年,广西省修志局通令各县设立省志采辑处,并制订广西省修志编目及调查方案,分为地理、社会、政治、经济、前事、文化、宦绩、列传、古迹、杂记凡10项。(见《广西地方志提要》第294页)

是年,万福麟监修,张伯英等纂之《黑龙江通志稿》,由该通志局印行。是稿共62卷、首1卷、附志4卷。分地理、经政、物产、财赋、学校、武备、交涉、交通、职官、选举、人物、艺文等12志。附志为大事记,上起唐虞,迄于清季。(见《长铗归来斋文稿》第481页)书序中略谓其修纂过程有云:《吉林通志》书成时,黑龙江将军恩壮敏着手创修。民国初年,朱庆澜将军巡按黑龙江,乃正式开局修志,由史锡永、黄维翰、张朝墉分任纂修。未及二年,因事辍业。张朝墉手交辑成之稿15巨册于局中,后不知所在。民国6年以后,于驷兴商请金梁开局重修,于民国8年,金梁应黑龙江省长兼督军孙烈臣之聘,而修通志。金氏广泛搜集先稿遗编,复加

“五载搜罗，先集志料长编，得稿三五百万言，装百五十册，全书脱稿，题曰《黑龙江备志》”。又以全书卷帙过多，复录其纲要二卷，先于民国14年付刊，是为《黑龙江通志纲要》。由于连年军兴，库空如洗，通志全稿终难竟其功，金氏不得不将未竟之稿交还省署，志业中辍。至今年，由省主席万福麟聘张伯英纂修。经张氏广罗史材，分类编辑，博观约取，援古证今，乃得告成。(转见王桂云《金梁与民国〈黑龙江通志纲要〉》，载《黑龙江史志》1994年第6期)

是年，山东桓台县县长袁励杰、张儒玉主修，由王寀廷纂成《重修新城县志》、《桓台县志》两部县志。先是民国三年，新城县更名为桓台县。故前者26卷、首1卷，以“本县易名自民国三年始，兹本史家断代之义，叙至宣统三年，民国事迹概不滥入。故书成定名，仍署《新城县志》”。后者专记民国以后事。两者体例不同，但都是质量较佳之志书。这种做法在一个县之志书中颇为不多见。(见《中国地方志总目提要》15—22)

按：同年由湖南省国民政府委员周震麟主修，湖南高等师范校长、湖南大学文学系教授刘宗向纂成之《宁乡县志》43卷(民国30年印行)，亦采这种两段分法。自宋太平兴国二年(978)至清宣统三年(1911)为《宁乡县志》，分为上下两篇。上篇记形势，凡5目：地图、星气、疆界、山脉、水道；下篇记故事，分记、录、传、谱四大类，凡14目。其财用录记民业，详述农民之水利、田功、肥料、虫害；物产则专记土物名产。民国以后部分称为《宁乡新志》，凡民国以来之党务、选举、官政、赋税、财政、仓储、教育、实业、兵备，以及自然灾害等，无不备述。(见同书18—20)

是年，杨豫修修，阎廷献纂成山东《齐河县志》34卷、首1卷刊行。杨氏在序言中有一段很精彩的话语：“西人讥中国有国史无社会史，并谓中国之国史起于帝纪、后妃、世家、诸王列传，记载甚详。其次则(高)官显宦得邀太史之书。而社会之情状、民生之惨舒，概付阙如。上国仍帝王一家私史而已。虽马班之著作实尚焉。抑知有国史以纲领于上，有省郡志以网罗于下。国史以考政治之得失，郡邑志以记风俗人心之浇淳，而疆域、山川、胜迹、名区、人文、物产亦详志之。西人之所谓社会史者，岂能美备于是哉。且省郡邑志，即导源于马班史中之各书各志，而引伸其绪者也，岂得曰社会无史耶……”这是一篇很好的论述方志性质之论文。(转见《山东地方史志纵横谈》第267页)。

是年，王德乾等修，刘树鑫纂成河北《南皮县志》14卷、首1卷印行。邑为张之洞故里，志中记张之洞事迹颇多。于金石目内收有张氏传记、遗爱碑等，文编内收有张氏《变通政治人才为先遵旨筹措折》等文，志余目内载其佚事多则，对研究张之洞之为政、外交、经济、用人等主张均颇有价值。(见《河北省方志概要》第100页)

是年，方策、王幼侨修，裴希度、董作宾所纂之《安阳县志》16卷，由北平文岚簃古宋印书局铅印出版。是志经济资料特丰，举凡工、矿、商等各业之历史与现状均有详明记述，尤以财政志中收录的光绪十三年《河南善后支应局布告》、民国7年河南省长赵倜的《丁漕改折布告》和李时灿的《河南五十八县减赋纪念碑》等几个原始文件，更属珍贵。主纂者之一的董作宾,是甲骨文专家,故本志最突出之特点,是注意对甲骨文之记述。书末附有续金石录和甲骨文两个专篇,全面记述殷墟甲骨及古物出土情况,收入甲骨拓片160余片,原件影印,故其所收入之《殷墟文字著作书目一览表》、《殷墟古物发现年月考》和《殷墟出土古物表》,成为最有价值之文献。(刘纬毅《中国地方志》第135页;《中国地方志总目提要》16—62)

按:这是由专业学者所纂成之志书,故有明显之专业特点。

是年,王公容修,段继武等纂成河南《温县志稿》12卷、首1卷。是志在职官和人物之处理上,主张善恶并书。在古今关系之处理上认为:"近人修志,动云详今略古,不知应详者即古亦不可略,应略者今也不必详。"(见《河南地方志提要》第452页)也就是说,当详则详,当略则略,不必问是古是今。此说有它的合理性。

是年,林懿均修,胡应庚、陈钟凡自民国18年(1929)起,以6年之功,纂成《续修盐城县志》(亦称《续修盐城县志稿第一辑》)14卷、首1卷印行。主纂者陈氏在志序中谓:"晚近言史学者,谓史书以记载人群之生产活动及其进展为依归;方志为一方之史,即记述一方人群之物质、精神的生产活动之过程者也。曩昔志书于一部人士,若乡贤名宦、儒林文学,与夫独行、隐逸者流之言行,记载特详,而于全部人群之生产活动,多存而不论,付诸盖阙。此则重视个人、轻视社会,得其偏而遗其全,未足语于今日之史学也。"另一志主纂者胡氏亦持同样之主张,可谓志同道合者也。为纠时弊,故本志"微有变通,其所增益为民俗、产殖诸篇,于人群精神的、物质的生活,已稍稍有所发抒矣"。视其内容,在14大目中,重点记述了水利、民俗、产值、赋税、教育、交通等人群物质、精神方面之活动。书中对生产、经济、司法、地方自治等较重视记述,且其中不乏识见的点睛之笔。如其《农垦》目中,提出"科技能发展生产",《地理志》内提出"人要改造环境"等。可见是民国时之志书比前代志书有较大进步之一种。(见江建华、胡咏白《从〈续修盐城县志〉谈方志学的发展》,载《四川地方志》1988年第1期)

按:胡氏纂成本志于年内印行之后,又自行增纂,于民国25年出增纂本。其后又辑成《盐城县志校补》3卷,于1951年出版。(见《中国地方志总目提要》10—85)

是年,王恕修,王德辉、马书田纂成《彰武县志》4卷、首1卷。是志"人物门中有现任县长王恕传,撰者笔下极尽阿谀之能事。节列门中,载节妇1名,贤妇1名,烈妇1名,烈女1名。各型皆备,又各仅1人,周全完到乃尔。旧日官场之敷衍塞责,可见一斑"。(见邸富生《中国方志学史》第192页)

按:民国时此类作品并非仅此一例。1932年成书之河北《沧州县志》亦是如此。《续修四库全书提要》评之云:"历时一载而就,卷帙颇繁,然泛滥堆积,芜秽特甚,全无义例可言……物产、礼俗,不入地理而入事实,古河列于古迹,而于河流门内不载;仓库关于食粮,本食货之一端;驿站关于交通,乃建置之事项,今并为一类,标名仓驿,亦属不典;又艺文一门……不注存佚,不明出处,不述作者之意,仅一简单账簿,疏略实甚。尤谬者,赋役迄于清季而止,民国以还征收聚敛,始末悉削而不书……续人物一门,多至数卷,传记之不足,继之以表,女嫁丧夫即属列女,父死有子,即著先德……至于文编多录生人文字,尤不免滥登,皆不合著述之体。”(转自同上书第192页)

是年,陈铭枢修,曾蹇纂成《海南岛志》22章、附录4章,由上海神州国光社印行。是志主要章目有:工业、农业、林业、盐业、水产、交通、财政、贸易等,各章独立成篇,互不隶属,是一部新型之志书。(同上书第190页)

是年,乡村私塾先生陈鸿铨撰成福州闽侯县《义溪乡土志》二篇,全书约6000字。义溪乃该县之一个乡,作为一个乡之乡土志,甚为少见,今录其节目于下。上篇分缘起、形势、风俗、水势、田亩、赴省程途、土产、女红、胜迹、书院、圣庙、祠堂、屋宇等节;下篇分陈氏世系、陈氏各房支、仕绩、忠义、科第、隐逸、才子、诗人、处士、贞烈诸节。原稿于1958年由撰者奉赠县文化馆,后在借阅中致失3页,今已为残本。(见官桂铨《新发现的〈义溪乡土志〉》,载《福建地方志通讯》1984年第3期)

按:此书颇类志书与族谱之合体,亦属罕见。

又:闽侯县今存乡级乡土志除本志外,尚有:

一为光绪十三年(1907)林履端撰之《尚干乡土志》内外两篇。内篇专记尚干乡之事,分尚干乡林姓各房支、林族世系、尚干田赋、尚干往福清程途、尚干林姓北向之属乡、尚干林姓南向之属乡、物产、胜迹、廨宇、祠庙、古迹、科第、仕绩、忠义、名宦、逸事、孝友、处士、贞烈等。外篇附载七里各乡事略。稿本今存福建省图书馆。

二为民国16年(1927)林启瑞撰之《乡土》。内容比上书更为详细,计有55节:尚干乡形势,尚干风俗,茶风山来脉,五虎山形势,淘江名义,续淘江源流、淘江之潮,续尚干田赋,尚干赴省途程,尚干往福清途程,尚干林姓北向之属乡,尚干林姓南向之属乡,尚干之物产,尚干之营业,淘江水利,续胜迹(蓝田山、茶峰山、百六峰、柘岐山、玉枕峰),斤宇(尚干保甲局、永庆司署、陶书院),祠庙(尚干林祠、奎光阁、兴林寺、文昌宫、观音阁、泰山亭、天后宫、乃逸亭、古平山庄),名宦(李局员、郑巡检)。附七里各乡事略:七里地域、扈屿乡、宏屿乡、大义乡、青铺乡、辅翼乡、萧家道。胜迹:方山、白鹿山、葫芦山。仕绩:陈烜、陈炜、陈烓、陈达、陈墀。隐逸:黄玄、陈平夫、陈埠等。此书为存于撰者后人手中之孤本。

三为林翰西于民国29年撰成之《尚干乡族风物志》2卷。书前有9序,凡例10则,卷1为乡族之源流4节,尚干林姓之文献3节,墓志铭1节,循吏列传12节,儒林列传4节,忠义列传3节,孝友列传4节,逸民列传3节,文苑列传13节,方术列传4节,滑稽列传1节,合传补遗2节,列女传5节,佚事3节,佚事外3节,别业18节;卷2为属乡2节,山水12节,古迹6节,祠庙寺宇11节,廨宇4节,人事14节,风景游览12节,《秋江夜泛集》诸老诗,附载七里各乡地理、古迹、名人等34节。一部乡志,列目如是之细而全,为中国方志史上所仅见。惜原书于“十年动乱”期间遭毁,今仅存残抄本。(均见同

上文）

是年，海关税务司公署在上海刊印《中国沿海灯塔志》一书（有中、英文本，撰者未详）。是书记述了我国沿海各地灯塔建置沿革，从南到北，系统地记录了由南海之临高，至黄海之大鹿岛之灯塔设施。除记灯塔本身外，还广泛涉及我国近代航海、海运、海关乃至清末民初之国计民生等等。本志图文并茂，保存了百余帧各处灯塔之照片，弥足珍贵。（见傅贵九《第一部中国灯塔志》，载《天津史志》1999 年第 4 期）

是年，朱希祖在国立中山大学《文史学研究所月刊》第 1 卷第 3 期发表《广东通志略例》一文，主张广东通志之总目，可分为纪、表、略、传四体。纪为大事记；表为沿革表、职官表、选举表、封建表；略有舆地略、建置略、民族略、经政略、财计略、水利略、文物略、艺文略、民事略、侨务略、外务略；传包括名宦、谪宦、先达、忠义、孝友、隐逸、列女、学林、艺苑、教门、货殖、流寓、外侨等。（邸富生《中国方志学史》第 180 页题作《广东通志总目说明书》）

是年，广西省修志局"订定广西省修志编目并调查方案"，分为地理、社会、政治、经济、前事、文化、宦绩列传、古迹、杂记等，凡 10 项，颁示各县以为指导。（见《广西方志提要》第 294 页）

是年，吴景超在《独立评论》第 60 期上发表《中国县志的改造》一文。文章认为，"中国的县志，表示我们的祖宗，对于地方是很关心的。但这些县志的内容，却表示他们虽关心而没有得法"。因此编出来的县志不能适应社会的需要。"无论是研究社会的，或是想要改良社会的，如想从县志中得些材料，结果总是失望的时候多。社会上有些极重要的事实，在县志中并找不到。我们看得到的，无非是一些诗词歌赋，一些古迹的名目，一些忠臣烈女的名字。这些不相干的东西，不少要占一大部分的篇幅。"他认为，修志的旧规应当改造，就是章学诚之主张，"无论如何高明，在今日看来，应当修正的地方还是不少，即如方志的内容，他所规定的，虽然高人一筹，但我们用社会科学的眼光去看，似乎还有增减的余地"。他认为，只有像近期李景汉先生所编的《定县社会概况调查》这样的，才是我们所需要的县志，它可以作为别种县志的模范。这本书除了文字描述，还有 314 个表格，68 张照片。看完这本书之后，对于定县社会的认识，真比亲身到定县去参观半个月，还要深刻。旧志所应修改的，不仅是内容而已，修志的年月，也应重行规定。在这种社会变迁剧烈的时代，过去规定的 60 年一修，应当改为 5 年或 10 年一修。如每隔 5 年或 10 年，像调查人口一样，那么我们隔 5 年或 10 年，便有 2000 册左右的新县志出现。这 2000 册新县志，是全国民生状况的写真，是我们研究社会科学者的宝库，是改良社会者的指南针。在具体做法上，可以参照前述的那本模范县志最有价值的 314 个表格的方法进行统计。有了这样的表格，根据这些表格去调查各种社会事实，并非很难的事。中央政府的统计局，应该起来领导这种新县志的编纂。因为修县志是一个旧制度，容易得到当地人民之赞助。希望保存这个旧酒瓶，不过酒瓶中要盛新酒就是了。与中央政府统计局相应的，在各县的教育局下，设一志科，搜集该县各项社会事实及统计。

在逢 5 或 10 之年，这个志科可以多请些助理，编纂县志，在指定的日期之内，编辑完成，交由中央统计局即行发表。平常的年份，可择县中主要问题作精密的研究。研究结果，或附于县志之末，或交由中央统计局发行专刊。(载《河北地方志》2008 年第 2 期)

是年，张允亮编成《国立北京大学图书馆方志目》出版。

是年，郑慧英在《广州大学图书馆季刊》，发表《广东三大图书馆所藏全省方志录》。(见《中国近代方志学》第 155 页)

是年，美国国会图书馆通过王文山介绍，购得山东高鸿才所藏山东省之方志 118 种，其中有许多极不易见之本子，如康熙五十一年(1712)木活字本《莱州府志》、乾隆二十年(1755)刻本《寿光县志》、康熙五十五年(1790)抄本《阳谷县志》等，都属珍本。明年，其东方部主任恒慕义来华，又采购了中国方志 300 余种。随即又转道日本购得珍本数种，其中有乾隆二年(1737)和乾隆三十三年(1768)刻本之《福建通志》等。(见黄友良《美国国会图书馆藏中国旧方志述略》，载《巴蜀史志》1998 年第 6 期)

按：据朱士嘉于 1942 年编成出版之《美国国会图书馆藏中国方志目录》著录，其时美国已有中国志书 2939 种，其中宋志 23 种、元志 9 种、明志 68 种、清志 2376 种、民国志 463 种。其后的《续编》又增 300 余种，总数达 4000 种之多。美国犹他州家谱学会，至 1979 年已收有中国方志 5000 余种。其他哈佛大学、哥伦比亚大学、芝加哥大学、斯坦福大学、华盛顿大学等，也分别收有数量可观的中国志书。

是年之前，张相文撰成东北《韩边外志》1 卷。清末，韩氏三代(韩效忠、韩受文、韩登举)兴起，发展势力，占据松花江西岸、东控牡丹江上游及辉发江等地。是志记载了其兴起、发展、衰亡过程。对韩边外领土之沿革、位置、人口、气候风土、地势村邑，以及韩氏领地内之行政、司法、养兵、教育、税收制度等均有记录，还记载了韩边外之采金、伐木、狩猎、栽参等业，也记了沙俄对我东北之侵略罪行。(见《中国边疆古籍题解》第 219 页)

中华民国 23 年（公元 1934 年）

4 月 4 日，伪满奉天通志馆呈请省长公署，令 36 县检送志书。函件所附清单中，开列未送志书者有 21 县。（辽宁省档案馆《编修地方志档案选编》，转自忒莫勒《民国年间通辽开鲁两县修志未成考》，载《内蒙古地方志》1990 年第 3 期）

5 月，丁惟汾、赵录绩发起成立方志商兑社。（见《傅振伦方志论著选》第 193 页）

6 月及明年 6 月，《西湖博物馆馆刊》分期发表周行保编之《浙江省地志统计》一文。（见《中国近代方志学》第 155 页）

9 月，王纯古、王佐才修，杨维嶓、李其实纂成辽宁《庄河县志》18 卷、首末各 1 卷印行。这是在日伪统治下，组织汉奸文人修成之一部县志，完全是为日本帝国主义侵华张目的。其将“九一八”事变，写成“东省军阀张学良为友军日本一举而廓清之”，就是显例。

按：日伪统治东北期间，为日本侵略目的服务，宣扬其“王道乐土”，对沦陷区人民进行奴化教育，也汲汲于令一些汉奸文人开展了修志工作。在伪大同学院成立“满洲帝国地方情况大系”发行会，发动伪满属下各县、旗之日本参事官与属员，编写反映地方情况之志书。名目有县志、乡土志、县政一览、现势、地方事情、政况概要、案内等等。先是在今年内修出《北镇县志》及《盘山县志》。其后，1939 年又修成《额穆（今蛟河）县志》等。据李澍田所编《东北史地文献要略》载，日寇占领期间，辽宁编印有方志 43 种，地方志资料 791 种；吉林方志 48 种，资料 754 种；黑龙江方志 17 种，资料 850 种；东蒙地区方志 2 种，资料 231 种。这些书籍，一方面粉饰美化日本侵略，成为其强化殖民统治之工具；另一方面，也保存了这一时期东北政治、经济、军事、地理等方面之一些史实，为后人揭露日伪统治之残酷、伪装以及进行殖民统治，提供了一些确凿之证据，客观上是一份难得之有用史料，可作反面教材之用。

12 月，藏书家王绶珊编成“九峰旧庐方志目”，刊发于《浙江省立图书馆馆刊》，著录各地省、府、州、县志 2500 余种，其中有未见于各大图书馆所藏之志目约 400 种。（见《中国近代方

志学》第154页)

是年,顾颉刚、谭其骧等发起成立中国禹贡学会,出版以沿革地理和方志学为主之《禹贡》半月刊。顾氏在《发刊词》中有言谓:“这数十年中,我们受帝国主义者的压迫够了,因此民族感被激发得非常高,在这种情况之下,有一部中国通史出来,好看看我们民族的成分究竟怎样,到底有哪些地方应当归我们的。但这种工作的困难远出于一般人的想象……不必说外国,试看我们的东邻蓄意侵略我们,造了‘本部’一词来称呼我们十八省,暗示我们边陲的地方不是原有的。我们这群傻子居然承受了他们的麻醉,任何地理教课书都这样的叫起来。这不是我们的耻辱?”他呼吁中国人要争气,要在现在的岗位上,用研究边疆地理沿革的方法来辟谣,来揭露侵略者的狼子野心,把中国的边疆地理、边疆历史研究好,把中国史建筑在地理沿革史的稳固基础上。指出要搞清地理沿革,就离不开地方志的研究。研究这些东西,就是在学术上与日本帝国主义辩论,这是在“特殊环境下的特殊斗争”。把对地方志的研究,提高到反对外来侵略的高度,爱国主义之情溢于言表。该刊第二卷第4期刊出朱士嘉的《〈中国地方志综录〉自序》,提出“方志者盖即以地方为单位之历史与人文地理也。其源甚早,三国吴已有之。初自地理书演变而成。至宋又增人物、艺文,体例渐备”。其第3卷第8、9、12期刊出王重民的《清代学者地理论文目录》,为我国近代最早之方志学论文索引。刊物共出刊7卷82期,至“七七”事变后被迫停刊。(见《中国近代方志学》第129页)史念海在《论历史地理学和方志学》一文中认为,“‘禹贡学会’远绍乾嘉朴学的遗风,自然是偏重于沿革地理的研治,不过其间已经逐渐轶出沿革地理的范畴,不复局限于乾嘉学人的旧业。这就是说,一边虽然继往,一边却已显现开来的曙光。论年代久暂,‘禹贡学会’是不能和乾嘉时期相比的,论其间转折的重要性,‘禹贡学会’可以说要远迈于前代了”。(见《中国地方志》1981年第5期)

是年,杨虎城、邵力子修,宋伯鲁、吴廷锡纂成《续修陕西通志稿》224卷、首1卷印行。早在宣统元年(1909),陕西巡抚恩寿就曾聘高赓续修《陕西通志》,着手进行准备工作。民国5年,陕西巡按使吕调元与督军陈树藩倡议重修通志。民国12年正式成立通志局,延聘宋伯鲁为总纂。民国17年改称为通志馆。民国21年,省主席杨虎城为加紧修志工作,延聘宋伯鲁为通志馆馆长,王健为副馆长,吴廷锡为总纂。至今年修成《续修陕西通志稿》225卷印行。这是一部陕西通志之集大成者。(见《中国地方志总目提要》25—7)

是年,察哈尔省成立通志馆,宋哲元聘梁建章为馆长。以一年时间修成《察哈尔省通志》28卷、首1卷。是志置疆域、户口、物产、执业、政事、蒙古等6编及大事记。是时日本侵略军已占领东三省与热河,策动蒙古所谓“自治”。为“人心团结,民气奋兴,拨乱而返治,振衰而致盛,弃弱而为强”。故志之《蒙古》编中,详载了境内形势、关隘、山川、村户、泉眼、井数、井质、水味、水量及蒙古世系、宗教、风俗、教育、物产、户口、牧地、军事、台站等。其《大事记》中,不仅详记了民国22年(1933)二十九军“枪口绝不对内”、抗日第一之思想及其功勋,而且批驳了蒋介石"攘外必先安内"之主张。(综见《方志学》第240页、《中国近代方志学》第113页、《内蒙古方志概考》第87页)

是年,广西省政府"颁各县施政准则,将修县志一项,列为县政工作之一"。省政府对各地修出来之志稿要进行检审,对不合格者要驳回重修。是年,横县志稿就被省政府驳回重修。先是头年春,县里奉省令续修县志,延请前清举人陈佑向、吕端燕分任正、副总纂,历17个月修成志稿上呈至省。省里经验后,认为"该体裁欠合,内容亦嫌阙略,应予重行编纂",于是驳回重修。至民国32年(1943)才重新成稿。(见《广西地方志提要》第71、104页)又有《榴江县志》"初稿告成,二十五年(1936)六月,经前任唐公文佐志稿呈奉广西省政府审核发还,并饬修正"。这是验收不合格而驳回重修之例。

按:将修县志列为县政工作之后,广西一些县的修志机构有所加强。如当年成立的贵县修志局,设有主修、协修、局长、副局长、编纂主任、副主任、编纂、绘画、干事、缮写、校对、特约编纂、采辑员,共达94人之多。当然,也还有一些县仍处于维持状态的。(见雷坚《广西方志编纂史》第176页)

是年,河南通志馆并入河南大学,由该校校长刘季洪兼任馆长,胡石青任总纂。到全国抗战开始时,已编出《河南通志稿》大部分。全书定为7编:舆地、大事、政治、经济、文化、社会、人物,下分36志。日军进入开封后,通志馆撤往鲁山县,修志工作遂中辍。(见《河南地方志提要》上册第42页)

是年,刘爽编著《吉林新志》2编印行。是志编撰之前,认真研究了前志之得失,鉴于"《吉林通志》体例旧而卷帙浩繁,非短时间所能卒读,且其叙事止于光绪十七年。魏氏声和《吉林地理纪要》,偏于旧闻而略于今事。林氏传甲《大中华吉林地理志》,体例适而文失于略。吾师白眉初《中华民国省区全志吉林篇》,体例适而略于民众生活",于是决计"自行编述"。是书分上、下两编。上编为自然之部,包括疆域(位置、广袤及面积、疆界);地形(概况、山系、水系、湖泊);地质(历史述略、本省地质概况);气候;物产(概况、动物、植物、矿物、特产、特产之研究)。下编为人文之部,分为14章:1.名称及沿革;2.区划;3.人民(种族及其由来、户口及分布、语言、文字、衣食住、生活状况、中国内地人移来概况、礼俗、宗教);4.教育(中国教育史鸟瞰、吉林教育史略、教育现状);5.实业(农业、矿业、林业、工业、商业、水产业);6.交通(概况、陆路、水路、铁路、邮电);7.财政(概况、税率、税收机关);8.货币(昔时通货、近时通货、事变前通货、市价之消涨、现在通货);9.金融(概况、金融机关、利率);10.行政(沿革、行政区划、行政组织、事变前全省县政人员统计、各县政况概观、民间甘苦、地方自治、公安);11.军事;12.外交(民众对外观念、本省外交机关、驻吉各国领事馆、关系吉林之各项条约、满洲成立后之外交情形);13.都埠及市镇;14.古迹。是志体例和篇目都新,取材广泛,尤以人文内容丰富,颇有特色。(见邸富生《中国方志学史》第182页)

是年,叶大锵、樊学辅修,曾鉴、林思进纂成《华阳县志》36卷、首1卷印行。是志为人称道者为其艺文志，不再只收诗文词赋，而是将这些内容分别置于各门相关条目之下。艺文部分只收历代有关本邑或本邑人之著述书目，按《四库全书》分类法排列。各条之后先立小传，再采郡籍之中有关对本书之论述而作提要，将有关之资料尽量集中，故有较强之学术性。(见《中国地方志总目提要》21—12)

是年，张昭芹、程廷恒修，范鉴古、洪家禄纂成河北《大名县志》30 卷、首 1 卷印行。是志卷 26《祥异》中，有关于蝗灾之详细记录。此类资料在旧志中所在多有。香港中文大学陈正祥教授，利用各地方志中这部分内容，进行统计研究，尤以本志卷中对蝗灾之记录为例，计算出北宋时，每 7.6 年发生一次蝗灾，元代 6.7 年一次，明代 9.3 年一次，清代 13.8 年一次。此 4 个朝代合计 736 年，共发生蝗灾 73 次，平均每 10 年一次。(见陈正祥《中国方志的地理学价值》，转自宋晞《方志学研究论丛》第 23 页)如此揭出，受到世人之重视。此例说明，中国地方志中所蕴藏着丰富之资料，有待于人们去发掘、利用。

是年，李兴焯修，王兆元纂之《平谷县志》6 卷，由天津文竹斋铅印成书。王兆元从民国 9 年以后至今 15 年内纂成 4 部县志(含一部《平谷县志料》)，在全国都是少见的。(见赵庚奇《我国修志历史的回顾及新编地方志的概况》，载《北京地方志》1989 年第 1 期)

是年，何其章、吕复修，贾恩绂纂之河北《定县志》22 卷、首 1 卷刻行。贾氏在《叙例》中，对章学诚之方志主张多所驳议。如说章学诚修志首设“皇言”、“恩泽”，是“以私家封赠诰敕当之”。对章学诚之志例要敢于变通，指出：“自章学诚《文史通义》出，纂志者率袭史家纪、表、志、传之例，莫敢稍变”，而史与志“性质本异，体例自不应尽同。若袭其体而不知变，则假人衣履，终或不适”。(转见《中国近代方志学》第 141 页)

是年，牛荫麟、罗毅修，丁谦、余重耀纂成《嵊县志》32 卷、首 1 卷，明年印行。是志主体部分断限至宣统三年(1911)，入民国以后事另纂成《嵊县志备乘》。在选材上坚持“宁广取无多损，宁记小无遗大，勿使来者有文献无征之叹”，故资料颇为丰富。(见《中国地方志总目提要》11—82)

是年，李凯朋修，耿步蟾纂成山西《灵石县志》12 卷、图考 1 卷印行。是志之特点是颇重“生业”，详细反映了该县煤、铁、石膏、硫黄、朱砂等矿产分布和开采情况；记述了劳动人民长期积累之农谚 140 余条，归纳为“耕地及施肥法”、“中耕及间苗法”、“灌溉及除虫法”、“察禾及收获法”等 10 个方面之农作经验。这在过去之旧志中是难得见到者。(见任根株《山西旧志整理与研究》，载《中国地方志》2003 年第 5 期)

是年，韦冠英修，梁培煐、龙先钰纂成广西《贺县志》10 卷印成。一志之中，竟有 8 序(见《广西地方志提要》第 293 页)。明、清先贤，多有指出一书多序为病，此志竟至如此之多。虽不是最多者，亦病之甚者也。

按：去年修成之广西《信都县志》亦有 7 序之多。(见同书第 295 页)

是年，冉晸修，张俊颖纂成贵州《兴仁县志》22 卷。其建置编划分为三个时段：自汉至明末为传闻世,清为所闻世,民国时为所见世。如此划分时代,为其他志书中所仅见。志中记辛亥革命事颇详,载有贵州宣布独立后地方政局之变动情况。(见《中国地方志总目提要》22—34)

是年,吉林《梨树县志》31卷、前编1卷、志略1卷,修成出版。是书始修于民国18年10月,由包文俊修,李溶纂,至"九一八"事变中辍。伪康德元年(1934)由曲谦本续修,范大全续纂而成。经过续修,志书通篇成为为日本侵略者歌功颂德,替伪满洲国涂脂抹粉,鼓吹"王道乐土"之汉奸志书。志序中就恬不知耻地说什么"三千万民众困于军阀虐政者久矣。一旦("九一八")事变勃发,解除压迫,天诱其衷,创立新国"。说什么"满洲国""继往开来,至若振兴教育,启迪新知,改良农业,增加生产,以及表扬节孝,敬老恤贫诸端,凡百新政之施,莫非王道之始"。"王道重开尧舜之天,亲善邻邦,共造庄严乐土。"书中把"九一八"以前之东北,说成是暗无天日,直至"友邦"之到来,才驱散乌云,带来了光明。对"满洲国"建立以来,实行之所谓"新政",如何"平匪"、"安定地方",进行了连篇累牍之记载。不过,这样一来,也从反面反映了中国人民不甘当亡国奴,进行了不屈不挠之斗争。(见邵煜《简评伪满洲国时期编修的地方志》,载《黑龙江史志》1987年第3期)

是年,赵祖抃、周毓瑄修,景定成纂成《安邑县志》16卷,未刊行,仅存稿本。是志除特设《革新略》之外,还分别为清末民初之6位名伶立传,列入"乡贤录";还把民间流行之戏曲剧种、儿童游戏等也载入志书;又收载了革命人士李岐山之传记和墓志铭,表现了较强之时代性。(见任小燕《山西历代方志纂修述略》,载《史志研究》1999年第3期)为适应当时倡导民志之潮流,故对直接关系人民生计的灾荒之记述,注意详记。其《荒政记》中所记两次灾荒可证:"光绪三年(大旱),麦每石价至三十两,馍每斤价至一百六十文。人民饥饿,剥食树皮草根,以灰条、草籽为上品。人之绝粮,死尸枕藉。良懦者闭门自毒,强梁者铤而走险。于是狡黠之徒杀人而食,鬻人肉于市","民国二十一年夏秋之间,虎疫流行,伤人无数,城镇罢市,道路不通。一时棺木为之一空,藁葬者甚众。"(转见刘纬毅等《中国方志史》第289页)

是年,郑植昌修,郑裕孚纂成内蒙古《归绥县志》一书印行。是志被誉为内蒙古旧志中质量最好之一部。其引人注目者有二:一是注意记载了当地之土地价格、农民之总人数、自耕农和半自耕农与佃农之田产数目、地主对佃农之剥削量、地租形态、租佃契约关系、长工与短工之工资收入等。对一个农垦开发不久地区之这种内容记载,其意义自与他处不同。二是作为一部县志,书前竟载有《绥远省全图》和《绥远省各县疆域沿革表》,这在其他志书中也是不多见的。(见《内蒙古方志概考》第52页)

按:民国时期出现的志书中,注意记述民生及社会阶级关系的已经不少。除本志外,比较典型的还有如民国26年谢祖苹、陈寿民修,莫炳奎纂的广西《邕宁县志》中,特设"民众生活状况"目,较详细地记载了雇农、劳工、小贩的生活,以及樵采、借贷对人民生活的影响。民国37年《宾阳县志》、《崇善县志》等,也都设有"社会问题"目,专记劳工

状况、佃农状况、劳资纠纷、主佃纠纷、失业、无业、残疾、乞丐、典鬻、溺女、蓄婢、娼妓、鸦片、赌博等内容。(转见雷坚《广西方志编纂史》第 165 页)

是年,焦忠祖修、庞竹友纂《阜宁县新志》23 卷成。是志首设了潮汐、经纬度、卫生、公债、司法机关等新目。(见《方志学》第 248 页)

是年,梁中权修,于清泮纂成山东《齐东县志》6 卷、首 1 卷。梁氏在是志序中称:“县志者,叙述一县为范围之政治、经济、文化及自然现象之文献也……唯诸前人修志,重节烈,尚艺文,而功名、门第,尤多纂载。本志之修,力矫前弊。纲目力求系统化,内容力求实质化。其无病呻吟之辞章,不近人情之节烈,不合时代之模式,不符事实之夸耀,概予剔除。此权与各修志同仁所共主张也。”(见《山东地方史志纵横谈》第 188 页)确是卓识。

是年,瞿宣颖撰《志例丛话》,在《东方杂志》第 31 卷第 1 期发表。全文分通诠、方法、地理、建置、古迹、经济、社会、风俗、人物、氏族、通纪、丛录、讥贬、杂例等 14 目。以历代各类志书为例,加以剖析,评述前人之修志得失及编志方法,综论方志之性质、源流、内容、体例,重点总结了清代和民国诸方志学家(如章学诚、洪亮吉、孙星衍、谢启昆、阮元、吴汝纶、缪荃孙、余绍宋)之经验。(见《中国近代方志学》第 133 页)在“通诠”部分举出四类方志之善者,实际上是提出了良志之 4 条标准:“今日通行诸志中,究以何者为最善可资取法耶？应之曰:订例之善者,章氏《永清县志》而外,吴汝纶之《深州风土记》、吴恭亨之《慈利县志》可称矣。考证之精者,钱大昕《鄞县志》、段玉裁《富顺县志》俱为杰出,而孙、洪二君在毕沅幕下诸作,亦并可表乾嘉朴学大师之作风矣。文词之善者,王闿运之《桂阳州志》、《湘潭县志》,蔑以加矣。至于众手合成之通志,则阮元之《广东通志》、谢启昆之《广西通志》、缪荃孙之《顺天府志》,皆精心结撰之作矣。”(转见李明、薛兴祥《试析良志标准》,载《中国地方志》1993 年第 5 期)关于方志之性质,作者认为,“方志果为何物,章氏惜未尝明确诠之也……方志者,地方之史而已。集无数地方区域而成国家,每一地方区域各有其发展之序。发展之序不同,故一国之中,民风之文野不同,民生之荣枯不同,民德之刚柔不同……故欲了解国家与民族粲然万殊之习性情状,必自了解各地方之史始”。(转见邸富生《中国方志学史》第 214 页)说明了地方志对于国史研究之重要。

是年,张树棻等辑,朱士嘉校订之《章实斋方志论文集》由温州仿古印书局印行。是书分 4 篇,辑录了章学诚有关方志之论述,包括其对方志体例之讨论、章氏所修诸志序例、序文、方志专门论文。张树棻在是集之序言中,对章学诚之方志思想,进行了细梳归纳,颇便初学者了解。笔者本书中关于章学诚之条目,多有借助于此书者。序中还提到:“近日欧西东岛诸国,争购我国志书,如美之哈佛大学、法之安南远东学院图书馆、日本之东洋文库、朝鲜总督府图书馆,所存志书,不在少数。使我国孤本志书,时须仰给域外,深可惜也。”

是年,傅振伦在《禹贡》第 1 卷第 10 期发表《方志之性质》一文。是文主张地方志即地方史,“方志也,皆地方之志,亦即地方之史也”。认为“盖方志本为地方志、四方志之简称,实别体之史书……其书虽兼记史地，而究与纪传、舆地之书有别，此方志体例之所以难言也。降及李唐，方志与舆地混为一谈。晚唐而后始独成一科，规复旧制”。认为“地志图经之类，皆方志之流”。“方志之书，自有其特异之性质。虽兼志史地，而与史地不无异点。”他从四个方面分辨了方志与他类书之区别：一是方志与地记。认为“方志之于地记，其记事范围，论方域则地记为广，论时代则方志为久。盖地里沿革地理而外多主断代，与方志通述之体不同”。二是方志与史书。认为“吾国史籍，可大别为编年、纪传、纪事本末、政书四体。方志为地方之史，其载事类兼具诸体。虽皆为纪事之作，然亦有不同者焉。方志系乎地，国史则系于朝。一为国别之体，一主纪传之体。良史之作，唯取登于古，方志则详于今。国史所载，不及现存之人，以论定必待盖棺也。而方志所录，则可不拘。官师、选举诸表与名宦列传，以及艺文，所载生存之人多矣……方志为史料记注之书，而国史乃依据方志及其他史材撰成之书……故史主简要，而志贵详备”。三是方志与方记。认为“方志为地方之志，唯舆地志及列传二者有沿革之义，其他诸门则侧重现代，其意在悬为一地行政之典则，施诸实用。至若方记之书，既非一国之记载，又非地志、图经，乃杂史之流，为一隅之历史，而记事范围、断限又不及方志之明确”。四是方志与诸志之比较，方志体例多。最后他归纳出方志之性质共有 6 点：1.方志为一域之国别史体；2.方志记一地之地理及史事；3.方志记事周备，为国史约取之资；4.方志古今并载，尤侧重现在，切乎实用，实地方行政之借鉴；5.现存之人，事例年例已符，即可录入方志；6.方志体例甚多，体制各异。（转见《中国地方志论集（1911～1949）》第 27～30 页）

是年，徐家楣编就《民国二十二年以来所修刻方志篇目》，发表于《禹贡》第 1 卷第 3 期上，收录 1912～1933 年间所修成之志书 370 种，这是第一部断代之方志书目。

从是年起，商务印书馆陆续影印了七八种省志，如雍正《浙江通志》、同治《畿辅通志》、光绪《湖南通志》、宣统《山东通志》、民国《湖北通志》等，每种都重新编有索引。这是对志书进行最大规模之一次补做索引工作，对志书内容之开发利用颇有裨益。

按：索引之于一部大型书籍之重要，叶绍钧先生在《十三经索引》之自序中有言：“十二年（1923）春，余始业编辑。编辑者，采录注释耳，其事至委琐，大雅所不屑道。然以余临之，殊非便易。第言注释，一语弗悉其源，则摊书寻检，目光驰骋于纸面，如牧人之侦亡畜，久乃得之，甚矣其惫。”（转见陈桥驿《地方志与索引》，载《中国地方志》1992 年第 5 期）大型书籍之索引，正是为了解决“牧人侦亡畜”之惫。20 世纪之下半叶开展之新一轮修中，开始时无人顾及做索引之事。至中期修成之一些志书中渐有之。据笔者所知，1996 年 11 月出版之《绍兴市志》是索引工作做得最好之一部。全书分装 6 册，索引占有 1 册之篇幅，内有《目与子目索引》、《人名索引》、《地名索引》、《艺文志著录书目索引》、《图照索引》、《表格索引》。笔者曾在各地之讲课中加以推介。当时一些学者也曾大力倡导、呼吁，但以其繁难，行之者依仍是少数。致使 21 世纪新一轮修志中，不得不来补做此项工作。

中华民国24年（公元1935年）

1月,李泰棻著《方志学》由商务印书馆出版。先是民国20年(1931)春,李氏曾受聘为《绥远省志》总纂,积其近3年之实践经验,于今年夏,在北平西四羊市大街之居处——不愠斋,以四个月之时间,撰成此书。其自序有云:“居今日而谈方志,必须增加门类若干,方能适合史学潮流,必须备有方法多条,始能达到内容目的。故方志学之作,乃刻不容缓者也。”是书“前论方志之性质,次论旧志之偏枯,中述余之方志主张,末陈余之编志方法”。作者之修志方法,共分14章:具体章名包括·通论,旧志之择评,章学诚方志义例,章学诚之志例驳议,修志之辅助学识,余对方志内容之三增,余对方志内容之拟目及序例,修志之先决问题,方志之资料,方志资料之选集法,记录的资料之鉴定法,记录以外的资料之鉴定法,记录的资料之整理方法,记录以外的资料之整理法等。全书约22万言。

在是书中,李氏认为志即是史,“方志者,即地方之史,盖以区别国史也。依诸向例,在中央者谓之史,在地方者谓之志。故志即史,如某省志,即某省史,而某县志,亦即某县史也。欲知方志定义,须先知史之定义”。他将方志与通史、断代史并列:“夫史多矣。有通史以会其通,有断代以析其代,更有方志以别其方。然后上下纵横,始能靡考无遗。”关于方志之功用,他开列有:“各地社会制度之隐微递嬗,不见于正史及各书者,往往于方志中见之,其一也;历朝人物,应登正史未列,或在当日无入正史之资格,而以今日眼光视之,其人靡重者,亦往往见于方志,其二也;遗文佚事,赖方志存者甚多,其三也;地方经济状况,如工商各业,物价、物产等,其变迁多见于方志之中,其四也;建置兴废,可以窥见文化升降之迹,其五也;古迹金石,可以补正史及文字之遗缺者,其六也;氏族之分合,门第之隆衰,可与他史互证,其七也。凡此七端,皆有裨于治史者也……(执政者)倘能集各省方志而深察之,俾便采取,由局部以窥其全,因会通而究其变,以为他日立法行政之基,而求达乎好恶同民之治,此又方志之有裨于治国者也。”

针对旧志的缺陷,李氏主张新修志书,“应增记录有史以前之史实”(增加考古材料);“应增社会经济之资料","社会经济,在今日应为全志骨干。吾人之衣食住行,工商各业,经过先民若干努力,始有今日之文明。修志者自应将以上各事,追述经过。至少亦须将现代社会经济,全部编入";应增贪官劣绅之事实,"一方之志,既为一方之史,而乃人事褊狭,有善无恶,云乎可尽厥职?于今后作志,无论其为官为绅,凡与兹土民生民智,有关善恶事实,一律同载"。这些都是方志要适应时代潮流之主张。他还指出,"宋元以来,方志编纂,义法未能尽醇。迄于明、清两代,因修一统志而后征志各省。地方文献,素未讲求,一但奉命督责,往往徒应功令,临事网罗。官吏视为具文,乡绅资其升斗。于粉饰太平之具,出之惟恐不速,于考见史迹之实,匿之惟恐不深。兔园谬解,场室劣文,僻壤志书,往往毕现,即较优者,因沿'方志为地理'之谬见,亦不过揽胜抒情,题名颂德,绳以史法,毫无当处"。(河北人民出版社1990年5月版第16页)

更为可贵之处,是提出了进化论之主张,指出:"史者,乃记载并研究人类之进化现象者也……然则云方志,亦必为记载及研究一方人类进化现象者无疑。""将来纂志,内容资料,固须政治、社会双方并重,以期对于人类进化事实,叙述无遗。"这比传统之方志观是大大地进了一步。在是书中,特别重视方志的体例问题,提出"体例之于方志,如栋梁之于房屋,栋梁倒置,房屋安得稳固"?对于章学诚之方志学,专设《章学诚之志例驳议》一章,以9节之篇幅,分别就"书籍部次之泥古"、"前代诏诰列入文征之不当"、"艺文不志生人著作之不当"、"生人不得立传之商榷"、"门目不得过多之不当"、"帝后不应入志之不当"、"列传断自元明之不当"、"政略以人为主之不当"、"志分多体之不必",分别阐述了自己之观点,提出了与章氏不同之主张。

按:这是最早一部以"方志学"命名之专著,有的论者称之为"近代方志学研究著作中的开山之作"。(见《中国近代方志学》第132页)

是时,李泰棻还提出在中央宜设"方志审查局"之主张。这是在其《方志学》一书之序言中提的。其略言:"内政部通咨各省,省政府转饬各县,催促修志,急如星火。而各省当局,对之根本不感兴趣。奉行明令组织志馆,或借此以位置士绅,或借此以任用私人。数稔以还,但见各省志馆纷纷成立,而馆长、总纂,为全国士林所共仰者尚未之闻……或则志馆经费,亦吝而不筹。但为敷衍中央,月拨少许,以现任省府秘书长或厅长兼馆长,以各厅能草'等因奉此'之科员兼编纂,再另聘一二老儒,滥竽总纂。大都设馆不编,编亦抄袭旧志,择拾新材。体例系统,并无可观。即能完成,亦属赘累……例如察哈尔省,亦有省志馆之组织,内容仿佛所举后派。而省府会议,限期六月完成。查察本新省,向无旧志。虽有《宣化府志》及《口北三厅志》可资参考,亦系乾隆以前所修,此后二百余年,在事调查,亦非半年可竣。况乾隆以前应补志材尚多。再加纂辑时日,竟有半载完成之限。可见省政当局,尚不知方志为何物也。此类通志,即令完成,亦绝难洽人望。故各省县志之续修,固为当今急务。然中央应有之指导监督,亦须实行……往在清时,各省督抚,尚有如毕沅及张之洞之流,稽古右文重视方志，且延硕学通儒，如章学诚之类执笔纂修。流风所被，府县长官，亦皆厚币求贤，务臻博洽。故若戴震、洪亮吉、吴汝纶辈，亦曾纂修府州各志。虽云少数，究可模范一时。风靡全国。时至今日，各省执政，率皆起身行伍，此类事业，向不经心。幕僚佐贰，均非士流，即求乾嘉时代，上行下效之风，亦不可得……窃以民国以还，时局俶扰，束身自好之士，多不仕宦，怀铅握椠，朝夕伏案者各省皆有。欲其作官，或为教授，固不可强，聘充志馆编辑则必乐从。故求如章学诚、戴震、洪亮吉一类学者，不敢鄙曰予无。然求如毕沅、张之洞一类督抚，则敢断言未有。若论戎奇勋，今日各省长官，皆胜毕、张；若论修志之倡导、监督，绝难如愿以偿，可断言也。故为今之计，宜设方志审查馆于中央，或隶内政部，或属行政院。设总裁一人，统率审查数员，先拟全国省志目，颁行各地，裨有遵循。志稿杀青，呈馆审定，方准刊行。"

按：李氏之言，可谓有胆有识，淋漓尽致。以其主张，衡诸当今，对于已经存在 30 余年之中国地方志指导小组之组成、性质、任务、归属等方面，是不是还有可以总结，加以改进的呢？对此，早在 20 世纪的 80～90 年代，方志界已多有议论，以致以群体或个人向中央上书，表达期盼者非止一起。对于这些意见，笔者多有同感。也曾以正式报告之形式上呈。除应推动西藏修志工作一事引起重视，并付诸实施之外，其他则未见引起注意。以笔者愚见，一是现在之小组，归属不明，规格偏低，一直由中国社会科学院代管，有相当一段时间是代而少管。直到中共中央政治局委员、国务委员李铁映同志出任组长之后，明确提出各地修志工作要"一纳入，五到位"，才稍有改变，但归属、规格、与地方机构的对接等问题还是未得从根本上解决。"指导小组"的形式，与各省市"党委领导、政府主持"的体制和格局未能接轨。二是地方志工作立法的迟迟出台，时至 2006 年 5 月 18 日，方有以国务院令之形式，公布《地方志工作条例》，此时，新中国两轮修志均已完成。三是小组成员之构成上，官员多而学者少(即或有些，也都是在其他单位负有领导责任者，在小组里只是挂名而已。除了每年的小组会时发发议论，没有具体职责)，小组内学术气氛欠浓，很难在修志业务上起指导作用。笔者身为指导小组办公室主任时，到各地面对基层修志工作者期盼"指导"之时，往往只能以一语搪塞曰："所谓指导，只能是群众自己指导自己。指导小组在业务方面之能耐，只能是将别处摸索、总结出来之经验，向你们介绍，再把你们的经验，介绍到别处，起个传递作用而已。"(时曾自嘲为"二道贩子")四是在这个小组里实际负责主持工作者，在很长时间内不得其人。笔者在岗及初退休时之十余年内，得遇四位全面主持工作之秘书长，两位是在别的单位退休下来的，两位是将临退休年龄的。至今笔者离开工作岗位已十有余年，这十余年中，可能已经稍有所改变(如经费问题已较为充足，终于有了第一位年富力强之秘书长，小组办公室人力也得到充实)。但体制、规格这个根本问题未得以解决之前，即使枝节上有所改变，其作用也还是有限的。

是年，叶楚伧、柳诒徵、王焕镳纂修的《首都志》16 卷刊印成书。是书设 24 类目，共 50 余万言，有图52，照片75。由柳诒徵亲自裁定体例，补漏拾遗，颇受志界好评，有民国良志之称。其特点是：一、类目设置上坚持了厚今薄古之原则。除沿革、疆域、城垣、街道、山陵、水道、户口、官制、财政、教育、兵备、食货、艺文、大事表等沿用旧志类目外，又根据时代需要，增加了气候、警政、自治、司法、外交等5类新目。将交通、礼俗、方言、宗教等，从旧志列入附属地位，加以突出，独立设目。鉴于旧志中人物记载内容过详，改为只列"人物表"。由于各体诗文已有"文征"专载，故其"艺文"只列书目。将已废除之科贡之表予以删汰。二、将撰述与纂辑融为一体（详1930年条）。三、特别注重对图、表之运用。（见王中明《柳诒徵的方志学思想与实践》，载《内蒙古地方志》1992年第1期；《江苏旧方志提要》第39页）尤其插列照片多幅，更增加了直观性和真实性。四、内容翔实，考据精审。如"教育"门中，记载了南朝学校，隋至元代学校，明代学校（清府县学附）、书院，清季及民国学校等。（见《中国近代方志学》第94、107页）。

是年，刘志鸿修，李泰棻纂成《阳原县志》18卷，铅印成书。这是李氏方志学理论之实践产物，是民国时期最早注意记述社会阶级关系之一部志书。李氏在自序中说："近半世纪来，世界史家咸重唯物，故作史须重社会关系，民生尤贵生产式样。方志既为地方之史，则于时代潮流，岂独能外？"故他在该书之《产业》卷中，将农民按其经济地位，划分为富农、自耕农、半自耕农和佃农四类。记述了农村之生产工具，阳原县民国以来之有关地价、工资、银洋比价等重要之经济资料。图表附列于各目之中，卷首有照片多幅，有反映清朝官吏和命妇之朝服、仕宦家男女之常礼服、民国男女幼童之常服及工农男女之服饰之图片，还有反映贫民与富人之居处对比之图片以及本县保存文物之图片，很具特色，表明了民国时期方志之一大进步。（见刘光禄《马克思主义与方志学的几个问题》，载《中国地方志》1983年第2期）在本书序中，李氏还对民国前期的志书作了一个总的评论："（民国）五稔以还，国府通令各省，省府通令各县，催促续志，急如星火。既为功令，势必奉行。政府无间南北，县不分大小，莫不各续志书，待梓报命。然省县数千，未闻有某土之作，可以表现当代史潮者，甚至求如清代章（学诚）、戴（震）、洪（亮吉）、杨（笃）诸家之作，亦复不可多得。"盖以"省吏多非士林，上焉者以志馆属之僚属，下焉者并设此置亲故。故立馆而终无成者有之，成书而言之无物者亦有之。较之清代，反多远逊。"（转自《中国方志简史》第402页）本志中还列有灾异表、户口表、政区表、沿革表、气温表、气象表等。

按：当时已有不少志书注意从不同侧面揭示阶级之间的差异和对立。如本志中除上述者之外，还从婚姻关系记述阶级之间的差别，谓："本县富贵之家，男子十五而娶，女则十七始嫁；工商阶级则男子二十始娶，女则二八而嫁；贫农则而立、不惑之年，始得积资聘妇，女则年仅十五即嫁。盖一则减轻负担，一则借得彩礼，实逼处此，非本愿也。"又如董作宾纂之《安阳县志》从衣着方面述之云："除资产阶级、官僚家庭以洋布为衣料，间或着绫罗锦缎外，余均以自织之棉布，加以颜色裁为服裳。一袭成就，间季浣洗直至破

烂而后已。”(转见刘纬毅等《中国方志史》第 292 页)

是年,魏青鋩纂成河南《汲县今志》20 章印行。是志为纂者在南京女子法政学校之毕业论文。全书 20 章,章下设节,节下统目,颇有条理。注意“略古重今”,“以撮述近事为要”。其中沿革、人物、古迹等目,于考订上下了一番功夫,对于《嘉靖大清一统志》、《河南通志》、《卫辉府志》及旧县志中的舛误,多有订正。于境内之卫河记之尤详,凡河道长度、河面宽度、河底倾斜度、弯曲情况、含沙量、堤坊情形、桥梁及河之现状等均有记述,并提出了治理规划及建议。但由于是私修,没有触及档案资料,又缺乏进一步的社会调查,故缺遗尚多。刘盼遂评其“人物、沿革、古迹数章,随文辨正,不敢以讹承讹;人物篇之推究两晋南北朝衰落原因;今昔篇之比勘古今形势,实能目烛千古,卓然史识”。(转见刘纬毅等《中国方志史》第 304 页)

按:这是在新中国成立以前,中国方志史上仅见之一位女志人。其于 20 世纪 80 年代以后之修志中,又参加了新县志之编纂工作。

是年,宋宪章修,邹允中、崔亦文纂成山东《寿光县志》16 卷、首 1 卷。是志凡例有言:“百余年来之丰歉、治乱,依时增补,仍列编年;凡事迹有宜详者,则仿袁枢《通鉴纪事本末》体,列入记事。”这是将编年体与纪事本末体相结合,对史事实行两分记述法。(见《方志体例古今谈》第 38 页)

是年,朱铭炤纂修成山东《续修平阴县志》稿 8 卷。是虽为续志,但主张篇目不能完全同于前志,应随时代不同而有所变易。凡前志“有而此无者,有李志(前志)无而此有者。盖时代既异,政体有别,不能强同也”。(见《山东方志汇要》第 60 页)这样的观点是可取的。

是年,王文彬、潘莱峰修,王寅山纂成山东《续修广饶县志》28 卷、首 1 卷印行。是志《凡例》强调“自国体变更,民为邦本,一切设施,悉以为民。县志之修,当本此意。旧志体例,势不得不有所损益,要以发展民主,振导自治为归宿,重在适今而不在考古”。为此,志书中多有新设之目和新的内容。如其《政党一》中,分载有国民党、共和党,分别介绍了国民党是孙中山领导者,而共和党则是黎元洪等控制之五团体,即民社党、国民协进会、国民公会、张謇统一党、伍廷芳国民党等联合而成者。其《教育六》分载有教育机关、师范教育、中学教育、小学教育、职业教育、民众教育、教育会等。(转见《山东方志汇要》第 336 页)。在《志余》中,特别载入了徐肇基之磁力分析钢铁机和徐佐夏博士发表的医药学著作等,这都是民国志进步之表现。(《山东地方史志纵横谈》第 180 页)

是年,刘国斌、刘锦堂等纂修成山东《四续掖县志》6 卷、首 1 卷印行。是志强调记录今日之事实,提出“志者记也,记以往之事,使览者有所激发,以为改良进化之资者也”。强调“古以尽忠王事为忠,今以致力国事为忠”。(见《山东地方史志纵横谈》第 92 页)这些都是值得肯定的。

是年,郑重修,余晋芳纂成湖北《麻城县志》32 卷印行。是志以宣统三年为界,分为前、续两编，各自分纲立目。前编15卷、首1卷，分为11门63目；续编15卷、首1卷，分为15门81目。(见《中国地方志总目提要》17—32)这种做法，在民国时之志书中颇为多见。

是年，张雨苍修，王树楠纂成河北《新城县志》24卷印行，是志全书无民国字样，纪年亦用干支，其守旧之态可见。(见贺觉非《民国所修县志中的辛亥革命》，《湖北方志》1982年第6期)

是年，尚在学校上学之王维屏撰成《江阴志略》15卷，于《方志月刊》连载。作者一本此志"乃记一方之天时、地利、人和相互之关系，举凡陵谷之变迁，风俗之推移，民生之枯荣，人物之兴替，均为天、地、人三者相激相荡之产物"的思想而作。卷1为《导论》，从理论上探讨方志之意义，并对江阴之旧志加以评论。卷2为《概述》。(见《江苏旧方志提要》第158页)它比黄炎培纂之《川沙县志》早一年设"导论"和"概述"卷，是为近代志书设概述之始。

是年，桑丹桂修，陈国栋纂之宁夏《民国隆德县志》4卷，石印成书。该志中载有许多颇有价值之资料。如卷1的《民族》目内，包括了种族、移徙、户口、氏族、宗教、文化、生计、风俗、方言等。记载当时全县有户10107，有口59533，其中汉族48809口，回族10724口。汉族中半数系土著，半数系明初迁入。汉族亦"非纯粹之种族"，如明初编户时之土达里，此时亦已汉化。回族中，半数是旧有之甘肃回民，属唐时或元时迁移而来者；半数系清光绪初安插之陕西回民。其卷4分为艺文、金石、纪事、拾遗4目。《纪事》目内分"历代戎事始末"和"方隅割据始末"两部分。前者用编年体，记述了自宋仁宗庆历元年(1041)二月的宋夏之战始，至民国22年7月900年间发生在隆德之战事，共31条。后者用传记体之形式，始自东汉隗嚣据天水，至民国19年之事。是书中之"拾遗"，是收入散见的"可以备资考据，弃之不可，入之无门"之内容，包括祥异、故事、震灾、旱灾、匪灾、兵灾、琐闻、考证等。(见《宁夏方志述略》第77～79)其《震灾》一节中，以600余字之篇幅，记载了民国9年冬海原一次地震。之后还附载有中儒、西儒关于地震之说各3条。其中在"读华龙氏之书"中，总结出"地震之兆六端"有云："天晴日暖，碧空晴净，忽见黑云如缕，宛如长蛇，横亘天际，久而不散，势必地震；井水本湛静无波，倏忽浑如墨汁，泥渣上浮，势必地震；池沼之水，风吹或荇交萦，无端泡沫上腾，若沸煎茶，势必地震；海面遇风，波浪高涌，奔腾泙湧，此其常情，若风日晴和，台飓不作，海水忽然绕起，汹涌异常，势必地震；夜半晦黑，天忽开朗，光明照耀，光异日中，势必地震；时值盛夏，酷热蒸腾，挥汗如雨，蓦觉清凉，如受冰雪，冷气袭人，肌为之栗，势必地震。"(转自刘纬毅《中国地方志》第132页)这些重要之记述，后人据以进行地震预测，曾获得较准确之效果，受到地震专家之重视。

按：这后一段资料常为一些著作所引用。但未见原书者往往以为这"震兆六端"为志书作者陈国栋所总结者。即或注明是引华龙氏之书者，也因原书载之"华龙氏之书"而莫明所以，有的则认为此华龙氏是中国人。其实，这"华龙氏"指的是"龙华民"。查龙华民(Nrcolaus Longobardi)，字精华，是意大利耶稣会士，万历二十五年(1597)来华。

他在地理学方面有一定之造诣，且精测绘地图，因而颇受明朝皇帝和一些士大夫所重视。天启四年(1624)和六年(1626)，北京附近连续地震。有人与华龙民研讨这一问题。之后，他便写了《肆震解》一书，以问答方式叙述了地震发生之原因、特点和征兆等。本《隆德县志》所载之"震兆六端"，即引自是书。(参见陈明猷《读旧志札记六则》，载《宁夏史志研究》1991年第5期)

又：这是人们长期经验之总结。如是的民间经验之总结，在地震多发地区之志书中，所在多有，虽详略不等。如乾隆二十年汪绎辰修成之《银川小志》中就载有："宁夏地震，每岁小动，民习以为常。大约春冬二季居多。如井水忽浑，炮声散长，群犬声吠，即防此患。至若秋多雨水，冬时未有不震者。"又如光绪山西《虞乡县志》收入季元瀛的《地震记》，也总结出："乡老有识者，谓雨天大热，宜防地震"；"傍晚天西南大赤，初昏半天有红色如绳注下"；"震时鸡敛翅贴地、犬缩"；等等。

是年，傅振伦将其在北平女子文理学院史地系编印之《方志学讲义》，增订成《中国方志学通论》，由商务印书馆出版。这是近代较全面系统论述中国方志学理论及方志学史之专著，一部研究之作。全书分方志之意义及其范围，方志在学术上之位置，过去之方志界(上、中、下)，方志之收藏与整理(上、下)，方志之撰述等8篇19章。书中称方志之性质可以归纳为六特点：一、方志为记述一域地理及史事之书；二、方志在垂训，多有褒而无贬；三、方志记事周备，为国史约取之资；四、方志记事，古今并载，尤侧重现在，切乎实用，为地方行政之借镜；五、现存之人，事例年例已符，即可入录志书，艺文亦不以作者之存亡为限；六、方志种类颇多，烦省详略不一，体裁各异。他认为，地方志之作用，可以称之为"地方官吏之资鉴"，其于地方官吏，有如《资治通鉴》之于帝王。

关于地方志书之性质，他认为"方志之书，自有其特质，虽兼记史地，而与史书、地记皆不同，即方志之各类，亦互有分别"。志书是"记述一域地理及史事之书"。关于国史与方志之别，书中有一段十分精彩之述说："国史之于方志，犹贵族之于平民也。国史所载，不过圣功王道，专注重一帝一姓之兴亡。史之志书汇传，间及民间，大致简略，实不足以表现过去社会体象之全部。至于方志，则大异是，其注重之点，全在民众。诸如社会制度，礼俗习尚，民生利病之不详于正史者，其委曲隐微，莫不具载，足补史之所不及，实近世史家所应特予注意者。"(见《中国方志学通论》，燕山出版社1988年8月重印本第14页)

在是书的《自序》中说，他感到"尝观已往志书，书事多昧于因果之定律，取材少客观之精鉴，叙事更鲜主观之制断"。故在书中专设有《方志之通病》一章，具体举出了旧志存在之10种通病："一曰取材无当，旨趣乖僻"；"二曰因袭模拟，书多雷同"；"三曰剿窃拼凑，无异类书"；"四曰割裂诸志，无所断制"；"五曰片断记载，几不成书"；"六曰门类琐碎，意义浮泛"；"七曰载文记事，猥烦不典"；"八曰叙述无谓，立论不厌"；"九曰逐于景物，不求实际"；"十曰官家修志，失之简陋"。并说："以上十端，虽未能尽方志之通病，然大略可视矣。惟杰作名著,往往而有,亦未可一概而论也。至若推前志之例,创新志之体,使广备旧说,兼收新事,不戾古人述作之精意,不乖今代实际之需要,殆吾人今日之责矣。"(同上版本第44～55页)发出了改造方志之呼声。

是书对中国地方志分布情况,在其《方志之总计》一章中概括为:"综观现存历代方志,以种部言,清代最多,民国、明、宋次之,元代最少。以卷帙言,清朝最多,明、民国、宋次之,元最少。以地域言,论种部则北直最多,山东省次之,江西、浙江、江苏、山西又次之,黑、新、察、热最少。以卷帙言,则江西最多,浙江、直隶、湖南次之,新、黑、察、热最少。以时代言,明万历、嘉靖最多,弘治、崇祯次之,景泰、天顺、隆庆最少;南直最多,浙江、北直次之,四川、云南最少。清康熙最多,光绪次之,咸丰、宣统最少。直隶种部最多,山东、四川、河南次之,江西、广东、浙江、江苏又次之,吉、黑、新最少。江西卷帙最多,江苏、湖南、浙江次之,吉、黑、新最少。大率国都所在,修志最多,宋之浙江、明初之江苏,清之直隶是也。"他又依据方志分布情况,进一步研究了方志与地理、政治、经济、文化等之关系。"去都辽远,其志必少,新、热、察是也。明清至盛之世,亦即地方志最多之时。元代短促,道、咸兵燹屡乘,方志不多。此则方志盛衰,系乎政治者。清代地志,康、乾居多,江、浙诸志卷帙最烦,此则系乎文化之昌盛者……富庶之区,方志最盛,下至村镇,亦多有志;贫瘠之邦,则方志不振。观乎江南、陕、甘方志相差之悬绝,可以概见。则志乘盛衰,又系乎经济矣。历考各代方志之多寡,则当时政治之隆替、地方之治乱、经济荣瘁,可略知之矣。"(第83页)

是书引据繁富,故方志学家万国鼎称其,"书中条引各名家言论及批评各志优劣之处甚多,足证阅览之富与札记之勤。所论亦大多为方志学本身,故篇幅虽不及李氏《方志学》之半,而内容之结实则远过之"。(转见韩章训《〈中国方志学〉学术价值论》,载《黑龙江史志》1989年第4期)

按:并同李泰棻之《方志学》,是一年之内,有两部方志学理论研究专著之出版。黄苇等认为,这标志着现代方志学体系之形成。(《方志学》第612页)

是年,朱士嘉著《宋元方志考》在《地学杂志》第24卷第2～4期及明年第25卷第1～2期刊出。文中对《景定建康志》、《至正金陵新志》、《吴郡图经续记》、《吴郡志》、《至正昆山志》、《玉峰志》、《玉峰续志》、《重修琴川志》、《绍熙云间志》等8部名志进行了考论。对各志之卷数、编修年月、纂修者、后人序跋、内容、体例、修志始末、版本、流传、价值等,均有说明。(见《中国近代方志学》第158页)

是年,张国淦著《中国地方志考》在《禹贡》杂志陆续刊出,至明年刊毕古代部分。张氏研究方志目录历数十年之久,其《中国地方志考》原拟秦汉迄宋元为第一编,明代为第二篇,清代以后为第三篇。"其体例略仿朱彝尊《经义考》,凡属方志之书,不论存佚,概行收录。因系资料性质,故只辑录旧文,有删无改,分析论断,多出前人,编者间书已见,则附著按语之中。""凡属不传之书,于标目下注一'佚'字;如率现存,则注明版本,只就编者所见言之。标目之后,列举作者、时代、姓名、简历。无撰人者,则藉所标地名,或佚文所载事实,或来源书之年代,于成书时期作大略之推定。原书序、跋及目录,于佚书,则有可考者皆录之;于现存之书,则择其有关内容及修志故实者节录之。而于著名方志,则加详焉。”(转见《中国近代方志学》第 157 页)此编基本上考察了宋元以前方志之全貌,上至秦汉,不论存佚,一概收录,近 3000 种。是迄今我国方志史上规模最大之考录性方志提要之作,从中可以窥见我国方志源流和历代方志体例之变迁,对于整理旧方志、研究方志学,都极具价值。顾颉刚在本文开篇之按语中称:“蒲圻张石公先生研治地理之学,发愤忘食,盖数十年如一朝,收集方舆图籍之富,甲于旧都诸藏家,遍求各省、府、县古今志书而读之,并集其佚著散见于群籍者,以及序跋评论之属,一字之涉,咸所不遗,作《中国地方志考》数百卷,与宜都杨惺吾(守敬)先生之《历代舆地图》,可谓泰、华并峙者矣。”(转自刘纬毅《历史不会忘记——顾颉刚先生创办的禹贡学会和〈禹贡〉半月刊》,载《沧桑》2002 年第 3 期)

按:新中国成立以后,此编经作者重行整理,于 1962 年,以《中国古方志考》为名,由中华书局出版。收录自秦至元之地方志 2271 种,备受学界重视。但陈光贻认为,以宋元以前均称为“古方志”,混淆了宋元方志与古方志之别,书名还可商榷。其所选录,体例上亦未将近似方志之古地图和古代之人物传记与方志加以区别,在义例上也混淆不清。也还存在访书不周之缺点。(《中国方志学史》第 95～97 页)

又:张氏此后撰成的《明清方志考稿》部分,亦达几百万言,尚未印行,可惜在“文化大革命”中亡佚。只留有《永乐大典》辑本方志 60 余种,幸存于上海图书馆。(陈光贻《中国方志学史》第 93 页)张氏私人所藏志书 1698 部,18696 册,于 1952 年为中南图书馆购得入藏。(见张升《民国时期方志搜求热初探》,载《中国地方志》2004 年第 1 期)

是年,商务印书馆初版朱士嘉所编《中国地方志综录》一书,共著录公、私收藏方志 5832 种,93237 卷。以当时行政区划分省叙录。除注明书名、卷数、编纂人、编纂时间、版本外,还注有藏书单位。“备考”栏内还注有相关情况。书后附有 17 种方志统计表(《宋代地方志统计表》、《元代地方志统计表》、《明代各布政使司地方志分类统计表》、《明代各布政使司地方志分类统计总表》、《明代地方志分省统计表》、《明代地方志分类统计表》、《清代各省地方志分类统计表》、《清代各省地方志分类统计总表》、《清代地方志分省统计表》、《清代地方志分类统计总表》、《民国各省地方志分类统计表》、《民国地方志分省统计表》、《民国地方志分类统计表》、《历代各省地方志分类统计表》、《历代地方志分类统计表》、《历代地方志分省统计表》、《馆藏方志种数统计表》),15 幅方志统计图以及《民国所修方志简目》、《上海东方图书馆所藏孤本方志录》、《国外图书馆所藏明代孤本方志录》和书名索引。这是我国第一部全国性之地方志联合书目。(见刘刚《中国方志工具书概述》,载《中国地方志》1997 年第 4 期)

朱氏在书的自序中提出:“方志者,盖即以地方为单位之历史与人文地理也……至其所记述,则不外地理之沿革,疆域之广袤,政治之消长,经济之隆替,风俗之良莠,教育之盛衰,交通之修阻,与遗献之多寡。故欲睹一县人民活动之总成绩者,必于县志是赖;欲睹一省人民活动之总成绩者,必于省志是赖。自县而至省,自省而至国,然后一国文化递嬗之迹,庶几可了然矣。抑又有进者,方志之所取材,为现代的 Contemporary,故其足资征信之程度,更有非意想所能及者,又乌可漠视之哉。"(转见《朱士嘉方志文集》第 1～2 页)

按:关于方志之定义,他至 80 年代表述略有改变。

顾颉刚先生在是书之序言中,称其"直接为目录学家创一新例,间接为史地学者开一大道,可谓盛事矣"!具体而言本书之价值有四:一、"夫研究方志之源流者,宜作系统之搜寻。宋以前完书无几矣,自宋而元而明而清,或顺而游,或逆而溯,要当遍观,不可割裂。其研究方志之体例者,宜洞材料部居之术,采访之由,及前代学者撰述之总成绩,与其轻重得失之权衡,此亦有待于博览,非硁硁之鄙儒所能为。学者拥此一编,智珠在握,左之右之,俱足以达津梁,其供应研究方志学者之便利,不待言也"。二、"每地修志,主要标的在于补行政官吏之鉴览,以订其发施政令之方针。凡编纂志书之善者,力之所及,足使在位者鉴览得其要而发施得其宜,故修志之人不可以无学。继自今,凡从事于斯者,手《综录》一编,自可汇旧志而详辩其善否,因以舍短取长,补偏正误而规划新志之方式,则所作者必有突过前人。又有虽非本邑之志乘,而夙昔推为名著,若钱大昕、戴震、章学诚、孙星衍、洪亮吉、俞樾、孙诒让等主纂之书,皆有其特识殊文,足为后人楷模。修志者循是编以求之,有余师矣。此所供于纂修时之应用,其功亦非细也"。三、"研究史学者,取其资也无穷,然恒苦不知材料所在。欲觅一僻邑之志,虽居五都之市,亦未能必得。今既备此一书,则何馆何家所藏,一索即知,登门可读。即非本地所有,命舟驱车而就之,亦得之矣……今乃若取之于怀抱,治学之津,有逾是耶。其有编辑中国地名辞书,绘制中国地图及沿革图者,皆将赖是书而获得丰裕之资……是书之成,固大有造于史地之学,虽谓之奠定史学基础可也"。四、"十余年来,各地图书馆皆努力采购方志。其本邑之志,或乡里已荡然无存,而千万里外乃独有孑遗,或仅传一本而欲得之者不止一人,则惟有复写。其价值甚或高而需要甚殷者,则取以翻印。然而倘无总目,将何从知此书之果孤与否,果有复写与翻印之需要否?加以书贾揣摩风气,时居奇货。倘无总目,亦将何从知此书之果应有此价值否?自得此一编,而后诸种难题悉可消释。主持图书馆与张设书肆者,俱无有悖入悖出之虑,不亦善乎!缺佚之卷册,可得而补写之途,不至抱残以终古,非快事乎……"

顾氏在本序中论及方志之史料价值时指出:"夫以方志保存史料之繁富,纪地理则有沿革、疆域、面积、分野;纪政治则有建置、职官、兵备、大事记;纪经济则有户口、田赋、物产、关税;纪社会则有风俗、方言、寺观、祥异;纪文献则有人物、艺文、金石、古迹,而其材料又直接取于档册、函札、碑碣之伦,顾亭林先生所谓采铜于山者。以较正史则正史显其粗疏,以较报纸则报纸表其散乱。如此缜密系统之记载,顾无人焉能充分应用之,岂非学术界一大憾事耶!"(均转见《朱士嘉方志文集》第 15 页)

是年,萨士武编著的《福建方志考略》出版,内著录方志 90 种。(见刘刚《中国方志工具书概述》,载《中国地方志》1997 年第 4 期)

是年,王齐宣编就《金陵大学图书馆所藏两广方志目录》。

是年,《江苏省立国学图书馆总书目》编成。柳诒徵主持江苏省立图书馆工作期间,从民国 22 年组织范希曾、缪凤林、王焕镳、周悫等人从事编纂,至是由柳氏亲自裁定而成。在是目录中,打破了《四库全书总目》之分类格局,变古籍之"经、史、子、集"四部分法,为"经、史、子、集、方志、丛、图"之七分法,将方志从史部地理类中析出,别为一类,与经、史、子、集并列。在"志部"下隶省志、府州厅县乡镇志、志丛等类;又于史部目录类载记方志目录,收录了丛书中之方志。(见王中明《柳诒徵的方志学思想与实践》,《内蒙古地方志》1992 年第 1 期)

按:自汉代刘歆、刘向父子编定《别录》、《七略》传世后,历代正史之"艺文志"、"经籍志"中,均将地志类图书隶属于"史部"之下。清代纪昀修之《四库全书总目》中,地方志仍属于史部地理类之下。至柳氏此目之编出,才一改旧例。这种分法,提高了方志在古籍中之地位,不仅是古籍分类上的重大创新,而且扩大了地方志之影响,意义十分深远。

是年,商务印书馆影印成《嘉庆重修一统志》及通志 6 种,并各加索引。(见《傅振伦方志论著选》第 193、266 页)

是年,日本东京东洋文库出版自编之《东洋文库地方志目录》,收入中国方志 2550 种。(见刘刚《中国方志工具书概述》,载《中国地方志》1997 年第 4 期)

民国 22～24 年间,任乃强纂成《西康图经》陆续印行。任氏曾任民国时之西康省民政厅长。该图志原拟编为 11 篇,每篇 1 册。分别为境域、地文、交通、产业、宗教、民俗、酋长、吏治、外患、史鉴、关于康藏之图书等。在此期间仅编成境域、地文、民俗 3 篇印行。境域篇成书于民国 21 年 2 月,取材于编者亲历实地考察所得,分为地理环境、名称由来、历史沿革、省城之变迁、省界之划分、近代战事、所属各县定名、划界等。其中对于清末至民国年间中央政府与西康之间的关系,于英、俄等帝国主义入侵康藏地区挑起民族矛盾的罪行记之尤详。地文篇成书于民国 23 年,主要记述西康之地形地貌、地质构造、温泉海子、山脉河流以及境内地名、山川之考证等。民俗篇亦成书于民国 23 年,分为番族、汉族及其他民族。番族主要记述了境内居住最多之羌、藏两族之人种源流、居住条件、各种职业、饮食服饰、性格礼俗、岁时娱乐、语言文字、汉化情况等。汉族部分则主要记述了移居入西康地区之历史、著名人物、职业、移民问题等。其他还有彝、苗、纳西、古宗、白、傈僳等族之生产、生活、民情风俗等。均含有十分珍贵之资料。(见《中国地方志总目提要》21—142)

按:我国是个多民族聚居的国家,至今已经认定的有 56 个民族。历史上的志书中,凡涉及少数民族居住区的志书,对少数民族记述的所在多有,但系统记述的却不多。本志为较早较全面记述少数民族的一部。此后较系统记述者则日渐增多。如民国 25 年修成之广西《融县志》,在社会编中增设民族一项,记述了聚居于境内的苗、瑶、侗、壮等民族之来源、户口之消长、姓氏之源流、迁徙与人数、风俗之变化、侗话、瑶话、苗话与官话之对照等。民国 34 年修成之《三江县志》，记载了境内壮人、侗人、瑶人、苗人的性情、语言、文化、家族、社会组织、两性关系、婚丧嫁娶、衣食住行、种族分布之情状。（转见雷坚《广西方志编纂史》第 165 页）

中华民国 25 年（公元 1936 年）

3 月 1 日,陕南旅京同乡会致陕西省主席邵力子《论〈续修陕西通志稿〉书》。先是历十余年之久的《续修陕西通志稿》,于去年编成,分寄各相关之处征询意见。陕南旅京同乡会之同乡们披阅之后,认为该志稿“违背潮流,纰缪百出,实为吾陕学术界最大污点。凡属同乡,莫不愤慨”。故特致书省主席邵力子,罗列志稿有“偏重清代,抹杀革命事实”等 11 个方面之“纰缪”,“既无以慰三秦之望,复恐腾笑全国”。并号召众同乡,“一致主张,彻底整理,以免见笑国人”。因为“《通志》之良否,关系吾陕之名誉,未可漠然视之”。在是函中特别提出,要广延专家,新定体例,重修《通志》之建议。足见时人于乡梓志书之重视。(见《陕西地方志》1985 年第 5 期)

春,贵州省成立文献征辑馆,以任志清为馆长,王书农副之。(杨恩元《贵州通志・序》,载《贵州地方志序跋凡例选录》第 18 页)

2～4 月,王葆心撰《清代方志学撰著派与纂辑派争持论评》一文,于《北平世界日报・图书馆周刊》连续刊载。文章就清代方志学中新、旧两派之渊源、成长、特征、相争势力之消长、争论情况及后果等,均有评析,颇有精彩之见地。(见《朱士嘉方志文集》第 34 页)

9 月,冯贞群《天一阁方志目》编就,发表于明年《禹贡》第 7 卷第 1、2、3 期合刊上,以明代 13 布政使司为顺序排列,共著录方志 280 种。其中明代方志 270 余种,简直可以称为“天一阁明代方志目”。朱士嘉在《跋》语中谓:经与其前两目相较,从嘉庆十三年到光绪十五年之 91 年间失传 129 种,从光绪十五年到民国 25 年之 37 年间失传 31 种,这是一个惊人的数字。从范钦创建天一阁蜚声士林之近四百年间,尚存二百余种,还得力于其家人之护持。因为“自他死后,藏书完全封闭,不让任何人参阅,就是他自己之子孙亦需各房会聚在一起以后方能启视;否则要‘罚不与祭’,甚至于‘永摈逐不与祭’。这是最严厉之家规。他的书所以能流传到如此之久,这未始不是一个很重要之原因”。(见《朱士嘉方志文集》第 246 页)

是月,《国立北平图书馆方志目录》(续编)编成出版,收入该馆 1933 年 5 月至 1936 年入藏之方志 862 部。

12 月,童正藻撰成《云南方志考》书稿 5 卷,抄本今存杭州图书馆。童氏江苏淮安人,在滇省施教 20 余年。从教之余,他积极参与地方志工作,曾主纂成《昆明市志》一书,为我国首部市志(见 1924 年条)。在实际工作中,他深感"滇位坤隅,距中原万里,水陆艰阻,方志不易外传,故各省图书馆藏滇志甚少"。在民国 7～15 年间任云南学会理事长,主编"云南全省各县地志"期间,尽力搜寻各地志。民国 18、23 年,又先后两次赴北平、上海,浙江、广东等地之图书馆、藏书楼悉心搜求,征录其目,摘抄其要。又参阅日本内阁文库书目和东洋文库书目,于是纂成本稿。卷 1 为省志,共著录 16 种;卷 2 为府州厅县志,共著录 201 种;卷 3 为乡土志,共著录 9 种;卷 4 为地志(当时由云南学会主持统一编纂各市县之资料),共著录 117 种;卷 5 为辅助方志之书,共著录有关云南之书籍 110 种。总共著录 433 种。省志和乡土志,按时间先后排列,府州厅县市志和地志按行政区划排列,每书各为一条。各条内容包括书名、卷数、修纂人、时间、版本、历代书目记载情况等,而后有按语、考证。这些按语,或考镜版本源流,或略叙内容特点。考证亦颇为精审,是一部题解式之方志书目。(见宋永平《新近发现的一部方志目录书——〈云南方志考〉》,载《中国地方志》1993 年第 4 期)

冬,绥远省通志馆修纂《绥远通志稿》第一个稿本 120 册编成。全书共 160 卷,分 6 志,计 36 门,子目 70。是稿修纂体例上颇具特点,内容丰富,尤其是疆域沿革、垦务、水利、商业等卷,更具特色。傅振伦认为,是书"征文考献,论证了省县盟旗沿革及现状,附列表式,眉目清楚,明确了省县盟旗沿革概念。北方少数民族的分合迁徙,也可借以了然大略。为牧业经济向农业经济的发展,提供了典型材料。水利志叙述了塞地粮仓的建设和水利专家的业绩。大事志是北方少数民族互争雄长、迁徙分合的编年史。商业志据实地调查的材料写成,民族、宗教二志也完整翔实,可称名志"。(见傅振伦《民国时期的地方志》,载《北京地方志》1992 年第 4 期第 18 页)

按:是稿之修成前后,都经历了颇为曲折之过程。先是民国 19 年(1930),在省会归绥正式建立省通志馆,郭象伋为馆长,阎肃为副馆长,聘李泰棻为总纂。通志馆成立之后,从馆长到总纂,全馆上下都立即投入到资料搜集工作中。古代资料由李泰棻负责,现代资料由郭象伋负责,工作进展颇为迅速。编纂工作正式开始不久,由于意见分歧及经费短绌,郭馆长不得不宣布暂行闭馆。李泰棻亦辞去总纂职务。至已编成的第一个稿本 120 册,为了审慎,尚需由海内名家给以审阅修订。1934 年傅作义继任主席后,派人到北平,聘请学者傅增湘为总纂。傅氏受聘后,亲到归绥听取了工作汇报,并与馆内人士进行研究讨论后,遂将全部初稿带回北平。回平后,又邀集一批学者组成修订班子进行修订。正当工作有条不紊地进行时,因日军在卢沟桥发动侵略战争,并将战事进一步扩大,工作又不得不暂停。1937 年 10 月,绥、包两地相继失陷。日寇于绥远、察哈尔成立"蒙古自治"傀儡政权。伪自治政府首席顾问宇山获知有此志稿,出于其侵略之需要，便千方百计寻找其下落。获知稿存于北平傅增湘之手后，便派人至平强行要傅氏将稿补齐。傅氏又约人一起，将稿统成为 116 卷、36 门、70 目。这便是第二稿。稿子带回绥，经宇山等人进行审查删削之后，便送日本东京进行影印。印装甫毕，适逢太平洋战争后期，在一次美国飞机轰炸中，书稿连同印厂均化灰烬。这是日本侵略者之抢夺所造成之恶果，是其欠下中国人民之又一桩罪债。抗战胜利后，再派人去北平傅增湘处寻找时，只得送去之原稿 113 册，失却 7 册，舆图、金石拓片更不知去向。残稿带回后，几经辗转，直至绥远解放后，才由中共绥远省委宣传部接收，并转交内蒙古图书馆保存。后曾组织人力进行整理，至 1965 年整理工作基本完成，正待付排时，"文化大革命"十年动乱到来，出版又成泡影。"文化大革命"中，一次陈伯达来到内蒙，听说此事后，仅经粗粗翻阅，便命北京军区前线指挥部组织人修订印刷。"前指"受命后，匆忙从"牛棚"中找来一些人组成班子，夜以继日地工作，将原稿 113 册，归并为 99 卷，加上《大事记》，共为 100 卷，分为 118 册，这便是第三稿。整理甫毕，还未及印刷，林陈反党集团暴露，事又中止。直到中共十一届三中全会后，内蒙古自治区人民政府于 1981 年才下达文件，要求整理出版。(见《内蒙方志概考》第 29～34 页)

冬，王葆心所著《方志学发微》一书稿撰成，共 24 卷，开始在《雅安月刊》上陆续发表。全文未载毕，刊物停办而中辍，故人们一直不得观其全貌。至 1981 年方由湖北省地方志编纂委员会办公室刊印出卷 1——取材篇、纂校篇。1984 年又印出这一卷的注析本。由于印数有限，发行未广，能见者不多。为方便读者，现将其《出版说明》节录如下：

《方志学发微》一书，"全书约近 50 万言，24 卷，共分 7 篇。一为取材篇，二为纂校篇，前主后附，合为卷一，选取清代名家修志之章程和议论，也即是关于取材与编纂两者之设计方案、具体方法和步骤，并按其主次和相互关系，分为专论、兼论，逐一附说于后。对原作中立论尚未畅达者，则引证他说，并附以己说以疏通；其所未论及者，则引证他说，并附己说以补充；凡立论错误者，则在附说中加以纠正或提出商榷。三、导源篇：分从地理专门、史学、经学、文学、杂家各个方面，考察方志之远近渊源、流变系统，说明在体例上经过长期积累、逐步演变、汇百川以成方志巨观之由来。四、派别篇：根据宋、元、明、清修志之历史变迁，以次说明明、清以来旧派修志之体例，雍、乾以来新派修志体例，新、旧两派以外各就所长而自成一派之修志体例。其中对新、旧两派之主旨所在、历史根源、时代背景，两派在体例上各有分枝，两派长期相持不下之经过，考辨详晰。五、反变篇：列举修志主改变前说、前例，并对新、旧两派改变前志的作法，作了具体比较。六、赓续篇：列举修志主赓续不主更张的前说和陈规，对旧派续旧派，新派赓新派在续修方法上之种种不同，分别举例说明。七、义例篇：主要选取时代较近的新派中有所创新的义例和有关议论，兼采旧派和别派中部分可取的体式，加以系统的评述。对例以义起，方志义例与史法、史识的关系，既有所阐明，对方志义例怎样随时代以俱进、精益求精的途径和归趋，也有所提示。在部分篇章中，还随文列表用以说明流变。以上各篇的中心内容,表明了作者撰著此书的着眼点和用力之处,首先在于为修志工作提供借鉴,指明入门的途径;进而通过方志源流的考察和各流派体例的比较,阐明方志的性质和用途,以及在体例上如何善于因革的经验;然后在综合各家所长的基础上,以掘新机,断以时宜,为方志的推陈出新,架桥铺路。这样览古筹今、参同考异、原始要终、注重实用的综合研究,是前此三四百年来史志者所未曾做过的工作。可以说,这部书是在大变革时代新旧过渡中,旧辈学者对方志遗产尽力所能及而作出的总结"。

是年,刘郁芬修,杨思、张维等纂之《甘肃通志稿》130 卷、首 1 卷完成。是志始修于民国 18 年。其成立甘肃省修志局时,政府拨款 30 万元,参加者百有余人。局内分事务、编纂两部。事务部由官方派总办、协办多人。编纂部由张维主持。翌年因"中原大战"发生,经费被军方挪用,工作被迫暂停。民国 21 年,省修志局改"通志馆",张维仍为馆长,组织人力重新搜集资料,整理旧稿。至民国 24 年期限已到,但志稿未曾杀青,经费已停。张氏仅率书手数人坚持工作,不但数年不授薪给,楮墨亦靠私资。前后历时 7 年,至是始得完稿。志稿上起远古,下至民国 17 年甘、宁、青分省前。总目 17,子目 93,共 130 卷,120 册,计 450 余万言。除一些传统类目外,新增了适应新时代需要之一些新类目,如民族、财富、水利、教育、军政、外交、交通等目。一些旧目中,也注入了新的内容。一改旧志将"山脉之主干、支脉,河流之主流、支流,分别割裂于数省、数十县"之作法,将"山脉、水系按其走向、流向作系统叙述,脉络分明,井然有序,改变了旧志分县缕列,避免割裂、凌乱、重复现象"。(见周丕显《甘肃地方志略谈》,转自葛向勇《试论民国时期的地方志》,载《中国地方志》1994 年第 4 期)论者谓是书取材丰富,内容翔实,体制完备,见解独到,于旧志所载多所订正。唯以条件所限,当代史料反而缺略。顾颉刚曾谓:"张鸿汀先生修《甘肃通志》,居北京者数年,遍览故书,运以精思。书成抗战起,不克付印,幸《沿革图表》及《总分图》已先印行,文理密察,洵可为斯学前导。西北学者固不多,有其人,即全力赴之,裒然巨帙,不假众手,良由其魁力之绝人。"(转见王锷《张鸿汀先生在方志学上的成就》,载《中国地方志》1990 年第 2 期)是稿编成后,因抗日战争爆发,未能及时全书付印。只有先期完成之《甘肃省县总分图》和《甘肃地理沿革表》1934 年于北平单独印行。至 1964 年,方有全稿分专题油印成册,但印数仍未及半。后辑入"中国西北稀见方志"丛刊印行。

按:在是稿修纂中,张氏已经历尽艰辛,苦心呕血。为"考证一事,翻书每至百数十种;审稿必至夜分时,致目眩心胀,不以为倦"。稿成之后之 10 余年间,他还率其子女令瑄、令瑢,对志稿随时补充修订,续录改写者多至二三十册。所惜者,这些内容大部分于 1966 年散佚。

是年,招念慈修,邬庆时纂成广东《龙门县志》20 卷、首 1 卷印行。招氏为方志学家,著有《方志序例》专门之作,故是志亦颇有其特别之处。分目为县地志、县民志、县官志、县政志、县事志、县文志、县物志、县志志等 8 大类。县官志包括职官和宦绩;县文志中,改四部分类

为按年代为序;新增立县志志,详述历代修志沿革。(见《中国地方志总目提要》19—14)

是年,翁柽、宋联奎纂修成陕西《咸宁长安两县续志》22卷刊印。辛亥革命之后,咸宁县已经并入长安县内,时至民国25年,仍署《咸宁长安两县续志》之名。资料仍是宣统三年前之史实。在每卷之内,均分为咸宁、长安两个部分,或分作上、下卷,未熔铸为一。(见《陕西方志考》第18页)

按:从本书来看,值得称道者实在有限。但在陕西方志史上居然有大宋、小宋之说。大宋者宋敏求,小宋者宋联奎。不知从何说起也。

是年,方廷汉、谢随安修,陈善同纂成河南《重修信阳县志》31卷、首1卷印行。是志对于近代人民所受政治压迫和经济盘剥多有反映。如记载民国时附加税名目就多达36种之多。警察一目,反映贪官污吏把持地方,收受词讼,大肆敲诈,有"一案勒索千数百金者"。故人民反抗斗争亦极为激烈。书中除记有捻军、白朗起义、红枪会等反抗斗争之外,对红军占领四望山,建立革命根据地,并于民国19年(1930)攻打信阳,均记之颇详。(见《中国地方志总目提要》16—111)

是年,卢少泉等修、庄陔兰等纂之山东《重修莒志》77卷、首1卷铅印成书。是志达100余万言,能以现代眼光编成,对"社会之递增,物产经济之增长,农工商业之盈虚",多有反映。在民国志书中亦属不多见者。(见《方志学》第352页)

是年,崔公甫修,王树楠纂成山东《续修临邑县志》4卷、首1卷印行。是志取《周礼·地官》土训、诵训两职之义,以地为纲,分立地图、地事、地物、地俗、地慝五门,门下各有子目,后附志余。《地慝》门专载天灾人祸,为树楠之首创。惜纂者拘于春秋笔法,疏于本地实际,故反映时代内容不足。(见《中国地方志总目提要》15—79;陈光贻《中国方志学史》第189页)

是年,耿之光、王桂照修,王重民纂河北《无极县志》铅印成书。是志特点之一,是大事记以表格形式出现;(见《方志学》第246页)特点之二,是对古迹、建筑,多用照片表现,更显真切;特点之三,是"艺文志"中除载书目之外,还有内容提要,列论得失。(见《中国近代方志学》第95页)

是年,萧德馨修,熊绍龙纂成河南《中牟县志》印行。是书不分卷,分装为8册,用八卦以标册数。目分天时志、地理志、人事志、图考、附表5大类。不但体例紊乱不堪,而且至是时,还持星野之说,足见修纂者之愚昧,明显落后于时代。(见《河南地方志提要》下册第100页)

是年,赵仁泉督修,王静一、张修一纂之民国《高唐县志稿》成。稿成后,由于抗战爆发,政局变动,书稿遂不知去向。直至20世纪末的修志中,方于山东省图书馆特藏部被发现,故《中国地方志联合目录》未予著录。是稿共16卷,内分总记上下、地理志、经济志、教育志、政治志、社会志、人物志及志余等8个部分。其特点是,义例严整,资料翔实,考核精审,记事详明。在内容上纠正了过去志书重沿革、人物,而轻民生及经济的倾向,用了较多的篇幅记述了民生及经济方面之内容。1987年,高唐县人民政府拨出专款,委托山东省社会科学院制版

印成100套,以广流传。(见高唐史志办公室《简介〈高唐县志稿〉》,载《中国地方志》1987年第5期)

是年,邱自芸修,邬荣治、郭选英纂成江西《南康县志》24卷,首、末各1卷,铅印成书。是志采用先竖分后横排之分类法,为志书中所少见。全书以民国元年为界,分为第一、第二两编,各编自行设目。其《凡例》云:“惟民国鼎革,百度维新,旧志门类不能统括,爰仿《河南续通志》及《武陟县志》例。自民国纪元起,新立门类,名曰《南康县志》第二编。而旧志纪载止于清同治,今辑集史实,续至清末,统名曰《南康县志》第一编。”第一编编目为:地理志、建置志、食货志、学校志、武备志、职官志、选举志、人物志、艺文志、杂类志、壮愍志。第二编编目为:地理、交通、邮电、党政、赋役、地方财政、社会、教育、宗教、实业、人物、艺文、武备、大事记等。其中除地理、人物、艺文、武备4目与第一编有重复外,其余均为新目。一书新旧体例兼而用之,实际上是两部断代志合为一书,亦是志例中之一特。(见刘柏修《体例多样的民国江西方志》,载江西省志编辑室编《修志文丛》1986年第9期;《中国地方志总目提要》14—81)

按:民国时如此做法的还有1934年印行张士杰、侯崑禾纂修之《通许县新志》。该志分上下两集,上集为旧志,体例完全沿袭旧体;下集为新志,在旧志编目上加以改进和新增(见《中国近代方志学》第114页)。1920年铅印于书云修、赵锡蕃纂之《沛县志》。该志旧志16卷,“悉依省志条例,叙至宣统三年”。书后附有新志1卷,辛亥革命后内容纳入新志中。(见《江苏旧方志提要》第201页)

是年,岑伯崙修,岑启沃纂成广西《乐业县志》10编。10编之目为地理、社会、政治、经济、前事、文化、宦绩、列传、古迹、杂记。编下设章、节、目。其政治编仿顾亭林《天下郡国利病书》之义例,将官书、告谕中有关当地民生利弊者附入。有人称之为“志体之善例”。(见《中国地方志总目提要》20—62)

是年,苗恩波修,刘荫岐纂成山东《陵县续志》4卷、首1卷印行。是志为光绪志之续志,凡前志已载者不再录,而新增设了财政、建设、教育、司法、交通、自治、政党、法团、种族、宗教、工商等目。这是续志突破旧志束缚,因时事之异而另立新目。是志的创新还表现在对物产的记述上,能运用现代统计方法,编制了《重要物品生产产量之统计》、《物产占地之百分比》、《谷类产量之百分比》等图表,注意了量化记述。这在民国时的志书中是不多见的。(见《中国地方志总目提要》15—69)

是年,宋大章、冯舜生、孙维善修,周趣培、张星楼纂成河北《涿县志》8编18卷。这是首见编、卷结构之志书。邑之西北涿、宛(平)、涞(水)三县交界处之山区内,有一叫三坡之小村庄,只有20来户人家,但有自己独特之生活习俗,俨然是县内的一个“小特区”。是志书中收入邑人吴为宪编之《三坡志》为一专章,形成了志中之志,较为特殊,值得注意。(见《河北地方志提要》第219页、《河北省方志概要》第69页)

是年,张芗甫,龙赓言纂成江西《万载县志》12卷、首末各1卷。龙氏在志序言中,阐明了他之续志主张,只能修成新的通志,而不应当修成断代志。其言有谓:“方志非一家之书,而一省、一府、一县之书也。史以帝王为主,断代可也;志以地方为主,必无可以断代。今此之志,以万载县名,则自有万载来,皆此志也。非若元和之志‘郡国’,元丰之志‘九域’,限于一时。且非大明之‘一统’,限于一代也。……而刘氏洪辟之《昭萍志略》,义仿断代,意为民国之事,稍待后时可也。若以民国之事且待他人,仿《汉书》之例,断代成书,窃期期以为未可也……如万载县焉者,有杨吴以迄于今日,纵县名有更易,犹是万载之地,而况乎数百年未改耶?”(转自《江西地方志序跋凡例选录》第84页)

是年,宋宪章、周义章、王昭旭等三任县长主修,于琴泉、杨春萼、王昭琴等主纂成山东《牟平县志》10卷、首1卷。此志全书“总括为三大纲:曰地理、曰政治、曰文献”。《凡例》规定:“县志备地方公用,应以全民生活现象为重,本编于地理志特详社会;政治志特详实业;文献志特详方言。皆力求通俗,以期收普编之效。”“其不合现代者,如星野、捐职、封荫各门悉去之;若夫党务、教育、实业、交通、宗教,凡旧志所无者,又无不纲举目张也;附捐杂税,无一非民间膏血,则详细登载,冀后之掌财政者,撙节用途,减轻负担,此其中又有深意存焉。”(见《山东地方史志纵横谈》第88页)这都是颇有见地者。

是年,王仁安撰之《天津政俗沿革记》16卷印行。先是民国4年(1915)秋间,徐世昌倡议修天津县志。经议定下一年开局,以高凌雯(彤)负责采访事宜,并拟定《采访办法十九条》。最初是拟修续志,故所收事实断至宣统三年(1911)。民国7年(1918),王仁安与高彤同在志局,着手《天津新县志》之修纂工作。王氏一本“从事志书,颇欲以所得贡诸后来”之意。其修志主张集中表现在他所写之一篇《论修志》的文章中。认为,“修志宁以事实废文章,不以文章废事实”。“文以直叙,学汉以来叙事法;不涉唐宋人之论说体也。”认为旧志疏漏太甚,主张重修,不作续修。于是自撰体例,并拟出叙目26类,“前十六卷自任,后十类,请彤任之”。自任的16类即:舆地、河渠、水利、邮驿、户籍、田赋、货殖、盐业、工艺、文化、礼俗、善举、讼献、防御、兵事(巡幸)。高彤为之的后10类,即职官、吏治、科举、荐绅、人物、烈女、艺文、碑刻、旧迹、物产。分工之后,王氏以修志为著述大业,且视为生命之延续。故视修志为得意事,孜孜不倦,努力进行。如其所谓:“偷得宽闲书时披,归家已是夕阳时。老人高坐精神好,犹是少年童子师。”“从来衣钵重师门,愿得诸生道义存。我是高僧今退院,扶持岂必待儿孙。”“诗歌文字尽存真,宝袭珍藏大有人。翘首视天成一笑,那能身死便沉沦。”在编纂中,他“每志一事,必了然于胸,然后了然于手”。要做到“能了然于人之用,了然于人之心”。所成的初稿,是“有纲有目,有经有纬,有分有合。其间有惩有劝,于文外见之。微言大义,往往寓于其词”。自信“敢言详确敢言精,字字都非率尔成。欲得开篇人尽晓,此中辛苦却分明”。稿成之后,因全书之编纂问题,故未能统一付印。自称“此十六类可单行,名之曰《天津政俗沿革记》”。并抱着“此书一出,人言为何,即余《论修志》文中所谓‘我之责尽,我之心安,他人是之非之,于我不相干也’”的态度以处之。后王物故,至是方由其家人出资,以《天津政俗沿

革记》单独刊印。(见王巨儒《天津修志史上的一件公案——〈天津新县志〉何以刻半部》,载《天津史志》2000年第5期)

按:王氏自记是稿撰作之过程有云:志书稿,赵生甫起草,自己最后订定。对于原稿"其每类总序,十可存五,然多为订正。其志稿所存,仅十之一二耳,多平叙无沿革者"。尽管如此,《记》中还是称赞"生甫以班孟坚之博丽为韩昌黎之文词,固为吾乡巨手"。与那些用了人家成果,反而不择手段贬损他人之作法,差别可谓天壤。后,其学生王襄(纶阁)得知《天津新志》由于种种原因而一分为二,感到是一种"乡耻",提出要为此书谋万全,"重在早日并合,成为完本"。遗憾的是,时至今日,依然是分为两书,各自流行。

又:高氏分工负责之10类,终纂成28卷,单独以《天津新县志》为书名于1931年印行。

是年,卢学溥修,朱辛彝、张惟骧等纂成浙江乌程县《乌青镇志》44卷、首1卷刊行。一个镇之志书达40多卷、约55万字,可见其资料之宏丰,保存了许多有价值之史料。体例亦精当,被称为民国时镇志中上乘之作。(见《中国地方志总目提要》11—66)

是年,高凌雯撰成《志余随笔》6卷。高氏于民国8年起曾致力于纂修《天津新县志》,本书便是辑《新志》之编余资料而成。是书中不但钩稽了乡邦文献,考订了一县的遗文轶事,而且评论了天津历代修志之得失,详记了《新志》修纂始末,尤其是作者所拟之采访办法19条,以及提出对新志体例之一些见解,对于了解近代天津修志沿革、探讨天津方志源流,都有一定的价值。(见傅贵九《〈志余随笔〉所见天津修志史料》,载《天津史志》1986年第2期)

是年,王连儒撰成《肥城县续修县志序例草稿》38则。这是为肥城县编修县志制定之章程,提出之一些思想值得注意。如"志宜续不宜修","信以传信为史家无上之科条","经济为万事之母","图、书相辅而行……图约而书博,二者不可偏废","修志为一县重事","目录为一书主干,分门类依次叙述;在各目本文中,各依时代之先后",等等。(见《山东方志汇要》第364页)

是年,朱士嘉撰成《方志之名称与种类》一文,刊发于《禹贡》第1卷第2期。文章认为,方志"其所记述,要不外一方地理之沿革,疆域之广袤,政治之消长,经济之隆替,人物之臧否,风俗之良窳,文化之盛衰,遗献之多寡,以及其地之遗闻轶事,盖无异一有组织之地方历史与人文地理也"。(见《朱士嘉方志文集》第45页)这是最早提出方志史地两性说者也。

是年,胡行之在《文化建设》第2卷第12期发表《论方志的编辑》一文,强调新修方志:一文字应力求通俗,加以新式标点符号;二记载应力求翔实,注重调查;三史实应自成起讫,撮述所有大事;四应特别注重特产;五应特别注意现代;六应特别注意经济史料;七应注意地方文艺;八应使方志成为一部完善的乡土志。(见《中国近代方志学》第142页)

是年,任凤苞撰成《天春园方志目》一书。任氏为清末、民国间著名之藏书家。由于他认为"方志一门,为国史初基,典章制度之恢闳,风俗土宜之纤悉,于是备焉"(《方志考稿·

序》),“一方文物所萃,综诸志之大成,则中华文物胥汇于此矣”,(张国淦《天春园方志目·序》)故其大半生之中,努力搜集地方志书,凡“所未见者,百计访求。朋友驰讯,必以相属。北极穷边,南届海澨,邮裹络绎”,至达 2500 余种,其中不乏稀见善本。人称之“南北第一天春园,山经地志不胜繁”。他收志书“侧重近著而不虚慕好古之称,切于实用,尤非寻常藏书家所及”。收书渐多,为便于社会了解和利用,遂有编目之举,于是有是本书目之成。是书与前此同类之书不相同的是:一将通志由集中一类而改分至各省之中,在通志之后再区分列著府、州、县志,克服了省通志与府州县志之割裂;二是每书所注,注意修、纂分明;三是收录包括了大量的乡土志和乡镇志。有人称本书是“我国私人藏书家中一部规范化的地方志专科书目”。(见江庆柏《任凤苞与地方志收藏》,载《中国地方志》1999 年第 4 期)

按:任氏不但经心收藏志书,更注意发挥志书之效用,而且热心支持学人对他所藏志书之使用。这方面得益最多者是张国淦和瞿宣颖。张国淦在《天春园方志目·序》中说:“予之纂《中国方志考》也,(任氏)频年驿寄数百帙相假,曾不诮厌,即孤本断编,亦无吝焉。”瞿宣颖之《方志考稿》就主要是据任氏藏书编成,“今兹所录,但以任氏天春园所藏者为限”。每次瞿氏从北平到天津去查阅志书,任氏不但热诚接待,而且包其住宿饮食,相与共同商讨问题。瞿氏在京之时,任氏还时时邮寄志书,甚至亲自送志书上门。故瞿氏在《方志考稿·序》中说:“怀此有年,得贤主人倾心相助而后克举,文人相知之感,何可无也。”不仅对此二人,即对其他人也是如此。如张国淦所言:“他人有乞借者亦若是,近如北平图书馆,远至滇、黔省志局,凡有所求,靡不至。”甚至连邮寄费用也自支付。至 1953 年,任氏又将其所藏之 2500 多部志书(包括其中的珍稀之本),悉数捐献给天津图书馆。这不但在中国方志史是个盛举,就是在中国藏书史上也是仅有的。

是年,武汉大学图书馆编《国立武汉大学图书馆方志目》印行,著录各类志书 1400 余种。(见张升《民国时期方志搜求热初探》,载《中国地方志》2004 年第 1 期)

是年前后,谢树森撰、谢广恩续撰成甘肃《镇番遗事历鉴》12 卷。因系稿本,未明最后撰成时间,记事止于民国 25 年。是志乃以私人之力撰成一部古今并重之书。当时当地之政治、经济、文化、教育、民族、军事、地理、气候、人口、生态、民俗、考古、地名、方言、中西交通、地方建设等,均记之颇详。对于蒙、汉之间的民族纠纷、物产资源都有比较翔实之记述。古代内容引录各种书籍达数十种,且多有已经散佚者。对于明初镇番地方之卫所、营墩、铺舍、驿道之设置年代和分布,守备状况,边墙及城池形制、规模、沿革、更替等均记之颇详,价值不应低估。(见《中国地方志总目提要》26—40)

是年前后,青海海固县修志中,由于志稿中出现有侮辱回族同胞之语言,造成回民集体反抗事件,遂使志终未修成。(见中国地方史志协会成立大会西北地区组发言《编史修志要有利于民族团结》,载《中国地方志通讯》1981 年第 5 期)

按:在此发言中,对历史中通行的一个历史事件之提法(将“秦始皇统一六国”称为

“秦始皇统一中国”)和一个日常之习惯用语(将大学中之“汉语言文学系”称为“中文系”),均提出了异议,颇有道理,值得修纂志书行文时加以注意。

民国22～25年,金毓黻主持编辑之《辽海丛书》刊行。是书中收录明清志书20余种,包括明《辽东志》、《全辽志》和清的《辽阳州志》、《铁岭县志》、《锦州府志》、《锦县志》、《宁远州志》、《盖平县志》、《开原县志》、《布特哈志略》等。(见《中国近代方志学》第162页)

中华民国 26 年（公元 1937 年）

6 月,廖兆骏纂成《绥远志略》21 章印行。是志体现了作者较强烈之忧患意识。在其《财政》章中,指出“受时局影响,商业萧条,营业税收入不过 20 余万元”,“年征田赋额虽为 60 万元,但实际收入尚不足 40 万元”,“再加以牲捐类,年约 50 万元,每年收入不过 109 万元;至于支出,政教各费,年需 140 余万元”,“军费逐年增加”,“全年合计在 300 万元以上”,“靠财政部每月增绥经费 19 万余元”,还是入不敷出。面对人民负担日益加重之现实,作者提出了“彻底废除苛捐杂税,减轻人民负担”之呼吁。在《商业》章中,更指出:“绥远得地势之优越,物产之丰富,交通之便利,为西北贸易之中心,握经济之重镇。惟年来国人忙于内战,无暇顾及边陲,以致绥远之商业,为强邻所侵夺,利权外溢,深为可惜……使蒙、汉感情不能融洽,而造成外人经济侵略之机会。”其他章节中亦颇有类似之内容,体现了作者忧国忧民的爱国思想。(见胡道源《〈绥远志〉和〈绥远志略〉》,载《内蒙古地方志通讯》1983 年第 4 期)

12 月,朱之洪等修,向楚、龚春岩纂四川《巴县志》23 卷,刻印成书。是志之时代感较强,除了原有之传统志目外,还另设立有农桑、工业、商业、交通、交涉、自治、市政、物产、事纪、蜀军革命始末等新卷。尤其难得的是,突破了以农为本之传统思想,提倡发展工商业以富强国家。如其概述有云:“由今论之重工商者,其国恒富以强,欧美诸邦是矣。而吾国资货外溢,利权尽丧,国事亦因以积弱不振,讵非工商业不竞所致哉?旧志不载工商业,以其委琐繁颐,载不胜载也……世运日进,百业日新,安朴野者不可以适时;悦纷华者不足以道古。一县虽小,入其商廛,观于工肆,则民生优绌,习俗勤惰,往往可知,何可忽也。”其《缫丝工业》一目内,敢于抨击时政,分析川丝不能与日本丝竞争,完全是由于政治原因,谓:“迩年以来,欧美市场,尽为日本丝侵占,丝价低落,丝商折阅尽矣。盖以川丝与日本丝较,质未为劣,而国内税捐苛虐。既征其茧,复课其丝,成本高而技术弱,其不足与日本丝业相竞争,宁不以此?……失业男女工不下千人。他处准是,奢谋救济劳工者,未审何以为谋也。”(转自赵子涓《承前启后的方志佳作——民国向楚〈巴县志〉读后》,载《巴蜀史志》2003 年第 6 期)

按：近代以前之中国，是有名之丝绸王国，“中国和丝绸组合在一起，就是无比强大的国家象征”。进入近代以后，逐渐跌入如志书所言之境地。由于受国内政治原因之桎梏，致中国丝绸在国际上缺乏竞争力。值得注意的是，旧的时代已经一去不返，时至今日，国内政治情况已完全改观，丝绸业所面临的条件已非昔日可比，但今日中国丝绸在国际市场上，竞争仍属乏力。据报载，中国依仍停留在低等丝绸原料出口国之地位(世界丝绸80%左右的原料在中国)。“那些原产自中国的华美丝绸，现在正标有意大利、法国标签的国外名牌回流到中国，盘踞在中国丝绸消费的高端市场。”(见王海珍《中国丝绸迷失》，载2006年9月22日《财经时报》)原因何在？宁不值得国人，尤其是实业界深加研究而奋起直追乎！

是年，王树楠、吴廷燮、世荣、吴闾生、金梁、金毓黻等纂成《奉天通志》260卷，由日伪奉天公署刊行。是书按历史、地理、经济、政治、人文顺序排列。分为大事志50卷，沿革志(附表)8卷，疆域志(附图)8卷，山川志20卷，建置志10卷，礼俗志4卷，民族志6卷，田亩志2卷，物产志4卷，实业志9卷，职官志(附表)20卷，民治志3卷，财政志4卷，教育志5卷，选举志7卷，交通志7卷、军备志5卷，人物志50卷，艺文志30卷，金石志8卷。大事志记事上起虞夏，下及民国，是一部通纪体志书。(见《中国边疆古籍题解》第150页)是书修纂成于1931年末，随之东北地区便沦于日本之殖民主义统治。此次刊印时，日本侵略者虽进行了恶意篡改，但基本内容方面，仍不失其价值。清修《盛京通志》时，对于明代事迹多所忌讳。此书则可补《盛京通志》之缺。对于两千年来活跃于辽宁境内之勋伐、乡宦、流寓、文学、武材及社会名流等上万人皆有传记。所收的金石铭刻，尤其珍贵。(薛虹《中国方志学概论》第56页)

按：是书修纂当中，曾修成有《蒙旗志》2册。但至是正式刊行时，却被删除了，盖此时科尔沁六旗已经脱离奉天省故也。今湖南省图书馆藏有《蒙旗志》抄本下册，内容包括：会盟(附年班)、财政、赈恤、债务、耕垦(附垦务各案)、实业、寺庙(附宗教)、礼俗(附民性)八项。(详见忒莫勒《〈蒙旗志〉探源》，载《内蒙古地方志》1990年第2期)

是年，李厚基等修，沈瑜庆、陈衍等纂成《福建通志》51总卷，611分卷，明年起陆续印行。其记事止于宣统元年，对于辛亥革命，只有寥寥200余字涉及。(见傅振伦《民国时期的地方志》，载《北京地方志》1992年第4期)是书为民国间通志卷帙之最多者，或许还是方志史上空前者。但其观念比较陈旧，舆地门中仍设有“星野”，人物门中，甚至还设有“神仙”一类。(见《中国近代方志学》第106页)显然与时代脱节太远了。

是年，张传保、赵家荪修，陈训正、马瀛纂之浙江《鄞县通志》51编渐次完成，共500余万字，是我国方志史上规模最大之一部县志。分为舆地、政教、博物、文献、食货、工程6志，另有地图一函，共26幅。采取先成者先印行之作法，自民国24年起陆续付诸铅印。中因抗日战争爆发，一度停辍，民国37年起继续印刷，至1951年印竣。是志修纂中强调修志为用，其《例言》中称：“编纂方志之目的，非特保存一地史材备修国史、省志之采撷，亦所以使服官其地与主办自治者得一稽载籍,即知本邑利病,或因或革,有所藉手。”(转见柳建军《从民国〈定海县志〉、〈鄞县通志〉看陈正训的方志思想》,载《浙江方志》2002年第4～5期)又申明:“盖县志之本为用,本为一邑建设改革之参考,绝非如封建时代官绅阶级所想象,以为表扬先世、恭敬桑梓或游览名胜及茶余酒后作谈助而编纂也。”其《例言》还规定修志原则8条:“本书重近世而轻古代,一也;重现在而轻过去,二也;重改革而轻保守,三也;重演变而轻固定,四也;重群众而轻个人,五也;重社会团体而轻家族及少数人,六也;重通俗文艺而轻寻章摘句,七也;重耳目实验而轻引经据典,八也。”(转自刘纬毅《中国地方志》第136页)

综而言之,本志书之特点有以下诸端:一是内容极为丰富。除篇幅量大之外,还表现在记述的广泛性上。其氏族、气候、公共卫生、动植物、学术人物、方言、建设计划、就业统计、社会现象、历代行政制度等,多为其他志书未设或只有简述者。如其《政教志》中,记述了全县各区婚姻状况、新生婴儿、鳏夫寡妇、疾病发生等等。

二是已完全摆脱旧志之束缚,全面采用科学之编纂方法,故志书有较强之科学性。如其所用地图之绘制,均用当时先进的测勘手段,有较为精确之数据。除各类地图共26幅外,又于舆地志附方位界及气候、潮汐、统计图4幅;植物志附农事、治虫月令图3幅;文献志附历代著名人物画像12幅。门类设置以现代知识体系划分,在具体内容之记述上也体现了科学精神。如其地理志,不仅记载地理,而且涉及地质,不仅对地理事物和现象作了性状之描述,而且改用有经纬网格之新式实测地图,步入了新的地理学科体系。又如对动植物之记述采用了“二名法”。(《陈桥驿方志论集》第243～244页)保存了许多珍贵的科学资料。

三是体例上也多有创新。如将大事记改为“故实”并入文献志,又于政教、舆地诸志中,增置行政沿革、史略等目记其大事。

四是开了记及中外事情之新风,其卷70中有“地球园,分天下为五大洲。欧罗巴实洲名,非国名也。明代误指为国,沿及国初,犹仍其谬”。“西洋诸国,皆信天主教,其纪年以天主耶稣降生为托始,实汉哀帝元寿二年(按应为汉平帝元始元年)也。”

五尤其值得注意的是,在修纂中,请有关学科的专家,从事相关部分之撰写。如由蔡芝卿撰舆地部分;冯孟颛撰文献志;盛萃夫、钟国仪等撰地质、矿藏与动植物特产等部分。由于专家的参与,对提高志书质量大为有助。

六是其六志之间,联系密切,又各自有较强之系统性,可分可合。合则为一书,分则为某事物之系统记载之专著,可以相对独立。

这是辛亥革命以后,新编地方志中体例有创新,篇幅最巨、内容丰富,编纂科学之一部上乘佳品。当代地理学大家陈桥驿先生评之略谓:全书资料之完备,内容之新颖,称得上是地方志步入现代科学之嚆矢。它以现代科学的气象、气候学理论记载气象、气候,是用现代科学的观点和方法记载地质、岩矿、海洋等卷篇的创始。用二名法记载地方的动植物的学名。凡此种种,都可以说明,在我国方志史上,是一部划时代之作,是继“四明六志”之后的又一部

方志杰作。(见《陈桥驿方志论集》第 323 页)

按:其最后之两个特点,亦是两条经验,对 20 世纪末浙江省志丛书之编纂,有着直接之影响。浙江省志丛书也是可以分则独立,合则为整的。在修志中也注意吸收专家参与。

又:陈、马二氏,此前于民国 12 年(1923)曾合纂成《定海县志》,亦受到志界好评,为民国间之代表作。(见于夫《清朝——浙江方志发展的鼎盛时期》,载《浙江方志》1988 年第 4 期)

又:就篇幅而言,民国 22 年印行曹允源、李根源纂成之《吴县志》,字数亦达 200 万,也是县志中字数之较多者。(见《中国地方志总目提要》10—50)

是年,方鸿铠、陆炳麟修,黄炎培纂成《川沙县志》42 卷、首 1 卷,由上海国光书局铅印出版。这是民国时期很有影响之一部志书。黄氏是中国同盟会员,著名的民主人士,有强烈之爱国心和社会责任感。新中国成立后曾任国务院副总理兼轻工业部部长。是志之修纂,从民国 4 年(1915)即开始着手,是在十分艰难之条件下进行的,曾两起两落,至民国 24 年(1935)十二月才脱稿,至是印行。其上承光绪志,时间断限始自光绪五年(1897),下迄民国 15 年(1926)。前此之事为光绪志所未载而应补录者,亦酌采之;后此之事之较重要、须连类及之者,以"赘录"之形式,附于每事之末。于图之下,首为大事记,末为叙录,主体部分分为 22 志,即舆地、户口、物产、实业、工程、交通、财赋、教育、卫生、慈善、祠祀、宗教、方俗、艺文、人物、职官、选举、司法、警务、兵防、故实、叙录。(转见《方志学概论》第 91 页)是志突出之特点:

一是在各志之首设立概述,概括说明本卷内容大要和编纂之义例及作者撰写意图。如其财赋志之概述有云:"古以藏富于民者为善政。富源出自天然,惟善施政者能利用之。利之所在,民皆乐趋,其所以自为谋,视政府之代谋,类更亲切而有效。善施政者,只若干大实业,必须官为之,余纵民自营,官取诸有余,以供国用外,平享其利润,限制其争端足矣。"

按:这里所讲的"藏富于民"、"只若干大实业必需官为,余纵民自营"、"平其利润"等,与当今的国企改革和近期一些经济学家提出的,应当遏制劳动报酬在 GDP 中所占份额下降等之政策和意见,何其相似。志书纂者于 70 年前就有这样的主张,可见其识见不凡。

二是注意反映时代特点。删除了旧志中一些陈旧之门目,新增了诸如实业志、工程志、卫生志、慈善志、议会志、警务志等新门目。注意对新事物之记述,如实业志中分农业、商业、工业、电气事业、渔业、林业、盐务等子目。农业目内又分记农场、农具表、肥料表、种植管理收获方法、预防病虫害表、省令预防蝗蝻、耕获状况等。川沙地处海防前沿,明时设川沙堡主要就是为对付倭寇对我国沿海之骚扰。清代于此设官筑城也主要是为防海盗。本志修纂之时,正值日本帝国主义气焰极为嚣张,对我国沿海屡加侵犯之时。黄氏修此志的重要目的,就是要为国防服务。认为“寇势方张,证古考今,决政事之缓急,有恃此志”。作为川沙来说,第一要政就是防备外敌之海上侵略。

三是突显地方特色。由于川沙沿海,构筑海塘是川沙县之“第二生命”,志书对此加以详述。对川沙传统之“三刀一针”(泥刀、菜刀、剪刀、绣花针)也注意反映。

四是一改旧志轻经济的缺陷,加重了经济及民生方面之内容。如在工业门中,记述了川沙农村之自然经济在资本主义经济的渗透下发生之变化:“本境向以女工纺织土布为大宗。自洋纱盛行,纺工被夺,分为所恃以为生计者,惟织工耳。嗣以手织之布,尺度既不甚适用,而其产量,更不能与机器厂家大量生产者为敌。”(转自《中国近代方志学》第182页)

五是体例上有创新,主要表现在“大事年表”、“导论”、“概述”和“赘录”之设置上。在《例言》中认为,“大事年表为他志所罕见。然欲究时代之变迁,治术之趋向,则非可忽也”。“编方志必先立大事表,余主此甚坚。史之为用,明因果而已。一般方志偏于横剖,而缺于纵贯,则因果之效不彰,又况人群社会,经多方演变,而成整个组织。交通频繁以后,各方相互之关系益广,一地方治乱兴衰,往往根于其国运。苟地位特殊,或近而随世界大局以为转变。治方志者,仅仅着眼于所在一隅,而不驰神全国乃全世界,则所窥见因果关系,必失偏隘,而莫能真确。故一县乃至一省之大事表,必取同时国内外大事并列,以广参证。”“将若干年间事料串列焉,其同时者并列,以玩其彼此先后之消息。”(转见梅森《上海方志研究概要》第6页)。

按:到20世纪80年代之新志编修中,论者众口一词都说本志是最早设《概述》者,修新志中普遍设立“概述”是继承了黄志之作法。其实这种说法并不准确。比黄志早两年由王维屏撰成之《江阴志略》已经先行了一步。其卷一是《导论》,卷二是《概述》。比黄志早一年修成出版的由殷惟龢纂之《江苏六十一县志》,也首列了江苏省之《总述》。(见《江苏旧方志提要》第159、12页)。从所见到之《川沙县志》的《概述》和《导言》可知,其“概述”颇类旧志中多见冠于各纲目或各分志之首的小序。黄氏之“小序”也是冠于《大事记》和各专志之前的。其在《导言》中说明,“本书各志先以概述,有类实斋所为序例,而实则不同。盖重在简略说明本志内容之大要,而不阐明义例也。将使手此书者,读概述后,进而浏览全文,其繁者可以用志不纷,其简者亦将推阐焉而有得,或竟不及读全文而大致了了”。起到彰明因果之功效。其实,黄志中之“概述”并不负责概述全志。20世纪80年代以后志书之“概述”则是指全书之概述,正好与黄志之《导言》相仿。又,早在康熙十一年修成之河北《唐县新志》中,已有这样做法。该志《凡例》云:“旧志类分29,今则卷列18,分门以提其纲,比类以疏其目。每篇之首必缀总叙,俾展卷了然。”(见《河北地方志提要》第242页)

是年,吴凤声、余棨谋修,朱汝珍纂之广东《清远县志》21卷印行。是志修纂中,认为“年远者记载不详,年浅近者撰录易备,此理势使然”。故主张不必受“详近略远”之旧规所限。主张应据实际,该详者详,该略者略,关键在信而有征。(见《广东方志要录》第95页)这种力避形而上学的思想值得重视。

是年，李凌霄等修，钟朝煦纂成四川《南溪县志》6卷、文征4卷刊行。是志为川中质量较高之一部志书，条目清晰，记事详尽，所纳民国时之资料更详。于道路之新修，邮政电话之开设，津渡桥梁之修筑和新建，各种局公所之设立，议会及工农商会之创建，各种慈善事业之开办，烟酒盐茶等十数种捐税之征收，各乡镇新式学堂之开办等，无不详备。仅就物价，列的价格变动表，就有8种之多，对同治九年，光绪十六，二十六年，宣统二年，民国4年、9年、19年当地40种食品、8种燃料、14种衣料、13种建筑材料之价格变动，都有详细之统计，是难得之近代经济史料。(转见《中国地方志总目提要》31—63；王建宗《地方志与档案工作》，载《中国地方志》1982年第2期)

是年，杨传松修，杨洪纂成《松滋县志》10卷印行。撰本志者认为，"吾国史传志乘，往往详于国家政事，而略于人民职业，诚为憾事"。"欲觇国家、社会之安危、贫富，当从人民之职业始。""欲明一县社会状况之崖略，不得不从人民职业之多寡加意而观察也。"故其一反过去之作法，特重人民之经济生活。是志记述松滋经济时，既记了松滋当时之经济情状，又分析了造成这种情状之原因是"农业为本、工商为末之观念深入人心，固为吾县职业畸形发展之一大原因"，"吾县民性谨厚，风俗淳朴，有保守之才，乏进取之志"。由于县人只认为"农之技艺，半顺天然，半由人力，手续简单，无大变化，非若工之技巧，商之权诈也。有一定之产业，即有一定之收获。除少数荒年外，谷即不可胜食矣，非若制造之式样，新旧日异。货物之价值，低昂时变也。是故农业之利虽小而有定率，工商之赢虽大，而无常例。小心谨慎之人，岂得不舍工商而事农业"？针对这种情况，书中提出首先要改变人们之观念，"农以生物之质而增加物之量，工以变物之形而增加物之用，商以移物之位而增物之质。分工以尽其长，合作以补其短，执守虽异，生产则一"。其次是要使县民"悉趋于工商，与农业成三角形之发展"；为此，就要兴修公路，疏理河道，发展交通运输业。这是不得不为，不可不为者也。(转自严肃《志书的生命力——读〈松滋县志〉民国本》，载《湖北方志》1985年第2期)

按：这样的志书，确实大为有用，值得后来修志者效法。在20世纪末的那一轮大规模修志中，固已有不少志书掺入了类似的"策论之笔"，值得称道。但也还有不少修志者死守"述而不作"，仅作资料之堆积铺陈，实无谓也。

是年，周钧英修，刘仞千纂成山东《临朐续志》22卷印行。是志虽名为"续志"，实则是一部通志。专设有《方言略》，在该《略》序中提出选录词语之四取四不取原则。其四取为："一、虽为通语，而其字罕见者录之；二、为古字古义，而言独行于一方者录之；三、恒用语，虽为《尔雅》、《说文》、《方言》所无，而其它已载于各韵书者，择要录之；四、数字缀成之短语，虽不见于典籍，而甚流行于一方，亦择意味隽永者录之。"其四不录为："一、典籍雅文，都市通语，其意义可直鲜者，安用博引；二、故属于普通官话不录；三、一家之言，古无考者不录；四、新造之俗字不录。"(见《山东方志汇要》第132页)这样的取舍标准，颇显见地。

是年,朱士嘉在《禹贡》第 7 卷第 1、2、3 期合刊上发表《怎样编纂新式的县志》一文。提出地方志是研究地理学之好资料,是研究历史之人不可忽略者,是研究政治学、经济学、民俗学之人应该知道者,有植物学家、天文学家也当珍视之资料。他要求新志“第一,在能真实地把一县的事物和盘托出;第二,在能表现地方性与时代性;第三,所拟的体例能合乎一县环境的需要,不守旧,不嗜奇”。他认为,民国及其以前之方志,有两个很大的毛病:一是体例方面大都还是因袭陈规而不完全适合各地方之环境和需要。如地图不从实际测绘着手而凭空臆绘,存在不知道有经纬线来绘图的过失等。关于人物也有不知道传记的体裁和目录学之过失。二是内容方面,不是太嫌繁琐,就是过于简略。因此,他强调修志在体例方面应力求简洁,在内容方面则应力求详实。县志编纂材料要信实,记载要详备,要能表现一地方之特性,要能表现时代性,“内容要力求平民化”,校勘要精密。资料要注明出处,人名地名、书名要编制索引。一部新式县志应当内容广泛,体例周备,具有地方性、时代性。(转见《方志学》第 610 页)

是年,我国地质学家章鸿钊氏运用全国大量方志资料,参以他书,撰成《古矿录》一书。“凡有产地可详者,无间遐迩,靡纤靡巨,无不备举。”是书为各地的地质探矿提供了很有用之线索,也是方志为科学研究服务之又一个有力的例证。

至全国全面抗战爆发前,《续修四库全书总目提要》完稿。参加此项工作者有余绍宋、王重民、赵万里、向达、谢国桢、杨树达、罗振玉、柯绍忞、瞿宣颖、傅振伦、谭其骧等一批知名学者。是书著录书目 10080 种,其中方志提要 1987 种,包括《四库全书》禁毁书目、未收书目、之后新出书目。其体例一如《四库全书总目提要》,但叙论比《四库全书总目提要》更为详细、更具体,且观点较新。(见《中国近代方志学》第 156 页)

此期间,国民政府参谋本部曾发文搜集志书,文称:“查全国各县县志,均与兵要地理有密切关系。本部为整理国防计,亟应从事搜集,俾资参考。”(见邸富生《中国方志学史》第 185 页)

同期,浙江省政府曾发征集志书咨文,内称:“查政治工作人员,固贵有新知之启钥,亦恒赖旧职之参酌。鉴往知来,垂示史册,温故知新,传自先哲。各县地方志书,关于人物、土地、户口、物产、气候、赋税以及社会状况、经济、生活等项,条分缕析,记载靡遗,允为探索旧识之瑰宝。敝政府现为增进工作效能起见……对于各县地方志书,亦拟广为搜集,藉资参考。”(同上书第 186 页)

附载:从 1927 年 4 月至 1937 年 7 月,是国民政府统治之前期。据统计,这个时段为民国修志之高峰期,共纂修及刊印之志书达 626 种,占民国方志总数之 39.8%,平均每年有 56 部志书问世。大多数有特色有影响之名志均于此期间修成。(巴兆祥在《方志学新论》第 171 页),许卫平在《中国近代方志学》中谓,此期间修成之志书,占民国时期方志总数之 43.6%,其中民国 25 年一年中修成 87 种(第 95 页)。彭静中在《中国方志简史》中称:此期修成志书中,计有通志1种,县志276种,乡土志13种,镇志3种,总计193种(第405页),与前统计数不同。邸富生《中国方志学史》中说,从1927～1937的11年间,共修成及刊印县志474种(第184页)。无论何种统计,此段都是民国间修志最多的一个阶段。

民国初至抗日战爆发前的时间内,曾出现国内外公私机构及私人,对中国方志之搜求热潮。同时,也是中国方志外流严重的时期,颇足以反映中国志书之境遇。

中华民国 27 年（公元 1938 年）

春,福建连城县有识之士倡议续修县志,但约需 8000 银元,当时县政府无法解决,群众更无力负担。时在泰国经营广福烟草公司之县人周仰云先生得知后,即汇 3000 银元赞助修志,还动员在新加坡经商之其内弟陈祝三先生赞助 1000 银元。尚缺部分,县政府决定每保摊派 20 元以凑足。仰云先生得知后认为,时为抗战,民众人力、物力负担已经不轻,遂又致电县政府,请求免除摊派,不足部分全由其负担。志书完成后,他还计划给县修志部门修造洋楼一座,以便进行县志资料之收集、积累。后因日本入侵泰国,其公司为亲日派所没收,此计划未能实现,周先生直至晚年还于此事念念不忘。

按:时隔 50 年后之 1988 年,仰云先生之子、香港长江实业(集团)公司董事长、总经理周千和先生,闻知家乡新修志书一事后,亦效乃父致函县志编委会,极表赞成,并汇款人民币 5 万元予以资助。父子两代均为家乡修志慷慨资助,在家乡传为美谈,亦方志史上值得记述之雅事也。

9 月,甘鹏云著《方志商》一书,由崇雅堂聚珍版刊行。分上、下两卷。上卷包括《湖北通志义例商榷书》、《复李甥晓垣书》;下卷包括《修志问答》(一名《修志刍言》)、《湖北通志凡例》。甘氏早于民国 21 年湖北省成立通志馆筹备处时,便任副主任,民国 23 年通志馆正式成立后,他仍参与其事。在此期间,他先后撰成上述诸文,虽不是系统之方志学理论专著,但联系实际,对修志中之一些重要问题,多有阐述。他强调"纂修通志,以规定义例为最要。义例不定,如裘无领,如网无纲,非法也"。关于方志之性质,他认为"一省通志,即一省之历史也。一县志乘,即一县之历史。历史顺端而竟委,笔削变通而随时。治法虽有更张,记载必求详实,因革损益,据事直书,则若网在纲,有条不紊矣"。至于志书内容,"大要可分四类:一曰图,二曰表,三曰考,四曰传"。四类之下再分细目,表、谱散于各卷中。对于新旧志书之比较,他认为,"专详文献,旧志所长","至于民事,更无一措意者,此旧志所短也"。故主张新修志书中应重民事。修志"开宗明义应先定宗旨。国体改矣,修志宗旨与往日微有不同。往日修志，于民事殊略；近日修志，应于民事加详。民主国，国民为重也。《尚书》曰：‘民可近，不可下，民为邦本。’孟子曰：‘民事不可缓也。’又曰：‘民为贵，社稷次之，君为轻。’古人重民如此，而修志者略焉，毋乃倒置本末欤？民国修志，固应力矫其弊，宗旨与往日不同者以此”。“修民国方志，即不能不注重民事。注重民事，则吾民之生计为最大问题，不能不详考也。例如农、工、商业之状况，户口之息耗，四民失业之原因，工价、物价、田价之比较，生产之衰旺，人民之负担，土货输出与外货输入之确数，近数十年所受之兵祸、匪祸、水旱之灾，均在所必详，此等材料，皆无书籍可考，无档案可查，此吾所谓尤难者也。欲储备此种材料，非采访员得人不可矣。”于“户口之盛衰，田亩之确数，族姓之源流，风俗、习惯、礼教之沿革，宗教之区别，农、工、商、矿、林、渔、畜牧之状况，人民负担之赋课、税捐，逐年外货输入、土货输出之确数，近六十年田价、物价、工价之比较，近六十年所遭之水旱天灾，因官贴倒塌所受之损失，因匪祸、兵祸所遭之损失，鸦片流毒及无业游民之统计，学校及学生之统计，警察及团防之统计，自治之实况，人民购买力之强弱，社会经济及社会变化情况，均应逐县调查，据实直书”。（均转见仓修良《方志学通论》1990年版第420～421页）

在他为《湖北通志》制定的《凡例》中，不但强调“共和国，民为重也”，而且将《民事志》列为全书五志之一。他还提出修志“合文献、政治、社会为一书而已”。在《复李甥晓垣书》中，主要讲述了修志要分五步走。（详见《中国地方志名家传》第235页）

按：以民为本，注意经济及反映人民生活，是民国方志较其前进步的重要表现之一。在20世纪80年代以后之修志中，有一种泛论新中国以前之方志“重人文，轻经济”之说法，是有失偏颇的，有仔细辨析之必要。

10月，方国瑜编成《明修云南方志书目》一文，在《教育与科学》第1卷第4期发表。（见中国科学院历史研究所编《中国史学论文索引》第637页）

12月，朱士嘉撰《燕京大学图书馆善本方志题记（附顾起潜先生〈光泽县志〉跋）》，发表于《史学年报》第2卷第5期。（同上书页）

是年，凌甲烺、吕应南纂修，张嘉谋等校订的河南《西华县志》印行。张氏在校阅中，“方事之殷，敌机袭汴，弹适落吾庐，左右爆炸者三。飞铁庭中，屋瓦皆震”。（转见《河南地方志提要》下册第139页）可见是在日机炸弹威胁之下完成的，表现了志人忠于志事之可敬精神。

是年，郑一平修，夏如宾等增修之贵州《玉屏县志》10卷、首1卷、附录1卷印行。是书篇目有异于一般志书，分为：一、历次浩劫略；二、行政区域划拨沿革；三、户政概述；四、财政概述；五、教育概述；六、建设概述；七、役征概述；八、社政概述；九、合作概述；十、田粮概述；十一、各级行政机构人员一览表。（见《贵州方志论纲》第22页）显然是一部史志合体之志书。

是年，于松江区公民训练师资养成所任江苏乡土地理教官之王培棠，编成《江苏省乡土志》20章。其序言有云：“读何书可以救国乎？吟风弄月，无补于身心，泛论空谈，何益于国事？……况今之国势阽危，有过于昔时……忧国者将何以措辞？其必有使人先知致用之学，或必有根据于先知之学之言,然后可免空言虚矫、惘然无所适从之病,则民可以观,国可以兴。”(转自王光亮《清末民初乡土志的编纂和乡土教育》,载《中国地方志》2004 年第 2 期)正是抱着这样强烈之爱国思想,故志书之篇目上亦颇为特别。其各章之目为:1.江苏省乡土志之意义及其研究;2.沿革;3.疆域;4.人口;5.地势;6.天时;7.富源;8.实业;9.交通;10.建设;11.教育;12.政治;13.财政;14.军事;15.民生;16.民风;17.学艺;18.人物;19.都邑;20.名胜古迹。是书编成后影响颇大,据说“脱梓未愈月,索阅者惟恐或后,各杂志报章争相转载以为荣”。(见《江苏旧方志提要》第 18 页)

是年,由于受抗日战争局势之影响,广西修志局奉令停办。(见秦邕江《广西通志馆沿革述略》,载《广西地方志》1992 年第 6 期)

是年,朱士嘉纂《中国方志综录补编》于《史学年报》第 2 卷第 5 期刊出,共著录方志 730 种,8187 卷。(见《朱士嘉方志文集》第 11 页)

是年,国立中央图书馆筹备处编印《重庆各图书馆所藏四川方志联合目录》,收入《战时国民知识书目》第 19 期。这是一部地区性之地方志联合目录。(刘刚《中国方志工具书概述》,载《中国地方志》1997 年第 4 期)

中华民国28年（公元1939年）

5月，天津日本图书馆，在天津举办“河北省方志展览会”，陈列方志书刊450余册，接待读者700余人。（见张金环《天津日本图书馆史略》，载《天津地方志》1994年第4期）

是年，陕西省政府令征集县志。（王芳《抗日战争时期我国地方志编修情况》，载《中国地方志》2005年第10期）

是年，著名地理学家张其昀主持之国立浙江大学史地研究所，在贵州遵义修成《遵义新志》一书，1948年在杭州印行。全书共11章，17万字，附地图22幅。是该所在遵义进行实地考察，对遵义之相对地质、气候、地形、相对地势、土壤、土地利用、产业与旅游、聚落、人口、民族、交通、史迹诸项作过详细调查研究所得汇集而成。各章内容均有较高的科学利用价值，有的则是具有首创性者。如其《相对地势》章，是首次在中国开展以特定地域所作之系统研究，论述了相对高度之理论意义，并对遵义之相对高度进行了验证与归纳，总结出遵义相对高度之特征，阐述了相对高度与自然环境、社会经济之关系，对土地利用、土壤侵蚀、灌溉难易、植物分布之重大影响。又如《土地利用》章，利用我国首次完整之土地利用调查所得，绘制成“遵义附近土地利用图”，将土地利用分为水田、旱田、旱田荒山混合、森林、森林荒山混合五个类型。直到今天之土地利用也还没有脱离这一原则。图中把森林、荒地、耕地、道路、房屋之分布画于图上，是为中国完整之土地利用调查之始，可以直接为社会生产服务。正是根据这种土地利用情况，书中提出了提高生产之具体途径：一是增加灌溉面积；二是减少冬（闲）水田面积；三是各种耕田应种植适宜之作物。特别是当时已经提出了“防止山地过度垦种”之观点更值得重视。引进相对高度之概念，绘制土地利用图等，在方志中都是具首创性者。还如《气候》章中，不仅仅从遵义自身狭隘之记录出发，而是以相近地区之情况为背景，以衬托出遵义地区之特点。其“云量”就是以整个西南地区之云量为背景，包括长沙、重庆、昆明、北海等地。此书是“区域地理”派以新志命名之首部著作，是一部学术水平很高之研究专著。张氏在序言中称：“顾中国过去之方志，意在保存桑梓文献，故其记载偏重于地方史料。此次本所编纂之《遵义新志》大部为地理学著作,特重地图之表现,与旧志体例不同,适足以补其所缺。”

1956年张氏在台湾重印是书,改名为《新方志学举隅》,列入“国民基本知识丛书”第三辑,对台湾当代修志仍产生一定之影响。据宋晞《方志学研究论丛》所言,1954年8月台湾中华文化出版委员会出版,由杨锡福、林朝棨等纂之《台湾新志》和1958年6月台湾中华丛书编委会出版、由毕庆昌等纂之《新竹县志》,体均与此同。前者分地理、地质、地形、气候、水文、土壤、植物与矿产等8篇;后者内容分地质、地形、气候、水文、土壤、森林、土地利用及农业区域、矿产、人口、土著民族、历史地理及文献等12类。(见该书第188页)

按:从张氏序文中可以看出,除现志中所存内容外,还有40个已经完成之专题研究,因篇幅所限未能采入。有的也是相当精彩者,如由谭其骧撰写之《播州杨保考》等。

又:据笔者陋见,对本志之研究,《中国地方志》2005年第2期发表王永泰之《张其昀与〈遵义新志〉》一文,是目前所见下功夫最深者。除本条所摘之内容外,对是志编纂者介绍也颇有价值,故亦转录如下:

“《遵义新志》编撰力量之强,可以说前无古人,后无来者。直接参加编写人员中,主持人张其昀是中国人文地理学建立者;统稿叶良辅,主编有我国第一部区域地质专著《北京西山地质志》,引导学生建立了许多地质学的分支学科,自己也是我国地貌学的开创者。编纂者中,后来成为中国科学院资深院士的有:侯学煜,编绘《遵义附近土壤图》,他1980年当选为中国科学院学部委员,(是)著名(的)植物生态学家、植物学家。任美锷与丁锡祉、杨怀仁共同编写了第三章《地形》(上),参与第七章《土地利用》的编写,(任氏)是中国地理学会名誉理事长、中国海洋学会名誉理事长,1980年当选中国科学院学部委员,中国科学院资深院士,其主要研究方向为自然地理和海洋地质。熊毅,编写第六章《土壤》,著名土壤学家,中国科学院学部委员,我国土壤胶体化学和土壤矿物学的奠基人,对黄淮海平原的治理工作做出重大贡献。施雅风,编写了第四章《地形》(下)和第十章《区域地理》,另外参与编写了《土地利用》章,是我国冰川学奠基人,中国科学院学部委员,地学部主任,中国科学院资深院士,直接考察并领导编著了有关祁连山、天山、喜马拉雅山和喀喇昆仑山的冰川考察报告和中国冰川结合专著,奠定了中国冰川学基础。陈述彭,编写了第五章《相对地势》,与杨利普合作编写了第九章《聚落》,与《土地利用》章的编写,是地理学、地图学、遥感应用专家,中国科学院学部委员,中国科学院资深院士,中国科学院遥感应用研究所名誉所长、地理科学与资源研究所研究员。其他编者还有:杨怀仁,参与编写了第三章《地形》(上),杨教授在气候变化、海面变化等(研究)领域取得了丰硕的成果。束家鑫,与贺忠儒合作,编写第二章《气候》,他曾任上海市气象学会名誉理事长,编有《上海气象志》。贺忠儒是著名的地图学家。赵松乔参与编写第七章《土地利用》,他主要从事自然地理研究,是区域自然地理学领域的权威学者。丁锡祉与任美锷、杨怀仁合作编写了第三章《地形》(上),丁是自然地理学者。杨利普与陈述彭合作编写了第九章《聚落》,参与了编写第七章《土地利用》,他主要从事水资源、地理及地名学研究。刘之远,编写第一章《地质》。当时为教授,1941年发现了遵义团溪锰铁矿,为重庆钢铁企业抗战时期冶炼特种钢提供了重要的原料。严德一编写了第八章《产业志旅游》,新中国成立前为浙江大学教授。实际参与《遵义新志》编纂的远不止上述几位学者……这些参与者,后来成为中国科学院学部委员、中国科学院资深院士、中国工程院院士的(还)有毛汉礼、陈吉余、谭其骧、谢义炳与涂长望。如果将这些学者计算在其中,曾参与《遵义新志》编纂工作,后来成为中国科学院学部委员、中国科学院资深院士、中国工程院院士的便有10人之多,这还不包括张其昀和叶良辅两位大师。"

是年,刘文炳总纂之山西《徐沟县志》11卷初成。徐氏早年即注重乡里文献、掌故,倡导修志。民国18年徐沟成立县志局,刘任总纂。民国22年县志局停办,刘氏靠在太原自筹经费编写。至24年冬完成部分初稿,后因抗战开始,不得不带着已成初稿和资料,背井离乡,到北平、太原、天水等处继续进行,至新中国成立后病故时,全稿亦未正式完成。稿本由其家属献存于中国科学院图书馆。全稿分为地理志、人口志、民生志、语言志、民俗志、教育志、政治志、财政志、文献志等9类,内容广泛,资料翔实,为民国时期较好之一部方志。不仅资料丰富新颖,而且在结构和方志思想和编纂技术上,都有创新和发展。如其"地理志"中,特邀陆军测量局实测,绘制了三万分之一的全县图及五千分之一的城关七街图,测绘了子午线、磁偏角、经纬度、海拔和等高线,绘制了地质图、土壤品质分布图、各村镇水质分析图等,纠正了省署统计之误。(见《中国近代方志学》第97页)尤其难得者是在经济方面,列出了同治九年(1870)到民国22年(1933)64年间之15种重要消费品之物价指数,并用曲线标出。同期白银与铜钱之比价,与美国纯银之美金值指数,1914年至成书前银元对制钱之比价,1927～1932年间山西省银行发行之纸币与银元之比价。对人口,在专门调查之基础上,举列了人口、户数、计算出各区人口密度、出生率、死亡率、妇幼出生与死亡率、婚姻统计、人口之性别构成、同龄性别结构。婚姻状况,分年统计了各城镇村结婚人数和子女数,指出女子死亡率高,造成性别比例失调;男子因吸毒而离婚者多,女子再嫁者多。在人口演化章中,制有《各街村各族长以下实有人口及其死亡之族调查表》。在今后必须之人口演化节内,提出加强医疗卫生以减少死亡率、提高殖产、远婚改变性别比例,推行优生计划,增强体力、智力,加强教育以提高素质。又据所搜罗得之45种家谱,推算出乾隆四十年至嘉庆十五年为人口高峰期。对历史上之人口、氏族、迁徙、增减等都是研究经济史之重要资料。(见乔志强《一部有特色的地方志》,载《中国地方志》1985年第4期;李裕民《山西方志综述》,载《沧桑》1995年第1期)

是年,黎锦熙纂修《城固县志》成书。先是1938年春,迁西安之北平师范大学、北平大学、北洋工学部,组成西安临时大学迁至陕西城固县,改名为西北联合大学。时该地区专员余振(正)东组设县志委员会,开展修志工作。城固、洛川、同官、黄陵、宜川等县均聘该校黎锦熙教授为总纂。草拟方案,筹备进行。黎氏据民国18年国民政府内务部颁布之《修志事例概要》的内容,着手先撰成《城固县志续修工作方案》一篇,印出线装排印本。在该《方案》中,拟定县志目录30篇,附录2种。目录30篇内,分总纲3篇:疆域总图、大事年表、建置沿革;关于自然者6篇:地质、气候、地形、水文、土壤、生物;关于经济者6篇:人口、农矿、工商、交通、水利、合作;关于政治者7篇:吏治、财政、军警、自治保甲、党务、卫生、司法;关于文化者8篇:教育、宗教祠祀、古迹文物、氏族、风俗、方言风谣、人物、艺文。附2种,即城固文征、城固丛录。志书至是编成。

该书之特点是重视现实调查,单是从下面填送来之普通调查表就达2万余纸,大都由西北联大地理系之毕业生为县志之助理技术员所为。全县之联保主任和各小学校长,都为当然之调查委员,参加了调查。助理员孔某为此曾费时半载,通查二十四史一遍,仅得资料10余条。主持和参加编写工作之大部系西北联大之教师或教授,甚至是名教授。如黄国璋分任"自然篇"和"经济篇"之"工商"、"交通"二志;何士骥、罗根泽、吴世昌等分任"文化篇";殷祖英分任"气候志";张遹骏分任"地质"、"地形"、"水文"三志;刘慎谔分任"生物志";胡庶华分任"农矿志";谌亚达分任"人口志";黎锦熙和罗根泽分任"方言风谣志"等。(见《中国近代方志学》第128页)一些篇章中提出了许多有见地之思想。如其关于《方言风谣》一项有谓:"旧方志多附庸于风俗,实则方言早已蔚为大国;即风谣为通俗文艺,亦以言语为精神,非仅方俗之征也。""地方土语,须附解释;其内容意义有关地方生活环境,或其本事出于地方传说者,可附笺证。"其关于《艺文志》指出:"人物不录生存者可也,而艺文则不可。乡人士之材作,不问其人之存殁,概为著录。统以部居,第其卷帙,注其版本存佚,标其时代称字,酌为提要批评(惟生存人著述不加评语)。昔贤单篇零简,不成书者,亦著其目。其选入《文征》者,注明其下。"艺文之细目分为总部、哲学部、宗教部、社会科学部、语言文字学部、应用学部、艺术部、文学部、史学部。各部之下,又详列学科。实有辨章学术,考镜源流之意。(转见《中国方志简史》第422～424页)

按:上述诸分志都是由大学师生共同编纂的。不因抗日战争,不会有那么多大学内迁到这僻壤之区。不是抗战之特殊需要,也不会有那么多学者投身此项事业之中。故这是特殊时代之特殊产物,在方志学史上也具有特别之意义。

是年,署理广平县伪知事韩作舟纂修成河北《广平县志》10卷,这是日伪政权组织而修成之志书。虽如是,其中仍载有卢沟桥事变后,县城被炸,本县死难者688人。民国28年,日军侵占广平县城,载有日军班长、队长名单等,较具体地反映了日本侵略者之罪行。对清末民初当地所设之警局、城区保卫、自卫团等,亦有记述。其大事记中,载有民国年间由于时局不靖,"各县会门一时蜂起,藉以自卫"。本县会民于民国16年(1927),因反抗奉军苛扰而酿成事变,一度占领县城等。(见《河北地方志提要》第360页)

按：日军侵占时期，其冀南道曾下令征集县志，“文电频催”。故当时河北一些县修了志书，多系为侵略者服务、美化汉奸走狗者。如1942年修成之《鸡泽县志》中，列有伪知县李泽远建筑之城防炮楼图、分防图、大编乡图、组织分防配备一览表，表中注明官、警、枪、弹数，各有无日军驻扎等。（见同书第402页）1939年修成之《邯郸县志》，前有“前任邯郸公署顾问”日人饭田德治郎、“现任邯郸县公署顾问”北泽敏三之照片。其《电话》目下载有增设总机、延伸线路，以利于“联防剿匪，维持治安”之罪恶目的。（同书第378页）1941年修成之《增修磁县县志》，卷首载有日军照片，志中称侵略军为“友军”、“友方”，并承认汪精卫之伪南京临时政府。（第420页）

又：据王景玉统计，此期间河北修成之志书有23种。在其2000年11月出版之《方志新探》中说，河北的这些志书经他考证，“未见有为日本侵略者统治歌功或辩护的内容。全是中国文人所纂修，有些内容客观上揭露了帝国主义侵略的罪恶。其内容是对历史的客观记述，对了解这段历史具有重要的史料价值”。（第219页）这是王君查阅未遍之错误结论。笔者在为该书写序言时，曾错误地随他肯定他所谓的“实事求是的评价”，是根本错误的。笔者直到撰写本书时，查阅了多人之研究成果，才发现这个时期，在日伪统治下的地区修成之志书（有的称为《县志》，有的称为《事情》），大体有两种情况：属于上面所举这种情况者还有如1938年（伪康德4年）修成之《海龙县志》，有日伪头目之题字，书前载有“奉天承运皇帝诏曰”，称“原天意之爱民，赖友帮之仗义”，“日本帝国冒群疑而不避，犯众咎而弗辞”。暴露出一付汉奸嘴脸，也是日本帝国主义在军事侵略同时，进行文化侵略之罪证。又如汉奸黄希文纂之《增修磁县县志》，朱赜震修的《永清县志》等。这些志书，大多为虎作伥，颠倒黑白，为侵略者之行径张目。另一类是一些中国文人不得已而为之者，故尚能反映一些历史之真实，不为侵略者辩护和歌“功”颂“德”者。正如王芳女士在《中国地方志》2005年第1期著文所述，抗日战争时期，伪满洲国统治地区和其他沦陷区都进行了修志，但这两类地区修成的志书仍略有不同。在伪满洲国以外的其他沦陷区修之志书，又有三种类型：一类是地道的汉奸文人修之志书，全力美化日本侵略者，宣传“共存共荣，建设东亚”，颠倒黑白，为虎作伥，是无耻之极者，如民国30年修成的《磁县县志》等；一类是虽不得不遵照侵略者之意图立论，但却相对注意记实，让人们从字里行间可以窥见一些历史真貌。如民国31年（1942）修成之《太康县志》，记述了民国27年（1938）6月，日军占领太康县城，7月被迫退出，8月抗日部队进城，逮捕伪教育处长郭亦华等11名汉奸就地正法等事实，并附载了侵略军进出太康城及抗日游击队活动的《太康县事变后纪略》之长文，对敌我双方都有记述。又如民国31年修成之《南乐县志》，也记述了八路军之抗日活动及八路军进城之日期。还有一类是只记抗日战争以前之史事，对现实不予涉及，“只记前代事”。或者只续了前志下限后之部分史实,或者就是旧志之翻板。如民国 30 年(1941)修之《宁陵县志》和民国 33 年修成之《民权县志》等。

是年,社会学家吴泽霖、陈国均、张少微经实地考察,撰成贵州《定番县乡土调查报告》13 章。这是使用社会学普遍调查与抽样调查相结合进行而撰成的,故偏重于社会学之内容,对后世修志颇有借鉴价值。其内容为:沿革、境域、地质、地势、气候、山脉、水道、种族、人口总数、人口分布、种族分布、性别分配、年龄分配、家庭大小、财富分配、教育程度、婚姻状况、残废与嗜好、矿产、森林、植物、动物、田地、水利、租佃、工作状况、农业、存销、灾害、垦荒、工业种类、原料、手工方法、交通路线、运输方法、邮电、商业、境外贸易、物价比较、交换、度量衡、田赋、税收、公产、杂项、开支、政治机构、区域、保甲、自卫、治安、司法、党务、合作事业、禁烟、卫生、救济、经济建设、团防、学区、教育经费、学龄儿童、失学成人、各级学校、社会教育、宗教、生活状况、社会组织、语文、名人、文献、天然风景、人工点缀、古迹等,包括了社会和自然各方面之情况。(见《贵州方志论纲》第 23 页)是书不仅体例严整,内容广泛,资料丰富,而且绘制有大量图表,如《气候变幻表》、《汉苗夷各族人口总数表》、《各区汉苗夷人数分布比例表》、《人口年龄状态表》、《男女人数及性别比较表》、《人口职业统计表》、《市价表》、《(物价)指数变动表》、《田亩田赋分配表》等,都可补文字记载之不足,且简明详实。惟调查资料多数未经核实,错误较多。但从编纂方法上仍系值得注意者。(见《中国地方志总目提要》22—43)

是年,江苏省立图书馆曹允源编制成《吴县列传人名索引》,收入人物 5000 余人,每一人物下注明其时代、籍贯、所在志书之卷数、页码等。这是我国第一部方志人物传记索引之工具书。(见刘刚《中国方志工具书概述》,载《中国地方志》1997 年第 4 期)

按:是时商务印书馆在影印河北、山东、浙江、湖北、广东各省通志时,也编有四角号码索引,其中也包括人名索引,但专门单行之人名索引,此为第一部。

是年,张政烺编成《国立中央研究院历史语言研究所图书馆方志目》,著录各类志书 1900 余种。(见《中国近代方志学》第 153 页)

是年,美国国会图书馆邀请中国学者朱士嘉赴美整理该馆所藏中国地方志,编成《美国国会图书馆藏中国地方志目录》一书。(见张仲荧《国外及台湾地区对方志学的研究》,载《方志研究》1991 年第 3 期)

是年,日本人办之《收书月报》杂志第九号上发表《满洲地方志综合目录》,著录沈阳和大连四个图书馆收藏的东北地方志 164 种。日本侵占东北后,为其侵略目的服务,曾普查东北地方志,编制了一些目录。植野武雄于 1932 年在《书香》杂志第 38 号上发表第一次调查所得,1935 年在《奉天图书馆丛刊》第 35 号上又发表第二次调查所得,并撰写了《满洲地方志考》。(薛虹《中国方志学概论》第 95 页)

约于今年,土默特蒙古族人文秀撰成内蒙古《公主府志》稿一种。清康熙帝为其第六女恪靖公主与蒙古土谢图汗部和硕亲王敦多布多尔济建府第于归化城。是志专记本府之历史,分为世系、地域沿革2表、公主、陵墓、属地、金石、山川、交通等6编。记述了三个公主与蒙古王公联姻及清廷对各部之控制等内容,颇有资料价值。(见《内蒙古方志概考》第54页)

中会民国 29 年（公元 1940 年）

1 月，宁夏省临时参议会成立，在第一届大会中，由参议员于光和提议，胡维桢、王含章、雷启霖、马季麟、徐宗孺 5 人联署，向会议提出《请省政府设立机关编撰省志案》。该议案认为，地方志之编修，对于过去，可以了解"先民生活之轨躅，与衣食斯土之人类有较深密之关系"；对于当今，则"能发其研索之趣，兴其响往之情，动其鼓舞之念，而指导人生之用，尤为宏远"。要求"特立机关，急起从事"，编纂"赋有时代精神，(有)指导意义之作"。但省主席马鸿逵没有长远目光，仅于次年 3 月签署了一项《编纂八年来宁夏省政述要》，只想让人吹捧他主宁夏之政八年来之"施政之功效"，用以代替修《宁夏省志》。接着又制定《编纂八年来宁夏省政述要办法》11 条。5 月，在宁夏临时参议会第三届大会上，议员胡维桢、强斌、于光和、刘佩黻、张济美等 5 人，再次联名提出《请省政府设立机关编纂省志案》，强调"敌机时肆轰炸，各处图书馆暨有关地方记载文献，时被炸毁"，"倘各机关档案，稍有损失，将来资料更难搜集，是以在万分困难之中，仍应勉力促成其事，以重地方文献，而资考镜"。由于社会各界之一再要求，于是省政府才不得不设立宁夏省志筹备处。省主席马鸿逵为督修，省政府秘书长𦺄敦道、省民政厅长海涛为监修，刘佩黻、张天吾、张庆荣、石生琦为委员。下设一个 21 人之工作班子，制定征集资料办法 6 条，限一年内资料征集工作就绪，第二年开始编写工作。实际上省通志馆迟至民国 32 年(1943)11 月 15 日才正式成立，马鸿逵自兼馆长。设副馆长 1 人，总纂 1 人，分纂若干人，编辑若干人。接着，颁布了《宁夏通志馆组织规程》8 条，限期于两年内完成志书之编纂任务。马氏从兰州请来张维为总纂。其意在于作为省外人，由他请来，必会听命于他，通过修省志为其马氏人物树碑立传。奈张氏为人正直，志德高尚，不愿曲笔阿从。于是两人意见难合，张氏不得不辞职而去。宁夏修省志之事就此不了了之。(见吴忠礼《马鸿逵主修〈宁夏省通志〉告吹始末》，载《宁夏史志研究》1986 年第 1 期)

5 月，于乃仁于《建国学术》创刊号上刊发《方志学述略》一文。分为"方志之源流"、"方志之功用"、"方志之修纂"三大部分。关于方志之源流，他认为"方志者，以地方为单位之历史与地理也。起源昉自成周,初因地理书演变而成。至宋增人物、艺文,体例渐备”。方志本同于国史,“秦汉而后,社会组织变迁,郡县异于封建。史家有作,多综记全国通史或断代史。方志遂不复同国史,而但入于地理家言”。其后之图经、舆地志、名胜记、风土记之属,“皆地志也”。赵宋之间,始有扩充范围,于地理之外之书出,确立近世方志之规模。

文中分析方志之效用有三:“一曰备行政官吏之省览,俾使发政施令得其宜也。”“二曰资学者治史以最丰富之史料。畴昔史家之所记述,偏重一姓兴亡,及中央政府划一之设施,未能尽博会人群之真相。惟方志中,纪地理则有沿革、疆域、面积、分野;纪政治则有建置、职官、兵备、大事记;纪经济则有户口、田赋、物产、关税;纪社会则有风俗、方言、寺观、祥异;纪文献则有金石、古迹、人物、艺文。其可采入正史者,若披沙拣金,犹有待于选择。然其材料多直接取于档册、函札、碑碣之伦。顾亭林先生所谓采铜山者,是以完善之书可宝,即俚俗者亦未能弃置。……今者国史之业,既无专司而所著录必中央与各地并详,其有资于方志者亦多矣。”“三曰启发后进敬恭桑梓之心也……凡表扬乡先辈德业学艺,以昭示后进,作精神上之鼓舞浚发者,往往视遂远者更为有力。”

对于编修新志,他认为,纂修之方法与体例应当加以精密之探讨。立一个人人共信共由之标准,是先决条件。他共列了八条:一是分类要合于逻辑。要做到“简以宜驭繁,若网上纲”,不可浩无统摄散漫难寻;又不可以务好分析,务立名色削趾适履,抵牾牵强,至不可通。二是体例应符合书名,“无论省府州县之志,各有义例。既不可割裂通志以成州县志,尤不可凑合府州县志而成通志”。三是志文须鉴别史料。既不能像历史上有的务博者细大不捐,难知要点;又不能像务约者,将重要材料删削过多,因噎废食。通志、掌故、文征各不相同:通志同正史,掌故同会典、会要,文征同文选、文苑。三者相辅而行,庶几详约适宜,头绪易清。四是征今须重于考古。“考古者宜详审,不得已而难达完善,无宁重近代而轻沿革……近代事实,及时不加搜罗,编次不得其法,去取可失其宜,则他日将有放失难稽、湮没无闻者矣。”五是应扩充社会及经济史料:“国家基本,在于人民;社会机构,系于经济。往往食货、风俗各志,佥不足以尽人民、社会、经济、生活之纪实。今后修志,自应以此点为主干。凡衣、食、住、行种种问题,及一切生产消费、团体组织,详旧志所略,增旧志所无。”六是应增编各地特殊之事项与问题。“中国地大物博,一地有一地之特点。环境美恶,民生利病,樊然驳杂,各不相侔。国人受遗传及环境之影响极深,方志为纪载地方之书,自应适合其地环境民情,乃切实而不涉浮泛。”七是态度须尚客观。“史家与文学家不同。文学之文,惟恐不自己出;史家之文,惟恐出之于己。盖史体述而不造,史文而出于己是为言之无征,不起信于后也。故修方志者,下笔之顷,须平其感情,使不激不偏,如镜鉴物。易言之,即黑格尔客观的史法是也。旧志人物,每有誉无毁,有褒无贬……实昧史裁……正谓核实者,如名宦必详其曾任何职,实兴何利,实除何弊。又如卓行,必详其行如何卓。文苑亦必开列著有何书,见推士林。孝友亦必开列何事能孝能友。格调不必过高,要有真迹,始有著录之价值。至若大奸巨憝,亦宜一一详其生平,俾贤者有所劝,不肖者有所戒,以为后世鉴焉。”八是文辞务须选旨:“志为史裁,志中文字具开史法,则全书之命辞措字,亦必规矩准绳。”(转见于希贤、杨静琦编著《地方志与现代科学》第 358～365 页)

是月,天津日本图书馆在天津举办“山东方志展览会并讲演会”,有读者 800 余人参加。(见张金环《天津日本图书馆史略》,载《天津史志》1994 年第 4 期)

9 月,西康设馆筹备修志,先拟定纲目及义例,全书分 6 编百目。(见傅振伦《民国时期的地方志》,载《北京地方志》1992 年第 4 期)

是月,郐庆时著《方志序例》一书由商务印书馆出版。

10 月,张鸿汀著《甘宁青方志考》在《新西北月刊》第 3 卷第 3～4 期发表。

是年,吴廷燮主纂成《北平市志稿》196 卷。先是民国 18 年(1929),北平市政府曾拟修《北平志》,但机构形同虚设,成果寥寥。1937 年北平沦陷后,于 1938 年秋,伪北平市政府成立北平市修志处,由吴承湜主持,北京古学院吴廷燮为总纂,组织修纂北平市志。参加修纂者有夏寅虎、瞿宣颖等。至是书稿完成,共 300 余万字,今仅存留 194 卷。从所存部分可见,基本上是“记前代事”,比较客观地记述了抗日战争以前北京之历史,保存了大量之文献资料。(见《中国地方志总目提要》1—3)

是年,潘宝疆、卢世标修纂,董含香协纂成广西《钟山县志》8 卷印行。先是民国 23 年,县行政会议认为民国 22 年修成之县志未为完备,于是决定设局改编,由林炳华任总纂进行修订。民国 26 年(1937),林炳华总纂成志稿,省政府认为其稿“编比失次”,指示选员另行重编。民国 28 年以卢世标为总纂,潘宝疆、董含香为协纂而纂成本志稿,至是油印出版。是志体例分编、项、小项、类、品名 5 个层次,为旧志中所设层次最多者,故仍被评论者认为是“编例失次”者。所收资料较前大为丰富,尤其是加强了政治、经济活动之资料。表列了各村街男、女、壮丁、学童、人口数字,各乡、村、街存谷数,农、林、牧、商、水产、财政、金融、货币等,均有文字及统计数字。记矿产则详列了矿名、开采公司、经理、所在地、面积、价值、运销情况等。但因时处日寇侵华之际,为国防保密计,故对地形、险要、关津等国防资料皆从略,亦为形势使然。(见《中国地方志总目提要》20—45)

按:旧志中分有五个层次者,还有民国 36 年最后完成之《藤县志稿》,分为编、章、节、项、目。(同上书 20—47)

是年,县长姚钧纂成青海《贵德县简志》稿本。是志为该地首部县志稿,亦收集不少资料,不可谓无价值。唯凡例中尚有“我前清”等语(见《青海地方志书介绍》第 88 页),其不能与时俱进者若是。

是年,萧家修修,欧阳绍祁纂成江西《分宜县志》16 卷,卷为一纲。其中设有“党教”一纲,纲下隶目为国民党、佛教、道教、基督教、理教。所以然者,其“凡例”云:“党务在领导国民,宗教在感化国民”,故如是为之。(见《江西省地方志概述》第 104 页)

是年，张之觉修，周龄纂成湖南《澧县志》10卷、首1卷印行。是志记述了辛亥革命前后两个不同时代之内容，故篇目上多有新增。如舆地志中，新编有邮电、县政府、县司法处、县党部、本县党务沿革及民国27、28年图表等；食货中除仍录旧外，新增有税务、县产；实业志中记述了农业实验厂、九澧平民工厂和全县商业城市13个；纪念志中，除录旧志之名宦乡贤、忠义孝悌人士之外，于忠烈祠内增记了抗日战争时期澧人阵亡名单；教育机关中记有小学、中学、女校等，并详载了津兰女校、九澧女师等。（见《中国地方志总目提要》18—94）

是年，日本侵略者"北支那派遣军"第二十师团编成《山西大观》一书，在日本东京株式会社生活社出版发行。该书名为"大观"，实则是一部山西省之分县地方志书。全书分为中部地区、南部地区、北部地区、晋北地区4大部分，105节，每县一节。列位置、沿革、地形、宗教、教育、区划及财政、人口、产业、交通、名胜古迹等10目。是书完全是为日本侵略军在中国进行军事统治服务的，充分暴露了日本侵略者妄图在中国安营扎寨之狼子野心，对于中国人民，则是难得之反面教材。

按：日本为其侵略中国之罪恶目的，为其发动侵略战争服务，早在1920年就出版了由其东亚同文会编纂之一部《支那省别全志》，以中国之省分卷。名为全志，实际上除一篇简略之概述外，主要是经济、交通运输等情况的调查记录。有些地方记述得特别之细，如井水甘苦、道路夷险、运输能力等。有的甚至用计步器实地测量距离，险恶用意昭然若揭。其第17卷为《山西省志》。（见任根株《山西旧志整理与研究》，载《中国地方志》2003年第5期）

是年，上海宝山县陈亮熙编纂成《杨行乡志》16卷。陈氏于民国3年曾任《宝山县续志》分纂，又另纂有《吴淞里志》。民国7年，宝山县修志局曾行文各乡市修纂里志，并颁发《宝山县各乡里志规程、概算、细则》。陈氏即按是规定之要求，着手纂辑本志，至是初具规模。记事止于今年，其后还附有民国30年之剪报。全志体例精善，层次分明，归属得当。篇目与《宝山县续志》大同小异。全书19万字，保存了大量较有价值之地方史资料。对日本侵略上海而引发之"一·二八"和"八一三"两个战役及日军的暴行记之尤详。宏观上记了"一·二八"毁民房1089间，微观上记了民国26年八月初八日，日军屠杀无辜居民76人，具体到一一列出被害者之姓名，说明年长者89岁，幼者仅4岁。撰修者于沦陷之家乡，在敌人之残暴统治下，收集如是具体详细之资料，其艰难和犯险程度可想而知。如果没有对敌寇之刻骨仇恨及对祖国、家园之无限热爱，是不可想象的。这就是志人之品格和精神。（见许洪新、杨过《评新发现的〈大场里志〉和〈杨行乡志〉》，载《上海修志向导》1995年第2期）

是时，西南联合大学史学系和生物系师生编纂成《呈贡新志》一种。（见《傅振伦方志论著选》第193页）

中华民国 30 年（公元 1941 年）

4 月,江西省通志馆正式成立,着手省志修纂。先是日寇向我内地大举进攻之时,江西南丰籍历史学家、方志学家吴宗慈流亡至云南徵江,任中山大学文学院、师范学院历史系教授。民国 29 年应江西省主席熊式辉之邀聘,回到当时临时省会泰和县城,于该年 12 月成立之省志筹委会中任主任,当即着手拟定法规和规划。计有《通志馆组织规程》、《通志馆五年计划案》、《通志馆采访简则》等。至是,通志馆正式成立。吴宗慈为馆长兼总纂,辛际周、陈学恂为协纂,陈任中、肖辉锦为分纂,聘请鲁默生、张为纲、邱彬等为采访。随之又先后拟定《通志馆协修分修条例》、《通志馆特殊材料征集简章》、《呈请通令各县修县志全案》,使志馆经纬万端,有条不紊。5 月,日寇扰赣东,泰和戒严,志馆奉命疏散,迁至遂川城外水南上街梁家村小祠中。虽历战乱,志馆诸人依然勤奋非常。至民国 32 年底已略有成效。民国 33 年 6 月,敌情紧急,志馆在连疏散费也无着落之情况下,只得自筹资金将重要文档、图书悉迁南康县之大路坪。9 月又返回遂川。12 月 20 日,敌机炸毁,及于志馆屋角及办公室,吴宗慈等三人受伤。寇兵日近,志馆诸人不得不变卖衣物,筹措资金,雇车将文籍运至赣县,再运至宁都,三运至南丰。直至抗战胜利后,才运回南昌,继续工作。1947 年 6 月,通志馆易名为江西省文献委员会。由于当时发行金圆券,物价飞涨,时局混乱。后又发行关金券和清退币,公教人员生活更苦。修志人员不得不在艰苦之环境里潜心修志,一直坚持到全国解放前夕。

6 月,周震鳞等修,刘宗向纂之湖南《宁乡县志》刊行。是书分两大部分:第一部分为同治七年(1868)至宣统三年(1911 年),分 17 个类目;第二部分起自民国元年至民国 30 年 6 月,分 4 个类目:即县纪年、诸录、诸表、人物传。是书凡例指出:“本编之宗旨有六:一曰详,二曰真,三曰公,四曰平,五曰慎,六曰诚明。”(转见《湖南地方志考评》第 23 页)

8 月 1 日,中国共产党中央委员会发出《关于调查研究的决定》。该《决定》指出:要“收集国内外政治、军事、经济、文化及社会关系多方面材料,加以研究,以为中央工作的直接助手”,其中包括收集“县志、府志、省志、家谱,加以研究”。(转自《陕西地方志》1984 年第 5 期)

9月,云南通志馆成立,周钟岳任馆长。

10月,山西省修出《灵石河底村四字联语志》一种,采用四字联语加注释之方式写成,别具一格。全书共69句联语,注释以记事为内容。文字细微而不繁,朴实而严峻。(见祁明《山西方志要览》第164页)与此同时,山西修成之韵语体志书还有《平陆县志歌略》一种。(见任小燕《山西历代志书纂修述略》,载《史志研究》1999年第3期)

是年,四川省颁发县志概况目录,饬令修志。(见王芳《抗日战争时期我国地方志编修情况》,载《中国地方志》2005年第10期)

是年,李亦人纂成之《西康综览》14篇63章印行。李氏曾于民国26年奉命入康境考察,次年复含命赴康从事建设工作。至是遂将考察所得,参以史籍撰成是书。凡西康之地理、建设、财政、种族、土司、宗教、军事、教育、交通、风俗、物产均有详细记述。地理门分建省前、后两部分,直记至民国28年重新成立省政府,将原属四川之雅安地区6县1设治局和宁远地区8县1设治局划来之时。并记述了西康之山脉、河流、各县概况,附入建省前、后相关之文件。其种族门分别记述了境内之汉、羌、藏、蒙、回、纳西、苗等民族的分布、社会制度、士农工商、生产生活、习俗、语言文字等情况。土司门专记了明正、理塘、巴塘、德格四大土司及其所辖之300多个小土司,还有宁远土司等之建立和改土归流等情况。宗教门详记了藏传佛教之派别、组织、生活、习俗、经济等。其最末篇为论述性之总结,着重阐明了西康在国防、经济、文化上的重要性,并提出策论性的意见。(见《中国地方志总目提要》21—143)

是年,续俭、范紫东纂修成陕西《乾县新志》14卷印行。是志本续志之创、补、续、因、变五原则进行。"创"即创新,在旧志基础上新增了气候、地质、邮电、公路等目;"补"即补前志之遗,如前志缺户口、疆土形势等,予以补充;"续"即续记前志光绪十年后至民国29年间之事;"因"是对前人已记的事物因之不变,加以引用;"变"即把前志之不当者改变之。(见《陕西方志考》第29页)志中对同治志所载之同治四年(1865)回民起义中梁村死难之人名录,予以删除,意在避免渲染回、汉仇杀,甚有见地。其方言志,是抱着驳斥戴季陶所谓西北"野蛮"、"语言粗俗"的谬论而作,故下的功夫颇深,可称得上是一部生动之关中方言志。范氏为此还专门撰写了一部《关西方言钩沉》之专著,进一步驳斥戴之谬论。(见袁富民《范紫东与地方志》,载《陕西地方志通讯》1989年第1期)

是年,刘裕常修,王琢等纂《汉源县志》4卷印行。刘氏在志序中说:"值此抗战建国之际,川、康两省又为我国民族复兴根据地,本县地位之日趋重要,从此可知矣。然则县中之山川人物,土质民风,其亦果有足资考证者欤?是固不可以无志。"他希望志书修成之后,能使邑中人士,"人手一篇,藉此以互相研讨,互相策动,改适县政,巩固抗日救国基础"。(转自王芳《抗日战争时期我国地方志编修情况》,载《中国地方志》2005年第10期)故志书中,特详武备门。对志书断限内之一些重大军事行动,都有详细之记述。尤其值得一提者,是书中对民国24年,中国工农红军朱德、毛泽东率10万大军过金沙江、攻会理城、强渡大渡河、飞夺泸定

桥,与国民党军薛岳部、川军刘文辉部激战而北上之详情,具有较高之史料价值。(转见《中国地方志总目提要》21—131)

按:抗战时期,全国都是地无分南北,人无分老幼,人人为抗战出力。一些文化人士则认为,修纂志书就是他们为抗战应做的一项工作。“抗战建国,我以文化教育界中人要真正负起责任来,第一步工作就是给所在地方修县志。”主张在这些志书中,要表彰忠义,砥砺气节,鼓舞人心,凡对地方人士之“一才一艺,一言一行,一事一物,犹谆谆不厌其详,务使人人知国家兴亡匹夫有责,借以振衰起懦,敌忾同仇,共赴国难”。故他们编修之志书,多数都能本着为抗战建国服务之态度和宗旨。如民国31年修成之《东山县志》,就是“值兹敌寇披猖,南疆陆沉感念畴昔,真不知涕泗何从。今日言修志,殆盖所以彰先贤之义烈,扬民族之正气,奋同仇之敌忾,昭劝于来兹”。(均转自同上王芳文)

是年,申悦庐、郑廉侯纂修成《石门县志稿》一部。志稿分为空间、时间、人事三纲。空间设地理志;时间设县事纪年;人事下设吏治、气候、户口等。可见民国时的志人探索之迹。(见《中国地方志总目提要》18—91)

是年,郝兆先修,牛兆濂纂成陕西《续修蓝田县志》22卷印行。牛氏为前清遗老,思想偏于保守。由于他是程朱之学的忠实信徒,奉“孔教为国教,存教所存国也。对孔庙叙述独详,以示尊崇”。歧视佛教,视为异端,因而不载佛寺等。专列圣学渊源一门,收入了“河图”、“洛书”,文、武、周公、周、程、张、朱等理学家的传略和学说,还收录了宋代理学家“四吕”的文章。这些都是与本县志毫不相干之内容。更有甚者,对清代皇帝仍以君臣相称,在凡例中还说:“濂生于清时,君臣名分早定。故名称一仍其旧,所以立名教之大妨也。”(见《陕西方志考》第104页)其不能与时俱进,一至如此!

是年,陈鸿畴修,刘盼遂、张蔚蓝纂成《长葛县志》10卷、首末各1卷,铅印成书。是志初稿由张氏于民国14年纂成,因事下狱病故。邑绅得其遗稿,寄交在北平任职之陈鸿畴。陈氏遂请刘盼遂增订删补而成。其艺文门下分为书目、唐前文目、金石目、文存4目,颇为特别。该书在凡例中强调要注意反映人民衣食住行之生活情况,认为“盖一县之设,正以为人民,故歌于斯,哭于斯,聚国族于斯者,皆一邑中之氏族也。然则氏族一志,在邑乘中,诚莫要于是矣,亦莫极于是矣”。(转见《中国地方志总目提要》16—81、黄苇等《方志学》第245页)反映了一种可贵的民本思想。

是年,陈治、陈政均纂修成江西《瑞金县志稿》8章。是书序文中有:“瑞金,夙以富庶称,赣南名邑也……民国十九年,中共据为伪都,历时五载。”全书共分8章,其第7章为《朱毛据境纪实》,下分10节,这是民国方志中较详地记及中共革命事迹之少数几部方志之一。其观点是反动的,在专设的《朱毛据境纪实》一章中,对朱、毛领导的苏维埃进行了恶毒的攻击和诬蔑,可是客观上却保留了一些现实情况和有用之资料,仍有它的价值。(见刘柏修《体例多样的民国江西方志》,载江西省志编辑室编《修志文丛》1986年第9期)

是年，邓典谟（革命先烈邓中夏之父，曾任南京国民政府一等书记官）总纂之湖南《宜章县志》付梓刊印。是志分纂稿中，原将中国共产党领导之红军诬为“匪”。典谟在总纂时，将诬贬之词全行删除，直呼为“朱毛共军”、“朱毛大军”、“萧克大军”。80年代萧克来县得见，连赞：“难得！难得！”（见冯资荣《邓典谟与〈宜章县志〉》，载《湖南地方志》1985年第4期）

是年，高熙哲纂，生克中、高延柳等续修成山东《续滕县志》5卷刻行。是书中工录了自周代而下石碣拓片计30帙。如《出土古器图》、《蚁鼻钱》、《汉龙骧将军印》、《汉合会令印》、《汉薛令之印》、《汉牟阳立食堂刻石》，汉、晋、唐、宋画像石等，都至为珍贵。元、明、清三代则仅存文目而无图。（见《山东地方史志纵横谈》第176页）

是年，日伪汉奸知县黄希文修纂成河北《磁县县志》20章、附录1章印行。志首便载撰者本人小传，恬不知耻地吹嘘其任伪县长推行“王道”，人称为“黄青天”。在艺文章内，又载录其“德政碑”两方。（见邸富生《中国方志学史》第198页）是典型的汉奸所修之志书。

按：1937年日伪统治下之辽宁桓仁县亦修有《桓仁县志》，对于不利于日伪之内容尽行删除，大量增入为侵略者张目之资料。1936年修成之辽宁《朝阳县志》亦属此类。（见邸富生《中国方志学史》第198页）但同年由日伪知县、维持会长李铁珊修，郭保昌纂成之河南《南乐县志》中，却记述了八路军的抗日活动及八路军进驻县城之日期等。（见《中国地方志总目提要》16—68）

是年，杨大恩纂成贵州《石阡乡土教材》上、下两册，分30课。其序中谓：“在教育方面，应注重乡土历史、地理、人物及民族先烈事迹，以期提高民族意识，增强抗战力量。”（转见杨军昌《新编乡土志初探》，载《贵州方志》1989年第3期）紧扣时代，编修目的明确，值得注意。

是年，黎锦熙撰《方志今议——城固县志续修工作方案》一书正式出版。这是黎氏在其为修《城固县志》拟定之《城固县志续修工作方案》基础上，加以其修志之实践经验总结而成。从书名以及其中所载拟之城固县志目录30篇、附录2种来看，似是专为编写城固县志而作。但实际是从实践中总结出来之经验，已概括上升到精湛而有说服力之理论。是理论联系实际、着重探讨方志性质、地位、作用及编纂方法之一部方志学专著。书中提出了编修方志之“四原则”和取材“三宗”。

修志四原则是：明三术，立两标，广四用，破四障。

所谓“明三术”，就是要掌握续、补、创之修志方法。续法是对前志已有，而其制其事仍需赓续者，利用新得资料，按前志之门类“整理排比”；补法是对前志已有之门类，“有新获者”，则予补入；创法是对新出现之事物，或对旧志曾有者，实行更易故称，使之符合实际；或虽仍旧名，但悉换新质。

所谓“立两标”，就是要确认方志之性质是“史地两性，兼而有之”，要做到“地志之历史化，历史之地志化”。

所谓“广四用”，就是从四个方面来拓展方志之功能。四用者即：一是要使方志成为“提倡科学与教育”之科学资源;二是使之成为“今日一切学术研究与施政设教乃至经商企业皆资之”的地方年鉴;三是要成为可用于乡土传统教育及文化教育之教学材料;四是要成为熟悉当地风土之旅行指导。即科学资料、地方年鉴、教学材料、旅游指导等四种功能。(见《中国近代方志学》第137～139页)

所谓“破四障”,就是要破除旧方志中之四种弊端:其一为“类不关文”。“类者,方志之事类,文者,文章之体裁。两不相关,方为正办。查章氏立三书,以第一书之志为骨干。志分四目:一曰纪,二曰谱,三曰考,四曰传”。“其实如此区分,种种不便,今当首破此障,文无伤质。以后方志,决不当再以文章体裁分类,某类用何文体一随其宜。”其二为“文不拘类”。“某类中之文体,一概随其事之宜,图可也,谱、考以及其他皆可也;且一类之中,有时众体咸备,亦无不可,且属必要也。”其三为“叙事不立断限”。其四为“出版不必全书”。这是志书体例上的一大改革。(转见王晓岩《方志体例古今谈》第16页)

所谓取材“三宗”,就是修志材料之来源,必须包含“实际调查”、“档案整理”、“群书采录”(转见肖怀《毛泽东与方志学家黎锦熙》,载《方志研究》1994年第2期)。

黎氏自称撰写是书是得自章学诚之启发,但实际上对章氏之说又有突破。如章氏认为方志为一方之全史,黎氏则主史地两性说。就体例而言,也有破有立,很有创新精神。他提出“居今日而修方志,决非旧志之旨趣与部门所能范围,即章氏特创之义例,横拓之领域,由时代之进展,亦颇感其未尽适宜而殊嫌不足也”。他提出修志之旨,要本济世安民的思想,“方志撰述,最忌胸无主旨……非学有体用,抱济世安民之略者,不足以言方志之撰述”。(转见《中国近代方志学》第140页)

是年,寿鹏飞撰《方志通议》一书铅印出版。是书主要论述方志定义、方志义例和方志编纂等问题。认为“志乘为郡邑之正史”,“志者,史也。史以明治乱兴衰之故,志以补郡国利弊之书。然为史者,但详以往之陈迹,为志者,必兼条兴革之所宜,其指导政治之责,盖倍蓰于史也。故于记载正途之余,宜参以指陈得失之论。”即认为方志属史,但不全同于史。关于志义和志例关系,他强调“先言志义,因义生例。”认为“义以经世,例以救时;义则精神,例则形式。拘于例而失义,此李斯法治,所以适足亡秦也”。“义之不立,例于何有?所谓皮之不存,毛将焉附?”他主张“方志为地方人民而作”,提出修志“当从平民立场,乃得痛陈疾苦。盖方志为人民而作,故其为体,勿染官气,勿尚时趋,勿导游观,勿贡谀佞,勿羼新奇学说,勿蹈文人习气。务在能见远大,有裨地方风俗民生。至如搜访未周,门类未备,所勿计也。文字尤以疏而不密,简质无文,方为得体”。主张要详略得体,认为“有关养民要政,所不宜略也”,“凡不属于民生休戚、地方利病者,毋宁从略也”。具体而言:“志山川宜详脉络源流;志地理宜详阨塞夷险;志政教宜详得失利弊;志民生宜详疾苦创痍;志风俗宜别邪正淳漓;志掌故宜详旧志善否;志赋役宜详民力负担;志食货宜详生计荣枯;志人物宜善不掩恶,勿详个人琐事;志金石宜略记大凡,勿如文字考据;志名胜宜纯任自然,勿作诗文点缀;志艺文宜著录典籍，勿羼文字篇章；志实业宜确登实况，勿为凿空之谈；志故事宜剪裁取舍，勿骛多多益善。”是民国间一部值得重视之方志理论之作。

寿氏主张修志尚简，但又不一味求简，提出“方志记载，不贵应有尽有，而贵应无尽无。与其强所不知以求备，不如付之阙如，以待来者”之名言。主张“方志体要，多志不如少志，志无用不如志有用，志琐事不如志大事。所谓君子务其大者远者也。至若有关民生实用，疾苦利病，虽小必志，既志又必详且尽焉。勿取嗫嚅趑趄之态矣”。他特别强调修志要有主旨，说“方志撰述，最忌胸无主旨，随俗论为转移。人言志例，我为拘牵；人言新政，我为附和；人言利源，我为宣传；人言自治，我为耳食；人言欧化，我为盲从；人言建设，我为铺张；人言金石，我为滥载；人言名胜，我为流连。不察现状，不究是非，道听途说，茫无归宿，今之作者，大抵如斯。故非学有体用，抱经世安民之略者，不足以言方志之撰述”。作者还提出了要反映忧患意识，要有警世之言。认为“义志体随时会而变迁。承平时代，人民安乐，甚少疾苦之可陈，其时为志，虽宜有危明忧盛之言，尚可为击壤歌衢之体”；“若夫据乱之世，上下酣嬉……宜有警世之辞”。

按：作者另外还有《方志本义管窥》一文，对上述诸问题作了进一步之阐述（详后）。

是年，吴宗慈著《江西通志体例述旨》出版。

是年，康祖培撰成《新方志学》一书。（见《傅振伦方志论著选》第193页）

是年，万斯年编成《国立北平图书馆西南各地方志目》，著录四川、西康、广西、云南、贵州西南5省各类方志416种。

民国30年左右，刘赞廷编成川、康、藏地方志书30余种。刘氏，河北籍人。清末任职于川滇边务大臣兼驻藏大臣赵尔丰衙门，民国初期出任川军分统，后调任蒙藏委员会调查室主任，历边达14年之久。在任期间，注意对边地事务研究，收集了大量实地考察资料和相关之文字资料。先后手编成志书近40种，其功甚伟。按《中国地方志总目提要》著录，属今四川省者有21部，属西藏自治区者有16种。这些志书都注意反映地方特色的内容，又由于多属当地历史上留下文字资料鲜少之地区，故显得特别珍贵，其价值不可估量。志内多有示意图，故多称为“图志”。编修成稿之当时，均未刊印，至1960～1962年间，才分别由中央民族学院图书馆和民族文化宫图书馆油印流通。20世纪之末，又由西藏自治区社会科学院西藏学汉文文献编辑室编入《西藏地方志资料集成》之中，由中国藏学出版社正式出版。有些书名略有改变，多数“图志”均改为志“略志”，如《冬九县图志附白马冈》改为《冬九县志略》，《波密县图志》改为《波密县志略》等。

据《中国地方志总目提要》著录，属今四川省者有：

1.《康定县图志》。内中较详地记述了金矿生产，荒地开垦数量，开设师范学校、藏语学校及相关之史实和章程。物产中记有牦牛、熊、白熊、金丝猴、獐、羌鱼等特产。（见《中国地方志总目提要》21—144）

2.《炉霍县图志》。记事至民国 30 年,载有宣统年间政府批拨本地喇嘛口粮,民国 19 年西康省政府派员勘察雅砻江河道,民国 28 年普益公司组织上千人开采金矿之事。(见同书 21—145)

3.《甘孜县图志附俄洛志》。记本县土地肥沃,特产丰富,是川康边最富庶之县,所产黄羊列为贡品。宗教中记有黄、红、黑教派,各派之人数及活动等。还记有奏设官话学堂及喇嘛助学等事。(见同书 21—145)

4.《瞻化县图志》。内容简单,内载宣统间大开金矿,金矿章程中首条即规定,不准任何开采公司招外国人入股,否则禁开。(见同书 21—145)

5.《白玉县图志》。内中记有志书编纂者于民国元年领兵平息叛事。记其特产有半夏、藏菖蒲及熊胆、虫草、鹿茸、贝母、麝香等珍贵药材输入内地。(见同书 21—146)

6.《德格县图志》。沿革门载 54 世土司世袭表。风俗门载本地人体魄强健,乃西羌种也,崇信浮图,多为红教喇嘛。本地所制产之小刀、项链为特。小刀锋利不亚于德国所产者。(见同书 21—146)

7.《石渠县图志》。因本县乃北道进入青海之通衢,故道路门载之特详,有县城至四领道里途程。其地多大雕、黄鸭。所产之菌以年数千斤运销内地。(见同书 21—146)

8.《邓科县图志》。有百姓领种官地之记载。又载民国初年内地人教种马铃薯成功,因其高原沙地,有一枚达一二斤者。

9《丹巴县图志附绰斯甲》。载有乾隆十二至四十一年(1747～1776)平定大小金川及宣统三年(1911)实行改土归流,合六部落土司而设丹巴县之史事。该地森林极丰,故载有全县六区之树木品种、数量。记有清末民初曾请德国工程师前来勘察、开采云母,质品高,远销海外。亦载有民国 32 年黄金、鸦片交换情况。附记有时已成立设治局的绰斯甲之地情约 1600 字左右。(见同书 21—147)

10.《九龙县图志附木里》。记该县处大雪山脉之中,特产花椒,年收千余担,运销内地各省。年常有数万人采金。民国以后,种植鸦片盛行,商人请军队护送至成都出售。附木里图一幅,图说 200 余字。(见同书 21—147)

11.《雅江县图志》。以纵贯县境之雅砻江两岸多有桑树,宣统元年设立蚕桑学校。是年还于江上建钢桥一座。年产水獭百余只。民国 30 年设立金课委员所,开办金矿。宣统三年有新式小学 7 所,学生 200 余人。(见同书 21—148)

12.《道孚县图志附色达》。载有雍正间果亲王,送达赖喇嘛进藏座床驻节于泰宁寺之事,又有清末各朝有关惠远寺发宪印牌事。地产小麦,且已开始栽培水稻、油菜、黄豆之试验。民国 30 年,开始引进荷兰牛,美国猪、兔,澳洲羊等。全境皆产黄金,其先已有金矿开采,民国 27 年西康省又设立金矿局,招夫役进入开采,遂使道孚成为一黄金世界。(见同书 21—148)

13.《理化县图志》。载其县治在平野高坡之上，海拔2000余公尺，是全国地势最高之县城，是川藏交通重镇。其无量河一带土地肥沃，民国初年曾建农业场。境内金厂林立，有数百年之老厂。民国32年产金13000两，仅里塘工寺便藏黄金15万两、元宝银60万两，藏元80万元，马步快枪1800余支。民风犷悍，有游食之风。（见同书21—149）

14.《义敦县图志》。载其地气候寒冷，物产不丰，西南数百里杂木参天。域内之毛了沟沿岸三四里悉为金矿。沙金中之瓜子金，成色九五，光泽宝贵，与瞻化金齐名。（见同书21—149）

15.《定乡县图志》。载有民国间教民种水稻、棉花和蔬菜。境内特产，鹦鹉遍地，民捕食之。人家多垒柴为墙。（见同书21—149）有记藏族奴隶主剥人皮售与喇嘛作符之用者："土人有剥人皮之术，以活人皮为贵，价至数百元一张，卖给喇嘛为作法之符。"（转见刘纬毅等《中国方志史》第292页）。

16.《稻城县图志》。内中文牍占大多篇幅，余仅5000字。载至光绪三十三年改土归流设县后之数十年，仍茹毛饮血，有病不医，死后喂鸟之习俗。（见《中国地方志总目提要》21—150）

17.《巴安县图志》。载有马列塘土司家传。土著为藏与纳西族人。民国22年傅德全于此教种花生、棉花、瓜豆之类。光绪时已有官话小学堂，宣统二年设立初级师范学校，民国元年改初级中学，文化教育甲于全（西）康。民国元年筑土墙为城，城内设有学务、收支、邮政、电报、矿务、垦务、车务、文报、招商、官药等局、所，还设有美国医院、天主教堂、清真寺等，不异于内地城市。有"内有苏杭，外有巴塘"之形容。（见同书21—150）

18.《得荣县图志》。县邻云南省。矿产门记索麦河两岸数百里悉为金矿，有数百年老厂挖之不尽，未开采者尤多。民国时有人得一瓜金，重四斤六两，取得纯黄金10两3钱。（见同书21—151）

属今西藏自治区者有：

1.《太昭县图志附工布设治局》。除记方位、治所、山川、道路等，说明其河谷平地，适宜农耕，稞麦年收二季，可供拉萨、拉里之需等外，重点记述了驻藏大臣在西藏开设商埠、练兵设厂、进兵平叛等事。（见同书24—16）

2.《九族县图志附达木》。记其为北道进藏之路，民以游牧为生，北至青海草地为中国最大之牧场。人民朴实，无叛乱之事。附载达木地方，官兵无俸无粮以养牧为生等。（见同书24—16）

3.《嘉黎县图志》。记其原名拉里，民国元年设县改今名。其北部严寒，人民以牧为生，南部气候中和，大麦、小麦等一年两季。特产颇多。（见同书24—17）

4.《昌都县图志》。记其民国元年改为僧制，一切大小事务均由呼图克图管理。境内大小寺庙50余处，百姓7600余户，喇嘛4500余人。附载黄籁青著《黄帝源流考》，谓冈底斯山为黄帝子孙发源之地。黄帝东游,入主中原后,子孙留于故土蕃衍生息,以至西欧、小亚细亚一带。昌都为川、滇进藏咽喉之地,北通青海玉树,东经察雅以入川,南沿澜沧江而达于云南,西通拉萨。设治后运内地马铃薯以教民种植,遂为粮食大宗。此地为商场,汉人居多,读汉人书,藏民则守旧制。(见同书 24—17)

5.《贡县图志》。载其平原之地为牧场,循水耕种,设治后成立农业试验场,教种马铃薯,成为粮食之大宗。又知县教种蔬菜,民颇德之。因大风,少花果,多伏地草花。民人崇信浮图,喇嘛至上,有病不医,祈祝天母等。(见同书 24—17)

6.《武城县图志》。载其地势绝险,山道崎岖,高山终年积雪,有万年不化之冰,为外人士不迹之地。但沿金沙江两岸土地肥沃,然民不习耕作,以元根切条晒干,合糌粑粥为主食。境内杂树蔽天,有大过数围者,中空可容十余人夜眠,土人称为"树屋"者。曾有蝙蝠之患,凶猛异常,有食人、羊者。商业门载有土人剥人皮出售与喇嘛以作符具者。设治后经改造,竟成一模范县。(见同书 24—18)

7.《察隅县图志附原梯县归化州》。是地为国防重地,是志特别值得注意者,是载有川督及川滇边务大臣为反对英国人入侵而采取之行动,以及新兵后营管带程凤翔、州判段鹏瑞等进兵勘察、划界之事。一志虽分为 21 门,但其内容均较简略。(见同书 24—18)

8.《麦科县图志》。载其地土地肥沃,产稻、荞、稞麦、无根等。垦殖门载有四川乐至人于此开荒,发展经济,带动地方发展之典型。书末附载有刘氏于民间地摊上购得宣统时,西军左营管带顾复庆所绘破获俄国特务一案图画,甚有价值。(见同书 24—19)

9.《硕督县图志》。载其地山路崎岖,一危地也。土地贫瘠,人民以元根和糈粑熬粥为食。宣统时边务大臣曾于此筹办垦殖以足食,建立过农业试验场。民性强悍,勇于斗殴,征藏时多于此征兵。有狐皮、猞猁皮、水獭皮、豹皮等特产。(见同书 24—19)

10.《波密县图志》。记以驻藏大臣联豫、四川总督赵尔丰派都督凤山督师平叛事为详,关于气候、方位、治所、山川、道路等则记之甚略。(见同书 24—20)

11.《冬九县图志附白马冈》。载其境北部严寒,南部沿江一带温和,可达 40 摄氏度,产稻、稞麦、荞、豌豆等。以藤作马鞭为其特产,行销康、藏全境。其南至雅鲁藏布江,有天然藤桥,长 40 余丈,千百年之物也。(见同书 24—20)

12.《同普县图志附隆庆》。载其地气候寒冷,六月飞霜,人民四季不离皮衣。全县人口万余,喇嘛千余。人民崇信佛教,喇嘛万能。(见同书 24—20)

13.《宁静县图志》。载其四山环绕,遍山皆产核桃,土人以为食。中为平原,是产粮之区,年产两季。至南墩大道多有汉人居之,瓜棚豆架同于内地。矿产门载其地有铁、石油,宣统间曾有美国矿务专家来进行考查,并制成藏量图和开采图,拟行开采,以民国改元和藏人"叛乱"而中止。商情门载其自古为川、滇、藏交易之所,万商云集,以药材及皮货为大宗。(见同书 24—21)

14.《盐井县图志》。载其县治设于澜沧江东岸之盐局大楼，县东有小学校及法国人之教堂。盐商云集，为一繁华之区。人户中有客籍380余户。税粮门载有《盐井百家姓》。全境气候适宜，田土肥沃，作物颇丰。产盐区有盐井50余口，年产达300万斤。有少数民族六种，以藏语为官话。（见同书24—21）

15.《恩达县图志》。载全县分南、北二区，大小70余村，有汉户60多家。北部极寒，六月飞霜，南部怒江一带则温和。人民朴实，有太古之风，而藏刑苛虐，百姓苦不堪言，喇嘛却富有。（见同书24—22）

16.《定青县图志》。载宣统二年（1910）改流设治，暂由恩达县管理，民国元年（1912）更名定青县。其地为一平原通衢，为青海进藏之要路。地极寒，六月飞霜，八月下雪，人民四季不离皮衣，灶火不断。物产不丰，以牛、羊肉为食。其伍齐大寺，高三层，金瓦宝顶，辉煌夺目，僧舍仓敖，外筑土墙如城廓，为高原一雄寺也。（见同书24—22）

中华民国 31 年（公元 1942 年）

5 月,浙江省史料征集委员会于云和县成立,余绍宋为主任委员。次年改名通志馆,余绍宋任馆长,凌士钧为副馆长,孙延钊、钟毓龙任总编纂。下有编纂和分纂共 20 余人。委员会成立之当年,余氏便特撰了《略评旧浙江通志兼述重修意见》,并即亲自草拟定《重修浙江通志的体例纲要》、《浙江省通志编纂大纲》,确定"重修通志分五纲:一曰纪,记浙江自古以来大事,拟正史本纪例;二曰考,分八类,叙述自然现象与历史遗迹;三曰略,凡十二类,记载有关社会政治事项;四曰传,分三类,拟正史列传之例;五曰谱,凡二类,拟正史表之例。此外复有杂记一类。又仿章学诚《湖北通志》之例,别辑《两浙文征》"。(见《浙江方志考》第 36 页)余氏并亲撰写《大事记》。抗战胜利后,通志馆迁回杭州西湖梅庐。全志至 1948 年 3 月通志馆停办时,基本完稿。除财务略之第二章《田赋》部分铅印成 3 册外,其余未能付印。

6 月,宛方舟、黄清准修,丘复等纂成《武平县志》31 卷、首 1 卷。志稿修成,未及刊行,仅于当时之《武平新报》上连载刊出以征求意见。后因该报停刊,未载完。原稿已佚,今所遗者,乃为邑人钟志刚、谢青松先后捐献剪报,厘定为二册。(见《中国地方志总目提要》13—49)

9 月,四川省主席张群,应中国民主政团同盟主席张澜和李璜之建议,正式成立四川省通志馆。因张群实无心修志,故未专门延请馆长,只以省政府秘书长李肇甫兼任馆长。李无暇到馆办公,遂以省府秘书舒君实为通志馆主任秘书,负责处理日常事务,实际上行使馆长职权。陶元甘为采访组长。后因考虑到长期不设总编纂,会受到社会舆论之指责,迟至 1944 年方聘请庞石帚为总编纂。庞收到聘书后,因人事问题未能调和,始终不肯就职。1948 年下半年,省主席王陵基聘陈廷杰为通志馆馆长。陈任馆长后,经费较为充足,乃设立编纂部,聘林山腴为总编纂,罗孔昭等人为编纂。通志馆成立时,设采访、总务两组,每组约有工作人员 10 人。采访工作决定各县设采访员 1～2 人,由省政府通令各县政府推荐人选。采访员酌给报酬,数目亦由各县自定,皆在县第二项预备金下开支。各县推荐来之采访员,由省通志馆发出聘书，另附一封兼职馆长李肇甫向其致意之私函，并同《采访表》一起寄发，希其填报。结果只有1/10左右之采访员寄回了资料。通志馆根本无钱派人外出采访。由于通志馆人员闲无所事，遂主张就通志馆现有之人力物力，先编一部小型之四川省志（参照商务印书馆出版之一部小型省志《江苏六十一县志》的做法）。得到李肇甫同意后，由陶元甘领导通志馆采访组全体及总务组个别人员着手编修。计划全书分《总论》、《分论》两部分。前者概述全省情况，由陶甘元承担；后者是每县设列一专节，由其他人员负责，写成后由陶元甘校阅。全书由通志馆主任秘书舒君实润饰文字。主要资料依据是二十五史及收到之几十部各县《乡土志》稿本、通志馆所藏之资料。由于资料少，《总论》部分侧重于研究，曾将四川历代人口及正史中有传之川人作出统计。至1944年写成书稿，分装9册，名为《四川方志简编》。全书约30余万字，未刊印，解放后移交省图书馆保存。（见王友平《民国时期四川省志编修情况》，载《巴蜀史志》1999年第4期）

冬，广西省政府“鉴于通志为一省文献所关，未便久辍”，复设立广西省志编审委员会，聘封祝祁、吕一夔为正副主任委员，设委员若干人。并再次颁发县志目录，以便施行。（见秦邕江《广西通志馆沿革述略》，载《广西地方志》1992年第6期）

是年，蒙启光、何景熙修，王由贤、王彭年、罗增麟等纂成广西《凌云县志》9篇印行。王由贤在书之序言中谓：是书始修于民国6年，由林其椿任总编纂，王由贤为处长。稿成未付梓，适土匪（未明其所指者为何）窃据县城，志稿付之一炬。延至民国21年又议重修，仍由王由贤任局长，以总其成。稿成逾半，又遭总编纂王彭年物故，事复中辍。至民国30年（1941）春，重新启动，由罗增麟独任其事，至今而成。一志书成之艰难，于此可见。是志《凡例》规定有四不书：“凡违背现行政策之事实不书；违反民族运动之事实不书；亵渎革命先烈之事迹不书；涉及迷信之事迹不书。”（见《广西方志提要》第412页）这大概为民国时不少志书修纂中所共守之原则。

是年，王凌震、杜绪赞修，张嘉谋纂成河南《方城县志》8卷印行。其于人物取材，重在事实，如言名宦，必以有益于国计民生，“实兴何利，实除何弊”为立传标准。至于那些“清廉勤慎，慈惠严明”之空话，一概不取。（转见《河南地方志提要》下册第280页）如此之论，实应当成为修志之定则。

是年，朱士嘉在美编成《美国国会图书馆藏中国方志目录》，由华盛顿政府印刷局印行。这是国会图书馆公开出版之第一部馆藏中国方志书目。时任中国驻美大使胡适之参与了审定，并为书名题签。是书共著录该馆所藏中国方志2939种，其中宋代方志23种，元代方志9种，明代方志68种，清代方志2376种，民国方志463种。其后又有《续编》之成，增收方志300余种。（见刘刚《中国方志工具书述略》，载《中国地方志》1997年第4期）

按：“美国自清同治八年（1869）以来，即大量掠夺和收集我国各地之地方志。”（林衍经《中国地方志》第12页）至20世纪之20～40年代，这种收求热更加升温。哈佛大学早在 30 年代,已购置中国方志 1500 种以上。哈佛燕京馆之创始人裘开明氏,于 30～40 年代也委托北平的燕京大学图书馆等有关机构,代为寻购。当时哈佛欲以 50 万美元购买成都严遨父子所藏之全部志书,只是最后未成。(见张升《民国时期方志搜求热初探》,载《中国地方志》2004 年第 1 期)

是年,日伪河南省政府决定恢复河南通志馆工作,伪省长陈静斋聘伪省民政厅长赵筱山兼馆长,关百益以伪省博物馆长兼总纂。只是将前修成之通志部分手稿,匆匆付印。所印出之书,在封面和扉页上均留有伪省政府主席陈静斋及其后任田文炳,伪秘书长孙思仿及其后任袁健侯之名。(见《河南地方志提要》上册第 42 页)

中华民国 32 年（公元 1943 年）

1 月，职方氏的《东南方志经眼录》，在《东南》杂志第 1 卷第 1 期发表。（《中国史学论文索引》第 636 页）

是月，广西省志编审委员会改为广西通志局。3 月，依照国民政府内务部所颁《各省通志馆组织章程》，广西通志局改为广西通志馆。由封祝祁、吕一夔为正、副馆长，刘介等 7 人为编纂，周鼒等 7 人为襄辑。另有秘书 1 人，干事 2 人，办事员 3 人，书记 8 人。

7 月，湖北省颁发《湖北各县修志事例概要》，要求各县成立县志馆，聘馆长一人、总纂一人，拟定志书凡例、纲目，报送省通志馆、省政府审核。其所制定之《湖北通志凡例》谓："从前志家记载，多偏重于政典文献，而与民生休戚漠不相关……此次纂志主旨，特详民事。质而言之，即本省民族发达变迁史也。"同时还向全省颁发了《湖北省纂修县志叙例》10 条，全文约 8000 字；还有《纂修县志类目》，从"疆域总图"始，到"思痛纪实"止。其中分 24 个分志，26 个类目。（见张扬威《竹溪发现重要县志资料》，载《湖北方志通讯》1982 年第 6 期）

10 月 29 日，钱海岳在《新疆日报》发表《关于新疆通志》之文章。先是主政新疆之盛世才提出编修《新疆通志》，聘请前国民党党史编纂委员会编辑钱海岳来任主编，主持修志工作。钱氏初步掌握有关新疆社会和自然之资料后，经精心研究，草拟了《新疆通志》编目，作了必要的一些准备。时新疆教育厅在茅盾、杜重远、林基路等人之影响下，开始重视新疆史地知识之普及工作，特邀由内地来新疆考察访问之名流学者，在迪化举办"史地演讲周"。钱海岳之《关于新疆通志》为第一讲，于 10 月 26 日作演讲，至是公开发表。这是一个编修通志之方案。民国 34 年 7 月 29 日，钱氏又在《新疆日报》发表《续修〈新疆通志〉刍议》，其中说道：前岁编纂伊始，深感集材重要，特立项目，制成表格，行文区、县，各就表中内容分别填载。后因政局不稳，人才缺乏，文献应征不到等原因而中辍。（见方琦《昙花一现的盛世才修志》，载《新疆地方志通讯》1988 年第 3、4 期合刊）

是年，龙云、卢汉修，周钟岳纂之《新纂云南通志》226 卷成稿，分订为 140 册，凡 650 万言。至民国38年铅印成书。是志自民国20年2月始修,中间经机构数度变更,搁置数年,复在时局动荡,空袭频仍,馆舍屡次迁徙,经费极形支绌之情况下完成的。经秦光玉为主任的6人特设"通志审订委员会"分别审查,"阙者补之,复者删之",而后成稿。是稿虽未完全达到"补前人之缺,集各家之长",但其收集资料丰富,文简事详,体例也比较合理。为云南通志集大成之作,海内称善。当然,由于篇幅过大,故叙事中,仍有讹误,并前后矛盾,也还有缺略者。(见钱成润《我国方志事业发展梗概》,载《云南方志》1999年第1期;《中国地方志总目提要》22—14)但记述了自清末以来云南出现的邮政、电报、省道公路、个旧锡(矿)务公司,以及从昆明起经蒙自、河口至越南海防的滇越铁路等新生事物,还出现了一些现代科学的篇目,如天文考、气象考、地理考等。收集记录的诸多兄弟民族的历史、语言、习俗等的资料,弥足珍贵。(见刘纬毅等《中国方志史》第297页)

同时,周钟岳、赵式铭主纂之《续云南通志长编》81卷稿亦成。其先下限只断至宣统三年。但在通志修纂中,对于辛亥革命以后之有关史事亦别为纂辑,故通志稿成时,是编亦就。通编分大事纪、气象、议会、内政、财政、教育、建置、交通、盐务、司法、外交、社会、农政、水利、工业、商业、宗教、人物、金石、田粮、军务等21大类,凡500万言。下限又拟断至民国20年。后因通志未能按原计划结束,故民国20年后之资料仍有不断增入,最晚有至民国35年者。以历史事件立目之方式,记述了民国间的史事。1986年,经云南省志办公室组织人力整理,分上、中、下册出版。

是年,仇天民修,张星桥、常良伍等纂安徽《颍上县志》7卷、约30万字成稿。是稿虽未能印行,但其所辑入之许多珍贵资料颇有价值。如载"洪武七年(1374),徙江南民14万屯垦凤阳诸州县",江西庐溪王氏、浙江桐乡卜氏都是此时迁至县内的。又如载太平天国、捻军及苗沛霖"乱"后,本县"因生计奇艰,人多弃女不育,以致中年男子旷夫特多",直到光绪二、三、四年,河南偃师、汜水、荥阳、长葛诸县"荐饥,妇女结队南下,自鬻求免,由是邑中男子得所匹配,生齿渐繁"。还载有民国6、7年间,欧洲大战时,法国人曾来本县"广招华工","应招往者十有余人",并附列有欧战时期,县华工之姓名、居里等,都是很有用的资料。(见《中国地方志总目提要》12—29)成稿交由县志馆馆长许敬涵先生保存于县红十字会内。敬涵先生1951年冬物故时,未交妥人保存,致使其族人于1952年春盗出卖与市人包物。适为纂者之一的张星桥先生得见,深感痛心,遂解囊将残余稿赎回,交县文化馆收藏。张先生当时有诗叹其事云:"平生厌说伤心话,奈此斯文扫地何?一县春秋都毁灭,五年精力枉消磨。已成劫数人难挽,被摈简编市太多。秦火未寒今又烈,抚时感事泪滂沱。"(后条资料由安徽省志办宫为之先生提供,甚谢。)

是年,杨化育修,覃梦松等纂成贵州《沿江县志》16卷印行。是志中之资料多录档案册报,列表甚多。如食货志内有历年户口比较表、户口统计表、田赋概况表、田赋征收变迁表、田赋处组织系统表、粮区仓库配备表、公产收益统计表、积谷表、农业推广所及垦殖场概况表、农田水利概况表、矿产调查表、耕牛贷款表等。其前事志采用纪事本末体，记述了地方11件大事。其中之“贺龙入沿”一条，反映了湘鄂川黔革命根据地之建立及工农红军在本邑进行革命斗争之情况，末还附有当时革命委员会及红军司令部之佈告等，很是珍贵。（见《中国地方志总目提要》22—24）

是年，邓缵先纂成新疆《奇台县志稿》一种。志稿分14目，有沿革、地势与城、山脉、居民状况、交通网、河流、气候、森林、飞机场、邮局、电信、地方运输工具、矿产、农户等。村镇记述中，往往注明其军事意义，如双井子之“水源”下记有：“有水井两口，深3公尺。一井已干，不足一排人餐之用”；南溟水之“地形价值”下记有：“东北标高50公尺石山，南北广阔，攻守均宜。因处镇西大布逊煤窑、北塔山间之中心，若发生战争，宜先控制，以设临时兵站”；小松沟“青草”下记有：“山草丰盈，骑兵一团，三月足用”；乌隆不拉克之“附记”中有：“此地为北塔山至外蒙通阿山至奇台之交通中心，为军事上不可放弃必争之地”等。可明显地看出其为军事之需要，与后来大量编出之兵要地志颇相类似。（见戴良佐《昌吉州现存旧志述略》，载《新疆地方志》1989年第3期）

是年，浙江省政府改浙江省史料征集委员会为浙江省通志馆，聘余绍宋为馆长，凌士均为副馆长，孙延钊为总编辑。设编纂20余人，由省政府聘任，另有10余人由馆长聘请。分设浙东、浙西两办事处，每个办事处设主任一人，分纂数人。各县设采访员。通志馆出版《浙江省通志馆馆刊》。（见于夫《传统志书向现代志书过渡的民国时期》，载《浙江方志》1988年第4期）

中华民国 33 年（公元 1944 年）

3 月,我国方志学大师王葆心先生于故乡湖北罗田大河岸古楼冲家中逝世。讣告至陪都时,重庆各界举行追悼,董必武作挽联“楚国以为宝,今人失所师”,亲自参加追悼会。新中国建立后之 1957 年 5 月,罗田县人民政府重修先生墓,董必武再书前联以刻石。1984 年 2 月 5 日,在武昌举行了王葆心先生逝世 40 周年纪念大会,《湖北方志通讯》出版了纪念专辑。(见《湖北方志通讯》1984 年第 3 期)

按:先生以国家 960 万平方公里之国土,四至八到,步步寸寸,皆我先民筚路蓝缕之所启,生养教化之所由来。一山一水,一木一石,皆可启发明耻、教战、致富、图强之深思,故极注意地方文献之考察研究。年轻时已先后撰成《宋季淮西六砦纪事》、《明季淮西七十二砦纪事》、《天完国志》等著作。晚年又助沔阳卢氏辑成《湖北先正丛书》,自萃集遗闻轶事,辑成《江汉献征录》凡数十帙。取材多有不多经见之书。参加《湖北文征》的合纂,分任元、明两代。国之地理、历史,烂熟于胸。其家居时,凡有客来访者,问明籍属后,虽穷乡僻壤之邑,亦能言其山川、人物,条贯古今,如数家内事。但举与客家世相涉之事,往往使来客瞠目无以对。民国 23 年议修《湖北通志》时,受任主其事。虽经费支绌,人事掣肘,依仍勉为其难,撰成《重修湖北通志条议》2 卷,以发凡起例。不顾年迈,亲自三次北上收集资料,每抄录数十巨册而归。其在北平时,有伪满机要秘书陈某者,衔命入平,阴以利禄游说,企图诱致为敌所用。一日造先生住所,拟诱其出关。先生拍案而起,怒不可遏,责以民族大义,竟至大汗淋漓而晕厥。值卢沟桥事变时,百计脱身,行李尽失,于其所得之手抄资料数箧,则形同性命携归。日寇逼近武汉时,返回故乡,又受聘为县方志馆长。虽敌骑纵横,警报无虚日,仍纂志不辍,终成县志稿数百万言。直至逝世前半月,仍策杖往县内天堂寨实地考察,以受风寒,终不起,可谓为志事鞠躬尽瘁矣。一生除留下大量经学、文学、史学著作。方志方面除前述者外,还有《续汉口丛谈》3 种,《方志学发微》50 余万言。(详见上刊同期谈瀛《王季芗先生事略》)

5月2日，民国政府行政院第660次会议通过《地方志纂修办法》9条及《市县文献委员会组织规程》12条，均由内政部公布。《地方志书纂修办法》规定地方志书分省志、市志、县志三种；省志30年一修，市、县志15年一修；省、市、县纂修志书事宜，应由各省、市、县政府设立方志馆负责办理。方志馆成立后，须先拟定凡例、分类纲目及编纂年限，由省政府报内政部备案；对志书之编纂、内容要求、印制装帧，甚至纸质标准等细则14项均有规定；稿成之后要报内政部核准之后方能付印；志书印出之后，要分送行政院、内政部、国防部、教育部、中央图书馆及有关机关备查。今转录全文于下：

地方志书纂修办法

（中华民国三十三年五月二日行政院

第660次会议通过，令内政部公布）

第一条　地方志书之纂修，依本办法行之。

第二条　地方志分左（下）列三种：一、省志，二、市志，三、县志。

第三条　志书纂修期间：省志30年纂修一次，市志及县志15年纂修一次。

第四条　各省、市、县纂修志书时，应由各省、市、县政府成立修志馆，负责办理。修志馆组织规程另订之。

第五条　各省、市、县修志馆成立后，即由该馆编拟志书凡例、分类纲目及编纂期限，送请省政府转报内政部备案。

第六条　纂修志书应依左（下）列规定。

一、志书文字，遇有用满、蒙、回、藏文字注音字母以及外国文字时，得附载原文。

二、志书舆图，应以最新科学方法制绘、精订专册。

三、编制分省、市、县舆图，对国界、省界、市界变更沿革，应清晰划分，并加附说明。

四、省、市、县志书应绘制行政区域分图，并须将山脉、水道、交通、地质、物产分配、雨计分配、雨量变差、气候变差以及繁盛街市、港湾形势、名胜地方，分别绘制专图。

五、地方名胜古迹、金石拓片以及公家私家所藏各种古物，在历史上有重要价值者，应当摄影片编入。

六、各地方重要及特殊方物，应将原物摄制影片编入，并详加说明。

七、各省、市、县土地、户口、物产、实业、地质、气候、交通、赋税、教育、卫生状况，应分年精确调查，制成统计比较表编入。

八、各省、市、县志书应特列大事记一门。

九、各省、市、县志书艺文一门，应文学、艺术并重，如书画、雕刻及其他有关艺术事项，均宜兼采，武术技击，另列一门。

十、编列诗文词曲，无分新旧，但以有关文献及民情者为限，歌谣戏剧亦可甄采。

十一、各省、市、县志书艺文书目，应仿《四库全书提要》例，编列提要。

十二、凡乡贤名宦之事迹及革命先烈暨抗敌殉难诸烈士之行状，均可酌量编入，但不得稍涉冒滥。

十三、天时人事发现异状，确有事实可征者，应调查明确，据实编入，但不得稍涉迷信。

十四、省、市、县志书，除图表外，应一律以国产坚韧纸张印刷，订为线装本。

第七条　各省、市、县志书编纂完成，应将志稿送请内政部核定，俟核定后始能付印。

前项志稿之核定，由内政部组织志书审核委员会办理之。

第八条　各省、市、县志书印刷完成后，应分送内政部、军政部、教育部、中央图书馆暨有关机关备查。

第九条　本办法自公布日施行。

市县文献委员会组织规程

（中华民国三十三年五月二日行政院

第660次会议通过，令内政部公布）

第一条　市、县政府得依本规程设置市、县文献委员会，掌理市、县文献材料之征集保管事宜。

第二条　文献委员会以市、县政府民政科长、教育科长、区乡镇长、中心国民学校校长、图书馆长、民众教育馆长及市党部代表为当然委员，并得延聘熟悉地方掌故硕学通儒为委员，互推一人为主任委员，综理事务，并指挥监督所属职员。

第三条　文献委员会征集材料之范围如左(下)：

(一)本市、县沿革有关之府、厅、州、县各种旧志及各项地图。(二)本市、县有关之诗文、著述及金石。(三)本市、县流传之礼典乐器。(四)本市、县之各地民众歌谣。(五)本市、县之地方古迹名胜照片。(六)本市、县重要特殊方物及照片。(七)本市、县公私机关之团体发行刊物。(八)本市、县私人著述或译述。(九)本市、县乡贤名宦之遗迹、遗像、传记、行述、碑志。(十)本市、县人民私家谱牒。

第四条　文献委员会应调查之事项如左(下)：

(一)本市、县政府与附属机关及各级党部与人民团体之设施状况。(二)本市、县出产主要物品、产额。(三)本市、县一般工资、物价。(四)本市、县人民之宗教信仰。(五)本市、县人民经济状况。(六)本市、县重要特殊方物及照片。(七)本市、县人民抗战忠烈事迹。(八)其他。

前项调查应分月分类成纪录，或统计比较表，各存备考。

第五条　文献委员会应置大事日记簿，凡属本市、县党、政、军、学、农、工、商各界之重要事故，以及天时、人事发生重大变迁，均须按日登记，无事从略。

第六条　文献委员会得发行季刊或年刊。

第七条　文献委员会每年应召开会议一次，必要时得召开临时会议。

第八条　文献委员会征集保存之各种材料，于本市、县着手兴修志书时，应全部移送修志机关甄采。

第九条　文献委员会得设总干事一人，干事若干人，并得酌用雇员；总干事及干事一人委任（疑转录有误），余由主任委员就县、市政府及所属机关内遴员，呈请市县政府兼派。

第十条　文献委员会委员及主任委员及兼任干事，均为无给职。

第十一条　文献委员会办事细则另定之。

第十二条　本规程自公布日施行。

（转自赵庚奇《修志文献选辑》第 161～164 页）

是年，缪荃孙、冯煦、吴廷燮等修纂成《江苏省通志稿》392 卷。是书始修于宣统元年（1909），中因种种原因而曾几起几落。中间曾参纂者有张载江、徐定甫、谢国梁、黄浩卿、吴浩宸等。至是成稿，明年铅印出 100 卷，其余仍为手稿。至 1960 年 2 月，经江苏省文化局组织潘天祯、柳定生、江世荣、钱海岳、谌秉直、林子硕、陈庆祺、朱伯房、胡锡畴、陶德琨等，重新整理、补缺，至次年遂成全书 392 卷。1986 年又经江苏省志办组织力量校点整理完成，共 1200 余万字，是江苏自康熙六年（1667）建省以来之第一部省志稿，也是民国通志中卷数和字数之最多者。是志首有《大事志》，又新设《民政志》、《邦交志》等。立目合理，资料丰富、珍贵。由于历时长，经多人之手而成，各志类之间繁简失衡、滥缺自不能免。1999 年有修订本正式出版。（《江苏旧方志提要》第 5 页）

是年，刘赞廷重纂成《康藏宝鉴》一书稿。刘氏曾随军经略边疆 30 余年，足迹遍及康藏各地。先曾纂成《西康百家姓》（又名《康藏资料》）及康、藏各县志多种（见前），今又重纂成本稿。除其实地观察记录外，还辑有历代有关康、藏之奏议，及诸史传，引证《蒙古源流》、《佛教源流考》、《西藏图考》、《卫藏通志》、《西藏通览》等书。本志篇目为：卫藏原始、佛门纪元、禹贡黑水、厄鲁游戎、觉罗结缘、阿里、哲子雄、大吉岭、后藏、西藏名寺记略、和阗、布鲁特、克什米尔噶克、廓尔喀、爰剑、哀牢等篇。编排虽无甚法度，但资料颇为可贵。（陈光贻《中国方志学史》第 136 页）

是年，鲁论（长卿）纂修成陕西《重续兴安府志》25 卷。鲁氏为修是志，历时 20 年，几倾其家产。稿成之当日即逝。临终前手犹持稿，谓其子要从商积蓄，早日刊出。然限于贫困，其子不仅未能刊行，竟将稿亦出售。幸为国家收得，现存于北京师范大学图书馆。这是废府数十年后重修府志之一例。

是年，顾颉刚为主任委员、傅振伦为副主任委员，主持纂修《北碚志》。抗战时期，国府中央机关、学校、公私学术团体、事业社会团体等约 270 多个单位集于北碚。1942 年成立管理局,成为一等县。于是约迁建区内之机关、学校、邑绅合修志书。傅氏为修此志而撰成的《北碚志例目》,颇受海内外学界之重视。至明年志书修成,共 8 篇:1.大事记;2.地理考,包括疆域沿革、政区、地形、水文、气象、地磁、地质、土壤、矿产、生物、人口;3.政治略,包括官制、庶政、地政、粮政、财政、警卫、兵役、市政建设、乡村经营、礼制、司法、党团、参议、迁建事业、外事;4.经济略,包括农业、土地利用、森林、畜牧、蚕桑、渔业、交通、水利、工业、矿冶、电力、商业、金融、物价、民富、合作事业;5.文献略,包括学校、社会教育、学术事业、新闻事业、艺术、方言方音、民间艺术、古迹古物;6.社会略,包括族系、社会组织、社会事业、社会活动、社会生活(生产方式、宗教信仰、礼俗、岁时、社会灾害、社会病态、医药卫生);7.列传,包括名宦、乡贤、流寓;8.聚落记。全书共 60 万字。(转见邸富生《中国方志学史》第 196 页)卷首有修志委员会组织、编辑名录、纂修始末、序文、凡例、目录;卷末有别录,包括文征、丛谈、丛录、机关社团名录、索引等。当时参与该志编纂者有中央研究院气象、物理、动物、植物、历史、语言等研究所及中央地质调查所、矿冶研究所、中国地理研究所、中央农业试验所、中央工业试验所、中华教育电影制片厂、儿童福利实验区、编译馆、礼乐馆、复旦大学、江苏医学院、重庆师范学校、文史杂志社、中国辞典馆、中国科学社、生物研究所、中国林学会、汉藏教理院等单位的人员。不少为学有所长之专家名流。一部志书集中实力之雄厚,为方志史上所罕见。(见傅登舟《民国时期方志纂修述论》,载石家庄《史志文丛》1989 年第 3 期)

本志与《遵义新志》、《城固县志》,共为区域地理学派所修之三部有代表性之志书。台湾大学地理学教授陈正祥认为:"宋代以来新修的地方志,为数甚为可观,在文化记录上自成一格,其中一部分亦颇具学术价值。方志顾名思义,应为地方之志,亦即相当于地理学中的区域地理。但我国所有方志,除抗日战争时期所编的极少数几种外(如中国地理研究所代编之《北碚志》,国立浙江大学史地系所编的《遵义新志》以及西北联合大学史地系所编的《城固志》等),皆未能名实相符,成为真正的地方志。"(转自饶展雄《新方志探索》,载《中国地方志》1987 年第 6 期)

按:是志稿甫成,抗战胜利,各机关团体急于回迁,纷乱之中,志稿竟然散落,今仅存稿 7 篇,入藏于北碚图书馆,余者下落不明,殊属可惜。(见《中国近代方志学》第 99 页、《中国地方志总目提要》21—15)。

是年,余正东修,黎锦熙、吴致勋纂成《洛川县志》26 卷、首末各 1 卷,由泰华印刷厂印出铅印本。黎氏在志序中提出,"方志要点,首在解散旧体,悉依新轨"。故是志编目为之一新,共设大事年表、疆域建置志、气候志、地质志、山水志、人口志、物产志、地政农业志、工商志、交通志、吏治志、自治保甲志、社会志、财政志、军警志、司法志、党团志、卫生志、教育志、宗教祠祀志、古迹古物志、氏族志、风俗志、方言谣谚志、人物志、丛录等 26 篇。(见邸富生《中国方志学史》第 195 页)是书乃黎氏对自著《方志今议》理论之一次检验。其最大之特点是富于时代性。不但篇目全新,而且增加了许多当代之新内容,如军人阵亡追悼大会、供销社、人民体质等。其"地政农业志"中,对土地、房屋、窑孔数量及分配占有,牛、马、骡、驴等家畜、家禽及饲养,均作了详尽统计,还载有牲畜流行病及其防治法。"卫生志"中,对人们之饮食习惯、食品热量、营养价值等,均有记载。纂者黎氏是语言学家,故本志之《方言谣谚志》尤具特色。包括方音谱、方言分类词语、俗语类征、歌谣小集等目,曾以单行本行世。(见《中国方志简史》第414页)正如其在该志序言中所说:"余参斯役,忝领编校,意图在践宿诺,抑亦因所草《方志今议》,仅设计,未执行。非实修数志,具体表征,即无从考核其当否也。如实斋曾撰永清、和州、亳州诸志,以实证其所创义例……以理想之现代地方志为鹄,则斯志相去万里;即以《方志今议》之设计绳之,相去亦千里也。"尽管如此,是书一成,还是得到时人之好评。阎锡山在志序言中称:"志书在述往昭来,兼明现状,以作施政之依据,且备国史之取材。"(转见西樵、张志荣、牛玉瑛《志书序言琐谈》,载《沧桑》1997年第5期)熊斌在是书序中谓:"辑述之则,科学为归。社会自然、典章文物、民所苦乐、地形孕涵,部居分明。于今特详,于古亦不废,庶几着眼世界,而兼及历史者。"韩庚承在其《跋语》亦谓:"体例细目,条分胪列,应有尽有,备载靡遗。至于抗战,凡一才一艺,一言一行,一事一物,犹谆谆不厌其详,务使人人知国家兴亡,匹夫有责之义。借以振衰起懦,敌忾同仇,共赴国难。"(转见《中国近代方志学》第96～97页)高峰编著之《陕西方志考》中,称"这部志书与旧志比较,是一部有划时代意义的新型县志"。(见第146页)

按:黎氏为本志制定之"凡例"中,提出"大事年表"之编法为"系年缀事,凡分三栏:首列历氏帝王年号,并注明民元前某年,西历纪元某年;次列本邑大事;下列国内外大事参考"。邑志列有国内外大事,是大事记内容的一项革新。

又:在本志序中,说到"群书"之采录时,曾提出一项建议:由国立编译馆,或中央国立各图书馆,或联合其他学术团体,组织一地方资料分配工作之机构,查阅诸书。以县为单位,一涉该志,即予分配。遍及群籍,无复遗漏。全国约计2000县,并及边疆蒙藏,事皆隶地,地皆有史。凡修志者,备文具领。如此,则任何邑志,其群书采录,皆能斟酌饱满矣。所谓群书,应不限于典籍,即报章杂志皆宜分地配集。但作出索引即可,不必全文照录(见《修志文献选辑》第158页)。这本是一项很好之建议,惟当时未能组织实施。20世纪末的修志中,有的省曾略有举动,组织省内各县抽调之人,集合进京查阅资料,实行"出门一把抓,回来再分家"。但多数省未能如此,依然是各自为战,重复、浪费,且所查书籍亦有限。

是年,余正东主修,吴致勋总纂,黎锦熙校订之《黄陵县志》铅印成书。是志对黄帝陵及相关事实多有记述,体例亦依黎氏所定成规,内容丰富翔实,是民国间方志之佳作。当时,身为陕西省第三行政区专员之余正东,计划用科学方法编成本行政区各县之新志,此为其一也。邵力子在序文中称:"新志编纂的方法不仅依次续编,并且应时创格,实已踏入科学方法

的途径,而富有时代精神特色,这是值得赞美的。”(转自《陕西方志考》第143页)

是年,余正东修,黎锦熙纂之《同官县志》成稿印行。余正东主修兼总纂、黎锦熙校订之《洛川县志》亦铅印成书。其体例、内容、载述方法均为黎氏所定,并亲作序言。

按:《同官县志》和《洛川县志》,均新设有气候、地质、农、矿、工、商、军警、自治、保甲、谣谚等篇目(《同官县志》还有“合作救济”),都是旧志所没有的,颇为新颖。两志之大事年表,于县内大事之外,又有国内外大事。如《洛川县志》中,记到了雅典、斯巴达之战,马其顿始兴,罗马始兴,穆罕默德出生,英人始通印度。《同官县志》涉及罗马分成两帝国,葡萄牙人发现好望角,路易十四之立,华盛顿出生,南北美内战等等。吏治一门,多取政牍录要、官场讲演词之类。傅振伦认为,这些都属滥载,有违其在《方志今议》中之主张。(《傅振伦方志论著选》第71页)

又:抗战时期,黎氏本着从“抗战建国,各尽所能,力图贡献”之思想出发,在此期间,不但修成了《洛川县志》和《同官县志》,而且校订了《黄陵县志》,并为《宜川县志》拟定体例、内容、记述方法等。这4部志书都是他的方志理论之实践。黄苇等在《方志学》中评价此期间之修志工作说:“在当时人力、物力、财力极端困难条件下,修志能取得如此成绩,主要是各修志者把修志工作同抗战的目标结合起来,修志工作成了国统区抗战救国重要任务之一。”

是年,安徽《续编阜阳县志》12卷编成。是志卷7为《武备志》,写法均是“概略”加“附表”之形式。其目为:清季及鼎革前后武备概略,附表;民国元年至17年武备沿革概略,附表;民国17至25年阜阳武备沿革概略,附表;民国27、28年阜阳武备沿革概略,附表;民国29年阜阳武备概略,附表。(见《皖志史稿》第388页)这是过去未见过的比较特殊之体例。

是年,汪伪江苏兴化县长李恭简修,李详、魏俊、任乃赓纂之《兴化县续志》15卷印行。是书虽是日伪时修之志书,但仍收录了一些有价值之资料。如其《实业志》中,对全国最早之制蛋厂——兴化同茂丰蛋厂数十年之兴衰变化都有较详细之记载,反映了我国近代企业之发展及其遭遇。又如所载从《施氏族谱》及从《施耐庵墓志》中所获得之关于《水浒传》作者施耐庵之资料,都是很有学术价值之资料。(见《江苏旧方志提要》第662页)

是年,寿鹏飞在《国学丛刊》第14集上发表《方志本义管窥》一文。这是一篇很有分量的方志论文。他所谓的方志之“义”,就是方志之主旨,亦即志书纂修用意之所在:“方志体要,在正人心,厚风俗,明正谊,陈利弊,垂劝惩,诉疾苦,补救时政之阙失,研究民生之荣枯。察理必求其真,指事必求其是,举其大要,略其琐细,足为治理龟鉴。是故秉笔之初,必先确立正大之主旨。否则人云亦云,东涂西抹,不知取舍,不务剪裁,使人读竟不知用意何在。纵使详明,不过陈年帐簿,杂碎字蔀而已,何足观哉。”他认为,古往今来,“方志本义,揭橥之最显要者,莫如康对山序朝邑之言矣。其言曰:‘志者,记也。记其风土文献之事,与官乎是郡者,可以备极其改革，省见其疾苦。景行其已行，察识其政治，使天下为士大夫者，读之足以兴；为郡邑者，读之足以劝。非以夸灵胜之迹，崇奖饰之细也。而撰志者，每不如此焉，将何以观乎？'读此可知方志之正义与轨范，今之知者鲜矣”。他还转引了乾隆重刻康海武功志时，知县玛星阿之序言谓：“康志犹历代史之有司马氏也。对山盖以史法为志法。读迁史，则知斯志之善矣。志仅七篇，初拟为简，读竟始知其不可增也。地理川原古迹，不俟繁言，顾以风俗终。殆谓移易者，责在长官耳。志建置次第井然，特于学校兴复加详焉。事神为治民之典，修葺必书，示主祀者知所敬也。若夫地辟民聚，赋役有经，而官忘抚字，吏事贪求，豪强任所低昂，物产因而亏竭，民力奚支，言之洞然恻然。使人一披阅伤怀者，田赋志也，思深哉。是篇亲民之官，尤宜三复。官师志善恶并列，是为劝惩，今读者慕且惧焉，斯非当官之炯鉴耶？人物选举之篇可互观，至其贤才辈出，必归诸政教，则言外之意可思矣。要之七篇义法，原于龙门，而经济名言，胥归治理。此志之所以善也。读者当不徒取其文而遗其所载，视为饰轮之虚车也。”他认为，“此序深得康书义法，即凡为方志者之义法也”。他认定，方志之主旨，就是要有“与于治道”。他举《资治通鉴》为例说：“《资治通鉴》一书，与其谓为历史，无宁谓为谏书。所载罗迹颇略，而特详于历代名臣之奏对，与有关政治得失之论说也。前乎此者，惟左马之书，屡陈得失。其他虽间亦有论列，重在记事而已。独涑水仿曲江行秋金鉴之义。易史曰鉴，鉴曰资治。夫所贵乎历史者，以其得资为前鉴也。取鉴于古，而限以资治，则凡琐细故，无与治道者，即非史所宜载矣，夫此谓之史识。窃谓此义，非独于史，方志尤然。”认为顾亭林之《日知录》、《天下郡国利病书》等，亦有体有用，非有当于治道者弗录，此亦方志本义也。

在该文中，还用他的志义标准，评论了若干近出之志书：“近出方志，其有意义，可传于后者，吴汝纶《深州风土记》，不独义例详审，尤蔼然儒者之言。钱涂《宝山县志》、陈训正《定海县志》，排除旧例，言皆有物。陈志尤独造精微。余绍宋《龙游县志》，发明氏族人志原理；王树楠《新城县志》，关心世道之言，皆胸有主旨，非徒为空架者也。《深州风土记》人谱一门，别开生面，较之班书人表，义或过之。宝山钱志冯序，盖出钱手，深识远虑载道之文。”

在志例与志义之关系上，他强调志义重于志例。文章用了较大之篇幅加以反复说明。认为“善言志例，不如揭橥志义，为足诏示方来。盖言例则随时地为转移，言义则亘古今而不易。大抵今昔诸志，其庸陋者无论矣。即文人学士，著述斐然。然或重文艺，或讲考据，或矜风雅，或详金石，皆无当于方志本义”。他从方志史的角度考察了历代志书在体现志义方面之情况：“周官外史氏掌四方之志，是方志于古有之。既隶史官，实兼地方之史，但其义例不复传。汉魏迄隋，仅志地理，录图经而已。至唐有《元和郡县志》为一统志之始。至宋而有宋敏求《长安志》为郡邑志之始，遂乃风行。赵宋一代，成书至多。自乐史《太平寰宇记》，录及人物、艺文、金石，体以大备。南宋之季，半间枋国，务为嬉娱游观之事，兼启导谀贡佞之风，于是记及名胜，吟风弄月之篇，临水登山之作，连章繁卷。高似孙《剡录》，其代表作也。后人四库提要,讥其诗话清谈,屡书不厌,曾何当于志义哉?故尝谓观其时之方志体裁,可以知其国之兴亡。""今人每谓先定志例,而后从事志料之调查,此不然也。方志体例,既随时地为转移,亦因撰者之所见而互异。不宜先定若干条例,强文不题。故必先立志义,义之既明,例因以生,盖义法有定,而例必变通,不宜苟同也。若夫起例发凡,必在调查大备之后,视其地方若赢若朒,若有若无,若宜详,若宜略而折衷之。不胶于柱,岂独方志为然。""古于方志,盖无所谓例也,知有义耳。惟无例可循,故乾隆以前诸志,当时牧令,往往假手庸胥,杂取肤言,以塞斯责。实斋章氏乃发明条例,以救其弊。二百年来,殆皆宗之,其间巨著名帙,先后相望,咸有仪轨,非俗子所敢率尔矣。是有例之胜于无例也。然其弊也,科条多而不尽可遵,遵之者又多拘于墟而绝鲜精义。近惟宝山、定海两志,不居故常,自标真理,颇举昔例而推翻之……吾非谓例之不必遵也,恶拘于例而或转削足以适履也。是故善言志例,不如先言志义,因义生例,斯为得之……义以经世,例以救时,义则精神,例则形式也。"

他分析了面临不同时代之社会情状,修志者应当如何来把握和体现正确之志义:"志体随时会而变迁。承平时代,人民安居乐业,鲜疾苦之可陈。其时为志,虽宜有危明尤盛之言,尚可为击壤歌衢之体。康乾诸作,差拟升平。若夫据乱之世,上下酣嬉,事堕冥昧之中,患伏萧墙之内,有心人尤深虑远,宜有警世之辞。武功、朝邑两志,是其先觉。及于衰末,倒悬之痛,水火之深,若无大声之呼,民将安诉?倘复优游娱乐,奖借声华,倡提浮靡之词,侈谈现代之化,宁辞秽笔,亦独何心。故知志义,职等遒人之铎,言非谀墓之碑,往可谏而来可追,言无罪而闻足戒,斯为得之。"强调在升平之世,要虑及深远,要有警世之辞;衰末乱世,要反映人民之疾苦。

那么,作为一个志人,应当如何体现所确定之志义呢?这就进入方法问题了。他指出:"方志非趋时之具、迎合之媒,所言必取是非之真,毋作一时之见。原夫麟经罪我,宁为阿世之书?龙门传人,欲作名山之弃。当存是想,庶示来兹。方志立言,当从平民立场,乃得痛陈疾苦。勿染官气,勿蹈文人之气,勿蹈新学习气,勿尚词章,勿言考据,勿类晚近政治报告体裁,勿学名士谬为风雅襟度,勿趋时尚,勿贡媚谀,勿志琐事,勿导游观,务在能见远大,有裨地方风俗民生。至若探求未周,门类未备,所弗计也。"在具体记载上,"文字尤以疏而不密为得体"。这里包括两层意思:第一是"方志记载,不贵应有之尽有,而贵应无之尽无。与其强所不知,以求其备,不如付之阙如,以待来者。夫史有阙文,不失良史。勉为凑合,反使全书失色。陈寿之志三国,但列传、纪;子长之作史记,不及地理,固不得讥为阙失也"。第二是"文字贵有剪裁","尤以疏而不密为得体"。"然若不提要删芜,则一事一物之考证,悉引而详之,将不胜文字之苦,而正义转晦矣。康对山武功志,不足三万字,韩五泉志朝邑,仅六千七百字,治体毕具,弥见详明,已在辞费乎。夫此之谓史识。"

在此,他不同意"多见而识,为方志本义"之说法:"俞曲园云,多见而识,为方志本义。康志武功,韩志朝邑,不过子桑伯子,一简字耳。此殊不然,夫使方志作用,仅在多见而识,则琐记轶闻,汗牛充栋,何当于志义乎？邻猫生子,西语所以有秽史之讥也。康对山武功志,王渔洋、纪晓岚、陈榕门,均推为志之极则者,以其深得方志之真义,文字虽简,而体用悉赅。具事直书,而惩劝自见。至于为详为略,无所容心,此为自有方志以来之特识。悬之国门,不可增一字,百世之轨范也。”

为了体现志书之义,他提出修志“最忌胸无主旨”。这种胸无主旨之表现就是,“随俗论为转移。人言志例,我为拘牵;人言新政,我为附合;人言利源,我为宣传;人言自治,我为耳食;人言欧化,我为盲从;人言建设,我为铺张;人言金石,我为滥载;人言名胜,我为移情。不察现状,不明是非,道听途说,茫无归宿。今之作者,大体如斯。故非学有体用,抱治世安民之略者,不足与言方志之著述”。又说:“翻阅方志,读其序例,视其主旨,即可知其书之优劣。门类悉备,人云亦云,非之无举者,必庸俗之书。独抒所见,不落窠臼,不饰门面者,必心得之作,非独方志然也。”

修志要有所“宜”(应当着力追求);一是宜按而有断:“志者,史也。史以明治乱兴衰之故,志以补郡国利病之书。故于记载正确之余,宜参以指陈得失之论。盲左腐迁,均有此例。而《资治通鉴》一书,每附臣光曰云云,所谓别嫌疑,明是非,可以载道者此也。若仅按而不断,何以敷陈要义乎?”二是要有宜详宜略之原则。

有所宜,就有所“不宜”,亦即有所忌。不宜者首先是不宜随俗从时:“方志为垂世公言。若云非个人私著,宜随俗从时,求合庸流之耳目,不宜违时触忌,为真理之阐明。是则违心之论,娱人之书,何异优倡之表演。若乃修饰文字,精研考据,而于地方利弊,噤不敢言,此于个人私之则可,曾何当于志义乎?”关于其他所忌,他开列得相当具体:忌“志政治类报告书;志艺文类文选楼;志名胜类游记,类导游指南;志金石类考据家,类收藏家,类书贴评论;志人物,类家传,类谀墓文,类履历表;志掌故类琐闻录,有闻必载;志山川类点名簿,仅存名号;志风俗类行乐图,不别善恶;志财赋类收税员,孳孳言利;志实类,如入万宝山,目不暇给;志教育,如外国奴,五体投地”。至于选材原则,应当是“凡耳食之言,乐观之语,俱所不采,一以志义为归”。至于详略,可以选择,一以志义为归:“古人作志求其简,后人作志求其详。简而能赅,斯为雅洁;详而不蔓,斯为剪裁。朝邑、武功,言在意外,简而弥觉其详;定海陈志,解不烦言,详而不失为简,皆由见义之独深也。”

他主张修志要有体要:“方志体要,多志不如少志,志无用不如志有用,志琐事不如志大事,所谓君子务其大者远者也。”(原文见《中国地方志论集》第 31～44 页)

按:寿氏本文之列论,对以后之修志,是极具指导意义的。当然,文中亦表现了寿氏一些跟不上时代潮流之思想,甚至反对文明进步之思想。如其引宝山志冯序,一方面肯定它反映社会进步之潮流,但同时又发出“其于斯志,感想为何如耶。寥寥数语,尤世情深,见道之言也。故尝谓物质文明之结果,即大惨灭之时期,可不惧哉”的感叹。

中华民国34年（公元1945年）

2月25日,《浙江通志馆馆刊》创刊。余绍宋在创刊号上发表《浙江省通志编纂大纲草案》和《略评旧浙江通志兼述重修意见》。在《草案》前言中,他认为:“一时代之政治制度,有所变易,尽可因其需要而别立新裁,本无循用旧志体例之必要。况不问旧志体例适用于今时与否,而但依类指归以为之续,则非依样葫芦,即是削足适履,其非良志,可以断言。”故他“参用史法及内政部所颁《修志事例概要》,分为五纲:一曰纪,记本省自古以来之大事,拟正史本纪例也。二曰考,其类凡八,皆述自然现象及历史遗迹诸端;事属既往,非稽考莫能详,故曰考。三曰略,其类凡十二,皆述管、教、养、卫诸于政治有关者;事属现在,含有方略策略之义,故曰略。此二者,拟正史志或书之例也;不曰志或书者,以志与总称有妨,书则例兼考、略两端,与今分列之旨违耳。四曰传,其类凡三,拟正史列传之例也;宦绩不载其人一生,仅记其宦浙时政绩,严格言之,不得称传;兹但传其政绩一端,故类列之。五曰谱,其类凡二,拟正史表之例也;不曰表,而曰谱者,编中各类,多用表式,以省篇幅之繁,不能提归一处,以自乱其例耳。其杂记一类所载,无关弘旨,故列为附录,以明非正志也。至于诗文之属,卷帙浩繁,尽录则有附庸蔚为大国之嫌,选录则有沧海每多遗珠之虑;因仿章实斋先生《湖北通志》之例,别辑两浙文征,其条例别定之”。其纲、目内容及范围均有一一说明。最后有注意事项13款。(转自赵庚奇编《修志文献选辑》第165～172页)

在《意见》一文中,他力主方志要用史法,“或有疑方志渊源于昔日之图经,不当绳以史法……其实虽讳言史法,而方志记载,其本体本质,仍为史实,特掩耳盗铃耳”。(见沈松平《略论〈民国重修浙江通志稿〉》,载《浙江方志》2002年第4～5期)

8月,县长贺觉非独力纂成西康省《理化县志》12卷刊行。理化原为里塘宣抚司所治,光绪三十三年始设顺化县,宣统二年改里化厅,民国2年(1913)改理化县。是志有凡例29则,图3幅,摄影18幅。列目从当地实际出发,颇有特色:卷1为舆地、沿革、经纬度、高度、形势、气候、山水(海子温泉附)、胜迹、释名;卷2为建置、城市、官署、乡村、费讯、纬梁、塘铺、台站、邮电;卷3为政务、民政、财政、教育、司法、军备、党团;卷4为职官、汉官、土职;卷5为食货、土地、畜牧、农林、工艺、矿产、贸易(租借工资附)、度量衡、方物;卷6为差徭、大小差等;卷7为佛教、寺院、僧侣、组织、资产、经课、会供、仪注、轶闻、附释名;卷8为高僧、呼图克图、格西、执事;卷9为土司、宣抚司、长官司、土百户、头人、土制;卷10为礼俗:冠、笄、婚、丧、祀、军、宾、尊老、食、衣、住、行、岁时、信仰、称谓、卫生、娱乐、社会阶级、文字语言、附释名;卷11为艺文;卷12为大事记。内容记述上亦较翔实,如在大事记中,记有"1936年(民国25年),共产党军入四川坑(?)后,由贵州西康分道西川,罗炳辉部首陷理城,肖克部亦自南来"等。在设县不久之民族地区,以个人之力,修成本志殊属不易。如纂者所言:"惟迭遭变乱,官之书荡然无存;国家主管院会及川滇旧档,又由窃取,退而移译藏文谱牒,遍咨老吏戍卒,诣土头令举所知,访僧侣叩以轶闻,众说之互异也,比较定其去取;地理之未周知也,亲履定其区别,随手扎记,积久成帙。兹志之辑,无成例可援,终乏同志之助。草创润色,独力是任,况民族文语之殊,宗教风习之异,每涉一事,辄费斟酌。修志非易,此又甚焉。"(见王桂云《贺觉非与〈民国理化县志稿〉》,载《湖北方志》1992年第2期)

抗日战争期间(1938~1945),安徽省以黄同仇为总纂、李荣康等17人为分纂,纂成《安徽概览》一书。是书名为概览,实为方志。记事止于民国33年(1944)。李品仙序谓:"爰仿方志之例,捃摭本省自抗战以来政治、经济、军事、党务、文化各门建设实绩,兼述山川、气候、人文、物产,条分缕析,都为一编。"细分为134目。主要记述抗战以来各部门之实绩,资料翔实、具体。如记日寇之《空袭损害》有云:"本省自二十六年八月间,敌机首次轰炸广德后,其他各地相继被袭","二十六年八至十二月,敌机在本省各地共投弹1973枚,我方死伤816人,损毁房屋17386间。平均每百枚炸弹死伤41人,毁房屋880间。"尤其在"保安"项下,记述了新四军和游击队之抗敌斗争。如彭雪枫在泗县及灵璧县东北,张鼎臣在无为银屏山、银家桥,张云逸在庐江,罗炳辉在皖南等地之斗争情况,都是很有价值之资料。(宫为之《皖志史稿》第376页)

附载:自1937年7月至今年8月,是我国抗日战争时期。此一时期修纂之志书共219种,占民国方志总数之14%,平均每年成书27种。邸富生在《中国方志学史》中谓1938~1945之8年间,共出版省志4种,县志184种,乡土志6种,共计194种。(第194页)

2~11月,洪焕椿著《浙江方志综录》在《浙江通志馆馆刊》第1卷第1~4期刊行。(见《中国历史论文索引》第636页)

是年,山西虞乡县电令辖内各治村修志,并颁布统一纲目,提出具体要求:事实务必详细,数目务必正确,编制完善,装订成册。(见任小燕《山西历代方志纂修述略》,载《史志研究》1999年第3期)

按:县政府要求治村修志,历史以来,全国仅见此一县。

是年,阮略纂修成贵州《剑河县志》12 卷、首 1 卷。时近民国末年,各处方志都大有进步,而是书却仍抱封建糟粕不放。凡例中不仅规定“旧志圣训各篇,虽属专制政体之陈言,惟其旨意文字尚多可取,尤以各朝帝王,深居九重,而念念及民,忧勤宵旰,故构成一代宗风,称成盛世,得以君临天下二百余年,洵非偶然。兹不忍一概抹煞,爰遴选其中最勤者数篇,列入《艺文志》,聊供后人月旦之资料而已”。而且还沿旧志中圣训列卷首之例,“特以中央国府最高领袖文诰、谕令,代置卷首”。(见《贵州方志论纲》第 29 页)与时代之距离实在太远。

是年,王俊让修,王九皋纂修成陕西《府谷县志》12 卷、首 1 卷,明年印行。是志有三点最值得注意:一是抗日战争时期,府谷是抗战之最前线,故注意集纳抗战史料。正如王鹤亭在志书之后序中说:“纂修邑志时,发生此千载不遇之良机,编者为光荣我志乘计,为保存抗战史料计,为发扬我民族抗战精神计,另辟抗战志一门,予以记载,为将来留心战事之参考,此编者所引为荣幸者也。”二是国民党当时又将府谷作为对付陕甘宁边区之前线,故对此是志也特别关注,当时之陕西省主席熊斌、黑龙江省主席马占山、晋陕绥边区总司令邓宝珊等要人都为之作序。三是本志中注意给旧志中之民族英雄翻案,如对被旧志诬为大逆不道之王家引、高有才等忠于国家之民族英雄之业绩,予以公正评价,甚得人心。热心此志修纂之县长王俊让,在序言中不无得意地说,这是“为府谷开一新纪元”。(见《陕西方志考》第 176 页)

中华民国 35 年（公元 1946 年）

7 月 1 日，广东省潮州修志委员会成立。先是今年 3 月 16 日，郑绍玄就任广东省第五区行政督察专员兼保安司令。4 月 29 日，第五区年度行政会议决定："于七月一日成立潮州修志委员会，推郑绍玄为主任委员，负责修志事宜"。至是修志委员会正式成立，决定聘原广东省文理学院教授、两广监察使刘侯武之私人秘书饶宗颐为副主任委员兼总纂。延聘各县市局政要及硕彦鸿儒为委员。修志委员会成员达 156 人之多，其中多数是专家学者，规格之高，阵容之强大，几为前所未有。7 月 19 日，广东省政府主席罗卓英专门为此发出指令："关于编修潮州府志暨筹印先正丛书一节，准予备案。书成后应备检一部呈缴备查。所缴预算表列伕马费一目，应改为交通费。至县市局编修志书，前经制定调查表式，通令将过去编修志书情形，填报核办在案，仰转饬所属各县市局，迅将上项报表填报以凭核实。"饶氏接任后，在时局不安之情势下艰难进行。至民国 38 年 8 月修成《潮州志》50 分册，400 余万字，开始陆续印行。唯以时局维艰，当时只刊行 20 分册，余则散佚。直至 2004 年，始从汕头档案馆获得当年的修志资料及未刊的 5 个分册稿，按原版式编为 10 册，并补编卷首 1 册印行。是志之艺文志中，著录唐代以来潮人著作达 1200 种之多，并别其存佚和版本与著作源流，间载序跋，略附解题。被称为一部区域性目录学的上乘之作，为研究潮汕文化不可多得之文献。（见《中国地方志总目提要》19—28）叶恭绰在志序中称："盖民国建立后，吾粤以旧府属为范围，所新编之方志，此尚为第一次也，因加搜绎。此书之善有二大端：融通新旧，义取因时，纂组裁量，各依条贯，不取矜奇立异，亦非袭故安常，分类三十，统称为志，依附各表，以省篇幅而省眉目。殿以《丛谈》、《叙录》，若网在纲。别为卷首、志末，以存全貌。可谓斟酌至当，兼备众长，此体例之惬当，为丛书之特色者也。义取求真，事皆征实，如山川、气候、物产、交通之类，皆务根测绘验，一以科学为归。更重调查，期与实情相副，非同扪籥，可作明灯，此纪载之翔确为全书特色者二也。综此二长，联为一贯，非直侈篇章之富，实足供时代所需，值此弥天氛祲之时，有此精心结撰之作，所谓鸡鸣不已，凤举孤骞，诚空谷跫音，荒年颖秀矣。爰不辞为喤引,所冀闔省各同志,睹此有以自壮而争聘其逸足,以达于康衢,庶文坛足征,有以弥乡邦之缺陷而一洗文化落后之耻。斯则潮人士此举,殆有裨全省,而非止岭东一隅之幸也。”(均转自黄继澍《一段鲜为人知的修志史事——饶宗颐纂修〈潮州志〉探踪》,载《中国地方志》2005 年第 2 期;林英仪《一部创新格的治书信史——记饶宗颐〈潮州志〉的纂修与重刊》,载同刊 2006 年第 10 期)

按:由于纂修者当中,不少都是相关方面之专家,故志书不但依时立例,增加了许多新目,而且全书之科学性、学术性都大为增强。其《物产志·药用植物》都标了俗名汉称,而且运用了二名法,全书附有索引,都是为学者们常举例称道的。

9 月,安徽省通志馆恢复,聘桐城光升(明甫)为馆长。先是民国 19 年安徽大学校长程演生拟定《安徽通志目录》,省通志从民国 20 年起开始编纂,采取边修出边印之作法。“各志稿皆独立成编,合是一书,析可单行。”后因抗战之故而中辍。至是恢复工作,至安徽解放时,成稿者有大事记、舆地考、民政考、财政考、司法考、武备考、方言考、教育考、交通考、外交考、金石考、艺文志和佛门龙像传 2 卷、列传 9 卷、人物志 10 卷。参加编纂者颇有省内名宿。如《金石古物考》由徐乃昌纂,《大事记》由洪汝闿、孙传瑗同纂,《皖志列传》由金天翮主纂,《水利考》由武同举纂,《艺文考》由胡进接主纂。从已修成部分来看,《安徽通志稿》颇有特色。全书分四大纲,子目设置得体,不泥古,亦不违今。考订严格,内容丰富,引证旧资料或新增资料,均注明出处,不托空言。尤其是“金石古物考,搜罗既富,考证尤精,决非俗手所可比拟;艺文志,逐书皆有提要,更为难能可贵。总之,各门能用新法,不袭旧套,后来居上,当之无愧”。(均见《皖志史稿》第 370、373 页)

10 月 1 日,国民政府内政部公布同年 7 月 16 日行政院第 751 次会议通过之《地方志书纂修办法》,共 9 条。这实际是民国 33 年内政部公布的《地方志书纂修办法》之修订与重颁。与前一个《办法》相比,只将原要求省、市、县政府成立方志馆,负责办理,改为“各省、市、县纂修志书事宜,应由各省、市、县政府督促各省市县文献委员会负责办理”外,其他均同。(原载《中华民国国民政府公报》第 2666 号,全文转见赵庚奇编《修志文献选辑》第 173～175 页)

同日,内政部还颁布了《各省市县文献委员会组织规程》。该规程规定,各省、市、县设立文献委员会,负责征集、保管及编纂文献资料。文献委员会由 7～15 人组成,聘请专家及有关机关、学校首长充任,设主任委员 1 人主持会务。副主任委员 1 人襄理会务。下设编纂组,担任编纂省、市、县志及各种文献专刊工作;采集组担任设计、调查、征集、访询、通讯事宜;整理组负责登记、编目、绘图、鉴定、收藏、陈列;总务组负责文书、会计、出纳、庶务、出版等。文献委员会还可酌用雇员,聘请顾问。(转见《中国近代方志学》第 100～101 页)

11 月 8 日,台湾省台北县修志委员会成立并举行第一次会议,讨论编修县志事宜,这是台湾光复后最先提出修志者。县长陆桂祺在讲话中说:“修志一事,原为艰巨之工作,不仅关系地方文献,且为民族精神所寄托。尤以本省中经日本统治时代,我先民拓殖开创之丰功伟烈，及五十年来在异族暴政下之含辛茹苦，悉被御用史家曲笔抹杀。兹幸故土重光，则文献之重光与先民事迹之阐扬，实刻不容缓。地方政府于此盖责无旁贷……”与会者 10 余人，议定了县志编修之相关事宜。要点包括：(一)宗旨：以发扬民族精神，尤以阐发“台湾民主国”史实为中心。(二)起讫：上接淡水厅志及噶玛兰厅志，自刘铭传之新政至台湾光复，为时约一百年。(三)体例：推选专家召集专门会议，先草大纲，再行审议。(四)编纂时间：约定以 6 个月时间搜集资料，6 个月编纂，至台湾光复二周年纪念日蒇事。会议并建议纂修省志。台北县此举，有力地促进了台湾全省修志工作之进行。(见饶展雄《史志文稿》第 235 页)

是年，雷福祥修，孙诒鼎纂成河南《洛阳县志》稿 58 卷。是书始修于民国 29 年(1940)，至民国 33 年，洛阳沦陷，修志馆人员分散。孙氏遂将修成之部分志稿，埋进家中树下，直至抗战胜利后，才从地下起出，重新修纂，至是始成(见《河南地方志提要》上册第 226 页)。修志事业随国难亦蒙难，志人之良苦用心，亦足多矣，治方志史者于此不可不知，不可不阐扬之。

是年，山西省和顺县《和顺经济》第 4 期，刊发和顺县人民政府建设科编就之《和顺县乡土传》，共 8000 余字。内容包括 5 个部分：一为一般情况，实含地理位置、建置沿革、山水；二为人口、地理、面积；三为物产(上)，含谷类、蔬菜、药类、木类、果树、禽类、兽类、虫类、矿类；四为物产(下)，含铁业、黑矾、染料、煤业、麻皮、核桃、森林；五为人民生活。虽然各类分属未尽合理，门目亦尚难称完备(如缺政权、军事、职官、人物等)，但已具备了一部综合志书之雏形。这是中国共产党领导之革命根据地人民政府最早修成之一部地方志书，在中国当代方志史上具有特殊之意义。(见梁锦秀《〈中国地方志联合目录〉山西篇补遗》，载《中国地方志》1998 年第 6 期)

按：称其为共产党领导的革命根据地修成最早之志书，这是就一个县综合性的全志而言的。至于专志的出现则要更早些。1943 年阿英(钱杏邨)在江苏盐城抗日根据地编成发表的《盐阜民族英雄传》则是最早的一部盐城古今人物志。从南宋末之陆秀夫至上海工人大罢工的领袖顾正红，共收录 20 位历史人物，都是用新的观点进行编写的。该书在根据地对于抗日战争起了很好的教育、鼓舞作用。(转见王春瑜、李明、杨向东著《新地方史志学简编》第 3 页)

是年，吕钟纂成《重修敦煌县志稿》10 卷。是志体例严谨，记载翔实，上下古今罗列靡遗。尤其是所载之《千佛洞始建年代考》、《敦煌千佛洞图录》、《千佛洞佛经发现记》以及伯希和等外国探险家在敦煌活动情况等，资料尤为难得，是研究敦煌学和丝路学必备之资料。(见《中国地方志总目提要》26—46)

是年，杨必栋编成陕西《宝鸡乡土志》石印出版。是志各篇多以表之方式编成，略加文字说明或解释，故亦名《最近宝鸡乡土志表解》。如其疆域篇列表为：

疆　域

- 东界岐山
- 西界甘肃天水
- 南界留坝
- 北界千阳
- 东北界凤翔
- 西南界凤县
- 西北界陇县

(转见李金武、刘生义《明弘治以来〈宝鸡县志〉简介》,载《陕西地方志通讯》1990 年第 3 期)

是年,卢子骏纂修成广东新会县《潮连乡志》7 卷、首 1 卷印行。此乡志完全是一部县志编目之架式,分为舆地、职官、选举、人物、艺文、杂志等 7 门,凡 36 目。卢氏于清宣统元年曾修过《卢氏族谱》,故是志中引用了大量该族谱中之材料原文,如《南雄珠玑巷事杂记》、《康熙移村》、《张保仔之乱》、《红巾之乱》等。可见修志不可不注意存于家(族)谱中之资料。(见《中国地方志总目提要》19—46)

是年,赵燕声编就中法汉学研究所图书馆《馆藏乡土志辑目》一种。(见《中国近代方志学》第 153 页)

中华民国 36 年（公元 1947 年）

3 月，《协和大学图书馆所存福建方志简目》编成，在《福建文化》第 3 卷第 1 期刊出。（据《中国近代方志学》第 153 页）

7 月，广西通志馆修正通过《广西通志馆组织章程》、《广西通志馆编制表》，公布《广西通志馆办事细则》。根据组织章程之规定，通志馆设馆长 1 人，总理馆务；编纂 7 人，分任编纂；襄纂 8 人，负责汇集资料，协助编辑事务；秘书 1 人；会计 1 人。馆长及编纂均由省政府聘任；襄辑、秘书及一等组员由省政府任命。秘书的任务是承馆长之命，办理文书及其他指派事务。下设两个组：第一组掌管图书、报刊、志稿材料等之搜集、登记、保管、校对及绘制图表等事宜；第二组掌管文件之收发、撰拟、缮校、保管及出纳、庶务、交涉等事宜。会计由政府委任，负责办理会计、岁计事务。通志馆每月召开馆务会议 2 次，必要时召开临时会议，组长以上人员均须出席参加。（见《广西通志馆馆刊》1948 年创刊号）

8 月 1 日，由湖南省政府主席王东原建议、经省参议会讨论、省政府批准，湖南省文献委员会成立，延聘本省耆宿 81 人为委员。委员会主任先由王东原挂衔，10 月以后，改由省政府顾问、省参议会议员仇鳌为主任委员，廖维藩、陈介石、易克嶷为专任委员。负责湖南文物整理、省志纂修、导修县志。文献委员会下设编纂、采集、整理、总务 4 个组。先酌定篇目，初订为 16 个专志，下限止于抗日战争结束。各专志负责人都注意使用“专材”，如“艺文志”主纂是杨树达、李肖聃（均系知名学者）；“财政志”主纂是李锐（时任财政厅长，伦敦大学经济学院研究生）；“教育志”主纂是王凤喈（教育厅长，美国芝加哥大学毕业生）；“方言志”主纂黎锦熙（语言学家、方志学家）。为做好资料工作，文献委员会于《国民日报》上开辟《湖南文献》专栏，每周一期，刊载文献委员会之文件、条例及重要文章、时贤作品与先哲遗著。委员们之一些方志论言亦于是刊出。至 10 月，共刊出 55 期。这些文章后汇成《湖南文献汇编》2 辑。第一辑为论说、记叙、人物、艺术、杂纂、附录 6 类 130 余目；第二辑载省志编纂计划、省志初稿大事记、艺文志、人物志、司法志、省志资料序跋、传记、碑帖、专著、附记，共 158 目。此汇编对湖南自明清迄民国之史实典籍、学术论著、人物风貌、艺文词翰、传记碑帖之勾玄提要、诠释阐微,无不包罗,备载精审。文字简洁,一事一人,皆独立成目。(见《中国地方志总目提要》18—12)后改于《中央日报》半月刊继续刊出。至民国38年7月,文献委员会停止工作时,共又刊出45期。省通志之修纂,至长沙和平解放时,文献委员会停止活动,所有文献资料及所成初稿,后分别藏于省图书馆、省档案馆。(见舒山《湖南民国期间修志概述》,载《湖南地方志通讯》1986年第3期)

按:从今存志稿之篇目来看,是志之大事记分为"大事记述"与"大事年表",是实行大事记两分的又一部志书。

又:省文献委员会之成立,不但有力地推动了省通志之编纂,也促进了当时县志之编修。据不完全统计,仅一年之内全省就有44个县成立了文献委员会,着手搜罗旧志,征集资料。但此轮修志,未有一部志书正式出版者。

是月,吴宗慈续修纂成《庐山续志》8卷,明年8月,由江西文献委员会出版。是书依前志之例(见前1922年6月《庐山志》条),列为7纲。比前志在卷首增加了绪论、特载二项,卷末增加了大事记。绪论为介绍性之文字。大事记记了庐山抗战史实。特载部分,详载了国民党军政首脑,特别是蒋介石在庐山之活动。还记载了民国年间与庐山有关之军事、教育、党政、三青团、金融、电讯、邮政等方面之具体情况。(见《江西方志概述》第46页)。

10月,郝瑶甫撰《东北方志提要未定稿》、《东北方志略初稿(附图表)》同时在《国立沈阳博物院筹备委员会汇刊》第1期刊行。(《中国史学论文索引》第637页)在《东北方志略初稿》中,著录辽宁、吉林、黑龙江三省通志、府志、厅志、县志、乡土志等共267种,除录志书之名称、卷数、版本、修纂者之外,还概述了各志编修过程、当地之建置沿革、方志凡例与目录等。(见《中国近代方志学》第158页)

是年,吴宗慈总纂,辛际周、周性初协纂成《江西通志稿》10编。全志分纪、图、表、考、略、录、传、征、志余9门。共6800余万字,为江西保存了一批珍贵的文献资料。(见陈圣《吴宗慈和省通志稿》,载江西省志办编《修志文丛》1986年第7期)只有《江西省古今政治地理沿革总略·八十三县沿革考略》、《江西省古今政治地理沿革图》、《江西辛亥光复大事记》、《江西省近代人物志》、《江西鼎甲考》、《张天师世家》等单册印行。(见《江西省地方志概述》第7页)

是志突出之特点,一是运用当时最先进之科学成果,使志书之科学性大为增强。如其生物部分,运用系统的科学方法,将对全省之动、植物普查结果进行分类。又如地质考中,收入了有价值之《江西地质工作之回顾》、《江西之钨锡矿》等。在卷首之图中,专有地质图一帧。二是一改旧志轻经济之缺陷,在其《经济略》中,详载了农、工、商、矿、陶瓷、茶、靛、竹、木、布、纸、烟、糖、百产、仓谷、货币、劳佣等多方面之情况,对工商百业记之尤多。其方言以国际音标标注,也是一大特点。(见《中国地方志总目提要》14—7、《方志学》第250页)

按:民国时期之方志中,较多的都注意了社会经济内容之记述,除本志外,如周国华修，冯翰先纂之贵州《石阡县志》中，载了当地的粉丝、烟盒、陶器、红白土碗、锅、皮纸、火纸等土特产，还载了茶、五倍子、冻绿皮、药材等土货的贸易。邱自芸修，邬荣治、郭选英纂之江西《南康县志》详载了当地黄金、钨、锡、铁等矿产之产地和价格。山西《阳泉县志》（未查得纂修者）详载了当地地价、工资、银洋之比价。云南《蒙自地志资料》（未查得纂者）当中，记载了法币、南洋币、墨西哥币、英币、日币、港币在当地流行情况。郑少成等修，杨肇基等纂之四川《西昌县志》记载汉人与少数民族贸易情况更详："入山者以盐、布为大宗，次则针线、棉带、梳篦之属；出山者以马、牛、羊、猪畜及牛、羊皮为大宗，次则柴草、芋、豆、猪油、蜂蜜之属。"（均转见《中国近代方志学》第 120 页）

是年，青海省建立通志编纂机构，制定采访志料须知，进行史料收集工作，纂成通志凡例暨目录。该目录分为舆地、建置、民族、民政、财赋、教育、军政、交通、外交、经济、职官、选举、人物、金石、艺文、大事记、文征等 17 志，子目 101。志稿未编成，仅存凡例、目录之铅印本。并将收集之志料汇编为 21 卷共 51 册。（见《中国地方志总目提要》27—7）

是年，郑伯彬个人编成《台湾新志》一种。（见《中国近代方志学》第 102 页）

是年，陈公佩、曾传仁、孔繁枝修，陈德周总纂之广西《钦县志》16 卷印行。全书分为 17 个分志，各分志之目已显特别，分别为：舆地志、建置志、民族志、人物志、祀典志、党团志、民权志、选举志、民生志、司法志、教育志、交通志、武备志、艺文志、记事志、褒扬志、杂志。其下之细目更显出时代特点，如其《民族志》下之"民族缘起"下辖：一、上古钦地之民族；二、中古钦地之民族；三、近古钦地之民族；四、近今钦地之民族；五、现代钦地之民族。其《民权志》下辖子目分别为：一、民权意义可证之古；二、自秦至清以专制压民权；三、清末假以民权笼络；四、入民国以来民权屡因时局阻滞；五、近年逐渐伸张民权；六、成立参议授予民权，附职业团体：1.农会（附劝业所）；2.工会；3.商会（附各公会）；4.教育会；5.自由职业团体。从编目便可见其纵横结合，是一种史、志结合写法之志书。是书《舆地志》载清末中法战争中，与越南边界竖立 50 块界碑中之 1～33 号界石之方位，相当详细，并以《杂志》中所载之《中国与法越立界条约》相印证。是极有价值之资料。（见《广西地方志提要》第 375 页）

是年，李文雄、覃辉修，曾竹繁纂广西《思乐县志》10 卷完成。曾氏在序中云："本志之本意与目的，是供给民国资鉴与行政参考，故取材务双方并重，搜罗尽致。而撰稿则注重事实，据事直书，意尽词完，不求文采，而以简、严、核、雅四要为原则。撰人则无论其一生是忠是奸，为善为恶，或前忠而后奸，或后恶而前贤，均不忌讳，亦不歪曲事实。"书中对中法战争中，建立中越两国界碑之碑文与地点，尤加意搜录，以明畛域而重国防，是为可贵。尤其难能者，这是在抗日战争之艰苦环境中进行的。诚如李文雄序中所云："33 年秋，日寇陷境，县府几经搬迁，县志能继续不废，曾君之坚苦卓绝，地方人士之热忱爱护，有足多者。"（见《广西地方志提要》第 126 页）这不正体现了志人之爱国尽职尽责精神吗？

是年，施广德主修，毛世俊总纂成江西《峡江县志稿》16 卷。是志军事志中，专辟有"中日战争地方抗战史”一目,详载了驻县军队与县人共同抗战之史实,为同期其他志书中所少见者。(见《中国地方志总目提要》14—63)

按:抗日战争是中国近代史上重要之历史事件,不但民国时修成之志书对此记载多所缺略。就是 80 年代起所修之社会主义新方志,记载亦多不到位。笔者于 1985 年纪念抗日战争胜利 50 周年之际,曾专门撰有《新编地方志应着力记述好抗日战争的内容》一文(刊于《中国地方志》1995 年第 4 期,《广西地方志》1995 年第 5 期),指出当时出版之不少志书对此重视不够,一是不写或少写正面战场之战事,且存在公式化之写法,总是说国民党军队望风逃窜,一溃千里,多数志书对国民政府军队抗战阵亡人员,连个名录都没有;二是对民间自发之抗敌行动未给予应有之重视,只写日寇之暴行,少写人民的抗战行动,贻害无穷。同时,在对中国抗日战争接受日本投降签字之地芷江的新志书的评论文章中,以及其前后在各地的讲课中,都曾反复呼吁,并希望有影响之人士出来说话,以期引起重视。但不幸的是,没人予以理睬,以致其后出版之志书,在这方面无多改观。如果说当代志书有什么局限性的话,这不能不说是突出之一条,给我们当前之续志中,留下了繁重之补遗任务。江西之这部志稿,能设此一目予以专载,十分难能可贵。

是年,胡翯纂修成贵州《镇宁县志》8 卷印行。是书编纂中,提出修志有“三忌”、“三难”。在《人物志·序》中说“史笔有三忌:偏爱偏恶,私其所亲,一忌也;考查不周,以耳代目,二忌也;怵于权势,曲为迁就,三忌也。作史者犯此三忌,即不成其史。修志者犯此三忌,亦不成其为志”。(转自《贵州方志论纲》第 75 页)在全书序中说:修“方志有三难:才也,材也,财也。盖得才难,取材尤难,筹款更难。因聚财兴敛,仇怨相因,尤难中至难”。(同上书第 21 页)看来古今皆然。序言中还批评了旧志体例之一种通病:“旧志体例,向由抚藩规定,千篇一律。义例普泛,上焉者形同求剑于刻舟;下焉者迹近削足以适履。勉强从同,终难吻合。”(第 30 页)

是年,章潜龙修,杨世泽纂《南澳县志》未完稿一种。虽系未成稿,但其事纪部分,较全面地记述了抗日战争时期南澳军民奋起抗日、流亡政府在饶平开展瓦解伪军工作及接管南澳伪政权之经过等,亦是写抗日战争内容较多之一部志稿。(见《中国地方志总目提要》19—31)

是年,《新编麻栗坡特别行政区地志资料》成稿。是资料稿特重天文气候方面之内容,分有天文,天象,经纬度,时差,太阳、行星出没时间,彗星,流星,气候,空气,云气,雨雪,雹霜,雾冰,雷电,时序,交午、交节时差,日月,星风,雨云,露虹,雷电、冰、霜、雪等目。(见《中国地方志总目提要》23—54)

是年,郑资约编成《南海诸岛地理志略》印行。先是抗日战争胜利后,编者作为国民政府内政部方域人员,奉派于民国 35 年 10 月至今年 2 月,参与接收南海诸岛。归来之后,根据个人调查所记及参考诸种资料而编成。全书分为 7 章,即绪言、地质地形、气象气候、岛屿滩险志要、经济物产、地理价值、史之回顾。附录有《内政部公布南海诸岛新旧名称对照表》。是当时最完备之南海诸岛的志书。(见《中国地方志总目提要》19—87)

按:南海诸岛是我国人民最早发现、开发、经营者。故对于南海海域和南海诸岛,中国有无可争辩之主权,历来也得到国际社会之认可。20世纪60年代以前,除抗日战争时期,曾一度遭到日本侵略者之染指外,没有任何一个国家敢于在此提出领土要求。但近数十年来,随着海洋资源之发现而日益引起他国之重视,一些国家开始非法占据个别之岛礁,有的更进而提出了主权要求。最先是1956年南越西贡政府非法提出了对南沙群岛和西沙群岛之主权要求,其后越南、菲律宾、马来西亚、印度尼西亚、文莱等,都以不同之方式表现了他们的领土要求。但是这些都没有得到国际社会之同情。正是众多的尊重历史事实、公正之国际舆论对中国领土主权之支持,才使得在相当长一段时间内,避免了南海问题的复杂化。但自冷战结束以后,20世纪末以来,随着世界经济之发展对南海航道依赖程度越来越高,区域外之国际势力的干预和域内有关国家固守既得利益之政策,使得南海之局势有日趋恶化之势。为此,我国政府提出了"搁置争议,共同开发"之主张,可惜没有得到有关方面之积极回应。在此情势之下,建立一种既有利于打击海上恐怖行为,又尊重各国主权和历史感情,还能防止以合作为借口,间接控制南海地区之非传统安全合作机制,是当务之急,也是中国人民所期盼的。目前,通过共同开发推动南海问题之和平解决已经成为相关各方的基本共识。只有沿着这个方向继续前进,在传统安全和海洋资源开发领域之深入合作,才能为南海地区迎来一个和平、合作、共赢之新局面。(参见鞠海龙《南海问题能够和平解决吗?》,载《世界知识》2007年第3期)

是年,吴宗慈《修志丛论》撰成并印成铅印本。吴氏是民国时期在方志编纂、方志教学、方志理认研究方面都成就斐然者。此为作者主修《江西通志》时,一面参阅章学诚之方志理论,一面同江西各县修志局讨论体例问题之随笔记录,经补充修改而成。包括38篇短文,共3万余言。(见《朱士嘉方志文集》第35页)是他对方志理论之阐述。在书中,他对方志和方志学下之定义为:"汇记一地方古今纵横之史迹曰方志(方志中之天文地理、地文地理变革不多,惟人文地理随时代演变甚繁,故只以史迹为言)。研究此汇记之史变应采用如何方法乃适用于今之世,曰方志学。"他认为方志有其精神、物质二方面之用,"大抵学术之应用,有属于精神者,则哲学之范围;有属于物质者,则科学之范围。吾今持此以论方志。方志固有其精神、物质二者之用也"。

关于方志与正史之比较,他认为"吾国正史所留之缺憾,为现代新史学家疵议者,每谓正史二千年来之记载,只有国家而无社会。然则方志之所重者,诚有超乎正史上者"。"顾章氏当时所谓实学者,乃偏重于史裁。若今日则方志所重在实学,乃为一切民族社会、经济与科学问题。中国的旧史书,最为人疵议,即当时民族、社会等事,均摈之不谈,即有所记述,亦东鳞西爪,无系统可寻……然则今日之为中国方志者,若能有系统的记述各时代民族社会经济等问题,宁非大有价值之事?”(转自姚伟《略论民国时期志家对传统方志学的扬弃》,载《中国地方志》1989 年第 5 期)方志实可称“为吾国一切所有之总底册”,“国家无量之宝库”,“有系于全国之大计”。他对章学诚设立“志科”之议作了进一步之具体建议:“中央内政部设全国方志资料库;各省民政厅设全省方志资料室;各县设方志资料分室。”(按:此一建议,可供中国地方志指导小组及新建立之国家方志馆确定自已职责时之参考)他呼吁“应举国家整个力量从事改进和振兴”方志事业,培养出合乎需要之修志人才。关于修志人才,他的要求甚高:“从作方志之人选言,其最低限度,非有三十年以上之旧学根底,不足以应付过去事物;非有现代各种科学之充分常识,不足以融通现在之事物,而为未来事物植根基;非有专门史学之研究与素养,不足以提纲挈领、括要删繁,以成专门不朽而切合时代之创作。”

关于志书之体例,他主张随文起例,例由义起。体例可以先挈其大纲,又留有“随时增补义例之余地”。他主张修志以“实用为归”,要“研求其如何与现代事理相应之道”,“不矜奇以立异,不袭故而蹈常,求其是而已矣。存古而不泥朽骨,详今而适应生存,求其用而已”。(均转自黄苇《方志学》第 590 页)他的这些理论,对今天的修志工作仍有重要之指导意义。

是年,商务印书馆出版王庸所编《中国地理图籍考》。

是年,山东聊城解放前夕,中国人民解放军杨勇所部之政治机关发布三项命令,其中第二项为:“保护中国四大藏书家之一海源阁书馆。”(见齐城《齐鲁名胜 · 海源阁》,载《山东史志丛刊》1988 年第 6 期)

从民国 34～36 年间,洪焕椿相继撰写了《浙江通志撰修源流考》、《雍正浙江通志两浙志乘篇考异》、《宋元四明旧志及版本》等文,开展了区域性之方志研究。(《方志学概论》第 126 页)

中华民国 37 年（公元 1948 年）

1 月，《广西通志馆馆刊》创刊，定为每 3 个月出 1 期，先后共出 5 期。除探讨修志问题外，并注重广西史志、民族、地理等方面之地情研究，汇集了一批民国时期广西方志学与史学之研究成果。省政府主席黄旭初曾于《广西通志馆馆刊》上发表《修通志之意义》一文，说明通志馆设立之目的是编纂一部《广西通志》，以续清嘉庆《广西通志》之后百余年来的修纂空白。其文略谓："今距谢志重修，又阅一百四十余岁，中历清廷多事之秋。海禁大开，政风渐革，外患之烈，亘古未闻。重以南明史实暨金田、镇南反清革命诸役，咸关岭峤；而民国丕建，复垂卌年，载笔阙然，后将奚述？则斯志之……正难或缓；惟是历时既久，远迈前修，志材之搜集弥艰，文献之保全益迫。虽知匪易，敢不勉旃？……以彼各编之详载，合为文化之巨观，将使吾人了然于施政之方，因地制宜，臻于至善，又不独订文物、昭劝诫而已。"通志馆自成立时起，即着手收集和研究历史文献资料，实地采访，为修纂通志积累材料。至民国 36 年（1947），拟定出通志篇目。至民国 38 年 6 月，纂成部分志稿，陆续油印装订成 18 册稿本，即今所存之民国《广西通志稿》也。（见秦邕江《广西通志馆沿革述略》，载《广西地方志》1992 年第 6 期）其中之《地理编》质量较好，于山川等考核颇详。是志修纂中，视角较为新颖，提出要设大事记；主张对妇女之记述，"拟扩大范围，凡有奇才异能，见于事功，足为社会矜式者，皆分别立传，与男子同"；经济内容，主张"因革之宜，有必应变通以尽利者，固不得泥古词以自隘也。举凡财货之盈缩，农工商矿之森列，交通之敷设，制度之规划，皆当举其纲要，定其指归"；关于少数民族，认为他们虽然"野居山箐，隔绝中原"，然"坚忍耐苦，强毅不挠，乃其特性"；各民族的风教文化，如歌谣等，"其言婉挚，发乎至情，其韵悠扬，纯乎天籁，有竹枝之贵响焉，是又采风者所不废也"。凡此种种，都表明其颇有时代感。（见秦邕江《民国广西通志馆馆长封祝祁先生传略》，载《广西地方志》1996 年第 6 期）

4 月，许崇灏于民国 34 年编著成之《琼崖志略》出版。是书为章节体，凡 5 章 22 节。第一章琼崖的历史：沿革、自古人士对琼崖的观感；第二章琼崖的地理：位置与地势、土地的广袤、气候、山岳、河川、港湾、附近岛屿、县治与大市镇、物产;第三章琼崖的经济状况:贸易经济基础的鸟瞰、农业经济和垦殖事业、畜牧经济的现势、渔盐经济基础的现势、交通事业与金融经济;第四章琼崖的居民:汉族、黎族;第五章历代治黎与开化海南黎苗之研究:绪论、历代治黎方略平议、现代之黎苗开化工作、我的治黎观。全书取材丰富,记述翔实。其显著之特点,是对少民族黎族记之甚详,凡种类、起源、人口、性情、风俗、习惯、组织、衣食住行、婚姻、丧葬、嗜好、武器等,均有较详之记述。许氏在志序中说:"琼崖又名海南岛,位于广东西南之大海中,为中国海南之门户,面积几等于台湾。岛中金属、矿物、农、牧、渔、盐之利,蕴藏极富,取之不竭,诚天府之区,国防之要隘也。而我国人忽焉漠视,任其货弃于地,殊堪太息。余有感于此,曾于民国二十二年草拟《海南三市》一文,发表于《新亚细亚月刊》,冀唤起国人之深切注意。文中有谓:'今之海南,吾人急起图之,因有无穷之希望也,若犹轻忽置之脑后,几何不为台湾之续也耶!'呜乎!果然一度陷于敌手,宁不痛心哉……《琼崖志略》而梓行之,以贡献于国人。俾阅者知琼崖之可贵之重要,从速开发建设,以固吾圉,固吾人之所深望焉。"(转自金建陵、张末梅《南社与民国方志建设》,载《中国地方志》2004年第7期)

5月13日,台湾省政府公布《台湾省文献委员会组织规程》。其第3条有关征集资料范围,将该省、市、县"沿革有关之府、厅、县、市各种旧志书及各项地图",列入应征集资料之首项内容。(饶展雄、黄艳嫦《台湾对旧方志的整理与研究》,载《中国地方志》1988年第4期)

6月1日,台湾省成立台湾省通志馆,林献堂任馆长。公布《台湾省通志馆组织规程》和《台湾省通志馆办事细则》。下设编纂、资料、整理、总务四部,并设立顾问委员会,开始编修《台湾省通志》。最先草成纲目38篇,子目千余。明年7月1日,改组为台湾文献委员会,林献堂为主委,黄纯青为副主委,林熊祥为总编辑。该委员会与台湾省政府各厅处位阶平行。其委员以专家、本省参议会议长、台湾大学校长、民政厅长、教育厅长、省立师范学院院长、省立图书馆馆长、省立博物馆馆长为咨议对象,由省政府主席聘任之。其下仍设编纂、搜集、整理、总务四组。其工作重心是继续编纂台湾省志,其次是出版台湾丛书;其三是编印台湾文献专刊。对于台湾通志,初定11个专志,断限于1950年。开始时,易前之篇目38篇为11志,志目为土地、人民、政事、经济、教育、学艺、人物、同胄、革命、光复、区复,志下再分章、节、目。另增卷首、卷末各1卷;到1960年通志稿大体完成,共千余万字。

12月,安徽省文献委员会与省通志馆,奉命迁往芜湖东门外高长街私立安徽职业学校,正式办公,至次年4月芜湖解放,通志馆宣布解散。(见《皖志史稿》第370页)

是年,刘显世、吴鼎昌修,任可澄、杨恩元纂成《贵州通志》171卷、首1卷印行。全志分19门,故有著录为19篇者,分装105册。

是年,朱明允私人编成《甘肃乡土志稿》23章121节,凡50万言,系乡土志中分量之最大者。取材于1912～1946年,多有纂者的实际调查。内容新颖、翔实可靠,保存了许多珍贵的地方史料。有1961年抄清本,稿本今存甘肃省图书馆历史文献部。(见赵世英《历史上的五

部甘肃省志》,载《甘肃史志通讯》1987年第1期)

是年,抗战胜利后,浙江通志馆迁回杭州,通志修纂工作亦重新开始。至是,省通志馆馆长余绍宋撰成《重修浙江通志初稿体例纲要及目录》,由浙江通志馆付印。在此《纲要》中,余氏指出:雍正志四十五门中,“最感无取者,如中星分野。虽云原本经史,而求之科学,全无左验。即稽诸古籍,亦多自相乖违,故本志摈而不载”。“其余事涉怪诞或迷信者,悉删之”。(见《现代著名方志学家——余绍宋》,载《浙江方志》1987年第2期)

按:余氏特别强调修志要切合时代:“夫作志与作史,皆应切合时代,自出心裁,不宜依傍前人,惮于改制。盖今日修志,应求其有裨于实用。正不必事事于古有证也。”“志乘为书,包含既广,则当因时制宜,求其实用。应用文言者,则用文言;应用语体者,则用语体。一书之中,文体固不必求其一律也。”“大兴革之际,真伪功罪本甚难言。作史志,必宜处于第三者地位,全任客观,始能得正确之见解,而不失其真。以传言于来世,是史家之风度也。依此准则,清朝死节之人,固不妨称为忠义;即太平军之死难者,亦当以忠义许之。书贼书匪,固当删除。而对于清朝也不得加以胡虏之号。何况今日五族共和,未曾歧视。民族两字,宜扩大解释之。”(均见《答修志三问》,转自上刊同期文)其在民族问题上的见解,尤其值得注意。

是年,干人俊辑成江苏《睢宁新志稿》22卷。是志经济类内容居太半。其“风俗”一门,专记民国以来新式婚丧仪礼甚详,至为珍贵。是志稿在十年动乱中,红卫兵“破四旧”时被抄出,正欲焚烧,为县图书馆馆长李春明先生冒险抢出2册(卷1～10),可谓劫后余存。其余2册至今下落不明,不知尚存人世否也。(见《江苏旧方志提要》第213页)

是年,宁夏固原县县志委员会编纂,叶超总纂成《固原县志》12卷。是志分为10纲,纲下列目。是固原县现存字数最多、内容最为丰富之一部志书。尤其值得注意者为,编纂者以比较巧妙之手法,反映了人民之疾苦和民国时期政治之腐败。如节录之文字有“因连年荒歉,本已十室九空,而去岁荒旱,尤为特甚。加之土匪迭次骚扰,所至糜烂,人民困苦已极。始尤(犹)食糠粕油渣,藉延残喘。刻下次物亦皆罄尽,哀鸿遍野,待哺嗷嗷,饿死者举目即是,鬻儿卖女者到处皆然,出外乞求者不知凡几,惨状实不忍睹”。民国30年“大军压境,需索日繁,军旅之众几近3师。单位之多,每保一值,供应之紧,严同前线;负担之重,已频绝境……而散驻四乡之部队,直接向各乡镇保甲征购(麸料柴草)者……不及市值百分之五……直等派征。尤以开拔时之车驮运输,接防时之家具征借,驻定时之煤炭驮运……县境驻有3万以上之兵,马匹约计540匹,逐日所需,无不取之于民……长年竭厥,不得喘息”。纂者纂辑之余,也“不禁太息曰:‘固邑之人,自古迄今,天灾人祸,纷至沓来。曰疾病之苦,曰震灾之苦,曰旱涝之苦,曰匪灾之苦,曰差徭之苦,间杂税之苦……民困迄未苏也’”。(转见《宁夏方志述略》第71页)

是年,霍士廉修,由云龙总纂之云南《姚安县志》66卷、首末各1卷刊行。是书始修于民国 28 年(1939),由由云龙为县志局长兼总纂,集中了百余人之修志队伍,其中不乏饱学之士,均以"不死得参乡土志"为幸事。适值抗日战争时期,社会动荡不安,修志经费无着,修志者大多为无俸仅尽义务。每月只从志局领得刀烟一包、草纸两刀。工作开始不久,志局即为部队占去,只得将资料搬回个人家中撰写。如是历经了四任县长、六易其稿、七阅寒暑,至民国 36 年始完稿。稿成之后,出版经费又无着,由县政府加收一季房租,复以储券兑现款加以补足(见杜晋宏《旧方志的魅力——写在〈楚雄彝族自治州旧方志全书〉出版之际》,载《云南史志》2005 年第 5 期)。总纂者由云龙,是位思想进步之政治活动家,又是有卓识之学者。讨袁护国,抗日寇,卫疆土,功勋卓著。新中国成立后,曾为云南省政协副主席。故是书在国民党之淫威统治下修成,对国民党政权多有微词,对中国工农红军数有褒语,难能可贵。是书分 8 纲 66 目,共约 89 万字。它承清人章学诚之遗绪,参以当时新修邕宁、犍为等志法,续补旧志,因事创例,增辟新条。1986 年,楚雄自治州地方志办公室校刊重印时,傅振伦为之作序,称其"博访周咨以备史部之要删,因文见道,贻后来之典范。编纂之初既发凡起例,及书成,复仿《史记 · 太史公自序》、《汉书 · 叙传》之体而作序,以概括全书。体例完善,史事详备,确是旧志中之佼佼者"。(见《傅振伦方志论著选》第 495 页)

是年,祝世德纂修成四川《续修筠连县志》7 卷印行。全志记事极为详尽,以民国时之新事物,如教育、卫生、公安、邮政、兵役、税捐、物价尤为丰富。其物产类之末附有县人廖涵秋所著《筠连蚕桑概论》一书,达 5 万余字之多,对川南蚕桑业、缫丝业之生产、发展、贸易等记之颇详。在一部县志中,收入如此大之一部专著,这种做法,在志书中是少见的。(见《中国地方志总目提要》21—72)

是年,厦门大学历史系庄为玑独立纂成《晋江新志》4 卷。庄氏早年师从郑德坤先生,从事史志研究。郑先生曾谓方志和族谱,是中国历史上尚未开发的两大金矿,此对庄氏颇有影响。他修成此志后,曾感"当时处于新旧交替的时期,觉得思想上有些跟不上形势",故新中国成立后又积极参加了新志书之编纂工作。在参修《泉州志》时,曾主张现代以外之部分应分为 8 志:即通史志、古代志、近代志、制度志、专题志、人物志、史料志、文选志。(见关岗《庄为玑教授谈修志》,载《湖北方志》1986 年第 1 期)

是年,陈鲲修,刘谦纂成湖南《醴陵县志》10 卷印行。是志广采新知,有较高之现代科学水平。地质、地貌及交通等图,均用加色套印;物产,尤其是矿产等,都用现代科学方法记述。

是年,吴克宽修,陆庆祥编纂成广西《隆山县志》9 篇,仅有抄本存世。其先,纂者庆祥之父连芳已草成志稿,因战乱未及付印。去年,吴克宽来任县长后,即聘陆庆祥来进行续纂,在前志草基础上续成。是志内容上有两大特点甚为突出:一是土司及改土归流之资料较系统。隆山自宋以降,直到民国 4 年改土归流设县,凡其建置、世系变迁、版图范围、叛服变化、改土归流过程,均有记述。二是对抗日战争记述充分。隆山位于昆仑山脉之边缘,抗日战争中曾发生昆仑关之战,甚为惨烈。志书对此记述颇详,有抗日烈士传、日寇暴行、抗日战争情状、兵粮支前、伤亡情状、物资损失统计、抗日战争中的军政建树等的详细资料，写出了国人的骄傲与自豪。(见《中国地方志总目提要》20—21)

是年，来裕恂出任浙江省萧山县志编纂馆编纂。先存之方志馆形同虚设，并未开展工作。来氏遂独力纂成《萧山县志稿》14卷、志余1卷。因无力刊印，故只有稿存于浙江省图书馆。其在修纂中，历尽艰难。其中部分志稿系用杭州"宓大昌"烟纸写成，足见是志成之不易。(见沈建妹《来裕恂和〈萧山县志稿〉》，载《浙江方志信息》1986年第4期)

是年，周国方修，张声懋纂成江西《崇义县志稿》8卷。是志始修于民国30年。始修之初，其编目成就之时，曾报内政部备案。内政部给予了较高评价，谓："今之修志者，每多不能追随时代，脱出旧套独揽。是志条目新颖，排列井然有序，颇具现代方志形态，殊堪嘉慰。"(见《中国地方志总目提要》14—2)全志篇目为：卷1，自然编、经济编；卷2～3，人物编；卷4，地方编，卷5～8，附编。是书之特点是，"凡地球表面上之一切人文现象，无不兼收并蓄。其纂述编排，亦比昔志多采论理的、系统的科学方法"。(《江西省志·江西省方志编纂志》第4、114页)内容上着重记述以农业、林业、矿业为主体之经济结构。

是年，国立南岳师范学院教员彭昺撰成《戊子续修湘阴县志礼俗方言篇略稿》2卷、首1卷。彭氏自订凡例有云："于俗语为通行文字所无者，一一寻其本源，辨其发音，求其通转之故，复以吾邑文字声调与会城异者，核其原则，准以国音为声韵表数通。"其一改旧志详于官府，略于闾巷之毛病，甚为有识。(见《中国地方志总目提要》18—52)

中华民国 38 年（公元 1949 年）

2 月,陈植私人编著之《海南岛新志》11 章,由商务印书馆出版。作为抗战胜利后之接收官员,陈氏周视全岛各地后,认为岛上资源丰富,战略地位重要,但岛上政治、文化落后,遂向当时政府建议,政治上应设省改制,经济上应着力开发建设。为此将其调查所得,写成本志,供当局咨询之参考。志书有四个明显的特点尤其值得注意:一是作者持海上双目论。认为海南岛与台湾是我国之海上双目,位置极为重要,故志书中处处注意与台湾联系对比,认为海南岛之气候、土壤、资料等都比台湾优越,阐明开发海南之重要意义与开发之可行性。二是较详细地记述了日军侵华事实,揭露侵略者之罪行。对这些"狼迹"的记述,实为进行爱国主义教育的好教材。三是记叙中有较强的著述性,有资料,有分析,有论点,有阐述。如其第一章之绪言中概括云:"本岛地处热带,天赋独厚,稻可三作,薯竟六熟。诸如他省不可发育之橡胶、椰子,以及奎宁、咖啡、香蕉、菠萝之属,分布全岛,莫不随处滋繁,实为我国唯一热带资源……而环岛海面,渔场棋布,鱼类特饶,盐场星罗,物产丰美。他如森林之蓄积、畜牧之富源,尤属所在皆是。"四是在体例上为章节体,全书分为 11 章,章下设节,节下设目。书中重视用表,达 64 表之多,有历朝各州县系统表,土壤分析表,各县市面积表,本岛与台湾、菲律宾等地面积比较表,日人占领期间经营事业表,农户人口调查表,教育概况总表,锡矿分布表,橡胶园调查表等。除绪言、行政、结语 3 章外,其余各章,无不有表。(见天池、庶韧《〈海南岛新志〉评介》,载《湖北方志》1988 年第 1 期;刘纬毅等《中国方志史》第 302～303 页)

3 月,浙江通志馆解散。抗战期间,浙江省政府已在云和县成立史料征集委员会,筹备新修省志,聘余绍宋为主任委员。后改名为浙江通志馆,余为馆长,孙延钊为总纂。另设编纂、分纂、办事员、工人、采访诸职,创办了《浙江省通志馆馆刊》。同时还公布了《通志馆组织规程》、《关于特聘编纂、采访及各县市采访员办法》和《采访须知》。抗战胜利后,通志馆迁回杭州,于 1948 年初制定《重修浙江省通志体例纲要及目录》。至此方志馆解散时,已完成初稿 125 册,包括叙例、大事记、地理、民族、物产、建置、名胜古迹、著述、艺术、党团、议会、司法、行政、财务、盐务、国税、省公债、计政、粮政、军事、水利、交通、实业、宗教、考选、人物表传、儒学表及文征等。(见《中国近代方志学》第101页)至1982年曾出复印本。(见小凡《现代著名方志学家——余绍宋》,载《浙江方志》1987年第2期;又同作者《民国通志 承上启下——民国〈续修浙江通志稿〉、〈重修浙江通志稿〉简介》,载同刊2000年第3期)1984年经浙江省志办组织人力,进行整理,章节错乱者依次厘定,明显抵牾之处,一一补正,分装成125册之《重修浙江通志稿》正式出版。

10月,黄西平等修,郑丰稔纂成福建《华安县志》17卷,由于人事变迁,经费支绌,未刊。是志分为过去、现在、将来三部。凡建县之前,邑事见于龙溪志及得之传闻者,编入过去部;建县以来之政治、社会各方面情况,编入现在之部;今之所无,后所应有,仅列作计划者,编入未来之部。(见《中国地方志总目提要》13—45)

按:将未来计划载入志书,是其一特。民国28年至38年之10年间,郑丰稔先生先后纂成《泰宁县志》(1942年印行)、《崇安县新志》(1942年印行)、《龙岩县志》(1945年印行)、《漳平县志》(未刊)、《华安县志》(未刊)、《长泰县新志》、《云霄县志》、《南靖县志》(未刊)等8部志书稿。其中5部已经铅印,华安、漳平、南靖3部尚未付印。除《漳平县志》志稿已经散失外,其他都保存了下来,于福建解放前夕汇集铅印出版,黄典诚为之写有《八邑志书序》。这些志书共同之特点是:一、反对迷信,崇尚科学,如在《云霄县志》中,抨击风水之说。《华安县志》中所列各种动、植物,采用生物学分类法进行分类。二、注意收集保存各地之民俗、方言和歌谣、民间典故等资料。如《云霄县志》中方言、俗语、民谣内容十分丰富,表述淋漓尽致:"云霄通行之语言,系属闽南语,亦称福老语(即福建老方言),具有显著之鼻音,及中州带来的轻微舌上音,与漳属各县暨厦门、泉州等处相同,又与广东省辖之潮汕、惠州沿海,以至台湾、澎湖、龙岩等县市均可通。其使用之广,远至南洋、暨菲律宾群岛。"三、在志书的若干类目中,利用了当时政府机关之档案资料,保留了第一手原始资料,颇有价值。如《泰宁县志》中,多处记载了1931年至1934年前后,中央红军在泰宁附近活动情况,《崇安县新志》大事目中,有关于三十年代初期红军游击队(方志敏、罗炳辉等部)攻占崇安之记载,《云霄县志》大事目内记载了1932年春共产党攻克漳州、漳浦等。四、大胆创新,出现了一些新门类、新条目、新体例。郑氏还将其修志过程中所制定之文字,集成《八邑志书序例》。黄典诚在《八邑志书序例·序》中评论为:"吾师龙门郑笔山先生,自丁丑以还,一纪之间,赓修泰宁、华安、崇安、龙岩、漳平、长泰、云霄、南靖等八邑方志。每纂书,辄详稽事实,芟绝虚饰。而义例之立,名目之分,精严确当,向所未觏。"欧阳飞则评论认为:"我国修纂地方志享盛名的,民国以还,除了已故梁启超、蔡子民、陈石遗和瞿兑之、李泰棻等人外,当数郑丰稔先生了。"(转自郑澄桂《郑丰稔及其总纂八邑志书》,载《福建史志》1991年第1期)

是年,张镜寰修,丁祖荫、徐兆玮纂,潘一尘、张礼纲续修,庞树森续纂之《重修常昭合志》

22 卷、首末各 1 卷开始印行。是志特点之一是篇幅庞大,全志约 240 万言,内容丰厚充实,但著录极其简洁,可称得上是一部尚繁派的代表之作。特点之二是特别重视"表"之运用。前此志书之表,多局限于职官、选举。本志则扩大到沿革、山川志中。如山川志中附设了潮候表和河流类表。潮候表记载平潮、潮来、潮去之时刻颇详,对潮信大小、潮风风向和盛弱、四季潮情等均有翔实记载。河流类表中,对各级河道罗列周至,对其起讫点以及名称演变均有交待。特点之三是重视地图之运用。在卷首设有地图 32 幅,已经不是旧志中常见之示意图,而是用现代科学实测、绘制之比例图。特点之四是人文内容十分丰厚,且注意突出艺文、艺术、私家藏书特色。人物志共有传略 2250 篇,除传主外,附记 1460 人,表现了此地之人文荟萃。(见荀德麟《文化名城的一部集大成良志——评〈重修常昭合志〉》,载《中国地方志》2003 年第 4 期)

按:是书始修于民国 6 年,丁、徐二总纂呕心沥血,伤精耗命,书未全竣,皆先后赍志而殁。抗日战争胜利后,庞氏续纂而成。因时局动荡,物价腾涌,未能全部印出。至 20 世纪之末,新编常熟市志出版之后,始由沈秋农主持点校,历时 4 年,始得正式出版。

是年,韩建勋修,伍嵩岳、何诗迪纂成广东《连县志》7 卷。是志之《大事记》分成为《大事年表》和纪事本末体之《大事记要》两部分。其以本末体记之大事有:筑城纪要、置州纪要、太平军纪要、禁政纪实、教案纪要、抗钉门牌、辛亥革命、匪祸、中共围城纪、抗日纪实、拆城纪要、疠疫伤亡记、国民大会代表暨立法院委员会省参议员选举、勘界附图等。(见《广东方志要录》第 268 页)

是年,郭涛等修,顾耀离纂成《重修华县志稿》17 卷刊行。是志于民国 20 年由顾氏倡修,中因县长更换、经费短缺等原因,屡次解馆辍工。然纂者顾氏以坚毅不拔之精神,惨淡经营 17 年,至是终于刊印成书。在志书之凡例中规定其修志原则是:"详于近代,注意生产,多载民间疾苦,侧重社会状况"。故在志书中注意提倡科学文明,对于封建、愚昧、迷信,持否定态度。这在旧志书中是较突出的。(见《中国地方志总目提要》25—35)

是年,白册侯纂、余炳元续纂成《新修张掖县志》稿本。既系草创稿,凌乱粗疏,自不能免。但其"以巩固边防,促进文化劳动生产,实写社会状况"之修志宗旨,却值得重视。(见《中国地方志总目提要》26—41)

民国 36～38 年(1947～1949)间,新疆修成一批"兵要地志"。新疆地处边疆,其地历来之志书均重视军事内容之记述。有些区域性方志,几亦可视为兵要地志。如光绪间松筠修纂之《钦定新疆志略》,所记之舆图、道里、兵额、卡伦、军台、营塘、驿站、营务、屯务、边卫等之篇幅几占全书一半以上。又如民国间修成之《奇台县志》,各目之后多有"附记",专记兵要内容。往往有"宜于防守","可做小规模战斗之据点","不足一排人使用","夏日行军时可解中途之渴",等等。这种兵要地志,在 40 年代初就有出现,如 1942 年编成之《沙湾县兵要地志图表》、《焉耆县兵要地志及公路网络图》等。至是出现之兵要地志,则更主要是为军事目的服务的。兵要地志可分为区域型和专题型两类。前者是对一地自然地理和人文地理之全面记述;后者是根据某些军种、兵种之需要而编写之专题资料。据胡正华在《新疆兵要地志概述》(载《新疆地方志》1991年第3期)中介绍,已经清理出来之区域型之兵要地志有22种,线路型者有8种,待整理者还有多少,一时尚无法说清。

附载:关于整个民国年间之修志数,可能由于统计口径不同,故各家所说颇不一致,今略摘录于下,以备参考:

黄苇等著《方志学》中谓,民国年间,全国共修志1571种,其中省志45种,市志12种,县志1074种,镇志50种,乡土志124种,关志3种,各种志料、调查、概况259种。年均约成41种。

傅登舟在《民国时期方志纂修述论》(载河北《史志文丛》1989年第3期)中之统计是1434种,其中民国初期(1912～1926)纂修及刊印的是484种,约占民国方志总数之30%,平均每年问世32部;抗战前时期(1927～1937)纂修及刊印的是626种,占民国方志总数之39.8%,平均每年问世56部;抗日战争时期(1938～1945)纂修及刊印的是219种,占民国方志总数之14%,平均每年出书27种;抗战后时期(1945～1949)编印方志105种,约占民国方志总数之6.7%,平均每年出书26部。

仓修良在《方志学通论》中,据《中国地方志联合目录》著录进行统计,所得总数为1187种(各省、市有表列统计——见该书第407～411页)。

邸富生在《中国方志学史》中谓,据粗略统计,民国年间共修志书1589种,平均每年纂修志书42种,平均数超过封建社会任何一个朝代。(见该书第169页)

台湾方志学家宋晞在《七十年来的方志学研究》一文中说:"凡属于民国时期纂修之地方志共1255种。"(转见《中国近代方志学》第102页)。

来新夏主编《中国地方志综览(1949～1987)》中,列有《民国方志分省统计表》,所列如下:

民国方志分省统计表

类别 省市自治区	省　志	市　志	县　志	镇志	乡土志	关卫志	其　他	总　计
北京市		1	8			2	3	14
上海市		1	11	7	9		4	32
天津市			4	1			1	6
河北省	5		72		6		21	104
山西省			42		1		1	44
内蒙古自治区	4	1	6				23	34
辽宁省	1		49		2		4	56
吉林省			33		15		10	58
黑龙江省	3		39		3		10	55
陕西省	1		52	1	9		4	67
甘肃省	1		38	1	1		12	53
宁夏回族自治区	1		3				3	7
青海省	1		4		1		23	29
新疆维吾尔自治区			1				12	13
山东省			76		2		5	83
江苏省	4	5	48	10	17		16	100
浙江省	6	1	40	16	11		11	85
安徽省	1		31	1	3		6	42
江西省	1		18	1	3		2	25
福建省	1	1	46	5	4			57
台湾省	1		1				3	5
河南省	3		73		1		3	80
湖北省		1	12		8		4	25
湖南省	1		20	2	9	1	11	44
广东省	2		46	7	2		3	60
广西壮族自治区	2		69				2	73
四川省	3		115	1	13		31	163
贵州省	1		42		2		9	54
云南省	1	1	60	1	2		11	76
西藏自治区	1		15				11	27
合　计	45	12	1074	54	124	3	259	1571

编著◎诸葛计

中国方志两千年通鉴

ZHONGGUO FANGZHI
LIANGQIANNIAN TONGJIAN

下

GUANGXI NORMAL UNIVERSITY PRESS
广西师范大学出版社
·桂林·

卷之下

一九四九年

12 月，由龙云、卢汉倡修，先后由周钟岳、秦光玉总纂之《新纂云南通志》刊行。是书从 1931 年始修，至是刊行，历时 19 年而成。先后参加撰稿者达 40 余人，可谓集中了当时学者名流。全书共 266 卷，140 册，为民国间省志卷数之最多者。体例分为大事记、图、考、表、传五类，是云南已有通志中最好的一部。在是书编纂中，编纂人员除编纂本志外，同时还仿宋李焘《续资治通鉴长编》的体例，按实际发生事件立目，记述了民国元年(1912)至民国二十年(1931)年间的史事，间有至民国三十五年(1946)者。原稿为 80 卷 20 门，经周钟岳审订，定名为《续云南通志长编》。

是年，中国人民解放军解放浙江前夕，中共中央军委副主席周恩来特别批示前线部队，要保护好以收藏明代方志和善本书而著称的宁波天一阁，使这个藏书楼完好无损地回到人民手中。

一九五〇年

4月,无锡泰伯文献馆筹备处开始油印弘治《重修无锡志》。全书36卷,至1954年完成。

是年,郭朗溪纂成四川《新修铜梁县志》11卷,30万言。是志始事于民国三十五年,时值国民党破坏停战协定,挑起国内战争,时局之混乱可知。在这样的局势下,修志之难不难想象。正如郭氏在志序中所言,有不易克服之困难四端:第一,文名素著者大都年老力衰,只能稿成后润色修饰;第二,县乡人士对纂修县志感兴趣者少,托为采访多半置之不理,久无回音;第三,县署旧日卷宗均于民国二年张海云入城时付之一炬,入民国以后之档案又不为当局重视,随便搁置,极难清查;第四,所得县志编印经费,共谷300余市石,因之朗溪未受分文薪资,订聘编辑人员,亦仅视中学教员薪水以为报酬,至于乡镇采访则纯属义务,纸张笔墨之资都未议及,以致成功匪易,完成愆期。志书就是在这样艰难的条件下完成的。

是书下限记至1949年12月20日县人民政府成立时止。书为平行列目体,目分为:位置疆域、建置、乡镇概况、纪事、山岳、地质、土壤、河渠、气象、物产、实业、水利、交通、社会福利、财政、司法、团警、兵役、自治、党会、教育、宗教祠祀、古物古迹、礼俗、人物、艺文、方言、风谣、杂记。

综观其内容方面之特点:一是对民国时期四川军阀混战及抗日战争记之甚详。不但总记了军阀混战的历史概况,而且逐年逐月逐日详记了四川军阀在县内混战事件和对人民带来的灾难。对抗日时期人民支援抗战记得相当具体。如谓:“七七事变生,日兵入寇,国民政府发动全面抗战,号召民间有钱出钱,有力出力。我县奉令后,虽以事属创举,规避贿纵、拉充顶替之弊,不能谓其绝无,而出于爱国热情,志愿入营杀敌者亦不在少数。故一经奉征,即如限齐集,只有超额,无从缓欠。计自民国二十七年至三十四年,共送壮丁30557名。”在人物表中列为抗战阵亡者654人。有人以民国三十七年全县总人口作了计算,抗战的8年间,全县有7%的人应征入伍,万分之十五的人为国捐躯。在民谣篇中还收有当时县内流传的歌谣:如:“张打铁,李打铁,打把剪刀送姐姐。姐姐留我歇,我不歇,我要去打日本国。捉到日本兵，剥皮又抽筋；捉到日本官，划作两半边；捉到日本天皇，破他肚子挖他肠。一年打不走，十年八年不算久，杀尽日本鬼子才丢手。”

按：近据报载，在抗日战争期间，川军的足迹遍布了全国的抗日战场。根据国民政府统计，川军在抗战时期的伤亡人数约为全国抗日军队伤亡总数的1/5，居全国之冠。近8年间，四川一直承载着各种超负荷的重负。四川人民却始终毫无怨言，一边节衣缩食支持政府抗战，一边含泪把近300万子弟再送前线……据国民政府军政部长何应钦公布的数字，四川一省征兵，无论配额与实征数额，均占全国总额的1/5，居全国第一；全国约有15万知识青年登记从军，四川一省有4万人以上，居全国第一。全国抗日军队中每不到10个人中就有1个四川人，因此中国军队中有一句俗语，叫“无川不成军”。自川军出川抗战以来，四川各界组织的各类募捐活动从未间断。据国民政府中央宣传部不完全统计，仅四川民众前两次献金总额就达6亿—7亿元。这笔巨款都是四川人民的血汗钱，多用来购买了战场急需的飞机、大炮、枪支等武器，狠狠地打击了日本侵略者。(《西安商报》2010年9月3日“旧闻参考”)这里所载和上述志书记载的，只不过是最典型者。整个抗日战争中，从南北到西东，全国各地各族人民都极尽全力作出了不同形式的贡献。同报还载有新疆于1943年的“献机运动”，按政府要求是“一县一机”，77个县应捐308万元，实际却捐了537万元，大大超过额定数。其中绥来县(今玛纲斯)，按要求是4万元，但“自斯项工作发动以来，一般民众均热烈响应，踊跃输将，共募得总数洋一十二万元”。有一哈(萨克)族经年深居山林的孀妇嘉义克，当场捐出“五十两元宝一颗”。这些行动与在战场上与敌浴血奋战的战士一样，都是惊天地泣鬼神的，值得中华民族子孙永远铭记。这样感人的事例，所在多有，都是在志书中应当大书特书的。可是在我们80年代之后修的第一轮志书中，这方面反映得远远不够，留下了不应有的历史遗憾，这是应当吸取的教训。

是书特点之二，是颇重经济方面的记述。在实业中，首记了农业中地主、自耕农、佃耕农、半耕农、雇佣农、典当农的情况及农业生产中耕作、农具、施肥、季节等情况。工业中记了造纸业、挖煤业、冶铁业、陶瓷业、缫丝业、玻璃业、酿酒业、纺织业、染色业、榨油业、土木建筑业、雕刻印刷业。商业中记了纸商、米商、煤商、铁商、纱商、匹头商、盐商、药商、油商、烟商、糖商、酒商、杂货商、银钱商及货源进出口量、资金和营业规模等情况。还有蚕业、畜牧业、林业，等等。在财政、赋税、交通等目内，也记之较为具体。对于清末至民国三十八年间的县财政收支、税收种类、税率数量，都一一列表显示。既反映了民国时人民的赋税负担，更是当时社会经济及国民经济再分配的珍贵史料。尤其是当时的货币演变及贬值，无论贫富均受其害，记得具体详尽。

其三是有较明显的时代特点和地方特点。其行政、司法、团警、兵役、自治、党会等，都是反映新事的新目。各目中除了记述全国通行之政外，还记有当地的“特产”，如党会目下，不但记了国民党、三青团，还记了哥老会、青帮、商会、各种同业公会、产业公会、农会、教育会、妇女会、在乡军官会等社团组织及其活动情况。

总之，这是一部资料丰富、质量上乘的志书。（详见贾大泉《〈新修（民国）铜梁县志〉手稿简介》，载《四川地方志》1990年第4期）

是年，陕西陇县人王守贤始编纂《陇县民国野史》。守贤民国改元以来，即于县内从教从政多年，其间关心县内事务，注意收集史料。解职返里后，便集中力量广泛搜集资料，正式开始编纂，至1960年成《陇县民国野史》稿12卷，40余万字。上限起自光绪三十二年（1906），下限止于民国三十八年。全书分上、下两编。上编为古代部分，共8卷。卷1为序、凡例、目次、沿革、疆域、城池、衙署、山脉、河流、扼要、市镇、集市；卷2～3为寺庙，记述了本县城乡各地寺庙430处；卷4为祭祀、赛会；卷5为古迹名胜；卷6为清代恩诏、晚清名人、清代儒士、名人佳作；卷7为物产、田赋、户口、仓储、度量衡、币制、风俗、姓氏、方言、公园、学校、名宦、忠烈、节烈；卷8为义行、贪官污吏、书法大家、丹青大家、名医、清代陇州知州简历。下编4卷为“余眼见及深知者”：卷9为民国政局歌；卷10～12为大事记，记述了民国时期陇县的政治、禁烟、兵战、文化教育、田赋、征丁、差役、苛捐杂税、匪患、灾异等。虽有观念陈旧的局限性，但补充了此前《陇州志》、《陇州续志》、《陇州新续志》及民国《陇县新志》未载的资料。对民国间的史事记之较为真切，如对兵燹、匪患、荒灾、拉丁、民团火并、差役等，都加以刻意记述。尤其对一些正反面人物，都记得较翔实生动，用史论结合的写法，有记有论，有较强的可读性。

是年，为加强广东海洋海岛的管理工作，中共广东省委书记叶剑英指示省委办公厅秘书处材料科，派人到广州各图书馆查阅广东旧方志，摘录整理有关广东海岛的资料，加上一些其他资料，编成《广东海岛资料》一种。

从是年起至1964年，日本国立国会图书馆一般考查部所编的《国立国会图书馆藏中国地方志综录稿》誊印陆续出版，先后共出17册。是书著录日本、美国等14个图书馆所藏中国方志数千种，是日本所编比较系统的海外中国方志总目录。

一九五一年

是年,台湾省文献委员会主任委员黄纯青发出全面修志之倡议。

是年,华国出版社影印出版《四部要籍序跋大全》,其中收录方志序跋159篇。

是年《华西大学图书馆四川方志目录》印行,共著录志书338种。

是年,胡应庚撰《盐城续志校补》3卷铅印出版。先是胡氏编纂的《续修盐城县志》14卷于民国二十五年出版之后,因其缺漏舛误较多,即着手披阅而作校补。新中国成立后胡氏定居北京后,仍不忘修志。适邑人周梦庄将其搜集保存的部分资料提供给胡,故有是书之成,至是印行。(《中国新编地方志二丨年》第119页,原只说成于五十年代初,未系具体年月,今暂系于此)

一九五二年

1 月,台湾有关部门奉"文告,'本省光复后,适政府实施宪政,实为我们政治史上之盛举。他如地方自治之设施,经济建设,以及兴革诸事,均应载之方志,永昭后世。至先贤先烈之言行、事功、志节,尤须加表彰。应纂修志书,以弘扬国家意识,发扬民族精神。'特函请台湾省政府转饬各县、市,迅即成立文献委员会,加紧修志。"(转见宋晞《方志学研究论丛》第190 页)

6 月,台湾省台北市文献委员会成立,负责市志编纂、市志文献专刊及文献资料之收集、保管等事宜,由市长兼任主任委员。

7 月 1～3 日,台湾省文献委员会举办"台湾地方志展览会",共展出台湾地方志 170 种,包括官撰方志 58 部,私撰方志 35 部,日文方志 58 部,西文地方志 19 部。内分府志、县志、州志、市志、厅志、乡土志、街志、郡志、庄志等,大部分为清代所编纂。参观者甚众,许多社会名流亦到场参观。

7 月 17 日,台湾省台北县成立文献委员会。

8 月,台湾省高雄市成立文献委员会,负责掌理编纂市志、文献专刊及文献资料收集、整理、保管。

12 月 15 日,台湾省宜兰县成立文献委员会。

是年,淮河水利委员会修成《淮河水道志》初稿。全稿共 7 万余字,分 21 章 54 节,以淮河为主线,从源头到入江,记述了各段干流及其支流的历史和现状。是稿至 1986 年 6 月,方由《淮河志》编纂办公室铅印出版。

是年,藏书家任振采先生,将其所藏方志 2000 余种捐赠给天津图书馆。任振采,名凤苞,"萃心力以专志者三十年",集成其天春园藏书,包括地方志书 2566 种,并专门编有《天春园方志目》。其中如明弘治《八闽通志》、嘉靖《南畿志》、隆庆《云南通志》、万历《镇江府志》、《徐州志》等,皆为海内孤本。这部分志书捐赠给天津图书馆后,该馆以此为基础,遂逐渐形成国内较大的省市级图书馆,且以收藏方志数量大、品种范围广、稀见珍本多为其特色。至

1996年统计，馆藏方志3508种。

是年，台湾当局倡导“文化改造运动”，有关部门特饬所属各县、市分别成立文献委员会，并限期于成立后的三个月内，拟具编纂志书凡例、纲目核报。至1953年底，全省各县文献委员会均告成立，着手编修市、县志。至六十年代，光复后的第一代志书纂修完毕。

一九五三年

1月6日，在台湾省县市文献委员会于台北市“中正堂”举行的一次茶会中，胡适先生受邀在会上有一通讲话。他说：“文献委员会这几年来搜集原料，这个工作也许比将来修纂工作，格外重要……我的意思是搜集原料、保存原料、发表原料这个工作，比整理、编纂地方志或者通志更重要。有了这些原料，可以随时随地继续搜集、继续出版这一种资料。这个工作比修纂、比编新书重要得多。什么原故呢？因为整理制造将失掉原意。台大前校长傅斯年先生讲过，他说：‘史家有谓《宋史》于二十四史当中乃最坏者，我却以为《宋史》在二十四史当中是价值最高的，为什么呢？就是因为它保存有原料最多，编纂、整理、删除的材料少。’因为保存原料多，删除工作少，所以《宋史》的篇幅在二十四史中比任何史都多。材料没有整理编纂，因此有许多人说《宋史》不好，章实斋先生便想重修一部宋史，幸而没有这样做。再往上去看看，《新唐书》是宋人把原料删改用古文写的，许多人或说他文章好。其实不独在近世我们看《新唐书》的古文是不通的，在金元时代，已有学者批评《新唐书》文章不通了。其史料价值亦远比不上《旧唐书》，就是因为《旧唐书》原料丰富。现在七个文献会所做的工作，是替台湾做历史，替台湾保存史料，原料保存的多，则愈有价值，史料如经过编造，往往以主观见解，把有价值的原料去掉。由此看来，无论宜兰县、台北县如编县志，要以现在眼光来看，各县都去编纂方志，不如继续发表材料。‘二二八事变’是个很不愉快的事，但其造因如何？经过如何？也不能不讨论这个问题。但讨论这个问题，要避免有主观见解，能够顾到客观环境。关于‘二二八事变’事情，就有好多材料不能用、不敢用或不便用，但总要尽量保存这个史料，并发表其可发表之资料，以留真相。这我举的一个极端的例子，说明原料之重要因素。搜集和保存原料的工作比大家来努力编纂地方志或通志更重要，同时也是方志编写成功的条件。编写方志不免对原料有去取，使方志成为制造品。所以希望各位不要看轻这个工作……”（转自饶展雄《史志文稿》第200页）

是年，日本东洋文库编成《东洋文库地方志目录》出版，著录中国地方志书2550种。

一九五四年

9月,第一届全国人民代表大会第一次会议期间,郭沫若、马寅初等著名学者和山东省代表、山东省教育厅副厅长王祝晨等建议"早早编修地方志"。

12月,蒋廷黻博士发表《高等教育的一方面——对台大的一项建议》一文,其中说到修志时说:"我建议台湾省政府委托台大编制近代式的台湾省通志。经费应由省政府负担,调查研究编纂发行等工作由台大及其他三个学院的师生分类担任。台湾省通志的历史部门自然由历史系的师生担任,地理部门由地理系师生担任,地质部门由地质系的师生担任,生物部门由植物系及动物系的师生担任,气候由气象系的师生担任。这几个部门的分工是自然的,无须再加解释。""通志的经济部门比较复杂。关于财政者,应由财政厅与财政学校教授及学生合作。关于金融者,或可由台湾省银行的专家担任。关于企业者,大部分或应由各业的主管担任。譬如糖业由台糖公司担任,铁路由交通部担任。通志的社会部门也很复杂。山地同胞的生活,渔民的生活,盐民的生活,工厂工人的工资、组织及其他有关劳工的问题,农村的状况,卫生、保险及各乡镇的特殊风俗,这些题目最好由学者担任,那就是说由学校各社会系、人类学系、农业经济系的师生及机关专家担任。""政治部门应由政治系的师生负责。官厅只供材料,否则通志这一部门要完全变成法规。除有关法规的事以外,通志的这一部门应该注意政治的运用,如各种力量及各种观念怎样支配实际政治。从学问上看起来,乡镇政治的重要并不在省县政治之下。教育部门最好请师范学院的师生负责。统计数字当然要请各级教育行政机关供给。不过通志的教育部门除纪录事实以外,应该有专家的评判。""为了使这一部新通志能够高度的科学化,编撰者不仅要充分研究图书及档案,做一切研究应做的纸面工作,编撰者尤其要注重实地调查。在校的师生可各就其专门兴趣所在,利用暑假寒假到台湾的各角落去调查台湾人民的生活及自然环境。我们既然希望这部新通志科学化,其所载事实必须准确与完备,所发议论必须要客观而切合实际。但这种工作是很艰难的。最好第一版不过于求全善求全美。如第一版能于三年之内出书,以后各期续版可以补充与完善。”“参加这样一部通志的编撰，可能在台湾的高等教育界发生有历史意义的变化。第一，知识阶层与实际生活不致脱节。第二，知识阶级的求知对象将扩大，而求知的方法亦将更加灵活。第三，知识阶级的根本人生观可因而康健化。他们参加这种实地调查以后，将更了解人生的复杂。一方面他们会知道人类没有一步登天的办法，另一方面，他们会了解天下事大有可为，只要我们肯努力，继续不停地用我们的智慧去努力。”(转自饶展雄《史志文稿》第 202～203 页)

是月，周之凤编成旅大图书馆收藏《全国地方志目录及物产提要》印行。是书收入该馆馆藏从北宋熙宁《长安志》至 1939 年《吉林额穆县》的 2039 种志书的资料，其中包括宋志 11 种，元志 1 种，明志 40 种，清志 1669 种，民国志 318 种。这都是解放以后，从日本侵略者手中收回来的志书。本书除反映各志书基本情况外，还将方志中的主要物产摘出，如矿产、经济作物、化学原料、药材、手工业品以及地方特产等。

按：此时，利用地方志资料编就与此相类似的著作，还有地质部编的《祖国两千年铁矿开采和锻冶》、北京图书馆编的《方志报矿资料》、四川省编的《四川各地矿藏提要索引》等。

是年，由黑龙江兰西县委办公室组织编写的《兰西县志》成稿，全书 5000 余字，共设沿革、古迹、战迹、境域、面积、人口、区划、地形、山脉、河流、气候、农业、副业、物产、林业、牲畜业、工业、商业、财政、文教、卫生、邮电、交通等，共 23 篇。

是年，我国近代著名地质学家章鸿钊(演存)编著、利用志书资料研究的代表作——《古矿录》，由地质出版社出版。全书分 10 卷，共约 26 万字。

是年，我国著名方志收藏家任凤苞逝世。凤苞，字振采，江苏宜兴人。其以 30 余年的努力，收集地方志书 2566 种，建成的“天春园”藏书楼(后改称“三残书屋”)，是独具专业特色的藏书楼。该楼所藏志书数量可与国立北平图书馆相比，较上海涵芬楼的藏量还多出一倍。任氏将这些志书无私地广泛提供社会使用。瞿宣颖的《方志考稿》和张国淦的《中国方志考》(后改名《中国古方志考》)的写作中，都得到过任氏的慷慨支援。最后这批志书都于是年捐赠给了天津市图书馆。任氏所编的《天春园方志目》，是我国最早的比较规范的方志书目。

是年，青海省图书馆将该馆保存、已残缺不齐的乾隆二十七年《西宁府志》原版补刻齐全，重印成两函，题名《西宁府新志》。

是年，为配合台湾“社会教育运动周”，台湾“中国图书馆学会”举办地方志展览，共展出方志 1200 种，以清代刊本为主。

是年，台湾“国立中央图书馆”编成《台湾公藏方志联合目录》，从 1956 年《学术季刊》4 卷 4 期开始刊载。所著录者包括迁台的“中央研究院”历史语言研究所、台北故宫博物院、“中央图书馆”、“内政部”图书馆、“交通部”档案室、中央党部图书馆、中央日报社资料室、台湾大学图书馆、台湾省立台北图书馆、台湾文献委员会、台湾省立师范大学图书馆等 11 个学术文化教育机构及党政图书馆、室所现藏于台湾的方志共 3300 余种。至 1985 年正式成书出版时，著录方志达 4600 余种。

是年，台湾省宜兰县开始编修《宜兰县志》，至 1955 年完成初稿，1965 年正式出版。

从是年起至 1959 年，由朱仲西修、陈正祥等纂的台湾《基隆市志》12 册，共 20 卷、附 1 篇，陆续修成出版，被认为是台湾市志中较好的一种。基隆市长谢贯一在该志序言中，表述其对修志的意见主要有四：

时代志书　古史只重政治，其后兼及经济，今更趋向社会生活方面发展。编纂市志，当把握重点，将各项资料，适当纳入各类目中，使能充分反映各年代之整个地方动态，方能成为一部切合时代之志书。

科学方法　搜集资料，须普遍与深入，并采用科学方法审定之。至于疑难资料之鉴定，更须借重专门学者，而事实之叙述，应尽量利用统计图表。

修志态度　先民迁徙之轨迹，消长之原因，以及人事盛衰之演变，均有迹象可寻；惟于臧否人物，最难得平，尤足引起误会。本市修志，当一秉至公，笔削之间，不宜掺杂任何个人私见。

刊印体裁　文章体裁，至关重要。文字方面，须力求文雅而不枯涩，简明而不猥俗。至关于应用技术方面，尤希望可成为专门科学或从业人员之参考手册，以求实用。（转自饶展雄《史志文稿》第 204 页）

谢氏在台被誉为“市政专家，兼擅史学”，故其意见颇受重视。方志专家对这些意见评之为：“除政治经济外，还重视社会生活，是符合现代文明国家的达见。采取科学方法，尽量利用统计图表，或希望其成为专门科学或从业人员之参考手册，以求实用等，都是新方志学的立场。”（陈绍馨语）

一九五五年

7月,台湾唐祖培著《新方志学》由台北华国出版社出版,这是一部方志学理论研究之作。全书分志目、志例、志图、志表、志考和志传等7篇。作者在书序中,提出了建立方志三学的主张,即方志科学、方志文学和方志哲学。所谓方志科学,即立全志、专志、丛志、杂志及简志5书,无论何书,方域内之事务皆须具备本末始终;所谓方志文学,即编志应取图、表、考、传4体;所谓方志哲学,即取一方可为法戒之事与人,以行远有力之文,见劝善惩恶之义。主张新方志应先立自然、自治、自立三纲。凡疆域、地质、气候、地形、水文、土壤、生物等目,属之自然之纲;大事、人口、农矿、工商、交通、水利、合作、吏治、财政、保警、卫生、司法、文教、氏族、人物、艺文,则属于自治、自立之纲。

是年,山东省政府成立省志资料编辑委员会,开始编辑出版《山东地方志资料》。共出20期后,因"四清"运动开始而停刊。

是年,余家旒纂辑《新辑汉阳识略》成书,这是一部私人修成的志书。修纂者余家旒,字季雅,汉阳县黄陵矶人,清末秀才,曾任黄陵矶中心国民学校校长,1948年又兼任汉阳县财政整理委员会委员兼总务长。是书八卷,计分舆地、经济、政治、教育、社会、人物、艺文七略,外有大事记、附文征,共26项,129目,约40万字。上限起自同治八年(1869),下限至于民国三十六年(1947)国民党退出武汉时止。

是年,《天文学报》第3卷发表《古新星新表》一文,包括了18世纪以前的90颗新星,得到学术界广泛的好评,其中引用了大量地方志资料。

是年,湖北省图书馆汇集成《新疆乡土志二十九种》打印成册。

是年,日本天理大学出版部出版《中文地志目录》,著录方志1430种。

一九五六年

3月，湖北省以文史资料研究馆为主体，成立省方志编纂委员会，主编各县简志，这是中华人民共和国成立后建立修志机构最早的省份。至1959年初，撰成5个县的简志，4种正式出版，一种内部印行。

4月，山西省乡宁县成立文史研究馆，规定任务为收集、研究和整理县文史资料，纂修《乡宁县志》。至1965年10月，《乡宁县志·地理》简稿撰成，报省文史馆备案。

5月，金毓黻(静安)在《新建设》5月号发表《普修新地方志的拟议》一文，认为："我国富有内容之历史文化遗产，数量至巨，而地方志居其一。其地位及价值之重要，仅次于国史……其内容，则历史、地理、政治、经济、军事、文化，无不具载。无论现在和将来，不仅应重视此历史文化遗产，更应使之发扬光大，绵延无穷。"他特别指出，方志中的人物传、农民起义、会党活动、自然灾害的记载，可补正史的不足。新修地方志应以市志为主，采用表、传、志等体裁。并拟定新方志编目分为大事、疆域、建置、地质、气象、山水、自然灾害、工业、农业、商业、交通运输业、政治组织、一般行政、教育、文化、司法、监察、社会、民族、宗教、人物、学术、文艺、古迹、文物等各类。宜横则横，宜纵则纵，灵活运用，不拘一格。

6月，傅振伦在《新建设》6月号发表《整理旧志与编辑新方志问题》，讨论修志问题。他提出的拟目为：第一、二编为疆域沿革和自然环境、自然资源；第三、四编按原始社会至半殖民地半封建社会和新民主主义革命时期，分写各方面的史事。

是月，一届三次人大会议期间，山东省王祝晨再次建议编修地方志。是月29日，《人民日报》第七版刊出王氏《早早动手编辑地方志》一文，建议各省、自治区和直辖市先着手编纂地方志资料汇编。文章还对编修新方志的意义进行了初步的阐述，指出中国是一个大国，南北东西都有上万里，气候、物产、地势、土壤、风俗等，各地情况不同，应有因地制宜的准备。"在广大的中小学校里，讲授本国历史和中国地理援引和利用当地的乡土教材，无论在知识方面或教育方面都具有重要意义。因为根据'由近及远'，'从已知到未知'的原则，使教学可以增加高度的直观性和具体性，从而易于发展学生学习上的积极性，也帮助发展学生的爱国主义精神。”

9月，《中国科学院藏方志目录》印行。该目录所收方志包括当时中国科学院图书馆、上海分馆、地理研究所、经济研究所、历史研究一所、历史研究二所、考古研究所等6个单位的藏书，总计3662种，是该院各所的一个联合目录。

是年，国务院科学规划委员会在《十二年哲学社会科学规划方案》中，提出编写地方志的任务，列为20个重点项目之一，准备从具备条件的市、县着手，逐渐推广。计划在10年内，全国大部分市、县编出地方志。规划委员会下成立地方志小组，以加强对各地修志工作的指导。该小组曾据《1956—1967年哲学社会科学规划纲要》的规定，提出《关于新修地方志的几点意见》，制定了提纲草案，下发到各地征求意见。后因科委的社会科学部分并入中国科学院，地方志小组亦转到中国科学院，成为中国科学院地方志小组。

是年，中国科学院地震工作委员会编辑出版《中国地震资料年表》，包括从公元前12世纪到1955年间的1180次大地震。所引据的8000余种文献中，地方志占5600余种。

是年，浙江师范学院地理系教研室主任陈桥驿在本系开设“方志学”的选修课程。按该系的教学计划规定，高年级学生要进行野外实习，由陈氏负责。陈先生遂选定浙江宁绍地区作为实习基地。由于在室内准备时，学生必须阅读一些地方志，这一门课程就是为解决学生阅读志书的困难而设的。主要内容就是用新的观点和方法，解释、分析旧的志书，引导学生认识祖国这一宗文化遗产，以正确的观点为指导，取其精华，弃其糟粕。

是年，台湾中华丛书编审委员会编辑“中华丛书”，陆续印行了清林焜熿纂修、林豪等续修之《金门志》，清曹秉仁纂修的《宁波府志》，清李前泮纂修的《奉化县志》以及光绪《广东通志》等。

是年，古典文学出版社重印《东京梦华录》。

是年，香港《中华学术人物志》印行。

是年始至1959年，中国农业科学院中国遗产研究室，从全国各地8000余部地方志书中，搜集摘抄3600万字的资料，编成《方志综合资料》、《地方志分类资料》和《地方志物产》，装订成860册。

按：当时，南京农学院中国农业遗产研究室编成《方志物产》400册，上海文管会编成《上海物产资料汇编》。

从是年始，全国人民代表大会民族委员会组织的少数民族社会调查工作开始进行，计划在4～7年内完成。此次调查之后，整理印出资料191种，1400余万字，整理完毕等待印行的资料154种，1500万字，写出少数民族简史、简志等初编稿57部。

一九五七年

2月，黑龙江省延寿县成立县志办公室，5月19日组成延寿县志编委会，计划于1959年10月1日前成书。后因经济困难经费不足、纸张缺乏等原因，于1959年7月停止工作。期间，共收集资料50余万字，制定了篇目，完成了部分初稿。

3月13日，《人民日报》发表顾颉刚、李培基、叶恭绰等委员在全国政协二届一次会议上所作“继续编纂地方志”的联合发言。发言提出八条实行纲要作为具体建议，认为地方志“以地区为中心，丰富地保存了各种乡土资料，做了多种多样的记载，掌握了那一区的民族、历史、经济、文化各事实，不但供国家建设和科学研究的参考，且足以激发人民爱国爱乡的精神。”

是月，历史学家吕振羽发出《一封关于地方历史研究的信》，对地方史（含地方志）研究的一系列问题，提出了若干指导性的意见。

5月，湖北省罗田县人民政府重修近代著名方志学家王葆心墓，省文史馆撰文立碑。国家副主席董必武重书其于民国三十三年（1944）题的挽联“楚国以为宝，今人失所师”以刻石。

7月，在第一次全国人民代表大会第四次会议上，山东代表王祝晨再次作了“进一步开展地方志工作”的发言，提出几项具体建议。

11月，中共湖南省委作出编修《湖南省志》的决定。

是月，《北京图书馆方志目录三编》印行。著录志书2177种，附名胜、古迹、山志等180种，总计2357种。该目录反映了该馆抗战期间于敌后的采访成果和新中国成立后的入藏情况。

是年，毛泽东主席在杭州提出要浙江编修乡土教材，要大家懂得本地的地理和历史，过去和现在，要由近及远。

是年，福建省晋江县安海镇文化站编的《安海志》（郑士美、洪少禄主编）内部印行。

是年，广西李日羲纂成《岑溪乡土教材参考资料》，油印成册。

是年，山西石印重版光绪《大宁县志》。

是年，台湾银行经济研究室印行《台湾文献丛刊》，其第一辑的 29 种中，包括《台湾外纪》、《台湾纪略》、《大琉球漫志》等。丛刊中的“台湾方志丛刊”内，计有《淡水厅志》、《噶玛兰厅志》、《彰化县志》、《凤山县志》、《澎湖县志》、《诸罗县志》、《苗栗县志》等。

是年，香港《大屿山志》出版。

是年，《台湾公藏方志联合目录》由正中书局出版。著录志书总计达 3530 种，以现存台湾者为限。

是年，法国巴黎大学吴德明教授编成《欧洲各国图书馆所藏中国地方志目录》，著录欧洲 7 个国家 25 个图书馆所藏中国地方志共 2590 部。除复本外为 1434 种不同版本，其中有 207 种是《美国国会图书馆中国方志目录》所未收的。书后附有方志地名索引。

一九五八年

3月,中共中央工作会议在四川成都举行。3月4日,毛泽东主席刚到成都,立即调来《四川通志》、《华阳国志》、《蜀本纪》、《灌县志》等一批志书阅读。后又读了《都江水利述要》、《武侯祠志》等。会议期间,还选辑了其中部分内容印发给与会领导,提倡利用地方志,提高领导水平,并提出全国各地要编修地方志。

是月,河南西平县着手编修县志,仅用3个月即草成志稿5册,约50万字。傅振伦先生谓,这部志稿在体例、资料和观点上都已不同于旧志。但由于受当时"左"的思潮影响,且仓促成稿,不免带有"左"的倾向,而且比较粗糙。……这批志稿为1980年10月中国社会科学院及中国地方史志研究会拟定《县志编纂条例草案》以及1981年元月中国地方史志协会筹备小组拟定《新县志编纂方案》(草案)的张本。虽有"左"倾思想,肇始之功实不可没。(《傅振伦方志论著选》第457页)

4月29日,国务院总理周恩来在其邀集60岁以上政协全国委员会委员举行的茶话会上讲到:"现在当然首先要研究现实问题,反映新的情况,但对过去的东西也需要研究,新的东西总是从旧的基础上发展起来的。过去编的府志、县志,保留了许多有用的史料。收集旧社会的典型事迹也很有价值,如近百年来有代表性的人物、家庭和家族的情况,就值得研究,看看他们是如何产生、发展和衰亡的。那些典型人物,他们所代表的那个社会虽然灭亡了,有的本人也死亡了,但事迹可以作为史料记载下来。我国大小凉山有过半奴隶制,现在已经进行了民主改革。西藏是农奴制,再过几年也要改革的,有的东西不赶快记载下来就会消失。从最落后的到最先进的都要记载下来。要勇于暴露旧东西……使后人知道老根子,这样就不会割断历史。人们都赞扬我国的古代文化,其中就包括很丰富的历史记载,不仅有正史,还有野史、笔记等。汉文在这方面起了很大的作用,我们要把自己掌握的历史遗产贡献出来。"(转自黄苇主编《中国地方志词典》第748页)

是月,台湾省政府精简机构,台湾省文献委员会改隶省政府民政厅。

6月,湖南省人民委员会第27次会议讨论并通过成立湖南省志编纂委员会,由省长程潜任主任。这是在新中国成立后,全国各省、市、自治区中最先成立的省志编修机构。该委员会计划将新编《湖南省志》分为15卷,用3年时间完成。在省志编写略具经验时,召开一次省志工作会议,协助各县自修。

是月,华庆昌等17人合编的台湾《新竹新志》由台北中华丛书委员会出版。是书是台湾新地理学派"区域研究"之作,体例不同于传统方志。除"文献"一项是介绍清代康熙以来有关新竹之文献资料外,其余均属地理内容。其出版者称:"光复以来,新竹之经济建设与文教实施,尤多进步,对于区域之研究,应予倡导。爰就地质、地形、气候、水文、土壤、森林、土地利用及农业区域、矿产、人口、土著民族、历史地理及文献等十二项,分请学者,征引新知,纂写专篇,辅以图表,辑成《新竹新志》,都二十五万言。惟其体例与旧时方志异趣,而适足补其缺也。"

7月15日,天津武清县在县统战部长张联卿的主持下,以县政协学习委员会名义提出《编修武清县志初步意见书》,并草拟了修志方案。

是月,湖南省举行修志座谈会,省志编纂委员会副主任、前任省委统战部长谢华,在会上部署各县、市的修志任务。

8月9日,国务院总理周恩来在与北京大学图书馆学系邓衍林教授等的谈话中,谈到关于整理善本书时指出:我国是一个文化悠久的大国,各县都保存有县志,县志中就保存了不少关于各地经济建设的资料。我们除了编印全国所藏方志目录外,还要有系统整理县志及其他书籍中的有关科学技术资料,做到"古为今用"。

是月,中共湖南沅陵县委书记马凤池,指定周光烈负责组织领导《沅陵县志》的编纂。11月写出提纲,指定由县委档案馆和县人民委员会秘书室负责组织实施。至1959年9月完成《沅陵县志》初稿,共12章38节109目,30万字。

10月20日,国务院科学规划委员会地方志小组制定并向全国发出《关于新编地方志的几点意见》。该《意见》指出:"方志是我国一项独有的文化教育遗产,记载的范围很广,历代续有编修。""新修方志主要是为了反映我国各地人民的革命斗争和向自然界作斗争的实际情况。特别着重解放以后人民大众在政治、经济、文化建设上的新成就,借以系统地整理和保存资料,为社会主义建设服务,并达到教育干部和群众的目的。""新志应贯彻执行厚今薄古的原则。内容上可以革命斗争史、经济建设发展情况以及革命斗争和生产建设中的模范人物作为重点。在断限上,革命斗争史与人物二项,可以近代史为范围;经济一项以现代史为范围。""方志可分为省、市、县、社四种",并要求"修志的组织应在各省、市、县党委和人民委员会的领导之下,进行工作。各地应当指定一定的机构(如档案馆、博物馆)对已搜集的史料和实物加以保存,并且应当考虑把修订方志形成一个制度"。这是新中国成立之后,关于地方志编纂原则的第一个带纲领性的文件。同时,地方志小组还起草了《新修地方志体例(草案)》、《县志编纂条例草案(讨论稿)》下发征求意见。

11 月 21 日，曾三在陕西省眉县与该县档案馆的同志说：前不久，周总理在百忙中召见我，询问有关档案工作情况后说：你们档案工作者有得天独厚的条件……充分利用档案资料，编修新的地方志，盛世修志嘛！你们档案工作者要责无旁贷地承担起来，为当代和后代做件有益的事，子孙不会忘记你们的。

12 月，中共北京市委决定纂修《北京志》，成立了由邓拓、蒋南翔、胡锡奎、陈克寒、杨述、廖沫沙组成的领导小组。市委书记邓拓为组长，市委宣传部长杨述为副组长。下设 11 个组，各组分别由市委主管各口的负责人担任。市委抓得很认真，确定了“十定”：定志书名称、定编写单位、定编写负责人、定指导人、定初稿写定日期、定初审日期、定修改完成日期、定发排日期、定清样审查日期、定出版日期。如《北京史》由北京大学历史系师生编写，翦伯赞具体负责，廖沫沙指导。《北京志》编写组为此进行了规模空前的北京史料的搜集整理工作。各分志大部分编成了铅印稿、打印稿和誊印稿 40 部（如《北京鱼类志》、《北京果树志》、《北京动物志》等），并先行出版了《北京植物志》（1960 年编成）、《北京鸟类志》、《北京气候志》等。

是月，湖北人民出版社出版省方志纂修委员会所编《咸宁县简志》、《浠水县简志》。其中的《浠水县简志》简而有当。其内容依次为 23 目：建置沿革、区域、山脉、水系、气候、土壤、矿产资源、自然灾害、人口、工业、农业、林业、水利、水产业、土特产、交通、商业、金融、教育、文化、医疗卫生、生活习尚、名胜古迹等，记录了志书所应包括的各项事物，做到了疏而不漏。如其《教育》篇，分为“解放前的学校”和“解放后的学校”两段。“解放前的学校”分为小学、中学和教育经费三部分，记事起于清光绪末年，终于 1948 年，记录此间各中小学名称、设置时间、班数、学生数、教职员数及教育经费来源等情况。“解放后的学校”分为幼儿园、小学、中学、业余学校、教育经费等五部分，记事止于 1956 年。除叙述各类学校名称、开办时间、班数、人数、教职员数等基本情况外，还介绍毕业生去向。中小学毕业生中，均有相当部分任农业社会计，可反映新中国成立后教育成果之一斑。全篇仅 4000 余字，却比较清晰地反映了该县教育发展过程的概况和现状。

《咸宁县简志》的“凡例”中称：“图表为史家所重。惟旧时图既不精，表亦多用于人事方面，意义不大。本简志除全县地图外，附有行政区划图、山脉水系图，力求精确，使全县形势一目了然。叙述事物，尤注重统计表，核实填列（数字如发现错误，常向原材料机关往返商询，有至数次者），因为统计表可以表现每一事物的变迁和发展，比较专用文字叙述，更为明晰。”可见编志人员很重视表的作用，且制表态度严谨。

是月，湖北省地方志纂修委员会所编《黄梅县简志》内部印行。

是月，中共江西铅山县委倡修新县志，其后代之以修地方革命斗争史。

是年，周恩来总理向北京市委万里指示，要修好《北京志》。

是年，云南昆明成立由市委书记赵增益主持的市志编纂室。经过几年的努力，收集从史前至民国二十五年的 400 万字资料，并油印成《昆明市志资料长编》，具有较高的史料价值。

是年，四川乐至县组成19人的县志编修委员会，由副县长陈季让主其事。编委会下设办公室，聘前清廪生、四川文史馆馆员、邑人邓鹏九为主修，延县内学者专家及有志于此者共34人为采编，进行资料采集工作。历时一年，撰成《乐至县志续编》2卷。其断限为1929至1949年，间有一些中华人民共和国成立初期的史事。全志设地理、政党社团、文教卫生、财政金融、交通、职官、仕进选举、人物、社会风土、古迹文物、艺文、物产、摭余记等志。体例较严谨，资料核实，语言凝练、典雅、富于情挚，是当时修成志书中较好的一部。其后，由于整个政治形势的变化，由陈季让口授进行修改，不得不于《职官》前均加“伪”字，又删除不少人物传记，对民国时的史实加上贬词，以适应“阶级斗争”形势的需要。所幸者，修改时仅用钢笔改于原稿一侧，对原稿丝毫未损毁，可谓用心良苦矣。

同时，四川省武胜县人民委员会，抽调周明、蒋时俊等人组织力量编修《武胜县地方志略》。至1959年6月铅印成书，全书仅万余字。

是年，中共江西省德安县委成立党史、县志编辑办公室，着手编写《德安人民革命史》、《德安县革命烈士传》和《德安县志》三本书。1960年函请董必武题写《德安人民革命史》封面，内务部长谢觉哉题写《德安县革命烈士传》封面，郭沫若题写《德安县志》封面。前两书于1962年内部铅印出版。县志只完成地理部分初稿。1991年新编《德安县志》正式出版，郭沫若的题字始得与读者见面。

是年，江西省于都县成立以县委书记张广先、副书记谢鉴分别任正、副主任的革命斗争史编辑委员会，组成有12名编写人员的办公室。至1959年9月底，写出《于都人民革命斗争史》内部印行。又写成《于都县志》的历史、地理、政史、财赋经济、文教卫生的初稿。该省大余县亦布置续修《大余县志》，抽调人员成立编修机构，着手搜集、整理资料。后来书未编成，仅铅印出《大余新志》资料4集。

是年，广东省哲学社会科学工作者编成一部带志书性质的地情书——《伟大祖国的广东》，分为广东概况、广东人民伟大的历史和文化、广东的少数民族、分布在世界各地的广东省华侨、建设社会主义的广东等五篇，后有结束语。

是年，广西部分县、市建立了编史修志委员会，开展修志工作，曾有荔浦县、桂林市、北海镇等28个市、县编修了新志稿。

是年，青海省志编纂委员会成立，省长袁任远任主任，抽调业务骨干20余人参加编写。至1961年5月编成《青海省志·青海历史纪要》内部印行。是书为八十年代新编《青海省志》的第一卷，1979年青海人民出版社重印该书，内部发行。1987年12月，青海人民出版社出版修订本，公开发行。此期间还编了一批专业志稿。1961年7月，省志编委会被撤销。

是年，吉林省有10多个县开展了修志工作，至1961年，先后有辽源市文物工作委员会与吉林师大文化革命工作队编成《辽源市地方志》，内部印行；海龙县志编写委员会编成《海龙县志》，内部印行；集安县志编委会编成《集安县志》，内部印行；通化县志编写委员会与吉林师大文化革命工作队编成《通化县志》，内部印行；辉南县人民县志编纂委员会编成《辉南县人民县志》，内部印行。还有《长春市志·历史部分》、《双阳县志》、《蛟河县志》、《临江县志》、《柳河县志》、《抚松县志》、《吉林延边朝鲜族自治州志》等开始编纂。

是年，黑龙江省穆棱县人民委员会决定编修《穆棱县志》，聘请朱德新、秦喜章为主笔，翌年完成初稿。宾县县长房进禄组织人员编写《宾县县志》，至1962年完成初稿，共7卷。木兰县志编写委员会编成《木兰县志》(初稿)，约30万字，分为概况、旧社会40年、伟大的社会变革、工业、交通、邮电、农业、水利、财贸、金融、文化、教育、卫生、民政与人民武装、政治、粮食、组织与干部、人物等篇。

是年，陕西省政府下达文件，由省档案局、文化局等牵头着手新方志编纂工作。至1961年，西安市文史研究馆收集了数百部、万余册的旧志书，并已着手编写《新西安志提纲》，出版了《西安胜迹志略》一书，还有《西安沿革》、《西安史话》、《汉城古迹述略》等10多种书籍。西安市档案馆收集整理了从1919年至1949年的共26000多卷西安旧历史档案资料。政协文史资料室征集到地方资料6000多份，1800多万字。汉中市亦编纂油印成《汉中新志》一卷。

是年，湖南省大庸县写成《大庸县概况》一卷，又由刘赞襄写成人物、杂记、历史、沿革4册，均未付印。1959年写成《大庸十年》、《大庸近代革命史》、《火箭公社史》，均为油印。

是年，历史学家吴晗读到朱士嘉撰《怎样利用地方志为社会主义革命和建设服务》一文后，曾向中国科学院历史三所所长范文澜建议，在中国科学院历史三所建立地方志研究组(后因故未实施)。

是年，朱士嘉编的《中国地方志综录》及1938年《续编》由上海商务印书馆出版。是书是在1935年《中国地方志综录》的基础上，又根据全国41家图书馆的馆藏方志进行修订，著录全国28家图书馆的方志共7413种，109134卷。这是全国第一部方志联合目录。

是年，南京大学洪焕椿编著《浙江地方志考录》由科学出版社出版。是书著录浙江各类方志，包括已佚和现存的共1800余种。作者在《卷首题记》中说该书“介绍了一部分纂修者的生平事迹，包括字号、里贯、生卒、仕履和著作，作为背景资料。特别是有些主纂者本身就是很有成就的学者，更有必要略叙其行实”。“对一部分价值较高的地方志，尤其是国内藏本不是很多的珍贵本、旧抄本、批校本、手稿本，均略介绍其内容，摘录其序跋和后人的评论；并就知见所及，记载各书的版刻源流、款式行格、版本优劣、藏家和藏印……想使这部书兼有目录版本典藏和提要的作用。”这是国内第一部研究地区方志之作，对于研究浙江方志的源流和发展有重要的参考作用。

是年，浙江《衢县志》主编朱子善(署名三衢)在《浙江学刊》第2期发表《关于编写新县志的几个问题》。

是年，商务印书馆重新出版邓衍林于1939年编成的《中国边疆图籍录》。

是年，中华书局上海编辑所铅印清人厉鹗的都邑小志《东城杂记》。

是年，日本青山定雄编成《唐宋地方志目录及资料考证》。

一九五九年

1月,黑龙江齐齐哈尔市人民委员会党组决定成立市志编辑室。2月正式开始工作,5月15日,《齐齐哈尔市志》初稿完成。9月,铅印成征求意见稿。

2月,湖南人民出版社出版《湖南省志·湖南近百年大事记述》。这是该省省志的第一卷,也是新中国成立后出版的第一部省级志书。该卷共69万字,记事上起1840年,下限至于1949年8月湖南解放,分上下两篇。上篇近代部分分6个时期,165条;下篇现代部分分4个时期,共188条。记事线索清楚,首尾完整,后附湖南近百年省级官吏表。该书后来于1962年11月出第二版,1979年出第三版,成为80年代新编《湖南省志》的第一卷。

3月7日,中共甘肃省委同意省委宣传部关于编写《甘肃新志》的意见,成立以省委第一书记张仲良为主任、书记处书记霍维德、高健君为副主任的甘肃新志编纂委员会,由省委宣传部组织人力编写《甘肃新志》。经两年多的努力,完成志稿有:

《甘肃新志·工业志》(由省委工交部新志办公室完成),包括冶金、机械、煤炭、电力、石油化工、轻工、建筑工业等7编。

《甘肃新志·文化艺术志》(由省委宣传部文化艺术志编写小组编成),包括报纸、广播、出版、历史文物、戏剧电影、音乐舞蹈、美术、文艺队伍、文学等9编。

《甘肃新志·交通志》。(以上均铅印)

《甘肃新志·教育志》、《甘肃新志·民族志》、《甘肃新志·铁路科学技术志》(上册)、《甘肃省近百年大事年表》、《甘肃史》第二、四编。另有省政协副主席陆为公和政协文史资料研究委员会杨生华组织编辑的《甘肃解放前五十年大事记》(1898年戊戌变法—1949年),记述事件1631条,约16万字。

3月中旬,陕西洵阳续编县志办公室开始编志工作,至10月,修成《洵阳县志续编》(初稿),约5万余字,油印成册。

是月,湖北省《应城县志》、《应山县志》、《黄陂县志》、《石首县志》由湖北人民出版社出版。

夏初,国家副主席董必武在湖北视察时,曾对接待的同志说:各县要修县志。就现代史,尤其是近代史而论,旧的黄州府,今之黄冈地区,有许多活动是有地区特点的,很需要有全区性的记载。如农民运动、苏维埃运动、红四方面军及所属的红四军、红十五军、红二十五军、红二十八军的活动。分县记载有分割之嫌,统一叙述,可以形成比较完整的概念。在党的统一领导下,各个历史时期的革命活动,不是一个县志能概括的。封建官僚集团中(以)相当的人力、物力,修了黄州府志,虽有许多时代局限性,但也保存了许多值得保存的东西。我考虑要修地方志,应增加以下内容:一写政治、经济、军事的统一行动,着重写人民群众是历史的主人这一点;一是要写方言志、风俗志和食品志,如红安的绿豆丸子,黄州的豆腐,麻城的肉糕,蕲春的油姜,浠水的鱼片,广济的酥糖,黄梅的蓑衣丸子、乌鱼片,罗田的板栗等;一是要写新人物志、艺文志、科技志等。总之,地方志要成为这个地区的“百科全书”,成为中国历史的有机的组成部分,成为中华民族文化的一个“切片”、一个因子或元素。这样的地方志,历时愈久,则愈有价值。他还指出,要修好一个地方志,先修简志,重点放在经济方面。要舍得工夫,舍得本钱(人力、财力),要有专人负责,一抓到底。要调动各个部门、各种人才的积极性。

按:董老所提出的地方志要成为一个地区的百科全书的说法,后来成为方志界讨论方志性质的一种主张。1981 年中国地方史志协会成立大会的会议纪要中就称:方志是“全面记述自然、社会、人文的历史和现状的地方百科全书”。1993 年 6 月出版黄苇主编的《方志学》也主张:“我们认为方志的性质和定义应当是‘一方古今总览’或‘一地百科全书’,而不是什么地理书、历史书、史地兼有之书、资料书、行政管理书。论定‘方志为一方古今总览’,不仅概括了方志的时代性、地方性、统合古今性,而且体现了方志的无所不载性、资料性、可靠性。”(见该书第 294 页)

4 月,山西省盂县人民志起草委员会高大云、张锡珍等开始编修《盂县人民志》,至 9 月脱稿,1961 年 12 月内部印行。全书分 5 章 41 目,共 290 页。山西省此时开展修志的还有寿阳、武乡、垣曲、神池、曲沃等县。

5 月 15 日,黑龙江绥化县档案馆编成《绥化县志》初稿,共 47 万字。全书分为一般概况、社会性变革、组织机构和干部、抗日战争、解放战争、抗美援朝、工业生产、农业生产、水利气象、商业、粮食、交通邮电、财政金融、教育、社会文化、卫生、劳动工资、社会福利、党派群众团体、政治等部分。

是月,《西藏大事记(1949—1959)》由民族出版社出版。

6 月 30 日,毛泽东主席在庐山主持中央政治局会议和八届八中全会期间,专门借读了吴宗慈编的《[民国]庐山志》和续志稿。他对身边的工作人员说:“庐山的山名由来,说法不一。有人说周文王时由匡俗兄弟,在山中结庐而居。周文王去访,只见空空草庐一座。又有人说是周威烈王去访,人去庐存。这两种传说相隔数百年,后人以讹传讹,我们就不能这样办。

对历史的态度要严肃,不能含糊嘛!"又对周小舟等同志说:"你们是秀才,请你们查一查,研究一下。"还说:"这部续志很好,对现代历史有参考价值。蒋介石的庐山谈话都记录下来了。当时梁实秋有意迟到,名单最后是梁实秋。此人在开会后两天迟迟登山,他虽然是资产阶级学者,也有爱国的一面,在学术上有才华,对人要一分为二嘛!我们欢迎他进步的一面。此人现在哪里?"接着还讲了南宋朱熹到南康郡上任,当地官员们轿前迎接。朱熹下轿就问,《南康志》带来没有?弄得官员们措手不及,这就是有名的"下轿伊始问志书"的来历。朱熹这个典故流传后,"治天下者以史为鉴,治郡国者以志为鉴"就成了后人"以志呈阅"的惯例。今天你们也应该懂得以史为鉴,才能办好事嘛!

是月,国家档案局在北京召开全国档案资料工作经验交流会。周恩来总理接见到会代表时,曾向曾三询问地方志编修情况,并指示国家档案局:"对新旧地方志,你们都要把它收集起来。"内务部长谢觉哉到会致词说:"我在档案工作成果展览会上,看到全国各地不少省、市、县编写有地方志,我感到很了不起,多少年来我一直在想,如果各级党政机关都有个地方志该多好!多年的宿愿今天终于实现了。"

是月,河北省怀来县编成《怀来县志》由天津百花文艺出版社出版。此志通篇采用散文笔法与记述体结合。其具体篇目为:一、在怀来盆地上;二、塞上风云;三、人民翻身做主人;四、人民公社好;五、工业的飞跃;六、农业的飞跃;七、怀来在前进。编写者认为,新县志"应该写成一本通俗读物,一本提供普通知识和进行共产主义教育的教科书"。参加编纂者有徐迟、许法新等。是时,兴隆县也编出了《兴隆县志》。

是月,黑龙江以徐绍堂为主编、赵明环为副主编的《龙江县志》开始编写,至次年3月完成初稿,10月付印。全志分概况、新中国成立后历次政治运动、工业交通、农林牧副渔、财粮贸易、文化科技、政法武装等7部分,42章,195节。

7月,老同盟会会员汪雨相(名树德,以字行)以自己编撰的民国《嘉山县志手稿》呈献给安徽省嘉山县人民政府。先是民国二十一年嘉山置县后,身为安徽通志馆采访员的汪雨相便矢志修县志。为此他曾亲自骑毛驴,到四县交界的沿边地区和县的穷乡僻壤进行实地采访调查。在县内热心的有识之士的协助下,经三年而完成志稿18卷,共30余万言,因抗日战争爆发而中止。1937年秋,雨相率全家赴延安,家资均弃,唯携此18卷志稿。行至西安,为轻装防意外,命其子道涵将孙儿、孙女送西安育婴堂。按其堂规,入堂者可任人领养。雨相忍痛弃骨肉而将手稿带至延安。此后在战火纷飞的岁月里,志稿一直随之南征北战,1949年又带进北京。至是,遂呈交本县人民政府收藏。

8月,经中共广西壮族自治区委员会和广西壮族自治区人民委员会批准,广西壮族自治区通志馆在南宁成立,为正厅级事业单位。馆长为自治区人民委员会副主席莫乃群,副馆长有林克武、吕集义、张先辰、张景宁、梁岵庐、刘介、史乃展。下设办公室和太平天国、中法战争两个业务组。1960年增设辛亥革命组,1963年又增设广西现代革命史组。通志馆成立之初的任务是做好两个准备，即干部准备和资料准备，为新修《广西通志》打好基础。在干部方面，到 1963 年编修人员达到 36 人，图书资料人员 4 名。

9 月，福建省永安县地方志编纂委员会编的《永安新县志》内部印行。

国庆节前，陕西神木县委书记梁士堂负责组织编写的《神木县志稿》编成。

10 月，沈阳文史研究馆编成《沈阳十县简志》，油印成册。

是月，湖南省江永县完成《江永解放十周年志》初稿，油印成册。

12 月 10 日，《光明日报》发表来明《关于地方史工作的几点意见》。该文在总结当时修志的成果时称："现在，地方志的编纂工作已经列入各省市的工作计划，有些地方已经完成了某些部分。湖南省志已经陆续出版。湖北、河北某些县的简志也已经编写出来，其他地区也正在开展编史修志工作。安徽、湖南、山东、广东等省还专门出版了期刊，搜集和整理当地的历史资料。专门研究华北（特别是河北）地方史的《北国春秋》杂志，也在最近创刊了。"

按：文章名为"地方史工作"，但通篇讲的都是"地方志"的事，足见作者所持的地方志就是地方史，这在当时是很流行的观点。

是月，黑龙江省委第二书记李立安，在全省文秘档案工作会议上，提出在全省范围内开展编史修志的要求。

是年，广西编成《忻城县志》、《都安县志》、《大瑶山自治县志》、《灌阳县志》、《桂平县志》初稿。

是年，江苏泰兴县开始修县志，由县长孙佩藩主修，邑人叶秀中等编纂。至 1963 年修成县志初稿 8 卷 26 万字，取材止于 1957 年，油印成册。从本年始，江苏的沛县、宿迁、武进、赣榆、溧水、溧阳、涟水、淮安、东海、泗阳、吴县、东台、江阴、兴化、大丰等县都开始了修志工作。其中，沛县修成《沛县志》稿 60 万字；宿迁县编成《宿迁县志资料》一部 20 余万字；涟水县编成《新编涟水县志》12 章共 27 万字（只铅印了部分，其余为手抄稿）；吴县修成《吴县新志》；淮安编出《淮安县志》的行政区划、自然概况与政治部分，约 5 万字；溧水、溧阳编成"十年大事记"初稿；武进、常州、涟水、赣榆、溧水编出单行本《土壤志》；东台县至 1964 年征集县志文献资料 640 种 1800 余件。

是年，福建省莆田县志编委会编成《莆田县志》，内部印行。

是年，安徽省哲学社会科学所历史研究室，承担编写安徽省志的任务。该研究室方志组王茂，撰成《六安县新志提纲》，被推作为全省新志的范例。整个五六十年代，安徽省有 29 个县编了县志，共修出县志 18 部，即：《庐江县志》、《六安县志》、《寿县志》、《舒城县志》、《金寨县新志》、《凤阳县志》、《全椒县志》、《定远县志》、《怀远县志》、《颍上新县志稿》、《阜阳县志》、《亳县新志》、《涡阳县新志》、《临泉县志》、《濉溪县志》、《凤台县志》、《宁国新志》、《歙县新志》。由于工作比较突出，曾受到国家档案局的表扬。

按：按此提纲修成的《六安县志》（油印本）共分 6 篇（地理、近百年革命史实、经济、文化教育、风俗宗教、人物）14章30节，附录大事记，全书20万字。体例上记、志、传、图、表、录均有运用。以近百年革命史实代替政治篇，人物坚持生不立传，基本体现了以经济篇为志书重点，记载了大量古今史事，为其后修志提供了可贵的资料，尤其是新中国成立前的资料。

是年，湖北省编成《孝感县简志》、《汉川县简志》、《应城县简志》、《监利县志》、《天门新志》（初稿）、《广济县简志》、《公安县志》（草本，共13篇25万字）、《江陵县志（1919—1959）》。这些志书总体而言，虽由于受“浮夸风”的严重影响，资料未经核实，不足为信，但也保存了部分有用的资料。

是年，宁夏中宁县志编写领导小组编，苏复涛、苏忠深主编的《中宁县志》编成，内部印行。

是年，湖南省湘乡县人民委员会组织编修《湘乡县志》，历时一年半，编成129万字初稿，油印分订18册。津市人民政府组织编写成《津市简志》油印成册。

是年，辽宁省清原县文教局编纂成《清原县志》稿本4册，共12万字，分为自然概况、社会结构、经济状况、政治面貌、文教卫生等篇。

是年，内蒙古乌兰察布盟清水河县编成《清水河简志》，约10万字，内中保留了比较珍贵的历史资料，如老区人民在抗日战争、解放战争中的有关事迹等。时通辽市亦编成《通辽市志》一部。

是年，历史学家武伯伦编著出版了《西安历史述略》。陕西长安县编出《长安新志》10篇8册。

是年，甘肃有51个市、州、地、县编成《土壤志》。庆阳县曾对民国时期所修的县志稿进行整理，1962年又重加整理，至1963年元旦付梓成书。

是年，商务印书馆重版清人周中孚撰《郑堂读书记补逸》，内著录各种方志294种。

是年，江苏人民出版社重印清人孙佩撰《苏州织造局志》。

是年，台湾《中和乡志》修成，这是台湾省最早修成之一部乡镇志。

1958～1959年，云南大理州共修成《鹤庆县志》、《云龙县志稿》、《巍山新县志》、《大理市志》、《永平县志》、《漾濞县志初稿》、《祥云县志初稿》、《剑川县志》等8部志书初稿。

自五十年代末期起，大陆旅居在台湾的人士陆续发起重印家乡旧志，以寄托乡思。所印志书数量太多，不能一一具列。有的在重印旧志时，还增补了新的内容。如1966年台北市安溪同乡会在重印乾隆《安溪县志》时，就增加“附编”280余页，包括乡土总述、政经情况、文教略述、交通点滴、居民与礼俗、表志、人物志、名胜与古迹、特载、文艺、杂记、附录等项。台北湖南东安县同乡会1973年重印光绪《东安县志》时，就附有《新增采访实录》人物等条目。台北浙江松阳县同乡会1980年重印民国十五年《松阳县志》时，就附有该同乡会续编内容达12卷之多。

一九六〇年

1月，山东省阳高县委、县人委制定编辑新县志工作方案，成立编辑委员会，下设办公室，与政协文史馆合署办公。其中，孙宽仁先生曾广泛收集资料，做了大量的准备工作，后因三年经济困难到来而中止。资料在“四清”中全部失散，片纸无存。

2月，以万景亮为首的上海市浦东县委、县人民委员会组织力量编修《浦东县志》，至9月完稿。是志上限自1919年，下限至1959年，全书凡28篇，计5万字。是上海解放后郊县修成的第一部县志。

3月23日，中共四川省委统战部长程了健、副省长康乃尔专函上书省长李大章和省人民委员会，建议成立四川省志编纂委员会，并拟出《四川省志编纂委员会主任委员、副主任委员、委员名单》（草案）和《关于编纂〈四川省志〉的初步意见》。在该“初步意见”中，提出了省志的体例问题，规定两项任务、三个标准。两项任务是：一、为近百年划时代的历史结论提供史实依据，为纂修国史提供必不可少的历史资料；二、贯彻“古为今用”的原则，继承和发扬固有文化遗产，使之为社会主义建设服务。三个标准是：1.资料可靠；2.科学性强；3.指导思想正确。提出了省志的内容问题、省志的断限问题、关于领导和分工协作问题、关于资料问题、关于省志完成的时间问题等。

3月24日，四川省第二届人民委员会第十一次会议一致通过了程子健、张秀熟、康乃尔《关于编纂〈四川省志〉的初步意见》，决定“关于今后如何开展工作的问题，由委员会全体成员另行研究，提出方案，逐步开展工作”。

是月，江西省新编《奉新县志》7编铅印，省长邵式平题签。国家档案局曾向全国推广《奉新县志》的篇目。该篇目将全志分为总述、党的建设、政治、经济、文化教育、人物、大事记等编，编下设章。

是月，陕西省石泉县组织30余人的修志班子，以县委副书记张茂钏为主任委员，经一年多的努力，编成《石泉县志》一部。是书编修的目的明确，就是要“总结解放后十年来，我县人民在党的英明领导下，在总路线照耀下，在社会主义革命和建设与各方面所取得的辉煌成就，突出说明党的方针、政策的正确性和社会主义制度的无比优越性，从而提高全县人民群众的认识，吸取成功的经验，激发革命斗志，以便鼓起更大的干劲，继续不断地向共产主义迈进”。

按：主观目的是好的，但由于修志者只凭主观愿望和热情，缺乏实事求是的精神，对历史只说好的、成功的，不说坏的、失败的，只说优势，不说劣势，回避了历史的真实，歪曲了事实的真相，结果是适得其反，只是一次不成功的尝试，这部志稿也是一部失败的志稿。

4月13日，四川省人民委员会发出通知，同意成立四川省志编纂委员会及其组成人员名单。

4月18日，黑龙江省宝清县委决定成立机构，着手《宝清县志》的编写，当年完成初稿。

4月19日，山东省益都县成立编史修志委员会。至1961年4月，写出《益都县志》初稿8卷41章，约40万字，油印分装为4册。

是月，中共江西省委书记方志纯在省委五届九次全体(扩大)会议期间，主持召开了革命史和地方志编写座谈会。

是月，中共河北省委、河北省人民委员会成立河北省志编纂委员会，由李子光任主任，王力、郑厚庵、马达夫为副主任，下设办公室，具体负责省志编纂，开展资料收集工作。历时两年，为河北省抗日战争和解放战争时期大事记收集资料3000多件，共1000多万字。省文史馆馆员石冠英，为配合省志编纂，曾撰写成《燕赵风俗志》一书稿。

是月，中共贵州省镇宁县委员会编的《镇宁新志》，由贵州人民出版社出版。是年，由中共贵州水城县委员会编的、列入贵州解放十年丛书系列的《大方新志——高歌猛进的大方》亦由贵州人民出版社出版。习水县经县委批准，成立县志办公室，由热心修志事业的县人民委员会委员、县文化馆馆长赵选卿担任县志办公室主任。在他的带领下，随即拟出《习水县志编目》，着手志书的编纂。先后写出《温水理民经政厅》、《大汉温水军分政府》、《习水县治三迁》、《东皇公社》、《习水县农民起义》、《温水理民经政厅厅官》等内容十分珍贵的第一批资料数十万字。至1963年，县领导误认为修志是“复古”，县人委也“恐修志助长歪风邪气”，下令解散县志办公室。“文化大革命”中，赵选卿同志因积极修志，被定为“复古”，打成牛鬼蛇神，含冤去世。

5月31日，四川省人民委员会办公厅专函，颁发“四川省省志编辑委员会”铜质印章一枚。

6月1日，四川省省志编辑委员会正式成立，编委会由69名委员组成，省委书记、省长李大章为主任；程子健(省委统战部长)、张秀熟(副省长)、康乃尔(副省长)为副主任。编委会下设办公室、近百年大事记述组，编制为40人。办公室下设秘书组、调查研究组和15个分志编辑小组。从四川大学、西南师范学院、西南政法学院、西南农学院、四川财经学院、中国人民大学、复旦大学、四川师范学院、南充师范学院等院校调来学生30多名，又从省委工农干校调来部分干部、教员参加工作。各分志专兼职干部约300人，分门别类搜集1840年以来四川地方资料。拟定一个包括地理、工矿、农林水利、交通、财经、盐业、教育、文化艺术、医药卫生、文物、民族、宗教、人物等13个分志，并包括百年大事记在内的《四川省志》框架。

6月6日，《四川日报》发表张秀熟《谈〈四川省志〉编辑问题》一文，提出“地方志就是地方史”，现在修四川省志，总的目的是为无产阶级政治服务，为社会主义建设服务。“让人民从革命斗争的历史中受到教育，从而提高思想觉悟，鼓足干劲，力争上游，多快好省地建设社会主义。这是省志的一项重要政治任务。”

7月26日，广西临桂县成立县志编委会及办公室，116个县直单位成立《机关史》编写小组。至11月1日，《临桂县志初稿》完成并铅印。是志初稿分上、下两册，共7篇：一、临桂县概况；二、阶级斗争史；三、政法、民政、民族、兵役、土地改革；四、工业、交通、邮电；五、农业、林业、水利、畜牧业；六、商业、财政、粮食、金融；七、文教、卫生。没有人物篇。是志着重反映该县“十年来的巨大变化，特别是大跃进以来取得的辉煌成就”。志书中虽然充满“大跃进”等“左”的内容，但也保留了不少珍贵的资料。如对土地改革和复查的记述，就保存了许多鲜活难得的资料。这个部分比1996年出版的新编《临桂县志》还要充实得多，可读性也强得多。

按：从笔者得以亲见的这部志书稿来看，那种对五六十年代修志一骂到底、一笔抹煞的看法，是难以令人信服的。

又，50年代到60年代初，广西有28个市县成立了修志机构，修成内部铅印或油印、抄写本县志28部。

是月，由河北省《昌黎县志》编纂委员会与中国科学院语言研究所联合编撰的《昌黎方言志》由科学出版社出版。全书36万字，是用现代科学方法，对一个县的方言进行了上百个点的调查之后，写成的一部体大思精的方言志著作，出版之后颇受好评，在国内外都产生过很好的影响。笔者当时所在的武汉大学，就曾列为中文系汉语专业学生的基本读物之一。直至31年之后，山西省社会科学院语言研究所所长温端正研究员还专门撰文，认为这部县级方言志，“是我国第一部正式出版的方言专志，也是我国用现代语言学的方法编写方言志的一部代表作，它对于以后的方言语法入志产生很大的影响”。是书1984年上海教育出版社又重新出版。

8月，福建光泽县志编辑委员会编（郑邦守主编）的《光泽县志》内部印行。

9月，由中共黑龙江省兰西县委、县政府组织编写的《兰西新县志》（草稿）完成，共53万字，分为概况、解放后历次政治运动、工交、农业、财贸、文化、科技、政法武装等8部分。

是月，四川省南川县编成《南川县志》初稿八集，付之油印。

10月,毛泽东主席在武昌,同湖北省委副秘书长梅白谈及清朝乾隆、光绪间所修的《荆门县志》时,对有些地方只顾修大楼,而不重视修志的做法提出批评。他问梅白如何去当县委书记时,告诉他"你去荆门当县委书记,至少要知道《荆门县志》",并告诫他,到荆门以后,要修县志。

是月,四川《彭水县志初稿》编成并油印成册。

是月,贵州《桐梓十年巨变》由贵州人民出版社出版。是书中所列的数字,1957年以前的可信,1957年以后的可信性差。是时,锦屏县写成《绿色的锦屏》亦由贵州人民出版社出版,这是天柱、锦屏两县1949—1959年的十年发展史,仅10余万言,文献含量不甚丰富。

11月,广州市委成立《广州市志》编委会,先后由市档案馆、市文化局组织人力编写出《广州市志(1949—1959)》初稿。

12月,宁夏《盐池县志》完成初稿,并打印成册。五六十年代之交,宁夏还修有《惠农县志》和《吴忠县志》稿。

是年,由黑龙江巴彦县委办公室编写的《巴彦县志》完成初稿。后仅存概况和历史沿革两卷,1982年由该县县志办公室重新打字油印。

是年,吉林省图书馆编成《通化县乡土志》内部印行。

是年,辽宁省营口市编成《营口市志(1949—1959)》内部印行,采用横排门类的章节体,着重记述中华人民共和国成立10年来的变化和成就,兼及10年前的状况,门类比较齐全,体例比较完备,共40万字。

是年,山东省修成《安丘县志》。是志载有第一次世界大战中,中国段祺瑞政府屈从于列强的压力,同意英、法等国在华招募大批工人赴欧出力,仅安丘县就有1500余人。这些人生还者不及总数的1/3。

按:1994年,安丘县还征集到一枚第一次世界大战胜利纪念章(见1994年5月29日《中国文物报》),这是当年"中国苦力"在欧洲战场上流血流汗的实物见证。

是年,北京出版社出版《北京植物志》。

是年,湖北省修成《汉阳县志》(初稿)。

是年,重庆《大宁县志摘要》油印成册。

是年,福建省漳浦县委宣传部编(张兆基、陈炳煌等主编)的《漳浦新县志》内部印行。福清县地方志编纂委员会编的《福清新志》内部印行。新编《诏安县志》内部印行。

是年,广西通志馆组织人员,深入广西和滇、粤169个有关市、县,进行调查采访,走访了数百名太平天国后裔和当地老人,获得1000多万字的档案、地方文献、碑文和口碑资料,并对这些资料加以研究、分析和考证,进行编辑。同时,还开展了一系列的学术活动,如由自治区通志馆组织了纪念太平天国起义110周年学术报告会,主办了以太平天国为什么发生在广西、太平天国革命性质、辛亥革命的性质、刘永福的历史功过、历史主义和阶级观点等为主题的多次学术讨论会。

1958～1960年，河南省曾普遍开展修志，安阳、新乡、许昌、信阳是修志工作开展得比较好的地区。据不完全统计，全省写出初稿70余部，信阳就有17部。信阳还写出公社发展史151部。

是年，由黄纯青、林熊祥主修的《台湾省通志稿》完成，共1000余万字。全书10卷另加志首1卷，10志、59篇、321章。卷首为凡例、史略、大事记；正文卷1至卷10，分别为土地、人民、政事、经济、教育、学艺、人物、同胄、革命、光复等10志。其大事记大致断于1950年，亦有断至于日据时期者。"史略"下分传疑、古代史迹、近代史迹三部分，上起三国孙权使卫温航海寻夷州，下至光复五年(1950)，纵述台湾历史发展。志书"于大事记、史略外，重之以革命志。于民族精神三致意焉"。其"革命志"下设驱荷篇、拒清篇、抗日篇。参加是志编纂的计有：台湾大学教授22人，台湾师范大学教授2人，台北故宫博物院、"教育部"、台湾银行、华南银行等单位专家及艺术家21人，连同文献委员会内专家学者等共62人，会外特约专家占73%弱。由于各专门的部门多由专门学者纂修，故都质量较高。

是年，《台北县志》全部排印完成，分成线装册。是书始修于1946年，断限止于1951年，被认为是台湾新修志书中，体例最为完备的一部。

是年，国家档案局调查各地编修新方志的情况(未包括港、台、澳)。全国计有20多个省、市、自治区530多个县进行地方史、志编写工作，其中约有250个县编出初稿。

是年，上海古籍书店开始影印出版《天一阁藏明代方志选刊》线装本。1981～1983年又改为精装本，合订成68册，分批出版。

按：据1985年1月出版的《中国地方志联合目录》统计，国内保存明代方志有900余种。天一阁是收藏明代方志最多的单位之一，共收藏有271种，其中有172种是各地纂修地方志中最早的志书，有164种是海内孤本。此次选刊的志书共107种，其中永乐年间1种，弘治年间6种，正德年间11种，嘉靖年间77种，万历年间5种，隆庆年间7种。

是年，道光《大同县志》出版删补铅印本。

是年，中共江苏省委组织人员重校《江苏省通志稿》，准备出版。参加校点工作的有南京图书馆潘天祯、柳定生、江世荣、钱海岳和省文史馆的谌秉直、林子硕、陈庆祺、朱佰房、胡锡畴、陶德琨等。至当年10月校点、增补完成，因出版成本过高，未能刊行。

一九六一年

2 月 27 日，徐特立、谢觉哉在福建省视察期间，专门听取了省委办公厅副主任兼省档案局局长刘田、省档案局副局长吴清传关于各地编写新县志的情况汇报，并谈了他们对新编县志的看法。徐老认为：编史修志工作是件大事。我国历代的统治阶级对这件事都很重视。许多地方现在还能找到旧的县志或者省志。这种旧的县志，不管它的写法怎样，但一般也都反映了那个旧时代的特点——比如封建社会的特点。我们今天也要编写县志，当然和旧的县志不一样了，因为今天的社会制度和过去的社会制度完全不同了。县志是有时代性的。县志的内容必然也应当反映出时代的特点——比如世界观与人生观的问题。材料要广泛搜集，占有了丰富的材料，才有条件选择。材料的来源也是个问题，不能只看机关档案里的，人民群众那里也会有丰富的材料。搜集材料这是第一步，编写的时候再注意留其精华，去其糟粕。不宜公开的东西，可以另写，不必写在一般县志里。搞县志，也要搞省志。不要怕搞不好，搞出来后再广泛征求意见逐渐修正。好的东西常常不是一下子就能搞出来的。

谢老说，你们省现在三十多个县已经开始写县志，看来这件事不仅仅是领导上的布置，一定是各个地方也有这个要求。只要大家都感到这件事情应该搞，就能搞起来，搞好。县志搞起来了，还有省志，一个国家的史也要写。对于志书的具体写法，谢老提出：

一、体裁和形式问题。叙述体，还是议论体？分成五部分，或者几部分？我看只要原则相同，体裁和形式不一定要统统规定一个样子。……也不必先规定个形式，可以叫大家写，大家来创造。据我想，写县志用叙述体比较好，但也不是绝对的。分几部分？不外政治、经济、文化教育等等。

二、字数写多少的问题。什么东西都不能写得太长，县志也是这样。有些问题要有专门的书去写。写多了也难印。材料很多，要舍得压。到底写多少字？由各地的材料去定，三四十万字，十几万字都可以，再多就不大适宜了。所以还得找有一定政治水平和文化修养的人去编，否则压不下去。

三、编县志的目的是以教育为主呢，还是以利用为主呢？我看这不能分开。教育，就是利用。

四、阶级观点的问题。无论什么时代写的书都有这个问题，旧的县志也反映了它的阶级观点，尽管没有明文标明。翻开旧的县志就可以看到写士大夫的很详细；人民群众，不写；提倡忠孝节义；反抗他们的叫“乱民”。我们写的，就是赞成土地改革，宣扬劳动人民力量。当然，以前这个地方的历史变迁也得写，但要详细写的是革命后的情况，要选择最有用的写上，我们读历代编年史，可以看到统治阶级认为最有用的，就写上了。

五、新中国成立以来，我们建设了很多事业，如水利、农田、工业、文教等，那些成功了的经验必须详细地记载下来，以便在这个基础上更求进步；就是一些失败了的经验，也要扼要地指出，使以后不致再犯。

六、活着的人写不写？死去的革命英雄人物要写，活着的我们也要写。“五四”时代，胡适之提倡过白话文，这个人后来反动了，但现在写“五四”新文学的时候，总不能不提到他。陈独秀后来成为机会主义者，但党史里还得写到他。我们写某件事是某人领导的或者与他有关，并不是给他做一生的结论。我们处在历史大转变时代，变化大，写出的东西，常常需要再三补充修改。你们提到某件事与某人有关，后来到原籍又查不到这个人，这情况恐怕不少。做秘密工作时都改过名，定要查清也查不出来，可以做些注明。

七、公不公开发行的问题。我们不能把所有的东西都写出，但总得写出人家不知道的事来。不宜公开写出的材料毕竟是少的。保密的问题可以研究。这种书当然可以像地方报纸一样不出口，或者暂时先在内部发行。志书不是专门写一件事的，但有时也可以写得深些。如河南写的，过去小麦如何种，现在又如何种的。昨天在城门公社听说，这里养鲢鱼，可以在池塘里排子。过去听说长江里的鱼都要在宜昌那些急水处才能出子。像这类有些新的发展的事，搜集些写上，很有意义。

大事记也要写，哪年哪月搞些什么事。不写，过一时期就不易搞清。资本主义国家很注意这些事。据说新中国成立前马歇尔在中国搞的三人调处小组，在北京。我们和国民党的机构都是一样的。就是美国的多了一个历史科。我们和国民党都没有。过去战争的时候，环境不安定，做这件事比较困难，现在完全有条件了。你们工作做得很不错。已经写起来的，可惜我不能细看，翻了一下题目，觉得你们下了很大工夫。是否一下就编得很好了呢？那也不一定。各人的看法也会有不一致的。写出来了就好，经县委、省委审查修正，就是审查后也不见得就完全没有问题了，将来发现了再改。

是月，《台湾省通志稿》40 册于去年修成送审后，至是，台湾当局以“内政部”内民 66407 号函，饬予增修至 1961 年止。该函内称：“经交据本部地方志书审核委员会详加审核，认为所送通志稿内容，大部分篇幅均为记述日据时期事迹，不仅明清两代事迹略而不详，即光复后之政绩措施，亦未见详述。如教育志仅记至民国三十五年(1946)，即光复后一周年，叙述尤嫌简略。查台湾光复已逾十五年,而贵省志书,至现在为止,尚未出版。如依所送志稿之断代及记载内容,据以出版,显与目前事实脱节。以之流传坊间,实属不妥。……台湾省通志应改为1961年为断代。”(转自饶展雄、黄艳嫦《台湾修志纵横谈》,《中国地方志》1989年第1期)

是月,台湾私人集资出版《[民国]蓬莱县志》。是志于1948年由民国最后一任县长王明长主修,周存德、孟宪法、王明山、孙立温等四人协修完成。志稿携台后至是出版。

3月,中国科学院地方志小组和国家档案局发布《新修地方志提纲(草案)》,提出新修方志除前言、概况外,其主要部分应当包括政治斗争、经济建设、文化教育、政治工作、民情风俗习惯、宗教、名胜古迹、人物等八个门类。

是月,谢华主编,宋英林、陈国达等副主编的新编《湖南省志·地理志》上册出版。该册44万余字。第一篇:疆域、政区、民族、人口;第二篇:沿革,属于政治地理的性质。该册的“编辑说明”中称:“本志内容涉及的专科较多,参加编写及制图等工作的,有专家,有研究所,有专业部门,有高等院校的学生。”故志书能保证有较高的科学性。该书作为八十年代新修《湖南省志》的一个专卷,于1982、1987年两次再版。

是月,《上海地方志物产资料汇编》由中华书局出版。

夏,在江西庐山举行的中共中央工作会议期间,国务院总理周恩来曾览读过由方志学家吴宗慈于1930年主编的《庐山志》。其间,他曾对时在身边的庐山党委宣传部长厚万仁说:“你们这些庐山的父母官,就是要多看看历史书籍。这部《庐山志》就是一部好书。只有了解当地的历史,指导、借鉴当今的工作,才能为人民办好事啊!”在视察庐山观音桥农业生产情况时,又对时在身边的江西省有关领导同志说:修地方志这个工作很重要,这不是可有可无的工作,观今鉴古嘛。我们一定要以马列主义唯物辩证法的观点修好社会主义新的地方志。

12月,江西省峡江县地方志编纂委员会新编的《峡江县志》2册内部印行。五六十年代,江西修成的志书还有《瑞昌县志》6卷,《抚州市志》3卷稿本,《资溪县志》铅印本,《南丰县志》铅印本2卷,《南城县志》铅印本,《崇仁县志》铅印本8卷,《乐安县志》铅印本6卷,《安福县志》铅印本,《永新县志稿》等。

是年,辽宁省图书馆主要利用方志及其他资料编成《辽河、大小凌河水灾资料要辑》,辑录了1031至1914年间的水灾情况,为研究辽河、大小凌河水灾规律及防治,提供了历史依据。其后,又辑录了《辽宁矿藏录》、《辽宁农业历史资料辑录》等。

是年,福建省德化县地方志办公室编的《德化县志》内部印行。

是年,北京出版社出版孙殿起编著的地方小志《琉璃厂小志》。是书1982年9月,又由北京古籍出版社重印出版。

是年,广西通志馆撰成、出版《忠王李秀成自述校补本》。

是时,广东新编《惠阳县志》出版,由当地新华书店内部发售,第一版2000册,短期内即售完。

是年，四川省14个省志编辑组正式开展工作，部分篇章进入以编写为主的阶段。省内的《永川县志》、《大足县新县志》，均出油印本。

是年，孙宝田纂修成《旅大文献征存》。虽名为文献征存，实为旅大的一部地方志。记述了大连、旅顺金县、普兰店、长海、貔子窝及近海岛屿的自然和社会情况。

是年，鉴于各县志均告编成，台湾各县市地方文献委员会先后裁撤归并，县、市志编纂工作大多中断，只有个别地方例外。如宜兰县于1968年曾组织《宜兰县志》续编。

是年，上海古籍书店影印明正德八年刻本《夔州府志》。

是年，上海古籍出版社分五册重印明《嘉靖宁夏新志》。该志原存宁波天一阁。

是年，中华书局影印王谟以毕生精力辑佚所得汉唐地志70余种，总名为《汉唐地理书钞》，并收入陈运溶所辑的宋以前的古地志66种。

一九六二年

春节期间，郭沫若利用在海南岛休假之暇，应崖县县委的请求，以一种恐其流失、方便读者的责任感，用十日之功，为之对《[光绪]崖州志》进行整理。主要进行了四方面的工作：一是进行新式标点；二是进行乙改；三是加了按语29条；四是写了《序重印〈崖州志〉》一篇。在重印序中，郭氏告诫人们对待古籍的正确态度是，要“从糟粕中吸取精华，从砂碛中淘取金屑，亦正我辈今日所应有事。如徒效蠹虫、白蚁，于故纸堆中讨生活，则不仅不能生活，而使自己随之腐化而已。”他明确地提出“地方志书，旧者应力加保存，而新者则有待于撰著”。

2月，辽宁省清原县人民委员会编成《清原县概况》，出打字油印本。

3月14日，王重民在《光明日报》以《中国的地方志》为题，发表其对北京大学中文系古典文献专业学生的一次演讲。在文中他把地方志的发展区分为区域志——地记——图经——地方志四个阶段，认为地方志是由地记、图经逐步发展而成的。文中还对清乾隆时期编修地方志的方法、旧方志的作用等阐明了自己的观点。指出地方志中保存了大量“正史”中略载或缺载的珍贵资料，如农民革命史料，物产资料，少数民族史料，经济史料，科学技术资料，人物传记资料，文化艺术资料等。他认为方志的一个重要功用，就在于为后人治理国家及科学研究提供了丰富的资料。同时，对新修方志也提出了自己的看法。

4月，山西晋城县县志编辑委员会编的《晋城县志》内部印行，全书500页。

7月15日，广东省南澳县由刘逊琨、王炳灿、陈文惠、王孝光等人修成《南澳简志》，内分四大部分：一、南澳概况；二、南澳革命史；三、南澳巨变；四、向南澳革命先烈致敬。

8月，张国淦著《中国古方志考》由中华书局出版。是书的一些部分曾于民国二十四至二十五年间的《禹贡》刊物上连载。经重新整理后，全书今正式出版。书中对秦汉至元代的古方志，不论存佚，一概收录，共2271种(现今尚存者不过75种，属宋元两代者53种，内有8种属一统志性质)。首列总志，次分省排纂。每省方志排列，又是前为通志，后为府县志类。资料来源，凡元以前各种书目，悉行甄录。各条主要内容为考方志存佚，述作者简历，明其版本，录其序跋、篇目，另附编者按语等。广收引文、评说，进行考证。序例申明：凡属方志之书，不论存佚，概行收录。因系资料性质，故只辑录旧文，有删无改，分析论断，多出前人，编者间抒己见，则附著按语之中。这是有史以来规模最大的方志考录性著作，是一部学术性很强的研究方志学的重要工具书。书中所辑评注、考证及有关原始资料十分丰富，是作者后半生从事方志学研究的结晶，更是我国方志遗产的目录学总结。在方志学界、整个学术界都影响甚大。撰者在书的《叙例》中总结的“方志之书，至赵宋而体例始备。举凡舆图、疆域、山川、名胜、建置、职官、赋税、物产、乡里风俗、人物、方技、金石、艺文、灾异，无不汇于一编。隋唐以前，则多分别单行，各自为书。其门类亦不过地图、山川、风土、人物、物产数种而已”，对方志发展变化，勾勒得相当准确，至今为人们反复引用的不易之论。

按：作者原著的是一部《中国方志考》，现出版的《中国古方志考》，只收录元以前的志书。其明以后的稿本于十年浩劫中遗失，恐难觅其芳踪矣，甚为可惜。

9月22日，中国科学院哲学社会科学部分党组向中共中央宣传部提出《关于地方志小组问题的请示报告》，提出：“为了便于运用省、县档案工作机构，以利新修地方志工作的开展，我们建议地方志小组仍可保留，但其领导关系，则由科学院改为由国家档案局直接领导。”

10月30日，中央宣传部批示：“同意地方志小组改为档案局领导，该组今后工作方针及小组人选，请国家档案局提出并报主管部门(国务院)批准。取销原小组。”并指示“各地新修方志的工作，恐怕也有不少问题，很需要管一管。此事请档案局一并加以考虑”。其后，国家档案局再报中宣部，提出地方志小组仍应为中国科学院地方志小组，由哲学社会科学部直接领导；有关该组今后工作方针等问题，也以由学部党组报请中宣部批准为宜；小组具体工作可以由国家档案局实际负责，其办公室设在国家档案局。并提出由曾三担任地方志小组组长。其后便据此精神对地方志小组进行调整，其成员为：曾三、姜君辰、吴晗、齐燕铭、王冶秋、侯仁之、李秉枢、严中平、刘大年、林涧青、郝化村、裴桐、施宣岑、程桂芬等。

10月，《湖南省志·地理志》下册出版。是册56万字，(承上册)第3篇地质、地貌、水文、气候；第4篇土壤、植物、动物。就性质而言，属于自然地理。该书1986年再版。

是年，仓修良在《江海学刊》第5期发表《章学诚和方志学》一文。

是年，广西通志馆编成的《太平天国革命在广西调查资料汇编》由广西人民出版社出版，受到学术界的高度评价。同时还编成《中法战争调查资料实录》，因“文化大革命”而搁置，至1982年才由广西人民出版社出版。

是年，陕西省凤翔县以县委干部牟富生为主任、县政协副主席王丕卿为总编，开始《凤翔县志》的编纂工作。历时3年，草稿初成，因“文化大革命”起而修志中止。

是年，陕西省成县延致人才编纂《成县地方志》，至“文化大革命”开始而中断，留下志稿数十万言，后志稿不知所终，仅于县档案局留有存目。

是年，山西省闻喜县县志编辑委员会编成的《闻喜县志》(革命斗争史部分)，内部印行。

《闻喜县志》(革命烈士部分)1964年印行。

是年,福建省闽清县地方志编纂委员会编的《闽清县志》3册(谢友云、林贞翰主编),内部印行。是时,福建省开展修志的还有漳浦、永安、福清、龙海、永春等县。厦门大学庄为玑教授修有《晋江新志》。

是年,云南省永胜县志办唐兆坤收集县志资料,至“文化大革命”前,编成《永胜历史资料汇集》14册,81万多字。是时,楚雄州曾修有《丰禄县新编县志》。

是年,黑龙江省宾县县长房进禄组织人员编写的《宾县县志》完成草稿。木兰县志编写委员会编成《木兰县志》稿11篇,约30万字。

是年,山西省出版乾隆《五寨县志》、民国《重修和顺县志》、光绪《榆次县志》标点铅印本。

是年,山东省邹县修成《邹县新志》草稿。

是时,《四川省志·农林水利志》的编写者熊达成,为探索四川水、旱、地震等自然灾害情况和规律,曾查阅了四川138个县的县志,按公元纪年分别作出2200多张图表(起自公元前181年,一年一张),把县志上记载过的水、旱和地震情况分别用绿点、红点和黑点标明在发生的地点上,使在同一年中四川各地所发生的自然灾害一目了然地呈现出来,颇具价值。

是年,日本山根信夫编印成《日本现存明代地方志目录》。1971年他又根据新增《北京图书馆善本》胶卷,重辑为《(增补)日本现存明代地方志目录》刊行,收明代方志299种。

1958～1962年,山东省普遍开展了修志工作,据不完全统计,取得初步修志成果共57种。

此期间,新疆维吾尔自治区出版内部发行的志书有《新疆维吾尔族简史简志合编》、《新疆哈萨克族简史简志合编》、《新疆柯尔克孜族简史简志合编》、《新疆塔吉克族简史简志合编》、《新疆锡伯族简史简志合编》、《新疆乌孜别克族简史简志合编》和《新疆达斡尔族简史简志合编》等7种。

一九六三年

7月23日，中国科学院哲学社会科学部和国家档案局向中共中央宣传部提出《关于编写地方志工作的几点意见》的请示报告，针对新编地方志工作中存在的问题，提出三条意见：一、建立审阅制度，控制出版发行；二、有计划有步骤地做好编修地方志工作；三、加强组织领导，发挥档案馆的作用。(《意见》全文见赵庚奇编《修志文献选辑》第184～186页)

是月，朱士嘉所编《宋元方志传记索引》由中华书局出版。此书据33种宋元方志的人物传记编制而成，共收各类人物3949人。除传记外，对于职官、选举、杂录、拾遗等类中附有传记者也一并收录。包括姓名、别姓、别名、字、号、别号，引用方志的简称、卷数、页码等。1986年再版。

8月16日，中共中央宣传部将上述中国科学院哲学社会科学部和国家档案局的《关于编写地方志工作的几点意见》转发给各中央局宣传部，各省、市、自治区党委宣传部，要求各地“参照办理”。

是月，山西省祁县志编修委员会编的《祁县志》(上册)内部印行，共340页。

是月，新编江苏《泗阳县志》由江苏人民出版社出版。《泰兴县志》编成油印本，是书凡8卷，26万字，取材止于1957年。《沛县志》草稿60万字亦写成。

是月，湖北省洪湖县政府编成《洪湖县志》内部印行。

10月5日，四川省省志编辑委员会副主任张秀熟，在省人民代表大会第三届第一次会议上作《关于四川省志的编写工作》的发言，汇报省志编纂的进展情况，强调省志应做到“体例谨严，内容丰富，考证精确”，要以“政治标准、科学标准、文字标准”进行衡量。

是年，辽宁省军区组织人力，由贺政权主编《辽宁省兵要地志》，以两年时间至1965年编成。

是年，上海书局影印出版明唐枢所纂的《湖州府志》，这是一部“三宝体”的志书。

是年，中共山西阳城县委组织《阳城县志》编委会，由宣传部长刘子敬为主任委员，陈世禄为副主任委员，王守节任主编，成员有王才富、马子宽、张惠民等。至1965年底，完成初稿9卷，约70万字。在十年动乱中，原稿已不全，只有残存部分存于县档案馆。是时，历任阳城一高、阳城中学教员的王璧，得知县里组织人员修志，虽瘫痪在床，仍以个人之力修成《阳城县志》一部，约10万字。

是年，由县委书记吴俊义、县长张庆余先后任编委会主任，王云鹏为总纂，李更生、王长发、杨振富参与编写，赵贵保担任摄影的山西《陵川县志》，形成初稿8册，由郭沫若题签，中国青年出版社印刷厂印成32开本。共分沿革、地理、户口、政权、党团、军事、群团、宗教、革命、农业、工业、交通、邮电、商业、粮食、财政、金融、教育、卫生、文化、人物、杂录、大事记等26章。

是年，甘肃省岷县成立县志编纂委员会，邀聘杨昶、樊钧为编辑，李清香、尚佐周、工本初负责采访及资料工作，经4年征集、编辑，积稿20余万字，在"文化大革命"中被抄掠遗失。

是年，陈厥祥主编的福建《集美志》出版。

是年，山西光绪《岢岚县志》出标点铅印本，雍正《重修岢岚县志》出标点石印本，光绪《河津县志》出标点油印本。

是年，上海古籍书店影印明嘉靖二十年刻本《云阳县志》。

是年，美国学者迈尔斯发表研究报告《中国现代经济研究中地方志的用途：四川在清代和民国时代》。该著作是从一个专业与一个区域的角度，来探讨中国方志的价值，认为四川地方志中，有清末民初丰富的经济史资料。

是年底统计，广西在五十年代末至六十年代初，共有百色、忻城、苍梧、藤县、北流等28个市、县、镇，编出新志书或志稿，其中23部油印，4部铅印，一部手抄。

1958年冬至1963年，广东省68个县(市)中，先后有48个县(市)成立了修志机构，组织编修新志书。37个县(市)完成了县(市)志初稿，其中有17部内部刊印。这期间，广东省各地修志的组织工作有五种情况：(1)在县(市)统一领导下，从各部门抽调人力编写，具体工作由档案馆负责，如兴宁、揭阳、合浦、饶平、顺德、梅县、乐昌、翁源、大埔等县；(2)在筹建庆祝国庆10周年办公室或组织专门机构(多称修志委员会)领导下，配备专职干部编写，如宝安、惠阳、花县、三水、增城、从化等县；(3)由宣传部门主编，各部门抽调人力参加，如河源、东兴、海丰等县；(4)各大专院校的历史系与部分县(市)委宣传部或档案馆共同编写，如五华、东莞、番禺等县；(5)县委办公室组织人力编写，如雷北、新会、德封等县。这一时期广东的修志与全国各地一样，都受到不同程度"左"的影响，不久便半途而废。已经印行的志书，也明显地存在质量问题，如体例不完善，结构不严谨，内容过于政治化，有些记述缺乏实事求是精神等。此时广东对方志理论也进行了一些研究，省档案馆就曾印发了黄勋拔撰写的有关新方志体例的论文。

1961～1963年间，上海市文物保管委员会编印了上海地区小志十余种。

1959～1963年间，广州中山图书馆翻(油)印罕见本方志22种，并利用旧志资料，编印了《广东温泉志》和《广东地质矿产参考资料目录》、《广东水利参考资料目录》等书目索引；与此同时，广东省文史研究馆从有关方志中辑录大量史料，编成《广东省自然灾害史料》。

一九六四年

4 月,上海宝山县张仰云辑成《大场里志》2 卷。张氏曾任国民党大场区区党部常务委员。1956 年曾提出过修志建议。是志记事上起乾隆十八年(1753),下至 1963 年 12 月。体例为条目式,共 103 目,约 13.2 万字。其中保留了颇多有价值的资料。

6 月 24 日,四川省省志编辑委员会向省人民委员会报告,原定各分志在 1963 年内完成,通过工作不断深入,愈加感到这一工作的艰巨性。为保证质量,整个省志在 1970 年才能完成。至 1966 年 3 月,搜集资料近两亿字,编成初稿 1300 篇,其中交通志和地理志等接近完成。

8 月,浙江舟山专区档案馆编成《舟山群岛、列岛、分岛简志》,内部印行。

是年,内蒙古巴林左旗旗委成立《巴林左旗地方简志》编写机构。其他如赤峰市、伊克昭盟等,也都开展了修志工作,后因"文化大革命"起而中辍。

是年,浙江金华档案馆工作人员钱金坤,在宁波出差时,偶于一小书摊上发现干人俊纂民国《金华县志》(断限 1911—1947 年),以 20 元购得,遂使是志书得以保存不佚。

是年,河北束鹿县志人谢迈度逝世。谢氏,晚清拔贡,从青年时代起即热心乡邦文献,以修志为己任。束鹿明清共修成 10 部志书,但明代五志毁于明天启间;清代五志亦绝少流传,以康熙志和同治志尤为罕见。谢氏为访求乡邦资料,不惜遍游全县各村。从 1920 年起,他又长期潜心于故宫图书遍查典籍,得以发现前述两志,于是夜以继日抄录副本。经 20 年的苦苦寻求,终于将清代五志收全。从 1937 年起着手重印五志,并自任校对。河北沦陷后,他仍与夫人暨三个儿子,独居斗室,在艇飞訇訇、炮声隆隆之中,潜心志事。还在北平图书馆闭馆期间,通过蔡元培和司徒雷登教授出面作保,得以破例入内找寻资料。终将《束鹿五志合刊》校刊完成。用聚珍本翻印 1000 部。其后,又以十数年之精力,撰成洋洋上百万言的《束鹿县新志稿》一部。只因筹资无门,不得不装箱存留以等盛世梓行。临终之际,还嘱女儿将志稿送回家乡,交县人民政府。这些志稿在那场"史无前例"的"文化大革命"中,为"造反派"

抢收去，至今也只找回部分，其余下落不明。

是年，广西通志馆编写的《广西近百年大事记要》油印成册。

是年，甘肃省图书馆将馆藏民国《甘肃通志稿》中的舆图、建置、民族、民政、财赋、教育、军政、交通、外交、金石、记事、变异、杂记等部分，选辑油印成13部专志，共34册，约200万字，提供使用。

从是年起至1975年，中共山西省五台县委、县武装部组织孙叔文、郑兴和等，三次编修《五台兵要地志》。全书分为政治历史、军事地理、交通通讯、经济情况四部分，共23节。

是年，日本东洋文库编印出《中国地方志联合目录》，著录了东洋文库、东京大学东洋文化研究所、京都大学人文科学研究所和内阁文库四家所藏的中国地方志。

同时，山根幸夫出版《日本现存明代地方志传记索引稿》。

一九六五年

2 月,陈正祥著《中国方志的地理学价值》一书由香港中文大学出版。是书利用 3000 多种地方志中关于八蜡庙、刘猛将军庙、虫王庙等的资料,绘制出《中国蝗虫庙之分布图》,并指出:(一)中国蝗灾的分布,以黄河下游为最多,尤其是河北、山东、河南三省;(二)华中以南蝗灾渐少,到了东南沿海,几乎完全没有,故福建、台湾、广东、广西四省,找不到八蜡庙或刘猛将军庙。(转见宋晞《方志学研究论丛》第 23 页)此书出版之后,在国内外产生很大的影响。从而使人们悟出,方志中充满着可用以编制地图的原料。这是运用方志资料进行科学研究取得重要成果的又一范例。

4 月,甘肃省气象局编纂的《甘肃气候志》由甘肃人民出版社出版。

5 月 21 日,毛泽东主席在上井冈山途中,于湖南茶陵县住宿。是晚彻夜览读清代《茶陵县志》,给身边工作人员留下很深的印象。

10 月,《台湾省通志稿》修成,全部刊印问世。断限至 1950 年,除卷首外,每卷 1 志,篇目 59,子目 321,共 10 志,分订为 60 册。是志"大事记"内容涉及本境之外,算是一特。其叙事方式是一纵三横。首是大格,为"本省记事";次是中格,为"全国记事";末是小格,为"世界记事"。是志由台湾省文献委员会副主任林熊祥代总编辑。在修志期间,林氏曾著有《纂修台湾省通志之方法的讨研》一文,足可视为其凡例之述说。其中有云:"盖所具者事,所凭者文,所贵者义。历来我国史学之商榷,诠辨类不出乎此三端。方志既为史之一种,自不能越其范围焉。窃按上举事、文、义三端,由现代科学言之,事即事实,包括一切自然及人为事物;文即表现形式,不仅文字而已,凡图表,统计标识 Graph 等皆属焉;义即意义,亦即价值,即依科学方法求得诸事物之真值。

"自然之部,照现代科学分类,分成各篇,就区域范围,搜讨事实,合文与义以成各篇记载,取义惟精,网罗惟广;人为之部,事过迹留,循现前之迹,求往古之实,其困难实百倍于自然事实。盖吾人之循迹而求之可靠根据,首推文献,次则为古代遗迹遗物。而历来文献散佚者多。幸而存于今日者,复每因时代结习之偷苟,或主观色彩浓厚,难以尽信。遗迹遗物,则讹传附会者复多,非待严密鉴别考证不可。其次则由风俗、语言、传说、种族而溯求过去事实,扫荡杂假,归纳而求其真因,其为业实复观且巨。故人为之部,除诸自然科学,仍应为其根本基础外,诸人文科学如政治、经济、法律等各有专篇记载,其他亦均当引以为资。而尤以考古学、人类学、民族学、语言学等最为亲近。其表现形式(即文)则引用昔文,一依其体,一般叙述,宜以现代通行之体出之,用以昭本著作之时代性也。意义及真值(即义),即衡量根乎理性,水准悬于现代化,即真理为主,褒贬为副也。历来方志体裁,其善者,固可尽量沿用,其不合现代精神部分,亟应改革,而编目义例,亦不妨创新焉。

“今肇修本省通志,自应本今日文化现阶段精神,不没却其特色,视其他各地方志,则著体例(方法)修成之。

“方法之一曰重证据。凡传说之缺少实证者,均以假说目之,惟因其为我民族精神产物,且为略载,已见上文。然载时犹当严别其性质之属于迷信及违背真实,既经现代科学证明其不能存在者,应删除或改其意义。例如日月之食、水、旱、地云、彗星之现等,只应天文、地理部门作科学记载,古昔方志之将其列于灾异,纪以大事者不可从。此外尚有种种神怪之说,荒诞之谈,均当尽量从略。

“方法之二曰除偶像。夫结习害道,自古云然,偶像之不除,进步之大碍。中世纪后,欧西科学文明之日新月进,实由英吉利之培根(Frandis Bacon)大声疾呼除偶像开其端。例如地域必系以星象、分野,山河往往排五行、八卦之方,艺术只限于诗、文、书、画,人物每喜品流分目,累代沿袭,积成文人气习,已不合于现代社会,是皆不可不除之偶像,切乎现代社会情势而改造者也。

“方法之三曰极务客观叙述。夫叙述一事一物,本纯客观出之,犹恐观察未能锐而洞,把握有时弛而遗,遂至昧其真相,更加主观色彩涂饰,则益朦胧难明。故读诸史之论赞,奚若读其纪、传中之记事之觉其传真,而诸纪、传中之记事又不若诸表、志之简明切实(错误记载,另一问题)。且夫代易境迁,同一事实其意义频生变动。北宋时史家,以三国正统与魏,紫阳纲目则书司马懿入寇矣。清人目‘洪杨’为发匪,至我民国则尊太平天国,与满清为敌体。秦桧之主和为南宋以后人人唾骂,近代乃有冷静考究而得当时之切实情势者,以为主和未必全非。至于隐逸见重于昔时,而受识于当世。长城、运河之暴政,今为我族建设之巨观。观生之出类之至圣,近时仅成我国最良之导师。虽云诸时代自有其精神,不妨各从其是。文化昌明之今日,惟应力务客观的叙述,使后来人得洞察事实,仁者见仁,智者见智,方不落理性水准。

“方法之四曰定界线。夫科学之精益求精,日见进步者,以多划界线,专铸之分愈加密细也。岂惟科学如是,凡百著述,不有其固有界线,殆无以自立,方志亦何不然?全国大事与本省大事之应详、应略,与国史厘然分其界线矣。志中所列诸部门,虽多各其专门可属,而其界线又与其所属专门著述自异。且就自然科学部门略言之,盖囿乎地域,限乎时代,应略原理办究,而重问题之纪述及说明。例如纪可见之星座、星群,释太阳系之变迁,不必过乎详也。述地层、地质之实况,而地球之生成,古成纪层、中世纪层、近世纪层所以成之原理等,以读者已具此常识,不再从头细说也。人文科学部门则地域、时代之限制益著于政治、经济等诸部门。即如语言、风俗、宗教、社会等,亦均惟注意我族移住于当地之后状况及变迁。移住前之漳、泉、惠、潮、嘉之语言、风俗、宗教、社会等,为彼漳、泉、惠、潮、嘉等志书之领域,只可时取较量以为参考,不足详也。界线之划定,当有赖乎各部门专家之审慎讨究。"(转自饶展雄《史志文稿》第205～207页)

按:今日行世的《台湾省通志稿》基本是按此四法修纂的。原下限为1950年。志稿送审后,台湾省民政厅又决定将其下限延至1961年,由省文献委员会继续增修。

是年,由中共黑龙江虎林县委办公室负责组织编写的《虎林县志(1908—1964)》,当年完成初稿,打印成册。

是年,山东孙润生私人修成《招远县志》稿本一种。

是年,厦门大学历史系庄为玑修成《晋江县志》五卷油印本。朱士嘉于1981年给《中国地方史志通讯》编辑部的信中谓,这是新中国成立以后私人修成的一部志书,"他有自己的见解,主张破历来分类编写的办法,代之以按时期编写的方法"。

按:《中国地方志联合目录》著录有民国《晋江新志》四卷,庄为玑纂,民国三十七年铅印本。是则非解放后新编矣。或是在民国本的基础上用新体式重修,由原四卷而为五卷也。

是年,台北影印出版《大明一统志》。

是年,台湾文海出版社翻印"中国边疆丛书",其中包括清王河等修、乾隆元年刊印的《钦定盛京通志》,清长顺修的《吉林通志》,万福麟修、张伯英纂的《黑龙江志稿》,清松筠修的《钦定新疆识略》,袁大化修的《新疆图志》,清和宁修的《卫藏通志》,清黄沛翘编的《西藏图考》,吴廷燮撰的《东三省沿革表》等旧志30种。

同年,文海出版社还选印了《舆地广记》、《太平寰宇记》、《舆地纪胜》和《元丰九域志》等4部总志,合称《宋代地理书》。

一九六六年

2 月,何炳棣著《中国会馆史论》,由台湾学生出版社出版。在全书 149 页的篇幅中,引用地方志书达 221 种之多。

6 月 3 日,四川省省志编委会机关和总卷组开始“文化大革命”,编纂工作受到冲击,成为“破四旧”的重点,图书资料、稿本被抄没,编纂人员遭迫害。省志编纂工作从此中辍。至 1969 年 11 月,机关和总卷组全体人员下到“湾丘五七干校”,只保留由 10 名专业人员组成的省志资料保管组,负责保管有关省志资料。该组归省哲学社会科学研究所领导。部分集中移交档案部门。

是月,广西通志馆被迫停止工作,至 12 月被撤销,资料散失,大多数人员下放基层。

按:从 50 年代开始的修志工作,至“文化大革命”中全部中断。对于 1966 年以前的新修地方志工作,徐健于 1991 年曾作了一个总的评述(见《黑龙江史志》1991 年第 4 期),认为此段修志工作有以下四个特点:第一,党和国家领导人和专家、学者们的提倡,是编修新志工作得以开展的决定因素。第二,此段的修志工作因 1966 年“文革”开始而中断,但它起了承前启后的作用。这时修成的志书或志稿,虽然大多比较简略,或存在这样那样的缺点,但还是使我国的修志传统得以继承,为 1980 年以后重新开始的修志提供了经验,有些甚至为此后的修志工作打下了基础。第三,从这一段已出版的志书或报刊上发表的文章来看,尚未充分认识志书的性质,主要表现是尚未充分认识“史”与“志”的区别。有些认为地方志就是地方史,故不少志书是以史体写成,不能说是体例完善的志书;又由于受当时“以阶级斗争为纲”的影响,内容上也存在偏颇。第四,个别修志工作起步较早的省份所修的志书质量较高。主要表现是:有些志书比较好地反映了某项事物的发展过程的概况和现状;有些志书多用图表说明问题,以增强记事的客观性;有的也达到了较高的科学性。笔者认为,这样评价看来是比较客观的,不应该像某些人那样对之全盘否定。

10月10日，旅台湖北同乡在台湾成立《湖北文献》社，计划影印散落在台的湖北方志及宗谱家牒。有湖北籍的知名人士王世杰、张知本、陶希圣、万耀煌等20余人参与其事。但由于经费等一些问题的影响，筹备工作进展较迟缓，延至1968年3月才正式开始影印工作，由学生书局影印、发行。至1986年的近20年间，先后影印成《黄冈县志》、《当阳县志》、《钟祥县志》、《随州志》、《大冶县志》、《枣阳县志》、《郧县志》、《监利县志》、《襄阳县志》、《崇阳县志》、《江陵县志》、《公安县志》、《孝感县志》、《麻城县志》、《恩施县志》、《远安县志》、《郧西县志》、《保康县志》、《南漳县志》、《枝江县志》、《建始县志》、《东湖县志》(宜昌)等20余种。未纳入本丛书的，还有黄梅同乡会理事长涂寿眉出资，由成文出版社照相缩印的《黄梅县志》和兴山县同乡会张运筹、刘沙二人出资影印的《兴山县志》等。这后一类所印的志书均为非卖品，只分送同乡。

按：由于时局原因，造成无奈而背井离乡的大陆旅台人士，十数年来，他们无时无刻不殷殷思念故乡；阅读家乡的志书，成为他们排遣乡思的一种慰藉。除湖北省外，其他不少省的旅台人士都有类似的做法。这对保持和发扬中华民族文化传统也是一个贡献。

12月，台湾省再版许崇灏所编《琼崖志略》。

是年，黑龙江呼玛县社教工作团漠河分团编成《漠河县志》油印稿，共11万余字，记载了漠河1860—1966年间的政治、经济、文化以及人民生活的历史变化。

是年，陕西省科技情报研究所铅印《陕西省汉中专区地理志》(50年代陕西师范大学地理系编就的)。

附：　　二十世纪五六十年代正式出版志书简目

省市	志书名称	出版年月
北京	北京植物志	1960.7
湖北	咸宁县简志	1958.12
	浠水县简志	1958.12
	应山县志	1959.3
	应城县志	1959.3
	黄陂县志	1959.3
	石首县志	1959.3
河北	怀来县志	1959.6
	昌黎方言志	1960.7
贵州	镇宁新志	1960.4
	大方新志——高歌猛进的大方	1960.4
	桐梓十年巨变	1960.10
	绿色的锦屏	1960.10

省市	志书名称	出版年月
湖南	湖南省志·地理志(上)	1961.3
	湖南省志·地理志(下)	1962.10
福建	集美志	1963
甘肃	甘肃气候志	1965.4
广东	惠阳县志	1961
江苏	泗阳县志	1963.8
西藏	西藏大事记(1949～1959)	1959.5
台湾	台湾省通志稿	1965.10出齐
	新竹新志	1958.6
	基隆市志	1959
	中和乡志	1959
	宜兰县志	1965

一九六七年

是年，台湾成文出版有限公司开始陆续分批编辑出版“中国方志丛书”，何光谟主编。该丛书第一期印出 723 种，第二期 634 种，第三期为台湾方志 102 种，合计 1459 种。先行出版的分华中地方、华北地方、华南地方、西部地方、塞北地方、东北地方和台湾地区几大部分。另有华东江苏方志 81 种，浙江方志 33 种。据饶展雄在《中国地方志》1988 年第 4 期著文谓，暨南大学图书馆古籍室所收藏者已达 1678 种，全部发行后尚不止此数。

按：笔者多年前因研究五代史的需要，曾较多地翻阅了这套丛书。由于底本来源所限，选的并不理想，至有难以卒读者。

是年，台湾“四川文献研究会”联合台北市学生书局，广泛收集四川各地方志，影印出版《四川方志丛刊》。同年，台北市南川同乡会影印韦麟书撰的《川南县志》，被收入“四川文献研究会”编的“四川文献丛书”。

是年，澳大利亚国立大学太平洋研究院远东史研究系出版唐纳德 · 莱斯里（Donald Leslie）和詹瑞姆 · 戴维德（Jeremy Davidson）所编《中国方志目录》，由澳大利亚国立大学太平洋研究院远东史研究系出版。这是一部“目录的目录”，系根据中、日、欧、美等国出版的中国方志目录汇编而成，收有 111 种资料。

一九六八年

8月21日，台湾主管部门公布《地方志纂修办法》，规定“志书纂修，省志二十年一修，市及县志十年纂修一次”。

是年，台湾中文出版社印行《永乐大典本地方志汇编》，收入志书18种。

是年，金门县文献委员会编修的《金门县志》出版。是志系在道光《金门志》、民国《金门县志》及《新金门志》基础上，新增资料至1967年编纂而成。全书除卷首、卷后外，分为大事志、土地志、人民志、政事志、经济志、兵事志、华侨志、人物志、艺文志与摭录志，附有图片若干。

是年至1969年，台北华文书局印行“中国省志汇编”，收载有清陈昌齐修的《广东通志》，清觉罗石麟修、储大文纂的《山西通志》，清沈青崖等撰、吴适锡等续撰的《陕西通志》、《续通志》等共37种。

是年，日本东京重印朱士嘉《中国地方志综录(增订)》。

一九六九年

是年，香港出版《星马人物志》和《海外客属人物志》。

是年，日本东京出版日本国会图书馆参考部编的《日本主要图书馆、研究所藏中国地方志总合目录》。是书收入日本14个单位，即国会图书馆、东洋文库、静台堂文库、内阁文库、宫内厅图书寮、尊经阁文库、东京大学东洋文化研究所、京都大学人文科学研究所、天理大学图书馆、大阪府立图书馆、爱知大学图书馆、蓬左文库、东北大学图书馆及九州大学图书馆，现藏方志(含丛书)以及缩微胶卷方志共万余种，是日本近年来所编最全的日藏中国方志目录，足以取代此前所有日本收藏的中国地方志目录。

一九七〇年

是年,《台北市志》正式出版。是书始修于 1953 年,至 1961 年编修成《台北市志稿》,其后着手修改,至是改定出版。

是年,为弘扬中华民族精神,增进爱国爱乡暨饮水思源之情操,台北市文献委员会从今年起,用寒、暑假期间,组织大专知识青年的台湾史迹源流研究会。1976 年起又增加教师组的研究会。其后,学生组由台湾省文献会主办,教师组由台北文献会办理,每年 2 期。

是年,台北随县同乡会,汇集明、清三种《随州志》,合成《随州方志》一书出版。

一九七一年

春节,台湾“中国地方文献学会”等单位,发起主办“中国地方文献展览”,台湾各地文献社、同乡会参展,共百余个单位。为方便就近参观,扩大展出效果,展区设有三处。举办此展览之意在于“俾各地人士在春节假期中一览桑梓文献,以慰乡思”。“这说明了我们今天身在台湾,心怀故里。”这次展出计有宋代所修方志19种,元代方志5种,明代方志373种。据“中央图书馆”馆长李志钟撰文云:“宋元两代方志传世的不足30种,俱经近代重行刊印。这次展出的24种,都是原刻或是旧抄,或经名家批校,很是珍贵。明代方志传世的约有千种,本馆所藏便有近400种。这些志书除少数是旧抄或重刻本外,多是原刻,不仅未经后代重印,且有后世续刻时所未经见的。所以这次展览,不仅是专题展览,而且也是善本展览。”(转自饶展雄、黄艳嫦《台湾修志纵横谈》,载《中国地方志》1989年第1期)

是年,中华学术院台湾新方志编纂委员会编的《阳明山新方志》一书出版,这是计划中的“台湾新方志丛书”的第一部。中华学术院中华地理学会著名学者张其昀等区域地理学派,历来主张“地理学家既以研究人地相应之故为其本质,自然在各学科中,为其中坚与枢纽”,“当毅然以此自任,积以岁月,精进不已,而有理想的台湾方志公之于世”。该协会诸同仁,主张台湾的新方志,“其体例即以新地学之观点与方法,就地位、地形、水系、气候、资源、实业、人口、聚落、交通、都市诸种因素之相互关系,根据实地考察,参考有关文献,分析综合,整理贯通,从而阐明人地相应之故”。他们决定以此观点和方法,来撰述台湾新方志,计划对台湾各市县“分别撰述新方志一册,二十二个县市,共计22册,总称为台湾方志丛书”。本书即是最先修出的第一部。其目次为:序、阳明山管理局图、前言、沿革、行政区域、地质、地形、气候、水文、天然资源、人口、聚落分布、交通、工业、农业、渔业、林业及畜牧、地名。

是年,林伯温主修之《茂名县志稿》在香港印行。该志稿于民国二十六至三十七年间修成,未付印,即由伯温之子林德清携出。至是由香港珠海大学江茂森校长出资,照原稿影印600部。全书分舆地志、建置志、纪述志、金石志、人物志、教育志、食货志、职官志、选举志、大事志、艺文志、诗征赋征。另有附录，为杨颐、杨永泰与熊皭然先生传。

是年，台湾商务印书馆印行王云五主编之《续四库全书提要》，其中收有方志2000余种，每条提要较之《四库全书总目提要》更具体详明。

一九七二年

9 月，台湾省高雄市文献委员会裁并于市政府民政厅，改设文献课。

11 月 21 日，原四川省志编委会李维、江在雄、崔泽海、永向前、张云芳、张清全等 6 人上书省革命委员会政治组、干部组，希望省志工作能继续下去，并提出两项建议：一、将原省志编委会改为四川省志编辑室，属政治部宣传部领导，将原来的 13 个编辑组，合并为政治军事、经济和文化三个编辑组，定员 60 人，主任请宣传部一负责同志兼，配副主任三至四人，干部由现有人员中抽调。二、如要撤销省志编委会，由哲学所的历史研究室和政治经济学研究室，分别担任“政治军事志”、“经济志”的编写工作，由文化局或文联担任“文化志”的编写工作，原省志编委会适合继续这项工作的干部，应分配到上述几个单位。

12 月，四川省革命委员会下文，撤销四川省省志编辑委员会。

年末，中共黑龙江省嫩江县委决定由县档案科负责编修县志，开始收集资料。1974 年 11 月组成班子开始编写。1976 年 7 月形成 70 万字的初稿。1980 年完成报审稿。1982 年拟付印，未获批准而作罢。

是年，著名科学家竺可桢在《考古学报》第 1 期发表《中国近五千年来气候变迁的初步研究》一文，运用大量方志资料中得来的数据，论证了我国长江流域和黄河流域近五千年来气候冷暖变化规律，提出了一整套关于历史气候的理论、方法和研究成果，是一篇有很高学术价值和现实意义的科学论文。在该文中，他特别指出：“到了明代，即十四世纪以后，由于各种诗文、史书、日记、游记的大量出版，物候的资料散见于各处，即使收集很少一部分，已非一人精力所能及。幸而此种种材料，大多收集在各省、各县的地方志中。这些地方志除仪器测定的气候记录外，对于一个地区的气候，提供了很多可靠的历史材料。”故他在文中分期，特设了一个“方志时期(1400～1900)”。

是年，台湾各县级文献委员会裁撤并入县政府民政局礼俗文献课，仅保留台湾省及台北市文献委员会。

1963～1972年,日本波多野太郎编的《中国方志所录方言汇编》,在《日本横滨市立大学纪要》各期中连续刊载。将**274**种方志中有关方言的部分加以汇编影印。每编卷首有一篇导言,叙述方志中所录方言词汇的语言学价值。卷末附有一个该编所收方言的词汇索引,按汉字笔画排序。

一九七三年

3月7日,四川省革命委员会政治部干部向省革委会提出《关于撤销四川省地方志编辑委员会以后有关问题的请示报告》,建议省志编委会撤销后,可以保留15人左右的小组,这个小组并入省哲学社会科学研究所。5月7日,四川省革命委员会对此报告作出批复:同意"省志编委会取消后,可保留10名专业干部,组成'省志资料保管组',保管有关省志方面的资料。这个小组可并入哲学社会科学研究所,并由该所领导"。至此,新中国成立之后的第一届《四川省志》的编纂工作宣告彻底中断,原有人员流散,资料转移,房产地盘丧失。

12月,台北商务印书馆出版杜学知所纂的方志论文集《方志学管窥》,这是一部方志学理论研究的专著。全书论文包括:《方志与史学》、《杂论史与志》、《说方志》、《〈通志条例〉读后》、《地方文献与中国文化》、《复兴中华文化与台湾文献工作》、《全面修志的可能性》、《现阶段的文献工作》、《试谈县市志假定细目》、《释省通志体例》、《从〈澎湖厅志〉说到台湾全面修志》、《台湾的修志》、《何乔远的生平与台湾方志》、《〈台湾府志〉六修说之误》、《台湾通史初探》、《校订〈台湾省通志〉的经过》、《蒋师辙与〈台湾通志〉》、《台湾光复后的方志界》、《〈威远县志〉的特色及家谱的征集和纂修》等20余篇。对于方志的起源、作用、体例、内容、修纂均有探讨,以对台湾方志的纂修研究为多。

是年,美国家谱学会赠中国外交官柴泽民一部《闻喜县志》和一部《柴氏家谱》。

是年,台湾编成《台湾省通志》。先是根据1961年文件精神,省志由原《台湾省通志稿》的原下限延至1961年。台湾省文献委员会即研拟增修计划,着手对《志稿》进行修改工作。至1967年共增修20篇,约400万字。由于原修、增修二稿,分别出自76人之手,立意不同,自难连贯。各自为书,牴牾互见。合为一书有困难,分为两书亦不妥,故拖延时日,未能付印。后经文献委员会新上任的主任张炳楠提出彻底整理,调整纲目,重新改编,拟出整修计划,定出8章61条办法,加以整理。至是大体整修完毕,以《台湾省通志》之名,分期分批出版。历时26年,全书1820万字,分为10志,卷首、卷尾在内共12卷。除卷首为序例、纲目、大事记，卷末为附录外，中分土地、人民、政事、经济、教育、学艺、人物、同胄、革命与光复 10 志。原《台湾省通志稿》，因有人认为资料较多，仍有独立保存之价值，故亦印行。

按：对于《台湾省通志》，社会各界人士，尤其是学术界反映不佳，普遍认为《通志稿》比《通志》修得好。各书断限内之资料，《通志》也不如原来的《通志稿》丰富。台湾辅仁大学历史系教授尹章义（曾主持纂修过《新庄市志》）在 1985 年《汉学研究》第 3 卷第 2 期发表《清修台湾方志与近卅年所修台湾方志比较研究》，其中分析《台湾省通志稿》比《台湾省通志》修得好时，认为《台湾省通志稿》重视修志人才，即为其中原因之一："参与编纂省通志稿者凡 62，其中文献会内编纂 17 人，约为参与编纂人 27% 强，会外特约编纂 45 人，占 73% 弱。特约编纂 45 人中 22 人为台湾大学教授，2 人为台湾省立师范学院教授，台北故宫博物院、台湾银行、华南银行等专家及艺术家等 21 人。可谓集当时专门人才之大成，足可比美清代修志之重用修志专家与学者。"持这种看法者并非尹氏一人。如曾参加过两书编辑工作的台湾省文献委员会的王世庆当时也认为："《台湾省通志稿》各篇之编修，一半以上系聘请台湾大学、台湾省立师范学院之教授及其他学者、专家编纂，所以专门的部门多由专门的学者纂修。《台湾省通志》之增订整修，除植物篇外，其余皆由会内同仁分担编纂。而会内编修人员有限，并非各志篇都有适当的人选，但因都有由会内同仁分担整修，故有些志篇并非都由适当的人选担任，自然无法比原修通志稿要编得好。"（均转自饶展雄《史志文稿》第 258～259 页）

一九七四年

12 月,台湾中正书局出版毛一波所著《方志新论》,这是一部方志论文的结集。收入论文 20 篇、附录 8 篇。其中有《方志与史学》、《杂论史与志》及《释省志体例》等,以结合台湾志书进行论说。

是年底,中国科学院、教育部、国家文物事业管理局,在北京共同召开“中国天文整理研究规划座谈会”(由中国科学院主持),其中天象资料组的“地方志中天象记录的整理和研究”,确定由北京天文台负责。

是年,香港出版《六十年来海外湖州人物志》。

一九七五年

5 月,由北京天文台负责的"地方志中天象记录的整理和研究"工作开始。先后参与这一项目的全国达 300 余人,以两年的时间,终于完成。同时还查阅了二十四史,清史稿,明、清实录及其它古籍中的天文资料。在这些资料的基础上,整理编成《中国古代天象记录总表》(后称总集)、《中国天文史料汇编》和《中国地方志联合目录》三项成果,每项都在百万字以上。至 1978 年初,这个 300 多人的大集体,被中国科学院党组评为先进集体,并授予"古为今用"奖旗一面,受邀出席全国科学大会。三部著作亦列入中国科学院重大科研成果。

《中国古代天象记录总表》中,来源于地方志的资料约占 1/3。该表中集录的包括:

一、有关太阳黑子的资料。国际天文史研究中,由于缺乏 1645～1715 年间太阳黑子的资料,以致美国学者艾地提出这期间(即太阳活动蒙德极小期)"太阳活动实际是停止了"的说法。此说能否成立,有待于搜集太阳黑子资料的验证。这个总表中则显示这期间,中国有 7 个省、市、自治区的地方志中有关太阳黑子的记录共达 12 项之多。据此,我国学者以有力的证据否定了美国学者的说法。

二、有关极光的资料。我国大部分地区属于北温带,能见到极光的机会较少。但志书中亦有不少的记载,有的对极光的形状、方向、发生的位置和太阳活动以及地球磁极的移动、磁场的变化,都记述得相当具体,是研究地球磁极的移动、磁场的变化的重要资料。

三、有关陨石的资料。该书中所集的 360 多项记录中,来源于地方志的达 200 项。所记不但内容丰富,而且描述得详细生动,有声有色,有形(状)有重(量),与其他史籍记载相比,更有过之。许多地方志中所载的"落星湖"、"落星潭"、"落星村"、"陨石河"、"雨金镇"、"飞来石"、"天星台"等,都提供了搜集陨石的重要线索。这些资料很快就引起国内外专家的重视。

四、有关日食的资料。历代史书中虽然都有不少关于日食的记载,但由于日食是局部地区的可见天象,观测点不同,所见日食的程度(日全食、偏食或环食)便不一样。地方志中的资料往往有不同观测点的非常准确而详细的日食记录。中外学者利用我国的日食观测记录，研究地球自转的长期变慢和引力常数的长期变化，或选用较精确时间的记录，或选用准确观测地点的记录（这些记录多见于地方志中），往往能获得与现代观测研究相比美的结果。

五、关于彗星的资料。这类资料地方志的记载不能与史书相比，但也有一些值得注意的记载，对于研究彗星的形状和彗星出现的规律，都是有用的。

六、关于流星雨的资料。地方志中，对于一场大的流星雨，往往有数十种志书加以记载。如明嘉靖十二年（1533）十二月十八至二十九日的狮子座流星雨，就有山东、江苏、陕西、江西等10个省的40多种志书中有记载。又如清光绪十一年（1885）十月十七至二十五日出现的仙女座流星群，全国就有12个省、市、自治区的60多种志书记载了。这些记录对于确定流星雨的辐射点，研究流星雨的周期、轨道的变化，流星雨与彗星之间的关系，都是极为重要的资料。

七、关于流星的资料。

八、关于月食和月掩行星的资料，等等。

《中国天文史料汇编》中，搜集了我国历史上与天文有关的人物事略、著作要目、天象诸说、观测仪器、体制政令、治历授时、古迹台站、星占神话等天文史料。地方志中所载与史书所载几乎不相上下。史书记载较详，而地方志中则记载了许多地方上和民间的天文史料，多为正史上所未载的。仅以明朝为例，与天文有关的历史人物的记载就达400多项，其中各级天文职官70余人，有天文著作者达80余人。元代近60人，宋代也有60余人。

是年，在60年代参与编修《四川省志·农林水利志》的熊达成，曾给四川省委第一书记赵紫阳上书，报告四川水旱灾害的规律和对四川水利建设的看法。他所提出的有论有据的看法，当时曾引起重视。

是年，河北省晋县杨继山主编修成《晋县军事气候志》。

是年，辽宁省军区重新续编修《辽宁省兵要地志》。

是年，美国哈佛大学东亚研究中心学者威尔金森著成《中国古代历史研究手册》。该书从史料学的角度，以专篇研究中国地方志，论述了中国方志的起源与发展、传存与收藏和中国大陆以外的研究情况。特别介绍了《元和郡县图志》、《太平寰宇记》、《元丰九域志》、《舆地广记》、《舆地纪胜》、《方舆胜览》及《大元一统志》、《大明一统志》和三种《大清一统志》的版本和基本内容。作者认为，"所有大约7500部地方志现存有总数令人吃惊的110000篇"。

是年，美国芝加哥大学教授亚历托出版的《中国方志与西方史的研究》，侧重西方史与中国方志二者的形式、内涵、产生的文化背景和史料价值。认为西方历史与中国地方志最为相似，但不同点也是显著的。例如，他指出："自宋以还，方志在形式和内涵上的一致性是惊人的。至于西方，根本没有长期一致的文体，即使一国中的一致性也没有。某些形式后来可能成为很通行，许多别的却完全消失了。一世纪中文献的形式和内涵应该有极大的变化，而方志的形式则千年来基本未变。""方志这种包罗万象的性质，以及其它与西方史志的强烈对比的特点，皆源于它们产生的文化不同。”1985 年在台北市举行的一次方志学国际研讨会上，他以同样的题目作报告时又指出：“今日，西方地方与社会史引为研究重点的一般大众的物质生活——以及相关的经济生产与技术；对一个地方的‘物质环境’之重要性也有了新的认识。有趣的是，和西方相对照，中国方志的这一类材料恰恰是最丰富的。”（转自张仲荧《国外及港台地区对方志学的研究》，载《方志研究》1991 年第 3 期）

一九七六年

5 月,《内蒙古农作物品种志》由内蒙古人民出版社出版,这是五六十年代启动,最后由内蒙古自治区革命委员会农林局编成的,大 32 开共 398 页。

10 月,山东省图书馆编辑成《山东地震资料》,资料主要来自地方志。

是年,中国科学院图书馆编的《中国科学院图书馆馆藏地方志目录》油印成册。收入该馆馆藏方志 4200 余种,其中包括从天一阁、天津、南开各图书馆以及日本等藏书单位补充的国内外稀见方志缩微胶卷 516 种。

是年,宋晞在台湾中国文化大学史学研究所开设“方志学研究”课程,旨在唤起人们重视地方志,如何利用其所保存的历代史料,与史学研究的结合等。

是年,日本鸠居一康编就的《元丰九域志索引》,由日本京都中文出版社出版。这是一部方志中的语言索引,将《元丰九域志》中的语句、单独的地名全部收录,还收录了土贡、职官和军号等方面的资料,按汉字笔画排序。

是年,英人李约瑟著《中国科学技术史》中文版由科学出版社出版。该书第 5 卷第 1 分册中,载有英国汉学家伟烈亚力的话:“在中国出现的一系列地方志,无论从它的广度来看,还是从它的有系统的全面性方面来看,都是任何国家的同类文献所不能比拟的。”

一九七七年

7 月,中共黑龙江呼玛县委决定开始编修《呼玛县志》。次年春,县长王坚革带领一班人开始着手进行。

是月,由陕西省测绘局编(梁宏柏主编)的《陕西省志・测绘志》由西安地图出版社出版。

10 月,中共山西寿阳县委书记常继宗倡导编修《寿阳县志》,自任编委会主任,下设办公室,开始修志工作。是时,山西平定等县亦着手开始修志工作。

是年,周梦庄编成《〈盐城续志补〉补遗》,油印馆藏。

是年,国务院批转中国社会科学院、中国科学院、国家地震局《关于出版中国地震历史资料的请示报告》,指出:要汇编整理更加完备、准确的地震历史资料汇编,有条件的省、市、自治区也可以同时编辑本地区的地震资料汇编。

一九七八年

2月,台湾邮政总局编的《中国通邮地方物产志》,作为经济史料丛书第一辑第四种,由华世出版社出版。内分上、下两册,涵盖苏、浙、皖、赣、闽、粤、桂、湘、鄂、蜀、康、黔、滇、冀、豫、鲁、晋、陕、甘、宁、绥、察、青、新等地。

春,台湾李绍章主编的《澎湖县志》出版。早在1955年,陈正祥就应县当局之聘,纂成该县志一册,以体例不合而未发行。1958年又聘李绍章主编县志,于1960年完成上册,包括疆域、开拓、人民、政事4志。后又由张默予续成物产、交通、卫生、教育、人物、文化等6志。按原计划定为16志,15卷。尚缺经济、城市、财政及杂志,至今年完成出版。这是按现代体例编修的一部新志。李运成在志序中说澎湖之战略地位有言:"虽地瘠民贫,物产不丰,但以介于台、闽之间,扼海峡之咽喉,岛屿回环,港澳杂错,在军事上实为兵家必争之地。昔延平据此而奄有全台,施琅得此而克塽议降,荷人据此以屏台、菲,日本据此以进窥南洋。是区区一地之得失,系我国族之兴隆与全人类之祸福,乌得以其土地硗薄、物产匮缺而遽加轻忽哉!"监修者李玉林也强调此点。正因基此认识,故志书中对澎湖诸岛记之十分系统、详尽,集以往诸志之大备。内容丰富,资料翔实,结构合理,体例完备,具备现代志书之基本特征。

6月5日,方志目录学家朱士嘉在是日出刊的《情况和建设》第52期发表《整理研究地方志刍议》一文,提出了旧志整理方面的一些设想,除了工具书的编辑、方志资料的汇编、方志论文的编写之外,特别提出要对"散失国外的我国地方志的调查和复制"。

7月,陈光贻在中国科学院的《情况和建议》第61期上刊发《〈中国地方志集成〉预拟目》。在该文中,提出编辑一部《中国地方志集成》的建议,主张从今存的万种方志中,每种平均选万字左右,图5幅。

8月21日,台湾公布《地方志纂修办法》,其第三条规定:"志书纂修期间,省志20年纂修一次,市及县志10年纂修一次。"

是月,山东省农业科学院情报资料室赵传,辑录山东省旧志中有关灾害史料,分雨水、干旱、虫害、稼病、饥荒、地震、海潮等部分，汇成《山东省历代自然灾害志》。

是月，河南省成立历史地震工作小组，编写《河南地震历史资料》，查阅历代省、府、州、县志 500 多种。是书 1980 年编成，由河南人民出版社出版。

是月，中国人民政治协商会议福建省福州市委员会文史资料工作组，开始修志工作。至 1979 年编成《福州市地方志》(简编)一书。以体例不甚完善，未公开出版。

是月，中共威海市委、市人民政府把编写地方志纳入社会主义精神文明建设的议事日程，成立由市委书记为主任的市志编委会，配备 11 人的专门班子，开展《威海市志》的编纂工作。市志决定上限为在威海设卫时，即 1398 年，下限先定至辍笔之时。后因感到新中国成立后由于"左"的错误造成的失误不好写，改为下限至 1949 年。经过一年零八个月的努力，写成《威海志》(第三稿)，全书 11 章，约 15 万字。至 1981 年，写出第 8 稿，共 20 万字。

是月，傅振伦《中国方志学》增订本出版。作者在自序中说："中华人民共和国准备编纂党史、国史、军事史、战役史、科学史和其他专业史。似宜同时编纂新的志书，以为基础。为了目前需要，我在 1935 年所编《中国方志学通论》的基础上，重写了《中国方志学》的小册子。"

是月，傅振伦在《历史研究》第 4 期发表《方志——史料的宝库》一文，提出以往封建时代所修方志，尽管目的是为封建统治服务，而且其编纂方法与内容也有不少通病，然修志有"二长"——"地近易核，时近迹真"，故方志记事比较可信，且记载广博，无所不有，可作为史学研究的资料。方志载有历代田赋、徭役，表明当时统治阶级对人民压迫、剥削情况；方志所载纪事、灾异、兵燹等内容，足以反映农民的反抗活动；明代沿海方志，还有抗倭事迹；风土志所载氏族、风俗、岁时、方言、农工商业、物产、物价、医药、交通等，皆有不少罕见史料。

秋，云南《大关县志》在台湾出版。是书稿原于 1949 年 4 月编定，是大关历史上的第一部志稿。当时，县人将志稿送给时任云贵监察使的大关籍人张维瀚作最后的审定。是时时局变化，张氏未及审毕便匆匆离昆明而赴香港。至该年 12 月，张妻仲孝余女士才将志稿带到香港。后张氏赴台，于 1965 年出任"监察院"副院长、代院长，一直无暇顾及。直到 1975 年底，张氏才"深念乡人托付之重，难再稽延"，开始逐卷审阅。在助手的帮助下，经一年多，才"审定竣事"。是时张氏已是九十二岁了。经审定的志稿，又由张氏出资刊印，至是才得以面世。全志 16 卷，共 20 余万言。

是年秋，台北中国地方研究会汇编的《宋元方志丛书》由台湾大化书局影印出版。是书乃聚海内外之善本、孤本、手抄本历时数年而成。共收入宋元方志 37 种。

按：是书初刊时，以 16 开精装 12 册，仅印 200 部，不久即销售一空。1987 年由大化书局再版时，缩为 25 开本，降低书价，广为流传。再版时书后载有台湾大学历史系宋晞教授的跋文云："宋代地方志虽从上古述起，但记述到宋代时则特别加强，所根据的除旧史记载外，尚有官府文书、私家著述、乡老传闻、访寻所得，不止可补正史之遗缺，在研究上又比正史的史料价值高。所以近年来研究宋史的，无不视此为第一等材料。”文中还列举了各种珍贵资料以为佐证。

10 月，中共湖南省委决定恢复《湖南省志》的编纂工作，最先着手的是修订《湖南近百年大事记述》。

11 月，黑龙江虎林县志编审委员会成立，下设县志办公室。至 1979 年 11 月完成《虎林县志》初稿。

是月，广西通志馆原太平天国史组收集编成的《太平天国革命时期广西农民起义资料》由中华书局出版。

是月，魏光在《图书工作通讯》第一期发表《谈地方志》一文，讲述了整理地方志的重要意义。

12 月，山西省代县组织人员开始收集资料，着手县志编纂工作。其后正式成立由县委书记为主任，副书记、县革委会副主任、县委宣传部长为副主任的地方志编纂委员会。

是年，山西阳高、左权、临汾、安泽等县成立县志编纂委员会或办公室，着手修志工作。

是年，广西有横县、武宣、大新、宁明、南宁、梧州等一批县、市陆续建立修志办公室。

是年，山东德州市委档案组开始协助市属城郊公社和生产大队编史修志，至 1981 年，公社级完成修志任务的达 100%，大队完成 61%，为其后市志的编修准备了一定的资料基础。

是年，朱士嘉给胡乔木、方毅写信，介绍地方志中社会科学和自然科学的史料价值，建议整理研究，为四化服务。

是年，四川合川县图书馆石印明万历七年刻本《合州志》。

一九七九年

3月,上海图书馆陈光贻在《史学史资料》第一期上发文,再次提出编辑《中国地方志集成》的建议。他主张的不是地方志书之集成,而是地方志资料集成,分为地方志序、例、篇目、图表汇编,天象、气候、历律汇编,舆图地理汇编,地方史与传记汇编,经济物产汇编,艺文、金石汇编等。

4月,四川潼南县成立《潼南县志》编写领导小组,下设办公室,研究县志内容、要求,并制定"编写提纲"。

5月1日,临汾市干部李百玉以《县志应当续订重修》为题,投书中共中央宣传部、《光明日报》及人大五届二次会议大会秘书处,建议在全国开展修志工作。其中,建议:第一,国家有关部门应先发出通知,引起各级主管这方面工作的单位的重视;第二,以各地宣传部门(宣传部、文化局、文化馆)为主,组织写作班子(三十至五十人),详查统计,认真撰写,限期完成(三至五年);第三,续订重修范围,至少应写到1949年底,中华人民共和国成立为止。或者一直写至"文化大革命"开始;第四,要写好续订重修序言,弃浊扬清,指出前志的缺陷和成就,不宜对原志滥施刀斧;第五,须走群众路线,广泛发动群众,集思广益,各方支援。此项工作定会顺利进行,如期告竣。

是月,四川省委第一书记赵紫阳,在长寿县视察期间,曾向县长章必果索要县志。当他看过民国《长寿县志》后,对章县长说:"这部县志写得较好,把长寿县各方面的情况都记载了下来,你们现在要写出一部比它更好的县志来。"当时该县已着手组织编写,得赵此指示后,更充实了修纂班子,派人到四川大学和北京师范大学培训两年,修志进度亦随之加快了步伐。

是月,黑龙江省鸡西市建立市志领导小组。宁安县志编纂委员会成立,下设办公室。

是月,辽宁省台安县开始筹建修志机构,8月着手编写。指导思想是"尊重历史,以史为镜,总结经验,汲取教训"。至1981年7月,五易其稿,纂成《台安县志》6篇50章40万字。在是书修纂过程中，有省内外80多个县来信表示支持，40多个县派人来进行研究探讨。

是月，美国斯坦福大学人类学系教授施坚雅（G. William Skinner）所主编的"A Bibliography of Gazetteers Treating the Ning-Shao Region of Chekiang"（《浙江宁绍地区地方志目录》）出版。是目录中，收入斯坦福大学所存的志书230种。据陈桥驿教授核对，这230种中（藏于国内的为62种），称得上是稀世版本的有30余种。其中孤本之一的就有悔堂老人编纂的乾隆五十九年（1794）抄本《[乾隆]越中杂识》。（见《陈桥驿方志文集》第218页）

7月9日，中共中央总书记胡耀邦在李百玉建议修志的信上批示："大力支持全国开展修志工作。"建议由人大常委会承担。后来中宣部、中共中央书记处又将此事转到全国政协常委会。1982年又由胡启立交中国社会科学院办理。

8月8日，湖南省革命委员会，以湘革发[1979]第96号文下发，决定省志编纂委员会恢复工作，以省委第二书记万达为首，召开全体委员会议，决议恢复《湖南省志》编辑工作。这是"文化大革命"后最先恢复省级修志工作的。1983年改名为湖南省地方志编纂委员会。最初的规划是，省志在1958年15个专志的基础上，增加一部《科学技术志》。

10月9～10日，湖南省志编纂委员会举行会议，确定编修省志的指导思想、体例及步骤和方法。

是月，邓小平在接见中国大百科全书出版社的同志时说：编辑出版年鉴，很有必要，这是国家的需要，建设四化的需要。

是月，上海图书馆内部铅印《上海图书馆地方志目录》，著录该馆藏方志5400余种。该馆自1952年成立以来，即重视地方志的收藏。后与上海市人民图书馆、上海市历史文献图书馆、上海市科学技术图书馆、徐家汇藏书楼合并，致使馆藏方志大增。其中不乏珍本、善本，如宋绍定二年《吴郡志》刻本，明成化《金华府志》刻本等。

是月，广西邕宁县成立县志编纂委员会及办公室。随之，武鸣等县也陆续组建修志机构。

是月，黑龙江《鸡东县志》编修工作开始筹备。

12月11日，中共黑龙江省委第二书记李立安，在全省文秘档案工作会议上的讲话中，提出要在全省范围内开展编史修志工作，各市、县都要把这项工作抓起来，指定一名领导同志负责，编写省志工作也要抓紧进行，同时提出拟成立省志编审委员会。至是年底，黑龙江省有北安、宁安、鸡东、德都、双城、虎林等6县成立县志办公室，五常县成立县志编审委员会。

是月，广东省人大五届二次会议上，人大代表、省政协副主席莫雄提出"组织人力编写广东省志"的提案。省政府要求省档案馆会同省文史馆、省文化教育局等有关部门研究，提出具体方案。

是月，黄苇在《历史学》第4期发表《章学诚方志理论研究》一文，提出方志的定义是："方志乃一方古今总览"。文章认为，《周官》、《禹贡》、《山海经》是方志的源头所在，其中《周官》、

《禹贡》是主要源头,《山海经》为次要源头。《越绝书》、《吴越春秋》、《华阳国志》不是方志渊源所自。《越绝书》已是方志发端,而《华阳国志》更已成方志雏形,《吴越春秋》类似郡书,亦已露方志端倪。《九丘》和古舆图也可列作方志的源头之一。方志并非起自一源,而是多源。“总览说”乃基于多源论而提出的。

是月,台湾省高雄市恢复文献委员会,由民政局长兼任主任委员。会内设执行秘书一人,综理会务。1993 年,市孔子庙暨忠烈祠管理委员会并入市文献委员会。

是年,广东斗门县在广东率先开展修志工作,至 1980 年修成县志内部印行。是时广东省开展修志的还有连县、临高、琼海、龙门等县。同时,广东省地震局等单位根据 400 多种广东省方志和其他文献,编成《广东省地震史料汇编》,为地震学等研究及预测、预防工作提供了较为完备的史料。广东省科技局在中山图书馆所藏方志中查阅 120 余种、900 余册,辑录 550 余条有关彗星、流星、极光、日蚀、地震等自然现象的历史记载。时广东省新丰与恩平两县发生地界纠纷,省法院查阅县志作依据,解决了两县纠纷。

是年,由西北大学、陕西师大、西安植物园、西安园林局组织编写组,恢复《西安植物志》的编写工作。很快就完成 80 余万字的志稿,绘制图形 300 余幅。

是年,云南省有江城、镇雄、弥勒、玉溪、云龙、永胜、腾冲等县着手修志工作。

是年,湖北省的黄石市、通城县、黄梅县成立新方志编委会。中共湖南新晃县委组织《新晃侗族自治县概况》编写领导小组,下设办公室开始工作。

是年,上海古籍出版社重版清顾禄著《桐桥倚棹录》。

是年,上海古籍书店影印明万历十九年刻本《三峡通志》。

是年,李孝友在《四川图书馆学报》第 3 期发表《地方志略论》一文,将中国方志的发展划分为 4 个阶段:一、最早的全国性区域志(公元前 4 世纪～公元 1 世纪);二、地记(公元 1 世纪～6 世纪);三、图经(公元 6 世纪～12 世纪);四、地方志(公元 12 世纪～20 世纪)。文章结合西南云、贵、川三省志书,举述了 5 个方面内容的价值:地震、矿产、地热、建筑、人物传记等。

是年,云南人民出版社出版王叔武辑著之《云南古佚书钞》。

是年,在全国进行地方志普查中,上海图书馆发现蒋毓英于康熙二十四年(1685)修成、二十七年(1688)刻印的《台湾府志》10 卷,从而改变了以高拱乾修的《台湾府志》10 卷为台湾最早府志的说法。

是年,台湾出版连江县文献委员会编纂的《连江县志》。该志除卷首、卷末外,主体部分包括大事志、土地志、人民志、政事志、经济志、兵事志、艺文志、杂志等 8 卷。

是年,台北广东文昌同乡会重印《文昌县志》,底本由杨乃琼获自美国的清咸丰重修本,由钱穆为之序;浙江东阳同乡会影印道光十二年重修《东阳县志》,底本由日本东洋文库复印归来。

是年,英国人安德鲁 · 莫顿(Andew Morton)编的《英国各图书馆所藏中国地方志总目录》,由伦敦大学东方与非洲研究院出版,收录大英博物馆及牛津、剑桥等大学图书馆所藏中国方志 2516 种。

是时,厦门大学海洋研究所,查阅该校图书馆藏方志 300 余种,辑录有关我国在南海诸岛行使主权和外国侵占情况的史料,为外交斗争提供了有力的证据。

一九八〇年

1月,黑龙江省《呼玛县志》出版。呼玛县地处祖国最北端,与俄罗斯相望。政区大于一个小省,人口却只有五万,不及一个大乡。历史上从未修过志书。是志由该县县委书记王坚革任主编,从1978年开始编纂,历时两年而成。记述了从1644年(清顺治元年)至1979年共335年间呼玛县的政治状况、经济形态、社会生活、宗教信仰、民情习俗、风土文物等各方面的历史和现实的概貌,分为7编41章。第一编介绍全县概貌;第二至第六编按年代次序分编叙述各历史时期的史实,最后一编为杂记。这是经"文化大革命"中断之后,最先修成出版的部县志。

按:是志由于是采用"分期体"的写法,先分时期,后分门类,故分割零碎,破坏了事物的整体性,也不便于查检使用。在写法上也不大明志体,如《黑龙江上游中俄战争》一章,写得颇似评书,介绍、议论、评价、说教多处可见,语言也欠精练。评论者认为是史志不分,故以后出版的志书基本不用此法。就志书的质量而言,写得也不算成功。但它是"文化大革命"之后修成的首部志书,其精神和探索之功不可没。故在本届修志中,人们都以一种敬仰之情对待之。曾三在全国地方志第一次工作会议上曾说:"成书较早的志书,尽管由于缺乏经验,可能还存在这样那样的缺点和问题,但它们探索之功是不应低估的。"

是月,中共牡丹江地委宣传部、地区文化局,联合组织各县地方志负责人参加的编史修志工作现场会,对《虎林县志》稿进行评议。

是月,中共贵州赤水县委书记柳耀华部署编修县志。

2月4日,英国《泰晤士报》载文介绍我国科学家徐振韬、蒋窈窕夫妇的科研成果。他们利用中国方志中关于太阳黑子活动的记载和变化,查出二三十条关于17世纪的太阳黑子记录,其中6条是在"蒙德极小期"(太阳活动的衰落期)内,从而澄清了国际天文学界由于资料不足而造成假象的论断。(转自《朱士嘉方志文集》第86页)

按：朱士嘉说，据地方志书等选编而成的《中国古代天象记录总表》进行认真分析，还可以编写其他有价值的论文。广东、湖南两省方志所记录彗星大约有数十条，都是国际天文记录中所没有发现的。

春节之后，中共江苏如东县委召开常委办公会，决定编修《如东县志》。

2月14日，中共中央、国务院以[1980]16号文件，批转国家档案局关于全国档案工作会议的报告。其中提出，工作基础较好的档案馆，要"号召编史修志，为历史研究服务"。

3月3日，《人民日报》发表《重视地方志的研究》的文章。

3月9日，湖北省人民政府发文，成立省地方志编纂委员会，并举行编委会第一次会议。

是月，山东省东平县档案馆着手整理1962年编的《东平县志》初稿中的两章——历史沿革、东平人民革命斗争史(1937—1949)。

春，河南刘永之在《学术研究辑刊》第1期发表《修志刍言》一文，其中提出了一个河南近代方志纲要的设想。

春，江苏无锡、泰州、沙州、赣榆、如东等市县，按中央16号文件提出各地要开展编史修志的要求，建立机构，着手修志。

3～4月，黑龙江省双鸭山、牡丹江、爱辉、富锦、鸡东等市、县志书编审委员会相继成立，下设办公室开展工作。

4月8～12日，中国史学会代表大会在北京举行。在此次会议上，中共中央政治局委员、中国社会科学院院长胡乔木在讲话中指出："地方志的编纂，也是迫切需要的工作。现在这方面工作还处于停顿状态，我们要大声疾呼，予以提倡。要用新的观点、新的方法、新的材料和新体例，继续编写好地方志。不要让将来的历史学家责备我们这一代的历史学家，说我们把中国历史学这样一个好传统割断了。应当说，历史系大学生的出路是很多的。我们本来应当有很多工作需要大量的合格的大学生去做。例如，编写地方志就是其中很重要的一项。"他特别强调："我国向来就有编史修志的优良传统，必须把这个传统继承和发扬光大起来。否则我们就上对不起祖宗，下对不起子孙后代。"

在会上，首先起来响应胡乔木号召的是福建省代表、福建师范大学党委书记、副校长张立。他向大会提出了《关于成立中国地方史志研究会的倡议书》。这一倡议立即得到与会代表的赞同。大会主席团成员兼秘书长、中国社会科学院历史研究所副所长梁寒冰，遂责成天津代表左建和湖北代表李建联系一些省(区)、直辖市的代表举行座谈会。参加座谈的有福建师范大学张立、上海社会科学院陆志仁、吉林省社会科学院佟冬、山东省政协靳星五、山西社会科学院张海瀛、河南省社联刘鹏莽、四川省社会科学院林超、广东省社会科学院金应熙、湖北省社会科学院李建和天津市社会科学院左建。参加座谈的代表经过协商，共同确定了三条意见：

一、参加座谈的10省、市代表为研究会筹备工作发起人，并一致推举梁寒冰为召集人；

二、初步确定10月份在天津举行筹备会议；

三、以天津市社会科学院历史研究所为筹备工作联络处。

5月10日，中共山西省委、山西省人民政府联合发出《关于成立山西省地方志编纂委员会的通知》，由省委前第一书记王谦任主任，武光汤（省政协主席、原省委书记、副省长）、李志敏（省政协副主席）等6人为副主任，委员26人，由各部、委、办、厅、局负责人出任。编委会下设办公室（相当于地、厅级），批准编制20人，具体承办修志事宜。

按：这是全国最早明确省地方志办公室为厅（局）级单位的省份。

是月，曾三在全国省级以上档案工作会议上强调，“档案工作要同编史修志结合起来”。

是月，广东省档案馆向广东省委、省人民政府报告《关于编写广东省志的几点意见》，并提出设立专门机构等四点建议。

是月，中共武汉市委正式发文，成立武汉市地方志编纂委员会，由市委副书记、市人民政府第一副市长黎智为主任，编委会成员包括市各部、委、办、工、青、妇的领导人，市人大常委会副秘书长陆天虹兼编纂办公室主任，办公室作为常设机构，由市人大常委会兼管。

是月，山西省代县成立专门修志机构，聘请百余名退休、退职的老人为特约撰稿人，立即投入工作。

是月，山东省宁津县人民代表大会常务委员会产生后不久，即成立县志编写小组，着手修志工作，《大众日报》曾予以报道。

6月11日，《光明日报》发表山西省政协副主席、省地方志编委会副主任兼省地方志办公室主任李志敏的文章——《地方志的编修工作急待开展》。

6月中旬，《红旗》杂志第11期发表山西省图书馆古籍部主任刘纬毅的文章——《要重视地方志的编写》。

是月，自1979年6月开始编纂的辽宁省《台安县志》完成。全书20万字，《光明日报》就此进行了报道。

是月，四川人民出版社出版《四川地震资料汇编》第一卷（1949年以前）。此书查阅各种资料1000余种，其中地方志640余种，辑录四川省自公元前26年至1949年发生的地震史料，约35万字。

是月，辛培林在《学习与探索》1980年第3期发表《试论方志的源流及其在史学中的地位和作用》一文，认为方志是从舆地学即地理书演变而来。春秋至秦汉，方志尚未从地理学中脱胎而出；秦汉以后随着经济、文化的发展，才逐渐形成自己的特点，进入独立发展阶段；隋唐是方志第一次大发展，出现官修方志，体例开始变化，内容取舍、条目编排超出了地理书的格局范围；宋代是方志大发展的第二个时期，已经完全从地理书中脱离出来，体例也较完备，且出现了大批方志杰作；元明时期是方志发展的第三个时期，此时的方志从品类到形式都比较齐全、比较定型，方志质量不断提高；清代是方志发展的鼎盛时期，主要表现是方志更加普及，带有广泛性和普遍性，对方志理论进行了研究，在编纂方法上具有一定的科学性和准确性，章学诚在史学中创立了一门新学科——方志学。（转见《方志学概论》第146页）

夏，江苏档案局在扬州举办新方志编纂讲座，为期半个月，由中国人民大学刘光录主讲，听讲者达200余人。

7月22日，由广东省档案馆牵头，邀请省委宣传部、省党史研究会、省文史馆、省哲学社会科学研究所、中山图书馆、暨南大学等单位负责人举行座谈会，讨论编写《广东省志》的具体意见。

7月23日，中共黑龙江省委第50次常委会，听取了省社会科学院和省档案局关于开展《黑龙江省志》编写工作的汇报，并确定由李剑白、陈元直、高鲁负责筹建省志编审委员会和省地方志研究所。

7月24～25日，山西省全省地方志工作会议在太原召开，动员各市、县普遍开展修志工作。省委书记兼省地方志编委会主任王谦主持会议并讲话，要求各级党政领导，要提高对修志工作的认识，加强领导，做到三个落实，即组织机构落实，人员落实，经费落实。至1982年，明确山西省志各专志由各有关部、委、厅、局承担编修任务，原则是干什么的写什么，人员自选，经费自筹，包干完成，限期交卷。省志办负责组织、辅导、协调各专志之间的关系，最后总其成。

是月，上海成立史志研究会筹备组，拟定了《上海史志研究会章程》。

8月1日，全国首家省级方志刊物——《山西地方志通讯》创刊，先后改名《山西地方志》、《沧桑》。

8月30日，中共河南省社会科学院党组决定，在历史研究所内成立地方史志研究组，着手《河南近百年大事记》的编纂工作。

是月，刘纬毅在《文献》1980年第4期发表《中国方志史初探》一文，认为中国地方志创始于东汉，最早的作品当推《南阳风俗传》。他将我国地方志的发展分为五个时期：一、汉魏六朝时期是方志的雏形期；二、隋唐时期第一次出现大规模有组织的修志活动，出现最早的地方总志；三、宋代是承前启后时期，一方面数量猛增，另一方面是体例完备，为后世方志的发展创制了规模；四、元明时期，在继承前人基础上又有新的发展；五、清代是中国方志的极盛期。该文为《中国地方志总论》和台湾《中国图书文献学论集》收载。

9月25～27日，黑龙江省举行地方志工作座谈会。

是月，王德毅在台湾《食货月刊》复刊十卷六期上发表《略述宋元地方志中的传记资料》一文，令人信服地列举了方志可补正史之缺略的例子，分为两类：一、宋史无传而在地方志中有传者，举了王葆、史正志、郑亶、曾怀、楼郁、刘虎等人的事迹为例；二、地方志与宋史比较详略互异者，举了史浩（详于宋史）、汪立信（与宋史互异）、李光（详于宋史）、吕颐浩（详于宋史）、张拭（详于宋史）、郑侠（详于宋史）。其他可补宋史缺略尚有数十人之众，以仙释尤多。

(转见宋晞《方志学研究论丛》第216页)

10月21～25日,中国地方史研究会筹备工作会议在天津举行。会前全国各地纷纷致函要求参加筹备会议。根据梁寒冰的建议,发起单位增加了北京、辽宁、湖南、江苏、陕西、宁夏、武汉,共17个省(区)市。同时还邀请了山西李志敏、湖北朱士嘉、天津师范大学陈继揆、山东省历史研究所所长王伯群等几位老干部、专家、学者作为特邀代表,与会者共45人。中国社会科学院规划联络局副局长、中国史学会副秘书长梅关桦,中共天津市委宣传部部长、天津市副市长白桦到会祝贺。中国社会科学院历史所副所长、中国史学会秘书长梁寒冰主持了这次会议并在闭幕式上讲了话。会议交流了各地研究编纂史、志的情况、经验、问题和设想,讨论了今后如何组织起来,加强领导,开展地方史、志资料征集和地方志编纂工作问题,提出了许多积极的建议,归纳起来约为10项:

一、希望各级人大代表和政协委员提出正式提案,吁请中央和地方政府有关部门重视地方史研究和地方志编纂,把这项重要工作重新提到议事日程上来,作出相应决议,拨给人员编制和经费,建立必要的机构和制度;

二、建议在中央和各省、市、自治区以至县级政府机关中设置地方志编纂委员会,授予组织领导编纂地方志的行政权力;

三、建议成立全国和各地的地方史志研究会,通过这一群众性的学术团体,团结广大地方史、志工作者,统筹规划,分工合作;

四、建议全国有些高等院校历史系开设“方志学”选修课,中央和省、市、县的有关部门举办培训班,培训和造就史、志工作的专业人才;

五、建议中国社会科学院会同国家有关部门,讨论制定编纂地方志的全面规划,1990年以前编出全国大部分县市(包括少数民族地区)的新的地方志,1980年开始进行试点和取得经验后逐步推广;

六、对旧的地方志加以科学的整理出版,以利用来为当前的社会主义现代化建设服务;

七、呼吁立即开展大规模的地方志资料征集工作,首先要进行全面普查,然后有计划、有步骤、有重点地征集,特别要抓紧抢救濒于灭绝的文献和文物;

八、在整理历代地方志和征集地方志资料的基础上,分期分批地编纂新县志、新省志和新的一统志,同时编写北京、上海、天津等大中城市史和城市志;

九、建议成立中国地方志出版社,专门负责编辑出版《中国地方史丛书》、《中国地方志丛书》和《中国地方史志丛刊》;

十、加强国际学术交流,积极引进外国研究中国地方史、志的成果和资料。

会议决定1981年夏,在山西省举行中国地方史学会成立大会,由北京、上海、天津、山西、内蒙古、山东、湖南、武汉8个省(区)市代表组成筹备小组,负责筹备工作。梁寒冰、李林(北京市社会科学研究所副所长)为召集人。联络处设在北京市社会科学研究所。筹备组的工作首先着重抓：一、研究决定召开“中国地方史志研究会成立大会暨首届学术讨论会”的时间、地点、规模和议程；二、拟定《中国地方史志研究会章程(草案)》；三、协商酝酿“中国地方史志研究会”的组织机构和人事安排；四、讨论修改《关于编纂新县志的初步方案》；五、组织征集有关地方史和方志学的学术论文；六、编辑出版《中国地方史志通讯》。

是月，《湖南省志·湖南近百年大事记述》第二次修订本，由湖南人民出版社出版。

11月6日，《光明日报》发表中国地方史研究会天津筹备会议的“9条建议”(删去10项建议中的关于整理出版历代地方志书一项)。这一消息，引起全国强烈反响。贵州省文史研究馆来信说：“阅报后，我们受到极大鼓舞。”中共陕西省委党校李德远来信说：9项建议“代表了中华民族的心愿”。

11月25～29日，湖北省举行部分地、市、县地方志编纂工作座谈会。

是月，山西省图书馆编印出《山西省地方志联合目录》，著录该省现存方志463种。

12月1日，中共中央办公厅副主任、中央档案馆馆长曾三，在是日举行的中国档案学会筹备第三次会议上的讲话中，通报了天津会议的10项建议，并强调要把档案工作同编修地方志工作结合起来。他就地方志工作提出了五项建议：第一，全国应有一个机构，专门负责编修地方志的组织工作。可考虑恢复过去的中国地方志小组的活动，即在中央宣传部的领导下，由中国社会科学院、全国政协文史资料委员会、国家档案局共同协商，邀请有关方面人士，成立地方志小组，来进行这项工作。第二，各省、市、自治区，地、州、市、县，都成立地方志的编纂委员会，积极筹备和开展地方志的编修工作；也可以对旧的地方志进行收集、整理工作。第三，欢迎和吸收离职的老同志积极参加地方志的编修工作。第四，可以考虑把修地方志和档案工作结合起来。第五，为了促进编修地方志工作的开展，以及方志学的研究，可以考虑成立一个中国地方志学会，开展方志的学术研究活动，并可以通过这一学会进行必要的对外文化学术联络工作。

12月3日，贵州省成立省志编写筹备组，副省长秦天真为组长，下设办公室着手工作。

是月，广东省《斗门县志》出版。

是月，《汕头大学医学院志》出版。

按：今年之内出版的新志书达数部之多，这些志书大多于70年代就开始了修纂。于此可见，不少文章和文件中说，“文化大革命”后的新一轮修志从1980年开始的说法是不大准确的。80年代开始的是大规模修志，零星的修志实从70年代末已经开始了。

至是年底，陕西省已决定建立省级修志机构，贵州、山东、福建正在筹备中。省辖市、地区、县级建立机构的较多，山西省已近半数。

是年，重庆修成《北碚志稿五编附北碚概况大事记》，打字油印成册。

是年，宁夏李德银、马振福编成《同心县志》油印，《光明日报》作了报道。

是年，奉贤县志办公室整理成民国《奉贤县志稿》(整理本)，至1988年印行。

是年,《中国地震资料汇编》编成,这是在 1956 年《中国地震资料年表》的基础上增补而成的。

是年,“中国地方志详论丛书”开始陆续出书。这套丛书是由全国各省、市、自治区上百名图书馆学和目录学专家通力合作而成的。其做法是,以省、直辖市、自治区为单位,对各自现存的方志遗产,按省、市、县逐一进行评介。这套丛书,由吉林省地方志编纂委员会、吉林省图书馆学会印行,在方志界起了重要的媒介作用。

是年,浙江籍台胞余烈先生借钱自费编印一本《於潜县志》,分赠有关各界。台北浙江松阳县同乡会影印民国十五年刊本《松阳县志》,底本采自美国国会图书馆,并附有同乡会续编的内容 12 卷。

是年,台湾《(增订)台湾公藏方志联合目录》出版发行。该书比 1956 年本多著录志书 68 部。

一九八一年

1月6日，山西太原市志编纂委员会成立。

1月10日，《中国地方史志通讯》在北京创刊。这是报道中国地方史志研究和编纂工作动态的内部刊物。其办刊宗旨是：刊登全国各地研究地方史志理论和实际问题的学术文章和科学情报，交流编纂地方史志的工作情况和经验、体会，报道有关学术会议和学术活动的消息，评介国内外研究编纂地方史志的新成果，发表中国地方史志方面的新资料，以利促进中国地方史志工作的发展。第一期主要内容有：中国地方史研究会天津筹备会议部分代表的发言、《中国地方史研究会章程（草案）》、《关于编纂新县志的初步方案（讨论稿）》等。

1月20～27日，武汉市举行《武汉通志》编纂工作座谈会。

1月29日，上海市10县举行兴修新志座谈会。

是月，《湖南省志·人物志》编辑组制定并公布《〈湖南省志·人物志〉编写条例》，包括人物收录原则、编写要求、编辑机构和编审条例、稿件处理办法等四个部分。

是月，《山东省地方志书目》印行，著录现存旧志597种，新编志书57种，并载有《山东古方志考》。

2月11～19日，中国地方史研究会筹备小组会议在山西省太原市举行。出席会议的有筹备组的8个省（区）市的代表18人。梁寒冰、李林、李志敏共同主持会议。中共中央原办公厅副主任曾三出席，中共山西省委书记贾俊会见了与会代表。

会议分两段进行。第一段是工作会议，主要是讨论修改《中国地方史研究会章程（草案）》和《关于编纂新县志的初步方案（讨论稿）》。关于会章，鉴于本会两大任务之一是地方志的研究、编纂工作，而这项任务牵扯面太广，不仅是学术研究，还要得到各实际工作部门的协作，因此，将“中国地方史研究会”更名为“中国地方史志协会”。协会性质是推动中国地方史和地方志研究、编修、教学、出版事业的群众性学术团体。宗旨是在马列主义、毛泽东思想指导下，促进中国地方史、志研究和编纂事业的发展，不断提高我国地方史、志工作的水平，为社会主义现代化建设服务。主要任务是：

(1)团结广大地方史、志研究、编纂、教学、出版工作者，协助有关部门，制定统筹规划，组织分工协作；

(2)提倡地方史的研究、编写和教学，努力提高地方史理论，普及地方史知识；

(3)推动对历代地方志及方志学的整理与研究；

(4)开展宣传工作，协同有关部门，广泛、深入、持久地征集当代地方史、志资料；

(5)积极倡导用新的观点、新的方法、新的资料编纂新方志；

(6)加强国内外学术交流，引进外国研究中国地方史、志的成果和资料；

(7)编辑出版《中国地方史丛书》、《中国地方志丛书》、《中国地方史志丛刊》等书刊。

会议讨论了《关于编纂新县志的初步方案(讨论稿)》，认为近年来各省(区)市的地方志工作陆续上马，许多县份已经开始编纂新县志。当前亟须拟定一个比较完善的编纂方案，提出统一的原则、体例和篇目，以利于这项工作的开展。

会议还商定，中国地方史志协会成立大会暨首届地方史志学术讨论会，于 8 月上旬在山西省举行。

工作会议结束后，筹备小组成员先后同山西省、太谷县、忻县地区及其所属各县、雁北地区及其所属各县及大同的地方志办公室同志们进行座谈，交流了修志工作经验。

方志学家朱士嘉先生在此次会议上的发言，更完善了其对方志定义的界定。早在 1935 年《中国地方志综录·序二》中，他曾说："方志者，盖以地方为单位之历史与人文地理也。"此说颇近黎锦熙的史地两性说。至此次会议的发言中，他说："地方志是以一定体例反映一定行政单位的政治、经济、文化、军事、自然现象和自然资源的综合著述。它等于地方百科全书，也是一门边缘学科，涉及范围非常之广，既反映各个行政单位的天文、气候、地形、自然资源、自然灾害以及动植物、飞禽、水族的生长、迁移、灭绝的过程，又反映我国各族人民不同时期的社会生活，尤其是阶级斗争、生产斗争和科学实验的情况及其所取得的辉煌成就。中国地方志历史之悠久，地域之广阔，内容之丰富，在世界上是罕见的，不失为我国优秀的文化物产，对于研究中国的经济史、政治史、文化教育史、军事史以及科学技术发展史，地方志都是不可缺少的参考资料。"吴景熙用之与章学诚、梁启超、李泰棻、黎锦熙、张国淦等所下的定义比较之后，认为朱氏这个定义"较前人远为全面"。

3 月，安徽省祁门县中学教师方家瑜以《伟哉，中华民族之盛举》为题，投书《中国地方史志通讯》，对修志工作提出四项建议和认识：

一是建议邀请海外华侨、外籍华裔参与修志工作，邀请台湾同胞，特别是家在大陆暂时寄居台湾的同胞。

二是关于本届修志的上下限问题。认为我们这个古老的民族经历了两个截然不同的历史时期：从鸦片战争到新中国的成立，是处于半封建半殖民地的历史时期；从新中国成立到现在,是处于社会主义革命和社会主义建设时期。这两个时期,本身就规定了我们编修地方史志的界限。因此,上限应和旧志相衔接,下限至于目前。新中国成立后虽然时间只有30年多一点,但无论从社会性质,从各项事业来看,与新中国成立前都有本质上的不同。为了标志这种区别,不妨把衔接旧志并修到解放为止的称为“××县旧志”;自解放之日起修至目前称为“××县新志”。

三、关于新纂志书的指导思想。他认为,地方史志和全国性的断代史这两者之间有区别。这两者的关系,可以通俗地比为“饭”与“米”的关系,地方史志是“米”,而全国性的断代史是“饭”。如果承认这种关系,那么地方史志最重要之点便是“实事求是”,具体到地方史志的编修来说,那就绝对要求“存真求信”。

四、建议本次修志应确定以县或相当于县的行政单位为准,暂时上不编省志(省一级的北京、天津、上海三市及广州、武汉等大城市例外),下不编村史,集中力量搞县志。县志既成,村史已包括在内,而省志更有了基础。这样做,比较容易毕其功于一役,以免分散人力物力。

春,张秀民在《兰州大学学报》今年第1期发表《永乐交阯总志的发现》一文,略谓:此志3卷,为永乐五年(1407)新设交阯布政使司后所修,《明史·艺文志》未著录。是书在国内已亡佚500余年。法国人1932在越南出版时,误题为《安南志原》。是书记事至永乐十七年(1419)。书中大量地引用当地17府州县之档案、调查报告,为研究明初交阯地方之政治、军事、经济、文化、建设等不可或缺之书。(转自宋晞《方志学研究论丛》第21页)

春夏间,江西师范学院历史系在四年级开设“江西省地方志研究”的课程,由对方志学素有研究的王咨臣先生讲授,共有三大部分内容:一、江西地方志的名称、种类及其作用;二、江西省地方志编纂源流、概况及其内容;三、新修江西地方志的几个问题,即怎样编修一部新的江西省地方志。

是月,河南省地方志编委会编的《河南地方志综录》印行,其中著录现存方志554种,847个不同版本。明年又编印出《河南方志佚书目录》,收入佚志书目368种,其中元代以前的旧志96种,明代佚志183种,清代佚志89种。

4月10日,湖北省文史馆朱士嘉在《中国地方史志通讯》第2期发表《谈谈地方志的几个问题》一文。

是月,浙江省社会科学研究所给中共浙江省委、浙江省人民政府写了题为《关于编纂浙江地方志工作的一些情况及建议》的报告,建议省人民政府重视修志,建立相应的专门班子,从县志抓起,成立学术团体。

是月,江苏无锡市崇安区成立区志编委会,这是全国最早成立的城市区志编委会。继之而起成立编委会开始修志的城区有:重庆北碚区(1981年9月),山东济南市天桥区(1982年3月),河南郑州二七区(1982年10月),辽宁沈阳市和平区(1983年5月)。

5月7～10日，中国史学会第二届理事会第二次会议在上海举行，北京市社科所周雷代表中国地方史志协会筹备小组，在会上汇报了筹备工作情况。

是月，浙江省出版局建议浙江人民出版社用“新观点、新方法、新资料”编辑《浙江简志》。出版社接受任务后，立即着手工作。6月，中共浙江省委宣传部专门下文，要求各市、县宣传部及有关单位，为《浙江简志》提供稿件，密切合作。这一做法于7月的首次中国地方志学术讨论会上介绍后，被认为“一家地方出版社独立组织编纂一省的地方志，是修志史上的创举；在省志一时难以完成的情况下，先编辑出版简志，以应急需，是个好办法”。这套丛书包括《浙江分县简志》、《浙江地理简志》、《浙江人物简志》、《浙江风俗简志》、《浙江土特产简志》、《浙江灾异简志》、《浙江文物简志》、《浙江地名简志》、《浙江教育简志》和《浙江方言简志》等10种。1984年4月和10月，简志出版最先编成的两种：《浙江人物简志》和《浙江分县简志》，颇受注意。谭其骧、史念海、朱士嘉、傅振伦、洪焕椿等专家、教授都给以了好评。谭其骧认为，“四化和两个文明建设，迫切需要各地编出方志来，而新方志却难以迅速问世。如何解决、至少是缓和一下这个矛盾呢？浙江人民出版社只花了两年时间就编纂出版了这部简志，的确是一种好办法，值得提倡”。

按：全国各地情况大体与浙江类似，修志都是先由相关的学术机构和团体提出，而后由领导部门批准才开始的。

6月10日，江苏省溧阳县修志工作者在是日出刊的《中国地方史志通讯》第3期“方志新议”栏发表《关于改编旧志和续修新志的管见》一文，介绍该县的修志计划——分三个阶段编成三册或三编：第一编是改编旧志，将旧志从春秋战国记载到清光绪六年的二千年历史，改编成《溧阳志略》。将近100万字的旧《溧阳县志》改编成10余万字的《溧阳志略》，共分8章：第一章用8节写溧阳的建置和沿革史；第二章自然环境；第三章将旧志中的河渠志、食货志合起来写成溧阳历代农田水利的发展；第四章将旧志的武备志写成溧阳历代兵事概况；第五章将旧志中的学校志、选举志合为一大章；第六章人物；第七章历代文物古迹和遗址考证；第八章杂记。第二编从辛亥革命开始到1949年解放，称为《溧阳旧志》。第三编着重写新中国成立后30年历史与现状，称为《溧阳新志》。

是月，宁夏《吴忠县志》印出铅印本，这是吴忠县委干部石作玺约同几个志同道合者编纂而成的。

是月，《陕西地方志书目》印行，著录现存自宋以来至民国所修的陕西方志407种，1958年以来新编方志13种。

7月10日，谢落生在是日出刊的《中国地方史志通讯》第4期发表《修志中的几个问题》一文，指出新修志稿中存在的一些问题：一、老是持有忆苦思甜的态度，以突出新旧社会对比为主要目的，变成了宣传文件，结果必然导致旧社会的优点不敢提，甚至一味抹黑，新社会则夸大成就，缺点轻描淡写，一笔带过；二、不分断限，把不同时期的人和事等量齐观，机械对比，完全脱离时空；三、分类不科学，孤立现象，各不相联，看不出上层建筑与经济基础的辩证统一，流于形而上学，或者连类也不分，蜻蜓点水；四、是非绝对化，好的好得不得了，坏的坏到透顶，或者错了一点就否定一生，以前好的都变成坏的了，认为封建王朝的一切全是反动透顶，甚至认为清官比酷吏更可恶，改良比血腥统治更毒辣，武训乞钱办学是替地主阶级涂脂抹粉，为封建制度培养奴才，抗日战争时期国民党征兵是搜罗炮灰等等，结果整个历史成了一笔阎王债；五、认为农民、少数民族的反抗都是绝对正义的，都是历史的真实动力，完全不去研究每次战斗的具体情况；六、不是把历史唯物主义当锁匙，而是拿教条去当饼模，拿历史当面粉，主观想打什么饼就打什么饼，大搞实用主义；七、对地方特色一词理解模糊，以为只是指一些特产、民族生活习惯而言；八、流于粗糙；九、突出个人，缺乏群众观点，喜欢用在某某同志英明领导下如何如何；十、断章取义，以为贴上几句政治标签，就是唯物主义观点了。

按：还在一届修志之初，就能提出如此之识见，甚是难得。更令人钦佩的是，在当时的整个政治氛围之中，敢于如此直陈，这是需要何等胆略？这不正是体现了方志传统中的志人品格吗？可惜的是，这些意见并没有引起方志界足够的重视。或者有些修志工作者虽赞成其说，但因受某种因素的制约而不能伸以己意。（直至80年代末，笔者在一个培训班的讲课中，讲到某些问题的看法后，就有学员高声地呼喊道："诸葛老师，你讲的很有道理，但照你的讲法去做了，是要开除学籍的。即使写了也通不过审查。"）致使直至80年代中期以前正式出版的不少志书中，都程度不同地存在他所指出的问题。

7月15日，为即将召开的中国地方史志协会成立大会，胡乔木特别就地方志工作作出指示："新的地方志要比旧志增加科学性和现代性，如各项社会、经济、文教、政法状况和统计，地方大事年表，各项政策、法令、制度、新企业、新事业、新技术、新风尚、各项公共工程和福利的发展变化，省、市、区的自然地理变化和人文地理变化，人名录，各种图片等。这是我临时想到的一些题目，很不完整，须请科学院地理研究所参考各国地方志提出较系统的意见。"同时还指出："此事还须邀请几位研究现代史、经济史、地理学(包括人文地理、自然地理)、社会学的学者事先有准备地共同研究一下。"

7月25～8月1日，中国地方史志协会成立大会暨首届地方史志学术讨论会，在山西省太原市晋祠举行。参加大会的有中央机关及各省、自治区、直辖市正式代表111名(西藏代表未到，港澳台代表暂缺)，特邀代表10名，列席代表13名，新闻出版单位15名。山西省第二次地方志编纂工作会议的代表250余人，出席了大会开幕式。

大会共收到地方史志论文和经验交流材料150篇，其中地方史论文36篇，新方志编纂经验106篇，其他8篇。

梁寒冰主持开幕式，李林作了工作报告，中共山西省委第二书记、省长罗贵波代表山西省委、省政府、省地方志编委会致欢迎词，中共中央办公厅副主任、中央档案局局长曾三，中国社会科学院党组书记、秘书长梅益，全国政协文史资料研究委员会办公室主任董一博，广西壮族自治区人民政府副主席莫乃群先后讲了话。

曾三在讲话中说："大会的召开是社会主义文化建设新高潮到来的一个标志，我们应该举双手来欢迎这个新高潮。"他希望各级党政部门对地方史、志的研究和编纂工作，应当给予高度的重视和积极支持。他还希望各地的档案馆、图书馆、博物馆、政协文史办公室都要为地方史志的研究和编修贡献各自的力量。

自25日上午起，分别进行大会发言和分片讨论。中国科学院地学部学部委员、复旦大学历史地理系主任谭其骧，中国历史博物馆研究员傅振伦，湖北省文史馆副馆长朱士嘉，陕西师范大学副校长、教授史念海等十余名专家和史志工作者，在大会上作了学术性的发言。代表们还就地方史志研究、资料征集、编纂方法、教学培训、编辑出版和组织领导等问题，充分交换了意见。

28日下午，大会分5个专业组进行了讨论。研究专业组重点讨论了地方史和史、志的关系；高等院校组围绕地方史志教学和研究中存在的问题进行了探讨；档案图博组着重讨论了档案、图书、文博与地方史志工作的关系；新闻出版组专门研究了地方史志的新闻报道和编辑出版工作；党政机关组就加强对地方史志工作的组织领导问题进行了磋商。

复旦大学历史地理学教授谭其骧先生在讲话中，提出章学诚的所谓"志"就是"史"，方志就是一方之史，并不可取。事实上自古至今，地方史和地方志这两种著作一直是同时存在，都是源远流长的。他认为地方史与地方志之别主要有三：一、地方史主要是以记述一个地区的过去，志则主要是记载现状，虽然有时要追溯过去，但以现状为主；二、地方史主要的记述对象是社会现象，而不是自然现象，即使记录了自然现象，侧重点也是它们对人类社会的影响，地方志则不然，至少应该自然和社会双方并重的；三、地方史主要是依靠史料，地方志则主要是依靠调查采访。在对地方史和地方志的学术价值进行对比之后，他特别指出，在新修方志中，采用旧方志的资料一定要审慎，照搬照抄要上大当。在谈到地方志和总志的区别问题时，他又指出，凡是以全国为记载对象的，就不能叫它地方志。有必要把地方志和总志这两个概念分清楚。

按：本次会议中对方志的属性提出了几种不同的见解。谭先生的意见如此。另一种即方志属史的见解，如梅关华谓："地方志是我国历史的重要组成部分。"董一博谓："中国地方史、志是中国历史科学的重要组成部分和基础之一……被称为地方性的历史百科全书。"历史地理学家史念海先生没有明言，但他在发言中用了较多的力量来述说历史地理学和方志学的历史渊源，认为"推本溯源，(两者)可能还有孪生的关系"；"就在两汉时期，历史地理学和方志学的关系已经相当密切，甚至还可以互相贯通"；"方志的记载和《汉书·地理志》是息息相关的"；"自《隋书·经籍志》以四部分类，方志和其他地理载籍一样，皆列在史部地理类内"。

方志专家傅振伦先生在发言中说,国家文物局确定筹办地志博物馆的方针是“全国为纲,突出地方”,它的陈列内容包含三个部分:一是自然之部,即自然环境与资源;二是历史之部,即古代至五四运动的历史;三是新民主主义与社会主义革命与建设之部。他以为新编地方志也可以采用这种办法,分这三部分。

30～31日上午,分片讨论了《关于新省志编修方案的建议》、《关于新市志编修方案的建议》、《关于新县志编修方案的建议》和《关于旧志整理研究计划》等4个草案,经修改,提请大会原则通过。

在《关于新省志编修方案的建议》中,除了修志意义和指导思想、工作步骤和实施、组织领导等项之外,在“编纂体例”一项下,构想一部省志的大体格局是:省志为志、记、述、传结构;至于图、表、考等表述形式,则分别穿插于上述诸项。全志可分为综合和专题两种记述体裁。按省志卷次,一般首卷为总述(或称概述),系提纲挈领、综合叙述一省今昔之轮廓、各业之全貌及其发展的总过程,为省志之纲;次为大事记述(或大事记),即以编年体与记事本末体相结合,辑录一省政治、经济、文化等方面的大事,为全省志之经;又次为地理志,系社会与自然相结合的综合志,从地理角度记叙一省全貌;再次为若干专志,即按事分类,类为一志,分别编纂各项事业、各个方面从历史到现状的面貌及发展过程,一般是以横断面为主的专题记述,为省志之纬,是构成省志的主体部分。至于人物志和文物志,都属于单个人和物的专题,也是记述体的专志。总述、大事记述、各个专志、人物传记等体裁,构成一部省志的有机整体。

在《关于新市志编修方案的建议》中,除了有关指导思想、组织领导、工作步骤和实施等项之外,在“体例与方法”中,对志书的名称、结构、体裁、断限、文体、称谓、立传、郊县、交错、篇目等10项都作了具体的规定。

在《关于新县志编修方案的建议》中,除了编纂的目的和意义、指导思想和原则、编写工作的一般要求、资料征集、组织领导等之外,在新“县志的体例”一项下,列出了一个“基本篇目”。这个篇目规划除志首的序言外,下列10编。

按:这个县志编目,后来被称为“大编体”。论者认为:这个篇目所体现出来的县志总体结构的不完善之处是比较多的。首先,各部分之间的逻辑关系不明确,各编平列,缺少一个统帅全志的纲领。其次,概述编所含内容都是实体性的,应该详实地写,而不应概括叙述。其内容也是很难用概括记述的笔法来写的。若不用概括笔法来写,又失去题名之义。特别是历史大事记,属综合程度较高的内容,用语凝练,与具体而微的建置、区划等内容放在一起,显得很不协调。第三,图表单立为编,与文字记述部分脱节。第四,“附录编”只有文献和优秀诗文等,而无民间传说、奇闻轶事等“杂记”部分,内容不完全。由于此篇目是在普修新方志之前拟制出来的,想象的成分比较多,所以也基本上没有被县志编修者采用。(见梁滨久《新县志现行总体结构的弊端与革新》,载《中国地

方志》1990 年第 5 期）

在《关于方志学研究工作的建议》(即旧志整理研究规划)中，分别提出了编印旧志目录，保存、刊印旧志，类编资料，选辑方志学论文，编印风土丛书，筹办方志学专刊，建设专业队伍的一些设想。

31 日下午，分片讨论了《中国地方史志协会章程(草案)》和《中国地方史志协会理事会候选人名单》。

8 月 1 日上午，大会通过了协会章程，选举产生了由 57 名理事(暂缺 6 名)组成的协会第一届理事会。在第一次理事会议上，推举常务理事 21 名(暂缺中国科学院自然科学家 1 名、台湾省代表 1 名)，选举会长梁寒冰，副会长韩毓虎、董一博、李志敏、朱士嘉，秘书长李志敏(兼)，副秘书长左建、周雷。理事会上研究确定了协会近期工作要点。经商定，本届理事会的常设联络处，暂设在山西省太原市，由山西省地方志编委会负责日常工作。

8 月 1 日下午大会举行闭幕式。全体代表一致推举王首道、曾三为协会名誉会长。聘请方国瑜、张中、侯仁之、傅振伦、廖沫沙、谭其骧担任协会学术顾问。

大会最后，通过了《给党中央、国务院的建议书》，建议“尽快恢复过去的中国地方志小组的活动。在中央宣传部和国务院的领导下，由中国社会科学院、国家档案局、政协全国委员会共同协商，邀请有关方面的人士参加，重新组建‘中国地方志小组’或‘中国地方志编纂委员会’，来负责这项工作。建议中国地方志编纂委员会成立后，应对各地编修地方史志的工作进行调查研究，加强领导。对各省、市、自治区及所属的市、地、州、县各级的地方史志工作的领导体制问题，也要进行研究和探索，提出切实可行的办法，以利地方史志事业的发展繁荣”。(全文见《中国地方史志通讯》1981 年第 5～6 期)

7 月 25 日～8 月 3 日，苏州历史学会受省社科院之委托，在江苏师范学院召开会员大会，动员开展地方史志的学术活动，无锡、苏州两市和苏州地区各县修志办公室应邀出席。

7 月 27 日，四川省什邡县各界人士修志协进会成立。该协进会由统战部、县政协、县志编辑部组成五人领导小组，报请县委批准，由县内各界耆宿 60 余人组成。协进会的任务是，在党的领导下，广泛团结各阶层人士，同心协力，推进新修什邡县志的工作。不少成员表示愿为新修县志贡献余年；或慷慨献出多年珍藏的文物、典籍。协进会成立后，成员每 10 天集会一次，学习文件，提供参证史料，订正补充“纲目”，或讨论研究有争议的问题。

8 月 17 日，云南省人民政府批复云南省社会科学院，决定云南省地方志编审委员会(1982 年改名为云南省志编纂委员会，1986 年又改名为云南省地方志编纂委员会)，出版内部刊物《云南地方志通讯》。

9 月，在自治区政协副主席、原广西通志馆馆长莫乃群的提议下，广西壮族自治区党委决定恢复“文化大革命”中被撤销的广西通志馆，仍由莫乃群任馆长，唐崇锦为副馆长，内部出版《广西地方志通讯》。

是月,湖北省地方志办公室、湖北省图书馆编成《湖北省地方志目录》(初稿)印行。

10月10日,作为“中国地方史志协会成立大会暨首届地方史志学术讨论会集刊”的《中国地方史志通讯》1981年第5、6期合刊在京出版。

10月17日,中共河南省委发文,决定成立河南省地方志编纂委员会及其常设机构总编室(后改名为河南省地方史志编纂委员会办公室)。

10月23日,中共四川省委决定成立四川省地方志编纂委员会,开展四川省地方志编纂工作。中共四川省委先期已转发四川省社会科学研究院党组《关于编纂四川地方志实施方案的请示报告》,下发各市、地、州、县委,省级机关各部委、厅、局党委、党组,各大专院校党委,指出“编修地方志,是保存、整理、继承我国重要历史文化遗产的一项重要工作,也有助于了解省情,为搞好四化建设服务。各级党组和各有关部门,应把此事当作自己义不容辞的责任,大力支持,认真落实”。至是成立省地方志编委会,任白戈为主任,张秀熟、彭迪先、刘文珍、沈一之、陈文、喇进修、黄觉庵、许琦之、郝谦、曾谋为副主任,委员共60名,省社科院副院长林超兼秘书长,由陈文主持日常工作。编委会在省委和省政府领导下,统一组织,领导省志和各市、县志的编纂工作。其具体任务是:讨论、决定省志编纂方案,规划、审定省志总卷和各分志的编纂方案或工作计划,确定各市、县志的编纂体例,审查省志的最后定稿,以及其他需要编委会确定的重大事项。编委会下设办公室,在编委会领导下,办理日常行政事务。

10月31日,中共河北省委常委会决定,成立河北省地方志编纂委员会。省政协主席尹哲为主任委员,副省长王东宁为副主任委员。次年4月,成立省地方志办公室,挂靠于政协河北省委员会。1983年10月,改属民政厅代管。12月30日,省编制委员会批准办公室事业编制7人。1984年11月12日,编制增至15人。1985年7月12日,省编制委员会发出通知,明确各级地方志机构为常设机构。1985年12月,地方志办公室正式归口属省政府办公厅管理。1988年,批准编制增至30人。

10月31～11月4日,根据中国地方史志协会的决定,由8个高等学校合作、南开大学来新夏教授主编的《方志学概论》书稿编写会议在天津南开大学召开,与会者有南开大学、安徽大学、杭州师范学院、江苏师范学院、贵州师范学院、宁夏大学、辽宁师范学院、福建师范学院的教师10人。该书编成,于1983年8月由福建人民出版社公开出版发行。

11月2日,中共安徽省委决定成立安徽省地方志编纂委员会,翌年1月编委会正式成立,由张恺帆为主任,李广涛、罗平为副主任,罗平兼办公室主任。内部出版《安徽史志通讯》。

11月16～18日,河南省地方志编委会成立,省委书记、代省长戴苏理为主任,省人大常委会副主任邵文杰等13人为副主任。编委会在成立会上提出要求,全省先选择一个市,每个地区选择一个县作为重点,由点带面。全省地方志的任务力争5至7年完成。

11月18日起,武汉市地方志编委会召开了历时9天的第二次编纂工作会议。各分志的

350名修志人员出席会议，各分志和分篇修志人员800多人列席，听了大会的几个报告。召开这么大规模的会议，在全国是少有的。市委第二书记、市人大常委会主任刘惠农在讲话中提出："今后还要把这件大事纳入党委或政府的议事日程，一年抓它几次，抓紧抓好，切实解决一些实际问题，贯彻始终，扎扎实实抓出成绩。不能只是成立一个编委会，指定几位负责人，抽调几名干部就算完事。"市长、市地方志编委会主任黎智，提出修志要舍得花力量，要稳定修志机构，修志人员的福利、奖金、分房子、升级等要和原单位的一视同仁。

11月21～24日，山东省地方志工作会议在济南举行。省地方志编纂委员会委员、顾问、9个行署、4个省辖市、111个县主管地方志工作的负责人和省级机关、省直部门及大专院校的有关人员共230人出席。省委常委、副省长、省地方志编委会主任王众音在讲话中提出要求：一、到1989年，编出一部多卷本的、符合质量要求的《新编山东省志》。要求省直各部门所编的分志和地、市、县志在1985年完成。行署一级还是要修志，因为地委、行署一级实际上已构成行政实体，有些篇目省和县都包括不了。但要处理好与省、县志的衔接和资料交错，避免重复和遗漏。二、编纂新地方史志，要坚持详今略古、古为今用的原则，即立足现代，侧重近代，因事而异地上溯古代。根据山东省的实际，确定省志的断限是，上限一般断于1840年，但重点放在1911年辛亥革命以后至今这个阶段，特别是新中国建立以来的30多年。志书要有新观点，内容充实，具有思想性、科学性、现代性、知识性和稳定性。三、在编志基础上，再考虑进一步编纂《山东通史》。四、省志办公室要办好两个刊物：《山东省志资料》和《山东史志通讯》。

是月，江苏如东县志办代表在国家档案学会成立大会上宣读《县志编纂初探》的论文，后为《中国地方志通讯》等8家省级以上刊物刊载。

是月，杭州师范学院学报编辑部和浙江地方史研究室，内部出版邹身城、林正秋著的《地方志和方志学》一书。

12月10日，《中国地方史志通讯》第7、8期合刊，重新刊载了方志目录学家朱士嘉1978年6月5日于《情况与建设》第25期发表的《整理研究地方志刍议》一文。文章对地方志的整理与研究提出了4点建议：一是工具书的编辑(包括目录和提要类、索引类、图表类)；二是方志资料的编写(包括阶级斗争资料、生产斗争和科学实验资料、宗教资料、其他资料)；三是方志论文的编写；四是对散失国外的我国地方志的调查和复制。文章发出后，引起了较强烈的反响，各地有关人士(包括黄苇、郧烈勋、王剑英、张秀民、庄为玑等)纷纷致函朱士嘉先生和投书《中国地方史志通讯》编辑部，表示赞同和响应，并对朱氏的建议作了补充。

同刊期还刊登了中国人民大学刘光禄、胡惠秋的《方志学讲座》第1、2讲。第1讲主要阐明了方志学的定义：方志学是一门专门研究方志领域中所特有的运动形态的科学。它是研究方志产生和发展的规律的一门独立学科。它的研究范围和任务是：一、研究方志产生和发展的历史；二、研究方志编纂的原则和方法；三、研究方志的内容；四、研究方志的收集、整理和利用。第2讲中主要阐明了:一、方志的定义为“以地区(或叫行政单位)为中心的综合性资料性史书”。二、方志的性质:志书可以说是属于史书的范畴,方志是地方史书中的一种,但不能把地方志与史书混为一个事物。它们的区别,主要在于:从内容上看,一般史书不如地方志的内容广泛、全面;在体例和编纂方法上,地方志有自己的要求,它是具有独立的体裁和编纂方法的一种综合性和资料性的史书。“志为史之积,史为志之成”,两者相表里,简明地概括了史与志的联系和区别。三、阐明了方志的主要特点。

同刊期还刊载了山西省长治市志编纂办公室王怀中的《地方志应体现地方性和时代性的特色》一文。文章在谈到地方志的时代特点时指出,志书的时代性,突出地表现在编地方志的观点上,但志书的内容,也是体现时代特点的重要所在。旧志中宣扬天人感应、臣忠子孝、烈女贞节,诬蔑农民起义,为封建统治粉饰太平,轻视生产斗争和科学实验等等,这些都是应该推陈的东西。旧志中的内容很少记载涉及生产实践活动,这也是一个很大的缺欠。新志的时代性还表现在采用先进科学成果来反映事物上。比如气候,在山西的旧志中,可以看到“气候早寒”的记载,这是很笼统的,早寒的程度看不出来。现在就可以用有霜期和无霜期的长短记述,这就又清楚又具体。其他的可以根据气象纪录写出高温和高寒的具体数据,写出降雨量,划出各项有关气候数据的图表。山的高度可以用海拔高度来表示,地理位置可以用经纬度表示。当然新志中也要注意状述真迹和运用科学手段得出的相关数据,比如记地震,不只要记述地震发生前的前兆和发生时的情状,还要用现代科学标示地震的列度和震级,这就既科学精确,又具体详细。这都是旧志无法相比的。

是月,中共北京市委召开北京志编纂工作座谈会。

是月,宋晞在台湾《史学汇刊》第十一期发表《七十年来的方志学研究》一文,较详细地概述了近70年来方志之纂修、旧志之重印、方志之收藏与流传、方志之研究。在文章的结论部分,他提出:“地方志的纂修,在体例上除了继承传统的优点以外,亦应配合学术的发展,有所改进。所谓新方志学也者,就是要用科学的方法来搜集、整理与组织资料,以达到求真的目标。譬如制图力求准确,复杂的统计数字以图、表来表示,名胜古迹多附图片,资料来源要交代清楚等。旧志重印的工作值得继续努力,一方面可解决学术研究的需要,一方面可供关心故乡的同胞翻阅之用,离开家乡很久的国民,尤其是分布在世界各地的侨胞,如能看到本籍的方志,也可慰藉思乡之忧。”

是年,中国地方史志协会和吉林省图书馆学会决定联合编印《中国地方志总论》、《中国地方志分论》、《吉林省地方志考论校释与汇辑》等方志文集。

是年,青海省图书馆陈超、刘玉清合编成《青海地方志书介绍》,评介了新中国成立前本省方志、调查报告、史地专著及与青海有关的外省方志等共75部。

是年,厦门大学傅衣凌教授从日本东洋文库复印回隆庆《惠安政书》一部。是书成于隆庆四年(1570),是“历史上少见的县长政治笔记”,是“一部体裁别具、很有特色的地方志书”,

其特别之点在于内中有大量的图、表，保存了大量珍贵的地方历史资料。惜国内早已不存。经傅先生引回后，1984年已由惠安文化馆、图书馆与泉州历史学会合作重新印行。

是年，仓修良先生开始在杭州大学高年级开设方志学课程。

是年，王葆心著《方志学发微》稿本，由湖北省地方志办公室校印出版。是书初撰成时，因抗日战争爆发，无法付印。

是年，中央顾问委员会委员、全国古籍整理小组组长李一氓提议编新家谱，为社会主义服务。他在《人民日报》发表的《关于古籍整理》一文中指出“地方志是一门大学问”。

是年，傅振伦在其旧著《中国方志学通论》基础上改写成《中国方志学》一书，于《河北师范大学学报》连载，后河北、福建、河南等省地方志编委会办公室亦内部印出单行本。是书首先为地方志定义为：“以地区为主的历史，名曰方志。”书中对方志史上的许多问题都有自己独到的见解。如对民国《龙游县志》的评价就与梁启超截然不同。他指出：“梁启超吹嘘说作者(按：指余绍宋)方志之学‘得于章学诚，而史识、史才则实过实斋’，还说‘章实斋未能悉符所言，而此志能行之’。”梁氏在为是志写的序言中称其有“十长”。傅振伦则谓“今观《龙游县志》全书，知梁氏之言，实属妄誉溢美之词，作者不仅不能贯彻自定体例，且也有缺点”。(详见该书第71页)

是年，王建宗、刘喜信编成《山东地方志书目》，著录现存山东方志597种。

一九八二年

1月4日，河南省地方志编委会从是日起召开为期8天的全省地方志工作会议。

1月7日，中共黑龙江省委作出决定，正式成立黑龙江省志编审委员会，在省委、省政府的领导下，主持省志的编写和初审工作，统一规划和指导全省各地和各系统的史志编写工作。其下设黑龙江省地方志研究所，负责日常工作。编审委员会，以省委副书记、省长陈雷为主任委员；省委书记李剑白，省委副书记、省政协主席王一伦，省政府副省长、秘书长王光伟为副主任委员。

1月10日，著名方志学家朱士嘉提出《整理研究地方志的意见书》。先是中国地方史志协会委托湖北地方志编纂委员会和武汉市地方志编委会，筹备"中国地方志整理出版规划座谈会"。消息传出，全国各地地方史志工作者和爱好者，纷纷写信撰文，献计献策。朱士嘉先生把部分信、稿内容加以归纳，参以己见，撰成这分意见书。内容分为：一、整理研究地方志的指导思想；二、整理研究地方志的目的和意义；三、整理研究地方志的先决条件；四、整理研究地方志内容举要。其中提出了编辑参考工具书、编辑资料汇编、编辑地图集，还有专题著述的若干拟目。文中还提出了四点建议：1.编辑出版《方志研究》一类期刊；2.在全国几个重要地区设立地方志中心；3.筹建方志出版社；4.在教育部和其他部门领导下，利用各种形式，如开设方志课程，举办方志研究班，大力培养方志研究人才。

2月10～12日，湖北省地方志编委会办公室举行工作会议，讨论修订《〈湖北省志〉编纂方案》和部署1982年的主要工作。

2月18日，上海市地方史志学会成立。首届学会理事74人，名誉会长钟民，会长唐振常，副会长吴云溥、吴贵芳、邹逸麟、汪德基、姚秉楠、黄苇，秘书长姚秉楠(兼)，聘请李家齐、陆志仁、洪泽、胡道静、谭其骧为学会顾问。

2月24日，黑龙江省委批准省地方志研究所(即省志办公室)成立，确定编制为20人。4月15日，省地方志编审委员会和省地方志研究所公章同时启用。6月9日，王文举出任地方志研究所副所长。

2月25日,《中国地方史志通讯》改版为《中国地方史志》出刊第1期。改版前的《通讯》以通讯、报道的稿件为主。改版后将逐渐增强指导性、学术性、资料性、知识性的文章。改版后的杂志,是以中国地方史志研究、编纂、教学、出版工作为中心的学术刊物,是中国地方史志协会的会刊,是协会与全国地方史志工作者联系的中心,也是我国与外国地方史志工作者进行文化学术交流的桥梁。

是月,中国地方志协会主编的"中国地方志丛书"第一种《中国地方志论丛》出版。是书由吉林省图书馆地方志研究组编辑,共分三册:《中国地方志总论》、《中国地方志分论》、《吉林省地方志考论》。

是月,清初孙承泽纂《天府广记》由北京古籍出版社整理出版。

3月3～8日,黑龙江省于哈尔滨举行全省党史资料征集和地方志编修工作会议。省长陈雷、省委书记李剑白分别作了报告、讲了话,副省长、省志编审委员会副主任王光伟部署了全省的修志工作。经省志编审委员会同意,建立了省地方史志协会筹备组,着手成立大会的准备工作。

是月,浙江省萧山县第七届人民代表大会第二次会议的《政府工作报告》中,将编纂县志列为政府工作任务之一。中共萧山县委召开第一次县志编纂工作会议,县委书记、县长金其法作了题为《编史修志,播惠人民》的报告。此后,萧山县修志工作全面开展。

4月20日～5月1日,贵州省文化局召开全省《文物志》编写工作会议。与会者提交了《文物志》试写稿160多篇,28万多字。经过会议讨论,定稿132篇,18万多字。会议决定将这批志稿汇编成《贵州省文物志稿(第一集)》,以积累文物资料,并推动全省《文物志》的编写工作。会议要求各县、市文化馆和有条件的地、州、市文化局,争取在今年内将本地区的《文物志》初稿拿出来,并在此基础上,陆续编印《贵州省文物志稿》,在条件成熟时出版《贵州省文物志》。

4月25日,南开大学地理系教授鲍觉民在是日出刊的《中国地方史志》第2期发表《地方志是我国历史地理文献的巨大宝库——兼论新编地方志中地理内容的表述问题》一文。文章在谈到新志中有关地理内容的表述问题时,特别强调应力求做到:第一,要从单纯的定性描述转向计量分析的新方向。无论对自然现象中的气象、气候、地质、地貌、水文、土壤、自然资源还是社会现象中的人口、城镇,以及工、矿、牧等产品的种类数量等项,都应尽可能地应用确切数字统计资料,以为反映客观实际情况的依据;一般必须力求避免应用含意模糊的形容词作为定性的依据(如大小、多寡、冷暖、强弱等)。第二,对自然或社会经济资料的利用,还必须具有动态观点,借以察往知来。不能满足于只是阐明现状或某一年份的自然现象和社会经济情况,一定要指明一定阶段时间的变化发展的趋势。第三,方志体例列目不妨宽些。各地必须因地制宜,分别轻重,区别对待,有繁有简,从而达到扬长避短,发挥优势;不能要求各地县志的具体类目及其比重勉强划一。事实上，有的滨临江、河、湖、海，位置各不相同；有的大部多山，有的地形低平；气候上的雨量、雨季、气温变化、灾害天气，各地差异极大；至于土地利用上，有的宜农宜牧，有的则以工矿发展为主。第四，要充分利用各类简明地图和统计图表，一般必须附有自然地理综合图和经济地理综合图各一幅。历代旧志一般均附有疆域、山川、城郭简图，但由于未经精确测量，绘制又不合要求，刻印更是粗糙；今后新编地方志，必须大力改进。

4 月 28 日，武汉大学历史系教授石泉，在是日出刊的《湖北方志通讯》第 3 期发表文章，就史、志之别提出自己的看法，认为：这里所谓“史”实质上是指的地方史；所谓“志”实质上是指区域地理。我们现在实际上搞的是史、地并重，当然最好要有侧重。湖北省假如先写成一个省的大事记，如侧重写区域地理，大事记可放在后面作为附录；如侧重写地方史，大事记就可以放在前面，作为总序。

是月，台湾省公布《台湾省文献委员会组织规程》。按照此规程，文献委员会组织关系如下图：

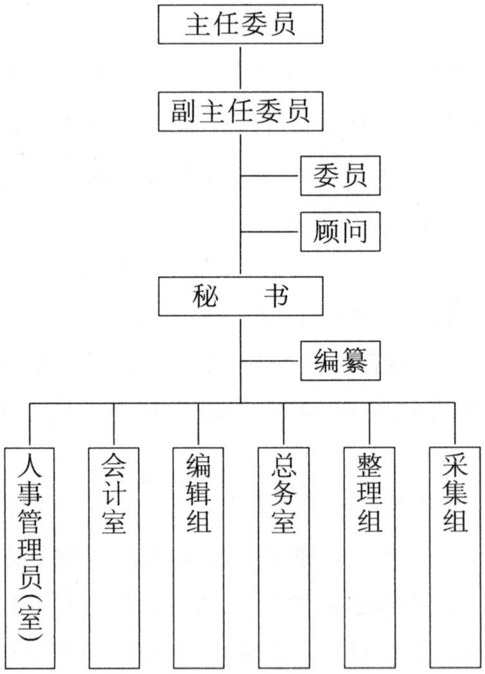

5 月 10～29 日，中国地方史志协会委托江苏师范学院、南开大学、江苏省社会科学院举办华东地区地方志研究班(第一期研究班)，参加学习的学员 159 名。本期研究班按内容分为三个阶段：第一阶段由《方志学概论》的编写者们较系统地介绍方志学基本理论；第二阶段是请相关的方志学专家作学术报告和由修志先行地区介绍经验；第三阶段是由学员进行分组讨论。如果说，系统讲授和研究方志学基本理论是其内容上的特点的话，那么，互教互学就是其方式上的特点。

5月13～19日，中国地方史志协会在武汉召开中国地方志整理、编纂工作座谈会，出席座谈会的共39人，有中国地方史志协会会长梁寒冰、副会长李志敏、朱士嘉和全国地协部分常务理事、理事以及傅振伦、史念海、张舜徽等10多位长期从事地方史志研究、编纂工作的专家、学者；国务院古籍整理出版规划小组、中国科学院北京天文台和地理研究所、上海图书馆、中国大百科全书出版社上海分社、光明日报社等单位也应邀派代表参加了座谈。会议的主要议程是两项；一是根据国务院古籍整理出版规划小组提出的任务，研究整理旧方志的项目、内容和方法，提出关于整理规划的建议；二是对去年中国地方史志协会成立大会上提出的关于编修新省志、市志、县志的三个方案进行讨论，提出修改意见。就第一项议程，研究初步制定了《中国地方志整理规划(1982～1990)》(草案)，其中确定先编印《中国地方志联合目录》，并提出了编纂《中国地方志提要丛刊》和《中国地方志资料汇编》的具体建议。在第二项议程中，讨论了新的省、市、县志的编修方案的建议。同时还就在汉举行的中南、西南9省(区)地方志研究班学员提出的200多个问题，归纳为篇目、断限等12个专题，进行了讨论并提出了倾向性意见。在此次会议上，中国地方史志协会会长梁寒冰，首次提出了“马克思主义方志学”的概念。

会上作出的《中国地方志整理规划(1982～1990)》如下：

第一部分　综合参考(选编方志理论和方志学史的论著)

一、方志学文献

1.《方志学论丛》——朱士嘉主编

2.《中国地方志序跋凡例选录》——黄苇编辑

3.《方志学论著集刊》——中国地协主编，其中包括：

(1)黎锦熙：《方志学》

(2)傅振伦：《中国方志学通论》

(3)李泰棻《方志学》

(4)瞿宣颖《志例丛话》

(5)邬庆时《方志序例》

(6)寿鹏飞《方志通议》

(7)甘云鹏《方志商》

(8)王葆心《方志学发微》

(9)王葆心《方志条议》

(10)高凌雯《志余随笔》

4.《方志编纂学文集》——刘光禄、胡惠秋、周雷编选(中国地协与中国人民大学合作编辑)

二、地方志工具书

1.地方志目录

(1)出版《中国地方志联合目录》

(2)校订编印《台湾省公藏地方志联合目录》
(3)汇编印行《外国收藏中国地方志联合目录》
(4)编辑出版《中国地方志佚书总目》
(5)编辑出版各种专门目录
2.地方志提要
(1)《中国地方志提要丛刊》
(2)《外国收藏中国稀见地方志提要丛刊》
(3)《中国地方志遗书提要》
第二部分　旧志重印
1.《中国宋元地方志丛刊》
2.《中国明代地方志丛刊》
3.《中国清代地方志丛刊》
4.《中华民国地方志丛刊》
5.《中国地方志稿本丛刊》
6.《中国地方志辑本丛刊》
7.《中国乡镇志丛刊》
8.《中国山水志丛刊》
9.《外国收藏中国地方志孤本丛刊》
第三部分　资料汇编

按:此规划后又略有修改。如按此规划进行,中国地方志工作收获是很可观的。奈其后建立的中国地方志指导小组,抓新志编纂和旧志整理的两手中,一手硬,一手软,至本规划下限年笔者步入方志队伍时,见到旧志整理完全处于一种自流状态,使其成果打了很大的折扣。今日录出于此,意冀亡羊补牢,盼国家相关部门将这个规划拾起来,进行下去,乃中国学界之幸也。

5月13～19日,中国地方史志协会委托湖北省志办、武汉市志办,在武汉市举办中南、西南9个省(区)地方志研究班(第二期研究班),参加学习的学员660余名,听取了傅振伦、史念海、石泉、来新夏、黄苇、陈光贻等史志专家的讲学。本次研讨班是与同时在汉举行的中国地方志整理编纂工作座谈会“套着进行”的。研讨班中学员提出的问题,交由参加座谈会的专家进行讨论,专家们讨论中提出的看法,又拿到具有一定实践经验的学员中作进一步的分析研究、讨论,起到相互促进之效。此次研究班中,对地方志的功用,提出了“存史”、“资治”、“兴利”、“裨风教”等说法。

5月20日,在《湖北地方志通讯》第4、5期合刊上,中国历史文献研究会会长张舜徽教授发表文章,从另一个角度探讨了史、志之别。认为:史中的“二十四史”、“九通”之类,是以王朝为中心，只记载有利于维护封建统治与服从封建社会秩序的事实和言论，而不注意平民的生活与活动。至于方志，乃是以社会为中心，举凡风俗习惯，民生利病，一切不详于“正史”的，都借方志保存下来了。其中如赋役、户口、物产、物价，记载最为可贵。

5月27日，湖北省地方志协会在武汉市成立，这是中国地方志协会成立之后，成立的第一个省级分会。会长密加凡（省地方志编委会副主任），秘书长里僻（省志办副主任）。

是月，全国人民代表大会通过的《中华人民共和国国民经济和社会发展第六个五年计划》第26章《哲学社会科学》部分，把地方史和地方志列为重点研究的主要课题之一。

是月，四川内江市编史修志委员会编撰的《内江市洪灾志》编印成书。1981年7月，巴蜀大地遭受百年不遇的特大洪灾，位于沱江下游的内江市也遭到无情的浩劫。是书共分5章18节，记述了从明天顺二年（1458）以来沱江历次洪灾情况及人民抗洪斗争的史实。以记述1981年的特大洪灾为全书重点，详述了这次洪灾的灾情，尤其重现了内江人民在中国共产党的领导下，抗洪抢险英勇悲壮的真实场面。值得注意的是，书中还总结了造成洪灾的五点教训，颇有价值。如“有灾无灾在于天，灾大灾小在于地，灾轻灾重在于人，抗洪防灾在于行”等。

6月2日，陕西省人民政府下发文件，决定成立陕西省地方志编纂委员会，负责全省编写新志的规划、审查、出版和指导工作。编委会顾问武伯伦，主任陈元方（省委书记），副主任有史念海、原政庭、谈维煦、范明，委员有王家广等18人，秘书长何微（兼），副秘书长孙平。编委会下设办公室，为县级事业单位，暂定编制20人。由办公室内部出版《陕西地方志通讯》和《陕西方志资料丛书》。

6月16～23日，经水利部批准的水利史志编写工作座谈会在武汉举行，27个省、市、自治区水利厅（局）、各流域机构、华东水利学院、武汉水利电力学院、水利电力科学研究院、中国水利学会水利史研究会等的代表与会。会议分析了全国面临水利志的修志形势，交流了已经开展修志地区的修志经验，并商定：一、要积极筹备江河志的编纂工作。初步规划在5～7年内完成长江志、黄河志、淮河志、海河志（包括滦河）和珠江志的编纂任务。其他主要江河，也要有计划地编志。二、各省、市、区的水利志，应根据实际情况，分别进行编写。三、继续完成水电部原来提出的关于编写出版水利史的计划。会议建议水电部设立水利史志领导小组，加强对修志工作的领导；建立和稳定编写班子；妥善解决所需的经费等问题；建议创办《水利史通讯》。

是月，中共西安市委举行常委会，决定成立西安市地方志编纂委员会和西安市地方志馆。

是月，尹章义总纂的台湾《新庄（市）志》编成。这是一部“史志结合体”的志书。台湾辅仁大学教授尹章义，认为地方志就是地方史，“新庄志即新庄地方史，亦即记录新庄地方之发展、新庄人之成就之历史”。应“以历史人文的发展为主，自然生态的演变为辅；其对象是自然聚落、社会、经济文化活动圈，而不囿于建置的行政区”。本乎此，该志的篇目为：卷首：新庄（台北）平原拓垦史；卷二：新庄政治发展史；卷三：新庄社会经济发展史；卷四：新庄文化教育史;卷五:新庄人物志;卷六:新庄史事年表;卷七:杂记。是志资料丰富,尤其有大量调查资料,史志结合,颇为新颖。

7月7日,居台著名国画大师张大千的子女向故乡赠送张大千为《内江市志》、《内江县志》题写书名的条幅。

是日,著名方志学家朱士嘉,在给湖北江陵县志编委会的信中,首次提出了建"地志博物馆"的建议。

7月10日,原中国地方志小组组长、中国地方史志协会名誉长曾三给中央书记处胡启立写信,建议中央指定一位负责同志负责地方志小组工作,并由中国社会科学院负责承办。

7月13～19日,陕西省召开地方志工作会议,讨论并原则通过《〈陕西通志〉纂修方案》,与会者达243人。一个省级方志工作会议,达到如此大规模,在各省市中是较少见的。

7月25日,湖北天门县志办致函朱士嘉,反映修志之艰难,略谓:修志工作因中央无相应机构,与中央有正式机构和文件的"党史征集"、"地名普查"等事业相比,不可同日而语。凡开展修志者,均无不有处身"民办"的难言苦衷,人财两缺,多所掣肘。

7月25～31日,中国地方史志协会常务理事会一届二次(扩大)会议在太原市召开,与会者30余人,曾三、梁寒冰、朱士嘉主持会议。中国地方史志协会名誉会长曾三在讲话中指出,修志的目的是"改造乡土,改造国家,改造世界","对于这样一项有意义的工作,我们要下决心搞一辈子。一部志书编修出来了还有修订的问题;还要准备资料续修,而且要修得更好"。他特别引用周恩来总理的话,强调修志要"存真求实"。会议的任务是总结中国地方史志协会成立一年来的工作,商定下一年度的工作要点。会议重点讨论了新志编纂问题,同意将原来分别制定省志、市志、县志编修方案及基本篇目,改为制定一个工作条例的建议,并讨论通过了《关于新编地方志工作条例的建议》。该建议"条例"分总则、第一章新编方志的原则方针、第二章新编方志的编纂体例、第三章新编方志的工作步骤等四部分,共18条。条文之后,附了新编省志、新编市志、新编县志的三个基本篇目。会议决定将这个建议(草案),报送党中央、国务院批准后,公布施行。会议还讨论通过了武汉会议制订的《中国地方志整理规划(1982～1990)》。

按:该《关于新编地方志工作条例的建议》之后,附有一个《新编县志基本篇目》。这个篇目与1981年的篇目同样,亦是平列的各编,但将"历史大事记述"从概述编中撤出移前,作为第一编。第二编为概述,含地理位置,行政区划,建置沿革,人口,县城、乡镇等五部分内容。第三至第九编为自然、政治、经济等各编,第十编为附录编。这个篇目以"历史大事记述"做为首编,显然是想以此做为纵贯全志之纲;另外还解决了图表单立编与志文相脱节的问题;但概述内容安排的不合理及附录内容不全的问题仍没有解决。

7月25～31日,中国地方史志协会委托山西省志办举办的北方8省(区)地方志研究班(第三期研究班),在太原举行。参加学习的学员400余人,除听取史念海、来新夏、刘光禄等史志专家讲课外，还结合各地的修志经验，对新县志的编修方案提出了许多意见和建议。

是月，山西省地方志编委会办公室内部印行高海编著《方志编纂学入门》。

至是月底统计，全国已有10个省、30多个地区、70多个市、500多个县建立修志机构，开展修志工作。

8月4～10日，广西壮族自治区档案馆、通志馆联合在南宁举办全自治区修志工作座谈会，到会的各地、市、县代表共94人参加。

8月15日，青海省地方史志学会在西宁成立，第一届理事21人，常务理事7人。名誉理事长张国声(省长)，理事长李文实(青海师范大学教授)，秘书长张友邦(副理事长兼)。

8月23日，《人民日报》发表董一博《要重视编修新地方志》的文章。文章提出，应及早建立、健全从中央到地方的地方志编纂的领导体制，加强对这项工作的组织领导和统筹规划，有组织、有领导地把全国地方志工作认真地开展起来。

8月25日，江苏常熟市修志办公室袁文龙、曹家俊、张纬等三人在是日出刊的《中国地方史志》第4期发表《对方志"新"字的质疑》的文章，提出由于中国地方史志协会提出新省志、新市志、新县志编纂的三个方案，有的地方在着手修纂的志书名上就冠上一个"新"字(该市原拟的书名就是《常熟县新志》)，这是无必要也是不应该的。三个文件的"新"是就此项工作是新的工作，要求用新的观点、新的方法和新的资料进行修志，并非要求新修的志书书名上就冠上个"新"字。方志是一方之全史，方志本身是无所谓"新"和"旧"之分的。新与旧是相对而言的，今日之"新"，若干年后就成为"旧"的了。否则"新"志之后再修的志书就不好命名了。莫不要成为"新新志"或"新续志"不成？过去的志书中也偶有"新志"、"新续志"名之者，但这毕竟是不严肃和不妥当的。

按：在一届修志之初提出这一点，看来不是多余的，故以后出版的数千部志书中，除偶有一两部特例外，绝大多数都没有冠以"新"字命名。

是月，《黑龙江史志通讯》创刊。

是月，江西《万年县志》出版，内部发行。是志始修于1980年9月，年底完成初稿，1982年4月定稿，至是出版。全书65.5万字。

是月，四川省图书馆编辑《四川省地方志联合目录》内部出版。该书著录省内各图书馆、科研机构、档案馆、博物馆等单位收藏的四川地方志书790余种。

9月9日，内蒙古自治区人民政府发布成立自治区地方志编纂委员会的通知。这是自治区党委于5月决定的。编委会由王铎(自治区党委常务书记)兼任主任，高增培(区人大副主任)、周北峰(区人民政府副主席)、杨令德(区政协副主席)、潮洛濛(区党委宣传部长)、杨达赖(区人民政府秘书长)为副主任，杨达赖兼总编室主任。总编室相当于厅级机构，编制暂定20人。地方志编委会总编室与自治区文史馆合署办公。

9月13日，四川大学历史系举行为期3个月的第一期地方志培训班。开设课程除方志学、四川通史、四川地理沿革概要、考古文物基础知识与四川地区考古概况、文史工具书及其排检法举要、方志选读与实习等基础课外,还有史学概论、党史研究、人口理论以及有关档案和新方志编纂等专题课。学员们反映,这是“雪中送炭”。自此至1987年,共举办9期,培训学员450多人。

9月23日～10月12日,江西省历史学会与江西大学历史系、江西师院历史系联合举办江西地方史志研究班。研究班学习内容紧扣本省实际,突出地方特色,着重讲述江西省的历史状况和旧志得失。

是月,《湖南省志·地理志(上册)》修订本由湖南人民出版社出版。

10月4日,中共江西景德镇市委和市政府联合发出通知,要求市属各单位立即恢复记载“大事记”制度。

10月8～22日,中国地方史志协会委托南开大学历史系和天津市地方史研究会,在蓟县举办京、津、冀及东北地区地方志研究班(第四期研究班),参加的学员190余人。采用专家讲课与自学相结合,交流与讨论相结合的方式。专家们在各自的专题学术讲座中,重点讲述了地方志的发生、发展的历史,分析了旧志的内容和体例,阐明了新志的特点及其与旧志的批判继承关系,介绍了新志编纂方法,指出了新编方志应当注意的若干关系问题。中国地方志协会副会长董一博在讲话中说,中国地方志是中国历史科学的重要组成部分和基础之一。

10月20日,吴楚男在《湖北方志通讯》第7、8期合刊上发表的《琐谈方志编修中的美学观》一文中,提出“志里应包括史,‘无史难成志’,志与史的有机结合,才是社会主义新方志较理想的形式”。

按:这是在史志关系之辩论中,明确提出要史志结合的一种主张。其后,来新夏、董一博等都赞成并进一步发挥了这个观点。

10月25日,武汉市志办副主任朱文尧,将今年5月在武汉举行的中国地方志整理、编纂工作座谈会及华东、中南、西南九省地方志研究班中,专家及学员们提出并进行研讨的内容,归纳成12个问题,以《新志编纂工作十二议》为题,发表于是日出刊的《中国地方史志》第5期,比较全面地反映了与会者提出的各种意见和看法。这12个问题是:一、关于断限;二、关于纵横;三、层次;四、篇目;五、排列;六、字数;七、审稿;八、期限;九、开本;十、人物传记;十一、规律性;十二、秉笔直书。

是月,武汉市志办形成《武汉市地方志编纂工作纲要(草案)》,这是全国较早出现的一个城市志编纂工作大纲。其中关于编纂武汉市志的目的、意义与作用,作了如下表述:“汇集和保存武汉自然文献和社会方面历史与现状的可靠资料,为认识武汉、建设武汉、管理武汉提供重要依据,为编修国史、省志及开展地方史专业史研究储备资料。”这虽然还没有明确提出地方志是资料书,却表明了修志初期对方志性质进行探讨的一个方向。

按:在这个《纲要》中,率先提出方志功能的“六字”说:即资治、教化、备查。当时未

公开发表。至1983年3月，在一次研究《中国地方志通讯》刊物问题的小型座谈会上，朱文尧就此向与会者请教。董一博建议要改四个字，即“资治”改为“资政”，“教化”改为“教育”，“备查”改为“存史”。其后，方志界遂综合归纳为“资治、教化、存史”六字，并为多数人所赞同，加以沿用。旧时的方志理论中，关于方志功能有为治之鉴说，助军事说，存史说，兴道起化的教育说，补敝救衰、兴利除弊说，反映民瘼、为民鼓呼说，增浓乡情说，等等。本届修志中归纳为这六个字，既是对先贤各类卓识的综合、归纳，也融入了本届修志初期的实践所得，是这届修志中最先得出的一项重要的理论收获。

是月，黎锦熙著《方志今议》由展望出版社重印出版。

从是月起，史念海在《陕西地方志通讯》今年第3、5期上连续发表《论旧方志与新方志》的长文。其中有两点最值得注意：一是认为中国早期的方志有两种写法，一种是记人，再一种就是记地。也可以说一种是记社会现象，一种是记自然现象。《隋书·经籍志》中著录的《陈留耆旧传》、《汝南先贤传》就属前者，《吴兴记》、《吴郡记》就属后者。到宋以后，记人记地两种体裁逐步统一起来，出现了人、地统一的地方志，记社会现象的内容占了主要地位。二是提出新编地方志要探索事物发展的规律。认为旧志一般都只写了“是什么”，而没有写“为什么”。我们今天修志就是要着重找到事物发展变化的规律，对事物的发展变化讲出“为什么”。贯彻马列主义、毛泽东思想指导，一是要充分占有材料，反映事物的本来面貌，二就是要探索出事物发展规律。

按：此文发表之后，曾在方志界引起了地方志要不要、能不能、如何探索和反映规律的讨论。

12月7日，中共辽宁省委批转《古籍整理工作座谈会纪要》和《地方志编纂工作座谈会纪要》。内容略谓：最近，中共辽宁省委宣传部在沈阳召开了地方志工作座谈会，省人大常委会办公厅、省政府办公厅、省委文教部、省委党校、省社科院、省高教局、省教育局、省文化局、省档案局、辽宁人民出版社、省博物馆、省图书馆的负责人和有关人员参加了会议。会议认为，搞好地方志的整理编纂出版工作，对掌握地方的历史资料，了解省、市、地、县(区)情况，继承文化遗产，进行爱国主义和革命传统教育，制定各项事业的发展规划，推动科研，繁荣学术，促进社会主义现代化建设，加强社会主义物质文明和精神文明建设，都有具有重大的意义。《纪要》中还指出，鉴于当前全国史志编纂工作的发展和本省的情况，会议认为，我省迫切需要成立由省长或常务副省长主持，吸收各有关部门负责同志参加的辽宁省地方志编纂委员会，在省政府领导下，指导和推动全省地方志编纂工作的开展，并组织编纂新的《辽宁通志》。会议提出，在省地方志编纂委员会成立之前，可先建立辽宁省地方志编纂委员会筹备组，筹备组下设主持日常业务工作的办公室。省委在批转这两份《纪要》的《通知》中，“希望各级党委和政府，都要重视这项工作，切实加强领导，组织各有关部门和单位，参照《纪要》中提出的意见和要求，把古籍整理出版工作和地方志的编纂工作积极地开展起来，并努力把它做好。

关于编制问题，请编委在机构改革中调整解决。关于经费问题，请财政部门予以解决”。

12月8日，云南省地方志工作会议在昆明举行，与会代表共170多人。会上成立了云南省地方史志协会，推举出理事40人，常务理事15人，名誉理事长张子奇（省人大常委会副主任、省志编委会副主任），理事长饶华（省社科院副院长、省志编委会副主任），秘书长李艺群（省志办负责人）。

是日，河南、郑州、荥阳省、市、县三级地方志办，于荥阳举行表彰会，表扬荥阳县城关镇西关生产队九旬老人曾铭鑫，献出《[乾隆]荥阳县志》全套木刻原板并志书一部。

12月14～19日，四川省地方志编委会在温江市举行全省第一次地方志工作会议，全省18个地、州、市，199个市、县（区）和省志44个专志的代表382人参加。会上讨论了《新编〈四川省志〉工作条例（草案）》和《四川县志编纂方案（草案）》，组织和进行了修志工作经验交流，成立了省地方志协会筹备组。

12月25日，朱士嘉、赵慧合编的《日本现存稀见中国宋、明两代地方志草目》，在是日出刊的《中国地方史志》第6期发表。文中收录散失于日本的我国宋、明两代稀见地方志书目共106种（宋代1种，明代105种），均为国内各图书馆所缺藏或不全者。

吴景熙在同刊期发表《国内现存方志、北京图书馆藏方志及其他》一文。文中对北京图书馆所藏方志介绍甚悉，还有该馆所藏与国内其他图书馆以及国外图书馆所藏情况的比较情况。文中还就方志定义，体例和内容，方志功用等方面，开列了前人所见，进行比对后，有自己的评述。

黄苇在同刊期上发表《论方志的继承和创新》一文，提出新编地方志的若干原则：一、指导思想要彻底更新；二、无所不载；三、坚持“志属信史”；四、统合古今，详今略古；五、横排门类；六、体现特色；七、既继承又创新。在该文中首次提出了方志学理论体系的构建，主张其体系由五个方面组成：一、方志的基础理论；二、方志发展史；三、方志学史；四、新方志学编纂；五、方志文献学。

是月，宁波天一阁骆兆平编著的《天一阁藏明代地方志考录》一书，由书目文献出版社出版。是书叙录天一阁所藏明代方志435种，最早者是修成于洪武二十八年（1395）的《洪武京城图志》，最晚者是崇祯十五年（1642）修成的《吴县志》。其中现存者为271种，散出者为164种。是为断代的方志提要之书。对于每部志书的编者、成书年代、卷数、刻本，都有著录，一些凡例、序、跋中凡有涉及修志过程或体例，亦有摘引。尤其是对于散出者，不但一一指出散出年月，完整程度，流传经过，甚至有某书辗转入于某藏书家之手，经若干年又归某图书馆，以及某书裂本散出百余年，南北分藏，最后又回归天一阁者。朱士嘉评论称：所载“艺林盛事，无有逾于此者”。

是年，文献学家张舜徽的《中国文献学》一书由河南人民出版社出版。在是书中，作者认为：“方志的价值不但与国史相等，其作用往往比二十四史、九通之类的书籍还重要得多。二十四史、九通之类是以历代王朝为中心，只是记载有利于维护统治与服务的社会秩序的事实与言论,而丝毫没有注意到平民的生活与活动……至于方志,便以社会为中心。举凡风俗习惯,民生利病,一切不详载于正史的,都借方志保存下来了。其中如赋役、户口、物产、物价等类记载,最为可贵……在今天而欲研究过去广大劳动人民受压迫剥削的严重情况,方志实是最重要的资料源泉。至于方言、风谣、金石、艺文诸类,在在可为史部考证之用,更显示出方志的重大价值了。"(转自黄苇等《方志学》第383页)

是年,史继忠在《贵州文史丛刊》1982年第1～2期发表《方志浅谈》一文。他归纳旧志的功用有十端:一为"巨细无遗,以为国史要删";二为"周知利害,以立一代纲纪";三为"详审山川,以决攻守之略";四为"务载方物,以筹国计民生";五为"登刊丁亩,以定一方赋税";六为"博采风情,以利因地制宜";七为"考核典章,以知政治兴替";八为"著录政绩,以察官吏贤否";九为"彰善瘅恶,以裨社会风教";十为"广征诗文,以见文化升降"。他认为当前整理与研究旧志作用有三:一为有利于国家建设;二为有利于科学发展;三为有利于历史研究。至于编修新志,其功用有五:一是可以增强政策法令的准确性;二是可以增强国家计划的科学性;三是可以增强国家干部的责任感;四是可以增强人民群众的爱国心;五是可以增强社会主义道德观。(转自黄苇等《方志学》第383页)

是年,山东大学中文系民间文学教研室开始编印《山东省方志民俗资料汇集》。

是年,贵州省安龙县编出《安龙县民国志·大事记》。从其目次上可以看出,这是一个以"大事年表"加"要事纪略"相结合的大事记。

是年,《嘉靖宁夏新志》由宁夏人民出版社重版。

是年,由各省、市、自治区出版部门编纂的《中国风物志丛书》陆续分册出版。该丛书着重介绍各地的历史文化、名胜古迹、土特名产、民族风情等,当属地方志一类的书。

是年,吴丰培等编的《中央民族学院图书馆藏地方志目录》油印成册。该目录收入1980年10月以前入藏的不同版本方志3115种,附录53种,合计3168种。除西藏、新疆、云南、广西等方志外,凡有民族内容而自成篇目者,均加附注说明,为此目录的一大特色。

是年,陈加、郭君、孙仁奎编著的《辽宁地方志考录》由辽宁省图书馆印行,该书考评、概述了现存及散佚的地方志211种。书后附有吉林方志书目165种,黑龙江方志书目97种。

是年,河北大学历史系地方志研究室编出《河北省地方志综录》,著录京、津、冀地方志书732部,1118种。

是年,杨静琦等编辑的《河南地方志佚书目录》,由河南省地方志编委会印行。著录已佚河南方志368种,其中明代以前的96种,明代183种,清代89种。

是时,方志界流行一种说法:由三五个人,花三五万元,用三五年时间,修出一部三五十万字的志书,反映了当时人们对修志工作的认识和理解。

按:由于志事工作多年的间歇,社会上对修志工作已很生疏,以致有人错误地认为"方志学"是方志敏之弟者,将"方志办"理解为地方病防治办公室者。

一九八三年

1月15日，中共四川省委宣传部同意筹备成立四川省地方志协会。

1月18日，国家文化部、民族事务委员会、中国戏剧家协会联合发出《关于编辑出版中国戏剧志的通知》。

1月26日，中国社会科学院上呈《关于恢复地方志小组工作的请示报告》。报告说：在1980年4月中国史学代表大会上，胡乔木同志提出要用新观点、新方法、新资料编修新方志的任务。1981年8月正式成立了中国地方史志协会。各省代表均一致要求恢复为"十年动乱"中断的中国地方志小组。这一要求由协会常务理事会报请中宣部朱穆之同志转呈中央书记处审批。习仲勋同志批示"同意"，并决定由全国政协党组承办。嗣后因政协党组表示"无力担此重任"而搁浅。1982年7月10日，原中国地方志小组组长曾三同志写信给中央政治局委员、书记处书记胡启立同志，建议中央指定一位同志负责地方志小组工作，并由中国社会科学院负责承办。曾三的信由(邓)力群同志批示中国社会科学院商复。中国社会科学院经研究后，同意恢复中国地方志小组活动。建议由中央宣传部领导，名称可改为中国地方志指导小组，挂靠在中国社会科学院，其日常工作由中国地方史志协会负责。（**按："建议……"一句，经邓力群同志删改为"由中国社会科学院领导，名称可改为中国地方志指导小组，其日常工作由中国地方史志协会负责"。**)所需10名编制由劳动人事部拨给，经费由中国社会科学院拨给。鉴于各省、市、区地方志编纂委员会，一般由地方党政有关部门组成，建议中国地方志指导小组由中国社会科学院、中国科学院、国家档案局和全国政协等单位组成。初步提出了小组成员名单。

是月，河南省志总编室编辑出版的期刊《中州今古》公开发行。

是月，由潘一平据嘉惠堂本标点的宋代名志《乾道临安志》、《淳祐临安志》，由浙江人民出版社出版，书名为《南宋临安两志》。

是月，乾隆《越中杂识》由浙江人民出版社出版标点本。是书早年流出海外，现存美国国会图书馆,为海内孤本。1980 年由杭州大学陈桥驿教授,通过美国斯坦福大学的施坚雅教授从美国引回。是书编者悔堂老人家居钱塘江北岸,但常到绍兴居住、游览,对绍兴的风土人情十分了解。故是书中记述了前志所无的不少珍贵史料,价值不凡。无论是版本还是内容上,均有其特殊的价值。至是出版后,国家负责古籍整理领导工作的李一氓先生,称之为“对古籍整理是很大的贡献”。

按:在本届修志中,陈桥驿教授从国外引回的志书,除本书外,还有如下数部:

一、1987 年,通过其日本友人、东洋大学东洋文化研究所所长斯波义信,从日本宫内省图书寮引回世上孤本、杨渫纂修的康熙二十二年(1683)《常山县志》(抄本)15 卷,是书可与《越中杂识》抄本相媲美;

二、1990 年,通过斯波义信从日本东洋大学东洋文化研究所,引回费梧著的《[光绪]新市镇再续志》;

三、康熙二十一年(1682)《[康熙]象山县志》(通其在美国学习的研究生乐祖谋先生,从美国斯坦福大学图书馆复印回国)。

2 月 1～5 日,中国历史学规划小组负责人、中国地方史志协会会长梁寒冰,在济南市召开全国地协部分常务理事会议,20 余人出席。会议讨论并决定于 1983 年 4 月在洛阳举行全国地方志规划会议,1983 年 10 月在泰安市举行中国地方史志协会第二次学术年会。

2 月 18～21 日,贵州省志编写筹备组办公室在安顺市举行全省方志学术讨论会。

2 月 25 日,《中国地方史志》改刊名为《中国地方志通讯》,确定其宗旨是:在马克思列宁主义、毛泽东思想指导下,批判继承传统方志学和探讨创建新方志学的理论和方法,交流编修新方志和整理旧方志的经验和资料,报道各地史志工作的动态,介绍有关史志学的基本知识等。在是日出刊的今年第 1 期上,中国地方史志协会会长梁寒冰发表《贯彻十二大精神,开创地方史志工作的新局面》的文章,再次提出建立马克思主义方志学的问题。

2 月 27～3 月 2 日,河南省地方志总编室在许昌市召开全省地方志工作会议,讨论《河南省地方志工作规划(1983—1990)》。

是月,中国地方志指导小组在济南召开中国地方志规划会议筹备会,讨论地方志编纂规划问题,决定全国规划会议 1984 年于洛阳举行。

是月,洪期钧在《湖南地方志通讯》第 1 期发表《浅谈“概述”的编写问题》,归纳出“纵述沿革,横陈现状”、“概述整体,展现形势”、“概括门类,揭示全貌”、“面中有点,体现特色”、“前后对比,反映变化”、“略述源流,承上启下”六种方法。

3 月 2 日,河南许昌地区召开县、市长会议,专题研究地方志问题。要求县、市长要亲自挂帅,要有一名副县、市长主管修志工作,及时解决修志工作中所需的经费、人员等实际问题。

3 月 11 日,中国社会科学院向劳动人事部提出《关于中国地方志指导小组申请十名编制的报告》。

3月24日，中国社会科学院《要报》第19期刊发《中国地方志工作进展情况》，其中称：近两年来修志工作的进展很快。许多省、市、自治区的党、政领导对地方志的编修工作十分重视。现已有15个省、30多个地区、70多个市、500多个县建立了地方志编纂机构。编纂机构的主任均由当地负责人担任，如山西省是省政协主席（原省委书记、副省长）武光汤；陕西省是省顾问委员会副主任陈元方；山东省是省纪委书记王众音；湖北省是省委常委、省人大常委会主任韩宁夫；黑龙江是省委书记陈雷；内蒙古自治区是顾问委员会主任王铎等。目前这项工作存在的主要问题是，修志工作进展不平衡，尚有十多个省、市未开展工作，已开展的地区组织机构尚不健全、人员配备不足，理论研究和指导工作薄弱，修志体例不统一，资料征集、保管以及经验交流等工作都亟待加强等。

3月30～31日，《郑州铁路局志》编辑工作座谈会在郑州举行，研究了局志编纂的初步方案。

3月30日～4月1日，山东省地方志工作第二次会议在济南举行，会议讨论并制定了《山东省地方志工作规划纲要》、《关于编纂〈山东省志〉的若干规定》和《〈山东省志〉志目与分工》等3个文件。

按：此次会后，省地方史志办公室制定了《县志编纂基本要求》（试行稿）和《县志行文规定》（试行稿）。《基本要求》规定，县志要做到：观点正确、资料完备、特点突出、体例完善、文风端正。

是月，梁寒冰就《中国地方史志通讯》的刊物问题在天津召开几个人的小型会议。

4月5日，中共新疆维吾尔自治区委员会和自治区人民政府，决定成立新疆维吾尔自治区史志编纂委员会，富文为主任，乌依古尔·沙依然为副主任，下设总编室，为二级局事业单位，具体负责组织《新疆通志》的编纂，并指导全区地方志编纂工作。其任务是编纂一部由86部专业志组成的《新疆通志》和100部地、州、县志。同时还规定，各级志书要以汉文定稿，然后再翻译成少数民族文字出版。

4月8日，中国地方志指导小组在北京正式宣布成立，并举行成立后第一次会议。指导小组由11人组成：

组　长：曾三，中共中央办公厅顾问，原地方志小组组长

副组长：梁寒冰，中国社会科学院历史研究所党组书记、副所长，中国地方史志协会会长

韩毓虎，国家档案局第一副局长

成　员：刘大年，中国社会科学院近代史研究所名誉所长，研究员，原地方志小组成员

严中平，中国社会科学院经济研究所顾问，研究员，原地方志小组成员

牙含章，中国社会科学院民族研究所所长

侯仁之，北京大学地理系教授

朱士嘉，中国地方史志协会副会长，研究员

陈元方，陕西省委书记处书记，省地方志编委会主任委员

李志敏，山西省政协副主席，省地方志编委会副主任委员

章夷白。

按：此名单确定后，章夷白旋即逝世，严中平辞职，故指导小组实只有9人。

指导小组由中国社会科学院领导，其日常工作由中国地方史志协会负责。原由中国地方史志协会主办的《中国地方志通讯》改由中国地方志指导小组和中国地方史志协会合办。组长曾三在首次会议上，明确指导小组的任务有五项：

一、指导研究解决编写新志的理论问题，探讨学术问题；

二、以省、市、自治区的计划为基础，提出全国地方志规划的建议，指导督促实施；

三、制定编修新志的基本体例和工作条例；

四、组织经验交流；

五、指导干部在理论上、业务上的学习与培养。

会议决定是年4月下旬在河南洛阳召开全国地方志规划会议。

是日，台湾有关部门颁发施行《地方志书纂修办法》，规定台湾省文献委员会为全省地方志工作的最高机关。其后又制定了《台湾省政府辅导各县市文献业务要点》，积极推动各县、市志的纂修。确定地方志种类、编纂时限、内容，并明确各级各类地方志书由台湾省文献委员会终审批准后方可出版。

同期，高雄县政府通令全县各乡镇全面纂修方志，是为台湾省全省最早全面开展修撰乡镇志的地区。

4月12～16日，全国地协委托湖南省地方志办公室召开的全国省志座谈会在长沙市举行，会议由全国地协常务理事、湖南省地方志办公室主任左开一主持。出席会议的有山东、山西、河南、湖北、安徽、黑龙江、四川、云南、贵州、陕西、广西、辽宁、内蒙古、湖南等14个省(区)的33名代表。会议就省志编纂问题交流了经验，并针对修志工作中存在的认识问题和实际问题，拟定了《省志理论研究选题》，以备会后进一步探讨。

4月13日，劳动人事部以劳人编[1983]37号文件，同意中国地方志指导小组事业编制10人。

4月22～28日，中国地方志指导小组，受中国社会科学院委托，在洛阳召开全国首次地方志规划会议，这是新中国成立以来的首次地方志规划会议。全国28个省、自治区、直辖市的80余名代表到会。会议草拟并原则通过了《1983～1990年中国地方志事业发展规划及设想(草案)》和《中国旧方志整理规划实施方案》两个文件，呈交中国社会科学院有关部门审核，然后报上级批准实施。在《1983～1990年中国地方志事业发展规划及设想(草案)》中，包括四个方面的内容：一、“六五”计划期间新修地方志成果项目及必须保证完成的项目；二、“七五”计划期间地方志发展规划的设想；三、地方志的审定与经费；四、加强地方志组织领导与队伍建设。同时明确了以下的修志原则：

1.省、市、县志编纂委员会负责初稿的审阅修订；省、市志定稿须经同级党委、政府批准；县志除经同级党委、政府审阅外，须报上级党委批准定稿；未经审定，不许出版。

2.地方志书原则上由各地就地出版；出版经费由各修志机构列出预算报当地财政解决。

3.省、市、县三级建立常设修志机构，直属各级人民政府领导；修志计划列入地方国民经济和社会发展计划的社会科学规划；修志人员列入事业或行政编制，按社会科学部门有关规定，评定职称并享受应有的福利待遇；各地所需业务经费，由各级地方财政统筹解决；

4.采取多类型、多层次、多途径培训修志队伍，加强队伍建设。

董一博在讲话中，将方志的内容特点及功用归纳为 12 个方面：一为“巨细毕载，一方全史”；二为“利弊治乱，鉴往知来”；三为“山岳湖河，形貌尽收”；四为“人户丁亩，丰歉有记”；五为“风土民俗，因情施教”；六为“方物矿产，规划民生”；七为“典章制度，识辨政绩”；八为“人物贤否，彰善瘅恶”；九为“贫困灾患，兴革有则”；十为“史删记误，拾遗补阙”；十一为“诗文碑刻，文物教化”；十二为“年鉴资料，志忘备征”。（转见黄苇等《方志学》第 384 页）

梁寒冰在这次会议的讲话中，又一次提出了建立马克思主义方志学的问题。

4 月 25 日，安徽省寿县县志办王建国在是日出刊的《中国地方志通讯》今年第 2 期，发表《试论建设马克思主义的比较方志学》一文，首次提出“比较方志学”的概念。文章认为，在我国传统史学和方志学中，运用朴素的比较法已有久远的历史。如比较史籍或志书的艺术体制，指出它们所属的类型及类型的特殊性；比较史籍及方志书中史实的异同，从而考定它们的真伪虚实；比较方志在题材、方法以及历史观点上的异同，指出其是非得失；在史籍及志书的编纂中，要求对丰富的历史内容作综合比较研究等。比较法是古代方志学研究与古方志学编纂中普遍运用而极重要的方法。所要建立的比较方志学，不单单是比较方志的体制、方法等形式的东西，重心更在于比较方志学的内容——地方经济、地方文化、地方社会情势等等。比较方志学必须在承认地方经济、政治、文化、民风等等都必然由于地方性或区域性而具有各自特殊性的条件才能成立。他提出比较方志学的具体方法和根本途径有四种。一是注意跨国度的比较。可以把国外的地域史、地方史同我国地方志作体制及编撰经验上的比较；可以把我国地方志中某些带有规律性的内容同国外历史科学中类似的情形予以比较，从而说明我国丰富的地方文化与外域历史文化的共性之中的差异性。二是比较一般历史规律与个别地方历史现象之间的差异。三是注意在比较中显现出两极的矛盾现象，更加有效地彰明双方各自的特性、规律或通过矛盾现象透视更深刻的问题。四是用比较法研究方志的具体方式，使空间上一些看起来各自独立的历史现象显示出内在本质上的有机联系。作者举出山东省旧方志中记述民情方面存在种种反差。如一些地方俗尚华靡，一些地方则尚俭朴；一些地方人丁旺盛，一些地方则人丁稀少；一些地方重农轻商，一些地方则重商轻农；一些地方尚文，一些地方则好武，等等。通过这些比较，就可以把人们对具有地方特殊性、差异性的历史现象的理解，导向深入。

南开大学历史系来新夏教授在同刊期上发表《关于地方志编纂工作中的几个问题》一文，着重讲述了地方志编纂中遇到的七个关系问题：一是史与志的关系问题。史与志的关系是同源异体、殊途同归和相辅相成的，没有必要也不可能分得那么清楚。关于史志关系问题，作为学术探讨的课题，尽可以争论下去，暂不作结论；但实际修志工作中，完全不必要纠缠于此。在具体工作中应本着一个志经史纬的观点，把史和志二体有机地结合起来，诸体并用，以达到全面准确反映本地区情况，那就算可以了。二是分志与总志的关系问题。他认为这一对关系的主要矛盾方面在总志，总志方面要先劳后逸，高瞻远瞩，周密考虑，保持主动，不要放任自流离题太远。分志为总志备料，提供“坯子”，总志在分志基础上，完成统一体系的成稿。三是资料与论述的关系。地方志需要全面反映资料情况，但却不是不加任何论述的资料堆砌。地方志的论述应该是以资料来论述。它的论述应该是寓论断于叙事之中，在事实讲清楚的情况下，把你的观点自然地渗透进去，融为一体。四是新志与旧志的关系问题。总的是批判与继承的关系。把旧志中好的东西拿来作借鉴。旧志的体例、篇目可供参考，旧志中许多资料仍有它的参考价值。新志与旧志相比，其好就好在一要纠正过去的错误，二要增补过去的缺陷。五是领导者与群众的关系。领导修志工作希望群众提供材料，给予支持；而作为领导修志者要自有主张，修专志也好，修总志也好，自己一定要有主见。六是全面与重点的关系。所谓全面，主要指一部志书要包括自然和社会各个方面的情况，资料要齐全。但又不等于面面俱到，还要有侧重。重点就是特色。七是人物传编写中的各种关系。要反映地方特点，也要反映地方人物特点。一个人物的特点，就是他对社会的作用是什么。顺潮流而动，促进社会发展的要立传，目的是流芳百世；反之，逆潮流而动，阻碍社会发展的也要立传，目的是让他遗臭万年。

5月2日，在甘肃省第六届人民代表大会上，由15位人大代表共同提出“关于重视编修甘肃地方史志的提案”获得通过，作出《关于重视编修甘肃地方史志的决定》。这个决定要求省、州、市、县、自治县（区）分别成立地方志编委会，制定规划，拨列经费，开展工作。1986年5月，省人大六届四次会议又专门印发了《关于全省地方志编纂工作情况的汇报》。会议期间还召开了省志工作座谈会并发了简报。

5月5～9日，《海河志》编纂委员会成立大会在天津举行，提出了编写大纲，进行了分工。

5月10日，中国地方志指导小组根据洛阳会议的草案，修订《1983～1990年中国地方志事业发展规划及设想》。

5月21～28日，全国县志座谈会在安徽省泾县举行。全国17个省、市、自治区的26个县之代表和特邀代表共40余人出席，安徽省8个地区、30个县的50余名代表列席。会议第一阶段是情况交流，共有19个县的代表介绍了各自的情况和经验。会议的第二阶段分组就修新志的指导思想、新方志与两个文明建设的关系、如何记述新中国成立后的历次政治运动、“秉笔直书”与坚持“四项基本原则”的关系、新志的体例问题等进行了讨论。关于新志的质量，会议提出了六个方面的要求：一思想性强；二资料真实详备；三突出地方特色；四讲究体例；五文风端正；六文字简洁、流畅。

按：会议在对“政治运动”记述的讨论中，明显地存在“主详”与“主略”之争，但在最后的会议《纪要》中却是这样写的：“在记述政治运动，特别是有关党工作失误的记述，一定要注意从事实出发，从全局出发，从效果出发，不应愤笔妄书，授敌人以柄。……在写法上，可采取宜粗不宜细，宜分不宜合，宜略不宜详的写法。粗到把问题说清楚，细到不能损害党的形象。”1984年7月《全国北片县志稿评议会纪要》中，又一次重申，对政治运动，特别是“文化大革命”的记述，一定要体现宜粗不宜细的原则，但也不能过于粗略，一笔带过；要恰当地掌握分寸，粗到把问题讲清楚，细到不损害党和国家的形象。这两次会议的《纪要》，对“三宜三不宜”的肯定和倡导，一度对修志产生过不良的影响。

是月，中国人民大学讲师刘光禄及江苏如东县志办李明、杨向东、陈有清等撰著的《县志编修探微》由安徽人民出版社出版，这是本届修志以来的第一部理论著作，提供了新的理论和新的经验。

是月，内蒙古自治区包头市史学会内部出版《方志编纂论集》。

是月，河南省方志编纂委员会主任邵文杰，向省委书记刘杰提出，将来可把修志的常设机构变成方志馆。

6月28日～7月2日，内蒙古自治区第一次地方志工作会议在呼和浩特举行，全区12个盟、市，82个旗、县，区直属机关，内蒙古军区，呼和浩特铁路局，包钢等的代表150余人与会。会议着重讨论了《1983～1992年内蒙古地方志事业发展规划及设想》、《内蒙古自治区新编地方志工作试行方案》、《内蒙古通志大纲》（均系征求意见稿）。

是月，黄苇在《历史研究》第3期发表《论宋元地方志》一文。

是月，刘光禄著《中国方志学概要》由中国展望出版社出版。是书分理论、应用和历史三大部分，在早期的培训中发挥了较大的作用。

是月，水利电力部发出《关于进一步做好水利志、江河志编纂工作的通知》，指出“水利志、江河志既是地方志的一个重要组成部分，也是我们水利部门的一项重要基本工作”。要求全国水利部门要组织力量进行江河志、水利志的编纂工作。江河水利志包括江河志、水利志、水利工程志三种。江河志，是以流域的自然区域为对象，以流域自然面貌和社会经济概况为基本内容，并以江河治理开发、水资源的综合利用为重点的记述。由各流域机构负责组织编写。水利志，是按省、市、县行政区划，围绕本地区水利事业的发展和变化进行记述的水利专业志。由各省、市、县水利（水电）厅、局承担编写。水利工程志，围绕某些大型水利工程的兴建、运用和管理等问题进行记述，由各水利工程的主管部门组织编写。

上半年，复旦大学历史系开办方志学专业进修班。

7月16～23日，中国地方志指导小组、中国地方史志协会委托黑龙江省地方志编委会举办的全国北片13省、市“县志稿评会”在黑河市举行，与会者对《爱辉县志稿》和新编县志中带共性的问题，进行了讨论。

7月23日，河南省编制委员会发文，同意河南省地方志编纂委员会内设办公室、《河南通志》编辑室、《中州今古》编辑室、资料室、地市县联络室、《河南省史志年鉴》编辑室，事业编制共45名。

7月26日，山西省地方志办公室借中国地理学会在长春召开理事会之机，派专人到会上请求专家们对《山西地理志》编写提纲提出意见。会议专门为此安排了座谈会。专家们就《山西地理志》的性质、任务、编辑方针、地理志与地理专著的区别、地理志应有的体例以及栏目的设置等方面发表了意见。

7月28日～8月1日，全国地协委托上海市、武汉市筹备召开的全国城市史和城市志的工作座谈会在山西省太原市举行。全国17个省(区)、市从事城市史志研究和城市志编修工作的代表40余人参加会议。董一博主持会议，梁寒冰就史志关系问题发表讲话。会议采用先交流经验和情况，在交流基础上集中一些带普遍性的问题集中进行讨论。主要讨论了四个问题：

一、城市志的基本目的、意义和任务。一种意见认为，城市志的基本任务应该是一个城市各方面的资料和经验教训的总结，编纂城市志应强调突出探索规律，而不是强调它的资料性。但较多数人则认为，地方志特点之一就在于它的资料性。方志的思想性、科学性应统一体现于资料之中。编修城市志，要通过历史的、全面的、系统的、科学的调查研究和记载，如实地反映该城市的本质和面貌。编好一部城市志，既可为这一城市的各个方面总结经验教训提供可靠的依据，也可以为研究城市发展史和探索它的规律提供科学的、详实的资料。城市志编纂的特点是采取分类编辑，门类相当广泛。如果要求各个方面总结出经验教训，都要探索规律，这几乎是不可能的。至于探索、阐明城市发展的规律，是城市史或其它研究城市学科的任务。梁寒冰在会议总结中，指出“城市志书的本性，要求全面系统地纪录和保存资料”，“思想性、科学性、地域性是城市史、志的共性，资料性则是城市志特有的个性”，“编纂城市志的目的，不仅是为研究城市史准备系统的资料，主要是为城市经济建设和文化建设提供历史借鉴和现实依据”。

二、城市志和专业志的关系。会中有人提出，自上而下，层层发动，层层修志，基层单位修好后，集中修行业志，再集中修部门志，最后组成一部市的总志，这样可以快出成果。讨论的结果，多数人认为，城市是一个有机的整体，反映城市基本面貌的志书也应是一个有机的整体。各专业志、各行业志都要服从市志的统一要求，服从一个蓝图，一个总设计。在开始征集资料阶段，需要发动各部门各单位提供资料、编写资料，这是必要的，组织或委托某些部门在统一要求下编写专业志也是可行的。但由于各层修志人员思想水平不一，所处的地位与角度不同，资料取舍、分析标准也很难一致，大量资料要做到科学分类、核实也未必能做到。因此,层层发动、层层修志的办法难以保证志书的统一要求,不宜提倡。

三、分期和断限问题。近两年来,编修的志书有两种方式,一种是按历史分期编纂,一种是按类区分来编纂。会议认为,不宜以历史分期来编纂。梁寒冰在讲话中明确地指出:“地方志不论省志、市志、县志,都不宜采用历史分期法。无论按古代、近代、现代分期,或者按社会性质分期,都不适应地方志所固有的特性。一般的编年史是‘以年系事’,地方志应是‘以类系时’。旧方志已经逐渐形成一种方志体裁,我们应在旧志体例基础上创新,而不要沿用编史的方法。”这一意见得到多数人的赞同。关于断限问题,梁寒冰认为,“新编地方志的上限,不应从1840年或1911年断限。全国省、市、县的建置时间长短不一,不可能也不应该用同一时间划定统一的上限”。

四、关于继承与创新。会议认为,我国现存大量的旧方志,是前人留下来的珍贵遗产。但由于精华与糟粕杂陈,采取全盘否定或全盘肯定都是错误的。旧志从形式到内容都有可借鉴之处,如志书的形式和体裁,分类编辑形式,有关经济资料、文化资料等等,都有可取之处;旧方志学如章学诚等人的某些理论观点也是可以吸收的。当然应采取批判继承的态度,做到“古为今用”。同样对于来自国外有关学科的学术成果,也一样要做到“洋为中用”。

7月28日~8月5日,全国文物志编写工作会议在贵阳市举行。

是月,来新夏主编的《方志学概论》由福建人民出版社出版。全书分为方志与方志学,方志编纂与研究,新中国成立以来的方志整理、研究与编纂,方志编纂的原则与体例,方志编纂的方法与步骤等章。在修志初期的培训中,为不少地方作为教材使用。是书首次提出地方志是地方信息学的概念,略谓:方志是一种地情通报即地方情报,搜集资料便是对信息的收集、审核;继而进行条理、系统、详略得当的编写,便是对信息的处理。最后出版成书,流行于世,是对信息的储存和传输。作为一方信息全书的地方志,应当从历史的附庸地位中解放出来,成为一门独立的学科——地方信息学。

是月,陕西省安康县遭受历史从未遇到过的特大洪水灾害,人民生命财产受到严重损失。事前干部和群众对水患不是毫无意识,但当时不知从何而来的一种说法,即大灾400年一遇,因而不以为意。其实县志办从以后掌握的历史资料中,通过归纳完全可以显示,愈到近现代,洪水发生的次数愈多的趋势。从公元前185年到1985年的2170年中,大小成灾65次,平均每34年一次,其中,近400年内就有13次,平均11年一次。洪水破堤入城总共22次,平均百年一遇。近440年内共13次,平均36年一遇。如果这样的资料能早一些得到,早一些统计出来,用以取代“400年一遇”的传说,或许就会未雨绸缪,早作预为之计,损失或许就不会那么惨重了。方志资料之有用,于此可见非同一般了。

8月4~6日,根据中国地方志指导小组的安排,中国地方志协会副会长董一博在山西原平县主持召开县志篇目座谈会。山东省志办刘乾昌、安徽省志办欧阳发、辽宁省志办苏长春和山西省部分修志人员共20余人与会。会议以山东的篇目为基础开展讨论。会议认为,县志基本篇目应包括“五大块”,即概述、大事记、专志、人物传、附录。董一博在总结时,对一部县志的谋篇设目概括为:横排竖写,以横为主;史志结合,以志为主;横排不缺项,竖写不断线;纵横交错,攻其主要;确定范围,来自实践;通合古今,兼顾左右;有机结合,相互联系。会议决定,综合讨论成果,由山东、安徽、山西三省地方志办公室负责,于8月底以前,各自拿出一篇县志基本篇目修订稿,报中国地方志指导小组。

8月23～29日,广西通志馆在南宁召开全自治区地方志工作会议,各地、市、县及区直属机关的代表203人与会。会议除交流修志成果和修志经验外,把落实修志班子和制定修志规划放在首位。要求各行署成立地方志领导小组,由一名行署领导担任组长。在行署办公室设专职干部负责日常工作。1984年1月,自治区人民政府将这次会议《纪要》转发给各地、市、县。会议还讨论制定了各市、县志编纂规划,要求1988年底以前,全区87个县、市分四批全部完成修志任务。

8月27日,中共吉林省委作出决议,成立吉林省地方志编纂委员会,由省人大常委会主任、原省长于克为主任,省委常委、副省长、省委宣传部代部长刘云沼,省顾问委员会常委王季平为副主任,王季平主持日常工作,省委副秘书长江涛为秘书长。下设办公室,分为编审、资料、秘书三个处。将原出刊的《吉林史志》改名为《方志研究》。

8月31日,贵州省人民政府办公厅,向全省转发省志编写筹备组《关于建立健全修志机构,开展地方志编修工作的报告》。批转《通知》中,要求“市、县修志机构,要在1984年第二季度以前建立、健全起来,并尽快开展工作”。

是月,上海古籍出版社出版王重民撰《中国善本书提要》,其中著录古籍善本书4200余种(另有补遗100种)。“凡《四库全书总目提要》已有提要者即不再编写,惟于所缺略者补充之,错误者匡正之”(傅振伦序),其中著录志书、图经170余种,包括总志、方志(包括通志、府志、县志)、杂志、专志(名胜古迹志)、山水志等古代志书。读者可以从中考见一书之刊刻经过、流传情况,并可考知一书的原本或翻刻本、抄本、影印本的孰优孰劣,何去何从,是一部有很高的辨章学术考镜源流的学术专著。

是月,黑龙江省《青冈县志》编成出版,内部发行。

截至本月的统计,全国已有18个省(区)、80个地区、104个城市、1094个县建立了地方志编纂机构,开展修志工作。

9月24日,中国社会科学院党组向中共中央宣传部上呈《关于地方志工作情况和意见的报告》。该报告除汇报当前地方志工作的情况外,为了加强地方志的编纂和出版工作,提出了五条建议:

一、请各省、市、自治区党委宣传部加强对地方志工作的领导。凡未建立修志机构的,希望尽快地建立起来;已经建立修志机构的,要结合地方的机构改革,使之逐步健全起来。修志专业机构应短小精干,如何设置由地方党委决定。编修地方志的专业人员,必须具有一定的专业知识、编辑经验和写作能力，并应吸收当地离休、退休的老干部和老专家参加指导。

二、编修地方志必须坚持马克思列宁主义、毛泽东思想的指导，坚持党的四项基本原则，坚持党的十一届三中全会以来和十二大确定的路线、方针和政策。《邓小平文选》是对毛泽东思想的坚持和发展的结果，所有参加修志工作的同志要认真学习，以提高政治思想理论联系实际水平，使新编地方志在思想上和政治上同中央保持一致，充分反映我国三十多年来社会主义建设的辉煌成就。

三、新编地方志一定要重视保密工作。

四、地方志编辑定稿后，必须经过审批手续。

五、地方志的出版问题，由各地方自行负责解决，省、市、自治区宣传部统筹安排。

新编地方志是一项新兴的文化建设事业，需要获得各方面的支持和协助。各地社会科学院(所)、出版局(或出版社)、档案馆、图书馆、博物馆和其他有关部门，应积极协助本地区的地方志的工作。

9月27日，中央宣传部以[1983]43号文件，将中国社会科学院党组的《关于地方志工作情况和意见的报告》批转各省、市、自治区党委宣传部，中央宣传系统各单位党委、党组。中宣部批转的《通知》指出：编修地方志是我国古代的优良传统。近来中央领导同志重视和提倡编修地方志和整理旧志的工作。各省、市、县委宣传部应加强对地方志工作的领导，责成有关部门根据本地实际情况，制定好规划，建立和健全精干的机构，配备好人员，抓紧开展这一工作。中国社会科学院地方志指导小组要切实对各省、市、县地方志的编纂工作进行督促、检查和指导。现将中国社会科学院党组《关于地方志工作情况和意见的报告》转发给你们，请你们会同有关部门研究落实，做好地方志的编写出版工作。

是月，中共中央顾问委员会书记谭震林为《繁昌县志》题词。先是繁昌县志办公室于8月13日去信请求谭老为《繁昌县志》和《繁昌古今》题词，但10月2日晚即从电视新闻中看到谭老逝世的消息。县志办同志都后悔未能及早去信及早抢救资料。未曾料到的是，次日上午竟收到谭震林办公室的来信，寄的竟是谭老的题词两纸：一是为《繁昌县志》的题词："实事求是，群策群力，努力编写好繁昌县志。"另一纸是为《繁昌古今》的题词，词为诗一首："抚今忆昔心潮涌，七战七捷记犹新。繁昌人民立丰功，患难与共情谊深。强年修志人皆喜，长治久安人心齐。放眼未来建四化，统一大业定实现。"显然，这是谭老病重期间强打精神所书，可能便是绝笔之作了。

是月，李明主编的江苏《如东县志》由江苏人民出版社出版，公开发行，这是本届修志以来公开出版的第一部新志书，也是本届修志中先期出版的志书中比较成功的一部。为了弥补初版中还存在的不足，他们又组织人力进行修订。1986年1月15～20日，中国地方志指导小组专门为他们在北京举行了方志工作者和有关学科专家参加的修订稿本的评论会。吸收大家的意见修订后，于1988年8月由江苏古籍出版社再版。这部志书中有许多精彩之笔。

仅就其《如东邻近地区地震年表》后所附的一个说明,便可见一斑。该说明为:“从表中可知,本地区地震在时间分布上是有一定规律的。从1505年到1568年的63年中没有地震,1568年到1626年的58年中有7次地震;从1626年到1657年的31年中没有地震,1657年到1677年的20年中又发生地震3次;1677年到1726年的49年中没有地震,1726年到1751年的25年中有4次地震;1751年到1828年的77年中没有地震,1828年到1872年的44年中有9次地震;1873年到1920年的47年中没有发生地震,1921年到1927年的6年中发生3次地震。这明显地表现了平静——活跃——平静的规律。自1971年12月30日崇明县东海域中发生4.7级地震以来,于1975年9月朗家沙发生5.3级地震,这可能表明1927年到1971年这44年的平静期的结束,1971年后地震活动期的到来。纵观过去,本地区地震活跃期一般为20～30年,每个活跃期平均有5～6次地震。”评论者认为,这一段注文,有如一篇探讨如东地震历史与规律的论文,具有极高的参考价值。

是月,辽宁省《本溪县志》修成出版,内部发行。

是月,林衍经著《方志史话》由中州书画社出版。

10月8日,山东省夏津县潘友林在是日出刊的《中国地方志通讯》今年第4期上发表《县志编纂的“三时观”》一文。所谓“三时”,即是前世——当代——未来。主张以这三时来探讨修志的难点和重点。他总的看法是:追述前世,记载当代,着眼未来。正确对待详今略古中的“略古”,是追述前世的中枢环节。略古只是在全局上不能与“今”等量齐观,但依然面要做到不漏,点要条贯不遗;主干要通贯,资料要系统。略古在部分章节中应当等量同视。如大事记中,尤其是对自然灾害的记载,就应古今无分,同等记之,尽量详之,才能显示出灾异的规律性。在记述当代中的难点:之一是繁中取精,详而不滥;之二是透过现象,切中本质;之三是要有马克思主义的无畏精神。着眼未来,要求志书内容要实事求是,有可取之处;形式上要科学完美,有可鉴之处。三时观是有机相联的一个整体,三者是相互牵连、相辅相成的,前世与当代之间,要内容衔接,体例一致。未来与前世、当代之间,是指导与实践的关系。对未来的思考,是前世、当代记载的航标,卓远的见识,明确的目的,能照亮历史资料、照亮对资料的取舍与编纂。只有着眼未来,扎实地、创造性地、实事求是地编纂,志书才有可能彪炳千秋。

10月12～18日,中国地方史志协会第二次学术年会在山东泰安举行。到会代表120余人,收到论文90余篇。梁寒冰主持了会议并作了《学习〈邓小平文选〉》的重要讲话。董一博代表全国地协作了近三年来的工作报告,介绍了1981年以来全国修志情况。他略述了地方志协会今后工作的要点,建议提出五个问题进行重点讨论。在这个报告中,他再次述说了他归纳出的新志质量六条标准:一是观点正确,二是体例完善,三是资料丰富翔实,四是突出地方特点,五是要体现时代精神,六是文风端正,文字简洁流畅。

会议还对起草的《新编地方志工作条例》和省、市、县志3个基本篇目草案提出了修改意见。

是月,宋晞在台湾《史学汇刊》第12期刊发《论仅存海外的粤、闽、浙三省地方志》一文,谓国内已经失传，而国外图书馆尚存藏者，约有300种上下。文内列了三省国内无存而国外尚有完整本的表，计广东28种，仅存海外者21种，国内有残本而国外有全本者7种；福建省26种，仅存海外者19种，国内有残本而国外有全本者7种；浙江省21种，其中嘉靖《湖州府志》、成化《处州府志》、天启《江山县志》、康熙《建德县志》等4种，是国内残缺而国外有全本者。（转见宋晞《方志学研究论丛》第85～91页）

按：其后作者于1987年12月，在《第一届中国域外汉籍国际学术讨论会议论文集》中，刊发的《论流传于日本的中国地方志》一文中，表列有国内失传或残缺而日本尚存全本者223种，其中明代102种，清刊本118种，民国印本3种。（见《论丛》第119～147页）该《论丛》又收有《论流传于美国的罕见中国地方志》一文，其中表列有同类志书39种，其中明代3种，清本23种，民国本11种，出版时间不详者2种。（见156～161页）还收有《论流传于欧洲的中国地方志》一文，其中表列同类志书存于法国者8种，于英国者6种。（见第166、168页）

11月22日，贵州省人民政府发出黔府（1983）138号文件，通知成立贵州省地方志编纂委员会，省顾问委员会副主任、原副省长秦天真为主任委员，蹇先艾（省政协副主席、省文联主席）、王虎文（省政协常委）、安毅夫（贵州民族学院院长）为副主任委员，委员有王纲正、田兵等17人。

11月25日，贵州省地方志编委会举行首次会议，议论了贵州开展修志的意义，讨论了筹备组起草的《贵州省志编纂方案（讨论稿）》，提出了修志干部培训等问题。

是月，黄苇的《方志论集》由浙江人民出版社出版。其中的《地记与图经考述》一文中，提出方志演变的四段论：一、秦汉是发端期；二、魏晋隋唐是雏形期；三、北宋过渡与南宋定型期；四、元代是稳定发展期。

按：这个说法比张国淦的“至赵宋而体例始备”说，又更具体化了一步。

12月3日，山西省乡宁县人大常委会作出《关于认真搞好〈乡宁县志〉编纂工作的决议》，要求县政府应加强对县志编纂工作的领导，充分发挥编委会、县志办公室和各专志编辑人员作用，经常听取他们的工作汇报，及时解决工作中存在的困难和问题，加速县志编纂工作步伐。

按：这是本届修志中，由县人大作出修志决议最早的一例。

12月9～10日，中国地方志指导小组在北京举行第三次会议。会议着重研究了1984年的工作要点：一是召开全国地方志工作会议，检查、落实地方志工作“六五”规划，制定“七五”规划，推动地方志工作进一步开展；二是准备联合国家民族事务委员会、中国社会科学院民族研究所，召开全国民族地区志书编纂工作会议，会前要就民族地区修志工作条例进行专门研究；三是加强对旧志整理工作的指导，确定在春节前成立旧志整理工作小组，并在适当时召开旧志整理工作会议。会议还讨论了《新编地方志工作条例》的修改稿。

12月16日，陕西李广顺在是日出刊的《陕西地方志通讯》上发文，指出不应有“社会主义方志学”的提法。文章说，高海编的一本《方志编纂学入门》中，提出“这就需要我们用马克思列宁主义、毛泽东思想的观点和方法，承前启后，破旧立新，既要编纂社会主义新方志，又需创立社会主义新方志学”。有些领导者在各种会议上也经常讲“社会主义方志学”云云。作者认为，马克思主义是科学的世界观和方法论，是一种思想理论体系，而社会主义只是一种制度或不独立的社会形态，作为一门新学科的方志学，只能是马克思主义的，而不应称为社会主义方志学，如同马克思主义哲学、马克思主义心理学，不能叫作社会主义哲学、社会主义心理学一样。

12 月 21～24 日，贵州省第一次地方志工作会议在贵阳举行，省级修志部门及各地、州、市、县负责人共 300 余人出席。会议通过了《贵州省志编纂方案》，由省人民政府转发。决定内部出刊《贵州地方志通讯》。

12 月 25 日，山东省社会科学院情报研究所王建宗在是日出刊的《中国地方志通讯》今年第 6 期发表《论方志学的独立学科地位》一文。文章认为，方志学是一门古老的学问，但长期以来处于从属的地位。而今，无论从社会的需要，还是从学科发展的需要来看，都应当是其获得独立学科地位的时候了。实践需要、对象任务、知识体系是形成一门独立学科不可缺少的条件，缺一不可。就方志学本身而言，方志学产生的客观社会实践基础是坚实的。它有自己特定的客观研究对象和任务。已经初步具备了自身的知识体系。方志学自宋以后，日渐有了自己相对独立发展的历史，无论就现存 8500 种方志典籍，还是丰富的修志理论，都说明它已经完成这一历史过程，既不是“十月怀胎”的阶段，也不是“一朝分娩”的时刻，而是长成大人，独立门户的时候已到。方志学欲获得独立学科地位，就应当建立自己的科学体系。这个体系应由理论部分、应用部分和历史部分组成。作者认为方志学学科体系可用下图表示：

- 方志学
  - 方志学理论（理论方志学）
    - 方志学概论
    - 方志编纂学
    - 方志目录学
    - 方志学整理
    - 方志资料学
    - ……
  - 方志学应用（应用方志学）
    - 各类志书
      - 整体结构
        - 一统志
        - 省志
        - 地区志
        - 市志
        - 县志
        - 专志
        - 杂志
      - 个体结构
        - 自然—自然志
        - 社会
          - 政治志
          - 经济志
          - 军事志
          - 文化志
          - 教育志
          - 社会志
          - ……
        - 人—人物志
    - 方志目录
      - 馆藏
      - 地区
    - 方志资料集成
      - 专题
      - 综合
    - 旧志辑佚
    - 旧志重印
    - 地方文献汇编
    - 方志提要
    - 地方年鉴、手册
    - ……
  - 方志学发展史

按：这是本届修志中，较早提出对方志学的学科体系进行探讨的一篇文章。梁滨久认为，他提出的这一学科体系分成三大部分，大体是正确的，但其具体内涵却混淆了方志与方志学的概念。

12月30日，中共江西省委发出《关于江西省地方志编委会组成人员的通知》，成立地方志编委会。省人大常委会主任、原省委书记马继孔为主任委员。

是月，《淮河志》编纂委员会在安徽省蚌埠市成立。

是月，辽宁省档案馆编就的《编修地方志档案选编》，由辽沈书社出版发行。

是月，华东师范大学张天麟在《中国水利·水利史志专刊》1983年第2期发表《运用方志史料探讨长江三角洲气候演变规律》一文。作者查阅了长江三角洲各府、州、县志100余部，从中收集到3600多条冷、暖、水、旱、物候、自然灾害等关于气候方面的史料，经过分析，发现长江三角洲气温的历史变迁，不仅存在三个温暖期与三个寒冷期的演变，而且暖期愈来愈短，冷期越来越长。回顾以往，展望未来，估计20世纪气温回升阶段不会太久，到21世纪中期以后，气候可能复趋寒冷，并制出了长江三角洲温度变迁曲线图，与竺可桢《中国五千年气候变迁曲线图》进行对照。又把长江三角洲历史时期气候冷暖阶段与太阳黑子平均间隔年数相对照，发现二者之间存在着一定的对应关系，即黑子间隔年代久，说明太阳黑子活动少，气候变暖；黑子间隔年代短，说明太阳黑子活动频繁，气候寒冷。同时还发现在降水方面，也存在三个少雨期与三个多雨期相间隔的演变规律。根据这一规律预言，20世纪下半期降雨处于常态，是处于最后一个多雨期与下一个少雨期的过渡阶段，到21世纪中期以后，长江三角洲可能复趋干旱。这是利用方志资料进行科学研究的又一实例。

按：除了专门的方志书刊之外，其他学科的书刊中颇多类似的可贵资料，还有待于有心人去进行收集整理，加以运用。

是年，胡耀邦在四川视察时，曾问中共重庆市委第一书记王谦："大家都在搞地方志，重庆在搞没有？"他指示："搞重庆地方志的时候，要实事求是。这里是蒋介石的陪都，对国民党也好，对民主人士也好，哪怕是对蒋介石，有些事情也要实事求是，他也有办了好事的地方，蒋介石办的(事)也不都是坏的。"又一次，在河南视察谈到做事要顾全大局时，胡耀邦曾引《南阳府志》所载知府顾嘉衡，在评判诸葛亮究竟属襄阳还是南阳的争论时写的一副对联："心在朝廷原勿论先主后主；名高天下何必辨襄阳南阳。"次日，在给南阳地直干部作形势报告时，他联系干部的思想实际，套撰一联："心在人民，原无论大事小事；利归天下，何心争多得少得。"

是年，陕西省蒲城县志办根据群众提供的线索，在该县贾曲乡发现了明末农民起义军的"大顺永昌元年(1644)开元寺碑"。这是全国发现的第二块大顺刻碑。同时还于某田野遗弃的石碑中，发现了擅长书法的唐玄宗李隆基为其妹鄎国、凉国两公主撰写的隶书体刻碑和以行书为另一妹妹金仙长公主写的神道碑，都至为珍贵。又据旧志所载和实地考察，发现了不为世人所知的铁链山和洛河之北的长300米、高30～80米的秦长城遗址，为《史记·秦本纪》中“堑洛城重泉”的史迹证据。这是本届修志中取得的一项重要成果。

是年，山东省《庆云县志》出版，内部发行。

是年，陈桥驿撰《绍兴地方文献考录》由浙江人民出版社出版。是书汇集考录绍兴地方文献1200种，具有很高的学术性和实用价值。美国汉学家柯慎思教授称此书“是一项惊人的成绩”。

一九八四年

1 月 3 日,《西藏日报》发表刘林《希望重视编纂地方志工作》的读者来信。

1 月 20～21 日,中国地方志指导小组、中国地方史志协会在北京召开旧志整理工作预备会议。会上梁寒冰宣布:根据工作需要,经全国地协领导人协商,决定增聘左开一、朱文尧、刘光禄、欧阳发为中国地方史志协会副秘书长。

1 月 21 日,福建省人民政府发出通知,正式成立福建省地方志编纂委员会,筹备、组织全省地方志编纂工作。张格心为顾问,张立(福建师大党委书记)为主任,王仲莘、计克良、顾耐雨、王景阁为副主任,委员由各单位负责人和部分专家、学者担任。

是月,青海省地方志编委会成立。

是月,山西北岳文艺出版社出版《太原王氏》一书,这是旅外太原王氏联谊后援会首次编印的姓氏个例著述,详细介绍了占今王氏 70% 的太原王氏发展情况。

2 月 5 日,湖北省地方志协会在武昌举行会议,纪念著名方志学家王葆心先生逝世 40 周年。

2 月 18 日,华北地区地方志工作座谈会在山西忻州市举行。

2 月 28 日,李泽、陈忠在是日出刊的《中国地方志通讯》今年第 1 期发表文章,提出编修地方志应重视外文资料,这是当代修志中才涉及的新问题。文章指出,近代以来,帝国主义为了侵略的需要,在其国内外办起了数以百计的外文报刊,出版了许多书籍,而涉及中国的这些书刊,与中国自身出版的书刊颇为不同,它重经济、地理、政治、文化等社会情况的调查研究。刊载这些资料的有西文的报纸、杂志(如年鉴、年报)、档案材料、统计手册、行名录、传记、回忆录、游记等。内中都有许多修志中值得重视的资料。文章还探讨了运用这些资料如何着手以及需要注意的若干问题。

是月,罗纪权在《羊城今古》第二期发表《新方志五功能说》,提出"六字功能"说不能完整地概括地方志的全部功能,还应当加上"科研"和"交流"两项,并列举了一些实例来进行论证。

据不完全的统计，至本月底全国建立修志机构的有：20个省级单位（占30个省级单位的2/3）；80个地区单位（占210个地区的1/3强）；104个市级单位（占242个市的1/3强）；1094个县级单位（占2133个县一半以上）。

3月13～15日，安徽省军区召开军事志编纂工作座谈会。各军分区、市、县人民武装部的相关人员102人与会。会议认为，军事志是地方志的重要组成部分。编纂军事志对于学习、继承军事历史遗产，加强国防建设具有十分重要的意义。安徽地处祖国东部，为东南沿海腹地，徐海方向纵深，幅员辽阔，地形多样，战略地位十分重要，历来是兵家必争之地。战国以来，在省境内发生较大规模的战斗、战役达400余次。系统地总结整理前人指导战争的经验，对加强古今战场研究，对于学习军事科学，做好战备工作是十分有用的。会议还听取了一些军分区，市、县人武部介绍的编修军事志（篇）的经验和情况。

3月17日，中共广东省委、广东省人民政府发出通知，决定成立广东省地方志编纂委员会和《当代中国的广东》编纂委员会，两块牌子，一套机构。负责组织《广东省志》编写和全省新方志的规划、指导、审查、出版工作。编委会由18人组成，省委书记谢非为主任，杨立、林洪、王致远、黄勋拔为副主任。省志编委会与同时成立的《当代中国的广东》编委会合署，下设办公室，为副厅级事业机构，负责日常工作，黄勋拔为主任。同时承担《当代中国》丛书"广东卷"的编写任务。通知还要求"各市、地、县成立地方志编纂组织"。

3月20日，经过长江流域规划办公室一年多的具体筹备，全国第一部河流专志——《长江志》编委会成立，并举行首次会议。该编委会是由长江流域规划办公室会同长江流域各省以及有关部门共同组成的，机构设于武汉。编委会特聘方志、历史、地理、水利、鱼类等方面的9位知名专家、学者，如朱士嘉、谭其骧等担任顾问。这次会议确定，《长江志》为一部河流专志。它是按照志书体例要求，以长江流域自然区域为对象，全面记述长江流域的自然面貌，社会历史和现状，以及人类认识长江、改造长江、综合利用长江流域的自然资源，特别是水资源的实践活动。"类似一部'长江百科全书'"。会议认为，"在某种意义上说，编修一部《长江志》，其重要性不亚于修建一座葛洲坝工程"。

3月25～27日，中国地方志指导小组于天津召开旧方志整理工作会议。出席会议的有各省、市、自治区地方志机构的代表和特邀的专家、学者共40余人。中国地方志指导小组副组长梁寒冰主持会议，宣布了旧方志整理工作委员会成员名单：

主任：董一博

委员：刘光禄　于希贤　傅振伦　金自强　来新夏　陈继揆　沈嘉荣　欧阳发　杨静琦　刘纬毅　庄威凤　骆　伟

会议讨论了1月20日预备会议提出的旧方志整理工作的意见，着重研究了当前整理工作中"整什么、怎么整"两个重点问题，并交流了各地旧方志整理工作的情况和经验。在讨论整理工作范围和内容时，确定了重点资料类编项目和要求及注意事项，并将1982年5月中国方志整理编纂工作座谈会所拟定的《重点资料类编项目》修订为《旧志资料类编目录》，公布供各地选编资料参考。今分录于次：

旧志资料类编目录

一、自然类

疆域：

自然面貌：山河湖海、水文、地质、土壤、天文、气候(附物候)

自然资源：植物、动物、矿物

自然灾害：水、旱、虫、风、雹、雪、山崩、地陷、地震

二、经济类

农业：耕地面积、土地制度、耕作制度、耕作技术、品种、产量、肥料、屯垦

水利：资料(源)利用、水利工程

林业：古森林、次生林、营林、品种、面积、园艺

畜牧业：

渔业：

手工业、工业：纺织、陶瓷、造纸、造船、酿酒、制盐、制糖、制烟、制茶、传统工艺

商业：国内贸易、对外贸易、物价

土特产：农业、水产、中药材、食品

财政金融：赋税、钱庄、汇兑、货币、当铺

三、政治类

政区：

阶级斗争：

农民起义：

市民起义：

侵略与反侵略斗争：侵略者的暴行、教案

政治斗争：

吏治：

党派：

政治制度：机构、官制

法制：民事诉讼、刑事、乡规、民约、边政

四、军事类

兵役、兵器、驻军、关隘、城池、军事设施、战争、战场、阵法、迁界

五、文化教育类

教育：书院、学堂、私塾、学校、群众教育

文学艺术:戏剧、曲艺、美术、音乐、图书、文献、报刊、印刷、出版、名胜、古迹、文物、考古

体育:民间武术、气功

六、科学技术类

生产工具:

交通工具:

科学发现、发明:

历法:

医术:验方、秘方

建筑:

冶炼:

化学:

度量衡:

七、社会类

户口、民政、移民、氏族、侨民、外侨、社团、宗教、风俗、方言、谣谚、服饰、器用、烹饪

八、人物类

政治家、军事家、科学家、文学家、艺术家、能工巧匠、奸宄

(载《中国地方志通讯》1984 年第 3 期)

3 月 29～4 月 7 日,贵州省地方志编委会与黔南州史志编委会共同举办民族地区方志研究班。

4 月 16 日,福建省地方史志协会在福州成立。第一届理事 31 人,主任张立(省地方志编委会主任),秘书长李继鹏。

4 月 28 日,南京市地方志研究所成立。

是月,浙江省人民政府批准成立浙江省地方志编纂室,负责指导全省修志。由省社会科学研究所代管,具体由副院长魏桥分管。编纂室主任俞佐萍。

是月,由魏桥主编、浙江省社会科学研究所人员编写的《浙江人物简志》上册出版。

是月,薛虹著《中国方志学概论》由黑龙江人民出版社出版。全书分概论、旧志整理、地方志编修等 3 章。是书的特点是较多地结合东北地方志历史的实际,有地域性的特点。如概论章中,专有东北地区志书的发展,附录有东北地区方志总目等。

5 月 2 日,河北省地方志编纂委员会正式成立,主任王东宁。编委会下设常设办事机构负责修志日常工作,行政归属河北省民政厅。其职责是负责组织、协调、指导全省修志工作。同时成立省地名委员会,与省地方志编纂委员会一套班子,两块牌子。

5 月 9 日,中共辽宁省委、省政府联合下发通知,成立辽宁省地方志编纂委员会,由省委书记、省长全树仁任主任,副主任有朱川(省顾委常委)、张知远(副省长)、沈显惠(省委常委、

宣传部长)、綦凯岩(省军区副司令员)、王显堂(省委副秘书长)、姜鲁军(原省政府办公厅顾问)、礼广贵(原省社会科学院副院长)。成员有徐廷生等19人。

5月18日,中共天津市委发出《关于建立天津市地方史志编修委员会的通知》,规定市地方史志编修委员会的主要任务是:承担《天津志》的规划、组织和具体编修工作,指导《天津史》的编写工作;承担市委、市政府交办有关地方史志方面的其他任务。编修委员会的组成是:主任委员张淮三(市顾问委员会主任、原市委书记);副主任有陈冰(市政协主席)、石坚(市人大常委会副主任)、郑万通(市委秘书长)、鲁学政(市人民政府秘书长)、杜立(市委宣传部副部长)、李克简(市顾问委员会委员、市地方志编修委员会总编室主任);委员有马丁等59人;顾问有于致远等6人。

是月,山西省运城地区召开地方志编委扩大会议。会上肯定了稷山县志办从社会招聘修志人员的做法。先是稷山县志办感到抽调编纂人员十分困难,大胆试行从社会招聘。其做法是:第一,对应聘者先进行口试和笔试,对合格者交付任务,进行试用;不适应工作者给予辞退,本人亦可辞职;第二,对胜任工作者,根据撰稿量多少,按规定付给稿酬。结果在志办内出现了个个努力、人人争先的局面。

6月7日,中国地方史志协会副秘书长,中国人民大学讲师刘光禄在京逝世,终年51岁。著有《中国方志学概要》等著作。

6月14日,四川省编制委员会、省财政厅、省地方志编纂委员会联合发文,确定:一、(地方志)人员编制:重庆市、成都市15～20人;凉山州、阿坝州、甘孜州10～15人;渡口市、自贡市、泸州市、各地区行署8～10人;各县、市、区5～8人;德阳市无修志任务,但应设置机构,指导所属各县的修志工作,编制5人。二、各级地方志编纂委员会的编制列入事业编制,其经费由编志机构报造年度预算,由各级列入科学事业费开支。三、各级地方志编委会办事机构(总编室或办公室)的级别,相当于同级政府的局级事业单位。

6月15日,《人民日报》驻天津记者肖荻写的《地方志与信息》在《人民日报》上发表。该文根据他在旧志整理工作会议上采访的材料,重点报道了各地修志工作在经济建设中所发挥的积极作用。

6月23～30日,中国地方史志协会和《中国地方志通讯》编辑部,在北京召开新编5县县志学术讨论会。应邀参加会议的有提供评论的呼玛、台安、万年、如东、本溪等5部县志的主编、副主编;黑龙江、辽宁、安徽、河南、山东、山西、广西等省(区)志办代表;户县、海城、什邡、奉贤、萧山、玉山等县志办代表;以及方志学、历史学、地理学、档案学的专家学者,共40余人。中国地方史志协会会长梁寒冰、副会长董一博出席会议并讲了话。会议分两个阶段进行:

第一阶段讨论了5部新编县志,认为其主要成绩是:(1)力图用新的观点编写志书,基本上坚持了以马列主义、毛泽东思想为指导思想;(2)重视社会经济内容的编写;(3)突出记载本地近百年人民群众的革命斗争;(4)在志书体例上有不同程度的创新;(5)注意资料的搜集和现代科学的吸收。同时也指出5部志书存在的不足:(1)在贯彻指导思想上,有的还沿袭“左”的提法;(2)在严格坚持科学性方面存在较多的不足;(3)有的志书为较多的生人立传,入传标准不严,记述中轻下评论或发感慨;(4)文体上有欠规范。

第二阶段研讨修志中共同关心的问题:(1)体例问题;(2)经济部分编写问题;(3)地理部分编写问题;(4)社会部分编写问题;(5)政治部分编写问题;(6)生人立传问题;(7)图表的运用问题。

此次会议最主要的功绩,是对当前修志中若干基本问题提出了不少值得注意的意见,有的曾在方志学界引起了较长时间的热烈讨论,如:

(一)关于“以类系事”与“以时系事”的问题。《呼玛县志》在第一层次上采取断代分篇的做法,除“概述”和“附录”之外,按清末、民国、伪满、“九三”、建国后五个时期分为五大编。其序言中也说这是“采用了传统的通史和断代史相结合的方法”。评论者认为,这样做法之弊在于:一是专志不专,门类不清,割裂了各项专志发展变化的体系;二是一事多见,各处均不完整,不能集中反映事物的来龙去脉;三是有些事物需要追溯到发端,不能按历史时代断开,因而把本地独有特色的一些资料冲淡了。现在这部志书说它是地方志也可,说它是地方史也可,似乎有点不伦不类。还是要坚持可以断代为史,不宜以断代为志。也有人提出,不分期不是绝对的,志书中某些部分应当分期,这样才能确切反映不同时期经济发展在本质上的区别,但这种分期不是历史的、政治的分期,而是根据具体情况分的。

(二)关于“概述”的写法。在本次评论会上,与会者认为五部县志都有‘概述’、‘概况’或‘概貌’的专篇,但都名不副实。大体内容都只是建置沿革、疆域区划、自然地理、社会风俗、人口姓氏,而经济、文化从略,这就以偏概全了。故再次强调关键在“概”字上下功夫,因为其功用是提纲挈领综述一县的轮廓,简述发展历史,记其变化,提示规律,成为全志之纲。不能过于详细,与专志内容重复,更不能用它代替专志。地理部分的内容还应单独设立“地理志”。

(三)关于对政治运动和政治篇的记述。与会者认为,对历次政治运动应如实记述。如对“文化大革命”,要全盘否定就得要有一定的分量,不能过简。仅在大事记中记述局限性太大。记述政治运动应坚持实事求是的精神,不能搞客观主义的“秉笔直书”。对于“三宜三不宜”的主张也有重新研究的必要。关于政治篇的编写,目前只注意政党和政权机构的更迭设置,没有充分注意记述机构的职能和活动情况。这后一方面的内容应成为志书政治部分编写的重点。

(四)关于人物传的编写问题。一是几部县志中有为生人立传者,如“党政军高干”、“模范人物”、“各界知名人士”等;二是立传标准不严,按官品或职位入传;三是对所传人物擅加分类,擅加头衔,如“革命干部”、“旧官吏”、“抗日英雄”、“汉奸”等;四是突出各条战线上的能工巧匠等“小人物”不够；五是轻下评论，抒发感慨，违反寓褒贬于记事之中的原则。这次会议中，关于人物收录提出了“四为主”的说法，即以本籍为主，近现代人物为主，正面人物为主，“小人物”为主。

(五)关于志书的体例和文体形式。《台安县志》和《呼玛县志》都没有设大事记或大事年表，《呼玛县志》还没有人物志，都是体例不完备的表现。还有的志书文体不纯，文白夹杂。在表述方面不按志书述体的形式，而是用通讯报道、工作总结，甚至章回小说的笔法，有的随便发议论、感慨、说教。有些志书的编、章节首的概述性文字，旁征博引，借题发挥，纵论国内到国外形势的变化，引证经典著作和革命领袖言论，扯得面宽，离题太远。纯空泛的议论是不当入志的。

(六)关于照片。通病都是用一些县级机构的门庭大楼照片，十分呆板，又无特色。与会者主张多用本县有代表性的事物或特产的照片。

(七)关于详今略古问题。评论者认为，这些志书资料不充分，主要表现在新中国建立前的资料太少。提“详今略古”时，应当对“古”和“今”作出解释。有人主张 1840 年以前是“古”，以后是今。这个“今”中又可分为近代、现代和当代。它们之间则是详近略远的问题。如果只把当代视为“今”，那就会把现代、近代当作“古”而去略。一些志书中对新中国建立前的史实记得太少，与只把当代当作“今”不是没有关系的。

(八)关于时代特点和地方特点。突出地方特点是编纂好县志的基本要求之一。地方特点不是孤立、静止的，有的与自然条件有关，有的与政治斗争有关，有的与某项事物的发展密切联系。对一个地区如此，对各行各业的记述也要注意突出自己的特点，认真实践详独略同，把共性寓于个性之中。时代性是方志在时间方面的重要特征，要靠地方的重大事件、事物的重大变化和人物活动来反映。所以说，突出时代特点也是突出地方特点。新编县志，应当做到地方特点时代化，时代特点地方化。

按：对于此次评议会，方志界多数人认为作用是积极的。但也有些人士认为会议产生了副作用。如王晖就指出，会议对《万年县志》、《呼玛县志》、《本溪县志》等正确反映政治运动的志书，进行了不公正的评价。他认为，这就助长了那种对有的事情宁可暂时不记，也不能在政治上出偏差的做法，这是新编地方志理论研究中的一个失误。

是月，水利电力部在安徽六安召开第二次全国江河水利志编写座谈会，成立“中国江河水利志研究会”。

是月，洪焕椿编著《浙江方志考》由浙江人民出版社出版。收录方志提要 2000 余种，比其 1958 年出版的《浙江方志考录》，增加志书近 200 部。详尽地考索了浙江通志及各府县志的纂修源流，条述各府县历代修志情况及存废经过，对一些有价值的方志作了提要，涉及后世学者的评介。对现存志书详细著录版本源流，重要刻本、影印本、抄本、稿本，都一一注明庋藏地点，流传海外的孤本、秘本，也一并附载说明。

是月,湖南省南县志办接受任务,撰写报道台湾国民党“中央常委”、“司法部长”黄少谷家乡变化的稿件。县志办利用农业志的资料撰成《洞庭湖里稻花香》,展现了南县由过去的“水乡泽国”成为旱涝保收的“鱼米之乡”的巨变;利用教育志的资料撰成《故园桃李吐芬芳》,从介绍黄少谷曾就读过的南县第二高小入手,详述了全县教育事业的发展,并选介了南县去台人员在大陆亲属和学生所取得的成就。稿件由中央对台办“海峡之声”播出之后,不久即收到一位台胞来信说:“听到家乡变化的报道后,我如临其境,倍感亲切。南县是我出生之地,我要为建设家乡尽绵薄之力。”另一位曾在台湾军界任过职的听众来信说:“我离开家乡虽已40余年,但家乡的一草一木仍历历在目,并常常思念不已。近期连续听到家乡变化的新闻,更勾起我对家乡的思念。我决心要在有生之年,为海峡两岸统一做点实事,以报桑梓养育之恩。”南县志办为此在当年9月举行的对台工作会上受到表扬。

7月12日,福建省地方志编委会和福建人民出版社联合行文,向全省地、市、县地方志编纂委员会发出《关于整理、出版福建省地方志的联合通知》,决定出版“福建省地方志丛刊”,分批分辑整理出版本省价值较大的旧方志。“丛刊”包括省、府、州、县、厅志及县以下的里、乡、镇、山、水志等。由省地方志编委会主编,省人民出版社出版发行。

7月16～23日,由中国地方志指导小组和中国地方史志协会,委托黑龙江地方志编委会召开的全国北片县志稿评议会,在黑龙江省黑河市举行。这是继五部县志讨论会之后,全国又一次县志稿评会议。参加会议的有黑龙江、吉林、辽宁、河北、山西、内蒙古、陕西、宁夏、青海、新疆、山东、上海、广西等13个省、自治区、直辖市的代表30人。梁寒冰、董一博参加会议并讲了话。会议首先由提交县志稿的山西五台县、山东东平县、河北井陉县、青海民和县、辽宁岫岩县、内蒙古巴林左旗、宁夏盐池县、上海奉贤县、新疆哈密县、黑龙江爱珲县等11个县(旗)代表分别介绍修志经过、遇到的问题、取得的经验教训,并对自己志稿的优缺点,作了初步的自我评议。接着代表们以“解剖麻雀”、“抽样检验”的方式,重点评议了爱辉县志稿,对其他县志稿也结合作了一般性的评议。对编修县志目的、县志体例和篇目、如何记述政治运动和“文化大革命”、如何撰写概述篇、大事记、经济志、社会志、人物志进行了热烈讨论。其中提出的两个问题,在以后引发了不少的讨论,甚至贯穿了这一届修志的始终:一是认为,县志不应面面俱到,包罗万象是不切实际的,字数不宜过多,有些内容,如地质矿藏、山西票号、安徽徽商、山东“三孔”等,可以写专书;二是关于日伪政权、伪满洲国的事是否应当入附录的问题。一种意见认为,要彻底否定日伪政权,伪满洲国的事应记入附录;另一种意见则认为,“对东北沦陷14年及其他地方沦陷8年,其间大事,尤其关于伪满、汪伪政权,不应列入附录,因为如果列入附录,则14年、8年或6年,势必出现空白,这是不承认主义给自己带来的困难。我们是历史唯物主义者,而伪满、汪伪是个客观存在。客观存在的问题,纵或不承认,它也是存在的。我们应当承认它的存在,并列入正文,但在处理上,可以加‘伪’,或我们的观点。”(董一博语,见《黑龙江史志》1984年专刊第27页)在此次会议上,再次提出了人物志的“四为主”——以本籍为主，以正面人物为主，以人民大众为主，以近现代为主。

7月30日，中国地方史志协会副会长董一博写信给中共中央总书记胡耀邦，汇报1980年以来全国修志情况，要求加强中国地方志指导小组的领导，并提出4条具体意见：

第一，因势利导，要把全国修志当成一项重要文化建设来抓，要有一个副总理挂帅；

第二，指导小组的隶属关系应恢复到“文化大革命”前那样，划归国务院领导，以便形成党委领导、政府修志的格局；

第三，切实帮助解决办公人员的必要的编制、用房、活动经费及印刷事宜等；

第四，以中央或国务院的名义颁布《编修新方志条例》。

8月20日，中共中央总书记胡耀邦对董一博7月30日的汇报信件作了重要批示：“请乔木同志阅，批转社会科学院领导同志办。”还特地在原信的一处增添上一句：“确要有一个敢抓敢闯的人牵头。”

8月21日，胡乔木将胡耀邦的批件转给中国社会科学院梅益、马洪，并批示：“此件请即阅，并认真改变目前的状态，调集有志于此者全力以赴。遇有困难，请按范围分请国务院和各省市县负责解决。”

8月24日，中国社会科学院党组书记梅益与梁寒冰等专门研究对胡耀邦批示的贯彻落实问题。

8月28、29日，江西省地方志编委会在南昌市范围内举行招聘修志人员考试。考试合格者经资格审查和体格检查，共录取22人。至年底前陆续完成调动及转干手续，此项工作结束。

按：江西省的这个做法，使该省地方志编委会有了一支业务水平和年龄构成都比较理想的队伍，在其后的修志工作及方志理论研究方面，都发挥了重要的作用。看来，在新世纪之初即将开始的新一轮修志中，这个经验值得推广。

8月31日，云南省地方志办公室向全省各地、州、市县志办下达《关于我省旧志整理工作的实施方案(草案)》。

是月，中国地方史志协会主编的《中国地方史志丛论》，由中华书局出版。全书分上下两篇，42万字。上篇选收中国地方史志协会首届学术年会论文18篇；下篇选收1949年以来全国报刊上发表的方志论文21篇。该书内容较为广泛，既有方志及方志学的综合研究，又有对一地志书的专门研究；既有对旧志分析和旧方志学的阐述，又有对如何编写新方志的探讨和建议。

是月，《广东地方志通讯》创刊(1986年改为《广东史志》)。

9月初，中国地方志指导小组召开了两次扩大会议，除指导小组成员外，还邀请了山东、山西、河南、安徽、武汉等省、市地方志编纂委员会办公室的人员参加。会议着重在领会中央领导批示的精神，结合董一博信中反映的问题，具体分析了当前有关加强领导力量、队伍建设、工作条件等方面不适应形势发展的情况，认为确实到了“应当认真改变目前的状态”的时候了。会议还就贯彻落实胡耀邦、胡乔木的批示提出了若干具体措施和建议，包括如何充实健全指导小组办事机构，加强调查研究，发挥其应有作用，和1985年的工作安排等。

按：耀邦和乔木批示的下达，这本来是进一步发展修志工作和增强指导小组力量的大大有利时机，奈指导小组内个别权威人士不知出自何种考虑，错过了这个极好的机会，在贯彻落实耀邦和乔木的批示上高高地举起，轻轻地放下，大大打了折扣。仅以加强小组办公室力量一项为例，原有10名编制，批示下达后，不但无人去争取增加编制和办公用房，改善办公条件，就是原有的10名编制也长期没有用满。直至笔者1988年进到办公室时，还只有8人；办公用房只是借用历史研究所不到20平米的两间办公室和一个地震棚。各地来联系工作，有时就不得不坐在房檐下的路牙子上接谈。一些地方的同志来了之后说：“我们的娘家就是如此狼狈，下面的工作还有什么希望？”在很长一段时间内，办公室成了只有“七八条枪”的“维持会”。每年的年度工作会议或大型的研讨会等，选址一定要选在经济上能够给以补贴的省、市才能开。

9月10～15日，全国民族区域自治地区（按：原会议纪要中均称为“民族自治地区”是不对的，今均改为“民族区域自治地区”）地方志工作会议在新疆乌鲁木齐市召开。参加会议的有来自新疆、内蒙古、广西、宁夏、西藏、青海、甘肃、辽宁、吉林、黑龙江、四川、云南、贵州、湖南、湖北、广东、陕西、山西、河北、河南、山东、江西、江苏、浙江、天津等省、直辖市、自治区及部分自治州(盟)、自治县(旗)的汉、维吾尔、哈萨克、达斡尔、朝鲜、土家、苗、回、布依、彝、壮、裕固等12个民族的代表，还有国家民族事务委员会、中央民族学院、中国社会科学院民族研究所等有关方面的专家、学者等。这是中华人民共和国建立以来，也是我国有史以来首次举行的专门讨论民族地区开展修志工作的会议。会间代表们听取了有关民族问题、民族政策问题、民族地区地方志编纂工作问题的专题报告，交流了民族地区修志工作的经验，并对《新编地方志工作条例》（讨论稿）进行了讨论。会议经过讨论，一致认为，要编好民族区域自治地区的地方志，应当十分重视以下几个问题：

一要认真贯彻各民族一律平等的精神，充分反映新中国各民族的平等权利。

二要充分反映我国各民族友好合作、团结互助的关系。一切记述都应有利于民族团结。对历史上某些不能回避的涉及民族关系的复杂问题，要采取慎重态度，宜粗不宜细；要严格把解放前的统治阶级和人民群众加以区别，着重揭露当时的民族矛盾事件的阶级背景和对民族团结、民族发展的影响，使这种叙述有利于民族团结。

三要充分反映新中国建立以来各民族区域自治地方在经济、文化和社会生活各方面的发展变化。对民族的风俗习惯要采取尊重的态度，要从是否有利于民族发展的角度去加以区别，凡有利于民族发展的，要详尽记述；无益也无害的，适当记述；不利于民族发展的，要慎重对待。

四要注意突出民族区域自治地方的特点，着重介绍实行区域自治的民族，宣传党的民族区域自治政策的胜利和光辉成就。对自治地方境内的其他民族，也应在有关专志中充分反映。

五是由于我国少数民族绝大部分分居在边疆地区，有二三十个民族跨国而居，要特别注意处理好涉外问题和保密问题。

会议还认为，编修民族区域自治地区的地方志，应吸收当地少数民族人员参加，要在当地有关民族的代表人士中，广泛征求意见。除汉文版外，还要用当地少数民族文字出版。

9 月 15 日，董一博于安贞医院住院期间，给河南省地方志编委会主任邵文杰写信，就上海《文汇报》9 月 13 日载《舞阳县尊师新规定，有突出贡献者载入县志》一事表示肯定。信中提出，有人借口“生不入传”而倡说“生不入志”，这是食古不化，把“立传”与“入志”混为一谈了。进而又有人倡说，即如入志，亦应“传事不传人”。这是“吝啬之情，竟致不照肝胆”。他认为，舞阳此举，足可为天下倡。此种“以事系人”的好办法，既丰富了志书的内容，志一方人才之盛，尤补益于世道人心，所谓“记一方之人物，激千秋之爱憎”，实在太好了。

9 月 17～20 日，江苏省苏(州)、(无)锡、常(州)市志协作会在苏州举行。自此后至 1992 年底，先后举行过 4 次这样的协作会。

9 月 17～24 日，吉林省地方志编纂委员会办公室在吉林市召开全省地方志工作研讨会。会议推广了该省怀德县实行修志承包制，把“包”字引入修志领域，开创了修志工作新局面的做法。

9 月 21 日，辽宁阜新、鞍山两市修志机构结成修志姊妹单位举行协定签字仪式。协定规定：为推动修志工作的开展，今后要加强团结协作，积极为对方提供修志的方便。每年春秋两季分别在两市举行协商会议，交流情况。凡对方需要的资料，要无条件互相提供并及时转送。两市基层单位，可随时到对方学习交流经验。据此，鞍山市首次即向阜新提供包括《盛京通志》、《全辽志》在内的一批资料。

9 月 25 日，《中国地方志通讯》今年第 4、5 期合刊是日出刊。本期内除了集中报道 6 月在北京举行的五部县志讨论会的情况外，还发表了几篇引人注意的文章：

一是山西省地方志编委会刘纬毅的《志体、断限、纪年及篇目顺序》。文章认为，地方志属于历史科学，但毕竟不是历史。史有史体，志有志体，史志不能混为一谈。就他看到目前已编成的一些成品半成品的问题，他认为有两点值得强调：第一，地方志应该以横为主，纵横结合，而不能以纵为主。必须以类系事，而不能以时系事。那种按历史分期或以年代为大系的写法，是不合志体的。第二，地方志应该记而不论、述而不作。夹叙夹议、史论结合，都是不合志体的。关于篇目顺序，作者认为《新编县志基本篇目》中安排的顺序：历史大事记述、概述、自然志、经济志、政治志、军事志、文化志、社会志、人物志、附录。这个顺序体现了先综合、后局部，先自然、后社会，先经济基础、后上层建筑的原则，反映了客观规律。

二是重庆市北碚区编志委员会唐文光的《方志与信息》，这是较早把信息论引入地方志编纂中的一篇文章。文章认为，方志就是我国古已有之的、具有民族性、综合性、系统性和连续性的信息储存方式。一部有质量的地方志，就是一个地区系统的、全面的、长期的信息载体。它分门别类地储存着一个地区从古到今的各种信息，为地区、部门的领导和工作人员了解、掌握本地的地理环境、物产资源、工农财文和社会状况，提供了极大的方便；可使他们参考这些历史信息，结合最新的近期信息，就某些问题，作出最佳选择，扬长避短，发挥优势，突出地方特色，或提高系统的工作质量和产品质量。信息也是生产力的一个要素，是无形的财富。大量事实表明，长期信息，应是整个信息资源的重要"矿脉"，人们对信息的认识和利用，不能只从"急功近利"出发，还应高瞻远瞩，具有战略眼光。信息要连续不断地加以补充和更新，地方志也要不断搜集新的资料、编写年鉴、定期续修并有所创新；信息要准确可靠，才能据此判断事物的发展趋势。地方志则应成为信史，为研究事物运动规律显示轨迹，势必要求地方志具有一定的科学性。未来社会是信息社会，随着信息在社会生活中地位的提高，随着四化建设对战略信息、综合信息需求的加大，地方志必将焕发青春，大放异彩。

三是上海复旦大学谭其骧教授的《地方志与总志及历代行政区划》。文章指出，方志不同于总志。地方志顾名思义，是记载一个地方的事情的。所记的地方可大可小，大的一个省一种志，古代的大到一个州一种志，小的不管是一个县一个镇，也可以有县志有镇志。尽管可大可小，但总而言之是一个地方一种志。因为记载一个地方的，所以地方志简称就叫"方志"。"方"是对全国而言的，"方"是"总"的对立体。凡是以全国为记载对象的，那就不能叫它方志。清人编的《四库全书》地理类里就有一部分叫总志之书，一部分叫方志之书。凡是记载全国的，就在总志里头；记载一个地方的，就在方志里头。近几年，有些方志刊物上的文章，往往把总志与方志混为一谈，这是很不应该的。总志包括二十四史里的各个地理志，以及唐宋以来的各种总志。此处要特别指出，不能把古代的"九州"看成是古代的一种行政区划，它是战国时代的地理学家把其所知道的四海之内划分成九个地区，把自己的认识依托为传说中的古代帝王的著作(制度)。关于历代行政区划，他认为中国历代的行政区划制度大致可以划分为三个时期：第一个时期就是秦、汉、魏、晋、南北朝时期，这八百年可以叫它州、郡时代；第二个是隋、唐、五代、宋、辽、金，大约七百年，这是道、路时代；第三个是元、明、清，一直到民国时期的不到七百年，可以叫它行省时代。这个勾勒，就为方志工作者对古代的行政区划理出了一个大致的轮廓。

四是董一博的《在修志中几个理论问题的看法》。文中谈到编写新方志的指导思想和方志理论建设问题时，提出自己的看法，认为新志书体现历史唯物主义基本观点，至少有如下几点：一是社会存在决定社会意识，生产力决定生产关系，经济基础决定上层建筑的观点；二是人民群众是历史主人的观点；三是要有阶级观点，但不是以阶级斗争为纲。关于马克思主义方志理论建立问题，他认为这是个必须解决的大问题。由于我们的建设和实践还不够，大量的旧志还没有来得及整理，新志编整工作才刚刚开始。现在虽然极需要，但提出一个比较理想的马克思主义方志学理论体系来，还为时过早。用马克思主义观点指导修志和建立马克思主义方志学理论，虽有差别，但精神是一致的。没有前者的丰富实践，就不可能有后者的理论体系；同理，有了前者大量的、丰富的实践，加以总结提高，系统化，使之成为一种完整的理论体系，即马克思主义方志学的理论就建立起来了。这当然不是一件容易的事，当主客观条件具备时，马克思主义方志学的理论体系是一定可以产生的。

10月7日，黑龙江鸡西矿务局史志办公室发出《关于聘用离、退休干部从事史志编研工作待遇的规定》，每人每日给以2～3元补助，从矿、厂吨煤包干工资总额中列支。

10月9～18日，中国地方志指导小组和中国地方史志协会，委托广西壮族自治区通志馆筹办的全国南片县志评稿会，在广西桂林市举行。应邀参加和列席会议的，有河南、湖南、湖北、云南、贵州、安徽、江苏、江西、四川、广西、黑龙江、吉林、内蒙古、山西等14个省、区及23个县、市的代表和专家共90余人。送交大会评议的志稿15部。会议前一段的4天，是以对广西《宁明县志》为主的评论。后一段着重讨论了县志经济篇的编纂问题。主要有经济篇在志书中的地位和作用、经济篇的内容与经济篇的写法、当前编写经济篇中存在的问题及解决的意见等。湖南省的代表提出了在经济篇的开头要有一个经济综述的问题。对于县志中其它的相关问题，如篇目体例问题、概述问题、大事记问题、政治运动的写法问题等，也都有所讨论。中国地方史志协会常务理事蒲孝荣在此次会议闭幕式上讲话中，提出了“马克思主义的方志学，要我们去建立”的号召。

按：利用评议会的形式检验、研究新县志，既可集思广益，又可学习交流，是本届修志中的一个创造。

又：在该次会议的《会议纪要》中有这样的话：“当今新县志给予经济编应有的地位，用浓墨重彩记述经济状况，正是社会主义新县志的重要标志之一，也是与旧志的重大区别。同时，只有写好经济编，才能更好地体现出新方志的地方特色和时代特点。会议一致认为，经济编是新方志主体的主体，能否写好经济编，是新方志成败的关键。”这就是后来的志书中出现经济与人文比重上矫枉过正的重要根源之一。

10月18日，中共中国社会科学院党组给中共中央宣传部及胡耀邦、胡乔木上呈《关于加强全国地方志编纂工作的报告》。报告指出，就全国修志工作的领导状况看，确实与我国形势发展的要求很不适应；地方志指导小组的工作也很不健全，物质条件也存在不少困难。各地地方志编纂领导工作也同样存在这些问题。为了改变这种情况，提出了如下的四项措施：

一、进一步充实、加强对修志工作的领导。拟适当加强全国地方志指导小组（由原来11人增加到16人——提出了拟议名单17人）。同时鉴于目前全国地方志指导小组办公室工作人员少，经费不足，拟请劳动人事部批准增加15人的编制，财政部每年拨给40万元经费。

二、制订《新编地方志工作条例》。对修志的指导思想、方法、要求，以及志书的体例、各地地方志编纂委员会任务提出原则要求，并拟以中国地方志指导小组的名义发出，供各地修志时参考执行。

三、今年年底或明年年初准备召开全国修志工作会议，检查“六五”规划执行情况，讨论修志工作中的重大问题，并制订“七五”规划。届时拟请中央、国务院领导同志出席。

四、建议各省、市、自治区党委和政府加强对地方志编纂委员会的领导，最好能有一位负责同志分管地方志的工作。并建议各省、市、自治区党委和政府对修志工作进行一次检查，进一步健全修志机构，加强队伍建设，切实解决地方志编纂工作中的编制、经费、出版以及编辑人员的职称待遇等问题。

该报告后附了两个附录：(一)中国地方志指导小组成员名单；(二)省、市、自治区地方志编纂委员会主任名单。从后一个名单中，可见已形成编委会的规格。

10 月 24 日，河南省地方史志协会在郑州举行成立大会暨学术报告会，到会代表 100 余人。第一届理事 48 人，常务理事 4 人。名誉会长邵文杰(河南省人大常委会副主任、省地方史志编委会主任)，会长李之放(省志编委会副主任)，秘书长郭颖生(副会长兼)。会后编印了成立大会专刊。

是月，傅振伦在《山西地方志通讯》今年第 5 期上发表评《五台县志稿》的文章，提出修志的《工作条例》是要有的，这是基本原则。但是修志义例(体裁与凡例)可以多模多样，不必强求一致。他不赞成明朝永乐十年、十六年两次颁降的《纂修志书凡例》，要求全国要有统一的规格，也不赞成清朝康熙、雍正诏令推行贾汉复《河南通志》的篇目去修志。应当百花齐放，因地制宜去修志。他以方志史上的例子说：“范成大《吴郡志》骈列多目，以博广取胜，周应合《景定建康志》仿正史纪传体，扩而充之，曹叔远《永嘉谱》则用年、地、名、人四谱式，唐枢《湖州府志》则用土地、政事、人民的三宝式，冯蒿庵《滇考》用纪事本末体，汪中《广陵通典》用编年体，全书为一篇，张樾《肇东县志》则用章节体。”

11 月 12 日，中共中央宣传部对中国社会科学院党组的报告作出批复：“你们报送的《关于加强全国地方志编纂工作的报告》已收悉，同意你们在报告中所提出的四项措施。关于增加编制和经费问题，我们支持，请你们分别与劳动人事部和财政部商定。”

11 月 17～19 日，湖北省军区在武昌召开军事志试写审稿座谈会。会议对本军区内已经写出的 12 篇初稿进行了研讨，重点讨论修改了省军区起草的《军事志审稿规定(草案)》。

11 月 20 日，国家档案局、教育部、文化部以国档会字[1984]7 号文件联合发出《关于协助编好〈中国家谱综合目录〉的通知》。通知说：“家谱是我国宝贵文化遗产中亟待发掘的一部分，蕴藏着大量有关人口学、社会学、民族学、民俗学、经济学、人物传记、宗族制度以及地方史志的资料，它不仅对开展学术研究有重要价值，而且对当前某些工作也起着很大作用……充分发挥家谱在学术研究和统战工作中的重要作用，使许多根在大陆的台湾同胞、海外侨胞的思乡之情日趋浓烈，他们也亟需利用家谱来作为纽带寻找自己的血缘关系。”

11 月 21～30 日，中国地方志指导小组和中国地方史志协会委托湖南省地方志编委会筹办的全国省志稿评议会，在岳阳市举行。参加会议的有山东、安徽、河南、山西、陕西、广东、湖南、湖北、黑龙江、吉林等 10 个省(区)的代表 43 人，汇集了 40 本篇目和稿本。中国地方志指导小组派员参加了会议。会议分两段进行：前段评审志稿，重点评议了山西、湖北的金融志稿；后段进行专题讨论。主要有：

(一)关于省志服务对象和功用问题。会议认为，新志书应为建设“两个文明”服务，为实现本世纪末的总任务以及子孙后代服务。

(二)关于省志辨体问题。会议认为，志书功用与基本特征，决定了省志的基本体例应是：在内容上，分门别类记述一个行政区域的自然、经济、政治、文化、社会的历史和现状；在结构上，纵横结合，时类并举，横分门类，纵向记述；在体裁上，可采用纪、志、传、录、图、表诸体，纪、志、传、录分体编纂，图、表穿插其中；在文体上，采用记述体、语体文，据事记述，不加雕饰，并注意引用能反映历史本来面貌的原始资料，寓论断于事实记述之中。

(三)关于省志篇目问题。会议强调，应根据一省自然、社会分层次结构的实际，按照“以类系事，事以类从，类为一志”的原则设志，即按事业分类设志，不宜机械地按组织机构设志；还应注意类次相当，篇幅相宜，不宜分解过细，设志过多。有的省为了调动部门修志的积极性，修志分两步走(先按部门修志，后总纂省志)，也是可以的。

(四)关于经济诸志问题。会议认为，经济诸志主要应记述生产关系与生产力的相互作用和生产、流通、分配、消费的发展演变的事实。根据这个基本要求和省志着重记述一省全形大势、重要事实的原则，记述工业生产的经济诸志，应以产业、行业为主体，以生产发展为主线，着重记述建设、生产的起落和经济效益的高低及其原因，并注意反映处理宏观经济与微观经济的关系；不宜以单个企业、产品为主体，以免零乱无章，“见木不见林”。记述生产时，还要注意生产关系对生产力的作用和影响。

(五)关于如何写出深度问题。会议认为，写出深度的关键问题是怎样依时纵述，贯通始末。依时记述，不是依年记事，罗列方针政策、工作过程，而是以事业、事物的兴衰起伏为主线，纵述主要事项的转折和演变，既记“变”的主要条件、直接原因，又记“变”的关键、结果，力求彰明因果，反映规律，以资借鉴。

是月，中国医学科学院院长吴阶平为《常州市第一人民医院院志》题词。该院从 1982 年 7 月开始组织人员开展院志编修工作，至今年 6 月写出志稿 30 万言。吴老饶有兴趣地审阅了志稿，亲笔写信并为之题词，略谓：对于一个具有 60 年历史的医院，认真收集资料，写出院志，是一件不容易而却有现实意义的工作。院志记载下医院沿变和不断革新的全部历程。院志既帮助人们认识医学的发展、医院的建设，又从一个侧面反映出社会主义制度的优越性。盛世修志，对医院在发展医药卫生事业、为实现四个现代化如何发挥作用具有一定参考价值。

是月,贵州省地方志编纂委员会史继忠著《方志丛谈》一书出版。这是贵州省地方志丛书之一。全书约14万字,内容有谈史志、谈纲目、谈断限、谈创新、谈严谨、谈直书、谈体例、谈博约、谈经纬、谈详略、谈文辞,以及谈省志编写、市志编写、县志编写、大事记的编写、地理志的编写、专业志的编写、人物志的编写、民族志的编写等专文,有较强的实践性和较大的参考价值。

是月,"徐霞客学术讨论会"在江苏省苏州市举行。在此次会议上,日本历史地理学家秋山元秀在发言中谈到中国地方志时说:"中国传统地理学的最重要遗产之一的中国地方志,在明清时期大量产生的地方志中,失去了最初进行完全地记述地域的一种主张和综合性,而变成单一地分类的资料集成……据最近所见到的新编纂的地方志,令人惊奇的是,其体例与从前全然没有变化,这些作为传统的方法是错误的。"中国方志界的论者认为,他把地方志视为地理书,不一定公允,但他指出旧志和部分已出版的新志缺乏"主张和综合性",却是切中肯綮的。

12月4~7日,中共新疆维吾尔自治区党委和自治区人民政府,在乌鲁木齐召开自治区地方志第一次工作会议,编委会成员和《新疆通志》各专志负责人和各地、州、市、县地方志编委会正、副主任及部分编纂人员共174人与会。

12月10日,安徽省地方志编委会举行全会,通过《安徽省地方志1985至1990年工作规划要点》和《省志办公室1985年工作要点》。按规划要求,到1990年,全省要完成12部市志、69部县志、1部市县合志、5部山志、1部湖志、8部地区简志。省人民政府于12月27日以皖政[1984]144号文件转发了此次会议纪要,并发出通知,要求全省各行署、市、县人民政府,省直各部门,各高等院校执行。通知指出,本省地方志工作取得了一定成绩,但最近两年,有些地方和部门的修志工作有所削弱。望各地各部门引起重视,切实按照省委[1981]116号文件、省政府办公厅[1983]74号文件和这次会议的精神,进一步健全方志机构,抓紧解决编制、人员和经费等问题,认真落实全省地方志工作规划,努力开创方志工作的新局面。

12月12日,广东省海南行政区地方志编纂委员会成立。海南建省后,于1988年6月30日,成立海南省地方志编纂委员会。

12月19日,广东省召开全省地方志工作第一次会议,各市(地)、县和省直单位的代表400多人与会。

12月30日,江苏《如东县志》主编李明、副主编杨向东在是日出刊的《中国地方志通讯》今年第6期发表《坚持地方志的科学性》一文,总结了他们探讨新县志体例和篇目的五项要求和八条经验。五项要求是:(一)坚持竖写,加以贯通,分门别类,章节成篇;(二)次序安排,合乎逻辑,顺理成章,防止混杂;(三)标题醒目,观点正确,言简意明,领属得体;(四)相对断代,不拘断限,冠以小序,承上启下;(五)详今略古,繁简得当,突出重点,个性鲜明。参照历代旧志编纂的志、记、图、表、传等,结合新志的实际情况所得出的八条经验是:一、全局在胸,点面结合，杂而不乱，散而不碎；二、内容要详，取材要精，重点资料，可以加附；三、多摆事实，少加评述，不同论证，同时附录；四、录用资料，内外有别，近期兵备，尤应保密；五、类不关文，文不拘体，形式多样，力求新颖；六、语雅言重，准确流畅，状形述异，形象生动；七、化繁为简，借助图表，灵活安排，错落有致；八、引文述语，略加注释，年号数码，通篇一致。

该文中，还就地方史与地方志的共性与个性关系，发表了他们的看法，认为地方史与地方志相同之点在于：第一，两者的意义、目的和做法基本相同；第二，两者的性质和任务基本一致；第三，两者编纂的指导思想完全相同。其不同点在于：一是两者所属范畴不同。地方史属于史学范畴，而史学是研究人文历史的，主要研究人类社会发展的过程；地方志则属于方志学范畴，而方志学是以一定区域系统存在的自然与社会诸方面的各自联系及其运动状态为其研究对象的。二是两者对史料的取舍要求不同。史是举大弃小，而志是宏微具（俱）备，不但要记载社会现象，而且要记载自然现象，差不多要囊括地文、人文、艺文等方面全部有价值的资料。三是两者的体例不同。史从史学分期进行研究，以时系事，以纵为主；志以类系事，一般横串（排）竖写。四是两者的编纂要求不同。史以论述史实为主，重史观，重规律，重鉴，褒贬鲜明；志以记述资料为主，重史实，重记载，重用（如查找等），寓褒贬于史实。由于《如东县志》是早期出版的新志书中得到较高评价的一部，故此文一出，亦颇受重视。

是年，董一博在河南《中州今古》第3期发表《关于县志体例篇目问题之商榷》一文，肯定县志由总述、大事记、专志、人物、附录五大部类组成，这就是后来常说的五大板块结构。其后，他在《试谈分志、专志与专史》的另一篇文章中，进一步阐明了五大部类的相互关系及其作用，指出："概述，是全书的总论，彰往昭来的策议之章；大事记，是全书各种历史发展的编年，是全志之经；分志，是志记分类事业之发展荣枯，为全志的脊梁；人物志，是集中全书事业活动的正反人物，激千秋之爱憎，为最活跃的篇章；附录，是志记无以分类，但必须记述之文征、考、编志始末及其他等。"

是年，云南楚雄州编制委员会专门发文，确定全州各县（市）地方志办公室人员编制为100名，其中禄丰县10名，楚雄、大姚两县各9名，其余的县7至8名，州志办16名。

是年，浙江省志办整理的《重修浙江通志稿》出版。是志为1943至1949年余绍宋任通志馆馆长期间，由他主编的志稿，原存于一大堆故纸中。本次修志中，经精心整理，章节错乱者依次厘定，明显抵牾之处一一补正，分装成125册。

是年，杭州大学历史系仓修良副教授著的《章学诚和〈文史通义〉》，由中华书局出版。该书论述了章学诚的生平和学术活动、地位，以及《文史通义》的编纂目的、版本、学术思想。其中第四章专立一节，从方志的起源和演变、方志的性质和作用、方志分立三书、志书的体裁和内容、"方志辨体"的贡献、建议州县建立志科等6个方面，论述了章学诚在创立方志学上的学术功绩。

是年，浙江省江山县县志编纂办公室编成《江山县志简编》。

是年，郝瑶甫著《东北方志考略》由辽宁人民出版社出版，著录东北三省现存方志267种。

是年，池秀云编制的《山西通志人物传记索引》由山西省地方志编委会印行。是书据今存的山西6种通志编成，共收人物15808人，著录内容依次是姓名、朝代、籍贯、出处、卷次、页码等。

是年，上海书店影印出版《陇右稀见方志三种》。

是年，贵州省地方志办公室从28种贵州旧志中选出序跋40篇、凡例10篇、小序90则，辑成《贵州地方志序跋凡例选录》刊行。

是年，广东省民族研究所黄朝中、刘耀荃据大量方志资料，辑成《广东瑶族历史资料》，供研究利用。

是年，由于前修的《台湾省通志》不够理想，依据有关部门所颁《地方志书纂修办法》省志20年一修之规定，台湾当局决定从今年起重修《台湾省通志》，预备用6年时间(即到1990年)完成。重修之《通志》要"上穷原始"，即"从原民时代起纂修"；下限则为1981年，即从原下限1961年再延长20年。暂定3000万字，其中2000万字取材于原修之《台湾省通志稿》和《台湾省通志》，新加1000万字。由台湾省文献委员会主其事，"以修志专家、专业人员为基础，邀请各部门专业人员提供第一手材料，再聘各部门第一流教授学者专家分别编纂，使重修之省通志，达于理想境界"。

是年，旅美乐会同乡莫秋怀资助台北新店市龚少侠影印清康熙二十六年(1687)重修的《乐会县志》，底本来自美国哈佛大学图书馆。

一九八五年

1月6～9日，全国旧志整理工作委员会在北京召开第二次会议。出席、列席的有该委员会委员及部分地方代表共16人，董一博主持会议。会议回顾了委员会成立一年来的工作，认为工作有进展，成果比较显著，但发展不平衡，有些地方至今还没有把这项工作提到议事日程。会议建议在适当时候安排一次小型学术讨论会，研讨类编资料、方志提要、旧志标点中出现的问题。

1月14～22日，由中国地方志指导小组委托武汉市地方志编委会办公室筹办的、全国10城市志稿评论会在武汉市举行。参加会议的有24个省和44个市的代表，还有特邀的方志专家。会议前段对威海、武汉、洛阳、南阳、内江、无锡、嘉峪关、四平、辽阳、佳木斯等市已写成的部分志稿进行了评议，就这些志稿的成功和存在的问题进行了归纳，认为坚持“三新”，坚持为两个文明建设服务的方向都是正确的，也没有发现政治方面的错误；在体例结构方面进行了一定的创新努力；都努力争取做到资料丰富、翔实，文字简洁。存在的问题是：篇目结构方面的主要问题是分类不准，归属失当；内容记述方面主要是平铺直叙，求大求全，缺乏典型的材料，在微观方面记述过细，缺乏宏观的概貌，静态的东西多，动态的东西少；在文字方面，主要是浮词虚语过多，有的用总结式、新闻报道式的语言，甚至于还有“左”的术语、概念等。会议后段就带共性的4个问题展开了讨论：一、如何认识和贯彻城市志的指导思想与目的问题；二、体现城市特点问题；三、关于专志（分志）撰写问题；四、如何撰写人物志的问题。

1月15～20日，浙江省地方志工作第一次会议在杭州召开，有全省47个县、市及省直有关单位代表共70余人参加。会议与地方志短期研究班结合进行，既是一次动员会，又是一次经验交流和学习会。会议分析浙江的修志形势时指出：目前浙江省修志机构和工作状况很不适应，省里还没有专门机构，经费也未解决，杭州、宁波、温州、湖州、嘉兴、绍兴六市都未建立修志机构；在县一级，已经建立机构并开展工作的也只有三分之一。这种状况亟须改变。那种把精神文明建设和物质文明建设对立起来，认为“经济建设都忙不过来，还搞什么修志工作”的思想必须克服。一些修志工作开展得较好，并已取得成绩的共同经验是，要认识新修方志的重要性，有强烈的紧迫感和责任感；把修志工作作为精神文明和物质文明建设的大事来抓，党委、政府、人大、政协要重视和支持修志工作，作出相应的决定并采取切实有效的措施，把任务落实到各个部门，使之成为各部门本身的任务；建立一支有志、有识、熟悉情况，有一定写作水平的人组成修志队伍；广泛开展宣传，深入发动群众，普遍搜集资料，号召大家为编修县志、厂志作出贡献；明确修志的指导思想，坚持实事求是，一切从实际出发，既要遵守志书体例，又要勇于创新，反映地方特色。会议强调修志要为现实服务，为四化服务，把方志工作搞活，才会引起领导的重视。

1月17～20日，江苏省苏(州)、(无)锡、常(州)县志协作交流会在武进市举行。这是江苏省还没有设立省一级修志机构的情况下，相互自发联合进行的。会议就组织领导、纲目制定与修改、资料的取舍等问题进行了交流，会议还确定了经常协作交流等问题，拟定每5个月活动一次，由各县“轮流坐庄”担任东道主。

按：仅从上述两条便可看出，本届修志之初不少地方，甚至连江、浙这样历来有修志传统、被称为“方志之乡”地方的修志工作，也是举步维艰的。不少省(区)都是在上“压”下“挤”的情况下，才逐步建立省级机构来主持和领导全省修志工作的。

1月21日，贵州省人民政府办公厅转发省编制委、财政厅、地方志编委会《关于各级地方志编纂委员会办事机构的编制和经费问题的报告》，要求各自治州、市、县、特区人民政府，各地区行署，省人民政府各有关部门认真研究执行。主要内容有三：一、地、县两级的地方志编纂委员会应为本级人民政府直接领导下的常设机构，其办事机构(办公室或编辑室)的级别，可相当于本级政府的局级事业单位。办事机构人员列入事业单位编制；经费列入同级财政开支，并由本级修志机构逐年编造预算报本级财政部门审核，实行预算包干。二、修志机构的人员编制：各自治州(市)为10～15人。地区行署如确定修地区志，需建立的编纂机构，其人员编制数可同于自治州(市)；如只设修志指导小组，指导所属各县(市、特区)修志工作的，编制5人。县级修志机构编制4～8人。修志办事机构一般可设在政府(行政公署)办公室，并由办公室代管行政生活。三、各地修志机构要尽快建立、健全起来，尽快调齐人员；要注意调配政治思想水平较高、有一定业务知识和文字能力的同志，并保持稳定，在党委和政府的领导下，积极开展工作，完成修志任务。

是月，《中国地方志联合目录》由中华书局出版。该书是中国地方史志协会委托中国科学院北京天文台主编的。庄威凤、冯宝琳为总编。著录全国30个省、自治区、直辖市的190个公共、科研、大专院校图书馆、博物馆、文史馆、档案馆等收藏的1949年以前历代编修的通志、府志、州志、厅志、县志、乡土志、里镇志、卫志、所志、关志、岛屿志(不含山、水、寺庙、名胜志)以及具有方志稿性质的志料、采访册、调查记等共8264种。该书按现行行政区划，分省、市、自治区著录。著录项目为：书名、卷数、纂修者、版本、藏书单位和备注。为目前国内外著录最全的一部中国地方志综合目录。

是月，宁夏回族自治区地方志编委会成立。

是时，由吉林省地方志编委会、吉林省图书馆学会编辑的《中国地方志详论丛书》开始陆续出版。这是一套具有考评性质的、系统介绍全国方志情况的丛书。是书由全国相关的学者，对现存的8000余种旧志书，进行一次清家底式的整理研究，要求撰稿者一定要亲阅其书。与《中国地方志联合目录》比照，补充了一些未予著录的孤本、抄本地方志书，纠正了旧著录中的一些错误。全书共32个分册，几近400万字。董一博称是书"将会为理论方志学、方志应用学和方志发展史的研究，奠定良好的基础"。

2月3～5日，山东省地方史志学会成立大会暨第三次地方志工作会议，在济南市举行。参加会议的代表400余人。选举理事65人，常务理事13人。会长王众音（省纪委书记），常务副会长席星加（省志办主任），秘书长史学通（省志办副主任）。会议期间举办了地方志成果展览。

2月10日，北京大学于希贤在是日出刊的《云南地方志通讯》今年第1期上发表《试论中国方志学的一些基本理论问题》，提出地方志是"辅治之书"，是"为行政管理服务"的，是"行政管理科学的书"。其定义是在中国特定的社会历史环境中，在行政管理工作的推动下形成的综合著作，它要引用政区内有关的历史学、地理学、社会学、经济学、民族民俗学的许多学科的研究成果，来为行政管理服务。它是一门政治性、应用性很强的边缘学科。

按：这就是后来被称之为"行政管理科学"派的最早主张。此文发表后，于同刊第3期（6月10日出刊）即有胡铮和李坤两篇文章提出不同看法。胡文认为，地方志是以地域为单位，记述该地方的历史与现状的专书，具有地方、资料、综合、应用四个特点。方志学则是以古往今来的各种方志文献作为研究对象，研究方志的发展渊源和发展规律，探讨方志的目的、作用与意义，归纳总结编志体例和方法的一门社会科学。于氏认为"方志属于行政管理科学"的结论是不够严密不够科学的。第一，于文只是片面地、孤立地强调了方志的资治作用，而忽略了方志的其他作用。方志的四大作用是：存史、资治、研究、教育。其中资治和教育两方面，在不同的时代有不同的内涵，而存史和研究两方面则是客观、永恒的。第二，于文犯了混淆概念的逻辑错误，把"为行政管理服务的书"同"属于行政管理科学"划上等号。照此类推，历史书、地理书、天文书、军事书等等也都可以为行政管理服务，是否也都属于行政管理科学呢？李坤文章则从于氏对行政管理工作所下的定义上分析，认为地方志并不具备这些作用。方志应当是史料汇集，是史学的一个分支，决不是行政管理科学。

2月11日，天津市地方史志编修委员会举行首次会议，讨论了《天津通志》编修方案，修改了《〈天津通志〉篇目设计草案》，全志共分14大编。

2月25日，是日出刊的《中国地方志通讯》今年第1期，集中刊发了一组（8篇）新修地方志为两个文明建设服务事例的文章。由于全国不少地方虽然组建了修志机构,但是有些领导者对修志还只是奉命行事,停留在“要我修”,而不是“我要修”,故修志工作还是得不到重视,条件得不到落实。为了以事实说明修志是可以为两个文明建设作出贡献的,所以各地修志部门都很注意发挥旧有志书和本次修志中新收集到资料的社会效用,主动为地方两个文明建设出谋献策,也确实起了不小的作用。以志书或志料的实际效用证明方志的作用与价值,以此争取领导的重视与支持的做法,是本届修志中比较普遍的一种方式,也是一个特点。

同日,中国地方志指导小组副组长梁寒冰在同刊期上发表《地方志工作要适应改革的新形势》一文。文章在谈到地方志工作的改革时,指出当前修志体制上存在的问题:“一是党政领导与志书主编职责不明,主编的责、权、利尚未明确规定;一是修志人员未按国家规定评定编辑职称,实行按劳分配原则,付予应得的稿酬和编审费;一是修志的长期任务和常设机构,尚未得到明确的解决。因此造成修志队伍不稳定和编辑人员外流的现象,以致影响志书质量和修志工作的进度。有鉴于此,应改变现行的修志体制,实行责、权、利相结合的主编负责制。省、市、县志及其专志、专篇,均可以实行主编责任制。有些专志也可采取‘承包责任制’,按志书质量付予相应的报酬。”

3 月 14～16 日,山西省地方志工作会议在长治市举行。

3 月 21 日,吉林省编制委批准吉林省地方志研究所成立,编制为 20 人。

3 月 27 日,中国社会科学院党组书记梅益,给胡乔木、邓力群写信,提出两点建议:一、对中国社会科学院上报的《关于加强全国地方志编纂工作领导的报告》,建议以国务院名义批发。因为各省市编修地方志的工作大都是在各省、市党委和政府主要负责人直接领导和主持下进行的,这个文件又是关于全国修志工作的第一个文件,以国务院的名义下发,可以加强文件的权威性,有利于修志工作的开展。二、建议保留报告中指出的“中国地方志指导小组应成为一个独立机构,由国务院委托中国社会科学院代管”一句。“因各地修志单位属地方政府系列,由当地政府领导,而中国社会科学院是一个学术机构,与各地无直接联系,也无指导关系。明确中国地方志指导小组为国务院委托中国社会科学院代管,有利于指导小组工作。”请他们“在方便的时候,向国务院负责同志说明一下,争取报告早日发下”。对此,胡乔木和邓力群都分别圈阅和批示“同意”。

是月,黑龙江省召开全省民族志编写工作会议,成立由 40 人组成的省民族志编纂委员会(其中 38 人是少数民族)。组建省民族志办公室,组成一支 29 人(其中 25 人是少数民族)的修志队伍,按省内 10 个世居民族(满、朝鲜、回、蒙古、达斡尔、锡伯、鄂伦春、赫哲、鄂温克、柯尔克孜)分成 10 个编写组。

是月,鲍海明主编的内蒙古自治区第一部新旗志——《巴林左旗志》出版。巴林左旗建旗 300 多年来未修过志书,这是历史上的第一部。本志虽然存在不少早期志书所不可免的不足,但还是比较好地反映了这个半农半牧旗的诸种特点。

按：本志的历史记事分为“大事记”和“历史大事年表”两部分，是本届新志中实行大事记两分最早的一部，具有探索意义。

4月1～3日，由台湾汉学研究资料及服务中心和“国立中央图书馆”主持召开的方志学国际研讨会在台北市举行。与会者有台湾、香港以及日本、美国、英国、法国等中外学者60余人。会议主题为：(1)方志理论及其应用；(2)台湾方志及地方史料；(3)现存方志的收藏及编目。有宋晞、林天蔚、山根信夫等29人提供了论文。理论研究的报告极少，以地方志史料价值研究者居多。

4月5日，李汝舟在今出刊的《湖北方志通讯》第3期发表文章，提出“方志，是一定区域一定时间断限内的信息集成。它作为一门学科，研究对象的运动过程包括四个环节——信息搜集；信息整理；信息储存；信息输出”的看法，认为“把信息论的方法引入方志学，或者说用信息论的方法来研究方志学，这将是方志学术史上具有重大意义的一个进步”。

4月8日～6月24日，江西省地方志编委会委托江西师大历史系举办“江西地方志培训班”，来自全省5地、6市、32个县及省直属单位共46名学员参加培训。

4月10日，胡乔木给国务院副总理田纪云写信，提出各省地方志编纂工作关系重大，过去历史上(包括国民党时期)历来直属各级政府直接主管(犹如国史馆由中央政府直接主管，过去封建时代历朝皆然)，故望(对中国社会科学院报告)所拟文件以国务院名义发出。

4月18～19日，中国地方志指导小组第五次会议在北京召开。这是指导小组扩大后的第一次会议。会议有三项议程：

(1)指导小组成员、中国社会科学院科研办公室高德就国办发[1985]33号文件批转的《关于加强全国地方志编纂工作领导的报告》的制定过程作了说明，并对国务院同意的报告和国务院办公厅通知的内容作了介绍。国务院同意中国地方志指导小组作为一个独立机构，由国务院委托社会科学院代管。在北京成员中委派几人作为常务成员，主持日常工作。中国社会科学院负责解决指导小组工作中的一些困难。会议经过认真讨论，一致拥护国务院的决定，认为领导体制的进一步明确，对今后修志工作将会起到积极作用。指导小组性质和任务的明确，更便于今后开展工作。

(2)修订并通过《新编地方志工作暂行规定》，决定以中国地方志指导小组名义发出，使各地修志工作有所遵循。

(3)决定今年内在北京召开全国地方志第一次工作会议，检查地方志“六五”规划执行情况，制定“七五”修志规划及长远设想，并讨论修志工作中的重大问题。为了做好这次会议的准备，决定5月下旬在西安召开各省、自治区、直辖市地方志编委会办公室主任会议。

会上还宣布了中国地方志指导小组新增补后成员名单、在京常务成员名单，宣布了小组秘书长和副秘书长兼办公室主任人选：

中国地方志指导小组成员名单

组　长:曾三　中共中央顾问委员会委员

副组长:梁寒冰　中国社会科学院历史研究所顾问

　　　　韩毓虎　国家档案局局长

成　员:刘大年　中国社会科学院近代史研究所名誉所长

　　　　牙含章　中国社会科学院民族研究所顾问

　　　　朱士嘉　湖北省文史馆馆长

　　　　陈元方　陕西省地方志编纂委员会主任

　　　　李志敏　山西省地方志编纂委员会副主任

　　　　邵文杰　河南省地方志编纂委员会主任

　　　　侯仁之　北京大学地理系教授

　　　　董一博　中国地方史志协会副会长

　　　　梅关桦　中国社会科学院原规划局副局长

　　　　陆天虹　武汉市地方志编纂委员会副主任

　　　　黄光学　国家民族事务委员会副主任

　　　　黄秉维　中国科学院地理研究所原所长

　　　　郦家驹　中国社会科学院历史研究所副所长

　　　　高　德　中国社会科学院科研办公室主任

秘书长:郦家驹(兼)

副秘书长兼办公室主任:孔令士

按:新增补的九位成员,是去年11月12日经中共中央宣传部批准的。

4月19日,国务院办公厅以国办发[1985]33号文件,转发《中国社会科学院关于加强全国地方志编纂工作领导的报告》。先是今年3月7日,中国社会科学院向国务院上呈《关于加强全国地方志编纂工作领导的报告》,提出当前修志工作存在的主要问题,是领导机构不健全,相当一部分地方没有工作班子,许多地方工作经费和人员编制问题没有解决。因而提出解决问题的一些具体措施的建议。国务院在转发的《通知》中指出:“中国社会科学院《关于加强全国地方志编纂工作领导的报告》已经国务院同意,现转发给你们,请参照执行。各地要对地方志编纂工作进行一次检查,进一步加强领导,充实人员,加强队伍建设,切实解决地方志编纂工作中的问题。尚未建立地方志编纂班子的地方,要根据本地区情况,逐步组建班子,把这项工作开展起来。有关编制、经费、出版等问题,由地方各级政府根据实际情况,予以适当解决。”这个经国务院同意转发的《报告》(日后地方志系统简称为“33号文件”)的颁发,表明地方志工作已正式纳入各级政府的工作日程,标志着全国修志工作已进入一个新的发展阶段。

是日,中国地方志指导小组第五次会议讨论通过《新编地方志工作暂行规定》。7月15

日中国地方志指导小组由国家授权予以颁布。

4月23～25日，山东、湖北、河南等7省(区)《地震志》研讨会在郑州举行。

4月25日，《中国地方志通讯》第2期出刊。本期内容丰富，有对篇目设计的见解，有编纂经验的介绍，有不同意见的争鸣。多种新见解的提出，显示了方志界思想的活跃。山东省志办席星加在《关于编纂省志的几个问题》一文中，首次提出“世界以自然、人、社会三大要素组成，三者相互联系相互作用，人为主体”，因此，志书的篇目设计中，应当在自然之后，社会之前，单列关于人的专志。同时，他提出，一省之志，不应用“通志”，而应用“省志”命名为宜。

按：席氏的这种地情三分的主张，成为本届志书中“新三宝体”出现的思想先导。

湖南省志办洪期钧的《省志篇目刍议》一文中，主张“设志宜精”。指出综观各省所设专志，大多设志过多，而且有越分越细、越设越多的趋势。近两年开展工作的省志，大多设六七十个专志。设志过多、设志不当的一个重要原因，是按部门设志，一个厅、局，有的甚至连一个公司也单独设志。另一个原因是片面追求“无所不载”，贪大求全，主次不分。他首次提出了“专志贵专”的主张，要把本专业记述深透。

内蒙古巴林左旗地志办魏昌友的文章，介绍他们修旗志中如何体现修志宗旨，重点介绍了他们的“三纲”、“十一法”。体现民族地区修志的“三纲”是：一、有利于民族团结和两个文明建设的内容，要广征入志；二、不利于民族团结和两个文明建设的内容，要尽舍不收；三、对历史上的谬误和阶级偏见，要必正其说。在集材、体例、详略和撰写方面，提出的“十一法”是：1.征文取材，忌有闻必录，旨在明辨慎用；2.体例章法，忌刻意泥古，旨在以义取例；3.写多种民族，忌均施笔墨，旨在突出主体；4.写民风地物，忌不辨同异，旨在突出特色；5.写历史沿革，忌有伤国体，旨在维护统一；6.写民族史事，忌滥载杀伐，旨在宣扬贡献；7.写民族人物，忌片面褒贬，旨在顾全大局；8.写移民放垦，忌刻求利弊，旨在论明发展；9.写民族世系，忌追溯远古，旨在脉络清楚；10.写民族风俗，忌猎奇不雅，旨在称扬康美；11.写政治运动，忌愤笔妄书，旨在坚持原则。这是民族地区修志初期总结出来的经验，很值得注意。

安徽省全椒县志办梅森在《谈志书的竖写》一文中，介绍了他们工作的体会。一是选材慎重，突出重点，详略得体。二是“竖写”有三种方式：第一种是按时间顺序分层次撰写；第二种是按小事类分层次撰写；第三种是个别具有特别重大影响的事物和独特的地方特色，先作总体铺叙，后把所介绍的事物提出来撰写，如同电影的特写镜头。三是注意发挥背景材料的特殊作用。四是运用对比的表现手法。

陕西神木县志办王文昂《地方不宜设大事志》一文，则是对上海宝山县志办章采烈提出的在志书中设立大事志意见的争鸣。章采烈在《中国地方志通讯》1984年第3期发文提出，在志书的大事记之外，可增列“大事志”，记述一些重大历史事件的始末，如农民起义、抗倭斗争、反抗外来侵略、辛亥革命、五四运动、北伐革命、抗日战争、土地革命、本地区解放、土地改革、镇压反革命、抗美援朝、三反五反、合作化、公社化、整风反右、一平二调共产风、四清运动、“文化大革命”、粉碎“四人帮”、中共十一届三中全会、联产承包责任制等。王文昂的商榷文章则认为，章文所列的这些事件，既有政治性的，又有军事性的，还有经济性的。这多种性质的事类放在一个专志内记述，不符合“事以类从”、“类为一目”的志体要求；这样一事始末的写法，是用史体写专志，可能得出“四不像”来；造成领属上的混乱；大事记之外另列大事志，实是画蛇添足的多此一举。

按：后来出版的一些志书，实行大事记两分的做法，效果都不错，受到志界的好评。证明章采烈的主张是可行的。

同期还发表了三篇关于“自然志”的讨论文章。先是1983年中国地方史志协会第二次年会上讨论并基本通过的《新编地方志基本篇目》中，其第三篇定名为“自然志”。其后，在几次全国性的县、市志评审会中，以及各地刊物上，不少人都提出了“自然志”下所列的项目包括不了整个“自然”，实际只是“自然地理”的内容，故不少人主张还是正名为“自然地理志”为好。而发表的三篇文章中，有的进行争鸣，认为还是定名为“自然志”好，并分别探讨了“自然志”的编写方法。

江西高安县志办戴家臻的《莫把“丁口”当“人口”》，则提醒人们，在考察历史上的人口数字时，要注意，莫把“丁口”写作“人口”。清代的人口统计中，乾隆六年以前都是“丁口”数（只计男口成丁数），此后才是大小男女均计算的人口数。

4月29日，云南省楚雄彝族自治州人大举行常委第二十一次会议，听取州地方志编纂委员会领导所作的《关于州地方志发展情况及今后意见的报告》，经讨论和认真审议，作出了相应的决定。其后在1986年7月经楚雄州五届人大常委会通过并报云南省六届人大常委会审议批准的《楚雄彝族自治州自治条例》中，将地方志编纂工作写入第五章第四十六条，明确规定自治州各级政府要编纂地方志，而且要加强对此项事业的领导。这是全国最早以立法形式确定地方志是政府工作的内容。

4月30日，北京大学地理系致函中国地方志指导小组，同意代培地方志研究生20人。函文谓：经北大研究生院批准，我系可为您单位代培地方志研究生班20人左右。于1985年6～8月在全国各省市地方志在职人员中招生，1985年9月入学，学制为两年，学满30学分，然后回原单位结合实际于一年内做完毕业论文。根据教育部规定，硕士研究生必须具备一种外语的能力，因此，在学满30学分，毕业论文答辩合格，并通过第一外语的，可以授予硕士学位；若是不能通过第一外语的，给予研究生毕业，不能授予硕士学位。又鉴于从事地方志工作的同志已有多年的经验，但年龄偏大，因此考生放宽到37岁。……学生入学后生活管理、学籍管理及培训计划由我系负责。由于时间紧迫，故请您处速报教育部研究生司，等批准后，立即办理招生事宜。

按：后因洛阳规划会议期间，“各地普遍反映代培费用过高，无力负担”和“北大代培计划有变动”，未能办成。

5月8～14日，全国旧志整理工作委员会第三次会议在杭州召开，到会委员和列席代表20多人，由董一博主持。会议回顾了1984年3月旧志整理工作委员会成立以来的工作，汇总和交流了各地工作进展的情况和经验，特别肯定和推广了浙江的经验。讨论了“七五”规划期间旧志的整理工作，强调“七五”期间要继续完成：(1)自然灾害资料类编；(2)矿藏资料类编；(3)渔业、畜牧业资料类编；(4)水利资料类编；(5)科技资料类编；(6)土特产资料类编；(7)名胜古迹资料类编；(8)人物资料类编等。还讨论了《方志与信息》、《新方志编纂大纲》和《中国地方志词典》等书的编纂问题。

5月13日，中共中国社会科学院党组向中共中央宣传部送呈《关于增补中国地方志指导小组成员的报告》。报告说：国务院委托我院代管中国地方志指导小组。遵照乔木同志的意见，小组成员应包括两位自然科学方面的专家。前已批准的17人名单中，已包括中国科学院地理研究所名誉所长黄秉维。现在中国科学院推荐地理研究所所长左大康担任小组成员。特此报告，请批示。5月14日，中共中央宣传部给中国社会科学院党组答复，“同意你们关于增补左大康同志为中国地方志指导小组成员的意见”。

5月21日，湖南省旧志整理工作座谈会在长沙举行，研究了《湖南省旧志整理工作实施方案》(草案)的落实问题。

5月22～27日，中国地方志指导小组在西安市召开全国地方志规划会议。全国27个省、自治区、直辖市以及武汉市的地方志编委会副主任、办公室主任或副主任及有关负责人参加了会议。出席会议的还有中国地方志指导小组副组长梁寒冰、指导小组成员兼秘书长郦家驹、指导小组成员高德、指导小组副秘书长兼办公室主任孔令士。会议的主要议程有：1.学习国务院办公厅[1985]33号文件；2.根据33号文件要求，对地方志编纂工作“六五”规划执行情况进行检查；3.讨论如何制定“七五”规划；4.研究召开全国地方志第一次工作会议的准备工作。据会上统计，至此，全国已有25个省、自治区、直辖市建立了省级修志机构，1613个县级修志机构，开展了修志工作。但发展不平衡，不少地方迄今未建机构，已经建立机构者当中，不少机构有的仍不充实，工作进度慢和质量方面还存在不少问题。会议要求各地要根据33号文件精神，对本地的修志工作进行一次检查，并切实解决工作中存在的问题。

是月，复旦大学赵少荃主编的《复旦大学志》由复旦大学出版社出版。

是月，由李一氓选辑的《台湾府志三种》于清政府统一台湾三百周年纪念之际，由中华书局出版。是集中所选的包括鲜为人知、已成为海内孤本的台湾第一部府志，至为珍贵。李氏在书序中有言：“名为‘府志’，府即是当时福建省的一府，正好说明问题。”表明其辑汇是书之义在于“对实现祖国统一大业寄予愿望”，意在说明台湾自古以来就是中国神圣领土不可分割的一部分，是对一小撮闹“台湾独立”的妄图分裂祖国的分子及其国外主子严正的驳斥。是书的出版，是对促进祖国统一大业的一个贡献。

6月12日，湖北省西陵峡新滩发生大面积滑坡，新滩镇被吞没。由于这里的1300多人于前一天得到预报,已提前转移,未发生人员伤亡,受到国务院的表扬。监测站之所以事前能作出预报,使领导者下决心转移居民,是他们从旧《秭归县志》中,对滑坡前的异象的记述中得到了启发,故能做到准确预报。

按:地震前有诸种预兆,山体滑坡前亦有异象,都是人们从多次惨痛经历中总结出来的教训。地方志书中往往有此类记载,这就是人们防灾中宝贵的财富。这对地方志修纂者应是一个启示,切不可因其琐屑而视为无用,甚至视为迷信而不加注意记述。

是月,中国地方志指导小组副组长梁寒冰在江西省的一次谈话中指出,地方志机构是政府的调查研究机构,是对社会、自然、历史、现状等进行全面系统而周密的调查研究机构,是任何政府机关代替不了的。今后常设机构应该是专家机构,同时又是研究机构。修志队伍应是一支精干的专家队伍。修志人员都要是了解这一地区情况的第一流专家,而且要了解、懂得各门科学的基本知识,拿起笔来就能修志。

是月,《湖南地方志通讯》第 3 期载文,介绍平江和溆浦县档案馆如何主动为修志工作服务的做法。

是月,天津市地方志编纂委员会主办的《天津史志》创刊。在创刊号上发表了傅振伦《谈人物入志问题》,结合旧志通例,提出两条原则:一是"盖棺论定",列传不著现存之人;二是当代有功于国、有功于民的英明领导、英雄人物、科学发明家、专家学者、劳动模范、先进工作者等人的业绩,虽不在方志中立传,但可立"英名录"、"人物表"之类,以记其姓名、籍贯、乡邑、学历、履历、事迹、贡献、专门著作等,以备将来修志参考。至于位居显要、碌碌无能者,仅可附录其姓名、里邑、略历而已。

来新夏在同刊期上发表《加强新编地方志的审评工作》,提出"要保证量多质优的重要前提,莫过于加强问世前的审稿和发行后的评书工作。审评工作已是现阶段编志工作中不得不注意的当务之急了"。文章认为,前一阶段曾先后举办过北方地区县志审稿会、南方地区县志审稿会和十市志审稿会等,与会者除撰稿人外,还有部分修志机构人员,取得了一定成效。但是,如果这些审稿工作中能更广泛地吸取部分研究人员参加,那将对提高志书质量有所裨益。

7 月初,由内蒙古师范大学历史系和自治区地方志编委会总编室联合举办、为期 3 个月的内蒙古自治区首届编修史志人员培训班结业。本期学员来自全自治区各旗、县及包钢、牙克石林管局等单位,共 35 名专业修志人员。培训班先由内蒙古师大历史系教师讲授中国古代史、中国近代史、中共党史、内蒙古革命史、北方民族史、蒙古史、内蒙古疆域沿革、内蒙古考古概论、目录学、工具书及史学概论等十余门历史学基础课程。进入方志专业知识教学阶段,先由学员自行阅读《如东县志》、《托克托县志》、《五原县志》等十余部新旧志书,再由地方志编委会结合学员学习中提出的问题,进行方志学基础知识、新方志的特征、地方志在改革中的作用、新旗县志评述、地方志的图片与摄制等专题讲座。其间,还专门请来了中国地方志协会副会长董一博、南开大学方志专家来新夏教授、中国科学院地理研究所李宝田研究员等进行讲课。学员反映，通过学习增长了知识，开阔了眼界。学员们还写出了一批结业论文。

7月15日，中国地方志指导小组以[1985]1号文件，正式颁发《新编地方志工作暂行规定》。这个《暂行规定》确定了编纂社会主义新方志的指导思想、方针任务，以及编写各类方志的体例、方法等，是新中国第一个由国家授权发布的关于编纂新方志的文件。直至1998年2月10日中国地方志指导小组经国家批准授权颁布《关于地方志编纂工作的规定》止，是这14年间带权威性的指导文件，为全国修志部门所共同遵循。它基本指导了这一轮的修志工作。今录其全文于下：

新编地方志工作暂行规定

(1985年4月19日中国地方志指导小组全体会议讨论通过)

第一章　总　则

第一条　编纂具有时代特点和丰富内容的社会主义新方志，是我国社会主义物质文明和精神文明建设的需要。编修新方志应当运用新观点、新方法、新资料，修志工作应当有计划、有步骤地进行。新方志应当系统地记载地方自然和社会的历史与现状，为本地社会主义现代化建设提供有科学依据的基本状况，以利于地方领导机关从实际出发，进行有效的决策。新方志可以积累和保存地方文献，促进科学文化事业的发展，提供便于查考的、实用的系统资料，有助于各行各业全体干部、职工提高专业知识和文化水平。新方志可用以向各族人民进行爱国主义、共产主义和革命传统教育。

第二条　编纂社会主义新方志，必须以马克思列宁主义、毛泽东思想为指导思想，必须坚持党的四项基本原则，坚持党的十一届三中全会以来和十二大所确定的路线、方针和政策，在政治上和党中央保持一致。必须以《关于建国以来党的若干历史问题的决议》和《中共中央关于经济体制改革的决定》为准绳，充分体现改革是当前我国形势发展的迫切需要。努力使社会主义新方志符合于把马克思主义基本原理同中国实际结合起来，建设有中国特色社会主义的总要求。

第三条　新方志要详今略古，古为今用，着重记述现代历史和当前现状，力求体现当地环境资源和社会发展的基本面貌，反映地方特色和专业特点。新方志应充分反映中国共产党创立以来的革命斗争、社会变迁和社会主义建设的基本情况，准确地记录并积极发扬当地各族人民爱国爱乡、振兴中华的革命精神和英雄业绩。

第四条　新方志应当批判继承我国历代修志的优良传统，贯彻“存真求实”的方针。无论内容和体例，都应坚持改革，努力创新，使社会主义的新型地方志，做到思想性、科学性和资料性相统一。

第五条　我国是一个统一的多民族国家，在民族聚居和杂居地区，新方志应充分反映多民族的特点,应当体现民族平等、团结互助和各族人民共同发展繁荣的原则。要尊重少数民族的风俗习惯和宗教信仰。民族(区域)自治地方的新方志,可以同时用汉文和本民族文字出版。各地编纂新方志时,对于散居全国的少数民族,都应给予相应的反映。

第六条　新编地方志必须注意保密工作。中共中央和国务院规定的保密条例,必须严格遵守。有关边疆及涉外问题,必须慎重处理,严格请示汇报制度。

第二章　志书体例

第七条　新志书的类型和名称:

(1)省、自治区、直辖市所编纂的地方志都是省级志书,简称为省志。

(2)省辖市、地辖市、自治州和经济特区编纂的地方志,均属市级志书,简称为市志。

(3)县、自治县、自治旗编纂的地方志,均属县级志书,简称为县志。

(4)地区一级是否修志,不作统一规定,由各省、自治区自行决定。

(5)名山大川,凡具备必要条件者,可编纂独立的志书。

(6)各级地方志名称,均应冠以现行的行政区划名称,如《××省志》、《××市志》、《××县志》、《××自治区志》、《××自治州志》、《××自治县志》等。各类专志则冠以专名,如《长江志》、《黄山志》等。

第八条　新方志的年代断限,上限不作硬性的统一规定,下限一般情况下可暂定断至1985年即第六个五年计划结束之时,也可断至该志书脱稿之日。

第九条　新方志的体裁,一般应有记、志、传、图、表、录等。以专志为志书的主体,图表可分别附在各类之中。图表尽量采用现代技术编制。

第十条　确定志书的框架和篇目,是关键性的一环。志书篇目的确定和取舍,应从现代社会分工和科学分类的实际出发,既要继承旧志的优良传统形式,更应有所创新增益。最基本的必不可少的篇目,以符合科学性和时代特点为原则。有些篇目的增删,应体现地方特点。各篇目内容应适当分工,前后照应,力避重叠或繁简失当。篇目的排列,应体现结构合理,层次分明。层次名称可采用编(篇)、章、节、目,也可采用其他形式,不必强求一律。

第十一条　新方志的大事记,要详今略古,适当选择当地历史上的重大事件记述,使读者了解该地历史发展的大致脉络。关于建国以来重大政治事件的记述,要遵守宜粗不宜细的原则。

第十二条　立传人物以原籍(出生地)为主。非本地出生,但长期定居本地并有重要业绩者,也可在本地立传,包括外籍、外籍华裔和华侨为本地作出重要贡献者。在世人物不立传,凡在世人物确有可记述的事迹,应在有关篇章节目之中予以记录。人物传记必须实事求是,资料务必真实可靠。一般不作评论。某些地区,革命烈士除专门立传者外,还应编制英名录。

第十三条　新志书文体,一律用规范的语体文,文风应严谨、朴实、简洁。凡历史纪年、地理名称、政府、官职等，均依当时当地的历史习惯称呼。历史纪年应注明公元。地理名称注明今地。

第十四条 新方志所依据的资料，包括史实、人名、地名、年代、数据、引文等，务必核实，力求准确无误。

第十五条 关于各级、各类志书的字数，因地区差异较大，不宜作统一要求。总体规模不宜过于庞大，应当以既充实又精练为原则。一般情况下，县志以控制在三十万至五十万字左右为宜，市志控制在一二百万字至四五百万字左右为宜，省志字数最好控制在一千万字以内。

第十六条 各级志书均采用十六开本，横排印刷，统一版式。精平装由各地自定。

第三章 组织领导

第十七条 中国地方志指导小组负责指导全国修志工作，指导小组作为一个独立机构，由国务院委托中国社会科学院代管。指导小组的主要任务是：从政策上、业务上指导各地修志工作，定期向中央和国务院反映情况，对修志中涉及的重大方针政策问题及时请示报告。并负责拟订编修新地方志和整理旧地方志的规划，制订并颁布新编地方志工作暂行规定，组织交流修志工作经验。中国地方志指导小组办公室，是指导小组的具体办事机构，负责联系并处理日常具体事务。

第十八条 新地方志的编纂，涉及政法、经济、文化、科学、教育各部门，必须在各省、自治区、自辖市和市、县地方政府主持下，建立地方志编纂委员会，并设置相应的修志常设机构。常设机构应作为事业单位，有必要的专职工作人员。各级地方政府应负责切实解决修志机构的编制、办公用房、设备以及事业经费。各地编纂委员会及其常设机构的主要任务是：负责制订地方修志规划，组织和指导编纂各级志书，抓重点项目进行分类指导，组织整理当地旧志资料为编纂新方志服务，为下届续修志书积累资料，编辑出版地方年鉴、概况，及时向地方领导机关提供参考资料，以利决策，定期向中国地方志指导小组反映修志工作中的经验以及重大政策性、理论性的问题。

第十九条 要重视提高方志工作队伍的素质。应在修志实践中，采取多层次、多渠道、多种形式的短期培训，逐步培养一支具有一定政治思想和理论水平，具有一定专业知识和写作能力的新修地方志的专业队伍。还应注意经过较长学习期限，培养具有较高水平的骨干力量，以利于新方志学的理论建设。各民族自治地方，应吸收本民族干部参加，注意培养少数民族的专业修志人员。与此同时，各地都应充分利用社会力量参加修志工作。凡是有志于此的专家、学者、各级教师，以及离、退休干部中具有一定文化水平者，都应广泛地吸收他们参加修志工作。

第二十条 根据国务院办公厅[1985]33号文件规定，方志专业工作者的工资、职称等待遇问题，应按国家有关规定，由地方政府予以切实解决。

第二十一条　新志编纂和旧志整理，均应统筹规划，组织力量，分工协作，分期实施。各省、自治区、直辖市编纂委员会应当根据积极稳妥、留有余地、保证质量的方针，制订近期和长远规划以及实施细则，“七五”规划应报中国地方志指导小组，指导小组负责检查规划执行情况，各地也应定期检查，并上报检查结果。凡列入全国地方志规划的项目，各地必须保质保量按期完成。

第二十二条　各地各类志书定稿时，各级编纂委员会必须严格审查，严格验收手续。凡涉及党的方针政策和涉外、保密等重大问题，必须送当地党委审查。县志涉及上述问题，应送上级党委审查。

第二十三条　由于全国范围修志工作发展不平衡，每一地区内也不平衡，因此新方志完成期限不宜作统一规定。各地必须积极进行，决不能拖延等待，各地可以订出自己的进度，抓紧实施。

第二十四条　新方志的出版工作，由各地编纂委员会同党委宣传部统一安排。出版时必须严格审批手续。新志书一律在国内公开发行。关于是否对外发行问题，待请示中宣部再定。

第二十五条　各级各类新方志出版后，经过社会检验，组织专家、同行评议，确属质量优秀的，应对编纂者给予精神的和物质的奖励。

第二十六条　本暂行规定，在执行一段时间后，根据修志工作的实践，可以修订补充。

7月20日，由湖北公路史志办公室郑正西个人创办的《史志文摘》在武汉出刊，1986年更名为《史志文萃》。

7月23日，经教育部批准，东北师大历史系举办的“东北师范大学历史系地方志函授专科班”开学，学制为三年。

是月，中国地方志指导小组在京常务成员召开会议。决定将原由中国地方志指导小组和中国地方史志协会合办的《中国地方志通讯》改为中国地方志指导小组的机关刊物，由指导小组主办。为加强对全国修志工作的分类指导，决定逐步建立若干个专业指导组。这些指导组受指导小组委托，在其所属专业范围内，发现经验和问题，组织专题经验交流，对政策问题和业务问题予以指导。

8月1日，是日出刊的《黑龙江史志》今年第4期发表董一博给黑龙江省志办王文举的信，其中谈到概述篇时有如下一段话：“概述不能仅视为全志的浓缩，最重要的是抉取大势大端，纵横贯穿，勾勒特点，综合利弊，反映规律，总结经验教训。尤其应以策论之雄笔，阐述振兴之策，不仅鸟瞰全局，且应条析各篇目之内在联系，使之鸡犬之声相闻，远涉未来，有抉择之策。这也是新旧志主要区别的特征之一。”

按：关于志书的概述篇，董一博是下了一番研究功夫的。他先后发表的概述“三论”(《关于县志设置“概述篇”之商榷》、《再论县志“概述篇”的设置问题》、《三论“概述篇”的

设置》)，曾在这一届的修志中产生过广泛而良好的影响。

8 月 2～10 日，黑龙江省志办与省地方志协会在镜泊湖举行地方志地理志研讨会。出席会议的有中国地方志指导小组一些成员，中国科学院地理研究所、北京大学地理系的一些专家，以及吉林、内蒙古、山东、山西、河南、湖南、武汉等省、市志办的代表等共 85 人。会议除听取地理学方面的专家报告及对几个市、县志稿的地理篇进行讨论外，还集中讨论了地理志编写的几个主要问题：

第一，会议认为，旧地理志的编纂，在体例、纲目、内容记述等方面，由于受当时的社会经济条件、科学文化水平的限制，不可能全面、准确、科学地记述当时的地理环境以及人类与地理环境的关系。现在修地理志，必须体现时代性和科学性，必须吸收现代地理学的研究成果，用地理科学的思想观点和研究方法指导地理志的编写。现代地理学强调人类社会的地理环境是统一的整体，认为地理环境各组成要素是有机联系、互相影响的，并且处于动态的发展变化过程中。地理学研究重视地理事物的空间分布和动态变化，以及定量观念，运用现代的科技手段，强调实地调查的重要性。这些思想和方法，在地理志编纂中都是可以借鉴和应用的。

第二，要注意地理志与地理学、区域地理又是有区别的。因此在拟定篇目、确定记述内容时，必须从当地地理环境的实际出发，按照志书体例和记述要求，绝不能按照地理学系统去生搬硬套。

第三，地方志的地理志能不能按历史地理、自然地理、经济地理或自然地理、人文地理来设篇的问题。

第四，要不要专设经济地理，经济地理方面的一些内容要不要在地理志中涉及的问题。

第五，建置沿革和自然地理的安排谁先谁后的问题等。

按：近期内各种专门学科专志研讨会的举行，表明方志理论研究又深化了一步。修志之初，当时讨论主要在史、志关系，继承与创新，上限与下限，体例与篇目等。而今的讨论已经深入到各学科领域，如地理学与地理志，人口学与人口志，社会学与社会志，经济学与经济志等。

8 月 10 日，陕西省地方志编委会成立陕西石刻文献编辑委员会，进行石刻文献的整理编辑工作。

8 月 11～14 日，江西省地方志编委会办公室在玉山县三清乡召开全省山志编写工作座谈会，有庐山、井冈山、三清山、圭峰、龙虎山、麻姑山、石钟山、翠微峰、梅岭等名山有关单位的代表与会。会议主要讨论山志编写的有关问题。

8 月 18～24 日，全国省、直辖市、自治区农业志编纂经验交流会在哈尔滨市举行，有河南、浙江等 25 个省(市、区)农牧厅(局)主管修志工作的负责人和主编 51 人与会。这是全国农业系统有关修志的第四次会议，共收到论文 36 篇。除交流了各省(市、区)农牧志修纂情况和经验外，还对前三次会议进行了总结。

8月21～24日，中国地方史志协会第二届第一次理事会在内蒙古包头市举行。到会理事共80余人。这届理事是由各省、自治区、直辖市及7个计划单列市按分配名额推举产生的，共88人。中国地方史志协会会长梁寒冰向大会作了《中国地方史志协会第一届理事会(1981年8月～1985年8月)会务工作报告及今后工作的建议》。报告对四年来协会工作作了总结，并且强调今后协会工作应适应新的形势：

首先，关于协会的名称，鉴于协会过去的工作实际上并未涉及地方史，史与志又是两门学科，两支队伍。在新形势下，协会应把地方志作为自己工作的主要内容，"中国地方史志协会"应改名为"中国地方志协会"。

其次，关于归属关系。协会成立时，中国地方志指导小组尚未恢复，协会实际上归属中国社会科学院。在新形势下，协会应当明确归属中国地方志指导小组。

第三，关于协会性质。协会是全国性的群众性学术团体，与指导小组的性质有明显的区别。

第四，关于协会的任务。它的主要任务应是团结全国方志工作者，贯彻百家争鸣方针，组织并开展对从修志工作实践中提出的重要理论问题和学术问题进行讨论，以利于提高修志队伍的素质和志书质量。

会议通过了会务工作报告。23日，会议原则通过了经过修改的《中国地方志协会章程》，选举出常务理事26名。在常务理事会上选举曾三为名誉会长；梁寒冰为会长；韩毓虎、董一博、李志敏、朱士嘉、张立、郦家驹为副会长；左建为秘书长，并聘左开一、朱文尧、欧阳发、刘福钧、赵庚奇为副秘书长。

8月23日，《西藏日报》开辟"西藏风土志"专栏。至1986年11月20日，共刊载24个县的简志。

8月26日，吉林省委办公厅和省政府办公厅联合发出《关于省党史工作委员会、省地方志编纂委员会改为常设机构的通知》。通知明确，均列厅级建制，为省委、省政府领导的事业单位。两个委员会改为常设机构后，原办公室即行撤销。委员会根据工作需要，本着精简的精神，设立内设处室。有关内设机构的设置，另报省编制委员会审批。省直有修志任务的部门，根据工作任务，在现有编制内指定人员完成此项任务。

8月29日，山东省人民代表大会常务委员会六届十五次会议通过关于加强地方志工作的决议。决议说："三年来，我省地方志工作在各级领导的关怀支持下，经过广大地方志工作者的努力，取得了不少的成绩。为了在1990年以前按期完成1部省志、9部市志、5部地区简志、122部县(市、区)志的编纂任务，必须切实加强对地方志工作的领导。各级人民政府要充分重视这项浩繁的文化建设工程，把它摆到应有位置，纳入议事日程。要加强编志机构和编志队伍的建设，配足配好人员，并要注意编志班子的稳定和业务素质。要动员社会各方面的力量支持这项工作。全省广大地方志工作者，要发扬成绩，锐意进取，克服困难，开拓前进，为搞好我省地方志工作作出新的贡献。”

是月，江苏《如东县志》修订本由江苏古籍出版社出版。

9月1日，中共黑龙江省委书记李立安在董一博给该省省委常委、组织部长李和的信上批示：“地方志的编纂工作，是有历史意义的工作，不能以短期的经济效益衡量它的作用，所以应该投放必要的领导精力和人力、财力。建议文华指定一个部门，参照武汉经验，结合我省实际，拟几条加强领导工作的意见下发。”省长侯捷批示：“同意立安同志意见。”

9月9～12日，四川省地方志编纂委员会在温江召开全省地方志工作第二次会议。来自省直各部门、各地、市、州、县分管地方志工作的负责人及大专院校、社会科学院等单位代表360余人参加。会上总结了三年来的工作，并对《四川省地方志规划纲要(1986～1990)》进行讨论修改。同时成立四川省地方志协会，通过了《四川省地方志协会章程》，选举产生了理事会，会长彭长登，秘书长任一民。

9月10日，北京师范大学举办的首届方志学干部专修科开学。其学员按所在省、市、自治区成人高等教育统一考试标准，由省、市、自治区地方志编委会初录，最后由北师大正式录取。首期招收学员84名(其中过分数线正式录取的68名，另加进修生16名)，来自全国19个省、市、自治区，学制为2年。学员完成规定课程后，经考试合格者，发给大专毕业证书，国家承认其大专学历。

9月15日，梁滨久于是日出刊的《陕西方志通讯》第5期发表《方志学的定名问题》。文章针对当时流行的“马克思主义方志学”、“社会主义方志学”、“新方志学”等名称，指出新方志学是对以章学诚为代表的旧方志学的直接继承。从学科发展的连续性考虑，径直称方志学是可以的。如果从民族特点考虑，可以称中国方志学。“马克思主义方志学”，作为一个学科概念，是不恰当的。因为马克思主义方志学与方志学或中国方志学可以构成两个并行的科学概念。判明学科的性质与给学科定名是两回事。

9月24日，湖北大学历史系成立地方志研究室，朱士嘉任主任，骆啸声为副主任，1986年招收方志硕士研究生3名。

9月29日，浙江省开化县第八届人民代表大会常务委员会第八次会议，听取县人民政府关于编纂新《开化县志》的报告，作出《关于编纂新〈开化县志〉的决议》，号召全县人民大力支持，力争如期编成新县志。

10月4日，水利电力部以[85]水电办字第24号文件，下发《关于加强江河水利志编写工作的通知》。通知将黄友若副部长给部党组写的《关于编纂江河水利志情况和今后工作意见的报告》批转各单位，要求研究执行。

10月13日，国家体育运动委员会转发体育文史工作委员会《关于编写地方体育志座谈会的报告》。先是10月8～13日，国家体委文史工作委员会在福建省漳州体育训练基地举行编写地方体育志座谈会,就有关问题提出了若干建议上报国家体委。体委将报告转发各省、自治区、直辖市体委,要求各地参照执行。

10月13～15日,浙江省地方志学会成立大会在杭州举行,常务理事(缺),名誉会长铁瑛(省顾委主任)、王家扬(省政协主席),会长魏桥(省社科院副院长),秘书长俞佐萍(副会长兼,省志办主任)。

10月21～26日,全国16省、市、自治区科技史志研讨会在太原举行。

10月22日,北京市人民政府发布"京政发[1985]98号"文件,决定成立北京市地方志编纂委员会,并印发《北京市地方志工作规划纲要(1989～1999)》。

10月25日,《中国地方志通讯》第7期刊发吴景熙编的《国内现存稀见明代方志刊本及胶卷草目》,共收入稀见明代方志127种,1966卷。

是月,广东省地方志学会在广州成立。第一届理事29人,理事长黄勋拔(省志办主任),秘书长莫世全(副理事长兼,省志办业务指导处处长)。

是月,辽宁省地方志办公室选编的《辽宁地方志书序跋选》印行,这是该办公室计划编的《辽宁地方志书专业志序》、《辽宁地方志书凡例》等三部书中的第一部。本书选入明、清、民国时期志书的重要序、跋306篇,共约16万字。这些序、跋中内容涉及志书的性质、内容、体例、作用、语言、相关志书的历史背景、编写过程及修志人员应具备的条件等,其中不乏真知灼见,对新编志书具有重要的参考价值。

11月,中国地方志指导小组成员、中国地方志协会副会长董一博在福建考察时,提出"资政"、"教育"、"存史"的基本内容有五点:一是为建设有中国特色的社会主义祖国,提供史情、现情、地力、国力,作为抉择最优方案信息的参考;二是为体现经验教训,反映客观规律,提供借鉴和鉴戒;三是为爱国主义、社会主义和共产主义教育提供乡土教材;四是为一代一方的文化科技水平和自然、社会、人文、百科之业的历史现实树立里程之石;五是为一代一方的自然、社会、人文以及百科之业的历史现实建立起资料总库。提出一部志书,起码要过得去"五关",即:明志观之是非,定志材之真伪,别志法之臧否,则志言之繁约,衡志德之崇庸。这就是志观、志材、志法、志言、志德上的分界线的评价点,也是衡量志书质量的基本要求。其所归纳阅读部分志稿中存在的问题,颇为形象生动,今亦录之于下:

如记地理,则必尧舜山川;志沿革则断自盘古,禹贡九州;志灾异,以神灵为先,有时间而无具体内容;绘城乡地图,宋元迄今,隆迁无殊,有村落,无姓氏氏族、建村史略、区域形势;记土地人口,迁徙、增减、丰歉、天灾人祸的实际、演变发展,竟是古往今来,面貌无改;大舜耕四省之历山,孟姜女哭山海关之长城;花木兰三县为之建庙立祠;陈胜四县争夺以辉乡里;袁崇焕先让而后争;李陵因降匈奴,陇西自阙其城;魏忠贤不见河北肃宁县志;严嵩不见宜春、袁州诸志;斟灌争夺于鲁豫久世不决;都江堰竟开掘于开元及李冰父子之两世;西施争于诸暨、萧山;贺知章萧山、绍兴两不相让;临城大劫案,竟为孙中山所策划;牧童指四省之杏花村;苏小妹却擅嫁陆游;莒县1667年地震之声,却似“共工之撞不周”。似此状态,非止一端,争之无聊,也属无用。

是月,民国间编修的《续云南通志长编》,经云南省地方志办公室整理后出版,全书500余万字。

是月,中国海关学会在福建厦门市举办地方史志讲习班,为期18天。

12月13～18日,全国十四省(区)人物志编写工作研讨会在福州市举行,有40多位方志工作者参加。会中讨论了:

一、关于人物的收录范围、对象和收录的基本标准问题。在收录人物的籍属问题上,一种主张只收本籍人物;多数人主张“还应兼收以本省为主要活动地区并对本省历史有重要作用的外籍人”(湖南省志原规定只列本籍人物,经此次会议后,决定“改变为以收本籍人物为主,兼及对本地有重大贡献和影响的外籍人物”)。

二、关于科学性问题。会议主张要具体问题具体分析,避免和清除一些含混的提法,如简单地划分为“正面人物”、“反面人物”,简单地提“以人民群众为主”。简单地提出“以人民群众为主”,易于产生误解,将革命领导干部与人民隔开,把在一定历史条件下属于人民范畴中的阶级、阶层(如抗日战争时期的民族资产阶级,国民党方面抗日将领等)推到人民的对立面去;强调人物志应体现“人民性”,主要体现在用无产阶级、人民大众的先进立场观点,去观察分析和记述各种人物,以及注意对劳动模范、能工巧匠等“小人物”的收录和记述。关于人物志的作用,目前有两种提法:一是“继承历史,反映现实,服务四化,有益后代”;一是“资政、教育、存史”。会议认为,较为妥当的提法是:人物志以存史为前提,为手段,从而达到资政和教育的目的。在记述某些人物生平事迹时,从存史角度应如实记述的内容,而从政治、政策方面考虑又宜有所避讳时,应秉实事求是的态度。实事求是的、公正的历史记载只会有助于正确的政策的施行,而不会与政策相抵触。同时,实事求是的记载,并不等于遇事必记、有闻必录。对人物的记述要注意记载其主流或主导方面的事迹;对于人物的支流方面,一般应相对从略,特别是如果这些方面涉及现实政策的敏感方面(统战、宗教、侨务政策等),应服从于历史在今天的发展趋势,予以适当处理。

三、凡有全国性影响作用的“国史人物”、“全国性人物”,对其记述应与国史在观点上保持一致,尤其对于在现代、当代担任过主要领导职务的军政人物,如果本省没有把握写好传稿,亦可录中央研究单位的传稿。

四、对于某些经历复杂曲折而影响及于现实社会政治生活的人物,对其大节立场方面,既要做到不可不记,又要记述得体,因此某种“隐笔”(所谓“点到即止”等)仍然是必要的,不可少的,这也是实事求是的。

五、仍要坚持“生不立传”的原则。

六、人物排列法和编纂工作组织方式,应当根据具体情况自行决定,不宜强求一致。

12 月 25 日，中共中央政治局常委、中央纪律检查委员会第一书记陈云为明年改刊名的《中国地方志》题写刊名。先是 12 月 5 日，中国地方志指导小组给陈云同志写信，汇报地方志工作。同时请为《中国地方志》题写刊名。陈云看后很高兴，于是欣然命笔，为刊物题写了刊名。在此前后，陈云同志还带信给他的家乡——上海青浦县，希望在有生之年早一点看到家乡的县志，并为《青浦县志》题签。

是日，中国地方志指导小组特别致函西藏自治区人民政府，谓中国地方志指导小组决定成立民族志指导组，请五个自治区各推选一位政治上业务上足以胜任的人选，担任指导组成员。前已发函，但至今未见你们函复。“请尽快将参加民族志指导组成员名单通知我们，以便早日正式开展工作”。

同日，山东高密县史志办公室杜曰连在是日出刊的《中国地方志通讯》第 6 期发表《人口志编写琐谈》一文，文中排列了一个惊人的数据：高密县人口史上出现第一个 10 万，是五六千年的漫长岁月中形成的。从第一个 10 万到第二个 10 万，用了 400 多年。出现第三个 10 万，用了 60 多年。第四个 10 万用了 40 多年。第五个 10 万用了 20 多年。第六个 10 万只用了短短的 5 年。第七个 10 万，在计划生育的情况下，也只用了 15 年。这个数据引起了社会的广泛重视，在研究社会经济发展和人口控制中，曾被多次引用。

按：类似的数据还有浙江省三门县志办公室邵凡户在《方志研究》1991 年第 1 期的文章中公布的：该县自宋大观三年（1109）至嘉定十五年（1222）的 113 年间，平均每年增加 119 人；嘉定十五年至光绪十八年（1892）的 670 年间，平均每年增加 91 人；光绪十八年至 1949 年的 57 年间，平均每年增加 968 人；1949 到 1988 的 39 年间，平均每年增加 5939 人。

12 月 25 日，广西壮族自治区地方志编纂委员会成立，自治区人民政府主席韦纯束为主任，副主任有原自治区政协副主席、通志馆馆长莫乃群，自治区党校校长刘毅生，自治区人民政府秘书长韦鼎桓，自治区顾问委员会委员、社科联顾问谢王岗，自治区党委组织部副部长邱如岳，党委宣传部副部长黎守法，党委统战部部长黄语扬，自治区纪委副书记饶栋贤，自治区农委副主任雷进泉，通志馆副馆长唐崇锦。委员 76 人，由部分专家学者及区直各厅局、全区各地、市主要负责人组成。

12 月 31 日，中共中央政治局委员、国务院副总理姚依林给江西波阳县志办写信，就该志办为给已故化工部长彭涛写传略征询有关史实作出答复，并对地方志人物传略的编写提出了具体而精要的指导意见。

是月，国家海关总署发文，转发中国海关学会《关于加强海关史志研究编写工作的几点意见》。

是月，汪凤刚主编的江西《玉山县志》出版。是书除概述、大事记之外，设为卷一、建置区划；卷二、县城　集镇；卷三、人口　民族；卷四、地质　地貌；卷五、山脉　水系；卷六、气候物候；卷七、自然资源；卷八、政党；卷九、地方行政机构；卷十、民政；卷十一、司法；卷十二、劳动　人事；卷十三、群众团体；卷十四、军事；卷十五、农业；卷十六、林业；卷十七、水利；卷十八、畜牧　水产；卷十九、土特产；卷二十、工业；卷二十一、交通　邮电；卷二十二、商业；卷二十三、粮油购销；卷二十四、财政　金融；卷二十五、卫生；卷二十六、血吸虫病防治；卷二十七、教育　体育；卷二十八、文化　科技；卷二十九、艺文；卷三十、文物　古迹；卷三十一、方言；卷三十二、谣谚；卷三十三、民间传说；卷三十四、宗教；卷三十五、风俗习惯；卷三十六、服饰　饮食　建筑；卷三十七、人民生活；卷三十八、人物；卷三十九、地方文献等。

按：1982年，中国地方史志协会提出了一个供各地参考的《新编县志基本篇目》。这个篇目除序言外，分为历史大事记述、概述、自然志、经济志、政治志、军事志、文化志、社会志、人物志、附录等10篇。参照这个篇目最早编成的是李明主编的江苏《如东县志》。全志分概述、政治、经济、军事、文化、人物、杂记、附录8编。继之，周金奎主编1986年5月出版的浙江《建德县志》（7编之外另加附录），王国哲总纂1987年7月出版的河南《沈丘县志》（共分10编）等，都是分为10编左右，志界将这种体式称为“大编”体式。而将本志这种达30编（卷）以上的体式称为“小编”体式。在江西省地方志编委会举行、有全国志界一百多人参加的《玉山县志》学术讨论会上，被称为层次清晰，体例完备，归属得当，“是目前新县志编纂中创新之举，是具有代表性的模式之一”。

是月，香港《香港岛史迹志》出版。

是年，浙江省江山市志办在收集资料中，获得《须江郎峰祝氏族谱》一部，为解决《满江红·述怀》是否为岳飞所作提供了一则史料根据。岳飞的《满江红·述怀》传颂千年，影响深远。近人余嘉锡先生认为此词为后人伪作，一位名教授还在日本发表文章，与余氏持相同观点，遂起争论。江山市志办所得的这部族谱卷14《诗词歌赋》中，载有岳飞于绍兴三年（1133）赠祝允哲《满江红·述怀》词一首，与通行的《满江红·述怀》词意相同，起句“怒发冲冠”完全一样。又载有祝允哲和岳飞词一首。允哲江山人，南宋名臣，曾参与军务。岳飞被捕后，允哲愿以全家70余口性命保岳飞。江山市志办以所得资料写成文章，在《人民日报》海外版发表后，受到史学界、文学界的重视。

是年，穆恒洲主编的《吉林省旧志资料类编》（矿产矿务篇、自然灾害篇）由吉林文史出版社出版。

是年，金恩晖主编的《中国地方志论集》由吉林省地方志编委会、吉林省图书馆学会印行。

是年，著名地理学家曾昭璇等著《历史地貌学浅论》出版。该书中利用了大量地方志资料，进行了河道变迁的历史地貌学研究，提出了珠江以“通”为主，黄河以“分”为主的整治意见，具有重要的生产建设的实践参考意义。

是年，王德毅编制的《台湾地区公藏方志目录》出版发行。该书收录台湾地区12家图书馆藏方志4600余种,对外国人编纂被翻译成中文者亦兼收之,附有日文编纂的台湾各地方志。该目录反映台湾地区所藏方志有三个特点:一是多藏台湾地区的志书;二是所藏志书以明代最为丰富;三是多存海内孤本。

是年,李裕民编著的《山西古方志辑佚》由山西省地方志编委会办公室印行,内辑山西古代方志书236种。

是时,一些方志工作者开始将"新三论"——系统论、信息论、控制论引入方志研究中。仅今年内就有刘伯伦在《方志与信息》一文中提出:地方志是地方的"信息全书",方志学"应理直气壮地从历史学的附庸地位中解放出来,成为一门独立的学科——地方信息学"。(载《山西地方志》1985年第4期)李汝舟在《方志学与信息学》一文中提出,志书是信息储存的一种形式,方志学的中心课题是研究信息的运动规律,即信息收集、信息整理、信息储存、信息反馈。(载《湖北方志通讯》1985年第3期)傅能华在《方志信息与四化建设》一文中认为,"地方志是具有综合性、系统性和连续性的信息储存总库。一部好的地方志就是一个地区的系统的、全面的、长期的信息载体"。(载《史志文萃》1986年第1期)于是又在志界引发了一场讨论。

一九八六年

1月5日,中国地方志指导小组城市志指导组成立。小组成员由3个直辖市和当时的8个计划单列市地方志办公室组成,1987年增加青岛市。成员名单为:

组　长:陆天虹(中国地方志指导小组成员、武汉市地方志编纂委员会副主任)

副组长:梅关桦(中国地方志指导小组成员)

成　员:曹子西(北京)　孔昭慈(天津)　向顺立(武汉)　孟　杰(沈阳)　王好明(哈尔滨)　陶维全(重庆)　王贵忱(广州)　张仁良(大连)　张　波(女,西安)　杨之水(南京)　上海一名(待定)

1月15日,江苏省地方志编委会成立,主任顾秀莲(省长),副主任胡福明(省委党校校长)、罗运来(省政协副主席)、盛思明(省社会科学院副院长),另有委员26人。编委会下设办公室,暂由社科院代管,办公室主任盛思明兼。

1月15~20日,《中国地方志》编辑部在北京西山卧佛寺举行《如东县志》(修订本)评论会,部分修志工作者和有关学科专家20余人参加。会议对其总体结构、经济编、社会编进行了重点集中讨论,对其成功和有益的经验给以了肯定,对其不足和存在问题也进行了充分讨论。会议对当前县志的编纂工作,起到了一定的借鉴和推动作用。

1月19～22日,东北地区修志工作协作会在哈尔滨市举行。会议集中讨论了有关省志总体设计和专业志篇目的若干问题,交流了修志相关的情况:辽宁的做法是狠抓阶段性成果,为现实服务;吉林已将地方志编纂委员会改为厅级常设机构,还解决了市、县的编制问题;内蒙古是狠抓资料建设,重视典型引路;黑龙江省已给厅局解决了修志编制问题。

1月21日,浙江《钱塘江志》编委会成立,并于海宁盐官举行首次会议,讨论了编写提纲、体例及工作计划。

1月30日出刊的《湖北方志通讯》第1期,刊载了该刊记者关岗对方志学家、厦门大学教授庄为玑的访问记。庄先生说他的老师郑德坤博士,曾把方志和族谱比喻为中国历史上两个还未开采的金矿。还转述他人的话说，方志在世界上是被称之为和长城一样重要的东西，又称它为世界丛书第一。庄氏新中国成立前曾独立纂成《晋江新志》，本届修志中又参与了《泉州市志》的编纂。他承担编写的部分中，拟把除现代以外的部分分为八志，即：通史志、古代志、近代志、制度志、专题志、人物志、史料志、文选志。通史志，详述地理环境、社会变迁，有些类似宏观的综述、大事记。古代志，从隋唐以来逐段记述至明清止，把历史的演变勾画一轮廓。近代志则分两段：满清志、民国志。制度志，记述政府设置机构以及各个朝代制度的变迁。专题志，重点突出地方特色，如泉州，就突出记述地方名城、古港、侨乡。人物志，记载历史上各个朝代的代表人物，另列人物表，仅列姓名、生卒年和主要经历。他所承包《泉州市志》的部分约占全书的 20% 左右。虽后来的《泉州市志》中未能完全采纳，但表现了一位老志人在新形势下的探索精神。

1 月 30 日～2 月 1 日，宁夏回族自治区地方志编委会在银川举行全区地方志办公室主任会议，全区 17 个地、市、县和 5 个厅、局的史志办公室主任，军区、自治区图博、高校、出版社等共 40 多人出席。会议交流了情况和经验，讨论了 1986 年工作安排，初步商定了“七五”期间编修新志和整理旧志的规划，讨论、修订了《宁夏通志》篇目提纲初稿，也针对全区修志工作中存在的问题提出了意见和建议。

是月，《中国地方志通讯》更名为《中国地方志》，封面用陈云亲笔题写的刊名。

是月，《湖南地方志》第 1 期发表翟光的《有关〈大事记〉和〈人物志〉编纂中的几个问题》，提出“《史》《汉》的传记体（纪传体），固然有许多值得效法的地方，但其中有的传记，其文学意味甚浓，记人物的语言行动，有些来自传闻，往往含有合理想象的成分。这种写法在地方志中不可采用”。明年同刊第 2 期，作者又发文重申了上述看法。

是月，由吴宗慈主编的民国《江西通志稿》，经江西省博物馆整理编次，印制发行。全书分纪、表、考、略、录、传、征、志等 8 大类，线装为 100 册。

是月，《江汉油田志》出版，国务委员康世恩作序。

3 月 5～7 日，中国地方志协会秘书长会议在天津召开，梁寒冰主持会议。会议商定了 1986 年学术讨论年会的内容、规模、参加人员、时间、地点、论文推荐办法。为了充分发挥中国地方志协会学术团体的作用，会议决定将全国地协联络处由北京移至天津，由秘书长左建负责。

3 月 8 日，中国地方志协会向各省（区）市发出 1986 年 9 月举行学术年会的通知，并建议各地根据情况，在全国学术年会前，召开一次本地区的学术讨论会。

3 月 10～15 日，中国地方志指导小组委托山西、湖北、河南地方志编委会及办公室共同主办的全国十省（区）《省志 · 大事记》研讨会在山西大同市举行，与会者 30 余人。会议就指导思想、大事的标准、大事记的体例等问题进行了较充分的讨论。会议在议及“文化大革命”记述时，特别指出“秉笔直书”并不等于实事求是。实事求是地对待历史，就是要着重主流，兼顾支流，珍视经验，重视教训，对党在工作中的失误，可以适当反映，作为历史的教训。

是月，宋协生主编的山东《威海市志》出版。该志在修纂过程中，发现中断近五十年的锡镶工艺，使这一传统工艺恢复生产，重放光彩。很快就出现7个厂家，能生产100多个花色品种，畅销国内外，成为本市重要的创汇产品。该志记述德国、日本侵占威海及中国收回的过程甚详，资料丰富，颇具存史价值，受到人们的重视。

是月，著名历史地理学家史念海与曹尔琴合著的《方志刍议》由浙江人民出版社出版。

是月，安徽大学历史系林衍经在《天津史志》第1期上发表《浅谈修志的传统经验》一文。文中从中国方志发展的历史中，总结出值得注意的经验有四：一、各个时期修志这件事做得怎样，同皇帝、朝廷和各级地方官员对修志的重视程度密切相关；二、历代修志都要有一支能担当这件大事的力量，也就是要有一批修志的人才；三、从方志内容、体例随着时代的演变而发展的历史来看，修志一定要有继承和不断创新精神；四、修志中许多具体的经验，如宋代周应合指出的修志要做好四件事，明代刘鲁生提出的志书应做到“其载欲悉，其事欲核，其书欲直”，王崇庆认为必须“崇三善”、“去四病”，章学诚的立“三书”、定“四体”、克“五难”、排“八忌”、存“四要”等，都值得重视。

是月，郭生岐主编的宁夏《中卫县志》出版。中卫地处腾格里大沙漠南沿，历史上长期受到沙漠威胁，造成压地埋城、沙进人退的局面。中华人民共和国成立后，县人在共产党领导下，艰苦奋斗，营造了防风固沙林，引水治沙，平沙造果林，建设农田林网，创造了人进沙退的辉煌业绩。尤其是其沙波头人工生态工程，造成国内第一个具备荒漠生态兼人工生态特征的自然保护区。志载这样的史事，是对人类征服自然、改造自然，进行生产斗争的经验总结。在全国沙漠化趋势日益严重的今天，这种经验的揭出更具意义。

按：与本志相类的还有马维龙、李兴华主编，1995年出版的甘肃《民勤县志》。民勤地处巴丹吉林和腾格里大沙漠之间，全县农区绿洲面积仅占总面积的16.32%。这是沙化危害最严重县份之一，又是全国治沙成绩最突出的县之一。该志书设专章详尽地记述了新中国建立后治沙的历程与成果，使这方面的经验得到充分的反映。这些经验的传播，不但对我国内蒙古、甘肃、青海、宁夏、新疆等省、区治沙、防沙、抗沙具有重要的借鉴意义，而且也会为受到沙漠威胁的世界同类地区人们所重视。

是月，王春瑜、李明、杨向东著《新地方史志学简编》，由四川省社会科学院出版社出版。这是试图初步探讨新地方史志学体系，研究近几年编写地方史志的经验，并具体回答如何编写新地方史、地方志入门之书。后被收入季羡林教授主编的《神州文化集成》丛书。

4月4日，中国地方志协会发出简报，通报了武汉市地方志协会迅速传达贯彻中国地方志协会关于举行1986年学术讨论年会的精神和要求的情况，并转发了该学会于5月底召开第一次学术年会的方案。

4月7～9日，中国地方志指导小组城市志指导组成立后的第一次会议，在江苏南京市举行。会议就该指导组的性质、基本任务和今后工作意向进行了讨论。会议明确城市志指导组是中国地方志指导小组领导下的一个工作班子并对指导小组负责。其主要任务是:1.组织交流城市志编纂工作的情况和基本经验,以推动各地城市志编纂工作的开展;2.组织探讨城市志编纂工作中共性的和专题性的理论与实践问题,从政策上、修志业务理论上对不同类型城市进行指导和帮助;3.选择若干不同类型的志稿,进行研究评议,以提供各地参考;4.对城市志编纂工作中涉及的重大方针政策问题,及时向中国地方志指导小组请示报告或提出建议。会议还交流了与会各城市修志工作进程、经验和存在问题,提出了近期需要共同探讨和研究的若干问题,确定了指导组 1986 年和 1987 年的工作计划。

4 月 23～26 日,四川省地方志编委会与省地方志协会联合举行“经济综述”学术讨论会。省志编委会及省地协会的负责人、省内从事经济研究的专家、学者及省、市、县志经济志编纂人员共 56 人与会。湖北和黑龙江省编写“经济综述”的负责人亦应邀参加。经过讨论,形成共同的看法是,设立“经济综述”或“综合经济志”,置于经济诸志之首,使读者首先了解一个地区经济总貌是必要的。“经济综述”和经济各志之间的关系,是整体与部分、全局与局部、统帅与被统帅的关系。“经济综述”并不是把经济分志的内容凑在一起加以浓缩,不是经济分志的机械总合,而是有它自己研究的对象。它是研究经济的全局问题、战略问题、宏观问题,也就是说要从宏观的角度研究整个国民经济发展的总过程。会议认为,“经济综述”的基本内容可以归纳为四个方面:第一,社会生产的基本条件;第二,经济的发展和变革;第三,国家政权对经济的宏观管理和控制;第四,国民收入和人民生活。会议还就“经济综述”的体例、篇目,以及编写中相关的问题进行了讨论。对于此次会议,《四川地方志通讯》该年第 4 期集中刊发了会议简介和 11 篇论文。

4 月 28 日,赵紫阳总理在考察四川省大宁河小三峡时,对担任向导的巫山县地方志办公室副主任鲁良朝等说:“写好地方志,旅游资源是个重要部分。”李鹏副总理说:“一定要写好县志,写好旅游资源。”

是月,江苏省镇江市实行“市长地方志工作日”和“编委责任制”,即分管地方志工作的市长每月至少安排一天作为地方志工作日,掌握、熟悉地方志工作的情况,研究和解决修志工作中的实际问题;每个编委具体负责一个系统的修志工作,从组建班子、制定篇目、征集资料、审稿定稿,直到成书出版,要一抓到底。中国地方志指导小组成员、中国地方志协会副会长董一博,于是年 11 月 25 日致函该市市长黄选能,认为这是全国首创,值得推广。

5 月 14～16 日,广西壮族自治区地方志协会成立大会在南宁举行。与会代表 200 余人。大会选举理事 47 人,名誉会长莫乃群(自治区副主席、区志编委会副主任、通志馆馆长),会长唐崇锦(区志编委会副主任、通志馆副馆长),秘书长谢永雄(《广西通志》编辑室副主任)。

5 月 18～23 日,中国地方志指导小组、浙江省社会科学院、浙江省地方志编纂室和萧山县志编委会,在萧山举行“萧山县志稿评会”。应邀参加会议的有北京、天津、黑龙江、河南、湖北、广西、安徽、江苏等省、自治区地方志编委会、本省大专院校、科研单位、出版部门的专家、学者及浙江已进入总纂的县志主编，共 50 余人。稿评会在重点评议《萧山县志稿》指出其成功和不足的同时，还结合当前各地县志编纂中遇到的若干带共性的问题，进行了探讨。这些问题是：

（一）志书如何反映时代特点。与会者认为，《萧山县志稿》在这方面是比较成功的。但在目前已出版的多数志书中，对时代特点反映不够，尤其是经济体制改革的内容更少，这是比较普遍存在的问题。究其原因，是有的地方修志伊始，强调了地方特色，相对忽视了时代特点；有的对体制改革中的步骤和内容，强调稳定性而不敢记；有的则是因为对中央的精神和改革的实际了解不够所致。因此，会议建议各地修志同行要加强学习，关心形势，研究新情况、新经验和新问题。

（二）关于"概述"的写法。对于萧山运用全志内容浓缩的写法，认为可以作为一家之法，但也应允许只抓住本县几个鲜明特点加以叙述，还可以按历史顺序、类似于县的发展简史的史体写法。多数人认为，志书概述中不必预测未来和趋势，那样会给人一种"蛇足"之感。

（三）关于大事记的编写。与会者认为，萧山县志的大事记是成功的，他们列出的选材 12 条标准也是有借鉴意义的。在"大事"的掌握上，不同地方不同时期应允许有不同，要从实际出发。有些虽说不上是大事，但是第一次出现的"新事物"，也应列入。至于体例上，多数人主张应用编年体与纪事本末体相结合。

（四）关于人物传和"以事系人"。与会者认为，萧山县志中以事系人不够，有些人物传要素不全，人物的活力也不够。这是当前志书中带普遍性的问题。这是一件"该办、难办、要慎重地办、必须办好"的事，今后应有所突破。所谓慎重办的做法应是坚持以事传人，不以人传事，防止变成变相的人物传。

（五）关于经济和文化内容在志书中的比重问题。会议认为，萧山志稿中以较多的篇幅来记述经济是对的，但人文方面显得不够充分。在志书中，两者不必规定比例，应各据实际，在重经济基础的同时，决不能忽视古老的优秀传统。人文昌盛、人文荟萃之地的地方特点也应加以突出。

（六）关于志书的文字、数据问题。多数人的看法是，《志稿》运用数据之多、精确度之高，是许多志书难以比拟的。在文字和数据上应要求必需消灭"硬伤"，力求用词准确，提高志书的艺术性。

与会者一致认为，重点评议一稿，连带各地存在带有普遍性的问题进行研讨，是这次会的一个特点，也是一个优点，值得以后的评稿会借鉴。

5 月 30 日～6 月 4 日，江河志编写工作研讨会与黄河志编委会第三次编委扩大会在济南举行。除沿黄河 8 省水利厅修志工作人员外，还有长江志办公室、淮河志编委会、海河志编委会、松辽志编委会和钱塘江工程局的代表参加，共 120 余人出席。

是月，四川新津县为开发废旧河滩建设精养鱼池，向世界银行贷款。世界银行评估团成员、加拿大水利专家考利先生看到邓双渔场建在岷江右岸，对贷款报告中的“无洪水隐患”提出疑问。该县以《新津水利志》为据解决了疑问，当即达成贷款协议。

是月，周金奎主编的浙江《建德县志》出版。是书的城乡建设章中，反映了新安江水电站建成前后白沙镇面貌，尤其是《1957年白沙旧貌》一张黑白照片极为珍贵，受到志界的称赞。是书全志的概述，分陈了建德的四大特色，即旅游之地、水电之域、地质之窗、水果之乡，被方志界称为“特点串联式”的概述。

按一：这种特点串联式的概述，在其后出版的蒋文波主编的浙江《普陀县志》、胡庆麟主编的贵州《惠水县志》、董献吉主编的江苏《徐州市志》，都采用了这样的写法。论者认为，这种概述的优点是特点突出，但难以兼顾全貌，有仅存骨架之嫌。

按二：八十年代以后修的志书，普遍都设立了“概述”。这种概述的出现，一是继承了民国时期一些先行者的做法（见民国二十六年条按语）；二是在本届修志中经历了一个探索的过程。最早提出在新志书中设“概述”的，是1981年7月在山西举行的全国首届地方史志学术讨论会。在这次会上提出的省志编纂草案中，提出“按省志卷次，一般卷首为总述（或称概述），系提纲挈领、综合叙述一省今昔之轮廓、各业之全貌及其发展的总过程，为省志之纲”。市志草案中没有提到概述。在县志草案的一个基本篇目中，首篇就是“概述篇”，设计其下辖5卷，即历史大事记，建置、沿革，区域、区划，县城、乡镇，人口、民族等。这里三个篇目三种情况：省县志主张要设概述，且将概述作为志书的首篇。省志的概述是要综述一省之轮廓，各业全貌及其发展总过程，为省志之纲。除了列入篇章序列之外，其内容要求与后来多数志书的全志概述理解基本一致。而在县志草案的编目中，其概述所列的5卷内容，只是一个最基本的概况，与后来对志书概述的理解和要求相去甚远。市志的草案中干脆没有提到概述。可见当时人们认识上是很不相同的。到1982年7月在太原召开的地协常务理事会一届二次会上，对上述三个草案进行了修改。在省志篇目中没有了概述之目，在市志篇目总类中，增加了概述，但是作为与“大事记”或选的形式出现的。县志篇目中，保留了“概述”编，下辖仍为5章，但与“大事记”并列，降到了“历史大事记述”之后第二篇的位置。1983年10月，在山东泰安举行的中国地方史志协会第二次年会上，对《新编县志基本篇目》讨论稿进行修改时，才将概述篇的内容确定为“提纲挈领地综述本县自然、社会、人文之历史与现状的概貌与特点”。自那之后，虽然在设不设概述上还有不同的看法，但从后来出版的志书来看，基本上都设了概述。问题只是概述如何写法了。

1984年6月，在中国地方志协会和《中国地方志通讯》编辑部联合举行的新编五部县志学术讨论会上，与会者针对“五部县志都有‘概述’、‘概况’或‘概貌’的专篇，但都名不副实。它们的内容大体是建置沿革，疆域区划，自然地理，社会风俗，人口姓氏等，而经济、文化等则从略，这就有以偏概全之弊”，再次强调“关键要在‘概’字上下功夫。‘概述’的功用是提纲挈领综述一县的轮廓，不能过于详细，与专志内容重复，更不能用它代替专志”。至此，全志要有一个总揽一地全貌、集其大要精华、沟通各部类联系、反映特点规律的概述，遂成为基本一致的共识。它在于总揽全局、提纲挈领、鸟瞰全貌、勾勒轮廓、揭示规律、策论一地之优劣。在后来的志书中，不但被广泛应用，而且成为固定的一种体式，在志书记、志、传、图、表、录六体之外，又增加了一个述体。全志有概述，编卷有简述，章节有无题小序。在一些志书中，一些大的部类里，还专门设有“政治综述”、“经济综述”、“人文综述”。这就大大地加强了志书的整体性，避免了旧志中普遍存在的各部分之间缺乏联系的弊端。

按三：概述这一体裁在新志书中以多种名目出现。仅据笔者所见，就有概述、概貌、概况、前言、引言、导语、总述、综说、纵览、县情要览、县情概述、县史述略、县史述要，等等。

是月，江西省志编辑室编《新志文稿选评》印行。

是月，朱士嘉选编《中国旧志名家论选》由《史志文萃》印行。是编收录1767～1940年174年间我国著名学者顾炎武、方苞、戴震、章学诚、钱大昕、纪昀、洪亮吉、鲁一同、钱泰吉、孙诒让、梁启超、王葆心、吴宗慈、瞿宣颖、黎锦熙等15位所撰的方志论文27篇17万字。每篇附有“编者按”，列举撰人姓氏、字号、籍贯、生卒年以及所选论文的中心内容，并指出各派观点的优缺点及影响。对于方志源流、性质、作用及其在学术上的地位，均有重要参考价值。（见李泽主编《朱士嘉方志文集》第19～38页）

6月7日，中共青海省委发出文件，批准成立青海省地方志编纂委员会。

6月10、17、19日，黑龙江连续召开省志总编会议，确定将原定的《党派志》析为《共产党志》和《民主党派志》。对《共产党志》的编写，提出突破原来各篇横排的模式，改为先史后志。先充分记述共产党领导人民进行反帝反封建斗争和进行社会主义革命与社会主义建设的史实，而后横排党务工作。《经济综述》也按先史后志方法，先讲黑龙江经济发展史，后写经济所有制构成、积累与消费、投入与产出和经济管理等。

6月18～23日，河南省首次城市志稿评会在南阳市举行。会议主要是评议该省第一部城市志稿——《南阳市志》稿，并探讨城市志编写的理论和实际问题，主要有：关于城市起源和今后发展趋势问题；关于城市特点问题；关于城市志记述经济体制改革问题；关于城市志记述范围问题；关于城市人物立传问题；关于篇目设计和详略问题等。最值得注意的是，提出城市志应坚持区域原则，经济部分应按经济区来写，不能将城市写成封闭式的，应写出城市的辐射面，坚持详内略外。在讨论详略问题时，有人提出详近略远的原则，对于军事志不适用，因为军事的内容越近，保密性越大，应详古略今。

6月19日，在董一博的倡导下，山东省淄博市志编委会与黑龙江哈尔滨市志编委会举行缔结为姊妹志协议书签字仪式。6月30日，又举行哈尔滨市志办与江苏省徐州市志办、常州市志办、安徽马鞍山市志办、山东省潍坊市志办结为姊妹志签字仪式。

按：这种市与市、县与县之间协作修志的形式，最先是东北相邻县之间出现的，后发展到远距离的城市之间，最后又发展到四川省的同一地区之间若干市县的协作。都是在本届修志之中才出现的新事物。但这种协作的内容和效果如何，至今未见有人进行总结和评价。

6月21日，中国地方志指导小组通知，同意中国地方史志协会改名为中国地方志协会。

6月24日，中国地方志指导小组民族志指导组成立，并举行第一次会议。

组　长：黄广学（中国地方志指导小组成员、国家民族事务委员会副主任）

副组长：牙含章（中国地方志指导小组成员、中国社会科学院民族研究所顾问）

成　员：照那斯图（中国社会科学院民族研究所所长）

荣　盛（内蒙古自治区民族事务委员会副主任）

王贵清（新疆维吾尔自治区民族事务委员会副主任）

唐志敬（广西壮族自治区通志馆顾问）

吴忠礼（宁夏回族自治区地方志编审委员会办公室主任）

宁　超（云南省地方志编纂委员会副主任兼办公室主任）

肖先治（贵州省地方志编纂委员会办公室负责人）

西藏自治区一名（人选暂缺）

会议明确民族志指导组是中国地方志指导小组领导下的一个工作班子，并对指导小组负责。其研究和指导的对象为：民族区域自治地方的地方志和省、市、县志中的民族篇（章）的编写。其主要任务是：一、组织交流编纂工作的经验，以推动编纂工作的健康发展；二、组织探讨编纂工作中若干带共同性的理论问题和学术问题，从政策上、业务上对编写工作进行指导；三、选择不同类型的志稿，召开各种会议、组织评议、加强横向联系，以保证志书质量；四、讨论编写工作中的重大问题、工作计划和重要建议，及时向中国地方志指导小组汇报。

6月25日，湖北大学历史系创办《全国方志报刊辑要》。

6月26日，中央港澳工委宣传部复函广东省委宣传部，同意广东省地方志学会邀请部分港澳专家、学者参加在广州召开的粤港澳地方志学术交流会，并推荐了8名学者。

是月，翟光在《湖南地方志通讯》第3期发表《新方志功能再认识》一文。文章不同意“存史”是新方志首要功能的认识。认为用这样的思想指导修志，便要求辑录资料“巨细无遗”，“宏纤俱备”，面面俱到。这样为存史而存史，反映修志目的性并不明确。新志书以有限的篇幅，绝不可能将地方各种资料“巨细无遗”地辑录进去，它只可能辑录那些能发挥资治与教育作用的资料。文章对《中国地方志通讯》1985年第一、三期和《湖南地方志通讯》1984年第一期辑录新方志为现实服务的120例分析之后，得出新方志首要的、第一位的功能是资治教育,即为社会主义物质文明与精神文明建设服务。所谓“存史”所存的也应是最能体现这两种功能的内容。

姚洪波在同刊期上发表《谈谈南县志篇目的修订问题》一文,其中谈到地方特点时有:“我们认为,地方特点应包含这样几个方面:一是本地独有的;二是本地在全省或全国占有优势的;三是本地对全省或全国贡献较大的。突出了这些,就突出了本地的主要特点。”

按:这种认识,在本届修志之初,是对地方特点的颇具代表性的一种理解。

是月,江西省志编辑室编辑《江西地方志风俗志辑录》、《江西地方志序跋凡例选录》内部印行。前者分三部分:一、风俗资料类编;二、风俗志文选编;三、风俗文论附录。后者从江西现存的470余部志书中选择61种,共计序跋61篇,凡例31篇,小序92则。选录时注意了突出与体例变化有关的内容,同时又兼顾时间的连续性、地区的广泛性、资料的全面性,对新修方志有一定的借鉴作用。

7月15～16日,辽宁省地方志首次工作会议暨地方志学会成立大会在沈阳市举行,选出理事49人,常务理事18人。名誉会长戴苏理(省顾委主任),会长林声(副省长),秘书长苏长春(副会长兼,省志办公室主任)。

7月15～29日,江苏省志办在武进举办全省首期修志人员业务培训班,全省10市、56个县共99人参加。参加讲课的有苏州大学吴奈夫、陆振岳,省社会科学院沈嘉荣,省志办朱锡通、吕武进,如东县志主编李明,武进县志办张尚金,安徽省志办丁剑等。

7月18日,中共中央总书记胡耀邦为《黄河志》题写书名。先是1984年春,胡耀邦在河南视察工作期间,于4月3日在平顶山接见了黄河水利委员会顾问王云化,听取汇报后,对治黄工作作了重要批示。1985年10月,在视察豫西期间,看到几个县编写的《概况》,表示了对修志工作的赞赏。《黄河志》总编室根据河南省地方志编委会统一部署修成《河南黄河志》,将志书赠送给胡耀邦,汇报了《黄河志》编修情况,并请胡耀邦为之题字。至是遂有此题签。

按:胡耀邦为志书题签的还有《湘潭环卫志》。

7月21～27日,城市志指导组委托鞍山市筹备的全国城市志编纂工作研讨会在辽宁鞍山市举行。会议较集中地讨论了:1.城市志的功能、作用问题;2.城市志如何反映城市功能问题;3.城市志如何反映经济体制改革问题;4.城市志如何反映社会主义精神文明建设问题;5.城市志编纂工作的组织领导问题。会中,对当前归纳的“资治、教化、存史”的“六字方针”产生了不同的看法。有人认为,这六个字仍可以概括城市志的作用,今日还没有更好的界说可以代替它。多数人则认为,新旧方志的目的、宗旨根本不同,仍然沿用旧方志理论作指导思想是行不通的,不仅遣词陈旧,而且观点内容就是问题。也有人得出,录像、磁带、电脑、电视、报刊等传播媒介的发达,方志的原有三作用在新的历史条件下如何体现值得研究。

是月,傅振伦著《中国方志论丛》由浙江人民出版社出版。

8月4～9日，全国17省、市纺织工业志篇目研讨会在青岛市举行。会议结合《青岛纺织工业志》篇目设计的理论依据，以及所采取的结构内容和体裁、章法进行了比较充分的讨论。

8月4～10日，中国地方志协会正副秘书长在哈尔滨举行关于1986年学术年会论文评选工作会议。年会收到论文105篇，经反复评比，选出29篇作为参加年会的论文。

8月10日，黑龙江省地方志编纂委员会制定《〈黑龙江省志〉编纂工作意见》，提出该省志的框架是：由总述、大事记、各类专志（含人物志）、附录四部分组成。以总述为纲，以大事记为经，以各类专志为纬，形成基本结构。其内容按先自然后社会，在社会部类中按经济、政治、文化、人物等顺序排列。各专志（除地理志和人物志外）的基本内容为概述、专业、管理三部分，以专业内容为主。全书由64个分志组成，计有：总述、大事记、地理志、地质矿产志、地震志、气象志、经济综述志、农业志、国营农场志、农业机械志、林业志、水产志、水利志、乡镇企业志、冶金工业志、煤炭工业志、石油工业志、电力工业志、机械工业志、化学工业志、电子工业志、轻工业志、手工业志、城乡建设志、环境保护志、军事工业志、铁路志、交通志、邮电志、测绘志、财政志、金融志、商业志、粮食志、对外经济贸易志、物价志、工商行政管理志、物资志、政事志、群团志、政法志、外事志、军事志、档案志、教育志、科学技术志、文化艺术志、著述志、新闻广播电视志、出版志、体育志、医药卫生志、文物志、旅游志、人口志、民族志、民政志、劳动人事志、宗教志、方言民俗志、人物志、附录。志与志之间为一级平列目。

按：这是省志中的一个小篇型的篇目，这部省志最后完成的是由80卷100部分志组成。

8月12～18日，甘肃省召开全省地方志主编会议，省志各专志主编及各地、市、县志主编共240余人出席。中国地方志指导小组副组长梁寒冰，南开大学教授来新夏、浙江省社会科学院副院长魏桥、中国社会科学院历史研究所副研究员曹贵林、兰州大学教授冯绳武、西北师范学院历史系副教授陈守忠、浙江建德县志主编周金奎、甘肃人民出版社编辑曹克己等，应邀到会作了学术报告。省长贾志杰在讲话中指出，编志工作能否落实，关键在领导；而志书编写的优劣，能否达到质量标准，责任却在编写人员。因此，编志人员一定要树立责任感、光荣感、自豪感，加强学习，刻苦钻研，兢兢业业，不畏困难，编写出全省人民满意的、能经得起历史检验的甘肃新方志。

8月12～20日，贵州省第一次县市志主编工作研究会在黔东南州首府兴义县举行。出席会议的有该省3自治州、4地区、2省辖市、8地辖市及64县的地方志主编或编务负责人。省地方志编委会负责人及贵州大学、贵州师范大学、贵州民族学院、贵州社科院历史研究所的一些教授、专家也参加了会议。会议评议了《兴义县志》分纂稿，听取了教授、专家们的专题讲座，并重点讨论了主编与全书的关系、主编对各部类的处理等问题。与会者认为，此次会议对全省的修志工作具有推动意义。

8月13日，上海市地方志办公室成立。

8月22～25日，江西省地方志编委会在上饶市举行《玉山县志》学术讨论会。来自北京、上海、安徽、河南及省内的专家、学者、代表100多人与会。

是月，齐红深主编的《方志学概论》由辽宁人民出版社出版。

是月，《近现代四川场镇经济志》出版。是书从全省4000多个场镇中精选出不同层次、不同类型、具有代表性的60多个场镇编成，对场镇的历史和现状作纵向分析、比较，探讨场镇发展内在的规律，总结成功与失败的经验教训，对今后规划城镇建设颇具参考价值。

9月3～5日，四川省川西片志书总纂座谈会在成都举行。分片举行座谈会，交流经验，研讨问题，取长补短，相互促进，是四川省地方志编委会对省内修志实行分片指导的一种方式。是就成都市志编委会召开各属县总纂讨论会之机，扩大为川西片的座谈会。除本次会议之外，类似的座谈会，仅年内又有10月22～27日的川东片编纂讨论会，1987年1月16～19日的嘉陵江流域华蓥山脉部分区县的地方志横向联系会议。

9月4～10日，全国地方科技史志第二次研讨会在沈阳举行。这次会议除了领导讲话及听取了东北工学院陈昌曙副教授作的科技史研究中若干问题的报告外，主要还交流了各地编修科技志的情况和经验。辽宁省代表总结的“重视不重视，要害在认识；搞好搞不好，关键在领导”，确实反映了实情。四川、山西将编修科技史志列为软科学课题，按软科学课题程序进行组织、研究和管理，列为省的“七五”期间的重大科技计划，使编修科技志的经费得到保证的经验，以及各地提出的要在政治上、生活上关心修志者，修志成果应列为科研成果，并作为评职晋级的依据等经验都值得重视。会议肯定了全国科技史志筹委会一年来的成绩，因而建议各省、市、自治区尽快成立科技史志研究会，并在适当时成立全国地方科技史志研究会，希望国家科委、中国科协对地方科技史志工作加强领导。

9月18～21日，中国地方志协会1986年学术年会(第三次学术年会)在天津举行。出席会议的有中国地方志协会常务理事、正副秘书长、论文作者及特邀代表，共77人，梁寒冰主持会议。此次参会的论文有以下特点：一是作者绝大多数是各地的修志工作者；二是选题绝大多数来源于修志实践；三是论文注意吸取其它学科的成果，突出一个“新”字。这些特点反映全国方志界的理论水平有了新的提高。会议集中讨论了以下几个问题：(1)关于方志的科学性问题；(2)关于方志的功能问题；(3)关于方志与经济体制改革关系问题；(4)市管县的市志的编写问题；(5)关于志体改革的问题。这次年会开创了方志界争鸣的新风。在大会上发言的有12人，其中10人写成了文章，全部发表在《天津史志》1994年第4期上：

浙江省社科院魏桥在《用改革精神修志，修志要反映改革》的文章中，强调“只有创新才能继承”；指出“横排门类要注意整体综合”。文章还评述了“记叙改革的几种方式及其得失”。

山东省志办公室刘乾昌在《地方志应该志什么?》的论文中，提出志书要“三重”：要重在于资料的记述；要重在于事业本身；要重在于未载资料。

吉林省东北师范大学历史系薛虹在《新志的整体性》一文中指出,1981 年前后的关于史志关系的讨论,明确了地方史和地方志在体例上的区别,方志只应横排得到了依据,但对方志学史上的史志关系并没有作出恰当的说明。他认为,史志合一,史志一体,是宋代方志定型化以来的基本趋势。问题是清季以来,近代西方按年代顺序将历史发展分为若干阶段的史著体例传入中国,成为近百年史著的基本形式,取代了中国传统的正史体例,这种史著才和志书分道扬镳了。而志书仍保持着定型化以来的正史体例,横向来分门类。不是志书和纪传体正史体例有区别,而是史书离开了传统的正史体例,方出现了近几十年间(大体民国以来)的史志体例的不同。在"专志贵专"的问题中,他指出,从 1984 年以来普遍强调"专志贵专",就是按行业、事业来分门类,不按职能部门来确定篇目。这样的理解还是很值得讨论的问题。

云南省志办胡铮《再论地方志的科学属性》的文章,主要是针对于希贤"方志学应属于行政管理科学的一部分"进行再讨论的。他提出:地方志可以为行政管理服务,但方志学不属于行政管理科学;方志学不是独立的边缘科学,而是历史科学的一个相对独立的分支;地方志和地方史的关系是孪生兄弟;地方志的发展前途——地方年鉴将是地方志未来发展的对手。

吉林省志编委会穆恒洲、齐景山、严寒在《志书的时代性和志体的革新》的文章中,认为地方志是随时代变化而变化的。历经两千多年,出现了一大批划时代的志书。这些划时代的志书的特点,是对原有志书有所继承,同时对原有的旧志否定得更彻底,标新立异之处更明显。《华阳国志》是对《禹贡》、《山海经》的否定与发展;图经是对《华阳国志》的否定与发展;《太平寰宇记》、《吴郡志》是对图经的否定与发展;记(纪)传体志书又否定了平分门类的体例。从当前修志的实际情况看,虽然明确了用新观点、新材料、新方法来编社会主义新方志,但"沿用"有余,"创新"不足,师法旧志观、旧志材、旧志法的现象比较严重,甚至拿死人压活人,拿前人压后人,墨守陈规旧律,新观点、新见解往往得不到有力的支持。

天津史志总编室孔昭慈的论文是《试论城市志反映城市功能的问题》。

湖南省交通厅刘甲柱在《新方志方法论》中,提出新方志的方法论可分为三个层次,即功能方法、结构方法和行文方法。认识论与方法论要统一,主观要正确反映客观。资治与存史要统一,运用史料要反映客观规律。新方法论的实践性要为现实和未来服务。

9 月 19 日,中国地方志协会常务理事会二届二次会议在天津举行。出席会议的常务理事 15 人,请假的 13 人,列席会议的 5 人。梁寒冰主持会议。中国地方志指导小组秘书长、全国地协副会长郦家驹在会上通报了关于召开全国地方志第一次工作会议的筹备工作进展情况。会议对正在进行的 1986 年学术年会的召开作了充分肯定;重申 1985 年包头会议(即二届一次理事会全体会议)的精神,明确全国地协的性质和任务;强调加强地方上的地方志协(学)会的组织建设,讨论了全国地协 1987 年的工作要点。

9月23～24日，中国地方志指导小组扩大(第六次)会议在北京召开。中国地方志协会副会长、正副秘书长列席。梁寒冰主持会议。会议讨论了拟于1986年底举行的全国地方志第一次会议的准备工作和地方志工作“七五”规划的设想。

9月25日，山西省武承、祁明在审阅该省部分县志初稿、参加部分志稿评议会和进行一些调查之后，在《山西地方志》第5期撰文提出，新方志编纂中，“成书要快，定稿要严”。

按：这是经验的总结。当时其他地方也有“第一稿要抢，第二稿要磨”的说法，其意一也。

是日，福建省人民政府办公厅发出通知，成立《福建省志·地图集》编制出版领导小组，由省地方志编委会着手工作。该地图集包括“普通地图集”、“自然地图集”、“经济地图集”、“历史地图集”4卷，是省志的重要组成部分。

9月29～30日，厦门、汕头、珠海、深圳四市地方志办公室负责人在深圳举行座谈会，研究经济特区志如何适应时代要求，为改革开放服务的问题。

是月，欧阳发、丁剑编著的《新编方志十二讲》由黄山书社出版。

是月，崔建英编撰《日本见藏稀见中国地方志书录》由书目文献出版社出版。

10月8～13日，受中国地方志指导小组委托，由湖北、安徽、山东、广西四省(区)筹备组织的全国省(区)志体例篇目座谈会在南宁举行。18个省(区)的代表与会，广西桂林、北海两市代表列席了会议。会议就已经提出的15个省(区)志篇目进行交流外，还就省志体例、篇目中带共性的问题进行了讨论。有些形成了共识，有些则展开了热烈的争鸣。形成共识的是关于省志总体设计的原则问题。认为省志的总体设计应坚持四个基本观点，即整体观点、区域观点、综合观点和时代观点。在谋篇布局上，一要根据当代生产力的水平和生产关系的格局设志；二要从本省政治、经济、文化、教育等方面的客观实际出发；三要有利于组织吸收各行业的专家编写各个专志；四要有利于调动和发挥各部门编写志书的积极性；五要组织各行各业各部门编写专志，应允许各专志必要的交叉，避免不必要的重复；六要在编志过程中不回避矛盾，不集中矛盾，不激化矛盾。

所开展争论的问题主要有：一是“大志多篇体”与“多志平列体”各自的优劣问题；二是在处理纵横关系中，是要横分到底，还是应当实行以横为主，纵横结合；三是强调“专志贵专”，但在经济类的一些专志中，是否可以普设专业科研和专业教育的类目问题；四是对地方特点的认识和理解，以及在篇目设计中如何体现的问题；五是人口问题有否必要设立专志的问题；六是有否必要专设“经济综述”的问题；七是民俗志中应不应设新风类目问题；八是政党、政务志中要不要记党务、政务的问题等。会议对这些问题的争鸣都没有作结论，只是要求将这些讨论提出的见解，结合本地实际情况，择善而从，进一步完善本省(区)志的总体设计。在研讨会上，湖北省地方志编委会副主任密加凡提出，“优势是特点，劣势也是特点”，在会上形成了共识。

此次会议后,《中国地方志》于1987年第1期择发了5篇有代表性的文章。一是湖北省地方志办公室任平的《省志总体设计整体性综合性初探》,提出“新方志的主要功能是‘资治’,即向地方领导机关提供决策的资料和数据、借鉴和参考”,“新志的主要读者对象是各厅、局、部、委、办以上的领导同志,以及参与省的有关重大事项咨询决策的社会科学、自然科学工作者,省直有关部门的干部等”。二是贵州省地方志办公室张桂江的《论省志体例之整体性》,提出省志篇目设计上要更新,主张采用三“板块”结构:“第一‘板块’为综合性条目,第二‘板块’为专业性条目,第三‘板块’为管理及辅助性条目。”三是安徽省地方志办公室欧阳发的《总体设计至关重要》,认为在“通常情况下,省志的第一层次,难以体现区域特点,而在第二、三层次中常常因地而异。例如《安徽省志·商业志》中,设置了徽商篇;在《粮食志》中特设了芜湖米市;在《轻工业志》中,首设了工艺美术篇,突出对安徽文房四宝的记述”。“现在,有些地方为了突出区域特点,把某种事物从同类中分离出来,单独成志,这种做法,历史上有先例,从理论上说得过去,实际上也是行得通的。但是这也不等于说,凡是有区域特点的事物都要独立成志成篇。多数情况下,只要把它放在同类事物中的突出位置上,并给以适当篇幅加以记述,或者从全志的角度去考虑突出这个事物,也是可以显示地方特点的。其实,后一种易于掌握一些。”四是广西通志馆唐崇锦的《关于〈广西壮族自治区通志〉总体设计的基本设想》,较详细地介绍了他们《通志》的篇目设置情况。五是穆舒的《新方志如何突出时代特点》,除强调正确坚持“详今略古”的原则,突出记述事业主体,要加强宏观记述之外,还强调了要加强经济体制改革的记述和加强精神文明建设的记述。

10月9～10日,浙江省第一部新县志——《建德县志》出版后,浙江省社会科学院和省地方志办公室、杭州市志编纂领导小组、建德县志编纂办公室,在建德联合召开出版座谈会。来自北京、天津、上海、河南、山西、广西等省市自治区及浙江省内有关修志单位、大专院校、科研单位、出版部门的代表100余人参加。

10月13～19日,全国首次省级地方志刊物主编座谈会在四川乐山市举行。28个省、市的刊物负责人及《中国地方志》主编共44人参加,交流了各地办刊经验,探讨了方志刊物的地位与作用,以及如何提高办刊质量等问题。自是至1995年共举行7次全国方志刊物座谈会,在进行刊际交流,探讨方志刊物的性质和特点,根据修志工作不同进展阶段确定发稿重点,提高办刊质量,进行刊际之间的分工合作,共同为修志工作出力方面,起到了一定的作用。

10月23日,中共新疆塔城地委办公室批转地委党史资料征集小组、地区地方志编委会《关于党史、地方志工作检查评比的情况及今后意见的报告》。先是从9月12～20日,地区分南北两片对此两项工作进行了检查评比,于9月27日向地委写出报告,除汇报检查评比情况外,对今后工作提出了5条意见:一是进一步解决对党史、地方志工作的认识问题;二是不断加强对党史、地方志工作的具体领导;三是重视培养一支专业队伍;四是建立和实行主编

(或责任编辑)负责制;五是要给编史修志人员以相应的政治待遇和生活待遇。至是,地委办公室将报告转发各县(市)委、地委各部、委、办,地区各委、办、处、局党组(党委)。转发通知要求,全地区各级党组织都要进一步提高对搞好这一工作重要性、紧迫性的认识,切实加强领导。特别是分管这项工作的领导同志,要负起责任,采取有效措施,解决实际问题,争取在不长的时间内,把党史、地方志工作抓上去。

10 月 24 日,董一博在与厦门市志办和党史办举行座谈时,提出志书出版后,方志办还要做 12 项工作:1.新方志的总结与校勘;2.剩余资料的审核、编辑与保存;3.继续搜集资料为下次修志(大约 20 年后)工作做准备;4.地方问题的专题研究;5.续写人物传;6.旧志全面整理工作;7.编写当地的方志发展史;8.编写地方历史;9.编写乡土教材;10.进行新方志学研究,包括理论方志学、应用方志学和方志发展史三个基础工程的研究工作;11.承担地方问题的咨询工作;12.编写地方年鉴。

是月,湖南省平江县经济社会科技发展系统工程规划通过鉴定,县志办着手探索将系统论引入新县志的编修,运用系统工程设计出县志篇目,其总体结构如下图所示:

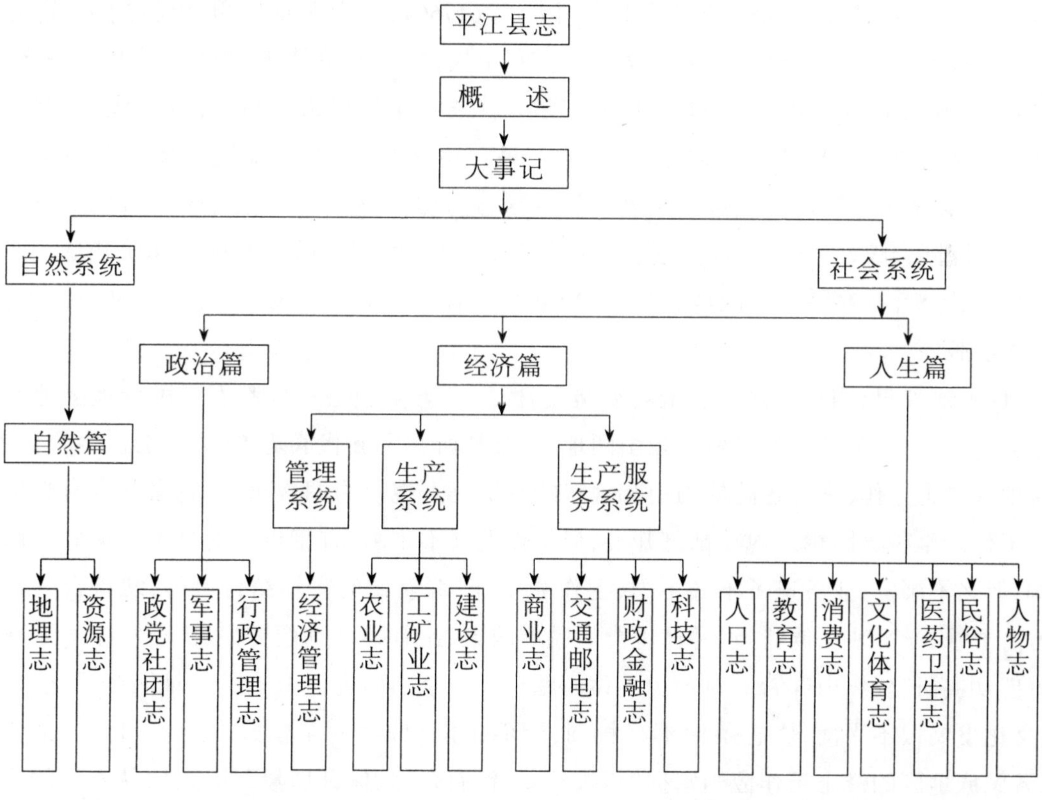

该县志办在《湖南地方志》1987 年第 2 期发表《用系统工程制定县志篇目的初步探讨》一文,首次提出在县志中设"人生篇"。文章说,鉴于目前志书篇目中,"重物轻人,见物不见人的现象更普遍",又认为"文化和社会不能与政治、经济成为并列的要素,而且根据现实存在,

还有很多人生活动,诸如文化、教育、卫生方面的内容要收入志书,所以我们决定设立'人生篇'",主张除社会政治、经济以外诸方面的问题均可归入人生篇。故而他们县志的第一层次就是按自然、政治、经济、人生分篇立目的。其人生篇包括:人口志、教育志、消费志、文化体育志、医药卫生志、民俗志和人物志等7章。

按:这是本届修志中一个比较特殊的篇目,对其后新三宝体的出现起了一定的推动作用。

是月,根据北京市委领导的指示,成立以市委常委、秘书长张明义为组长,市政府秘书处铁英等为成员的北京市地方志筹备小组。

是月,经中共浙江省委宣传部、省出版局批准,浙江省人民出版社成立地方志编辑室,潘一平任主任。

是月,贵州省赤水县志编委会,邀请省志办及遵义地区各县市志主编参加讨论《赤水县志篇目》。

是月,厦门大学历史研究所林仁川教授,从荷兰莱顿大学汉学院图书馆复印今存最早的厦门《鹭江志》携带回国。是志修于乾隆三十一年(1766),三十四年付印,资料翔实,颇为珍贵。其后版绝书失,无处可寻。早在20世纪20年代,学者薛澄清曾登报公开求觅,未获结果;30年代初,《厦门图书馆馆声》亦刊登《征求鹭江志启事》,仍未得回音;40年代,李禧先生以个人名义再次于报刊刊登广告寻求,亦无结果。50年代以后,参加厦门地方志编纂的学者,又在各大图书馆、藏书阁、藏书家处广泛寻求,还是足迹杳然。至是,林仁川教授赴莱顿大学参加国际会议及讲学,得以发现,才复印归国。是书经整理后于1996年6月出版。

是月,陈观浔编《[民国]西藏志》由巴蜀书社出版。是书编于民国十四年,仅存抄本,至是正式出版。

11月5～9日,四川省地方志编纂委员会、民族事务委员会在成都召开民族地区地方志工作会议,省属三个自治州、涪陵、乐山两地、市及其所属民族代表等83人与会。会议认为,民族地区修志工作,是对各民族历史和现状的一次巨大规模的调查研究,它必然会对当地的实际工作产生积极影响。现在都已开展,但工作发展不平衡,有相当多的县虽然成立了修志机构,但名不副实,业务班子不齐不力,工作展不开;编纂如何密切结合实际,既符合一般的地方志要求,又反映民族特点,并体现党的民族政策,还有不少问题要研究,要探索。从现在起就要切实研究,作出部署。对不少具体问题也要作个别研究。全省民族地区各县之间,经济、文化发展很不平衡,修志条件不尽相同,因而不能搞成"一个模式"、"一刀切"。会议认为,各民族地区的修志工作应当掌握"积极稳妥、留有余地、保证质量"的方针,从本地的实际情况出发,制定切合实际的计划。那些人口特别少,建县时间短,社会经济、文化发展水平低,修志人才奇缺的县,不必强求编出一部从历史到现状的详备的县志,可以只编以新中国成立后的现状为主,兼及历史的比较简略的简志。无论正规县志还是简志,在人才确有困难的县,完成的时间可以放后,可以突破全省规划纲要的时限。有条件的县则要健全机构,调集力量,把工作开展起来。哪些县修简志,哪些县修正规的县志,要以州为单位制定统筹方案,经州政府批准,报省志编委会和省民委备案。民族地区修志工作的关键环节,在于加强州志编纂工作,加强州志机构力量。民族地区的州志和县志,不能照搬汉族地区志书的篇目。资料要认真搜索、核实整理,特别要下功夫搜集民族文字中保存的民族资料,发掘优秀的民族文化。使用资料时要检查是否违背民族政策,不符合的把资料保存起来,不在志书上使用。涉及民族政策方面的问题要慎重,不能宣传迷信,鼓励落后,不能刺激民族感情,影响民族团结。应使新地方志是一部从各方面体现党的民族政策,体现各民族文化交流与互相吸收,发展民族团结合作的新的历史记录。此次会后写成的《四川省民族地区修志工作会议纪要》,由省民族事务委员会和省地方志编纂委员会,于 1987 年 2 月 24 日转发三自治州行署及各自治县人民政府。

11 月 22～25 日,贵州省黔南、黔东南、黔西南三州举行州志工作联席会议,研究民族自治州志的总体设计和相关专志篇目的方案。

是月,上海市长江泽民为家乡修志两度挥毫题词:一是“修好扬州市志,造福家乡人民”;一是“十里春风新画幅,明楼唐杏好文章——祝《扬州史志》创刊”。

是月,四川省合川县志办唐唯目在《四川地方志通讯》第 6 期发文,对“人民的志书”、“革命的志书”提出异议。文章指出,有些地方的领导人,为了更好地贯彻修志的指导思想,曾提出“人民的志书”和“革命的志书”的口号,这是值得商榷的。“人民”和“革命”这两个概念有其鲜明的时代性和阶级属性,在不同的历史时期其内涵和外延是不同的。要修“人民的志书”和“革命的志书”,那么其志书的内容就只能是“人民”由被支配、被统治的地位挣扎奋斗到当家做主的史实。客观的存在还有相当大的一部分历史不是“人民”的活动,如地方官绅个人的活动或特大的劣迹。如果写入了这些,与“人民的志书”就名不副实了。人民绝不会把不属于自已的功迹记入自已的史册。这样的口号会使简单明白的史实变得繁难和不明白,是对修志工作者的一个约束。

是月,黄苇主编的《中国地方志辞典》由黄山书社出版,这是我国第一部方志专业辞典。是书收入自远古至 1986 年的方志词目近 2000 条,按其性质分为著名方志、修志名家与方志学家、方志用语、方志目录、方志专著、方志论文、方志序跋凡例、修志文献、修志机构与方志刊物、其他等 10 大类。对于所收词目有定论者,按定论解释,其他观点也作适当介绍;在学术上有争议尚无定论者,则诸说并存。书后附有《地方志大事记》和《词目笔画索引》。

12 月 2～5 日,《海河志》编委会在河北唐山市举行编纂工作会议,海河流域 8 省、市、自治区水利志编纂办公室负责人及志书各编、章主编和各审修小组组长和有关人员共 47 人出席。

12 月 20 日,江西省志办刘柏修在是日出刊的《修志文丛》今年第 10 期上发表文章,论述

《大事记是民国方志的一个创新》,不同意说大事记是本届修志中创新的说法。文章说大事记是一种史体,在史学中走过了漫长的历程。南宋嘉定七年(1214)高似孙修的《剡录》中设立"县纪年",开创了县志首列大事记的先河。自此而后直至清代以前,运用类似体裁者也不乏其人,但方志编纂者还没有从主观上自觉地认识大事记在方志中的重要性,还处于一种盲目状态之中,故说大事记在此时是志书创新还为时过早。只是到了民国年间公布的两个《修志事例概要》中,明确规定"各志书,除将建置沿革另入沿革志外,并需特列大事记一门"。在实践中,早在民国十四年(1925),余绍宋的《龙游县志》,沿用元人张用鼎《金陵通志》特创的"通纪"一名,设立通纪,置诸卷首,"意在为表、考、传之经,故专重一县之大事,汇而纪之,使两千年来情事萃于一帙",实则是本县的大事记。民国二十六年(1937)黄炎培在《川沙县志》中就正式创立"大事年表",并说"大事年表为他志所罕见。然欲究时代之变迁,治述之趋向,则非可忽也"。"编方志必先立大事表,余主此甚坚。史之为用,明因果而已。一般方志偏于横剖,而缺于纵贯,则因果之效不彰。必将若干年间事料串列焉,其同时者并列焉,以玩其彼此先后之消息。"其他各省不少志书也设了大事记专篇。所以,有人所说的"大事记是社会主义新方志的一个创新"云云,是不符合方志发展实际的。

12月22～24日,经国务院批准,由中国地方志指导小组主持召开的全国地方志第一次工作会议在北京举行。这是新中国方志学界第一次全国性的盛会。出席会议的有中国地方志指导小组成员,全国28个省、直辖市、自治区和九个计划单列市的党政领导和地方志编委会的负责人,中国地方志协会正、副会长,正、副秘书长。会议主旨是贯彻中共十二届六中全会决议精神,落实国家第七个五年计划第27章对地方志工作提出的要求,提高认识,明确方针,加强领导,制定规划,推动全国修志工作的健康发展,为"七五"期间开创修志工作新局面创造条件。地方到会的大部是各省分管地方志工作的副省长,有的是省长。这次会议对全国地方志的健康发展起了重要的推动作用。

在会议的开幕式上,国务院副秘书长张文寿作了重要讲话,主要从政府的角度,阐述了地方志工作的目的和意义,强调各级政府要重视这项工作,保证必要的工作条件。

中国社会科学院院长胡绳在讲话中特别指出,中国地方志指导小组要加强对各地编纂工作的指导,要认真了解和研究各地工作中的问题,总结和交流他们工作中的经验。要在广泛征求各方面专家、学者和有丰富实践经验的同志意见的基础上,逐步明确各类新地方志所应具备的基本内容和体例、门目、篇目,使各地新编地方志既能保持大体一致的规格,又能充分体现不同地区的不同特点。搜集资料应该细致广泛,具体编写要有所选择,不宜作不必要的渲染和过细的描写。要用客观的基本的事实材料帮助读者认识当地的历史和现状,了解革命斗争和建设事业的艰苦曲折和光辉业绩,使新编地方志成为一部真正的科学文献。现在修的是社会主义时期的第一代新地方志,以后还会第二代、第三代地续修,因此必需一开始就把基础打好。新方志所反映的内容必需翔实、准确。应保持新编地方志所应具有的科学、严谨和简练。

中国地方志指导小组组长曾三作了《为编纂社会主义时代新方志而开拓前进》的主题报告。报告总结了六年来修志工作的基本情况和取得的成绩；分析了当前需要解决的主要问题；希望各级地方政府要加强对地方志工作的领导。

23日，中共中央政治局委员、中央书记处书记、国务院副总理万里，接见了会议代表，并发表了简短的讲话。他特别强调："地方志工作很重要，各级政府都要关心这个事情，要动员一些专家、还有老同志来参加这个工作。这是一个文化建设，很重要的文化建设，这是一门专门的学问，一门知识。"

在24日的闭幕式上，中共中央政治局委员胡乔木，代表党中央和国务院向为方志工作而辛勤努力的全体方志工作者表示敬意，并作了十分重要的讲话。讲话的要点有：

一、提出了关于市志和市属县的县志关系问题，要求要研究和处理好两者之间工作怎样衔接，体例上怎样协调。

二、关于新方志的体裁和科学性的问题。认为旧的方志保存了很重要的资料，但它们有一个共同的缺点，就是各门类之间看不出相互之间的影响和逻辑关系。新志在这方面应当有很大的改善。不仅要门类设得比较合理，在门类的叙述上比较得当，而且要力求表现出各门类的相互关系。地方志应当提供一种有系统的资料。这种有系统、有组织的资料应是一个有机的整体。要逐步地提高地方志的科学水平，要求科学化。在不能做到高度科学化的时候，也可以要求一种比较低水平的科学化，至少要求整部地方志从头到尾都力求严谨，要保持一种科学的、客观的态度。要力求在编辑工作中避免一种"政治化"的倾向。所谓"政治化"，就是不适当地表现出一种政治的色彩，这就减弱了著作的严谨性、科学性，使地方志染上一种宣传的色彩。客观的历史就是客观的历史，不需要在地方志里画蛇添足地加以评论。地方志不是评论历史的书，不是史论。多余的评论不但不为地方志增光，反而为地方志减色。现在有的地方志，还不必去看它的文本，就使人感到有一种强烈的宣传色彩。打开这本书后，首先出现的不是序言，也不是目录，而是大批的题词，以及大批选得不适当的照片。这样的一种格式就不合乎地方志的规范。地方志不是发表题词的地方，它也不需要任何不必要的风景照片，因为不是导游手册。地方志的价值，在于它提供科学的资料。在这个范围内，应该要求地方志做到一句也不多，一句也不少。一定要在所编辑的地方志中，杜绝任何空话，摆脱任何宣传色彩。地方志书应是一部朴实的、严谨的、科学的资料汇集，让它能够经受历史的考验。尽管它不是一部科学理论著作，但它究竟还是一部科学文献。要多多考虑，使地方志内容更加丰富、更加符合科学的要求，使这部文献的科学价值更高。

按："地方志书应是一部朴实的、严谨的、科学的资料汇集。"乔木同志对地方志的这个定性，影响了整个这一轮志书的编纂，成为对方志定义和方志性质研究的一个重要的理论基点。

三、地方志应做到详细，同时应做到简略。所谓详细，指它所应讲到的方面都讲到了；所谓简略，就是指每个方面的说明要像打电报、编辞书那样地精练，要惜墨如金。

四、不能提出不切实际的要求。能不能要求全国每个县或相当于县的单位毫不例外地都能编出自己的县志？估计大多数县有这种可能性，但是有很少的县是没有这种可能的。比方人口很少，居民点很少，还没有解决温饱问题的县，现在就不能考虑编县志，还有其他不容易解决的现实问题。在不能编县志的县，可以先由县或地区编出一些资料，哪怕这些资料是不适于印刷出版的，以便将来利用。就是可以编县志的地方，也不能把修志工作看得过分轻易。与其出一部很不得体的县志，不如暂时出一部油印或铅印的资料，作为一种稿本而不出版要更好些。可以等过了几年，有了合格的编辑，编写新地方志的经验更多些，所写的稿子更加成熟以后再出版。

五、关于发行问题。如果志书的质量等条件都具备，当然应当公开出版。我们过去关于保密问题的某些规定现在看来不大合适，需要作些改革。现在有些问题也许并不属于保密问题，而是把根本不属于地方志范围的材料硬塞进去了。这里所涉及的是编辑水平问题，而不是保密问题。

在此次会议上，还有黑龙江省地方志编委会主任陈雷、河南省地方志编委会主任邵文杰、陕西省地方志编委会主任陈元方、吉林省地方志编委会副主任王季平、甘肃省地方志编委会主任王秉祥、贵州省地方志编委会主任秦天真、武汉市地方志编委会主任黎智、浙江人民出版社地方志编辑室潘一平等，先后发言。他们除了介绍本省、市修志情况和初期的经验及具体工作设想之外，还提出了一些值得注意的问题。如陈雷提出了一个争取立法的问题。他希望最好全国搞一个统一的地方志法。如果全国的地方志法一时不能出台，黑龙江地方志编委会也设想与人大商议，立个地方的法，把修志工作通过法律形式固定下来。陈元方提出了规划之外的地区志的问题。陕西有四个地区主动提出编修地区志，因为陕北最北的十多个县有许多共同的东西，如长城、沙漠治理、种草种树等，分县之外还需要由地区统起来。省地方志编委会同意了这一主动请求，只是希望他们分开步骤，不要影响县志编纂。王季平认为现在的志稿很多是材料堆砌、现象罗列，资料考证也多陷于繁琐论证，没有抓住事物的本质，给读者的印象模糊不清，因此他提出新方志记述内容要写主线、主体、主流。王秉祥结合甘肃的实际，提出甘肃修志要十分注意民族特点问题，必须严格遵循民主、平等、团结、和睦、友好的原则，处理历史上曾发生过的民族纠纷。秦天真总结出结合已经编出志稿的评论，进行以会代训，是提高修志人员水平行之有效的方法。潘一平专门介绍了由浙江人民出版社一家独立组织编纂出版《浙江简志》丛书，被誉为“修志史上的创举”的经验。

据全国地方志第一次工作会议上曾三报告，截至 1986 年底，全国已有 28 个省(区)、市建立起地方志编纂机构。全国 300 多个市已有三分之二的市、2000 多个县(旗)已有 1800 多个县(旗)，建立了地方志编纂机构。

12 月 23、26 日,《人民日报》连续发表全国地方志第一次工作会议在京召开和编纂新地方志被列为“七五”重点项目的消息。次年 2 月 28 日,《光明日报》发表了邵文杰《中国编纂地方志事业的大发展》的文章。

12 月 25 日,辽宁本溪市志办崔玉良在是日出刊的《中国地方志》今年第 6 期上发表《新编市志应当重视记述科技》的文章。文章认为,从所见到的几部新编市志篇目或初稿中,有的没把科技单独列篇(编),而是入在其他篇的从属地位,这是不妥当的。正如恩格斯所指出的:“科学是一种在历史上起过推动作用的、革命的力量。”旧志中重人文轻经济,也轻科技。一方面是由于当时的经济和科技发展缓慢,更重要的是受世界观、社会观乃至方志理论的制约。对此,今人不能苛求于古人,但我们这一代人有责任弥补历史的这一空白,这是我们的历史责任,也是我们业绩的所在。修志中重视科技,除了在篇目中的层次不能太低之外,在编纂中还要注意:一是要坚持“三新”,要重视科技之新;二是要体现科技改革;三是努力记述科技上的创新。

张仲荧在同刊期上发表《关于地方志价值与功能的再思考》一文,认为“用新的时代精神来看待地方志的功能与价值,不仅仅是要为它过去的存在‘正名’,更重要的是要为它将来的发展确定方向和道路”。研究方志的功用,“不能停留在从过去的时代产生的旧方志里去寻找答案,而应当把它放到现实生活和当前的社会改革中,从它与当前社会的其他学科的联系与相互作用上去考察”。基于此,他认为地方志具有五种功能:首先地方志是一种知识,它以知识的价值体现其社会功能;其次,人们通过对地方志知识的获取,可以对所涉及事物得出较深刻的认识,故方志又有认识的功能;其三,具有开发人类智力的功能;其四,地方志还赋予人们热爱乡土的情怀;其五,地方志的“资治”价值,则体现了其社会功能的最高层次。要发挥这些功能,一是方志必须以当代科学为中介,将其功能有效地反映到现实生活中来;二是方志必须由传统的封闭型转向开放型,把方志的区域性与社会的整体性结合起来;三是方志要极大地提高本身的知识信息容量;四是方志体例必须开放兼容,吸取百家之长,予以创新;五是适应社会科学的的改革,方志学的研究及方志编纂方法要向开放转变;六是方志虽是中国特有的文化遗产,为发挥其更大作用,必须面向世界。

是月,杨之水主编的《南京简志》出版,这是本届修志中全国第一部正式出版的市级志书。南京市修志规划是分三步走:第一步是先编一部《南京简志》;第二步是编纂南京市志的系列丛书;第三步是编一部《南京通志》。将一个政区内的志书,繁简结合、组成系列,是本届修志中新出现的一种志书构架。

按:与南京相类似的是浙江省的做法:先编了一套简志,共 11 种;然后编“分则独立,合则系列”的一套省志丛书;最后再编一部精编本的省志。天津市是先编一部《天津简志》,然后分编市志丛书和《天津通志》分卷。上海市志将这种构式又进一步加以丰富了,形成一纲三目体式,包括:一、上海市县志系列丛书;二、上海市区志系列丛书;三、

100部以上可以独立存在的上海专志系列；四、在以上三个系列基础上，再加工提炼，总纂成一部约2000万字左右的浓缩型的《上海市志》。

是月，王治国总纂的河南《扶沟县志》出版。是志在修纂过程中，由于系统地整理了该县从西汉以来的“灾祥志”，使县有关部门根据所提供的气象资料，分析和掌握了当地的气候特点。1983年根据这些特点加强了麦、棉后期的田间管理，使小麦、棉花获得大丰收。当年售棉9000万斤，名列全国第二。这一事例为中国社会科学院党组在给中共中央宣传部所写的《关于加强全国地方志编纂工作的报告》中所引用。

是月，由一位农民编就的贵州黔西县《三角乡志》内部印行。修纂者李华民，少年时只读过几年私塾，十二三岁便回家务农兼赶马车，26～35岁在乡政府做文书工作。1984年，县志办来甘棠区召开为县志提供资料座谈会。李华民与会后想，县志是100多年未修了，本乡则从来就没有修过志书，他决心来填补这一历史的空白，看作是一个历史的机遇。以他自存的7个笔记本所记的“三亲资料”为最初的基础，抓紧一切农闲时间，腿勤口勤，走村串寨，访老人，看古迹，抄碑记，查史书，进行资料收集整理。本着有啥写啥，“因事设目”、“详近略远”的原则，完成第一稿后，复写了3份分送乡政府和县志办，但半年无音讯。直到第二年冬，县志办到区里来了解修志情况，把他的稿子带回去后，才引起乡政府的重视。根据县志办修志人员提出的意见，利用别人拜年走亲戚吃年酒的大好时机，他经过一个多月的修改，终于完成了一部8万多字的《三角乡志》，至是由县志办内部印行。农民李华民奋笔修志的事迹，受到社会的称赞，《贵州地方志通讯》、《贵州日报》、《文明村》(刊物)等都发表文章，予以表彰。

按：本届修志中这种情况不在少数。广西融水县一位老农民韦国盛也个人编纂了一部《三防镇志》。该志分为概述、大事记、建置、地理、政治、经济、文化、教育、社会、灾异、匪患、人物及附录等篇，共5万余字，附有三防区域图及各种统计表。

是月，王晓岩分类选注的《历代名人论方志》一书由辽宁大学出版社出版。是书分类纂辑并注释历代名人对方志及相关问题的论述。计分：方志的发展、方志的内容、方志的性质、史志关系、修志的目的及意义、修志的要求、方志的体例、方志的资料、方志的编纂、方志人物等10个方面，取材较为广泛，有较强的针对性，颇便利用。

按：王氏还著有《方志体例古今谈》一书，1989年8月由巴蜀书社出版。

是月，丁世良、赵放主编的《中国地方志民俗资料汇编》(华北、东北)由书目文献出版社出版。

是年，江苏省《镇江市志·邮电》编辑室征集到光绪末年编印的《大清邮传部交通统计表》一套，计22卷，120万字。经邮电部博物馆确认，这是目前国内唯一发现的珍本。中央电视台在《新闻联播》中曾予以报道。

是年，安徽省安庆市志办在讨论市志篇目时，展开了一场可否设立“历代纪略”专卷的讨论。主张可立的意见略占上风，但诘难者还是说，“即使该方案无懈可击，但会招致很多议论，因而恐怕难以立足”。

是年，浙江省志办编的《浙江在台人物录》内部印行。是书共收入浙江省在台人物380人，包括在世和去世的。

按：是时编成同类的书还有陕西的《三秦游子录》，共收徙居世界各地和台、港、澳的陕西籍人物125人。

是年，台北市湖北同乡会编的《湖北旅台人物志》印行。是书遵循史志的传统体例，广泛收录各界人物，保存了大量资料，对湖北省的修志颇有参考价值。

是年，云南省楚雄彝族自治州人大常委会，专门听取关于地方志工作的汇报，其后又将地方志工作写入《楚雄彝族自治州自治条例》中，这是将地方志工作纳入地方法规之中，在各自治州中是首创的。

是年，袁仲翔主编的《河南黄河志》出版，这是新中国成立后，以马列主义观点和社会主义新方志的要求编出的第一部新型的江河志书。

是年，陕西省地方志编委会编的《“西安事变”与第二次国共合作》出版，这是本届修志中以一个历史事件为主要内容编成的图志。

是年，内蒙古大学历史系开设方志课，由明清史教师陈安丽讲授。

是年，《续云南通志长编》整理出版。是书纂集于民国时期的二三十年代，上起民国元年，下限原拟断至民国二十年，后因通志馆未按原计划结束，故20年后仍不断增加资料，最晚有至1946年者。原草稿分80卷、21大类，一、二、三稿并存，系还未定稿者，有的有目失文。经整理后分为81卷21大类，约500万字，分上、中、下三册出版。

是年，广州市地方志办公室点校元陈大震《南海志》残本，内部印行。

一九八七年

1月6～10日，中国民族志工作座谈会在广西南宁市举行，这是继1984年6月中国地方志指导小组在新疆乌鲁木齐召开民族地区地方志工作会议之后的又一次专门研究民族志的全国性会议。新疆、内蒙古、西藏、宁夏、广西、云南、贵州等26个省、市、自治区和9个自治州、6个自治县修志单位的代表，以及中国地方志指导小组、民族志指导组、国家民族事务委员会、中国社会科学院、中央民族学院等单位代表共79人参加。代表中共有14个民族的成员。会议相互交流了情况和经验，着重讨论了编修民族志的指导思想、继承与创新、历史事件与历史人物评价、边界及涉外、民族风俗如何记述、体例篇目及书名等问题。关于指导思想，会议认为，新编地方志的指导思想就是民族志的指导思想，民族志要充分体现党的民族平等、民族团结、合作互助、共同发展繁荣的民族政策，要做到科学性、时代性、资料性、知识性的统一，力求准确地、全面地反映民族地区的情况、成就和经验。对民族风俗习惯，要坚持对民族发展起进步作用的多写；对民族发展起阻碍作用的、已改革或正在改革的，可以少写或不写；对民族体育、文化、歌舞、民间文学、医药等能反映民族特点的，要充分记述。国家民委副主任黄光学在会议总结时，特别提出了编修民族志的基本要求和对一些特殊问题的处理原则。据统计，至此次会议前，全国5个自治区中，已有4个建立了自治区一级的修志机构，31个自治州中有27个建立了修志机构，104个自治县(旗)中有88个建立了修志机构。24个省、直辖市中，有17个建立了民族志的编写机构。

此次会议后，《中国地方志》于今年第2期，集中刊发了一组探讨民族志问题的文章，都各有见地，颇值得各地参考。其中有黄光学和牙含章的《在中国民族志工作座谈会上的讲话》；唐崇锦的《广西壮族自治区民族志编纂工作的情况和做法》；新疆维吾尔自治区地方志总编室的《民族地区修志的若干问题》；刘昕的《试论民族志》等。

1月14日，黑龙江省志编审委员会决定省志出版要统一规格，统一由省志办出版发行处印制，编写单位自筹经费。每部分志，省志办留1000册外，多印册数由编写单位内部发行。

1月22日，黑龙江省志编审委员会副主任张向凌，在听取《哈尔滨市志基本篇目》的汇报时，提出要增加哈尔滨与全国大城市比较志，引起了会议的热烈讨论。

是月，全国人大常委会副委员长、著名历史学家周谷城为《湖南地方志》题词："志之重要，在于资料。整理成书，可供参考。曰史曰志，名称不拘。利用百姓，即是珍宝。"

是月，福建省地方志编委会总编室编的福建省贫困县脱贫致富参考资料《旧志经济资源、灾异资料选编》内部印行。

2月1日，黑龙江省志军事志的编纂者刘纪生，在是日出刊的《黑龙江史志》今年第1期发表文章《系统论与军事志的编纂》。这也是较早提出将系统论引入志书修纂中的代表者之一。

2月9～10日，中国地方志指导小组在北京的成员举行会议。梁寒冰、韩毓虎、董一博、郦家驹、高德等人出席，全国地协秘书长左建列席。会议着重讨论了如何贯彻中央关于坚持四项基本原则、反对资产阶级自由化与增产节支、勤俭节约两项指示精神，和如何贯彻胡乔木在全国地方志第一次工作会议上的讲话精神，保证志书质量等问题；研究了小组1987年度工作安排，对城市志和民族志指导组的工作进行了规范；还讨论了中国地方志协会1987年工作计划。同意在福建举行全国地协理事会筹备会议，全体理事会延至明年举行。

2月12日，陕西省地方志编委会举行第五次扩大会议。省委书记白纪年出席会议并讲了话。他要求各级党委和政府要切实加强对地方志工作的领导，应当在领导班子中确定一名有才识并热心于方志工作的负责同志分管地方志工作。要充实修志队伍，特别要注意配备好主编和业务骨干，并相对稳定下来。有的修志机构秩序不好，作风不纯，几年不出成果，要下决心进行调整。要严格审稿，把好质量关。编委会主任陈元方在讲话中特别强调修志人才。他认为志书质量如何，取决于编纂人员的素质状况，关键是人才。历史上，陕西各州、府、县修志，都是聘请举人秀才和社会名流文士编撰。现在我们新编地方志，也应当把本地方、本系统、本单位最优秀的人才抽调出来。

2月13日，胡乔木致函严寒，是正关于"三新"的完整提法。先是1986年12月8日，严寒因为有的刊物引用乔木同志在全国史学代表大会的讲话中的"我们要用新的观点、新的材料、新的方法和体例编写地方志"却少了"和体例"三字，特致书乔木同志进行询问。乔木同志的回函全文于下："严寒同志：12月8日来信收到。同意用第一种表述方法，即加上'和体例'三字。这篇讲话稿本人没有校阅过。因事迟复甚歉。"

2月14日，中共河南鹤壁市委、市人民政府决定，给两年多来一直带病坚持修志工作，作出突出成绩的市地方志总编室副主任姚仲杰晋升一级工资。

2月16日，黑龙江省人民政府第四次常务会议决定，同意省地方志编纂委员会为常设机构，按厅级事业单位管理，设专职副主任；市、县和省直各单位志办也作为常设机构，按事业单位管理，所需编制由内部调剂解决，原定给省直各厅局史志办的临时编制，改为事业编制。

修志人员的经费按原渠道开支,并列入各市、县和省直各单位的预算。同意修志人员按新闻出版系列评定职称。

2月17日,梁寒冰在河南省地方志编委会上发表讲话,明确指出,乔木同志反复强调,地方志是一部朴实的、严谨的、科学的资料书,这就是方志的性质。我们以后在修志工作中应以此为准。地方志是地方的历史文献,要把地方志放在文献价值的地位。要坚持质量第一的观点,切不可追求数量而忽视质量。真正有价值的志书,不在数量而在质量,字数太多,会带来许多不便,而且出版发行也很困难。

2月18日,天津市公安局一干部给赵紫阳总理写信,反映情况,略谓:现在全国正在写史志,强调如何重要。一个村有村史,一个县写县史。发请柬,邀老干部回原籍,又请吃喝,又管路费,排场一番。公安系统也在写,而且要求高,兴师动众。又不顾中央不准增设新机构的规定,成立了"史志科",每个县的分局都要抽出2人至数人,搜集资料编写。有的30多名干部,也要抽2人写这个。劳民伤财,影响工作。不知这个主意谁出的。试问,写一个这样的史志管什么用,究竟起多大作用。望您和中央下个通知限制一下。乱出点子,强调如何重要,刮一阵风,真不知当前最主要的是四化建设。

按:原信文字不是十分通顺,标点混乱,个别字无法辨认。为了便于读懂,引用时舍弃了个别的字,标点也有改动,但决不失原意。

同日,河南省地方史志协会常务理事会提出工作报告,汇报1986年工作,其中说到取得的学术研究成果略谓,1986年,地方史志学术研究成果累累:除3月学术讨论会上的70篇论文准备出版《史志论文集》外,我们还向国内各种刊物推荐了许多有价值的论文。据不完全统计,我协会会员1986年在各种刊物上发表论文约170篇之多,在国内外产生了极大影响。如谷峰同志的《用改革的观点编写经济综述》一文被选参加全国方志学术讨论会,获得广泛好评;王启同志的《唐代固始至闽越的两次大移民》一文,不仅被国内一些报刊摘发,还被海外报刊转载;李民同志的《三毫的纠葛》一文被香港《东方杂志》转载。另外,还有许多论文为《中国地方志通讯》、《中州今古》、《史志文萃》、《河南史志通讯》所选用。河南人民出版社印行的我会名誉会长邵文杰同志的《社会主义方志谈》一书,是我省方志理论系统研究的新突破,受到史志界的重视。

2月21日,河南省第六届人大常委会第26次会议作出《关于进一步加强地方史志工作的决议》,希望各级领导要充分认识地方史志工作的重要性和长期性,切实加强领导,进一步关心史志编纂队伍的思想建设、组织建设和业务建设,解决史志工作方面的困难,动员社会各方面的力量支持这项工作。要求全省地方史志工作者要继续艰苦奋斗,努力工作,为尽快编纂出高质量的河南的社会主义新方志,发展全省社会主义精神文明建设作出新的贡献。

2月28日,《人民日报》在第1版发表本报评论员文章《编史修志不要刮风》,提出"兴师动众,劳民伤财,影响工作,实在应该刹一刹"。这实在是一种不了解情况又无知的说法。文章发表后，在全国方志队伍中引起极大震动，反响十分强烈，许多人表示了不同的看法。仅在几天之内，中国地方志指导小组办公室就接到电话 10 余个，还有来信等，有的是投书《人民日报》的复印件。3 月 5 日，《中国地方志》召开特约编辑会议，与会者也表示不理解。江苏省省长顾秀莲在该省的一次地方志工作会上说："我们自己要坚信自己的工作，不要这个风那个雨的。只要做得对，就要坚定不移地干下去；如果觉得不合适就修改。"当中国地方志指导小组与有关部门进行联合调查后，结论是："地方志困难甚多，并不存在刮风问题"。《人民日报》于 6 月 11 日，重新全文发表曾三在中国地方志全国第一次工作会议上的讲话《为编纂社会主义时代新方志而开拓前进》，以正视听，以挽回影响。

是月，钟明在《史志文萃》第 1 期发表文章，认为志书的内容和体例相比，内容是第一位的。"内容决定形式，地方志也不例外。一部志书的体例即使无出其右，如果内容不真，真而不全，全而不深，它的社会功能就难以发挥。反过来说，倘若入志的史料确有价值，即使体例方面不那么严谨，采用者是不会因为这些史料的就位不妥而不予取用的。"

3 月 3～5 日，为办好刊物，《中国地方志》在北京召开特约编辑座谈会。中国地方志指导小组秘书长郦家驹向特约编辑颁发了聘书。与会者对刊物进一步加强指导性、学术性，活跃方志理论研究方面提出了许多好的意见。

3 月 5 日，黑龙江省地方志第二次工作会议召开。中共黑龙江省顾问委员会主任、省地方志编委会主任陈雷在会上作报告，总结该省修志工作开展的经验时，分析修志初期的思想阻力有三种表现：一种是无关论，认为修志不修志都照样干四化，这种思想主要反映在领导层；一种是包袱论，认为修志是额外负担，这种思想主要反映在各部门；再一种是无用论，认为已经成为历史的东西，编起来也没有用，白白浪费人力、财力。这些思想，在理论上是把修志同两个文明建设对立起来，没有充分认识修志在两个文明建设中的地位和作用，在实践中阻碍了修志工作的进步和展开。提出解决这个问题的办法是，省委、省政府大力提倡修志；各修志部门积极地进行宣传工作，发动有关部门大力支持。因此，该省的修志工作进展较快，成效也比较大。在当时他就高瞻远瞩地指出，全省的修志任务设想在"七五"计划期间完成，以后，各地方志办的工作重点将转入编写地方史、专业史、部门志、年鉴等，每年都要积累资料，五年整理一次，15 年后即到 2001 年编写续志。

3 月 7 日，中共河北省委、省人民政府召开地方志工作电话会议，确定省地方志办公室归属省人民政府办公厅。

3 月 10～15 日，西南地区供销社史志工作协作座谈会在昆明举行，云、贵、川三省及重庆市供销合作社史志工作者参加了会议。

3 月 16 日，福建省第一次地方志工作会议在福州举行，全省 380 余人与会。省长胡平在会上概括修志是"五个需要"：修志是促进改革开放，振兴福建的需要；是振奋人心，搞好安定团结的需要；是团结"三胞"，完成祖国统一大业的需要；是教育后代，发扬优良传统的需要；

是各级党政机关了解省情、市情、县情，为领导提供决策依据的需要。因此，他希望各位专员、市长、县长和各厅局负责同志，要把这项工作抓紧抓好。要切实帮助解决修志工作中遇到的问题。

3 月 19 日，辽宁省城市志研究会成立，孟杰当选为会长。

3 月 19～21 日，浙江省地方志第二次工作会议在杭州召开，传达全国地方志第一次工作会议精神，总结推广建德、萧山等县修志工作经验，落实“七五”期间浙江的修志规划。省委书记王芳写来贺信，充分肯定全省修志工作的成绩，指出浙江“修志工作，是在各级党委、政府的领导下，有步骤分期分批进行的，可以说是机构较小，花钱不多，成果不少，希望能这样扎扎实实地继续搞下去”。

3 月 24～29 日，甘肃省县志编纂工作座谈会在陇西召开。会议对提交讨论的 15 部志稿，结合总纂中遇到的问题展开了充分的讨论。会议通过讨论，进一步明确了：一、县志编纂工作一定要坚持四项基本原则，端正指导思想；二、一定要把握住地域性、资料性这一特点，必须严格恪守着重记述本县范围内的事，记述资料时的议论要起到画龙点睛的作用；三、一定要善于继承和创新；四、涉及到民族时，一定要十分慎重，从有利于民族团结出发，充分体现党的团结平等、共同发展繁荣的社会主义民族政策。对新编县志的标准问题，也进行了讨论。

3 月 25～30 日，由中国人民银行总行主持的中南、西南地区金融志经验交流会在昆明举行。河南、湖北、广东、广西、贵州、四川、云南及重庆市、海南金融志的主编等 25 人与会。

3 月 26～30 日，国家体委在广西武鸣体育训练基地召开全国地方体育志工作会议。各省、自治区、直辖市和 9 个计划单列市的体委文史办公室共 85 人与会。会议认为，编修地方体育志是前所未有的开创性工作，对推动体育运动的发展，促进两个文明建设，均有重要意义。会议形成的共识是：体育志的内容要具有当代体育的科学性和文化教育性，要符合实事求是的原则，要有长期保存的参考价值。国家体委文史委员会副主任毕世明主持了会议，并作了学术报告和会议总结，对地方体育志的编写工作提出了新的要求，希望各地体委要力争编出一部政治思想上先进、内容科学、实事求是、充分体现体育特点、具有长期参考价值的志书。

3 月 27 日，山西省人民政府办公厅向省直各部门转发山西省地方志编纂委员会制定的《〈山西省志〉编纂方案》。在转发通知中要求“遵照执行”。该方案明确了指导思想、编纂体例，《山西省志》初步确定为 42 卷，由大事记、概况、事记、专志（49 部）、人物志及附录 5 部分组成，并有具体分工。

是月，四川省江津县交通志主编廖宗扬在《四川地方志通讯》第 2 期发表《浅谈方志功能之功能——分清方志本身的功能和被借鉴后产生的功能》一文。文章认为“资治、教育、存史”这六个字无所不包，将本质属性与借鉴的功能之间的概念相混淆。资治、教育是无根基的第二三层大楼。方志只有存史和被借鉴的功能。第一功能是存史,第二功能是借鉴,别无其他功能。要产生其他功能,必须通过借鉴,再经科学的方法和工作的实践才能产生新的功能。方志功能还应当由当政者们去讨论。

是月,湖北省通城县人民政府发文,将通城县地方志编纂委员会办公室,更名为"通城县方志局"。是县的《通城县志》于 1986 年出版之后,县政府为了建立常设机构,保持修志队伍的稳定,故有此举。

3～9 月,中国地方志指导小组副组长梁寒冰先后在河南、江西、河北、山西等地考察,多次发表讲话。其中最值得注意的有:提出新方志是科学的资料书,而不是历史论著,既不需要论证历史发展规律,也不需要评论历史事件和历史人物;又一次提出了建设马克思主义方志学的问题。

4 月 14 日,贵州省地方志编委会在都匀举行全省第一次城市志工作会议,与贵阳、六盘水、遵义、凯里、都匀、安顺六市修志协作会结合进行。会议分析了该省城市结构特点,探讨了城市志的模式。认为该省的城市有五个主要特点:一、建置较晚;二、类型单纯;三、市县交叉;四、民族特点突出;五、山城特点明显。根据这些特点,认为宜采取三种模式加以记述。

4 月 17 日,浙江省玉环县召开地方志第二次工作会议,公布县第八次党代会已把编修县志列为工作重点,写入《玉环县"七五"期间社会主义精神文明建设的实施计划》,县九届人代会《政府工作报告》把修志列为政府工作的任务之一。

4 月 22～28 日,中国地方志协会第三届理事会筹备会议在厦门市举行。副会长张立、秘书长左建、常务理事魏桥、副秘书长左开一、朱文尧、刘福钧、赵庚奇,理事于希贤、陈树田出席会议。会议由张立、左建主持。按梁寒冰的建议,着重学习并讨论了胡乔木在全国地方志第一次工作会议上讲话精神,提出了《关于修订〈新编地方志工作暂行规定〉的建议》。会议还根据勤俭节约精神,制定了全国地协 1987 年的工作安排。会后,应福建省地方志办公室之邀,魏桥、左建、左开一、朱文尧、赵庚奇、于希贤为福建省方志骨干培训班作了学术报告。

4 月 23 日,《人民日报》发表《广西新县志敲响了警钟》一文。文章引用《上林县志》、《宾阳县志》和《宁明县志》稿记载的系统资料,深刻地说明了广西水旱灾害越来越频繁的状况和原因,给人们敲响了警钟,呼吁重视生态环境的保护。文章在区内各界人士中引起了较大的反响。

是月,《湖北方志》从第 2 期起至第 5 期设专栏,连续开展"地方志与软科学"的讨论,先后发表了于希贤、傅振伦、何光裕、杨静琦、翟光、陈章华、杨炬、杨森林、方明、吴体钢、平植义、孙昌胜、董洪胜、张树仁等十余人的文章。软科学是近年来出现并发展很快的一门新兴学科,其特点是提出一些思想、观点,根据有关信息资料作出各种计划、规划方案,供决策使用。它不直接参与建设实施的行动,仅起出主意、献策略的参谋作用,是各种工程、技术科学等硬科学的先导。具体而言,软科学包括战略科学、决策科学、规划科学、政策科学、技术预测、技术评价、管理科学、可行性研究、咨询等。于希贤认为,地方志的作用可以包含在软科学研究的重要使命之中。傅振伦认为,我国传统的地方志乘是安邦治国之书,新志要为四化建设提供信息和依据,可以说它是软科学之一。浠水县志办何光裕认为,软科学研究与编修地方志,其目的基本是一致的;软科学的研究范围和地方志编修的内容,有着千丝万缕的联系;软科学研究与编修地方志的基本工作程序,其首要的一环都是靠信息;各地在建立软科学研究机构时,应将地方志机构列入科学研究的范畴;国家如创办软科学方面的报刊应给地方志一席之地;成立软科学研究学会,应吸收地方志工作者参加;培养和造就地方志研究人才对软科学研究是有利的。河南省志办杨静琦认为,开展地方志与软科学的研究具有重大意义。

是月,崔乃谦主编的陕西《户县志》内部印行。是志附录的"遗闻轶事"中集录了《当前形势感怀》(亦称《一叶知秋》或《三个党员来信》)一文。这是60年代初,由于"大跃进"的失误和自然灾害的困扰,在全国上下寻找战胜困难良策的背景下,由户县城关镇"七一"大队会计杨伟名执笔,党支部书记贾生才、大队长赵振离等三人联名向公社、县、地区、省委,直至中央写的一封议政献策的信。全文近万言,如实反映了农村实情,论证了农村问题症结所在,进而从宏观上提出战胜困难、治国安邦的若干独到见解和建议。其中的不少论点,与20年后中国大地上出现的改革开放政策和伟大实践,有惊人相似之处,足见3位农民党员求实的态度、过人的胆识。然而,这3位党员却因此而受到不公正的待遇。信被定为"复辟资本主义的资产阶级政治纲领",执笔者在"文化大革命"中被逼身亡(1979年平反昭雪)。志书载此颇有史教意义。陕西省地方志办公室副主任鲍澜,于《中国地方志》1997年第4期著文,对该志的实事求是的做法予以推介。

5月12～14日,城市志指导组在重庆举行第二次会议,分析了当前城市志的进展情况,认为从全国来看,发展仍是不平衡。全国第一次工作会议后,会议精神推动了多数城市的修志工作,但也还有个别城市根本未动,甚至没有传达。会议对《暂行规定》提出了不少意见,建议作大幅度修改后报请国务院批准,成为有约束力的行政法规。会议决定今年9月在昆明召开一次省会城市(包括开放城市、计划单列市)志总体设计和篇目结构研讨会。

5月18日,湖南省地方志编纂委员会正式提出《〈湖南省志〉编纂方案》,这是一个大篇体式的方案。按这个方案,全志设28卷,73部分志,即:

卷　首　总述

第一卷　大事记

第二卷　地理志(上、下)

第三卷　党派群团志:(1)党派、(2)群众团体

第四卷　政务志:(1)政务机构、(2)人事、(3)民政、(4)外事、(5)侨务、(6)档案

第五卷　军事志

第六卷　政法志

第七卷　综合经济志:(1)计划统计、(2)劳动管理、(3)物资、(4)物价、(5)标准计量、(6)工商行政管理

第八卷　农林水利志:(1)农村经济综述、(2)农业、(3)林业、(4)畜牧水产、(5)乡镇企业、(6)农业机械、(7)水利

第九卷　工业矿产志:(1)工矿综述、(2)地质矿产、(3)冶金、(4)煤炭、(5)电力、(6)机械工业、(7)电子工业、(8)化学工业、(9)建筑工业、(10)轻工业、(11)纺织工业

第十卷　交通志:(1)交通综述、(2)水运、(3)公路、(4)铁路、(5)民航

第十一卷　邮电志

第十二卷　建设志:(1)测绘、(2)建筑业、(3)城乡建设、(4)环境保护、(5)气象

第十三卷　贸易志:(1)贸易综述、(2)商业、(3)供销合作、(4)粮油贸易

第十四卷　对外贸易

第十五卷　财政志

第十六卷　金融志

第十七卷　教育志

第十八卷　科技志

第十九卷　文化志:(1)文化事业、(2)文化艺术、(3)文物、(4)著述

第二十卷　新闻出版志:(1)报业、(2)出版业、(3)广播电视

第二十一卷　医药卫生志

第二十二卷　体育志

第二十三卷　人口志

第二十四卷　民族志

第二十五卷　民俗志

第二十六卷　方言志

第二十七卷　宗教志

第二十八卷　人物志(上、下)

卷　末:(1)杂录、(2)索引

据该方案的"体例"称,"总述为全书之纲,大事记为全书之经,专志为全书之纬,人物传记、附录单独成卷,图、表分别附在各类之中,使之有纲有目,经纬交织,图文并茂,浑然一体"。"全志采取'暗分大类,统分中类,后分小类'的方法分类设志"。暗分为自然、政治、经济、文化、社会5个大类。

按:后来在实践中变为91个分志,没有采用这种大篇体式,而是采用了小篇体式。坚持大篇体式做法的全国只有《湖北省志》一家,该志设32卷41分册。

5月21日，中国地方志指导小组以“中志指发[1987]3号”文件向全国发出通知：一、指出中央关于“特别要强调修志工作要艰苦奋斗、量力而行、勤俭办事，使这项工作健康地进行下去”的精神，必须在全国范围内无例外地加以贯彻。当然，“量力而行”不应成为拖延修志工作的借口。请各级修志机构认真检查，切实执行。二、建议各级修志机构不向厂矿企业和乡镇布置修志任务，大型厂矿企业和影响较大的重要乡镇，其修志工作也要从严掌握，同样必须认真贯彻勤俭办事的原则，力避人力、物力的浪费。三、当前修志第一线的专业人员明显不足，应当集中精力，抓紧时间完成修志任务，尽量避免分散精力；编纂地方年鉴一类的工作，还是以缓办为妥。各省、自治区、直辖市经当地政府批准，可以逐年编纂省一级地方综合年鉴，为下一届修志做资料准备工作。省以下市、县，可考虑采取资料汇编形式，由各级政府决定。

5月23～27日，八省、市民族志座谈会在河南郑州市举行。这是根据中国地方志指导小组民族志指导组今年1月在南宁会议上提出的，加强横向联系、采取分片开会的建议而举行的。出席此次会议的有北京、天津、河北、山西、山东、安徽、河南和河北省孟村回族自治县的代表共28人。会议就南宁会议所提出的关于民族志编写中一些根本问题，结合本地实际，作了进一步的探讨。中国地方志指导小组成员邵文杰出席会议，并作了长篇讲话，结合河南修民族志介绍了他们的做法，其中又特别讲到了对解放前河南的“土匪”问题如何运用阶级分析方法对待的做法。

5月25～27日，西北五省区一市编志工作座谈会在兰州举行。此次会议由中国地方志指导小组主持，参加者有陕西、宁夏、青海、新疆、甘肃和西安市的修志代表。内容是交流贯彻落实全国第一次工作会议精神和当前各省市的工作情况，如何提高志书质量以及对修改《暂行规定》提出意见。

5月26日，上海市地方志编纂委员会成立，市委书记江泽民在成立会上发表重要讲话。他指出：“编纂社会主义新方志是两个文明建设的重要组成部分，是社会主义文化建设的系统工程，是承上启下，继往开来，服务当代，有益后世的千秋大业”。“编修新方志，将为我们党政领导提供翔实可靠的市情、区情、县情，为认识城市、研究城市、管理城市，为经济发展、社会发展的决策提供科学的依据，为进行改革开放，振兴、建设上海起到积极作用”。“新的地方志，是对广大市民，特别是青年一代，进行坚持四项基本原则教育，进行爱国主义、社会主义和革命传统教育的现实的、生动的、亲切的、富有说服力的教材”。“编纂地方志，不是一件可有可无的工作，而是一项认识过去、服务现在、开创未来，不仅有近期社会效益，而且可以产生久远社会效益的意义重大的事业”。“修志工作是一项不容易引起重视的重要工作。各级领导要把修志工作当作一项重要事业来抓，并切实抓好”。“编纂地方志是一项百年大计，是造福子孙后代的大业，要编纂一部上海新方志，决非三年五载能够完成。地方志工作是一项长期任务，各部门、各单位要给地方志机构以必要的工作条件。要从实际出发，建立必要的修志工作班子，并使它具有相对稳定性和一定的权威性”。“编纂地方志工作量大、复杂，要求高，要提高修志队伍的素质，提高修志队伍的马列主义水平、政策水平、业务知识和专业理论水平，逐步建立起一支具有开拓和献身精神，并具有较高理论、业务素养的修志队伍”。

5月28～31日，贵州省黔西南、黔南、黔东南三自治州地方志联席会议在镇远举行。三州的政府秘书长、地方志办公室负责人和部分专志主编、编辑及镇远、施秉两县地方志办公室负责人与会。会议中心是结合三州部分专志的章节试写稿，进行经验交流，探讨保证志书质量问题。

5月29日，贵州省人民政府办公厅以[1987]105号文件，转发省地方志编纂委员会的《贵州省地方志“七五”时期编纂规划及〈贵州省志〉修正篇目》。

6月1日，江苏省常州市地方志办公室徐瑞清在是日出刊的《方志研究》今年第3期上发表《对记述“文化大革命”的反思》一文，是从对“文化大革命”记述的一个侧面，对当时流行的“三宜三不宜”发起的挑战。指出初期出版的一些志书，“自觉坚持四项基本原则，大胆地进行探索和实践，努力在新方志中记述‘文化大革命’，为当代及后人研究、总结历史的经验教训，保存了珍贵的资料。最早出版的《万年县志》、《呼玛县志》、《台安县志》和《本溪县志》等，在这方面作了有益的尝试。……然而，这种尝试后来竟遭到很不公正的非难。而另外一部县志，由于对‘文化大革命’的记述基本上是采取‘绕道走’的方法，反倒稳操胜券，成为了‘样板’。这是十分紧迫、十分重要，并且需要用很大勇气才能解决的难题”。文章郑重地提出，认真记述地方“文化大革命”的历史事实，是我们方志工作者的神圣使命，是有利当代、惠及子孙的一件大事。总之，原则要坚持，头脑要清醒，禁区要冲破，态度要认真。

6月2日，中国地方志指导小组副组长梁寒冰，在江西省直和南昌市各修志部门的干部会上讲话，提出新方志的质量要求4条：首先是要符合地方志的体裁，否则就不能成为志书；其次要有必要的科学性，如不能做到高度的科学化，至低也要有一定的科学性；再次要有一定的思想性，实行实事求是的思想路线，不能违背三中全会以来的方针政策；最后是文字简明扼要，讲求文字的规范化。

6月2～4日，西南和中南八省(区)、三市地方志工作会议在贵阳举行。参加会议的有贵州、云南、四川、河南、湖北、湖南、江西、广东、广西等八省(区)和重庆、武汉、广州三市的代表。会议主要交流贯彻全国地方志第一次工作会议精神，重点讨论了保证志书质量问题。还对《新编地方志工作暂行规定》提出了修改的意见。与会的地方志指导小组办公室的人员表示，将综合各方面的意见，组织修订。

6月14日，西北五省区科技史志研讨会在兰州举行，新、陕、甘、青、宁五省区的科技史志工作者，在一起研讨了编修科技史志的有关理论、方法和原则等问题，交流了相互的经验。

6月23～25日，江苏省地方志办公室与常州市地方志办公室举行《武进县志》稿审批验收会,这是该省举行的首次审批验收会。会议同意批准该志可以交付出版,同时也提出了一些修改意见。

6月25～29日,河南省县志研讨会在郑州举行。汤阴、淮滨等12个县和省志部分专志主编与会。新疆、宁夏自治区志办也应邀派代表参加。会议以河南省出版的第一部新编县志——《淮滨县志》为剖析对象,结合研究志书质量、志体和篇目、史实准确、体现党的路线方针政策等较宏观的问题,也就一些较具体的问题进行了讨论,如人物立传的标准问题、"社会篇"的命名问题、经济篇的编写问题等。

是月,山东省潍坊市史志办公室修世榕在《天津史志》第2期发表《市管县后〈市志〉编写刍议》。文章归纳当前有三种不同的主张:一是认为实行市管县的体制后,市、县已结成一个整体,市志的记述范围应当包括县在内,"市和县的一切人、事、物均应属于市志记述范围"。二是认为市志就是市志,市本身就是一个实体。市志所要反映的就应该是城市的历史和现状,只有这样写才能体现城市发展的规律和它的辐射作用,不应把范围扩大到县。否则市有市志,县有县志,在内容上势必交叉重复。三是认为全记全不记都失之偏颇,应"根据市志的需要,有条件地记,有选择地记,有联系地记,而不是全面延伸地记,也不是一概不记"。文章从要看到城市的发展变化,要正确看待市志与城市志、市志与县志的关系,要考虑充分发挥志书的作用,市志自有市志的体例等方面分析之后,认为市志应当包括属县,但并不意味着所有带县的市都应这样做。同样是带县,但基础不同,形成带县的过程不同。有的原是大城市,后来划进几个县;有的原是不带县的省辖市,后来带上了县;有的原是地辖市,与地区合并成为地区规模的市;也有的原是属县的镇,反过来改为辖县的市。应从各自的实际情况出发,通过自己的修志实践,去总结经验,探索道路。研究最佳方案是必要的,但从某些条件出发预定框框,自缚手脚,则不可取。

是月,北京师范大学招收的第一批史志专业学员毕业。这批学员是1985年通过全国成人高等教育统一考试,成绩合格后录取的。来自21个省、市、自治区,共85人,至是毕业。在他们学习期间,有傅振伦等50多位专家、教授被邀讲学、授课。

是月,杨树民主编的陕西《渭南县志》出版,被作为本县每个干部必读之书。干部读志也确实收到了效果。1991年,三官庙乡几个团支部看到沿秦岭北麓发展苹果林带普遍富了起来,也计划在他们那里种几百亩苹果。团市委书记王学正听到这一计划后,立即查阅县志有关该地地质、地形、气候、土壤的情况,发现三关庙一带是浅山区,山大沟深,见云即雨,阳光不足,不宜于种苹果。说服这几个团支部改为发展畜牧业,特别是奶山羊的畜养,纠正了这项错误的决策,使人们看到了新志书的社会效用。是志鉴于渭南农民起义比较突出的特点,专设了农民革命斗争志。在目前概述几乎成为定例的情况下,本志以前言和大事记来代替概述也是一特。

是月,上海图书馆陈光贻著《稀见地方志提要》15卷由齐鲁书社出版。该书所收方志列入书前目录者即达1175种(条目内行文旁及者未计在内),仅全国性的总志就达43种,其中《中国地方志联合目录》未著录者64种,多为上海图书馆所藏之书。先著录全国性总志,继之按现行行政区划先后排列。分省部分所叙不仅对每省之"通都名郡"的方志"绝少遗弃",就是对"书名不似方志,诸家目录遗漏者、稀见者"亦加著录。对一部志书,先注明所藏图书馆、修纂者姓名,次述志书所记地区的历史沿革、物产、地形及志书主要内容。书后附有《古今图书集成方志辑目》。据陈氏考证,《古今图书集成》中所录方志约1430余种,大多散佚。在已佚方志中,宋以前的有455种,元代12种,明清140余种,合计600余种。专家认为,该书内容丰富,仅一统志这一类,就达30余种,可补历代地理志的不足,其中著录的瞿凤起所藏的影抄元刻本《大元大一统志》,可证诸家书目作《元一统志》之误。前人所作地方志提要搜集之勤,能过此书者,殊不多见。本书体例完整,参考价值较高。书前有朱士嘉、瞿凤起、潘景郑序,后有纂修人姓名索引及古今图书集成方志辑目,颇便速查使用。

7月1日,黑龙江省出版总社职称工作领导小组办公室、黑龙江省地方志编纂委员会职称改革工作领导小组办公室,联合发出《关于全省地方志专业人员职务评聘工作有关问题的通知》。通知指出,根据地方志编纂单位的工作任务和职责,这次评聘编辑职务设编审、副编审、编辑、助理编辑四个档次,其中编审、副编审为高级职务,编辑为中级职务,助理编辑为初级职务。技术编辑职务设技术编辑、助理技术编辑,其中技术编辑为中级职务,助理技术编辑、技术设计员为初级职务。地方志资料人员职称,可参照档案专业人员职务评聘的档次条件进行评定。地方志编纂专业职务的评审范围,限于直接从事地方志编纂业务指导、编撰工作的在职专业人员;从事各志办机关刊物编辑工作的在职专业人员;从事地方志理论研究(含旧志整理)工作的在职专业人员;从事直接为地方志编纂搜集整理资料工作的在职专业人员。对1966年以前从事出版专业工作的专业人员申报高级以上专业职务,外语可以免试;凡具备规定学历申报中级职务的专业人员,外语可以暂不作为必备条件;不具备规定学历者,均要参加省出版总社职改办组织的考试与考核。

按:本通知,中国地方志指导小组办公室于7月22日转发各省、自治区、直辖市地方志编委会。在转发通知中说:"现将黑龙江省《关于全省地方志专业人员职务评聘工作有关问题的通知》的文件转发各地,请尚未解决职务评定的省、区、市,可参照黑龙江省地方志编委会的办法,报请当地政府尽快予以解决。我们正在继续争取中央职称改革领导小组尽快发文件,但不要等待,关键还在当地领导的重视,其他地区解决职称评定的经验,我们收到后,将以《简报》形式陆续转发,供各地参考。"

7月3日,北京市人民政府第16次常务会议讨论编修北京地方志的工作,决定本市各区、县和市直有关局要进一步加强对修志工作的领导,落实人员和经费。并责成该项工作仍由市地方志筹备小组负责。

8月4日,中共甘肃省委、省人民政府两办公厅,向各地、市、州委各行署、州、市人民政府和省直各部门，批转省地方志编委会编制的《〈甘肃省志·人物志〉编纂方案（试行）》。要求“照此执行”。该方案开列人物收录范围20项，人物立传规则8项，人物立传条件6条，入简介人物条件8条，入表条件4条。

8月20～23日，四川省东北片24县方志学术横向联系会在华蓥市举行，来自重庆市、达县地区、南充地区、万县地区的修志工作者62人与会。会议结合几部志稿就新方志如何体现地方特色、分志怎样设置才合理等问题进行了探讨。

按：此“联系会”发起于1986年5月。是月中旬，重庆北碚区志办人员去华蓥市志办参观学习。双方在交流中发现两地有许多共同点，便萌发了组织一个横向联系会的意向。6月初，两志办发出了《加强横向联系倡议书》，认为沿嘉陵江小三峡和华蓥山脉周围的区、县志办，应以某种适当的形式加强联系与合作，推动修志事业的发展。联系合作的内容包括交换修志信息，交换方志资料，交流工作经验，开展学术讨论。此倡议一发出，相关的区、县都表示赞同。是年冬，在省志编委会于北碚召开的“川东北片县志编纂讨论会”期间，举行了“联系会”的筹备会，到会的有17个县和重庆市志总编室、南充地志办等共19个单位。筹备会上定名为“嘉陵江流域、华蓥山脉部分市地区县修志工作横向联系会”。1987年1月举行了第一次会议。本次会就是“联系会”建立后召开的第一次研讨会。在其后的巴县会议上，鉴于成员单位不断增加，参加地区的范围已经超出了嘉陵江与华蓥山，故改名为“川东北部分地区方志学术研讨会”。在其后的各次会议中，成员不断增加，范围不断扩大。包括了川东、川北。讨论会的内容一次比一次深入。最先只是一般地议论修志的ABC，进而是评议志稿的某些篇章，而后到评议整部志稿。至1990年5月，已举行了6次学术研讨会。

8月21日，内蒙古自治区人民政府举行全区地方志工作电话会议，要求各地要切实加强对地方志工作的领导，要重视修志工作，要把志书质量放在修志工作的首位。各盟、市分管地方志工作的领导和地方志办公室的工作人员收听、收看了会议实况。

8月25日，安徽省地方志办公室梅森在是日出刊的《中国地方志》今年第4期上发表《方志商》的论文，将目前已经出现多种多样的概述，归纳为志体概述和史体概述两大类。所谓志体概述，就是采用“勾弦提要”的方式，将各专志的精髓凝炼出来，实际上是勾勒各专志事业兴衰发展脉络。史体概述是一种综述，是首先对自然环境作简明扼要的介绍，然后采用分期结构。各个时期和阶段，再抓住政治、经济、文化等大类内容，叙其发展演变，交代其相互之间的联系，以反映规律和特点。

8月26日，中共黑龙江省委和省人民政府两个办公厅颁发《黑龙江省地方志编纂工作暂行规定》。

8月30日，广西壮族自治区出版系列职称改革领导小组办公室、广西壮族自治区地方志编纂委员会办公室，联合向各地、市、县办公室下发《关于全区方志专业人员职务评聘工作有关问题的通知》。通知规定，地方志专业人员职务评聘工作，按照文化部《出版专业人员职务试行条例》及《实施意见》和《广西壮族自治区出版系列关于执行出版专业人员职务试行条例的实施细则》的规定执行。

是日，梁滨久在是日出刊的《广东史志》今年第2期发表《谈地方志的总体设计》一文，首次提出了地情三分说。在此之前，各地对地情要素主导的是两分法，即把地情分为自然和社会两大部。梁氏则提出，地方上的客观事物，可归纳为自然、社会和人这三大要素。自然，即地理环境，是社会物质生活和社会发展的必要条件，是人们社会生活的舞台和各项事业发展的场所，是社会生活赖以进行的物质条件；社会，是人们从事物质生产和精神生产活动的各个领域，是地理环境舞台上演出的一幕幕话剧；人，则是自然界的主宰者和改造者，又是社会生活的组织者和参加者。三者构成舞台、话剧和主角的关系，相互联系又相互矛盾。

按：这一观点，刘柏修于《江西方志》1989年第2期发表的《人口部类应该与自然、社会等量齐观》文章中作了进一步的发挥，提出“自然·人类·社会是构成一地地情的三大根本要素，国情如此，省情如此，市情、县情也同样如此”。“活动舞台——活动主体——活动内容三位一体，这就是我们对三大部类之间有机联系的总体看法，这就是我们的方志整体观。”

8月31日，湖北省民族宗教事务局民族志编辑室致函中国地方志指导小组民族志指导组反映：根据今年2月南宁会议精神，我们曾向省地方志编纂委员会书面建议，省志应设民族专志。但省地方志编纂委员会在今年6月修改省志篇目时，将民族志并入社会志内为民族篇(社会志内含宗教、统战、侨务等)。我们觉得与南宁会议精神有矛盾，又对自治地方的州、县志及其他市、县志内民族篇章也产生牵制。由于上述原因，我们工作无所适从，特此报告，望上级给予明确批示。12月29日，民族志指导组给湖北省地方志编纂委员会发函云：湖北省是少数民族人口较多的省份之一。省内建有五峰、长阳两个自治县，和鄂西土家族苗族自治州，还有散居在各市、县的回族等民族。编修民族志时应充分反映这些民族和自治地方的情况。由此建议你委加强对编修民族志的领导，重视研究解决民族志的编写工作中的问题，以保证较好地编修民族志的任务。

是月，费黑主编的浙江《萧山县志》出版。中国是世界上修筑海塘最早、规模最大的国家，浙江萧山又是这方面最早作出巨大成绩的地方。从1965至1979的14年间，先后共围涂41.04万亩(毛地)，实际垦种22.38万亩，占萧山现有耕种地的四分之一。在此已新建6个乡、8个农林渔牧场，成为工业原料和副食品的重要基地，对萧山县的国民经济的发展起了重要的作用。为反映这样的地情特点，是志专设《围垦》篇，下设三章：一是“南沙的成陆”，讲述江涂形成演变的历史；二是“新涂形成和围垦”，记述了围垦的过程和广大群众同江潮搏斗的精神；三是“垦区建设”，重点是反映效益。志评者称，该篇展现了萧山人民在人类造地史上谱写的一首壮丽诗篇。其后，浙江省的《上虞县志》亦设立了《围垦》篇(既有江涂，亦有海涂的围垦),《慈溪县志》设有《成陆围涂》篇,都反映了各自的特点。但《萧山县志》是本届修志中这一篇的先行者,其首创之功是不可没的。是书《附录》中收入衙前农民运动、湘湖纪略、西施故里等单项资料,也颇受重视。

是月,台北市青田同乡会编印的《续修青田县志》出版,全书共 18 卷。叶以新先生在该志序言中说到修志之难时谓:"首先是资料之采访。在采访期间,离乡地隔海峡,时逾百年,更无文献委员会之协助,确属困难重重。"表现了对两岸修志交流的强烈愿望。

是时,山东荣成市志办在对赤山进行历史考察时,发现大量瓦当、瓦片、杵臼等实物,结合日本僧人园仁《入唐求法巡礼记》及当时流传的口碑资料,写出考察报告,坐实了唐代法华院的具体地址。该报告发表后,引起日本《朝日新闻》、东京大学、奈良女子大学、韩国榆林大学、汉城大学、《韩国日报》等学术团体,分 4 批次共 40 余人前来考察,进一步确认了市志办的考察结果,为赤山重建法华院确定了地址。法华院于 1990 年 5 月落成时,日本、韩国和我国港、澳地区有 200 余来宾参加了落成开光仪式,有力地推动了中外之间的文化交流。

9 月 11 日,江西省地方志办公室向中国地方志指导小组提出关于县志可否给港、澳同胞的请示报告。报告中称,最近江西省乐平县志办反映,《乐平县志》即将出版,该县在港、澳的同胞纷纷来信来电或托回籍探亲的人,多次提出要求要《乐平县志》作纪念。乐平县志办鉴于县志是内部发行,不便答复而向省请示。省志办意见是,在上级尚无正式批文之前,尚属内部发行,县志质量也尚待提高,故在港、澳的同胞虽属乐平县籍,也暂不出售或赠送。

9 月 15～18 日,10 省、区民族志篇目座谈会在贵阳举行。参加会议的有新疆、内蒙古、宁夏、广西 4 自治区和甘肃、青海、湖南、四川、云南、贵州 6 省民族志的负责人。会议首先就收到的 25 份材料(包括 10 个省、区和 1 个市的民族志篇目)进行了交流,继之就民族志总体设计的原则、体例和具体编写问题进行了专题讨论。会议认为,目前见到的民族志篇目设计,总的来说是创新不足,有一般化的倾向,不能显示各地民族的特点。会议建议,要多用本地民族特有的内容作标题,减少雷同。对于纵横的处理,也应从各地不同情况出发,进行灵活安排。

9 月 15～19 日,中国公路交通史志西北、西南片区学术讨论会在昆明召开。全国 25 个省、市、自治区的代表 100 多人与会,着重讨论了公路交通史志的社会价值、公路交通史志功能、如何保证交通史志质量等问题。

9 月 22～24 日,由江苏省常州市志办发起的全国 10 城市市志研讨会举行,沈阳、哈尔滨、马鞍山、蚌埠、枣庄、徐州、镇江、苏州、无锡、常州及江苏省志办代表共 35 人出席。会议主要讨论城市工业志篇目及市志如何反映经济体制改革的问题。

9 月 25～27 日,东北、内蒙古四省区省(区)志编写工作座谈会在吉林市召开。会议在省志总体设计问题的讨论中,认为省志总体设计总的方向一是适当地压缩志目;二是尽量地提高专志层次;三是相应地减少专志的交叉;四是严格控制字数;五是某些专志的内容要统一规范。除讨论省志总体设计和专志竖写问题外，还讨论了东北沦陷时期史实记述问题。对此，形成了如下共识：一、称谓：对1931年9月18日至1945年9月3日这段历史时期，称“东北沦陷时期”，不称“伪满时期”，因为在历史上，我国人民从未承认过“满洲国”这个傀儡政权，志书亦不能用“伪满时期”来划分历史阶段。在记述日伪政权具体机构和职官时，可以直书其名，但必须冠以“伪”字。二、纪年：对这段历史时期的纪年，一律采用公元纪年，括号内标明民国纪年，除特殊情况外，不标伪满洲国纪年。三、记述范围：记述这段历史时期各项事物时，一律以各省(区)现行行政区划为准。傀儡政权伪满洲国的“中央机构”设在长春市，由吉林省记述。四、记述内容：记述这段历史时期的各项事物，要抓住帝国主义侵略和中国人民反侵略这一本质特征。经济类各专志，要揭露日本帝国主义开发本行业的目的、经营手段和殖民地特征。

9月28～29日，中国地方志指导小组在北京举行第七次(扩大)会议。出席会议的指导小组成员有：曾三、梁寒冰、韩毓虎、牙含章、朱士嘉、陈元方、邵文杰、左大康、高德、陆天虹、梅关桦、郦家驹。列席会议的有：指导小组副秘书长兼办公室主任孔令士、中国地方志协会正副秘书长左建、朱文尧、欧阳发、赵庚奇和指导小组成员侯仁之、黄秉维派来的代表。会议着重讨论了如何切实贯彻胡乔木在第一次工作会议上的讲话精神，如何保证志书质量问题。会议认为，胡乔木的讲话对地方志的性质、任务、特点、体裁、文风以及应当注意防止的倾向，都提出了明确的意见和要求，对于当前全国的修志工作，具有鲜明的针对性和深远的指导意义。学习、讨论、贯彻胡乔木等中央领导同志的讲话精神，对于保证志书质量，具有极其重要的意义。

会议认为，要保证志书质量，必须采取一些切实有效的措施，诸如：

(1)组织业务骨干结合当地修志工作实际，学习领会中央领导同志讲话精神，提高认识，端正态度，找出差距，明确改进工作、保证志书质量的具体途径；

(2)加强对主编(或主笔)的培训，使主编对一部合格志书的要求十分明确；

(3)采取多种形式发挥专家学者的作用；

(4)严格审批手续，对于政治、史实、保密、体例、文字以及出版等方面的质量，必须从严掌握；

(5)对于已经出版的志书，积极开展评论工作。

关于《新编地方志工作暂行规定》的修改，会议决定责成指导小组办公室组织力量提出具体修改方案，待条件成熟，再报请有关部门批准实施。

会议强调指出，即将召开的党的第十三次全国代表大会，将是一次历史性的盛会。希望全国地方志工作者认真学习十三大的重要文献，并在修志实践中积极贯彻。这将对保证并提高志书质量产生深远影响。

9月30日，梁寒冰召集列席中国地方志指导小组第七次(扩大)会议的中国地方志协会正副秘书长举行会议，决定今年11月初在江苏省常州市举行省、自治区、直辖市地方志协(学)会工作会议，学习讨论中国地方志指导小组本次(扩大)会议精神，总结各地地方志协(学)会工作经验，确定全国地协1988年工作计划。全国地协理事会暂不举行。

是月，全国哲学社会科学规划会议提出的《哲学社会科学八年(1978～1985)发展规划的初步设想》中，将“地方特殊问题、地方历史的研究与地方志的编纂”列为25个重大项目之一，认为“是同哲学社会科学的发展关系特别密切的几个方面的工作，也包含大量的研究工作”。

是月，北京市社会科学院主办的社会科学函授大学中国方志学系开学，学制两年，面向全国招生，采取自学与辅导相结合的教学方法。

是月，青海省社科院、青海省地方志编纂委员会编(王昱主编)的《青海方志资料类编》由青海人民出版社出版。

是月，湖南衡阳市史志馆竣工落成，这在全国是最早建成的一家市级史志馆。

10月1日，王绍明在是日出刊的《史志文萃》今年第5期上发表《浅论志书分类与专志的特点》一文。提出对于志书有三种分类法：一、按空间概念区分，有“四洲志”、“总志”、“通志”、“府志”、“县志”、“乡(镇)志”；二、按时间概念划分，有“通代志”(通纪)和“断代志”；三、按记叙的对象区分，有“地方志”、“杂志”、“专志”。据此，他列出志书分类与相互关系示意图如下：

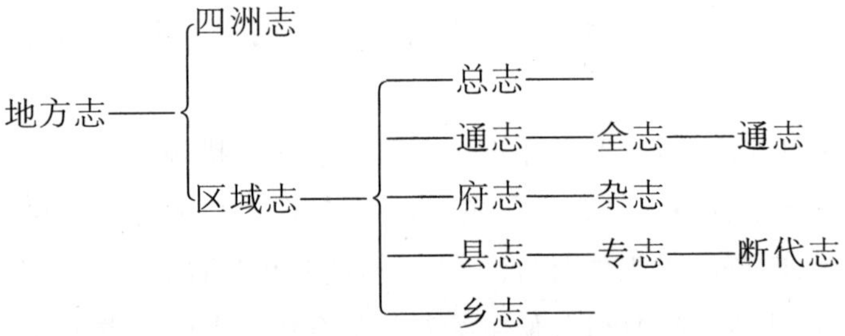

10月7日，国内无藏的《[崇祯]江阴县志》由居美侨眷章紫女士从美国复印带回。是志刻本共8卷，原藏于燕京大学。早在1936年，正在该校就读的邑人王伊同遵从父命，重金觅工抄得一副本，赠藏于江阴民众教育馆，不幸于日本侵华时毁于战火。其原本于1948年移往美国，藏于哈佛大学燕京图书馆，遂成孤本。章紫女士受江阴市志办之托，得到于美国任史学教授的王伊同先生及哈佛大学图书馆馆长吴文津先生的通力合作，复印后由章女士带回。以上诸位先生于是书之回归亦可称有功矣。

10月10日，曾元英在是日出刊的《湖北方志》今年第5期发文，提出“新方志不宜强调可读性”。

10月14～21日，全国地方科技史志第三次研讨会暨中国科技史学会地方科技史志研究会成立大会在成都举行。全国26个省、市、自治区的科技史专家、学者及编修人员共106人参加。与会者就如何编写好科技志、解决编写地方科技史志中有关的理论问题和实际问题开展了讨论，并就如何处理、解决科技志与地方志中各专志内容的交叉重复、科技志体例、入志标准以及编写内容、结构等普遍关心的问题达成了共识。在会上，成立了中国科技史学会地方科技史志研究会。

10月16～21日，全国水利志编写工作研讨会在湖南桃园县举行，全国28个省、市、自治区，六大流域机构和有关水利院校以及湖南、四川的地方志办的代表共112人出席。会议内容，一是听取湖南省水利志编写经验介绍；二是对《湖南省水利志》进行评议，并进一步探讨相关的问题；三是总结和部署《水利史志》专刊的工作。

10月20～28日，由国家海关总署委托海关学会召开的全国海关第一次史志编写工作座谈会在上海举行，全国各海关共52人参加会议。

10月25日，福建省志总编室郑星海在是日出刊的《中国地方志》今年第5期发表《新方志采用现代信息工具之断想》，提出“地方志是信息的事业，是各地区最系统、全面、丰富、完整的信息库”，“应尽可能采用现代化的信息工具，使之与信息化的社会同步”。“现代化的信息工具，包括一切收集、加工、传递和存贮信息的先进的、科学的工具以及现代化的音像、通讯、电脑、地图(包括各种专业地图)等”。

山东省地方志编委会张敬忠在同刊期上发表《谈省级志书型体变革》一文，提出中国传统志书大致可以分为纂辑型、撰述型和著述型三种型体。由于时代的进步，志书体型也应随时而变，改良体型，加入工具书这一庞大的家族。他提出条目型省志的设想，认为这种体型有反映问题易、读者查阅易、组织编纂易的优点。

10月26～30日，全国地方教育史志研究会成立大会暨学术讨论会在成都举行。国家教委、中央教育科学研究所及27个省、市、自治区的教育部门负责人和研究编写人员共105人与会。中国地方教育史志研究会正式建立，推举国家教委党组副书记杨海波、教育部原副部长董纯才为名誉会长，中央教科所副所长周玉良为会长。

10月27～30日，中国近代邮政初期史志编写协作区第三次会议，于江苏省镇江邮电局举行，来自北京、上海、天津、辽宁、山东、浙江、江苏邮政管理局，杭州、青岛、烟台、镇江等邮电局的代表出席了会议。会议初步搞清了中国近代邮政早期海上和陆路邮运情况，对我国近代邮政创办日期，确定于1878年3月23日，基本达成了共识。会议还确定了下次协作会的重点议题。

是月，《如东县志》主编李明著《新方志编纂实践》一书出版，这是总结自己实践经验所得而成的书，且在经验总结的基础上，又对方志编纂中若干疑难问题进行了有见解的探讨。

是月，肖鹏主编的云南《弥勒县志》出版，这是本届修志中云南省率先出版的第一部县志。省志办主任宁超教授曾书写条幅“破浪开新路，乘风壮后航”予以鼓励。是书的特点之一，是首先在图表的运用上有创新：一是除了其他志书普遍运用的图表之外，还引进统计曲线图和统计地图，表示事物的动态变化；二是注意尽可能地做到图照随文。除志首部分反映全县面貌的图和照片之外，有19幅示意图和44幅黑白照片，随文编排，图文结合，形象直观，效果甚佳。

11月2～5日，中国地方志协会在江苏省常州市召开省、自治区、直辖市地方志协(学)会工作会议。出席会议的有中国地方志协会正副会长梁寒冰、张立及正副秘书长，黑龙江、吉林、辽宁、山东、安徽、浙江、福建、河南、湖北、湖南、四川、广东、广西、云南、贵州、上海等省(区)、市地方志协(学)会代表(江苏省和常州市地方志办公室派员列席了会议)共30余人。会议交流了各地地方地协(学)会工作情况和经验，传达了中国地方志指导小组第七次(扩大)会议精神，讨论了省(区)、市协(学)会的性质、作用、活动内容和方式以及明年工作任务。梁寒冰主持会议并讲了话。

梁寒冰在讲话中指出，修志需要两支队伍，靠两条腿走路：一支是专职队伍，即各级地方志办公室；一支是不占编制的研究队伍，即地方志协(学)会。这两支队伍要密切配合，但不要合二为一，要保持研究队伍相对独立性。会议还商讨了举行1998年学术年会问题；讨论了年会的主题的具体论题，论文推荐和评选办法，以及时间、地点等问题。

11月9～13日，中国地方志指导小组召开的全国省志篇目讨论会在南京市举行，全国25个省、自治区地方志机构的54名代表出席。会议主题是研究如何加强省志总体性的问题。会前，指导小组就选择了湖北、贵州、陕西等大篇、中篇、小篇各一种体式的篇目下发，供各地进行对比研究。会议声明，下发这几个篇目，既不是树典型，更不是立靶子，要求不受此约束，提倡各抒己见，结合当地实际取长补短，优化自身的篇目。代表们在会中充分地发表了意见，进行了交流。会议还是坚持不作结论，对会中提出的各种意见和建议，由各地择善而从。

11月17～21日，城市志指导组在云南昆明主持召开城市志篇目研讨会，全国直辖市、省会城市和计划单列市及部分其他城市的修志代表参加。会议认为，城市志篇目的门类，应从现代城市社会分工的实际出发，参照科学分类和志书门类设置传统，达到准确反映城市基本面貌的目的；门类之下的层次应注意精简，不要让过多的层次划分使事物“肢解”了；不宜强调“横分到底”，在哪个层次上横排或纵列标题，甚至在编写的基本单元中，是依时序纵写还是按几个方面横写，须视不同的事物和不同的内容灵活安排。会议强调，城市志要充分反映城市的功能和地位，注意反映其辐射力和吸引力所达到的不同圈层，又不能让城市的中心作用局限于市属县范围之内，或者看不出市、县的不同功能作用。

11月24～29日，贵州省第二次县志稿研讨会在赤水县举行。全省9地、州、市，70余县及四川泸州市属5县的代表共230余人参加。会议讨论了《贵州省地州市县志编纂工作暂行细则》，结合对《赤水县志(初稿)》的评议，就当前县志编纂中的若干问题进行了比较深入的讨论。

11 月 25 日，中国地方志指导小组成员，中国地方志协会副会长董一博在北京逝世，终年 76 岁。他在任全国政协文史资料办公室主任和中国地方志指导小组成员期间，热心史志事业。以年老多病之身，还深入基层调查研究，同全国数以千计的方志工作者进行学术交流，给以指导。身体力行，勤于著述，发表几十篇、近百万字的文章和讲话。在倡导志书设置概述方面更有特殊的贡献。由他牵头给胡耀邦总书记写信，反映全国新修方志工作的情况，总书记亲自批示，对全国的方志工作起了很大推动作用。

按：董一博同志去世后，其文章由河南省史志办等结集成《董一博方志论文集》出版。辽宁省志办的《方志天地》于 1988 年 12 月出了《纪念董一博同志逝世一周年专刊》。

11 月 26 日，上海市第一次县志工作会议在崇明县举行，各县志办负责人出席，市农场局、农业局、水利局以及黄浦区、普陀区志办负责人列席。着重研究了如何编好城市郊县志的问题。

是月，中国地方志协会编的《中国方志研究》第一辑，由浙江人民出版社出版。该书包括两部分内容：一是全国地方志第一次工作会议的文件；二是中国地方志协会 1986 年学术年会的论文选辑。

是月，台湾"中央图书馆"台湾分馆举办台湾方志修志研讨会，方志学家宋晞应邀在会上作了《地方志与史学》的演讲。他认为研究历史，地方志实含有丰富的资料，但尚未予以充分利用。

12 月 2～4 日，西北五省(区)供销社史志工作座谈会在宁夏银川市举行。

12 月 6 日，河北省蓟县政府为修志聘请顾问。县长代表县政府亲自给应聘的专家南开大学经济系教授鲍觉民、南开大学历史系教授来新夏、天津师范大学地理系副教授徐华鑫、天津市地方史志总编室副主任孔昭慈颁发了聘书。

12 月 15～17 日，武汉《春秋》编辑部邀请《中州今古》、《燕都》、《南京史志》、《广州研究》、《天津史志》等 6 家史志期刊编辑人员举行座谈会，研究办刊问题。

12 月 15～19 日，全国第二次农业志经验交流会在广西南宁市举行，着重研究了农业志如何体现科学性、时代性和实用性等方面的问题。本次会议与去年在郑州举行的第一次会议相比较，有三个进步：一是从郑州会议的泛谈，上升到谈质量、谈经验；二是从上次会议的一般性工作汇报，上升到学术理论探讨，谈生产力，谈初级阶段的基本路线；三是解放了思想。原以为已修成的志稿就可成为范本，依样画葫芦就行了。此次会议强调了在修志一般原则的指导下，要百花齐放，要创新，要写出自己的特色和优势。会议决定成立本系统修志协作组，希望国家农牧渔业部和中国地方志指导小组进一步关心和支持农业志的编修工作。

12 月 24～25 日，黑龙江省召开修志工作总结和表彰大会，省委副书记、副省长陈云林到会发表重要讲话，特别要求："一定要保持市、县和省直各修志单位的机构稳定，人员只能充实、加强，不要削弱。现在省直和各市、县正在或即将进行机构改革，在改革中要对修志机构作通盘考虑。有些行政机构要合并,所属修志机构要保留。要调整也待志书写完后再作调整。已经完成修志任务的单位,人员可作适当的减少,但要保持相应的骨干,编写年鉴、大事记,并收集资料,为今后的续志作准备。"省地协换届工作也在此次会议中同时举行。地协今后的工作,特别强调要决心把方志学作为独立学科建立起来,在社会科学中占有一席之地。

12月25日,深圳市志办林雨如、郭力宜、陈小平在是日出刊的《中国地方志》今年第6期发表《篇目创新问题初探》,首次提出在综合志书中,"以产业结构作为专志主体序列"的主张。按三次产业排列,即分为第一产业(包括农、林、牧、渔业);第二产业(制造和加工业);第三产业(除上述第一、第二产业以外的其它各业)。认为这样的序列,既符合地方志志体结构的原则和要求,又符合客观社会发展的实际情况。我国直至目前,仍将教育、科技、文化等列为"事业",带有很大的手工业气氛,亦缺少竞争。以产业结构作为专志主体序列,将教育、科技、文化置于第三产业篇目之中,反映出知识产业的认识基础,具有鲜明的时代特色。以产业结构作为专志主体序列,可以比较好地展现现代城市职能,比较好地展示时代脉搏的跳动,有利于反映社会发展的指标体系,有利于执行国家会计、审计、统计等方面的具体规定。这是志书体例革新的一种大胆设想。受这一设想的启发,张庆生在《浙江方志》1988年第2期发文,提出了"第四产业"的新概念。认为有必要"把科技和信息从第三产业,即服务行业中划分出来,独立为第四产业,可以把教育、文化、卫生、体育包括进去,把交通、邮电等传播信息工业列入其中"。这样,新编地方志也应该把第四产业列为专志的主体序列。

按:在实践上,新志书中有否按四个产业设目的,笔者未之见,但刘宗泽主编1992年3月出版的山东《桓台县志》,是用三个产业来考察该县经济基础发展变化的。

12月29～31日,湖南省地方志编纂委员会召开省志1988年审稿定稿工作会议,提出志书主编要能通揽全志,把好四关(政治、史实、体例、文字关),切实做好五个方面的工作:一是推敲篇目,搞好总体设计;二是明辨是非,把握褒贬尺度;三是合理分工,避免交叉重复;四是查缺补漏,充实史料;五是笔削文辞,统一志稿文风。

是月,河北辛集市志办青野(王登普)在《天津史志》上发表《撰写人物志断想》。其中谈到反对权力崇拜时,提出"坚持以人物的贡献和影响作为立传人物的唯一标准,不论有职务无职务,只要有贡献有影响即可立传。入志人物无论是'大人物'还是'小人物',都应该一视同仁"。在谈到坚持实事求是时提出,记述革命英雄人物往往是一片光明,一切皆好,甚至从小就非常崇高,看不到党对他们的教育和培养,看不到他们的成长和提高。这是一种片面性。"人无完人,金无足赤",看待人物应坚持一分为二的观点。文章还提出,志书要充分体现人民群众是历史创造者的根本观点,必须认真发掘三百六十行中的佼佼者,把那些埋在历史沙尘中的闪光的珍珠筛选出来。要满腔热情地为"小人物"立传,歌颂他们的历史贡献和功绩,这是社会主义新方志人物传与旧方志人物传的根本区别之一。

是月,朱守煌主编的江西《乐平县志》出版。是志修纂过程中,推动了本县海泡石的开发。海泡石是一种纤维状含水镁硅酸盐的矿物，经过加工的海泡石，具有特殊热稳定性、耐火性、抗盐性、吸附性、粘结性、悬浮性、可塑性、膨胀性及较强的脱色性能，在石油钻探、冶金、军事工业和多种化工行业以及环境保护方面具有广泛、重要的用途。多年来，我国所需的海泡石结晶品都是从海外进口。本志修纂中收集资料时，发现本县有海泡石矿藏的资料，经整理在《县志资料》上公布后，引起了中央、省、市、县有关领导的重视，从1986年着手筹备开发，1987年正式投产，产品镁硅酸盐含量达90%以上。乐平海泡石的开发，填补了国内海泡石生产的空白，促进了国内对海泡石精选加工和应用的研究。是志在修纂中，还在县内访得《马氏宗谱》一部，其中载有《故隐君尚志先生马公行述》一篇，补了《文献通考》著者马端临研究中关于马氏生平的一些重要资料。

是月，韦汉生主编的广西《宾阳县志》出版。是志遵循“述而不作”的原则，在处理历史的真与假、体现志书的客观性方面做得比较成功。如其农业章中列出“粮食作物产量统计表”，显示1959年粮食产量创历史最高纪录，但第二年，1960年出现缺粮和饥饿，引起疾病，发生迅速死亡事件。显然1959年的粮食产量是虚假数字。为了记下这一年虚假的历史，又必须澄清历史的真实，志书还附录了《杨村农业合作化的调查》，详载了1959年公社领导以“反瞒产”为由，强迫该村年产75.14万斤虚报成149.7万斤。显示出这一年粮食总产的虚假性。

是月，上海师范大学图书馆编的《上海方志资料考录》由上海书店出版。这是该馆1962年编印的《上海方志资料考录》的修订本，共收录方志255种，专志994种。考录自宋代至1984年底的上海方志与专志，以本馆藏书为主，兼及北京图书馆、上海图书馆、上海博物馆等单位和个人藏本。

是年，新疆社科院在与日本学者交流中，接受日本学者片冈一忠先生赠给的《林出贤次郎携来新疆乡土志三十种》一书。本世纪初，日本政府出于为其侵华政策服务，曾遣人员秘密潜入我国西北等地进行“调查”。受遣者之一的林出贤次郎曾深入我国天山北路，达7个月之久。回国时携去了当时从新疆抄得的乡土志30种。80年代中期，学者片冈一忠先生经过努力，将这30种新疆地方志中文原本编为一书，付梓刊行，使之得以面世。1987年，日本学者梅村坦先生访问我国新疆时，片冈一忠先生将此书亲笔题词，委托梅村坦先生转赠新疆社科院，使这批外流达70年之久的地方志书，才得重新归来，体现了一位正直学者的良心与忠诚。这30种乡土志中，有4种是《中国地方志联合目录》中未予著录的。

按：《新疆地方志》1988年第2期章莹的译文谓有8种未著录，经笔者查对只有4种。

是年，鉴于目前方志界对志书中篇目“升格”、“降格”的讨论较为热烈，《中国地方志》在本年内亦开展了这方面的讨论。先是在第3期上转载了王小宏发在《湖北方志》上的《县志篇目“升格”“降格”之我见》，认为“升(降)格”的做法，破坏了篇目的整体性、系统性、层次性，导致科学体系上的混乱；同时，“把主体从事物中抽出来，剩下的只是一个空架子，像抽掉了栋梁的厅堂，随时都有倒塌的可能，后果是虽然使志书突出了地方特点，但使特色事物之外的事物黯然失色，读来索然无味”。继而于第 6 期上又发表了邓撰相和杨晓容与王小宏商榷的两篇文章，都主张可以“升格”，除了历史已有先例外，主要理论依据就是，形式是由内容决定的，它的变化、取舍，取决于内容的变化、发展，如果形式不能反映内容及其特色，它就不是好的形式，应当为更科学合理的形式所替代。

是年，《中国人民大学图书馆地方志目录》印行。该目录收入该馆 1986 年以前入藏的地方志 2400 余种，包括总志、通志、府、厅、州、县志、乡土志、乡镇志、村里志、卫所志等，附有书名笔画索引。

是年，李默编著的《广东方志要录》由广东省地方志编纂委员会办公室印行。是书只收广东方志中之通志和府、州、县、厅志，至 1949 年止。共收现存通志 6 种，未成稿 2 种，府志 48 种，州县厅志 369 种，共 425 种。每条内容包括目录和提要两部分。目录包括书名、卷数、修纂人、版本、藏书单位、索引号、叙事起迄年代、存佚、备注等。提要包括主修人简历、纂修情况、评介及考订、内容介绍等。

是年，《北京天津地方志人物传记索引》由北京大学出版社出版。是书收北京部分志书 50 种，天津部分志书 23 种。以笔画与四角号码检索。

是年，朱永林主编的浙江《兰溪城关志》由浙江人民出版社出版，这是浙江本届修志中最早正式出版的一部镇志。自此至 1991 年底，浙江共修成镇志 30 部，其中正式出版 15 部。

是年，台北开封同乡会编成《河南开封志》，由正中书局出版。

一九八八年

1月3日,中央职称改革领导小组下文批复,同意中国社会科学院和中国地方志指导小组关于编纂地方志的专职人员选用“编辑职务”有关条例的报告。先是1987年12月8日,中国社会科学院和中国地方志指导小组给中央职称改革领导小组报告,提出建议:“在修志机构专职从事编修地方志的业务干部的职务聘任工作,应选用《出版专业人员职务试行条例》中的有关编辑职务条款。”至是,职改办向各省、自治区、直辖市职称改革工作领导小组发出通知说:“经研究,原则同意编纂地方志的专职人员可选用该条例中有关‘编辑人员及编辑职务’的条款进行聘任工作。现将中国社会科学院和中国地方志指导小组的报告转发给你们,请结合本地区的特点,制定具体实施办法。在工作中精心指导,严格要求,使地方志系统业务干部的职务评聘工作顺利进行。”

1月6～9日,中南五省(区)军事志编写工作研究会于广州举行。出席会议的有湖南、湖北、广东省军区和广西、海南军区军事志办公室主任和部分编辑人员,共19人。会上互通了编纂军事志的情况,交流了经验,探讨了有关学术问题,研究了搞好军事志编写工作所应采取的措施,达到了交流思想、提高认识、开阔眼界、增强信心的目的。

1月20日,翟光在《广西地方志》是日出刊的今年第1期上发表《论方志学的“独立”地位及发展前途》一文,认为无论从内容到形式,地方志都还没有脱离史学的范畴。以地方志为研究对象的方志学,自然也没有从史学中独立出来。方志学是在修志实践中发展的,它能否突破史学的格局而发展成为独立的方志学,还要看修志实践的发展。发展方志学,不外是继承和创新两个方面。目前的情形是:一方面有人侈言方志学的独立地位,轻视继承,极力反对按史学的原理与方法编纂地方志;另一方面,又有人坚持旧方志学某些应该否定的东西,如追求内容广泛而堆砌资料,强调横分到底而轻视对历史过程的记述。这两种偏向都不利于方志学的创新,因为创新必须以继承为前提。创新,当前主要是提高志书的科学性。一是要反映历史的真实,二是加强志书的整体性。

张伯龄在同刊期上发表《新县志谋篇的几点主张》中，提出“人物只写传记，不收表录”的主张。认为列名表之类，难免有以地位、品级划线之弊，且挂一漏万，很难尽收。值得注目者已采取以事系人之法记入有关专篇，再造成一生死同簿、良莠共见的花名册，于资政和教化并无补益。人物篇中为生人列名，和为生人立传一样，都无异于为活人树碑。至于烈士英名，在民政部门已有专册录存，随时可查，何必在县志中照搬照录，徒增篇幅。更何况民政部门的革命烈士英名录也缺乏稳定性。

王慎旺、李国忠在同刊期上发表《几部新志书资料失实评析》一文，对若干部新志书中的观点和史实错误，点名指出。

按：这在新志评论中开了一个好头。可惜后来的有些评论文章没有承接这个好的做法。或者对新志书存在的问题只蜻蜓点水，或者干脆“姑隐其名”，以“××志”代之。在学术评论中，这实是一种不应有的风气。

于希贤在同刊期上发表文章，提出“社会价值是衡量志书质量的重要尺度”。

是月，湖北省地方志编纂委员会举行第四次全体会议，通过《〈湖北省志〉编纂体例及实施方案》，正式出台“湖北模式”。这个模式最初的要点是“详近略远，综述历史，横陈现状”。其具体表述为：“新编《湖北省志》上限为1840年，下限为1985年，其间跨度近一个半世纪，所记内容，涉及几种不同的政治制度和社会形态，且各项事物本身的发生、发展历程各不相同，因此，篇目设置难以面面俱到、处处均衡。为了便于对中华人民共和国建立以后的情况，并通过资料排比显示出不同社会形态的不同面貌，显示出社会发展、进步的速度、性质；同时，为了便于从建国后各个重要历史发展阶段之间记述材料的比较，反映新中国成立后的经验教训，在此确定这样一条制定篇目的基本原则：即在系统记载地方自然与社会的历史和现状的前提下详近略远，综述历史，横陈现状。具体说来，各专志篇目结构，大致从1840年起至1949年止，以综合性的纵述为主，加大综述内容，加强历史记述即综述历史。新中国成立后的各项事物以横排为主，于分类横排（按新中国成立后实有事项列篇）之后，再予纵述，其记述的内容重点为中国共产党第十一届三中全会以后至1985年的情况，即横陈现状。其中有些事物渊源较早，内容比较丰富，资料又比较宝贵的，可作适当追溯。”以后将其要点又逐步完善为“事以类从，详近略远，综述历史，分陈现状”。该年夏，《湖北省志》总纂密加凡出席该省《咸丰县志》评稿会时，将这一模式推向市、县，首先为《咸丰县志》所接受。继之，《阳新县志》、《蕲春县志》、《孝感县志》、《安陆县志》、《云梦县志》、《宜昌县志》、《建始县志》、《丹江口市志》、《监利县志》和《宜城县志》均起而效行，终于形成“湖北模式”的一类志书。

是月，杨溁纂修的康熙二十二年（1683）本《常山县志》，由陈桥驿先生通过日本友人、东京大学教授、东洋文化研究所所长斯波义信先生，从日本宫内省图书寮拍成缩微胶卷引回国内。

是月，林衍经著《方志学综论》由华东师范大学出版社出版。是书内容为三大部分：一、方志学理论问题研究；二、对方志和方志理论发展史的系统总结；三、对方志编纂学的阐议。对方志理论的研究，作者博采众说，比较分析，从而得出自己的独立见解。他对封建社会方志的发展，分为5个时期，将方志体例的变化与方志理论的发展交织叙述，眉目颇为清晰。对近代民国方志发展的状况，以及新中国两次修志的热潮，也辟有专章进行探讨。其一大特色是，用了全书近半的篇幅具体而微地探讨了方志编纂的多方面问题。该书比较全面地论述了方志学的基本理论，地方志和方志理论的发展，以及方志编纂理论等。其中，提出地方志有资政、兴利、教育、存史四大功能。这一看法，作者长期坚持，并不断加以丰富和发展。

2月1日，薛虹在是日出刊的《方志研究》今年第1期上发表《从方志形成和发展看方志的性质及其功能》一文。作者是一位方志源于地理论者。他认为，方志的形成要追溯到版籍之图，而且是秦汉以降的版籍之图。东汉以降出现的地记、郡国之书多是私家著述，与版籍之图或后来的图经不是一回事，后者则是官修的。秦汉以来地方机关上报中央政府的版籍之图，是方志的渊源，增加说明并书之于纸帛而为图经。由隋代形成固定的制度，到南宋时发展成普遍以说明为主而附之以图，图经之名为方志所代替。图经和方志以北宋为界限，分为方志发展的两个阶段。从图经到方志，是中央政府规定的，各级政府必修的官书，是政书。从隋代上报图经，到元、明、清诏令全国各地修志，都是中央政府为了调查所必须掌握的全国基本情况的现实需要，是国势调查，作为施政的依据。从这个意义上来说，也可以称之为“资治”，但不是训古鉴今的意思，其本意并没有给地方官做参考的目的。“告后之为政者”，“前有所稽，后有所鉴”，是宋以后派生出来的功能。所以，认为方志原来就有“教化”和“存史”的功能，是不符合方志的正体及本流实际的。方志从来就不属于个人传记、家史宗谱、州县志乘、国史这个系列。方志在本质上是资料性的，不是论治国之道，不是以阐述规律为目的之作。正是乖背了方志的正体本流的一些冗杂例目的掺入，才派生出教化存史之功能。

山西省阳城县志主编刘伯伦在同刊期上发表《传统与方志》一文，对中国方志传统的剖析颇能发人深省。文章认为：

一、方志是内向自尊的民族心理的写照。由于长期的闭关锁国，直至明、清时期，大多数昧于世界形势的中国人还认为自己是仍比“四夷”高明的“天朝”。华夷之辨，可贵的一面是民族自尊和自力更生；而可鄙的一面是盲目自大，抱残守缺。这种唯我独尊的民族传统心理对实行对外开放政策是一种无形的掣肘，对方志的研究和编纂也极其有害。当人们试图将“老三论”和“新三论”引进方志研究和编纂时，就有人讥之为“舶来的调头”，总是以“夷”师我为荣，而以我师“夷”为耻。从耗散结构论来看，一个非常平衡的系统要维持稳定有序，就必须成为一个开放的系统，不断地与外界进行物质与能量的交换。中国的出路在于开放与改革，方志的出路同样在于开放与改革。

二、方志是安土重迁的乡土观念的体现。方志志一方之全史，如数家珍地去记述一方的山川地域，必然一往情深地去记述她的喜怒哀乐，真可谓是民族群体记忆的结晶，闪耀着爱国主义的灿烂光辉。我们在肯定方志爱国主义传统的同时,也应清醒地看到狭隘的乡土观念给地方志编纂带来的弊端。为给故土增添色彩,名人名地成为志家必争之所,区区爱乡之心,可爱而又可笑,此为其一;溢美之词,屡屡见于各志书,此为其二;只写优势,不写劣势,只写成绩,不写失误,此为其三。

三、方志是崇古追远的历史意识的硕果。强烈的民族意识,给史志编修注入不竭之源,同时也给我们带来"向后看"、因袭传统的保守积习。"述而不作,言(信)而好古"仍束缚修志者的手脚,即只允许对事物作原原本本的记述,不需要对彼此之间的联系进行分析,更不许可从中得出什么结论,否则就志不成志了。

四、方志受专制主义的青睐而官修化。官修方志,保证了方志全国性的普修,保证了方志的延续性。但是,官修方志又使方志官气十足,"官"念严重。由于志书是给长官修、给长官看的,这就使修志人员眼光向上,难免投其所好,歌功颂德。方志是官修,也就由长官裁定,长官意志必然代替学术上的争议。于是学术从属于行政,造成修志者的从属地位。也就造成了修志受国家重视,而修志者不受人重视的畸形现象。这种传统观念对今天修志队伍的稳定不无影响。

五、方志受人伦思想的熏陶而重教化。中国志书都强调"有裨风教"。方志重教化有好的一面,是保证志书的经世致用有的放矢。但其弊端在于不可避免地加重了政治说教,使志书的思想性与真实性难以统一。每当思想性与真实性发生矛盾的时候,往往要求真实性服从于思想性,从而降低了志书的可信度。中国人伦思想旨在调节人际关系,要求每个人都循规蹈矩,安分守己,在规定的角色中生活,成为伦理的"机器人"。即强调群体性,抑制个性,这就导致了方志千篇一律的模式化倾向。如要求横排门类,就一横到底;不管各地差异,要求县志的字数一律为几十万字;要求大编与大编的容量大体均衡;人们惯于守成,惯于用通行的程式办事,对于一些难能可贵的"标新立异"的尝试,则予以种种非议。

六、方志受直观朴素的逻辑思维机制的影响而概念模糊。直观、朴素地观察事物,这给地方志编纂逼真地记载地震、陨石、极光等自然现象带来了好处。但是这种思维方式是粗糙的、混沌的、意念式的,往往失之于臆断和猜测,没有严格的周密的推理、精确明晰的概念、科学理智的思辨,缺乏形式逻辑和定量分析。直观混沌的思维方式,也影响到方志学的研究。正如我国有古代天文记录而无天文学,有伦理而无伦理学一样,我国方志有悠久的历史,但真正作为方志学来研究的时间还不算长。方志的科学属性、方志的确切定义至今还没有得出公认的结论。

中国传统文化一言以蔽之,核心是"不变"。"不变"可视为坚强、执着和自信的写照,但更多的是封闭、落后、保守的象征。当今世界日新月异,瞬息万变。古老的中国方志也应在新与旧的猛烈撞击中前进。

2 月 1~3 日,黑龙江省地方志编纂委员会在哈尔滨召开《黑龙江省志 · 交通 · 航运编》

志稿评议会。省直125个单位的分志主编、编辑及有关方面负责人共158人参加。这是笔者所见规模最大的一次稿评会。

2月25日，云南省地方志办公室李景煜在是日出刊的《中国地方志》今年第1期，发表《在云南省志中设立〈民族志〉与〈民族语言文字志〉的设想》一文，介绍了云南省志中关于民族方面两个专志的设想和初步规划。云南是全国民族成分最多的一个省，截至1987年8月的统计，连同汉族在内共有26个元、明以前就定居于云南的世居民族。基于地理的、历史的和政治的原因，各民族发展阶段极不平衡。至1950年前，居住在境内的白、回等族，资本主义经济已有相当的发展；彝、壮、纳西等族，大都进入封建地主经济阶段；藏、傣等族正处于封建领主制时期；大小凉山地区的彝族还是奴隶社会；居住在高山峡谷中的傈僳、独龙、怒、景颇、瓦、基诺等族，虽然大都出现了私有制，但土地山林仍属村寨共有，经济生活中从分配到各个环节以至意识形态上，都保留了大量的原始公社公有制形态。云南被历史学家称为是一部活的人类社会发展史，是人类发展的活化石。云南省志民族志，要体现这一特点，使读者从中了解到人类社会发展的阶梯，用事实说明历史唯物主义的科学性。

云南各少数民族中，从语言系属分，有汉藏语系的藏缅语族、苗瑶语族、壮侗语族各支；有南亚语系的孟高棉语族瓦崩语支；还有阿尔泰语系的蒙古语族蒙古语支。语言文种也很复杂。截至1950年，11个民族中有24种文字：其中傣文有5种，纳西文有4种，景颇文与傈僳文各有3种，彝文、苗文各有2种，藏文、哈尼文、拉祜文、瓦文、独龙文各有1种。除藏文、傣文、景颇文通行外，其它文字只限于在某一地区的宗教信徒中使用。由于教育事业落后，许多民族聚居区没有学校，虽有文字也得不到推广，更不用说为各民族的广大人民所接受。1956年成立了云南省少数民族语文指导委员会，帮助各兄弟民族改进和创制文字。1957年3月通过了7种少数民族文字方案，经国务院批准试行。整个50年代，帮助傣族、拉祜族、景颇族改进了原有文字，为哈尼族、苗族各创制了两种方言文字，为彝族、壮族、瓦族、纳西族、傈僳族和景颇族载瓦支各创制了一种拼音文字。中共十一届三中全会后，民族语教学得到很大的发展。语言是人类历史的活化石，为了保存人类社会发展各阶段中的大量珍贵资料，故省志在设民族专志之外，又另设《民族语言文字志》。

这两种专志，各有所专。《民族志》在于全面记述每个民族的源流发展及现状，揭示民族问题中某些内在规律；《民族语言文字志》则主要是准确地记述各个民族语言文字的表现形式及其实际内涵。具体工作上，由省民委牵头，同省民族工作部、省志办和省社会科学院民族所四家组成两志编纂委员会，下设办公室，专管两志的协调组织工作。《民族志》的编写以民族所科研力量为主，配合少数民族内的科研人员组成编辑室，按民族志统一篇目及要求负责撰写；《民族语言文字志》由民委少数民族语言文字指导委员会的各族语文专家组成编辑室按统一要求编写。

2月28日，江西省人民政府印发《江西省志编纂工作会议纪要》。在印发通知中提出：

“务请各有关部门,切实加强领导,制定规划,精心组织,从人力、物力等方面,保证这项工作顺利进行,力争1995年完成省志的编纂任务。”

是月,梁寒冰著《新编地方志研究》由河南人民出版社出版,收入作者的文章和在各种会议上的讲话共15篇。着重在阐述新编地方志的目的、意义、指导思想和一些重大原则问题。书中提到马克思主义方志学的共有7次,最早一次是1982年5月14日在中南、西南9省(区)地方志研究班上的讲话——《坚持四项基本原则与培训专业修志人材》。最末一次是1985年5月14日在中国地方史志协会第三次年会闭幕时的讲话——《实行双百方针,发展方志学理论》。

是月,胡真在《湖南地方志》第1期著文《实事求是编志书》,提出要秉笔直书,不要“御笔行事”。所谓“御笔行事”,就是按领导者的个人意志办事,不按客观事物的本来面貌记述,这是编纂志书所绝对忌讳的。如果按“御笔行事”,编出来的志书也就会成为“伪书”,于今人和后人均无裨益。

3月1日,中国地方志指导小组就各地来信反映《中国地方志主编人物录》和《方志名人辞典》的征集稿件事作出公开答复,认为无论两书主编者主观愿望如何,目前来编这种类型的书,条件是不成熟的,时机是不适当的。希望各地修志部门持慎重态度,在目前情况下,以暂不参加应征为宜。3月18日,中国地方志指导小组办公室复函鞍山市地方志办公室谓:中国地方志指导小组3月2～4日在京举行第八次全体会议,会议曾就关于委托你们编辑出版《中国当代方志人物》一事,进行了讨论。与会同志认为考虑到我国新编地方志的工作,实际上只有七、八年时间,已经出版的志书从数量上看和我们全部修志任务相较,还有很大差距。至于志书质量究竟如何估计,还需要经过社会的检验。鉴于以上原因,建议你们慎重考虑。

3月2～4日,中国地方志指导小组第八次会议在北京举行。会议着重讨论了全国修志工作贯彻中共十三大精神,用社会主义初级阶段理论为指导,保证志书质量的问题,特别强调了要进一步清除“左”的影响和一些附加于社会主义的、不科学的旧观念的影响。根据十三大提出的“开拓新视野,发展新观念,进入新境界”的精神,地方志工作要百花齐放、百家争鸣,努力探索、创新。会议根据这一原则,部署了明年的工作。

3月7～11日,中国地方志指导小组于北京举行玉山、渭南、萧山三部县志的评议会。应邀参会的有历史、人文地理、政治、经济、社会等多种学科的专家共10人。与会者对《萧山县志》将“堕民”单独设篇、将西施的资料以客观态度排列;《渭南县志》地质、地貌图的处理和运用;《玉山县志》注意收录地方文献,都给以了肯定。同时也提出了目前新志书的政治内容显得比较单薄、比较简略;有些资料,尤其是经济资料缺乏一条主线来统率,应当把握好资料的取舍,增强资料的系统性、连续性和阶段的可比性,以反映事物发展过程的变化和规律。地质学和地理学是两门不同的学科,统称地理志,把地质当作地理志下的一章不妥当,建议将地理志改为“自然环境志”等。

3月10日，湖南省地方志编纂委员会召开地方志工作座谈会。全省13地、州、市的专员、州长、市长和部分地、州、市秘书长或办公室主任与会，由副省长、省地方志编委会副主任王向天主持。会议要求各级政府要采取有力措施，加强对修志工作的领导。一是各级领导特别是分管修志的领导要经常过问修志工作，解决修志工作中的重大问题。如对政治运动中的具体事件、具体人的看法问题，人物评价问题，对工作中失误的看法问题等，领导都要参加研究。二要创造必要的工作条件。要健全修志机构，一般应为局级；要配齐人员，要有一名具有一定马列主义水平、文字能力较强、又热爱修志事业的专职主编，再配上几个有一定文字能力的佐手，并请退到二、三线的有文字能力而又身体健康的老同志参加。三是要保证必要的经费和办公用房。四是要关心修志人员的工作、学习和生活，使他们专心致志地从事修志工作，当前要做好修志人员业务技术职务的评聘工作。会议认为，省辖市可先修简志，再编详志。县(市)志要在保证质量的前提下，加快步伐，争取3～5年编出志书。

3月12日，上海市委书记江泽民为《宝钢志》题词："宝钢是我国改革开放中建设的大型现代化钢铁企业，《宝钢志》的编写有其深刻的历史意义和现实意义。"

3月30日，中国地方志指导小组成员、陕西省地方志编委会主任陈元方，在是日出刊的《陕西地方志》今年第2期发表《注意新编地方志的政治质量》一文，针对目前已经出版的不少志书中，对"左"倾失误和"文化大革命"的记述中存在的问题，发表自己的看法。文章认为，由于受"宜粗不宜细"、"宜分不宜集"的影响，一些志书对这两个问题的记述有越少越好或一笔带过的倾向。文章批驳了"抹黑"论、"引起新的派性"论、"执行无错"论等"奇怪的论调"后，提出应当是宜粗则粗，宜细则细，宜分则分，宜集则集。对这样重大的历史课题，如不设专门篇章，采用适当集中的记述方法，是无法交代清楚的。牵涉到一些人，一般的可多写事实，多写经验教训，少写人，少点名。但也不能一个不写。对于那种怀有政治野心，思想品质恶劣，一贯政治投机者，在"文化大革命"的一些关键时期屡干坏事，作恶多端者，主要责任者，坏得有名气有影响者，就非得写上一个至几个不可。否则见事不见人，隐瞒了事实，歪曲了历史，是无法向人民向历史交代的。

3月31日，中国地方志指导小组就浙江省出版总社要求成立地方志出版社的报告一事，致函国家新闻出版署，认为浙江建立地方志专业出版社是完全必要的，不但有利于浙江志书的出版，也将有利于全国志书的出版。同时，浙江也具有较好的条件。因此请予以同意，这是对全国地方志工作的极大支持。

是月，仇化庭在《天津史志》今年第1期上发表《试论科技志的科学属性》，认为不同时代的志书，按其内容有不同的科学属性，也只能归属于当时已建立的学科，既不能让后代志书的科学属性服从前代，也不必把前代志书的属性纳入后者。从考察方志学的历史渊源出发，科技志应属于软科学的范畴。从广义上来看，软科学是现代自然科学与社会科学交叉发展而成的具有高度综合性的学科群，仅这一点，科技志就与软科学十分相像。区别就在于软科学是一个学科群的总称，而科技志最多只能是一个学科，可以说，科技志被包含在软科学之中。

是月，安徽《黄山志》出版。该志主编刘秉升利用志书资料，仅用40天时间就撰写成提交联合国教科文组织的7万字的蓝皮书，使黄山获准为世界自然和文化遗产。

4月2日，中共黑龙江省委举行常委办公会，听取地方志编纂工作的汇报。会议决定，同意《人物志》确定的生不立传的原则和各项入志人物的标准；对抗联主要记述对敌斗争，内部不同意见的争论可以不记；对"文化大革命"中群众组织之间的是非"宜粗不宜细"，对两个反革命集团的罪行要充分记述；涉外问题要请示外交部；明确省地方志编纂委员会的常设工作机构为省地方志办公室，是省政府的直属厅级单位，办公室主任按正厅级配备，副主任按副厅级配备，撤销省地方志研究所。

4月4～6日，上海举行地方志高级讲习班，由谭其骧、胡道静、黄苇、郦家驹、朱文尧、关成和、向顺立等主讲。听讲者有本市各部、委、办、区、县、局的修志领导者和志书主编及主要编写人员。听课者普遍反映效果良好。

4月13～19日，全国地方志1988年度工作会议在江西九江举行。会议是落实地方志指导小组第八次会议的部署，具体研究保证志书质量的问题。总结了各地保证志书质量的几条共同的经验：1.切实实行主编负责制，严格主编的遴选，把有水平的实干家放到主编位置上来，使他们有实权，可由他来聘用编辑，决定疑难问题的处理。2.用多种形式培训修志人员，尤其要注意对主编和骨干编写人员的培训。3.要十分重视资料工作，提出了对资料"广、全、新、精、准"的质量要求。4.加强志稿的评议工作。5.领导机关实行严格审稿把关制度，进行严格验收。

会上代表们对指导小组目前的领导体制发表了许多很激烈的意见，为争得一个发言的机会，以致出现抢话筒的局面，几使会场失控。提出最集中的意见是，指导小组由社会科学院代管与地方的"党委领导，政府主持"的修志格局不相协调，指导小组工作缺乏力度。要求应力争归国务院直接领导体制才顺，指导小组也要变为"领导小组"才具有权威性。会上就出现集体签名上书中央的。

是月，江苏省地方志办公室与苏州大学联合举办地方志培训班、主编研讨班。自是至1992年底，共举办12期，参加学员达1300余人。

5月10日，中国地方志协会发出举行1988年学术年会的通知。由于经费困难和其它一些原因，决定改变1987年11月省、自治区、直辖市地方志协(学)会工作上确定的开法，确定年会主题仍是贯彻十三大精神，保证志书质量，但不出具体课题；年会论文由各地推荐并评选，全国地协不再统一评选，并且每个省(市)只限一篇。

5月14～17日，全国供销合作社系统修志经验第五次交流会在广州举行，各省、市、区供销合作社史志工作者60余人与会，中国供销合作经济学会会长程宏毅和全国供销合作总社秘书长杨德寿出席并讲了话。他们都强调，各地供销合作社的领导要重视修志工作，作为一项大事来抓，从各方面支持修志工作。今后工作的重点，要逐步转向史料利用上来，把修志工作做好。总社要着手总结我国70年来合作社的发展史。

5月17～20日，全国经济特区城市志经验交流会在汕头市召开。有汕头、深圳、珠海和厦门四市的地方志办公室主任及有关人员共20余人出席，着重讨论了经济特区城市志编写中的一些学术问题，包括：1.特区的特点及特区城市志如何反映这些特点；2.特区城市志的体例；3.特区志的断限问题；4.人物传和以事系人问题；5.关于"思想意识志"的设立问题；6.关于利用音像、电脑等现代化科学技术使方志立体化的设想等。

5月18日～6月9日，中国地方志指导小组副组长梁寒冰在山西、陕西两省调查，了解到当前志书对新中国39年来的历史的记述中，存在四种偏向。一是歌颂型的记述。以夸张语言和过头话把新中国的历史一律写为成绩伟大、生活幸福。看不到经验教训，不能如实地反映历史与现状，缺乏真实性和科学性。二是纯客观主义的记述。不加任何评价地平摆出来，在客观上肯定了这段历史中失误的合法性，这正好与三中全会精神相违背。三是平淡浮浅的记述，没有从历史的深度和高度去追求历史的经验教训。如对1957年以后，超越生产力的发展水平去盲目追求一大二公的生产关系变革；在疾风暴雨式的阶级斗争基本结束以后又强调以阶级斗争为纲带来的严重后果等，采取大而化之、绕道回避的态度，实际是一种心有余悸的表现。四是形而上学的片面记述。不分主流、支流，不分正面、反面，一好万好，一坏万坏，不能具体问题具体分析，从中发现真理和谬误。

5月27～30日，由《江苏地方志》与《四川地方志》联合发起的地方志刊物南片会议在南京市举行。有21家刊物共25人与会。会议着重讨论了四个方面的问题：一、刊物指导修志与服务社会的问题；二、刊物的指导性与学术性如何结合的问题；三、如何立足本省与面向全国的问题；四、刊物之间的分工合作问题。此次会议后，南片刊物会议还于1990年6月和10月，举行过两次会议。

6月1日，廖彩烈在是日出刊的《黑龙江史志》今年第3期发表对以"三宜"、"三不宜"记述"文化大革命"的几点看法。认为：一、"宜分不宜集"弊病极多；二、"宜略不宜详"本末倒置；三、"宜粗不宜细"原则正确，但执行中有偏差。偏差之一是"怕"字当头，把这一原则当作"绕着走"的依据；偏差之二是文过饰非，混淆功过。

同刊期上，刘纪生针对一些人的"地方志是中国所特有文化传统"的说法，特发表《略论方志的多国性》一文。指出认为方志为中国所独有是一种误解。实际上地方志是一种具有广泛性的书籍。早在公元前50年，恺撒就编写了《高卢战纪》，到公元98年塔西陀又写了《日尔曼志》。亚洲的越南，在15世纪就编纂了一部图志——《天下版图》；19世纪80年代，也开始了修志。1966～1975年，英国伦敦大学出版社出版了一系列非洲国家的图志，如《塞拉利昂图志》、《坦桑尼亚图志》、《利比里亚图志》等。1987年，我国的社会科学出版社还出版了中译本《美国志》。由此可见，世界许多国家都修有方志。文章认为，现代外国修志还有值得我们借鉴之处。

6月10～14日，在安徽省地方志编委会的指导和支持下，九华山管理处举行新编《九华山志》稿评议会。省志办和芜湖市志办以及泰山、普陀山、黄山、天柱山、齐云山、琅琊山、浮山等名山山志办代表与会。特邀参加会议的还有同济大学、湖北大学、安徽师范大学、安庆师范学院、安徽省林业厅、旅游局、黄山书社等单位教授、专家，共50余人。与会者认为，志稿尽管在总体构思、谋篇布局、资料选用、语言表述方面还有些不当和粗疏之处，但不失为一部基础较好的志书，它继承了前人的优良传统，汇集了当今修志的经验，达到了目前修志水平，经过修改加工，可望早日付梓问世。

6月20日，黑龙江省志总编会议听取《外事志》办公室传达外交部全国修志工作会议精神，认为"外事无小事"，对外事的记述要按照外交部的统一口径，对重要的地方外事活动的记述，要一事一请示。

6月28日，黑龙江省志总编会议，讨论规定省志各分志一律不设附录。《外事志》附录中记的有关黑龙江的涉外条约，很有参考价值，特许增设附录。其他分志的附录目前不讨论，以后再说。1990年3月，确定《地名考》可作为附录之一。

6月30日，郑正西在是日出刊的《贵州方志》今年第3期上发表《新编地方志的讨论需要重点转移》，提出应"怀着对我们祖国有一种'危机感'和'紧迫感'的现代含义的爱国主义感情，去编修方志"。对问题的讨论要从体例、编目转移到志书内容方面进行。

是月，邵煜在《天津史志》第2期发表《我国方志学理论研究概述》一文。文章除概述自古以来方志学理论研究状况之外，特别说及长期以来，人们在争论方志（方志学）的属性时，只是想到它的从属地位，而都未将其视为一门独立的学科。因而他提出了"建立马克思主义方志理论体系"的问题。一是方志理论研究必须从依附史学、地理学的境地中解脱出来，成为一门独立的学科研究，并吸收其他学科的成果。二是加强方志基础理论研究，形成其构筑的骨架。三是积极开展方志评论和学术争鸣。通过对志书（稿）的评论，总结新编地方志的得失，以利于方志学理论建设。在学术争鸣中，贯彻双百方针，不唯上，不唯书，不唯权威。四是提倡大胆探索，勇于创新，不要老停顿在一个水平上和几个老问题上争来争去，使方志学研究充满活力。五是鼓励修志人员进行理论研究，总结新的经验，探索规律，批判继承旧志研究中的合理成分，以利新方志学理论的建立。六是成立理论研究会，创办《方志学研究》、《方志学刊》等。

是月，广西通志馆龙廷驹在安徽《志苑》第二期发表《对地方志不记"为什么"的商榷》。在志书记述的讨论中，有一种观点，认为地方志只记"是什么"，而不记"为什么"。作者对此提出异议，认为编者不知道"为什么"是另一回事；知道了的不但要记，而且要认真地记。不记"为什么"，只罗列现象，所谓借鉴云云就无从谈起。有些是编者自己不知道"为什么"，别人知道了的也应当记。如新华社报道1987年12月14日晨,在青岛崂山以东海面两个太阳同时升起。据海洋光学、物理学和海洋气象学的专家分析,是由于海上空气密度不均和折射率不均造成的。地方志不能只记“二日并出”便完成任务,还应当把人们对这一奇观的认识阶段记载下来,以便后人了解这一认识的发展过程。有人认为记了“为什么”,就要发议论,讲道理,有违地方志资料性的功能。《宾阳县志》粮油章,记有该县1980年至1984年公粮入库都超过1亿斤,1985年突然下降到5302万斤。接着就记了因为粮价偏低,农民种一亩粮食比种一亩果蔗少收入168.39元。这一年粮食作物播种面积比上一年减少13.9万亩。这里并没有发什么议论。在此还要划清一种界限:方志编者的评论与他人的评论不是一回事。如《中国大百科全书》“毛泽东”一条的释文,原稿中说“毛泽东在晚年虽然犯了严重错误,但由于他对中国革命的不可磨灭的巨大功绩,仍然受到中国人民的崇高尊敬”。这是撰写者的议论。后经胡乔木改为转述《关于建国以来党的若干历史问题的决议》的评语,说“《决议》详细分析了毛泽东在‘文化大革命’中所犯严重错误的根源,同时认为,就毛泽东的一生来看,他对中国革命建立的不可磨灭的功绩远大于他的过失”。这就避免了编者的议论,而变成是引《决议》这一历史文献了。因此,他主张地方志不但要记“是什么”,还可以而尽可能地记“为什么”。

是月,《中国方志百家言论集萃》由四川省社会科学院出版社出版。是书辑选古今史志学家和其他方面学者、名人对中国地方志的论述而成。全书以语录体方式编排,按内容分为20大类,共1255条。有方志释名、种类、史志关系、方志的意义、功用以及编志的指导思想、方志体例、体裁、章法、工作步骤、史料征集与鉴定整理、纂言记事等。

是月,由刘继辉主编的广西《宁明县志》出版。是志除专设“花山崖壁画志”,载录了崖壁画的位置、图像、传说、专家学者的考察研究情况,以及相关的诗词选外,尤其值得注意的是“农业志”中的“封建领主所有制”和“封建地主所有制”两目。前一目记述了解放前这里土官所有制与封建土地所有制的区别,引入了大量土官收取实物地租、货币地租和劳役地租以及其他剥削形式的第一手资料,使人们一看就知道土司制的实质和对农民的剥削程度。同时也说明了这种制度是奴隶制的残余。在后一目中,记述了宁明改土归流后的历史,说明本县封建地主所有制的形成和发展是非常缓慢的,直到土改前,宁明的封建经济制度还处于刍型阶段。这都是极有研究价值的资料。是志中使用壮文记述壮语名词,还以壮文记录了民歌144句,是广西志书中的一特,也值得注意。

按:用壮文记述个别壮语的做法,在潘洪恩主编、1989年4月出版的《扶绥县志》中,也加以了运用。

是月,台湾省文献委员会编的《方志学与志书修纂讨论会暨台湾文献业务座谈会会议论文》集,由台南报社印行。是书集中了各学者及新方志编纂者近年来的研究成果,颇富理论与实践意义。

7月15～18日，中国地方志指导小组民族志指导组成员扩大会议，在吉林延吉朝鲜族自治州延吉市举行，主要研究自治州志的编纂问题。会议认为，民族区域自治地方不同于一般地方政权，它既是民族自治区，又是地方自治，是民族因素和区域因素、政治因素、经济因素的正确结合。在自治区(州)经济、政治、文化的各项建设，都与全州民族这个大局联系在一起。因此，在州志及各专志中，如果离开了民族问题，就没有核心，就没有特色，就不能准确反映当地民族和地区的特点。自治州志的专业志都必须充分地客观地反映民族问题，要以有利于增进民族之间、地区之间、民族内部的团结，能客观地反映民族的历史与现状为原则。

7月19～22日，全国铁路局史志工作第一次协作会议在济南召开。参加会议的有各铁路局史志办公室主任、编辑人员和济南局分局级单位史志办负责人，共50余人。会议着重介绍了加强领导以及修志为改革和现实服务等方面的经验和做法，特别是讨论了铁路局志和省、市、自治区铁路志的总体设计及其核心篇目的设置问题。会议决定建立全国铁路局史志工作协作组；决定明年举行第二次协作会议由北京局筹办，并建议铁道部加强对全路史志工作的领导。

7月21日，《经济日报》发表山丁的文章《给“修志热”降降温》。文章谓：“在‘盛世修志’观点的影响下，全国各地掀起一股编写地方志的热潮。省、地、市、县层层都在写，一些行政机关、厂矿企业也群起效尤。为了修志，召开各种规模的‘研究会’，派人到处搜集资料，写成后还要出版，全国发行，耗费了大量人力、财力，对四化建设意义不大。”他希望中央和各地给这股热潮“降降温”。文章发出后，引起方志界多数人的不同意。

是月，吉林省长春市农安县利用新编县志资料，编成本县《地理》和《历史》两种乡土教材，至是印行。其《地理》中包括概况、地理土壤、气候、河流山脉、自然资源、农林牧业、工业交通、名胜古迹及经济发展规划等11课；《历史》分为上、下册共30课，从古城兴衰、封建制政权的建立，到抗俄、抗日、反蒋运动，全县解放；从垦荒、土地开发利用到今日的发展变化；以及历史上的名人、要事等等，详略不同，都有概述。这部乡土教材，从是年的下学期起，在小学五、六年级和初中一年级使用，列入教学计划，作为正式课程，受到广大师生的欢迎和社会的好评。

按：利用新志资料编写乡土教材者所在多有，此仅举一例而已。

是月，四川巴中县志办公室马有德、马玉在《四川地方志通讯》第3期发表《浅谈方志学的独立学科地位》一文。文章认为，方志学应获独立的学科地位，方志学获独立学科地位是社会需要和科学发展的需要。方志学获独立学科地位的条件已经具备：一是有坚实的社会实践基础；二是有明确的研究对象和任务(作者认为，方志学是以一地区存在的自然和社会诸方面的运动状态为其研究对象和任务的)；三是有客观规律性的知识体系(由方志学理论、方志学应用、方志发展史三部分构成)。

峨眉县志办骆坤琪在同刊期上发表《浅议“详今略古”》，提出“今”是指志书断限之内，

“古”是指志书上限之前。如果不分“限内”、“限外”，笼统地提“详今略古”不但不够科学，且易造成混乱。

是月，作为河南旧志整理丛书之一种，由河南省地方史志编纂委员会整理的民国十八年本《河南新志》内部重印。

是月，由董一博为编委会主任、杨静琦等 6 人为副主任编就的《中国方志大辞典》由浙江人民出版社出版。是书共 66 万字，收入词条 2970 条。第一类为方志词语(包括方志名称、政区建置、篇目名称、方志理论等)。第二类为方志书名(按省、市、自治区顺序编排；在一个政区内先省志，再府、县志，后为专志、杂志)。第三类为方志人物。第四类为修志机构。第五类为其他(与修志关系密切的相关学科的词条)。末为附录，收入修志的条例、规定、文件等。比黄苇主编、1986 年 11 月出版的《中国地方志辞典》多收近 1000 个条目。朱士嘉为之序。

按：是书于 11 月上旬获第二届华东地区优秀政治理论读物一等奖。

8 月 1 日，张志蒙在是日出刊的《黑龙江史志》今年第 4 期发文，对志书中出现“建国”一词提出异议。认为将 1949 年 10 月 1 日中华人民共和国建立，简称为“建国”不妥。一是与事实不符。中国建国已有几千年的历史，不是从 1949 年 10 月 1 日才建立的。二是把中华人民共和国建立简称为“建国”，这无异是否定历史，也不符合党中央有关统一祖国大业的要求。

按：鉴于新志书中关于“建国”一词的出现频率颇高，故不同意见也时时见诸方志刊物之中。除本文外，1989 年有李惠在《新疆地方志》第 1 期发表的《对“建国”前后、“解放”前后这一提法的看法》，提出“建国”并不是建立中华人民共和国的专用语，其含义是很不准确的，志书中不宜这样用，以使志稿、文献更具科学性、严肃性。“解放前”、“解放后”就全国而言，是以 1949 年 10 月 1 日为分界的。就各地而言，具体解放的日期是各不相同的。志书中使用“解放前”、“解放后”，一则易与新中国成立相混；二则不能说明该省、市、县的解放日期，也不要这样用为好。1991 年《河北地方志》第 1 期又发表贾来旺《“建国”一词浅议》一文，指出“建国”是“建立国家”的简称。中华人民共和国的建立，只是改变了政权组织的阶级本质，中国政权由剥削阶级手中，通过革命转移到了劳动人民手中，国家制度有了改变，但国家的领土、居民、主权都没有变化。国家有了新政府，实行新制度，并不是建立一个新的国家。不少志书中将 1949 年 10 月 1 日中华人民共和国建立前、后，简称为“建国前”、“建国后”，容易让人产生中国是 1949 年才建立的误解。

类似议论的文章发表的还有多篇，可惜未引起人们普遍的注意，致使以后出版的志书中还是大量出现、滥用，影响了志书的科学性。为此，笔者不得不于 2000 年新一轮修志开始之际，在《续修志书的“纠”字说》一文中，指出：将新中国的建立简称为“建国”，以致“建国前”、“建国后”的用语在志书中大量出现(志书中不这样用的反而是少数了)，这是一个极不准确的口头用语。中国建国已有数千年的历史，怎么可以说 1949 年才“建国”呢？说得严重一点，这是一种自外于中国历史的做法，很不可取。前不久演出的一部电视剧《中国出了个毛泽东》,一开头就有一群儿童在唱"没有共产党就没有中国"。毛泽东主席一听就对周恩来说,这个歌词有问题,中国已有5000年的历史,怎么可以说没有共产党就没中国呢?周恩来说,主席您是诗人,您帮改一改。毛泽东主席说,改成"没有共产党就没有新中国"就对了。这只是文艺作品中的一段台词,但却是值得注意的。为证这种提法之非,今将《河北地方志》1989年第6期载岳延福《〈没有共产党就没有新中国〉一歌的轶闻》节摘于下:"据作曲家曹火星同志回忆说,那是他与张学明同志当时为《霸王鞭》创作和编导的一套歌曲中最后的一首歌,歌中的'新'字是1949年初中共中央宣传部指出歌名不妥后才加上去的。原来,这首歌曾名为《没有共产党就没有中国》,'新'字的增添则与章乃器有关。那是1948年,章乃器接到中国共产党的邀请后,毅然抛下了在香港的企业,来到东北参加革命运动。他在参观哈尔滨、沈阳时听到人们深情地唱着《没有共产党就没有中国》这支歌。他想,应该说没有共产党就没有新中国才对,才合适。不久,毛泽东在会见章乃器时亲切地对他说:'你的意见很好,我们已经让作者把歌词改了。'从此,《没有共产党就没有新中国》这支歌越唱越响亮。"

8月3日,上海市志编委会举行第二次会议,朱镕基代表市委、市政府出席会议,并在会上发表讲话。其中讲到他1955年在国家计委工作时,随国家计委委员宋养初到地方考察时,每到一地不管怎么晚,宋都要把当地的县志拿来看,这使他很受启发,对他的日后工作很有益处。

8月5～9日,东北部分城市地方志协作会议在长春举行,来自大连、鞍山、锦州、沈阳、抚顺、四平、吉林、长春、牡丹江、哈尔滨、齐齐哈尔等城市的地方志代表参加。会议着重研究了以社会主义初级阶段理论指导修志的问题。会议认为,用初级阶段理论指导修志,就是既要反映社会主义建设的巨大成就和社会主义制度的优越性,又要反映初级阶段还存在的落后和弊端,既记成绩,也记失误,充分反映改革开放,体现我们这个时代的特色。

8月6日,由于经费和准备工作不足,中国地方志协会发出1988年学术年会延期到1989年举行的通知。

8月18～21日,全国地方志刊物第二次主编会议在哈尔滨市举行。全国23家刊物共33人与会。当时除西藏和台湾之外,29个省、市、自治区的方志机构均办有刊物。加上市、地办的,全国方志刊物已达100多家。有简报、资料、理论、综合等四个类型。会议除研究刊物的各种类型和特点之外,还研究了提高编辑人员的素质和水平以及如何花力气组稿等问题。

8月25日,浙江余姚市地方志办公室收到全国人大常委会副委员长雷洁琼寄赠的《中国的犯罪问题与社会变迁关系》一书。是书为其丈夫严景耀博士所著,北京大学出版社出版。此前雷老还曾寄过严景耀之弟子所写的《严景耀博士生平传记》等珍贵资料,大有利于志书对严景耀传的编写。

是日,江苏省志办吴福林在是日出刊的《中国地方志》今年第4期上发表《试论志体》一文，实际是讲志体革新的问题。文章认为，旧志体源于旧史体，都是纪传体。这种纪传体的史志，是反映帝王将相为核心的优良体裁，都在历史上显示过其优越性。随着封建社会的覆亡，纪传体便显得与社会的发展不相适应，于是章节体遂成为新的史体。但脱胎于旧史体的志体并没有随着史体的进步而改进，依然是原来的纪传体。还在民国年间，黎锦熙等先生便提出了改革志体的主张。我们在本届修志实践中，也越来越发觉旧志体的局限性。由于社会的发展，特别是经济的发展、科学的发展，旧志体中所并存的记、志、传、图、表、录等的相对均衡遭到破坏，人们不得不提出“以专志为志书的主体”的弥补说法，又有“总述为纲”、“大事记为经”等说法。个别看来不无道理。但作为一个整体要求，又是“纲”，又是“经”，还有“纬”种种说法，就表现出一种混乱，缺乏整体性和逻辑性。多体并存也是一种多中心的表现。这都说明旧志体已经完成了自己的历史使命，已不再适应新社会的要求，改革势在必行。

他提出改革的设想是，取消诸体，只保留志体，用各专业志（或专志）联合组成志书。一地有哪些事业，自然和社会有哪些方面，便由哪些专志组成该地的志书。一部专志反映全貌的一个侧面，是全志的一个组成部分。合则为全志，分则相对独立。各分志的实体皆为条目。正像不能要求史体像志体那样落笔具体、述而不论一样，也不能要求志体像史体那样贯通大势，展示规律。史是宏观的，志是微观的。综合概括全貌，那是“概论”的任务；反映兴衰起伏，提示发展规律，那是史书的任务；以具体的资料反映某地的实际面貌，这才是志书的任务。

8月26～27日，广东省地方志学会在广州召开第一次粤、港、澳地方志学术交流会。会上，代表们就广东地方志中如何记载华侨（华人）和港、澳地区人物问题，如何记述历史上的粤、港、澳关系问题，如何增强志书的可读性问题，志书的出口发行问题，港、澳地区修志的可能性问题，如何争取华侨（华人）及港、澳同胞支持家乡修志问题等，进行了讨论，发表了不少好的意见和建议。

是月，魏桥等合著《浙江方志源流》出版，这是本届修志中出版的第一部区域性方志史著作。每章标题都冠以朝代之名，以明不同时期浙江方志的起源、发展、转折、兴起和鼎盛，直至传统方志向现代方志的过渡和第一代社会主义新方志的编修。

是月，罗先进在《天津史志》今年第3期发表《浅议新编地方志的科学性》一文。文章认为，有人仅仅把科学性理解为门目的划分和篇目的设置是否合理上，这显然是不够的，因为门类的划分、篇目的设置，只不过是地方志科学性的一个方面，即志书的表现形式。新志书的科学性，其表现应是多方面的，其中主要是指对资料的鉴别、考辨、筛选、编排，全面地、系统地反映一个地方的事物本质、全貌及事物的内在联系。志书的价值在于提供详尽确实的科学资料。资料是志书的基础，翔实的资料是科学性的前提条件，抛开翔实的资料来谈志书的科学性，就成了无源之水、无本之木。篇目是新志书科学性的具体表现，要横看各类目各自独立，门类齐全，反映事物的全部内容，纵看篇、章、节、目相辖，领属得当。有了确当的篇目和翔实的资料，志书的科学性就取决于如何运用文字记述。记述事物必须是真实的、准确的。科学性的核心是实事求是，对客观事物进行如实记述，不夸大，也不缩小。如在肯定社会主义建设中各方面所取得成绩的同时，也要看到挫折和失误，看到我们的弊端。就是改革开放的今天，有的地方有优越的地下矿藏，品种多、储量大，但开发利用率却不高；还有工农业产值近几年有较大幅度增长，但资金、能源、材料严重短缺；农业虽然生产上升，但基础不稳，后劲不足，等等，这些均应在志书中有所反映。这样写出来的志书，才能为人们提供一种有系统的资料，才能具有一定的科学水平。

是月，梁滨久在《山西地方志》今年第3、4期合刊上发表《应建立志学学科》一文。作者鉴于志书有“四洲志”、“通志”等，它们并不属于“地方志”。另外，志书中还有一类专业性很强的志书，如《中国动物志》、《中国植物志》、《中国矿产志》、《中国戏曲志》等，这些也是“地方志”这个名称涵盖不了的。所以应该建立志学学科，把“地方志”看作志书中的一种。

9月22～26日，西北、西南片区交通史志工作会议在贵阳举行。两区中除西藏外9省区的代表出席，并邀请了江苏、湖南、广西、河南、山西、河北、黑龙江、上海等省(区)的代表参加。会议是审议西北、西南9省区试写的交通志部分章节，提出意见，并结合讨论了篇目、体例、章法、详略以及文字表述等问题。

是月下旬，浙江省慈溪县长谢建邦向港、澳、台胞及海外华侨中的慈溪籍人士发出征集县志资料函，不久即收到寄来的有关资料。如港胞方伯诚先生于10月，即来函对修志极表赞成，并附寄了有关资料。

是月，中国水利史学会在内蒙古自治区临河市召开的“河套水利史学术讨论会”上，对于清末“走西口”来到河套，以兴修水利起家，地跨黄河两岸5个县(旗)，佃夫以万计，长短工以千计，年收粮食3500万公斤，地租银17万两的大地主王同春的评价，出现了两种截然不同的态度。由于他为开渠而投入工银约达1350万两以上，河套八大干渠，有3条是他自修的，其他5条他也参加了指导，因此原来就有“瞎进财”的绰号，又有“开渠大王”、“水利大家”的称号。故有的同志认为他开发河套水利有功，应当立传塑像；另外一些同志则认为他利用灾荒大发横财，残酷剥削百姓，勾结王公官府，欺压百姓，不值得肯定。

按：这个人物正可以说明对待历史人物不可以简单地用正面、反面人物来划分，不可搞形而上学，以好而掩其恶，也不可因其有坏的一面而抹煞其功。福建省有相邻两个县的县志对同一个人物(苏亿)写得判若两人。一部县志把他写成“正面人物”，说他扩充队伍，占山为王，“对官不对民，对富不对贫”，对平民秋毫无犯；而在另一部志书中，则把他写成了一个地地道道的土匪。恐怕都是抓住了一点而忽略了其他。

是月出刊的《浙江方志》今年第5期发表张一平《浅谈地方领导不重视地方志的原因及其对策》的文章，其中说到：“本届修志，除设方志办公室外，还有一个编委会，委员均系各科(局)首长，后者无编制，大多系花架子，不负责实质性工作。有的甚至从不过问修志之事。

但志书修成出版，在编纂人员之上（前）列其名，可说大家都来吃志书的大锅饭。而作为志书的主要编写人员，却挨在榜尾，这样不能不影响修志者的积极性。”

按：笔者在各地了解到，“主编不主”、“主编不编”，“挂帅者不出征”的现象相当普遍，主纂的工作者，在编纂者排名时却只能陪末座。这是官本位在修志中的一个表现。笔者在各地会议或讲课时曾就此提出，可以仿照古时修、纂分开署名的办法：官员署主修，主纂署主编或总纂，各得其所，不失为一可行之法。

是月，方家瑜在《志苑》第3期发《志书质量问题实质上是志体问题》一文，认为当前讨论志体，多侧重于志体的形式，而放松了对志体实质，即从志书内容上体现出来的特点的讨论。他认为，志体的实质一是实事求是，二是宁缺勿滥，三是述而不作，四是生不立传，五是通典不录。如果我们能进一步把握志体，从志体的形式和内容两个方面体现志书的特点，就可以编纂出越来越多的、地方特色鲜明的新志书。

是月，时永发主编的《大庆市志》出版。是书十分注意弘扬大庆精神。仅在人物传附传主生活工作照的做法就很特别。在工程指挥部副总指挥季铁中传里，附了他在施工现场的照片；在副总指挥王云武传中，配有他和职工家属们一起拉犁种地的照片；在副总工程师谭学陵传中，插入他在原野上聚精会神钻研的照片。这些照片的配入，不但介绍了其本人的事迹，也使大庆人艰苦创业的历史，得以形象地体现在读者面前。

是月，谢启昆修、胡虔纂的《[嘉庆]广西通志》，经广西师范大学历史系中国历史文献研究室点校后，由广西人民出版社分精装10册出版发行。书前有广西壮族自治区地方志编委会主任韦纯束的《序》、点校者写的《前言》和《点校凡例》。是书在中国方志史上是很有名的，这个点校本的出版，可使更多的方志工作者有机会得见其全貌。

10月1日，是日出刊的《史志文萃》今年第5期发表两篇探讨新志书体例革新的文章。一是南京市地方志编委会吴福林主张取消旧志的诸体，也取消“述体”，只保留志体，用专业志（或专志）联合成志书（详见前8月25日条）。二是山东省志办王复兴主张按丛书编写省志。一部省志就是一部系统的著述，各分志是省志的组成部分，各分志的篇章及内容，要从整部志书的要求来安排。分志改为专志，具有相对独立性。

10月18日，为保证志书质量，黑龙江省志总编会议确定，志书必须实行“四审四关”制度。“四审”即志稿完成后由主编初审，专家、领导和修志人员联审，所属编委会汇审，省志编委会终审。“四关”即政治关、事实关、技术关（专业关）、文字关。

10月21～26日，全国地方科技史志第四次研讨会在贵阳举行，24个省、自治区、直辖市和3个计划单列市的代表共94人与会。会议围绕全国科技志当前编纂工作的形势、科技志的质量标准和科技志的体例特征等问题进行了讨论，尤其着重研究了编修中遇到的三个方面的问题。对于科技志的质量标准，比较一致的看法是，只有观点正确、资料翔实、特点鲜明、体例完备、文风端正这几条宏观的质量标准还不够，在微观方面也要有可遵循的衡量尺度。有的主张将评价自然科学的标准引入评价科技志，运用模糊数学的原理提出科技志的评价指标、系统模式和总体评价方法，使模糊转为清楚，使抽象转为具体，使定性转为定量。关于科技志主体框架设计，上海代表提出的科技的社会环境、国民教育、科技资源投入、科技活动、科技产出、科技管理、科技发展对经济影响等篇，建议把社会科学纳入科学技术志的设想，在讨论会中引起了很大反响。从会上获悉，目前，全国已经编出科研院、所志160多部。会议建议国家科委将全国编修科技志工作纳入议事日程，加强领导，采取措施，稳定机构，稳定人员，把全国各地的科技志编好。

10月22日，北京市人民政府下发通知，成立北京地方志编纂委员会，主任陈希同（市长）；顾问赵鹏飞（市人大常委会主任）；副主任有徐惟诚（市委副书记）、张明义（常务，市政协副主席）、王立行（原市委常委、市宣传部长）、安成信（国务院副秘书长）；委员有铁英等17人。同时印发《北京市地方志工作规划纲要（1989～1999年）》。《纲要》规定的任务是：一、力争用五年左右时间，完成郊区县志；二、力争以八年至十年时间，完成《北京志》的编纂任务；三、有计划地整理、出版有一定价值的旧志书；四、在编纂地方志的过程中，有计划地编辑、出版有关北京的方志系列丛书。通知提出："编纂北京市的社会主义时期第一代新方志，是一项重要的文化建设工程，涉及范围广，请各部门、各区县按照规划纲要的要求，认真组织实施，争取早日完成编纂任务。""凡有修志任务的局和郊区各县，要尽快成立编纂委员会，开展工作。"按规划，编纂《北京志》107册、154部，区（县）志18部（册）。

10月25日，浙江省地方志编纂室向中共浙江省委、省人民政府上呈《关于国内公开发行的地方志允许对台湾同胞出售或赠送的报告》，报告说："据发现，在日本、香港的某些图书馆、书店中，对这两部书（指《萧山县志》、《建德县志》）已有收藏和销售。在海外的华侨和台湾的浙籍人士，有一些对家乡修志非常关心，来信表示支持或提出要购买志书；一些台胞回乡探亲，得知本县出版了志书或正在修志的，提出要购买志书或事先预订。"中共浙江省委保密委员会于11月7日批复："凡是浙江人民出版社正式出版、国内公开发行的志书可对台湾同胞出售或赠送。"

是日，江西省志编辑室魏钢强在出刊的《中国地方志》今年第5期上发表《省志门类三分论》。文章认为，目前就一部省志而言，大体都是划分为自然、经济、政治（含军事）、文化、社会五个部分。这种五分法有诸多的困惑，而且存在领属关系难以处理、划分标准难以一致、编写体例无法统一、"社会"门类立目不稳等弊端。为此，他提出在内容上按物（环境）、事（事业）、人（人物）三分，在体例上状、叙、记三分的主张。

同刊期还发表了上海松江县志办公室欧粤的《地方志与乡村地理学》一文。文章认为，乡村地理学是地理学中正在形成的一个新的分支，是研究非城市区经济活动与人文组织的地理方面的学科，以研究解决乡村发展过程中出现的各种问题，促进乡村和城市的协调发展。地方志与乡村地理学的共同点，是以某一地域为研究范围，研究其自然、经济、人文等特点、彼此之间的影响，以便人们更好地掌握地情，为经济建设和文化建设服务。我国是一个农村人口占 80% 的以农业经济为主的国家，解决乡村发展问题是建设具有中国特色社会主义的重要任务。因此，除了城市志外，在编写地方志时，理应将乡村地理学作为重点研究对象，有关乡村地理方面的资料应该重点记载。但是，目前乡村地理学并未引起方志界的重视，在方志编写实践中，常常把乡村问题简单化为对农业问题，而对农业问题的研究又多局限于农业生产这一领域，范围非常狭窄。在资料运用上，又过分强调概括，有关乡村地理的资料大多集中在最高层次，而对本地不同地理环境、不同生产条件和生产水平、不同文化背景的广大乡村缺少分述。以粮食生产为例，许多县志仅记载历年总产量与平均亩产，而无县境内不同区域的不同数据资料。这样是难以写出高质量的志书的。因此，他提出编修地方志要重视乡村地理学，要考虑五个问题：一要增加乡村地理方面的内容，要增加相关的篇幅；二要确定乡镇这一部分的编写内容和具体要求；三要花力气写好农村小集镇；四要写好乡村各自的优势；五要重视人文方面的资料记载。

10 月 25～27 日，河南省地方史志学会在平顶山市举行学术讨论会，60 余人与会，提交论文 50 余篇。会议侧重对省内民国年间农民武装的性质、形成原因、发展过程以及对社会政治、经济造成的影响等多方面的问题进行了讨论，提出了一些大胆、新颖、有价值的论点。基本的看法是，民国年间河南的农民武装人多、面广、持续时间长，性质比较复杂，不能一概称之为匪。如白朗、张庆所率的武装各数万人，系农民起义军；还有大量的农民武装属于灾荒所迫，或官逼民反形成的农民自发武装；只有少数的属于惯匪，四处抢劫，坐地分赃，残害人民。这些问题的分清，对于地方志的编纂大有帮助。

10 月 30 日，朱五义在是日出刊的《贵州方志》今年第 5 期发表《三宜三不宜析》，对《新编地方志工作暂行规定》第十一条的“关于建国以来重大政治事件的记述，要遵守宜粗不宜细的原则”及其后衍生出的关于建国以来重大政治问题的记述要“宜粗不宜细、宜分散不宜集中、宜一笔带过不宜突出”的原则提出异议。认为以此来指导修志是不科学的、不恰当的。这不是一个记述方法问题，而是一个指导思想问题，一个路线问题。

是月，由傅振伦、董一博、陈元方、邵文杰为顾问，来新夏主编、郑正西为常务副主编的《中国地方志综览（1949—1987）》由黄山书社出版。是书最先由郑正西发起，组织全国省、市地方志工作者及有关专家、学者 80 余人共同编就，由郑正西私人自费出版。内容分为《专载》、《大事记》、《新志编纂》、《理论研究》、《刊物 · 著作 · 文章选目》、《文献资料辑存》、《旧志整理与研究》、《社会服务选例》、《台湾香港方志动态》等 9 大部分，是 1949 至 1987 年间有关方志资料的汇集。书末附有《中国历代方志概述》，介绍 1949 年以前的历代方志概况（重点介绍民国时期的地方志）。全书共 75 万字，是兼有工具书性质的大型文献汇集。

按：这是计划的“方志文库丛书”中的一种。这套丛书首期推出的五种，除本书外，还有《中国地方志争鸣》、《新编方志点评》、《方志记事技巧》、《傅振伦方志文存》。

是月,广西壮族自治区通志馆编(莫乃群主编)《广西地方志提要》由广西人民出版社出版。收录1949年以前广西历代修纂的通志、府志、州志、厅志、县志、乡土志及寺庙志等共250种。

是月,柴松明主编的《贵州省志·机械电子工业志》出版。是书一出版,机电部就购买100册,分送所属各院所。邹家华部长在机电部一次全国性的会上予以表彰,要求各单位也像贵州一样编一部这样的书。

是月,张尚金主编的江苏《武进县志》出版。次年春,台胞徐先生回乡探亲,将该志一本带回台湾,先在知己中传阅,后又邀集同乡会20余人阅读,大家都对家乡的变化感到欣慰。一位原来敌视共产党的老先生说:"家乡变得这样快,所以大陆上说'没有共产党就没有新中国'。"原国民党中将朱先生对县志客观记述国民党及其军队,亦表示满意。

11月15日,上海市地方志编纂委员会主任钟民,在《南汇县志》评稿会上阐述了新的志德含义。修史的人要有三长:才、学、识。才和学是可以理解的。"识"是要求我们有"大识",就是秉笔直书。史和志固然有所区别,但是这三条的要求应该是相同的。另外,我还要向大家提一个字,即"德","志德"。"德"涵义很广泛,但是对我们修志人员来说,一是要立志修志,把修志视为一门学问、一项事业来看。我国历史上固然很多人修志不得志,但他们所修的志,对后代却有着很大的贡献。因此我们决不能有修志不得志的思想,三心二意。第二,我们要有历史责任感,有对党负责、对人民负责的精神。如对材料的取舍、审定、考证等,都应有这样的精神,以经得起后人和历史的检验。第三,我们还应有高尚的情操,不谋私利。秉笔直书是要有这种精神的。志德,在我国古代一直是很讲究的,我们今天也要坚持这一点。

11月25日,梁滨久在《山西地方志》今年第6期发文,提出"地方志应以史为纲"。文章认为,目前对志书的纲有两种主张:一种主张以大事记为纲;另一种是多数人所主张的以概述为纲,认为概述纵述历史,横陈现状,揭示一地特点和规律,可以起到提纲挈领的作用。可是从现在编纂的实践来看,大事记和概述尽管可以起到一些纵贯和概括的作用,但胜任纲领任务还不够理想。编年体的大事记,有其时间明确、记事简明的优点,但也有缺陷:一事多时则因时断事,首尾难稽,因果不彰;而一时多事则互不连贯,零碎支离。事件之间构不成连贯完整的历史发展脉络,所以难以起到"纲"的作用。而概述,不少志书采取浓缩式的写法,选取各篇重要内容加以浓缩而成,实际上成了内容提要,同样起不了"纲"的作用。故早在1984年,上海宝山市志办的章采烈就在《中国地方志通讯》该年第3期上发文提出,编年体大事记和记事本末体大事志都要编撰。"大事志"是把一段时期内的历史概括成若干重大史实,以每一个史实作为一个专题,记述事件发生的始末。这样的历史记述,可以使人读后有个历史发展的概貌,摸清该地区发展的脉络,有规律可循,有兴衰成败的经验教训可鉴。其后,车光杰和里僻也分别提出了类似的建议。同时,又有人提出以史纲代替大事记和概述,纵括历史，横揽全貌，揭示规律与特点，真正使概述成为大纲要领。梁氏认为，上述的主张和建议也还有不足之处，就是没有把概述和大事记做统筹考虑和安排。一本书不能有两条纲，概述要充纲，大事记也要充纲，那就等于无纲。故他提出应以史为纲，改变志首设概述和大事记的格局，写一《历史述要》或《史纲》等，把一地的历史发展脉络揭示清楚，并指明规律的特点与经验教训，以此作为全志之纲。至于编年体大事记可改为更简洁明了的大事年表，附于志末，以起备查和检索作用。这样，既可以奏史纲贯串之功，又不废编年大事之用，还可以免去双纲并立之嫌。

11 月 28 日～12 月 2 日，中国地方志指导小组办公室召开的“华东地区中等城市志编写座谈会”在厦门市举行，由中国地方志指导小组成员兼秘书长郦家驹主持。出席会议的有山东、安徽、江苏、浙江、江西和福建等省地方志编委会及办公室的领导同志，马鞍山、南昌、景德镇、徐州、宁波、厦门、福州、泉州、漳州、三明、莆田等市地方志办公室的负责人。这是一次专题调查研究性质的会议，中心议题为提高中等城市志书质量的关键是什么，应当采取哪些切实有效措施。与会者围绕中心议题，联系各自的工作实际，各抒己见，交流了情况和经验，也提出了若干具体问题进行了讨论。其中，关于城市志的记述范围，比较一致的意见是：“对于市志的记述范围，不宜采用一个统一的模式。有的省把省内所有的市划分为几种类型（如传统的大城市、新中国成立后形成的新兴城市、八十年代以来地区改市、县改市等），根据各种类型的特点，分别确定各自的记述范围。这样做是符合实事求是精神的。”

是月，湖北省召开部分县志体例调整研讨会，将密加凡在省志中提出的“事以类从，详近略远；综述历史，横陈现状”的编目体式推广到县志中。所谓“综述历史，横陈现状”，就是横分门类之后，对于断限内一切可见历史发展过程的事物，均首先综述其宏观的历史过程，然后对该事物所包含的有相对独立性的较小门类或构成该事物的有机要素，均分别记述其当代发展过程及对该事物发展的影响。对于中华人民共和国成立前的各类事物，是以综述历史为主，但也不排斥必要的横分事类。对于新中国建立后的各类事物，除了综述其 36 年的历史发展过程外，还应进一步横剖，即再来一次较低层次的“事以类从”，然后分陈其 36 年来的发展。该省多数县的志书都采纳了这种体式，在第一层次横分之后，即分晚清、民国、人民共和国三个时期，然后再分事项进行记述。这与其他各省通行所说的“横排竖写”、“横分门类，纵述始末”、“横分到底，竖写到顶”是不同的，形成了篇目上的“湖北模式”。

是月，刘家听总纂的河南洛阳《西工区志》出版，这是本届修志中最早出版的一部城市区志。继之出版的是常康平、朱伯涵主编的南京《白下区志》（1988 年 12 月）和刘进廷总纂的洛阳《涧西区志》等。

12 月初，国家副主席王震为《粤西农垦志》题字。

12 月 13～15 日，中国地方志协会秘书长会议在北京举行。会议由会长梁寒冰主持。会议商讨了举行 1989 年学术年会问题，决定年会主题仍为贯彻十三大精神，保证志书质量，同时提出方志的性质、方志的资料、方志的结构与分类、方志的记述方法等4个重点课题。关于论文评选工作，梁寒冰提出，鉴于经费困难和人选难定，建议仍按1986年学术年会办法，由秘书长负责完成。年会时间定于1989年第四季度，地点为湖南省岳阳市。

12月15日，中共青海省委书记办公会议，研究地方志工作问题。会议决定，将省志编委会列入政府编制序列，作为省政府直属领导的事业单位，归口省政府办公厅。省志编委会编辑部配备一名专职领导干部。

12月15～17日，山西省地方志学会成立大会暨全省第二次地方志学术讨论会，在太原市举行，70余人参加会议。省委副书记、省长王森浩到会讲话。省政协主席、省地方志编委会主任李修仁总结了全省八年来的修志工作，并对成立学会的必要性及学会的任务及应注意的问题，提出了具体要求。中国地方志协会发了贺电。会议选出学会理事58人，常务理事13人。省地方志办公室主任樊宝珠当选为会长，曹振武(原省志办主任)为副会长兼秘书长，会议收到论文70余篇。

12月20日，肖光华在是日出刊的《福建史志》今年第6期发表《科学性、真实性是地方志的灵魂》一文，对随意违背方志原则和任意拔高方志功用的种种说法提出异议。文章认为，“地方志必须为当前的政治、经济建设服务”，“在市场经济的形势下，志书商品化是一种必然趋势”等，都是难以认同的。还有一种“提高方志功能”的说法，即对方志的功能提出层层加码的理论，要方志既成为领导决策的“参谋部”，又能成为科技工作者的学术研究资料，又是精神文明和爱国主义教育的材料，还要成为趣味性较浓的通俗读物，等等，都是违背科学的一种臆想。文章还指出，志德是保证志书科学性、真实性的前提。“阿谀歌颂”等封建意识还可能对今天的修志产生影响。这种影响表现在使人们对许多历史现实采取回避态度；割断了许多被实践证明对社会造成深远危害的历史事实。即使有些蜻蜓点水的反映，也只是让人们留下摸不着前因后果的疑惑。这种违背唯物史观的现象，有人甚而还美其名曰“历史问题宜粗不宜细”，因而降低了志书的严肃性和科学性。文过饰非、粉饰现实这个问题的存在，将给方志编纂带来深远恶劣的影响。

12月22日，全国人大常委会副委员长费孝通为广西《恭城县志》题写书名。

是月，吉林省长春市志办就“社会思想入志”问题举行专门座谈会，向专家、学者和方志实际工作者求教。

是月，王建华主编的浙江《开化县志》出版。是书于《建置》、《自然环境》之后，专设《居民》一编，是将《人口》编改为“人口部类”较早的一部。

是月，广西壮族自治区地方志编纂委员会成立常务委员会，确定以广西通志馆为其常设办事机构，委员会由韦纯束、莫乃群、林克武、刘毅生等23人为常委。

按：至此，全国省、自治区、直辖市一级的地方志编委会已经建立29个，大陆尚未成立的只有西藏和海南了。

是月，黑龙江省志总编会议决定，《黑龙江省志·人物志》编写组编辑的《黑龙江省志·人物志》初稿，先以《黑龙江人物传略》的形式由黑龙江人民出版社出版，在社会上广泛征求意见之后，再纳入省志之中。

按：这是黑龙江省创出的将省志相关部分写成征求意见稿公布，广泛征求意见，修订后入志的做法。这是将古人张榜于墙听取意见做法的拓展。1989 年 9 月，他们又将《黑龙江省志·大事记》编辑委员会编的《黑龙江省志·大事记》，先以《黑龙江历史编年》由出版社出版，以广泛征求意见。其后，《湖北省志》的人物志也采用了类似的做法。

是月，齐红深、王克勤合著的《教育志学》由辽宁大学出版社出版。教育志是方志中的一个大的门类，本届修志以来对此的研究也十分活跃。到 1988 年底，在各级地方志刊物、教育史志刊物和中国地方教育史志研究会、省级教育志研讨会上发表和交流的论文达 500 篇以上，出版专著三部。已经出版和定稿的省、市、县三级教育志 800 余部，各类学校志 5000 余部，全国和地方教育方面的年鉴 50 余部。正是在这样丰富的实践经验和理论研究成果的基础上，作者加以归纳总结、分析研究，撰成这样一部专著。是书内容包括教育志的性质，分类，渊源流变，记述内容，体例特点，编纂目的、原则，资料工作，篇目结构，文体语言及应用等，是一部力图构建教育志学独立学科的专著。

是年，中国地方志指导小组成员、北京大学教授侯仁之，根据大量地方志及有关文献，结合实地调查，编出饮誉中外的《北京历史地图集》。

是年，新疆维吾尔自治区地方志地州市县志指导室钟兴麒，在《新疆文物》第 4 期发表《汉唐姑墨温宿地域考》，纠正了法国学者伯希和的一个论点。钟兴麒先是参加《阿克苏县志稿》评审会。该志稿中，以阿克苏当汉唐姑墨国。这是采用伯希和以姑墨国当阿克苏的论点。此前伯氏的论点被当成定论，《新疆图志》等著作中都加以引用，为学术界所推崇。钟兴麒由怀疑而进行研究，经对阿克苏、温宿、新和、乌什一带的地形、地貌进行实地考察，并翻阅大量资料后，认定清人李光廷在《汉西域图考》一书中，以喀拉玉尔滚当姑墨国都的观点是正确的，而伯氏的看法与汉代《水经》等典籍记述相左。他考证得姑墨国应在喀拉玉尔滚河、台兰河及其东北的木扎特河流域，温宿国则在库玛拉克河以东和阿克苏河流域。《阿克苏县志》后扩充为《阿克苏市志》出版时，采用了钟氏的考证所得。与此同时，在他当顾问的《库车县志》稿当中，还纠正了元明史籍中将曲先当库车的错误。他带着怀疑及自己初步研究所得，去请教青海省地方志编委会景星明副主任，弄清了元代曲先答林元帅府不可能设置在海都控制的库车区域，其辖区应在罗布泊东南，今青海、甘肃、新疆三省区交界区域，明代曲先卫在今青海柴达木盆地西北部。这一区域虽曾是龟兹回鹘活动的地方，但它并不是今日的库车。他将这些所得写成《库车与曲先考辨》在《西北史地》1990 年第 3 期发表，广泛听取反映后，才慎重地建议将有关曲先的史料从《库车县志稿》中删去。

是年，集陆天虹近 10 年来有关地方志论著集成《中国城市志编纂的若干问题》一书，由北京燕山出版社出版。

是年，台湾学者宋伯元在《台湾文献》第34卷第4期发表《漫谈方志编纂问题》，认为较理想的方志（良志）至少应具备的几个条件：

1.所记内容，简明扼要，纲目分明，乃至排列先后次序都恰到好处，使读者读完以后，能对该地方得有概念。

2.方志不是专门性读物，所记内容仍不脱普通概念或常识范畴，一部方志读来有如在看游记之类文字，颇能引人入胜，很能诱使有继续读下去的意愿。

3.尽管说方志的执笔人立场超然，但那也只是相对的说法，无论如何，仍不会失却基本立场。写历史也是如此，所记史事，虽是纯客观的事实记述，但遣词用字，仍不失基本立场。良志能将这些褒贬或基本立场不着痕迹，读者却能自行体会出来。

4.材料取舍甚为严谨，简单处使读者不觉其疏略，繁细处也不觉其琐碎。

5.叙事自必有轻重繁简，乃至对某一部分特别强调，或某一部分特别疏略，但大处着眼仍不失平衡。

6.方志固以供后人参考为主要目的，但其间仍不免有启迪、鼓舞、警惕作用。以故史事得失，人物贤不肖，取舍都十分审慎。（转自《羊城今古》1990年第3期饶展雄、常艳娥文）

是年，《文学遗产》第3期发表山西清徐县地方志办公室副主任郭维忠与山西省社科院文学所孟繁仁合写的《太原罗氏家谱与罗贯中》一文，披露他们从清徐县发现《罗氏家谱》，经研究得出罗贯中是清徐罗氏家族成员的结论。国务院古籍整理小组主办的《中国古籍整理出版情况简报》第196期和日本《中国古典小说研究动态》1989年第3号等，都先后予以评论和报道，引起了不小的反响。继之，他们又在《晋阳学刊》1990年第4期发表了《"许贯忠"是罗贯中的虚像》一文，提出他们发现"罗贯中晚年隐居于河南浚县（今属鹤壁市）许家沟村"的看法。这些文章，对80年代中期流行的"罗贯中是元代理学家赵宝峰门人"和"罗贯中是山东东平人"给以了否定，同样引起了较大的反响。著名学者王季思、王利器、何满子、刘世德、张惠仁、李永祜、柳存仁等，都来信给以评论或表示赞同。戈宝权先生更是称"鹤壁和山西有关罗贯中研究的成果，是继鲁迅、郑振铎之后又一新的突破"。

是年，中国谱牒研究会在山西五台山举行成立大会暨首次学术讨论会。会后主办了《谱牒学研究》期刊。不久，山西社会科学院成立中国家谱资料研究中心。

是年，江苏溧阳县与金坛县为青龙山权属问题发生争执，双方赴省要求评定。溧阳县以《[嘉庆]溧阳县志》为据，弄清了界址，平息了纷争。

是年，江河志水利志收藏中心成立。这个中心是在中国水利水电科学研究院图书馆和水利史研究室资料的基础上建立的。该院收藏地方志已有60多年的历史，原藏有水利专著古籍200余种，约占国内现存种类的80%；清代故宫档案中全部有关奏折138000件；旧方志1000余种，占全国现存总数的1/8。水利室藏有水利、水利史、科技文献，包括专著、论文、资料近万种；复制有民国元年至三十七年全国主要报刊全套有关水情、水利、水灾和水运部分。至是成立江河志水利志收藏中心。

按：在中心成立后的前7年中，又收集得流域、省、市、自治区以及地区和县级水利志1000余种，水利工程志数十部，构成了时间长达数百年至千年、地域覆盖全国的现代和历史的水利资料库，先后免费接待各界读者上千人次。

是年，刘蔚然主编的湖北《随州志》出版。先是随县林业局在修林业志时，对全县宜林面积、森林覆盖率、经济和稀有树种进行调查后，写出专题资料，引起了有关方面的注意。省林业厅、华中师范大学生物系组织人员，专程来与县局共同进行考察。在该县的大洪山和七尖峰发现了楠木和香果等10多个珍贵树种。除了对林业科学研究作出贡献外，还解决了一个历史遗留问题。先期出土的随县曾侯乙墓墓葬的300立方米的楠木，到底是本土所产还是外地运来，一直未得解决。至是终于得出了答案。

一九八九年

1月4～7日，浙江省地方志编委会在杭州召开全省市志、地区志编纂工作会议，各市、地区地方志编委会、办公室负责人和主编参加。会议传达了华东地区市志会议的精神，对市、地区志编纂问题展开了热烈的讨论。此次会议在四点上解决得较好：一是明确了所编的市志，不是城市志（不能仅记市区）；新编地区志，不是继承旧府志。二是要从市和地区的实际情况出发，确定记述范围和重点。如杭州、宁波、温州三市，其共同点是建市早，城区范围大，人口多，城市设施比较齐全，在国内外知名度高的，可以城市为主，兼及各县；而嘉兴、湖州、绍兴、金华、舟山、衢州等八十年代新建的市，可以城乡一体，突出城市。地区志则应立足全区，面向全区。三是关于体裁、篇目、断限和字数问题。四是编好市志、地区志的一些基本要求。

1月10日，海南省地方志编纂委员会成立并举行第一次全体会议。主任为省长梁湘，副主任为麦世统。会议原则上同意《海南省志》编纂方案和7年（1988—1995）编纂工作规划，并决定在近期召开全省各厅、局分志和地（市）、县地方志负责人会议。对省志编纂方案进行讨论修改，然后报省委、省政府批准后下达实施。至此，全国31个省、自治区、直辖市，除西藏自治区外，有30个均已成立编委会。

1月11日，甘肃省委办公厅、省政府办公厅转发省地方志编委会《关于甘肃地方志书审定出版的暂行规定》。

同日，青海省地方志编委会、省新闻出版局制定下发《关于新编地方志出版若干问题的通知》。

1月28日，中共中央宣传部就中国社会科学院《关于地方志公开出版的报告》作出批复，指出“各地在编纂地方志时，要严格遵守国家的有关法律和方针政策，并请党委、政府把好关。各地可根据实际情况，分别决定新编地方志书公开或内部发行，不必一刀切”。中国地方志指导小组于是日发出中指发［1989］1号文件，转发经中宣部同意的中国社会科学院1988

年 11 月 9 日上呈的《关于新编地方志公开出版的报告》。该报告说：在 1983 年，中国地方志指导小组恢复工作时，由于当时各地修志工作刚刚起步，缺乏经验，为了防止泄密，新编地方志暂限内部发行，严格控制印数。因此，几年来，各地出版的各类志书均在内部发行。现在各地修志工作已有明显变化。各省、自治区、直辖市已先后建立并健全了地方志编纂机构，一般都由省一级领导人主持这项工作。1985 年中国地方志指导小组关于《新编地方志工作暂行规定》，对省志（包括自治区志）、市志、县志的审稿、定稿和出版手续都作了明确规定，强调了各地政府部门必须对志书的政治、业务质量负责，必须做好验收和把关工作；而各地方对保密工作、涉外问题、民族问题和重大政治问题都很重视，这几年修志工作也积累了一定的经验。鉴于以上情况，再继续实行新编地方志内部发行的做法已不能适应当前改革、开放形势的需要，也不利于发挥和扩大新编地方志的影响和作用。因此，建议对 1983 年中国社会科学院党组给中宣部的报告中关于新编地方志暂限内部发行的规定作适当修改；今后各种志书编纂完成后，省志、自治区志、直辖市志，经省、自治区、直辖市党委或政府验收合格、审查批准后可以公开发行；省辖市志、县志经省辖市、县党委或政府审查、批准，并报省、自治区、直辖市地方志编委会验收同意后，亦可以公开发行。中国地方志指导小组转发的通知，要求各地“参照执行”。

1 月 30 日出刊的《陕西地方志通讯》第 1 期刊发李怀先、季左明的文章，从方志的功能与内涵说到地方志的改革，提出地方志不必包涵，也不必夸“一方之全史”、“百科资料库”，只着重写好三大部分即可：一是经济综述，二是政事大要，三是地方风情人物。认为这是从内容上考虑的改革创新。

1 月 31 日，陕西省地方志编委会县志处在《陕西地方志通讯》第 1 期发表文章，根据该省安康等一些县的实践，提出目前把自然灾害作为《自然地理志》的附属章节不妥，应当设一个专志，以充分反映这方面的历史与现状，特别是要记载自然灾害的规律与防灾、救灾的成绩和经验。

2 月 1 日，梁滨久在是日出刊的《方志研究》今年第 1 期上发表《也谈方志学的学科体系》一文，主张方志学的理论体系包括三个层次：一是方志学的基础理论，二是方志学的应用理论，三是方志学史的研究。这三个层次，即三个部分，构成了方志学完整的科学体系。

西安市地方志馆蒋纪新在同刊期上发表《论新编地方志的目的》一文。文章从目的与功用这两个概念的区别上入手，提出重新认识新编地方志的目的，不应被“资治、教化、存史”的思维定式所束缚。在实践上仍盲目同时追求资治、教育、存史，是在理论上没有明确修志目的所致。近年来已出现的“应以发挥资治功能为主”或“应首先发挥存史功用”的争论，反映出由于目的的混乱而导致实践中的困惑，提出了新编地方志的目的究竟应当多元并举还是明确单一的问题。没有明确单一的目的，要把地方志的“资料汇集”属性与“科学文献”属性统为一体是不可能的。新编地方志已不能承受多元目的，问题的深度岂止于主从而已？地方志多目的论可以休矣！地方志最初的目的与功用单纯而且一致，就是资政辅治。方志目的的多元化，是南宋以后，随着地方官绅修志之风渐盛，内容不断扩展，由不自觉而逐步自觉地发生演变的。方志增加了表颂封建王朝统治业绩；垂鉴天下后世，资益本地风教治道；歌颂守令政绩，纪缙绅先辈和历代名人等各色成分。从明代以后随着中央集权制度进一步强化，为了利用地方志来维护封建统治，先后颁布过统一的修志体例，以形式约束内容，使之不致过分偏离辅治资政。“资政”是地方志发展史上贯穿始终的目的，在相当长时间内是地方志的唯一目的。地方志以“资政”为目的而诞生。今天经过历史的曲折往复的发展，在新的社会历史条件下，重又“回归”了这一单纯的目的。当今的史学家大可不必单纯依靠地方志去追寻历史的足迹。现代社会有结构周密的档案馆、图书馆系统，令任何地方志相形见绌。在新的历史条件下，地方志舍弃存史目的应当是心安理得的了。舍弃教育目的同样属于历史发展的必然。

同刊期上还发表了江西省志办刘柏修的《方志体例的规范化与体式的多样化》。文章认为，方志体例的基本特征有五：一是时空界限明确；二是事以类从，类为一志；三是横排竖写，以横为主，宜横则横，宜纵则纵；四是内容广泛，门类齐全；五是叙而不议。坚持这五个基本特征，就是坚持体例规范化。这些方面似乎不好“观念更新”，也不好各行其是。否则志书确乎要改名换姓了。体式是体例的有机组成部分，但不是体例的全部内容。不能把体式与体例完全等同。几年来不少方志论文中往往把结构体式上的某些不同，笼统地说成是体例上的创新，这是不严谨的。体式有自己的相对独立性。一部成功的志书，既要符合体例规范化的要求，又要有独具特色的结构体式。在遵循体例基本规范的前提下，可以有许多不同的体式。如：(一)横排有几种系列次序：大事记的前置后置不同，经济、政治排列次序不同，人物排列位置的不同。(二)纵辖有两种不同的型体：以纲统目的纲目体(其中又有大、中、小三种体式)；以章统节的章节型体(其中也可以有大、中、小三种体式)。千万不能把志书体式上的不同视为是体例上的创新。只有遵循体例规范化，创造体式多样化，新方志才能呈现多姿多彩的局面。

2月25日，经上级领导部门批准，《中国地方志》从今年第1期起向国内外公开发行，是日正式出刊第1期。中国地方志指导小组组长曾三专门发表《祝愿与期望》的文章，祝其公开发行。

《中国地方志》从本期起开设“新志书出版信息”专栏，每条信息均有新出版志书的基本情况，着重介绍志书在篇目设置、编纂方法、资料特点等方面的情况。

浙江省社会科学院副院长、浙江省志办主任魏桥在是日出刊的《中国地方志》今年第1期发表《海峡两岸应该开展修志交流》的文章。文章认为，海峡两岸都重视修志决不是无源之水，无本之木，而是有着深厚的客观基础和内在因素的。有鉴于此，如能因势利导，开展交流，进行一定的合作，将会有利于修志事业的发展。首先资料上可以互通有无，消除若干资料上的空白，使资料的选择更趋完善。以人物传为例，有的人物早年和中年在大陆，晚年在台湾，尤其是浙江这样的人物为数不少。现在双方资料上都留下了空白，如不进行交流，要传其一生是十分困难的。其次，编纂体例上可以互相探讨。再次在修志组织领导上也可以交流。文中所举的不少实例，颇能令人首肯。该文在海峡两岸都有一定的影响。

广西灵川县志办廖江在同刊期上发表《县情与县志——对新方志的再认识》一文。文章认为，只有对县情各个方面进行分析综合和整体研究，方能获得对县情的总体认识，为科学决策提供依据。过去对本地方有过许多的单项调查，但这些都限于专项，由“条条”分别进行的，其内容往往纵不连接，横无联系，以专业性见长，而综合性、整体性差。地方志则是囊括一方、熔铸百科的特殊载体，为任何一种专业调查所不能代替。故认识县情需要县志。县情与县志是决定与被决定、主与从、本与末的关系。认识这点至关重要。在过去几年的修志中，对此却有所忽视，表现在研究“如何反映县情”多，而对“如何认识县情”研究得少，致使工作中本末倒置，找不到解决问题的根本途径，影响了志书质量的提高。因此，深化认识地情是提高志书质量的关键。

是日，山西刘纬毅在《山西地方志》第1期发表《也谈地方志的起源》一文，对目前关于地方志起源的17种说法进行辨析之后，认为谭其骧先生的“汉代图经”说才是符合历史事实的。从汉代图经到明清方志，完全是一脉相承，逐渐完备的。

是月，江西颜小忠在《湖南地方志》第1期发文，提出“以‘政治制度志’取代‘政治综述’”。文章以为，为了反映政治部类的宏观、综合性记述内容，于政治诸志之前增设“政治综述”，这个方向是值得肯定的。问题是目前所设“政治综述”的内容，如领导体制、社会主义民主和法制、干部制度、党政军关系、政治体制改革等，都是政治制度的当代内容。这个名称并不为人们认可，以为破坏了篇目的分类原则。故而他提出这个主张。

是月，金紫衡、吴培义在《河北地方志》第1期发文，提出生人应予立传。

是月，邢其典、张景孔主编的山东省《青州市志》出版，解开一个历史之谜。青州云门山石窟第二窟造像的观世音像裙带上有合欢图，为历来研究者无法解释，因为佛教中除密宗外，其他教派都是禁欲的。密宗历来被认为是中唐后期才传入我国，何以会在隋代以前的造像中出现？是志“大事记”记有晋“义熙八年(412)，我国第一位到印度取经的高僧法显携带了大量梵文佛经自海外归来，在青州居停一年之久”。研究者由此而推论：时青州已有南阳寺，佛教密宗可能由法显自海外带来，只在青州一带流传，未及中原。有的学者由此而提出了佛教从海路传入的构想。是志附录中，将国家一级文物、明代殿试状元卷收入其中，也很有价值。

按：新编《绍兴市志》中也载了蔡元培参加殿试的手迹和陶成章的试卷。

是月，吉林省图书馆编成的《东北地方志人物传记资料索引·吉林卷》由吉林文史出版社出版，收100种方志，主条17753条，互见条3672条。这是东北地区公共图书馆协作委员会于1986年商定的合作项目中的第一卷。全套书由辽宁省图书馆负责协调,统一编号著录,分别由各省图书馆主编、出版。其中涉及东北全区的方志,则入于辽宁卷中。所收除人物志、耆旧录等有关传记外,兼收职官、选举、氏族、艺文、金石、行政、教育等类中涉及生平、业绩有关传记资料。每个条目包括人物的姓名、时代、民族、氏族、别名、字号、封谥、籍贯、生卒、年龄、出处等。以人物的姓名或主要称谓做主条,以其别名、字号、封号、谥号等为互见条目。

由黑龙江省图书馆编的《黑龙江卷》于同年7月由黑龙江人民出版社出版,收入63种方志,主条10264条,互见2285条。

由辽宁省图书馆编的《辽宁卷》于1991年由辽宁人民出版社出版。收入93种方志,43155条,互见13678条。这套索引丛书,是我国目前规模较大的一套方志人物传记索引工具书。

按:编纂方志人物传记资料一类的索引,并非始于此。其前已有方志学家朱士嘉编的《宋元方志传记索引》、民国年间哈佛燕京学社引得编纂处编的《八十九种明代传记综合引得》、台湾"国立中央图书馆"编的《明人传记资料索引》等。本届修志中又有《北京、天津地方志人物传记索引》及云南、广西的同类索引。

3月4～6日,河北省地方志学会成立大会暨学术讨论会在石家庄市举行。中国地方志协会秘书长左建到会祝贺并讲话。会议选举理事50人,名誉会长王东宁(省顾委副主任、省地方志编委会主任)、葛原(省人大常委会原副书记、省地方志编委会副主任),会长叶连松(常务副省长、省地方志编委会副主任),副会长有睢俊岐、张世泽、陈中保、肖永庆、刘树仁、胡如雷、卢振川,秘书长王景玉(省志办副主任)。

3月7～10日,四川省召开市、地、州志办主任会议,全省20个地、州志办主任及四川人民出版社、四川辞书出版社、巴蜀书社、四川大学出版社、四川大学历史系等70余人出席。会议总结前段工作后认为,全省修志工作困难还很多。在有些地方,修志工作尚未被提到政府议事日程上来,给以应有的重视。各级志办的事业经费普遍偏少,有的甚至连购买笔墨纸张的经费都缺乏,难以开展工作。有的志办被压低到与其工作任务不相适应的地位,甚至被置于准备撤销的临时机构之列。一些志办,人力不齐、不力、不稳的情况,长期得不到解决。会议希望各级党委和政府,按省委、省政府的要求,切实加强对修志工作的领导,督促检查工作,健全和稳定机构与队伍,及时解决所必需的经费等问题,协调各部门配合行动,严把质量关,以期圆满地完成本届修志任务。

3月8日,《文汇报》"文汇论坛"发表过传忠的《〈志〉〈录〉热该降温了》一文。文中说:"我以为当前出现的'《志》《录》热',热就热在'浮夸'两字上,平务(?)事实,不讲实效,光做表面文章。""如果像现在这样一哄而起,草率从事,赶出来也不会有什么质量保证,盲目编印,交叉重复,到头来只能是劳民伤财。"这种不实事求是和不负责的说法,颇引起方志界的不满,有人写文章进行了反驳。

3月11日,北京市地方志编委会正式成立,在首次委员会议上,确定了北京市今后10年的修志任务,社会主义第一代《北京志》要在2000年完成。还决定从今年起“逐年编纂出版《北京年鉴》,分门别类地记载上年度各项事业的基本情况、主要成就和新的信息”。

3月14～17日,新疆维吾尔自治区召开地方志第二次工作会议,自治区人民政府主席、自治区地方志编委会主任铁木尔·达瓦买提在讲话中,除了总结工作情况和经验之外,提出了四点要求:一、要继续提高认识,加强领导,下决心把新疆的社会主义新方志修好。二、要明确任务,落实规划,争取在第八个五年计划期间基本完成。不论是编写通志,还是地州市县志,在汉文定稿之后,一定要用维、汉两种文字出版。三、要认真把好质量关。达不到要求的,一律不准出版。要保证必不可少的工作条件。

3月20日～4月10日,复旦大学中国历史地理研究所举办“地方志建置沿革讲习班”,由著名历史地理学家谭其骧先生主持并亲自讲授,另外还有10位教授、专家讲课、解答疑难。学员们反映效果良好,认为收获较大。该所还设立了为有关方面提供复印资料、承接咨询、审稿等班子,为各地修志服务。

3月25日,韦业猷在是日出刊的《广西地方志》今年第2期发表文章,提出在曾经实行过土司制度地方的新志书中设立“土司志”的建议。文章认为,作为实行土司制度的地方,其时都有一套机构设置,还有各种制度和规定、治理地方的行政手段和措施等。设置土司志包括在一地的行政建置之内,重在记述它的内部机构设置和各种制度的具体实施,如师爷、科房、衙役、兵丁、官田、俸禄、审判、礼仪、禁忌、里、保、甲等。除了相关的制度外,还要记述土官的功过等。

是日,郭齐文在是日出刊的《山西地方志》第2期发表文章,提出新志书要注意阐扬民族精神。文章认为,中华民族的历史,就是民族个性的发展史。一个民族的振兴,就是民族精神的振兴。地方志既然在民族振兴大业中负有资治、教化的使命,挖掘和阐扬民族精神就尤为必要。就国情而言,近年来部分行政官员私欲膨胀所产生的各种不廉明现象,群众中出现的信仰失衡、求神拜佛热,公务人员中工作的松松垮垮状态,公共场所频繁出现的野蛮、粗俗行为,公共汽车上近乎明抢和勒索的小偷活动,服务人员粗野的无礼行为,教师和学生中的弃学从商之举,以至自费出国留学生被外国人瞧不起的寒酸相,旅游点追逐外国人乞售劣质物品的耻态等,所有这些令人担心的社会风气,都是在向民族精神挑战,这是一个民族不可忽视的真正危机。面对当前社会的不良风气,地方志必须扶正压邪,阐扬真正的民族精神,这是一代修志工作者责无旁贷的重任。

是月,江苏沈嘉荣在《江苏地方志》发表文章,认为方志学曾经是历史学的一个分支,当今它与历史学仍有密切联系,但已取得了独立的学科地位。持方志属史学者往往引梁启超观点作据。其实梁氏的观点是有发展的。1923年至1925年撰作的《中国近三百年学术史》

中，列举的史学成绩七项中，并未包括方志。在史学之后论及的则有方志学、地理学、谱牒学。可见此时他已经把方志学与史学、地理学、谱牒并立，作为一门独立的学科了。方志学作为一门独立的学科的主要标志是：一、有独特的研究对象——区域性和综合性，有严格的区域范围。就其记载的内容说又是综合的，即包括自然、社会、政治、经济、军事、文化、人物、大事，以达到反映地方全貌。上至天文，下至地理，从自然科学到社会科学的各种门类，几乎都有涉及，这同历史学有区别。二、有独特的体裁。采取横向分类、纵向记述的方法，把"条"、"块"、"点"熔铸于一炉，采取多种记述的方法，如记、志、传、录、表、图等。三、有独特的管理体制。它与其他学科由学术机关或学者个人研究不同，它是由官办的。当代科学已划分为千余种门类，地方志作为方志学已是一个独立门类。

是月，饶展雄在《羊城今古》今年第1期发表《台湾对重修〈台湾通志〉之反思》一文，详细集录、梳理了台湾学者对《台湾省通志稿》和《台湾省通志》的比较研究情况，是一篇很值得重视的文章，对于进行志后总结有重要的借鉴意义。该文后选入作者的《史志文稿》一书中。

是月，在江苏《常熟市志》评稿会上，《中国地方志》副主编诸葛计首次对志稿在辛亥革命记述中沿用"光复"一词提出异议，认为尽管当时的报刊、文献以及迄今为止所有的史书中，都是这样记这样写的，但却是不科学的。当时的革命者用"光复"这个提法，是从资产阶级民族主义立场出发的，它植根于"驱逐鞑虏，恢复中华"的资产阶级民主革命纲领。这个纲领的民族主义的思想核心，是大汉族主义。因此，它把满族当成外族，把以满族为主建立的清政权对全国实行统治，视为中华的"蒙尘"或"沦陷"，故而在辛亥革命中，凡是脱离清廷统治、站到革命方面来的便称为"光复"。用我们今天的观点来看，中华民族是由56个兄弟民族组成的大家庭，满族也是其中的一员。开始是以满族为主，其后是有各民族人士大量加入的清朝政权，就是中华民族的政权。清政权的被推翻，与历史上那些朝代被推翻并没有什么两样。所不同的只是阶级性质的不同，并无民族性上的差别。脱离清政权的统治，与摆脱异民族的奴役和统治是不同的。抗日战争时期，赶走日本侵略者，恢复国土，才能称为光复。

按：这一看法，作者曾在各地讲课或会议发言中反复表明，以求引起重视。以这一认识曾多次写成的文稿，到发表时，均被编辑者友善地删除，直到2001年《中国地方志》第1期才得以正式发表。

是月，童健飞主编的广西《大新县志》出版。大新从唐代建县到民国年间，曾为8个土司统治长达1200多年之久，是广西土司制度比较完整的一个县。新县志中用"附"的形式，将"土司统治纪要"以10000多字作了详记，包括土司统治的各种罕见的规章制度、政治压迫与经济剥削手段。如土官享有"初夜权"、土司官族的人死了要家奴陪葬、土官出巡路人皆跪让、百姓每年要向土司进贡礼物等，都是很有特色的珍贵资料。

是月，周志珂主编的上海《崇明县志》出版。是志中为本籍人、中国第一个远洋船长陈干青立传，记述他的事迹后，散居世界各地的陈氏后裔、亲属共21人相率回来向崇明县政府表示感谢,并进一步提供了新的相关资料。

春,钟兴麒、钟英在《新疆地方志》第1期发表《方志学与区域发展研究》一文,从一个新的视角来阐释方志观念。提出方志是区域发展的认识与表述,方志学是关于区域发展的认识与表述的学科,方志科学服务于区域发展的需要。但方志学不同于区域学,它认识区域发展的直接目的是为了编纂志书,以志书这一主要的认识成果为区域发展服务。这就划清了方志学与西方区域学的区别,确立了方志学特定的学科领域。

按:两年之后,钟英又相继发表了《方志领域的基本矛盾》、《方志理论导向的反思》、《到风口浪尖去摔打——方志改革的建议》等文章。钟兴麒更是出版了《区域发展的认识与表述——方志观念新释》的专著(新疆大学出版社1993年出版),对他们自己的观点作了进一步的阐释和丰富,即进一步明确了方志学是研究如何认识与表述区域发展的学问。方志领域的基本矛盾是主体(人)欲求认识区域发展的主观目的性与区域发展的客观实在性的对立统一,而方志认识活动是实现两者统一的中介,方志编纂是认识与表述区域发展的有序化过程。方志主要功能是为区域发展服务,其他功能都是由此而派生的。钟英则主要说明,方志学以地方志为研究对象的理论,导致了方志机构成为仅仅依据档案编书的机构,因而导致了方志机构与档案部门的合并,使方志机构萎缩。方志必须改革,改革应从方志理论体系改革着手。方志学如果改为以认识和记述地情(区域发展)作为研究对象,方志工作不仅编书,而且要研究地情。这样,方志工作就直接为一个地方经济社会发展服务,才会在社会中有它的位置,等等。有必要说及的是,山东社会科学院情报研究所王建宗于《中国地方志通讯》1983年第6期的《论方志学的独立学科地位》一文中,已提出"方志学是以一地区系统存在的自然和社会诸方面的运动状态为其研究对象和任务的"。著名历史地理学家史念海和香港的陈正祥教授,也都说过我国的地方志"有点像欧美国家的区域研究"或"区域地理研究"。二钟论点的提出,在方志学的研究对象上出现了两派不同的意见,展开了一场讨论。

对二钟的这一主张,自一开始就有不同的看法。二钟的第一篇文章在《新疆地方志》发表后,10月,他们以之作为中国地方志协会年会的参会论文,在会上进行交流。在此次会上就表现出了不同的看法。梁滨久在《方志学的研究对象》的参会论文中,有一段对于希贤看法的异议,实际也就表明了对二钟说法的不赞成。最后他归纳自己的看法就认为,"可以把方志学的研究对象概括为:方志、方志编纂和方志事业。方志学是研究方志、方志编纂和方志事业及其发展规律的一门学科"。虽然修志要研究地方,"但是,对地方的研究并非是方志学的任务,和对地方的记述也毕竟是性质不同的两回事……方志学一般来说,并不承担对地方的研究任务,方志也并非是方志学研究结果的记述"。接着,颜小忠在安徽《志苑》1991年第4期发表《争鸣二题》中,也表明了不同意二钟的说法。广州市志办方志研究所饶展雄于《中国地方志》1995年第3期,发表了《方志与区域研究——浅评〈方志改革的建议〉》，与二钟进行论辩。饶文认为，“方志领域中特殊的矛盾，即地方的客观面貌和主观记述的矛盾，地方志所具有的特殊矛盾性，亦即地方志发生和发展的规律。为此，方志学研究对象主要是：1.对地方志本身的研究；2.对方志编纂的研究；3.对方志应用的研究；4.对方志事业的研究；5.对方志史的研究”。“‘区域发展研究’属‘地域研究’范畴，它本身就是一门独立的学科，方志学有什么理由去‘占领别人的地盘’呢？以‘区域发展研究’作为方志学的研究对象的说法是不能成立的，实质上是把方志学引向消亡”。在其后的讨论中，也有的虽未明确声明左右袒，但实际上是同意两种看法的都有。如北京大学于希贤教授在《新疆地方志》1993 年第 1 期发表的《当代地方志编纂程序的新思考》一文中，就提出“方志学研究的对象是地方，以及将地方研究的成果用志体表达出来的活动”。笔者作为《中国地方志》刊物的编辑者，编发过两种意见的文章，虽未自己撰文，也有一些个人的看法，觉得“区域发展”论者，既然讲到了要研究地情，又讲到了要研究如何将研究地情所得记入方志，自然是可以成立的。二钟所作的表述，是否可以作为方志学研究对象的表述，还可以讨论，但笔者认，其所提出的作为方志编纂学的定义更为合适。

4 月 25 日，历史地理学家陈桥驿在是日出刊的《中国地方志》今年第 2 期发表《地理学与地方志》一文。该文指出有的新志书以“地理”作为篇、卷的标题，但内容仅涉及自然地理学的若干方面，置人文地理于不顾；有的又加入了地质的章节。地质学是研究地壳组成物质的科学，它与地理学是研究对象不同的两门学科，置于自然地理之下是不适当的。一个市县单独设“地质”一篇也无此必要。如果改以“自然环境”为篇、卷名，就可以把“地质”的内容包括在内了。文中还倡导记述动植物要采用“二名法”，要有方言地理的内容，注意记述“方言孤岛”的现象，主张除去旧志中以传说当史实的“九州”说等，都在本届志书中产生了重要的影响。

按：此后，不少志书都采纳了这个意见，将“自然地理”篇改成了“自然环境”篇。

4 月 29 日，梁寒冰抱病到天津，专门检查了 1989 年学术年会的准备工作。他对秘书长左建说：“年会的筹备工作一定要抓紧，我们不能失信于民，再次延期了。你们秘书长们的 8 月评稿会议，希望准时举行。我身体不行了，不能参加了。不过岳阳会议(即 1989 年学术年会)，我是一定要去的，而且要讲点什么。”

是月，浙江人民出版社出版《修志丛谈》一书，是一部方志论文集，共收论文 25 篇。本集中最值得注意的，是几篇对地方特点探讨的文章。

陈野在《试论志体变革》一文中，从对“门类齐全”和“横不缺项”的非议入手，认为“由于体例上要求对各篇、章、节、目‘门类齐全’，仅几十万字而又对各项事物作平分秋色的处理，使之详人之详难，详人之略亦难；略人之详难，略人之略亦难”。认为对于地方特色，不能单纯地视之为某地的特产、某一项特有的建设工程、某一种特殊现象和事件。萧山的围垦、嵊县的越剧、金华的火腿、东阳的百工之乡等等，当然都各具特色，但这只能是一地特色的具体表现，是表面的、现象化了的事物。地方特色应是由某地的自然环境、社会环境、历史环境和文化环境所形成的、潜藏于此地所有表层现象之下的特有的客观规律，以及由此规律决定的、反映在社会生活各个方面的种种现象，这种表面上看似孤立、零散的特殊事物和现象也因规律的发现而得到合理、科学的解释，构成有联系的网络。因此志书对地方特色的反映，既可以是这种现象的记述，更要有对这种规律的深刻揭示，还要注意到事物受规律影响而发展的未来趋势及其现在已有出现的萌芽等等。新志书的缺乏地方特色，真正责任不在具体编纂人员，而在于不可抗拒的历史规律发展至今的结果，在于未随时代变革的因循守旧的志书体例。旧时代因其封闭型的经济生活方式，使各地之间自然产生极大差别，各具特色，将其全面记述下来，地方特色自现。而今全国一盘棋，共同化倾向成为主流，因此志书对地方特色的反映，只能在此共同化倾向的表层之下，对各地特色进行有意识的、深入细致的探索和发掘。地方志不是百科全书，不是资治新篇，不是乡土教材，我们不必凭主观想象一厢情愿地苦心追求这些所谓的实用价值。地方志就是对本地特色的全面准确反映。基于此，为使地方志与概况、地情、年鉴等相区别，应扬已之长，避已之短。她对地方志书体例上的设想是：一、对经发掘、总结的地方特色的直接记述；二、着重记述一地的神话传说、岁时习俗、衣食住行、社会组织、宗教信仰、礼仪传统、方言谚谣及生活方式等民俗学资料；三、人物传及其他地方史料，如地方文献、名胜古迹的记载等。

沈建妹在《从编志现状谈志书的突破》一文中，提出地方志是百科信息的集合，应该能够系统地、概括地再现地方自然与社会的历史与现状，以便从整体的角度考察每个局部的相互作用及影响的规律，以供研究或决策参考，同时在这历史的记述中，容纳大量的地方社会有用信息，满足地方社会的需求。

周如汉在《县志体现地方特色浅见》一文中，介绍了余杭县志办探讨本县地方特色的过程。起初提出过三种意见。一种是“之”字型，认为余杭历来有“丝绸之府、鱼米之乡、花果之地”的美称，这就是余杭的地方特色；第二种是“多”字型，说余杭的特色，就是提供商品多、乡镇企业多、中医名医多，等等；第三种是“四字”型，主张把“历史悠久，气候宜人、交通发达，物产丰富”作为特色。结果三说都遭舍弃，认为余杭应着重体现“省会(杭州)城市近郊县”这一特色。政治上孕育杭州，地势上拱卫杭州，生产上服务杭州，发展上依托杭州。体现此一特色可以反映本地的特殊历史状况，而历史特点又具有现实意义；体现此一特色可以反映本县地理特点，而这种地理特点，又是多年来历史条件所形成的；体现此一特色可以反映本县的工农业生产格局；体现此一特色可以反映当地的地方经济优势；体现此一特色可以反映人心特征。由此，县志的地方特色应具有如下特征：一、综合性。一部县志要体现的地方特色，应是一个县涉及多方面的综合性特点。这种特点对于兄弟县来说是个性，而在本地不少地方有共性。二、全局性。一部县志体现的地方特色，既要具有综合性，但又不只是各方面表面现象的罗列,而是从各方内容中所抽出来的带根本性、实质性的要素。它是从综合基础上提炼出来,又溶化于各方内容之中的带有全局性的因子。既渗透于有关编章,又贯穿于整部志书,是志书的内涵中枢。抓住这一特色,就会牵一发而动全身,提一纲而收全网。三、时代性。修志并非单纯为了再现历史,而是要"资治、存史、教化",所以今天修志要体现的地方特色,就应在反映历史成因的同时反映其时代特点。叙述历史是为了更好地记述现实,以时代新要求来反映地方特点。

王庸华的《论东阳"百工之乡"的形成与发展——兼谈方志姓"方"》,述说了《东阳县志》是如何抓住东阳特点进行编纂的。

是月,李方仪主编的四川《彭县志》出版。该志在编写过程中,其"综合经济志"还只完成初稿,即受到党政领导干部和做经济工作人员的重视,并作为工作手册随身携带。其"大事记"分为两部分:一是"大事记年";二是"专题记述",选记了"辛亥革命在彭县"、"禁烟"、"严厉打击刑事犯罪活动"、"整党"等21个专题,两部分占28000余字的篇幅,是比较典型的大事记两分法。

按:同年11月出版的王志忠主编的四川《郫县志》也采用了同样的做法,收录大事11条,用21000字,且写得比《彭县志》更好。除了上述的做法之外,已经出的不少志书在专设编年体大事记的同时,还在政党、政权或经济部类中设专题记述。前者如党政篇中的"重大斗争纪略"、"重大政治运动"等;后者如在"生产关系及经济体制改革"中,分述减租减息、土地改革、三大改造、实行联产承包责任制等。这也是大事记两分的一种变体。

是月,黄启注主编的福建《尤溪县志》出版。是志修纂当中,曾发掘出由朱熹第15代孙朱莹,于万历四十八年(1620)编修的《紫阳朱氏建安谱》,被称为1982年全国四大文物发现之一。

5月10日,从1988年5月24日至本月10日的近一年内,贵州省安顺地区东四县,先后举行四次方志学术讨论会。每次会议各县均带有专题材料,重点解决一两个问题。这既是对修志人员的培训,有利于提高其素质,又加快了修志进度和提高编纂质量。

5月16~20日,广东、海南两省志办在海南琼山县联合举办《广东省志》篇目总体设计研讨会。会议就《广东省志》中是否要设立《广东简史》、各专志设不设《大事记》、政治篇是否要设"综述"、是否要设立《政治运动志》、《司法志》是否要"一分为三"、《农业志》是否要分解成若干专志、是否要增删一些专志等问题进行了讨论,并在许多问题上取得了一致的意见。鉴于《广东省志》的内容包括了1988年以前的海南岛,两省在历史上的密切关系,必须加强两省合作,方能完成这项大业。为此,两省提出:第一,两省的直属单位应共同为完成《广东省志》而努力。在广东省各有关部门撰写《广东省志》的专业志时,海南省有关部门应积极承担有关部分的编写或提供有关资料;海南省各部门在撰写《海南省志》时,如要查找广东省的材料，广东省各部门也应积极提供。第二，两省对口、相关部门之间，应加强修志工作的协调与合作。在条件许可的情况下，有关修志讨论会、学习班，可互相邀请参加，取长补短，共同提高。

5月21～24日，全国地方教育史志质量研讨会在河北省承德市举行。会议收到论文55篇，结合对《贵州省志·教育志》的评议，讨论了显示教育志的地方特色和专业特点，提高志书质量的问题。

5月23～26日，中南五省（区）军事志编写工作第二次研讨会在武昌召开，有广东、广西、湖南、湖北、海南五省（区）军事志办公室正、副主任和部分编辑人员参加。会议研究了如何提高志书质量和加快速度及稳定修志队伍等问题。根据会议反映的问题和要求，起草了给广州军区的报告。广州军区司令部办公室主任，在会上传达了军区刘存智代司令员对军事志工作的批示："编写军事志是个苦差事，要支持、尊重、关心他们（指修志工作者）"，"编写地方志确有许多困难"，"要给他们好好鼓鼓劲"。

5月25日，曾却在是日出刊的《广西地方志》今年第3期上发表文章，提出人物立传中的几个问题：一是要体现教育功能，不要强调资治和存史；二要突出业绩贡献，不要沿袭"推动或阻碍作用"的说法；三要坚持看作用影响，不要再在大人物、小人物上纠缠。

罗方贵在同刊期上发表《不可忽视资料出处的详注》一文，认为一些新志书首先受到学术界的冷落，主要是缺乏必要的学术味。资料出处得不到详注，在取材方面缺乏起码的"透明度"，致使志书成为一个来路不明的混沌物，是新志书缺乏学术品位的重要表现之一。"无征不信"是我们应执的态度。而"征"非详注资料出处莫属。

5月29日，山东《志与鉴》今年第2期的"来稿摘编"中，摘发了孔和森《农业志中应注重记述生态农业》一文。文章认为，生态农业，就是利用生态规律，通过物质生态系统中多次重复利用和循环、转化来提高太阳能利用率及生物能的转化率，从而达到生态系统各要素良性循环、获得最大经济效益的农业。生态农业要求按生态之间共生互养、相生相养、生物相克的原则来进行农业布局。生态农业的第一个层次是合理安排种植业，即要保证森林、草地、耕地、水面等的合理比例，及各种植物的科学搭配、间作，使其互补互养，互相利用克制病虫害。第二个层次是利用动植物之间互补互养关系，以植物养动物，再用动物粪便补植物。第三个层次是利用动物、植物与微生物之间的共生转化关系来提供食品、能源、肥、土地。第一层次由于比较显眼，在农业志中容易得到反映，而第二、三层次则容易被忽略。在农业志中，我们不仅应该把单一农业的保守性提示出来，更应该把它的发展性与方向性揭示出来，让人们在传统的农业生产中受到警训。

是月，文森主编的广西《上林县志》出版。是志还在初稿时，即为世界粮食计划署援助"中国的3730广西上林县山区农业综合开发工程项目"的申请出力。申报文件中所有的23000多字和1000多个数据，大部分来自《上林县志》稿。结果，1988年9月，专家评估团在同意该县申请的营造美国湿地松林2000公顷的基础上，再扩大栽植953亩，增加援粮1625吨。1989年3月，又同意援助修复大龙洞水利工程，援助工日由76万个增加到159万个，新增援粮2695.5吨。是书正式发行后，曾引起港、台同胞的高度评价。旅居香港的何福荣先生解放前，曾是国民政府总统府第六局中将局长，他看到志书的“人物”卷中收录了其胞兄何福桐的传略，又将他本人列入在港知名人士名录时，激动不已，对赴港探亲的胞弟何福统说：“共产党真是胸怀博大，处事客观公正，合乎情理，令人钦佩。我和哥哥都编入志书，真是我想象不到的。我一定要在有生之年为家乡做点力所能及的事。”他以86岁高龄之身，依然到处宣传家乡。每逢故友，便拿出志书赞叹地说：“我的家乡40年来变化真大，这就是证明。”原国民党金门、马祖前线指挥部政治部主任吴汉江少将，1990年回乡探亲带一本县志回台湾后，在同乡会中传示。由于人多书少，不得不推举一人将大家最想知道的章节来朗读，以解思乡之渴情。志书出版后不久，即有人给家乡捐资架设电线、修筑公路、建学校，还有人回来投资建厂，推动家乡的建设。

按：是志在定稿前，还用翔实的数据，与邻县进行对比，说明了破坏森林引起气象、水文恶性变化以及自然灾害发展的内在联系。略谓：位于大明山东面的上林县和位于大明山西南面的武鸣县，气候要素同大明山的关系一样密切。可是大明山80万亩森林被滥伐一半以上之后，有2个林场造林50万亩的武鸣县，同造林不多的上林县，情形大不一样。上林县引起气候要素的恶性变化，武鸣县则朝向良性发展：70年代同50年代相比(后面均系这两个年代的比较)，年平均降雨量，上林减少8.9%，武鸣增加0.2%；上林一日最大降雨量增加4.6%，武鸣减少19.2%；最大与最少降雨量全距值上林增大27.4%，武鸣减少44.8%；降雨量少于历年平均值的年份，上林50年代为25%，60年代占50%，70年代占60%，武鸣则保持稳定，均占50%；年最高降雨量，上林下降13.7%，武鸣增加22.9%；最长连续降雨日数平均值，上林减少18%，武鸣增加12.4%；最长连续无降雨日数平均值，上林延长3.5%，武鸣缩短6.2%；最少绝对湿度，上林下降14.6%，武鸣保持不变；历年平均相对湿度，上林下降0.1%，武鸣上升1.3%；热月(7月)平均气温，上林升高0.2℃，武鸣只升高0.1℃；元月平均气温低于历年平均气温的年份，上林没有变化，武鸣减少10%；两县元月平均气温全距值虽都在增大，但幅度不同，上林增大147.6%，武鸣增大68.8%；雾日数，上林减少36%，武鸣增长95.4%；风速，上林增长5%，武鸣下降14.3%；蒸发量，上林增长31.2%，武鸣减少10.3%；大于年平均蒸发量的年份，上林50年代一年也没有，70年代10有8年，武鸣50年代有2年，70年代10年也只有2年。降雨量减少，湿度下降，气温上升，蒸发量增加，“收支”不平衡，加上再失去森林另一个作用——涵养水源的作用，水旱等自然灾害就发展了。发源于大明山的33条河流，已经断流的10条在上林。1981年同1958年比，流经上林的16条河流最枯流量，比流经武鸣的15条河流量大大减少。大雨后，从大明山到上林县城的洪峰，已由过去的

5～6小时，缩短到1～2小时。在降雨量基本相同的情况下，清水河水位由50年代的5米增加到70年代的8米多，最低水位变幅70年代比50年代增加12.7%。过去10～15天的保水田，现在只能保7天左右。（上林县委和县政府重视县志办公室收集来的这些调查资料，已经积极采取护林、造林等措施。）这是一组足以令人警醒的资料。这样极具说服力的珍贵资料，到志书正式出版时，却将这些对比资料删除了，甚为可惜。

是月，张旺增主编的河南《林县志》出版。其中所设的《红旗渠》专卷特别受到人们的普遍称赞。该卷记述了林县历史上山多水少，人们生产生活条件极其艰苦的状况。直到本世纪中叶，人们面临的还是“天旱把雨盼，下雨冲一片，卷走黄沙土，留下石头蛋”的景象。由于缺水，粮食产量低得可怜，小麦亩产不过30公斤，秋粮也不足100公斤。人们不得不过着“早上清汤，中午糟糠，晚上稀饭照月光”的生活。为了使这种情况有个根本性的改变，从50年代起，中共林县县委就提出了“重新安排林县山河”的豪迈口号。从60年代初，就正式开始了引山西漳河水入林县的修渠工程。老少齐上阵，苦干10年，劈山挖岭，凿洞架桥，投资77667.6万元，投工4126.6万个，挖砌土石1817.9万立方米，终于在太行山腰筑成了一条长1500公里的人工河，这就是有名的红旗渠。此渠及各配套工程的完成，使全县的水浇地由新中国成立前的1.5万亩，猛增到54万亩，不但粮食产量大幅度提高，其他各项事业也出现了勃勃生机。这一卷之设，充分体现了时代特色，也体现了林县的新风貌。

是月，梁光军主编的浙江《临海县志》出版。是志特殊的做法是，将《大事记》由志首移入编的序列，与众不同，值得注意。

是月，朱乐平主编的山东淄博市《临淄区志》出版。是志着重体现了春秋战国时期的列国古都和汉代“东方最大商业都会”的厚重历史文化，又突出了古都的新兴和现代文明，对历史文化名城的志书写法进行了有益的探索。志书发行之后，该区永流乡永流庄村民从志书中得知本庄已有1800年的历史，是全区18个最古老的村庄之一。为此，村里拿出500元钱竖了一块村碑。区志还记载了永流庄1986年人均向国家贡献1.5吨粮的事。村民从志书中看到本村的贡献也上了官书，感到非常光荣，都表示愿为再创高产再作贡献。

是月，由杨静琦、于希贤编的《地方志与现代科学》一书出版。是书收入论文38篇，近30万字，以专题形式探讨地方志与现代多种学科之间，如地方志与软科学、信息论、系统论，地方志与哲学、经济学、历史学、地理学等各学科的关系，论证了地方志与现代科学结合的必要性、必然性和迫切性。同时对地方志的功能、特点、编纂原则、立法等方面提出了新的见解。

是月，朱祥清主编的《新编方志体例比较与思考》由上海社科院出版社出版。是书从已经出版的近百部新县志中，选取28部进行总体思考和综合评析。引据不同事类的各种不同实例进行比较，总结成功的经验，也指出欠妥的做法，提出改进的设想，对理论研究和实际编纂都有一定的参考价值。

是月，黄德馨、傅登舟主编的《中国方志学家研究》一书由武汉出版社出版。是书收录了自常璩、李吉甫而下,至当代黄炎培、黎锦熙、方国瑜等30余人的研究论文。是书分述了他们对方志起源、性质、功能的认识,对志书编纂内容、方法和体例的主张,以及他们在志书编纂实践中所取得的成就,同时也指出一些人方志思想的历史局限性和阶级局限性,颇便于对他们的成果进行批判继承。

是月,北京市地方志编委会主编的《北京地方志》创刊,其宗旨是:为北京方志工作者提供研究工作、探讨理论、交流信息的园地。最初辟有:文献辑要、方志论坛、方志园地、历史地理、风俗方言、工作研究、志书评介、旧志整理、京华人物、史料考辨、学术信息、问题讨论等栏目。

6月1日,是日出刊的河北省《史志文丛》今年第2期发表了三篇颇值得注意的文章:

一为晓阳的《方志属性漫议》。在长期方志属性的研究中,无论是方志属史学、属地学、史地两性学、行政管理学、百科全书说等的争论中,论者都只着眼于方志到底属于哪一个学科体系。而本文则认为,方志从一开始就是一种独立的文体。在其雏形阶段,文体尚无明显区分,一般同时具有几种文体的特征。只是完成由"图经"向志书的过渡后,才初步建立了志书的体系。在志书进一步完善的过程中,"史"对它产生了很大的影响,但始终没能将其同化。完成从"图经"到志书的过渡后,记载的内容及范围也远远超出了"地理书"的范畴。从方志的整体发展过程来看,志书与"史"、"地"都是不能等同的。至于志书在某一历史时期表现出与其它文体类似的特征,只是方志发展过程中留下的特殊的轨迹而已。对方志功能认识的不同,也是导致对方志不同属性认识的原因之一。"史"说重"存史、教民化俗","地"学说重"资治"。只有对地方志书的"资治、存史、教化民俗"三大功用全面认识,才能正确认识方志的属性。那么地方志果为何物?从其发展过程中形成的独立形式来看,无论"史"、"地"还是其它学科都难以准确反映其属性。"志"应该是一种独立的、有自身显著特点的体裁。"志"就是"志",无需硬性将其纳入其他文体。反过来讲,之所以对方志属性会有各种不同的认识,其重要原因在于地方志作为一门独立学科的体系尚未完善。随着方志理论研究的进一步深入和方志学的进一步发展,完整的方志学体系即会建立,"方志"作为一门独立学科即将跻身于各社会科学学科之列。

二为冯光国的《新方志宣传色彩探源》。文章认为,将修志原则教条化和修志者的心理障碍,都是造成新志书政治宣传色彩的原因,而将志书功能过分地拔高,则是产生宣传色彩的潜在原因。由于不但考虑到"存史",还要考虑到"资治"、"教化"、"导向"、"展示"、"鉴戒"等等,编纂者就不可避免地考虑志书的功利,渗入了政治决定论的影响。现实作用的过分强调,自然会产生一种先入为主的弊端,从而显现出图解时事政治的趋向,志书就不可避免地贴上"政治标签"。作者认为,志书功能只能有一个,那就是"存史"。至于"资治"、"教化"等,必须经过志书读者的再认识,才能显现出来。从某种意义而言,志书有如仓库,承担着储料备征的功能,它本身绝对完成不了被利用的任务。这就好比一台发电机,它本身只能发电,至于电是用于照明、取暖还是作机械动力，发电机本身无法完成，需要转换媒介（电灯、电炉、电动机）来完成。地方志有其他学科替代不了的功能，但它也替代不了广播、电视、报纸、教科书的“资政、教化”作用。

按：从当时已出版的一些志书来看，确实不同程度地存在“政治化”的诸种表现。一是充斥题词和不恰当的照片。二是对政党的记述详略失当，有些志书只记了共产党和国民党，对其他的党派未予重视；有些志书中对执政党的记述较详，这是应该的，但对非执政党的记述则过于简略，甚至基本面目都不清；有的不顾历史实际，共产党非要排在国民党前面不可。三是较多宣传色彩的语言和笔法。四是画蛇添足地加以评论。

三是傅登舟的《李泰棻驳章学诚之志例述论》。文章列举了李泰棻对章学诚的驳议有：一、“前代诏诰列入文征”之不当；二、“艺文不志生人著作”之不当；三、“生人不得入传”之商榷；四、“门目不得过多”之不当；五、“帝后不应入志”之不当；六“列传断自元明”之不当；七、“政略以人为主”之不当；八、“志分多体”之不必。

按：将我国方志史上之两大权威的一些基本观点，一一削尖进行对比罗列，颇能引导后来者的独立思考。此文如能在早期的方志培训班中进行讲解，或可减少一些后来志书面目雷同之弊。又，限于此刊发行面有限，得见本文者不多。是时笔者已忝列《中国地方志》副主编，未能及早发现给以转载，至今引以为憾。

是日，江西《修志文丛》编辑部颜小忠在是日出刊的《史志文萃》（武汉）今年第2、3期上发表《关于方志改革的思考》。文章认为，地方志在为各级各类决策提供科学依据，为领导决策服务这一目的上，和软科学的目的是一致的，因此它也是软科学群中的一个分支学科。修志目的向决策服务大转移，新志的内容就应当有大的突破，体例上应有大的革新。首先是应该向“二元体”发展。一元为各类数据库，用微机贮存，没有微机的采用资料长编或丛书形式。一元为各类数据库宏观资料浓缩的反映、补充和扩大。体例上的革新，纪、述、志、表、传、图六大类中，应以志为主体，述含其中，图、表辅之，传、纪只是集中记述当地人物传记和大事记，其内容可穿插于志文中记述，不宜与志相提并论，只宜列于志后作索引、附文之类。志文的记述方法也要更新。志书作为一部为决策提供资料依据的科学著述、文献，应允许先述后断，虽不作议论，论断还是必要的。

同日，《方志研究》编辑部苑广才《当今修志遇到的一个难题——关于记述失误问题的讨论综述》一文在其刊物今年第3期上发表，再一次呼吁突破禁区，开拓记述失误的途径。文章认为，“有些同志一旦抓住记述失误上的某些微小的笔误，就大惊小怪；而对于那些回避记述失误的志稿，却置若罔闻。这种气氛，使一些同志在观念上形成了‘宁可不记，切莫详记’的紧箍咒”，是理论上的迷误。这种迷误导致了修志实践中的困惑。文章详介并充分肯定了元一、王季平、陈元方、徐瑞清等人的正确主张，还提出了记述失误要注意的几个问题。

在《方志研究》同期上，还发表了两篇主张建立方志新系列的文章：一是安徽刘辰的《关于建立地方志新系列的初步设想》,一篇是山西晋中地区地方志办郝启康、刘俊礼的《地方志社会化问题探讨》。

6月6～9日,由江苏、湖南、上海等省市地方志办公室资料处(室)倡导的全国部分省市首次地方志资料工作会议,在苏州大学召开,与会者有15省、自治区、直辖市及有关城市地方志办公室的资料处(室)负责人共46人,在一起相互交流了资料工作的经验和情况。会议向全国倡议建立地方志资料协作组,讨论了协作组协约和1989—1990年的工作规划,并选举产生了协作组组长、副组长。

6月17日,辽宁省人民政府以[1989]57号文件,批转省地方志编委会《关于确保新志书质量,切实搞好新志书编纂与出版工作的报告》。批件要求,各地、各部门要加强对这项工作的领导,采取有力措施,切实把好新志书质量关,确保志书的科学性和权威性,使新志书在两个文明建设中充分发挥"资治、教化、存史"的作用。

6月24日,中共中央总书记江泽民在中共十三届四中全会上谈到国情教育。他说:"加强教育,我想特别提出国情教育的问题,这就是近百年来中国历史的教育,社会主义必然性的教育,经济文化发展现状的教育,经济资源和人口问题的教育,中华民族优秀传统的教育,等等。广大青年拥护改革开放,但他们中不少人不了解中国的历史和现实,因此就不可能了解改革的艰巨性、长期性和复杂性,幻想在一夜之间把西方的物质文明搬到中国土地上,比较容易接受实行资本主义制度的宣传。他们生长在祖国的土地上,理应在这块土地扎下根,理应从我们的工人、农民、战士的身上吸取精神营养。"

6月25日,浙江省志办俞佐萍在是日出刊的《中国地方志》今年第3期发表《市志、城市志辨体》一文,认为在实行"市管县"的体制下,市志记述范围是值得研究的问题,也是目前争论较多的一个问题。他认为,争论的焦点实际上是应该编写市志还是编写城市志的问题。"市管县"的市志,应该编写"市志",即包括各县在内的市志。城市志是有别于市志的,它是专以城市为记述对象的。对这类志书应冠以行政区划名称,应称为《××市城市志》。

江西瑞金县志办曹春荣在同刊期上发表文章,指出当前新方志研究中有待加强的几个方面。一是基础理论研究。当前基础理论研究明显落后于应用理论研究,对方志性质、功能、主体、特征、队伍建设等的研究,远不如对体例、篇目、结构、笔法、语言等的研究;对前者就是有所研究,也难以深入和创新。基础理论研究的落后,已经和正在从消极方面影响到新方志的编纂实践,不可等闲视之。二是地情研究。一些方志编纂者或理论工作者,因为首先关心的是自家的东西"像不像样",而把大部精力放在新方志的形式研究上,至于新方志所记述的内容,如一地的自然、地理、经济、文化、社会等各方面历史的或现实的状况如何,有些什么特点、优势,彼此间的内在联系,等等,则不够多,不够精。其结果表现为篇目设置的通用化,载录材料一般化,叙述语言公式化。三是比较研究。包括新、旧方志比较;不同地域、不同层次、不同版本的新方志比较;新方志与别的资料书的比较。可以概称为纵向比较、自我比较、横向比较。当前这种比较研究还不够宽、细、深。四是效益研究。这项研究的目标，是尽可能地发挥新方志的实用性、社会性，以实现它的固有功能和价值。

本刊同期上还发表了浙江省仙居县志办公室沈在秀的《县(市)志主编一职亟待解决的三个问题》。文章指出，目前不少县(市)志的主编没有专职务实，往往由政府办公室主任、宣传部长、人大副主任或政协副主席兼任，于是形成：一是主编不主、不编，虚有其职，成了挂名主编、"名誉"主编；二是主编主而不编，只是间或主持"开开会"，"布置布置"，不编写，不统稿；三是主编编而不主，为了应付差事也承担极少一部分编纂工作之外的任务，而不是自始至终地担负起主持编纂工作的职责。这种情况对修志工作是极为不利的。因此，他认为主编一定要有职有权。主编在县(市)志编委会中，应是常务副主任，协助主任主持编委会工作；主编在编委会办公室应兼主任；或可以不兼主任，但规定主任应向主编负责。只有这样才能理顺关系，使主编工作起来得心应手，提高效率。与此相关的是担任主编者一定要有主见。

6 月 30 日，甘肃省举行省委书记办公会议，对地方志工作提出八条意见：1.五年来地方志编纂工作取得了很大成绩，省委是满意的。2.基本同意省地方志编委会汇报中提出的一些设想和意见。关于《概述》、《大事记》的编写，文字力求简明准确，特别是过去的主要大事连起来就行了，不可能记得太细。3.民族问题部分，尽可能做到客观全面，有利于民族团结。甘肃是多民族地区，各民族对甘肃的经济繁荣、文化建设均作出了卓越贡献。但由于过去历代统治者执行错误政策，造成历史上民族之间不团结，甚至发生过一些伤害民族感情的事件。写时要尊重历史，应着重反映现实，写出事件的史实能为各族人民所接受，绝不能有损害民族、宗教感情的表现。历史上的民族纠纷应由以往历代反动政府负责。4.历史问题，远古的争论较少，近一点的争论就多。1925 年至 1927 年冯玉祥在甘肃期间，民主革命斗争史，新中国成立后历次政治运动，都应采取谨慎态度，宜粗不宜细，表述得恰如其分，尽量不要引起新的争论；西北局兰州会议前后甘肃的问题，包括"文化大革命"的问题，是由当时的形势决定的，不是某一人或几个人的问题，事实可以记述，但不一定指名要某一个人负责，记事时不点名，记人时不写事。不要因为记述不当，引起新的争论。5.同意统一考虑出版问题，志书的规格、质量、技术处理要统一，不要一本一个样子。6.各卷可以放总序、省志编委名单，也可有分序和各专志编委名单，分序文字要简明。7.本省三年困难时期，由于正常、非正常死亡和外流等原因，人口减少近百万人；清代甘肃人口 11 年减少 950 万人，平均每年死 80 多万，其中有正常的死亡，也有非正常的死亡，各种原因都有，可以写得简略一点。8.要尊重历史，注意真实。历史与真实要互相统一。一个人各个历史时期的作用不都是一样的。历史、真实是两个概念。照顾现实绝不是歪曲历史，只是对某些问题少写或不写就行了。如冯玉祥，着重写积极的一面较好，反面的事实提一下就行了。

是月，吉林省举行志书质量回顾与展望研讨会，对新编志书质量给予肯定的同时，指出志书和志稿中存在的主要问题：一是有些志稿对部分记述内容的性质判断有误；二是记述涉外的内容有欠妥之处；三是对民族的内容，有的记述不充分，有的记述不尽符合实际；四是有些志稿所述事物的主体内容有重大遗漏；五是不少志稿资料讹、误、差、错，是非不明，定性不准，观点片面，影响部分志书的稳定性，入志资料经不起推敲验证，使志书失去存在的价值。会议还提出了提高志书质量的若干措施。

是月，岳守荣主编的山西《寿阳县志》出版。岳守荣还未参与修志之前，就冒险抢救过两部本县的县志。一是1966年夏，造反的红卫兵冲进县文化馆，将馆藏的所谓“封资修”图书都付之一炬。在他的“右派”问题还未改正之时，他不顾个人危险，趁人们忙乱搬书之际，将一部光绪《寿阳县志》偷出，藏于灶炕炉窝之中，使是志得以保存至1981点校出版；二是“文化大革命”之后，他受命到农村清理“黄色书刊”，在缴“黄”时，又把一部乾隆《寿阳县志》悄悄地保留了下来。1977年9月，他受命编修《寿阳县志》，至1981年便拿出山西省第一部新编县志稿。其后又四易其稿，至是正式出版。是志注意记述了县人中“若要富，买卖搅庄户”的经商意识及晋商文化的反映。

是月，曹世明主编的辽宁《岫岩县志》出版。是志值得注意之处，是卷首的照片中，有一组满族婚礼的系列照，从迎亲、插车、劝性、亮箱底到抢宝瓶，形象地反映出满族婚礼的全过程。评论者认为，这样的照片极具存史价值。

是时，延安地区经地委组织部、行署劳动人事局批准公开招考修志人员，结果招得6名年富力强、素质较高、有较强写作能力的人员，对地区的修志工作起了一定的促进作用。

是时，《广东史志》今年第2期刊发了两篇对当前修志现状进行评析的文章。一是浙江省志办王志邦的《论方志的现状与未来》，一是四川达县地区志办冯光国的《新方志僵化观念面面观》。王文透过志界喜人形势的表象，指出其背后存在“十大困乏”：1.没有一支稳定的方志学研究队伍。开始时人员临时从各单位调集，书成即行解散。2.重编志，轻理论，因循守旧。新方志的基本结构，一开始就跌入了旧志的窠臼。3.习惯于倡行依中国共产党的某一次会议精神、决定条文修志，把党在某个时期制定的方针政策视作为编纂纵贯古今历史的一地志书的一把万能钥匙，不断地给修志工作涂上政治色彩。这种情况，在客观上致使一些志书不能做到“存真求实”。4.对《新编地方志暂行规定》缺乏反思，盲目执行。如对政治运动的记述“宜粗不宜细”的规定，许多志书便在政治问题上采取不深化、少接触的回避态度，反映不出政治运动的“真面目”。5.片面强调志书以记载经济内容为重点，不重视人在社会经济发展中的作用。6.志书记事停留在表面现象，看不出一地事物发展的规律及相互关系。7.对新中国成立后的记述，往往只记成绩，而对存在的问题避重就轻或避而不谈。8.对党政部门的记述只重机构演变，而忽视对党政部门作用(职能)的记载。9.基层修志人员知识结构不合理，在人才构成中，经济学、社会学、民俗学等方面的人才缺乏，很难吸收新的学科知识来改进方志机制，使方志改革步履艰难。10.粗线条的记述，难以体现方志的社会价值。一部志书表面上似乎包括了各方面，但细看，对具体部门、企业等的记述，往往只是抓了些皮毛，充其量不过是让人对各方面有一个粗略的了解，与用志者的要求差距甚大。文章对未来方志的发展也作了一个勾勒。

冯光国的文章则指出，当前造成方志工作举步艰难，志书质量停滞不前，方志理论研究和编纂尚处低谷之中未能发生实质性的飞跃，原因不止一个，但观念僵化是其中至关重要的起着制约作用的因素。一是政治的观念。方志界由于过分地注意认同政治与历史的一致性，对它们之间的分歧和矛盾缺乏清醒的认识、正确的估价，由此造成方志学失去了独立的完整性，成为政治的附庸。方志界每一项理论的提出，往往习惯于从政治学的角度阐述该理论成立的原因和依据。不是直接探讨如何"秉笔直书"，而是如何用某次会议精神，体现"社会主义初级阶段理论"等方面来阐述自己的观点。由于方志工作者以僵化的政治观念来指导修志，处处以政治为先，完全受制于政治决定论的制约，使地方志陷于政治决定论僵死的泥潭，使志书表现出不适当的图解政治观念的痕迹，造成一种政治色彩的渲染。二是对权力和权威的崇拜意识。这种意识禁锢着人们的思想活力，造成方志工作者唯上不唯实的心理障碍；影响到志书千志一面的固定模式，导致方志的僵化。三是本土观念。实质上这是一种比较落后、陈旧的封闭意识，与我们所处的时代很不协调。这种意识很容易使人们对本地的历史隐恶扬善，产生虚美的心理，容易下意识地夸大本地的成绩，遮掩本地的不足，甚至不愿尊重历史事实。

7月4～6日，河北省举行省辖市市志主编会议，着重讨论了市志与属县的关系问题，主要的有：一是关于市管县的市志要不要记述属县的问题；二是关于市志是写成区域志还是写成城市志的问题；三是关于市志要不要突出城市特点以及如何突出城市特点的问题。

7月6日，吉林省人民政府发布《吉林省地方志编纂工作暂行规定》。

7月25日，史玉茹在是日出刊的《广西地方志》今年第4期发表《记述土地改革刍议》的文章，指出已经出版的新志书中，对土地改革记述普遍都存在不足。一、过于简略。不少志书往往都是一笔带过，看不出土地改革在中国新民主主义革命中所起的作用。二、内容不全，往往有头无尾，或有尾无头，中间断线。不少县志只记土地改革分几个阶段，使人只知其一，不知其二。三、隐晦失误。如"搬石头"、侵犯中农利益等往往回避，更没有记述这些错误的改正。总之，是没有记出土地改革的复杂性和艰巨性。

按：笔者认为，这一轮所修的志书普遍存在几个带共性的不足，土地改革便是其中之一。此外还有抗日战争、"大跃进"刮"五风"、五六十年代之交全国性的经济生活困难、"文化大革命"等。

肖林在同刊期上发表值得商讨的两点意见。一谓在对近代农民起义记述中，如果用历史哲学观点观察历史，而不是用被扭曲了的阶级分析去观察历史，那么，便可以发现农民起义的本质是一种与近代化、现代化性质不同的运动。它虽然反对帝国主义殖民侵略，但也同时反对近代化、现代化的各种产物,甚至不惜跟封建统治势力结成同盟。近代农民起义每每没有也不可能推动社会前进,往往是有“破”而无“立”,建设不足,破坏有余。对农民起义的“大功”说,志稿记述时还是“降温”或是“冷却”为宜。二是关于资本主义萌芽的记述。一些志书(稿)往往不分此方彼方,不论此地彼地,皆记1840年前后有了资本主义萌芽,没有分别所记的县市是否也与全国的步伐一致。

按:其第二点是说得有理的,令人赞同。其前一点则还有商榷之余地。

7月26日～8月7日,黑龙江省志办举办省志编写讲习班,来自省直各厅局部委志办、各市县志办以及基层志办的主编、主笔、编辑和负责审稿的业务人员共217人参加学习。

是月,《董一博方志论文集》由河南大学出版社出版。是书收集了董一博自1979年起至1987年有代表性的论文、学术报告、讲话、书序、信函等共48篇。书后附有《董一博同志生平简介》和《董一博从事方志理论与实践活动纪事》。是书较集中地反映了作者的方志理论观点及研究成果,特别反映了作者在理论上的深厚功底和创新精神。

8月1日,江西省志办颜小忠在是日出刊的《方志研究》今年第4期上发表《建立方志学概念体系的求教》一文,提出方志学的定义为:方志学是专门研究地方志领域中编修者(主体)的精神产品(对一地地情的认识)转化为社会的物质产品——志书(客体)过程中的矛盾运动及其特殊矛盾性的一门独立的学科,是研究地方志书、地方志编纂活动、地方志编纂理论产生、发展规律的学问。它要研究各种类别志书的性质、功能、内容、体例、编纂的特性,编纂者的素质和编纂思想,地方志编纂活动的各环节特征以及方志学发展史。

张仲荧在同刊期上发表《正史人物与方志人物之比较研究》一文,从编纂思想、撰述内容、编纂形式、社会影响等方面进行了比较研究。

是日,胡嘉楣在是日出刊的《黑龙江史志》今年第4期上发表《加强方志著述,提高志书质量》的文章,提出要改“述而不作”为“述而必作”。文章认为,所谓方志的著述性,即指在编纂者的主观意识支配下,集中表现于方志的整体性、理论性、资料性和导引性。整体性即方志的概括性;理论性即方志的点睛立意;资料性即方志的学术价值;导引性即方志的锲入纵深。四性之要皆发轫于纂志人的主观意识,应摒弃纯客观记述,一改“述而不作”为“述而必作”。方志首先是一部著作,一部以思辨的科学性、材料的翔实性、结构的严谨性、结语的明快性相统一的“朴实、严谨、科学的资料书”。倘若将方志著述部分串联起来,就是一部具有鲜明著述功能的著作。志书实际上可以看成志与书的结合体,即著述部分与资料部分的有机融合。志,作为一个体裁概念是方志的资料构成部分。“方志以资料见长,不以论著取胜”,并不等于方志必须同论著绝缘,恰恰相反,不以论著取胜,正说明方志确有论著的性质。在资料翔实的基础上,应通过著述性来强化志书的表现力以加强志书的可读性。当前编纂的社会主义新方志,从时代性、科学性出发,更是一部需要讲求思想性、著述性的资料书。如果说真实性、资料性是新方志的生命,那么,著述性则是方志的力量和价值,是新方志活化的生命。志书既然是著述与资料的有机统一，那么，提高志书质量只有不断加强其著述性能，这对修志界来说应当成为一条信律。“述”与“志”互补相生，形成一个有机整体，方能使志的彰、述有据，异曲同工，和谐统一。当然，提倡加强志书的著述性，并非主张按照主观愿望，完全脱离志轨，采用洋洋洒洒、尽情渲染的文学笔调，而是指提高方志质量在于创新，在于敢在众多著述之中争取自己的地位，恰到好处地动用多种文体为方志服务。只有敢于、善于将著述理论用于志书，通过著论破理析薪，深化主题，提示内涵，才能提高志书的社会价值和服务质量。只有鼓励编纂者“破门而出”，站在存真求实的立场上，高视雄踞地议论点拨以纵示事物的本质规律、横陈门类的因果联系，才能赋予新方志以强大的思想力量。

按：“述而不作（论）”是方志的一条传统的规则，但本届修志中提出异议，进行讨论者颇多，这只是较早、较明快而系统的一篇而已。

是日，云南玉溪地区志办梁耀武在是日出刊的《史志文萃》今年第4期发表《论志体革新的历史因素——兼评方志独立说》。文章认为，在中国方志史上，史志合流是历史的事实。只是近代西方史著体例传入中国，成为近百年史著的基本形式后，这种史著才和志书分道扬镳了。随着方志的革新，尤其是80年代以来的“百科走入方志，方志融汇百科”的大趋势下，当认清了旧志自身的弊端，而与史学一道向前迈进之时，史志之间本无多大区别。其根本原因就在于，方志记述的是一地已发生的历史事实，这个根本属性不可能把方志从史学中独立出来。相反，在谈论其区别的声浪中，方志编纂中的脚步却不以人们的主观愿望在缩短这个区别。

8月2日，经武汉市科委审查批准，由李明、吕秋山、欧阳发、朱文尧、王文举、左开一等创议的全国第一家民办地方志研究所——华夏地方志研究所正式成立，所长朱文尧。该所宗旨是，在马列主义、毛泽东思想指导下，专门从事1949年以来，中国新方志的收藏、研究工作，并承接审读志稿、协助办理出版事宜、开展咨询业务等。华夏地方志研究所自成立之日起，即为中国地方志协会团体会员。

8月3～5日，四川省举行《四川省志》编纂工作会议，常务副省长、省地方志编委会主任谢世杰在讲话中指出，自1981年省志编委会成立以来，经全川修志同志积极努力，省志的编纂工作进展很大。但各分志编修工作及其进程发展极不平衡，现在尚有占总数30%的分志进展缓慢或停滞不前，甚至有个别尚未行动者；省志编修数年，迄今还没有出版一部分志；如果不抓紧工作，不采取有力措施，《四川省志》的编纂方案是会落空的。为此他提出四点要求：一、充分认识编纂《四川省志》的重要意义；二、要把《编纂方案》中分配给省级部门与中央在川单位的编写任务落实完成，这是一件硬任务，而不是软任务，不能再拖，愈拖愈被动，拖是拖不掉的；三、解决《四川省志》编纂中工作极不平衡的问题；四、努力提高《四川省志》的编写质量。

8月9日，中国地方志指导小组副组长、中国地方志协会会长、中国社会科学院历史研究所原党组书记、副所长、顾问、马克思主义史学家梁寒冰逝世，终年 80 岁。梁氏 1909 年出生于山西省定襄县，一生中著有《中国现代革命史教学提纲》、《什么是唯物论？什么是唯心论？》、《解放战争概况》、《新编地方志研究》、《中国社会发展史》等；编纂出版了马克思主义《历史学理论辑要》；支持、组织了《中国历史大词典》、《中国地方志词典》等的编纂工作。

8 月 10～15 日，中国城市志指导组在山东青岛举行会议，出席的有北京、上海、武汉、广州、青岛、大连等城市指导组成员及济南、长春、珠海、深圳、枣庄等市的代表。会议交流了城市志的编纂经验和体会，就城市志的指导思想、编纂方法以及如何反映城市的性质与功能等问题进行了讨论。北京市的代表还将《北京志篇目》在会上征求了意见。城市志指导组组长陆天虹最后作了一个有较高水平的总结发言。

8 月 13～19 日，中国地方志协会正副秘书长在安徽省黄山市举行 1989 年学术年会论文评选工作会议。年会共收到论文 106 篇，经反复评比，选出 31 篇(其中 1 篇为特约稿)作为参加年会讨论的论文。

8 月 20～22 日，全国铁路史志工作第二次协作会在太原召开，铁道部原部长刘建章出席会议，听取了讨论发言，并作了重要讲话。会议回顾了第一次协作会以来一年多铁路史志工作进展情况，交流了经验，并商讨了今后加强合作的有关问题。

8 月 25 日，黑龙江省志办梁滨久在是日出刊的《中国地方志》今年第 4 期上发表《史志关系研究的几个问题》。史志之辨的研究由来已久，本届修志以来亦进行了热烈的讨论。本文是在前人研究的基础上又向前推进了一步之作，其要点有三：一是提出要找出史志相比较的共同基础。作者认为，历史学是关于人类社会运动发展过程的学问，它包括历史叙述与历史评论两条主干。前者记述描绘社会历史，后者评论历史及运用描述的史实进行横向的或纵向的研究。应该用地方志书和直观描述性的史著相比，这样才有共同的比较基础。而现在有人是拿方志和整个历史学相比较，过多地强调志是记述史实的，史是阐述规律的，而对方志和直观描述性的史著究竟在体例篇目与编写方法上有什么联系与区别，却研究得不细也不够。一种认为横排是志、竖写便是史的观点比较流行，实际上志书的特点不仅体现在体例的横排上，也体现在写作基本单元的具体写法上(列出了具体写法上的若干异同)。二是提出要加深对史志根本区别的研究。作者认为，史志之别可以列出很多，但是在这种种区别之中，贯穿一个根本区别，这就是史是叙述历史过程的，志则是记载历史过程主体的状况的。三是提出要承认史志结合的必要性，在志书的实际编写过程中，是可以而且应该容纳史体表现方法的，想使志书的体例纯而又纯的想法是不切实际的。

在同刊期上，陕西渭南市志办郭鹏发表了《修志小议二则》，其中一则是对“盛世修志”的说法提出异议。他沿引庄威凤在《中国地方志通讯》1984 年第 2 期文章的资料，说清代共修成地方志书 4866 种，占现存历代志书总数目 8264 种的 59.16%。其中顺治 200 种，年均 11 种；康熙 1354 种，年均 22 种；雍正 172 种，年均 13 种；乾隆 1079 种，年均 18 种；嘉庆 335 种，年均14种；道光476种，年均16种；咸丰86种，年均7.8种；同治357种，年均27种；光绪733种，年均22种；宣统74种，年均25种。民国年间1187种，年均31种。数字说明并不是历史上所谓“盛世”时期修的志书最多，所以这种传统的说法是不确切的。修志是唐宋以后形成的中华民族文化的优良传统，具有极强的生命力，无论是“盛世”，还是“乱世”，修志在此后的各朝各代都未中断。当今，出于争取领导重视，争取舆论支持，宣传、动员社会各方配合，说我们现在是“盛世修志”的大好时机，未尝不可。但要把它上升为方志编纂的普遍规律，则是缺乏依据的。

8月30日，张天弓在是日出刊的《贵州方志》今年第4期发表《论新方志的民主精神》一文，认为新方志之所以尚未取得较高的学术地位及学术界的普遍尊重，其主要原因是不“新”，不论是内容还是形式，甚至语言的表述，受传统的及现在的条条框框限制太多，沉闷而缺乏活力。概括起来说就是缺乏民主精神，原因有四：一是资料一般来源于部门提供，抄录案牍，社会调查做得很少；二是对新的指导思想有形而上学的理解，致使新方志带上浓重的宣传色彩；三是现行志体还是穿新鞋走老路，分类设志使得有些边缘学科、边缘事业不易归类，志书的整体性不强，多种体裁杂糅，造成首尾不一，行文不和谐，规划不一，自乱其体；四是现行审稿制度“官气”浓，学术性不强，透明度不够。

8月31日，是日出刊的《山东史志丛刊》第4期发表梁耀武的《编纂地区志应追求整体性》，与刘福华进行讨论。先是刘氏在该刊1988年第4期发表《对编纂地区志的一点看法》，提出“拾遗补缺”作为地区志记述内容的基本要求。梁氏则认为，这样的提法在理论上是不科学的。地区志是一级志书，同省、市、县志一样，同样要追求志书的科学性、整体性。

是月，王晓岩著《方志体例古今谈》由巴蜀书社出版。是书分旧志体例述略和新志体例探讨两编，对修志工作者了解方志的历史知识及古今人们对志书的修纂方法，有较系统的介绍。对新方志的编修体例，则总结今人的研究探讨，提出了一些自己的看法。

是月，王复兴主编、由全国30多位有新方志编纂实践经验的方志工作者分别撰稿的《方志编纂学》由济南出版社出版。是书只论述县志编纂问题，内容分为两大类：一是分论各分志的编写；二是论述县志总体方面和各分志中带共性的问题。有一定的学术性，但更偏重于实用性。

是月，湖北《史志文萃》今年第4期，刊发辽宁鞍山市志办邵长兴编的《1988年中国地方志十件大事》。自此而后，他连续十数年，每年选录十件大事，连绵不辍，颇有存史价值。

是月，陈惕吾、许示主编的浙江《嵊县志》出版。嵊县是越剧发源地，故是志专设《越剧》一编，下分源流、团体、剧目、音乐、艺人等5章。反映出嵊县20世纪上半叶，就出现了一个以女性为群体，以越剧为载体，以舞台为空间，农民走出家门、走向全国的时期，很具特色。是志在编修过程中，访得县内现存家谱520部，其中明代1部、清代142部、民国197部、年代待考的180部，凡96姓，均列表载入志书中。这在新生志书中是载录家谱较多的一部。

按：新志书中载入家谱数量较多的还有《龙游县志》，在其《家谱》一目下，共列家谱135种，其中17世纪修成的1种，18世纪修成的4种，19世纪修成的20种，其余为20世纪修成，最晚的是修成于1962年者。广东增城县志办在修志中，也访得家谱174部，凡58姓，从中发现了不少佚文、佚诗，仅增城人的佚诗就达200余首。

9月1日，江西省地方志办公室吾仁在是日出刊的《史志文丛》今年第3期发表《论新方志人民性》的文章。文章认为，所谓人民性，即指一定时期人民的思想、情绪、要求、利益和理想等在志书中的反映。体现人民性与否，是新志同旧志的本质区别。文章提出志书人民性的表现形式有：(一)直接记述，包括注意体现人民群众在社会经济发展中的作用，注意体现人民群众在社会变革中的积极作用。(二)间接记述，包括记叙社会生活中具有人民性的事物，即社会生活中那些进步的、发展的、积极的、对人民有利的事物；记叙对人民利益有意义和影响的历史事件；记叙其他阶层人物和反面人物，关键是看志书透露出来的对待人民的态度。在记述封建社会清官廉洁刚正、伸张正义、平反冤狱时，尽管主观愿望还是为了效忠封建王朝，维护封建统治秩序，为其长治久安着想，但这些人的所作所为，在客观上也反映了人民的愿望，符合人民群众的利益，即是具有人民性的。

9月3～8日，国家水利部、中国江河水利志研究会于宁夏召开会议，评审宁夏水利志稿，检查全国水利系统的修志工作。水利部原部长、中国江河水利志研究会理事黄友若主持会议并作了大会总结。会议在总结1984年水利部在中央各部委中率先成立“中国江河水利志研究会”以来工作的基础上，对今后工作进行了部署，要求认真贯彻十三届四中全会精神，提高认识，加强领导，抓紧进度，保证质量。

9月15日，河南省地方志编纂委员会召开部分专志承编单位紧急会议，贯彻落实省政府9月5～7日目标管理工作会议精神，检查省志责任目标落实情况。按省志列入省政府目标管理体系要求，今年省志必须完成初稿70部，定稿21部。

9月21～25日，中国气象志协会筹委会在青岛举行“1989年学术年会暨第五次全国大气科学史志学术讨论会”，全国20个省、市、自治区及地区的28名气象史志专家、学者及编撰人员与会。会议收到论文30篇，其中有些对气象志的编修很有参考价值。

9月23～26日，河北省地方志学会在承德市举行学术讨论会，会议重点研讨了运用社会主义初级阶段理论指导修志问题、如何记述政治运动的问题。其中，《新编地方志暂行规定》中记述重大政治事件时要采取“宜粗不宜细”的原则成为讨论的重点。一种意见认为，这一原则应当坚持。持这种观点者认为在具体做法上，第一，对政治运动不能不书，又不能细书；第二，反映全貌要细，具体情节要粗；第三，坚持四项基本原则实事求是的原则，正确处理秉笔直书和记述粗细的关系。另一种意见认为，把邓小平就对历史遗留问题的解决提出的“宜粗不宜细”的原则，用来作为志书记述政治运动的原则是不妥的。因为今天人们对“文化大革命”等政治运动的认识已经提高了，在记述中不会出现问题了。今天将彼时解决彼问题的原则机械地移到志书编纂中来是不相宜的。多数人认为,这一原则不便于执行,粗到什么程度没有一个客观标准,难以掌握。应提出宜粗则粗,宜细则细。有人对宜粗则粗、宜细则细也提出了意见,认为这是两个矛盾的命题,因为它既不反对粗,也不反对细,是对宜粗不宜细的否定。

9月25日,梅瑞冰在是日出刊的《广西地方志》今年第5期发表《"方志危机"之我见》一文。文章认为,当前经济生活中普遍存在一种短期行为,杀鸡取卵,竭泽而渔,不异牺牲长远利益来成全眼前利益。方志的危机也正在于此。主要表现是:一、对地方志功能的偏执和狭隘的理解。地方志作为一种独特的历史文献,既要做到现实价值与历史价值统一,又要照顾整体与局部的关系,两者不可偏废。可是当今志界普遍存在着一种倾向,即只强调志书的现实价值,限于围绕着"修志如何为现实服务"做文章,以致使有些地方的修志工作几乎名存实亡,而被什么编年鉴、搞县情、办报刊、出旅游手册等所谓人们感"兴趣"的东西所替代。这样做的结果只能使地方志的历史价值受到损害,使地方志的"宣传倾向"越来越得到加强,最终使地方志背离原有的属性。二、排斥和否定其他学科对方志学的影响。如在志界争论已久的"史志关系"就是明显的例子。其实地方志发展到今天,还是广义历史学中的一个分支,是历史范畴中介于档案和历史书籍之间的一种过渡形式。作为这种过渡形式的地方志具有双重属性。一是资料的原始性,它可以在现在和将来满足社会多方面、多层次对资料的要求。二是资料的科学性,这就使地方志又不同于一般意义上的资料汇编,而是贯穿着编修者的指导思想、编修体例的"科学文献"。"文献"是基于它的原始性,"科学"则是针对它的科学性而言的。今日的地方志在明日经加工、整理后便可成为历史;而今日的历史正是建立在对大量的基础资料(包括地方志)进行加工、整理的基础上形成的。两者的关系可以说成"我中有你,你中有我",怎能随意割裂?至于编纂体例,有人死抱住"横"和"纵"不放,这也是一种误解。我国过去绝大多数的史书还是"以横为主",不知"史为纵,志为横"从何谈起?还有的人认为史书要彰明因果,阐述规律,而志书则不负担这个任务,也是经不起深究的。三、忽视地方志的内部规律,单纯借助于行政命令、手段和方法指导修志。志书的编修是要遵循其内在规律的,切忌用行政命令去横加干涉,要最大限度地调动修志人员的积极性。如果让现在这种"主编不主"的状态持续下去,这才是修志最大的浪费,才是修志真正面临的"危机"。

张巨成在同刊期发表《修志应当上升到区域史研究的高度》一文,主张编修地方志,应当上升到区域史研究的高度,走出材料汇编式的低谷。区域史研究的对象是一定区域的历史过程、历史类型或历史模式、历史规律以及区域史研究自身的理论。区域史类型或模式,就是区域历史的有机整体的构成方式、内在联系及其最本质的特征。区域史的类型或模式是多种多样的,要根据不同的研究需要。当然,编修地方志,最好就是以行政区域来作为基本单位。区域史研究既可以是对区域历史的总体研究,也可以是对区域历史的某方面的个别研究。这与地方志的总志(通志)和分志是相应的、相通的。这说明把编修地方志上升到区域史研究的高度是可行的。

颜小忠在同刊期发表的《方志体系结构与内容新解》提出：方志学是专门研究地方志领域中编修者的精神产品（对地情的认识）转化为社会的物质产品——志书过程中的矛盾运动及其特殊矛盾性的一门独立的学科。它的研究对象是修志这一社会文化现象。根据方志学的这一定义，方志学学科体系应包括方志学概论、方志编纂学、方志价值学、方志和方志学发展史、方志开发五个部分。作者不同意机械地按理论部分、应用部分、历史部分三个层次划分方志学的学科体系，虽然任何学科都可以由理论、应用、历史三部分组成，实际大部分学科还是按照本学科固有的特点分类的。方志学既然是一门独立学科，而当前方志界对于方志学应用又有较多争议，那么还是应按照我们当前方志学研究的深度和内容来建立方志学的体系。上述这五个部分构成了方志学的完整体系。方志学概论是方志学的基础理论，是奠定学科体系的基石；方志编纂学是方志学的核心、主体内容，是直接指导修志实践的理论；方志价值学是方志功能的检验，是将修志这一社会文化现象与社会政治、社会经济等联系起来的纽带，是方志学科体系存在价值的体现；方志和方志学发展史是理论研究自身的研究；方志开发学则是方志学概论凝炼后的升华和方志学应用的重要内容，是决定方志学科体系未来发展的重要分支学科。这五部分有机结合，完整反映了修志这一社会文化现象的过去、现在和将来的所有内容。

是月，李明、徐瑞清主编的《实用方志编纂研究》一书由沈阳出版社出版。是书以志种为研究对象，逐一探讨了省志、市志、地区志、民族自治州志、县志，以及其它一些志种，如区志、乡镇志、企业志、专业志、部门志、学校志、医院志、山水名胜志、年鉴等的编纂方法，并着意探讨了各类志书在当前编纂实践中遇到的实际问题，在总结新鲜经验的基础上，努力作出新的符合科学的理论概括，对各类志书的编纂均有较大的参考价值。

是月，许忠本总编的《巢湖志》出版。巢湖是我国五大淡水湖之一，位于皖中，为合肥、巢湖、庐江、肥东、肥西二市三县所环抱，物产丰富，自然和人文景观众多。是书的出版，对于开发巢湖资源，发展旅游业，开展对我国淡水湖的研究都具有重要参考价值。

是月，李荣潮、陈祖贻主编的江苏《江宁县志》出版。是书修纂过程中，1985 年选举产生的新县长陈大法，看到志稿中载有历届政府的政绩，感触颇深，决心在任内为民做几件实事——搞好“四通”：县城与南京的自来水接通；县城与南京的自动电话并网；县城至南京的一级公路修通；将县城的管道煤气接通。经努力终于办成，志稿修改时又将此载入。继任者有鉴于此，也表示决心在自己任内办几件为民造福的好事。

广东省方志办主任黄勋拔在《广东方志》今年第 3 期上发表《论方志的功能和志书的改革》一文。文章认为，“资治、存史、教化”的提法，基本上概括了方志的功能，简单明了，容易普及和传播，作为一种约定俗成的提法，目前仍然可以用，但必须赋以新意，并给以全面准确的解释。由于这个提法并不十分准确和科学，故可以探索其他新的更恰当的提法。他提出，资治不等于为官方服务，不等于为现实服务，不等于为日常工作服务，也不可能把它编成普及型的通读性著作。随着时代在前进，地方志也要改革。他提出地方志的改革主要是两方面：一是不要把地方志仅仅看成是一本书，而是要把它看成系列书，要编出多层次、多形式的“志书系列”；二是要改革志书的体例，一方面是要加强纵述、综述，加强整体性，另一方面是要优化篇目设计。

按：作者的这些主张，在以后还反复提出，不断地加以充实完善。

是月，王桂云编的《山东方志汇要》由宁夏人民出版社出版，对山东历代流传下来存世的900余种志书进行考评录要。包括志名、卷数、修纂者情况、编修沿革、文献特征、珍贵资料、学术价值、版本源流，以及册数与字数等，足以起到读一书可窥山东历代方志之全貌。

10月1日，江苏省海门县史志办张天弓在是日出刊的《方志研究》今年第5期发表《新方志理论研究与实践脱节举隅》，指出目前方志理论研究中存在的问题：一是在方志功能上拔高，如提出要揭示规律、预测未来、利民致富的要求；二是在志书的内容上求全；三是在志书篇目上贪多。这些都是与修志实际脱节的。

是日，吴树刚在是日出刊的《黑龙江史志》今年第5期发表《人物传略的十五个要素》一文，提出写人物传略应当注意的15个要素：1.姓名，2.性别，3.民族，4.生卒年月日，5.出生地，6.家庭出身，7.配偶，8.所受教育，9.政治面貌，10.政治倾向的变化，11.职务，12.主要活动事迹，13.主要著作，14.对人物的评价，15.埋葬地等。

10月8日，张树武主编的《广西通志·体育志》举行首发式，这是全国第一部省级体育志，国家体委文史工作委员会发了贺信。

按：本届修志中，省、自治区、直辖市级的志书，有三种命名方式：一是称“通志”，有天津、山西、广西、新疆四家，形式为《××通志·××志》，如《新疆通志·外事志》；二是称“省（区）志”，有河北、内蒙古等22家，形式为《××省（区）志·××志》，如《河南省志·民俗志》；三是径称为《××省××志》，有5家，如《宁夏水利志》、《上海财政税务志》等。

10月9～12日，四川省地方志编委会举行民族地区地方志编纂工作研讨会，3个民族自治州及24个民族自治县地方志办公室的相关人员参加。会议就民族地区修志的重要意义、目前修志状况、民族地区修志中的政策性敏感性问题以及相关的编纂业务问题进行了探讨。在多数问题上取得了共识，也提出了一些比较复杂、学术界尚有争论的问题。会议确定对这些一时还搞不清楚的问题，不要过多纠缠，有材料就提出材料，不一定下结论。

10月10～14日，东北部分城市地方志第二次协作会在沈阳市举行。会议结合对《沈阳市志》第一卷（综合卷）和第七卷（交通邮电卷）的评议，探讨了城市志的质量问题。

10月上旬，山东省地方志学会举行新中国成立40周年理论讨论会。其中指出当前志稿中存在的问题：一是对地方的历史与现状缺乏全面深刻的理解和具体细致的分析，说好就十全十美，说坏就一无是处。特别是对人民公社、“大跃进”和“文革”十年的记述，要么只记一点，不及其余；要么失之过简，看不出经验教训；要么失之过繁，容易产生负面影响，缺乏严格的实事求是态度。二是新中国建立前的资料缺乏，而对新中国成立之后各项建设事业的记述，缺项断线的现象比较普遍。其结果是，一地的志书不能很好地反映一地的基本面貌，某些重大事件，富有特点的人和事，以及一些关系国计民生的重要建设事项，得不到全面深刻的反映，影响了志书为现实工作服务的功能。志书记述中，于民国时期是“一片黑暗”，新中国成立后是“一片光明”，十一届三中全会后是“一帆风顺”。会议认为，这“三个一”的写法，意在歌颂胜利，愿望是好的。尽管就整个的历史进程来说还可以这样讲，但它与具体的历史事实并不完全吻合。如果只停留在“三个一”的论断上，对历史社会问题不作具体分析，就无从解释中华民族悠久的历史文明是怎样形成的，也无法说明新中国成立后在革命和建设中何以出现诸多的起伏曲折，当然更无法说明治理整顿的必要性。志书编纂必须坚持政治性与科学性相统一，坚持实事求是的思想路线，坚持辩证两点论，不能搞简单绝对化。

10月27日，北京市编制委员会办公室批准，北京市地方志编纂委员会办公室下设秘书一处、二处和编辑处，编制暂定15人，人员从现有职工队伍中调剂，所需经费由市财政局统筹解决。

是月，樊春光主编的陕西《紫阳县志》出版。是志书前设《县史述要》，共分5章：自然概况、置县前的人类活动、明清时的山区开发、民国年间的战乱与建设、新中国成立后的发展。章下不再设节，直接立目撰写。全文以生产力的发展和阶级斗争为主线，以时为序，纵立50个条目，大多是紫阳历史上的大事和重要综合情况，既追溯了紫阳的历史，又反映了紫阳的现状，从中可以看出该县历史发展的轨迹。有评论者认为，这篇“县史缩影”，较之县志常规的“概述”，史料容量大，史论性强，展现县情具有深度与力度，突破了常见志书的“概述等于各篇章之提要总合”的“拼盘”模式。

按：本届修成志书中的概述，据笔者所见可以分为四种类型：

一是地情简介型——或将全志内容浓缩陈列，如《如东县志》、《萧山县志》等；或只将该地主要特点加以介绍，如1986年5月《建德县志》出版条“按语”所列者。多数是以文字简述，也有图文结合显示一地概貌的，如1990年10月《淅川县志》出版条所举列者。

二是历史述论型——以一地历史发展为主线，按时序展开。《紫阳县志》就是以这种写法出现最早的一部。自此而后，采用这种写法者还有，如1991年12月出版鲁良朝主编的重庆市《巫山县志》，设“县史述略”；1994年4月出版徐文彬主编的浙江《安吉县志》，设“县史略述”；1994年12月出版冀福总纂的河南郑州《二七区志》，设“二七大罢工史略”；1995年6月出版荀德麟主编的江苏《淮阴市志》，设“史略”；1995年12月出版李传授主编的《大足县志》，设“纵览”（采用历史述论型的写法）。其中《淮阴市志》的“史略”，分3章15节，共10余万言，是篇幅之最大者。著名地理学家、方志学家陈桥驿先生评论《安吉县志》时，称该志设“县史述略”，“是志书体例的一种创新和发展，值得引起方志学界的重视和研究”。

三是兴利除弊策论型——对地情作简要概述之后，揭出地方的优劣之势，提出推动地方发展的方略与建议。这是方志工作者精心研究地情之后献上之策，对领导的决策最为有用，但写作的要求高，难度大。其最有代表性者如山西《阳城县志》的《综说》（见1994年11月条）。属于这一类又写得较好者还可以举出陕西《佛坪县志》、山西《曲沃县志》、湖北《长阳县志》、辽宁《新民县志》和河北《灵寿县志》等。

四是上述诸体综合型——将上述诸种类型的优长综合于一体之中。如1997年3月出版薛庆仁、夏泽民总纂的《扬州市志》的“总述”即属此类。该总述除前面一个简序之外，下分三大部分。第一部分下辖五目，这五目既有扬州特点的展示，又有扬州数千年历史的纵述，还有全志内容的浓缩。其策论之笔集中在第二、三部分。这里既有扬州社会主义建设中经验教训的总结，又直陈了扬州未来发展所面临的历史机遇及严峻的挑战，重点展述了在充分认识自身优势及面临机遇和挑战的基础上，扬州市领导所作出的决策。

11月初，巴蜀书社、江苏古籍出版社、上海书店和新华书店上海发行所、江苏省新华书店、四川省新华书店，在扬州举行《中国地方志集成》发行研讨会。11月19日，三家出版社又与四川省新华书店在成都举行发行研讨会。三家联合整理影印出版的《中国地方志集成》，从现存的9000余种旧志中选印2000余种，分装成册。首期推出的“江苏辑”、“上海辑”、“四川辑”、“乡镇志辑”，共收入志书700余种。该书的编辑组之上有“编辑指导委员会”，负责全书学术方面的审定工作。参加审定委员会的专家有（以姓氏笔画为序）史念海、朱士嘉、任乃强、沈夔元、来新夏、陈桥驿、吴丰培、洪焕椿、胡道静、梁寒冰、顾廷龙、郦家驹、韩长庚、傅振伦、谭其骧等。

11月2～6日，全国科技史志研究会暨第五次研讨会在武汉举行，全国27个省、市、区及武汉、广州等9个计划单列市的代表与会。会议分“总纂与分纂”、“志书质量问题”、“民族地区科技志编修”、“志与史的相关性”四个专题组，重点讨论了突出科技志主线等相关的问题。

11月5～8日，中国地方志协会1989年学术年会在湖南省岳阳市举行。出席会议的有中国地方志协会副会长，正副秘书长和论文作者，共44人，湖南省列席代表11人。本届年会共收到论文106篇，经正、副秘书长认真筛选之后，提交会议讨论的有31篇。这些论文最显著的特点，是突出了一个“实”字。探讨方志性质的论文，摆脱了前几年抽象议论的倾向；占半数以上的、以研究方志编纂和记述方法的论文，都能从实际出发，多层次、多方面地提出问题、回答问题，反映了新志编纂工作的实践深化后，在理论上的需求和探索。其中，最受注意的几篇文章是：刘伯伦的《忧患意识与地方志编纂》；王晖的《论方志性质》；钟星麒、钟英的《方志学与区域发展研究》等。这些文章公开发表之后，都引起了较大的反响。关于方志学的研究对象,会中有两种不同的看法:一种意见认为,“方志研究对象一是对方志本身的研究,二是对方志编纂的研究,三是对方志应用的研究,四是对方志事业的研究,五是对方志史的研究。虽然对地方的认识和研究是正确记述一个地方的前提,但认识地方不是方志学的任务”。另一种意见则认为,“说方志学的研究对象是地方志,颠倒了人类认识的一般顺序”,“方志学以地方为研究对象则大体是正确的”。

山西《阳城县志》主编刘伯伦在《忧患意识与地方志编纂》的论文中,首次提出了方志工作者要敢于正视我们面临的危机,要有忧患意识。这种危机的表现包括人口的压力,使中国人的有限生存空间受到了严重的威胁;自然生态的不断恶化和环境的严重污染,已危及到11亿中国人的生存;全民“经商热”导致的农业危机和教育危机,也动摇着我们的国本;党风不正和物价飞涨更使国人皆忧,影响到改革开放。他认为我们的志书“在写光明、优势、成绩的同时,要冷静地、明朗地、充分地写出存在着的弊端和潜在着的危机”。并声言“只有具备忧患意识的知识分子,才配作修志工作者;只有深谋远虑、高瞻远瞩之人,才配作志书主编”。

按:历来的地方志书都有一个通病,即“矜其乡里,美其邦族”,给人一种“人皆圣贤,地皆乐土”的印象。地方志要反映忧患意识这个命题的提出,是本届修志中的又一项理论收获,是对方志理论的一个贡献。在本届所修的志书中,除了《阳城县志》自己首先实践(见1994年11月条)之外,其他不少志书的编纂者,也赞同并实践了这一主张。如在全国第二次评奖中获得一等奖的《绍兴市志》的编纂者就认为,忧患意识是产生自强意识的土壤,因此在志书的人物传中,很注意发掘人物身上那种可贵的忧患意识和建立在这种忧患意识基础之上的自强精神。有的虽未见他们明确提出要反映“忧患意识”的主张,但却在实践中这样做了。如李佩今主编的陕西《石泉县志》、周万兴主编的新疆《呼图壁县志》、胡祥庆主编的甘肃《成县志》、梁冰主编的内蒙古自治区《伊克昭盟志》等,都反映了这种意识。

11月6日,广西壮族自治区地方志编委会办公室(通志馆)发布《关于县(市)志稿送审验收的通知》,要求:一、各县(市)志稿在完成编写任务后,必须找到5部以上区内已公开出版的志书,从观点、体例、资料、文字几方面认真对照检查自己所编写的部分,找出最佳的修改方案,然后改误补漏,进一步提高自己编写部分的质量。二、重申1988年10月区地方志编委会颁布的《关于市县志资料存在的问题及解决意见的通知》中第六条“今后送审验收的志稿,必须附有资料长编,否则,不予验收”的具体做法,可参照该文执行。三、各地市、县要配备好合格的主编,切实做好志稿的总纂工作。未落实主编的单位要赶紧落实,配备不当的要进行调整。一定要发挥主编的总纂作用,杜绝那种“不主不编,只主不编,只编不主”的情况。四、应严格遵循中国地方志指导小组关于送审验收志稿必须经过三级审查的规定。志稿经主编总纂后,应及时交县(市)编委会领导成员认真审阅。再送地市一级复审。在此基础上,由该县(市)再召开有县(市)、地区、自治区有关人员参加的评稿会议。志办同志要按评稿会的意见对志稿进一步认真修改，最后逐级签章上报区通志馆验收。

是日，黑龙江省志总编会议发出通知，提出《黑龙江省志·大事记》应是整个省志之经，各分志是纬，各分志所记历史事件的年代、地点、人物和过程，都应和大事记取得一致。会议还提出，要加强分志的总纂，主编一定要从头到尾，审阅志书全文，并作修改，不允许主而不编。

11月15日，浙江《建德县志》主编周金奎跨省受聘参加山西省《定襄县志》稿审定。两年前，周即受定襄县政府聘请，担任《定襄县志》的总校订，参加该县志篇目设计、初稿编写、如何把握政治方向和突出地方特点等的探讨，对全部志稿进行了研究。至是又参加全稿的审定。

11月15～18日，江苏省苏、锡、常第四次市志研讨会在无锡举行，结合《苏州市志·丝绸工业》卷、《无锡市志·石油化学工业》卷、《常州市志·区乡工业和其它工业》卷，讨论了市志工业卷编纂的问题和市志总纂问题。

11月18～21日，中国地方志指导小组民族志指导组第4次扩大会议在湖南吉首市召开，民族志指导组成员及各自治区、自治州、自治县的代表参加。全国自治县（包括自治区、自治州所辖的县、县级市、旗）共有646个，约占全国总县数的1/4强。至开会时，已出版县、市、旗志28部，已定稿的51部，有470个县、市、旗志正在编纂之中。会议交流了经验，得到不少的共识。其中最主要的是，要用阶级分析的方法来对待民族关系。在阶级社会的民族压迫中，压迫民族和被压迫民族的劳动人民都是受压迫者。各族人民之间始终保持友好互助关系，这是民族关系的主要特征。志书中要客观地反映各族人民之间的友好相处与民族矛盾，包括民族间的战争、民族间的械斗等。要用具体的事实揭露统治阶级制造民族矛盾、挑起民族纠纷的反动政策，颂扬各民族劳动人民之间的友爱互助关系，特别要反映共产党领导下，在新中国形成的平等、团结、互助的社会主义新型的民族关系。

11月22日，湖南省地方志编委会发文，要求各地市县要成立志书审稿小组，志稿是否通过审查，以审稿小组的意见为准；只有地市级审稿小组成员签名通过的地市县志稿，省地方志编委会才办理验收手续。文件规定了政治上审查志稿的十条标准：(1)是否正确地评价了历史上的进步与反动；(2)是否正确评价了历史人物的功过是非；(3)是否正确反映了社会主义建设的成就及失误；(4)引用党和国家的方针、政策和法律（条文）是否正确；(5)写被否定的内容有无肯定的语气；(6)是否有“左”的思想或资产阶级自由化思想的影响；(7)是否有伤害少数民族感情、影响民族团结的内容；(8)是否有不符合方针、政策和法律的内容；(9)是否有影响祖国统一的内容；(10)是否有失密之处。资料上审查的标准是：(1)是否失实；(2)是否遗漏了重要资料；(3)详略是否得当。

是月，高家骅主编的陕西《安康县志》出版，这实际是一部海峡两岸同胞共同修成的志书。早在县志开修之初，安康籍台胞徐生杰先生听说家乡修志需要资料，便亲自到几家图书馆、档案馆收集，又在台北购买、复印了一批方志书，共约百余万字寄回，有《国际方志研讨会论文集》、民国时期《陕西省舆地图》等。1988年，徐先生回乡探亲，又承担了县志人物卷中有关旅台同胞资料的收集与提供的任务。

是月，王志忠主编的四川《郫县志》出版。志书出版后，县长胡宗祥以志书数据为凭，向全国人民代表大会、省、市政府领导，反映该县“农民负担粮食任务和农业税在全市、全省居第一”，请求依变化了的情况，给以减轻。市政府接到报告后，决定将郫县的合同粮食任务，由原来的4049.3万公斤，下调为3850万公斤，平均每农户减少24公斤粮食的负担。是书末附有新中国成立前60年本地区逐月的粮价表，这样连续的数据也颇有价值。

是月，高尚友主编的山西《河津县志》出版。是志为便于中国新方志走向世界，在书前安排了英文目录。这是本届修志中的首倡者。

12月1日，吉林省地方志编委会穆恒洲在《方志研究》今年第6期发表《方志性质再认识》一文。他认为，探讨方志性质，首先要搞清楚决定方志性质的基本要素是什么，不能仅从方志内容的特点出发。如以为方志记述了一方历史和现状之全貌，便称方志是“一方古今总览”、“一方历史和现状的综合论述”；以方志记事门类多，便认为方志是“地方的百科全书”；以方志中储积了许多历史信息，便把它说成是“信息总库”；以方志对党政领导有资政作用，便把它说成是“行政管理书”；以方志可以为判定地方发展战略提供情况依据，便把它说成是“地情之书”，等等。这些说法虽各具其理，但都不能确切地反映地方志的性质。要确定地方志的性质，还必须从方志的编纂形式和编纂方法两个方面去探讨。因为，同样记述一地的历史和现状，既可写成地方志，也可以写成地方史或其他类书，关键在于用什么编纂形式和方法。地方志的编纂方式和方法，便是人们常说的对资料的科学分类排比和述而不论的记述方法。只有从内容、形式(体例)和方法三方面考虑，才能确切地反映地方志的性质。

12月19日，中国地方志指导小组成员、中国民族志指导组副组长、著名民族问题理论家、宗教学家和藏学家、中国民族理论学会理事长、中国社会科学院民族研究所原所长牙含章在京逝世，终年73岁。牙氏1916年出生于甘肃省和政县，一生主要著作有《达赖喇嘛传》、《班禅额尔德尼传》、《民族问题与宗教问题》、《民族形成问题研究》、《中国无神论初探》等多种。1983年4月参加中国地方志指导小组工作后，热心修志工作，对推动我国第一代社会主义新方志编纂工作，作出了重要贡献。

12月25日，李乐云在是日出刊的《中国地方志》今年第6期发表《应该重视新志书的检索性》一文，继去年“九江会议”上一些专家提出之后，再次呼吁在新方志中增设索引。

按：这一呼吁后经江苏何晓宁、浙江省志办臧军和陈桥驿教授等的大力倡导，终于引起方志界的重视。自九十年代之后出版的新志书，编制索引的日渐增多，且索引的水平也日渐提高。

12月27日，黑龙江省地方志办公室、省地方志协会作出颁发全省地方志优秀成果奖的决定。受奖者是经过评奖委员会初评、联评和评奖领导小组终评得出来的，共有优秀成果奖

3 名,荣誉奖 3 名,一等奖 3 名,二等奖 8 名,三等奖 16 名,佳作奖 30 名。

12 月 28 日,中国地方志指导小组成员、中国地方志协会副会长、湖北省文史研究馆名誉馆长、方志学家、文献目录学家朱士嘉先生在武昌逝世,终年 85 岁。朱氏 1905 年 8 月出生于江苏省无锡县,一生主要著作有《中国地方志综录》、《美国国会图书馆藏中国地方志目录》、《宋元方志传记索引》、《中国旧志名家论选》、《宋元方志考》、《日本现存稀见宋明两代地方志草目》、《方志名称与种类》、《中国地方志浅说》等,参加指导了《中国地方志联合目录》等大型工具书的编著,曾获 1978 年中国科学大会先进个人称号。1983 年参加中国地方志指导小组工作后,不顾年老体弱,依然积极工作,对中国方志学的继承和发展以及第一代社会主义新方志的编纂工作的开展,都作出了重要的贡献。胡乔木誉之为“方志宗师”。傅振伦称他“一人劳而众人享其成”,“学不为己,利人是宗”。

按:1991 年 10 月,李泽将朱氏的散篇方志和历史研究的文章,编成《朱士嘉方志文集》,由北京燕山出版社出版。

是月,《志苑》第 4 期刊发汪昌桥的短文,提出修志者除了如古人所说的,须有“三长”(史识、史才、史学)之外,还须要有“三心”,即决心、信心、恒心。“三长”是修志者的知识素养,“三心”则是思想修养。知识素养是修志的基础,思想修养则是修志成功的关键。

是月,金达迈主编的江西《丰城县志》出版。是书出版之后,主编金达迈通过传媒设立对志书的“纠正奖”:凡发现志书中一个错别字者奖 1 元,发现一个病句者奖 5 元,发现一处史实错误者奖 10 元,亦为检查志书做法之一特。

是月,还是金达边主编的江西《清江县志》出版。是书与《丰城县志》均设有《续篇》,这是本届修志中新出现的正、续合编的例子。由于志稿完成之后审查、出版等原因,使志书原定的下限与出书时相距过远,难以满足读者对近期信息的需要,于是续入一些内容就成为必要。《丰城县志》1985 年编就(经过层层检查、验收合格,同意正式出版),下限止于 1985 年。后新一届县委和政府,决定将卜限延至 1988 年底。志办遵命将后 3 年编为续编,作为志书的第 35 篇。

是月,全国第一部县级图记——浙江建德县地方志办公室编成的《建德古今图记》出版。本书以 274 幅彩色照片,衬以少量(只有 2 万)文字,直观、生动地反映了建德设治 1700 多年的历史,新中国成立 40 年来的变化和改革开放以来的现状。内容分为概述(含有图片 3 幅)、严陵问古、今日新安三大部分,下设 16 个门类。出版后,被评论者称为是“编纂以图片为主的新方志的一项新的探索”。

是月,浙江省志办主任魏桥在浙江省地方志第四次工作会议上的讲话《八年修志的回顾及今后设想》中,首次提出了“详今明古”的主张。“详近略远”、“详今略古”是历来修志之通则。魏桥则主张“详今明古”。所谓“明古”就是不能采取简单化的办法对待历史,而是要求用严肃的态度,审慎地对待历史资料,把历史上发生的事件尽可能弄个明白,弄清事物的发端、发展和变化，而不是一问三不知。以后他还多次阐述了自己的这一提法。

按：笔者认为，这是本届修志理论方面的又一重要收获。“详今略古”与“详今明古”，这两个提法虽只一字之差，但内涵上却有很大的不同。“详今略古”包含的是“量”的要求，而“详今明古”则是“度”的把握。对人类社会事象的记述，很难用多大的“量”来区分详与略，但却可以在一定的“度”上加以把握。志书中对古代部分的内容，只要达到说清当时的情状，就可以说是适得其度了。这个口号的提出，在修志界有较大的影响，以后有些志书就把这写进了自己的“规划”或“凡例”之中。在修志实践中，不少地方在实际探索中，又有所发展。如《东阳市志》修纂中，就进一步发展成为“特点所在，重点所在，规律所在，价值所在”，就是“详之所在”。当然，有的地方修志中又提出“详所当详”、“略所当略”，这实际上，反而弄得不知所措了。

是月，吴孝桐主编的安徽《萧县志》出版。是志编纂之初即请杭州大学教授仓修良先生为顾问。仓先生受聘后，决心认真给以指导。在评稿会上，他鉴于抗日战争时期该县三方政权并存，既有抗日民主政权的县政府，又有国民党的县政府，还有日伪建立的县政府，全县10个区竟有30个区公所，这在全国是比较典型而少见的，为此建议将三方政权集中来写，对于日伪政权、日伪军队、日伪货币等，都应作为正式内容入志，而不能作附录。又鉴于该县是全国闻名的“国画之乡”，故又建议“书画艺术”单独立篇。而且在争议中，他坚持己见，为县志办所接受。结果志书写得很有特色，受到广泛的好评。这可以说是专家介入修志很典型的好经验。

是年，江苏扬州市政府将地方志工作列入政府目标管理。在该年举行的全市地方志第二次工作会议上，市长明确宣布：“要把地方志工作作为政府和部门工作年终考评的内容之一，方志工作未完成任务的，不能评为先进单位。”

按：自此之后，该市连续三年将方志工作列入政府目标管理。1990年，市政府制定的40项奋斗目标中，地方志列为第34项。市政府办公室还专门下文，要求市直各单位把修志工作列入本部门、本单位的年度目标，规定完成任务的时间。市长亲自抓后进单位，三次召开后进单位的帮促会。1991年，市政府办公室又下文，对各单位分别提出要求。市长在人大会上作的《政府工作报告》中，提请人大代表讨论方志工作，使之进入政府目标管理与人大法制监督相结合的轨道。

是年，湖北省英山县志办的方志工作者，从一位退休教师处获知，英山县草盘镇王焱村发现了毕昇墓碑，便前往考察。此碑原为毕昇逝世后第二年其后人于清明节前夕所立。民间传说北宋时毕姓是这里的望族。该镇星光村又有毕昇之子毕成的墓及墓碑，小槐树坪有毕昇之孙毕文忠之墓及墓碑。1993年7月4日，《中国文物报》发表了湖北考古专家孙启康根据这些发现写成的《毕昇墓碑鉴定及相关问题考证》，肯定了英山发现的墓碑“确属活字印刷术发明者毕昇的墓碑”，并称“毕昇墓的发现，是湖北省文物普查工作的一项重要收获，是英山县史志工作者和文物工作者在中国科技史料收集上的一项重大突破”。

是年，华东师范大学图书馆古籍部编成《天一阁藏明代方志选刊人物传记资料索引》。是书稿辑录志书中自秦汉以迄明代的各类人物的姓名、字号而成。所收录的人名，不以人物志传为限，凡志书中人物、职官、科举、志余、补遗等类所载人物，有姓氏年里可稽者均予著录，共 11 万个条目。内中宋元以前的约 3 万余条；明代人物约 8 万余条，多数是明初期和明中期的人物，是目前为止有关明代人物传记资料人名索引收录最广的。此前民国二十三年哈佛燕京学社引得编纂处编的《八十九种明代传记综合引得》，约收 15000 多人。姜亮夫编的《历代人物年里碑传综表》中收录明代人物约 2400 多人。台湾“国立中央图书馆”编印的《明人传记资料索引》约收明代人物 10000 人。

是年，香港大学中文系举办“中国学术研究之承传与创新研讨会”，大陆及台湾学者共同与会，有宣读地方志论文者。

是年，曹殿举主编的《吉林方志大全》由吉林文史出版社出版，收入吉林方志 171 种，其中 1949 年以前的旧志 142 种，1949 年以后的新志 29 种，存目待考方志 20 种。

是年，黎传纪、易平编著的《江西古方志考》由南海出版公司出版，收录明永乐以前古佚志 324 种，辑文 1800 余条。

是年，广西通志馆旧志整理室、广西社科院情报所编的《广西方志人名传记索引》由广西人民出版社出版。该书收录 1949 年以前广西历代方志 204 种中的人物、列传、名宦(宦绩)、流寓(寓宦、寓贤)、将略、乡贤等类目中有传记的人物。对于艺文等类目中有墓志者，忠烈、义勇有生平事迹者，职官、选举、封荫等类目中有完整小传者亦加收录。注明志书书名、卷数、页码。是书曾获中华人民共和国成立 40 周年、中国图书馆学会成立 10 周年两次文献优秀成果奖。

郑正西于 1988、1989 两年内，自编自办自费推出“方志文库”丛书 12 种。方志前辈傅振伦先生赞其“创办‘方志文库’，主办印行 12 种，畅销全国，成绩斐然，有口皆碑。对于新中国第一代方志的编纂上，提高理论水平，在编写具体工作上，都具有不可磨灭的功劳”。12 种书名及出版年月如后：

1.《中国地方志综览(1949—1987)》，黄山书社 1988 年 10 月出版；

2.《中国地方志争鸣》，黄山书社 1988 年 10 月出版；

3.《新编方志点评》，黄山书社 1988 年 10 月出版；

4.《傅振伦方志文存》，黄山书社 1988 年 10 月出版；

5.《方志记事技巧》，黄山书社 1988 年 10 月出版；

6.《全国各地修志培训班讲稿选编》，黄山书社 1989 年 4 月出版；

7.《方志体例古今谈》，巴蜀书社 1989 年 8 月出版；

8.梁滨久著《方志学新论集》，广西人民出版社 1989 年 9 月出版，收入作者论文 44 篇；

9.《陈元方方志文选》,广西人民出版社 1989 年 9 月出版,收入陈氏 50 篇文章和讲话;

10.林衍经著《方志求是集》,广西人民出版社 1989 年 9 月出版,收入作者论文 28 篇;

11.《志稿修改与总纂》,广西人民出版社 1989 年 11 月出版;

12.《重大运动如何入志》,广西人民出版社 1989 年 12 月出版。

1988 至 1989 年间,河南省就《沈丘县志》中的几个问题进行了一场讨论。先是 1987 年 7 月,王国哲总纂的《沈丘县志》出版后,省史志办王天奖于《河南史志》1988 年第 2 期发表《试议新纂〈沈丘县志〉的美中不足》,对该志《概述》的写法、志书中揭示事物的联系、志书从县情实际出发以及一些历史观点等问题,提出批评。《沈丘县志》总编室于《河南史志》该年第 6 期发表答辩文章《评论志书应审慎求实》。王天奖于 1989 年第 3 期发表《读新纂〈沈丘县志〉想到的几个问题——兼答〈沈丘县志〉总编室》。该总编室于同年第 6 期又发表《对县志编纂几个问题的肤浅认识——兼与王天奖同志再商榷》。

按:在这场讨论中,双方都结合志书实际,针锋相对,观点鲜明,平心静气,各陈看法,在志书评论中开了一个好头。可惜这种论辩之风在以后的志书评论中很少见到,不少评论文章变成了详细的“志介”。

一九九〇年

1月9日,国家水利部副部长钮茂生看到《黄河志》总编室1989年工作总结时,对修志工作作出了如下批示:“很好。这是一件关系子孙万代的大事,一定要搞好,一抓到底。各级领导要重视,保证足够的人力,保证必要的经费,适当提高回聘同志的待遇。请琳琅同志(黄委会副主任、分管黄河志总编室工作)研处。”

1月9～10日,原北京邮区(北京、天津、河北、河南、山西、陕西、内蒙古)各省区史志工作会议,在北京市举行,吸收新疆邮电管理局和中国邮电博物馆参加。会上,成立北京邮区史志工作协作组。

1月12日,越南国会副主席黄文欢1989年为广西《靖西县志》题写的书名及“越中友谊万古常青”的题词,通过靖西县边防工委送到靖西县志办公室。

是日,四川省甘孜藏族自治州乡城县志办赵一新致函中国地方志指导小组办公室主任、《中国地方志》主编诸葛计,反映达赖集团在外修志的情况。函文如下:“州志办钱秉彝老师要我给你去信,反映一下国外达赖集团编修志书的情况。据我了解是这样的:1988年10月份,我县一区水洼乡呷则家邓珠从国外回来探亲,交谈中他谈到70年代,他与在国外定居的同乡人闲谈时,大家都有思乡之情,谈话中心都是怀念故乡和亲人。邓珠本人懂藏文,他就动手把大家摆谈的内容记录并整理出来。由于他的三个儿子均被喇嘛的副经师赤江洛绒意西·丹增嘉措认定为乡城县桑披寺和稻城县的转世活佛,他们有机会朝见赤江。他把整理出来的小册子献给赤江过目。赤江看后给予肯定,并亲自修改后叫邓珠抄写出来,并定名为《乡城县志》。赤江借此向达赖建议,组织人马(按原籍组成)编写各县县志。邓珠说,到1988年他回来探亲时,已经见到包括《乡城县志》、《巴塘县志》在内的十几部了。同时还编写了一些人物传记。今年我就从我县桑披寺借到一部《法王赤江经师传记》(藏文版,共4卷)。邓珠谈到他亲自动手参加编写《乡城县志》,我约他写出《乡城县志》的概略。今年3月,他离乡返国外时交给我一本《概要》,共70多页。他们的志书以宗教为主线,包括地理、历史沿革、经济、战事、头领等内容，疑点较多。从这里可以看出，达赖集团已经着手修志，并对此很重视。我们国内民族地区应该重视这一工作了。民族地区也可以用本民族文字撰写，这方面的人才是不缺的，大可利用。”

按：早在1989年11月于湖南吉首举行的民族志指导组第四次扩大会议上，甘孜藏族自治州代表钱秉彝先生就曾口头向笔者说到此情况，当时曾请他回去后写一个文字材料给我。至是终于接到此信。自此，笔者曾以此信为例，多次说明西藏开展编修新志工作之重要性，并以各种方式进行反复呼吁。自1989年出任指导小组办公室主任起，每次地方志系统有较大型的全国性会议，均以办公室名义给西藏自治区人民政府办公厅去函，冀他们有个回函，以便在会议出席名单中注明“西藏请假”。当时只朦胧地觉得，这样一来可以免被以后别有用心者以此挑事生非，说西藏既然自古以来就是中国领土的一部分，为什么20世纪中国全国性大规模的修志活动之中，西藏竟连一点信息反映都没有？自得此信之后，更觉得此事非同小可，故曾以办公室或个人名义上书报告。但西藏修志工作的开展还是比全国步伐慢了一大步。

1月15日，本届修志的倡导者胡乔木在上海听取修志工作汇报时指示：《上海市志》和各类分志，要有一个统一的标准，体裁、繁简要大体一致，不能过分悬殊；不赞成在志书中罗列名人题词，题词的风气不好，类似政治宣传品，打开志书一看，就是这个，不严肃；志书作为一部工具书，索引是不可少的，它为读者检索提供了方便；志书的图片，不是为了摆设，而是要求与志书中的内容相配合的插图，这类插图，是一部科学著作应该具有的；志书中的表，现在只有纵横两类表格，还应采用现代科学制表技术。科学的表格，可以使读者一目了然。

1月16日，河北省副省长叶连松对省地方志工作作出三点指示：1.要实行明确的目标责任制；2.要广泛组织动员社会力量修志；3.要抓典型，用典型引路，推广典型经验。

是月，就目前已经出版的一些志书中有以“社会”为名设编(篇)的做法，山东成武县志办陈枫在《四川地方志》第1期发表《关于设置“社会”编(篇)刍议》一文，对这些做法提出异议。作者认为，“社会”作为一个门类在方志中是不科学的，一些志书中所设的“社会”门类下置的内容并不能构成社会整体，且“社会”门类下设置的内容都有可归处。

是月，湖北宜昌地区志办与《宜昌日报》社，在该报周末版开设“方志选萃”专栏。

是月，北京社会函授大学聘请董一博为顾问，陆天虹为主任，罗来兴、李宝田、关成和为主编的《中国城市方志学概论》，作为“燕山史志丛书”的一种，由北京燕山出版社出版。是书包括坚持马克思主义的指导思想编纂城市志；城市志的属性、地位和功能；对历代城市志书的再认识；城市地理学与城市志；城市志的总体设计；以城市生态系统观点拟制城市志篇目的设想；城市结构与城市志篇目；制图在城市志中的地位；条目式编纂法在志书中的运用；城市志的质量标准；志文的记述方法和语言文字；城市志与时代差的反思等12编。

是月，台北市浏阳同乡会出版由台湾文化大学教授谢云馨编著的《浏阳县地理志》。全书共37节。第1～13节介绍浏阳一般概况，包括沿革、人口、行政区划、交通、学校、河流、山岳、名胜古迹、物产等，并附有浏阳县政区图、卫星遥摄图、公路铁路图、水系图、中学分布图、物产分布图等。第14～37节分别介绍各乡镇概况，除文字说明外，还配有街景及主要设施照片。是书的出版，显示了本籍旅台同胞对故乡的怀念，可以增进他们对故土的认识，慰藉乡思。是书对加强海峡两岸的文化交流也有积极的意义。

是月，内江市志办张仲荧著《当代方志学概论》由巴蜀书社出版。是书从当代社会及诸多学科的发展水平出发，以近年出版的新编志书或志稿为例，论及新方志及方志学为适应当代社会发展所应有的变革。作者特别对当前新编方志所涉及的热门话题，以及方志学前沿的诸多敏感问题，破旧说立新论。书中所议都有较强的针对性。

2月1日，辽宁省新宾县志办房守志在是日出刊的《方志研究》今年第1期上发表《修志动态述评》一文，其中提出的有两点值得注意。一是在志书（稿）评论中，有些专家的批评，使听者如坐雾中，十分费解。有的立足于史而谈志，以经充纬；有的立足于论而谈志，以论代述；更有甚者，抓住志书中一词、一句、一事，攻其一点，不及其余，旁征博引，语言尖锐，缺乏善意，直搞得编者如牛负重，心灰意冷。二是指导部门宏观上指导得多，微观上指导得少。大块文章、长篇报告，太原则，不具体，与实际工作有距离。只从主观愿望出发，不能从客观存在着眼安排指导内容和方法。下面已在编写之中，上面却还大谈如何征集和整理资料；下面志书都已经完成，上面还在大谈篇目设计，等等。

2月4～5日，上海市地方志办公室与上海研究中心联合举行“上海宏观研究学术讨论会”，来自本市高校和学术研究部门的70余位专家与会。《上海通志》的理论构想与总体设计，是讨论的重要内容之一。会议提出，编纂上海方志应树立“宏观视野”、“时空联系”、“因果关系”、“整体意识”等科学思维，力求达到科学化的水平。内容门类的划分应符合现代城市各种社会机制运行的基本规律。

按：其后，上海市长黄菊在市地方志编委会第四次委员、顾问（扩大）会上讲话中指出：“编纂上海地方志将为研究上海提供丰富的、有价值的资料，是研究上海必不可少的基础；同时，上海研究的广泛和深入，又为提高上海地方志的深度和科学化水平、保证志书质量，开辟了广阔的前景。”说明了科学研究与志书编纂的辩证关系。

2月15～17日，《北京年鉴》举行第一次编纂工作会议，讨论《北京年鉴》总体设计方案，落实各口（市委和市政府各厅、部、委、办）的编纂任务，并成立北京年鉴编辑部。会上讨论了《北京年鉴编纂实施方案（讨论稿）》、《北京年鉴目录》和《北京年鉴书写规范（草稿）》。

2月25日，《中国地方志》今年第1期发表题为《祝贺我国修志工作跨入第二个十年》的评论员文章。文章指出：自1980年胡乔木提出编修新方志的倡议之后，我国修志工作重新开展，至今正好十年。“这十年是本届修志的开创阶段，它经历的道路是不平坦的。大体说来，1986年底全国地方志第一次工作会议以前的几年里，修志工作还处在刚刚起步阶段，由于人们对它还不认识和不很理解，因而开展修志工作，真可谓是筚路蓝缕、步履维艰。我们新一代的修志工作者就是在这样的工作条件下，奔走呼号、惨淡经营的。”但是，“全国地方志第一次工作会议后，在党中央和国务院的亲切关怀下，终于打开了局面……近年来，各地已有相当数量的修志成果面世。到目前为止，全国各类正式出版的志书已达数百种之多……更重要的是，经过前一段修志实践的锻炼，我国新一代的修志队伍已经成长起来了，而且政治和业务水平均在逐步提高，这是完成本届修志的基本力量。总之，就全国而言，修志的形势是喜人的、令人乐观的”。

文章以为：“当然，修志也和其它任何工作的开展一样，在全国的发展是不平衡的。”有些状况，“与全国的修志形势，与我们贯彻十三届四中、五中全会精神，强调加强国情教育的形势是很不相称的”。

文章指出：新一代的修志工作是“十年开创，十年收获。九十年代已经进入本届修志的收获时期……所谓进入收获时期，并不是说我们工作的大头已经过去，主要任务已经完成。恰恰相反，它只是意味着全国的修志进入到了一个更为重要的时期，甚至可以说是关系本届修志成败的关键时期，在这样新一个十年开初之际，我们应当以临事而惧的态度，分析和认清我们所面临的任务，明确我们工作的重点所在”。

文章还指出：当前修志工作应着重解决的问题是：(1)狠抓各类志书的质量；(2)提高修志人员素质；(3)进一步加强方志理论的研究；(4)重视对旧志的研究整理。在这 4 项工作中，“应当突出抓新编志书质量这一重点，在保证质量的前提下，加快修志的步伐”。

安徽《岳西县志》主编王晖在同刊期上发表《论方志性质》的长文。文章归纳从清代经民国至今，关于方志的性质大体提出了 7 种主张，即历史说、地理说、史地两性说、地方百科全书说、资料书说、政书说和地情书说。他认为以上各说都存在着“以偏概全”的逻辑错误，都违背了定义的规则，因此，原有方志本质定义都有不完善性。他认为坚持两点论观点，排除那些形而上学的一点论主张，按照逻辑定义和弥补周延的组合方法，为方志性质总结出一个本质与现象、内容与形式、普遍与特殊、逻辑与实践相统一的完整定义：“方志是记述地方古今各个方面或某一方面情况的科学文献，它既是纵述历史的地方史书，又是横陈现状的地方百科全书。”

按：此文发表之后，不少人在各地刊上表示了不同的意见，与王晖商榷，仅在《中国地方志》上发表的就有田周林、贾长安、黄太康等人的文章。

黑龙江省呼兰县志办姜世忠在同刊期上发表《县志应加强环境保护的记述》，认为环境保护是我们的基本国策，地方志中加强对此的记述，是志书增强科学性和时代性的标志。目前已出版的县志中，多数只设章或节加以记述，这是不够的，应当独立成篇才与其地位相称。

按：同刊第 3 期又发表了山西阳城县志办王化的《新方志应重视对生态环境的记述》。

同日，新疆地方志办公室韩慧亦在《新疆地方志》今年第1期发表《地方志应重视记述生态环境》一文，提出对生态环境的总体记述应着重在：一是记述由于对自然资源不适当的开发引起生态环境的破坏；二是记述环境污染的程度；三是记述生态环境综合治理的措施及其成效。如1972～1980年，在吐鲁番盆地腹心对风蚀流沙进行大面积固沙造林试验。经过多年艰苦努力，在寸草不生的风蚀流沙地带，垦殖出近万亩的新绿洲，治沙所在地的农民人均年收入达700元以上，附近受益的农场二队，人均年收入达1000元以上。1973～1980年，在焉耆县原北大渠公社进行灌区盐碱土壤改良综合治理，使地下水位降低88厘米，各层土壤含盐量由2.25%和0.81%，分别下降至0.6%和0.279%，粮食产量年递增12.14%。榜样的力量是无穷的。志书记下这些事例当然是很有意义的。

是月，中国地方志指导小组办公室发出《关于组织新编志书出口的通知》。

是月，江苏连云港市政协组织部分委员对全市地方志工作作专题视察。视察结束后，写出视察报告，提交市人民政府和市政协全委会。市政协常委、市志主编李洪甫在市政协七届三次会上作了《造福当代，惠及后人——吁请各界重视地方志工作》的专题发言。

是月，黑龙江省地方志办公室梁滨久在《天津史志》第1期发表《“概述”创新的探索之路》一文。文章对本届修志中“概述”的形成过程及目前概述的诸种写法进行了概括。他认为，就目前来看，概述的写法有四种模式。一是建德式。先扼要综述区划、人口、位置、气候、交通、工业、农业、教育、卫生等方面的基本情况，然后重点记述新中国成立以来逐步形成的四大地方特色——旅游之地、水电之乡、地质之窗、果木之乡。二是井陉式。先阐述其山区特点给社会发展带来的影响，然后按历史发展线索，分述旧中国和新中国全县概貌的种种表现。三是萧山式。包括历史沿革、自然状况、经济、政治、人物、文化等，概括一县全貌，浓缩全志精华。四是如东式。分几大块叙述本县的自然环境和建置沿革、革命传统、建设成就、发展经济的十大优势。在一段时间内，这种写法的较多，又各有变通。其中重要的是有的有策论内容，有的没有。上述四种模式中，建德式主要是概括“点”，集中精华，突出特点，但容易漏掉一些重要方面。井陉式主要是概括“线”，有线索明晰之长，但能否将自然地理和其他某些重要内容都编织进这条线里，值得研究。萧山式主要是概括“面”，方面照顾得比较周到（有人称之为“浓缩”法），但有面面俱到之嫌。概述要照顾好点、线、面的关系，如果突出了一方面而忽略了另一方面，就会造成缺失。应当对点、线、面做综合考虑，以地理为横坐标，以历史为纵贯线，以社会各业为概括面，融入特点，夹以议论的编写模式似乎可以成为进一步研究的基础，并作为基本构架。

按：对于目前概述类型的划分，洪期钧在《志苑》1989年第2期提出划分为四种类型：一是综述地理，横陈各业；二是综括地理状况，纵述革命历史，横陈各业成就，条述地方优势；三是综述基本情况，条述地方特色；四是纵述历史，横陈现状。

是月，谢培城在《河南史志》第1期发表《让方志走向社会》一文。文章指出，新出版的志书其所以只在方志系统内部转圈，知名度不高，而未能走进社会，受到方志界以外的冷落，是因为方志本身存在不少的弊端：首先是它不能适应多层次读者的需要；其次是编修周期过长；其三是因袭太深，旧的窠臼难以突破。为了适应各层次读者的需要，首先在志书的体式上要进行改革，除了一部书式之外，还可以采取总志加专志、简志加丛书、不同层次的系列式。在写法上，要突破“述而不作”和“横排竖写”的法则，加强综合记述，视情况需要，宜横则横，不该横就不横，不要死死抱住“横不缺项，纵不断线”的框框。正如梁寒冰所说的：“比如辛亥革命这件大事吧，中国这么大，所有的地方都发生了吗？如果根本没有，有的连同盟会员也没有，辛亥革命怎么写？”“纵不断线也如此，前面发生了，就记在前面；后断线了，就不要记。”

是月，王文邕主编的新疆《哈密县志》出版。是书以翔实的资料、精练的语言，揭开了哈密绿洲神奇的面纱。读者可以从中领略到塞外风光、戈壁奇观、风土人情和古文化遗存。如驰名中外的哈密瓜的历史和现状，3000年前的干尸，汉代古城、烽燧遗址，唐代伊州乐曲的传播及影响，写于公元八、九世纪的古回鹘佛教剧本，流传于哈密的维吾尔族古典音乐——十二木卡姆，坎儿井等等。哈密回部扎萨克，从康熙三十六年(1697)始，至民国十九年(1930)止，历时233年。其统治时间之长，影响之大，为新疆所有王公之冠。志书将哈密回王单独立专编，给以记述，被评论者称为志书中的精彩之笔。因此，有人就此而提出，在首次修志的地方，要适当“详古”。根据《新编地方志工作暂行规定》“民族(区域)自治地方的新方志，可以同时用汉文和本民族文字出版”的精神，是志的维吾尔文版于1991年10月出版，是国内首部维文版的志书。

是月，郑立墉主编的《江山市志》出版。是志实事求是地记述了国民党方面人士的行事，使当事人也感到满意。原国民党军统头目毛森见志书中记载了他在上海屠杀共产党人的事实，来信说都是事实，“共产党实事求是，真了不起”。同时他又说，当时是“各为其主”，“现在再写我这些事，违反了你们既往不咎的政策”。县志办回信告诉他说：“我们写的是事实，历史不能改变。你回来，我们欢迎，这是我们党的政策。”不久，他果回江山，受到浙江省省长的接见。志书出版后，一位台湾同胞，一次就个人订购200册。

是月，台北市“淮阴同乡会”集资影印《清河县志》。是书含《[嘉靖]清河县志》、《[康熙]清河县志》、《清河县志续编——人物》和《淮阴近事录》，共20余万字。这四种旧志是范震先生1988年回乡探亲时，从家中藏书中将60年前之手抄本携带到台的。台北市淮阴同乡会理事长、台湾著名学者周震欧先生在影印四书的序言中说：“余此次返乡探亲之际，得稔大陆家乡对编修方志事，积极进行，足见任何时代，任何政府，有远大眼光政治家，对历史文物、事迹之记载，保存以备后人考证、研究，珍贵人类发展轨迹，精神文明内涵，为世人共识。从两岸资料考证中，发现系统性历史事实，益增文化教育交流之重要性。并急盼台湾与大陆流通有关人物记事等史迹，尤以抗日战役，为其渴求热望之资料，以广流传。今日方志整理，刻不容缓，彼此两岸资料流通，尤具价值。海外及旅台同乡，若能就力之所及，提供翔实正确资料，将有助于海峡两岸史料交流，以累积乡土文化精华。”

是月，赵庚奇编的《修志文献选编》，作为“燕山史志丛书”的一种，由北京燕山出版社出版。是书所选文件包括明清时期17件、中华民国时期17件、中华人民共和国时期43件。

是月，《日本藏中国罕见地方志丛刊》由书目文献出版社出版。内收国内罕见的地方志书近百种。

3月1日，浙江省地方志编纂室、省地方志学会、建德县地方志办公室联合发出《关于征集地方志筹建方志馆的通知》。该馆设于建德县白沙镇，先借建德县档案馆库房，存放征集到的地方志书。4月13日，新华社曾发出《我国第一家专门收集社会主义时期第一代方志的专门机构——浙江方志馆在建德县建立》的专电。该馆本着“立足浙江，面向全国”的方针。至是年6月，已征集到地方志书2033部(册)，计有全国各地新县(市、区)志500多部，专业志、乡镇志350多件540部，旧志11种12部，还有一些志稿、史料和方志理论的书刊等。

同日，广东始兴县志办朱祖周在《方志研究》第2期发表《新志十弊不可长》，其所开列的十弊是：一照抄照套；二错记史实；三夸大失真；四以讹传讹；五称谓不准；六数据矛盾；七越境而书；八记事片面；九选材偏远；十随意升格。

同日，梁耀武在《史志文丛》第一期发表《“方志记述历史与现状”的提法不妥》一文，认为将历史与现状并列不够周密。历史和现状之间并不存在一个分界线，今日之现状，明日之历史。历史是一个发展的过程，当代史即方志界所说的现状。当代史既是历史的组成部分，又是历史和未来的结合点。所以在提法上不一定要作为并列的概念，把历史与现状作为相对独立的内容。志书记一地的历史事实，其中包括当代史(即现状)。故方志记述的内容，不必强调历史与现状的区分。

3月6日，中共新疆维吾尔自治区委员会办公厅、自治区人民政府办公厅转发自治区地方志编委会《关于加强地、州、市、县志书审定工作的报告》，要求按照《地、州、市、县志审定验收规定》执行。

3月19～20日，中国人民大学历史系举行“中国地方志《专业证书》专修班”招生考试。该班为函授两年制，其中两个月实行面授。凡完成规定全部课程，经考试成绩合格者，发给成人高等教育《专业证书》。

3月27日，中国地方志指导小组成员、中国地方志协会副会长、山西省地方志编委会副主任、中国人民政治协商会议山西省第四届委员会副主席李志敏在太原逝世，终年84岁。他是山西省本届修志工作的开创者和领导者之一，在担任中国地方志指导小组成员和中国地协副会长期间，对推动全国修志工作发挥了重要作用。

是日，《北京年鉴(1990)》完成，交付出版。全书45万字，1700个条目，近200幅彩照。

3月30日，刘亚寰在《贵州方志》第1期发表《揭示规律与体现规律之我见》一文，认为

“揭示”一词的含义是指使人看见原来不易看出的事物。揭示规律，从逻辑上看，规律以论证判断来表达。如果采用论证判断的方法来修志，是与志体多悖的。“体现”一词含义是指某种性质或现象在某一事物上具体表现出来。既然承认了规律的客观性，通过实事求是地、科学地记述一地诸事物的兴衰起伏，也就可以体现客观规律。

是月，云南玉溪行署地方志办公室梁耀武在《志苑》今年第3期发表《浅谈编纂者的主体意识》一文。文章认为，方志编纂过程，实际上是志家认识地情、表述地情的一项活动，志书是志家对地情认识的载体，志书质量高低与修志者认识水平和表述水平有很大关系。从认识论的角度来看，方志编纂是志家对地情的认识。地情是认识的客体，志家是认识的主体。体现主体认识能力的各种因素，组成的整体认识结构，就是主体的意识条件，就是主体意识。方志编纂是一种认识活动，这种认识活动有自己的特点。一是所要认识的对象主要是一地的历史事实，而这些事实虽然客观存在过，但都一件件消失了，不可能对客体进行观察，也不可能重演一遍。这些事件只是通过种种形式，如文字、实物、口碑等记录下来。所以方志家面对的是两重客体。真实存在的史实是第一客体，资料中保存的是第二客体，而总是通过资料认识客观存在过的史事。志家在修志中，就在清除资料制作者的主体意识时，又渗进自己的新的主体意识。也就是说，志家要以自己的主体意识取代资料中原有的主体意识。其次是方志所记述的历史事实是人的活动。人的活动总是有目的、有思想的而且是丰富多彩的。有些虽确有其事，但却是假象，还需要志家通过现象认识其本质。这就是志家主体意识在发挥作用。没有主体意识的作用，就不能认清地情。一部志书，实际上是志家认识的结晶。质量高低与志家主体意识的构成和发挥有着密切的关系。新方志之所以新，首先就新在志家掌握了新的观点和认识事物的科学方法，所以很自然地提出要反映规律这个问题。虽然如何反映规律尚在讨论之中，但这种趋势总是一种进步。志书所记的要尽可能达到接近真实，就要提高志家的认识能力，发挥认识主体的作用。

是月，中国科学院地理研究所李宝田在《北京地方志》今年第2期发表《试论地方志在现代科学中的地位》一文。文章从地方志自身谈地方志在现代科学的地位，认为无论从学科任务、研究手段和方法，还是从地方志本身的知识结构，说它是“历史的一个分支学科”是不够的。它已从它的母体中脱颖而出，成为现代科学体系中具有强大生命力的综合性科学中区域科学的一个分支学科。从地方志的研究对象、所涉及的知识领域以及研究方法、表现手段等，认为地方志属于社会科学的历史科学，显然不符合实际。地方志记述与研究的绝不止是历史，它当然包括社会科学中的经济、社会、政治、法律等，又包括自然科学中地球科学、生物科学的内容，它涉及的领域在技术科学中的工业、农业、医疗保健等技术，肯定也是地方志的记述内容。地方志也并不具备边缘学科、交叉学科的特性，它本身并不是在边缘或交叉的位置上寻找自身的科学地位，而是吸收各门学科的成果、方法、手段，以解决特定区域或对象的综合认识为己任。故地方志应是在更高层次上的综合，它是位于社会科学、自然科学、技术科学、边缘科学、交叉科学之上的综合科学。它不以个别具体问题的解决为目的，而是以不同级别与层次的区域的认识、决策为目的。故它属于综合科学。

是月，中国科学院地理研究所研究员罗来兴，在《内蒙古地方志》第1期发表《人类生态系统与县志编目设置》的文章，提出目前无论是大编体还是小编体，其主体部分都是由一系列小的门类汇集而成，都没有脱离旧方志的框架。这种体例，其优点是便于撰写和查阅，其缺点是割裂事物之间原有的相互联系和因果关系。地方志要容纳百科，要体现地方志的系统性和综合性，就要寻求一种科学的原理来设计地方志的篇目结构，使之分类合理，归属得当。他提出，目前只有人类生态学才能满足上述要求。人类生态学是一门介于自然科学和社会科学之间的边缘学科，它研究人类与环境的关系，把人类与环境看成一个整体。通常认为它有4个组成部分：一是人群，二是自然环境，三是人工环境，四是社会环境。它们共同处于一个矛盾统一体中。人类生态学的研究领域与地方志的记述范围，基本上相同。如果以人类生态结构为经，以它的功能为纬，来设计地方志的篇目框架，应该说是可行的。他还具体提出了一个分11篇，除人物篇外，依次共48章，章下分节的参考性县志篇目。

按：作者于《上海修志向导》今年第5期（11月出刊）又发表《人类生态系统与城市总志篇目设计》，设计了一个13篇的城市总志篇目的框架。

是月，宁夏石嘴山市地方志办公室贾长安在《天津史志》第1期发表《论说性资料的记述方法》一文。文章提出，修志中经常遇到一些专家、学者、主管领导、主管单位、地方党委、政府对一方某项重要工作、全局性工作或社会问题、社会现象的概括性总结、评析、议论、预测等。这些总结、评析、议论、预测的共同点，就是带有强烈的感情色彩和“论说性”的特征，因此可以称之为“论说性资料”。对这种论说性资料的记述应注意两点：一是要保持论说性资料的完整性，要交代出论说者或论说单位。这样既增强了资料的权威性，又避免了编者在书中有说教之嫌。如“当时‘抓革命，促生产’运动，并没有推动全县各项生产建设的发展”，应当记全为“县委的总结指出……”。二是如果这些抽象的论说性资料，可以用一些具体的数据等量度指标来再现，就要将其换成具体的事实，进一步“用事实说话”。如当时的毛泽东思想文艺宣传队，在“左”的思想影响下，内容单调，观之无味。应当写出宣传队当时主要的宣传内容、宣传方法和观众的反应。

《天津史志》从今年第1期起，开设地方志刊物分专题的论文篇目索引。1990年第1期是“有关篇目设计的资料索引”；第2、3、4期是“有关资料工作的文章索引”；1991年第1、2期是“有关方志基本理论的文章索引”；第4期和1992年第1、2、3期是“有关方志体例的文章索引”；1993年第3期是“有关方志编纂的文章索引”。

是月，朱汉国、张旭明主编的江西《瑞昌县志》出版。次年8月，台湾设计委员会委员、淡江大学教授朱垂鍸先生回乡探亲，在家中只有4天时间，便把志书浏览一遍后说：“过去我在江西省任政府委员时，也曾有为家乡发展出力的愿望，但由于基础太差，愿望终成泡影。没想到我去台湾40年,家乡发展这样快,由过去的三等小县升为市了,真不简单。盛世修志,志颂太平。看来中国的希望在大陆。”瑞昌县旅台同乡会总干事张迎安先生回来探亲时见到志书,感触很深地对自己的亲属说:“我在台湾时,听说家乡新编县志,把不少去台人员列入了名人录,当时半信半疑。现在看到县志,才知道是真实的。我们这些人没有给家乡做什么贡献,家乡政府还没有忘记我们。回台湾后,我要把这个消息如实告诉瑞昌同乡。”

是月,朱和沈主编的浙江《武义县志》出版。是志修纂中,曾于金华侍王府发现光绪间何德润纂的《武川备志》一部,这是《中国地方志联合目录》未著录的。

4月1日,国家图书馆成立“地方志和家谱文献中心”。中心的任务有四:“一、整理现在馆藏并继续征集新旧地方志、家谱、族谱及各种方志学、家谱学书刊;二、开辟专门阅览室,向国内外读者特别是广大修志人员提供阅览和咨询服务;三、编制书目、索引、资料汇编等,促进地方志和家谱资料的开发利用;四、开展与国内外有关机构的协作和交流。”经过头10年的努力经营,该中心已藏古旧方志6300余种,12万多册(不含旧志的标点、校注本),缩微胶卷6000余;新方志3000余种,还有大量方志学论著、地方史料参考书。就所藏地方志品种和数量而言,海内外均无出其右者。入藏古旧原版家谱2700余种,3万多册;1949年以后新修家谱数百种;美国犹他州家谱学会提供的家谱(微缩胶卷)近千种;以及大量的谱牒学论著和参考书,其所藏品种和数量,居全国第二(仅次于上海图书馆)。

同日,吉林师大历史系教授张博泉在是日出刊的《方志研究》第2期发表《谈新方志编写中的几个问题》,其中在对方志传统的批判继承方面颇有新见。文章认为首先要明确三个界限:一是方史与方志的界限;二是新传统与旧传统的界限;三是方志的特质与其他学科特质的界限。

对于第一个界限,作者认为,方志与方史是有区别的。方史源于列国,方志源于地记、图经,在记述内容、体例结构、写作方法乃至传统上都是有区别的。方志是一方之志,不是一方之史。在唐以前,一般地讲,方志的内容主要是记述自然地理方面的问题,而从宋开始,除方域、山川、风俗、物产之外,增以人物,又偶及艺文,也就是说增加了区域上的人文方面的内容,方志发生了新的变化,由主要记述自然地理到记述社会方面的内容。元统一后,变全国为统一的中国,内部只有中央与地方之分,无中外与中国与四方列国之分。因此方史的发展必然向统一中国内的地方区域史发展,这样发展的结果出现记地方的方志与记地方的方史之争。清朝在修志上有所创新,其志体沿宋以来的方志发展,被称为旧派,实际上是方志派。另外章学诚等被称为新派,实际上是方史派。章学诚“志乃史体”的错误判断导致了方史与方志的混淆。他主张“方志如同国史,本非地理专门”,这是对宋以来的方志传统和内容中的自然地理的排斥,实际上是要取消方志,而以方志的名称归结到方史中去。他的方志学是以纪传体为主的方史学。所谓新旧派之争,实际是方志与方史之争。章学诚以方史充当方志,割断了方志学发展的传统,因而后来又对章学诚的方志学加以纠正,主张把地方地理与地方社会结合为方志的内容。今天修志所包括内容是自然与社会两个方面内容,述而不论,集体修志,从本质上看是继承方志学的传统。在继承旧方志的传统时,应当排除章学诚所谓方志学的干扰。

关于第二、三个界限中,作者指出,地方志传统的变化是指其自身传统的变化。这里最重要的是要研究和掌握方志学自身的属性和特质,其中之一就是区域性。区域的概念是方志中最重要概念。诸如资料的可靠性,记述内容的广泛性,采取横排竖写的方法等,都反映了方志所具有的不同于其他学科的特质。方志这个文体同其他学科是联系的,也要不断从其他学科吸收新内容,但要经过改造纳入志体之中,绝不是简单的搬用。大事记和人物传被纳入方志中,应改称大事志和人物志。名称的改变意味着要按志体来编写,发扬志体的长处,更有利于以志存史。方志是在发展中增新,对不同学科的内容均可合理地吸收,要经过消化改造后吸收到方志的体例和系统之中。新传统的方志代替旧传统的方志,一般地讲就是这样发展起来的。

文章在修志出新问题上也发表了值得注意的见解,认为对一个学科的研究来说,新与旧不是一个简单的形式对比,更不是凭臆想就能出新和创新的。新,来自科学知识的积累,来自学术的深入研究和践行,来自新成果的积累和升华,来自对旧的传统的批判继承。对于"新"的认识,可以分为三个层次,即从新、出新和创新。从新是对修志的低级层次的要求,即从旧志的新,从时代的新,按照新的体例编写新方志。出新是从新的更高一级层次。出新的途径有三:一是综合出新,即集诸家之大成而独创;二是批评出新,即在对诸说的批评中出新,提出新的见解;三是持一端,奇崛而出,独树一帜。一般地说,这样的出新往往是要有突出的奇才。由从新而能出新,就使得修志和研究有了新的时代的新水平。出新是对新方志的纂修和研究达到独到之处而出现的,它是从观点、方法、资料和体例中产生的独到的新观点、新方法、新资料和新体例。创新是指具有一个时代的创新,即集诸新的积累,经过升华,而成为整体的系统的结构的创新。这样的新,一般讲是一个时代的方志大家的创新。文章还谈到了创新与学派的关系,指出作为一个时代的创新,与学派的发展是不可分割的,与时代的文化繁荣是不可分的,文化的繁荣必须是以众多的创新的学派作为标志。在同一指导思想的研究下,出现众多的学派是理所当然的。

该刊同期还发表了崇庆县志办张伯伦的文章,提出方志质量的五项标准中,资料标准是核心。文章还提出了考察志稿资料质量的7个方面:一要反映历史的全局;二要反映历史的轨迹;三要恢复被抹杀的历史;四要澄清被篡改的历史;五要有历史的突破;六要有历史的填补;七要有历史的警戒。

4月3日,辽宁省地方志办公室在鞍山市举办首次方志学习班,各市、县地方志办公室负责人和编纂人员共160余人参加。这是在各地修志已经普遍进入修改、成书阶段举行的。学习班以讲课和交流的方式,着重就工业志、农业志、商业志的编纂和对政治运动的记述及修志规范等进行了较深入的研讨。

4月3～7日，中国地方志指导小组召开的1990年度全国地方志工作会议，在黑龙江省哈尔滨市举行。会议的主要议题是，交流保证志书质量的经验，讨论影响志书质量的问题，并对各级修志机构今年和今后一段时期的工作交换意见。

会议认为，新志书究竟有用无用，以及作用的大小，归根到底取决于本身的质量如何。新志书应有益于当代，无愧于后人，经得起社会的检验和历史的考验。一定要加强质量意识，切实把质量问题放到第一位，予以足够的重视。要树立全面的质量观念，即在修志的全过程及志书编纂的每一个环节都要重视质量问题，要特别注意志书的政治质量。地方志不是个人著作，它历来是“政书”、“官书”，有很强的政治性，政治性与科学性应是统一的。

会议还认为，本届修志缺乏充分的理论准备，而十年修志工作积累了大量的经验，需要从理论上加以总结，进行研究。不研究，志书的内容就缺乏深度，就不能有较高的质量。志书要有地方特色，而没有对地情的真正把握，就很难写出志书的特色，也必然会影响志书的质量。因此要提倡和鼓励修志工作者积极从事方志理论和地情的研究。会议对各级地方志协(学)会提出要求：“各级地方志协会与修志机构要密切配合，协调地进行工作。方志研究要理论联系实际，与修志实践相结合。对问题的研究，既要防止陷于繁琐的就事论事，又要避免脱离修志实际的空泛讨论，理论与实践必须紧密结合。要坚持百家争鸣、百花齐放的方针，充分发扬学术民主，发挥研究工作者和实际工作者的积极性。”

会议还要求，本届志书完成后，应当尽可能保留骨干力量，做好志后的10项工作：

(1)对已经搜集而未入志的大量资料，进行整理、归档保存；

(2)利用所搜集的资料，进行加工，出一批修志的副产品；

(3)在地情研究的基础上，向当地领导和有关部门提供决策资料和咨询服务；

(4)为下一次修志做预备，省一级可考虑出版年鉴，省以下可逐年编辑资料和汇编地情一类著述；

(5)要充分发挥已出版的志书的社会效益，要宣传志书，做好发行工作，还要接受社会检验、反映，并加以研究；

(6)为基本骨干力量进行系统学习和提高创造条件；

(7)开展地方志理论研究和地情研究；

(8)开展地方史研究；

(9)进行旧志整理工作；

(10)利用志书，以多种形式，进行国情教育、传统教育、爱国主义教育、热爱家乡的教育。

在此次会议上，有的代表总结了“初稿抢，二稿磨，三稿雕”或曰“大胆写稿，认真修改，慎重出版”的经验。浙江省代表魏桥，首次在全国性的大会上提出“志书要合格，又不要拘于一格”。

4月6～9日，河南省地方史志协会在洛阳涧西区举行城市区志编纂研讨会。除本省40

个城市区志办外，还有上海闵行区、宝鸡金台区、扬州广陵区的代表，共100余人与会。会议结合对《涧西区志》的评论，探讨了城市区修志的必要性、区志与市志的关系、如何保证区志质量等方面的问题。

4月15日，梁滨久在《湖南地方志》今年第2期发表《试谈决定志书质量的关键问题》一文。文章列举了目前的种种说法：有说指导思想的正确与否是决定志书质量的关键；有说体例与篇目是影响志书质量的主要问题；有说影响志书质量的症结在于一些重要内容的缺漏或简单化；有说决定志书质量的关键是资料问题；有说影响志书质量的一个主要问题，是资料罗列照搬，概括提炼不够，语言文字不清，即缺乏著述性；还有的说决定志书质量的关键是要有一位好主编。认为这些说法在一定范围内、一定的编纂阶段上是正确的，但要把问题说透，还得作进一步的分析。文章认为，志书编纂的不同阶段有不同的主要问题。

4月17日，大型水利专志——《荆江大堤志》首发式在北京人民大会堂举行。全国政协副主席王任重，全国政协委员、水电部原副部长李伯宁，水电部副部长张春园出席会议并讲了话。中宣部、国家教委、河海大学、荆州地委、荆州长江修防等单位的领导及代表参加了会议。“万里长江，险在荆江。”该志详细地记述了荆江大堤的历史和现状，着重记述了40年来治理荆江的壮举。从一个侧面反映了在荆江水利建设和防洪事业上所取得的成就。不仅可资水利堤防部门借鉴，为领导决策提供参考，而且还可以为江河治理的研究和三峡工程的建设提供有价值的参考资料。是书是水利部纳入全国江河水利志计划，由荆州地区组织人力编写的。

是月，苏日塔拉图、王兴贵主编的内蒙古《巴林右旗志》出版。巴林蒙古族土语是国内蒙古族各派方言中较具中间色彩（共性较多，特性较少），且较多保留蒙古族书面语言特点，较具代表性的一种。是志中独辟一栏，设“巴林土语谚语祭祝辞”，约3万言，从多方面对巴林土语予以记述，从而突出了巴林土语在蒙古语方面的地位。

是月，蒙文版《土默特志》（下）出版发行。是书汉文版由云瑞祥主编，1987年出版后，经由斯楞扎木苏、敖特根等12人翻译成蒙文，至是出版。蒙文版比汉文版能更准确地记述土默特的蒙语地名。是书翻译水平较高，尤其是对地方志的“志”字的翻译，为蒙文版《内蒙古日报》和后来出版的蒙文版《巴林右旗志》以及其它几部志书的封面所采用，起了一个统一化、规范化、科学化的表率作用。

按：《新编地方志暂行规定》第五条规定：“民族（区域）自治地方的新方志，可以同时用汉文和本民族文字出版。”这是内蒙古自治区第一部蒙文版志书，具有填补空白的意义。自此而后至1996年10月，先后以蒙文出版的新志书还有：

1.宝音贺希格主编，1993年10月出版的《巴林右旗志》。是志蒙文版比汉文版增加了《民间故事》一目，收录了《巴林搏克》等3个蒙古族民间故事；

2.阿拉坦格日乐主编，哈斯图雅、乌兰等11人翻译，1995年10月出版的《阿鲁科尔沁旗志》；

3.布仁乌力吉主编，1996 年 10 月出版的《巴林人物志》；

4.仁钦道尔吉总纂，苏日嘎木吉、乌云塔娜翻译，1996 年出版的《苏米图苏木志》，这是蒙、汉双文合璧的一部乡镇级志书。

是月，四川宜宾地区地方志办公室姜仁才在《四川地方志》今年第 3 期发表《方志性质及“定性”的方法问题》，开列目前对方志性质 25 种说法：1.清代戴震的“地理书”说；2.章学诚的“一方之全史”说；3.“辅治之书”说；4.“致用之书”说；5.民国时期的“史、地两性”说；6.今人的“袖珍档案”说；7.“资料书”说；8.“政书”说；9.“地方文献”说；10.“社会主义地方文献”说；11.“一个地区经过浓缩的信息库、资料库、情报库、数据库”说；12.“以辑纂当代史料为主的地方综合性史籍”说；13.“方志是地方之史”说；14.“方志是综合编年、纪传、纪事本末三体为用之区域性通史”说；15.“一方古今总览”说；16.“记述地方情况的史志”说；17.“地方百科全书”说；18.“地情书”说；19.“地方百科全书式的资料书”说；20.“一定地区（或行政区划）自然和社会各方面的历史与现状的综合性著述”说；21.“全面系统的记载地方自然与社会的历史与现状的地域性、综合性专著”说；22.“记载特定地区特定时期的自然与社会、历史与现状的综合性著述”说；23.“资料性著述”说；24.“朴实的、严谨的、科学的资料汇集……是一部科学文献、一部实用性文献”说；25.“方志是记述地方古今各方面或某一方面情况的科学文献，它既是概括一地自然与社会发展过程的地方史书，又是汇集一方基本知识系统资料的地方百科全书”说。作者经过比较分析之后，提出自己的概括：“记述一定特定时限内自然、社会各方面历史、现状的资料汇集式著述，它是科学性、实用性的地方文献。”

是月，邸富生著《中国方志学史》由大连海运学院出版社出版、发行，薛虹为之作序。全书分 10 章，从中国方志起源直至中华民国时期。

是月，何保华主编的浙江省《浦江县志》出版。这是浙江第一部人物传主照片入志的志书。

是月，中华书局编辑出版《宋元方志丛刊》。其在前言中谓，现存于世的完整和较完整的宋元方志大约 40 余种。它们对于考察所记载地区古代的政治、经济、军事、文化、社会风情、物产资源、地理沿革等，以及研究方志史，都具有宝贵的价值。为了保存文献，便于研究利用，现将全部宋元方志汇为一编。其中收录宋元方志共 41 种(详见上卷元代之末条)。

5 月 3 日，中共湖南省委书记熊清泉听取省地方志编委会工作汇报时，提出三点要求、三点希望。三点要求是：第一，编纂新方志必须在马列主义、毛泽东思想指导下，坚持四项基本原则，坚持改革开放的方针。这是编纂新方志的指导思想，我们一定要明确，决不能有半点含糊。第二，要写“信史”，尊重历史，反映历史的本来面目。当代人写当代史，本来就有难处，最重要的就是实事求是。有些事和人物有争议，或者一时吃不准，就实事求是地记录下来，不要妄加评论，要慎重研究。第三，要精心编纂，保证质量。必须提出质量第一的要求。

不要急于求成，不能粗制滥造。收集资料要全面、系统，表达要精练、准确，要增强可读性，写得要有文采。三点希望是：第一，各级党政主要领导同志要亲自动手，把好质量关。首先是要把好志书的政治质量关，有些重要篇目要亲自审稿，政治上千万不能出错，史实上也不能出错误。第二，要加强编纂力量，稳定修志队伍，为编纂人员办实事，创造必要的工作条件和生活条件。稳定、加强修志队伍的工作必须继续，力量不够的要充实，要舍得拿出本地思想理论和写作水平高的笔杆子来参加修志。第三，各级领导要协调好修志工作中的各种矛盾。有些问题有争议，那就要协调矛盾，求同存异。

5月5日，香港珠海书院中国文史研究会召开“地方史志研讨会”，有大陆、香港、台湾的学者参加。广东省地方志学会会长黄勋拔、副会长侯国隆、秘书长侯月祥与会，并在会上宣读了《论地方志的功能和志书的改革》(黄勋拔)、《广东省志·人物传的编写》(侯国隆)、《民国时期广东著名修志人物述略》(侯月祥)三篇论文，均受到与会者好评。会议期间，海峡两岸学者相互切磋、交流了编修新方志的经验，并希望今后能加强联系与合作，共同努力，弘扬中华传统文化，完成当代修志大业。

5月6日，国务院副总理、中央防汛总指挥田纪云，在郑州会见《黄河防洪志》编纂和出版工作人员，对他们的辛勤工作给以鼓励。会见后为黄河志修纂工作题词：“编好黄河志，为认识、研究和开发黄河服务。”

5月8～10日，甘肃省委书记李子奇和省长贾志杰在省地方志编委会第八次全委会上讲话，指出编修地方志是一项崇高而伟大的事业，要把修志同当前稳定政治、稳定经济、稳定社会联系起来，上下通力合作，保质保量地完成任务。

5月11～12日，在海南省全省地方志工作会议上，副省长王越丰在讲话中，特别点到“通什市修志机构迟迟没有建立，你们究竟如何打算？16号晚上9点前要答复”。出席会议的通什市副市长会后，立即向市委书记、市长汇报。第二天，市委即召开常委会专门研究措施，决定立即成立市志办，编制5名干部，配备了负责人。至此，海南全省19个市、县全部建立地方志办公室。省地方志编委会要求省直尚未建立修志机构的10多个单位，也要像通什市那样，迅速行动起来，在5月30日前成立机构，并报省编委会。

5月13～15日，内蒙古自治区地方志1990年度盟、市志办主任会议在乌兰察布盟丰镇县举行，会议的主要内容是，在总结全区盟、市、旗、县修志工作的基础上，制定全区盟市、旗县修志工作的“八五”规划(草案)。

5月15日，吉林省地方志编委会第四次全体委员会议在长春举行。会议讨论并审定了《〈吉林省志〉志目总表》、《〈吉林省志〉审稿制度》、《〈吉林省志〉质量标准》、《〈吉林省志〉行文规范》四个文件，建议修改后以省政府名义下发执行。

5月16～18日，中国民族志指导组在成都举行全国藏族地区修志工作座谈会，出席会议的有西藏、青海、甘肃、四川、云南五省、自治区和10个藏族自治州的有关负责人。中国地方志指导小组成员、民族志指导组组长黄光学主持了会议。中央顾问委员会委员天宝和四川省政府、省政协以及省民委、省志编委会的领导同志出席了座谈会。五省、区共有藏族居住区 149 个县，目前已开展修志工作的 60 个县，占藏区县数的 40%；尚未开展修志的县占 60%。其中甘肃、四川、云南三省的藏区修志进度与其他兄弟民族地区大体相近，青海的藏区修志进度稍慢，西藏则至今尚未开展修志工作。与会者认为，藏族是一个勤劳、勇敢、朴实而古老的民族，为缔造伟大祖国，发展中华民族的灿烂文化作出了重大的贡献。把这些历史和现状系统地、科学地、准确地记述下来，修好藏族地区的志书，对两个文明建设和开展国情教育，具有重大的意义。希望西藏自治区和有关州、县，要有一位主要负责人领导修志工作，并选配好修志班子，制定切实可行的规划。搞好藏族地区的修志工作，应从实际出发，编写全志确有困难的县，一般允许不编单本县志，可以在州志、地区志里编写各县县情。编写县志的，要根据具体情况，从篇目设计到内容、篇幅和字数，都可灵活掌握，不要照抄内地志书的模式。

5 月 22～26 日，广东、广西、海南、湖南、江西等省、区修志工作联席会议在广州市举行，会上成立了与会各省、区修志工作协作组。

5 月 25 日，河北省志办王广才在是日出刊的《新疆地方志》今年第 2 期发表《志书改革创新之通病及其对策》一文。文章认为，志书改革创新中值得称道者固不乏其例，但出现的问题也值得重视。一是表面性，主要是重表轻里、重篇目轻内容的倾向。二是随意性，其表现是随意“删增”，随意“归并”，随意“升格”，随意“排列”，随意“揭示”，随意“附录”等等。三是趋同性，主要是借鉴学习中存在机械模仿。并提出了相关的对策。

是月，黑龙江省志办柳成栋整理的《清代黑龙江孤本方志四种》出版。该书汇集了同治《黑龙江通志舆图总册》、宣统《黑龙江志略》、光绪《墨尔根志》和光绪《长寿县乡土志》等四种手抄孤本志书。

是月，傅振伦在《河北地方志》今年第 5 期发表《方志立文献志刍议》一文。文章提出：“今日修志，当师承纪传体‘正史’艺文志之义，扩大门类，创立‘地方文献志’，以保存地方故实。其范围当包括学术著述、档案掌故、古迹文物、轶事传说、民间文学，用以记录这一地区有关教育、科学、文化上的科研成果。”

是月，杨永耀在《天津史志》今年第 2 期发表《谈新志书中社会风俗的记述》一文，提出记述“社会风俗”要注意四点：一要把握住历史的连续性；二要褒扬健康的传统风俗；三要突出地方特点，要挖掘本地与它地的区别，要挖掘本地各民族间的差别，要挖掘同一民族间的差别；四要突出时代特点。

是月，浦士培主编的湖北《江陵县志》出版。志书之编，从江陵的古都地位和楚文化中心地位研究着手进行。江陵，自公元前 698 年至公元 963 年间，先后有 6 个朝代 34 个帝王在此建都立国，历时 500 余年。江陵还是楚文化的中心。但长期以来，史界对这两个问题研究并不充分。是志从编修一开始,就紧紧地与这两个问题的研究结合起来进行。从1985年起,志办的同志不但参加了历届中国古都研究会,在会上全面介绍江陵建都立国的历史情况,呼吁学界重视对江陵古都地位的研究,还承办了湖北省历史学会第二次年会和中国古都学会第七届年会,把相关的学者专家请来一起研究。这一举措不但激起了不少人对江陵古都和楚文化研究的兴趣,在县内也成立了相关的学会。1990年5月,他们又将几年来省内外专家的研究成果,汇集成《南国名都江陵——它的历史与文化》公开出版,引起了学界更大的重视。著名历史地理学家谭其骧先生在给古都学会第七届年会的信中就指出,研究中国古都,江陵应为重点之一,并指出学界过去对此研究不够。1992年11月,复旦大学历史地理研究所赵永复教授所著的《中国十大古都》一书中,江陵终于被列入十大古都之列。著名楚史专家张正明先生最早提出的"古希腊第一位的名都是雅典,中国第一位的名都是位于江陵的郢都。在包举西方和东方的历史视野中,不妨说,江陵曾是东方的雅典;当然也不妨说,雅典曾是西方的江陵"的著名论断,也被越来越多的学者所首肯。志书中对古都和楚文化都作了重点的记述。志书出版时,修志者的一批研究成果也随之问世,先后出版了《江汉古都——江陵》、《古国名都——江陵》、《江陵古代稻作小考》、《江陵建都考》、《江陵古代僧人》等论著。

是书编纂中,本县的一位中学教师在给其在台湾的亲属写信,提到家乡正在修县志时,其在台的亲属即设法将台湾学生书局影印的乾隆《江陵县志》,连同旅台同乡会编撰的《乡贤人物小传》,辗转经美国转寄香港,再由赴港探亲的另一位中学教师带回来,献给县政府,体现了海峡彼岸的同胞对家乡志事的关心。

6月1日,江苏南通市志办何晓宁在是日出刊的《史志文丛》今年第6期发表文章,提出"方志文化"的概念。他认为,方志文化是方志界为谋求自身生存发展在方志内部各种力量统一于同一合力方向所形成的,并为方志工作者所认同的一种群体意识。它以理想、信念、追求等带着浓重的理想色彩和精神因素作用于人的心灵。当然这种"作用"不是瞬间实现的,而是一个长期的过程,是在社会物质、文化大环境影响下,方志自身传统习惯和价值观的心理积淀。传统的方志文化普遍落后现实需要的发展,对现实方志界产生诸多不利的影响:一、组织管理上沿袭甚深,地方志编委会只挂虚名,不干实事,而一旦志书出版,又列名于编辑人员之前,都来吃"大锅饭";主任、主编职责不清,结果是行政领导多于业务指导,"主任意志"取代"主编意识"。二、在学术研究上,地方志往往以"无所不包,无所不载"的"一方全史"自居,盲目吸收其他学科的应用成果,从而使方志研究止步不前。三、在人才培养上,只重视书,不重视人,一旦志书问世,便以为可以一劳永逸,将一批熟悉地情的业务骨干转业外流,造成极大的人才浪费。四、在社会交往上,自我封闭,忽视与社会各界建立良好的公共关系等。因此,他提出"尤其应对传统'方志文化'的落后成分进行改造和重塑",必须着重于社会文化和个人行为文化,并将其同增强社会性方志意识,一道纳入方志建设的正常运行之中。

广东省志办吕克坚在同刊期上撰文,对新方志设人物志提出异议。他认为,当前修志中,对旧方志继承的多,扬弃的少,在新志中保留人物志就是一例。最早的地方志,大多没有收录人物。人物传正式作为方志一部分内容,是在宋代以后。它的设立,尽管公开的旗号是"资治教化",实际上是封建官僚、地主为了荣宗耀祖,还有节妇、烈女、忠义、孝悌等。它是一种糟粕,应当扬弃。文中开列了设人物志的诸种弊端。

6月5日,黑龙江省地方志办公室劳动服务公司成立龙志书社。这是地方志办公室为解决自身的经费困难而创办实业之一例,故亦记之,以备将来总结经验也。

6月9～12日,由北京朝阳区、上海普陀区、南京白下区、昆明盘龙区、沈阳铁西区、洛阳涧西区和广州越秀区共同发起的城市区志研讨会,在南京举行。这是全国第一次城市区志协作会,有16个城市区志办的代表参加。会议的中心议题,是研讨本届修志中出现的新志种——城市区志的特点、地位、作用和篇目设计,交流城市区志编纂工作经验。

6月10日,李洪甫在《江苏地方志》今年第3期发表文章,认为江苏为明清小说之乡,鉴于明清小说在文学领域中所处的特殊地位及其与人文、社会、经济、科学等方面的紧密而又广泛的联系,提出从因地制宜、因事命篇及突出地方特色出发,《江苏省志》应设"明清小说"专篇(志)。

6月13～22日,中国地方志协会秘书长会议在海南省海口市举行。会议研究了中国地方志协会成立10周年(1981～1991)纪念活动问题及编写中国地方志协会10年大事记事宜。会后,应海南省地方志办公室之邀,左开一、朱文尧、欧阳发为海南省地方志业务骨干培训班作了学术报告。

6月18～28日,广东省地方志办公室举办《方言志》编修学习班。

6月21～23日,湖南省宜章县人大常委会专门组织人员到财政、卫生、教育、经委、交通、军事、检察、广播电视、体育等9个单位检查修志情况,随即解决了一批问题:一、对领导重视、指导思想明确、修志人员努力、完成任务好的单位进行了表彰,并指示印发了典型材料;二、对修志无人管、工作处于停顿的军事、检察等单位和经费未落实的县工业志,提出了批评,要求重新组织力量,安排经费,开展工作。经此次检查后,经委拿出1万元作为修志经费,并将任务落实到人;县交通局因原主笔患病不能工作,重新安排了主笔;广播电视志原主笔工作已调动,强调各种原因不移交工作,也责令其交出资料。

6月25日,是日出刊的《中国地方志》今年第3期发表文章,介绍哈尔滨市商委方志办公室赵天的修志先进事迹,倡导全国修志工作者向他学习。

北京图书馆为筹建地方志和家谱文献中心,在同刊期上,发出向全国征集方志、家谱的启事。

6月30日,黑龙江肇东县志办刘有才在是日出刊的《山东史志丛刊》今年第3期发表《论修志指导思想的稳定性》一文。文章列举了当前有关修志的指导思想(提法),有五类八种之多,认为修志指导思想不规范、划一,多种提法并存,今天这么提,明天又那么提,使人难以遵循，到头来就会乱了志书。他主张修志的指导思想由马列主义、毛泽东思想的基本原理和党的基本路线、总方针、总政策两部分内容构成即可，至于什么重要会议精神、决议、决定、标准、思想方法、何种理解和认识等，都有不宜列为指导思想的内容。

是月，苟安庆主编的四川《仁寿县志》出版。是志在政治部类中设立《政事》专编，下分7章：川政统一前后、抗日战争时期、解放战争时期、社会主义改造时期、开始建设社会主义时期、"文化大革命"时期、历史转折新时期。以时间顺序为线索，分时期分阶段写出主要政事。其"概述"之后配以"县情数据统计"，是对志首部分的新增；而"附录"部分的《科技辑要》中辑录《〈思维论〉撮要》和《仁寿自然历》，则开了志书附录辑录科技文献的先河。

是月，饶展雄著《史志文稿》由广东人民出版社出版。是书论史者8篇，言志者17篇。与其他论著最明显的不同点，是用了较多的篇幅对台湾方志研究和编纂的评介，对沟通两岸修志工作与学术交流大有益处。

7月6日，由高岚岩主编，张玉琴、柳成栋副主编的《东北方志人物传记资料索引》(黑龙江卷)，荣获庆祝中华人民共和国成立40周年、中国图书馆学会成立10周年优秀文献成果一等奖。

7月13～17日，中国地方志指导小组主持召开的"沿海开放城市和经济特区地方志研讨会"在广州举行。与会的有沿海、经济特区和内地32个城市和地区的修志代表，特邀有中国科学院、北京社科院、香港大学、香港岭南学院、华南师大、广州市经济研究所等学术单位的专家，《广州市志》各分志主编及修志单位的领导列席了会议。会议重点研讨了沿海开放城市和经济特区的特点、功能及志书如何反映这一类型城市的功能和特点。此次会议的论文，汇集为《中国城市志新论》，1991年9月出版。

7月17～19日，广东省地方志学会在广州市召开"粤琼港澳台地方志学术交流会"。这是台湾学者第一次参加在大陆举办的方志学术会议。会议收到《近三十年台湾在乡镇志方面的发展》、《香港云浮同乡编纂县志概况》、《明清之方志及运用其史料之研究近况》(香港)、《从地方志看香山县地方势力的转移》(澳门)、《近三数年澳门之地方史研究》(台湾)、《综合地情设置篇目，突出海南特点》、《论当代的修志事业》(广东)等学术价值较高的论文。出席会议的两岸学者认为，编修地方志是中华民族的优良文化传统，通过编修地方志，回顾和总结历史，可以振奋民族精神，增强民族自尊心、自信心与凝聚力，从而更好地振兴中华。这是海峡两岸修志工作者的共同愿望及应当担负的神圣的历史责任。他们希望今后能加强联系与合作，互相提供经验和条件，完成当代修志大业。会议期间，与会学者同正在广州召开的全国沿海开放城市和特区地方志研讨会的代表进行了座谈。

7月19～21日，贵州省举行地方志第三次工作会议，认真研究了3月省七届人大第三次会议提出、由省政府明令在两三年内完成新志书编纂任务的要求，对各级地方志的具体任务作出了具体安排。

7月19～23日，全国地方志资料工作协作组第二次工作会议在吉林市召开。会议在充分肯定协作组建立一年来在传递资料信息、交流工作经验、搞好资料工作、提高志书质量、开展学术研究、推广修志成果等方面起了较好作用的基础上，商讨了以下事项：1.协作组下分设4个分组，各分组分头开展工作；2.会后起草了《地方志资料工作规范化暂行条例》（草案），报请中国地方志指导小组批准后实施；3.微机技术处理资料的先行单位注意总结经验，进行推广，协作组适当组织参观、学习；4.提出关于编辑出版《中国新方志目录》、《中国旧方志目录》、《中国新方志提要》等工具书的设想，待商定具体实施细则后组织进行。

7月23日，中共中央政治局委员、国务院副总理田纪云会见山东省肥城县志办副主任李允廉及县志主编张世培等，并为之题词："以志为鉴，振兴肥城。"还说"你们很辛苦，修志战线的同志很辛苦"。

7月25日，李升宝在是日出刊的《山西地方志》今年第4期发文，对设立《经济综述》提出异议，认为设立这样的专篇，弊端一是有违背志书"事以类从"的科学性；二是对志书整体性的直接破坏；三是割裂内容和形式的有机统一；四是脱离实事求是、准确全面记述历史事实的宗旨；五是导致了志书的交叉重复。

7月26～28日，《黑龙江省志·农业志》稿评议会举行，省志编委会副主任张向凌提出，对黑龙江地区古代农业的生产关系，特别是土地所有制问题，由于缺乏资料，没有弄清楚以前，对各个历史时期的社会性质，不要急于定为奴隶社会或封建社会，这个问题可以留给学术界去讨论。

是月，由董一博、魏桥分任正副主编，傅能华为执行编辑的《方志与信息》一书，由浙江人民出版社出版。是书汇集了大量方志资料在两个文明建设中发挥作用的事例。在修志初期，利用这些事例说明志书的作用和社会价值，对于促进人们对志书的认识，推动修志工作的开展曾起了一定的作用。可惜书稿编成后，由于经费等原因，迟至今方得出版，影响了其作用的更多发挥。

8月5日，四川凉山彝族自治州地方志编委会在西昌举行为期两天的全州藏区修志工作座谈会。五县12人与会，主要是传达和研究贯彻民族志指导组6月成都会议精神，进一步推动州属各县的修志工作。

8月8～10日，广西壮族自治区地、市志办主任会议在南宁举行。会议强调志书是"官书"，有很强的政治性，要特别注意质量，必须加强"官审"。因此要求要切实加强地、市、县各级的审查工作。县的审查是审查工作的第一步，要成立专门审稿小组，组织地方志编委会领导和各战线、各部门熟悉业务的老同志、专家、学者相结合进行对口审查，把好第一关。地及地级市是县志审查的中间环节，届时要成立复审小组，按照规定要求完成县（市）志的复审任务，逐级严格把关。

8月13日，全国政协副主席钱正英为《黄河规划志》作序，序文说："治黄规划的修订过程，也是对治黄道路的不断探索的过程。其中成功与失败的实践，正确与错误的认识，都含有丰富的内容，是中国水利事业的宝贵财富。因此，《黄河规划志》的出版面世，不仅为治黄事业提供了珍贵的史料，对其他江河也有借鉴的价值。随着我国社会主义现代化建设的进展，随着科学技术的进步，我们对黄河的认识和改造能力还将继续提高。在这个意义上，《黄河规划志》不仅标志治黄的一个历史阶段的结束，也宣告了治黄的又一个历史阶段的开始。”

8月14～19日，黑龙江、吉林、辽宁、内蒙古修志工作协作会议在呼和浩特市召开。会议重点在于贯彻全国地方志今年年度工作会议精神，研究保证志书质量问题，尤其是四省、区带有共性特点的涉边、外事志和民族志的问题。

8月15日，杭州大学教授仓修良先生在《光明日报》发表文章，针对“一方之志，始于《越绝》”、将《越绝书》视为中国第一部地方志的说法提出异议。他认为，该书是专门论述治国用兵之道的史书，根本不是地方志；它也不是一人一时的作品，而是战国后期一批文人追记而成的。

8月21～24日，由浙江省地方志学会会长、省地方志办公室主任魏桥参与主持的国际百越文化学术讨论会在杭州举行。海内外考古学、历史学、方志学、民族学、人类学等领域的专家、学者100余人(其中来自日本、美国、苏联等国和台湾、香港地区的学者30多人)参加。这是一次规模空前的百越文化研究的国际盛会。魏桥向会议提交并在会上宣讲的《越文化研究与新地方志编纂》的论文，从民俗学的角度，论述了流传不衰的于越文化区的传统特质，博得了与会行家的好评。

8月21～25日，河北、辽宁、内蒙古毗邻六市地方志协作会议在内蒙赤峰市举行。此次会议讨论了相关的历史问题，并形成了一些共识：一、赤峰地区是红山文化的发祥地，红山文化的发现，把中华民族的历史推前了1000多年，辽河流域和黄河流域一样，都是中华民族的摇篮；二、商族的发祥地是赤峰市克什克腾旗；三、辖县市的市志编纂，该记述县情，写成区域志，应将城市与属县视为一个整体进行记述。

8月22～25日，民族志指导组第五次扩大会议在青海西宁举行。会议交流了各地民族志编修的情况。就全国而言，大多数地区正在编写或已写出初稿，个别地方正在定稿，极个别地区将要开展编写工作，两头小，中间大，各地发展不平衡。会议认为，自治区、多民族省和自治州、多民族地级市，应设立民族专志；少数民族人口很少的省、地、市和多民族的县、县级市，应设立民族篇(章)；一般县、县级市，应设置民族志节。民族志书要求能看出这个地区的概貌、历史沿革、民族关系、各民族发展变化、民族特点以及党和人民政府所进行的各项工作，充分体现专业志的特点和功能。当前修志工作的关键是保证志书质量。对40年来民族地区的建设和工作，既要重视当时的背景，又要不隐讳历史的挫折。

8月25日，广东省地方志办公室黄勋拔在是日出刊的《中国地方志》今年第4期上发表《论当代的修志事业》的文章，提出鉴于当前修志周期太长，时效太慢；内容覆盖面太广，致使各部分内容单薄,信息量不够;体系上“大而全”、“小而全”,影响了整体性和记述深度,出现“模式化”和“千志一面”的现象,等等,因而方志必须改革。他提出改革的原则是,不要把地方志仅仅看成一部书,而是把它看成一个系列,要出多层次、多形式的“志书系列”,或称“志书群体”,并把专业志作为志书的重要形式,甚至主要形式。所谓多层次的志书,主要是指:第一个层次是资料长编、专题资料汇集;第二个层次是部门志、专题志;第三个层次是专业志、事物志;第四个层次是总志;第五个层次是志书的副产品,如地情论文集等。还可把年鉴、概况、省情之类的地情书,也列入“志书系列”。

是日,黑龙江省地方志办公室梁滨久在《天津史志》今年第3期上发表《史志结合论》一文。文章认为,本届修志之初,有些志书以分时期写史的方法来拟定篇目进行编写,因而引起了史志之别的讨论。在讨论中明确了志书应有自己独特的体例与写法,但又产生了一种“横排到底”的近乎绝对化的观点。其后,通过总结,认识才比较明确了,即一方面要恪守志书的体例与规范;另一方面又可以引史入志,借鉴史体的某些表现手法。在实践中的表现是:一、志书的总述以及专志的概述和篇章前的无题小序、引言,用史体来揭示一地历史发展的脉络和整体面貌,或一项事业的兴衰始末,如《沈阳市志·总述》和山东《高密县志》的《概述》;二、以“史纲”取代通行的概述,如陕西《紫阳县志》卷首的《县史述要》;三、在《大事记》中引入纪事本末体的写法,如四川《彭县志》的《大事记》分为《大事纪年》和《专题记述》,《云南省志·大事记》和《湖南省志·大事记》也属此类;四、设立史体写法的一些类目,如专设《革命斗争纪略》、《重大政治运动纪略》,还有如《渭南县志》专设《农民革命斗争志》等;五、人物志也属史体;六、在篇、章中设沿革、历程、史略等纵向记述的类目,如《黑龙江省志·铁路志》第一篇为《历史沿革》,陕西《紫阳县志》的茶业志中有《植茶史》一节等;七、“纵述历史,横陈现状”的安排和写法,如《湖北省志》和湖北省的许多市县志都是这样做的;八、志书门类最末一个层次的竖写中,要分出史体或志体是很难的。文章还从三个方面进一步阐述了史志结合的理由与必要。

是月,周如汉主编的浙江《余杭县志》出版。是书在《文化》编中专设“良渚文化遗址”章,反映良渚文化遗址发掘情况。在《考录》中收录了“防风氏国考”、“杨乃武与毕秀姑”等9个专题资料。在是书修纂过程中,还纠正了《径山藏》初刻地的传统旧说。《大藏经》是人类文化史上罕见的丰碑,自北宋以来刻有10余部,仅余杭一地就刻过两部。《径山藏》是我国所刻《大藏经》中的重要一种。传统的说法是:《径山藏》明万历十七年(1589)初刻于山西五台山清凉寺,后于万历二十年(1592)迁至余杭寂照庵续刻完功。在本志修纂中,编纂者们经过考证,证实万历七年(1579)紫柏禅师真可初倡刊刻时,其地即在径山。纠正了传统的旧说。

是月,郝德禄主编的山东《齐河县志》出版。是书为义和团成员7人立传,还设有《义和团名人录》,收入78人,是记述这方面资料的最多者。

是月,彭静中著《中国方志简史》由四川大学出版社出版。是书就方志的性质,提出科学文献说，认为“方志就是方志，有它自己特定的内容和对象……说到底，怕还是资料性的科学文献，要准确得多。如果硬要以当前通行的学科概括，说方志是一门综合性资料文献，属于综合科学，似较有说服力”。因此，他给地方志下的定义是：“地方志是一定的历史时代和一定地方（或行政区域）或某种特定区域的政治经济军事自然现象和社会现状（必要时也追溯历史）的横向性的综合记述，是按照一定体例而编纂的资料性科学文献。”是书中对中国方志发展过程作了如下的描述：夏至春秋为滥觞时期；战国至南北朝，为全国性区域志和地记出现时期；隋唐为官修志书制度确立时期；两宋为方志定型时期；元明为方志衰而复兴时期；有清一代为方志全盛时期；中华民国为旧方志学发展时期。论者认为，这一勾划，抓住了各个时期的最大特点，将之置于由时间和发展状况构成的平面坐标，从而让人明了旧方志自远至近、从无到有、由小到大、有起有伏、衰落复兴、不断发展、逐步完善、代代相传的运行轨迹。是书的另一特点是历史资料甚为丰富。

9 月 10 日，东川市志办师述榆在是日出刊的《云南方志》第 5 期发表《志稿岂能不求疵》，提出在审查志稿质量时，应从“木桶理论”中得到启示：一个周边高矮不齐的木桶，其盛水量不取决于最长的木板，而取决于最短的那块木板。要使木桶能装更多的水，其办法不是使长木板加长，而是想办法改变短木板的现状。同理，志稿在总纂阶段要注意改进自己的不足，不以长掩短。

9 月 12～13 日，贵州省地方志协会在黔西南州举行对该省已出版的兴义、惠水、黎坪、黔西四部新县志的评论会。从评论会可以看出，该省方志工作者通过几年的修志摸索，在理论和实践方面都有了明显的提高。

9 月 12～14 日，河南省在淮滨县举行修志工作经验交流暨方志学术讨论会，全省已出版志书的市、县志办负责人共 62 人出席。会议的主题是讨论志书出版后如何继续开展修志工作。会议认为，地方志是一个系统工程，修志事业不能出一本书后就中断。当前面临着一个战略转变的大问题。这个转变包括从写成志书到使修志工作向长期化、正规化、制度化和系列化的转变；从以编书为主，转移到编纂与科学研究紧密结合，加强科研工作，向学术化转变；修志机构要更加精干和稳定，既要保留老骨干，更要增加新生力量，做到老中青结合，提高人员素质，使之更加适应学术化的要求。这种将历史上修修停停、时断时续、修志机构旋立旋撤的做法，向长期化、制度化、系列化转变，具有不凡的历史意义和现实意义。与会者还就如何实现这个战略转变及应该做的工作进行了讨论，并向省地方志编纂委员会提出了两项建议。

9 月 13 日，广西壮族自治区地方志编纂委员会发出《关于防止志书数字差错的通知》。《通知》说：数字是志书的有机组成部分，各类数字是反映事物的一定的量及发展变化的依据。正确使用数字，避免数字差错，是保证志书质量的一个十分重要的问题。从该区送审的志稿（包括个别已出版的志书）来看，数字差错的情况相当严重。有的是绝对数字搞错，有的是计量单位搞错,有的是小数点或百分比搞错;有的概述部分的数字和各篇章的数字不符,各篇之间也有许多数字相矛盾,有的一篇之内使用同样的数字前后不同,有的文字和表不一致,有的一张表中小计和合计不对应,等等。为了防止志书数字差错,确保志书质量,特通知从9个方面加以注意。

9月15～19日,中国地方教育史志研究会1990年学术讨论会暨辽宁省教育志专家咨询会在大连举行。会议中心议题是,讨论如何评价新中国40年的教育工作,讨论如何撰写教育志的概述,讨论《辽宁省教育志·总述》的新中国成立后部分。在前一个问题上,重点讨论了关于教育事业发展的几次大起大落。50年代初接收私立学校,学习苏联教育经验、职业中学教育、中等教育结构改革、教育管理体制改革、教师队伍的建设与管理、学校思想政治教育以及基础教育等问题。参加会议的计划单列市的代表还专门举行了座谈会,讨论城市教育志的特点、篇目结构及体例等问题。

9月23～29日,民办地方志研究机构武汉华夏地方志研究所主办的全国首次县志编纂经验研讨会在武汉市举行。参加会议的有10个省、2个地区、8个市、16个县的代表共40人,提交论文27篇。会议由华夏地方志研究所正、副所长朱文尧、左开一、欧阳发、周庆芯及应邀参加会议的中国地方志协会秘书长左建、中国地方志指导小组办公室代表诸葛计、中国地方志协会理事杨静琦组成会议领导小组,共同主持。会议得到武汉江汉大学的大力支持。左建、诸葛计分别代表中国地方志协会、中国地方志指导小组办公室在开幕式上讲话,热烈祝贺这次由民办科研机构主办的研讨会召开。华夏地方志研究所名誉顾问、武汉市人大常委会主任黎智,华夏地方志研究所顾问、政协武汉市委员会副主席王千弓,武汉市志办副主任吴益光,江汉大学党委书记戴国家,江汉大学校长王永超等出席了会议闭幕式。黎智、王千弓在会上发表了热情洋溢的讲话,盛赞会议开得成功。

这次研讨会的内容,主要是组织已经成书、出书单位的主编(主任)总结交流编纂经验,探索新方志成书规律。会议期间,还就新方志质量问题和成书后工程问题进行了讨论和研究。研讨会还就组织第二次研讨会、编辑出版本届会议论文集和编辑出版《华夏新方志讨论丛书》等问题,进行了讨论并作出相应的决定。

是月,姜万成在《山西地方志》今年第5期发表《也谈新方志的科学性》,提出志书科学性的主要内涵应当是:一、入志资料的科学性;二、反映思想的深刻性;三、篇目设计的整体性;四、文字表述的准确性。

是月,全国期刊展览会在北京举行,《广西地方志》、《湖北方志》等地方志期刊参加展出。

是月,由华夏出版社出版的《中国大百科辞典》,首次将"方志学"与史学、地理学、考古学、物理学、数学等50多个学科并列为独立学科之一。

是月,杨新彪主编的《甘肃省志·计量志》出版。国家技术监督局领导认为,是志"填补了我国度量衡史中两汉、西凉、西夏度量衡制度的空白"。

是月，郑维雄主编的江西省《铅山县志》出版，补充了对词人辛弃疾研究的新资料。辛弃疾，山东历城人，《宋史》有传。其晚年曾长时间留居于铅山瓢泉。现存词人600余首词作中，有近200首写于铅山。铅山还是他老死葬身之地，其部分后裔亦留居于铅山生育繁衍，可谓是其第二故乡。铅山历修的志书中，都为他立了传，然几乎都是《宋史》本传的搬家，对其在铅山瓢泉的活动未予涉及。本志修纂中，从《鹅南辛氏宗谱》里，发现一篇极为罕见的《稼轩历仕始末》，除可填补辛氏生平事迹中不少空白外，还订正了至今为止学术界对这位词人生平研究中的一些含糊推测之词。志书着重记述了他与瓢泉的关系，举家迁居瓢泉之缘由、经过，他与陈亮在此的"鹅湖之会"，尤其是他二人的《贺新郎》词的形成经过，直至老死于兹、埋葬于兹、其后人留于兹等情况。这些新的资料是其他著作难以找到的，对辛氏研究的推动是不言而喻的。同时，也为地方志给全国性的人物立传，摸索出了一些值得注意的经验。

按：据刊载，有一本《湖州人物志》的书，在抓传主记述重点方面也是做得比较成功的。如写代表北洋政府在巴黎和会上签订丧权辱国"二十一条"的中国驻日公使章宗祥传时，除了写必须要写的国人皆知的内容之外，还重点写了"五四"运动爆发不久，湖州人民开大会，声讨章宗祥的罪行，宣布除其"乡籍"，族人宣布"除族"的事。这也是值得借鉴的。

是月，王德全主编的江西《宜春市志》出版。在该志修纂中，从南宋嘉定间(1208—1224年)袁州府治所在地(今宜春市)发现当时建有谯楼观测天象、候筹报时。经有关专家考察、研究证实，现存的台址，就是古天文观象台，是现存世界最早的一座专业天文观象台遗址。消息发布后，省内外报刊纷纷转载介绍。

是月，姚长健主编的河南《西平县志》出版。是志人物部分避免了不少志书公式化、脸谱化的写法，做到注重人物行事，不要求面面俱到，而重在突出人物个性，表现人物活动的多样性和复杂性，既不以"一俊遮百丑"，也不以"一丑盖百俊"，并注意通过人物的表现反映时代的特点。如写郭华其人，全传1100字，用了400字写其在"大跃进"中的表现。针对城关出现小麦亩产7320斤，他"在县委会议上说：'我是种地出身，每亩7320斤，光麦籽能铺多厚？这样虚夸，麦收后再高征购，老百姓咋活！我们是共产党的干部，心里要有群众啊！'他的话遭到批判时，他仍反驳说：'你们说我右倾，我不在乎，就是把我咋着了，我也不相信能打那么多粮食。我下乡看了，每亩最多打四五百斤。'会后想到群众无粮日子无法过，夜不能寐，两日后吐血"。公共食堂共产风刮起后，他"下乡见村干部搜锅砸锅，强迫社员到公共食堂就餐，即劝阻说：千万不要把锅摔了，上级来检查时，弄几个破锅摔在十字街上应付一下，把锅扫去锅灰藏水坑里，等检查组走后再捞来用。1959年春，公共食堂断炊，郭华强烈请求上级拨给10万公斤粮食，使城关全体社员度过了这一非常时期"。志书还注意以不同的语言风格来写不同类型的人物。是人物传写得较成功的一部志书。

是月,宋晞《方志学研究论丛》由台湾商务印书馆出版。除前有序,后有索引外,收入有《地方志与历史学》、《论地方志在史料学上的地位》、《明成化处州府志纂修考》、《论我国地方志的流传》、《论仅存海外的粤、闽、浙三省地方志》、《论流传韩国的中国地方志——兼介基隆淡水台疆小志》、《论流传于日本的中国地方志》、《论流传于美国的罕见中国地方志》、《七十年来的方志学研究》、《评介宋元方志丛书》等论文10篇。从目录上便可知,研究中国方志在世界的流传是其重点。作者在是书自序中认为,"地方志就是地方史"。

按:是书在1999年5月重版时,又增入了《论流传于欧洲的中国地方志》一文。

10月5日,上海市地方志编纂委员会成立审定委员会,规定纳入上海市志系列的各类志稿以及区、县志,均须经市地方志审委会评审验收合格后,才能交付出版。审委会由下列人员组成:丁公量、马一行、万景亮、王鉴、王璞、王眉征、肖林、陈扬、沈默、吴建、吴云溥、吴慈生、李家齐、张浩波、姚秉楠、胡道静、姚以恩、夏明芳、唐振常、高崇智、章尘、舒文、蒋文杰、谭其骧。李家齐为主任委员。在审委会的首次会议上,审委会主任李家齐指出:审委会的任务是对市志系列的专志和县志、区志进行最后审定,使经过审定的志书达到"不伪,不偏,不漏"、"可信,可用,可读"的要求。审定志稿的要求有以下5个方面:1.框架结构、篇目设置是否科学合理;2.资料是否翔实可靠,取舍得当;3.文体是否符合规范,文字表述是否简洁、通俗、生动;4.整体内容是否反映出上海地区或本专业的特点;5.政治上、政策上是否符合马克思列宁主义、毛泽东思想,是否符合四项基本原则,是否同党的路线、方针、政策和国家的法律、法令相一致。在整个志书编纂过程中,审委会各位委员将按照分工,积极参加与介入,如参加有关专志和区志、县志的重要会议,了解情况,发表意见等。

10月9日,全国农业志第五次经验交流会在西安召开。全国23个省、自治区、直辖市农业志办公室主编及修志人员共47人出席。会议交流了相互的情况和经验,围绕如何从理论与实践的结合上科学地进行总纂、如何反映地方特色、如何写好概述等难度较大的问题进行了探讨。据21个省、市、自治区统计,参与撰写农业志的有1333人,其中专职153人,兼职1180人,具有高级职称的专业人才达615人。

10月16～20日,由云南、四川、陕西等省人民检察院编志办公室倡议,江苏省人民检察院检察志编辑室筹办的11省市检察志编写研讨会在江苏南京举行。会议着重讨论了如何科学地编排检察志篇目及如何体现检察志的专业性和地方性的问题。在讨论横排竖写问题时出现了不同的意见:一种意见主张以现行的人民检察机关五大业务或侦察、出庭公诉、监督等职能,将清末、民国时期的收受诉状、视察监所等项业务视为现今的控申检察、监所检察的发端,按志书"以类系事"的原则,一笔写下来;另一种意见则认为,检察机关在近80年时间里,经历了封建王朝、军阀割据、国民党政府和人民共和国四个不同的历史时期,其性质、任务有着本质区别,其职能、各项检察业务的名称、诉讼程序、办案制度、行政体制等方面也不同,因而对体例、结构等具体不宜强求一致,不一定都采用横排竖写,也可以分期分类(先纵排再横排）；还有的主张按照“综述历史”、“横陈现状”的原则，对清末、民国时期的检察业务以先综合性记述为主，人民检察机关的检察工作则横分门类后再纵述。

10月20日，中共河南省委办公厅、河南省人民政府、河南省军区政治部以省厅文[1990]66号文件发出《关于征订〈河南省志〉的通知》。通知发出之后，省地方志编委会于11月8日，召开紧急会议，贯彻文件精神，强调要一手抓编纂，一手抓征订，既要编印一部高质量的《河南省志》，又要搞好省志的征订发行工作，使社会主义新方志尽快尽好地发挥社会效益，为振兴河南、服务河南的两个文明建设作出应有的贡献。

10月25日，梁滨久在是日出刊的《中国地方志》今年第5期上发表《新县志现行总体结构的弊端与革新》一文。文章指出，现行县志总体结构的弊端主要是：

首先，概述和大事记并列卷首。两者都要起“纲”的作用，形成两纲并立的局面。多纲就削弱了主纲，甚至等于无纲。从实际来看，目前的概述基本是“浓缩型”的横写，充其量是一个概括得不完全、不充分的“概况”，难以充任一志之纲领。大事记用编年体，虽时间脉络清楚，记事简明，但一时多事，首尾不共见，零碎支离，也难起到纲领的作用。

其次，按照“五大部类”的总体构思，人被排除在专志之外，好像人物具有特殊性，无须像各专志那样反映一项事业、专业或方面的基本面貌，造成人物志只记一个个重要人物和人物表，而忽视综合反映一地人才群体面貌的认识根源。

其三，现行的结构是将重要文献和民间传说、奇闻轶事、怪异现象等“杂记”内容，统归在“附录”门下。将重要文献当作附录，降低了重要文献的地位。

他提出改进的意见是：第一，以史为纲，写一“县史述要”（或称“县史纲要”、“县史述略”），把一县社会整体发展的时期、阶段与兴衰起伏的脉络理清，并把各项事业和各个方面发展的概述，置于这个总背景和大趋势下，指明发展规律、特征与经验教训。这样可以免去两纲之嫌。第二，除“县史纲要”部分之外，主体部分应由专志和重要文献两部分组成。第三，在人物志的编写上树立人物志是专志之一的意识，着力于反映一县人才的基本面貌，应有一县人才的总体概观，包括人才资源、人才分布、人才历史和地方特点的综合叙述内容，然后才是一个个的人物传记和人物表。总起来就是：正文分三部分，总纲部分是“县史纲要”；主体部分是各专志（包括人物志）和重要文献；附录部分是“杂记”。前有序言、凡例，后有大事年表、索引。

10月25～27日，中国地方志指导小组城市志指导组，在大连市主持召开全国城市志质量研讨会。会议结合对《沈阳市志·综合卷》、《鞍山市志·农业卷》和《武汉市志·金融卷》的评议，着重研讨了开展国情、市情研究和市志篇目问题。会议认为，对篇目层次结构要实事求是，不宜一律横分到底，零割碎切。有些事物在新中国成立前分工不细，资料不全，如果一律横分到底，再作纵向记述就很烦琐，看不出宏观的历史全貌。会议对上海市介绍的借助社会力量，组织专家学者进行市情研究，汲取研究成果，积累方志资料的做法给以了充分的肯定。此次会议论文汇集为《全国城市志质量研讨会论文集》,1991年10月由大连海运学院出版社出版。

10月31日~11月1日,河南省在南阳市举行地方志书刊发行工作会议,要求各级地方史志编委会要提高认识,加强领导,一手抓修志,一手抓发行,把发行工作纳入正常工作日程,列入评选先进条件;做到人员、任务、报酬三落实;要建立一支吃苦耐劳、不怕脏、不怕累、不怕麻烦的史志书刊发行队伍。

是月,杨昌润主编的《黔东南苗族侗族自治州志·地理志》出版。是志的一个特点是,全州市镇按江河流域分类排列,这样做法的认识基础就是认为,市镇的形成和演变很大程度上受地域环境的影响和制约,而少受行政区划的限制。用这种原则来排列市镇,便于反映历史和现状,且给人耳目一新之感。志书出版发行后,旅居台湾的贵州籍学者任时燮先生见到后,特致函说:"海峡两岸经过几十年的隔绝,继而互相交流,谋求和平统一。但愿于最短期间,我们这群流浪海外的游子能回到故乡,担任一份建设家园的使命。"

是月,张兴文主编湖北《来凤县志》出版。是志在修纂过程中,曾因索解流传的两句民谣而影响到当政者加大对教育的投入。民谣曰:"来凤的白菜龙山的藕,土堡的秀才多如狗。"修志者经调查弄清了其内涵,原来是来凤的白菜和龙山的藕都很有名;土堡在清末的几十年中,共出了48个秀才、举人和拔贡。究其原因是土堡的何、张两姓,长期相互竞争,都很重视教育,利用祠堂公产资助本族子弟读书。但新中国的30多年中,土堡竟没有出过一个大学生。这一情况提供给公社领导层,引起了反响,立即集资60万元兴办教育。编纂者搜集资料时,还从孝感《白氏族谱》中发掘出康熙五十八年(1719)编成的《卯洞司志》一部。这是一部古代土家人编修的土家族地方志,是志林中的珍稀之本,对于研究土司制度、土家族历史、土家族方志都是十分难得的重要资料。是志中专设有《土家语》一节,对土家族语言进行了科学系统的记述,使濒临消失的这一种语言得以保存。

是月,朱炎初主编的上海《金山县志》出版。是志编纂中解决了两个历史难题。一是宋《[绍熙]云间志》所载的"旧瀚海塘"所筑的时间,一直没有确定的说法。有的学者据《宋史》中"华亭县捍海塘堰,废且百年"一句,由宋乾道八年(1172)上溯,认为是指宋皇祐间所筑的海塘,但并不能肯定。本志修纂中,从郑獬《郧溪集》卷二十一所载《户部员外郎直昭文馆知桂州吴公墓志铭》中,找到皇祐年间(1049—1053)吴及任华亭县令时,曾"缘海筑海堤百里",得出这就是旧瀚海塘。研究专家认为,这是找到了解决这个问题的"有力的证据","取得了若干前人所没有取得的新成果"。其二是,金山的海上三山,《云间志》说"山居大海中,咸水侵灌",但明清以来的《松江府志》、《华亭县志》、《金山县志》及《金山卫志》都有记"古与岸接"的话,是何时沉入海中,却未说明。谭其骧先生推断为南宋绍兴初年之后,即12世纪中叶。本次修志中才从元代《[至元]嘉禾志》找出许尚《华亭百咏》所说,金山虽已呈危势,但尚未沦入海中。得出金山沦海在12世纪80年代后期的结论。这个结论得到了谭先生的认可。其他的专家也认为，这是“发旧志之所未发，提供翔实资料，提出新的论证”的卓见。谭其骧先生认为，“金山新志的沿革部分是对旧志做了一次大手术，是彻底革除旧志大段的谬误记载，代之以正确的有可信文献依据的叙述……此项成就值得大书特书”。

按：该志所以能取得理清金山古代沿革的如许成绩，主要是得益于1987年11月在浙江海盐召开的金山、平湖、海盐三县县志编纂者和许多专家学者参加的“古海盐历史沿革研讨会”上取得的一致意见。于此可见，要将新志书质量提高，单靠本地志办的几位编者的力量是不够的，邀集有关的专家学者参加实有必要。

是月，陈慕榕主编的浙江《青田县志》出版。是志在陈诚传中配发了一帧照片，记叙了传主于民国十六年(1927)在龙游、桐庐战役中击败孙传芳主力部队的功绩及卢沟桥事变后、国民党政府抗战之议未决时，他提出“与其不战而亡，孰若战而图存”的主张。虽只是直书其事，但褒贬之义已明。对传主其他方面的贡献，也作了恰如其分的记述。这使其在台湾和国外的家人和部属大受感动，认为大陆修志是客观公正的。又，在本志出版前的1983年，台北青田同乡会已编纂了一部《续修青田县志》。该志编委会主任、同乡会名誉理事长叶以新先生，将两部志书对比后说，大陆的志书“非惟胜过青田历编县志，且超越台湾续修志书远甚”。其题赠县志办一联云：“政局每因时局藕断，人情却向乡情丝连。”也是《续修青田县志》和《青田会刊》编委的詹海峰先生，更谓“《青田县志》‘方言’编，我拜读再四，爱不释手，真是精彩极了！我想‘方言’如果再扩充，能印单行本，那更理想，尤其是对海外侨胞的第二代，有莫大的助益。因为在海外的人，把母语早已忘得一干二净，如果不及早未雨绸缪，那么海外的后代也不知青田县什么了”。

是月，王本庆主编的河南《淅川县志》出版。是志之特点在于，以其图文结合的“概况”来代替通行的概述。全文只6500多字，配以64帧照片、3幅示意图，熔文字、照、图于一炉。

按：上已述及的同月出版的浙江《青田县志》的“县貌”亦是图文结合的做法，以99幅彩照、6幅图表为主，配以1400余字的说明。其中收载的“断契”、“活契”原件和人民政府颁发给农民的“土地证”照片，“清地漕纳户执照”和“民国时期地丁银及附捐收据”，以及新中国建立后人民政府发的“农业税收据”的原件照等，都是珍贵的历史资料，是无法以文字记述所能替代的。这两部志书，是以图文相间来表述县貌概况的开其端者。继之而起的又有：邱永源主编1993年8月出版的福建《长汀县志》。其概述共9页的篇幅，文字占5页，约5000字；示意图、比例图占4页。示意图有“1933年苏区汀州市汀县、汀东县、兆征县行政区域示意图”、“长汀县交通图”2幅，曲线图、比例图6幅：国民生产总值、国民收入、社会总产值、工农业总产值、农业总产值、工业总产值等。还有1994年4月出版徐文彬主编的浙江《安吉县志》和1996年4月出版金兆法主编的浙江《缙云县志》等。

是月，罗均素主编的湖北省《枝江县志》出版。是志首篇为“大事纪略”，从1866年至

1985年县内诸大事中,选出65件,每件都加小标题,叙述其因果始末。是本届修成的志书中,只有纪事本末体、不用编年体大事记的一部志书。是志《自然灾害》章的无题小序中,注意归纳了该县灾情规律:“史料记载:干旱,从1426年到1840年的414年中,发生16次,平均26年一次;1841年到1949年的109年中,发生13次,平均8.4年一次;1950年到1985年的36年中,发生20次,平均1.8年一次。洪涝,从1489年到1840年的342年中,发生23次,平均15年一次;1841年到1949年的109年中,发生20次,平均5.4年一次;1950年到1985年的36年中,发生12次,平均3年一次。大风,从1684年到1949年的256年中,发生4次;1950年到1985年的36年中,发生17次。虫灾,从1572年到1949年的377年中,发生6次;1950年到1985年的36年中,成灾减产的共10次……”这样的归纳是有警世意义的。

按:也有论者认为,由于对灾情的记述资料的限制,离今越远,记述就越疏略,这种归纳,未必反映真实情况。

是月,日本政府准备承认一右翼青年团体在我国领土钓鱼岛上非法设立灯塔。这一侵犯我国领土主权的消息传出后,引起了海峡两岸同胞的严正抗议。台湾省修志机构援引地方志资料,对日本侵犯我国领土主权的图谋,予以驳斥。台湾省文献委员会主任委员简荣聪先生对记者发表谈话,沿引《台湾省通志》等史资料指出,钓鱼岛及其附属岛屿早在明太祖洪武五年(1372),就为我国人杨载首先发现。清光绪十九年(1893),慈禧太后还曾将钓鱼岛、黄尾屿、赤尾屿三小岛,赏赠与盛宣怀为产业。自明洪武至今的600多年来始终为我国领土,其行政区域属于台湾省宜兰县。后虽因马关条约将它随台湾、澎湖割让日本,但依开罗宣言、波茨坦宣言,它应随台、澎等岛屿归还我国才是顺理成章的。

附:据《新周刊》2010年第20期载马家辉文章介绍,早于1971年10月29日,在美国参议院举行的一次听证会上,有包括杨振宁在内的几位华人教授出席发言。其中一位徐逸女士(原名盛毓真,系盛宣怀次子盛恩颐之女,从小过继给台湾名门徐家为女儿,改今名),在会上展示了由盛宣怀传给盛恩颐,又由盛恩颐传给她的一份慈禧太后将钓鱼岛等三岛赏赐给盛宣怀为业的诏谕。全文于下:“皇太后慈谕:太常寺正卿盛宣怀所进药丸,甚有效验。据奏原料药材,采自台湾外岛之钓鱼岛小岛。灵药产于海上,功效殊乎中土。知悉该卿家世设药局,施诊给药救济贫病,殊堪嘉许。即将该钓鱼岛、黄尾屿、赤尾屿三小岛,赏给盛宣怀为产业,供采药之用,其深体皇太后及皇上仁德普被之至意。钦此。光绪十九年十月。”据徐女士解释,谕文中的“盛宣怀所进药丸,甚有效验”,就是慈禧太后赐岛的缘由。原来慈禧常患风湿病,骨节疼痛,难以成眠。群医无策,最后由盛宣怀家族开办的广仁堂献上的奇药,老佛爷吃过好了。问知药材中有来自钓鱼岛的海芙蓉,故将该岛赏赐给盛宣怀,让他家的药材能够常采常有,她自己也就想吃药就有药吃。她的此举,既是为了赏赐,又是为了自己不时之需。

11月6～19日,广东省志办举行志书总纂业务研讨班,来自全省90多个市、县和省直机关的学员190多人参加学习。会中除分析了各种专志编写问题外，还研讨了“指标使用、数据和图表编审”、“编辑业务与文字规范”等技术规范问题。

11月12日，黑龙江省地方志办公室向省政府呈报《关于进一步加强对修志工作的领导确保志书质量的报告》。报告提出关于稳定机构；充实修志队伍；明确续志任务，拓宽修志工作；搞好志书发行，充分发挥志书的效益等4条意见。

11月15～17日，新疆维吾尔自治区地方志学会首届年会暨学术论文评奖大会在乌鲁木齐市举行。会议集中讨论了三个议题：一、方志结构与功能；二、方志资料搜集、鉴别与选用；三、方志的地方特色与民族特色。在第一个问题上，比较集中地讨论了钟兴麒和钟英的《方志学与区域发展研究》。会中有人赞成他们的主张，也有人提出，二钟的提法，扩大了地方志研究的范围，使人感到老虎吃天，无从下口。地方志没有能力、也没有必要研究那么大的课题。认为方志学就是研究地方志的学问，不是地情学、区域发展学。也有人认为，地情学应该是方志学基础理论的一部分。它的基础理论还应该包括方志编纂学与版本学等。

11月23日，《人民日报》刊登新华社记者李小林的题为《方志编纂成果丰》的简要报道，对10年来全国修志的丰硕成果予以充分肯定。

11月26日～12月4日，新疆维吾尔自治区地方志系统举行编纂工作检查评比。检查承编单位80个，占应查单位的96.4%，评出先进单位18个。采取集中汇报、分组检查、组织观摩、互相学习、民主评分、选出先进的方法进行，起到了总结工作、交流经验、鼓励先进、推动后进的作用。

11月27～30日，四川省在都江堰市召开1990年市、地、州志办主任会，总结和研究了下一步的工作。其中重点检查了当前志书存在的问题，主要在三个方面：一、政治方面的表现是：1.对新中国成立后的失误记述过细、过重，缺乏分析，而对解放前国民党的反动统治则太粗、太少，以致造成观点模糊；2.照搬结论，具体分析不够，如对历史分期、反右派斗争、“文化大革命”、农业学大寨等的记述上都存在这类问题；3.注意政策不够，有的以现行政策轻易否定过去的政策，有的只讲实事求是，考虑客观形势较少，特别在一些敏感问题上，如民族、宗教、统战、涉外等问题；4.对人物的记述缺乏阶级分析，特别是一些政治人物把握不准，只凭历史档案，照抄资料，在记人物传的写法上存在履历式、悼词式等弊病。二、资料方面的问题主要有三点：1.资料不真实，特别是数字失真的情况较多，有的志稿许多数据都不准确。2.志书资料缺项断线，主体资料不充足，特别是第一手资料不多，缺乏有特点、有深度、有价值的资料。3.对资料研究不够，选择、排比不当，以致造成具体失真、整体失真的状况。三、在整体质量上，主要问题有篇目结构不合理；综合性、概括性不强，宏观、中观记述不足，微观记述过细。针对上述存在问题，会议研究了改进措施和今后工作的若干要点。在会上，姜仁才提出，志书的主要功能是存史，要伴随时间的推移才能显示其价值，发挥社会效益。片面强调现实价值，是主次不分，本末倒置。修志工作者要耐得住“冷板凳”的寂寞，不要赶浪头。

11月28日,中国地方志指导小组组长,中国地方志协会第一、二届理事会名誉会长,中共中央顾问委员会委员,中共中央办公厅原副主任兼中央档案馆馆长曾三,在北京逝世,终年85岁。曾三同志是新中国成立以来一贯支持、倡议并组织新修地方志工作的中央领导人之一。1959年国家成立地方志小组时,出任组长。在这个小组的组织推动下,至1960年时,全国已有20多个省、市、自治区的530多个县开展了修志工作,其中250多个县编写出了志稿。1963年又专门制订了《关于新修方志提纲(草案)》,由中共中央宣传部转发到全国各地领导修志的宣传部门。那次修志因"文化大革命"的到来而中辍。"文化大革命"那场灾难结束后,1980年2月,曾三同志重新提出"编史修志,为历史研究服务"的倡议。1981年中国地方史志协会在山西太原举行成立大会暨首届学术讨论会,76岁高龄的曾三亲自与会,并发表重要讲话,在这次会上被选为名誉会长。1983年4月,经中共中央书记处批准,中国地方志小组正式恢复,改名为中国地方志指导小组,曾三出任组长。他不但以组长的身份,对新修方志事业作了大量的宣传、组织、推动工作,而且在新方志理论方面也作出了重要的贡献。

是月,上海市地方志办公室、上海研究中心联合邀请部分专家、学者对该市已出版的《奉贤县志》、《崇明县志》、《青浦县志》及松江县的《泗泾镇志》进行学术评估。参加者有历史学、历史地理学、经济学、政治学、社会学、新闻学方面的专家等。专家们从9月起即用了两个月时间研读志书。会上,专家们从总体上对志书给以了肯定。首先是新志书指导思想正确,遵循实事求是的原则,立足当代,统合古今,客观地反映了本地域内各项事业发展的历史轨迹。在记述上,采取述而不作的方法,用资料来讲话,体现了编纂者对历史的责任感和严肃性。其次体例完整,分类比较科学。《青浦县志》以"崧泽文化"为开篇,给人一种历史的纵深感。其三,资料比较丰富。四部志书既概括了旧志中的一些精华,又收有大量的新的资料,尤其是当代的资料比较丰富。不仅有档案、文献、报刊、正史、旧志、碑刻,还有一些口碑材料,这是旧志所无法比拟的。许多资料对于历史学、经济学、社会学的研究都有参考利用价值。譬如《青浦县志》中一些古镇的衰落演变的资料,《奉贤县志》中有关方言部分的资料,都很有研究价值。其四是有地方特点和地方特色。

专家们也实事求是地指出了存在的一些问题:一是篇目结构的完整性和合理性的问题。在总体结构上并没有完全冲破旧志的格局,而且目前志书的门类往往以政府机构的设置为转移,影响到结构的整体性和合理性。记述内容往往雷同,该详的内容不详,该略的"大路货"却写得很多。二是关于科学性方面,重要资料有缺漏;资料有差错;资料不完整、不全面;资料取舍不当的;资料挖掘不深的;资料前后矛盾的等。三是在"详今略古"的处理上,各志书分别从1840、1912、1949年等几个年份开始记事或开始详细记事,这就造成了志书某些内容断线的缺陷。现在的志书一般都忽略了中华民国时期的内容。"详今略古"应当以不割断历史、完整地记述重大事件为准则。四是关于志书严谨性的问题。志书是科学的资料书,在记述上一定要严谨,切忌使用模糊概念或大跨度的时间概念。志书的"建国初"、"五六十年代”、“宋元时期”等，都不可取。《青浦县志》、《崇明县志》的“方言”中，记方言没有记明这种语言是在什么特定的地点（区）流行。五是关于客观公正地记述重大政治运动问题。《奉贤县志》有关“文化大革命”的内容较少，《青浦县志》、《崇明县志》只在大事记和有关内容中分散记述。对这么重大的政治事件，采取回避和分散处理，影响了志书的客观性。这一代修志工作者不把这一段历史记述清楚，将是一大缺陷。

是月，贵州省地方志协会在贵阳举行该省已出版省志专志评书会。对已出版的《地理志》（上、下）、《名胜志》、《机械电子工业志》、《煤炭工业志》、《黑色冶金工业志》、《教育志》等6卷志书进行评议。与会者在充分肯定成绩的基础上，也指出了存在的问题。如人物的写法上，由于省志专志中有单设人物篇，这就要求各专志在记述本行业的著名人物和杰出人才时采用“以事系人”的笔法。但有的专志在这方面做得不够，只见事不见人，看不出人在行业建设中所起的作用和贡献。有一些专志对一些工作上的失误、教训记得过略，不能为今后正确决策提供有效的“资政”依据。有的专志由于编纂者自身条件和环境的限制，缺漏了一些有价值的资料，留下了一些遗憾。有的专志数据表格偏多，平稳有余，生动不足。有的专志行业用语（专用词）用得过多，又没有注解，深奥难懂。综合性专志和行业性专志存在着一定的内容交叉，如何将相同的内容写入不同的专志，除了侧重点不同、角度不同外，还得注意数据使用的一致。总纂把关、校对把关也是议论较多的话题。

按：该协会于9月在黔西县还召开过一次本省已出版县志的评书会。

是月，仓修良著《方志学通论》出版。是书共46.1万言，是迄今为止方志学个人论著篇幅之最大者。书一出版，即引起学界的极大关注，评论者蜂起，被誉为“当代方志学奠基之作”、“方志学集大成之作”、“方志学继往开来之作”、“此书的出版具有划时代意义”，等等。归纳论者所言，是书的学术价值主要表现在五个方面：一是第一部以马克思主义文化反映论的观点来探索方志的起源和发展，否定了仅就某部志书来研究方志起源的做法和结论，从社会的需要与社会条件的可能来分析，认为方志起源于两汉时期，坚持了“郡国之书由是而作”的论点。二是认为方志的发展经历了地记——图经——成型方志的三个阶段，述说了各个阶段志书的特点，从一个阶段进入另一阶段的原因及历史进程，弄清了方志发展的历史。三是对历史不同阶段上的典型志书作出了具体的分析，对许多传统的评价提出了自己的看法。四是对章学诚的方志理论进行了比较充分系统的研究，尤其探讨了章氏方志理论的三大来源，论证了章学诚是我国方志学的奠基人的历史地位。五是有针对性地对新修方志中的相关问题提出了自己的看法，具现实的指导性。如还在此时就提出了过分强调经济内容的比重，势必削弱其它方面的内容，影响志书反映地方特色。

按：可惜的是，这一点没有引起相应的重视，后来出版的不少志书依仍是经济内容过于膨胀，挤压了其它方面的内容。

是月，朱鸿伯主编的上海《川沙县志》出版。是志还在编修时，就因其记事实事求是而对外产生了好的影响。一位台胞、原国民党的一位少将张先生,在台湾当局开放民众到大陆探亲后,很想回来看看,但心存疑虑,于是让其子先来看看。其子见新志书中所记其父的事客观真实,张先生才放心回来探亲。

是月,孙平主编的浙江《淳安县志》出版。五十年代末,我国自行设计建造的第一座大型水力发电站——新安江水电站建成,这使淳安县发生了天翻地覆的变化。拦截新安江水库,淹没了该县海拔108米以下的低山、河谷、盆地、村镇、家园,地势较高的山峰露出水面,形成了有名的千岛湖。为此,该县的五个城镇,1300多个村庄沦为水域,近30万人背井离乡,迁往他地。志书从当地的地情出发,放弃了他志篇目设置上的程式,特设了《移民》和《千岛湖》两篇,其中还特制了《新安江水库淹没村落图》、《移民人数及淹没耕地房屋表》、《淹没城镇及工商业表》、《淹没公共设施表》、《移民主要去向表》等,既写出了水库建成前后本县地貌、自然环境、物产、人们生活状况的变化,更反映了县人为水库修成的贡献和作出的牺牲,体现了新时代人们新的精神面貌。故有的方志评论家认为,《淳安县志·移民篇》,既是一部新安江水库建造的实录,又是一曲悲壮的赞歌。是志在《文献》篇收录了新近从该县发现的朱熹的佚文三篇,补充了通行本《朱子大全》之缺,受到朱子研究者的重视。

是志还释了《北齐书》点校中之一疑。《北齐书·南阳王绰传》载有"绰兄弟皆呼父为兄兄"(兄兄犹云哥哥),在古籍中实属罕见。中华书局标点本《北齐书》的校勘记谓,"这里的'父'字疑误"。《汉语大词典·儿部》"兄兄"条下亦承其说,谓"'父'疑'兄'之误"。是志"风俗"编载,今淳安尚有呼父亲为哥哥的习俗,足证《北齐书》不误。

按:笔者近阅黑龙江人民出版社1982年2月出版的《蔡廷锴自传》,其中云其家乡广东罗定县,亦称父亲为阿哥,称母亲为阿嫂者。正在编纂中的《海口市志》稿《风俗》章中,亦载"有的父母,怕孩子难养,从孩子呀呀学语,就教孩子称父亲为'兄'或'哥',称母亲为'姐'或'嫂'"。(笔者家乡亦有此俗,几乎全县的人都一概称父、母为叔、婶的。)又读北岛、李陀主编2009年7月由三联出版的《七十年代》中所收宝嘉《鸺鹠巢于这一酸枝》一文,其中说到到兰州人小谢,"不知为什么她的两个孩子都管她叫姐姐而不叫妈妈。每当……小姑娘从远处向她飞奔而来,大声地叫着'姐姐!'"。可见又不独浙江淳安为然也。

12月1日,江苏省地方志编纂委员会由省社会科学院代管划归江苏省人民政府办公厅代管。

是日,梁勇在《石家庄史志》今年第4期发表《论政区变迁与修志中的几个相关问题》一文,其中谈到一些市志或区志,以其建置时间短而忽视对地域文化历史的记述,主要表现就是以市、区的建置为其志书的上限。这样做既不符合中国方志的传统,更主要是混淆了地域文化与城市发展史的区别,往往把城市历史视为志书记述的唯一对象,而不是从其地域文化承袭性上认识贯通古今的必要。他认为,本届修志是第一代社会主义新方志,不是承接封建社会的旧志去续修,因此都应当贯通古今,不应当有上限。

12月11～15日,云南省地方志办公室、云南省民委民族志、民族语言文字志编委会、楚雄彝族自治州地方志编委会,在楚雄举行民族志编写研讨会。会议以《楚雄州志·民族》卷及与民族有关的内容,作为研究问题的引入资料,探讨民族志编写中的一些紧迫的理论和实践问题。关于指导思想,有人认为,除了马克思列宁主义、毛泽东思想之外,另外再加上民族平等、民族团结、互相帮助、共同繁荣、巩固祖国统一、坚持对外开放对内搞活以及社会主义初级阶段理论等,这是没有道理的。马列主义、毛泽东思想就涵有民族平等、民族团结、互相帮助、共同繁荣的原则和巩固统一的主张;把坚持对外开放对内搞活、社会主义初级阶段理论与马列主义、毛泽东思想割裂开来,对立起来,自成体系,这起码是对建设有中国特色的社会主义的理论的误解或曲解。会议分析了民族志有不同的类型:一是民族简志(如《云南少数民族》、《中国少数民族自治地方概况丛书》等);二是民族专志(如《红河州民族志》、《元江县民族志》等);三是民族分志,即省、地、州、市、县志中的民族分志(或章、节),也有人提出民族区域志即自治区、自治州、自治县的地方志也是民族志。对于民族志应包括的内容,会议认为,应该记述族称、源流、宗教、习俗、民族关系、社会经济形态、民族工作等内容。会议还讨论了与民族分志有关的一些内容:如民族分志要不要记汉族,对于尚未形成村寨或聚居的外来少数民族人员应如何记述,对上层的评价要公允的问题,关于失误的记述问题等。

12月14日,中国民用航空系统史志研讨会在北京举行,民航局局长胡逸洲出席了会议。会议对民航华东管理局、东方航空公司、上海虹桥机场统一组建华东地区民航志编纂机构及该机构成立以来所做的工作给予了肯定。

同日,上海市人民政府办公厅转发市地方志办公室的《关于加强本市地方志编纂工作的报告》及市志办制定、经市人民政府原则同意的《上海市地方志编纂工作的若干规定(试行)》。在转发通知中要求相关单位“参照执行”。

12月15日,杜宝田在《河南史志》今年第6期发表《志书中使用地名常见之十误》。文章以杞县明、清5部县志、民国杞县志稿及地名词典、志刊为例,列举了地名使用上的10种错误类型,颇有鉴诫意义。

12月31日,截至是年底,全国已有20个省、自治区建立了地方志协(学)会,据不完全统计,会员已有10800余人。

是月,王宗华主编的《湖北省志·大事记》出版。本志从1840年至1985年省内诸大事中选出685条。新中国成立前的用记事本末体,每条皆首尾毕具;新中国成立以后的用编年体。两体截然分开,亦是本届志书中之一特。

是月,瞿鸿烈主编的江苏《常熟市志》出版。是书基于“常熟素称文学之邦,私家藏书代有相承”,在历史上作出过重大贡献的特点,将藏书与著述一道独立成篇,以两章的篇幅,记载了该地藏书的详细历史。第一章用列表方式,将北宋以来常熟藏书家作了全面记述,表分朝代、姓名、简况、室名四个栏目。第二章对于学术上贡献大、地位高的藏书家作专门评介。这一特殊的做法,体现了编纂者的科学眼光和水平,受到学者的称赞。

是月,李拴庆主编的河北省《武安县志》出版。该县志在党委决策和土地改革方面写得有声有色,很有特点,弥补了同时期出版的志书共同存在的不足,受到论者的好评。有的更认为可以树作样板。

是月,王占国主编的黑龙江《呼玛县续志》(1978—1987)出版。其前志于1980年出版之后,1988年3月又成立县志编委会,进行续志的编纂工作。至是志书出版,这是本届修志中全国最先出版的一部续志。

是月,柳宗铎、臧宜水主编的山东烟台《福山区志》出版。是志根据本地特点,将华侨、港澳台同胞升格立专编,发行到世界30多个国家和地区,引起强烈反响,引来大量投资、捐资。台胞张品三先生寄诗称:“修纂县志载史页,异乡游子同归心。”旅居澳大利亚的林从澄先生,因其父留居国内,在“文化大革命”中受冲击,曾决意不再回国。但于志书的“社会名人录”中,得见其父名字及相关事迹后,给志办写信说:“过去我为父仇对祖国家乡有意见,是不对的,家乡人并未抹煞我父亲为民办的好事。‘文革’中受到一点挫折,就像母亲屈打孩子一样,孩子怎能因此而记恨母亲呢?”此后经常回国。

是月,王树才主编的黑龙江省《漠河县志》出版。是志依据本县地情特点,设立了“黄金”、“林业”、“外事”三个特编。书中对一些重要的历史文献,如黑龙江将军恭镗《密陈漠河金矿拟办大略情形折》、北洋大臣李鸿章《漠河金厂官督商办折》、清代总理各国事务衙门的《复陈开办漠河金矿折》等,以及自清末以来,金矿招工、告假、分金、金矿章程等各类文告,予以全文照录或摘录。对于从清末、民国初直到近年来,有关黄金生产、管理等文献,也都经过筛选,尽量收录,具有较高的存史价值。在“外事”及“大事记”编中,详细记载了黑龙江人民在外敌入侵面前英勇不屈的抗争,清王朝晚期统治腐败、无能以致使60多万平方公里的大好河山沦于异国之手,以及侵略者的贪婪、凶残,都是进行爱国主义教育的极好教材。漠河成为边界之地后,先后与沙俄、苏俄、苏联以至今日之俄罗斯都有边界外事关系。志书中详载了边界纠纷、领土争端、边境斗争、边境管理、国境监视、外事交涉、金矿交涉、越境交涉、案件交涉、外事活动、国境往来等内容,对于今天的对外开放,发展漠河经济,都有重要的参考价值。

是月,崔显山主笔的辽宁《台安县志》出版,这是在28年之内由同一人主编而成的第三部县志。早在1962年,崔显山就以个人之力撰写了一部台安《新县志试笔》。1979年,当社会上出现修志呼声的时候,崔显山便呈请免去其县广播站长的职务,主动请缨“愿为编写新县志出力”。结果,从当年9月开始组织人力,以一年多的时间,拿出一部20余万字的《台安县志》,于1981年7月出版。这是“文化大革命”之后,全国最先修成的第二部县志(第一部是《呼玛县志》)。此志于1984年夏,与其他已成的五部县志提供香山会议,由13省、区、市的修志同行们和有关专家进行评议。评议会后，崔显山又辞去县人大常委会办公室主任的职务，第二次自荐回县志办公室，继续承担修改、出版县志精修本的重任。至是，经过重修的一部近百万字的新版《台安县志》终于出版。在本志的编纂过程中，崔显山还发表论文，考实了张学良将军的出生地是台安县九间乡的张家窝堡。县政府据此于1990年6月修复了张学良出生地故居，并办起了张学良将军生平事迹展览，引起了各方面的注意。

是月，刘永之、耿瑞玲编撰的《河南地方志提要》出版。是书收录现存河南志书561种，佚志401种，是对两千年来近千种河南旧志做了一个全面系统的大总结。与其他省的同类著作相比，它的最大优长是在每一个修志的建制单位都有一个很有特色的“概述”(全书达124篇之多)。每篇概述都包括一地的建置沿革和志书的沿革。大凡一个地区内的志书，最早修于何朝何代何时，其后源流变化若何，先后共修多少次，所修各志的大体情况、存佚若何等都有交代。《中国地方志》主编诸葛计撰文，称其“是一部考镜源流、体大思深的学术著作”，是打开河南方志宝库的一把钥匙，与其他省的同类著作相比“又更胜一筹”。

是月，杭州大学林正秋主编《中国地方志名家传》由黄山书社出版。是书选择介绍上起东汉《吴越春秋》作者赵晔，下迄当代董一博、刘光禄等古今方志学家157名。有生平经历简介、主要著作及相关的学术观点，对旧志整理及新志编纂均有一定参考价值。

是月出刊的《上海修志向导》今年第6期，发表谭其骧教授查读《嘉定县志稿》后提出的《对方志记述人口构成、姓氏的意见》。文章建议对所有少数民族进行一次调查，查明各族是何时从何地迁来本县的，这将对我国的人口移动、多民族国家的形成过程提供可靠的资料。他认为，志书中只记全县的姓氏和各姓人数，对了解国情虽有用，但意义不大。建议应尽可能将各姓的来历，一一载明。即各姓各宗族何时从何地迁来本县何乡何镇。应特别注意一些很少见的稀姓。例如朱佐、朱格，极少见，可能不见于所有姓氏书，考查其由来，很有意思。赫连是五胡十六国时匈奴的一支铁弗族的一个姓，始祖赫连勃勃，建立了夏国，此后直到唐代，还有赫连代见于历史记载，再后即不再见史传。想不到今嘉定还有姓赫连的人，应该予以揭扬，考究其上代迁移经过。此外，姓氏表中值得注意的稀姓还很多，刀是否傣族？元是否北魏拓跋氏之后裔？木是否纳西族？蒲是否回族？蓝是否畲族？若能调查清楚，对民族史、移民史用处很大。

是月，张天弓、黄耀进在《云南方志》今年第6期上发表文章，谈现实对新方志的挑战及其对策。认为现实对新方志的挑战有四：其一是社会生活日趋纷繁，志书容纳社会生活的能力日显薄弱。“横不缺项”只是理论上的要求，实际上一些边缘学科及一些新事物都不能入志，即使勉强入志，又与志书容量发生矛盾。其二是社会主旋律是经济工作，各级领导难以顾及修志。其三是现代技术特别是电子计算机的运用于图书管理，检索方便，可以办到志书的一些功能，还可以避免志书的不足。其四是由于现代分工的细密化，各种专业机构的建立，为当政者决策提供了便利条件。面对这种挑战，地方志可以采取的对策只能有三：对策之一是充分发挥志书综合性的优势，要在志书综合性上下功夫，尤其要加强动态记述；对策之二是把修志与现实结合起来，在整理资料的过程中，尽力发现与现实的共振点；对策之三是变地方志机构为地情研究的学术性机构。

是年底，四川省在都江堰市举行全省首次民俗志研讨会。收到专业性较强的论文15篇。

是年，山西省地方志编纂委员会制定《〈山西通志〉编纂方案》（修订稿），规定《山西通志》由50个分志组成，一个分志一卷。计有：总述、地理志、气象志、地质矿产志、地震志、人口志、土地志、农牧志、林业志、水利志、乡镇企业志、煤炭工业志、电力工业志、冶金工业志、化学工业志、机械电子工业志、建筑材料工业志、电力工业志、冶金工业志、交通志、铁路志、邮电志、测绘志、城乡建设志、环境保护志、商业志、粮食志、对外贸易志、财政志、金融志、经济管理志、党派群团志、政务志、政法志、民政志、军事志、教育志、科学技术志、社会科学志、文化艺术志、卫生医药志、体育志、新闻出版志、文物志、旅游志、民族宗教志、民俗方言志、人物志、大事记、附录共50卷。据《方案》称，该志“采用一级平列结构。各个分志为纲目结构内容，可按行业分篇，篇下分章、节”。

按：这里采用的是一级平列结构。《方案》还规定，各个分志为纲目结构。这个体式被方志界称为“中篇型体式”。在其后的编纂实践中，基本按这个框架实施，最后全书编成55卷66个分志。

是年，广州市志办与湖北省应用气候所合作，开展“广州地区旧志气候资料汇编与研究”，包括：（一）对广州地区22个县、市的113种地方志（含广东通志8种）中的有关水、旱、飓风、冷害及丰、歉、饥、疫等资料的辑录，并进行分类汇编。为科学研究、农业、工程设计、城市规划等部门提供有重要参考价值的史料。（二）从上述旧志中选出清朝、民国期间各地方气候形成，清代、民国期间的气候特点，气候与农业生产关系的资料。（三）对上述气候资料，运用现代的研究方法，对影响国民经济建设重大的气象灾害进行规律性及其对社会影响的研究。

按：其后，广州市志办唐文雅教授运用其中的资料成果写成论文，在国际学术会上宣读，受到好评。

是年，四川大学史志文化咨询服务中心推出“方志丛书”第一辑。这套丛书由傅振伦、来新夏、朱士嘉、隗瀛涛为总顾问，荟萃了全国方志名流、专家、学者和理论工作者的最新力作，对推动方志理论的深化研究、对方志编纂实践都具有指导意义。该辑包括下列四种：一、《新方志编纂研究》，汇集了20多位专家和理论工作者的最新研究成果；二、《方志学论丛》，汇集了年轻方志学理论工作者冯国光近年来的研究文章13篇；三、《方志学新论续集》，是梁滨久《方志学新论集》的续篇；四、《新方志编纂概要》，由中国地方志协会副秘书长欧阳发编著。

是年，陈相因、秦邕江编著的《广西方志佚书考录》由广西人民出版社出版，著录辑佚方志321种。

是年，杨淮、张莉编制的《太原古方志索引》由太原市地方志办公室印行，以太原地区历史上 17 种方志中的人物传记编成，收入 2159 人。

是年，潘喜廷编的《中国地方史志主编名录》由辽宁人民出版社出版。是书主要收录了全国市(地、盟)、县(旗)、区地方志、专业志、部门志及党史办公室、组织史办公室、地名办公室、政协文史办公室主编、主任、副主编、副主任以上人员约 2300 人。

是年，台湾宜兰县重新成立文献小组，延续原县地方文献委员会的工作，提出《重修宜兰县志规划报告》及《重修宜兰县志 81 年度工作计划》。

是年，亢耀勋主编的《安阳县志》出版。安阳的殷墟是殷商时期的都城，后被埋没地下近 3000 年，20 世纪初，通过考古发掘出来，成为震惊世界的考古发现。但由于历史悠远，资料湮没，无法确定其历史地位。在本志修纂过程中，广泛收集资料，汇集当代科研成果，证实殷商后期八代十二王 273 年建都于此，再加上曹魏、后赵、冉魏、前燕、东魏、北齐等，计七朝定都于此又达 351 年。这些资料的提出，经著名历史地理学家谭其骧教授、史念海教授、考古学家胡厚宣教授等的认定，1988 年中国古都学会，终于认定安阳为中国七大古都之一，与北京、西安、洛阳、南京、开封、杭州同列。在这七大古都中，安阳是历史年代最早，发现却最晚的一个。将这些载入了本志之中，其意义自然非凡。

一九九一年

1月1日，是日出刊的《方志研究》今年第1期刊发广西通志馆郑正西《谈谈志书硬伤》一文，指出1989年出版的《扶绥县志》存在“硬伤”的问题严重。该书一篇6300多字的《概述》中，竟然可以不费力气就查出了40多处差错。仅就数据而言，全文共引150多个(处)数据，竟有38个(处)存在差错，错误率高达25%。鉴于这种情况在不少的新志书中也程度不同地存在，故《中国地方志》于今年第1期在山东高密县志办杜曰连的《三谈人口志编写——严重的数值差错举隅》一文的“编者按”中，“建议各级地方志编委会或办公室的负责同志(尤其是主编)，应当指定专人，对本地区的志书或志稿进行认真的检查，把好数字关”。

1月4日，湖北省地市州志评审委员会召开成立以来的第一次会议，对所担负的任务进行了分工，讨论并原则通过了《地市州志评审、验收暂行规定》。该《规定》1月5日，由省地方志编纂委员会颁布全省遵行。评审委员会分综合分组、政治分组、经济分组、科教文卫体分组等四个小组。确定审定委员会的任务是：受市地方志编纂委员会的委托，分工就本市有关专志、区志、县志送审志稿进行最终审定。

1月6～8日，福建省举行公安史志工作座谈会，由省公安厅史志办主任张润之和南平地区公安处副处长曹瑞萍主持。会议采取以评稿代培训的办法，除评审《浦城县公安志稿》外，还讨论了修志中应处理好的几个关系问题。厅史志编委会副主任姜文亭部署了四项任务，其中有“继续搞好‘二战’时期闽西革命根据地公安保卫工作历史资料稿的补充、修改”。

1月12日，湖南省志办召开专员、市长修志工作会议。向与会的各市长、副市长和地区专员提出了三项要求：(1)要亲自过问志书质量；(2)为修志工作创造必要的条件；(3)明确修志机构的级别和定为常设机构。

1月15～19日，东北部分城市地方志第三次协作会在哈尔滨举行，着重研究了“三政”——政党、政权、政治运动的记述问题。

1月29日，魏桥在浙江省地方志第五次工作会议上提出，本省新修方志是“为社会主义在浙江立言”。会后，沉志以《为社会主义在浙江立言》为题投书《浙江日报》，该报于2月14日“读者之声”专栏予以发表，并加“编者按”，建议“全省修志同仁们读一读”。

是月，沈阳市志办原主任孟杰在《四川地方志》今年第1期发表《方志学谫论》，提出了一些颇值得注意的看法：一、前几年方志界有一个主要的错误倾向，就是离开对地情进行调查这个基本思想，从而使一些地方的修志工作走了弯路，弄得大家翻来覆去地研究篇目和体例，而没有把主要精力放在对地方情况进行调查研究上，浪费了许多宝贵的时间和财力，这是应当吸取的教训。二、方志学是研究地方情况及其发展变化规律的科学，它要研究的对象是地方的情况，内容包括地方的自然情况和社会各行各业的情况，以及它们的历史和现状，弄清它们发展变化的规律。方志学的研究对象也就是方志要记述的内容。三、方志就是记载地方情况的著作，而不能说是资料汇编。“资料汇编”一类提法，已经给方志工作造成一些不良影响，最主要的问题就是资料的简单堆砌，严重影响了志书的质量。四、运用马列主义、毛泽东思想的立场、观点和方法对地方情况进行调查研究，总结经验教训，反映规律，做到思想性、科学性和资料性的统一。这是编纂新方志的根本指导思想，也是新方志与旧方志的根本区别所在。五、要用观点统帅资料，用资料反映观点，既要做到观点鲜明，又要做到资料翔实，把思想性、科学性和资料性真正统一起来。所谓科学性就是要求方志要反映事物的本质和发展规律，从宏观上要反映一个地方的发展变化规律，从微观上要反映每个行业的发展变化规律，这是保证志书质量的关键所在。六、“资治、教化、存史”的说法太死、太旧，已经不适应改革开放的新形势，不能固守不放。除了供当地各级领导了解当地情况外，更重要的是为了宣传本地情况。这些年来，在方志界谁若提方志的宣传作用，就要遭到非难。似乎一说方志的宣传作用，就贬低了方志的科学性。这种把二者对立起来的看法是完全错误的。方志的宣传作用和它的科学性是完全一致的。方志的科学性越强，它的宣传作用就越大。反过来说，要提高方志的宣传作用，就必须强加方志的科学性。

是月，杨鸿儒在《河北地方志》今年第1期发表《对地方志性质与功能之再认识》，提出地方志是官书，是地情书，它的主要任务“是反映统治者的意志和每个历史时期基本国情和地情”。地方志的功能和作用是同义语，用“资治、教化、存史”是可以归纳的。他不同意说官书就没有学术价值的说法，举出《资治通鉴》、《四库全书》都是官书，谁能否认它的学术价值？

是月，广西从日本引回万历《殿粤要纂》。这是一部兵要地理图说，早年流落日本，国内无存。50年代，北京图书馆从日本复印得胶卷。至是，广西通志馆资料室，通过时在广西社会科学院历史所实习的日本留学生菊池秀时，从日本内阁文库复印归来。

是月，广东人民出版社正式成立地方志编辑室。

2月1～4日，云南省召开地州市地方志办公室主任年度工作会议。会议内容之一，是讨论关于开展专题研究问题。根据1989年度会议决定，于1990年内分别于玉溪、楚雄举办了经济部类和民族志的研讨会，效果较好。准备于今年9月，在大理召开全省地州市县志文化部类编写研讨会，12 月于德宏召开沿边地州县志编写研讨会。

2 月 20 日，黑龙江省地方志编委会、省编制委员会联合发出《关于进一步稳定和加强全省修志机构队伍的通知》，要求“必须保持各市、地、县和省直各单位地方志办公室机构和修志队伍的稳定，不要撤并机构，不要挪用和挤占修志人员编制或调走修志人员”，“各修志机构的级别，不准降格”，省直各单位和市、地的地方志办公室为处级（哈尔滨市地方志办公室为局级），县（市）地方志办公室为局（科）级，同时要建立健全各地区专署地方志办公室，充实配备相应的人员。《通知》还要求，要把各级志办的主任、副主任，志书的主编、副主编等选好配齐，不要随意代管和指定临时负责人，更不要轻易调换其中主编、副主编、责任编辑等主要编写人员，不要变动或抽调修志骨干。

2 月 22 日，四川省地方志编纂委员会制定并颁布《关于市州县志审查验收工作的几项规定》和《关于新编地方志出版问题的若干规定》。

2 月 25 日，《中国地方志》今年第 1 期发表周永光《地方志 · 政策 · 政治》一文，这是作者针对有人提出“所谓政治把关，也就是用党的方针政策把关，使我们的志书符合于党和政府的各项方针政策”而发的。作者认为，这是涉及修志究竟是从史实出发，还是从政策出发的原则问题。要求史事符合各项政策，那是写宣传品。只有让读者见史实而知得失才是史志，才真正对政治有益。提出地方志的记载必须符合各项政策，是对地方志性质和任务缺乏深刻理解，没有正确把握的反映，违背了马克思主义的认识论。因此“不能给政治把关和政策把关划等号”。（作者在他的其他文章中还认为，“政治化”葬送了 1958 年全国性的修志。把志书视为“宣传性读物”的“政治化”倾向，还是 80 年代以来修志的主要危害。）文章发出之后，颇引起一番争论，有人提出对周文的“影响不容忽视”，甚至写信要求中国地方志指导小组出来表态。

江西省志办朱祥清、刘柏修在同刊期刊发《吸取众家之长，勉成一家之体》的文章，介绍他们在制定《江西省志》篇目中，与已见到的全国 21 个省志篇目进行比较研究的情况。据他们统计，在大、中、小、细的四种体式中，按大篇体式（10 篇左右）设篇的一个省也没有；中篇体式（30 篇左右）的有 3 部，即湖北、湖南、吉林；小篇体式（60 篇左右）的 14 部，是山东、山西、内蒙古、辽宁、云南、贵州、青海、甘肃、安徽、广西、广东、新疆、浙江、黑龙江；细篇体式（90 篇左右）的 4 部，即陕西、河南、福建、江苏。其中篇目最少的是湖北，只有 27 目，最多的是福建，约 100 卷，82 志。

新疆维吾尔自治区志办钟英在同刊期中发表其在 1989 年中国地方志协会年会上提出的《方志领域的基本矛盾》一文，认为“客观实际与主观认识的矛盾，是方志领域的基本矛盾”，方志学的研究对象，主要是“区域发展”，所以，“方志学应当表述为‘认识与记述一地自然和经济社会发展的科学’”。

按：作者对此问题看法的表述，其后又有发展。在《中国地方志》1995 年第 2 期《方志研究的现实意义》中，提作“方志学就是关于认识和表述区域发展的学科”。在同刊1996年第1期的《方志理论与实践问题的再思考》中，提作“以认识和记述一个地方自然环境、经济和社会发展的历史、现状与趋势为研究对象”，“方志改革从理论入手，将以地方志为研究对象的方志学，改为以认识与记述地情（区域发展）为研究对象的方志学”。

是月，薄一波为《山西通志》题词：“明春秋大义，承上启下，继往开来；为人民立言，服务当代，裨益后世”。此前已有彭真的题词：“按照党和国家的总方针继往开来，建设社会主义新山西”；徐向前的题词：“广搜博采，编写新志，是大好事，祝其早成”。

是月，张爱国主编的河北《盐山县志》出版。盐山县城西南24公里处的旧县城，坐落在漳卫新河北岸约1公里处。史载秦始皇欲求长生之药，命徐福招募500童男、500童女并百工、水手及善射者共3000人集于齐旧地饶安，即今盐山千童城遗址，为渡海作准备。临渡时曾于此举行了渡海离别仪式，并立下千童碑记，于是饶安便有千童城之称。汉时曾于千童出海集中地置千童县。徐福到达日本后，向当地传播水稻种植、渔猎、养蚕、织绢、制陶、冶铁等技术并采药医病。日本称徐福为收获神、纺织神和医药神，广修庙宇，造塑像于各地。每年收获季节，必举行隆重仪式，以示纪念。抗日战争时，侵华日军在盐山旧县城建炮楼时曾挖出千童碑。新中国成立后，在此还发掘出不少相关的文物。国内外对于徐福这位2000年前渡海到日本的方士都极感兴趣，在中国、日本及我国台湾省都有徐福千童研究会。在本志修纂过程中，盐山县志办首倡在盐山县成立了徐福千童研究会，聘请国内外专家作顾问。研究会组织专家研究，进一步确证了这里是千童集结、训练和出海之地。1993年5月，在盐山县举办了首届千童文化节。与会专家进行了考古探讨、学术交流，相继发表论文数十篇。研究会成立后，参加了第三届赣榆徐福节和中国国际徐福文化交流协会成立大会，与日本等地的徐福研究团体建立了联系，进行学术交流，推动了这方面的研究。

3月2日，为在三年内完成全省修志任务，黑龙江省副省长陈云林，代表省政府与省直承编单位主要领导和市、地主要领导签订《责任状》，规定按期完成任务的受奖，拖期者受罚。

3月4日，中国地方志指导小组办公室发出《关于在修志系统宣传燕居谦事迹，开展向燕居谦同志学习的通知》。燕居谦，山西省交城县人，1982年放弃县委宣传部副部长的职位，甘愿到“条件艰苦、工作辛苦、生活清苦”的地方志办公室来工作。在“只有一间房子、一张桌子、两把椅子”的条件下，他带领县志办公室的同志们，历尽千辛万苦，搜集了850多万字的资料，编写了130多万字的县志稿。1988年，在做了胃癌切除手术后一个星期，他就以惊人的毅力，继续投入编写工作。1989年6月，病情恶化，已转为晚期食道癌。他坚决谢绝领导和同志们要他做手术的好意，带着女儿到卦山古刹宿庙修志。他强忍剧痛，伏案笔耕，每天以总纂一万字的速度，连续奋战三个月，终于完成了县志总纂任务，表现了一个共产党员无私无畏的奉献精神。先是，今年2月24日，《人民日报》以《生命诚可贵，事业价更高》为题，在头版显著位置，报道了他的优秀事迹。至是，在全国方志系统开展向他学习活动。

3月5～7日，贵州省召开第四次地州市地方志工作会议，交流了工作进程，实事求是地提出了完成志书的期限，研究和讨论了影响志书质量的问题和解决措施，提出了增强志书科学性的设想。

3月6日，四川省乐山市人民政府办公室，鉴于各县《县志》出版后，“地方志工作的任务还很重。为了适应地方志工作的新形势，促进地方志事业的发展”，特发出《关于地方志工作机构名称和职责的通知》。其中开列主要职责有9条。

3月9日，国家主席江泽民，就进行中国近代史、现代史及国情教育问题致信国家教委主任李铁映和教育部长何东昌，指出要对小学生、中学生直至大学生，由浅入深、坚持不懈地进行中国近代史、现代史及国情教育。目的是要提高中国人民特别是青少年的民族自尊心、自信心，防止崇洋媚外思想的抬头。至少要明确以下几点：“一、由于封建统治者的腐败，1840年鸦片战争以后的一百多年中，中国人民备受列强欺凌。可列举若干主要史实加以说明。二、这期间，许多仁人志士和广大群众抛头颅，洒热血，前赴后继，抵御外侮，立志捍卫中华。三、‘五四’运动后，中国共产党诞生，领导中国各族人民经历了土地革命战争、抗日战争、解放战争，终于建立了新中国。从此中国人民站起来了。新中国成立后，又经历了几次反侵略战争，证明伟大的中国人民是不可侮的。四、中国人民从来就反对侵略，主持正义，不畏强暴，维护和平。中国实行社会主义制度是中国人民自己的历史性选择。我们一贯主张处理国家关系必须遵循和坚持和平共处五项原则，特别是互不干涉内政，反对任何形式的霸权主义和强权政治。”

是月上旬，武汉市隆重纪念修志开展10周年。10年来，武汉有近4000人参加搜集和整理1840年以来的地方史料达5亿字，编印150余种史志书籍，559种资料汇编，计4993万字。市志办公室基本收齐了明代以来武汉的通志、府志、县志和各种小志计36种，其中包括从日本复印回归的《[万历]汉阳府志》。

3月10日，《江苏地方志》今年第一期出刊。本期内集中发表了6篇关于加强宏观经济记述的讨论文章。在这一组文章的《编者按》中指出：“如何加强宏观经济记述，这是当前修志中的一个难点。张家港市志办编写的《沙洲县志》稿中设置了《国民经济综合志》，这在我省县志编纂中是首创。为引起全省各地对宏观经济记述的重视和记述得更科学，我们邀请了江苏省经济研究中心综合处、江苏省社科院经济所、《江苏省志·综合经济志》编辑室、苏州市志办、常州市志办、张家港市志办的有关同志召开了专题组稿会，现刊载如下，望全省各市、县志办同志能认真阅读，从中得到启迪。”

3月14～16日，河南省地方史志编委会举行第10次(扩大)会议，审议并原则通过《河南省地方史志编委会关于地方史志工作十年规划和“八五”计划安排意见》、《关于加强修志资料管理和编辑出版资料丛书问题的通知》和《关于市、地、县(市)志和市区志评稿、审稿、定稿、出版办法》等文件。

3 月 19～20 日，广东省地方志办公室召开全省修志工作会议。省地方志编委会副主任黄勋拔在会上发言中说，从目前已修成的志稿来看，质量不高的主要表现是：资料不充实；过分求全，重点不突出，特点不突出；深度不够；横分过细，割裂联系，缺乏整体性；部门志的痕迹明显；政治质量上存在一些问题；资料较乱，前后矛盾；“以事带人”的问题没有处理好；叙事方式呆板。针对上述存在的问题，他从业务的角度提出了 **6** 条要求。

3 月 25～26 日，《四川省志》举行第二次编纂工作会议，编委会副主任岳忠在会上指出：省志编委会应举办一些研讨会，对一些共性的问题进行研讨，如教案就涉及宗教、军事、政权等志的内容，应有一个统一的认识，“如哥老会，满清(应作清政府)认为是土匪，解放后不少舵把子是镇压了，但曾经支持同盟会。到底怎么看，涉及很多问题”。

3 月 30 曾亲自领导过上海工人运动的老一辈无产阶级革命家陈云同志，为《上海工运志》题写书名。

同日，杭州市地方志编委会召开会议，分析市志工作进展不快、发展不平衡的原因，强调要配好配齐以市志总编、副总编、分志主编、副主编及各章主笔为责任人的各级编写班子，保证他们能以全部或极大部分精力从事编纂业务，从而建立完全落实的组织系统，以切实明确任务，压下担子。

是月，《广东史志》今年第 1 期发表安徽省地方志办公室刘辰的《论方志学建设》一文，认为目前关于方志学研究对象的两种理解——研究地方志或研究地方，都有一定的道理，又都有片面性。他提出方志学应是研究方志领域运动规律的科学。在这个领域中，有四个要素是不容忽视的，即地方、读者、作者、方志。“四要素的个体规律和群体联系理应是新时期方志学研究的科学归宿”。他对方志学的研究领域的见解，归纳如下表：

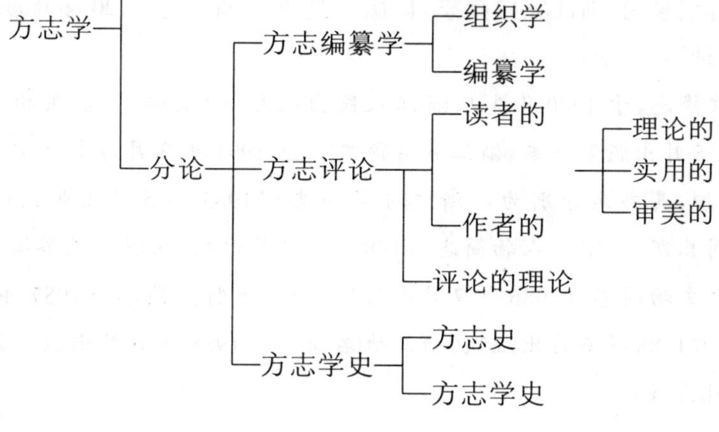

同刊期在“方志改革”专栏内,还发表了两篇本省地方志办公室人员写成的关于“方志危机”与改革的文章。黄德发在《论地方志的发展趋势》一文中,认为地方志除了“在资料的系统性、全面性、综合性、连续性、长期性等方面尚有一定的优势”外,“它的传统功用在现代社会确实在萎缩,这不能不引起我们的忧虑”。因此地方志改革势在必行。地方志机构今后的工作应朝“地方研究”的方向发展。这种研究包括三个层次:第一个层次是地方史研究,第二个层次是地情研究,第三个层次是区域研究。中国传统文化系统中独具一格的地方志,既非“断烂朝报”,可以弃之不顾,亦非“金缕玉衣”,可以袈裟传承。只有在吸取其某些合理成分的基础上,以新的观点、新的方法,改造其形式和内容,将地方志改为“地方研究”。这样并未将地方志完全抛弃,它的一些优点仍将会在“地方研究”中得以保存和发展。

翁齐浩在《“地方志现象”的哲学思考》中认为,地方志是农业社会的现象。人类历史的发展可以分作三次浪潮,第一次浪潮是农业社会,第二次浪潮是工业社会,第三次浪潮是后工业社会,或叫信息社会。不同的社会形态存在着不同的文化范式。随着历史的进展,旧的文化范式进化成为新的文化范式。作为时代特征的精神产品有鲜明的个性,例如地方志、京剧、中医药等具有农业社会的特质,年鉴、迪斯科、流行音乐等具有工业社会的特质。在新旧范式转换时期,往往有一些旧范式的精神产品以遗产形式残留于新范式中;这些遗产终因适应不了新范式而持续出现危机,以至消失或被其他形式的产品所替代。地方志这种农业文化范式有四个特点:一是经验型;二是通才型;三是后谕型;四是慢节奏型。当前地方志的主要困难亦有四:一是成书时间慢;二是信息量小;三是研究深度浅;四是社会价值小。这些困难是农业文化范式受工业文化范式冲击而产生的,说明孕育于农业社会的地方志已经难于适应时代的社会需要,它亟待革命。针对地方志的主要困难,地方志应当转变成:分志、地方年鉴、区域性专题研究。

是月,应宝容主编的浙江《永康县志》出版。永康素有“打铜打铁走四方,府府县县不离康(永康)”之谚。永康三刀(菜刀、刨刀、锉刀)名闻遐迩。故县志中特设《百工》编,详记此百工之乡的经济特色。

是月,陈桥驿编纂的《浙江灾异简志》出版。是书是编者花了20多年积累资料而成,其中引用方志数百种。

按:浙江修志,于1980年先从浙江人民出版社组织、编辑、出版的一套简志丛书开始。1983年5月出版第一本《浙江分县简志》,至1991年3月,《浙江灾异简志》出版,全套丛书共9种,其书名分别为:《浙江分县简志》(1983年5月出版)、《浙江地理简志》(1985年8月出版)、《浙江人物简志》(1985年12月出版)、《浙江风俗简志》(1986年6月出版)、《浙江文物简志》(1986年7月出版)、《浙江土特产简志》(1987年6月出版)、《浙江教育简志》(1988年6月出版)、《浙江地名简志》(1988年6月出版)、《浙江灾异简志》(1991年3月出版)。

4 月 1 日，中国地方志指导小组办公室，针对有些地方至今修志机构尚未健全，或者编制太少，必要的人员也未充实，有的甚至是光挂牌子，有名无实；或者机构归属未定，级别不明确，影响了修志队伍的稳定；近来有的地方志书刚刚脱稿，便匆匆撤销机构，解散人员，严重影响了修志工作等情况，特地转发黑龙江省地方志编纂委员会、黑龙江省编制委员会 1991 年 2 月 20 日发出的《关于进一步稳定和加强全省修志机构、队伍的通知》。认为该通知是“高瞻远瞩之举”，要各地参照黑龙江的经验，采取切实措施，做好各级修志机构的充实和稳定工作。

4 月 5 日，中共交城县委、交城县人民政府为燕居谦同志立的纪念碑，在交城卦山槐树岩正式落成。碑身上面题字为：“人民公仆　当代吕梁英雄　燕居谦同志纪念碑”。

4 月 6 日，中国地方志指导小组办公室印发《四川省保密委员会、四川省地方志编纂委员会关于地方志编纂工作中关于保密问题的通知》转发全国各省、自治区、直辖市地方志办公室，要求各地参照《通知》的精神，对方志修纂工作中的涉密问题，进行一番认真的检查，结合各地实际情况，制定可行的保密措施，认真把好保密关。

4 月 6～9 日，河南省举行城市区志研讨会。会议结合对洛阳《涧西区志》的评论，讨论了城市区志的相关问题：一、有了市志，城市修区志是否还有必要；二、区志与专志、县、市志的比较；三、如何保证区志的质量。鹤壁市志办副主任和玉琢认为，专志是某一门类单缘性的资料书，而区志则是城市区范围内的全缘性的资料书，属一方之全志。会议认为，《涧西区志》删除地理编和农业编，把相关的内容置并在“概述”中交代，把地貌、地质并在工程地质和街道的形成中写，并不觉得缺项，反而使区志更集中地反映涧西区的重要特点。分析了城市区志有诸种模式：《涧西区志》是新兴工业区志的模式；洛阳《老城区志》和南京《白下区志》，是有着悠久历史又是旧貌变新颜的模式；洛阳《西工区志》是城市政治中心地位区志模式；洛阳《吉利区志》和上海闵行区的区志，又是远离市中心的新兴工业区的模式。

4 月 13～19 日，1991 年全国地方志年度工作会议在郑州举行。此次年会针对目前全国已经出版省志专业志 73 部，地、市志 58 部，县(市)志 323 部的形势，对已出版志书和修成的志稿，进行了评估。认为从整体上看是合格的，主流是好的。但在志书质量和科学性方面还存在不容忽视的问题，主要的是政治部类的内容相对薄弱。其表现是：

一、对旧社会的记述不够。有些志书对北洋军阀时期、国民党统治时期(包括日本侵略军占领时期)社会状况的记述过于简略，缺乏较为具体的资料。有的县志写土地改革仅一百多字，对新中国成立前不同阶级的土地占有、剥削方式、各阶级生活水平等状况的记述比较空洞。这就使志书难以体现国民党统治的落后性，也难以体现“没有共产党就没有新中国”的真理，不利于对新中国成立前后的社会状况进行对比，从而体现社会主义制度的优越性。

二、不少志书对“左”的影响和失误采取回避态度，或者一笔带过，影响了志书的政治质量。

三、一些志书记共产党的地方组织中，只记机构、人员、会议、日常工作，而对党的领导、决策作用记述不够。地方政府的政绩、各民主党派的作用也未能做到较充分的反映。

四、当前有些志书，由于轻信档案、原始资料、史料著作、旧志等，造成观点和资料的矛盾，同一事物前后不一致，时间、地点、人物与事实不符；由于修志工作者本身知识的局限性，缺乏专家学者的协助，造成专业性较强的篇章往往出现常识性的错误，术语混乱，概念不清；由于马虎粗心，核对不严，造成文字、数字的差错，而数据不准尤为突出。会议还对提高志书的政治质量和科学水平提出了几项建议。

按：这次会议在本届修志中，是一次很重要的会议。它使本届志书的质量，尤其是政治质量，形成了前后两个不同水平的阶段。

4月17～21日，21省、市、自治区测绘史志研讨会在洛阳举行。会议对《青海省测绘志》审定稿、《陕西省测绘志》送审稿和《河南省测绘志》初稿，进行了研究和交流。国家测绘局《中国测绘史》编辑部副主任于春雨，传达了局领导重申“志入史”的要求。与会代表以《河南测绘人物》为例，结合各地情况，对“人物入史”提出了不少好的建议。这是史、志携手，共同编写专业史的研讨会。

4月20～21日，浙江上虞县各界人士隆重集会，纪念我国方志学大师章学诚逝世190周年。省、市史志界部分专家、学者和上虞县各界人士100余人出席。同时举行新编《上虞县志》首发式。

4月20～26日，广州军区召开第四次军事志工作会议，着重研究军事志的总纂问题。

4月22日，《人民日报》海外版刊文，报道山西省社会科学院文学所孟繁仁与清徐县地方志办公室副主任郭维忠在罗贯中研究中获得新进展。我国古典小说名著《三国演义》的作者罗贯中的籍属，历来就有东平、钱塘、太原三说，长期以来的研究，未见有突破性进展，故依然是所主者各执一说，莫衷一是。1986年，孟繁仁与郭维忠，对从清徐县发现的《罗氏家谱》进行研究，认定其是清徐罗氏的家族成员。他们的研究所得，在《文学遗产》1988年第3期发表后，受到海内外的关注。在此基础上他们进一步研究，又取得罗贯中晚年，以许贯忠为名，“隐居于河南浚县(今鹤壁市)许家沟村”的重大发现。国内著名学者王季思、王利器、何满子、刘世德、张惠仁、李永祜等先后都给以了不同程度的评价和肯定。随之，他们又否定了罗贯中是赵宝峰门人说。至是，《人民日报》海外版给予报道。其后，《文学报》等亦有报道和评价。这是本届修志中，修志工作者参与学术研究取得显著成果之一例。受此启发，河南鹤壁市志办的姚仲杰继续努力，撰成《罗贯中新探》一书，把这项研究又向前推进了一步。

4月22～27日，武汉华夏地方志研究所举办全国第二次市县志编纂经验研讨会。主要研究了三方面的问题：一、方志编修与地情研究的关系；二、新方志篇目结构问题；三、关于新方志政治部类编写的研究。在讨论篇目结构时出现了不同的看法。一种意见认为，为了解决区分晚清、民国和人民政权的不同本质，可以采取分期记述，以突破“横排竖写”的原则。

另一种意见认为，“横排”是指门类结构设置，“竖写”是指内容记述的方法，这是志书的特点。志书第一层次按不同体裁形式分为大事记、概述、专志、人物、附录，是横排；志书的第二个层次地理、经济、政治、文化……也只能是横排。关于内容记述的竖写，分别在不同层次展开，并不违背“横排竖写”的原则。

4月24～27日，四川省川西南片召开第七次修志实践与理论研讨会，重点研究民俗志的编写问题。

4月26～30日，全国地方教育史志研究会举行1991年度学术讨论会暨云南省教育志专家咨询会。目的是通过对《云南省志·教育志》部分志稿的评议，研究在志书中如可突出地方特色，提高志书质量。会议认为，志稿有较好的基础，尤其是抓住了云南教育的两个特点：一是在抗日战争时期成为全国大后方、高等学校集中的地区；二是新中国成立后少数民族教育迅速发展，成效卓著。

是月，元大德八年(1304)陈大震等纂的《南海志》残本，作为“广州史志丛书”的一种，由广东人民出版社出版。原书20卷，今仅存6—10卷，但仍不失为了解宋元时期珠江三角洲的重要文献。

5月1日，湖南省湘潭市志办宋毓培、曹建英在是日出刊的《方志研究》今年第3期发表文章，指出一些志书不顾方志资料性的特点，在增强政治思想的口号下，将民国时期写成“一片黑暗”，把新中国写成“一片光明”，把中共十一届三中全会以来写成“一帆风顺”。这种把一段较长时期的纷繁复杂的历史统统搞成两个“一片”和“一帆”的做法，是不符合历史唯物主义的，是形而上学、绝对化的。社会是不断进化的。新中国比民国时期要进步，晚清又落后于民国，这是谁也不能否认的。如果把民国时期写成“一片黑暗”，那么对晚清又怎么写呢？改革10年，取得了举世瞩目的巨大成就，是谁也不能否认的，但说它是“一帆风顺”，就不实事求是。这是一种政治化的表现。

山东省临沭县志办姜万成在同刊期发表《关于建立马克思主义方志学科体系的构想》，认为方志学属于社会科学类，是与历史学并列的独立学科。一门独立的学科，其结构在一般情况下应包括理论、应用和历史三个组成部分。所以，马克思主义方志学科体系暂时可看作是由理论方志学、应用方志学、方志和方志史学组成的。理论方志学主要包括方志学概论、方志编纂学两个科目。其中方志编纂学可以派生出一个与其并列的科目：方志资料学。应用方志学大体可以包括三个科目：方志应用学、方志整理学、方志目录学。方志和方志学史，是对方志和方志学自身的研究，它以方志和方志学发展历史为研究对象，其任务在于通过对方志和方志学历史规律的揭示，指导方志事业的发展。

5月7日，国务院副总理田纪云为《黄河防洪志》作序。序言称：“黄河水利委员会编辑出版的《黄河防洪志》，记述了黄河流域人民长期与洪水斗争的史实和经验教训，特别是详尽而客观地反映建国四十年来黄河防洪的巨大成就和丰富经验，是具有鲜明时代特点的第一部黄河防洪志。这部志书的问世,不仅为今后治黄事业的继承和发展起到'存史'、'资治'作用,对其他江河的治理也会有借鉴的价值。"《黄河志》全书11卷,共500多万字。其已出版的三卷为:《黄河防洪志》、《黄河规划志》(全国政协副主席钱正英作序)、《黄河大事记》。

5月10日,江泽民总书记为《上海农业科研志》题词:"弘扬中华农业遗产,繁荣现代科学技术。"

5月10～16日,全国地方志资料工作协作组组长会议于长沙举行。会议决定成立编委会,编纂《中国新方志联合目录》,并修改了《地方志资料工作规范化暂行条例》,报呈中国地方志指导小组,希望纳入修改后的《新编地方志工作规定》中的一章,或作附件。

5月14～17日,湖南省举行城市郊区志研讨会,着重研讨了城市郊区志的地位和特点问题,尤其是如何处理郊区志与省、市志的交叉关系问题,如何处理"区属"与"驻区"单位的关系等问题。

5月20～24日,贵州省在凯里市举行地州市志专志评论会。贵州省的地州市一级均采用多卷集成、分卷出版的办法。会议对该省已出版的21部专志进行了评论,肯定了一些专志中的创新之举。如《黔东南州志·地理志·市镇》中,把全州所有市镇按江河流域分类记述的方法;《贵阳市志·教育志》中专设"校外教育"章的做法;《黔东南州志·邮电志》中,既记管理,又记管理成效;《黔西南州志·民政志》专设"区域边界纠纷处理"节等。同时也指出了这些专志中的不足,如有些志书存在资料罗列,缺乏概括分析,以政治性取代思想性;有些志书由于相互之间出版间隙较大,有相互"脱离"之感;有些归类失当等。

5月22～25日,由武汉、成都、重庆三市环保局发起的全国城市环境志学术讨论会在武汉举行。会议交流了新编环境志的形势,就环境志的任务、作用、志书质量等进行了讨论,并呼吁国家环保有关部门,成立《中国环境志》编纂机构,组织策划这部鸿篇巨著的编纂,同时指导环保系统的修志工作。

5月28日～6月1日,北京市召开首次全市志书主编研讨会。会议互通了信息,交流了情况,并请河北省《三河县志》主编金城讲了"怎样当好县志主编"的经验。北京市志办副主任赵庚奇介绍了《北京志》编纂的相关问题。与会人员并就《北京志篇目》进行了讨论。

5月31日～6月2日,受中国地方志指导小组城市志指导组的委托,西北地区城市志质量研讨会在西安举行。会议结合对《嘉峪关市志》及其他三部志稿进行评议,共同探讨了提高志书质量的途径和措施,交流了经验和体会。

是月,四川省潼南县志办刘富成在《四川地方志》今年第3期发表《地方志功能再认识》一文。文章提出,方志是记载经过人们改造过的地理环境、物质生产资料的历史与现状,即人们生产斗争、阶级斗争和科学实验三大革命实践中所取得的成果的总汇。地方志就是社会存在的客观反映,是社会意识的一个组成部分。因此,应当运用马克思主义社会意识对社会存在的反作用的理论来认识地方志的功能。

是月，魏桥主编的《浙江名镇志》出版发行。全书130万字，收录了全省11个市、地的161个各具特色的集镇。既有历史上的传统名镇，又有新中国成立以来尤其是改革开放以来新崛起的城镇。注意反映各镇的概况和全貌，细述每个镇的起源、经济发展、文化传统、人物形胜、名优产品等。每镇均有彩照、黑白照各一幅。全国人大常委会副委员长严济慈为是书作序，认为“观点正确，资料翔实，文字可读，有此一编足可抵百部之乡镇志也”。中共浙江省委副书记刘枫称，是志“开创了集全省名镇于一书的先河，是根据浙江地方特色对编纂地方志的一种创新”。北京大学李孝聪认为，本志中不附地图是一个缺憾。书中百座城镇的方位，即使对于浙江本地人来说，恐怕也难于全部指认；至于生活在省外的非浙江人，则案头必须另备浙江分县地图集随时查阅。志书中所述某某镇城街区建设的发展、乡镇企业的分布、内外交通的配置，则更无从理解。由于没有对每一座名镇附以现实可用的地图，使这部原本编得很有特色的新志书失去了许多应用价值。

是月，孙进主编的黑龙江省《桦川县志》出版。该县的苏家镇集贤村曾流行多种地方病，造成村民弱智，被称为“傻子屯”。改革开放后，共产党员许振忠带领村民治穷治病致富，使“傻子屯”变成了幸福村。志书记述了这一变化过程，联合国发展计划署5位成员看到后，派人前来实地考察，美国一名记者感叹地惊呼：“傻子屯”在向医学挑战。

6月1日，黑龙江省志办闻衡在是日出刊的《黑龙江史志》今年第3期发表“读志札记”两则，其中一则是针对“郡之有志，犹国之有史”而展开议论的。宋人郑兴裔在《广陵志・序》中的这句话常为后代志人所引用，同时也引发出了史、志之别的种种议论。在本届修志中讨论这个问题时，出现了“史专而志广，史简而志繁”，“史是一条线，志是一大片”，“史侧重探索历史规律，志是反映这一规律”等有相当代表性的说法。文章指出，古人在此将史、志对应所说的“史”，是指国史而言的，绝不是无所不包的史学著作的泛指。文章从著述性质、从内容、从体例方面分析了方志与国史相提并论的意义，指出国史与方志一样，都是记述性的，这与许多现代史学专著是有所不同的。不加分析地将所有史学著作（包括通史、断代史、各种专门史）与方志做比较的做法，混淆了作为记述性的史籍与史学研究著作的区别，是不可取的。上述种种说法的不科学性盖出于此。

6月5～7日，湖南省召开地州市志总纂工作座谈会。就总纂的作用，总纂前的准备，总纂的工作步骤和方法，总纂要把好政治、资料、体例、文字四关等交换了意见，形成了共识，制定了相关的文件。

6月6日，江南经济文化开发研讨会在江南大学（无锡）举行，江、浙、沪及皖南部分大专院校的学者和文博、地方志系统的工作者出席。学者们对各地方志工作者近年来在地方文化建设中发挥的作用和取得的成绩，给以了充分的肯定和赞扬，认为编修地方志是新中国成立以后对地方文化最系统最全面的总结，方志队伍是地方文化开发中一支重要的力量。

6月9日，中国地方志指导小组发文，公布民族志指导组调整和增补如下成员：中国社会科学院民族研究所杜荣坤(民族研究所所长),内蒙古郭金广(自治区民委副主任),辽宁张贤焕(辽宁省民委副主任),甘肃田真(省地方志编委会副主任),青海郭□□(原档案资料缺名,省地方志编委会委员、省志副主编),新疆阿布拉尤夫(自治区民委主任),广西余达佳(自治区民委主任),四川孙自强(省民委主任),西藏拉巴平措(自治区社科院院长)。

6月11～14日,全国城市区志编纂工作第二次协作会议在沈阳铁西区举行。会议中心是研究经济类专志在区志中的地位、记述范围和提高政治质量等有关问题。会议认为,应以本政区范围内经济活动的全貌为记述范围。记述中要注意处理好主体(区属)与客体(驻区)、宏观与微观、条与块、整体与局部、详与略、区志与市志关系。经济基础门类应从广义经济观点去理解与谋篇设目。

同期,江苏省举行首次市志分纂(试写稿)质量研讨会,有无锡等10个市志办的代表参加。在讨论中国共产党是否要设立分志,政党、政权的领导作用与政绩如何记述及民政志的记述内涵等问题时,有同志提出不宜专设中国共产党志。在政权志的编写上,一些同志主张,要打破只写政府机构沿革、领导人更迭和历届代表会议的模式,要写出政务活动、重大决策和政绩。关于市志总概述,一些同志分析了特点勾勒式、全志浓缩式和史略式三种不同记述法的长处和不足。

6月18～22日,华北地区科技志评稿会在天津举行,对18篇专业科技志进行综合对比评论。会议还特邀山东省科技志办副主任王福昭到会介绍了经验。

6月20日,钟莉在是日出刊的《贵州方志》今年第2期发表文章,指出当前人物志编写中存在三个方面的问题:一是正面人物形象高大,白璧无瑕;二是反面人物罪大恶极,一无是处;三是反面人物摇身一变而成正面人物,只字不提他们所犯下的罪行。

6月20～25日,全国第三次省级方志刊物主编座谈会在北戴河举行,《中国地方志》和24家省级及5家市、地级刊物的代表参加。会议认为,当前方志刊物应主动地做好提高志书质量这篇大文章,要办出特色、风格,办出新水平,为进一步提高志书质量作出新贡献。为此,一、应加强刊物的指导性,对修志人员中对志书质量的模糊认识,及时加以澄清、引导,增强保证志书质量的责任感。二、要大力开展新志评论。三、为建立、充实和提高理论队伍而努力,要对一些重大的理论课题,采取联合"攻关"等方式,开展系列研究活动。认为目前各地都涌现出一批理论研究积极分子,但还缺乏必要的组织引导,基本上处于一种"人自为战"的自发状态。这种状况已不适应修志实践的需要,必须加强方志研究的组织工作。除各地方志机构,应把这一工作作为从总体上提高修志队伍素质的重要措施来抓以外,方志刊物也应发挥组织和指导作用。四、要加强编辑队伍建设。会议还对当前方志刊物,由面对方志工作者的理论指导性,向面对社会广大读者的资料性、知识性转向问题进行了热烈的讨论,多数与会者认为,应当是因地制宜,百花齐放。

6月25日,河南省人民政府办公厅转发河南省地方史志编纂委员会《关于今后十年史志编纂工作的意见》。该《意见》规定了“八五”和“九五”期间的任务及采取的相应措施。

同日，刘栋良在是日出刊的《中国地方志》今年第3期发表《谈宏观经济篇的设置》一文，对志书中设置“经济综述志”提出异议。文章认为，加强志书宏观经济的记述，是新志书科学性的需要，但设“经济综述志”却并非科学。因为它破坏了整部志书的体例，使结构松散，有随文起例之嫌。在内容上既看不出一个地方国民经济的总体，看不出经济发展中带有规律性的东西，也看不出经济各部门间的联系和影响。在形式上违背了“事以类从，类为一志”的分类原则。破坏了志书内容和形式的完美统一。他建议以“经济结构篇”代替“经济综述篇”。这篇之内可设7章：所有制结构、产业结构、分配结构、交换结构、消费结构、技术结构、国民经济综合指标。这就基本上包容了宏观经济的方方面面，基本解决了设置经济综述与各分志抢资料的矛盾。

按：本文发表之后，云南玉溪市志办杨正藩在《中国地方志》今年第5期发表文章，认为刘氏的《经济结构》的主张，毛病在于没有纲，没有核心。经济基础结构的一切变化都离不开管理，是由管理才促成其变化的。因此他赞成设《经济综合管理志》或《经济管理志》。经济管理志中，至少应包括“概述”以及“国民经济发展”、“国民经济结构”、“计划管理”、“统计管理”、“物价管理”、“工商行政管理”、“标准计量管理”、“土地管理”、“国民收入”等章。其他如“经济协作”、“物资管理”在它志中不好处理的，也可收入。

江西分宜县志办王建成在同刊期上发表《“述而不作”析》的文章，对志书中“述而不作”提出异议。文章举出大量实例说明，自来史、志之书都是有述有“作”的。人们应在“作”字上做文章，研究如何“作”，如何“作”得更好，怎样“作”得更活。“述而不作”降低了地方志的地位和作用，至少有“是非不明”、“因果不彰”、“规律不见”、“真假难辨”等四大弊病。

是月，《上海修志向导》今年第3期先行发表黄苇即将出版的《方志学》书中的一节，讨论方志中统合古今和详今略古的问题。文章说“统合古今”和“详今略古”是修志的惯例，必须强调“详今略古”，但不能“详今无古”、“详今虚古”。方志记事载人，可略而不可断，其上限不宜作硬性规定年份，应从实际出发，因人而异，因物而异，要尽可能往上追溯，直到源头。认为还是完整地确定“统合古今，详今略古”的原则为好。

是月，刘君平在《山东史志丛刊》今年第3期刊文，提出新志书不宜为反面人物立传。其理由是：一、“立传”一词有褒意，为反面人物立传则自相矛盾；二、为反面人物立传不符合修志的历史传统；三、从阶级性看，新志书亦不应为反面人物立传；四、为反面人物立传会产生不良的社会效果；五、为反面人物立传，降低了人物传的收录标准。反面人物不能立传，但可以入志。

按：此文发表后，邓撰相于同刊1992年第1期即发文针锋相对地提出，新方志应当为反面人物立传。认为不为反面人物立传并非修志的历史传统，也并非历史上方志学家的共识；为反面人物立传非但未违背阶级性原则，反而是阶级性原则的具体表现；为反面人物立传有利无弊；为反面人物立传并未降低人物传的收录标准。

是月，《天津史志》今年第2期刊载郦家驹在天津市方志基础知识培训班的专题讲座《当前全国修志形势》。在这个讲座中，郦氏对五六十年代修志的评价称："58年59年大跃进时期，很多地方修志，搜集了不少资料，有的已经写成了志书，现在看起来，基本上是废品。""50年代曾经修志，工作有一段时间开展起来了，但是应该说很不幸，是一次失败的尝试。"

按：类似的话，郦氏早在去年4月于黑龙江举行的全国地方志年度会议后，在对黑龙江省省直机关修志工作者的讲话中，就曾说："59年那次修志，也是下了工夫的，但修出来的满纸是浮夸风，现在只能供批判用，供接受教训。"对于此论，笔者未敢苟同，详见本书附录《中国方志五十年史事录·自序》第二部分。

是月，八闽通志标点本下册由福建人民出版社出版。这是由福建省地方志编纂委员会旧志整理组和福建省图书馆特藏部，据黄仲昭修纂、明弘治庚戌(1490)本进行分段、标点、校勘和注释的。是现存的第一部福建全省性的通志。全书分上下两册硬面精装，上册已于1990年5月出版。

中国共产党建党70周年前夕，由张绍林执导、石零编剧的以燕居谦铁心修志的事迹为内容的二集短篇电视剧《好人燕居谦》拍摄完成，提交中宣部文化局、中央电视台联合举办的"庆祝建党70周年全国电视剧展播"。在由中国电视艺术委员会和《文艺报》、《中流》杂志、山西电视台先后召开的两次研讨会上，与会的评论家和新闻工作者们，含着热泪看完这部不足90分钟的电视剧短剧后，普遍赞誉这是近两年来不景气的电视短剧创作领域里升起的一颗璀璨的明珠。

7月1日，值中共建党70周年纪念之际，河南省《嵩县志》总编室办了一个《七一特刊》，利用去年出版的《嵩县志》中记载的历任县委书记、县长的政绩写成文章刊出。特刊一贴出，立即引起了干部和群众的关注。原县委书记阎振东退白面的小故事，引起的反响尤其强烈。现任县委书记深有感触地告诫县委的常委们："我们为官一任，就要造福一方。我们这些当官的若不给老百姓办实事，我们走了，(将来的)《县志》会怎样评价我们呢？"

7月8～10日，黑龙江省举行市、地志办主任工作会议，主要讨论本省修志形势和志书质量问题，尤其集中对已经出版志书中存在"一手软，一手硬"，重经济、轻政治的记述倾向，对新中国成立后政治运动、社会主义精神文明建设、对党委和政府职能作用的记述不足等问题，进行了集中的讨论。多数发言认为，上述问题的出现，与本届修志是在特定历史条件下提出的并受到对"宜粗不宜细"原则片面理解影响有关。这种现象必须予以彻底坚决纠正。

7月10日，中国地方志指导小组办公室向安徽、江苏、浙江、上海、四川、河南、贵州、湖南、湖北及全国所有受洪涝灾害的省、市、自治区地方志编委会并全体方志工作者发出慰问信，表示慰问。信中对方志工者在抗洪救灾中表现出来的不怕牺牲、无私奉献精神表示敬意。同时指出，在保卫人民生命财产的斗争中，要特别珍惜和保护好历尽千辛万苦收集起来的修志资料，要组织力量尽快地把历史上灾害形成规律、抗灾救灾的资料整理出来，以为当前抗洪救灾的借鉴。

7月13～16日，山东省召开市、地史志办主任会议，评估志书质量，讨论志书完成后的方志工作，研究如何发挥新志书社会效益等问题。会议认为，从山东已经出版的20多部新志书来看，总体状况还不错，且有后来居上之势。但志书质量不平衡，有的不同程度地存在一些缺点和不尽如人意的地方。主要表现在：对志书政治质量理解比较狭隘；对政治内容的记述普遍显得薄弱；对新中国成立后一些重大问题的记述，有时缺乏具体分析，定性不准，记述不当，在观点和提法上与中央有关精神不相一致；在党派群团类中，对共产党的核心领导地位及其活动没有提到应放的位置上去记述，其中心地位不突出；各种硬伤较多。还分析了产生质量问题的原因及解决问题的方法和措施。宋法棠副省长在讲话中，强调已经完成志书的单位，史志部门机构不撤，人员不减，只准加强，不准削弱，自行撤销的要恢复。

7月13～17日，四川省举行省志经济类主编业务研讨会。会议就志书的专业特色、志书的科学性与著述性、志书的质量、关于交叉与重复、主编如何提高水平等问题进行了讨论。有的发言谈得较深，如不能用政治论断来硬套专业史实。四川的交通，“大跃进”中大炼钢铁，修了许多路，治了许多河，虽有质量低的问题，但毕竟交通事业发展了，为以后铺路、治河打下了基础。“文化大革命”中，大三线建设推动了修桥、修路及技术革命。而三中全会后，交通有更大发展，但很多问题不完善，经济体制改革中也出现不少新问题，在志书中如何记述，都是要认真研究的难点。

7月17日，江苏省人民政府办公厅转发《江苏省志编纂工作会议纪要》。先是6月3～4日，召开了江苏省志编纂工作会议，确定“八五”期间，即到1995年末，要基本完成省志编纂工作，要有70%的专业志出版发行，并提出了在保证质量前提下，加快编纂进度的措施和办法。会议纪要经省人民政府原则同意，故给以转发。办公厅在转发纪要的《通知》中，要求“省各有关部门要切实重视省志的编修工作，各方面要互相配合，互相支持，共同努力把江苏第一部省志编纂好”。

7月20～23日，东北部分城市举行第四次协作会，研究工业志编纂问题。会议认为，编纂工业志，首先应正确理解生产的科学含义，如实地反映工业生产的社会实际。任何生产都是劳动工具和劳动对象的结合，劳动资料不仅是人类劳动发展的测量器，而且是劳动借以进行的社会关系的指示器。故设备工艺、科学技术、职工队伍等生产力诸要素，应当着重记述，生产关系及上层建筑对生产力的反作用也应记述。经济效益尤其要作为重点加以记述，防止把工业志写成产业介绍，写成厂家和产品介绍，或只记产品、机构、管理等内容。至于在篇目上，既要有同一性，又要有差别性，不能写成一个模式。

7月22～26日，南方八省(区)省志编纂经验交流会在湖南大庸市举行。会议认为，郑州的全国年度工作会议提出要提高志书的政治质量，首先必须明确衡量志书政治质量的标准，并要树立全方位的政治质量意识，既要充实政治门类诸志的记述内容，又要注意其它门类的政治性记述。根据当前普遍存在的问题，内容的记述应着重解决好这样五个方面的问题：一是要反映旧政权的本质；二是要全面记述中国共产党的领导地位和作用；三是要充分体现社会主义制度的优越性；四是要注意记述新中国建立以来的失误；五是要处理好有关保密和涉外问题。

7月25日，庞竹友在是日出刊的《广西地方志》今年第4期发文指出，已经出版的不少志书空洞无物或数字堆砌，缺少生动的可读性，质量较差，主要问题就是只有共性资料，缺乏“独家资料”和“典型资料”。关键问题是只靠档案资料，缺少实地调查资料。因此，他提出应当重视社会调查。

李德辉在同刊期发文认为，志书记述应注意地方的优势和劣势的易变。优势可以变为劣势，劣势亦可变为优势，沙漠变绿洲、青山变秃岭就是明显的例子。应注意一些一度消失了的事物可能具有其潜在的价值。如江西宜丰县境内的洞山和黄檗山，在唐代佛教曾盛极多时，近代以来已经冷落了。此次修志中，对这两座山进行实地考查，发现了人们已经不知的曹洞宗良价和临济宗的祖师希运的墓塔，整理成系统资料公布后，引起日本不少的佛教弟子前来参禅谒祖，使这两座山又重放异彩，成为可开发的旅游之地。

7月26～28日，山西省举行第四次地方志工作会议，贯彻1991年全国地方志年度工作会议精神，总结本省十年来的修志工作经验，安排“八五”期间的修志任务，表彰全省修志系统先进单位和先进工作者。

是月，曹建英、杨俊科主编的《中国地方志探论》出版。是书为石家庄《史志文丛》主办的“神龙杯”地方志理论有奖征文的优秀论文选集，共选录74位作者的77篇论文。这些论文从方志学基础理论、方志发展史研究和方志编纂学三大领域，多角度、全方位地探讨了中国地方志的一系列理论和实际问题。从一定意义上，可以说反映了当代中国方志学研究的较高水平。

是月，赵如月总纂的河南《虞城县志》出版。是志抓住虞城历史上“黄泛”严重的特点，记述了黄河泛滥给中原人民带来的灾难。尤其是突破了附录只收文字资料的常规，收入了明人杨东明绘的《饥民图》14幅和《饥民图说疏》全文，反映明万历三十一年(1603)水灾惨状，这开创了附录内容的新形式。

8月1日，徐健在是日出刊的《黑龙江史志》今年第4期上发表《1966年前新修方志工作述评》。该文除了对五六十年代的修志工作作了较全面的介绍外，还对那段的修志历史作了较客观的评价。认为这次修志起了“承前启后的作用”：“建国后至‘文革’前编撰的新方志，虽然大多数比较简略，或存在这样那样的缺点，但还是使我国的修志传统得以继承。这一时期的修志还为1980年以后，重新开始的本届修志提供了经验，有些甚至为此后的修志打下了基础。”有的“简志”的修志态度还是相当严谨的。字数虽不多，但简而有当，有的甚至可以说是“疏而不漏”。但当时尚未充分认识志书的性质，主要表现在还未充分认识“史”与“志”的区别。故有些以史体撰成，记载历史事件的分量太大，体例上还不能说是一部完整的志书。此外，当时“以阶级斗争为纲”，也是影响志书质量的重要因素之一。

8月3日，安徽省志办举办方志系统书画展及赈灾义卖活动。今年安徽受洪涝灾害严重。是日，省志办的共青团员和青年，走上街头进行书画赈灾义卖。所卖书画是“七·一”期间举办的“安徽省地方志系统书画展”的部分作品。省地方志编委会主任傅锡寿为这次展览题写了展标。为加深合肥市广大群众对全省自然灾害历史的了解，增强抗洪救灾意识，还举办了街头展览，展出了抗洪抢险的图片和省志办编的《安徽省地方志自然灾害资料摘编》等资料。义卖所得2000余元全部捐给灾区，支援灾区人民进行生产自救，重建家园。

8月3～7日，东北及内蒙古四省区修志工作协作会在吉林市举行。会议认为，当前东北及内蒙古四省区修志工作已经进入全面出成果阶段，形势喜人，形势逼人。存在的主要问题是：由于修志初期大家缺乏经验，对工作的艰巨性和复杂性估计不足，所以实际进度比预想的要慢得多，志书质量也还不甚理想；发展不平衡。因而，必须采取相应措施，加强科学管理：一是要加强计划性，克服盲目性，力求工作的均衡性；二是在保证质量的前提下，适当加快进度；三是加强后期管理，促速度，创效益；四是继续抓好修志队伍建设；五是拓宽后期修志工作的路子。

8月16日，湖南省地方志第四届编委会举行首次全体会议。先是是月1日，编委会进行调整，成立新一届编委会。在今天的编委会议上，除总结当前已经取得的成绩外，主要研究了：1.解决各级领导重视程度不平衡问题；2.明确修志机构常设问题；3.妥善解决省志出版经费问题；4.切实做好志书发行问题；5.群策群力，保证志书质量问题。

8月16～17日，北京市城建志领导小组召开工作会议，对城建系统修志工作提出8项要求。

8月19～24日，西北及内蒙古六省区举行邮电志评稿会，对协作区内各局已写出的20篇邮电志稿进行评议。对志稿中的政治观点、篇目、内容、体例、地方特点、文风等方面，提出了许多中肯的修改意见，并就邮电志编写中带普遍性的一些问题进行了理论联系实际的探讨和交流。

8月20日，国务院总理李鹏为《黄河志》作序。序言谓：“黄河水利委员会主编的《黄河志》，较详尽地反映了黄河的基本状况，记载了治理黄河的斗争史，汇集了治理黄河的成果与经验，不仅对认识黄河、治理开发黄河将发挥重要作用，而且对我国其他大江大河的治理也有借鉴意义。”

8月23日，华北卫生志协作组成立，由山西、河北、天津、内蒙古、北京组成。9月20～26日，于太原举了首次协作会议。

8月24～26日，山东省社科院在青岛举行社会科学志编纂研讨会，有全国15个省、市、自治区的社会科学志编纂负责人参加。会议除交流各省、市遇到的情况外，着重讨论了社会科学志的性质、对象、记述范围等理论问题和面临的具体困难。会议参加者呼吁相关的领导要给予重视，并要体谅编修人员的实际困难，在待遇上要与从事其他工作的同志一视同仁，对他们的劳动成果给予应有的尊重和肯定，相应地解决他们的职务职称及福利待遇等问题。

8月25日，江苏省志办朱锡通在是日出刊的《中国地方志》今年第4期上发表文章，通过对江苏省三部新志书的审读，提出“对已出版志书的质量不宜过于乐观”。指出这几部志书中存在数字、数据差错，中西纪年对照不准，史实上有错误，修辞方法上有错，标点符号上有错等。

刘纬毅在同刊期发表《关于方志科学性的思考》一文，提出修志者要变单向思维为多向思维，在注意纵向比较的同时，还要进行横向比较，找出本地与外地的差距。

中国地方志协会秘书长左建、副秘书长左开一、朱文尧、欧阳发、赵庚奇五人编就的《中国地方志协会大事记(1980—1990)》在《中国地方志》本期全文发表。

8月25日～9月3日，中国地方志指导小组在新疆乌鲁木齐举行修改《新编地方志工作暂行规定》工作会议。这是经过半年多广泛征求意见的基础上举行的。会议制定了《新编地方志规定(草案)》，共分3章28条，待报请国务院批准后公布实行。出席会议的有：郦家驹、孔令士、诸葛计、姚秉南(上海)、刘凤仪(吉林)、魏桥(浙江)、姚熙麟、任平(湖北)、朱文尧(地协)、禹舜(湖南)、郭其泰(云南)、马子健(新疆)等。

8月26日，国家水利部人劳司发出[1991]78号文件，决定在《中国水利百科全书》主卷四卷已出齐的同时，开始编纂其副卷《中国现代水利人物志》。具体工作由水电出版社办理。

8月30日～9月4日，新疆举行地州市县志民族部类编纂研讨会。与会者一致认为，编纂新志书的民族部类，要认真贯彻党的民族平等、民族团结、互相帮助、共同繁荣的政策和维护祖国统一的原则。要反映各民族共同开发、建设、保卫边疆，创造和丰富祖国灿烂文化，维护祖国统一的历史事实和卓越贡献。要反映从古到今都是“汉族离不开少数民族，少数民族离不开汉族”的历史。要把历史上封建统治者的剥削和压迫与各民族群众之间的相互依存关系区别开来，要反映好新中国建立的新型的民族关系。会议还就若干具体问题进行了研讨。

是月，何惠明主编的上海《松江县志》出版。谭其骧先生称赞这部志书纠正了历代对松江县旧名华亭建制的错误。松江旧名华亭，本建于东汉建安二十四年(218)陆续封华亭侯始，但明清旧志错误地说是始建于春秋时吴王秦萝建华亭于此，为停留宿会之所，之后各种工具书以讹传讹。新《松江县志》作了纠正。还称赞专设的《松江府纪略》，妥善保存了民国元年撤除松江府以前元、明、清三代松江府和元以前这个地区的历史资料。这样做法，在县志体例上也是一个创新。

是月，凌崇征主编的广西《桂平县志》出版。桂平是太平天国首义的地方，是志中为18

位太平天国将领立传，同时还为一个拜上帝会的死对头立传，记载了太平天国起义初期的丰富史实，受到社会的广泛重视。出版时印3000册，定价37元，很快销售一空。至1993年，县志办就不得不将存档志书拿出来以应求购者之需。最后，县志办不得不设法从读者手中，以每本100元回收，才满足了一位大学教授的渴求。

按：志书出版后在两年内便成倍地升值，这在早期出版的志书中并不鲜见。《桂平县志》仅为一例而已。湖南一个县的志书出版时曾送笔者一本。不久，就来信说为了应急，愿以双倍价钱购回。

9月2～6日，城市区志编纂工作第三次协作会在宝鸡市金台区举行。这是在全国已有20多个省、直辖市、自治区的100多个大中城市的辖区开展区志编纂，并有14部区志出版的形势下举行的。会议着重研究了如何解决区志编修过程中遇到的一些带共性的难点，区志如何摆脱市志、城市志和县志的模式，使区志体例、结构更趋科学、严谨等问题。

9月4～6日，广西举行地区审稿工作会议，研究地区一级对所属县市志稿进行复审的相关问题。会议听取了桂林和南宁地区进行志稿复审的经验介绍。

9月7日，中共山东省委办公厅、山东省人民政府办公厅、山东省军区政治部联合发出关于征订《山东省志》的通知。

9月9～10日，河北省举行全省地方志工作会议，宋叔华副省长出席会议并讲了话。他提出了要保证质量，做到思想性、科学性和资料性的统一，要正确处理质量与进度的关系，提高方志队伍素质和依靠社会力量等修志五项原则，并规划了“八五”期间的目标和任务。会上，对省直13个编委会、28个编办室、81个先进个人进行了表彰。

9月13日，上海市长黄菊在上海市地方志编委会第四次编委、顾问(扩大)会上，发表《为新时期上海的建设和振兴编好新一代上海地方志》的重要讲话。他指出，上海正处在建设振兴的历史新时期，跨世纪工程浦东开发的宏伟蓝图已经设计，并已跨出了实质性的步伐。我们的目标是把上海建设成为外向型、多功能、产业结构合理、科学技术先进、具有高度文明的社会主义现代化的国际都市。上海地方志作为市情的载体，将在上海实现建设、振兴战略目标中发挥重要的作用，将有助于上海在各项建设事业中避免盲目性，克服片面性，这就是上海地方志为新时期上海建设应该发挥的功能。今后要继续发挥地方志的优势，激励全市人民爱我上海，爱我中华，振奋精神，同心同德，为振兴上海、开发浦东而努力奋斗。

9月25日，莫雁诗在是日出刊的《广西地方志》今年第5期发文，提出新县志中设立“资料索引”篇目的设想。文章从广西《宁明县志》和浙江《义乌县志》谈起，认为宁明的花山崖壁画，是绝世佳作，是宁明一宝，当人们想从县志中寻找对于崖画的研究情况，都有些什么文章，各发表在何处，只好空手而叹；义乌人才辈出，他们有大批对某个领域有着深远影响的著作，但到底有哪些，发表在何处，也无法查找。如果在新志书中设立“资料索引”一目，加以收集，就颇便读者，是功德无量的小工程。这个索引可以包括本县人在各个领域的著作，外地人对本县有关的著作等。

是月，吴奈夫著《新方志编纂学》由江苏科技出版社出版。是书与以往同类著作相比较，是更多地把视角投向了新方志的编纂理论。全书共10章，主要从宏观的角度对新方志的功能、属性与特征、指导思想、编纂原则、体例与篇目、专业志及其编写、资料工作、语言运用以及编纂的步骤与方法等方面作了较全面的论述。对每一个问题，作者都实事求是地罗列出方志界对该问题的各种意见，并提出自己的意见和理由，是非曲直，由读者评判。书中提出了"方志多源论"的观点，并认为新方志"已经成为一门独立的综合性学科"。书中还附录有概述、大事记及军事、民族等10种主要分志的编写法，有较强的指导性。

6～9月，武汉华夏地方志研究所与湖北广水市地方志办公室，举行了一次《应山县志》发行后的社会效益调查。做法是分两个阶段进行。第一阶段是抽样调查，共发出调查表120份，收回105份，从中抽取100份进行统计。第二阶段是进行典型调查，先后与20位读者进行座谈或访问。被访问者有公司经理、科技文化部门的干部、党政领导者、教师、法律工作者等。普遍的反映都认为县志在他们的实际工作中能用得上，尤其是县志所提供的基本地情，成为他们进行各自工作的依据和参考，有的称志书是自己工作的拐杖。

按：志书出版发行之后，作类似调查的他处也有。如四川《营山县志》出版半年之后，也作了同样的调查，了解读者对志书特点的看法、对志书的使用情况、反映志书中存在的不足。志办还注意从这些反映中总结经验教训。

是月，郭纯礼主编的云南省《红河县志》出版。侨居美国的戴受恩先生于次年4月回乡探亲时见到志书后赞不绝口，并高兴地说："很好！很好！海外华侨只要见到这本书，就知道解放40多年来人民生活的巨大变化。后代看到此书，了解到前辈出国谋生的艰辛史，就不会忘记自己的祖先是哪里人，不会忘记自己的祖国和家乡。"另一位侨居美国的罗小原先生，见到志书就一边买书一边说："我要带回美国，让我的儿女们看看家乡的变化，看看水贵如油的迤萨巴是怎样饮上自来水的。"

10月初，国家主席江泽民为《新编上海大观》题签。《大观》是新中国建立以来第一部全面、真实、简明地记载上海历史轨迹和当代发展的大型著述。全书达百万言，附有地图、彩页和串文图片、图表数百幅。是《上海通志》完成以前的一部简志。是书由江泽民、朱镕基、汪道涵、吴邦国为名誉顾问，钟民、陈至立、刘振元、林克为顾问，黄菊作序，卢莹辉任主编。

10月6～8日，河南省召开首届大中型工矿企业志研讨会。近几年来，河南省已有近百部大中型工矿企业志编印发行，成为方志园中的一个新志种。会议认为，大中型企业志全面记述了各工矿企业发展兴衰过程和方方面面的情况，可为企业领导决策提供历史的借鉴和现实的依据，为规划企业发展服务；工矿企业志是对企业职工进行厂史厂情教育的好教材，它可以激发广大职工的主人翁精神和责任心，提高他们的生产积极性和生产效率。代表们对洛阳炼油厂修志的经验给以了充分的肯定。

10 月 8～11 日，由中国地方志指导小组城市志指导组主持，在天津举行华北地区城市志质量研讨会，重点研究如何加强城市志政治部类的记述和如何搞好总纂的问题。会前华北地区的部分城市向代表们提供了 12 部政治部类志稿，会议收到论文 20 余篇。会议认为，当前一些志稿中，政治部类所记述的内容比较单薄，在全志中所占篇幅相对较少；记述政党社团、政权政协等的组织机构、职官更迭、会议、活动时，内容有些一般化，对中共组织的一些重大决策反映不够充分；对政治运动特别是长达十年的“文化大革命”的记述过于分散、过于粗，等等。同时认为，政治质量不仅仅只体现在政治部类之中，在经济、文化及其他部类的记述中，也有一个保证政治质量的问题。

10 月 15～19 日，全国第六次农业志工作经验交流会在济南举行。从会议汇集的情况看，近年来，各省市对农业志编修的力度有所加强。据与会的 26 个省、市、自治区统计，农业志的编纂人员已达 1849 人(专职 204 人)，具有高级职称的 647 人，其中不少是国内或省内知名的专家、学者和已离退休的老同志。江苏省集中 16 人(其中高级农艺师 15 人)，突击 4 年就拿出了送审稿；福建省实行“三农”(农业厅、农科院、农学院)结合，明确任务，合理报酬；湖南、山西的编志成果被授予科技进步一等奖；有些省考虑对志书编纂要求严、标准高，因而按出版稿酬标准的最高限支付；许多省将编志工作成绩作为晋升职称和评选先进的依据。会议主要讨论了“概述”的撰写和总纂等问题。

10 月 17 日，本届修志的倡导者胡乔木，在听取中国地方志指导小组秘书长郦家驹工作汇报时，对地方志工作作了重要的口头指示。内容归纳如下：

1.修地方志，一定要重视质量，不能只强调进度。地方志一定要写好，如果搞得不好，宁可慢一些，不能赶任务。

2.编写地方志必须具有严谨的学风，志书中任何一个门类都是一门专门的学问。人物志怎么写，也是一门学问，决不可轻视。

3.重视政治质量，要求不出政治错误，这当然是对的，当然重要。但是一部志书，如果仅仅没有政治错误，而这部志书整个质量很差，也是不行的，也还是个大问题。

4.我们说要重视质量，关键是人选要合适。地方上如果确有不合适的人选，地方志指导小组应当向省里提出来，要求撤换，否则地方志不可能修好。

5.搞地方志还是要靠学者。人员多了，有时不但起不了作用，反而会碍事。对于地方志我还是主张要由学者来管。从事地方志工作，还是要搞学问，要把它作为学术工作来抓。修地方志，官员不能多，这应当是一个做学问的地方。过去修志是一些很有学问的人去做的，它本身是一项学术性的工作。地方志写得好坏，还是应当由学者来鉴定。

6.地方志工作必须专业化，要培养一支真正有专业水平的队伍。要提高这支专业队伍的水平，不能只讲大道理，而是要讲小道理。每个门类究竟怎么才能写好，需要分门别类提出来，让大家都能明白，怎样算好，怎样算坏，要用具体事例来说明，这样才能让从事地方志工作的人打开眼界。现在要想些办法帮助编写地方志的人能真正得到提高。是不是可以考虑从旧方志中，选一些好的内容，选若干部分，选若干段，把它印出来，让参加修志的人看，让大家都知道，好的地方志应该是什么样，怎么才能算得上是一部好的志书。地方志指导小组应当运用发通报的办法，哪一部志书写得好的，可以通报全国；写得不好的，就要对它加以详细的、具体的评论，这种评论也通报全国。你们办培训班、讲习班，可以用这种通报为教材，让大家都知道怎么算好的志书，怎么就是写得不好的志书，现在不能只是空泛地讲志书质量问题。

7.所谓把关，首先是要把好人选这一关。没有合适的人选，那么这种地方的修志工作，徒然是浪费时间。

8.这些问题，到时机成熟的时候，可以考虑召开一次全国性的会议。到会的人不宜太多，把这些问题在会上提出来，要让大家都知道。

按：乔木同志的这些指示是很适时的，很有见地的，针对性也是很强的。当时办公室的同志均感到大受鼓舞。但正是因为他切中了当时各地修志绝少由学者来管，没有把修志当作学问来做，不是由学者说了算，与当时主要由“官员”来管，由“官员”说了算的体制不相吻合，竟致这次谈话内容都没有向全国公开传达，直到乔木同志逝世之后，才在《中国地方志》1992年第5期编辑部的一篇悼念文章《重温教导倍觉亲——沉痛悼念本届修志的倡导者胡乔木同志》中，才传向全国。其作用自然受到大大的削减。如果要总结全国第一轮修志，看来重温一下乔木同志的这些指示，是很必要的。

10月18～20日，河南省在沈丘县举行旧志整理学术研讨会。沈丘县志办在会上介绍了整理乾隆十一年(1746)本《沈丘县志》的经验。会中对旧志整理的指导思想、旧志整理的目的意义、旧志整理的方法等进行了讨论。其中在是否要作注释上展开了热烈的讨论。

10月20日，山东省地方志编纂委员会、山东省民族事务委员会、山东省人民政府宗教事务局联合发出《关于各级志书记述民族、宗教内容应注意问题的通知》。《通知》指出，目前史志编纂部门对民族、宗教内容的记述，总的说来是好的，但也存在一些不容忽视的问题。诸如将神甫称为牧师，基督教与天主教混淆；将新中国成立后基督教的“三自”政策记为“自办、自养、自传”或“自立、自养、自传”；将伊斯兰教三大节日误记为“大开斋、小开斋和圣人会”，有的则误记为“古尔邦节、大尔代节、小尔代节”等。有的将讹传记入志书，诸如“伊斯兰沿用回文、回历”，伊斯兰教寺内“供奉‘真主阿拉’”，甚至记述不符合党和国家的民族、宗教政策。因此提出要求：

一、认真学习和掌握党的民族、宗教政策，在编纂工作中自觉维护和体现民族团结、信教群众与不信教群众之间的团结，坚持资料性、科学性与政治性的统一，确保民族、宗教部类内容的政治质量。在编纂和审定过程中，要以党的民族、宗教政策为准绳，以准确可靠而又有入志价值的事实资料为依据，绝不可凭主观臆断或以似是而非的传说为根据随意记述；对把握不准和涉及民族婚姻、家庭、传统习俗、禁忌、宗教信仰、宗教生活等方面的内容，要征询当地民族、宗教工作部门的意见，必要时应送上一级部门审查。要按规范化的要求使用有关民族、宗教的称谓和术语，吸收国内民族、宗教问题研究的近期成果，参阅有权威性的工具书，以保证记述的准确性、科学性。对于旧史志中的有关资料，要按照党的民族、宗教政策加以分析、鉴别，有选择地科学运用，不能简单化地移植。不准使用对少数民族带有侮辱、歧视性的旧地名、旧称谓，不准使用伤害信教群众宗教感情的语言。正在编纂或正在审定的志稿，记述有关民族、宗教方面的内容要征得当地民族、宗教工作部门的同意；对已出版的志书，要进行自查，发现问题要设法纠正，问题比较突出的，要通过民族、宗教工作部门，向本地民族、宗教界人士说明情况，虚心接受批评意见和建议，求得谅解，并采取必要措施加以弥补，以挽回影响。

二、坚持政府修志的原则，加强编纂单位同民族、宗教工作部门的联系与合作。史志部门对把握不准的民族、宗教有关的内容，要主动征询民族、宗教工作部门的意见，以取得帮助与指导；民族、宗教工作部门要发挥政府部门的职能作用，增强参与意识，当好参谋，与史志部门密切配合，共同把好质量关。

10月25～29日，全国部分省(区)省志篇目研讨会在广西桂林举行。会议根据与会各省(区)的具体做法，归纳出省志编目有三种体式：(一)平列志目式，亦称“多志体”、“平列体”，一个事物设一专志(分志)，均一级平行排列，一般七八十个专志，分成若干大类，隐类于序，如广西等；(二)大志多篇体式，亦称“大志体”、“归并体”，按照“事以类从，类为一志”的原则归并为若干大志，下设若干平行的篇，在大志之首设概括全类、记述共性的综述篇，如湖北等；(三)适当归并式，即将某些性质相同或相近的事类做必要的归类，每类皆冠以综述，如湖南等。会议还就篇目的整体性，篇目的科学性与可行性，篇目的纵横，大事记的设置，总述、概述、绪言的编写，关于人物的记述、专志的记述等，进行了讨论。

是月，《朱士嘉方志文集》由北京燕山出版社出版。是书收集了朱老从30到80年代的著作100余篇，分为7大部分：一、关于《中国地方志综录》相关文章；二、关于《中国旧志名家论选》的说明与按语；三、方志、历史研究论文；四、序跋·书评；五、讲话·祝词；六、书目·文献研究；七、忆旧文章。有的文章和资料是今人很不易见到的，有的则是首次发表的。较好地反映了朱老的治学思想、治学经验、治学作风。后附作者未收入本书的著作简目、往来函牍和编者李泽的《朱士嘉先生传》。

是月，按照《新编地方志工作暂行规定》“民族(区域)自治地方的新方志，可以同时用汉文和本民族文字出版”的精神，全国首部以维吾尔文字出版的县级志书——《哈密县志》出版。该志上限起于东汉永平十六年(73)设哈密行政建置始，下限止于1983年撤县并入哈密市，全方位地展示了古丝绸之路重镇的独特风貌和今昔沧桑巨变。

是月，中国地方志指导小组办公室主任诸葛计为中国社会科学院历史研究所从江西永新县借得孤本秘籍——《颜山农先生遗集》一部。颜钧(1504～1596)，字子和，号山农，又号耕樵,江西吉安府永新县三都中陂村人,是泰州学派的重要传人、平民儒学的有力倡导者。50年代,我国著名思想史专家侯外庐先生在主编《中国思想通史》时,曾因找不到颜山农的材料而感到在学派系统中缺了一个重要的环节引以为憾。是书珍藏于永新县颜氏后人颜学恕先生家。80年代初得知存有此书后,多人欲求均未果。中国社会科学院历史研究所黄宣民先生亦是欲求者之一。一日偶与诸葛语及,诸葛遂与永新县志办主任龙飞先生联系。龙飞就商于颜老先生,先生高兴地说:"早就有心将此书公之于世,但对一些求借者不放心。现在是地方志部门出面索要,我放很心。"便同意借出。诸葛便与黄先生亲赴永新,由诸葛负责经手借出。经黄宣民先生整理、标点后由中国社会科学出版社出版,公诸学界。社会有识之士对地方志部门的如此信任和关爱,亦足为志界之慰矣。

是月,梅中生主编的江西《修水县志》出版。是志修纂中,挖掘出大量佛教五家七宗之一的黄龙宗的珍贵资料,从《黄龙宗恩禅院传灯谱》等史籍和遗迹、遗址的实地考察研究中,确认了黄龙宗发源于修水县黄龙山黄龙寺。志书将这些资料载入志书出版后,在国内外宗教界引起了轰动。日本佛教中单只黄龙宗就有15个支派,但黄龙宗始创于何地,长期以来一直未得解决。看到志书后,日本佛教界曾多批次派人来修水进行考察。我国佛教协会会长赵朴初先生看了志书和有关介绍文章后,认为很有研究价值,特批示中国佛教文化教育研究所,设立专门课题,对原先被忽视的黄龙宗进行重点研究。

是月,陈东辉在《浙江方志》今年第5期撰文提出,古籍分类中应增设"方志部"。作者认为,我国古籍历来都是按经、史、子、集分类的。清人张之洞在《书目答问》中增设了"丛书"一部,影响至广。目前正陆续分册出版的《中国古籍善本书目》就分为经、史、子、集、丛五部。随着时间的推移,鉴于方志数量、作用和地位都发生了不少变化,传统的分类法已难适应实际的需要,志书目录应从传统的史部地理类中分出,单独设立"(方)志部",与经、史、子、集、丛五部并列为六。

是月,胡礼舟主编的浙江《龙游县志》出版。是书前设卷首,后设卷末,志文为地理、政治、经济、文化、社会、人物、丛录7个部分,内设27个分志,志下依事物立目。改章节体为类目体,提要为纲。经济部类重宏观记述,并重社会文化的记述。颇不类于当前多数新志书中的重经济轻文化、使经济部类过于膨胀的做法。尤其是其文化和社会部分,对氏族和族谱的记述,相当翔实,受到志界好评。是书不设大事记,只在书末设"大事索引"。这种比较特殊的做法,为1995年9月出版的方山、池招福主编的浙江《台州地区志》所沿用。又,书中连续详载了咸丰间、同治间、光绪初、光绪中、光绪末、民国间、新中国成立后的米价,给人以资料完整的概念。是书还补了史载的若干之缺。如浙江历史上的书院,都认为"最早书院即是唐开元十一年(723)在越州(今绍兴)建立的丽正书院和唐隐士翁洮在寿昌建立的青山书院,这似乎是不移之词",在本志的《文化·教育》篇中,则记有南齐时人徐播之、颜延之在蒙山创立蒙山精舍。播之之侄伯珍入精舍就读,专习经史,成为名学者。又载唐时在县东九峰山麓建九峰书院，唐侍郎徐安贞、五代名僧贯休曾在此居读(见志书第344页)。

按：此就确实无误地说明，浙江的书院最早不始于唐，而是始于南齐时，唐时的浙江书院不止两处，起码是三处。

11月1日，河北省沧州地区行署交通局史志办金紫衡，于是日出刊的《方志研究》今年第6期发文，提出修志新八忌：一忌不懂装懂；二忌畏难而退；三忌急于求成；四忌妄自尊大；五忌人云亦云；六忌自相矛盾；七忌重叠互见；八忌词不达意。

11月4日，浙江省地方志编纂委员会获准建立，主任委员葛洪升(省长)，副主任委员许行贯、孙家贤，委员龚展怀、魏桥等13人。办公室设在省社科院，办公室主任魏桥(兼)。

11月7日，上海市地方志审定委员会举行会议，通过当前工作的若干意见，包括任务和权限、委员分工、工作方式、验收程序、逐步扩大委员会人数等共5条。

11月7～9日，由北京、河南等六省一市倡导，全国19省、区、市代表参加的“志坛诸老学术思想研讨会”在江苏徐州举行。会议重点是缅怀中国地方志指导小组领导和成员曾三、梁寒冰、董一博、朱士嘉、李志敏、牙含章等志坛六老对新方志事业的特殊贡献，学习他们的方志思想。会议认为，新方志的编纂始于中华人民共和国成立之后。迄今分为前10年和后10年两个阶段。前10年是50年代中叶至60年代中叶，全国有20多个省、市、自治区500多个县着手编纂新方志，但只形成一些初稿，成书者极少。加之“左”的思想影响，这些志稿的质量较差，可以说都不大合格。后10年是从1981年至今，这后10年的新方志编纂，是在曾三、梁寒冰、董一博、朱士嘉、李志敏、牙含章等志坛诸老的具体领导下开展的，全国不但普遍建立了修志机构或修志指导机构，组成了一支规模宏大的修志队伍，而且问世了一大批新方志，开创了中华民族方志编纂史上的新纪元。回顾历史，不能不缅怀志坛诸老对新方志事业所作出的贡献。一、他们都强调编修地方志必须以马克思列宁主义、毛泽东思想为指导。二、他们都十分重视对旧志体例的改革创新。三、他们都特别强调要保证志书的质量。四、他们都十分重视方志理论的研究和普及。会议中的发言，在充分肯定诸老对新方志的贡献后，也提出了他们在指导新方志编纂时存在的不足。一、对新方志的估价不宜过高，这是对的，但估价过低也是不对的，因为不符合实际。对新方志的不同体例，应提倡自由竞争，不宜由负指导责任的同志去评判某种模式最佳、某种模式最劣。二、对政治方面的编写问题，在修志之初曾存在着集中写与分散写两种不同做法，本是正常之事，后来却要求全国都要按照“三宜三不宜”的方法办，政治运动都编入大事记，实践证明效果并不佳。部分志书中政治部类写得较为单薄，与此不无关系。三、硬性规定志书字数并不符合实际。四、提高志书质量的重心问题，较长时间内注重形式方面，而忽视了具体内容的记述。这个偏颇近数年才有所纠正，但仍不足。

11月8～9日，山东泰安市政协副主席喻衡带领部分政协委员对市地方志工作进行考察。考察后对已取得的成绩给以肯定，同时指出，在第一届志书接近完成之时，应及时确定志后工作任务，按照“机构不撤，工作不停，只准加强，不准削弱”的要求，把修志事业持续不断地推向前进。

11月14～16日，内蒙古自治区地方志资料、刊物第一次工作会议在呼和浩特举行。要求各刊物中必须大量刊载新方志评论方面的文章，搞好新志书评论，一是扩大社会影响，让社会知道志书的作用和价值；二是总结经验教训，为后来者提供借鉴。

11月19～21日，福建省地方志编委会举行工作会议，传达贯彻全国地方志1991年年度工作会议精神，总结本省近年来的修志情况，制定“八五”期间全省修志规划并部署当前工作。副省长陈明义就修志工作作了重要讲话，要求进一步切实加强对地方志工作的领导，确保质量，加快修志步伐，加强修志干部队伍建设。

11月27日，北京市地方志编辑办公室制定《北京志篇目(试行)》和《北京志编纂实施方案(试行)》，下发各区、县和各委、局、总公司地方志办公室，要求“抓紧制定篇目，落实修志任务”。

11月27～29日，湖南举行全省地州市志政治部类志稿评研会，围绕湘潭市志共产党篇和政务篇的“政务纪要”，对政治部类志稿的记述问题展开了深入的研讨。会议形成了三点共识：(一)地州市县志均要设党的重大政治活动纪要和重大政事纪要；(二)要以《决议》为准绳，记述好成绩与失误；(三)记述方法不应拘于一格。

11月29日武汉市举行地方志第七次编纂工作会议，研讨《武汉地方志事业十年(1991—2000年)发展规划》。

是月，江泽民总书记到浙江视察工作，在杭州、绍兴等地均提出要看当地新编的地方志书。

是月，李明、薛兴祥合著《方志管理学》出版，这是本届修志中出版的第一部方志工作管理方面的专著。是书基于新方志编纂与旧时修志有很大的不同，由于现代经济、社会的迅猛发展，分工日趋细密，编纂方志的工作，已经成为一项需要社会各方面、全方位协作的系统工程，决策和组织管理的科学性已十分迫切地提到了日程上。它关系着资料征集能否准确完备，编纂工作能否高效合理；关系到新方志质量能否得到有效保障，以及社会效益能否充分发挥等一系列重大问题。本书的研究对象，包括组织领导、决策规划、修志指导、人事管理、质量管理、效益管理、修志机构自身管理等。江苏省社会科学院院长盛思明为之作序。

12月2～3日，《沙市市志》第一卷(包括总述、大事记、建置沿革、自然地理、人口、城建环保、水利堤防、交通邮电等八个部分)评审会在武汉举行。《湖北省志》常务副总纂、地市州志评审委员会副主任密加凡在会上指出，“除了《总述》、《大事记》以外，《建置沿革》记述的范围也很广泛，写成了沙市城市建设史略，也起了纲的作用，这就成了‘三纲’”，“沙市志志稿的‘三纲’，可能是个创造”，“志稿的总述采取综述历史的办法很好”。

12月4～6日，浙江举行修志十周年理论讨论会。会议回顾浙江修志十年的历程，认为本省实行的“三级修志，从县做起”，“省志编纂，先简后全”的路子完全符合浙江的实际。在讨论已出版志书中存在的问题时，会议认为，经济、政治、文化“三块”乃志书的主体。经济是中心和基础，有所侧重是必要的，但不能倾斜过度，有失偏颇；在纵向记述中，坚持详今略古，重在记述新中国建立以来的史实和现状，然而略古又应明古，不能忽古，尤其不能忽视对民国时期经济、政治、文化等方面的记述，否则中国所以发生革命的因果不彰，社会发展阶段和时代更迭的规律不明，有违马克思主义历史唯物论的观点。魏桥在《方志学建设思考》的讲话中，讲了方志学建设的简略回顾、方志究竟是不是一门独立的学科、方志学的研究对象、方志学应包括哪些内容、方志工作的管理、方志学与其它学科的关系、地方志与其它资料书的关系、方志的应用、如何建立方志学等 9 个问题，并提出了要建立理论方志学、历史方志学、编纂方志学、管理方志学和应用方志学的任务。

12 月 5 日，上海召开第五次区志编纂协作会，中心是城市区志篇目的设计问题。徐汇区代表认为，篇目设计的科学合理，研究理论和认识地情特点是基础。闵行、黄浦、普陀、杨浦、卢湾等区，都各自介绍了篇目设计和修订的经验及体会。

12 月 9～11 日，四川省举行省志分志概述研讨会。会议就已经先行写出的冶金、邮电、电子、卫生、司法、金融、轻工、盐业、商业等分志的概述送审稿进行了评议，就相关的问题进行了讨论，在一些主要问题上取得了共识。

12 月 11～13 日，湖北省地方志学会 1991 年学术年会在武昌举行。会议以方志总纂问题为中心，就方志相关的问题进行了全方位、多角度的探讨。密加凡着重就省志“纪纲志类，以纵领横”等五个问题发表了系统的看法。“纵”是综合的纵，是从整体上的纵，“横”即是分陈，这里的核心是以纵领横，而不是纵、横脱节。怎样处理纵横关系，可以分为晚清、民国、新中国成立后三大块，分期先纵后横，亦可新中国前纵，新中国成立后横，还可以纵横通陈(即综合和横陈部分均从上限一直写到下限)，这些都是以纵领横的具体方式。这些看法，对湖北省的新志书产生了重大的影响，以至使湖北省不少志书都是“纵述历史，横陈现状”，成为湖北志书编目上的一大特点。

12 月 11～14 日，全国铁路局史志工作第四次协作会在上海铁路局举行。会议重点交流了提高志书质量的经验，如哈尔滨局强化质量意识，消除志书“硬伤”，兰州局大事记的编写，柳州局对史实、数据反复考证等经验，都对与会者有所启迪。

12 月 14～16 日，福建省地方志学会举行学术年会。会议认为，就福建而言，当前大有加强修志理论研究和加强修志干部队伍建设的必要。

12 月 19～20 日，四川省举行市地州志办主任会议，除了肯定一年来的工作成绩之外，还提出了当前值得重视和需要解决的五个方面的问题：一是有的领导尚未认识地方志工作的意义，人、财、物等修志工作基本条件还未解决好，有的地方志书完成就撤并机构、抽走人员；二是修志人员有急躁情绪；三是一些地方对志书总纂缺乏指导，还有的把关不严；四是志书质量不尽如人意，有待进一步提高；五是出版困难多，缺乏经费，联系不便，质量难以保证。会议还就四川省《进一步加强地方志工作的通知(征求意见稿)》进行了讨论。

12月20～24日，全国民族志指导组第六次(扩大)会议在海南省通什市举行。会议重点讨论了提高民族志质量中应把握好的几个问题：一是政治质量，要全面贯彻党的民族政策，把政治性和政策性统一起来，做到思想性、科学性、资料性的统一，使志书具有权威性；二是关于族源问题，作为省、自治区(含自治州)的民族志，认真记好族源是应该的，而对于县的民族志(或篇)，则重点记述从何时迁入本县的有关状况，一般不必追述太远，只有某一民族确系起源于该县时才记族源；三是注意突出民族特点；四凡涉及近现代民族斗争的历史事件及历史人物，既要尊重历史，确保志书的严肃性，又要充分考虑特定的社会条件和历史环境，从民族团结的大局出发，从稳定安定团结的政治局面考虑，采取审慎态度。一要重点记述好新中国40多年来，各民族在政治、经济、文化、科技、教育方面所发生的巨大变化，取得的伟大成就；二要如实记述前进中的挫折和曲折发展。

12月21～26日，云南举行沿边地州市县志编撰研讨会。会议着重研讨了关于边贸、边界和对外交往、保密、土司等问题上的处理原则(内容颇详)。《云南方志》1992年第1、2期，先后发表了参加讨论会的7篇专门论文，进行介绍。

12月23～25日，北京市举行高等教育志编纂研修班，北方交大、北京大学、北师大的代表分别介绍了本校的修志情况和经验。

12月24～26日，广西地方志协会第二届第一次会员代表大会暨1991年学术年会在南宁举行。除理事会报告工作之外，实行了换届选举，产生了第三届理事会，修改了《广西壮族自治区地方志协会章程》。年会共收到论文98篇，除7篇在会上进行交流外，决定出版年会论文集。

12月31日，云南省永德县志办接到本县50岁农民李瑞山报送的一块古生物化石，这是距今约2.5亿年的生物，对研究永德远古地质史，具有重要的物证价值。

是月，江西省志办主任王田有在《江西方志》今年第6期发表《谈志书政治部类体例的改革》一文，认为志书政治部类按横排竖写的原则排列有个通病，即分不清不同阶级属性的政治和政权。在同一个篇章的标目下，把晚清、民国、中华人民共和国的事物跳跃式地混在一起，不仅眉目不清，煞是混乱，而且很难分清是非、敌我。因此，他提出“政治部类是不能横排竖写的，应该是按历史分期，只横排不竖写，眉目就清楚了”。这个意见他早在一次全国性的会议上提出时，就引起了热烈的讨论，不少人提出了不同的看法。

是月，由杨大辛主编的《天津简志》出版，这是全国省一级的第一部简志。

是月，马悦龄主编的天津《武清县志》出版，是书的特殊做法是设立《政情要略》卷，从解放战争记起，按不同时期分章、节，直记到改革开放新时期，从而探索了长期争论的“历次政治运动”的记法问题。

是月，治淮委员会在连云港市召开《沂沭泗河道志》评审会，不幸宾馆发生火灾，与会的有12位专家和代表遇难，2人受重伤。

是年,《冈志》由北京出版社出排印本,共 20 章 2 万余字。是志是专记北京回族聚居的牛街地区的历史、地理及风土人情,是我国旧志中唯一的一部街道志书。于乾隆初年由康雍乾三朝御医赵士英撰成。“冈”或称“冈上”,是指今日北京市西南的牛街及其附近的几十条胡同。冈上地区就是以牛街为中心的牛街地区,是北京最大的回民聚居区。是志最大的特点:一是人物传记部分载录了 80 余位回族人物,包括各行各业有功名者、居官者、学者、科学家、宗教师、富豪、技工等,一部志书中载有七八十位回民的事迹,内容之充实,前所未见;二是对伊斯兰教的宗教活动记录十分详细,有宗教师的传记,有清真寺的情况,有伊斯兰教活动中不同派别的争议;三是记述了牛街的商业特点,有绝好的经济史的资料。是书成稿之后仅有抄本流传,历经坎坷,至是始正式印行。

是年,辽宁省地方志学会、辽宁省档案馆合编的《“九一八”事变图志》由辽宁人民出版社出版,这是又一部历史事件的图志。

是年,江苏省南通市人大常委会第 21 次会议,审议了 13 位代表提出的《关于加强地方志工作的领导的议案》,作出了《关于加强地方志工作的决议》。《决议》要求 1992 年底以前基本完成《南通市志》初稿,并将这一决议作为七届政府任期目标。市政府为此要求采取切实措施,将修志任务分解落实到各分志部门,签完成责任书,定期检查考核。

是年,《广西方志物产资料选编》出版。该书由广西壮族自治区通志馆旧志整理室编辑,辑录了 1949 年以前所纂修的属广西现行政区划的通志、府志、州志、县志共 97 部中的物产资料,并对原志书中的疑误之处,作了考辨订正。

是年,鉴于地方文献及史料久未整理与编纂,学术界批评 1962～1990 年为台湾地方文献工作的“断代期”、“空窗期”,台湾省文献委员会召开台湾省各县市文献业务座谈会,将地方志编撰再次提上日程。

从 1989～1991 年,江苏省扬州市连续三年将地方志工作列入政府目标管理。1989 年,市长、市志编委会主任在全市地方志第二次工作会议上明确宣布:“要把地方志工作作为政府和部门工作年终考评的内容之一,方志任务未完成的,不能评先进单位。”“市县地方志办公室都要归口政府序列,实行目标管理,方志办解决不了的问题,政府要帮助解决。”1990 年,市政府制定的 40 项奋斗目标中,方志工作被列为第 34 项,市政府还专门下文,要求市直各单位要把修志工作列入本部门、本单位的年度目标,规定了完成任务的时间,并把各单位制定的目标分解表打印成册,录以备考。1991 年初,市政府仍要求将方志工作列入政府目标和部门工作目标。3 月初召开的市人大二届四次会议上,市长的《政府工作报告》中,两次提到地方志工作,提请出席会议的人大代表讨论通过,使方志工作进入政府目标管理与人大法制监督相结合的轨道。

是年,共出版三级志书 188 部(种),其中:省志分志 41 种,地市州盟志 21 种,市县旗志 113 部,城市区志 12 部,特区志 1 部。

一九九二年

1月3日，中国地方志指导小组成员、中国科学院、国家计委地理研究所研究员、原所长、我国著名地理学家左大康逝世，终年66岁。左氏30多年来，致力于我国的地理学研究，在不少重大理论领域取得了重要成就，在地理学为农业和区域整治服务方面尤其作出过突出贡献。主编论著11部，发表论文100多篇，带动了全国地理学的发展，提高了中国地理学在国际地理学界的地位。1985年任中国地方志指导小组成员后，对推动第一代社会主义新方志的编纂工作开展，作出了应有的贡献。

1月7日，大型《黄河志》在人民大会堂举行新闻发布会。是志由黄河水利委员会组织编写，以黄河治理和开发为中心，用大量丰富翔实的资料，全面系统地记述了黄河河情。全书共11卷，500多万字，图文并茂。分为大事记、流域综述、水文志、勘测志、科学研究志、规划志、防洪志、水土保持志、水利工程志、河政志、人文志等。第一批先行出版的3卷是《黄河防洪志》、《黄河规划志》和《黄河大事记》。李鹏总理为全书写了总序，国务院副总理田纪云、全国政协副主席钱正英分别为《黄河防洪志》和《黄河规划志》作序。

1月15～17日，云南省举行1992年度地州市地方志办公室主任会议。鉴于目前全省已进入以总纂和审查验收为中心的新的发展阶段，针对志书编纂中普遍存在的一些质量问题，省地方志办公室拟采取相应的形式，对这些问题开展研讨。同时，拟在全省范围内遴选地州市县志稿审验人员，进行审验。

1月17日，上海郊区10县第一代社会主义新方志全部编纂完成。市地方志编委会与市农村工作部，于是日联合举行总结表彰大会。

1月18～20日，云南省方志学会召开学术年会，重点研究志书总纂问题。

1月23日，《湖北省志》举行第6次总纂工作会议。会议认为，第5次总纂工作会议以来，省志总纂工作进展较为顺利，成绩显著，正式出版了专志3部，完成总纂7部。这些专志坚持了省志体例的原则性和灵活性，既坚持了省志体例，又在表现形式上不拘一格，反映了事物的发展规律，体现了专志特点，提高了省志总纂质量，加快了总纂进度。会议提出 1992 年要在第 5 次总纂工作会议的目标下，加快进度，争取 1992 年定稿 10～12 部，并制定了相关的措施。

是月，黑龙江省柳成栋整理的《依兰旧志五种》由内蒙古文化出版社出版。是书汇集了《三姓山川记·富克锦舆地略》、光绪《三姓志》、民国《依兰县志》、伪满《依兰纪略》、《依兰开发略记》等 5 种依兰地方志。

是月，江苏常熟市吴市镇建立由镇人大主席为领导小组组长的地方志办公室，配备 7 名工作人员。这是该市建立的第一个镇级地方志办公室。

2 月 21～22 日，江苏省召开资料整理与年鉴编写研讨会。鉴于一些志书已经出版或通过评审，正面临着资料整理和年鉴编写的任务，故召开专门的组稿和研讨会。会议着重研究了志书完成后文件资料归档和资料整理、方志资源开发利用和编写年鉴等问题。

2 月 22～24 日，福建省举行地级市修志座谈会。会议结合一些市已经提出的篇目，集中讨论了城市志篇目结构如何掌握宏观、确保政治质量、反映新生事物、体现城市特色、处理好市带县、继承传统与创新等问题。

2 月 26 日，湖北远安县人民政府决定开始《远安县志》的续修工作，并发出《关于认真做好〈远安县志续篇〉编纂工作的通知》，要求各部门于今年 8 月底以前，将部门志稿交县志办公室进行总纂。这是湖北省内就新县志续修发出的第一个文件，在全国也是较早的。

2 月 27 日，贵州省举行《贵州省志·汉语方言志》编纂工作会议。出席会议的除省志办的相关领导外，还有本志顾问、贵州大学教授、省语言学会名誉会长蒋希文，贵州大学教授、省语言学会会长王锳，贵州大学校长、省语言学会副会长、副教授张耿光，贵州大学教授、省语言学会原副会长刘亚光，以及贵州大学、贵州师大、贵州民院、贵州人民大学和各地、州高等学校从事汉语言学教学的副教授、讲师等共 19 人，共同研究了志书的指导思想、计划、大纲、框架设计、调查提纲和具体分工等相关的问题。

是月，欧阳南轩在《史志文萃》今年第 1 期发表《对当前方志问题的几点思考》，其中提出，评价一部志书优劣的最基本标准不在其他，而在史料的客观实在性程度。如果要把观点是否正确当成评价志书好坏的基本标准，那么就一定会出现为某一事物达到一种所谓定型观点去寻求素材的情况，与这个观点相适应的就采用，甚至“引进”、臆造，反之就丢弃。这样志书就会出现全国统一的一个政治化公式：解放前一片黑暗，解放后一片光明，“文化大革命”一事无成，十一届三中全会以后一帆风顺。

是月，莫辛麟主编的广西《恭城瑶族自治县志》出版。是志在农业水利章中专设“失误工程”一节，记述了 1959 年县委决定将 1958 年动工的峻山水库设计的石砌溢流坝方案改为土坝重新施工。修成之后，至 1977 年 6 月 10 日崩垮，造成国家和人民群众生命财产的重大损失，是一项失误工程。总结其失误的原因有三：一是领导不从实际出发搞瞎指挥，盲目上马；二是制度不健全，管理不善；三是施工工程设计不合理，缺乏科学性。志书这样记述，体现了实事求是的精神，便于后人借鉴历史，总结教训，颇获志界好评。

按：作如是记述的，广西新志书中除了本志外，还有1988年6月出版的《宁明县志》，该志在其水利志之末，附了一个《报废及垮坝工程》的附录，以近2000字的篇幅，记述了6个报废及垮坝工程。不仅记了工程的基本情况，还逐个追记了导致报废和垮坝的原因，使后人可以从中吸取历史的教训。

是月，刘纬毅著《中国地方志》一书由新华出版社出版。是书为“神州文化集成丛书”之一，编列于丛书集成“教育与文化类”10部著作之中。全书由3部分组成：第一部分为“绪论”章，分5节阐述方志的名称、种类、性质特征、功用及现存方志情况；第二部分为“方志的源流”5章，分述“初创时期”（汉晋南北朝）、“发展时期”（隋唐五代）、“完备时期”（宋元）、“鼎盛时期”（明清）、“嬗变时期”（民国）的情况；第三部分为社会主义新方志。评论者认为，这是一部“厚积薄发，文约事丰，不愧是志人书志事”，辞简而畅、理清而新的佳作。

3月12～14日，贵州省第五次地州市地方志工作会议举行。会议特别强调志书出版一定要坚持质量第一的原则，保证志书质量的关键在于领导的重视和编纂人员的努力。志书后期的修改工作，要力避粗糙、急于成书的倾向。最后的把关要防止6种偏差：一是体例混乱，布局失当；二是史实失真，数据矛盾；三是冗文泛议，篇幅膨胀；四是载入琐闻小事，自贬其值；五是交叉重复，枝蔓横生；六是虚托攀附，滥收辞章。

3月14～15日，《江苏地方志》编辑部组织召开乡镇志编写专题研讨组稿会。会议交流了乡镇志编写经验和如何进一步提高乡镇志质量等问题。会后该刊组发了一组（9篇）论文。

3月16日，国务院对中国社会科学院《关于加强全国地方志工作领导的报告》作出批复。先是中国社会科学院认为，由于新志书记述的内容包括地方政府的政务和所辖各部门的业务，只有由政府主持，修志机构才能具有行政上的权威性。目前，中国地方志指导小组毫无行政权威可言。中国地方志指导小组由中国社会科学院代管的体制，与各地政府主持的修志机构，性质上很不协调。几年来，各地对这种领导体制对修志工作的消极影响，反应十分强烈。报告建议加强领导，改变目前的状态：一、由分管意识形态、文教工作的国务院领导同志兼任中国地方志指导小组组长，国务院分管文教的副秘书长兼任副组长；二、中国地方志指导小组或重新组建，或在原有基础上调整、充实，重建或调整充实后的指导小组隶属国务院领导，其办事机构委托国务院所属有关部门代管，经费由财政部直接拨付，编制和经费予以适当增加；三、组织力量及早制定、颁布新编地方志工作条例。国务院的批复为：“目前重建或充实地方志指导小组、调整其代管单位的条件尚不成熟”，“中国地方志指导小组的成员及管理体制暂维持现状，其重建或充实成员、调整代管单位的问题，待条件成熟时再议”。

3月18日，广西壮族自治区地方志编委会向自治区人民政府上报《关于加强五市修志工作的意见》。该报告中提出：要切实加强五市对修志工作的领导，把修志列入各市人民政府的工作内容，采取措施，抓紧落实；调整充实各市地方志编委会，在近期内认真选配好符合条件的主编、若干名副主编，以利于搞好总纂工作；建立市志审稿小组，加强对志稿的审查；充实业务人员，加强修志力量；制定规划，落实措施。3月24日，自治区人民政府办公厅转发了这个报告，请五市政府“贯彻执行”。

3月25～28日，福建省部分县市新编地方志政党篇编写研讨会在南平市举行。会议肯定了提供讨论的10部政党志稿所取得的成功和经验，也指出了存在的问题。会议对当前志书编纂中遇到的重点、热点和难点进行了讨论。

3月27日，中国地方志指导小组办公室转发新疆维吾尔自治区政协副主席、自治区地方志编纂委员会第一副主任富文关于如何记述省(区)界纠纷问题的意见。富文意见的中心为，“记述这类问题，总的原则是，要有利于团结和稳定。不能抱着打官司的态度记述省(区)界纠纷”，“具体地说，第一要内外有别。有争议可以内部谈，不能在公开出版物上争吵，不能为国内外分裂主义势力提供‘炮弹’”。第二有利于省(区)之间的团结和民族团结。第三要有利于维护中央的威信。这类问题的记述，宜粗不宜细，宜略不宜详。指导小组办公室的转发《通知》称：“地方志是记特定行政区域范围的人、事、物的专门著述，历来就有‘不越境而书’的传统。因而弄清本区域的确切地域范围，是编纂该地区志书需要解决的首要问题。但是，由于历史上行政区域的时有变动，以及其他的一些原因，在个别地区往往留下一些归属不清，争议不决，甚至长期存在划界纠纷的情况，给编纂新方志带来一定困难。这些争议往往又与民族等其他一些问题纠缠在一起，具有敏感性，因此处理起来要特别慎重。新疆维吾尔自治区政协副主席、自治区地方志编纂委员会第一副主任富文同志，就如何记述《新疆通志・民政志》中涉及与青海的省、区界纠纷问题所谈的意见是对的，他所提出的几条原则，对各地处理类似问题有参考意义，现转发给你们作参考。当然各地情况千差万别，遇到类似问题时，首先要请示当地党政领导，根据实际情况处理。”

3月31日，河南省地方史志协会成立中原族史学术委员会。李之放为名誉会长，李振华为会长，副会长有杨静琦、郭颖生、王之勤、蒋相炎、刘翔南，委员共46人。确定中原族史研究内容包括：一、关于某姓的起源和形成，即源于何时、何地、何人；二、某姓氏的支和流，分支及其迁徙分布、演变情况；三、各姓历史上和现在的名人及其对中华民族历史发展的贡献；四、国内外有关组织(包括宗亲会、联谊会等)、活动情况及与中原地区的联系。会议部署广泛收集姓氏方面的资料，组织有关专家开展姓氏史的研究。至1994年，先后组织编写、编辑出版了《中原寻根》、《弘农杨氏》、《荥阳郑氏》和《中州今古》的寻根增刊。分别举行了“全球杨氏寻根访祖活动”和“纪念郑桓公立国2800周年”等活动。

是月，刘宗泽主编的山东《桓台县志》出版。是志与众不同的做法是，在《政权・政协》、《军事》两篇中，改变了常见的按历史顺序排列法，先记人民政权、人民军队，然后再记清代、民国间的旧政权、旧军队。在经济部类中，引进“第一、二、三产业”的理论，开了以“第一、二、三产业”来划分并记述经济结构变化的先河。

是月，臧级三主编的安徽《霍邱县志》出版。是县的地主庄园李家圩，是全国闻名的地主庄园，占地20余万亩，分布在安徽、河南两省五县，面积居全国地主庄园之冠，其政治势力仅次于四川大邑县的刘文彩。志书将这个庄园单列一志，分庄园建筑、地主经济、地主武装、政治势力、腐朽生活、结局六个部分，分别记述了从清咸丰初年发迹到民国三十八年灭亡的百年历史。在全国志书中具有典型意义。

是月，徐海泉主编的湖北省《老河口市志》出版。是志所载中国实行厘金制的时间，比传统说法提前了26年。

4月13日，浙江省地方志编委会举行第一次会议，由编委会主任、省长葛洪升主持。会议讨论了浙江修志中的8个问题，其中关于省志的编纂，同意可以搞两种本子：一是编一套“浙江省志丛书”，由省地方志编委会统一制定方案、体例、规则，由各部门以专业为主体组织编纂，最后审定出版；二是编一部精编本《浙江省志》，着重从总体上系统记载浙江的历史和现状，要求内容充实，文字精练，成书时分上、下两册，以便于使用。这样一详一简，可以根据需求应用，以真正发挥志书的功能和作用。

4月27～28日，黑龙江省举行《黑龙江省志·社科联编》志稿评议会。会中对什么是如实地、实事求是地记述历史展开了争论：一种主张，要真实地、全面地、客观地记述历史，当时怎么认识就怎么写，不能用今天的观点写昨天的历史；另一种主张，历史的事实是不能任意变更的，但对历史上各种事件的对与错、是与非，则必须用今天的新认识加以分析，弄清哪些是对的，是经验，应该接受和保持，哪些是错的，是教训，要给予批判和改正，这才是对待历史的科学态度。如果怕否定自己工作的成绩，不敢去认识历史上曾犯的错误，那就谈不上接受教训、改正错误；在记述这段历史时，也做不到“真实”、“全面”、“客观”。多数人倾向于后一种意见。会后下发了通知。

是月，《傅振伦方志论著选》由浙江人民出版社出版，是为作者的第24部方志著作。

是月，《青州市村镇大观》出版，这是《青州市志》的姐妹篇，全书124万字，详记了青州36处乡镇、1096个村庄的政治、经济、文化、风土人情等。

是月，朱保和主编的上海《宝山县志》出版。是志设有《御侮志》专卷，分3章详记了抗倭、抗英战争，“一·二八”淞沪抗日战争、“八一三”淞沪抗日战争。在全书的照片部分，把抵御外来入侵战争的历史照片40余幅冠于彩色照片之前，是难得的爱国主义好教材。

按：据笔者所知，是编编名曾经过了一个“攘外志”——“外侮志”——“御侮志”的变化过程。修志者们在探索中，逐步明确了本卷不能只写敌人对我们的残杀欺凌，而应把在民族抗争中中国人民的浩然正气和光荣传统记述下来，以颂扬先辈业绩。既要写敌人入侵的无理，又要写国人抗敌的决心；既要写战争的惨烈，又要反映军队在艰苦条件下忠心报国的气概；既要写敌人的残暴，又要写中国人民不畏强暴、奋起抗争。这一卷不应当记述成单纯受屈辱的灰色场面，而要写成吹响火红战斗号角的民族正气歌。故而最后用了“御侮”的编名。这比两年前出版的《金山县志》的《外患编》，又前进了一步。

是月，山西省社会科学院家谱资料研究中心所藏《中国家谱目录》由山西人民出版社出版。是书收录了该中心所藏中国家谱缩微胶卷776盘，著录姓氏511个，家谱共2565种。

5月6日，国务院副总理田纪云在郑州接见《黄河防洪志》编纂工作人员，并为《黄河志》编纂工作题词：“编好黄河志，为认识、研究和开发黄河服务”。

是日，安徽省地方志编委会，经省人事局同意，决定授予在修志工作中作出了突出贡献的寿县地方志办公室孙子连、潜山县地方志办公室华日精、省电力局《电力志》编辑室梁华龙三人“安徽省地方志系统劳动模范”称号。

5月6～11日，全国建设系统专业志编纂理论研讨会在上海举行。会议收到论文25篇，主要讨论了建设系统专业志的地位问题；当代建设系统专业志的主脉与中心问题；新方志中贯彻运用略古详今、以事系人、人物入志、志书中的文化教育性与资料性等原则问题。上海市建设系统做了经验介绍。

5月20日，在中共中央宣传部等于北京举行的精神产品生产颁奖会上，黄河水利委员会编的《黄河防洪志》(袁仲翔总编)获1991年度精神产品生产“五个一工程”奖。

5月25～29日，武汉华夏地方志研究所召开第三次市县志编纂经验研讨会，主要研究新方志质量与社会效益问题。会议认为，新志书质量与社会效益之间，具有统一的不可分割的关系。因此必须注意新志书的质量。要全方位、多角度地理解志书质量。在注意志书质量的前提下，要注意志书社会效益的发挥，这是志书出版后的首要任务。实行志书质量和社会效益的跟踪调查，应该是“方志工程”的有机组成部分，是方志工程的最后一道工序，是不可不搞的。

5月27日～6月1日，城市区志上海协作组研讨会在上海普陀区举行，会议以如何充实城市区志政治部类的内容和提高中国共产党志的政治质量与科学水平为中心议题，同时对东道主的《普陀区志·中国共产党》卷和《专记》卷初稿进行评议。

是月，周万兴主编的新疆《呼图壁县志》由新疆人民出版社出版。是书除了立场观点鲜明、记述实事求是、体例上有所创新的特点外，其文化卷的文物古迹章《康家石门子岩画》一节，尤其令人注目。其中细致、生动地记述了国内及世界上罕见的生殖崇拜岩画，对岩画雕凿的时代与民族做了分析，并指出岩画为中外学者研究原始思维特征、宗教起源、原始生活，以及民族学、考古学、原始舞蹈、雕刻艺术、中亚古代文明和塞种人的历史、民俗、服饰等，均提供了宝贵的资料。

是月，江苏省《周庄镇志》出版。是志始修于1987年。周庄农民的传统副业是挖田掼土坯，长期以来造成良田日益减少，耕地高低不平。且这种原始的体力劳动，又与镇村工业争劳力,成为发展农村一个不稳定因素。镇政府也曾加以限制,由于没有其他副业吸引农民,故收效甚微。镇志办将修志中集中的周庄历史上曾种桑养蚕,沈万三父子致富之由,便是将周庄的农产品及丝绸等货物转运到浏河出海贸易,说明历史上曾有种桑养蚕之举。六十年代也曾从浙江引进桑苗。镇政府根据这些历史资料果断作出“以桑代坯”的决定,发展外向型经济,果然成效显著。至1990年底,全镇种桑5000亩,1992年全镇三季蚕茧总产量达6078担,每户平均收入877元。缫丝厂建成后,实行“蚕丝一条龙”,生产服装150多万件,创产值3200万元。大批桑园的建立,还大大地改善了自然环境。

6月2～6日,全国14省(区)省志研讨会在广西南宁举行,相关省(区)地方志编委会及办公室和省志专志编修者共200余人与会。会议交流了经验,着重对总纂工作的重要性,总纂工作的步骤和方法,总纂中如何优化整体结构和进行精加工,全面提高志书质量,以及志书的断限、字数和出版等问题,进行较充分的讨论。

6月9～13日,中南地区城市志质量研讨会在长沙举行。这次会议的主题是,结合评议志稿,研讨有关提高城市志的政治质量问题。会议认为,长期显得内容比较单薄的政治部类已经有所加强,政治部类志稿质量有所提高,且有了一定深度。会中对中国共产党的领导作用、重大活动记述中所涉及的多方面问题进行了讨论,发表了许多不同的意见。会议对这些意见本着不作结论的原则,对如何设置篇目,如何驾驭史料等,都提倡从实际出发,继续探索,努力创新,不求一律,不拘一格。

6月16～18日,铁道部在北京召开全国铁路史志工作会议,其《会议纪要》回顾了近十年来铁路史志工作的情况,提出了今后一个时期铁路史志工作的任务,并对如何加强这项工作提出了要求。7月17日,国家铁道部将此次会议的纪要印发铁路系统,要求部属各单位“按照执行”,切实加强对史志工作的领导,把它纳入精神文明建设的规划中,作为长期的任务坚持下去。

6月16～19日,由四川省地方志编委会发起并组织的全国首届市县志工作联席会议在成都市举行,有26个省、自治区、直辖市的代表60余人与会。会议就市县志工作的形势问题、志书质量问题,关于市县志工作指导问题,关于为现实服务、适应改革开放的新形势问题,进行了认真的讨论。会议认为,全国经济较发达的地区修志进展较快,经济落后地区进展较慢。当前,修志工作受机构改革的影响较大。原先作为经济管理机构的单位纷纷改为经济实体,所承担的修志任务往往无人过问,已搜集的资料也很可能散失,一些县(市)地方志机构本身也人心动荡,班子不稳。地方志机构的性质任务、级别地位、隶属关系等问题,一直不明确,全国也不统一,缺乏硬性要求。因此,一些县(市)完成修志任务后,就将中青年骨干调走,只留一两个人守摊子;有些地方将方志机构并于政府办公室,或并于党史研究室,或并于档案局。十多年来培养锻炼形成的有较高政治文化素质而又熟悉地情的方志工作队伍就这样散掉了,搞得不好,在我国有着悠久历史传统的地方志事业又将会中断。希望在搞好改革开放的同时,进一步加强对修志工作的领导和管理。希望中央对地方志工作的新方案早点出台,从上到下理顺关系,对机构和任务职责作出明确规定,使地方志工作正常开展下去。

6月25日,湖北省地方志办公室赵慧在是日出刊的《中国地方志》今年第3期上发表《关于当前新志书评论的思考》一文。文章认为,与新志书编纂相对而言,志书评论还相对滞后,其主要表现,一是没有把志书评论与编纂放在同等重要的地位来看待;二是就已经发表的评论文章而言,大体是赞者居多,介者其次,真正称得上论是道非的评论则少。不少都是盛情难却的应命之作,故急就的痕迹难免。这些评论文章甚至形成了一个固定的套路,总也离不开指导思想、篇目设计、体例、资料、语言、文字、地方特色等方面,从书中摘取一些例证,用以赞美一部志书的相关方面是如何正确、精当、完备、丰富、流畅、优美、突出,等等。在罗列诸多"成功之处"后,加上一段话:当然也不是十全十美的。轻描淡写地数了一些"美中不足"之后,笔锋又一转:虽然还有不足,但瑕不掩瑜,仍不失为一部良志。将美志、名志、佳志、良志等桂冠廉价奉送,这不是一种科学的态度。作者主张,目前方志评论应当宏观与微观并举,既讲"大道理",又讲"小道理"。在出书已有数百部的今天,不仅体现了风格各异、百花争艳的特点,同时也反映出各自的技巧和水平。大的大到多种方案、模式的应用,和各种理论主张的实践;小的小到一些具体问题的处理,都可以举出许多例证了。故从整部志书的全局,到某些具体问题的处理手法,都可以成为我们评论的对象。

同刊期还发表了郑晓涛介绍江西省建立志书专项审查制度的情况,其中包括数据专项审查,史实专项审查,交叉内容专项审查,按照有关规定杜绝泄密事项,褒贬用词专项审查,语言文字专项审查等。

是月,徐长源主编的浙江《慈溪县志》出版。慈溪公元738年建县,至1954年大幅度调整县境。旧县的70%连同县城均析归他属,而邻县的大片土地又划入慈溪。现境的70%原属余姚,8%原属镇海,只有22%是原属慈溪的。对于境域变动如此之大的县志如何处置记述范围,是很值得研究的问题。本志在"以现境为主,适当顾及历史境域"的原则处理方面,总结出的3条经验颇有借鉴价值(详《〈慈溪县志〉编修实录》第12页)。是志编纂中还发掘出了足以改变传统成说的新资料,如说番薯"北宋元丰时已作贡品",玉米"明成化间已有种植",都比传统说法提早了百年,甚至好几百年。南宋末年,县境内的鸣鹤、石堰等场,曾爆发过一场大规模的盐民暴动,参加者达数万人,几乎波及全县。于此,过去史书中记载均语焉不详。本志修纂中,方志工作者从黄震的《黄氏日抄》中,查到了黄震写给朝廷的一系列申状,终于弄清了这次盐民暴动的斗争始末,使这湮没了700多年的历史事件真相得以重现。

是月,陈金祥主编的湖北《长阳县志》出版。是志不设大事记,以"大事年表"代之。1993年9月出版何萍主编的云南《潞西县志》,亦如是做法。

是月,安徽大学历史系林衍经,在本月出刊的《内蒙古地方志》季刊第2期发表文章,评述当前方志评论的导向及趋势后，提出“建立方志批评学的任务，已经摆到我们的面前来了”。

上半年，山东泰安市批准泰安市志办在泰山脚下修建全国通志馆，要搞齐鲁大文化的建议。

7月1～3日，陕西省对已出版的县(市)志举行第一次评估会议，有各地、市志办、已出版志书的县(市)志办的代表、省地方编委会有关处室的负责人和部分审稿、出版人员共40余人出席。会议认为，已经出版的志书，从总体上看是合格的，其中大多数质量是好的和比较好的，值得总结的经验不少。同时也指出了存在10个方面的不足(详《陕西史志》编辑部《陕西省已出版县(市)志第一次检查评估会议综述》，载该刊1992年第4期)。会议要求通过这次评估总结，各地要吸取经验，记取教训，进一步提高未出版志书的质量。

7月4～7日，中国地方志指导小组第九次会议在北京举行。此次会议是在国务院对中国社会科学院《关于加强全国地方志工作领导的报告》作出批复之后召开的。会议表示，当前指导小组要全面贯彻国务院批复精神，一方面努力创造条件，争取早日使指导小组的领导体制得以理顺；另一方面积极开展工作，加强调查研究，组织经验交流，继续推动全国方志工作的健康发展。会议认为，指导小组第八次会议确定的“要把工作重点放到提高志书质量上来”，“建议各地围绕这个中心安排工作”的方针，是完全正确的。各地修志机构在执行这一方针的过程中尽职尽力，成效显著。目前，切实保证志书质量已经普遍受到重视。截至1991年底，全国已出版的省、市志的分志和市县志，总数已达600种以上。这些志书除个别的存在较多缺点和不足外，基本上是合格的，好的或比较好的占相当数量。从总的趋势来看，新志书的质量呈上升状态。会议重申第八次会议的精神，力争把志书质量提高到一个新的水平。要进一步加强资料工作，在重视文献资料的同时大力开展社会调查，使资料更加丰富、真实；要坚持实事求是的原则，全面反映事物的本质和曲折过程；要提高科学性、整体性，体现事物的关联及时代、地方、专业等特征；内容要精练，文字要简洁，要去除空话、套话，杜绝错字、病句、数字差错等硬伤；要注意对民族、宗教、涉外、保密等问题的研究，切实遵循有关政策法规。会议强调，在目前形势下，方志工作要适应改革开放进一步深化的新形势，要冲破传统观念的束缚和“左”的思想影响，积极进取，努力开拓，主动为改革开放服务。会议指出，在符合志体的前提下，要鼓励各地从实际出发，勇于创新，探求新路，力避千志一面。要改变因袭多于创新的局面。在这个问题上，思想要解放一点，胆子要更大一点。会议对1991年8月起草的《中华人民共和国地方志工作条例》(草案)给予认可，认为它比《新编地方志工作暂行规定》在认识上有所发展，内容更为丰富。建议继续广泛征求意见，进行反复修改，使之日臻完善，待条件成熟时，报请国务院批准，作为正式条例公布实施。

7月7～10日，华北五省(市、区)粮食志编写研讨会在北京举行。此前已经举行过4次全国性粮食志的研讨会。由于各地区进度不一等原因，于是决定采取“缩小活动范围，可在临近地区进行交流活动”的建议，又由于历史上华北就是一个大区，各省(市、区)联系密切，共性东西很多，故五省(市、区)决定成立协作区开展研讨。从几省区搜集资料来看，共同地存在“五多五少”的现象：当代、现代资料多，古代资料少；数字资料多，文字资料少；计划安排资料多，工作落实情况资料少；静态资料多，动态资料少；背景资料多，具体资料少。因而，“横不缺项”和“详今”的要求较易做到，而“纵不断线”和“明古”较难做到，只有努力争取。

7月30日，是日出刊的《陕西方志》今年第4期刊发长武县志办常晓斌的文章，提出“重点写好四十年，为社会主义立言”。

复旦大学中国历史地理研究所巴兆祥、黄苇在同刊期上发表《试论方志目录学的历史分期》，认为魏晋南北朝至元朝是萌芽时期；明、清是雏形时期；民国是创立时期；1950年后至今是丰富、完善时期。

是月，孙松寿主编的四川省阿坝藏族羌族自治州《汶川县志》出版，这是该地区修成的第一部县级志书。该县是一个民族聚居县，汉族人口占总人口的61.9%，羌族占26.2%，藏族占11%，回族占0.8%。是一部反映我国民族地区巨大变化的志书。

是月，成于姚中晋一人之手的黑龙江省《饶河县志》出版，这是在县级以上的志书中由一人纂成的独一例。一部志书百余万言，历时10年，约以一人每年写定十三四万字的速度完成，可谓本届修志中所仅见者。

是月，王复兴主编《省志编纂学》由齐鲁书社出版。这是一部专论省志（含直辖市、自治区志）编纂方法的著作，由各地对省志编写有研究者撰稿。全书分总论、综合部类编纂法、自然部类编纂法、政治部类编纂法、经济总类编纂法、文化部类编纂法和社会部类编纂法等8章80节。是书的特点是理论与实践相结合，具有一定的学术性，又有较强的实用(可操作)性。

8月5日，黑龙江省举行省志总编会议，就专业性较强专业志的编纂问题进行专门探讨。鉴于志稿普遍存在事业管理记述过简，对党在各个时期的决策、职工的创造性活动涉及甚少，反映不出事业发展的全貌；专业内容记述过专，使非专业读者很难看懂的情况，会议要求：第一，既要记专业的科学成果，又要写好专业管理和发展；第二，专业性较强的志书要让非专业读者读懂；第三，对专业性较强的志书可作如下的技术处理：1.对难解的专业名词、术语，有的可以加注，有的可以在记述文字中加以说明；2.在使用专业名词、术语时，全书应统一，不可学名与俗名、前称与现称混用；3.在不影响原意情况下，凡能用通俗语言表达的，不用纯学术用语；4.在专志的行文中，力求用通行的现代语文，不用只有本系统能懂的行话；5.所记各类名称，原则上不加注外文和拉丁文，特别必要时力求简化。

8月12～21日，第四次全国省级方志刊物主编座谈会在乌鲁木齐举行，中国地方志指导小组办公室主任、《中国地方志》主编诸葛计传达了中国地方志指导小组第9次会议精神。会议主要研讨如何开展新志书评论问题。除肯定各地刊物在开展新志书评论中做了大量工作，起了很大作用外，同时也指出，已发的文章中，具有理论尝试又结合实际的力作偏少。会议要求各编辑部要担起责任，组织好对新志书的评论。编辑人员必须发扬实事求是、科学严谨的编辑作风，坚持公正原则，讲究职业道德，勇于支持正确的批评意见，注意工作方法，提高编辑技巧，争取方志评论收到好的社会效果。

8 月 17～21 日，《湖南省志》编纂工作座谈会在衡阳举行。会议展望了全志进展情况，总结了成功的经验，特别对计划内难以完成编写任务的 11 部分志进行了重点分析。为按期完成任务，特别强调：一要加强领导，创造良好的修志条件；二要稳定队伍，团结协作；三要集中力量，一鼓作气；四要推行岗位责任制，奖勤罚懒；五要精心安排，避免窝工；六要适当集中，突击编纂；七要巡回检查，促进落实。为了保证质量，要求：1.履行主编责任制，充分发挥主编的主导作用；2.认真执行各项规章制度，消灭志书“硬伤”，解决编纂中的薄弱环节和疑难问题，增强志书的实用价值。

8 月 19～20 日，上海市地方志办公室召开“修志中政策问题”研讨会。会议主要探讨志稿编纂过程中如何准确表述党的有关政策。会上提出的问题，涉及政治、经济、文化领域的诸多方面。

8 月 20～25 日，全国地方志资料工作协作组第三次工作会议在江西庐山举行。此次会议商定了协作组的 6 项工作要点：1.协作组各成员要经常清查本处室所藏外地的文献档案资料，并及时通报有关人员。2.协作组各成员要经常了解当地档案馆、图书馆所藏外地的文献和档案资料，并及时通报有关人员。3.开展业务方面研讨，如进行资料运用和科学管理，建立省级资料中心，如何为改革开放服务，如何实现资料工作现代化等。4.进行省际之间志书的交换。5.编辑《中国新方志目录》。6.为《中国地方志联合目录》的增补作好准备。

8 月 25 日，方志学家仓修良先生在是日出刊的《中国地方志》今年第 4 期上发表《新修方志中艺文志不可少》。文章针对一些新志书中把艺文志删掉了，只保留了简单的“书目”的状况，提出艺文志在地方志中是一个十分重要的不可缺少的门类。它在学术上有重要的价值，对了解地方文献起着极为重要的作用，是任何著作所无法代替的。

在同期刊上，福建省顺昌县志办曾万文发表文章，呼吁“志书应注明资料出处”。

8 月 26 日，香港新亚洲文化基金会主席、出版社社长、企业机构董事长范止安先生回故乡江苏如皋探亲，决定拿出 60 万港元资助《如皋县志》出版。市长代表市政府聘请范先生为志书出版顾问。

是月，萧俊杰主编的湖北《汉川县志》出版。是书在修纂过程中，曾于本县高庙地区的《孙氏家谱》中，发现孙中山先生为该谱写的序言，其中对约请他写序的孙亚翘思想评价甚高，谓：听其“纵谈时事，咄咄然有国士风”，“予闻之愕然起敬曰，真未可以拘墟之士量哉。持救世之志，仁也；先九族之亲，义也；遵尊长之命请序于予，礼也；由家族主义而悟民族及天下之共和主义，知也”。是研究孙中山及孙亚翘思想极有价值的资料。

按：本届修志中，发掘出有价值的家谱多多，据本人所知者便有：

1.广东增城县征集得 58 个姓氏 174 册族谱，涉及 235 个村庄的发展情况。其中被和镇古屋的《古氏族谱》，详记了其始祖古全望生于唐天祐元年(904)，其后代分布在梅州、蕉岭、博罗、番禺，后又繁衍到台湾高雄、新竹、丰源、东势等县，是研究台湾和大陆关系极有价值的资料；仙村镇下境的乾隆间刻本《列氏族谱》，载有宋嘉熙(1237～1240)中观文殿大学士崔与之《菊坡集》佚文一篇；夏街《黎氏族谱》有解元胡庭兰佚诗4首；坑贝村《毛氏族谱》载有乾隆时广东状元庄有恭撰的《冀然亭记》；高埔《张氏族谱》载有明末抗清名将张家玉事迹及其后人情况等。据广州市志办饶展雄谓，仅增城修志中，就发现该县历代诗人遗作200余首。

2.湖北《应山县志》修纂中，发现了反映朱元璋在应山活动的《阎氏家谱》、《熊氏家谱》、《郝氏宗谱》等；大悟县志办找到有关黎元洪家世的《黎氏族谱》。

3.福建永定县志办发现载有世界“锡矿大王”胡子春、“万金油大王”胡文虎昆仲及其先世自中原迁至永定下洋定居历史的《永定胡氏族谱》。

4.江西南康县志办发现对研究清代著名方志学家谢启昆有重要资料价值的《谢氏家谱》；乐平县从相关的宗谱中，发现一篇少为人知的《故隐君尚志先生马公行述》，补充了《文献通考》作者马端临的生平事迹；都昌从清雍正十二年(1734)纂的《江氏宗谱》中，发现文天祥佚诗《临岐赠别》一首。

5.四川奉节县志办发现自刘备以下的《刘氏家谱》。

6.湖南汨罗市找到记载明代名臣夏原吉身世的《夏氏宗谱》。

7.山西闻喜县发现了河东《裴氏世谱》。

8.安徽宣城地区发现了太平天国名将韦昌辉家族的《简谱》，证明清代安徽客籍人口中，部分是太平天国运动中由两广迁来的太平军后人；还有宣城洪林《沈氏宗谱》，该谱由“平巨盗、歼倭寇、驱荷(兰)人的明代民族英雄”沈有容所编，他将自己撰著的《仗剑录》、自刻的《闽海赠言》以及随他东征者陈第撰的《东番记》、《舟师客问》都收录其中，对研究沈有容具有重要的史料价值。芜湖市志办收集到记载有关宋代名臣陶炽、南宋抗元英雄陶居仁事迹的《陶氏宗谱》。

9.江苏丹徒县发现自岳飞之子岳云而下的《岳氏族谱》；苏州市发现记有孙武世系的《堰兜孙氏家谱》。

10.河南浚县发现收入岳飞后代的《岳氏家谱》。

11.内蒙古赤峰市收集到记有从宋代名将杨继业之父而下共40代人的《杨氏族谱》。

12.浙江江山市志办获得足以证实《满江红·述怀》为岳飞所作的《须江郎峰江氏族谱》；开化县志办获得载有《景房公沉籍记》的《江氏会修宗谱》。笔者1985年编著《吴越史事编年》(1989年11月出版)时，于吴任臣《十国春秋·江景防传》得知吴越王钱俶归宋时，有“江景房沉籍”一事，但语焉不详。开化县志办所获的《江氏会修宗谱》中，载有元人张枢撰的《景房公沉籍记》，足详史之略矣。

是月，唐健主编的湖北《红安县志》出版。红安是革命老区，是著名的将军县，1966年"文化大革命"前授衔的将军达61名，按将军所在原籍人数居全国第一。志书在编纂过程中，利用修志资料写成的中间产品，如《将军的童年》等，在进行革命传统教育方面起了较好的作用。在京九铁路麻汉联络线设计中，铁道部的三个方案中有两个不经过红安。为争取该线在红安建站，县志办积极提供资料，以红安是革命老区，是贫困县，以及建站的地理环境、交通布局、经济和社会效益等进行充分论证，终于争得联络线路过红安，改善了红安的投资环境，推动了红安的经济发展，使县大受其益。

是月，罗世斌主编的贵州《三都水族自治县志》出版。是书有些人物传写得相当成功，给人留下了较深的印象。如写李淑纯医生，就有面有点，不但写了他"从事中医生涯中，注重医德，认真负责。对病人不分贫富，平等待人，和蔼可亲，对医术精益求精，刻苦钻研，擅长内科，切脉准确，处方稳健，治愈率高，一些疑难险症，也能手到病除"，而且写了一个很生动的病例："1959年3月7日，三合镇居民潘白氏49岁，突患急病，停止呼吸，西医诊断无效，已准备后事，置身灵床。因胸部微温，其子抱一线希望恳请淑纯抢救。经开处方，取药三付，药煎好后，撬开牙关，强行灌服。稍后微有呼吸，慢慢苏醒，休息几天后，恢复健康如常，直至27年后亡故。淑纯医术医德，广为群众称道。"对于藤久寿烈士的传，除了写他壮烈牺牲的情形外，则重点写了他的牺牲对抗日民族精神的影响。这种做法都是很恰当的，受到人们的首肯。

是月，潘秀华主编的河北省《迁西县志》出版。是志在修纂过程中，同时编了一本《栗乡吟》，集唐代至今的咏迁西历史、风物的旧体诗词155首，新诗（包括歌词）90首，被称为"诗志"，与县志并行，亦方志编纂史上之一特也。

是月，广州市地方志办公室唐文雅教授在华盛顿举行的第27届国际地理学大会上，宣读他利用大量地方志资料研究所得写成的《广州地区历史时期的寒害研究》一文，受到国际学术界的关注。会后被邀请到波士顿大学地理系及能源与环境中心进行访问与交流。

9月2日，水利部办公厅作出《表彰〈黄河防洪志〉编写人员的决定》，决定说，《黄河防洪志》出版以来，得到有关方面与专家的好评，荣获中共中央宣传部颁发的"五个一工程"优秀图书奖，田纪云副总理在郑州接见了全体编写出版人员，并给予亲切鼓励。为表彰黄委会对修志工作的重视和修志人员取得的突出成绩，水利部决定拨给3万元业务经费，用于黄委修志工作，以资鼓励。并号召全体修志人员再接再厉，艰苦努力，为编写社会主义时代的江河志、水利志作出新贡献。

9月11日，浙江省志编纂工作会议在杭州举行。会议总结浙江新志编纂采取自下而上的办法，先县志，再市、地志，最后是省志，形成县（市）、市（地）、省志三个系列。会议要求在吸取市县志编纂经验的基础上,将重点逐步转移到省志上来。浙江省志已经形成了一详一精一简合成的格局。

9月11～16日,1992年度全国地方志工作会议在吉林长春市举行。这次会议是在全国地方志工作取得重大进展的基础上,在我国改革大潮迅猛发展的形势下召开的。在改革高潮面前,人们的思想观念也在不断更新,方志工作也受到影响,有些单位和人员甚至产生危机感。面对这种状况有两种态度:一种是把方志工作排斥于改革开放之外,束手无策,怨天尤人;一种是主动投入改革大潮,积极进取,有所作为。会议认为,这种形势对修志工作既是严峻的挑战,也是一个良好的机遇。方志工作一定要跟上改革开放的步伐,努力开拓生存发展的新途径。会议强调要发挥自身的优势,主动为现实服务。拥有丰富、珍贵地情资料,是修志部门的优势,要把这种优势充分发挥出来,为当前的两个文明建设服务。在这方面,地方志应该,而且也是有所作为的。在谈到今后的几项具体工作时,提出距基本完成本届修志任务的2000年已经时限不远,要求各省、市、自治区修志机构应制定相应的规划,作出总体安排,明确各级各类志书在保证质量的前提下完成的时间,保证按期完成的具体措施,以利组织实施和检查。

9月16～21日,全国第七次农业志工作经验交流会在宁夏银川市举行。此次会议着重从农业志编纂和农史资料集存两个方面进行了交流。

9月18～25日,应云南省地方志办公室邀请,泰国国务院中文史料有关泰国历史研究委员会访问团一行6人到云南进行访问。以泰国总理府秘书长常务助理贪隆·占德帕迪素为团长,泰国PXK律师事务所所长巴朴·素功拉达纳眉蒂为副团长,成员有泰国兰甘亨大学文学院泰语和东方语言系助教蓬攀·尊塔洛难猜、泰国杜拉基蓬迪大学(华人商业大学)系主任瓦妮·巴侬荣赛巴迪、泰国政府法规和秘书处处长克林素迪·西班蒙那、泰国政府退休官员班雅·里拉帕。先是云南省地方志编委会办公室主任宁超教授,于今年3月访问泰国期间,接受了泰国国务院中文史料委员会的委托,由云南省地方志办公室通过中国的历史典籍和云南有关的地方志书,挖掘和整理有关泰国的史料,并进行必要的注释、翻译和考证研究,从而为泰学诸问题的深入系统研究,提供确切翔实的史料依据。其后,云南省志办从各种史志书籍中抄录了有关滇、哀牢、掸、八百媳妇的史料20余万字,从中筛选出有重要史料价值的资料五六万字,加以标点、断句、注释、翻译成现代汉语,编成《滇国、掸国、哀牢国、八百媳妇国中文资料选编》。代表团在访问期间,与云南学者进行了学术交流,到大理等地进行了考察,感到十分满意。认为有关泰国史料的整理研究,对发展中、泰友谊将会有积极作用,因为中国人民对泰国人民研究自己的历史给予了很重要的帮助。访问期间,云南省政府秘书长吴光范会见了代表团全体成员。

9月20～23日,东北地区城市志第五次研讨会在辽宁抚顺市举行。会议的主题是以邓小平南方谈话为指导，讨论市志财贸部类，重点是商业志的质量问题。在讨论到商业志的记述范围时，提出了“大商业”与“小商业”之分。提出了要注意的三个问题：一是应把商业和第三产业区别开来；二是把商业同经济管理区别开来；三是要把商业志与政治经济学区别开来。对商业志的内容和重点概括为：以经营为主线，以市场为重点，横分行业，纵述经营。

9月28日，中国杰出的马克思主义理论家、中共中央顾问委员会常委、中国社会科学院名誉院长、本届修志工作的倡导者胡乔木同志逝世。《中国地方志》今年第5期特别发表《重温教导倍觉亲》的编辑部文章，沉痛悼念。文章指出，中共十一届三中全会后，随着党的工作重点转移到经济建设方面来，实事求是的思想路线逐步恢复，受到“文化大革命”摧残而夭折的修志工作又在一些地方重新开始，但处于零星的、偶发的状态。是乔木同志在1980年的全国史学代表大会上，代表党中央，适时地给以倡导，才得以在全国全面铺开。他不但倡导、发起了这一轮新的修志高潮，而且一直关心修志工作的进展，多次提出了指导性的具体意见、建议和要求。譬如篇目设置要合理与科学；志书中要力避“政治化”的倾向；要逐步提高科学化的程度；要特别强调志书的质量，不能只强调速度；在行文方面要正确运用记述方法，繁简适当，杜绝空话，做到惜墨如金，等等。他还提出了市志与市辖县的县志如何分工、如何提高修志人员的素质、如何做到修志队伍的稳定及专业化等问题供志界讨论，并提出了自己的看法。在悼念文章中，首次披露了1991年10月17日在听取中国地方志指导小组秘书长郦家驹汇报时，他给予的一些重要指示。如要重视政治质量，要求不出政治性的错误，这当然是对的。“但一部志书，如果仅仅没有政治性错误，而这部志书整个质量很差，也是不行的，也还是个大问题”，“从事地方志工作，还是要搞学问，要把它作为学术工作来抓，本来不是行政性的事”，“修地方志，应当是个做学问的地方。过去修志是一些很有学问的人去做的，它本身是一项学术性的工作”，“地方志写得好坏，还是应当由学者来鉴定”，等等。所有这些，对本届修志都有极强的针对性和指导性。文章指出，乔木同志倡导和指导本届修志功不可没，值得我国方志界永远铭记。我们应当牢记他的教导，重视志书的质量，增强志书的科学性，编出高水平的新一代志书，用以告慰乔木同志的英灵。

是月，刘文学总纂的河南《新郑县志》出版。是志修纂中，发掘资料显示，8000年前的裴李岗文化中心在新郑，5000年前中华民族的人文始祖轩辕黄帝诞生和建都于新郑，在此肇造了中华文明。春秋战国时期，郑、韩两国在此建都540年。在这些资料的基础上，市志办进一步推进了古都研究。1999年10月，中国古都学会第十五届年会暨古都与中原文明学术讨论会在新郑举行，确认新郑是中国最早的古都。

是月，谢长春主编的四川《大竹县志》出版。是志对全县的场镇记述颇为特殊。场镇志内分为两章，一为现有场镇，二为已废场镇。前者又分为区（镇）所在地场镇和乡所在地场镇，主次分明，详略有别。后者则按地域分为“山前场镇”和“山后场镇”两节。既介绍这些场镇的历史状况，也说明废弃时间，对有些场镇还说明了废弃的原因。这样记法，在其他志书中是少见的。

是月，刘善群主编的福建《宁化县志》出版。是志在编修过程中，促进了世界客家学研究的第二个高潮的到来。客家学在20世纪初创立，二战之前研究成果颇丰，进入研究的第一个高峰期。20世纪80年代以来，海内外客家学研究再度掀起的高潮，是从本志修纂开其端的。80年代初，宁化县在收集修志资料时，发现了一些有关客家人迁徙情况的历史记载。修志者认为，从中可能找到客家祖居地的某些踪迹，于是花了1年多时间，足迹遍及全国20多个省、市、自治区及本县的城乡村镇，收集到1000多万字的资料。整理出81个姓氏的居民从中原迁入宁化，大多数先聚居于石壁一带，历数百年之后，其后裔又陆续外迁邻县、闽西、湖广，以至东南亚、欧美各地。这些资料在《宁化方志通讯》上发表，引起了各方面的重视。80年代末，以县志办为主成立了宁化客家研究会。素有"客都"之称的广东梅县曾三次组团到宁化石壁进行考察，赞同了石壁是粤东客家的祖居地、是早期客家人的集散地的说法。1991年，在上海华东师范大学举办的第一届客家学讨论会上，第一本客家学专刊《宁化客家学研究》第一期，引起了极大的反响。宁化客家的研究所得，在国内传媒披露后，世界各国广为传播。1992年在香港举行的国际客家学研讨会上，刘善群被聘为国际客家学研讨会顾问。至1994年底，县志办先后编成有关客家学的书籍10部约80万字，出版《宁化客家研究》8期，发向10多个国家和地区，研究成果得到普遍认可。1995年11月，在宁化举行了首届客属祭祖大典，国内外代表6万人参加，并商定每年10月16日为世界客属石壁客家公祠的祭祖日，开展祭祖活动。现在，宁化县志办已经有充分的资料证明，曾在宁化落籍过的有170多个姓氏，海内外源于宁化石壁的客家姓氏有128个之多。今日宁化能成为全世界5000万客家人的圣地，县志办研究的功绩是不可没的。

按：这个客家热，很快成为闽西地区史志界注意的重点。由闽西客家联谊会与连城县人民政府共同筹建了客家方志馆，于世界客属第十六届恳亲大会期间举行开馆仪式，全国侨联主席林兆枢等领导参加了开馆剪彩。该馆总投资600万元，占地6800平方米，包括客家名人馆、史志馆、族谱馆、珍品馆、文艺馆等5大体系。名人馆、史志馆收藏了江西赣南、吉安等33个县市，广东梅州、揭阳、河源、惠州等20多个县市，福建闽西、三明等20多个县市，以及海外等地的有关资料；族谱馆已收集到相当部分珍贵族谱，并正在积极向海外征集；珍品馆收集到了反映客家民情风俗、日常生活等各方面的图片、实物；文艺馆收集了海内外一批客籍作家、书画家的文学作品、书画作品。随着今后的逐步完善，客家方志馆将成为客家人最完整、最丰富的史志基地，为海内外客家乡亲寻根问祖、展示客家的历史发展和精神风貌、研究和宣传客家文化的一个重要场所。1996年，张东民等又编纂出版了《闽西客家志》，以闽西客家人的历史和现状为主要内容，融汇了世界客家研究的众多成果。

10月10日，张纲在是日出刊的《云南方志》今年第5期发表文章，介绍楚雄州修志在7个方面占云南各自治州(共8个)中的第一。即：1.全省第一个民族自治州建立修志机构(1982年9月，在各自治州尚未开展修志之时，率先建立自治州地方志编委会及办公室)；2.全省第一个民族自治州修志机构定级定编(1983年9月，在省内各地、州修志机构格局、编制未定之时，楚雄州委、州政府率先发文，明确州地方志办公室为州人民政府下设的委、办、局一级机构，定编制16名，下属各市、县编制84人，全州共100名)；3.全省第一个民族自治州创办修志刊物(1984年3月，出刊《楚雄州地方志通讯》)；4.全省第一个自治州的地方志工作纳入人大立法(1986年7月，州五届人大常委会制定并报省人大常委会批准的《楚雄彝族自治州自治条例》中，明确写入编修地方志的条文，使修志工作有法可依)；5.全省第一个出版旧志整理成果；6.全省第一个编辑出版州级年鉴；7.全省第一个举行整部州志稿评审会。

10月25日，《广西地方志》编辑部周永光在是日出刊的《中国地方志》发表文章，介绍他们开展方志评论的做法。文章说，从1985开始至今，该刊共发表志书、志稿评论文章120余篇，收得了较好的效果。他们的做法是：一、范围不限，以评本区志书为主；二、优劣兼论，努力进行正面引导；三、评介优点要讲究分寸，求实避虚；四、指出缺点要选取类型，避免罗列堆砌；五、提倡专题综合述评，欢迎“一得式”评论文章；六、注意倾听“圈外”的声音，对志质量作全方位检测；七、自由来稿与计划组稿相结合，有的放矢地发表一些纠正时弊的评论文章。

来新夏、王德恒在同刊期上发表《论方志科学》一文，对当前方志研究中若干理论问题发表了他们的看法。首先认为，方志科学与旧方志学有着本质的不同，它是以马克思主义、列宁主义、毛泽东思想为指导，不存在旧志的那种历史或阶级的局限性，从根本上摆脱了唯心、反科学的观点。也摆脱了旧志的一切要以统治阶级的利益与要求为转移的阶级局限性。其次，关于方志科学的科学地位问题。他们认为，无论是从客观社会实践的需要，还是从方志科学研究对象和客观条件的形成来说，方志科学都已经发展到寻求自己独立科学地位的时候了。方志科学应当是一门具有边缘性质的横向综合性的独立学科。关于方志科学的研究对象，他们认为，可以概括为如下几方面，即：1.地方志书本身的研究；2.地方志编纂原则及方法的研究；3.地方志编写组织工作的研究；4.地方志应用的研究；5.地方志发展史的研究；6.方志领域相关因素的研究。关于方志科学的体系结构，他们的见解可以用下表表示：

- 方志科学
  - 普通方志学
    - 方志自身研究
    - 方志编纂理论
    - 旧志整理
    - 方志编写原则、方法
    - 方志编写工作组织与管理
    - 方志事业的建设、组织与管理体制
    - 方志及方志事业未来发展研究
    - 方志发展史
    - 方志学发展史
    - ……
  - 专科方志学
    - 总体研究
      - 统志
      - 省志
      - 地区志
      - 市志
      - 县志
      - 乡镇志
      - 厂矿志
      - 专志
      - 杂志
      - ……
    - 分体研究
      - 概述
      - 大事记
      - 地理志
      - 经济志
      - 政治志
      - 军事志
      - 教育志
      - 科技志
      - 人物志
      - ……
  - 应用方志学
    - 应用工作
      - 资料搜集与管理
      - 方志编写现代技术
      - 方志目录
      - 方志提要
      - 资料汇编
      - 方志索引
      - 旧志刊印
      - 服务社会
      - ……
    - 应用科学
      - 方志编纂学
      - 方志目录学
      - 方志史料学
      - 方志批评学
      - 方志美学
      - 方志统计学
      - 方志社会学
      - ……
  - 比较方志学
    - 跨国比较研究
    - 地域比较研究
    - 实例比较研究

是月,河南省洛阳市志办编辑出版《洛阳——丝绸之路的起点》一书。洛阳修志开始后,市志办办了一个《河洛史志》的刊物,专门刊载洛阳史研究的成果,尤其注意研究“某些疑难或热门问题”。1991年9月,开辟《洛阳对外交通史研究》专栏,吸引一些专家参与,造成一定影响后,接着便组织了一期《洛阳与丝绸之路研究》专号,收到全国各地专家、学者来稿50余篇。在此基础上,集成《洛阳——丝绸之路的起点》一书正式出版。该书的主要成果是,认定洛阳是丝绸之路的起点,改变了历来认为丝绸之路以长安为起点的传统说法。为扩大影响,他们又组织开展了对该书的评论。这一书一刊(两个专号)的推出,居然在海内外掀起了一股不大不小的“洛阳丝路”热潮。学术界的一些权威人士也纷纷来信,肯定这个讨论的意义。如北京大学季羡林教授认为,《起点》一书,“对于研究丝路这一门世界显学具有极高的参考价值,特别是丝绸之路不应以长安为起点,而应以洛阳为起点”。有的说:“《起点》一书的出版,填补了丝绸之路研究中的一个重要空白,甚有学术价值,足为教学和研究者参考。”《人民日报·海外版》、《光明日报》、《河南日报》、《文史知识》、《海交史研究》、《北朝研究》、《中国社会经济史研究》、《先秦史研究动态》、《河南社会科学》、《史学月刊》、《中州今古》以及中央电视台、河南电视台,都先后作了评介或报道。日本、韩国、印度、伊朗、俄罗斯等国家的学者,对《丝路》一书都给予了较高的评价。全国大小传媒的报道,又吸引了更多的学者把注意力投到这个热点上来。1993年下半年开始,他们又着手与中华书局《文史知识》编辑部,合办了一期《河洛文化专号》。收到的30多篇来稿中,副教授的24篇,教授的15篇。这一专号的推出,在国内外造成了更大的影响,不但有多家报刊以较大的篇幅予以报道,中共中央宣传部还于1995年8月下旬,在北京主持召开了“中国河洛文化国际研究中心”筹委会,拟于适当时正式成立研究会。1994年下半年起,《河洛史志》又开辟了《洛阳建都朝代研究》专栏,该市志中的洛阳为十三朝古都的论点和资料,就是在这个专栏讨论中积累和形成的。他们的做法,被《中国地方志》主编诸葛计称之为修志中的“江陵—洛阳模式”。

是月,《崇庆县志》主编张伯龄个人论集《方志务实论集》出版。是书收入论文30篇,依次论及志体把握、篇目设计和修改、全志序列安排、分志设置、志书谋篇、方志质量核心标准、志稿立意、寓意基本方法、志稿行文的基本结构、记事技巧和观点推敲、史实审核、志稿修改、概述和人物志编写、志稿评议、志稿总纂、质量把关以及校对订正等。论述方志编纂活动的全过程做到不断线,对修志的基本环节做到理论阐述和实践经验的有机结合。其最突出的特点是“务实”,有些思路也颇为新颖,是同类论著中受到较高评价的一本。

是月,《上海郊县修志十年》由上海社会科学院出版社出版。这是上海郊县十年修志方面实践经验的总结和理论的概括。书中所收文章的作者,除了市志办姚秉楠副主任的《上海郊县修志十年》的全面概括之外,其余的62篇文章的几十位作者,都是十县县志的主编、副主编和修志骨干。是书可以称得上是上海郊县修志实践和理论的探索史,其中各县的做法和摸索过程,记述得具体翔实,对县志的编纂具有很强的指导性和借鉴意义。如陆慕祥的

《记述"文化大革命"的形式和效果》一文，就归纳出10部县志对"文化大革命"记述的4种模式，对各种模式的优劣得失进行了分析，认为川沙模式和嘉定模式优于其余两种模式。

是月，赖雨桐主编的广东《蕉岭县志》出版。是志在编修过程中，于1989年春收到台湾省蕉岭同乡会发出的"征集《蕉岭县志》补志资料启事"。县志办公室立即组织人力撰写了彼岸乡亲所需的约40万字的资料，于7月寄去。8月，县志办就收到台北和高雄两地同乡会寄回从美国复印回来的《蕉岭县志》，以及客家文献《石窟一征》、《蕉岭文献》、《蕉岭先达诗话》、台北和高雄同乡会会刊等大量资料。其中有重要立传人物丘逢甲、罗福星、谢晋元等人的传记、回忆录及珍贵遗墨，还有蕉岭民俗、蕉岭方言、蕉岭姓氏等宝贵资料。这些都是双方修志所需要的。两岸为修志互赠资料，在志界传为美谈。当得知家乡新编的《蕉岭县志》已经付印的消息时，仅台北、高雄两市首批就预订达百册以上。

是月，徐良玉主编的《宜宾县志》出版。在是志修纂中，编辑人员周基华从宜宾县复龙乡70岁老人李六初的家中，获得了已经被当作墙纸糊到墙壁上多年的、记述保路运动中牺牲者李从熙等事略的《关河诸先烈蜀难殉国记》，可纠正保路运动研究中的误说，很具史料价值。

11月1日，湖南省沅陵县政府作出为荣获全国方志优秀成果一等奖的《沅陵县志》授奖记功的决定：一、授予《沅陵县志》特等奖，发给奖金1万元；二、分别给县地方志编纂委员会及其办公室各记集体功一次；三、分别授予《沅陵县林业志》、《沅陵县乌宿区志》、《方志编审文集》等17部书为一、二、三等奖；四、授成书出版的局、区和修志成绩显著的战线、档案馆等19个单位为先进单位；五、修志人员中，给75人授奖：固定升一级工资者1名；浮动一级工资者3名；记大功15人，每人奖100元；记功者33名，每人奖60元；先进个人29名，每人奖金30元。

11月3～6日，由陕西渭南、山西运城、湖南益阳和江西宜春四地区地方志办公室倡议发起的全国首次新编地区志研讨会在陕西渭南市举行，与会代表80余人，代表已开展编修地区志的全国16个省、自治区。在会上发言者40余人。会议从不同角度论述了编修地区志的必要性，地区志的特点，以及如何编修地区志等问题。会后结集成《全国首次新编地区志研讨会论文集》，于1993年5月由河南中州古籍出版社出版。会上成立了全国地区志编写协作组，陕西渭南杨树民为组长，山西运城贠创生、湖南益阳熊耀才、贵州遵义谢尊修、福建南平肖志善、黑龙江黑河王兆明为副组长。协作组联络处设于渭南。

按：本届修志中，中国地方志指导小组，并未明确规定要修地区志，这是一些已修地区志的地方串联起来开的一次会议，自此便联合成立了全国地区志编写协作组。

11月4～8日，第二届华北地区城市志研讨会在保定举行。会议结合对《保定市志》总述、交通邮电、司法等卷的志稿评论，进行编纂理论研究及学术交流。其中谈到当前新志书的问题时，指出一些志书序言存在的主要问题是：不着边际，空泛议论，多人作序，内容雷同；身份不符，言不由己；文体把握不准，超出序言内容范围。要解决这些问题，关键是要明确序言在志书中的地位、作用和内容，选好序言作者。讨论关于总述的认识时，许多发言认为，一是作者必须吃透地情；二是必须了解总述在志书的地位与作用；三是要把握好总述与整部志书的整体关系及总述自身各部分之间的关系；四是应遵循“朴实、严谨、科学”的原则，文风要端正。

11月5～9日，第三次南方省志编纂经验交流会在海南三亚市召开。会议重点讨论了省志的总纂与审稿问题，认为本届省志系分卷陆续出版，无法像市、县志那样在同一时间内对整部志稿进行总纂。当前省志总纂是就一部或几部分志稿施行总纂，这是一种不完全意义上的总纂，其难度要比市、县志总纂大得多。但这种特殊性和较大的难度，不能否定省志总纂的可行性。省志总纂仅是一种手段，各省应当根据本地情况采取切合实际的做法。可以在分纂之后进行总纂，也可以结合分纂和结合审稿进行总纂；可以由总纂班子施行，也可以由总纂人员与编辑员共同承担。

是月，赵景春主编的河北省《河间县志》出版。旅居台湾的河间籍学者王汉涛先生收读志书后，写信回来道：“家乡惠赐的《河间县志》，我衷心喜爱，时常阅读，并计划送高雄同乡会传阅，俾同乡藉以了解乡情，舒解离乡背井之惆怅，增进同乡爱国之情怀，强化炎黄子孙爱国家民族之主义。”

是月，申远华主编的广西《昭平县志》出版。该志书名经县领导同意，用民国时县长韦瑞霖的手书，这一做法颇为志界所称道。

12月5日，以离退休地方志工作者为主的地方史志专业人员和地方文史爱好者，自愿结合的民办巴蜀地方志研究所成立。该所立足北碚，辐射西南、西北地区。

12月8～10日，当代中国史学会在北京举行成立大会。选举王震为名誉会长，邓力群为会长，副会长有马洪、林有、何东昌、林默涵、房继中、姜思毅、逄先知、沙健孙、许鸣真、宋木文、王明哲等10人，林有为秘书长。第一届理事由180人组成，丁伟志、马洪等52人为常务理事。学会的宗旨是在中国共产党领导下，以马列主义、毛泽东思想和邓小平建设有中国特色社会主义理论为指导，系统研究新中国创建和发展的历史，总结历史正、反两方面经验和教训，得出规律认识，为建设有中国特色的社会主义服务。此次会议还对自1982年以来先后出版的当代中国丛书进行了评奖，从已出版的102卷中评出《当代中国的西藏》、《当代中国的军事》、《当代中国的农业》为一等奖，分别奖给人民币2万元。

12月10日，姚金祥在《江苏地方志》今年第4期发表《乡镇志编纂简论》，对新旧乡镇志进行比较后认为，旧的乡镇志有4个特点：一是不平衡性；二是非区域性；三是私撰性；四是资料性。新中国所编的乡镇志与旧志比较，其不平衡性和资料性的特点依然存在，非区域性和私撰性已不复存在或基本不存在。

梁滨久在同刊期上发表文章，论说章学诚“传分两体”的现实意义。文章说，章学诚在《文史通义·传记》中主张传分两体，有“包举一生之传”，有“随举一事而为之传”。对于我们今天修志,可以有“盖棺论定”的人物传,就是“包举一生之传”;也可以对健在的人物,以“简介”、“事略”的形式出现,这就是“随举一事之传”。

12 月 12 日。甘肃省地方史志学会成立,全国政协常委、甘肃省地方志编委会主任王秉祥当选为会长,副会长有副省长穆永吉、陈绮玲等 5 人。王秉祥要求学会要高度重视理论建设,保障学术自由,注重理论联系实际,创造性地开展研究。

12 月 15～18 日,全国民族志指导组第七次扩大会议在昆明举行。会议主要研讨了《民族志》如何进一步充实内容和写好概述的问题。会议认为,提高《民族志》的质量,要从进一步充实内容、准确地记述内容和写好概述上下工夫。民族政策的成败得失,不仅影响朝代的兴衰存亡,而且对一个多民族国家的形成和发展,都产生过重大影响。在《民族志》中有关历史内容,要联系本地实际,适当地把历史上正、反两个方面的重大事件写上去。《民族志》是地方志中篇幅较大的专业志之一。在专门志书中没有概述,不易了解全省、市、自治区及自治州的民族概况和民族工作概况。概述要有自然状况,民族源流、演变历史,形成为稳定的民族过程,要有各民族的社会形态、各民族的生产关系和生产状况以及其他一些特征。对于 40 多年来,各地民族工作方面进行的主要工作内容、所取得的成就和变化,重点是写好特点。

12 月 19 日,中国地方志指导小组办公室就陕西《千阳县志》中,将“反右派斗争”、“大跃进”等记入“‘文革’动乱”门类中的不适当做法,发出通知。通知指出:“‘反右派斗争’、‘大跃进’由于‘左’的错误指导,确实造成重大失误,但不应全盘否定,故决不可与‘文化大革命’相提并论。特别是不能将 1952 年开始的对农业、手工业、私营工商业的社会主义改造,以及 1978 年开始的针对‘左’的错误而采取的‘拨乱反正’措施,也统统记入‘“文革”动乱’中,这更是与中央精神不符。‘三大改造’虽有欠妥之处,但基本上是正确的,应予肯定,与‘“左”的失误’无关。而‘拨乱反正’更是为了纠‘左’。这种明显记述不当的问题,应引以为戒。为此,建议各地作一次认真检查,以免此类事件的再次发生。对于《千阳县志》不要为此而一笔抹杀,更不要无限上纲,我们主张采取实事求是的同志式的态度予以热情帮助。”

按:《通知》是按当时的认识写就的,今天看来,这些看法不尽准确,尤其对一些重大运动的评价,还有重新认识的必要。

12 月 22 日,青海省地方志编委会发出《关于学习景生明同志高尚的革命精神的通知》,在全省修志系统开展向景生明学习的活动。景生明原是中共青海省顾问委员会常委、省人民政府副省长、省地方志编委会副主任、《青海省志》总编。在半个多世纪的革命生涯中,他始终忠诚于党和人民的事业。在青海高原奋斗 40 余年,为青海社会主义建设事业和各族人民的团结、繁荣、进步,付出了巨大的辛劳。他晚年主持青海全省地方志的编修工作,作出了很大贡献。为建立修志班子,组织队伍,争取各级领导的理解和具体问题的落实,他到处奔波,找领导、跑基层、起草文件、开办培训班、审定讲稿,终于引起领导部门的重视,使修志工作步入正轨。数年来,他前后深入玉树、果洛、海北、海南和海西州的边远市、镇及海东 8 县,亲自指导、调查研究、解决问题。他整天忙于工作,很少休息,即使在病魔缠身、卧病治疗的日子里,仍不断听取汇报,指示工作。他在总编工作中,始终认真负责,逐字逐句,字斟句酌,整日伏案,几十万字的志稿一本一本地认真阅读审改。在提高志书质量、体现民族特点、地方特点方面,他提出了不少新的观点,在方志界产生了很好的影响。他逝世后,子女们按照他的遗愿,将储蓄的8000余元,全部捐献给青海省修志事业。《通知》要求要学习他热爱修志事业、忘我劳动、无私奉献的精神,学习他不畏艰辛、知难而进、奋斗拼搏的精神,学习他严格把关、一丝不苟和实事求是的高度负责精神,学习他干一行、钻一行、精一行的优良作风。

12月22～28日,应"1992年深圳大庙会"组委会邀请,江苏及安徽、上海的部分志书在深圳国际展览中心展出,扩大了地方志在国内外的影响。

12月23日,黑龙江省由省志办、省总工会、团省委、省妇联、省教委、省社科院6单位成立黑龙江乡土教育丛书编委会。编委会主任由省地方志编委会副主任张向凌担任,其余6个单位的领导为副主任。该丛书旨在通过编写乡土教育丛书,向广大城乡人民,特别是青少年一代进行爱家乡、爱我中华的教育;坚持古为今用,以古鉴今,给人以知识和力量,为振兴龙江、繁荣发展社会主义市场经济作出贡献。丛书以叙述黑龙江流域为人们所熟知的重要历史事件和人物为主,时间上自远古,下至1949年中华人民共和国建立。要求必须是真人真事,采用生动、形象的笔墨和通俗易懂的文字,具有可读性和趣味性。第一部先从《黑龙江历史故事集》着手编写。

是月,天津市地方志编委会、天津市博物馆等6家单位合编的《天津近代图志》出版,这是本届修志中出现最早的一部省(市)级图志。

是月,蔡涉主编的浙江《临安县志》出版。是志中收载了南宋於潜县令绘制的《耕织图》——世界最早的农业科普画册,使志书存史价值大为提高。

是月,河北省志办与南开大学地方文献研究室合编(来新夏主编)的《河北地方志提要》出版。该书收录河北现存方志563种及天津现存方志28种、佚志14种。

是月,宋正海总编的《中国古代重大自然灾害和异常年表总集》由广东教育出版社出版,其中引用了大量旧方志中的资料。

是年底,贵州师范大学历史系张新民的《贵州地方志考稿》,由比利时国立根特大学汉学中心用中文出版。全书60万字,著录了明代以来贵州省存佚方志。对现存志书逐部进行了考评,对佚志进行了考证。比利时根特大学中文系主任魏查理教授认为,该书对研究中国广博的文化历史,尤其是对研究贵州复杂、悠久的自然、人文状况提供了全面准确的资料。

是年,王鼎森、曾大海总编的河南《方城县志》出版。志书出版后,县直的政法、工交、教育、党史、档案等局、委的10多位领导,联名向县委、县政府写信,请求为县志办的同志记功。

是年,新疆塔城地区志办依据修志资料,整理出清代、民国、新中国三个时期该地对俄贸易简况,说明开放巴克图口岸的意义,为行署对巴克图口岸的正式开放作出了贡献。因此,行署决定地方志办公室可以“临时任务不抽人，业务经费不削减，一般会议不参加”，有力地推动了修志工作。

是年，四川省眉山县经县委、县机制转换领导小组批准，成立“眉山县县情咨询服务中心”，取代县志办的职能。该中心属县政府领导下的服务型实体，以县政府交办的地方志工作为主，兼顾部门志、专业志（史）的编纂或修订，各类乡土教材、地情手册的承撰，各类文稿的代拟，古今资料的咨询服务以及文印服务。“中心”实行自主经营、自负盈亏、独立核算、照章纳税，独立承担一切经济和法律责任。暂时实行与县志办两块牌子一套人马，待县级机关机制转换到位后，再由县上确定方志工作的机构设置方式。

是年，中国科学院图书馆选编的《稀见中国地方志汇刊》由中国书店出版。是书精装 50 册，收稀见方志 200 余种，大部分是明初及清康乾版。许多实为善本，有的还是海内孤本。

是年，山东省东营市着手建立收集新方志的市地方志馆。

是年，山东省地方志办公室着手于青岛市黄岛筹建“山东史志培训中心”，集培训、服务、经营为一体，并以此为窗口，向国外发行全省乃至全国的新志书，宣传中国，宣传山东，为改革开放服务。

是年，广州市志办与广州电视台合作，以广州的名胜古迹、历史名人和改革开放的成就等内容，摄制电视片《羊城今昔》100 辑，播放后市民反应热烈。

是年，上海汉语大辞典出版社聘请复旦大学黄苇教授主编的《中国地方志历史文献类编》中的“经济盛衰”编，由黄苇和戴鞍钢全部编成，决定首先出版，向海内外发行。是编共辑录新旧方志中有关各类经济历史文献资料 280 余万字，涉及全国各地各种古今地方志书 5000 余种，时间上自秦汉、下迄当今。为便于查阅，全编共分设农业、副业、手工业、近代企业、商业、对外经济关系、交通运输、邮政电讯、货币金融、社会经济生活等 10 大类。每类之下，又有若干子目和细目，将全部资料分门别类，分地区，按年代顺序排列，查阅方便。对繁荣方志学、编纂新方志、整理旧方志都十分有用，是一部有益的查阅和参考用书。

是年，冯天瑜在《武汉志通讯》发表文章，提出地方志要走专业化的道路。作者认为，本届修志是仓促上阵，而且是在理论准备、史料准备、人才准备诸方面都很不足的情况下进行的，因此采取了专业班子和群众运动相结合的方法。花了很多钱，花了很多时间。各种准备不足，看起来动员了不少人，搞“人海战役”。如果把全国修志人员加起来，经费加起来，将是一个非常可观的数字，下一次不能这样干了，应走专业化的道路。走志业化的道路，包括两方面的含义：一是方志馆要储备专家；二是充分利用社会上的高等院校、科研单位以及各个部门相关的专家。方志馆里储备专家，是说方志馆要储备、要培养、要形成一个数量精干的“当地通”。这样的专家，对当地的来龙去脉如数家珍，知识面广博，应通晓当地的政治、经济、文化以及历史沿革、历史掌故。现在要把事情落实下来。当然要充分利用社会上的专家、学者进行有关培训，使方志馆的专家与社会专家建立有效的联系。

是年，志界掀起了一场关于如何记述“文化大革命”的新争论。先是1991～1992年间，《中国地方志》收到福建省志办陈肇胜《〈白水县志〉等几部志书如此记述“文革”令人担忧》的文章。由于文章是批评中国地方志指导小组成员陈元方及其所指导修成的陕西一批新志书的，且文中文词略有过激或不当者，故刊物未予发表。陈肇胜遂转寄其他刊物和有关部门。几经辗转，文章自然转到陈元方之手。很快，陈元方的文章《新编地方志不记述“文化大革命”是对我国现代史的歪曲》亦寄到编辑部。由于陈肇胜的文章未予发表，陈元方的文章是针对性很强的论辩之作(且其中亦有一些过激的言词)，编辑部自然亦不好发表。这就是有些不明真相的文章所说的“被有关编辑部视为异端遭到长期扣压”的真相。未几，陈元方的文章在《理论导刊》1992年第2期刊出，接着北京的《瞭望》、《文摘报》、《方志研究》、《陕西地方志》等先后转载。《云南地方志》第3期以《新编地方志记述“文化大革命”的再思考》为题转载之后，第5期又刊发了中共陕西省委党校杨三省的《只有忠实于历史，才能忠实于真理——也谈新编地方志应该记述“文化大革命”》、陈肇胜的《〈白水县志〉等几部志书如此记述“文革”令人担忧》，第6期又发表了陕西省地方志编委会李德运的《方志界一场值得注意的争论》。

双方论点的主要分歧是：陈肇胜认为，《白水县志》、《安康县志》、《南郑县志》、《勉县志》和《紫阳县志》等，对“文化大革命”的记述，与邓小平同志的指示精神和《新编地方志工作暂行规定》的精神“大相径庭”。首先是这几部志书对“文化大革命”的记述所用“篇幅之大令人惊讶”；其次是对“诸如武斗、残杀、酷刑等罪恶活动，浓墨重彩地恣意渲染”；其三是“志书对‘三支两军’的消极后果的分析判断有失偏颇”；其四是“对广大人民群众对毛泽东同志的热爱和崇敬作了嘲讽式的描述”；其五是“几部志书一字不提‘文化大革命’中的健康一面”。“‘文化大革命’是一切反社会主义的势力用来攻击社会主义制度和共产党领导的最重要‘炮弹’。《白水县志》等如此记述‘文化大革命’将会产生什么样的效果，实在令人担忧。”

陈元方及另外的一些文章则不同意陈肇胜的看法和说法。陈元方文章的主要论点是：一、新编地方志记述“文化大革命”责无旁贷。二、“宜粗不宜细”作为《关于建国以来党的若干历史问题的决议》处理历史事件的原则是正确的、应该的。志书不宜像《决议》那样，应该是从实际情况出发，宜“粗”则“粗”，宜“细”则“细”，“粗”“细”结合，交相为用。再说，五部县志的记述并不是很细的。三、有人主张在志书中对“文化大革命”的记述要“宜分散不宜集中”，要分散写，实际是反对写。陕西的经验是，集中与分散两种方法都得要，缺一不可。“集中”回答的是一个地方“文革”动乱的总貌，“分散”所回答的是动乱在各行业各方面的具体情况。四、“文革”是领导人“亲自发动、亲自领导”的。“文革”中的罪恶行径和坏人坏事，不能说成是“群众的某些举动”。“把两者混为一谈，没有道理，毫无立场。”五、“文革”中的个人迷信与造神运动，不是表明广大群众热爱和敬重毛泽东同志。六、“文化大革命”并无“健康的一面”。七、说“文化大革命”是敌人攻击我们的“最重要炮弹”，这是一种政治上不清醒的说法。八、驳所谓“恣意渲染”。

李德运的文章除对陈元方文表示赞成外，还阐述了：1.诸志设《纪略》记述“文革”、“左”祸，符合编志的“纵述历史，横陈现状”的要求；2.指责诸志篇幅“庞大”且“令人惊讶”、“担忧”，是没有根据的；3.诸志的做法“决非‘恣意渲染’”。

是年，台湾宜兰县史馆举办重修宜兰县志座谈会，经各方专家、县政府有关人员及民众代表讨论，决定改地方志为地方史，以专史方式重修宜兰史，名称定为《宜兰县史系列》，分为总类、地理、族群、语言、艺术、文教、社会、政治、经济等类，凡30余种专史。是年6月，由编纂委员会与50余位专家学者签订编纂合约。

按：由“志”改“史”，原因之一是“内政部”的《地方志书纂修办法》规定，省、县市志书均需由“内政部”聘请专家学者审查后批准，方可出版。但地方志送审单位若对“内政部”的审查意见有异议，除可依规定提出申复外，亦可改为《××志稿》或《××史》之方式出版。故有的因“志之审查，烦琐耗时，史则无此程序”而改志为史。

一九九三年

1月6～9日，中国地方志指导小组办公室在北京举行新编县(市)志评论会。会议主旨是检阅修志成果，广泛听取社会反映，总结经验，找出不足，以利于进一步指导方志编纂工作。受邀请与会者有中国科学院学部委员、地理研究所研究员吴传钧，中国社会科学院社会学研究所所长陆学艺、副所长杨雅彬、《社会学研究》主编张琢，数量与技术经济研究所副所长郑友敬，语言研究所副所长贺巍，经济研究所研究员方行，近代史研究所研究员陈铁键，历史研究所研究员何龄修，政治学研究所研究员白钢，民族研究所科研处长任一飞，上海复旦大学历史地理研究所所长邹逸麟，浙江方志学会会长魏桥，河北省方志学会副会长卢振川和《人民日报》、《光明日报》记者及中国社会科学院科研局代表等。指导小组办公室部分工作人员列席了会议。会议由指导小组成员兼秘书郦家驹主持，以河北《武安县志》、四川《崇庆县志》、上海《松江县志》、江苏《江阴县志》和浙江《龙游县志》为例本，进行评论。

专家们充分肯定了五部志书的成绩，认为这五部志书，无论在观点上、体例上还是资料上，都比过去的旧志有了很大的进步。五部志书各具特色，各有千秋。《龙游县志》篇目设计比较新颖，社会人口部分写得比较好，特别是氏族一目，不仅继承了民国时期旧志的精华，而且补充了新的材料；《江阴县志》经济部分资料比较系统和翔实；《松江县志》文献辑录较为丰富；《武安县志》抗日战争部分和党的领导活动写得比较具体，地方特色比较鲜明；《崇庆县志》注意资料的考订，商业部分注意市场的记述。专家们从各自不同的角度，特别强调了新方志的学术价值。有的专家认为，以往社会科学的研究有一个很大的缺陷，就是缺乏量化。这次新编地方志，如能将每个地方的具体情况，从经济结构到社会结构的变化都调查清楚，形成系列，就能使经济史和社会史的研究建立在真正的科学的基础之上。这将会给整个社会科学及其分支学科的研究带来一场革命性的变革。

会议结合五部志书的得失，着重就体例结构以及各专志中相关的10多个问题进行了讨论，提出了不少建设性的意见和建议：

一、关于体例结构问题有两种不同的意见：一种认为目前志书体例上五花八门，很不统一，需要指导小组出面，组织有关专家，结合已出版的新志书的经验和存在问题，拟定一个统一的框架和大体纲目，使之趋于规范化；另一种意见认为，目前还没有从根本上摆脱旧志的体系，主要倾向仍是保守，不敢突破，所以应当鼓励和大力倡导创新，不要急于要求定型。

二、关于断限问题。现在志书中时间断限随意性太大，有的上溯至新石器时代，有的从1840年，有的从1911年开始。下限也很不统一，甚至一部志书内也不统一。专家们比较一致的意见是，一般事物均应从发端记起，给人以全貌。新方志应当贯通古今，不能写成断代志，也不是旧志的续志。所以从1840年或1911年写起都不妥。

三、关于照片和地图。专家们认为，一般性的照片太多，如政府大楼、商场、商品、电影院等没有多大意思，而真正有存史价值的历史性照片又太少，如古城面貌、各个时期的生产工具、珍贵的历史文物等。地图应运用现代制图技术精制，要注意保留一些旧志中有价值的形象化地图。图中还应标明该地在全国和本省所处的位置。

四、强调要编索引。

五、文字还应精练。

六、关于经济部分。新志的经济基础内容比较充实，目前的问题是经济部分篇幅过大，一般占1/3，甚至更多。其实经济部分不在于多占篇幅，而是要科学立目，精选材料，反映全貌和地方特色。应加强宏观经济、经济效益、乡镇企业等方面的记述。篇幅一般占20%—25%比较适宜。

七、关于政治部分，怎样恰当地记述党和政府的决策和领导问题仍没有完全解决。有的把党的决策和政府政务活动不恰当地割裂开或加以混淆。对于民国时期的政治，尤其是国民党后期统治情况，记述普遍不足。

八、关于社会部分普遍比较薄弱。有专家认为，社会部分主要内容是：1.人口：数量及变动、分布及密度(包括城镇化率)、性别构成、性别比例、年龄构成(包括年龄中位数及寿命)、文化结构、职业构成(按三大产业分及细分)。2.社会结构与社会组织：民族结构、社会分层结构、家庭和宗族结构、社会组织。3.社会生活与社会保障。对于姓氏和氏族应当给予一定的重视。对于家族谱牒之类，不主张新修，但应注意搜集和保存，并充分加以利用。

九、关于民族部分，有的志书引用1964和1982年的人口普查资料，其中少数民族人口减少了，这不合一般情况。如果真是减少了，应加以说明，是因迁移，还是因区划变动。否则容易引起误会。

十、关于宗教部分，目前志书记述中有不少问题，应引起注意。有的对宗教的历史、教义、教规等介绍过多，而对佛教何时传入本地及其传播情况却记得甚少。有的将迷信活动及反动会道门列入宗教篇中，显然是不妥当的。在志书中既不能过分宣扬宗教，也不能批判宗教，更不能把宗教与迷信活动混为一谈。

十一、关于方言部分。这部分有重要研究价值,应注意加强。有的记得过于简单,对当地方言的语音系统、语法和词语特点等都没有记,需要采取一定办法补救。

十二、关于人物部分。现在人物传以外的各门类,记人的活动太少。人物传部分一般是占 5%—10%,这样的比例太低了。生人不入传还是应当坚持。写人物传应写得朴素平实,不加议论,不要带过分的感情色彩和宣传色彩。

专家们还对志书的科学性问题进行了比较集中的讨论。对今后的工作提出了 5 条建议。

此次会议的《纪要》中,要求各地根据本地的实际情况和条件,适当组织类似的评书活动,加强方志队伍与相关学科专家的联系,取得学术界的支持和帮助,使新方志和方志事业迈上一个新台阶。

1 月 18 日,中国 10 部民族民间文艺集成志出版座谈会在北京举行。李铁映、洪学智、谷牧、程思远、徐志坚、刘忠德、高占祥等领导出席。该书被国家列为"六五"、"七五"、"八五"期间重点艺术科研项目和新闻出版署"八五"期间重点出版书目,是把前人辛勤创造出来的文艺结晶,用文字、曲谱、录音和录像等手段记录下来,编纂出版。这 10 部书包括《中国民间歌曲集成》、《中国戏曲音乐集成》、《中国民族民间器乐曲集成》、《中国谚语集成》等。集成志书每个省、自治区、直辖市各 10 卷,全书共 300 卷(暂未含台湾省),约 4.5 亿字,是新中国成立以来卷帙最多、篇幅最大的文献丛书。

是月,黑龙江省肇东县成立肇东华夏方志馆,馆长刘有才。该馆确定其业务范围与任务是:收藏全国省市县新编志书,代购代销全国各省市县新编志书,承编本市乡镇志、村志、厂矿志、专业志、部门志,做好本市历史与现状地情资料的咨询服务工作,代培修志人员,沟通海峡两岸及与国外方志交流工作,帮助安排印刷出版事宜等。该馆还创办了内部交换的《全国方志信息简报》。

是月,浙江省地方志编纂委员会倡议的《民国浙江省史料征集委员会遗址碑》在永康县方岩鸡鸣峰建成。抗日战争时期,浙江省政府迁至永康方岩,省史料征集委员会设于鸡鸣峰万成寺,坚持浙江省志的编修工作。现流传于世的《重修浙江通志稿》就基本是在这一时期修成的。1992 年浙江省地方志第七次工作会议在金华举行,与会代表到鸡鸣峰考察后,省地方志编委会发出倡议在此立碑纪念。在永康县志办的支持下,石碑至是落成。

是月,山西张松斌在《方志研究》今年第 1 期发表《论方志发展的历史分期》一文,将中国方志发展划分为四个时期:1.先秦、两汉是方志的初级形态阶段;2.两晋至隋唐是方志的基本定形阶段;3.两宋及元、明、清是方志的鼎盛及方志学产生时期;4.民国以后是方志编纂及方志学研究全面发展及创新阶段。

2 月 9 日,北京市西城、崇文、宣武 3 个城区志办举行修志协作会议,交流各自的进度、情况,并对存在问题探讨了解决办法。

2月10日，鉴于当前已经出版的新志书对于“左”的失误记述普遍薄弱和方志界许多人对这一敏感问题感到棘手，广西通志馆郑正西在是日出刊的《南中》(云南地方志编委会编)第1期发表《综论新方志记载“左”的错误》一文。文章在述说新方志记述“左”的错误的必要性和认识“左”才能正确记述“左”之后，特别提出了记载“左”的错误应站的角度和应掌握的分寸：一是要肯定自新中国建立以来，历史的主流是前进而不是后退；二是要把“左”的错误同党的领导区别开来，把中央个别人的错误同中央区别开来；三是不能从一时一事去看问题，要把事件放到历史的长河中去考察，去判断；四是对成绩与错误，对光明与黑暗要有一个清醒的、正确的估计，决不能写“左”的错误就把历史与未来写成一团漆黑；五是对“左”要看到并大胆正视，尽管新中国成立以来历史的主流是前进的，但由于失误太多，折腾太多，对社会主义建设速度的影响和造成的损失是巨大的。文章还指出了记述“左”的错误应注意的几个问题：1.要牢牢掌握志书的体例和章法去记；2.志书记述“左”的错误与党的决议、文艺作品、党史和革命史的方法都有不同；3.志书重点是记述“左”在本地的历史过程，再就是它的危害、结果；4.应掌握对事不对人；5.要善于选择典型资料入志；6.应当从对生产力的影响与破坏的出发点去写，不能就事论事，为记“左”的错误而记“左”的错误；7.要通过具体事物去记述；8.要注意对“左”的事物进行历史的、细致的、耐心的分析，寓于资料中的观点应当客观，应当经得起历史检验，应当同党的《决议》严格保持一致；9.不能用现行政策去套历史，不讲当时的历史条件和环境，从而下结论它是“左”的东西；10.应当用辩证唯物主义的立场和方法去看待问题；11.要较准确地记述“左”的错误，必须先从宏观上了解全国的历史。

2月11日，中国地方志指导小组成员、河南省地方史志编委会主任邵文杰，在河南省地方史志编委会第十二次(扩大)会议上的讲话中，首次提出了修第一届志书下限后的短期志书问题，这是在全国最早正式提出志书续修具体要求者。随即，该省政府以豫政[1993]5号文件发出要求，“凡是已完成这次志书任务的市(地)、县(市、区)，要紧接志书下限到最近年份，编写新的短期志书”。

2月20日，广西壮族自治区人民政府办公厅同意设立地方志优秀成果奖，每三年评奖一次，由自治区人民政府颁发荣誉证书。

2月25日，浙江省志办魏桥、顾志兴在是日出刊的《中国地方志》今年第1期发表《解放思想，实事求是，完成新一代新方志编纂任务》的文章，文中提出志书应该是“大体则有，定体则无”，“既要合格，又要不拘一格”。由于各地情况不同，内容千差万别，客观情况和主观认识不断发展，所以要求志书一个模式是不现实的，亦是不科学的。志书基本的要求应该符合志体(“大体”、“合格”)，但在具体编纂中则可视各地情况，有所创造和前进。在符合志体的前提下，允许“百花齐放”，允许各种流派、风格的志书存在。这可能为今后新方志创造出一种更为合理的“模式”。文中还提出，经济上有“特区”，特殊的地方也可以修成特殊的志书。

同日，于希贤在《新疆地方志》今年第1期发表《当代地方志编纂程序的新思考》。文章认为，当前，脱离内容（地方情况）、空谈篇目（反映内容的形式）的风气，在少数一些地方还很盛行。在评论一部新出版的志书时，也脱离地方上的地理背景、人口发展、经济实体、行政特点及历史人物、事件，去抽象地议论“篇目的合理性”问题。按这种思维编出的地方志，就可能是横排门类整齐了，章节安排理想了，但未能反映地方新鲜活泼的实际情况，不体现地方有生气的个性与灵魂，它仅仅是一部分门别类的资料书，千篇一律，千志一面，是脱离实际的形式主义的产物，这种倾向是提高志书质量的大敌。他提出，首先应当大量收集地方性的资料，在此基础上来拟定篇目，这样的志书才是本地情况与地方问题的集中体现，才能丰富多彩，百花齐放。其次是根据服务现实的需要和反映地方特点来设定篇目。

是月，钟兴麒著《区域发展的认识和表述》一书由新疆大学出版社出版。是书涉及方志渊源，方志学指导思想、研究对象、与信息科学的关系，方志认识及方法，方志功能与结构，方志编纂的理论与实践，以及方志评论，方志事业的组织与管理等，颇多新见。作者将他与钟英的“区域发展”论作了进一步系统的阐述。认为方志界存在的笼统地定义方志学以“地方”为研究对象，有欠精审，未能揭示方志学研究对象的特殊矛盾性，并且与其他学科形成重大交叉与重复。如果以“地方志”为研究对象，必然认为“方志学的任务主要是研究方志编纂的内部规律”。这实际上是把方志学自囿于或等同于方志编纂学。著者认为，把方志学定义为“研究如何认识和表述区域自然界和社会发展的学科”，符合方志学研究的特殊矛盾，且有其现实依据，能为方志学划清一块有别于相关学科的研究领域。方志认识是方志表述的前提，缺少认识，即使掌握了较多的资料，也不可能做到记述清楚、编纂得体。方志记述是认识的整理与深化，从属于认识范畴。方志领域的基本矛盾是认识和表述区域发展的主观目的性与区域发展的客观现实性之间的矛盾。著者还认为，方志功能由区域社会需要决定，并随之改变而改变。方志界常谈的“资治”、“教化”，带有浓厚的封建长官意识，不宜用来表述新方志功能、作用，而且这两个词的概念外延过大。“存史”也不是地方志特有的功能。只有把地方志功能表述为为区域发展研究服务，才能既概括历代旧志的基本功能，又为今后方志事业的发展开辟广阔的道路。

是月，蔡华伟、滕守君在《江西方志》今年第1期发表《对中国方志学体系和修志工程系统化的构想》，提出中国方志学学科体系应包括7个分科：即方志史学、方志分类学、方志编纂学、方志工程学、方志出版学、方志功能学（或叫方志价值学）、方志美学。按其所述可列表于下：

方志学：

①方志史学——方志史；方志人物学；方志学派学

②方志分类学——地志分类学；专志分类学；人志分类学；物志分类学

③方志编纂学——方志编目学；方志资料学；方志编辑学；方志语言学；方志整理学

④方志工程学——方志组织学；方志设计学；方志人才学；方志施工学

⑤方志出版学——方志检验学；方志排版学；方志校对学；方志印刷学；方志装帧学

⑥方志功能学——方志存史学；方志辅政学；方志教育学；方志考史学；方志考人学；方志信息学；方志导游学；方志战备学；方志科研学；方志效益学

⑦方志美学——自然美学；社会美学；人性美学；风情美学；结构美学；语言美学

3月3～4日，中国地方志1993年度工作座谈会在北京举行，全国政协副主席、中国社会科学院院长胡绳在会上发表讲话说："现在的地方志与古人编的地方志所体现的精神也有所不同。如果说，古人编的地方志侧重既往，那么现在的地方志则更重在开来。我们了解过去，是为了开展今天的事业。所谓开来，当然不是说，要写今后多少年的展望、规划。我们在地方志中所写的还是直到今日本地的情况和已发生的变化。写下这些正是为了展望和规划将来提供可靠的基础。"他指出："地方志要满足各方面的需要，能够发挥积极作用，关键在于志书的质量，而质量问题的根本，又在于志书所记述的内容是否准确，是否真实可信，是否能切实贯彻实事求是的原则。当然，怎样把准确可信有用的材料编纂起来，也就是体例问题，也是需要注意的。"

3月5～11日，中国地方志指导小组与中国革命博物馆，联合在北京举办"全国新编地方志成果展览会"。除西藏自治区和台湾省外，共有38个省、自治区、直辖市和计划单列市的5000余种志书、年鉴、地情书、方志理论著作等参展。这次展览是对十余年来方志工作的一个极好宣传。展览期间，首都各家新闻媒体(包括在首都设有办事处的报纸)都作了较充分的宣传报道。中国社会科学院副院长江流在《光明日报》发表了《开创地方志的新局面》的署名文章。这次展览，使广大的方志工作者，见到了自己工作的意义和价值，增强了信心，鼓舞了士气。

3月15日，山西省地方志办公室的《山西省地方志系列丛书编纂方案》由中共山西省委办公厅和山西省人民政府办公厅正式印发。为了运用各级各类志书全方位多角度分类汇集信息，深入反映地情，以便更好地为建设有中国特色的社会主义服务，山西省地方志编委会办公室决定编纂四套地方志系列丛书：1.山西旅游经济志系列——分别记述名胜古迹的自然和人文景观、历史变迁，同时介绍当地的旅游设施和产品，如大同《云冈石窟志》、洪洞《大槐树志》、吉县《壶口瀑布志》等；2.山西名优特产志系列——分门别类或单项详载名优特产的形成和发展、历史与现状，如汾酒、陈醋、红枣、油梨、大同的铜器、阳泉的砂货、万荣的大黄牛和沁州黄小米等；3.山西乡镇企业志系列——凡具有一定规模、产品质量好、产值高、经济和社会效益显著的乡镇企业，皆可单独成书，志其发展历程，如朔州《乡办煤矿志》、五台《东冶镇建筑业志》、永济《农工牧商联合公司志》等；4.山西重点乡镇村志系列——选择一批达到或接近小康及知名度较高的乡镇村编写，如襄垣《五阳村志》、文水《信贤乡志》、昔阳《大寨村志》等。预计四套丛书共230余部、3500万字，三五年出齐。省委和省政府两办公厅正式印发此方案，要求齐力配合，努力按期完成。

3月19日，国家主席江泽民会见香港《明报》集团董事长查良镛先生时，将《浙江方志源流》、《浙江地名简志》、《浙江文化史》等17种浙江地方史志著作，作为礼品相赠，并于《浙江地名简志》的扉页上亲笔题写了“良镛先生惠存　江泽民　一九九三年三月十八日”的题字。查先生对此感慨多多，觉得意义深远。

3月28～31日，云南省在玉溪市召开全省地州市地方志办公室主任会议。会议的重要内容之一是加强验收工作，保证志书质量。会议指出，1992年，个别志办向省志办报送志稿要求“验收”的同时，早就将志稿送交出版发排，将报送验收只作应付搪塞。会议强调：一要严肃对待省志办验收小组的意见，吸收意见认真修改志稿。二要严格履行验收程序，逐级送审，签章负责；三是志书出版时要署验收人员姓名，以示负责。

是月，山东姜万成在《方志研究》今年第2期发表《关于方志学研究对象的哲学思考》，认为方志学的研究对象是由方志学研究领域特有的基本矛盾决定的，方志学的任务在于揭示方志运动的规律。方志主体与方志客体之间的相互对立，就是方志运动过程中的基本矛盾。方志主、客体相互作用产生的一系列矛盾运动，构成了方志运动的本质关系。这种关系就是方志运动的规律。方志学的任务，就在于科学地展现这种矛盾，揭示这种关系。为此必须研究构成方志运动的矛盾双方、矛盾运动的过程；同时还要研究方志运动的外部环境。他的结论是：方志主体、方志客体、方志运动过程、方志运动环境等一切方志现象，就都成为方志学的研究对象。

江西丰城金达迈在同刊期上发表《论志体革新》一文。文章从考察志体革新的历史入手，提出当今志体改革的必要性。他认为，纪传体是中国史体的传统，到上世纪初开始变革。正当历史界借鉴西法，抛弃肢解式的纪传体时，方志界却拾取这种体裁为己所用，改平列志目为主流的编纂形式为纪传体。纪传体比平列体当然进了一步，它的优点就在于横分门类，以类系事，以类系物，以类系人，平行列目，分而治之。但总跟在历史后面走总不是个办法。旧志体已经不适应大生产、细分工的现代社会需要，到了“不改革就没有出路”的时候了。他提出志体革新的思路是借鉴西方的地方史，学习台湾的史志书。先横分大类，纵分时期，再横列细类于各个时期之下，最后纵写史实。在表述方法上，有记述，有评论，有现象，有实质。在结构上改“分而记”“小而全”的框架为普遍联系统一衔接的网络。在内容上要突出地方特点，要确立经济在志书中的突出地位。既要继承“述而不论”的传统，又要学习纪传体“太史公曰”的方式，表达编纂者的观点。不能“以论代史”，但可以“论从史出”。要在“述”的文字上下工夫，真正使“述”在志书中起到横联、纵贯、提要、点睛之作用。改“述而不作”为述、议、录三者相结合的表述方法。

是月,余晋良主编的广西《龙州县志》出版。是志副主编陆汉邦于《广西地方志》1991年第4期发表文章,总结他们发掘地方特点的经验颇值得注意。文章述说了从7个方面发掘地方特色的做法:一为从共性中找特性。在广西与越南接壤的7个县中,龙州是桂越陆路交通的要冲。近代以来,外国领事馆和中国的海关都在此设立,故而特设"边务志"。二为从地理位置中寻找地方特色。龙州为历代兵家必争之地,境内有二关三十六隘十二卡,为南疆边陲要地。清朝曾于此设都司、千总、把总驻防。中法战争后,广西提督亲临此地督边,构筑炮台77座。民国年间,这里驻有中将级指挥官,故本志军事志特别加重分量。三为从历史事件中寻找特色。近代以来,龙州发生了广西少有的重要事件,如中越边界勘测和签署立界图约、互换西路勘界图、中法桂越界约、大革命时期的农民运动、土地革命时期的龙州起义及红八军建立的左江革命根据地、后来在越南的救国斗争中的特殊作用、在自卫反击战中的前沿阵地等,这些可歌可泣的历史事件,都表现了中华民族的爱国主义精神,是进行爱国主义教育的好教材。四是从"早"字上寻找地方特色。广西不少带有里程碑意义的大事物在龙州出现,最早的有与越南的通关贸易,又是最早的通商口岸,广西最早的邮政局在这里建立,广西最早的电报线路和电报局,广西最早的火车站,广西最早的银行,广西最早的军官学校等,都在这里建立。五是从"大"字上寻找特色,广西目前最大的蚬木,世界最大的有"水果之王"之称的菠萝蜜等。六是从"多"字上找特色。红碎茶产量最多,占全国出口量的20%。七是从"罕"字上寻找特色。境内弄岗动植物自然保护区,是世界罕见的国内特有的保存最好的岩溶区热带季雨林,有10多种珍贵树种,都有明显的特色。

4月6～10日,全国铁路运输系统局志篇目研讨会在贵阳举行,就铁路局志、分局志与一般地方志的异同及其篇目中应如何体现自身的特点等问题,进行了讨论。

4月10日,吉林苑广才在《河北地方志》今年的增刊上发表《〈迁西县志〉读后随感》一文,认为像志书这样的资料性著述,应该而且有可能确立主题(或叫"主线"),这是客观存在(记述对象)决定的。志书的记述对象,包括自然和社会两大部类。自然部类的主线是生态系统各个要素之间的矛盾运动;社会部类的主线是社会的主要矛盾及矛盾的主要方面。这种客观存在反映在方志编纂的主观意识中,就形成了志书的主题。

按:关于志书要不要有主题(中心思想),修志要不要提炼主题的讨论,在本届修志中,一直就有不同的意见。发表的文章中,较多的主张是要有主题(当然对志书主题的概念也有不同的理解)。例如,钟明在《史志文萃》1987年第1期发表的《修志丛谈》中,就说地方志中,各个事物的竖写,也就构成了历史的长河。历史的长河是按自身的流向、规律、归宿进行运动的,运动的结果便是历史的结论,这便是历史著作的主题。就我们本届修志而言,其时限内的历史演变最终说明了一个主题:没有共产党就没有新中国;只有社会主义才能救中国。应当通过资料的组排,充分体现这一主题。张其卓在《广西地方志》1991年第5期发表的《新志书的编写宗旨、内容、主题》一文中,认为宗旨和内容决定主题。地方志所载之国情,即中国人民在中国共产党领导下,通过斗争摆脱苦难、走向振兴的历史告诉我们:只有社会主义能够救中国,只有社会主义能够建设和发展中国。这一主题符合一个半世纪以来中国社会的本质、内在联系及其发展规律。这就是新志书主题的特定性。有了这个主题,新志书的材料取舍、详略安排、点面结合、结构设计、正文与附文的配合,包括图片的选用,都有了依据和标准。在其所著的《志海求艺》一书中,设有专门“驳新志书无主题论”的内容。李振国在《黑龙江史志》1989 年第 5 期发表《略谈新志书的中心思想和资料处理》一文中,认为没有鲜明而正确的中心思想,志书就失去了灵魂,没有生命。在志书中,要有一个总的、基本的中心思想;在其中的各编中,还要围绕这个总的、最基本的中心思想,形成一个小的中心思想;各章、节、目,也应该有它的中心思想。王广才甚至提出,说“方志就是资料的汇集,不必强调什么主题”,是“怪论”。

与这种看法相反,也有人提出地方志不必有什么主题。如周永光在《广西地方志》1990 年第 2 期就专门发表《修志无需“提炼主题”》,认为史志著述没有什么主题可言,但是有观点。文艺创作是要表现主题的,但写文艺评论的则是阐述观点。要问《阿 Q 正传》的主题是什么,中学生就可以回答;若问《中国小说史略》的主题是什么,恐怕鲁迅自己也说不出来。将文艺创作中的“提炼主题”勉强移植到修志中来是不适宜的,从理论到实践都行不通。志书只能按提供一个地区方方面面的基本情况的需要设篇立目取材,即便是对一个条目,也不能围绕一个什么主题写成一篇文章。修志要求“提炼主题”的说法,容易导致“政治化”的倾向。1958 年前后那届修志事实上是定了主题的,就是按“三面红旗万万岁”来编写。是一次不成功的尝试。郭凤岐在《方志评论》一书中,也说史书有明确的中心论点,资料的收集和取舍,都要根据论点来安排,与主旨论点无关的,一般不予收录;志书没有特定的中心论题,凡是能反映一地全貌的有意义、有价值的材料,不论是自然的、社会的、政治的、经济的、文化的、科技的、历史的、现状的,都在收录之列。

4 月 25 日,江西省地方志办公室向全国各方志办公室发出《关于编辑出版〈志书主编纪事〉的邀请函》。函称该书的编纂宗旨是“记下一代伟业轨迹,展示当今史官风采”。

同日,钟永宁在是日出刊的《中国地方志》今年第 2 期上发表《新方志科学性原则刍议》。文章指出,志书的科学性包括广阔的层面,要使志书的编纂过程全部科学化,关键在于修志主体要具备这种素质。首先是要根治地方志的痼疾——实用主义。志书通过资料体现某种思想观点和政策法规的做法是可以的,但不能成为单纯为一个时期某项政策论证的工具,不能为一时期需要所左右,而要据事直书。志书也不能直接解决现实社会生活中的种种问题。它只有一种潜在的认识价值,完全没有必要夸大它的功能。不必企盼它的作用能立竿见影,而应高瞻远瞩,通过据事直书来体现其价值。

其次，要有开放意识。方志编纂和理论研究，都不能囿于自身的狭小天地，要不断与外界交流信息。

其三，要有批判创新意识。对于旧志不要不加抉择地因袭，其它学科的理论、观点和方法，不要盲目“拿来”，资料也不能照抄照搬，而要经过甄别、选择、消化、吸收的过程。目前，在修志理论方面，存在一种趋“热”如鹜、标新立异的倾向。有些人生吞活剥地把某些学科理论搬到志书中来，有些说得很玄妙，却没有实用价值。

在追求志书科学性的体现中，地方志也要和其他学科一样揉进日益增强的主体意识。一些志书编纂中仍奉行“述而不论”的祖宗定规，以为如有逾越，就非志书的本来面目。其实不然。一些新志书为了避免旧志“述而不论”所带来的不足，增加了总述、概述、综述之类，是一种进步。但还存在不足，就是大都只是罗列、重组文件和地情书上的一些观点，缺少阐发修志者和修志部门自己的观点。文章还提出了实现志书科学性的几条具体措施。

4 月 27 日，中国地方志指导小组向全国各省、自治区、直辖市及计划单列市，发布开展全国新编地方志优秀成果评奖办法的通知。该《通知》说明了：(一)本次评奖的对象和范围：只限于省、市、县三级志书；(二)评奖单位：是以省、自治区、直辖市为单位，计划单列市一概纳入省和自治区统一评奖，不作单独安排；(三)评奖比例：规定各类获奖志书的总和，不得超过已出版志书的 40%，必须坚持标准，从严掌握，如达不到此比例，也不要勉强凑数；(四)全国评委会，由各省、自治区、直辖市推举代表组成，可以是实际主持修志工作的负责人，亦可是学有专长的专家。与该《通知》同时下发的还有，由中国地方志指导小组办公室 4 月 23 日制定的《全国新编地方志优秀成果首次评奖办法》。该办法除对评奖宗旨、评奖对象和范围、评奖程序和方式、评奖标准、奖励办法、评奖组织领导等作了规定外，并进行了具体的日程安排：1.1993 年 7 月底以前各省、自治区、直辖市将初评结果报送中国地方志指导小组办公室；2.1993 年 9 月在北京召开全国评奖委员会进行评议；3.1993 年 10 月在北京举行颁奖仪式，全国评奖委员及获得一等奖代表出席，其余获二、三等奖及优秀奖单位由所在省、自治区、直辖市选派一名代表出席。这个《办法》中提出的评奖标准五条，被一些论者认为是当代良志的五条标准：1.指导思想正确，能贯彻马克思主义实事求是的思想路线和党的方针政策；2.志书的体例结构科学合理，在继承旧志优良传统的基础上有所创新；3.志书的内容丰富，资料翔实；4.能够较好地反映地方特色；5.文字精练、流畅，图表运用得当，印制及装帧精美。

4 月 29～5 月 2 日，由中国新闻史学会和四川新闻出版志编委会联合召开的全国首届地方新闻史志研讨会，在成都市举行。会议交流了各地编修新闻史志的情况和经验，围绕地方新闻史志特色，新闻史分期，史志怎样为当前新闻事业服务等问题，开展了讨论，对一些问题形成了共识。中国新闻史学会副会长宁树藩主持会议，并在会上就掌握充分的资料，拓宽报纸的研究领域，新闻史志的特色、分期，为当前新闻事业服务等问题发表了看法。

是月，王广荣主编的新疆《玛纳斯县志》出版。是志是一部比较典型的类目体的志书。

全志设类目85,条目396,子目749,子子目39,实行层层统属。志目之间、类目之间、条目之间、子目之间横向并列,不相互依存;志目之间、类目之间、条目子目之间有纵向的领属关系。第一层的志目包含着第二层次的各类目;第二层次的类目包含着第三层次的各条目;第三层次的条目包含着第四层次的各子目。

是月,清顾祖禹撰《读史方舆纪要》稿本由上海古籍出版社出版。

5月10～29日,河北大学历史系91级方志班一行14人到河北省志办进行20天的实习。

5月11～14日,全国民航第三次史志工作研讨会于成都举行。会议的主要议题是交流民航各地区管理局、省(区、市)局配合当地政府有关部门编写地方志民航部分的进展和编写工作经验,探讨编写工作中存在的问题以及如何提高志书质量等共性问题,推动民航各单位在保证质量前提下,按期完成编写任务。会议认为,要做好民航志的工作,还必须从以下几个方面努力:一、继续加强组织领导;二、正确处理好质量和进度的关系;三、加强对修志工作的指导;四、要做好史料的后续工作。

5月12～15日,全国第二次城市环保志研讨会在郑州召开。会议认为,环境保护是一门边缘科学,有其专门性。编修环保志书是一项新兴的事业,是史无前例无可借鉴的。历史虽不长,但涉及面广,内容复杂,不同于其它志书。环保志书是一个相当规模的系统工程,是一种生态文化。编写环保志书应立足于服务当代,促进改革开放,为经济建设和发展服务,它应名正言顺地划入社会科学文献范畴,列为科学研究课题。编写第一代环保志书,责任重大,任务艰巨,困难很多,但意义重大而深远。因此,建议有关业务主管部门举办环保志学习班,应尽早安排。会议决定在武汉市环保局设立"全国环保志信息联络中心"。

5月16日,中国地方志指导小组成员陈元方逝世。陈元方1915年出生于陕西省乾县,从青年时起就追求真理、追求进步,历尽艰辛,为党做了大量卓有成效的工作。新中国成立以后,历任中共西安市委书记、陕西省委书记、中国地方志指导小组成员、陕西省地方志编委会主任等职,是第六届全国人大代表。他退出省委领导岗位之后,全心全意地投身地方志工作,是陕西省新一届方志工作的奠基者和组织者。他在方志学领域写有大量著作,部分收入《陈元方方志文选》,获得方志界的好评。他所坚持的秉笔直书、如实记述"文化大革命"的主张,在全国、尤其陕西产生了很大的好影响。

5月20日,广西通志馆举行地方志质量座谈会。与会者认为,衡量志书的质量,可以从各种角度列出许多条标准,但最根本的一条是看它是否正确地反映了地情。这就要求志书所提供的资料应当准确、全面、系统,符合它所记述的对象的客观实际。志书载录的每个事物定性定量准确,没有时间、空间、人物(集团单位)的误差,这是记述的起码要求。但是,只有各单个资料的准确,志书不一定就能达到高质量。只有将各单个准确的资料组合起来,能形成一个全面的、系统的有机整体,能鲜明地反映地情特点,反映优势与短处,反映历史的发展变化,看到事物的兴衰起伏,并从资料中(不是从编者的议论中)看到某些相应的因果关系,这样的志书才是真正的高水准。会议还谈到了结构科学,文表图配合默契,表述精练,篇幅紧凑,以及“古”“今”关系问题。所谓“厚今薄古”中的“薄”和“略”,主要是讲资料的比重和叙述的展开程度应有所制约,在总体上,“古”的部分不宜超过“今”的部分。而不是要鄙薄历史,连民族的优秀传统和历史上属于进步的事物也故意贬低;也不意味着可以忽略,或草率地记述历史。针对目前志书中对历史重视不够,研究不深,记述不准的现象,有的省提出了“详今明古”的要求,《中华人民共和国地方志工作条例》(讨论稿)将“古”和“今”的分界线定为 1840 年,这些主张值得重视。

5 月 21～22 日,四川省举行地方志第四次工作会议暨先进表彰大会。全省有关领导和市地州县地方志办负责人共 246 人参加,省志各承编单位的领导和编辑人员 192 人与会。受到省政府表彰的地方志工作先进集体 94 个,先进工作者 253 人。会议总结了 10 年来的工作,认为已经出版了一批新志书,在为改革开放和经济文化建设服务方面起了作用,发挥了地方志机构的优势,体现了地方志工作的现实意义;修志中造就了一支政治、业务素质都较好,熟悉地情,苦干实干的宏大修志队伍,成为调查地情、研究地情、反映地情的主力军,是本省社会科学研究和地方文化建设的一支重要队伍;在地方志工作中,形成了一套较为可行的办法,减少了工作的盲目性,增强了科学性,取得了不少共性的经验。会议也看到,当前还存在一些问题:一是一些地方和部门的党政领导,对修志工作缺乏足够的认识,对有关问题解决不力;二是工作进展不平衡,各地、各部门差距较大;三是经费普遍偏少,工作开展困难;四是志书质量还有待进一步提高;五是对志书的宣传、利用不够;六是已经完成志书编纂任务的一些地方,志办骨干被调离,机构名存实亡,今后工作难以开展。这些问题如果不及时解决,将影响本省修志工作进程,甚至带来难以弥补的损失。

5 月 23 日,由浙江省地方志办公室和龙游县地方志办公室联合开发研制的地方志计算机编纂系统软件,在杭州通过鉴定并获得浙江省社会科学院的批准。该系统软件将计算机技术与地方志编纂技术相结合,自成体系,直接应用于地方志的编纂与管理,系国内首创。该系统实现输入、储存、检索、编辑、排版、检索、输入流水作业,操作方便,对于编纂资料性的著述,尤其是修志编鉴等,具有快速、准确、使用方便的特点,适合各级地方志部门和一切资料性著述部门使用,具有较高的实用价值。

是月,以河北省盐山县志办倡导成立的徐福千童研究会,成功地举行首届千童文化节。盐山县西南 24 公里处之旧县镇,是历史上徐福受秦始皇之命,招募 500 童男、500 童女并百工、水手及善射者共 3000 余人集中于此作出海东航准备之地,故历来就有千童城之称。1992 年,盐山县志办首倡在县成立了徐福千童研究会,开展研究。先后参加了第三届赣榆徐福节和中国龙口徐福文化国际学术交流协会成立大会,并与日本徐福研究团体建立了联系。此次研讨会即是该研究会倡导而在此召开的。此后,研究会还继续开展这方面的研究。

是月,张宏涛主编的《广西通志·邮电志》出版,纠正了中法战争中的一则误传。关于历史上的中法战争，有一种传说，即认为前线将领冯子材、刘永福等打了胜仗，取得了镇南关大捷，但因信息不灵，快马不能把这一胜利的消息传到北京，故使清政府与法国人签订了屈辱的《中法新约》。本志书的“电信通信”中记载，仅光绪十年(1884)八月十四日清政府正式对法宣战，至十一年二月镇南关大捷止，由广西各电报局发出的官军电共135份；清政府、两广总督直接发往龙州前线电报局的有48份；经转的官军电报据不完全统计，约有820份。说明当时与法国人签订屈辱条约是另有原因，并非通信上的原因。志书中对于广西最早创办电报官局是梧州，也给以纠正为龙州。

是月，张伊主编的《江西学府志》出版。是书共分7卷：卷一，书院(载录书院23个)；卷二，高等院校(载录学校50所)；卷三，中等专业学校(载录学校57所)；卷四，中学(载录学校133所)；卷五，技工学校(载录学校24所)；卷六，职业学校(载录学校40所)；卷七，小学(载录学校46所)。每所学校都着重介绍了它们的沿革、现状、成就及奉献精神。

是月，郑步钦主编的福建《周宁县志》出版。是志专设“外出劳务”一篇是志书中的新篇章。周宁地处闽东北的边县，山高水冷，土地不适于水稻种植，只能一年一作。故农民常利用农闲季节外出打工，已成历史的习惯。随着人口的增加，耕地减少，许多原来的季节工变为常年打工。改革开放以来，外出打工的人越来越多，且由过去从事简单的扛木筒等笨重的强体力劳动，逐渐向铸造、制活性炭等技术工种转变，在打工实践中学会了技术。由于打工的人数不少，全县此类劳务的年收入颇为可观，有的年份竟超过全县农业总产值。根据这种特殊的地情，设立这样的新篇章，是必要的，合适的。

是月，杨顺沛主编的湖南《新晃县志》出版。是志的《人口》篇记事上溯至唐大历五年(770)，自宣统三年(1911)以后至志书下限时的人口数字没有断过线，在各志中是属于少见的。

6月8～9日，江苏省邀请靖江、阜宁、沙洲、盱眙、江阴5县(市)的志书主编及来新夏教授，举行“主编谈主编”的专题组稿会。目的是志书完成之后，认真回顾总结本届修志的经验与教训，并在总结的基础上进行理论升华，为下届修志，为子孙后代留下一份宝贵遗产。

6月8～13日，由陕西省地方志编纂委会发起并主办的，全国省志专业志质量研讨会在西安举行，有全国23个省、市、自治区的地方志编委会办公室代表和从事省级志书专业志编纂工作者共130多人与会。如何写好“概述”、人物如何入志、如何搞好总纂，是这次会议的讨论重点。会议感到当前概述中存在的主要问题是：缺乏从宏观上的高度概括提炼，内容庞杂零碎、互相重复，观点和提法把握不准，规律揭示不够，结构和层次有欠科学严谨，文字还不够洗炼、精彩，篇幅过长，可读性不强，还不能很好地起到全志的“统帅”和“纲”的作用。就写好概述提出了六点注意。关于专业志中的人物处理问题，会议提出要加强“以事系人”，提倡专业志中设“人物篇”。关于总纂，特别强调了要由主编“一支笔”总纂到底，以使全志风格统一，成为一部具有科学性和整体性的著作。

6月23日，陕西省人民政府下达关于省政府机构调整后的设置情况通知，省地方志编纂委员会列为省政府直属的八个事业机构之一，与省科学院、省社会科学院、省农业科学院等平列。

6月28日～7月5日，由甘肃省社会科学院主办的全国十省、市社会科学志编纂理论研讨会在兰州举行。会议除继续讨论社会科学志的性质、功能、特点等之外。还着重讨论了如下的一些问题：一、继承和创新的问题。认为继承优良传统是必要的，但社会科学志的编写是一项全新的工作，需要开拓创新，需要在实践中总结出新的模式，不能拘泥于旧的体例、旧的做法。二、关于政治与学术的关系。总的认为社科志是一部学术志，所记述的主要是学术问题。对一些学术和政治纠缠不清或关系密切的问题，应采取慎重态度，具体问题具体分析，主要从学术角度加以记述。三、关于清“左”害的问题。新中国40年来，“左”的流毒对社会科学领域危害至深且巨，编写社科志不能回避这个事实，只有尊重历史，才有利于今人和后人以史为鉴，总结历史的经验教训。在具体记述中，对一些人和事的评价，要消除“左”的偏见。使志书经得起历史的检验。

是月，黄苇教授领衔撰著的《方志学》（另四位作者为巴兆祥、孙平、姚金祥、褚赣生）由复旦大学出版社出版。全书73.3万字，内容贯通古今，论述自成体系。各章章名为：方志概况，方志源流，方志内容、特点和性质，方志体例、体裁和流派，方志价值、功用和通病，名志述评，诸家方志理论研究，方志继承与创新，诸志编纂研究与探讨，方志的汇总成书等。从公元前221年至1990年的地方志大事记附后。

是月，方钰主编的《临夏回族自治州志》出版。是书发行后，原青海省主席马麟之孙、台北大学教授马凯达先生，看到志书中记载了自己的先辈们为保卫祖国领土完整，同分裂西藏的亲英分子英勇斗争，粉碎了分裂西藏的阴谋；并出兵抗击日本侵略者，作出重大牺牲的事迹。他感慨地说：“过去我零零星星看到先人们的历史完全是罪恶史。这本志书里功过兼述，共产党是实事求是的。我回到台湾后，要广泛宣传，要为家乡出力。”

是月，张贵保主编的山西《闻喜县志》出版。该县的裴氏是全国著名的大家族，是周非子后裔，自周僖王时起至清嘉庆十一年（1806）的2500年间，共传68世。自汉魏历南北朝，至隋唐五代，冠裳不绝，代不乏人。历代见于史书的自宰相至郡守职官者达306人。对这一特殊人才现象，该志的人物卷内专设《裴氏人物录》一章，载录裴氏所出的宰相59人，中书侍郎14人，尚书55人，侍郎44人，常侍11人，御史11人，使节25人，大将军59人，皇后、太子妃、王妃8人，驸马20人。这样做法颇为特殊，也是在“例因义立”方面的一个探索。

按：这种记述特殊人群的做法，继之而起的是今年11月出版的江西《临川县志》。是书于概述、大事记之后专设一个《才乡纪略》，共分四个部分：“千年‘才乡’兴于宋”、“多姿多彩盛于明”、“清和民国多起伏”、“新秀蔚起新中国”。这既是为了反映临川这个“才子之乡”的特点，又是在新志书中设立“人才”篇的又一大胆尝试（详今年11月《临川县志》条）。这是在旧有人物传专记个体人物的基础上，增加了对人物群体的记述。

是月，邵启俊主编的广西《都安瑶族自治县志》出版。原《辞海》在都安县条下载有元代曾设都安县一说。该志修纂过程中,县志办经考证此说无据,不能成立。将考证材料寄《辞海》出版社后,出版社很快复函:经该词条修订者查证,元代设都安县系误记,表示再版时要改正。

是月,裴孝曾主编的新疆《库车县志》出版。该志中在经济部分设有“园艺养殖”、“土特产”两卷;在文化部分设有“龟兹乐”和“龟兹石窟艺术”两卷,从卷目上就能引起读者极大的兴趣。新疆地处祖国的大西北,特殊的地理位置,特殊的自然景观和历史文化,总给人一种神秘之感和向往之情。库车古属龟兹古国,是龟兹国的主要组成部分,是“丝绸之路”上的一颗明珠。这座古代著名的商埠,汉唐时期就有中原的富商和来自古代大秦、波斯、阿拉伯等国家和地区的胡商在此定居,东西方的行商也熙来攘往。流行于这里的龟兹歌乐,从南北朝时期就传入中原,在宫廷乐曲中,龟兹乐成为隋九部乐、唐十部乐中的一部。随之又远播日本、朝鲜、缅甸、越南等邻国,其影响可谓源远流长。为了记述这种历史渊源,志书的“龟兹乐”卷中,设有龟兹乐理,龟兹乐曲、乐器,龟兹舞,龟兹戏剧,龟兹乐在中原王朝,龟兹乐在国外的传播,龟兹乐与维吾尔族乐舞等八目,详加记述。在“龟兹石窟艺术”卷中,记述了从魏晋历隋唐而至宋代,分 7 处集中存留下来的龟兹石窟 500 余处。特殊的石窟建筑、精美的壁画和佛像雕塑,以及各种文字的题记,都是中华民族的历史瑰宝。但由于地处西北边陲交通不便等原因,长期以来还“锁在深闺少人识”。志书加以详记,公之于世,其意义自然非凡。

是月,中共嘉禾县委书记龚汝山、县长李光球等到北京,晋见 85 岁高龄的原中顾委委员萧克将军,请他对家乡《嘉禾县志稿》提出意见。将军初阅志稿后,结合该志稿提出了许多带有普遍指导意义的意见。有必要节录于次。首先他提出:“县志是信史。信史嘛,那就是实事求是。所载的资料,不应有半点虚假。虚假的东西,怎称得上是信史呢?”针对其《概述》中写有“湘南起义时,在宜章一带打铁的嘉禾人,经萧克组织,成立工农革命军第一个兵工厂”的写法,萧克说:“这个史实就不够准确。一是这个兵工厂是在河南起义前成立的,而不是湘南起义时才成立的,把‘时’改成‘前’就准确了。二是这个兵工厂是宜章黄沙区党支部书记彭晒,采用公开与秘密相结合的方式组织的。说是我萧克组织的,把我的名字换成彭晒就对了。三是成立工农革命军第一个兵工厂,这个‘第一个’三个字不准确……当时在我们革命队伍中,有的部队是建有设备不同的兵工厂的……第一个兵工厂的说法是不准确的。”“志书稿中用‘中国第一’、‘首创’、‘率先’之类的定语时,要十分慎重,要重事实,实事求是。切不可道听途说,更不要随意拔高。”对“1928 年,萧克带领一批工人农民参加湘南暴动,随后上了井冈山”的记述,他说:“不是由我带去的,而是我与南区支部几个党员一起去的。”“记述像这类史实时,要注意掌握分寸,不要把集体的功绩和作用,说成是某个人的功劳和作用。”对于人物传记,他说:“人物传记,反应十分敏感,编写时更应实事求是,好就写好,不好就写不好。要写一个人的主流,要写大节。不要把人美化,把人写得完美无缺,样样都好。要知道,世界上是没有完人的。”他还特别指出,在治史的态度上,仍应提倡秉笔直书的精神。不唯书,不唯上,不唯定论,要唯实,实事求是。

7 月 3～7 日,第五次全国方志刊物主编会议在内蒙古自治区海拉尔市举行。会议就刊物拓宽领域、增加内容后取得的效益和面临的问题进行了集中的讨论，认为方志刊物是新编地方志工作的产物，是它的有机组成部分。从本届修志伊始至今，刊物的桥梁、窗口和园地作用是不能低估的。为了不断提高刊物的效益，一些省、区、市的刊物从原来单一的方志学术指导性，转向以推介方志内容为主、兼纳史地等内容的综合性刊物；一些刊物已由方志的研究和积累资料，转变为为社会各界服务。随着改革开放的发展，刊物原覆盖面窄、内容及读者单一化所造成的社会效益、经济效益较差的实际问题，已暴露出来。有的与会者认为，方志刊物要走出低谷、摆脱困境，就必须参与文化市场竞争。因此，立足方志，面向社会，满足多方面不同层次的需要，是方志刊物今后的发展方向。

7 月 10 日，云南省志办主任宁超研究员率云南省地方志编委会学术访问团一行 7 人，于今日开始对泰国进行学术交流访问。访问中进行了学术交流和考察，受到泰王国学术文化部门及华侨的盛情接待与欢迎。

是月，王孝俭主编的《上海县志》出版。是志最大的特点是历史内容很富厚，对近百年来历史的变迁记述得相当清楚。尤其是对晚清及民国时期的农村土地关系、农民生活状况以及帝国主义的侵略过程，记述得相当细致。不像许多新志书那样，在“详今略古”和“重点记述现代历史和当前现状”的口号下，往往只从 1949 年写起，难以体现中国人民推翻三座大山、实现民族独立和民族复兴的艰难历程。他们修纂当中发掘整理出的《黄道婆研究》一书，成为目前对黄道婆研究中资料最完整的一部著作。该志的《卫生》篇里专设有《上海县与美国华盛顿县卫生事业比较》一目，从医疗制度和费用、卫生服务利用、居民健康状况、主要死亡原因、环境等方面对两地进行了全面的比较。评论者认为，这是气势恢宏之举，眼光远大之为，是有胆有识的表现。仓修良在评论中认为，他所看到的新志书，不少在内容上都打了折扣，近代以来一百年的伟大变革史，实际上只写了一半还不到，这部志书“可以自豪地说真正完成了第一轮的修志任务”。（见《中国地方志》2003 年第 2 期）

是月，杨庆蔚、于连荣主编的《山东省志·泰山志》出版。在是志编写中，年仅 19 岁的编辑人员周颖，在泰安旧志书中发现曹雪芹之父曹頫曾骚扰泰安驿站，其获罪败落是因经济问题而非政治问题所触发。这一发现，引起了红学研究者的极大兴趣。据此，红学家们认为，“证明了雍正皇帝预设圈套说难于成立”，同时也“有助于对曹雪芹的政治思想和《红楼梦》的主题作出一个平实中肯的评价”。清史专家、中国第一历史档案馆研究员张书才指出，这一重要史料的发现“所关甚巨，不可不辨也”。（见 1989 年 9 月《红楼梦学刊》第 3 期）

是月，仓修良辑编的《文史通义新编》由上海古籍出版社出版。《文史通义》是章学诚的代表作，但由于种种原因，其问世以来一直未曾有过令人满意而完整的定本。仓氏为弥补这一缺憾，以符合章学诚原意为宗旨，对通行的版本进行了重新整理和编定。新增补文章达 85 篇之多，超过原两种版本所收的 1/3。新编本被学界誉为“恢复《文史通义》原貌”，“内容已接近作者所述原稿，不但为章氏最佳本、最全本，且澄清混乱，使读者、研究者有所依据，实嘉惠学子之大好事”。

8月12日，甘肃省新编地方志工作的开拓者、省地方史志编委会主任、党组书记王秉祥逝世。早在1983年5月，王氏就和吴治国等14名人大代表，联名向省六届人大第一次会议提出了《关于重视编修甘肃地方史志的议案》，获审议通过并作出相应决议。1984年2月，甘肃省地方史志编委会成立，王氏出任主任，主持全省修志工作达10年之久，作出了重要贡献。正如挽词所云："献身革命六十年，出生入死，铁骨铮铮存正气；致力修志十余载，呕心沥血，硕果累累留英名。"

8月13日，上海市地方史志学会和《上海滩》杂志社主持召开"纪念'八一三'抗战爆发56周年、缅怀唐惠洽将军"座谈会。1931年"八一三"抗战爆发时，上海保安总团上校参谋主任唐惠洽，请缨率部抵御日本侵略军于吴淞至嘉定一线，并写下"为国家民族图生存，决心牺牲抵抗到底"和"望协力抚育儿女成长，承继我志，扑灭彼獠，复仇报国"的家书。11月11日，在安亭指挥部队撤退时，遇日军战机扫射，壮烈殉国，时年仅29岁。1935年5月，国民政府追赠为少将。其墓原在上海虹桥，后被毁。

8月17～19日，广东省地方志办公室、省地方志学会于广州召开华夏文化与地方志学术讨论会。来自香港大学、澳门大学、澳门日报、台湾政治大学、台湾中国文化大学、台湾逢甲大学、台湾中正大学、台湾"中研院"等的学者，与广东省地方志办公室、中山大学、暨南大学、华南师大和广东省社科院、广东炎黄文化研究会、广东中华民族文化促进会、省直单位等的专家、学者与会。会议就地方志学术问题进行了讨论。在会上宣读的8篇论文的作者和题目是：台湾政治大学历史研究所林天蔚教授的《阮元〈广东通志〉评介》，台湾逢甲大学历史系曾一民教授的《广东肇庆星岩、鼎湖石刻史料之价值》，澳门日报陈树荣副总编辑的《〈澳门纪略〉与澳门文化》，澳门大学中文系郑伟明讲师的《三种罕见方志中的明季中葡关系交通史料》，香港大学亚洲研究中心马林坚先生的《论修志应重与世推移之义及客观时代标志》，广东省地方志编委会副主任兼办公室主任、省地方志学会会长黄勋拔研究员的《对我省五部新县志的初步评估——兼论地方志的选材、篇目和文字》，江西省社会科学院历史所曹国庆的《一方全书　千秋永鉴——评新编〈休宁县志〉》，广东省地方志办公室副主任、省地方志学会秘书长侯月祥副研究员的《清代文字狱与广东省志书》。文章主讲人宣讲之后，分别进行了评论和答辩。与会者共同的认识都是，编修地方志是中华民族的优良文化传统，是中华文明能够几千年延绵不断，并铸就优良传统美德的一个重要原因。目前，两岸都在编修新方志，有许多各自的经验、教训，也有许多问题需要探讨和研究。希望两岸学者今后能加强联系与合作，共同努力，弘扬华夏优秀文化，完成祖国统一大业。

8月18～23日，由中国地方志指导小组召开的全国宗教志编写工作会议，在江西庐山举行。出席会议的有25个省、直辖市、自治区、计划单列市担任宗教志的主编或主笔40余人。国务院宗教事务管理局对此次会议的召开十分重视，该局政策法规司司长段启明莅会指导，转达了局领导对宗教志编写的关心，并就宗教志的编写问题发表了重要讲话。此次会议比之其他专业志的会议开得好，对问题讨论得更具体、细致、深入，尤其是通过讨论划清的一些原则和应注意事项，对各地宗教志的编写，具有较强的指导性和操作性。会议认为，编写宗教志意义重大，任务艰巨。宗教工作复杂、敏感，有很强的专业性与政策性，因此，对问题的处理一定要“特别慎重”、“十分严谨”和“考虑周密”。要注意真正以马克思主义宗教理论为指导，认真贯彻执行中央19号文件的精神。在具体问题的处理上，在记述宗教在本地所产生的消极影响的同时，对于宗教界人士历代以至新中国成立前后所做过的有益于国家，有益于人民的事情，也要如实记述。对于今天，宗教与社会主义相协调的一面，更要浓墨重彩地加以记述。对于各宗教所创办的附属事业与慈善机构，也要坚持“一分为二”的原则，将它们对社会所产生的作用与影响加以客观地记述。会议特别强调，宗教志的编纂总的来说，对宗教既不宣扬，也不能贬斥。对于宗教界的人和事，一般来说应采取“不扬不贬”的态度为宜。尤其是涉及具体的人更要慎重，一方面是要注意不随意点名，更不能随意对人物冠之以褒贬定性的定语或词语。另一方面，即使要记述具体的人和事，要注意区别对待，对于宗教界人士的功过，应通过资料给予恰如其分的记述。对于入志内容的选择，要坚持以记述宗教史实为主，宗教教义、仪规等不宜入志。入志内容的提法上也要慎重，以防授人以柄，造成不良影响。与会者认为，宗教志编写难度大，志稿评议与审查验收工作尤其重要。参加评议会的人员应当包括宗教界人士、宗教学研究的专家与学者，以及统战部门和宗教管理部门的领导与干部。要做到各有侧重，各司其职，严格把关。

8月20～23日，全国城市志东北地区第六次研讨会在齐齐哈尔市举行。会议的中心议题是提高城市志科技、教育、文学艺术、卫生、体育等专志的总纂质量。

8月22～28日，香港大学主办的第34届亚洲及北非洲国际学术会议举行，四川省内江市地方志办公室张仲荧及辽宁省地方志办公室苏长春参加会议。这个会议历史悠久，1873年首创于巴黎，长期在欧洲各大城市轮流主办。本次会议是120年间在亚洲举办的第三次。参加此次会议的有来自76个国家和地区的1200名学者。虽然提供会议的论文中关于中国地方志的仅有5篇，但对此问题感兴趣者不少。会中各国学者所提的问题中，有几个是值得当今方志工作者认真思考的：1.中国新编方志为什么与古方志体例相比没有多大变化？2.中国的古方志似乎开始只是完备地记述地情，后来发展成为分门别类辑录资料。新编地方志对这种方式的继承合适吗？3.中国大陆的新方志编纂人员，为什么大多数不是历史工作者？台湾中国文化大学文学院长、著名方志学研究专家宋晞教授指出的两点也值得注意：1.中国方志的纂修人员比较复杂，由学者或学术水平较高的人主修的方志学术水平则较高，反之则低；2.中国旧方志与家谱的内容往往没有经过严格的考证，使用其资料应慎重，特别是新修方志引用旧志资料时应加以鉴别。

是月，田祥继主编的湖北《阳新县志》出版。是志在修纂中，获知本县原兴国州中学曾有一图碑——《鲁国之图》，清末尚存，今已不知去处，只存拓片。志办认识到此碑的价值，于是两次去该校（现在的阳新一中）细心考察，终于在儒学大门东厩墙上找到原碑。是碑刻于宋绍兴二十四年（1154），碑长约2.17米，宽约1.12米。碑的上部刻有“鲁国之图”四个大字，下部刻有鲁府平面建筑详图。此碑的重现,对于研究和了解我国古代地图和测量技术的发展,对于研究和了解孔子的生平事迹都有重要的意义。是志的一个特点是晚清及民国资料丰富。据有人统计,其军事志,晚清及民国的资料是新中国成立后资料的2.7倍;政权志、矿业志,晚清及民国时期占到50%;财政志、金融志、司法志、政党社团志,晚清、民国资料占40%强;农业志、文艺志、贸易志、城乡建设志、交通志、邮电志、教育志,晚清及民国资料占30%左右。这样充实的历史资料,在这一届新志书中是比较突出的。

是月,刘庆芳主编的江西《瑞金县志》出版。为反映中国共产党领导的革命老区的斗争史,是志于卷首专设《红都纪略》,分别记述了中共苏区中央局、中华苏维埃共和国、中央军委和红军总部成立和驻地情况,综述中央苏区的查田运动、经济建设、文化事业发展,介绍了中共中央六届五中全会、开始长征等重大事件。

按:关于革命根据地内容的记述,不少地方的志书都设有专篇。如《延安市志》设有《延安革命根据地志》,福建《长汀县志》专设《苏区述要》等。

是月,邱永源主编的福建《长汀县志》出版。是志的概述图文结合,是为一特。该概述共9页的篇幅,文字占5页,约5000字;示意图、比例图占4页。示意图有:“1933年苏区汀州市、汀县、汀东县、兆征县行政区域示意图”、“长汀县交通图”2幅,曲线图、比例图6幅为:国民生产总值、国民收入、社会总产值、工农业总产值、农业总产值、工业总产值等。

是月,濮德茂主编的内蒙古自治区《额尔古纳右旗志》出版。是志中专门记述了“华俄后裔”的一个群体,颇为特殊。

按:新志书中记述这种特殊群体的还有湖北《江陵县志》中记的“八旗后裔”,《伊克昭盟志》记的“额尔多斯八百室”等。

是月,全国地方志资料工作协作组编(戴国林主编)的《中国新方志目录(1949—1992)》由书目文献出版社出版。据笔者统计,是书共收录1949年10月至1992年间新编就的志书共(包括正式与非正式出版的)9391种。其中省、市、县三级志书1157种,乡镇志、街道、村志1162种,各地各部门单位编纂的专志、部门志7072种。是第一部全面、系统地著录新中国(含台湾省)新编志书的大型工具书。将专业志目也列入,是该书区别于其它方志书目的一个特点。

是月,广东省志办主任黄勋拔在是日出刊的《广东史志》今年第4期发表《对我省五部新县志的初步评估》,文中指出当前新方志中存在浓重部门志的问题。认为“由于当前我国修志是依靠部门进行的,着重写部门的工作,因此许多社会问题写得很少,群众团中共青团、妇联写的是他们的工作,而不是‘青年问题’、‘妇女问题’;‘刑事审判’、‘民事审判’着重从反映法院工作角度写,而不是写‘犯罪’等社会问题。有的问题,如老年问题、家庭婚姻问题、姓氏等等,就写得很少或者没有写。”因此,他主张要加大“社会篇”的篇幅,主要是增加社会分层结构、家庭和宗族结构、社会组织、社会保障材料以及社会学中某些专题的材料。

按:梁滨久在《部门修志的一个不足之处》(载《黑龙江史志》1994年第4期)一文中,

赞成黄勋拔的看法，又补充了“社会问题”缺载的另外一些方面，如帮会问题、宗族械斗、民间医药问题等。

9月3日，泰安市举行《泰山志》首发式，山东省长赵志浩出席并讲话。是志以记述泰山现状为主，重点体现了泰山文化的博大精深，记载了劳动人民在数千年的历史长河中创造的灿烂多姿的泰山文化。记载了在中国共产党和人民政府领导下，山东人民积极开发泰山、建设泰山，使古老的泰山重放异彩的业绩。是书今年7月由中华书局出版，中共中央总书记、国家主席江泽民题写书名，中共中央政治局常委、国务院总理李鹏题词：“泰山离天近，山外更有山”。中共中央政治局委员、山东省委书记姜春云为之作序。

按：是书为《山东省志》的一个专志。将一部山志纳入省志之中，亦是一特。

9月3～9日，由中国地方志指导小组办公室组织的全国新编地方志评奖会在北京举行。总的方针和目的是，评出先进，鼓舞士气，增强团结，继续前进。通过检阅和表彰新编地方志工作已取得的成绩，鼓励全国方志工作者，使全社会更好地了解和支持地方志工作，进一步推动地方志工作的健康发展。评委会由中国地方志指导小组成员、指导小组办公室负责人、中国地方志协会秘书长及各省、自治区、直辖市的一名代表，共42人组成，由指导小组办公室具体组织实施。评奖范围和对象，限于本世纪70年代末至1993年上半年正式出版的省、市、县三级志书。会议采取先审读各地报送材料，后实行无记名投票方式进行。共评出一等奖164部，二等奖247部，三等奖129部，共540部志书获奖，占至9月底以前出版省、市、县三级志书总数(1379部)的39.2%。各省(市、区)获奖志书均按该省已经正式出版的比例控制。鉴于获奖志书的数量是各地已正式出版三级志书的同一比例，各省所报成书统计范围不尽一致，评委会又没有充裕的时间审读志书，只能在各省、市、自治区自报名单基础上予以原则通过，加以认可，加之地区之间总体水平不均衡的现实，故同奖等级志书质量悬殊的情况难免。为避免横向比较中出现矛盾，故指导小组办公室没有将获奖志书名单在全国统一公开发布，只是向各省、市、自治区地方志办公室通报，由各省、市、区自行公布。在公布3个月内没有出现重大争议者，即为正式获奖志书，由中国地方志指导小组颁发获奖证书。

9月10～14日，全国城市志西北地区第二次研讨会在甘肃兰州举行，共有武汉、沈阳、南京、宁波、西安、乌鲁木齐、西宁、银川、兰州等23个城市的代表出席。会议的议题是结合评议有关志稿，研讨西北地区不同类型城市的特点，探讨城市志的共性要求与个性特征，以及提高城市志中的城市建设志的质量的原则与方法等问题。

9月15～17日，中国民族志指导组第八次(扩大)会议在甘肃临夏市举行。除指导组成员外，还有辽宁、云南、四川、甘肃等8省、自治区地方志编委会有关负责人和民族志主编，部分民族自治州和自治县的主编出席。会议的中心是听取临夏州志的编纂情况和经验，联系实际研究州志的编纂问题。民族志指导组组长黄光学在会议的总结中，提出了当前民族志编写中的几个重要问题：一是要重视写好经济部类中的综合性编章；二是要加强对中国共产党和军事编章内容的记述；三是民族地区志和民族专业志要充实民族问题和民族工作的内容。在此,他特别强调了下列基本观点和原则:1.各民族都为祖国的历史和文明作出了贡献;2.在漫长的岁月中,各民族团结一致,休戚与共,坚定地维护了祖国的统一;3.民族问题是社会问题的一部分,对过去、现在、未来都有重大影响;4.社会主义阶段是各民族共同发展、繁荣的历史阶段;5.在社会主义阶段,我国民族关系已经是在共同利益一致基础上的各民族劳动人民之间平等、团结、互助的关系;6.解放和发展生产力是社会主义时期民族工作的根本任务;7.民族区域自治是中国共产党对马列主义理论的重大贡献,是解决我国民族问题的基本政策,要坚定不移地贯彻执行和完善民族区域自治制度;8.努力造就宏大的少数民族干部队伍,是搞好民族工作、解决民族问题的重要方面;9.民族问题和宗教问题在一些民族地区交织在一起,在处理民族问题时,要全面正确地贯彻落实党的宗教信仰自由政策;10.大民族主义和地方民族主义都不利于民族团结,在重点反对大民族主义(主要是大汉族主义)的同时,也要反对地方民族主义,要严格把一般民族主义和民族分裂主义区别开来。

9 月 21 日,新编《上海县志》举行首发式。至此,上海市地方志三大系列之一的县志系列全部出版。

是月,广东清远市地方志办公室蔡少玲在《广东史志》今年第 3 期发表《对当代〈华侨志〉若干问题的商榷》,认为《华侨志》这一命名不够科学,不能概括整个华侨、华人社会状况,外延缩小了范围。已经加入或取得外国国籍的中国血统的人是外国公民,不是华侨。而志书实际记述的包括了华侨、华人两部分。说中华人民共和国是广大华人的祖国,是不对的。这样写会影响我国与别国的友好关系,也不利于华人在当地的生存和发展。

是月,广州市组织“广州市地方志学者赴港澳考察团”赴港澳考察。其间,访问了香港、澳门的高校、图书馆、博物馆和新闻单位,与港澳地区的学术界进行了广泛接触,进行了史志方面的交流。

是年秋,福建《连城县志》脱稿。是志修纂中,香港长江实业(集团)公司副董事长、总经理周千和先生,早在 1988 年春,听说家乡修志,就曾致函县志编委会表示赞成。其后又汇人民币 5 万元,资助出版。值得注意的是,千和先生之父周仰云老先生也曾为民国《连城县志》修纂、出版出过大力(见上卷民国二十七年春条)。旅居县外的两代人,如此热心支持家乡修志,在该县传为美谈。

10 月 1 日,姜万成在是日出刊的《黑龙江史志》今年第 5 期发表《论方志学体系》一文,提出他对方志学体系的构想。文章认为,历史上曾有过把方志作为地理学或历史学分支的时候,但是随着历史和方志本身的发展,“应当说到了承认方志学是一门独立的综合性社会科学的时候了”。通过对方志学的研究对象和科学任务的分析,对本届修志中已经提出的方志学各种体系主张的评析后,提出他关于方志学科学体系的主张,即方志科学可以分为普通方志学、专科方志学、应用方志学、方志文化学和方志史学等 5 个分支学科。如图所示:

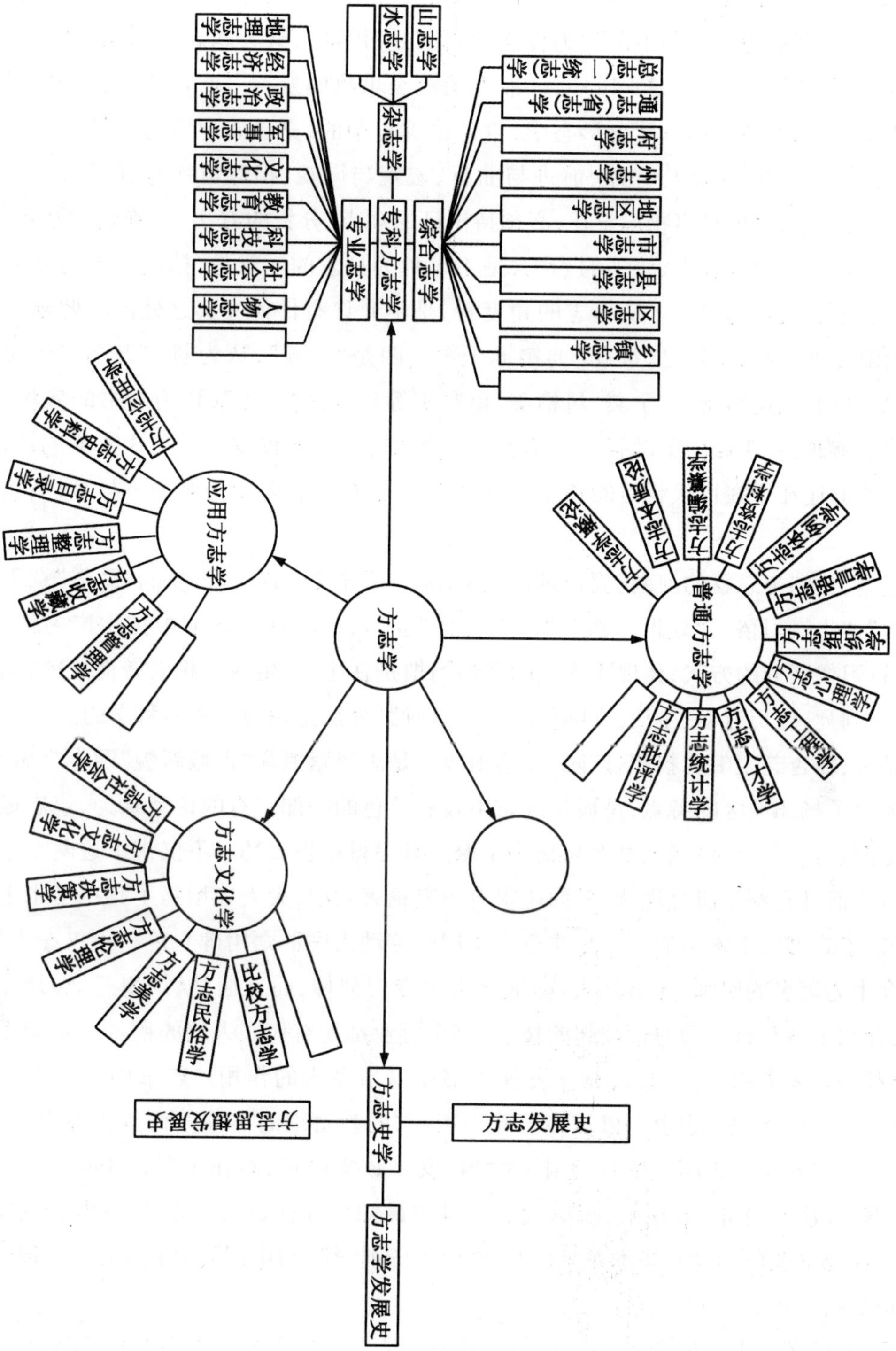
方志学
综合志学
专科方志学
专业志学
杂志学
山志学
水志学
总志（一统志）学
通志（省志）学
府志学
州志学
地区志学
市志学
县志学
区志学
乡镇志学
地理志学
经济志学
政治志学
军事志学
文化志学
教育志学
科技志学
社会志学
人物志学
应用方志学
方志管理学
方志收藏学
方志整理学
方志目录学
方志史料学
普通方志学
方志统计学
方志人才学
方志批评学
方志工程学
方志心理学
方志文化学
方志社会学
方志文化学
方志决策学
方志伦理学
方志美学
方志民俗学
比较方志学
方志史学
方志发展史
方志思想发展史
方志学发展史

10月25日，李明、薛兴祥在是日出刊的《中国地方志》今年第5期上发表《试析良志标准》一文。文章提出了当代良志五个方面的特征（五条标准）：一是“独创”，认为体例上要有所创新，毫无创意的志书是不配称为良志的。二是“辩证”，认为本届修志虽曰“新志”，但记述内容并不局限于新中国建立以后，一般要追溯至事物的发端。而众多事物经历了几种不同的社会形态，即使在同一社会形态中，也是错综复杂的，充满着地情与国情、古与今、新与旧、正与误、是与非、革新与守旧、前进与曲折、宏观与微观、相对与绝对、质与量等等矛盾。因此，作为良志，对各种事物的记述，必须持辩证的观点、分析的方法，正确处理好各种矛盾，切忌片面性。片面性较大、较多的志书，是不堪称为良志的。三是“精确”，认为精确度是衡量一部志书精良度的尺子。从良志的角度看，是不允许有任何失实之处的。要求其准确性要最大限度地提高，特别是“硬伤”要接近于零。四是“美观”，认为新方志之美体现在多方面，比如结构美、运事美、文字美、风格美、色彩美等。五是“实用”，认为志书的实用性越大，它的价值就越高，生命力就越强。一部志书的优劣、高下，不仅仅在于当代人们的评价如何，更为重要的还在于在世代相沿的长河中，被用得怎么样。良志就像名酒一样，时间越长就越醇越香。

是月，员向玺总纂的河南《周口地区志》出版。是志《社会民情》卷的“民俗”章下，按“繁衍习俗”、“生产习俗”、“处世习俗”、“辞世习俗”立节，一改许多志书中按生产习俗、生活习俗、节日习俗区分的方式，体现了人们的风俗习惯是在生产、生活中相沿袭而成的，而人的一生，从生到死，经历劳动、生活、交际等过程。这种区分法是颇为别致而科学的。

是月，杨杏芝主编的扬州《广陵区志》出版。是志紧紧抓住“古城新貌”四个字做文章，较好地体现了扬州城区的特点，是城市区志中较有特色的一部。有的论者认为，该志最值得注意的是两点：一是专设《扬州画派与扬州学派》，且写得相当成功。不仅讲了这两个学派的起源、特点，而且介绍了研究现状，后面还附有研究论著索引，大大地增强了其在学术上的实用性，增加了志书的学术价值。二是注意为下层的劳动人民群众树碑立传。不仅在人物传、人物简介中为著名的厨师、评书艺人、剪纸艺人等专门列传，而且通过《扬州三把刀》等有关的章节，介绍了各种行业师傅们高超的技艺，每个行业都配有代表人物的照片。每项工艺美术中，也都将代表人物一一列出，充分发挥志书中以事系人的作用。志书中还留下大量的诗篇、佳作、名联，增强了志书的可读性。此外，该志的教育编的中等教育章普通中学节内，专设了一个《扬州中学创两项华夏之最》的“附”文。该文内说，扬州中学自1902年创办90年来，培养了政治、经济、军事人才数以万计。其中最知名者有如江泽民、胡乔木、朱自清、两位联合国副秘书长（唐明照、毕季龙），以及22位中国科学院和中国社会科学院学部委员，也让人觉得资料之可贵。

是月，叶荣开主编的湖南《常德市志》出版。是志一反许多志书中对抗日战争记述过于简略的不足，汇集了常德会战的资料，几乎做到了整个战役16个日日夜夜的逐日逐夜记述，资料极为珍贵。

是月，吕志毅著《方志学史》由河北大学出版社出版。是书上起春秋，下终民国。全书12章，章题分别是：先秦时期、秦汉时期、三国时期、两晋南北朝时期、隋唐五代时期、两宋时期、金元时期、明朝时期、清代志书的编纂、清代方志学的建立、民国时期的方志编纂、民国时期的方志理论。是书有两个明显的特点：一是将方志、舆图熔于一炉；二是重在对志书的介绍。每章节之下都是先对该时期作简略说明之后，便是“志、图举要”或“志书举要”。共列举有代表性的各类志、图著作480余部、方志理论家120余人。凡所列举志书的主要编纂者以及方志学家，文中皆有一简要小传，以明其人生平及主要业绩。对于每部志书，除载述纂修者生平业绩外，还述及纂修年代、版本、存佚情况、体例内容特点、优劣得失、社会价值，并注意历代学者对志书的评价。对每位方志学者的理论要点，均摘其主要者予以载述，并注明出处，以备索查。

是月，徐复、季文通主编的《江苏旧方志提要》由江苏古籍出版社出版。该书著录方志1170种，其中现存志书714种，佚志372种，存目待考者84种。比《中国地方志联合目录》所收江苏部分多出220余种（其中包括山水志，这是《联合目录》“凡例”中声明不属收录范围的，故实际不会有这么多）。提要内容包括编纂者简介、修志缘起、卷目、主要内容与简要评介，重点介绍了对当代社会、经济、文化建设仍有价值的内容。对志书的思想意义、资料价值、体例结构、编纂特点、语言风格以及在方志史上的地位与产生的影响，作了较客观的评述。

11月3~6日，四川省川东北片修志工作会在达川地区举行。重庆、南充、万县、遂宁、广安、巴中、涪陵、达川等8地、市的近50名修志工作者与会。会议重点讨论了地方志工作的改革与开拓，志书审查、出版、发行的组织等问题，在如何发挥资料和人才优势拓展业务空间方面，提出了不少的好建议。省地方志编委会副主任秦安禄到会，他在讲话中要求修志界全体同仁要增强紧迫感、使命感和责任感，力争保质保量按时圆满地完成本届修志任务。不仅要干好，还要宣传好地方志工作。对于地方志工作来说，稳定是压倒一切的因素。他强调志后工作要紧紧围绕年鉴这一中心，搞年鉴既是为续修志书准备资料，也是为现实服务的重要形式。

11月3～6日，中国地方志协会1993年学术年会在南京举行。此次会议主要讨论了三个问题：

一、关于地情研究与方志编纂问题。会议认为，对地情研究，在过去十多年的探讨研究中，对此认识不足、强调不够。部分志书记述缺乏深度，与此不无关系。对地情研究与方志编纂有两种不同的理解：一种认为，对地情研究不能只局限于为一部志书服务，它的内涵应扩大为为区域发展和参与制定本地区经济发展战略服务。另一种则认为，方志学领域的地情研究，主要是为修好一部志书。直接为资治决策和经济建设服务的区域发展研究，修志工作者可以参与，但不是它的主要任务。

二、关于发挥地方志的优势和开拓地方志工作的讨论中，比较一致的看法是，一部志书修完之后的所谓“志后工程”，方志界还缺乏科学的研究和规定，已经影响到修志机构和人员的稳定，应当引起重视，并同时研究拓展方志工作的新领域。对如何开拓方志工作的新领域，则有不同的看法。一种意见认为，志书完成之后，应进一步研究本地区经济社会发展问题，寻求本地发展的最佳途径。方志学研究的对象如果按照传统的对象限于地方志的编纂，已不适应为现实服务的需要，也不利于方志工作的拓展，提出方志学研究的对象应是地情，或称“区域发展”的新概念。另一种意见则认为，现实需要开拓方志工作的新局面，但不能因此而改变方志学的研究对象。方志工作应当稳定其专业方向，不应作过大的改变。方志学研究的对象就是方志范畴，包括方志学、方志编纂学、方志应用学等等。研究地情并非方志学的“专利”，许多学科如地理、社会、语言等学科，也都需要研究地情，因而不能规定方志学研究的对象为地情。

三、关于突破传统观念、防止“左”或右的影响，确保志书质量的问题。认为在编纂志书的指导思想和编纂实践上，没有发现带有倾向性的政治问题，但也不能说没有受到“左”或右的影响。特别是传统的束缚，在编纂工作中，有些取材不当或记述失真，不能适应改革开放形势的需要，不能不引起方志工作者的注意。

按：有人将1986年9月天津学术年会、1989年11月岳阳学术年会与本次年会所收到的论文进行比较后认为，本次学术年会的论文有4个明显的特点：1.论文作者由方志研究专家学者向修志工作者转化，可见方志理论研究队伍正在不断扩大；2.论文内容由一般编纂方法的交流，转向编纂理论的探索，论文质量逐步提高；3.论文立论由趋新走向务实，较多的是从本届修志中提炼问题，从继承与批判传统方志理论方面立论；4.论文思想由具体走向抽象，说明新方志学科建设出现了萌芽状态。

11月8日，中央军委委员、国防部长迟浩田上将为《上海军事志》题词：“继承革命传统，弘扬民族精神。”

11月17～19日，由全国城市志指导组委托南宁市举办的全国城市志中南、西南地区研讨会在桂林和南宁举行。会议主要议题是讨论在新形势下，如何通过加强总纂提高志书质量，如何利用修志成果为社会主义服务。与会代表就主编对城市志总纂的组织与指导、分级总纂把质量关、提高志书总纂质量、城市志突出地方特点以及加快城市志编修进度和加强与海外史志界进行学术交流等有关问题进行了热烈的讨论。

11月23日，中国地方志指导小组城市志组向全国城市志办发出通知说：中国地方志指导小组城市志指导组于1993年11月23日在广西南宁市举行会议，讨论加强城市志编纂的指导和分大区实行协作研讨的问题作出决定：一、由于全国城市已增加到500余座，召开全国性会议是不可能的，近年来多数大区实行协作研讨，效果较好，不但参加城市增加，且议题集中、深入，对于探讨共性问题、交流经验共同提高是有益的。为此除东北、华北、西北、中南等区的协作研讨继续稳定进行外，并希望西南、华东地区也能在明年适当时间举行。二、为了具体推动和组织分区研讨会议，城市志指导组成员分工于所在大区联合各省会城市共同组织协商，并领导会议的进行……凡经协商确定的主办研讨会的城市志办，将由城市志指导组发出正式委托书，据以向当地市政府报告，请求批准和支持。三、协作组的任务是确定讨论议题，征集论文，领导会议进行，协商确定下一年的主办城市。召开会议时应邀请有关省、自治区志办负责人到会指导和支持。四、会议应保持求实、严谨、俭朴和讲求实效的会风，严格按中央精神办事。

是月，傅振伦在《方志研究》今年第6期发表《方志学的创始人究竟是谁》的文章，认为中国方志有二千年的历史，方志学奠基于顾炎武，至李泰棻始有方志学。

是月，杨佐经主编的江西《临川县志》出版。是志在《概述》和《大事记》之后，专设《才乡纪略》一篇。临川自宋以来就是有名的"才子之乡"。自宋至清，进士就达731人，收入《中国历史名人辞典》者134人，著书立说者300余人，著述达481种共5580多卷，其中65种770多卷被列入《四库全书》。临川文星灿烂，俊采星驰：晏殊不仅是一朝宰相，而且与其子晏几道同为词坛高手，开有宋一代词风；王安石身居宰相之位，以"三不足畏"的精神，致力改革，震动当时朝野，影响及于后世，被列宁称为"中国十一世纪的改革家"；医学家陈自明，既是中国最早的妇产科专家，又是世界乳癌研究的先行者；明代大戏剧家汤显祖，名扬中外，被称为"东方莎士比亚"。近代以来除了李井泉等一批老一辈无产阶级革命家外，还有游国恩、萧涤非、邓从豪、刘振群等140多名名流学者；有282人获高级专业技术职称；从1977年至1989年有9025名青少年被高校和中等专科学校录取，名列全省之首；有54名15岁以下少年考取大学少年班，居全国之冠。志书此一篇，不但写出了这样的历史事实，而且分析了造成"才乡"的历史原因。这样的谋篇法，实是一创举。又，是志的相关篇章中附有大量的原始资料节录，形成集撰述与纂辑于一炉的特殊做法。

按：方志史上有过撰著派与纂辑派之争。前者主张"无一语不出诸已"；后者则主张"无一语不出于人"。本届修志中则出现了以撰述为主的同时，又辑录一些原始资料的做法。笔者称之为集撰述与纂辑于一炉的做法。这种做法的除本志外，比较典型的还有1995年10月出版赵同蕴主编的《蚌埠市志》，1995年10月出版梁德元主编的《农七师志》，1996年9月出版王登普主编的《辛集市志》等。其中的《辛集市志》以"附"辑录的成文资料，占到全书文字总量的1/10。这是体例上的大胆创新。

是月，汪文超、朱锡通、李明、奚永照、薛兴祥、缪小咏总纂的《江苏名镇志》和汪文超、朱锡通、季文通、张尚金、吉祥总纂的《江苏名村志》同时出版。前者收录了江苏省现有的2000多个乡镇中的247个建置镇修成的简志，集合而成。所选择的有近一半为古镇。这些集镇各有特点，或为兵要形胜之地的军事险要之处；或为交通要道，商民云集之所；或为特色手工业生产中心，货物集散之地；或曾为州、县治所，是一地的政治、经济、文化的中心；或为某些历史名人留下遗迹，值得后人怀念瞻仰者。其余多为60、70年代以来以农林牧副渔兴旺发达起来的集镇;或为改革开放以来,以乡镇企业而出名的明星镇等。仅从这些镇志,就颇能反映江苏历史发展的大体轨迹。

《江苏名村志》则是从江苏36000个村中选出的有代表性者314个修纂成简志结集而成。也注意了选择各类特殊的典型。如有被称为“中国农村希望所在的”江阴市的华西村,在这里家家都是万元户,但又没有一家暴发户;有江苏第一个亿元村,无锡县的西塘村;有被誉为“苏州第一村”的张家港市的城西村,以拥有全国最大的村级牛奶场和全省最大的乳品生产工厂,产品打入国际市场,形成贸工农一体化的生产经营联合体;有被称为“苏北第一村”的通州黄金村,其绣衣厂生产的真丝绣衣,被称为“东方的艺术珍品”、“皇后的夜礼服”,而曾轰动世界时装之都的巴黎。

这两部志书均采用条目体。镇志以镇设为一条,目下再分子目。村志则先分为三类,类下村为一条(目下亦有子目)。内容上统合古今,一般从建镇建村时写起。对于建村建镇之前,在文献或考古中发现有重大影响的事也予以适当记述。每条皆先有一段无题文字,概述所属市、县,具体位置,基本情况,而后以其最突出的特点立目,展开记述。皆不设大事记及人物专目,采取以事系人的方法解决。两书之前均有彩色照片,约有一半左右的村、镇,均选其有代表性的彩照一幅刊出。

按:中国原先是典型的农业社会,村落是我国社会的基础。在长期的历史长河中,又逐渐形成了大批的集镇,尤其到封建社会末期,随着资本主义萌芽的出现,在江、浙等经济比较发达的地区,集镇有了进一步的发展。在悠长的岁月中,无论是村或集镇都因主客观条件之异,而形成了各自独特的风貌,形成了自己的特点。改革开放以来,乡镇企业异军突起,涌现出了一大批明星村、镇(乡)。作为以记述一地地情为己任的地方志,不能不予以重视。所以各地乡、镇、村志的修纂,也如火如荼地开展起来。有的地方在中国地方志指导小组主管的三级志书之外,提出了“四级修志”的口号,江苏省便是其一。但将各地的村、镇编成志书,集束出版,则只有江苏、浙江、山东等少数的省。其他则较显零散。

12月7日,海峡两岸学者在海口市举行修志座谈会。海南省史志办主任李养国,台湾“中研院”近代史研究员、台湾原中国丘海学会会长苏云峰,海南作家朱逸辉,海南大学教授周伟民、唐玲玲,省史志办副主任麦世统、胡茂松等在会上相继发言,就海南省志的编修、丘海研究和南海诸岛等问题进行了有意义的探讨,并达成了不少共识。

12月13～14日,浙江省举行省志工作座谈会,省地方志办公室主任魏桥在会上强调要加强志书的学术性,提高志书的学术品位。魏桥认为,浙江是文化之邦,在国际、国内都有较高的知名度,又是著名的“方志之乡”,现在市县志的编纂已经有较大的影响,省志的起点应该更高。具体地说,就是提高志书“实用价值”、“学术品位”八个字。一部合格的志书大约有两个方面的要求:一是资料丰富翔实,这些资料经得起时间检验,使今人、后人可查、有用,这是一部合格志书的基本要求。二是更高的要求，就是要有学术性，有较高的学术品位的问题。志书是资料性著述，资料是第一位的，但同时又是一种著述，要讲求志书的学术性，提高学术品位，即要揭示事物的深层次因果联系问题，志书的资料不能满足于表层的，而应该揭示深层次的，这样的志书学术品位就提高了。关于志书的学术品位问题，在编市县志时考虑再三未作具体要求，现在修省志要有一个高的起点，这个问题不能不提出来与同行们商讨，为修好一部高质量的省志而努力。

12 月 18 日，全国收藏新、旧地方志数量最多、种类最全的地方志阅览室——北京图书馆方志阅览室经过三年精心筹备，正式对外开放，是日举行开幕式。90 高龄的著名方志学家傅振伦先生在开幕式上表示，愿将自己多年珍藏的地方志资料陆续捐献给北京图书馆。他还为方志阅览室题词“珍藏文化典籍，恢宏精神文明”。侯仁之和任继愈两先生为中国地方志展览剪彩。

同日，老方志学家傅振伦先生向北京图书馆捐赠新方志、专志、家谱、年鉴、志稿、方志学新著、省级方志刊物、文献资料共 1500 多册(份)，其中有《傅振伦方志论著选》、《方志学》(此为傅氏 1934 年在北平大学女子文理学院授课时所编的油印讲义，比李泰棻《方志学》出版早一年编就)、新河县志局《修志丛刊》、《修志经过》、傅作的续四库全书史部地理类的《方志提要》初次打印稿等，至为珍贵。

12 月 24 日，海南省召开省志进展迟缓的部分厅、局、委、办、公司负责人会议。由省政府副秘书长林克昌主持。省志办主任李养国介绍省志进展情况时指出，100 个承编单位，目前尚有 10 个单位虚设修志机构，人员未落实；有五六个单位多次催促至今尚未上报修志机构；现在仍未动手和搞了篇目、征集了一些资料就停顿下来的有 26 个分志，占 31%。被邀参加会议的就属于这种情况。会上，省政府秘书长崔宗钧在讲话中表扬了重视修志的单位和市县，批评了至今按兵不动搞假动作，拖全省后腿的单位，提出了确保“八五”修志计划实现的具体措施。

12 月 24 日，由旅外侨贤曾德坚先生捐款 65 万港元兴建的广东省梅州市方志馆奠基。这是全国第一家由华侨独资捐建的方志馆。该馆建成后，将成为收藏、积累历代地方史志的大型资料库，融收藏、积累、编纂、研究、利用、咨询于一体。

12 月 25 日，黑龙江省地方志办公室梁滨久在是日出刊的《中国地方志》今年第 6 期，发表《章学诚方志学思想的发展历程研究》一文。文章认为，近年来对章学诚方志学理论体系的研究多是横向的，即指出这一理论体系是由哪几个方面组成的，各方面的具体内容怎样。而对章学诚方志理论体系的形成过程则研究不够。有的将他在早期形成的一些不成熟的思想和晚期成熟的思想搅在一起，不利于深入、透彻的研究。如有的研究者将章学诚方志体例的主张，概括为“三书”、“四体”说。其实，“三书”说是章学诚晚年才最后形成的，而“四体”说，则是在他二十六七岁时提出来的，后来经过不断地充实变化，到乾隆五十六年，他主修

《湖北通志》和参修《麻城县志》等书时，志的部分已经形成了纪、表、考、传、图、政略等六体的规格。再如对方志性质的看法，不少人都列有“志属信史”、“志乃史体”、“志乃一国之史”、“志乃一方之全史”。这些不同的说法，到底含义是什么，并不清楚。实际上，章学诚的方志性质说是有一个发展过程的。在早期，他主张按正史体裁修志，所以他说“志乃史体”、“志乃史裁”、“志属信史”。这是就志书的体裁而言，并不是从理论上来论定方志的性质。到他修《和州志》和《永清县志》时，才明确提出方志如同《乘》、《梼杌》、《春秋》，这是前人已经道及的。只是到了修《亳州志》、《湖北通志》时，提出“志乃一方之全史”，才更为深刻、全面，正式形成了“三书”、“六体”，才是理论上的升发，其深刻性自非昔比。作者认为，章学诚的方志思想经历了三个发展阶段，即初步形成、探索中前进、理论成熟时期。

《中国地方志》主编诸葛计在同刊期上发表《本届修志的一项特殊功效——新编地方志促进海峡两岸交流小记》。文章提出，不同时代编修的志书，不仅使之具有浓重的时代色彩，而且往往具有其特殊的功效。这种功效随着时代不同而各异。如在民族矛盾上升时期修出来的志书，往往都能通过其所记的人和事，激发一种爱国的情绪，起到唤起人们同仇敌忾、共同对敌的作用。处于社会变革的大动荡年代修出来的志书，往往要么为新事物的产生和成长呐喊助威，要么为旧事物的失败而鸣冤抽泣。我们今天所处的是改革开放、建设有中国特色社会主义的时代，是海峡两岸经过 40 年阻隔之后，面临着完成祖国统一大业的时代。在这样的时代潮流面前编修的方志，也自然具有为改革开放和完成祖国统一大业服务的特殊功效。文章列举了新志书在增强海峡两岸交流方面的大量实例，说明本届志书在这方面的特殊功效。

按：本文的初稿在《湖北方志》1993 年第 5 期刊发之后，就被中国社会科学院专门汇刊该院科研成果精华的《要报》摘发，上报中央领导。

同刊期上，山东成武县志办陈枫发文，提出“志书编剩的资料不容忽视”，“整理被志书编剩的资料大有可为”。

12 月 28 日，台湾省政府发出 82 府民文字第 186640 号函，出台《台湾省各机关修机关志及出版文献书刊奖励金发放要点》。(转见王明荪、简雪玲《台湾省各乡镇市志之纂修——以近五年修成者为例》)

是月，梁滨久在《天津史志》今年第 4 期上发表《方志编纂过程中的根本矛盾》，提出志书编纂过程中的根本矛盾是资料性与著述性的矛盾。因为，首先这个矛盾贯穿志书编纂过程的始终；其次这一矛盾规定着方志的性质；其三，从志书实际编纂过程中也体验到这是根本矛盾。明确这个根本矛盾，不但对方志编纂有重要的指导意义，而且对促进方志学的理论研究亦有很大作用。

是月，张世闾等 8 人总纂的《镇江市志》出版。是志最显著的特点，是在众多新志书在古今内容处理上都有失偏颇的情况下，能够摆正古今关系，重视民国时期的记述，内容丰富，记得有深度。如对参议会的记述,有当时的竞选丑闻,细到每张选票的标价;特设《国民党特务组织》专章,记载了特务组织在镇江建立过程及其罪恶活动,还记了其不同的系统、外围组织等;在物价管理中,列举了十分有价值的材料和数据;在外事卷中,专设了商埠、租界、领事等节,详记了英帝国主义利用租界干尽坏事,为所欲为,杀害无辜市民,多次激起公愤,数万群众涌入租界,捣毁巡捕房,冲进领事馆,一举焚毁领事馆及教堂,反映了官怕洋人、洋人怕百姓的社会现实。总之是真正做到了详今略古而不无古。尤其是通过千辛万苦收集到十分难得的大量解放前的历史资料,更为可贵。其中,1986年征集到的光绪末年编印的《大清邮传部交通统计表》一套,经邮电博物馆确认属目前国内发现唯一的珍本。同时发现的还有邮政题名录、总局通谕、大清局名录、历年邮政、事务总论等稀有资料。

是月,吴爱国主编的湖南省《芷江县志》由三联书店出版。芷江是中国人民八年抗日战争胜利受降的纪念地。是书在护封、图片及军事、文化、附录等卷中,对于这一重大的历史事件给以了充分的记述。在其《军事》卷的"现代战争"节下,尤其详尽地记述了中国战区最高统帅蒋介石,电令日本侵略军司令冈村宁次派代表,按指定日期到芷江洽降,以及在芷江中日双方代表洽降的具体经过,随文还配有纪录洽降实况的6幅照片。这是近百年来中国人民反抗外来侵略取得胜利的光辉标志。相信每一个中国人,见到日本降使向我方代表半跪式呈上其在华驻军分布图及其代表今井武夫在洽降备忘录上签字的珍贵历史照片时,都会感到扬眉吐气,豪气倍增。志书还详记了芷江人民对抗日战争的贡献。爱国主义是地方志永恒的主题,本书所详记的内容,充分地体现了这一点,具有极强的史教作用。

是月,王庸华主编的浙江《东阳市志》出版。中国历来的思想传统中都有"地灵人杰"的说法。在修志中,为了溢美地方,通常也喜欢说这个地方地灵人杰。东阳的修志者们却一反通常的说法,而是提出了相反的观念——"地瘠人杰"。东阳是个"得天非厚,土地不多,人均耕地少"的地方。正是因为穷而"勤奋过人",反而表现出"才华横溢",使之成为"人才独丰"之地,成为了名副其实的"人才之邦,教授之都,巧匠之乡"。这不是地灵人杰,恰恰是"地瘠人灵"。"地瘠人灵"的提出,是本届修中的又一个重要理论收获。这种思想是跳出宿命论的窠臼,充分发挥人的能动性的辩证思想。是志主体按四大部类来排列:一是环境部类;二是居民部类;三是基础设施;四是社会部类。这是本届修志中正式出现的第二部新三宝体的志书。本志一经出版,即获得志界一致的好评。《浙江方志》刊物曾设有一个专辑,集中刊发了25篇评论文章,这在本轮修志中是仅见的。这些文章除了肯定它观点正确、内容丰富、博大精深、特点鲜明、体例完备、文字朴实、图文并茂、装帧精美之外,多数集中在探讨其体例上的继承与创新,肯定了它是一部新型的三宝体志书。论者认为,说它是新三宝体志书,新就新在其每一个部类中,都扩充了旧三宝体"土地、人民、政事"三类的内容。这里的政区、自然环境和灾异,远非旧体的土地一项所能概括;写人的部分,旧体中的所谓人民,无非是官师、人物之类,本志中则真正写到全体居民,进而及至方言、民俗、人物,也大大地超出了原来"人民”的内容；旧体的所谓政事，所记的更是旧志重人文轻经济的典型表现。而今新的社会部类，不仅包括了政治、军事、文化，更包括了人类社会最基本的物质生产和交换等方面。

按：这种新三宝体的出现，在本届修志经过了较长时间的酝酿和探索过程：

1.最先是席星加在《中国地方志》1985年第2期著文提出“世界以自然、人、社会三大要素组成，三者相互作用，人是主体”，志书各专志应“分为自然、人、社会三大类”。

2.继之是1987年平江县志办在《湖南地方志》第2期、梁滨久在《广东方志》第2期、魏钢强在《中国地方志》1988年第5期，分别提出了类似的看法。平江的看法表述为：“按一般规律，先有自然界，再有人类，有了人类才有社会，而社会除了人类本身以外，主要是政治和经济两个部分。”梁滨久的看法表述为：“地方上的客观事物，可以归纳为自然、社会和人三大要素”，“三者构成舞台、活剧和主角的关系，相互联系又相互矛盾”。魏钢强主张对专志内容的物（环境）、事、人三类，从状物、叙事、记人的需要出发，专志的写法就应当有状、叙、记三种。罗来兴于1989年《内蒙古地方志》第2、3期合刊上也发表文章，认为，省志主要内容应放在一个省区内的自然环境、居住人群、人群活动（尤其是经济活动）这三者的关系上，并提出了一个篇目框架。

3.刘柏修在1989年《江西方志》第2期首先提出了“居民部类”的概念，把地情三分概括为自然、人类、社会，将单个的“人（物）”扩大为群体的“人类（居民）”。其居民部类的内容，包括总体人口，人口控制，交际工具——方言，人口习性——风俗习惯，人口生活——生活方式和生活水平，人口群体——人才，人口代表——人物。（作者在《四川地方志》1990年第4期的《人口·人才·人物》中作了进一步的论述）这无疑比单纯的地情三分说又向前跨进了一大步。此前的志书中不是没有“人”的位置，人物就是专记人的。但它存在两个不足：一是只有个体没有群体；二是人物志只处在与众多专志平列的地位，不能与专志之上的“部类”比肩。地情三分论者中，席星加没有提出居民部类这个概念，但提出了志书的人的专志，应包括人口和人物。考虑到志书的习惯，“可将《人物志》的顺序放在社会类专志之后”。平江县志办则打出了“人生篇”的设想，在这个人生篇中，包括人口志、消费志、教育志、文化体育志、医药卫生志、民俗志、人物志。刘柏修则提出了“居民部类”。

4.正式提出“新三宝体”这个概念的是韩章训。他发表在《方志研究》1989年第5期上的文章标题就是《新“三宝体”方志的构想》，提出一个区域的有机构成便是：环境——居民——社会。志书以此三者为纲统摄内容，便是新的“三宝体”。由于社会性是新志书记述的主体，故其所辖的经济、政治、文化三个子系统可以升格。由此，他构想了一个新“三宝体”的篇目框架：即第一篇环境；第二篇居民；第三篇经济；第四篇政治；第五篇文化。他提出的居民篇的篇目包括：人口、民族姓氏、婚姻家庭、组织管理、人物传、人物表、人名录、劳动、生活、宗教、习俗、语言等12章。

以上这些都还只是新三宝体出现的理论探讨过程，同时还要有一个编纂实践的过程。平江县志办首先提出了人生篇的设想，但至今笔者未见其书，未知下回如何分解。从见到的志书来看，最先设居民篇的是1988年12月出版王建华主编的浙江《开化县志》。其居民篇下设5章：户口、计划生育、劳动、生活、福利救济。继之又有下列设置居民篇的志书先后面世：1989年出版邢其典、张景孔主编的山东《青州市志》、1991年应宝容主编的浙江《永康县志》、1991年2月出版马悦龄主编的天津《武清县志》、1993年9月出版康臣纬主编的江西《泰和县志》、1994年10月出版廖仲琪主编的广西《来宾县志》、1995年6月出版赵国祥主编的江西《峡江县志》等。

标志新三宝体正式出现的，是1993年3月出版乔居主编的河北《冀县志》和本月出版王庸华主编的浙江《东阳县志》。前者的居民篇包括人口、姓氏、方言、宗教信仰、风俗、人民生活6个专志，与人物相连，置于志书的后部，成为一个专门的部类。这种居民篇后置，有照顾人物传后置传统习惯之意，但因此而造成整个居民部类后置的格局，使人感到还有可商榷之处。在这方面，《东阳市志》显得更果敢。该志除志首和志末之外，其主体部分按四大部类来排列：(一)环境——包括政区、自然环境、灾异；(二)居民——包括居民、方言、民俗、人物；(三)基础设施——包括土地、水利、交通、邮电、能源、城乡建设；(四)社会——包括经济、政治、文化。其中的三、四两大部类其实可以归并为社会一大类，这样整部志书的基干部分就是环境、居民、社会三大块，一种完整的新三宝体志书就正式出现了。将居民部类置于自然和社会的接合部，正体现了先有自然，而后出现人类，人类创造了社会，同时也改造环境的辩证关系。

随后出版与《东阳市志》属同一模式的志书还有：1995年10月出版梁德元主编的新疆生产建设兵团《农七师志》、1996年11月出版朱礼主编的浙江《文成县志》、12月出版王兆明主编的黑龙江《黑河地区志》。同年3月出版的河南巩义市的一部村志——《白沙志》，也属于这一种体式。1996年12月出版李传授主编的四川《大足县志》，将人口、人物、社会、方言和建置、自然地理，合并成为“环境与社会之部”，与“经济之部”、“政治之部”、“文化之部”平列为四大部，大体也相类似。

是月，刘兆义主编的陕西《扶风县志》出版，受到干部和群众的欢迎和使用。原因是1993年，县委、县政府为调整农业产业结构，决定全县范围内每人栽植半亩苹果树，并作为多种经营的项目，强行实施，但遇到不小的阻力。县领导经查阅新县志发现，原来县境不同地区气候条件的差异，并不都适合种植苹果，又考虑到群众种植习惯的不同，决定调整为“北果南梨中间辣”的新格局，立即得到群众的积极响应。3年内全县栽植苹果12万亩，梨1万亩，辣椒年稳定6万亩左右，形成规模种植。

是月，潘家隆主编的贵州《黔东南苗族侗族自治州志·卫生志》出版。黔东南州政府根据该《卫生志》内容，起草向世界银行申请卫IV、卫VII项目贷款，向联合国儿童基金会申请妇幼卫生项目援助款。经世行与联合国有关机构考察后，获得世行卫 IV 项目贷款 3000 万元，卫 VII 项目贷款 1144 万元，获得联合国儿童基金会援助款 100 万元。

是月，黑龙江省柳成栋《长铗归来斋文稿》出版。是书共收录作者有关方志研究、方志评论、方志序跋以及史志札记、随笔共 110 篇，内容丰富，资料翔实，有一定的应用价值和学术研究价值。

是月，民国《河北通志稿》经整理后出版。这是民国年间河北省政府编纂的一部未完稿。全稿分《地理志》、《政经志》、《民事志》、《食货志》、《文献志》等 5 个分志，近 500 万字。稿原散藏于北京、天津和其他省市的十余个图书馆。本届修志开始后，由河北省地方志办公室征集齐全，并组织高校教学工作人员和方志工作者 20 余人，经 1 年多时间整理为 480 万字，分上、中、下三册，由燕山出版社出版。

是年，董文安总纂的河南《舞钢市志》出版。舞钢原为平顶山市的一个区，1986 年 5 月完成《舞钢区志》，下限断至 1985 年。1989 年 4 月已经平顶山市人民政府批准出版。但由于 1990 年，舞钢区改为舞钢市，于是于该年 12 月决定将区志改为市志，志书下限下延 5 年。1991 年完成市志稿，经修改后至是正式出版。志书修成后，因建置变革等原因而果断地将志书断限下延的做法，难度相当大。敢于这样做是要有一定的胆量和魄力才行的。

按：这一届修志中，不少的地方出现了建置变化的问题，由于志书已经成稿，没有做舞钢的这步工作，故使该地的县或区志留下几年的空白，给下届续志留下了一个难题。为补此缺，一些志书采取了加“志余”、“志补”的方式。

是年，苏博主编的内蒙古自治区《前郭尔罗斯蒙古族自治县志》出版。是志附录中载有民国元年八月九日《东蒙王公长会议事略》、民国十六年元月《哲里木盟长在长(春)召集各旗王公会议咨文》、《哲盟各旗王公会议同表决报告书》、《哲里木盟长宣言书》等文件，是极有价值的历史文献。

是年，方衍编著《黑龙江方志考稿》由黑龙江人民出版社出版，收录省志 12 种、县志 60 种，比《中国地方志联合目录》多出 10 种。

是年，河南省郑州信息工程所和郑州书社，在建立各地志书(全文)数据库的同时，开始建立中国方志书目数据库，采用王码 386 微机王码全文检索卡。数据库可容纳 10 万种不同的志书。至年底，已储存 586 种志书的有关数据，可为社会各界提供方便快速的计算机书目检索服务。数秒钟内即可按书名、地名、出版单位、出版时间、开本、页数、字数、印数、定价，以及主编、副主编和编辑姓名等，检索出需要查找书目的任何项目。

是年，湖北十堰广播电视大学竹溪分校开设“地方史志概述”的方志专业课，每周 3 节，一学期共 63 节。教材除了《中国方志学总论》、《新志文辑》、《中国地方志分论》、《方志学发微》、《地方志学习参考资料》、新旧《竹溪县志》等外，还有自编教材。通过一段教学，一些学生对地方史志兴趣渐浓，有的还着手整理地方的一些资料。

一九九四年

1 月 14 日，《中华学府志》编委会第一次会议在北京举行。会议由编委会主任杨海波主持。参加会议的有全国人大常委会副委员长、编委会顾问雷洁琼，编委会副主任周良玉、叶佐英，编委会委员、执行编委会主任张伊，编委会委员王庆林、郭永福、李国祥、俞红飞、王杰等。会议听取了《中华学府志》编辑筹备工作情况的汇报，讨论并确定了《中华学府志》丛书的编纂方案。编委会顾问有全国人大常委会副委员长孙起孟、雷洁琼。全国人大常委、教科文卫副主任杨海波为主任委员，其办事机构设于江西省志办。这部巨著将收录 1 万所全国（含港澳台地区）各级各类有代表性的学校，以及历代书院、世界各国华人校名录等，以全面揭示中华民族教育文明的结构内涵、主要特征、历史成就和社会地位，展现我国各地域、各民族兴办的各类学府的精神风貌和在教育文化教育史上的贡献。计划全书分 10 卷 31 册，约 3500 万字，拟于 1997 年完成。会后，由中国地方志指导小组、中国地方教育史志研究会、《中华学府志》编委会及中共中央党校出版社，联合向各省、自治区、直辖市地方志办公室、教育史志办公室，下发了此次会议的会议纪要。编纂工作全面启动。

1 月 18～20 日，云南省举行全省地州市地方志办公室主任会议。会议的主题就是“质量、进度、前途”六个字，省志办主任宁超归纳为“三个切实”——切实注重志书质量，切实加快编纂步伐，切实研究志书编完后的方向。

1 月 21～22 日，河北省地方志工作第 4 次会议在石家庄举行。省志总纂肖风在讲话中讲到该省志中《经济综合实力》分志篇目情况，计分 10 篇，另加 6 个附录。10 篇的篇目是：1.资源；2.国民生产总值（含人均）；3.主要产品产量；4.经济规模（含固定资产投入、生产能力、速度、效益等）；5.经济结构（含一二三产业结构、所有制结构、经营形式结构）；6.国民财产；7.国内贸易；8.国际贸易；9.区域经济；10.科技与教育。

1 月 26 日，中国地方志指导小组向全国修志系统发出通知，正式通报全国第一次评奖结果，分省（区）通报各省获奖志书名单。通知说，自去年 9 月在北京举行评奖会后，10 月 20

日,已将评奖结果通报各省、自治区、直辖市地方志办公室。当时的通报中说:“为慎重起见,我们决定在评奖公布之后,用3个月时间听取各方面的反映和意见。如果在获奖志书中发现有重大原则性问题,将作个别调整,然后在北京举行颁奖大会。”至今3个月听取反映的时限已满,未发现获奖名单中的志书有重大政治原则问题,不需进行调整,今将去年10月20日向各省(区)市通报的获奖志书名单,予以正式公布。各地统计、宣传、颁奖等均可据此名单为准。

是月,谈汗人主编的《无锡县志》出版。无锡从传统上看,是吴文化的腹地县;从经济上看,是改革开放实行“苏南模式”的典型代表者,被誉为“华夏第一县”。志书充分地记述了无锡经济社会发展的优势,详载了改革开放以来的许多带有典型意义的成功经验,还体现了优秀的地域文化传统,保存了许多珍贵的历史资料,被认为是地方特色、时代特点都得到很好体现的一部好志书。

是月,胡元福主编的浙江《奉化县志》出版。是书首次披露了蒋介石父子在家乡的资料,并载入了奉籍旅台、港、澳和海外人士的业绩,在海内外反响强烈。台北市宁波同乡会会刊《宁波同乡》专门刊出《〈奉化县志〉征订启事》,美国、日本、马来西亚、新加坡等国家和香港、台湾地区的侨胞和同胞纷纷前来订购。国民党军界上校毛宗易先生一次订购6本。蒋介石之子蒋纬国先生生前曾两次致函,盛赞家乡修志工作者的出色工作,并说自己常把志书置放床头览读,称志书“兼备史实与近况,编撰并著”。不少台湾的奉化同乡会人士,都将是书视为治疗思乡病的良药。

2月25日,仓修良在《中国地方志》今年第1期发表《对当前方志学界若干问题的看法》一文。文章就当前修志业务中的10个问题提出了自己的看法:

一是理论研究水平有待提高。当前缺乏理论研究和运用的表现,主要在总结方志遗产、研究方志起源和历史发展时,很少人用文化反映论为指导。谈起源总是抱着某一部书发议论,至于产生的时代背景、社会条件和土壤则少管;有的缺乏实事求是的态度,对国民党、国民政府、国民党军队等记得非常简单,不少的县志甚至将这些内容打入“附录”;不能把许多丰富的修志经验进行升华,大多停留在经验总结阶段,这是理论上的重大损失。

二是有些方志工作者缺乏历史知识、史学常识,造成“硬伤”乃至笑话。如将南朝宋(刘宋)与南宋(赵宋)等同起来;将明朝的“嘉靖”写成清朝的“嘉庆”;有的照录资料原文时录出了问题;有的将专志一种称法的“考”,当成一种志体来加以论列。

三是有的将本来没有阶级性的中国史学优良传统的“据事直书”的提法,也说成有浓重的封建色彩,认为不能用了。有的在“资政、存史、教化”的六字方志功能之外,还提出要兼备“资工”、“资农”、“资文”、“资科技”、“资会”、“资住”、“资行”,等等,这实际上是对“六字”说的一种误解。“资政”其实已经包含了政治、经济、文化诸方面。

四是不少人将“横排竖写”视为方志的主要特点。其实,我国古代史书的体裁,除编年体外，纪传体、纪事本末体、政书体、会要体、学案体等，无一不是横排门类，然后竖写的。我历来主张编修方志应当“以类相从，按类编修”，而不主张用“横排竖写”来说明方志的特点，难道还存在“横排横写”的史书吗？

五是近年来出版的志书多序成风，内容都大同小异，成了装饰品了。

六是许多志书“附录”太多。出现这种情况，第一是对有些事物有意识地加以贬抑，如国民党、三青团、民国时期的县政府和参议会、汪伪县政府、汪伪保安大队、汪伪储备券、日本侵略军暴行等等；第二是一时无类可归而被收入附录。这是对附录含义不清所致。第一种做法是指导思想错误，国民党的统治、日本的侵略，都是历史事实，不应用任何借口而将其打入另册。从历史上来看，元朝把宋灭亡以后，元人所修的方志中有哪一部将宋作为附录的？同样，明修方志有哪一部将元作为附录？这是十分明显地违背马列主义实事求是观点，是唯心主义的具体表现，这是割断历史。至于第二种入附录者，许多内容也是应入正文的。总之，凡应当入正文者一律不要入附录，更不能因一时无类可归就入附录。附录毕竟不是灵丹妙药。

七是应当重视艺文志。艺文在保存地方文献方面起到非常重要的作用，故历来著名学者都十分重视。文中谓其查阅了230部新县志，保留这个内容的仅74部，占32%，而独立成篇真正称艺文的几乎没有，大多为一节或一目，有的还放在最后的附录之中。相反，许多志书之中却用大量的篇幅选刊一些诗文，实际上是一种装饰，顶多只起到炫耀作用。这是修志领域流行的一种浮夸之风，此风决不可长。

八是对子孙后代负责，应写好民国时期内容。

九是地方志不是百科全书，两者在性质、功能、形式、体裁、编排顺序等诸多方面都有自己的特点和要求，绝不能将两者等同看待。

十是要实事求是地评论新方志。（评论者）对新志书的评论不能有求必应，而应当有选择、有目的地作些评论。要实事求是，不要泛泛而论，不要虚美、恭维乃至吹捧，更不要廉价地封以美志、佳志、名志等。

是月，在浙江省政协七届二次会议上，有的委员提出浙江“文物之邦多史盲”的问题。在谈到编史修志工作时，说“编史修志工作辛苦、艰苦、清苦、痛苦（不为人理解），故称‘四苦全书’”；有的历史研究所是单位里的贫困户；方志部门有的老同志退而不休，拿折扣工资却在超负荷工作；有些地方志书修成之后，机构名存实亡，人去楼空，致使史志工作中断；浙江地方经济史、文化史研究乏人；思想文化建设当今仍无模式；把历史不当作科学对待，等等，都令人担忧。会上针对于此提出了相关的建议。为此，万学远省长在省八届二次会议上的《政府工作报告》中，提出要“重视做好文物、档案、地方志工作”。要求将地方志的地位、任务和目标，列入政府工作议事日程；要求全省修好市县志，修好省志，并将修志事业持续下去。这些都在省的“两会”上引起了较大的反响和共鸣。

是月，傅凤翔主编的《江西省交通志》出版。该省抚州地区有一段公路路基长期发软沉陷，找不到原因，一时难以制定改造方案。人们从该志中才找到原因，原来该路段属深淤泥地段，1930年国民政府抢修公路，只是在淤泥上铺垫松木，再加填砾石泥土即简易通车。松木年久腐烂，虽路基不断加高，仍年年不断发软下陷。承建部门从该志书中查清原因后，采取彻底清除淤泥层，更换新土，使这段公路得到彻底根治。志书可以服务于建设，于此可见一斑。

是月，钱成润主编的云南《楚雄彝族自治州志》第一卷出版。楚雄州是“元谋人”的故乡，又是全国两个彝族自治州之一。其境内发现的禄丰恐龙、腊玛古猿、元谋人化石以及万家坝铜鼓，证明该地是人类进化史上由猿向人进化的关键地区和铜鼓文化的发源地。历史上有著名的庄蹻通滇、诸葛南征、天宝战争、辛亥革命、红军长征过境等历史事件，还有堪称中华民族文化瑰宝的彝族《梅葛》、《查姆》等长篇史诗和人类科技史上重要发明的彝族十月太阳历等，都说明该地丰富的历史积淀。志书对此作了较充分的记述，具有鲜明的历史特点、地方特点和民族特点。对于开展历史学、考古学、民族学、民俗学、文化学的研究都有参考价值。是书体例上的特点是在自然地理篇之后专设一《历史沿革》篇。该篇在简述之下分设6章，分别是：远古至西汉初期、西汉中叶至唐朝初期、南诏大理国时期、元明清时期、清末及民国时期、中华人民共和国时期。在每个历史时期又分设若干节，叙述这个时期里楚雄地区的社会发展及经济、政治、文化等各方面的状况(实是一件件大事)和建置沿革。篇末附有大事年表。评论者认为，该志这一篇的做法，一是扩大了志体容纳史体的规模；二是改进了“建置沿革”的写法；三更重要的，是在大事记的编写史上作出了突破性的贡献，其创新值得认真研究和推广。

3月9日，山西省乡宁县人民政府发文，公布《关于乡宁县地方志丛书编纂方案》。按照该方案，乡宁县在《县志》出版工作完成后，用5年时间完成专业志和乡镇志的编纂任务，与《乡宁县志》合成为《乡宁县地方志丛书》。

3月10日，《江苏地方志》今年第1期在“中国地方志协会93年学术年会论文集萃”专栏内，发表刘柏修《方志记述主体论》摘要。文章归纳新志书中居民部类形成过程：一是方言向人口志靠拢，张尚金主编1988年10月出版的江苏《武进县志》首先迈出第一步；二是用居民部类取代人口名篇，王建华主编1988年12月出版的浙江《开化县志》首开其端，其居民篇下设户口、计划生育、劳动、生活、福利救济5章，继之者有邢其典、张景孔主编1989年2月出版的山东省《青州市志》和应宝容主编1993年3月出版的《永康县志》；三是居民部类的出现，《海南省志》的篇目中，第三卷由人口志、民族志、华侨志、宗教志、民俗志、方言志组成，初具居民部类的雏形，王庸华主编1993年12月出版的浙江《东阳市志》将居民、方言、民俗、人物分列在第四、五、六、七卷，将人物与人口直接挂起钩来，正式形成居民部类；四是按系统工程的原理，设置“人生篇”，湖南《平江县志》篇目中，在人生篇下设人口、消费、教育、文化体育、医药卫生、民俗、人物7个分志。作者认为以居民部类标名为宜，它不会与人口志重复，能更好地涵盖人口、人才、人物等篇章。

同刊期还发表广东饶展雄的《论新方志的整体性问题》，提出整体性是思想性、科学性、资料性三者的统一。思想性是新方志整体性的前提，科学性是整体性的核心，资料性是整体性的基础。整体性的基本要求是：政治观点的一致性；篇目门类设置比较合理，整体与局部的关系处理较好；体现各部类之间的内在联系和相互制约的关系；文风一致，行文流畅，全书无拼凑的痕迹。

朱延生在同刊期上发文，归纳当前县级方志机构变动的四种模式：1.牌子保留但人员减少；2.县志办与党史办合并；3.县志办与县档案馆合并；4.县志办归入政府办公室。

是月，江西省地方志研究所成立，并立即着手方志学学科理论研究，决定先编辑出版《马克思主义方志学概论》一书。

是月，陈苗主编的福建《晋江市志》出版。是书专设《华侨》与《晋台关系》两卷，意义非同寻常。尤其是《晋台关系》卷，其下设6章：一曰地缘，二曰血缘，三曰经济联系，四曰文化交融，五曰晋台同俗，六曰共御与隔离，尤寓深意。

按：闽粤两省不少的市县志都设有这样的特卷，如黄剑岚主编1993年6月出版的《龙海县志》和招汝基主编1996年12月出版的《顺德县志》便是。

是月，贵州《仁怀县志》主编蒲宗亮的描写修志历程的中篇小说《倒影》由香港昆仑制作公司出版。是书通过曾在邻县任过县委书记的主人公自愿回故乡修志担任主编的遭遇，反映了一个县的修志历程，揭示了修志工作中主任主编之间、工作方式方法之间、理论与实践之间的矛盾，生动逼真，发人深省，被评论者称为是“新编地方志工作的艺术总结”。

按：继1991年12月主编《仁怀县志》出版之后，作者于1992年7月、10月和1993年5月，又先后出版了《县志编纂实践丛谈》、《县志主编素质谈》和《县志编修管理谈》等三本修志经验总结的书。至是又有此“艺术总结”。真可谓是多产矣，更可谓是为修志事业呕心沥血矣。

4月1日，安徽大学林衍经在是日出刊的《黑龙江史志》今年第2期发表《略论志书记载的广度、深度和力度》。文章指出，已经出版的志书中，广度方面存在的问题不少，例如：对于国民党从资产阶级旧民主革命政党蜕化为反共反人民的反动政党的轨迹，就很少记述，因而只能看到它的组织和党员发展，体现不出它在不同的历史时期内的政治表现和实质；对于抗日战争，虽然蒋介石坚持“积极反共，消极抗战”的反动方针，但他统辖下的不少军队和地方武装，激于爱国义愤，曾奋起抗战，有许多人为国捐躯，在志书中却记述不足，从而妨碍了对侵略者同仇敌忾爱国精神的体现；对当时知识青年参加抗日的事实记得更少。国民党税多，这是人所共知的事实，但许多志书对此却记得欠详，有的甚至连捐税和债券的名目都未点明，对反映蒋介石统治下社会的黑暗、民不聊生的实际，自然就大受影响。又如许多地方的志书中,对土地改革少记过程,不能反映反封建斗争的实质,反而给人留下"和平土改"的错误印象。这些方面,《崇庆县志》和《青田县志》的做法及其所规定的选材原则,对人们是有启示作用的。

记出深度,不仅有赖于选材,还必须认真研究如何运用材料。有人认为在记载中,应当进行必要的议论,以发挥点化作用,才能增进深度。其实,只要选材好、材料运用得好,记述深度就会好,大可不必于材料之外添枝加叶。"力度"主要是指其外向的说服力、感染力和作用力。志书的说服力,不是通过辩论来体现,而是靠记载的史实,让读者从中认识是非正误和善恶美丑。志书记载的广度、深度是志书的基本素质。力度则是志书所载这一主体对客体即读者所产生的影响力,受制于主体的广度和深度。所以,在志书编纂过程中,视野和心力必须、而且应当同时关注于志书的广度、深度和力度。

4 月 19～29 日,应云南省地方志编纂委员会的邀请,泰国国务院中文史料研究委员会考察访问团一行 10 人,在团长、泰国国务院政治事务副秘书长蒙的·贞逸他干博士率领下,对云南进行了为期 10 天的考察访问。这是该委员会对云南的第二次考察访问。此次在云南省地方志办公室主任宁超等的陪同下,客人们实地考察了昆明、大理和西双版纳等地。双方就所关心的研究课题进行了学术研讨和交流,在许多问题上达成了共识。对增进两国学者间的交往和两国人民的友谊,均起了积极作用。

4 月 22 日,中共中央总书记、国家主席江泽民,应中共扬州市委、扬州市人民政府之请,为新编《扬州市志》题写书名。本月下旬,江泽民主席还为其祖居地新编的《江都县志》题写了书名。

按:江泽民总书记一贯关心和重视修志工作。早在担任上海市长时,就于 1986 年 11 月为上海《奉贤县志》题词:"鉴古知今,信今传古。"1987 年 5 月 26 日,在上海市地方志编委会成立大会上,发表了长篇讲话,对编纂地方志的意义、要求、加强领导搞好地方志工作等,都作了重要论述。1988 年 3 月 12 日,为《宝钢志》题词:"宝钢是在我国改革开放建设中的大型现代化钢铁企业,《宝钢志》的编写有其深刻的历史和现实意义。"1989 年 5 月为《上海县志》题词:"上海一百年,名城扬世界。"1990 年 2 月 21 日为其家乡《广陵区志》题写书名。1991 年 5 月 10 日为《上海农业科研志》题词:"弘扬中华农业遗产,繁荣现代科学技术。"1994 年 4 月 22 日为《扬州市志》、《江都县志》题写书名。

是日,中共江苏如皋市委、市人大、市政府负责人在深圳,与香港新文化基金会主席、新亚洲出版社社长、如皋籍港胞范止安先生,签订《如皋县志》在港出版的协议。这是经国务院和中国地方志指导小组批准的,新中国成立后第一部在香港出版的内地新志书。是书 1995 年 8 月首批 1000 册运至如皋,并举行了隆重的首发式。

4 月 25 日,辽宁省地方志办公室苏长春在是日出刊的《中国地方志》发表《地方志与地方行政管理关系探微》,认为地方行政管理的需要,是地方志产生与发展的主要驱动力。地方行政管理的需要,决定了地方志书应运而生,决定了地方志书内容含量及框架结构的演变,决定了地方志书经久不衰。因此,我们今天修志也要充分认识并发挥地方志书的功能,为地方行政管理服务。

是月,山东《青州市志》副主编张景孔在《方志研究》今年第2期发表《新志批评散论》一文,提出对新志书评论的五条标准:1.志书是否坚持马克思主义的实事求是的思想路线和运用辩证唯物主义、历史唯物主义观点;2.志书体例结构是否科学合理并在继承优良传统的基础上有所创新;3.志书内容和资料是否丰富和翔实;4.志书是否突出反映了地方特色;5.志书的文字、图表和印刷是否精练、精当与精良。

是月,艾建国主编的陕西《榆林地区志》出版。是志在修纂过程中,从榆林现存的乾隆《叶氏族谱》中,发现此地叶氏乃李自成后裔的资料。《谱》载录叶氏其先二世祖为"自可、自享……",三世为"守己、守身、守禄……"等。称"吾叶家站原名李继迁站,后改为叶家站",这都与李自成的族字辈相同。又该叶宅祠龛中所供祖辈牌位皆由二牌而合,外牌皆书叶姓,推开外牌,内牌又皆书李姓。通过对这种特殊祖牌的考察研究,原来是清顺治二年(1645),清将阿济格从府谷渡过黄河,与李自成军将高一功战于高家堡一带,高军败。清军于是年十二月四日进至李继迁寨一带,对李氏族人大加杀戮,"时有妇女率子归宁,幸免于难,事后不敢归家,遂冒姓叶氏,入籍榆林"。故其家祠牌位、墓志均外书叶姓,内书李姓,意在不忘本也。

是月,张定雄主编的福建《永定县志》出版。永定是革命老区、烟草产区、侨乡、著名的土楼区。对于这4个特点,志书都给以了浓墨重彩的记述。尤其从"民居"中析出专设的"土楼"卷更具特色。永定客家土楼,以其"古、多、大、高、美"等特点,名扬海内外。资料表明,全县现存3层以上的方土楼有4500座,3、4层圆土楼(亦称圆寨)有360多座,长型、多边型、混合型及其他型状的土楼有1.3万多座。其中有千年历史的馥馨楼;有"圆楼王"之称的承启楼;有规模宏大、可容纳千人的遗经楼;有装饰富丽堂皇的振成楼。这些被喻为"天外降落的飞碟"、"地下冒出的大蘑菇"的永定土楼群,曾引起国内外专家的瞩目,纷纷前来考察。志书的"土楼"卷中,就其渊源与发展、土楼的分布和类型、土楼的建筑风格,以及土楼的参观与研究都作了记述。特别是对土楼科研及土楼文化风情的记述,极具知识和可读性。如实地记述了海内外专家对土楼特点、优点的研究见解,土楼中高雅的楹联以及土楼的各种习俗礼仪等,构成了一幅绚丽多彩的土楼文化图,极有助于人们从一个侧面认识客家人的性格、精神风貌和土楼社会。

是月,徐文彬主编的浙江《安吉县志》出版。是志一改通行的以图片、概述加大事记的志首模式,以"县貌"加"县史述略"以代之。编纂者谓,在前人经验的基础上,把30多帧图片分成自然、政治、经济、文化4大类18项进行编排。每项配以简略的综述性文字,使之图文互济、相得益彰地呈现本县之总体面貌,解决地图、卷首图片连贯性不强的缺陷,使之成为志书总体构架的有机组成部分。"县史述略"是紧紧抓住生产力和生产关系、经济基础与上层建筑的社会基本矛盾这一主线,反映安吉立县后1800年中不同历史时期社会性的特征和兴衰起伏,既能提示规律、彰明因果,又可避免与分志过多重复。可以摆脱图片、大事记、概述三者的孤立状态。著名地理学家陈桥驿称其“是志书体例的一种创新和发展,值得引起方志学界的重视和研究”(《陈桥驿方志论集》第261页)。

是月,刘天雄主编的新疆《伊吾县志》出版。是志在编纂过程中,曾将1938年伊吾县人民举行支援抗日前线捐献活动的资料在县内举行过一次展览,把当时捐献者的姓名和事迹展出,其中不少是少数民族同胞。一些参观者从展览中见到自己先辈的爱国行动,大受教育,不无自豪地说:“我们今天看到这个展览,才知道我们的父辈在国难当头的年代,省吃俭用,支援了抗日前线。”有人说:“我爷爷将自己炕上仅有的一条毯、一张羊皮毫不犹豫地送到献金运动委员会,老一辈的爱国之心昭然可见。我们一定要学习父辈的爱国热忱,把我们的祖国建设得更加美好。”这些资料入志,将成为爱国主义的好教材,与某些志书把自己的县写成了抗日战争中的世外桃源,岂可同日而语?!

是月,李祖富主编的福建《漳平县志》出版。是志在修纂过程中,发现与郑和同率船队下西洋的我国杰出航海家、外交家、军事家王景弘,原是漳平集贤里香寮村人。这一发现使困扰史学界多年的对王景弘的研究有了突破性的进展,为海上“丝绸之路”的研究提供了新的线索。

5月13～17日,全国首次地方年鉴评奖工作会议在湖南省大庸市召开。中国年鉴研究会会长尚丁宣布成立全国地方年鉴评奖委员会。接着,评奖委员会及与会代表共同研究了评奖具体办法。

5月17～18日,福建全省人物志编纂工作会议在福州举行。为按时、按质、按量完成省志人物志的编纂任务,会议确定三条意见:第一,省志人物志是全省修志机构、修志人员共同承担的总纂任务,希望全省各地修志人员在保证质量的前提下,加快进度,力争在1995年底以前完成本地(市)县的任务;第二,至今尚未有传稿的400多篇人物传,原则上由传主本籍地组织修志人员撰稿,要求各地(市)县在6月底将撰稿人及完成的“两落实”情况报给省人物志编辑室;第三,省志人物表的有关材料,请各地(市)县按已经下发的有关表格填妥,并速寄送省志人物志编辑室。

5月23～27日,华夏地方志研究所举办第四次市县志研讨会。主要研究关于地方志社会利用的问题。会议讨论了为什么要把方志利用的研究和宣传放在“志后工程”的首位;怎样利用志书为现实服务;要把“用”字贯穿于编纂成志的过程中。认为要改变传统的只管“修”,不管“用”的观念。会议指出,要正确地、实事求是地认识地方志的功能和作用,要区别现实利用与长期利用、直接利用与间接利用、主要利用与参考利用、综合利用与分散利用的关系。方志并非万能,对它的功能、作用要作实事求是的评估。中国地方志协会在贺信中指出,本次研讨会提出了切合全国地方志编修工作实际的研讨内容,具有超前意识。

5月25～31日，全国城市区志协作会在广州举行。会议认为，城市所属区，是国家法定的行政区的一级，本届修志中出现的城市区志，是方志园中的一个新志种。会议强调，在区志编纂中一定要善于继承，勇于创新，不断发展；要惟用所适，不求一律；要努力体现区志的特色。

是月，常世英主编的《江西省科学技术志》出版，将旱罗盘在我国的出现提前了400年。史界历来认为，指南针是中国古代四大发明之一，而罗盘在中国的出现则较晚，尤其是旱罗盘，直到16世纪才由朝鲜半岛传入。本志的修纂者从临川县博物馆发现，临川窑背山宋代古墓中出土的70多个陶俑中，有两个陶俑分别抱着一个刻度分明的大罗盘，罗盘周围有一圈16分刻度，中心有一格长菱形指针，菱形内中有明显圆孔的旱罗盘。证明我国宋代就已有了旱罗盘，比传统的说法提早了400年。

是月，陈百则主编的浙江《新昌县志》出版。是志在人物部分的无题序言中载有："东晋以还，士族南迁，境内名士高僧云集，为江左佛学中心。唐代，众多诗人揽胜沃州、天姥，吟咏颇多。两宋时期，书院勃兴，理学大倡，人才辈出，延及明代不衰。宋明两代，登进士第者160余人，不下通都大邑。以科举登仕进者，大抵刚正不阿，清廉自守，因仕途受挫而致仕亦多；以学问济世者，大抵杜门著述，身体力行，传学乡里。每遇世变，又多隐逸山林，以诗文相娱，待时而动。元及明末清初，厥风尤盛。迨及清代，士林人物渐趋式微。近现代以来，社会变革大潮澎湃，志士仁人探求真理，以身许国。但代表人物中以教育、科技、医学、戏剧界为多，军政、工商界著名人物相对缺乏。起义抗暴之群众英雄和民间能工巧匠，限于资料，记载或有阙如。"这是以小序的方式，归纳揭示出人物的地域特点和时代特点，是颇有见地的高明做法，为旧志之所未见者。

按：有类似的做法者，还有1993年12月出版的刘效柏主编的浙江《诸暨县志》，指出："诸暨人物，约言之，政党军界多，工商实业界少；文教科技界多，能工巧匠少；豁达豪爽、不拘绳墨、敢为天下先者多，刚柔相济、精明细算者少。"一定程度上反映出诸暨民情习俗。

6月1日，梁滨久在是日出刊的《黑龙江史志》今年第3期发表文章，首次提出"方志学逻辑起点"的概念。文章认为，科学史表明，任何一个已形成理论体系的学科，都是有逻辑起点的。如遗传学的逻辑起点是基因，普通化学的逻辑起点是化学元素，有机化学的逻辑起点是碳氢化合物，生物学的逻辑起点是单细胞生物。马克思主义政治经济学的逻辑起点是商品。地方志学作为一门学科，像其他学科一样，也必然有自己的逻辑起点。他认为，最小记述单元的概念是方志学的逻辑起点，"对元素事物的记述就成为了方志编纂的起点"。

按：这篇文章在志界引起了讨论。新疆玛纳斯县史志办王广荣于《黑龙江史志》1996年第3期发表《也谈方志学的逻辑起点》一文，赞成对方志学逻辑起点的探讨，但不同意梁文的结论。他认为方志是由众多的具体分支学科组成的科学体系，每一个分支

学科都有特定的研究对象和方法。方志学的逻辑起点是相对方志学体系的概念而言的，是从具体科学的概念系统里抽象概括出逻辑起点理论。例如方志目录学的逻辑起点是志书，方志资料学的起点是历史记录，方志篇目学的起点是条目，方志编纂学的起点是事件，方志语言学的起点是词汇，方志人才学的起点是编辑，等等。还有是以研究对象的整体概念为起点的，如方志是方志学的逻辑起点。方志学各分支学科的逻辑起点不能代替方志学的逻辑起点。方志编纂学的研究对象和方法，不能代替方志学的研究对象与方法。“元素事件”可以充当方志编纂学的逻辑起点，但不能充当方志学的逻辑起点。方志学的逻辑起点是方志，也就是说方志学理论体系的概念系统，如方志学、方志理论、方志学概论、方志编纂、方志目录、方志整理、方志评议、方志应用、方志资料、旧志辑佚、旧志重印、方志研究、方志提要、方志史、方志体例、方志篇目、方志语言、方志工艺、方志事业、方志学刊、方志文集、方志性质、方志功能、方志效应，等等。这种种概念都是以“方志”概念为最基本、最原始的概念逻辑推演出来的，它就是方志学概念系统的起点概念。

云南玉溪地区志办梁耀武又不同意上述两种意见。他于《黑龙江史志》1998 年第 4 期发表《浅议方志学的逻辑起点》认为，不能把梁滨久说的“元素事物”作为逻辑起点。因为“元素事物”是内容，记述单元形式。把最小记述单元作为逻辑起点，是从方志领域运动最主要的活动是方志编纂这一命题出发的。对方志编纂来说，这种设定有一定的道理，但作为方志学来说则不能反映方志领域的学科整体系统。因为这个起点不可能贯穿于方志领域的运动发展过程中，只有在编纂中才出现。也不能如王广荣所说的，把“方志”作为逻辑起点。把研究对象当作逻辑起点是一种误解。因为学科对象是对这门学科研究对象的整体抽象，而逻辑起点则是这个整体概念中的一部分，是构成方志学理论体系中众多概念中的一个概念。由此深入展开，形成研究范式，构筑方志学的理论体系。逻辑起点有“细胞”之喻，细胞与整体怎么重合为一个概念呢？他提出自己的看法，认为“地情事实”才是方志学的逻辑起点。因为，第一，地情事实贯穿于方志工作的始终，从形成地情资料、研究地情资料、构筑地情资料知识体系、提供地情检索系统、不断积累新的地情资料、为社会提供地情知识的整个过程中，既可以具体化为实物载体，又可抽象为理论分析范畴。第二，以地情事实作为方志学的逻辑起点，既是方志学的起点，又是它的归宿，是方志学历史发展的一条主线。第三，地情事实是一个客观的辩证范畴，它实际上包含着客观存在的地情事实和作为认识主体的人所感知的事实，并上升为系统化地情知识事实之间的对立统一辩证关系。第四，地情事实是本学科的基本问题、研究对象、学科体系，有着内在的逻辑联系。地情知识是方志学研究的基本范畴，是学科的基本理论问题，而地情事实则是地情知识的来源和存在方式。方志学研究对象是地情知识的传播积累过程及其赖以生存的社会关系，地情事实始终处于这个矛盾过程中。所以，地情事实是方志学的逻辑性起点。

6月2～5日，全国地方志资料工作协作组第四次工作会议暨第二次学术研讨会在四川郫县举行。会议集中讨论了资料工作的规范化和现代化的问题。会议着重研究了《中国新方志目录》第一册出版之后，如何编辑出版第二、第三册的协作问题。

6月25日，林衍经在《中国地方志》今年第3期发表《论史志关系》一文。他在对史志关系的讨论作了一番比较全面的回顾之后，提出自己的看法，认为“从古今史志的比较，可以看出史与志有同也有异，有联系也有区别。其同和异、联系和区别，在不同历史时期和不同种类的志书中，各有程度差别……但是，即使是有明显的历史学属性的志书，也不应当、不可以与地方史画上等号，因为志书的内容和形式毕竟与地方史存在一定程度的相异之处，犹如梨子和苹果都属水果，总是两种不同的果品；即使是形貌气质极相似的孪生兄弟或姐妹，总还是彼此二人，不可等同的”。

蔡锦涛在同刊期上发表《修村志乎，续宗谱乎》的文章，提出修村志代替续修宗谱，认为这是势在必行的。

6月25～29日，黑龙江省地方志办公室与当代黑龙江研究所，联合在牡丹江市举办黑龙江省国史(地方简史)主编研究班。该班由省志办副主任王会元主持，当代黑龙江省研究所所长、省志办原主任杨富贵作了题为《黑龙江省国史(地方简史)编研工作的形势与任务》的专题发言。这是地方志部门将地方史正式纳入自己工作范围的标志。

是月，浙江慈溪市地方志办公室周乃复主编的《慈溪市图志》由西安地图出版社出版。是书共由62幅地图、15幅统计图、一幅影像图及18万字的说明文字组成，并附交通、邮电方面的实用资料多种。地图中有45幅专业地图和镇乡地图。每幅专业图后附有3000多文字说明资料，记述该项专业的历史发端至1992年间的发展概况；各乡镇地图后，就政区沿革、人口、人民生活、农副业、工业、交通邮电、商业、教育文化卫生和主要工厂企业进行简介，同时附记反映全市和各乡镇地方特色的专题资料。书末附录有市内数百个机关、企事业单位的电话号码、慈溪至浙江各地公路里程、慈溪至全国各省市区主要城市铁路里程。陈桥驿教授在为该书所写的序言称：“从形式上说，《图志》继承了盛行于北宋的图经，这是我国地方志的古老传统。从内容上说，图志又不同于古代图经。古代图经的地图，是没有数值意义的示意图。而图志的地图，是以现代地图科学和测量技术为基础的计量地图。通过比例尺，图面上一切注记符号之间关系，都可以求得可靠的数值。把这种古老的志书传统继承下来，用崭新的内容使之成为一种富于科学性、直观性和实用性的现代志书，这称得上是地方志修纂中古为今用、推陈出新的范例。”

按：如果说，1990年12月出版的《建德古今图记》单以照片为主，看不出与古代的图经有多少联系的话，这部《慈溪市图志》，则表现了对图经更多的继承性。

是月，由林桓、李爽主编的《中国当代方志学者辞典》由陕西人民出版社出版。是书共收录1949年以后从事过方志学研究和地方志编纂的中国籍学者2500余名，简介他们的学术成就、编纂成果及其生平与工作动向，录入方志和相关的文史论著近万种，主要汇集了近10年来的新观点、新思想、新理论。对于促进学术交流，推动学科发展具有工具书的作用。

是月，河南《淅川县简志(1986～1992)》出版，这是作为1990年10月出版的《淅川县志》的续志形式出现的。是河南向全省部署的“短期志书”中的一种，将续志称为简志(“短期志书”)，是河南省的一个特殊做法。

据中国地方志指导小组截至是月底的统计，全国31个省、自治区、直辖市当中，除台湾另计、西藏暂未建立修志机构外，其余的29个均已建立省、市(地)、县三级修志机构(西藏的个别县亦已建立机构，进行修志)。这些机构大多纳入各级行政系列，享有相应的行政职权。在省、自治区、直辖市一级机构中，属正厅级的有14个，副厅级的9个，正处级的4修，未定级的2个。省以下的市(地)、县，也大体上是这个规格。各级都形成了党委领导、政府主持、编委会(或办公室)具体组织实施的格局。全国有修志的专职人员22956人，兼职者91162人，合计114118人。在专职人员中，已获得正高职称的162人，副高职称的1639人，中级职称的6788人，初级职称的6698人(这个数字尚未包括山西省和北京市，全部实行公务员制的青海省亦未计在内)。

截至本月底统计，全国已出版三级志书1678部(卷)，详情如下：天津17，吉林83，安徽56，湖北87，四川91，青海26，河北71，黑龙江117，福建47，湖南88，贵州132，宁夏22，山西47，上海15，江西79，广东18，云南53，新疆29，内蒙古28，江苏56，山东92，广西39，陕西60，辽宁62，浙江61，河南149，海南9，甘肃44。

7月6～10日，中国地方志指导小组在山东泰安市举行全国地方志工作座谈会，与会者有全国28个省、自治区、直辖市地方志编委会办公室主持工作的主任或副主任。会议的主要议题是，就当前地方志工作面临的新形势和一些带普遍性的问题交换意见，交流经验。关于全国地方志工作的现状，据与会的28个省级机构的统计，目前已出版省级志书348部，市级志书165部，县级志书1035部，合计1548部。全国大部分地区有望在本世纪末或稍长一点时间基本完成原定的省、市、县三级志书的编修任务。全国总的形势是好的，但也还存在问题，主要是：一、地区发展的不平衡；二、一些地方依然存在领导不够重视，机构不确定，队伍不稳定，经费不足，人才流失等。面对于此，一些地方的经验是“有作为才有地位”，要用实际成绩争取领导的重视，创造有利的工作环境，形成良性循环。会议认为，应当解放思想，更新观念，开阔视野，抓住机遇，迎接挑战。地方志机构应该在以下的一些方面发挥作用：一是在抓好三级志书这个主体工程的前提下，根据实际需要与可能，逐步扩大到具备条件的专业志、大型厂矿企业志以及重要的乡镇志的编写上；二是发挥地情资料中心的作用，主动为当地政府部门、专业部门及社会各界提供地情服务；三是把自己变成地情研究中心；四是开展地情教育方面的工作。会议提出当前的任务是：一、在保证志书质量的前提下抓紧修志进度；二、推动方志理论研究深入发展；三、积极开展志书评论；四、进一步开展地方综合年鉴工作；五、做好志书发行和推动读志、用志；六、要重视旧志整理工作。会议向中国地方志指导小组提出了许多的意见和建议，主要有：争取加快地方志工作立法，争取《中华人民共和国地方志工作条例》早日制定和颁布；加强地方志协会的工作，使其更好地发挥团结全国方志工作者的群众性学术团体作用；开展地方志的对外交流；加强对各地修志工作的具体指导；开展对修志工作先进集体和先进方志工作者的评比和表彰活动。

7月9日，广州市机构编制委员会批复广州市地方志办公室，同意成立广州市地方志馆，为事业单位，与市地方志办合署办公，两个牌子，一套人员。这是全国市、县以上正式获准成立地方志馆的第一家。

是月，王德恒、许明辉、贾辉铭合著《中国方志学》一书由大众艺术出版社出版。是书是方志理论研究者与修志实际工作者合作的产物，历史与现实并重，对方志研究和新志书的编纂都有较大的参考价值。

是月，唐志敬的《史志浅探》由广西人民出版社出版。作者早年毕业于大学的史地系，是位新中国成立前就参加革命工作的老同志。新中国成立后从事过党政工作和高校的教学工作，对近代史、尤其对清代广西史有较深的研究。1984年进入地方志部门后，注意将史学研究与地方志的编修工作相结合。在指导方志编纂中，注意随时总结修志的实践经验。是书所收的方志文章，多偏重于方志编纂方面的探讨。

是月，《杨鸿儒方志文存》由四川科技出版社出版。这是四川方志界在方志研究方面的新成果。《文存》收入文章30篇，分为方志学、方志编纂的专论和志书评论两大部分。

是月，金向宏主编的新疆《巴音郭楞蒙古自治州志》出版。是州位于新疆东南部，面积占全疆1/4强，是全国面积最大的一个自治州。该地历史积淀十分丰厚，志书注意给以反映。其巴音布鲁克草原、楼兰、文物等卷都很有特点。尤其是楼兰卷，分章详尽系统地记述了楼兰考察与研究、楼兰遗址和楼兰区域、楼兰古绿洲、罗布泊、楼兰要道、楼兰的经济文化和政治军事、出土文书及其他文物。全卷达5万余字，可谓是集“楼兰学”最新最全的研究成果，颇具学术价值。

是月，曾永清主编的云南《玉溪市志》出版。该志最突出的特点是在卷首的概述和大事记之间设立一个“乡镇分述”，较全面地记述了每个乡镇的地理位置、面积、地形地貌、山水矿藏、耕地、物产、资源、气候、当代政治机构、社会组织、人口、特产、经济、民族、文化、教育、习俗、胜迹、交通等现状，勾勒出9个乡镇在玉溪经济发展中的地位和作用。这样的安排，在已出版的志书中是仅见的。评论者认为，是“在乡镇的门类安排上为方志篇目设置上提供了新的路子”，是一种创新。

是月，叶光彩主编的宁夏《中宁县志》出版。是志的“人物志”中刊有《肖汉兴传》颇值得注意。此人是当地有名的医生，一贯仗义执言，曾向国民政府控告过马鸿宾的部队侵占百姓土地造兵房，马鸿宾为之侧目。1959年，他向毛泽东主席告中宁县委浮夸饿死人的问题。他儿媳跪在面前求告："爹，我求求你，咱们家成分不好，处境困难，您别再惹是生非了。"他回答说："告不好，杀我一人；告好了，救了中宁几万人的性命。"他坚持向毛主席写信道："泽东主席勋鉴：久歌义政，辄颂仁风，高才绣虎，厚德飞龙，荡荡兮长江东海，巍巍乎泰岳北辰。真六亿神州之明主，实三千佛界之救星也。恭呈者，查我宁夏回族自治区所属之中宁县，有第一书记兼县长齐丕文等，夺政希宠，媚上邀功，只知利己，不顾害人，特吹超产，逼购公粮，乡村农库，洗扫一空。迄今三月，论不供管(应)，蒙欺舞弊，饿杀黎民，饭糗茹草，嚼曲啖糠，探巢挖穴，遍地饥荒。凶殍盈野，惨殣满门。吁吁反坐，击目伤心。记者涕泣，总报以诗。仰祈电鉴，伏表天知。诗曰：九秋统购逼完成，农舍库房空有名；万户啼饥扫草籽，千村号馁掘菜根。饿殍遍野殊伤目，残殣满庐太痛心。自古救灾苏涸辙，临济缓赈灭家门。专兹急切，直达圣聪。西江迅发，速动雷霆。恳救一方之赤子，求苏百姓之苍生。则恩共天长地久，而泽同水绿山青也。顺叩钧安，祗聆慈训，不宣。"信寄出后被定为反革命。幸1960年上面调查饿死人问题时，才得以无罪释放。是志中的本传，传主的人格是可钦可敬的，传文给人留下的思索是深刻的。

是月，陈誉主编的浙江《定海县志》出版。是书"丛录"中有一组"鸦片战争史料选辑"，其中有"节录英国国家档案局有关定海鸦片战争的资料"，包括英国政府发动鸦片战争、占领定海的政令、命令、训令及作战部署等。这些来自英国秘密档案的资料证明，英国侵占舟山群岛是早有预谋的，于史研究大有益处。全国政协副主席、香港南联实业有限公司董事会主席安子介先生收到寄赠的志书后，称赞"此书内容丰富，图文并茂"，并汇港币1万元，资助学志用志。香港和合航业有限公司董事长许志勤先生购买50部分送亲朋好友，并赞助人民币2万元，用于开展编志、学志、用志活动。

是月，吴定邦主编的湖南《平江县志》出版。是志打破常规，设立《职官志》。这是本届修志中唯一以《职官志》名篇者。

是月，林园主编的福建《安溪县志》出版。安溪是全国乌龙茶生产县，名茶铁观音的故乡，又是有名的侨乡。志书中除了特设《华侨》和《茶叶》两个专卷外，在其他各卷中，均记述了华侨和茶叶这两项内容，树立了从多角度全方位体现带全局性的地方特点(特有事物)的一个例子。

8月1日，辽宁抚顺市志办单辉在是日出刊的《黑龙江史志》今年第4期发表文章，提出新编方志变革的途径。文章认为，地方志要恢复昔日的风采，其记述形式、内涵必须来一次深刻的变革。变革的途径是：一变封闭记述为开放记述，将"不越境"式的封闭记述变为"越境"记述。可以把这种"越境"视为"辐射"。辐射源还是本地，记述的中心、重心、主体当然应该是辐射源。开放的记述应强化信息量。对于长期习惯于恪守的"生不立传"的"修志原则"也应当活用。二是变平面记述为立体记述。为了满足多层次方志"消费者"的需要，新方志似应同时编纂四种不同记述类型的读本:资料型著述读本(以官员为读者对象的“资治”型读本)、专业型记述读本(以专业人员为对象的读本)、通俗型记述读本(以普通老百姓,包括青少年为对象的读本)、专题资料型记述读本(以上述三种人都需要的类似《参考消息》型的读本),并配套出版。第一种读本的编写者应为职业修志人员,第二种读本的编写者应为各类专家学者,第三种读本的编写者应为各类通俗读物作者,第四种读物的编写者应为各类有关人才。记述载体应着眼于充分应用现代技术。

8月4日,黑龙江省志总编会议讨论《人物志》的编写问题。会议确定对收入《人物志》的人物不登照片;对人物的小传,要根据资料如实记述,让事实说话,不作评论;对少数反面人物要点明性质。

8月5日,福建省地方志编委会与省广播电视局,联合召开录制地方志系列片座谈会。认为把地方志搬上银幕,直观性强、花钱少、时效好,对宣传地方特点和优势,普及地方历史,服务于改革开放,有着积极的作用,意义重大,影响深远。该省是较早作这种启动的省份之一。自1992年5月,省委办公厅转发《省广播电视厅、省地方志编委会关于支持录制出版〈福建地方志〉系列录像片的请示的通知》以来,到今年7月,已拍摄13部地方志系列片,其中2/3的片子已完成拍摄、监制、修改等工作程序。会议认为,这些系列片应该是双方优势互补的成功之作,工程浩大,难度较大。要下苦功夫,下大力气,讲究质量,好中求快。全省要在1997年左右基本完成80部系列片拍摄任务,编入《福建地方志录像系列大全》,由福建省音像出版社统一出版,并向国内外公开发行。同时,各组除完成母片外,还要精编录制30分钟的片子,供东南电视台《一方热土》和省电视台《看东南》栏目播放。会议研究了共同采取的相应的措施,并就协商的问题达成协议。

8月18日,江苏省地方志学会成立大会暨首届学术年会在南京举行。会议推举省政协副主席、省地方志编纂委员会副主任段绪申为名誉会长,省志编纂委员会副主任、省志办主任汪文超为会长,副会长有朱锡通、王能伟、黄元裕、吴奈夫,秘书长李明。会议确定首届理事会的主要任务是:一、积极开展学术活动,加强地方志理论建设;二、积极参与本系统学术成果的评奖活动;三、加强组织建设,增强学会活力;四、协助办好《江苏地方志》刊物的出刊。

8月21～29日,河南省史志协会中原族史学术委员会在省委宣传部的支持下,与省对外文化交流协会、台湾杨氏宗亲总会、华夏杨氏历史文化研究会,共同发起举办纪念杨震逝世1870周年暨全球杨氏宗亲寻根访祖活动。会议在开封、灵宝和陕西华阴流动举行,历时9天,行程500余公里,横跨两省五市。与会者来自福建、浙江、江苏、上海、广东、贵州、湖南、湖北、甘肃、山西、宁夏、陕西、河南、台湾等省以及菲律宾、印度尼西亚,共100余人。所到市县的党政领导人亲自会见代表,组织座谈和新闻发布会,介绍当地经济建设情况。海外代表和福建石狮代表团,分别向开封市天波府和灵宝市豫灵锁杨村杨公祠捐了款。会议加强了海内外华人联系和友谊,宣传了河南建设的新成就,扩大了中原地区姓氏历史文化在国内外的影响，提高了河南省的知名度，为今后进一步开展姓氏历史文化研究工作奠定了良好基础。

8月22～26日，全国城市志东北地区第七次研讨会在吉林省四平市举行。会议重点是研究城市志中人物志的编纂问题。除讨论人物志在城市志中的地位、作用，人物收录原则外，重点研究了人物志的写法问题，涉及如何写得准确、生动、简练等问题。

8月25日，山东省地方志办公室张守富在是日出刊的《中国地方志》今年第4期上，发表《论方志工作“三部曲”》。文章认为，作为新一代的方志工作者，修好社会主义第一代新方志，是说明了当地地情“是什么”，这只是第一步；第二步是要在此基础上研究“为什么”，即寻求一地自然与社会的发展规律；第三步是围绕经济建设这个中心，为各级领导当好合格的参谋和助手，即要提出“怎么办”。这三部曲的好坏，非但是衡量史志工作的成就如何，更重要的是关系到史志工作的生命力。

按：上海范洪涛在《中国地方志》2000年第1期发文对此提出异议，认为此说将探求“为什么”作为志书修成之后，是将“是什么”与“为什么”机械地割裂了，是把修志任务降低了。志书的记述既要回答“是什么”，也要回答“为什么”，从一定意义上讲，记述“是什么”，必记述“为什么”；记述“为什么”，必落实到“是什么”。“是什么”和“为什么”是相辅相成、缺一不可的。如果志书记述一个历史事件，只简单指出它是什么性质，不记述造成这种性质的条件、背景、原因和它与其他事物的关系及其发展过程，这种孤立结论的“是什么”，怎能反映事物的本质属性？如何反映它怎样从过去的“是什么”发展演变成今日的“是什么”？所以编修地方志既要回答“是什么”，也要回答“为什么”。

马鞍山市地方志办公室葛向勇，在同刊期上发表《论民国时期的地方志》一文，对方志盛于清代，民国为清的余绪，清代方志发展到极盛，民国时期逐渐衰退，成书不多，佳作甚少的流行观点提出异议。认为民国时期的地方志，继承了清代的传统，同时也有创新和发展，特别是在科学性和资料性方面，大大地超过了以往任何朝代。他提出的依据是：一、民国时期修成的方志数量多，年均修志31种，远远超过清代的年均18种。一些边远省份，清代方志寥若晨星，而民国时期却出现了高潮。二、民国时期的方志，大大地增加了社会经济方面的内容，注重国计民生，着眼于实用，而且注重反映人民大众的疾苦。还保存了大量近现代的革命斗争史料。三、民国时期方志的体例更加科学、更加完善，逐渐摒弃了皇言、恩泽、星野、仙事、列女、孝义等带有深厚封建迷信色彩的门类，取代的是地质、实业、金融、物价、卫生、教育、外交等具有强烈时代气息的门类。在旧志中作为附录的门类，也名正言顺地列为正式门类，如交通、礼俗、方言、宗教等。编纂方法和手段更加先进。四、出了一批名志，辑录古方志100余种，出版了一批方志目录和提要，发展了清代以来形成的方志理论，出了一批方志学专著等。

同刊期还发表了河南省史志编纂委员会搞好志书发行的经验，主要是如何改变“新志书只在方志圈内打转转”的现状。

是月，四川万源市地方志办公室唐艺在《方志研究》今年第4期发表《论地方志编写中的“举例法”》一文。文章举出《如东县志》中的“据当时报载，掘港区有个张寡妇，卖掉一个9岁女孩，只得洋3角。而当时一瓶颐生酒的价格为2角4分，一个女孩的身价还抵不上两瓶颐生酒”。还有《万源县志》中所载“参加三线建设的通江民兵团民兵王秀如，于1970年11月2日，拿洋芋1斤出售，字渡公社6大队2队社员唐映万，以自有黄豆3.5斤准备进城换挂面，白沙公社张必清准备出卖红苕10斤，被发现后，均按投机行为没收其物，交给粮站”为例，说明“举例法”是地方志编写中不可缺少的方法，它的作用是显而易见的，是极其重要的。

是月，方留章、黄胜科主编的福建《武夷山市志》出版。志书中记述了抗日战争爆发后，生活在福州、厦门、漳州、连城的台湾籍同胞500余人，被国民党政府强行集中于崇安县(今武夷山市)，成立台民垦殖所。这些台胞离乡背井，生活无着，加之备受歧视，报国无门。此时台籍国民党少将李友邦到崇安，组织他们成立台湾义勇队，奔赴浙江抗日前线，从事医疗救护和抗战宣传工作，为抗日战争作出了贡献。志书的这一记述，产生了很积极的效果。1995年9月，李友邦将军的遗孀严秀峰女士应邀从台湾到北京，参加中共中央、国务院纪念反法西斯战争和抗日战争胜利50周年的活动后，专程到武夷山参观、瞻仰台民遗迹，并向市志办提供了有关李友邦中将(1941年晋升中将)的事迹资料，及首批台湾义勇队抗战胜利后，回台湾升起光复后第一面中国国旗、欢呼胜利的历史资料。在武夷山市，严女士抚今思昔，深情地说，如今，祖国和平统一的历史重担压在海峡两岸同胞的肩上，希望两岸同胞竭尽全力，为完成这一神圣的历史使命而奋斗。是志还在修纂过程中形成的资料，成为武夷山申报世界自然和文化遗产报告的主要资料依据。

是月，黄登来主编的新疆《农八师垦区·石河子市志》出版。这是本届修志中出现的、也是有史以来的第一部特殊的合志，是以一个从事屯垦戍边的军事编制的农业师，与一个政区市的合志。这样的合志为历史上所仅有。石河子市不是由原来只有13户小店铺的荒僻村镇自然发展起来的，而是垦区的兴起才推动了它的发展。同是中国人民解放军屯垦戍边的产物，同源而生，相依托而发展。但性质上又不尽相同。市是有明确行政区划的，面积460平方公里，当时人口21万；师则没有行政区划，其垦区范围达7529平方公里，人口54.9万。市区居民中，兵团驻本单位的职工及其家属占90%以上。他们同来自“兵”，有着共同的经历，在生产斗争和社会生活中接受的思想教育、文化熏陶相同，采用的生产、生活方式相同，因而形成的几代人风俗习惯、道德风尚、民风民情相同或相近。

然而，师和市同一个党委领导，职能部门合署办公，接受自治区和生产建设兵团双重领导。多数事物结为一体，个别事物又“一体两制”。密切的历史渊源和特殊的体制关系，导致垦区与市形成工农结合、城乡结合、农工商一体化的经济结构模式。市区是垦区农副产品的主要加工和集散地，垦区是市区工业生产原料的主要供应地和产品销售地，工业与农业相辅相成，构成师、市经济的两大支柱。在城乡一体化建设中，垦区以石河子市为中心，将师下的22个军垦新镇即农牧团场场部驻地和430个村庄即生产营、连居民点紧密连在一起，互相支援，协调发展；石河子市以垦区为辐射面，将城市的经济、物资力量和科技、人才优势等，有效地辐射到农牧团场和生产连队，促进乡村工业化、农村非农化。基于这样的地情特点，志书采取“以合为主”的原则，实行“合中有分”的方法，修成合志。志书出版之后，受到方志界的好评，认为这是特殊地区出现的特殊之志，是方志体例上的大胆创新。

按：合志之创并非始于此，但历史上的合志，往往是地域相邻的两个行政区域，由于联系密切而在修志时，将两者合修一部志书，冠以合志之名。如乾隆《常（熟）昭（文）合志》、道光《虞乡志略》（虞乡乃常熟县之古名，是时包括常熟、昭文两县，故该志略也是合志）、光绪《常昭合志稿》、民国时的《重修常昭合志》等。光绪《武阳县志》也是武进与阳湖两县的合志。而石河子则不是这种情况。它是修成的是一部结构一体、内容融为一炉、记述前后贯通的一个大型农垦区与一个城市的合志。这是亘古未有的一种特殊志体。

是月，梁冰主编的内蒙古自治区《伊克昭盟志》开始分册陆续出版，全志共分6巨册，至1997年12月出齐。鄂尔多斯是明代蒙古族鄂尔多斯部落与该部落驻地的名称，今内蒙古自治区的伊克昭盟地域正是当日鄂尔多斯重要的组成部分，也是其中心地带。一部电影《鄂尔多斯风暴》和“鄂尔多斯羊绒衫，温暖全世界”的一条广告词，曾使多少人对这块土地产生无限的神往。这部盟级志书以翔实的资料，给人解开了沙漠和草原深处所潜藏的粗犷豪迈神奇的多少难解之谜。是书在编纂思想上比同期出版的有些志书略胜一筹，明显的就是对地方特点的理解上，既写了地下地上资源丰富等自身的优势，也不讳言劣势。特别对其面临最大的沙漠化的问题给以了充分的记述。盟内沙漠面积达4万多平方公里，占全盟面积的47.95%。对这一特殊的基本地情还注意了动态的记述。在专设的“自然环境质量”卷内，记述了新中国成立后的50至70年代，境内增加了大量的流动沙丘，使库布其和毛乌素两大沙漠不断南侵，吞噬大片牧地，仅1957～1977年的20年间，沙漠面积扩大了11213.5平方公里，每年扩大560平方公里的现实，体现了一种难能可贵的“忧患意识”，给人以警醒。同时，在环境改造章中，把沙漠治理列为第一节。记述了中共十一届三中全会后，在治理沙漠化方面所取得的巨大成绩（库布其沙漠中已经出现大片的绿洲）及所取得的丰富经验，为目前开展的西部开发提供了十分有益的借鉴。在这些章、节中，特别从探求沙漠的成因中，指出除了自然的因素外，滥垦、过度放牧、滥樵采、滥猎都是不可忽视的原因。书中特别指出“垦荒种地又无防护设施，开荒1亩，沙化3亩，可谓‘毁草开荒，农牧两伤’”的历史教训。

在体例方面，是志除概述、大事记之外，设立了《历史纪要》一个专卷，置于《区域建置》、《辖区简介》之后第三卷的位置。全卷以79个页码约10万字的篇幅，分先秦时期、秦汉时期、三国两晋十六国时期、隋唐时期、五代十国时期、元明时期、清民国时期7章，记述了自夏商而下至中华人民共和国成立前近 4000 年伊克昭这个地区的历史。为人们勾勒出了一个清晰的历史轮廓。原来在夏商周时期,生息繁衍于此的游牧部族已与中原地区的华夏族有交往;秦代在全国所设的三十六郡中,有榆中、九原等四郡与今伊盟之地有关;隋朝时,北方的东突厥为西突厥所逼而南下归附,被置于伊盟境内;唐太宗时分全国为 10 道,今伊盟之地分属 6 州,统归关内道管辖;从 13 世纪起,伊盟这块地方便与蒙古族紧紧地联系在一起;明朝于此先后设立 9 镇和许多卫所;成化以后,蒙古族各部又重新回到伊盟境内;清入关统一中国之后,对蒙古族实行分而治之,蒙古民族作为中华民族大家庭的一员,其向心力更是越来越强。盟志在查阅大量资料的基础上,将这样复杂的历史内容,理出一个清晰的头绪,实属难能可贵之举。有一些方志学者称这是值得肯定的"史志共向发展"的产物,"志书以史为纲,是取史之长为志所用的有益尝试"。这是一种"史志合体"的典型。

按:80 年代中期,就有些地方讨论了在志书中设"历史纪要"问题,但时至此时,笔者所见设此专卷的还只有两部:一部是 1993 年 12 月开始分册出版、钱成润主编的云南《楚雄彝族自治州志》(详 1994 年 2 月条);还有就是这部《伊克昭盟志》了。其后又有江苏的《淮阴市志》(详后 1995 年 12 月条)。

是月,吴松生、印宝富主编的河北省《北戴河志》出版。是书与它志明显不同之处有三:一是根据自身的特点,设了《'夏都'纪事》和《避暑 · 疗养》两个特篇;二是其经济部类以三次产业来划分,按三、二、一的次序排列,评论者认为,它具有编纂实践的示范意义和编纂理论的探索价值;三是志书名称之特,本是政区志,却未以政区志的名称出现。

按:当然,在本届修志中,这种志书命名法虽然少见,但却不是绝无仅有。据笔者所见,类似命名的还有 1990 年 9 月出版的湖北《枣阳志》,1993 年 7 月出版的湖南《韶山志》,1994 年 4 月出版的河北《山海关志》,1996 年 5 月出版的湖南《南岳志》,1996 年 8 月出版的山西《古交志》和 1997 年出版的江西《井冈山志》。

是月,魏桥主编的作为"浙江省志丛书"之一种的《浙江省名村志》出版。参加该书编写工作的有 60 多个市、县的地方志工作者和部分乡(镇)、村的同志,共约 800 人左右。全书收入 604 个村庄,占全省行政村总数的 1.4%。分上、下两册出版,共 250 万字。是书的编纂者力求通过各村的记述,反映浙江乡村社会的历史与现状。将各村的微观研究汇为一书,从而勾勒出浙江乡村社会的整体性。该书的特点有四:

一是将浙江各种类型的村庄汇集一书。从地理环境分布来看,有平原水网地区的村庄,有山区丘陵地区的村庄,有海岛渔村。从村落的发展史来看,有历史上的名村,有 80 年代以来新崛起的村庄。入志的村庄都各有特色。有被评为全球 500 佳单位的萧山市山一村、奉化市滕头村、鄞县上李家村;有历史名村,如以文化发达著称的绍兴陶堰村、宋代朱熹后裔居住的衢县园林村;有以历史名人著称的,如陈望道故乡义乌市分水塘村、商辂故乡淳安县里商村和赵四小姐的故乡兰溪市洞源村;有以古建筑著称的,如东阳市的卢宅、富阳县的龙门、兰溪市的诸葛村。此外,还有以土特产闻名、以矿产资源或旅游资源丰富而著称的。

二是反映了浙江历史上人口的迁入及村落发展的基本特点。由于收入的村落地域分布面广,同时编者又重视对村落形成历史的记述,所以在该志中能够看出浙江各个地域的聚落发展的不同特点,如南部地区和北部地区村落发展的差异性。

三是通过文字记述和照片,反映了浙江省乡村社会的历史变迁及其各个历史时期乡村社会的结构。特别是反映了20世纪80年代以来乡村社会经济发展所带来的乡村社会结构的巨变。如村区组织的变化、村区福利方面的新格局、村区公共事业建设的新途径和新特点。同时反映了不同地区不同经济模式下的具有不同特点的乡村社会结构。如“苏南模式”下的浙江北部乡村社会结构和“温州模式”下的浙江南部乡村社会结构,在该志中都可以看到不同的乡村特点。

四是反映了乡村文化的农耕性、地域性、血缘性、民俗性的特征;反映了在越文化圈中孕育而成的乡村人文精神。

按:本届修志中,列入省志系列的乡镇村志共有四部,都得到社会的好评。除本志外,还有魏桥主编1991年5月出版的《浙江省名镇志》,汪文超等总纂1993年11月出版的《江苏名村志》,汪文超等总纂同年月出版的《江苏名镇志》。

是月,上海嘉定区《封浜志》出版。这是由一位农民倪金龙主编而成的志书。倪金龙1960年初中毕业后回乡务农20余年。1986年,乡志编写组成立,他兼任资料采访员。1987年受聘从事专业修志工作,1888年任志书主编。在7年多之内,他收入减少,加班加点辛苦工作也在所不惜。正当初稿完成,县志办公室准备审稿时,乡政府调他到乡政府搞门卫工作,兼收发机关各部门及个人的报刊、牛奶等,同时兼任修志工作,为的是可以纳入机关的编制。经一段时间实践,证明无法一人兼职两事,又重返修志岗位。经他及全体修志人员的共同努力,一部农民当主编的54万余字的志书终于正式出版。

是月,作为“中国公共图书馆古籍文献珍本丛刊”一种的《中国西北稀见方志》(邵国秀编)由中华全国图书馆文献缩微复印中心印行。其中收省志一种:民国《甘肃通志》;县志14种:嘉靖《徽县志》、万历《重修通渭县志》、顺治《华亭县志》、康熙《静宁州志》、乾隆《银川小志》、光绪《新修打拉池县丞志》、光绪《肃州新志稿》、康熙《狄道县志》、康熙《三水县志》、乾隆《庄浪县志略》、光绪《陇西县志》、光绪《陇西分县武阳志》、光绪《合水县志》等;乡土志一种:光绪《泾县乡土志》。还收入三种近似方志的图书:万历《庄浪汇纪》、乾隆《乌鲁木齐政略》、光绪《新疆回部纪略》。1990年又出续编,收入志书109种,其中84种是传世仅存的孤本。

是月,梁德坤主编的四川省《武隆县志》出版,这是武隆设治1300多年来的第一部志书,填补了该县的历史空白。本届修志之初,中国地方志协会提出的《新县志基本篇目》中有《社会志》一篇。其后人们觉得“社会”一词内容过于宽泛,内涵和外延都不明确,故实际志书编纂中很少照此设篇的。本志则是很少设《社会》编的志书之一。该篇分为《民间组织》、《宗教》、《风俗》、《方言》、《谚语》、《民谣》、《传说》等 7 章。其中的《民间组织》一章对哥老会、青帮、结拜、会道门、同业公会、同宗会等，都作了较详细的记述。每个组织都记清了在本县的发展时间，以及与外地的联系、内部组织情况、各个时期的活动情况等，对帮会史的研究有着重要的参考价值，因而受到人们的重视。

8～10 月，为配合中共广州市委开展的“可爱的广州我的家”系列宣传活动，进行认识广州、了解广州、热爱广州、建设广州的爱国主义教育，推动两个文明建设，广州市地方志编委会办公室与香丽画舫大酒店、中山嘉华电子工业有限公司，联合主办“‘香丽画舫杯’广州之最知多少”系列活动，其中主要是书面测验及现场知识竞赛。此次活动得到了社会的广泛关心和支持，取得了良好宣传教育效果。由于许多题的答案都来自地方志书之中，一时间出现了一个查找地方志书热，使许多青少年也初步了解了地方志为何物。

9 月 15～21 日，首次“三北”(东北、华北、西北)地区年鉴协作研讨会在河北石家庄举行。会议总结、交流了“三北”地区年鉴编纂的现状及所处的地位，肯定了成绩，总结了经验教训，找到了差距，明确了努力方向，解放了思想，开阔了视野，提高了认识，增强了办好年鉴工作的使命感与信心。会议指出，积极主动地为社会主义市场经济体制的建立服务，是当前年鉴工作的重要任务；深化年鉴学理论研究，是提高年鉴质量的根本途径；加强“三北”地区年鉴全方位的、立体的、灵活多样的协作，是加快这一地区年鉴事业协调发展的有效方式。

9 月 25～27 日，苏州市志办在常熟举行乡镇志、专业志研讨会。苏州的乡镇曾经历了一个“七十年代造田，八十年代造厂，九十年代造城”的历史巨变，出现了向农村工业化、农业现代化、乡村城镇化迈进的社会现实。这就为乡镇志的普修创造了得天独厚的条件。编纂这一代的乡镇志，既是时代的需要，又符合时代的潮流。鉴于苏州市所辖 6 县(市)的乡镇志专业志已经普遍开展，形成气候，发展势头很好，参加会议的省志办副主任朱锡通在会上提出，要“努力争取把第四级志书修好”。

9 月 26 日，中国地方志协会秘书长、天津市地方志编修委员会顾问、原编修委员会副主任左建同志逝世。他早年参加革命工作，在迎接天津解放中作出了贡献。新中国成立后，从事宣传和天津地方史的研究和教学工作。中共十一届三中全会以后，他致力于天津地方史志的研究、编写和科研学术组织领导工作。离休后，为推动全国地方志的编纂工作、全国地方史志协会的组建，都作出了重要的贡献。

是月，由修志模范、人民公仆燕居谦主编的山西省《交城县志》，由山西古籍出版社出版，山西省委书记李立功作序。

是月，蒋仁主编的福建省《浦城县志》出版。是志的编修过程中，收集资料达 3000 多万字，征集到浦城人的著作 2000 多万字，150 多部家谱、族谱及一批历史照片和地图。查阅了全部民国时期的档案 2412 卷，解放初至 1988 年党政军档案 2564 卷，近 3 亿字。为了占有第一手资料，方志工作者对入志的界山、界水、古道、关隘、古迹等都一一作了实地考察。几年时间里，考察行程达4000多公里，其中步行500多公里，实际考察420个点，全县289个村委会中，走过270多个，攀爬山峰60座，其中千米以上山峰9座。还实地考察了全县200多条公路中的160多条，发现资料记录上遗漏的3条，重复的3条，有30多条公路的长度有出入，共少130公里，起讫地点有误的3条。通过实地考察，弄清了历史上不少记载的失误，补充了新的资料。是志在1997年全国评奖中获得全国二等奖。

是月，黑龙江省农场总局对垦区史志工作有功人员进行表彰奖励，给省农垦总局史志办记大功1次，奖励12名编辑奖金2万元。

是月，全国城市志华北地区第四次研讨会在山西太原举行，会议重点研讨了城市志经济部类专志的编写问题。会议认为，经济部类在方志中无论在内容上、篇幅上都占有重要位置，这是在旧志基础上的创新，是历史进步的必然。会中有人提出，经济志首先要记述好宏观经济的内容，它可以从社会经济各部门、各行业的联系和国民经济总体的角度，来补充微观经济不能反映的内容。特别是当前在“转换政府职能，建立健全宏观经济调控体系”时，记述好宏观经济具有特殊的功能和作用。对于是否要设立“经济综述”，有人认为，应根据不同城市和志书篇目的具体安排而定，以宏观记述的主要内容不缺为前提，决不能盲目趋同，自乱其章，形成述体混乱，重复抵牾，复杂臃肿，影响志书质量。会议还就反映经济体制改革问题进行了集中的讨论。

10月8～12日，中国地方志指导小组办公室在浙江萧山市召开全国地方年鉴工作座谈会。24个省、自治州、直辖市修志机构的代表46人与会。会议主要议题是讨论如何在新形势下进一步推动和加强地方年鉴工作，以确保地方志事业的持久和健康的发展。与会者汇报了各地方志系统开展地方年鉴编纂工作的情况和问题，交流了经验。比较深入地讨论了地方志机构开展地方年鉴工作的意义和作用、地方年鉴编纂与地方志编纂的关系、地方志系统如何开展地方年鉴工作等问题。会议还向中国地方志指导小组建议：1.要求在中国地方志指导小组下，建立地方年鉴工作指导组；2.成立地方志协会下的地方年鉴学分会。

10月19日，武汉方志馆建成开馆，武汉市人民政府举行隆重授牌开馆仪式。该馆与武汉市地方志办公室合署办公，集收藏、研究和组织管理为一体，拥有现代化研究手段和较高的专业水平。馆舍面积1200平方米，总投资314万元。借开馆之机，中国地方志指导小组城市志指导组，同时在此举行了以“走向21世纪的新方志事业”为主题的全国城市志学术讨论会。会后结集出版了《走向21世纪的新方志事业》一书。

10月20～22日，全国新编地区志第二次研讨会在贵州遵义地区举行。会议的重点是研究提高地区志的编写质量问题。这个问题包含关于志书的科学性和发现规律、体现规律问题；关于科学取材与志书科学质量问题；关于继承、改革、创新的问题；关于坚持志书正确指导思想问题；关于志书卷次体量结构的问题；关于省、地、县志的衔接和分工的问题；关于志书特点特色的问题；关于坚持整体记述的问题；关于人物志编写与创新的问题；关于坚持政治标准与著述标准相统一的问题。会议认为,我国在中央统一领导下的省、地(州、市)、县三级行政体制中的地区(州)一级志书,有着特殊的记述范围和内容,有着重要的社会功能,具有独立成志的必要和存在价值。地区志的编纂,有着与省志、市志的共性通则;同时,也有其自身的规律和特点。地区志的体式、结构,根据各地具体情况和条件,可以编成一卷本或多卷本,还可以编“地区志丛书”。

10月25日,山西省史志院袁培纲在是日出刊的《中国地方志》今年第5期上发表《用邓小平同志关于建设有中国特色的社会主义理论指导修志工作初探》一文,指出了一些志稿中出现的错误观点和错误做法:一是宁“左”勿右的倾向,表现在记载新中国成立前的旧政权,不适当地用贬意之词。如将辛亥革命以后山西成立军政府,写成是“窃取了革命果实”。在记述旧政权下的山西经济时,写成处处是经济死滞,民不聊生,一片荒凉。在记述人物时有概念化的做法,对正面人物只记功劳、贡献,甚至从小就“聪明好学”、“为人正直”,很少缺点错误;对于反面人物总是写其奸诈阴险,罪行累累,有的写阎锡山即使在孩童时就“顽皮不恭”。涉及宗教问题时,怀有对宗教的排斥情绪,把宗教与封建迷信混为一谈。二是对新中国成立后的运动和工作,沿用当时的错误观点。如把市场和资本主义联系在一起,把关闭市场作为正确的选择;依仍肯定当时对许多“投机倒把”的错误处理等。三是对一些错误的政治运动的记法,直接违反《中共中央关于建国以来党的若干历史问题的决议》精神,如对“大跃进”,首先肯定成绩,然后指出问题,实际上是褒扬了“左”的东西;对“文化大革命”尽量回避,没有做到用历史事实来否定“文革”;不应当地把70年代山西粮食的增产,看作是普及大寨县的成果,等等。

10月29日～11月3日,中国地方志指导小组在重庆举行方志理论工作小型座谈会,与会者有天津、吉林、黑龙江、山东、河南、湖北、广西、云南、新疆,和武汉、成都、重庆等代表共17人。会议集中讨论了三个问题:一是对十几年来的方志理论工作状况的评估;二是主要应从哪些方志理论问题进行深入研究;三是今后如何进行方志理论研究工作。与会者认为,对15年来方志理论研究工作所取得的成绩应予以肯定。目前进行系统的方志理论建设条件已经成熟,应使方志理论研究进入一个以创建新方志学理论体系为目标的新阶段。提出需要深入进行研究的几个主要方面是:一、对旧方志理论的批判继承;二、对本届修志进行系统的科学的理论总结;三、对新方志应用和开发的研究。具体的课题有:对经济部类科学性的研究;对专业志政治质量的研究;对方志学学科体系的研究;对方志主体与客体的研究;方志思维学研究;方志管理学研究;方志风格学研究;方志的南北差异研究;方志与国外同类著述的比较研究;方志与地方文化关系的研究;志学与方志学关系的研究;方志的未来发展前途与方向的研究等。会议就如何进一步开展理论研究工作提出了若干建议,其中有:一、变分散的“人自为战”的研究为有领导、有计划、有组织的研究;二、制定方志理论工作规划;三、中指组要有专人抓方志理论研究工作,各级方志机构的领导也要把方志理论工作提上议事日程;

四、在中指组领导下成立中国地方志研究所,聘请兼职研究人员;五、充分发挥中国地方志协会的作用,可由协会出面组织编写一些方志理论著作和组织方志学术讨论活动;六、充分发挥方志刊物的理论阵地作用,保留和办好一批方志刊物;七、开展对外交流活动;八、要编出能代表这一届修志水平的具有权威性的理论著作;九、抓一批重点课题,组织力量进行联合攻关研究;十、进行全国理论研究评奖等。与会者认为,这次会议是一个新的契机,是我国方志工作将进入一个新阶段的标志。

按:这次会议开得适时,提出的问题和意见也中肯。如能照此开展研究工作,是可以把方志理论研究推进一步的。可惜的是,正如笔者在那次会议上与友人交谈中所说的,会议可以开得热热闹闹,但开完之后也就完了。果然不幸言中。会议开完之后便无人具体抓落实,任其自流,不了了之。在这方面负有组织领导责任的机构和部门的一些领导人是不可辞其咎的。

是月,李茂、达尔基主编的四川省《阿坝藏族羌族自治州志》出版,这是全国第一部藏区州志,其藏文版(1986 年 12 月出版)更属有史以来所仅有者。

按:是志修纂中,编修地方志工作于 1986 年就已载入《阿坝藏族羌族自治州自治条例》,以法规的形式加以肯定,使此项工作有法可依。1988 年 9 月,泽巴足州长主持召开编委会会议后,又以州政府名义将《议事纪要》下文全州。1989 年 7 月成立以副州长任组长的编委会常务领导小组,加强对修志工作的领导。

是月,乔高才让主编的甘肃《天祝县志》出版。是志的《畜牧业》编中,详载了世界稀有的白牦牛品种及白牦牛选育基地建设等内容。县志办根据志书资料撰写成《天祝白牦牛研究》一文,在该年于甘肃举行的世界牦牛学术讨论会上宣读后,受到 10 多个国家畜牧专家的好评,并亲历天祝考察白牦牛选育基地、抗灾保畜基地和藏族民情风俗。该志《宗教》篇所载的藏传佛教活佛转世制度等内容,被许多寺院译成藏文,藏于殿堂,作为寺志。志书中将藏传佛教、汉传佛教、原始信仰和封建迷信,爱国宗教团体与反动会道门严加区别,为落实宗教政策和打击封建迷信、反动会道门提供了依据,为当地执法部门所重视。

是月,刘书友主编的山西《黎城县志》出版。是书中有几个突出的特点受到人们的重视:一是首设《条陈》卷,从农业、工交、财贸、科教四方面向当政者条陈意见。农业方面提出 10 条不足之处,针对不足提出了相关的解决问题的方法;工交中提出 8 条,财贸中提出 5 条,科教中提出 6 条,都颇有见地。如人才严重短缺,到 1990 年第 4 次人口普查时,全县只有 73 名大学本科生,不到总人口万分之五,而且好多还学非所用。职业教育规模小,只有一所职业高中,每年有 60% 的初中毕业生流入社会,大部分没有受到专门的职业技能培训。这些都是经济发展的潜在威胁。二是设立了史话体的颇具特色的几个条目:“黎城古国建置悠久”、“抗日老区雄跨太行”、“名胜古迹引人入胜”、“漳河水利兴农惠民”、“土特名产畅销海外”。三是中文目录之后,编有英文目录。本志的创新精神在志界受到好评,尤其是《条陈》中提出的策论,对当政者决策的参考意义不容低估。

11 月 8～12 日,全国地州市县年鉴第三届研讨会在云南玉溪召开,来自全国 45 个单位的 80 位年鉴工作者和地方志办的领导出席。此次会议的中心议题是“发展 · 提高”,经过讨论,在地县(市)年鉴的发展前景、地方综合年鉴的性质(是地方政府公报性的“官书”)、地方综合年鉴当采取的编纂形式、地方综合年鉴的质量要求及今后如何加强相互间的联系等问题上,都达成了比较一致的看法。

11 月 10～12 日,由中国地方志指导小组民族志指导组召开的全国民族志工作座谈会在甘孜举行。同时还举行了四川《阿坝州志》的首发式。会议认为,近两年来,民族地区的修志工作,在改革开放和现代化建设的大好形势下,进程加快了,至今尚未开展修志工作的只是极少数。当前修志工作中存在的主要问题是:各地修志进展很不平衡,地区之间差异很大;从民族地区整体分析,修志水平低于全国发展水平;在志书质量上,已经出版的志书虽尚未发现明显的政治性的错误,但部分志书个别选用的资料仍有虚夸成分,有一些内容片面性较大,在一些篇章里不加分析地搬用了旧书的一些资料,部分志书为现实服务的内容比较单薄。怎样做到与时代新格局相适应,为现代化建设提供有价值的资料,是目前民族地区新方志事业面临的一个突出的问题。因此,要有紧迫感。志书中的一些敏感内容,如民族、宗教、统战、边境、涉外、历史事件、人物评价及保密内容的记述,要做深入的调查研究,弄清事实真相,严格按照党和国家的政策规定,以免影响民族团结,影响国家涉外关系,从而引起社会的不安定。会议还确定明年全国民族志工作座谈会要着重以理论探索为主要内容,包括:1.民族地区新方志和专业志的功能和作用;2.地方志、专业志记述地方特点、民族特点和时代特点的经验和体会;地方志、专业志中对民族、宗教、历史沿革、历史和现实的民族关系、历史人物、一些重大事件等问题记述的经验和体会;各地在修志过程中积累的资料,如何利用和为现实服务;3.搞好志书的出版发行工作,发挥志书的经济、社会效益。

11 月 11 日,上海地方史志学会举行学术研讨会,就人物入志问题进行专门探讨。会议认为,人物入志问题,既是一个学术性很强的问题,又是提高新方志质量的关键问题之一。方志工作者在多年的实践中积累了不少的经验,学会定期举行切磋交流是很有必要的。会后,《上海修志向导》陆续摘要刊发了与会者提出的一组文章。

是月,国家新闻出版署批准成立方志出版社。该社由中国地方志指导小组主办,社长郦家驹,副社长兼总编辑李祖德。

是月,宁夏地方志编审委员会郑彦卿在《方志研究》今年第 4 期发表《制约地方志事业发展的原因及对策初探》。文章提出,制约地方志事业发展的因素有:一是志热降温,修志队伍不稳;二是志书时效性差,政书的地位动摇;三是理论研究滞后,志书体例结构僵化。他提出的对策也有三条:一是健全制度,改善环境;二是加强地情研究,为两个文明建设服务;三是充分发挥地方志的优势,不断进行改革创新。在改革创新方面,他认为,志书结构上要从当地实际出发,可以变一本书为“简志十丛书”的形式,可长可短,灵活多样;避免“求概览者嫌其冗长,作研究者嫌其简短”。另外,在修志原则上,“生不立传”的定例应有所突破,“述而不作”的记述方法应有所突破,“宜粗不宜细”的记述应有所突破;在篇目上也要改造,不要划分太细,多增加综合部类记述,加强动态记述,更好地体现政书、资料书和工具书的特点。

是月,浙江省地方志办公室主任魏桥为即将出版的《浙江(旧)家谱集成》撰写《前言》。文中说,据查,家谱收藏,浙江图书馆为4960部,北京图书馆为2700部,号称收藏最丰富的是美国家谱学会,达3109部。可是,十余年间浙江省通过各地修志人员艰苦跋涉,自带干粮,实地调查,细心寻觅,竟发现散落在浙江平原、山乡、海岛的家谱达5000余部,这真是令人惊喜若狂。这是一项尚未为人们认识的重要宝藏,是一笔尚未利用的巨大财富。浙江省地方志学会乡村社会研究中心,在十分艰难的条件下,已将浙江发现的5000余种家谱,编出目录,输入电脑,今后查找将十分方便。同时,已选择若干誊印行世,以满足各方需要。

是月,中共山西省委、山西省人民政府决定撤销山西党史研究室和省地方志办公室,同时组建山西史志研究院,郭裕怀为院长,梁志祥、张国祥、朱嘉峰、侯文正为副院长,下设方志研究所,袁培纲任所长。

是月,刘伯伦主编的山西《阳城县志》出版。是书无论是编纂思想还是在方志体例的继承与创新方面,都有不俗的表现。正如当代著名方志学家傅振伦先生所言,该志“虽出于古而不泥古,有所革新;详于今而不略于古,事必溯其源,故能切合实用”。在方志思想方面,最值得注意的,是书中一改“溢美乡曲”的传统思想,强调了志书要反映忧患意识。本书主编者刘伯伦是在方志界最早、最明确提出地方志要反映忧患意识的第一人。他提出“只有具备忧患意识的知识分子,才配作修志工作者;只有深谋远虑、高瞻远瞩之人,才配作志书的主编”。他的这种思想在他主编的志书中得到了较充分的体现。就历史而言,书中记述了在日本侵略者入侵中国期间,阳城这么一个山间小县,也受尽侵略者的屠戮。县城及乡村屡遭敌机轰炸;敌军实行“三光”政策的“大扫荡”,制造了多起惨案。县人被杀者达5649人,因饥饿而死者达4060人,损失近万人,几占当时全县人口的1/10。财产损失更是难以数计。以此无声的语言,唤醒国人莫忘国耻,为加强国防、反对可能的外来侵略而作好准备。

就现实而言,阳城在中国共产党的领导下,经过数十年的努力,尤其是改革开放以来,县貌已经焕然一新,人民生活有了很大的提高。但改革开放也并非一帆风顺、一片光明。是志列举了不少事例说明曾出现的问题。尤其指出对于阳城今后发展来说,堪忧的因素依然不少。如“阳城十年九旱,农业收成不稳;交通不便,电力不足,可利用的水资源低于全省平均水平,影响着经济的发展;日趋严重的环境污染,令人深为忧虑;人口素质不高,传统观念负荷较重,带来了变革的艰难”。还有决策者有时出现的决策失误,如只凭主观意志,不顾客观规律,遭受规律的惩罚;只顾眼前、不顾长远的短期行为。从所列的事实中,提醒人们值得引以为忧的种种因素是存在的,绝不可在已有的成绩面前盲目乐观。

在方志思想方面值得注意的还表现在人物入志的不拘一格。志书行文中所系的人有不少是平凡的"小人物",如汽车司机、厨师、理发师、修理工、个体业主和民间的能工巧匠。入传人物也不以职级为杠子,不以正、反面人物而简单划线。

在设目和写法上,是志于卷首的"凡例"中就申明:志前设《综说》,"综说不作浓缩全志的概述,而为纵论古今、横陈利弊的策论"。这个《综说》篇幅不大,共4000字。第一部分用较多的篇幅述说了阳城的地情优势;第二部分指出阳城的隐忧和历史的教训;第三部分是其策论部分,指出处于黄土高原之端的阳城,凭借富有的矿产和森林资源,曾创造了灿烂的农业文明。但随着工业文明的兴起,地理环境的优势必然要被科学技术的优势所取代。"历史悠久而科技落后,资源丰富而人才奇缺,是当今阳城存在着的尖锐矛盾,故振兴阳城之策在于发展教育和科技。倘能变短期行为为长久之计,变靠吃资源老本为靠智力进取,变粗放经营为集约经营,变简单加工为精细加工,变单一生产为综合利用,阳城将具有极其光辉的前景。"这被志界认为是较成功的策论体的概述。来新夏评论说,"确乎言简意赅,既作县情勾勒,复言利弊兴革,富新意"。梁滨久认为,其"提示县情特点,评论优劣利弊,指陈经验教训,提出振兴之策,是一篇精妙的策论文章"。邵长兴认为,"较之迄今仍墨守成规、婉约其词的概述含而不露,留待读者去思考的做法,不知要高明多少倍,其经世致用的价值自不言而喻"。

体例方面,是承方志学大家章实斋之遗意,在正志之外,另设《丛谈》和《文征》。前者专门条述弃之可惜的人间佳话、奇谈趣事、故老传闻和民间口碑,备载地方掌故;后者则专载有关乡梓具重要史料价值、可以辅志而行的原始文件,为后来之修志者储料备征。多处在认真继承和吸收别处经验的基础上又有所创新。如为了体现科技兴国、兴市、兴县的新观念,而将"科技独为一篇,且置于前,以便体现其重要";将传统的大事记二分为《要记》和《大事年表》置于志后。在《要事》中,分别记述处于历史发展关键环节上的大事,如十二月事变、"大跃进"、"文化大革命"、"农业学大寨"等;以及虽不属历史关键环节,但在本地属大事者,如彭德怀五经阳城、赵树理在阳城、阳城史志工作座谈会等。在图照的设置方面,除了多数志书所共有的照片、地图、图形等之外,又增加了绘画图案,图绘了清朝以来阳城居民的衣服、帽子、首饰、发型、鞋样等52幅,反映了随着人们生活水平的提高而更新换代的演变过程,具有较高的存史价值。

按:策论型的概述最为有用,但撰写的难度比其它类型的要大得多。属于这种类型的还有郭鹏主编的陕西《佛坪县志》、吉长安主编的山西《曲沃县志》、陈金祥总编的湖北《长阳县志》、李宝权主编的辽宁《新民县志》、牛玉珂主编的河北《灵寿县志》等。进入90年代中期之后,策论式的概述有越来越多之势。《阳城县志》出版之后,方志界评赞蜂起。为介绍本志的成功和特点,《中国地方志》于1996年第5期,刊发了该刊记者汇集的《〈阳城县志〉评论撷要》一文。

又：这样有特色的一部志书，在1997年全国优秀志书评奖中，因为一些不便明言的人为因素，未得以参评，知情者无不引以为憾。

是月，陈兵主编的《镇海县志》出版。是志基于镇海是濒江临海、处于宁波近郊作为宁波外港的地理位置，特设了港口、渔业、盐业、省部市属工矿企业等编，都抓住了其特点。又基于是海防前线，其军事编对于鸦片战争和抗日战争都写得很充实，集纳了不少珍贵的资料。是书始修于1988年，时县域早已于1985年撤并为宁波市的两个辖区——镇海区、北仑区。作为镇海县最后一部县志，除了下限记至撤县的1985年外，于正编之外，又特设了《镇海区新志备稿(1986—1991)》和《北仑区新志备稿(1986—1991)》两个附编。内容为“党政群团”和“社会经济发展概况”(包括民政建设、经济发展、开发状况、教科文卫面貌等)。这种以“备稿”名目出现的专编，在方志史上虽不是绝无，但在本届志书中却是仅有的。

按：笔者曾著文认为，有人举出地方志的基本特点有列四点、五点，甚至更多点的。但本人认为，无论开列多少点，其中的连续性这一点是最为明显的，是其他著作所不具备的。地方志是一定区域历史和现状的记述。地情总在不断变化，故总是有内容可记，有必要记。这就是一个地方的志书中有一次次续志出现的原因所在。历史上的做法都是后人续前人之志。而本届修志中出现一个比较特殊的做法，便是正、续合编，即将志书下限之后本应属于续志记述的内容，附载于本志之中。具体名称：

其一是如本志称为“备稿”者。同属此类者还有赖盛庭主编1990年6月出版的江西《石城县志》，称为“志存”。

其二是称为“续志”、“续记”、“增篇”、“续篇”者。如李若檀主编1993年6月出版的广西《凭祥市志》，设有《经济改革发展续志》，魏平主编1994年8月出版的广东《龙川县志》和辽宁《锦西县志》(志书下限原为1982年，1983年1月原属本县的葫芦岛和南票划入锦州市，1985年锦西县撤县改市，故将1982～1985年的事记作“续记篇”)称为续记，金达迈主编1989年12月出版的江西《丰城县志》称为续篇。称续篇者尚有河南《登丰县志》、《新郑县志》、《郑州管城回族区志》、广西《环江县志》。称“增篇”者有《郑州二七区志》，称“增记”者有河南《新乡市红旗区志》。

其三是设“志补”、“志余”、“补记”者。如山西《大宁县志》称志余，浙江《台州地区志》都称“增辑”(达47万字之多)和“志余辑要”，天津《静海县志》和河北《孟村回族自治县志》称“志补”，河南《西平县志》亦称“志补”。

其四是设“志后”、“志后简况”和“限外纪要”、“限外辑要”者。这一类为数最多，如浙江《金华县志》和新疆《呼图壁县志》都有《1986—1990年简况》，浙江《安吉县志》和《海宁县志》称限外“大事记要”、“大事纪略”，山西《孝义县志》、《曲沃县志》、《忻县志》，福建《周宁县志》、河北《蓟县志》和新疆《轮台县志》等，都称为“限外纪要”和“限外辑要”等。还有一些虽未冠以“限外”，但有志后若干年的资料和数据，如贵州《三都水族自治县志》

有志书下限后几年的“国民经济主要统计数据”，浙江《淳安县志》有志后几年“社会经济发展”，江苏《江阴县志》有志后的“国民经济和社会发展主要指标”等。

其五是将大事记记述时限下延，在概述中述及志后的重要情况，这一类为数更多，不必一一举例。

12月19日，广西壮族自治区地方志编委会召开南宁、柳州、桂林、梧州、北海五市市志研讨会，除讨论市志总纂、如何体现地方特点等问题外，重点是研讨了部门志如何转向市志分志的问题。

是月，四川峨眉山志办公室，以《峨眉山志稿》资料为基础写成的《峨眉山申报世界文化和自然遗产文本》，被联合国教科文的专家认为：“写得非常好，非常有说服力，在收到的17份申报的文本中，是写得最好的，可以作为范本在世界推广。”

是月，西安市地方志馆王建廷、蒋纪新《论现代志书规模，析修志目的功用》一文，被入选陆天虹主编的《走向二十一世纪的新方志事业》一书，由武汉年鉴社印行。该文从分析目前志书篇幅不断扩大的趋势入手，认为除了社会形态动态节奏加快、社会结构由简单趋于复杂、社会规模空前扩大、记述内容大为深化等合理因素外，志书篇幅失控，还有理论误导的因素。首先是片面强调志书内容“无不备载”，“无所不包”，“应有尽有”，“包罗无遗”。由此而衍生出种种语义含糊、极不确切的说法，诸如“方志为一方古今之总览”、“方志为一方信息总库”、“方志为地方性百科全书”、“方志为一方资料全书”等等。按这些理论，志书内容成为无限大，使得任何志书规模都无法容纳。理论误导的另一方面，是把志书编纂的目的归结于“存史”，宣称志书“文献价值的核心是‘存史’”。按照这种理论，因为古代旧志中发现许多珍贵史料，所以现代志书必须以“存史”为目的，非但今天意识到有价值的资料要尽行记述，而且今天意识不到有什么价值的资料也不能舍弃——理由是或许后人能从中发现价值。依照这种逻辑，编纂志书只需以类系事，完全不必对资料再作筛选、取舍、整理、加工、浓缩了，无怪乎有人干脆说“地方志是一方资料汇编”了。还有一个就是对矛盾的统一缺乏全面认识，只讲“事丰”，不讲“文约”。

志书规模失控将使志书面临失去自身存在的危险。目前志书出版后社会反映的冷漠现象，应当使我们感悟出一点危机意识。控制志书规模，单单强调“惜墨如金”已是远远不够了，必须正本清源，以治“本”为主。一是明确志书的目的性，强调目的的单一性。现代志书应当把“资治”作为明确的、单一的编纂目的。从秦汉到隋唐，“资治”本来就是志书明确的、单一的编纂目的。南宋以后，志书编纂目的渐趋多元化，志书形式渐趋完备成熟，内容逐步扩展丰富，规模随之不断扩大，无疑是一种历史进步。今天，由于社会历史条件的巨大变化，现代志书即使围绕一个目的的需要反映的信息量已远远超出传统志书。作为一部实用性文献，它已无法承受多元目的的载荷。在这种情况下，舍弃其他目的便成为唯一合理的选择。志书由“资治”的单一目的诞生，经过曲折发展，在更高的发展阶段上重又“回归”原先的单一目的的这种螺旋式上升,反映了事物发展的普遍规律。二是要立足宏观全局撷选资料,重视记述区域性客观规律。三是要建立现代地方资料信息系统观念,找准摆正志书在其间的位置。在古代,地方资料信息、地方性书籍与志书三者几乎是同义词。现代情况已大不相同。志书既无必要、也不可能成为地情资料信息之总和。地方性书籍实际上早已不限于志书一种。但志书是地方性书籍的一种,它在地方资料信息系统中居于提纲挈领的核心位置,旨在从“资治”出发,从宏观全局高度系统汇集反映这一区域基本状况的资料,反映各门类事物兴衰起伏的历史演变脉络及相互影响的逻辑联系,使读者获得对这一地区总体轮廓、地方特色的清晰印象,并从中领悟历史的经验教训及客观规律。志书应做到这一点,也只能限于这一点。

是月,杨静琦著《志苑十五年》由中州古籍出版社出版。全书收入文章144篇,共约70万字,分为五大部分:方志编纂与研究;城市志与城市区志研究与评论;地区、县志综合评论与研究;省、地区、县志专志评论与研究;志书序言。方志学家来新夏为之序。杨静琦是位老同志,志界都亲切地称她为“杨大姐”。从80年代初开始,她就既担任领导,又从事实际工作。本书不但是她15年方志工作足迹的记录,更是她方志思想发展的轨迹的反映,也从一个侧面反映了河南修志的概况。

是月,宋永平的《方志学的理论与实践》一书出版,这是一部地方志编纂评论丛集。与同类著作相比,是书较为重视云南方志史和传统方志学的研究。如对明、清、民国云南方志编纂的情况,理得相当清晰。《〈四库全书总目〉方志批评论》、《论清代方志学批评》两篇文章,更显作者的研究功力。

是月,杨明松主编的湖北《监利县志》出版。是志在修纂中,抱定“走自己的路”,努力做到“人同我异,人略我详,人弃我取,人无我有”,充分体现自己的特点,要求文字上高度概括,“丰而不余一言,约而不失一词”,要争取做到“叫人增减不了一个字,也变易不得一字”。志书出版之后,在1997年全国评奖中获得二等奖。

是月,龚力新主编的贵州《剑河县志》出版。该县是个少数民族聚居县,少数民族人口占总人口的91.3%。是书对这一特点给以了突出,在第三编的位置上专设《民族》编,如第一章对苗族给以了全方位的记述,分为族称·迁徙·分布、语言文字、家庭·姓氏·称谓·社会组织、生产方式、饮食·器具·居住、服饰、婚姻·生育·丧葬、习俗、信仰·崇拜等9章,附族源考、宗教等,对其他各族也同样给以了全面、准确、可信的记述,尤其对该地生产关系的变化记述,保存了极为可贵的资料,获得成功,受到志界的好评。是志在大事记两分方面的做法也很可取。

是月,兰建中主编的内蒙古《乌拉特中旗志》出版。旗内现存的阴山岩画,蜚声中外。其题材之广泛、内容之丰富、形象之逼真,让人叹为观止。2000多幅岩画记载着我国北方少数民族自新石器时代起,历经秦、汉、晋、隋、唐、宋、元、明、清各朝代有关游牧生产、生活和战争方面的活动情况，属珍贵文化遗产。是书特设岩画专节，予以记述，并附临摹图，为研究我国北方少数民族史提供了权威性的第一手资料。

是月，姜世忠主编的黑龙江省《呼兰县志》出版。呼兰历史上曾发生过多次外敌入侵的事件。面对入侵之敌，呼兰人民和驻军一道进行了一次次的殊死战斗，表现了高度的爱国主义精神。志书对此作了较充分的记述。尤其在人物篇中，不仅为其中的典型人物立传，还设置了《甲午中日战争中牺牲烈士名录》(载 27 名)、《抗击沙俄入侵战争牺牲烈士名录》(载 12 名)、《抗日战争时期牺牲烈士名录》(载 22 名，其中 16 名为政府军的抗日阵亡将士)、《抗美援朝牺牲革命烈士名录》(载 185 名)。这些闪烁光辉的名字和事迹，是进行爱国主义教育的极好教材，使志书具有很强的史教作用。是书做到了其《凡例》规定的“所用资料，凡重要者皆注明出处，引文也多注明出处”的要求，全书注脚达 200 多条。资料注明出处，是用志者，特别是学界对新方志的期望，多年来呼声颇高。但许多志书往往在《凡例》中都说，所用资料来源于档案和社会调查，“一般不再注出处”。此志编纂者不顾繁难，为用者着想，实为难能可贵。是志的《风俗》编，设有《祥瑞・禁忌》章，祥瑞中注意记述民间取吉的习俗，分为“龙凤呈祥”、“吉祥纹样”、“四灵”、“八宝图”、“口彩与数字吉祥”五目，在取材上也显示了自己的特点。

是月，王桓主纂，步进、孙英晋副主纂的河北《枣强县志》出版。是志值得注意之点是：一、大事记的民国部分分段为中华民国初期、中期，抗日战争时期，解放战争时期。其中抗日战争时期又细分为 7 小段，有些小段开头有一些导言似的文字，做法颇为特殊。二、其《“文化大革命”》章下专设有《上书人》一节，记了两个典型人物。一个是衡水地区电力公司的合同工段正宝，“文革”之初因发表一些不满的话，被挂牌游斗，解雇回乡。他对刘少奇是“走资派”不解，曾进京到中央办公厅等三单位上访。自 1972 年秋至 1973 年 4 月 2 日，连续 6 次上书(其中一次是万言书)，反驳《文汇报》、《解放日报》等诬蔑刘少奇的文章。4 月 26 日被捕，12 月被判刑 20 年，至 1979 年 11 月才平反出狱。另一个是被错划为“右派”受到“群众监督劳动”的李秉训。他于 1971 年 12 月上书批评毛泽东主席错选林彪当接班人，称赞了周恩来的功绩和人品，并希望他保重身体。因此也于 1973 年 3 月被捕，判刑 5 年，到 1977 年才“刑满”释放，1979 年撤销处分，恢复名誉，恢复公职。三、全书抗日战争部分写得充实，仅其《卫生》章的《卫生队伍》一节，将民间医生为抗日所作的贡献和表现出来的民族气节，写得凛凛冽冽，让人读来肃然起敬。

是年，《上海修志向导》开展了“事略”可否成为城市区志主要记人形式的讨论。先是该刊第 1 期发表了上海卢湾区地方志办公室许洪新的《“事略”可成为城市区志主要记人形式》一文，接着第 2 期发表了辽宁省抚顺市地方志办公室单辉与前文商榷的文章《“事略”可以成为城市区志的主要记人形式吗?》，第 3 期发表了许洪新的《就“事略”答单辉先生》，第 4 期又发表了中国福利会国际妇幼保健院秦和的《“事略”作用刍议》。许氏最先提出的是，方志传统的记人形式,是传、表、录,而以传为主。传有传记、传略之分。不论传记还是传略,都须记述传主的一生行谊,区别仅为详略不同。这是以人物活动相对稳定为前提的。因此旧志人物传都强调籍属。城市区志是志苑新种,城市志、特别是区志的编修,不断暴露出城市特点与方志传统之间的矛盾。传统的人物传记形式已难于反映以城市为活动中心的人物特点。他认为,以"事略"记人,不必具备对人物生平记述的完整性,可多记,也可以少记,可以记一个人的经历片断,也可以只记几件事,容量弹性大,记述方式灵活。对于那些具有全国影响的人物,区志就以立其事略,重点记述其与本城区有关的片断事迹,既保全了人物志的完整性,又回避了不易把握之难。由于城市志中真正符合立传的人物数量远较入事略者少,故事略应当成为人物志的主要部分。

单氏则认为,许氏忽略了"传"与"略"的层次区别。"传"记载人物整个一生的事迹,而"略"则为记事略,不必具备生平事迹的完整性。前者为"全传",后者为"残传"。"传"表达了记述者对传主最高层次的评价,"略"则是对传主低一层次的评价。以略代传显然是标准(层次)的错乱。传的内容应当可以辐射,以记传主对本地区(社会)影响、突出事迹为主,并不意味着排斥以在外地的事迹为辅。另外,立传标准上追求"高、大、全",不允许传主有错误、失误甚至某些罪过,抑或不允许众多"小人物"(包括普通工农兵、有一技之长者中的佼佼者等)堂而皇之地入传,显然有悖于辩证唯物主义和历史唯物主义观点。秦和则基本倾向于同意许氏的观点,但认为他也有失于片面之处。因此,他提出,时至今日,城市区志主要的记人形式依然是"传",但"事略"也可成为主要形式之一,它的地位与传基本属同一层次。

是年,李养国总纂的《海南省志·民政志、外事志》出版。过去人们都认为,鸦片战争后,列强在我国琼州(即海南)设立领事馆的只有一二个国家。《外事志》的修纂人员在搜集资料时获得了重要的发现。据所获得的新资料来看,近代以来,在海口设立领事馆或派出领事的,至少有 10 个国家,即美、日、英、德、法、奥匈、葡萄牙、意大利、比利时、挪威等国。除了意大利、比利时、挪威三国设立和撤走时间待考外,其余均有起止年月及先后任领事的人名、人数。补了历史重要之缺,纠正了传统的看法。

是年,尹崇智总纂的河南《鲁山县志》出版,是志编纂中促进了墨学的研究。长期以来,春秋战国时期思想家墨子的故里安在,一直众说纷纭。有宋国人说、鲁国人说和鲁阳人说种种。本志修纂中,为解决是否要将墨子作为本籍人立传的问题,志书副主编郭成志进行了 10 余年的研究,发表论文 11 篇,集成《墨子鲁阳人考论》一书,在前人研究所得基础上,新增了实地调查的佐证:其一是,至今鲁山仍留存有关墨子的传说和遗迹,有墨子与鲁班比巧放风筝的风筝山,有墨子井、墨子池、墨子晒布石、墨子居住过的墨子洞和群众敬奉墨子的窍爷庙,还有墨子晚年隐居时住过的黑隐寺。墨子后人改姓黑,现居住在本县掉土沟的黑姓人家,均称其祖先是墨子。其二是,上世纪 50 年代之前,鲁山一直有墨家传人的活动,他们组成成义堂,尊墨祖,劝善禁恶,济世救人,被群众称为"善人"、"先生"。成义堂组织匠人"堂匠班”进行劳动。其三是，故老传言，直至 1935 年，鲁山县二郎庙街还保留有“墨子故里”碑，直到 1942 年才被汤恩伯修花园、建浴池时作了铺地基之用。更为重要的是，作者从《墨子》书中找到了几十处鲁山方言，诸如“荡口”、“隆火”、“安生生”、“强梁”、“不材”、“将养”、“待客”、“中不中”、“饥”等。如“荡口”一词，今鲁山人仍以“荡子嘴”指唠唠叨叨说废话的人；“隆火”就是点火、引火的意思。这些证据的揭出，虽不能说已经了结了这个千年的纷争，但将此问题的研究推进了一步。现在，鲁山县已成立了墨子研究会，中国墨子研究会的筹备会也已在鲁山建立。

是年，河南洛阳市志办在中华书局《文史知识》推出“河洛文化专号”。河洛文化博大精深，在中国进入文明社会后的文化进程中，始终发挥着轴心作用，因而成为华夏文明的渊源和深远丰厚的民族文化基石。为了研究和弘扬这一文化底蕴，洛阳史界曾举行过多次研讨会，出版过两集河洛文化专集，在洛阳及省内造成了一定的影响。但由于宣传滞后，使其与其他地域文化，如齐鲁、秦晋、燕赵、巴蜀文化等相比，无论是研究广度、深度和知名度上都存在差距。洛阳市志办通过编辑《洛阳——丝绸之路的起点》，为《洛阳市志·文物志》、《交通志》等积累资料获得成功之后，又着手与原先保持来往的 150 余位专家、学者联系，请他们参与并提供对这一文化的研究成果。于是在今年又于《文史知识》上推出了“河洛文化专号”，收入 30 多位作者的文章。这些文章，分别对河洛文化的系列概念进行了全面系统的阐述与界定；对这一文化的历史地位和性质作了概括和总结；对相关的学术内容进行了比较全方位、多层次的研究和探讨。专号向海内外发行 20 万份，各大传媒纷纷给予介绍和报道，在社会上引起了强烈的反响，被称为是《文史知识》所办各期专号中“最为成功的专号之一，而质量上则是首屈一指的”，“是对我国地域文化的研究、开发所作出的巨大贡献”，是河洛文化研究取得的新进展。在 1995 年 8 月中共中央宣传部于北京主持召开的“中国河洛文化研究座谈会”上，该市志办的代表来学斋被邀请，在会上介绍了该市志办在组织和开展这一研究的情况和成果，引起了与会者的兴趣和关注。会后成立了“中国河洛文化国际研究中心”筹委会。

是年，北京图书馆地方志和家谱文献中心编制成《新方志人物传记数据库》，收录了 1980～1991 年各地修志机构出版的 493 种新志书的人物传记资料，近 28000 条。可以从姓名、性别、朝代、时代、民族、字、号、别名、籍贯、出处等进行单项检索。这是我国首次将计算机引入方志人物传记索引的编制中来。

近两年，方志界开展了一场关于“马克思主义方志学”之争。最先是梁寒冰 1982 年 5 月 14 日在武汉举行的“中南、西南九省(区)地方志研究班”上的讲话中提出：要“创立马克思主义方志学”，“马克思主义方志学的建立，必须在你们这一代人建立”。此后，姜万成提出了《关于建立马克思主义方志学科体系的构想》(《方志研究》1991 年第 3 期)。在较长的时间内，并没有人提出异议。直到 1993 年，齐放在《方志研究》当年第 3 期发表《“马克思主义方志学”的提法不妥》,而引发了争论。齐放提出,梁启超说“方志学之成立,实自实斋始也”,地方志的产生、渊源与马克思主义是什么关系？为什么在“方志学”前面要冠以“马克思主义”呢？毛泽东的政治理论为什么不说成是“中国马克思主义政治思想理论”呢？“中国马克思主义历史学”和“中国马克思主义方志学”学科的理论带头人是谁呢？马克思主义方志学的理论基础是什么？他认为,马恩列斯论述农业、工业、商业、民族、语言等等问题很多,没听说有人在这些专业学科名词前冠以“马克思主义××学”的。马克思主义三个组成部分是互相依存、互相渗透、互相促进的有机联系的整体。别的东西想挤也挤不进去。马克思也没有论述过地方志,如果好心地给马克思主义理论体系硬加进去什么方志学是困难的。

在《方志研究》该年第6期上,河北省沧州地区交通局的金紫衡又发表《也对“马克思主义方志学”提法不妥学术争鸣之我见》一文。他说由于多年来许多方志权威如梁寒冰先生等本着“卫道”的宗旨,一再倡导要创立马克思主义方志学,致使许多当代有斯道者困惑不解,既不明白什么叫马克思主义方志学、马克思与中国修志有何渊源,又不敢轻率驳斥,恐越雷池。他认为,修志生搬什么马克思主义的桂冠,不伦不类。

他们的文章出来之后,江西省张伊立即于《江西方志》该年第4期发表了《并非“金标签”——与〈马克思主义方志学的提法不妥〉一文商榷》,河北徐振田也在《广东史志》1994年第3期发表《坚持为建立马克思主义方志学而继续奋斗——兼与齐放等同志商榷》的文章。徐文认为,新方志学“新”就新在以马列主义、毛泽东思想为指导。运用马克思主义的立场、观点、方法来研究、编纂地方志,冠以马克思主义方志学没有什么不可以的。针对齐放提出的“马恩列斯论农业、工业、商业、机电、民族、语言等等问题很多,但没有听说有人在这些专门学科名词前冠以‘马克思主义××学’的”,指出农业、工业、商业属于社会产业,不是一门学科。至于民族、语言学科领域的研究,事实上早就有“马克思主义民族学”、“马克思主义语言学”的科学提法。1987年6月由吉林大学出版社出版的《马克思主义辞典》中,不仅有马克思主义历史学、马克思主义民族学、马克思主义语言学的提法,而且有马克思主义法学、马克思主义美学、马克思主义文艺学、马克思主义心理学、马克思主义伦理学、马克思主义军事学、马克思主义社会学、马克思主义政治学等科学提法。

一九九五年

1月10～13日，江苏省举行年鉴第三次研讨会，提出编辑地方年鉴，开拓方志工作的新领域。地方志部门把修志和编年鉴两副担子挑起来，不仅能做得到，而且驾轻就熟，一定做得好。修完志书的地方应当编修年鉴，既为续编志书积累资料，又为当前的建设提供咨询服务。

1月13～14日，浙江省地方志编纂委员会召开市县地方志“志后工作”座谈会，提出志后的10项工作：一、年鉴编纂；二、用好志书；三、地域资料信息库的建设；四、编纂地情资料为现实服务；五、开展乡村社会史研究；六、旧志和旧家谱的整理；七、开展姓氏源流研究；八、倡议个别市县编修续志；九、加强方志理论研究；十、建立方志团体。会议提出了该省1995年立项的5个课题：一、浙江乡村社会研究，包括浙江姓氏源流志、浙江乡村旅游志和浙江旧家谱研究；二、浙江新编地方志目录；三、浙江省县(市)图志丛书；四、浙江省街道志；五、新方志学(理论与实践相结合的专著)。

1月14日，全国建设系统专业志编纂指导委员会召开1995年专业志工作座谈会。会议透露，《中国市政工程设计通志》和《中国房地产通志》正在加紧编纂，《中建企业系列志书》正在着手部署。

1月25日，梁滨久在是日出刊的《广西地方志》今年第1期发表《志书分类谈》一文，其主张可归纳如下表：

- 志书
  - 通用志
    - 地域志
      - 四洲志
      - 方志——总志(一统志)、省志(通志)、府志、州志、厅志、县志、军志、路志、道志、市志、乡镇志、卫所志、边关志、土司志、盐井志、设治局志、特区志、盟志、旗志、地区志、城市区地
    - 专志
      - 记自然现象的
      - 记人文现象的
    - 杂志(还有世界志)
  - 专业志——一种专业性和学科性很强、主要是自然科学的专业志书,如《中国植物志》、《中国动物志》、《中药志》、《中国小麦品种志》、《中国蛇类图谱》、《中国戏曲志》、《广东荔枝志》等。

按:陈云田在《广西地方志》1995年第6期提出了与梁滨久不同的分法,其主张亦可列表如下:

- 志书
  - 通志——世界志、各洲志、国别志、一统志、省志、府志、州志、县志、乡镇志、村志、岛屿志、卫志、关志、盐井志、土司志等
  - 专志
    - 自然类专志——山志、水志、湖志、地质志、矿产志、植物志等
    - 人文类专志——书院志、古迹志、寺观志、经济志、人物志等
  - 杂志

是月,陈晖主编的《苏州市志》出版。苏州是著名的历史文化名城,世界闻名的风景旅游城市。是书对苏州园林建筑、“河巷相依”、“河街相邻”、苏州工艺和刻书藏书久盛不衰等独具的地方特色,都作了详细的记述。仅其《图书》卷就专设《〈吴县志·艺文考〉补遗》一个专节,给民国《吴县志·艺文考》增补了139位作者、300余种书目。评论者称,此志书“确确实实反映了苏州城市的性质和特点,甚至连苏州人的性格也都反映了出来”。

2月1日,孔令士在是日出刊的《黑龙江史志》今年第1期发表文章,提出“加强方志理论建设是当前的一项重要任务”。文章指出,方志事业的基本建设主要有三项:一是方志学科建设;二是方志理论建设;三是方志队伍建设。这三者密切相关,而方志理论建设尤为关键,它既为方志学科建设准备理论基础,又为方志队伍建设提供锻炼和成长的条件。

辽宁省抚顺市志办单辉在同刊期发表《14年来方志人物志编修的得与失》的文章,认为:一是收录主体发生了质的变化。旧志收录的多是显宦、廉吏、忠孝节烈之辈,都是为符合封建统治的“先贤耆旧”们树碑立传。新志所选取的人物,则是从历史唯物主义的观点出发,以人物的举止是否推动历史的发展,是否有益于两个文明建设,是否对国家、社会、民族有贡献,是否符合无产阶级和最广大人民群众的利益为标准。二是“以本籍为主体”走向终结。三是生人入志的渠道大幅度拓宽。存在的问题:一是人物传写得干巴,死气沉沉,有所谓“三

式记述”(履历式、鉴定式、悼词式)的毛病;二是有“清一色”的表现,写正面人物不见缺点、弱点、失误和错误,写反面人物则不见优点、善举或正面功绩等。

《黑龙江史志》从今年第1期起,开设“自鸣园地”专栏。首期刊载了梁滨久的《我的方志学观点》和李明的《我的方志实践与创议》。其后又先后发表了林衍经《在方志理论研究道路上跋涉》(第2期)、苑广才的《志苑学艺十年回顾》、张桂江的《修志实践与理论探索的回顾》(第3期)、宋永平的《我的方志实践及其理论探索》(第4期)、刘柏修的《蹒跚学步的三个脚印——我研究方志理论的简要过程》(第5期)、姚金祥的《志海乐泳十四春》等。这个栏目颇受读者和作者的欢迎。

2月10日,梁滨久在是日出刊的《湖北方志》今年第2期发表《谈方志编纂思想的升华》一文。文章认为,方志编纂思想与方志理论既有联系又有区别。方志理论是关于方志本质及其编纂与应用的科学理论认识,是借助于一系列概念、判断和推理出来,经过修志实践检验和逻辑证明的系统知识,是具有普遍指导意义的。而方志编纂思想则是在修志实践过程中产生的,只对一部志书的编纂有指导作用,不具备完整、系统的理论形态,是可以供方志学理论提炼和总结的加工材料。但不经过总结和提炼升华,还不能成为系统的方志理论。作者列举了一些志书独到的编纂思想,如以“东阳人主宰东阳”的观点统摄全志,就是《东阳市志》编纂者在修志过程中产生的贯穿于全志的“以人为本”编纂思想;突出记述地情基础资料就是《新昌县志》一个比较独特的编纂思想;《扶风县志》在一些篇章中设概述、事物特点和存在问题的章节,力图突破“寓观点于叙事之中”的编纂思想。只有将一些哪怕只是朦胧的、片断的、很不成熟的编纂思想,进行理论上的总结提高,才能发展而成方志学理论。因此,方志理论研究者应当高度重视在修志实践中形成的编纂思想,哪怕是一点一滴有理论和实际价值的,都应加以阐发论证,总结提高,使之升华,成为方志理论体系的有机组成部分。他提出志书评论中要注意把那些具有创新意义的编纂思想阐发出来。

四川巫山县志办邓召龙在同刊期上发表《关于地方志效益的间接性与长期性》,认为地方志提供的历史信息不能直接参与社会,为社会服务的功能是被动的。无论是为现实服务还是为将来服务,都需要一个转化过程,故其价值和效益具有潜在性和间接性。“存史”为方志功能之一,同一个信息,不同时代的人使用它,其效用便会有所不同。地方志作为人类的历史文化资源一旦被开发,具有永恒的价值,带来无穷的效益。这种巨大的信息潜能是取之不尽用之不竭的。基于这样的认识,所以方志工作者和方志理论研究者,要注意对方志所提供的信息作进一步的挖掘和利用。

2月14日,北京市地方志编纂委员会召开第三次全体会议。市长兼编委会主任李其炎在会上作了《把地方志当作大事来抓》的讲话,指出北京修志工作起步较晚,同全国存在比较大的差距,全国已出版1500多部志书,而北京一部也没有。这同作为首都、全国政治中心、文化中心的地位是不相称的。目前全市修志工作发展不平衡,有34个单位还未开展工作;

有些单位虽建有机构,但组织没真正落实或修志经费等一些具体问题解决得不好,修志工作进展缓慢。市政府决心按照北京修志规划的要求,力争在1999年高质量地完成《北京志》的出版任务。北京修志任务是要完成包括130部分志的《北京志》和8部区县志,这是一个整体,如果哪一部完不成,《北京志》就是残缺不全的。哪一个单位的任务完不成,北京的修志任务就不能说完成了。他要求要切实加强对修志工作的领导,要组建专门的修志机构,要为修志工作创造必要的条件。在工作上支持,政治上关怀,生活上关心,尊重他们所从事的工作,在职称、工资福利等方面要给予积极合理的解决。

2月23～25日,江苏苏州市举办第五次乡镇志专业志编纂研讨会。鉴于许多已出版的乡镇志书和志稿,创新意识薄弱,未摆脱时尚的模式与套路,会议提出镇志编纂最要紧的是,要从县(市)志的框架中跳出来,立足自己,努力形成独特的"大思路,小格局";乡镇志专业志的编纂要从"自我认识"进入新境界,全面升华;要注重于广度上的丰收,更要着力于深度上的突破;要利用"中国地方志"向全国推广的良机,乘热而上,把全市的乡镇志、专业志编纂提高到一个新水平。

2月25日,河南驻马店市志办公室赵心田,在是日出刊的《中国地方志》今年第2期发表《新方志注释论》,对新志书不重视注释提出批评。认为有的志书在其《凡例》中都说到注释,但一般只讲到地名、朝代年号、非统计数据资料等,而对于主要史实资料,往往都说资料"来源于各有关档案馆、图书馆和博物馆所藏档案、书籍、文物及历代地方志,以及当事人、知情者的口碑","为节省篇幅,一般不注明出处"。即使少数有注者,也显得水平过低。提出这种情况应当引起重视。文章还提出了注释应把握的若干原则。

3月2日,中共贵州省委常委、副省长王广宪视察省地方志办公室,称赞省地方志办公室在编制紧张、人员少、经费困难的情况下,工作条件比较艰苦,能作出这样大的成绩,应充分肯定。对修志工作中需要解决的一些问题,作出了明确的指示。对于修志工作停滞不前的7个县,由省政府办公厅出面督促一下。召开省工作会议、奖励在全国获奖志书和年鉴的经费,可写专题报告,要求省财政厅解决。车辆和办公用房由王副省长向分管秘书长说,由志办向办公厅有关部门写书面报告。目标管理问题要写一个报告,由省目标管理办公室解决。建立党组问题,请组织部解决。二级处的问题,可向省编委写个报告,统筹解决。

3月2～6日,浙江省地方志学会乡村社会研究中心、永康县地方志办公室和河头村党支部、村委会、村经济合作社,联合召开《河头村志》首发式暨中国乡村社会文化研讨会。国内著名农民学专家、原北京农学院院长董凯忱教授,中国社会科学院《中国经济史》杂志主编李庚蟠研究员,陕西省原副省长、杭州大学教授孙达人,清华大学教授秦晖等30多位专家出席了会议。《河头村志》是村民们自己编写的志书。首发式上,村三委会将村志发到每一户村民手中,以此对村民进行爱乡爱国教育,增进村区52个姓氏的凝聚力。与会的专家认为,农民自己创造历史,众人写志,众人入志,众人用志,众人藏志,是神州大地的新鲜事,是农民自我觉醒的表现。

3月10日，针对当前关于方志改革的讨论中，有一种要实现“志书商品化、手段现代化、系统网络化、行业集团化”的主张，孙明在是日出刊的《江苏地方志》今年第1期上发表《“商品化”不能成为新方志的发展方向》的文章，认为志书不具备“商品”的基本特征，“商品化”必然会造成方志固有特征的消失，从而极大地损害方志的根基，使方志发展走入死胡同，混同于其他行业。文章从方志产生发展的过程、方志编修的主体、方志固有的特点、方志的根本属性、方志的使用主体、方志的使用过程等方面进行了分析，认为地方志不具备商品特征，提出方志商品化不利于方志事业的健康、稳步发展。

按：此文发表后，单辉于同刊1995年第3期发文提出商榷，认为在市场经济条件下，新编地方志应有双重价值取向，它不但具有精神产品的属性，同时又有商品的属性。地方志作为精神产品所蕴涵的全方位价值以及作为商品所具有的经济价值，都应成为方志的价值取向和价值尺度，既要追求方志的社会效益，又要追求方志的经济效益。

3月24日，广西壮族自治区人民政府办公厅转发自治区地方志编委会《关于认真做好当前地方志几项工作的意见》。该《意见》中提出：一、坚持质量第一，在保证质量前提下抓紧进度，有计划地完成各级志书的编纂任务，编纂出版《广西通志》和南宁、柳州、桂林、梧州、北海五个市和县市志是本届修志的主体工程；二、加强宣传，切实做好志书的发行工作；三、进一步开展地方和部门年鉴工作，更好地为现实服务，为下届修志打下良好基础；四、解放思想，开阔视野，多方面发展地方志事业；五、积极开展方志理论研究，推动方志理论与实践的结合。

3月26日，由华侨曾德坚先生捐资65万港元兴建的梅州“曾晏泉方志馆”竣工，面积1380平方米，这是全国第一家由华侨捐资建办的方志馆。梅州市修志十年成果展与新馆同时开展。

3月27～31日，由杭州大学日本文化研究所主办（日本关西大学东西学术研究所、神奈川大学文学研究所协办，中华日本学会、日本国际交流基金会为后援）的“‘江南与日本’国际学术讨论会”在杭州举行，与会的中日学者共50余人。浙江省的方志学者有陈桥驿、傅振照、周如汉、周乃复、顾志兴等参加。他们在会上提供的论文和发言，尤其是陈桥驿教授所宣读的《中日两国地方志比较研究——中国慈溪市与日本广岛市的地方志修纂》，引起了与会者的极大兴趣。

是月，山西史志研究院发出《关于加快编纂〈山西省重点乡镇村志系列丛书〉进度的通知》，要求地、市、县（区）加强领导，加快进度。

是月，天津市志办郭凤岐在本月出刊的《天津史志》今年第1期上发表文章，提出当前方志理论研究的4个焦点。一谓归属上要“离婚”。方志学发展到今天，已经不再属于地理、历史、行政管理、社会学等学科了。它应该以独立的学科地位自立于诸学科之林了。犹如电影是综合艺术一样，方志是综合的社会科学著作。二谓观念要突破。要树立方志性质的新观念。不能只强调方志是资料书，还要强调其著述性。方志是著述性与资料性的结合，是资料性的著述之作。要提高其学术水平、学术地位。三谓编修上要创新。从内容上要调整比例，突出重点，贴近现实；体例上不能千书一面，一个模式，过分条目化；记述方法上要加强整体性、著述性、文化性、可读性。四谓功能上要扩展。原来只讲“资政、教化、存史”，这不能完全包容新方志的功能作用。应加上“服务(经济)、科研、交流”等功能。

是月，魏桥著《志苑十二年》由浙江人民出版社出版。是书汇集了魏桥从事方志工作12年来所发表的论文、讲话和书序共46篇。这个集子中记述了魏桥的一些方志思想和变化情况。如他所提出的很有影响的“详今明古”；志书“要合格，又不要拘于一格”；特殊地区应当允许“修特殊之志”；主张提存真求实，不提实事求是(“求是”是探讨规律，谈何容易)；不主张提“盛世修志”；专业志中不宜设人物传；不主张用文学笔法写志书；对志书不应提出不切实际的要求；不能要求志书反映规律；方志的四大功能说；贵因更要贵创，等等，都可以找到是在什么时间、什么情况下提出的，又是如何表述的。

是月，金信厚主编的吉林《延吉市志》出版，这是由一位朝鲜族女主编编就的志书。据笔者所知，本届修志中的女主编尚有：1989年9月出版的河南《驻马店市志》主编赵莉等。

是月，吕文超主编的云南《腾冲县志》出版。腾冲是云南有名的侨乡，绝大部分家庭都有亲属在国外及我国的台、港、澳地区定居。志书出版后的一年多时间内，就售出1600多册，其中大部分通过不同渠道销往国外和台、港、澳地区。那些地方的读者对志书中记述腾冲抗战的内容和修葺一新的“国殇墓园”的照片极感兴趣，认为对中国远征军在滇西和国外抗击日本侵略者功绩的记述，表明了共产党的实事求是，纷纷表示要为祖国的统一大业作贡献。

4月1日，仓修良在是日出刊的《黑龙江史志》今年第2期发表《序跋琐议》，对新志书中“多序之风”提出批评。文章认为，在新修的市县志中，两序三序已经习以为常，有的多达五序、六序的。一些县长、书记的序往往是主编代笔。既然是出自主编一人之手，其内容大都来源于志书的概述的提炼，文字叙述也只能是大同小异，这样的序究竟有多少学术价值，就无需多说了。他认为，志书之序绝不能作无病呻吟。凡是自撰之序，总要叙述著述宗旨、内容大要、体例方法等。别人写序，有些则与自序相类，更多的则是在于评论内容价值，或对某些问题进行考辨，也有谈论读后体会、介绍版本流传等等，总之都应是有所为而作。这个批评可谓正中时弊。

江西省志办刘柏修在同刊期上发表《主线·主体·主调》的文章，提出一部志书应当主线明确，主体突出，主调高昂。主线明确，就是要双线交叉贯穿。一部志书应当有一条或几条“大主线”，各篇、章、节、目也要有“小主线”，这种“小主线”是由“大主线”生发出来的。“大主线”基本有两个类型：一类是基础主线，另一类是特色主线。所谓基础主线，即指在一类志书中都要贯穿的基本线，如传统生产生活方式向现代生产生活方式的转变，传统农业向现代农业的转变,传统工业向现代工业的转变等等;所谓特色主线,即指地情的显著特点在志书中的贯穿。特色主线在不同的志书中有不同的表现,应该多姿多彩。主体突出,就是居民部类的完整,也就是将人作为记述的主体。主调高昂,就是要桑梓深情激越。地方志的基本格调就是“矜其乡贤,美其邦族”。也就是说,地方志就是要将地方上的真、善、美事物予以彰扬,充分展示当地的光明面,充分挖掘当地的优势、特色、良风、美俗,使当地居民深感家乡确实可爱。真、善、美应该成为志书的主调。

辽宁省志办苏长春在同期刊上发表《新编地方志书意义及其功能再析》,其中提出“如果这个优良传统在我们共产党人治国之时中断了,不仅愧对祖先,也迟早要受到历史的谴责。所以,修与不修,搞好搞不好,这不是个人的行为,不能以个人好恶而定取舍,这是关系到我们党和政府在历史上的形象和威望的严肃的政治问题”。

4月11日,北京市举行全市地方志工作会议。市级领导和各部、委、办、局(总公司)和区、县主管修志工作的领导和地方志办公室主任共250多人参加。市地方志编纂委员会常务副主任王立行在会上作了《关于北京市修志工作的进展情况和今年工作意见的报告》。除介绍该市修志工作的进展情况外,重点讲了存在的主要问题:一是部分单位还没有开展修志工作;二是一些单位工作进展缓慢;三是志稿质量亟待提高。对于保证志书质量提出要抓好四个方面的工作:一是强化质量意识;二是坚持全面质量管理;三是提高修志队伍的素质;四是严格志稿的审查验收。

4月18—23日,全国城市区志第七次协作研讨会在河南省郑州举行。会议就第六次协作会议以来城市区志工作中出现的新情况、新问题进行了认真、细致的分析和总结,对城市政区的特点和功能、如何突出城市区志的特色进行了较深入的讨论。会议认为,寻求和突出地方特色有一个由浅入深、由表及里的过程。这个过程既是资料的积累过程,也是认识逐步深入的过程。一个区域特点的形成并非一朝一夕之功,而有一个很长的历史发展过程,从无到有,由弱到强,由量变到质变;一个区域已形成的特点不是一成不变的,将会随着时间推移而有所消长变化;有些区情特色,随着条件的变化和周围地区的发展,会从一种特点转化为另一种特点;有些特点可以从不同角度加以归纳表述,使其更富时代气息;一个区域的特点往往是综合性、多面性、多层次的,在诸多区域特点中,必有一个是主要特点。与会者认为,突出区志地方特色,首先要把它融化于整部志书之中;其次,要运用多种形式和手段在志稿中加以突出。会议还首次提出,要重视《街道志》的编写、理论研究、发行和开发利用的问题。会议成立了中国地方志协会城市志分会筹备委员会。

4月25日,是日出刊的《中国地方志》今年第2期刊发中国地方志指导小组在重庆举行方志理论工作座谈会的报道,并配发了一组文章。刊物在该组文章的“编者按”中指出:“本届修志大规模开展已历十五年。经过志界同仁的共同努力,已经取得了丰硕的成果:一是修成出版了数千种各级各类志书和年鉴;二是造就了一支人数可观的专业队伍;三是积累了丰富的经验。现在,除了加大力气加快速度,保质保量地完成尚未编就出版的那部分志书之外,方志界又面临着一个更高层次上的战略要求:对已出版的志书加强开发利用;对修志队伍进行巩固和提高;对修志经验加以系统总结、抽象升华,推动方志理论的发展,为新方志学理论体系的建立作出贡献。"配发的一组文章作者及题目是:

中国地方志指导小组办公室孔令士的《加强方志理论建设是当前的一项重要任务》。

中国地方志指导小组成员高德的《关于方志理论建设问题的一些想法》。

中国地方志协会朱文尧的《回顾与展望》。在该文中,作者认为,15年来理论研究从时间发展上看,经历了一个吸收—消化—反刍—立论的过程。1981～1985年,大体是吸收—消化阶段。这几年中,各地投入修志人员成千上万,他们对方志理论基本一无所知,如饥似渴地听取老专家们的讲课,读他们的文章,吸收点滴知识,通过工作实践进行消化。从1986年至今,方志战线上的老、新兵,通过多年的实践,将原来吸收、消化的理性认识,结合自身实践所得的感性认识,经过一番消化反刍运动,上升到一个新的理性认识阶段,形成自己的观点,立论做文章。这是一个由低级向高级的发展,由局部到整体认识的发展,由感性向理性的发展。

云南省地方志办公室宋永平的《方志理论研究的现状及改革的思路》。

河南省地方志办公室许还平的《对我国方志理论研究工作的若干看法》。

吉林省地方志办公室党戈的《不失时机地把方志理论研究推向新的阶段》。

天津市地方志办公室郭凤岐的《新方志学理论研究的几个问题》。

湖北省地方志办公室赵慧的《对开展方志理论研究工作的若干思考》。

黑龙江省地方志办公室梁滨久的《进一步把方志学的研究引向深入》。

新疆地方志办公室钟兴麒的《方志本体研究的现实意义》。

广西通志馆周永光的《胡乔木编辑思想对地方志编纂的指导意义》。

南开大学来新夏的《中国方志学理论的发展与现状》。

4月27日,中国地方志协会副会长、原福建省地方志编纂委员会主任张立同志逝世,享年80岁。1980年4月在北京举行的中国史学代表大会上,他首先提出《关于成立中国地方史志研究会的倡议》,得到与会者的热烈响应,是本届修志工作的首倡者之一,为地方志事业的发展,尤其是为福建省的地方志事业作出了不可磨灭的贡献。

是月,刘永立主编的《河南省志·民俗志》出版。是书上限起自远古,下限截至1987年底,共8章39节,真实地记述了自古及今行于中原地区的主要民俗事象及其传承变化情况,是全国出版最早的一部省级民俗志。当代民俗学权威、中国民俗学会理事长钟敬文先生称"书中所收录资料极富学术价值,是当前同类书中所忽略的。对于我国文明史、社会史、民俗学等学科的研究者,它无疑也是提供了可贵的学术资料"。中国民俗学会副理事长乌丙安教授称其"构建了具有本土特色的民俗志体系,起点高,路子正,方向明,既有宏观鸟瞰式的全面展现，又有微观特写式的细部描述，使所涉及的中原民俗事象，从千姿百态、纷纭复杂的无序状态中理出了清晰的民俗系统，具备了跨世纪的持久长效的稳定性特质”。

是月，李玉川主编的河北省《大城县志》由华夏出版社出版。为反映该县明清多太监，民国多行伍的历史特点，本志于民情风俗编内特设“太监”一章加以记述。该县出太监始自明代。万历时留守司守使、司礼寺正刘朝用，崇祯间侍奉崇祯的王承恩，都是该县人。清代入宫当太监者更是遍及全县，尤其到清末，一个村两三人者不乏其例。据80个村的统计，即有太监113人，大洋一村有5人，西迷堤袁奎林一家三代均有人当太监。清代之位高有名者如：大总管李双喜，四品衔，总管48处；大总管李莲英，二品衔，总管48处；二总管崔玉贵，三品衔；奏事处总管梁允昶，专司谕旨、接奏；御茶房总管吕福江；御膳房总管樊魁元；御花园总管李进忠；尚乘轿太监宋白贵；升平署太监李德子，主管宫廷戏班；梳头房太监张立本，专给太后梳头；金银库太监崔壶芦，管理库房；热火处太监徐树，负责取暖；南书房会事常阔峰，专司内廷行走；御膳房太监李国庆，专司御膳的品味。太监中等级悬殊，收入大异。李莲英一次就接受袁世凯白银20万两。光绪二十六年八国联军攻陷北京，李莲英随慈禧逃往西安。各省赠送礼品，照例有他一份。故此后的8年中，他的财产仅在宫中者就达300多万两，住宅达7处之多，仅后供应库一处就有房200多间。而多数太监则年老后被逐出宫门，栖身无所，或栖于寺院当和尚，或流落街头。惨死之后，还不得入家族祖坟。志书所记，无疑都有助于人们对封建宫廷生活的形象认识。

是月，朱封鳌主编的浙江《天台县志》出版。是志修纂过程中，解开了两个历史之谜，补了一个重要历史之缺。天台山高明寺有一方《楞严海印三昧坛仪碑》，系大书法家董其昌所书，弥足珍贵。但因董其昌一生并未到过天台，碑的真实性受到怀疑，以致康熙间郡守张联元纂《天台山全志》时也未予收录。经本次修志中考证清楚，原来此碑文作者虞淳熙于万历七年(1619)在武林应传灯法师之请，撰成此文，并请其好友董其昌书就。不久，淳熙亡故，碑文亦未送至天台山。直到明崇祯间，淳熙族人寒公得知此事，方派人将董氏所书碑文送高明寺，由住持碧云刊石。至此，数百年历史之谜才得以解开。山的国清寺前又有“一行禅师葬塔”一座，“一行禅师塔”五字为“刻上戴澳书”，有“戴澳之印”、“天宫大夫之章”各一方，言之凿凿。经考证却是假的，解开了张联元《天台山全志》不收录的原因。南宋地理学家赵汝适著的《诸蕃志》是我国第一部中外交通、贸易和外国物产风土志。但关于赵汝适的生平，史书皆付阙如，连《四库全书总目提要》和许多权威工具书，皆称其生平无考。本志修纂中，从《[康熙]天台县志》和《台州府志》等史籍中，发现了对其祖、父的记载。尤其是在临海市大田区岭外乡岭外村发现了赵汝适的墓志，知道他字伯可，是宋孝宗乾道六年(1170)生于天台，庆元二年(1196)中第，提举福建市舶，嘉定中迁临海，卒于宋理宗绍定四年(1231)，享年62岁。《诸蕃志》约成书于嘉定十七年至宝庆元年(1224～1225)间，即他任提举福建路市舶使司期间，补了历史的重要之缺。

是月，刘典立总纂的河南《洛阳市志·文物志》出版，这是该市志各分志中最早出版的一部。在修本志中，他们与湖北《江陵县志》采取同样的步骤，注意与对本地历史研究相结合。正是由于注意借助学术界的力量，集纳学者们的研究成果，故使这部市志的《文物志》具有较高的学术水平，一出版就在国内外引起强烈反响，受到学术界的好评。出版发行仅数月，就不仅有十数家新闻媒体及学术刊物予以报道、评述，且有近百个单位及著名专家学者，致函、电视贺，予以关注，给以充分肯定，实为本届修志以来之未多见者。《中国地方志》主编诸葛计在来信中称："修志十余年来，新志书及方志论著出版逾千，论文累万，犹未牢固确立方志学之独立学科地位者，缘由固多，然于学界未获得起码之知名度、未引得学界之广泛重视与认可，实为一重要原因。此种认可及知名度的获得，无外一靠自身的学术质量，二靠向社会、尤其向学界的广泛宣传。《洛阳市志·文物志》可谓两者都兼而有之矣。"他还专门著文，将这种"江陵—洛阳的修志模式"，向全国介绍、推广。

是月，闵三主编的浙江《嘉善县志》出版。是志专设《特记》一篇，分三章记述了该县特有又互不关联的三件事：第一章记明清时期嘉善赋税之重；第二章记毛泽东主席的秘书田家英对该县一个生产队，在1958～1960年间由于受"五风"影响，使群众生活受到严重困难的调查；第三章记嘉善砖瓦生产的历史。专家认为，这样做法是对章学诚"因事命篇"的运用。尤其值得注意的是，第二章内容中涉及当时还健在的当年的经事人，十分敏感，县志办开始疑虑重重，感到压力很大。浙江省志办魏桥了解此情况后，鼓励他们大胆据实写，并说写成之后不必送省志办审批，由我个人来负责审批。"省志办的同志都还年轻，不要他们负责任。我已经老了，不怕罢官丢职，由我来负责好了。"魏先生的这一段话，是他与笔者在一次个人会见中亲口说的。这是十分难能可贵的志人风格。

是月，刘栋良在《广西地方志》发表《方志学研究对象及科学属性》一文，提出地方志能否客观真实地反映地方的本来面貌，关键在于编纂者的认识水平。因此，志书编纂者的主观认识与地方的客观实际，构成了方志领域总体运动的基本矛盾。方志工作者首要的、第一位的是要研究地方，研究地方的客观实际。因此，他认为方志学的研究对象是地方人类社会发展的客观规律与地方志记述的矛盾。方志学的学科属性应为综合科学中，以研究区域发展为己任的独立学科。这一新兴独立学科，有自己符合客观规律性的知识体系，包括理论方志学、应用方志学和方志发展史；有开放式和科学的研究方法；有准确的基本概念。

是月，金恩辉教授、胡述兆博士联合主编的《中国地方志总目提要》由台湾汉美图书有限公司出版。这是继《中国地方志联合目录》出版以来的又一部方志大型工具书，是由目录性总结发展到考评性总结新阶段的重要标志。是书由海内外学者210人（包括图书馆学、文献学和史志学的学者）经过8年多的努力，对全国各省、市、自治区近200个公共、科研、大专院校图书馆、博物馆、档案馆、文史馆等所收藏的现存通志、府、州、厅、县、乡（镇）志的存佚、收藏、版本、编纂者、内容、价值等作了系统的介绍。每志一个条目，共9218条，580万字，著录我国历代地方志修纂者 13685 人。内容上注意辨章学术，考镜源流，颇便学者使用。是书的出版，在方志学界、图书馆学界引起了较大的反响。香港《大公报》介绍的专文称“是继《四库全书总目提要》之后，时隔 200 多年中国又一部可与之相媲美的提要性工具书”。“它标志着地方志由目录性总结发展到考评性总结的新阶段”。“这一研究成果是海峡两岸学者、出版者精诚合作而对中华民族文化所作的重大贡献”。

按：从来新夏《中国地方志总目提要·序》（载《中国地方志》2002 年第 1 期）获知，至 2001 年，金恩辉先生等又主编辑成《新方志总目提要》，收入 1949 年 10 月至 1999 年 9 月大陆正式出版的省、市、城区、地区、县、乡、镇各级志书 3402 种。台湾方面则辑入台湾严鼎忠撰《台湾地区方志书目（1949—1999）》一文，未撰志书提要。

5 月 16 日，湖南省益阳市资阳区人民法院，判决一起人物入志纠纷案。先是《资阳地区工会志》在大事记中载有：1988 年 3 月 25 日，毛石基（益阳市原人民法院长春法庭副庭长，后为益阳市资阳区人民法院行政庭副庭长）之妻杨静怀，被市公共汽车公司 7 路车轧死，毛率百余名亲属到公交公司闹事，公司经理刘发端等 10 余名职工被打，该公司 600 多名职工为抗议毛等人的不法行为而全部停工。志书出版后，毛以其记述侵犯了自己的名誉权，告至法院，要求立即追缴查封志书，并为他恢复名誉，赔偿名誉损失费 10 万元。资阳区人民法院受理后，于是日一审判决认为，志书“记述失实，侵犯了原告的名誉权”，判益阳市总工会赔偿毛石基精神损失费人民币 1.5 万元。工会不服，向益阳市中级人民法院提起上诉。

按：志书所载皆为本地之人之事，至为敏感，不可不慎。在本届修志中，类似的例子也非绝无仅有。山东《金岭铁矿志》出版后，亦曾引起纠纷，不得不经过法庭解决。凡我志界同仁，不能不引以为戒。

5 月 17 日，湖北省地方志编纂委员会举行主任会议，省委书记、省地方志编委会主任贾志杰主持，省长蒋祝平等 7 位副主任出席。参加会议的还有省委办公厅、省政府办公厅、省委组织部、省计委、省财政厅、省编办、省新闻出版局和省志办的负责人。贾志杰、蒋祝平、苏晓云先后发表了重要讲话。会议要求各级领导应当重视读志、用志，充分发挥志书资治、教育、存史的社会功用。要站在马列主义历史观的高度，充分认识地方志工作的重要意义，把地方志工作列入全省“九五”计划纲要。省志办要具体制定地方志事业的发展规划，各地、市、州、县都要有这个考虑。要通过努力，在全省形成一个领导重视，群众关心，社会各界积极支持地方志工作新局面。会议提出了当前和今后地方志工作的五项任务：一、善始善终完成本届志书的编修任务；二、编辑出版地方综合年鉴；三、编纂地情系列丛书；四、要把中共十一届三中全会以来的志书编写工作作为一个战略任务来对待，认真搜集整理资料，作好续编 1980 至 2000 年省、市（州）、县三级志书的准备；五、加强方志研究和地情研究。会议特别提出了筹建方志馆的问题。要把方志馆建设成为湖北省地情资料信息中心、地方志编写中心、地情研究中心、地情咨询中心、国情地情教育中心、地方文献中心。这是新的历史条件下本省文化建设中的一件大事，务必引起重视。要省志办本着节俭、适用的原则，认真做好论证，拟出一个可行的具体方案，按照基建程序报省计委审查立项，请有关部门予以支持。要求在“九五”之末(2000年)建成。

5月18～19日，上海市志办与上海地方史志学会等单位共同举行“抗日战争在上海”学术讨论会。会上收到论文20余篇，进行交流(会后，《上海修志向导》陆续选载了部分)。与会代表冒雨参观了位于金山卫地区相关的纪念亭，接受了金山县电视台、石化公司电视台记者的采访。

是月，刘先毅主编的四川《德格县志》出版。是书民族特点和历史特点都很鲜明、突出。最值得注意的是设有三个特篇，记述了三个方面的特殊内容：

一是《印经院》篇。历有“雪山下的宝库”之称的德格印经院(全名“扎西果芒大法库印经院”，又称“德格吉祥聚慧院”)，是国内与拉萨布达拉宫印经院、日喀则那塘印经院并称的三大印经院之一。该院始建于清雍正七年(1729)，由于兼收并蓄宁玛、萨迦、嘎举、苯波、格鲁等各教派经典文献而有别于另外两院。现存有经书830部，各类印版24万块，其中藏文典籍书版21.7万块。不仅在国内可称拥有丰富、完整的藏文书版，就是在世界各国也属仅见的如此广博的珍藏。其中刻于清雍正八年(1730)至乾隆二年(1737)的《藏文大藏经》(包括《甘珠尔》全套103部，3.3万张印版；《丹珠尔》收书3461种，编为213卷)，是我国有《藏文大藏经》11个版别以来，迄今有刻版有书籍同存的第一个版别(即“德格版”)。除了宗教典籍而外，还有医药、天文、历法、戏剧、诗歌、历史、地理、哲学等内容。其中密教的仪规及论藏等，绝大多数是《汉文大藏经》里所没有的，特别受到国内外学术界的重视。又《印度佛教源流》等版本，也是世之孤本。该篇以4章13节的篇幅，从建筑史、库藏文献与整理、制版与印刷、内部活动与管理等方面，给予了较详细的记述。

二是《土司》篇。林葱土司和德格土司两大家族从公元1251至1950年，相继统治德格及周围数县，是保存完整的土司制度的典型。该篇以5章16节的篇幅较详地记述了土司制度的诸方面，如土司家族、土司机构、辖区内的政治、经济以及土司内部斗争等等，为研究藏学和历史学提供了活生生的材料。

三是《藏传佛教》篇。德格的藏传佛教不仅历史悠久，早在公元八、九世纪之交就已传入，而且各种教派均得以并存。在一境之内能如此长时间有如此完整的各教派，实属少见。该地的一些寺庙如噶举(白教)派的八邦寺，萨迦(花教)派的更庆寺，宁玛(红教)派的竹庆寺等，在整个藏区都是颇有名气的。该篇以7章的篇幅，对五个教派分别作了较详细的记述。

除了上述三篇之外，在《文化体育》篇中，对藏戏和《林·格萨尔》也设专章予以记述。德格藏戏是藏戏的主要剧种之一。它形成于15世纪，表演的程式结构、音乐和舞蹈等都与西藏、安多藏戏迥然不同。经过数百年的演变，德格藏戏不仅全部使用本地方言，而且唱腔、舞步、乐器，尤其是滑稽表演在剧中占重要位置等方面，都明显不同于其他藏戏，成为独具特色的一个流派。《林·格萨尔》,是我国饮誉世界的藏族英雄史诗中的一部,数百年来广泛流传于康巴藏区。它卷帙浩繁、场景壮阔、结构宏伟、人物栩栩如生。其内容涉及藏族的历史、文学、艺术、宗教、历算,乃至阶级关系、民族交往、道德观念、风俗习惯等各个领域,是今天了解康藏高原古代社会的一部百科全书。县志对此都给予了专门记述,构成了浓重的地方特点和民族特色。

评论者认为,以上这些方面都是一些论著所不及的,具有很高的学术价值。有的评论者了解到,1989 年的修改稿中的一些更详细的内容,到定稿时却被删除了,对此还深以为憾。

是月,胡春旺、温运汉主编的江西《全南县志》出版。该志修纂过程中形成的资料,显示本县耕地面积日益减少的形势:1980 年耕地面积由 1949 年的 16.74 万亩下降到 14.78 万亩,人均耕地由 2.44 亩下降到 0.96 亩。这一情况引起了县领导的重视,在全县三级干部会上提出了严格控制征用土地手续和制止乱占良田建房的措施。

是月,胡方明主编的《广西通志·农业志》出版。当年,广西水牛项目开发办公室在向农业部申报争取欧共体奶类无偿援助项目时,以该志"畜牧"卷中的有关资料,论证了广西水牛发展前景。欧共体的专家来广西考察时,经查阅志书后,即决定无偿援助这个项目 76.2 万欧洲货币单位(折合人民币 83.2 万元),并于 1996 年 5 月在北京正式签约。

6 月 1 日,在新志书中各类"综述"大量出现之时,安徽大学历史系林衍经在是日出刊的《黑龙江史志》今年第 3 期上发表《新编志书(稿)常见病略说》,其中专门指出"综述"之设,不符志体。谓"为加强经济部分的宏观记述,不少志书以创新为由,设置了'经济综述'篇(编或卷),近年,又有人提出加强政治宏观记述,设置'政治综述'篇的建议。从实际效果看,'横分门类'的篇目中,突然横插入一个'综述',而'综述'也者,诚为一种表述方式,并非门类,显然不符合志体的通例"。

6 月 12～16 日,武汉华夏地方志研究所与江苏太仓市地方志办公室,在太仓联合举办中国乡镇志研讨会,有全国 8 个省的地区、县、区、村的修志人员 47 人参加。会议就乡镇志的特点、重要性、效益和编纂四方面的问题进行了讨论。会议认为,编修乡镇志是中国修志传统中不可分割的组成部分。目前已经出现了编修乡镇志(热潮)的势头,希望中国地方志指导小组和各省市修志领导机构重视这种势头,及时加以研究和指导,使其有领导、有计划、有步骤地开展起来。在讨论中,有人指出,就已经出现的为数不多的乡镇志与传统的乡镇志相比,有四个不同的特点,即:没有私修;篇幅较大;经济记述比重增大;突出了对乡镇本地特色的反映。有人认为,乡镇是全国政区的基本单位,也是国民经济构成的基础。乡镇志所提供的资料最实际,最具体,最能体现"地近易核"。乡镇志融民情、民俗于一体,是最直接、最基本的乡土教材,也是上自中央下到县市党政领导制定大政方针,掌握兴利除弊措施最基本的材料。会议提出,乡镇志的结构必须摆脱现有市县志框架的束缚,与县市志不能大同小异,而要大异小同。要求小、精、细、实。一些篇目要敢于并、析、升、降,从实处立目。乡镇志可以突出经济内容的记述，但绝不能轻视民情、民俗、环境、文化、教育、生活等人文诸方面资料的收集记载。

6月16～21日，全国城市志华北地区第五次研讨会在秦皇岛市举行。会议主要研究了主编在总纂中的作用。会议还就城市志编纂中出现的一些通病，提出在内容上应避免志美不志丑，见物不见人的倾向，在体例上应避免模式化和千篇一律；就小城市的记述，提出研究市情突出特点，重在记述发展历程，以显示城市成因；就背景记述，应采用客观排比、专门揭示、自然糅合和一带而过的方法。会议认为，当前的对外开放，为方志部门提供了前所未有的机遇，为方志与经济建设创造了条件，为提高方志部门地位提供了契机。作为方志工作者要抓住机遇，在总纂完成后，要实现“转路子，搭台子，争位子”，把落脚点放在“开放开发”服务上来，在服务社会中发展方志事业。

6月25日，浙江东阳市志主编王庸华在是日出刊的《中国地方志》今年第3期发表《文章千古事，得失寸心知》一文，表明他们市志办公室一班人对“地情特色”的理解。文章告知人们，东阳地处浙江腹地，其地貌是三山夹两盆，两盆涵两江。曾是“形胜之美甲于他乡”、“土田贡赋之饶非他邑可比”的富庶之邦。当时人们的观念是“不事文饰”，“不轻去其乡，以耕种为生，不习工商”。其后在数百年的历史进程中，由于人口猛增，人们对自然界进行了偿少或无偿的过量索取，加之自然灾害和战乱，生产的落后，科学的贫困，阶级的压迫和剥削，人们生存的需求与客观环境承受能力的矛盾日益尖锐，面临着生存的严重困扰。在这样的困扰面前，东阳人为了生存，不得不以其睿智和巧手，不断地拓展新的生产领域，使建筑、匠作业(如雕刻、竹编、草编等)从农业中分离出来，并得到发展，以此外出谋生的工匠日渐增多。到本世纪初，东阳木雕、东阳竹编、东阳蒋腿(金华火腿之精品)已经是享誉五大洲，东阳工匠遍布海内外。这样一种社会环境，又强化了唐宋以来逐步形成的兴学重教、尊重知识的社会风尚，孕育了人才荟萃的局面。人们的观念也从原先的“不轻去其乡”、“不事文饰”而逐步地转变为“百工竞艺”、“浪迹天涯”。这时，评价一个人有无出息的心理标准，是“肯读书”、“有手艺”，那些离乡别土、浪迹天涯者是“最有出息”的人，使东阳形成了今日的“百工之乡”、“人才之乡”显著的地方特色。

按：这是一篇颇有深度的佳作，是方志工作者吃透地情的一个范例。从他们的总结之中，人们可以得出这样一个结论：一地地方特色是该地历史形成的带规律性的产物，是由此地的特定地理环境和社会人文环境造成的历史和文化传承而形成的有别于他地的结果。用王庸华的话说，就是“特定的人，特定的环境，特定的观念形态和生产、生活方式构成的错综复杂的关系，及其形成、发展中产生的变异就是东阳地方特色之所在”。

山东张景孔在同刊期发表《二部〈方志学〉之比较研究》一文，对李泰棻《方志学》、傅振伦《中国方志学》、黄苇《方志学》等三部方志理论专著进行比较研究，在肯定各自的功绩之后，指出这三部《方志学》在下述五个方面的研究尚待深入探讨：一、应该准确定义方志学的概念;二、应该加强对方志学史的研究;三、应该加强对方志管理的研究;四、应该加强对方志评论的研究;五、应该加强对方志应用理论的研究。论者以为,该文所列的,的确看到了方志学研究问题的症结所在。

按:该文所列尚待深入的几个方面,的确摸清了方志学研究问题的症结所在。

广州市地方志办公室方志研究所所长饶展雄,在同刊期上发表《方志与区域研究——浅评〈方志改革的建议〉》一文,与钟英、钟兴麒的以区域发展作为方志学的研究对象展开争鸣。

《中国地方志》在同一期上,还发表了该刊记者纪苹对内蒙古自治区地方志编委会副编审胡道源的访谈录——《态度水平俱如斯,宁不受欢迎?!》。胡道源青年时任过《人民日报》、《内蒙古日报》的编辑,知识广博,勤于笔耕,有多种内蒙古方面的地情著作及史志论著。从在职岗位退下来之后,仍热心史志工作。参加过内蒙古许多区、盟、旗志及专业志的评审工作。每次都因阅读认真,发言中肯而大受欢迎。记者着重请他介绍了自己审稿、评稿的经验,确有许多值得人们学习和借鉴的态度和方法。胡氏从评稿中先后形成的一些志评、考证类文章,汇成《史志杂议》两辑印行后,也颇受志界重视。只是印数过少,使一些人觅而不获,引以为憾。

著名方志学家、杭州大学教授仓修良先生,从本期起,在《中国地方志》陆续发表《新修方志特色过眼录》。作者认为,只有对一部志书的说长和道短结合起来,才称得上是志评。鉴于目前的情况是说长容易道短难,故他不拟单就某一部志书发表专门的评论,而是采用“过眼录”的形式,着重谈特色,谈成功。因为一部志书如果能有两三篇写出特色,那么这部志书将会永远立于不败之地,永远立于方志著作之林。在本期上,他首先介绍了浙江《淳安县志》、《萧山县志》和江苏《镇江市志》、《广陵区志》等四部志书的特色。从本期起至2003年第2期,共介绍了12部新志书。

按:其后又增介7部志书。这些文章汇集为《仓修良探方志》一书,由华东师范大学出版社于2005年出版。

7月16～20日,由四川、陕西、贵州、福建、江西和广州市地方志编委会办公室联合组成的《中国当代方志编纂学研究》编委会,在江西庐山举行讨论会。会议旨在对我国新编地方志工作17年来的编纂实践和理论探讨,进行一次有组织、有规模的研究,并将按照预定体例和十项专题成果,结集为《中国当代方志编纂学研究》一书。国务委员、中国地方志指导小组组长李铁映为该书题写了书名,副组长郁文向会议致信、副组长王刚致电表示祝贺。

7月25日,经国务院领导同志同意,中国地方志指导小组进行了调整,是日公布。调整后的指导小组组成如下:

组　长:李铁映(中共中央政治局委员、国务委员、中国社会科学院院长)

常务副组长:郁　文(中国社会科学院原党组书记、副院长)

副组长:王忍之(中国社会科学院党组书记、副院长)

王　刚(中共中央办公厅副主任、国家档案局局长、中央档案馆馆长)

成　员:黄光学(国家民委原副主任)

奚　原(中国人民解放军中国军事百科全书编审委员会常务副主任)

贺捷生(中国人民解放军中国军事百科全书编审室主任、军事科学院军事百科研究部部长)

杨牧之(国家新闻出版署图书管理司司长)

段启明(国务院宗教事务局政策法规司司长)

王立行(北京市地方志编委会常务副主任、中共北京市委原常委、市委宣传部长)

王荣华(中共上海市委副秘书长)

张向凌(黑龙江省地方志编委会副主任、中共黑龙江省委原常委、宣传部长)

邵文杰(河南省地方志编委会总纂、河南省原副省长)

黎　智(武汉市地方志编委会主任、中共武汉市委原书记)

聂荣贵(四川省政协主席)

牟玲生(陕西省人大常委会副主任)

李孝聪(北京大学副教授)

邹逸麟(复旦大学中国历史地理研究所所长、教授)

郑　度(中国科学院地理研究所所长、研究员)

林甘泉(中国社会科学院历史研究所原所长、党委书记、研究员)

郦家驹(中国社会科学院历史研究所原副所长、研究员)

李祖德(中国社会科学院历史研究所原副所长、研究员)

蔡美彪(中国社会科学院近代史研究所研究员)

高　德(中国社会科学院近代史研究所原党委书记、研究员)

陆学艺(中国社会科学院社会学研究所党委书记兼所长、研究员)

项启源(中国社会科学院经济研究所原副所长、研究员)

贺　巍(中国社会科学院语言研究所原副所长、研究员)

张显清(中国社会科学院党委办公室主任、研究员)

秘书长:郦家驹(指导小组成员)

第一副秘书长:高　德(指导小组成员)

副秘书长:贺　巍(指导小组成员)

副秘书长:李祖德(指导小组成员)

副秘书长:霍力进(兼指导小组办公室主任)

按:关于组织机构,其成员一般都是奇数。此为偶数,是否有给台湾(或西藏)留一个名额之意,未可知也。

是月,李如龙著《湖南地方志考评》由湖南人民出版社出版。是书重在追溯地域沿革,考证方志源流,将具体方志对照比较,评论其优劣。评论时采用纵向与横向比照的方法,即同一地区的方志采取从其现存最早的到最晚的逐部对照比较;将同一时期的各个地区现存方志进行横向对照比较。全书约 15 万字。

是月,由山东邹县孔宪尧、张延龄、张信民、王轩、刘凤桐、孟庆丰等 6 位退休老人自费汇辑、标点的《历代邹县志十种》由中国工人出版社出版。进行旧志整理,是中国方志史中优良的传统,代不乏例。本届修志以来,亦受到相当之重视。在中国地方史志协会成立不久,由梁寒冰提议,即制定了旧志整理的九年规划。其后又在中国地方志指导小组属下专门成立了一个由董一博为首的旧志整理工作委员会,由 12 位专家组成。在开头的三数年内,工作是颇有成绩的。可惜的是,自从梁、董二位驾鹤西去之后,此事遂乏主持,任其自流,相关的工作进行得颇为艰难。所幸的是地方的一些有识之士,以高度的社会责任感和学术良心,硬是迎难而上,冷凳寒灯,孜孜不倦地埋头进行此项工作,且作出了骄人的成绩。本书的编成出版就是一个少见的特例。特就特在不是由任何一个组织委派的任务,而是由 6 位退休老人自动相约,以老病之身,四处收罗寻觅,从自己微薄的退休金中,自备纸张笔墨、邮费,进行复印、标点、整理,终于完成了现存世的邹县志书 10 种的汇辑、标点、整理工作。最后又是得到一位在台湾的乡亲出资 5000 美元,才使此书得以出版。

邹县历史上修志多次。本届修志中,县史志办曾编成过《邹县旧志汇编》一书,其实是一部旧志资料分类汇编而已。此书一出,即为史志界评为“集八种邹县旧志为一书,去粗取精,分门归类,为整理出版旧志开创了一条新的路子”。这部“十种”则是采用原书汇集之法。除作新式标点之外,各书面貌一仍其旧,既便于展现各时期社会之风貌及志书发展演变之崖略,尤便治方志史者寻理其发展变化之脉络。

此书尤可贵者,是补入了董朴园的道光《邹县志稿》和臧家祎的民国《邹县志稿》。董志之全书是辑点者之一的王轩先生,于五十年代末于城内一挂面铺中赎回。这是一个手抄本,初见之时,铺主正撕来用以包面条售人。如非王先生之遇或迟遇数日,此书即不全泯人间,亦必残甚。今辑本虽卷首不存,幸志文尚属完整。臧志亦王先生寻获之所藏之本,仅为原书之十一,且零碎殊甚。是经另一辑点者张延龄先生细心拼合、填描,遂至可读,都是十分珍贵的。此两志的补入,连同前八志,虽不能说已是邹县志书之全璧,亦可聊补遗珠之憾了。

按:以六翁合 391 岁老病之躯,完成如此繁难的浩大功程,其功之伟,自不待言。其所开辟的以社会闲散力量整理旧志之先河,也无愧于邹鲁之遗风矣。此事进行之时,甚不为人所理解,被人称之为“邹县六痴”。由于诸葛为他们寻找价廉的出版社略尽了绵薄,又为该书写了序言一篇,被他们允为第七痴,亦感荣幸之至。附此以博一笑。

是月,周恩惠主编的山东《蓬莱县志》出版。是志在编修过程中,发现明代蓬莱曾有人开采过黄金的资料。县志办便一边编书,一边向县领导反映。县领导根据这些资料,找有关人员，按这些资料所指的地理位置，组织勘探，果然发现金矿。于是投入人力物力进行开采。经过几年的努力，该县便成为全国黄金产量最大的五个县之一，采金业成为了全县财政收入的重要来源。

是月，陈克新主编的湖南《望城县志》出版。次年该县遭遇特大洪水之害，县防汛指挥部根据降雨情况、气象预报，参照县志提供的历年水文资料，果断地作出洪峰到来之前70小时，开启靖港电排站等重点排灌机械进行抢排渍水的决策，制定并实施提前抢筑苏蓼垸、花园垸的方案。结果，在超历年最高水位0.74米的危急情况下，创造了全县未决一堤一垸的奇迹，让人看到了志书的效用。

是月，台湾学者林天蔚著《方志学与地方史志研究》由台北南天书局出版，这是一部方志学理论研究专著。关于方志之源，历来有“源于史”和“源于地”之争。林氏在此书中明确地提出了方志起源的二元论，即：《周礼》为史之源，《禹贡》为地之源。书中还提出，“若以方志之历史内涵，则以‘物’与‘地’为重；汇合‘人’、‘事’、‘地’、‘物’四者，便成为方志。若再加以纵横叙述并注重地方特色，则体例与特色日渐完备。”他以上述四项列为方志的必备要素，并以之认识方志的性质。他进而指出，“新修方志之有‘新的内容、新的体裁与组织’，是为三新”，强调三者互相影响。提出新方志“创新”与“新创”的不同内涵，认为“创新”是推陈出新，将旧方志加以改良；而“新创”则需别一种体裁。故主张应以新的编写方法及新的史馆组织撰写新的方志。

8月5日，山西省史志研究院、山西省重点工程建设领导组办公室，联合发出《关于组织编纂〈山西省重点工程建设志系列丛书〉的通知》。

8月9日，海南省全省土地志编写研讨会在海口市举行，省建设厅办公室主任吴苏光主持会议，并作了《把好五关，确保修志质量》的中心发言。与会的各市、县代表就如何提高土地志质量进行了充分的讨论。

8月15～17日，中国地方志指导小组第二届第一次会议在北京举行。秘书长郦家驹在会上作了《关于我国地方志工作基本情况的汇报》，中共中央政治局委员、国务委员、中国地方志指导小组组长李铁映于15日发表书面讲话，17日又发表即席发言。会议认为，十几年来我国修志工作成绩显著：全国大部分省、自治区、直辖市建立了省、市（地、州、盟）、县（市、旗）政府直属的一级修志机构，开展了历史上规模空前的修志工作，建立了一支包括专职人员和兼职人员的具有一定实力的修志队伍。现在已出版省、市、县志两千余部，更大数量的志书将在今后几年内陆续问世。新志书就总体而言，观点比较正确，资料比较翔实，内容比较丰富，体例比较严谨，具有鲜明的科学性和时代性，对我国两个文明建设事业，发挥了积极作用。目前的方志工作也还存在一些困难和问题，面临着相当严峻的挑战。虽然已出版了不少志书，但按原定计划要求，在本世纪末或稍长一点时间，在全国大部分地区完成省、市、县三级志书编纂任务，难度还不小，特别是对有些省级志书来说，问题相当突出。志书质量虽然从总体上讲基本合乎要求，但具体到每一部志书，又很参差不齐，有的还存在不小的差距，提高志书质量依然是一项严峻的任务。虽然有不少地方修志机构能适应形势要求，但在个别地区存在着机构不稳、队伍涣散的现象，需要引起严重注意。目前面临的任务是要力争高质量地完成社会主义建设时期第一届方志的编纂任务，同时要抓紧做好地方志制度和条例建设，加强新方志理论研究和队伍建设，使地方志工作逐步走上科学化、规范化、法制化的轨道，真正成为我国社会主义现代化建设中一项不可缺少的重要事业，为下一世纪地方志事业的繁荣和发展奠定较好的基础。指导小组当前两项重要的具体工作是：为召开第二次全国地方志工作会议作好准备(其中最重要的是高标准地把会议有关文件准备好)；做好地方志协会换届工作。

在这次会议上，李铁映同志明确提出“西藏也要修志”。

中国社会科学院党组书记、副院长、中国地方志指导小组副组长王忍之，在会上的讲话中指出：“地方志工作的基础是调查研究。对地方志工作的基本要求和对社会科学工作的基本要求是一致的。因此，严肃地按照方志科学要求编纂的地方志，理所当然地应当被看作是社会科学研究成果。”

指导小组成员奚原就加强方志理论研究，提出建议：在指导小组办公室专门设立一个地方志研究机构(研究室或调研室)，结合实际调查和开展志书评议，积累基本资料，进行系统的理论、政策研究。

指导小组成员蔡美彪就旧志整理提出建议：把一个地方多次编修的方志经过整理，合为一部。以编修时代较晚、内容较多的一种为底本，前志被删略的部分，不论删略是否得当，一律增补进来，注明来源出处。后志辗转误抄或沿袭前志之误，加以订正或删除，注明订正的依据和理由。这样整理后，有此一部便可以包罗数代编修的内容，不需再一一查找。八千多种旧志经过这样整理新编，估计有两三千种即可包括全部内容，更便于旧志的流传和读者的利用。

指导小组成员李孝聪指出，指导小组更应集中力量编写出版某些从未有新志问世的地区的志书，如西藏地区，新中国成立以来尚未编写出版过一部完整的新方志，无论对于发展西藏地方建设、救灾或是政治上的影响都很不利。应当帮助西藏自治区把这一重要工作开展起来。由于西藏地区历史上的特殊情况，在编修西藏地方新志时，时间跨度可适当拉长，原始资料的搜集，不应忽视新中国建立以前的资料和外文资料。

指导小组成员林甘泉提出，修志中有些资料从政治上考虑不宜公开，或者准确性还有待考定，故不能客观主义地有闻必录。但随意删掉一些珍贵的资料，可能使一些历史真相被掩盖起来，这是对后代不负责任的态度。处理这个问题，一是正式出版和公开发行的志书，内容应当有所剪裁，有些资料可以不收进去，但前提是不致因此而歪曲历史；那些现在不宜公开发表的地情资料，以及一些有重要参考价值但准确性没有把握的资料，可出内部发行的地方志资料补编；对于所收集到而志书中不一定用得着的资料，可以编成资料长编，打印保存。他还提出，基于地方志资料内容要求有一定的稳定性，一般来说，修志周期不能太频繁，前后间隔时间不宜太短。因为有些历史事件，只能拉开一定时间之后，才能看清楚它的后果。

指导小组成员陆学艺建议，新成立的方志出版社出版一套《新编地方志丛书》，第一批先出100部，请著名专家从已出版的志书中严格挑选，都要上乘之作。有的可以修订，有的可以重编。要统一规格，成批隆重推出，形成规模效应，以期引起社会重视。

8月22～24日，全国城市志西北地区第三次研讨会在青海西宁市举行。会议的中心议题是结合西北《银川市志·政权》、《乌鲁木齐市志·中共地方组织》、《宝鸡市志·党派政协篇》、《西宁市志·公安志》等10部志稿的评议，讨论了提高志书政治部类的编写质量问题。会议强调、形成的共识是：一、中共地方组织志和人民政府志，是整部志书的统帅和灵魂，提高政治部类志书的质量是提高整部志书政治质量的关键。二、提高中共地方组织志和人民政府志的质量，关键是要充分记述党委的决策领导作用和政府的政绩，因此一定要写好党委的"中心工作"和政府的"施政活动"。三、志中既要充分记述成就，又要实事求是地记述前进中的曲折和失误。四、要注意以事系人，写好有代表性人物的活动。会中有人提出了设"共产党人"的专门章节，记述共产党员的先进事迹。

8月25日，《中国地方志》主编诸葛计在是日出刊的《中国地方志》今年第4期上，发表纪念抗日战争胜利五十周年的长文《新方志对抗日战争记述的成功与不足》。作者认为，新志书对抗日战争的记述有成绩和经验，但还有数量不少的志书存在不尽如人意之处。有的不但不合人意，而且令人担忧。存在的主要问题是记述过于薄弱：日寇未直接到达地区的一些志书，看不出一点抗日战争的时代气息，连"九一八事变"、"七七事变"、"西安事变"以及1945年全国人民庆祝抗战胜利这样的大事，在志书中竟然没有片言只语涉及，把他那里变成了抗日时期的世外桃源；日本侵略者铁蹄所到之地，有些志书对八路军、新四军的抗战记得十分零散，体现不出抗日游击战争的战略地位；对正面战场的记述，把中国军队写得一概腐败无能，战区人民麻木不仁，没有一点民族感情；把敌人的暴行写得淋漓尽致，而没有人民的反抗，把中国人民写成了任人宰割的羔羊；不敢为国民革命军中的抗战人物立传，甚至连"抗日阵亡将士"名录都没有。文章呼吁，希望有影响的权威人物出来说话，以期引起更多人重视，以免留下历史的遗憾。

是月，《江苏当代方志论文选(1980～1994)》由方志出版社出版。是书分为党政领导谈方志和地方志工作者论方志两大部分。前者收入省党政领导者的文章8篇；后者收入方志工作者论文131篇，后附《江苏省新编地方志工作大事记(1980～1994)》。

是月，张振莘主编的湖南《大庸县志》出版。在旧史志中已有传的历史人物是否还要在新志书中立传的讨论中，是志以自己的实际做法作了一个回答。该志中遇到两个值得注意的人物：郭宏升、席大成。这两个人物在史书中都已有传。但在郭宏升传中，仅记了其镇压苗民起义、白莲教起义和瑶民起义“立功”受赏的方面，而对于其后期参加抗英斗争只是轻描淡写。对于席大成，旧传只记了他入湘军，镇压太平天国起义、捻军起义和回民起义的事，对于其后期的事也或略或无。本次修志中，对前者重点补充了传主当鸦片战争爆发时，不顾自己 70 高龄，为了保卫祖国而毅然率师东征，在浙江前线抗击英军，夙兴夜寐，相持半年有余，最后牺牲于战场，被追赠威远将军的史实。对后者则重点记述了传主跟随左宗棠平定阿古柏叛乱，深入边疆戈壁远征吐鲁番、恢复喀什、扫清伊犁叛军的战斗中身先士卒，屡立战功，后又开赴广东抗法前线，为抗击侵略者而牺牲的史实。这样一补，不仅内容大大充实，而且也提高了志书的存史和教育价值。对这样的人物，新志书中不但可以立传，应该入传，而且是必须入传的。

是月，杨铸主编的云南省《耿马傣族佤族自治县志》出版。是书中汇集了有关土司制度的资料，并设专章记述了傣族历和佤族历。在志书中设历法专章，这是在全国志书中所仅见的。是书编修过程中，遭遇 1988 年“11 · 6”大地震，耿马县城变为一片废墟。志办一位头发花白的老同志，冒着余震不断的危险，从房墙开裂的县志办公室抢出散落满地的资料。全志办在临时搭起的防震棚里，坚持了 1400 多个日日夜夜，继续修志，终于成此巨著。这是志人以艰苦敬业精神，用心血和汗水为耿马创立的又一座丰碑。

是月，黄庆元主编的四川《珙县志》出版。该县是存有古代“悬棺葬”最多之地，“悬棺葬”地被列为全国重点文物保护。志书专设一篇，对悬棺从形制、分布、岩画、发掘、保护、学术讨论、旅游开发等方面作了如实的记述，资料详赡，弥足珍贵。

是月，江苏省在省直属单位机构改革中，确定省地方志办公室由省政府办公厅代管，改为省政府直属事业单位，并将《江苏年鉴》编辑部划归省志办领导。

9 月 3～5 日，中国地方志指导小组主办、由吉林省地方志编委会承办的“全国方志、年鉴及有关历史图书博览会”在长春市举行。来自全国各省、市、自治区及部分国家部委共 40 多个单位的 2000 余种近万册图书参展。这是继 1993 年 3 月在北京举行的首次全国地方志成果展之后的又一次大规模的全国性的专业图书展，是全国修志工作取得阶段性成果的重要标志。它对于检阅修志成果，促进志书交流，推动新志书走向社会，繁荣图书市场，都具有重大的意义。鉴于不少读者反映，由于新华书店不经销志书，平时不知在何处可以买到志书，中国地方志指导小组在展览会期间，专门举行了志书发行工作座谈会，倡导建立全国性的协作网，重新构筑编书人、出书人、卖书人、买书人之间的桥梁。展览会期间，出现了一些图书馆、图书进出口公司和图书经营、收藏单位抢购志书的现象。不少单位从展览会中获得了所需的志书，感到满意。同时，又对早期出版的一些志书无法觅得而感到遗憾。不少的企业家和单位对此次展览会给以了不同方式的支持。

9 月 4～7 日，甘肃举行地州市县志编纂暨甘肃史地学术研讨会。会议重点讨论了志书修纂中的问题。讨论中普遍认为，志书体例的严谨程度、行文的规范程度、装帧印刷的精良程度，在很大意义上只是志书的外在的、形式上的质量，应当给予足够的重视，但运用辩证唯物主义和历史唯物主义的观点和方法，在占有大量资料的基础上准确地把握和记述好地情，才是志书内在的、本质上的质量。会中有人提出了志书内容的多元性与体例的统一性的问题，认为新编志书如果“没有多元性，就不可能全面反映一个地方的方方面面；没有统一性就会显得零零散散，不能形成一本统一的志书”。会议还就甘肃史志中的一些问题进行了探讨，包括历史建置和旧志的整理利用问题等。

9月25～29日，荷兰莱顿大学举办“中国地方志利用”讲座班，由丹麦、中国、荷兰的学者讲授，学员分别来自英国、瑞典、德国、意大利、法国、荷兰6个国家，共14人。内容包括方志著作介绍、方志各类资料的利用情况和实用价值、方志资料与其它资料的比较、中国方志的发展、莱顿大学汉学研究院馆藏中国志书介绍等。

是月，广西通志馆邹文光在《广东史志》今年第3期发表《县志体例改革刍议——新的架构——史志分流》。文章认为，本届修志是以章学诚的方志理论为指导的。现在通行的把方志内容定为“一个政区内自然和社会的历史与现状”，就是从章氏“方志乃一方之全史”的理论来的；要求方志具有“进行爱国主义、社会主义和革命传统教育的功能”，就是从章氏“裨风教”的观念移植过来的。但是从中国方志发展史来看，在最初的1600余年间，地方志一直是以地理方面的资料为主要内容的，方志属地理之书的观点也一直是学术界的主流。如果仅“听一面之词”，以为方志就等于“一方之全史”，与两千年来方志的传统实在相去太远了。清代以前的方志，很少有“裨风教”的痕迹，在此以前的1600余年的方志中，并不具备什么“教化”功能，至少“教化”没有被看作是方志应有的任务。传统的方志只是“存史、资治”，“教化”的观念是清康熙中后期才逐渐滋生的。“教化”并不是2000年来方志的传统本能，只不过是清人的一种运用，不过是在清代应势而生的一个变种罢了。如果我们也认为志书应该有“教化”功能，进而学着把我们进行爱国主义、社会主义和革命传统教育的希望生硬套到一本志书上去，那不但昧于历史的真实，而且也是没有用的。

他提出方志的改革，就是要从“一方之全史”和“裨风教”的旧观念中走出来，根据实际情况，对县志体例进行彻底的改革和创新。第一，就是要“改史志结合为史志分流”，把革命业绩和建设成就之类的内容分出去，另成一书；而把属于地方特有的自然、社会等有关情况补充完备，使之成为保持传统特色的真正的地方志。把当前强调要着重记述的“当地近现代社会发展的基本面貌和各族人民在中国共产党领导下的革命业绩和建设成就”，分出来单独写成地方史。对正在进行尚未完成的部分，则写成阶段性的“建设实录”。今后要按人民代表大会的届期一届一届继续及时写下去，以利于下届施政的参考。第二，就是要“改专用为通用”，改供领导决策的专用为通用。不但可以为官用，也可为民用；不但可以为本地人用，也可为外地人以至外国人用；可以为今人用，更可为后代用。第三，是要“充实本地特有的内容，抢救口碑野史”。

基于以上思路，作者还拟定了一个新县志的设想篇目：一、概述；二、地理篇：建置政区、自然环境、生态变化；三、民情篇：人口、民族、宗教信仰、通用语言、风俗习惯；四、前事篇：大事年表、先驱者的革命活动、日本侵略者入侵纪实、事件纪略、轶闻杂记；五、现状篇：基础设施、产业、市场物价、文教医卫、机关单位企业名录；六、附录（必要文件表格）。文章对这个篇目还作了四点说明，此处从略。

陈云田在同刊期上发表《也谈地方志评价的根本标准》一文，认为目前多数人都赞成的将资料性与著述性的统一作为评价志书质量高低的标准，是值得商榷的。资料性与著述性相统一，仅仅反映了地方志的最基本、最普遍的属性。两者是否统一不能作为地方志质量高低的标志。地方志的资料有丰富与不丰富之分，丰富的资料是地方志成为佳志的必要条件；其著述性有佳或不佳之分。只有丰富的资料与科学的著述有机地融合时，才能有高质量的志书。

是月，来新夏著《中国地方志》一书由台湾商务印书馆出版发行。全书分为概说、历代的方志编纂、方志学的萌芽与发展、当代方志与方志学的研究、旧地方志的整理与利用、新方志的编纂、今后的趋势等6章。

是月，潘忠荣主编的安徽《桐城县志》出版。桐城是清代最大的文学流派——“桐城派”的故乡，历史文化源远流长。该志除了在相关的章节中渗透记述之外，还特设了专节，集中记述桐城派的源流、文论、散文创作，并附有学术研究论文索引，以备检索。既保存了具有实用价值的系统资料，提高了志书的学术品位，又巧妙地以地域性史材，体现了桐城文化景象中最恢宏的一幕。

是月，吴多禄主编的湖南《江永县志》由方志出版社出版。鉴于历史上曾于湖南江永、道县及广西兴安等县，流行只在妇女范围内使用的一种“女书”，太平天国时铸的“雕母钱”上曾铸有女书“天下妇女”、“姊妹一家”的历史，该县志中专设《女书》一篇。此篇下辖6章：一、发掘与研究；二、使用与承传；三、女书形体与造字；四、女书字汇；五、女书文字特色；六、女书作品选译。全篇约6.5万字。早在80年代初，关于女书的“惊人发现”在中央电视台、中新社、新华社播发之后，曾在国内外数十种传媒公布，曾引来国内外不少学者、专家前来考察。继之，在第20、22届国际汉藏语学术会议上都引起很大反响。目前，国外从事汉学研究者已有专门从事女书研究者。是篇的载入，无疑具有特殊的学术研究价值，将会受到社会各界，尤其是学术界的重视。是书中还集纳了大量关于千家峒的资料，因为它是瑶族若干代人苦苦寻求的祖居地。

是月，方山、池招福主编的浙江《台州地区志》出版。该志有史以来第一次载明，台州境内在大潮之上，出露面积大于500平方米的岛屿为691个，得到专家们的认可。又，关于台州境内的主要山脉，历来文献都称有三支山脉：北支天台山，中支括苍山，南支雁荡山。本志书中根据最新卫星投影图片资料显示，确定境内三支山脉是：北支天台山，中支大雷山，南支括苍山。雁荡山在台州境内呈低山、岛屿零星分布,已形不成整体山脉。1984年8月,国务院批准台州撤地建市。对于将城市中心建在椒(江)黄(岩)路(桥),部分干部和群众有异议。是志编纂者根据当时已成的志稿,写出文章在《台州日报》上刊出,颇有说服力。副省长张启楣在向各市区及市直机关主要负责人作报告时说:“台州撤地建市,为什么要移址椒黄路?请大家读一读新编《台州地区志》,那里面已经讲得很清楚了。”地区志办还组织天台、临海、黄岩等县志办,开展了天台山文化研究、王士性研究,被列为浙江省哲学社会科学“七五”、“八五”规划的重点课题。与南京博物院《东南文化》期刊联合推出了两期《天台山文化》专号。地区志办与临海市志办联合开展的郑虔研究,出版两部专著,也引起了中国唐史学会的关注,3次被邀参加中国唐代文学暨国际唐代文学研讨会。

10月10～14日,云南全省地州市志编纂研讨会在丽江地区举行。云南是全国最早确定地州一级要修志的省份。早在1986年全省地方志第二次工作会议上就决定地州一级开展修志。1987年又在保山专门举行了地州志篇目研讨会,使地州志的编修在全国处于领先的地位。本次会议除继续讨论地州志的整体性、体例、篇幅容量、体式结构、记述时限、突出特点等问题外,还提出了对云南修志工作的评价问题。会议认为,对此既不要盲目自大,更不要妄自菲薄。对于方志理论的研讨,近年来由于陷于繁忙的总纂工作,方志理论研究工作一度有所放松。此次会议重新将理论研究提上议事日程,而且会中提出的各种见解,既是编纂实践的总结,又是新的理论升华,肯定会对今后的理论研究产生好的影响。

10月15～20日,全国邮电文史工作会议在北京举行。部长吴基传在讲话中指出,邮电文史工作是邮电部门的组成部分,是认识过去、服务现在、开创未来的千秋大业,各级领导必须重视邮电文史工作。要工作就得要有机构、班子、人员。会议总结了近10年来工作的四个方面的基本经验,部署了五项任务。

10月25日,山东博兴县史志办刘希汉、赵云翠、刘金凤在是日出刊的《中国地方志》今年第5期上发表《新艺文志编纂刍议》。文章认为,纵观历代旧志,均十分注重艺文志的编纂,自宋代始,尤其是清和民国时期,几乎所有志书无不有艺文志,有些志书的艺文志还单行刊印流传。唯独本届新修的志书,多数不设艺文志,仅在文化志(篇)和附录中记述点滴艺文内容,实是一件怪事、憾事和蠢事。他们认为,艺文志在志书中有不可替代的历史地位和作用,批判地继承和创新是编纂新艺文志的关键所在。文章还称“生不立传”是“清规戒律”,主张在艺文志编纂中要打破这条戒律。

10月31日～11月2日,江苏省举行地方志年度学术讨论会,会议中心是新编县(市)志比较研究。与会者的论文分别从新志书的指导思想、继承与创新、篇目结构设计、资料的收集和选择、体现地方特色、志书语言等方面,以及序文、概述、大事记、人物传、图表照片、附录和分志等,进行了比较研究,总结本届修志的经验教训,分析成败得失。是对本届修志的一次全面的回顾和反思,也是对方志理论研究的一个推进。会后《江苏地方志》摘发了部分论文。

是月,魏桥在《浙江方志》今年第5期发表《关于方志学建设的若干设想》一文。文章从自己的经历出发,回顾了新方志学理论的建设历程。他认为本届修志之初,可以说是以一种"模糊理论"为指导。"模糊理论"在明确的新方志学理论建立以前出现,是正常的,也是有益的。因为它有较大的可容性,容纳正确的、合理的意见,避免过早定于一尊,铸成一法,避免框得过死。"模糊理论"也优于没有理论,以免修志中各行其是随心所欲,将修志引入歧途。当然,"模糊理论"也会产生一些弊端。多年来方志学始终处于一种不定型的状态之中,似有若无,这是与理论匮乏分不开的。经过10余年修志实践,大量志书已经出版,关于方志理论的文章、专著已先后问世。瓜熟才能蒂落,"模糊方志学"的时期应该成为过去。方志学真正成为一种新的学科的时机已经到来。他认为,当前首要解决的是:1.什么是地方志,它的性质和作用是什么;2.方志的功能和作用;3.方志学的定义和基本内容。对于方志学的定义,他认为除了研究方志本身之外,还要研究方志所记述的当地基本地情,研究基本地情与方志记述的正确关系,因此方志研究的对象不是一元的,而是二元的。关于方志学的建设,他提出了4条具体建议。

是月,江西省志办刘柏修在《江西方志》今年第5期发表《深化理论研究,构建科学体系——关于编写〈当代方志学概论〉的若干设想》。文章将本届修志中对方志理论的研究划分为三个阶段:即1985年以前为第一阶段,是批判继承传统、传播基础知识阶段;1986至1993年为第二阶段,是从事编纂研究、解决实际问题阶段;1994年以后进入进行理论升华、构建学科体系阶段。以1994年作为第三阶段的开始,是根据两大标志:一是1994年7月6～10日举行的全国地方志工作座谈会,提出了"在当前形势下,应当强调方志理论研究的重要";二是1994年10月29日～11月3日在重庆举行的方志理论工作座谈会。江西的方志理论研究与全国基本合拍,只是第一阶段推后了两年。文章认为,在方志编纂和方志理论研究中已取得的成绩,是我们值得自豪的一面;但又不能不看到另一面,在许多基本理论问题上,各执一端,莫衷一是。基本理论上的极不一致,直接影响到志书质量的提高和理论研究的深入。尤其是关于方志性质、方志功能和方志学科属性的众多说法,在理论和实践上造成了一定程度的混乱。故而他认为,要构建学科体系,当务之急是要在基本理论和基本概念上深入探讨,谋求共识。他提出的方志学科体系,体现在他们正在编纂的《当代方志学概论》中,共分为9章:一、方志学源流;二、方志学学科属性;三、方志学学科体系(基本理论、应用理论、学科史三大部。考虑到应用理论内容丰富,还可分解为编纂、应用和管理);四、新方志编纂(上);五、新方志编纂(下);六、方志的功能与运用;七、方志批评;八、方志整理;九、方志事业管理。

按:关于方志理论研究阶段的划分,宋永平的看法与刘柏修的看法略有不同。宋氏认为,1985年以前是方志理论研究的起步阶段,这一阶段主要是开展向社会介绍和普及方志常识,简述历代方志发展史,评介传统志书名篇佳构等基础性工作。部分编修工作开展较早的地区，也逐渐开始了新方志编纂方法和技巧方面的研究。1985 至 1989 年，新方志理论取得了长足的发展，进入了务实阶段。在这一时期，新方志编纂过程（包括从篇目设计到层次划分、从资料选择到史实考辨、从总纂合成到审稿校印）的各个主要环节和方面都得到了较为深入的探讨，对具体编纂业务工作起了极大的现实指导作用。1989 至 1992 年，由于许多有研究能力的人又具体担负着繁重的编纂任务，无更多的时间和精力顾及理论研究，又由于受传统的研究模式和研究方法的局限，所以有一定理性思辨、有新意有分量的成果甚为少见，故这一段方志理论的研究明显滞后于编纂实践。1992 年以后，各地修志陆续进入出版时期，相当一部分有研究能力的人从繁重的编纂中解脱出来，对编纂实践进行总结和反思，使有关编纂方法和技巧方面的研究论著骤然增多，质量也较前有所提高。方志理论研究又引起人们的重视，而且研究的范围更广、层次更深、理论性更强。

是月，张培生主编的天津《静海县志》出版。是志修纂中，没有因为大秋庄的领导人禹作敏犯了罪而淡化对大秋庄的记述，依然设专篇浓墨重彩地记述了大秋庄人，在中共十一届三中全会后努力拼搏，一跃而成为“中国第一村”的变化历程。评论者认为，这就坚持了“不因人而废事”的修志原则。邢维刚、袁守云总结他们的做法是：1.不因政治原因而涂改历史；2.不因敏感问题而淡化历史；3.不因挫折失误而回避历史；4.不因早有公论而美化历史；5.不因权威著作而迷信历史。是书还为义和团设了专章，从组织、坛团到战斗、结局，记述得系统、完整；还纳入了兰灯照、青灯照、沙锅照等新鲜的资料；特别是对坛口的记述，过去文字资料很少，修志中做到了对每一个村、每一个坛口的深入调查，记入了十分精彩的资料。

是月，赵同蕴主编的安徽《蚌埠市志》出版。是志中详记了民国政府对淮河的治理情况，尤其是肯定了民国二十年驻蚌第十二区工赈局不仅对建筑淮河堤的施工、验收有规定，对淮堤维修也有明确的规章。该区曾拟定《皖北堤防修守规则》的条文，为较早的淮堤管理法规。这是修志中敢于实事求是地褒奖前代史事的一例。

是月，由李继涛、于培祝主编的山东《龙口市志》出版，该志编纂中坐实了徐福是黄县徐乡城人。秦始皇时领童男童女数千入海求仙的徐福，是中日交通史上的著名人物。旧志中虽有“徐乡城以徐福求仙而为名”的记载，但并未坐实他就是徐乡城人。龙口市修志中，进一步发掘资料，重新开展了对徐福的研究。1991、1992 年曾两次召开徐福籍贯学术讨论会、徐福研究会。参加会议的中外学者，根据龙口市史志办提供的资料达成了共识，确认徐福为黄县徐乡城人。会后出版了《徐福研究论文集》。市史志办写成的两篇论文，在台湾《历史学刊》发表后，日本《读卖新闻》作了专题报道。日本有 60 多位学者、实业家到龙口进行了实地考察。随之，落成了徐福东渡雕像、徐福馆、徐福园。市史志办还参与了建立中国国际徐福文化交流协会，出版了《徐福研究》（论文集）、《徐福传说》及《徐福文化交流》刊物等。史志办参与编创的大型歌剧《徐福》，公演后获得全国“文华奖”。

是月，俞福海主编的《宁波市志》出版。是志在修纂过程中，重视实地调查，自1991年起的几年中，组织修志人员实地踏勘了300多个点，有四至八到，古城遗址，名山胜水，名胜古迹，文物碑刻，道路桥梁，经济文化等，并专访了百岁老人。该志特设海港口岸、文物古迹、学派与学术等专篇，集中反映了海港城市和历史文化名城的特点。

是月，徐亮主编的广东《增城县志》出版。是志在修纂过程中，爱国华侨、民主革命者黄国民先生之女、86岁高龄的黄玉炜女士，在接受县志办采访时，一次就献出历史文物资料10余件。其中有当年革命者的照片，有400多位华侨支持孙中山发起讨袁斗争捐款的名册，有革命战争参加者的自传，其中包括黄国民应孙中山之召，回国出任"华侨讨贼第十路军"军需长、增城县长和给广东省政府的述职报告、《政见书》，有国民党大元帅府的函件、委任状、介绍书、奖章、县财政文书与收支册等。这些资料不仅为了解黄国民夫妇革命活动情况提供了丰富的资料，而且对了解新西兰华侨支持孙中山革命斗争情况，也有极大的帮助。增城是荔枝之乡，是志《荔枝》卷内专设有《荔枝文化》一章，辑录了有关增城荔枝的文献记载和传闻、诗词，介绍了自90年代起举行荔枝节的情况。

按：这种专记特种文化的志书还有：1995年12月出版的张仁琪主编的《浙江省烟草志》中专设的《烟文化》编；1994年4月出版的曹于恩主编的福建《福清县志》的《佛教文化》节；安徽《泗阳县志》专设的《酒文化》节等。

是月，梁耀武著《方志学举要》一书由云南人民出版社出版。是书分绪论(当代方志学的主要趋势)、传统方志观的现代解释、史志关系辨析、地方志的功能与特征、区情认识与志书科学性、总纂·结构方式与记述方法、地方志编纂概况、县志编写探微等8章44节进行论述，既有宏观性的整体分析，又有微观性的具体方法探讨，有较高的学术价值和应用价值。

12月11～13日，湖北省地方志资料工作第一次全省会议在天门市举行，有各地、市、州地方志办公室负责人和部分县地方志办公室的领导或负责资料工作者参加。会议的主要议题是解决全省地方志资料管理的规范化、制度化问题。会议认为，地方志资料种类多、信息量大，服务面广，管理好地方志资料是为各级领导和社会各界服务的基础；地方志资料归类整理、加工、编目、立卷、建档是最基本的要求，务必做好；地方志资料是地情专业档案资料，由地方志机构管理、研究、开发、利用是责无旁贷的，必须盘活、用好，发挥其作用；地方志资料管理，要向现代化管理迈进，以适应社会主义现代化建设的需要。与会者要求省里要有明确的规划，各级需有投入，否则地方志资料管理就会沿袭古老的办法，落后于形势。

12月15日，中国地方志指导小组主持召开的"国家各部委修志工作座谈会"在北京举行，有公安部、农业部、铁道部、林业部、外交部、建设部、水利部、邮电部、煤炭部、国家体委、国家环保局、国家土地管理局、海关总署、全国供销合作总社、国家海洋局、中国海洋石油总公司、中国核工业总公司等17个部委修志部门的代表20人与会。除交流各部委的修志情况外，还从部、委修志的角度，对即将召开的全国地方志第二次工作会议提出了希望和建议。

12月18日，全国首家乡镇级方志馆——江苏苏州洞庭东山方志名人馆建成开馆。1985年，东山镇组成方志办公室，着手修纂《洞庭东山志》。镇修志办公室成立后，在联系乡友、推动家乡建设方面起了其他部门难以替代的作用。1991年8月，由薛利华主编的《洞庭东山志》出版。受到各方面肯定，尤其是在旅外侨胞和港澳台胞中产生了重大的影响，当即就有人出面筹划出《洞庭东山志》海外版的事宜。在积累大量乡邦资料的基础上，领导部门又决定接受薛利华的建议，筹建方志名人馆。此事得到省长郑斯林的赞成。至是方志名人馆建成，分“修志之邦”、“东山名人”、“历代科举”三大部分。除展出志书、实物、图片、资料外，最引人注目的是“东山名人”部分，共介绍东山籍名人557名，其中正教授102名，正司局级以上党政干部117名，历代进士43名(含状元2名)，新四军战士52名，烈士33名。这不仅是不折不扣的“爱祖国、爱家乡”的教育基地，也是联系东山籍乡友的纽带。这是全国首个镇级方志馆。这一特创之举，在全国具有率先垂范的作用。

12月22日，苏州市编制委员会办公室在进行机构改革的背景下，正式批复同意建立苏州市方志馆，明确“苏州市方志馆的主要职能是，收藏、研究、整理、出版地方文献和地情资料”。著名学者、93岁老人顾廷龙先生得知这一消息后，欣然命笔题写馆名，并致函谓：“我早岁曾闻老辈有此愿望而未能实现。”

12月23～25日，中国地方志指导小组举行二届二次会议，会议主要讨论全国地方志第二次工作会议的工作报告和工作条例。

12月25日，广东省地方志办公室主任黄勋拔在是日出刊的《中国地方志》今年第6期上发表《对本届修志若干问题的思考》。文章在“重新认识修志事业”一节中提出，地方志事业应包括5个方面的内容，即：地方文献的整理和收藏，地方志的编纂，地情研究，地情信息收集、储存与检索利用，地情宣传和地情咨询服务。在“更新观念问题”一节中，提出方志工作者要特别明确和增强下列4个观念：一、服务观念，即积极为现实服务的观念，也就是参与意识。只有积极参与才能使方志实现其社会价值。二、竞争观念。三、信息观念。四、效益观念。在“从宏观上看志书”一节中提出3个值得研究的问题：一是志书的功能和性质，包括志书的主要读者对象是什么人。志书到底是“通读书”，还是供查考为主的工具书；志书的著述和资料性的问题。作者认为，目前志书的读者面是比较窄的(主要是本地人)，应通过志书的改革，扩大志书的读者面。人们一般是将志书作为工具书使用的，通读的人不多，因此地方志的选材应以资料为主，要更多地考虑方志的实用性和检索性。应“不拘一格”，侧重著述性与侧重资料性的志书可以并存，但以侧重资料性的志书为主。二是目前志书存在的问题。其自身的局限性包括：1.编写、出版周期长，材料陈旧，不能适应现实工作的需要；2.篇目“大而全”、覆盖面广而篇幅有限，导致内容单薄，缺乏深度；3.横分门类的体例，在某种程度上割裂了事物的联系；4.采用“记而不论”的笔法是对的，但也有不足，主要是影响了对问题的记述与分析；5.采用章节体，与现代信息手段还不能完全接轨。6.有一定模式化的倾向，创新的不多。在选材上的不足之处是：1.从时间上来讲，新中国成立前的资料偏少。2.从内容上讲，缺少如下几方面的材料：(1)社会问题的材料少；(2)失误写得少；(3)“以事系人”少。3.从资料来源上讲，社会调查和口碑资料少。4.从资料质量上讲，存在“五多五少”，即微观资料多，综合提炼的宏观资料少；共性资料多，个性资料少；概念、理论、政策、制度的多，反映重大决策活动和历史事件的资料少；表面、平面的资料多，有深度、有新意的资料少；众所周知的资料多，“独家资料”和新披露的资料少。

基于上述情况，作者提出了志书改革的设想：一是编写多层次、多形式的志书，以适应不同层次的需要；二是建立电脑地方志，即地情基础资料信息库；三是地方综合志书要缩短周期，优化篇目，突出重点，改进体例，尽量和现代信息手段接轨；四是史、志、鉴、刊并举；五是选材方面存在的问题也应解决。

署名少目的一位作者在同刊期上发表《有错必纠，有误必勘——写在部分志书出版之后》。文章指出，质量低劣的志书，不仅等于一堆废纸，其负面效应还会给社会造成危害。他举出某些志书中存在的不容忽视的差错，提出了志书出版之后怎样纠正差错的3条意见：一是进行自查自纠；二是欢迎社会各界读者对志书查误找错；三是切实加强对出版志书的质量管理。《中国地方志》发表时，就此文专加“编者按”指出：“这里发表的是我们志界内部同行负责任的郑重呼吁。‘有错必纠，有误必勘’，是任何出版物都应有的正确态度，对于涉及面广、影响久远的地方志书更应如此。目前，全国出版的志书已达二千余种，总体质量是得到社会广泛认可，受到较高评价的。但毋庸讳言，也存在不足，尤其是有些志书还存在数量不等的明显差错(人们通称的硬伤)，严重地影响着新志书的质量和声誉。本编辑部经常收到一些纠错指谬的文章，非常认真地指出志书中的多处问题。除了这些作者关心新方志的负责精神令人感佩之外，也说明存在问题的确不容忽视。为此，本刊曾于1991第1期一篇‘编者按’中，指出存在问题‘应当引起大家普遍重视’，并建议各级地方志编委会或办公室负责同志(尤其是主编)，应指定专人对本地区的志书或志稿进行认真检查。中国地方志指导小组办公室还曾就此专门行文各省、市、自治区地方志办公室。现在看来还有重申的必要。本文作者提出的建议可供各地参考。”

四川省大足县志办公室张划在同刊期上发表《关于本届和下届修志的几点建议》，首次提出“21世纪，中国地方志的新世纪”的概念。认为地方志的发展应该走史志结合的道路。

是月，中山大学信息管理系田炳珍在《广东史志》今年第4期发表《对当前方志理论存在问题的思考》一文，提出当前方志理论中存在的四个问题：一是唯政治化思维，浓厚的政治氛围仍阻碍着方志学的发展。如对方志本质的认识，就是唯政治化思维影响的结果。方志“属史”的本质在封建社会达成了共识，近代继承了下来。新中国成立后，由于受政治的影响，便认为志书发生了质变，实现了从“封建性”向“人民性”的转变。列出的无非是指导思想不同，服务对象不同，记述范围和内容不同等。实际上，这些并不影响方志的本质属性。说一切旧方志都是剥削阶级的志书,也是有欠理智思考的。封建时代的志书服务于地主阶级,新中国的方志服务于无产阶级,只是利用者不同。这对方志来说,并不是关键的问题,因为封建时代的志书在今天还大有用处。方志作为一种文化现象,它不会随着社会制度的变化而突然变质,在社会主义时代它仍是史学的一支。说新中国成立使方志发生质变的人,其思想受到唯政治化思维的影响而模式化,过分贬抑旧志书和过分抬高新志书,严重地影响了学术的严谨性,对方志理论和实践的发展都是不利的。没有必要将志书搞成政治教材,也没有必要太注意“立场”问题。有的人认为“秉笔直书”这个词是封建社会的,谁用了就有问题。在理论研究中有人总喜欢跟潮流,如提出“志书是商品”,要“放到市场上交换”,“志书质量高低要接受市场的检验,要得到社会的认可”等等。志书过去不是商品,现在和将来也不会发展到“接受市场检验”的程度,更不会有“产品”与“商品”之分。

二是关于志书的“政治质量”问题。政治就是政治,怎么会出现一个“政治质量”呢?实际上,“以史为鉴,可知兴替”,“资治”、“辅政”之说,实指统治者通过史实可鉴将来,并非指什么“政治质量”。在社会主义中国,每个公民,做每件事都得坚持四项基本原则,这是无条件的,学者们再谈坚持马列主义、毛泽东思想就显得多余了。但有的人还热衷于坚持在一部志书的“凡例”中贯上这样的字眼。作者认为,只要坚持四项基本原则的范围,记什么,如何记,编纂者应该具有极大的独立选择的自由。将涉及党的失误的问题都用一个声音评述,方志恐怕只能是党的机关出版物了。那样,志书不能如实反映历史,我们就无法向后人交代。

三是关于“志评”问题。目前的志评工作总的来说是不够的。已发出的一些志评文章,内容大体是赞美的居多,介绍的次之,而真正论是道非,将好的说好,将坏的说坏就不多见了。在重视修志的同时,一定要注意志评工作,用志评来解决方志领域内存在的问题。

四是期盼与现实的矛盾。方志的本质决定了其作用具有滞后性。方志不是也不可能成为信息快报。故人们写文章也不应总是抱怨编撰太慢,周期太长,不能马上为领导的决策服务,不能为改革开放服务,不能为吸引外商投资做广告等等。方志主要是一种文化成果,修志主要是一种文化投入,其价值在后世会更大,它主要为后代服务,在当时发挥作用往往是有限的。在“资治”方面,有人慨叹方志的作用远不如前,得出的结论是今天的志书质量不高,且编纂太慢。羡慕方志昨日之荣耀,感叹其今不如昔,是没有必要的,这是社会进步的结果。既然如此,“资治”的作用在下降,就不必老喊政治口号,而应在“存史”、“教化”等方面下功夫,这才能适应形势的变化。

是月,邵长兴主编的《当代中国志坛群星集》出版。是书收录了活跃在当今志坛的39位志人的事略,分别介绍了他们的生平经历、修志事迹、理论和实践方面的贡献与影响。这些人当中许多是方志界有影响的头面人物,其中有志界泰斗、联结民国和新中国两代修志的继往开来者、一代方志大家傅振伦;有新中国方志事业的创始人、新方志编纂工作的组织领导人、新方志理论的奠基人邵文杰;有第一届中国地方志协会女理事杨静琦;有集方志理论研究和方志教学于一身的著名大学教授黄苇、来新夏、仓修良等学者；有在各省区修志工作中作出重大贡献的黄勋拔、魏桥、欧阳发、鲁德政、郭凤岐、苏长春、梁滨久、刘柏修、王复兴等；有本届修志中第一部县志——《如东县志》的总纂李明和其他活跃在修志第一线的一批实际工作者。书中对这些人物诸多方志学术专著都略有点评，各种学术观点都有所涉及。其中保留了许多难得的史料。由原国家主席杨尚昆题写书名，原中共中央顾问委员会委员、中国社会科学院党组原书记、中国大百科全书出版社总编辑梅益和中国地方志协会首届学术顾问、方志老专家傅振伦作序。《人民日报》1996 年 6 月 12 日，中央人民广播电台 7 月 6 日，都发了消息，不少的地方报纸、广播、电视等新闻媒体也做了报道。

是月，张仁琪主编的《浙江省烟草志》出版。该志以挖掘资料深、学术性强而见称。以翔实的资料，将中国烟草、烟税的历史提前了数十、数百年。关于我国烟草的起源，许多历史学家如吴晗先生等，都认为是明万历年间从南洋群岛传入的。本志中以资料证明，早在嘉靖年间就已经有烟草种植，并开设烟丝铺，从而将中国烟草的起源提前了数十年。从搜集到的资料来看，中国还有可能是烟草的原产地(未写入志内)。关于烟税的起征年代，国家税务部门掌握的资料是始自清朝咸丰三年(1853)。本志中则以资料证明，早在康熙十九年(1680)，甚至明崇祯十六年(1643)，浙江金华府属八县已开始征收烟税，比传统说法提前了 200 多年。关于中国卷烟工业的起源，也从 1926 年源于宁波，改为 1906 年源于杭州。在经济史上具有重要价值。

按：《广西烟草志》编写中，亦获得广西烟草最早发端于嘉靖年间，由葡萄牙人携带种子在合浦地区登陆种植传播的资料。(见《广西地方志》2002 年第 5 期第 29 页)

是月，荀德麟主编的《淮阴市志》出版。是志志首不设概述、大事记，统而设《史略》以代之。其《史略》内分为古代的淮阴、近代的淮阴、现代淮阴等 3 章 15 节，共约 10 万余言，是迄今为止市县志中史体概述分量之最大者。该《史略》一方面做到了综览全局，提纲挈领地指明淮阴地方历史的脉络，从宏观上为各分志记载的内容展示了广阔的背景；另一方面，又做到了把握重点，高屋建瓴地凸现淮阴历史上的大事，在整体上把各阶段历史的始末交代清楚。有论者称，这种“以史为纲”，是一种创意，是史志共向发展的必然结果，是取史之长为志所用的有益尝试。(《中国地方志》1997 年第 4 期李明语)

按：以史为纲经历了一个探索的过程。修志之初，对志书的纲有两种主张：一种主张以大事记为纲；另一种是多数人所主张的以概述为纲，认为概述纵述历史，横陈现状，揭示一地特点和规律，可以起到提纲挈领的作用。可是在编纂的实践过程中，人们很快发现，大事记和概述尽管可以起到一些纵贯和概括的作用，但胜任纲领任务还不够理想。编年体的大事记，有其时间明确、记事简明的优点，但也有缺陷：一事多时，则因时断事，首尾难稽，因果不彰；而一时多事则互不联贯，零碎支离。事件之间构不成连贯完整的历史发展脉络，所以难以起到纲的作用。而概述，不少志书采取浓缩式的写法，选取各篇重要内容加以浓缩而成,实际上成了内容提要,同样起不了纲的作用。故早在1984年,上海宝山市志办的章采烈就在《中国地方志通讯》该年第3期上发文提出,编年体大事记和记事本末体大事志都要编撰。“大事志”是把一段时期内的历史概括成若干重大史实,以每一个史实作为一个专题,记述事件发生的始末。这样的历史记述,可以使人读后有个历史发展的概貌,摸清该地区发展的脉络,有规律可循,有兴衰成败的经验教训可鉴。其后,车光杰和里僻也分别提出了类似的建议。同时,又有人提出以史纲代替编年体大事记者。如齐景山提出以“史纲”代替大事记,他所说的“史纲”,就是“用西洋史的体裁编写的地方史”。严寒、殷忠军同样主张,“写一简练的一地历史纲要,分阶段分时期,抓住主线,写出各历史时期的特征,统帅全志”。这种设想的实践者有多部志书(见1989年10月《紫阳县志》条“按二”),本志亦是其一。

是月,王翰声主编的贵州《瓮安县志》出版。是书的求实做法特别为人们称道。志书在记述新中国成立后取得巨大成绩的同时,也如实记述了“大跃进”年代违反客观规律所造成的失误,还把当时的民谣“干部脑壳胀,把塘修在坡坡上,白天装太阳,晚上装月亮”也予以记载,让人引以为戒。志书还记述了抗日时期一批为国捐躯人士的史实,使多年失去联系的家乡亲人了却了心事,并引以为荣。

是月,高承治主编的山西《盂县志》出版。是志的独到之处是,在《建置》章内专有一节记述本县地名状况,分为“命名依据”、“地名考录”和“古今地名对照表”,详记了本县地名的命名规律和古今地名的演变。其《人口》篇内的“姓氏”一节,又记述了姓氏的地理分布,反映出盂县地区民族的迁移和家族衍袭演变状况。这些内容都有相当的科学价值,是提高志书科学性的有益尝试。专家评论认为,这样做,使志书既有科学性,又有可读性。

是年,邵振鹏主编的天津《汉沽区志》出版。汉沽是盐产区,志书详记了历史上的盐业生产组织、生产方式,历朝盐政、运销,官场内幕等,并附录了“盐场灶首张廷惠‘桐裕成’的发家史”、盐工反抗日本人掠夺的“码架子事件”等鲜为人知的资料。因资料特别而让人瞩目。

是年,广西对4个省辖市修志进度慢提出批评后,桂林市市长向市人民代表大会的报告中,提出当年要办的12件实事,将编纂《桂林市志》作为第一件,并经人代会通过,使机构、人员、经费得到进一步解决,加快了修志进度。

是年,山东省政府批准成立山东省人文自然遗产保护与开发促进会,设立专职秘书处,挂靠在省史志办公室,专门从事人文自然遗产的保护与开发。次年该会与其他部门共同制定了《山东省人文与自然遗产保护与开发纲要》,由省政府提请省人大常委会通过后,遂授权促进会协调、督促该《纲要》的实施。其中的山东省碑林4000万元建设项目经批准后旋即开工。

是年,山东省蓬莱县史志科开始逐年编印《蓬莱市情简介》、《蓬莱市情综述》、《蓬莱市大事记》等地情资料,供市委、市政府领导和各部门负责人参阅。

是年，河南省中原族史学术委员会改名为中原姓氏史文化研究会，并创办《历史文化研究》季刊。

是年，台湾省政府通函各县市政府，要求在文化教育中心（略似大陆各地的文化馆）内，以任务编组方式成立县市史馆，于是各地公设与民间文献单位、团体纷纷出现。各县市政府则在本地文化教育中心内设置县市史馆，以搜集史料，重修县市史志。县市史馆一般采取官办民营方式，即县政府编列财政预算，委托一民间文教组织（如文教基金会等）聘用专门人才、借调部分教师、从县市文化中心抽调人员，并由县市文化中心提供场地。县市史馆一般设总务、采编、记录、出版、史料、资讯、推广各组，由县长及文化中心主任召集开展活动。

是年，台湾省文献委员会召开各县市文献业务座谈会，要求“各县市政府加强辅导各乡镇纂修地方志书，落实文献扎根，达到省、县、市、乡全面修志之既定目标”。于是乡镇市志正式纳入各级政府工作范围。省政府亦将全面推动乡镇市志书之纂修，作为省文献委员会近年工作重点之一。

是年，韩国出版的《中亚研究会会报》第5期刊载其中央大学闵勋丙的《近刊新疆地方志简介》一文，简要介绍了1983年4月5日新疆维吾尔自治区人民政府成立新疆维吾尔自治区地方志编委会的宗旨，1984年12月制定的《新疆维吾尔自治区地方志工作条例（草案）》，并对《哈密县志》、《农八师垦区石河子市志》等18部新志书的体例等基本情况作了简介，还详列了清至民国年间编纂的35部新疆地方志书目。

一九九六年

1月2日，中共山西省委、山西省人民政府发布《关于加强史志工作的若干意见》。该文件中称：目前的史志工作状况与党中央、国务院的要求相比，与先进的兄弟省市相比，还存在相当的差距。为了适应当前和今后山西经济腾飞和社会发展的新形势，为了使史志工作在两个文明建设中发挥更重要的作用，必须进一步加强史志工作。一要充分认识加强史志工作的重要意义；二要进一步明确本省史志工作的艰巨任务；三要切实加强对史志工作的领导；四要搞好史志队伍的自身建设；五要积极为史志工作创造必要的条件。

1月8～9日，中共山西省委、省政府召开全省史志工作会议。会议对全省10多年来的史志工作进行了全面总结，部署了“九五”期间史志工作的新任务。会议印发了省委、省政府《关于加强史志工作的若干意见》和《山西省史志科学“九五”规划》。省委书记胡富国，省委副书记郑社奎，省委常委、副省长刘泽民出席会议并讲了话。

1月24日，《上海法制报》发表文章，又报道编史修志引出的一场官司，这是一场荣誉侵权纠纷案。先是由原金岭铁矿职工边汉林的遗孀辛玉翠，状告山东省金岭铁矿在《金岭铁矿志》的1949～1985年荣获省、市以上荣誉称号表中，未将边汉林列入。此案于1995年12月7日经山东省淄博市张店区人民法院和其后淄博市中级人民法院两次判决才告结束。

1月25日，王广荣在是日出刊的《广西地方志》今年第1期上发表《试论我国方志学研究的历史和发展》一文。文章除对当前方志学研究中各种观点进行综述、指出方志学研究中存在的主要问题、对方志学研究的展望之外，还探讨了方志学研究的兴起和发展的历史，提出了自己独到的见解。他认为，宋人朱长文在《吴郡图经续记》的序言中首次提出“方志之学”，表明方志学开始进入雏形孕育阶段，也就是说宋代可视为中国方志学酝酿的初级阶段。民国时期是兴起阶段，80年代以来是发展完善阶段。文章认为，由于受梁启超在《中国近三百年学术史略·清代学者整理旧学之总成绩》提出的“方志学之成立，实自实斋始也”的影响，几乎都认为中国方志学诞生于清代的乾隆年间。作者不但不同意此说，而且认为章学诚与

"方志学"之始的桂冠是无缘的。首先,他的"志乃史"的理论实源于元代,不属于他的创新思维,而且扼杀了方志和方志学的学术性格。他所谓的"志论"与"志学",实乃"史论"与"史学"。其二,章学诚的所谓"方志学"理论不过是"方志"的一些理论研究,"方志学"和"方志"的概念不同,"方志"不过是方志学研究的对象而已。其三,他撰写的几十篇叙例、志跋,是追求"学问"的深度,"都不算全面的理论"。其四,他的某些理论对方志学有一定的学术价值,但更多是属于工作研究、志评,按现代方志学学科体系结构属于第二层次的"方志批评学"的范畴,将其认为方志学是以偏概全。不能认为章学诚的"方志学"已经确立的关键之点,是章学诚根本没有认识志与史、志学与史学有什么区别,不清楚它们是近缘学科关系,而固执己见地认为是同科关系。甚至连起码的对"方志学"一词的概念的思维都没有,怎么能说方志学"始于实斋"呢?可以这样认为,章学诚对方志学的孕育有所贡献,但他极力模糊志与史、志学与史学的区别,使在宋代就已孕育起来的"方志之学"又扼杀在摇篮里,使其后的二百余年间,"方志学"光怀胎而不诞生,其影响是负面的、消极的。

文章认为,要说对中国方志学之贡献,章学诚远不如梁启超。梁氏不仅明确提出了"方志学"一词的概念,并将方志学与地理学、史学并列,提高了方志学的地位。根据以上认识,作者认为方志学兴起于民国时期。这一时期对方志学研究作出过贡献的方志学家及代表作有:甘鹏云的《方志商》,王葆心的《方志学发微》,蒋藩的《方志浅说》,吴宗慈的《论今日之方志学》和《修志论丛》,李泰棻的《方志学》,瞿宣颖的《志例丛话》,寿鹏飞的《方志通议》,黎锦熙的《方志今议》,朱士嘉的《中国方志综录》,傅振伦的《中国方志学通论》等。他们堪称为中国方志学研究的先驱人物。他们当中,朱士嘉和傅振伦可谓方志学兴起与完善阶段的承前启后的方志学家。

是月,柳成栋、宋抵辑编的《东北方志序跋辑录》由哈尔滨工业大学出版社出版。收录明代至1945年东北解放时止的东北地区(含内蒙古东四盟)方志192种,序跋644篇。东北地区的地方志,滥觞于明代中叶,兴于清,盛于民国,衰于日伪时期,前后500余年。选编者经过对这些序跋的研究后,在书的自序中,概括了旧志序跋有14个方面的功能与作用,即述方志性质,溯方志源流,论方志体例,言方志特点,探方志利病,阐方志功能,谈修志方法,叙修志重要,道修志经验,记修志始末,辨版本源流,追历史沿革,赞守官政绩,寻兴衰得失,明资料来源。书中特别辑录出失地志书《库页岛志略·序》3篇,尤具保卫疆土的重大警策意义,弥足珍贵,读来让人泪下。

是月,罗澍伟主编的《天津通志·附志·租界》由天津社会科学院出版社出版。租界是帝国主义侵略中国的产物,历史上天津的九国租界则是帝国主义侵略中国的一个缩影。本志是就一地特有的事物而设的省(自治区、直辖市)级志书中的一个特志。资料丰富、翔实,插图近百幅,附有珍贵的历史地图13帧。

按:旧志中,多将"拦入则不伦,弃之则可惜"的内容,归入"附"或"附录"之中,置于全书之后。本届修志中，除了继承这一做法之外，也有在篇、章、节下设“附”的。有的是附所记内容的原始资料（笔者曾将这种附法称作“集撰述与纂辑于一炉”），有的附对此事物的“论”、“考”之类。本书不但是附志，而且将附志中的一个特项，扩大为一个专志，作为市志正式的一卷，这在本届志书中也是特有的做法。

是月，杨树民、马宝庆主编的陕西省《渭南地区志》出版。是书编目合理，记述方法得当，被著名历史地理学家、方志专家史念海先生称为是“新方志的一部成熟之作”。是志有两个特编：一为“方志编修”；二为首设“灾害防御”，置于经济部类之内，不但记述了成灾因素、灾情实录，而且记述了减灾防灾的内容。

按：记述自然灾害的内容，各地各志均有。设“自然灾害”专志，则以陕西为多。设“灾害防御”专编，则此为首见。

是月，明庆靖王朱㮵纂修的《［宣德］宁夏志》由吴忠礼笺证出版。是为宁夏历史上的第一部志书，在国内不传已400年，只存于日本国会图书馆（东京图书馆、东洋文库存有影印本和缩微胶卷）。是吴忠礼先生通过日本东京都大学图书馆馆长、语言文学部主任、著名西夏学学者西田龙雄先生翻拍后引回。关于是书成书年代，原来有多种说法，吴先生有理有据地考证出为宣德间成书，亦是一大贡献。

是月，来新夏、齐藤 博主编的《中日地方史志比较研究》一书于中国和日本用中、日两国文字同时出版。书中收入论文，中方9篇，日方5篇。这是中、日两国十多位学者联合进行的一个课题。参加这个课题中国方面的学者有：郦家驹（中国地方志指导小组成员兼秘书长）撰《中国纂修新方志工作的回顾与展望》、来新夏（南开大学教授）撰《略论地方志的研究状况与趋势》、谭其骧（复旦大学教授）撰《地方史志不可偏废，旧志资料不可轻信》、史念海（陕西师范大学教授）撰《再论历史地理学与方志学》、傅振伦（中国历史博物馆研究员）撰《史志的语言》、林衍经（安徽大学副教授）撰《史志关系论》、杨静琦（河南省地方志编纂委员会编审）撰《新方志与现代科学结合》、费黑（浙江省萧山市地方志编纂委员会顾问、《萧山县志》主编）撰《县志的体例、篇目设计和总纂》、陈桥驿（杭州大学教授）撰《中国〈慈溪县志〉与日本〈广岛新史〉的比较》。日本方面的学者有：齐藤 博（独协大学教授）、色川大吉（东京经济大学教授）、芳贺 登（东北家政学院大学教授）三人合撰《地方史与民众史》，齐藤 博又撰《市史编写问题》及《立足于地域社会史的原点》，大滨彻也（筑波大学教授）撰《近现代地方史的课题》，犬井正（独协大学教授）撰《关于关东地方史志类中“志”与“史”的若干考察》。

是书交流了中、日两国地方志修纂的成果和两国学者对地方志的理论研究所得，让人一读有打开窗户、开拓眼界之功效。其中的不少见解，对新方志的编修具有重要的参考和借鉴意义。书中尤其值得注意的是陈桥驿教授撰写的《中国〈慈溪县志〉与日本〈广岛新史〉的比较》。该文从两市的地情特色到志书的特点都做了比较，认为《县志》是一部区域志，而《新史》则是一部城市地志。《县志》突出的地方特色有四，而《新史》则突出一个“新”字，重点记其毁灭与新生、从军都到和平城市的变迁。

2月10日，国务院总理李鹏在为《海河志》写的序言中，肯定“水利部海河水利委员会主编的《海河志》，以翔实可靠的资料，规范的文字体例，全面系统地记述了海河流域的自然与社会，历史与现状，汇集了根治海河的成果，反映了治水的经验和规律。这本书的出版对于进一步认识海河，综合治理海河，充分开发利用海河的水资源，将发挥重要作用”。

2月12日，云南省志办向全国方志界发出向丽江地震灾区地方志系统对口捐赠的“救援信”。很快便有广东、福建、四川、广西、浙江、上海和云南省内一些市、县志办及个人，共捐款2万余元寄到灾区。

2月25日，广州市地方志办公室唐文雅在是日出刊的《中国地方志》今年第1期上发表《试论地理位置与地方特点》一文。文章认为，地方志都重视地方特点，地方特点形成的原因尽管很复杂，但其中地理位置起着重要的作用。地理位置的类型应该包括天文位置(数理地理位置，指一地处于全球经纬网中的方位，以经纬度表示)、自然地理位置(指一事物对山、河、湖、海等自然界事物的空间关系)、经济地理位置(指一事物与其外在的具有经济意义的物质要素和环境的空间关系)和政治地理位置(政治上、军事上与邻国或邻区的相对位置，确定其在政治和军事战略地图上的方位)。对区域性的政治、社会、经济影响最大的是经济地理位置。在方志编纂中，对地理位置的理解与记述必须全面，既要详述它的优势，又不能忽视它的劣势。这种优势与劣势是相对的，在生产力水平显著提高或某种特定的条件下是可以互为转化的。现在一些方志中，有关地理位置的记述，大都比较单薄，读来平淡、一般，个别还停留在民国年代志书的水平上。一些志书一提到地理位置，总是优越的，缺乏两点论，有的甚至还出现“风水宝地”、“地灵人杰”等不科学的语言。作者认为，已经出版的《沈阳市志》比较深刻、准确地描述了该市的地理位置，把该市的地理位置与城市特征的形成紧密联系在一起，值得学习。

2月29日～3月1日，河北省召开省、市地方志办主任会议。会议汇报和总结了修志情况和经验，分析了当前和今后一个时期全省修志工作面临的形势。认为总的来讲是形势很好，任务很重，困难不少。为此，会议提出要继续贯彻1995年全省工作会议上提出的“抓紧出书、抓住质量、抓好协调”的方针。各级要从总体上理解和把握这一方针，处理好质量与进度的关系，紧紧抓住、抓好质量这个中心环节，把志书、年鉴的质量放在第一位。决不能以牺牲质量为条件追求进度。

是月，浙江省志办陈野在《浙江方志》今年第1期上发表其正在撰写的《地方志学科属性探讨》一书中的一部分——《关于地方志学术性的浅见》。在该文的《现代史学对方志的重新认识和估价》一节内，首次提出了“地方志即中国式的地方史”的概念。他认为，中国传统史学具有这样几个特征：在史学目的上，强调“资治”，重“垂鉴”；在与大众的关系上，呈“贵族性”，为上层统治者所有；在阐述历史的演变轨迹上，强调汉族王室的“正统”观念；在民族关系上,“尊王攘夷”。这就导致中国传统史学,尤其是其中被誉为“正史”的“二十四史”,在记述对象上以帝王为中心,视一姓的业绩为历史的全部;在记述范围上局限于京都。因此,政治史、军事史成为中国传统史学的主干,甚至到了垄断一切、代替一切其他史学形制的地步。现代史学理论以其更科学、更现实的态度对史学提出了新的要求。历史应是整个社会的历史。用这种思维进行思索,他认为地方志在新的史学思想体系中,具有学科建设的重要意义。这种重要意义,即是对中国传统史学在理论构建上的完善和健全。由于在研究中国传统史学时,只有以政治、军事为中心的“正史”之类,没有各种专门史和地方史,从而成为现代科学史学体系中层次较低的一种史学类型。但是事实上,通过对地方志的分析研究,可以肯定地说,这种专门史和地方史的编纂研究,在中国其实古已有之,确实存在。只是由于人们对“正史”的过分强调和看重,使这种史学分支未能得到完善、健全的发展,而停顿于雏形阶段的形制,成为专门史、地方史的一种尚不成熟的变体,以地方志的形式出现在传统史学之中。地方志即中国式的地方史这一概念的确立,补充了传统史学的完整性,可以提高传统史学的学术价值。地方志也因此可以获得全新的价值,确立生存发展的方向。

是月,安徽省志办刘辰在《史学理论》今年第1期发表文章,评介新编地方志的理论研究。文章认为,关于方志性质的研究,总的趋势为不再是从归属(如属史、属地、史地两标说等)的角度寻求方志与其他学科书的共相,而是在从独立的角度寻求方志自身的殊相了。即使持方志属史而史志有别的观点者,也在承认二者共相的基础上采用比较的方法研究其殊相了。这不能不说是一个巨大的进步。关于方志学研究对象上,大致有四种观点,即方志说、地方说、区域发展说和区域地情信息系统说。这反映出两种不同的归结方式:一种以科学研究设定的问题和目标为对象,另一种以解决若干特定问题和达到某种规定目标时所要考察的特定客体为对象。关于方志功能他认为“资治、教育、存史”六个字基本概括了方志的功用,在还没有更恰当的概括以前,可以暂借用它。林衍经主张在六字功能上再加“兴利”,显然也是适宜的。

是月,曾新在《羊城今古》今年第1期发表文章,提出地方志工作要强化为社会服务功能。文章认为,志书编修的过程实际上就是对一个地方自然、经济、社会等各个方面的信息加以搜集、整理、加工的过程。志书本身就是信息资源库,而且具有广泛性、可靠性、科学性的特点。然而,目前志书在编纂中存在的一些不足,影响到信息的开发利用。主要有:(1)编辑时间过长,不利于信息及时传递;(2)提供的一般是静态的历史信息,较难满足现实社会的需要;(3)内容包罗万象,涉及社会的各行各业,然而限于篇幅,许多事物只能点到为止,使各行各业的人士感到信息太少,不够具体。为弥补此不足,除在修志中对志书的结构、内容进行调整外,更重要的是从“为修志而修志”的框框中跳出来,强化为社会服务的意识,借鉴现代科学理论和方法,借助先进的科技手段,不断开拓新的领域:(1)要压缩成书周期,让志书能早日与读者见面;(2)要将挖掘专业信息作为重点,充分发挥方志资料密集的优势;(3)修志单位信息管理要实现自动化，做到迅速、及时；(4)修志机构要由封闭型、行政型向开放型、社会型转化，在重视为政府部门提供决策咨询的同时，还应根据市场的需求，开发、提供具有针对性、适用性、超前性的信息。

是月，许全、雷强主编的《广州市志·穗港澳关系志》出版。是志记述了三地关系发展的历史及现状。这样类型的志书，在志林中还是头一次出现，这是对传统方志体例的“越境不书”原则的一个突破。

3月，仓修良、叶建华合著的《章学诚评传》，作为匡亚明先生主编的“中国思想家评传丛书”的一种，由南京大学出版社出版。是书分别阐述了章学诚生活的时代背景、生平事迹和著述、社会政治思想、哲学思想、史学理论、方志学理论、校雠学理论、谱牒学理论、文学理论、教育思想以及与浙东学派的关系，并对章氏在中国古代学术文化史上的地位和影响，作了实事求是的评价。论者谓是书，为人们客观地勾划出了一代学术巨擘艰苦治学历程；对章氏学术特色作了深入探讨和新的阐述，揭示出章氏思想的独到价值；书中没有回避当今学界争论的敏感问题，观点鲜明地亮明了作者的看法。

是月，刘甲柱主编的《湖南省志·交通志》出版。是志在记述民国时期的“交通建设年”中，敢于肯定其成绩，实现了他们提出的，对旧社会、旧政权行事的记述中，坚持“不讳其成就，不饰其劣败”的原则，这是坚持了中国方志中实事求是的优良传统。

是月，吴廷鸾主编的山西《榆次市志》出版。是志中对中共领导该地土地改革中，错划成分和“把地主扫地出门”的错误做法，进行了实事求是的记述，被认为是修志不为当今执政者讳的一例。

是月，萧丽萍主编的内蒙古《牙克石市志》出版。是志除卷末辑存有《喜桂图旗(牙克石市前身)建旗文件》和《牙克石建市文件》等重要文献，令人重视之外，还有一个特殊的做法，就是增加了蒙文目录，也是体现其民族地区志书特色的一招。

是月，傅瑞清主编的河南省巩义市《白沙志》出版。这是烈姜沟、小沟、南地、桥上、西沟五个行政村的合志。在修志过程中，曾在村内外召开座谈会400余次，调查采访2万余人次，查阅省、市、镇档案900余卷，收集文字资料800余万字，图片5000余件。全书60万字，收入彩色、黑白照片400余帧。这五村原为一个白沙村，故名《白沙志》。该志通合古今，以翔实、生动、典型的资料记述了白沙的“村落概貌”、“自然环境”、“村民生活”、“村风民俗”、“本籍人物”、“工业”、“农业”、“村街建设”、“村政”等20个方面的历史和现状。志中摆脱一般志书的模式，运用“特记”、升格等方法，使民国初期在白沙建立的全国四大兵工厂之一的巩县兵工厂、白沙梨、工业区位优势等有特色的内容得以突出。将村民置于志书的中心地位，采用“村级人物”和以事系人的方法，收入各类人物3000余人，几占村民总数的1/3。在体式上以地——事——人的结构设目，成为村级志书中的一种新的三宝体，在村级志书中具有典型意义。志书一出，即受到省内外专家的好评。

是月，浙江省江山市志办毛东武著《方志编纂学》出版。作者从80年代初即从事方志编纂和研究工作，主纂过市县志、部门志、专业志、乡村志、家庭志等，发表过多篇有见地的论文。是书分8章40节共35目，凡31.3万字，比较全面地阐述了方志编纂的规律和理论。结合其10余年的实践经验，集中论列了数十个编纂要则与方法，颇有理论创新性和实际操作性。方志学家傅振伦、魏桥为之作序。

4月10日，单辉在《江苏地方志》今年第2期发文，提出方志记述的二元结构。文章认为，本届修志中普遍存在两大缺陷，一是作为历史进程主体的"人"，在新方志中处于屈从的地位，显现了一种严重的非人化倾向；二是过多的计量和定性的记述，淹没了富有生气而又众多的历史事件，因而使方志记述静态化。改变这种静态化的根本出路在于方志记述的二元化。"目"是方志记述的基本单元，但其实并不"基本"，"目"事实上是由时序线上的一连串逻辑单元构成的，其实是一个"小过程"。这个小过程是由"点"和"面"相融而成的"著述"。"面"显示着事物、事业发展总的情况和总的规模，它一般为概括性记述；"点"则将事物发展中的局部扩大，借以显示事物发展的深层面目、具体面目和活的原因，"点"一般由具体的历史事件、人物或具体事物构成。方志的逻辑单元记述不仅需要宏观规模的"面"，也要具备有典型意义的、微观规模的"点"。在"点"、"面"相融的逻辑单元中，以"面"系人则人干瘪，以"面"系事则事简单。要解决这一问题，需要到逻辑单元之外去寻找出路。出路就在于把逻辑单元记述中的"点"放大，并移出逻辑单元，在一个个单元之间插入有血有肉、有声有色的历史事件和人物事迹，使之与逻辑单元互相配合，并由此形成方志记述的二元结构，即以逻辑单元的记述为一元，以插入逻辑单元之间的历史事件和人物事迹为另一元。二元记述可以从根本上解决静态记述、见物不见人等等弊端。

4月11～27日，深圳市志办举办分志概述写作培训班，由市外专家就本市市志已经写出的《邮电通信志》、《水务志》、《台湾事务志》、《光学工业志》的概述，进行解剖式点评，然后学员进行讨论，效果颇佳。

4月20日，单辉在《湖北方志》今年第2期发表《从"越境不书"到"越境必书"》，认为"越境不书"是地方志体现地域空间特征的一个重要原则和实现途径。它最初与自然经济模式的封闭特征相适应。市场经济条件下地方志越境必书，并不伤害方志的地域特征，是结合市场条件下的新情况所做的局部调整。本地在这里是主体、是大本营，而越境之笔则是以本地为依托、为圆心的辐射性记述，它仍受"地方"、"本地"的统摄和制约。时至今日，地方志"越境不书"的古训变得既迂腐又碍事了。从"越境不书"到"越境必书"，是自然经济、计划经济发展到市场经济的历史必然。

陈玉田在同刊期上发表《"求异存同"论》一文。文章认为，在方志编纂的研究中，"详独略同"一直被认为是反映地方特色的好方法。其后，有人在《黑龙江史志》1995年第1期提出意见，主张以"求同存异"以代之。作者认为，"详独略同"说有局限性，如果地方志只详记独有的事物而置大量的非独有但相异的事物于不顾，就会割断事物内部共性与个性的辩证关系，导致志书内容的严重残缺，不能达到体现地方特色的目的。提出以“求同存异”体现地方特色，是对“求同存异”含义有误解而作出的。“求同存异”的本意是在对本地事物作整体研究的基础上，以记述共性为目的，至于个性，可写可不写。这样一来，势必出现千篇一律、千志一面的格局，与反映地方特色的要求有如南辕北辙。那么“详异略同”是否就可以了呢？同样不可取。因为“详异略同”意为详细地记述不同的事物，简要地记述相同的事物，它不涉及志书篇目的安排，而地方特色既要体现在内容上，还要反映于篇目中，此为其一。在内容记述上，“详异略同”容易从资料的多少、有无出发而取舍，以致停留在表面现象上作简单的详略处理，导致以偏概全乃至本末倒置，此其二。作者认为，“求异存同”才是体现地方特色的正确途径和方法。首先，抱着“求异存同”的原则，方志编纂人员确定志书篇目时，一切从实际出发，力求篇目不落俗套，以深深地打上本地的烙印，同时不可避免地留下全国痕迹。对于全国志书而言，篇目上的百花齐放即是各地“求异存同”的结果。其次从内容上看，秉着“求异存同”的方针，方志编纂人员在记述前，应对地情进行深入的综合研究，以便记述时把握总体，抓住重点。无论在篇目上还是在内容里，“求异存同”都能正确地反映地方特色和事物的本质，并妥善地保存有价值的资料。

4月25日，河北省辛集市志办公室王登普（笔名青野）在是日出刊的《中国地方志》今年第2期发表《新志书加强人文部类内容记述的探讨》，指出新志书中轻人文部类内容的记述是一种片面性。文章结合《辛集市志》编纂中的实际，提出了五个方面的做法：一是全方位加强以事系人；二是文化编各章的记述要把握重点，深入开掘；三是社会编各章多属意识形态范畴，要注意反映社会群体意识和观念的变化；四是把人物志编得丰富充实，组成多姿多彩的人物画廊，充分显示辛集市人才辈出、群星灿烂的特色。

按：本届修志中，曾开展过三次对志书内容产生重大影响的讨论。一是修志之初，鉴于旧志重人文轻经济的弊端，强调了经济内容，于是出现了如何加强志书经济部类内容记述的讨论。这次讨论使新志书的经济内容得到大大的加强，使旧志的通病得以克服。但有些地方出现了矫枉过正，又沿着这个方向走过了头。不少的志书经济内容一般都占到志书内容总分量的1/4至1/3。笔者所见，有一部志书的经济部类内容竟达70%。故有的评论者，谓已出版的志书是“经济繁荣，人烟稀少”；有的提请注意不要把地方志写成地方经济志了。二是90年代初（以1990年度全国地方志工作会议为转机）强调了政治部类的内容，开展了加强政治部类，尤其是加强对共产党领导内容记述的讨论。这次讨论，使早期志书中存在的重经济轻政治的倾向得以改正，笔者称其为早期矫枉过正的第一次正确的回归。但志书的人文部类受挤压的情况仍未得到根本改变。至90年代中期，志界又开展了关于加强人文部类的讨论。经过这次讨论，新志书中内容比例上存在的偏颇，才得以纠正。笔者称其为矫枉过正后的第二次正确回归。

杭州大学陈桥驿教授在同刊期上发表《中国地方志资源国际普查刍议》一文，提出对流失到国外的中国方志资料进行普查，并贡献了若干具体的实施办法。认为进行这项工作是时候了。该文的一些内容，作者曾以《重视国外中国地方志资源的收集与研究》为题，重发于9月17日《光明日报》，再次向全社会进行呼吁。

是月，《武威市志》主编杨常青在《甘肃史志》今年第1期发表《论地方志的多元性与统一性》的文章，认为地方志最大的特点，就是内容上的多元性与形式上的统一性。

在同刊期上，甘南藏族自治州志办公室阿丁发表《藏族地区修志六说》，其中说到详略问题时提出，对于向无志书的地区来讲，记述上限不限，必须贯通古今，不必为“略古”而将有用的资料轻易淘汰。就是文字总量稍显多些，也是很正常的，因为它毕竟是千百年与四十年之比，故而不可视为“详古”。说到人物传与人物简介的问题时，他提出藏族地区的头面人物，大都是以前曾领袖一地之宗教而为政权的执掌者，被群众顶礼膜拜，他们是代代传世的，因而悉数入志可以记清他们的世系；实行土司制度的地区，对历代土司的记载当然也不例外，因为他们也是代代世袭的，故应做到全录。其中自然会出现一些无所作为者，但应缀于其先辈之后，不单列传记，以使读者明了其世系。

是月，尤锡纪主编的《山东省志·军事志》出版。是志出版后，山东省军区认为该书是“研究历史，从中吸取经验教训，从而指导部队、民兵和兵役工作，指导未来的反侵略战争；对于向部队、民兵和人民群众进行爱国主义、革命英雄主义和国防观念教育，都有具有重要意义”，故一次就拨款20万元，购书2000册，分发至海防部队连以上和各县、市、区人民武装部以上单位，以供学习之用，并要求“很好保存，列入交代，以充分发挥志书的资政、教育和存史作用”。

是月，陈江、杨光和为主编、副主编的云南《瑞丽市志》出版，这是瑞丽有史以来的第一部地方志书。该志坚持“以义取例”的原则，从当地地理、历史的特殊实际出发，特设了民族、宗教、土司、山官、边境外事、口岸旅游、农垦等8个专章，重点记述了傣、景颇、德昂、傈僳、汉等民族的历史渊源、地域分布、语言文字、生活习俗、社会形态，详记了土司、山官的发展沿革及其政治、经济、军事上的特点。尤其是反映了从各种社会形态并存的落后状态，向社会主义过渡的历史过程，极具存史价值。

5月3日《山东省志·孙子志》举行在京顾问座谈会。该志聘请中国人民解放军军事科学院副院长、顾问陶汉章，中国军事科学院原战略部部长、全国孙子兵法研究会会长谢国良，中国军事科学院战略部部长、全国孙子兵法研究会副会长兼秘书长吴如嵩为编委会顾问。在此次会议上，专家们对《孙子志》的编纂给予了肯定，认为这是明智之举。并表示全力支持编纂工作，争取编出一部高水平的志书。除对篇目设置和编纂工作提出建议之外，还推荐了部分篇章的撰稿人。

5月4～7日，全国地方志第二次工作会议在北京举行。参加会议的有中国地方志指导小组全体成员和除台湾省以外的30个省、自治区、直辖市主管地方志工作的领导、编委会主任、副主任、地方志办公室主任，以及大专院校和研究机构的专家、学者，共89人。西藏自治区第一次派代表出席了会议。此外，国家一些部委史志部门和新闻单位，也派人列席了会议。会议的主题是，总结15年来地方志工作的经验，认清形势，明确方向，研究和部署如何加强领导，高质量地完成社会主义时期第一届新方志的编纂任务，为迎接下一世纪地方志事业新发展作好准备。

5月4日，中国地方志指导小组常务副组长郁文在会上作了题为《加强领导，开拓进取，把地方志事业推向发展新阶段》的工作报告，介绍了15年来地方志工作的基本情况，总结了15年来的主要经验，提出了今后5年的主要任务，号召进一步开创地方志工作的新局面。指导小组副组长王刚就发给大会讨论的《关于编修地方志工作的若干规定》作了说明。

5月5、6两天为代表讨论发言。

四川省常务副省长张中伟在发言中，介绍四川已经形成了“党委领导，政府主持，人大决议，政协支持，部门配合，齐抓共管”的格局。各级政府都加强了对地方志工作的管理，省政府把全省地方志工作纳入目标管理，制定责任书，年初规划，年中检查，岁末抽查评分。自贡等多数市、地、州陆续纳入了政府目标管理。甘孜、阿坝两州，纳入了地方自治条例。1993年省委书记谢世杰提出：“是否按期完成修志任务，将作为对领导人任期工作实绩的考评项目记录在案，这是硬任务。”目前存在的问题：一是不少修志机构工作条件还较差，有些地方县志编好却无经费出书；二是修志队伍欠稳定；三是修志进度不平衡，个别地方和部门严重滞后。

湖北副省长苏晓云汇报时介绍：该省于1993年，针对当时存在的修志机构不稳；已经出版志书的地方，任意抽调修志人员做其他临时性工作，经费一减再减；有的地方志稿审定之后无出版经费，使之长期搁置；修志队伍老化，修志人员待遇明显低于其他部门等情况，于5月召开了由省委书记主持的地方志编纂委员会主任会议。会后形成了省委、政府两办文件，接着便召开全省地、市、县志办主任会议。会后，大部分地、市、县都采取了相应措施，使局面得到改观。现在，湖北省方志馆已通过立项，正在选址规划设计之中。

河北省原副省长、地方志编委会第一副主任王祖武汇报，河北省1995年已经实行领导责任制，要求各级都要做到领导分管与检查督导到位，编纂人员及其积极性到位，修志经费到位。

中国地方志指导小组成员、中国社会科学院社会学所研究员陆学艺在发言中指出，这次修志的特殊意义，不在于修志规模之大，卷数之多是空前的，也不在于这次修志已经运用了现代化的手段，而在于这次修志记述的内容正遇上千载难逢的我国社会大变迁的特殊时期。一个是我国正处在一个由农业社会向工业社会的变迁，农村社会向城市社会的转化，社会结构正发生深刻变化的时代；另一个是处在经济基础体制由计划经济向社会主义市场经济转化，由一个单一同质的社会向多样化社会转化的时代。把这些变化记载下来，对中华民族，对世界文化都是重大的建设，其特殊意义正在于此。

山东省志办主任张守富在大会的发言中，提出地方志工作要有“为”才能有“位”，把他们修志的经验概括为“三部曲”，即：“一部志书说明了历史与现状‘是什么’固然十分重要，但这是很不够的，还必须提出历史过程‘为什么’，进行规律和地情研究。还要提出面对未来‘怎么办’，给领导献上一策，为领导决策服务。”这个三部曲是对修用结合的典型概括。

吉林省志办主任孙宝君在大会发言中，介绍他们在市场经济条件下，“在争取财政支持的同时，多方努力抓创收”，试办了若干经济实体，力争多创收一点，弥补财政经费的不足，为今后长远发展打下坚实的基础。这是从单纯依靠政府转向既依靠政府又面向社会的一种转变。

杭州大学陈桥驿教授在大会发言中，对西方汉学家将中国历代积累的大量方志称为“资源”，感到不胜欣喜与自豪。同时他也反馈了北美汉学家对中国新方志的意见：一是希望尽可能扩大规模和资料含量；二是增强志书的科学性，不断提高，做到精益求精；三是重视志书索引的编制；四是进一步畅通渠道，使他们便于购得。

浙江省志办主任魏桥在发言中，重点介绍了浙江的经验和不同于他省的做法：一、市、县志编纂是先抓建德、萧山两个县起步，然后推广到点外县，通过研究篇目，评审志稿，在实践中提高修志人员知识的基础上再全面铺开；二、省志方面，在先编出 9 种简志的基础上，再通盘规划，按照“统一领导，分工编纂，合则系列，分则独立”的构想，编纂省志丛书；三、修志中提倡“要合格，又不拘于一格，坚持质量标准，又不定于一尊”；四、对有影响和特殊的地区，强调从内容到体例上都体现特色和优势，“特殊地区修特殊之志”；五、在志书出版的基础上，提倡地情研究，出版一套地域文化丛书；六、注意保存、利用旧家谱，不提倡、不主张普遍续修家谱，倡导修村志来代替修家谱。

上海市志办主任刘其奎，总结上海在初期修志过程中逐渐明晰全市志书的总体格局为“一纲三目”，即由一部宏观的《上海通志》统率下的“上海市专志系列丛刊”、“上海区志系列丛刊”、“上海县志系列丛刊”，构成上海第一代社会主义地方志的崭新体系。至 1993 年 7 月，10 部县志全部出版。其余两个系列的志书正在陆续出版中。《上海通志》1995 年已进入全面撰稿阶段，预计 1996 年底可拿出评审稿，1997 年正式定稿付印。他所介绍的注意发挥退居二线老同志作用，尊重科学，依靠专家，坚持“一评二审三验收”的审稿制度的经验，都是很值得重视的。

广西壮族自治区通志馆馆长冼光位在发言中，着重说明了地情存在的无限性和社会需要地情的客观性，决定了方志工作是一项长久性的事业。其就广西修志中总结的若干经验都较有普遍意义，如他们强调的 8 个方面的敏感问题——民族问题，边境与涉外问题，新中国成立前地下党、游击队问题，新中国成立后历次政治运动与重大事件问题，侨务问题，宗教问题，人物问题，保密问题等，都很切合实际。

5月6日下午，国务院总理李鹏在中南海接见会议代表，并作了《努力做好新编地方志的工作》的讲话。他肯定了十几年来新编地方志工作取得了很大成绩，认为编修地方志是我国的优良传统，要把一个地方的历史沿革，以及人口、土地、物产、人物等各方面的情况记载下来，代代相续，连绵不断。新编地方志工作是社会主义文化建设事业的一个组成部分，一定要认真做好。编修地方志要制定章程或规定，以使工作有章可循。

5月7日，指导小组组长李铁映作了《求真存实，修志资治，服务当代，垂鉴后世》的重要讲话。他指出，目前是中国历史上志书事业最好的时期，也是成就最大的时期。这次会议是一次承前启后、务实鼓劲、开创未来的会议，对我国方志事业的发展将产生深远影响。会议达到了解放思想、明确方向、总结经验、部署工作的目的。他重点讲了八个方面的问题：

一、志书是有独特文化学术价值的国情书。新编地方志不同于一般的史书，不是一家之言，不是史家的专著，不是史料汇编、资料大全，也不是百科全书，而是一种有特殊体例的著述，是汇集我国各地区自然、人文、社会、经济的历史和现状的全面、系统、科学的国情资料，是一种特殊的史书，是"官修"的地情书，也是继往开来、服务当代、垂鉴后世、有独特历史文化学术价值的国情书。

二、修志不是可有可无的事，而是各级政府的职责，主要是省、市、县三级政府主要领导同志的职责，是两个文明建设的重要组成部分。因此，要坚持"一纳入"，即把修志工作纳入各地经济社会发展计划和各级政府的任务之中。要坚持"五到位"，即领导到位、机构到位、经费到位、队伍（特别是职称）到位、条件到位。要坚持党委领导，政府主持，专家修志，三审定稿制度。对各级政府领导者来说，修志可以说是"官职"、"官责"。各级领导在这方面不能疏职，更不能使这项事业废弛。

三、修志必须反映时代的特点。20世纪是中华民族摆脱历史羁绊，推翻三座大山，从封建制度下解放出来，实现民族的彻底解放和独立，走向中华民族的现代化，实现民族振兴的一百年。中国的这一百年奋斗史，是我国，也是人类历史上最伟大的历史篇章，震古烁今，灿烂辉煌。编修地方志，应反映这个时代特点。

四、质量是志书的价值所在。志书以真实、准确为本，这是志书的基本特征。唯有存真求实、存史资治才可流传百世。名志、良志都以其资治当代、通鉴后世而名垂。不真、不准，不能为明鉴。要做到"增一字则繁，少一字则残"。

五、修志为用，用志方法要改革。编纂志书是修志单位的主要任务。但还要指导社会用志为两个文明建设和改革开放事业服务。要帮助政府决策，提供咨询。要广为宣传，向社会普遍发行，发挥其更大的社会效益，推动社会事业的发展。志书的作用决定修志的地位和事业的发展。有条件的地方可以筹建方志馆，一般地区也可以在图书馆设志书室。

六、方志事业要连绵不断，代代相济。修志事业是伴随着中华民族生生息息永不尽竭的光荣事业，是中华民族世代奋斗、兴衰荣辱的历史画卷。伴民族、随历史，代代相济，永不断章。一届志书完成之日，就是新一届志书开修之时。为了浇灌好方志事业这棵常青树，发展这项文化、学术事业，必须保持修志机构、修志队伍的稳定，这就一定要使之制度化、规范化，也就是科学化。要在总结修志工作经验的基础上，形成制度，制定法规。

七、修志的当务之急是培养人才。编纂志书是为世修志，为业存史，为人写传，不胜光荣之至。要求修志工作者要有高尚的奉献精神，做明心淡泊、铁心修志的无名英雄。专家修名志，名志传千秋。事在人为，关键在人才。要在大学、社科院，采取联合培养研究生的办法，通过在职培训，造就一批甘愿奉献、铁心于志事的新一代方志工作者。

八、面向21世纪，抓紧修志工作。各级政府一定要努力完成本届修志任务。中国地方志指导小组的任务是，总结经验，督促检查，制定《条例》和《规定》，推动方志事业不断发展。这次会议后，各地要制定方志工作的计划，主要做好三件事：(1)明年要召开一次志书评奖会，奖励一批优秀志书的撰稿人，把志书的质量和学术品位提高到一个新水平。(2)抓紧工作，在今后几年内完成本世纪志书编纂任务。(3)收集整理资料，做好21世纪第一部地方志的准备工作，要有新起点、新水平。

在此次会上，李铁映正式提出："要妥善地协商、筹划和开展西藏自治区的修志工作。"

5月9～10日，中国地方志协会第三届理事会在北京举行，87名理事中的78人与会。中国地方志指导小组副组长王忍之在开幕式上作了重要讲话，朱文尧作了第二届理事会的工作报告。会议选举了新一届理事会理事和学术委员。其机构情况是：

名誉会长：李铁映

会　长：王忍之

副会长：王　刚　孔令士　朱文尧　林　克　冼光位
贺　巍(常务)　高　德　郦家驹　魏　桥

秘书长：霍力进

副秘书长：刘其奎　孙宝君　汪文超　张守富　赵庚奇
郭凤岐　秦安禄　鲁德政　冀东山

常务理事：马彦海　王　刚等41人

学术委员：马世纪　于希贤　王立行　仓修良　刘学沛　刘纬毅　史念海
李　明　陆学艺　杜荣坤　陈桥驿　来新夏　何耀华　侯仁之
欧阳发　高　德　诸葛计　黄　苇　黄美真　黄勋拔　密加凡
郦家驹　傅振伦　傅能华　蔡美彪

理　事：王忍之等85人(台湾省保留两个名额)

5月9日，山东省滨州市人民政府，为在《滨州市志》编纂中有突出贡献的5名方志工作者记三等功一次，对30个先进集体和39位先进个人进行表彰。

5月23日，江苏省常州市人民政府，授予1995年10月出版的《常州市志》全市优秀项目奖。这是常州市该年6个优秀项目奖之一。其余的5个项目是：民航机场扩建工程、通江大道建设工程、邮电通讯建设工程、常柴厂“八五”技改项目、澡港河一期工程。这6个项目是从全市50项重点目标项目和600多项部门工作目标项目中评选出来的。文化工程与建设工程一起受奖，在常州历史上尚属首次，表明了市政府对软科学和精神文明建设的重视。

5月25日，新疆阿克苏地区志办赵燕秋在是日出刊的《新疆地方志》今年第2期发表《浅议自然环境的动态记述》。文章结合《阿克苏地区地理志》和《柯柯牙绿化工程志》编写中的实际做法，提出在自然环境志中应加强动态记述。

是月，湖南省地方志编纂委员会编印的《党和国家领导人论地方志》出版。该书收录了毛泽东、周恩来、邓小平、陈云、董必武、胡耀邦、江泽民、李鹏、李瑞环、朱镕基、李铁映等67位党和国家领导人关于地方志工作的讲话、文章、题词和题签。其附录分为两个部分：一是收录了湖南、江苏、上海、浙江、广东、陕西等25个省、市、自治区主要负责人关于地方志工作的讲话、文章和经验介绍；二是收录了中国地方志指导小组成员曾三、梁寒冰、董一博等18位同志对地方志工作的重要论述。是书针对性、指导性强，具有文献收藏价值。

是月，方金雨主编的浙江省《云和县志》出版。是书在修纂中，云和籍旅台同胞华寿南先生，得知家乡修志后，即将自己撰写的《故乡——云和点滴》一书托人带回故乡，并附函说：“在台乡亲为数不少……唯恐晚辈人身为云和人，而对故乡情形一无所知，不无遗恨，因撰此稿，借以保留故乡史料，聊尽绵薄，并借此表示游子对故乡想念之情。”

6月12日，广州市举行方志馆开馆仪式暨方志理论研讨会。该馆由政府投资1000余万元，占地面积5700平方米，建筑面积4600多平方米。馆内设有展览厅、阅览厅和学术报告厅等，并配有电脑检索室。参加开馆式的有来自包括港、澳、台在内的两岸各地学者代表200余人。与会的专家参加开馆式后，于13～15日举行了新方志理论研讨会，着重研讨了建立新方志学学科体系的必要性、迫切性，体系的主要内容，理论建设的组织工作等。会议论文结集为《新方志理论探索》于1997年9月由广东科技出版社出版。

6月16日，四川省举行第五次地方志工作及表彰大会。会议要求在1998年前基本完成三级志书的编纂任务，2000年前基本完成本届三级志书的出版任务。为此，“各级各部门要把专业队伍的稳定、发展，列为要做的重点工作之一，认真地、逐步地改善、提高修志人员的待遇，为各级方志工作机构创造一个良好的工作环境，使修志工作真正成为令人羡慕的工作岗位，修志人员真正成为令人尊敬的‘当代史官’，以吸引一批优秀人才”。

6月20日，中共西藏自治区党委决定成立西藏自治区地方志编纂委员会，这是大陆各省、市、自治区当中最晚成立省级编委会的一个。自去年8月，中共中央政治局委员、中国地方志指导小组组长李铁映提出“西藏也要修志”之后，自治区党委和政府及时进行部署。是年初，自治区党委办公厅颁发了1996[12]号文件，决定编修《西藏自治区志》，具体工作由区党史研究室组织实施，成立自治区地方志办公室，明确了经费、编制、工作条件等问题。区地方志办公室成立后，即着手制定工作规划。在吸收四川、陕西、甘肃、江苏等兄弟省经验的基础上，草拟了《西藏自治区志编写大纲》。至是，正式成立以自治区党委常务副书记、区政府主席江村罗布为主任，区党委副书记丹增等六人为副主任的西藏自治区地方志编委会，共有委员44人。编委会下设办公室，挂靠区党委办公厅，与区党史研究室一个机构两块牌子，合署办公，属事业单位，编制25人。

附：　　全国各省、自治区、直辖市地方志编委会成立时间一览表

省市区名称	编委会成立时间	省市区名称	编委会成立时间
湖南省	1979年8月	青海省	1984年1月
湖北省	1980年3月	甘肃省	1984年2月
山西省	1980年7月	河北省	1984年5月
云南省	1981年7月	辽宁省	1984年5月
四川省	1981年10月	天津市	1985年5月
河南省	1981年10月	重庆市	1985年9月成立省辖市编委会，1997年6月升为直辖市编委会
安徽省	1981年11月	广西壮族自治区	1981年月通志馆恢复工作，1985年12月成立编委会
山东省	1981年11月	宁夏回族自治区	1986年1月
黑龙江省	1982年1月	江苏省	1986年1月
陕西省	1982年6月	上海市	1987年5月
内蒙古自治区	1982年9月	海南省	1989年1月
新疆维吾尔自治区	1983年4月	北京市	1989年3月
吉林省	1983年8月	浙江省	1991年1月
贵州省	1983年11月	西藏自治区	1996年6月
江西省	1983年12月	台湾省	
福建省	1984年1月		

6月25～28日，全国城市志东北地区第九次研讨会在黑龙江省大庆市举行，会议主要研讨志书附录的编写及相关的问题。会议比较集中地讨论了附录的定义、附录在志书中的地位和作用、附录的内容、附录的文字量、附录的编写要求等。

6月26～27日，广西壮族自治区举行全区地方志工作会议，对落实“一纳入”、“五到位”提出具体要求。

是月，王致修在《巴蜀史志》今年第3期发表《续志议术》一文，提出续志补遗的四种方式。一是专栏补杂。属于建置沿革、自然地理、重要统计数据、艺文等方面“静物”的遗漏，内容多而杂的，设“前志补遗”的门类，分项立目，集中详补。二、随志补疏。前志记事中，应详而略、应有而漏、物未系人、事未及典，造成记事不清而引起误解、形成争议等“后遗症”的，可在续志的相关门类的章节(条目)中补述。三、立目补缺。属于前志的重大缺项，或遗漏已终止的重大事件、活动，不补不利于存史的，可在相关门类所立条目补述。四、越限补史。重大历史事件，因一时史料难考，造成限内断代，或交代不清的，可在相关门类的“概况”中补述，或在记事条目中作背景材料交代。

是月，河南《洛阳市志・白马寺、龙门石窟志》出版。是志资料及其所归纳的龙门石窟的五大特点，成为龙门石窟申报世界文化遗产文本的基础和素材，结果仅用 18 天就完成了 8 万多字、23 张彩图和线描图、80 幅彩照、5 个表格的文稿，及时报到联合国教科文组织。

7 月 1 日，上海通志馆于浦东新区落成，并投入试运转。该馆建设面积 5400 平方米，分 5 个楼面。除设两个资料馆之外，还另设 7 套客房，可供修志人员来馆查阅资料之用。这是上海地区开拓和发展地方志事业的重要阵地。开馆时已收藏全国县级以上志书 500 余部及各种资料，其中最具特色的是从 1872 至 1949 年 5 月的全套《申报》，至为珍贵。

7 月 5 日，在河北全省地方志工作会议上，该省副省长刘作田在讲话中提出要把志书质量摆在修志工作的首位，力求做到保合格、出精品、创名志的目标。

是时，《山东省志・诸子名家志》编修工作全面启动。其中的《蒲松龄志》、《孟子志》、《孔尚任志》、《颜子志》、《管子志》、《李清照志》、《贾思勰志》、《王士祯志》都已落实承编单位，有的拟定了编目。承编的有关市县都与省史志办签订了编纂工作目标责任状。

7 月 30 日，江西省地方志学会组织编写的《当代方志学概论》书稿讨论会在庐山举行，中国地方志协会副会长高德及江苏、广西、广州、江西的方志专家、同仁 20 余人参加。与会者除就书稿的成功与不足进行评议外，还就书稿中涉及的方志文化、述而不议、新方志理论研究的分期、新方志学学科体系的构成等理论问题，进行了研讨。

7 月 31 日～8 月 2 日，山东省全省地方志工作会议在济南举行，省委书记赵志浩、省长李春亭对此次会议作有重要批示，强调史志部门要为山东省的现代化建设、为完成“九五”计划和实现 2010 年山东由经济大省向经济强省的跨越作出贡献。副省长吴爱英在讲话中，要求各级政府、各有关部门，要从经济和社会发展的全局高度，充分认识做好新时期修志工作的重要性，进一步重视修志工作，推动修志工作再上新台阶。

是月，李声亮主编的贵州《毕节县志》出版。该志办公室主任又兼任毕节市姓氏历史研究会会长，故志书中对姓氏内容颇为重视。在志书《民俗》篇中专设“姓氏、宗祠、寺庙、同乡会”一章。其中“姓氏”以 6800 余字的篇幅，介绍了毕节姓氏发展演变，并据现存家谱介绍了“吴、李、胡、王”等 9 姓源流，包括入县前情况、何时入县、分布情况、户数人口。文末还写道：80 到 90 年代，随着全国各地编修社会主义新方志的出现，在中国谱牒学研究会的影响下，以研究谱牒、团结海外侨胞、巩固和发展爱国统一战线为目的的谱牒编修正在全县兴起，已经问世的有《周氏族谱》、《吴氏族谱》、《杨氏族谱》、《龚氏族谱》、《陈氏族谱》等，为研究历史学、社会学、人口学、人才学、伦理学、人类学、经济学、方志学、民族学等积累了一些资料；对研究中国家族制度的形成、发展、基本特点、家庭管理、社会进步、经济发展提供了历史依据，成为现实的资料库。这是笔者所见，记述姓氏、家族内容最为丰富的一部志书。

8月1日，四川省乐山市志办李有成在是日出刊的《黑龙江史志》今年第4期发表文章，提出建立“农业志学”的建议。鉴于此前已有人提出“比较方志学”、“教育志学”等方志学下属的子学科，作者提出了建立“农业志学”的构想。这个分支学科，以一切农业现象为研究对象，其任务是阐明农业志的基本原理，揭示农业志现象、农业志的基本规律。具体而言，就是研究农业志的本质属性，农业志的种类及特征，编纂农业志的指导思想、基本规律和方法，农业志体例的形成和发展，农业志的功能和作用等。农业志的定义可概括为：“记述地方农业方面历史和现状的资料性著述”。

8月6日，中共海南省委书记、常务副省长汪啸风在全省地方志工作会议上的讲话中提出，“我们要以对党对人民负责，对历史负责的精神，来对待志书的质量问题”。要求修志全过程都要把好质量关，要制订出明确具体的质量要求和检验标准。凡是不符合质量要求的志书，要令其返工，反复修改完善后才能批准出版。各级领导要以战略眼光看待修志工作，保持各级修志机构和专业队伍的稳定，努力创造条件，使修志工作走上法制化、制度化的轨道，以保证方志事业的连续性。当前尤其要坚持做到“机构在册，人员在岗，工作在手”。

8月12～14日，《江苏地方志》编辑部在吴县市召开有苏州、镇江、常州、无锡等市志主编、副主编参加的续修志书研讨会，就续修志书的思想准备、结构体例、组织工作及时空范围等问题进行了讨论。会议认为，下一届志书记载的时代，正处于世纪之交的大变革和民族振兴的时期，方志工作者要坚持与时代同步，要适应社会主义市场经济的特点，更新知识，走向社会，适应变化的形势，进一步拓展方志的功能，使志书充分反映时代特征和地方特点。研究续修志书问题，必须建立在认真回顾总结本届修志经验教训的基础上，要发扬本届修志的长处，也要看到本届志书篇幅过大、横分过细、贪多求广的不足。续修志书要在“强化深度，淡化广度，突出重点和优势”上做文章，要减少横分的项目和提高竖写的层次，扩大竖写单元的内涵，加强记述的综合性、整体性和著述性。

8月22日，山东省地方志办公室致电西藏自治区人民政府、自治区地方史志编纂委员会，对西藏开展修志工作表示祝贺，并决定给予支援：一、自费派省史志办副主任孙其海为代表赴西藏祝贺并交流经验；二、赠送新编《山东省志》一套；三、赠送部分方志论文集；四、赞助经费人民币1万元。

8月23日，黑龙江省地方志办公室举行会议，决定省志的《修志始末》列为省志的分志之一，改原定只写省志部分修纂情况为写全省修志情况。要求全面反映出全省修志的基本面貌，通过实践概括修志的具体经验。将《修志大事记》作为《修志始末》的附录。

8月28～29日，陕西省举行地方志工作会议，落实全国工作会议"一纳入"、"五到位"精神，由省长出任方志编委会主任，要求各地、市、县的专员、市长、县长也要兼任本地修志机构的主要领导。要求省、地两级一定要有常设机构。在机构改革中，县(市)已保留下来的地方志机构要健全、稳定；凡已与其他部门合并或撤销的，应立即恢复。要做到机构在册，人员在岗，工作在手。党委领导、政府主持的格局不能变。志书编纂、出版印刷所必要的经费，各级财政一定要纳入预算，千方百计给予保证。各级领导对修志工作者，"在政治上看高他们，在生活上要厚爱他们，特别要注意及时解决他们在学习、生活和工作上的困难，包括改善办公条件、解决职工住房、职称评定等，集体福利也要有明显改善"。

8月29日，云南省全省地方志工作会议在昆明举行，省长和志强在讲话中强调，要站在发扬民族传统、弘扬中华文化、服务当代、惠及子孙的高度，将地方志事业当作一棵"常青树"来培植。要求会议将《云南省地方志工作1996—2010年发展规划》讨论修改后，报省政府召开一次办公会议专题讨论，再批准实施，使之成为全省"九五"计划和2010年远景目标的组成部分，以便从根本上保证全省方志事业常青不衰。为贯彻落实李铁映关于"一纳入"、"五到位"的指示，要求要按中央精神，逐一检查，逐一落实。省政府首先检查了一下，省地方志办公室的机构和条件还不怎么到位，现在决定采取措施，为省地方志办公室创造条件。希望各地州市县采取措施，逐一到位。

是月，杨子建总纂的河南《商丘地区志》出版。该志中最值得注意的有两点。一是专设《人口与经济》章，反映了人口增长，人口密度加大，人均资源占有量降低的现实。全区人均耕地1.55亩，低于全国平均水平；人均木材蓄积量仅为全国人均量的1/10；人均淡水是373.7立方米，只相当于全省人均数的57.4%，人口与资源的矛盾十分突出。人口的增长，严重地抑制了人均产值的提高。1985年与1950年相比，工农业总产值增长5.17倍，人均产值增长仅1.53倍；粮食总产量增长2.2倍，人均仅增长83.66%；耕地总面积减少20.43%，人均耕地面积减少54.55%。这些数据都是资政和进行国情教育的极好资料。二是在《建置政区》章中，绘制了大量的地图，如西周时的宋国略图，秦时的砀郡略图，东汉西晋时的梁国略图，唐时的宋州略图，北宋时的应天府略图，金、元、明、清时的归德府略图等。这样系统历史地图的纳入，在本届志书中是颇为罕见的。

是月，顾春发主编的辽宁《庄河县志》出版，这是本届所修志书中，记述土地改革内容最丰富、充实的一部志书。在此前后出版的许多志书中，对中国历史上最彻底、最深刻的这次土地制度变革，记述都偏于简单，资料单薄，多数都只设一节或一目，字数只有数百至1000来字。本志则在《农业篇》内专设一章，分"反奸清算　减租减息"、"反'反攻倒算'"、"彻底消灭封建剥削制度"、"划阶级成分　纠正偏差　发放地照"等4节共13目。

是月，王国志主编的黑龙江《杜尔伯特蒙古族自治县志》出版。这是该地设治300年来的第一部志书。这是一个民族区域自治县。志书抓住特点，对于蒙古族的历史文化给予了重点记述,突出了地方特点和民族特点。关于杜尔伯特蒙古族的族源问题,历来就有不同的说法。有朵儿边说,有新疆杜尔伯特部移入说,有科尔沁爱那噶创建说。对此,当地人都很关心。本次修志中,通过查阅大量史料,考证清楚了朵儿边移牧本县区域的具体时间和活动范围,为朵儿边说补上了令人信服的关键资料,使此说建立在更坚实的基础之上。同时还找到了否定另外两说的依据,得到了有关专家的认可。志书将方志工作者研究所得记入志书,并附载两篇探讨杜尔伯特蒙古族源流的文章,为后人继续研究提供了线索。

是月,陈捷先著《清代台湾方志研究》由台北学生书局出版,这是一部专题性的研究之作。

9月2日,江苏省政府办公厅发出关于进一步加强地方志编纂工作的通知,要求采取切实措施,继续抓好省志编纂工作,要努力做好反映江苏特色的专志和省市县三级地方年鉴编纂工作,"有计划有重点地编纂出版一批乡镇志和村志、厂志、校志,做好续修市、县志的各项准备工作"。1997年2月21日省长郑斯林在全省地方志第三次工作会议的讲话中,又重申了这一要求。

9月2～5日,甘肃省地方史志学会主持召开的全省专业志编纂学术研讨会在张掖市举行,与会者60人,提供论文46篇。会议集中讨论了专业志的特征及记述范围、专业志的篇目设计及如何处理好交叉重复问题、如何突出专业志的"三特"(时代特点、地方特点和专业特点)的问题以及专业志的编写问题等。

9月4～5日,在山西省史志工作会议上,副省长王昕与35个厅、局和11个地、市领导签订责任状,要求在1999年6月前,保质保量完成本届修志工作。

9月20日,在广东省地方志第二次工作会议上,常务副省长张高丽指出,地方志工作不仅仅是编一部书,它是一项范围广阔、内容丰富、功能多样、效益持久、意义深远的长远事业。他特别强调,"要千方百计组建广东省方志馆",使地方志工作能集编写、收藏、研究、展览、检索、服务于一体。

9月24日,河南省举行短期志书(续志)研讨会,开展对短期志(续志)工作的全面研究。

9月24～26日,全国气象史志第二次编纂研讨会在河北省秦皇岛市举行,全国各省、自治区、直辖市和计划单列市,以及国家气象局机关各职能单位的代表60余人与会。会议重点是交流1992年山东莱州举行第一次会议以来的工作情况,总结各地气象史志编纂的经验,部署"九五"期间气象史志工作的任务,为迎接下一个世纪史志事业的新发展作好准备。

是月,单辉在《黑龙江史志》今年第4期上发表《方志之质界说》,认为方志的质应该是具有许多不同方面的统一体,它既包括方志所固有的、主要的和根本的质,也包括方志次要的、非根本的质。方志确有资治辅政的属性、"教化"的属性、信息及信息载体的属性、文献的某些属性以及百科全书的某些属性。在如何界定或把握方志质的问题上,方志界长期以来存在着"摸象效应"。他认为方志的内容属性应为:地方的或区域的、一定时限内的历史。方志的文体属性应为:方志的结构方式——分类;方志的实现方式——资料性著述。方志的质的确也具有相对性或可变性,就是说,由于社会实践的需要,我们有时可以从方志的不同侧面去把握方志质的一定方面,而无需去把握它的另一方面或全部的质。但是,出于社会需要去把握方志质的一定方面,必须是方志主要的、根本的质的全部,它既包括地方的或区域的一定时限内的历史这一本质,又必须包括分类的结构方式和资料性著述的实现方式这一本质属性。

是月,韩荣主编的《长江黄河澜沧江源志》出版。这是《青海省志》中的一个专志。地方志,志地方。至今所见的地方志书所记述的无不有明确的地理范围。本志则是一部特殊的、记述地理范围相对模糊的志书,记述的是三大河流的源头范围。长江和黄河,是我国最大的的两条河流,一南一北贯穿中华大地,被称为中华民族的母亲河。这两河及著名的国际河流澜沧江,均发源于素有"世界屋脊"之称的青藏高原腹地。从政区来说都在青海省内,青海省亦因此而有"江河源"省之称。这部江河源志就理所当然地就被列为《青海省志》中的一个专卷。

正因为它是这样一部记述特殊地区特殊事物的志书,故其体例和篇目亦有别于其它的志书。除概述外,全书分 3 大章,第一章为长江源;第二章为黄河源;第三章为澜沧江源。各章之下再分若干节,详细地记述了各源区的水系、自然环境、资源、社会、经济、考察探险等方面的历史与现状。正是这部志书,以现代科考资料数据,真实地揭开了三大河源地区长期以来的神秘面纱。

据其所载,长江有三源,水系最大,干流江源段达 630 公里,流域面积 10.27 万平方公里;黄河水系次之,干流河源段长 280 多公里,流域面积 2.09 万平方公里;澜沧江水系最小,源区内干流长度近 200 公里,流域面积 1.05 万平方公里。三个源区总流域面积 13.41 万平方公里,汇集了一级支流 444 条,大小湖泊 16500 多个。黄河源头海拔近 5000 米,长江源近 6543 米,故自古就有"黄河之水天上来","长江通天"的传说。长江源区为整个江河源区的主体,位于青藏高原的腹地,总体地貌属高平原区,北有昆仑山,南有唐古拉山。区内还分布着多条山脉。唐古拉山千余平方公里内,有高大雄奇的冰川雪山和世界上唯一的中低纬度的大面积多年冻土。黄河源区在巴颜喀拉山北面,属青藏高原东部,地貌类型除了山地河谷之外,还有以扎陵湖和鄂陵湖为中心的湖盆地貌。整个河源区气温低,四季如冬;降水量少,气候干旱,冬季多风,空气稀薄,含氧量少,气压较低,天气多变,一日之内,往往晴、阴、雹数变。

江河源区资源丰富,包括土地资源、水资源、水力资源、矿产资源、野生动植物资源和旅游资源,基本未开发。虽然如此,这一地区的人文内容却已相当丰富。志书的记述直追至远古而详于当代。至 1986 年的统计,江河源区有人口 33878 人,属长江源区的 14934 人,属黄河源区的 7144 人,属澜沧江源区的 11800 人。辽阔的草原上都有牧帐炊烟。兴旺的畜牧业,繁忙的交通运输,通过编纂者之笔墨,都一一呈现在读者的面前。尤其是流传于这里的许多古神话传说和历史遗迹，颇能引人入胜。关于江河源的科学考察的相关节内，追述了历代人们对长江和黄河之源的探索与认识，详记了新中国成立后，进行的科学考察情况及所取得的科研成果，是更为重要的科学资料。志书所设的三江源区总图和源区景物照片以及行文中所配的墨线插图、数据表等都有很强的资料价值。按照省志统一规定，分志不设大事记和人物传，本书采取以时系事、以事系人法，写入相关的节目之中。

是书一出，即受到学界的特别重视。在1999年10月18日举行的全国地方志书成果展览会开幕的当天，中国科学院赴青海考察的科考队，在临出发前的半天内，还特地赶来会场购得此书直赴机场。（参见《中国地方志》2001年第1期杜文忠文）

按：除本志外，《青海省志》中还有张永溪主编的《唐蕃古道志》、张武明主编的《彩陶志》、丁文超主编的《青海湖志》等。其他各省省志中，除了通行的分志外，又根据自己的特有事物，设有一些自己的特志，在全国很普遍，如《天津通志》中有《附志·租界》志、《照片志》，《黑龙江省志》中有《黄金志》、《国营农场志》，《江苏省志》中有《海涂开发志》、《大运河志》，浙江省志丛书中有《浙江名村志》、《浙江名镇志》、《浙江省丝绸志》、《钱塘江志》、《西湖志》，《福建省志》中有《闽台关系志》、《厦门特区志》，江西省志中有《江西钨钽铌工业志》，《山东省志》中有《泰山志》、《孔子故里志》，《河南省志》中有《黄河志》、《农民运动志》，《湖北省志》中有《神农架志》、《武当山志》，《广东省志》中有《经济特区志》、《穗港澳台关系志》，《广西通志》中有《糖业志》，《海南省志》中有《农垦志》，《贵州省志》中有《名胜志》，《云南省志》中有《温泉志》、《动物志》、《植物志》、《少数民族文字志》，《陕西省志》中有《黄土高原志》，《新疆通志》中有《生产建设兵团志》、《语言文字志》，《四川省志》中有《都江堰志》，河北的《长城志》等。还在在编纂中的《北京志》内，计划有《世界文化遗产志》（包括天坛志、颐和园志、北京猿人遗址志、故宫志、长城志）等。

是月，赵英主编的河北省《安国县志》出版，是志考实了元代剧作家关汉卿的籍属。关汉卿籍贯历来有四说：一为大都（今北京市）人；二为解州（今山西解县）人；三为燕人；四为祁州（今河北安国县）人。本志在修纂中，编修者考证了该县伍仁村的由来及关姓、关宅、关墓和相关的传说，为祁州说进一步提供了证据。

是月，王登普主编的河北《辛集市志》出版。该志在修纂过程中形成的皮毛业的历史和现状的资料，使市领导下定建设皮革商业城的决心。只5年时间，便建成了占地1000亩、投资6亿元、面积达6万多平方米的皮革商业城，成为中国最大的皮革制品销售中心，充分发挥了地方传统产业优势。在收集资料中，还发现已中断五十多年的中药红缎膏的线索，寻得该药品的第6代传人，并重新生产，被当地群众誉为“神膏”。是志尤其是资料十分丰富，内容充实，且有不少新鲜的类目。如《自然灾害》章中记有鼠害；《水利》章中记有水利投资与经济效益；《乡镇企业》章中记有专业村、皮毛世家；《建国以前革命斗争纪略》章中，记有抗日堡垒户、干部南下支援新区政权建设；《信访》章中记有信访案件；《中国国民党地方组织》章中，记有国民党特务组织;《社会编》中记有商幌、市声等。诸多方面都受到志界的好评。该志还有一个比较特殊的做法,于相关的编、章、节之后,设有 49 个“附”,共约 19 万字,几占全书总字数的 1/10。所附的资料有早已成文的资料,有本次修志中新形成的资料,大大地丰富了志书的内容。这是集撰著与纂辑于一炉做法的又一例。

10 月 1 日,吉林省艺术研究所于敏在是日出刊的《黑龙江史志》今年第 5 期发表文章,论述方志编纂者的文化创造。文章认为,为了更好地继承和发扬中国编史修志的优秀文化传统,推动志书编写工作的开展,人们应当更新观念,正确看待志书编纂者的文化创造精神。志书编纂者也要正视自己的责任,将所从事的工作同世纪文化的创造联系起来,树立“巨著意识”,使自己的“产品”成为一个特定时代的丰碑。为此,方志工作者要有“文化策划”、“文化介入”、“学术参与”的意识和抱负。

所谓“文化策划”,就是要突破,要革新,要创造。这种突破、革新和创造,首先是时代的召唤,然后是有超人悟性的文人学子,根据变化了的现实存在,并准确把握时代精髓,继承前人有用的部分,经过苦心策划,创造一种崭新的文化。这种文化策划,带有对前人的恭敬和挑战,也渗透着编纂者的心血,闪现着他们的思想光辉和强烈的文化创造欲。这里特别要强调“主体意识”,亦即编纂者在志书编纂过程中的“位置意识”,要让自己从“编书匠”的泥潭中跳出来,上升到主帅的麾顶,以大将的风度,创造闪光的文化巨著。

所谓“文化介入”,包括文体和语体两大方面。要继承文体与所载负内容的完美统一的传统,在对志稿的调整、删削、补充、规范、统一、疏通、修润、订正等方面,都要准确地使用语言,要统贯全书文气、风格。要做到如古人所说的“申其未申之旨,达其未达之词……传其未传之神,足其未足之气……呆板则后其灵机,经遂则导其层析,单薄则加以衬托,枯竭则生以波澜,夹杂则芟其芜词,累赘则镌其赘字,恭弱则振其健笔,俚俗则泽以经腴,蹈虚则益以精实,太实则提以翻空,因题体而绳墨之,就思路而引申之,即文境而开拓之”。

所谓“学术参与”,就是修志者不仅要是一个铸词容事的撰志高手,还要成为一个对方志进行多方探讨的研究者。志书修成出版之后,编纂者还要从学术的角度,对自己的“产品”进行品评。因为书评是意境高于原书的再创造。出自编纂者之手的好书评,会把志书的是非得失、要旨、底蕴、价值更准确而中肯地介绍给社会,这既是向社会传递的信息,也是方志文化教育工程的一个重要补充,对文化构建的一个延续,这实际上又是一种文化创造的延伸。要完成这种文化创造,全靠编纂者自身的学识、文化、思维能力以及胆识、谋略和见识。

10 月 10 日,《江苏地方志》今年第 4 期出刊,发表了一组探讨志书续修的文章,这是一组从总结第一届修志经验教训中寻找创新之路的文章,起点较高,值得注意。戴午林、李锡军的《关于续修市志模式问题的思考》,将江苏第一届修志中城市志的编修归纳出三种模式。第一种是“南京模式”。即第一步先修简志,第二步修市志丛书,第三步再修通志。这种模式是以一种宏伟气魄,把修志作为一个大的工程。但由于当前修志机构和队伍的实际状况,对如此庞大的工程来说，有着许多不适应之处，实际上使修志机构长期处于“小马拉大车”的被动状态，所以进度不快。

第二种是“常州模式”。开始时，苏州、无锡、常州三市都是实行“三级修志”的做法，即“层层发动，三级（基层志、行业志和市志）修志，由下而上，逐级完成”。80年代中期，中国地方志指导员小组强调本届修志主要是省、市、县三级志书，不主张全面修基层和行业志。故苏州和无锡作了适当调整，只有常州坚持三级修志。即由各老、大、特的基层单位编修基层志，各行业编修行业（部门）志，在此基础上按事分类，以类合成市志的各分志，最后总纂成一部完整的市志。到1995年底《常州市志》出版时，全市有36部行业（部门）志和68部乡镇、企业、学校等基层志出版，还有一大批未公开出版的。这种模式在常州是获得了成功的。但其历时14载，所耗巨大的人力物力，在一般经济实力的城市是难以做到的。这种模式要普及和推广是比较困难的。

第三种是“镇江模式”，即一步到位，直接成志，一部书的模式。做法是由各有关部门按《镇江市志》的整体规划、统一的篇目和行文通则编写分志，最后由市志办总纂合成，一步到位，编成一部市志。他们在苏南诸市中起步最迟，成书最早。

基于以上分析，他们提出新一届修志，在市管县体制下省辖市续修市志，必须从全市的角度，通盘考虑，跳出编一部几百万字市志的小框子，将市志、辖县（市）、区志和行业（部门）志、基层志三大部分有选择地组合起来，在既是一个整体又互相独立的情况下，形成系统的地情丛书。这种模式吸取了“南京模式”的格局，“常州模式”三级志书的有关内容，“镇江模式”着重时间效益的特点。三大部分，三位一体，既分又合，为全面记录和反映地情服务。

徐瑞清的《续志的总体设计思路三议》一文，就续志的功能目标、结构体式、时空范围提出了自己的看法。关于功能目标，他认为，前一届修志继承旧志的传统，以编修“官书”、“政书”，发挥“资治、存史、教化”功能为目标，进行总体设计。续志的总体设计，首先应当扬“官书”之长，力求以党和政府领导人的决策需要为目标。为便于提供权威性、高层次、有深度、能够反映时代主旋律的资料，确立相应的框架，应保留、改进、刷新那些综合性、宏观性篇目，强化中观性篇目，重视地方特色篇目，适当紧缩或舍弃某些过细过专的微观篇目，同时创造出适合时代发展的新篇目。其次，应当看到“官”即政府的职能从来就是不断变化的。当前党和政府关注的是“一个中心，两个基本点”，其职能从直接管理企业转变为宏观调控市场。“官”的中心职能已是发展经济，并致力于通过改革形成市场经济体制，而企业正是市场的主体。故续志又应强化对市场体系、特别是市场主体即各类企业的记述，使之同时成为“商书”。应根据新的形势、新特点，力求创造出本届志书中没有的新篇目、新内容。“官书”、“商书”、“民书”的“三位一体”，将进一步扩展续志的功能，在为政府服务的同时，为市场经济服务，为基层服务，为广大人民群众服务。

关于结构体式，他认为，第一届修中大体出现了五种结构体式，在续志中应当借鉴，但不宜照搬。这些结构体式都是在新志尚无实例的情况下确定的，有较强的试验性，从总体来看，体式雷同、僵化，较少运用现代科学方法，在一定程度上与现行社会脱节；层次过多、过细，以致内容琐碎、枯燥等问题较明显；不少有见地、有价值的方志理论研究成果，未来得及付诸编纂实践或未引起重视。在续志中，需要、应当对各种体式类型进行总结、比较，发扬行之有效的部分，改进实践证明效果不好的部分，要勇于运用理论研究中的优秀成果和可操作的部分。尤其要正确处理史志关系问题，尽量减少层次，扩大竖写单元，以便容纳更广阔生动的历史画面。上届修的不少志书中，存在篇、卷、章、节、目、子目等叠床架屋的结构，整体性的事物被割裂，大量的文字被用来表现事物的细枝末节，见物不见事、不见人的现象十分普遍，还造成志书规模过大。续修中应当充分吸收史体以人物、事件为中心的长处，提高竖写层次，在适当的断面和单元内写史，创出一种主体突出、简洁明快、内容厚实、见事见人又见物的新型志书。在时空范围方面，主要就市管县之后市志的记述范围，也提出了他自己的看法。

陈维新在《浅议下届志书篇目设置的"四个坚持"》一文中提出，第一是"立足当代，面向未来"，充分显示时代特征和地情特征；第二是"强化深度，淡化广度"，突出重点，突出优势；第三是"粗分门类，相聚事类"，独具模式，富有新意；第四是"超前设计，逐步优化"，顺势而上，环环扣紧。

金菊林在《本届修志理论值得反思的几个问题》一文中，就横分纵叙；加强综合性宏观记述，提高志书的整体性；加强著述性等提出了自己的见解。

杨锡根发表的是《续修市志如何加强综合性、整体性、著述性——从工业分志谈起》。

10 月 22 日，《黄河河政志》、《黄河水文志》、《黄河水利水电工程志》在河南郑州举行隆重首发式。由黄委会黄河志总编辑室组织编纂的这三部志书，从黄河的基本河情、流域水行政管理及干支流兴建的大量水利水电工程等方面，系统地反映了治河的基本经验和人民治河的伟大成就，是一组统合古今的黄河资料汇总和全方位反映治黄历程的历史画卷，为人们对黄河进行再认识提供了历史的借鉴。

10 月 25 日，广州市志办甄人（甄炳昌）在《中国地方志》今年第 5 期发表《试论地方志的性质、特征与功能》，就方志的特征、方志性质和方志功能提出自己的看法。关于方志的特征，他认为，地域性、连续性、综合性、资料性是方志的本质特征，这四个特征是地方志质的规定性的体现。当前志界流传这四个特征之外的其他种种说法还有许多，但一些是上述四性的同语反复；一些是从本质特征中派生出来的；还有一些只是对志书质量的要求，并不是地方志内涵界定的特征。

关于地方志的性质和科学属性。他认为，从上述四个特征，可把地方志的性质概括为，地方志是连续记载一定区域自然和社会的历史与现状的资料性著述。这是方志的属性，不能与方志学的属性混淆起来。探讨方志学的属性，首先要分清方志学理论发展的不同历史阶段。在方志学还没有成为一门独立学科之前，不妨称之为“古典方志学”阶段。这时由于未能作为一门独立学科出现，而是游离于地理学和历史学之间。方志学，或被称为地理学的一个分支，或被称之为历史学的一个分支，或被说成是属于历史地理学的范畴。本届修志以来，到目前为止，还不能说新方志学理论体系已经完全建立起来，但新方志学作为一门独立的新兴学科已见端倪，呼之欲出。此时就可以回答说，方志学是社会科学领域中一门独立的科学，是一门与众多学科相缘的带综合性的学科。

关于方志功能。他认为，地方志的功能有两个相互联系的不同层面，一个是它的原生功能，另一个是它的派生功能。所谓原生功能，是指由地方志的性质所决定“与生俱来”的一种功能；所谓派生功能，就是人们对它的原生功能开发利用、充分实现其使用价值所起的各种作用。地方志就其本质而言，是一种地情资料性质的著述，人们编纂地方志的直接目的，是为了产生一部全面、系统、科学的地情资料文献。由此决定，地方志自身固有三大功能：1.地情检索查考；2.地情认识；3.地情存史。在不同的历史条件下，地方志的地位和作用以及作用的形式不同。在古代的条件下，封建统治者要了解各方面的民情地力，治理国家，统治人民，便很倚重地方志。这时地方志的地位和作用很突出，成了“辅治之书”。所以古代的地方志强化了它的政治性，强调它的“官书”、“政书”作用。而在当今的历史条件下，新方志发生作用的领域、内容和形式与过去不同了。随着新一代志书的面世，其功能的开发利用将会大大地“社会化”。新志书以“地情书”、“国情书”的面貌出现，除了“资治”以外，还可“资工”、“资农”、“资商”等等。如果把开发方志的使用价值当作方志的原生性功能，那么，方志的功能就不是十条八条，而是几百条，几千条。但是，这样无助于对方志功能的科学界定。

重庆市地方志办公室余楚修在同刊期上发表《“述而不论”刍议》一文。文章认为，就一部志书整体而言，它并不排斥议论。但以记述客观史事为其根本任务的志书本体部分，是不应有议论的。在本体部分的记述中，虽然要反映编纂者的观点和倾向性，但却是要将观点和倾向性隐藏起来，并且要隐藏得越彻底越好。志书的议论，其形式可以有多样，可以出现在《概述》之中，也可以出现在后记里，甚至在篇前、篇后、篇中亦可以有议论，但必须遵循三条原则。一是要分得开。志书中不宜采取夹叙夹议的手法，一定要把客观的记述，同主观的议论严格区别开来。二是要联得紧。志书中的论总是以记述史事为基础的，要与所记的史事紧密相连，切忌离开史事空发议论。三是议论要“精意深旨”，切不可作泛泛之论。

10月23～25日，兰州市地方志编委会举行“兰州市情·历史地理论证会”。来自兰州大学、西北师范大学、西北民族学院、甘肃省文史馆、省图书馆、省考古研究所等单位的20多位教授、专家，集中对兰州最早的行政建置、最早建城时间、西汉时在今兰州地区设县情况、隋唐以来在兰州的建置情况等进行了讨论，并形成了若干共识。这对《兰州市志》的编纂有着很直接的关系，也是吸收学者、专家参与修志工作的一种形式。

10月25～28日，上海市史志学会、《上海滩》杂志社参与发起的“首届徽商学术研究会”

在安徽黄山市举行。除全国不少的知名专家与会外，还有一些地方的方志工作者。

按：上述这两则事例说明，借助社会的学术力量参加修志，吸收专家的研究成果，提高志书的学术品位，可以有多种方式。除了这里的两种方式外，更多的是邀请志家、学者参加志稿评议会等。

10 月 29 日～11 月 1 日，全国地方志资料工作协作组第五次会议在福建厦门市举行。此次会议总结了协作组组建 8 年来所做的工作及取得的成绩：建立了各省、市、自治区资料工作的协作关系，组织了三次资料工作学术讨论会；编成出版了《中国新方志目录》第一册（内容为 1949 至 1992 年全国出版的各类志书书目 9500 多种），并已经着手第二册的编纂和第三册的规划；制定了方志资料规范化的具体规定（草案）。会议建议各级修志部门要进一步重视、加强资料工作，充分发挥其作用，要积极加快方志资料工作的规范化和现代化的进程，提高其质量和水平，使之更好地为修志服务，为社会服务。中国地方志指导小组办公室与会代表（指导小组一位很负责的同志也参加了会议），在会上宣布这个协作组此次会议后，由该办公室“接管”，并表示对资料工作要加强指导，对新方志目录（续）、新方志提要、地方志联合目录等工具书的编写、修订、出版给予支持和协调。

按：笔者当时无缘与会（这个协作组的工作原先是得到我的支持与关心的），但对此做法十二万分之不解。在当时的氛围下，“接管”一个单位，是指这原来单位的领导层出了问题，起码是不适合继续领导、要实行改组了，由上级领导部门另外派一些人来“接管”。但实际情况是，这个协作组自成立以来，运转一直很正常，取得的成绩也不小，且有计划正在进行中，完全没有必要非要这样做不可。当听到此消息时，笔者就曾在办公室公开预言，这个工作组被“接管”之时，也就这个协作会散伙、这项工作被葬送之时。至今 10 余年来的事实证明，笔者是不幸而言中了。现在，这方面的工作便无人过问，原计划的工作亦停顿下来。当时作出“接管”决定的领导者们是很值得总结和反思一下的。

10 月 31 日，湖北驻军召开湖北省军事志编委会第一届第 12 次暨第二届首次会议。会议认为，已出版的《湖北省志 · 军事志》，比较全面系统地反映了自鸦片战争以来一个半世纪湖北军事活动的全貌，资料翔实，观点正确，篇目设计比较合理，体例符合省志要求，文字简明通顺，保密符合有关规定，较好地体现了时代性、科学性、资料性、地域性和各历史时期的军事特色，是一部不可多得的军事文献资料书。第二届军事志编纂委员会由省军区司令员贾富坤任主任，通信指挥学院副院长许金裕为副主任。确定新一届编委会的任务是，贯彻党的修志的方针、政策，组织协调驻军各方面力量，做好续修志书和编纂《湖北年鉴》军事条目的工作，充分发挥志书和年鉴的“存史、资治、教化”功能，加强修志队伍建设，做好各项保障工作。

是月，广州市大佛寺住持耀智法师代表大佛寺，向广州市地方志馆捐赠《大藏经》一套。这套《大正新修大藏经》，属《大藏经》汉语体系的一部分，是日本刻本，共 102 册。这套丛书，是耀智法师应邀到美国、加拿大、新加坡等国讲经说法、文化交流回国后，海外佛教界为支援其弘扬佛教文化而寄来的。在捐赠仪式上,耀智法师高兴地说:“佛教是中国优秀传统的历史文化。承蒙广州市地方志馆各位领导和学者的珍视,并为继承祖国文化遗产,弘扬中华民族优良传统而不懈努力,收藏各种文献资料。为此,我非常乐意并代表大佛寺,向广州地方志馆赠送这部珍贵的文化书籍,希望各位一定要妥善保管,加强流通,让祖国优秀文化遗产为振兴中华、为两个文明建设大放异彩。”

是月,江西省志办刘柏修在《江西方志》今年第5期发表《方志·方志文化·方志学》一文,提出:“方志学是研究方志文化产生、衍变及其发展规律的一门科学。”

是月,郑永康、李福民主编的《浙江省科学技术志》出版。是志编纂过程中,组织了高等院校、科研机构及省级专业单位462名自然科学各类专家参加,其中相当部分是教授、研究员、高级工程师。参加直接撰稿的220人,编写资料长编的207人。如此庞大的专家队伍参加修一部专志,可以说是创纪录的。参加评稿的更有不少一流的专家,如中科院院士、浙江农大朱祖祥教授,中国工程院院士、浙江大学岑可法教授等。参加评审者认为,是志修纂中发掘了不少珍贵史料,如关于组织科技成果推广活动,搜集到宋大中祥符五年(1012)朝廷派人从福建取“占城稻”三万斛,分给江、淮、两浙推广,并查到该品种种植方法的榜文。关于专利,查到1912年国民政府工商部颁发给瑞安李毓龙发明的弹棉机的特许专利证书。关于机械钟的制造,一般认为是1915年烟台宝时造钟厂最早制造,但本志则载有1905年宁波人孙梅堂已在宁波的美华利时钟制造厂开始制作。可见,该志是一项取得了高水平的成果,是当时已出版的科技志中最为成功者之一,其研究成果在同类志书中处国内领先水平。

按:在本届修志中,组织社会各方面专家参与修志的事例不少,尤其是一些省志的专业志,参与的专家学者更多。如崔荣芳主编1995年12月出版的《甘肃省志·农业志》,参加撰稿的53人当中,属省农业科技部门、省农业科学院、省农业大学等15个单位的具有丰富实践经验的专家、教授达30多人。郑长庚主编1993年11月出版的《陕西省志·农牧志》,就是由一位年近七旬的资深老专家牵头,组织西北农业大学和各农业科研机构共80多位教授、副教授,历时数年完成的。杨宗干主编1996年7月出版的《四川省志·地理志》,就是由西南师范大学、四川省地矿局、四川省气象局、中科院成都分院、西南农业大学、四川师范学院等政府事业单位、高校、科研部门的150余位专家通力合作完成的。

是月,纪飞主编的辽宁省《桓仁县志》出版。是志在《文化》篇专设《县志编修》一章记述地方志工作,集纳了不少新鲜、独到、为一般市、县志所不载的内容。除了“人物记实”一目,既记述群体风貌,又记述了重点修志人员的典型事例,还记述了修志同仁的编纂指导思想和学术观点,还有“经验与教训”一目,记了本届修志的得失、教训。

是月,李荣典主编的广西《临桂县志》出版。临桂自来就有“桂郡首邑”之称。自唐乾宁二年(859)赵观文廷试第一,为广西夺得第一个状元起至清末的1000余年间,广西共出9名状元,其中5名是临桂人。明、清两代,广西中进士者共711人,临桂一县就占239人,高居各县之首。

其中,陈继昌从嘉庆十八至二十五年(1813～1820)的8年间连中三元,成为有清一代仅有的两个三元及第者之一。在整个中国科举史上,三元及第者也只有13人。从光绪十五至十八年(1889～1892)共开三科,临桂县就有两个状元。其中的壬辰(1892)科,除了一名状元之外,还有7人同中进士,故有"一县八进士,三科两状元"之说。就经济而言,至1990年,农业人口的人均产粮、亩产量都不仅高于全国,也高于广西的平均水平,成为全国粮食生产、高产先进县,农业人均收入也在全国农业人口的平均收入之上。但其后的前进步伐却逐渐低于广西的平均速度。正如乡人诸葛计在书前的序言中说的,该县是优长与劣短同在,困难与机遇并存,关键就是领导者的正确决策与决心了。他希望从今而后的领导者,不但经常读读本市、本县的志书,也读一读与本地基础相仿而改革开放以来已迅速崛起的地方的志书,从对比之中获得启示与借鉴。是书的又一个鲜明的特点,是对民国时期的史事记述比较充分,一改了同期出版的许多志书中存在的这一不足。临桂是李宗仁、白崇禧的家乡,又是桂系军阀统治中心桂林的附廓县,他们在此实行的不少政治、经济、军事方面的做法,都带有区别于当时的中央政府在全国所推行的。志书将这些记述下来,不仅比较充分地体现了地方特点,也从一个微小点上反映了当时中国既有一个名义统一的中央政府,实际上又是各自带有很强独立性的武装集团实行割据的时代特点。

是月,杨禧总纂的河南《宝丰县志》出版。是志明显的特点之一是注重学术性,有较高的学术品位。其一,是对于近代史上发生的白朗起义,记载了起义的具体时间、义军的演变、编制情况、白朗的牺牲等,都是独家的资料。还记了白朗之后的另一支农民起义军——河南自治军的资料,包括新发现的其斗争口号:打倒军阀,救济国运,平均贫富,普救平民。弄清了自治军12路司令及50营的编制,填补了中国现代史研究中的一段空白。其二,是记述了具有全国意义的几个历史疑案解决的研究情况。包括:1.宋代列为中国五大名瓷之首的汝州瓷,其制品至今还有65件珍藏于国内外的大博物馆。自从明代这种技艺失传之后,竟致连这种瓷窑的所在地都成了历史之谜。经过专家们从50年代至80年代的实际考察研究之后,才了结了这一历史的悬案,解决了汝州瓷窑的窑址所在。2.记述了本世纪70年代后期王留现工艺师及相关人员开发出紫砂陶产品,使宝丰成为我国北方"紫砂陶之都"的经过。3.附录中还收载了《宝丰古称城父、父城考》、《父城非城父考辨》、《牛金星是宝丰人新证》等文章,都是极有学术价值的。

是月,张汉文总纂的河南省《郏县志》出版。是志较详细地记述了县境内民国时的"杆子"队伍的情况,计有张德胜杆、魏国柱杆、李长有杆、张瑞武杆、宋天祥杆和张献杆。史学研究者认为,上述诸杆,除了张德胜杆在有关《老洋人起义》的文章与资料中有零星记载外,其余5支"杆子"的活动,均系首次系统公之于世,为河南地方史的研究提供了全新的史料。

11月5日,湖南省常务副省长、省地方志编委会主任王克英在全省地方志第三次工作会议上的讲话中,宣布"今年,省委、省政府已决定建立湖南方志馆,并将它列入全省精神文明建设10大标志性工程之一,使之成为全省方志研究中心,地方文献中心,地情教育中心"。

11月7～8日,江西省举行下届修志理论研讨会。会议从总结本届修志的得失着手,对即将开始的新一届修志的人才培养、组织形式、编纂方式、记述重点、体例创新、年鉴与志书的关系等问题进行了讨论,提出了不少中肯的意见。

11月9日,国务院办公厅以国办发[1996]47号文件形式,发出《关于进一步加强地方志编纂工作的通知》。通知指出,目前,各省、自治区、直辖市已经建立省级地方志编委会,形成了一支数万人的修志队伍,出版了一大批新地方志,对积累、保存地方文献,全面反映我国地情、国情,推进社会主义物质文明和精神文明建设发挥了重要作用。在建立社会主义市场经济体制的新形势下,为进一步做好地方志编纂工作,《通知》提出了五项要求:

一、编纂地方志必须以马列主义、毛泽东思想和邓小平同志建设有中国特色社会主义理论为指导,坚持实事求是的思想路线,运用现代科学理论和方法,全面真实地反映当地自然和社会的历史与现状,为改革开放和社会主义现代化建设服务。

二、地方志一般分为三级:省、自治区、直辖市编纂的地方志,设区的市、地区、自治州、盟编纂的地方志,县、自治县、旗、不设区的市、市辖区编纂的地方志;每20年左右续修一次。

三、为进一步提高志书的质量,必须建立一支德才兼备的修志队伍。当前要下大力气,不断提高修志工作者的政治素质和业务素质,在修志工作队伍中大力提倡"求实、创新、协作、奉献"的敬业精神。编纂地方志要充分发挥老同志的作用,同时通过各种形式对中青年骨干进行培训,努力从高等院校和科研部门输入更多有较高专业水平的青年人才。要坚持多年实践中形成的专职队伍与兼职队伍相结合的成功经验,注意吸收各行各业有造诣的专家、学者参加地方志编纂工作。

四、地方各级人民政府要继续重视地方志编纂工作,切实加强领导。编修地方志是社会主义文化建设事业的重要组成部分,是承上启下、继往开来、服务当代、有益后世的千秋大业。各地应把方志编纂工作列入政府的议事日程,明确一位领导同志负责,及时协调解决工作中出现的问题。要为修志机构提供必要的工作条件及经费,并按照原中央职称改革工作领导小组《关于同意中国社会科学院和中国地方志指导小组编纂地方志的专职人员选用"编辑职务"有关条例的通知》(职改字[1998]第2号)的规定,评聘编纂人员的专业技术职务,妥善解决他们的生活福利待遇等问题。

五、中国地方志指导小组要深入开展调查研究,加强对全国地方志编纂工作的指导,制定和完善有关规章制度,及时总结、推广各地好的经验,注意发现带有普遍性的问题并提出切实可行的意见和建议。中国地方志协会要在中国地方志指导小组的领导下,团结全国修志工作者,加强方志理论研究和学科建设,推动地方志事业不断发展。

按:这是本届修志以来国务院办公厅发出的第二个专门文件。这个47号文件与1985年的33号文件相比较,有两处较显著的变化:一、明确了志书"每20年续修一次",要"推动地方志的不断发展",实质是国家明确了地方志工作的长期性和连续性。二、33号文件对

地方志机构的提法是“设置相应的常设机构”，“常设机构应当作为事业单位”，47号文件则明确“各地应把地方志编纂工作列入政府议事日程”，“地方志编纂委员会办公室应是地方政府直属的具有行政职能的一级单位”。这种变化，反映了对地方志工作指导思想的进一步明确。三、将城市区志正式列入了计划系列。

11月12～13日，新疆举行“地方志为现实服务理论研讨会”，有10位论文作者在会上发言，介绍了自己的观点和地方志工作为现实服务的经验。

11月13日～1997年1月底，广州市地方志办公室、广州市名城办公室联合举办“名城之光——广州之最”展览，这是庆祝广州建城2210周年的城庆活动之一。古代的广州是“海上丝绸之路”的起点，近代的广州是民主革命的策源地，当代的广州是全国改革开放的试验区。本展览运用图片、文字、模型、实物等形式，从史地、政治、社会文化、社会经济等方面，回顾了广州自建城迄今所走过的历史道路，介绍了广州在各个不同历史时期所创造的光辉业绩和对历史的贡献。对于让世界了解广州，使广州走向世界，都具有深刻的现实意义。

11月15日，福建省人民政府发出《关于进一步加强地方志工作的通知》。要点有六：一是编修地方志必须以马列主义、毛泽东思想和邓小平建设有中国特色社会主义理论为指导，贯彻执行党和国家的法律和政策，坚持实事求是的思想路线，运用现代科学理论和方法，全面真实地反映当地自然和社会的历史与现状，为改革开放和社会主义现代化建设服务。二是编修地方志主要是省志、地区(市)志和县(市、区)志。编纂其它各类志书由各地根据实际确定。三是实行“党委领导，政府主持”的体制。省地方志编纂委员会为省政府直属的事业单位，负责组织和指导省志专业分志，地、市、县志的编纂工作。承编省志专业分志的省直有关单位，要有专人负责。地、市、县(区)要有常设的修志机构，经费列入各级地方财政预算。四是各级政府要确定一位领导分管，配备德才兼备、符合条件的干部担任主编，切实保证志书的质量，妥善解决修志机构的工作条件和修志人员的生活福利待遇，定期评聘业务人员的专业技术职称。五是加强开发，抓好读志用志工作。六是省、地(市)、县(市、区)志每20年左右续修一次。各地、各有关部门要保持修志机构和修志队伍的稳定。

11月20日，苏州大学举办的地方史志硕士研究生班是日正式开学。这个研究生班，是为适应全国修志工作的需要，培养高层次修志人才以迎接21世纪的到来，经国家教委、江苏省教委认可而举办的。首批招收17名学员，来自全国6个省、区。学制为两年，采取集中面授与在职自学相结合。修业期满、经考试与考查合格者，由苏州大学发给“苏州大学硕士研究生课程进修结业证书”。再经国家外语统一考试和硕士论文答辩，可按有关规定申请硕士学位，发给国家统一的硕士学位证书。

11月25～29日，中国地方志指导小组组织召开的“全国地方志理论高级研讨会暨地方志工作经验交流会”在广西南宁市举行，此次会议偏重在本届修志的总结。会议对本届修志进行了评估，认为总体而言，质量是好的，但还必须清醒正视新方志的不足之处；会议指出了如何进一步提高志书质量的方向,并对今后工作提出了若干的意见和建议。《中国地方志》1997 年第 1 期除发表此次会议的会议纪要外,还选发了提供会议的 1 组论文。

是月,西藏自治区召开第一次地方志工作会议,进行修志动员、部署,全区三级志书编纂工作全面启动;制定并下发《〈西藏自治区志〉编纂大纲》。

是月,中共黑龙江大兴安岭新林区委、区政府向社会公开招聘选拔史志鉴(含档案人员)人才,4011 名应聘者中,2 人为志办录用,3 人为档案局录用。

是月,厦门大学历史研究所林仁川教授,从荷兰复印回乾隆三十四年(1769)薛起凤、杨国春、黄名香合纂的、国内存本已残的《[乾隆]鹭江志》一部。是书于 1997 年整理出版。

是月,任桂全主编的浙江《绍兴市志》出版,这是绍兴有史以来志书规模最大的一部。全书 45 卷,247 章,747 节,5718 个子目。正文 544 万字,索引 74 万字,收录图照 966 幅,表格 398 张。本志在编纂思想、编纂体例、编纂方法上都有所继承,有所创新,有所突破。在资料的系统真实、内容的深度和广度以及著述性较强等方面,形成了自己的特色。

绍兴是国务院公布的第一批 24 个历史文化名城之一。历史文化名城,最重要的标志,就是历史悠久,文化积累丰厚。本志为了体现历史文化名城这一最本质的特征,全书主要就是围绕"历史悠久,文化灿烂,人才辈出,经济发达"这四句话做文章。如为了反映文化灿烂,特别加大了文化部类的内容。全书 45 卷,文化部类占 15 卷,为全书卷数总量的 1/3,在文字安排上,文化部类更占到全书文字总量的 2/5。在"文化"篇中,分设了《文学艺术图书》、《文物古迹》、《戏曲曲艺》、《艺文》、《报刊广播电视》5 卷。使有关文化内容,能够在较为广阔的范围之内,作较为深入层面上详细的记述。如在《戏曲曲艺》卷内,对越剧以及新昌高腔、绍兴莲花落等剧种、曲种都分章给以详记,每一剧种又从剧本、音乐、表演、舞美、团体、艺人、演出场所等方面,较充分地反映了各自的艺术形式和内容特色。为了反映人才辈出这个特点,书中特别加大了人物收录的分量,除了人物卷之外,还通过人口、社团、戏曲、文学、卫生、宗教、丛录等卷,从人口总体、人才群体、人物个体三方面作了立体的记述。全志立传者 525 人,以事系人者 13619 人。

是书在"大事记"中收入照片 60 帧,有实物、建筑和人物活动照片,有原件或拓片、书影等。有的是他处颇难得见的国家稀见文物,如唐代时日本遣唐僧人所持的"过证"(通行证),太平天国发给结婚夫妇的"合挥"(结婚证)等,既增强了志书的学术价值,提高了学术品位,又文图结合,给人留下深刻的印象。在"大事记"中收入图照,是本届所修志书中所仅见者。

绍兴是著名的桥乡,但到底有多少座桥,历来谁也说不清楚。桥梁专家们著书立说也各有说法。是志在修纂过程中,交通志办发动各乡的交通专管员进行实地调查,终于查清了绍兴实有 5 米以上的各种桥梁为 5001 座。还在新昌县的桃源乡桃树坞村发现了一座造型独特的迎仙桥。这座桥坐落在东晋时期兴建的浙闽古干道上。经专家鉴定,其拱圈造型接近悬链线型。此前人们一直认为,这项技术到 20 世纪 60 年代才从国外引进。这一普查所得,不仅填补了我国桥梁史研究中的一项空白,也把中国悬链线型桥建筑的历史向前推进了千余年。志中还载入了由市计量局提供的新石器时代的量器以及原始瓷权,比中国历史博物馆的藏品还早 3000 年。是书中专设的《名家学术思想》卷,开了志书集中记述学术派别和学术思想的先河。

是志的另一个特点是多地图。首图是绍兴市位置图,而后是越国疆域图(战国前期)、会稽郡域图(秦时)、会稽郡城图(东汉)、历代会稽郡城变迁图、越州郡城图(唐、北宋)、绍兴府境域图(南宋)、绍兴市地貌类型图、绍兴市地势图、绍兴市水系图、绍兴市土壤图、绍兴市气候分区图、绍兴市矿产资源分布图、绍兴市海涂资源分布图、绍兴市人口密度图、绍兴市中心城总体规划图、绍兴市交通网络图、绍兴市主要邮路图、绍兴市郊河网水系图、绍兴市水利设施分布图、绍兴市旱涝保收及易旱·易洪·易涝面积分布图、绍兴市经济概况图、绍兴市电网分布图、绍兴市土地利用图、绍兴市森林资源图、绍兴市对外经济贸易主要交往国家和地区示意图、绍兴市农副产品分布图、倭寇侵扰绍兴示意图(嘉靖三十二年至三十五年间,如果改成绍兴人民抗倭示意图更好——笔者)、绍兴市名胜古迹分布图、春秋越国主要经济·军事基地分布示意图、绍兴市越窑遗址分布图、绍兴市政区图、绍兴市城区图、绍兴府城衢路图(光绪时原图,1981 年重绘)。

按:由于本书资料丰富,特点显著,全面质量较优,故在 1997 年全国优秀志书奖中,是唯一为参评专家全票通过为一等奖者。

是月,瞿钧主编的上海《静安区志》出版。是书的特点是编章中“升格”最多,计升格为编者 5,升格为章者 10,升格为节者 11。志书出版之后,赞成者不少,但提出异议者亦多。

是月,林衍经著《中国地方志》一书由上海古籍出版社出版发行。这是“中华文明宝库”80 种精选书籍之一。全书共分为引世人瞩目、源远流也长、用心血浇灌、汇天地百科、老树发新芽等五个专题,系统而通俗地介绍了中国地方志的有关情况,是初步认识中华文明这一独特文化形式及其重要价值的教材。

12 月 3 日,中国气象局以中气办[1996]45 号文件发出通知,要求各省、自治区、直辖市和各计划单列市气象局、各职能机构、直属单位和气象院校,要进一步加强气象史志的编纂工作。目前,全国气象部门的编史修志工作隶属于两个不同的业务范畴。气象志是省志的一部分,在当地政府领导下进行;当代中国气象史稿是中华人民共和国国史的一部分,由当代中国气象史编辑部组织编纂,在中国气象局党组领导下进行工作。通知明确:当代中国气象史编辑部在业务上对全国气象部门史、志工作负有指导责任,各省(市、区)气象局修志编辑部(史志办公室)对下级编写气象志的单位同样负有指导的责任。要把史志编纂工作纳入领导议事日程,确定一位局领导负责,及时解决问题。要把编史修志工作列入各级气象部门的精神文明建设规划,定期督促检查。要积极参加地方志的评议工作,评审的结果可以作为晋职晋级和评定职称的依据之一。目前,全国有 20 个省(市、区)气象局已经完成了第一届修志任务。

12 月 4 日,西藏自治区地方志办公室草拟的《西藏自治区志编写大纲》以区党委办公厅、区人民政府办公厅 22 号文件,联合下发全区执行。区志由 72 部专志组成,要求 2000 年交付出版。至是，全区各地、县、部门都成立了修志机构，每个县基本保证有3～5名专职或临时人员从事该项工作；每个专志有工作人员3～5人不等。

12月9日，山东省科委主持会议，对山东省地方志办公室承担、浪潮集团办公自动化研究所协作联合研制的“山东省省情资料信息库建设与开发”项目举行专家技术鉴定。与会专家们认真听取了工作报告和研究报告，详细审查了有关技术文件，对软件和操作系统功能进行了现场测试，认为该课题总体构想具有独创性、科学性；省情资料信息库规划设计方案科学合理，积极稳妥；计算机系统配置先进合理、经济适用，能满足一期工程中资料录入、贮存、检索和编辑、打印等要求。该成果集信息检索与方志编纂、管理于一体，将改变几千年沿袭下来的传统修志模式，展示了21世纪续修新志的可喜前景。得到的综合评价为：该成果达到设计要求，其研究在国内同行业中居领先水平。建议继续开展追踪研究，做好第二、三步实施工作。希望省政府有关部门给予财力支持，推广应用该项研究成果，加快山东省省(地)情资料信息库的建设速度，更好地服务于山东乃至全国现代化建设。

12月13日，黑龙江省人民政府办公厅转发国务院《关于进一步加强地方志编纂工作的通知》。转发通知要求要把地方志编纂工作当作一项长期的重要的事业来抓，真正从思想上重视起来，从工作上给予大力支持。要把地方志编纂工作纳入政府的议事日程，切实加强领导。要保持修志队伍的稳定，无论修志机构是单设还是合并，都要保留骨干，并有领导负责。

12月18日，云南省人民政府办公厅向全省转发《云南省地方志工作1996～2010年发展规划》，要求各地“结合实际贯彻执行”。

12月18～19日，湖北省全省地方志第四次工作会议在武昌举行，省长、《湖北省志》总纂蒋祝平在讲话中，特别强调四点：一是一定要建立健全各级修志机构，要妥善解决目前在一些地方已出现的修志机构初步撤并的问题；二是要采取培训、选调等方式努力建设一支德才兼备的高素质的修志队伍，以适应新时期方志工作的需要；三是各级志书的出版经费必须纳入同级财政预算，及时足额到位；四是采取得力措施，尽快建成与湖北文化大省地位相称的湖北方志馆。

12月20日，四川省副省长、省地方志编纂委员会主任张中伟视察地方志编委会办公室。当浏览到志书装帧五花八门时，指出今后要统一设计。看到办公室的工作条件时，感慨地说，同志们在艰苦条件下长年工作真是不容易，编委会办公室的工作条件今后要加以改善，要增添计算机等现代办公设施，改变全用手工劳动的局面。同时还指示一定要解决好编委会资料用房，要收齐、管好四川的地方文献。张中伟一贯重视地方志工作。还在任彭县县委书记时，对于该县县志成为温江地区第一部新县志修成出版，起了极为重要的作用。任省农牧厅长时，恰遇《四川省志·农业志》编写工作“搁浅”数年，被省政府领导点名批评。他马上从厅外调集一批工作经验丰富、文字能力出色的高级专门人才来，恢复了中断多年的编纂工作。其后，《农业志》进度变为名列全省前茅，成为四川省有史以来规模最大、记述最全面的一部专业志。1996年兼任省地方志编委会主任后，更加关心全省的修志工作。

12 月 25 日，广州市地方志编委会饶展雄在是日出刊的《中国地方志》今年第 6 期上发表《简论新方志的学术性问题》一文。文章认为，长期以来，传统方志未能成为独立的学科，在学术殿堂中处于“二等公民”的地位，其原因之一就在于学术性不强，缺乏独立的论点。因此，重视和加强新志书的学术性至关重要。文章以新编《番禺县志》为例，讨论如何加强志书的学术性：一是要记述事实，彰明因果；二是要分析综合，总结得失；三是要排比材料，提示规律。

徐亮、王一洲在同刊期上发文，提出对国民党统治时期的历史，能否如实记述，是检验志书能否坚持实事求是原则的一个标尺。《增城县志》对国民党增城地方组织，在第一次国内革命战争时期的进步表现，即使在“四・一二”反革命政变后，在特定的条件下，也还做过一些有利于国家民族的事加以记述。尤其是对抗日战争时期实行国共合作，无论在政治上还是军事上都作出的成绩，更是详加记述。这样做既保存了历史资料，也体现了党的政策，而且取得了较好的社会效果。刘进麟曾任国民党的团长，解放战争时期被俘后送回原籍度过一生。他早年做过的好事志书给以记述，其家族都深受感动，认为共产党功过分明，实事求是。

《中国地方志》本期内刊发刘柏修辑录的《1949—1996 年方志学论著书目一览》。据此，这期间内正式出版的论著有：通论类专著 20 种；编纂类专著 49 种；提要考略类专著 45 种；史论类专著 9 种；管理类专著 2 种；个人论著 58 种；群体论文汇集 81 种；志书评论集 44 种；人物专著 6 种；辞书综览类专著 3 种。这当然是一个不甚完全的统计，实际出版的书还要多得多。

12 月 28 日，河南省人民政府办公厅发出《关于贯彻国办发[1996]47 号文件精神，进一步加强地方志编纂工作的通知》。要求首届编纂的省志要在 1997 年全部完成出版任务，市地志、县(市、区)志要在 1998 年全部完成出版任务。提出首届志书完成之日就是下届修志工作开始之时。要充分利用地方志成果，广为宣传，扩大发行，积极指导社会用志。要加强队伍建设，使地方志工作走上制度化、规范化、科学化的健康道路。

是月，著名方志学家傅振伦在《天津史志》今年第 4 期发表《评〈王庆坨镇志〉》的文章中，针对一些地方将“方志”写作“方誌”，指出“至若‘方志’一词，沿用二千年，不应沿明人陋习作‘方誌’”。

是月，张守中主编的《黑龙江省志・教育志》出版。这是一部黑龙江地方的教育全史。黑龙江历史上无教育专志，教育史料主要记载于光绪《吉林通志・学校志》、宣统《黑龙江志略・教育》和民国《黑龙江志稿・学校志》等三部志书中。本志书则将黑龙江古代教育史上溯了 900 年，因而受到人们重视。

是月，王兆明主编的黑龙江省《黑河地区志》由三联书店出版。是书最突出的特点是专设了第八篇——《人才》篇。关于新志书中应注意记述“人才”的理论探讨和在志书编纂实践中的探索，已经为数不少，但都放在比较低的层次上，设专篇加以记述以本志为第一部。该篇中记述了人才队伍现状，人才的评聘，拔尖人才的选拔，人才的年龄结构、学历结构，人才的培训管理，人才交流等等。为人才的选用、管理及人才学的研究提供了有价值的资料。本志从第四篇

“人口”起，至第九篇“人物”止，构成了由人口总体、人才群体和人才个体组成的人才系列，在结构和安排上也颇为新颖别致，令人耳目一新。

是月，达尔基主编的四川《阿坝州志》藏文版由民族出版社出版。

是月，姚自达主编的云南《双柏县志》出版。双柏是古彝文彝书存留数量多、价值大的县，是彝语南部方言具有代表意义的县。是书的“重点文物”之内，重点记述了“古彝文彝书”，很有价值。

是月，李传授主编的重庆《大足县志》出版。是志修纂中，“以‘争创良志’为目标，自策自励，创新奉献，团结协作，奋力拼搏”，注意总结历史的经验教训，一改多数志书的“概述”而为“纵览”。除开头部分以极简括的文字介绍区位置和地理环境外，其核心部分是结合县史略述，总结了三条历史的经验教训：“安定则兴”、“宽恤则荣”、“唯实则成”。大足自唐乾元元年(758)建县至今的1230年中，经历了4个相对安定和4个战争动乱时期。4个安定时期都促进了社会的发展、经济的繁荣；四个动乱时期都造成了社会停滞，经济萧条，给人民带来深重灾难。从这里总结出来的就是“安定则兴”。通过展列历史上宽政恤民，也就是政治不太苛酷，实行轻徭薄赋、与民休息的政策，都给社会带来了生机，造成了经济的繁荣。即便是新中国成立以后，所谓的宽恤内涵已与旧时代有本质的不同，但同样党的政策对头，社会就发展繁荣，而“左”的时期政策太严，管得过死，也造成了生产的破坏。这里的经验教训就是“宽恤则荣”。大足的历史同样证明，凡是从实际出发，遵照客观规律办事，就事业有成，反之就会失败。如果是一两项(件)具体事情上的违反客观规律，影响还是局部的，但如果是带全局性的政策上的脱离或超越实际，就会出现严重的失败和挫折。以一个县的历史有力地说明，马克思主义历史唯物主义的原则，是在任何一个地方都是适用的。这样三条经验教训从本县的历史实际中总结出来，更具有直接的教育意义。

是月，李贵和主编的山西《沁源县志》出版。是志在出版前的定稿中，打破常规走自己的路，不设全书总概述，而是设了一篇不足3600字的《志策》，完全是策论之笔，共分两部分。第一部分以极简括之笔，交代了沁源县的四大资源优势。这种特色的资源优势，靠较低档次的生产和粗放的经营管理，过去适应小农经济的需要曾经创造过历史的辉煌；后来适应计划经济和合作经济的需要而维持了现状；而今面对市场经济和外向经济的迅猛发展，就因不相适应而显得滞后了。面对于此，沁源人当怎么办？其第二部分便献上计策认为，在国内已从资源导向转向市场导向的总形势下，沁源应当从开发资源的配置，转向发展经济的资源配置。用沁源的话说，就是从“有甚吃甚”、“靠山吃山”的日子，转向“要甚出甚”的日子。因此，第一，要注重市场导向，面向大市场；第二，要树立大资源优势，重新评价和合理配置资源优势，向社会文化层面延伸；第三，要重塑市场经济机制，加快经济发展步伐；第四，要再造新产业，提高产品档次。这本来是一篇很有见地也很有价值的策论之文，但志书正式出版时却没有用上，十分可惜。

是月，张沛主编的陕西《旬阳县志》出版。是志的《石刻》一章中，特设“汉江水文题刻”一节，记述了自明弘治年间至中华民国时期长达400多年间，旬阳县境水患时洪峰的水平，附录中还特别记述了1983年8月1日汉江洪峰过后，本县文物工作者对县境汉江沿岸水毁古墓情况的调查，并提出对利用县境水文题刻研究历史上的洪灾状况和进行远景规划的看法，既具有史料价值，又做到了为现实服务，颇具实用意义。

是月，初钊兴主编的山东《文登市志》出版。是志修纂中除了汇集整理出《崑嵛山文集》和《洞天福地崑嵛山》等资料，在第一届、第二届崑嵛山道教全真派发祥地国际学术讨论会受到好评外，还纠正了中国军事博物馆陈列中的一个错误。1937年12月，中国共产党领导的天福山起义，是党史上的一件大事。起义中组建了山东省人民抗日救国军第三军。这次起义打出的旗帜，按中国军事博物馆所陈列，第三军的名称是墨书在一面无字的旗裤上的。本志修纂者在资料调查中，找到了旗帜的设计者林一山及当年制旗的妇女，以及1940年出版的《胶东大众》所载天福山人民捐献的三军少先队队旗等人证、物证，确认了当时起义的旗帜是在青天白日旗的基础上改造而成的。“山东省人民抗日救国军第三军”，是用白布剪字缝在旗面上的，而不是墨写在旗裤上的。

年底，西藏举行首期方志培训班，江苏、山东、陕西等省的相关领导和专家赴藏给予了帮助。

是年，河北省志办组织人员，查阅省外新志书优秀志文，撷取精粹数十万字，供省内参考。同时，组织对省内新志书推介长处，寻找不足，进行总结。以找不足为主，坚持自我“揭短”与相互“挑刺”相结合。这一做法于1998年12月的全国工作会议上进行介绍，受到会议的重视。

是年，庐锁玲、牛广臣主编的辽宁《锦州市志·综合卷》与该市20项科学研究的最新成果，被入封东北第一古塔——锦州广济寺古塔天宫。是塔的维修历经4年，于今年将竣工时，发现宝塔的天宫封存着辽代的珍宝。锦州市人民政府遂决定将20项全市科学研究的最新成果，隆重而庄严地封入古塔。本志及《锦州通览》均在入封之列。入封时采用传统及最新科学技术，如若不遇大的自然灾害，藏品可保存500年以上。

是年，《广州市志》的宗教部分以《广州宗教志》单行本先行出版。由于资料性强，一问世就受到社会，尤其是专业工作者的重视。广州佛教协会、道教协会、伊斯兰教协会、天主教爱国会、基督教三自爱国会，当即认购了大部分，分送给本教神职人员及负担一定职务的教徒们学习。其中仅道教协会就认购了2000册。

按：这种专业性较强的志书出版后，受到相关部门重视而大量认购的事例也非仅此一例。前述的《山东省志·军事志》也是一例。

是年，四川省已有19个县开展第二届修志工作。《大邑县志续编》已于1996年出版，《南充市志(续编)》和《兴文县续志》也将于1997年出版。

是年，仁钦道尔吉总纂的《苏米图苏木志》内部出版。苏米图苏木，属内蒙古自治区伊克昭盟鄂托克旗。是志分设自然地理、建置区划、畜牧业、草原建设、工业、财贸金融、交通邮电、党政群团、文化、教育卫生、人民生活等11章,前有大事记,后有编后记,插图32帧,表17张(套)。最值得注意的是,该书蒙、汉文合璧(蒙文志6.6万字),是本届修志中最先出现的双文志书,可能也是有史以来第一部双文版的乡镇级志书。

一九九七年

1月6日,山东省文登市举行《文登市志》首发式,市委、市政府决定设立地方志丛书出版基金。基金来源一靠销售史志丛书得款;二靠接受社会捐助;三靠市财政扶持。这一决定受到各方面和社会各界的积极响应,仅在头5个月,就积得基金款35万元。头5年已滚动积累资金达50万元。史志丛书出版基金的设立,在全国尚属首家。

1月10日,广西壮族自治区人民政府发出《关于进一步加强地方志编纂工作的通知》。通知要求:本届三级志书修纂任务必须于1998年底以前基本完成,2000年开始续修下一届地方志,要做好编纂地区志、市辖区志的准备工作;要在修志队伍中大力倡导"求实、创新、协作、奉献"的敬业精神,坚持专职修志队伍与兼职修志队伍相结合的成功经验,注意吸收各行业有造诣的专家、学者参加地方志编纂工作;自治区地方志编纂委员会办公室(自治区通志馆)为自治区人民政府直属的具有行政职能的一级事业单位,为常设机构,地、市、县(自治县、市、市辖区)地方志办公室,为各级人民政府直属的常设机构,根据情况配备人员,不足的要加强;各有关部门承担《广西通志》专志的编辑室,凡未出书的机构不动,力量不足的要加强;已经出书的,机构可以保留,也可以挂靠办公室,要有专人负责收集整理志书资料和编辑年鉴工作;要为修志机构提供必要的工作条件和经费;要认真整理、保存、利用本届修志所积累的资料;加强对已出志书的开发利用,充分发挥这些资料、志书在两个文明建设中的作用;各级人民政府和区直各有关部门要进一步加强地方志工作;区通志馆和区地方志协会,要加强方志理论研究与实践探讨,及时进行下一届三级志书编纂的研究设计与论证,推动地方志事业的不断发展。

1月14日,河北省举行编委会主任办公会,要求各级政府和编委会对修志工作必须采取5个"务必":1.务必把完成修志任务列入本单位年度工作计划和目标责任中去;2.务必领导到位,加强协调,抓紧落实;3.务必提高志书质量,力争后来居上;4.务必为今年完成任务创造必要的条件;5.务必加强督导、检查,当机立断,解决问题。以上精神,河北省人民政府办公厅于1月25

日，正式以《关于按计划全面完成地方志编纂任务的通知》下发全省。

1月23日，河南省史志办和省史志协会在巩义市召开乡村志经验交流会暨《白沙志》(1996年3月方志出版社出版)首发式。会上有巩义、唐河、汤阴、内黄、金水区等史志办，分别介绍了组织编写乡村志的经验。这实际是一次编纂乡村志的现场会。

1月25日，李玉成在是日出刊的《广西地方志》今年第1期上发表《方志的本质》一文。文章对当前流行的关于方志的学科属性的诸种说法分析之后，得出结论认为："地理书、资料性著述、地方文献、行政管理学、百科全书等，只是方志演变过程的不同阶段或不同侧面的表现，是方志变易的、不稳定的、次要的质；地方史才是方志比较深刻的、相对稳定的、主要的、根本的质，是方志区别于其他学科的特殊的本质。"文章还认为，近现代方志的逻辑起点，最基本、最小的记述单元是"竖写"。

韩章训在同刊期上发表《方志编纂观念论析》一文。他归纳古今人们对方志编纂观念的表述有三种：一是"再现说"，认为方志编纂在本质上就是编纂主体如实再现地情客体的过程；二是"表现说"，认为本质上是编纂主体的一种自我表现过程；三是"统一说"，认为方志编纂既不完全取决于编纂客体的力量，也不完全取决于编纂主体的力量，而是取决于编纂主、客体的交互作用所形成的合力。他认为，方志编纂就是编纂主体在一定思想指导下，依照方志体例，把浩繁复杂的地情材料加工为科学的资料性著述的创造过程。文章进一步从方志编纂的时间性上去认识，归纳出"临时性说"和"长期性说"。目前在一些地方，临时性和长期性这两种新旧修志观念之争还是存在的，但我们可以相信，通过方志工作者的努力宣传和积极工作，那种把修志视为临时性任务的旧观念，终究会被把修志视为长期性事业的新观念所代替。

1月31日，由吴文化教育博览苑、江苏省地方志办公室、锡山市地方志办公室联办的"吴地方志馆"落成。该馆建于吴文化博览苑宪生万卷楼。在开馆式上，江苏省志办主任汪文超在讲话中，希望吴地方志馆发挥桥梁作用，把方志研究成果推向港、澳、台及东南亚地区，加强与海外的联系与交流，团结爱国同胞，共同促进方志事业蓬勃发展，为建设有中国特色的社会主义祖国作出应有的贡献。这是一种公、民合办的新型方志馆，是进行地情教育的创新，是把读志、用志推向基层、面向群众的创新，开创了一种民间藏志、用志的新形式。由于没有经费来源，志书主要靠社会捐赠。仅开办的半年的时间里，就收到吴地修志部门和广大修志工作者捐赠的各类志书和地方文史资料近200种850余册。

是月，山东平邑县志办王照伦在《黑龙江史志》今年第1期发表《志书编纂的主体性》一文。认为志书编纂者在修志实践中处于主体地位，而主体性发挥情况又是修志实践的核心问题。成功的志书，只能是地情与编者创造性劳动结合形成的文化产品。既不能将主体和地情割裂开来，也不能将二者对立起来。古今志书编纂实践和方志理论研究中的唯意志论和机械反映论者都是十分有害的。处于自然状态中的地情较志书中的地情更加丰富多彩，但它又是原始粗糙、零星分散的，本质和现象，主流和支流，真善美和假恶丑交织在一起，不易为人们所把握。而志书中的地情实现了客观事实和历史本质的统一、客观感性和历史运动理性的统一、现象和本质的统一、偶然和必然的统一，最大限度地排除了各种因素的纷扰，更便于用志者理解和利用。文章还分析了主体性在修志中的诸种表现。

是月，傅玉辉、王美成、陆国柱主编的《益阳地区志》出版。是志修纂中，方志工作者经过核实研究资料，补充、纠正了涉及该地著作的34处错漏。其中最重要的是纠正了1979年版《辞海》、1982年版《简明社会科学词典》、1981年版《中国名胜词典》等书中关于段德昌条的错误。《辞海》1989年再版时，已按志办的意见改正过来。在该志的交通志编写中，修志人员从一农户垫脚的古碑上，发现了益阳古大道的记载，从而弄清了“宝庆——安化——益阳”线的走向，纠正了历来认为湘中无古道的成说，及时补入已交付出版的《湖南公路交通史》之中。

是月，在河南省社会科学成果评奖中，《洛阳市志·文物志》和《教育科技志》获得一等奖。

是月，《陈桥驿方志论文集》由杭州大学出版社出版。是书收集了作者地方志方面的论文26篇、书评10篇、书序(前言)37篇，共73篇，全书42万字，是作者方志学研究成果的集成。该书自序中说：“近人胡乔木指出，地方志是严肃的、科学的资料书。对于地方志的性质，议论多年，说法纷纭，我认为胡氏所云真是一语中的。”作者认为，方志的可贵在于资料，方志的生命力也在于资料。对于政府公报式的志书，它的实在生命，或许在首发式或以后就告结束。一些资料貌似丰富，但并不严肃、科学，用这样的资料做学问，就谈不上得心应手，而是“疑心棘手”。

年初，《天津史志》编辑部发出“评选天津文化名人的倡议”，受到社会各界的热烈拥护，纷纷提出意见、建议和名单。

2月13日，山西省人民政府办公厅印发《关于认真贯彻落实国办发[1996]47号文件，进一步加强我省地方志编纂工作的通知》，要求为在1999年之前完成全省三级志书的编纂出版任务，各部门和各单位的领导一定要把修志工作当作自己职责内的大事来抓，决不能拖全省修志工作的后腿。在1996年9月召开的全省地方志工作会议上所签订的责任状必须兑现。尚未完成初稿的单位，要采取倒计时的方法，把编纂日程明确下来。文件还公布了未完成初稿的省直单位和地(市)、县(市、区)的名单。通知强调，新编地方志工作是一项长期的，连续不断的学术文化系统工程，本届志书完成之后，要着手安排下届志书的续修工作。要积极探索地方志工作改革的路子，在“服务当代”这个题目上下功夫，把修志工作做好做活，使之保持旺盛的生命力。山西省史志研究院地方志研究所，同时挂山西省地方志办公室的牌子，行使行政职能，代省政府处理全省地方志编纂中的日常行政工作。

2月17日，广西壮族自治区人民政府召开《广西通志》尚未完成志稿的15个专业志工作座谈会，15个修志单位的领导及相关人员与会。会议通报了整个通志的进展情况，自治区政府秘书长向15个单位提出了4项具体要求。总的是要在保证质量的前提下，于1997年写出初稿，

1998年出书，向自治区成立40周年献礼。

2月25日，云南省志办陶学宪在是日出刊的《云南史志》今年第1期上发表《当代省志的特色及下届省志的编修刍议》。文章认为，本届新修省志特色有四。第一是新——主要有指导思想新，领导体制新，志书体例新，使用资料新，编写方法新，编辑方法和装帧印制新。第二是博——内容广博，资料丰富，记述全面。第三是杂——主要是体例不太统一，有通志（如山西、广西），有断代志（实际是既未通，又未断，如云南等），有丛书（如江西等）；有大志体（四五十个分志，如湖北等），中志体（60～80个分志，如云南等），小志体（达100多个分志，如陕西等）。大多数分志都是志中志，各自成为小的独立王国，使一部完整的省志成了“省志丛书”，破坏了志书的整体性，亦出现了过多的交叉重复。第四是冗——表现为志书篇幅庞大，字数多。文章总结出经验教训有二：一是缺乏经验，理论指导亦不足；二是修志方法不科学。群众运动式的“众手成志”的方法不可取；各厅局的领导对修志工作的认识不一，指导、领导的力度不够、不一；领导意识的干扰，有的把修志作为“树碑立传”的工具，把个人意见强加于修志的人，也有一些修志的人屈从于长官意志。在以上总结的基础上，作者提出了续修省志新思路：第一，加强理论研究与指导，建立科学的省志体例结构；第二，应该是方志专家修志，而不是“众手成书”。

是日，新疆玛纳斯县史志办王广荣在《新疆地方志》今年第1期发表《历代方志地域分布规律初探》，首次提出了“方志地理学”的概念，并界定其为研究方志分布的地域差异规律的学问。内容包括分布与修志传统、修志与地方文化、修志与地方经济基础、修志与商业活动、修志与地方人才及边防建设的种种关系等。文章勾勒出我国历代方志的空间分布脉络，是由中原地区的黄淮流域，向长江流域以南的东南部拓展，再发展到东北部和西部边疆地区，形成全国统一修志的局面。至明代，以河北为中心，形成了山东、山西、河南的“两山两河”的修志圈。从修志时间及数量分布上，有两条明晰的发展线路，江苏则是这条线路的交织点。一条由此沿海疆向南发展至广西，另一条由此沿长江向上发展至四川，然后辐射交叉于云贵地区。文章还分析了方志分布与修志传统的关系、方志分布与经济基础的关系、方志分布与文化建设的关系、商业愈发达修志愈多、方志分布与人才的关系、方志分布与边防建设的关系等。认为方志的地域分布不能简单地视为政府的行政行为，而是一门综合研究的学问。研究方志的行政地理分布，是研究方志编纂的行政行为、经济行为、文化行为、学者行为等共同合力的影响。

是日，广东省志办主任黄勋拔在是日出刊的《中国地方志》今年第1期上发表《广东新编志书的整体评估和改进意见》一文。文章列述了广东新志书存在的问题：

一、选材方面主要是：1.从时间上来说，新中国建立前的资料偏少。2.从内容上讲，缺少社会问题的资料，造成部门志的痕迹很深；工作失误写得少；历史事件写得少；“以事系人”少。3.从资料来源讲，社会调查和口碑资料少。4.从资料的质量讲，存在“五多五少”，即简单堆积的微观资料多，综合提炼的宏观资料少；共性的资料多，有个性的资料少；概念、理论、政策、制度的多，反映重大决策活动和历史事件的资料和典型事件少；表面、平面的资料多，有深度、有新意的资料少；众所周知的资料多，“独家资料”和新披露的资料少。5.有的志书宏观调控不够，各部分比例不尽合理。

二、体例方面主要是：1.篇目“大而全”、覆盖面广而篇幅有限，有些类别或事件内容很多，但不能展开，导致内容单薄，缺乏深度。2.横分门类的体例，在某种程度上割裂了事物的联系，不能把一个问题的方方面面捆在一起分析，使问题讲不清楚。3.采用“述而不论”的笔法，有时影响了对问题的记述和分析。4.强调整体性是对的，但有的地方掌握不好，泛泛而谈，影响了信息密度。5.体例上有一定程度的模式化倾向，有些地方有所创新，但真正大的突破极少，甚至没有。

面对于此，他提出改革的具体思路是：(一)从群体上来讲：1.要编写多层次、多形式的志书，形成志书群体，以适应不同层次的需求；2.建立电脑地方志，即地情资料信息库；3.史、志、鉴、刊并举。(二)从综合志书来讲：1.改革志书体例，优化篇目，突出重点。志书内容要包括两部分。第一部分是主体部分，仍然是“大而全”，但分层次不要太多，而且要突出重点与特点。第二部分是专题调查、专题文章、重大事件纪实。采用分类条目体，多用互见，减少交叉。2.搞好选材。3.不论什么志书，都要尽量缩短编辑、出版周期。

天津市志办主任郭凤岐在同刊期上发表文章，在谈到修志与学术研究的关系时，特别提到了该市红桥区修志中，发现该区水西庄是《红楼梦》的写作原型。水西庄位于红桥区，是清初著名的私家园林。初建于雍正元年，扩建于乾隆初。红桥区在修志中，从其建筑面积 100 余亩约与《红楼梦》中的大观园“三里有半”相近。又，其轩馆名称有 10 余处与大观园中的相同、相近、相似，其内的诗词与书中诗词也有可呼应者。“雪中海棠开”恰好发生在查家。书中元妃省亲为何冬来？似亦与乾隆十三年，乾隆帝、后驻跸于水西庄可以联系。该区志办写出了《水西庄与〈红楼梦〉》的论文。文章在水西庄学会成立大会上宣读后，曾引起红学研究者的重视，受到方志界、红学界、史学界的好评。红学专家周汝昌先生称这是对红学研究的突破。为此，美国、日本和台湾地区一些学者专程来访。

2 月 26 日，河北省举行省志工作座谈会，副省长、省地方志编委会第一副主任王祖武提出 4 项要求：一、在强调 1997 年基本完成省志任务的同时，仍要十分重视省志的质量；二、要真正把省志工作纳入工作计划，作为本部门的工作任务之一；三、要做到领导、机构、队伍、条件、经费“五到位”；四、希望各部门根据会议精神，制定出实施计划报省志办。个别单位如果确有困难完不成任务，应写明原因和下步的安排，报省编委会批准。强调这些要求，既代表编委会，也代表省政府，希望引起各级高度重视，认真贯彻落实。

3 月 6 日，宁夏回族自治区人民政府办公厅发出《关于进一步加强地方志编纂工作的通知》。通知规定《宁夏回族自治区通志》区级专业志、地区(市)志和县(市、区)志，每隔 20 年左右续修一次;提出了加强方志工作的若干要求。

3月8～22日,山东省史志办公室张守富一行二人,随国家外文事业局、中国国际图书贸易总公司代表团,参加在美国举行的第49届美国亚洲协会年会及图书展。以山东省志《泰山志》、《孔子故里志》等参加展出,受到欢迎。美国洛杉矶长城书店、旧金山常青书店、纽约长城书店等,对展出的志书及即将出版的《孙子志》、《诸子名家志》等都表现了极大的兴趣。开幕式当天,所带展品即被订购一空。

3月24日,浙江《东阳市志》、《浙江名村志》多媒体光盘在慈溪通过专家鉴定。该光盘由浙江省志办监制,宁波金轮计算机有限公司和两书的编者共同完成。光盘以先进的多媒体全文检索技术为依托,包含两书300多万字的文字和370余幅照片,另有视频资料10段约30分钟。其特点主要有:一是采用多种媒体记载资料,图文声像并茂,兼具地方志书和录像资料的优点,且比上述资料易于保存和携带;二是可实现中文全文检索,在事先不做任何标引的情况下,可对任何词条进行检索,响应时间均在一、二秒钟之内,而且可以将检索到的资料打印出来。来自北京、西安和浙江本省的有关专家充分肯定了这一成果,并认为这个光盘的制作成功,为志书的利用开辟了现代化的手段。制作单位将在通过鉴定后,迅速复制一批光盘投放市场,通过东阳市地方志办公室发行。

是月,全国武警部队总部成立史志丛书编审委员会。该委员会是在武警部队党委领导下,在上级业务部门的指导下,统一领导武警部队编史修志工作。主要职责有四:一是认真贯彻党中央、国务院、中央军委关于编史修志工作的指示要求,提出武警部队的贯彻意见和措施;二是结合武警部队实际,研究制定编史修志工作总体规划,提出年度编史修志工作安排意见;三是检查、指导部队编史修志工作进展情况,总结交流经验,表彰宣扬典型,推动编史修志工作落实;四是审定和批复部队有关编史修志工作请示,研究解决编史修志工作中的重要问题;五是认真组织史志书稿的审查验收,把好史志丛书政治关和学术质量关。各总队、支队亦成立编审委员会,其职责大体与总部编审委员会相同,但要结合实际加以细化。

是月,邵文杰总纂的《河南省志·农民运动志》与《工人运动志》合卷出版,这是全国省志中独有的一个特志。传统的看法认为,农民问题主要是土地问题,农民运动主要是反抗封建地主阶级的剥削、压迫的政治、军事斗争。可以包括反对帝国主义、官僚资本主义、封建主义的斗争,至多延至新中国建立后的土地改革运动。土改后就基本没有了农民协会组织。但本志的编纂者认为,对此不能视野过窄,只看到农民反封建压迫剥削的斗争,而应当包括农民的政治斗争、经济斗争、文化斗争、科学实验。故本志的八章中包括:一、农民自发反抗斗争;二、参加资产阶级民主革命;三、参加新民主主义革命;四、改革封建土地制度;五、走互助合作道路;六、参加"人民公社"、"大跃进"和农业学大寨;七、改革农业经济体制;八、农民运动组织。

是月,由胡世厚研究员主编的《河南省志·著述志》出版。全书分5章27节,记述了中原文化的流变发展及其地位、作用,收集了从 1840～1987 年间近现代河南籍学人 2330 人及 9367 部著作。尤其对 19 位河南省籍学部委员的成就作了专门记述。

是月,薛庆仁、夏泽民总纂的江苏《扬州市志》出版,由中共中央总书记、国家主席江泽民题写书名。是志的概述吸收了浓缩体、特点串联体、史纲体和策论体概述的优点,形成了诸体综合型的概述,共分三大部分。其第一部分既是历史的简介,又是扬州特点的揭示,共有 5 点:一、襟江带淮的显要之地;二、几度兴衰的历代经济;三、底蕴丰厚的民族文化;四、代有传统的斗争精神;五、今昔对比的城乡变化。这种揭示不像有的志书那样将各特点平列摆出,而是先从襟江带淮的自然环境入手,解连环扣式地逐层展开。正是由于地势坦荡、水秀土肥、资源丰盛、物产富饶的地理优势,使得这里早在 7000 多年前就有土著居民繁衍生息,从 3000 多年前的西周时期起,这里便成为一方重要的政治中心,因而具有区位显要、历史悠久的特点;自然环境的优越,为经济发展提供了有利的基础。但政治中心的位置,却使得这里的经济受着政治浮沉的直接影响,于是形成了经济升降的几度兴衰。由于经济政治中心的长期孕育及南北文化的交融,在这里积淀了丰厚的文化沃土,所以它有着底蕴丰富的民族文化。在阶级社会里,政治、经济中心地位,固然有其优越的一面,但往往因此又成为统治阶级搜刮的重点地方和不同势力、集团争夺的目标,以致沦入军事斗争的旋涡,给社会带来灾难,给人民带来痛苦。为了维护正常的生产和安定的生活,人民不得不时而起来反抗强暴,反对外来的侵略,所以使此地人民强烈的革命斗争精神成为一种传统,代代相承。如果说前四目所反映的是偏重于深层历史特点的揭示,那么第五目则是运用今昔对比的方法,充分展示了扬州的现实面貌,也就是当今扬州的现实特点。其第二部分是扬州社会主义建设中经验教训的总结。第三部分,是直陈扬州未来发展中所面临的历史机遇及严峻的挑战,并提出策论。

按:这种诸体综合型的概述,既是对先行者所创立各体优长的继承,又是在其基础上的创新。运用这种写法的还有新疆《库车县志》等。

4 月 1 日,青州市志办张景孔在是日出刊的《黑龙江史志》今年第 2 期发表《方志批评若干问题论略》。这是自 1989 年林衍经提出方志批评学这一概念以来,较为系统论述方志批评的文章。他指出,方志学的各个分支中,方志编纂学、方志管理学、方志史学皆有专著行世,到目前只有方志批评学尚未见有专著。这一现象显示了这一领域研究的薄弱和困难,应引起方志界的重视。对于方志批评学,作者认为可以分为批评史、实践批评、理论批评、流派批评、评家批评。文章从方志批评的现状、方志批评的性质、方志批评史、方志批评的对象和内容、方志批评的标准、方志批评的方法、方志批评的原则等七个方面进行了论述。

大兴安岭地区志办刘庚正在同刊期上发表《当代地方志工作的盲点、误区扫描及对策刍荛之见》。文章指出当代各级领导在方志观念上普遍存在三个盲点、三个误区:盲点和误区之一是,看不到地方志工作是历代统治者和当代执政者的资治需求,看不到志书真正的价值所在,认为地方志工作可有可无，逆反心理比较普遍，口头上重视，行动上却证明不了重视；盲点和误区之二是，看不到修志决策需要有权威和力度，在修志宏观决策上以为一声倡导和号召，便可举国响应照办，在修志微观决策上，认为修志工作不是官职官责；盲点和误区之三是，看不到地方志工作是一项系统工程建设，是一种行政行为，推行“一本书主义”，短期行为普遍，没有建立长远的地方志工作机制，偏离了行政行为，失去应有的行政规范。面对以上三方面的盲点和误区，作者也从三方面提出了相应的对策。

4月10日，江苏省志办汪文超在《江苏地方志》今年第2期发表文章对本届志书经济部类内容进行述评，认为：一、重视了宏观经济和中观经济的记述，不乏精品或精彩之笔，但也有不少志书记述缺乏深度，对本地区各个时期的经济基础发展战略或措施记得不够清楚；二、注意了经济结构的记述，经济运行的质量得到一定程度的反映，但仍有不少缺漏，特别是行业内部的结构大多数没有涉及；三、充分记述新中国成立后特别是党的十一届三中全会后经济发展的成就，弘扬了时代的“主旋律”，应予以肯定，但是对四十年来在经济工作中的失误或问题、曲折和教训，涉及不多，即使记述到了也反映得不够，这有悖于编史修志必须遵循的实事求是的原则；四、资料翔实丰厚，这应该说是经济部类分志的一大特色，但是丰厚的产品，是微观资料，对资政、存史、教化的价值不很大；五、数据多、表格多是经济部类分志的一大特色，这方面的资料也很实用，但记述的数据不规范，各行其是，随意性大，大大削弱了它的使用价值。他希望在续修下届志书时，应认真总结这方面的经验教训，对经济部类的记述应有一个较大的突破。

4月22～23日，安徽省举行全省地方志第六次工作会议，省长回良玉、省委书记卢荣景出席会议并讲了话。会议讨论了地方志工作“九五计划和2010年远景目标规划”，要求进一步振奋精神，采取措施，在本届政府任期内全面完成规划内的省、地(市)、县三级志书，并为下届修志做好准备工作。

4月25日，上海史志学会举行地方志中“专记”研讨会。80年代以来，上海新修志书中设“专记”篇及与之相类似的“特记”、“杂记”、“志余”、“附记”的占了绝大多数，其中“松江府记略”、“上海县‘文化大革命’纪事”、“药水弄今昔”、“国民政府与《大上海计划》”、“洋泾浜”、“上海展览中心”、“南市九亩地”、“上海制笔行业私营企业的社会主义改造”、“美商上海电力公司”、“解放前上海机器业工人运动”、“20世纪30年代上海的垃圾焚烧处理”、“租界侨民体育”等篇，由于资料翔实，各具一格，存史价值较高，可读性较强，而获得不少读者的好评，也引起了方志编纂者对新方志中设“专记”篇的研究兴趣。此次会议参加者各抒己见，进行了热烈的讨论。

同日，山东省地方志办公室主任张守富在《中国地方志》今年第2期上发表《建设现代化省(地)情资料库的价值定位与总体设计论》，介绍该省地情资料库的建设情况。资料库计分基础数据库、专题数据库、统计数据库和拾遗库四部分。基础数据库，收录、存储全省新编三级志书及乡镇志、村志、部门企业志和省、市(地)、县及各大企业年鉴，还有修志过程中收集的但因志书篇幅限制而未入志的资料，志书下限后的最新资料以及图书、档案、报刊中有价值的资料，旧志中反映地情而与新志书内容不重复的资料等，并不断充实新资料。专题数据库，分88个专题，将基础数据库的资料，按专题重新归类组合。其下分四个层次，即分卷、类、辑、条，然后编制多种检索。统计数据库，收录基础库中所有表格、图片资料，并收入历年重要的省级统计资料。拾遗库，收入凡基础数据库不便收录的资料。整个工程分三步实施：第一期工程1996年底完成，包括基本完成省情库的总体设计和研究论证，以及省情库管理系统软件的开发、测试、验收，基本完成10个专题数据库框架建设和“省情资料库的建设与开发”软件学课题的研究及鉴定。第二期工程将于2000年前完成，即完成所有专题库框架建设，并开展对外信息咨询服务，同时筹建山东省省情资料征集委员会，在各市(地)、县及省直各部门建立省情资料库工作站，构成一个庞大、完整的地情信息网络。第三期即2000年之后，全面完成建库工作，开展地情研究和信息咨询服务。

新疆阿瓦提县史志办公室张诠在同刊期上发表文章，指出一些教育志中普遍存在的问题：一是主次不分，失却地方特征；二是教材内容及教学方法记述过于简单，教改甚至为空白；三是看得到成绩，看不出失误；四是典型学校的介绍缺乏重要的典型材料；五是教育管理中只有行政内容，而缺乏学校管理内容。

是日，辽宁省抚顺市社会科学院地方志研究室单辉在《云南史志》今年第2期发表《方志的本质特征只能是资料性吗?》，对山东平邑县志办王照伦于该刊1996年第1期发表的《论方志的本质特征》一文提出异议。王氏的基本论点认为，方志是用事物反映地情，方志是资料的集合，方志的本质特征只能是资料性。单氏针对王氏的看法提出几点意见。第一，王氏的“用事物反映地情”是同义反复。第二，王氏的方志不是理论，方志编纂所使用的思维方式与抽象思维方式不同。单氏则认为这“不是理论”的方志，记述用的也是抽象思维。第三，王氏认为方志对具体事物记述时，必然把自己的观点贯穿其中，而一般社会科学要尽可能减少情感的渗透。单氏则认为主体感情的渗透，在社会科学论著中和地方志记述中没有什么不同。王氏认为方志记述的目的不是为了说明什么，而是为了再现客观世界发展演变的实际过程。单氏则认为，方志编修的目的，是“再现”与“说明”的统一。作为有着自己质的内在规定性的方志，仅仅在资料性上与有着自己的内在规定性的文献、百科全书、国史、社会科学论著并不能区别开来。方志只有将其内容的本质属性(地方的或区域的、一定时限内的历史)与文体的本质属性(资料性著述的实现方式和类分的结构方式)结合起来，作为一个复合整体的质的规定性或曰本质属性，才能与具有自己内在规定性的其他质态的文体真正区别开来，并真正确立自己独立的学科地位。

按：单氏在《广东方志》今年第3期《“资料性著述”质疑》一文中对自己的观点作了进一步的阐述，认为方志要由资料构成，但资料性不是方志的本质属性。正如楼房由砖头构成，但楼房的本质属性不再是砖头，而是居住的场所了。也如钟表的金属零件的本质属性不能代替钟表的本质属性一样。方志的本质属性可以分为两个层次:从内容层次而言,它是地方的或区域的、一定时限内的历史;就方志的形式层次而言,从纵向上看是一种"著述",从横向上看是一种"分类"。方志形式上的本质是"著述"与"分类"的复合。"资料性著述"说,把方志记述的目光大都集中到"资料"的层面,是有其消极影响的:一是缺乏主体意识;二是弱化现代意识;三是缺乏分析综合;四是缺乏专业深度。

是月,逯丁艺主编的山西《安泽县志》出版。是志最大特点是重视实地调查研究,集纳了大量"口碑"资料。主编者从1972～1977年先后深入全县189个生产大队,走访了近300名当事者和知情人,又经历13个省、市、自治区访问了战争年代在安泽担任县、区级职务的领导干部260余人,先后编成《安泽县解放前的经济状况》、《安泽人民武装斗争史料》等资料。本届修志开始之后,又根据《新编地方志工作暂行规定》的内容要求,设计了"社会"、"人文"、"自然"三种调查表,深入到县内105个行政村,逐一对社会结构、经济形态、历史变革、人际关系、文化教育、卫生保健、风俗民情、重大事件、轶闻趣事、古迹遗存、物产资源、自然灾害等进行调查。每到一地,就察山水、进寺庙、寻古迹、考金石,寻"口碑"。访问对象不仅有干部和党员,还有普通知识分子、老农民、老牛羊工、老店员、社会游民、阴阳先生,还有所谓的"伪人员"。正是因为有这样的调查所得作基础,故编成的志书很有特点。一是深,反映了不少深层次的问题。如县内特有的"租行"这种经济实体就是一例。新中国成立前外地商贾或有钱人来安泽大量"领荒",经营土地,招人佃耕,收取租粮替安泽县交纳田赋。这样的"租行"达七八十家之多,大的年收租几千担,中的七八百担,小的亦三四百担。这些租行除了对佃农残酷剥削的一面外,也还有灾年缓收租,借粮供佃户度荒,贷粮供佃户打土窑,贷耕牛供佃户役使,还替佃户转销余粮和供销生产用具和生活用品等。这对逃荒来安泽讨生活的难民,在深山野沟里定居是大有好处的,对本县经济发展也有促进作用。民国元年,全县只有1100多个村庄,31303口居民。到民国二十六年,全县村庄达4000多个,居民达101900人,纯增长2.25倍,每年可输出粮食10万余担。一些经济学家认为这种经济实体是一大发现。抗日根据地建立后,租行主不敢再来收租,所以减租减息也做得彻底,人民与共产党也最为贴心。二是实。志书中所记1940年前国民革命军在县境内与日本侵略军的几场恶战,令人读来信服。

5月4日,陕西《黄陵县志》影视版在延安举行试演仪式。是志影视版于1996年6月开始筹划,9月开始运作。1997年3月通过陕西省委宣传部和省地方志办公室联合审片,于4月3、4、5日在黄陵县有线电视台试播,受到前来谒陵拜祖的海内外人士及黄陵县城乡观众的普遍欢迎和称赞。是片全长70分钟,浓缩了黄陵县的发展历史,突出了黄陵的自然、人文和生产特点。评论者认为:"我国地方志在宋代曾出现过一次重大的转折,即趋于定型的方志取代了图经,从而出现了方志编修史上记述形式变革的第一块里程碑。而今,陕西省影视方志的拍摄,事实上又拉开了方志记述形式革命的序幕,这可谓方志记述形式变革的第二块里程碑。”

按：这也经过了一个探索过程。此前声像兼具的地情影视版已经出版过福建的《晋江》、《龙岩地区地方志》、《龙岩市地方志》、《武夷山市志》，湖北的《历史文化名城——江陵》，江苏的邮电专业方面的《古彭鸿雁》等。

又：这些声像兼具的地情影视版的出现，在地情教育中的作用是难以估量的，在沟通海峡两岸骨肉亲情上也发挥了不可替代的作用。据报载，福建武平县制成武平风貌的电视纪录片，被台胞带回台湾复制了30盒，在台湾武平乡亲中广为流传，引起了强烈的反响，被他们称为“电视家书”。这一情况反映到北京，引起了高层的重视。时为中共中央总书记的胡耀邦作出重要批示，批示说：“现要我们的一些录像带进入了台湾，无非是片源问题，钱的问题。片源应该很多，钱也不是很大的问题。你们的片子一本大概是3万元，100本也就300万。目前我们与台湾通商、通航、通邮不行，‘通像’还是可以的。”（《老年文汇报》2010年10月8日20版摘载《大陆录像带首进台湾纪事》）将这种录像带的流通称作“通像”，与通商、通航、通邮并提，使从事这方面事业的史志工作者受到很大的鼓舞，提高了对史志工作的认识。这种“通像”、“通影”的意义，甚至影响到台湾当局积极决策。广西电影制片厂拍摄的《血战台儿庄》传到台湾后，宋美龄和蒋经国先生都看了。蒋经国看完之后说：“从这个影片看来，大陆已经承认我们抗战了。这个影片没有往我父亲脸上抹黑。看来，大陆（对台湾）的政策有所调整，我们相应也要作些调整。”不久，蒋经国终于决定同意开放国民党部队老兵回大陆探亲。（同报同版转载《百年潮》的文章）

5月7～8日，根据组长李铁映的提议，中国地方志指导小组二届三次会议在北京举行，会议主要讨论通过了《关于地方志编纂工作的规定》，并讨论研究了将在是年举行的全国地方志评奖工作的具体实施办法。中国地方志指导小组办公室于是日正式下发《全国地方志评奖实施办法》，共9条。（详《中国地方志》1997年第3期封二、三）

按：《全国地方志评奖实施办法》中规定的“评奖基本标准”6条，被有的评论者称为是良志的标准。

这次会议讨论通过的《关于地方志编纂工作的规定》，是日正式颁布实施，全文如下。

关于地方志编纂工作的规定

(中国地方志指导小组二届三次会议讨论通过)

第一章　总　则

第一条　根据国务院办公厅《关于进一步加强地方志编纂工作的通知》，为使我国地方志编纂工作制度化和规范化，特制定本规定。

第二条　编纂地方志是一项长期的具有连续性的社会主义文化建设事业，对全面了解和反映我国地情国情，对推进我国两个文明建设，对积累和保存地方文献有重要意义。

第三条　编纂地方志必须以马列主义、毛泽东思想和邓小平理论为指导，坚持实事求是的思想路线，运用现代科学理论和方法，全面真实地反映当地自然和社会的历史与现状，为改革开放和社会主义现代化建设服务。

第四条　编纂地方志应继承我国历代修志优良传统，贯彻存真求实的方针，坚持改革创新，做到思想性、科学性和资料性的统一。

第五条　编纂地方志应延续不断。各级地方志每二十年左右续修一次。各地在上届志书完成后，要着手为下届志书续修积累资料。

第二章　组织领导

第六条　中国地方志指导小组从政策上和业务上指导全国修志工作，对修志工作涉及的重大问题及时向党中央、国务院请示报告。中国地方志指导小组负责建立和完善有关规章制度，对各地制定规划提出建议和要求，督促检查各地修志工作，组织交流经验和开展各种学术活动。

中国地方志指导小组设办公室，负责日常事务工作。

第七条　坚持“党委领导、政府主持”的修志体制。各省、自治区、直辖市的地方志编纂委员会及其办公室，负责组织本地区修志工作。地方志编纂委员会办公室应是当地政府直属的具有行政职能的一级单位。设区的市、地区、自治州、盟和县、自治县、旗、不设区的市、市辖区也要有常设的修志机构。各级修志机构的经费列入各级地方财政预算。

各级修志机构的主要任务是：制定规划；开展调查研究，积累资料；组织志书编纂；审定验收志稿；整理旧志；总结和交流修志经验；进行方志理论研究；培训队伍；编纂出版地方年鉴；提供地情咨询服务；编写地情丛书等。

第八条　地方各级政府要配备德才兼备的干部担任领导和主编。地方志专职编纂人员相对稳定。要不断提高修志工作者的政治素质和业务素质，在修志队伍中大力倡导“求实、创新、协作、奉献”的敬业精神。编纂地方志要充分发挥老同志的作用，同时通过各种形式对中青年骨干进行培训，努力从高等院校和科研部门输入更多有较高专业水平的青年人才。坚持专职队伍与兼职队伍相结合的方针，吸收各行各业有造诣的专家、学者参加地方志编纂工作。民族（区域）自治地方应吸收本民族干部参加。

第九条　地方各级政府要加强对地方志编纂工作的领导，要把这项工作列入政府的议事日程，明确一位领导同志负责，及时协调和解决工作中出现的问题；要切实保证修志机构的经费和必要的工作条件，定期评聘业务人员的专业技术职务，妥善解决工作人员的生活福利待遇等问题。

第三章　志书编纂

第十条　编纂地方志主要分三级进行：省、自治区、直辖市编纂的地方志；设区的市、地区、自治州、盟编纂的地方志；县、自治县、旗、不设区的市、市辖区编纂的地方志。

国家部委和军事部门志书的编纂，由其领导部门决定。

第十一条　编纂地方志要加强调查研究，掌握翔实资料，力求观点鲜明正确，材料真实可靠，体例完备严谨，篇目结构合理，内容充实深刻，段落层次清楚，审校严格认真，从多方面采取措施，保证志书质量。

第十二条　首届志书的断限，各地可根据实际情况自行确定；续修志书时，每届志书的下限，力求统一。

第十三条　地方志的体裁，一般应包含述、记、志、传、图、表、录等，以志为主体。图表采用现代技术编制。人物志要坚持生不立传的原则，在世人物的突出事迹以事系人入志。

第十四条　地方志的篇目设置，应合乎科学分类和社会分工实际，突出时代特点和地方特色，做到门类合理，归属得当，层次分明，排列有序，形式上不强求一律。

第十五条　地方志的文体，采用规范的语体文。行文力求朴实、简练、流畅。志书的篇幅不宜过大，今后续修，字数要相应减少。

第十六条　地方志所采用的资料，包括史料、人名、地名、年代、数据、引文等，务必考订核实，重要的要注明出处。历史纪年，注明公元；地理古名，注明今地。全书要附有索引。

第十七条　各级地方志应严格执行审查验收制度。省、自治区、直辖市编纂的地方志由省级地方志编纂委员会组织专家审查验收，报同级党委或政府批准出版；设区的市、地区、自治州、盟编纂的地方志报省级地方志编纂委员会审查验收，由同级党委或政府批准出版；县、自治县、旗、不设区的市、市辖区编纂的地方志报市级地方志编纂委员会审查验收，经省级地方志编纂委员会审核后，由同级党委或政府批准出版。

第十八条　各省、自治区、直辖市的修志机构负责协调安排本地的志书出版工作。版权、著作权应受到保护。

方志出版社的主要任务是出版各级各类地方志书，为提高志书质量，繁荣志书出版事业服务。

第十九条　各级地方志采用16开本，横排印刷。装帧、版式要力求统一。民族(区域)自治地方，可用汉文和当地少数民族通用的民族文字出版。

第二十条　各级修志机构，要组织和推动用志；要运用现代化的手段建立方志地情资料库，推向社会，逐步实现信息网络化。有条件的地区，要建立方志馆。

第四章　附则

第二十一条　本规定解释权属中国地方志指导小组。

第二十二条　各省、自治区、直辖市的修志机构根据本规定，制定实施细则。

第二十三条　本规定自颁布之日起实施。

中国地方志指导小组

一九九七年五月八日

按：论者认为，这个规定比1985年4月制定公布的《新编地方志工作暂行规定》更全面、更合理、更完备、更成熟。主要表现在以下10点上：1.指导思想上，增加了以邓小平理论为指导；2.不再使用“新方志”和“新志书”的提法，体现了编纂地方志是需要长期延续的一项事业，规定了“各级地方志每二十年左右续修一次”；3.明确提出了“党委领导、政府主持”的修志体制；4.明确了各级修志机构是政府的常设机构，并规定了其11项主要任务；5.明确了加强修志队伍建设的重要性，特别强调了“要配备德才兼备的干部担任领导者和主编”；6.强调了“在修志队伍中大力倡导‘求实、创新、协作、奉献’的敬业精神”；7.明确提出了志书质量的七项要求；8.在志书体裁方面，增加了“述”体；9.明确提出志书要有索引，以便读志用志；10.强调了组织和推动用志，并要求“要运用现代化手段建立方志地情资料库，推向社会，逐步实现信息网络化”，“建立方志馆”。

5月7～8日，江苏省地方志办公室在金坛市举行“续修志书如何加强精神文明的记述”专题研讨会。与会者认为，本届修志中对精神文明的记述，总体上比较薄弱，主要表现在：一是偏重于分散记述，对社会科学、思想道德建设等内容集中记述不够；二是偏重于表层记述，缺乏深层次挖掘；三是偏重于传统文化记述，对“五四”以来新文化和社会主义文化记述分量不够；四是偏重于硬件文化记述，忽视软件文化的记述。会议就如何在续修志书中加强精神文明记述进行了讨论，并达成了一些共识。

5月21日，上海市举行地方志第4次工作会议。中共上海市委副书记、市地方志编委会副主任陈至立在讲话中要求与会同志，要进一步提高对编纂地方志工作重要意义的认识，加强领导，切实推动修志工作，提高质量，精益求精，加快《上海通志》的编纂。市地方志编委会常务副主任林克在会上披露，截至1997年4月底，《上海通志》多数分卷已经或即将进入总纂阶段；10部县志已全部出齐；12部区志已出版7部；市级专业志已出版18部，另有70余部正在编纂之中。

是日，云南省文山州政协召开八届七次常委会，讨论对修志工作视察情况的报告。先是5月5～9日，6名政协常委和15名委员组成州直和县直两个视察组，分别对文山、广南、富宁、砚山四县和州志办及林业、文化、乡镇企业、金融等17个州直部门修志工作进行了视察。至是针对修志工作中存在的主要问题，向州人民政府写了题为“为官一任，以志存绩，进一步把‘一纳入’‘五到位’落到实处的四条建议”：一是提高领导认识，明确修志职责；二是采取果断措施，落实“五个到位”；三是保证修志重点，按期完成任务；四是树立精品意识，重视资料保存。希望将这项不容易引起领导重视的重要工作列入议事日程，当作文化建设的系统工程来抓，并抓出成效，变冷门为热门，难点为热点，使这项服务当代、惠及子孙的千秋大业，世代相济，永不断章。

5月25日，王广荣在是日出刊的《广西地方志》今年第3期上发表《志书写作“四体”简论》。文章认为，志书写作有“四要素”，即作者、资料、载体、读者。编辑(作者)是主体，是志书写作认识过程的主体、记述的主体、传媒的主体。主体的意志行为体现写作意图。志书体现主体的“学术性格”，体现主体的分析、综合能力，主体的素质影响着志书的质量。因此，要树立志书主体形象。“资料”是志书写作的客体，“志书”是志书写作的载体，“读者”是志书写作的受体。主体的思维活动，一端联着客体，一端系着受体。志书写作的主体、客体、载体、受体是一个有机联系的综合体，是一个庞大的系统。主体是志书写作成败的关键，客体是写作的生命，载体是记述的工具，受体是检验的标尺，缺一不可。

5月29日～6月3日，全国革命根据地修志理论研讨会在陕西省延安市召开。会议由赣、湘、皖、川、晋、鲁、苏、陕八省地方志机构发起，有全国17个省区的100多位代表参加。会议着重讨论了编修革命根据地志的意义、编纂原则和方法、记述的重点等，尤其是跨省编修的问题。会议认为，无论是土地革命战争时期、抗日战争时期、解放战争时期，各根据地大都处在省际、县际的偏僻地区，跨省跨县，与现行行政区划不尽一致，如鄂豫皖根据地位于湖北、河南、安徽三省边界的大别山区；闽浙赣根据地位于福建、浙江、江西三省边界；陕甘宁根据地位于陕西、甘肃、宁夏三省交汇区。由于这种情况，一省、一地的地方志中难以完整地得到反映。故不少与会者建议，根据地所在毗邻省或地区，应打破“越境不书”的界限，联合成立相应的编纂机构，共同制定编修方案，分工组织编纂和审查把关，以确保入志资料的真实性、系统性和完整性，切实保证志书质量。建议中国地方志指导小组予以通盘规划并给以必要的协调。全国革命根据地志完成之后，将成为我国方志史上最具特色的新志体，并以其独特的综合功能和全方位的覆盖面，全面展示各根据地的历史面貌，弥补各地在新志记载上出现的空白和不足。

按：本届修志中，各地对中国地方志指导小组寄予很大期望，提出了许多好的意见或建议。可惜的是，许多建议都是“提了也白提”。或者根本无人过问，或者也有人出来表示“欢迎”，但就是未见行动。有的甚至是由指导小组提出的，也往往“雷声之后无雨点”。如前述的1994年的方志理论讨论会，就是会议结束，行动也就完了。又如本次会议中明确提出，要地方志指导小组出面组织、协调，但会后也未见动静。究其原因，主要的就是指导小组这种体制不顺。迄今为止，在这里实际负主要责任的都是一些退休的老人。指导小组的成员也多是兼职的，各有各的本职工作，谁也没有(也不可能)把主要精力放在地方志工作上面。既少(甚至不)读志书，对下面修志的实际情况了解也不多。到下面去参加省、市的会议，坐主席台是不乏其人的，但要发表一些有实际指导内容的

发言，就难了。这不是他们个人的错，而是条件使然，体制使然。如果要总结当代修志的经验教训，这是不可不认真思考的一条。

是月，鉴于目前各地修家谱比较混乱的情况，国务院办公厅专门召开电话会议，对新时期姓氏谱牒编修提出相关的要求。

是月，台湾省政府新增置文化处，文献委员会移交改隶省政府文化处，其组织职掌未变。时，该委员会置主任委员1人，副主任委员1人，委员5人，兼任委员3人。设编辑、采集、整理三组及总务、人事、会计三室；置秘书、编纂、组长、主任、专员、组员、办事员、书记等。编制额为45人，另聘约55人，年经费新台币1亿6千万元。该委员会除主管全省志编纂出版外，还对本省文献负有采集、整理、保管、编印之责。其时，所藏资料已逾20万册，皆为有关台湾研究的专业资料，其中尤以日本侵占时期"台湾总督府档案"13855册最为珍贵。自台湾光复至1950年的档案，也是研究这一时期历史的珍贵档案。"台湾总督府专卖局档案"，是日本侵占时期办理鸦片、樟脑、酒类、烟草、食盐等专卖之官方原始资料。"台湾拓殖株式会社档案"，为日本在台湾推行殖民地经济政策与日本对华南、东南亚地区推行经济侵略之原始资料。另藏有台湾总督府府报、官报及厅、州、市报，都是日本占领时期台湾政治、经济、社会、文化各方面原始资料。台湾光复初期，省政府档案亦移交该会典藏。其中的"台湾总督府档案公文类纂"，已于1979年摄成胶卷。其余也将陆续制成光碟。

6月2日，江苏省无锡市地方志办公室郁有满，作为全国第一位进藏援助西藏修志的干部，是日起程赴西藏。在80年代的全国修志高潮中，西藏只有少数的县开展了修志工作，没有成立自治区一级的修志机构。1995年8月中国地方志指导小组二届一次会议上，中共中央政治局委员、国务委员、中国地方志指导小组组长李铁映同志明确指出"西藏也要修志"后，于当年11月西藏组建了自治区一级的修志机构，自治区党委办公厅和区政府办公厅联合颁发了《西藏自治区志编纂大纲》，启动了全区的修志工作。但由于起步较晚，修志力量薄弱，曾向内地要求支援。中国地方志指导员小组办公室于今年3月向全国发出《关于选派专业干部进藏开展地方志工作的通知》，号召各省、自治区、直辖市，征集、选派"身体健康，有工作经验的同志"援藏。去年8月22日，山东省志办曾援助1万元。陕西省志办在咸阳为其举办了修志培训班。至是，江苏无锡市地方志办公室干部郁有满，经批准，起程赴西藏，支援西藏修志。郁有满是响应号召的第一人。在其进藏的半年间，为西藏举办了三次大型的方志知识培训班，培训近200多人次，对区志20多部专志、10多部地、县志篇目、大纲进行了初审，提出了意见。1997年11月27日的《西藏日报》曾发表文章，称郁有满为"修志使者"。

6月15日，河南省史志办霍宪章在《河南史志》发表《关于建立新方志学的若干思考》一文。文章认为，无论从总结本届修志还是指导即将开展的第二届修志看，加强理论指导，都要求解决目前方志理论中存在的旧、浅、散、窄、异的问题，即继承旧方志理论多，创新不够；

探讨一般问题多,深度不够;干什么用什么的多,系统性不够;注意操作性的多,全面性不够;研究者各抒己见的多,统一定论的不够。因此,建立新方志学,既是修志工作实践的迫切需要,也是修志理论自身发展的要求。建立新方志学目前条件也已基本成熟。一是有 15 年的修志实践经验;二是方志理论研究形成了一定规模;三是培养造就了一支素质较高的修志队伍。

文章认为,作为科学理论的新方志学逻辑体系必须具有四个特征:其一,其系统的真理性已被社会主义方志实践所证明是正确的;其二,其理论是一种具有严密逻辑联系的概念、命题体系;其三,其理论思想在目前历史条件下,是人们修志思维对社会主义方志活动作出近似的反映;其四,其理论作为方志活动客观规律的正确反映,必须具有指导社会主义(修志)实践和预见未来的力量。建立新方志学的途径有三:一是用马克思主义作指导,科学地总结社会主义新方志的实践经验;二是对旧方志学思想的扬弃;三是借鉴引进其他学科的理论和方法。把新方志学建成为一门独立的学科,要具备两个要素:一是要科学地界定新方志学的内涵,确定其研究的对象,解决本学科的研究任务;二是建立新方志学的基本条件,有无一定的实践过程,其理论队伍是否形成,具备了一定的理论基础没有。如果条件不具备,要建立一种学科只是一句空话。对于新方志学的研究对象,作者认为,新方志学应该是以社会主义新方志运动作为自己研究的对象,就是把社会主义方志主体、方志客体、方志主客体结合过程,方志运动环境、条件等本质规律作为自己的研究对象。所谓方志学,就是一门揭示社会主义方志运动一般规律的科学。关于方志学的基本内容和主要任务,他归纳为八项:一、首先要规范新方志学理论的基本要求;二、研究地方志的性质和基本特征(地方志的性质是连续记载一定区域自然和社会的历史与现状特殊体例的资料性著述);三、把握新地方志发展过程和规律;四、研究新方志的体例规范;五、研究新方志的编修原则、方法与艺术;六、重视对新地方志的应用;七、研究新方志学同相关学科的关系;八、进行必要的超前研究和科学预测。作者提出新方志学的框架结构和理论体系为:从内容上分,有方志史、方志学说史、旧志整理、方志组织管理、方志思维、方志资料、方志体例、方志编纂、方志应用、方志比较研究、方志评论等;从结构形态上划分,有方志性质、方志特征、方志原则、方志方法、方志艺术、方志载体等;从时限上划分,有古代方志、近代方志、现代方志、未来方志等;从层次上分,有省志、市(地)志、县(市、区)志、村(镇)志、专业志、部门志理论研究等。为建立新方志学,目前要解决如下几个方面的问题:第一,要加强领导,认真组织,成立一个高素质的编著班子,打破各自为战、零敲碎打的研究局面;第二,要统筹安排,拟定计划,有步骤地开展这项工作,改变随心所欲、盲目从事研究的状况;第三,要占有丰富的史志材料,进行归纳升华,形成真正的理性认识,克服罗列现象、事例堆砌的肤浅见解;第四,要创造条件,从物质上予以保证,解决好建立学科的经费问题,纠正形式上讲重要,实际上不解决问题的做法。

6月23日，新疆维吾尔自治区地方志编委会机构改革宣布完成。先是今年3月，自治区政府办公厅下发《关于印发新疆维吾尔自治区地方志编委会机构编制方案的通知》，指出，经自治区机构改革领导小组办公室审核，自治区人民政府批准，新疆维吾尔自治区地方志编纂委员会是自治区人民政府直属的相当于正厅级事业单位，事业编制48名，专业技术人员比例占80%，实行全额预算管理。编委会内设6个处室（办公室、《新疆通志》工作处、地县志工作处、新疆年鉴社、编译处、资料信息研究处）和机关党委。据此通知精神，编委会在广泛征求意见的基础上，经过充分酝酿、讨论，并报上级组织、人事部门批准，对内设机构进行了调整，任命了处级干部。至是在全体职工大会上正式宣布，并按新机构开始运作。

是月，中共中央军事委员会决定成立全军军事志指导小组，由中国人民解放军副总参谋长钱树根任组长，军事科学院副院长李运之任副组长，各军区一名副职领导，各总部、军事科学院有关部门领导为指导小组成员，指导小组办公室设在军事科学院军事百科研究部。中央军委明确规定，军事志编纂工作仍在地方党委、政府的统一领导、主持下进行。全军军事志指导小组在军委、总部领导下，在中国地方志指导小组指导下，对军事志编纂工作进行宏观指导。同时，各军区、省军区成立相应的指导、领导机构。

是月，江苏省盐城市地方志办公室周国志，成为盐城市"十佳人民公仆"提名奖获得者。他于1991年从中学教师岗位调入市地方志办公室后，工作兢兢业业，1994～1996年连续三年被评为市委党史工委先进工作者，1992～1994年连续三年被盐城市级机关党委授予优秀党员称号，今又荣获市"十佳人民公仆"提名奖。

是月，浙江省地方志编委会特约研究员、省地方志学会副会长、《宁波市志》主编俞福海倡议在宁波天一阁辟设一个中国当代方志珍藏馆，并献出价值10万元的个人所收藏的1000种县以上三级志书。宁波天一阁，是以收藏明代方志而名冠华夏的藏书楼。400多年前的天一阁创建者范钦不同于一般藏书家，他的藏书注重收集当代人的著作。因而在天一阁的藏书中，明代方志特别多，为一般藏书楼所罕见。400年后的今天，天一阁仍完好保存。俞福海在他主编的《宁波市志》出版后，便萌发了搜集全国新编方志，在天一阁建立方志馆，让天一阁成为收藏当代全国新方志中心的想法。从1996年起，他将自己的想法开始付诸行动。在自己原有近百部藏书的基础上，个人出资向全国各地发函1800多封，求购求赠新编的省、市、县三级志书。为表明购书的决心，每封信都亲自手书，并盖上自己的私人印鉴。至是，所收新志书已达近千种。于是正式向市政府提出成立"天一阁当代中国地方志馆"的建议。

按：这一倡议和举动，得到了方志界同仁、当地学者、社会贤达和宁波市政府的热烈响应和支持。天一阁博物馆决定将刚刚迁建于天一阁内的清代学者徐时栋的水北阁藏书楼，作为收藏新方志的场所。同年8月，全国地方志奖颁奖大会在宁波举行，出席大会的中共中央政治局委员、国务委员、中国地方志指导小组组长李铁映，建议天一阁应

成为中国方志馆，收藏古今方志；本届获奖的178种志书全部入阁收藏。定名为“天一阁中国地方志珍藏馆”。

是月，傅振伦在《江苏地方志》今年第3期发表《〈宿迁县志〉述评》一文中，再次批评以“方志”作“方誌”的做法，谓：“方志之词，已有二千年之久，明人不学，间有作方誌者，已见讥通人。陈云同志老年为中央指导小组刊物题《中国地方志》，偶误作誌，不足为训。”

7月7日，国家水利部向各流域机构，各省、自治区、直辖市水利（水电）厅（局），发出《关于进一步加强江河水利志编纂工作的通知》。通知指出，全国江河水利志编纂工作已取得了突破性的进展。至今已先后出版江河志、水利志600多部，约占原规划2000多部的三分之一，有力地促进了水利精神文明建设。为进一步做好江河水利志编纂工作，经部党组同意，要求：一、各流域机构和各省、自治区、直辖市水利（水电）厅（局），要按照“党委领导，政府主持，专家修志”的精神，明确一位领导同志负责，及时协调解决修志工作中出现的问题。要像对待工程建设那样，把修志工作纳入本部门的“九五”计划，切实保证修志机构必要的工作条件和经费，圆满完成七大江河志和各省、自治区、直辖市水利志书在本世纪内的编纂出版任务。二、要保证志书质量。三、各级修志机构在修好志、出好志的同时，要充分利用修志所搜集积累的资料，提供咨询，为社会主义两个文明建设和水利事业的改革与发展服务。各级修志机构在全面完成本届修志任务之后，要转入各类史志、年鉴的编撰，为下一届续修江河水利志积累资料。四、为进一步总结和展示全国江河水利志编修工作的经验和成果，拟在全国水利工作会议期间举办“中国江河水利志展示会”。

7月7～13日，中国地方志指导小组办公室在山东威海市举行全国志书第二次评奖的初评会。评委由各省、市、自治区志办主任及高等院校代表、中国地方志指导小组、中国地方志协会、全国军事志指导组办公室等有关人员共43人组成。此次共评出获荣誉奖的119部，向指导小组推荐作优秀奖的61部。

7月9～12日，全国广播电视系统第四次史志研讨会在安徽黄山市举行。国家广播电影电视部党组书记、副部长田聪明，安徽省委宣传部副部长、安徽省广播电视厅厅长杨波及来自全国26个省、自治区、直辖市广播电视厅（局）和部属有关单位的编史修志人员近60人出席了会议。会议就本系统编史修志的相关问题进行了热烈而充分的讨论，并形成了若干共识。会议认为，现在到本世纪末、按全国统一部署完成第一届修志任务只有两年多的时间，本系统面临的任务是相当艰巨的。为此，会议特别强调：一、编修地方广播电视志是省级广播电视厅行政领导机关的职责之一；二、质量第一，是编修广播电视志的一项重大原则；三、注意发挥广播电视志“资治、教化、存史”作用，为广播电视事业深入发展服务；四、开展广播电视志的评奖工作，表彰先进，推动修志工作持续不断地进行下去。

是月中下旬，中国地方志指导小组办公室组织有关专家、学者重点审读威海初评会评出推荐作优秀奖的志书，办公室内部又组织力量对这些志书编校的差错率进行了检查。

7月28日～8月1日，中国地方志指导小组在北京举行志书评奖的终评会，参考专家、学者提出的审读意见和指导小组办公室提出的差错率检查情况，进行终评。共评出获优秀奖(后改称一等奖)志书51部，荣誉奖(后改称二等奖)志书127部。这些获奖志书占1993年7月1日至1996年底出版志书1718部的10%强。

附：全国地方志奖获奖志书名单

一等奖51部(按地区顺序排列)：

天津市：《天津通志·城乡建设志》、《静海县志》

河北省：《秦皇岛市志》、《晋县志》

山西省：《山西通志·民政志》、《榆次县志》

内蒙古自治区：《内蒙古自治区志·大事记》

辽宁省：《辽宁省志·地震志》

吉林省：《吉林省志·军事志》、《通化市志》

黑龙江省：《黑龙江省志·共产党志》、《佳木斯市志》、《哈尔滨市志·自然地理志》

上海市：《上海县志》

江苏省：《江苏省志·财政志》、《苏州市志》、《江都县志》

浙江省：《绍兴市志》、《宁波市志》

安徽省：《安徽省志·邮电志》、《桐城县志》

福建省：《福建省志·金融志》、《仙游县志》

江西省：《江西省志·交通志》、《峡江县志》

山东省：《山东省志·孔子故里志》、《淄博市志》、《文登市志》

河南省《河南省志·民俗志》、《洛阳市志·文物志》

湖北省：《湖北省志·财政志》

湖南省：《湖南省志·军事志》、《湘潭县志》

广东省：《广东省志·华侨志》

广西壮族自治区：《广西通志·侨务志》

海南省：《海南省志·农垦志》

四川省：《四川省志·地理志》、《西昌市志》、《北川县志》

重庆市：《大足县志》

贵州省：《贵州省志·检察志》、《瓮安县志》

云南省：《云南省志·广播电视志》、《鲁甸县志》

陕西省：《陕西省志·农牧志》、《渭南地区志》

甘肃省:《甘肃省志·农业志》

青海省:《青海省志·地质矿产志》

宁夏回族自治区:《中卫县志》

新疆维吾尔自治区:《新疆通志·畜牧志》、《库车县志》

二等奖127部(按地区顺序排列):

天津市:《天津通志·政权志(政府卷)》、《汉沽区志》、《东丽区志》

河北省:《河北省志·哲学社会科学志》、《河北省志·出版志》、《河北省志·公安志》、《河北省志·工会志》、《辛集市志》、《丰宁满族自治县志》、《枣强县志》、《武强县志》

山西省:《黎城县志》、《万荣县志》、《盂县志》

内蒙古自治区:《赤峰市志》、《乌海市志》

辽宁省:《辽宁省志·电力工业志》、《阜新市志》(第一卷)、《桓仁县志》、《辽阳县志》

吉林省:《怀德县志》、《通榆县志》

黑龙江省:《黑龙江省志·报业志》、《黑龙江省志·农机志》、《哈尔滨市志·金融志》、《哈尔滨市志·公安志》、《黑河地区志》

上海市:《上海财政税务志》、《静安区志》

江苏省:《江苏省志·供销合作社志》、《无锡市志》、《宿迁市志》、《镇江市志》、《金湖县志》、《盐城县志》、《广陵区志》

浙江省:《浙江省志·科学技术志》、《东阳市志》、《桐乡县志》

安徽省:《安徽省志·军事志》、《阜阳地区志》、《蚌埠市志》、《歙县志》、《泾县志》

福建省:《晋江市志》、《浦城县志》、《东山县志》

江西省:《江西省志·动植物志》、《贵溪县志》、《都昌县志》、《德兴县志》

山东省:《山东省志·计划志》、《山东省志·军事志》、《潍坊市志》、《青岛市志·海港志》、《蓬莱县志》、《薛城区志》

河南省:《河南省志·科学技术志》、《新乡市志》、《郑州二七区志》、《宝丰县志》

湖北省:《湖北省志·工业志》、《监利县志》、《阳新县志》

湖南省:《湖南省志·公路志》、《常德地区志·环境保护志》、《常德市志》、《郴州地区志》、《新化县志》、《望城县志》、《江永县志》、《城步县志》、《长沙县志》

广东省:《广东省志·水利志》、《顺德县志》、《增城县志》、《信宜县志》、《饶平县志》

广西壮族自治区:《广西通志·人口志》、《广西通志·财政志》、《象州志》、《北流县志》、《合浦县志》

四川省:《四川省志·财政志》、《四川省志·交通志》、《四川省志·商检志》、《成都市志·公用事业志》、《成都西城区志》、《攀枝花市志》、《阿坝州志》(藏文版)、《自贡市盐业志》、

《自贡市自流井区志》、《威远县志》、《蓬安县志》、《德格县志》

重庆市:《涪陵区志》

贵州省:《贵阳市志·宗教志》、《锦屏县志》、《玉屏侗族自治县志》、《水城(特区)志》、《大方县志》

云南省:《云南省志·公安志》、《云南省志·邮电志》、《楚雄彝族自治州志》(第五卷)、《曲靖地区志》(第二卷)、《玉溪地区志》(第三卷)、《建水县志》、《耿马傣族佤族自治县志》、《碧江县志》

陕西省:《陕西省志·科学技术志》、《西安市志》(第一卷)、《陇县志》、《府谷县志》、《合阳县志》

甘肃省:《甘肃省志·金融志》、《敦煌市志》、《庆阳县志》、《民勤县志》

青海省:《青海省志·电力工业志》、《青海省志·彩陶志》、《天峻县志》、《平安县志》

宁夏回族自治区:《宁夏邮电志》

新疆维吾尔自治区:《新疆通志·农业志》、《新疆通志·外事志》、《塔城市志》、《农八师垦区石河子市志》

评奖会中,因在新大都宾馆食物中毒多数人住院,有住院期长达10日以上者。

这次评奖目的明确,就是要通过评奖,检阅成绩,真正评出精品来,达到表彰先进、总结经验、树立样板、推动方志工作进一步发展的效果,为下一世纪方志工作打下更坚实的基础。所以,评审工作做得细致、认真,可以说达到了预期的目的。

本届评奖与1993年的第一届评奖,都有总结经验教训的任务。但第一届评奖偏重在地方志工作方面,而本次评奖则偏重在保证志书质量的业务内容方面。通过评议,评委们认为,进入90年代中期以来所出版志书的质量,在80年代末90年代初水平的基础上,又上了一个台阶,达到了一个新的水平。主要表现是弥补了前期那些志书比较普遍存在的不足,并且从思想观念到体例、篇目、表现手法上还有所更新和创新。本届评奖结束之后,《中国地方志》主编诸葛计,从这些获将志书中归纳出它们的所长,也就是带共性的经验是:

一、坚持正确的政治方向和唯物辩证的思想方法,做到准确、全面地认识地情,实事求是地记述地情。对"解放前一团漆黑,解放后一片光明,改革开放以后一帆风顺"的形而上学的思维模式有较大的改变。如对旧时代旧政权"不讳其成就,不饰其劣败";对新中国的记述不讳失误;记现状时既记所取得的成绩,又记还存在的差距和问题;对犯错误甚至犯罪者所做的事情,不"因人而废事";等等。

二、加强调查研究,增强志书的资料含量,努力追求资料的全、真、特、新,其中包括:(1)系统地汇集某个方面、某个历史阶段或某项(个)事物(事件)的特有资料,有可补旧史志之缺者;(2)通过实际调查所获得的足以纠正旧载之错讹者;(3)集纳某种特殊典型的个例资料;

(4)收入新发现的有特殊学术研究价值的资料；(5)本次修志中新形成的各种系统资料。

三、从总体上把握地情特点，准确全面地体现时代特点、地方特点和专业特点。注意从总体上去把握一地一物的特点，不仅限于“升格”，单设篇、章去记述一两件事物，而是注意全方位、多角度地去反映一地的地方特点；不仅将自己的优长才算作特点，而是将一地的劣势也视为特点。

四、注意总结历史的经验教训，体现事物发展规律。对一地的人们在阶级斗争、生产斗争和科学实验方面的成功经验与失败的教训给以记述，作为后来人的历史鉴戒。如有的志书从本地的历史中，总结出“安定则兴”、“宽恤则荣”、“务实则成”的历史唯物主义的基本原理。

五、继承经世致用的优良传统，树立修志为用的思想，注意发挥新志书在两个文明建设中的作用。修志中就考虑到用志，“修志为用”成为方志工作者的共识，将修志与引导社会群众读志用志，都作为修志工作不可缺少的组成部分。将志书的社会效用作为衡量志书质量标准之一。

六、树立出佳志、创名志的目标，发扬探索精神，力争在思想观念和志书的篇目、体例及反映地情的技法上有所创新。有的本着“修志要合格，又要不拘一格”，进行大胆探索；有的将“详今略古”发展成为“详今明古”，又进而到“详其所当详”；有的实行地情三分，创出了新的“三宝体”；有的将反映“忧患意识”作为志书的任务之一；有的根据地情特点，创出了新型的合志；有的集撰述与纂辑于一炉；等等。

七、注意吸收各方面的专家参加修志，努力提高志书的科学性和学术品位。

从这些志书中，也可以看出还存在一些带一定普遍性的问题：

一是因循有余，创新不足，志书模式化的倾向比较浓重，篇目格式雷同，特点鲜明、突出的不是很多，存在千志一面、千部一腔的倾向。

二是在纠正旧志重人文轻经济之中，有矫枉过正的倾向。有的综合志书写得“经济繁荣，人烟稀少”，变成经济专志了。有的满纸数字，见物不见人，见庙不见僧。有的走到背离志书体例的地步，把生产技术的具体操作过程写得过多过细，变成了生产技术的教科书。

三是有些志书反映出编修者学术水平的差距，或主观认识上存在偏颇，因而影响了志书的科学性。

四是个别志书中偶有思想认识模糊、观点错误者。

五是校对不细，差错率较高。

是月，彭启先主编的新疆《新和县志》出版。这是一个以维吾尔族为主体民族的县份。修志中，有6位少数民族同志参加编辑室工作，故能比较充分地利用少数民族文字资料。是书在《民族宗教》编下设有“宗教法庭”一目，记述了该县伊斯兰宗教法庭的历史沿革、法律管辖和审判程序。在《公安司法》编下的“审判”章内，亦记述了这方面的内容。这在本届志书中是仅见的。1999 年 7 月，该县志的维吾尔文版出版。

是月，宫为之著《皖志史稿》出版，这是安徽省第一部方志史著作。是书从志书体例演变和发展过程着手，“打破朝代界限，顺体例发展的自然规律来分期”。除第一章导论外，以下依次为皖志雏形、志体定型、体例的统一、体例的高度成熟、体例微变等 5 章。全书比较明显的特色有三：一是在总体上，将中国方志史与安徽方志史联系起来探讨；二是摆正了史与论的关系，做到言之成理，持之有故，不作浮泛之论；三是坚持有本则断，疑者待考，误而不确者给予辨正纠谬。

8 月 3 日，中国地方志指导小组在北京举行二届四次会议，审查通过了全国地方志评奖结果。接受两次评审会议的建议，同意将原定的“全国地方志优秀奖”改称为“全国地方志一等奖”，原定的“全国地方志荣誉奖”改称为“全国地方志二等奖”。会议还研究决定了有关筹办颁奖大会的问题。

8 月 7～8 日，江苏省志办分南、北两片召开全省城市区志编纂工作座谈会。会议认为，在全省全面开展城市区志工作的条件已经成熟。会议讨论修改了《关于全面开展省辖市区志编纂工作的通知》(试行稿)。该通知于 9 月 23 日，由省政府办公厅正式转发。要求各地要把编纂城市区志工作，与编纂市、县两级志书作为同样重要的工作抓紧抓好。

8 月 12 日，新疆维吾尔自治区地方志编委会举行续修《新疆通志》座谈会。至开会时，第一代《新疆通志》只完成 29%。这是在前届志书编修任务完成尚未过半的情况下就来规划下届志书的例子。会议就续修通志的专志设置、续志的上下限、志书的篇幅等进行了讨论。

8 月 15 日，李德辉在是日出刊的《福建史志》今年第 4 期发表《论新方志的编写方法》，提出“寓论于述”是对“述而不作”传统思维模式的突破，是对“述而不论”的补充和完善，科学地处理了“述”、“论”、“寓”三者的辩证关系。“述”就是采用记述事实(资料)这一特定手段来反映客观事物的发展变化的规律，这是志书编写方法的主要方式。“论”是编纂主体意识的体现，就是对所述事物阐发己见，表达观点，作出评论。这些观点和评论，是来源于编者的认识水平和判断能力，要求论之有据，言之成理。“寓”是体现观点的主要方法，是编者把从资料分析研究中得出的理性认识再返回到资料的筛选、组合和记述中去，即用资料说话。这是新方志的一大特色。地方志表面看来，只是原原本本地记述事实，但这些事实不是自然的、杂乱无章的表面现象，而是经过编者的精心选择的，具有典型意义的，能反映某种规律，具有内在逻辑力量的事实。从这一意义上看，“寓论于述”无论从内容的深度和表述的准确性方面，都超过了“述而不论”的范围。

金达迈在同刊期上发表《论建立独立的新方志学》一文，提出方志学学科体系由基础方志学、方志工程学、应用方志学三个部分组成。基础方志学包括方志概论、方志文化、方志历史;方志工程学包括方志编纂学、方志目录学、旧志整理学、新志资料学、方志评论学、方志管理学;应用方志学包括人文方志学、经济方志学、地理方志学、历史方志学。

8 月 20～22 日,全国地方志奖颁奖大会在浙江省宁波市举行,出席会议的领导人有中共中央政治局委员、国务委员、中国地方志指导小组组长李铁映,国务院副秘书长刘奇葆,文化部副部长艾青春,新闻出版署副署长桂晓风,中央电视台副台长刘宝胜,中国地方志指导小组常务副组长郁文,中国社会科学院党组书记、副院长、中国地方志指导小组副组长王忍之,浙江省委副书记、省政协主席刘枫,宁波市市长张文蔚等。参加颁奖大会的有各省、自治区、直辖市地方志编委会和办公室的负责人及部分获奖志书的代表共 80 余人。

在 8 月 20 日的开幕式上,李铁映发表重要讲话,指出这次对优秀志书的评奖和正式颁发证书,是对广大地方志工作者和新编地方志取得成就的肯定。评选出来的志书,代表了新编地方志所达到的高水平。他强调,志书的质量是志书的生命,是志书的价值所在。质量不高,谬误百出,不但不能流芳百世,还会损害当代,贻误后人,所以一定要把志书的质量放在首位。当代人编写当代志,记述当代事,一定要存真求实。观点可以有差异,但事实不能有误,一定要准确。为此,应该建立省一级的志书质量负责制。要确立对不合格志稿驳回重修的审批制度。粗制滥造、不符合质量标准的就要重新修改。他认为,只有发挥志书的社会效益和经济效益,才会引起社会各界的重视,才能体现它的真正价值。要把志书工作从以往的案头工作发展成为适应新时代要求的社会服务工作。这次评出了一批好志书,可以考虑编写简本,提供社会使用,进一步受社会的检验。以后也可以考虑在编纂志书的同时也出简本和普及本,尽快地推向社会。名人修名志,高水平的志书需要高水平的人来修。要通过修志、用志造就修志人才和用志人才。他建议,利用浙江和宁波有修志传统的优势,在宁波大学设立方志专业,为培养 21 世纪修志人才作出贡献。关于建设方志馆的问题,他认为,宁波天一阁过去以收藏和保存旧方志而闻名,我们要继承这一传统,并在此基础上,建立一个以收藏新编地方志为重要任务的地方志馆,既为国家珍藏文化财富,也可以提供方志工作者研究使用。

王忍之在同一天的会上,作了题为《树立榜样,总结经验,提高质量,乘胜前进》的评奖总结报告。对获奖志书,他集中肯定了五个方面的优点:一是具有丰富翔实的地情资料,信息量大;二是记述真实准确,实事求是;三是体例严谨,结构合理;四是在编纂思想上匠心独运,特色鲜明;五是观点正确,科学性强。同时也指出:对地方志书这样涵盖面广、反映的时间跨度长的地情书来说,要完全避免出现缺点和问题,是极为困难甚至是不可能的。对此,我们要有一个清醒的估计,不能盲目乐观。评奖之后,应本着科学的态度认真对待这些不足,重视志书中存在的这些问题,在可能的范围内采取适当措施,努力作出弥补,才能更上一层楼。与会代表对这两个讲话进行了热烈的讨论。

宁波的天一阁自明代起，就是全国有名的方志收藏中心。该市市长张文蔚在会议讲话中披露，他们正计划在天一阁南园范钦司马第旧址，利用清代学者、方志名家徐时栋“水北阁”藏书楼搬迁建于此的清代古建筑，成立“天一阁当代中国地方志馆”，以现在的收藏、展览陈列为主，逐步发展为方志研究和促进国内外文化交流的重要场所。

8月25日，《中国地方志》今年第4期报道了在志传中运用文学笔法的争论。早在1991年，上海崇明县志办沈飞龙就在《湖南地方志》当年第5期发表《人物传形式的探讨》一文，提出志书中的人物传“不应与小说等其它文学形式截然分开”，应“大胆地、广泛地吸取其它文学形式之长，创造多种形式，使之尽可能地达到史志性与文学性的完美统一，从而加强其艺术感染力”。对传主的“闪光点加以浓墨重彩的描写”。“对80年代中期新兴起来的纪实小说及传统的诗歌形式，编写人物传也有研究、借鉴之必要”，“我们未尝不可以在坚持方志基本原则的基础上，采用诗歌的形式及艺术手法，来记述董存瑞、黄继光、邱少云式的英雄人物”。至是，《广西地方志》今年第1期又发表了见解完全不同的两篇文章。一是单辉的《文学与历史不宜机械地分开》，认为“无论写史传还是写志传，绝对地、简单地离开文学笔法去写活(人物)是不可能的。文学笔法中的夸张当然不适宜引进志传的记述，但文学笔法中的情节、细节故事的记述以及合理的想象与推测等，如果被排斥在志传的‘运事’当中，写活人物传也就成了一句空话”。二是周永光的《漫议〈史记〉与修志》，认为单辉等的意见，对于撰写历史文学作品而言是正确的，但是搬到规范的地方志书的编写中来则是不适宜的。“当然志书也应该要求写得精彩，但志书的精彩与文学的精彩不同。文学的精彩……很大程度上可以由作者去妙笔生花；志书的精彩则取决于客观史事和对史料的鉴裁……是绝对不能掺进任何一点文学成分的。”他还认为，“司马迁用文学手法写《史记》，使人物形象栩栩如生，有很强的可读性。但作为史书，掺入了文学成分，又在不同程度上降低了自身的可信性”。

按：该报道中没有提及的，还有王晖在《方志研究》1994年第4期发表的文章中，主张方志可用“文学比兴手法，去点历史之睛，传文化之神”。

陕西汉中市地方志办公室郭鹏在同刊期上发表《志书质量与主编负责制》。作者认为，主编负责制是保证志书顺利进展和提高质量的重要机制。本届修志中，各级修志机构一般是采取行政首长(即志办主任)负责制。这种体制对于联系协调各部门相互配合，共同完成修志任务起了一定的作用，但也存在问题。一些地方志办主任单纯抓行政管理，不对编纂业务负责，而决定志书命运、质量问题的主编往往缺少行政权力而无法实施编纂计划，也无法保证志书质量。一些地方主任和主编往往因为工作不配合而闹得矛盾重重。实践证明，凡在实行主任兼主编的地方，工作往往顺利，能按预期的计划完成各项编纂任务，班子团结，没有过多的行政与业务的矛盾。这种体制应当提倡。还有一些地方，实行行政长官(市、县长或秘书长、政府办公室主任)兼任主编，即人们常说的“挂名主编”。实际进行编写的副主编或编辑人员常处于无权的“编而不主”的被动地位。往往出现矛盾上交或被动等待，等主编定方案，定篇目，审定、签发志稿。使许多机遇都在等待中流失，工作在等待中贻误。“主而不编”、“编而不主”，不要说出“名志”精品，就是一般志书也是很难完成的。即使勉强编出，质量也难以保证。主编负责制是地方志工作性质所决定的，也是志书质量的保证。

是日，云南省志办李成鼎在《云南史志》今年第4期发表《续修志书浅议》，在总结前届修志经验和进行理论研究中，提出了若干值得注意的问题。第一是继承扬弃前人的方志理论。他认为，本届修志中，从总体上看出，在诸如方志的科学属性、定义、本质特征、功能、作用、科学性与现代性、特点、学科体系、方志批评、借鉴和引进现代相关学科理论等基础理论建设的研究方面，基本上还沿袭章学诚“志乃一方之全史”的旧方志理论窠臼，未能从辑存资料是志书编纂的根本宗旨和基本出发点进行编纂，在很大程度上被大量无谓的“著述性”（而非“记述性”）文字所淹没，成为非史非志的出版物。因此，抛弃“志为史学”的思想约束，认真、及时地对前人方志理论进行系统全面的清理反思，在批判、扬弃的前提下进行继承，是至关重要的。第二是系统清理本届修志理论，跳出画地为牢、自我约束的怪圈。1.对志书“资治、存史、教化”功能的反思，弄清“功能”与“作用”的区别。功能是属于事物或方法自身带有的某种特性，这种特性往往不受外界的影响而独立存在；作用则是指某一事物对外界发生的影响或改变，这种影响或改变往往是从该事物的特性即效（功）能中产生出来的。志书的功能是“存史”，只有使志书具备了存史功能之后，才能产生诸如“资治”、“教化”、“科研”等诸方面的作用。明确了志书“存史”的基本功能后，才有助于排除“官本位”，不再将志书编纂仅仅局限于为当地党政领导提供参考依据的狭小范围，从而有利于从总体上来把握入志资料的历史价值。2.“三宜三不宜”原则的历史局限性是十分明显的，续志应力避出现此类现象。要对片面理解“详今略古，详近略远”、“生不立传”、“越境不书”的进行反思。由于对这些原则理解上的片面性，造成历史资料，尤其是新中国成立前的资料单薄；一些地方不能为生人立传，连反映生人事迹的简历也不能涉及，令志书远离现实，有恍若隔世之感；对周边地区该交代的也不作交代。3.应变“著述”为“记述”。将著述作为方志学的定义是不准确的，也是不科学的。志书正确的记载方法不是著述，而应该是记述。倘若用“著述”方法来纂写志书，那就意味着除了“述”之外，编纂者还可以根据自己的意愿进行发挥、议论或论述，势必违反志书“述而不作”的原则。“著述”的主观色彩要更浓厚一些，而“记述”的客观因素更为突出。基于以上认识，作者提出续修志书的一些构想：一、在指导思想上，改变“资治”至上思想，变“为官而修志”为“为社会和现实需要而修志”；二、改变过去“众手成书”的群众运动编纂方式，逐步实现专业化、电子化，依靠专业人员和采用现代技术手段进行续修。

是月，王林在《浙江方志》今年第4期发表《关于方志本体的理论探讨》一文，提出方志作为一种观念形态的文化而长期存在。关于它的性质，各说其是，难于决断，个中重要原因是认识上出现偏颇，人们习惯于“一部书主义”，将志书涵义代替了方志涵义，将志书的性质与方志的性质等同起来。实际上是将方志的“表现形式”与方志的“运动形式”相混淆了。他认为，方志的特性导出方志的内涵：方志是官方对一地客观世界认识的知识体系。这个知识体系包括一套认识观念、观点，即方志观；一套研究方法；一套表达形式。而方志的外延，也就是广义的方志，指的是方志工作（实践）、方志理论、方志成果。方志工作又包括行政工作和业务工作两个方面。方志理论包括方志观（方志认识论）、方志方法论、方志应用理论。方志成果主要指志书、年鉴、旧志整理书籍、方志理论文章和专著等。

是月，由江西省地方志办公室、江西地方志学会编辑的《当代方志学概论》由方志出版社出版。该书抓住当代方志学的重要课题，即方志学的学科属性、学科体系、新志编纂、方志评论和方志事业管理等，运用马克思主义哲学和史学观，进行比较准确的、有针对性的分析，许多地方有独到见解，是一部对“当代方志”进行概括论述、总结新志编纂经验、反映方志理论最新成果的有实用价值的理论著述。是书中，认为方志学内容应当包括方志基础科学、方志技术科学（含方志编纂学和方志管理学）、方志应用科学和方志学发展史四大部分。在是书中，将新方志理论建设大体划分为三个阶段：1980—1984 年为第一阶段，其特点是普及方志常识；1986—1993 年为第二阶段，其特点是将方志理论运用于实践，再从实践的基础上探索新的理论；1994 年以后，其任务是总结经验、构建新方志学的理论体系。

是月，国内省级方志刊物中，发表了两篇关于志书可读性的文章，一篇是高岳言在《福建史志》今年第 4 期的《志书可读性再认识》；一篇是金兆法在《浙江方志》今年第 4 期的《关于志书可读性的思考》。高文指出，志书生命力的形成，可读性是其中的一个重要因素。文章分析提高志书可读性的八个方面做法之后，特别提出要防止志书可读性的歧义：一是不能把志书可读性与文学作品可读性相提并论；二是不能把志书的可读性理解成“外包装”；三是不能要求志书的可读性在各卷之间平分秋色；四是不能追求横排的特异性而过量分割类目；五是不能用道听途说的“故事”来滥竽充数；六是不能以追求时尚来讨巧取宠。金文则重点探讨提高志书可读性的方法，提出：一、以图引文，图文并茂，以求“概貌”赏心悦目；二、设置专题，集中记述重大历史事件，保持事件人的面貌；三、多层面记述，增强经济部类的立体感；四、活写附录，以使志书丰姿多彩。

是月，段志成主编的云南《中甸县志》出版。是县地处滇藏交界的藏族地区，世界闻名的香格里拉（藏语：心中的日月）就源自这里的香格里拉大峡谷。在本志修纂中，为了证实这一大峡谷的存在，两位主要编纂者不辞辛苦，多次攀高山，入密林，进行实地调查，对希尔顿在《消失了的地平线》一书中描述的许多景物作出印证，掀起了香格里拉的旅游热，打开了中甸高原通向世界的大门。是志不仅全方位多层次地展示了当地的地情风貌，更着力展现了多姿多彩的民族文化。中甸藏族源远流长的文化，其最显著的特点便是，宗教文化深深地浸透于民族文化之中。志书以大量的资料对全民信仰的藏传佛教作了详尽的记述，记载了它传入中甸的时间及其与称为“苯教”的本地原始宗教融合的过程，对自古以来在县境出现过的教派、活佛高僧、寺庙，以及佛教活动与宗教节日等给予了详细的介绍。对于“东巴文化”也作了重点的记述。由于该县的三坝乡是纳西东巴文化的发祥地，许多入志资料都是此间所仅有的，故尤足珍贵。是书特设了《解放前的社会制度》一篇，记述了经济制度方面自唐代开始形成一直延续下来的奴隶制、从公元13世纪形成发展起来的封建领主制、清代以后逐渐形成发展起来的封建地主制，直到1957年民主改革前同时存在，其中以领主制居于主导地位的社会状况。在这样的经济基础之上的政教合一、土流并存、土官及寺庙都有很强大势力的政治状况。在这种制度下，广大农奴、奴隶及贫苦农民遭受的压迫、剥削情况，以及民主改革的情况，都是该地所特有的。志书所展现民主改革前后的社会情状，不仅具有很高的资料存史和研究价值，而且也有很强的教育作用。

是月，四川古籍整理研究所沈治宏、王蓉贵编的《中国地方志宋代人物资料索引》，由四川古籍出版社出版。该书收入了《宋元方志丛刊》、《天一阁藏明代方志选刊》、《天一阁藏明代方志选刊续编》、《日本藏中国罕见地方志丛刊》4套地方志丛书中302种地方志的宋代人物资料信息10万4千条。其中收入了大量《宋史》不载的宋代人物。有些是《宋史》中不详，而在地方志中才有的详细资料。编者尽可能地对收入条目进行了考订，纠正了原书中不少错误。

9月2日，《山东省志·诸子名家志·孟子志》举行评稿会，清华大学、北京大学、中国社会科学院、山东大学、山东社科院、曲阜师范大学的教授、学者及有关人员共30余人与会。北京大学张岱年教授读过志稿后认为，该志初稿史料翔实，取舍有据；论述全面，内容丰富。如搜罗散见于典籍中的孟子“佚文”，以及刊载明《孟子节文》中被删去的88章。为今人研究《孟子》、理解孟子的思想提供了可靠的资料。这足见纂修者思考之周密。

9月6日，单辉在是日出刊的《海南史志》上发表文章，提出时效性方志与非时效性方志的概念。文章认为，传统志书所负载的信息显然不具备时效性信息的固有特征。但新编方志不仅可以向全社会提供时效性信息，而且可以向全社会提供时效性信息流中的精品和特色产品。他认为地方综合年鉴即为时效性方志，简型方志又称简志（包括各类志略、概况、要览、辑要、小志、志要等），是方志成果中的“轻骑兵”或曰“快速反应部队”，在传递时效性信息上的前景是非常广阔的。沈阳市志办开始逐月出刊《沈阳大事记》、逐年出版《沈阳年志》，也不失为开拓时效性方志新领域的一项重要举措。在强调时效性方志信息的同时，还必须看到传统方志的非时效性信息亦有其不可替代的优势、特点和作用。它反映着已经存在或发展的一方自然与社会、历史与现状，还蕴含着记述者的总结、分析和评价，蕴含着地方历史进程中的经验、教训和规律，对于了解过去、把握现在、预见未来无疑都是重要的。它可以稳定、连续、长期地为全社会各个层面提供全方位的综合服务。

山东省平邑县志办王照伦在同刊期上发表《论修志主体》一文，认为志书编纂的主体性，主要表现在编者对地情认识和处理的能动性上。在志书编纂过程中，通过充分发挥主体的特点和能量，按照志书编纂规律，去搜集入志资料、设计志书框架、明确记述角度、掌握褒贬限度、确认修志的指导思想，进行志书编纂。通过志书编写去体现编者的能动性、自主性和创造性，使主体的创造个性特点在志书的风格上表现出来。从宏观上来说，主体能动性的表现，主要是通过志书编纂的方法和对入志事物处理等来实现的。从微观上讲，主体能动性主要是通过志书编写过程中对入志事物的“筛选”和对入志资料“加工”等途径和方式实现的。

9月12日，河北省地方志编纂委员会发出通知，决定省志中增设《市县志略》卷。

9月17日，天津市人民政府办公厅发出《关于征集志书图片资料的通知》。通知指出，修志工作是一项浩繁的文化建设，按照编修计划，本市还有300余部志书和地情资料书尚未出版。第一代新编志书完成后，还要继续编修新一代志书。根据专家学者建议，需在志书中增加部分图片资料（含照片、图片、地图、手迹、契证等），以丰富志书内容，增强志书的形象性，并借此系统地珍存图片资料，在适当时候编辑出版《现代天津图志》。为此，市地方志办公室将在今后的修志工作中，开展图片资料的征集工作。通知提出了五点具体注意事项和要求。

9月20日，广东省地方志办举行地方志第二次工作会议，要求“千方百计组建广东省方志馆”，并授予成绩显著的广东省气象局等31个地方志工作机构“先进集体”称号和宋卓娅等70名地方志工作者“先进工作者”称号。

9月23～26日，陕西地方史志协会在南郑市举行方志理论研讨会。会议认为，15年来修志工作取得了巨大成就，但方志理论研究滞后于实践的现象依然存在，只有加强方志理论研究，才能克服盲目状态，更科学地指导修志实践。面临世纪之交，完成本届修志任务需要科学理论指导，21世纪的续修方志更需要超前的理论准备。只有认真总结十几年来的修志工作经验，并深入研究当前修志工作出现的新问题，才能承上启下，继往开来，把陕西的史志工作全面推向21世纪。

9月23～28日，全国城市区志协作研讨会在天津举行，会议主要是总结交流区志编纂工作经验，研究本届修志结束之后的有关工作。会议决定加强方志理论研究，共同编写一部《城市区志编纂学研究》。

9月25日，梁耀武在是日出刊的《广西地方志》今年第5期上发表《关于设定方志研究对象的几个问题》一文。文章认为，作为一门学科，方志学研究对象的确定是十分艰巨的。讨论方志学研究对象，不可能一步到位，其先只能是处于“设定”阶段。对方志研究对象的设定，要从整体出发，而不是从其中的某一要素出发。关于方志学研究对象，包括方志本身、方志编纂、方志应用、方志事业、方志学史，是80到90年代很有影响的一种说法。但这五项只是方志学研究的范围，而不是研究对象。他分析研究对象与研究领域是有区别的，对象的外部联系与其本质特征是不同的，研究对象应是一元论，不能是二元论。最后，他把方志学的研究对象设定为:“方志学是研究地情知识积累传播及赖以存在的社会关系。”

是月，西藏民族学院历史系历史专业(地方志方向)班开学。经中共西藏自治区党委、自治区人民政府批准，该院开设历史专业(地方志方向)三年制大专班。首届招收新生34人，至是正式开学。为了学习内地相关学校的经验，该系曾派员走访了陕西、江苏、浙江三省及无锡、苏州等地市地方志办公室，考察了苏州大学社会学院有关方志编纂培训班的教学计划、教材等方面的情况。均受到热情接待。西藏是全国本届修志中起步最晚的一个省区。基于西藏修志人员匮乏的现实，西藏民院在区党委领导的协调和各部门的大力支持下，首设了这个专业。

是月，由国家档案局二处、南开大学历史系、中国社会科学院历史研究所合编的《中国家谱综合目录》，由中华书局出版。该书收录1949年以前中国家谱目录14719条，书后附有地区索引。

是月，黑龙江省从1996年11月开始的志书质量检查活动至此结束。此次根据省地方志办公室制定的《全省志书质量检查工作方案》，要求各市县、各省直修志单位对志书质量进行严格检查，并在此基础上认真填写自查、互查报告。有些开始搞得较粗的地区又要重查。黑河市志办曾5次深入基层，以典型推动检查。通过此次检查，普遍增强了质量观念，树立了精品意识，掌握了志书的质量情况，为全国、全省优秀志书的评选推荐奠定了基础。这次检查之后，省志办又提出了新的要求:1.要把志书质量检查工作当做一项长期任务来抓，长抓不懈，要贯穿整个修志的始终;2.对发现的问题要采取有效措施，认真处理，对文字差错要列出勘误表，对遗漏内容在续志时要补正;3.要认真总结经验教训，为续志作好准备。

是月，河南省志办与洛阳等五市合编的《续志编修探讨》内部印行，这是本届修志中最早出版的一部续志论集。

是月，车光杰主编的云南《曲靖地区志(1)》出版。这是该部志书的总述、大事记、建置、自然环境、人口、民族、汉语方言等前7大部分。其总述采用散文式的笔法，集记述、描写、抒情、议论于一身，情真意切，优美生动，是已见志书概述中之较特殊者。有的评论者称其笔调“自由疏放，灵活多样”，值得提倡。

10月7～10日，甘肃省史志学会在平凉市举行旧志整理研讨会。目的是在本省第一届修志即将完成、第二届续修尚未起步之时，推动旧志整理工作的开展，对整理工作进行规范。

10月16日，四川省委、省政府办公厅，联合向各市、地、州、县和省政府各部门，转发《四川省地方志工作2010年目标规划纲要》，对该省本世纪末下世纪初的地方志工作提出了具体目标及组织实施意见，解决了长期困扰地方志工作的若干“老大难”问题。

10月17日，中国地方志协会在北京举行第三届会长办公会。会议明确了今后地方志协会的工作任务，强调要紧密围绕新方志学理论建设、提高志书编写质量和修志队伍的专业水平，开展学术活动。会议认为，本届地方志的编纂无论在理论上还是实践上，都有丰富宝贵的经验需要认真总结，为续修新志创造条件。根据这一认识，会议确定今年年会研讨的主题是关于方志续修的理论问题，并建议今后地方志协会还要分片或省、区为单位召开小型学术会议，继续开展讨论。会议还就今年年会召开的几个问题作出了决定。

10月22～23日，山东省地方志办公室在济南举办全省史志系统地情资料库建设培训班，请专家、教授举行专题讲座，开展技术交流，现场操作、演示，讨论答疑。会议还落实了各地建库任务。

10月25日，《上海县志》主编王孝俭在是日出刊的《中国地方志》今年第5期上发表《写好基本门类，体现县志特色》一文。文章认为，为了反映地方特色，不少县志用设特色篇，把县中某些具有特色的事业(事物)升格为基本篇或基本卷来反映，这不失为一种办法，但不是治本的办法。只有写好一县的基本事业(事物)，写好一般县志通常均要设立的基本门类，才能真正体现县志的个性。县志主要任务是反映一县的基本情况，理应写好基本门类。只有一个县的基本事业——农业、工业、商业、交通运输、教育、卫生等，才组成一个县的基本骨架。这些基本事业在全县举足轻重，缺一不可。全县绝大部分人员在这些基本门类中活动，写好了这些基本事业，一县的基本轮廓也就突现出来了。而绝大部分特色篇不具备这种品性，无法承担起体现全部县志特色的重任。这个重任只有一县的基本门类才能承担得起。所以，记述好一县的基本事业，是县志始终要追求的，也是编纂力量的重点。体现个性、特色，也就是这些基本事业(事物)的区域性。写出区域性，就可以使得志书的每个方面都是独一的，每方面的独一，组成了全志的独一，这就是特色。以区域性显示地方特色，要求：一是从勾勒一县的基本社会形态着手；二是点面结合，宏观微观相结合。把每一篇分成两部分。前半部即“|”，宏观记述一县某事业的规模，从整体上显示基本状况和发展水平。后一部分“—”，为展开部分。要强调的是易为大家所忽视的“|”部分。

《苏州市志》副主编之一的金菊林，就参与市志编纂的体会，在同刊期上发表《编纂新方志如何体现历史文化名城的特色》的文章，介绍他们的做法，值得注意者有七。一是为反映古城风貌的城、巷、河、桥特色，特设《城巷河桥》专卷。详细著录了古城内外1461条街巷的名称由来、历史变迁及其方位、长度、宽度和路面结构；古城内35.12公里河道和古城外87公里河道的历史变迁及方位、长度和宽度；市区361座桥梁名称的由来和历史变迁及其位置、形制、材料质地、长度、宽度和跨度。对于清代以来，古城内已填塞的77条(段)、约46.8公里河道和古城内外已经拆除的289座桥梁，都一一列表作了记载。二是为反映具有鲜明吴地特色的苏帮菜肴、苏式面点、苏州糕团、苏州船菜船点、苏州小吃等，从《商业》中析出特设《饮食服务》专卷。三是详今明古，融古今于一体。对于古的事物，要交代清楚各事物的起源、发展和演变过程。四是将专题研究所得，撰写成始末、调查报告，或编成名录，或绘制成表格，按“专记”、“附录”、“附”三个层次，分别置于有关卷、章、节之末。全书共收专记 6 篇、附录 23 篇、附 31 篇，共 60 篇。五是为记述苏州的会馆、公所，在《社会团体》卷内设置了会馆公所专章，列表著录了会馆公所的名称、地址、行业及其历史演变。六是在《图书》卷著述章增辟《〈吴县志·艺文考〉补遗》专节，补记了 139 位作者、300 余种书目。七是进行纵比的同时，进行必要的横比，如《丝绸工业》卷的《概述》中指出：“真丝绸出口量 1666 万米，居于全国首位，苏州名副其实地成为‘日出成绸，衣被天下’的丝绸之府。”

《绍兴市志》主编任桂全在同刊期上发表编纂《绍兴市志》的体会——《努力提高地方志的学术品位》。文章认为，提高地方志的学术品位，是保证志书质量的一条重要途径。资料是提高志书学术品位的首要条件。一部志书资料是否丰富、翔实，是否真实、可信，是否可用、有价值，直接影响到志书的学术品位。因此，他们在修志过程中，对一些有不同看法的问题，在占有资料的基础上，花大力气进行分析、比较、鉴别、考订，去伪存真，去粗取精，既有自己的独立见解，也注意吸收前人研究的成果。同时注意吸收了不少鲜为人知的独家资料，如对绍兴师爷、绍兴堕民，不但作了充分的记述，还辑录了一批圣旨、奏折、书契、调查报告等原始资料，大多是第一次面世。准确把握地情特征是提高志书学术品位的重要环节。专家参与是提高志书学术品位的重要保证。

福建省志办主任刘学沛在同刊期上发表《从本次评奖看提高志书质量的紧迫性》。他认为，从福建省的情况来看，即使受到表彰的志书中，仍存在不容忽视的问题，主要有以下几个方面：一是体例不合理，篇章节结构安排不当。有的篇名与所统章节内容不符，有的章名与下属的某个节名完全重复，有的节仅有几行文字，形同虚设。二是资料取舍不当，有的有遗漏，缺乏典型事件，有的资料疏于考证。总的来看，“文化大革命”的有关资料是本届志书的薄弱环节，有的对历次政治运动的提法不准确。三是篇幅冗长，有不少空话、套话。有的从大事记、总概述、篇章的无题概述，到具体记述中，多次重复，有的则抄当时全国的一般情况或文件，没有具体内容。四是编辑水平低，志书版式、图表运用、标点符号、数字、计量单位，不合规范要求。五是差错率高。他对这些问题产生的主要原因进行分析后，提出了提高志书质量的一些途径。

新疆维吾尔自治区志办主任白玉玺在同刊期上发表《从实际出发，努力做好边疆少数民族地区的修志工作》一文，介绍他们在处理新疆民族问题上坚持的五条指导思想，对其他各地处理边疆民族关系颇有参考价值：一、从地域上看，新疆自古以来就是伟大祖国版图不可分割的一部分；二、从民族成分看，自古至今新疆就是多民族聚居的地区；三、汉族也是新疆世居的古老民族之一；四、新疆这块土地是居住在这里的各民族共同开发、建设、保卫的，新疆的古代文明、近代文明和未来文明，是居住在这里的各民族共同创造和发展的；五、维护祖国统一和民族团结，反对民族分裂，是新疆社会历史发展的主流，无论是过去还是现在，破坏民族团结、分裂祖国统一都是不得人心的，都会遭到各族人民的共同反对，只有各民族加强团结，和睦相处，互相学习，互相信任，互相尊重，互相支持，新疆才能发展、繁荣、昌盛。

是月，《当代中国志坛诸老纪念文集》由中州古籍出版社出版。是书收入方志界同仁对第一届中国地方志指导小组组长曾三、副组长梁寒冰、小组成员董一博、朱士嘉、牙含章、李志敏、陈元方“七老”的纪念文章52篇，分别载有诸老生平简介。作者遍布全国各省、自治区、直辖市。文章分别从不同角度记述了“七老”的道德风尚、工作精神、方志学观点及业绩等。对于总结第一届新方志的编纂，准备下一届方志的续修，提高修志人员的素质均具重要意义。

按：是书出版后，1998年3月17～19日，又在郑州举行了《纪念文集》出版座谈会。

是月出刊的《浙江方志》今年第5期上发表了一组对新编《遂昌县志》的评论文章。其中，浙江省地方志编纂室副主任王志邦在《〈遂昌县志〉的意味》一文中，认为遂昌是革命老根据地，有“江南第一金矿”，有最富业绩的明代县官汤显祖等地方特色。但县志中并没有采用升格的办法来处理，而是重点着墨于最基本的县情。作者在评论中指出：“县志的主要任务是翔实地记述一县的基本地情。衡量一部县志质量的高低，首先看它有没有充分记述一县的基本地情。很多情况下，有特色的事物不一定就是一个地方最基本的事物。只有写清楚一县的基本地情，县志才能显示出它的个性，县志才称得上是一部科学的地情书，县志才有生命力。一部县志有没有突出地方特色，不在于它有没有将有特色的内容升格记述，而在于它有没有全面系统地反映基本地情。”

按：本文与前10月25日所述的王孝俭在《中国地方志》发的文章，都是地方志反映地情认识上的一次升华。

是月，胡大宇主编的贵州省《桐梓县志》出版。是志在《凡例》中申明其编写原则之一是，“本志记述原则为主著述，辅纂辑，述而略作，作必合道”。此前出版的有些志书中，虽然运用了著述与纂辑相结合的做法，但在凡例中公开申明著述与纂辑相结合，这还是首家。该志主编认为，“述而不作”的提法似乎太武断。他们的“述而略作”，是在关键部位予以适当点拨，以补资料于反映规律方面之不足。当然这个“作”的原则和度，只能是符合客观实际，合乎客观规律，这就是“作必合道”。这个“道”必须以精当为原则，必须做到观点正确，立论有据，文字精练，切忌冗言，而且只能是神龙偶见，绝不滥泛。能不作则不作，作则力求做到添一字太多，减一字太少。常常可能是一字见规律，一字定褒贬。是志“凡例”中还规定，“本志采用述、志、传、记、图、表、录、索引8种体裁”，将《索引》正式列为志书中的诸种体裁之一，在当今志界也是仅见的。

按：由此可见，关于述论问题，本届修志中经历了“述而不作”——“寓论于述”——“述而略作，作必合道”的探索过程。

民国时期，桐梓县特有的事是出现了一个以周西成为首、以桐梓籍人为骨干的桐梓系军政集团。这个集团曾主黔政10年之久，无论对桐梓还是对贵州的历史，都产生过明显的影响。也一度为国人所瞩目，当时曾有“南黔北晋，隆治并称”的说法。志书专设《桐梓系军政集团》一卷，以4.3万字的篇幅，从这个集团的崛起写到它的瓦解，尤其详载了他们的施政、政绩及其对贵州社会的影响。这样的特篇是本届志书中所特有的。

按：笔者在此前参加临桂县志、桂林市志和山西一些志书的评稿会时，都曾主张设类似的专卷，注意对民国时期的地方实力派加以记述。认为青海、新疆也可以这样做。如果这些地方的志书中，都注意了对阎锡山集团、桂系集团、马氏集团、盛世才集团等的记述，民国时期的政治面貌也就大体清楚了，这个时期中国政治上形式的统一、实际并未统一的特点也就体现出来了。

是月，黑龙江省佳木斯市政府对荣获全国地方志奖一等奖的《佳木斯市志》，发给3万元奖金。

是月，天津市地方志办公室编的《志苑珍宝》出版。是书汇集了88位党和国家领导人有关修志的讲话、题词等234份；12位著名人士的题字、书序31份。不但具有资料价值，而且也有收藏价值。

是月，梅森著《方志学简论》由黄山书社出版。评论者认为，其与刘柏修、刘斌主编的《当代方志学概论》有三个共同点：一是方志学基础理论的论述占有相当分量，有一定的学术品位；二是重在方志编纂，有指导修志实践的意义；三是重视了方志批评问题的探讨与论述。这两部书连同张松斌的《实用中国方志学》(海潮出版社1997年12月出版)，都出自方志编纂实践者之手，标志着我国方志学研究已由“学院式”转移，走进了修志者登上方志学学术殿堂的新阶段。梅氏此书还有自己的个性特点：第一，善于综合归纳，条理有致；第二，能够慎思善辨，深刻探讨；第三，注意一分为二，论理辩证；第四，勇于开拓创新，敢破敢立。

11月4～6日，四川省地方志编纂委员会、省地方志协会共同举办方志学术研讨会。会议收到论文27篇，多数文章都涉及地方志的生存和发展问题。比较一致的看法是，要创造良好的生存环境，发展方志事业，一方面是要继续强化领导体制，另一方面就自身而言，首先是要转变观念，正确处理“有为”“有位”的关系，以精品向市场要效益，在有条件的地区和部门应成立地情咨询机构，建立微机系统和资料库；其次是设立岗位津贴，激励修志工作者；其三是筑巢引凤，增强修志机构对人才的吸引力；第四是要提倡敬业敬绩，努力造就一支甘于清贫、淡泊名利、勤奋严谨的修志队伍。

同期，福建省举行地方志学术年会，以对本届修志质量评估和续修志书的思考为中心。

既有对志书质量作全面的思考与评估，亦有从单一角度的探讨，如指导思想、体例、功能、时代性、科学性、人物志等。对提高志书质量、加强理论队伍建设起了较好的推动作用。

同期，上海城市区志协作会在昆山市举行，会议主题是回顾总结本届修志工作的经验，科学地制定下一届区志编纂工作的规划，为下一届修志工作预作思想上、组织上、理论上的准备。

是月，《俞佐萍方志论集》出版。是书收入作者从事方志工作10余年来发表的文章、讲话、书评、书序等共94篇。书前自序中归纳了对方志的10点看法。书中有一些见解颇为独到，如主张大城市的志书，应当以城市为主，兼及属县；小市的市志应实行城乡一体，突出城市；城市志可以越境而书；等等。

是月，贵州《剑河县志》主编龚力新著《县志编修求是说》出版。这是一部总结本届修志实践经验之作。全书分为总说和分说两大编。第一编总说包括修志机构、修志领导问题、县志续修、县志总纂、县志审稿、县志篇目、县志评奖等涉及面广的内容；第二编分说，内容为序言、凡例、概述、大事记、政治、经济、文化、人物等的编写问题；附录殿后，辑入编修《剑河县志》各种行文资料辑录及县志出版后的社会反响。评论者认为，这是一部很有个性特色，具有一定学术理论价值，也有修志实践指导意义的务实求是的经验总结之作，是一本值得一读的力著佳作。

是月，杨德生主编的云南《西盟佤族自治县志》出版，这是西盟建县以来的第一部县志。西盟是全国仅有的两个佤族自治县之一，自治民族占全县总人口的73%。直到新中国成立前，这里还处于原始社会崩溃、阶级社会形成阶段，实行土司制和部落头人制，刻木记事，以物传情，刀耕火种，普遍种植罂粟，砍人头祭谷，镖牛祭祀，部落战争频繁，民族关系紧张，人民生活极端贫困。新中国成立后才一步步发生翻天覆地的变化。志书记下这样一个历史过程及今之现状，具有重要的历史价值和学术价值。

12月3日，云南省通志馆正式挂牌成立，首任馆长由云南社科院院长、省地方志编委会副主任何耀华兼任。中国地方志指导小组副组长王忍之和云南省副省长赵淑敏为方志馆开馆揭幕。

12月3～7日，中国地方志协会1997年学术年会在昆明召开。中国地方志指导小组副组长、中国地方志协会会长王忍之指出，这次会议主要是讨论下一届续修志书的理论问题。他认为，第一届志书完成之后，主要要做两方面的工作。第一方面是大力开展读志用志活动。一是要编写普及本或叫简本，从几百万字的篇幅中提炼，编出一个二三十万字左右的简本，把原来方志中最重要、最精彩、最为大家所关注的那些方面和事情，写到简本里去推荐给广大读者，让广大读者能买、能看、爱看。当然这种普及本不应该是原来方志的简单的、平均主义的压缩，而应当是一种再创造，是一个再研究的过程。二是要编写一些专门的小册子或文章，为两个文明建设服务。三是主动为各地的党和政府的决策提供咨询和服务，向广大的群众做些报告、演讲，以宣传本地区有重大意义的一些事情。如果说以前我们主要埋头于编修志书，那么现在应该花更大的精力去运用志书。

第二方面的工作就是为编修新一届志书作准备。没有充分的、高质量的准备，就不可能编修好下一届的志书。准备工作之中，最重要的当然是资料方面的准备。但思想理论的准备要走在前面。新一届的地方志书要有新的起点，达到新的高度，比现在的志书要提高一步。所谓新起点，主要是指在思想认识上要有新的开拓，在志书科学质量上要达到新的高度，要适应即将到来的21世纪的需要。应当看到，当前方志理论建设远不能适应修志工作发展的形势需要。为此，要努力开创方志理论建设的新局面，要认真贯彻理论联系实际的方针，推进方志理论建设。首先是要认真学习和掌握马列主义、毛泽东思想、邓小平理论，用科学的世界观和方法论来指导方志理论建设；其次要对过去的修志方法从理论上作概括；第三要认真学习和掌握有关方志的科学理论和知识；第四，也是最重要的，是必须重视总结本届修志的实践经验。对本届修志中不论是成功的经验，还是失败的教训，都要十分重视，看成是一笔宝贵的财富，加以总结，提高到规律性的认识，进而制定成理论形态的成果或相应的政策性建设。

会议在总结十几年修志经验的基础上，从理论到实践的结合上，提出了续修志书的继承与创新，理论与实践，以及新编志书的时代特点、地方特色，新起点、新高度和续修志中应强化制度化、法规化管理，如何进行总体设计，体例框架，人员培训，资料收辑，篇幅字数，时间上下限，印刷出版等问题。经过广泛深入的讨论，在许多问题上达成了不少的共识。

此次年会上，提出了一批有较高质量的论文，视野高阔，理论性强，既有对第一届修志的总结，又有对下一步要修志书的展视。今摘介几篇如下：

一、广东省志办黄勋拔的《大视野，新观点，多专题，深层次——对今后修志的几点设想》。这是作者于《中国地方志》1997年第1期上发表的《广东新编志书的整体评估和改进意见》一文的提炼与升发。作者认为，第一届修志中部门志的痕迹很明显，视野不够开阔。在内容方面的表现是，多讲部门工作，而不是从整个社会的角度来取材和编写。志书的内容应当包括两方面，即地情、社情和部门工作。两者都要写，但两者不是一回事。本届志书中写部门工作的多，写社会情况的少。比如“青年”，写的是青年团的工作，而不是青年问题；“妇女”写的是妇联的工作，而不是妇女问题。还有一些社会问题，由于不属哪个部门管，志书中就没有写。社会面貌并不等于部门工作之和，只写部门工作显然是不够的。从体例方面讲，类目设置、材料归属，都受部门分工的影响。有些工作前期归一个部门管，后期是另一个部门管，有些志书就分在两个地方写，人为地破坏了事物的联系。今后修志不仅要面向党政部门，而且要面向社会。志书不仅要写政府行为，更应该记社会面貌。取材要扩大视野，除了党政领导机关和部门的档案外，还要多用口碑材料、实地调查、社会调查，包括一些民意测验资料等。就观点而论，相对于旧志而言，本届志书是用了新观点的。但在改革开放的形势下，有些观点仍显陈旧。一个表现是对过去的事情，未能用新观点来记述，如许多“左”的影响未能消除。另一个表现是对新的现实、新的事物视而不见，或没有摆正位置。所以今后修志要观念更新。已修出的志书大都是“大而全”。由于过分求全，以有限的篇幅记述内容广泛、时间跨度长的事实，就显得单薄，有点像填充题。比较普遍地存在着有事无人、有骨无肉、有结论无过程、没有情节、平面干巴、记述不深的情况。他提出改革的做法：一是将现在的专志部分分解为一个个专题，另加一些统计表；一是采用条目式，设几百个条目，分类排列，每个一级类设一个“综述”。条目以纪事本末体为主，一事一条。志书应当做到有深度，就是能反映事物本质形态和特点，反映事物内部联系及其与其它事物的联系，反映事物因果关系和发展规律。他提出要做到有深度，就应当在七点上有所改进。

按：作者提出的加强记述深度的这种纪事本末体专题记述的思想，至 1999 年发表于《中国地方志》当年第 5 期的《关于志书体例创新的初步研究》中，进一步充实为“增加专题调查、专题文章、重大事件纪实等材料比较系统、详细、较有深度的‘专记’”。这种设想很快就得到方志界的赞同，形成志界的共识。山东王复兴、黑龙江梁滨久等都先后发表类似的主张。2000 年 3 月，中国地方志指导小组的《关于续修地方志的几项规定》（讨论稿）中，对续志的内容也提出了应当包括“专题记述”，“对正文未能充分记述的一些重要问题”，作“专题调查和专题报告”。

二、江苏省志办李明的《方志事业跨世纪建设的几个战略问题》。作者认为，“信息高速公路”的迅速开通，对传统的文化形成了更严峻的生死存亡的挑战。面对于此，地方志是退是进？是衰是兴？其中有许多策略性的问题需要研究，尤其要从理论上阐明方志在我国政治、经济、文化诸方面建设中的地位和作用。他提出的看法是：（一）从中国文化的源头上定位。地方志是中国古文化的一个源头，数千年来一直是一股劲流。中国文明数千年不中断，地方志功不可没。（二）从中国保持大一统的政治局面上定位。地方志是爱国爱乡的好教材，被历代帝王视为实现大一统千秋大业的重要文化武器，亦为当今炎黄子孙实现祖国统一担当了历史见证者的重要角色。（三）从当今建设社会主义精神文明中定位。地方志作为中华民族的文化形态，在抵制“西化”，防止“分化”中有其独特功能，为党和国家领导人所看重；在建设地方文明中有不可取代的作用。（四）从市场经济大潮中定位。经济发展不是不要文化，相反离不开文化。地方志要顺应改革，不断完善自我。实现地方志事业现代化，是发展地方志事业的根本出路。（五）从当代社会科学中定位。方志学立于社会科学之林是当之无愧的，但地方志亟需完善自身的学科建设任务。他认为，地方志对于政府来说，是一项事业；对于日益蓬勃发展的市场经济来说，是一项产业；对于社会科学来说，是一门古老而新型的学科。地方志事业大有可为,需要社会各界去关心、扶植,需要众多有识之士研究地方志发展的策略。

三、浙江省志办王志邦的《续修方志与方志学学科建设——面对二十一世纪的思考》。文章分四个部分。一是关于方志和方志学的现状:1.新方志的直接资治功能不如过去的旧方志。方志对于领导者来说,已从历史上的必读转变为有用,但不一定必读。2.方志工作手段落后。3.方志学说带头人屈指可数,后继人才缺乏。4.当代方志与其他学科对话和交流甚少,不说是孤芳自赏,至少也可以说过于封闭。5.新志书未引起社会的重视,发行量小。二是关于续志如何编修。作者认为,从传统上看,一地方志的编纂,重修是主流,后志接前志的续修是支流。面对迅猛发展的信息高速公路,21世纪方志体例的革命不可避免,全新的方志体裁的出现不是没有可能的。新方志要立体地反映一个地域人类活动的总体史,势必难以我们这一届志书的下限为其开端。今后的方志可能还是以重修为主,"续志"应作为"续修方志"解,而不是接续前志。三是21世纪的方志将是什么样的书。他认为,中国历史的传承是由两个系统构成的:一个是记载王朝更替的正史;一个是记载一方人类生存环境、建置沿革、物产风俗、人物等的方志。80年代所说的史志之别,无形中已阻碍了我们自觉地接受新观念、新方法。今后方志可以汲取西方史学精华,以人之长来补己之短,改进自己的方志观。四是关于地方特色的理解。作者认为,以升格记述地方某一特殊事物为体现地方特色的理解存在着偏差。他主张地方特色即基本地情。从方志是分门别类记载一个地域人类活动的总体这个高度来看,现代方志的门类,有两人缺陷:一是社会关系;另一个是人们的精神活动。方志对人与人之间的社会关系记述甚少,更谈不上对一个地域社会关系变迁的整体记载。21世纪的方志应当在这方面有所突破。

四、广西通志馆原馆长冼光位的《续修是新方志理论与实践的科学延续与发展》。文章开宗明义就提出:"续修是新方志理论与实践的科学延续与发展,它不存在理论上另起炉灶、另辟续修理论全新概念的问题。"他立论的出发点是:1.新方志理论是传统理论的科学继承与发展,是在科学继承的基础上,结合时代特点,并在实践过程中逐步完美和发展起来的,它具有一定的学术性、时代性和科学性。2.新方志理论经实践成果检验是基本成功的。3.续修是社会主义新方志事业的延续,与本届修志性质上是同一的。作为指导同一事业发展的基本理论,不存在否定这种理论或另辟全新理论的问题。续修中由于记述对象的某些差异和续修实践的不断发展,基本理论联系实际在发展过程中会有这样或那样的变化,但这都是同一性质理论的发展与变化,而不是本质的变化。他认为,本届修志在理论和实践方面的成功是:1.关于编修地方志的指导思想,是马列主义、毛泽东思想和邓小平理论,其精髓是实事求是,续志也应当坚持这一指导思想。2.关于志书记述对象与志书性质。"新编地方志应当系统记载地方自然和社会的历史与现状",志书是记述和反映地方自然和社会历史与现状的资料著述的基本理论，都应当坚持。一些专家、学者提出过一些新的想法，但都只是个人的探讨，非属普遍共识。至于将志书写成“地方史”、“资料论著”等性质的书，在局部地区可以探索创新，成功之后再总结推广。3.关于新方志编纂的若干基本原则。他对本届修志坚持的存真求实的原则，述而不论的原则，横分纵述的原则，生不立传的原则，记述敏感问题的原则等，都进行了逐一的分析。认为都应当在坚持的基础上再去发展。对于已经出版的一些志书中，在人物篇内以人物简介的形式记述了一些在世领导人、名人、企业家的生平事迹，他认为应以“谨慎为好”，续修应坚持生不立传的原则。对于有的专家将“详今略古”改为“详今明古”。他认为，“略”是大要、要略；“明”是明白、清楚。大要与明白，表面上有些差异，在本质上并无多大区别。现在一些新志书中对旧社会的记述资料太少，不能视为“略”，而是缺漏，不是“略”的原则造成的。4.关于方志工程学。他认为，编修志书是一项重要的文化建设工程，在资料收集、调查研究、考据订正、筛选运用，篇目设计、编写志稿、评审、总纂、审查验收、出版发行和读志用志等每个环节，都有很多学问。新志编修中摸索出来的党委领导，政府主持，专家、方志工作者修志的体制，也是值得肯定的。在文中，他也提出了若干值得思考的问题：(1)关于存真求实问题。本届修志中遇到的问题是，有的明知有水分而无法挤掉；有的资料不全，只记一面而少记甚至不记另一面。续修中同样会遇到这方面的考验。(2)关于述与论的问题。志书应以述为主，寓著于述，著述结合。述得深与不深，如何才能算深？还需要继续探索。(3)关于整体性问题。整体性的问题与体例上横分门类、纵写始末关系很大。如何改变这种状况，值得研究。还有篇幅过大的问题，关于引进相关学科理论与学科人才问题等。

五、辽宁省志办苏长春在《续修志书的新思考》一文中，提出了“求新不求全、求简不求繁，记现实略往事、记可变略不变”的续志原则。志书记述的客观对象中，各类事物可以分为可变事物、不变事物和半变半不变事物三种。续志中对可变事物，应浓墨重彩记好其发展和变化；对不变事物不必再记；对半变半不变的，不变要素则略，有变要素则记。比如河流，不变要素包括河流发源、流经地区、流域、长度等，这些要素不必在续志中复记；可变要素为各河的流量、水质等，续志中只记这些要素。关于续修志书需要具备的条件，他提出：(一)真正树立起修志工作是政府行为的观念，把修志书作为指令性任务；(二)续志工作要由“人治”走向“法治”；(三)续修志书质量的优劣，取决于修志队伍素质水平的高低。

六、河北省辛集市地方志办公室王登普在《县(市)志续修面临的几个问题探讨》中，针对目前志界的状况，提出要突出抓好“四个一”：高举一面旗帜，即邓小平理论的旗帜；狠抓一个关键，即大力提高方志队伍的思想政治素质；夯实一个基础，即加强县(市)修志机构建设；提高一个水平，即把修志事业全面推向前进的领导水平和业务水平。文章还就续志的记述重点、篇目上如何创新、体裁上如何多样化等问题提出了自己的看法。

12月4～7日，广州市举行市属八区区志总纂理论研讨会。会议就如何避免“越境而书”、如何运用“详管略驻”的原则、如何记述政治运动中的挫折和失误、如何突出城区特色等问题进行了讨论，不少问题取得了原则上的共识。

12月5日，云南楚雄州地方志办公室杜晋宏在《云南史志》今年第6期发表《网上方志》一文。文章从楚雄州1996年与云南大学国际互联网WWW网管中心联网，成为其中的一个网点，将志办编辑的宣传资料于8月昆交会期间，成功地送入互联网说起，认为地方志应当实现上网，形成网上方志，并建立一个全国性的地情资料信息网数据库。

是日，台湾省政府文化教育处召开各县(市)加强推动乡、镇、市、区地方志书纂修会议，研究加强推动、督导，并作出决议：请各县(市)政府将辅导乡(镇、市、区)编纂地方志列入年度施政计划，对未修或已修过但因历时已久而应续修者，将分批辅导办理；经费方面，除依《地方志书纂修办法》，请乡(镇、市、区)公所编列预算外，建议由各级政府衡酌县市自有财源状况，予以适当比率的补助。

12月9～12日，闽、浙、赣、皖毗邻地市方志协作会在历史文化名城——浙江省衢州市举行，有相邻的20个地、市(含县、市、区)的代表与会。会议重点讨论了社会主义方志方面的四个问题：一是关于社会主义方志与社会主义文化的一般关系；二是关于社会主义方志、新方志和当代方志三个概念的外延差异；三是关于社会主义方志的基本特性；四是关于社会主义方志的发展战略。

12月12日，山东省泰安市市情资料库完成主体框架建设，这是山东省建成的第一家市级地情资料库。

12月15日，天津市机构编制委员会发文，对天津市地方志办公室内设机构及人员编制给以批复，谓“经市委、市政府领导同志批准，现同意市地方志编修委员会办公室内设秘书处、市志指导处、区县志指导处、编审出版处、资料信息处、理论研究处，规格均为处级；事业编制仍核定24名，所需人员经费仍由市财政全额拨款”。

12月20～28日，黑龙江省志办与省委党校联合举办全省地方志干部培训班。参加培训的学员为各市、地、县修志工作的负责人和省志各承编单位修志负责人。培训班就邓小平理论的历史地位和指导意义、全国续志理论研究概况、怎样当好主编、如何搞好续志篇目设计、志稿的编辑加工与审定、如何把志书写成资料性著述、续志资料的搜集与资料长编的编写、如何搞好市志和县志的续编、当代地方简史的编写等有关问题，安排了中心发言，展开了研讨。

12月29日～1998年元月3日，由天津市地方志办公室和南开大学地方文献研究室共同主办的中国(海峡两岸)地方史志比较研究会在天津市举行。来自台湾、香港地区的专家学者8人，国外专家学者3人，内地中国地方志协会、各省市地方志办公室的领导、学者近50

人,共60余人与会。提交会议论文共23篇,宣读17篇,22人在会上发言。会议就海峡两岸地方志编修进行了比较,认为海峡两岸纂修地方志的组织机构、体例篇目、记述内容、编纂方法、语言文字等方面,有大体相同或近似之处。这一现象,充分体现了华夏子孙深厚的文化底蕴和趋同性。两岸的专家学者继承了中华民族编修地方志的优良传统,纂修了大量的志书,取得了丰硕的成果。大陆和台湾都分别在50年代、70年代、90年代修了三轮志书。现在,大陆仍以修省、市、县三级志书为重点,而台湾当前则以编纂乡镇志为主。会议还就中日地方志的比较、比较方志学学科的建设,以及关于修志热点和难点的探讨、其他方面的比较等问题进行了热烈的讨论。这对促进方志学的发展有着重要的意义。会后,于1998年10月,天津社会科学院出版社出版了《海峡两岸地方史志比较研究文集》,收入论文20篇。

是月,云南玉溪地区志办梁耀武在《黑龙江史志》今年第6期发表《一元二重客体与方志领域的基本矛盾》一文。文章提出"一元二重客体"作为方志学的一个特定用语,其含意是指作为方志编纂者这个认识主体,为了要认识与表述地情,他面对着二重客体,这个二重客体有着本质联系,所以是一元的。方志编纂者一般不可能直接认识地情,只能通过地情资料去认识地情,所以他面对二重客体,即通过资料认识客观存在的地情。地情资料在形成过程中受资料制作者主观因素的影响,不一定完全反映客观地情。方志编纂者还要考订、分析、比较、研究、升华,尽可能接近客观地情,所以方志编纂者面对的是一元二重客体。由此出发,作者否定了"客观实际与主观认识"和"客观面貌与主观记述"作为方志领域的基本矛盾的这两种最通行的说法,而提出地情知识积累传播与地情需求的矛盾,是方志领域的基本矛盾说。

是月,山西省史志研究院西樵的《志书序言琐谈》在《天津史志》从第6期起,分四期连载。文章追述了方志序言的产生起源和旧方志序言的理论价值之后,重点论述了新方志序言的情况。作者认为,新志书序言撰写上存在的问题有五:一是一书多序;二是言之无物;三是学术价值降低;四是宣传色彩浓重;五是文体把握不准。他概括志书序言应包括五个方面的内容:一是纵述历史概貌,突现地方特点;二是简述修志历史,评价旧志得失;三是简介成书经过,记载编纂经验;四是提示志书内容,圈点志书优劣;五是策论方志功用,表示作者愿望。提出序言撰写中应注意的几个问题:一是如果一书多序,应力避雷同;二是言出有据,符合撰序者的身份;三是实事求是,不作渲染;四是立足本志,举要发新;五是叙论结合,力求简质。

是月,黑龙江《肇东县志》主编刘有才的《新方志评论文集》印行。内收对新志书的评论文章97篇,涉及志书200部。是书的评论文章的一个特点是,既充分肯定其成功与优长,同时又指出其不足,颇便于人们从中吸取经验、教训。

是月,颜邦英主编的广西《桂林市志》出版。是书引人注目的最主要之点,是崇尚民族气节,突出了桂林山水旅游的地方特点。其体现民族气节的是表现在对抗日战争的记述上。一是记述了桂林各界人士抗战初期逼蒋抗日行动的全面高涨的热情;二是详记了中共统一战线战略,使桂林俨然成为“小陪都”的局面;三是以满腔热情记述了政府军队和国际友人在桂林的抗战事迹,不但一改许多志书中所缺的做法,列了《抗日阵亡将士名录》,列入“英烈”节内,从中可以看出,为了保卫祖国,桂林健儿的鲜血几乎洒遍了半个中国的国土,而且为抗日的国民革命军人物立传,且纳入“烈士传略”节内,同中共的烈士人物并列,写出了民族的豪气。

按:对此,笔者在《中国地方志》1998年第4期有专文介绍、评论。

是月,廖江主编的广西《灵川县志》出版,是志是以廖江的3篇论文为思想构架的。其一是《县情与县志》,认为县情需要县志,县情决定县志。方志编纂者特别是主编对于县情的认识水平如何,决定着志书的质量高低。提高志书质量的关键,在于对县情的深化认识和把握,以及要增强志书的整体性。其二是《县志与决策》,认为县志作为“官书”、“政书”,应当为决策提供资料依据,积极为决策服务。其三是《论“湘桂走廊”整体开发》,首次提出了“湘桂走廊”的构想,认为县志记述应将行政区域与经济区域相结合,把一个行政区域的整体性与经济区域的局部性结合起来考察,以打开视角的扇面。因此,他对灵川县的性质定位是:近郊型旅游农业县。从而为灵川经济发展及县志编纂树立了一个坐标。

按:本届修志中都很强调志书为当政者决策服务,但如何服务,却是值得探讨的问题。对此,本志书的主编廖江曾对笔者有一个很形象的譬喻。略谓:志书记述了一地的地情,让主政者对该地所面临的自然、社会环境及所拥有的资源和基础设施等,虽已了然于胸,但如果不思开拓进取,仅以常规设治,其地虽也会循序渐进地发展,但速度只会是鸭行鹅步式的。社会面貌及人民生活都不会有快速的发展和提高。犹如一户农家拥有了一批糯谷,打出江米,如果仅用来煮成糯米饭,也能充饥果腹,但只是得以度日而已,生活难以提高。如若设法找到一点曲霉(俗称酒曲),将糯米酿成江米酒,则不但营养丰富,味道甘甜,且可以将节约下来的糯米投入市场,换回其它所需物品,是很划得来的事情。一部好的志书,就应该充当这种曲霉的蕴藏库。一个好的有为的方志工作者,就应该充当这种曲霉的发掘者。他们在修志过程中,深入而精心地研究了本地的地情,从而寻找出推动地方社会和经济快速发展的关键,提供给当政者,为他们抓住这个关键进行决策。这个譬喻既形象又生动,为笔者在各地讲课中多次引用。

是月,山西省史志研究院刘纬毅辑的《汉唐方志辑佚》出版。先贤对古书之辑佚由来有自,是古籍钩沉整理的一个方面。其中,对古方志之辑佚始自元末明初的陶宗仪。在其《说郛》一书中辑录汉唐方志42种。清王谟《汉唐地理书钞》辑地理志及方志249种,惜付梓时仅存70种,其中方志17种。王仁俊在其《玉函山房辑佚书编》中,收辑有宋代以前佚志59种。

此外张澍、鲁迅亦辑有秦陇、会稽共16种,对新中国建立以前,所辑录的方志除却重复,另有90种,约6万余字。就数量而言,刘氏的《汉唐方志辑佚》远胜前人之总和,达440余种,41万字。这是从40余种、6000余卷的类书、地志、史书、子书等中辑出来的。其内容涉及今陕西、甘肃、宁夏、山西、河北、北京、天津、山东、江苏、浙江、福建、台湾、安徽、江西、河南、湖北、湖南、广东、广西、海南、云南、贵州、四川等23个省500多个县。方志学家傅振伦在该书序言中称刘氏,“近十余年来,踵王谟辑志大业,增广其例,博取四库载籍秘籍,尤重丛书类书子部之他人未曾寓目或忽视者,麟光片羽,亦所不遗。因此所获达445种,倍蓰前人,涉及23个省、市之广。其中不仅有风土乡情,还有弥足珍贵的资源、科技、国家疆土等稀见材料”。刘伯伦在《中国地方志》发文评论其有三个特点:一是超越前人;二是辑录严谨;三是价值连城。

按:书中所辑,虽只涉及零星地情,但吉光片羽,亦属难得。这项成果可谓是空前的,但愿不是绝后的。

是年末,中华书局正式成立地方志编辑室。

是年,张栉勤、马明龙总纂的湖北《蕲春县志》出版。是籍人王中烈先生原毕业于台湾机械工程学院,后留学美国,1964年获美国新泽西州大学拉特洛斯哲学博士,1979年任加拿大里金纳大学数学系教授,曾发表《第二序性双曲线方程的柯西衰退问题》的著名论文。他得知家乡修志后,给县志办公室来信说:“我能在海外生活成家并参与美国的教育工作,实过去家乡培养所致,衷心铭感”,“家乡编纂《蕲春教育志》,这是一件意义重大、影响深远的工作”,“我将写信给台湾的家兄,就他所知或转询亲友,以获取有用之资料”。另一位正在编纂《蕲春县志》的台胞李继朝先生,听到家乡修志的消息,时海峡两岸尚未通邮,便通过在香港的蕲春乡友朱仿文先生,寄来两幅蕲春县图和一份黄侃先生事略的史料。地图很有利于对蕲春新中国成立前的行政建置沿革情况的了解。黄侃先生事略,详述了我国著名语言文字学家、国学大师黄侃先生留学日本时,如何结识并师事章太炎以及生活中的不少轶闻趣事,颇有史料价值。

是年,李扬强主编的福建《古田县志》出版。是志中除记述该县食用菌生产居世界第一,出口为全国之冠,人均占有水力资源居全国之首等地情之外,在《金融》篇的“货币”章,分节列述了自明洪武之铜钱,历光绪之铜元;历代在古田流通过的银两到清末民初之银元;日本之龙番、墨西哥之鹰洋、英国之杖番,国内铸造的光绪银元、袁头银元、孙中山头像银元;银角为清光绪十六年(1890)福建官司局自铸;合金币为1957年由中国人民银行发行的新式金属辅币。纸币——始于宋之会子,清咸丰全国发行的大清宝钞,历民国时期的法币、关金币、金圆券,至1948年12月中国人民银行始发行人民币等,一一作了翔实记载,几成为古田货币的历史博物馆,成为学者研究货币通流的重要资料。尤其是其《华侨》篇内,着重记述了华侨钱仿周先生,克服重重困难,以惊人的毅力,为祖国开拓发展橡胶事业作出重要贡献的史实:马来西亚的古田华侨钱仿周，为祖国开拓橡胶事业，自 1928 年起，先是跋山涉水，经缅甸到云南景颇县橄榄坝，进行 320 多天考察，后带人到此开办苗圃，准备种植橡胶。数次运种均遭人祸而惨败。他以常人难以想象的毅力，终于 1950 年设法将 6000 株胶苗运回国内种植。1953 年橡胶树已成林，可以开始割胶了，不料一场大火烧毁胶园，只剩下 76 株胶树。钱仿周悲伤而不气馁，表示“就是剩下一株也要保护好，后人会发展的”。此后，其与同志者赴滇南、下海南，蹲景颇，不辞辛劳，在国家的支持下，终于使云南、海南成为新中国的橡胶基地。其事迹感人至深，是进行爱国主义的生动教材。

是年，祁明编著的《山西方志要览》内部印行。是书分为方志编纂史略、志书简介、旧志整理述略、方志研究、方志著述、方志人物、方志编纂机构等 7 篇，是一部学术综合著述，兼有工具书的功能，傅振伦在书序中称之“实为全国修志可贵的珍籍”。

是年，台湾“内政部”修正 1988 年发布的《地方志书纂修办法》，规定各省(市)、县(市)志书之纂修由各省(市)文献机关及各县(市)政府负责办理。其中省、县、市志修纂大体不变，惟明确规定乡(镇、市、区)志之修纂适用于县(市)志，即县、市、乡志以 20 年为纂修间隔，并有续修之规定。

是年，台湾鼎文书局出版杨家骆辑的《北碚九志》。是志修纂于抗日战争时期，原计划撰写 50 余篇，后因抗战胜利，各撰稿者纷纷离开四川，故只完成气候志、地质志、地形志、土壤志、动物志、人口志、聚落志、农业志、土地利用志凡九篇。至是，杨家骆辑之出版。

是年，上海图书馆成立谱牒研究中心。

一九九八年

1月19～20日，中国地方志指导小组二届五次会议在北京举行。会议重点讨论了当前的形势和面临的主要任务。会议认为，本届修志就整体而言已进入后期，但各地发展不平衡。有的地区将要完成三级志书的编纂出版任务，有的则还要作很大的努力。因此，指导小组的工作要根据地区特点，加强分类指导，避免一般化、表面化。1998年的工作，第一是要大力开展用志活动。各地地方志办公室，要认真总结如何发挥新编地方志在两个文明建设中发挥作用的经验，要重视对新编地方志开发二次性成果，使志书所提供的信息资料能为更广泛的读者接受。要积极运用现代化信息技术，开发地方志电子版和地情数据库。第二是要为转入下届修志做编前准备。当前特别重要的是，要对已出版志书的编纂进行认真总结，客观地分析其中的成败得失和经验教训；通过总结，明确今后续修的方向和需注意的问题，这是一件具有承前启后重要意义的工作。各地方志办公室可以拟出适合本地情况的总结提纲，开展试点工作，并向全国介绍经验。地方志指导小组办公室要及时了解各地情况，并研究有关问题，提出意见和建议。由于不少地区修志机构补充了许多新的力量，要注意加强培训，帮助他们提高政治、业务水平。会议还提出了在北京成立全国性地方志中心的建议。会后，根据会议精神，制定了中国地方志指导小组1998年地方志工作的要点。会上还提出了《关于地方志续修的几项规定》（讨论稿），包括：一、志书的开本、封面和装帧；二、志书的名称；三、志书的断限；四、志书的内容；五、志书的篇幅；六、完成的期限。

按：会议要求各地对《关于地方志续修的几项规定》（讨论稿）提出意见，着手续修准备。各地对此都给以了积极响应。年初，中共河南省委办公厅、省政府办公厅、省军区司令部三家联合签署并颁发了《关于开始第二届三级志书编纂工作的通知》；10月8日，山东省政府下发了《关于续修新志书问题的通知》；10月17日，黑龙江省政府办公厅发出了《关于印发黑龙江续志工作规划的通知》；4月、12月，江苏省举办了两次方志短期培训班，共培训修志骨干近百人；5月，湖北省举办了地方志首期理论研讨班，对搞好第一届修志总结、科学制订续修志书规划进行了讨论；同月，云南省举行了研讨会，举办了两期全省续修业务培训班，次年1月，省政府发出了《关于开展我省三级地方志书续修工作的通知》；6月，河北省召开了6市县续志研讨会；10月，上海市举行区志协作会，要求各区志办认真做好资料积累工作，为续修打好基础。

是月，以卢造钧为总编、傅宏民等五人为副总编的《庆阳地区志》出版。全志共900余万言，体例得当，文笔清新，地方特色浓郁，有较强的可读性。是志突出的特点是资料繁富，引经据典，尤其注意吸取学术界的研究新成果，考证异说，去伪存真，择其翔实可信、论证有据者，熔铸新见，辑录成书，对古史研究中的若干疑窦和传统说法，都陈述了新的见解。如“轩辕黄帝冢在今正宁县五顷原乡……其原冢尚在”的记载，就不同于传统的黄帝葬在陕西黄陵之说；关于战国秦长城的脉络走向及在其境内的具体界位的记述，就纠正了长城学研究中的一些错误和疏漏；关于周族起源、后稷率部奔戎狄之间、公刘迁豳、古公亶父自豳迁岐地周原等周先祖的史迹记述，都吸收熔化了今人新的研究所得，解决了《史记》等史籍中留下的一些扑朔迷离的疑误。

是月，台湾学者陈捷先著《东亚古方志探论》由台北联经出版公司出版，这是一部对东亚中、日、韩、越诸国古方志之研究著作，分别从不同角度探讨各自方志的特点。

2月10日，中国地方志指导小组发出正式颁发《关于地方志编纂工作的规定》的通知。该规定总共4章23条。通知称：“经国务院领导同志同意，现将1997年5月8日中国地方志指导小组二届三次会议讨论通过的《关于地方志编纂工作的规定》予以颁发，请遵照执行。原《新编地方志工作暂行规定》停止使用。”

是日，中共河南省委办公厅、河南省人民政府办公厅、河南省军区司令部联合发出《关于开始第二届三级志书编纂工作的通知》，正式开始第二届志书的续修准备工作。省史志办还出台了三个与之相配套的文件草案：《河南省续志编纂实施细则》、《续〈河南省志〉编纂方案》、《续〈河南省志〉篇目方案》。

2月13日，新疆维吾尔自治区人民政府副主席阿不都卡德尔·乃斯尔丁到自治区地方志编委会现场办公。他详细地察看了办公条件，询问了大家的工作、生活情况后说，地方志工作很重要，同志们在这样拥挤、简陋的办公条件下，做了大量的工作，出版了大批高质量的志书，说明地方志队伍是一支很好的队伍，领导班子是一个团结、能干实事的班子。他指出，目前各地进展不平衡，主要原因是个领导问题，是重不重视的问题。南疆的工作比北疆快，有的贫困地区修志工作上去了，志书出版了；而有些经济条件比较好的地区修志工作没有搞上去，至今还没有出版一本志书，正说明了这个问题。一定要通过各种途径做好地方志宣传工作，引起各级领导重视，把自治区的修志工作推向一个新的高度。他还就解决当前工作中存在的具体困难发表了意见，表示要做好协调工作，尽快帮助解决。

2月16～18日，中国人民解放军军事志第一次工作会议在北京举行，由解放军副总参谋长、全军军事志指导小组组长钱树根主持。会议主要对当前军事志编纂工作所面临的形势和所需要解决的问题进行了深入的分析研究。会议认为，编纂军事志，是军队与国防建设的一项重要的基础性工作，是一项长期的具有连续性的社会主义军事文化建设事业，是党和国家赋予军队的光荣任务。对于全面了解和反映我国各地的军事历史和现状，宣传解放军光荣传统和历史功绩，积累和保存各地的军事资料，对社会主义物质文明、精神文明建设和军队、国防现代化建设都具有重要意义。要加强军事志工作的组织领导，保证军事志的质量。会议原则通过了《军事志编纂工作暂行规定》，共7章39条。军委委员、总参谋长傅全有代表中央军委出席会议并作了重要指示。会后，集中反映这次会议精神的《全军军事志第一次工作会议纪要》和《军事志编纂工作暂行规定》由中央军委批准正式转发和颁发全军执行。这是方志有史以来的第一个军事系统修志的法规性文件，全文载录于下：

军事志编纂工作暂行规定

第一章　总　则

第一条　为了规范军事志编纂工作，保障编纂工作的顺利进行，根据国家和军队的有关规定和要求，结合军事志编纂工作实际，制定本规定。

第二条　本规定是全军军事志编纂工作的基本依据，适用于第一届军事志的编纂、修订和续修工作。

第三条　军事志是地方志的重要组成部分。它全面、系统、科学地汇集当地军事方面及与军事密切相关的情况和资料，是客观反映军情、地情和国情的资料性著述。

第四条　编纂军事志，是一项长期的具有连续性的军事文化建设事业，旨在全面了解和反映中华人民共和国各地的军事历史和现状，宣传中国人民解放军的光荣传统和历史功绩，积累和保存各地的军事资料，为社会主义物质文明和精神文明建设服务，为国防现代化建设服务。

第五条　编纂军事志，必须以马克思列宁主义、毛泽东思想和邓小平理论为指导，坚持解放思想、实事求是的思想路线，贯彻存真求实、改革创新的方针，做到思想性、科学性、时代性、地方性和资料性的统一。

第六条　全军军事志指导小组，在中央军委和总部领导下，在中国地方志指导小组指导下，对全军军事志编纂工作进行宏观指导。

军区军事志指导小组，在军区党委、首长领导下，在全军军事志指导小组指导下，对所辖战区军事志编纂工作进行业务指导。

省军区(含卫戍区和同级别的警备区，下同)军事志领导小组，在省军区党委、首长领导下，在大军区军事志指导小组和所在省、自治区、直辖市地方志修志机构的指导下，对本省、自治区、直辖市军事志编纂工作实施领导。

第七条　编纂军事志，在地方党委、政府统一领导和地方志领导机构指导下进行。主要由省军区、军分区（含警备区和人民武装部，下同）和县级人民武装部（含自治县、旗、不设区的市、市辖区人民武装部，下同）三级负责协调、领导和组织完成本地区的军事志编纂工作。

第八条　军事志志书，应当观点正确、内容全面、资料翔实、行文规范、体例统一、文图并茂、印装精良，正确处理政治性、政策性、法规性和涉外、宗教、民族、民俗、统战、保密及学术等问题。

第二章　组织领导与职责

第九条　各级党委应当将军事志编纂工作纳入工作计划，加强领导，解决实际问题，推动编纂工作顺利进行。

第十条　全军军事志指导小组的基本职责是：

（一）贯彻执行党中央、国务院、中央军委和总部关于编纂地方志及军事志工作的指示和要求，研究和制定落实措施；

（二）结合军事志编纂的实际，拟制有关政策性规定和编纂条例、规范体例；

（三）督促检查各地军事志编纂工作，组织经验交流，指导学术研究；

（四）进行调查研究，掌握工作进展情况，解决各地军事志编纂工作中的重大问题；

（五）审定并批复下级请示的重要问题；

（六）主办《中国军事志》刊物，传达上级指示，通报编纂信息，总结交流经验，进行学术研讨；

（七）承办上级交办的其他事宜。

第十一条　军区军事志指导小组的基本职责是：

（一）贯彻执行上级有关军事志编纂工作的指示和要求，研究和制定落实措施；

（二）督促检查所属单位的军事志编纂工作；

（三）指导业务培训，组织经验交流，开展学术研讨；

（四）审查省（含自治区、直辖市，下同）军事志书稿；

（五）进行调查研究，掌握工作进展情况，解决编纂工作中的问题；

（六）指导并协助省军区做好协调驻军和人民防空等单位参与军事志编纂工作；

（七）承办上级交办的其他事宜。

第十二条　省军区军事志领导小组的基本职责是：

（一）贯彻执行上级有关军事志编纂工作的指示和要求，研究和制定落实措施；

（二）协调、指导和组织驻军和人民防空等单位参与军事志编纂工作；

(三)督促检查和指导所属单位的军事志编纂工作;

(四)组织业务培训、经验交流和学术研讨;

(五)组织领导本级军事志的编纂工作;

(六)审查地区(含设区的市、自治州、盟,下同)军事志书稿;

(七)进行调查研究,掌握工作进展情况,解决编纂工作中的问题;

(八)承办上级交办的其他事宜。

第十三条　全军军事志指导小组办公室设在军事科学院军事百科研究部,军区军事志指导小组和省军区军事志领导小组,应当指定具体业务部门,负责处理日常事务。

第十四条　军分区参照本规定第十二条、十三条的规定,组织领导本地区的军事志编纂工作。

第十五条　县级人民武装部军事志编纂工作的组织领导及其职责,由省军区军事志领导小组根据实际情况和需要确定。

第十六条　驻军和人民防空等单位,应当积极参与所在地区的军事志编纂工作,主动与协作单位保持联系,按时保质保量完成所承担的工作任务。

第十七条　有关单位应当做好军事志的宣传和发行工作,充分发挥军事志的作用。

第三章　编纂机构

第十八条　省军区军事志编纂委员会由军事志领导小组的领导和有关业务部门的人员、承担编纂任务的有关人员、驻军和人民防空等单位的有关人员组成。

编纂委员会在本级党委、首长和军事志领导小组领导下,具体组织实施本级军事志编纂工作。基本职责是:

(一)审定编纂工作规划、计划和实施细则;

(二)审定篇目框架;

(三)掌握编纂工作情况和进程,指导编纂工作的具体实施;

(四)研究解决编纂工作中的重大问题;

(五)组织对军事志书稿的统一审查,并对本级党委、首长和军事志领导小组及上级审查中提出的问题进行研究处理;

(六)按照有关要求,向地方志领导机构报送书稿;

(七)总结工作经验;

(八)承办上级交办的其他事宜。

第十九条　省军区编纂委员会设军事志主编一人、副主编若干人。主编、副主编由政治合格,热爱军事志工作,具有较强的组织能力、较丰富的军事知识和较高的文字水平,在军队担任或曾经担任过相应领导职务的同志担任。

主编在编纂委员会的领导下，具体主持军事志的日常编纂工作，对编纂工作进度和书稿质量负责。基本职责是：

(一)制定编纂工作规划、计划和实施细则；

(二)拟制篇目框架；

(三)组织搜集、整理和分析、研究资料；

(四)推选撰稿人，组织对撰稿人的培训，指导撰稿单位和撰稿人完成撰写任务；

(五)组织研究解决编纂过程中遇到的问题；

(六)对军事志书稿进行统编定稿；

(七)组织对军事志书稿的评审和征求意见等工作；

(八)签发送审报告，并配合书稿上报后的各项审查活动，组织有关人员研究处理各级在审查中提出的问题；

(九)组织学术研讨，总结工作经验，并参加上级及地方志领导机构组织的学术研讨和经验交流活动；

(十)负责与地方志领导机构保持联系；

(十一)负责与参与军事志编纂工作的驻军和人民防空等单位的有关部门保持联系；

(十二)承办上级交办的其他事宜。

副主编协助主编工作。

第二十条　省军区应当选配一定数量的军事志编纂工作人员。编纂工作人员由在职干部和回聘军队的离退休干部组成。编纂工作人员在主编、副主编的领导下，具体完成编纂军事志的各项任务。基本职责是：

(一)参与研究编纂工作规划和计划；

(二)参与研究篇目框架；

(三)搜集、整理和分析、研究资料；

(四)完成一定的撰稿任务，并参与对撰稿单位和人员撰稿工作的指导；

(五)参与研究编纂工作的有关问题，提出处理意见；

(六)完成一定的书稿编辑任务；

(七)参与审稿活动；

(八)承办主编、副主编交办的其他事宜。

第二十一条　军分区参照本规定第十八条、十九条和二十条的规定，组织实施本地区的军事志编纂工作。

第二十二条　县级人民武装部是否成立编纂委员会的具体事宜，由省军区军事志领导小组确定。

第四章　编纂体例

第二十三条　编纂军事志，应当执行党、国家和军队有关出版工作的各项规定及标准，执行中国地方志指导小组颁发的《关于地方志编纂工作的规定》和各级相对应的地方志领导机构制定的有关规定。

第二十四条　军事志的内容应当科学分类，涵盖本地区的军事概况，一般包括以下几个方面：

(一)概述。主要包括对本地区军事的历史和现状的概括性叙述。

(二)军事地理。主要包括本地区与军事活动密切相关的地理形势、自然条件和人文地理条件，以及军事要地、军事设施、军事交通、历代战场等重要情况。

(三)军事组织。主要包括领导机构、驻军、军队院校、预备役部队、民兵和其他军事组织。

(四)军事活动。主要包括战事、兵役、动员、训练、政治工作、行政管理、后勤(技术)保障、人民防空、军事科研、国防教育，参加当地社会主义物质文明和精神文明建设、维护社会治安、抢险救灾，开展群众工作等。

(五)军事人物。主要包括出生于本地区或在本地区长期从事军事活动的将领、英雄模范、名人等。

(六)附录。主要包括军事大事记，重大事件、重要文献内容索引，各种图、表等。

第二十五条　军事志志书的篇、章设置，根据实际情况确定。

第二十六条　军事志志书对人物的记载，包括传、录、表等形式。坚持"生不立传"的原则。中华人民共和国建立后中国人民解放军各级领导人物的入志范围定为：

(一)副军职(含)以上列入省级军事志。

(二)副师职(含)以上列入地区级军事志。

(三)副团职(含)以上列入县级军事志。

中国人民解放军文职干部，按照上述对应职级入志。

其他人物入志范围，由各单位自定。

第二十七条　军事志志书必须使用规范的军语。叙述中国人民解放军的内容，统一使用中央军委批准印发的《中国人民解放军军语》。涉及外军的内容，如果《中国人民解放军军语》中没有对应术语，或虽有对应术语但含义不同时，可以使用外军军语。叙述古代军事内容，应当基本保留古代军事用语，对于难以读懂的用语，可以括注现代释义。

第二十八条　军事志志书在出版公开版本的同时，可以根据需要出版内部版本。民族自治地方，在出版汉文版本的同时，也可以出版当地少数民族通用的民族文字版本。

第五章　编纂工作制度

第二十九条　军事志编纂工作实行审稿制度。具体要求是：

（一）各级军事志，实行主编负责制和三级通审、专家评审、专项问题专审、越级抽审的审稿制度，最后报送同级地方志领导机构终审出版。

（二）审稿必须贯彻编纂工作指导思想和编纂方针，坚持质量标准，做好统一规范体例、处理交叉矛盾、核对重要事实和调整、补漏、纠错等项工作，提高志书质量。

（三）在主编统编定稿后，实行三级通审。即编纂委员会全面审查军事志书稿，本级党委、首长（军事志领导小组）重点审查处理篇目设置、规范体例、保密及各类重大问题，上一级军事志指导（领导）机构主要解决下级通审中未能解决的问题。

（四）在三级通审的过程中，应当组织有关方面的专家、学者或熟悉情况的人员，对军事志书稿进行评审。

（五）军事志志书中涉及的政治性、政策性、法规性和涉外、宗教、民族、统战等重大疑难问题，必须报上一级军事志指导（领导）机构进行专项审查。对于专业性强的内容，应当送有关业务部门审查。

（六）必要时，全军军事志指导小组可以抽审省军区编纂的军事志书稿；军区军事志指导小组抽审军分区编纂的军事志书稿；省军区军事志领导小组抽审县级人民武装部编纂的军事志书稿。

第三十条　军事志编纂工作必须坚持保密制度。具体要求是：

（一）编纂军事志，必须严格遵守党、国家和军队有关保密工作的法律法规和要求，保守秘密。

（二）军事志志书的内容，应当使用不涉及密级或已经解密的资料。

（三）军事志志书中凡涉及保密的内容，必须送交本级保密委员会和业务主管部门审查；如果本级保密委员会和业务主管部门不能认定，应当报请上一级军事志指导（领导）机构审查；上一级机构在审查过程中，应当报送同级保密委员会和业务主管部门审查。

第三十一条　军事志编纂工作实行请示报告和会议制度。具体要求是：

（一）各级在组织领导和编纂实施中的重大问题，应当及时向上级军事志指导（领导）机构请示报告。

（二）全军军事志指导小组，对军事志编纂工作中的重大问题，及时向中央军委、总部和中国地方志指导小组请示报告。

（三）全军军事志指导小组，根据情况适时召开工作会议，分析形势，总结工作，部署任务，解决有关问题。

（四）军区军事志指导小组，每年应当向全军军事志指导小组报告编纂工作基本情况。

第六章　保障工作

第三十二条　军事志日常工作经费，以向地方申请和自筹为主，总部给予适当补助。军事志编纂和出版经费，按照中国地方志指导小组颁发的《关于地方志编纂工作的规定》中有关规定办理。

第三十三条　各级领导应当关心军事志编纂人员的思想、业务和作风建设，解决他们遇到的困难和问题；为编纂人员配备必要的办公设施，不断改善工作条件，创造良好的工作环境。在编纂工作人员中，应当大力倡导“求实、创新、协作、奉献”的敬业精神。对参加军事志编纂工作的离退休干部，应当付给回聘费。

第三十四条　军队各级机关、院校和档案馆、资料馆、图书馆等单位，应当积极支持军事志编纂工作，为编纂军事志提供有关资料。

第三十五条　军事志编纂机构必须重视资料建设，有条件的应当逐步建立资料室(库)。

第七章　附　则

第三十六条　本规定由中国人民解放军军事志指导小组负责解释。

第三十七条　省军区军事志领导小组，可以根据本规定制定实施细则。

第三十八条　中国人民武装警察部队，可以参照本规定制定武警志编纂工作的有关规定。

第三十九条　本规定自颁发之日起施行。

2月19～21日，云南省西双版纳州在勐腊县城举行全州地方志系统首届“方志杯”职工运动会。

2月25日，云南省玉溪行署地方志办公室梁耀武在是日出刊的《中国地方志》今年第1期上发表《对深化方志学基本理论研究的几点看法》。文章沿引孔令士提出的方志学要成为一门独立学科，必须具备两个要素：一是要确定所研究的对象；二是要有基本的理论基础。指出这两个问题是相辅相成的，没有本学科基本的理论基础，就不可能确定学科研究对象；研究对象定位的过程，也就是学科基本的理论基础(或称之为构成这门学科的理论基点)的形成过程。作者认为，目前还不能说方志学已经成为一门独立的学科。地方志编纂实践的经验总结，取得了较为丰富的成果，新方志编纂学的研究成绩显著，但方志学学科理论研究处于滞后状态。方志学学科理论体系之所以难产，就在于理论的支撑点难以确立。为此，他提出了方志学“元理论”的概念。章学诚是首先提出“方志学”这个概念的。他的理论基点就是“志乃一方之全史”。在这个基石之上建立了他的一整套理论体系。因为志是一方之全史，所以志书编纂必须以“史家法度”为原则，以“三书”、“四体”为志书编纂方法，形成一套可操作的编纂原理。从独立学科的意义上讲，章学诚的方志学体系实际是史学的一个分支学科，故而还不是一门独立的学科。从本届修志的实践的经验积累和升华中，我们已经可以说，方志事业有了新的变化，出现了一些新思路。首先是对于志书性质的认定，这是当代修志的一个理论焦点。为多数人所同意的资料书和地情书说，从根本上改变了传统的方志观。

这个说法虽还不是方志学的元理论,但可能成为方志学元理论的一个来源。当代方志机构的建立和运作体制的形成,使修志成为一种社会职业分工,并汇集了一支专业队伍。在这种情况下,以志书性质为中心的理论体系并不能反映现实方志事业的发展,于是方志学研究对象出现了分歧。无论是行政管理说、地方说,还是区域发展说等的出现,都企图打破志书性质中心论,寻找新的元理论。寻找新的元理论的方法,是从学科建设的整体思路出发,选择学科建立之中最关键的突破口——研究对象,来寻找新理论体系的基点。当代方志编纂过程的研究由对资料的考证、筛选、排比,升华拓展为认识地情。客观存在与主观认识的矛盾,客观面貌与主观记述的矛盾,被设定为方志学研究领域的基本矛盾,成为讨论的焦点之一,这是从另一个角度动摇了志书作为方志学研究中心的地位,而把理论视点转移到地情上来。

作者提出可以考虑以地情知识的积累传播为方志学元理论来构建方志学体系。他以方志学研究中不可缺少的四个概念作为基本元素:地情知识需求者,即读者;地情知识制作者;地情知识汇集编纂者,即编纂包括方志在内的各种地情知识书的专业工作者;地情知识载体,即志书。这四者构成一个地情知识积累和传播的循环系统,如下图:

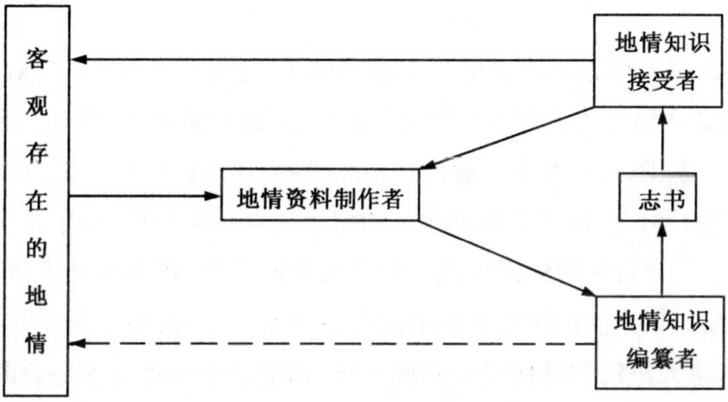

作者经过对上图的基本要素及其相互关系分析后得出,方志学是研究地情知识积累传播原理和方法的一门应用科学。界定方志学研究的对象:1.地情知识编纂者一般不直接研究客观的地情,所以"地方"不是方志学研究对象;2.地情知识的传播载体和方式并非只有志书一种,所以"方志"不是方志学的整体对象;3.地情知识积累传播过程及其赖以存在的社会关系,才是方志学的研究对象。方志学的元理论,即"地情知识积累传播循环运动论",简称为"地情知识论",并以这个元理论为基础来确立方志学的性质和方志学的研究对象。

同日,江西省地方志学会刘以发在《云南史志》今年第 1 期发表《方志定义论》一文。文章分析现有各种的定义、说法之后,提出"方志是分类编著的地情书"。作者认为这个定义,第一,可以囊括方志的全部内容;第二,可以涵盖方志收载的各种地域范围;第三,可以包举方志的所有著述形式；第四，可以为繁荣方志编著提供理论依据。

是月，杨资元总纂的《广州市志·风俗·方言·宗教·家庭》卷出版。其中的家庭部分共4章26节10万多字。记述了家庭制度改革、家庭文明建设、婚姻家庭研究、婚姻形式、婚龄、婚姻率、婚姻结合途径、择偶与通婚圈、婚姻变动、家庭组织、家庭代际、家庭结构类型、家庭关系、家庭权力结构、家庭生命周期、家庭网、家庭经济、家庭生育、家庭教育、家庭的抚养与赡养、家务劳动等内容。不但有重要的现实价值，而且有相当高的学术研究价值。其《婚姻家庭制度的改革思潮与实践》一节，记述了鸦片战争之后婚姻家庭制度的改革思潮与实践，有洪秀全提出男女平等的主张及太平天国关于婚姻家庭制度的改革政策与措施；有康有为在《大同书》中提出废除家庭，原家庭职能全部由社会取代的设想；有师复的废婚姻主义和废家庭主义；有民主革命先驱和共产党人关于婚姻家庭改革的理论与实践等，资料珍贵，内容充实。除了历史的厚度以外，是篇还运用了大量的新资料，反映广州地区婚姻家庭的现状。在是篇的编纂过程中，修志者们于1990年（志书下限年）专门做了社会调查，编出了《广州市居民婚姻家庭状况调查报告》。这些新鲜资料的纳入，使志书富有浓重的时代感。有的评论者认为，仅此一点，就足以使这部志书在中国志坛确立自己的地位，故称之是“志苑奇葩放异彩”。

3月17～19日，《当代志坛诸老纪念文集》出版座谈会在郑州举行。对本届修志有着开创之功、推动之劳的中国地方志指导小组组长曾三、副组长梁寒冰、指导小组成员董一博、朱士嘉、牙含章、李志敏、陈元方等先后逝世后，方志界为怀念他们的功绩，尊称他们为志坛诸老。本次会议是继1991年11月在徐州举行的纪念诸老座谈会后，由十几个与会省、市代表倡议举行的。会议一致肯定编辑出版这部纪念文集的意义，再次缅怀了诸老对推动开展本届修志的丰功伟绩。认为他们的功绩归纳起来主要有三个方面：一是在开创和领导本届修志中，作出了许多重大决策和具体组织实施工作，如推动中国地方志协会的成立、中国地方志指导小组的恢复、《中国地方志工作暂行规定》的制定等；二是方志理论方面的贡献；三是对修志中出现的许多重点、难点问题，都提出了他们的意见和见解；四是他们的为人作风、道德修养成为修志界的楷模。

3月25日，黑龙江省志办在肇东市召开《肇东简史》研讨会，会议要求借鉴《肇东简史》的编写经验，进一步促进全省简史丛书编写工作。这是首届志书完成之后，又转入编写地方简史较早的一个省。

3月29日，韩章训在是日出刊的《河北地方志》今年第1期上发表《当代方志发展导论》一文。他提出，当代方志发展的目标就是把方志建设成为民族的、科学的、大众的和现代化的社会主义新方志。一是要求它必须具有社会主义的思想，这是从政治方向上来立论的。二是要求它必须具有现代性，这是从当代方志所应有的独特个性来立论的。三是必须具有民族性，这是从当代方志所形成的空间环境来立论的。四是必须具有人民性，这是从当代方志的主要服务对象来立论的。五是必须具有科学性，这是从当代一切进步事业所具有的共性来立论的。为确保上述目标，必须选择相应的发展途径和实施相应的战略和策略。他提出，发展的途径就是民族化、大众化、科学化和现代化相统一。所谓民族化就是要求当代方志发展必须保持自己的民族特质，并不断增强自己所独有的文化学术价值。所谓大众化就是要求当代方志必须坚持为人民大众服务的方向，并努力成为人民大众所喜闻乐见的东西，关键是要围绕经济建设这个中心，把方志事业进一步推向社会。所谓科学化就是要排斥迷信，讲究科学，不断提高科学化的水平。所谓现代化就是当代方志发展必须与整个国家社会主义现代化建设相适应，并不断以科学技术来改造和武装自己。他提出的发展战略包括6点：1.必须坚持以马列主义、毛泽东思想和邓小平理论为指导；2.必须坚持为人民服务和社会主义服务的方向；3.必须坚持百花齐放和百家争鸣的方针；4.必须坚持古为今用和他为我用的原则；5.必须坚持持续发展和全面发展的原则；6.必须坚持社会效益第一和社会效益与经济效益相统一的原则。关于发展策略，他提出：1.要确立和实行继承与创新相统一的策略；2.要确立和实行编纂与接受相统一的策略；3.要实行普及与提高相统一的策略；4.要确立和实行理论与实践相统一的策略。

3月31日，海南省地方史志办公室召开读志用志座谈会。会议中心是交流已出版志书单位的用志经验，并部署开展用志工作。

是月，山东省地方志编纂委员会决定增设《山东省志·方志志》，省地方志办公室发出《关于编纂〈山东省志·方志志〉的通知》。

4月10日，魏弘在是日出刊的《志与鉴》今年第2期上发表《根的事业》一文，提出地方志是一项“根的事业”。文章认为，有人把自己的事业喻为“花的事业”、“果的事业”和“叶的事业”，作为“资治、教化、存史”，“服务当代、惠及后世”的修志工作，就是“根的事业”。修志工作者的工作，像根一样默默地奉献着。“花的事业虽然绚丽，果的事业固然荣耀，而根的事业则更崇高”。

4月11～13日，全国武警部队志工作会议在北京举行。会议的任务是进一步提高认识，统一思想，交流经验，明确任务，建立规章，理顺关系，促进武警志工作更健康顺利地发展。会议认真学习了全军军事志工作会议的精神，交流了武警志编修工作的经验，审议了《武警志工作实施细则》(《细则》内容见《中国军事志》2001年增刊)，研究了今后工作的任务。武警部队政委徐永清在会上的讲话中指出，武警志既是地方志又是军事志的一个重要组成部分。武警志的编修，必将对宣传武警部队的光荣传统和光辉业绩，展现武警部队建设的崭新风貌，进行革命传统教育，加强武警部队全面建设产生深远的影响。要认真贯彻落实全军军事志第一次工作会议精神，把武警志工作当作一项重要事情抓好。要确保志书质量，要加强组织领导，搞好协作和保障工作，为修志工作创造一个良好的工作条件，把修志工作切实搞好。

4月16日，福建省人民政府召开研究地方志工作的专题会议，作出三项决议：一、鉴于目前福建省地方志编纂委员会，现在只有办公用房而无书库存放大量的志书，要求先与有关单位协商，解决存放已经出版的志书；同时要求省计委协调将志书存放与开发利用所需用房，列入有关单位配套工程建设，统筹安排实施。二、由省财政厅拨给专项经费，责成省地方志编委会抓紧搜集散存在省外的福建珍稀旧志，作为省的重要文化遗产藏馆备用。三、由省地方志编委会提出尽快将志书制作成光盘，以满足社会各界之需，所需经费列入明年经费预算。

4月20～28日，江苏省举行第一期地方志专业人员上岗证培训班。课程内容包括中国方志简史，地方志指导思想和编纂原则，专业志编写，方志的属性、特征和功能，资料的搜集和整理，地方志的体例结构和篇目设置，人物志编纂，方志语言、文风的特点和要求，地方志编纂的步骤和方法，年鉴编纂等。经过9天学习并经严格考核，32位学员都领到了上岗证。

4月22日，陕西省长、省地方志编委会主任程安东约见省地方志办公室主任、副主任，对修志工作作出指示。他说："搞经济建设，促进社会发展，对地情没有深刻的了解和研究，怎么能行？地方志研究的就是'陕西的实际'，一部志书就是省情的载体，这个工作非常重要，我一直很重视这件事。""修志经费必须保证，哪一级修志，哪一级财政出经费。""志书编成了，几年出不了，实际上是一种很大的浪费，是信息资源的浪费，也是前期投入大量人力、财力的浪费。这个钱，财政一定能够保证，就这么定，没有问题，你们可以放心。"

4月25日，安徽省岳西县地方志办公室王晖在是日出刊的《中国地方志》今年第2期发表《论方志学科建设的研究主体和客体》一文。文章将当代方志学研究者分为三派：(一)学院派，指的是全国高等院校中研究方志学的专家学者。这一派中分为两类：一类是历史学者，在新编地方志之初，成为方志学研究的先头部队。他们偏重于方志史、方志学史，所阐述的方志学基础理论和方志编纂学理论，大部分是对旧方志学的继承和演绎。另一类是地理学、社会学、语言学、民俗学等多学科专家学者。他们比历史学者起步晚，但他们以本学科知识为研究工具，采用交叉研究方法，研究新方志中相关的专业志，其理论成果对创新志体，解决志书中专业技术性问题作出了重要贡献。这一派在1985年以前，基本上主宰了方志理论阵地。可是由于本身没有修过志，也没有直接遇到修志实践中发生的问题，所以形成的理论实践性、操作性不强，特别是早期成果观点有些陈旧。但在普及方志知识、培训修志人员、评审志稿方面起了功不可没的作用。(二)指导派，其中的第一类是以梁寒冰、董一博、陈元方、邵文杰为代表的方志领导工作者。他们在组织新编地方志工作中，发表了大量的谈话和论文，他们的研究一般偏重于宏观政策性的问题，对修志工作具有决定性的指导作用。这一派的第二类是全国各省、地、市地方志办直接从事修志业务的，他们间接参与修志活动，接触了不同志书的编纂实践，用比较研究法，专门研究志书和志稿中一些不完善的问题，产生了一些切合实际的志学理论。这一派的第三类是方志刊物编辑。他们在组织文稿、编发指导刊物的工作中，间接研究大量的志学理论信息，归纳各家言论，并使之理论化、系统化，与此同时，形成了自己的方志观，以超脱的姿态对志学理论进行软着陆，以刊物书面形式对修志工作者起着潜移默化的指导作用。指导派虽本身也不修志，但他们研究的对象紧密结合实际，取之实际，服务于实际。由此产生的理论对于组织实施方志工程、完善志体、指导方志编纂、发展方志学起了巨大的推动作用。（三）修志派，就是直接从事修志工作，又进行理论研究的方志工作者。他们在修志实践中得出直接经验后，写出实践性文章，经验总结性的较多，有些经过理性认识又回到实践之中完成第二次飞跃，成为高层次的理论文章。他们因工作上的需要，必须研究和解决一个个实践中遇到的问题和难点。在不断提出问题、解决问题、克制难点的反复实践中得出真知灼见。尽管多半来源于直觉思维，抽象不足，还达不到一定的理论高度，但用科学方法加以锤炼，将成为构建新方志学的基本依托。以上三派各有所长各有所短，但有互补性。方志学建设必须依靠三者的结合为研究主体，不可偏废任何一方。

方志学的研究客体，就是方志学的研究对象，对此归纳起来有两种说法：一是以“地方志”为研究对象；二是以“认识与记述地情（区域发展）为研究对象”。作者认为，“区域发展”的观点，混淆了概念，思维活动违反了逻辑的同一律。而主张方志学是研究地方志形态及其运动规律的科学。这个研究客体可以分为：方志学基础理论、方志史学、方志编纂学、方志资料学、方志目录学、方志批评学、方志应用学、方志管理学、方志收藏学、方志人才学。其中方志编纂学又可分为：行政区域志编纂学、自然实体志编纂学、社会实体志编纂学、建筑物体志编纂学、专业志编纂学等。

山西省史志研究院任根珠在同刊期上发表《新方志“凡例”丛谈》一文，从理论研究和修志实践中归纳出，新志书的“凡例”应包括十项主要内容：一是指导思想；二是编纂原则；三是志书体例；四是志书断限；五是记述范围；六是志书内容；七是立传标准；八是行文规则；九是资料来源；十是特殊问题。制定“凡例”应遵循“五项原则”：一是观点鲜明，推陈出新；二是开门见山，简明扼要；三是虚实结合，有的放矢；四是突出重点，体现特色；五是循序渐进，精益求精。

同日，山东省志办孙其海在是日出刊的《广西地方志》今年第2期上发表《发掘方志的公理公例》一文。文章认为，摆在我们面前有一个难以回避的现实：想用方志的（决策层）把方志的价值停留在理论上，因为他们忙于眼前的工作，根本没有时间坐下来细读几百万、几千万字的地方志。他们知道这是一个金饭碗，但却无暇从中拣出可以利用的黄金来。而修志者大部分只达到志书出版为止，志书面世，大功告成，搁笔收兵。大部分修志人在志书出版之后，思想的触角没有继续向纵深发展，空有满腹资料，却无用武之地。于是在修志与用志之间，出现了一块无人介入的中间地带。不管是在一线工作的管理层，或是编修方志的知识层，只要有一方踏进中间地带，马上就会收到继往开来的效果。但目前总体上还没有形成这种局面。方志工作者还没有进入反思历史的境界，面对深沉宏富的史料，思维的触角还不能登堂入室，进入知识和哲学的领域，去揭示历史的发展规律、特点、趋势以及对当代人的启迪。如果不加以改革，方志工作者就会不知不觉地变成离群索居者。挖掘志书的隐形价值，展现历史的公理公例，是方志工作者的用武之地。文章中列举的事例，令人信服地表明，方志工作者通过历史的对比，发掘事物的因果关系，印证决策的得失，为某些历史现象正本清源、为长期困惑不解的历史难题寻找答案等方面，发挥志书（志料）的社会价值、学术价值和经济价值。因此，方志工作者至少应强化三种意识：一是强化积极参与社会生产、生活的自觉意识，有了这种自觉意识，才能把志书与现实挂起钩来去思考、去联想；二是要强化当代意识，走出“编书匠”的思维境界，多接受新思想、新事物、新政策、新动向，把方志工作者变成写历史的当代人；三是要强化“我修我用”的意识，克服“我修人用”的消极思想。不仅要当修志的主人，也要当用志的主人。只有思想上有了“用”字，行动上才会用好。

按：是文初稿首发于《志与鉴》今年第1期（2月10日出刊），其中所举的三个例子颇能发人深省：

例一是山东省有两个县，新中国成立初期在耕地面积、人口、经济状况、工业水平、人均收入上不相上下。40年后两县的差距拉开了。沿海的那个县的财政收入是内地那个县的三倍以上，人均收入是内地县的两倍以上。一位专家根据两县的志书，将两县40多年来的教育投入、人才成长、优生优育情况，作了一个大纵深的对比，发现东部沿海那个县历年教育投入是内地那个县的两倍，在校学生和每年高考本科上线学生数是内地县的2～3倍，每年高校毕业生达1000多名。沿海那个县40年来人口只增加1/3，而内地县却翻了一番。通过对比得出结论：经济的发展最终要体现在文化上；经济的竞争说到底是人才的竞争；谁拥有人才，谁就拥有明天；教育的投入是具有战略意义的基础建设。该文发表之后，对全省各级震动很大，省委书记批示要求各级领导要认真阅读，从中吸取教训。

例二是山东省《水利志》的编纂者，从山东省几百年旱涝灾情记录中发现：有几十年旱灾特别集中，另外几十年涝灾特别集中，又发现旱涝灾害交替时间为每30年一次。30年涝，30年旱，历来如此，今后也将如此。以此写成文章，为领导和有关部门的战略决策，起了重要的参谋作用。

例三是京九铁路起修之时，经过鲁西的两个地、市，不少人不约而同地认为这将使这两个地、市经济腾飞。而一位史志工作者却提出了“未必”的观点。他从《德州地区志》中发现，津浦铁路修通经过德州地区的三县一市，但铁路修通86年来，德州还是山东省贫困地区之一。这一研究结果告诫人们，修路与致富两者之间并非是自然的、必然的因果关系，如果没有人的主观能动性，没有正确的方针政策和思想方法为指导，仅靠一条铁路，仍然不会振兴落后的鲁西经济。

同日，云南省元谋县志办陈江在《云南史志》今年第2期发表《关于建立方志文献学的思考》一文。文章认为，建立方志文献学，是当代修志的客观需要，是继承和发扬民族文化传统的需要，是方志学自身建设的需要。他给方志文献学下的定义是："方志文献学是方志学一门分支学科，它以历代志书典籍和方志宿贤为研究对象，探讨方志思想与方志发展及其规律。"关于方志文献学的研究方法，他提出：一是对比分析法，从横向与纵向两个方面进行分析比较。纵向比较，注意各时期所编的方志与前一时期的方志比较，发现哪些(分志)属于承袭性的，哪些属于新增或创新的，各自的得失利弊关系如何，新增项目有什么意义，对后世的方志实践产生了哪些影响。横向对比，是就一部典范的志书来分析，看其分志、类目的归类是否合理，哪些对我们今天的修志有益。还有同时代的志书对比，就是分析哪些志书体例结构比较完善，哪些比较粗略；在这些志书中，哪些是这一时代的代表作，其特色如何，对史实记载有哪些特点。二是辩证分析法。三是继承与批判相结合法。他提出方志文献学的内容，表述为基础理论与专业理论两方面。基础理论含定义、研究意义和对象、方法；专业理论含方志源流、历代方志人物、方志著述、方志思想、方志注(著)录等。

是月下旬，山东省史志办与省委宣传部《走向世界》杂志社合作，使"山东史志、年鉴"进入因特网。通过这种联网，可以开展信息采集、信息发布以及信息咨询有偿服务。

是月，河南省辉县市人人常委会颁布《辉县市年鉴编纂工作暂行规定》。

5月5～9日，由鲁、皖、吉、青、滇、黔、苏、陕等8省地方志机构联合发起的全国人物志研讨会在西安市举行，有16个省、自治区的163名代表出席。会议集中讨论了人物志在志书中的地位和作用、人物志的编写方法和基本要求等问题。

5月5～11日，湖北省举办地方志首期理论研讨班，来自全省地方志系统的修志工作者和部分高等院校、科研机构的学者专家共60余人参加。研讨会就邓小平理论的历史地位、中国经济体制转轨的道路与特点，以及湖北在社会主义初级阶段发展的特点等重要理论问题，进行了学习和研讨，努力从宏观上认识把握时代特征，探索地方志反映时代变革的方法与途径。会议还对传统文化与方志科学属性、信息技术与信息革命对方志带来的冲击和影响等与修志业务密切相关的理论问题，进行了探讨。

5月10日，镇江市志办戴午林在《江苏地方志》发文，介绍读志用志的三种方式。自从李铁映在全国地方志第二次工作会议上提出用志要改革之后，各地都进行了读志用志方面的探索。镇江的做法是围绕志书这个主体，开拓延伸，编辑地情丛书。从1994年开始，先后编成7种计167万字，发行9万册。类型有三：一是对志书内容的补充，编成《镇江改革开放十五年》；二是对志书内容的延伸，编成《我是镇江人——镇江当代旅居外地人物》；三是将志书中分散的内容加以集中，编成《镇江抗日史话》和《镇江百年反帝斗争》。这些书的发行都取得了较好的效果。

是月，傅伦俊主编的《遵义市志》出版。遵义是驰名全国的酒文化名城，更是具有重大历史意义的遵义会议召开的地方。志书对这两大特点都做了浓墨重彩的记述。尤其是专列了《遵义会议及红军活动》一篇，全面地记述了会议的背景、与会人员名单、议程、决议以及中共中央、与会者后来的回忆与评估，还简记了国内学术界对遵义会议的研究动态和学术成果，披露了许多一般著作中难以得见、鲜为人知的史料，具有较高的学术价值。特别是清除了过去一度只突出毛泽东同志而抹杀其他领导人功绩的混乱，在充分记述肯定毛泽东历史功绩的同时，还记述了周恩来、张闻天、王稼祥、朱德、刘少奇等同志的功绩，为评论者所称道。

是月，董树仁主编的河北省《隆尧县志》出版。1966 年 3 月 8 日，隆尧曾发生 6.8 级地震，这是新中国成立以来在人口稠密地区发生的首次大地震，给人民生命财产造成了重大损失，在国内外引起了较大的震动。地震发生后，党中央、国务院对灾区人民十分关怀，周恩来总理曾三次亲临灾区慰问灾民，部署抗震救灾，调动 24000 名解放军战士和 7000 余名医务工作人员，从四面八方赶赴灾区抢险救灾，救死扶伤。全国各地，包括刚刚进行过民主改革的西藏地区，都对灾区给予了无私的支援。有关的科研部门深入灾区，进行考察研究，取得了许多重要成果。对此，该县志特设专编，以 10 万字的篇幅，分别记述了地震前兆、震征实录、地震参数、震害、抗震救灾、恢复生产、重建家园和地震工作。最后在《附记》中，收录了《周恩来总理视察隆尧地震灾区纪实》、《邢台地震纪念碑碑文》，记述了抗震救灾中涌现出来的部分英模人物的事迹。志书因此而显示了特色，受到志界的重视。

是月，国家新闻出版署扶贫重点项目——山西《夏县志》出版。是书始编于 1981 年，历十几载寒暑编成。夏县为国家级贫困县，新闻出版署选派干部实行对口扶贫，拿出 10 多万元资金，并为之免费出版。这是该署实行对口扶贫的一项重要成果。

是月，俞福海主编的《宁波市志外编》出版。俞氏主编的《宁波市志》于 1995 年出版之后，又以两年的时间编成这部《外编》，约 150 万字。内容共分五辑：第一辑古志，选辑自宋《[乾道]四明图经》以下到清代的宁波旧志 12 部；第二辑石记，分 10 类，共收录汉代至民国间的碑记 315 通；第三辑文选，入录自晋代至民国的地方文献 51 篇；第四辑诗、竹枝词和校歌，共 240 首；第五辑姓氏及其来源，并按原籍集录现存宗谱目录 1156 种。其中收录大量有价值的资料，对学术研究极具意义，是对先期出版的《宁波市志》的锦上添花。

按：在本届修志中，志书出版之后又出续篇者尚有《青州市志》的《青州村镇大观》等。

是月，龙岩市建成闽西方志大楼(方志馆)，这是福建省建成的第一家市级方志馆。

6 月 1 日，云南省玉溪行署地方志办公室梁耀武在是日出刊的《黑龙江史志》今年第 3 期发表《方志学的学科性质》一文，认为方志学是一门应用学科；从学科地位看，方志学是一门交叉性综合学科；从学科成熟程度看，作为一门独立学科的方志学尚处于前科学阶段。

黑龙江省社会科学院人生科学研究所姜玉兰，在同刊期上发表《简议地方志在社会科学研究中的价值》一文，认为社会科学按研究方式，可以分为描述性研究、解释性研究和预测性研究。地方志在这三个类型的研究中，都具有重要的应用价值。为描述性研究提供特征依据；为解释性研究提供因果依据；为预测性研究提供趋势依据。

6月10日，河南省志办于平天在是日出刊的《志与鉴》今年第3期上发表的一篇志评中，归纳本届县志的框架结构有三种类型：1.一个板块的结构——从志首的概述到志末的附录，按序号依次排列下来，这种将各部类内容并列的结构体式，显不出各部分在志书中的地位与作用；2.四大块的结构——分为概述、大事记、专志、附录四大部分，这种做法将人物作为一个专志与其他专业并列，降低了人物在志书中的地位和作用；3.五大块的结构——即在四大板块的基础上，将人物从专志中分出来作为一大部类，提到与专志平列的地位，更突出人物在志书的地位与作用。

6月12日，水利部在北京召开全国江河水利志编修工作座谈会。会议在肯定前段修志工作成绩的基础上，对今后的工作作了部署：一、在本世纪末出版完成七大流域和各省、自治区、直辖市水利志的工作；二、各市地县的水利志和重大工程志要加快编修进度，争取在2003年前基本完成；三、继《中国水文志》正式出版后，水电、农水、水库、水保等方面的全国性专志也要力争早日启动；四、在以上志书基础上，组织编修《中国江河总志》、《中国水利总志》；五、已经完成本次江河水利志编纂工作的单位，要及早着手江河水利志的续修工作，使之永续不断章；六、积极开展有关志书的学术研究与交流，不断提高江河水利志的编纂质量。

是日，重庆市大足县委中心学习组，专题讨论读志用志问题。

6月18日，王晖在是日复刊的《河北地方志》今年第1期和后续的第2期上，连续发表《论方志学科建设的基本要素》一文。文章认为，方志学研究必须具备三个基本要素：研究客体、研究主体、研究工具。他将研究主体划分为学院派、指导派和修志派。研究的客体就是研究对象、方志学科体系。对研究对象，他表述为“方志学是研究地方志形态及其运动规律的科学”。他认为，方志学科的体系，可以分为方志基础理论（或曰基础方志学、方志学概论）、方志史学、方志编纂学、方志资料学、方志目录学、方志批评学、方志应用学、方志管理学、方志收藏学、方志人才学（即方志学研究主体——方志学者）。其中的方志编纂学又可分支为：行政区域志编纂学、自然实体志编纂学、社会实体志编纂学、建筑实体志编纂学、专业志编纂学。所谓方志研究工具，就是方志研究方法，即方志学方法论，包括逻辑方法、哲学方法和多学科方法。这三个基本方法是方志研究的常用工具，它们又可以派生出一些具体方法原则。十多年的丰富实践，已经造就了一批优秀的研究主体，提供了崭新的研究客体。这些优秀的研究主体，运用先进的研究工具，有组织有计划有步骤地作用于研究客体，在不久的将来，方志学科定可以伟岸的姿态傲立于学术之林。

6月25日,梁耀武在是日出刊的《中国地方志》今年第3期发表《如何评价“区域发展”论的理论价值》一文。文章认为,深入探讨方志学本体论是当前深化方志理论研究的一个重要的突破口,把方志学的研究对象从地情载体——地方志书,移到以地情本体为中心的“区域发展”上来,强调地情本体论的意义,是当代方志学研究中推陈出新的一个重要突破。地情主要是指地方历史变化。认识地方历史发展规律并非仅仅是编写志书后应用的事,在编写志书过程中,也要分析研究资料,通过志书来认识并反映历史发展规律。方志学实际上是一种跨学科的综合性交叉学科,以地方历史发展为主要认识对象,积累传播地情知识,没有多学科的综合是难以实现的。从这个角度来看,提出“区域发展”论,对当代方志学的学科性质界定,有着十分积极的不可低估的理论价值。方志学研究,不仅仅是对过去修志实践的经验总结,还应当指导现实的修志实践,开拓方志事业的发展领域。既研究认识地情,又研究记述地情,这并不是二元论。认识地情总处于地情知识的积累传播及其赖以存在的社会关系之中,这里既包括认识地情,也包括表述与传播地情知识。在这个统一体内,本体论、认识论和方法论是互为联系、不可分割的。承认本体,认识本体,表述本体的存在方式,也处于这个统一体中。

山西省阳城县地方志办公室刘伯伦在同刊期上发表《严谨——提高志书质量的关键》一文。文章从严谨的角度比较系统地指出了当前新志书存在的问题。志书内容欠严谨的表现有七:一是“政治化”倾向;二是对家乡有溢美之词;三是定量分析少,定性分析多;四是前后矛盾,难以为凭;五是前后重复,徒费笔墨;六是蹈故袭常,生吞活剥,对资料不加审慎分析,拿来便用;七是概念不清,闹出笑话。体例不严谨的表现有六:一是立例粗疏,无章可循,如“附”和“附录”区分不清;二是为求突出,破坏层次(如随意升格);三是立类设目,标准不一,造成兼容互包之弊;四是归属失当,能合而分;五是二体并用,造成两长皆失,如“大事记”采用编年体和纪事本末体“相结合”的方法,便是顾此失彼的下策;六是忽略顺序,颠倒先后。文风有欠严谨的表现有五:一是穿鞋戴帽,铺陈敷衍,套话成堆,空话连篇;二是不辨文体,各行其便;三是半文半白,新旧杂陈;四是语言冗杂,有欠笔削;五是好作形容,喜作拼凑。

浙江省《绍兴市志》主编任桂全在同刊期上发文,介绍他们志书所编的六种索引:一、目与子目索引;二、人名索引;三、地名索引;四、艺文志著录书名索引;五、图照索引;六、表格索引。

按:近年来编有索引的志书日渐增多,《绍兴市志》是目前所见志书中索引分类最多的一部。与之相近的还有《龙游县志》,其索引共分五类:一是大事索引;二是机关团体与单位索引;三是人物索引;四是事物索引;五是专题索引。这两部志书索引的做法,为后来不少志书索引编纂者引为参考。

龙迁驹在是日出刊的《广西地方志》今年第3期上发表《令人困惑的问题》一文,述说新志书中存在的不实事求是的问题。如对1956年广西饿死人的问题。据广西《广西通志·自然地理志》和《气象志》所载，1955和1956年，广西并没有特别严重的令人逃荒、置人于死地的自然灾害。据一些县志所载，当时购了农民的部分口粮，致使缺粮户达总户数的39%。但通志的《中共地方组织志》却沿袭当时旧说，说是“因灾”。当时饿死人事件波及41个县，但不少县志对此却无动于衷，只记寥寥几笔。有的虽然记了，但避重就轻，轻描淡写。如横县是当时党中央和国务院点名的重灾区之一，但《横县县志》在志稿中，却讳莫如深，经审稿者指出后，虽然作了补记，但还是只有几个典型例子的数据，以偏概全。通志中与此事件关系密切的《农业志》、《粮食志》、《人口志》等，本应从有关方面记述这个教训，可是却根本不沾边，好像广西历史上没有这件事似的。他对有些新志书的记述提出三个令人困惑的问题：一是时至今日，有人还将什么“宜粗不宜细”、“宜分不宜集”、“宜略不宜详”奉为“神圣”，大行其道，令人困惑不解；二是按《档案法》规定，过了30年后的档案，除涉及外交、国防等方面的机密不宜公布外，其余都应当解密，供大家使用，但在广西，关于1955、1956年饿死人，1958年反右“补课”的档案还是不能看、无法用；三是闭门造车，关起门来修志，各打各的鼓，各敲各的锣，编纂《组织志》的不管《地理志》、《气象志》，更不去看县志，反之亦然，给读者留谜一样的东西。此类问题本来早已有人提出，但这种现象依然如故，令人百思不得其解。

6月26日，黑龙江省地方志编委会举行会议，通过对《出版图书期刊总目》、《地名录》等4部志书的终审，并决定省志中不设附录，将原拟作附录的《出版图书期刊总目》、《地名录》纳入省志的分志。

6月30日，中国地方志指导小组成员、北京市地方志编纂委员会常务副主任、中共北京市委原常委、宣传部长王立行逝世，享年70岁。他从1988年10月起主持北京市地方志工作以来，全市在修志队伍建设、审稿力量、规划设计、经费筹集、业务建设和推进修志进度上，都作出了较大的贡献。其参加中国地方志指导小组工作后，认真研究方志理论，对小组的工作提出了一些很好的建议。

是月，青海省选派6名方志专家、教授到拉萨讲课，传授方志知识，介绍修志经验，帮助西藏培训修志干部。

是月，吕育良在《新疆地方志》今年第2期发表《提倡地方志工作学者化》，提出了一个地方志学科和方志工作的定位问题。文章认为，地方志是一门综合学科，方志工作者是科研单位、出版部门和政府智囊三位一体者，是多肩挑。地方志工作者承载的是中国的传统文化，其突出特点之一即“重义轻利”，鄙薄物质享受，崇尚精神修养。面对今天物质与精神的激烈冲突，我们这些文化精品的助产士们非有目光远大、思维敏锐、气度恢宏、博大睿智者不可。真正的文化精品往往是不被人们所注意，并长期受到冷落的，只是当那些喧嚣一时的东西成为过眼烟云之后，它才显露出来，并闪耀出恒久的魅力。杰出的方志工作者的杰出之处，就在于他能够在鱼龙混杂的社会河流中制造、获取真金。

是月，丁文超主编的《青海省志·青海湖志(〈青海省志〉第8卷)》由青海人民出版社出版。翻开中国方志史，人们可以看到，在传统的山水志之中，湖志是并不鲜见的一种。凡自然景观、人文景观较有特色的一些大小湖泊，历史上多数都有专门湖志的编纂。但像《青海湖志》这样列入省志系列的特别的湖志，却是历史上未曾有过的。它是在20世纪之末的第一轮社会主义新方志编纂中，才出现的一部特殊的湖志。

说它之特，一是特在其规格之高。一个湖志竟列成了省志中的一个专卷。这是由此湖特殊的历史地位所决定的。它是世界上海拔最高的咸水湖，也是我国面积最大的湖泊。更为重要的是，青海建省就是以此湖而命名的。其流域内美丽的湖光山色、喧闹的鸟岛、辽阔的牧场、古老的寺院、独特的民族风情以及久远迷人的神话传说，使它充满神奇梦幻般的色彩。凡此种种都决定了其他湖泊的不可比拟性。

二是编目和记述内容之特。从篇目上说，除了一般湖志所共有的篇目外，本志还设有反映其特有事物的专章，如“鸟类栖息地”、“考察研究”(中华人民共和国成立前、后的科考研究)等章。至于目一级之特者就更多了。如自然地理章中的冰川、冻土、沼泽、盐渍池等；生态环境章中的草原保护与沙丘治理、鸟岛的保护等。从内容上来说，在注意湖区及其流域范围内，自然景观的记述，显示了居于“世界屋脊”青藏高原上的青海湖的成因、独特气候环境与水环境变化规律与现状的同时，特别加重了湖区与流域内人文内容的记述。凡环湖地方的行政区划、建置沿革、民族与人口、城镇、交通、畜牧业、工业、农业、渔业、水利建设、名胜古迹、神话传说、诗画影视等，都有详细的记述。通过这些记述，体现了这一区域社会、人文历史发展变化情况，尤其突出了民族特色，显示了古代先民，特别羌人以自己的勤劳和智慧创造的卡约文化等，这也是过去历史上任何一部湖泊志所不可比拟的。(参见《中国地方志》1999年第3期徐绵华文)

是月，王树凯主编的天津《南开区志》出版，这是一部城市区志。城市修志是我国一项古老的传统，城市志也是志林中一个古老的志种。但城市所管辖区单独修志，则是这一届修志中才出现的，其所修出的城市区志也是志林中的一个新志种。这一新志种的出现，既是方志史上的一个创新，又是时代发展合乎规律的产物。旧时城市的职能，军事、政治意义重于工、商业，故其所记重点多是军政部门的公堂衙署和达官贵人的府第园林，还有就是历代历朝的军事、政治行为，寺观、道观和陵寝的创置等活动。这些是不需要很多篇幅的。无论是多么大的城市，即使是帝京都城，修成一部综合的志书足矣。今之城市不但区域范围扩大，而且事务繁夥，其经济、科技以及城市管理、设施、辐射等职能更显重要，内容范围自然增多。就建制而言，一般城市的所辖区，相当于县级，像天津市属的南开区就属于地(市)级。其所要记述内容的分量，远在县级以上。故中国地方志指导小组也把城市区志纳入到全国三级志书里来，指导并推动城市区志的编纂理论研究。

本志之所以值得给以介绍，不但是它遵循一般的修志要求，做到了符合志体，观点正确，资料丰富，文风端正，更在于它锐意创新，是一部地方特色鲜明，有较高的质量，受到志界重视的志书。其创新之举，最明显的是特设了《南开精华》和《厢风卫俗》两个专篇。撷取一地精华立目设卷，不但在全国城市区志中所仅见，就是在数以千计的市县志中也属罕见。前篇下所开列的“全国之冠”、“天津之冠”共 28 项。从全国之冠的诸项中，不但说明本区的特有优势，而且也从一个侧面反映了天津的科技文化方面在全国所处的位置；所列天津之冠的各项，则表明本区在天津所占的地位，给人以这是天津精华之区的认识。《厢风卫俗》篇更是写得津味十足。一个地区的民情风俗，是该地地方特点的重要组成部分，因而所有的地方的省、县志书中，几乎都有这方面的专门篇章。可能由于城市人口流动性大，居民来源和构成上的特殊性等原因，故而造成民情风俗特点不明显，写来特别困难之故，所以已经出版的城市志中，很少有设这一篇章的。本志迎难而上，不但设了写了，而且写得很成功，使这个五方杂处，既曾是军事重镇，沿海城市，当今又是工商业中心的天津一个老城区的“津味”活生生地体现了出来。

在其他篇章的取材方面，也有值得注意者。如在人物篇中，结合城市志的实际，实行“入志人物，主、客兼有”，“主籍人物少些”。在人物传中，舍得以较大的篇幅，为南开大学、南开中学的许多教授、教师、学者立传。使这些科教人员的业绩在一部区志中，得到这么集中的反映，也是许多学校和科研单位的学人，在其他志书中不易得到的待遇。这在“科技兴国”的今天，更有其特殊意义。当然《南开区志》也从中得到很大的光荣。在这里，很难说是南开大学等学校和科研单位沾了区志之光，还是区志沾了南开大学等学校和科研单位的光。难道这不也是一个特点吗？其文化篇中，单设了“艺文志”之外，还以“附录”的形式，收录了不少很有价值的珍贵文献。这实际是又一个“艺文简编”，既是对艺文志的加强，又纠正了不少志书以诗文选录代替“艺文志”的错误做法。

按：这一部有特色的城市区志的出现，与编纂者们善于向先行者学习的同时又敢于努力创新的态度是分不开的。从中可以总结出许多可以丰富方志理论的经验和教训。

是月，张东民、熊寒江编纂的《闽西客家志》由海潮出版社出版。这也是一部不单纯以政区为记述范围的志书。人以群分，社会中的人有各式各样的群体。“客家人”就是有着自身独特风格的思想文化、伦理道德、语言和风俗习惯的民系，是具有一种特殊文化形态的群体。这个群体历史悠久，源远流长。至今客家现象几乎遍及世界各地，专门研究客家人群的客家学，已经成为一门国际性的学科。福建的闽西(龙岩地区)是客家人的祖地，也是当今客家人居住最集中的地区。本届修志以来，龙岩地区各县的修志工作者，对客家人的历史和现状进行了较深入的调查研究，推动了世界客家学研究第二个高潮的到来。《闽西客家志》就是在这样的背景下出现的。

本志打破志书传统的体例，采用学术体式写成。除志首的概述和志末的附录外，其主体部分分为9章。第一章《客家源流》，追述了客家人这个群体的来源，它是中原汉族人民，由于种种原因而从黄河、淮河和长江流域辗转迁徙至赣、闽、粤一带山区，与当地原住居民融为一体而成；记述了客家人南来之后，于古汀州（今宁化、清流、明溪等县）一带形成了客家大本营，而后又由这个大本营向粤、赣、湘、桂、川、台等省（区）分迁，以至远涉重洋，足迹遍及世界五大洲；而今分布在世界70多个国家和地区的客家人，总数已在5000万人以上。第二章《客家经济与社会事业》，记述了中原汉人将中原先进的生产技术带来，带动了原来较为落后的经济，推动了生产事业的一步步发展，达到了与全国取齐的水平；随着经济的发展，各项社会事业也得到同步的发展。第三章《客家民居》，特别详记了土楼民居。第四章《客家文化》，记述了高雅与通俗并举、内容丰富、特色鲜明的客家文化。第五章《客家民俗》和第六章《客家方言》，从风俗习惯到语言等诸方面，写出了最能反映客家民系的特点。第七章《客家人物》是本书的重点，充分地记述了客家人在推动社会进程中所作出的重要贡献。在素重文化教育，提倡刻苦耐劳，勤于创业，勇敢拼搏的社会氛围中成长起来的一代又一代客家人，在不同的历史时期，不同的地方，都为推动中国和世界社会进步有着不俗的表现。在坚持生不立传的前提下，从五代至当代入传人物就达110人之多。其中有人们熟知的全国人大原副委员长张鼎丞、陈丕显，全国政协原副主席杨成武和中国人民解放军空军原司令员刘亚楼，历任国家卫生副部长、中华医学会理事长的傅连暲等。实业和其他界属者，如“锡矿大王”胡子春（曾被英王封为矿务大臣），“万金油大王”胡文虎，著名小说家游亚皋；旅居海外的胡赐道曾出任新加坡国家财政部长，胡榆芳曾当选为马来西亚槟榔屿州议员等。在人物表中，开列的中国人民解放军将领就达62位，正厅级以上干部316人；获得高级技术职称者250人。真正写出了客家人的骄傲。第八章《客家风景名胜》。第九章《客家学研究》，此章虽对世界客家学研究状况反映得较少，但对20世纪80年代闽西开展客家学研究以来的研究状况记之颇详，也得到学界的重视。

夏，长江、松花江、嫩江发生百年不遇的特大洪水。当地的地方志工作者和已修成出版的新志书，在抗洪救灾中都发挥了作用。一些地方的方志工作者还在抗灾的同时，就着手相关志书的编纂。《98荆江抗洪志》、《98江陵抗洪志》、《戊寅大水》、《戊寅公安抗洪志》等都陆续编成出版。这是对重大事件及时抢修志书的创例。

7月22～27日，第四届中国年鉴推介专题展览在香港会议展览中心举行。来自全国各地年鉴界人士60余人应邀参加。第一天参观人数就达10万人。山东省地方志办公室参加了展览，并且是参展单位中展出志书和年鉴数量和种类最多的省份，尤其是他们的《泰山志》、《孔子故里志》和《山东年鉴》，备受参观者的关注。

7月27日～8月6日，鉴于目前开展续志工作条件还不够成熟，新疆地方志编委会决定部分开展地方史的编写工作。是时,在乌鲁木齐举办地方史编写学习班,有各地州市县史志办的36人参加,聘请新疆社会科学院、新疆大学、新疆师范大学的专家讲课。

7月31日,黑龙江省地方史志学会成立大会在哈尔滨市举行,这是修志初期地方史、志两个学会分设之后的又一次合设。

是月,鲍明炜主编的《江苏省志・方言志》由南京大学出版社出版。颜逸明、蒋冰冰发表《江苏方言研究的世纪成果——评〈江苏省志・方言志〉》认为,应用现代语言的研究方法研究汉语方言,是从江苏方言开始的。1928年中央研究院历史语言研究所在南京成立。赵元任的《现代吴语的研究》,是最先使用国际音标记录汉语方言的大型现代语言学著作,成为公认的现代中国语言学的代表作,是江苏方言研究的第一个里程碑。1956年江苏省和上海市联合成立方言调查指导组,并分工调查江苏、上海各地方言,1960年出版的《江苏和上海方言概况》,是汉语规范化时期江苏方言研究的代表作,是江苏方言研究的第二个里程碑。本志则全面深入地反映了20世纪江苏方言的面貌,体现了20世纪江苏方言研究的巨大成就,是江苏方言研究历史上的第三个里程碑。

8月1日,浙江省衢州市志办韩章训在是日出刊的《黑龙江史志》今年第4期上发表《当代方志观念论争举隅》一文。文章归纳当代方志学观念有四个方面的更新:一是由临时任务观念变为长期事业观念;二是修停相间观念变为持续发展观念;三是为修而修观念变为为用而修的观念;四是由单一效益观念变为综合效益观念。文章认为,方志界还要下大力气继续做好解放思想和更新观念工作,才可能把社会主义方志事业全面推向21世纪。

山东省平邑县志办王照伦在同刊期上发表《方志学研究应引进的理论和方法》一文,认为目前方志学研究进入低谷,原因自然有多种,但基本原因之一是研究的思路和方法比较单一。要改变这种方志理论研究的徘徊局面,使方志学汇入中国乃至世界学术潮流之中,开展跨学科研究是一条可行的路子。如何利用其他学科的研究成果(包括借用、引进、移植其他学科的理论和方法)是可行的和必要的。由于方志学是一门综合性的科学,不仅其记述对象包括了自然科学和社会科学的各个方面,而且方志学和史学、年鉴学、编辑学、出版学、统计学、文献学、文字学、考古学、区域研究、地理学、地质学、环境科学等都有着千丝万缕的联系。这就使得方志学有条件和有必要移植或借用相关学科的理论和方法为自己的研究服务,使方志学学科建设走上快车道。作者还提出了移植和借用的若干基本原则。

8月25日,《中国地方志》主编诸葛计以"纪苹"的笔名在是日出刊的《广西地方志》今年第4期发表《读〈桂林市志〉杂议》一文,提出新志编纂中几个值得研究的问题:

一、综合志书中都应列"抗日阵亡将士名录",这个名录或直接入于"革命烈士名录",也可以与"革命烈士名录"同纳入"英名录"之内。根据就是北京天安门广场的人民英雄纪念碑上有毛泽东主席起草、周恩来总理书写的"三年以来,在人民解放战争和人民革命中牺牲的人民英雄们永垂不朽！三十年以来，在人民解放战争和人民革命中牺牲的人民英雄们永垂不朽！由此上溯到一千八百四十年，从那时起，为了反对内外敌人，争取民族独立和人民自由幸福，在历次斗争中牺牲的人民英雄们永垂不朽！”这里所说的“一千八百四十年”，就是从1840年鸦片战争算起。可见，从那时以来为了国家和民族的解放事业而奋斗牺牲的人，都属于人民英雄，可以毫不犹豫地视为革命英烈。不将抗日阵亡将士名录列入志书，或不把这些人视为人民英烈，应被视为志书中的严重缺漏，是留下了历史的遗憾。

二、文章结合《桂林市志》中将原宋代《静江府城池图》改名《宋代桂林城池图》和明代陈琏修纂《桂林府志》中的一幅“旧郡城图”改为《元代桂林城图》的错误，认为志书记述历史上的人或事，只能用当时的地名（可以括注今名），不能径用今天的名称。因为宋代、元代时，这个地方尚未用桂林的名称，所以用《宋代桂林城池图》和《元代桂林城图》都是不对的。又，民国二十九年桂林设市以前的历史人物的籍属，也不能径写为“桂林市人”，正如别处的一部志书中，将一位1948年牺牲的烈士，记为某某公社某某大队人是错误的，同一个道理。

三、关于入志人物的分类和排列问题。旧志书中人物多有分类者，新志书中则不宜采用。主要原因是有的人物一生行事多样，其身份往往一身数焉，难以做到分类准确。勉强分类往往造成类与类之间相互兼容，以致出现逻辑错误，违反常识，闹出笑话。一些书中将“革命英烈”与“人物传”并列，这就将“英烈”排除在“人物”之外，这是让人难于接受的。文章以《桂林市志》为例说明，将人物按“古代人物”、“近现代人物”来分也是不科学的，是一种自缚手脚的做法。因为一个人的一生，在历史上不是单纯的一个点，而是一个过程。这个过程至少也有十几二十年，长的可达七八十年甚至上百年。跨时代的人物所在多有。该志书中所列的唐继仁等15人都出生于1840年鸦片战争之前，故将他们列入“古代人物”。但实际上，生活到鸦片战争后6年的有1人，9年的有2人，还有40年、45年、52年的。一个人的一生，对社会作出贡献往往都在成年之后，多半是一生的中、后期。故志书只按其卒年排列最便当，又科学。

四、关于市管县的市志记述范围问题。目前有三种做法：（一）是“大市志”，即对市区、郊区和属县一视同仁地加以记述，如《扬州市志》、《三门峡市志》；（二）是“中市志”，即以记述市区和郊区为主，同时兼及属县，这种做法的较多，不必一一列举；（三）是“小市志”，即仅记市区和郊区，属县不予涉及，个别不得不涉及者都专门注明，如《牡丹江市志》、《广州市志》和《武汉市志》。作者认为，在这三种模式中选择运用都是可以的，但选择哪一种都必须在“凡例”中加以规定，而且规定之后就要“依例而行”。

五、关于政党志的篇目规范问题。作者曾就手头的60部志书进行统计：以“中国共产党某某市（县）地方组织”为篇名的占29部；而径设为“中国共产党（志、篇）”的占31部。文章认为无论是中国共产党，还是中国国民党，在全国都只有一个。任何省、市、县中，该党的组织都只是它的地方组织，也就是这个党的一个小的组成部分，而不是它的整体。志书篇目应当准确地反映这种部分和整体的关系。这个道理很简单，到任何一地，党委门口挂的牌子上，写的一律都是“中国共产党某某省(市、县)委员会”，而绝不会有“某某省(市、县)中国共产党”的牌子。

8月28日～9月2日，第七届北京国际图书博览会在中国国际展览中心举办，中国地方志指导小组办公室组织了全国200多种优秀志书参展。

8月29～31日，由山东省史志办公室主办，青岛地方文献协会、郑州方志书社、青岛市史志办公室、青岛市党史办公室、青岛市政协文史办公室、青岛出版社、青岛图书馆等9个单位联合举办的“'98青岛之夏史志年鉴、党史、文史交流观摩书展会”在青岛举行。本次展会的主题是用志、用史，围绕这一主题进行了志书、年鉴、党史、文史的展示交换和学术讨论。

是月，张寒龙主编的《福建省志·自然地图集》出版。早在1986年，中国地方史志协会、中国地方志协会副会长、福建省地方志编委会主任张立就倡议，在福建省志中增设四部专门地图集(即普通地图集、历史志图集、自然地图集和经济地图集)，在全国尚属首倡。至是首集出版。《福建省志·普通地图集》亦于1999年9月出版。

是月，青岛市李英群著《方志编纂文论》由青岛出版社出版。这是一部以填补沿海港口城市志编纂研究空白为特点的地方志编纂知识性工具书。

是月，抗日战争时期编修的《北京市志稿》由燕山出版社出版。据有关人士回忆，卢沟桥事变后的1938年，北平一片混乱。为了维持一部分知名学者的生计，也为了继承北京的文化传统，北平市政府拨款1万大洋，成立了北平市修志处。总管吴庭燮，还有担任过北洋政府国务总理的夏仁虎等。历一年书稿编成，由夏仁虎先生收藏，于新中国成立后捐给北京市人民政府，由市文物调查组收藏。至是整理出版。

是月，黎传纪、易平撰《江西方志通考》由黄山书社出版发行。这是全国高校古籍整理研究工作委员会确定的重点项目之一。是书是作者在1989年出版的《江西古方志考》的基础上扩编而成。《志考》考得明永乐之前的佚志300余种，辑得佚文1800余条。但在实际编纂中，续考得永乐之后的志书竟为前考之2倍强，考虑到别为一书则断简累然，于各书源流之考察亦颇不便，故与前考合为一书，名为《通考》。将前书中考录之志籍重予核订录入，原辑佚之原文，悉予删除，仅存其条目出处。又增入新采辑文数百条，汇成此书。依今行政区划，大致每地区为一卷，每卷内各县之次第，大致循明、清建置，俾同属一府之诸县不致散置。每县略冠数语，序其修志源流及沿革概况。

9月15日，黑龙江省机构编制委员会同意省地方志办公室挂“当代黑龙江研究所”牌子，其内设机构为研究室、省志指导处、省志编纂处、出版发行处、市县指导处等5处室，这5个处室分别挂当代黑龙江研究所第一、第二、第三、第四、第五研究室牌子。

9 月 22 日,苏州市方志馆开馆。在开馆的头半年多的时间内,就收藏新志书 3000 余种,仅苏州市的志书就达 85 种之多(含乡镇志、专业志),还有打印的市志分志、各厂矿企业志 600 余种。收藏旧志 1600 余种,属于苏州的就有 140 多种,其中不乏名志佳乘。

是月下旬,云南西双版纳州志办组织全州一市两县修志工作者,到省内的思茅、玉溪、昆明、楚雄、大理和丽江等 6 个地州市进行为期半月的方志工作考察学习。所到之处,都与当地的修志同仁进行座谈交流,听取人家的修志成功经验,为本州今后的修志工作寻找改进的借鉴。

是月,安徽大学林衍经在《史志研究》(山西)第 3 期,就方志性质发表文章,认为宋以前的方志,侧重于地理记载,具有地理学科属性;宋以后的方志,则多是以记述人文历史为主,体现了历史学科的属性。当代新编地方志,从所载内容和方志体例、编纂方法、发挥的作用来看,还应当属于历史学范畴。但已经开始了偏离历史学范畴的过程,由单一学科性质,向多学科性、综合性转变,以后,将最终形成既具有社会科学属性、又包含自然科学和技术科学属性的跨学科,完成其性质的根本转变。

是月,山东省地方史志办公室提出《充分发挥地方志的服务功能,推动我省旅游产业快速发展》的报告。副省长陈抗甫看到后当即批示:"这篇调查报告,以加快发展旅游产业入手,开展调查研究,既有宏观的综合情况,又有微观的剖析;既指出了存在的问题,又提出了解决问题的办法,有些建议也很有参考价值。从这篇调查报告可以看出,充分利用我省的修志成果,开发省情资料库的信息资源,大有作为。历史对于未来,永远是财富。今后要进一步拓宽调研的深度与广度,大力开展史志工作,为各级领导科学决策当好参谋与智囊。"1999 年 1 月,杜世成副省长、王修智秘书长和吴爱英副书记等,都先后作了批示。

是月,陈光贻著《中国方志学史》由福建人民出版社出版。是书分四大部分:一、方志学议论,是总论方志的定义、性质、史志之别、方志诸种体裁、方志图表、志书体例异同等;二、方志渊源与发展,是方志发展史;三、列代主要方志,是志书选介;四、列代著名方志学家,是方志学人简介,有个人出身、经历、学术师承、特长,并选介其主要方志之作。后有附论,是篇独立的论文。全书特点是资料翔实可信,多为第一手资料,且书和人都放在方志发展史中评定其地位和价值,非一般著作可比。

10 月 8 日,山东省人民政府办公厅以"鲁政办[1998]71 号"文件,发出《关于续修新方志有关问题的通知》,全省续修工作正式全面启动。

10 月 10 日,张守富谱曲作词的歌曲《长明灯下修志人》在是日出刊的《志与鉴》今年第 5 期发表。此歌还曾录制成磁带,在修志队伍内部发行。

10 月 17 日,黑龙江省人民政府印发《黑龙江省续志工作规划》,要求各行政公署、各市、县人民政府和省政府各直属单位,"结合本地、本部门实际情况,认真贯彻实施"。《规划》规定续修省、市、县三级志书，记述1986—2000年断限内的内容。具体任务为：省志设置20部分志共77篇，地市志13部，县志67部，市辖区志69部。制定了“编制通则”，确定了“组织领导”和“工作步骤”。

10月25日，浙江省衢州市地方志办公室韩章训在是日出刊的《中国地方志》今年第5期发表《方志本体和本质论析》一文。关于方志本体，文章提出，方志，不是指方志文本，而是指以文本为核心的整个方志事业。从发展的观点来看，古今方志主体是不一致的。隋代以前的各类志书均属个人所为，此时的方志事业属于一般学者的个人写作行为。虽然把修志活动也视为方志事业，这种方志事业是初级形态的和极不完整的。从隋至民国期间，各类方志多为官修，此时的方志事业基本上就是修志事业，传统方志学实际上还仅仅是方志编纂学，不是把用志视为方志本体的内容。时至当代，人们都把方志视为包括用志在内的重要文化事业。如果把方志编纂视为方志生产过程，那么方志接受则属于方志消费过程。整个方志本体是由方志编纂和接受两个系统所组成。这样，方志本体的逻辑构成就可以用下图表示：

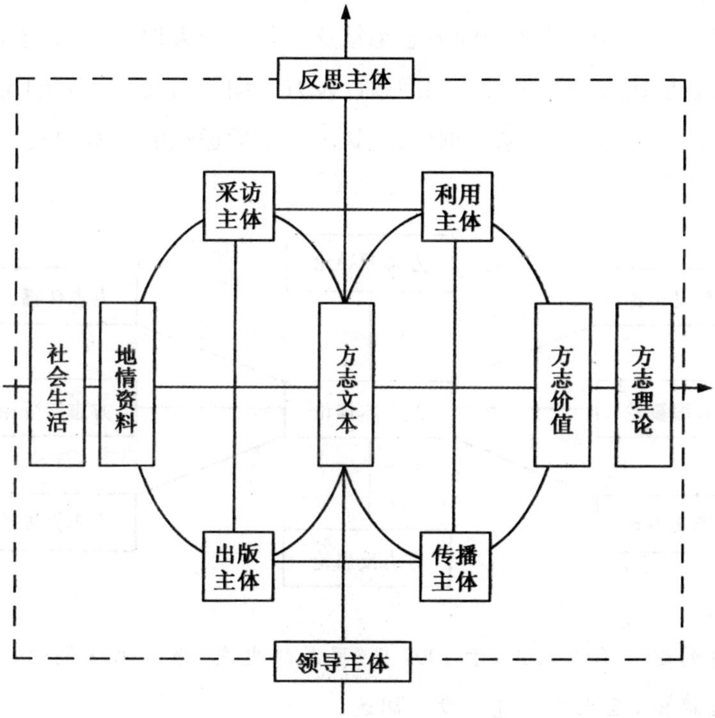

上图中，方志文本为整个方志本体的核心要素。其中地情资料、采访主体、编撰主体、出版主体、方志文本、传播主体、阅读主体、利用主体、方志价值九要素为方志本体的内核系统。社会生活、领导主体、反思主体、方志理论四要素则为方志本体的外缘系统。此外缘系统中的四要素都涵盖着整个方志领域。其中领导主体、编纂主体（含采访主体、编撰主体、出版主体）、接受主体（含传播主体、阅读主体、利用主体）、反思主体各与相关要素组合，则可推引出方志领导、方志编纂、方志接受、方志反思诸活动。在此四个活动中,方志编纂和接受活动居于主导地位,而方志领导和反思活动则属辅助活动。据此,可以为方志作出这样的界定:所谓方志,就是一项以编修和使用方志文本为核心的基础性学术文化事业。以上为本体论定义。

关于方志本质。作者认为,方志在本质上是一种地情信息的交流活动。其整体流程是社会生活——地情资料——采访主体——方志资料——编纂主体——方志稿本——出版主体——方志文体——传播主体——方志作品——阅读主体——方志信息——利用主体——方志价值——反思主体——方志理论。其间的关键环节是编纂主体和阅读主体之间的交流。方志作为人的一种活动,其本质就是编纂和接受主体依照特有惯例来交流地情信息(或地情知识)。这种源远流长的特有惯例,就是方志文化或方志学术独特个性的集中体现。据此对方志本质的认识,可以对方志作这样的界定:所谓方志,就是一项以交流地情信息为根基的学术文化事业。这就是方志本质论定义。把地情信息的交流活动视为方志本质,就把方志理论的制高点从原来的"方志编纂"或"方志文本"层次,提高到"方志活动"的层次。这就可以拓宽方志研究的视野,从传统的方志编纂这一狭小的天地,扩大到不仅要研究方志编纂领域中的问题,还要研究接受领域中的问题以及方志编纂与接受之间的辩证关系问题,方志本体即为当代方志学的研究对象。据此,他认为方志学通论的基本构成有如下图:

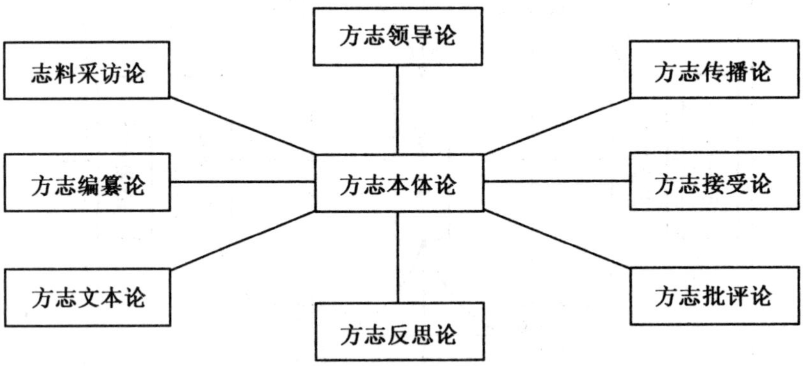

按:作者的这一基本认识,于1997年《黑龙江史志》当年第3期的《方志学通论构建刍议》中已经提出,至此作了进一步的阐述。

云南省潞西市地方志办公室何萍在同刊期发表《也谈地方志是什么书——兼同资料书说商榷》一文。文章从地方志的发生、发展进行考察后认为,"官修"是地方志与其它地情书区别的特性,是地方志的本质属性。他的结论为:"方志是官修的地情书"。

浙江省平阳县政协周干在同刊期上发表《读新编〈平阳县志〉》一文,对自己参与主编(副主编)的县志存在问题进行批评,开了自我批评的新风。文章认为该志存在问题,主要表现是：一、忽视资料出处的注释，是本届新编志书的通病，《平阳县志》也存在这个问题。当注而未注的明显例子是：1.订正改易旧说的，未注明改易的资料依据；2.新发现的史实未注明资料来源；3.引文未注明出处，令人无法校其对错。二、硬伤较多，需要进行勘误，以免以讹传讹。三、《概述》和《大事记》所载与志文互异，令读者无所适从。跨地域收录人物，与“方志的地域性”原则不合。四、有些事物归类失当，如将赌博、娼妓归入《风俗・劣风陋俗》。正如有的学者所指出的，“作为‘民俗’，写娼妓是对中华民族的污辱”。

是日，云南省志办赵芳在《云南史志》今年第5期发表《试谈地方志书的开发利用》一文，提出地方志书的开发利用，包括六个方面的内容：一是面向社会，大力宣传和推荐志书；二是利用地方志书，参与区域研究；三是利用地方志，开展国情、地情教育，增强爱国热情和精神文明建设；四是利用地方志书，大力宣传自身的优势，吸引外资，再度引起经济腾飞和社会进步；五是地方志书为科研、教学及社会各阶层服务；六是利用方志资料建立地方志信息库。

是月，河北省志办举办已出版的较好志书的总结会。早在今年初，该省志办就对本省志书质量进行了一次总体的评估，发现了一些值得注意的质量倾向。该省1986～1996年间出版的志书，总体上讲，都基本合乎要求，合格或基本合格，其中好的或比较好的占已出版总数的49%，比例比较高；而已评稿或进入终审的志书稿，好的或比较好的只占20%左右，比例明显降低；而尚处于撰稿阶段的那一部分，几乎都存在这样那样的问题。通过分析，得出的结论：一是好的或比较好的志书，重头在已经出版的志书当中；二是修志越到后期，越要抓好质量问题，否则就可能出次品。有鉴于此，所以他们要求“不断总结，不断提高，在总结中提高”。于是确定对秦皇岛、辛集、三河、丰南、枣强、北戴河等6部在省内获一等奖的志书进行总结，查看这些优秀志书有无问题，后期志书和续志应当从这些志书中吸取哪些经验、教训。至是举行了6部志书的主编和有关专家的专题研讨会。会上在肯定优长的基础上，更着重分析各自的不足。此次会议后，省志办将会议材料和根据会议精神整理出的纪要，以文件形式发至全省，有的则在《河北地方志》上发表，引起了全省修志系统的重视。

是月，广东省地方史志编委会副主任、中国地方志常务理事兼学术委员黄勋拔教授，于7日、14日、22日、27日，分别在美国的哈佛大学、伯克莱加州大学、斯坦福大学、塔夫茨大学和美中文化研究所，以及香港各大学举行讲座，介绍中国编修地方志情况并进行述评，引起听众的极大兴趣，所到之处均受到欢迎和好评。

是月，全国第九次书市在西安举行。此次书市首设了方志专馆，展出各类志书共2500余种。

是月，李荫主编的《广西通志・政府志》出版。本届修志之中，许多地方的政府志（包括市、县志的政府篇）都是相对薄弱的部分。多见的是机构和人员名录，施政行事和政绩的内容反而较少，是本末倒置了。这部《政府志》则是迄今为止较为成功的一部。其长处之一，是重行事,重施政,一改不少政府志存在的通病,用大量篇幅来记述各代政府的施政情况。其长处之二,是突出了广西历代历届政府施政的特点。基于广西是少数民族聚居区,所以历代政府都实行了有别于中原地区的施政方法。明、清时期,着重记了改土归流的推行。民国时期,对国民党新桂系施政的记述颇为详尽系统。新中国成立后,又突出了实行民族区域自治的施政方式。从组织人民反对外来侵略、保卫祖国主权和领土完整方面,也写得有声有色。所以有的评论者认为,这部政府志重行事,显特点,长豪气,增信心,是一部成功之作。

是月,庄超群主编的《新疆通志·生产建设兵团志》出版。新疆生产建设兵团受命于特殊的历史条件下,根植于特殊的地理环境中,依托于特殊的组织形式,肩负着特殊的历史使命,是一支不穿军装,不拿军饷,永不复员的特殊部队。其组建40年来,屯垦戍边,在极艰苦的条件下,在建设边疆、保卫边疆中创下了辉煌的业绩,立下了卓著的功勋。志书为这些屯垦戍边的英雄们写下了一部英雄谱。他们不怕苦、不怕累、不怕死、顶酷暑、冒严寒、大战戈壁荒原的英雄气概,他们廉正无私、舍己救人、见义勇为、促进民族团结的模范事迹,读来让人肃然起敬。志书对历史上悠久的屯垦史也作了尽可能的回述。在体例上,它在中国方志史上开辟了一个新志种,将在中国方志史上占有一席之地。

是月,姚仲杰主编的河南《鹤壁市志》出版。姚氏在主编是志过程中,充分利用地情资料进行的几个学术问题的研究,都引起了学界的重视。一是1986年提出《曹操墓会不会在鹤壁的时丰》的论文。长期研究曹墓的学者司绍晞称,这对揭开曹墓之谜是一大贡献。二是提出"许仙闹白蛇"的民间故事最早源于鹤壁黑山,推测可能是"岳家军"中汤阴鹤壁籍的军士南下时,把这个故事带到江南,后经冯梦龙写进《警世通言》,才在南方流传开的。这一推测,受到上海、山西和江苏等地的民间文学专家、学者的认可和重视。三是与他人合作写成的两篇文章,提出罗贯中晚年隐居于浚县(今鹤壁市)的许家沟村,在此完成了《三国演义》的创作。与他人合作的《罗贯中新探》出版,在海内外都引起了较大的反响。冯其庸、王利器、刘世德等文学史专家都给以了较高的评价。戈宝权指出:"鹤壁和山西有关罗贯中研究的成果,是继鲁迅、郑振铎之后又一新的突破。"四是写成《舜是姚姓始祖,根在濮城》的论文,在《信息博览》发表后,台湾《中原文献》全文转载。云南民族学院刘岩教授认为,该文关于舜及其后裔的南迁、西迁的说法,对他寻找傣族先民的足迹有启发,改变了过去认为傣族来于越人的观点,确认傣族的先民来自古代濮人。

是月,王福田主编的河北《定州市志》出版。1926～1937年,以晏阳初为总干事的中华平民教育促进会,以定县为试验区进行农业教育、农民研究和农村调查等平教运动,取得了较显著的成绩,在海内外产生了较大的影响。是志专列"平民教育"一章,并附有"平民教育家晏阳初简介",这一特殊事物的专门记述,具有较高的史料价值。

11月4日,中共中央政治局委员、中共北京市委书记、市长、市地方志编委会主任贾庆林，听取地方志工作汇报后，要求要加强对北京市修志工作的领导，并提出要稳定机构、加强修志队伍等措施，保证北京在三年时间内完成全部修志任务。

11 月 27 日，周乃复个人创建的以“中国方志资料库”为名的主页，由商城个人网进入因特网。其首页目录有省志、地市志、专业志、县志、方志论丛五类，装有 460 万字的内容可供查阅。计划至 1999 年 2 月以前，书库内容可扩大到 2000 万字。

11 月 30 日～12 月 9 日，由台湾中兴大学及有关学术团体发起的“海峡两岸地方史志、地方博物馆学术研讨会”在台北举行。大陆方面由天津市地方志编修委员会秘书长郭凤岐为团长的交流团一行 32 人出席，其中有天津、北京、山西、广东、四川、江西、宁夏、甘肃等省、市和南开大学地方文献研究室的方志和博物馆方面的专家、学者，如王辉、来新夏、李祖德、曹振武等。台湾省和香港地区出席的相关专家、学者 85 人，还有美国、日本、新西兰和加拿大的专家 8 人与会。中兴大学校长李成章致开幕词，台湾省文化处处长洪孟启、文献委员会主任谢嘉良等分别致词。研讨会共举行 7 场，主讲和评论者各 24 人，自由发言达 70 余人次。比较全面地介绍了海峡两岸的方志编修和地方博物馆的情况，起到了相互交流的作用。会后，台湾省文献委员会刊行了由中兴大学历史系王明荪主编的《海峡两岸地方史志、地方博物馆学术研讨会论文集》。

台湾主持编修《芳苑乡志》的王良行教授向大会提供的论文《乡镇志撰修的新途径》中，主张地方志“应同时具备地方年鉴、施政参考、投资指南、旅游导览和乡土教材多种功能”。地方志除了扮演工具书的角色之外，也应具有一方全史的学术论著性质。除“分析当地历史趋势并解释其变迁原因，及检讨传统文化的优劣得失之外，也应对未来发展的方向提出展望和建议”。因而方志应是“论述并重”的“撰修”，而非“述而不作”的编纂。在文中，他所介绍的台湾志稿审稿办法，看来与大陆的做法有同亦有异：初审由修志总主持人与各篇主笔互审；复审由总主持人聘请专家学者匿名审核，总主持人发还主笔修改，或亲自修改后送交监修委员会二审；二审修订后再呈送上级三审并批准出版。

主持编撰《鹿港镇志》的黄秀政教授在《论台湾乡镇志的纂修》中，提出以“社区研究学术论文的方式为编纂取向”，“结合传统与现代学术研究，采学术论文撰写方式”来编撰地方志。

是月，全军军事志学术研讨会在北京举行，入选的 54 篇论文，从不同的方面和角度交流了经验，探讨了相关的问题，活跃了学术，对一些共性问题达成了共识，较好地统一了思想。据《中国军事志》2000 年第 1 期载，截至 1998 年 12 月底统计，全军军事志已出版 2060 多部，其中，省级军事志 21 部，地级军事志 200 余部，县级军事志 1840 部(篇)。全国 61% 的省军区和军分区，79% 的县级人武部完成了编纂出版任务。未出版的多数计划在 2000 年前完成。

11～12 月间，山东省连续分片召开四次续修新志业务座谈会，研究落实省政府关于续修新方志的通知及相关的业务问题。

12月14日,中共四川省委副书记、四川省人民政府副省长、省地方志编委会主任张中伟,在该省召开的地方志工作会议上特别强调:修志工作要实行首长负责制,市长、州长、专员、厅长、县长,是抓好地方志工作的第一责任人。把他们定为第一责任人,既是要他们抓好地方志工作,也要他们抓修志,自觉读志用志,准确认识和把握好市情、县情和行业情况,提高领导决策水平。凡至今尚未出版的志书,明年一律纳入各级政府督办目标,延误进度的,要追究领导责任。

12月15～18日,1998年度全国地方志工作会议暨中国地方志协会常务理事会议在北京举行。会议中心议题是回顾和总结全国地方志第二次工作会议以来的工作,交流修志、用志经验,研究和部署1999年的工作。会议指出,目前,全国大约有1/3的省、自治区、直辖市可以在近一两年内完成本届志书的编纂任务;有1/3以上的省、自治区、直辖市可以在2000年或稍长一点时间内完成本届志书的编纂任务;有不到1/3的省、自治区,主要是一些边远地区,要在本世纪末或稍长一段时间内完成任务,困难还比较大。会议要求,尚未完成本届修志任务的各省、自治区、直辖市要集中力量,切实抓好本届志书的编纂和出版工作,要采取积极态度和得力措施,争取如期完成修志任务。要保证志书质量,越到工作的后期,越要加强志书质量。要争取在本届修志的最后阶段,推出一批后来居上的精品佳作。对少数困难确实很大的地方,要允许把时间适当推后一些;个别实在完不成任务的地区,也可以把原计划作适当调整,放到下一届来完成。除此而外,还有四项重要的工作:一是认真开展读志用志活动;二是切实做好续修志书的准备;三是加强对地方综合年鉴工作的领导;四是加强方志理论建设和学术研究。

在此次会议上,山东省志办张守富将他们原先提出的"三部曲",发展成为两个"三部曲",即战略"三部曲"和战术"三部曲"。战略"三部曲"是完成一部志书,回答历史"是什么"。志书出版之后,利用志书及积累的资料,进行专题研究,探索规律,搞清事业的兴衰起伏究竟"为什么",再就是解决问题的钥匙在哪里,也就是"怎么办",这样就将方志事业从单纯的一部书主义中解放出来,全省形成志、鉴、库、馆及开发五业并举的复合型事业。其战术"三部曲",第一部是三年打基础。为保证主体业务的开展,注意拓宽舞台,陆续建立了山东省大方实业公司、山东史志编印服务中心、山东省年鉴广告信息中心等服务经营型实体,兴建了省、市、县情资料库、方志馆,为发展奠定了坚实的基础。第二部是三年大发展。第三部是将山东史志事业办成开发不尽的资料宝库,三年稳步跨入21世纪。

陕西省志办主任滕云汇报,该省自今年4月程安东省长约见省地方志编委会办公室主要领导、对地方志工作作了重要批示后,全省地方志机构进一步健全的情况。全省10个地(市)都进行了调整、加强。全省105个县市(区)中,志办单列的占1/4,挂靠政府办的占1/4,与党史、档案等部门合并的占1/2。

四川省志办主任秦安禄在会上，介绍了该省志办建立和完善管理保障制度，促进工作效益的经验，并向中国地方志指导小组提出，必须从根本上解决地方志工作中“地方自治，各自为政”的问题。

江苏省志办主任王建中，介绍了该省志办加强修志队伍建设的经验和做法。今年初，省政府办公厅批转省志办机构改革方案中，规定省志办为省政府直属副厅级事业单位，人员编制30名不减；江苏年鉴杂志社划归省志办领导，人员编制10名；省志办参照公务员管理。据该年5月份统计，全省13个市、64个县全部设有地方志机构，部分区及有修志任务的省直机关也设有专门的修志机构，不少市、县的人员编制比过去还略有增加。为加强队伍建设，该省重点抓了业务培训。从1987年以来，省志办依托苏州大学、南京大学等高校，先后举办了各类培训班18期(其中1期为研究生课程，学制2年)，培训人数达2000多人次(包括少量省外学员)。还规定从1998年起，用3年时间，全面培训一次各市、县(市、区)及省直机关修志人员。经结业考核，由省志办发给上岗证，凡未有上岗证者不得上岗。

浙江省方志学会会长魏桥，介绍了浙江方志系统利用方志作为中介开展专题研究的情况。其中说到《浙江古今人物研究》专题、关于人物世家研究等。尤其值得注意的是，本届修志中发现民间收藏的家谱竟达5000余种，现其目录、卷数、收藏地等均已输入电脑，颇便寻查，很受海内外有关人氏的欢迎。

云南省地方志办公室副主任郭其泰在汇报中，着重讲了该省部分地州志书和一些省志情况不容乐观，并提出了省志办已采取的措施。其中包括调整计划，个别确实不能按期完成而又不影响整部省志内容的分志，予以删除；少数有困难的单位，由省志办投入力量进行总纂等。

河北省志办主任王史元在发言中，着重介绍了他们组织对6部志书进行总结的经验。

河南省史志办公室主任许还平发言中，在总结第一届修志经验基础上提出续修志书的问题时，特别强调，续志工作发动以后，应尽快使主编到位，以利总体设计工作的进行；主编一经选定，就要保持稳定，善始善终。在继承和创新方面，他们提出了“一个坚持，三个有利”。一个坚持，就是坚持志体。三个有利是，要有利于反映时代特色，有利于反映地方特色，有利于缩短修志周期和适应用志的需要。

12月19日，中国地方志指导员小组办公室与河南省地方志史志办公室，在北京联合举办《河南省志》光盘演示座谈会。河南省是全国第一个完成新省志编纂任务的省份。这张光盘容纳了全书65卷、100部分志、总计2000万字的《河南省志》。它具备多项功能：一是原版原式，电子版与纸型版一致；二是具有随意调用、打印和再编辑功能，也可以随意放大缩小，便于使用；三是具备声像兼容的多媒体功能，配有阅读背景音乐；四是多角度快速检索功能，便于使用者使用光盘或开展咨询服务。省志光盘的问世，标志着修志手段由手工操作向电子化的发展，修志工作由单纯编书向全面开发方志资源发展，并确立了“方志工作信息化，方志信息资源化，方志资源产业化，两个效益目标化”的观点和认识。它在全国方志界带了一个好头。

是月，纪稽缘、虞桃秀主编的《中华学府志·四川卷》由中共中央党校出版社出版。中华学府志丛书，系采用志书的形式，通过系统、全面地整理我国各民族、各地区（含港、澳、台地区和海外华人学校）兴办的各类学校教学的历史和现实资料，总结其经验，揭示中华民族教育文化的结构内涵、主要特征、历史成就和世界地位。旨在反映教育的发展规律，从而弘扬中华民族的优秀教育文化传统，促进教育改革和发展，并以此服务于建设有中国特色的社会主义教育体系。本卷分为书院、普通高等院校、成人高等院校、中等专业学校、普通中学·职业学校、小学等6篇。共介绍书院20座；普通高校49所；成人高等院校31所；中等专业学校100所；普通中学89所；职业学校29所；小学37所。

是月，李祖炎主编的贵州《修文县志》出版。是志的志首部分，在《概述》和《大事记》之间，设有《县情数据》一大目，包括户数人口、耕地面积、国内生产总值、工农业总产值、粮油烟总产量、生猪大牲畜年末存栏量、主要工业产品产量、部分年份固定资产投资、运输邮电、商业、财政（收入部分）、财政（支出部分）、金融、教育、医疗卫生、全民所有制单位部分年份年末职工人数、全民所有制单位部分年份职工工资总额、城镇集体所有制单位部分年份年末职工人数、城镇集体所有制单位部分年份职工工资总额、社会总产值、总产出、国民收入、乡镇企业基本情况等22项。在此前出版的上海《松江县志》也有类似做法，在《概述》之后附有“1949～1988年松江县工农业总产值统计”和“1949～1988年松江经济主要项目统计”两表；《蚌埠市志》在概述之后附有“蚌埠市建国后部分年份国民经济和社会事业主要指标一览表”等，但都不如本志之系统、之多，且与概述、大事记平行列目。评论者巴兆祥、沈红亮认为，“它是继大事记和概述出现之后方志编纂上的又一重大变化，而且从方志史的角度来看，也是一种趋势”。本志中还专设“王阳明在龙场”的特记一篇，分《谪居龙场》、《阳明文化》、《阳明教育》、《阳明遗迹及纪念建筑》、《王门后学》等五章，约8万余字的篇幅，详述了王守仁谪居修文时的学术活动与其思想学说，颇具学术价值。刘纬毅认为，这是与其前出版的《绍兴市志》设《名家学术思想》卷、其后的山西《运城地区志》设《关公文化》卷一样，都是学术思想入志的成功探索。

是月，鲍星时主编的北京市《密云县志》出版，这是北京市本届修志中正式公开出版的第一部新志书，它标志着北京的修志工作也开始进入出成果阶段。

是月，王建章主编的陕西《宝鸡市志》出版。是志为评论者称道为可读性强的志书，主要表现有三。一是其序三善于归纳，文字优美，如“新志书咏西秦沃野之美，赞周兴秦霸之盛，表群众创造历史业绩，叙近现代工商企业勃兴，记城市建设日新月异，载人民生活水平之不断提高，较详细地记述了宝鸡新中国成立后四十多年来经济与社会发展取得的巨大成就，体现了宝鸡的地方特色”。“宝鸡是中华民族最早生息地之一，是周秦王朝的发祥地。周原被称为‘青铜器’之乡，渭水流域是《诗经》的摇篮，珍藏于故宫博物院的石鼓发掘于古陈仓，誉满天下的汉代隃麋墨，豪华至极的隋代仁寿宫，法门寺供奉的佛指舍利，苏轼初任凤翔府修的东湖，明道人张三丰隐居的金台观，都显示了宝鸡过去的辉煌与繁荣。物华天宝，人杰代出。炎帝长于姜水，古公发迹于岐阳，穆公称霸西戎，白起被誉为常胜将军，秦孝公任用商鞅变法，燕伋从学孔丘，马钧发明指南车，王珪赞像入凌烟阁，杨炎草创两税法，张载讲学关中。在几千年的文明史上，宝鸡这块古土留了下许多不朽史诗：姜尚出西岐随武王伐纣，韩信明修栈道暗度陈仓，汉武帝巡出陇关，诸葛亮率军北伐病逝五丈原，李世民于扶风郡大破金城薛举，吴玠吴璘散关抗金，李自成在汧阳山区被推为闯王，彭总指挥两度解放宝鸡……”二是全志总述展望前景，提出了策论，如“把城乡作为经济运行的统一体，以城市为中心，以集镇为纽带，以农村为基础，通过‘两下乡’（工业下乡、科技下乡）、‘两进城’（农副产品进城、农民劳务和资金进城）、‘一建设’（加强小城镇建设），组织城乡开通的工业网络、商业流通网络、金融网络、科技网络、交通网络、信息网络等，以城带乡，以乡促城，使城乡结合，协调发展”。三是对自然灾害，不单纯停留在写灾害的严重和恐怖，而且也写防灾抗灾的努力，表现出人在自然灾害面前不是被动躲避，而是主动努力战胜它。其自然灾害编，第一章记述了旱灾、水涝灾、雹灾、冻灾、病虫灾、震灾、滑坡等，第二章则记治河防洪、抗旱救灾、抗洪抢险、抗雹防冻、杀虫灭害、防震防滑，还载了重大灾害抢险纪实，体现出人在灾害面前的主观能动性。

是月，周顺之主编的重庆《北碚区志》出版。是区志办从 1983 年起，即编辑出版《北碚志资料》的期刊。其第 4 期刊载了《丰富的缙云山植物资源》一文，文章引起了教学和科研部门的重视。西南农业大学、西南师范大学，因此而多次组织师生到缙云山进行调查。植物学界的专家、学者，也分批上山采集标本进行研究。经对缙云山的地理条件、土壤、气候、生态环境的充分论证后，有关部门终于在缙云山的绍隆寺一带，建立了全省第一个“亚热带常绿阔叶植物标本培养基地”。

是月，邵长兴主编的《当代中国志坛群星集》第二集出版（第一集于 1995 年 12 月出版），由郑州《历史文化研究》杂志社发行。本书共收入全国 31 个省、市、自治区 153 位地方志专家、学者和方志工作者的修志事迹，还有对第一集的评论文章 21 篇。《人民日报》以《为十万方志工作者作传》为题发表了评论。

是年，河北省人民政府办公厅在一年之内，就修志工作发出了 6 个红头文件：有 2 月下发的《关于 1998 年全省地方志工作的通知》、3 月下发的《关于印发〈地方志编纂工作规定〉的通知》、4 月下发的《关于表彰获国家奖志书主编的决定》、6 月下发的《关于进一步加强年鉴工作的通知》、8 月下发的《关于抓紧省志编纂工作，按期完成修志扫尾进程的通知》、11 月下发的《关于调整省地方志编纂委员会和河北年鉴编委会成员的通知》等。

是年，方志学家仓修良教授从日本引回清康熙三十六年萧文蔚纂修的《桃源县志》一部。

是书原四卷二册，国内仅北京图书馆残存上册。今年夏，仓先生赴台湾讲学，几经周旋，托友人从日本复印得一部归国。经泗阳县志办标点，已与乾隆《桃源县志》合册出版。

是年，安徽万历十五年本《铜陵县志》由胶卷恢复成书。是书早年流传海外，仅于北京图书馆善本库存有胶卷。此次又从胶卷恢复成书。

是年，广西壮族自治区方志资料中心大楼建成投入使用。该中心可藏书约10万册。

是年，上海图书馆党委书记、研究员王鹤鸣从美国犹他州家谱学会考察回来之后，公开倡议，尽快建立中国家谱信息库。据悉，上海图书馆已把对旧家谱的整理、修补、开发、研究，作为馆藏资源的一项重要工作来抓，馆内专门成立谱牒部，采用馆校协作的方式，聘请复旦大学、华东师大、上海师大、上海社会科学院的研究人员，共同参与家谱的编目并撰写提要。还拟于年内召开全国谱牒开发利用研讨会。

是年，山东省以山东省情资料库为依托，以山东省地方志资料为基础，以史志办公室为基地，建立山东兰德信息产业集团，走向社会，参与信息市场竞争。

是年，根据中国地方志指导小组组长李铁映的倡议，经教育部批准，浙江宁波大学历史文化系在全国首设方志专业，面向全国统一招生，本科学制为4年。首届招收本科生19名，来自全国9个省、市。其中陕西、云南、湖南、安徽、江西、江苏、广东各2名，四川1名，浙江4名。浙江省志办将在师资方面给予支持。

是年，龚大昕主编的《成都市志·园林志》出版。是志专设《大熊猫》一个专篇，这在全国志书中是独一无二的。它完整地记述了大熊猫的分布、保护、引进、饲养、繁殖、科研、救治及“'93国际大熊猫节”的盛况，其科学性、文化性和趣味性都很强。

是年，山东省滨州市编出《滨州市小康村志》。是志收入全市52个小康村镇(办)，既有久负盛名的古镇，又有改革开放以来依托乡村工业发展而新崛起的小康村，是全市17个乡镇(办)、917个村队发展变化的缩影。这部志书的编纂，使该市在市县志出版之后出现了第二个修志热潮。

按：县市志出版之后，增修村镇志作为市县志的补充，最早的是《青州市志》出版之后修成的《青州村镇大观》，明言是作为市志的姊妹篇。其后，山东修成的这一类志书，除了本志外，还有《招远市村庄简志》等。

是年，方志界展开了一场“‘哭笑不得’的争论”。先是江西《信息日报》6月26日在“文化周刊”栏内发表了该报记者张爽的一篇文章——《新中国首次大规模方志编修让人哭笑不得》。文章以“据中国历史文献研究会副会长、知名方志学家仓修良教授介绍”的形式，说“盛世修志”成绩确实喜人，但也存在一些不容忽视的问题：新修的许多方志不约而同地将国民党、三青团、民国时期的县政府和参议会、汪伪县政府和伪保安大队、日军暴行等等放入“附录”，主要是指导思想上有意识地对之加以贬抑；由于方志记载的当事人有相当一部分依然在世，它的编修还不时会受到方方面面的干扰；艺文志（经籍志）的缺失是新修地方志的另一大问题；部分修志工作者史学常识的缺乏，也是导致新修方志出现不应有的“硬伤”乃至笑话的重要因素，如有的人硬是将南朝宋（刘宋）与南宋（赵宋）等同起来，将明代的帝王年号“嘉靖”写作清朝的“嘉庆”，不晓得《唐书》有《旧唐书》与《新唐书》之别等等。7月6日《四川日报》社的《文摘周报》、7月7日天津《今晚报》相继加以摘发，立即在方志界引起强烈反响。有人投书相关的报刊，“表示极大震惊和愤慨”。

首先是《天津史志》1998年第4期，加“编者按”发表了天津市地方志办公室的《他们是在为谁哭为谁笑》和来新夏教授《为十万修志大军一哭》等9篇文章，对上文加以批评与反驳（其后第5期发7篇，第6期发1篇；1999年第1期发3篇，第2期发6篇，第3期发1篇）。继之，《山西史志研究》、《上海修志向导》、《江西方志》、《巴蜀史志》等刊物也相继发表了参与讨论的文章。从1998年8月起的半年多时间内，在省（直辖市）一级的史志刊物中，发表相关的文章达30余篇。有的认为，张爽一文“公然以耸人听闻的题目，哗众取宠，矛头直指新中国开展的第一届修志事业，直指为方志事业辛勤耕耘、默默奉献的十余万修志大军。这数得上是近些年见诸报端的最荒唐、最恶意中伤的所谓文章”。多数则就该文所述仓修良先生的4个论点进行了反驳，认为新志书中将汪伪政权、日军暴行等列入“附录”是理所当然的，并非有违中国方志的传统做法。至于将国民党、三青团、民国时期的县政府和参议会列入附录，只有极少数志书是如此做的，并非“不约而同”都是这样；有的志书中虽然没有沿用“艺文志”的传统旧目，但在《文化》篇或《附录》内设有如“主要书目”、“书目辑要”、“学术著作”、“文艺著作”、“诗文选录”等等，不能因为名目和形式的改变而否定“艺文”内容的存在；至于个别志书中存在的一些“硬伤”，是十数万人参与编修数以千计的志书这样一个大的修志活动中难以避免的，绝不能以个别的例子而代替主流，更不应当对存在的缺点和错误进行尖酸刻薄的挖苦和讽刺。也有人认为，作为新闻媒体，对学术问题进行炒作，人为地制造“新闻效应”的态度，是有欠严肃的。

早在张爽文章发出不久，仓修良教授于7月15日就致函《信息日报》编辑部，指出用他的名义在报上发表文章否定全国修志的成绩，实在不应该，是对他栽赃，对他泼污水。并希望主编抓紧时间消除不良影响，将他的信一字不改地全文登出，使广大读者了解事情真相。7月24日，该报节发了仓修良的信，并以黑体字注明：“本报6月26日5版《新中国首次大规模方志编修让人哭笑不得》一文标题欠妥，特此向仓先生和读者致歉。”

其后，来新夏先生于11月4日《中华读书报》发表《知错必改》，真诚地希望仓先生能对错的地方知错必改，有不同意见可以保留或反驳。并不指名地批评《中国地方志》“拒发批评（仓修良）意见”。“他们不表态就是一种真正的态度。厚彼薄此，实难理解。”“某刊……他们既然不喜欢说缺点和不足，更何况是批评错误的话呢。这是一场没有结局而夭折的学术批评。”仓修良先生于同报12月3日发表《究竟是谁错——答来新夏先生》，说了事情的原委和争论的焦点，并提出，“根据以上事实，我看还是请全国学术界的朋友们来评，究竟是谁错”。

钱伟在《上海修志向导》1998年第6期发表《也谈方志批评——从“哭笑不得”风波说起》，指出：“来新夏先生以及天津方志办的同志，在得知《哭笑不得》一文发表的前因后果，以及《信息日报》的更正道歉后，依然组织了16篇批判文章，分两期刊登在《天津史志》上，冠以‘志坛争鸣’专栏，大多将矛头直指仓教授。其阵势之大，实为新方志编纂史上所罕见！这就被有些学者怀疑是否在故意制造‘文字冤案’。其后来先生在《中华读书报》1998年11月4日发表的又一篇批判文章《知错必改》，其中所云，他接到仓教授的解释信函后，认为仓教授是企图‘封’他的嘴，于是，更不甘心让这场经过自己精心准备的‘学术批评’‘没有结局而夭折’。这些自我表白，在读者理解起来，很像来先生是存心要跟仓教授过意不去，故意兴风作浪，拨弄是非。”文章最后呼吁“健康正常的方志批评，而坚决反对‘文革’毒风和文字狱淫威！”

按：来先生文中一次点名、一次不点名指责了《中国地方志》在这次争论中的不正确态度。一次说：“某刊则拒发批评意见，始而该刊副主编（实际指的是诸葛计——主编，而非副主编刘永平）向我当面说谎：未收到这方面稿子；继而追问收件人，才用电话相告稿子转到，已交领导研究；终而有该刊编委负责人以电话正式通知，你们的批评是对的，但批评不拟公开发表，只在内部传阅以免引起仓先生又反批评，就会争论不休。这种搭浆糊的说法，真让我糊涂了，为什么明显错误的论点，该刊可以发，而批评性意见就不该发。他们的不公开表态就是一种真正的表态。厚彼薄此，实难理解。”一次是说：“不同意见的争论，是很正常的学术活动，于是方志界人士颇寄希望于其权威刊物《中国地方志》能像《历史研究》那样，展开学术批评推动这一学术争论，结果刊物的领导表示这些批评意见是对的，但不宜公开发表，只在领导层内部传阅。缺乏媒介的支持，致使这场学术争论在没有是非的情况下，无结论而夭折。不过在新方志学史上终会有完整的一笔。”

所谓“当面说谎”云云，其真相是：来先生的批评稿投《中国地方志》，是交由指导小组办公室去天津开会的一位王先生带回来的。带回之后未经编辑部任何人之拆而直接上交给了一位副秘书长（即来文所指的“该刊编委负责人”），作为主编的诸葛并不知情。其后，诸葛到天津参加一次稿评会。开幕当天早上，他走进等待开会的休息室，来先生等不少人已先在其内。来先生隔着好几个人便伸手热情欢迎诸葛到他身边入座，同时就说了一句“诸葛是不敢来与我坐的，因为他不发我的稿子”。一听此话，诸葛当时脑子里马上想到，来先生确实还有一篇稿子在他手里，那是根据比较久以前参加江苏一个县的某部专志稿的评论会的发言整理而成的。文章很细很具体，且是对一部未出版的专业志稿，刊物上感到难发，一直放在手头。当时颇觉久未给来先生明确回信，于是连声说“实在对不起”。在进一步谈话中，得知来先生话中所指的不是这篇评论稿，而指的是批评仓修良教授的文章，感到茫然。于是明确告诉来先生，从未见到这个稿子。回京之后一查，原来如上所述，即给来先生去电话，告知已送一位副秘书长，并已催他快拿出明确意见。于是才有该副秘书长给来先生的电话，也就是“该刊编委负责人以电话正式通知”。诸葛还在上学时，就拜读过来先生的史学论文，对来先生历来以师长相视，敬之犹恐不及。实情既已当面和电话说明，先生还公开在报上不点名（实际上等于点了名）斥为“说谎”。作为晚辈，感到辩也不妥，不辩也不妥，真是为难。今将事实澄清，免使别人（来先生所指的副主编）替我担此不白之冤而已。当然，我是决不会对来先生减损半分敬重之心的。

一九九九年

1月11日，四川省地方志编委会发出《关于对市县志编纂出版工作加强检查督办的通知》，接受督办的成都、乐山、甘孜、眉山、雅安等市、地、州志办及时转发或下发了关于督办检查的通知。

1月12日，河北省地方志编委会举行主任办公会，副省长、编委会主任刘健生在讲话中提出，要以解决难点问题为重点，把完成扫尾任务抓实抓好。今年的工作要以全面总结为主导，以攻坚扫尾为重点，以稳定队伍做保障，坚持以任务稳队伍，以队伍带任务。要坚持“全面推进，重点突破”和“分类指导，加强督办”的原则。他强调搞好总结、续志试编和年鉴工作，是承前启后的工作。对总结和续志的编修，要在认真调查研究的基础上，制定一个具体的工作规划，明确指导思想、工作任务、保障措施、方法步骤，做好不同阶段的衔接，防止脱节。要把加强理论研究作为出人才、上质量的重要措施。要进一步加强省方志办的自身建设和基础设施建设。

1月19日，四川省成都市举行地方志编委会全体会议，市长、市地方志编委会主任王荣轩响应副省长张中伟的“进入最后全面攻关阶段”的号召，在会上提出各级领导、各承编单位要以高度的责任心和使命感，进一步加强对修志工作的领导，在确保质量的前提下，加大投入，加快进度，力保在本世纪内完成本届修志任务。会议决定成立地方志工作督办领导小组，代表市政府对个别进度严重滞后的专业志采取特别措施，加强督办；对修志工作中遇到的问题及时研究解决，确保修志任务如期完成。

1月19～20日，浙江省地方志工作会议暨省地方志学术年会在杭州举行。省长柴松岳在书面讲话中指出，要从社会主义现代化建设全局的高度，充分认识地方志工作是建设有中国特色社会主义文化的重要组成部分和事关全局、必不可少的重要事业。中共浙江省委宣传部副部长、省地方志编委会委员侯玉琪在讲话中，充分肯定已取得成绩的同时，指出要看到方志事业发展是不平衡的。他提出在今年内要召开若干个专题会议，对工作中存在问题和不足之处进行研究。今后一个时期，省地方志编委会办公室主要要抓好省志丛书和省志精编本的编纂工作；县、市要做好下一届志书的基础准备工作，重点放在资料积累、理论研究、队伍素质的提高上。省地方志学会会长魏桥在讲话中，提出要深化和拓展方志事业。要拓展不要萎缩，要中兴不要衰落，要出精品不能浮躁。除三级志书坚持“官修”之外，其他志书可以采用“半官修”，甚至个人编修等形式，但要加强指导，确保志书质量。对于学会的活动，他提出要采取多种形式，可以列出若干专题，召开小型会议，有准备地进行讨论；也可以举行专题笔谈会。

1 月 20 日，江苏省地方志编纂委员会颁发《关于加强市、县地方综合年鉴管理工作的意见》(试行)，要求省、市地方志办公室应把管理指导编纂市、县地方性综合年鉴作为自己的重要任务。

1 月 24 日，云南省政府办公厅以[1999]22 号文件形式，发出《关于开展我省三级地方志书续修工作的通知》。通知指出，云南第一届修志，系统记述了全省三级行政区内自然和社会的历史与现状，特别是在一些边疆和少数民族地区，结束了当地没有志书、历史现状不清的状况。要求本届志书未完成的，应抓紧在本世纪内全部完成；本届志书已经完成的，可转入新一届志书的续修。与此同时，还要做好用志工作，发挥志书的资政、教化、存史作用，为现代化建设服务。对续志工作提出了三条具体要求。

1 月 25 日，洛阳市河洛方志馆成立。

1 月 27 日，晋江市志办对菲律宾国父扶西・黎刹(JOSE RIZAL)的祖籍考证结果获得公证，并被称为“大功告成”。先是 1995 年福建晋江罗山上郭村，受菲律宾宗亲柯芳楠委托，请求晋江市方志办帮助寻找黎刹高祖父柯南戈 1662 年(清康熙元年)出生于福建刺桐上郭村的确凿证据。在晋江市志办庄维坤和泉州市地方志协会杨清江的直接参与下，于光绪二十三年(1897)柯怀椿续修的上郭柯氏《东升公长房谱》中查得：上郭引上房的 18 世柯长丰、19 世柯仪南，与菲律宾“黎刹家谱”中的一世祖祥哥、二世祖柯南戈所处的历史年代和人物事件完全相符，且具有唯一性。扶西・黎刹为 23 世。至 1998 年 12 月，庄、杨分别完成《扶西・黎刹〗的高祖在福建晋江上郭村柯氏族谱有记载》、《中国与菲律宾的黎刹家族世次录》、《南塘上郭柯氏修谱史略》和《上郭村与柯氏祖迹》等 4 篇考证文章，在菲律宾有关报刊发表后，立即引起菲华社会的巨大反响，获得菲律宾方面的共识与有力的证实。至是，中华人民共和国驻菲大使馆领事部专门为此作出公证，证明：“JOSE RIZAL 一书，是经由菲律宾国家图书馆批准影印的，是菲律宾国家图书馆珍贵的历史资料，书中提及菲律宾国父扶西・黎刹的高祖父柯仪南(DOMINGO LAMCO)的原籍和出生地是中国福建泉州(刺桐)晋江罗山镇上郭村。”次日，菲华文报纸立即发表《黎刹祖籍地考证大功告成》。中国有关媒体也作了报道。

这个历史之谜的揭开，具有重大的国际意义，也是方志工作者在本届修志中获得的一项科研成果。随后，旅菲华侨及黎刹家族后裔所倡议的在上郭筹建的纪念设施——黎刹公园开始进行。

按：菲方要求中方寻找的是柯南戈的祖籍。而中方于刺桐上郭村找到的是柯仪南，菲方何以认可？原来柯仪南到菲之后，被人尊称为“南哥”。久而久之，人们便以为他本名就是“南戈”。故“南戈”实是“南哥”之讹，实际其本名是柯仪南。——这个结，系笔者于 2012 年 3 月 30 日，与考证者之一的杨清江先生电话沟通之后才解开的。

是月，虞乐南、金福新主编的《浙江省情地图集》出版。自 1990 年《建德古今图记》和 1994 年 6 月《慈溪市图志》出版，受到志界好评后，浙江省于 1995 年初的地方志工作会议上就决定编纂一套“浙江省县（市）图志丛书”和《浙江省情地图集》。至是，由浙江省测绘局和省地方志编委会合编的本书面世。图集中所收的图共分四大类：第一是序图类，包括浙江省政区图、历史沿革图、地势图、国民生产总值图、产业结构图、城乡人民生活状况图等共 9 幅；第二是专题图类，包括人口、气候、矿产资源分布、森林资源分布、水资源分布，以及医疗卫生图、名胜古迹分布图等共 27 幅；第三是市、县图类，包括 35 个市、39 个县以及《杭州西湖—黄山旅游图》一幅，共 72 幅；第四是城镇图类，包括全省 32 个市、33 个县的 78 个镇共 87 幅。是书虽为“浙江省志丛书”中的一种，实际是浙江省志丛书的一部图体概述。与各图相配合，还有长短不一的文字说明，与古代“图则作绘之名，经则载言之别”的图经甚为相似。

按：与古代图经又有不同，它与古代图经相比，这些图绘有准确的数值概念，形象更逼真直观，记述资料更丰富。如水产资源分布图中，不但以深浅不等的颜色，显示了各地渔业生产总值；以紫和绿色的圆面分割法，表示了淡水、海水水产品各在总产值中所占的百分比；而且以水产品形象图，标示了 44 种水产品的地（海）域分布情况。又如人口图内，以深浅不等的颜色显示出不同地区的人口密度；以大小不等的绿色圆圈显示出六个等级城市的人口数量；以淡绿色和黄色毫米柱的高低，显示出一地农业人口与非农业人口所占的比例；还以附图显示了不同年龄段的男女总人数；1950 至 1995 年间，每 5 年人口自然变化趋势；1995 年各行业男女职工数和职工总数；13 个行业的各类职工人数在职工总数中所占的比例等。在市县图中，不仅显示了该市、县的行政区划、各区特点、交通状况，还附有简单说明。这些说明的内容，包括建置沿革、地形、水系、特产、风景名胜等。如平湖市幅的说明是这样记的：

“明宣德五年（1430）析海盐东北境武原、齐华、华亭、大易四乡，于当湖镇置平湖县。1991 年撤县设市。1995 年被命名为小康县（市）。

“平湖地形属浙北平原。地势平坦，略呈南高北低状，平均海拔为 2.8 米，高差在 1 米左右。南境有天目山余脉，濒海而立，走向自西往东，为沿海天然屏障，陈山为市的最高峰。近海有大盂山、小盂山、外蒲山等，王盘山立于杭州湾。

“平湖物产丰富，历史上有‘金平湖’之誉。经济作物和特产有棉花、油菜籽、桑蚕茧、西瓜、元青豆、糟蛋等。棉花是全省重点产区之一，油菜籽是传统经济作物，为浙江油料商品基地之一。著名特产西瓜，尤以戴家浜的‘三白瓜’为最佳，元青豆为出口名贵大豆品种。糟蛋制作已有130余年的历史。水产养殖，罗氏沼虾育苗产量为全国第一。工业有服装、针织、纺织、化工、印刷、电力等。平湖已进入全国农村综合经济实力百强县（市）和农村初级电气化县（市）行列。乍浦炮台、莫氏庄园是省级重点文物保护单位。乍浦海滨为游览胜地。”这些都是胜于古代的图经的。

是月，山东省《颜真卿志》举行首发式，这是《山东省志·诸子名家志》中首先推出的一部。是志全面系统地记述了“颜体”书法的创立者颜真卿的生平、思想、贡献及后世研究状况。全志共分三大部分：卷首系名人题词及珍贵的历史遗存照片；志文部分包括家世、生平、书法艺术、著述、影响、遗迹遗存，并附有相关的资料。图录部分收录颜真卿书法作品54种，近300幅。

是月，浙江缙云县地方志办公室金兆法主编的《缙云姓氏志》正式出版。是书共收入该县106个姓氏，每个姓氏分别有源流、人物、丛录三个部分。姓氏迁徙，详介繁衍成族者，散居者从简。方志学家魏桥为之作序。

年初，有方志始祖之称的《华阳国志》作者常璩的铜像，于其故里四川省崇州市城区中心广场落成。这是中国方志的先祖在全国的第一尊铜像。是像为常璩一手握笔，一手拿书，作蹙眉凝思状，体现了其秉笔直书的严肃精神。像高3.08米，重1.5吨。

2月25日，江苏省地方志协会理事吉祥在是日出刊的《中国地方志》今年第1期发表《续修体制的变革：从“众手修志”到“专家修志”》。文章认为，第一届修志中实行“政府主持，众手修志”的体制，有其历史的合理性，但其弊端也是显而易见的。一是修志人员素质得不到保证；二是志书质量得不到保证；三是修志时间得不到保证。在续修即将启动的时候，方志界不少人主张改用“专家修志”的新体制。这种新体制的内涵包括：一、建立方志资料积累制度，这是改变众手修志模式的基础。续修志书的资料应当靠平时积累，而不是靠临时采集。积累不应当靠政府各个部门，而应由专业修志机构自己来完成，这就要求建立一套资料积累制度。二、修志队伍的建设制度化。三、修志人员定向性发展。四、实行学术化管理，而不是行政手段的管理。首先，修志机构要向学术机构靠拢；其次，要实行职称评定制度；其三，修志成果要列入社会科学成果系列；其四，职称系列要改变，改编辑系列为研究系列；其五，续志编修实行课题化管理。作者认为，这种转换，将有助于保证志书质量，大大缩短修志时间。它将是地方志走向事业化、专业化的一个标志，对地方志的科学化建设和修志功能的最大释放将产生深远影响。

是月，《卢振川方志文集》由方志出版社出版。是书对于历史唯物主义基本观点在修志中的运用，作了深刻的阐述，并以此为标准对修志中的一些基本理论和实践问题进行分析，颇多创见。如提出概述要总括地情，沟通联系，彰明因果，提炼精华，评量得失。又如在经济记述中应强调“经济综情”、“经济效益”和“乡镇企业”记述等。都对河北省这一届修志产生了重要的影响。既是作者指导河北省修志经验的总结，又是他个人进行理论研究的所得。

是月，王明辉主编的上海《虹口区志》出版。至此，上海区志系列的12部区志全部完成出版。

3月24～26日，湖北全省企业界年鉴史志座谈会在武汉举行，省志办主任杜端三在会上对全省史志年鉴提出了要求，表示要加强全省企业界史志年鉴工作，并将此项工作纳入全省史志年鉴工作范畴。

是月，冼光位的《学思集》由广西人民出版社出版。这是作者一部史志论文的合集。由于作者史学根底较深厚，故进入方志界后，先后在《中国地方志》、《广西地方志》等刊物上都发表了一些颇有见地之论，曾在方志界获得好评。本集中只选录了一些精粹者。其关于秦汉史方面的一些论文，有些思考相当独到、大胆。如《秦始皇品行及秦朝兴亡思考》的看法，早在1982年就提出来，很是难能可贵。

4月8日，江苏省地方志学会与《江苏地方志》编辑部在常熟举行“主编得失谈”专题组稿会，邀请苏南部分市、县志主编与会。要求主编们本着“求特不求全”的原则，把自己在主编中最深刻的体会写出来，例如最得意之作，最有效的工作方法，最大的失误，最大的遗憾等，为续修志书作理论准备。

4月12～15日，中国广播电视学会颁奖大会在湖南常德举行。《云南省志·广播电视志》、《湖南省志·广播电视志》获一等奖；《四川省志·广播电视志》获二等奖；《新疆通志·广播电视志》、《青海省志·广播电视志》、《安徽省志·广播电视志》、《成都市志·广播电视志》和《大连市志·广播电视志》获三等奖。

4月16～20日，由河南洛阳市地方志办公室发起召开的全国部分省市(地)县续志篇目研讨会在洛阳举行。会议印发了大庆市、焦作市、孟津市、渑池市、洛阳市老城区等10个续志篇目，提供讨论。

4月19日，陕西省第7次省长会议，听取地方志工作的汇报后，作出5项决定，包括批转《陕西省地方志工作12年规划纲要(1999～2010)》，新建陕西省方志馆等。

4月25日，山西省方志学会副会长负创生在是日出刊的《中国地方志》今年第2期上发文，介绍了一位农民合同工——陆峰波的修志事迹。只有初中学历的陆峰波，从1984年10月以合同工被借调到运城地区交通局承担地区交通志的编写任务。他以一人之力广征博采，在求教中探索，在实践中磨练，终于编成一部40万字的地区交通志，于1992年6月出版后，被评为全省新编优秀志书一等奖。《运城报》、《山西公路报》赞之为“全省地市交通志空白，农民协议工陆峰波补漏”，“七年辛苦著一书”。他亦被推选为山西省运城地区方志学会理事。在参加修志以来的13年中，他还独自完成了《万荣县交通志》、《垣曲县交通志》、《平陆县交通志》，编出了第一部总结“全民义务修路”经验的资料书——《万荣精神万荣路》，参与了《山西交通指南（地图册）》、《万荣县志・交通志》等的编写工作。先后在《公路交通编史研究》、《山西年鉴》、《河东史志》、《运城日报》等报刊上发表学术论文、史料文章59篇，为《山西交通经济》、《山西博览》、《山西办事指南・运城卷》等书撰稿，受聘为《山西省交通年鉴》96、97、98年版的特约编辑，《运城地区志》和《山西通志・交通志》的特约编纂者（撰稿20余万字）。在修志中，面对缺少资料的困难，他冒严寒、顶酷暑，白天亲自踏勘黄河渡口、查资料、找知情人访问，晚上回旅社加工整理。为了修志工作，他无法管家里的农活，一连五、六年的夏收都没有在家。女儿结婚，没顾上参加婚礼，姑母去世，也顾不上送葬。一位伯父去世，他早上乘公共汽车回去参加葬礼，晚上又赶回修志办公室。他的工资开始是每月45元，后经两次调资才增到62元。1993年被招工后收入才有所提高。有人评论说，老陆“干的是辕牛活，挣的是低工资”。他的工作动力就来源于对方志事业的执着。在一次评稿会上，省交通史志办的领导形象地评价他说“陆峰波辛辛苦苦三年半，洋洋洒洒六十万（写出60万字）”。1991年4月、7月和8月，他先后被交通部公路交通史编审委员会、山西省和运城地区地方志编纂委员会，授予编史修志“先进工作者”称号。

是日出刊的《中国地方志》今年第2期开辟了“总结回顾”的专栏，刊发了7篇总结文章。这组文章的特点是，除了肯定成绩、总结经验外，更注意从志书内容上的检讨，去发现志书中存在的问题。如内蒙古自治区地方志办公室胡道源在《一篇清代县志序的启示》中，归纳出影响新志书质量的主要问题有三。一是事实不准。他举出一部曾在全国获奖的志书中，把20年代中国科学界和瑞典探险家、地理学家斯文・赫定合作组建的“中国西北科学考察团”，记作“中德西北科学考察团”，把中国科学界经过好长时间据理力争，确定在中国学术团体领导下，各出一名团长的科学考察团名，错误地拱手让人。其中所记的“以斯文・赫定为首的瑞典、德国、中国、荷兰等国研究人员共同组成的中德科学考察团”云云，将中国团长不记，将为主的中国，排在第三位，反主为客，与事实差距更大。二是取材不当，抓小放大，舍重就轻。在这个考察团中，我国年轻的地质科学工作者，于民国十六年7月3日发现白云鄂博铁矿，这对于我国冶金工业的发展，对于内蒙古西部地区的开发意义都十分重大。可是志书仅记考察团在这一地区观测气象，而不记上述重大发现。这不但是没有抓住重点，也没有体现生产力的观点。三是记述不工，“立言迂就”，“族类混淆”。这三种错误，不少志稿、志书中都存在，但以第一种情况最为严重，对志书影响最大。

《丰南县志》主编李继隆在《县志出版后的回顾与反思》中，除了总结自己主编的这部志书编纂工作的成功经验和志书的长处之外，用较多的篇幅总结了其内容上存在的不足。一是政治部类过于单薄，从文字分量上看仅占整个志书的11%，对中国共产党建国前的革命斗争和新中国成立后的主要活动和重大决策记述过简，对新中国成立后的政治运动，尤其是对十年"文化大革命"，只散记在大事记和个别章节之中，令人难窥其全貌。二是地方特点突出不够，机械地强调了分类的科学性，忽视了地方性和现实性。1976年唐山丰南"七·二八"大地震举世皆惊，丰南人民的抗震救灾斗争，动天地泣鬼神，震后仅以十年的时间，从一片废墟上一跃而成为全省经济强县，堪称奇迹，志书中本应大写特写，但实际上仅在"自然环境"章中设一节，占6000余字。另外对猪鬃业、海盐业等传统产业以及丰富的沿海滩涂资源等，都没有给以应有的位置和足够的篇幅，使志书平淡无奇，特点不突出。三是对有些事物的记述史实不实，如对中国第一条铁路——唐胥铁路、在胥各庄制造的第一台机车、关于越支盐场等的记述都有史实上的错误。

《大新县志》主编童健飞，将自己主编的志书出版后评论者指出的问题归纳为：一是缺乏深度，如一些重要的经济指标，只有各年度的数字对比，没有本县各乡镇的对比，没能反映出"一部分经济比较发达的地区，同广大不发达地区和贫困地区同时存在"的现实；二是概念运用、计量单位、事类划分上存在错误；三是详略失当，如对统治大新长达1200年的80个土司的记述过于简略，难以反映其历史特点；四是个别隐性的观点错误，如"为地富分子脱帽"，作为"拨乱反正"章中的一节，有否定土地改革之嫌。

同日，《广西地方志》今年第2期发表上林县志办文森对本届修志总结的文章《还历史以本来面目》。文章指出，近20年的修志，硕果累累，经验丰富，教训亦应认真吸取。认为有些志书存在问题最为严重的是对某些历史事件的记述，没有切实做到客观地反映历史的真实面貌。主要表现在：一、对历史的随意记述。如《广西通志》的一部专业志记广西1955～1956年饿死人是550多人。但仅据《宾阳县志》记该县饿死的是667人，《横县志》记有434人，全省数字550多人是从何而来？二、对历史的有意掩饰。如有的志书对"大跃进"中，高指标、瞎指挥、浮夸风和共产风为主要标志的"左"倾错误，多方掩饰，仅记为"由于'大跃进'、'共产风'阻碍了生产力的发展，工农业总产值下降"。这样的记述历史，确实是问心有愧的。三、对历史的任意裁剪。如有的志书记有1957年错划多少"右派"，十一届三中全会后又改正多少，明明是100%的错划，但在记述反右斗争时，还是要写上"反右派是完全正确和必要的"，只是"严重地扩大化"了。四、对历史的主观判断。如对1959～1961年的灾难成因，不少地方主要原因明明是"人祸"，可有些志书中往往只说"天灾"，闭口不提"人祸"。五、对历史的随意搓捏。如对给国家和民族带来严重灾难的"文化大革命"的记述简之又简，只有"各项事业遭受严重的破坏"、"教育是重灾区"，但怎样被破坏，破坏到什么程度，重灾重在哪里，灾在何处，不得而知。因此他提出，希望修志同仁们要大胆地将过去遗忘和掩饰的历史事实，实事求是地告诉读者和后人，"走出历史的迷雾，还历史以本来面目"。

4月28～29日，贵州召开全省地、州、市地方志办公室主任会议。会议总结已取得巨大成绩的同时，也指出了一些地区(黔西南自治州、铜仁地区)尚未落实2000年前倒计时工作安排。全省地、州、市计划355部专志，目前成书成稿194部，未完成稿161部，有的正在编纂中，有的曾起步进行编纂后又停滞，有的甚至至今仍未起步。全省计划80部县(市、特区)志，已出版62部，正在印刷中的10部，正在编纂中的8部，其中3部最近才组建班子，编纂工作刚刚启动。会议强调，在2000年完成省、地、县三级志书编修任务这个问题上，各地均不能随意开口子，要认真分析自身情况，力争按省里的要求完成本地区本单位本部门的修志任务。个别按规定完成确有困难的地州市，可在认真研究论证的基础上对原规划作适当调整，减少卷次，但须报省地方志编委会审批后实施。今后，地、州、市原则上不再分设新的专志。

是月，赵志辉在《巴蜀史志》今年第2期发表《中国方志事业的发展与思考》一文。文章认为，当前修志战线面临一种十分尴尬的局面(有人说是一个怪圈)：一方面是成果不断扩大的大好形势；另一方面是修志机构严重滑坡，面临被精简、降格、合并、撤销的境地。出现这种情况一个重要的原因，是各级修志机构的任务职责不明确，志书出版之后再做什么，没有去作进一步的思考。造成修志机构职责不明的原因有三：一是历史的原因，从古到今，方志人的任务就是修一本书；二是方志人素质的原因，直至章学诚提出建立州县修志机构，也还只是为了修志服务；三是方志的专家、学者往往只偏重于方志本体的理论研究，对怎样编纂志书“形而上”者谈得多，而对于地方志机构的生存发展等“形而下”者就谈得很少。组织领导者也同样偏重于关注志书而鲜及其他。因此，不明确地方志的性质及当今社会赋予地方志机构的职责任务。方志学的发展要求我们转变观念，提高认识。对地方志机构的实质，他提出不能定位于“修志机构”，应当定位于“地情中心”。建立地情中心是时代赋予方志工作者的历史使命。对于地方志机构的职责任务，他认为不应局限于“修志工作”，而应当是“地方志工作”，它的职责和任务是：一、地情著述中心；二、地情信息收藏中心；三、地情研究中心；四、地情服务中心。从这个方面来讲，地方志的法制化和现代化也很重要。

按：长时间以来，人们对地方志工作任务的理解，多数都局限于编书。甚至从国务院批转的两个文件(1985年33号、1996年47号)中，概括出来的地方志工作也就是五个方面：1.队伍建设(含培训与职称评聘)；2.志书编纂；3.方志理论研究；4.旧志整理；5.编纂年鉴及地情丛书。赵氏的从“修志机构”到“地情中心”的定位，无疑在认识上是进了一步。

王洪林在同刊期上发表《修订法是方志的新生路》一文。在续修志书逐步提上日程，多数都把续志理解为修断代志的主流形势下，作者发出了一种新的声音：主张“续志不要一窝蜂”。他认为，修志有创、续、增、重四种做法。凡有前志的，今天没有创修的任务；前志好，难以超过的，只好续修；前志缺漏虽多，但主架还行的可以增补；社会性内容新，结构无法套旧的，不妨古今贯通作重修。面对未来，创、重二法有如新嫁娘，显然比续、增二法剜烂苹果更强。即将要修的1986～2000年的志书时限，对于改革开放来说是无头无尾。且15年作一书，不如让位给年鉴和报刊通讯、音像媒体，待这些时效性强的新闻载体经过沉淀，让世纪末的夸饰与浮躁失去，只把真事留下。他认为，当前不要急于修续志，而应当修通志，让通志站起来，方法就是修订。具体做法对于一些基本条目，也就是一个地方数据情报资料库存中较为稳定的常量事项，可作为修订本的保留节目，只局部修订个别有变化的内容。保证地情资料的传承性是地方特色规定性的体现。对于一般条目，要学会扬弃，去粗取精，抓住事物的萌芽、明显、高潮、低谷或终结时段的特征，改善可能量化分析，适度定性记述。保证改善得精华，紧握本质，避免猴子摘苞谷式的遗弃历史的现象。对于增删条目，要作慎重处理，宁可多压，不宜多删。在地县志的分工上，要少忙续，多务通。这样一修再修，篇幅都不会太大，适合阅读。

是月，反映苏州历史发展轨迹和深厚文化积淀的大型历史照片画册《老苏州》出版。全书上下两册，分为“百年沧桑”和“古城新貌”两大部分，以1500张照片，全面反映20世纪以来苏州的城市变迁、历史事件、社会风俗和人文景观。这些照片除了来自档案馆藏者外，还有很大部分是从民间收集得来的。

按：这是继《天津近百年图志》、《建德古今图志》、《慈溪市图志》、《天津通志·照片志》之后的又一部地域照片志。

“五一”节前夕，福建省省情资料库（地方志之窗，http://www.fjsq.gov.cn）开通网上运行。地方志检索数据库中分设6个子数据库，全部建成后，将包括省志专业志库91个，省志地图集库4个，地、市、县（区）志库82个，以及部门志、村镇志库、综合年鉴库、旧志库。先期上网运行的内容包括已出版的41部省志专业分志和两部地图集、1部部门志、1部旧志、今年出刊的《福建史志》1、2期，计2000多万字，2000多幅彩图。该地方志检索查询系统具有五大功能：1.浏览系统主目录；2.提供浏览全书；3.可指定检索范围；4.进行二次或多次检索；5.提供地图浏览。

5月8日，当代方志大家、中国地方志协会学术委员、中国历史博物馆研究员傅振伦在北京病逝，享年93岁。傅先生自20年代起即涉足方志。20～40年代，他主持或参与了河北《新河县志》及《北平志》、《河北通志》、《北碚志》等志书的编纂工作，并为《故宫方志目录》和《续修四库全书总目提要》撰写了200余篇方志提要。在参加志书修纂的同时，他对方志理论进行了多方面的研究，最先在高校开设了中国地方志的课程。他1935年撰写的《中国方志学通论》，是较早用现代科学方法系统研究方志的专著，对其后乃至今日的修志理论和实践都有重大影响。在新中国第一代社会主义方志的编修中，他更是高度关心，积极支持，倾注了极大的热情。以耄耋之身，各处奔走，讲课座谈，审读志稿，以自己多年收藏的图书资料，毫无保留地提供给修志部门。他一生中着力于方志编修和研究事业达70年，留下28部著作行世，是最受国内外方志界尊崇的人物。

5月17～30日，新疆地方志编纂委员会与自治区党史研究室，联合举办史志干部培训班，来自14个地、州、市及42个县的75名学员参加。前半段为党史方面的内容，后半段为地方志的内容，包括方志的性质和体例，方志篇目的设置，方志概述和大事记编写，方志政治部类的编写，方志经济部类的编写，方志文化部类的编写，方志关于宗教、民族等内容的编写，方志对人物的记述，年鉴的编写和国家关于出版法规、政策的规定等内容。这是自治区续志全面开始前的一次较大规模的培训。

5月28日～6月1日，河北省举办1999年度续志培训班，全省编修试点单位的主编、主要撰稿人，有指导任务的石家庄、秦皇岛、唐山、衡水、沧州5市及清河、冀县、迁安、乐亭、魏县、丰宁6县(市)志办共40人参加。培训班采取专家授课和同行交流相结合的形式，就续志编修的理论和实践的内容对参训人员进行了培训。被邀请授课的诸葛计、卢振川、杨连云、樊振海、周伟文、孙继民、王史源、王广才等，分别以《上届修志总结与下届志书续修》、《更新观念，进一步加强经济部类的记述》、《关于经济体制改革》、《修志中统计的应用》、《新编续志要加强社会问题的调查与记述》、《关于方志纂修中资料问题的几点意见》、《抓前期，打基础，认真做好续志准备工作》、《续志编纂有关问题综述》为题作了讲授；有5个县第一届志书的主编介绍了各自的修志经验。

是月，戴玉刚主编的山西《潞城市志》出版。是志最引人注目的，是其《经济综述》卷的《比较与发展》章。该章内集中记述了潞城市47项国民经济指标，在1980、1985、1990、1995、1996五个年份分别占全国、全省、全长治市的比重，使读者能从全国、全省、全市的大局出发，来衡量潞城市的发展水平。还有1980年以后潞城22项主要经济指标在全省16个县级市中所处的位次的变化。这种静态与动态相结合、多方位、多层次的横向比较，从中显示出该市的特色的做法，很值得注意。

按：个别事项之比，在其他的志书中曾偶有所见，如即其后出版的《邢台市志》的《自然资源》节内就记有“邢台全市人均密度为392人/平方公里，土地总面积占全省土地总面积1.13%，人均土地面积3.83亩，比全省人均土地面积少1.35亩，比全国人均土地面积少9亩。全市人均耕地面积0.88亩，低于全省平均水平”。但像《潞城市志》这样全方位对比的做法，是在本届志书中所少见的。

是月，高明乡主编的河北《阜平县志》出版。阜平是太行山麓的一个穷县，在新民主主义革命时期，中国北方第一个红色政权在这里出现，是华北第一个抗日民主根据地，晋察冀边疆的首府。1948年4月10日至5月25日，毛泽东主席曾在这里指挥了解放战争，许多政治、军事方面的重大决策，都是在这里完成的。如关于纠正土地改革中“左”的错误、确定“三大战役”的战略基础、关于粟裕暂不渡江的城南庄决策、提出召开新的全国政协会议、发出新中国成立的动员令等。志书以一则《特记》和两个特篇(《阜平苏维埃纪事》、《晋察冀首府纪事》),充分地记述了这些重大的史事。把抗日战争中的敌后抗日游击战争写得凛凛冽冽,真正体现了在抗日战争中的战略地位和作用。评论者称,这部志书是“中华民族脊梁精神的体现”。

6月2日,陕西省人民政府办公厅印发《陕西省地方志工作12年规范纲要(1999～2010年)》,要求各市、县(区)人民政府、各地行政公署、省人民政府各工作部门、各直属机构“依照执行”。

6月21～25日,重庆市地方志办公室邀集全国部分专家举行续修地方志研讨会。出席会议的有朱文尧、冼光位、魏桥、诸葛计、秦安禄、郭凤岐、李景煜、林衍经、杨静琦、岳忠、刘学沛、黄友良等10余人。会议从总结第一届修志入手,着重就“众手成志”与“专家修志”、“存真求实”与“实事求是”、上届修志的理论收获、继承与创新、续志的任务等进行了探讨。

6月25日,是日出刊的《中国地方志》今年第3期的“工作研究”栏内,刊发了方志组织和领导工作方面的3篇经验总结。山西《阳泉市志》主编孟宏儒在《主编工作艺术谈》中,将修志工作的领导者或志书主编的工作归纳为三方面。一是找准修志工作的位置,主动“出击”,争取领导和社会各界的支持与关注。应该清醒意识到,地方志仅是政府工作棋盘上的一个卒子,而且是个不过河的卒子,绝不是车马炮,不能苛求政府领导像抓工业、农业那样抓地方志,也不能要求政府领导拿很大精力来关注方志事业。不明确这一点,心态就难得平衡,就会怨声载道,影响工作。另一方面又不能妄自尊大,单凭地方志办的名号去打天下,光杆跳舞,必须在政府的领导和支持下开展、推动工作。政府领导对此不重视,就要“以热对冷”,主动“出击”,促其热起来,争取领导者的领导。二是要善于用人,关心部属,调动好各方面的积极性,全力修志。要注重感情投资,从关心人、爱护人入手,尽量解决职工的后顾之忧,从而激发职工的积极性,这样产生的动力、干劲,将是不可估量的。在此基础上根据不同情况,提出不同的要求,通过“鞭打快牛”、“满负荷工作法”,培养和锻炼队伍。三是要带头实干,无怨无悔,真正和自己的部属同甘共苦,完成“立言”大业。在工作中遇到冷眼、冷脸和冷言,钱难要、事难办、话难听,影响修志队伍之时,自己首先要安于职守,带头实干,用自己的言行在部属的心中树立起一面埋头苦干的旗帜。

贵州《遵义市志》主编傅伦俊在《功夫亦在志书外》的文章中总结出:没有所需的外功,志书修不成;没有过硬的内功,志书修不好;功夫既在志内,亦在志外。志外功夫之一,是想方设法推动有关部门抽人收集资料,奠定总纂坚实基础。志外功夫之二,是争取有利条件,帮助编辑人员安心工作,精心编出高质量的志稿。志外功夫之三,是反复审核,精心设计,讲究志书的装帧与印刷。

山西省史志院王会世、焦永萍在《试述志书评审制度的改革》中,指出当前志书评审中存在的不足有三。一是注重形式,落入俗套。评稿会大都有开幕式、领导讲话、介绍修志过程、照相等,这些都是徒费时间,对提高志书质量没有实质性的意义。二是时间长,耗费财力。一个评稿会少则二三十人,多则七八十人,一般都是三五天,花费2万～3万元。三是意见相左,难以操作,使修志者无所适从。为确保志书评审会高质、高效,他们认为应从以下几个方面着手:一、努力提高初稿质量,做好评审前的准备工作;二、分层分级逐步评审,广泛征集各方面意见;三、改革传统的审稿模式,建立责任审稿制度;四、总结评稿审稿经验,提高志稿评审会的质量。

《中国地方志》主编诸葛计在该刊期上发文,提出"关于合力编纂《中国稀见著录方志提要》的建议"。文中称其从80年代后期从事地方志工作以来,就注意收集《中国地方志联合目录》未予著录的志书。这些志书,有的是人们根本不知道历史上曾修纂过的;有的虽知是有人修纂过,但以为早已不存在了的,故被视为已佚之书。总共达1000多种。作者认为,在一时还不能将这些书重印的情况下,先组织人力,合力编出提要来,俾社会使用,是很有意义的事情。文中还拟订了"编纂原则",并谓已经组得200多个条目提要。著名学者陈桥驿教授认为,这个建议"确实很有价值,我非常赞成,并且希望在第一届修志已经基本完成而续修正在方兴未艾的时候,能够看到此书的问世"。

该刊本期上还发表了两篇关于地方志著作权的文章。康葛的《地方志著作权问答》中,明确了:一、就整体版权而言,地方志是法人作品,是法人主持,代表法人意志创作,并由法人承担责任的作品,整体版权属于法人。但对于实际编纂者的公民来说,它又是职务作品,是公民为完成法人交办的工作任务所创作的作品,主要利用法人的特质技术条件创作的职务作品。二、按照我国修志署名的传统规范,地方志必须署地方首长之名,他们是法人代表。但总的说来,地方志必须保护实际作者的署名权。三、委托作品的版权归属应按委托合同约定执行,没有委托合同或合同不明确的,受委托人至少享有署名权。另一篇是张炜、李晓轩的《浅析志书作品的著作权——从一起志书作品著作权侵权纠纷谈起》。

6月28～30日,云南省政协副主席赵淑敏、麦赐球,率文史委员20人视察省地方志工作。视察后形成了《关于加强我省地方志工作为建设民族文化大省服务的视察报告》,提出三条建议。一、在即将进行的机构改革中,理顺地方志工作机构的体制。目前全国省、直辖市、自治区的方志办大多数是厅级机构,云南尚未明确,与自身担负的任务很不适应,也不利于工作的顺利开展和稳住人才、发挥积极性。建议在机构改革时,将省志办明确为正厅级机构,地、州、县方志办也应按此原则明确规格,使省志办进一步加强对全省方志工作统一规划、管理和指导。二、切实解决好对地方志工作的认识,尤其是领导的认识要到位,建议根据"官职官责"的要求,政府主要领导要亲自挂帅,要有一名副职分管,主要领导每年至少要召开一次地方志编委会,听取汇报,落实计划,定期督促检查工作,特别是对起步较晚的地区和单位,要解决实际问题。三、建议省通志馆应列入建设民族文化大省的标志性建筑规划中立项兴建。

是月出刊的《巴蜀史志》今年第3期上,发表四篇值得注意的文章:一是秦安禄的《试论地方志管理工作的几个问题》，总结了他主持四川省地方志、地方志编委会办公室的经验，是方志学研究中很值得重视的一个问题。

二是王洪林的《纪年系地苟简论》，提出"纪年要简明，系地求稳定，名词莫苟简"。关于纪年简明，主张以"共"字代表中华人民共和国，便于简称和双轨制，如"民末共初"、"共毛庚寅(1950)年"、"共华丁巳(1977)年"、"共胡壬戌(1982)年"、"共赵戊辰(1988)年"、"共江己卯(1999)年"等；关于系地稳定，基于地名变化太快，主张用方位加地名，如"某县西乡黎家庙"、"某县南乡忠义场敲钟坳"等；关于名词，提出不宜用数字归纳出后人不懂的简称，如"一打三反"、"三自一包"、"三反五反"、"三高五风"、"五讲四美三热爱"等。

三是黄友良的《论旧地方志的文化学特征》。文章认为，从文化学的角度考察方志体系的渊源，有两大明显的文化特征：一、方志与政治——方志是依附于中央集权政治之上而发展的；二、方志与传统——中国文化的强烈政治化倾向造就了一种富于社会责任感的"经世致用"传统，鼓励士大夫报效国家，"修身、齐家、治国、平天下"，这种读书人的最高奋斗目标，亦是传统文化积极的方面。但"政治型"文化又有明显的弊端，妨碍了各个文化分支的自由、独立地发展。中国文化的重政务倾向又是与"轻自然、斥技艺"这一偏颇联系在一起的。反映这种倾向的封建正宗文化——儒学，便对自然科学和科学技术十分忽视，甚至十分藐视。至于违背儒学经典的理论，更被视为大逆不道的"异端邪说"，遭到断然排斥。这种特征在旧方志中很容易找到。如旧方志中的皇恩庆典、官师科甲、山川城池、名宦人物、艺文诗赋等得到相当重视，而生产技艺和科学发明等却绝少记载，即便有，也是完全无目的地收藏，极不系统。

四是张克勤的《地方志工作刍议》。文章由检阅从 33 号文件到 47 号文件中提出的五项任务(队伍建设、志书编纂、方志理论研究、旧志整理、编纂出版年鉴及地情丛书)入手，认为完成得最出色的是志书编纂。队伍建设在修志初期抓得有成绩，但志书出版之后，修志人员却基本解散，机构形同虚设。理论研究进行了一些探索，但对已经产生的一些新的理论认识，都还散见于期刊之中，未作系统的整理分析。年鉴大多是由非方志系统承担。旧志整理工作是做得最不足的。基于以上分析，作者提出了 11 点思考，是值得注意的建议。

是月，西藏自治区召开地方志第二次工作会议，根据中国地方志指导小组的要求，对修志工作进行再动员，表彰了修志先进集体和个人，对修志目标、任务进行调整。要求区志各分志和 7 地(市)、73 县(市、区)要把修志提上议事日程。据此要求，至年底，全区先后成立专志编委会、地(市)县编委会或领导小组 153 个，成立地方志办公室、编辑部(室)385 个。专职修志人员达 400 余人，兼职人员 1000 余人，基本形成了"党委领导，政府主持"的三级修志格局。

是月，梁滨久方志理论研究论文自选集——《梁滨久方志文集》，由天马图书有限公司出版，全书 95 万字。这是从作者近 400 篇文章中精选 272 篇汇集而成，内容有方志学基础理论、方志学史、方志编纂学和新志书评论及序跋等。内中不乏作者的独到见解和提出的新说，如最先提出的志学概念与倡导建立志学学科；方志与方志学区分的概念；方志学研究对象与逻辑起点，等等。

是月，由西藏社会科学院西藏学汉文文献编辑室编的《西藏地方志集成》由中国藏学出版社出版。

7月22～25日，陕西地方史志协会举行1999年理论研讨会暨一届四次理事会。会议共收到论文77篇。这些论文坚持理论联系实际，从不同的侧面对第一届修志的理论和实践方面进行了比较深入的思考，提出了一些既有理论上的系统性，又有实践方面的针对性的见解。一些文章在总结第一届修志经验的基础上，对下一步的修志工作提出了一些值得注意的设想，有些还有较强的可操作性。会议形成了比较一致的共识：一是通过对第一届修志经验的理论总结和对其不足之处的反思，认识到进行总结的重要性和必要性，是下一步续志工作的重要前提之一；二是通过对有关续志理论、资料、方案等问题的研讨，明确了续志的工作思路；三是通过对地方性综合年鉴编纂理论和实际问题的研讨，提高了对年鉴工作重要性的认识。

是月，牛殿富主编的《山西通志·气象志》出版，是志专设有《山西气象灾害历史年表》，收入了公元前730年到公元1995年约2700余年山西省主要气象灾害资料，至为珍贵。是书还考证得，建于辽代后期的浑源县圆觉寺释迦舍利塔（又称圆觉寺风塔）塔顶耸立的铁质鸾凤风向标，迄今900余年，不锈不蚀，转动自如，是现存国内最老的唯一保存完好的风向仪。

是月，陈钟、蒋猷龙、臧军主编的《浙江省丝绸志》出版。是书的主体部分11篇，对育蚕、制丝、织绸、印染等全部工艺过程，兼及贸易、管理，并丝绸的科技文化等，都作了详细的记载。被评论者称为，是“一部有鲜明特色和不同凡响的专志”，是“这些年来所有前无古人的专志中非常杰出的值得重视的文献”。

是月，国家图书馆地方志和家谱文献中心编的《中国地方志论文索引（1981—1995）》印行。是书收录了国内省、自治区、直辖市一级地方志刊物及其它部分报刊上有关地方志、年鉴研究的论文、信函、讲话、文件、通知、报道的文章目录等，共21600篇，依次分为方志理论、方志编纂学、方志史和方志史学、志书研究与评介（1949年以前）、志书研究与评介（1949年以后）、方志学家传记和研究、方志的整理和利用、方志工具书及其他、地方年鉴、文献备征等10大类400多个小类。书末附有著者索引和所收地方史志期刊一览表。

8月15日，定州市志办韩振京在《河北地方志》今年第4期发表《回顾与反思》一文，认为本届修志中存在许多问题和不足，主要的是：一、在领导体制方面，没有形成一个自上而下、应具权威、方向明确、系统综合、有机组合的网络体系。存在上层虚、中层弱、基层乱的组织状况。就全国来讲，中指机构挂靠社科院，跟各省仅仅是指导与被指导关系，没有组织、指挥、协调的行政职能，所以被人认为方志无根。省、市两级机构，大都挂靠政府办公厅，相对得力一些，但还是级、职不相称，有对下级进行指导的事务性工作，也有具体实施修志的任务。这种只有义务没有权力的管理运作机制，心有余而力不足，势单力薄，很难说抓工作名正言顺、得心应手。县级则五花八门，有挂靠政府办公室，有单列，还有的归属档案局、民政局、党史办等，上下关系不协调，方志办成了半路捡来的孩子，谁都管又谁都不管。由此产生方志机构形同虚设，修志工作可有可无。因此，本届修志一开始就出击不力，曾在“初创”阶段长期徘徊。从始至终一遍又一遍地重复“人员、编制、经费”的修志“老三论”，工作举步维艰。组织发动难、广征博采难、编纂成书难、印刷出版难、发行售书难。艰苦、辛苦、清苦伴随了修志的全过程。二、政策方面限于一般性任务号召，缺乏法制化规范化的运行机制和运行程序。规范性文件终归不完全具备稳定的法律性依据的严肃性、强制性和约束力。三、队伍方面，素质不到位。

8月25日，云南省保山地委史志委张子炳在是日出刊的《云南史志》今年第4期发表《在续志创新中提高学术品位》一文。文章提出续修新志，没有必要重复记载前志所记的各项内容，但并不完全排斥复载。他提出要复载的是：一、幅员、方域、地质、地貌、矿藏、山川、建置、区划、名胜、方言、民俗等不易变且未变的“静态”地情信息，应予浓缩概述，在适当地方加以复载；二、对于社会、经济发展继续产生重要影响、具有常备价值的一些地情资料，亦应加以概述复载；三、堪称一方典型的地杰精华，属于发展中的典型，新志应复载原貌概述；四、属于发展中的事物，如不复载其既往的情况则难以彰明因果的，新志中应予以复载；五、前志中的立传人物，均应编成名录，加以复载。文章提出续志创新应从四个方面来探索：一是体例上的创新，从通纪体变为断代体；二是篇目上的创新，续志的篇目设置不能完全沿袭或照搬前志的篇目，压缩“静态”虚设，扩展“动态”内容，做到既能反映地方特色和民族特色，又能反映时代特色；三是记述上创新，把续志时空内容作为记述主体，重点浓笔记改革开放后出现的新事物，经济建设、社会发展取得的巨大成就；四是编纂上的创新，在“述而不论，叙而不作”的纪实原则前提下，对所记的重大(典型)事件、大要案例、杰出人物、旅游景观等，采取适当述论和修辞手段，力求所记准确、具体、形象、生动。文章提出，要加强方志的学术品位，必须澄清所谓方志性质(文体)是“述而不论”，只能记述不能论说的说法。传统方志中也不乏有论者。方志学术性往往反映在其所论之中。方志的学术性可以从以下方面加以体现：一是记述事实，彰明因果中适当加论述；二是分析、总结得失中，运用辩证法、科学的逻辑思维方法加以适当论述来强化“资治”功能；三是排比材料，揭示规律。

8月26、27日和9月1日，广西通志馆举行《广西通志》续修座谈会，各厅(局)主管修志工作的领导和修志具体负责人参加。会议讨论了在续修中，各厅(局)是否还要独立修一部专志，所修志书的名称，专志的上下限，续修完成时间等问题。目前各厅(局)中有三种情况：一些机构比较稳定、领导比较重视的单位，已着手研究续修专志的方案，有些明年即可开始续修工作；二是一些单位已决定修专志，但尚未具体研究；三是机构改革中可能调整、撤并的单位，目前尚无考虑。

是月，《浙江新编县(市)志资料集萃》电子光盘面世。本届修志中，浙江规划的69部县(市)志基本完成之际，便有人倡议编纂一本集69部县(市)志大成的综合本。于是，由慈溪市原《慈溪市志》常务副主编周乃复牵头，邀请各县(市)的主编参与撰稿的《浙江新编县(市)志资料集萃》便开始进行。书稿完成后，由宁波金轮计算机有限公司承担制作电子光盘，并由电子工业出版社正式出版。以每县(市)2万字左右，将志书中最精粹的资料汇集推出。光盘共约 140 万字，配图片 800 余幅，对全部内容均可实行全文或分类检索。这是浙江继《浙江省名村志》光盘之后的又一张志书光盘。

是时，由魏桥任课题组长，浙江省志办和浙江人民出版社地方志编辑室组织的，由各县(市)地方志办公室及旅游部门共同承担的《浙江乡村旅游志》完成，由黄山书社出版发行。是书编排以市(地)分块，各县(市、区)独立成篇，共收入 11 个市 76 个县(市、区)，计 87 篇，立目景区(点)321 个，涉及景点上千个。对于了解、开发浙江旅游资源具有重要的参考价值。

是月，朱鸣益主编的《浙江省气象志》出版。是志详载了浙江省及其山区、海岛气候特征，记述了浙江气象灾害情况及其一般规律。尤其列出了止于 1995 年的近 2500 年气象灾害表和止于 1998 年的近 2500 年的气象工作大事记，记述了浙江气候工作发展历程和现状，至为珍贵。是一部具有专业特色、地方特色和时代特色的新的专业志书。

是月，冀有贵总纂的山西《平遥县志》由中华书局出版。平遥最为完整地保存了明清以来的城墙、街道、店铺、民居等历史遗迹，独具特色，为国内所罕见，是历史文化名城。1997 年 12 月 3 日，又被列入《世界遗产名录》。平遥又是全国第一家票号“日升昌”诞生地，其分布全国之分号达 20 家，开中国私营金融业之先河。书中《金融》编下设《平遥票号》专章，从各方面分节记述，不啻为中国票号的简史，为中国金融史研究提供了重要的参考资料。志书对上述两个特点，浓墨重彩予以记述外，在其《概述》中亦重点突出了“陶唐故地，历史悠久”、“文物宝库，世界骊珠”、“晋商源地，称雄全国”，颇受志界好评。其《丛录》的《平遥之最》一题之下，共收入“平遥之最”126 条，做法别致，也颇具可读性。

是月，由秦海轩主编的《晋城市志》出版，全书 375 万字，补了雍正十三年(1735)《泽州府志》之后 260 多年无志书的空白。是志由 1996 年 12 月部署，仅以两年零 9 个月时间编纂，至是出书，乃本届修志中速度之最。其奥诀就在于广聘人才巧借东风。为了在短时间内完成志书，除了主编秦海轩既挂帅又出征，真抓实干外，他们还聘请了市委党校原校长王守信和阳城县志主编刘伯伦、副主编马甫平等笔杆子为副主编，另外还聘请了颇有造诣、能吃苦耐劳、任劳任怨、埋头苦干的赵宝礼、栗守田等 10 多名离退休的老干部，组成了一支团结合作的骨干队伍，充分发动市直单位和各属县提供资料。是志并没有因时间短促而放松质量要求。相反，志书出版之后，颇得到志界的好评。其受人赞誉的主要有：一是 3100 字的简短综述，加上 39 大类 661 项占 32 页版面的“市情数据表”合成的志首为一特；二是创设了“综合评价”的体式，包括土地质量评价、水资源评价、草地资源评价、大气质量评价、地面水质量评价、铁矿资源评价等，归纳提出各自的优势和劣势；三是收录入传人物多，并设立“人物简介”，收录属下各县入传的人物 117 名，较好地解决了“略县之详”和“略县之所不能略”的矛盾；四是资料挖掘较深，且能以实事求是的态度对待历史问题，如对国民党将领的抗战及阎锡山在山西省的行事等，该肯定的敢于肯定；五是大事记两分，在《大事编年》之外，另设《要事纪略》，以记事本末体记载了古今的 30 件大事等。

是月，刘其奎主编的《上海区志编纂十年》出版。是书为上海市属 12 部区志编纂十年经验教训总结的论文汇集，融城市区志编纂、理论研究、方志评论于一体。共汇集了37位作者的42篇文章。

9月5～9日，中国地方志协会与河北省地方志学会联合举办的全国新方志体例篇目理论研讨会在石家庄举行。会议围绕志书体例篇目如何适应新情况，向着更实用、更灵活、更简明、更科学的方向发展，集中讨论了四个方面的问题。一、已出版新志书在体例方面存在的问题。会议认为主要是，篇目设置"大而全"，特色不鲜明；片面强调横排竖写，结构层次多而碎，淹没了重点，破坏了整体性；过于严守"越界不书"，志书内容缺乏内在联系；片面理解"述而不论"，使志书失去灵魂等，这些问题都在不同程度上对志书内容记述产生了负面影响。二、志书体例、篇目与内容的辩证关系。三、在保持体例规范的基础上大胆创新的问题。四、首届修志体例篇目与续志编修的接续等问题。

9月6～14日，"中国地方志、家谱国际学术研讨会"在美国犹他州的盐湖举行。应犹他州家谱学会会长沙其敏和犹他州州立大学国际学术研究中心主任哲学博士玛兰·R.杰克逊(中文名翟新伦)的邀请，有中国、美国、加拿大、朝鲜、日本、澳大利亚、韩国等国的代表参加。中国方面出席的有天津、上海、广东、广西、贵州、四川、台湾、香港的代表，共40余人。会议前半段是就方志和家谱的理论进行研讨，后半段是对附近大学的图书馆、史志馆、历史博物馆进行参观考察及与大学师生座谈。在讨论会上，近30位学者宣讲了论文。由天津市规划局志办主任刘辉林代读的天津市志办主任郭凤岐(未与会)的《从新发现的查氏家谱看辉煌的水西庄文化》，引起了与会者的极大兴趣。

9月9～10日，中国地方志指导小组在北京举行二届六次会议。会议回顾了二届五次会议以来的工作，分析了当前的修志形势，研究了2000年的工作安排。会议统计，全国志书出版已近4000部，安徽、四川、山东、黑龙江、河南、湖北、陕西等省已基本完成本届修志任务；广西、上海、四川、河南、山东、云南、湖北、湖南等省、自治区、直辖市建立了相当规模的方志馆，一些地(市)、县也建立了方志馆；省、市一级地方志机构一般比较稳定，但一些已经完成本届修志任务的县(市)修志机构面临着新的情况，少数机构被撤销。2000年的工作主要是5项：1.切实推动本届修志任务的完成；2.重点抓好对本届修志的总结工作；3.进一步推动对方志的开发利用工作，充分发挥它的社会效用；4.加强指导小组所属机构的自身建设；5.积极争取建立中国方志馆。

中国地方志指导小组组长李铁映在会上的讲话中指出：志书是全面、系统地反映地情、国情的资料库。如果能充分地开发利用这一宝库，可以给社会各个方面提供广泛的服务，这也是方志界义不容辞的职责。他特别强调，本届修志完成之日，就是下届志书续修开始之时，各级修志部门要认真总结本届修志的经验教训，提高修志队伍的理论水平和实际工作能力，使续修志书有一个更高的起点。

9月10～13日，首届浙江省地方志成果展览会在浙江省图书馆举行。浙江省本届修志以来，共修成各类志书1315种，方志论著57种。在4天的展出中，前来参观者达3000多人次。

9月14～15日，四川省地方志编委会召开县志续修座谈会，会议就续志的指导思想、编纂方案及一些相关的问题进行了广泛的探讨，并由已经出版续志的大邑、顺庆、眉山三县区志办介绍了续志编纂经验。

9月15～17日，中国人民武装警察部队武警志学术研讨会在北京举行。主管修志工作的副主任祖书勤少将出席会议并发表了重要讲话。会议收到论文45篇。论题多数是武警志编纂中遇到的疑点和难点，具有较强的针对性，提出了一些有新意、有价值的观点。

9月17、18日，菲律宾《菲律宾商报》、法国《欧洲时报》分别以《浙江省新编地方志1400余种》为题，连续报道浙江省地方志成果展览的消息，表明了新修方志在国外的影响日渐加大。

9月30日，据来自全国各省、自治区、直辖市的统计，截至今日，全国三级新志书的编纂、出版情况如下表(指导小组办公室统计，台湾省统计数字暂缺)：

各省、自治区、直辖市三级志书编纂出版情况

序号	省(区、市)名称	省志(通志、区志)			地(州、盟、市)志			县(市、区、旗)志			总规划数	总出版数	总百分比	总字数	备注
		规划	已出版数	所占百分比%	规划	已出版数	所占百分比%	规划	已出版数	所占百分比%					
1	北京	107卷54分志	3卷	2.8%				18	3	16.7%	125	6	4.8%	8千万以上	
2	天津	66卷86分志	28卷	42.4%				18	12	66.7%	84	40	47.6%	1.3亿以上	
3	河北	96	63	65.6%	11	2部另3卷	23.64%	139	98	66.2%	246	163	66.3%	2亿以上	区志不在规划之列，本届修志的24个区，已出20部
4	山西	55卷66册	55卷66册	100%	10部19册	7部另1卷	70%	117	103	88%	182	165	90.7%	1.8亿以上	
5	内蒙古	83	12	14.5%	12部30余册	7	58.3%	101	53	52.5%	196	72	36.8%	1.6亿左右	
6	辽宁	88	20	25%	13部145卷	3部另87卷	60%	44	40	90.9%	145	63	43.4%	1.2亿以上	区志不在规划之列，已出25部
7	吉林	90	56	62.2%	8	5部另39卷	62.5%	42	35	83.3%	140	96	68.6%	1.1亿以上	
8	黑龙江	80卷100分志	57卷73部	71.3%	13部58卷	11部另35卷	84.6%	67	65	97%	160	133	83.1%	1.4亿以上	
9	上海	110多部	56	50.9%				22	22	100%	132	78	59.1%	近1亿	
10	江苏	92卷104部专志	37	40.2%	11	11	100%	64	64	100%	167	112	67.1%	1.6亿以上	区志41部不在规划之列，已出5部
11	浙江	80	20	25%	11	10部另6卷	90.9%	69	66	95.7%	160	96	60%	1.5亿以上	
12	安徽	67	67	100%	17	17	100%	74	74	100%	165	165	100%	1.6亿以上	含山湖志7部
13	福建	95	42	44.2%	9	6部另3卷	66.7%	72	58	80.6%	176	106	60.2%	1.3亿以上	
14	江西	96	41	42.75	11	6	54.5%	87	85	97.7%	194	132	68%	1.8亿以上	
15	山东	88	76	86%	13	11	85%	122	118	96.7%	223	205	91.9%	2亿以上	
16	河南	65卷100部分志	65卷100部	100%	17	13部另18卷	76.5%	156	147	94.2%	238	225	94.5%	1.8亿以上	
17	湖北	32卷41册	23卷30册	71.9%	12部41册	7部34册	80%	70	70	100%	114	100	87.7%	1.4亿以上	

续表

序号	省(区、市)名称	省志(通志、区志)			地(州、盟、市)志			县(市、区、旗)志			总规划数	总出版数	总百分比	总字数	备注
		规划	已出版数	所占百分比%	规划	已出版数	所占百分比%	规划	已出版数	所占百分比%					
18	湖南	91	86	94%	13	11	84.6%	99	98	99%	203	195	96.1%	2亿	
19	广东	92	31	33.7%	19	8	42.1%	84	57	67.9%	195	96	49.2%	2.2亿以上	《广州市志》及所属区、县志不在广东省三级志书规划之列
20	广西	88	69	78.4%	5	2部另2卷	40%	82	68	82.9%	175	139	79.4%	1.7亿以上	
21	海南	68部专志	11卷16志	23.5%	2		0%	17	9	52.9%	87	20	23%	近1亿	
22	重庆	15(待定)	6	40%				43	41	95.4%	58	47	81%	近8千万	
23	四川	80	69	86.3%	7	5	71.4%	191	175	91.6%	278	249	89.6%	2.7亿以上	另有17部未在规划之列的县级志书出版
24	贵州	73	40	54.8%	9部345卷	147卷		80	67	83.8%	162			1.9亿	
25	云南	83	62	76%	17	5	29.4%	128	112	87.5%	228	184	80.7%	2.3亿左右	
26	西藏	72			7			75			154				
27	陕西	80卷95册	45卷	56.3%	10	4部另2卷	40%	105	80	76.2%	195	129	66.2%	2.4亿左右	
28	甘肃	75卷84分志	46卷	62%	8	5	62.5%	76	66	86.8%	159	117	73.6%	2亿左右	
29	青海	85	50	58.8%	7	3	42.95	47	25	53.2%	139	78	56.1%	1.3亿左右	
30	宁夏	60部左右	16部	26.7%	4	2	50%	18	13	72.2%	82	31	37.8%	近8千万	
31	新疆	86	32	37.2%	16	8	50%	95	37	38.9%	197	77	39.1%	近2亿	
合计		2438部(卷)	1284	52.7%	299	176	58.9%	2422	1961	81%	5159	3319	64.3%	48.3亿以上	

注：本表统计标准是：①省级志书均以卷数为准进行统计(上下册也视为一卷)。②市级志书以一市一部为单位进行统计，凡一部志书仅完成其中一部分卷册，暂未作为“出版数”进行统计。另外，安徽省规划中的山湖志7部也列入市地一级统计。③县级志书均按一县一部为单位进行统计。

——原载《中国地方志》1999年第6期

是月，河南省志办主任许还平在《河南史志》今年第3期发表《怎样做好续志的准备工作》一文。文章在“思想准备”一节下提出，方志是一大资源，是一种高密度的信息载体。方志事业不能简单地类属于编辑出版业，也不是单纯的文化事业，它还是一种产业，一种特殊的信息产业。方志的功能不仅仅是存史，它的使用者也不仅仅是专家、学者和领导者等少数人。方志部门要建立信息库，为社会提供全方位的服务。在“队伍准备”一节下，特别总结了上届修志中关于配备主编的经验教训。尤其在“资料准备”一目中，细析了志书的资料性特点，方志资料的思想性与科学性，地方志书与其他著作的异同，方志体例编目与资料的关系，如何收集、筛选、使用资料。在“技术准备”一节内，总结了前届修志中存在的不足等。

按：在新一轮修志开始之时，就能提出这样既有高度，又有深度的看法，这是第一届修志开始之时任何一位专家或志办主任都提不出来的，这表明新一轮修志的确比前届修志有了更高的起点。

是月，张昊主编的《北京市房山区志》出版。是志境域为原良乡、房山两县并置800年之久，至1958年才合并为一的。该区志以主线为轴，将原两县资料相揉并用、纵横结合、融为一体的写法，是一种值得注意的探讨，似比将历史上两县、三县的资料分写拼合的做法略胜一筹。

是月，韩章训《普通方志学》一书由方志出版社出版。是书以绪论居首，阐说新方志学建设目标和途径、方志学元理论提纲、方志学研究对象和任务。下分设13章32节，对方志观念、方志价值和效益、方志特性、方志本体和本质、方志发展规律、方志传播和阅读、方志批评、方志发展方略、方志学科构建、方志研究方法、方志组织和领导等问题进行了论述。评论者称其为“以超前的理论价位，提供一本立论严谨、思路广阔的理论方志学新著”，“善事综合归纳，条理有致”，“能够慎思善辨，深刻探讨”，“注意一分为二，论理辩证”，“勇于开拓创新，敢破敢立”。

是月，陈嘉祯主编的《陕西省志·水利志》出版。是志的《文献选录》中，对唐朝《水部式》一书作了节录，这是中国古代中央政府制定和颁布的第一部系统完整的水利法典，严谨而明确。对水利管理机构、官员选任、水利设施的维修管护、灌溉用水和斗门启闭、水碾用水、违法处置等，都作了法律条文的规范，颇有现实借鉴作用。

10月9日，安徽省地方志编纂委员会向中国地方志指导小组报告，已完成全省三级志书的编纂、出版任务，全省于国庆节前共出版三级志书165部(卷)，其中省志67卷，地、市、县志91部，山、湖志7部。报告中还概括地总结了他们的修志经验。11月4日，中国地方志指导小组向安徽省地方志编委会及其办公室发了贺信，对他们在全国率先保质保量完成本届修志任务给以了高度的评价和肯定，赠发奖牌一块，并奖给安徽省地方志办公室人民币10万元，以资鼓励。希望他们认真总结经验，继往开来，在续志工作和开发利用志书工作中，取得更大的成绩。11月10日，中国地方志指导小组以“中指组发[1999]01号”文件，向全国转发了他们的报告。在转发的通知中，肯定安徽的经验值得学习，希望各地加快速度，确保质量，为全面完成本届修志任务而努力。

是日，浙江省中国乡村社会史研究会举行成立大会。与会者指出，在西欧中世纪史的研究中，主要就是研究农村和农民问题，一部西欧中世纪史实际上就是一部乡村社会史；而与此相反，农村人口拥有如此高比重的中国，对乡村社会史的研究却没有引起足够的重视。浙江省中国乡村社会史研究会，是目前国内惟一的以中国乡村社会史作为研究对象的学术团体，它的成立对推动浙江乃至全国的乡村社会史的研究都将产生深远的影响。孙达人教授指出，中华民族是以农民为主体的民族，对农民和乡村社会的研究，在学术上具有巨大的意义，对促进我国现代化进程将发生巨大的积极作用。随着我国现代化的推进，农业、农民、农村工作日益突出。浙江省中国乡村社会史研究会的成立，正是顺应需要。研究会将以准确、客观、全面地反映中国乡村社会的历史变迁和现阶段中国乡村社会的基本状况为己任，积极努力，集聚省内所有的科研力量，开展形式多样的学术研究和交流，为推动中国乡村社会史研究事业的发展而努力。会议选举孙达人为会长，王志邦、梁敬明为副会长。选出委员 23 名，聘请魏桥、翁礼华、杨树标为顾问。

10 月 14～15 日，宁夏回族自治区召开全区地方志工作会议，检阅成绩，寻找差距，切实做好续修志书的准备和开展年鉴编纂。会议认为，全区修志成绩显著，任务艰巨，存在困难。作为三级志书的重要工作的《宁夏通志》的编修工作，从 1986 年提出至今已有 10 余年，但仍未付诸实施；全区修志工作发展严重不平衡，区级专业志进度缓慢；已出版的志书质量参差不齐，提高质量仍然是一项严重的任务；在当前机构改革过程中，存在机构不稳，人员涣散的情况，个别地区修志机构被撤销。新编地方志工作正处在一个承前启后、继往开来的重要阶段，因此必须加强对地方志工作的领导，切实做好续修准备和开展年鉴编纂工作，修志用志，开拓地方志工作的领域，加强地方志机构和专业队伍建设。

10 月 18～23 日，全国新编地方志成果展览在北京中国革命博物馆举行，中共中央政治局委员、中国社会科学院院长、中国地方志指导小组组长李铁映，全国人大常委会原副主任雷洁琼，中共中央书记处原书记邓力群，中国人民解放军副总参谋长、全军军事志指导小组组长钱树根中将，军事科学院副院长徐根祖少将，国防科工委原副主任罗元发中将，中国人民武装警察部队政治部副主任祖书勤少将等有关领导及各界来宾共 8000 多人出席了开幕式。参加展出的三级志书 4000 余种，加上部门志、行业志及各地方志部门编修的年鉴等共上万种，共约 70 亿字。这是近 20 年来修志成果的又一次大汇展，是全国方志工作者向新中国成立 50 周年献上的一份厚礼。

按：据中国地方志指导员小组办公室的统计，到新中国建立 50 周年前举办的全国新编地方志成果展览时，全国已出版面世的志书约达 4000 部。安徽、湖南、河南、山东、山西、黑龙江已出版 90% 以上，四川、湖北、重庆、云南已出版 80% 以上，广西、甘肃、吉林、江西、江苏、河北、陕西、福建、浙江等省已出版60%以上。

10月20～21日，湖南省方志馆开馆仪式暨全省地方志第四次工作会议举行。该馆总建筑面积4200平米，总投资1000万元，是该省精神文明建设十大标志工程项目之一。工作会议的主题是贯彻落实《中共湖南省委办公厅、湖南省人民政府办公厅关于续修省市县三级志书的通知》精神。此次会议，既是湖南首届修志的总结大会，亦是下届修志开始的动员大会。

10月25日，广西通志馆冼光位在是日出刊的《中国地方志》今年第5期发表《存真求实反思》一文，其中专有一节述说本届修志中出现频率很高的“存真求实”与“实事求是”这两个提法的关系问题。文章认为，“实事求是”包括的完整涵义是：从实际（或事实）出发，求索真相（有“求真是也”、“求得正确的结论”、“求索真相”诸种说法），不夸大，不缩小，正确地对待和处理问题。“存真求实”中的真与实，都是指客观事物的本来面目，故“存真求实”所要存与求的，与“实事求是”的“求索真相”等是一个意义。所不同的只是没有“正确对待与处理问题”的涵义。也就是说，“实事求是”比“存真求实”多了一条“正确对待与处理问题的方针”。本届新志书在史实方面存在若干不足，如果按存真求实来要求是一种不足，但如果按从实际出发，正确对待与处理问题的要求来看，恰又是一个优点。因为除了失误记述过简、“水分”资料入志和个别误记以外，按照宜粗不宜细的记述原则以及党和国家有关政策，从稳定大局出发，“文化大革命”时期的地情以及若干敏感问题，简记是实事求是的。因此，作者认为，新方志资料入志既要贯彻存真求实的方针，同时也要遵循实事求是的指导思想。存真求实是有局限性的，当然这种有一定局限性的规定，仅限于某些地情不记，或暂不记待以后再记，有的可以简记，而并不是规定可以制假、贩假、胡编乱造。新方志编修应当是存真求实与遵守方针、政策、法律、法规并存，两者不可缺一；更正确一点表述，是在遵守方针、政策、法律、法规基础上的存真求实。在新方志续修中也很难突破这一格局，这也算是编修中国社会主义新方志的一个特色。

韩章训在同刊期发表《试谈方志批评家的角色规范》一文，提出“从宏观角度去考察，在方志批评系统中主要存在着三对关系，即批评家与方志文本、批评家与方志读者、批评家与方志作者”；认为方志批评家欲真正处理好上述三种关系，他就得扮演好三个角色，即：“一、对于方志文本，方志批评家必须是一位公正的裁判”，“二、对于方志作者，方志批评家必须是一位坦诚的挚友”，“三、对于方志读者，方志批评家必须是一位谨严的导师”。

同刊期上还发表了张仲荧《台湾的地方史志撰修及理论研究》和梅森《读〈重修台湾省通志〉卷十〈艺文志·文学篇〉札记》两文。前者较系统地介绍了台湾20余年，尤其是近年来的修志工作及方志理论研究情况，颇便于两岸相互了解，进行交流。后者将《台湾省志·艺文志·文学篇》与大陆省志文学艺术志文学篇进行了比较研究。

是月，为配合全国第二次地方志书的展览，中国地方志指导小组办公室编辑的三本书出版。一、《中国方志文献汇编》，主要选辑了中华人民共和国成立以来至1999年10月以前有关修志工作的文献，附录了明清及中华民国时期的有关文件，全书达117万多字；二、《中国新编地方志二十年》，主要汇集全国31个省、自治区、直辖市、国务院有关部委以及中国人民解放军、武警部队、新疆生产建设兵团等的修志概况、志书特色和科学价值，新志书在两个文明建设中所起的作用，以及广大修志工作者埋头苦干、无私奉献的精神和业绩；三、《中国新编地方志目录》，著录本届修志以来至1999年9月30日前全国正式出版的省（自治区、直辖市）、市（地区、自治州、盟）、县（县级市自治县、旗、城市辖区）三级志书近4000部。

是月，李富生等总编的《天津通志·照片志》出版，这是《天津通志》中的一部特体之志。全书分上下两册，在新中国成立五十周年之前先出第二册。该册选取1949年1月至1999年9月的内容。除综述和后记之外，共分8卷52章，即分为关怀、解放、起步、发展、改革、区县、星光和风光篇，全面形象地展现了天津解放50年来，尤其是改革开放20年来的巨大变化。共收入照片4100余幅，以时间为纵线，以事业为横线，以一个个历史聚焦点，形成多侧面的画面。这是本届所修的省级志中独特的专卷，方志学家来新夏先生认为，这是当代的新图经，把志书内容专门以照片来表现，以图作史，在整个方志史上具有里程碑的意义，是中国方志体式上的一个创新。

是月，甘肃省景泰县志办于新中国建立五十周年之际，举行了一次“读县志，知县情，爱景泰，建景泰”活动，并以之变成为一次群众性的评志活动。在参加答卷的4000多人中，从社会各界选定有一定代表性的60多人，作为特约读者，倾听他们的意见。请他们谈志书的成功与不足：篇目设置是否合理，体例是否得当，新志是否有遗漏需要补充，新志书还存在什么问题，如何发挥新志书的社会效益，等等。通过这次活动，征集到部分新志书未收到的有价值的资料，其中包括新收农谚数百条，歇后语数百条，民歌数十首，历任县委书记、县长廉洁奉公事例的文章数十篇，还有其它方面的意见若干，对续修志书有一定参考意义。

是月，张一雷、杨杏芝主编的《城市区志编纂概论》一书由文史出版社出版。城市辖区修志，历史未有。区志为本届修志中产生的一个新志种。1988年11月河南洛阳《西工区志》和12月出版的南京《白下区志》，为有史以来的最早出现的两部城市区志。然开始时，城市区志并未为人们所重视，中国地方志指导小组也未将之纳入三级志书之列。经过各区志办同仁不懈努力，且拿出大量成果之后，终于确立了它在方志系列中的地位。1996年5月6日，国务院总理李鹏在接见全国地方志第二次工作会议全体代表的讲话中，才第一次把编修区志纳入三级志书之列。同年11月9日，国务院办公厅下发的《关于进一步加强地方志编纂工作的通知》中，正式把区志列入三级志书编纂范围，并规定20年左右续修一次。1998年2月10日，中国地方志指导小组颁发的《关于地方志编纂工作的规定》，在第三章“志书编纂”中，将市辖区志列入方志编纂序列。至此，城市区志便在国家法规上有了堂堂正正的地位。本书中反映了初期城市辖区修志的艰难历程，总结了10次全国城市区志协作研讨会及十余年编纂区志的实践经验，并进行了初步的理论升华，是对中国方志理论的丰富和发展，在社会主义新方志学理论体系中，将有它一席之地。

是月，李荫森主编的《浙江省哲学社会科学志》出版。是志上限因事而异，力求追溯其研究的缘起，下限为1988年。记述中特别注重学术性，重视追溯每一学科研究的发端、历史发展轨迹和现状，着重记述各学科研究的学术观点、学术思想、学术成就、学术地位、社会影响和作用，反映各学科在新中国成立后所取得的重大研究成果以及在理论上的新创见、新突破、新成就。

是月，董洪运、刘文豹主编的《运城地区志》出版，这是山西省正式出版的首部地区志书。是书中设了两个特卷——“盐池”卷和“关公文化”卷，抓住了运城最具特色之处。其“盐池”卷，反映了其自古就是全国最大的池盐生产基地，从原始的古池晒盐方法，到现代南风集团的现代化生产，记述了盐池生产发展、经营管理的概貌和历代盐政管理、税收的情况，反映了运城人民对盐池的依赖和盐池对运城的重大影响。“关公文化”卷全卷计5万字，共分5章：关羽生平章，含家世、生平、谥封3节；关公纪念物章，含解州关帝庙、常平关圣家庙、关氏祖陵及关陵、华夏关庙4节；关公祀典章，含官祀、民祀、关公崇拜3节；关公文艺章，含关公文学、关公戏曲、关公美术、关公文献4节；关公文化开发章，含关公文化研究成果、关公文化交流、关公庙会新貌3节。所记范围不只限于境内，如关庙所记及于北京、西藏、台湾，以至日本等地。关公崇拜的情况，载至香港、澳门地区，以及印度尼西亚、马来西亚、菲律宾、新加坡等东南亚国家的华侨、华人社会。收集资料丰富，具有相当的学术深度和学术品位。

按：本志的《关公文化》卷与浙江《绍兴市志·名家学术思想》卷及贵州《修文县志·王阳明在龙场》卷，被志界认为是精神文化入志的一种创造的典型。其他不少志书中也注意记述了地方特有文化的内容，有的设有专章、节，有的只在相关的章节内记述，如《衢州市志》记述的“东南阙里”文化，《遵义市志》记的“沙滩文化”，《渑池县志》记的“仰韶文化”，《襄汾县志》记的“丁村文化”，《章丘县志》记的“龙山文化”，《临淄区志》记的“大汶口文化”，《余杭县志》记的“良渚文化”，《增城县志》记的“荔枝文化”，《天台县志》记的“茶文化传播”，《永定县志》记的“土楼文化”，《新昌县志》记的“山林文化”，《余姚县志》记的“河姆渡文化”和“姚江文化”，《京山县志》记的“屈家岭文化”，《南岗区志》记的“金元文化”，《桐城县志》记的“桐城文化”，《大方县志》记的“彝族古文化”，《浙江省烟草志》记的“烟文化”，《泗阳县志》记的“酒文化”，《福清县志》记的“佛教文化”，《中甸县志》记的“东巴文化”，《湟中县志》记的“卡约文化”，《江陵县志》记的“楚文化”，《宝丰县志》记述的“马街书会”，《镇江市志》记的“京山画派”和“镇江锣鼓”，《吴桥县志》中记的“杂技文化”，《萧县志》中记的“龙城画派”，《太谷县志》记的“太谷秧歌”，等等。

是月，由中国地方志指导小组副组长王忍之主编的“中国优秀地方志简本丛书”第一集出版。编纂“简本丛书”的建议是李铁映于1998年8月在全国优秀地方志颁奖大会上提出的（在2000年4月他又再一次强调）。本集共收入阜阳地区志（安徽）及秦皇岛（河北）、绍兴（浙江)、辛集(河北)、文登(山东)市志和大足(四川)、顺德(广东)、建水(云南)等县志,共八部。这些志书的繁本原120万至700万字不等,现均浓缩为每种30万字。王忍之指出,该书的特点:一是篇幅精简;二是内容充实;三是结构形式新颖;四是时代特点和地方特色更加鲜明。业内人士认为,一部志书印繁简两种本子,在方志史上是亘古未有的事,是志界的一项革新之举。

是月,《中国谱牒研究》一书由上海古籍出版社出版。其中所收王鹤鸣《论方志与家谱》一文谓:追溯家谱的端绪比方志还早,几乎与中国进入文明社会相同时;作为中华民族文化巍峨殿堂里的方志与家谱,始终放射着艳丽的光彩。他们相对辉映、互相渗透,有着许多共同的特性,如连续性、时代性、资料性、服务性等等。

11月10日,文宣在《江苏地方志》上发表《志书要激浊扬清》,提出有些新志书在写风俗时,将一些与时代精神格格不入的陋习陈规原原本本地载入,有的更以赞扬的口气予以肯定,是欠妥的。作为精神产品的新志书,应当起到抑恶扬善、激浊扬清的作用,对这些陈规陋习应以批判态度加以记述。

按:"激浊扬清",这应当看作方志理论上的一个收获。

11月9～12日,云南省用志续志理论研讨会在曲靖市举行,这是云南省继1998年5月在大理召开的续志研讨会后的又一次全省性的志书续修研讨会。有全省17个地州市中的14个志办负责人及论文入选者共70余人与会,会议共收到论文60余篇。大会发言和这些论文,从不同的角度,总结了编纂首届志书中的得失,从理论和实践的结合上,阐述了开发利用志书的方式方法和续修志书诸多问题的思考,对于方志界同仁间相互启迪,共同提高,深入探讨地方志理论问题具有积极意义。

11月11日,武汉市委、市政府举行首届新志书总结表彰大会。《武汉市志》28卷于10月全部出齐,总计1200万字。中国地方志指导小组成员、城市志指导组组长陆天虹在总结会上,将该市志的特点概括为五点:一、创造了全新的城市志的体例模式;二、充分记述了武汉市在中国近代史上逐步形成现代城市的发展过程,以及它在中国中部地区的中心地位、主导功能和辐射作用;三、武汉曾经是中国近代革命斗争的重要舞台,几次成为中国革命中心,志载革命史迹是进行革命传统教育的好教材;四、武汉是一座天赐的山水园林城市,又是一座历史文化名城,其人文积累的财富十分深厚,是精神文明的宝库;五、人物志是全志的佳作。

11月15～19日,贵州省新编地方志成果展览在贵州省博物馆举行。参展的有全省9个地、州、市,中国人民解放军贵州省军区和省直各厅局共20个单位。5天时间内,参观者达3000余人次。

11月16～18日,全国读志用志理论研讨会在江苏无锡举行。会议主题是交流读志用志经验,探讨地方志与地域文化的关系。会议认为,开展读志用志活动,既是现实社会和改革开放的需要,也是方志事业自身生存和发展的需要。读志用志是全面检查志书质量的重要一步，是续修下届志书的依据，是提高科学研究工作的动力，是促进两个文明建设的基础，是推动方志事业持续发展的重要保证。应当像重视修志一样重视读志用志，使志书发挥出更大的效益。地方志与地域文化关系密切。地方志是地域文化的重要载体，地域文化是地方志的主体。地方志突出地方特色，也就是突出地方文化特色。地方志编纂与地域文化的研究应相互促进，形成良性互动的局面。

11 月 18～19 日，广州市地方志办公室和广州地方志学会举办“广州市地方志理论与工作研讨会”。这次研讨会是在广州市首届志书即将全部出版，下届志书续修已经启动之际召开的。经过一年多的准备，共收到论文近 50 篇。讨论会就续志工作获得了三方面共识：一是认为续志的篇目设计，应按照“突出重点，归并一般，增加热点”的原则进行，要立足于科学性和整体性，打破部门管理界限，消除部门志痕迹；二是为了充分反映时代特点、社会热点和各种新出现的典型事物，篇目应有所创新，不仅要加强“述体”的分量，还要充分灵活运用“专记”体裁；三是由于广州市处在改革开放的先行地位，续志断限内的 10 年社会生活发生了较大变化，必须采取多种形式的调查研究，以便充分认识和深入研究这一时期的地方特点、时代特点，更好地在续志中加以全面、系统、科学地反映。会后对参会的论文结集出版了《新方志理论与工作研究》。

是月，杨军昌《中国方志学概论》由贵州人民出版社出版。作者先是修志的实际工作者，先后参与了 10 余部志书和乡土教材的编纂，有较丰富的实践经验。后又调入贵州大学从事地方志的教学和研究工作，使自己的实际经验得到进一步的理论升华。是书既是一部方志学教材，又对方志的编纂实践具有指导意义，是具有较高学术水平的方志学理论性著作。

12 月 15 日，四川省 1999 年度地方志工作会议在成都举行。此次会上确定的《四川省 2000 年地方志工作要点》中要求，首次规划的省、市、县三级志书必须在 2000 年 9 月底以前全部完成出版任务。

12 月 16 日，浙江省宁波“天一阁中国地方志珍藏馆”举行开馆仪式。宁波天一阁是亚洲和中国最古老的藏书楼，以保存明代地方志和科举录而著称于世。目前尚存明代方志 274 种，占现存明代方志的 35%。1977 年新编《宁波市志》主编俞福海，向宁波市人民政府提出在天一阁建立中国当代地方志馆的建议，得到市人民政府的肯定和支持。同年 8 月，全国地方志奖颁奖大会在宁波举行，中共中央政治局委员、中国地方志指导小组组长李铁映在会议期间，提出在宁波建立中国地方志珍藏馆，以保存 80 年代以来的修志成果的建议。此建议得到与会者的热烈响应。宁波市长张蔚文当即表示承担这一光荣任务，并指示天一阁博物馆一定要把此事办好。经过俞福海和天一阁博物馆两年多的努力，已经入藏新方志 4395 种 4694 册，其中省、市、县三级志书 3300 种，占 1999 年 10 月以前出版新志书总数的 70%，并已完成新志书的计算机编目工作。

12 月 24 日，福州市建委组织文化下乡活动，向农村赠送《福州市城市建设志》。先是《福州市城市建设志》出版后，由于时代特点、专业特性突出，是进行爱国主义的教材，又是招商引资的地情"指南"和联系海外华侨、华人的"文化友谊桥梁"。当市委宣传部和市文明办等18个单位于1997年1月发出通知，要求"图书报刊下乡"后，市建委即建议本系统资助购买本志赠送对口扶贫的乡镇单位，推动读志用志活动，各单位积极筹备。至是，正式举行仪式送书下乡。至2000年10月前，福州市属168个乡镇的图书馆和文化馆都收到该志，立即在相关的乡镇掀起了一个读志用志的热潮。

12月25日，山西省史志研究院地方志所王仰东在是日出刊的《中国地方志》今年第6期上发表《九十年代新编省志框架模式浅析》一文。文章认为，本届修志中，省级志书有大、中、小三种型体。大篇型（亦可称大志多篇体式）的一部省志大致设30卷左右，如《湖北省志》和《湖南省志》（诸葛按：文章以湖南省地方志编纂委员会1987年5月18日出台的方案为例进行分析，实际上《湖南省志》后来是改用小篇体了，全书改为91个分志）。中篇体式大体一部省志中设50个左右的分志，如山西省地方志编委会1990年制定的《〈山西通志〉编纂方案》中，规定该省通志由50个分志组成。小篇体式是一部省志中设60个以上的分志，如《黑龙江省志》由65部分志组成。作者认为，大篇型体式的优点是志书整体性、综合性和系统性都较强。但有两条缺点：一是不利于编纂任务的落实，一卷志书的参修单位少则三五家，多则八九家，步调不一致，牵头单位协调不了的情况时有发生，影响志书编纂进度；二是加大了总纂的难度，一卷志书少则涉及三五个政府部门的事，多则涉及十种左右产业数百年的历史和现状，修志人员一般难以担此重任。中、小篇体式的缺点是整体性相对较差；部分出版的专志不专，类似部门志。但它的好处是：一、在篇目上能体现工业经济社会多样性的特点；二、在篇目上便于突出地方特色；三、可操作性强。故小篇体（即平列体式）为多数省所采用，成为一种趋势。

按：截至1999年10月了解到各省、自治区、直辖市志的情况是：《北京志》规划修107卷154部分志，《天津通志》规划66卷86个分志，《河北省志》规划96卷，《山西通志》规划55卷66分志，《内蒙古自治区志》规划83个分志，《辽宁省志》规划88卷分志，《吉林省志》规划90卷分志，《黑龙江省志》规划80卷100部分志，上海市规划一部轻型的《上海通志》，下统的专志系列丛书规划110多部，《江苏省志》规划92卷104部专志，《浙江省志》规划修"浙江省志丛书"80部，《安徽省志》规划67卷（已全部出齐），《福建省志》规划94卷，《江西省志》丛书规划96分册，《山东省志》规划88卷，《河南省志》规划65卷100部分志（1997年已全部出齐，1998年又制成多媒体光盘），《湖北省志》规划32卷41分册，《湖南省志》规划91个分志，《广东省志》规划92卷分志，《广西通志》规划88个分志，《海南省志》规划68部分志，《重庆市志》规划15卷，《四川省志》规划80部分志，《贵州省志》规划73部分志，《云南省志》规划83个分志，《西藏自治区志》规划72个分志，《陕西省志》规划80卷95册，《甘肃省志》规划75卷84分志，《青海省志》规划85部分志，宁夏回族自治区规划先修60部左右的专业志，《新疆通志》规划86个专业志。

是日，《桂林市志》编纂者之一的章曼伊，在同刊期上发表《〈桂林市志〉在继承基础上创新的几点探索》一文，谈到他们在三个方面进行的探索。其中之一是从“不越境而书”到“适当延伸”。作者认为，随着社会经济的发展，市场经济的作用，一个城市的经济、文化，甚至像旅游这样的产业，都有与周边地区，有些还与国外发生着千丝万缕、错综复杂的关系。在这样的情况下，志书就不能机械地严守原来的“不越境而书”的戒律，应当根据需要，适当辐射，适当延伸。

按：从“越境不书”到“允许延伸”，是修志法则在新情况下的发展。本届修志中，类似的对传统原则加以发展的还有：从“详今略古”到“详今明古”，又到“详所当详，略所当略”；从“秉笔直书”到“实事求是”；从“横分门类，纵述史实”到“宜横则横，宜纵则纵”；从“掩恶扬善”（有褒无贬）到“善恶并书”；从“三宜三不宜”到“宜粗则粗，宜细则细”；从强调“史志之分”到“引史入志”、“史志合体”；从写一本书到一项事业的认识；等等。

是日，陕西省岐山县档案局李三虎在是日出刊的《陕西史志》今年第6期发表文章，在谈到志书的学术品位时，提出根据志书出版后资料发挥效用情况可以分为四类：一类资料是当代有用，后世有用，只要人类社会存在便永远有用者；二类是当代尚无开发利用的必要，但随着时间的推移，越来越显出其不可磨灭的历史价值者；三类资料是成志后具有立竿见影之功效，但时间稍逝便失去任何存在意义者；四类是当代无用，后世无用，终究派不上用场者。一、二类资料是构成志书的精粹，其比例愈大，志书的学术品位愈高；三、四类资料完全属于应剔除之列，其效用仅仅是增加志书篇幅的厚度而已。

12月27日，甘肃省地方志编委会召开主任会议，终审《甘南藏族自治州志》和《甘肃省志·民族志》、《甘肃省志·经济计划志·计划》、《甘肃省志·建设志》。会议认为，这四部志稿符合体例要求，原则通过终审。按复审意见修改后，批准在国内外公开发行。

是月，《甘肃省志·民族志》编辑杨勇、张世海在《甘肃史志》今年第4期发表《〈甘肃省志·民族志〉编修工作中的有关问题处理办法》一文，介绍了他们关于民族族源问题、各民族关系问题、关于人物入志问题和各民族风俗习惯问题的处理原则和方法，结合本地区的民族实际和工作实际，令人信服，对各地颇有借鉴意义。

是月，四川省成都市布置续修试点工作，确定崇州、邛州两市为试点单位。

是年末，陕西省榆林市（现榆阳区）地方志办公室，在榆林城内一古旧书店的废纸堆中，发现白天相记的《排王缵》和《条律书》抄本。《排王缵》约1000余言，不分章节，采用陕北榆林民间俚歌文体，以崇祯帝的口气，述说了从明洪武帝到李自成推翻崇祯止的历朝帝王更迭及崇祯间的天灾为虐、臣下不忠，以致“李闯王，攻打北京”，叹息：“一来是，寡人的，洪福已尽。二来是，不该用，王中起兵。”《条律文》抄本，不分章节条类，亦用榆林俚语五言句式，不但记载了偷盗、欺诈、抢劫、强奸、谋财害命和民间斗殴、通奸、夺财、误伤等惩处条律，而且对违反当时社会伦理道德行为的惩办法规、民间经济活动通则等，亦有明细的记载，共 140 多条。看来既不是明、清朝廷制定的法律，也不可能是明、清两代地方政府官吏所敢随意妄为擅自书写的法律条文。两抄本的价值及作者白天相究为何许人，都需作进一步的研究。

是年，秦海轩、王守信主编的《晋城县志》出版。晋城县 1983 年撤县设市，1985 年划分为晋城市的城、郊两区。1995 年，晋城市志办联合城、郊两区史志办公室，从 1996 年开始编修《晋城县志》，至是成书。

按：对一个已经撤销 12 年的县还补修县志，这在全国也是仅见者。

是年，出版的《辞海》中，新增了"方志学"词条，其释意为："以中国特有的文化现象——方志为其研究对象的学科。主要研究方志的产生和发展、性质和分类、特征和功能、整理和利用，以及方志的编纂理论。"这是国家级权威的辞书中首次列入方志学的词目。

是年，湖北省秭归县党史办公室编成三部移民工作史志。秭归县位于三峡工程坝上库首，是三峡库区受淹时间最早，受淹范围最广，淹没损失最大，移民安置任务最重的一个县。不仅县城要易地重建，还有 8 个乡集镇及 80% 的工矿企业要搬迁重建，全县移民达 10 万人。为服务三峡库区移民搬迁安置工作，支持三峡工程建设，该办公室把史志编纂与移民工作搬迁安置工作结合起来，从移民搬迁安置工作一开始，即组织专门班子跟踪收集、整理移民搬迁安置资料，编成移民志书。包括《秭归县迁城志》、《对口支援功德谱》和《秭归县移民志》三种。

是年，民国《江苏通志稿》修订出版。是书始编于 1909 年，中间几起几落，几经磨难，终于在 1945 年完成，但未正式出版，仅存手稿。本届修志中，组织人力进行修订，终于正式出版。

是年，《中国地方志》期刊光盘正式发行。

是年，四川省犍为县政府下发《关于认真做好地方志编纂工作的通知》，要求县级部门、乡镇、学校和固定资产在 2000 万元以上的企业，必须在 1～3 年内，完成新编或续编志书工作。

是年，四川省新都县档案馆成立首家县级官办的谱牒研究所。

是年，广西忻城县古蓬镇枝林村民委员会辖下的勃旺庄村民覃启昌、韦世英两人修成该自然村志，由村民 5 人自动捐资印行。该村土地总面积只有 925 亩，人口只有 210 人，是笔者目前所见修成志书的最小的一个庄子。是书分设概述及大事记、地理、人口、经济、政治、教育、兵役、民族等 8 章 45 节，共 7 万多字，附有地图、照片，颇类三级志书的体式。

是年，在今年江苏省哲学社会科学优秀成果评奖中，《江苏省志 · 方言志》、《扬州市志》，在 19 个一等奖中获两席，《江苏省志 · 社科志》、《江苏省志 · 体育志》获三等奖。此奖每两年评一次，由省政府颁奖。获一、二等奖的第一、第二作者，退休时工资可提高工 10%；实行事业单位工资制的事业单位工作人员，获一等奖者"越级晋升"职务工资，获二等奖者可"提前晋升”职务工资。

是年，方志界开展了一场引人注目的关于历史人物个人专志的讨论。这是由山东省志设立《诸子名家志》而引发的。山东省志自1994年7月《孔子故里志》出版之后，在《人物志》外，又增设了《孙子志》、《诸子名家志》，选择山东省的33位历史名人设立个人专志。去年，《王羲之志》通过评审后，于山东《志与鉴》第2期发布了评稿会的消息。今年6月25日，广州方志研究所陈锦鸿据此，在《中国地方志》第3期上发表《历史人物个人专志异议》，认为《山东省志》中专设《诸子名家志》的做法，是“罔顾作为志乘这种体裁的特性、功能和要旨，进而造出一些非史非志亦非传的‘三不像’的文字产品来”。“‘诸子名家’这个概念本身就是含混不清、游移莫定的”。“‘诸子名家’无非人物，乃志即人物志的所属，完全可以在人物志总领之下设所谓‘诸子名家’卷或章。按条目惯例，两者不可并列，即如既设蔬菜志，没有理由又设白菜专志或萝卜专志”。“《山东省志·诸子名家志》之下，竟是某某人志，即个人设专志，实在是严重错位。这种三并列的体式显然是不科学的、反逻辑的”。“编修地方志，似乎不应拥有这种自由度”。

此文一出，山东省志办即化名鲁波平，于《志与鉴》第2期、《巴蜀史志》第4期和《中国地方志》第5期，先后发表辩驳文章——《继承创新与思维方式——评陈锦鸿〈历史人物个人专志异议〉》，认为方志理论的推陈出新，不存在也不允许有随意性，但方志体例的确定性与不确定性并存，统一性与灵活性并存。地方志门类的设置，必须服从本地本行业的实际情况，服从突出地方特点的需要，因地因志而异。《山东省志》在《人物志》之外单设《诸子名家志》，是为了突出地方特色，(广东)《增城县志》在“农业”卷外单设“荔枝”卷，也是为了同样目的。这已经成为方志界不谋而合、共同遵守的规则。认为他们选择有地方特点的事物在志书中升格记述，以突出地方特点，是在本届修志实践中总结出来的经验，不是门类设置的随意性和混乱。《山东省志》设《诸子名家志》，《诸子名家志》中写历史人物个人专志，是领属关系，而非“三并列的体式”。他们界定的“名家”是指历史上除“诸子”以外的著名政治家、思想家、军事家、文学家、科学家等，这个概念既不含混不清，也不游移莫定。

这一争论也引起了鲁、粤以外的一些方志研究者和编纂者的兴趣。福建陈名实就于《福建史志》1999年第4期发表了《历史人物个人专志之我见》，赞成山东的做法，认为把省内一些对全国乃至世界历史作出巨大贡献、有重大影响的人物，升格为人物专志，在理论上同新编地方志的分类是有共通之处的，并不违背新编地方志的分类原则，关键在于如何选择入志的人物。他认为，选择入志人物一定要从地方实际出发，标准要严，宁缺毋滥。福建省地方志编委会主任刘学沛也说，福建省也准备选择几位历史人物设立专志。

而黑龙江省梁滨久于《中国地方志》2000年第4期发文则认为，历史人物、名家是应该也可以写成专志的，但这种个人专志不应作为地方志的组成部分，其编写内容和形式都应与地方志的人物志有所不同，不能将个人专志与地方志的人物志混淆调和，应保持其各自的独立性和严整性。云南省志办李景煜于《云南史志》2000 年第 3 期发表《略论志书体创新——评〈山东省志・诸子名家志〉的设置》,认为新编《山东省志》原定 84 卷,是经过审慎研究,准今酌古而制定的。虽小处不无微疵,大结构却不失严整。而今节外生枝,加上《诸子名家志》的三重并列结构,把原有的严谨协调,破坏无余。这样的"创新",岂止"严重错位",叠床架屋,违反逻辑,可谓创新怪胎,恰如美人项下的瘿袋。《山东省志》既已在 84 卷中设了数量庞大的《人物传》(上、下)了,就不应再立 85 卷《孙子志》及 86 卷《诸子名家志》28 部系列志,造成体例结构上的混乱和尾大不掉,使全书极不协调。他提出善处之法,可将孔子、孙子等 29 人分别按人物传要求各写传文编入"人物传";而将《孙子志》并入《诸子名家志》系列,作为《山东省志》以外的人物系列单独出版发行,可使两者并行不悖,不贻当代后世之讥议,而收从善如流之美名。

二〇〇〇年

1月4日，陕西省黄陵县第13届人民代表大会常务委员会第18次会议，作出批准《黄陵县志工作十二年规划纲要(1999～2010)》的决议。人大常委会在给县政府的通知中谓："县政府：《黄陵县志工作十二年规划纲要(1999～2010)》已经黄陵县第十三届人民代表大会常务委员会第18次会议通过并形成决议，现印发你们，望结合实际贯彻执行。"这是由人大作出具有权威性的决议，交由政府实施的一例。

1月5日，福建省地方志第五次工作会议暨表彰大会在福州举行。会上，福建人事厅、省地方志编纂委员会，联合表彰了1993～1999年的全省地方志工作先进集体30个、先进工作者63人。省地方志编委会还表扬了方志工作积极分子117名，给从事修志工作10年以上的工作人员颁发了荣誉证书。省地方志编委会主任刘学沛在该省地方志第五次工作会议上讲话中，讲到要拓展工作新领域时，提出"还可以编名城志、名镇志、名村志、名人志，如朱熹、郑成功、林则徐、严复、郑振铎、冰心等"。在关于是否可以设名人志的争论中，看来福建是在行动上赞成了山东的做法。他的报告中，比较全面地总结了福建修志20年来的工作。指出福建的新方志在记述上、体例方面、内容上、技术方面，都有所创新。同时也指出存的不容忽视的问题，主要是：1.资料不全，面上的资料多，典型事例、有特色的资料少；有的资料失于考辨。2.有些记述有公式化的表现，如对反右、"大跃进"、"文革"等历次政治运动，大多照抄《关于建国以来党的若干历史问题的决议》的结论，没有很好反映当地的特点。3.不少记述只有结果，缺乏过程；以事系人做得不够，缺少人物活动。4.多记喜，少记忧。5.篇幅太长，文字不精练，可读性较差。6.编纂周期过长，断限时间悬殊。

1月6～8日，福建省新编地方志成果展在福州市省科技馆举行，内容共分为省志和福州等9个市(地)共10个部分。省志中的两部地图集——《福建省普通地图集》和《福建省自然地图集》尤其引人注目，可以说是古代"图经"在现代的新发展，它构成了《福建省志》中的特色卷本。整理出版的旧志中，《八闽通志》特受青睐，展出的第一天就售出5部。

1 月 20 日,武汉铁路局方志馆建成,这是全国第一家企业方志馆。

是月,张庆成、王宝骏主编的北京市《怀柔县志》出版,是志全书采用以公元纪年纵贯古今的做法,亦本届修志之一特也。

是月,由李夫燕、方海滨主编的河北省《临西图志》出版。是志为 1996 年 10 月出版的《临西县志》的姊妹篇,以图、表、照片、书画为主体,分设政治、地理、经济、文化、人物 5 篇,集图照共 700 余幅。是河北省本届修志中修出的第一部图志。

2 月 24～25 日,安徽省政府召开全省地方志工作会议,全面部署和启动续修三级志书工作。会议确定,今后一段时期内安徽省地方志工作的主要任务是:以高度的紧迫感和责任心,立即启动续修工作,并积极稳妥地把续修工作不断向前推进。要求把首届修志的经验总结,当作续志工作的开端,发扬成绩,克服不足,扎扎实实地把续修志书的前期工作做好。省地方志办公室将尽快制定全省续修志书工作方案和关于续志编纂的有关规定,以使全省续志工作从一开始,就进入规范有序的轨道。续修工作的具体目标是,市(地区)、县(市)两级续修志书工作从现在开始启动,经过两年准备和三年攻坚,到 2005 年基本完成编纂、出版任务。省志因第一届志书成书较迟,全面启动续修的时间,待省直机关机构改革结束以后,根据实际情况再确定启动和完成时间。省长许仲林在讲话中指出:确保续修工作的顺利进行,重要的是领导要到位,各市、地、县的市长、专员和县长要切实负起责任,并认真解决好地方志工作的机构、经费等问题,努力改善修志工作的条件和手段,更好地满足修志工作的需要。会议认为,当前要切实狠抓续志的试点,逐步展开,使续修工作少走弯路。

2 月 25 日,广州市地方志办公室胡巧利在是日出刊的《中国地方志》今年第 1 期上,发表《论地方志的本质属性——兼与"官修性"说商榷》一文,在对云南潞西县志办何萍的"官书说"(刊于《中国地方志》1998 年第 5 期)进行商榷的同时,提出了地方志的一种新特性——编纂体例特殊性。他归纳地方志有四个本质的属性,即地方性、资料性、时限性、体例的独特性。地方性是关于地方志空间的属性,时限性是关于地方志时间的属性,资料性是关于地方志内容的属性,编纂体例独特性是关于地方志表达形式的属性。缺少其中任何一个属性,便不能成为地方志的本质属性,就不能使地方志与其他著述相区别。他进而为地方志定义为:地方志是以独特体例反映一地某一时期自然和社会发展变化情况的资料性著述。

2 月 28 日,《江淮时报》总编欧阳发在《河北地方志》今年第 1 期发表《关于方志工作的思考》一文。文章除论及当前方志工作中存在的问题及对策、关于方志工作的发展趋势、关于方志理论建设和学科建设、关于加强方志评论等之外,还提出了成立方志图书馆和编修《中华总志》的建议。虽然仅是提纲式的,但提出了许多在两次修志高潮中值得思考的问题,颇有见解,值得重视。

是月,《军事志理论研究》一书由军事科学出版社出版。是书为 1998 年 11 月在昆明召开的全军军事志学术讨论会论文集,内容涉及军事志编纂工作的各个重要方面,紧密联系修志实际，有一定的深度，提出了不少有创见、有新意、有价值的学术观点。

是月，韦永健主编的广西《靖西县志》出版。宋末文天祥部将、江西广丰人张天宗兵败后走至靖西顺安峒地贡峒，在此屯兵休整，准备反攻复宋。他带领部下，踏勘峒场，披荆斩棘，建造草舍，垦荒造田，派人到外地引进稻种。接着又定山川、田峒、村屯名称，开道路，修河堤，引鹅泉水灌溉，实行亭田制度，对当地的开发起了重要作用。“景炎六年”(1281)被当地群众推为峒官后，一直沿用宋的景炎年号，循宋礼制，附近诸峒皆来归附。传五世136年之久，至明永乐十年(1412)才败亡。可以说是坚持反元最久的一个据点。这些在宋元以后的正史中都没有记载。本志对此作了较详细的记述，并于志书的附录中，收入了《峒官张天宗墓碑文》、《峒官张天宗论》等文献，是志书补史之缺的又一重要之例。

3月6日，国家科学技术部办公厅下发《关于开展“地方科技志”的续修与志书开发利用工作的通知》。通知说，自1985年以来，各省、自治区、直辖市科委非常重视科技志的编修工作，全国现已出版省级科技志26部。这些科技史志的出版，为研究全国和地方科技发展的规律和特点提供了翔实的资料，对各地科技事业的发展起到了促进作用。要求已经出版志书的地方仍要继续做好续志与用志工作。续修科技志应把知识创新思想贯穿于其中，树立精品意识，强调创新精神；续志范围可适当拓宽，注意将科学思想、科学方法的发展历程整理入志。

3月13日，上海市地方志编委会召开主任办公会议，提出开展续志工作：改区或并区的县，即宝山、嘉定、上海、川沙、松江、金山、青浦，除宝山县县志下限与并区时限一致不再续修宝山县续志外，其余6县必须续修县志至改区或并区时为止；奉贤、南汇、崇明(奉贤、南汇可能并区)县志下限已10余年，奉贤已15年，应续修3县县志；宝山区、浦东新区等区建区已满10年，应编修新区志；有条件的系统和部门，如科技、水利等可以续修专业志。以上皆是指令性的工作。

3月28日，广西壮族自治区党委宣传部、广西通志馆、广播电视总局、《广西日报》社，以桂宣发[2000]11号文件，联合发出《关于加强地方志宣传工作的通知》，决定：一、《广西通志》各专志出版后，要在《广西日报》、广西电视台、广西人民广播电台发表出版及内容简介的消息；各地市县志出版后，本地、市、县报，电视台、广播电台要发表出版及内容简介的消息。二、《广西日报》与通志馆联合主办“地方志与文明建设”专版。三、广西电视台不定期开办“读志用志访谈”节目。

是月，陕西《黄陵县志》影视版VCD光盘交西安交通大学出版社出版。这是陕西省第一家出版的县志VCD光盘。其内容分人文资源、自然资源、谒陵祭祖、民俗风情、修志始末等14个部分。

是月，陈瑞泉主编的河北《易县志》出版。是志修纂中，为了获得一位老艺人珍藏的后部村《十番会》的曲谱，曾向这位老艺人做工作达15年之久。在志稿已经终校完成，上机准备开印之时，这位老艺人于弥留之际，看到守候在他身旁的除了家人之外，还有县地方志办公室的人时，终于将曲谱献了出来。志书主编双手接到这份经老艺人搜集、整理并不断充实，“经战乱而不失，遇动乱而不毁”的曲目时，禁不住热泪下流。当即急请出版社停机，决定补入志书。是志中还收录了县境民间存留的诗词作品442首和楹联240首中的部分，涉及作者50余人。采用人录一首，加注作者小传，重在系人。这是因事系人的一种特殊做法。

是月，王传俊主修的《毕节太原王氏族谱》刊行。该谱中收录了毛泽东主席1958年在成都中央政治局会议上关于家谱工作的指示：“搜集家谱族谱加以研究，可以知道人类社会的发展规律，也可为人文地理、聚落地理提供宝贵资料。”修谱者认为，编修家谱，第一，激励人们爱家乡、爱祖国，增进民族自豪感及道德修养，发挥乡土教材的作用；第二，为学术研究提供许多重要史料；第三，促进优生优育，为不断改善和提高中华民族的整体素质提供历史的依据；第四，增进海内外炎黄子孙的同胞亲情，加强整个中华民族的凝聚力与向心力。

4月11～12日，由中国地方志指导小组办公室与四川省地方志编委会联合主办的地方志与西部开发座谈会在成都市举行，参加者有新疆、青海、甘肃、宁夏、陕西、内蒙古、云南、贵州、重庆、四川等西部11省、区、市及新疆生产建设兵团修志机构的代表共30余人。与会者就地方志工作如何为西部开发服务，如何抓住西部开发这一历史机遇发展地方志事业，互通了情况，交换了意见。会议认为，实施西部大开发，对西部发展是个千载难逢的机遇，对修志工作既是机遇又是挑战。地方志工作者首先要破除西部开发与己无关、无所作为的思想，激发强烈的社会责任感，树立大有作为的思想。要破除封闭保守的观念，树立开放进取的观念，增强广大方志工作者的创新意识、开放意识、服务意识、市场意识，把方志工作融入到西部大开发、大建设的伟大事业当中去。西部地区已经编成出版的上万部各类志书、年鉴等，是西部地区规模最大，资料最系统、最完备的地情资料宝库。地方志机构中还有一批了解当地历史，熟悉地情，堪称地情通的人才。资料优势与人才优势，是地方志可以为西部开发有所作为的条件。地方志机构掌握的地情资料与西部开发对地情的需要，这就是地方志与西部开发的结合点。只有明确大开发的总体思路、战略部署、重要决策，了解西部开发对地情信息资源的需求，并认真研究地情，才能找准地方志为西部开发服务的切入点。

4月20日，中共中央政治局委员、中国地方志指导小组组长李铁映对地方志工作发出重要批示，归纳要点于下：

1.第一届修志任务尚未完成的地方，要在保证质量的情况下抓紧进度。

2.已经完成的地方要出简志，认真进行总结，收集资料，做好续修新志的准备工作。地方志是很有价值的、内容丰富的地情书，要充分加以利用。但现在的志书分量大，价钱贵，很多人经济支持不了，进不了寻常百姓家，要搞简本。要使决策部门，搞经济的、文化的、社会的、人物的、语言的等各方面，都有能方便地利用的地方志。

3.不能因为机构改革影响修志工作，要把地方志工作作为21世纪文化建设的基础工作来抓，不能中断。对续修志书的意义、目的、要求、做法、组织机构等，要搞一个文件，作为今年工作会议的重要内容。文件搞好了，向刘奇葆同志汇报。

4.要组织力量编一部《志书通鉴》。《通鉴》内容应包括志书规范通例，修志的指导思想和遵循的原则，志书的语言、文采，方志理论，志书评点、评论，读志用志引导等，使之成为地方志的工具书，方志工作者人手一册，但不是辞典；也可以帮助用志人员读志用志。搞好了可作为培训教材，要举办培训班，提高修志队伍素质。

5.关于方志馆的建设，可与北京市联系合建，叫国家方志馆。此事，与北京市协商，提出方案，由北京市和中国社会科学院联合给国家计划发展委员会打报告，申请立项。

6.(中国地方志指导小组)办公室要加强建设，可以参照研究所的建制。要建立必要的机构，建立党组织。要健全制度，提高人员素质，提高工作效率和工作质量。要增加一些搞历史研究的、有志于方志事业的人员；也可以在北京聘任一些不存在户口、编制、住房问题的人员来工作。一切按新体制。

4 月 20～21 日，上海举行续志研讨会。这次会议是在上海已有首部续志——《嘉定县续志》问世、第二部续志——《宝钢志》已通过评审，另有闵行区、浦东新区、松江区、水利局和科委等正在编纂，青浦、金山、宝山三区续志已启动的形势下举行的。会议就指导思想、挖掘典型资料、如何对待年鉴资料、如何依靠社会力量，以及开展续志的有利和不利条件等问题进行了讨论。

4 月 24～26 日，安徽省举行“首届修志经验总结，续志编纂研究”学术讨论会。会议从总结前届志书存在问题入手，研讨续修志书中应着重解决的问题。会议还讨论了省地方志办公室提出的《安徽省第二届三级志书编纂工作细则》(讨论稿)。

4 月 25 日，广州市志办唐文雅在是日出刊的《中国地方志》今年第 2 期发表《论地方特色的形成、内涵及其方志体现》一文。这是作者发表于该刊 1996 年第 1 期《试论地理位置与地方特点》一文的进一步发展。文章提出，形成一地地方特色的因素，主要有地理环境、人文要素以及社会历史发展进程等。在地理环境中，首先引起人们注意的是地理区位，尤其是经济地理的区位，显得更为重要。当然，一地地方特色的形成，不完全取决于地理环境，还与其独具的人文要素及社会发展进程密切相关。地方志编纂过程中，要深入认识地方特色，就要分析和比较其形成的各种条件与因素。一个地区或城市的地方特色，或是地理环境的反射，或是人文因素的体现，或是历史发展过程的积淀，或是它们共同的融合。从原委出发，找准地方特色是正确编纂地方志的关键。总体上说，一地的地方特色，主要包括显性的和隐性的两个方面。许多编志者常常对显性地方特色给予了足够的重视，但对隐性的地方特征往往忽略了，或许下功夫不够。深入挖掘、准确发现、详细记述隐性地方特色有一定的难度，但它更为重要，更为深刻，对当地两个文明建设会起更大的作用。地方特色本身不是一个方面的表现，它往往具有整体性，是由若干互为因果的事物共同组成的有机整体。志书应当把地方特色贯通于全志，有机地融会于全志之中。为此，他提出在志书编纂中体现地方特色要注意四点：首先是要阅读大量的地方文献，进行调查研究，通过专题性的地情研讨，明确本地的地方特色是什么；第二是在设计篇目时，要把有特色的内容，多设篇、章、节、目，分细一些，甚至可以考虑设立专门的分志；第三是内容取舍要详特略同；第四是要慎重处理“升格”，从严格科学意义上考察，“升格”不宜提倡。

广州市地方志办公室陈泽泓在同刊期上发表《史志体例区别浅析》一文。文章认为，方志界有人将“竖写”还是“横排竖写”看作史、志体例的主要区别之一，这既不符合实际，又会造成只重形式、忽略志书性质的倾向。他认为史、志体例之别，应当立足于功能性质上的不同。志书是资料性著述，功能在“存史”，要体现出资料的完整性和真实性，是在体现资料的原始性的前提下进一步条理化，侧重于资料的感性价值的体现；而史书是学术性著作，注重于“述史”，要力求勾勒出历史发展的脉络，总结历史经验教训，揭示历史发展规律，是对原始资料的开发与归纳，偏重于历史发展规律走势的揭示，其落脚点是为历史作理性的思考。修志人的意志只能融合于资料之中，不可能作直接的表述，而史学家则要对历史的记述表现出更为直接的姿态。中国传统的史书较多地从“存史”的角度去进行著述，而不是较多地着力于“述史”，这就造成了传统史书结构体例与志书体例区别不大。由于史、志性质功能的不同，故体例特征之不同也有相应的表现，主要体现在：一是采用不同体裁的比例有所区别；二是采用同一体裁的要求有所区别；三是在结构体式（或称章法）上有所区别；四是在语言风格上有所区别。

按：本届修志20年，史志之别讨论也延续了20年，总是在一步步地深入。本文在前人讨论的基础上又有所推进，应视为是新方志理论日渐成熟的一个表现。

在同刊期上，还发表了江苏省南通市地方志办公室卢建汶的《浅谈地方志对地域文化研究的影响》。文章认为，尽管地方志与地域文化的研究有着不同，但却可以利用地方志深化地域文化的研究，拓宽地域文化研究的领域，可以利用地方志进行地域文化的比较研究。

4月26日，为进一步落实《国务院办公厅关于进一步加强地方志编纂工作的通知》（国办发[1996]47号）精神，天津市人民政府办公厅发文，要求编纂《天津区县年鉴》。通知明确由市地方志编修委员会办公室负责编纂工作，并负责组织和指导基层单位的年鉴编纂工作。《天津区县年鉴》每年出版一部，记载上一年的情况。有条件的区、县、委、局和单位也可以自行编纂出版本地区、本部门、本单位的综合年鉴。

是日，河北省志办王景玉在是日出刊的《河北地方志》今年第2期发表的文章中，提出方志的自然地理编中，不宜以“自然资源”代替“物产”篇名，因为“资源”只是“物产”中的一部分，不是全部。新编方志中以“资源”命篇者，所载多是全部物产，包括有用物产和无用物产，甚至有害物产都记入了，名不副实。续修志书时应予纠正。

陕西省渭南市方志办公室姜子扬在同刊期上发表《志书中变相地为生人立传必须摈

除》，指出有的志书在《人物》部分设“简介”，记述在世人物，这是变相地为生人立传。因为志书中的“简介”和“传”并无区别，有的简介的文字甚至超出传文几倍。

是月，广州市地方志办公室、广州方志馆编辑的《新方志理论与工作研究》论文集出版，收入论文50篇。是书颇类《上海区志编纂十年》、《上海郊县修志十年》，都是对前一届的理论和实践的总结。与前两集略有不同的是，本集又增加了对即将开展的新一轮志书编纂的探讨。集中收录了一些很有分量的文章，如广州地理研究所李平日的《加强续志科学性是时代的需求》一文，就是一个科学工作者对提高志书记述科学性的忠告。文章指出第一届修志中，志书科学性方面还存在一些问题，一是参加修志的人的知识多偏重于社会科学和人文科学方面，自然科学方面的修养不足；二是科学知识偏于陈旧。他指出在续志中要更强调科学性，要了解最新科学发展状况。如1993年的全球年平均气温已比1861年升高约0.8℃，对这项国际公认的气候变化的科学成果，就应该在20世纪80～90年代编纂的地方志中有充分的反映，其中应包括全球尤其是当地近代气候变化的具体数值及不同时期的气候状况，本地区与全球气候变化的异同，本地区在全球气候变暖的大环境变化中的一系列具体状况等等。记述中要有科学的界定。如以热带气旋为例，根据中心风力应分为“热带低压”、“热带风暴”、“强热风暴”、“台风”。不作区分，一律写成“台风”，后世就会误以为20世纪的50～80(或90)年代，当地台风频繁，在计算台风发生率时就会出现很大的错误，因为往往一个地区的台风仅占热带气旋的若干分之一，如果把热带气旋都作为台风统计，台风频率就会增大若干倍。又如降雨，如果不严格按照规定的“特大暴雨”、“暴雨”、“大雨”、“中雨”、“小雨”等一定时限降水量的科学标准记述，而采用某些传媒从感觉判断作出的“某日某地降特大暴雨”，其实降雨量可能远远少于统一科学规定。这样入志就会贻误后人。

是月，《眉山县志》主编王致修在本月出刊的《巴蜀史志》今年第2期，发表《新编〈眉山县志〉修纂反刍》一文，这是一篇较有分量的志后总结。首先概括他们值得注意的经验。一、修志启动后，由县人大常委会作出《关于编修社会主义第一代〈眉山县志〉的决议》，将县政府作出的修志事项写入《县政府常务会议纪要》，发至各部门执行，在部门志、专业志、乡镇志的编修中积累资料、培训队伍。二、在编辑和撰稿人才选择中，重“通才”与“杂家”，坚持四条标准：懂业务、熟地情、善文章、乐奉献。“通才”主记事，“秀才”主文法，两相配合，取长补短。三、在修纂过程中，分纂不分散，同步不抵牾，坚持“一支笔”统纂定稿，保证全书体例、意旨、文风统一。志稿出来后，实行宽评与严审把关。

在总结志书存在问题时，注意反映读者的意见。一、读者反映查检有“三难”，一是记事单元大、面宽、文字长，难找准，费时光。二是跨行业、新学科、边缘学科记述归属的不稳定性，造成查找资料在各综合记事中“大海捞针”。三、章节之首的无题小序，章节之末的不确定标题——“其它”，前者未进目录，无从检索；后者未标明内容，令人难以捉摸。

文章在总结志书存在的不足时，注意阐述理性化的新认识。如在志体与“诸体”的关系中，没有赋予“诸体”以体裁的功用。“表”，多作为志的随文附录。即使不作附录，也要把表本已讲明的事，再用大量文字诠释，不给表以“体”的身份独立叙事，造成重复、多余。照片多缺纵线，没有同物、同角度不同时的比较，看不出发展变化；有的照片没有以“体”纪实，而变成排版技术性处理的补白。在综述与纵述方面的总结中，说志书中虽然在全书经纬编织、线片结合，横排不断意旨，纵写不裂中枢方面作了一些努力，但依然不少篇章松散，不成体系，或类目中有纬无经，或记事单元内有经无纬。一些篇章内，只简单排列着各个微观事物的沿革，既看不出它自身的变化规律，也看不出与他事物的联系。原因出自对“横排纵写”的理解上，似乎“横排”就是按事物立项标目，“纵写”就是在各标目内依时序堆砌材料。至于横排之间如何保持联系，纵写中如何寓理寓律，则缺乏研究。“物有本末，事有终始”，不“纵记”无从陈呈本末、始终，亦无从彰明原由、理论。但纵写要得法。首先，“纵写”不能狭隘地理解为只是时序，还含有设综合记事类的“经线”，把“横排”串起来，强化宏观。其次，记事单元的“纵写”，要力避砌墙式，要“纵”中有“横”，纵记起点、特点、转折、飞跃、延续、终点等运动轨迹中的“重点站”；横记环境、条件、使用、影响与时间同步的空间。另外，在类目（卷、编、篇）中就要设综合记事单元，从上就把“横排”与“纵写”编织起来，贯线通义，纲举目张。当前，续志多趋向采用条目体，尤应预防“纵”、“横”割裂。在“详”与“略”的处理上，存在“三少一缺”，古代的史料少，记地方党政决策少，当代人物记述少，缺少人民“消费生活”一大项。

是月，上海浦东新区史志办公室杨隽在《上海修志向导》今年第2期发表《略谈地方志编纂的改革与创新》，认为80年代以后，中国历史上出现了城市志、开发区志等，作为新的志种，相应出现了许多新问题，亦有了一些编纂的新经验。特别是改革开放以来，国内生产力大大提高，商品经济迅速发展，科学技术日益进步，新兴事业、新兴学科纷起，社会分工越来越细；出版物大增，科技文献、论文日益增多，知识更新越来越快；信息产业崛起，使信息中心、情报中心、研究中心、图书馆、档案馆（室）、咨询服务公司之类的单位在信息储存、传播手段方面越来越现代化，有些已经加入Internet。这种新情况说明了两个问题：第一，往日志书的作用有相当一部分已被其他著作或资料所替代；第二，尽管志书仍在发挥其资治、教化、存史的功能，但已日益显示出它与现代要求的种种不足。这就要求志书改革与创新：一是编写周期要缩短；二是要避免出现“模式化”和“千志一面”的现象；三是要有独到见解，开展学术争鸣。首先不要把方志仅仅看成一部书，而是要把它看成系列书，要编出多层次、多形式的“志书系列”，并把专业志作为志书的重要形式甚至主要形式。其次，地方志要适应时代发展的需要，不同时期应有不同时期的特点，不同地域应有不同方式的反映，抓住特点，发挥优势。他进一步提出改革、创新的设想：一，内容不要过分求全；二，篇目设计要纵横结合；三，篇目结构以章节体为主，在低层次也可用条目体；四，单独成书的专业志、部门志、乡镇志等，内容、体例、文字应该活一些，不拘一格。五，破“不越界而书”，立足省境、市境、区（县）境而书；六，敢于破“详今略古”，立“详今明古”。

5月1日,上海市人民政府办公厅发出《进一步做好上海地方志编纂工作的通知》。一、明确修志指导思想。二、有关部门和单位要把编纂《上海通志》摆到当前修志工作的重要位置,要求:“今年完成编纂并送审,确保2001年出版。要把‘质量第一’的思想贯穿始终,使《上海通志》成为体现上海水平的一流志书。今年还要基本完成专志系列的编纂出版任务。”三、已经完成县志编修工作的县和撤县建区的区,要开展县志续修工作。新建的区如时间已满10年,要开展新区志的编纂工作。续修的县志和新修的区志要在2003年基本完成。条件具备的部门和单位,可以续修专业志。四、区县和部门的地方志机构要承担年鉴编纂任务。五、市地方志办公室要组织编纂《上海方志志》和“上海特色志系列”,生动反映具有上海地方特色的事物,为上海走向世界和世界了解上海服务。六、各级政府和部门要继续重视地方志编纂工作,制定本部门地方志编纂“十五”规划。要按国务院办公厅有关文件的精神,确定方志编纂工作分管领导,稳定、健全方志编纂工作的机构,明确专职修志人员,并提供必要的工作条件。要重视修志队伍建设,提高修志人员的政治思想素质和业务能力,并切实关心他们的生活,参照给予机关工作人员待遇。吸收有一定专业基础、热心修志的中青年从事方志编纂工作,使地方志事业后继有人。

5月6日,《光明日报》报道杨静琦在郑州一次方志研讨会上的讲话:“作为一名多年从事史志编纂的工作者,最近我查阅了一些史料,发现早在1800年前的史志记载中,台湾就是中国临海郡的一个州。这件历史事实,是批驳吕秀莲‘台独’谬论的又一铁证。”她所谓的1800年前的史志,指的是三国时吴国编纂的《临海水土异物志》。在该志中,记载台湾、浙江、福建等沿海地区,均属吴国的临海郡。此一报道为中央人民广播电台、北京电视台转播,《文摘报》、《山西日报》、《郑州晚报》等多家媒体转载。说明史志为现实服务是大有可为的。

5月11日,天津市地方志编委会发出开展续志试点的通知,经市领导批准,先在市科委和静海县等单位进行续修志书试点,待取得经验后,再在全市全面开展。

上旬,国家人民防空办公室在京召开全国各省、自治区、直辖市人防办公室主任会议,研究编纂《中国人民防空五十年》。国家人防办公室主任、总参作战部长吕登明在讲话中,表彰了天津、重庆、辽宁、吉林、黑龙江、甘肃、湖北的《人民防空志》。

5月16～17日,由中国地方志指导小组主办、湖南省地方志编纂委员会承办的全国志书质量标准理论研讨会在长沙举行。来自16个省(市、区)、中央有关部委和单列市、地级市、县代表60余人与会。会议中心议题是回顾首届新方志的编纂在质量问题上的得失、研讨志书质量标准,将理论总结引向深入,为续志达到新高度作好准备。会议认为,志书质量标准应该是对志书整体质量的要求,是个整体的概念,它应包括政治质量、资料质量、编纂质量、文字质量、印刷装帧质量等,真实准确是志书质量标准的根本。一部精品志书应该在科学性、著述性、学术性方面达到较高标准。诸种体裁综合运用是衡量志书著述性标准的完整尺度,而述体的运用是这个尺度的核心。本届志书入志资料从总体上讲是好的,但也存在缺陷，主要是记述历史不连贯，记述现状不全面，时空跨度长，轨迹脉络不清，静态东西多动态东西少，微观资料多宏观资料少，文书档案资料多实地调查资料少，反映地情特色的资料不够完整、典型，筛选提炼考证功夫下得不深等，甚至缺载者有之，失实者有之，详略不当者有之，史实严重错误、数字明显不核者有之。存在"详今有余，略古太过"，甚至"有今无古"的现象。由于对"述而不作"的原则含义不甚清楚，一些地方操作上有偏差，议论评述语言较多。还是应坚持寓褒贬于记述之中，不作主观论断与评价，不应引入学术争论。有的将"宜粗不宜细"的原则滥用，成为回避矛盾、问题的借口。对"文化大革命"的记述谨慎有余而思想解放不足，有的甚至没有记它的发生、发展过程，更没有记其所造成的具体破坏、损失。有些志书记成绩、成功及经验放心大胆，而记问题和失误、教训则心有余悸，等等。会议认为，不论是从提高志书质量，还是从方志现代化来看，制定志书质量标准都是现在必须做的重要基础工作。没有志书质量的规范化和标准化，实现方志信息化、产业化的目标是不可能的。会议对志书质量标准体系的含义和内容等，也进行了讨论。提供此次会议最值得注意的文章有两篇：一是安徽省志办荣华堂、梅森的《必须建立全方位检验志书质量的指标系统》；二是江西省志办范银飞、周慧的《志书质量标准的基本问题》。

5月16～19日，全国地方科技史志研究会在天津举行科技志续修与开发利用学术研讨会。来自河北、河南、山东、山西、安徽、上海、天津等省、市的科技史志工作者20余人与会。会议主要围绕国家科技部提出的科技志续修与开发利用开展了学术探讨和信息交流。

5月23～26日，全国部分城市、西北地区第六次城市志协作会在陕西宝鸡举行。会议围绕回顾总结第一届修志工作，续修工作的方向与任务，21世纪方志事业如何继承、创新与发展，城市志如何为西部大开发战略服务等问题进行了研讨。

5月27日～6月1日，陕西省地方志办公室举行全省地方志业务培训。会期共6天，参加者95人。培训的7个专题内容涉及地方志工作的方方面面：有地方志基本知识和发展源流，有地方志编纂（包括地县志和专业志）理论和方法，有方志审稿的基本规定和要求，有地方志的出版发行及全国续志动态，还有年鉴的编写。由省内较有实践经验的7位修志同行讲课，所讲内容都具有较强的针对性和实践性。这样办班，各方面反映较好。

5月28日，湖北省方志馆开馆并举行全省方志成果展览。参加此次展览的有省属各市、州、省军区、省武警总队、省直各厅局、大型企业等20多个单位的新编地方志成果。在方志馆一、二楼展厅展出的有1840～1985年编纂的省、市、县三级志书、年鉴，还有部门志、专业志、乡镇志、山水志和反映地情、服务现实的各种应用类修志成果。三、四楼为馆藏厅，其目标是将全国本届修成的6000种以上的三级志书和年鉴收集齐全，并配以现代化的技术手段，使这些地情著作更好地为全省的改革开放和现代化建设服务。

同日，广州市地方志系列志书宣传活动在穗举行。

5月30～31日，浙江省地方志编委会办公室和浙江省方志学会，联合举办"'建设文化大省'与21世纪浙江地方志事业研讨会”。先是浙江省委十届三次全体会议提出“建设文化大省,发展文化产业”的目标,省委书记张德江在浙江省社科联第四次代表大会上提出“提炼浙江精神,总结浙江经验,开拓浙江未来”的新任务。本次会议根据这一部署,研讨地方志怎样服务于这个目标。会议认为,这一目标的施行,对地方志来说,是一个发展的机遇,地方志应当充分利用自己熟悉地方历史文化的优势,积极参与文化大省建设;地方志是这个建设的一个重要组成部分;同时,地方志还应当为建设文化大省见证立言。会议还就续修志书中的若干问题进行了讨论。

是月,上海古籍出版社出版《上海图书馆馆藏中国家谱提要》一书。

6月4～6日,四川省第14次川东北片区地方志工作研讨会在德阳召开。

6月16～18日,由《中国地方志》编辑部与晋江市地方志办公室共同举办的东南沿海省份地方志经济部类续修研讨会于晋江举行。会议就如何充分反映改革开放以来经济体制改革的新进展,特别是令世人瞩目的新成就,如社会主义市场经济体制的建立,在农村改革、国企改革、财税制度改革、金融体制改革、社会保障制度建立等方面的根本变化等进行讨论。这次会议,为在更大范围推动续志研究、做好充分的理论准备,起了一个导向性的作用。

6月22日,上海市举行地方志工作会议,贯彻落实上海市人民政府办公厅5月12日《通知》精神,各区都提出了下一阶段工作的具体任务和新的编纂思路。如嘉定区要求未完成乡镇志编纂出版的镇、乡,要抓紧时间,落实人员和经费,早日完成志书出版的任务。

6月25日,是日出刊的《中国地方志》今年第3期,设专栏集中刊发了一组“地方志与西部开发”的文章,有中国地方志指导小组副秘书长单天伦的《地方志与西部大开发》、贵州省志办范同寿的《迎接西部大开发与贵州的文化建设》、云南省志办宋永平的《西部大开发,云南方志界怎么办?》、内蒙古自治区志办乌日吉图的《充分发挥内蒙地方志在西部大开发中的独特作用》、甘肃张掖市志办王国华的《从地方志看甘肃张掖在西部大开发中的历史启示》,分别介绍了各自参与西部大开发的做法。

是月,《上海救捞志》编纂办公室罗杰锋在《上海修志向导》今年第3期发文,建议修一部《上海灾难志》。文章谓:灾难,是与人类生存、发展相伴而存的孪生兄弟,我们自然不能回避。事实上在已经完成的区志、县志或专业志中,也都有了不同程度的记述。如果将它们集中在一起,编成一部全面完整的《上海灾难志》,岂不更能从反面反映上海的先人和前人是如何与各种灾难作抗争的历史?更能警示鞭策后人,从中汲取经验教训而奋进?这可算是逆向思维,从反面事实中得到正面结论的一种实践方式。建议提出,可以从风灾、水灾、雾灾、地震等自然灾害;疾病(瘟疫、流行病)、事故(火灾、海难、交通事故、安全生产等人为灾难)、战乱等方面横分门类予以记述,但应摒弃政治性的人为灾难(如“文化大革命”运动之类)。

是月,杨文华在《巴蜀史志》今年第3期发表《续志(要)刹住前志思维惯性》的文章,提出续志应考虑三种不同的版本:一是求全求细,旨在存史的完全之本;二是以市场信息为主体,兼及一地之基础地情、产业信息、科技信息、政策信息，旨在为现实服务的实用信息本；三为简明扼要全方位反映一地之地情概貌，旨在充分发挥志书教化功能的普及本。本着先易后难的原则，普及本可先行编纂，体例求简。这样可以起到为后志编纂准备、练兵的作用。文中还提出，方志研究的两个翼不可偏废。这两个翼就是方志编纂体例研究和关于地情的调查研究。在目前的续志研究中，关注的重点仍不出上届修志工作研究的范畴，诸如体例、篇目设计、时限及如何与前志接轨方面的话题，其它如何加强地情调研之类的问题仍未引起人们的重视。

是月，《沧桑》2、3期合刊发表山西社科院艾斐研究员《读〈运城地区志〉漫笔》的文章，阐述方志五大功用较前更为深刻。一曰忠实记录史实。方志与历史著作相比，其既不以史带注，亦不以论带史，而只是对有关事实和史料作分门别类的翔实记录，向来被认为是拧干了水分的史料，具有重要的可信度和应用性。二曰鉴别优劣得失。方志所采用的内容，往往不是单向的，而是纵横交叉的，一条纵线自古及今，而在横面上则是对该地区各个时段中的各种社会内容和精神生活的所有方面的平铺式记录，这就极有利于人们进行对照式的比较与平衡，从而看出历史潮流发展的轨迹，觅得兴衰演绎的壶奥，找到扬优祛弊的契机，实现开拓进取的宏愿，达臻快速发展的目的。比较的方法，是最简单实用的方法，同时也是最具辩证逻辑力量的方法，而方志所提供的史实，往往正是运用这种方法鉴别优劣、激励进取的最佳选择。三曰构筑文化基座。中国历来文史不分家，而方志则每每都是文与史、人与事、古与今、资与质等的珠联璧合，是对该地区文化资源的最具力度和效益的开发与利用。方志中所记录的本地历史，主要是由历史上留下痕迹，甚至是铸下辉煌的重要事件与壮丽业绩、知名人士与英雄人物所构成的，这不啻对该地区的一代又一代的人们是一种启迪和激励，是一种熏陶和濡染，是一种驱动和鞭策，尤其是一种性格、精神和意志力的灌输和渗透。这一点非常重要，是一种巨大的精神资产。而方志，则是这种巨大精神资产的典型体现，是本地区最富于本性和应用价值的精神文化矿藏。四曰弘扬人文精神。方志对弘扬人文精神所具有的重要意义，在于它对极具个性和地方的历史精神的发掘、升华与宣示，而历史精神又是涸成人文精神的最有效的渊源。即便是文盲，也要不知不觉接受这种精神渗透，并用以形成自己的人生观和价值观，形成自己的性格和气质，形成自己的理想和追求。在人文精神的铸冶与淬炼中，方志的作用是无可旁贷的。五曰服务现实变革。一切历史存在的最终价值，都在于驱动现实的变革，加速精神的升华和经济的发展。方志更是如此。它看似一种历史文化的沉淀物，其实个中是饱含着活性因素的对现实的激励力量的。我们编纂方志的目的，绝不仅仅在于保存历史，束之高阁，止于欣赏，而更根本、更重要的目的，还在于利用它的特殊效能和特殊力量为变革现实服务。为此，我们就应扩大方志的社会辐射面，使尽可能多的人从中汲取营养和力量，应更高度自觉地从方志所记录的人文史迹中总结经验，寻找典范，掌握法则，运驭规律，促进现实的变革与发展。

该文还提出了志书成功的五条标准，即要：信——志书所记述的史迹和事绩，都是准确和切当的，极少有讹误和纰漏之处；达——叙事上的通脱、清丽和明晰；全——志书内容具体、丰赡、全面，没有给人留下缺失之憾和遗珠之嫌；特——应赋有地方特色、内容特色、编纂特色和印刷特色；雅——志书在内容和形式、文字和图表、装帧和印刷、体例和编排等方面所表现出来的美轮美奂和清致景象。

林衍经在同刊期中发表评论《运城地区志》的文章中，对志书设“经济综述”再次提出异议(早在1995年1月就已经提出过，见该月条)，认为“综述”乃表述方式而非事类，志书篇目的第一层次，当以事类设置卷篇，才能落实志体横排之义。这样一卷横隔在前后各事类之间，有偏离和影响志体之嫌。

是月，《邵长兴方志文存》由河南大学出版社出版，全书80万字，分春、夏、秋、冬四卷。春之卷是纪事，收入作者选编1988年以来历年的《中国地方志十件大事》，1995年以来的《中国年鉴十件大事》以及自1999年开始编写的《全年新出版方志学年鉴学编著述略》等，记载了本届志鉴事业的发展轨迹，每年要事尽收眼底，学术成果一目了然。其中的《新世纪方志事业十点设想》，更是具有前瞻性的探讨。夏之卷是谈书，收入作者主编的《当代中国志坛群星集》中亲自撰写的部分，对全国30多位志界专家学者的学术观点与著作，或专题评论，或扼要记述评点。秋之卷是论志，包括《志坛盛事礼赞——新方志事业15年回顾与前瞻》、《新中国方志事业成就辉煌——10万大军近20年征程凝眸》；还有一些文章涉及方志起源与发展、方志社会功能、修志工作者的品德、修志的准备步骤、记述志传录各种体裁的运用等论题和对数十部新志书的评论等。冬之卷是纪游。此外还特载了各地众多学者对《中国地方志十件大事》的评论和诗词等。

7月9日，天津市教育委员会地方志编纂委员会成立，负责全市各类教育(基础教育、高等教育、职业教育、成人教育)的史志编纂工作。

7月20日，天津市地方志办公室参与召开“勿忘国耻，强我中华，弘扬爱国主义精神座谈会”，纪念中国人民抗击八国联军入侵、义和团运动100周年。大会一致认为，庚子抗击八国联军入侵的民族自卫战争，是鸦片战争以来中国历次反侵略战争中战斗最为酷烈、悲壮的一场民族自卫战争。虽然由于种种原因使这场民族自卫战争的结局以失败告终，但义和团共赴国难、英勇杀敌、死而后已的反帝精神将永世长存。

7月25～27日，中国地方志协会、黑龙江省地方志办公室、黑龙江省地方史志学会联合在哈尔滨市举行全国续志篇目设置理论研讨会。各省、自治区、直辖市以及军事科学院、全国武警总部、铁道部、新疆生产建设兵团等50个单位史志办的代表100多人参加了会议。中国地方志指导小组副组长、中国地方志协会会长王忍之在讲话中强调指出，新一轮修志承担着两项任务：一是“续”，“把中国改革开放20年的变化记述清楚，是新一届修志工作的首要任务”，“要进行深入的调查研究，准确地把握和驾驭这20年的历史进程”；二是“修”，就是对上届志书的修正，好的保留，错的纠正，漏的补上，长的精简。“这次修志应该做到既续又修，不能偏废”。对于篇目的研讨，他说不可能定出一个各地都适用的篇目设置标准本，但是，要设置出结构科学、领属合理、层次清晰、符合本地实际情况的篇目。为此应注意以下几点：1.要体现记述内容的主次和轻重；2.要体现事情发展的历史脉络和轨迹；3.要体现合理的领属关系；4.要体现事物发展的内在逻辑；5.要体现相关事物的关联性；6.要体现续和修的统一。要以总结上届志书篇目设置的成功和不足之处为切入点，研究续修志书的篇目设置。与会者联系各自的实际，对此进行了热烈的讨论。

在讨论中，对即将开始的续志工作出现了两种不同的理解：一种意见认为，续志就是“修续志”，即修断代志，其断限是以上届志书的下限为续志的上限，着重记述上届志书下限之后的史事，只对前届志书的错漏进行“补充”与“纠正”；第二种理解是“续修志”，即依然是贯通古今的通志，除了上届志书下限后的内容要补充进来之外，还要将前届志书的内容融会进来另著新辞。会议认为，在世纪之交召开这样一次研讨会，不仅及时而且必要，会议所讨论的问题，抓住了续修工作特别是续修质量的关键，必将对下届修志起到积极的推动作用。

会议收到论文30余篇，其中，河南省志办许还平、陈守强的《关于第二届〈河南省志〉篇目设计的总体思考》，看来持的是“修续志”的理解。文中详介了河南在续志时，强调要体现“一个坚持三个有利于”，即坚持志体，有利于反映时代特色，有利于反映地方特色，有利于缩短修志周期和适应用志的需要，并说明他们是如何坚持这一原则的。

安徽岳西县志办王晖提出的《续志类型界定和运作机制》一文，持的则是“续修志”的理解。文章从对“补修”、“续修”、“重修”的界定入手，认为重修是历代续志常用的编纂形式，在日新月异的信息时代尤为可取。因为，第一，它是出版光盘版方志的需要，无论前志质量如何，年鉴编纂与否，距上届志书编修时间长短，都该重修“统合古今”的通志，制成光盘软件，以便与网络时代接轨；第二，它是行政区划变动的需要，如县改市、地改市、地市合并等，就不宜续修断代志。文章还提出了一个坚持“党委领导、政府主持”的修志体制，实行“官方招标、主编承包、多方审稿”的运作机制的方案。

广州市地方志办公室许智新在《关于续修新方志篇目设置的几个问题》的文章中，提出制定续志篇目时要特别注意的四个方面：一是要反映由计划经济向市场经济的转变；二是要体现产业结构的调整和第三产业的迅速发展；三是要体现分类方法的科学性；四是要体现地方志“地域性”的基本特征。

是月，杨金荣主编的《浙江省市场志》出版，这是“浙江省志丛书”中的一种。是书由概述、县（市、区）篇两部分组成。概述部分记述了浙江市场发展的历史事实，勾勒各个历史时期浙江市场的特点以及在全国市场发展史上的地位，展示浙江省市场的辉煌成就。县（市、区）篇以行政区域空间分别独立成篇，分记市场概况、市场选介、表格三部分。大事记除收录浙江市场的孕育、发展历史过程外，也部分收录与市场有关的事件，如商品经济的繁荣程度、海外贸易及其管理、市场秩序、税收、物价等。市场选介采用条目体，每个条目包括市场名称、坐落地点、发展过程、市场特色、经营项目、市场辐射面、1998年底基本数据等。这是浙江有史以来第一部以市场为记载对象的专业志书，是纵贯古今市场发展史、横列改革开放以来新兴市场的大型市场史册，也是为世人认识浙江市场、开拓浙江市场所提供的一部翔实的地情书，填补了浙江省地方志历史上没有市场专业志的空白。

是月，青海省地方志编委会进行第一届社会主义新方志编修工作总结，并提出了续修工作方案。会议公布截至今年6月底，青海编纂出版和终审定稿的志书已达109部，占计划数的98.3%，其中省志71部，州(市)、县(区)志37部，填补了青海没有系统省志、绝大多数州、县没有志书的历史空白。

是月，广东省志办主任黄勋拔著《方志编纂学论纲》由广东人民出版社出版。是书遵循实事求是的原则，坚持科学的认识论，紧紧围绕"什么是地方志、怎样编修地方志"这个中心，认真总结了首届修志的丰富实践和基本理论，较系统、深刻地回答了长期困扰方志界的一些问题，为方志编纂理论的新发展作出了贡献。其特点是将方志编纂的基本知识和本届修志的经验教训结合在一起，系统地总结了本届修志的经验，在志书的改革和方志事业的改革、志书体例篇目设计、志书选材、提高志书学术品位、突出志书地方特点等多个方面，提出了创新性的意见，既有理论色彩，更有许多实际操作知识和实例，并附有年鉴编纂的基本知识，尤适合于地方志续修参考和培训地方志编纂人才使用。

是月，秦皇岛市志办齐家璐著的《志书编纂思与行》一书由河北地方志学会印行。作者是曾在全国第二次志书评奖中荣获一等奖的《秦皇岛市志》主编之一。这部论集分为编纂思考、志书评论、旧志研究、志稿评议、会议发言、市志总纂等6个部分。诚如卢振川在书序中所言："其文观点鲜明，新意迭出。其中有些观点虽借鉴了志界前人及当代方志学者的论述，然而却能同时因事阐发自己的独到见解，似旧实新，似因实创。有的文章看起来理论色彩不浓，但却是就实论虚，是从编纂工作的实际需要出发的，有较强的可操作性。"

8月3日，荒砂、孟燕堃主编的《上海妇女志》出版后，举行向复旦大学妇女研究中心等单位赠书仪式。这是全国第一部省(自治区、直辖市)级妇女专志。该志深刻揭示了旧社会上海妇女的苦难生活，展现了上海妇女的觉醒和同国内外反动势力的斗争，上海妇女在新社会发挥"半边天"的作用。本志特别注意显示上海女性人口这个群体的特色，如其生育率下降、老龄化等现象均比全国各地超前约10年，上海女性人口的平均寿命更长，1992年达77.91岁，比男性高3.88岁，1996年达78.21岁，比男性高4.14岁，人口再生产类型已从传统型向现代型转变等。

8月5～7日，中国《武警部队志》稿通审会在北京举行。武警部队各总队、指挥部、直属院校史志办主任，试点单位代表，司、政、后综合部门的有关人员共63人与会。会议对志稿肯定了成绩，也指出了质量方面的主要问题，并结合志稿评议中发现的共性问题，进行了比较详细的剖析和讲评。

8月15日，浙江省衢州市志办韩章训在是日出刊的《福建史志》今年第4期上发表《论市场经济对方志的影响》一文，这是带有概括性和一定代表性的一篇文章。它从四个方面论述了市场经济对方志的影响：

第一是市场经济促使方志观念的更新。文章认为，自80年代以来，人们的方志观念确已发生很大变化。这种变化过程实际上就是各种新旧方志观念论争的消长过程。当代方志观念论争概括起来为四对矛盾观念的论争，即“临时任务观念与长期事业观念”之论争；“修停相间观念与持续发展观念”之论争；“为修而修观念与为用而修观念”之论争；“单纯效益观念与综合效益观念”之论争。通过10多年之论争，人们认识到那些传统方志观念都存在一个通病，那就是它们都只顾方志生产或编纂而不顾及方志消费或接受。当代方志观念的基本特征是把方志接受（或曰用志）视为方志本体的重要组成部分，强调方志编纂与方志接受的辩证关系。近年来开始强调以读志为中心的用志活动，这与市场经济强调市场消费对生产的反作用观点是相一致的。把志书观念从方志观念分离出来，把未曾进入接受领域的编纂活动产品称为方志文本，把已经进入接受领域的方志文本称为方志作品，这同市场经济理论中的“产品”与“商品”两对概念是相对应的。修志与用志的辩证关系，同市场经济既强调生产对消费的作用又强调消费对生产的反作用观点是一致的。

第二是市场经济导致方志事业属性嬗变。文章认为，市场经济使方志事业带有产业性。在计划经济条件下，方志工作属于事业性质；随着市场经济发展不断深入，方志机构在总体上已经带有产业性质。更值得注意的是，市场经济使方志产品带有商品性质。方志产品在具有意识形态性质的同时，在市场经济条件下还带有商品性。可以从两方面来理解：其一是大多数方志生产（或曰编纂）是为交换而进行的，其大多数产品也是为交换而生产的。对于大多数方志生产者来说，从事方志生产也是他们赖以安身立命的手段，或者说至少是他们谋生手段的一部分。其二是方志产品也具有使用价值和交换价值。当然，人们不仅应该看到市场经济条件下方志产品具有一般商品的属性，而且还应该看到方志产品又不完全相同于一般商品，即它具有自己的特殊性。这种特殊性可以从三方面去认识。其一是在社会主义社会里，方志生产的目的主要不是为了实现经济价值，而是为了实现社会价值。这种社会价值必须通过商品交换这一环节，并经过读者接受才能最终实现，这也是方志产品之所以具有商品属性的根本原因。其二是方志产品不可能像一般物质产品那样可以比较精确地计算社会必要劳动时间。所以方志产品的交换实际上是不等价的。其三是方志产品使用价值的实现是伴随着消费者的不同而不同的。一般商品在满足不同消费者的需要时，其使用价值是基本相同的。

第三是市场经济改变方志价值取向。文章认为，在中华人民共和国成立至20世纪80年代前期这段时间里，方志价值的总体取向就是为人民服务和为社会主义服务。那时人们总把社会效益作为方志价值的基本标准。自80年代以来,人们的价值取向及其基本标准也相应发生了变化。其一是在方志编纂过程中普遍加强了经济部类的记述。其二是把为经济建设服务视为方志价值取向这一概念内涵的基本要素。其三是普遍把社会效益与经济效益相统一作为方志经营的基本原则。

第四是市场经济推动方志工作转型。总的趋势就是把方志工作“从以往的案头工作发展成为适应新时代要求的社会服务工作”。其中突出表现有三点:其一,从只顾修志转到修用结合;其二,从完全依靠政府到既依靠政府又面向社会;其三,从单一经营转到多种经营。

文章最后指出,市场经济对于方志工作的影响既有积极一面,也有消极一面。因此,一方面必须充分肯定市场经济对当代方志的积极作用,并努力使方志工作与市场经济接轨;另一方面,又必须清醒认识和注意抵制市场经济对方志的消极影响,并严格按照方志事业所固有的规律办事。

该刊在同期上特别开辟《志苑集粹》专栏,首期选载了《福建省志·军事志》中《福建前线夺取制空权的几场硬仗》。其后又续载了《福建前线海战纪实》、《福建华侨与抗日战争》等,颇受读者欢迎。

8月25日,福建省地方志编委会副主任刘学沛在是日出刊的《中国地方志》今年第4期发表《福建省部分志书经济类记述分析及续志的思考》一文。文章对志书经济部类的分析中,指出存在的问题有四:一是存在结构性的问题,与人文部类比较,经济类比重偏小,这与多数人认为第一届志书中,在改变旧志重人文轻经济的缺陷中,出现矫枉过正,经济部类比重过大的估计正好相反;二是普遍重视记述对外开放,对体制改革记述力度不够;三是关注了对传统产业和地方特色的记述,对新兴产业或部门记述略显不足;四是记述成绩较具体,反映问题不充分。文章提出了续志中经济部类记述应把握十个方面的问题,并提出了一个续志经济类(篇)目的设计构想。

云南省彝良县史志办公室朱德华在同刊期上发表《浅谈新时期志书人物传的写作》,提出新时期人物传的编写要处理好四个关系。一是“秉笔直书”与“实事求是”的关系。两者并不矛盾,只是各自强调的重点有所差异。二是志书中的人物与文艺作品中的人物之间的关系。两者既有联系又有区别,不搞清二者之间的联系与区别,往往会走向两个极端。要么把志书人物当作文艺作品中的人物来描写,远离历史;要么忽视志书人物形象的塑造和刻画,平铺直叙,千篇一律,千人一面,枯燥无味,没有感染力,难以实现人物传资政育人的功能和作用。三是志书真实性与可读性的关系。真实性是人物传写作的根本原则,可读性是人物传追求的目标。成功的人物传应该既具有真实性,又具有可读性。四是详与略的关系。这里主要是把握两点:其一,人物之间,着墨要有分寸,重点人物详写,一般人物略写;其二,同一人物,着墨也要有分寸,闪光的地方详写,细枝末节的地方略写。

是日,山西省政府召开全省新编地方志工作总结会,表彰了自1997年以来开展立功竞赛活动中涌现出来的46个修志先进单位和167名先进工作者,省劳动竞赛委员会予以记功表彰。

8月30日,《中国地方志》主编诸葛计在是日出刊的《河北地方志》今年第4期发表讨论续志的一篇文章中,特别推介了《三河市志》的两个有借鉴意义的做法,认为这确实是认真总结第一轮修志基础上,有针对性的"增新"与"补旧"之善举:

在总结前轮所修的志书时,志界形成了若干的共识。其中资料的开掘和撷取上受议最多的是,平面、一般性资料多,有深度、典型的资料少。《三河市志》是以续1988年出版的《三河县志》为己任的。在补救前志这一缺憾时,志稿在"增新"与"补旧"时,都付出了较大的努力。两方面都有很典型的例子。在诸多新的编章中,《浩然文艺绿化工程》编是最值得推介的。知名作家浩然,1946年参加革命工作,1948年在三河加入中国共产党,从此便将三河作为自己的第二故乡。1984年以后,他曾多次长时间在三河体验生活,以至在此任过多项职务。从1990年起,在当地政府的大力支持下开始施行其文艺绿化工程,旨在培养和扶持文学青年,弘扬时代主旋律,宣传真、善、美,及用社会主义思想占领农村文化阵地。先后办起了"让苍生写,给苍生看,抒苍生情,立苍生传"的《苍生文学》期刊,推出了一大批文学青年,出版了"三河泥土文学丛书",成立了文联、美联、戏协等五六个文艺团体。至1995年,全县有17人成为中国大众文学学会会员,31人成为廊坊市作协会员,4人成为河北省作协会员。这项工程,已使这片昔日被称为京东文化沙漠之地,搞得热气腾腾。其影响不但辐射全国许多省市,而且受到全国有影响的作家的关注。这个特编之设,定会受到方志界、学术界和文艺界的重视。

在"补旧"方面也有很典型的例子。原《县志》的"教育"编记"宝蓟中学"条内共用168字,只记了该校1915年创办,至"1939年因洪水冲毁校舍,师生分别并入到县师范和牛栏山中学",期间共培养毕业生1000余名等最基本的情况。《市志稿》则在《附录》中将这一条扩写成1400字的一条《宝蓟中学兴亡记》。在这个《兴亡记》中,除补记一般中学都应有的兴办经过及办学效果的内容外,特别补记了有关学校被解散情形的一大段文字:

"学校经历军阀混战、盗匪骚扰、洪水天灾。及至沦陷日伪政府统治之手,抗日活动如火如荼的民国二十九年农历正月二十日(1940年2月27日),时任校长的申框芝(又名申扩之)召开全校师生大会,宣读日伪河北省教育厅新集中学(宝蓟中学时改为河北省立第二十初级中学,俗称新集中学——引者注)停办令。接着,年近花甲的教务主任赵鼎勋饱含热泪讲话:'日本人对我们不放心,国破校亡,我们永远不能忘记今天。等到哪一天国土光复,母校重开,你们千万回来看看。如果我死了的话,请你们不管是谁,到我坟前大喊一声,宝蓟中学又开学了!那时我就合上眼了!记住我是滦县人!'片刻,寂静的校园充耳一片哭声。学校到此在悲愤哀泣声中夭亡了。随后,申框芝校长带走学生档案、课桌、课凳、教具和部分师生并入顺义县牛栏山中学。"

接着又补记了学校当时培养的学生中，若干人成为新中国成立后的中高级干部等情况。这样一补，显然比原先《县志》的一般性记述，具有了更强的思想性，对后人的教育作用也更大。这样的努力方向，无疑是我们的续志中所应当追求的。

9月14日，上海沈永清在是日出刊的贵州《史志林》发表《提高新方志学术品位的思考》。认为地方志的学术价值由两个层面构成，一是指在志书编纂实践活动中，能够为方志学科研究提供新的编纂成果，为方志理论的构架提供新的学术成果；二是志书能为各学科的研究者提供翔实、系统、科学的资料。文章引证顾志兴和张桂江的有关论述后，提出方志学的学术品位标准是专指志书的科学质量，即《全国地方志第二次会议纪要》中所说的“表现在志书观点正确，资料丰富准确，体例结构完备合理，充分反映地区特色，内容充实深刻，文字精练通畅等方面；要求志书真实、全面、系统、深刻地反映地区自然、社会、人文的完整面貌和发展演变轨迹”。提高志书学术品位应从编纂主体和客体两个层面上进行考察。主体是志书的编纂者，凡有专家、学者参加编纂的志书，都有较高的学术品位；客体就是志书，其学术品位蕴含于体例(主要是篇目)和内容之中。设计一个容纳一方地情的合理篇目，以求真存实的唯物史观，翔实、系统地记述一方地情，是提高志书学术品位的必由之路。

在同刊期上，报道了张新民著《存史与借鉴：贵州方志文化研究》一书稿通过结题鉴定。是书稿认为，与西方文化著述相较，地方志是中国古代特有的珍贵文献，是我国古代史学撰述中一支重要的谱系。贵州地方志在该地的地方文献中占到50%，主要表现是历史悠久、史料丰富、成就突出、促进交流。书稿对贵州方志千余年来的历史发展情况进行了全面、清晰的阐述，从而理清了贵州方志发展的线索；客观、公正地对贵州方志进行了总体性的评述；提出了自己对方志学理论的独到见解；将地方史志与文化研究结合起来，注重引入现代人类文化学的新成果，扩大了方志学的研究范围，对当今编修地方志书具有重要的参考价值。是书稿在编目和框架上也有自己的特点：一是通论与局部相结合；二是断代与整体相结合；三是本土方志与贵州人在外所编方志相结合；四是贵州方志与全国方志的比较研究相结合；五是三级志书与山水志等相结合；六是观点评论与书目提要相结合；七是新志特征与旧志特征的研究相结合；八是理论与实践相结合。

9月25日出刊的《内蒙古地方志》刊发了魏桥和郭凤岐总结前届修志，提出下届修志的若干看法。魏桥在《续志三思》的“贵因尤贵创”一目之下，列出改革开放以来的新情况，提出对前届修志中的一些原则作新的思考。续志不存在“统合古今，明古详今”，应是“贴近时代”。“不越境而书”不必过分强调，浙江人参加西部大开发和浙江经济的辐射力都应当记。“众手修志”应当完整为“专家修志，众手成书”。“宜粗不宜细”应倒过来为“宜细不宜粗”。在“述而精作”一目下，提出以“述”为主，“作”也不应排斥。一是“作”于修正传统的错误观点；二是“作”于揭示地情和人情的基本特点；三是“作”于志书的总体设计；四是“作”于志书的篇章设计，注意志书规范化的同时，突出自己地方的特点也是一种“作”；五是在志书篇、章前的无题小序。在“主渠道和多渠道”一目下，提出除了“党委领导，政府主持”修志之外，还可以多渠道，相辅相成，互相促进。

郭凤岐在《续修志书应当有个全新的面貌》的文章中，提出续志的定位：“续志不是志续，也不是重修，而是一届新志”，是新修。志规的定位：“述而不作”应改为“述而有作”或“述而精作”；“生不立传”是旧志的“铁则”，上届修志中已经有所突破，变成了“木则”，在续志中应当变为“废则”；“横不缺项”应改为“横要缺项”或“横不缺变项”；“事以类聚，类为一目”，也可以变为“类以事聚，事为一目”；志体的定向，要从单独的编纂走向编纂与研究的结合，使志书从单纯的资料书，跨登到资料著述与学术成果的结合。他提出的口号是：“宁可在创新中走弯路，也不在模仿中走老路。”

9月25～27日，新疆维吾尔自治区地方志第四次工作会议在乌鲁木齐市举行。会议的主要议题是：分析总结本届修志工作的新形势和经验教训，要求加快进度，尽快完成本届预定的修志任务；探讨修志工作为西部开发服务的有效途径；表彰先进集体、先进个人、优秀志书、优秀论文；部署今后工作；进行自治区地方志学会的换届选举。

9月30日，据中国地方志指导小组办公室截至是日的统计，全国省、市、县三级志书规划编纂5881部(卷)，已出版4287部(卷)，完成规划任务的73%。其中，省级志书规划2490卷，已出版1583卷，完成规划任务的64%，山西、黑龙江、安徽、河南、湖北等省的省志全部出版；市级志书规划944部(卷)，已出版604部(卷)，完成规划任务的64%，吉林、黑龙江、江苏、浙江、安徽、山东、湖北、四川等省的市级志书已全部出版；县级志书规划2447部，已出版2100部，完成规划任务的86%，黑龙江、上海、江苏、安徽、山东、湖北、湖南、四川等省、市的县级志书已全部出版。黑龙江、安徽、湖北三省的三级志书已全部完成出版。各省进度详情见下表：

全国三级志书出版情况统计表

(截至2000年9月30日，台湾省资料暂缺)

	省志			市志			县志		
	计划	已出	百分比	计划	已出	百分比	计划	已出	百分比
北京	107	14	13				18	4	22
天津	86	79	91.9				18	17	94.4
河北	95	64	67	11	6	55	139	129	93
山西	66	60	100	11	6	54.5	116	10.2	87.9
内蒙古	83	16	19	12	9	75	101	60	60
辽宁	79	31	39.2	159	117	74	82	67	82
吉林	91	61	67	8	8	100	42	36	86
黑龙江	100	100	100	86	86	100	67	67	100
上海	110	75	68.2				22	22	100
江苏	105	57	54	11	11	100	64	64	100

续表

	省志			市志			县志		
	计划	已出	百分比	计划	已出	百分比	计划	已出	百分比
浙江	60	37	61.7	11	11	100	69	63	95.7
安徽	67	67	100	17	17	100	74	74	100
福建	94	50	57	9	5	55	72	65	90
江西	94	50	53	11	6	54	100	85	85
山东	88	79	89	13	13	100	122	122	100
河南	65	65	100	17	15	88	156	153	98
湖北	32	32	100	11	11	100	72	72	100
湖南	93	81	87	13	9	69	102	102	100
广东	41	44	15	10	60	87	63	72.4	
广西	88	60	68	5	3	60	82	70	85.3
海南	68	16	23				19	10	53
重庆	15	6	40				40	36	90
四川	80	73	91.2	7	7	100	157	157	100
贵州	73	43	58.9	364①	160	43.9	80	70	87.5
云南	82	65	49.3	80	55	68.7	128	119	82.4
西藏	72			7			75		
陕西	92	83	90	24	15	62.5	105	101	96
甘肃	86	51	59.3	14	9	64.2	81	77	95
青海	74	72	97.3	6	5	83.3	31	27	87
宁夏	66	17	25.7	6	3	50	15	14	93.3
新疆	86	38	44.2	16	7	43.8	111	52	46.8
总计	2490	1583	64	944	604	64	2447	2100	86

注①：贵州省各市、地、州级志书，均按分志数单独分列进行统计，故与他省(区、市)的市级志书规划和出版数字略显殊异。

是月，陈毓桂主编的《新疆通志·语言文字志》出版。《新疆通志》中，专设了一部语言文字志。这样的设置完全是从新疆地情的实际出发的。新疆是一个少数民族聚居的地区，少数民族众多，境内有维吾尔、汉、哈萨克、回、蒙古、柯尔克孜、锡伯、满、塔吉克、乌孜别克、塔塔尔、达斡尔、俄罗斯等13个世居民族，加上东乡、壮、撒拉、藏、苗、彝、布依、朝鲜等共有40多个民族，少数民族人口占自治区总人口的60%以上。

在漫长的历史发展长河中，勤劳智慧的新疆各族人民共同创造了丰富的历史和文化，其中作为重要文化载体的各民族语言文字，是最具特色的绚丽瑰宝。据有关历史考证，曾经在西域繁衍生息的古代部族或民族有30多个使用有30多种语言，主要有匈奴语、犍陀罗语、于阗语、汉语、焉耆-龟兹语、突厥语、粟特语、回鹘语、中古波斯语、吐蕃语、蒙古语、满语等。文字也有近20种，主要有汉文、佉卢文、焉耆-龟兹文、于阗文、突厥文、粟特文、叙利亚文、回鹘文、吐蕃文、摩尼文、波斯文、哈卡尼亚文、察合台文、契丹文、回鹘蒙古文、托忒蒙文、八思巴字、满文等。其中的突厥、回鹘语言文字和察合台文，对西域语言文字的发展影响相当大，使用的民族也最多；汉语言文字则在西域沿用了2000余年。现今的13个民族中，汉、回等民族使用汉语言文字；维吾尔、哈萨克、蒙古、柯尔克孜、锡伯、俄罗斯等少数民族除用汉语外，还有自己的语言和文字；塔吉克、乌孜别克、塔塔尔、达斡尔等少数民族也有自己的语言。这些语言分属于汉藏语系、阿尔泰语系、印欧语系。在众多的语言文字中，有西域土著居民使用的语言文字，也有从境外传入而得以发展的语言文字。

针对这样的历史和现实，志书共分7大篇：第一篇《语言文字》，分列8章：(一)西域语言文字；(二)维吾尔语言文字；(三)汉语言文字；(四)哈萨克语言文字；(五)蒙古语言文字；(六)柯尔克孜语言文字；(七)锡伯语言文字及满语言文字；(八)其他民族语言。其余6篇的篇目为：第二篇《管理与规范》；第三篇《调查与研究》；第四篇《文字改革》；第五篇《推行与推广》；第六篇《翻译与互学》；第七篇《机构队伍》，另加附录。编者坚持志书为资料性著述的原则，而不作学术性著述。除了重视语言文字本身之外，也重视语言文字工作，把语言文字工作作为政府行为来看待。单纯的语言文字内容相对较少，学术性的研究工作大多弃而少用，只记述研究的成果。故在书中，对古往今来在新疆使用过的语言文字作恰当的原汁原味的记述的同时，对语言文字工作的重大事件也一一加以记述。鉴于新疆古今地域范围的差异，上古西域古文字一直被历史的尘埃所掩埋，对西域史，尤其是对西域古文献资料的研究，国外先于国内，内地先于新疆的现实；又鉴于新疆文字改革尚无结论的现实等难题，志书均作了恰当的处理。

按：在中国传统的志书中，有专设语言志者，却无专设文字志者。所谓的语言志，记的就是一地的方言土语，故历来的志书中只有方言志之名，却无语言志之称。这是至今省志中首见的一部，也是一部有较高学术价值和实用价值的志书。

10月10～12日，全国城市区志第13次研讨会在北京市西城区举行。会议总结了城区第一届修志的经验，进一步探讨了21世纪续修新志的理论、体例，集中讨论了如何适应新世纪的新情况、新特点，更好地为两个文明建设服务。会议认为，编纂城市区志是一种创新实践，它是城市发展的必然，是社会实践向前推移的结果，是我国修志史上的创新和发展。已经出版的《城市区志编纂概论》，在继承方志学传统的基础上，初步创出了城市区志编纂学的理论，对于城市区志编纂和续修、提高城市区志的质量，有着重要的借鉴作用。

10月17～19日，天津市地方志办公室与天津市李叔同——弘一大师研究会等10个单位，共同举办“纪念李叔同——弘一法师诞辰120周年纪念活动”。出席纪念活动的除天津市的专家学者外，还有来自北京、上海、吉林、杭州、承德等省、市的学者，以及来自台湾的6位专家和客人。这次纪念活动包括学术讨论会、专题音乐会。为配合这次纪念活动，天津市地方志办公室先期出版了《李叔同——弘一法师影志》、《李叔同——弘一法师纪念集》两书，天津市邮局发行了大师诞辰120周年纪念首日封，《天津史志》2000年第6期专门刊发了有关大师的系列内容。这是天津市研究李叔同——弘一法师以来，规模最大、层次最高的一次纪念活动。

10月20日，中国地方志指导小组在北京召开专家座谈会，研究志书续修问题。与会的专家有浙江省地方志学会会长魏桥、中国社会科学院历史研究所研究员何龄修、河北大学历史系教授吕志毅、北京大学历史系教授李孝聪、贵州省地方志办公室主任范同寿、陕西师范大学历史地理所教授黄永年、中国社会科学院图书馆方志收藏中心副研究馆员赵家朱等。专家们对关于续修和重修、续志内容与形式的创新、续志的名称、关于续志科学性和提高志书质量、关于修志队伍建设等问题，发表了各自的意见和见解。

10月22日，中国地方志指导小组在北京召开部分省、区地方志办公室主任座谈会，讨论对第一届修志的总结，研究续志问题，并征求对《关于续修地方志工作的若干意见(讨论稿)》的意见。在讨论前届志书及方志工作中存在的问题时，山东省代表孙其海提出，修志的目的在于用，但在实践中这一点常常被忽略。在志书的体例和实用性之间往往重体例；当形式和实用发生矛盾时，过分强调形式；传统模式和创新发生矛盾时，又多迁就于传统模式。贵州省代表范同寿提出，地方志工作之所以被忽视，关键在于地方志自身，编纂周期过长和落后的编纂手段使志书落后于时代，庞大的文字量使读者望而却步。同时，一部厚重的志书，对专业人员而言，因找不到研究所需的深层次资料仍感不足。志书离时代越远，离用志者就越远。续志中如果不改变这种情况，地方志的路将越走越窄。

10月30日，针对目前关于第二轮修志是“修续志”还是“重修志”的不同理解及争议，河北沧州市志办孟庆斌在《河北地方志》今年第5期上发表一种新的见解，说明续修与重修之间的关系。文章认为，不少人理解的志书有了一次创修，然后加上不断续修就形成了一地的志书系统，有了这样不间断的续修，就没有必要进行重修了，这并不符合方志的历史情况。他的理解是，一次创修之后又进行重修是有必要的，但不是在紧接前次修志之后。紧接其后的应是接着修续志，待到社会发展到一个新的阶段之后再来重修。怎样看待历史上续修者少而创(重)修者多的现象呢？他的解释是，造成这种情况的原因有两个因素。一是客观因素。由于社会历史发展的阶段性和非匀速性，经过一定时间积累而发生质的变化。当社会发生巨变之后，原来的志书模式必然会与这种发生了巨变的社会不相适应。对前志有一定继承性的续志虽然能够进行自身调整，但面对巨大的社会变化也会无能为力。这时重修就成为必须。二是主观因素。随着社会的发展，人们观察自然、观察社会的方法和角度会发生本质的变化。在经过一个历史时期之后，人们自然会重新审视本地区的历史进程。在这个过程中也必然会发现新的材料。因此,以新方法、新观点去认识地方自然与社会的发展历程及其特点,以新材料、新内容去反映和记述地方情况也是势所必然的。因此,历史上有许多次修志和续修,但仍然避免不了重修。以本届修志为例,各地原来大都有旧志,但没有一个是在旧志基础上续修的。这是因为半封建、半殖民地社会到社会主义社会,整个社会已经发生了质的变化。反映这种巨大的历史飞跃,旧的模式是不适应的。而且人们对地方自然与历史认识的方法也产生了巨大的飞跃。利用新方法、新观点、新材料创修一代社会主义新志书是社会主义文化的必然现象。在本届修志之后,虽然续修志书已经成为一项连续不断的文化工程,虽然社会主义制度不会改变,但经过一个较长的历史时期之后,重修新志也是一种必然现象。续修与重修是两种不同情况下不同阶段的修志工作,各有其必要性,又不能互相取代。前志修成之后,随着时间发展,逐渐不能满足人们了解现实情况的需要,重修又不可能时,续修恰恰是满足这种需要的最好形式,也是前修和重修间最好过渡性中期修志工程。特别是社会发展日益加快的今天,续志更是人们了解现实的重要工具。续志是前志的继续,更是将来重修的基础。续志应在历史上占有一席之地,但续志在历史上为什么成书较少呢?一是因为历史上修志间隔较长,仅仅续修难以适应需求;二是因为旧时代社会的动荡、政治的腐败、文化制度的落后,使修志工作难以形成制度,有的续修也往往流产。

截至本月底,已建成省(自治区、直辖市)级方志馆的有上海、山东、浙江、湖北、湖南、广西、四川、云南、新疆;正在筹建中的有河北、吉林、江苏、安徽、河南、广东、贵州、陕西。据不完全统计,已建成的省级以下的方志馆有:黑龙江肇东市华夏方志馆、江苏吴县东山方志名人馆、锡山市吴地方志馆,浙江宁波市天一阁中国地方志珍藏馆,山东潍坊方志馆、泰安方志馆,湖北武汉方志馆、武汉铁路局方志馆,湖南桂阳县方志馆、娄底“端阳史志馆”,广东广州市方志馆、梅州市方志馆、肇庆市方志馆等。

已建成省情资料信息库的有山东、四川、贵州。

正在筹建省情资料库的有吉林、安徽、广东、广西。

已建成省情资料信息网络的有吉林、黑龙江、福建、山东。

截至本月底,已续修成第二代志书的有:河北《蔚县志(续编)》,吉林《白城市志(1986—1995)》,山西《孝义县志》,内蒙古《武川县志(续编)》,辽宁《沈阳市志(1994)》、《沈阳市志(1995)》、《沈阳市志(1996)》、《沈阳市志(1997)》、沈阳《于洪区志(1986—1990)》、沈阳《东陵区志(1986—1990)》、《东陵区志(1991—1995)》,上海《嘉定县续志》,浙江《普陀区志(1987—1995)》,安徽《濉溪县志续编(1986—1996)》,江西《瑞昌县志续编(1986—1989)》、《铜鼓县志续编》,河南《新密市志(1986—1995)》、《孟县志(1986—1992)》、《新野县志(1987—1995)》,广东《新会县志续编》,重庆《续修武隆县志》,四川《大邑县志(续编)》、《南充市志(续编)》、《兴文县志(续编)》。

是月,台湾省《鹿港镇志》出版。是志起修于1994年8月,全志由台湾省中兴大学黄秀政教授任总主持人，台湾省师范大学教授吴文星任副总主持。全书分地理、沿革、政事、经济、交通、民族、教育、宗教、艺文、人物10篇共46章、133节，200余万字。是书最大特点是学术价值较高。10篇的10位主持人都是大学、研究机构的教授、研究员，学术意识都很强。被称为台湾省内“三百多乡镇中最具规模和学术价值的乡镇志”，“是目前台湾仅见最壮丽的乡镇志”。

11月4～13日，福建省地方志编委会刘学沛副主任、唐天尧编审等一行五人，应台湾文化大学华冈文教基金会的邀请，赴台进行地方志业务交流。相互进行了座谈交流，互赠了志书。这是闽、台两岸为共同弘扬中华民族文化迈出可喜的一步。

11月16～17日，四川省召开本届地方志工作总结暨表彰大会。受省政府表彰的有50个先进单位和52个个人；受省人事局、省地方志编纂委员会表彰的有49个先进单位和54名先进个人。同时还举办了四川省新编地方志成果展览，由省志编委、9个省志承编单位、21个市(州)志办参展，共展出三级志书及相关的地情资料共4500种，15000余册。还编辑出版了《四川新编方志成果特刊》。

11月17日，广西壮族自治区人民政府以桂政[2000]66号文件，发出《自治区人民政府批转自治区地方志编纂委员会关于开展广西第二届三级地方志书编纂工作意见的通知》，对全自治区编纂第二届三级志书作了全面部署。11月20～21日，召开自治区第二届地方志编纂工作会议，动员全面开展第二届新方志的编纂工作。截至开会时，首届编修三级志书175部的任务，已完成157部，占计划数的90%。其中市、县志完成97%，《广西通志》完成83%。

11月24日，陕西省人民政府办公厅发布《关于开展续修地方志工作的通知》，决定从2000年起，全面开始续修地方志，志书下限一律为2010年，凡未完成本届修志任务的地区和单位，要在抓紧完成首届修志任务后，即转入续修志工作。

11月28～29日，全军军事志续修工作座谈会于军事科学院举行，中国人民解放军副总参谋长、全军军事志指导小组组长钱树根到会看望与会代表，并发表了重要讲话。他充分肯定了20年来军事志编纂工作所取得的显著成绩，强调续修军事志工作在国防和军队现代化建设、特别是军事斗争准备中具有重要地位和作用，要把续修工作做得更好。会议总结了上届修志工作情况。按照规划，第一届军事志应完成2685部(篇)，至开会时，已完成2524部(篇)，占计划数的94%。会议还原则通过了《关于续修军事志工作几个问题的意见》和《2001年全军军事志工作要点》，同意作进一步修改并报批后下发施行。

是月，上海地方志编纂委员会以沪志委[2000]第2号文件，颁发《关于上海市续修地方志工作的若干规定》。这是将今年5月市政府办公厅《关于进一步做好上海地方志编纂工作的通知》的进一步具体化。

是月，河北省地方志办公室原副主任王景玉的《方志学新探》出版。是书主要涉及地方志的源流和发展，新方志基本原则，方志续修，对民国期间12部方志名著的评价，对河北历代修志名人简介,对省志的考评及旧志的整理等。诸葛计在该书序言中指出其有四大显著特点:实事求是的态度和理论联系实际的学风,指导性的文章可操作性强,注意新经验的总结,提出了若干独到的见解。

12月1~6日,广西通志馆根据自治区人民政府决定,在自治区博物馆举办广西新编地方志展览,目的是总结本届新编地方志工作所取得的丰硕成果,宣传地方志记述广西的地情优势,弘扬修志工作者的拼搏、奉献精神,指导社会各界读志用志,激励更多的单位和个人利用新编地方志成果为两个文明建设服务。为配合此次展览,通志馆特编了三本书:《广西新编地方志二十年》、《广西新编地方志文献汇编》、《广西新编地方志展览》(画册)。

12月8日,中国地方志指导小组第一届成员、中国现代地理学开拓者、国际著名地理学家、中国科学院地理科学与资源研究所研究员黄秉维先生逝世。

12月15日,黑龙江省"中国龙志"网站完成全面升级。该网站今年4月开工建设,7月下旬建成,至是完成全面升级。这是目前全国地方志系统技术最先进、功能最强大、检索最快捷的多媒体网站之一。已经出版的省志60多部分志已全部输入,其市、县志书也将陆续入网。

是日,王宝仁在《福建史志》今年第6期发表《方志编纂中史与志相互作用的探讨》,认为志是史的组成部分。史对志书的编纂有指导作用,也有制约作用,而志对史则有拓展作用。这对志与史关系的研究又有所推进。

《福建史志》同期上选刊《福建省志·华侨志》中的"华侨与抗日战争"部分,忠实地记录了海外侨胞抗日救国的行动和热情,事迹感人至深,让人读来泪下。这是宣传志书、扩大志书爱国主义教育作用的好方法,值得倡导与效法。

12月18~23日,中国森林警察总部进行各总队志书评审会。中国森林警察组建于1948年,其主要任务是进行森林防火灭火,保护森林资源,保护动、植物资源,维护林区治安。自组建至今的几十年内,这支武装队伍作出了卓越的贡献,被称为"森林保护神"。随着环境保护这一基本国策的逐步实施,这支队伍的地位更日显重要。目前,全国共有4个森林总队,各总队的志书均已完成评审稿。会议就黑龙江、吉林、内蒙古、云南4部总队志进行了评审。除总部编史办领导和各志书主编外,中国地方志指导小组办公室还专派《中国地方志》原主编诸葛计参加了评审会。

12月25日,内蒙古鄂托克旗地方志办公室仁钦道尔吉在《内蒙古地方志》今年第6期上发表《新形势下地方志的特点、价值和效益导论》,认为在建立社会主义市场经济体制的条件下,地方志具有商品的性质,它所具有的资料、信息、情报、文献等属性,具有价值和使用价值。它的价值是蕴藏在地方志中的人类劳动成果,是人类劳动的精神产品。它的使用价值,是满足人们的某种需要,表现为情报价值、凭证价值或证明某种史实的价值。地方志与其他物质产品一样,是抽象劳动和具体劳动的统一,价值和使用价值的统一,具有产品属性。但地方志又不同于一般物质商品，它是精神产品，具有历史文化价值，有其自身的特殊性：(1)方志的形成是人类社会发展到一定阶段的产物，不是完全为了交换而形成的；(2)地方志不可能像其它物质产品那样精确地计算社会必要劳动时间，更不能重复。(3)方志在经济领域已难以实现普遍的真正等价交换的原则；(4)方志的价值不会自动实现，更不能平等竞争，而是由使用者用后才能产生社会效益和经济效益；(5)方志是一种人类劳动的精神产品，有其自身发展规律，不完全由市场法则决定其兴衰成败。因此在地方志编纂出版工作中，不能只强调其商品属性，或完全否定其商品属性而只强调其特殊性。要正确认识志书编纂工作的社会效益和经济效益。在发挥和实现方志两个效益过程中，应从实际出发，正确认识志书和方志工作的特点。在建立社会主义市场经济的今天，编史修志部门要想更好地发挥和实现志书的两个效益，就必须坚持以社会效益为最高准则，把方志成果积极推向市场，使方志成果在市场经济中得到自然增值，千方百计地在两个效益结合点上做文章、下功夫，争取两个效益的统一。

12 月 25～27 日，广东省于肇庆召开全省用志工作现场会。会议介绍了各地用志的经验，总结了全省方志系统用志工作的基本情况，要求全省各地在用志中要把握好四个问题：一是围绕政府中心工作，把为政府决策和社会各项事业的发展服务作为主要内容；二是以地情市场的需求为导向，了解市场需求，并按市场需求搞好地情资源开发，为社会各项事业的发展提供地情服务；三是深入细致地进行地情调查研究，掌握更多特别是深层次的第一手资料；四是逐步采用现代化传输手段搞好用志。

12 月 30 日，新疆克孜勒苏自治州党史办主任贺继宏，在中国历史文化研究会主办的《历史文化》(河南郑州)第 4 期发表文章，认为时至今日，方志学尚未形成独立的学科，主要表现在：一、方志学尚无统一的、完整的理论体系；二、所谓“旧方志学”和“新方志学”之说，都不能成立；三、方志研究机构尚不健全，研究队伍尚未形成；四、无专业教学，无统一教材。就目前这种机构和队伍状况，要创建方志学，应该说是十分困难的。因此，他认为，面对这一现实，方志界应当摒弃那种急于确立方志学地位的浮躁情绪，而是首先对方志编纂学作进一步深入扎实的研究，在确立方志编纂学学科地位的基础上，建立统一的、完整的方志编纂学科体系，同时积极与国家教育行政部门取得联系，组织力量，筹编全国统一的方志编纂学教材，积极创造条件，在部分大专院校开设方志编纂学专业，培养方志学编纂专业人才。同时，在国家和省、市、自治区社科院及有关大专院校和方志编纂机构内，逐步设立方志研究的专门机构，以健全机构，加强队伍。只有这样才有望在条件成熟的情况下，建立方志学的统一的、完整的理论体系，确立方志学的独立的学科地位。

是月，《浙江方志》今年第 6 期发表金兆法《缙云新谱调查与分析》，文章谓 20 世纪 90 年代以来，缙云修成新谱达 100 种以上。作者进行一番调查研究后著文，介绍了修新谱的组织领导和经费筹措，分析了新谱比旧谱在形式上的诸种创新，新谱中存在的问题。作者认为新谱是在没有理论指导、缺乏必要条件下自发完成的，不管主修者是否意识到，都是对太平盛世的肯定和记录。倘若新谱对历史和现实记录的定位更加明确一点，包括族人和方志办在内的各方面思想更加解放一点，在编纂过程中，方志办倘能稍作规范和指导，则出彩之处必将更多，遗憾之处将会减少，其整体水平必将在现有的基础上有一个大的提高。

是月，杨文华在《巴蜀史志》今年第6期发表《从〈大邑县志续编〉看续志的几个问题》。一、续志的体例结构与前志应“似是而非”，全部推倒上届志书的篇目不行，不根据实际情况改进也不行。二、自然地理，续志不能轻言舍弃。续志作为一部独立的资料性著述，其独立的基础即在于相对独立完整的地情资料信息。若顾忌重复，凡前志已记，续志就不记或略记，势必会影响续志资料的完整性。续志也是地方志，因此关于一地基础地情如自然地理条件、地方风貌特色等不仅要反映，而且随着人们对地理认识研究的深化及前志经验教训的总结，还得进一步强化。三、关于社会风俗，续志的处理应有另类模式，将重点放在对各项民俗事象变化的发掘上。四、关于人物，应当有量和质的变化。五、增补，赋予续志的不仅仅是资料价值。六、“勘误”、“纠错”，没有单独加以突出的必要。

是月，贵州省地方志编委会顾问张桂江著《百部志书点评》一书出版。是书收入志评文章121篇，涉及全国20多个省、自治区、直辖市的省（区）志、城市志、地区（盟）志、县志和专志，并收入部分对方志学家学术思想和方志著作的评论文章，少量的志稿评审文章。杨静琦在该书序言中，称其“是在20世纪出版的新方志评论中带有总汇性质的一部，是方志评论学的形成和发展，有利于新方志学的创建”。书末附有《地方志编纂与续修》等两篇。这些文章重在总结经验，有较强的可操作性。

是月，《〈武汉市志〉全志索引》由武汉大学出版社出版，这是志书修成后另补索引出版，在全国为首家。是索引共分9类，即条目与子目索引、地名索引、人名索引、特有名词索引、书目艺文索引、图照索引、表格索引、动物名称索引、植物名称索引等。各部类按汉语拼音音序排列。

是月，贵州省地方志办公室与省信息中心配合，在因特网上开通贵州方志与地情网。该网设有修志简介、修志机构、省志出版动态、各地州市修志简介、新方志提要、为您服务等窗口。网址为：http://www.guizhou-difangzhi.gov.cn.

是年，由湖南娄底地区教科所历史教研员佘国纲个人筹资建办的“端阳史志馆”建成挂牌。

是年，浙江《普陀洛迦山志》出版。“海天佛国”普陀山素有修志传统，自元至民国已历8次修，此为第9次修。是志为普陀山方丈妙善大和尚任总裁、编辑领导小组组长，赵朴初、印顺、寿冶、净慧为名誉总裁，王连生居士任主编。初稿完成后曾请方志界著名学者魏桥、浙江省方志办副主任王志邦、《宁波市志》主编俞福海、《普陀区志》主编蒋文波等参与评审。全志分《观世音菩萨本迹》、《佛国风貌》、《教况》、《寺院》、《名僧》、《文物古迹》、《文献》、《诗颂》、

《朝山揽胜》等9卷。是本届修志中僧界修成的一部大型志书。

是年,安徽大学历史系林衍经副教授新著《方志编纂系论》出版。该书是作者20年来从事方志理论研究、参与社会主义新方志编纂的成果,论述了省、地、县三级志书和城市志、部门志、专业志的编修和续修,方志评论与方志编纂的关系。是书有四个特点:一是着力阐发方志编纂内容,理论联系实际,体现了实践性;二是广征博采,引用了全国新编各级各类志书、志稿百余种,古今方志理论著作和文章数十种,并初步总结了当代社会主义新方志编纂的经验、教训,内容广泛丰富;三是将新方志与续志编纂串通连贯,紧扣志书质量保障和提高,重点和中心突出;四是以理论引出实例,用实例印证体现理论内涵,深入浅出地传述方志编纂义理和技法,通俗浅显,可读易懂。

是年,天津《红桥区志》出版。该志修纂中,从位于该区水西庄一私家园林与《红楼梦》中的大观园的诸多相似点入手进行研究,得出大观园的原型之一是水西庄。该庄原有的豪华生活,正是曹雪芹写作的素材之一。这一论点公布之后,引起了方志学界、红学界、史学界的重视。著名红学专家周汝昌认为是红学研究具有突破性的发展。

2011年1月6日完稿

2012年3月30日校定

后记

1月8日，我们的大外孙女张雪22岁生日，她今年就要大学毕业了。小外孙女黄晓笛八周岁生日是1月16日，还是小学二年级学生。喃儿本来打算趁双休日，为她们姐妹俩举行一个共同的生日聚会。奈茈儿腰疼不能开车，天气又特冷，行动极不方便，无法去将他姐一家接来，所以没有聚成。好在恰于今日我的本书全稿校毕，愉悦心情总算略补了一点未能全家团聚的遗憾。

正想休息一两天再来着手做全书索引，无意间忽于一堆旧报纸中，见到《作家文摘》去年11月16日第2版的《老新闻人范敬宜》一文。范老从《人民日报》总编辑位上退下来后，以古稀之年出长清华大学新闻学院。他给学生讲的第一堂课的主题就是："如果有来生，还是当记者"。这句经典性的话语，概括了他深爱自己所从事职业的情结。我没有他那么高的境界，但早在二十多年前，我去各地讲课，或会见地方基层的方志工作者时，也曾多次讲过："如果我刚大学毕业，让我来选志愿，我就选方志工作。"

我所恰逢的这一轮修志，是在一度中断之后的重新开启。没有充分的组织、思想和理论准备；人员多是从各队伍中可以抽出的"富余人员"凑集而来；缺乏起码的工作条件，不少人自谑是修"四苦全书"。身为中国地方志指导小组办公室主任、《中国地方志》主编的我，到各地去充耳所闻的都是一片叫苦之声。面对这种情绪，除了与他们进行业务交流之外，几乎每次我都要讲讲我的真心话（不是做思想工作的宣传话）：方志工作是一项传世的事业。旧时多少有志于此的人，为了修就或印成一部志书，不惜卖田卖地、倾家荡产。现在全县数十万人之中，选定你们来做方志工作，做成之后还有国家出资为你出版、发行，不是你们的幸运又是什么？那些有史以来修当地第一部志书的人，更是历史的最大幸运。还举我同学当中，有人一毕业就分配到地方，中年以后才有幸来做地方志工作，经十多年的努力，终于有了自己一块厚厚的"砖头"存世。而我是一毕业就被分配到国家最高科研机构的，当时也算是幸运者了。但直到快退休了，我有什么？依仍是两手空空。其实地方志工作，既接触社会久远的历史,又站在现实的最前沿,还有成百上千的人为你收集资料,使你眼界无限宽阔。在这样的条件下,退可以守——比较自如地完成自己承担的任务;进可以攻——以此为基地,可以进行多方面的专题研究,什么样的成果出不来?据说与我进行过这种交流的朋友当中,一些人后来在进行文艺创作、地情资料收集(如金石、碑刻、宗教、族谱)、地方历史和地域文化研究方面,都取得了不等的成绩。这使我更坚信了"如果我刚大学毕业,让我来选志愿,我就选方志工作"那句话是出自内心的,没有半点向人说教的成分。

经过几十天对全稿的一遍校对,我深感作校对比原先写初稿时要繁难得多。初稿写作时,据手头资料按部写来就是。顺手时多写点,不顺手时少写点,从未为它去做噩梦。但进入校对之后却噩梦连连。而且梦到的总是自己前一天刚校完的稿子,依仍杂乱无章,甚至连句子都通不下来,醒来时往往大汗淋漓,烦躁之极。现在虽然校对完了,惴惴之心仍难放下。原因之一是作为打字用的电脑,联想的功能过于灵敏。原本要打一个"第"或"都",只要敲二或四次键就已完成,但习惯性地再加一下确认键,就变成"第三世界"、"都江堰市"了。有时袖子或本册不经意间碰上哪一个键,多出一字或删掉一字的事就出现了。

任何的学术或科学工作者的一生,都是在为后人填石铺路,所不同的只是他(她)所铺垫的那块石头的宽窄、平崎的差异而已。本书之成,知我罪我,在所不计矣。年逾古稀,不敢更有其他奢求。如若友人问我还有什么余愿?只好答曰:余念有二:一是近二十年来写就的一部《史志论文集》,不知尚能变成结集的铅字纸本否?二是想找机会多读几本沿边地区的旧志书。

以上文字,是我于2011年1月9日对自定稿一次校对完毕后写成的。时隔一年有余,经再校出版社编辑加工过的稿子后,感触颇多,故又有不少的话要说。

本来,与广西师大出版社正式签订出版合同以来的一年多,我的心情一直是平静的,生活节奏也很正常。但自校读赵艳、虞劲松两位责任编辑发送过来经他们编辑加工的稿子开始,我的生活节奏又乱了。该睡时睡不着,该起来时却头脑昏昏,委靡不振。不是工作紧张所致,而是心中的感慨在与时俱增,引起自己一阵阵脸红发烧。到校完一过,再来做一点读校总结时,我那种羞愧难当、无地自容的情绪,达到了无以复加的地步。这是因为,仅经他们改正的错别字和习惯用语就是大量的。除了一些个人用语习惯的差异而可此可彼(如"参与"与"参预"、"晋世"与"晋代"、"记实"与"纪实"等)和繁体简体的统一规范,以及电脑联想因目力关系而选择错误(如"宗"与"宋"、"待郎"与"侍郎"、"剌史"与"刺史"等)之外,有许多都是我从来就分辨不清,或者原来尚可分辨得清、老来反而拿捏不定的,如"制订"与"制定"、"其间"与"期间"、"必须"与"必需"等。尤其是像将"遑论"错成"惶论",这对于一个也算是学历史出身的人来说,简直是不可容忍的错误。

回顾我一生之中,充当编辑的时日也算不少。就用我这样的水平去审编人家的稿子,不知给人家留下多少遗憾,又不知造成了多少冤枉。想到此,除了汗流浃背、无地自容和睡不着觉之外，还能有什么?! 今天从他们经手过的稿子中，我才算初步了解到什么叫编辑，什么是一个合格的编辑、称职的编辑、好的编辑、优秀的编辑。这当中，当然重要的是文化水平，没有高深的文化素养，也就是通常说的才、学、识，成不了一个合格的编辑。但更重的还是尽职尽责的职业操守、一心一意的职业良心和舍我为人的敬业精神，总起来也就是一个“德”字。我是十二万分地感谢他们在本稿上下的功夫。没有他们的细致把关，将来印行出去，诸葛还有何颜面再见学界师友?!

他们为本稿所付出的心血，将来只见书的读者是无法理解的，就是他们出版社的领导和同事，恐怕也是无法详知的，只有我才能体会得到他们的艰辛与付出。如果说上面说到的那数以百计的错误，在通读行文中有水平者就能发现的话，那么大量引文的核对，就不是凭文化水平的高低可以解决的了。必须要查对大量的原始资料。这些资料都不是轻易可得的。我在写作时引有大量的是第二手、第三手资料。限于精力和条件，许多都没有查对原文。作为两位“为人作嫁”的编辑，他们却尽可能地去进行了原书核对。这种原始资料核对之烦难辛苦，我也是在这次核对中，有又一次深刻的体验，在此不妨试举一例。

那是 2014 年 3 月 2 日，在核对稿中东晋元帝时虞溥纂的《江表传》一则时，有转自张国淦《中国古方志考》中引《邵氏闻见后录》中的一段文字：“予官长安时，或云雩杜民家有《江表传》，因为外台言之，亟委官以取，民惊恐焚之。”编辑赵艳先生为我于《江表传》之后补了一个《英雄传》的书名，又于“民惊恐”之后补一“遽”字。我先引张书时并未查对原书。为验证编辑的改动，我才去将《邵氏闻见后录》找来核对。是书系笔记体，一事一条，一条便是一自然段。为了找一捷径，我先从每一条开头有“予”字的找起，共有 16 处之多。找了两遍，就是没有“予官长安时”。于是又从每一自然段之末找“民惊恐焚之”，找了一遍，一个也没有找得。无奈，还得用笨办法，从头一行行找起。最后还是在卷九中“神宗恶后汉书范晔姓名”条中才找到，原文果如赵艳先生所补加的字句。为了核证这么一条，我就花了近三个小时。从她加工过的稿子可以看出，她对稿子所引资料的核对是大量的。

虽说今日之编辑工作，可以用电脑帮助进行检索，但也不是一件容易的事情。首先很多少见的书还不能进行电脑检索，即或有些已经可以了，但如“二十五史”以及《太平御览》等，都是数百卷、数千页的大书，即使检索也是很费神费时的。以此推想，她为本稿付出的时间和心血，何可数计? 通过对绝大多数她改动处的核对，我真信服了。故即或我原来引的是原书，没有抄错的资料，只要她提出疑问，我去尽量重核一次，又发现了她在版本上也是下了功夫的。如稿中所引《玉海》中的各条，虽核我原抄光绪九年浙江书局重刻本是没有抄错的，但我发现她所据本子比我所据的本子好，故多数都遵从了她的改动。

他们二位除了在原稿上的直接改动之外，还提出了不少的疑问与值得商讨的问题。这些问题的提出，都促使我去作进一步的推敲与斟酌，对原稿的漏洞有所弥补。如校对至下卷 1999 年 1 月 27 日，关于晋江市的方志工作者，为查实菲律宾国父扶南·黎刹之高祖柯南戈的原籍为福建晋江罗山上郭村，并在菲律宾获得公证认可一条时，编辑虞劲松先生就原稿的表述提出了一个问题：菲律宾方面向中方提出的是查找其国父扶南·黎刹之高祖柯南戈之原籍，而中方学者福建晋江市志办庄维坤和晋江市地方志协会杨清江两位先生，查考得的是柯仪南的出生地福建刺桐上郭村。两者的名字并不一致(一个柯南戈，一个柯仪南)，何以在菲律宾方面就获得公证，予以承认？我写此条时，见到当时中国多家官方媒体的报导均是这样写法，就照录了。经虞先生作为问题提出，我才意识到这里果然还有一个有待解开的扣。于是先后辗转通过厦门市党史办单辉、厦门市志办葛向勇、晋江市志办林海龙诸先生，最后才找到参加查找考证者之一的杨清江先生进行咨询。听了杨先生的说明，我便在校对稿中，增加了这样一条按语："按：菲方要求中方寻找的是柯南戈的祖籍。而中方于刺桐上郭村找到的是柯仪南，菲方何以认可？原来柯仪南到菲之后，被人尊称为'南哥'。久而久之，人们便以为他本名就是'南戈'。故'南戈'实是'南哥'之讹，实际其本名是柯仪南。——这个结，系笔者于 2012 年 3 月 30 日，与考证者之一的杨清江先生电话沟通之后才解开的。"

在这个《后记》里增写这么一些，无非就是要再一次地对两位责编先生，表示深深的尊敬与感谢。当然，这本书之能得以出版，首先是要感谢广西师大出版社的领导何林夏等先生，是他们在当时那样的出版形势下，还接受了这个选题。上面这样的话语，在读别人著作时，也能经常读到。但只有自己经历之后，才会体会到读者的理解，与原著者的感情差距有多大。

诸葛计
2015 年 3 月
于北京天通苑五桐斋

附录一：关于《新中国方志五十年史事录》一书的几则文字

1.陈桥驿序

诸葛计先生《中国方志五十年史事录》(以下简称《事录》)著述告成，行将公之于世。在我国方志史乃至文化史上，都是一件空前的大事。修纂地方志是中国的优秀文化传统，这种传统必将世代流传不绝，而《事录》是我国悠久的方志史上第一部这类著述，兹事体大，所以值得重视。

现在且不议论我国修志始于何时的问题，因为各家对此意见并不一致。但在历史上曾经出现过的几次修志高潮，是人所共见的，不妨在此略举其端：

第一次修志高潮肇始于六朝而终于隋。《隋书·经籍志》著录“以备地理之记焉”139部，1432卷。并谓：“齐时，陆澄聚一百六十家之说，依其前后远近，编而为部，谓之地理书。任昉又增陆澄之书八十四家，谓之地记。陈时，顾野王抄撰众家之言作《舆地志》。隋大业中，普诏天下诸郡，条其风俗、物产、地图，上于尚书，故隋代有《诸郡物产土俗记》一百三十一卷，《区宇图志》一百二十九卷，《诸州图经集》一百卷。其余记、注甚众。今陆、任二家所记之内而又别行者，各录在其书之上，自余次之于下，以备地理之记焉。”

第二次修志高潮在北宋大中祥符年代(1008～1016)。据《玉海》卷14“祥符图经”条所载，这是一次全国性的《图经》普修，是朝廷诏命李宗谔主修的。结果是：“三年(1010)十二月丁巳，书成，凡一千五百六十六卷，目录二卷，宗谔等上之。诏嘉奖，赐器币，命宗谔为序。”

以上两次修志高潮，成果都在千卷以上，可惜绝大多数都已亡佚。

第三次高潮是明嘉靖(1522～1566)至万历(1573～1620)年代。按《中国地方志联合目录》统计，现存嘉靖地方志340种，占明朝现存地方志的34.4%；现存万历地方志358种，占明朝现存地方志的36.2%。

第四次修志高潮是清康熙(1662～1722)到乾隆(1736～1795)年代。现存康熙地方志1379种，占清朝现存地方志的24.5%；现存乾隆地方志1154种，占清朝现存地方志的20.2%。

第五次修志高潮是民国年代(1912～1949),时间不长,但修志甚多,现存民国地方志共有1629种。

中国方志史中以上五次修志高潮,除第一次有《隋书·经籍志》的一段简短文字可稽,而第二次有《玉海》条目略获端倪外,其余从明嘉靖到民国,都无人进行总结评论,这是方志史上令人遗憾的空缺。

现在,从上世纪80年代之初开始到世纪之末,中国方志史上出现持续20年的第六次修志高潮。与历史上的前五次相比,这一次修志高潮在投入人力之众,涉及地域之广,获得成果之多等方面,实非以前五次可望项背。20年中,除了已经修成省(区)、市、县三级地方志(指通志)共4280余部(卷)外,志书以外的文献,在此书《例言》中所举:“近20年来的地方志期刊就数百种,学术著作数百部,论文上万篇。”所以《事录》不仅事属必要,而且工程浩瀚。诸葛计先生曾长期担任执地方志期刊牛耳的《中国地方志》主编,在这次修志高潮中博览群籍,总挈全局,所以才能以高屋建瓴之优势,有条不紊地把50年特别后20年高潮中涌现的巨量史事,细分缕析,从容编年。在中国方志史中,《事录》无疑具有划时代的意义。

值得指出的还有,《事录》从全局来说,虽如《例言》所称“意在全面反映近五十年来志事之概貌”,但是由于作者凭借其在这20年修志高潮的亲身阅历从而积累的丰富经验,这种经验使他有能力放弃历来惯用的平铺直叙的编年方法,而对史事作了深入的归纳和分析,大大提高了这部文献的史料价值。

我十分佩服作者在《例言》中阐明此书著述方针。例如:《事录》对各种修志的会议和活动,不论规模、规格,而视内容和客观效果为转移。对于文章选介,重实不重名。此外,《事录》按其书名不过是编年录事,但内容实系记事与载言并举,甚至载言多于记事。正因如此,《事录》确实达到了作者撰述此书的宗旨,不仅全面反映了近50年来的志事概貌,而且对于这一时期,特别是近20年修志高潮的经验和教训,作了完整而深刻的总结,不仅有裨于当代方志史和方志学的研究,而且在促进和提高新一轮志书的质量方面,也作出了有益的贡献。

这次有机会读到《事录》书稿,实在不胜荣幸;但受命作《序》,却又深感愧惶。我对方志学并无研究,这些年来,承蒙方志界的厚爱,所以有必要在此作点交代。因为我所从事的专业需要利用方志,曾因几项研究工作而在国内外图书馆查阅过数千种方志,事详我的一位助手侯慧粦副教授所撰《陈桥驿与地方志》(《陈桥驿方志论集·附录》,杭州大学出版社1997年出版)一文中。我不过是一个方志的用户,我和方志的渊源关系,仅此而已。

回忆1956年,我在浙江师范学院地理系担任教研室主任,因为按教学计划规定高年级学生需要进行野外实习,此事由我负责,我选定了浙江宁绍地区为实习基地。在室内准备过程中,这个地区的方志当然是必读文献,但我发现大学生对旧时志书,阅读很有困难。不得不临时为他们开设一门选修课,目的是为了阅读和利用方志。而教务处却把这门课程定为“方志学”,而且听课的人不少。我就这样获得了为大学生开设“方志学”的经历。正是因为这一点名实不副的经历，上世纪80年代之初，修志高潮刚刚掀起，方志界就邀我参与其事，让我有机会在这20年的志书修纂中说三道四。其实，我所提出的一些主张，只不过是一个用户的意见，很可能并不符合方志学的道理。

此外，我在国外不少汉学界的朋友，他们在研究工作中也需要利用中国方志，例如美国的施坚雅（G.W.Skinner）教授和日本的斯波义信教授，他们都帮助过我引回流失在国外的孤本方志，也经常讨论中国方志。1985年，我们三人曾专门讨论了民国《鄞县通志》。但他们和我一样，也只是方志的用户。所以那天我们在日本大阪的议论，虽然已经见诸文字（见拙撰《民国〈鄞县通志〉与外国汉学家的研究》，收入于《陈桥驿方志论集》），但恐怕也并不符合方志学的道理。

特别需要说明的是拙著《陈桥驿方志论集》，从局外人看来，一本方志论集冠以自己的名氏，一副十足"方志学家"派头。而事实是，当年我并不愿意出版此书。这是1995年，我偶然发现几位研究生在出版社的支持下，正在搜罗我在各种方志期刊所发表的文章及为一些志书所写的序等等，我当时就加以劝阻。由于我随即到北美访问讲学，此事就此淡忘，却不料半年后回国，出版社已经排出了样书，就等我为此作序。所以在此《序》开头我就说明："我不是方志学家，生平并未系统地研究过方志学这门学问。"

我在本《序》赘述这些《序》外之言，主要为了说明，自从1956年在大学地理系开设"方志学"的课程以来，直到上世纪80年代参与若干修志工作，对我来说，实是一个学习过程。而诸葛计先生的书稿给我十分重要的学习机会。一种明显的感觉是，20年来通过参与修志，当然有所收获，但是这种收获属于零敲碎打而不成系统的。《事录》对我的印象则是一气呵成的一盘全局，它让我看清了半个世纪特别是最后20年修志过程的全貌。而且，由于作者所采用的记事与载言并举的写作方法，使我对20年中修志事业，特别是其中若干重要的问题，获得更为全面和深入的理解。其中不少史事，对于今后的方志修纂关系重大，所以在此举几个例子，说一点体会，实在就是《事录》对我的教益，是我的初步读后感。

第一个问题是修志的队伍问题。在上个世纪80年代之初，由于来势汹涌，不少地方确实仓促上阵。许多市县是从政府内部或退休人员中凑集修志班子的，这种临时拼凑起来的班子，当然很难胜任这种对他们来说是完全陌生的工作。《事录》记及1988年3月中国地方志指导小组在北京组织10位专家评议玉山、渭南、萧山3部县志，我忝为其中之一。我的印象是，与会专家中直接参与修志者极少，所以除了志书内容以外，对其他修志问题，诸如人员的遴选，资料的收集，卷篇的设计等等，专家们很少发言。山西省的刘海清先生或许是当时唯一对各地修志比较了解的专家。他在发言中曾经批评某些地方拼凑修志人员的情况："得志的不修志，修志的不得志。"像这样临时拉起来的班子，当然修不出好志。

这里就涉及专家的问题，《事录》引及台湾中国文化大学宋晞教授的意见："中国方志的修纂人员比较复杂，由学者或学术水平较高的人主修的方志学术水平较高，反之则低。"《慈溪县志》主编周乃复先生在其《中外地方志比较研究的肇始之作》(《中国地方志》1993年第4期)一文中也提出:“我国这一届修志队伍的结构是不够理想的,至少在县(市)一级,专家主持或参与编志的极少,连应邀参加评议的也凤毛麟角,实在应引起领导部门的警觉,采取措施加以改正。”

我在拙撰《回顾与展望——修志跨入新世纪》(《浙江方志》2001年第2期,又收入杨金荣主编《续志研究——建设文化大省与21世纪浙江地方志事业》,方志出版社2001年出版)一文中,对此也作过一些议论:“周先生指出的问题确实存在,而且也确实影响了志书的质量,不过这里有一个‘专家’的问题,由于长期没有修志,开始时,除了在30年代有过著述的极少数几位老一辈学者外,实在没有方志专家。倒是某些从政府部门中调出来的人员,因为对修志工作发生了感情,从而热爱修志事业,工作努力,锲而不舍,终于修出了佳志,而使自己成为了方志专家,这种例子在浙江就有不少。”

其实,经过这20年的辛勤耕耘,全国许多地方都出现了一批方志专家,这批在实际工作中培养起来的专家,是以后续修志书的重要力量。所以《事录》记述1992年6月在成都举行的全国首届市县志工作联席会议中提出的今后修志队伍的组织问题,实在事关重要。《事录》记述了一些具体事实以后说:“十多年来培养锻炼形成的有较高政治文化素质而熟悉地情的方志工作队伍就这样散掉了。搞得不好,在我国有悠久的传统的地方志事业又将会中断,希在搞好改革开放的同时,进一步加强对修志工作的领导和管理。”

如何保护这20年中各地涌现出来的这些修志专家,这是我国地方志修纂事业可持续发展的关键问题,值得我们高度重视。

我对《事录》所记深感兴趣的问题是关于方志属性的议论。方志是什么?对方志界来说,这个问题是普遍关心的。我是个方志的用户,甚至可以说是个大用户,接触方志为时很早,阅读方志数量很多,但我对这个问题确实极少考虑,而且自甘不求甚解。我的这种思想其实也存在于其他前辈学者之中,记得1985年,已故著名历史地理学家史念海教授与曹尔琴教授合著《方志刍议》一书(浙江人民出版社1986年出版),事前嘱《序》于我,并且告诉我,方志一词的概念学术界的议论颇不一致,他知道我常出国讲学,与外国汉学家多有来往,所以要求我把外国学者如何称谓中国方志的内容写入《序》中,希望通过他们对方志的称谓以了解外国学者对中国方志属性的看法。我遵嘱在该《序》中写入了一段关于外国学者对中国方志一词的不同称谓。外国汉学家使用中国方志的确实不少,但他们对方志唯一要求就是资料,所以虽然各有各的称谓,但并不反映他们对方志属性的见解。正如《事录》记及我国第二次全国方志工作会议发言中反馈北美汉学家对中国方志希望之一是:“尽可能扩大规模和资料含量。”

由于我自己长期来阅读方志就是为了资料,所以并不回避我把资料作为方志核心的看法。我在拙著《论集·序》中说了几句方志界或许存在不同意见的话:“方志的可贵在于资料,方志的生命力也在于资料。在近年新修的方志中,我也看到过一些政府公报式的、有骨无肉的作品,对于这一类志书,它们的实在生命,或许在首发式以后就告结束。”为此,对于方志属性的纷纭说法中,我十分赞同胡乔木先生所说:“地方志是严肃的、科学的资料书。”现在,《事录》又让我读到他对地方志的另外一些言论:“从事地方志工作,还是要搞学问,要把它当成学术工作来抓,本来不是行政性的事。”“修地方志,应当是个做学问的地方。过去修志是一些很有学问的人去做的,它本身是一项学术性的工作。”“地方志写得好坏,还应当由学者来鉴定。”

修志是做学问,地方志是资料书,这是我十分拥戴和赞赏的。当然,这两者都有一个前提。对于做学问,现在,有些做官的和做生意的,他们也“做学问”,把做学问当作做官和做生意的门面。其实大可不必,做官有做官的本职,生意人有生意人的本职,学者有学者的本职,只要大家都各尽本职,我们的整体事业就会兴旺发达。做学问的前提是什么?要具备刻苦钻研、锲而不舍的精神,要过得惯清贫淡泊的生活。诸葛计先生从事《事录》的写作,就是做学问的现成例子,不必我另外再说什么。

方志是资料书,这种资料书的前提是什么?胡乔木先生已经解释清楚:“严肃的、科学的”。对于“严肃”和“科学”,《事录》为我们提供了许多有价值的记事。例如在《湖南地方志》的一篇文章中提出的:“要秉笔直书,不要御笔行事。”假使哪一部地方志的修纂,不是秉笔直书,而是御笔行事,那末,这些资料有什么“存史”价值?更不用说“教化”和“资治”了。

在中国,正史(清乾隆间修《四库全书》,诏定二十四史为“正史”)的地位比方志要高得多。长期以来,人们尊重正史,因为历史上出现过不少如文天祥在《正气歌》中所赞扬的“在齐太史简,在晋董狐笔”的史官。虽然正史中也有像《魏书》那样沦落为“秽史”的,而中国的礼教传统毕竟培养了许多敢于秉笔直书的史官,维护了二十四史的尊严和声誉。所以地方志在这方面应当以正史为榜样,必须秉笔直书,这样的资料才是严肃的和科学的。

秉笔直书是地方志记叙资料的原则。此外,地方志资料还有一个处理方法的问题。在这方面,《事录》记入《中国地方志》(1992 年第 4 期)载福建曾万文先生撰文呼吁的:“志书应注明资料出处。”资料出处,利于人们对“秉笔”和“御笔”的分辨,从而鉴定资料是否“严肃”、“科学”。而且也有利于提高地方志的学术性。地方志的学术地位有待提高(包括新旧方志),这是众所共见的事实。我的历届研究生在学年论文中极少引用地方志,其原因除了传统的成见以外,主要就是地方志资料没有出处。所以地方志的修纂者希望读者把地方志视为学术著作,就得像学术著作一样地处理它的资料。

地方志记叙资料,孰多孰少,孰轻孰重的问题,20 年来方志界也颇有不同意见,《事录》在这方面不仅有记事,而且载言,不仅让我们窥及这种不同意见的渊源脉络,在方志史上,也仍然值得后人继续思考讨论。《事录》在这方面的不少记事中,“湖北模式”或许具有一定的代表性,即所谓“事以类从,详近略远,综述历史,分陈现状”。“详近略远”与另外一些人提出

“详今略古”,其实是雷同的。我在参加《绍兴市志》稿讨论时,该志主编任桂全先生提出“详今明古”,在措词上显然更为稳妥一些。地方志资料应该“详今”,看来是方志界一致的意见。但《事录》提出了一些例外,如军事志,由于涉及保密,而军事的内容却是越近越需要保密,所以应详古略今。此外,对于向无志书的地方,记叙上限不限,必须贯通古今,不必为“略古”而将有用资料轻易淘汰。

“详今”既然是方志界一致认同的资料取舍原则,但《事录》又以较长的篇幅记叙了居然有人不同意地方志记述史无前例、震惊人寰的“文化大革命”(这既是当今新事又是头等大事)。当然,《事录》也记入了这方面的反对意见,特别是陈元方先生所写的《新编地方志不记述“文革”是对我国现代的歪曲》的文章。《事录》引起我的旧事重忆,记得上世纪80年代之初,已故史念海先生邀我到西安为他的研究生讲课,这半个多月中,正值陈元方先生接手领导陕西省地方志修纂之时,由于史先生的介绍,陈先生邀我议论中断已久的志事,留餐款待,畅谈甚洽。所以当年我就深悉了他对新修志书的真知灼见,特别是对于“文革”入志之事,我们之间意见完全一致。现在,陈先生已成古人,披读《事录》不胜感慨系之。

地方志当然应该记叙“十年灾难”,而且要记下在这场浩劫之中,地方上受损伤最严重的事实。假使地方志不记载“文革”,或者如上一届某些地方志那样,下笔唯恐及此,浮光掠影,用套语滥调,匆匆带过,这实在是方志修纂者对当地人民和子孙后代的严重失职,对于这样的方志,则续修时应当补叙。在这方面,我认为值得称赞的是《洛阳市志》。此志第13卷《文化艺术志》卷首《概述》记载:

“1966年6月,洛阳出现‘造反’组织;8月,毛泽东的《我的一张大字报——炮打司令部》出现在洛阳街头,从而把洛阳的‘文化大革命’推向高潮。各种名目的‘造反’组织,以破‘四旧’为名,捣毁文物,破坏建筑,烧毁古籍。他们在白马寺烧毁历代经书55884卷,砸毁佛像91尊……这种疯狂的大破坏后,洛阳古代泥塑和近代泥塑无一幸存。”

此志第14卷《文物志》第10卷《文博事业》又作了记载:

“建国后,由于‘文化大革命’中‘破四旧’,1966年8月,白马寺村民将寺内收藏的《大藏经》55884卷焚烧,砸毁元、明两代塑像91尊。9月,关林塑像8尊及像龛也被全部推倒砸毁。”

我曾经在《在洛阳古都谈修志用志》(《河洛史志》2001年第2期)一文中称赞《洛阳市志》的上述记载是“千古文章”。而且在拙撰《佛教与佛学》(全国中文社科核心期刊《思想战线》2000年第6期)一文中录入了上述文章。今年,阮坚勇先生在澳门国际公开大学的硕士论文《绍兴旅游文化营销战略研究》(中华书局2002年3月出版)行将出版,求序于我,我在此《序》中再次录入上述文章。我认为《洛阳市志》记叙的关于“文化大革命”的资料,不仅是严肃的和科学的,而且充分体现了长期来众所公认的地方志的存史、教化、资治的功能。

《事录》对我的启迪实在很多,不再在《序》中一一列举。总的来说,此书是方志史上一部出色的阶段总结，也是方志学中一种值得推荐的教材。在下一轮修志中，它将发挥承前启后、继往开来的作用，有裨于我国方志修纂事业的繁荣发展。

陈桥驿

2002年9月于杭州大学

2.自序——中国方志五十年概说

一

编纂地方志书，是中华民族的一项优良的文化传统。这个传统源远流长。如果按照志界的其中一种说法，周初的“古国史即古方志”的话，它已有三千年的历史。就是按大家都可以接受的从汉代的“图经”算起，至今也有二千年的历史了。再退一步说，即使就从地方志的成熟时期的宋代算来，其历史也早已超过千年。

千百年来，代代赓续，连绵不断，产生了难以精确数计的方志著作。虽屡经兵燹、水火灾害、虫蚁蠹食和人为之劫，代有亡佚失传者，但幸存的数量依然足以令人叹为观止。据统计，仅国内大陆至今尚存的通志、府志、州志、厅志、县志、乡土志、里镇志、卫所志、关隘志、岛屿志、盐井志等，就有近万种之多，共11万多卷，占了我国现存古籍的1/10还强。如果再加上为数可观的山水志、寺庙志、名胜志、书院志等杂志，称其超过万种，绝对是个十分保守的估计。

中华民族这一项有悠久历史的优秀文化传统，在我们这一代人手中继承发扬得如何，现状又怎么样了？我们是否上对得起祖宗，下对得起子孙？这恐怕是国人、全球华人甚至是全世界文化学术界都颇为关注的问题。早在8年前，笔者就试图对此问题来做一份答卷。当时曾撰写了《七十年代末至今新编地方志工作概述》的文章，刊发于《当代中国史研究》和《中国史学年鉴(1994)》。给《中国史学年鉴》写的原是《新中国方志四十年概说》，刊发时由于篇幅原因，仅发了《七十年末至今新编地方志概述》部分。限于当时个人了解情况有限，所能涉及的自然是难免挂一漏万。

时间又过去了8年。至2000年底，从70年代末开始的全国有史以来最大规模的一次修志活动，任务已经基本完成，一个大的修志高潮已近尾声。新中国也正好走过了她半个世纪的光辉历程。以此作为方志史上的一个历史阶段，来进行一番总结，不但是可以的，而且也是必要的了。自中国地方志指导小组第二届接任以来，就反复强调要认真总结这一届修志的经验、教训，为新一轮志书的编修提供借鉴。指导小组成员奚原先生还特别建议，指导小组办公室专设一个研究机构，结合实际调查和开展志书评议，积累基本资料，进行系统的理论、政策研究。但由于种种原因，号召者多，实行者少。站在全国的角度进行全面总结者，更未见任何个人或机构着手进行。适本人于世纪之交的那一年退休，归隐陋斋穷庐，无所事事。便又试图重续旧梦，将自己步入志界以来所积累的一些资料进行一番整理，为全国性的全面总结提供一些资料准备。这就是本书撰写的缘由。

二

如前所述，编修地方志是我们民族的一项文化传统。新中国成立之后，整个社会的基本指导思想发生了根本性的变化。以马克思列宁主义、毛泽东思想和邓小平理论为指导的我们的党政领导和我们这一代人，是如何对待历史遗产的？我们都做了些什么？仅从对待历代传留下来的编修地方志的这一优秀传统上面，也可以窥见一斑。

新中国成立50年来的历史，以那场史无前例的“文化大革命”而分成前后两段。这两个时段内各出现了一个编修地方志的高潮：前一个高潮出现在五六十年代之交；后一高潮则是70年代末以来的这20多年。两个时段内的社会基本思想、政治经济文化局面的不同，使得两次修志高潮也各具特点。修出来的志书则恰恰是这两个时段历史特点的反映。

五六十年代那次修志，是在毛泽东主席亲自倡导下开展起来的。除毛泽东主席号召全国都要编修地方志之外，国务院总理周恩来、国家副主席董必武、内务部长谢觉哉等高层领导者，都对修志工作有过重要的讲话。当时将编修地方志列入了国家社会科学规划，成立了全国地方志小组主持其事。据国家档案局1960年的统计，当时就有20多个省、市、自治区的530多个县，开展了编修地方志的工作，其中约有250多个县写出了县志初稿，正式出版的有20部左右，还有一大批专业志和基层单位的志稿。

对于那一次的修志，至今人们存有不同的看法。有的人认为那是一次不成功的尝试。有些甚至是一些在志界颇有影响的人士，不读书，不了解情况，也信口地说当时修出来的志书基本上是废品。（见本书1991年6月条）对此，笔者不敢苟同。那次修志虽然因“文化大革命”的冲击而中断，所修成的志书，大多数受当时强调“阶级斗争”或宣传“伟大成就”以及“大跃进”等“左”的思潮的影响，或内容较为简略，或有浓重的宣传色彩，或引用了当时夸大失实的许多浮夸的数字资料，有的甚至完全不合志体，其不成功之处是明显的，教训也是深刻的。但绝非一无是处，修出来的志书也绝非都是废品。这次修志活动，使我国的修志传统得以延续，它的承前启后之功是不可没的。其主要表现在：

一是以全新的思想为指导，对志书的编修和志书体例的创新进行了探索，积累了一定的经验，也取得了教训。中国过去历来的修志，都是以封建正统思想为指导的，记述的重点是王侯将相和各级封建官吏的文治武功，地方绅商的嘉行懿德，节妇孝子的忠孝节义，没有劳动人民的历史地位。对敢于起来反抗封建统治的行为，称为叛道离经，视为洪水猛兽，在志书中对之进行无情的口诛笔伐。而五六十年代这次修志则一改了过去的做法，充分地肯定了人民群众的历史功绩和创造精神，恢复了他们应有的历史地位。在志书的体例方面也进行了一定的探讨。如安徽省哲学社会科学研究所历史研究室王茂先生撰成的《六安县新志提纲》,就具有一定的代表性,成为当时该省新志编修的范例。在它的影响下,安徽在五六十年代,共修出志稿18部。由于志绩突出,曾受到国家档案局的表彰。类似的探讨,在其他各省的修志中也有出现。正如方志学家傅振伦先生在评论河南省的一部志稿中所说的,当时修成的这些志稿,体例、资料和观点上,都已不同于旧志。但由于受当时“左”的思潮的影响,且仓促成稿,不免带有“左”的倾向,而且比较粗糙。但“这批志稿为1980年10月中国社会科学院及中国地方史志协会研究拟定《县志编纂条例草案》以及1981年元月中国地方史志协会筹备小组拟定《新县志编纂方案》(草案)的张本”。(见本书1958年3月条)

二是通过调查研究,积累了一些有用的资料,有的甚至是很可贵的资料。如贵州省习水县志办公室在修志中编成的《温水理民经政厅》、《大汉温水军分政府》《温水理民经政厅厅官》等,集中了数10万字的珍贵资料。昆明市编出了从史前至民国二十五年的史事资料长编。广西当时为了编修《广西通志》做资料准备,曾做了大量的实地调查,编辑了《太平天国革命在广西调查资料汇编》和《中法战争调查资料实录》。前者是在深入滇、粤和广西169个县,收得1000多万字的档案、地方文献、碑刻和口碑资料的基础上编成的,十分珍贵,出版之后受到学术界的高度评价。《四川省志·农林水利志》的编纂者熊达成,当时就查阅了四川138个县的县志,制成起自公元前181年以来的水、旱、地震等自然灾害表2200多张,使各年中发生的自然灾害一目了然地呈现出来,很具价值。笔者家乡修成的广西《临桂县志初稿》中,关于解放初期土地改革的记述,就保留了许多鲜活难得的资料,比其后1996年出版的新编《临桂县志》中对此问题的记述还要充实得多,可读性也强得多。(见本书1960年7月26日条)

三是编成的有些志书或志稿,为其后的修志准备了一定的基础。如湖南省当时编成的《湖南省志·近百年大事记》,曾先后连续出过三版,成为80年代新编《湖南省志》的第一卷;其《地理志》上下册,成为后来新志的一个专卷。青海省修成的《青海省志·青海历史纪要》,也成为80年代新编《青海省志》的第一卷。(青海省志修纂情况,见陈超、刘玉清《青海地方志书介绍》第12～14页,该书分别介绍了青海于五六十年代修成的几部县志,颇值得参考。)

四是出版了一批有一定质量的新志书。当时公开出版的志书一时还没有精确的统计数字,大体在20部左右。这些志书有的达到了较高的水平。如1958年12月出版的湖北省《浠水县简志》和《咸宁县简志》。前者可以称得上是简而有当。全书依次分为23目,记录了志书所应包括的各项内容,做到疏而不漏。其《教育》一篇,全篇仅4000余字,却比较清晰地反映了教育发展过程的概况和现状。《咸宁县简志》的“凡例”中称:“图表为史家所重,惟旧时图既不精,表亦多用于人事方面,意义不大。本简志除全县地图外,附有行政区划、山脉水系图,力求精确,使全县形势一目了然。叙述事物,尤重统计表,核实填列(数字如发现错误,常向原材料机关往返商询,有至数次者),因为统计表可以表现每一事物的变迁和发展,比较专用文字叙述,更为清晰。”可见修志人员很重视图表的运用,且制作态度十分严谨。

尤其值得提出的是，有些志书更是成为可以传世的精品。如河北省《昌黎县志》编纂委员会与中国科学院语言研究所联合编纂的由科学出版社于1960年7月出版的《昌黎方言志》。全书36万字，是运用现代科学方法，对一个县的方言进行了上百个点的调查之后，写成的一部体大思精的方言著作。出版之后就曾得到国内外的好评，成为高校学生的基本读物。笔者当时所在的武汉大学，就曾列为中文系汉语专业的基本读物之一。直到30多年后，还被有的语言学研究者称之为“是我国第一部正式出版的方言专志，也是我国用现代语言学的方法编写的一部代表作，它对于以后的方言语法入志产生了很大的影响”。（见本书1960年7月条）

仅从上述这些简列的事实便可见，对那次修志采取完全否定是缺少科学态度的。笔者赞同徐健先生在《黑龙江史志》1991年第4期发表的《1966年前新修方志工作述评》一文提出的看法（见本书1991年8月1日条）。

在这个时段内，台湾省的修志取得了比大陆各省更为明显的成绩。1960年《台湾省通志稿》完成，至1965年全部刊行，全书1000余万字，下限至1950年。1966年奉命又着手增修为《台湾省通志》，将下限延至1961年。至1973年增修完成，全书1820万字。由于《通志稿》和《通志》各有特色，故两书都出版并行。省以下除了基隆（1959）、台北（1970）等市志和各县县志修成外，还普遍地开展了乡镇志的编修，早在1959年就有《中各乡志》等的出版。在此期间，相关部门曾于1968年8月21日公布了一个《地方志纂修办法》，规定“志书纂修，省志20年一修，市及县志10年纂修一次”。

除了政府以行政部署的修志之外，台湾还有学术团体同仁的修志。中华学术院中华地理学会的张其昀教授等地理学派的学者们，历来主张“地理学家既以研究人地相应之故为其本质，自然在各学科中，为其中坚与枢纽”，“当毅然以此自任，积以岁月，精进不已，而（使）有理想的台湾方志公之于世”。故在中华学术院下设有台湾新方志编纂委员会，以地理学派的观点来修志。计划对台湾各市县“分别撰述新方志一册，22个市县，计22册，总称为台湾方志丛书”。1971年出版了这套丛书的第一种——《阳明山新方志》。

三

70年代末以来至世纪之交的这次修志，是中国历史上规模最大的一次。无论组织体系之完整，参与修志人数之众多，对方志理论探讨之全面、深入，修成志书数量之多，收获之大，都是空前的。通过对本届修志史事编年的编纂，笔者对这一次修志形成了如下的初步认识：

第一，各省、市、县都建立了专门常设的修志机构，在社会上进行了广泛的动员。历史上的修志，从来都是每当朝廷有旨，督府有檄，省、府、州、县各级才临时拼组班子或延聘人员进行编修的。省、府一级的修志，完全以督、抚的见识水平高下和少数几个人的意志为转移，州、县则多由主纂者的水平或好恶而定。且志成人散（去），到下一轮要修志时，才又重新物色选聘人员，从头开始，故而总是时断时续。修志从来都只是临时性的任务。清人章学诚有鉴于此法之弊多多,曾提出了"州县请立志科议",希望建立常设的修志机构。但也只是一种书面上的主张,无法付诸实施。

本届修志,则不但实现了章氏的主张,而且大大地发展和完善了。虽然不是一开始就能全部同时到位,但在本届修志中,终于在全国各省先后都建立了省、市、县三级修志的常设机构,形成了党委领导,政府主持,编委会具体组织实施,修志人员和专家参与的修志格局,组成了一支相对稳定的修志队伍。这些机构隶属于政府部门,绝大多数有明确的职级,具有一定的行政权威。修志队伍由专职和兼职两部分组成,高潮时人数达11万人以上(其中专职人员有22900余人,详本书1994年6月条),这在全国社会科学领域中,其他学科无法相比。本届修志中,除了专业人员之外,还注意发动社会上较多的群众参与。不少地方的市县级志书,都是由编修基层的专业志、部门志和乡镇志开始的。这些基层志书就成为市、县志编纂的基础。其纂成数量不下于数万种,参与其事的人员之多就可想而知了。在省、市、县三级机构中的专职修志人员,多数人获得了专业技术职称,都以志事为己任。从事修志工作,就是他们的衣食之源,修志办公室就是他们安身立命之所,故都能孜孜不倦,爱岗敬业。

到90年代,基于一轮志书的修纂逐步完成和当时机构改革的开展,修志机构有所变动是自然的,但省、市一级基本没有大的变动。县一级的机构虽有所变动,如聘用人员的停聘,专职人数的减少,有的机构与档案馆、党史办合并,有的归于政府办公室,也有少数撤销的,但毕竟绝大多数保留了下来。随着新一轮修志的重新开始,被撤销或解散的多数又重新得以恢复,人员也加以了充实。这些新的成员之中,不少已经是方志专业的本科生或研究生。全国的修志形势,历史以来就没有这么好过。

地方方志馆的建立,是保留志事机构的一种重要形式。据中国地方志指导小组办公室截至2000年10月的统计,已建成省(自治区、直辖市)一级方志馆的有广西、上海、新疆等9家,正在筹建中的有河北、贵州、陕西等8家。又据笔者手头资料,省级以下建立方志馆的有武汉、广州、西安、泰安、潍坊、锡山、梅州、肇庆、肇东、福建闽西客家方志馆和浙江宁波天一阁中国方志珍藏馆等市级方志馆,还有湖南桂阳、江苏吴县东山方志名人馆、武汉铁路局方志馆、湖南娄底端阳方志馆等县级和县级以下的方志馆和专业的志馆。不少的省市地方志编委会和方志馆建成了或正在筹建地情资料信息库。

第二,修出了数以万计的新志书,大大地改变了全国志书分布的格局。本届修志,按原计划,纳入国家规划的省、市、县三级志书,总数为6319部。至2000年底统计,已经完成4789部。笔者从有关方志史的专门著作中,曾获得如下的一组数字:由汉至唐的1100年间,全国修成的志书总数不足400种,平均每两年多修成一种;有宋一代的319年间,共修成志书1016种,每年平均修成3.18种;元代享国不足百年(仅89年),先后修成志书140种,每年平均修成1.5种左右;明代的276年间,共修成志书2892种,平均每年修成10.02种;清朝的267年间,现存清志近6000种(实际修成的志书还要多些),平均每年修成22种,除了各种杂志外,省、府、州、县志是4866种，平均每年修成18.2种，其中康熙年间每年修成22.5种，同治、光绪、宣统的49年间，每年修成23.7种；民国从1912—1949的38年间，共修成1589种，平均每年修成41.8种。

本届修志，从1980—2000年的20年间，按已经出版的4789部计，平均每年出版239部多。新中国建立到2000年的51年间，共修成志书5039种（加上五六十年代修成的250种志稿，实际上比这个数字要大得多），每年修成的志书（稿）为100种以上。这是历史上任何朝代都无法相比的。据1999年全国新编地方志第二次成果展览时已出版的志书，总字数就达70亿字以上。纳入国家规划的省、市、县三级志书之外的乡镇、机关、学校、工矿企业、公司、场队、院所、山河、海岛、寺院志，以及县、市的专业志等，数量比三级志书要多得多。据1993年出版的《中国新方志目录》截至1992年的统计，已达9500余种。这是中国有史以来最大规模的、最广泛深入的地情、国情大调查。

据新疆玛纳斯县史志办王广荣先生的研究所得，中国历史上志书的空间分布脉络，是由中原地区的黄淮流域，向长江流域以南的东、南部拓展，再发展到东北部和西部边疆地区的。故志书的分布亦是由中原地区——长江流域——东南地区——西北地区——边疆地区逐步减少，一些边远地区的建置单位，直到本届修志之前还是空白的。

本届修志中，除了西藏起步较晚之外，边疆各省区与中原地区都是同步的。甚至有的边远省区进度比中原一些省份进度还快。许多少数民族地区缺少志书的空白，是在这届修志中才补上的。笔者对中国地方志指导小组办公室1999年10月出版的《中国新编地方志目录》进行了一个统计，仅在书名上出现自治州（盟）、县（旗）名称的志书已达162部，出现的少数民族名称28个。值得专门指出的是，这些志书中，除了汉文出版的以外，还有蒙古文（4部）、维吾尔文（11部）和藏文（1部）三种少数民族文字的志书，还首次出现了两种文字合璧的志书（见本书1990年4月条）。

第三，对方志思想和理论有了进一步发展。本届修成的志书数量之多已经如上述，那么志书的质量又如何呢？这不好由修志者自己去评定。志书是传世之作，它的价值大小、质量高低是要由用志者和后人去加以评判的，故我们在此还难于对它进行一个总的、明确的评价。但本届修志中对方志理论的研究和对方志体例的探索的情况，却是可以而且是应当进行探讨的。从这些探讨中，也可以从一个侧面反映一些这届志书的质量和水平的情况。一个大的社会实践活动，必然会产生相应的理论，并推动原有传统理论的发展。70年代末以来的这次全国性大规模的修志活动，其对方志理论的推进也是必然的。不过，对此进行探讨，是一个很大的题目，任何个人都难以说全说透。以我个人了解的情况和认识水平，更是如此。故在此，笔者只能就其荦荦大者略举数端：

一是“六字经”的归纳。编修地方志书的活动已历千年以上。千百年来，人们对修志的理论以不同的方式进行了多方面的研讨。而对志书的功用，是人们研究得最多的。古人在不少的志书序文、跋语和相关的文章中,都涉及这个问题。他们提出的有为治之鉴说,有助军事说,有保存史料、为国史取材说,有兴道起化的教育说,有补敝救衰、兴利除弊说,有反映民瘼、为民鼓呼说,有认识乡土、增进乡情说,有可资旅行说,等等。但面对这众多的说法,用既能基本涵盖众多说法,又以很简括的文字进行表述,是此前没有的。本届修志中,则归纳出了"资治、教化、存史"的六字说。归纳出这六个字,既是对先贤诸种说法认真研究后的扬弃,也融入了本届修志初期的实践经验。对于这个归纳,至今虽还有不同的理解,甚至方志刊物中,不时还有提出异议者。但它毕竟已为多数人所接受,成为志界基本的共识。(见本书 1983 年 3 月条)

二是提出修志者要有忧患意识。中国传统的修志有一个通病,即"矜其乡里,美其邦族",给人一种"人皆圣贤,地皆乐土"的印象。本届修志中,则首先由山西《阳城县志》主编刘伯伦先生,提出了志书要反映忧患意识。他认为,"只有具备忧患意识的知识分子,才配作修志工作者;只有深谋远虑、高瞻远瞩之人,才配作志书的主编"。这一主张很快受到方志界的赞同。如在全国第二次评奖中获得一等奖的浙江《绍兴市志》主编任桂全先生就认为,忧患意识是产生自强意识的土壤,因此,志书修纂中,要注意发掘历史人物身上那种可贵的忧患意识和建立在这种意识基础之上的自强精神。许多志书的主编者虽未公开发表文章对此表示赞同和支持,但却在他们主编的志书中这样做了。(详本书 1993 年 11 月 3—6 日条)

三是将弘扬爱国主义作为志书的主旋律。爱国主义是修志中一个永恒的主题,在本届修志中更受到特殊的重视。本届修的志书都是贯通古今的通志,但其内容的重点却是 1840 年鸦片战争以来近百年的历史。这 100 多年来,是中国遭受到帝国主义侵略和瓜分的历史,也是中国人民奋起反抗,最后取得民族解放的历史。目前海峡两岸尚待统一,故本届志书与历史上的志书还有所不同,它负有沟通海峡两岸,联系海内外同胞,增强民族意识,增进相互了解,促进祖国统一的特殊功效。本届志书中都特别注意这方面内容的发掘与整理。凡对此记述好的都受到肯定;不足的则为评论者们所指出。有的还注意总结出了记述反侵略战争的原则或经验。如上海《宝山县志》的修纂者们,就总结出"既要写敌人入侵的无理,又要写国人抗敌的决心;既要写战争的惨烈,又要反映军队在艰苦条件下忠心报国的气概;既要写敌人的残暴,又要写中国人民不畏强暴、奋起抗争","不应写成单纯受屈辱的灰色场面,而要写成吹响火红战斗号角的民族正气歌"(详本书 1992 年 4 月条),等等。

四是将自来的"详今略古"的修志原则,发展成为"详今明古"或"当详则详,当略则略"。"详今略古"是古来修志之通则。在本届修志中,浙江有的方志工作者则提出了"详今明古"的主张。笔者认为,这两项原则的提法,虽只一字之差,但内涵却有很大的不同。"详今略古",包含的是"量"的要求;而"详今明古"则侧重在"度"的把握上。对人类社会事象的记述,很难用多大的量来区分"详"与"略",但却可以在一定的"度"上加以把握。志书中,对古代部分的记述,只要说清当时的情状,就可以说是适得其度了。《东阳市志》在编纂中,又进一步将这个口号发展成为“特点所在，重点所在，规律所在”，就应当是“详之所在”。有的志书修纂中，还根据地方或专业特点，提出了有些志书应当“详远略近”。（详本书1989年12月条）

五是从“秉笔直书”到“实事求是”、“求实存真”。秉笔直书意在据实记述，这比起掩盖真相、歪曲事实的做法要可贵得多，故它成为中国史学中的优良传统，是中国历来看重的编史修志的原则。古往今来，为了追求做到这一点，多少志士不惜冒杀头受辱的危险。但“秉笔直书”，毕竟没有让笔录者有更多的主观选择。对于单纯记录资料来说，这是最高的标准。而对于志书运用资料进行编纂来说，就显得不够了。志书编修是要通过资料的选择和编纂，形成反映事物本质、体现规律的科学性的资料著述。显然，单靠据实记述的“秉笔直书”是不够的。只有以实事求是的态度，追求“求实存真”，才能达到增强志书科学性的目的。本届修志中强调的正是这一点。

六是从“地灵人杰”到与“地瘠人杰”的并称。历来的地方志书记载本地人物时，都强调地灵人杰。认为只有“地灵”的条件，才有“人杰”的结果。一地人物的出现，与其地的自然环境、人文环境等的影响固然有关。但单纯强调这一点，就未免过于宿命，它也不能解释一些特殊的历史现象。此次修志中，浙江东阳县志修纂中，则从他们那里恶劣的自然环境中，成为“教授之乡”、“工匠之乡”、“木雕之乡”的事实出发，总结出“地瘠人杰”，强调了人的主观能动性的另一面。（见本书1993年12月条）

七是从“述而不作(论)”到“寓论于述”。述而不作是修志的一条旧规，但经研究就可发现，历史上的志书从来就没有一部是真正“述而不作”的。本届修志中将这条旧规，改为“寓论于述”。这不仅更确切地反映了修志中的实情，更给修志者偶作点睛之笔的活动余地。有的地方在实践中，更提出“述而略作，作必合道”。（见本书1997年10月条）

八是从“越境不书”到“越境可书”。地方志的特点之一是有明确的地域性，故旧时修志有“越境不书”的定则。在生产力水平不高，地区之间相对闭塞，相互往来不多的时代，这条原则有其合理性。但随着生产力水平的提高，在地区之间的交往日益增多、联系日益密切的当今社会，这条原则就不适应了。本届修志中不再坚持，而改为“越境可书”了。

第四，对方志体例进行了一定的探索与创新。

（一）“概述”正式成为方志中的一体。旧时志书强调的都是纪、志、传、图、表、录六体并用。本届修志中，则在继承民国时方志学家首倡的基础上，将“概述”发展成为正式的一体，对概述在志书中的地位、作用、特点等，进行了充分的研究和论证，并在实践中摸索出了概述的诸种形式和写法。（见本书1990年2月条）本届修成的市县志中，除了最早出版的两三部之外，都在志首设有概述，并且有的写得相当精彩。有的志书在各大部类之首也设了概述、综述，统览整个部类的概况，使该类下的各事项，成为一个相互联系的有机整体。

（二）“大事记”的革新。自从宋人曹叔远在其所撰的《永嘉谱》中列入《年谱》编，高似孙在其《剡录》中设《县纪年》之后，大事记便成为志书中必备的一编。但历来的写法都采用《资治通鉴》式的编年式的写法，列于志首。清人有试行在大事记中分列“本末”者。本届修志中，便广泛地运用了大事记两分或三分的做法，并对大事记的革新进行了多方面的探讨，以“要事记略”、“专题记述”、“特记”、“特载”、“重大政治运动纪略”、“经济体制改革”等形式，将一些重大事件和活动，以纪事本末体写入，以补编年体大事记的不足，有的还将大事记缩降为“大事年表”或“大事索引”，置于志后，仅起检索的作用。（详本书 1989 年 4 月条）

（三）“图志”、“图记”、“图集”等，又重新成为新方志家族中的一员。中国方志史上，曾经有过一个称方志为图经的阶段。这个阶段始于汉代，盛于两宋。据有专家研究，现已知北宋修成的志书中，以图经为名者超过了其它诸种名称志书的总和。这种志书以“图”为主，所附的说明文字称为“经”。可能是由于技术上或一些什么原因，后来图经中的“图”逐渐减少，“经”则不断增加，以至最后将图降为附属的地位。到了清代和民国时期，以图经命名的志书就很鲜见了，更多的是成为全志中的一个卷篇之目。本届修志中，图志、图记、图集又重新出现。有的是一个历史事件的图志（如《“九一八”事变图志》、《“西安事变”与第二次国共合作》等），有的是一个建置区域的综合图志（如《建德古今图记》（见 1989 年 12 月条）、《慈溪市图志》（见 1994 年 6 月条）、《天津近代图志》、《浙江省情地图集》、福建省志中的四部《地图集》和《天津通志・照片志》等。这种图志不是对古图经的简单重现，而是对古代“图经”的革新和发展。因为古代图经中的地图画法粗糙，仅是没有数值意义的示意图。而新出现的这些图志等，则是以现代制图科学和测量技术为基础的计量地图。通过比例尺，图上一切记注符号之间的关系，都可以求得可靠的数值。故一些有研究的方志学家，称这是“地方志修纂中古为今用、推陈出新的范例”。（详本书 1989 年 12 月、1994 年 6 月条）

（四）“三宝体”的复兴。三宝体也是传统志书中的一种体式，它以《孟子》一书中“诸侯之宝有三：土地、人民、政事”一语，而将志书记述的内容按土地、人民、政事三大部进行划分。这种体式的志书在明代较为多见，清嘉庆以后就很少见了。本届修志中，从地情三分的认识出发，这种体式经过改造之后又重新出现。它经过一个较长的理论探讨和实践摸索过程，至 1993 年才以河北《冀县志》和浙江《东阳市志》正式出现。《东阳市志》除了志首和志末之外，其主体部分按四大部类来排列：一、环境；二、居民（包括居民、方言、民俗、人物）；三、基础设施；四、社会（包括经济、政治、文化）。继之而起的又有新疆生产建设兵团的《农七师志》、浙江《文成县志》、黑龙江的《黑河地区志》和河南巩义市的《白沙志》等。（详本书 1993 年 12 月《东阳市志》条）

（五）采用了正续合编的特殊做法。对于方志的特点有人归纳出四点、五点，甚至更多的点。无论是归纳为多少点，笔者认为最根本的一点就是它的连续性，这是它类著作所不具备的一个明显的特点。地方志是记述地情的。地情总是在不断地发展，故志书总是有内容可记，而且必要记。所以志书所记下限与地情发展存在距离这个矛盾总是存在的。解决这个矛盾的办法就是对志书内容随时进行续补，这就是一个地方的志书中有一次次重修或续补本出现的原因所在。

历史上无论是重修或续补，都是后志续前志，后人补前人的志书。本届修志中则出现了由志书的修纂者自己进行续补的做法，即是将志书统一下限后的内容，设立专门编章纳入本志书中。这就出现了许多历史上从未见到过的正编和续编合编出版的志书。这是本届志书中很突出的一个特点。就笔者目前所见，这些续补部分的名目和形式起码有下述的几种类型：

一是迳称为续志者——在志书中专设《续志》（如广西的《凭祥市志》、江西的《清江县志》等）、《续篇》（如江西省《丰城县志》、河南《登封县志》等）、《续记》（如广东《龙川县志》和辽宁《锦西县志》等）、《增篇》（如郑州《二七区志》）、《增记》（如新乡市《红旗区志》）等编目；

二是称为志补者——在志书中设立《志余》（如山西《襄汾县志》、《大宁县志》，浙江《台州地区志》设有《增辑》和《志余辑要》）、《志补》（如天津的《静海县志》和河北《孟村回族自治县志》）、《补记》（如河南《平西县志》）等名目；

三是称为备稿者——在志书中设立《备稿》（如浙江《镇海县志》中设的《镇海区新志备稿》和《北仑区志备稿》）、《志存》（如江西《石城县志》）等篇目；

四是称为志后——在志书中设立《（志后）简况》（如浙江《金华县志》、新疆《呼图壁县志》）、《（志后）大事记要》（如浙江《安吉县志》、《海宁县志》）、《限外纪要》（如山西《孝义县志》、福建《周宁县志》、新疆《轮台县志》）、《（下限后）统计数据》（如贵州《三都水族自治县志》）、《（下限后）社会经济发展》（如浙江《淳安县志》）、《（下限后）社会发展主要指标》（如江苏《江阴县志》）等篇目；

五是将概述和大事记下限延伸者，有的下延三五年、七八年，甚至有十数年者——这种做法者很多，无需一一列举。（详本书 1989 年 12 月条、1994 年 11 月条）

（六）出现了集撰著与纂辑于一炉的合体志书。关于志书的编纂，历史上曾经有过著述派与纂辑派之争。著述派主张“无一语不出于己”；纂辑派主张“无一语不出于人”，“无一字不注来历”。本届修志中则出现了不少吸收两派之长，熔著述与纂辑于一炉的志书。如河北的《辛集市志》，在志书的相关章、节之后设有 49 个“附”，共约十八九万字，几占全书总字数的 1/10。这些附文，有的是早已成文的原始资料，有的则是本届修志中新形成的资料。这一类之典型者还有江西的《临川县志》、安徽的《蚌埠市志》和新疆生产建设兵团的《农七师志》等。（详本书 1993 年 11 月《临川县志》条）

（七）影视声像志书的出现。随着科技的进步，本届修志中也纳入了一些新的手段。不少地方在编修文图版志书的同时，还编制了部分声像兼具的地情著作。最早出现的一批有福建省的《晋江》、《龙岩地区地方志》、《龙岩市地方志》、《永定县地方志》和《武夷山市志》等；湖北省的《历史文化名城——江陵》；江苏徐州邮电史志部门编的《古彭鸿雁》等录像片。陕西省地方志编委会专门下发了《关于摄制新编地方志影视版的通知》。该省第一部影视版志书于1997年制成（详本书1997年5月4日条）。《河南省志》出版之后，于1998年又制成了全部省志的影视光盘（详本书1998年12月9日条）。这些都是在本届修志中才出现的。

（八）若干特体志书和新篇目的出现。本届修志中，新疆生产建设兵团结合自己的地情实际，首先编出了一部特别的新的合志——《农八师垦区·石河子市志》。合志之修并非本届新创，而是早已有之。但那往往都是境域相近、关系密切的两个政区合力修成而冠以合志之名的，如乾隆《常（熟）昭（文）合志》、道光《虞乡志略》、光绪《常昭合志稿》、民国《重修常昭合志》、光绪《武（进）阳（湖）合志》等。石河子市是在农八师垦区的基础上发展起来的。至今师市同城而治，一个党委，职能部门合署办公，一个机关挂两块牌子。《农八师垦区·石河子市志》则是一部师、市浑然一体、内容熔为一炉、记述前后贯通的一个大型垦区与一个现代化城市的合志。这是亘古未有的新型志书。该志在全国地方志第二次评奖中被评为二等奖（详本书1994年8月条）。

本届修成志书中出现的新篇目就更多了。"自然环境志"就是其中之一。本届初期修的志书多沿传统，于志书中设专门的地理志，包括了一些并不属于地理学的内容，却又缺少了人文地理的内容。经有些学者指出之后，不少的志书都改为《自然环境志》。（详本书1989年4月25日条）其他如环境保护志、科学技术志等，都是在本届修志中才出现的新篇目。

（九）新型系列志书的出现。历史上的志书也有系列的，但那只是由建置区划上的省、府、州、县、乡（镇）的行政系列组成的志书系列。本届修成的志书，除了行政系列组成的志书系列之外，还出现了内容联系更为密切的新的志书系列。如上海市的志书是"一纲三目"，以一部《上海市（通）志》（精编本）为纲，下统市志丛书系列、郊县志系列、城市区志系列。浙江省的志书则是由省志、省志丛书（这套丛书，"分则独立，合则系列"）、简志、市县志组成（均见1996年5月6日条）。其他如江西、宁夏的志书也相类似。除了省、自治区、直辖市的志书形成系列之外，一些市志也自成系列，如广州市的志书就是由3个系列组成：《广州市志》、8个城区的区志、4个县的县志（见广州市地方志办公室、广州市地方志馆合编《新方志理论与工作研究》第33页）。又如河南《新乡市志》的"凡例"中也说明："市志为新乡市本体志，记述以市区为主，与所辖县、市、区的志书及市直各专业志、基层志共同组成新乡市地方志系列丛书，各有侧重，互有详略。"（见《河南史志》1996年第3期第39页）

第五，摸索积累了志书编纂和组织管理修志工作方面的经验，这些经验包括：

1.采用培训班和以（评稿）会代训以解决修志人才缺乏的经验；

2.实行严格审稿制度与层层把关保证志书质量的经验；

3.采用评稿以集众智以及吸引各方面专家为修志出力的经验；

4.实行修评结合、修用结合、修研（究）结合的经验；

5.开展地区之间、专业之间的协作的经验等。

四

本届修志，收获巨大，成绩突出，但也还存在明显的不足，有的甚至是值得吸取的教训。这些缺陷或教训主要就是：

第一，缺乏法制化和制度化的保证，人治的成分过于浓重。以十数万人参加，历时20余年，要完成6000部以上志书的一项这么巨大的文化建设工程，不但没有任何一个可作法律依据的中央文件，就连一个由国务院颁发的红头文件都没有。全国开展修志工作所依据的就是国务院办公厅所发的33号和47号文件。对于全国志书提出具体规范要求的《全国新编地方志工作暂行规定》（一“暂”就是12年多）和《关于地方志编纂工作的规定》，都只是经国务院办公厅同意，由中国地方志指导小组颁布的，而不是由国务院颁布的，这自然就显得力度不足。

第二，修志机构领导体制不完整，关系不顺。在国务院，没有一个修志工作的专门领导机构。主持全国此项工作的中国地方志指导小组，由国务院委托中国社会科学院代管，与各省、市、自治区的地方志编委会（办公室），是指导与被指导的关系，而不是领导与被领导关系。在这样的体制下，这个小组自难发挥其作用。就指导小组自身而言，虽是由各学科的专家组成，名为专家组织，但都是兼职的，各自都有本身的专职工作，不可能分精力来考虑地方志的全盘工作。每年开一两次会，会后又各忙各的本职工作去了。其办事机构——中国地方志指导小组办公室，机构小，人员少，没有本专业方面的专家。每日只忙于应付日常工作，没有时间和精力来研究地方志的业务问题。这样的小组，实际连指导作用也很难发挥，至多只起到了一个联络和组织各地之间交流的作用。这从每次全国性的研讨会上，几乎都说对于有争议的问题“不作结论，由各地根据实际自行选用”，就可以得到证明。

省、市、自治区一级的修志机构比较健全，是政府的一级机构，对其下的市县修志部门为领导与被领导的关系。由于体制关系顺当，充分地发挥了其组织编修省（直辖市、自治区）志、领导和指导下属修志的作用，工作实效是明显的。但也存在省与省之间的不平衡。一些省领导认识到位，工作力度就大些，编委会或办公室的工作就开展得好些；有一些省就相对弱一些。而市县以下的情况则难于同省级相比。由于没有国家正式法规的要求，市县领导认识的高下就成为决定性的因素。

第三，所修成的志书中，有些还存在较多的缺点，甚至还有较为明显的错误。

1.政治化和形而上学的诸种表现。主要的是在相当一段时间内，修志指导思想随当时的政治口号而变化。如除了马列主义、毛泽东思想和邓小平理论这一根本的指导思想之外，还提出了“坚持党的四项基本原则，坚持党的十一届三中全会以来和十二大所确立的路线方针和政策，必须以《关于建国以来党的若干历史问题的决议》和《中共中央关于经济体制改革的决定》为准绳”；“党的十三大报告应当作为全国新编地方志工作的指导思想”；“以社会主义初级阶段理论指导修志”；“在当前来说，以社会主义初级阶段理论和坚持以生产力标准的观点,来认识国情和县情,指导志书编纂工作,尤为重要"。此外还有"为无产阶级政治服务"、"为两个文明建设服务"、"为改革开放服务"、"为当代现实服务"的口号,等等。

形而上学的表现,则主要表现在对民国时期的记述过于简略,造成新中国成立前的资料相对薄弱;对抗日战争的记述许多志书不到位;对新中国历史的记述,存在多报喜少报忧,记光明面充分,记挫折、失误和教训则不足,有的甚至有"一片黑暗"、"一派光明"、"一帆风顺"的共同模式;有些不从实际出发的公式化记述,影响了志书的科学性。

2.学术性普遍重视不够。

3.不少志书部门志的痕迹过于浓重,而一些没有专门部门管的事物,则较少记述。(可参《江西方志》1956年第6期第15页)

4.早期出版的一些志书中,"重人文轻经济"矫枉过正,正如有的专家指出的,写成地方经济志了。

5.面上的资料多,典型的独家资料少,把事物发展过程记述得简单、笔直,只有结论、结果,没有过程、没有曲折,显得干巴、枯燥。

6.硬伤较多,文采和可读性都逊于旧志。

7.多数志书没有索引,不注资料出处,不便于查找。

8.一些传统的篇目,如金石、艺文等志之不设,使许多有用的资料收不进来。

9.体例上因多于创,称得上突破性的创新几乎没有。

笔者列出这些缺点或不足,目的在于为即将开展的新一轮修志寻找借鉴,绝无以一眚而掩大德之意,望读者谅察焉。

2002年10月于北京昌平区天通西苑五桐斋

3.例言

一、本书录事时限为1949～2000年,适50年。中华人民共和国成立于1949年10月1日,是我国一个新时代之始,按理书中记事亦当从是时起。然当时由于战争环境,诸事倥偬,人们无暇顾及志事。即或偶有个人私为之者,亦由于资料零星缺乏,一时难于辑得,故对1949年数月之事,不得不暂从略。

二、本书之集,意在全面反映近五十年来志事之概貌,尤其重在服务于对新中国两次修志高潮经验、教训之总结,服务于中国当代方志史之编著、研究,服务于即将开始的新一轮修志任务,故选事取材亦本乎此。凡一个新观点的提出、一场有意义之争论,一种新编目和构架的出现、一些新做法之探索,一则特殊评论之面世,均尽可能地记其萌生、经过、形成、效果(影响),旨在偏重学术内容探讨故也。

三、本书对各种修志的会议和活动，视实际内容和客观效果为转移。有的会议规格虽高、规模虽大，但内容一般者，亦只点到略记。一些虽只是地方性（专业性）的小会，或因有实际内容，或能表明一种修志态势，能表明当代修志的特点或特殊做法者，亦予适当详加记述。也有一些会议仅列名称和性质，其意亦在于此。

四、本书于文章选介，重实不重名，凡有可注意的内容者，虽系小人物，只发表在市、县级刊物，甚至只被摘登者，亦作详介。对于一些理论专著，或评或介，有详有略，完全视手头资料而定，不敢有孰轻孰重之分。对各地志书的介绍，也同样处理，不求平衡。

五、本书名虽为录事，实则记事载言兼而有之，甚至载言多于记事者。为反映方志工作者的探索精神，说明一些新观点、主张、意见、建议的内容，一场争辩之始末，都不得不多加引论。被人谥为“文摘”、“提要”汇集之讥，亦在所不辞矣。

六、本书采用编年条目体，基本以时为序，每事一条，记于适当的日期之下。如对一部志书编纂工作方法、体例编目、资料辑纳、社会影响之特殊需要记者，或系于志书出版之月，或系于编者自我总结出现之日，或系于他人评论文章发表之时，或系于他人用志发挥效益之际。有些史事发生、发展、形成（某项成果的获得）有一个过程者，只能寻找一个适当的日期以系之，于条目之内偶作追前叙后，略见一事之生变崖略。

七、本书于50～70年代之志事，于边疆少数民族或历史上未修过志书地区之志事，于域外对中国志事、志书之反映等，收录条件适当放宽，力争巨细均录，皆或因资料难得，或因意义不凡故也；于港、澳、台地区之志事，于港澳台胞及海外华侨、华人之修志热情、义举及对新志书之反响，亦如是待之。盖以当代志事实负有联络乡情、增进了解、促进祖国统一之特殊效用故也。于大陆近20年之志事，则因大量刊物、资料皆存，且人人易得，如皆尽收之，则录不胜录，故略从严择取。幸读者勿以详远略近、详外略内相责也。

八、本书对一些观点的选录，只作客观的反映，并非笔者就赞成之，更无推介之意。一些条目之下，笔者偶加按语，有的反映了笔者的识见，有的只介绍相关的情况，有的则是归纳转述他人之评议。

九、本书末设有附录，其一是官方批准发布的几个修志文件；其二是80年代初，中国地方史志协会提出的省、市、县志篇目，在其后的修志工作中颇有影响，且资料难得，亦附录焉；其三是人名索引、书名索引、引据书刊目录等。

十、本书谈不上是笔者本人的学术成果，至多只是对志界同仁们学术成果的汇集而已，还不知道是否有违作者的原意。又由于仅近20年来的方志期刊就数百种，学术著作数百，论文上万，笔者虽然尽了很大的努力，但限于资料难全，见识有限，挂一漏万，在所难免，望著作者们谅察。尤其望志坛师友随时批评指正。

4.后记

这部《中国方志五十年史事录》校改将毕,接近开机付印了。关于它的写作缘起,在书的前言中已有道及。不过,那只是比较简单和近期的。如果要说到我与方志之缘,还得从更早的时间说起。

上个世纪的70年代末至80年代的上半期,我在《中国社会科学》杂志社的《历史研究》编辑部任中国古代史编辑。在编辑工作之余,也学着从事一些史学方面的研究。为了写作《唐末农民战争战略初探》、《闽国史事编年》、《吴越史事编年》这几部书时,逼着我不得不翻阅了较多的地方志书和金石方面的资料。在翻读有关的金石资料当中,香港出版的一部《石刻史料新编》给我留下了很深的印象。

这是一部16开本30巨册的大书。它曾给我的研究工作很大的帮助,同时也给我很大的触动。是书是将民国以前的已经辑成的金石方面的著作,汇集在一起。但不知出于什么原因,此书的编辑工作做得很不理想。由于它只是将前人这方面的著作简单地堆积在一起,有的一方碑文有过录三四次,甚至五六次者,连起码的纠改工作都没有做。当时我就想,如果将这30巨册,剔除重复,把前人尚未成集的、尤其是新中国成立后全国开展大规模基本建设当中出土的大量新内容增补进去,编成一部新的金石资料汇集,对于开展史学研究将是一件功德无量的事情。这一想法曾使我兴奋不已,立即注意了收录前人尚未入辑的一些零散碑文。当时年轻,不知天高地厚,把此事看得很简单。以为只要有一位权威人物出来挂帅,事情就可以有成。于是就考虑是给中国社会科学院院长胡乔木,还是给国家文物局局长王冶秋上书的问题,几乎到了夜不能寐的地步,上书稿也起草好了。

恰在此时,1982年2月,中国海外交通史研究会在福建泉州举行讨论会。我带着已经完成初稿的《闽国史事编年》的初稿参会,拟就便进行一些地方资料的核对。会后转道福州,到该省图书馆、省博物馆和庆成寺的闽王纪念馆去进行补充、核对。当时闽王纪念馆有一方出土未久的王审知墓志铭,正是我久寻未获的。在馆内我带着烧饼作午餐,花了近四个钟头进行抄录。正准备离馆时,一位管理人员却来告知,馆内资料不许抄录,抄录了也不能带出。在交涉无效的情况下,只好要她写了一份收据而空手离馆。最后还是惊动了福州市文物局长曾意丹和市文管会主任郑国珍两位先生,才得以取出。

经此一事使我有所醒悟:这些文字和实物资料,都掌握在地方文博部门之手,没有他们的参与,任何权威人物的批示都是难以办到的。回来之后,我放弃了给领导人上书的想法,改而为寻找与地方文博部门合作的主意。想来想去,觉得由全国的修志部门来主其事,才是最有可能的,于是我找到了中国地方志指导小组办公室。将这一想法跟一位秘书长和一位办公室主任(他们都是我在历史研究所时的老同事)提出,并向他们表示:如果能成就此事,就是将我的后半生交付与这件事也在所不惜。他们认为我的这一想法不错,表示了同意和支持。于是我便调入了中国地方志指导小组办公室。当时我曾自嘲是"卖身投靠",并认为为此事而“卖身”是值得的。

正如古人所说，人生之事不如意者十常八九。当我进入这个办公室数月，手头的日常工作也已步入正常之后，正式向领导者提出此事时，得到的回答却是：修志的事这么忙，现在无法考虑。我曾反复说明：历来的省级志书中都有金石专志，此事与各省文物金石志的编纂可以并行不悖，而且是名正言顺的。这部金石史料汇编可以是各省、市、自治区金石志的汇总。只要由中国地方志指导小组办公室牵头，搞出一个统一的“凡例”之后，由各省、市、区的文博部门负责编纂，纳入各省志系列，出版经费也由各省、市、区解决，成事的希望是很大的。但始终不得认可。现在既把它排除在地方志工作之外，整个计划便只好泡汤了。我本来是中断了正在编写的“十国史事编年”的计划而来的。这个计划是将五代时十国的史事，按通鉴体例编出，以补《资治通鉴》和《续资治通鉴》关于十国史事之缺（这两部大书都将十国视为偏闰霸朝，故记载均较简略）。当时已编成《闽国史事编年》、《吴越史事编年》，《从杨吴到南唐史事编年》也已开始着手。

原计划现在既已无法进行，我的“身”也不能白卖了。于是我只好又全身心地投入到地方志相关资料的收集和整理上。主要是做两方面的工作：一是想搞一部《中国稀见著录方志提要》；二是为写一部中国当代方志史作些准备。关于前者的工作情况，可见《中国地方志》1999年第3期《稀见著录地方志书概说——关于合力编纂〈中国稀见著录方志提要〉的建议》一文，在此不多说。要写中国当代方志史殊非易事，要做大量的前期准备工作。现在将要出版的这部《中国方志五十年史事录》只是其中的一部长编而已。其所以将这个长编也拿出来先行出版，则完全是为了服务于当前对第一轮修志工作的总结和即将开展的第二轮修志工作的借鉴的需要。近年来，中国地方志指导小组曾一再要求各地要认真总结第一轮修志的经验教训，但实际上在这方面做的工作还不是很多，从全国的角度来进行总结的几乎还无人着手。

编写这个长编，其工作之艰辛是难以细说的。全国这么大的一次修志活动，资料之多难以述说。仅就省、市、县一级的方志刊物就不下数百种之多，发表论文数以万计；近20年出版的方志论著又几近百种。这么大数量的资料都得一一收齐并过目，工作量之巨就可想而知了（事实上我也未能做到）。为了遍查所发表的文章，我常常不得不躺在了床上，还要览读手头的新旧期刊和书籍。凡遇到认为有价值的资料便作出记号，待次日起来或剪或抄。为了便于剪贴，有的朋友给我送书，都往往请他们送两本，一本作存留，一本作剪贴之用。承蒙朋友们的理解，不少人都满足了我的无理要求。十几年来，以这种方式剪、抄而得的资料，已经没法作精确的统计，只是盛满标准的卡片盒就有近20盒之多。这些都是在要坚持日常工作《中国地方志》刊物的编辑工作的情况下进行的。由于没有一个相对集中的时间，所以迟迟没有敢于正式动手编写。

2000年年中，我正式退休离职之后才正式着手，历两年多时间而成。稿未成时，为组织材料进行编写而苦心焦虑。稿之将成，又要为出版而发愁。时下学术著作出版之难人所共知，最难的莫过于自己筹集出版经费。有单位在职的人，可以向单位申请出版补贴。一个退休老头，有什么地方可以申请？最后是蒙朋友帮忙，才得以稍有眉目。其中本办公室年鉴编辑部的王熹同志出力尤多。浙江大学终身教授、著名地理学家陈桥驿先生，还在本书写作时就给予了多方的鼓励。书稿初成之后，又在百忙之中抽暇审读并赐序。其他平日惠赠书刊和提供资料的师友更多，难以一一具列，谨在此一并致谢。由于涉及的时间长、事情多，限于个人见识有限，书中出现不到或顾及不当之处在所难免，尤望得到志界师友们的谅解与指正。

诸葛计于北京天通西苑五桐斋

2000 年 10 月 27 日（是日搁笔，头昏昏竟碰在门枋上，可记为“碰头日”）

附录二：引据书刊目录

本目录，古籍部分以时代为序排列；现当代人著述，则由责编按编著者（或单位）以音序排列。

汉・司马迁撰《史记》，中华书局标点本1982年11月第2版。
汉・班固撰《汉书》，中华书局标点本1962年1月版。
晋・陈寿撰《三国志》，中华书局标点本1959年12月版。
南朝宋・范晔撰《后汉书》，中华书局标点本1962年5月版。
南朝梁・沈约撰《宋书》，中华书局标点本1974年10月版。
南朝梁・萧子显撰《南齐书》，中华书局标点本1972年1月版。
北齐・魏收撰《魏书》，中华书局标点本1974年6月版。
唐・房玄龄撰《晋书》，中华书局标点本1974年11月版。
唐・姚思廉撰《梁书》，中华书局标点本1973年5月版。
唐・姚思廉撰《陈书》，中华书书局标点本1972年3月版。
唐・李百药撰《北齐书》，中华书局标点本1972年11月版。
唐・令狐德棻、岑文本、崔仁师撰《周书》，中华书局标点本1971年11月版。
唐・令狐德棻、长孙无忌、魏征等撰《隋书》，中华书局标点本1973年8月版。
唐・李延寿撰《南史》，中华书局标点本1975年6月版。
唐・李延寿撰《北史》，中华书局标点本1974年10月版。
后晋・刘昫撰《旧唐书》，中华书局标点本1975年5月版。
北宋・欧阳修、宋祁撰《新唐书》，中华书局标点本1975年2月版。
北宋・薛居正撰《旧五代史》，中华书局标点本1976年5月版。

北宋·欧阳修撰《新五代史》,中华书局标点本1974年10月版。

宋·王溥撰《五代会要》,商务印书局1936年丛书集成初编版。

北宋·王应麟著《玉海》,光绪九年浙江书局重刻本。

南宋·李焘《续资治通鉴长编》,中华书局标点本1979年8月版。

元·脱脱等撰《宋史》,中华书局标点本1977年11月版。

元·脱脱等撰《辽史》,中华书局标点本1974年10月版。

元·脱脱等撰《金史》,中华书局标点本1975年7月版。

明·宋濂等撰《元史》,中华书局标点本1976年4月版。

《明实录》,1962年台湾影印本(电子版)。

《天一阁藏明代方志选刊》,中华书局上海编辑所影印本。

清·张廷玉等撰《明史》,中华书局标点本1974年4月版。

清·纪昀总纂《四库全书总目提要》,河北人民出版社2000年3月版。

《清实录》,中华书局影印本。

赵尔巽、柯劭忞等撰《清史稿》,中华书局标点本1977年8月版。

巴兆祥著《方志学新论》,学林出版社2004年6月版。

巴兆祥著《中国地方志流播日本研究》,上海人民出版社2008年2月版。

仓修良、叶建华著《章学诚评传》,南京大学出版社1996年3月版。

仓修良《文史通义新编》,上海古籍出版社1993年7月版。

仓修良《文史通义新编新注》,浙江古籍出版社2005年10月版。

仓修良著《方志学通论》,齐鲁书社1990年11月版。

仓修良著《史家史籍史学》,山东教育出版社2000年3月版。

陈超、刘玉清编著《青海地方志书介绍》,吉林省地方志编委会、吉林省图书馆学会1985年3月编印本。

陈高华、陈志超等著《中国古代史史料学》,天津古籍出版社2006年9月版。

陈光贻著《稀见地方志提要》,齐鲁书社1987年8月版。

陈光贻著《中国方志学史》,福建人民出版社1998年9月版。

陈加、郭君、孙仁奎编著《辽宁地方志考录》,辽宁省图书馆学会1982年12月印行本。

《陈桥驿方志论集》,杭州大学出版社1987年1月版。

《陈元方方志文选》,广西人民出版社1989年9月版。

赤水县地方志编纂委员会编《修志十年话春秋——〈赤水县志〉编纂论文集》,1992年内部印行本。

崔建英编《日本见藏稀见中国地方志书录》,书目文献出版社1986年9月版。

邸富生著《中国方志学史》,大连海运学院出版社1990年4月版。

地方史志研究组编《中国地方志论集(1911～1949)》,吉林省地方志编委会、吉林省图书馆学会1985年2月编印本。

地方史志研究组编《中国地方志论集(1950～1983)》,吉林省地方志编委会、吉林省图书馆学会1985年2月编印本。

《董一博方志论文集》,河南人民出版社1989年7月版。

范秀传主编《中国边疆古籍题解》,新疆人民出版社1995年2月版。

冯秉文主编《北京方志概述》,吉林省地方志编委会、吉林省图书馆学会1985年1月编印本。

《傅振伦方志论著选》,浙江人民出版社1992年4月版。

傅振伦著《中国方志学通论》,北京燕山出版社1988年8月重印本。

高峰编著《陕西方志考》,吉林省地方志编委会、吉林省图书馆学会1985年3月编印本。

高树榆等编著《宁夏方志述略》,吉林省地方志编委会、吉林省图书馆学会1985年3月编印本。

官为之著《皖志史稿》,安徽人民出版社1997年7月版。

故宫博物院编《故宫珍本丛刊》,海南出版社2001年6月版。

广西通志馆编《广西方志提要》,广西人民出版社1988年10月版。

广西壮族自治区通志馆、地方志协会编《广西新编地方志二十年》,2000年12月内部印行本。

广西壮族自治区通志馆、地方志协会编《广西新编地方志文献汇编》,2000年12月内部印行本。

广州市地方志办公室、广州市地方志馆编《新方志理论与工作研究》,广州出版社2000年4月版。

郭居明编著《修志散记》,1994年2月内部印行本。

郭天沅主编《闽志谈概》,吉林省地方志编委会、吉林省图书馆学会1987年10月编印本。

韩章训著《方志学基础教程》,天马图书有限公司2001年10月版。

韩章训著《普通方志学》,方志出版社1999年9月版。

郝瑶甫著《东北地方志考略》,辽宁人民出版社1984年7月版。

何金文编著《西藏志书述略》,吉林省地方志编委会、吉林省图书馆1985年3月编印本。

何金文撰《四川方志考》,吉林省地方志编委会、吉林省图书馆学会1985年印行本。

河北省地方志办公室编《河北修志二十年》,2000年12月内部印行本。

黑龙江省地方志编纂委员会编《黑龙江省修志大事记(1662～1998)》,1999年9月内部印行本。

洪焕椿编著《浙江方志考》,浙江人民出版社1984年6月重印本。

胡道源著《史志杂议》,内蒙古自治区国史学会1998年8月印行本。

湖北省历史学会、江陵古都学会、江陵名城研究会编《南国名都江陵——它的历史与文化》,湖北教育出版社1993年8月版。

湖南省地方志编纂委员会编《党和国家领导人论地方志》,1996年5月内部印行本。

黄苇等著《方志学》,复旦大学出版社1993年6月版。

黄苇主编《中国地方志辞典》,黄山书社1986年11月版。

纪大椿编著《新疆地方志简介》,吉林省地方志编委会、吉林省图书馆学会1985年3月编印本。

江苏省地方志学会编《江苏当代方志论文选》,方志出版社1995年8月版。

江西省省志编辑室编《江西地方志序跋凡例选录》,1986年6月内部印行本。

江西省省志编辑室编《江西地方志风俗志文辑录》,1986年6月内部印行本。

金恩晖、梁志忠著释《吉林省地方志考论、校释与汇辑》,中国地方史志协会、吉林省图书馆学会1981年1月编印本。

金恩辉、胡述兆主编《中国地方志总目提要》,台北汉美图书有限公司1996年12月版。

金恩辉著《寻根集——方志论及吉林方志研究》,吉林省地方志编委会、吉林省图书馆学会1998年6月编印本。

来新夏、齐藤 博主编《中日地方史志比较研究》,南开大学出版社1996年1月版。

来新夏主编《方志学概论》,福建人民出版社1983年8月版。

来新夏主编《河北地方志提要》,天津大学出版社1992年12月版。

来新夏主编《中国地方志综览》,黄山书社1988年10月版。

来新夏著《中国地方志》,台湾商务印书馆1995年9月版。

雷坚编著《广西方志编纂史》,广西人民出版社2007年12月版。

黎传纪、易平著《江西方志通考》,黄山书社1998年4月版。

黎传纪、易平著《江西古志考》,南海出版公司1989年10月版。

李明著《新方志编纂实践》,上海人民出版社1988年10月版。

李默编著《广东方志考略》,吉林省地方志编委会、吉林省图书馆学会1988年8月编印本。

李默编著《广东省方志要录》,广东省地方志编纂委员会办公室1987年1月印行本。

李如龙著《湖南地方志考评》,湖南出版社1995年7月版。

李硕编著《云南地方志考》,吉林省地方志编委会、吉林省图书馆1988年2月编印本。

李泰棻著《方志学》,河北人民出版社1990年5月重印本。

李小缘编辑《云南书目》,云南人民出版社1988年6月重印本。

李泽主编《朱士嘉方志文集》,北京燕山出版社1991年10月版。

《梁滨久方志文集》,天马图书有限公司1999年6月版。

梁寒冰著《新编地方志研究》，河北人民出版社 1988 年 2 月版。

梁耀武著《方志学举要》，云南人民出版社 1995 年 11 月版。

梁耀武著《广义方志学论稿》，玉溪市地方志办公室 1999 年 8 月印行本。

辽宁省档案馆编《编史修志档案选编》，辽沈书社 1983 年出版。

辽宁省地方志办公室编《辽宁地方志书序跋选》，1985 年 10 月印行本。

林正秋主编，孟文镛、金敏副主编《浙江方志概论》，吉林省地方志编委会、吉林省图书馆学会 1985 年 3 月编印本。

林正秋主编《中国地方志名家传》，黄山书社 1990 年 12 月版。

林正秋著《浙江经济文化史研究》，浙江古籍出版社 1989 年 9 月版。

刘伯伦著《方志新议——论文汇编》，海潮出版社 1994 年 12 月版。

刘光禄著《中国方志学概要》，中国展望出版社 1983 年 6 月版。

刘尚恒编著《安徽方志考略》，吉林省地方志编委会、吉林省图书馆学会 1985 年 3 月编印本。

刘纬毅、诸葛计、高生纪、董剑云著《中国方志史》，三晋出版社 2010 年 4 月版。

刘纬毅辑《汉唐方志辑佚》，北京图书馆出版社 1997 年 12 月版。

刘纬毅著《中国地方志》，新华出版社 1991 年 12 月版。

刘永之、耿瑞玲编著《河南地方志提要》，河南大学出版社 1990 年 12 月版。

刘有才著《新方志评论文集》，肇东华夏方志馆 1997 年 12 月印行本。

刘志和、黎传纪编《江西旧方志总目》，江西省地方志编委会 1987 年印行本。

柳成栋、宋抵编《东北方志序跋辑录》，哈尔滨工业大学出版社 1993 年 12 月版。

柳成栋著《长铗归来斋文稿》，哈尔滨工业大学出版社 1993 年 12 月版。

龙尚学选辑《贵州地方志序跋凡例选录》，贵州省地方志编委会办公室内部印行本。

《卢振川方志论文集》，方志出版社 1999 年 2 月版。

洛阳市地方史志编纂委员会办公室编《洛阳——丝绸之路的起点》，中州古籍出版社 1992 年 10 月版。

吕志毅著《方志学史》，河北大学出版社 1993 年 10 月版。

毛东武著《方志编纂学》，黄山书社 1996 年 3 月版。

梅森著《方志学简论》，黄山书社 1997 年 11 月版。

梅森著《上海方志研究概要》，天马出版有限公司 2004 年 5 月版。

南京市鼓楼区地方志编委会办公室编《鼓楼区志》，中华书局 2006 年 3 月版。

倪波编著《江苏方志考》，吉林省地方志编委会、吉林省图书馆学会 1985 年 2 月编印本。

彭静中编著《中国方志简史》，四川大学出版社 1990 年 8 月版。

蒲宗亮著《县志编纂实践丛谈》，贵州人民出版社 1992 年 7 月版。

浦士培、李天荣主编《新编江陵县志文存》,中州古籍出版社 1994 年 12 月版。

漆身起主编《江西省地方志概述》,吉林省地方志编委会办公室、吉林省图书馆学会 1985 年 3 月编印本。

齐家璐著《志书编纂思与行》,河北地方志学会 2000 年 7 月印行本。

祁明编著《山西方志要览》,1997 年内部印行本。

瞿宣颖著《方志考稿》,天春书社民国十九年十二月刊行本。

全国地方志资料协作组编《中国新方志目录》,书目文献出版社 1993 年 8 月版。

饶展雄著《史志文稿》,广东人民出版社 1990 年 6 月版。

山东省地方史志办公室编《方志学基础教程》,中华书局 2000 年 12 月版。

陕西省档案局、陕西省档案学会筹委会编《编史修志参考资料》,1980 年 12 月内部印行本。

上海师范大学图书馆编《上海方志资料考录》,上海书店 1987 年 12 月版。

邵文杰主编《当代中国志坛诸老纪念文集》,中州古籍出版社 1997 年 10 月版。

邵文杰著《社会主义方志谈》,河南人民出版社 1986 年 5 月版。

邵文杰著《续方志谈》,河南人民出版社 1990 年 12 月版。

《邵长兴方志文存》,河南大学出版社 2001 年 6 月版。

邵长兴主编《当代中国志坛群星集》,中州古籍出版社 1995 年 12 月版第一集,1998 年 12 月版第二集。

宋晞著《方志学研究论丛》,台湾商务印书馆 1998 年发行本。

宋永平著《方志学的理论与实践》,中州古籍出版社 1994 年 12 月版。

唐志敬著《史志浅探》,广西人民出版社 1994 年 7 月版。

天津市地方志办公室编《海峡两岸地方史志比较研究文集》,天津社会科学院出版社 1998 年 10 月版。

王葆心著《方志学发微》,湖北省地方志编纂委员会办公室 1984 年 2 月注析本。

王春瑜、李明、杨向东著《新地方史志学简编》,四川省社会科学院出版社 1986 年 3 月版。

王德恒、许明辉、贾辉铭著《中国方志学》,文化艺术出版社 1994 年 7 月版。

王复兴主编《省志编纂学》,齐鲁书社 1992 年 7 月版。

王桂云、鲁海编著《山东地方史志纵横谈》,吉林省地方志编委会、吉林省图书馆学会 1985 年 3 月编印本。

王桂云编著《山东方志汇要》,宁夏人民出版社 1989 年 9 月版。

王景玉著《方志新探》,天马图书有限公司 2000 年 10 月版。

王启宇、罗友松编著《上海地方志概述》,吉林省地方志编委会、吉林省图书馆学会 1985 年 3 月编印本。

王晓岩编《分类选注历代名人论方志》，辽宁大学出版社 1986 年 12 月版。

王晓岩著《方志体例古今谈》，巴蜀书社 1989 年 8 月版。

魏东波编著《天津地方志考略》，吉林省地方志编委会、吉林省图书馆学会 1985 年 3 月编印本。

魏桥、王志邦、俞佐平、王永太著《浙江方志源流》，浙江人民出版社 1988 年 8 月版。

魏桥主编《浙江修志十年》，浙江人民出版社 1992 年 10 月版。

魏桥著《志苑十二年》，浙江人民出版社 1995 年 3 月版。

吴奈夫著《新方志编纂学》，江苏科学技术出版社 1991 年 9 月版。

冼光位著《学思集》，广西人民出版社 1999 年 3 月版。

徐复、季文通主编《江苏旧方志提要》，江苏古籍出版社 1993 年 10 月版。

徐孝宓、刘昌润主编《湖北省地方志考略》，吉林省地方志编委会、吉林省图书馆学会 1988 年 2 月编印本。

许卫平著《中国近代方志学》，江苏古籍出版社 2002 年 4 月版。

薛虹著《中国方志学概论》，黑龙江人民出版社 1994 年 4 月版。

杨剑宏等编《广西方志述评》，吉林省地方志编委会、吉林省图书馆学会 1998 年 6 月编印本。

杨静琦著《志苑十五年》，中州古籍出版社 1994 年 12 月版。

杨军昌著《中国方志学概论》，贵州人民出版社 1999 年 11 月版。

姚秉楠主编《上海郊县修志十年》，上海社会科学院出版社 1992 年 10 月版。

姚金祥、黄汝珍、周正仁著《新编方志评论集》，中州古籍出版社 1992 年 11 月版。

于鸿儒主编《河北省方志概要》，吉林省地方志编委会、吉林省图书馆学会 1988 年 2 月编印本。

于希贤、杨静琦编著《地方志与现代科学》，河南大学出版社 1989 年 5 月版。

《俞佐萍方志论集》，浙江人民出版社 1997 年 11 月版。

贠创生主编《全国首次新编地区志研讨会论文集》，中州古籍出版社 1993 年 5 月版。

张革非主编《中国方志学纲要》，西南师范大学出版社 1992 年 10 月版。

张国淦编著《中国古方志考》，中华书局 1962 年 8 月版。

张景孔著《悦堂志论》，天马图书有限公司 2001 年 7 月版。

张荣芳《近代之世界学者陈垣》，广东人民出版社 2005 年 7 月版。

张守和主编《内蒙古方志概考》，吉林省地方志编委会、吉林省图书馆学会 1985 年 6 月编印本。

张树棻纂辑《章实斋方志论文集》，山东省地方志编纂委员会办公室 1983 年 11 月重印本。

张舜徽主编《中国史学名著题解》，中国青年出版社 1984 年 2 月版。

张文桂、荣竹林著《方志编纂学概论》，内蒙古人民出版社 1998 年 3 月版。

张新民著《贵州地方志论纲》，贵州省地方志编委会办公室 1985 年 7 月印行本。

张英聘著《明代南直隶方志研究》，社会科学文献出版社 2005 年 11 月版。

张仲荧著《当代方志学探论》，巴蜀书社 1990 年 1 月版。

赵庚奇编《修志文献选辑》，北京燕山出版社 1990 年 2 月版。

赵明奇著《徐州地方志通考》，中国文史出版社 1991 年 8 月版。

浙江人民出版社编辑出版《修志丛谈》，1989 年 4 月版。

中国城市志编委会编《中国城市方志学概论》，北京燕山出版社 1990 年 1 月版。

中国地方志大辞典编辑委员会编《中国方志大辞典》，浙江人民出版社 1988 年 12 月版。

中国地方志协会秘书处编《新方志理论与实践二十年——中国地方志协会 2004 年度学术论文集》，方志出版社 2005 年 5 月版。

中国地方志指导小组办公室编《中国新编地方志目录》，方志出版社 1999 年 10 月版。

中国地方志指导小组办公室编《中国新编地方志二十年》，方志出版社 1999 年 10 月版。

中国地方志指导小组办公室选编《中国方志文献汇编》，方志出版社 1999 年 10 月版。

中国教育工作者史志研究会秘书处编《10 年研究工作回顾》，内部印行本。

中国科学院北京天文台主编《中国地方志联合目录》，中华书局 1995 年 1 月版。

中国社会科学院图书馆地方志收藏中心编《中国社会科学院图书馆新方志目录》，吉林文史出版社 2002 年 3 月版。

周丕显编著《甘肃方志述略》，吉林省地方志编委会、吉林省图书馆学会 1988 年 2 月编印。

朱建亮、李如龙编著《湖南方志论》，吉林省地方志编委会、吉林省图书馆学会 1986 年 6 月编印。

朱文尧等编《中国地方志协会大事记》，载《中国地方志》1991 年第 4 期。

诸葛计选编《新编地方志资源开发与利用集例》，《中国地方志》2000 年增刊本。

主要期刊：

中国地方志指导小组主办《中国地方志》（含《中国地方史志通讯》、《中国地方史志》）。

中国人民解放军军事志指导小组、中国人民解放军军事科学院主办《中国军事志》。

国务院古籍整理出版规划小组办公室编《古籍整理出版简报》。

北京师范大学主办、北京师范大学史学史研究所编《史学史研究》。

中国江河水利志研究会主办《中国水利·水利史志专刊》。

长江水利委员会主办《长江志季刊》。

北京市地方志编纂委员会办公室编《北京地方志》。

天津市地方志编纂委员会主办《天津史志》。

河北省地方志编纂委员会主办《河北地方志》。

石家庄市地方志编纂委员会、石家庄市地方志学会主办《石家庄史志》。

石家庄《史志文丛》编辑部编《史志文丛》。

秦皇岛市地方志办公室编《秦皇岛地方志》。

山西省地方志办公室、山西省地方志学会主办《山西地方志》(含《山西地方志通讯》、《沧桑》)。

山西省史志研究院院刊《史志研究》。

临汾市地方志办公室主办《平阳方志》。

内蒙古地方志编委会总编室编《内蒙古地方志》(含《内蒙古地方志通讯》、《内蒙古史志》)。

辽宁省地方志编纂委员会编《方志天地》(含《辽宁省地方志通讯》)。

铁岭市地方志办公室主编《铁岭市志通讯》。

吉林省地方志编纂委员会、吉林省地方志研究所、吉林省地方志学会主办《方志研究》(含《吉林志鉴通讯》、《吉林史志》)。

黑龙江省地方志办公室、当代黑龙江研究所、黑龙江省地方志协会主办《黑龙江史志》(含《黑龙江修志信息》)。

哈尔滨市人民政府地方志办公室、哈尔滨市地方志学会主办《哈尔滨史志》。

黑龙江省农垦总局史志办公室编《北大荒史志》。

上海市地方志办公室编《上海修志向导》(含《上海修志信息》)。

《宝钢志》编辑部编《宝钢志通讯》。

浙江省地方志编纂室、浙江省地方志学会编《浙江方志》(含《浙江方志信息》)。

中共杭州市萧山区委党史研究室、萧山区地方志编纂委员会办公室主办《萧山史志》(含《萧山记忆》)。

中共杭州市余杭区委党史研究室、杭州市余杭区地方志编委会办公室、杭州市余杭区史志学会主办《余杭史志》。

义乌市地方志编纂委员会主办《义乌方志》。

浙江省天台县地方志编纂委员会主办《天台方志》。

江苏省地方志编纂委员会主办《江苏地方志》。

南京市地方志编纂委员会办公室编《南京史志》。

常州市地方志办公室编《常州地方志通讯》。

淮阴市地方志办公室编《淮阴志林》。

无锡市地方志办公室编《无锡史志》。

扬州市地方志办公室编《扬州史志》。

安徽省地方志编纂委员会主办《志苑》(含《安徽地方志》、《安徽史志通讯》、《修志参考》)。

安庆市地方志办公室编《安庆史志》。

福建省地方志编纂委员会主办《福建史志》(含《福建地方志通讯》、《福建修志简讯》)。

福建省龙岩市地方志编纂委员会、龙岩市地方志学会编《闽西史志》。

江西省地方志编委会、江西省史志编纂室编《江西方志》(含《江西地方志通讯》、《修志文丛》)。

中共丰城市委编史修志委员会办公室编《丰城今古》。

山东省地方史志办公室编《志与鉴》(含《山东史志通讯》、《山东史志丛刊》、《山东史志》、《阅尽人间》)。

青岛市地方志编委会编《青岛史志》(含《史鉴》)。

河南省地方志编纂委员会主办《河南史志》(含《河南史志通讯》)。

河南省地方志编纂委员会主办《中州今古》。

中原姓氏历史文化研究会编《历史文化研究》。

中共三门峡市委党史地方志办公室编《三门峡史志》。

湖北省地方志编纂委员会办公室编《湖北方志》(含《湖北方志通讯》)。

湖北大学史志文萃社出版发行《史志文萃》。

武汉市地方志编委会办公室编《武汉春秋》。

武汉华夏地方志研究所编《华夏方志通讯》。

湖南省地方志编纂委员会、湖南省地方志学会主办《湖南地方志》(含《湖南地方志通讯》、《湖湘春秋》)。

怀化市地方志办公室、怀化市地方志学会主办《怀化志》。

广东省地方志编纂委员会办公室编《广东史志》(含《广东史志之窗》、《广东地方志通讯》)。

广州市地方志编纂委员会办公室、广州地方志馆编《羊城今古》。

深圳市地方志办公室编《深圳史志》(含《深圳市志通讯》)。

广西壮族自治区通志馆、广西地方志协会主办《广西地方志》(含《广西方志通讯》)。

海南省地方志编纂委员会办公室主编《海南史志》。

重庆市地方志办公室编《巴渝史志》(含《史志文汇》)。

四川省地方志编纂委员会主办《巴蜀史志》(含《四川地方志通讯》、《四川地方志》)。

绵阳市地方志办公室编《绵阳地方志通讯》。

贵州省地方志编纂委员会办公室编《史志林》(含《贵州地方志编写通讯》、《贵州地方志通讯》、《贵州方志》)。

云南省地方志编纂委员会办公室、云南省地方志学会编《云南史志》(含《云南地方志工作》、《云南地方志通讯》、《云南方志》、《南中》)。

昆明市地方志编纂委员会、昆明市地方志学会编《昆明史志》(含《史与志》)。

文山州地方志办公室、文山州地方志学会主办《文山史志》。

西藏自治区地方志办公室编《西藏地方志》。

陕西省地方志编纂委员会主办《陕西史志》(含《陕西地方志》、《陕西地方志通讯》)。

甘肃省地方志办公室、甘肃省地方志学会编《甘肃史志》(含《甘肃史志通讯》)。

青海省地方志编纂委员会主办《青海方志》(含《青海方志工作资料》)。

宁夏地方志编审委员会办公室编《宁夏史志研究》。

新疆维吾尔自治区地方志编纂委员会、新疆地方志学会主办《新疆地方志》(含《新疆地方志通讯》)。

新疆生产建设兵团史志编纂委员会主办《兵团史志》。

新疆塔城地区地方志编纂委员会编《塔城地区史志工作》。

附录三：书（文）及专名索引

本索引原编者以首字四角号码为序加以编制。征得原编者同意，由责编代改为按音序排列。条目中有多音字的，排列或有不确，检索时请注意。

B

C

D

E

F

H

K

L

N

O

P

Q

R

S

T

W

X

Y

Z

附录四：人名索引

本索引原编者以首字四角号码为序加以编制。征得原编者同意，由责编代改为按音序排列。姓名中有多音字的，排列或有不确，检索时请注意。

D

E

F

G

J

M

N

O

P

Q

T

W

X

Y